# 中国甘蔗糖业

Zhongguo Ganzhe Tangye

李杨瑞　李　凯◎主编

中国农业出版社
北　京

# 编写人员

| | | | | | |
|---|---|---|---|---|---|
| **主　编** | 李杨瑞 | 李　凯 | | | |
| **副主编** | 张保青 | 谢彩锋 | | | |
| **编　委** | 蔡健和 | 陈赶林 | 陈忠良 | 邓立高 | 邓智年 |
| | 段维兴 | 桂意云 | 郭成林 | 郭剑雄 | 韩世健 |
| | 黄东亮 | 黄有总 | 黄玉新 | 匡昭敏 | 雷光鸿 |
| | 李傲梅 | 李德伟 | 李冬梅 | 李海碧 | 李华英 |
| | 李坚斌 | 李　凯 | 李素丽 | 李　翔 | 李杨瑞 |
| | 李毅杰 | 李长宁 | 梁光凤 | 梁武业 | 廖　芬 |
| | 林　丽 | 刘昔辉 | 刘晓燕 | 刘芷妍 | 刘志明 |
| | 陆海勤 | 陆文德 | 罗　霆 | 马　步 | 马永林 |
| | 牛德宝 | 欧钊荣 | 庞　天 | 齐永文 | 秦翠鲜 |
| | 邵　敏 | 宋修鹏 | 覃建林 | 覃振强 | 谭秦亮 |
| | 唐燕凤 | 汪　淼 | 王爱勤 | 王伯辉 | 王维赞 |
| | 王彦辉 | 王忠文 | 韦江璐 | 吴才文 | 吴建明 |
| | 谢彩锋 | 邢永秀 | 许莉萍 | 杨翠芳 | 杨荣仲 |
| | 杨尚东 | 余永浩 | 张保青 | 张革民 | 张树珍 |
| | 张小秋 | 周　会 | 周　珊 | | |
| **审　校** | 李杨瑞 | | | | |

# 各章节作者及审稿人

| 章节 | 题目 | 作者 | 审稿人 |
|---|---|---|---|
| 第一章 | 甘蔗糖业在国民经济中的地位 | 李杨瑞 | 马步、李凯 |
| 第二章 | 中国甘蔗糖业发展简史 | 李杨瑞 | 吴建明 |
| 第三章 | 中国甘蔗糖业的区域布局 | 匡昭敏、欧钊荣 | 李杨瑞 |
| 第四章 | 中国甘蔗糖业研究进展概述 | 第一节：齐永文 | 杨荣仲、李杨瑞 |
| | | 第二节：李杨瑞 | 李长宁 |
| | | 第三节：林丽 | 邢永秀、李杨瑞 |
| | | 第四节：张树珍 | 黄东亮、李杨瑞 |
| | | 第五节：黄东亮、廖芬、李傲梅、汪淼、陈忠良、秦翠鲜 | 邓智年、李杨瑞 |
| | | 第六节：余永浩 | 覃振强、李杨瑞 |
| | | 第七节：宋修鹏、张小秋 | 颜梅新、李杨瑞 |
| | | 第八节：刘昔辉、李海碧 | 李杨瑞 |
| 第五章 | 世界甘蔗糖业发展概况 | 吴才文、李杨瑞 | 李杨瑞 |
| 第六章 | 甘蔗形态和生长特性 | 邢永秀、李素丽、王爱勤、黄有总 | 邢永秀、李素丽、王爱勤、黄有总、李杨瑞 |
| 第七章 | 甘蔗种质资源及其利用 | 刘昔辉、段维兴、李海碧、张革民、黄玉新、张保青、桂意云 | 张革民、李杨瑞 |
| 第八章 | 中国甘蔗的栽培土壤 | 杨尚东 | 刘昔辉、李杨瑞 |
| 第九章 | 甘蔗选育种 | 杨荣仲、周会 | 齐永文、吴才文、李杨瑞 |
| 第十章 | 甘蔗良种繁育与推广 | 邓智年 | 周会、李杨瑞 |
| 第十一章 | 甘蔗生产管理 | 李长宁、罗霆、李杨瑞 | 邓智年、李杨瑞 |
| 第十二章 | 甘蔗病害及其防治 | 蔡健和、许莉萍、王伯辉、王忠文、刘志明 | 宋修鹏、李杨瑞 |
| 第十三章 | 甘蔗害虫及其防治 | 覃振强、李德伟 | 于永浩、李杨瑞 |
| 第十四章 | 甘蔗草害及其防治 | 覃建林、李华英、梁武业、郭成林、马永林、王彦辉 | 覃振强、李杨瑞 |
| 第十五章 | 甘蔗自然灾害及其防控 | 张保青、黄玉新、杨翠芳、周珊、韦江璐、谭秦亮、邵敏、李翔 | 杨荣仲、李杨瑞 |
| 第十六章 | 甘蔗轮作和间套作 | 吴建明 | 韩世健、李杨瑞 |
| 第十七章 | 宿根甘蔗生产 | 韩世健 | 杨尚东、李杨瑞 |
| 第十八章 | 甘蔗生产机械化 | 王维赞、李毅杰、庞天、刘晓燕 | 李杨瑞 |
| 第十九章 | 甘蔗收获与原料蔗管理 | 马步 | 李凯 |
| 第二十章 | 甘蔗制糖生产 | 谢彩锋、陆文德 | 杭方学、李凯 |
| 第二十一章 | 甘蔗制品检测 | 郭剑雄、牛德宝 | 李红、杭方学 |
| 第二十二章 | 甘蔗糖厂“三废”治理与副产物综合利用 | 雷光鸿、邓立高 | 李坚斌、谢彩锋 |
| 第二十三章 | 甘蔗糖业全产业链资源多元化利用 | 李坚斌、陆海勤 | 谢彩锋、李凯 |
| 第二十四章 | 中国甘蔗产业经济 | 刘芷妍、唐燕凤 | 李凯 |
| 第二十五章 | 中国甘蔗加工和销售 | 刘芷妍、唐燕凤 | 李凯 |
| 第二十六章 | 中国甘蔗糖业的国内学术交流 | 陈赶林、李凯、宋修鹏、张保青、李冬梅、梁光凤 | 王维赞、李杨瑞 |
| 第二十七章 | 甘蔗糖业的国际学术交流 | 李杨瑞 | 林丽 |
| 第二十八章 | 甘蔗糖业的管理机构和社团组织 | 宋修鹏 | 李长宁、李杨瑞 |
| 第二十九章 | 中国甘蔗糖业科研机构 | 杨荣仲、周会 | 李杨瑞 |

# 主编简介

李杨瑞，博士，广西壮族自治区终身教授、博士生导师。历任广西大学副校长、广西农业科学院院长兼广西科学技术协会副主席等职，现任中国农业科学院甘蔗研究中心主任、农业农村部广西甘蔗生物技术与遗传改良重点实验室主任、广西甘蔗遗传改良重点实验室主任、国际糖业科技协会理事长、国际糖业研究促进协会副理事长、国家甘蔗产业技术创新战略联盟理事长等职，受聘广西“甘蔗种质创新与利用”岗位“八桂学者”、国家甘蔗良种重大科研联合攻关专家委员会首席专家，现代农业产业技术体系广西甘蔗创新团队首席专家，担任国际 SCI 刊物 *Sugar Tech* 顾问编委、《中国农业科学》《作物学报》等多部刊物编委。主要从事甘蔗栽培与育种研究，在甘蔗遗传育种、生物固氮、化学调控、甘蔗健康种苗、糖蜜酒精发酵液资源化利用、先进适用技术配套组装和生产大面积应用等方面的研究达到世界先进水平。先后主持和参加省部级以上科技项目 50 余项，担任其中两项国家科技支撑计划项目的首席专家，主持国家“863”专题 2 项、国家自然科学基金项目 7 项、国际科技交流与合作专项项目 3 项、“948”项目 3 项。先后获省部级科技奖特别贡献奖 1 项、一等奖 1 项、二等奖 12 项、三等奖 7 项，大北农科技奖 3 项，2011 年获国际糖业研究促进学会授予的“终身成就奖”，2014 年获国际糖业科技协会授予的“终身成就奖”。在国内外专业学术刊物上发表论文 1 000 余篇，编写专著 18 部，包括英文专著 7 部。先后获国务院政府特殊津贴、广西优秀专家、国家“百千万人才工程”第一第二层次人选、全国优秀科技工作者、全国先进工作者、中国科协西部开发突出贡献奖等荣誉称号。

李凯，博士，教授、博士生导师，现任糖业及综合利用教育部工程研究中心主任，兼任国家现代农业糖料产业技术体系加工研究室主任/岗位科学家、蔗糖产业省部共建协同创新中心首席科学家、广西制糖学会理事长、广西绿色制糖工程技术研究中心主任、广西甘蔗与蔗糖产业学院执行院长、广西甘蔗产业绿色高值化发展工程研究中心主任、中国糖业协会专家委员、国家糖业标准委员会委员、《甘蔗糖业》副主任编委等职。主要从事甘蔗绿色制糖、化工单元过程强化、甘蔗资源梯度多元生产及高值化利用等理论基础、技术开发及推广应用等研究。是我国绿色制糖开拓者和组织者，被誉为糖界“膜法师”。先后主持国家科技支撑项目、省部级重点研发项目10余项，以第一作者或通讯作者在 *Separation and Purification Technology*、*Carbohydrate Polymers*、*ACS Sustainable Chemistry & Engineering*、*Journal of Membrane Science* 等期刊发表高水平学术论文160余篇，编著本科教材2部；获授权发明专利51件、实用新型专利27件，实现15项专利成果转化，多项成果在广西、云南、广东湛江及内蒙古等地的制糖企业实现产业化应用，部分成果在“一带一路”共建国家新建糖厂推广应用。曾获广西科学技术进步二等奖、中国轻工联合会科技进步二等奖、全国“十二五”、“十三五”轻工业科技创新先进个人、广西壮族自治区科学技术协会“创新争先科技星”等奖项或荣誉称号。

# 前言

“长丈余颇似竹，斩而食之既甘，榨取汁如饴饧，名之曰糖”东汉杨孚编撰的《异物志》对甘蔗与糖进行贴切的描述。甘蔗与糖业的文化，贯穿古今，影响着人们的日常生活与生产活动。中国是世界上最古老的甘蔗和蔗糖生产国，有着辉煌的糖业历史，但产业状况也伴随着时代发展而起起落落。

自唐宋以来，中国糖业发展大抵经历了辉煌、衰落、崛起、发展、稳定几个阶段。特别在鸦片战争以后，中国糖业一落千丈，长期停滞。新中国成立以后，糖与粮棉油同被列为国家战略物资，蔗糖业迎来新的发展契机，广东、福建、广西等的水田地区成为了甘蔗主产区，产业取得了长足进步。但由于种种原因，在20世纪80年代以前，我国的甘蔗糖业科技水平低、甘蔗单产低、制糖技术落后、食糖消费水平极低，自给率一直在低位徘徊。

改革开放以后，我国的甘蔗糖业迅速崛起，食糖产量和消费量均大幅提高。目前，我国食糖消费总量已居世界第二位，仅次于印度，但人均年消费量仍处于较低水平，不足全球平均水平的一半，蔗糖业依然具有巨大的发展空间。

甘蔗主产区由原来的水田蔗区转移到广西、云南、广东西部、海南等旱地蔗区，目前广西已跃升为中国最主要的蔗糖产区，其甘蔗种植面积和产糖量均占全国60%以上，对我国的食糖安全发挥了举足轻重的作用。广西1977/1978年榨季糖料甘蔗面积8.23万$hm^2$，单产只有18.9 $t/hm^2$，总产糖量只有23.4万t；1989/1990年榨季糖料甘蔗面积27.43万$hm^2$，单产只有43.2 $t/hm^2$，总产糖量128万t；2007/2008年榨季，糖料蔗种植面积98.87万$hm^2$，原料蔗总产量7 688万t，单产达到77.8 $t/hm^2$，产糖941万t，分别占全国甘蔗总面积的63%和甘蔗糖总产量的68.6%。云南也已成为全国第二大甘蔗产区，蔗糖产量占全国总产量20%左右。目前广西和云南的产糖量占全国甘蔗糖产量的

92%以上、占全国食糖总产量的80%以上，因此确保广西、云南的甘蔗糖业持续稳定发展是实现我国食糖安全的根本保障。

广西、云南、粤西等旱地蔗区的科技水平不断提高，选育出适应旱坡地的高产高糖甘蔗良种，同时研究推广了一系列先进适用的旱地甘蔗栽培技术，在相对较差的农业生产条件下实现了高产高糖，单产超过了世界平均水平，产糖量连年大幅度增长。进入21世纪后，我国成为仅次于巴西、印度的世界第三大产糖国，其中广西曾一度成为仅次于巴西圣保罗州的世界第二大产糖省（州）。

与甘蔗生产发展水平同步，我国甘蔗制糖企业的生产规模、装备、生产工艺、企业管理水平也快速实现现代化，如广西平均单厂日榨能力6 800 t以上，最高日榨能力达27 000 t，装备大型化、自动化、智能化水平不断提高。企业产品日益多样化，不仅糖产品多种多样，副产品利用也全面展开，充分利用蔗渣发展生物质发电、造纸，以及环保餐具、木糖醇、发酵饲料的制作等；糖蜜用于生产酒精、朗姆酒、醋、酵母等，发酵液、糖厂废液用作液肥或用于生产颗粒有机无机复合肥、浓缩液肥等；基于陶瓷膜的绿色物理澄清工艺得到应用，“水-糖联产”模式得到生产应用等；甘蔗生产副产物蔗叶、蔗梢实现燃料化、饲料化或肥料化，实现了资源的“吃干用尽”，使甘蔗糖业成为“零排放”的生物循环产业。

从农业到工业端全产业链取得的辉煌成就，使中国对世界糖业的影响力显著提升。从非洲到拉丁美洲、从东盟到中亚，在“一带一路”糖业国家，到处活跃着中国糖业技术系统提供商和建设者的身影，为世界糖业贡献中国方案、书写中国甜蜜故事。尤其是2005年，中国还主导成立了国际糖业科技协会，先后在不同国家主持召开甘蔗糖业国际研讨会，推动国际甘蔗糖业学术交流的繁荣发展。

本书全面介绍我国甘蔗糖业发展历史经验的基础上，重点总结了改革开放以来我国甘蔗糖业全产业链发展状况及科技成果，对当前的甘蔗糖业生产、科研和教学都具有重要的价值。本书的出版，得到广西重点实验室项目（21-238-16）、国家重点研发计划项目（2022YFD2301100）、国家现代农业产业技术体系项目（CARS-170502）、广西甘蔗创新团队专项（nycytxgxcxtd-2021-03）、广西创新驱动重大专项（桂科 AA22117002、桂科 AA23073001）的大力支持，在此表示衷心感谢！

“玉肌细切初宜啖，灵液浓煎亦可餐。渐入始知佳境远，莫将世味比渠看。”

甘蔗糖业知识的海洋如此深邃浩瀚，由于作者水平所限，书中疏漏在所难免。恳请读者不吝指正，以便进一步修改完善。

李杨瑞　李　凯

2025 年 2 月 18 日

# 目　录

## 第二篇　糖料甘蔗生产基础

## 第五篇　甘蔗糖业经济及产业政策



## 第六篇　甘蔗糖业学术交流

## 第七篇　甘蔗糖业管理、科研机构

# 第一篇

# 甘蔗糖业发展及研究进展

# 第一章

# 甘蔗糖业在国民经济中的地位

## 第一节　甘蔗糖业在国民经济中的重要意义

### 一、甘蔗和蔗糖的重要性

糖、食糖通常指的是蔗糖，是一种双糖，由1个分子的葡萄糖和1个分子的果糖组成。蔗糖是从糖料作物甜菜或甘蔗中提取出来的，在世界食糖总产量中，甘蔗糖所占比例不断提高，由20世纪60年代的不足60%提高到目前的80%左右，而在我国则占90%左右（李杨瑞，2010；吴才文等，2018）。

蔗糖是天然食品，是人们喜爱的副食产品之一，对人类的营养和健康发挥着重要的作用（秦文信和宾力，2005）。它是人类生命活动所需热能的一种来源，是人类生活必需的食品，对于维持人体健康至关重要。人们在剧烈运动后喝一杯糖水，很快就能消除疲劳；适当吃糖，可以增强人的体质、提高人体的免疫能力。据研究，1.0 kg食糖在人体内产生的热量，相当于0.5 kg牛油或1.8 kg牛肉、1.06 kg小麦面粉、46 kg水果、62 kg蔬菜所产生的热量。同时，食糖的吸收消化率高，能及时提供热量；糖在人体内还可转化为脂肪和肝糖并储存起来，使人们能精力旺盛地坚持长时间的各种活动。自古以来，人类就享受着蔗糖的甜美及以蔗糖为添加成分生产出来的食品，随着科技的不断发展，以蔗糖为原料正生产着越来越多的生活物质。

（1）*蔗糖是安全的营养型甜味剂。*蔗糖的甜味纯正、稳定，回味良好，被食用后分解的最终产物是二氧化碳和水。千百年的食用历史证明，蔗糖是安全的食品，是安全的营养型甜味剂。20世纪80年代，蔗糖被美国食品药物管理局（FDA）认为是安全的食品而编入目录。与糖精等无营养、不产生热量的化学甜味剂比较，1.0 g蔗糖可以产生17 kJ的热量，而长期食用或超标食用糖精可使人中毒，并能引起人的精神和视力障碍。

（2）*蔗糖的生理功能与人体健康。*蔗糖被人食用后，在人体胃肠中由转化酶转化成葡萄糖和果糖。一部分葡萄糖随着血液循环运往全身各处，在细胞中氧化分解，最后生成二氧化碳和水并产生能量，为人体的脑组织活动、肌肉活动等提供能量并维持体温。血液中的葡萄糖——血糖，除了供细胞利用外，多余的部分可以被肝脏和肌肉等组织以糖原的形式储存起来。当血糖含量被消耗而逐渐降低时，肝脏中的肝糖原可以分解成葡萄糖，并且陆续释放到血液中，肌肉中的肌糖原主要作为能源物质，供给肌肉活动所需的能量。

蔗糖可以加强机体ATP（腺嘌呤核苷三磷酸）的合成，有利于氨基酸与蛋白质的合成。由蔗糖分解成的葡萄糖作为能源物质对脑组织和肺组织都是十分重要的。糖是构成肌体的重要物质，如糖蛋白是体内激素、酶、抗体等的组成部分，糖脂是细胞膜和神经组织的成分，核糖和脱氧核糖是核酸的重要组分。

20 世纪 80 年代，美国 FDA 曾组织专家对蔗糖作为食品的安全性与营养价值进行了 3 年的调查研究，根据美国科学家实验，每天摄入 80 g 蔗糖（每人每年食用 29.2 kg），对人体健康没有不良副作用，并研究出以下 4 点结论：①糖尿病、心脏病、高血压或癌症等疾病不是由蔗糖引起的；②吃蔗糖与胆结石、儿童多动症无关；③吃蔗糖并不使人增肥；④正常人吃蔗糖不妨碍人体对外来必需营养成分的吸收。

由于蔗糖可以直接溶解食用，并且能很快地被人体消化吸收和利用，因此，饮用蔗糖溶液能够迅速消除疲劳，增强体力和脑力，提高人体的抗寒能力。特别是从事高空作业、深海潜水、宇航、极地探险、体育比赛、脑力劳动等的人，宜摄入含糖高的食品。

蔗糖对肝病患者有提高肝的解毒能力、促进肝细胞恢复、保护肝脏的作用。人们若不慎轻度烫伤、擦伤、创口出血，在没有医疗条件情况下，可将伤口清洗后，用蔗糖敷在伤口上，能抑制细菌的繁殖、止血消炎。夏天中暑者，身体虚弱，立即喝一些糖水，可大大减轻病情。红糖姜水对于感冒、伤风有一定的治疗作用。红糖中含有多种矿质元素，如 Ca、Mg、K、Fe、Mn 等，且其含量比白砂糖高出 4～400 倍，而且有益气养血的作用，因此也是产妇日常生活的必备佳品。

科学研究表明，蔗糖是维生素 A 的一种很有效而又实用的增强剂，蔗糖对铁吸收有明显的增强作用。日本东京农业大学的科学家将蔗糖与钙片混合一起喂小白鼠，与单喂钙片不加糖进行比较，前者的小白鼠较后者对钙片的吸收率提高 10 倍。蔗糖对人体吸收钙有促进作用，这已引起一些科学家的重视。

（3）*蔗糖在食品及其他工业中的应用*。蔗糖是食品中有营养的甜味剂，它不但以化学合成甜味剂不具备的特性成为食品中重要的添加剂，而且还具有独特的功能，有利于食品的加工和品质的提高。蔗糖的甜味纯正稳定，易于溶解和调色，还能从饱和溶液中迅速结晶出来，这些性能对糖果的生产是十分有利的。蔗糖在冰淇淋等食品中，除了作为甜味剂，还被用作冷冻点改良剂、结晶改良剂和膨松剂。蔗糖可以在高温下发生焦化作用，能使烹调食品和焙烤食品着上所需的棕褐色。蔗糖具有渗透作用，能抑制有害微生物的生长，还可以对果酱、果冻、蜜饯起保藏作用，以延长食品的保质期。蔗糖具有很好的水溶性，不同浓度的蔗糖溶液产生不同的黏度，可以为饮料、罐头等提供令人满意的风味，并能保持其风味的稳定。蔗糖可以作为酵母的营养剂，为发酵过程提供能源，这也是化学合成甜味剂所不具备的性能。蔗糖具有良好的吸水性和保水性，在食品（特别是面制品）生产中能使之松软，有利于延长食品的货架期。蔗糖对淀粉颗粒起膨胀和胶凝作用，有利于面包和其他面制品的制备。因此，蔗糖是一种多功能的食品添加剂。

蔗糖在我国农业经济中占有重要地位，与粮食、油料、棉花、蔬菜、饲草饲料等一起构成我国农业的基础，是国计民生的大宗农产品。因而，发展甘蔗生产，满足日益增长的蔗糖生产和消费的需要，对提高人民的生活水平、促进农业和相关产业的发展，乃至整个国民经济的发展都具有重要的意义。

## 二、甘蔗是世界上重要的能源作物

当前世界能源紧张，特别是石油、天然气和煤等石化能源十分短缺，缺乏石油资源或靠进口原油的国家都在寻找新的能源或替代能源。植物通过光合作用将太阳辐射能转变为化学能，而甘蔗是高光效碳四（C4）作物，生物产量高，含糖13%～19%，不但可供制糖，还可用于直接生产酒精。甘蔗是光合能力最强的C4作物，是人类迄今所栽培的生物量最高的大田作物，除作为糖料作物外，它还作为最高效的生物能源作物被利用，其每年平均生物产量高达180～200 t/hm$^2$，以其作为原料的产量和乙醇的产率都显著优于其他作物（李杨瑞，2010）。

巴西是世界上最早开始研究和应用甘蔗作为燃料乙醇的国家，也是第一个在全国范围内100%使用乙醇汽油的国家。巴西自1975年实施全国燃料乙醇计划，当时九成的燃料供应来自进口，政府为推广燃料乙醇大规模补贴甘蔗种植业，在人口1 500人以上的城镇供应乙醇汽油，20世纪80年代初乙醇汽油即已基本覆盖所有销售的车辆。之后石油价格大跌，补贴力度降低，企业开始着力提高甘蔗种植效率和乙醇产出效率，至21世纪初期，乙醇的生产成本降低了2/3，更具有竞争优势。目前巴西已成为全球第二大燃料乙醇生产国和第一大出口国。

可以预见，随着科学技术的不断发展，作为重要能源作物之一的甘蔗具有很大的发展潜力。

## 三、甘蔗汁和果蔗是上好的保健饮料和保健果品

甘蔗汁生饮，性甘寒，有解热止渴、和中宽葛、生津润燥、助脾健胃、利尿、滋养的功效。《本草纲目》称赞甘蔗为脾之果，而《随息居饮食谱》亦指出甘蔗甘凉清热、润肠解酒。食疗方面，燥热较重者，可用茅根配合甘蔗共煲；或当感到燥热口渴、小便赤涩，可将甘蔗去皮嚼服。如遇口角破裂、唇焦舌燥、眼角干疼、鼻腔流血，都可以饮甘蔗汁缓解。在饮用前，最好将甘蔗汁涂在破裂皮肤上，有清热消炎的作用。世界上许多生产甘蔗的地方都有直接榨汁饮用的习惯，市场销量很大。特别是在许多热带地区，用于榨汁饮用的甘蔗甚至占当地甘蔗总产量的一半以上。

果蔗是一种供鲜食的甘蔗，含糖量高，为18%～20%，具有皮薄、汁饱、清甜、有花香味、口感好的优点，是深受人们喜爱的冬令水果之一，其味甘而性凉，有清热之效，对肺热和肠胃热、咳嗽、痰多且痰色黄稠浓浊的症状具有明显的缓解作用。黄皮果蔗的糖分由蔗糖、果糖、葡萄糖3种成分构成，极易被人体吸收利用，还含有较多的Fe、Ca、P、Mn、Zn等人体必需的中量、微量元素，其中Fe含量特别高，达9 mg/kg，居水果之首，故果蔗素有“补血果”的美称。果蔗还富含18种氨基酸，具有生津止渴、清热解毒、润肺止咳、健胃之功效，不仅可以生食，还可榨汁加工成各类饮料，用途广泛，深受消费者的喜爱。果蔗是中国的大宗农产品之一，除南方传统蔗区外，安徽、江苏、河南、陕西、山东、河北等省及西藏雅鲁藏布江河谷地区也有零星种植（李杨瑞，2010）。

## 四、甘蔗可作为优质饲料和食用菌培养料

甘蔗有很高的能量转换能力，是一种极有发展前景的特高产饲料作物。在巴西等国

家，不少养牛场直接将甘蔗的茎叶部分用粉碎机粉碎后作牛的饲料，效果良好。制糖过程中，每百吨原料蔗可产生 3 t 糖蜜，而糖蜜和糖蜜生产酒精后剩余的酒精发酵液都是优质的猪、牛等动物饲料。世界上绝大多数国家都把甘蔗糖厂的糖蜜用作饲料，其热值大，相当于玉米的 70%、小麦的 80%，对猪、牛适口性好，能提高牲畜食欲。糖蜜可制成含高蛋白与 B 族维生素的饲用酵母。日本用糖蜜经发酵制成赖氨酸作饲料添加剂喂猪、鸡，大大提高了长肉率和鸡的产蛋率。

制糖过程产生的甘蔗渣一般占原料蔗总量的 22%～25%，经过适当处理后，可制成青饲料喂牛；经微生物酶解后可制成糖化饲料，用于养牛、养猪效果很好。蔗渣中筛出的不能造纸部分为蔗髓，或称蔗糠，加入氮、磷，酶解后可制成蛋白饲料；从蔗渣造纸和制纤维板的废液中也能提取蛋白饲料，是养猪和养鱼的精料。甘蔗叶也是养鱼的好饲料。

甘蔗梢营养丰富，粗蛋白含量高达 12%～13%，含有 18 种氨基酸和多种糖，是养牛的优质青饲料。经过切碎、发酵、烘干、压块等处理可使其保持青绿，营养价值稳定，更方便贮运。

蔗渣用作食用菌培养料效果好，可生产香菇、平菇、黑木耳等，质量好，产量高，生长期短，经济效益好。

## 五、甘蔗对农业生态和农作物生长的良好作用

甘蔗植株高大，生物产量高，冠层覆盖好，贮水量大。因此，大面积种植连片甘蔗，就等于造就了一个绿色大水库，还可抑制杂草生长，在调节蔗区农业生态中可发挥重大作用。如广西崇左、来宾等旱区，自 20 世纪 80 年代以来大力发展甘蔗生产，改善了当地的农业生态环境，更使甘蔗产量越种越高，成为中国的“糖都”。

甘蔗具有联合固氮特性，能利用空气中的氮素。甘蔗收获后残留庞大的蔗根以及蔗叶还田均可增加土壤有机质和有效养分含量，改良土壤结构，提高土壤通透性，增加土壤微生物数量和促进微生物活动，使土壤的保肥增肥能力增强。糖厂滤泥和酒精、酵母发酵液可以作为很好的完全有机肥，合理施用不但可以解决环境保护问题，而且可以减少化肥施用、降低生产成本，使蔗糖业成为完整意义的可持续发展的循环经济产业（李杨瑞，2010；林丽等，2019）。

## 六、甘蔗是轻工业的重要原料

甘蔗是我国制糖工业的最重要原料，而蔗糖是多种制品的原料。根据资料介绍，以蔗糖为原料和辅料的产品有 56 类 2 300 多种，其中主要是食品。蔗糖还是生产酒精、醋、酵母、柠檬酸、乳酸、甘油、醇类等的原料。世界上许多国家都开展了蔗糖化学的研究与开发。以蔗糖为原料，与脂肪酸反应可以制成蔗糖脂肪酸酯，以无毒、无臭、无刺激、良好的表面活性性能而广泛应用于食品、医药、化工、纺织及农牧业等行业。这种以蔗糖为原料生产的蔗糖脂肪酸酯因其高度的安全性和非凡的功用，相继被中国、日本、美国等国家，以及欧盟、联合国粮农组织及世界卫生组织批准作为食品添加剂和药用辅料（李杨瑞，2010）。

蔗渣、糖蜜和滤泥等可制成纸张、纤维板、碎粒板、糠醛、饲料、食用菌培养基、酒

精、干冰、酵母、柠檬酸、赖氨酸、冰醋酸、味精、甘油、水泥、肥料等。

综上所述，甘蔗全身都是“宝”。它不仅为人类提供多种多样的美味食物，而且也是重要的能源作物、饲料作物和轻工、化工原料作物。发展甘蔗生产，对提高人民的生活水平、促进农业和相关产业的发展，乃至整个国民经济的发展都具有重要的地位和作用。

## 第二节 中国甘蔗糖业在国际上的地位和作用

中国已有3 000余年的甘蔗生产史，是世界上最古老的甘蔗种植国和制糖国之一。在鸦片战争之前，我国的甘蔗糖业兴旺发达，在世界蔗糖贸易中处于主导地位，但后续一段时期由于战争和社会动荡而使糖业变得很弱。自20世纪80年代，中国的甘蔗糖业又得到迅速发展，我国成为世界的第三大产糖国，2007/2008年榨季全国总产糖量达到1 484万t，其中甘蔗糖1 368万t，占总产糖量的92.2%；广西的产糖量941万t，占全国总产糖量63.4%，占全国甘蔗糖总产量的68.8%，均创历史最高纪录，并成为当时仅次于巴西圣保罗州的世界第二大产糖省份。中国已建立起一整套独具特色的有效的甘蔗生产技术体系，特别是占全国种植总面积90%的旱地蔗的生产技术体系，使甘蔗单产近年来维持在65～85 t/hm$^2$ 的较高水平（李杨瑞，2010，2019；张跃彬等，2013，2015；吴才文等，2018；Li，2004；Li and Yang，2015a；Li et al.，2016）。

从全球食糖生产来看，目前全球大约有110个国家从事食糖生产，2014/2015年、2015/2016年、2016/2017年、2017/2018年、2018/2019年榨季世界食糖总产量分别为1.648 7亿t、1.740 5亿t、1.942 5亿t、1.798 9亿t、1.741 4亿t。前十大主要产糖国（地区）占据了全球约75%的产量，这十大主要产糖国（地区）分别为巴西、印度、欧盟（27国）、泰国、中国、美国、俄罗斯、墨西哥、巴基斯坦、澳大利亚；年度产食糖200万t以上的其他国家还有危地马拉、土耳其、埃及、哥伦比亚、南非、印度尼西亚、菲律宾、伊朗等。甘蔗种植区域主要集中于南美洲和亚洲，甜菜种植区域集中在欧洲和北美洲。全球前五大产糖国（地区）包括印度、巴西、欧盟、泰国与中国，2018/2019年榨季各国（地区）食糖产量分别为3 307万t、2 950万t、1 818万t、1 419万t、1 076万t，占全球食糖总产量的比重分别为18.99%、16.94%、10.44%、8.15%、6.18%，合计共占全球总产量60.70%。

2018/2019年榨季全球食糖贸易量5 644万t。前四大出口国分别是巴西、泰国、澳大利亚和印度，贸易量分别为1 960万t、1 150万t、380万t、340万t，占全球食糖贸易量比重分别为34.7%、20.4%、6.7%、6.0%，四国合计占全球食糖贸易量67.8%。

2014/2015年、2015/2016年、2016/2017年、2017/2018年、2018/2019年榨季世界食糖总消费量分别为1.694 7亿t、1.708 3亿t、1.733 7亿t、1.733 3亿t、1.746 8亿t，5年世界食糖总消费量8.616 8亿t，比5年世界食糖总产量（8.872 0亿t）少2 552万t，导致全球食糖过剩，糖价低迷。近年来，由于人口增长放慢以及人们开始意识到过度摄入糖分会产生不利影响，因此，全球糖消费量增速明显放缓。2015—2019年，全球食糖消费量年均复合增速仅为0.8%。从全球糖消费市场来看，印度糖消费远超其他国家及地区。2019年，印度食糖消费量约2 850万t，占全球糖消费比重的16.32%；其次是欧盟地区，2019 年食糖消费量 1 860 万 t，占比 10.65%；中国食糖消费量位居全球第三，2019 年食糖消费量为 1 580 万 t，占比 9.05%。

巴西是世界上最大的甘蔗糖和酒精生产国，甘蔗种植面积约 750 万 $hm^2$，其中种植面积最大的圣保罗州，甘蔗种植面积约为 440 万 $hm^2$，其他种植面积较大的州为米纳斯吉拉斯州（706 000 $hm^2$）、巴拉那州（614 000 $hm^2$）、戈亚斯州（600 000 $hm^2$）和阿拉戈斯州（438 000 $hm^2$）。然而整个甘蔗种植面积仅为巴西国家国土面积的 0.95%，仍有较充足的扩大种植面积的空间。巴西的原料蔗产量 6 亿～7 亿 t，甘蔗平均单产为 72～76 t/$hm^2$；35%～40%用于产糖，年产糖量 2 800 万～3 400 万 t，年产燃料酒精 300 亿～350 亿 L。巴西食糖消费量约 1 350 万 t，其蔗糖产量 2/3 以上用于出口（李杨瑞等，2015）。

巴西的蔗糖酒精产业是一种集约型的产业模式，土地集中度高，70%的甘蔗种植土地属于糖和酒精生产企业，30%属于其他农户，因此企业拥有农业和工业两个部分，可以说蔗糖酒精生产主要是农民为了对自己生产的甘蔗进行加工增值而发展起来的，因此他们的效益是一体化的。就企业的人力配置而言，大约 75%的人从事甘蔗生产和原料蔗管理，25%的人从事加工生产和产品经营；其利益分配基本按人力投入而确定。甘蔗收购价由政府确定，但糖厂对所有进厂原料蔗进行抽检，根据蔗糖分和含杂率进行适当调整，甘蔗的最终价格是根据企业所实现的利润确定的。由于农场主同时也是加工企业主，其主要生产目标是单位面积产出最大，也就是单位面积产糖量最高。工农业利益一体化使得蔗糖酒精生产企业和农民都非常注重科学技术的利用。

巴西联邦机构、州和一些大的企业集团都设有甘蔗育种机构，其中圣卡洛斯联邦大学农业科学中心（Agricultural Science Center，Ferderal University of Sao Carlos，Campus of Araras），即原巴西糖业酒精部甘蔗研究所，是由联邦经费支持的，但其育种经费主要来自各蔗糖酒精生产企业每年按一定比例支付的费用。巴西糖业企业的目标是实现单位面积产糖量最高，这也是甘蔗育种的目标。同时由于巴西的甘蔗生产周期一般为 5 年（1 年新植，4 年宿根），因此甘蔗的宿根性特别重要。同时，巴西联邦政府立法规定，一个蔗区中单一甘蔗品种面积不能超过甘蔗总面积的 20%，应实行早、中、晚熟品种搭配，因此对早、中、晚熟甘蔗品种选育和审定的标准不同。一般每个蔗区的主栽甘蔗品种都有 8～10 个，只有那些较好地综合了甘蔗产量和蔗糖分，能够实现单位面积产糖量最高的甘蔗品种才能成为主栽品种。巴西的甘蔗生产已基本实现全程机械化。有些企业 90%为机械化收获，剩下 10%为手工收获，这是因为政府强制要求给当地居民提供劳动获取收入的机会。种植过程中的机械化分为两种，一种是纯机械化种植；另外一种是结合手工劳动的机械化种植，这种种植方式需要手工把种茎放进种植沟中，所以是一种半机械化种植形式。农药和一些生长调节剂主要利用飞机喷洒施用（李杨瑞等，2015）。

巴西为世界上最大的甘蔗酒精生产国。近年来，由于巴西发现并开采了一个超大型海上油田，汽油成本大大降低，使巴西的甘蔗燃料酒精产业面临很大的挑战，蔗糖酒精生产企业面临很大的压力。

2019/2020 年榨季巴西的甘蔗产量达 6.316 5 亿 t、食糖产量 2 943.5 万 t、甘蔗乙醇产量 349.2 亿 L。2020 年“新冠”疫情在全球大流行，经济运行普遍停摆，原油价格一度崩跌到每桶 30 美元以下，甚至创下国际石油期货价为负值的纪录。因此，2020 年巴西减少了生产甘蔗乙醇燃料，最大化生产食糖，2020/2021 年榨季甘蔗产量达 6.543 1 亿 t，同比增加 3.6%；产糖量 4 106.9 万 t，同比增加 39.5%；甘蔗乙醇产量 321.8 亿 L，同比降低 7.8%；糖厂使用 46.07%的甘蔗产糖，大幅高于上一榨季同期的 34.33%。2021/2022 年榨季由于干旱和霜冻，甘蔗压榨量 5.769 5 亿 t，同比降低 11.8%；产糖量 3 488.7 万 t，同比下降 15.1%；甘蔗乙醇产量 296.3 亿 L，同比下降 7.9%。2022/2023 年榨季巴西共计压榨甘蔗 6.10 亿 t，同比增加 5.7%；共计产糖 3 704.0 万 t，同比增加 6.2%；共计产乙醇 289.1 亿 L，同比减少 2.4%。据巴西甘蔗行业协会 Unica 的数据显示，巴西大约有 350 家糖厂在运营，2020 年该国国内乙醇价格已从 2 雷亚尔/升降至 1.30 雷亚尔/升（净值），需求量同比下降超 50%。部分巴西糖厂有能力储存乙醇，且通过提高甘蔗制糖比例，以度过危机最严重的时刻。然而，有近 100 家糖厂由于无法储存乙醇，最终以低价出售。在巴西中南部 267 家糖厂中，有 80 家糖厂只生产乙醇。自 2005 年以来，巴西中南部已有 95 家糖厂关闭。由于"新冠"疫情大流行带来的不确定性，许多糖厂陷入财务困境，需要政府对糖厂实施援助，以应对疫情大流行造成的危机。巴西糖厂在过去 4 年间去杠杆化不断加速，2022/2023 年榨季结束时，总债务回落至 660 亿雷亚尔，负债程度有所改善，工厂已经能够将收益重新投入，叠加整体蔗龄相对年轻。2023/2024 年榨季甘蔗压榨量有所增加，达 6.54 亿 t，较上一榨季增长 7.2%；食糖产量为 4 242.5 万 t，创下新高，同比增长 14.5%；甘蔗乙醇产量达到 260 亿 L，同比减少 10.1%。

印度是世界第二大甘蔗生产国，近年来，其甘蔗种植面积稳定在 500 万 $hm^2$ 左右，约占耕地面积的 3%，有蔗农 600 万、糖厂职工 50 万，还有 200 万人从事间接服务糖业的工作。以 2017/2018 年榨季为例，印度甘蔗栽培总面积 504.2 万 $hm^2$，其亚热带蔗区面积、甘蔗面积、产糖量分别占 61.68%、57.08%、47.44%，其热带蔗区分别占 38.32%、42.92%、52.56%，以热带蔗区的甘蔗单产和蔗糖分相对较高。印度的甘蔗主要用于制糖，其在 2018/2019 年榨季的产糖量达到 3 316 万 t，超越巴西成为全球第一产糖大国，但其 2019/2020 年榨季产糖仅为 2 720 万 t，同比减少 596 万 t，低于巴西，重回世界第二位。产糖量降低的原因主要是马邦（Maharashtra）、卡邦（Karnataka）等热带蔗区干旱严重，使甘蔗种植面积大幅减少，大幅减产，而第一大产糖邦北方邦（Uttar Pradesh）食糖产量略有增加。不过，其 2020/2021 年榨季的产糖量恢复到 3 050 万 t，其中马邦的产糖量可达 1 013 万 t，大大高于 2019/2020 年榨季的 616 万 t。2021/2022 年榨季印度的产糖量创纪录地达到 3 524 万 t，同比增长 16%，创历史新高，再超巴西成为世界最大产糖国。受天气影响，印度 2022/2023 年榨季开局不顺。2022 年第四季度末，三重拉尼娜现象带来过量的非季节性降雨，使得印度甘蔗收获进度有所延误，且降雨也导致甘蔗一定程度受损，损及榨季最终产量。印度糖产量自 2022 年第四季度以来不断下跌，2022/2023 年榨季糖产量为 3 310 万 t，同比减少 214 万 t，同比降低 6.1%。从近两个榨季来看，印度在没有补贴的情况下糖出口连续创下新高，如 2021/2022 年榨季，印度出口糖 1 100 万 t，加上消费增长客观，印度国内糖库存也降至 600 万 t 以下，达近 5 个榨季低点。这也使得印度在 2022/2023 年榨季无法提供更多的出口配额。印度是世界第一大食糖消费大国，近年白糖消费量维持在 2 500 万 t 左右，另加约 1 300 万 t 土糖。以 2017/2018 年榨季为例，人均消费白糖 18.3 kg、土糖 10.0 kg，合计 28.3 kg，高于世界年人均消费 24.0 kg 的平均水平，更远远高于我国年人均消费 11.3 kg 的水平。印度甘蔗和食糖价格均由政府制定最低保护价，因此种植甘蔗的收益高于其他作物如棉花、大豆、小麦、水稻、芥菜等。印度的蔗农生产规模比中国的大，平均每户种蔗面积约 3 $hm^2$，大的农户种蔗面积达 300 $hm^2$。印度蔗区的土壤条件很好，肥沃、深厚、松软且平坦，但印度属干旱半干旱地区，且每年 4—5 月气温高达 45～50℃，远远超过 30℃左右的甘蔗适宜生长温度，因此干旱高温的双胁迫可能是该国甘蔗单产长期较低的重要原因。在印度热带蔗区，目前最主要的甘蔗品种是 Co86032、CoM0265、CoV09356 等，其中 Co86032 栽培面积最大，分别占马邦、卡邦甘蔗栽培面积的 51%和 58.8%；在亚热带蔗区，目前最主要的甘蔗品种是 Co0238，在多个邦占甘蔗栽培面积的 60%以上，尤其是在甘蔗主产邦北方邦，其栽培面积占 69%（李杨瑞，2020）。

泰国的甘蔗糖业在 2019/2020 年度之前曾经有十几年的快速发展期，其甘蔗糖产量由 2006/2007 年榨季的 672 万 t 发展到 2017/2018 年榨季的 1 468 万 t 以及 2018/2019 年榨季的 1 458 万 t，可谓突飞猛进。但是 2019/2020 年榨季的持续干旱使泰国的甘蔗产量严重降低，甘蔗产量仅 7 489 万 t，同比下降 42.8%；食糖产量 827 万 t，同比下降 43.3%，在连续 4 年超过中国之后重新回到世界第四位；甘蔗出糖率为 11.05%，低于 2018/2019 年榨季的 11.13%。因为甘蔗减产，甘蔗收购价从每吨 175 元人民币飙升至 240 元人民币。由于持续干旱，2020/2021 年榨季泰国食糖产量 757 万 t，同比下降 8.5%；2021/2022 年榨季食糖产量达到 1 020 万 t，较 2020/2021 年榨季大增 35%；2022/2023 年榨季食糖产量达到 1 100 万 t，较 2021/2022 年榨季有所增加。最近国际原糖价格跌到 9.5 美分/磅，约等于泰国甘蔗原料+运费的价格。虽然泰国是世界上原糖生产成本最低的国家，其最低成本为 12 美分/磅，而 2019/2020 年榨季其生产成本在 14.5 美分/磅以上，明显高于国际糖价。

欧盟国家主要生产甜菜糖，2017/2018 年榨季、2018/2019 年榨季、2019/2020 年榨季、2020/2021 年榨季的食糖产量分别为 1 963.8 万 t、1 623 万 t、1 598.8 万 t、1 423 万 t，呈连年下降趋势，主要原因是甜菜种植面积减少。同时由于“新冠”疫情影响，欧盟含糖食品消费量减少，但随着疫情防控好转，2021/2022 年榨季其食糖产量恢复到 1 641.4 万 t。受多重因素影响，2022/2023 年榨季欧盟食糖产量同比下滑。一方面，在生产成本和能源成本较高的同时，农户减少甜菜种植，转而种植利润更高的作物；另一方面，2022 年夏季欧洲出现极端高温及干旱，使得甜菜生长缓慢，甚至出现枯萎。2022/2023 年榨季食糖产量为 1 628.1 万 t，较 2021/2022 年榨季减少 13.3 万 t；消费量为 1 700 万 t，自疫情导致的下降中略有恢复。欧盟存在 100 万 t 的供给缺口需要通过进口弥补。此外，受干旱天气影响，法国 2022 年糖用甜菜产量下降至 3 155 万 t，较 2021 年下降 8.2%。

总之，除 2015/2016 年至 2018/2019 年榨季外，中国从 1997/1998 年榨季起一直保持世界第三大产糖国的地位（李杨瑞，2010；吴才文等，2018），每年糖料种植面积约 165 万 $hm^2$，产糖量在 1 000 万～1 380 万 t 之间，其中甘蔗种植面积约 150 万 $hm^2$，甘蔗糖产量占全国总产糖量 88%～94%。近 10 年来，我国成为仅次于印度的世界第二大食糖消费大国，2019 年以来，年食糖消费量约为 1 580 万 t，每年进口食糖 400 万～600 万 t，对国际甘蔗糖业的发展具有重要的影响。但总体看来，我国蔗糖生产成本高，近年来的吨糖生产成本达到 4 800～5 200 元，每吨比近期国际糖价高 600～1 000 元，明显缺乏国际竞争力。同时在糖厂生产规模和自动化程度等方面，我国与世界先进蔗糖生产国相比仍有较大差距。目前我国平均单厂日榨能力不足 7 000 t，而泰国、巴西则为 20 000 t 以上，规模效益差距明显。我国糖厂自动化和智能化程度比较低，用工人数多，劳动生产率低。以日榨能力 1.5 万 t 的糖厂为例，我国糖厂用工人数为 800 人左右；澳大利亚仅用工 150 人左右，约为我国的 20%；泰国用工人数也只为我国的 60%左右；由此导致我国制糖加工成本要比巴西、泰国高 20%以上。

## 第三节 旱地蔗区在中国甘蔗糖业中的地位和作用

自 1978 年中国实施改革开放以来，原来生产条件较好的甘蔗高产水田蔗区如广东珠江三角洲和福建闽南地区，社会经济率先得到发展，城市化进程加快，甘蔗糖业在这些地区很快失去竞争力而迅速萎缩。中国政府根据经济规律和自然条件，适时调整了糖业的区域布局结构，重点发展了广西、云南、广东湛江等地区，成功地实现了东糖西移、北糖南移的糖业结构大调整，形成了新的糖业基地（李杨瑞，2010；张跃彬等，2013，2015）。更重要的是以广西、云南为主要代表的旱地蔗区依靠科技进步，研究推广适应旱坡地的高产高糖甘蔗良种及先进适用的旱地甘蔗栽培技术，打破了过去依靠水田、良田种植甘蔗的局面，进一步解决了糖粮争地的矛盾，促进了糖料生产的持续快速发展，成为全国大幅度增产食糖的支柱力量（李杨瑞，2010；李杨瑞和杨丽涛，2009）。这两个省份的蔗糖产量占全国蔗糖产量的 85%以上，是我国的基础糖业基地。我国第三大和第四大甘蔗糖产区分别为广东和海南，其他省的甘蔗种植面积和产糖量已变得很少。近几年，内蒙古和新疆的甜菜糖业得到较大发展。2018/2019、2019/2020、2020/2021 年榨季，我国的甜菜糖产量分别达到 131.54 万 t、139.28 万 t、153.26 万 t，占我国食糖总产量的比例分别为 12.24%、13.38%、14.38%；甘蔗糖产量分别为 916.04 万 t、901.44 万 t、900.70 万 t，占我国食糖总产量的比例下降到 87.76%、86.62%、85.62%，但以占甘蔗栽培总面积 80%以上的旱地蔗区甘蔗糖为主导的地位没有改变，其中广西产糖量分别为 634 万 t、600 万 t、629 万 t，分别占我国甘蔗糖产量的 69.21%、66.56%、69.81%；云南产糖量分别为 208 万 t、217 万 t、221 万 t，分别占我国甘蔗糖产量 22.71%、24.07%、24.56%；云南和广西产糖量合计分别占全国甘蔗糖产量的 91.92%、90.63%、94.37%。2021/2022 年榨季，由于甜菜种植面积和产糖量大减，甜菜糖产量只有 86 万 t；甘蔗产区由于大面积干旱，产糖量也降低到 870 万 t，但占全国总产糖量的 91.00%；广西、云南的产糖量分别下降到 612 万 t 和 194 万 t，分别占全国甘蔗糖产量的 70.34%和 22.30%，分别占全国总产糖量的 64.01%和 20.29；广西、云南合计占全国甘蔗糖产量的 92.64%，占全国总产糖量的 84.30%。2022/2023 年榨季，由于甜菜种植面积和产糖量有所增加，甜菜糖产量恢复到 108.4 万 t；甘蔗产区由于大面积干旱，产糖量进一步降低到 788.6 万 t，占全国总产糖量的 87.92%；广西、云南的产糖量分别为 527 万 t 和 201 万 t，分别占全国甘蔗糖产量的 66.83%和 25.49%，分别占全国总产糖量的 58.75%和 22.41%；广西、云南合计占全国甘蔗糖产量的92.32%，占全国总产糖量的81.16%。

## 一、广西的甘蔗糖业

广西糖业的发展史，是一部开放发展、建设壮大的生动历史。广西蔗区90%为旱坡地，蔗地资源禀赋差、肥力低，且十年九旱，同时也因为过去科技发展滞后、栽培技术落后，长期以来糖料蔗产量很低。改革开放以来，广西历届党委、政府高度重视甘蔗糖业发展，贯彻“蔗区管理、糖-蔗价格联动、糖厂反哺蔗农”等发展理念，同时加速甘蔗糖业的人才培养和使用，促进了甘蔗高产高糖、抗旱性强甘蔗良种选育及核心技术的研发和应用，突破了旱地甘蔗产量提高的技术瓶颈，广西的甘蔗糖业得以迅速发展，为广西糖业的持续稳定发展作出了重要的历史贡献（赵维臣，1991；覃蔚谦，1995；李杨瑞和杨丽涛，2009；李杨瑞，2010，2019；李杨瑞等，2014；Li and Wei，2006；Li and Yang，2008，2015a；Li et al.，2016）。从1992/1993年榨季起，广西糖蔗种植面积、产量及产糖量跃居全国第一位，成为我国最大的糖业生产基地。全自治区有56个县种植糖料蔗，其中糖料蔗生产基地县33个，蔗区人口2 000多万。2007/2008年榨季，广西糖料蔗种植面积98.87万$hm^2$，原料蔗总产量7 688万t，单产达到77.8 t/$hm^2$，产糖941万t，分别占全国甘蔗总面积的63.0%和甘蔗糖总产量的68.6%，以占全国54.6%的糖料面积生产了占全国总产量63.4%的食糖。2013/2014年榨季，广西糖料蔗种植面积101.2万$hm^2$，原料蔗总产量7 097万t，单产达到70.1 t/$hm^2$，产糖857.6万t，分别占全国甘蔗总面积的62.2%和甘蔗糖总产量的68.5%，以占全国56.8%的糖料面积生产了占全国总产量64.4%的食糖。2020/2021年榨季，广西糖料蔗种植面积78.2万$hm^2$，原料蔗总产量4 930万t，单产67.2 t/$hm^2$，产糖628.8万t，原料蔗总产量、单产和产糖量分别比2019/2020年榨季增351万t、7.5 t/$hm^2$、28.8万t，增幅分别为7.7%、12.6%、4.8%；产糖量占全国甘蔗糖总产量69.81%，占全国食糖总产量59.0%。2021/2022年榨季，广西糖料蔗种植面积75.3万$hm^2$，原料蔗总产量5 019万t，同比增加98万t；累计产混合糖612万t，同比减少17.85万t；产糖率12.19%，同比下降0.59%；但产糖量在全国的占比上升，占全国甘蔗糖总产量的70.5%，占全国食糖总产量的64.0%。2022/2023年榨季，广西糖料蔗种植面积76.9万$hm^2$，但由于长期严重干旱，原料蔗总产仅4 122万t，同比减少897万t；累计产混合糖527万t，同比减少85万t；产糖率12.79%，同比提高0.60%；占全国甘蔗糖总产量的66.83%，占全国食糖总产量的58.75%。到2022/2023年榨季，广西的食糖产量已连续31年居全国第一位，年产糖量约占全国总产糖量的60%，基本维持稳定，可见广西在我国的蔗糖生产中举足轻重（图1-1）。广西调出区外食糖商品总量占全国80%以上，是全国名副其实的蔗糖主导省份（李杨瑞，2010，2019；Li and Yang，2015a；Li et al.，2016）。

广西蔗糖产业多年增长迅猛，成为广西经济建设的支柱产业及县域经济发展的重要财源，在振兴广西经济，增加地方财政收入及在广西农业和农村经济发展、农民增收致富中发挥着举足轻重的作用。近年来，农民种植糖料蔗收入250亿～300亿元，占广西蔗区农民总收入的50%左右；大部分甘蔗主产县市蔗糖业税收占当地财政收入40%以上，一些县市达60%。此外，糖业的发展还拉动和促进了运输、劳务、建筑、建材、商业、餐饮

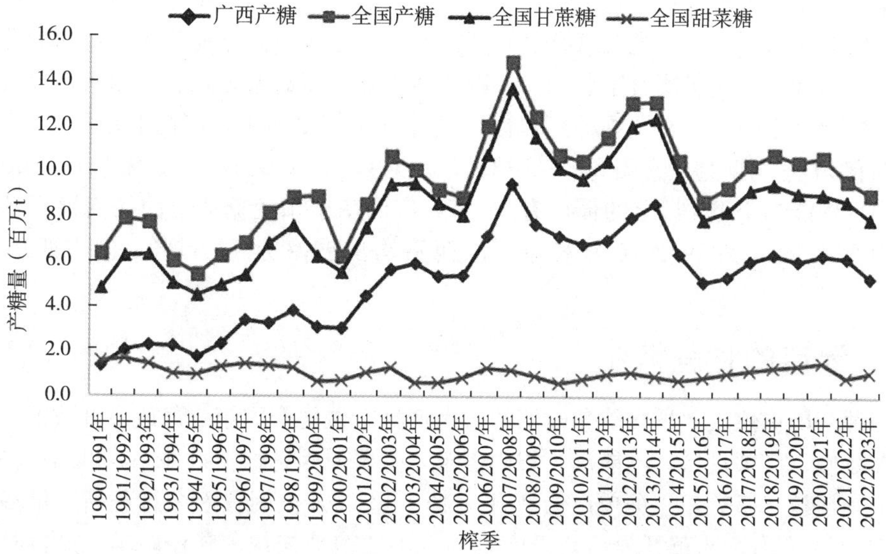


图 1-1 1990/1991 年至 2022/2023 年榨季全国和广西的产糖量

等行业的发展，尤其是对食品加工、运输、生产资料及贸易等产业的带动作用更为突出。

广西的蔗糖业腾飞是国家产业结构调整的结果，更是广西壮族自治区党委和政府历届领导重视和支持的结果。从 20 世纪 70 年代起，广西就把蔗糖业作为第一产业来抓。1977 年我国大陆恢复高考制度，自治区政府就在广西农学院（1992 年更名为广西农业大学）设立了全国唯一的大学本科甘蔗专业，同时在广西大学（1997 年与广西农业大学合并为新的广西大学）设立了本科制糖专业，还在相关的中专学校设立了相应的专业，为广西的蔗糖业发展培养了大批人才。后来随着学科的发展，甘蔗所属的作物学以及制糖学都分别获得了硕士和博士学位授予权，为培养甘蔗糖业的高级专业人才创造了很好的条件。据估计，目前我国从事甘蔗科研开发管理的科技人员约有 4 000 人，其中科研机构和大学中从事甘蔗科研的科技人员约有 300 人，他们中的 60%集中在广西。

广西的甘蔗科技人员通过选育和推广应用优良甘蔗品种，研发和集成应用机械深耕深松、酒精发酵液定量还田、健康种苗、地膜覆盖、病虫草鼠害综合防治、智能化施肥、节水灌溉（喷灌和滴灌）、蔗叶还田、化学调控、旱坡地甘蔗机械收获等技术，形成了旱地甘蔗高效节本栽培技术体系（李杨瑞等，2014；Li and Yang，2015；Li et al.，2016），分别于 2017 年和 2018 年两次被农业农村部列为全国农业主推技术。通过广泛开展技术示范和培训，有效提高了技术人员和农民的科技素养及科学种蔗水平，提高了各示范区和辐射区蔗农集成应用高效节本栽培技术的意识，提高了科学种蔗的水平，从而提高甘蔗生产效益。

从 1992/1993 年榨季开始，广西制糖工业企业生产经营总体规模就一直居于全国各省份首位。广西制糖工业企业通过改制、资产重组，在引进资金、技术的同时，也引进了先进管理经验，企业实现管理创新，管理水平明显提高，建立了现代企业制度。经过不懈的努力，广西制糖工业涌现了一批具有较强经济实力和市场竞争优势的大型骨干企业和企业集团，产业集中度不断提高。2018/2019 年榨季全国共有开工糖厂 211 家，以广西的最多；在全国食糖产量排行榜十强（集团）中，前8名均为广西的企业，分别为广西洋浦南华糖业集团股份有限公司、光明（食品）集团、广西南宁东亚糖业集团、广西糖业集团有限公司、广西湘桂糖业集团有限公司、中粮屯河糖业股份有限公司、广西东糖投资有限公司、南宁糖业有限公司；在全国糖厂食糖产量排行榜五十强中，广西的糖厂占38个。目前广西拥有17家制糖企业集团和86家糖厂，从业人员10多万人；日榨总能力60万t以上，其中日榨能力1万t以上的糖厂有12家，广西南宁东亚糖业集团扶南糖厂日榨能力最大，为2.7万t。2019/2020年榨季，广西平均出糖率为13.11%，创广西历史最高纪录。

## 二、云南的甘蔗糖业

云南种蔗历史悠久，抗日战争时期的云南产糖量位居全国第二，改革开放前云南甘蔗糖业发展缓慢，产糖量低，不能满足省内需求，主要原因是种植条件差，以山坡高旱地为主，加上栽培技术落后，甘蔗单产低，31个糖厂超50%被闲置，全省蔗糖产量多年一直徘徊在10万t左右。改革开放后，云南省制定了“粮糖挂钩、吨糖吨粮、差价补贴、超交加价”的蔗糖发展政策，促进了云南甘蔗糖业的快速发展，2012/2013年榨季，云南甘蔗种植面积达到33.1万$hm^2$，产糖量近224万t，创历史最高纪录。云南省党委、政府对甘蔗生产极为重视，通过深化企业产权制度改革，积极稳妥推进糖业结构调整，加强企业发展战略研究，优化资源配置，降低成本，强化市场营销，蔗糖收购实行按质论价，加强科技进步与创新，促进蔗糖工业的技术改造，减轻企业赋税，实现蔗糖产业化经营。目前，云南的甘蔗种植面积约30万$hm^2$，年产糖量约220万t，占全国甘蔗糖总产量20%以上，甘蔗栽培面积和产糖量均稳居全国第二位。

缅甸北部地区和老挝北部地区是紧邻云南的传统罂粟种植区，有适宜种植甘蔗的土地3.3万$hm^2$。甘蔗的生产特性非常适合替代罂粟种植，而且当年种植当年见效，有宿根性特点，种一次可以砍三至五季，每公顷可收入9 000～15 000元，相当于种罂粟的收益，符合境外生产力发展水平。同时，云南省边境一线有较强的蔗糖工业基础，能满足境外甘蔗加工的需要，因此，甘蔗成为云南省跨境罂粟替代种植的“拳头产品”。

## 三、广东和海南的甘蔗糖业

1991/1992年榨季之前，广东一直是我国最大的甘蔗种植和食糖生产省，主要甘蔗产区是以水田蔗为主的珠江三角洲地区，单产高，效益好。改革开放后，广东甘蔗种植面积锐减，蔗糖业迅速萎缩，主要是珠江三角洲地区的快速城市化和工业化使甘蔗糖业快速失去了竞争力而萎缩，仅剩粤西的旱地蔗区持续从事蔗糖生产。目前广东甘蔗种植面积和产糖量均居全国第三位，以湛江市为主。2018/2019年和2019/2020年榨季，广东糖料甘蔗种植面积分别为17.33万$hm^2$和14.69万$hm^2$，产糖量分别为80.96万t和70.91万t，分别占全国甘蔗糖总量的8.57%和7.86%；其中，湛江市2018/2019年和2019/2020年榨季甘蔗种植面积分别为12.20万$hm^2$和11.67万$hm^2$，产糖量分别为69.92万t和63.46万t，分别占广东省甘蔗糖总量的86.36%和89.49%。广东恒福糖业集团有限公司和广东省广垦糖业集团有限公司分别位列2018/2019年制糖期我国十大制糖企业集团的第九和第十。

海南省是目前我国第四大甘蔗糖产区，生产主要集中在琼北地区。2007/2008 年榨季，海南省甘蔗种植面积 7.93 万 $hm^2$，甘蔗入榨量 432 万 t，产糖量 52 万 t，创历史最高水平。此后由于经济和市场的变化，甘蔗相对于热带水果、瓜菜等作物的比较效益越来越低，甘蔗种植面积和产糖量均呈下降趋势。2015/2016 年榨季海南甘蔗种植面积仅为 2.88 万 $hm^2$，产糖量 15.09 万 t，为 21 世纪以来的最低，以后随糖价而波动。2016/2017 年、2017/2018 年、2018/2019 年、2019/2020 年榨季的甘蔗种植面积分别为 3.03 万 $hm^2$、3.08 万 $hm^2$、2.56 万 $hm^2$、2.33 万 $hm^2$，产糖量分别为 16.46 万 t、17.22 万 t、18.82 万 t、12.09 万 t。虽然 2019/2020 年榨季海南省的甘蔗种植面积和产糖量均为历史最低水平，但其平均混合产糖率达 13.90%，创历史最高纪录，也高于我国其他省份。

福建省和四川省也曾是重要的甘蔗糖业生产基地，但现已几乎完全退出。湖南、江西、湖北、贵州也有蔗糖生产，但产量不大。2021/2022 年榨季，广西、云南、广东、海南四省份的产糖量合计 869.16 万 t，约占全国甘蔗糖产量的 99.90%，其他甘蔗产区已很少产糖。

## 参 考 文 献


李杨瑞，2010. 现代甘蔗学［M］. 北京：中国农业出版社.

李杨瑞，2019. 广西甘蔗创新与展望［J］. 广西农学报，34（4）：1-7.

李杨瑞，杨丽涛，2009. 20 世纪 90 年代以来我国甘蔗产业和科技的新发展［J］. 西南农业学报，22（5）：1469-1476.

李杨瑞，杨丽涛，谭宏伟，等，2014. 广西甘蔗栽培技术的发展进步［J］. 南方农业学报，45（10）：1770-1775.

李杨瑞，杨丽涛，杨柳，等，2015. 巴西甘蔗糖业高效低耗的经验与启示［J］. 中国糖料，37（6）：73-76.

林丽，李杨瑞，安千里，2019. 甘蔗联合固氮的回顾与展望［J］. 生物技术通报，35（10）：46-56.

秦文信，宾力，2005. 蔗糖的功能与人体健康［M］. 中国食物与营养（12）：48-50.

覃蔚谦，1995. 广西甘蔗史［M］. 南宁：广西人民出版社.

吴才文，姚丽，苏火生，等，2018. 世界甘蔗糖业生产与需求［M］. 北京：中国农业出版社.

张跃彬，陈勇，刘少春，等，2013. 现代甘蔗糖业［M］. 北京：科学出版社.

张跃彬，邓军，彭新林，等，2015. 甘蔗产业研究［M］. 北京：中国农业出版社.

赵维臣，1991. 前进中的糖业基地［M］. 南宁：广西科学技术出版社.

Li Y R，2014. China：an emerging sugar super power［J］. Sugar Tech，6（4）：213-228.

Li Y R，Song X P，Wu J M，et al.，2016. Sugar industry and improved sugarcane farming technologies in China［J］. Sugar Tech，18（6）：603-611.

Li Y R，Wei Y A，2006. Sugar industry in China：R & D and policy initiative to meet sugar and biofuel demand of future［J］. Sugar Tech，8（4）：203-216.

Li Y R，Yang L T，2008. Status of the sugar industry development in China［C］//Li Y R，Nasr M I，Solomon S，Rao G P，Meeting the Challenges of Sugar Crops & Integrated Industries in Developing Countries：Proceedings of the International Conference IS-2008，Cairo：Engineering House Press Co.：

759-763.

Li Y R，Yang L T，2015a. Sugarcane agriculture and sugar industry in China [J]. Sugar Tech，17 (1)：1-8.

Li Y R，Yang L T，2015b. Research and development priorities for sugar industry of China：recent research highlights [J]. Sugar Tech，17 (1)：9-12.

# 第二章

# 中国甘蔗糖业发展简史

## 第一节 甘蔗和制糖的起源

### 一、甘蔗的起源

甘蔗在分类学上属被子植物门（Magnoliophyta）单子叶植物纲（Liliopsida）禾本目（Poales）禾本科（Poaceae/Gramineae）甘蔗属（*Saccharum*）。

关于甘蔗的起源有3种说法：一是起源于印度（骆君肃，1992），二是起源于南太平洋新几内亚岛（Brandes and Sartoris，1936），三是起源于中国（De Candolle，1890；Porter，1830；Ritter，1840；周可涌，1984）。中国是世界上古老的植蔗国之一。根据各方面的分析推论，中国华南、西南南部一带可能是甘蔗的原产地之一。

#### （一）有关考古学成果的支持

《齐民要术》（北魏末年的农学家贾思勰在6世纪30年代至40年代写成的一部农学名著）中对甘蔗异名及写法进行了整理。结果，这些“异名”共可分作四个组：①假定在六朝读为zǔ za或dǔ zá的一组，即“诸柘”（西汉司马相如《子虚赋》）、“诸蔗”“都蔗”（曹植、张载、张协、冯衍等）、“藷蔗”（东汉许慎《说文解字》）……②假定六朝读为gan zá的一组，即“干蔗”（三国曹丕《典论》、三国袁准《袁子正论》、西晋张勃《吴录》）、“芊蔗”（唐释玄应、释慧琳《一切经音义》所引东汉服虔《通俗文》）、“竿蔗”（唐欧阳询等《艺文类聚》所引《典论》）……③假定六朝时读为gam zá的一组，即“甘柘”（东汉李尤《七款》《凉州博物志》）、“邯＊［甘＋者］”（《齐民要术》所引）、“甘蔗”（晋郭义恭《广志》、南朝梁沈约《宋书》、南朝梁萧子显《南齐书》、唐姚察、姚思廉《梁书》）……④单用一个（读zá音的）字，即“柘”［战国屈原《楚辞（卷九）·招魂赋》“有柘浆些”及司马相如作的《汉郊祀歌》“太尊柘浆折朝酲”］、蔗……。综合起来看，前3组的各种异名，都包含着一个共同的重要因素，也就是第四组的“单音字”；第二组的“竿”、“干”或“芊”，是附加的一个字，说明植物的形状；第三组的“甘”，则是附加字以说明性质的。

第一组附加着的“诸”“藷”“都”等字，清段玉裁在他的《说文解字注》中，认为与“蔗”是“叠韵”字，即两字的韵母完全相同。这一关系，我们现在很难直接证明，但是并不难了解。先从“藷”这个字说起：“艸”字是形的成分，即说明这东西是“艸”；下面的“诸”字，是声的成分，也就是“注音符号”，说明这个字该读“诸”音，和“储”字一样。

再看“蔗”字。蔗字的“声”的成分是“庶”。从“庶”得声的字，也有两系列：一系列是“庶”“度”等，韵母读 u 的；另一系列是“嗻”“遮”“蹠”“蟅”（以及后来的“鹧”），现在也正保存着 e 与 a 两个韵母的读法。因此，“藷蔗”是叠韵字，并不如我们乍看上去的那么难于理解。《一切经音义》卷 60“甘蔗”条引《说文解字》，“从艸从遮省声”，但另三处仍作“从庶声”。其实“从庶”或“从遮省”都一样。

公元前 4 世纪，屈原的《楚辞·招魂赋》中的“胹鳖炮羔，有柘浆些”句，意为在烹煮鳖鱼和煎炸羊羔这些美味食品的时候，还要淋上一些“柘浆”调味。所谓“柘浆”，也就是指甘蔗榨出来的甜汁，因此我们可以认为，至少在战国末期，位于南方的楚国不但已经有了甘蔗的种植，而且人们已经能够懂得榨出其中的甜汁来作烹调食物时的调味品；又由于《楚辞·招魂赋》一诗通篇描写的是一些民间风俗礼仪，与之同时描写的还有稻、麦、鸡、牛等民间常用的食物，这足以说明蔗类制品的榨取与食用在当时已经相当普遍。公元前 2 世纪，司马相如《子虚赋》有“诸柘”一词，“柘”和“诸柘”都是甘蔗的古称，进一步说明先民很早已知食用蔗浆。甘蔗还有其他古称，如藷蔗、竿蔗等，都是从甘蔗最早的利用形式——“咀咋”时的音义演化而来的。中国古代还用甘蔗作祭品，东晋范汪《祠制》中有初春祭祀用甘蔗的记录，也都反映出中国是最早利用甘蔗的国家之一。

据王启柱（1979）《蔗作学》介绍，德国人瓦格里氏在其所著有关中国农书里曾记有“自最古的时代以来，Zuckerrohr 即称蔗”。Porter（1830）在《甘蔗之历史》中强调中国为第一个种植甘蔗的国家。

### （二）中国与西方国家对甘蔗的命名

中国古代甘蔗的名称很多，如柘、蔗、甘蔗、藷蔗、诸柘、荻蔗、都蔗、芉蔗、竿蔗、竹蔗、杜蔗、药蔗、扶风蔗、西蔗、雪蔗、昆仑蔗、蜡蔗、红蔗、紫蔗、白蔗、肉蔗、甜棒儿、薯蔗、干蔗、接肠草等，有 30 多种。中国甘蔗的命名，纯粹是按中国驯化植物的习惯来命名的，没有加上引进植物的“胡”“番”“洋”和外来地名，也不译音。

石声汉（1958）指出，梵语称甘蔗为 iksha、ikshara，而称蔗糖为 sarkara 或 sakkara。由雅利安语衍生的欧洲语言中，甘蔗与蔗糖称呼与梵语中的相同。除印度方言以外，还有与雅利安语完全不相同者，例如泰林加（Telinga）语称 Pan-chadara，缅甸语称 kyam，中国称甘蔗等。在马来群岛，土著民族称甘蔗为 tubu，称糖为 gula。

### （三）中国甘蔗及其近缘植物分布范围广

甘蔗的分布主要在北纬 33°至南纬 30°之间，其中以南北纬 25°之间，分布面积比较集中。如以温度线为划分标准，则世界蔗区的分布是年平均气温 17～18℃的等温线以上。甘蔗的垂直分布在赤道附近可达 1 500 m。在中国云南的滇西南蔗区，海拔已达 1 500～1 600 m。中国地处北半球，甘蔗分布南从海南岛、北至北纬 33°的陕西汉中地区，地跨纬度 15°；东至台湾东部、西到西藏东南部的雅鲁藏布江，跨越经度达 30°；其分布范围广，为其他国家所少见。甘蔗的近缘植物在中国分布很广，类型也相当多，甘蔗亚族中 9 个属植物都有。主要的甘蔗属割手密，北自秦岭，南至海南岛都有分布。尤其是华南、西南南部一带分布最多。公元前 2 世纪，《南方草木状》记载：“诸蔗一曰甘蔗，交阯所生者围数寸，长丈余，颇似竹。断而食之甚甘，榨取其汁，曝数日成饴，入口消释……”。王启柱（1979）认为，印度、中国及东南亚许多地方都发现野生蔗，都具备有甘蔗原产地的条件。20世纪80年代，相关单位联合协作进行野生蔗调查，结果证明，除广西、云南、广东、海南、福建广泛分布野生蔗外，贵州、四川、西藏等地也有野生蔗分布，中国的野生蔗分布广、种类多。中国收集的割手密资源中有 $2n=60$、$2n=64$、$2n=70$、$2n=72$、$2n=76$、$2n=78$、$2n=80$、$2n=84$、$2n=88$、$2n=92$、$2n=96$、$2n=102$、$2n=104$、$2n=108$ 等不同染色体数目类型（吴凯朝等，2017）。蔡青等（2002）对144个云南割手密的染色体进行观察计算，结果染色体数分别为 $2n=60$、64、72、74、78、80，共有6种类型，对国家甘蔗种质资源圃保存的301份甘蔗属及其近缘植物的染色体进行分析研究，结果发现247份割手密（*S. spontaneum* L.）中具有11种染色体类型，包括 $2n=60$、64、70、80、104、108等；46份斑茅（*Erianthus arundinaceus* Retz）中具有3种染色体类型，其中 $2n=20$ 类型为国内首次报道；2份芒（*Miscanthus sinensis* Anderss）、4份河八王（*N. porphyrocoma* Bor）、2份蔗茅（*E. fulvus* Nees）分别具有 $2n$ 为60、30、20等染色体类型，说明中国甘蔗野生种割手密及甘蔗属近缘植物的变异是十分广泛的。

**（四）甘蔗起源的多中心性**

世界著名植物学家、遗传学家 Vavilov 提出世界栽培植物八大起源中心，中国是甘蔗起源中心之一。

Brandes 和 Sartoris（1936）在新几内亚岛采集了多种类型的热带种、大茎野生种和食穗种，并由此归结为新几内亚岛是热带种和大茎野生种的唯一原产地。这是不适当的，不过应该强调，加里曼丹岛（旧称婆罗洲）和苏拉威西岛地带是热带种的原产地。

多数学者根据语言方面、文献记载方面的考证、调查收集和研究野生甘蔗种类和分布，以及栽培甘蔗的生长发育规律，提出了甘蔗原产地可能在印度、越南、中国以及靠近亚洲东南部之太平洋岛屿的假说。综合上述几方面的分析，该假说应该是比较合理的。

## 二、中国古代甘蔗栽培的发展

中国的甘蔗栽培经历了从华南地区逐步向北推移的过程（周可涌，1984；轻工业部甘蔗糖业科学研究所，广东省农业科学院，1985）。汉代以前已推进到今湖南、湖北地区，到唐宋时，甘蔗已分布于今广东、广西、福建、四川、浙江、江西、湖南、湖北、安徽等省份，且已有商人进行运销；明清时，甘蔗分布北进至今河南省汝南、郾城、许昌一带，范围更加广泛（周正庆，2006）。

关于中国古代甘蔗栽培技术，摘述如下。

（1）魏晋南北朝。曹丕（公元187—226年）在《感物赋序》中提到要趁“阳春……甘雨”掘圃栽种甘蔗。贾思勰所著《齐民要术》引《家政法》“三月可种甘蔗”（古人均用农历，下同）；“土壤肥沃，偏宜甘蔗”。陶洪景《名医别录》提到“广州一种数年生”，是指广州的甘蔗栽培可宿根数年。

从这些记载看，当时主要栽培春植蔗，并能因地制宜地选择土壤进行甘蔗栽培，以及利用甘蔗的宿根特性。

（2）唐初至元末。宋代王灼《糖霜谱》对甘蔗栽培技术也有系统的阐述：“藏种法择取短者（芽生节间，短则节密而多芽），掘坑深二尺，阔狭从便，断去尾，倒立坑中，土盖之（不倒则雨水入夹叶，久必坏）。九蔗田十一月後深耕，杷搂燥土，纵横摩劳令熟。如开渠，阔尺馀，深尺五馀，傍立土壠。上元後二月初区种，行布相儳，灰薄盖之，又盖土不过二寸。清明及端午前後两次以猪牛粪细和灰薄盖之，盖土常使露芽。六月半再使溷粪，馀用前法。草不压数耘，土不厌数添，但常使露芽。候高成丛，用大锄翻壠，上土尽盖。十月收刈。九蔗最因地力，不可杂他种。而今年为蔗田者，明年改种五穀，以休地力。田有馀者，至为改种三年。"

13 世纪前期谢维新《古今合璧事类》提到甘蔗要"畦而种之"。元代《农桑辑要》有关甘蔗栽培技术的描述更进一步，对深耕整地、蔗种处理与下种、施肥、灌溉排水、田间管理、收获、蔗种贮藏、轮作等都有了较清楚的认识，如在耕作制度方面采用与谷类作物轮作为主的轮作制，有的地方种谷 3 年再种蔗，以恢复地力和抑制病虫害发生；种蔗土地强调"深耕""多耕"；选种强调"取节密者"，以利多出芽；在灌溉方面也积累了不少宝贵经验，如提到栽蔗后必须浇水，但应以湿润根脉为度，不宜浇水过多，以免"渰没栽封"，即要防止浇水过多，破坏土壤结构。

（3）明代至鸦片战争。到明代，浸种、除分蘖、追肥、剥叶除虫、防风抗倒、间套种等甘蔗栽培技术上更进一步。关于这个时期的甘蔗发展，周正庆（2006）作了较全面的总结。此时期的标志性成果是宋应星的《天工开物》，此书写于崇祯七年（1634）至十一年（1638），对明代的生产和工艺，特别对甘蔗种植和制糖技术的理论作了较为全面的论述。屈大均（1630—1696）晚年所写的《广东新语》，也对明末清初的甘蔗种植作了重点的介绍。明末清初的这些著作，基本对前代的甘蔗种植在理论上作了阶段性的总结，清中期以至清末的著作，关于甘蔗种植的介绍均没有超出这个时期总结的成果，也没有太大的发展。通过明末清初甘蔗种植的理论著作，可以得知明末清初甘蔗的种植栽培技术主要在以下方面有所继承与发展：

①种苗的窖藏。甘蔗种苗要求在干燥的地方储存，"凡种荻蔗，冬初霜将至，将蔗砍伐，去杪与根，埋藏土内。土忌洼聚水湿处"（《天工开物》第 6 卷《甘嗜》）。

②浸种育苗除分蘖。明末清初，甘蔗种植中关于浸种、育苗和除分蘖方面的技术，前代是没有的，这是明末清初甘蔗种植技术的重要发展。屈大均指出，新种的蔗种必须用水浸，待发芽后才下种，即"新者以水久浸之，候出萌芽乃种"（屈大均，《广东新语》卷 27《草语·蔗》）。《天工开物》在记载育种和移苗分栽时更为具体："雨水前五六日，天色晴朗即开出，去外壳，砍断约五六寸长，以两个节为率。密布地上，微以土掩之，头尾相枕，若鱼鳞然。两芽平放，不得一上一下，致芽向土难发。芽长一二寸，频以清粪水浇之，俟长六七寸，锄起分栽"（《天工开物》第 6 卷《甘嗜》）。其中种苗要"去外壳"的技术一直沿用至今。

人们在甘蔗育苗移栽等方面懂得了育苗的优选法，即除分蘖法。在甘蔗种植前进行选苗，将优良的种苗保留移种，剔除不合格的种苗，朱权在《臞仙神隐书》记载种植甘蔗时"候三月间出"和"去旁边小苗，留大苗"；《群芳谱》也记载"节间生苗，去其繁冗"。这种除分蘖的技术直到目前仍在普遍使用。

③择地。宋应星在《天工开物》中对种植甘蔗时择地作了这样的论述"凡栽蔗必用夹

沙土，河滨洲土为第一。试验土色：掘坑尺五深许，将沙土入口尝味，味苦者不可栽蔗。凡洲土近深山上流河滨者，即土味甘亦不可种。盖山气凝寒，则他日糖味亦焦苦。去山四五十里，平阳洲土择佳而为之”。古人耕作全靠手工，用夹沙土较为疏散，有利于深挖，促进蔗根深扎。

④开畦。《天工开物》记载，明末的甘蔗种植“凡栽蔗治畦，行阔四尺，犁沟深四寸”（《天工开物》第6卷《甘嗜》）。明末种蔗开畦增阔，更便于牛耕的进行，况且甘蔗的种植使用牛进行开畦，大大减轻了人力的负担。

⑤种植。甘蔗的种植时间是“谷雨内于沃土横种之”。甘蔗种植后覆盖的土不能太厚，否则会影响蔗的发芽。这一点宋应星有所指出，“蔗栽沟内，约七尺列三丛，掩土寸许，土太厚则芽发稀少也”（《天工开物》第6卷《甘嗜》）。

甘蔗的套种，这种被认为是现代甘蔗种植的先进技术，在明代的时候就出现了，“（甘蔗）种时，取蔗尾截断二三寸许，二月于吉贝中种之，拔吉贝时，蔗已长数尺”（《番禺县志·物产》）。在将要下种的甘蔗地里套种棉花，大大提高了土地的利用率，同时又可对地面遮阴，利于甘蔗的发芽和小苗的成长。

⑥田间管理。甘蔗是耗肥料、喜高温湿润的农作物。但用肥和浇灌是有讲究的，并不是越多越好。明末清初已形成了一套施肥和灌溉的有效制度，认为甘蔗种植“虽常灌水，但俾水势流满湿润则已，不宜久蓄”（王象晋，《群芳谱》卷4《果谱》4）。只要保持甘蔗的湿润就行了，施肥“浇粪多少视土地肥硗”（《天工开物》第6卷《甘嗜》）。并且要不断地根据甘蔗的长势，追加施肥，二月用猪毛和土，作为种肥与甘蔗一起下种，当甘蔗“长至一二尺，则将胡麻或芸苔（麻饼或菜饼）枯浸和水灌，灌肥欲施行内”，“至七月，……加以粪秽，候长成收取”。根据甘蔗生长的不同时期施以不同的肥料，在甘蔗的种植史上是具有发展意义的，直到目前尚有指导意义。

⑦耕耘培土，除虫防倒。耕耘，有利于甘蔗的根系生长，促进甘蔗的发育，所以甘蔗的种植“芽发三四个或六七个时，渐渐下土，遇锄耨时加之。加土渐厚，则身长根深，蔗免欹倒之患。凡锄耨不厌过勤，高二三尺则用牛进内耕之。半月一耕，用犁一次垦土断旁根，一次掩土培根”，到七月初进行第一次“取土封壅其根”，九月初再次“培土护根，以防砍后霜雪”（《天工开物》第6卷《甘嗜》）。可见明末清初时总结的耕耘和培土制度是非常具体明确的，特别是将牛用于耕耘，大大减轻了人的劳动强度。

衰老和凋谢的老叶会遮光，妨碍甘蔗进行光合作用，对甘蔗的生长极为不利，必须摘除。屈大均在总结甘蔗栽培技术时说道“剥其蔓荚而蔗乃畅茂”。所谓“蔓荚”即老叶。防虫也是甘蔗种植的关键一环，所以屈大均又说，当蔗“已成干，则日夕揩拭其螆”。这里的“螆”即指蚜虫，要求每天都要进行除虫的工作。屈大均还指出“蔗之珍者，……质甚脆，必扶以木，否则摧折”（《广东新语》卷27《草语·蔗》），即要求在甘蔗将要成熟收获的时候，必须用木将甘蔗捆绑固定，以防倒伏。

⑧轮作制度。植物的轮作，是保证地力、提高植物单位产量的有效手段，明末清初人们已经认识到轮种的重要性，屈大均在《广东新语》中，介绍了广东增城甘蔗与芭蕉间种的经验，“增城之西洲，人多种蕉。种至三四年，即尽伐以种白蔗。白蔗得种蕉地，益繁盛甜美。而白蔗种至二年，又复种蕉，……其蕉与蔗，相代而生，气味相入，故胜于他处

所产”（《广东新语》卷 27《草语·芭蕉》）。在明代，蔗与其他农作物的轮种制度不仅在广东存在，而且普遍存在于全国各地的种蔗区，《群芳谱》对此作了相关的记载，“今年种蔗，明年改种五谷，……以滋息；来年种稻，今年可种大麦；如种棉，则不种大麦。棉稻可种之田，种棉两年，翻稻一年。草根溃烂，土气肥厚，虫螟不生”（王象晋，《群芳谱》卷 4《果谱》4）。

甘蔗种植技术在明末清初得到较为全面的总结，对日后的甘蔗种植具有重要的指导意义，此时甘蔗种植的品种十分丰富，基本包括了明清时期所种植的主要品种（季羡林，1997）。

## 第二节　中国古代甘蔗加工利用的发展

至迟在战国时，中国人已从直接用口咀嚼茎秆而吸饮其汁，发展到用简单工具榨取蔗浆，以后进一步把蔗浆加工浓缩为“蔗饴”“蔗饧”或“石蜜”。前两者仍属液态糖，后者已是固态糖。到了西汉时代，蔗类制品的应用有了进一步的发展。刘歆《西京杂记》曾述及“闽越王献高帝石蜜五斛”，所谓石蜜，即以甘蔗为原料制成的固态制品，这与战国后期的液态“柘浆”相比，应该是一个技术上的进步。高帝即汉代的开国皇帝刘邦，可知汉初的蔗糖制品尚是稀罕之物，否则就不会作为贡品献于皇帝。当然，汉代之际柘浆依然存在，不过功能又有了进展。元鼎五年（公元前 112）十一月辛巳朔旦，汉武帝祀于甘泉宫，令司马相如等数十人赋诗称颂，共同制作了《郊祀歌》（十九章），中有“泰尊柘浆析朝酲”之句，意思是用甘蔗汁可以解去贵人们早上犹未退去的宿酒。由此可见，在西汉中期，甘蔗汁不但是一种常用的调味食品，还往往用来解酒。汉代《异物志》说石蜜“既凝，如冰，破如博其（应为博碁，即棋盘）”，可知石蜜应是片糖之类的加工品。《西京杂记》曾述及“闽越王献高帝石蜜五斛”，说明公元前 3 世纪以前，中国已能生产“石蜜”。湖南省马王堆一号西汉墓出土的简牍有“唐（糖）一笥”的记载；出土的竹笥中也有“糖笥”木牌。当时的糖能贮放在竹笥中，说明应是固态蔗糖。

关于砂（沙）糖的产生，历史上有过长期的争论。宋代陆游《老学庵笔记》中曾引茂德的话，认为“沙糖中国本无之，唐太宗时外国贡至，……自此中国方有沙糖”。此后谈论中国蔗糖历史者，多以此为据，认为中国蔗糖制造始于唐太宗时代，而制造技术则从当时外国摩揭陀传入。但另外也有文献可证，汉代已出现“沙糖”一词，东汉时引仲景曾用以调制“青木香丸”。南北朝时陶弘景《本草经集注》则有“取（蔗）汁为沙糖甚益人”的记载。这些均说明在唐太宗时代以前中国早有砂糖生产，可能是唐太宗时派人学习摩揭陀的先进制糖技术，使中国砂糖的质量得到了提高。白砂糖的记载，始见于《旧五代史》，《天工开物》则详细地记载了白糖的生产方法。周可涌（1984）认为，在印度，“白糖”和“中国”是一个同音词，称“中国”是 China，称“白糖”是 Cheni，说明制糖技术是由中国传入印度的，而不是由印度传入中国。有明确记载的是，从唐朝起，中国的制糖法先后直接传至日本等地。日本人真境名安兴和鸟仓龙治合著的《冲绳一千年史》记载：“公元畦五四年，有唐鉴真和尚者，以弘布佛法，东渡扶桑时……，以制糖法传入日本，其遗迹至今尚存于南东大寺古计中”。

冰糖又名糖冰或糖霜，宋代王灼《糖霜谱》认为冰糖的制造方法是唐大历年间由僧人邹某传授给遂宁蔗农的。宋代冰糖生产已很普遍。南宋《方舆胜览》载："藤州（今广西藤县）土人，沿江种甘蔗。冬初压汁作糖，以净器贮之，蘸以竹枝，皆节霜"。元代吴瑞《日用本草》说："稀者为蔗糖，干者为沙糖，球者为球糖，饼者为饼糖。沙糖中凝结如石，破之如沙，透明白者为糖霜"。可见，古代糖霜即为今之冰糖。

中国古代除用甘蔗制糖外，还用来酿酒、造醋、造纸、制香料等。《隋书·南蛮传》有赤土国"以甘蔗作酒"的记载。利用蔗渣造醋，也见于《糖霜谱》中，说明这种利用方式在12世纪以前已经产生。16世纪中叶至17世纪初，即明中期的嘉靖年间至清初顺治末年近150年的时间，是明清时期甘蔗种植和制糖技术取得较大突破的时期。明中期嘉靖年间发明白糖后，制糖技术取得了突破性的发展，明末的制糖技术和甘蔗种植技术又经宋应星、屈大均等人所著的一批涉及甘蔗技术的书籍介绍和在民间逐渐推广，为日后糖业的发展提供了技术上的保证，所以这个时期是明清糖业发展的重要奠基时期。

## 第三节 中国古代商品蔗糖生产的发展

明清时期，中国蔗糖业生产技术获得迅速发展，对中国蔗糖业发展以及社会经济产生了多方面的影响，糖业生产商品基地初步形成。

16世纪中叶开始，中国的糖业生产技术在制糖工艺和甘蔗种植技术方面取得了较大突破，全国的糖业生产，在大陆以两广和福建为主，据《天工开物》记载，甘蔗主要"产繁闽广间，他方合并，得其十一"（《天工开物》第6卷《甘嗜》）。可见两广与福建的甘蔗种植占了全国的9/10，此时的广东、广西和福建已经初步形成了比较发达的糖业商品生产基地，台湾也在17世纪初形成了糖业商品生产基地（周正庆，2006）。

有关两广地区大规模种植甘蔗的记载，明崇祯年间的进士方以智在其《物理小识》中记载"岭北以南皆种之"。这说明明末广东、广西已大规模种植甘蔗。

17世纪初，广东的甘蔗种植业发展得很快，甘蔗种植以珠江三角洲为主，形成了以阳春、番禺、东莞、增城等甘蔗种植基地。由于种植甘蔗有利可图，广东许多地方种植甘蔗"连岗接阜，一望丛若芦苇然"，不少地方甚至出现蔗田与农田种植面积相等的情况："粤人开糖坊者多以是致富。盖番禺、东莞、增城糖居十之四，阳春糖居十之六，而蔗田几与禾田等矣"（屈大均《广东新语》卷27《草语·蔗》）。广东东莞石龙乡的情形是"其地千树荔，千亩潮蔗"，广东东莞篁村、河田一带的情形是"白紫二蔗，动连千顷"（屈大均《广东新语》卷2《地语》）。

广西的蔗糖生产也有悠久的历史（覃蔚谦，1995；黄福添，杨绍光，1996；广西壮族自治区地方志编纂委员会，1998）。如前所述，南宋时期《方舆胜览》已有广西盛产甘蔗和冰糖的记载，至明末清初广西已形成了著名的糖业商品生产基地，所产的糖远近闻名。据覃延欢（1992）考证"明代广西柳州的柳糖、贵县苏湾的苏糖、邕宁庆良墟的白糖，皆为著名商品，畅销远近各地。"晚清民国时期，随着种蔗制糖业的发展，广西城镇蔗糖运销网络已经形成。

17世纪初，福建的糖业生产，形成了在闽中以福州为中心的候官洲靠东沿海向南往莆田，经闽南至泉州、漳州、漳浦沿海一带为主的甘蔗种植基地。万历年间成书的《闽大纪》便有所记载："糖产诸郡，泉、漳为盛，有红有白及冰糖。商贩四方货卖"，又载："种蔗皆漳南人，遍山谷"（万历年间《闽大纪》卷 11《食货考》）。这表明，最迟应在 16 世纪末的万历年间，福建南部的泉州府便形成了规模比较大的商品蔗种植基地。此后，由于种蔗有利可图，福建的不少地方甚至出现毁田种蔗的现象，如兴化府莆田地区"甘蔗：以水田做垅种之，叶如菅茅，其茎有节，春种秋成，捣其汁煮之，则成黑糖，又以黑糖煮之，则成白糖。莆人趋利者多种之"（周瑛著《兴化府志》卷 13，《户纪》7，《山物考·果部》）；闽南的泉州、漳州地区有因蔗田争稻田而造成米贵，需从外省进口的现象，即"甘蔗干小而长，居民磨以煮糖，泛海售焉。其地为稻利簿，蔗利厚，往往有改稻田种蔗者，故稻米益乏，皆仰给于浙、直海贩"（陈懋仁《泉南杂志》卷上，载《四库全书存目丛书》史部 247，齐鲁书社，1983）。

17 世纪 20 年代初，荷兰殖民主义者侵占台湾南部后，为了筹集统治经费和满足其国内对糖的需求，采取种种优惠的措施，如贷款于蔗农、提供牛等动力、提高糖的收购价格等，在台湾南部大力发展制糖业。1636 年，台湾开始向外输出蔗糖，标志着台湾的商品糖基地在崇祯年间逐步形成，这个时候，所形成的台湾糖业商品基地主要在台湾的南部，此后在明末不断发展。顺治十八年（公元 1661）郑成功收复台湾后，"积极奖励甘蔗糖业，且由福建移植蔗苗、改良制糖方法，生产量因而大增"（杨逸农，1974）。

此外，我国其他省的一些地方也形成了小规模的甘蔗种植商品基地。如明崇祯年间，福建人在浙江种植甘蔗所形成的甘蔗基地，有记载"崇祯初年，闽人来浙东诸郡种靛、麻、蔗者布满山谷"（明《遂安县志》卷 8《纪事》）。

综上所述，中国古代甘蔗分布很广，但各省记载先后不一，这与当时的文化发达程度有关，因此很难考究蔗糖是从哪里先发展的。考虑到当时的交通很不方便，大宗货物只能用船运，因此，中国南方沿海、沿江地区的商品蔗糖生产要比其他地区具有优先发展的条件。

## 第四节　近代中国甘蔗糖业的演变

中国蔗糖业曾有过昌盛发展的时期。据中国海关贸易报告，中国蔗糖大量出口，畅销英、美等国，到 1884 年仍出口白糖 49.5 万担（每担约为 50 kg）、黄糖 102.9 万担。但是，自鸦片战争后，帝国主义对中国进行经济掠夺，致使中国蔗糖业每况愈下。英商在香港建了两间规模较大的制糖厂，低价购入甘蔗，再把机制白糖大量输入内地。甲午战争爆发后，日本侵占中国台湾，把盛产甘蔗的台湾变成日本糖业原料的供应地。从此，中国的制糖工业和甘蔗生产遭到严重破坏，蔗糖生产迅速衰退，中国从蔗糖出口国变为外糖倾销地。据中国海关贸易报告，1924—1930 年，外商每年平均向中国倾销白糖 60 万 t，1931—1937 年，每年约倾销 30 万 t，其中 1929 年外糖进口达 89.9 万 t，占进口货物的第二位。直至 20 世纪 40 年代后期，进口糖有增无减，中国产糖量有减无增。广东、广西在 1934 年曾兴办机制糖厂（骆君肃，1992），但由于实行糖业统制和受到进口洋糖的排挤，随后又受日本帝国主义侵略战争的破坏和劫掠，机制糖厂全被摧毁。至于甘蔗生产，则由于从种到收遭受一连串的残酷剥削，蔗农所得甚微，挣扎在饥饿线上，生产积极性降低。因此，当时甘蔗生产一蹶不振。至 1949 年，总产量比 1936 年下降 53%。蔗田荒芜，糖厂倒闭，呈现一片衰败景况（周正庆，2006）。这一时期反倒是内陆省份所受影响相对较小，1919 年，四川的产糖量居全国第一，为 15 万 t，是第二位的广东省产糖量的 4 倍；第三至第五名分别为江西、广西和福建（Li，2004）。

但是，在这一时期，中国也开始了大规模的工农业建设，在中国广东、广西、四川等省份建立了机械化的糖业企业，随之而来的是受到近代化工业推动的传统农业改造，甘蔗栽培与糖业的衰败状况有所改变。在 20 世纪 30 年代初期，国民政府为了加强国家地位，摆脱鸦片战争以来国际列强强加于中国的不平等条约的约束，实行了关税自主的重要政策。在糖业方面，于 1933 年 5 月颁布了第六次糖税则修改案，其目的是给日益猖獗的外国糖的倾销设置壁垒，以保护国内糖工业的起步和发展。这一糖税则修改案的特点是：使用更为科学的糖含量检测法，以糖品中所含的纯蔗糖的百分率为检测标准——欧美的旋光度测验法，在糖的分类方面，也以旋光度作为检测糖品的转化糖的标准（周正庆，2006）。

## 第五节　20 世纪 50 年代至 80 年代中国甘蔗糖业发展

总体来说，20 世纪 50 年代至 80 年代，中国甘蔗生产虽然经历了几次大的起伏，但总的趋势是向好发展。1949 年，全国甘蔗种植面积仅有 10.8 万 $hm^2$，甘蔗总产量 264.2 万 t，而到 1979 年，全国甘蔗种植面积已经发展到 51.2 万 $hm^2$，甘蔗总产量增加到 2 150.8 万 t。甘蔗单产也从 1949 年的 24.4 $t/hm^2$ 增长到 1979 年的 42.0 $t/hm^2$。1989 年，全国甘蔗总产量达到 4 579 万 t，甘蔗单产 55.9 $t/hm^2$，总产糖量达到 570 万 t。在这个时期，主要产糖省份为广东、广西、福建、云南和四川。以广西为例，1950 年甘蔗栽培面积 1.5 万 $hm^2$，甘蔗总产 42.75 万 t，其中糖料甘蔗面积 0.13 万 $hm^2$，单产 24.23 $t/hm^2$，总产糖量 0.21 万 t；1977 年甘蔗栽培面积 11.78 万 $hm^2$，甘蔗总产 248.89 万 t，其中糖料甘蔗面积 8.23 万 $hm^2$，单产只有 18.9 $t/hm^2$，总产糖量 23.4 万 t；1989 年甘蔗栽培面积 31.13 万 $hm^2$，甘蔗总产 1 410.7 万 t，其中糖料甘蔗面积 27.43 万 $hm^2$，单产 43.2 $t/hm^2$，总产糖量 128 万 t。可见，在改革开放前，中国的甘蔗发展主要为扩大种植面积，而改革开放以后则主要依靠科技进步提高单产。广西在总结 1977—1989 年的蔗糖业发展经验时测算，这一时期科技对广西蔗糖业发展的贡献率达到 71%（赵维臣，1991；覃蔚谦，1995）。

在此期间，中国在总结各地先进经验，开展科学研究和推广应用国外科学技术新成果等方面都取得了一定的成绩，中国甘蔗生产的栽培技术水平不断提高。在土地条件较好、劳动力较密集的水田蔗区，如广东省的番禺县和顺德县、福建省的仙游县等有近千公顷单产达 120 $t/hm^2$（生长期 12～15 个月）的甘蔗产区。但就全国而言，甘蔗生产科技水平仍较低，单产低，特别是旱地甘蔗的单产更低（轻工业部甘蔗糖业科学研究所、广东省农业科学院，1985；《广西甘蔗栽培》编写组，1991）。

### 一、选育推广了一批优良品种

20 世纪 50 年代初期，中国很多地方还种植竹蔗、芦蔗和一些已经退化的外来品种

（如 POJ2878 等），单产很低。20 世纪 50 年代经全国鉴定推广的良种如台糖 134、Co290、Co331、Co419 等品种已占甘蔗栽培总面积的 90%以上，代替了过去的劣种，使甘蔗单产和蔗糖分分别提高约 20%和 10%。1952 年，在位于热带的海南岛建立了甘蔗育种场，大大促进了中国甘蔗有性杂交育种的发展。海南甘蔗育种场为全国各蔗区培育杂交种子，各蔗区则用实生苗因地制宜地进行定向培育选择，选育出适应不同蔗区栽培的丰产、糖分较高的早、中、晚熟新品种 100 多个。同时也引种鉴定筛选出一批国外新良种，其中经全国或各省份鉴定推广的新良种 60 多个（彭绍光，1990）。因地制宜地推广甘蔗良种，对提高单产和蔗糖总产效果显著。广东、广西、福建等省份推广的新品种，一般都能使甘蔗增产 10%～20%；四川、江西、浙江等省份推广早熟高糖新品种，不但提高了甘蔗单产，而且蔗糖分由原来的 8%～9%提高到 10%～13%。这些新品种各具优良特性，各具地方特色，在一定程度上解决了对不同类型蔗区的适应性，早、中、晚熟搭配，以及丰产、高糖等问题。

这个时期，中国大陆最著名的自育甘蔗品种是广西壮族自治区农业科学院甘蔗研究所选育的桂糖 11 号（桂糖 73-167），在 20 世纪 80 年代中期至 90 年代中期成为广西的主栽品种，其发展鼎盛时期在广西占甘蔗栽培面积的 56%，在云南、广东、福建等主要蔗糖生产省份均大面积应用，在全国蔗区累计推广面积超过 340 万 $hm^2$，产生经济效益 300 多亿元。其他推广面积较大（6 670 $hm^2$以上）的良种有粤蔗 3 号、粤蔗 7 号、粤糖 63-237、粤糖 64-395、桂糖 1 号、桂糖 3 号、桂糖 12 号、闽糖 70-611、云蔗 71-388、川蔗 3 号、川蔗 10 号、赣蔗 1 号、台糖 160、台糖 172、台糖 176、台糖 177、新台糖 1 号、新台糖 2 号等。台湾省的甘蔗育种成就尤为突出，40 年进行了 3 次良种更新。

这一时期，从国外引进良种经鉴定、区域试验后，得到大面积推广的优良品种有 Triton（选蔗 3 号）、Co997、Co419 等，一般都能增产 10%～20%。

## 二、建设了大面积的稳产高产蔗田

各地进行蔗田基本建设，以治水、改土、增肥为中心，分别在不同类型蔗区，因地制宜采取了一系列措施，建成了许多土层深厚平整、肥沃疏松、结构良好、保水保肥的稳产高产蔗田，有不少地方已从根本上改善了甘蔗的生产条件，提高了单位面积产量。在水田蔗区，对易受涝害的蔗田，建立了规模庞大的电动排灌网，整治排灌系统（包括河道裁弯取直、疏沟淤塞、田块大间分小间等），降低地下水位，变水害为水利。同时大力进行深耕、入泥。对滨海成田，建设储淡抗咸工程，堵海筑坝，解除咸害威胁，成效显著。对丘陵荒地，采取建水平梯田、筑坝保水、平整土地、逐步深耕、掺沙客土、增施有机肥、合理轮作、套种绿肥、以田养田等措施，变瘦瘠为肥沃，甘蔗单产达 75 $t/hm^2$ 以上。在丘陵地蔗区，采取修水库、开运河、整治排灌渠道、挖井提水、安装电动抽水和喷灌、深耕改土、轮间套种豆科作物等措施，变高旱地为水浇地，使甘蔗单产大幅度增长。

## 三、甘蔗栽培制度改革

中国传统的蔗田轮间套种方式，主要有蔗稻、蔗薯、蔗花（生）、蔗豆（类）、蔗麦、蔗菜、蔗桑、蔗肥（绿肥）等。这对维护蔗田生态系统、提高土壤肥力、减少病虫害、消除作物残体和分泌物累积的有害物质都有良好效果，使甘蔗获得持续增产增收。从20世纪50年代至80年代，中国甘蔗栽培制度改革根据当时的条件，建立了多种轮间套种方式，主要有秋植稻底蔗的稻蔗二年或三年轮套制、秋植薯底蔗或秋植花生底蔗的粮油蔗三年轮套制、春植蔗间种春花生（豆类）一年两熟间作制、冬植蔗间种蔬菜（马铃薯）一年两熟间作制等，既收了一熟作物，又延长了甘蔗生长期。这些都能获得提高土地利用率、调节劳动力、改良土壤、减少病虫发生、增产增收的效果。特别是充分利用甘蔗前期生长慢所提供的空间和时间进行轮间套种豆科作物和绿肥，后期豆肥兼收或用作压青，对提高土壤肥力收效显著。大面积推行蔗稻轮套制，对促进粮蔗双丰收，解决粮蔗矛盾，发挥了重要作用。

这个时期的甘蔗育苗移栽有较大发展，在当时有助于解决土地、季节、劳力等矛盾。在地膜覆盖保温的条件下育苗，提早利用了直播蔗无法利用的光能，由于苗的物质基础好，能确保全苗、壮苗，提早进入分蘖和大生长期，也能提早进入最高光能利用期，株高、茎径等农艺性状的表现都优于直播蔗。同时，由于移栽蔗苗分布均匀，群体结构合理，有利于提高产量。

## 四、研究总结了一套甘蔗丰产栽培技术

这个时期，在总结群众精耕细作经验的基础上，开展了新技术的研究工作，把中国的精耕细作传统与现代甘蔗科技相结合，形成了一套甘蔗丰产栽培技术，内容包括选用良种、提早植期、培育全苗壮苗、合理密植、肥水促控、多次培土、综合防治病虫害、防止倒伏、适时收获、小锄低砍等方面，并因地制宜地应用推广，在实践中日臻完善，不断提高甘蔗生产水平。

通过试验，确定了一些蔗区土壤类型的氮、磷、钾配施比例，为按土质施肥提供了依据；还应用$^{15}N$示踪法研究甘蔗对氮素的利用率和氮素平衡问题。

在水分管理方面，则根据甘蔗苗期需水较少、分蘖期需水较多、伸长期需水最多、伸长后期需水渐少、成熟期需水量最少的规律，确立了“润-湿-润”的合理排灌原则。在春雨多而秋旱的水田蔗区，总结推广了“幼苗抓排水，中期保湿润，秋旱勤灌溉，后期少灌水”的合理排灌经验；在地下水位高的沙围田蔗区，总结推广了“二蔗一深沟，降低地下水，封行期吊干沟水，大生长期速灌速排水”的控制地下水位的经验；在高旱地蔗区总结推广了“深沟种植、封畦筑埂、雨后中耕、少剥枯叶”的一套防旱保水方法。

在病虫防治方面，基本摸清了主要病虫害的发生发展规律，为准确地进行预测预报提供了科学依据，研究推广了一套农艺、药剂、生物相结合的综合防治方法。采取选用抗病品种、药剂浸种、水旱轮作、勤剥枯叶和针对病虫发生规律掌握测报，施用高效、低毒、长效农药，并掌握施药时间，避免伤害天敌，以及大量饲放赤眼蜂、瓢虫等措施，控制了蔗螟、黄螟、蔗龟、绵蚜虫、白蚁、蔗飞虱、黑穗病、眼点病等主要病虫害，效果良好。

甘蔗螟虫的生物防治取得了重大成就。从20世纪50年代初，中国利用赤眼蜂防治蔗螟，解决了人工繁殖、释放赤眼蜂的一系列技术问题，并在生产上普及应用，建立了大批赤眼蜂繁殖站，将农艺防治和药剂防治相结合，将一些蔗田的枯心率压低到1%以下，但

大面积应用仅限于局部管理水平较高的蔗区。这个时期，中国蔗区在综合防治中结合应用呋喃丹治螟，成效显著。对主要病虫的天敌资源调查有新进展，经全国鉴定的甘蔗害虫有130多种，天敌有67种。利用寄生蝇防治蔗螟的研究及蔗螟性外激素的研究也取得了成果，开始应用于生产。

蔗田化学除草的研究试用有很大进展，在探明杂草的种类和生长特性、除草剂的选择和应用方法等方面都有一定成果。在生产应用上，采用多种土壤处理药剂和多种叶面喷洒药剂，根据杂草的不同生育期确定不同施药期，并使用不同药剂、不同施药方法，单用、混用或交替使用，形成一个化学除草体系，获得较好的效益。

此外，在甘蔗生产机械化方面，研制了蔗田开沟犁、甘蔗种植机、甘蔗中耕除草机等，有些已应用于生产。

## 第六节　20世纪90年代以来中国甘蔗糖业发展

自中国实施改革开放政策以来，原来生产条件较好的甘蔗高产水田蔗区广东珠江三角洲和福建闽南地区的社会经济率先得到发展，城市化进程加快，甘蔗糖业在这些地区很快失去竞争力而逐步萎缩。根据经济规律和自然条件，我国适时调整了糖业的区域布局结构，重点发展了广西、云南、广东湛江、海南、新疆、内蒙古等产糖地区，成功地实现了“东糖西移、北糖南移”的糖业结构大调整，建设了新的糖业基地。更重要的是，以广西为主要代表的旱地蔗区依靠科技进步，研究推广适应旱坡地的高产高糖甘蔗良种及先进适用的旱地甘蔗栽培技术，打破了过去依靠水田、良田种植甘蔗的局面，进一步解决了糖粮争地的矛盾，促进了糖料生产的持续快速发展，成为全国大幅度增产食糖的支柱力量，广西产糖量约占全国食糖总产量60%，占全国甘蔗糖产量的近70%，使中国糖业从1991年开始实现了基本自给。2007/2008年榨季，全国糖料总面积177万 $hm^2$，其中甘蔗面积152.7万 $hm^2$；全国食糖总产量1 484.0万t，其中甘蔗糖产量1 367.9万t，甘蔗糖产量占全国食糖总产量的比例高达92.2%。但此后中国的甘蔗糖业受国际糖价周期性的影响明显，与其他作物如香蕉、柑橘等的竞争也越来越突出，因此波动性较大，一直没能再次达到2007/2008年榨季的水平。其中，次高的2013/2014年榨季，全国糖料总面积178.1万 $hm^2$，其中甘蔗面积162.6万 $hm^2$；全国食糖总产量1 331.8万t，其中甘蔗糖产量1 257.2万t，甘蔗糖产量占全国食糖总产量的比例高达94.4%。不过，近年来甜菜糖的比例有所上升，2019/2020年榨季，全国食糖总产量1 041.5万t，其中甘蔗糖产量902.2万t，甘蔗糖产量占全国食糖总产量的比例为86.6%，主要是受到干旱的影响；广西的产糖量仅600万t，同比减产34万t，减幅达5.36%；广东的产糖量70.9万t，同比减产10.1万t，减幅12.5%；海南的产糖量12.1万t，同比减产6.7万t，减幅35.6%；云南的产糖量216.9万t，同比增产8.8万t，增幅4.2%，但无法弥补其他省份的减产。甜菜糖主要是内蒙古增产明显，其产糖量达72.5万t，同比增产7.5万t，增幅11.5%；新疆的产糖量58.3万t，同比增产2.6万t，增幅4.5%。

## 一、20 世纪 90 年代以来中国甘蔗的科技成就

### （一）甘蔗优良新品种选育推广

20 世纪 90 年代，中国有 12 个甘蔗产区和 12 个研究机构从事甘蔗育种工作。目前，广西、云南、广东、海南、福建、贵州等省份建有甘蔗育种研究机构，主要的甘蔗育种单位有广西壮族自治区农业科学院甘蔗研究所/中国农业科学院甘蔗研究中心、云南省农业科学院甘蔗研究所、广东省科学院南繁种业研究所（广州甘蔗糖业研究所）、福建农林大学、广西大学、柳城县甘蔗研究中心、中国热带农业科学院热带农业生物技术研究所等。2008 年以来，在农业农村部支持下，广东省科学院南繁种业研究所（广州甘蔗糖业研究所）在海南三亚的甘蔗杂交育种场的设施得到改善；云南省农业科学院甘蔗研究所瑞丽甘蔗试验站正常开展生产性甘蔗杂交工作，开始向全国育种单位提供一定数量的种子；广西壮族自治区农业科学院甘蔗研究所/中国农业科学院甘蔗研究中心于 2008 年起在海南三亚建立了甘蔗杂交基地，从 2009 年起正式开展甘蔗杂交工作。中国每年培育杂交种实生苗数 50 万～70 万，年培育新品种 5～10 个。

20 世纪 90 年代中期以前，我国甘蔗生产中占主导地位的甘蔗品种是桂糖 11 号，也是我国甘蔗主产区广西和云南的主栽品种，在其他蔗区的栽培面积也很大，全面取代了曾占主导地位几十年的台糖 134，对我国甘蔗糖业的发展，特别是广西、云南蔗糖业的腾飞作出了巨大的贡献。20 世纪 90 年代中期以后，该品种在广西等蔗区明显退化，并在相当长的一段时间内没有突破性的甘蔗品种育成，新台糖 16 号和新台糖 22 号先后成为甘蔗主产区的主栽品种，直到 2017 年以后，桂糖 42 号和桂柳 05-136 的面积才超过新台糖 22 号。2000—2017 年，我国推广面积较大的甘蔗品种有桂糖 11 号、桂糖 12 号、桂糖 15 号、桂糖 17 号、桂糖 21 号、桂糖 29 号、桂糖 31 号、桂糖 42 号、桂糖 44 号、桂糖 46 号、桂糖 49 号、桂辐 98-296、桂柳 05-136、粤糖 79-177、粤糖 93-159、粤糖 94-128、粤糖 55 号、粤糖 86-368、川蔗 79-15、云蔗 89-151、云蔗 05-51、闽糖 68/421 等。引进品种除新台糖 16 号和新台糖 22 号先后成为大陆主要蔗区的主栽品种外，推广面积较大的还有新台糖 10 号、新台糖 20 号、新台糖 25 号、台优、桂引 5 号（RB72454）、农林 8 号、CP80/1827 等。

### （二）甘蔗良种重大科研联合攻关

2018 年，农业农村部办公厅发布《关于开展特色作物良种重大科研联合攻关工作的通知》，决定成立全国甘蔗良种重大科研联合攻关体，由李杨瑞教授担任首席专家，秘书处设在广西壮族自治区农业科学院甘蔗研究所，由黄东亮研究员担任秘书长。其总体思路是：在全国甘蔗良种联合攻关专家委员会组织指导下，以甘蔗生产需求为导向，集中全国的资源和力量，以有实力的育繁推一体化种子企业和科研机构、教学单位组成的攻关联合体为依托，创新任务统分结合、资源有条件共享、收益按比例分成、政府与企业共同投入的协作攻关机制，推进“政产学研”紧密结合，逐步构建商业化育种体系，搭建甘蔗种质资源发掘、新组合筛选、苗头品种测试和优良品种展示平台，鉴定创制一批满足目前和未来甘蔗育种需求的优异种质资源，选育一批性状优良、具有市场竞争力的绿色优良甘蔗新品种，提升种业自主创新能力，继续保持广西甘蔗育种全国领先的优势（李杨瑞，2019a，

2019b)。联合攻关强调以培育高产高糖、抗逆性强、宿根性好的新一代优良品种为目标，到“十三五”末，甘蔗良种联合攻关达到如下目标：

**1. 引进、筛选、创制甘蔗优异种质资源90份**

（1）引进国内外甘蔗品种和种质资源，筛选一批甘蔗优良种质，扩大甘蔗杂交育种亲本的遗传基础。

（2）加强野生甘蔗种质资源的收集、研究与利用，重点开展割手密、斑茅和河八王优异基因挖掘利用研究，获得创新性种质用于杂交育种。

**2. 优化甘蔗育种技术体系，选育高产高糖、抗逆性强、宿根性好的绿色甘蔗优良新品种9个** 每年攻关联合体成员单位组配、鉴定新组合不少于1 000个，每年从品比试验圃中筛选出30个左右综合性状优异的品系进入苗头品种测试，选育出新品种3个。3年共选育新品种9个，满足不同蔗区的品种需求。

**3. 累计推广甘蔗优良新品种400万亩①以上** “双高”基地广西自育品种占60%以上，其他蔗区广西自育品种占40%以上，3年累计推广自育新品种400万亩以上。

**攻关的主要任务是：**

**1. 加强优异育种材料发掘与创新** 加强国内外优异甘蔗种质资源的收集保护、鉴定评价，以及具有重要育种价值材料的发掘，规模化发掘一批含有高产高糖、抗病抗逆、养分高效利用等优异基因的资源。加强野生甘蔗种质资源的收集、研究与利用，获得可用于杂交育种的创新性种质。同时，深化种业基础理论研究与前沿育种技术创新，深入开展甘蔗种质演化规律、重要性状形成机理等基础理论研究，创新细胞工程和诱变育种、分子标记、基因编辑、转基因等前沿育种技术，构建育种信息库，聚合优异基因，创制新材料和新品种。

**2. 加强优异品系筛选**

（1）研究建立一套高效的甘蔗花期调控及杂交的技术体系，提高甘蔗杂交制种效率。

（2）进一步完善甘蔗品种选育的程序，包括组合评价方法；开展杂交后代的抗病性、抗虫性、抗旱性、耐寒性、氮磷高效利用和机械化生产适宜性等特性评价，加快培育绿色优良甘蔗新品种。

（3）开展针对高产高糖、抗病虫、抗除草剂、耐寒、耐旱和氮磷高效利用特定目标的甘蔗分子育种，选育优良甘蔗品系。

（4）开展分区育种，选育适宜不同区域生态特性的优异甘蔗新品种。

（5）立足当前生产实际，选育中大茎、脱叶性好、高产高糖的优良品种，满足当前以人工收获为主的生产模式；同时放眼未来，加强中小茎、宿根性好、高产高糖的品种选育，适应产业全程机械化发展。

**3. 加强苗头品种测试** 每年选拔一批高产、高糖、抗逆、宿根性好、适合于机械化收获的苗头品种进行区试，从中选出表现优异的品系进行田间大面积测试，每年测试品种3～5个。

**4. 加强甘蔗高产高效绿色栽培配套关键技术研究**

---

① 亩为非法定计量单位，1亩=1/15 $hm^2$，余后同。——编者注

（1）研究不同区域、品种、土壤条件下甘蔗生产（含全程机械化作业）模式，形成“一新四宿”的技术体系和生产规程并进行生产性示范。

（2）开展蔗地地力培育和维持技术研究，评价不同间种和轮作方式、施肥方式的经济效益和生态效益，筛选和推广适合不同蔗区条件的、可大面积推广应用的技术模式。

**5. 加强甘蔗种苗产业化研究**

（1）通过规模化的企业组织形式，以规范化的操作流程和现代化的技术设备以及先进的管理方式生产高品质的甘蔗品种。

（2）通过市场化的营销、流通和专业化的服务，将优质和适合的品种以及解决方案提供给广大种植者。

（3）以糖厂需求为导向，促进种苗产业和制糖加工融合，同时以糖厂效益反哺为动力，促进育种再创新，形成甘蔗产业链、价值链和创新链的紧密衔接。

**6. 加强育种人才培养与信息交流**　采取定人、定向、定点培训的方式，每年进行一次甘蔗商业化育种专题培训，为参加协作攻关的种子企业培养育种骨干人才，帮助企业提高自主品种创新能力。全面采集基础材料、品种筛选、品种测试、甘蔗育种进展等信息，建设信息共享的省级甘蔗育种数据库。

**工作措施包括：**

搭建优异育种材料发掘与创新平台、优异品系筛选平台、苗头品种测试平台和优良新品种展示平台，保证种质资源鉴定与深度评价、育种材料创制、优异品系筛选、苗头品种测试和新品种展示等攻关工作的顺利开展。

**1. 建立优异育种材料发掘与创新平台**　依托攻关联合体单位，搭建优异育种材料发掘与创新平台，建立甘蔗种质资源重要性状规模化鉴评技术方法和标准，在南宁、扶绥、隆安、柳城（柳州）、兴宾（来宾）、田阳（百色）、宜州（河池）等代表性蔗区开展甘蔗种质资源规模化表型和基因型鉴定，筛选优异资源。

**2. 建立优异品系筛选平台**　对联合攻关单位新配制的杂交组合进行鉴定与评价，每年鉴定新组合不少于1 000个，筛选一批综合性状较优异的新品系。

**3. 建立苗头品种测试平台**　在主产区由广西壮族自治区农业科学院甘蔗研究所、广西大学农学院、柳州市农业科学研究所、河池市农业科学研究所、百色市农业科学研究所、广西南亚热带农业科学研究所、广西南宁东亚糖业集团、广西凤糖集团等企业和科研单位各建立1个20亩以上的苗头品种测试平台，开展高产高糖、高抗性、强宿根性和适宜机械化栽培的苗头品种测试，确定品种的生产价值和适宜种植区域，从中筛选出性状优良的苗头品系，争取每年每个生态区有3～5个苗头品系进入品种登记所需的“三性”试验。

**4. 建立优良新品种展示平台**　以攻关联合体中的糖企为主体，在广西崇左、南宁、来宾、柳州、百色、河池等甘蔗主产区建立甘蔗优良新品种基地6～8个，集中展示甘蔗优良新品种及其配套的高产高效绿色栽培关键技术。

**5. 加快完善支持政策**　研究建立甘蔗良种推广补贴政策，设定奖补标准，对达到一定推广面积的品种，给予相关育种单位和人员相应奖励。鼓励科研单位以技术、资产、人员入股方式，组建科研单位＋专家技术人员＋企业（制糖企业、社会化服务公司、种苗企业）＋社会资本（风险投资、职业经理人）的混合所有制的种苗企业。构建以企业为主体的甘蔗脱毒健康种苗推广应用体系。

**6. 培育壮大甘蔗种业龙头企业** 针对目前甘蔗种业企业规模不大、实力不强等现状，通过引进投资、整合项目等手段重点扶持一批种业龙头企业。支持龙头企业与甘蔗研究机构、制糖企业开展多种形式合作，鼓励育种专家在企业持股分红。

**攻关的成效：**

**1. 甘蔗优异种质材料的发掘与创新**

（1）*种质资源引进*。经农业农村部、自治区农业农村厅、自治区种子总站、自治区植保总站、邕州海关（南宁出入境检验检疫局）等部门的审批，成功引进法国农业部国际研究中心（CIRAD）的甘蔗品种 145 个，充实了甘蔗育种亲本库。隔离种植在广西壮族自治区农业科学院甘蔗研究所引种检疫室，并进行两个生长周期的有害生物检疫监测。目前各品种生长良好，未发现有任何检疫性有害生物。

（2）*种质资源收集*。收集甘蔗及近缘属野生资源 1 100 多份，截至目前，国家甘蔗种质资源圃保存资源数量 5 567 份，其中编目 3 976 份，资源数量居世界第一，经鉴定获得典型热带种 19 个；广西甘蔗资源圃保存编目甘蔗种质资源 4 536 份，其中割手密保育 1 342多份。

（3）*新种质创制及鉴定评价*。2018 年完成斑茅割手密复合体 $F_1$、$BC_1$、$BC_2$ 组合 88 个，种植斑割后代实生苗 17 800 株，河八王 $F_1$、$BC_1$、$BC_2$ 组合 43 个，种植河八王实生苗 17 000 株。筛选获得一批含野生种质的抗性和分蘖力强的甘蔗育种中间材料。对119 个组合进行分区家系评价试验，对 99 个组合进行机械碾压评价试验。对 200 份亲本进行抗病性鉴定。

2019 年评价甘蔗种质资源 126 份，其中割手密 66 份、斑茅 60 份，筛选出割手密抗旱种质 5 份。获得了一批对甘蔗黑穗病表现抗级以上有斑茅割手密血缘的优良育种新材料、新亲本及新组合。

2020 年评价甘蔗种质资源 132 份，其中割手密 70 份、斑茅 62 份，筛选出割手密抗寒种质 5 份。筛选获得斑割材料和河八王材料杂种圃表现较好的组合 6 个。

2021 年对 24 份割手密进行了黑穗病鉴定。遴选出 248 份甘蔗亲本资源，进行了宿根性评价和自然低温耐寒性评价；开展了适合机械化收获的甘蔗优良亲本和组合筛选与评价，进行了斑割材料、河八王材料的黑穗病、梢腐病自然发病率试验。

2022 年完成了斑割后代 20 杂种圃选拔工作，共有 164 个材料；河八王材料杂种圃种植实生苗 29 个组合共 11 450 株，选出 396 个材料进入选种圃，其中表现较好的组合是：ROC11×SNBC2 15-61-3、YT91-976×SNF1 10-6-33、GT42×SNBC1 14-53-14。

**2. 甘蔗优异品系的筛选** 2018—2022 年共完成甘蔗杂交组合 4 700 个，大量使用新引进的 CP 系列、Q 系列、RB 系列和桂糖系列、粤糖、崖城系列优良新亲本，以及广西本地的野生资源割手密和斑茅种质，扩大了亲本和遗传范围。

持续开展甘蔗重要亲本主要性状遗传研究和高产高糖、宿根性强、多抗的甘蔗新品种选育。筛选出优良甘蔗新品系桂糖 05-3217、桂糖 06-1215、桂糖 06-1264、桂糖 06-2081、桂糖 06-1492、桂糖 06-98、桂糖 07-108、桂糖 07-1062、桂糖 08-6、桂糖 08-460、桂糖 08-120、桂糖 08-1180、桂糖 08-1589、桂糖 08-272、桂糖 08-1497、桂糖 07-874、桂糖

09-197、桂糖 09-1743、桂糖 10-699、桂糖 10-2022、桂糖 08-1375、桂糖 08-259、桂糖 08-1045、桂糖 08-591、桂糖 09-268、桂糖 09-563、桂糖 09-2005、桂糖 09-3990、桂糖 10-2018、桂糖 10-3006、桂糖 10-2003、桂糖 10-434、桂糖 10-517、SP80-3280、桂糖 02/761、桂糖 96-211、桂糖 00-122、桂糖 02/208、桂糖 02-281、桂糖 03-1403、桂糖 04-1007、桂糖 04-1001、桂糖 05-1141、桂糖 05-3084、桂糖 06-1721、桂糖 03-2357、桂糖 03-2287、桂糖 03-591、桂糖 03-1438、桂糖 07-994、桂糖 11-80、桂糖 11-2142、桂糖 11-1020 等参加国家和广西年度区域试验和生产试验，为品种登记做准备。

分别在柳州市农业科学研究所、河池市农业科学研究所、百色市农业科学研究所、兴宾区农业科学研究所、扶绥县农业科学研究所、龙州县广西南亚热带农业科学研究所、广西亚热带作物研究所建立甘蔗分区育种与示范基地，2021 年新增金光农场 1 个甘蔗区域试验点，进行新品系的区域适应性测试。

**3. 甘蔗苗头品种的测试**　开展了 29 个优异甘蔗新品系（GT13-93、HT11-109、GT08-568、GT11-2119、GT08-2245、HT11-157、GT09-439、GT10-417、GT13-560、GT12-2508、GT11-2211、GT09-816、GT11-2320、GT08-1174、GT08-56、GT08-3322、GT11-1042、HT09-1、GT09-370、GT10-612、GT08-856、GT09-2013、GT12-2004、GT12-96、GT11-1081、GT13-532、GT12-2008、GT08-2424、GT11-2011）的测试对比试验。桂糖 08-56、桂糖 09-439、桂糖 11-2119、桂糖 11-2320、桂糖 10-612、桂糖 11-1081、桂糖 11-2011、桂糖 11-2211、桂糖 12-96、桂糖 13-532、河糖 11-109 等 11 个优良新品系分别在河池、柳州、凤糖、柳城、丁当、百色、扶绥、龙州和东亚糖业有限公司驮卢基地进行新植区域试验。桂糖 10-612、桂糖 12-96、桂糖 13-532、桂糖 08-16860、桂糖 11-42、桂糖11-57、桂糖 12-422、桂糖 12-445、桂糖 12-1764、桂糖 12-2130、桂糖 13-567、桂糖 13-629、桂糖 13-1213、桂糖 14-198、桂糖 15-110 等 15 个优良新品系分别在河池、柳州、凤糖、柳城、丁当、百色、扶绥、龙州和东亚糖业有限公司驮卢基地等进行新植区域试验。

**4. 选育甘蔗新品种**　2018 年甘蔗被列为非主要农作物，由品种审定制转变为品种登记制。截至 2023 年，全国共有 125 个甘蔗登记品种，其中，全国甘蔗良种联合攻关成员单位共有 112 个品种获登记，其中广西壮族自治区农业科学院甘蔗研究所共有 27 个品种获登记，占国家甘蔗新品种登记的 21.6%。选育的优良甘蔗新品种丰产、早熟、高糖、宿根性强、抗逆性强等，深受甘蔗主产区农民和制糖企业的欢迎，其中桂糖 29 号、桂糖 42 号、桂糖 44 号、桂糖 46 号、桂糖 49 号、桂糖 55 号、桂糖 58 号、桂柳 05136、云蔗 05-51、云蔗 08-1659、粤糖 93-159、粤糖 00-236、粤糖 55 号等成为支撑全国“双高糖料基地建设”和甘蔗基本保护区建设的主推品种。2019—2022 年，桂糖 42 号连续 3 年成为全国种植面积最大的单一甘蔗品种，年种植面积 400 多万亩。

**5. 实现新的甘蔗品种更新换代**　据全国甘蔗糖业信息中心-全国甘蔗生产信息监测网数据：2022 年全国甘蔗种植面积 1 545.7 万亩（2021 年 1 631.2 万亩）；其中，桂糖系列种植面积 582.43 万亩（2021 年 518.53 万亩），占比为 37.68%（2021 年占比为 31.79%）；桂柳系列种植面积 476.19 万亩（2021 年 488.20 万亩），占比为 30.81%（2021 年占比为 29.93%）；粤糖系列种植面积 173.31 万亩（2021 年 230.83 万亩），占比

11.21%（2021年占比14.15%）；新台糖系列种植面积120.48万亩（2021年190.77万亩），占比7.79%（2021年占比11.70%）；云蔗系列种植面积95.88万亩（2021年59.25万亩），占比6.20%（2021年占比3.63%）；其中，如表2-1所示，桂糖42号种植面积443.01万亩，占比28.66%（2021年442.52万亩，占比27.13%）；桂柳05136种植面积440.27万亩，占比28.48%（2021年455.87万亩，占比27.95%）；粤糖93-159种植面积71.28万亩，占比4.61%（2021年107.98万亩，占比6.62%）；新台糖22号种植面积84.73万亩，占比5.48%（2021年130.99万亩，占比8.03%）；云蔗05-51种植面积50.13万亩，占比3.24%（2021年39.8万亩，占比2.44%）。

**表2-1 2022/2023年榨季全国种植面积最大的前12个甘蔗品种**

| 序号 | 品种 | 种植面积（万 $hm^2$） | 占总面积（%） |
|---|---|---|---|
| 1 | 桂糖42号 | 29.53 | 28.66 |
| 2 | 桂柳05136 | 29.35 | 28.48 |
| 3 | 新台糖22号 | 5.65 | 5.48 |
| 4 | 粤糖93-159 | 4.75 | 4.61 |
| 5 | 桂糖49号 | 3.46 | 3.35 |
| 6 | 云蔗05-51 | 3.34 | 3.24 |
| 7 | 桂糖44号 | 2.95 | 2.86 |
| 8 | 粤糖00-236 | 2.89 | 2.81 |
| 9 | 云蔗08-1609 | 2.52 | 2.45 |
| 10 | 粤糖55号 | 2.20 | 2.13 |
| 11 | 桂糖55号 | 1.75 | 1.70 |
| 12 | 川糖79-15 | 1.03 | 1.00 |
| 总计 | | 89.43 | 90.67 |

据广西壮族自治区糖业发展办公室统计：2022年广西甘蔗种植总面积1 153.13万亩（2021年1 130.01万亩），广西自育品种种植面积1 049.88万亩（2021年947.63万亩），占种植总面积91.05%（2021年83.86%）。桂糖系列种植面积638.7万亩（2021年515.2万亩，增加123.5万亩），占全自治区甘蔗种植面积的55.4%（2021年45.6%，增加9.8%）；桂柳系列面积407.5万亩（2021年432.4万亩，减少24.9万亩），占比35.3%（2021年38.3%，减少3.0%）；粤糖系列面积57.9万亩（2021年90.9万亩，减少33.0万亩），占比5.0%（2021年8.0%，减少3.0%）；新台糖系列面积25.0万亩（2021年65.4万亩，减少40.4万亩），占比2.2%（2021年5.8%，减少3.6%）。其中，桂糖42号种植面积421.6万亩（2021年383.0万亩，增加38.6万亩），占比36.6%（去年33.9%，增加2.7%）；桂柳05136面积393.9万亩（2021年417.9万亩，减少24.0万亩），占比34.2%（2021年37.0%，减少2.8%）；新台糖22号面积22.9万亩（2021年57.9万亩，减少35.0万亩），占比2.0%（2021年5.1%，减少3.1%）；粤糖93-159面积23.8万亩（2021年49.7万亩，减少25.9万亩），占比2.1%（2021年4.4%，减少

2.3%）。桂糖 44 号 84.9 万亩（2021 年 30.7 万亩，增加 54.2 万亩），占比 7.4%（2021 年 2.7%，增加 4.7%），桂糖 49 号 41.7 万亩（2021 年 29.9 万亩，增加 11.8 万亩），占比 3.6%（2021 年 2.6%，增加 1.0%），桂糖 46 号面积 23.9 万亩（2021 年 27.8 万亩，减少 3.9 万亩），占比 2.1%（2021 年 2.5%，减少 0.4%）。除桂糖 42 号外，其他桂糖品种种植面积 217.1 万亩（2021 年 132.2 万亩，增加 84.9 万亩），占全自治区种植面积的 18.8%（2021 年 11.7%，增加 7.1%）。自育优良甘蔗新品种基本取代新台糖 22 号，实现新的甘蔗品种更新换代，显著提高了蔗糖生产效益，2019/2020 年榨季产糖率达 13.11%，吨糖耗蔗量降为 7.5t，创历史最高纪录。2022/2023 年榨季，广西累计入榨甘蔗 4 122.13 万 t，产混合糖 527.03 万 t，占全国总产糖量 58.75%，占全国甘蔗糖产量 66.83%；产糖率 12.79%，较 2021/2022 年榨季提高 0.6 个百分点。2022/2023 年榨季广西甘蔗种植面积 1 153.13 万亩（2021/2022 年榨季 1 130.01 万亩），联合攻关单位育成的品种种植面积 1 049.88 万亩（2021/2022 年榨季 947.63 万亩），占广西种植总面积 91.05%；桂糖系列种植面积 638.7 万亩，占全区甘蔗种植总面积的 55.4%，其中桂糖 42 号种植面积 421.6 万亩，占全自治区甘蔗种植面积的 36.6%，已经有 3 个榨季成为全自治区以及全国种植面积最大的单一甘蔗品种，彻底改变了新台糖 22 号长期垄断的局面。

**（三）先进适用的旱地甘蔗栽培技术研发取得显著进展**

20 世纪 90 年代以后，中国的甘蔗主要产区转移到广西、云南和广东湛江，以旱地蔗为主，特别是广西蔗区，旱地甘蔗占 90%以上，研发先进适用的旱地甘蔗栽培技术尤为重要。通过多年的研究与应用示范，在甘蔗栽培技术方面已取得了一批先进适用的成果，多项甘蔗旱地栽培技术已在中国蔗区大面积应用（李杨瑞，2010；李杨瑞等，2014；Li et al.，2016；张跃彬等，2014，2015；张跃彬，2016；江永等，2014；黄振瑞等，2019）。

近十多年来，在旱地甘蔗节本高效栽培研究方面也取得了较大的进展，涌现出一批科研成果，促进了蔗糖业的发展。由科技部、农业农村部，以及各省（自治区、直辖市）科技厅和财政厅支持，先后组织实施“旱地甘蔗高产高糖栽培技术研究”“甘蔗良种良法配套栽培技术研究”及“大面积亩产吨糖田综合技术开发”“甘蔗电脑专家系统开发及应用示范”等项目，通过开展多年多点试验示范、技术培训、提高了蔗农种蔗水平，对蔗糖生产起到极大的促进作用，甘蔗单产不断提高。特别是 2007 年立项、由广西壮族自治区农业科学院主持的国家科技支撑计划重点课题和广西科技攻关重点课题“旱地甘蔗高效节本栽培技术集成研究与示范”，总经费达到 7 800 万元，其中国拨经费 962 万元，广西壮族自治区政府配套 950 万元，目的是促进蔗糖生产向高效节本方向转变，提高农业生产综合效益，增加农民收入，增强抵御市场风险的能力和发展后劲，为糖厂提供优质原料蔗，降低加工成本，全面提高蔗糖业的整体科技水平和效益，促进中国蔗糖业持续、稳定、健康发展。该课题通过选用甘蔗优良品种、组装先进适用的机械深耕深松、节水灌溉（喷灌和滴灌）、酒精发酵液定量还田、智能化施肥、覆盖地膜、培育健康种苗、病虫草鼠害综合防治、蔗叶还田、化学调控、用旱坡地小型机械收获等技术，进行甘蔗高产高糖高效节本技术集成示范，在华南主要蔗区建立旱地大面积甘蔗高产高糖高效节本技术集成应用示范区 10 个，总面积达 3 340 $hm^2$以上，辐射带动 66.7 万 $hm^2$。其中示范区甘蔗单位面积产蔗量 112.5 $t/hm^2$以上，蔗糖分 14.5%以上，比非示范区产蔗量增产 15 $t/hm^2$ 以上，节约成本10%以上；辐射区甘蔗单位面积产蔗量105 t/hm² 以上，比非辐射区产蔗量增产7.5 t/hm² 以上，蔗糖分提高0.5%左右，节约成本8%以上。在广西农垦系统蔗区，通过产学研密切合作，以甘蔗良种为基础，因地制宜采用深耕深松、蔗地滴/喷灌、蔗叶还田、智能施肥、酒精发酵液还田、病虫综合防治、化学调控等技术，初步配套组装成抗旱节水、高效低耗的旱地甘蔗生产技术体系，建立了大面积标准化的甘蔗生产示范基地，于2007/2008年榨季创造了全系统单产超120 t/hm² 的好成绩。其中，昌菱农场1 900 hm² 旱地甘蔗平均单产达134.85 t/hm²，对周边蔗区起到了很好的示范作用（Li et al.，2008；李杨瑞，2010）。目前深耕深松技术在新植蔗中已基本得到普及应用，其他技术也已在甘蔗生产上大面积应用（李杨瑞等，2014；李杨瑞，2019b）。

通过不断完善和创新，形成了一套适合中国蔗区种植区域化、专业化、标准化的旱地甘蔗高产高效种植管理技术体系，于2017年、2018年连续两年被农业农村部列为全国农业主推技术，为中国旱地甘蔗高产高糖栽培提供了科技支撑。同时，通过产学研结合，采用“核心试验区研发、示范区引领带动”，创建“科研院所＋企业＋农场＋基地＋农户”推广模式，建立了全国性的技术集成与应用示范基地，树立中国旱地甘蔗高产示范样板，以点带面，实现了中国旱地甘蔗的跨越发展和高产高糖高效栽培技术的大规模推广应用。

**（四）甘蔗良种繁育体系建设初见成效**

在良种繁育上，近年来，中国兴建了一批上档次、上规模的甘蔗繁育基地，繁育基地的建设既有科研单位、教学单位和国有企业，也有民营企业，主要分布在广西、云南及广东湛江甘蔗主产区。甘蔗主产区的政府高度重视甘蔗良种繁育推广基地建设，广西壮族自治区人民政府先后出台了《广西甘蔗种业产业化发展规划（2018—2035年）》（桂政办电〔2018〕277号）、《广西壮族自治区人民政府办公厅关于加快广西甘蔗良种育繁推的实施意见》（桂政办电〔2020〕94号）以及《广西壮族自治区甘蔗良种繁育推广基地建设补助资金管理办法》（桂财农〔2017〕77号）等政策文件，每年都对获批的甘蔗良种繁育推广基地建设项目给予资助。广西的甘蔗良种繁育推广基地建设补助资金包括基础设施建设补助和良种出圃补助。其中，甘蔗良繁基地基础设施建设的补助标准为：新建一级基地3 000元/亩，二、三级基地2 200元/亩，每个基地补助总额最高不超过300万元；原建设资金来源为各级财政补助，需要在原有基础上改扩建成为基地的，对一、二、三级基地分别按照规定建设面积下限及每亩不超过2 200元的50%、40%、30%相应予以一次性补助。甘蔗良繁基地良种出圃的补助标准为：对良繁基地当年扩繁的夏植或秋植种茎给予补助，一级基地补助1 760元/亩，二、三级基地补助1 400元/亩。

通过建立甘蔗优良新品种繁育基地，研究健康种苗生产、高倍系数的良种繁殖技术，以及与甘蔗新品种相配套的高产栽培技术，探讨标准化的甘蔗新品种高产高效种植管理和“科研＋企业＋农户＋基地”模式的甘蔗高产高效良种繁育基地的有效运行机制，并取得了一系列显著进展。

2019年12月，国家决定于2020—2022年对甘蔗主产区广西和云南实施糖料蔗良种良法技术推广补贴和蔗糖储备贴息和轮换。2020年3月31日，广西壮族自治区人民政府办公厅印发了《广西糖料蔗良种良法技术推广工作实施方案》，提出力争用3年时间，在全自治区范围内，通过开展糖料蔗良种良法技术推广和实施食糖商业储备，基本实现新植蔗脱毒、健康种苗全覆盖，亩产提高 20%以上，蔗糖分提高 0.5%～1%；机械化生产得到有效推广，“双高”基地机收率达到 50%。

### （五）甘蔗及制品质量监督检验测试日益受到重视

农业农村部先后分别在福建和广西建立了 2 个农业农村部甘蔗及制品质量监督检验测试中心，分别依托福建农林大学和广西壮族自治区农业科学院甘蔗研究所（后移交给广西壮族自治区农业科学院农产品检测研究所）；原国家质量技术监督局依托广州甘蔗糖业研究所（现广东省科学院南繁种业研究所）建立了国家糖业质量监督检验中心，依托广西产品质量监督检验院建立了国家食糖产品质量监督检验中心。全国甘蔗及制品（食糖、酒精）的品质、抗性、农药及重金属残留等质量检测日益受到重视。

### （六）甘蔗基础研究和应用基础研究得到进一步加强

近 20 年来，中国从事甘蔗基础研究的力量不断壮大，在多方面取得了显著的进展。在 2010 年之前用 AFLP 标记、SSR 标记等鉴别甘蔗品种和种质，克隆甘蔗伸长因子基因、乙烯受体基因 *Sc-ERS*、ACC 合成酶基因、ACC 氧化酶基因，完成甘蔗 Δ1-吡咯啉-5-羧酸合成酶（ScP5CS）基因等的克隆和遗传转化；成功构建了 MAR 序列介导杀虫融合基因（*AVAc*＋*CpTI*），并在甘蔗中进行转化，获得了一批抗性植株（李杨瑞，2009；Li et al.，2018）。在 2010 年之后甘蔗功能基因组、转录组、蛋白质组、代谢组的研究在我国全面展开，并获得了显著的研究进展（详见本书第四章）。甘蔗野生种割手密 *AP*85-441 基因组是全球第一个组装到染色体水平的同源多倍体基因组，同时还解析了甘蔗割手密种的系列生物学问题，特别是揭示了甘蔗属割手密种的基因组演化、抗逆性、高糖以及自然群体演化的遗传学基础（Zhang et al.，2018）。中国的甘蔗科研人员密切联系生产实际，集中力量对旱地甘蔗开展了大量的基础研究，成果颇丰。

（1）针对中国旱地甘蔗大规模发展的品种需求，从形态、生理到分子水平系统性开展甘蔗抗旱机理研究。一是揭示了与甘蔗抗旱性密切相关的形态和生理指标，在国内首次确认了蔗株生长速度、绿叶数量、叶片细胞质膜透性、叶绿素含量、可溶性糖含量、丙二醛含量等 6 个指标可作为甘蔗品种抗旱性鉴定的关键指标，并应用模糊数学的方法对甘蔗品种进行综合评价（杨建波等，2012；金伟等，2012）。二是应用蛋白质组学技术发现富含谷氨酸和不稳定的酸性亲水非跨膜蛋白 Drought inducible 22 kDa protein 是甘蔗抗旱性特征蛋白（Zhou et al.，2012）；利用基因芯片技术对甘蔗抗旱基因进行筛选，发现 *SoSnRK*2.1、*SoACLA*-1、*SoP*5*CS* 基因的表达可以显著提高甘蔗抗旱性（谭秦亮等，2013；Li et al.，2016，2017；Phan et al.，2016），并进一步通过转基因技术把 *SoSnRK*2.1、*SoACLA*-1、*SoP*5*CS* 基因成功导入甘蔗，验证结果表明，这 3 个基因过表达可以显著提高甘蔗抗旱性（Li et al.，2018;）。

（2）探明了水分制约甘蔗生长、产量形成和糖分积累的机理，创新形成了以旱地甘蔗深耕深松技术为基础的抗旱化学调控技术，通过调节生理代谢，促进输导组织发育，显著提高甘蔗抗旱性。

研究发现干旱缺水导致甘蔗植株体内水势降低，同时细胞质膜、线粒体膜和叶绿体膜的结构受到破坏，细胞质膜相对透性和丙二醛含量提高，抗氧化系统关键酶（过氧化氢酶、过氧化物酶、超氧化物歧化酶）、光合作用关键酶 PEP 羧化酶、能量代谢关键酶

ATP 酶等活性降低，叶绿素、可溶性糖、脯氨酸含量降低，代谢混乱，光合作用受阻，严重抑制生长，绿叶数减少，降低产量。在生长后期适当干旱可以抑制生理代谢，促进糖分积累；但严重干旱时因光合产物的合成和运输严重受阻，反而降低蔗糖分，因此严重干旱时适当灌溉可促进光合产物合成以及由叶向茎运输而使甘蔗提高蔗糖分。蔗地深耕深松技术增加土壤孔隙度、增强土壤通透性来提高雨水渗透速度、增加雨水渗透数量，增强土壤的蓄水保墒能力；增加耕作层深度并改善土壤结构，促进了好气细菌的活动，提高了其对土壤有机质分解和碳化的能力，释放养分，促进蔗株吸收养分，同时抑制厌氧细菌的活动，减少土壤氮素反硝化活动，为甘蔗生产减肥增效奠定了重要基础。试验表明，深耕深松雨后 5～15 d，0～30 cm、31～60 cm 土层含水量分别增加 0.29%～1.38%、1.02%～1.17%；深耕深松栽培的蔗株根系增重 6.5 g，根数增加 45 条，分布范围由 20～30 cm 扩大到 32～36 cm，出苗率提高 17.8%，分蘖率提高 13.4%。在旱地甘蔗深耕深松技术应用的基础上，深入研究了抗旱化学调控技术，试验表明，在甘蔗生长前中期用低浓度（80～100 mg/L）乙烯利喷施甘蔗叶面，乙烯利可通过诱导 ACC 合成酶/氧化酶基因表达、调节内源激素平衡、影响相关酶活性等，促进甘蔗根系的发育和根、茎、叶中输导组织分化，使输导组织发达，增强植株吸收、运输水分和养分的能力，显著提高甘蔗的抗旱能力；在生长后期用较高浓度（400～500 mg/L）乙烯利喷施甘蔗叶面，因适当胁迫而起到抗旱锻炼作用，显著提高甘蔗抗旱性，同时通过调节内源激素平衡而诱导蔗糖磷酸合成酶（SPS）、甘蔗转化酶抑制子（SoInvInh1）、过氧化物酶、ATP 酶等基因表达，促进光合产物由叶向茎运输，加速蔗茎糖分积累，并增加茎的蔗糖库容量，增产增糖（李杨瑞，2006）。在此基础上研发出甘蔗增糖增产剂，在糖厂开榨前 4～10 周，利用飞机或机械喷施可以使蔗糖分提高 1%（绝对值）以上，产量增加 4%～8%，有效解决在榨季前期由于蔗糖分低而导致糖厂生产效益差的问题；研发出甘蔗高效液肥“蔗丰灵”，在分蘖初期叶面喷施，甘蔗株高平均增加 20.8 cm，茎径平均增加 0.12 cm，亩有效茎数增加 253 条，蔗茎产量平均提高 16.2%，蔗糖分平均提高 0.85 个百分点；总结出一套适合蔗区利用轻型飞机喷施甘蔗增糖增产剂的有效方法；创建飞机喷施化学催熟剂的评价技术体系，飞机喷施后 30～60 d 平均提高蔗糖分 1.99%（绝对值），投入产出比达 1∶46.9，显著提高了制糖企业的经济效益。

（3）揭示了旱地甘蔗的生物固氮特性，分离出 41 个属的 1 156 个固氮促生菌株，发现生物固氮可满足甘蔗生长需氮量的 30%～70%，为甘蔗化肥减施提供了重大的理论依据，结合制糖副产品资源化利用，形成了甘蔗绿色施肥技术。通过采用多种培养基分离和培养技术，结合先进的基于 *nifH* 基因的宏基因组高通量测序技术、$^{15}N$ 示踪、固氮基因 *nifH* 探针杂交、16S rDNA 基因序列分析等技术，在旱地甘蔗上分离、培养获得具有联合固氮潜力菌株 1 000 多株，其中具有植物促生功能菌株 400 多个，克雷伯氏菌属（*Klebsiella* sp.）、肠杆菌属（*Enterobacter* sp.）、假单胞菌属（*Pseudomonas* sp.）等为主要优势菌群。其中 2 种内生固氮菌（*Nocardioides* 和 *Rhodococcus* 属）为首次从甘蔗组织中分离获得；首次证实 *Klebsiella variicola* 固氮菌和 *Raoultella* 属固氮菌与植物寄主联合固氮，*Kosakonia* 属固氮菌与甘蔗联合固氮；鉴定了一个分类新种 *Enterobacter sacchari*；测定了 14 个菌株的基因组序列。通过国内旱地甘蔗的大规模取样检测，证实了甘蔗具有生物固氮特性的普遍性，且在甘蔗生长盛期活性最强。通过同位素$^{15}N$标记试验研究，发现旱地甘蔗生物固氮量可满足生长需氮量的30%～70%，并具有溶磷、解钾、分泌生长素等多种植物促生功能。

结合制糖副产品资源化利用，我国研发了甘蔗糖蜜酒精发酵液经适当调配定量施用的技术体系，发明了一套通过对糖蜜酒精发酵液进行浓缩、烘干后破碎制干粉有机肥的方法，并结合利用糖厂滤泥研制出多种专用微生物有机无机复混肥料产品。试验表明，糖蜜酒精发酵液用量为每亩3～7 t，较常规施用化肥增产10%～30%，蔗糖分提高0.2～1.0个百分点，亩节本150～300元；在氮、磷、钾总养分均等的条件下，施用糖蜜酒精发酵液干粉复混肥比普通复混肥增产5%～20%。该技术体系有效解决了酒精发酵液的污染问题，变废为宝。

基于甘蔗生物固氮特性，结合制糖副产品资源化利用，我国建立了甘蔗绿色施肥技术体系，修正了传统的"三攻一补"追肥法，即攻苗、攻蘖、攻茎，补施壮尾肥，把追肥次数由过去的4次减少到1次（分蘖末期），降低化学氮肥使用量达75%，同时磷（$P_2O_5$）和钾（$K_2O$）的使用量也分别降低50%和75%，甘蔗产量不减而蔗糖分提高2个百分点以上，显著降低了甘蔗生产成本，同时减轻了因氮肥施用过量造成的环境污染，还有效减少了甘蔗倒伏现象的发生。

（4）揭示了宿根矮化病等病原菌积累破坏甘蔗的输导系统和光合结构，抑制正常代谢和光合作用是旱地甘蔗种性严重退化的关键原因，发明了甘蔗温水脱毒和茎尖脱毒技术，实现了中国旱地甘蔗健康种苗产业化。甘蔗是无性繁殖作物，生产上主要用蔗茎作种，容易受宿根矮化病、花叶病、黄叶病等多种病原菌侵染并在体内不断积累。研究表明，宿根矮化病菌是寄生在甘蔗维管束内最主要的病菌，在缺水干旱的情况下，宿根矮化病菌在甘蔗维管束内大量繁殖积累，严重阻塞水分、养分运输。通过透射电镜技术对旱地甘蔗感病植株的茎、叶细胞超微结构进行观察，发现叶绿体变形，叶绿体基质片层大部分消解，基粒结构消失，叶绿体外膜和内膜剥离，线粒体形态异常，细胞核形态变为不规则形，核膜破裂，染色质分布不均匀呈降解状态。花叶病、黄叶病病原菌也严重破坏叶绿体结构。生理生化分析表明，病原菌侵染导致甘蔗体内生长素、细胞分裂素、赤霉素含量下降，脱落酸和乙烯含量上升，一系列与生长相关的代谢关键酶如酸性转化酶、蔗糖转运蛋白等的基因表达受到抑制，叶绿素含量降低，光合作用下降。干旱越严重，这些不利效应越强。为解决宿根矮化病等病原菌在体内积累导致种性退化而严重影响旱地甘蔗产量的关键问题，科研人员发明了甘蔗茎尖组织培养脱毒技术，在种茎热水处理脱毒和恒温培养的基础上，采用无病菌的茎尖分生组织生产甘蔗脱毒健康种苗，同时研究发明了甘蔗试管苗瓶外生根规律和间歇浸没式生物反应器繁殖试管苗技术，形成了一套脱毒彻底、繁殖速度倍增和生产成本低的甘蔗健康种苗生产技术，使甘蔗健康种苗成本降低30%以上。大面积推广应用表明，使用甘蔗健康种苗的糖料蔗增产15.1%～52.1%，蔗糖分提高0.12～1.71个百分点。

## 二、20世纪90年代以来中国糖料基地建设情况

从1995年开始，国家从中央预算内农业基本建设投资中对中国糖料基地建设给予专

项资金扶持，进一步加强了农业技术推广体系和社会化服务体系建设、良种繁育体系建设、以节水治旱为主的农田水利配套建设和高产高糖栽培示范点建设等。在国家专项资金和政策的扶持下，不少蔗区生产基础设施和农业技术服务体系建设得到有效改善，逐步形成良种繁育-生产示范-推广应用为一体的良种繁育体系及技术服务体系，对加速我国甘蔗品种更新换代、加强种苗管理和良种良法栽培技术研究、新品种的推广应用及促进蔗区综合生产能力和甘蔗生产技术水平的提高、增加农民收入等，起到了重要的示范和推动作用。

国家发展改革委、农业部2015年5月20日发文（发改农经〔2015〕1101号），印发《糖料蔗主产区生产发展规划（2015—2020年）》，标志着中国糖料蔗生产已上升为国家战略。按照“高产、高糖、高效、集约、生态、安全”的总体要求，以促进食糖产业持续健康发展为目标，以改善基础设施条件、加强良种良法研究、推进全程机械化为主要抓手，创新体制机制，建设区域布局合理、基础设施完善、科技装备先进、产业优势突出、运行机制灵活的糖料蔗生产基地。规划建设糖料蔗“双高”核心基地700万亩，其中广西500万亩、云南200万亩，总投资276亿元，其中广西183亿元、云南73亿元、重点产品与关键技术联合攻关20亿元。《国务院关于印发推进财政资金统筹使用方案的通知》（国发〔2015〕35号）和《农业生产发展资金管理办法》（财农〔2017〕41）中规定了相关专项资金的管理办法。配合国家有关政策，甘蔗主产区政府出台了相应的糖业发展支持政策，如《广西壮族自治区人民政府关于促进我区糖业可持续发展的意见》（桂政发〔2013〕36号）、《广西壮族自治区人民政府办公厅关于印发广西糖业二次创业总体方案（2015—2020年）的通知》（桂政办发〔2015〕128号），明确设立了糖料蔗基地建设和生产保护区建立、甘蔗良种繁育体系建设、糖料蔗新品种新技术试验示范推广及病虫害综合防治、制糖涉糖企业战略重组、制糖涉糖企业科技创新、其他重点糖业项目等支出方向的专项资金。

事实上，广西自2014年就先行实施“双高”基地建设，开展“小块并大块”土地整治，促进零散土地归并集中或流转，到2019年，全区“双高”基地完成土地整治502.46万亩，提前一年完成土地整治任务。云南则规划2016—2020年高产高糖原料蔗基地由150万亩发展到250万亩，并已按计划实施。2020年以后，已完成土地整治的“双高”基地主要是采取措施加快推进甘蔗生产经营规模化，主要措施有：①鼓励和引导种植大户、农业公司、合作社等种植主体通过流转土地、经营“双高”基地等方式实现规模化，采取全程机械化作业、网格化管理、轮作其他农作物等现代农业生产模式，提高土地利用率，降低成本、提高效益；②鼓励片区内土地分散的农户成立合作社，采取“并户联营”的模式，由合作社统一种植、管理、砍收作业等，按土地入股、分红，最终实现规模经营生产；③鼓励相邻地块的农户采取“小块并大块再并更大块”的方式进行经营管理，鼓励外出务工群众将土地租给相邻地块且在家务农的本村亲朋好友，形成100亩左右的土地连片规模，并加强精细化生产管理，提高单产，增加种植效益；④大力推行“四联托管”模式，鼓励甘蔗生产服务企业与农户签订作业合同，帮助农户耕种管收，由糖厂先行垫付资金，甘蔗入榨后从农民蔗款中扣除，实现甘蔗生产规模化、集约化、机械化，降低生产成本。

## 三、制约中国甘蔗产业发展的主要问题

当前制约中国甘蔗产业发展的主要问题有以下七大方面（Li and Yang，2015a，2015b；Li et al.，2016；李杨瑞，2019a，2019b，2020）。

### （一）甘蔗生产的基础条件差

广西甘蔗耕地资源禀赋差，80%以上种植在旱坡地和丘陵地，坡度大、石头多，田块小且平整度差，土壤瘠薄，缺少灌排等基础设施，水成为制约甘蔗单产提高的最重要因素。在广西现有社会经济条件下，通过水利设施和节水灌溉技术仍无法从根本上改变甘蔗生产靠雨养的状况。同时，蔗区寒、涝等极端气象灾害时有发生，以及病虫害如黑穗病、螟害、蓟马等普遍发生，造成减产（李杨瑞，2010，2019a，2019b；Li et al.，2016；Li and Yang，2015a，2015b）。

同时，广西的甘蔗生产以小农户为主，户均种植面积不足 0.3 $hm^2$，经营规模在 10 $hm^2$以上的农户不多，缺乏规模效益。相比之下，印度甘蔗虽然也主要由农民家庭生产，但其户均种植面积约为 3 $hm^2$，相当于广西平均规模的 10 倍以上。

### （二）甘蔗脱毒健康种苗应用不够普遍

甘蔗采用无性繁殖且长年连作易受各种病害（病菌或病毒）浸染而造成产量和品质下降。我国经过多年试验成功发展了甘蔗健康种苗生产技术，田间试验结果表明，应用甘蔗脱毒健康种苗可使甘蔗增产 15.1%～52.0%，蔗糖分提高 0.12%～1.71%（绝对值）。广西壮族自治区农业科学院甘蔗研究所、中国热带农业科学院热带农业生物技术研究所、广西壮族自治区亚热带作物研究所、广西南亚热带农业科学研究所等单位建立了茎尖脱毒健康种苗生产线，但总体规模仍不够大，甘蔗生产上仍以农民自留种为主，每年健康种苗的应用面积不足新植蔗的 20%。农民的自留种大多是第三年蔗，已带有相当多病原（宿根矮化病、黑穗病、花叶病、黄叶病等病原菌），种苗的质量差，如不经脱毒处理，基础不好，对后续的甘蔗生产特别是宿根将有严重的不良影响。

### （三）甘蔗生产过量施肥严重

“收多收少在于肥”的错误概念在甘蔗生产中仍根深蒂固，特别是氮、磷、钾三要素肥料的施用严重过量。根据广西南宁东亚糖业集团在东亚 5 个糖厂蔗区的试验，生产上氮、磷、钾的施用量分别超 75%、50%、30%。过量施肥不仅提高了生产成本，而且直接导致肥料利用率低、农业生态环境污染严重等问题。目前指导甘蔗施肥的“三攻一补”施肥法是基于过去对甘蔗生物固氮特性和土壤微生物固氮、解磷、解钾、促生等特性（李杨瑞，2010，2019b；林丽等，2019）的不了解，仅根据不同时期土壤和蔗株养分分析结果提出来的方法，具有很大片面性，生产实践证明，其已不适应甘蔗实际生产的要求。

### （四）甘蔗宿根年限短

全国的甘蔗生长周期一般为 3 年，即 1 年新植、2 年宿根，少数地方甚至每年新植，因而极大提高了生产成本。目前国际上主要蔗糖生产国的甘蔗生长周期一般为 5～8 年（大部分为 5 年），即 1 年新植、4～7 年宿根。在甘蔗单产基本稳定的前提下，宿根年限越长，生产成本越低。生产上应用的甘蔗品种宿根性差，宿根蔗管理不及时、不到位等，是造成中国甘蔗生长周期较短的主要原因（李杨瑞等，2015；李杨瑞，2019a，2019b，

2020)。

## (五)甘蔗全程机械化推进慢

近20年来,随着城镇化进程的加快,生产劳动力日益紧张,劳动力成本越来越高,因此推动了甘蔗全程机械化的发展。2019年,广西、云南、广东三大主产区甘蔗生产综合机械化率分别达60.41%、39.65%和46.55%。近年来,甘蔗主产区广西通过打造500万亩"双高"甘蔗基地、创建甘蔗生产全程机械化示范县,推广了一批全程机械化技术和模式。到2020年,广西已拥有320马力①大马力拖拉机、种植联合一体机2 000台,植保无人机330台,收获机拥有量超过1 000台,甘蔗收获机械化率达11.3%;"双高"基地甘蔗生产综合机械化水平达到70%,其中甘蔗收获机械化率15.82%。广西除基本实现整地机械化外,近年来还发展了甘蔗砍种机、下种机及开沟、下种、施肥、施用杀虫剂、覆土、盖膜一体化的机械,极大提高了种植效率。中耕施肥培土一体化机械、喷药机或用飞机喷洒农药等在甘蔗生产的普遍应用,对中国蔗糖业的持续稳定发展发挥了重要作用(李杨瑞,2010;Li et al.,2016)。

但是,甘蔗生产中最滞后的环节即机械化收获应用范围小。目前,除农垦农场及少数规模较大的甘蔗专业户采用机械化收获外,其他95%以上的种植户仍采用人工砍收方法。这主要与小农户经营模式有关,今后有赖于通过土地流转集约经营、土地平整、小块变大块等措施,加快甘蔗生产体制的改变,并需要农机农艺配合,以及糖业企业在原料蔗质量标准、压榨系统等多方面进行配合,转变蔗农的管理意识,扩大推广甘蔗机械化收获的应用面积。此外,广西甘蔗生产上使用的160匹马力以上的大型拖拉机数量偏少,机耕深度大多在30 cm,土壤保水力不强,甘蔗根系不够深,容易受旱或倒伏,降低甘蔗的产量和蔗糖分(李杨瑞,2019b)。

## (六)甘蔗榨期安排不够科学合理

甘蔗的糖分积累过程经历"低-高-低"3个阶段,即呈抛物线变化。在中国甘蔗主产区广西的生态条件下,甘蔗糖分最高的时期为2月至4月上旬。在刚过去的2019/2020年榨季中,广西的糖业企业普遍开榨过早,结果到2月底就基本收榨了,也就是说在甘蔗糖分最高的3月已经没有甘蔗了,至少1/3的甘蔗未能在高糖阶段压榨,说明虽然该榨季的出糖率创历史最高纪录,达到13.11%,但甘蔗榨期安排显然还不够科学合理,这是一个巨大的损失。如果能晚一些开榨,使3月的高糖时间段得以充分利用,那么在不增加甘蔗产量的情况下可大大提高出糖率,增加产糖量,而且甘蔗推迟一个月压榨,甘蔗产量也会有所提高,对后续的宿根蔗生长也更为有利。

## (七)糖业企业的现代化水平有待提高

与其他先进产糖国家相比,我国在糖厂生产规模和自动化程度等方面仍有较大差距。中国较为先进的蔗糖主产区广西的平均单厂日榨能力约7 000 t,而泰国、巴西的为20 000 t以上,规模效益差距明显。中国糖厂自动化和智能化程度比较低,用工人数多,劳动生产率低。以日榨能力1.5万t的糖厂为例,中国糖厂用工人数为800人左右,澳大利亚仅用工150人左右,约为中国的20%,泰国用工人数也只为中国的60%左右。由此导

---

① 马力是计量功率的常用单位,此处指英制马力(hp),1 hp≈745.7 W。——编者注

致中国制糖加工成本要比巴西、澳大利亚、泰国高20%以上。

## 四、前景展望

近20年来，国家及各级政府对甘蔗糖业高度重视。2015—2019年，国家将广西和云南两省（自治区）列为国家糖料蔗核心基地，进行大规模投资建设。2019年，广西提前完成500万亩的核心“双高”基地建设，云南按计划完成160余万亩“双高”核心基地建设，提高了中国糖料核心区的糖料生产能力和食糖供给能力，两省份共有1 500万亩糖料产区，产糖量稳占全国总产糖量的85%以上。

2020年6月，广西壮族自治区人民政府办公厅发出《关于印发广西糖料蔗良种良法技术推广工作实施方案的通知》（桂政办电〔2020〕60号）。这是一项重要的惠农种植政策，最大亮点是针对未来3年内中国甘蔗主产区所有新植良种给予350元/亩的良种补贴，激励蔗农淘汰低糖品种，进一步提高甘蔗蔗糖分和单产，以增加糖企生产效益。结合自治区政府补贴，糖企还对替代作物改种甘蔗给予额外奖励，替代耕种新植蔗平均每亩补贴1 250元。

针对人工成本提高和机械化率不足制约甘蔗种植难题，2020年实施方案大幅增加机械作业补贴额度，其中机械砍收每亩补贴234元，3年预算投入12.586亿元。

虽然在生产中探索并发展了适合我国栽培条件的各种栽培技术，但在我国甘蔗生产中仍存在上述问题，为了促进中国蔗糖业的可持续发展，需要对以下6个方面进行深入研究，进一步探讨配合应用各种栽培技术的效果。

### （一）改善甘蔗生产的基本条件，加快发展甘蔗全程机械化

因甘蔗生产成本居高不下，导致我国蔗糖产业国际竞争力差，在此大环境下发展甘蔗生产全程机械化的道路已成为提高我国蔗糖产业竞争力的共识，其中重点和难点主要在机械收获。因此，需加快建立土地流转集约经营、土地平整、小块变大块等体制来推进甘蔗生产全程机械化；要配合培肥土壤，通过大量增施糖厂滤泥、酒精发酵液以及其他有机肥改良土壤，提高土壤肥力；配套完善灌溉设施，充分利用有效水源，发展节水灌溉，特别是建设水、肥、药一体化系统；加快农机农艺配合研究，制糖企业需通过技术革新建立适合机械收获原料蔗的质量标准和压榨系统。此外，在甘蔗生产上要树立“七分种、三分管”的概念，大力推广应用160匹马力以上的大型拖拉机，配合深松犁，使蔗地深耕深松深度达50～70 cm，为甘蔗高产稳产、防风抗倒奠定重要基础。

### （二）大力推广应用宿根性强的高产高糖优良甘蔗品种，加强管理，延长宿根年限

甘蔗的宿根性主要由品种决定，一般中大茎甘蔗品种宿根性较差，中小茎甘蔗品种宿根性较强。一个甘蔗品种的宿根性好不好，必须经过多年多点试验，特别是要经历4～5季宿根检验，结论才可靠。当前，应在生产中大力推广宿根性强的高产高糖优良甘蔗品种，如桂糖29号、桂糖44号、桂糖47号、桂糖55号、桂糖58号、桂糖64号、桂糖68号、桂糖76号等；同时要应用甘蔗健康种苗，切实进行蔗地深耕深松，在最合适萌芽生长的季节种植，科学管理，打好新植蔗基础；收获后及时进行宿根蔗管理，环环紧扣，才能有效延长宿根年限，使甘蔗生长周期达5年以上，实现长周期内的高产高糖低成本，提高蔗糖业的生产效益和竞争能力。

### （三）科学利用甘蔗的生物固氮特性，减少化肥施用量

在肥料施用方面，应当充分利用甘蔗的生物固氮菌及土壤微生物固氮、解磷、解钾、促生等特性，进行合理施肥，有效减少化肥施用量，提高肥料利用率（李杨瑞等，2015）。可根据甘蔗生物固氮活性前期较低、伸长期高的特性，在生产中氮肥的施用应集中在前期，以促进其早生快发，早伸长拔节；中后期主要是保证正常生长所需的水分和甘蔗生物固氮作用的正常进行，即可实现以水促肥、以水保肥；伸长期后不追氮肥，提高氮肥利用率。广西壮族自治区农业科学院甘蔗研究所连续进行 4 年减氮栽培的结果表明，新植蔗 150 $kg/hm^2$ 的氮肥施用量已足够大部分甘蔗品种生长的需要，个别品种以及宿根蔗可适当增加，但不应超过 300 $kg/hm^2$，施用 600 $kg/hm^2$ 的氮肥对甘蔗产量增幅不大，而且显著降低甘蔗蔗糖分。甘蔗生产上 N∶P∶K 的适宜施用比例一般为 1∶0.5∶（1～1.2）。由于下种时施用化肥会严重抑制种茎萌发，降低萌芽率，而且甘蔗种茎内的营养能满足幼苗 3 片叶以前的生长所需，故最好在齐苗以后再施肥，有利于提高萌芽率，减少种茎用量，节约成本。

### （四）促进甘蔗健康种苗产业化生产和普及应用

结合优良甘蔗新品种的繁殖推广，鼓励公司生产甘蔗健康种苗，以不高于甚至低于自留种成本向蔗农供种，有利于实现新植蔗供种产业化、生产良种化和种苗健康化，提高甘蔗种苗质量，为甘蔗高产高糖奠定基础，有效提高甘蔗健康种苗技术的应用效果。近年来，广西壮族自治区农业科学院甘蔗研究所研发成功机械化砍种、装箱、浸种消毒、贮运供种一体化的流程，生产标准化甘蔗健康种茎，确保种苗纯度和质量，按需按时按量供应蔗种，确保蔗种新鲜度，使甘蔗品种优良种性得以保持，种苗发芽率、分蘖率、生长速度、成茎率、叶片光合效率显著高于自留种苗，有利于培育壮苗，为甘蔗高产高糖打下良好基础，且其种植效率比传统自留种高出 30 倍。2020 年已在自治区内建成 8 家标准化甘蔗健康种茎工厂，实现规模化、标准化生产甘蔗健康种苗，减少用种量，降低甘蔗种苗生产成本，比传统蔗种每公顷节约成本 1 500 元。因减少了用种量，农民可把留种的蔗茎作为原料蔗，增加了收入，同时有效增加糖厂的原料蔗入榨量，多产糖。

### （五）加强旱地甘蔗高产高糖栽培技术体系在无有效灌溉条件蔗区的推广应用，实现旱地甘蔗高产稳产

广西壮族自治区农业科学院甘蔗研究所从 20 世纪 80 年代起不断研发并集成推广应用一系列先进适用的栽培技术，主要包括蔗地机械深耕深松、智能化施肥、蔗叶还田、节水灌溉、脱毒健康种苗应用、酒精发酵液定量还田、化学调控、甘蔗生产管理机械化和病虫草鼠综合防治等，形成了一套适合中国蔗区的区域化、专业化、标准化的旱地甘蔗高产高效种植管理技术体系，于 2017 年、2018 年连续两年被农业农村部列为全国农业主推技术，应加强其在无有效灌溉条件蔗区的推广应用，从而有效利用光、温、水等自然资源，实现旱地甘蔗高产稳产。

### （六）科学合理安排榨期，实现高糖高榨

要根据甘蔗的糖分积累规律科学合理安排榨期，在不误农时的前提下做到最大限度地提高出糖率，多产糖。广西甘蔗糖分最高的时期是 3 月至 4 月初，应把 3 月底至 4 月 10 日定为收榨时间，根据调查本蔗区的甘蔗总产量和糖厂日榨量倒推计算确定榨季的开始时

间，才能最大限度地利用甘蔗糖分最高的时期，实现高糖高榨，提高出糖率，降低制糖成本，提高生产效益。

## 参考文献


蔡青，文建成，范源洪，等，2002. 甘蔗属及其近缘植物的染色体分析［J］. 西南农业学报，15（2）：16-19.

《广西甘蔗栽培》编写组，1991. 广西甘蔗栽培［M］. 南宁：广西科学技术出版社.

广西壮族自治区地方志编纂委员会，1998. 广西通志·糖业志［M］. 南宁：广西人民出版社.

黄福添，杨绍光，1996. 广西糖业史［M］. 南宁：广西人民出版社.

黄振瑞，江永，敖俊华，等，2019. 甘蔗节水栽培技术［M］. 北京：中国农业大学出版社.

江永，黄振瑞，龚恒亮，等，2014. 原料蔗生产技术［M］. 北京：中国农业大学出版社.

金伟，杨丽涛，英潘，等，2012. 不同甘蔗品种对干旱和复水的生态生理响应［J］. 南方农业学报，43（12）：1945-1951.

季羡林，1997. 文化交流的轨迹：中华蔗糖史［M］. 北京：经济日报出版社.

李杨瑞，2006. 甘蔗应用乙烯利增产增糖的技术及机理［M］. 北京：中国农业出版社.

李杨瑞，2009. 生物技术在甘蔗上的应用［M］. 北京：中国农业出版社.

李杨瑞，2010. 现代甘蔗学［M］. 北京：中国农业出版社.

李杨瑞，2019a. 关于广西的甘蔗育种［J］. 广西糖业（3）：3-9.

李杨瑞，2019b. 广西甘蔗创新与展望［J］. 广西农学报，34（4）：1-7.

李杨瑞，2020. 广西甘蔗生产中的主要问题及几点建议［J］. 广西糖业（5）：1-5.

李杨瑞，杨丽涛，谭宏伟，等，2014. 广西甘蔗栽培技术的发展进步［J］. 南方农业学报，45（10）：1770-1775.

李杨瑞，杨丽涛，杨柳，等，2015. 巴西甘蔗糖业高效低耗的经验与启示［J］. 中国糖料，37（6）：73-76.

林丽，李杨瑞，安千里，2019. 甘蔗联合固氮的回顾与展望［J］. 生物技术通报，35（10）：46-56.

骆君肃，1992. 甘蔗学［M］. 北京：中国轻工业出版社.

彭绍光，1990. 甘蔗育种学［M］. 北京：农业出版社.

覃蔚谦，1995. 广西甘蔗史［M］. 南宁：广西人民出版社.

覃延欢，1992. 论明清时代广西农产品的商品化［M］//叶显恩，清代区域社会经济研究. 北京：中华书局.

轻工业部甘蔗糖业科学研究所，广东省农业科学院，1985. 中国甘蔗栽培学［M］. 北京：农业出版社.

石声汉，1958. 试论我国人民最早对甘蔗与棉花的利用［J］. 西北农学院学报（1）：45-54.

谭秦亮，李长宁，杨丽涛，等，2013. 甘蔗 ABA 信号转导关键酶 *SoSnRK*2.1 基因的克隆与表达分析［J］. 作物学报，39（12）：2162-2170.

吴凯朝，邓智年，魏源文，等，2017. 我国甘蔗属割手密种质资源收集与研究概况［J］. 中国糖料，39（5）：45-50.

杨建波，诸葛少军，黎海涛，等，2012. 干旱胁迫对甘蔗生长生理的影响及品种抗旱性评价［J］. 南方农业学报，43（8）：1114-1120.

张跃彬，2016. 低纬高原甘蔗高产高糖高效理论及实践［M］. 北京：中国农业出版社.

张跃彬，邓军，彭新林，等，2015. 甘蔗产业研究［M］. 北京：中国农业出版社.

张跃彬，吴正琨，刘少春，2004. 云南双高甘蔗标准化综合技术 [M]. 昆明：云南科技出版社.
赵维臣，1991. 前进中的糖业基地 [M]. 南宁：广西科学技术出版社.
周可涌，1984. 中国蔗糖简史·兼论甘蔗起源 [J]. 福建农学院学报（1）：70-83.
周正庆，2006. 中国糖业的发展与社会生活研究（16 世纪中叶至 20 世纪 30 年代）[M]. 上海：上海古籍出版社.
De Candolle A，1890. Origin of cultivated plants [M]. New York：Hafner Pub. Co.
Li C N，Nong Q，Xie J L，et al.，2017. Molecular characterization and co-expression analysis of the *SnRK*2 gene family in sugarcane（*Saccharum officinarum* L.）[J]. Scientific Reports，7：17659.
Li J，Phan T T，Li Y R，et al.，2018. Isolation，transformation and overexpression of sugarcane *SoP*5*CS* gene for drought tolerance improvement [J]. Sugar Tech，20（4）：464-473.
Li Y R，2004. China：an emerging sugar super power [J]. Sugar Tech，6（4）：213-228.
Li Y R，Nasr M I，Solomon S，et al.，2008. Meeting the Challenges of Sugar Crops & Integrated Industries in Developing Countries [C] //Proceedings of the International Conference IS-2008. Cairo：Engineering House Press Co.
Li Y R，Solomon S，2004. Sustainable Sugarcane and Sugar Production Technology [C] //Proceedings of the International Symposium on Sustainable Sugarcane and Sugar Production Technology. Beijing：China Agriculture Press.
Li Y R，Solomon S，2006. Technologies to Improve Sugar Productivity in Developing Countries [C] //Proceedings of the International Symposium IS-2006. Beijing：China Agriculture Press.
Li Y R，Song X P，Wu J M，et al.，2016. Sugar industry and improved sugarcane farming technologies in China [J]. Sugar Tech，18（6）：603-611.
Li Y R，Yang L T，2015a. Sugarcane agriculture and sugar industry in China [J]. Sugar Tech，17（1）：1-8.
Li Y R，Yang L T，2015b. Research and development priorities for sugar industry of China：recent research highlights [J]. Sugar Tech，17（1）：9-12.
Phan T T，Sun B，Niu J Q，et al.，2016. Overexpression of sugarcane gene *SoSnRK* 2.1 confers drought tolerance in transgenic tobacco [J]. Plant Cell Reports，35（9）：1-15.
Solanki M K，Liang Q，Liu X Y，et al.，2016. Differential expression profiles and pathways of genes in sugarcane leaf at elongation stage in response to drought stress [J]. Scietific Reports，6：25698.
Zhang J，Zhang X，Tang H，et al.，2018. Allele-defined genome of the autopolyploid sugarcane *Saccharum spontaneum* L. [J]. Nature Genetics，50（11）：1565-1573.
Zeng X P，Zhu K，Lu J M，et al.，2020. Long-term effects of different nitrogen levels on growth，yield，and quality in sugarcane [J]. Agronomy，10（3）：353.
Zhou G，Yang L T，Li Y R，et al.，2012. Proteomic analysis of osmotic stress-responsive proteins in sugarcane leaves [J]. Plant Molecular Biology Reporter，30（2）：349-359.

# 第三章

# 中国甘蔗糖业的区域布局

甘蔗的宜蔗地区主要是指光、温、水等自然条件适宜甘蔗生长的地区，而甘蔗生产必须与产地的自然环境和社会经济条件相适应，特别是蔗区甘蔗生产的比较优势和竞争力较强时，才能得到顺利发展，形成甘蔗的优势产区。

## 第一节　中国的宜蔗地区

甘蔗是热带、亚热带禾本科作物，喜高温、高湿、强光，主要分布在北纬33°至南纬30°，其中以南北纬25°之间种植面积最为集中（李杨瑞，2010；张保青等，2011）。巴西、印度、泰国和澳大利亚是世界重要的蔗糖生产国，蔗糖产量约占全球总产量的46%，但出口总量约占全球出口总量的80%。其中，巴西蔗糖产量和出口量均居世界第一，蔗糖年产量约占世界总产的22%，年出口量约占世界总出口量的60%（徐超华等，2020）；印度、泰国和澳大利亚蔗糖出口量也很大。自2015/2016年榨季以来，泰国连续4个榨季超过中国，成为世界第三大产糖国，但最近两个榨季产糖量大减，低于中国而重新回到第四大产糖国位置。我国福建、四川、广东、海南、广西、云南等地区曾广泛种植甘蔗，目前以广西的甘蔗种植面积最大、总产量最多，占全国总产量60%以上（李杨瑞和杨丽涛，2009）；云南次之。

### 一、甘蔗生长发育与气象条件

甘蔗的一生从种苗下种至蔗茎成熟收获，可分为萌芽期、成苗期、分蘖期、茎伸长期、工艺成熟期5个时期。甘蔗生长的快慢、产量的高低和含糖量的多少，与气象条件密切相关，尤其以温度和水分条件的影响最大（陈燕丽等，2016a）。

**1. 萌芽期、成苗期**　蔗芽萌发的最低温度要求日平均气温在13℃以上，大于20℃萌芽加快，28～32℃发芽最适宜（田代发和宋焕忠，2015）。甘蔗发根的温度比发芽低，日平均气温10℃即开始萌发，20～27℃最适宜（陈见林，2014）。蔗种萌发过程中，需要进行旺盛的呼吸作用产生能量以供应萌发的需要，若土壤湿度过大、水分过多、盖土过厚等，都会影响种苗根和芽的生长。

成苗期要求日平均气温在15℃以上，以田间最大持水量的75%左右为宜，主要满足生态用水，土壤水分过多或过少都有碍根系生长，对幼苗生长发育不利（田代发和宋焕忠，2015）。

**2. 分蘖期** 气温和土温对分蘖均有明显的影响。甘蔗分蘖期要求日平均气温在20℃以上，25～30℃最为适宜（池再香，2003）。在适宜的水分条件下分蘖多且快，但水分过多，导致土壤通气不良，也会影响分蘖。光照强弱是影响分蘖的主要因素，在弱光下，生长素受光氧化影响破坏小，可促进主茎伸长；阳光充足分蘖多而壮，否则分蘖少又迟、生长弱，每天光照时间在5 h以下的蔗株一般不分蘖。养分充足分蘖多，特别是氮、磷肥对分蘖影响最大。此外，浅培土、勤中耕等均可促进分蘖。

**3. 茎伸长期** 此期是甘蔗一生中生长最快的时期，也是决定蔗茎产量的关键时期。蔗茎伸长期要求高温和充足的阳光、水分及养分，日平均气温20℃以上甘蔗才能进入伸长期，旬平均气温27℃左右甘蔗才能进入大伸长期，日平均气温30℃左右伸长最为适宜，高达40℃仍略有伸长，低于20℃则随温度下降伸长缓慢，15℃以下则停止伸长（陈燕丽等，2016b）。所以温度高、温暖期长的地区甘蔗生长快，产量和含糖量高。

茎伸长期是甘蔗一生中需水量最多的时期，占甘蔗一生总需水量的50%～60%，该时期土壤必须保持田间最大持水量的80%～90%（黄鼐，2016）。雨水不足必须及时灌溉，若这时缺水则出现生长停滞，节间缩小、生物产量降低，从而使蔗产量及糖产量均受影响。微风使田间通气良好，有利甘蔗生长。但大风、台风对伸长盛期以后危害大，蔗叶容易撕破、折断，蔗茎也易折断倒伏，故迎风面的甘蔗产量往往低于背风面的产量。

**4. 工艺成熟期** 此期是甘蔗糖分逐渐积累达到最高峰、蔗汁品质达到最优的时期（田代发和宋焕忠，2015）。工艺成熟期要求昼夜温差大，昼暖夜凉，气温15～20℃，昼夜温差10～15℃，干燥而晴朗、无霜冻的天气对蔗糖分积累有利（李杨瑞等，2011）。高温潮湿有利于甘蔗继续生长，而不利于蔗糖分的累积。

## 二、甘蔗种植气候适宜性精细化区划

根据甘蔗生长发育与气候条件，甘蔗整个生长期要求年平均温度18～30℃，全年≥10℃活动积温为5 000℃以上，生长期≥10℃活动积温6 500～8 000℃最为适宜，年降水量≥1 200 mm，年日照时数1 200 h以上（付建涛等，2018）。温度低于20℃，生长缓慢，13℃以下停止生长或生长极慢，−1℃左右生长点和萌动芽被冻死。−1℃以下，如果低温持续时间长，地上的叶片、休眠芽和蔗芽可能会被冻死。进入成熟期以后，甘蔗要求气温相对较低、昼夜温差较大的干冷天气，以利于糖分积累，提高蔗糖分。综上所述，全年日平均气温稳定通过20℃期间的活动积温和年降水量可反映甘蔗适宜生长的热量状况和水分条件，年平均气温和冬季极端最低气温可分别反映甘蔗全年热量条件和安全越冬的可能性，年日照时数可反映其光照条件。根据甘蔗生长发育对气候条件的要求，并结合我国甘蔗栽培实践，选择年平均气温、年极端最低气温平均值、≥20℃活动积温、年降水量和年日照时数等5个气候因子作为划分我国甘蔗种植气候适宜性区划因子（表3-1）。

**表3-1 甘蔗种植气候适宜性区划指标**

| 区划因子 | 最适宜区 | 适宜区 | 次适宜区 | 不适宜区 |
|---|---|---|---|---|
| 年平均气温（℃） | ≥20.0 | 18.0～20.0 | 17.0～18.0 | <17.0 |

（续）

| 区划因子 | 最适宜区 | 适宜区 | 次适宜区 | 不适宜区 |
|---|---|---|---|---|
| 年极端最低气温平均值（℃） | ≥1.0 | 0.0～1.0 | −1.0～0.0 | <−1.0 |
| ≥20℃活动积温（℃） | ≥4 500 | 3 500～4 500 | 2 500～3 500 | <2 500 |
| 年降水量（mm） | ≥1 600 | 1 200～1 600 | 1 000～1 200 | <1 000 |
| 年日照时数（h） | ≥1 600 | 1 400～1 600 | 1 200～1 400 | <1 200 |

以前的甘蔗气候区划主要依据气象台站的观测资料，以县气象站所在地的观测值（点值）代表整个县的面值进行分区划片，误差较大，难以满足甘蔗种植发展的精细化需要。近年来，地理信息系统（GIS）技术被广泛应用于农业气候区划中，明显提高了区划的精度。现采用GIS技术及气候资源的小网格分析方法，对广西、云南、广东、海南四省份甘蔗种植气候适宜区进行精细化划分，得到我国甘蔗种植气候适宜性区划分布数据信息，为优化和评估我国甘蔗生产布局以及趋利避害提高甘蔗产量和蔗糖分提供科学依据。

根据甘蔗种植气候适宜性区划指标，采用1980—2019年40年气象资料，运用GIS技术分析气象格点数据，利用打分原理，得到广东、海南、广西、云南四省份甘蔗种植气候适宜性精细化区划图。①最适宜区：海南省大部地区、广东西南部、广西南部以及云南南部部分地区，年极端最低气温1℃以上，保证甘蔗能够安全越冬，也满足宿根蔗越冬要求，≥20℃活动积温4 500℃以上，年降水量1 600 mm和年日照时数1 600 h以上，温光水等气象条件最适宜甘蔗生长、越冬和糖分积累，这些地区甘蔗产量高，最适宜种植甘蔗。②适宜区：广西中部大部和北部局部，广东中部大部地区，以及云南南部、西部、东南部部分地区，年极端最低气温大于0℃，基本保证甘蔗能够安全越冬，≥20℃活动积温3 500～4 500℃，年降水量1 200～1 600 mm，年日照时数1 400～1 600 h，温光水等气象条件适宜甘蔗生长、越冬和糖分积累，属于甘蔗种植适宜区。③其余地区霜冻风险大，温光水等气象条件差，产量相对较低，出糖率低，属于次适宜区或不适宜区，不宜大面积推广种植甘蔗。

## 第二节　中国甘蔗糖业区域布局的发展变化

### 一、产区逐步向我国西南部集中

广东、广西、福建、云南、海南等12个省份均曾种植糖料蔗。改革开放之初，广东是最大的糖料蔗产区，其面积、产量分别占全国糖料蔗面积和产量的37%和42%，广西、云南两省份种植面积、产量之和仅占全国的34%和25%。20世纪90年代以来，随着东部沿海地区劳动力、土地成本的不断上升，糖料蔗种植开始向广西、云南等西南地区集中。2013年，广西、云南两省份甘蔗种植面积和产量之和分别为146.73万$hm^2$和10 250万t，均占全国的80%以上，集中了全国90%以上的制糖企业，成为我国最重要的蔗糖产区。根据中国农村统计年鉴2017年数据，广西、云南、广东、海南甘蔗种植面积分别占全国的68.31%、14.52%、12.86%、1.27%，其余省份均不足1%（表3-2）。

表 3-2　2017 年我国甘蔗种植情况

| 地区 | 2017 年种植面积（万 $hm^2$） | 各地区占比（%） |
|---|---|---|
| 全国 | 104.40 | 100.00 |
| 广西 | 71.32 | 68.31 |
| 云南 | 15.16 | 14.52 |
| 广东 | 13.43 | 12.86 |
| 海南 | 1.33 | 1.27 |
| 江西 | 0.67 | 0.64 |
| 贵州 | 0.50 | 0.48 |
| 浙江 | 0.37 | 0.36 |
| 四川 | 0.35 | 0.33 |
| 湖南 | 0.33 | 0.32 |
| 湖北 | 0.27 | 0.26 |
| 福建 | 0.26 | 0.25 |
| 河南 | 0.16 | 0.15 |
| 重庆 | 0.09 | 0.09 |
| 安徽 | 0.06 | 0.06 |
| 江苏 | 0.05 | 0.05 |
| 陕西 | 0.03 | 0.03 |
| 上海 | 0.02 | 0.02 |

根据国家统计局网站，广西、广东、云南、海南 4 省份 2000—2018 年甘蔗种植面积数据如图 3-1 所示，广西甘蔗种植面积最大、增长速度最快，2008 年比 2000 年增加近 1 倍；海南甘蔗种植面积不断萎缩，从 2008 年到 2018 年萎缩 2.7 倍；广东甘蔗种植面积略有下降；云南甘蔗种植面积变化不大。

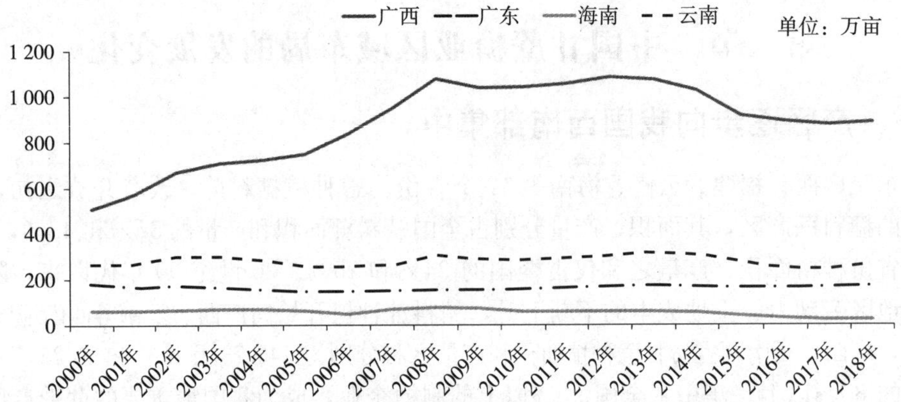


图 3-1　2000—2018 年 4 省份甘蔗种植面积变化曲线

（来源：国家统计局网站）

## 二、生产水平稳步提高

全国糖料蔗总产量从1978年的2 112万t增加到2013年的12 820万t，平均单产由39.0 t/hm$^2$提高到70.5 t/hm$^2$，为保障食糖有效供给作出重要贡献。分阶段看，我国糖料蔗生产经历了低起点快速发展和高起点波动发展两个阶段。

（1）1978—1991年，低起点快速发展阶段。这一时期，国家为促进糖料蔗生产，在生产资料、收购价格方面实行补贴政策，调动了蔗农的种植积极性，糖料蔗生产快速增长。种植面积从54.87万hm$^2$增加到116.4万hm$^2$，增长了1.1倍；产量从2 112万t增加到6 790万t，增长了2.2倍；平均单产由39.0 t/hm$^2$提高到58.5 t/hm$^2$，增长了50%，年均增长3%。

（2）1992年至今，高起点波动发展阶段。从1991年开始，国家实行食糖经营管理体制改革，放开食糖市场，食糖由计划管理逐渐转变为市场调节，糖料蔗生产受市场的影响越来越大，呈现波动发展的态势，波动周期平均为5～6年（即2～3年增产，2～3年减产）。这一时期，糖料蔗种植面积从124.60万hm$^2$增加到181.67万hm$^2$，增长了46%；总产量先后跨上10 000万t、12 000万t的新台阶。20世纪90年代初，大陆从台湾筛选引进了新台糖系列品种，糖料蔗单产水平明显提高，平均单产由58.5 t/hm$^2$提高到70.5 t/hm$^2$，增长了21%。但由于研发滞后，生产中过度依赖新台糖品种，多年使用后其种性退化，加之黑穗病等病害频发，单产年均增速放缓，1999—2005年，年均增长2%，2006—2013年，年均增速不足千分之一，单产提高的难度日益加大。近几年，我国甘蔗育种获得了突破性进展，目前以桂糖系列为代表的大陆自育甘蔗品种已占据主导地位，甘蔗单产上升到75 t/hm$^2$以上，蔗糖分也显著提高。

## 三、国内产需缺口扩大

随着人口的增长、消费水平的提高和消费观念的改变，食糖等天然甜味剂消费持续增长；而受城镇化、工业化发展和农业结构调整等因素影响，我国糖料种植面积稳中趋降。综合各方面因素，国内糖料产需缺口扩大。

## 四、国际市场对国内市场冲击较大

国内外价差扩大，进口大幅增加。按我国入世贸组织承诺，我国每年食糖进口关税配额总量为194.5万t，配额内关税税率15%，配额外关税税率50%，大大低于世贸组织成员国平均关税税率（97%），由此导致国际糖价大幅下跌后，我国配额外进口大量增加。2008年以来，世界食糖产量从1.3亿t增加到1.8亿t，年消费量维持在1.6亿～1.7亿t。由于供需缺口大，我国食糖进口激增，全国食糖进口量由2008年的78万t增加到2020年的527万t。

# 第三节　中国甘蔗糖业的优势区域

## 一、甘蔗主产区气候优势

甘蔗具有喜高温、需水量大、生长期长的特点，其整个生长发育过程需要较高的温度和充沛的雨量以及光照。根据甘蔗种植适宜性气候区划指标，运用 GIS 技术分别对年平均气温、年极端最低气温、≥20℃活动积温、年降水量和年日照时数进行格点化处理，得到甘蔗种植关键气象要素分布图。

从年平均气温、年极端最低气温、≥20℃活动积温分布图看，海南大部、广东西南部、广西南部和右江河谷以及云南的西双版纳等地热量条件最好；其次就是广西中部以及云南南部、西部和东南部部分地区，热量条件基本满足甘蔗生长需求。

从年降水量分布图看，海南全省、广东西南部和广西东南部，以及云南西部、东南部两地局部地区总降水量大于 1 600 mm，水分充足，对甘蔗生产较有利，但降水时空分布不均，季节性干旱出现频率高；其余大部蔗区年降水量 1 200～1 600 mm，基本上能满足甘蔗生长需要，但降水量仍是影响当地甘蔗单产提高的重要因素。

从年日照时数分布图看，云南、海南两省大部和广东西南部，以及广西南部、东南部大于 1 600 h，光照条件好，对甘蔗生长比较有利；广西其余蔗区年日照时数 1 400～1 600 h，也基本满足甘蔗生长需求，总体上日照时数并非是影响甘蔗生产的主要因素。

从光温水等气象条件角度分析，我国最具气候优势的甘蔗种植区域是广东西南部、广西东南部；其次是广西中南部和云南南部、西部的部分地区，以及海南地区；其余蔗区更次之。

## 二、中国甘蔗的优势区域

### （一）广西壮族自治区

广西甘蔗种植主要分布在桂中南地区和百色右江河谷地区。根据广西 2019 年统计年鉴，2018/2019 年榨季兴宾、扶绥、江州、宁明、龙州、大新、柳城、上思、南宁、武宣、柳州、横县、武鸣、贵港、宾阳、钦州、合浦、宜州、灵山、博白、邕宁等地区的糖料蔗产量均超 100 万 t，其总产占全广西的 82%；象州、防城港、田东、鹿寨、百色、隆安、浦北、上林、罗城、防城、田林、凭祥、忻城、环江、天等、融水、马山、河池、桂平、金秀、平果、玉林、融安等地甘蔗产量为 20 万～100 万 t，其总产占全广西的 13%。桂中南蔗区是广西蔗糖生产的优势区域，经过国家糖料基地的开发建设，长期以来生产较稳定，农业生产基础较好，增产潜力大，旱坡地资源丰富，在今后的发展中不挤占粮田面积、不毁林，交通便利，当地政府对发展蔗糖业高度重视，近年出台激励政策较多，农民种蔗积极性相对较高，集约化规模经营产业基础较好，发展基础稳定，具备建设高产稳产糖料基地的优越条件。

1992 年以前，广西甘蔗产量低于广东，1993 年以后广西就取代广东，成为我国最大甘蔗生产基地，2012 年广西甘蔗种植面积达最高峰，为 108.49 万 $hm^2$，基本占了广西耕地总面积的 1/4，随后开始递减，2018 年减少到 88.64 万 $hm^2$。广西内部也开始优化甘蔗生产布局，甘蔗主产区逐步向最适宜区集中，向经济欠发达地区的坡地旱地集中，南宁、崇左、来宾、柳州四地甘蔗种植比重增加，成为新的甘蔗主产区，同时甘蔗也成了主产县的经济支柱和财政主要来源，部分甘蔗主产区 30% 以上的财政收入靠蔗糖，甘蔗成为农民的致富工具。

### （二）云南省

云南甘蔗种植主要分布在滇西南，其次是滇东南地区。根据云南 2019 年统计年鉴，2018/2019 年榨季云南耿马、陇川、澜沧、勐海、富宁、盈江、云县、沧源、镇康等地糖料蔗产量分别达 50 万 t 以上，总产占云南全省的 58%；永德、昌宁、孟连、双江、风庆、保山、金平、红河、元江、梁河等地甘蔗产量分别为 20 万～50 万 t，总产占云南全省的 20%。云南食糖产量位居全国第二，蔗糖产业成为云南省边疆民族地区社会经济发展的支柱产业。云南省甘蔗生产大县的政府很重视甘蔗生产，政府主导大力推进甘蔗生产的规模化经营，积极培育甘蔗种植大户、专业合作社、家庭农场等糖料甘蔗新型经营组织，提高甘蔗生产规模化和组织化程度，鼓励探索蔗园生产托管、土地入股、承包流转等方式，充分调动各方的积极性，支持企业、合作社、种植大户等开展规模化种植。

云南省蔗区普遍冬春干旱、夏秋多雨，同时降水在空间上分布也不均匀，如德宏、临沧蔗区年降水量可达 1 200～1 500 mm，玉溪、红河蔗区年降水量不足 1 000 mm，特殊的气候特点影响甘蔗的生长。但是云南昼夜温差大，减少甘蔗晚上呼吸消耗有利于生物质积累；白天光照条件好，利于甘蔗光合作用，甘蔗蔗糖分、出糖率均高，弥补了云南蔗区热量不足、雨量少等方面的缺点。

### （三）广东省

广东优势蔗区主要分布在雷州半岛，以湛江市为主。根据广东 2019 年统计年鉴，2018/2019 年榨季遂溪、雷州、徐闻三地糖料蔗产量分别为 103 万～403 万 t，共占广东全省甘蔗产量的 83%；化州、廉江、湛江、英德四地甘蔗产量分别为 25 万～43 万 t，共占广东全省甘蔗产量的 12%。雷州半岛地处热带南亚热带，光照充足，雨量充沛，交通便利，土地资源丰富，土壤肥沃，发展糖蔗生产优势明显，是我国甘蔗生产气象条件最好的地区，也是原料蔗高产区，但是昼夜温差相对其他蔗区小，糖分积累相对少一些，出糖率低，一般是 9%～11%，比广西、云南产区约低 3 个百分点。发展雷州半岛的甘蔗生产为广东蔗糖业的发展和实现我国食糖自给作出了重要的贡献。

广东是我国工业大省，食糖消费量排名第一，也是我国第三大食糖产区，产量仅次于广西、云南，全省制糖企业最多时达 106 家，年产糖量最高达 216 万 t，占当年全国总产糖量的 27.3%。近年来，广东省制糖业逐步西移，湛江蔗区成为广东省蔗糖产业主要集中地，甘蔗种植面积占全省的 83%，蔗糖产量占全省的 90%；2018 年湛江产糖再上 100 万 t“高台阶”，广东全省蔗糖产量达 120 万 t。

### （四）海南省

海南甘蔗主产区在海南的西北部。根据海南 2019 年统计年鉴，2018/2019 年榨季儋州、昌江、临高、白沙、东方五地甘蔗产量分别为 10 万～46 万 t，共占海南全省的 90%；澄迈、海口、琼中三地占海南全省的 10%。2018/2019 年榨季，海南省机制糖厂蔗区甘蔗实际收获面积 2.43 万 $hm^2$，入榨甘蔗量 136.36 万 t，产糖量 17.02 万 t，农民甘蔗销售总收入 6.87 亿元，食糖销售收入 8.76 亿元。

## 三、糖料蔗生产核心基地布局

2015 年农业部筛选出广西壮族自治区 10 个市 32 个县（市、区）的 500 万亩（33.33

万 $hm^2$）蔗区、云南省 7 个市（州）的 21 个县（市、区）的 200 万亩（13.33 万 $hm^2$）蔗田共 700 万亩（46.66 万 $hm^2$），作为核心蔗区进行“高产、高糖”的双高基地建设（表 3-3）。

## （一）核心基地基本情况

（1）*广西蔗区*。广西壮族自治区核心基地主要分布在南宁、崇左、来宾、柳州、百色、河池、钦州、北海、防城港、贵港等 10 个市的 32 个县（市、区）（表 3-3）。该区地处亚热带季风气候区，光照充足，雨量充沛，雨热同季，是我国最适宜种植甘蔗的地区之一。

该区蔗田坡度 13°以下，单片面积在 200 $hm^2$ 以上的地块 24.47 万 $hm^2$；单片面积 66.67～200 $hm^2$ 的地块 10.40 万 $hm^2$；单片面积 33.33～66.67 $hm^2$ 的地块 2.13 万 $hm^2$；占比面积较大的市有崇左市（13 万 $hm^2$）、来宾市（5.67 万 $hm^2$）、南宁市（4.53 万 $hm^2$）、河池市（4.20 万 $hm^2$）。

（2）*云南蔗区*。云南省核心基地主要分布在临沧、德宏、保山、普洱、玉溪、文山、西双版纳等 7 个市（州）的 21 个县（市、区）（表 3-3）。该区属热带和亚热带气候，热量、光照充足，昼夜温差大，是我国糖料蔗糖分水平最高的地区。

该区蔗田坡度 13°以下，单片面积在 200 $hm^2$ 以上的地块 1.67 万 $hm^2$；单片面积 66.67～200 $hm^2$ 的地块 3.87 万 $hm^2$；单片面积 33.33～66.67 $hm^2$ 的地块 10.33 万 $hm^2$；占比面积较大的市有临沧市（5.67 万 $hm^2$）、德宏傣族景颇族自治州（2.67 万 $hm^2$）、文山壮族苗族自治州（2.53 万 $hm^2$）、保山市 1.60 万 $hm^2$。

**表 3-3　53 个甘蔗生产重点县（市、区）名单**

| 省份 | 市（州） | 县数 | 县（市、区）名 |
|---|---|---|---|
| 全国 | 17 | 53 | |
| 主产省（区） | 17 | 53 | |
| 广西壮族自治区 | 10 | 32 | |
| | 南宁市 | 5 | 武鸣县、江南区、宾阳县、横县、隆安县 |
| | 柳州市 | 4 | 柳江县、柳城县、鹿寨县、融水县 |
| | 北海市 | 1 | 合浦县 |
| | 防城港市 | 1 | 上思县 |
| | 钦州市 | 3 | 灵山县、钦南区、钦北区 |
| | 贵港市 | 1 | 覃塘区 |
| | 百色市 | 3 | 田东县、平果县、田阳县 |
| | 河池市 | 5 | 宜州市、罗城县、都安县、金城江区、环江县 |
| | 来宾市 | 4 | 兴宾区、武宣县、象州县、忻城县 |
| | 崇左市 | 5 | 扶绥县、江州区、宁明县、龙州县、大新县 |
| 云南省 | 7 | 21 | |
| | 玉溪市 | 2 | 新平县、元江县 |
| | 保山市 | 3 | 龙陵县、昌宁县、施甸县 |

（续）

| 省份 | 市（州） | 县数 | 县（市、区）名 |
| --- | --- | --- | --- |
| 云南省 | 普洱市 | 3 | 景谷县、澜沧县、孟连县 |
| | 临沧市 | 7 | 凤庆县、云县、永德县、镇康县、双江县、耿马县、沧源县 |
| | 文山壮族苗族自治州 | 2 | 广南县、富宁县 |
| | 西双版纳傣族自治州 | 1 | 勐海县 |
| | 德宏傣族景颇族自治州 | 3 | 芒市、盈江县、陇川县 |

### （二）生产主要制约因素和主攻方向

（1）广西蔗区。

①生产主要制约因素。一是甘蔗品种更新速度较慢，适应性广的高产高糖甘蔗品种不多；二是机械化发展滞后，砍蔗劳动力紧缺；三是蔗区灌溉率低，干旱问题严重制约甘蔗单产的提高；四是过量偏施氮肥。

②主攻方向。加快甘蔗种质创新和良种选育，推进甘蔗种苗产业化；以机械化收获为突破，推进糖料蔗生产全程机械化；改善蔗田基础设施，提高灌溉率和水资源利用率，重点解决干旱缺水问题；实施甘蔗和制糖生产副产品还田利用，培肥地力；大力推广脱毒健康种苗、地膜覆盖、生物防治等技术。

（2）云南蔗区。

①生产主要制约因素。一是气候类型多样，地理条件复杂，对品种生态适应性要求高；二是该区以山地蔗田为主，灌溉成本高；三是交通条件不便，原料蔗运距远，运输成本高；四是加工企业规模偏小，精深加工及综合利用滞后；五是社会化服务体系建设滞后。

②主攻方向。以坡改梯和中低产蔗田改造为重点，因地制宜发展“五小水利”工程，加强蔗田基础设施建设；推广温水脱毒健康种苗、全膜覆盖等综合农艺措施；整合科技资源，加大科技支撑；培育龙头企业，大力发展精深加工，提高产品附加值。

## 参考文献

陈见林，2014. 甘蔗栽培技术 [J]. 农村实用技术（8）：18-20.

陈燕丽，丁美花，冯利平，等，2016. 广西宿根蔗生育期气象条件变化特征及其影响 [J]. 气象，42（12）：1554-1559.

陈燕丽，冯利平，丁美花，等，2016. 气象因子对广西新植蔗和宿根蔗茎伸长的影响 [J]. 作物学报，42（4）：583-590.

池再香，2003. 黔东南河谷地带气象条件与甘蔗生产关系的研究 [J]. 贵州农业科学（1）：31-34.

付建涛，孙东磊，陈立君，等，2018. 温度和降水变化与甘蔗产量的关系分析 [J]. 热带农业科学，38（6）：13-17.

黄翿，2016. 西畴县甘蔗高产栽培技术 [J]. 农业与技术，36（10）：115-116.

李杨瑞，2010. 现代甘蔗学 [M]. 北京：中国农业出版社.

李杨瑞，方锋学，吴建明，等，2011. 2010/2011 榨季广西甘蔗生产冻害调查及防御对策 [J]. 南方农业学报，42（1）：37-42.
李杨瑞，杨丽涛，2009. 20世纪90年代以来我国甘蔗产业和科技的新发展 [J]. 西南农业学报，22（5）：1469-1476.
田代发，宋焕忠，2015. 甘蔗生长发育特性与高产栽培技术 [J]. 种子科技，33（3）：49-50，52.
徐超华，邓玉龙，刘新龙，等，2020. 巴西蔗糖产业特点及对我国蔗糖业的借鉴 [J]. 中国糖料，42（2）：70-74.
张保青，杨丽涛，李杨瑞，2011. 自然条件下甘蔗品种抗寒生理生化特性的比较 [J]. 作物学报，37（3）：496-505.

# 第四章

# 中国甘蔗糖业研究进展概述

## 第一节　甘蔗种质创新与遗传育种

现代甘蔗品种（*Saccharum* spp.）是由栽培原种、野生种及近缘种经过多次杂交回交选育而成的。我国甘蔗杂交育种始于20世纪50年代，1953年我国在海南三亚建立甘蔗杂交育种场，此后，全国各甘蔗研究单位相继开展了甘蔗杂交育种研究。最近十几年，我国在甘蔗育种的理论与技术方法、种质资源创新、新品种选育等领域取得显著成效，育成的粤糖93-159、粤糖00-236、桂糖42号、桂柳05-136、云蔗08-1609、福农40号等一系列优良品种，成为不同蔗区生产主栽品种，为我国甘蔗品种多系布局，促进蔗糖产业高质量发展作出了重要贡献。

### 一、甘蔗种质创新研究进展

种质创新是品种持续改良的遗传基础，一个优异种质的创新和应用往往可以育成一系列优良的品种。野生资源一般具有更好的环境适应性，是抗逆基因发掘的主要来源。在甘蔗的近缘种（属）植物中，割手密对甘蔗品种改良起到了关键作用，当前甘蔗栽培品种中10%～25%的染色体来自割手密。我国具有丰富的割手密种质资源，在本土割手密种质创新方面取得了重要成就。通过国内割手密与POJ2878、Badila、Crystalina等亲本杂交，育成了崖城55-7、崖城58-43、崖城58-47、崖城82-108等$F_1$材料，这些$F_1$后代继续回交选育出了崖城71-374、崖城74-141等崖城系列亲本。SSR标记分析表明，崖城系列亲本与国外引进亲本具有明显的遗传异质性（Qi et al.，2013）。当前，崖城系列亲本已成为我国重要的育种系统之一，崖城亲本与引进亲本之间的杂交育成了30多个品种。2019年，我国海南甘蔗育种场的主要育种亲本中，77个为国内割手密的后代材料，约占常用亲本的20%。

#### （一）割手密创新利用

中国是割手密的原产地之一，割手密分布广泛，种质资源丰富，国家甘蔗种质资源圃保存有割手密资源近600份。但是育种中能够利用的资源只是其中的一小部分，因此，开展种质资源的遗传多样性评价和核心种质构建对于割手密的收集保护和利用具有重要意义。通过对云南、四川、广东等的割手密遗传多样性研究表明，割手密的生长特性受光强、温度等环境因素影响较大，地理生态因素会造成割手密种群分化。应用SSR标记对广东、广西、江西、福建、云南、四川、海南等地的种质资源分析表明，我国割手密具有显著的地理分化，主要分为广东、海南、广西、西南地区等四大类群，西南三省是我国割手密的多样性分布中心（Fan et al.，2013）。此后，齐永文等（2013）根据割手密种质资源的地理信息、农艺及表型性状、SSR 分子标记数据开展核心种质构建研究，通过综合比较等量方法、简单比例、平方根比例、对数比例以及多样性比例等组间取样策略、无分组下的最大变异保留取样策略和随机取样等取样策略，表明采集地分组下的等比例取样是最优取样策略。最后根据系统取样和优先取样方法，构建了一个包含 60 份材料的甘蔗细茎野生种核心种质。核心种质取样比例为 11%，变异保留比例是 90.2%。核心种质的构建为高效利用割手密资源提供了重要的参考。

割手密是甘蔗栽培品种抗逆主要基因源，通过对割手密杂交后代研究表明，割手密在提高甘蔗抗旱和抗寒性状上具有很大的潜力。经艳芬等（2013）、边芯等（2014）对 15 个云南不同生态型割手密血缘 $F_1$ 创新种质材料及其亲系的抗旱性进行分析，表明 80%的 $F_1$ 材料表现出较强的抗旱性，但无一具有超亲优势，只有超父和无优势两种表现，其中具有超父优势的材料占云割 $F_1$ 材料总数的 66.7%。桃联安等（2011）对 12 份云南西双版纳割手密 82-114（云割 82-114）血缘 $F_2$ 的抗旱、抗寒性进行了鉴定，发现 09-P58、09-P88、08-821、09-P54、08-719 等 5 份材料抗旱性较强，其他 7 份材料的抗旱性中等或者较弱，但是 12 份材料的抗寒性均超过对照材料 ROC22，说明割手密可显著提高甘蔗的抗旱、抗寒等特性。

随着分子生物学技术的发展，发掘割手密种质中的优异基因成为研究重点。刘洋等（2014）、胡小文等（2015）、徐磊等（2015）、姚艳丽等（2015，2016）通过同源克隆的方法，先后克隆了割手密的过氧化氢酶基因 *SsCAT*、过氧化物酶基因 *POD*、谷胱甘肽硫转移酶基因 *SsGST*、*DREB*2 转录因子基因等。但是由于缺乏基因组信息，只克隆了部分基因家族成员。2018 年，我国科学家攻克了同源多倍体基因组拼接组装的技术难题（Zhang et al.，2018），破译了甘蔗野生种割手密的基因组。该研究揭示了甘蔗属割手密种的基因组演化、抗逆性、糖分转运以及自然群体演化的遗传学基础，加速了割手密优异基因的发掘效率。此后根据割手密基因组信息，我国科研人员先后完成了割手密的氮转运体家族（NRT/NPF）、*TCP* 基因（*The teosinte branched*1/*Cycloidea*/*Proliferating cell factor gene*）、漆酶基因（*Laccase genes*）、淀粉合成酶基因（*SSs*）、蔗糖转化酶基因（*Invertase gene*）等家族成员的鉴定。

此外，我国科研人员在割手密基因组探针方面也取得了重要研究进展，Dong 等（2018）根据割手密基因组信息，开发出了一套能够鉴别割手密不同染色体的 BAC-FISH 特异分子标记，并且证明了割手密和高粱之间发生了染色体重组事件。Meng 等（2020）开发了一套基于割手密基因组（$x=8$）的寡核苷酸探针，可区分八倍体割手密 SES208（$2n=8x=64$）的 64 条染色体的每一条，同时也发现染色体基数 $x=8$ 和染色体基数 $x=10$ 的割手密存在着平行进化的关系。

### （二）斑茅创新利用

斑茅是我国近年来研究较多的一种甘蔗近缘属植物。斑茅（*Erianthus arundinaceus*）属于蔗茅属（*Erianthus*），具有抗旱、耐贫瘠、耐涝、分蘖力强、植株高大、生长势旺盛、宿根性好和适应性广等特性，在我国南方地区广泛分布，同时也分布于东南亚热带、亚热带地区。早在 1885 年，育种家就开始尝试将甘蔗与斑茅杂交，但是由于 $F_1$ 花粉量少，花粉育性低或不育，斑茅杂交利用就一直停留在 $F_1$。2001 年，海南甘蔗育种场以 $F_1$ 作为母本突破了这一瓶颈（刘少谋等，2007a），并相继获得 $BC_1$、$BC_2$ 等不同世代种质材料（符成等，2012）。此后，我国育种科研人员围绕斑茅种质的创新及遗传学基础进行了大量研究。Wu 等（2014）利用原位杂交技术（GISH）对甘蔗热带种 Badila（$2n=80$）与斑茅（$2n=60$）杂交产生的 $F_1$ 染色体数目进行了分析，$F_1$ 的染色体数目为 68～69 条，其中来自甘蔗热带种 Badila 的染色体数为 40 条，来自斑茅的染色体数为 28～29 条，表明斑茅与甘蔗杂交的 $F_1$ 以 $n+n$ 的方式遗传。甘蔗与斑茅的 $F_1$ 与甘蔗栽培品种 CP84-1198（$2n=120$）杂交产生的 13 个 $BC_1$ 的染色体数目为 120～130 条，其中，含有斑茅染色体数目 22～35 条，而其母本的斑茅染色体数目为 28～30 条，所以在 $BC_1$ 斑茅的染色体基本都是按照 $2n+n$ 的方式传递。Huang 等（2015）研究发现甘蔗与斑茅的 $BC_2$、$BC_3$ 和 $BC_4$ 随着回交世代的增加，斑茅染色体数目逐代减半，均是以 $n+n$ 的方式遗传。在 37 个甘蔗与斑茅的杂交后代中发现有 8 个材料的染色体有易位现象，其中 $BC_1$ 有 2 个、$BC_2$ 有 2 个、$BC_3$ 有 4 个。而且按系谱来看，这种易位是可以遗传的，该结果表明，今后可以对二者进行大量杂交，形成甘蔗与斑茅染色体间的染色体重组，将斑茅一些重要的基因组区段导入甘蔗之中。

为了评价含斑茅血缘甘蔗亲本的遗传特点和组合的选配效果，王勤南等（2017）对 25 个含斑茅血缘的 $F_1$ 家系的株高、茎径、有效茎、蔗茎产量、锤度等 5 个主要数量性状进行遗传变异、遗传方差及经济育种值（EBV）分析，筛选出桂糖 02-761×崖城 05-164、德蔗 93-88×崖城 06-61、崖城 11-31×ROC22、崖城 07-71×HoCP02-623 和崖城 12-8×K86-110 等 5 个家系可作为生产性家系。Chen 等（2015）利用 Badila 和海南斑茅 HN92-77 杂交产生的 $F_1$ 后代个体 YC96-40，与甘蔗栽培品种 CP84-1198 杂交构建 $BC_1$ 分离群体。从中选出一个无性系 YCE01-116，与亲本内江 57-416 杂交构建 $BC_2$ 分离群体。利用 35 对 AFLP 和 23 对 SSR 引物，分别在 $BC_1$ 和 $BC_2$ 分离群体中筛选到 756 对和 758 对多态性标记。利用连锁分析构建了 YC96-40、CP84-1198、YCE01-116 和内江 57-416 共 4 个亲本的连锁图谱，分别包含 38、57、36 和 47 个连锁群。斑茅遗传图谱的构建为结合表型数据进行 QTL 分析挖掘斑茅中相关性状的重要 QTL 位点或染色体区段奠定了基础。但是目前的连锁图谱还存在着标记数量少、覆盖率低的问题，随着甘蔗基因组信息的不断完善，可构建高密度连锁图谱，精确定位与产量、抗逆性等性状有关的基因组区段，从而加快分子育种的应用。

### （三）斑茅割手密复合体

斑茅和割手密一直是国内外甘蔗野生种质研究和利用的重点，两者各有不同的优良性状和不利性状。以往的杂交利用是基于“单元”杂交的策略，即单纯地利用斑茅或割手密与甘蔗进行杂交再进一步回交。广西壮族自治区农业科学院甘蔗研究所建立了利用斑茅与割手密进行杂交获得斑茅割手密复合体，再利用该复合体与甘蔗进行杂交的种质创新模式。利用斑茅与割手密杂交，成功获得斑茅割手密复合体（以下称“斑割复合体”）GXAS07-6-1，并证实 GXAS07-6-1 的部分农艺性状，如生势、茎径、蒲心程度、57 号毛群、抗黑穗病等方面都有超越亲本之一的优势。高铁静等（2012，2015）利用SSR、SRAP标记对3个甘蔗与GXAS07-6-1杂交组合后代的真实性进行鉴定，获得了一批综合性状优良的杂交后代。刘许辉等（2013）研究发现部分甘蔗与斑割复合体$BC_1$植株在锤度、茎径、株高和小区有效茎上的平均表现接近于对照品种（ROC22、F134），并且差异性不显著，同时黑穗病发病率较低。张保青等（2016）研究发现斑割复合体与甘蔗杂交$F_1$和$BC_1$材料在株高、茎径、单茎重和叶面积上都比亲本甘蔗有更大优势，同时根系重量和活力略有增加，地上部分均表现出超亲效应。多项研究表明，通过斑割复合体创新种质在甘蔗改良上具有重要的应用潜力。明确甘蔗与斑割复合体杂交后代$F_1$材料的染色体核型构成和遗传行为，可为有效利用甘蔗野生种质提供细胞遗传学的理论依据。黄玉新等（2016）采用甘蔗根尖细胞酶解去壁低渗法对3个不同甘蔗品种（系）与斑割复合体GXAS07-6-1的杂交后代分别进行染色体数目鉴定和核型分析。粤糖93-159与GXAS07-6-1杂交的$F_1$材料$GXASF_1$08-1-1染色体核型公式为$2n=94=91\ m+3\ sm$，桂糖01-53与GXAS07-6-1杂交的$F_1$材料$GXASF_1$08-2-28染色体核型公式为$2n=98=88\ m+10\ sm$（1SAT），桂糖02-761与GXAS07-6-1杂交的$F_1$材料$GXASF_1$08-3-7染色体核型公式为$2n=92=87\ m+5\ sm$。3个$F_1$材料的核型均为2B型，推断甘蔗与斑割复合体杂交亲子间的染色体基本按$n+n$方式传递，同时可能存在部分染色体加倍现象，它们的杂种$F_1$核型均为较原始的染色体2B类型。甘蔗与斑割复合体杂交未发现有染色体交换或易位的现象，但斑茅染色体在亲子间传递过程存在丢失现象。周珊等（2019）利用29对在斑茅和割手密间具有多态性的AFLP标记分析斑割复合体杂交利用过程野生特异基因的遗传特性，共检测到斑茅和割手密特异位点563个和616个。研究表明，斑茅和割手密在斑割复合体中的遗传贡献率分别为43.96%和56.04%。从特异位点传递来看，割手密在后代GXAS07-6-1的传递率为41.72%，约为斑茅在后代GXAS07-6-1的传递率的2倍（20.96%）。斑茅对$F_1$、$BC_1$、$BC_2$这3个世代的平均传递率分别为8.25%、1.90%和0.63%，割手密对$F_1$、$BC_1$、$BC_2$这3个世代的平均传递率分别为16.98%、2.40%和0.21%，表明割手密特异位点在后代的遗传率高于斑茅，并且随着世代增加，斑茅和割手密的特异遗传物质均呈逐代减少趋势，它们的特异位点传递到$BC_2$时已经很少（分别为0.63%和0.21%）。斑茅和割手密杂交为甘蔗种质创新提供了一种新的方式，值得继续关注和利用。

### （四）其他野生种质杂交创新利用

此外，我国科研人员在河八王（*Narenga porphyrocoma*）、滇蔗茅（*Erianthus rockii*）、蔗茅（*Erianthus fulvus* Ness.）等物种与甘蔗栽培种的远缘杂交与种质创新方面也进行了大量研究并取得显著进展。刘昔辉等（2012）利用不同甘蔗品种与河八王进行远缘杂交及回交，获得一些后代材料。基因组原位杂交结果表明，甘蔗×河八王组合的$F_1$染色体传递行为有$n+n$和$n+2n$方式，$BC_1$是$n+n$方式。段维兴等（2018）等研究表明河八王的$F_1$、$BC_1$材料具有较高的黑穗病抗性，推测河八王对甘蔗黑穗病菌具有较好的抗性基因。滇蔗茅是一种具有抗锈病和耐旱性的甘蔗野生近缘属植物。陆鑫等（2016）、李文凤等（2017）等对滇蔗茅的$F_1$进行了抗锈病、甘蔗条纹花叶病毒（SCSMV）和高粱花叶病毒（SrMV）的抗性鉴定与评价，结果表明滇蔗茅的$F_1$中具有较好的抗病材料，为开展甘蔗抗病育种提供了优良抗源种质。林秀琴等（2017）对甘蔗与滇蔗茅杂交后的染色体遗传规律进行分析，在 $F_1$ 和 3 个 $BC_1$ 材料中均检测到 15 条滇蔗茅染色体，但没有检测到重组染色体，杂交过程染色体遗传方式分别为 $n+n$ 和 $2n+n$。常海龙等（2020）通过滇蔗茅与河八王杂交，创新出了 $F_1$ 材料，为进一步利用河八王和滇蔗茅材料创新了种质。蔗茅具有早熟、高糖、抗性强等优良性状，在高海拔冷凉的气候条件下和干旱贫瘠的荒坡上均能生长。云南农业大学甘蔗研究所以蔗茅为父本、甘蔗栽培品种为母本，成功杂交获得了不同的世代材料。甘蔗与蔗茅杂交亲本及后代材料的抗旱性鉴定表明，蔗茅优质抗旱性状可以通过基因渗透方式传递给后代（沈先岳等，2020）。

总之，近年来，我国科研人员通过将割手密、斑茅、河八王、蔗茅、滇蔗茅等物种与甘蔗栽培种杂交，创新出一批优异种质。而且应用细胞学、遗传学、分子生物学等方法对野生种与栽培种杂交改良过程中的染色体遗传规律、抗逆性状的改良潜力，以及重要性状相关基因发掘等多方面进行了许多研究，为今后持续开展种质创新与品种改良奠定了良好基础。

## 二、甘蔗抗逆育种研究

甘蔗作为我国最为重要的糖料作物，蔗糖产量占国内食糖总量的 90%左右。但是，由于我国制糖生产成本高，甘蔗种植的比较效益低，受蔗区作物竞争，我国甘蔗种植逐渐由水田向土壤贫瘠的旱坡地转移，生产管理方式更加粗放，在甘蔗生长期间常常受到严重的病虫等生物胁迫以及干旱、低温等环境胁迫。据安玉兴等（2013）调查，广东湛江蔗区甘蔗害虫危害极为严重，平均螟害株率为 84.35%，平均螟害节率为 38.12%，平均产量损失率为 10.21%，平均蔗糖分损失高达 1.73 个百分点。此外，季节性干旱、冻害等不良生产条件也时常发生，尤其在云南高海拔蔗区。因此，培育和推广可抵御逆境胁迫的优良品种是当前稳定和持续增加甘蔗产量的最经济有效方式。抗逆育种是近年来国内的重点研究领域，科研人员从遗传学、分子生物学、植物生理学、植物生物技术等多个方面进行了抗逆育种研究。

生物胁迫是指对植物生存与发育不利的各种生物因素的总称，如病害、虫害、杂草危害等。甘蔗生长周期长，一般在 12 个月左右。在甘蔗整个生长周期可危害甘蔗的害虫达 360 多种，其中可以分为钻蛀性害虫、刺吸性害虫、食叶害虫以及地下害虫。甘蔗虫害的防控目前以化学防控和生物防治为主。甘蔗抗虫育种主要开展了表达 *Bt* 基因提高甘蔗对螟虫的抗性研究，但是受国家转基因管理相关政策限制，尚未进行商业化应用。病害一直是我国甘蔗生产的主要威胁之一，世界上已知的甘蔗侵染性病害已有 130 种，我国记录的甘蔗病害有 50 种。尤其是近年来随着种植结构和耕作制度调整，同时受气候条件变化异常、品种布局优化等影响，甘蔗病害发生和危害呈现出新特点，即常发性病害持续暴发和突发、次要病害上升为主要病害，以及新病害发生。筛选抗病亲本，培育抗病品种是防御病害流行的主要方式。由甘蔗鞭黑粉菌（*Sporisorium scitaminea* Syd.）引起的甘蔗黑穗病（Sugarcane smut disease）是中国大陆蔗区经济危害性最严重的甘蔗主要病害之一。主栽品种 ROC22 普遍感染黑穗病，田间发病率超过 10%，有的地块甚至超过 50%。许莉萍等（2004）和阙友雄等（2007）通过杂交创制抗病性分离群体，利用混合分组分析法

(BSA) 和 RAPD 分子标记相结合的方法，各获得了 1 个与甘蔗抗黑穗病生理小种 2 基因连锁的标记，并成功转化为 SCAR 标记。高轶静等（2013）通过综合应用 BSA 和 SSR 标记技术筛选出一个在生产实践中具有应用潜力的与甘蔗抗黑穗病基因连锁的 SSR 标记。杨翠凤（2015）以构建的割手密高密度分子遗传图谱为基础，用 SMA 法检测到 5 个标记与黑穗病贡献率超过 10%的 QTL，用 CIM 法检测到 4 个控制黑穗病效应较大的 QTL 和多个微效 QTL；发现 2 个主效 QTLs（*qSmut*23 和 *qSmut*37）分别与标记 *Attccal* 和 *Attcaa*18 呈共分离，单一可解释的表型变异分别为 10.81%和 15.99%；主效 QTL 位点 *qSmut*39 与标记 *Aatcga*4 相距 0.2 *cM*，单一可解释的表型变异为 12.10%；主效 *QTL* 位点 qSmut41 与标记 *mSSCIRI7-b* 呈共分离，单一可解释的表型变异为 10.65%。研究发现的这些 QTL 位点都与分子标记共分离或紧密连锁，将为甘蔗抗黑穗病育种的早期选择提供技术支撑。此外，为了进一步揭示甘蔗抗黑穗病的分子机制，通过应用转录组、蛋白质组等组学技术研究了甘蔗与黑穗病互作的分子响应机制，构建了甘蔗应答黑穗病菌侵染的表达谱，鉴定了 β-1,3-葡聚糖酶基因、几丁质酶基因、过氧化氢酶基因、NBS-LRR 类抗病相关基因，为甘蔗抗病分子育种提供了优异基因资源。

甘蔗锈病是由黑顶柄锈菌、屈恩柄锈菌、蔗茅柄锈菌等引起的一种重要流行性病害。甘蔗锈病在中国广东、广西、云南、海南等甘蔗主产区皆有发生（刘晓妹等，2008；李文凤等，2015；傅华英等，2016），一些高产高糖的品种，如粤糖 60 号、桂糖 15 号因在部分蔗区严重感染甘蔗锈病而无法推广。近年来，受自然环境及甘蔗生产方式转变影响，部分蔗区呈现出锈病发病率上升的趋势。褐锈病是甘蔗生产上发生的最主要锈病。Daugrois 等（1996）首先报道了甘蔗品种 R570 对褐锈病的抗性受显性的单基因控制。此后，Asnaghi（2004）、Costet 等（2012）、Racedo 等（2013）对 R570 抗锈病遗传机制进行了一系列研究，开发出了与甘蔗抗褐锈病 *Bru*1 位点的分子标记，并且发现 *Bru*1 对世界上不同地区的褐锈病柄锈菌都具有广谱抗性。我国各育种有关研究单位利用 *Bru*1 分子标记（李文凤等，2015，2016；傅华英等，2016；梅志鹏等，2018；端木卜文，2020）对野生种质资源、栽培种和新育成的品系进行了检测，鉴定出了一些褐锈病抗性资源，而且发现我国新育成的品种中 *Bru*1 基因的比例较高，说明在育种过程中对 *Bru*1 基因进行了有效选择。此外，王晓燕等（2020）通过利用高抗褐锈病但不含 *Bru*1 基因的品种和感褐锈病品种进行杂交，发现粤糖 03-393×ROC24 群体的褐锈病抗性由一对显性未知新抗病基因控制，而柳城 03-1137×德蔗 93-88 群体的褐锈病抗性由一对隐性未知新抗病基因控制。可见我国亲本资源中还蕴藏着非 *Bru*1 的抗褐锈病基因。黄锈病是另外一类锈病，近些年在国内也有发现，尚未大面积流行。该病最早在澳大利亚发现，澳大利亚甘蔗品种 Q124、Q88 等易感黄锈病（Braithwaite et al.，2009），后来在美国、巴西、哥伦比亚等国家都有甘蔗黄锈病报道。2015 年，王晓燕等（2015）首次在云南蔗区发现由屈恩柄锈菌引起的甘蔗黄锈病，这表明甘蔗黄锈病在我国蔗区也存在流行发生的风险。Yang 等（2018）在 CP95-1039×CP88-1762 的 $F_1$ 后代鉴定到了一个贡献率达到 58%的主效 QTL 位点，并且开发了黄锈病的诊断标记。端木卜文等（2020）在 180 份材料中共检测到 CP63-588、粤农 91-600、粤糖 96-86、桂糖 03-8、赣南 81-1035、ROC16、ROC20、ROC22、ROC25、云蔗 89-151 等 10 份带有黄锈病抗性位点 *G*1 的材料。并且检测到粤糖 96-86、

ROC16、ROC20、ROC22、ROC25、云蔗 89-151 等 6 份材料既含有褐锈病抗性位点又含有黄锈病抗性位点。

甘蔗花叶病主要由甘蔗花叶病毒（SrMV）、高粱花叶病毒和甘蔗线条花叶病毒等引起，是国内甘蔗新品种登记注册要求测试的甘蔗病害。杨荣仲等（2020）对国内外 102 份甘蔗亲本在甘蔗花叶病高发病生态区进行连续 3 年的测试，结果表明 GT03-2309、GT02-761、ROC26 等 55 份亲本达到抗或高抗的水平，占所有亲本的 53.92%，与 20 年前相比，抗病亲本数量增多，说明抗甘蔗花叶病育种取得了良好的进展。凌辉（2016）利用高通量测序结合生物信息学分析、基因克隆、实时荧光定量 PCR 和基因芯片技术，挖掘了甘蔗与花叶病毒互作过程中的抗病相关基因，发现在 SrMV 侵染过程中，甘蔗中钙信号通路基因（*CRT* 等）、叶绿体定位基因（*RbcL* 等）、*LRR-RLKs*、*Lec-RLKs*、激素信号通路基因（乙烯响应转录因子等）、*WRKY*、*WRKY*53 和 *MAP*3*K* 等基因差异表达，参与甘蔗对 SrMV 的胁迫响应。*Panl*、*ScSGS*3、*ScXl*、*WRKY*、*WRKY*53、*MAP*3*K* 和 *G*26 等基因是甘蔗中潜在的抗 SrMV 侵染相关基因。

此外，宿根矮化病、梢腐病、赤腐病等也是我国甘蔗上常年发生的病害，国内各育种单位围绕抗病种质的鉴定及抗性性状的遗传进行了研究，鉴定了一些与甘蔗抗病应答相关的基因或分子标记。但是，目前除宿根矮化病可通过脱毒健康种苗防治外，对于其他病害，尚无有效的防治途径。而且，由于国内农户的种植规模小，甘蔗生产效益低，甘蔗脱毒健康种苗的推广应用虽然取得了一定成绩，但与国外相比，我国健康种苗在整个蔗区的应用比例还较小。今后仍需继续加强甘蔗的抗病遗传机制研究，加快抗病品种选育，通过品种的多系布局，避免某种病害的大面积流行发生，从而保障甘蔗生产安全。

此外，除了受到病、虫、草等生物胁迫外，非生物胁迫如干旱、低温、台风等对我国甘蔗生产也有较大影响。我国甘蔗大多种在干旱、瘠薄的“望天田”（李杨瑞，2019），缺少灌溉条件。近 10 年来，受厄尔尼诺现象的影响，季节性干旱、低温冰冻、台风等自然灾害发生较多，严重降低甘蔗产量、蔗糖分和出糖率，而且由于蔗区多年连作，有效养分含量逐年下降，种植效益低，施肥不科学，蔗区土壤贫瘠且严重酸化，甘蔗产量难以得到保证。近些年，我国各育种单位围绕抗非生物胁迫育种也做了大量研究。通过对甘蔗在干旱、低温、养分胁迫等方面的生理指标综合评价，筛选出一批抗旱、耐寒、养分高效利用的种质资源或亲本。应用转录组、蛋白质组等现代分子生物技术分析了甘蔗应答非生物胁迫的分子机制，鉴定干旱应答元件的结合蛋白 *DREB* 基因、醛脱氢酶基因、细胞外信号调节激酶、磷脂酶 D、β-氨基己糖苷酶等有关基因。但是由于甘蔗复杂的遗传背景，甘蔗对非生物胁迫的适应性机制尚处于初级研究阶段，今后亟待进一步深入研究。

## 三、甘蔗基因工程

基因工程是作物品种改良的重要技术途径。甘蔗可无性繁殖，避免有性繁殖过程中发生变异和性状分离，提高了转基因甘蔗的基因稳定性。巴西、印度尼西亚已经批准了抗虫/抗除草剂、抗旱转基因甘蔗的商业化种植，基因工程在未来甘蔗品种改良中具有广阔的应用前景。我国各育种单位在甘蔗基因工程方面进行了大量研究，建立了农杆菌介导或基因枪介导的遗传转化转体系，创制了一批优异的转基因品系。

甘蔗的大田生长发育期可受到120余种虫害威胁，其中条螟、大螟等各种螟虫的危害尤其严重（黄应昆等，2002），甘蔗螟虫的危害可使甘蔗产量平均降低20%。Gao等（2016）利用基因枪法将*Cry1Ac*基因导入甘蔗品种FN15中，ELISA分析表明，7株转基因株系叶片中的Cry1Ac蛋白含量可达到0.85～70.92 μg/g（FW），茎中达0.04～7.22 μg/g（FW），蛀虫率分别在13.33%～36.67%，明显提高了转基因植株的抗虫性且甘蔗的产量没有受到影响。陈勇生等（2018）将*Cry2A*基因导入甘蔗品种ROC22中，发现品系$T_1$、$T_2$、$T_3$、$T_4$和$T_6$抗性最强，螟害株率和螟害节率都为0，*Bt*基因表达稳定，可作为种质材料应用于甘蔗杂交育种研究。王文治等（2020）亦将*Cry2A*转入ROC22中，室内抗虫鉴定的结果表明*Cry2A*基因可有效抑制害虫的生长。甘蔗花叶病是一种世界性的甘蔗病毒病害，给国内甘蔗种植和糖业生产带来了巨大损失。郭鸳等（2008）通过基因枪技术将抗病基因*SrMV-P1*导入受体品种福农95-1702中获得成功，前2代转*SrMV-P1*基因植株都表现出较强的抗病性。杨川毓等（2012）对转*SrMV-P1*基因甘蔗的抗病性、活性氧代谢、产量和糖分进行了分析，结果表明在较高的病毒剂量胁迫环境中，转基因无性系植株对病毒侵染有应激作用，其活性氧代谢相关指标的变化，最终导致其对病毒抵御能力的不同，这可能是转*SrMV-P1*基因植株抗性分化的生理基础。转*SrMV-P1*基因甘蔗的发病率都低于5%。通过转基因植株与受体材料对比表明，转基因植株$TF_{53}$产量比受体材料和空载对照分别提高32.9%和46.3%，甘蔗蔗糖分分别提高2.1 %和1.7 %。沈林波（2012）将带有内质网定位蛋白序列（KDEL）的紫花苜蓿防御素*MsDef1/KDEL*基因导入甘蔗优良品种，获得了7株对禾谷镰刀菌和黑穗病菌均表现出强烈抑制作用的转基因植株。针对低温冷害问题，滕峥等（2014）以ROC22为材料，通过农杆菌介导法将高山离子芥冷诱导基因*Cbcorl5a*导入甘蔗愈伤组织，成功地将*Cbcorl5a*基因整合到甘蔗基因组中。α-微管蛋白（TUA）是微管的主要成分之一。在低温胁迫下，微管在调节及传导信号中扮演重要角色，微管瞬时解聚可触发植物冷驯化，增强植物抗寒性。唐丽华等（2019）将甘蔗*TUA*基因转入甘蔗中，获得的转基因品系能够显著提高植株的耐寒性。针对蔗区缺钾现象，李奇伟等（2014）、樊丽娜等（2015）将拟南芥中调控低钾胁迫反应的3个关键基因*AtAKT1*、*AtCIPK23*和*AtCBL9*共转化到甘蔗品种粤糖00-236和ROC22中，转基因植株在低钾条件下的钾吸收能力提高了20%，生物量显著增加。总体看来，近年来我国在基因发掘、遗传转化技术体系等甘蔗基因工程关键技术研究领域取得了可喜进展，创制了一批抗虫、抗病、抗旱、耐低钾等优良转基因材料。但是目前这些研究大多仍在实验室阶段，转基因植株在生产上的表现有待进一步验证。与棉花、大豆、玉米等农作物相比，甘蔗的商业化步伐还远远落后，需进一步加强。

## 四、甘蔗优良品种选育

甘蔗品种对于整个蔗糖产业的发展具有极为重要的作用，据ISSCT（国际甘蔗技师协会）估计，品种对蔗糖产业的贡献率在60%左右，因此每一个蔗糖生产国或地区都非常重视良种的选育和推广。杂交育种是甘蔗育种的最有效途径，在杂交后代选择技术方面，长期以来，我国甘蔗育种均采用单株选择方法选择杂交后代，即直接根据个体表现型值选择优良实生苗单株，工作量大、操作烦琐且效率低。由于甘蔗的产量和糖分等重要经济性状均为数量性状，在育种早期阶段中，这些性状的遗传力很低，特别是在实生苗阶段；在育种实践中，一般只能以提高入选率的方法去减小有希望的材料在早期阶段被淘汰的风险（李奇伟，2000）。甘蔗试验周期长（一年一造试验），占地面积大，加上近年来劳动力成本快速上涨，人力也越来越紧张，单靠单株选择这一传统的方法显然已不能适应当前形势发展的需要。

近年来，杂交后代家系评价及选择越来越受到国内甘蔗育种者的关注（吴才文，2007）。家系是指源于相同组合的实生苗群体，家系选择的要点即在第一阶段选择中，对整个家系，而不是对实生苗单株进行测试，试验一般采用随机区组设计，并设置重复，根据产量、糖分等选择排名较靠前的家系，然后在入选的家系中选择表现较好的单株。在实生苗阶段，环境效应通常较大，在这种情况下，对大多数重要性状来说，采用家系选择的效率相对较高。澳大利亚等国家的研究表明，家系选择总体上比单株选择更有效。这一方法不但可减少优良材料在早期阶段被错误淘汰的风险，有效提高选择效率，同时还可为亲本选择和杂交组合选配提供科学依据，是对传统单株选择方法的重大改进。目前，国内已有多家甘蔗育种机构开展家系评价及选择研究，但大多集中于亲本评价和杂交组合合理选配。如王勤南等（2013）对35个家系 $F_1$ 群体的株高、茎径、有效茎、蔗茎产量、蔗糖分等5个主要数量性状进行经济育种值（EBV）分析，结果表明，24个母本中，ROC22、粤糖92-1287、内江03-218、ROC25、HoCP92-648等5个可作为生产性母本；18个父本中，崖城84-153、ROC22和粤糖00-319等3个亲本可作为生产性父本；ROC22×崖城84-153、粤糖92-1287×粤糖00-319、内江03-218×ROC22、ROC22×粤糖93-159、ROC25×粤糖93-159、桂糖00-122×ROC22、崖城97-46×ROC22和HoCP92-648×ROC26等8个家系可作为生产性家系，该批组合有可能选育出高经济效益的新品种。经艳芬等（2019）以13个云瑞10系列亲本及其与国内外品种选配的26个组合为材料，应用家系评价和同异分析方法计算母本、父本及组合在蔗糖产量、蔗茎产量、有效茎数、株高、茎径和锤度6个性状的遗传力、配合力和综合同一度，对甘蔗亲本及其组合的杂交育种潜力进行了分析，结果认为，云瑞10系列甘蔗亲本与不同地区品种组配后不同性状的遗传力和配合力不同，在甘蔗育种中，组配杂交组合时可重点以云瑞10系列为母本，但需兼顾其不良性状，选配互补型父本。贤武等（2010）采用100个甘蔗亲本配制了144个杂交组合，分析其有性世代主要农艺性状、田间锤度、蔗糖分和配合力，翌年则仍参照常规选育方法选择宿根杂种优良株系。

10余年来，甘蔗种质创新的不断突破、育种选择技术的改进，加速了新品种选育的进程，育成了粤糖00-236、粤糖55号、桂糖42号、桂糖44号、桂糖76号、桂柳05-136、云蔗08-1609、福农41号等一系列优良的新品种。当前我国育成的粤糖、桂糖、云蔗、福农等系列品种在蔗区得到大面积推广应用，品种呈现多元化发展的趋势，品种结构显著优化。据全国甘蔗糖业信息中心统计，2018/2019年榨季，桂糖42号、桂柳05-136、ROC22、粤糖93-159等品种居国内甘蔗种植面积的前列，新选育品种的推广应用使我国甘蔗品种结构得到显著优化。而且近年来，我国各育种单位把适应机械化的特征特性作为育种过程中的重要选择指标，新育成的品种具有分蘖性能好、有效茎多、生长整齐、宿根性好的优点，因此更适应机械化生产。甘蔗优良品种的选育和推广也促进了我国甘蔗全程机械化的应用与发展。

## 第二节 甘蔗栽培技术的研究及发展

甘蔗糖业为我国贡献约 90%的食糖产量，是维护我国食糖供给的根本保障。改革开放以来，我国在甘蔗栽培技术研发和集成应用方面取得了突破，解决了旱地甘蔗生产发展的技术瓶颈，实现了旱地甘蔗的高产高糖，成功促进了我国甘蔗生产由以水田蔗为主的广东、福建向以旱地蔗为主的广西、云南等地区发展，实现了我国甘蔗糖业的跨越式发展。以广西为例，自 20 世纪 80 年代起，广西蔗糖业约每隔 5 年就跃上一个新台阶，到 2007/2008 年榨季，广西产糖量达 903.1 万 t，成为仅次于巴西圣保罗州的世界第二大产糖省份，为推动中国成为世界第三大产糖国作出巨大的贡献（李杨瑞和杨丽涛，2009；李杨瑞，2010；李杨瑞等，2014；Li，2004；Li and Yang，2015a；Li et al.，2016）。全自治区甘蔗单产从 1978 年的 25.5 $t/hm^2$增加到 1990 年的 48 $t/hm^2$、2009 年的 72.0 $t/hm^2$，再到 2018 年的 81.6 $t/hm^2$；蔗糖分由过去不足 13%提高到目前正常年景下的 14.5%左右；正常年景吨糖耗蔗量也由过去 10 t 以上降低至目前 8 t 左右，其中 2019/2020 年榨季，全自治区平均出糖率达 13.11%，吨糖耗蔗量 7.62 t，创历史最好纪录。全国甘蔗单产由 2013 年的 70.0 $t/hm^2$提高到 2018 年 76.9 $t/hm^2$（国家统计局发布数据）。我国甘蔗单产和总产持续提高，主要原因是在国家政策扶持下，在加强优良品种选育和推广的基础上，不断研发和集成应用先进适用的旱地甘蔗高产高糖栽培技术，从根本上改变了过去旱地甘蔗单产低的局面（李杨瑞，2010；江永等，2014；李杨瑞等，2014，2019；张跃彬等，2015；张跃彬，2016；黄振瑞等，2019；Li and Solomon，2004，2006；Li and Wei，2006；Li et al.，2008，2011，2016；Li and Yang，2015a）。

### 一、甘蔗生产上应用的主要栽培技术

#### （一）蔗地机械深耕深松技术

从 20 世纪 90 年代初，我国大力推广蔗地机械深耕深松技术，最初在农垦和监狱系统推广，随后扩大到农村蔗区。2011 年，广西蔗地机械深耕面积已达 34.04 万 $hm^2$，占当年新种面积的 91.5%。叶燕萍等（1995）、廖青等（2010）的研究结果表明，使用深耕深松栽培技术种植甘蔗，可增加土壤含水量，有利于甘蔗前期早生快发，提高分蘖率，增加出苗率，使根系增多、根重增加，促进后期糖分积累，从而提高甘蔗的产量和蔗糖分，是一项重要的节本增效栽培技术。深耕深松技术使旱坡蔗地的耕层达 30～45 cm，大马力拖拉机的耕作深度甚至可达 60 cm 以上，改善了土壤理化性状，提高了土壤保水能力；同时有利于根系深扎，充分利用深层土壤中的水分，提高降水利用率，显著提高了甘蔗的抗旱能力，也有利于防风抗倒，显著提高耕作质量。目前机械深耕深松已成为广西旱地甘蔗持续高产稳产的核心技术。

#### （二）甘蔗地膜覆盖技术

地膜覆盖技术是我国蔗区应用的主要技术措施之一，有利于保水、保温、保肥，促进甘蔗萌发生长，可明显提高冬植蔗和早春植蔗的出苗率，因此该项技术有利于提早种植，

延长甘蔗生长期，并且促进蔗苗生产，使蔗苗齐、匀、壮，为甘蔗高产高糖奠定良好基础（李杨瑞，2010）。一般在施肥和大培土前揭去覆盖的地膜并清理田间。1990—1992 年，广西壮族自治区农业科学院甘蔗研究所试验结果表明，覆盖地膜的冬植蔗比不覆盖地膜的出苗提早 10～20 d，萌芽率提高 15.3%～26.1%，基本苗数每公顷增加 15 000～30 000 株。2007—2010 年，由广西壮族自治区农业科学院承担的国家科技支撑计划项目在 10 个甘蔗示范区中应用地膜覆盖面积达 3.355 2 万 $hm^2$，单产 98.55 $t/hm^2$，蔗糖分 14.96%，比对照增产 24.75 $t/hm^2$，蔗糖分提高 0.53%。2011 年，广西甘蔗生产中，地膜覆盖面积达 22.1 万 $hm^2$，占当年新种面积的 52.1%。近年来，云南在低纬高原蔗区发展了全膜覆盖技术，进一步增强了地膜覆盖的保水、保温、保肥功效，并有利于抑制田间杂草，简化田间管理（张跃彬，2015）。应用全膜覆盖技术应在甘蔗收获前或收获后清除田间地膜，以避免地膜大量积累造成土壤污染。

### （三）智能化施肥技术

自 20 世纪 90 年代起，我国开始在甘蔗生产上推广应用测土配方施肥技术，随后发展成甘蔗智能化施肥专家系统，通过推广甘蔗智能化施肥，提高了蔗农正确施用肥料的技术水平，减少了肥料施用量，降低了成本，从而提高了种蔗的经济效益。1990—1992 年，广西糖业公司组织推广甘蔗因土配方施肥技术，投入补助经费 150 万元，实施面积超过 2 万$hm^2$，增产 10%～25%，蔗糖分提高 0.4%～0.8%。1991—2000 年，宾阳县实施配方施肥，甘蔗单产 107.1 $t/hm^2$，比以往增产 11.5 $t/hm^2$；蔗糖分 14.4%，提高 0.3%。南宁市从 2006 年开始实施国家测土配方施肥资金补贴项目，累计完成测土配方施肥甘蔗面积 4.41 万 $hm^2$，单产增加 4.93 $t/hm^2$，增幅 7.89%。2000 年以来，广西壮族自治区农业科学院土壤肥料研究所组织实施了中国-加拿大政府合作的甘蔗养分精准管理项目，智能化精准施肥平均增产 16.5 $t/hm^2$，蔗糖分从 14.51%提高到 15.89%，提高肥料利用率 4.5%～8.2%。目前甘蔗智能化施肥技术已在我国得到大面积应用。

### （四）蔗叶还田技术

蔗叶含有氮、磷、钾、镁、钙、硫等矿质元素和有机质，蔗叶及时还田可改善土壤结构和理化性状，增加有机质含量，促进甘蔗持续增产。针对我国蔗区甘蔗生产多年连作、土壤中逐年缺乏对甘蔗生长有益的养分的情况，从 20 世纪 90 年代中期起，我国开始大面积实施蔗叶还田。蔗叶还田分直接还田和粉碎还田两种方式。广西农垦金光农场 1998 年开始引进 3SY 系列蔗田碎叶机，每年蔗叶粉碎还田约 333 $hm^2$，占该农场甘蔗种植总面积的 36%，节本增收效果显著。广西农垦黔江农场经过 20 多年（1987—2010 年）蔗叶还田，蔗田有机质含量由原来的 1.79%提高到 2.60%，全氮含量由 0.09%增加到 0.14%，速效磷含量由 13.37 mg/kg 增加到 43.25 mg/kg，速效钾含量由 79.63 mg/kg 增加到 233.33 mg/kg。2003—2005 年，马山县百龙滩镇南新村外来屯进行蔗叶还田试验，甘蔗单产达 77.6 $t/hm^2$，增产 9.16%。2005—2007 年，扶绥县在渠黎镇渠凤村进行蔗叶粉碎还田试验 1.3 $hm^2$，增产 3.71 $t/hm^2$，增产增收效果显著。2000—2008 年，广西壮族自治区甘蔗研究所甘蔗试验农场、广西农垦西江农场和红河农场的研究结果表明，蔗叶还田使土壤有机质含量提高了 3.32 g/kg，全钾含量提高 43.3%，速效氮含量提高 31.9%，速效磷含量提高 16.7%。2005 年，广西农垦新兴农场都乐分场进行蔗叶还田试验，结果表明，甘蔗单产 85.4 t/hm²，增产 7.7%。2009—2010 年，广西壮族自治区农业科学院在广西农垦红河农场进行试验，结果表明，蔗叶还田使土壤微生物总数明显增加，细菌总数、真菌总数及放线菌数目分别是常规栽培处理的 2.38、1.80 和 2.74 倍（Liao et al.，2014）。蔗叶还田除提供养分和有机质外，还能很好地保持土壤水分，特别是蔗叶覆盖还田，有利于抗旱保生长（李杨瑞，2010）。因蔗叶还田深受蔗农欢迎，近年来已在我国得到大面积应用，目前以覆盖还田为主。

### （五）节水灌溉技术

20 世纪 90 年代初，从解决旱地甘蔗产量低入手，为了提高水资源利用率，同时让更多农民看到高科技对甘蔗生产产生巨大效益，我国对大面积旱地甘蔗实施节水灌溉技术，根据蔗区不同条件进行喷灌和滴灌示范。发展甘蔗喷灌、滴灌、微喷等节水灌溉技术，不仅节水、节肥、省劳力，缓解用水矛盾，还大幅度地提高甘蔗产量和蔗糖分。节水灌溉的甘蔗平均产量为 120 t/hm² 以上，部分达 150～195 t/hm²，比不灌溉的增产 20%～40%（李杨瑞，2010；徐林等，2011；Xu et al.，2010；Chen et al.，2012）。2008—2010 年，广西壮族自治区农业科学院联合广西农垦北部湾农场、金光农场、新兴农场等开展地下滴灌水肥一体化技术大面积示范，甘蔗平均产量提高 19.2%～56.4%，肥料利用率达 90%，节水 30%～60%。近年来，我国甘蔗主产区大力推进甘蔗高效节水灌溉工程，实施甘蔗节水灌溉，增产效果显著。

### （六）脱毒健康种苗技术

针对甘蔗采用无性繁殖且长年连作易受各种病害侵染而造成产量和品质下降的问题，我国从 1998 年开始研究甘蔗脱毒技术，对生产上大面积栽培多年的甘蔗品种进行脱毒处理，以恢复其优良种性，提高单位蔗茎产量。田间试验结果表明，应用甘蔗脱毒健康种苗可使甘蔗增产 15.1%～52.0%，蔗糖分提高 0.12%～1.71%（绝对值）（李杨瑞，2010）。2009 年，在象州县马坪乡糖料蔗健康种苗生产示范点，ROC22 脱毒健康种苗蔗田理论产量 120 t/hm²，增产 42.9%。广西壮族自治区农业科学院甘蔗研究所先后对自育优良品种桂糖 11 号及引进的新台糖 16 号、新台糖 20 号等 20 多个甘蔗新品种进行脱毒快繁，生产组培苗 1 000 多万株，促进了优良品种的推广和更新换代，获得了较高的社会效益。此外，在腋芽液培快繁技术基础上进行的茎尖脱毒健康种苗研究推广也取得了较大进展，形成了年产 1 500 万株甘蔗脱毒种苗生产线，可种植一级脱毒健康种苗 666.7 hm²，每年解决 3.36 万 hm² 新植蔗用种量（三级种苗）（李杨瑞，2010）。近年来，进一步研究利用间歇浸没式生物反应器（TIBs）对甘蔗进行组培快繁，自动化程度高，极大提高了增殖速度，增殖系数可达 40 倍，远高于传统组培方法，节省了劳动成本，提高了经济效益（杨柳等，2011）。同时，广西壮族自治区农业科学院甘蔗研究所近年成功研发机械化砍种、装箱、浸种消毒、贮运供种一体化的流程，可生产标准化甘蔗健康种茎，确保种苗纯度和质量，按需按时按量供应蔗种，确保蔗种新鲜度，使甘蔗品种优良种性得以保持，种苗发芽率、分蘖率、生长速度、成茎率、叶片光合效率显著高于自留种苗，有利于培育壮苗，为甘蔗高产高糖打下良好基础，且其种植效率比传统自留种高出 30 倍。2020 年已在自治区内建成 7 家标准化甘蔗健康种茎工厂，实现规模化、标准化生产甘蔗健康种苗，减少用种量，降低甘蔗种苗生产成本，比传统蔗种每公顷节约成本 1 500 元。因减少了用种量，农民可把留种的蔗茎作为原料蔗，增加了收入，同时有效增加糖厂的原料蔗入榨量，多产糖。

### （七）酒精发酵液定量还田技术

糖蜜（甘蔗制糖生产的副产品）为生产酒精过程中产生的发酵液，其化学成分主要为甘蔗从土壤中吸收的各种无毒的有机和无机营养物质，是一种很好的完全有机肥料，但其蛋白质含量高，易氧化发臭，且可渗透性离子浓度高，如不加处理直接在田间施用会造成严重后果，从而成为糖厂周边环境的重要污染源。自 1998 年起，广西壮族自治区农业科学院经过长期大量分析研究，探明了多种土壤类型、不同栽培条件下蔗田合适的酒精发酵液施用量，以及不同来源、不同用量的酒精发酵液对土壤理化特性、作物和水域的影响，掌握了酒精发酵液的理化特征、农用价值、土壤吸附特征与施用酒精发酵液量的关系，以及不同用量酒精发酵液的主要组分在土壤中的行为特征等，建立了一套对农田环境友好的酒精发酵液定量还田作液肥的技术体系，不仅有效解决了酒精发酵液的污染问题，在变废为宝的同时还降低了甘蔗生产成本，提高了甘蔗产量和品质，使蔗糖业成为真正的循环经济（李杨瑞等，2008；朱秋珍等，2009；李杨瑞，2010；杨丽涛等，2012；杨尚东等，2012；Jiang et al.，2012；Su et al.，2012；Yang et al.，2013）。在应用中，新植蔗喷淋锤度为 6～8°Bx 的酒精发酵液 75 $t/hm^2$、宿根蔗喷淋锤度为 8～9°Bx 的酒精发酵液 105 $t/hm^2$，并结合地膜覆盖即可完全取代化肥的施用，使甘蔗增产 10%～30%，蔗糖分提高 0.2%～1.0%。广西农垦昌菱农场在应用酒精发酵液定量还田技术中，由高压喷头喷出的酒精发酵液可直接冲刷盖土，彻底改革了甘蔗覆土方法，甘蔗单产持续多年超 120 $t/hm^2$（Li et al.，2007；李杨瑞，2010）。由于酒精发酵液定量还田技术可解决酒精发酵液的污染问题，提高资源利用率，提高土壤肥力，保护环境，降低甘蔗生产成本，提升甘蔗产量和品质，增加农民收入，因而深受政府、企业和农民的欢迎。近年来，酒精发酵液定量还田技术已在我国主要蔗区得到迅速大面积推广应用。

### （八）化学催熟增糖增产技术

针对甘蔗榨季早期甘蔗糖分低、蔗糖生产效益差的状况，20 世纪 90 年代，广西壮族自治区农业科学院和广西大学共同联合研制出高效甘蔗增糖增产剂，在甘蔗砍收前 4～8 周进行叶面喷施，可促进甘蔗中下层叶片将光合产物以蔗糖的形式迅速转运到蔗茎中积累，从而使甘蔗蔗糖分和蔗汁重力纯度迅速提高，并使蔗汁还原糖分降低，明显提高甘蔗品质。应用甘蔗增糖增产剂处理的蔗株，与未喷施处理相比，甘蔗的蔗糖分平均提高 1.09%～2.02%（绝对值）（李杨瑞，2006；Li and Solomon，2003）。近年来推广的抗旱型甘蔗增糖增产剂，不仅增糖效果十分显著，而且可提高甘蔗单产 8%～10%，同时还显著增强了甘蔗的抗旱能力（李杨瑞，2010）。此外，开发了以飞机喷施甘蔗增糖增产剂的方法，喷施速度快、效率高、效果好。近年来，随着无人机农业应用迅速普及化，该项技术的应用更为便利可行，在甘蔗生产中具有广阔的应用前景。

### （九）甘蔗生产机械化

近 20 年来，随着城镇化进程的加快，生产劳动力日益紧张、劳动力成本越来越高，因此也推动了甘蔗全程机械化的发展。2019 年，广西、云南、广东三大产区的甘蔗生产综合机械化率分别达 60.41%、39.65%和 46.55%；3 省份耕整地机械化率均在 90%以上，种植机械化率逐年稳步提高，机播率约30%左右，但机收率仅3%。我国甘蔗主产区广西通过打造500万亩“双高”甘蔗基地、创建甘蔗生产全程机械化示范县，推广了一批全程机械化技术和模式。到2020年，广西已拥有320马力大马力拖拉机、种植联合一体机2 000台，植保无人机330台，收获机拥有量超过1 000台，甘蔗收获机械化率达11.3%；“双高”甘蔗基地生产综合机械化水平达到70%，其中甘蔗收获机械化率15.82%。在广西和广东湛江等蔗区，除基本实现整地机械化外，近年来还发展了甘蔗砍种机、下种机，以及开沟、下种、施肥、施用杀虫剂、覆土、盖膜一体化的机械，极大提高了种植效率。中耕施肥培土一体化机械、喷药机或用飞机喷洒农药等在甘蔗生产上的普遍应用，对我国蔗糖业的持续稳定发展发挥了重要作用（李杨瑞，2010；Li et al.，2008，2011，2016）。

### （十）病、虫、草、鼠害综合防治技术

近20年来，我国在甘蔗生产中大力推广“以农业防治为基础，突出利用和保护自然有益生物，协调好生物防治和化学防治”的综合防治技术，主要包括种植抗病虫甘蔗品种或选留无病虫蔗种，减少病虫发生；种前施药，浸种消毒，及时消灭病虫中心，控制传染源；灯光诱杀蔗螟、蔗根锯天牛或蔗龟等成虫；绿僵菌防治地下害虫及田间使用；人工大量繁殖赤眼蜂以防治甘蔗螟虫，螟黄赤眼蜂规模化繁育和放蜂治螟技术应用成效显著，在广西农垦金光农场超3 000 $hm^2$的甘蔗田完全实现了生物防治，不用化学农药；采用自主研制的甘蔗除草剂配方防治甘蔗地杂草及蔗田鼠害等，效果均较良好（李杨瑞，2010；Li and Solomon，2004，2006；Li et al.，2008，2011，2016；Li and Yang，2015a）。广西壮族自治区农业科学院“十一五”期间在广西11个项目示范区进行病虫害综合防治，面积达10.69万 $hm^2$，其中星星农场、滨海农场采用人工挖坑诱捕蔗根锯天牛的面积达5 333.3 $hm^2$，防治方法简单易行，效果极明显。广西金光、滨海、昌菱农场利用频振式杀虫灯大量诱杀金龟子、蔗根锯天牛和蛾类等害虫，点灯数达600盏，覆盖面积1 200 $hm^2$，显著减少了害虫产卵量，降低了化学用药次数和使用量。

## 二、我国甘蔗栽培技术发展中存在的主要问题

近年来，经过大量探索、研究和创新，甘蔗栽培技术发展取得了较好的成果，但仍存在部分亟待解决的问题（Li and Yang，2015b；Li et al.，2016；李杨瑞，2019，2020）。

首先，甘蔗生产中最滞后的环节即机械化收获的应用范围小。目前，除农垦农场及少数规模较大的甘蔗专业户采用机械化收获外，其他95%以上的种植户仍采用人工砍收方法。这主要与小农户经营模式有关，今后有赖于通过集约经营、土地平整、小块变大块等措施，加快甘蔗生产体制的改变，并需要农机农艺配合以及糖业企业在原料蔗质量标准、压榨系统等多方面进行配合，从而转变蔗农的管理意识，扩大推广甘蔗机械化收获的应用面积。此外，广西甘蔗生产上使用的160匹马力以上的大型拖拉机数量偏少，机耕深度大多在30 cm左右，土壤保水力不强、甘蔗根系不够深，容易受旱或倒伏，降低甘蔗的产量和蔗糖分（李杨瑞，2019）。

其次，我国甘蔗生产中过量施肥问题较严重，“收多收少在于肥”的错误概念仍根深蒂固，特别是氮、磷、钾三要素肥料的施用严重过量。根据广西东亚糖业集团在东亚5个

糖厂蔗区的试验，生产上氮、磷、钾的施用量分别超75%、50%、30%。过量施肥不仅提高了生产成本，而且直接导致肥料利用率低、农业生态环境污染严重等问题。指导甘蔗施肥的“三攻一补施肥法”，是基于过去对甘蔗生物固氮特性和土壤微生物固氮、解磷、解钾、促生等特性（李杨瑞，2010，2019；林丽等，2019）不了解，仅根据不同时期土壤和蔗株养分分析结果提出来的方法，具有很强片面性，生产实践证明其已不适应甘蔗实际生产的要求。

再有，在甘蔗健康种苗应用方面，仅凭借生产脱毒健康种苗来恢复新台糖22号的优良种性，从而维持其在甘蔗生产中主栽地位的方法已不可行。其根本原因在于，新台糖22号具有的不耐寒、宿根性差、易感螟虫和黑穗病等严重缺点无法通过生产脱毒健康种苗来克服；由于蔗区长期进行品种单一化栽培，导致适合该品种的害虫和病原菌已在蔗区土壤甚至空气中大量积累，因而即使种植新台糖22号脱毒健康种苗也无法取得良好应用效果（李杨瑞，2019）。

最后，由于我国甘蔗生产条件总体较差，90%以上甘蔗种植在缺乏灌溉的旱坡地上，水成为制约甘蔗单产提高的最重要因素。在我国现有社会经济条件下，通过水利设施和节水灌溉技术仍无法从根本上改变甘蔗生产“靠雨养”的状况。此外，我国甘蔗生长周期一般为3年，即1年新植、2年宿根，少数地方甚至每年新植，因而极大提高了生产成本。目前国际上主要蔗糖生产国的甘蔗生长周期一般为5～8年（大部分为5年），即1年新植、4～7年宿根。在甘蔗单产基本稳定的前提下，宿根年限越长，生产成本越低。生产上推广应用的甘蔗品种宿根性差、宿根蔗管理不及时等是造成我国甘蔗生长周期较短的主要原因（李杨瑞，2019）。

## 三、展望

近年来，虽然在生产中探索并发展了适合我国栽培条件的各种栽培技术，但在我国甘蔗生产中仍存在前文所述问题，为了促进我国蔗糖业的可持续发展，需要对以下几个方面进行深入研究，深入探讨配合应用各种栽培技术的效果（李杨瑞，2019，2020；Li and Yang，2015b）。

首先，因甘蔗生产成本居高不下，导致我国蔗糖产业国际竞争力差，在此大环境下发展甘蔗生产全程机械化的道路已成为提高广西蔗糖产业竞争力的共识，其中重点和难点主要在机械收获。因此，要加快建立集约经营、土地平整、小块变大块等体制来推进甘蔗生产全程机械化，同时要加快农机农艺配合研究，制糖企业需通过技术革新建立适合机械收获原料蔗的质量标准和压榨系统。此外，在甘蔗生产中要树立“七分种、三分管”的概念，大力推广应用160匹马力以上的大型拖拉机，配合深松犁，使蔗地深耕深松深度达50～70 cm，为甘蔗高产稳产、防风抗倒奠定重要基础。

其次，在肥料施用方面，应当充分利用甘蔗的生物固氮特性及土壤微生物固氮、解磷、解钾、促生等特性，进行合理施肥，有效减少化肥施用量，提高肥料利用率（林丽等，2019；Zeng et al.，2019）。可根据甘蔗生物固氮酶活性前期较低、伸长期较强的特性，在生产中氮肥的施用应集中在前期，以促进其早生快发，早伸长拔节；中后期主要是保证正常生长所需的水分和甘蔗生物固氮作用的正常进行，即可实现以水促肥、以水保肥，伸长期后不追氮肥，提高氮肥利用率。

再有，加强甘蔗健康种苗技术的应用，并结合优良甘蔗新品种的繁殖推广，同时提高甘蔗种苗质量，为甘蔗高产高糖奠定基础，有效提高甘蔗健康种苗技术的应用效果。在生产中大力推广宿根性极强的高产高糖优良甘蔗品种，如在广西蔗区重点推广桂糖 29 号、桂糖 44 号、桂糖 47 号、桂糖 49 号、桂糖 55 号、桂糖 58 号、桂糖 76 号等；收获后及时进行宿根蔗管理，延长宿根年限，使甘蔗生长周期达 5 年以上，可有效降低甘蔗生产成本，并实现高产高糖，提高蔗糖业的生产效益和竞争能力。

最后，经过长期的研发和创新集成，已建立了一套先进适用的旱地甘蔗高产高糖栽培技术体系（Li et al.，2016），应加强其在无有效灌溉条件蔗区的推广应用，从而有效利用广西自然光、温、水资源，实现旱地甘蔗高产稳产。

## 第三节　甘蔗生物固氮研究

### 一、生物固氮

氮是植物生长的必要营养元素。空气中虽然有 75%的氮气，却不能被植物直接利用。在农业生产上，农民通过增施氮肥来提高农作物产量。农田过量施用化学肥料，特别是氮肥，会造成土壤板结、土壤质量退化、农产品品质下降、肥料利用率低、环境污染等一系列问题。

全球范围内每年输入陆地生态系统的总氮量约为两亿 t，其中 2/3 来自生物固氮（洪国藩和宋洪遇，2001）。生物固氮是固氮菌将大气中不能被植物直接利用的氮气还原成氨或其他含氮化合物的过程，成本低、无污染、利用率高，是规模最大且生态环保的“氮肥制造基地”，是以生态友好的方式减少氮肥施用和提高作物产量的最佳替代品（Carvalho et al.，2014）。

### 二、甘蔗生物固氮的特性

甘蔗是重要的糖料作物和能源作物，生长周期长，需氮量高。中国是世界第三大产糖国，糖产量的 90%来自甘蔗。我国蔗田一般每年施氮量是 400～800 $kg/hm^2$（Li and Yang，2015a），不仅远高于巴西蔗田的施氮量，也高于印度、澳大利亚和美国蔗田的年施氮量（150～200 $kg/hm^2$）。过度施肥不仅增加生产成本，而且导致更多氮肥流失、生态环境恶化，成为我国甘蔗产业可持续发展的重要限制因素。在巴西，很多地区种植甘蔗通常每年每公顷施氮 60～70 kg，而甘蔗积累氮 100 kg 以上，还能保持连年高产且土壤肥力不减（Boddey et al.，1991；Urquiaga et al.，2012）。从 20 世纪 50 年代开始，研究者从巴西甘蔗根际土壤和体内分离到多种固氮细菌，通过乙炔还原法（Döbereiner et al.，1972）、$^{15}N_2$-掺入法（Ruschel et al.，1975）、氮平衡法（Lima et al.，1987；Urquiaga et al.，1992，2012）、$^{15}N$ 自然丰度法（Yoneyama et al.，1997；Boddey et al.，2001）和 $^{15}N$ 稀释法（Urquiaga et al.，1992，2012）等多种方法证实了巴西某些甘蔗品种存在高水平的生物固氮特性，从生物固氮途径获得的氮素最高可达甘蔗积累氮素的 70%（Urquiaga et al.，

1992；Yoneyama et al.，1997）。

广西壮族自治区农业科学院李杨瑞教授带领下的甘蔗生物固氮研究团队，从2001年至今的研究表明，在广西甘蔗主产区生态条件下普遍存在甘蔗联合固氮，苗期固氮酶活性相对较弱，但随着甘蔗生长不断增强，以伸长期的酶活性最强；不同品种间固氮酶以在根、茎和叶鞘内活性较高，且在适当氮水平下生长的甘蔗组织的固氮酶活性显著高于在高氮条件下生长的甘蔗组织的固氮酶活性，氮含量过高显著抑制甘蔗固氮酶活性（桂意云等，2007；林丽等，2018）；施氮条件下，加施低浓度的钼（0.01～0.04 mg/L）可提高甘蔗根和茎的固氮酶活性（韦丽萍等，2007）。根据甘蔗的联合固氮特性，李杨瑞教授团队采用“在甘蔗生长早期一次性施用适量氮肥”的方法，建立了减肥节本增效的高效施肥体系，不仅降低了甘蔗生产成本，减轻化肥过量施用造成的环境污染，而且在保证高产的同时显著提高蔗糖分，降低螟害率，减轻倒伏程度，有效控制梢腐病的发生，提高了甘蔗和蔗糖生产效益，是甘蔗氮肥施用技术的一项根本改革。

## 三、甘蔗联合固氮菌的种类

自20世纪50、60年代，在Johanna Döbereiner引领下，巴西研究人员从甘蔗根际分离得到多种固氮细菌，开创了非豆科植物联合固氮的研究。20世纪80年代末，Döbereiner实验室又从甘蔗体内分离得到几种固氮菌，并在非豆科植物联合固氮领域引入内生固氮菌（Endophytic diazotroph）概念（Döbereiner，1992）。近几十年来，*Gluconacetobacter diazotrophicus*、*Herbaspirillum*、*Azospirillum*、*Enterobacter*、*Pseudomonas*、*Klebsiella*、*Burkholderia* 等一批具有促生潜力的固氮细菌相继从甘蔗中分离到（Cavalcante and Döbereiner，1988；Baldani et al.，1996，1997；Perin et al.，2006；Magnani et al.，2010；Lin et al.，2012b；Zhu et al.，2013；Paungfoo-Lonhienne et al.，2014；Solanki et al.，2017；Parthasarathy et al.，2018）。其中，*G. diazotrophicus* 是迄今为止巴西从甘蔗中分离频率最高和研究最多的细菌（Boddey et al.，1995；Baldani et al.，1997）。印度、澳大利亚、菲律宾和日本等不同国家或地区种植的甘蔗也都能分离获得固氮菌（Asis Jr et al.，2000；Boddey et al.，2003；Muthukumarasamy et al.，1999；Baldani and Baldani，2005）。在过去的几十年中，研究人员用基因组学、转录组学和蛋白质组学分析揭示 *G. diazotrophicus* 与甘蔗关联期间的基因和蛋白质的广泛植物分子响应（Dos Santos et al.，2010；Lery et al.，2011；Bertini et al.，2014；Vargas et al.，2014）。*G. diazotrophicus* PAL5基因组全序列的解析揭示了它具有固氮、促进植物生长、合成生长素和细菌素的特征，且具有更多的转运系统以适应在多种碳源上生长（Bertalan et al.，2009；Giongo et al.，2010；Santi et al.，2013）。

广西壮族自治区农业科学院李杨瑞教授的甘蔗生物固氮研究团队20多年来的研究中，从广西42个甘蔗种植区采集不同甘蔗品种器官和根际土壤样品，获得1 156个能在无氮培养基上生长的细菌菌株，分属于变形杆菌门（Proteobacteria）、厚壁菌门（Firmicutes）、拟杆菌门（Bacteroidetes）、放线菌门（Actinobacteria）的41个属，主要包括 *Klebsiella*、*Raoultella*、*Kosakonia*、*Burkholderia*、*Rhizobium*、*Bradyrhizobium* 等属的细菌。首次测定了所分离到的14个高效甘蔗固氮菌株的全基因组序列（表4-1），并用基因组学分类法理清了 *Klebsiella variicola* 及其近缘种 *Klebsiella pneumoniae* 和 *Klebsiella quasipneumoniae* 等固氮菌的分类地位（Chen et al.，2014；Lin et al.，2015)。目前，分离获得的菌株分别保存于广西壮族自治区农业科学院和广西大学农学院，建立了甘蔗联合固氮菌资源库，部分菌株申请了专利保藏，保藏于中国微生物菌种保藏管理委员会普通微生物中心（CGMCC)。

**表 4-1　部分固氮菌全基因组测序信息**

| 固氮菌株 | 完成情况 | 重叠群 | GenBank 序号 |
|---|---|---|---|
| *Klebsiella variicola* DX120E | 完成 | 3 | CP009274<br>CP009275<br>CP009276 |
| *Klebsiella variicola* DSM 15968$^T$ | 完成 | 1 | CP010523 |
| *Klebsiella variicola* LMG 23571$^T$ | 完成 | 2 | CP013985<br>CP013986 |
| *Klebsiella grimontii* SA2 | 完成 | 1 | 暂未注册 |
| *Kosakonia sacchari* SP1$^T$ | 完成 | 1 | CP007215 |
| *Kosakonia pseudosacchari* NN143 | 草图 | 25 | NITV00000000 |
| *Kosakonia* sp. HX148 | 草图 | 29 | NITW00000000 |
| *Kosakonia oryzae* Ola51$^T$ | 完成 | 1 | CP014007.1 |
| *Kosakonia arachidis* DSM 25165$^T$ | 完成 | 2 | 暂未注册 |
| *Kosakonia oryziphila* LMG 26429$^T$ | 完成 | 2 | 暂未注册 |
| *Kosakonia oryzendophvtica* LMG 26432$^T$ | 完成 | 1 | 暂未注册 |
| *Kosakonia cowanii* DSM 18146$^T$ | 完成 | 2 | 暂未注册 |
| *Pantoea ananatis* NN08200 | 完成 | 1 | NZ_CP035034.1 |
| *Streptomyces chartreusis* WZS021 | 草图 | 22 | QVOF00000000 |

对其中的代表性菌株研究，发现大多数菌株除具有固氮活性外，还有 2 种以上其他促植物生长功能，如分泌生长素 IAA 和嗜铁素、溶磷作用、ACC 脱氨酶活性等（Linet al.，2012b；Xing et al.，2015；Solanki et al.，2017)。

## 四、甘蔗联合固氮的研究方法

### （一）甘蔗固氮菌的分离

甘蔗固氮细菌的研究始于培养基平板培养技术，将甘蔗的根、茎、叶和根际土，经表面消毒或是梯度稀释后，置于无氮的固体和半固体培养基中多次培养，直至获得纯化的固氮菌株。由于大部分细菌是不可以培养的，为获得更多的甘蔗固氮菌信息和研究固氮菌的多样性，人们结合 16S rRNA 和宏基因组测序等技术，揭示了甘蔗组织中的固氮细菌主要以 Alpha proteobacteria α-变形菌门的细菌为主，富集的内生细菌的序列多被归类为肠杆菌科（Enterobacteriaceae）和假单胞菌科（Pseudomonadaceae)（Magnani et al.，2010，2013；Dos-Santos et al.，2017；Antunes et al.，2017)。也有研究指出，日本、巴西、墨西哥和纳米比亚等地甘蔗体内活跃表达 *nifH* 基因的固氮菌主要是 *Bradyrhizobium*、

*Rhizobium* 和 *Azorhizobium* 属的根瘤菌（Thaweenut et al.，2011；Burbano et al.，2011；Fisher et al.，2012；Rouws et al.，2014）。

Armanhi 等（2016）开发了一种基于甘蔗细菌群落的高通量培养和鉴定方法 Community-based culture collections（CBC），该方法可以估计微生物群落中细菌的多样性和丰度，可以精确地识别 CBC 微生物。利用该方法对甘蔗根际和根、茎中微生物群落的分析获得了 34 个不同的属，其中 4 个最具代表性的属（*Bacillus*，*Chitinophaga*，*Rhizobium* 和 *Burkholderia*）占 OTU 总数的 56%以上。

### （二）甘蔗固氮菌的定殖

固氮菌成功定殖甘蔗是其发挥固氮作用的先决条件，有效的定殖需要菌毛、鞭毛、脂多糖以及植物聚合物降解酶等条件（Reinhold-Hurek and Hurek，2011，2015；Paungfoo-Lonhienne et al.，2016；Suman et al.，2016）。根系定殖包括向植物根部迁移，吸附和锚定在根系上，以及微生物增殖和根表面微菌落/生物膜结构的形成，采用一系列不同的机制，单独或组合，成功定殖植物根系并与其他土壤微生物竞争（Compant et al.，2010；Reinholdt-Hurek and Hurek，2011；Santi et al.，2013）。根毛、根尖附近的分化和伸长区域的自然开口和伤口、侧根的伸出部位、根表皮细胞间隙和皮层，以及根裂解的植物细胞，被认为是甘蔗固氮菌主要定殖位点（Rosenblueth and Martínez-Romero，2006；Compant et al.，2010；Lin et al.，2012a；Barreto et al.，2018）。

广西壮族自治区农业科学院李杨瑞教授带领的甘蔗生物联合固氮团队，于 2012 年成功地将载有 *gfp* 报告基因的质粒导入甘蔗固氮菌，建立了可跟踪固氮菌株在甘蔗体内定殖的体系，结合建立的固氮菌导入组培苗的方法，用激光扫描共聚焦显微镜对细菌定殖位点进行活体无损伤的光学扫描成像，对固氮菌在广西甘蔗组培苗根内定殖位点进行全方位研究，发现固氮菌定殖在根的根毛区和伸长区表面，以及根缘细胞周围、根皮层的细胞间隙、根皮层细胞内、木质部导管内、叶表皮细胞内、叶肉细胞间隙和叶维管束内、根表面有侧根伸出和没有侧根伸出的位点，侵入根皮层组织内（Lin et al.，2012a；Wei et al.，2014；Luo et al.，2016）。研究成果为进一步研究固氮菌与甘蔗的联合固氮效应奠定了基础。

### （三）固氮菌联合甘蔗固氮的效率

固氮菌能协同促进甘蔗的生长，通过产生植物生长调节物质，促进根的伸长和发育，提高根吸收水分和氮素等营养的能力，进而促进甘蔗的生长发育和抗逆（林丽等，2019）。$^{15}N$ 同位素技术被认为最适于量化与非豆类相关植物的生物固氮的贡献，包括生物固氮在完整作物周期中的贡献。

巴西研究表明，甘蔗每年可以从生物固氮中获得氮素超过 100 $kg/hm^2$，能从大气中获得 60%～70% 的氮素（Urquiaga et al.，1992，2012；Oliveira et al.，2006）。*G. diazotrophicus* 在甘蔗体内定殖并能进行固氮促进植物生长是禾本科植物联合固氮研究的模式系统。接种 *G. diazotrophicus* 能提高甘蔗叶片氮含量、生物量和产量（Muthukumarasamy et al.，1999）。用 $^{15}N$ 稀释法检测 *G. diazotrophicus* PAL5 接种处理 12 个月后的 SP70-1143 甘蔗组培盆栽苗，*G. diazotrophicus* 的固氮率（% Ndfa）是 9.2%（Fisher et al.，2012）。随后巴西学者采用 *G. diazotrophicus*、*Herbaspirillum seropedicae*、*H. rubrisubalbicans*、*Burkholderia tropica*（后分类为 *Paraburkholderia tropica*）、*Azospirillum lipoferum*、*A. brasilense* 和 *A. amazonense*（后分类为 *Nitrospirillum amazonense*）组成“固氮菌联盟”，共同接种甘蔗组培苗，12 个月后调查发现，5 个菌株的联合固氮率（29.2%）比单独接种 *G. diazotrophicus* PAL5（9.2%）、共同接种 *H. seropedicae* HRC54 和 *H. rubrisubalbicans* HCC103（14.6%）、共同接种 *N. amazonense* CBAmC 和 *P. tropica* Ppe8（8.1%）的固氮率都高（Oliveira et al.，2002）。用“固氮菌联盟”接种甘蔗品种 RB 867515 和适应中高氮甘蔗品种 IACSP95-5000 的甘蔗幼苗（由种茎催芽获得）的试验结果表明，接种处理能促进幼苗生根，增加细根数，增加根长、根体积和表面积，增加根干重近 50%；但在不施氮、施磷钾和微量元素的土壤中，无论接种与否，接种单个菌株或组合菌株，两个品种都表现出高水平的生物固氮特性，不受接种固氮菌的影响（dos Santos et al.，2019）。

广西壮族自治区农业科学院李杨瑞教授带领的甘蔗生物固氮团队对不同固氮菌株和不同品种甘蔗的接种效果做了大量研究。用 $^{15}N$ 同位素稀释法证实 *Kosakonia* 属、*Raoultella* 属、*Klebsiella variicola* 等固氮菌与广西甘蔗联合固氮的效率在 5%～36%之间（Lin et al.，2012a；Luo et al.，2016；史国英等，2019）。联合固氮菌可显著提高甘蔗根、茎、叶和植株的生物量，增强甘蔗根系活力，促进根对矿质元素的吸收，增强叶片光合作用（Lin et al.，2012a；周晓舟等，2012；魏春燕等，2014；Wei et al.，2014；Luo et al.，2016；Xing et al.，2016；Solanki et al.，2017；史国英等，2018；毛莲英等，2019）。对代表固氮菌株 DX120E 的研究结果显示，DX120E 在显著提高甘蔗根、茎、叶和植株生物量的同时，能显著增加 B8 和 GT21 甘蔗植株的 N、P、K 含量，B8 植株的 N、P、K 含量分别比不接种对照增加了 85.1%、86.7%和 97.8%，GT21 植株的 N、P、K 含量分别比对照增加了 79.6%、68.8%和 67.4%。DX120E 能显著提高甘蔗叶片的净光合速率、气孔导度、蒸腾速率和叶绿素含量；DX120E 还能提高甘蔗叶片的硝酸还原酶活性、谷氨酰胺合成酶活性，促进叶片中硝态氮的积累（Wei et al.，2014）。

## 五、甘蔗微生物组的研究

自然界中，正常生长的农作物表面（包括地上和地下部分）和作物内部富集了数量庞大且种类繁多的微生物，这些微生物被统称为农作物微生物组（Müller et al.，2016），这些微生物编码了比宿主植物更多的基因，通过协作和竞争形成稳定的群落结构，对作物生长发育、抗病、抗逆至关重要（白洋等，2017）。微生物组中相对数量较高、能稳定持久地与健康植物共栖的微生物被称为核心微生物群（Core microbiota），在维持植物健康生长和生态功能上发挥必要作用（Lemanceau et al.，2017）。

近年来，高通量测序、规模化微生物分离鉴定和微生物组学研究表明，来自不同甘蔗器官的核心微生物群中最丰富的类群可能含有与植物生长性能相关的生物功能微生物，大多数与甘蔗相关的微生物群在整个核心微生物群中只占一小部分。在巴西、澳大利亚和中国种植的不同甘蔗品种的联合细菌及固氮菌的多样性有显著差异，但共有某些核心菌群（De Souza et al.，2016；Hamonts et al.，2018）。如在澳大利亚昆士兰州（Yeoh et al.，2016）和我国云南省（Dong et al.，2018）种植的不同甘蔗栽培品种和野生种的共有核心菌群中有 Chitinophagaceae 等 8 个科的细菌，核心固氮菌群中都有 *Bradyrhizobium*、*Rhizobium* 和 *Burkholderia* 属的细菌。曾经被重点研究的与巴西甘蔗联合的 *Azospirillum*、*Herbaspirillum* 和 *Gluconacetobacter* 属固氮菌仅是巴西种植甘蔗品种 SP80-3280 核心菌群的次要成员（De Souza et al.，2016）。在昆士兰（Yeoh et al.，2016）和云南（Dong et al.，2018）种植甘蔗的根中甚至检测不到 *Gluconacetobacter* 属固氮菌。而在巴西甘蔗中丰度最高的多个核心微生物种类，如 Chitinophagaceae 科的细菌与甘蔗的联合固氮还从来没有被研究过（De Souza，2016）。

Dong 等（2018）发现在年施氮 350 kg/hm$^2$ 条件下生长的 ROC22 甘蔗根中 *Klebsiella* 属固氮菌的丰度高于 *Bradyrhizobium* 属。与此相符，*Klebsiella* 属固氮菌是李杨瑞教授生物固氮团队从广西田间 ROC22 甘蔗中分离到的优势固氮菌（Lin et al.，2012b）。通过减少氮肥施用，用大豆和花生与甘蔗间作，能显著提高甘蔗根际土壤固氮菌的多样性（彭东海等，2014），提高根际核心固氮菌群中 *Bradyrhizobium* 属的相对丰度（Solanki et al.，2019），多因子诱导甘蔗联合固氮菌群分类结构的改变可能会增强甘蔗联合固氮特性的水平。

农业微生物组学研究的快速发展为探索一种潜在的有利于植物生长和发育的未开发的多样性开辟了领域，在此基础上，可在实验室中模拟自然情况下甘蔗微生物群落的形成及演化过程，并人工构建甘蔗相关微生物群落的固氮体系，减少化学肥料和农药的使用，在大幅提高甘蔗产量与品质方面展现出了巨大的应用前景。

## 六、联合固氮菌的促生机制

甘蔗联合固氮的根际菌和内生菌通过直接或间接机制促进甘蔗生长。直接机制包括固氮菌促进氮、磷和铁的吸收，或是分泌（调节）植物激素，直接促进植物生长；间接机制包括产生抗生素、诱导系统抗性和抑制病原体（Saha et al.，2013；Santoyo et al.，2016，2019）。

甘蔗联合固氮菌通过固氮作用促进氮的吸收直接促进甘蔗生长；通过溶磷特性溶解土壤中的磷酸盐改善甘蔗的磷酸盐营养；通过分泌铁载体增加寄主根周围土壤中铁的可用性；或通过抑制病原物生长来直接刺激植物生长；通过分泌生长激素 IAA 能促进甘蔗萌芽、延长初生根或增加侧根数量、提高叶面积指数，使植物能够吸收更多的营养和水、促进蔗糖积累（Beneduzi et al.，2013；dos Santos et al.，2019；Barreto et al.，2019）；具有 1-氨基环丙烷-1-羧酸（ACC）脱氨酶的菌株通过螯合和裂解植物产生的 ACC，尤其是在逆境条件下，通过降低植物中的乙烯水平重建健康的根系，促进植物生长（Glick et al.，2011；Santi et al.，2013）。

根际细菌的拮抗作用和植物病原体引起的疾病的生物控制被认为是促进和改善植物生长和健康的间接机制（Santoyo et al.，2012，2016；Eljounaidi et al.，2016）。拮抗性根际细菌产生的几丁质酶、脂肽、纤维素酶和葡聚糖酶等具有对特定植物病原体、昆虫和蠕虫的拮抗活性，并表现出植物抗毒性、抗氧化、细胞毒性和抗肿瘤作用（Villarreal-Delgado et al.，2018；Martínez-Absalón et al.，2014）。如 *Gluconacetobacter diazotrophicus* PAL5 分泌的细菌素能抑制多种甘蔗病原菌（*X. axonopodis* pv. *vasculorum*、*A. avenae* subsp. *avenae*、*P. syringae* pv. in*syringae*、*X. vasicola* pv. *vasculorum*）（De Medeiros Oliveira et al.，2018）。假单胞菌 *Pseudomonas*、肠杆菌 *Enterobacter*、伯克霍尔德氏菌 *Burkholderia* 和葡萄糖醋酸杆菌 *Gluconacetobacter* 属的细菌可通过抑制 *C. falcatum* 控制甘蔗赤腐病的发生（Hassan et al.，2014；Katiyar et al.，2017；Patel et al.，2019）。

根际细菌产生的挥发性有机化合物（VOCs），不仅能够直接促进植物生长、抑制病原体的生长，还能诱导植物的系统抗性，使植物能够更好地自我保护（Berg et al.，2015；Lee et al.，2012）。有些细菌所具有的鞭毛、脂多糖、铁载体特性或革兰氏阴性细菌的群体感应分子能够激活宿主植物的抗性（Hartmann and Schikora，2012；Schenk and Schikora，2015）。

联合固氮细菌的基因组测序结果表明 *Klebsiella* sp.、*G. diazotrophicus*、*H. seropedicae*、*Burkholderia* sp.、*Enterobacter* sp. 和 *Azospirillum* sp. 基因组中都含有生长素生物合成相关基因；*G. diazotrophicus* 基因组中含有赤霉素生物合成相关基因，*Azospirillum* sp. 中有 ACC 合成相关基因，进一步验证了固氮菌对甘蔗生长的直接和间接作用（Krause et al.，2006；Fouts et al.，2008；Bertalan et al.，2009；Kaneko et al.，2010；Weilharter et al.，2011）。

### 七、甘蔗生物固氮的研究展望

非豆科作物实现联合固氮取决于植物和固氮菌双方的基因型、环境因素及二者的互作。植物基因型决定植物为固氮菌提供碳源和其他营养、植物对固氮菌定殖入侵的响应和植物吸收氮素的效率；固氮菌基因型决定固氮菌联合固氮、促进植物生长、定殖于植物和与其他微生物协作的能力。环境因素有植物和固氮菌共栖地土壤的碳氮比和含水量、气候决定的区域温度和降水量等（林丽等，2019）。

中国甘蔗产业的可持续发展可以借鉴巴西经验：减施化肥，筛选适应低氮环境、氮利用率高且能联合固氮的甘蔗品种（Yang et al.，2019）；加强固氮菌与甘蔗的互作机制基础研究，充分发挥甘蔗的联合固氮作用；在新植蔗和宿根蔗上接种固氮菌或包括固氮菌在内的合成功能菌群（Synthetic community），让接种菌与甘蔗紧密联合成为核心功能群；改进栽培措施，在甘蔗苗期施适量氮肥以保证甘蔗生长发育和光合作用，为功能菌群提供碳源，建立稳定联合；在甘蔗整个生长期保持充足灌溉，施适量磷钾肥和钼肥为甘蔗联合固氮创造更好条件（Boddey et al.，2003），建立高效甘蔗-微生物共生体，实现甘蔗高效固氮和利用氮素，促进甘蔗产业可持续发展。

## 第四节　甘蔗生物技术研究

甘蔗是我国重要的经济作物和糖料作物，在我国国民经济中占有十分重要的地位。常规育种对我国甘蔗产业的发展作出了卓越的贡献，但常规育种在解决甘蔗对生物和非生物逆境的抗性、品质改良等方面遇到了巨大的挑战，进展非常缓慢。生物技术（Biotechnology），亦称“生物工程”或“生物工艺学”，是指综合运用生物学、化学和工程学的手段，直接或间接地利用生物体本身、部分组分或某些特殊机能，为人类造福的综合性科学技术。它依赖于生化工程、基因工程、细胞工程等学科，各学科相互交叉应用，使得“人工操作生物的目标性状成为可能”。特别是细胞工程和基因工程，因具有快速创造新材料的优势而在甘蔗品种改良方面得到广泛的应用，显示出良好的应用前景。本节将重点介绍甘蔗细胞工程和基因工程方面的研究进展。

## 一、我国甘蔗细胞工程研究进展

细胞工程（Cell engineering）就是利用细胞的全能性，采用组织与细胞培养技术对植物进行修饰，为人类提供优良品种、产品或保存珍贵物种。甘蔗细胞工程包括体细胞培养、茎尖培养、花药培养、原生质体培养等。

（1）体细胞培养。也称愈伤组织培养，主要是利用甘蔗幼叶和芽尖等植物器官为外植体，通过去分化和再分化培养而获得再生植株的技术。它可以应用于珍稀资源的保存、快速繁殖、突变体创制及基因工程等方面。

①在体细胞培养进行甘蔗快速繁殖方面。许莉萍等（1994）、杨燕妮等（2011）、吴凯朝等（2017）分别以Co6304，桂糖21号、桂糖28号、新台糖22号和巴西固氮甘蔗RB86-7515、割手密GX83-10为材料，经过愈伤组织培养途径成苗进行甘蔗快速繁殖。通过愈伤组织培养获得的植株会产生一定的变异，故生产上很少用其进行甘蔗快速繁殖，但其在突变体创制和基因工程方面发挥着重要作用。

②在体细胞培养创制甘蔗突变体方面。陆耀邦等（1990）、植菊芳等（2014）分别用甲基磺酸乙酯（EMS）处理甘蔗愈伤组织，经筛选获得高产高糖突变株系；张正清等（1990）对云辐80-119愈伤组织以13-28.96 Gy辐射处理并筛选出大茎、高产、锤度较高的云辐86-2等10个单株材料，以及大茎且锤度较高的云辐86/ 27等8个单株材料。

（2）茎尖培养。是以植物顶芽和腋芽茎尖为外植体，进行扩繁、快繁的培养方式，它可以保持材料或种质的遗传特性，可用于珍稀种质的离体保存等。综合利用热处理和茎尖分生组织培养技术还可以脱除甘蔗材料携带的多种病原体（如宿根矮化病菌等细菌和甘蔗花叶病毒等病毒），而获得甘蔗脱毒健康种苗。杨本鹏等（2006）通过对甘蔗茎段的热处理、温热处理结合茎尖分生组织培养建立了有效的甘蔗脱毒健康种苗生产的技术体系。该体系有效地除去了甘蔗优良品种中带有的花叶病毒和宿根矮化病菌等病原菌，实现了脱毒与快繁的统一，为甘蔗健康种苗的工厂化育苗提供了理论依据。目前甘蔗脱毒健康种苗在生产上得到了广泛的应用，显著提高了甘蔗的产量和质量。

（3）花药培养。花药培养即将未成熟花粉（花药）进行离体培养获得再生植株的技术。现有甘蔗品种都是远缘的种间杂种，杂合度非常高，通过自交方式难以获得纯系进行遗传研究。因花粉原生质体具有单倍体的特性，利用该技术的主要目的是获得单倍体材料，获得的单倍体材料加倍后可以获得双单倍体群体，从而应用于育种和遗传研究。陈正华等（1980）通过甘蔗花药培养获得了5个品种的花粉植株，并利用花粉植株作为杂交材料筛选出糖分得到明显提高的材料。由于甘蔗染色体倍性高、基因组复杂，限制了对其进行基因组水平的遗传信息的研究。Zhang等（2018）利用割手密SES208的花药培养植株AP85-441进行全基因组序列测序，破译甘蔗割手密种基因组，同时还解析了甘蔗割手密种的系列生物学问题，特别是揭示了甘蔗属割手密种的基因组演化、抗逆性、高糖以及自然群体演化的遗传学基础，显示出花药培养具有良好应用前景。

（4）*原生质体培养*。原生质体培养是将除去细胞壁的裸露细胞在特定条件下重新形成细胞壁，并再生出小植株的技术体系。培养的愈伤组织或悬浮培养细胞，可使细胞壁被酶所消化，从而获得大量的无壁球形原生质体，并可通过原生质体培养再生新的植株；在原生质体培养的基础上，可以进行原生质体融合的体细胞杂交及基因工程的研究；通过特定的载体，如质粒、病毒、噬菌体或脂质体等，将外源遗传物质（DNA）引入受体原生质体或细胞中，再通过细胞和原生质体培养，获得转基因植株。此外，分离的原生质体及其培养，也为细胞生物学研究提供了良好的实验体系。张子健等（1991）利用甘蔗胚性愈伤组织先建立悬浮细胞系，再利用悬浮细胞系制备高活性原生质体，经培养再生出胚性愈伤组织，再利用其建立悬浮细胞系并制备出优质原生质体，通过原生质体培养获得了再生植株。

## 二、我国甘蔗基因工程技术

传统的育种方法是以基因突变和有性杂交为基础的，但通常自发或诱发基因突变的频率极低，有益突变则更为罕见。基因工程是利用重组 DNA 技术，将功能明确的基因整合到受体品种的基因组中，通过筛选获得带有目标性状新品种（新材料）的方法。由于整合的基因可来源于任何物种，可以利用不同物种间的基因资源进行性状改良，克服传统育种方法难以解决生殖隔离的问题。甘蔗为无性繁殖、非整倍体的多倍体植物，遗传背景复杂，开花难，花期难遇，这增加了通过有性杂交育种进行品种改良的难度。目前种质资源，特别是具有优异农艺性状的亲本缺乏，难以通过杂交育种手段育成有突破性的优异品种。基因工程技术可以实现将目的性状基因定向转移，如对甘蔗的抗虫性、抗病性、抗逆性及蔗糖分甚至将其作为生物反应器进行遗传改良，为甘蔗品种选育提供有效的途径。我国科技工作者在这方面做了多年的研究，取得了重要的研究进展。

甘蔗遗传转化是一个系统工程，涉及受体细胞的选择培养、外源基因植物表达载体的构建、转化方法以及筛选体系等多个环节，可通过转基因和基因编辑方法进行遗传转化。

**1. 甘蔗转基因技术** 主要有基因枪法和农杆菌介导法。

（1）*基因枪轰击转化法*。利用火药爆炸或高压气体加速（这一加速设备被称为基因枪），将包裹了带有目的基因的 DNA 溶液的高速微弹直接送入完整的植物组织和细胞中，然后通过细胞和组织培养技术，培养出再生植株，并通过筛选阳性植株获得转基因材料。基因枪轰击法的优点主要为：①无宿主限制；②靶受体类型广泛；③可控度高，重复性好。基因枪轰击法的缺点为：基因枪转化体系本身存在较多外源基因整合位点，多拷贝比例相对较高，嵌合体比例较高，易出现共抑制和基因沉默现象，同时遗传稳定性较差等。我国甘蔗遗传转化早期主要使用这种方法。

（2）*农杆菌介导转化法*。农杆菌是普遍存在于土壤中的一种革兰氏阴性细菌，它能在自然条件下趋化性地感染大多数双子叶植物的受伤部位，并诱导产生冠瘿瘤或发状根。根癌农杆菌和发根农杆菌细胞中分别含有 Ti 质粒和 Ri 质粒，其上有一段 T-DNA，农杆菌通过侵染植物伤口进入细胞后，可将 T-DNA 插入植物基因组中。农杆菌介导法的优点是：①插入外源基因的拷贝数低，转基因后代的遗传规律相对简单，便于育种应用；②转化频率高，可转移较大的DNA片段，所转移DNA很明确地为T-DNA左右边界之间的序列，并可直接用不同的植物组织进行基因转移；③外源基因表达量相对较高。农杆菌介导法的缺点主要为：①存在基因型限制，许多优良品种（系）很难以此法进行转化；②转化周期相对较长。在迄今发展起来的甘蔗转基因技术中，农杆菌介导的遗传转化占据主导地位，应用最为广泛。

**2. 甘蔗基因编辑技术**　基因编辑（Gene editing）是指通过核酸酶对靶基因进行定点修饰，实现特定DNA的导入、敲除以及突变等，最终下调或上调基因的表达，使其获得新表型的一种新型技术。到目前为止，基因编辑发展了3代技术，分别为：锌指核酸内切酶（ZFNs）技术、内转录激活因子效应物核酸酶（TALENs）技术和CRISPR/Cas9技术。

ZFNs技术：通过设计锌指结构域以及多个锌指蛋白的不同连接顺序实现特异性结合靶标基因，再由限制性核酸内切酶Fok I进行定点切割的技术。其靶向结合效率高，但蛋白设计复杂，且无法实现对任意靶基因的结合。

TALENs技术：通过设计TALE蛋白实现特异性结合靶标基因，再由限制性核酸内切酶Fok I进行定点切割的技术。其靶向结合效率高，蛋白设计简单，但重复序列多，体积大，无法用于高通量的编辑。

CRISPR/Cas9技术：通过sgRNA与靶标DNA中相对保守的PAM序列的上游基因互补配对，再经Cas9蛋白对靶标基因进行切割的技术。与ZFNs和TALENs相比，CRISPR/Cas9技术设计简便、成本低、效率高，但存在脱靶问题。

（1）*甘蔗基因编辑方法*。主要有基因整合转化法和基因瞬时转化法两种。基因整合转化法即通过转基因方式获得基因编辑植株，将基因编辑载体整合入甘蔗基因组；基因瞬时转化法即通过瞬时转化获得无转基因的基因编辑植株。

（2）*基因编辑植株筛选*。整合转化法获得基因编辑植株的筛选与上述转基因甘蔗的筛选方法相同，而瞬时转化法获得基因编辑植株不需要筛选，直接进行基因编辑植株的检测即可。

（3）*基因编辑植株检测*。有几种方法：T7核酸内切酶I法（T7EI检测法）；PCR/RE检测法；高分辨率溶解曲线（HRM）检测法；Sanger测序检测法；高通量测序检测法。

甘蔗基因编辑技术也取得了重要的研究进展。Jung和Altpeter（2016）利用TALENs基因编辑技术，首次对甘蔗咖啡酸O-甲基转移酶（Caffeic acid O-methyltransferase）基因进行编辑，获得的基因编辑植株木质素含量比对照少29%～32%；王俊刚等（2020）利用CRISPR/Cas9基因编辑技术对转抗除草剂基因甘蔗的抗除草剂基因进行编辑，使获得的基因编辑植株失去了对除草剂的抗性，从而建立了甘蔗CRISPR/Cas9基因编辑技术体系，利用该体系对甘蔗八氢番茄红素脱氢酶基因进行编辑，获得了杂合和纯合的表型，完全白化纯合表型比例达5.2%。

## 三、我国甘蔗基因工程研究进展

甘蔗基因工程在提高甘蔗抗病虫害、抗除草剂、抗逆境等方面取得了重要的研究进展。

**1. 甘蔗抗虫基因工程研究进展** 甘蔗生长过程中会受到鳞翅目、同翅目等多种害虫的危害，严重影响其产量和品质，化学农药防除害虫成本高、易造成环境污染，将抗虫基因转入甘蔗是培育甘蔗抗虫新品种的主要途径。迄今为止，美国、澳大利亚、巴西、南非、古巴、泰国、印度、新加坡、中国等都先后开展了甘蔗抗虫转基因研究。由于 *Bt* 基因表达的毒蛋白可特异性地毒杀鳞翅目、同翅目、鞘翅目和双翅目等害虫，但对人畜无害，因此在甘蔗抗虫转基因研究中应用最广，自 1994 年首次应用 *Cry1Ac* 基因转化甘蔗获得抗螟虫的转基因甘蔗后，*Cry1Ab*、*Cry1Aa3*、*Cry2A*、*Cry2Ab* 及人工改造的 *Cry1Ac* 均相继被转入甘蔗中，2017 年全球首例获得商业化种植许可的转基因甘蔗品种正式转入了 *Bt*（*Cry1Ab*）抗虫基因，2018 年巴西首次大面积种植，同年转入 *Cry1Ac* 抗虫基因甘蔗也获得商业化种植许可。除此以外，在甘蔗抗虫转基因中应用的还有雪花莲凝集素（GNA）及蛋白酶抑制剂（PI）基因、胰蛋白酶抑制剂（SKTI）基因、大豆抑制剂（SBBI）基因、野苋菜凝集素（AVA）基因等。另一方面除了利用单价的抗虫基因外，利用 *Bt* 基因与其他类型的抗虫基因组合，构成双价和融合抗虫基因也慢慢发展起来。国内应用于转基因甘蔗的抗虫基因主要有 *Cry1Ac*、*Cry1Ab*、*Cry2A*、*gna*、*CpT1*、*AVAc* 等基因。于兰等（2005）利用农杆菌介导与负压相结合的方法，将改造的 *Cry1B* 基因转化甘蔗 ROC22，获得对钻心虫有一定抗性的甘蔗植株；曹干等（2010）利用基因枪法将 *Bt* 基因导入甘蔗 ROC20 中，获得能稳定遗传的甘蔗转基因植株；Weng 等（2006，2011）将 *Cry1Ac* 基因中 GC 含量从 37.4%增加至 54.8%，利用基因枪法导入甘蔗，获得的转基因甘蔗对螟虫的抗性提高了 5 倍；高世武等（2016，2018）用基因枪法将 *Cry1Ac* 和 *Cry2A* 转化甘蔗福农 95-1702、桂糖 94-119 和 FN15 等品种，均获得抗虫转基因植株，其外源基因的拷贝数为 1～148 不等，转基因植株的螟虫受害率降低至 13.33%～36.67%，但 *Cry1Ac* 基因拷贝数、表达量越高对植株的农艺性状影响越大；冯翠莲等（2010，2011，2016）等通过根癌农杆菌介导法，成功地将 *Cry1Ac*、*Cry1Ab* 基因转化甘蔗 ROC22 中，经 Southern 杂交检测外源基因的拷贝数以 1～3 个低拷贝为主，并从中筛选出抗虫效果显著，且农艺性状不发生改变的转基因株系；王文治等（2016，2017，2020）分别把 *Cry1Ab*、*Cry2A* 成功转入甘蔗 ROC22 中，获得抗虫转基因甘蔗；邓智年等（2007）利用根癌农杆菌介导法，成功地实现 MAR 序列介导杀虫融合基因（*AVAc*+*CpT1*）、野苋菜凝集素基因（*AVA* 和 *AHAc*）整合进甘蔗 ROC25 基因组；吴转娣等（2014）把 *Bt* 和 *sck* 双价抗虫基因导入甘蔗；冯翠莲等（2010，2020）利用具有自我剪切功能的连接多肽 FMDV 2A 序列将 *Cry1Ac* 和 *gna* 两个不同抗虫机制的基因融合后，通过农杆菌介导转化甘蔗，实现两个蛋白在甘蔗体内同步表达并独立行使各自功能的目标，使得转基因甘蔗能够同时抗螟虫、绵蚜及蛴螬等多种害虫并能稳定遗传。

**2. 甘蔗抗病基因工程研究进展** 甘蔗黑穗病被称为甘蔗的“癌症”，是严重影响甘蔗产量和质量的真菌性病害。国内主要针对黑穗病开展了抗病基因工程的研究。目前使用的抗病基因主要包括几丁质酶基因、β-1，3-葡聚糖酶基因、植物防御素基因等。顾丽红等（2008）将烟草几丁质酶和 β-1，3-葡聚糖酶双价抗病基因导入甘蔗栽培品种 ROC10 和 ROC22 中，获得的转基因植株对黑穗病菌具有很好的抗性；杨志才（2010）、沈林波

(2012) 和孔冉 (2012) 等分别将蒺藜苜蓿防御素 *MtDef*4 基因、紫花苜蓿防御素 *MsDef*1 基因和 *U. maydisvirus* 的 *KP*4 基因通过农杆菌介导法导入甘蔗优良品种 ROC22 中，通过对转基因植株进行叶片粗蛋白体外抑菌检测，获得对甘蔗黑穗病菌具有明显抗性的转基因植株；沈林波等对上述抗病转基因植株及其后代继续进行外源基因表达及田间抗病性鉴定，从中筛选获得对甘蔗黑穗病具有良好抗性的转基因株系 6 个，其在抗病性增强的同时，其他农艺性状仍然保持供体的特性（未发表）。

**3. 甘蔗抗病毒基因工程研究进展**　甘蔗病毒病种类繁多，其中甘蔗花叶病和黄叶病对我国甘蔗生产影响较大，目前我国甘蔗抗病毒病基因工程主要是针对这两种病害而进行的。采用的策略包括改良病毒基因介导的抗性（Pathogen-derived resistance，PDR）和与病毒因子互作的寄主基因介导的抗性。

①在病毒基因介导的抗性改良方面。阮妙鸿等（2007）将 *SCMV-CP* 导入拔地拉（*Balila*）中，获得了对 SCMV 抗性明显提高的转基因株系，而且产量和糖分都得到显著提高；郑碧霞等（2009）将 *SrMV-P*1 基因转入甘蔗福农 95-1702 中，获得的转基因株系对 SrMV 的抗性明显提高；Guo 等（2015）以 *SrMV-CP* 基因作为靶标，构建 RNAi 植物表达载体转化甘蔗栽培品种 ROC22，获得了抗 SrMV 的转基因株系；Zhu 等（2011）将 *SCYLV-CP* 基因转入易感 SCYLV 甘蔗栽培种 H62-4671 中，获得 SCYLV 抗性水平与抗性品种 H78-4153 相当的转基因株系；周国辉和肖淑惠（2010）将 SrMV 复制酶基因、*SCMV-CP* 基因和 *SCYLV-CP* 基因序列串联，构建其 RNAi 植物表达载体并转化甘蔗，获得同时抗 SrMV、SCMV 和 SCYLV 的转基因植株；郭晋隆、林庆良、许莉萍等（2015）从 *SCMV* 和 *SrMV* 核酸序列中选取若干区段串联在一起，获得 *MV*1-6 序列，并分别构建其 RNAi 植物表达载体转化甘蔗，均获得了抗 SCMV 和 SrMV 的转基因株系；陈利平等（2016）以 *SCYLV-CP* 和 *SrMV-CP* 基因的保守序列为靶标，构建双价 RNAi 植物表达载体转化甘蔗品种福农 15 号，获得了转基因植株。

②在与病毒因子互作的寄主基因介导的抗性方面。甘蔗翻译起始因子 SceIF4E1、SceIF4E2 和甘蔗 ScPCaP 是与甘蔗花叶病病原蛋白互作的寄主因子，徐景升等（2015，2016）分别构建 *SceIF*4*E*1＋*SceIF*4*E*2 以及 *ScPCaP* 基因的 RNAi 植物表达载体并转化甘蔗，获得了对 SCMV、SrMV 和 SCSMV 均具抗性的转基因植株。

**4. 甘蔗抗旱基因工程研究进展**　我国蔗区 80%以上为旱坡地，且基本没有灌溉条件，干旱成为制约甘蔗产业发展的主要限制因素。利用基因工程把抗旱基因导入甘蔗是提高甘蔗抗旱性的有效途径。张树珍等（2006）把担子菌（*basidiomycete*）灰树花（*grifolafrandosa*）的海藻糖合酶基因，转入甘蔗栽培品种 ROC10 中，获得了海藻糖合酶基因正常表达的转基因植株，转基因植株能够合成和积累海藻糖并提高了抗旱性，这些转基因株系已完成了转基因安全性评价的中间试验和环境释放实验；武媛丽等（2014）将从菊芋中克隆到的蔗糖：蔗糖-1-果糖基转移酶基因（1-SST 基因）在根部特异性表达启动子 *pPST*2*a* 的驱动下，通过农杆菌介导法转入甘蔗品种 ROC22 中，筛选获得抗旱性明显提高的转基因株系；吴杨（2009，2017）通过基因枪法把斑茅 *EaDREB*2*B* 基因转入甘蔗，提高了转基因甘蔗的抗旱性。

**5. 利用基因工程技术培育钾高效利用的转基因甘蔗**　甘蔗也是一种喜钾植物，对钾需求量大，缺钾会导致甘蔗产量和糖分显著降低。而我国蔗区土壤大部分为典型的酸性红壤，土壤中有效钾缺乏，为维持甘蔗正常生长，需要施用大量的钾肥。受国际价格影响，国内钾肥价格持续走高，为降低种植成本，蔗农普遍存在不施或少施钾肥的现象，导致蔗区土壤有效钾不足的情况越来越严重，严重影响甘蔗的产量、糖分以及对干旱、病害等逆境胁迫的抗性，成为制约我国甘蔗产业发展的重要因素之一。发掘甘蔗自身潜力，培育钾高效品种是缓解我国甘蔗生产钾不足的有效途径。樊丽娜等（2015）把拟南芥 *AtCBL*1、*AtCIPK*23 和 *AtAKT*1 等 3 个基因在根组织特异启动子 *pSuper* 驱动下转入甘蔗栽培种 ROC22 中，筛选得到的 *AtCBL*1-*AtCIPK*23-*AtAKT*1 过表达转基因植株根系更发达，钾吸收能力和干物质积累能力比对照分别提高 30%和 20%。

**6. 利用基因工程技术培育抗除草剂转基因甘蔗** 蔗田杂草是抑制甘蔗生长的一个主要因素，人工除草劳动强度大而且效率很低，使用除草剂可降低人工除草的劳动强度。由于甘蔗对一些除草剂敏感，施用除草剂常导致甘蔗形态异常、生长缓慢，有些除草剂甚至可以导致甘蔗死亡，因此许多除草剂不能在蔗田很好地利用。利用基因工程技术将除草剂解毒（或抗性）基因转入甘蔗育成抗除草剂品种，可以有效地使用除草剂进行蔗田除草，降低甘蔗生产的劳动强度和生产成本，提高生产效益。

目前我国甘蔗抗除草剂基因工程研究方面，主要是利用抗除草剂基因作为改良其他目标性状的筛选标记基因，使得具有其他抗性的转基因甘蔗也具有对除草剂的抗性。王文治等（2017）建立了以 *Bar* 基因为筛选标记的高效快速甘蔗转基因筛选系统，赋予了转基因植株抗草铵膦除草剂的功能；此外他们还通过多基因遗传转化同时将 *EPSPS* 基因及 *Cry*1*Ab* 基因导入甘蔗品种 ROC22 中，转基因植株在中间试验中抗草甘膦除草剂及抗螟虫效果极为显著，有非常良好的应用前景。王继华等（2011）、Zhou 等（2016）也获得了兼抗除草剂的转基因植株。

## 四、问题和展望

经过 20 多年的努力，我国在甘蔗生物技术研究和利用方面取得长足的进展。在细胞工程领域，综合利用热处理和茎尖分生组织培养技术培育的脱毒健康种苗已在生产上得到广泛的应用，并显著提高了甘蔗的种植效益。在基因工程领域，我国培育的一系列抗病虫、抗逆境转基因甘蔗已完成转基因安全性评价的中间试验和环境释放试验，部分还完成了生产性试验。但与发达国家相比依然存在明显的差距，如巴西 2018 年已有两例抗虫转基因甘蔗投入商品化生产，而目前我国转基因甘蔗还未获得安全证书。

总体而言，我国在甘蔗基因工程研究方面还存在以下几方面的问题：①缺乏具有自主知识产权的功能基因；②使用的目的基因较为单一；③使用的启动子主要是组成型启动子；④甘蔗转基因安全性评价技术研究滞后。

今后研究的重点应从以下几方面考虑：①分离鉴定具有自主知识产权的功能基因（包括甘蔗功能基因）；②分离和鉴定甘蔗高效表达的启动子和甘蔗组织特异性表达的启动子，使用这些启动子有利于提高甘蔗转基因的表达效率；③联合使用多基因对甘蔗进行遗传转化，并使这些基因能够进行定位和高效表达，从而能够使转基因甘蔗的多种性状同时得到改良；④用安全的筛选标记或者无筛选标记的转化方法，使得转基因甘蔗更具有更好的安全性；⑤利用基因编辑技术培育新型甘蔗品种，使其免于安全性评价的困扰，能够快速地应用于生产；⑥深入开展甘蔗转基因安全性评价技术体系的研究，使优异甘蔗转基因材料尽早应用于生产。随着研究的不断深入，我国甘蔗基因工程显示出良好的应用前景。

## 第五节 甘蔗功能基因组学与蛋白质组学研究

### 一、甘蔗全基因组测序

甘蔗属（*Sacchrum* L.）包括热带种（*S. officinarum*）、割手密（*S. spontaneum*）、大茎野生种（*S. robustum*）、肉质花穗种（*S. edule*）、中国种（*S. sinense*）和印度种（*S. bareri*），均为同源多倍体，其倍性水平从 5x 到 16x 不等，基因组庞大（Buzacott，1965；Daniels and Roach，1987）。其中，热带种（*S. officinarum*）基因组大小为 7.50～8.55 Gb，大茎野生种（*S. robustum*）基因组大小为 7.65～11.78 Gb，割手密（*S. spontaneum*）的基因组大小为 3.36～12.64 Gb。热带种（*S. officinarum*）单倍体基因组平均大小为 985 Mb，而割手密（*S. spontaneum*）单倍体基因组平均大小为 843 Mb（Zhang et al.，2012）。现代甘蔗栽培种为高度杂合的复杂多倍体（10～12x）和非整倍体（100～120 条染色体），通常含有以热带种（*S. offificinarum*）为主的 4 个原始种的基因组，且染色体以非对称方式遗传给杂交后代（Bremer，1961）。因此，甘蔗全基因组测序及组装难度大，进展缓慢，但对甘蔗全基因测序的研究却从未停止。甘蔗野生种割手密 AP85-441 基因组是全球第一个组装到染色体水平的同源多倍体基因组，在测序的同时还解析了甘蔗割手密种的系列生物学问题，特别是揭示了甘蔗属割手密种的基因组演化、抗逆性、高糖以及自然群体演化的遗传学基础（Zhang et al.，2018）。对 307 份甘蔗种质资源基因编码区深度测序获得近 500 万个变异序列。进一步研究表明，原始杂交种印度种（*S. barberi*）和中国种（*S. sinense*）与现代杂交种在基因组组成、杂交过程以及潜在遗传贡献方面存在明显差异。甘蔗中存在很大程度的连锁不平衡（Linkage disequilibrium，LD）现象，割手密、热带种和现代种分别为 962.4 kbp，2 739.2 kbp 和 3 573.6 kbp（Yang et al.，2019）。

叶绿体是植物重要的细胞器，是植物光合作用的场所。Xu 等（2019）对甘蔗两个祖先种，热带种和割手密的叶绿体基因组进行了测序，并进行了基因组比较分析和光合能力分析。热带种的叶绿体基因组长度为 141 187 bp，比割手密的长 7 bp。二者 GC 含量（38.44%）和注释基因数（134）相同，其中 13 个基因有内含子。二者的叶绿体基因组具有典型的四元结构，包括大型单副本区（Large single copy，LSC）、小型单副本区（Small single copy，SSC）、反向重复 b（Inverted repeat b，IRb）和反向重复 a（Inverted repeat a，IRa）。其中，热带种的 LSC 和 IRa/IRb 分别比割手密的（83 047 bp 和 22 795 bp）长 18 bp 和短 6 bp，而二者的 SSC 大小相同（12 544 bp）。核苷酸多样性（Pi）分析结果表明，单拷贝和非编码区的变异性大于反向重复区和编码区，并检测到 LSC 中的变异热点为 *trnG-trnM*、*psbM-petN*、*trnR-rps*14、*ndhC-trnV* 和 *petA-psbJ*，以及 SSC 中的 *trnL-ccsA*，且以 *petA-psbJ* 的变异值最高，为 0.015 00。65 个蛋白质基因的遗传距离在两个种间的变化范围在 0.000 00～0.002 88 之间，对它们的选择压力分析表明，只有 *petB* 受到了正选择，而 *rpoC2*、*rps3*、*ccsA*、*ndhA*、*ndhA*、*psbI*、*atpH* 和 *psaC* 等更多的基因受到了纯化或非常强的纯化选择。割手密的密码子数目大于热带种，但两种都有明显的密码子偏好，且均以 AUG 为最高和 AUA 为最低。割手密和热带种两个种中最丰富的氨基酸均为亮氨酸，分别为 2 175 个（占总数的 10.88%）和 2 228 个（10.90%）。数量最少的氨基酸均为半胱氨酸，分别为 221 个（1.105%）和 224 个（1.096%）（Xu et al.，2019）。

由于甘蔗基因组测序及组装进展缓慢，从其他组学水平挖掘甘蔗重要基因并鉴定其功能，试图解析相关性状的分子机理的研究一直在进行。

## 二、甘蔗转录组学研究

### （一）转录组分析

转录组是某一特定条件下细胞内所有转录产物的集合，是连接基因组遗传信息与生物功能的蛋白质组的必然纽带，也是研究基因表达的主要手段。转录组测序能提供特定细胞在某一功能状态下所能转录出来的所有 RNA 的总和，包括 mRNA，rRNA，tRNA 和 noncoding RNAs。转录组测序已成为基因表达差异分析、发现新基因、获得物种（组织）的转录本信息，以及开发 SSR 分子标记的有效手段（Morozova and Marra，2008；Varshney et al.，2009；Marguerat and Bähler，2010）。

糖分是甘蔗最重要的性状，是甘蔗新品种选育的首要目标。然而几十年来常规育种对甘蔗糖分的提高效果甚微。分子育种是甘蔗糖分获得突破的重要手段。蔗糖积累关键基因的挖掘是甘蔗高糖分子育种的前提。Huang 等（2016）进行了一个高糖品种 GT35 号的转录组测序分析，共获得 101 255 个单基因，其中 36 472 个（36.0%）单基因在 NCBI 非冗余蛋白质序列数据库中有同源序列，23 811 个（23.5%）在 Swiss Prot 数据库中有同源序列。对 30 756 个单基因的 KEGG 途径分析显示，甘蔗转录组中有 30 多条途径。并从 3 185 个单基因中鉴定出 3 420 个 SSR 序列。进一步对高、中、低糖甘蔗基因型的转录组分析，在所有基因型和处理组合中，约有 25 000 个基因差异表达。基因型比乙烯利处理对基因差异表达影响大。在低糖基因型中，蔗糖和淀粉代谢基因对乙烯利处理更敏感。乙烯引起许多胁迫相关转录因子，以及碳水化合物代谢、激素代谢和表观遗传修饰相关基因的差异表达。乙烯诱导的乙烯应答转录因子、胞浆酸和细胞壁结合转化酶、ATP 酶在低糖基因型中的表达比在高糖基因型中更为明显，表明乙烯利刺激低糖基因型库活性增强导致随后的蔗糖积累（Chen et al.，2019）。

甘蔗在生长过程中受多种病害的侵染，解析甘蔗抗病的分子机制，对于分子辅助培育抗病品种有重要意义。甘蔗赤条病是由 *Acidovorax avenae* subsp. *Avenae*（*Aaa*）引起的一种全球性甘蔗病害。然而，仍不清楚甘蔗植株对该病原菌侵染反应的分子机制。对两个抗性和敏感的甘蔗品种接种后的转录组分析表明，接种后 0～72 h，抗性品种 ROC22 共有 18 689 个基因表达差异。而在易感病品种 MT11-610 中，接种前后差异表达基因为 15 782 个。差异表达的基因主要涉及光合作用和碳代谢、苯丙酸生物合成、植物激素信号转导和植物病原互作途径（Chu et al.，2019）。甘蔗梢腐病是由 *Fusarium verticillioides* 病原菌引起的一种重要病害。目前甘蔗对该真菌防御反应的分子机制尚未完全清楚。对抗病甘蔗品种 YT94/128 和感病品种 GT37 接种 *F. verticillioides* 前后的转录组分析，结果表明 YT94/128 中有 9 092 个差异表达基因（DEGs）；GT37 中有 9 829 个 DEGs。DEGs 主要涉及催化酶活性、细胞蛋白酶、水解酶、肽酶、负调控蛋白代谢过程、苯丙酸代谢、胞外区、醛脱氢酶、内肽酶、氧化还原酶、蛋白激酶、磷酸转移酶等类别。KEGG 途径聚类分析表明，涉及抗性的 DEGs 与苯丙酸生物合成代谢途径，角质、亚铁和蜡质生物合成代谢途径，氮代谢途径，次生代谢产物生物合成代谢途径以及植物-病原互作密切相关（Wang et al.，2019）。甘蔗白条病是由黄单胞菌（*Xanthomonas albilineans*）引起的细菌性病害。对病原菌 *X. albilineans* 侵染的抗性甘蔗品种（LCP 85-384）和感病甘蔗品种（ROC20）进行了转录组比较分析，共鉴定出 105 783 个差异表达基因（DEGs）。进一步分析表明，甘蔗对 *X. albilineans* 侵染的应答与植物病原相互作用、剪接体、谷胱甘肽代谢、内质网蛋白质加工和植物激素信号转导有关，且不同的植物激素（生长素和乙烯）信号转导途径在甘蔗应答 *X. albilineans* 感染中起重要作用（Ntambo et al.，2019a）。甘蔗黑穗病是一种由 *Sporisorium scitamineum* 引起的严重影响甘蔗生长的真菌病害。通过转录组学分析发现，丝氨酸/苏氨酸激酶、钙离子感应蛋白、丝裂原活化蛋白基因和一些 NBS-LRR 基因可能参与甘蔗黑穗病侵染的信号识别和转导。而在植物激素信号转导途径中，生长素、脱落酸、水杨酸和乙烯等相关基因对黑穗病侵染的反应更为明显。甘蔗的过敏反应、蛋白质代谢、多胺合成和细胞壁形成可能在甘蔗抗黑穗病菌侵染中起重要作用（Huang et al.，2018）。Wu 等（2013）用 Solexa 技术对黑穗病菌侵染的甘蔗转录组测序获得 2 015 个差异表达基因，推测这些基因参与甘蔗抗黑穗病反应，为进一步研究甘蔗抗黑穗病的机理奠定基础。

甘蔗生物量大，需要在整个生命周期中吸收大量钾。我国南方土壤钾素缺乏影响了甘蔗产量。提高甘蔗对低钾的耐受性是提高该地区甘蔗产量的有效途径。但甘蔗对低钾胁迫的耐受机制却鲜有报道。对低钾胁迫的甘蔗转录组分析共鉴定出 4 153 个基因。低钾胁迫 72 h 的应答基因数量几乎是 8 h 和 24 h 的 2 倍。GO（Gene ontology）分析发现许多参与代谢、发育和生物调控过程的基因受低钾胁迫诱导。此外，还检测到转录因子、转运蛋白、激酶、氧化应激相关基因、钙离子和乙烯信号通路相关基因差异表达。推测这些基因在提高甘蔗对低钾胁迫的耐受性中发挥重要作用（Zheng et al.，2015）。

脱叶是甘蔗重要性状，对于降低收获成本具有重要意义。为了确定甘蔗叶片脱落相关基因，对易脱叶甘蔗品种（Q1 和 T）和包叶品种（Q2 和 B）的叶片进行转录组测序。与包叶甘蔗品种相比，易脱叶甘蔗品种有 1 202 个转录本上调。功能分析表明，有 62、38 和 10 个上调的转录本分别参与了植物-病原相互作用、胁迫反应和脱落酸相关途径。上调转录本中有编码 4 种抗病蛋白（RPM1、RPP13、RGA2 和 RGA4）、6 种 G 家族 ABC 转运体和包括 WRK33 和热应激转录因子在内的 16 种转录因子，可以作为甘蔗育种的候选基因（Li et al.，2016）。

### （二）miRNA 研究

microRNA（miRNA）是真核生物中普遍存在、由 19～25 nt 组成的一类内源性非编码的单链小 RNA。miRNA 作为基因表达中一类重要的调控因子，通过基因转录后调控，广泛参与生物体各种生命活动（Debat et al.，2014；Nogoy et al.，2018）。miRNA 作为近年来新的研究切入点，为功能基因组学、转录调控机制研究提供了一条有效途径。

Lin 等（2014）从抗旱品种 ROC22 叶片中鉴定了 23 个保守 miRNAs 和 34 个新的 miRNAs，预测了 438 个靶基因，与对照相比，其中 11 个 miRNAs 存在差异表达。Yang 等（2016）以耐寒甘蔗品种 FN39 和不耐寒品种 ROC22 为试验材料，使用冷相关基因 miR319 和 miR393，筛选低温胁迫下甘蔗 miRNA 表达最合适的内参基因，结果表明，mir171/18S rRNA 和 mir171/mir5059 是 miRNA RT-qPCR 最适合的参考基因，其次是单独的 mir171 和 18S rRNA。Su 等（2017）发现甘蔗受黑穗病菌胁迫下差异 miRNA 调控的靶基因参与了一系列抗病相关生理代谢和信号转导途径，其中 miR5671、miR5783、miR5221、miR6478 和 miR5054 的靶基因在 MAPK 信号通路、植物激素信号转导和植物病原菌互作中起重要作用。对接种黑穗病菌后的抗黑穗病品种 YC05-179 和感黑穗病品种 ROC22 进行降解组分析，共预测到 309 个靶基因，对应 97 个已知的 miRNAs 和 112 个新的 miRNAs，以及 337 个降解位点，表明 miRNAs 可以有效地在预测的靶基因中的多个位点直接切割。进一步分析表明，预测的靶基因参与了多种调控过程，如信号转导机制、无机离子转运与代谢、防御机制、翻译、翻译后修饰、能量的产生和转化、甘油脂代谢。此外，在甘蔗中还积累了许多 miRNA 介导的抗性相关靶基因，提示 miRNA 的反馈调节可能参与了甘蔗对 *S. scitamineum* 感染的反应（Su et al.，2019）。为了进一步了解 miRNA 在甘蔗叶片脱落中的作用，对 6 个小 RNA 文库深度测序共鉴定出 93 个保守的 miRNAs 和 454 个新的 miRNAs。其中，在脱叶品种中发现了 25 个上调和 13 个下调的 miRNAs。miR156-SPL、miR319-TPR2、miR396-GRF 和 miR408-LAC3 可能与甘蔗脱叶有关。KEGG 途径富集分析表明，差异表达的 miRNAs 可能调控植物激素信号转导和植物病原相互作用等途径，与转录组结果一致；并首次在甘蔗中鉴定出一种可能是禾本科特有的 miRNA，即 miR5384（Li et al.，2017）。为了鉴定与节间伸长有关的基因和 miRNAs，对伸长前期（EⅠ）、伸长早期（EⅡ）和快速伸长期（EⅢ）的 cDNA 和小 RNA 进行了测序和表达研究。EⅠ与 EⅡ、EⅠ与 EⅢ、EⅡ与 EⅢ比较分别鉴定了 493、5 035 和 3 041 个差异表达基因，通过 KEGG 途径分析发现在玉米素生物合成、氮代谢和植物激素信号转导等方面有显著富集，可能参与了节间伸长。共鉴定了 241 个已知的 miRNA 和 245 个新的 miRNAs。通过成对比较，分别从 EⅠ和 EⅡ、EⅠ和 EⅢ以及 EⅡ和 EⅢ比较中鉴定出 11、42 和 26 个差异表达的 miRNAs。靶向预测结果表明，参与玉米素生物合成、氮代谢和植物激素信号转导途径的基因是 miRNAs 的靶向基因。已知的 miRNAs，如 miR2592-y、miR1520-x、miR390-x、miR5658-x、miR6169-x 和 miR8154-x 可能是甘蔗节间伸长基因的调控因子（Qiu et al.，2019）。

## 三、甘蔗蛋白质组学研究

蛋白质是生命功能的执行者。蛋白质组是由一个基因组或一个细胞、组织表达的所有蛋白质。蛋白质组学以细胞内全部蛋白质的存在及其活动方式为研究对象，集中于动态描述基因调节，对基因表达的蛋白质水平进行定量测定，鉴定重要因素对生命过程的影响，以及解释基因表达调控的机制。蛋白质组学的研究是生命科学进入后基因时代的特征（Aslam et al.，2017）。对甘蔗接种黑穗病菌 *S. scitamineum* 前后的蛋白质组分析，共从抗黑穗病基因型（Yacheng05-179）和感病基因型（ROC22）中分别鉴定了 273 和 341 个差异表达蛋白，该结果与前期转录组鉴定的基因相关性较差，分别为 0.150 2 和 0.246 6，表明转录后事件在甘蔗与黑穗病互作中起重要作用。大多数差异表达蛋白与甘蔗抗黑穗病密切相关，如β-1,3-葡聚糖酶、过氧化物酶、致病相关蛋白 1（PR1）、endo-1,4-β-木聚糖酶、热激蛋白和凝集素。乙烯和赤霉素途径、苯丙酸代谢和病原相关蛋白如 PR1、PR2、PR5、PR14 等在 Yacheng05-179 中更为活跃，表示它们可能在甘蔗黑穗病抗性中发挥作用。然而，Yacheng05-179 的钙信号转导、活性氧、一氧化氮和脱落酸途径受到了 *S. scitamineum* 的抑制，这些代谢过程可能对该病原菌的防御并不重要（Su et al.，2016）。此外，还用 2D-PAGE 技术比较了抗黑穗病品种 F134 和感黑穗病品种 NCo310 接种黑穗病菌 *S. scitamineum* 前后的蛋白质变化，共鉴定了 30 个重要差异表达蛋白（DEPs），其中 F134 有 16 个，NCo310 有 14 个。F134 中有 4 个 DEPs 表达上调、9 个表达下调，NCo310 中有 9 个表达上调、3 个表达下调。DEPs 与 DNA 结合、代谢过程、防御、应激反应、光呼吸、蛋白质复性、叶绿体、细胞核和质膜有关（Singh et al.，2019）。对抗甘蔗白条病品种（LCP85-384）和感病品种（ROC20）接种白条病菌 *Xanthomonas albilineans* 前后的蛋白质组进行了比较分析，共获得 4 295 个与 1 099 个 GO 分类相关的差异表达蛋白。其中，285 个 DEPs 是 LCP 85-384 和 ROC20 中均有的。而从抗病品种 LCP 85-384 中鉴定出 172 个 DEPs，其中 113 个表达上调、59 个表达下调。从感病品种 ROC20 共检测到 192 个 DEPs，其中约一半（92 个）表达上调、另一半表达下调。LCP 85-384 中显著上调的 DEPs 与代谢途径、次生代谢产物的生物合成和苯丙酸的生物合成途径相关（Meng et al.，2020）。

## 四、甘蔗基因克隆与功能鉴定

### （一）蔗糖代谢相关基因

蔗糖磷酸合成酶（SPS）是控制蔗糖合成的关键酶。Huang 等（2017）克隆了甘蔗中 4 个家族 SPS 基因中的 3 个，分别是 *SofSPSA*、*SofSPSB*、*SofSPSD*。进一步的基因表达分析推测，D 家族 SPS 基因在甘蔗中维持蔗糖合成的基本功能，而且可以通过调节 C、A 家族 SPS 基因的表达来控制蔗糖合成的强度；B 家族 SPS 基因不参与源叶蔗糖合成，而是参与甘蔗蔗糖的积累和利用。蔗糖合成酶（SuSy）是植物中蔗糖代谢的关键酶之一，一般认为 SuSy 的功能是分解蔗糖，为植物其他代谢过程提供底物。Chen 等（2016）从甘蔗中克隆了一个 *SuSy* 基因，*ScSuSy*4（KM598653），进一步的时空表达分析推测 *ScSuSy*4 基因可能在不同时期通过不同功能调控蔗糖的分配。转化酶（INVs）是调节蔗糖代谢的关键酶，还参与植物对环境胁迫的响应。由于甘蔗复杂的基因组，蔗糖转化酶基因家族的各成员在甘蔗中的表达模式尚不清楚。通过比较基因组学分析，成功地从甘蔗中克隆了转化酶基因家族 14 个非冗余成员的 11 个 cDNA 和 12 个 DNA 序列。进一步分析表明，甘蔗转化酶基因的 14 个成员可分为 3 个亚家族，包括 6 个中性/碱性转化酶基因（*ShN/AINVs*）和 8 个酸性转化酶基因（*ShAINVs*）。酸性 *INVs* 比中性/碱性 *INVs* 分化快，在甘蔗和高粱分开后，4 组酸性 *INVs* 至少有一次基因重复事件，而 β8 家系中的 *ShN/AINV*1 和 *ShN/AINV*2 是 β 组 N/A *INVs* 同源基因中最近重复的基因。对甘蔗幼苗在干旱、低温、葡萄糖、果糖和蔗糖5种非生物胁迫下的基因表达分析可表明INVs酶的功能特异性及其在5种不同处理中的潜在功能。对甘蔗幼苗在5种非生物胁迫下的酶活性进行测定表明，5种不同的非生物胁迫对甘蔗幼苗的INVs酶活性均有明显的抑制作用，中性/碱性INVs在非生物胁迫中的作用比酸性INVs更为显著（Wang et al.，2017）。果糖激酶（FRK）是果糖磷酸化的主要酶，有很高的底物特异性和亲和性，是糖代谢途径中的重要酶。Chen等（2017）从割手密中鉴定了7个果糖激酶基因，比较基因组学分析发现这些基因具有不同的结构及进化史。在干旱胁迫及外源激素作用下，这些基因表现出特异的表达特性。其中*FRK*1在果糖磷酸化过程中起主要作用，*FRK*7通过假基因化成为功能冗余基因。

### （二）抗病相关基因

几丁质酶是与致病相关的蛋白质，在植物防御机制中起着重要作用。由于甘蔗染色体高度杂合及非整倍体的遗传背景，甘蔗几丁质酶家族基因的作用尚不清楚。对抗病和敏感的甘蔗基因型接种黑穗病菌前后的转录组测序，获得了10个差异表达的几丁质酶基因（属于Ⅰ～Ⅶ类）。7个几丁质酶基因（*ScChiI*1、*ScChiI*2、*ScChiI*3、*scchiii*1、*scchiii*2、*ScChiIV*1和*ScChiVI*1）在抗性基因型中表达增加；3个基因（*ScChiII*1、*ScChiV*1和*ScChiVII*1）在抗性和敏感基因型中均没有显著差异。10个几丁质酶基因均在激素处理后差异表达，并具有明显的组织特异性。*ScChiI*1、*ScChiIV*1和*ScChiVII*1受各种非生物胁迫（NaCl、$CuCl_2$、PEG和4 ℃）诱导，且在烟草中过量表达，表明它们参与了植物免疫（Su et al.，2015）。

甘蔗宿根矮化病是由*Leifsonia xyli* subsp. *xyli*（*Lxx*）病菌引起的重要病害。Zhu等（2019）从甘蔗品种GT11中克隆了一个*Lxx*膜蛋白基因*Lxx*18460（anti-sigma K）。将*Lxx*18460导入烟草降低了烟草的光合作用，破坏了防御酶的活性，影响了内源激素的水平，推测*Lxx*18460在侵染甘蔗的过程中可能以同样的作用影响甘蔗的生长。

植物真菌病和病毒病是甘蔗生产中的主要病害。许多抗真菌和抗病毒成分，包括致病相关（PR）蛋白，已经被鉴定出来。病程相关蛋白10（PR10）是PR家族的主要类群，参与植物防御机制。Peng等（2017）从甘蔗中克隆到一个致病相关基因*ScPR*10，并对其生物学功能进行了鉴定，表明*ScPR*10参与了甘蔗对黑穗病菌、花叶病毒（SrMV）、水杨酸（SA）和茉莉酮酸甲酯（MeJA）胁迫的防御反应。

### （三）其他抗逆相关基因

植物特异性WRKY转录调控因子在植物生长、发育以及对生物和非生物胁迫的反应中起着重要作用。Wang等（2018）在甘蔗杂交种中鉴定了一个新的属于WRKY亚群IIc-WRKY的蛋白ScWRKY3。ScWRKY3蛋白位于烟草叶片的细胞核内，对酵母无转录激活活性和毒性作用。ScWRKY3与已报道的甘蔗ScWRKY4蛋白在细胞核中互作。*ScWRKY*3基因在甘蔗茎中的表达水平最高。*ScWRKY*3在抗黑穗病甘蔗品种Yacheng05-179中表达稳定，而在感黑穗病品种ROC22接种黑穗病病原菌（*S. scitamineum*）后的72 h内表达下调。*ScWRKY*3的表达受NaCl、乙二醇和植物激素脱落酸诱导而上调，但它被水杨酸和茉莉酸甲酯诱导而下调。此外，*ScWRKY*3在烟草中瞬时表达表明，其受真菌病原菌和细菌病原菌负调控（Wang et al.，2018）。

过氧化氢酶是一类由多亚基构成的酶，催化细胞内过氧化氢的分解，防止膜脂过氧化。Sun 等（2018）从甘蔗基因型 Yacheng05-179 中分离到一个Ⅱ型过氧化氢酶基因 *ScCAT2*（GenBank 登录号 KF528830），该基因在甘蔗组织中广泛表达，在茎皮、茎髓、根、芽、叶中的表达水平由高到低，在植物与病原菌的免疫应答，以及在盐胁迫、干旱胁迫和冷胁迫中也起着积极的作用。

茉莉酸 ZIM（Zinc-finger inflorescence meristem）结构域蛋白（JAZ）是茉莉酸途径的重要信号分子，参与植物对病原菌和非生物胁迫的反应。从甘蔗接种黑穗病菌 *S. scitamineum* 后的转录组中筛选出 7 个差异表达的甘蔗 *JAZ* 基因，*ScJAZ1* 至 *ScJAZ7*。7 个 *ScJAZ* 基因编码包含 TIFY 和 CCT_2 结构域的蛋白质。*ScJAZ1* 至 *ScJAZ7* 基因表达具有组织特异性，且在逆境下有差异表达。*ScJAZ1* 至 *ScJAZ7* 对激素和非生物处理的阳性反应以及 *ScJAZ6* 基因的功能分析揭示了 *ScJAZ1* 至 *ScJAZ7* 基因参与了对生物和非生物胁迫的防御（Liu et al.，2017）。

Mediator 复合体是真核生物 RNA 聚合酶Ⅱ转录途径的一个基本组分。Mediator 亚基 7（MED7）是该复合物中央的一个关键亚基，在基因转录调控中起着重要作用。甘蔗 *MED7* 基因 *ScMED7* 的全长 cDNA 含有一个 525 bp 的开放阅读框（ORF），可编码 174 个氨基酸的蛋白，分子量为 19.9 kDa，定位于细胞核和细胞质。ScMED7 含有一个典型的 MED7 蛋白保守结构域，与高粱同源蛋白（XP_002447862.1）相似性达 98%。进一步研究表明 ScMED7 在调节甘蔗对生物和非生物胁迫的反应中起着重要的作用，在甘蔗对病原菌的过敏反应和基础防御中可能具有双重作用（Zhang et al.，2017）。

Sec14 是一种磷脂酰肌醇转移蛋白（Phosphatidylinositol transfer protein，PITP），广泛存在于真核生物中。Mao 等（2019）鉴定了 6 个甘蔗 *Sec14* 基因，克隆了其中 2 个（*ScSEC14-1* 和 *ScSEC14p*），并对其生物学功能进行了鉴定，表明它们参与了植物对生物和非生物胁迫的防御。

Dirigent 和 dirigent-like 家族蛋白包含许多与植物木质化或对病原菌感染和非生物胁迫响应有关的蛋白质。对甘蔗一个新的 DIRd 亚家族 dirigent-like 基因 *Sc-Dir* 研究表明，*Sc-Dir* 在茎中有高度特异表达，参与干旱、盐分和氧化物等人工胁迫的响应（Guo et al.，2012）。

蔗糖非发酵相关蛋白激酶 2（SnRK2）是调节植物 ABA 信号转导的关键酶，在响应多种非生物胁迫中发挥重要作用。过量表达甘蔗 *SnRK2* 基因，SoSnRK2.1 提高了烟草的耐旱性和生长，推测 SoSnRK2.1 很可能参与了甘蔗的非生物胁迫反应，并可能在调控甘蔗生长方面发挥重要作用（Phan et al.，2016）。

葡萄糖-6-磷酸脱氢酶（glucose-6-phosphate dehydrogase，G6PDH）是磷酸戊糖氧化途径中的关键酶之一，在非生物胁迫和发病机制中起重要作用。甘蔗 *G6PDH* 基因 *ScG6PDH* 的 cDNA 全长 1 646 bp，ORF 长度 1 524 bp，编码 507 个氨基酸残基。*G6PDH* 基因表达及酶活性受盐、干旱、重金属及低温诱导，表明该基因与非生物胁迫有关（Yang et al.，2014）。

过氧化氢酶是一种铁卟啉酶，它是活性氧（ROS）的有效清除剂，避免受植物氧化损伤。抗黑穗病甘蔗品种（Yacheng05-179）的过氧化氢酶活性始终高于感病品种

(Liucheng03-182)，说明过氧化氢酶活性可能与甘蔗对黑穗病的抗性正相关，并克隆了一个过氧化氢酶基因 *ScCAT*1。进一步分析表明 *ScCAT*1 对各种生物胁迫和非生物胁迫呈阳性反应，说明 ScCAT1 参与了甘蔗免受活性氧化剂有关的环境刺激的保护过程（Su et al.，2014）。

### （四）其他基因

R2R3-MYB 家族的 MYB 转录因子在许多植物代谢过程中发挥着重要作用。Guo 等（2017）鉴定了一个甘蔗 *R*2*R*3-*MYB* 基因（*ScMYB*2）及其两种转录本（ScMYB2S1 和 ScMYB2S2）。进一步研究推测 *ScMYB*2 通过选择性剪接两个转录本（ScMYB2S1 和 ScMYB2S2）参与 ABA 介导的甘蔗叶片衰老信号通路，并在干旱诱导的甘蔗衰老反应中发挥积极作用（Guo et al.，2017）。

植物金属硫蛋白（MTs）是一类富含半胱氨酸、低分子量、金属结合的蛋白质，在解毒、金属离子平衡和金属转运调节等方面发挥着重要作用。从甘蔗中克隆的一个 MT 蛋白基因 *ScMT*2-1-3，cDNA 全长 700 bp，包括一个 240 bp 的开放阅读框，编码 79 个氨基酸残基。进一步分析表明该基因与 $Cd^{2+}$，$Cu^{2+}$ 等金属离子的耐受/积累相关（Guo et al.，2013）。

在植物中，镁转运蛋白（MGT）家族由许多膜蛋白组成，它们在维持镁的平衡中起着至关重要的作用。通过比较基因组分析发现甘蔗野生种割手密中共有 10 个镁转运蛋白。进一步分析表明这 10 个镁转运蛋白在进化和功能方面存在特异性（Wang et al.，2019）。

越来越多的 qRT-PCR 方法用于基因表达分析，需要一个或多个基因作为内部参考标准。对甘蔗 13 个候选基因表达分析表明，*GAPDH*、*eEF*-1*a* 和 *eIF*-4*α* 是最稳定的，最适合作为所有实验样本的内参标准。此外，APRT 可以作为检测甘蔗组织样本中基因拷贝数与转录水平关系的内参（Ling et al.，2014）。而在盐胁迫和干旱胁迫条件下，*GAPDH* 和 *eEF*-1*a* 是适宜的内参基因（Guo et al.，2014）。在黑穗病与甘蔗互作情况下，*ACAD*（acyl-CoA dehydrogenase）基因、*SARMp*1（serine/arginine repetitive matrix protein 1）基因或其组合（*ACAD*＋*SARMp*1）可作为黑穗病感染后甘蔗芽组织中甘蔗基因表达定量分析的最适参考基因（Huang et al.，2018）。

## 第六节　甘蔗害虫生物防治研究

甘蔗是我国最主要的糖料作物。甘蔗生长周期长，病虫害种类多，几乎在其生命周期的各个阶段均会遭受一种或多种病虫的为害。我国蔗区的主要害虫可分为甘蔗螟虫（钻蛀性害虫、钻心虫），地下害虫和叶面害虫三大类（许汉亮等，2016）。近年来，上述害虫给甘蔗生产和制糖业造成了严重损失（廖海洪等，2006；谭裕模等，2011；安玉兴等，2013；杨世常等，2013；许汉亮等，2016）。在防治上，长期依赖于化学防治，大量农药的不科学使用，导致害虫抗药性不断增强，同时伤害天敌，从而使防治难度增大，并给环境造成破坏。这些害虫常多种混合发生，给防控带了很大的难度。甘蔗生长中后期，生长高大茂盛，不便于农药的施用。以生物防治为关键环节的害虫综合治理是甘蔗害虫可持续绿色防控的有效途径。在甘蔗害虫防治的现状下，生物防治显得尤为重要，也越来越受到重视。我国甘蔗害虫的生物防治研究已有几十年历史，并取得了一定的成效。

为了更好地了解我国甘蔗害虫的生物防治情况，本节从甘蔗螟虫、地下害虫、叶面害虫三方面对我国甘蔗害虫的生物防治进行了概述，主要包括寄生性天敌、捕食性天敌、昆虫病原微生物和性诱剂的研究和应用。

## 一、甘蔗螟虫的生物防治

### （一）甘蔗螟虫的发生为害

甘蔗螟虫是一类钻蛀性害虫，也被称为钻心虫，为甘蔗生产中的主要害虫。在我国蔗区为害的主要有二点螟 *Chilo infuscatellus* Snellen、条螟 *Proceras venosatum*（Walker）、黄螟 *Argyroploce schistaceana*（Snellen）、大螟 *Sesamia inferens*（Walker）、红尾白螟 *Scirpophaga excerptalis*（Walker）、台湾稻螟 *Chilotraea auricilia*（Dudgenon）、亚洲玉米螟 *Ostrinia furnacalis*（Guenée）和甘蔗木蠹蛾 *Phragmataecia* sp. 等（安玉兴和管楚雄，2009；李继虎等，2011；潘雪红等，2019；吴延勇等，2020）。在甘蔗苗期，甘蔗螟虫幼虫钻入甘蔗的生长点部位，造成枯心苗，这一时期以二点螟为害最严重；在甘蔗生长中后期，甘蔗螟虫主要为害甘蔗茎部，破坏茎内组织，降低糖分，并且容易造成风折或者枯梢，降低产量；此外，虫害伤口还容易诱发赤腐病等病害（李继虎等，2011；黄启星等，2012）。甘蔗螟虫给甘蔗生产造成严重损失，调查表明，甘蔗螟虫为害导致甘蔗平均产量损失 10%～25%，严重时可达到 40%～60%，糖分降低 0.93%～3.5%（杨友军，2003；潘雪红等，2009；伍苏然等，2013；潘雪红等，2019）。

### （二）甘蔗螟虫的寄生性天敌

我国甘蔗螟虫的寄生性天敌资源丰富，主要包括膜翅目的寄生蜂和双翅目的寄生蝇 2 大类（林明江，2007；李继虎等，2011）。我国利用寄生蜂对甘蔗螟虫进行的防治研究始于 20 世纪 30 年代初（夏如冰，2002；李继虎等，2011）。用于防治甘蔗螟虫的寄生性天敌主要有赤眼蜂 *Trichogramma*、螟黄足盘绒茧蜂 *Cotesia flavipes* Cameron、螟黑卵蜂 *Telenomus* sp.、古巴蝇 *Lixophaga diatraeae* Townsend、大螟拟丛毛寄蝇 *Sturmiopsis inferens* Tns 等（李继虎等，2011；伍苏然等，2013）。

（1）赤眼蜂。赤眼蜂属 *Trichogramma* Westwood，隶属膜翅目 Hymenoptera、细腰亚目 Apocrita、小蜂总科 Chalcidoidea、赤眼蜂科 Trichogrammatidae，是许多害虫的天敌，也是世界范围内害虫生物防治中研究和应用得最多的一类卵寄生蜂（冯斌等，2004；潘雪红等，2019）。

1833 年，Westwood 首次描述一种赤眼蜂——广赤眼蜂 *Trichogramma evanescens* Westwood。截至 1999 年，全世界共记录了赤眼蜂属 180 多个种（Pinto，1999），我国记录了 29 种（何晓芳等，2005）。能寄生蔗螟卵的赤眼蜂有螟黄赤眼蜂（拟澳洲赤眼蜂）*T. confusum* Viggiani、松毛虫赤眼蜂 *T. dendrolimi* Matsumra、稻螟赤眼蜂 *T. japonicum* Ashmead、蔗二点螟赤眼蜂 *T. poliae* Nagaraja、亚洲玉米螟赤眼蜂 *T. ostriniae* Pang et Chen、广赤眼蜂 *T. evanescens* Westwood 等（李奇伟等，2000），其中以螟黄赤眼蜂最为重要。

赤眼蜂在我国蔗区广泛分布，通过在螟虫产卵高峰期大量释放赤眼蜂，赤眼蜂将卵产在螟虫的卵内，并在卵内发育直至羽化；新羽化的赤眼蜂成虫又可继续寄生螟虫卵，从而实现对螟虫的防治。李文凤和黄应昆（2004）在云南蔗区发现寄生黄螟的赤眼蜂；李继虎等（2011）在广东湛江蔗区发现蔗螟天敌赤眼蜂；潘雪红等（2015b，2015c）在广西的主要蔗区发现螟黄赤眼蜂 *T. chilonis*、玉米螟赤眼蜂 *T. ostriniae* 和黑卵蜂 *Telenomus* sp.，其中螟黄赤眼蜂分布最广泛，寄生率最高时达到 84.62%，为优势寄生蜂。

我国利用赤眼蜂防治甘蔗螟虫始于 20 世纪 30 年代初，浙江省昆虫局设立寄生蜂研究室并开展了对赤眼蜂的研究，从此开始了近代生物防治科学研究（夏如冰，2002）。1958 年，我国第一个赤眼蜂站在广东顺德建立，随后全国许多蔗区也相继建立了赤眼蜂站，并开展大面积的赤眼蜂防治甘蔗螟虫试验，而且有不少成功的例子（蒲蛰龙，1984；李杨等，2012；潘雪红等，2019）。1975—1994 年，广东珠海红旗农场坚持利用赤眼蜂防治甘蔗螟虫，甘蔗枯心苗率和死尾率均控制在 2%以下，这成为了我国利用赤眼蜂防治甘蔗螟虫最为成功的例子（张中联和林展明，1995；李杨等，2012）。

近年来，我国在赤眼蜂的繁殖技术上已达到国际先进水平，田间人工释放技术成熟。目前，利用赤眼蜂特别是螟黄赤眼蜂进行蔗螟生物防治的技术，已受到许多蔗区重视，并得到大范围的应用。成立于 2010 年的广西南宁合一生物防治技术有限公司首创研发出米蛾卵全自动高效生产技术、米蛾卵赤眼蜂工厂化高效生产技术，建成国内唯一、拥有完全自主知识产权的米蛾及米蛾卵自动化生产线，解决了国内长期未能规模化生产米蛾卵的重大技术难题，目前可年产本地优势品系螟黄赤眼蜂和稻螟赤眼蜂 500 亿头，可同步为 6.67 万 $hm^2$、33.33 万 $hm^2$ 次螟害蔗田、稻田提供生物防治、绿色防控服务，经济效益、社会效益及生态效益显著，为我国（尤其是广西）甘蔗螟虫的生物防治提供了有力支持。在广西，2013 年，在广西来宾进行大面积释放赤眼蜂防治甘蔗螟虫的应用试验，放蜂区螟害株率和平均每株虫孔、蛀道数显著低于对照区（减少 44.95%、23.74%），甘蔗糖分提高 1.89%，每公顷获得 5 250 元的经济效益（袁曦等，2014）。2013—2015 年，在广西农垦国营昌菱农场释放赤眼蜂防治甘蔗螟虫，螟害率减少 50%～70%，增产 7 500 kg/$hm^2$ 左右（蓝日星，2017）。2014—2016 年，在广东徐闻海鸥农场通过释放赤眼蜂防治甘蔗螟虫，寄生率明显升高，甘蔗螟害节率显著降低，蔗糖分提高 18%，每公顷直接经济效益增加 6 255 元（陈先锋等，2018）。2016 年，在广西农垦国营金光农场释放黄螟赤眼蜂防治甘蔗螟虫，甘蔗苗期对螟虫卵块的平均寄生率明显升高，达 93%以上，对枯心苗的相对防效为 48.05%；在甘蔗生长中后期，螟害株率、螟害节率和断尾率均显著降低，甘蔗产量和蔗糖分分别增加 10.42%和 6.38%（韦金凡等，2018）。2015—2017 年，在广西农垦北部湾总场蔗区释放螟黄赤眼蜂防治甘蔗螟虫，枯心率降低 4.74 个百分点，螟害节率降低 16.87 个百分点，死尾率降低 8.11 个百分点，甘蔗蔗糖分提高 1.35 个百分点，增收 13 363万元（陈星富等，2018）。2017 年，在广东徐闻释放赤眼蜂防治甘蔗螟虫，虫口节率下降 6.95 个百分点，螟蛀节率下降 6.82 个百分点，螟害株率下降 4.99 个百分点，锤度提高 0.36 个百分点（潘朝勃等，2018）；在广西农垦国营红河农场进行释放赤眼蜂防治螟虫试验，甘蔗螟害明显降低，平均增产 15.18 t/$hm^2$，每公顷平均增收 8 045.4 元（罗兰芳，2018）；在广西上思县进行释放螟黄赤眼蜂防治甘蔗螟虫试验，平均螟害节率降低 53.40%，螟害株率降低 20.82%，断尾率降低 48.95%，蔗糖分增加 11.15%，增产 25.32%（韦世训等，2018）。

(2) 古巴蝇。古巴蝇是甘蔗螟虫的另一种优势寄生性天敌。古巴蝇繁殖能力和活动能力强；寄主广泛，能寄生二点螟、条螟、黄螟、白螟、台湾稻螟、大螟、玉米螟等的幼虫（潘雪红等，2009）。古巴蝇对甘蔗螟虫的寄生期长（螟虫幼虫期 20 d、卵期 6 d），因此可用于防治螟虫的时间也较长（潘雪红等，2009）。

广东省农业科学院 1955 年引进古巴蝇释放于蔗田，发现其可寄生甘蔗螟幼虫，对螟害具有一定的防效（李杨等，2012）。原轻工业部甘蔗糖业科学研究所（现广东省科学院南繁种业研究所）于 20 世纪 60 年代和 80 年代，先后两次从古巴引进古巴蝇用于防治甘蔗螟虫，利用中间寄主大蜡螟 *Galleria mellonella*（Linnaeus）大量繁殖；田间释放试验发现能寄生条螟、黄螟、二点螟和紫螟等甘蔗害虫，但未能建立稳定的种群（轻工业部甘蔗糖业科学研究所和轻工业部甘蔗糖业研究所湛江试验站，1981；夏如冰，2002；李继虎等，2011）。台湾 20 世纪 60 年代引进古巴蝇，但由于未能找到合适的中间寄主而最终放弃（王秀，1987；潘雪红等，2009）。广西 2004—2005 年先后 3 次从古巴引进古巴蝇，对其生物学和生态学特性进行了研究，发现古巴蝇能寄生二点螟、条螟、黄螟和玉米螟等甘蔗害虫；使用大蜡螟人工繁殖古巴蝇达到高化蛹率和羽化率（邓展云等，2008）。2008—2009 年，在广西的田间释放试验中，古巴蝇对甘蔗螟虫起到了很好的抑制作用，枯心率和螟害节率均低于 5%（邓展云等，2010）。虽然古巴蝇对甘蔗螟虫有很好的防治效果和应用前景，但人工大量繁殖成本大且不利于规模化生产，田间种群受气候影响较大不利于种群建立。目前，我国对古巴蝇防治甘蔗螟虫的研究和应用还较少，有待进一步加强。

(3) 其他寄生性天敌。黑卵蜂和螟黄足绒茧蜂也是甘蔗螟虫的优势天敌，在我国普遍分布于广西、云南。但目前我国仅对其生物学、生态学等方面进行了初步的基础研究，而关于人工大量繁殖、田间应用的研究欠缺。大螟拟丛毛寄蝇、爪哇双脊姬蜂在我国也未见相关的应用研究报道。这些甘蔗螟虫的寄生性天敌，有待进一步研究，进而实现田间应用。

### (三) 甘蔗螟虫的捕食性天敌

在田间，甘蔗螟虫的捕食性天敌主要包括蜘蛛、猎蝽、红蚂蚁 *Tetramorium guineense* Fabricius、青翅蚁形隐翅虫 *Paederus fuscipes* Curtis、步甲、黄足肥螋 *Euborellia pallipes* Shiraki 等（李文凤和黄应昆，2004；林明江等，2012），但其种类和数量一直处于较低水平（黄启星等，2012）。

国内对甘蔗螟虫捕食性天敌的研究和应用不多，近年来更是少见报道。20 世纪 60 年代至 70 年代，福建省通过释放红蚂蚁，对蔗螟起到了非常好的防治效果，螟害枯心苗率、螟害节率大幅降低（黄盈，1963，1980；李章栋和连文祥，1965；黄盈等，1978）。台湾也曾利用红蚂蚁很好地控制了蔗螟为害（刘复生，1998）。但红蚂蚁与介壳虫、蚜虫有互利共生关系，因此它的利用存在争议（刘复生，1998；林明江等，2012）。20 世纪 80 年代，有调查发现，青翅蚁形隐翅虫在甘蔗地的空间分布呈负二项分布，且其越冬成虫在甘蔗地呈聚集分布是由环境和食物条件以及其本身的生活习性所引起的；在甘蔗田与水稻田相邻的地方，11 月下旬至翌年 4 月甘蔗地是其主要分布环境，7 月下旬至 9 月下旬也有较多的青翅蚁形隐翅虫生活于甘蔗地（林一中和古德祥，1987，1988）。田静和廖贻昌（2000a，2002）在对云南蔗田螟虫天敌的调查中发现，能够捕食螟虫（鳞翅目昆虫）的蝽类有 9 种。田静和廖贻昌（2000b）也介绍了以罐头玻璃瓶、玻璃试管和指形管为容器，以土壤为活动与产卵场所，以甘蔗粉蚧或甘蔗螟虫幼虫为食料的黄足肥螋的群体饲养、配对饲养和个体饲养的方法。潘雪红等（2015a）调查发现，广西蔗区的蠼螋主要有黄足肥螋、黄翅绵跗螋和一种待鉴定的灰色蠼螋，其发生量在甘蔗的生长中后期显著高于甘蔗生长前期。

林明江等（2012）对甘蔗螟虫的捕食性天敌的利用前景进行了分析，认为捕食性天敌可以补强寄生性天敌昆虫应用中的不足，捕食性天敌对环境适应性强、对害虫的控制效能高、蔗田生态环境有利于其繁衍，并且天敌繁育技术在进步，所以捕食性天敌应用于甘蔗螟虫的防治是可行的，并提出黄足肥螋具有巨大的潜力，草蛉也具有防治甘蔗螟虫的可能。

### （四）昆虫病原微生物

利用昆虫病原微生物是相对新兴发展的甘蔗螟虫生物防治技术，主要有绿僵菌 *Metarhizium*、白僵菌 *Beauveria*、苏云金芽孢杆菌 *Bacillus thuringiensis*（Bt）、颗粒体病毒、核型多角体病毒、微孢子虫和昆虫病原线虫等（伍苏然等，2013）。这些病原微生物在害虫生物防治中被广泛研究和应用，在我国甘蔗螟虫生物防治中也取得了一定的进展。

詹儒林等（2010）从椰心叶甲僵虫上分离出 10 株对二点螟具有较好致病性的绿僵菌，并筛选获得致病最好的 MC3 菌株。刘磊等（2010）对从自然界中分离出的 4 株绿僵菌菌株进行了对条螟的毒力测定，发现均有较好的致病效果，并且发现喷施分生孢子与接虫的先后顺序对菌株的毒力有影响。刘磊（2010）在田间试验中发现，绿僵菌对甘蔗枯心苗率具有很好的控制效果，与试验的 3 种化学药剂效果相当。室内研究证实球孢白僵菌对大螟、条螟和二点螟具有显著性致病效果（刘芳等，2014；胡玉伟等，2017a）；2015 年在广东省翁源县的田间应用也发现其可显著降低甘蔗枯心苗率，验证了其良好的防效（胡玉伟等，2017b）。我国 Bt 的应用更多是与其他药剂复配，而非单独使用。1% Bt · 噻虫胺对甘蔗螟虫具有明显的控制作用，在甘蔗苗期进行螟害防治，所获甘蔗产量、蔗糖含量比使用 3.6%杀虫双+70%噻虫嗪防治的效果更好（蒙军等，2018）。在甘蔗螟虫的组合绿色防控技术研究中，阿维菌素 · Bt 在其中起到了非常重要的作用，其与螟虫性诱剂新型诱捕器的组合在几种组合中的效果最好（李文凤等，2018a）。转 *Bt* 抗虫基因也是甘蔗害虫防治的研究重点。李瑞美等（2006）进行了甘蔗转 *Bt* 基因试验，但成功率不高，甘蔗长势不好，且未进行抗虫评价。劳方业等（2011）进行转 *Bt* 基因甘蔗的杂交利用试验发现，其育性和杂交亲和力较低，后代含 *Bt* 基因比率仅为 7.02%，并且多数品系在农艺性状、经济性状方面的表现并不理想。陈勇生等（2012）对转 *Bt* 抗虫基因的甘蔗进行品质研究发现，试验的 6 个品系均比相应的供体具有更强的抗虫性，但部分品系的蔗茎产量和含糖量、主要农艺和品质性状并不理想。李继虎等（2015）研究了 3 个株系的转 *Bt* 基因甘蔗对条螟的抗性，发现各株系的条螟幼虫的取食面积均显著降低，2 个株系的条螟幼虫的死亡率显著升高、螟害株率和螟害节率显著下降；但各株系对条螟成虫的产卵量和卵的孵化率无显著影响。

### （五）性诱剂

性诱剂迷向法是在螟虫交配期释放性诱剂，干扰雌雄虫个体之间的信息联系，使其无法完成交配，从而降低子代虫口密度的方法。性诱剂诱杀法是在成虫羽化期安放性诱剂诱捕器，诱集雄虫进行杀灭，致使虫口数量下降；并且性比严重失衡，导致许多雌虫无法完成交配，从而减少后代虫口数量。性诱剂可用于甘蔗螟虫的预测预报，也可用于甘蔗螟虫的控制（潘雪红和黄诚华，2012）。

我国的性诱剂研究始于20世纪70年代初，由原轻工业部甘蔗糖业科学研究所提出。此后经过10多年努力，发现并合成了黄螟、条螟、二点螟、大螟、白螟和台湾稻螟的性引诱剂，并在甘蔗螟虫的预测预报及防治上得到广泛应用（管楚雄，2001；李继虎等，2011）。1983—1990年，在广西、四川、湖南和江西利用性诱剂对二点螟进行防治试验，枯心率控制在5%以下，防治效果达82.48%，与化学防治效果相当甚至更优（游建华等，1999）。2002—2007年，广东省翁源蔗区坚持以性引诱剂迷向法为主的甘蔗螟虫系统控制技术，成功地控制了螟害，并且维持了良好的生态环境（管楚雄等，2009）。2014年粤北蔗区利用性诱剂对甘蔗条螟成功进行了测报，并对条螟进行了有效控制（黄志武等，2015）。近年来，将性诱剂诱杀、迷向防治蔗螟成虫与赤眼蜂寄生螟卵的两种不同防控技术相结合，实施协同控制，形成了又一高效、经济、环保的甘蔗螟虫绿色防控技术体系，解决了甘蔗中后期螟虫防控难的关键技术问题，应用前景广阔。2009年，在广东徐闻蔗区的试验中，该技术体系对螟虫起到了很好的防控效果，并且防效明显优于性诱剂或寄生蜂的单一使用，同时维持了良好的生态环境（许汉亮等，2012）。2015年，在广西南宁蔗区的试验中，放蜂+性诱集成模式也取得了优异的螟虫防控效果，并且优于单一放蜂或性诱的方法（陈丽丽等，2016）；之后在广西环江蔗区的试验也获得了一致的结果（覃建政，2018）。

## 二、甘蔗地下害虫的生物防治

### （一）甘蔗地下害虫的发生为害

甘蔗地下害虫主要有甘蔗金龟子［突背蔗龟 *Alissonotum impressicolle* Arrow、光背蔗龟 *Alissonotum pauper* Burmeister、红脚丽金龟 *Anomala cupripes* Hope、大头霉鳃金龟 *Microtrichia cephalotes* Burmeister、大等鳃金龟 *Exolontha serrulata*（Gyllenhal）、暗褐鳃角金龟 *Holotrichia parallela* Motschulsky］，蔗头象虫（细平象 *Trochorhopalus humeralis* Chevrolat、斑点象 *Diocalaandra* sp. 等），天牛［蔗根锯天牛 *Dorysthenes granulosus*（Thomson）（也叫蔗根土天牛）］，白蚁（黑翅土白蚁 *Odontitermes formosanus* Shiraki、黄翅大白蚁 *Macrotermes barneyi* Light）和甘蔗刺根蚜 *Tetraneura hivsuta* Baker 等（黄应昆等，2010；许汉亮等，2016）。甘蔗地下害虫均以蛀食甘蔗根部或基部为害，造成枯苗、断苗、死苗，伤口处还可能引发赤腐病，严重影响甘蔗产量及糖分。突背蔗龟和光背蔗龟初期以成虫咬食蔗苗基部，后期以幼虫取食蔗茎地下部为害；大等鳃金龟、暗褐鳃角金龟主要以幼虫取食甘蔗根部为害（黄应昆等，2010；邵存芳，2018）。细平象幼虫和成虫在地下蔗头内取食为害，斑点象主要以幼虫在蔗头内取食为害；蔗头象虫为害期可超过半年（黄应昆等，2010；邵存芳，2018）。蔗根土天牛主要以幼虫蛀食蔗根、蔗蔸为害（于永浩等，2011）。甘蔗白蚁可以在甘蔗整个生长期为害，以为害蔗种最多，其从蔗种两端切口侵入，蛀食茎内组织，形成隧道并填以泥土及其分泌物（黄应昆等，2010）。甘蔗刺根蚜以成虫和若虫刺吸甘蔗根部汁液为害（黄应昆等，2010）。

## （二）甘蔗地下害虫的生物防治

我国在甘蔗地下害虫的生物防治方面的研究，尤其应用研究少见报道，主要研究为昆虫病原微生物对甘蔗地下害虫的防治。1973 年，原轻工业部甘蔗糖业科学研究所在田间发现并由原中国科学院北京微生物研究所鉴定了一种寄生黑色蔗龟幼虫的绿僵菌 *Metarrhizium anisopliae*（Metsch）Sorokin；在之后的室内实验以及 4 年田间试验中，证实了其对黑色蔗龟具有明显的防治效果；同时发现该绿僵菌在土壤中可以存活至少 9 个月（邝乐生，1979）。之后，曾传芳和黄琼荪（1981）发现蔗根锯天牛幼虫被绿僵菌感染，将自然感染致死的僵虫研磨后制成绿僵菌悬浮液，浸蔗种 1 min 后下种，或直接将悬浮液喷至土中拌匀，对天牛幼虫具有很好的致病效果。李素春等（1983）则在实验室从 4 种新线虫属 *Neoaplectana* 线虫中筛选出对突背蔗龟感染和致死效果较好的 *Neoaplectana glaseri*，并在田间小区试验中验证了其良好的防治效果（比六六六粉效果更好）；该线虫对突背蔗龟幼虫、预蛹和蛹的效果更为理想，且浓度越高效果越好，低温时防效下降。王进贤等（1986）研究发现，斯氏线虫科 Steiniernematidae 和异小杆线虫科 Heterorhabditidae 的 9 个不同种或品系的病原线虫对突背黑色蔗龟幼虫均有较强的感染和致死效果，其中格氏线虫 *Steinernema glaseri*（Steiner）效果最好。廖贻昌和田静（1994）田间调查发现，云南蔗区细平象甲的天敌有白僵菌 *Beauveria bassiana*（Bals）Vuill、绿僵菌 *Metrarhizium anisopliae*（Metsch）Sorokin、黄足肥螋、青翅蚁形隐翅虫和印度长颈步甲 *Phionea indica* Thunberg5 种。黄应昆等（2006）、李文凤等（2017）报道，在云南蔗区黄足肥螋为细平象虫的优势捕食性天敌，白僵菌可感染蔗龟 *Exolontha serrulata*（Gyllenhal）、*Alissonotum impressicolle* Arrow、蔗头象虫、蛀茎象虫 *Otidognathus rubriceps* Chevrolat 等多种甘蔗害虫。李文凤等（2008）指出，云南蔗区甘蔗地下害虫的自然天敌有白僵菌、绿僵菌、红蚂蚁等，但自然控制效果极微。于永浩等（2011）、龙秀珍等（2016）采用三级筛选法从不同来源的 102 株病原真菌菌株中筛选出 2 株优良的生防菌株，一株对蛴螬（突背蔗龟幼虫）防效达 88%以上的球孢白僵菌 Bb-YMM，以及一株对蔗根土天牛幼虫防效达 98%以上的金龟子绿僵菌菌株 Ma-JCGR3。菌株经 ITS 序列测定及分子鉴定，并保存在中国农业微生物菌种保藏管理中心。其中，球孢白僵菌 Bb-YMM 在每毫升 $1\times10^7$ 孢子处理下 $LT_{50}=10.21$ d；金龟子绿僵菌 Ma-JCGR3 的 $LC_{50}$ 为每毫升 $7.2029\times10^2$ 孢子；在每毫升 $1\times10^7$ 孢子和 $1\times10^8$ 孢子处理下的致死中时间 $LT_{50}$ 为 6.16 d 和 5.33 d。近年来，虫生真菌与其他农药的混合使用也有探索。薛晶等（2012）田间试验发现，白僵菌和杀虫双混合施用，对甘蔗蛴螬具有明显的防效，且防效显著优于二者的单独施用；尹炯等（2013）的试验也得到相似的结果。俞德洪等（2016）的研究发现，白僵菌与毒辛混合施用、绿僵菌与毒辛混合施用，对甘蔗蛴螬的防效均显著高于各自单独施用。

目前已有很多天敌用于防治其他作物的地下害虫的研究，它们也具有防治甘蔗地下害虫的可能性（龚恒亮等，2009a，2009b）。相关科技人员在设计甘蔗地下害虫防治技术时，也推荐使用白僵菌、绿僵菌等生物防治作为手段之一（李文凤等，2008；黄应昆等，2010；邵存芳，2018）。同时，需保护好本地天敌，进一步调查天敌资源，开发优势天敌的人工繁殖技术和释放技术；还可以引进和释放合适的优势天敌。

## 三、甘蔗叶面害虫的生物防治

### （一）甘蔗叶面害虫的发生为害

我国甘蔗叶面害虫主要有甘蔗绵蚜 *Ceratovacuna lanigera* Zehntner，甘蔗蓟马 *Baliothrips serratus*（Kobus）、*Fulmekiola serrata*（Kobus）和 *Thrips serratus* Kobus，蔗茎红粉蚧 *Saccharicoccus sacchari*（Cockerell），黏虫 *Mythimna separata*（Walker）等（李文凤和黄应昆，2004；龙友华等，2015；许汉亮等，2016；李文凤等，2018b；经福林等，2019；吴延勇等，2019）。绵蚜是为害甘蔗叶片最为严重的害虫，以成虫和若虫在甘蔗叶片背面中脉两侧聚集刺吸汁液，破坏叶部组织及营养，分泌的蜜露会导致煤污病的发生（龙友华等，2015；吴延勇等，2019）。蓟马主要栖居于甘蔗包卷的新叶内，锉吸甘蔗叶片汁液为害（吴延勇等，2019）。粉蚧以成虫和若虫聚集在叶鞘包裹的甘蔗茎节处，吸食汁液为害（经福林等，2019）。

### （二）甘蔗叶面害虫的生物防治

我国蔗田中绵蚜的天敌种类较多，优势天敌主要有瓢虫、食蚜蝇、草蛉等捕食性昆虫，其中鞘翅目 Coleoptera 瓢虫科 Coccinellidae 的天敌昆虫占主导地位，主要有大突肩瓢虫 *Synonycha grandis*（Thunberg）、双带盘瓢虫 *Lemnia biplagiata*（Swartz）、六斑月瓢虫 *Menochilus sexmaculatus*（Fabricius）（邓国荣等，1981；黄应昆和李文凤，2006；许汉亮等，2016；李文凤等，2017）。但相关应用研究报道，尤其近年的报道较少。邓国荣和张一心（1980）对大突肩瓢虫的生活史、生活习性进行研究；邓国荣等（1981）于1979—1980 年在广西开展了大突肩瓢虫对甘蔗绵蚜的控制的应用试验，结果表明大突肩瓢虫能有效地控制绵蚜，当达到一定数量时，可不使用化学农药。经过 1978—1981 年研究，邓国荣等（1986）开发了以不同配比的鲜猪肝和绵蚜干粉为基本原料的大突肩瓢虫成虫和幼虫的人工饲料，总结了以罐头玻璃瓶和人工饲料继代饲养和繁殖该瓢虫的技术。邓国荣等（1987，1988）于 1982—1985 年在广西南宁蔗区对大突肩瓢虫和双带盘瓢虫的保护和利用进行了研究，通过室内饲养保证了瓢虫的安全越夏和越冬；4 年共释放瓢虫成虫、幼虫 44 661 头，对蔗田绵蚜的防治效果明显，蚜害株率减少 96.6%，蚜害叶片率减少 90%。贤振华（1988a，1988b）于 1984—1985 年对大突肩瓢虫和双带盘瓢虫的生物学特性及其越冬保护技术进行了研究，证实这两种瓢虫对甘蔗绵蚜具有高效的取食效率，具有很好的控制效果；将成虫采集回室内置于玻璃罐头及瓷托盘中，在 13～18℃下以肝糖代饲料喂养，可以有效地保证其安全越冬。李文凤等（2001）也对大突肩瓢虫的生物学及田间种群消长进行了研究。大突肩瓢虫成虫越冬期间的又一人工保种技术为用蔗糖水＋冷冻甘蔗粉角蚜饲喂，能显著提高瓢虫的越冬存活率，并且后期的田间释放能有效地控制甘蔗绵蚜（李文凤等，2009）。张雪丽等（2008）对双带盘瓢虫对蔗绵蚜捕食作用进行了室内研究，发现其具有良好和稳定的捕食效率。近年，有研究发现一株寄生曲霉 SF-2 对甘蔗绵蚜、吹绵蚧等具有良好的感染作用，具有较大的生物防治潜力（代园凤等，2017）。

黄足肥螋 *Euborellia pallipes* Shiraki、微小花蝽 *Orius*（*Heterorius*）*minutus*（Linnaeus）、黑襟毛瓢虫 *Scymmus*（*Neopullus*）*hoffmanni* Weisc 等为我国甘蔗蓟马和甘蔗粉蚧共同的优势捕食性天敌（李文凤等，2017）。此外，覃振强等（2013）总结了我国甘蔗粉蚧的自然天敌 20 种。国内关于甘蔗蓟马和粉蚧生物防治的应用研究少有报道。龚名文（1986）在平果县甘蔗地发现并验证可致死蔗茎红粉蚧的真菌曲霉 *Aspergillus* sp.。高永华和班景明（1994）在贵州蔗田中发现常有蠼螋出没于粉蚧聚集的地方，并在室内实验中证实蠼螋可取食粉蚧，对粉蚧具有一定的控制作用。蒋佩兰等（1997）1993—1996 年在江西蔗区通过田间调查和室内饲养，发现甘蔗粉蚧的天敌主要有跳小蜂、蜘蛛、瓢虫、蠼螋和草蛉等；通过室内外试验，发现释放草蛉（尤其是中华草蛉）卵和幼虫，对粉蚧具有良好的防控效果。田静和廖贻昌（2002）在云南蔗区的田间调查发现捕食性椿象 22 种，其中取食甘蔗粉蚧的有截胸小花蝽 *Orius* sp.、黄足黑腹小花蝽 *Orius* sp. 和棕腹小花蝽 *Orius* sp.，取食甘蔗粉蚧和蓟马的有微小花蝽。此外，取食蚜虫的有中黄猎蝽 *Sycanus croceovittatus* Dohrn、黄足猎蝽 *Sirthenea flavipes*（Stal）、华姬猎蝽 *Nabis sinoferus* Hsiao、大眼长蝽 *Geoccoris pallidipennis*（Costa）、南亚大眼长蝽 *Geocoris ochropterus*（Fieber）和黑益蝽 *Picromerus griseus*（Dallas）。Qin 等（2017）研究表明，在被孟氏隐唇瓢虫 *Cryptolaemus montrouzieri* Mulsant 取食 20 d 后，蔗茎红粉蚧数量显著下降，但瓢虫的雌雄虫对粉蚧的捕食量不同，孟氏隐唇瓢虫对蔗茎红粉蚧具有高效的控制作用，因此也具有很大的利用潜力。甘蔗蓟马和粉蚧的生物防治，需保护和利用本地天敌，加强天敌资源的调查及其控害应用研究，开发优势天敌的人工繁殖技术及释放技术；也可引进和释放合适的优势天敌。

### 四、总结与展望

生物防治是农林业生产实现绿色可持续控害和发展的关键环节，也是害虫防治的必行之路。我国在甘蔗害虫的生物防治方面，取得了一定的成绩，尤其在甘蔗螟虫的生物防治上，进行了大量的试验研究以及广泛的应用推广，取得很好的防治效果。但在甘蔗地下害虫和叶面害虫的生物防治方面，尚有欠缺，需更多、更进一步的研究探索；同时，甘蔗螟虫的生物防治也需更进一步的开拓和优化。在开展自主研究的同时，可与印度、巴西等甘蔗生产大国合作，为我国的甘蔗糖业生产提供更有力的基础和技术支持。

## 第七节　甘蔗抗病性及相关基础研究

甘蔗在生长过程中常受病害侵扰，甘蔗病害分为真菌性病害、细菌性病害、病毒性病害和线虫病害等。其中，真菌性病害种类比较多，据报道，我国甘蔗真菌性病害种类 143 种，归属于 51 个属，子囊菌亚门有 45 个属，担子菌亚门有 3 个属，接合菌亚门有 3 个属（Raza et al.，2019）。甘蔗病害发生和危害严重影响甘蔗品质和产量，缩短甘蔗宿根年限，甚至导致品种种性退化，已经成为制约我国甘蔗生产的重要因素。种植抗病品种是防治甘蔗病害最经济有效的措施，而提高甘蔗的抗病性是甘蔗育种的重要目标，现就甘蔗对几种主要病害的抗病性及相关基础研究进行概述。

## 一、甘蔗黑穗病

甘蔗黑穗病，病原菌为 *Sporisorium scitamineum*（原学名为 *Ustilago scitaminea*），最明显危害特征是病蔗梢头具一条向下内卷的黑色鞭状物，是世界重要的甘蔗病害之一。目前国内外都在进行黑穗病抗病育种，而抗性鉴定及评价标准是甘蔗抗黑穗病抗病育种的关键。抗性鉴定分为自然接种和人工接种，关于甘蔗黑穗病人工接种方法有多种，如孢子液涂芽法、针刺涂抹法、孢子悬浮液浸泡法、“＋”“－”孢子混合注射法等（韦金菊等，2019）。实验证明，针刺涂抹法可以对高感和高抗黑穗病的品种和品系进行快速鉴定，然而由于发病过于严重可能会忽略掉具有物理抗性的品种或品系；而孢子悬浮液浸泡法则被认为更接近于甘蔗鞭黑粉菌自然侵染的状态，因此该方法被普遍采纳（韦金菊等，2019）。关于甘蔗抗黑穗病的抗性等级的划分，各国划分不同，南非、印度等采用 0～9 级分类法，菲律宾、澳大利亚、新西兰等采用 1～9 级分类法，我国在“九五”实施后统一采用 1～9 级分类法，划分为 HR（高抗）、R（抗）、M（中抗）、S（感）和 HS（高感）等 5 种类型。

甘蔗抗性机理的研究可为甘蔗抗病育种提供科学依据，甘蔗对黑穗病的抗性可分为外部抗性和内部抗性。外部抗性与芽鳞结构有关。抗病品种芽鳞表面的毛较浓厚，在受到甘蔗鞭黑粉菌侵染时，抗病品种的芽会分泌较多的苯丙烷、糖蛋白、酚类等化学物质，这在芽的外部形成第一层保护层。转录组和蛋白质组分析表明，当病原菌成功侵入寄主后 48 h，寄主的反应最活跃，抗病品种在侵染点附近产生过敏性坏死，分泌木质素（lignin）、糖蛋白（glycoprotein）、植保素（phytoalexins）和多胺（polyamines）等化学物质以及诱导 *R* 基因表达，形成第二层保护层（韦金菊等，2019；Marques et al.，2018）。

甘蔗抗性与病原菌在寄主中的定殖、生理生化和基因表达有关。其中，与过氧化物酶（POD）、葡聚糖酶（β-1，3-glucanase）、抗坏血酸过氧化物酶（APX）等成正相关，与病原菌在甘蔗中的定殖能力有一定的相关性（Su et al.，2016）。Khan 等（2017）采用 RAPD-based SCAR 分子标记获得与黑穗病抗性相关的基因片段。分子标记等技术应用于甘蔗的抗病育种，将会大大提高甘蔗的抗病育种效率。

甘蔗鞭黑粉菌与寄主互作的组学研究可以促进甘蔗抗性研究。有学者认为甘蔗鞭黑粉菌在与寄主互作过程中可能会通过调控某些基因表达来逃避寄主产生的活性氧和有毒代谢物所形成的抗性。甘蔗鞭黑粉菌侵染早期和侵染后期（黑穗鞭的形成）两个时间点的转录组分析表明，有 13.5%的基因其表达水平因侵染阶段的不同而存在差异，这些表达差异基因包含有细胞壁降解酶类、蛋白酶类、脂肪酶、几丁质修饰和木质素降解酶类、蔗糖转运酶和转录因子（Taniguti et al.，2015）。甘蔗 *NPR*1 基因（*ScNPR*1）在黑穗病菌侵染后的甘蔗叶片和叶鞘中表达量升高，因此认为 *ScNPR*1 基因在甘蔗抵御黑穗病菌侵染的过程中起重要作用（Chen et al.，2012）。另外，甘蔗鞭黑粉菌全基因组序列也为病菌与寄主互作提供了重要信息，甘蔗鞭黑粉菌中有 192 个基因与致病性相关，其中 31 个在病菌各发育阶段均能表达，主要编码能量代谢和短链化合物氧化还原的酶类；68 个属于分泌效应蛋白的候选基因；另有 32 个基因在病菌侵染寄主不同时期表达，可能跟诱导寄主产生防卫反应相关（Que et al.，2014）。

## 二、甘蔗梢腐病

甘蔗梢腐病，是一种世界性的真菌病害，在我国甘蔗种植区普遍发生，新台糖系列品种发病率高达70%～80%。1927年，Bolle等首次分离获得了甘蔗梢腐病病原菌，其病原菌为镰刀菌（*Fusarium*），无性阶段为串珠镰孢菌（*Fusarium moniliforme* Sheldon），有性阶段为串珠赤霉菌（*Gibberella moniliforme* Wineland）。能够引起梢腐病的镰刀菌有很多种类，目前仍不确定有多少种镰刀菌是甘蔗梢腐病病原菌。我国梢腐病病原菌存在多样性，主要有2种镰刀菌 gx1（*F. verticillioides*）和 gx2（*F. proliferatum*）（林镇跃，2015；郭强等，2018）。

甘蔗对梢腐病的抗性受到甘蔗品种、叶冠形态、环境因素和分子生物学等方面的影响。生长较快的甘蔗品种对梢腐病抗性较强，而生长较慢的品种对梢腐病的抗性较弱（Martin，1989）；甘蔗株型紧凑、叶片狭长直立、脱叶性好的品种抗性较强，而株型披散、叶片宽大下垂、脱叶性差的品种抗性较弱（王泽平等，2017）；施用尿素处理的甘蔗受梢腐病的危害比较严重，氮源的有效利用对梢腐病原菌细胞的生长及致病基因的表达有重要的作用（Lin et al.，2016）；T-DNA插入法构建甘蔗梢腐病病原菌CNO-1突变体库，获得致病力丧失突变体T12d、T13a和T16f（王鑫等，2017）；镰刀菌 *F. verticillioides* 侵染甘蔗后，降低了对硝酸还原酶（NR）的抑制作用，减少了铵态氮（$NH_4^+$—N）和硝态氮（$NO_3^-$—N）的吸收，降低了谷氨酰胺合成酶（GS）、谷氨酸合成酶（GOGAT）活性和多核苷酸的合成，促进了RNA降解，引起核糖体水平和蛋白质合成的减少；研究发现半胱氨酸与梢腐病的症状有关，C5XPZ6和C5XCA6是甘蔗响应梢腐病菌侵染过程中的标志蛋白（Wang et al.，2020）。

梢腐病的抗性鉴定有自然接种法和人工接种法。自然接种法是在自然环境下观察供试材料的抗性表现，人工接种法通过高浓度病菌胁迫处理，观察供试材料的抗性表现。甘蔗梢腐病田间调查分级标准及田间抗性评价标准见表4-2和表4-3（王泽平等，2016）。甘蔗梢腐病接种病原菌通过注射接种法和剪叶接种法效果比较明显。

**表4-2 甘蔗梢腐病田间调查分级标准**

| 分级标准 | 叶片（蔗株）侵染状况 |
|---|---|
| 0 | 无梢腐病症状 |
| 1 | 1～2张叶片感病，叶片基部或其他部分褪绿；轻微皱缩呈波纹状；有少许红褐色斑点或条纹 |
| 2 | 3～4张叶片感病，心叶皱缩呈阶梯状，显著黄化、扭曲且有红褐色条纹；叶片缠绕扭曲或缺刻，出现褐色病斑 |
| 3 | 5～6张叶片染病，病叶可见明显不规则红色条纹和斑点，老叶纵向撕裂将所有叶片包卷，不能展开，暗红色的斑点变成褐色，表现出灼烧状；叶鞘出现不规则坏死斑；梢部变短，但植株还能保持生长 |
| 4 | 7张及以上叶片染病，心叶短小如竹叶或短剑叶；植株产生侧芽，生长完全受阻，但未见顶腐状 |
| 5 | 心叶和生长点腐烂死亡，在甘蔗梢部幼嫩组织上形成顶腐状；梢部秃顶无叶片；或整株干枯 |

表 4-3 甘蔗梢腐病田间抗性评价标准

| 等级 | 病情指数 | 抗性反应 |
|---|---|---|
| 0 | ≤1.0 | 高抗（HR） |
| 1 | 1.1～5.0 | 抗病（R） |
| 2 | 5.1～10.0 | 中抗（MR） |
| 3 | 10.1～15.0 | 中感（MS） |
| 4 | 15.1～20.0 | 感病（S） |
| 5 | ≥20.0 | 高感（HS） |

注：病情指数＝$\sum$（各级级别数×该级别株数）/调查株数。

## 三、甘蔗宿根矮化病

甘蔗宿根矮化病（RSD）由革兰氏阳性菌 *Leifsonia xyli* subsp. *xyli*（*Lxx*）引起，主要通过阻碍木质部输导组织对水肥的运输，造成植株矮化、生长缓慢，对甘蔗宿根性和品种退化有重要影响。

RSD 病原菌 CTCB07 菌株的全基因组测序已经完成，基因组大小 2 584 158 bp。该病原菌具有显著的遗传保守性。Young 等（2006）用细菌基因组重复序列 PCR 技术分析了来自澳大利亚、印度尼西亚、日本、美国、巴西、马里、津巴布韦、南非和法属留尼汪 9 个地区的 105 个菌株，发现 RSD 病原菌没有其他亚种。张小秋等（2016）通过全基因组重测序发现广西甘蔗 *Lxx*GXBZ01 菌株与巴西的 *Lxx*CTCB07 菌株共享 99.99%的序列。

甘蔗感染 RSD 后，茎中赤霉素、生长素含量降低，脱落酸含量升高（Zhang et al.，2016）；染病叶片内的 $O_2^-$、SOD 和 POD 含量升高，光合作用在不同时期有不同程度的下降（Zhang et al.，2017），水势下降、膜透性与游离氨基酸含量上升（Zhu et al.，2018）；染病叶片叶绿体变形，叶绿体基质片层消解，蔗茎细胞壁发生溶解和断裂（陈明辉等；2014）；蔗株内 *PAL*、*ZFP*、*NBS-LRR* 等防御抗性基因表达量上升（Zhu et al.，2018），*SoNADP-IDH* 基因被诱导表达（谢晓娜等，2015）；转录组学与蛋白组学揭示了 *Lxx* 在蔗株中的积累与细胞分裂周期相关基因的下调表达有关（Cia et al.，2018）；代谢组学揭示了酚类物质与甘蔗抵御 *Lxx* 的入侵有关（de Castro Moretti，2018）。

评价甘蔗 RSD 抗性可通过定量检测 RSD 菌体数量、感染 RSD 的维管束数量（Positive colonized vascular bundles）、傅里叶变换红外线（Fourier-transform infrared）光谱表型鉴定等方法。Roach（1992）对甘蔗进行人工接种，以菌体数量作为评定甘蔗抗 RSD 的指标，将抗性分成 9 个级别，以 9 级抗性最差、0 级抗性最强，发现 L62-96 抗性最弱（9 级），属高感病材料；H60-6909 抗性最强（0 级），属高抗病材料。而大茎野生种和热带种有相似的发病率，印度种、中国种和甘蔗属近缘植物斑茅则具有较高的发病率。Roach 和 Jackson（1992）选用 18 个甘蔗品系进行接种 RSD 病原菌实验，连续 4 年观察品系的 RSD 抗性，发现 L6025 的抗性最好。Comstock 等（2001）利用组织印迹免疫法评价了美国佛罗里达州的甘蔗材料，发现 1989 年后培育的 CP 系列抗性表现较好。用组织印迹免疫法（TB-EIA）检测感染 RSD 的维管束数量比来评价甘蔗的抗病性，数量≤5%

为高抗，6%～20%为抗病，21%～35%为中抗，36%～50%为中感，51%～65%为感病，≥65%为高感（Kazeem and Ikotun，2017；Laborde，2019）。我国张妍等（2012）通过浸种法对6个系列100份甘蔗品种进行接种，计算发病率，发现GT02/351、CP89/2134、ROC26、粤94/28、福农89/209、崖城96/45等甘蔗品种具有良好的抗性，CP系列的品种抗性较强。

## 四、甘蔗白条病

甘蔗白条病是由黄单胞菌属白条黄单胞杆菌（*Xanthomonas albilineans*）引起的一种寄生在植物维管组织的系统性病害。2017年，Zhang等首次报道广西蔗区发生甘蔗白条病为害。白条病是一种具有潜伏期的甘蔗病害，且不易被消灭，其潜伏期可以长达数周至数月，但不超过1年。

多数甘蔗属中国种*Saccharum sinense*抗白条病，而多数热带种*S. officinarum*和大茎野生种*S. robustum*感白条病，美国的LCP85-384、Ho95-988、HoCP96-540及台湾的新台糖22号等品种被推荐为抗病亲本（Lin et al.，2018）。林岭虹（2018）定义甘蔗高抗白条病，发病率在14.3%～21.4%，接种4周后，叶片“铅笔状”的白色条纹较短；中抗，发病率为33.3%～53.3%，接种4周后，大多数叶片“铅笔状”的白色条纹较长，少部分叶片表现褪绿变黄症状；感病，发病率在66.7%～80%，在接种4周后，叶片出现褪绿变黄症状，并有褐红干枯的趋势。在2017年和2018年广西地区发行的有关白条病报道中，感病品种有柳城07-95、柳城07-536、桂糖46号、桂糖42号、桂糖06-2081、福农41号、桂糖10-2003、桂糖07-108、桂糖49号、桂糖08-1180、云蔗06-407、粤糖00-236、台糖98-0432、柳城06-136、新台糖22号。有学者初步筛选出一些抗病的甘蔗新品种（系），如桂糖40号、桂糖44号、桂糖08-120、桂糖08-1589、柳城07-150、粤甘46号、粤甘50号、云蔗11-3898、云蔗08-1609等（孟建玉等，2019）。

白条病病原菌接种的方法有针刺法、喷雾法、剪叶法、摩擦法、灌根法及毒素处理法等。根据病原菌与不同寄主植物反应所表现出症状严重度的不同，可结合发病率进行综合抗性评价。剪叶法是用蘸有菌体悬浮液刀将甘蔗幼苗叶尖剪去，适用于病原菌科赫氏法则验证试验。截头法适合于病原菌的致病性测定和甘蔗品种的抗病性评价，甘蔗伸长初期是此法适宜的接种时期，接种后以植株发病率评价甘蔗品种的抗病性。也可用以*TaqMan*为探针的qPCR检测方法分析甘蔗植株叶片白条黄单胞杆菌病原菌含量，以植株体内病原菌含量来评价甘蔗品种的抗病性（Gutierrez et al.，2016）。有文献表明，有的甘蔗品种原本具有高敏感性而在田间试验中却并未表现出病症，因此，筛选抗性品种时要选择致病力强的菌株（Persley，1973）。甘蔗白条黄单胞杆菌有多种株系，不同株系致病力不同，被分为3个不同的血清学反应类型。血清学反应类型Ⅰ来自澳大利亚、美国、法国瓜德罗普省、印度、毛里塔尼亚和南非的菌株种群，分布最广；血清学反应类型Ⅱ来自非洲的菌株种群；血清学反应类型Ⅲ来自亚洲、斐济、斯里兰卡和加勒比群岛的菌株种群（Rott et al.，1994）。在我国，甘蔗白条病致病菌的遗传变异程度较小，属于同一个株系或组群PFGE-B，与法国GPEPC73、GPEPC17、GPEPC86、MTQ032菌株和美国XaFLO7-1菌株同源性较高，达99.5%～100.0%（Lin et al.，2018；Ntambo et al.，2019b）。

甘蔗白条病在抗病性评价时新植蔗和宿根蔗评价结果存在差异性。在法国瓜德罗普省，甘蔗品种 B69566、B69379、R570 易感白条病，Co997 常用作阴性对照，Co1001-X 常用作阳性对照。在新植蔗和宿根蔗中，发病数量和症状特征都有相对不同。新植蔗中，B69566 和 B69379 的产量受到的影响最大；在 2 年宿根蔗中，各品种病症都相对减少，其中 R570 表现出的病症相对多样，在 3 年宿根蔗中，B69566 上的病症数量大幅度减少，而 B69379 依然表现出严重的病症（Rott et al.，2010）。

澳大利亚学者从甘蔗白条病叶分离出生防菌分散泛菌 *Pantoea dispersa*，并从该生防菌中克隆到白条黄单胞毒素的解毒基因 *albD*，将其导入甘蔗品种 Q63 中，转 *albD* 基因的甘蔗植株对白条病有一定的抗性，在接种白条黄单胞杆菌后，叶片未出现铅笔状的褪绿症状，叶片灼烧症状减轻，但并没有得到完全抗白条病的品种（Birch and Zhang，2002）。从感染白条病的甘蔗中分离到可降解白纹黄单胞菌毒素且有最强的杀菌解毒功能的菌株 SB1403（又被称为 SYN），能抑制白条黄单胞杆菌分泌的白纹黄单胞菌毒素，可以达到几乎完全不感染甘蔗白条病的效果（Zhang et al.，2010）。

## 五、甘蔗花叶病

甘蔗花叶病主要由甘蔗花叶病毒（*Sugarcane mosaic virus*，SCMV）、高粱花叶病毒（*Sorghum mosaic virus*，SrMV）和甘蔗条纹花叶病毒（*Sugarcane streak mosaic virus*，SCSMV）3 种病原引起，均属于马铃薯 Y 病毒科 *Potyviridae*。SCSMV 主要发生在巴基斯坦、印度、中国等亚洲国家，在不同国家引起甘蔗花叶病的病毒优势种不同，我国蔗区主要是由 SrMV 引起。病毒粒子通过破坏甘蔗叶片细胞内叶绿体，使叶组织发生透绿现象，阻碍了光合作用，造成病株节间变短，品质变差，若带病植株作为蔗种，则萌芽率降低（Zhang et al.，2015）。

通过采用抗病性强的品种作为亲本育种或生产材料，可有效控制花叶病，因此研究学者进行了甘蔗花叶病的抗病亲本或种质资源的筛选、评价和利用研究。Li 等（2013）采用切茎接种法对我国甘蔗种质资源圃的 70 份野生种质资源的抗 SrMV 特性进行了评价，结果表明，66.7%的斑茅材料为中抗至高抗，而 45.9%的割手密材料为中抗以上。Silva 等（2015）以保存在巴西 IAC 甘蔗育种站里的 43 份甘蔗野生种质为材料，采用自然感病评价宿根蔗的抗 SCSMV 特性，筛选出 15 份抗花叶病的野生种质材料。李文凤等（2018）采用人工切茎接种 2 种花叶病毒进行双抗 SCSMV 和 SrMV 的鉴定与评价，筛选出双抗 SCSMV 和 SrMV 的甘蔗优良新品种（系）15 个。Putra 等（2015）发现甘蔗属的割手密、热带种、大茎野生种、中国种、印度种 5 个种及其近缘植物芒属对 SCSMV 表现感病，接种 30 d 内感染率分别达到 20%、40%、70%、100%、71%和 82%，均不适合作为抗病亲本，而蔗茅属，作为甘蔗属的另一近缘植物，对 SCSMV 具有免疫性，在常规杂交育种时可以作为抗病亲本加以利用。

利用转基因技术可提高甘蔗花叶病抗性。Gilbert 等（2005）将 SCMV-E 株系的 *CP* 基因导入甘蔗品种 CP84-1198 和 CP80-1827，以 CP84-1198 为外植体的转基因品系每公顷含糖量显著提高，以 CP80-1827 为外植体的转基因品系花叶病发生率显著降低。将 SCMV-*CP* 用基因枪轰击法遗传转化甘蔗品种 Badila，或者将 SrMV-*P1* 导入甘蔗品种福农 95-1702，转基因后代抗花叶病能力均有不同程度的提高（张铃等，2011）。Guo 等（2015）将 SrMV-*CP* 基因构建到 RNAi 载体，通过农杆菌介导转化甘蔗品种新台糖 22 号，成功获得抗病毒转基因株系。而采用 RNA 干扰技术靶向甘蔗病毒编码的 RNA 沉默抑制子或利用植物天然抗病免疫系统机制培育优异抗病材料是甘蔗抗花叶病分子育种的新思路和新策略。

## 第八节　甘蔗基因组研究

### 一、四倍体割手密基因组

甘蔗（*Saccharum* spp.）可能是基因组最复杂的作物。现代栽培种（$2n=100\sim120$）是高度多倍体和非整倍体，主要来源于热带种（$2n=80$）和割手密（$2n=40\sim128$）的种间杂交，其将热带种的糖分高和割手密的抗逆性、抗病性、再生能力较强等优势性状相结合。现代甘蔗大约 80%的染色体来自热带种，10%～15%的染色体来自割手密，同时含有5%～10%的重组染色体。

目前世界上尚未有机构和学者完成精细的甘蔗基因组图谱。我国福建农林大学张积森团队联合美国伊利诺伊大学等机构首次完成了同源多倍体甘蔗基因组密码破译，获得了染色体水平的甘蔗基因组图谱（Zhang et al.，2020）。张积森团队所用的材料是割手密，为八倍体 SES208 单倍化形成的四倍体割手密 AP85-441（$1n=4x=32$），基因组组装策略采用 BAC 文库构建、PacBio 测序数据纠错组装和 Hi-C 染色体分群（ALLHIC）等。流式细胞分析表明，四倍体割手密 AP85-441 基因组大小预估 3.36 Gb，经 BAC 文库测序、数据纠错等程序后，最终获得 3.13 Gb 甘蔗基因组，contig N50＝45 kb，混合组装的 contigs 和 BAC 组装的 contigs 一致对应准确性达 99.72%（Zhang et al.，2018）。

在组装获得高质量的同源多倍体甘蔗基因组后，进一步研究发现了割手密（*Saccharum spontaneum* L.）染色体由高粱（Sorghum）演变进化过程中经历了染色体断裂与融合后，发生了两次 WGD 事件（彩图 4－1）；对甘蔗基因组的多倍化研究中发现，通过两次全基因组复制事件的发生，导致了甘蔗染色体的自发加倍；在鉴定等位基因的同时，进一步分析研究了等位基因的表达模式，结果发现不同单倍型表达模式相似，并无明显差异；对甘蔗 C4 光合作用的研究中鉴定了 24 个基因、7 种关键酶参与 NADP-ME C4 途径；在蔗糖积累研究中发现，与高粱相比，甘蔗液泡膜糖转运蛋白（TSTs，一种蔗糖转运蛋白）发生了基因家族的扩张，所以推测 TSTs 参与蔗糖在液泡中的积累；割手密为现代栽培甘蔗提供了抗病性基因，在对其研究中发现，甘蔗中的 80%NBS 编码基因位于 4 个重排染色体（Ss02、Ss05、Ss06 和 Ss07）上，其中 51%位于重排区域（Zhang et al.，2018）。

基于 Hi-C 的物理图谱组装了 32 条染色体，瞄定了 2.9 Gb 基因组，涵盖了 97%的基因含量。进一步分析表明这 32 条染色体中包含了 8 个同源组群和 4 组单倍体型 A、B、C 和 D。这 8 个同源组携带了 35 525 个等位基因。

组装显示割手密的基本染色体数目从 10 条减少到 8 条，这是由 2 条祖先染色体分裂后易位到 4 条染色体引起的。80%与抗病相关的核苷酸结合位点编码基因位于 4 条重排染色体上，51%位于重排区。

通过对 64 份割手密材料进行重测序，发现其核苷酸多态性远远低于其他克隆繁殖的作物，如马铃薯、木薯、葡萄和柑橘等。此外，分析还发现，割手密为现代甘蔗杂交品种贡献了抗病基因；在现代甘蔗中，渗入的割手密染色体随机分布在 AP85-441 基因组中，表明不同来源的割手密同源染色体之间存在随机重组。

## 二、热带种、割手密种和现代栽培种的甘蔗基因组结构

Piperidis 和 D'Hont（2020）利用染色体特异性寡核苷酸探针解密甘蔗基因组结构，结果证实了热带种的基本染色体数为 x=10。在割手密基因组中，重排发生在 x=10 的基本染色体上，这一过程可能发生在印度北部，分两步导致 x=9，然后是 x=8，每一步都涉及3 条染色体被重新排列成 2 条，进一步多倍体化导致了 x=8 克隆的广泛性地理扩展。割手密对现代栽培种的贡献来源于 x=8 的细胞型，并且在品种间的比例不同（13%～20%）。

### （一）热带种基因组结构

大多数热带种无性系有 $2n=80$ 染色体，在热带种 Black Innis 基因组中，发现了预期的 $2n=80$ 染色体，并且每个寡核苷酸探针都探测到了 8 条染色体的双臂，证实该基因组为 $2n=8x=80$ 的八倍体。另外，探针 P5 在另一条染色体上探测到了一个小的染色体片段，揭示了从 5 号染色体到 2 号染色体一个基因的小易位。

但在热带种 Badila 基因组中，Piperidis 和 D'Hont（2020）发现 Badila 是 81 条染色体，而不是先前报道的 $2n=80$。每个寡核苷酸探针都绘制了 8 条染色体的双臂，除了探针 P9 绘制了 9 条染色体的双臂。

### （二）割手密基因组结构

（1）Coimbatore 是一个起源于印度马德拉斯（金奈）地区的割手密种，有 $2n=64$ 染色体。探针 P1、P2、P3 和 P4 分别绘制了 8 条染色体的双臂。探针 P5 和 P6 分别绘制了 8 条染色体的一条臂和第二条臂的一部分。探针 P9 绘制了这 16 条染色体的其余远端部分。探针 P7 和 P8 分别绘制了 8 条染色体的一条臂和第二条臂的一部分。探针 P10 描绘了这 16 条染色体的其余远端部分。该无性系的基本染色体数为 x=8，八倍体水平为 $2n=8x=64$。

（2）Glagah 是一个起源于印度尼西亚的割手密种，染色体数 $2n=112$。该无性系基本染色体数目为 x=8，具有与在 Coimbatore 观察到相同的基本染色体结构，但倍性水平为 14，$2n=14x=112$。

（3）Mol5904 是一个起源于莫洛凯岛/新几内亚岛的割手密种，其基本染色体数目为 x=8，与在 Coimbatore 和 Glagah 观察到的基本染色体结构相同，但总体倍性水平为 10。Mol5904 染色体数目为 $2n=10x=79$，因此是非整倍体；此外它还显示了两个易位和两个未确定的染色体。

对割手密 Coimbatore、Glagah 和 Mol5904 的观察结果与 Garsmeur 等（2018）的研究结果一致，与 x=10 的热带种相比，x=8 的割手密基本染色体数变化是由两对三条染色体中的两条染色体重排引起的。

### （三）现代栽培种基因组结构

Piperidis 和 D'Hont（2020）以 R570、Q165 和 Q208 3 个品种为材料，在同一张载玻片上进行 FISH 实验后，用来自热带种和割手密种的基因组 DNA 进行第二次杂交，以确定染色体的特定起源。

（1）在栽培种 R570 中，统计了 114 条染色体，其中 GISH 试验结果显示，10 条（9%）来自割手密种，10 条（9%）来自种间重组体染色体；发现 1 号和 4 号染色体有 12 个拷贝，其中 1/4 个拷贝来自割手密或种间重组染色体；发现了 9 个 5 号、6 号和 9 号染色体的拷贝，2 个 6 号染色体的拷贝，3 个 5 号染色体的拷贝，其中 2 个拷贝对应于种间重组染色体；发现 10 个拷贝的割手密染色体 7 号、8 号和 10 号，以及 2 个拷贝的割手密染色体 7 号和 8 号，其中一个对应于种间重组染色体。发现此外，还检测到了一个从 5 号染色体到 8 号染色体的片段易位。

（2）在栽培种 Q165 中，统计了 112 条染色体，其中 GISH 显示 17 条（15%）来自割手密染色体，10 条（9%）来自种间重组染色体；发现 1 号和 4 号染色体有 12 个拷贝，2 号和 3 号染色体分别有 11 个和 10 个拷贝。这些染色体 1 号至 4 号中的 2/4 对应于割手密或种间重组染色体；发现了 8 个拷贝的热带种染色体 6 号、8 号、9 号和 10 号，9 个拷贝的热带种染色体 5 号和 7 号；还鉴定了割手密 5 号染色体的 3 个拷贝，割手密 6 号染色体的 4 个拷贝，其中一个对应于种间重组染色体，割手密 7 号和 9 号染色体的 4 个拷贝，其中一个对应于种间重组染色体。发现 9 号染色体的一小段易位到 2 号染色体的一个拷贝。最后，2 号染色体的一段、3 号染色体的两段和 8 号染色体的一段出现了易位。

（3）在栽培种 Q208 中，统计了 110 条染色体，其中 GISH 显示 18 条（16%）与割手密染色体相对应，7 条（6%）与种间重组染色体相对应；发现染色体 1 号有 11 个拷贝，2 号、3 号、4 号染色体有 12 个拷贝，其中 3 号、4 号染色体与割手密或种间重组染色体相对应。1 号染色体有一段易位到 6 号染色体的一个拷贝上；发现了 10、9 和 8 个拷贝分别为热带种染色体 5 号、6 号和 9 号，以及 2 个拷贝的割手密染色体 5 号和 6 号。割手密染色体 5 号的一个拷贝对应于一个种间重组染色体；发现了 10、7 和 8 个拷贝的热带种染色体 7 号、8 号和 10 号，以及 3 个和 4 个拷贝的割手密染色体 7 号和 8 号。割手密染色体 8 号的一个拷贝对应于一个种间重组染色体。出现一个割手密 8 号染色体的一个拷贝被截断，这可能是由于染色体易位或种间重组所致。

## 参 考 文 献


安玉兴，管楚雄，2009. 甘蔗病虫及防治图谱［M］. 广州：暨南大学出版社 .

安玉兴，郑学文，杨俊贤，等，2013. 湛江蔗区甘蔗虫害调研及产业健康发展建议［J］. 甘蔗糖业（4）：36-40.

白洋，钱景美，周俭民，等，2017. 农作物微生物组：跨越转化临界点的现代生物技术［J］. 中国科学院院刊，32（3）：260-265.

曾传芳，黄琼荪，1981. 蔗根锯天牛发生和防治研究初报［J］. 昆虫知识（1）：18-20.

曹干，王继华，李余良，等，2010. *BT* 基因转化甘蔗的研究［C］. 中国作物学会 2010 中国作物学会学术年会论文摘要集，45.

陈丽丽，覃保荣，谢义灵，等，2016. 放蜂+性诱集成模式对甘蔗螟虫的防控效果 [J]. 广西植保，29 (2)：1-4.

陈利平，陈平华，陈忠伟，等，2016. 甘蔗黄叶病毒与花叶病毒 CP 基因 RNAi 载体构建与转化甘蔗研究 [J]. 热带作物学报，37 (1)：99-106.

陈明辉，谢晓娜，王盛，等，2014. 宿根矮化病菌对甘蔗品质及茎、叶超微结构的影响 [J]. 植物病理学报，44 (4)：379-386.

陈先锋，潘朝勃，赵欢欢，等，2018. 徐闻地区利用赤眼蜂防治甘蔗螟虫研究初报 [J]. 甘蔗糖业 (4)：18-20.

陈星富，彭明戈，龚恒亮，2018. 螟黄赤眼蜂防治甘蔗螟虫效果及经济效益分析 [J]. 甘蔗糖业 (3)：20-23.

陈勇生，邓海华，刘福业，等，2013. 甘蔗亲本评价研究（Ⅱ）——BLUP 方法的应用初探 [J]. 广东农业科学 (14)：26-29.

陈勇生，刘福业，吴文龙，等，2013. 甘蔗亲本评价研究（Ⅰ）——浅析育种选择第 2 阶段试验 [J]. 甘蔗糖业 (1)：1-5.

陈勇生，齐永文，吴嘉云，等，2016. 甘蔗新品系粤糖 08-196 及其表现 [J]. 甘蔗糖业 (5)：1-3.

陈勇生，齐永文，吴嘉云，等，2018. *Cry2A* 基因导入甘蔗品种 ROC22 的抗虫性评价 [J]. 甘蔗糖业 (5)：7-10.

陈勇生，翁丽星，劳方业，等，2012. 转 *Bt* 基因甘蔗抗虫性及重要经济、农艺性状评价 [J]. 热带亚热带植物学报，20 (4)：376-381.

陈正华，钱长发，岑明，等，1980. 甘蔗花粉植株诱导成功 [J]. 遗传，2 (6)：40.

崔学强，2016. 转 *Cry1Ac* 基因甘蔗优良株系筛选及抗虫性分析 [D]. 海口：海南大学.

代园凤，张承，喻会平，等，2017. 一株寄生曲霉 SF-2 对甘蔗绵蚜的感染作用及其生物学特性初步研究 [J]. 云南农业大学学报（自然科学），32 (6)：1006-1011.

邓国荣，杨皇红，金孟肖，1981. 利用大突肩瓢虫防治甘蔗绵蚜的研究 [J]. 昆虫天敌，3 (1-2)：51-55.

邓国荣，杨皇红，金孟肖，1986. 人工饲养繁殖大突肩瓢虫的技术研究 [J]. 广西农学院学报 (1)：23-30.

邓国荣，杨皇红，金孟肖，1987. 保护利用瓢虫防治甘蔗绵蚜 [J]. 生物防治通报，3 (3)：166-168.

邓国荣，杨皇红，金孟肖，1988. 甘蔗绵蚜的生物防治试验总结 [J]. 广西植保 (2)：25.

邓国荣，张一心，1980. 大突肩瓢虫的初步观察 [J]. 广西农业科学 (7)：33-35.

邓海华，李奇伟，陈子云，2004. 甘蔗亲本的创新与利用 [J]. 甘蔗 (3)：7-12.

邓海华，李奇伟，2007. CP72-1210 在我国甘蔗育种中的利用 [J]. 广东农业科学 (11)：18-21.

邓宇驰，王伦旺，黄家雍，等，2017. 甘蔗品种桂糖 46 号的选育及高产栽培技术育 [J]. 中国种业 (2)：66-68.

邓宇驰，王伦旺，经艳，等，2018. 甘蔗新品种桂糖 51 号的选育 [J]. 中国糖料，40 (5)：10-12.

邓展云，方锋学，刘海斌，等，2010. 古巴蝇和赤眼蜂防治甘蔗螟虫大田示范 [J]. 中国糖料 (3)：9-11.

邓展云，何为中，谭裕模，等，2008. 古巴蝇生物学及生态学的初步研究 [J]. 中国糖料 (4)：4-6.

段维兴，张保青，周珊，等，2018. 甘蔗与河八王杂交 BC _ 1 对黑穗病的抗性鉴定与初步评价 [J]. 中国农业大学学报，23 (3)：29-37.

樊丽娜，曾巧英，李昱，等，2015. 拟南芥钾吸收调控基因 *AtCIPK*23、*AtCBL*9 和 *AtAKT*1 农杆菌介导共转化甘蔗 [J]. 分子植物育种，13 (2)：361-366.

冯斌，吴建功，王文玉，等，2004. 赤眼蜂在我国的研究和应用现状综述［J］. 山西林业科技，3（1）：26-30.

冯翠莲，刘晓娜，张树珍，等，2010. *CryIA*（*c*）基因植物表达载体的构建及转基因甘蔗的获得［J］. 热带作物学报，31（7）：1103-1108.

冯翠莲，沈林波，赵婷婷，等，2011. *Cry1Ab* 基因转化甘蔗及转基因抗虫植株的获得［J］. 热带农业科学，31（9）：21-26.

高轶静，方锋学，刘昔辉，等，2012. 甘蔗与斑茅割手密复合体杂交后代的分子标记鉴定［J］. 植物遗传资源学报，13（5）：912-916.

高永华，班景明，1994. 贵州甘蔗粉蚧的发生规律及防治［J］. 植物保护，20（5）：25-26.

龚恒亮，管楚雄，安玉兴，等，2009a. 甘蔗地下害虫生物防治技术（上）［J］. 甘蔗糖业（5）：13-20.

龚恒亮，管楚雄，安玉兴，等，2009b. 甘蔗地下害虫生物防治技术（下）［J］. 甘蔗糖业（6）：11-22.

龚名文，1986. 甘蔗茎红粉蚧上有一种寄生曲霉［J］. 广西农业科学（4）：13.

顾丽红，张树珍，杨本鹏，等，2008. 几丁质酶和β-1,3-葡聚糖酶基因导入甘蔗［J］. 分子植物育种，6（2）：277-280.

管楚雄，2001. 我国蔗螟性诱剂研究及其应用前景［J］. 甘蔗糖业（6）：8-12.

管楚雄，蔡连明，林明江，等，2009. 广东翁源蔗区甘蔗螟虫系统控制技术研究与应用［J］. 甘蔗糖业（2）：1-7，30.

桂意云，刘昔辉，杨荣仲，等，2007. 甘蔗不同部位的固氮酶活性检测［J］. 植物生理学通讯，43（2）：291-294.

郭晋隆，高世武，许莉萍，等，2015a. 利用人工合成 MV2 序列培育抗花叶病甘蔗品种的方法［P］. 中国，CN104830895A.

郭晋隆，高世武，许莉萍，等，2015b. 利用人工合成 MV3 序列培育抗花叶病甘蔗品种的方法［P］中国，CN104846005A.

郭强，马文清，唐利球，等，2018. 甘蔗梢腐病研究现状与展望［J］. 广东农业科学，45（6）：78-83.

郭鸳，2008. 我国四个蔗区甘蔗花叶病毒分子鉴定及其蛋白基因的分析［D］. 福州：福建农林大学.

何炜，周平，张建福，等，2012. 甘蔗果糖-6-磷酸-2-激酶/果糖-2，6-二磷酸酯酶基因（*F2KP*）的克隆及其功能研究［J］. 农业生物技术学报，20（4）：347-355.

何晓芳，温硕洋，庞雄飞，2005. 赤眼蜂属系统进化研究进展［J］. 昆虫知识，42（1）：22-27.

洪国藩，宋鸿遇，1998. 固氮之光［M］. 长沙：湖南科学科技出版社.

胡玉伟，赵东容，李继虎，等，2017a. 球孢白僵菌高孢粉对 2 种甘蔗螟虫幼虫的致病性研究［J］. 甘蔗糖业（1）：19-22.

胡玉伟，赵东容，毛永凯，等，2017b. 球孢白僵菌高孢粉防治甘蔗害虫的田间应用［J］. 甘蔗糖业（4）：42-45.

黄家雍，李翔，谭芳，等，2016. 甘蔗新品种桂糖 49 号的选育与种性评价［J］. 亚热带农业研究，12（2）：73-78.

黄启星，张雨良，伍苏然，等，2012. 甘蔗螟虫生物防治策略展望［J］. 热带生物学报，3（3）：287-292.

黄应昆，李文凤，2006. 甘蔗害虫优势天敌及其保护利用［J］. 昆虫天敌（2）：85-92.

黄应昆，李文凤，2002. 甘蔗主要病虫草害原色图谱［M］. 昆明：云南科技出版社.

黄应昆，李文凤，罗志明，等，2010. 甘蔗地下害虫发生危害特点及防治［J］. 中国糖料（1）：62-65.

黄盈，1963. 利用红蚂蚁（*Tetramorium guineense* Fabricius）防治蔗螟的初步研究［J］. 昆虫知识（1）：14-16.

黄盈，1980. 甘蔗主要害虫综合防治试验初报［J］. 植物保护（4）：27-30.
黄盈，玉龙成，王阿盛，1978. 春植甘蔗主要害虫的综合防［J］. 甘蔗糖业（1）：36-40.
黄振瑞，江永，敖俊华，等，2019. 甘蔗节水栽培技术［M］. 北京：中国农业大学出版社.
黄志武，管楚雄，许汉亮，等，2015. 粤北甘蔗条螟性诱剂测报与诱杀防治［J］. 甘蔗糖业（4）：28-32.
江永，黄振瑞，龚恒亮，等，2014. 原料蔗生产技术［M］. 北京：中国农业大学出版社.
蒋佩兰，刘晓芬，刘隆旺，等，1997. 江西甘蔗粉蚧防治方法［J］. 江西植保，20（2）：24-25.
经福林，揭育其，吴坎军，等，2019. 甘蔗主要病虫害调查［J］. 安徽农业科学，74（4）：144-146.
经艳芬，边芯，桃联安，等，2019. 云瑞 10 系列甘蔗亲本及其组合的杂交育种潜力分析［J］. 南方农业学报，50（1）：16-24.
孔冉，2012. *KP*4 基因遗传转化甘蔗的研究［D］. 海口：海南大学.
邝乐生，1979. 利用绿僵菌防治黑色蔗龟取得成效［J］. 甘蔗糖业（7）：55-56.
蓝日星，2017. 蔗田释放赤眼蜂防治甘蔗螟虫效果分析［J］. 南方农业，11（8）：21-22.
劳方业，陈健文，陈勇生，等，2011. 转 *Bt* 基因甘蔗杂交利用初探［J］. 甘蔗糖业（3）：1-5.
李媛甜，肖培先，李翠英，等，2017. 甘蔗新品种德蔗 07-36 的选育［J］. 中国糖料，39（5）：1-4.
李继虎，管楚雄，安玉兴，等，2011. 甘蔗螟虫生物防治的研究进展与应用概况［J］. 甘蔗糖业（4）：81-86.
李继虎，管楚雄，许汉亮，等，2015. 转 *Bt* 基因甘蔗对甘蔗条螟的抗虫性评价［J］. 甘蔗糖业（6）：13-17.
李奇伟，陈子云，2000. 现代甘蔗改良技术［M］. 广州：华南理工大学出版社.
李瑞美，何炎森，郑回勇，等，2006. 苏云金杆菌抗虫基因 *cryIA* 转化果蔗的研究［C］. 2006 年中国科协年会论文集，北京，698-702.
李素春，梁梅芳，王小江，等，1983. 利用新线虫防治突背蔗龟的研究［J］. 环境昆虫学报（3）：44-48.
李文凤，黄应昆，卢文浩，等，2009. 甘蔗优良种质资源抗花叶病评价［J］. 云南农业大学学报，24（3）：361-363.
李文凤，黄应昆，卢文杰，等，2008. 云南甘蔗地下害虫猖獗原因及防治对策［J］. 植物保护，34（2）：110-113.
李文凤，黄应昆，罗志明，等，2001. 大突肩瓢虫生物学及田间种群消长研究［J］. 昆虫天敌，23（2）：61-63.
李文凤，黄应昆，王晓燕，等，2009. 大突肩瓢虫成虫越冬期人工保种技术［J］. 中国生物防治，25（4）：370-373.
李文凤，黄应昆，2004. 云南甘蔗害虫天敌及其自然控制作用［J］. 昆虫天敌，26（4）：156-162.
李文凤，尹炯，罗志明，等，2018a. 甘蔗螟虫绿色防控技术研究［J］. 云南农业大学学报（自然科学），33（1）：168-171.
李文凤，张荣跃，单红丽，等，2018b. 云南蔗区甘蔗重要病虫害发生流行动态与精准防控［J］. 云南农业科技（增刊）：8-10.
李文凤，张荣跃，尹炯，等，2017. 云南甘蔗害虫天敌及其自然控制作用［C］. 绿色生态可持续发展与植物保护——中国植物保护学会第十二次全国会员代表大会暨学术年会论文集，北京.
李文凤，单红丽，张荣跃，等，2018. 我国新育成甘蔗品种（系）对甘蔗线条花叶病毒和高粱花叶病毒的抗性评价［J］. 植物病理学报，48（3）：389-394.
李杨，李恒锐，马文清，等，2012. 甘蔗螟虫生物防治的探讨［J］. 广西糖业（2）：11-14，25.
李杨瑞，2006. 甘蔗应用乙烯利增产增糖的技术及机理［M］. 北京：中国农业出版社.
李杨瑞，2010. 现代甘蔗学［M］. 北京：中国农业出版社.

李杨瑞，2019. 广西甘蔗创新与展望 [J]. 广西农学报，34 (4)：1-7.
李杨瑞，2020. 广西甘蔗生产中的主要问题及几点建议 [J]. 广西糖业 (5)：1-5.
李杨瑞，2019. 关于广西的甘蔗育种 [J]. 广西糖业 (3)：3-9.
李杨瑞，杨丽涛，谭宏伟，等，2014. 广西甘蔗栽培技术的发展进步 [J]. 南方农业学报，45 (10)：1770-1775.
李杨瑞，杨丽涛，杨柳，等，2015. 巴西甘蔗糖业高效低耗的经验与启示 [J]. 中国糖料，37 (6)：73-76.
李杨瑞，杨丽涛，2009. 20 世纪 90 年代以来我国甘蔗产业和科技的新发展 [J]. 西南农业学报，22 (5)：1469-1476.
李杨瑞，朱秋珍，王维赞，2016. 甘蔗地定量施用糖厂酒精废液技术体系多点试验 [J]. 西南农业学报，21 (3)：749-755.
李章栋，连文祥，1965. 同安蔗农利用红蚂蚁防治蔗螟的经验调查 [J]. 昆虫知识 (3)：149-152.
李竹，许莉萍，苏亚春，等，2018. 基于田间表型和 *Bru*1 基因检测分析甘蔗褐锈病抗性遗传 [J]. 作物学报，44 (2)：306-312.
连玲，叶冰莹，陈如凯，等，2012. 甘蔗尿苷二磷酸葡萄糖焦磷酸化酶基因 (*UGPase*) 转化拟南芥及转基因植株的生理特性分析 [J]. 农业生物技术学报，20 (5)：481-488.
廖海洪，卢明，卜礼园，等，2006. 北海甘蔗蔗根锯天牛发生为害严重 [J]. 广西植保，19 (3)：22-24.
廖青，韦广泼，陈桂芬，等，2011. 蔗叶还田对土壤微生物、理化性状及甘蔗生长的影响 [J]. 西南农业学报，24 (2)：658-662.
廖青，韦广泼，刘斌，等，2010. 机械化深耕深松栽培对甘蔗生长及产量的影响 [J]. 广西农业科学，41 (6)：542-544.
廖贻昌，田静，1994. 蔗头象虫——细平象甲的研究初报 [J]. 渝州大学学报 (自然科学版)，11 (3)：55-58.
林丽，李杨瑞，安千里，2019. 甘蔗联合固氮的回顾与展望 [J] 生物技术通报，35 (10)：46-56.
林丽，张新成，李杨瑞，等，2008. 甘蔗器官固氮酶活性及其对接种固氮菌的响应 [J]. 西北植物学报，28 (12)：2472-2477.
林岭虹，2018. 我国甘蔗白条病病原菌分离鉴定及甘蔗新品种抗病性评价 [D]. 福州：福建农林大学.
林明江，2007. 浅论甘蔗螟虫天敌与性诱剂的研究与应用 [J]. 甘蔗糖业 (4)：19-24.
林明江，安玉兴，管楚雄，等，2012. 甘蔗螟虫捕食性天敌昆虫利用前景 [J]. 甘蔗糖业 (3)：29-33.
林庆良，高世武，郭晋隆，等，2015a. 利用人工合成 MV5 序列培育抗花叶病甘蔗品种的方法 [P]. 中国，CN104846007A.
林庆良，高世武，郭晋隆，等，2015b. 利用人工合成 MV6 序列培育抗花叶病甘蔗品种的方法 [P]. 中国，CN104846003A.
林庆良，郭晋隆，高世武，等，2015c. 利用人工合成 MV4 序列培育抗花叶病甘蔗品种的方法 [P]. 中国，CN104846004A.
林一中，古德祥，1987. 青翅蚁形隐翅虫成虫在蔗地的空间分布型的研究及其应用 [J]. 昆虫天敌，9 (2)：63-69.
林一中，古德祥，1988. 青翅蚁形隐翅虫的种群消长于扩散研究 [J]. 昆虫天敌，10 (1)：15-21.
林镇跃，2015. 中国甘蔗梢腐病病原镰刀菌的种类特异性鉴定及快速检测 [D]. 福州：福建农林大学.
凌辉，2016. 甘蔗响应 SrMV 侵染的转录组研究与病程相关基因挖掘 [D]. 福州：福建农林大学.
刘芳，郑亚强，杜广祖，等，2014. 球孢白僵菌 Bb10716 菌株对甘蔗上大螟三龄幼虫的致病性研究 [J]. 云南农业大学学报，29 (4)：482-486.

刘复生，等，1998. 蚂蚁的研究应用［M］. 太原：山西科学技术出版社.

刘磊，2010. 绿僵菌防治甘蔗螟虫的初步研究［D］. 海口：海南大学.

刘磊，梁昌聪，杨腊英，等，2010. 绿僵菌对甘蔗螟虫的室内致病力测定［J］. 热带作物学报，31（2）：235-240.

刘少谋，王勤南，胡后祥，等，2019. 甘蔗新良种粤糖 09-13（海蔗 22 号）选育及应用［J］. 甘蔗糖业（2）：1-6.

刘许辉，2013. 与斑茅割手密复合体杂交后代的遗传分析［D］. 南宁：广西大学.

龙秀珍，于永浩，曾宪儒，等，2016. 一种对突背蔗犀金龟具有致病力的白僵菌菌株［P］. 中国，ZL201610601757.5.

龙友华，吴小毛，尹显慧，等，2015. 贵州省甘蔗园主要害虫种类调查及防治药剂筛选［J］. 广东农业科学（1）：64-67.

陆耀邦，张慧英，1990. EMS 处理甘蔗愈伤组织诱变效应［J］. 广西农学院学报，9（1）：75-78.

罗兰芳，2018. 释放赤眼蜂防治甘蔗螟虫试验效果研究［J］. 农业研究与应用，31（1）：38-41.

毛莲英，黄婵，祝开，等，2019. 固氮菌株 XD20 对不同甘蔗品种的促生效应［J］. 西北植物学报，39（1）：0140-0148.

蒙军，吕耀宁，梁嘉豪，等，2018. 1%苏云金杆菌·噻虫胺颗粒剂防治甘蔗害虫田间药效试验［J］. 广西糖业（5）：3-6.

孟建玉，张慧丽，林岭虹，等，2019. 甘蔗白条病及其致病菌 *Xanthomonas albilineans* 研究进展［J］. 植物保护学报，46（2）：257-265.

潘朝勃，蔡文惠，吴玉亮，等，2018. 2017 年湛江徐闻蔗区释放赤眼蜂防治甘蔗螟虫的试验调查［J］. 中国热带农业（4）：49-51.

潘方胤，文明富，吴文龙，等，2017. 高糖高产甘蔗新品种粤糖 07-817 的选育研究［J］. 甘蔗糖业（4）：1-6.

潘世明，张树河，李瑞美，等，2009. 甘蔗新品种闽糖 061405 的选育［J］. 福建农业学报，34（4）：387-392.

潘雪红，黄诚华，商显坤，等，2015a. 广西蔗区蝼蛄发生调查初报［J］. 中国植保导刊，35（12）：35-37.

潘雪红，黄诚华，魏吉利，等，2015b. 蔗区甘蔗螟虫卵寄生蜂的种类和分布调查［J］. 南方农业学报，46（9）：1619-1623.

潘雪红，黄诚华，魏吉利，等，2015c. 卵寄生蜂对甘蔗螟虫寄生情况的初步调查［J］. 中国糖料，46（9）：1619-1623.

潘雪红，黄诚华，辛德育，2009. 甘蔗螟虫主要优势天敌及其生物防治意义［J］. 广西农业科学，37（6）：53-55.

潘雪红，黄诚华，2012. 应用性诱剂防治甘蔗螟虫［J］. 中国糖料（1）：63-66.

潘雪红，魏吉利，商显坤，等，2019. 甘蔗螟虫卵寄生蜂的研究及应用进展［J］. 广西糖业（6）：14-19.

彭东海，杨建波，李健，等，2014. 间作大豆对甘蔗根际土壤细菌及固氮菌多样性的影响［J］. 植物生态学报，38（9）：959-969.

蒲蛰龙，刘志诚，1962. 赤眼蜂大量繁殖及其对于甘蔗螟虫的大田防治效果［J］. 昆虫学报，11（4）：409-414.

蒲蛰龙，1984. 害虫生物防治的原理和方法［M］. 北京：科学出版社.

轻工业部甘蔗糖业科学研究所，轻工业部甘蔗糖业研究所湛江试验站，1981. 古巴蝇（*Lixophaga diatraeae* Tns.）防治甘蔗螟虫试验初报［J］. 甘蔗糖业（9）：37-40.

阙友雄，2008. 甘蔗黑穗病菌互作的分子应答研究［D］. 福州：福建农林大学.
阮妙鸿，2007. 转 *ScMV-CP* 基因甘蔗抗病的分子基础及环境安全性评价［D］. 福州：福建农林大学.
邵存芳，2018. 甘蔗地下害虫综合防治技术及应用实践研究［J］. 农民致富之友（1）：70.
沈林波，2012. 紫花苜蓿防御基因 *MsDefl* 转化甘蔗及抗病转基因植株的筛选［D］. 海口：海南大学.
沈先岳，徐荣，吴清莲，等，2020. 甘蔗与蔗茅杂交亲本及后代材料的抗旱性鉴定［J］. 中国农学通报，36（20）：7-13.
史国英，曾泉，农泽梅，等，2019. 一株高效甘蔗内生固氮菌 NN08200 的鉴定及其对甘蔗的促生长作用［J］. 微生物学通报，46（6）：1336-1345.
苏亚春，2014. 甘蔗应答黑穗病菌侵染的转录组与蛋白组研究及抗性相关基因挖掘［D］. 福州：福建农林大学.
覃建政，2018. 环江县性诱集成模式对甘蔗螟虫的防控效果［J］. 广西植保，31（3）：17-19.
覃振强，韦金菊，黄伟华，等，2013. 甘蔗粉蚧研究进展［J］. 西南农业学报，26（4）：1726-1732.
谭裕模，卓宁，黎焕光，等，2011. 崇左蔗区螟虫为害造成产量和糖分损失及生防效果［J］. 甘蔗糖业（4）：18-25.
唐丽华，黄婵，陈教云，等，2019. 低温胁迫对转 *SoTUA* 基因甘蔗生理生化特性的影响［J］. 南方农业学报，50（5）：950-956.
滕峥，李鸣，崔永祯，等，2014. 农杆菌介导冷调节基因（*Cbcorl5a*）遗传转化甘蔗体系的建立［J］. 南方农业学报，45（8）：1333-1339.
田静，廖贻昌，2000a. 云南甘蔗主要害虫捕食性蜻蠓和寄蝇［J］. 西南农业大学学报，22（4）：333-334.
田静，廖贻昌，2000b. 黄足肥螋的饲养方法［J］. 昆虫知识，37（6）：360-361.
田静，廖贻昌，2002. 蔗田天敌蜻蠓的种类及分布［J］. 渝州大学学报（自然科学版），19（2）：74-76.
王继华，张木清，曹干，2011. 抗除草剂转基因甘蔗农艺性状调查［J］. 广东农业科学（9）：23-24.
王进贤，邱礼鸿，练健生，1986. 昆虫病原线虫对突背黑色蔗龟幼虫致死效果的研究［J］. 昆虫天敌，8（4）：220-224.
王俊刚，王文治，赵婷婷，等，2020. 一种针对甘蔗 CRISPR/Cas9 载体及其构建方法和应用［P］. 中国，CN 202010439028.0.
王伦旺，黄海荣，李翔，等，2018. 甘蔗新品种桂糖 48 号的选育及其种性分析［J］. 种子，37（10）：116-118.
王勤南，刘少谋，符成，等，2013. 甘蔗常用亲本及杂交组合经济育种值分析［J］. 热带亚热带植物学报，21（2）：155-160.
王维赞，朱秋珍，邓展云，2004. 甘蔗品种资源的聚类分析［J］. 中国糖料（2）：19-21.
王文治，胡天娇，杨本鹏，等，2020. 转 *Cry2A* 基因抗虫甘蔗植株的培育［J］. 分子植物育种，18（9）：2893-2898.
王文治，杨本鹏，蔡文伟，等，2016. 甘蔗一次多基因遗传转化及多重 PCR 检测［J］. 生物技术通报，32（1）：103-108.
王鑫，崔一平，王继华，等，2017. 甘蔗梢腐病串珠镰孢菌 T-DNA 插入突变体的构建及其鉴定分析［J］. 基因组学与应用生物学，36（2）：630-637.
王秀，1987. 台湾生物防治的研究应用研究［J］. 台湾农业探索（3）：23-25.
王泽平，段维兴，李毅杰，等，2016. 甘蔗梢腐病田间抗性评价体系的建立［J］. 华南农业大学学报，37（3）：67-72.
王泽平，林善海，梁强，等，2017. 甘蔗叶冠形态与抗梢腐病相关性探讨［J］. 中国农业大学学报，22

(7)：40-46.

王泽平，刘璐，蒋洪涛，等，2016. 适宜“双高”基地种植的优良甘蔗新品种桂糖 50 号选育报告 [J]. 中国糖料，38 (5)：1-3.

王自章，张树珍，杨本鹏，等，2003. 甘蔗根癌农杆菌介导转化海藻糖合酶基因获得抗渗透胁迫能力增强植株 [J]. 中国农业科学，36 (2)：140-146.

韦金凡，李廷化，商显坤，等，2018. 释放螟黄赤眼蜂对甘蔗螟虫的田间防效 [J]. 中国植保导刊，38 (1)：55-57，77.

韦金菊，宋修鹏，魏春燕，等，2019. 甘蔗黑穗病及其防治研究进展 [J]. 广东农业科学，46 (4)：81-88.

韦莉萍，李杨瑞，杨丽涛，等，2007. 钼对甘蔗体内固氮菌的固氮酶活性的影响 [J]. 植物营养与肥料学报，13 (1)：118-122.

韦世训，陈丽丽，吴晓伟，2018. 2017 年上思县螟黄赤眼蜂防治甘蔗螟虫应用示范成效初报 [J]. 广西植保，31 (1)：39-40.

魏春燕，邢永秀，林丽，等，2014. 接种变栖克雷伯氏菌 DX120E 对不同甘蔗品种的促生效应 [J]. 应用生态学报，25 (7)：2085-2092.

文明富，潘方胤，吴文龙，等，2017. 甘蔗新品种粤糖 07-516 选育及特性特征 [J]. 甘蔗糖业 (3)：1-5.

吴才文，2007. 澳大利亚甘蔗家系选择技术简介 [J]. 甘蔗糖业 (1)：6-9.

吴才文，王炎炎，夏红明，等，2009. 云南甘蔗创新亲本的遗传力和配合力研究 [J]. 西南农业学报，22 (5)：1274-1278.

吴才文，赵培芳，夏红明，2014. 现代甘蔗杂交育种及选择技术 [M]. 北京：科学出版社.

吴嘉云，黄俊坚，凌秋平，等，2019. 12 个 HoCP 系列甘蔗种质资源初步鉴定和评价 [J]. 热带亚热带植物学报，27 (1)：53-59.

吴凯朝，邓智年，魏源文，等，2017. 割手密 GX83-10 愈伤组织诱导与成苗技术 [J]. 中国糖料，39 (2)：9-10，14.

吴文龙，文明富，潘方胤，等，2019. 甘蔗新品种粤糖 06-233 的选育 [J]. 甘蔗糖业 (3)：1-5.

吴延勇，李傲梅，张小秋，等，2020. 广西甘蔗螟虫发生概况和动态变化 [J]. 农业灾害研究，10 (1)：1-3，10.

吴延勇，梁永检，张小秋，等，2019. 2017—2019 年广西蔗区甘蔗主要病虫发生情况调查及防治建议 [J]. 农业研究与应用，32 (5-6)：34-37.

吴杨，2009. 斑茅 *DREB2B* 基因遗传转化甘蔗的抗旱性研究 [D]. 福州：福建农林大学.

吴杨，贺俐，黄勇，等，2017. 利用 *pmi* 标记基因筛选培育转 *EaDREB2B* 基因甘蔗 [J]. 植物研究，37 (3)：370-376.

伍苏然，杨乃博，杨本鹏，等，2013. 甘蔗螟虫综合防治技术研究进展 [J]. 热带生物学报，4 (3)：289-295.

武媛丽，张树珍，李晓君，等，2014. 2 种不同启动子驱动下 1-SST 基因转化甘蔗的抗旱性比较 [J]. 热带作物学报，35 (1)：1-6.

夏红明，赵培方，刘家勇，等，2018. 早熟高糖甘蔗新品种云蔗 081609 的选育 [J]. 中国糖料，40 (5)：6-9.

夏如冰，2002. 中国生物防治科技的发展及其动因初探 [J]. 中国农史，21 (3)：27-36.

贤武，杨荣仲，周会，等，2010. 甘蔗家系配合力研究与应用 [J]. 亚热带农业研究，6 (1)：4-9.

贤振华，1988. 大突肩瓢虫生物学特性及越冬保护技术研究 [J]. 广西农学院学报，7 (1)：33-41.

贤振华，1988. 双带盘瓢虫生物学特性及利用途径探讨［J］. 甘蔗糖业（3）：40-44，32.
谢晓娜，杨丽涛，王盛，等，2015. 甘蔗 NADP 异柠檬酸脱氢酶基因（*SoNADP-IDH*）的克隆与表达分析［J］. 中国农业科学，48（1）：185-196.
徐景升，程光远，徐倩，等，2016. 利用 RNAi 阻断病毒胞间移动培育抗花叶病转基因甘蔗的方法［P］. 中国，CN105821051A.
徐景升，杨永庆，程光远，等，2015. 利用 RNAi 沉默翻译起始因子基因培育抗花叶病甘蔗的方法［P］. 中国，CN105039355A.
徐林，黄海荣，黄玉溢，等，2011. 地下滴灌条件下甘蔗根系和蔗地土壤速效养分分布规律的研究［J］. 广东农业科学（1）：78-80.
许汉亮，林明江，管楚雄，等，2012. 性信息素与赤眼蜂对甘蔗条螟的协同控制［J］. 广东农业科学，39（9）：72-74，79.
许汉亮，林明江，李继虎，等，2016. 甘蔗害虫绿色防控技术研究进展及技术体系的构建［J］. 广东农业科学，43（6）：132-137.
许莉萍，2000. 甘蔗抗感黑穗病池的构建和抗病基因分子标记［D］. 福州：福建农林大学.
许莉萍，陈如凯，2004. 与甘蔗抗黑穗病基因连锁的 RAPD 标记筛选［J］. 应用与环境生物学报，10（30）：263-267.
许莉萍，陈如凯，李跃平，1994. 利用愈伤组织培养和茎尖培养去除甘蔗花叶病毒［J］. 福建农业大学学报（自然科学版），23（3）：253-256.
薛晶，张会华，杨晓丽，等，2012. 白僵菌防治甘蔗金龟子试验［J］. 热带农业学报，35（3）：22-23.
杨本鹏，张树珍，杨学，等，2006. 甘蔗健康种苗培育体系的建立［J］. 热带作物学报，27（4）：74-77.
杨川毓，施肖堃，张铃，等，2012. 抗花叶病转 SrMV-P-1 基因甘蔗的活性氧代谢分析［J］. 热带作物学报，33（6）：1101-1106.
杨翠凤，2015. 手密高密度遗传图谱的构建及黑穗病 QTL 定位［D］. 南宁：广西大学.
杨丽涛，莫凤连，朱秋珍，等，2012. 糖蜜酒精发酵液对甘蔗生长的效应［J］. 南方农业学报，43（1）：18-21.
杨丽涛，张保青，朱秋珍，等，2011. 应用飞机大面积喷施抗旱型甘蔗增糖增产剂的效果研究［J］. 热带作物学报，32（2）：189-197.
杨柳，秦钢，杨丽涛，等，2011. 利用间歇浸没式生物反应器（TIBs）进行甘蔗组织培养快繁研究［J］. 华南农业大学学报，32（3）：36-41.
杨尚东，吴俊，赵久成，等，2012. 施用糖蜜酒精发酵液对蔗田土壤生物学性状的影响［J］. 西南农业学报，25（6）：2147-2152.
杨世常，夏银果，蔺乔仙，等，2013. 德宏蔗区甘蔗叶部害虫综合防治技术研究与应用［J］. 中国糖料（4）：71-73.
杨燕妮，2011. 甘蔗离体培养的胚性细胞团诱导与分化研究［D］. 南宁：广西大学.
杨友军，2003. 甘蔗螟虫为害加深原因及防治对策［J］. 甘蔗，10（2）：36-38.
杨志才，2010. 蒺藜苜蓿防御素基因 *MtDef4* 遗传转化甘蔗的研究［D］. 海口：海南大学.
姚丽，覃伟，吴转娣，等，2017. 甘蔗新品种云蔗 072178 的选育及评价［J］. 中国糖料，39（6）：1-4.
叶燕萍，杨丽涛，李杨瑞，1995. 蔗地深耕深松对甘蔗吸收 N、P、K 及产量品质的影响［J］. 甘蔗，2（1）：50-51.
尹炯，罗志明，黄应昆，等，2013. 布氏白僵菌防治蔗田蛴螬的初步研究［J］. 植物保护，39（6）：156-159.
游建华，王伯辉，凌永久，1999. 性诱技术防治甘蔗螟虫的应用及效益［J］. 广西农学报（1）：41-43.

于兰，秦新民，黄德青，2007. 农杆菌介导的*BT*基因导入甘蔗的研究［J］. 广西农学报，22（6）：1-4.

于永浩，曾涛，曾宪儒，等，2010. 绿僵菌菌株对蔗根土天牛幼虫的毒力［J］. 中国生物防治，26（增刊）：8-13.

俞德洪，张会华，杨晓丽，等，2016. 球孢白僵菌粉剂、绿僵菌粉剂对甘蔗蛴螬的防效研究［J］. 现代农业科技（6）：131-132.

袁曦，李敦松，赵云龙，等，2014. 2013年广西大面积释放赤眼蜂防治甘蔗螟虫效果调查报告［J］. 中国生物防治学报，30（5）：630-634.

詹儒林，常金梅，何衍彪，2010. 甘蔗二点螟杀虫真菌绿僵菌的筛选与毒力测定［J］. 热带作物学报，31（1）：111-115.

张保青，周珊，杨翠芳，等，2016. 斑割复合体及其杂交后代的生物量及根系性状［J］. 中国农业大学学报，21（4）：18-25.

张革民，刘海斌，2010. 斑茅割手密复合体创制及其与甘蔗杂交$F_1$的染色体计数和形态表现［J］. 2009年中国作物学会学术年会论文集.

张铃，杨川毓，郭莺，等，2011，抗花叶病转基因甘蔗安全性评价［J］. 中国糖料（3）：50-54.

张树珍，王文治，冯翠莲，等，2012. 一种高效快速的甘蔗转基因方法［P］. 中国，ZL201010110668. 3.

张雪丽，张清泉，黄凤宽，等，2008. 双带盘瓢虫对蔗绵蚜捕食作用研究［J］. 广西农业科学，39（6）：776-778.

张妍，范业庚，莫璋红，等，2012. 甘蔗种质资源抗宿根矮化病特性鉴定［J］. 南方农业学报，43（12）：1963-1967.

张跃彬，邓军，彭新林，等，2015. 甘蔗产业研究［M］. 北京：中国农业出版社.

张跃彬，2016. 低纬高原甘蔗高产高糖高效理论及实践［M］. 北京：中国农业出版社.

张正清，赵惠英，1995. 甘蔗愈伤组织辐射诱变育种研究初探［J］. 甘蔗糖业（4）：8-10.

张中联，林展明，1995. 坚持繁殖利用赤眼蜂防治甘蔗螟虫十八年的体会［J］. 昆虫天敌，17（3）：125-127.

张子健，何明，1991. 甘蔗愈伤组织原生质体酶法分离研究［J］. 西南农业学报，4（4）：105-109.

赵俊，吴才文，赵培方，等，2017. 抗旱甘蔗新品种云蔗072800的选育［J］. 中国糖料，39（6）：5-7.

植菊芳，2014. 甘蔗离体培养诱变与抗旱诱变体鉴定的研究［D］. 南宁：广西大学.

周晓舟，李杨瑞，杨丽涛，2012. $^{15}N$同位素稀释法评估甘蔗的生物固氮量［J］. 广西植物，32（6）：767-773.

周忠凤，邓宇驰，王伦旺，等，2017. 甘蔗品种桂糖47号的选育及种性评价［J］. 中国种业（2）：62-64.

朱秋珍，李杨瑞，王维赞，等，2009. 连续定量施用糖厂酒精废液对甘蔗的效应［J］. 中国糖料（2）：10-13.

Antunes JEL，Lyra MCCP，Ollero FJ，et al.，2017. Diversity of plant growth-promoting bacteria associated with sugarcane［J］. Genetics and Molecular Research，16（2）：gmr16029662.

Armanhi JS，de Souza RS，de Araujo LM，et al.，2016. Multiplex amplicon sequencing for microbe identification in community-based culture collections［J］. Sci Rep（6）：1-9.

Asis Jr. CA，Kubota M，Ohta H，et al.，2000. Isolation and partial characterization of endophytic diazotrophs associated with Japanese sugarcane cultivar［J］. Soil Sci Plant Nutr，46：759-765.

Aslam B，Basit M，Nisar MA，et al.，2017. Proteomics：Technologies and their applications［J］. J Chromatogr Sci，55（2）：182-196.

Baldani JI，Baldani VLD，2005. History on the biological nitrogen fixation research in graminaceous plants: special emphasis on the Brazilian experience [J]. Ann Brazil Acad Sci, 77: 549-579.

Baldani JI, Caruso L, Baldani VLD, et al., 1997. Recent advances in BNF with non-legume plants [J]. Soil Biology and Biochemistry, 29 (5): 911-922.

Baldani JI, Pot B, Kirchhof G, et al., 1996. Emended description of *Herbaspirillum*; inclusion of *Pseudomonas rubrisubalbicans*, a mild plant pathogen as *Herbaspirillum rubrisubalbicans comb. nov.*, and classification of a group of clinical isolates (EF group 1) as *Herbaspirillumspecies* [J]. International Journal of Systematic Bacteriology, 46 (3): 802-810.

Barreto MCS, Figueiredo MVB, da Silva MV, et al., 2018. Biotechnological potential of endophytic bacteria to improve the micropropagated seedling of variety RB92579 sugarcane (*Saccharum officinarum* L.) [J]. Advances in Microbiology, 8 (11): 859-873.

Barreto MCS, Figueiredo MVB, Silva MV, et al., 2019. Inoculation of endophlytic diazotrophic bacteria in micropropagated seedlings of sugarcane (*Saccharum officinarum* sp.) [J]. Environmental Sustainability, 2: 5-12.

Beneduzi A, Moreira F, Costa PB, et al., 2013. Diversity and plant growth promoting evaluation abilities of bacteria isolated from sugarcane cultivated in the South of Brazil [J]. Appl Soil Ecol, 63: 94-104.

Berg G, Rybakova D, Grube M, et al., 2015. The plant microbiome explored: implications for experimental botany [J]. Journal of Experimental Botany, 67 (4): 995-1002.

Bertalan M, Albano R, de Pádua V, et al., 2009. Complete genome sequence of the sugarcane nitrogen-fixing endophyte *Gluconacetobacter diazotrophicus* PAL5 [J]. BMC Genomics, 23 (10): 450.

Bertini EV, Peñalver CGN, Leguina AC, et al., 2014. Gluconacetobacter *diazotrophicus* PAL5 possesses an active quorum sensing regulatory system [J]. Antonie Van Leeuwenhoek, 106 (3): 497-506.

Birch RG, Zhang LH, 2002. Control of leaf scald disease [P]. United States Patent, 6388175.

Boddey RM, Oliveira OC, Urquiaga S, et al., 1995. Biological nitrogen fixation associated with sugar cane and rice: Contributions and prospects for improvement [J]. Plant and Soil, 174: 195-209.

Boddey RM, Polidoro JC, Resende AS, et al., 2001. Use of the $^{15}N$ natural abundance technique for the quantification of the contribution of $N_2$ fixation to sugar cane and other grasses [J]. Australian Journal of Plant Physiology, 28: 889-895.

Boddey RM, Urquiaga S, Alves BJR, et al., 2003. Endophytic nitrogen fixation in sugarcane: present knowledge and future applications [J]. Plant and Soil, 252: 139-149.

Boddey RM, Urquiaga S, Reis V, et al., 1991. Biological nitrogen fixation associated with sugar cane [J]. Plant and Soil, 137: 111-117.

Bremer G, 1971. Problems in breeding and cytology of sugarcane [J]. Euphytica, 10: 59-78.

Burbano CS, Liu Y, Roesner KL, et al., 2011. Predominant nifH transcript phylotypes related to *Rhizobium rosettiformans* in field-grown sugarcane plants and in Norway spruce [J]. Environ Microbiol Rep, 3: 383-389.

Carvalho TLG, Balsemão-Pires E, Saraiva, RM, et al., 2014. Nitrogen signalling in plant interactions with associative and endophytic diazotrophicbacteria [J]. Journal of Experimental Botany, 65 (19): 5631-5642.

Cavalcante VA, Dobereiner J, et al., 1988. A new acid-tolerant nitrogen-fixing bacterium associated with sugarcane [J]. Plant and Soil, 108: 23-31.

Chen GF, Tang QZ, Li YR, et al., 2012. Effects of sub-soil drip fertigation on sugarcane in field conditions [J]. Sugar Tech, 14 (4): 418-421.

Chen JW, Kuang JF, Peng G, et al., 2012. Molecular cloning and expression analysis of a *NPR*1 gene from sugarcane [J]. Pakistan Journal of Botany, 44 (1): 193-200.

Chen M, Zhu B, Lin L, et al., 2014. Complete genome sequence of *Kosakonia sacchari* type strain SP1T [J]. Standards in Genomic Sciences, 9: 1311-1318.

Chen Y, Zhang Q, Hu W, et al., 2017. Evolution and expression of the fructokinase gene family in *Saccharum* [J]. BMC Genomics, 18 (1): 197.

Chen Z, Qin C, Wang M, et al., 2019. Ethylene-mediated improvement in sucrose accumulation in ripening sugarcane involves increased sink strength [J]. BMC Plant Biol, 19 (1): 285.

Chen ZL, Gui YY, Qin CX, et al., 2016. Isolation and expression analysis of sucrose synthase gene (*ScSuSy*4) from sugarcane [J]. Sugar Tech, 18 (2): 134-140.

Chu N, Zhou JR, Fu HY, et al., 2019. Global gene responses of resistant and susceptible sugarcane cultivars to *Acidovorax avenae* subsp. *avenae* identified using comparative transcriptome analysis [J]. Microorganisms 8 (1): 10.

Cia MC, de Carvalho G, Azevedo RA, et al., 2018. Novel insights into the early stages of ratoon stunting disease of sugarcane inferred from transcript and protein analysis [J]. Phytopathology, 108 (12): 1455-1466.

Compant S, Clément C, Sessitsch A, 2010. Plant growth-promoting bacteria in the rhizo-and endosphere of plants: their role, colonization, mechanisms involved and prospects for utilization [J]. Soil Biol Biochem, 42: 669-678.

Comstock JC, Shine Jr J M, Tai PYP, et al., 2001. Bredding for ratoon stunting disease resistance: Is it both possible and effective [J]. Proc Int Soc Sugar Cane Technol, 24: 371-476.

de Castro Moretti F, 2018. Identification of candidate resistance metabolites to *Leifsonia xyli* subsp. *xyli* in sugarcane through metabolomic profiling [D]. Columbus: The Ohio State University.

De Souza RSC, Okura VK, Armanhi JSL, et al., 2016. Unlocking the bacterial and fungal communities assemblages of sugarcane microbiome [J]. Scientific Reports, 6: 28774.

Debat HJ, Ducasse DA, 2014. Plant microRNAs: Recent advances and future challenges [J]. Plant Molecular Biology Reporter, 32 (6): 1257-1269.

Döbereiner J, Day JM, Dart PJ, 1972. Nitrogenase activity in the rhizosphere of sugar cane and some other tropical grasses [J]. Plant and Soil, 37: 191-196.

Döbereiner J, 1992. History and new perspectives of diazotrophs in association with non-leguminous plants [J]. Symbiosis, 13: 1-13.

Dong M, Yang Z, Cheng G, et al., 2018. Diversity of the bacterial microbiome in the roots of four Saccharum species: *S. spontaneum*, *S. robustum*, *S. barberi*, and *S. officinarum* [J]. Frontier in Microbiology, 9: 267.

dos Santos MF, Muniz de Padua VL, de Matos NE, et al., 2010. Proteome of *Gluconacetobacter* diazotrophicus co-cultivated with sugarcane plantlets [J]. J Proteome, 73: 917-931.

dos Santos SG, Chaves VA, da Silva Ribeiro F, et al., 2019. Rooting and growth of pre-germinated sugarcane seedlings inoculated with diazotrophic bacteria [J]. Applied Soil Ecology, 133: 12-23.

Dos-Santos CM, de Souza DG, Balsanelli E, et al., 2017. Culture-Independent Approach to Enrich Endophytic Bacterial Cells from Sugarcane Stems for Community Characterization [J]. Microbial Ecology, 74 (2): 453-465.

Eljounaidi K, Lee SK, Bae H, 2016. Bacterial endophytes as potential biocontrol agents of vascular wilt diseases - Review and future prospects [J]. Biol Control, 103: 62-68.

Fischer D, Pfitzner B, Schmid M, et al., 2012. Molecular characterisation of the diazotrophic bacterial community in uninoculated and inoculated field-grown sugarcane (*Saccharum* sp.) [J]. Plant and Soil, 356: 83-99.

Fouts DE, Tyler HL, DeBoy RT, et al., 2008. Complete genome sequence of the $N_2$-fixing broad host range endophyte *Klebsiella pneumoniae* 342 and virulence predictions verified in mice [J]. PLoS Genetics, 4 (7): e1000141.

Fu HY, Sun SR, Wang JD, et al., 2016. Rapid and quantitative detection of *Leifsonia xyli* subsp. *xyli* in sugarcane stalk juice using a real-time fluorescent (TaqMan) PCR assay [J]. BioMed Research International, 2681816.

Gao SW, Yang YY, Wang CF, et al., 2016. Transgenic sugarcane with a *cry1Ac* gene exhibited better phenotypic traits and enhanced resistance against sugarcane borer [J]. PLoS ONE, 11 (4): 1-16.

Gao SW, Yang YY, Xu LP, et al., 2018. Particle bombardment of the *Cry2A* gene cassette induces stem borer resistance in sugarcane [J]. Int J Mol Sci, 19 (6): 1692-1708.

GaoYJ, Liu XH, Zhang RH, et al., 2015. Verification of progeny from crosses between sugarcane (*Saccharum* spp.) and an Intergeneric hybrid (*Erianthus arundinaceus*×*Saccharum spontaneum*) with molecular makers [J]. Sugar Tech, 17 (1): 31-35.

Garsmeur O, Droc G, Antonise R, et al., 2018. A mosaic monoploid reference sequence for the highly complex genome of sugarcane [J]. Nat Commun, 9: 2638.

Gilbert RA, Gallo-Meagher M, Comstock JC, et al., 2005. Agronomic evaluation of sugarcane lines transformed for resistance to strain E [J]. Crop Science, 45 (5): 2060-2067.

Giongo A, Tyler HL, Zipperer UN, et al., 2010. Two genome sequences of the same bacterial strain, *Gluconacetobacter diazotrophicus* PAl 5, suggest a new standard in genome sequence submission [J]. Stand Genomic Sci, 2: 309-317.

Glick BR, Stearns JC, 2011. Making phytoremediation work better: maximizing a plant's growth potential in themidst of adversity [J]. Int J Phytoremediation, 13 Suppl 1: 4-16.

Guo JL, Gao SW, Lin QL, et al., 2015. Transgenic sugarcane resistant to Sorghum mosaic virus based on coat protein gene silencing by RNA interference [J]. BioMed Research International, 861907.

Guo J, Ling H, Ma J, et al., 2017. A sugarcane R2R3-MYB transcription factor gene is alternatively spliced during drought stress [J]. Sci Rep, 7: 41922.

Guo J, Ling H, Wu Q, et al., 2014. The choice of reference genes for assessing gene expression in sugarcane under salinity and drought stresses [J]. Sci Rep, 4: 7042.

Guo J, Xu L, Su Y, et al., 2013. *ScMT2-1-3*, a metallothionein gene of sugarcane, plays an important role in the regulation of heavy metal tolerance/accumulation [J]. Biomed Res Int, 904769.

Guo JL, Gao SW, Lin QL, et al., 2015. Transgenic sugarcane resistant to sorghum mosaic virus based on coat protein gene silencing by RNA interference [J]. Biomed Research International, 1-9.

Guo JL, Xu LP, Fang JP, et al., 2012. A novel dirigent protein gene with highly stem-specific expression from sugarcane, response to drought, salt and oxidative stresses [J]. Plant Cell Rep, 31 (10): 1801-1812.

Gutierrez A, Garces FF, Hoy JW, 2006. Evaluation of resistance to leaf scald by quantitative PCR of *Xanthomonas albilineans* in sugarcane [J]. Plant Disease, 100 (7): 1331-1338.

Hamonts K, Trivedi P, Garg A, et al., 2018. Field study reveals core plant microbiota and relative importance of their drivers [J]. Environmental Microbiology, 20: 124-140.

Hartmann A, Schikora A, 2012. Quorum sensing of bacteria and trans-kingdom interactions of N-acyl homoserine lactose with eucaryotes [J]. Journal of Chemical Ecology, 38: 704-713.

Hassan MN, Afghan S, Hassan Z, et al., 2014. Biopesticide activity of sugarcane associated rhizobacteria: *Ochrobactrum intermedium* strain NH-5 and *Stenotrophomonas maltophilia* strain NH-300 against red rot under field conditions [J]. Phytopathol Mediterr, 33: 229-239.

Huang DL, Gao YJ, Gui YY, et al., 2016. Transcriptome of high sucrose sugarcane variety GT35 [J]. Sugar Tech, 18 (5): 520-528.

Huang DL, Qin CX, Gui YY, et al., 2017. Role of the SPS gene families in the regulation of sucrose accumulation in sugarcane [J]. Sugar Tech, 19 (2): 117-124.

Huang F, Chen M, Gowda A, et al., 2015. Identification, inheritance, and fitness costs of Cry2Ab2 resistance in a field-derived population of sugarcane borer, *Diatraea saccharalis* (F.) (Lepidoptera: Crambidae) [J]. Journal of Invertebrate Pathology, 130: 116-123.

Huang N, Ling H, Liu F, et al., 2018. Identification and evaluation of PCR reference genes for host and pathogen in sugarcane-Sporisorium scitamineum interaction system [J]. BMC Genomics, 19 (1): 479.

Huang N, Ling H, Su Y, et al., 2018. Transcriptional analysis identifies major pathways as response components to *Sporisorium scitamineum* stress in sugarcane [J]. Gene, 678: 207-218.

Jain M, Chengalrayan K, Abouzid A, et al., 2007. Prospecting the utility of a PMI / mannose selection system for the recovery of transgenic sugarcane (*Saccharum* spp. hybrid) plants [J]. Plant Cell Reports, 26 (5): 581-590.

Jiang ZP, Li YR, Wei GP, et al., 2012. Effect of long-term vinasse application on physic-chemical properties of sugarcane field soils [J]. Sugar Tech, 14 (4): 412-417.

Jung JH, Altpeter F, 2016. TALEN mediated targeted mutagenesis of the caffeic acid O-methyltransferase in highly polyploid sugarcane improves cell wall composition for production of bioethanol [J]. Plant Mol Biol, 92: 131-142.

Kaneko T, Minamisawa K, Isawa T, et al., 2010. Complete genomic structure of the cultivated rice endophyte *Azospirillum* sp. B510 [J]. DNA Research, 17: 37-50.

Katiyar D, Hemantaranjan A, Singh B, et al., 2017. Isolation and characterization of plant growth promoting rhizobacteria *Enterobacter hormaechei* and their suppression efficacy against *Colletotrichum falcatum* in combination with Chitosan [J]. Int J Plant Soil Sci, 14: 1-12.

Kazeem S A, Ikotun B, 2017. Resistance status of sugarcane grown in Nigeria to ratoon stunting disease [J]. Springer Berlin Heidelberg, 124 (1): 57-65.

Khan M, Pan Y B, Iqbal J, 2017. Development of an RAPD-based SCAR marker for smut disease resistance in commercial sugarcane cultivars of Pakistan [J]. Crop Protection, 94: 166-172.

Krause A, Ramakumar A, Bartels D, et al., 2006. Complete genome of the mutualistic, $N_2$-fixing grass endophyte *Azoarcus* sp. strain BH72 [J]. Nature Biotechnology, 24: 1385-1391.

Laborde MCF, 2019. Identification of resistant sugarcane genotypes to ratoon stunt disease by Fourier-transform infrared analysis [D]. Brazil: University of Sao Paulo.

Lee B, Farag MA, Park HB, et al., 2012. Induced resistance by a long-chain bacterial volatile: elicitation of plant systemic defense by a C13 volatile produced by *Paenibacillus polymyxa* [J]. PLoS ONE, 7: e48744.

Lemanceau P, Blouin M, Muller D, et al., 2017. Let the core microbiota be functional [J]. Trends in

Plant Science, 22: 583-595.

Lery LMS, Hemerly AS, Nogueira EM, et al., 2011. Quantitative proteomic analysis of the interaction between the endophytic plant-growth-promoting bacterium *Gluconacetobacter diazotrophicus* and sugarcane [J]. Mol Plant-Microbe Interact, 24: 562-576.

Li M, Liang Z, He S, et al., 2017. Genome-wide identification of leaf abscission associated microRNAs in sugarcane (*Saccharum officinarum* L.) [J]. BMC Genomics, 18 (1): 754.

Li M, Liang Z, Zeng Y, et al., 2016. De novo analysis of transcriptome reveals genes associated with leaf abscission in sugarcane (*Saccharum officinarum* L.) [J]. BMC Genomics, 17: 195.

Li WF, Wang XY, Huang YK, et al., 2013. Screening sugarcane germplasm resistant to Sorghum mosaic virus [J]. Crop Protection, 43: 27-30.

Li YR, Solomon S, 2004. Sustainable Sugarcane and Sugar Production Technology [M]. Beijing: China Agriculture Press.

Li YR, 2004. China: an emerging sugar super power [J]. Sugar Tech, 6 (4): 213-228.

Li YR, Nasr MI, Solomon S, et al., 2008. Meeting the Challenges of Sugar Crops & Integrated Industries in Developing Countries [M]. Cairo: Engineering House Press Co.

Li YR, Solomon S, 2003. Ethephon: A versatile growthregulator for sugar cane industry [J]. Sugar Tech, 5 (4): 213-223.

Li YR, Solomon S, 2006. Technologies to Improve Sugar Productivity in Developing Countries [M]. Beijing: China Agriculture Press.

Li YR, Song XP, Wu JM, et al., 2016. Sugar industry and improved sugarcane farmingtechnologies in China [J]. Sugar Tech, 18 (6): 603-611.

Li YR, Srivastava MK, Rao GP, et al., 2011. Balancing sugar and energy production in developing countries: sustainable technologies and marketing strategies [M]. Lucknow: Army Printing Press.

Li YR, Wei YA, 2006. Sugar industry in China: R & D and policy initiative to meet sugar and biofuel demand of future [J]. Sugar Tech, 8 (4): 203-216.

Li YR, Yang LT, 2015a. Sugarcane agriculture and sugar industry in China [J]. Sugar Tech, 17 (1): 1-8.

Li YR, Yang LT, 2016b. Research and development priorities for sugar industry of China: recent research highlights [J]. Sugar Tech, 17 (1): 9-12.

Li YR, Zhu QZ, Wang WZ, et al., 2007. Pre-emergenceapplication of vinasse on sugarcane growth and sugar productivity in China [J]. Sugar Tech, 9 (2-3): 160-165.

Liao Q, Wei GP, Chen GF, et al., 2014. Effect of trash addition to the soil on microbial communities and physico-chemical properties of soils and growth of sugarcane plants [J]. Sugar Tech, 16 (4): 400-404.

Lima E, Boddey RM, Döbereiner J, 1987. Quantification of biological nitrogen fixation associated with sugar cane using a $^{15}N$ aided nitrogen balance [J]. Soil Biology and Biochemistry, 19: 165-170.

Lin LH, Ntambo MS, Rott PC, et al., 2018. Molecular detection and prevalence of *Xanthomonas albilineans*, the causal agent of sugarcane leaf scald, in China [J]. Crop Protection, 109: 17-23.

Lin L, Guo W, Xing Y, et al., 2012. The actinobacterium *microbacterium* sp. 16SH accepts pBBR1-based pPROBE vectors, forms biofilms, invades roots, and fixes $N_2$ associated with micropropagated sugarcane plants [J]. Applied Microbiology and Biotechnology, 93: 1185-1195.

Lin L, Li Z, Hu C, et al., 2012. Plant growth-promoting nitrogen-fixing enterobacteria are in associationwith sugarcane plants growing in Guangxi, China [J]. Microbes Environ, 27: 391-398.

Lin L, Wei C, Chen M, et al., 2015. Complete genome sequence of endophytic nitrogen-fixing *Klebsiella variicola strain* DX120E [J]. Standards in Genomic Sciences, 10: 22.

Lin S, Chen T, Qin X, et al., 2014. Identification of microRNA families expressed in sugarcane leaves subjected to drought stress and targets thereof [J]. Pakistan Journal of Agricultural Sciences, 51 (4): 925-934.

Lin ZY, Wang JH, Bao YX, et al., 2016. Deciphering the transcriptomic response of *Fusarium verticillioides* in relation to nitrogen availability and the development of sugarcane pokkah boeng disease [J]. Scientific Reports, 6: 1-13.

Ling H, Wu Q, Guo J, et al., 2014. Comprehensive selection of reference genes for gene expression normalization in sugarcane by real time quantitative RT-PCR [J]. PLoS ONE, 9 (5): e97469.

Liu F, Sun T, Wang L, et al., 2017. Plant jasmonate ZIM domain genes: shedding light on structure and expression patterns of JAZ gene family in sugarcane [J] . BMC Genomics, 18 (1): 771.

Luo T, Ou-Yang X, Yang L, et al., 2016. *Raoultella* sp. strain L03 fixes $N_2$ in association with micropropagated sugarcane plants [J]. Journal of Basic Microbiology, 56: 934-940.

Magnani GS, Cruz LM, Weber, Bespalhok JC, et al., 2013. Culture-independent analysis of endophytic bacterial communities associated with Brazilian sugarcane [J]. Genetics and Molecular Research, 12 (4): 4549-4558.

Magnani GS, Didonet CM, Cruz LM, et al., 2010. Diversity of endophytic bacteria in Brazilian sugarcane [J]. Genetics and Molecular Research, 9: 250-258.

Mao HY, Wang WJ, Su WH, et al., 2019. Genome-wide identification, phylogeny, and expression analysis of Sec14-like PITP gene family in sugarcane [J]. Plant Cell Rep, 38 (5): 637-655.

Marguerat S, Bähler J, 2010. RNA-seq: from technology to biology [J]. Cell Mol Life Sci, 67 (4): 569-579.

Marques JPR, Hoy JW, Appezzato-Da-Gloria Beatriz, et al., 2018. Sugarcane cell wall-associated defense responses to infection by *Sporisorium scitamineum* [J]. Frontiers in Plant Science, 9: 698.

Martin, Handojo H, Wismer C, 1989. Pokkah boeng diseases of sugarcane: Major diseases [M]. New York: Elsevier.

Martínez-Absalón S, Rojas-Solís D, Hernández-León R, et al., 2014. Potential use and mode of action of the new strain *Bacillus thuringiensis* UM96 for the biological control of the grey mould phytopathogen Botrytis cinerea [J]. Biocontrol Sci Tech, 24: 1349-1362.

Meng JY, Ntambo MS, Rott PC, et al., 2020. Identification of differentially expressed proteins in sugarcane in response to infection by *Xanthomonas albilineans* using itraq quantitative proteomics [J]. Microorganisms, 8 (1): 76.

Morozova O, Marra MA, 2008. Applications of next-generation sequencing technologies in functional genomics [J]. Genomics, 92 (5): 255-264.

Müller DB, Vogel C, Bai Y, et al., 2016. The plant microbiota: Systems-level insights and perspectives [J]. Annu Rev Genet, 50: 211-234.

Muthukumarasamy R, Revathi G, Lakshminarasimhan C, 1999. Influence of N fertilisation on the isolation of *Acetobacter diazotrophicus* and *Herbaspirillum* spp. from Indian sugarcane varieties [J]. Biol Fertil Soils, 29: 157-164.

Nogoy FM, Niño MC, Song JY, et al., 2018. Plant microRNAs in molecular breeding [J]. Plant Biotechnology Reports (12): 1-11.

Ntambo MS, Meng JY, Rott PC, et al., 2019a. Comparative transcriptome profiling of resistant and susceptible sugarcane cultivars in response to infection by Xanthomonas albilineans [J]. Int J Mol Sci, 20 (24): 6138.

Ntambo MS, Meng JY, Rott PC, et al., 2019b. Identification and characterization of *Xanthomonas albilineans* causing sugarcane leaf scald in China using multilocus sequence analysis [J]. Plant Pathology, 68 (2): 369-277.

Oliveira ALM, Canuto EL, Urquiaga S, et al., 2006. Yield of micropropagated sugarcane varieties in different soil types following inoculation with diazotrophic bacteria [J]. Plant and Soil, 284: 23-32.

Oliveira ALM, Urquiaga S, Döbereiner J, et al., 2002. The effect of inoculating endophytic $N_2$-fixing bacteria on micropropagated sugarcane plants [J]. Plant and Soil, 242: 205-215.

Oliveira MM, Ramos ETA, Drechsel MM, et al., 2018. Gluconacin from *Gluconacetobacter diazotrophicus* PAL5 is an active bacteriocin against phytopathogenic and beneficial sugarcane bacteria [J]. Journal of Applied Microbiology, 125 (6): 1812-1826.

Parthasarathy A, Gan HM, Wong NH, et al., 2018. Isolation and genomic characterization of six endophytic bacteria isolated from *Saccharum* sp. (sugarcane): insights into antibiotic, secondary metabolite and quorum sensing metabolism [J]. Journal of Genomics, 6: 117-121.

Patel P, Shah R, Joshi B, et al., 2019. Molecular identification and biocontrol activity of sugarcane rhizosphere bacteria against red rot pathogen *Colletotrichum falcatum* [J]. Biotechnology Reports, 21: e00317.

Paungfoo-Lonhienne C, Lonhienne TGA, Yeoh YK, et al., 2014. A new species of *Burkholderia* sp. isolated from sugarcane roots promotes plant growth [J]. Microbial Biotechnology, 7: 142-154.

Paungfoo-Lonhienne C, Thierry GA Lonhienne, Yun Kit Yeoh, et al., 2016. Crosstalk between sugarcane and a plant-growth promoting *Burkholderia* species [J]. Scientific Reports, 6: 37389.

Peng Q, Su Y, Ling H, et al., 2017. A sugarcane pathogenesis-related protein, ScPR10, plays a positive role in defense responses under *Sporisorium scitamineum*, SrMV, SA, and MeJA stresses [J]. Plant Cell Rep, 36 (9): 1427-1440.

Perin L, Martinez-Aguilar L, Paredes-Valdez G, et al., 2006. *Burkholderia silvatlantica* sp. nov., a diazotrophic bacterium associated with sugarcane and maize [J]. Int J Syst Evol Microbiol, 56: 1931-1937.

Persley GJ, 1973. Pathogenic variation in *Xanthomonas albilineans* (Ashby) Dowson, the causal agent of leaf-scald disease of sugar cane [J]. Australian Journal of Biological Sciences, 26 (4): 781-786.

Phan TT, Sun B, Niu JQ, et al., 2016. Overexpression of sugarcane gene *SoSnRK*2.1 confers drought tolerance in transgenic tobacco [J]. Plant Cell Rep, 35 (9): 1891-905.

Pinto JD, 1999. Systematics of the North American species of *Trichogramma* Westwood (Hymenoptera: Trichogrammatidae) [J]. Mem Entomol Soc Wash, 22: 287.

Piperidis N, D'Hont A, 2020. Sugarcane genome architecture decrypted with chromosome-specific oligo probes [J]. The Plant Journal, https://doi.org/10.1111/tpj.14881.

Putra LK, TH Astono TH, Syamsidi SRC, et al., 2015. Dispersal, yield losses and varietal resistance of sugarcane streak mosaic virus (SCSMV) in Indonesia [J]. International Journal of Virology, 11: 32-40.

Qin ZQ, Wei JJ, Song XP, et al., 2017. Efficacy of the ladybird beetle *Cryptolaemus montrouzieri* Mulsant for control of *Saccharicoccus sacchari* (Cockerell) [J]. Sugar Tech, 19 (6): 599-603.

Qiu L, Chen R, Fan Y, et al., 2019. Integrated mRNA and small RNA sequencing reveals microRNA regulatory network associated with internode elongation in sugarcane (*Saccharum officinarum* L.) [J]. BMC Genomics, 20 (1): 817.

Que YX, Xu LP, Wu QB, et al., 2014. Genome sequencing of *Sporisorium scitamineum* provides insights into the pathogenic mechanisms of sugarcane smut [J]. BMC Genomics, 15: 1184-1186.

Raza M, Zhang ZF, Hyde KD, et al., 2019. Culturable plant pathogenic fungi associated with sugarcane in southern China [J]. Fungal Diversity, 99 (1): 1-104.

Reinhold-Hurek B, Bünger W, Burbano CS, et al., 2015. Roots shaping their microbiome: global hotspots for microbial activity [J]. Annual Review of Phytopathology, 53 (1): 403-424.

Reinhold-Hurek B, Hurek T, 2011. Living inside plants: bacterial endophytes [J]. Curr Opin Plant Biol, 14 (4): 435-443.

Roach BT, Jackson PA, 1992. Screening sugarcane clones for resistance to ratoon stunting disease [J]. Sugar Cane (2): 2-10.

Roach BT, 1992. Susceptibility to ratoon stunting disease in the *Saccharum* complex and feasibility of breeding for resistance [J]. Sugar Cane, 3: 1-11.

Rosenblueth M, Martínez-Romero E, 2006. Bacterial endophytes and their interactions with hosts [J]. Molecular Plant-Microbe Interactions, 19: 827-837.

Rott P, Davis M J, Baudin P, 1994. Serological variability in *Xanthomonas albilineans*, causal agent of leaf scald disease of sugarcane [J]. Plant Pathology, 43 (2): 344-349.

Rott P, Soupa D, Brunet Y, et al., 2010. Leaf scald (*Xanthomonas albilineans*) incidence and its effect on yield in seven sugarcane cultivars in guadeloupe [J]. Plant Pathology, 44 (6): 1075-1084.

Rouws LFM, Leite J, de Matos GF, et al., 2014. Endophytic *Bradyrhizobium* spp. isolates from sugarcane obtained through different culture strategies [J]. Environ Microbiol Rep, 6 (4): 354-363.

Ruschel AP, Henis Y, Salati E, 1975. $^{15}$Nirogen tracing of N-fixation with soil-grown sugarcane seedlings [J]. Soil Biology and Biochemistry, 7: 181-182.

Saha R, Saha N, Donofrio RS, et al., 2013. Microbial siderophores: a mini review [J]. Journal of Basic Microbiology, 53: 303-317.

Santi C, Bogusz D, Franche C, 2013. Biological nitrogen fixation in non-legume plants [J]. Ann Bot., 111: 743-767.

Santoyo G, Moreno-Hagelsieb G, Orozco-Mosqueda MC, et al., 2016. Plant growth-promoting bacterial endophytes [J]. Microbiol Res, 183: 92-99.

Santoyo G, Orozco-Mosqueda MC, Govindappa M, 2012. Mechanisms of biocontrol and plant growth-promoting activity in soil bacterial species of *Bacillus* and *Pseudomonas*: a review [J]. Biocontrol Sci Tech, 22: 855-872.

Schenk ST, Schikora A, 2015. AHL-priming functions via oxylipin and salicylic acid [J]. Frontiers in Plant Science, 5 (42): 784.

Silva MF, Gonçalves MC, Melloni MNG, et al., 2015. Screening sugarcane wild accessions for resistance to Sugarcane mosaic virus (SCMV) [J]. Sugar Tech, 17 (3): 252-257.

Singh P, Song QQ, Singh RK, et al., 2019. Proteomic Analysis of the Resistance Mechanisms in Sugarcane during Sporisorium scitamineum Infection [J]. Int J Mol Sci, 20 (3): 569.

Solanki MK, Wang FY, Wang Z, et al., 2019. Rhizospheric and endospheric diazotrophs mediated soil fertility intensification in sugarcane-legume intercropping systems [J]. Journal of Soils and Sediments,

19 (4): 1911-1927.

Solanki MK, Wang Z, Wang FY, et al., 2017. Intercropping in sugarcane cultivation influenced the soil properties and enhanced the diversity of vital diazotrophic bacteria [J]. Sugar Tech, 19: 136-147.

Su TM, Li YR, Wei G P, et al., 2012. Macronutrients absorption and surface runoff losses under different fertilizer treatments in sugarcane field [J]. Sugar Tech, 14 (3): 255-260.

Su Y, Guo J, Ling H, et al., 2014. Isolation of a novel peroxisomal catalase gene from sugarcane, which is responsive to biotic and abiotic stresses [J]. PLoS ONE, 9 (1): e84426.

Su Y, Xiao X, Ling H, et al., 2019. A dynamic degradome landscape on miRNAs and their predicted targets in sugarcane caused by *Sporisorium scitamineum* stress [J]. BMC Genomics, 20 (1): 57.

Su Y, Xu L, Wang S, et al., 2015. Identification, phylogeny and transcript of chitinase family genes in sugarcane [J]. Sci Rep, 5: 10708.

Su Y, Xu L, Wang Z, et al., 2016. Comparative proteomics reveals that central metabolism changes are associated with resistance against Sporisorium scitamineum in sugarcane [J]. BMC Genomics, 17 (1): 800.

Su YC, Wang ZQ, Xu LP, et al., 2016. Early selection for smut resistance in sugarcane using pathogen proliferation and changes in physiological and biochemical indices [J]. Frontiers in Plant Science, 7: 1133.

Su YC, Zhang YY, Huang N, et al., 2017. Small RNA sequencing reveals a role for sugarcane miRNAs and their targets in response to Sporisorium scitamineum infection [J]. BMC Genomics, 18 (1): 325.

Suman A, Yadav AN, Verma P, 2016. Endophytic microbes in crops: diversity and beneficial impact for sustainable agriculture [C]. In: Singh DP, Abhilash PC, Prabha R. (eds). Microbial Inoculants in Sustainable Agricultural Productivity, Research Perspectives [M]. On Academic, 11: 117-143.

Sun T, Liu F, Wang W, 2018. The role of sugarcane catalase gene *ScCAT2* in the defense response to pathogen challenge and adversity stress [J]. Int J Mol Sci, 19 (9): 2686.

Taniguti LM, Schaker PD, Benevenuto J, et al., 2015. Complete genome sequence of *Sporisorium scitamineum* and biotrophic interaction i LM, Schaker PDC transcriptome with sugarcane [J]. PLoS ONE, 10 (6): e0129318.

Thaweenut N, Hachisuka Y, Ando S, et al., 2011. Two seasons' study on *nifH* gene expression and nitrogen fixation by diazotrophic endophytes in sugarcane (*Saccharum* spp. hybrids): expression of *nifH* genes similar to those of rhizobia [J]. Plant and Soil, 338: 435-449.

Urquiaga S, Cruz KHS, Boddey RM, 1992. Contribution of nitrogen fixation to sugar cane: nitrogen-15 and nitrogen-balance estimates [J]. Soil Science Society of America Journal, 56: 105-114.

Urquiaga S, Xavier RP, deMorais RF, et al., 2012. Evidence from field nitrogen balance and $^{15}N$ natural abundance data for the contribution of biological $N_2$ fixation to Brazilian sugarcane varieties [J]. Plant and Soil, 356: 5-21.

Vargas L, Santa Brígida AB, Mota Filho JP, et al., 2014. Drought tolerance conferred to sugarcane by association with *Gluconacetobacter diazotrophicus*: a transcriptomic view of hormone pathways [J]. PLoS ONE, 9 (12): e114744.

Varshney RK, Nayak SN, May GD, et al., 2009. Next-generation sequencing technologies and their implications for crop genetics and breeding [J]. Trends Biotechnol, 27 (9): 522-530.

Villarreal-Delgado MF, Villa-Rodríguez ED, Cira-Chávez LA, et al., 2018. The genus *Bacillus* as a biological control agent and its implications in the agricultural biosecurity [J]. Rev Mex Fitopatol, 36:

95-130.

Wang L, Liu F, Zhang X, et al., 2018. Expression characteristics and functional analysis of the *ScWRKY3* gene from sugarcane [J]. Int J Mol Sci, 19 (12): 4059.

Wang L, Zheng Y, Ding S, et al., 2017. Molecular cloning, structure, phylogeny and expression analysis of the invertase gene family in sugarcane [J]. BMC Plant Biol, 17 (1): 109.

Wang WZ, Yang BP, Feng CL, et al., 2017. Efficient sugarcane transformation via *bar* gene selection [J]. Tropical Plant Biol, 10: 77-85.

Wang WZ, Yang BP, Feng XY, et al., 2017. Development and characterization of transgenic sugarcane with insect resistance and herbicide tolerance [J]. Front Plant Sci, 8: 1535-1545.

Wang Y, Hua X, Xu J, et al., 2019. Comparative genomics revealed the gene evolution and functional divergence of magnesium transporter families in Saccharum [J]. BMC Genomics, 20 (1): 83.

Wang ZP, Song Q, Shuai L, et al., 2020. Metabolic and proteomic analysis of nitrogen metabolism mechanisms involved in the sugarcane-*Fusarium verticillioides* interaction [J]. Journal of Plant Physiology, 25153207.

Wang Z, Li Y, Li C, et al., 2019. Comparative transcriptome profiling of resistant and susceptible sugarcane genotypes in response to the airborne pathogen *Fusarium verticillioides* [J]. Mol Biol Rep, 46 (4): 3777-3789.

Wei CY, Lin L, Luo LJ, et al., 2014. Endophytic nitrogen-fixing *Klebsiella variicola* strain DX120E promotes sugarcane growth [J]. Biol Fertil Soils, 50: 657-666.

Weilharter A, Mitter B, Shin MV, et al., 2011. Complete genome sequence of the plant growth promoting endophyte *Burkholderia phytofirmans* strain PsJN [J]. Journal of Bacteriology, 193: 3383-3384.

Weng LX, Deng HH, Xu JL, et al., 2011. Transgenic sugarcane plants expressing high levels of modified *cry1Ac* provide effective control against stem borers in field trials [J]. Transgenic Research, 20 (4): 759-772.

Weng LX, Deng HH, Xu JL, et al., 2006. Regeneration of sugarcane elite breeding lines and engineering of stem borer resistance [J]. Pest Management Science, 62 (2): 178-187.

Wu Q, Xu L, Guo J, et al., 2013. Transcriptome profile analysis of sugarcane responses to *Sporisorium scitaminea* infection using Solexa sequencing technology [J]. Biomed Res Int, 298920.

Xing YX, Wei CY, Mo Y, et al., 2016. Nitrogen-fixing and plant growth-promoting ability of two endophytic bacterial strains isolated from sugarcane stalks [J]. Sugar Tech, 18: 373-379.

Xu F, He L, Gao S, et al., 2019. Comparative analysis of two sugarcane ancestors *Saccharum officinarum* and *S. spontaneum* based on complete chloroplast genome sequences and photosynthetic ability in cold stress [J]. Int J Mol Sci, 20 (15): 3828.

Xu L, Huang HR, Yang LT, et al., 2010. Combined application of NPK on yield and quality of sugarcane applied through SSDI [J]. Sugar Tech, 12 (2): 104-107.

Yang SD, Liu JX, Wu J, et al., 2013. Effects of vinasse and press mud application on the biological properties of soils and productivity of sugarcane [J]. Sugar Tech, 15 (2): 152-158.

Yang X, Song J, Todd J, et al., 2019. Target enrichment sequencing of 307 germplasm accessions identified ancestry of ancient and modern hybrids and signatures of adaptation and selection in sugarcane (*Saccharum* spp.), a 'sweet' crop with 'bitter' genomes [J]. Plant Biotechnol J, 17 (2): 488-498.

Yang Y, Fu Z, Su Y, et al., 2014. A cytosolic glucose-6-phosphate dehydrogenase gene, *ScG6PDH*, plays a positive role in response to various abiotic stresses in sugarcane [J]. Sci Rep, 4: 7090.

Yang YT, Zhang X, Chen Y, et al., 2016. Selection of reference genes for normalization of microRNA expression by RT-qPCR in sugarcane buds under cold stress [J]. Frontiers in Plant Science, 7: 86.

Yeoh YK, Paungfoo-Lonhienne C, Dennis PG, et al., 2016. The core root microbiome of sugarcanes cultivated under varying nitrogen fertilizer application [J]. Environmental Microbiology, 18: 1338-1351.

Yoneyama T, Muraoka T, Kim TH, et al., 1997. The natural$^{15}$ N abundance of sugarcane and neighboring plants in Brazil, the Phili The natural $^{15}$N abundance of sugarcane and neighboring plants in Brazil, the Philippines and Miyako (Japan) [J]. Plant and Soil, 189: 239-244.

Young AJ, Petrasovits LA, Croft BJ, et al., 2006. Genetic uniformity of international isolates of *Leifsonia xyli* subsp *xyli*, causal agent of ratoon stunting disease of sugarcane [J]. Australasian Plant Pathology, 35 (5): 503-511.

Zeng Q, Ling Q, Fan L, et al., 2015. Transcriptome profiling of sugarcane roots in response to low potassium stress [J]. PLoS ONE, 10 (5): e0126306.

Zeng XP, Zhu K, Lu JM, et al., 2020. Long-term effects of different nitrogen levels on growth, yield, and quality in sugarcane [J]. Agronomy, 10 (3): 353.

Zhang J, Nagai C, Yu Q, et al., 2012. Genome size variation in three *Saccharum* species [J]. Euphytica, 185: 511-519.

Zhang J, Zhang X, Tang H, et al., 2018. Allele-defined genome of the autopolyploid sugarcane *Saccharum spontaneum* L. [J]. Nat Genet, 50 (11): 1565-1573.

Zhang L, Birch R G, 2010. Biocontrol of sugarcane leaf scald disease by an isolate of *pantoea dispersa* which detoxifies albicidin phytotoxins [J]. Letters in Applied Microbiology, 22 (2): 132-136.

Zhang M, Zhuo X, Wang J, et al., 2015. Phosphomannose isomerase affects the key enzymes of glycolysis and sucrose metabolism in transgenic sugarcane overexpressing the manA gene [J]. Mol Breed, 35 (3): 100.

Zhang RY, Shan HL, Li WF, et al., 2017. First report of sugarcane leaf scald caused by Xanthomonas albilineans in the province of Guangxi, China [J]. Plant Disease, 101 (8): 1541.

Zhang SZ, Yang BP, Feng CL, et al., 2006. Expression of the *Grifola frondosa* trehalose synthase gene and improvement of drought-tolerance in sugarcane (*Saccharum officinarum* L.) [J]. J Integr Plant Biol, 48: 453-459.

Zhang SZ, Yang BP, Feng CL, et al., 2006. Expression of the Grifola frondosa trehalose synthase gene and improvement of drought-tolerance in sugarcane (*Saccharum officinarum* L.) [J]. Journal of Integrative Plant Biology, 48 (4): 453-459.

Zhang XQ, Chen, MH, Liang YJ, et al., 2016. Morphological and physiological responses of sugarcane to *Leifsonia xyli* subsp. *xyli* infection [J]. Plant Disease, 100 (12): 2499-2506.

Zhang X Q, Liang Y J, Zhu K, et al., 2017. Influence of Inoculation of *Leifsonia xyli* subsp. *xyli* on photosynthetic parameters and activities of defense enzymes in sugarcane [J]. Sugar Tech, 19 (4): 394-401.

Zhang X, Yang Y, Zou J, et al., 2017. *ScMED7*, a sugarcane mediator subunit gene, acts as a regulator of plant immunity and is responsive to diverse stress and hormone treatments [J]. Mol Genet Genomics, 292 (6): 1363-1375.

Zhang Y, Huang QX, Yin GH, et al., 2015. Genetic diversity of viruses associated with sugarcane mosaic disease of sugarcane inter-specific hybrids in China [J]. European Journal of Plant Pathology, 143 (2): 351-361.

Zhong Y, Yan M, Jiang J, et al., 2019. Mycophenolic acid as a promising fungal dimorphism inhibitor to control sugarcane disease caused by *Sporisorium scitamineum* [J]. Journal of Agricultural and Food Chemistry, 67: 112-119.

Zhou DG, Wang CF, Li Z, et al., 2016. Detection of *bar* transgenic sugarcane with a rapid and visual loop-mediated isothermal amplification assay [J]. Frontiers in Plant Science, 7: 279.

Zhu B, Zhou Q, Lin L, et al., 2013. *Enterobacter sacchari* sp. nov., a nitrogen-fixing bacterium associated with sugarcane (*Saccharum officinarum* L.) [J]. International Journal of Systematic and Evolutionary Microbiology, 63: 2577-2582.

Zhu K, Shao M, Zhou D, et al., 2019. Functional analysis of *Leifsonia xyli* subsp. *xyli* membrane protein gene *Lxx*18460 (anti-sigma K) [J]. BMC Microbiol, 19 (1): 2.

Zhu K, Yuan D, Zhang XQ, et al., 2018. The physiological characteristics and associated gene expression of sugar cane inoculated with *Leifsonia xyli* subsp. *xyli* [J]. Journal of Phytopathology, 166 (1): 44-52.

Zhu YJ, McCafferty H, Osterman G, et al., 2011. Genetic transformation with untranslatable coat protein gene of sugarcane yellow leaf virus reduces virus titers in sugarcane [J]. Transgenic Research, 20 (3): 503-512.

# 第五章

# 世界甘蔗糖业发展概况

世界食糖主要包括甘蔗糖和甜菜糖。甘蔗是主要的制糖原料，全世界有 110 国家和地区先后种植甘蔗，以甘蔗为原料生产糖（机制糖）的国家有 93 个。目前种植甘蔗国家还有 102 个，生产甘蔗糖（蔗糖）国家为 85 个。1961—2019 年世界食糖总产量从5 320.3万 t 发展到 1.803 亿 t，其中甘蔗糖从 3 157.7 万 t 增加到 1.552 亿 t，甘蔗糖所占的比重从 56.5%上升到 79.0%，最高达 81.3%。世界甘蔗糖主要集中在南北回归线 23.5°附近，巴西是世界甘蔗面积最大的国家，蔗糖产量和出口量长期居世界第一位；印度是亚洲蔗糖产量及波动幅度最大的国家，2018/2019 年榨季和 2019/2020 年榨季印度蔗糖产量一度超过巴西成为全球食糖的第一大主产国；泰国是世界重要的蔗糖生产和出口大国，2014/2015 年至 2018/2019 年榨季一度超过中国成为世界第三大蔗糖生产国，其蔗糖出口量位居世界第二，其蔗糖产量和出口量的变化对世界食糖的供需平衡产生较大影响。中国是世界第一大食糖进口、第二大食糖消费和第三大食糖生产国，在全球经济一体化的形势下，蔗糖产业受到了国际、国内两个市场的影响，食糖价格大幅波动对蔗糖产业造成了严重的冲击。

## 第一节　巴西甘蔗糖和乙醇产业

巴西是世界头号甘蔗糖生产国和出口国，面积 851.19 万 $km^2$，北部位于赤道上，气候湿热，中部属热带气候，南部属亚热带气候，全国平均气温在 22℃以上。9—11 月为春季，12 月至翌年 2 月为夏季，3—5 月为秋季，6—8 月为冬季。年平均降水量大部分地区为1 000～2 000 mm，亚马孙平原西部降水量可达2 000～3 000 mm。

巴西自然条件优越，疆土辽阔，全国均可种植甘蔗。近年甘蔗栽培面积达 900 万 $hm^2$，年产甘蔗突破 7.3 亿 t，年产糖量突破4 000万 t，1 997年开始甘蔗糖产量已连续多年居世界首位。

### 一、巴西甘蔗糖业发展简史

巴西的甘蔗栽培和制糖工业已有 500 多年的历史。早在 15 世纪初便从马德拉岛引进甘蔗进行种植。1526 年就有甘蔗糖出口到葡萄牙。16—17 世纪巴西甘蔗糖业就已很兴盛，当时甘蔗糖业在巴西的经济中占据统治地位。

18 世纪初到 19 世纪中期，随着西印度群岛和古巴甘蔗糖业的兴盛，以及欧洲甜菜糖业的兴起，巴西的糖业生产逐渐下降和衰退。20 世纪 30 年代，资本主义世界经济大危机严重冲击了巴西糖业，致使巴西制糖工业陷入严重困境和处于半破产状态。

第二次世界大战后，欧洲甜菜糖业遭到严重破坏，巴西的甘蔗种植和制糖工业在国内外市场急切需求的强烈刺激下，得到了较大的恢复和发展。从 20 世纪中叶开始，巴西甘蔗糖产业快速发展，在国际甘蔗糖市场的地位越来越重要。1930/1931 年榨季巴西甘蔗糖产量 102.7 万 t，是居印度、古巴和美国等产糖大国之后世界第四大甘蔗糖生产国，原糖产量占世界产量的 4.6%；1960/1961 年榨季糖产量 362 万 t，居世界第三位。1982/1983 年榨季产糖量 957 万 t，首次居世界第一位，2001/2002 年榨季后除大幅度调低制糖比外基本上均居世界第一位。

## 二、巴西甘蔗科研与生产

### （一）甘蔗品种选育及应用

目前巴西 3 个主要甘蔗育种机构为巴西糖能产业发展联合大学（the Inter-University Network for the Development of the Sugar-Energy Sector（RIDESA），Republic of Brazil）选育 RB 系列品种（Paixão and Alves，2019；农业部热带农业考察组，2000），巴西甘蔗技术中心（Sugarcane Technology Center，私人公司）选育 CTC 系列品种，圣保罗州的坎皮纳斯农业研究所，其培育的品种为 IAC 系列品种。

此外巴西培育的品种还有：里约热内卢的坎波斯大学甘蔗试验站，其培育的品种以 CB（Campos Brazil）命名；由圣保罗甘蔗研究站培育的 SP（Sao Paulo）系列；由巴西东北农业研究所培育的 IANE（Institute of Agronomy，Northeast Brazil）系列，由巴西圣保罗坎皮纳斯农业研究所培育的 IACSP（Institute of Agronomy，Campinos，Sao Paulo，Brazil）系列等。

巴西十分重视氮高效品种的培育。巴西最先发现甘蔗生物固氮特性并加以充分利用，巴西的甘蔗育种重视在低氮压力下进行氮高效甘蔗基因型选择。在巴西糖能产业发展联合大学的甘蔗育种（RB 系列）程序中，实生苗和选种圃阶段是不施氮肥的（Gazaffi et al.，2016）。因此巴西选育的甘蔗品种需氮肥较少，可以减少氮肥施用（Castro et al.，2016），但大多在我国高氮条件下容易倒伏和降低甘蔗糖分，如在巴西最受欢迎的优良甘蔗品种 RB72-454 引进我国后的表现就是这样（李杨瑞等，2015）。我国不少蔗区施氮肥过多，高达巴西的 10 倍甚至更多，这也是我国甘蔗生产成本高的重要原因之一。

巴西的育种效率较高，20 世纪 60 年代中期才开始执行“全国甘蔗改良计划”，到 1975 年，每年约培育 80 万实生苗，1977 年就推广了第一批良种，并从国外收集到 728 个育种材料（吴才文等，2018）。

巴西甘蔗有性杂交育种方向以糖分高、产酒率高为主。20 世纪 70 年代以来，则重点研究培育适应新开发蔗区及东北部低产蔗区的品种。

### （二）蔗区分布及自然气候

巴西甘蔗分布很广，但主要集中在中南部和东北部。由于两地区的气候差异，使巴西成为世界上唯一的每年有两次收获和两次加工期的国家（吴才文等，2018）。全国可划分为两个蔗区（Castro et al.，2016）：

**1. 中南部蔗区**　主要包括圣保罗、里约热内卢、米纳斯吉拉斯、巴拉那等州。蔗区位于南纬 20°—23°，全年气温变化稍大，平均为 20℃，部分地区有霜冻，年平均降水量为 1 250～1 750 mm，10 月至翌年 3 月为雨季，4 月至 9 月为旱季，6 月至 12 月为糖厂生产期，土壤主要是红色石灰土、红壤和冲积土。单产较高，为 75～100 t/hm$^2$。

**2. 东北部蔗区** 主要包括伯南布哥、阿拉戈斯、巴伊亚、塞尔希培和帕拉伊巴等州。蔗区位于南纬 7.5°—12.5°，全年平均气温 26℃，气温高低变化不超过几度。年平均降水量为 1 630 mm。3 月至 8 月为雨季，9 月至翌年 2 月为旱季，9 月至翌年 4 月为糖厂生产期。土壤主要是红壤。

### （三）耕作栽培

巴西通常根据东北和中南两蔗区气候、土壤和地形，选择不同成熟期的甘蔗品种进行种植，如东北蔗区选择成熟期为 14 个月的品种。在 8 月、9 月温湿季节下种，9 月至翌年 4 月可收获供榨；中南蔗区选择成熟期为 12 个月的品种，在 9—10 月春雨季节下种，或选用成熟周期为 18 个月的越冬品种在 2—3 月夏末季节下种，6—12 月可收获供榨，从而保证一年四季均可生产（表 5-1）。

**表 5-1 巴西甘蔗生长周期情况**

| 蔗区 | 新植蔗 | | 宿根蔗 | |
|---|---|---|---|---|
| | 种植期 | 生长期 | 收获期 | 年限 |
| 中南部蔗区 | 12 月至翌年 2 月 | 18 个月 | 5—12 月 | 4—5 年 |
| 东北部蔗区 | 6—9 月 | 14 个月 | 9 月至翌年 4 月 | 7 年以上 |

资料来源：Castro et al.，2016；吴才文等，2018。

巴西原来一般实行 1 年新植，4 年宿根后挖掉蔗头、休闲数月后重新种蔗。20 世纪 70 年代以后为了执行能源酒精生产计划，甘蔗种植面积不断扩大，部分粮食及其他作物的农田也改植甘蔗，同时利用休闲蔗田种植大豆、花生等豆类作物，既可增加蔗农收入，又可提高土壤肥力（周日尤和陈克强，2001）。

### （四）甘蔗病虫害

巴西甘蔗病害主要有：叶灼病、赤条病、黑穗病、梢腐病、眼点病、褐斑病、外皮病、赤腐病、嵌纹病、凤梨病、根腐病和宿根矮化病等。防治方法一般是选用无病种苗或选育抗病品种。下种前将蔗种放入 50.5℃热水中浸泡 2 h，可较好地防治宿根矮化病。

巴西甘蔗主要虫害有：蔗螟、沫蝉、蛴螬、行军虫、白蚁、蔗龟、甘蔗绵蚜、粉蚧等十几种。其中以美洲条螟（*Diatraea saccharails* F.）和 *D. flavipennella* B. 两种为主。防治方法采用生物和化学药剂相结合的综合防治法。生物防治方面，1974 年巴西甘蔗改良计划署制定了“全国蔗螟生物防治计划”。在糖厂设立防治虫害实验室，大规模饲养、释放害虫天敌，并全国调查蔗螟发生情况和本地天敌情况，同时从国外引进了古巴蝇和螟黄足绒茧蜂。此外，还重视选育抗虫品种，经试验发现 IAC 50-134、CB 45-155、CB 56-156 和 Co 775 等品种的抗螟能力很强（Ramos et al.，2011b；吴才文等，2018）。

另外，巴西沙质土蔗园的线虫危害使甘蔗产量损失达 25%～69%。防治方法以每公顷施 4 kg 有效成分的 5%呋喃丹颗粒剂的效果最好。

### （五）收获

巴西的甘蔗生产机械化发展很快，以 Usina-SãoJoão 公司为例，2002 年机械收获的甘蔗占 55%，2013 年已达 100%。目前巴西的甘蔗生产已基本实现全程机械化。有些企业工作收获机械化为 90%，剩下 10%为手工收获，是因为政府强制要给当地居民提供劳动获取收入的机会。种植过程中的机械化分为两种，一种是纯粹的机械化种植，另外一种是结合手工劳动的机械化种植，这种种植方式需要手工把种茎放进种植沟中，是一种半机械化的形式。农药和一些生长调节剂主要是利用飞机喷洒。巴西使用的化学催熟剂有增甘膦等，每公顷用 4～6 kg，能增加糖产量，施增甘膦可以克服蔗田因施放过量的酒精发酵液而带来对甘蔗糖分的不良影响（Ramos et al.，2011a；李杨瑞等，2015；吴才文等，2018）。

## 三、原料生产规模及水平

### （一）单产

巴西自然条件优越，疆土辽阔，土地肥沃，随着甘蔗种植面积的扩大，甘蔗单产不仅没降低，反而还在稳定提高（Lee et al.，2006）。1949/1950 年榨季巴西甘蔗平均单位面积产量为 38.7 t/hm$^2$，1959/1960 年榨季为 42.5 t/hm$^2$，1969/1970 年榨季为 46.2 t/hm$^2$，均较全球平均单产 41.6 t/hm$^2$、46.7 t/hm$^2$ 和 54.8 t/hm$^2$ 略低，但 1979/1980 年榨季巴西甘蔗单产已增至 57.0 t/hm$^2$，而全球平均单产为 55.3 t/hm$^2$，为全球平均单产的 103.1%。巴西 1985/1986 年榨季甘蔗单产为 61.5 t/hm$^2$，较全球平均 59.1 t/hm$^2$ 高 2.4 t/hm$^2$。从 1949/1950 年至 2013/2014 年榨季巴西甘蔗平均单产发展趋势来看（表 5－2），巴西蔗田单产已达到较高水平，2007/2008 年榨季单产为 76.6 t/hm$^2$，2012/2013 年榨季为 75.3 t/hm$^2$。

### （二）种植面积

1948—1950 年，巴西甘蔗收获面积为 81.4 万 hm$^2$，位列印度和古巴之后而居世界第三位；1960 年巴西甘蔗收获面积 134 万 hm$^2$，已超过古巴，居世界第二位；1970 年为 172.5 万 hm$^2$，1980 年为 260.8 万 hm$^2$，1985 年 390 万 hm$^2$，居世界首位。1987 年 432.3 万 hm$^2$，在巴西甘蔗种植面积居各类作物之首。

1950—1990 年，巴西甘蔗种植面积从 81 万 hm$^2$快速发展到 430 万 hm$^2$，40 年间甘蔗种植面积增加了 5.3 倍，年均递增 34.9 万 hm$^2$，年均增幅 10.7%；从 1990—2004 年的 15 年间为巴西甘蔗发展的缓慢时期，甘蔗种植面积从 430 万 hm$^2$ 增加到 563.2 万 hm$^2$，年均增幅约为 2.1%。2004—2013 年的 10 年时间，巴西甘蔗种植面积又进入了快速发展时期，甘蔗种植面积从 563.2 万 hm$^2$快速增加到了 1 020 万 hm$^2$，10 年时间甘蔗种植面积增加了 456.8 万 hm$^2$，年均递增 45.7 万 hm$^2$，年均增幅为 8.1%，甘蔗种植面积发展进入了另一个高峰期，同时也是 10 年来世界上甘蔗糖业发展最迅速的国家之一。巴西自然条件优越，疆土辽阔，国土面积 851.19 万 km$^2$，且全国均可种植甘蔗，目前甘蔗种植面积 1 019.5 万 hm$^2$，仅占国土面积的 1.20%，因此发展甘蔗产业巴西还有巨大潜力（李杨瑞等，2015）。

### （三）甘蔗总产量

巴西是世界头号甘蔗糖生产国，其自然条件优越，疆土辽阔，全国均可种植甘蔗（李杨瑞等，2015）。由于甘蔗产业在该国效益好、竞争力较强、对国家的外汇收入贡献大，随着甘蔗种植面积的增加和单产的提高，巴西的甘蔗总产量也在不断上升，如 1972/1973 年榨季甘蔗总产量仅为 0.92 亿 t，1975/1976 年榨季上升到 1.032 亿 t，1982/1983 年榨季甘蔗总产量突破 2 亿 t 达到 2.16 亿 t，7 年时间甘蔗总产量增加了 1 亿 t 以上；1994/1995 年榨季甘蔗总产量突破 3 亿 t 达到 3.04 亿 t，12 年时间甘蔗总产量又增加了近 1 亿 t。21 世纪以来，巴西甘蔗总产量增速不断加快，2003/2004 年榨季甘蔗总产量突破 4 亿 t，达到 4.15 亿 t。9 年时间甘蔗总产量增加超过了 1 亿 t；2006/2007 年榨季甘蔗总产量又达到 5.5 亿 t，3 年时间甘蔗总产量增加又超过了 1 亿 t；2007/2008 年榨季甘蔗总产量突破 6 亿 t，达 6.45 亿 t，1 年时间甘蔗总产量增加了近 1 亿 t，显示出巴西甘蔗产业发展的巨大潜力。近年巴西甘蔗总产量在 7.3 亿 t 左右波动，2013/2014 年榨季最高总产量达到 7.36 亿 t（表 5－2）。

**表 5－2　1960/1961 年榨季以来巴西重要年份甘蔗生产情况统计表**

| 榨季 | 1960/1961 | 1970/1971 | 1980/1981 | 1990/1991 | 2000/2001 | 2010/2011 | 2011/2012 | 2012/2013 | 2013/2014 |
|---|---|---|---|---|---|---|---|---|---|
| 单产（$t/hm^2$） | 43.4 | 46.5 | 55.2 | 62.0 | 69.8 | 76.4 | 74.3 | 75.3 | 70.6 |
| 面积（万 $hm^2$） | 136.7 | 172.8 | 282.6 | 421.1 | 495.8 | 960.1 | 970.5 | 1 019.5 | 1 042 |
| 总产量（万 t） | 5 937.7 | 8 038.0 | 15 592.4 | 26 088.8 | 34 594.2 | 73 400.6 | 72 107.7 | 76 809.0 | 73 610.8 |

数据来源：联合国粮农组织统计数据库；吴才文等，2018。

## 四、甘蔗糖生产

1930/1931 年榨季巴西原糖产量为 102.7 万 t，位居印度、古巴、美国等产糖大国之后；1939/1940 年榨季巴西产原糖 119 万 t；1949/1950 年榨季 190 万 t，仅次于古巴和美国而居世界第三位；1959/1960 年榨季巴西甘蔗糖产量为 331.9 万 t，1969/1970 年榨季为 533.5 万 t，1979/1980 年榨季 852.1 万 t，1984/1985 年榨季为 827.4 万 t，1994/1995 年榨季为 1 261.8 t，居印度之后列世界第二位；1995/1996 年榨季巴西原糖产量 1 359.4 万 t，仍居印度之后。1996/1997 年榨季，巴西原糖产量 1 477.5 万 t，之后几乎一直稳居世界头号产蔗糖国之首，仅 2000/2001 年榨季巴西甘蔗糖产量 2 040.0 万 t，次于印度当年甘蔗糖产量 2 048.0 万 t，之后巴西甘蔗糖产量一直处于稳步上升之中，2015 年甘蔗糖产量为 3 620 万 t，其中 2012/2013 年榨季最高甘蔗糖产量已达 3 860 万 t，之后，由于国际糖价下跌，巴西甘蔗糖产量略有下降，其中 2018/2019 年榨季因大幅下调制糖比为 35%，甘蔗糖产量降为 2 950 万 t，低于印度，成为世界第二大蔗糖生产国（图 5－1）。

随着巴西甘蔗糖生产的发展，甘蔗糖产量不断增加，80 多年来，巴西甘蔗糖产量在世界食糖中的比重也随之大幅增加，21 世纪以来巴西甘蔗糖产量及在世界食糖市场中的比重如表 5－3 所示。1930/1931 年榨季巴西原糖产量占世界食糖总产量的 4.6%，1939/1940 年榨季占 4.7%，1949/1950 年榨季占 6.1%，1959/1960 年榨季占 6.5%，1969/1970 年榨季占 6.9%，1994/1995 年榨季突破 10%。21 世纪以来巴西原糖总产量占世界食糖总产量的比例介于 15.2%～23.2%，其中 2005/2006 年榨季突破 20%，2008/2009 年榨季最高达 23.2%；巴西原糖总产量占世界甘蔗糖总产量的比例更是在 20.4%以上，

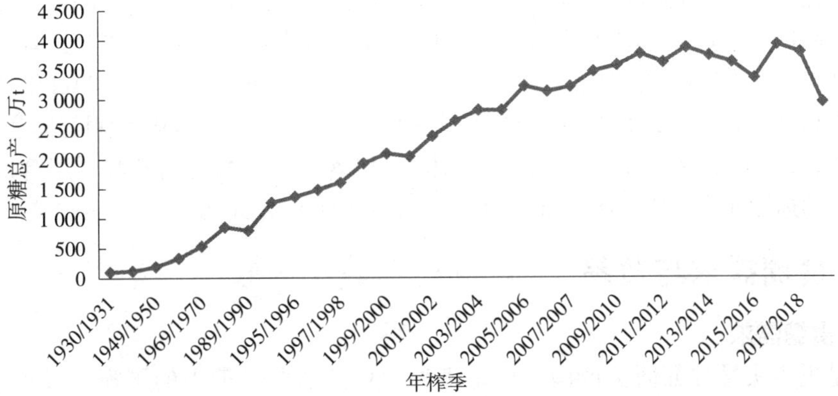


图 5-1　1930/1931 年榨季以来巴西甘蔗糖产量发展趋势图

部分数据来源：联合国粮农组织统计数据库。

最高达 30.1%。由于巴西甘蔗糖在世界食糖和甘蔗糖市场中占有重要份额，且甘蔗原料中有 50%以上用于生产燃料乙醇，用于生产糖的比例不到 50%，因此通过调整甘蔗糖和乙醇生产的比例就可对国际食糖市场产生重大的影响（李杨瑞等，2015；吴才文等，2018；周日尤和陈克强，2001）。

**表 5-3　1999/2000 年榨季以来巴西甘蔗糖产量及在世界食糖和甘蔗糖中的比重**

| 榨季 | | 1999/2000 | 2000/2001 | 2001/2002 | 2004/2005 | 2005/2006 | 2006/2007 | 2007/2008 | 2008/2009 | 2009/2010 | 2010/2011 | 2011/2012 | 2012/2013 | 2013/2014 | 2014/2015 | 2017/2018 | 2018/2019 |
|---|---|---|---|---|---|---|---|---|---|---|---|---|---|---|---|---|---|
| 全球 | 食糖（亿 t） | 1.38 | 1.31 | 1.36 | 1.45 | 1.49 | 1.68 | 1.71 | 1.51 | 1.57 | 1.72 | 1.85 | 1.83 | 1.77 | 1.73 | 2.02 | 1.84 |
| | 甘蔗糖（亿 t） | 1.00 | 0.94 | 1.03 | 1.08 | 1.11 | 1.31 | 1.36 | 1.19 | 1.23 | 1.38 | 1.38 | 1.48 | 1.43 | 1.38 | 1.55 | 1.46 |
| 巴西 | 甘蔗糖（万 t） | 2 091 | 2 040 | 2 381 | 2 815 | 3 217 | 3 128 | 3 208 | 3 464 | 3 566 | 3 758 | 3 615 | 3 860 | 3 730 | 3 620 | 3 786 | 2 950 |
| | 占食糖（%*） | 12.4 | 15.6 | 17.5 | 20.3 | 21.6 | 18.6 | 18.8 | 22.9 | 25.4 | 21.8 | 21.7 | 21.6 | 21.1 | 21.0 | 18.7 | 16.0 |
| | 占甘蔗糖（%*） | 17.1 | 21.7 | 23.1 | 27.3 | 29 | 23.9 | 23.6 | 29.1 | 32.4 | 27.2 | 29.1 | 26.7 | 27 | 26.2 | 24.4 | 20.2 |

* 为巴西甘蔗糖在全球食糖和甘蔗糖中所占比例。

## 五、甘蔗燃料乙醇产业

巴西政府在利用甘蔗原料生产蔗糖的基础上，20 世纪 70 年代开始即大力开发生物能源产业，70 年代巴西就是甘蔗燃料乙醇生产大国，1972/1973 年榨季酒精生产量就达 70 亿 L，到 80 年代除利用糖厂部分最终糖蜜生产乙醇（酒精）外，每年还利用占总产量约 1/3 的甘蔗直接生产燃料酒精代替石油，1983/1984 年榨季巴西年产酒精增加到 100 亿 L，除供国内需要外，还有部分外销，巴西是世界上第一个甘蔗酒精输出国；自 21 世纪开始，巴西乙醇产量增长很快，至 2004/2005 年榨季年产酒精增加到 170.3 亿 L，占世界燃料乙醇总产 420 亿 L 的 37.4%，超过美国成为世界上生物能源最大的国家。巴西轻型汽车是世界上使用燃料乙醇最成功的国家，有效替代了化石燃料，净化了环境，保障了能源自给。至今，巴西还在进一步扩大燃料乙醇的生产规模，加强各项配套设施建设。2006 年新建 41 个甘蔗乙醇、制糖工厂，每年增加了 700 万 t 的甘蔗加工能力，其中生产燃料乙醇的比例不断提高，如 2010/2011 年榨季用于生产甘蔗燃料乙醇的甘蔗比例为 47.2%，2014/2015 年榨季这一比例提高到 56.5%，2018/2019 年榨季这一比例已达 64.1%，同期燃料乙醇产量分别为 253.75 亿 L、276 亿 L 和 298.7 亿 L。与此同时，巴西还在加快燃料乙醇专用管道的建设，以提高乙醇的运输能力（Paixão et al.，2019；Gazaffi et al.，2016）。

## 六、食糖需求与贸易

### （一）食糖需求

巴西是世界头号甘蔗糖生产国，也是南美洲食糖消费量最大的国家，1960—2010 年的 50 年来，虽然人均消费量 50.0 kg 左右，变化不大，但消费总量却从 232 万 t 增加到 1 296.7 万 t，消费量增加了 1 064.7 万 t，年均食糖消费量净增 21.29 万 t，增幅 9.25%；20 世纪 80 年代巴西年均甘蔗糖消费量约 610 万 t，20 世纪 90 年代末至 21 世纪初，巴西甘蔗糖消费增加很快，2007 年消费量到达 1 146.4 万 t，2012 年最高消费量达到 1 357 万 t（吴才文等，2018）。

### （二）贸易

巴西是世界头号甘蔗糖生产国，由于国内消费量有限，因此每年还有大量甘蔗糖出口，巴西是传统的甘蔗糖出口国。1979 年巴西甘蔗糖出口量为 193 万 t，1980 年 253.9 万 t，1985 年为 265 万 t，1996 年达到 400 万 t，2000 年突破 1 000 万 t，达 1 130 万 t，2004 年快速增加到 1 425 万 t。目前，每年出口食糖 2 000 万 t 以上，2014 年最高时达到 2 660 万 t，销往世界各地（表 5-4）。

巴西出口甘蔗糖完全由国家统一管理，负责盈亏，不影响国内食糖价格，以稳定国内甘蔗和糖的生产。当国际糖价下跌时，国家对出口糖进行补贴；当出口甘蔗糖利润下降时，巴西政府可以决定不出口糖，将甘蔗改产酒精，可有效维持蔗农利益、制糖企业效益和国家收益（Lee et al.，2008；吴才文等，2018）。

**表 5-4　2007—2015 年巴西甘蔗糖出口及消费情况统计**

| 年份 | 2007 | 2008 | 2009 | 2010 | 2011 | 2012 | 2013 | 2014 | 2015 | 2016 | 2017 | 2018 | 2019 |
|---|---|---|---|---|---|---|---|---|---|---|---|---|---|
| 出口（万 t） | 2 070 | 2 172 | 2 164 | 2 467 | 2 666 | 2 258 | 2 563 | 2 660 | 2 401 | 2 435 | 2 734 | 2 780 | 1 960 |
| 消费（万 t） | 1 146 | 1 181 | 1 269 | 1 296.7 | 1 320 | 1 357 | 1 350 | 1 126 | 1 343.7 | 1 832 | 1 090 | 1 095 | 1 060 |

资料来源：联合国糖农组织统计数据库；吴才文等，2018。

# 第二节　印度甘蔗糖业

印度是南亚次大陆最大国家，国土面积 298 万 $km^2$，人口 13.3 亿（Singh et al.，2016），仅次于中国；印度也是世界四大文明古国之一，是世界上发展最快的国家之一，经济增长速度引人瞩目。印度全境炎热，大部分属于热带季风气候，夏天时有较明显的季风，印度气候分为雨季（6—10 月）与旱季（3—5 月）以及凉季（11 月至翌年 2 月），冬天时受喜马拉雅山脉屏障影响，较少受寒流或冷高压的影响。适合甘蔗生长，是全球第二大、亚洲第一大甘蔗糖生产国，但印度的气候类型以热带季风气候为主，其中西南季风很不稳定，使印度降水量的时间分配很不稳定，水旱灾频繁，导致印度的甘蔗糖生产很不稳定（吴才文等，2018；李杨瑞，2020）。

## 一、印度甘蔗糖产业发展概况

印度的甘蔗栽培已有 2 000～3 000 年的历史，是甘蔗原产地之一，甘蔗制糖也有 1 000多年的历史。印度早期采用土法（手工）制糖，最初用直立式石辘榨蔗提汁，后改为横卧式木制压辘，继由两压辘改为三横卧式压辘组提汁，由开口锅煮炼生产古尔糖（gur）。印度现代糖业起始于 20 世纪初，20 世纪中叶后才发展起来（Solomon，2004；李杨瑞等，2015）。近年来，印度甘蔗种植面积在 500 万 $hm^2$ 左右，约占耕地面积的 3%，有蔗农 600 万人，糖厂职工 50 万人，还有 200 万人从事间接服务糖业的工作（李杨瑞，2020）。目前印度是亚洲甘蔗栽培面积最大、甘蔗产量和甘蔗糖产量最多的国家之一，仅次于巴西居世界第二位。所产的糖主要满足国内消费，偶有出口，但近年来印度的产糖量持续大于消费量，因此印度自 2010/2011 年榨季起已变成食糖净出口国，但由于印度糖生产成本高于国际糖价，故出口糖需要政府补贴，2018/2019 年榨季政府分配有补贴的配额 500 万 t，但最终出口不足 400 万 t（吴才文等，2018；李杨瑞，2020）。

## 二、印度甘蔗科研与生产

### （一）甘蔗品种培育及应用

印度非常重视甘蔗科研工作。20 世纪初就开始建立各种科研机构。现在，除全国性的科研中心外，共有大小科研机构 50 多处，试验农场几百家，各邦农业大学也都从事甘蔗科研工作（Solomon，2004；Yadav，2006；Krishnamur，2008；王贵华，2001；李杨瑞，2010；吴才文等，2018）。

**1. 著名甘蔗科研单位**　印度哥印拜陀甘蔗育种研究所（Sugarcane Breeding Institute，Coimbatore）：1912 年成立，致力于甘蔗种间杂交，最先用印度型割手密（*S. spontaneum*）作杂交亲本。1920 年就培育出著名的 Co205，产量比原来品种提高一倍。该所成立 70 多年来培育了许多优良品种，这些品种适应性广，很多 Co 品种已在世界各地推广，对世界亚热带蔗区的甘蔗生产贡献很大。此外，还用纯种杂交，将种子送往其他国家播种选育。该所下设 13 个分所（站）也培育了不少适宜当地条件的甘蔗品种。

勒克脑印度甘蔗研究所（Indian Institute of Sugarcane Research，Lucknow）：位于北方邦，主要研究甘蔗大面积栽培，研究学科包括农艺、农业工程、土壤科学、植物生理学、植物病理学、遗传育种学等。对发展和提高甘蔗生产技术作出了很大贡献，培养了很多甘蔗科学家和各方面生产技术专家。

印度国立甘蔗制糖研究所（National Sugar Institute，Kanpur，Indian）：1920 年建议创办印度制糖工艺研究所，1936 年在坎普尔成立帝国制糖工艺研究所，1957 年改名为国立甘蔗制糖研究所，研究所及其附属农场共占地 2 012 $hm^2$（524 英亩）。

**2. 甘蔗新品种培育**　印度十分重视甘蔗良种选育工作，印度甘蔗品种选育以常规育种为主，以突变育种和生物技术改良品种为辅。分布在全国主产蔗区的甘蔗研究机构数十个（含制糖企业、大学），但主要育种单位和育成成效最大的是哥印拜陀甘蔗育种研究所，育出的品种以 Co 编号（代表 Coimbatore），主要育种机构及育成品种代码见表 5-5。

印度育种工作始于 1910 年。当时英国政府派植物学家巴勃驻哥印拜陀甘蔗育种场主持甘蔗育种工作，他以当地的大茎肉蔗（Vellei）与当地的细茎野生蔗（*S. spontaneum*）杂交，育出 Co205 及 Co206。1922—1949 年，万卡特兰门又以 POJ213 与 Co206 杂交，育成 Co281、Co213、Co290 等优良品种，后来该育种研究所一直不断地培育出许多新良种，如近年来育成的品种有 Co86032、Co897、Co91002、Co91005、Co92020、Co954、Co980、Co997、Co0238 等。印度蔗区分布广、类型较多，培育出的不同类型优良品种在不同蔗区推广应用促进印度蔗产业的发展，如 Co7219，早熟、耐旱；CoR8001，晚熟、生长势好，耐旱；CoA7502，中熟，生长势旺；CoM7125，丰产，甘蔗糖产量均高于 Co740；CoC772，早熟、丰产；CoC779，迟熟、丰产；Co7704，早熟、高糖、粗茎、抗黑穗病。

**表 5-5 印度甘蔗育种机构及育成品种代码**

| 序号 | 代码 | 育成地点 |
|---|---|---|
| 1 | Co | （Coimbatore，India）印度科印巴托甘蔗育种场育成。 |
| 2 | CoA | 印度科印巴托杂交种子，在 Anakapelle（AP）甘蔗研究所育成。 |
| 3 | CoC | 印度科印巴托杂交种子，在 Cuddalore（TN）甘蔗研究所育成。 |
| 4 | CoH | 印度科印巴托杂交种子，在 Haryana 甘蔗研究所育成。 |
| 5 | CoJ | （Coimbatore-Jullundur，East Punjab）印度哥印拜托杂交种子，在印度 Jalandhar 的旁遮普大学培育。 |
| 6 | CoK | （Coimbatore-Karnal）印度哥印拜托杂交种子，在印度北部卡纳尔甘蔗试验场育成。 |
| 7 | CoL | （Coimbatore，Lyallpur，India）印度哥印拜托杂交种子，在印度未分出巴基斯坦前，在莱雅普尔（Lyallpur）育成。 |
| 8 | CoLK | 印度哥印拜托杂交种子，在印度勒克瑙（Lucknow）甘蔗试验场育成。 |
| 9 | CoM | 印度哥印拜托杂交种子，在印度 Maharashtra 甘蔗研究所育成。 |
| 10 | CoN | 印度哥印拜托杂交种子，在印度 Navsari 甘蔗研究所育成。 |
| 11 | CoP | 印度哥印拜托杂交种子，在印度 Pasa 甘蔗研究所育成。 |
| 12 | CoPant | 印度哥印拜托杂交种子，在印度 Pantnagar 甘蔗研究所育成。 |
| 13 | CoR | （Coimbatore-Risalewala）印度哥印拜托杂交种子，在 Risalewala 育成。 |
| 14 | CoS | （Coimbatore-Shahjahanpur）印度哥印拜托杂交种子，在印度北部沙贾汉普尔（Shahjahanpur）甘蔗试验场育成。 |
| 15 | CoSe | （Coimbatore-Shahjahanpur）印度哥印拜托杂交种子，在印度 Seorahi 育成。 |
| 16 | CoT | 印度科印巴托杂交种子，在 Tirupati 甘蔗研究所育成。 |
| 17 | CoTL | 印度科印巴托杂交种子，在 Thiruvalla 甘蔗研究所育成。 |
| 18 | CoV | 印度科印巴托杂交种子，在 Vuyyuru 甘蔗研究所育成。 |

资料来源：吴才文等，2018。

高产高糖甘蔗良种在各邦都发挥了重要的作用，其主栽甘蔗品种详见表 5－6。由表 5－6 可知，在印度热带蔗区，目前最重要的甘蔗品种是 Co86032、CoM0265、CoV09356 等，其中 Co86032 占栽培面积最大，分别占马邦、卡邦甘蔗栽培面积的 51％和 58.8％；在亚热带蔗区，目前最重要的甘蔗品种是 Co0238，在多个邦占甘蔗栽培面积 60％以上，尤其是在甘蔗主产邦北方邦占 69％（李杨瑞，2022）。

表 5－6　2017/2018 年榨季和 2018/2019 年榨季印度不同邦的主栽甘蔗品种

| 邦别 | 主栽甘蔗品种 |
| --- | --- |
| Gujarat * | CoM0265（31％ *），Co86032（12.8％），Co98517（10.4％），Co86002（8.9％），CoSi6（6％），CoN05071（5.6％），Co97009（5.6％） |
| Karnataka * | Co86032（58.8％），Co91010（15.2％），CoM0265（12.5％），Co62175（2.8％），CoVc14061（VCF517），Co8011 |
| TamilNadu * | Co86032（53.4％），CoV09356（17.4％），CoV94101（3.5％），PI00-1110（3.0％），CoC（SC）24（3.0％），SI309，CoV92102，TNAU（SC）8 |
| Telangana | Co86032（56.8％），93V297（21.2％），CoV09356（15.8％），CoA82081 |
| Andhra Pradesh | CoV09356（52.7％），CoA92081（21.9％），98V95（3.2％），Co86032（2.5％），CoV94101（86V96-2.2％），CoV92102（83V15-1.6％） |
| Maharashtra * | Co86032（51％），CoM0265（36.1％），Co92005（5.2％），Co62175 |
| Odisha * | CoA89085（12.6％），CoOr03151（10.6％），CoV94101（86V96-7.1％），Co6907（7.0％），Co62175（6.9％），Co86249（6.3％），Co86032（5.8％） |
| Madhya Pradesh | Co86032，Co8014，CoVSI3102，Co0238，CoM0265 |
| Haryana | Co0238（60.5％），Co89003（10.7％），Co0239（7.4％），CoJ85（7％），CoH160（6％），CoH119（4％），Co0118 |
| Uttar Pradesh | Co0238（69％），CoLk94184（6.7％），CoSe01434（2.5％），Co0118（2.48％），Co98014（2％），Co0239，CoS8436，CoS767，CoS97264 |
| Bihar * | Co0238（45.3％），Co0233（12.4％），BO110（7.6％），CoP2061（5.6％），BO91（4.2％），CoS92423，CoP9301，Co0232，Co0118，CoLk94184 |
| Uttarakhand | Co0238（59.9％），CoJ88（8.7％），CoS767（7.31％），CoS88230（4％） |
| Punjab * | Co0238（63.7％），Co0118（10.83），CoJ85（7.5％），Co89003，CoJ88 |

*　为 2017/2018 年度数据，其余为 2018/2019 年度数据。

资料来源：李杨瑞，2022。

北方邦的甘蔗生长期与我国相同，10～12 个月，过去的甘蔗产量和出糖率都很低，早熟高产高糖甘蔗新品种 Co0238 的推广应用从根本上改变了这种局面，在 2012/2013 年榨季，Co0238 尚未大面积推广，其甘蔗单产仅有 61.6 t/hm$^2$，平均出糖率仅为 9.18％。仅用了 6 年时间，到 2018/2019 年榨季该品种在北方邦的应用面积达到 2 794 045 hm$^2$，占甘蔗栽培总面积 69.02％，而其单产提高到 80.5 t/hm$^2$，出糖率提高到 11.46％（表 5－7），分别比 2012/2013 年榨季提高 18.9 t/hm$^2$ 和 2.28％（绝对值），增幅分别达 30.68％和 24.84％，获得了突破性的大提高。

表 5-7 Co0238 种植面积对印度北方邦甘蔗产量和出糖率的影响

| 榨季 | 2012/2013 | 2013/2014 | 2014/2015 | 2015/2016 | 2016/2017 | 2017/2018 | 2018/2019 |
|---|---|---|---|---|---|---|---|
| 甘蔗总面积（$hm^2$） | 2 424 025 | 2 360 266 | 2 132 092 | 2 052 290 | 2 053 959 | 2 299 044 | 2 794 045 |
| Co0238 面积（$hm^2$） | — | 72 623<br>(3.1%) | 176 763<br>(8.3%) | 402 719<br>(19.6%) | 728 604<br>(35.47%) | 1 208 081<br>(52.55%) | 1 928 451<br>(69.02%) |
| 平均甘蔗产量（$t/hm^2$） | 61.6 | 62.7 | 65.1 | 66.5 | 72.4 | 79.2 | 80.5 |
| 平均出糖率（%） | 9.18 | 9.26 | 9.54 | 10.62 | 10.61 | 10.85 | 11.46 |

印度培育出的 Co221、Co244、Co281、Co290、Co419、Co421 等品种不仅在生产上表现优良，而且还是优良亲本，对本国或世界甘蔗育种均做出过巨大贡献，其中 Co290 和 Co419 被称为世界性亲本，目前世界各国育成的品种很多都是他们的后代，被称为蔗王。

Co1148：亲系 P4383×Co301，由沙贾汉普尔甘蔗研究所从哥印拜陀甘蔗育种研究所引进，1962 年在印度北方邦推广栽培。这一出色品种作为旁遮普邦、哈里亚纳邦和北方邦西北部等亚热带地区的常规品种为各邦的糖业发展服务了大约 30 年，在杂交育种选育优良品种中也起着重要作用，迄今为止，在甘蔗杂交方案中利用 Co1148 作为亲本已经为各邦的甘蔗栽培推广了 31 个优秀的甘蔗品种。

Co290：含有 6 个原始亲本，为印度哥印巴托甘蔗育种场育成，是热带种、印度种与细茎野生种 3 种间的杂交后代，蔗茎较大，蔗皮较软，蔗茎短，红色；株型紧密，宿根性好，但感嵌纹病和赤腐病。该品种在印度、阿根廷及路易斯安那州均为经济栽培种。1937 年四川内江甘蔗试验场从美国农业部引入，产量比芦蔗好，20 世纪 50 年代替代芦蔗成为经济栽培种，作为杂交亲本，该品种花粉育性好，可作为母本，也可作为父本，世界各国甘蔗育种单位直接杂交利用就培育出许多优良品种和亲本，目前培育出的品种几乎都含有该品种的血缘，与 POJ2878 一样，并列为第一代蔗王。从血缘上看，该品种原始亲本间没有血缘交叉，主要缺陷在于 Co221 和 D74 不是对等杂交，造成 D74 的两个热带种亲本血缘比例大，使得 Co290 及其后代多属软蔗，蔗皮软，易倒伏，鼠害严重，生产上的损失大。

Co419：含有 12 个原始亲本，被称为世界蔗王，具有优良的遗传基础，其亲本组合为 POJ2878×Co290，父母本均是世界著名的杂交亲本，我国自开展甘蔗有性杂交育种以来，培育出的 241 个优良甘蔗品种中有 30 个是 Co419 直接杂交后代。Co419 是 3 个种的种间杂种，具有热带种、印度种和割手密的血缘，其血缘几乎处于最佳的比例，分别为 81.25%、6.25%和 12.5%（其中印度割手密和爪哇割手密各占 6.25%）。分析 12 个原始亲本的组成，其中斑扎马新黑潭（Black Bandjermasin Hitan）、路打士（Loethers）和黑车利本（Black Cheribon）3 个热带种各重复利用了 2 次，亲本的异质率为 72.7%，含热带种血缘比例较好，但有少量热带种血缘交叉，如果有更高的亲本异质率，该品种无论作为亲本还是生产应用均可能会有更好的表现。

### （二）印度蔗区分布及自然条件

历史上印度甘蔗的主要产地在北部恒河流域，北方邦甘蔗栽培面积在 20 世纪 70 年代和 80 年代曾占全国甘蔗栽培面积 50%以上（见表 5-6），随着南方蔗区的发展，北方邦甘蔗种植面积虽然在不断增加，但在全国所占的比重有所下降（Kapur et al.，2008；Singh et al.，2006b，2016；吴才文等，2018）。按气候条件，印度甘蔗产区分布在北、南两大区域：

**1. 北方（亚热带）蔗区**　主要是恒河流域冲积地带，大部分蔗区位于北纬 22°—32°之间，该蔗区包括北方邦、比哈尔邦、旁遮普邦和哈里亚纳邦等地。冬季气候偏低，最低达 0℃。1—2 月有霜冻，年降水量 1 000～1 500 mm，大部分集中在 6—9 月，其余时间有恒河水可供灌溉。土壤主要由恒河及其支流的冲积物形成。此蔗区甘蔗单产低于南方各邦。

**2. 南方（热带）蔗区**　主要包括马哈拉施特拉邦、安得拉邦、卡纳塔克邦、泰米尔纳德邦等地。大部分地区位于北纬 20°以南，冬季气温不冷，最低温度 10～14℃。全年适于甘蔗生长。沿阿拉伯海或西海岸地区降水量在 2 540 mm 以上，而内地则仅 510 mm 左右，大部分地区降水量为 760～1 140 mm 左右。此蔗区平均气温高、雨量充沛，甘蔗单产比北方蔗区高。

### （三）耕作栽培

**1. 种植期及耕作**　印度北方蔗区 1—3 月种植的甘蔗，生长期 12 个月，当地俗称“Rabi crop”或“Sura crop”（相当于我国的春植蔗），6 月以后种植的甘蔗，生长期 16～18 个月，当地俗称“Kharif crop”或“Adsali crop”（相当于我国的秋植蔗）；南方蔗区的秋植蔗种植期在 12 月初，生长期 14～16 个月，春植蔗种植期在 1—3 月，生长期 12 个月。此外，南方泰米尔纳慧邦蔗区 3 月种植的甘蔗，生长期 12 个月，当地称为 Main Season（正季蔗），7 月种植的甘蔗生长期 13 个月，当地称为 Specail Season（副季蔗）。出糖率以“正季”甘蔗较高。蔗种大多由政府育种场提供最新优质无病种苗，有些把蔗田中株龄 6～8 个月甘蔗的梢部砍掉，让蔗株梢部的侧芽萌发，2～4 周后，将其砍下做种苗。种植方式有人工种植和机种，一般农场使用双行种植机，可一次完成开沟、排种、消毒、施肥、覆土、轻压覆土等项作业（Krishnamur，2008；Singh，2011；Yadav，2011）。

印度蔗区普遍实行宿根制，宿根年限一般为 1～3 年。各邦宿根蔗种植面积约占总植蔗面积的 40%～60%。但由于不重视宿根蔗的生产管理，故产量较低（Yadav and Shukla，2004）。

**2. 盐碱地改良**　印度一些蔗区气候因干旱，蔗田出现盐碱，需要采取特别的甘蔗栽培方法：深耕蔗田让水分渗透，并挖排水沟排水，同时不断加入泥土。每公顷常用 7.4 t 石膏、0.5 t 硫黄和大量滤泥，在翻耕时加入土中。甘蔗种植于深植沟中以防根系受盐害。定植后浅耕蔗行，有助于除掉盐碱。有些地区用人力在行间垄上把积盐刮掉。北方比哈尔蔗区约有 40 万 $hm^2$ 盐碱土，并正在日渐扩大。近年已进行用滤泥和废糖蜜改良盐碱土的研究。施用滤泥可大大降低 pH 和可溶盐含量，对石灰盐碱土有很大的改良作用（吴才文等，2018）。

**3. 育苗移栽及间套种**　印度地少人多、粮食生产任务重，要求提高土地利用率，蔗农一向采用甘蔗育秧移栽方法，延长甘蔗生长期，缩短占用耕地时间。育苗移栽可分为四个时期：季风前、季风期、冬季、春季。

印度亦采用轮作和间作制，秋植蔗与小麦、甜菜、胡萝卜、大蒜、芥菜、油菜、马铃薯、洋葱间作。这样有助于保护秋植蔗幼苗免受霜害；春植蔗与绿豆、玉米和羊角豆间作。也有使用生长期短（70～80 d）、植株矮小、叶少的黑豆（blackgram）和洋葱与甘蔗套种，种法为：在种植（行距 1 m）甘蔗的同时，在行间种 2 行黑豆（吴才文等，2018）。

**4. 施肥** 过去以施厩肥和其他有机肥为主，后来普遍施用氮、磷、钾复混肥。近年提倡施生物氮肥和长效（缓释）型氮肥，蔗田行间普遍种植豆科作物压青，使用糖厂滤泥和农家肥等，还可改良蔗田土壤，有利于下一造作物的生长（Yadav，2006）。

**5. 灌溉** 由于降雨有季节性，雨量不足以维持甘蔗生长，印度全部蔗区都需灌溉。采用的方法有地面漫灌、沟灌、滴灌、喷灌等，地下灌溉或渗润灌溉只能在地形和土壤类型适合的条件下进行。在靠近运河或河流的地区多采用深水漫灌，但必须设排水沟。在井灌区则采用喷灌、滴灌法（Yadav，2006；吴才文等，2018）。

印度甘蔗防旱保水的措施有：缩小行距，增加下种量，用蔗叶覆盖，定植后 30 d、60 d、90 d 喷施加 2.5%钾肥溶液的尿素。石灰水浸种，深沟种植。

**6. 病虫害防治** 主要病害有赤腐病、黑穗病、嵌纹病、梢腐病、轮斑病、赤条病、凤梨病和宿根矮化病等，防治措施主要是推广种植抗病品种。除此之外，采取不在渍水地区种植甘蔗防治赤腐病，在苗期拔除黑鞭并烧毁，另采用 55℃的热气和蒸汽混合处理种苗 2 h 亦可预防黑穗病，用多菌灵消毒蔗种防治凤梨病等（Rao 2004；Singh，2008；Rajeswari et al.，2016；蓝艳华，2015）。

印度甘蔗害虫大约有 150 种，主要有二点螟（*Chilo infuscatellus* Snellen）、梢部蔗螟（*Tryporysa nivella* Falericius）、叶蝉（*Pyrilla perpusilla* Walker）、粉虱（*Aleurolobus barodensis* Maskell）、红粉蚧（*Psudococcus sacchari* Cockereli）和白蚁。主要防治方法有：选用抗病品种、选用健康而无虫害的蔗种、药剂浸种、药剂处理土壤、使用寄生蜂等生物防治、采集卵块、药剂防治、清理蔗田、深铲蔸等（Singh，2004a，2004b；Rao and Sankar，2019）。

## 三、原料蔗生产规模及水平

### （一）甘蔗单产

印度甘蔗种植历史悠久，但早期甘蔗单产并不高，20 世纪初至 21 世纪初，甘蔗单产一直在不断增加。甘蔗单产 1930/1931 年榨季为 30.9 t/hm$^2$，1940/1941 年榨季为 32.1 t/hm$^2$，1950/1951 年榨季为 40.5 t/hm$^2$，1960/1961 年榨季为达到 45.7 t/hm$^2$，1980/1981 年榨季增加到 57.8 t/hm$^2$。随着甘蔗新品种的育成和新技术的推广应用，1990/1991 年榨季继续提高到 65.4 t/hm$^2$，1999/2000 年榨季达 71.2 t/hm$^2$，创造了新高；21 世纪以来印度甘蔗单产基本在 70 t/hm$^2$ 高位波动，其中 2011/2012 年榨季最高时为 77.7 t/hm$^2$，2003/2004 年榨季最低时为 59.4 t/hm$^2$，2018/2019 年榨季又上升 77 t/hm$^2$。从 1930/1931 年至 1999/2000 年榨季印度甘蔗单产从 30.9 t/hm$^2$ 增加到 71.2 t/hm$^2$，70 年间增加了 40.2 t/hm$^2$，增幅为 130.4%（吴才文等，2018）。

### （二）甘蔗种植面积

20 世纪 30 年代以来，印度甘蔗种植面积一直在不断增加，直到 1996 年印度甘蔗种植面积增长速度才逐渐减速。1930 年印度甘蔗种植面积为 117.6 万 $hm^2$，1940 年增加到 161.7 万 $hm^2$，1950 年前增长速度稍慢，10 年间增加了 9 万 $hm^2$。从 1950—1960 年是印度甘蔗种植面积发展较快的时期，10 年间增加了 70.6 万 $hm^2$，达到了 241.3 万 $hm^2$，年均递增了 7 万 $hm^2$，1996 年面积突破了 400 万 $hm^2$，达到了 415 万 $hm^2$。再经过 10 年间，到 2006 年印度甘蔗种植面积突破了 500 万 $hm^2$，2007 年以来印度甘蔗种植面积基本在 500 万 $hm^2$ 左右波动，2018/2019 年榨季达到 550 万 $hm^2$。

就甘蔗种植面积在印度分布来看，2015 年印度全国甘蔗种植面积共计 535.8 万 $hm^2$，其中北方邦甘蔗种植面积为 231.4 万 $hm^2$，较 1980/1981 年榨季 136.3 万 $hm^2$ 增加了 95.1 万 $hm^2$，但在全国所占比例从 51.1%降为 43.2%。在南方各邦中，马哈拉施特拉邦甘蔗产业发展较快，2015 年，该邦种植面积 106 万 $hm^2$，较 1980/1981 年榨季 25.6 万 $hm^2$ 增加了 80.5 万 $hm^2$，在全印度甘蔗种植面积中所占的比例已从 10%升为 20%；其次为卡纳塔克邦，2015 年该邦的种植面积从 15.7 万 $hm^2$ 增加到 51.4 万 $hm^2$，在印度所占的比重由 5.9%上升到了 9.6%。总体而言，北方蔗区的气候条件不如南方各邦，所以南方各邦的甘蔗生产发展很快（吴才文等，2018）。

### （三）甘蔗总产量

随着甘蔗种植面积的增加和单产的提高，印度甘蔗总产量也在不断增加，如 1930/1931 年榨季为 3 640 万 t，1940/1941 年榨季增加到 5 200 万 t，1950/1951 年榨季达到 6 920 万 t，1960/1961 年榨季突破 1 亿 t 达到 1.105 亿 t，1990/1991 年榨季突破 2 亿 t 达到 2.41 亿 t。随着甘蔗新品种的育成和新技术的推广应用，2000/2001 年榨季继续提高到 2.96 1 亿 t，再创新高。70 年时间印度甘蔗总产量从 1930/1931 年榨季的 3 640 万 t 增加到 2000/2001 年榨季的 2.96 亿 t，甘蔗总产量增加了 2.596 亿 t，70 年甘蔗总产量增加了8 倍，年均增加达 370 万 t，年均增幅超过 10%。21 世纪以来印度甘蔗总产量基本在 3 亿 t 上下波动，如 2002/2003 年榨季为 2.816 亿 t，2006/2007 年榨季为 3.555 亿 t，2008/2009 年榨季为 2.85 亿 t，2013/2014 年榨季达到 3.521 亿 t，2018/2019 年榨季达到 3.67 亿 t（表 5 - 8）。

**表 5 - 8　1960/1961 年榨季以来印度重要年份甘蔗的生产情况**

| 榨季 | 1960/1961 | 1970/1971 | 1980/1981 | 1990/1991 | 2000/2001 | 2010/2011 | 2011/2012 | 2012/2013 | 2013/2014 |
|---|---|---|---|---|---|---|---|---|---|
| 单产（$t/hm^2$） | 45.7 | 48.3 | 57.8 | 65.4 | 68.6 | 69.2 | 70.9 | 67.4 | 70.3 |
| 面积（万 $hm^2$） | 241.3 | 261.5 | 266.7 | 368.6 | 431.6 | 494.4 | 509.0 | 506.0 | 501.2 |
| 总产量（亿 t） | 1.10 | 1.26 | 1.54 | 2.41 | 2.96 | 3.42 | 3.61 | 3.41 | 3.52 |

主要数据来源：联合国粮农组织统计数据库。

## 四、甘蔗糖生产

20 世纪中期以来，印度的现代糖业发展取得了很大的成就。几十年来，随着甘蔗种植面积的扩大和单产的大幅提高，印度的糖产量从 1930/1931 年榨季的 12 万 t，增加到了

2014/2015 年榨季 2 860 万 t，增加了 238 倍。从图 5 - 2 可知，印度甘蔗糖产业是 20 世纪 30 年代之后逐步发展起来的。1940/1941 年榨季印度甘蔗糖产量 111.3 万 t，1950/1951 年榨季基本维持在 110 万 t，1960/1961 年榨季发展到了 329.2 万 t，1980/1981 年榨季增加到 654.2 万 t，1990/1991 年榨季达到了 1 370.7 万 t。从 1950/1951 年至 1990/1991 年榨季的 40 年，是印度甘蔗糖产量发展速度较快的 40 年，40 年时间印度甘蔗糖产量从 110 万 t 增加到了 1 300 万 t 以上，甘蔗糖产量增加了 12.5 倍，年均增加 31.5 万 t。从 1990/1991 年至 2004/2005 年榨季的 15 年应该是印度甘蔗糖产业大幅波动的时期，15 年甘蔗糖产量从 1 370.7 万 t，增加到 1 417 万 t，总量增加不多，但波动幅度很大，2002/2003 年榨季最高达到了 2 145 万 t，1993/1994 年榨季最低时仅为 1 170.4 万 t，年均甘蔗糖产量为 1 646.8 万 t。从 2004/2005 年至 2014/2015 年榨季的 10 年，是印度甘蔗糖产业发展最快也是波动最大的 10 年，10 年间印度甘蔗糖产量从 1 417 万 t 增加到了 2 860 万 t，净增 1 443 万 t，年均增加 144.3 万 t，年均增幅达 10.2%。2015/2016 年榨季因干旱影响，印度甘蔗糖产量为 2 510 万 t，略有下降。2018/2019 年榨季印度蔗糖产量高达 3 307.9 万 t，一度超过巴西成为全球第一大蔗糖生产国（图 5 - 2）。

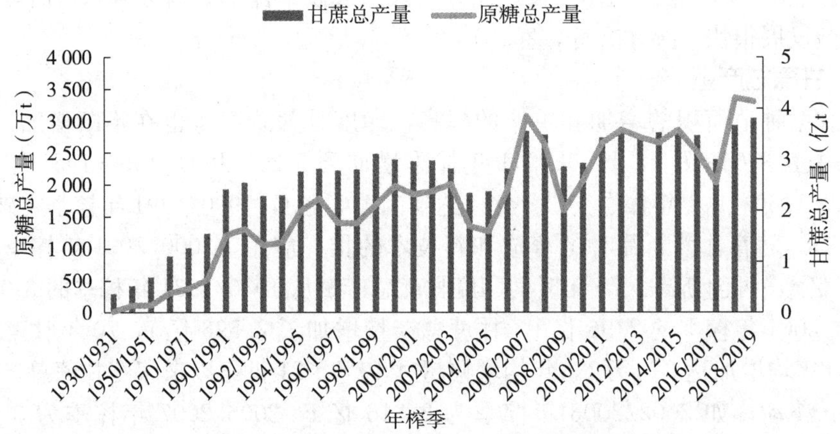


图 5 - 2　1930/1931 年榨季以来印度甘蔗及原糖总产量

数据来源：联合国粮农组织统计数据库。

## 五、食糖需求及贸易

### （一）食糖需求

印度是世界第二大甘蔗糖生产国，第一大食糖消费国，所生产的甘蔗糖几乎均用于满足国内食糖消费。20 世纪 70—80 年代，印度人均机制糖消费水平约 10 kg，非机制糖消费水平约 12 kg。20 世纪末机制糖消费水平增加到 15 kg，目前消费水平约 20 kg。

印度人口众多，且急剧增长，喜爱甜食，人均食糖消费量不断增加，导致食糖消费总量大幅增长。1978 年印度食糖消费总量 521.1 万 t，1982 年增加到 670.7 万 t，1983 年达到 800 万 t，1991 年超过了 1 000 万 t，达 1 100 万 t，20 世纪末最高达 1 860.5 万 t。21 世纪以来，印度食糖消费量不断增长，2001 年印度国内食糖消费量为 1 905.9 万 t，2005 年突破 2 000 万 t 达到 2 017 万 t，2010 年突破 2 500 万 t，达到 2 505.4 万 t，最高达到

2 592.4 万 t。近年来印度食糖消费量始终在 2 500 万 t 上下波动。而同期印度甘蔗糖产量也从 1 851 万 t 增加到 2 800 万 t，2018—2019 年最高达到 3 307.9 万 t，甘蔗糖产销总体基本平衡。近年来甘蔗糖生产量有大于消费量的趋势，甘蔗糖出口增多，对国际糖业产生较大压力（Solomon，2004；Singh，2011；吴才文等，2018）。

**（二）食糖贸易**

1791 年至 1891 年间，印度就有少量食糖出口，而 20 世纪初，由于甘蔗糖生产增加不明显，消费量增加较快，印度一度成为食糖进口国。1932 年印度颁布了食糖进口关税保护政策，限制食糖进口；50 年代中期以后糖产量超过 200 万 t 后，逐步恢复少量出口；进入 21 世纪以来，印度国内食糖产销基本处于平衡状态，虽不同年份间略有波动，但总体趋势是供略大于消，出口频率大于进口频率，如 2009 年净进口糖 250.8 万 t；当供大于求时有少量出口，如 2003 年净出口糖 112.4 万 t，2006 年出口 164.1 万 t，2007 年出口达 460.8 万 t，2013 年出口量又减为 69 万 t，2015 年出口糖达 200 万 t，2018 年继续增加到 340 万 t。最新的数据表明，2020/2021 榨季印度出口糖达到了创纪录的 720 万 t。

# 第三节　泰国甘蔗糖业

泰国位于东南亚中南半岛中部，大部分地区属热带季风气候。国土面积 51.33 万 $km^2$，总人口约 6 000 万。气候终年暖热，全年可明显地分为三季：2—4 月为热季，5—10 月为雨季，11 月至翌年 1 月为旱凉季。年平均气温 27℃左右，最冷 12 月至翌年 1 月，平均气温也在 18℃以上，年平均降水量多在 1 300 mm 左右，沿海地区可达3 000 mm。由于雨季和凉季分明，终年无霜，没有台风袭击，加上大部分地区土壤肥沃，土层深厚，很适宜发展甘蔗生产（Quirk et al.，2004；Seechan et al.，2016）。

## 一、泰国甘蔗糖产业发展概况

泰国甘蔗糖业生产历史悠久，早在 15 世纪已有甘蔗糖输往日本。19 世纪上半叶，甘蔗糖成为泰国对欧洲出口的最主要商品。但由于制糖工业薄弱，无法与荷兰资本主义经营的爪哇糖竞争，至 19 世纪末，逐渐成为甘蔗糖进口国。第二次世界大战后，泰国糖业生产逐渐发展起来。特别是近年来糖业发展很快，糖产量从 1961/1962 年榨季的 15.1 万 t 增至 1976/1977 年榨季的 228.2 万 t。2017/2018 年榨季泰国甘蔗种植面积达 158 万 $hm^2$，入榨甘蔗 13 493 万 t，产糖量 1 468.0 万 t，创历史新高。泰国是世界主要甘蔗糖生产国和出口国之一，甘蔗糖业已成为泰国的一个支柱产业，在泰国国民经济和社会发展中占有重要的地位，年出口及国内销售收入达 20 多亿美元，蔗农及相关从业人员达 30 多万人（Krishnamur，2008；吴才文等，2018）。

## 二、泰国甘蔗科研与生产

泰国甘蔗原料生产的特点是工、农业互相促进。甘蔗种植因地制宜地大面积连片集中种植，大部分糖厂周围 90%的土地都是种植甘蔗，为糖厂提供可靠的原料蔗，这是泰国制糖工业向大型化、现代化发展的先决条件。糖厂则向农场主提供贷款、签订收购合同、农户交售甘蔗按糖价三七开，即蔗价占糖价的70%折算给农户，并保持基本不变，采取这些措施扶助农民发展甘蔗种植。农场主还可向糖厂投资入股，既是农场主又是糖厂厂长或其他管理人员，使他们更关心糖厂的生产。此外，政府非常重视甘蔗的生产技术和优良品种推广，并制定一系列政策，积极扶持和鼓励发展甘蔗糖业，促进了甘蔗生产的迅速发展（刘晓雪等，2013）。

### （一）甘蔗品种培育及应用

**1. 甘蔗品种引进及应用** 泰国非常重视甘蔗品种的引进工作。从 20 世纪 30 年代起便积极从国外引进优良品种，曾从我国台湾、澳大利亚、印度等地成功引进了大量的品种在生产上推广应用。甘蔗品种从国外引进后，通过试验对比，鉴定推广，收效快。曾经作为生产应用的主要品种有 F140、F146、F147、F154、F157、品达、H38-2915、Co419、NCo310 等 10 个品种。其中 F140 是一个适应性较广、耐旱、宿根性能好、高产和蔗糖分较高的品种，平均单产每公顷 50 t，有灌溉的地方为 62.5 t。Q83 属早熟、高产、高糖品种，一般每公顷 50～62.5 t，有灌溉的地方高达 93.75 t，适于有灌溉条件的水田和坝地种植，此外，还繁殖推广 F172 和 F160 等品种。由于引种得当，并注意更新品种，甘蔗糖分和单产有明显提高（魏远安等，2004；Tonsomros et al.，2016）。

**2. 甘蔗品种选育及应用** 泰国甘蔗育种始于 1938 年。在从国外引进优良品种的同时，大量收集甘蔗种质资源，开展甘蔗新品种选育。目前，泰国主要甘蔗育种机构有：农业部（Department of Agriculture，Ministry of Agriculture and Cooperative）下属 SBFCR 甘蔗育种机构、工业部甘蔗糖业办公室（Office of The Cane and Sugar Board，Ministry of Industry）下属的 CSIPC 甘蔗育种机构、Kasetsart 大学和两仪集团（Mitr Phol Group）。研究所（机构）下设有甘蔗试验站，各甘蔗试验站都积极搜集和保育国内外甘蔗品种材料，已进行试验鉴定和杂交选育新品种。目前泰国推广种植甘蔗品种几乎全部为自育种。泰国甘蔗品种推广工作有严格的管理制度，即任何单位选育的新品种，在推广之前都必须经过农业部品种审定委员会审查鉴定，批准后才能大面积繁殖推广（魏远安等，2004；Peeraya et al.，2006；Klomsa-Ard et al.，2016；Songsri and Jonglangklang，2016）。

CSIPC 是 K、LK 和 OCB 系列品种选育机构，其下属的糖业研究所近年用 Co798 作父本，Co775 作母本，杂交选出 2 个单株，其中之一命名为 K73，该品种在灌溉条件下试验单产高达 156 $t/hm^2$，产糖率 15%以上。另外还有 K74 和 K76 等新品种也在不同程度生产上应用。到 2010 年止，共育成了 K、LK 和 OCB 系列甘蔗品种 28 个，该所培育的 K88-92 曾在泰国大面积推广应用，K84-200 既是优良的糖料甘蔗品种，又是选育糖料甘蔗品种最重要亲本之一。其他表现优良的品种还有 LK92-11、K95-84 等。

SBFCR 属泰国农业部农业合作部，是 U-thong（UT）、Supanburi、Khon Kaen（KK）、Mukdaharn、Chinat 型等系列品种的选育机构，到 2016 年共育成了 21 个甘蔗品种，其中 U-Thong（UT）系列 16 个、Khon Kaen（KK）系列 3 个、Mukdaharn 系列 1 个、Chinat 系列 1 个。在生产上推广应用面积较大的 UT 系列品种有 UT1、UT2、UT3、UT5 和 UT8；其中 UT1 既是优良的糖料甘蔗品种，又是选育糖料甘蔗品种最重要亲本之一。泰国农业合作部所属的孔敬府大田作物研究中心（Khon Kaen Crops Research Center，DOA，Thailand）位于泰国东北部，隶属泰国农业部，育成的 3 个品种为 KK1、

KK80（泰国王 80 岁生日释放）和 KK3，其中 KK3 在 2016 年已成为泰国推广面积最大的品种，占全国 173 万 $hm^2$ 总面积 50%以上。

Kasetsart 大学育成了 4 个 KU 系列甘蔗品种推向生产，分别为 KU50、KU60-1、KU60-2、KU60-3（注："60" 指 Kasetsart 大学在泰国王登基 60 周年释放的甘蔗新品种）。

两仪集团育成了 5 个 Mitr Phol 甘蔗品种推向生产，分别为 Mitr Phol 1、Mitr Phol 2、Mitr Phol 3、Mitr Phol 4 和 Mitr Phol 5。

### （二）蔗区分布及自然条件

泰国蔗区分布在北纬 12°—19°之间，90%的甘蔗糖产区位于北纬 17°以南。甘蔗生产共有 27 个府，分布在 4 个比较集中的蔗区（Kannula et al.，2008；Tangkoonboribu，2006b，2008；Songsri and Jonglangklang，2016；魏远安等，2004；吴才文等，2018）。

**1. 中部蔗区**　位于湄南河和夜功河冲积平原，水利条件好，平均单产也较高。2017/2018 年榨季种蔗 42.4 万 $hm^2$，占全国总种植甘蔗面积的 26.84%。本蔗区糖厂星罗棋布，特别是在夜功河沿岸，沿公路 30 km 内便有 14 间糖厂，日榨蔗能力达 12.6 万 t。

**2. 东部蔗区**　位于暹罗湾东岸的高原地区，土壤属沙壤土。本蔗区雨水调匀；种植历史也较长。2017/2018 年榨季种蔗面积 8.2 万 $hm^2$，占全国总种植甘蔗面积的 5.21%。

**3. 东北部蔗区**　土壤一般属比较贫瘠的细砂壤土。2017/2018 年榨季种蔗面积 69.4 万 $hm^2$，占全国总种植甘蔗面积的 43.98%。

**4. 北部蔗区**　位于滨河和难河流域，主要是山林谷地。土壤属沙壤土，一般新垦地有较丰富的有机质。2017/2018 年榨季种蔗 37.7 万 $hm^2$，占全国总种植甘蔗面积的 23.89%。

### （三）栽培管理

泰国甘蔗栽培制度，一般 1 季新植 4 季宿根。新植蔗生长期 12～18 个月，宿根蔗生长期 11～12 个月（Tangkoonboribun，2006a；魏远安等，2004）。泰国地多人少，每人约 0.39 $hm^2$ 耕地，春天雨季前开始整地，种植期因地域有一定的差异，中部和北部省份在 5—6 月雨季开始时种植；东部、东北部省份在雨季刚过后种植甘蔗，即 10—11 月为秋植；仅少数灌溉区如甘享碧府在 12 月至翌年 4 月种植，即冬春植。泰国甘蔗收获期一般从 12 月开始，4 月底雨季开始后结束。目前收获的机械化程度约为 20%，一些蔗农有甘蔗收获机也不愿使用，他们认为机械收获需先把蔗叶烧掉，无蔗叶覆盖蔗地，水分更易挥发，干旱更严重，但仍约有 60%的甘蔗收获前烧蔗叶；同时，还认为使用机械收获会振动蔗根，影响下造甘蔗的生长。

泰国蔗区土壤一般比较肥沃，根据土壤分析结果，指导科学施肥（Luanmanee et al.，2016）。化肥用量不多，但较合理。并根据各蔗区土壤的性质、成分等分析测定的结果，配制不同比例的氮、磷、钾复混肥供蔗农使用。施肥少的普遍在甘蔗拔节后施用，施肥量多的一般分作基肥和追肥各半。

泰国甘蔗集中连片种植，多年连作，不休闲。后来逐步提倡收获最后一年宿根蔗后，给蔗地休闲半年，或播种一造豆科绿肥压青（太阳麻），对于恢复地力有良好效果。中部蔗区的蔗农有用剥下的蔗叶覆盖蔗头的习惯。

季风期间，泰国雨量相当多，接着是持续 5～6 个月的干旱季节。由于水利建设设施不足，部分蔗区水源主要靠天雨。在夜功河附近蔗区，有抽水灌溉站，也有农户打井抽地下水灌溉。干旱季节，有水灌溉的蔗田产蔗达 100.5～112.5 t/hm$^2$，没有灌水的蔗田则每亩产蔗仅 31.5～37.5 t/hm$^2$，相差 2～3 倍（Saensupo et al.，2008）。

### （四）病虫草害防治

泰国的甘蔗以白叶病、花叶病和黑穗病发生最普遍，主要靠培育和推广抗病品种使病害损失降到可控水平。害虫有白螟、二点螟、甘蔗绵蚜、白蚁和天牛。泰国对甘蔗病虫害的防治比较重视，在农业部推广厅的直接领导下，各主要蔗区都派出专业人员常驻蔗农公会，协助和指导当地蔗农防治病虫害。若遇严重虫害，则由政府立即增派人员，组织药物，及时扑灭（Peeraya et al，2004；Rao，2004；魏远安等，2004）。

泰国不少农场于新植蔗收获后，将蔗叶平铺覆盖于宿根蔗田，防旱防草。也采用化学除草剂防除杂草，较广泛使用的除草剂有敌草隆、莠灭净和 2,4-D 等。

## 三、泰国原料生产规模及水平

### （一）甘蔗单产

由于甘蔗新品种的推广和应用，1961 年以来，甘蔗单产呈周期性波浪式地上升，由 1961 年的 30 t/hm$^2$ 增长到 2014 年的 78.9 t/hm$^2$。第一个周期是 1961—1986 年，此区间单产基本在 30～50 t/hm$^2$，最低点出现在 1980 年的 30.1 t/hm$^2$，最高点在 1976 年单产为 53.3 t/hm$^2$；第二个周期是 1987—2006 年，此区间单产基本在 45～60 t/hm$^2$，低点出现在 1993 年的 40.2 t/hm$^2$，高点在 2003 年的 67.2 t/hm$^2$；第三个周期起始在 2007 年，此区间单产上升较快，由 2007 年的 65.25 t/hm$^2$ 增至 2017 年最高时达 82.8 t/hm$^2$。这段时期单产的上升主要是因为甘蔗种植技术进步、抵御自然灾害和病虫害的能力加强以及相关政策的扶持，而单产出现下滑主要是因为甘蔗生产效率下降和异常气候的出现，如雨季推迟造成的干旱天气和极端情况下的洪涝天气等。

### （二）种植面积

随着 50 年来的持续发展，泰国甘蔗种植面积和糖料的产量呈现出波浪式震荡上升趋势。种植面积由 1961 年 6.3 万 hm$^2$增至 2015 年的 150 万 hm$^2$，种植面积增长了 23.8 倍。其间泰国甘蔗种植面积也并非持续不断的增长，种植面积的底部分别出现在 1980 年、1987 年、2001 年和 2009 年，这 4 年的种植面积分别为 42.5 万 hm$^2$、52.0 万 hm$^2$、83.8 万 hm$^2$和 93.2 万 hm$^2$。导致甘蔗种植面积下滑的主要因素包括持续的不利自然条件、出口数量减少以及糖价走低带来的非理性预期效应等。近年泰国甘蔗种植面积呈快速上升态势，2011 年为 125.92 万 hm$^2$、2012 年为 137.1 万 hm$^2$、2015 年达到 150 万 hm$^2$、2018 年达到 182.4 万 hm$^2$，主要是因为泰国政府出台系列激励措施促进食糖产业的发展，糖价走高对蔗农产生的收益预期效应（刘晓雪等，2013；吴才文等，2018）。

### （三）甘蔗总产量

泰国甘蔗产量变动总体上呈现波浪式上升的运行态势，由 1961/1962 年榨季的 200 万 t，1974/1975 年榨季增加到 1 459.2 万 t，1995/1996 年榨季达到 5 769 万 t，2002/2003 年榨季增至 7 407 万 t，2012/2013 年榨季进一步增至 10 009.6 万 t，2014/2015 年榨季增至 10 600 万 t，2017/2018 年榨季增至 13 493 万 t，50 多年甘蔗产量增长了 60 多倍。1995/

1996 年榨季至 2010/2011 年榨季，是泰国甘蔗总产量波动幅度最大且发展较快的时期图 5-3），甘蔗产量的波动主要受到种植面积、生产技术进步等因素的影响。2010/2011 年榨季以来增速变动幅度逐步缩小且趋于稳定，但 2015/2016 年榨季因受干旱影响，甘蔗总产量下降至 9 400 万 t（表 5-9）。

表 5-9　1960/1961 年榨季以来泰国重要年份甘蔗生产情况统计表

| 榨季 | 1960/1961 | 1970/1971 | 1980/1981 | 1990/1991 | 2000/2001 | 2010/2011 | 2015/2016 | 2016/2017 | 2017/2018 |
|---|---|---|---|---|---|---|---|---|---|
| 单产（t/hm²） | 31.7 | 47.8 | 43.5 | 52.0 | 59.2 | 76.2 | 63.9 | 62.0 | 82.8 |
| 面积（万 hm²） | 6.3 | 13.8 | 45.7 | 78.3 | 83.8 | 97.8 | 147 | 150 | 163 |
| 总产量（万 t） | 200.0 | 658.6 | 1 985.4 | 4 066.1 | 4 956.3 | 9 595.0 | 9 400.0 | 9 295.0 | 13 493.0 |

数据来源：联合国粮农组织统计数据库。

## 四、泰国甘蔗糖生产

泰国是世界主要甘蔗糖生产国之一，从 2014/2015 年榨季开始甘蔗糖产量已超过中国成为世界第三大甘蔗糖生产国，糖业已成为泰国主要的支柱产业，在泰国国民经济和社会发展中占有重要的地位，2006 年泰国蔗农及相关从业人员达 100 万人。1974/1975 年榨季以来至今，泰国甘蔗糖产量从 121 万 t 增加到 2014/2015 年榨季的 1 130.2 万 t，2017/2018 年榨季再创新高的 1 468 万 t，40 余年间甘蔗糖产量增加了 12.1 倍，总量增加了1 347 万 t，年均递增 31.32 万 t。20 世纪初，泰国有 46 个制糖厂，2017/2018 年榨季发展到 54 家，2018/2019 年榨季又增加到 57 家。20 世纪以来，泰国甘蔗蔗糖分 11.5%～12.0%，出糖率 10.0%～11.0%，但甘蔗单产和种植面积不断提高，糖产量在 21 世纪以来不断创新高，2000/2001 年榨季泰国甘蔗糖产量 543.9 t，到 2017/2018 年榨季增加到了 1 468 万 t，增幅达 169.9%图 5-3）。2019/2020 年榨季因泰国正面临 40 年来最为严重的干旱，还有蔗价偏低，农民种蔗的积极性下降，甘蔗面积锐减，致使蔗糖产量大幅下降至 827 万 t。

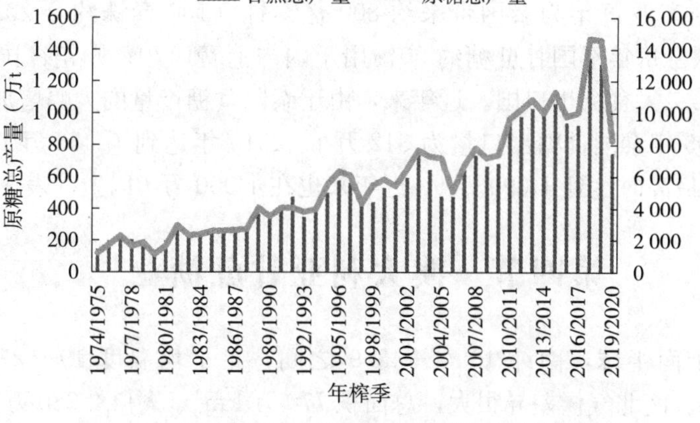


图 5-3　1974/1975 年榨季以来泰国的甘蔗及原糖产量

数据来源：吴才文等，2018；联合国粮农组织统计数据库。

## 五、消费和进出口贸易

### （一）食糖消费

泰国人均食糖消费量从 20 世纪 80 年代的 13 kg，增加到 21 世纪初的 30 kg，近年来人均食糖消费量已达到 40 kg。由于人口和人均食糖消费量的增加，50 年来泰国食糖消费量总体呈稳定增长态势，由 1959 年的 11 万 t 增至 2013 年的 293.5 万 t，其中，1989 年泰国食糖消费量突破 100 万 t 达到 101 万 t。从消费量和产量的关系来看，每年泰国国内的食糖消费量约占本年度食糖产量的 30%，但随着甘蔗糖产量的快速增加，消费所占比例有逐步下降趋势。从食糖消费量的增长速度来看，大多数年份食糖消费量增速维持在 10%以内，1977 年以前食糖消费量增速的波动幅度剧烈，之后食糖消费量增速的波动幅度逐渐缩小趋于稳定，如 1969 年的食糖消费量增速高达 33.09%，1962 年的食糖消费量增速达到 22.22%。食糖消费量的稳定增长，主要是由于经济发展水平提高带动人均食糖消费量的提高。从 20 世纪 50 年代末至今，泰国食糖总消费量增加 25 倍多。21 世纪以来，泰国食糖消费从 175 万 t 增加到 2014 年达到 250 万 t，近年来维持在 260 万 t 左右，最高达 293.5 万 t，食糖消费量增加了 50%以上（表 5－10）。

**表 5－10　2001 年至 2019 年泰国甘蔗糖消费量与出口量情况**

| 年份 | 2001 | 2003 | 2005 | 2007 | 2009 | 2011 | 2012 | 2013 | 2014 | 2016 | 2017 | 2018 | 2019 |
|---|---|---|---|---|---|---|---|---|---|---|---|---|---|
| 消费量（万 t） | 175 | 190 | 200.0 | 260.9 | 260.9 | 280 | 270 | 293.5 | 250 | 260 | 250 | 247 | 257.5 |
| 出口量（万 t） | 324.5 | 528 | 312 | 470 | 500 | 736 | 900 | 930 | 880 | 850 | 1 090 | 1 005 | 1 050 |

资料来源：吴才文等，2018；联合国粮农组织统计数据库。

### （二）进出口贸易

甘蔗糖产业是泰国农业经济的重要支柱之一，是世界主要甘蔗糖出口国之一。生产的甘蔗糖除满足其国内需求之外，甘蔗糖亦是主要的出口农产品加工制品。1968 年食糖已自给，第二年出口甘蔗糖约 1.6 万 t，1981/1982 年榨季出口量增至 223.3 万 t。据美国农业部数据，甘蔗糖产业每年为泰国带来约 800 亿泰铢（100 泰铢约合 20.14 元人民币，2013）的外汇收入。每年泰国甘蔗糖约 30%用于国内消费，70%则销往国际市场，为全球主要产糖国和第二大食糖出口国。近年来，由于泰国食糖产量的大幅增加，食糖出口也随之增加，如 2005 年泰国食糖出口量为 312 万 t，2010 年达到了 450 万 t，2013 年达到 930 万 t，2017 年最高时达到 1 090 万 t，近年来也在 1 000 万 t 以上（表 5－10）。

# 第四节　澳大利亚甘蔗糖业

澳大利亚位于南半球，南纬 10.4°—43.9°之间，年平均温度 19～27℃，年降水量 1 000～4 000 mm。南北气候差异很大，总面积 770 万 $km^2$，人口 2 380 万（2015）。澳大利亚为南半球经济最发达的国家和全球第 12 大经济体、全球第四大农产品出口国。甘蔗是澳大利亚主要经济作物，甘蔗糖业是澳大利亚重要的农业产业，是继肉牛、小麦、羊毛和乳制品之后的第五大农业产业。甘蔗糖是澳大利亚的第四大出口产品，占全国农业出口总值的6.8%和农产品出口总值的22%，因而甘蔗糖业在澳大利亚国民经济中占有重要的地位（Magarey，2004a；吴才文等，2018）。

## 一、澳大利亚甘蔗糖业发展简史

澳大利亚的甘蔗种植只有200多年的历史。自1787年英国商船首次从南非将甘蔗引入大洋洲，1821年在新南威尔士州试种成功，鼓舞了更多的种植者；1863年形成具有商业意义的栽培技术和规模，后因霜冻影响蔗区逐步向北部沿海地区发展，1865年开始在麦凯恩地区种植，1867年在布里斯班种植已形成相当规模，1880年种植区域扩展到更北的麦凯恩地区，形成当今甘蔗带的雏形。在新南威尔士州种植甘蔗成功并形成一定规模后，澳大利亚人用开口锅生产土糖，高峰期有小土糖厂166间，年产土糖约7万t左右。1864年建立了机制糖厂，到20世纪初，制糖生产有了明显的发展，1914年产糖量达26.9万t，后来由于受第一次世界大战的影响，糖产量大幅下降32%，造成澳大利亚食糖不能自给。为了使食糖能够自给，政府决定提高糖价来刺激甘蔗糖生产。1921年政府规定，在三年内每吨糖的收购价格为30.6英镑，而当时国际市场糖价为每长吨（1长吨=1.016 t）18.25英镑。高利润大大刺激了制糖工业的发展，到1924年糖产量达到43.5万t，首次有剩余甘蔗糖供出口；1939年糖产量达到92.8万t。在第二次世界大战期间，由于缺乏肥料和机器，再加上劳动力不足等原因，糖产量下降了43.6%。第二次世界大战后，制糖生产又重新得到发展，目前已成为全球种蔗制糖的先进发达国家（Magarey，2004a；云南省赴澳大利亚农业科技考察团，1998；毛钧等，2015；吴才文等，2018）。

## 二、澳大利亚甘蔗科研与生产

### （一）品种选育及应用

**1. 澳大利亚甘蔗育种机构**　澳大利亚十分重视甘蔗品种选育工作。澳大利亚甘蔗产业研究有限公司（Sugar Research Australia，SRA）是澳大利亚甘蔗育种主要机构，SRA作为新成立的澳大利亚甘蔗产业股份制有限公司，集合了科学研究、产业开发与拓展（RD&E）等各方资金和项目，致力于促进澳大利亚甘蔗产业的生产力、收益率和持续性，其前身就是著名的澳大利亚糖业研究院（Bureau of Sugar Experiment Stations，BSES），2013年8月正式成立运行，育成品种冠以Q字顺序命名。此外，殖民精炼糖公司（Colonial Sugar Refining Company Ltd，简称CSR，育成的甘蔗品种以诸如Triton等的希腊神名来命名）、新南威尔士（New South Wales，育成品种为SN）、昆士兰约翰斯顿甘蔗研究所（South Johnston，Queensland，育成品种为SJ）、昆士兰汉布顿糖业公司（Hambledom Sugar Co.，Queensland，育成品种为MQ）等也投入或曾投入一部分力量开展常规杂交育种。SRA（前身BSES）育种效果好，在甘蔗家系选择、高糖育种技术研究和应用上居世界领先地位，其育成品种占澳大利亚甘蔗推广面积的95%以上（范源洪和符菊芬，2000；游建华和陈引芝，2003；毛钧等，2015）。

**2. 澳大利亚甘蔗育种目标**　澳大利亚甘蔗选育种总的目标是：选育早生快发、茎数多、宿根性好、耐旱抗病，宜于机械耕作、产量和蔗糖分都较高的中至中大茎品种。澳大利亚甘蔗育种经验认为：一个好的组合一般可应用20年，从10万实生苗中可选出1～2个新品种，一个品种从开始选育至推广一般要12～15年，一个新品种的推广寿命一般是15～20年（吴才文，2007）。

澳大利亚蔗区南北距离远，自然气候条件和土壤类型差别很大，所以育种机构根据不同气候、土壤类型来选育甘蔗新品种，例如在伯德肯（Burdekin）下游蔗区，土壤肥沃，气候温和，要求选育中大茎的高产品种，如Q96、Q80等；而在中部和南部蔗区，地势较高且干旱，则选育中至中小茎耐旱性强的品种，如Q103、Q108、Q110、Q111等。殖民精炼糖公司的麦凯纳德育种站则根据各蔗区雨量的多少，提出不同的选育种要求，如在高雨量区（3 000 mm以上）选育抗黄点病和耐浸品种；在中雨量区（2 000 mm左右）选育抗锈病、抗白条病的品种；在低雨量的旱寒区（800 mm以下），则选育耐旱抗霜、抗斐济病的品种（Magarey，2006，2008）。

**3. 利用电子计算机选择最优的杂交组合** 澳大利亚甘蔗品种选育年限一般为11～12年，多则14～15年。一般先在甘蔗研究所内选育6～7年，其余时间均在所外的农场或其他区域点进行反复的比较试验和繁殖。为了在亲本选配上寻找优良的亲本及组合，澳大利亚甘蔗亲本库对亲本进行了详细的研究和资料录入，含主要性状、血缘、抗病性、抗旱性及遗传表现等。权限范围内的科技人员可随时调用，组合选配由计算机软件进行，工作人员仅需输入开花亲本名称，软件将自动选配各类型组合，并对所选配的组合给出一个分值，并从高到低进行排序，各育种站科学家根据电脑所排的顺序，特别重视产蔗量、产糖率、宿根性、抗病力等4个重要性状，结合当地的需求，并进行认真的调查分析，从分值高的组合中选配杂交组合（Jackson，2016；吴才文等，2014b）。

澳大利亚甘蔗育种机构都把力量集中在有性杂交育种这一常规选育途径上。澳大利亚育种技术比较先进，设备比较完善。为了解决甘蔗开花不良问题，投资240万澳元在墨林加（Merringa）研究所建造一个巨型的光周期室。澳大利亚的育种效率比较高，每年平均有3～5个品种育成（吴才文等，2014b）。

**（二）蔗区概况**

澳大利亚蔗区分布在东北部的一条50～80 km沿海狭长多雨平原河谷地带上（大部分在50 km海岸线以内），甘蔗种植由北昆士兰的莫斯曼（Mossman，南纬16°）至南威尔士州的格拉夫顿（Grafton南纬30°）之间的2 100 km的沿岸地区，地势平缓，土壤肥沃，但蔗区并不连续，因其间有些地区土壤和气候不适宜种植甘蔗。在西澳（Western Australia）的奥德河（Ord River）流域也有少量地区种植甘蔗。干热地区蔗地可实行全面灌溉，亚热带地区也配有整套的灌溉设施，湿润地区则无需灌溉。昆士兰州是澳大利亚甘蔗糖生产的主要地区，其种植甘蔗面积和产糖量占全国的90%以上（Krishnamur，2008；吴才文等2014a）。

澳大利亚地处南半球，季节划分和北半球正好相反。12月至翌年2月为夏季，3—5月为秋季，6—8月为冬季，9—11月为春季。澳大利亚蔗区所跨纬度大，北部蔗区属纯热带，南部蔗区为亚热带。每年11月至翌年4月是雨季，4—11月为旱季。在沿海地带，雨量充沛，气候湿润。降水量和温度均从南到北逐步递增，降水量1 200～2 200 mm，最热月平均温度25.1～28.9℃，最冷月平均温度14.4～20.4℃。虽然气候条件差异很大，但大部分蔗区每年最冷月平均温度稍高于10℃，故有利于宿根蔗生长。东北部（昆士兰州）沿海地区则常遭暴风雨袭击（毛钧等，2015；吴才文等，2018）。

目前澳大利亚大约95%的蔗区集中分布在昆士兰州的沿海地带，新南威尔士州只占5%（Magarey，2004a；吴才文等，2018）。

### （三）耕作栽培

澳大利亚甘蔗生产的特点是蔗田成片集中，甘蔗种植期一般都在秋季（3月下旬至5月）或春季（8—10月），北部蔗区也有在冬季种植的。新植蔗生长期为12～15个月，宿根蔗生长期约12个月。6—12月份为甘蔗收获期。澳大利亚实行"五年轮作制"，新植一年，宿根年限一般4—5年，有些地区宿根年限长些。随着宿根年限的延长，产量虽有下降，但糖分大幅提高，有利于提高出糖率。澳大利亚甘蔗通常采取轮作栽培，大多播种一季豆科绿肥，翻埋作为基肥。近年来发展种大豆，每公顷可收获豆子1 500～2 250 kg。少数地区也实行休闲半年后再种植甘蔗。澳大利亚的甘蔗70%秋植，30%春植，对于灌溉成本较高的蔗区，蔗农利用夏季雨季过后土壤水分较充足的季节下种，有利于种苗萌发（Magarey，2004b；吴才文等，2018）。

与世界上主要甘蔗糖生产国普遍实行糖厂为主经营大蔗园的模式不同，澳大利亚甘蔗生产采取蔗园（农场）方式进行甘蔗原料生产，由大小不等的独立农场向中心糖厂供应甘蔗原料，农场规模30～250 $hm^2$，大多数农场以家庭为单位进行高度专业化单一经营。近年来通过甘蔗种植者联合，已经使农场的甘蔗种植规模不断扩大，如1982年全澳有甘蔗农场6 800个，平均每个农场面积为45 $hm^2$；目前甘蔗农场减少到4 500个以内，平均每个农场面积增加到80 $hm^2$（吴才文等，2018）。

澳大利亚采用甘蔗种植机种蔗。种植机有几种型号，它从开植沟、砍种苗、种苗消毒、下种、施肥和覆土六个工序一次完成。每台机3人（包括拖拉机手），每天可种蔗4 $hm^2$。行距1.3～1.5 m，公顷播种量为7.5 t左右，无补植的习惯。

### （四）蔗区施肥

SRA对蔗区土壤类型进行普查及开展土壤养分化验，并根据土壤养分状况指导肥料的施用。为了保证不让土壤肥力下降，昆士兰设立了200多个土壤监测点，每年从监测点取土样化验，还收集这些监测点施用的肥料和甘蔗产量资料，并将其储存在计算机里，以便随时取出作进一步分析。经分析研究发现，昆士兰北部蔗区大部分土壤都缺钙和镁，大多通过施用石灰、白云石或硫酸钙能使新植蔗和宿根蔗明显增产，部分蔗区缺磷严重，施用过磷酸盐效果良好。施肥方法是磷、钾、钙肥都作为基肥，氮肥1/4做基肥，3/4作为追肥在中耕时一次施下（Krishnamur，2008）。

甘蔗收获后的残叶、尾梢留在田间做绿肥，轮换时种的一季豆科绿肥，在播种前一个月至一个半月翻埋，给蔗田增加有机质。种一季绿肥，可给蔗田增加相当于每公顷施45 kg的纯氮。糖厂滤泥多用于甘蔗施肥，有的与酒精发酵液混合施加，不但能增加有机肥，还可补充甘蔗从土壤摄去的矿物质（吴才文等，2018）。

### （五）蔗区灌溉

澳大利亚降水量普遍较多，灌溉并不普遍，只在年雨量少于1100 mm时，或9月至翌年4月间雨量分布不均匀时才进行灌溉。一般在平原水源充足的地区采用沟灌。在坡地或灌溉水源不足的地区采用喷灌。

昆士兰北部蔗区年雨量在2 200 mm以上，各年的雨量也比较稳定，大部分蔗田都没有灌溉。昆士兰伯德肯（Burdekin）下游蔗区雨量较少，每年约1 000 mm，所有蔗园灌溉。该区水源充足，蔗田平坦，几乎都采用沟灌。昆士兰中部蔗区年雨量约1 800 mm左右，但各年的雨量变化比较大，由于水源不足，一般都采用喷灌机喷灌。昆士兰南部蔗区年雨量约1 100 mm左右，且雨量不稳定，水源又不足，大多采用移动式喷灌机喷灌。近年来一些蔗区试用滴灌，滴灌耗费工时少，效果好，但成本较高，在翻种时，无法避免管道破损，目前还在改进之中（吴才文等，2018）。

**（六）病虫草害的防治**

**1. 病害及其防治** 澳大利亚甘蔗主要病害有宿根矮化病、斐济病、白条病、凤梨病、根腐病、赤腐病、锈病、黑穗病（仅西澳有）、黄斑病、梢腐病、花叶病等。澳大利亚十分重视甘蔗病害控制和防治，SRA在Woodford试验站专门从事病害检测和抗病品种筛选研究，主要是难于处理和防治的病害斐济病、白条病、花叶病等，同时进行转基因植株的抗病性检测。对易于处理和防治的病害如宿根矮化病等，仅利用热水处理和灭菌消毒等措施进行防治（Magarey et al.，2006；Gawander et al.，2006）。

**2. 虫害及其防治** 澳大利亚主要甘蔗害虫有金龟子、蝇、象鼻虫、螟虫、白蚁、线虫和鼠类等。对蛴螬和老鼠主要采用化学药剂防治，对金龟子利用真菌感染进行生物防治，已大面积推广应用，并以农药防治、综合防治（植期调节、轮作、少耕、捕杀等）技术和抗虫育种防治其他病虫害（Gawander et al.，2006）。

**3. 草害及其防治** 甘蔗齐苗后通过机械中耕管理综合措施除草。中耕用拖拉机带动圆盘耙，靠近蔗苗向两旁翻动；通常拖拉机上载有储肥罐，结合中耕管理进行施肥；拖拉机轮子后方安有钉齿耙，以尽可能除尽杂草，又以耙松被轮子压实的土层，促进分蘖或拔节。中耕除草次数，主要视杂草滋生情况而定。

为了节约生产成本，澳大利亚也使用少耕法除草，即收获后用施肥机在行间用圆盘耙将全部肥料一次施放，再用除草剂作杂草芽前和芽后处理。或利用青叶片和叶鞘来覆盖蔗田地面，覆盖厚度约10 cm，半腐烂的覆盖物可保留到下一年，这样既可以保存土壤水分，又可增加土壤的腐殖质。在雨季前把全部肥料一次施完，既省劳动力，也不用施化学除草剂的蔗田免耕法已广泛在澳大利亚推广使用（吴才文等，2018）。

**4. 综合防治**

（1）政府制订甘蔗检疫法令，以法律保证严禁未经检疫的甘蔗进出蔗区。在进出蔗区的主要公路口都竖立大幅的布告牌，宣告法律禁止甘蔗带出蔗区。国外引进蔗种，统一由SRA管理，先在检疫室内试种2年，经反复检验证实确无病虫草感染的方可带出检疫室进行繁殖试验（吴才文等，2018）。

（2）在育种工作上十分重视抗病育种，以增强甘蔗本身的抗病能力。生产上以抗某种病能力较强的良种代替该地区主要流行病的易染病品种。如1977年至1979年由于斐济病在南部蔗区和中部蔗区流行，就决定推广Q87、Q108、Q109、Q110、Q111、CP44-101等品种，以代替易感斐济病品种NCo310。伯德肯（Burdekin）下游蔗区以抗病的Q96代替易感叶灼病的Q63。在西部蔗区和中部蔗区曾因推广Q205造成黑穗病流行，通过推广

Q232、Q233、Q234 等品种减轻了病害（吴才文，2007）。

（3）*严格用无病种苗和进行种苗消毒处理*。从 1977 年起，在危险性病害（特别是病毒病）流行区蔗农必须建立无病苗圃，从病虫害防治委员会控制的繁殖苗圃购买无病的原种在病虫害防治委员会的技术人员指导下进行栽培管理，经常检查病虫发生情况，验收合格的才能砍留种苗，供大田生产用。苗圃不留宿根，第二年还得从繁殖苗圃购用无病原种繁殖。在一般产区，除由病虫害防治委员会的人员指定无危险性病虫害的蔗田砍留种苗外，还实行种苗的蒸汽消毒和汞制剂的消毒处理，以防治真菌感染的各种病害（游建华和陈引芝，2003；吴才文，2007；毛钧等，2015）。

（4）*及时对各种病虫害进行防治*。昆士兰州政府通过立法，设立甘蔗病虫害防治委员会，下设地区分会，有专职技术人员进行全面检查防治。发现病株，就及时拔除烧毁。每公顷发现危险性病株 5 株以上的，不能留种，若是 2 年以上的宿根蔗，则收获后就翻掉，不能再留宿根（游建华和陈引芝，2003）。

### （七）收获

榨期从每年 6 月开始，大多数在当年 11 月结束，有时可延至 12 月份，平均榨期在 160 d 以上。全部采用机械收获、机械装运。最新式的切断式收获机是把原料蔗砍下后立即切割成小段，用鼓风机去除蔗叶及叶鞘。一台切断式收割机，一般每小时可收割原料蔗 100～120 t，相当于每分钟收获 2 t 左右，而收获最高的每小时可达 400 t。收获的甘蔗直接装载在自卸车或卡车，通过火车直接送入糖厂（吴才文等，2018）。

### （八）机械化

早在 1979 年，澳大利亚就实现了甘蔗的机械化收割，此后在种植、灌溉、除草、施肥、喷洒农药等方面的自动化、机械化程度不断提高，从而避免了昂贵的劳动力成本，是其低成本优势的基础之一。澳大利亚十分重视甘蔗糖业的科研工作，早在 1900 年澳政府就设立了糖业研究院，科学技术上所取得的成就使澳大利亚的糖业经济取得卓越的成绩（Krishnamur，2008；吴才文等，2018）。

多年来，澳大利亚因推行甘蔗收获机械化，甘蔗夹杂物明显增加，同时甘蔗品种的改良，使甘蔗纤维分含量提高含量 0.66%，导致产糖率降低，制糖成本增加。根据试验研究，夹杂物（含纤维分，下同）每提高 1%，则产糖率降低 0.14%。但只要根据夹杂物的多少，科学合理地制定原料价格，既可确保机械收获的发展，大幅度降低劳动力成本，又可保证蔗农增收、企业增效，促进甘蔗糖产业持续稳定发展（吴才文等，2018）。

## 三、原料蔗生产规模及水平

### （一）甘蔗单产

澳大利亚甘蔗最先是在布里斯班种植，由于布里斯班（南纬 27°左右）冬季太冷，不适合甘蔗生长，当时甘蔗单产不高。1901 年澳大利亚甘蔗平均单产为 39.5 t/hm²，1911 年为 41.8 t/hm²；随着蔗区不断北移，甘蔗单产逐步提高，1921 年为 47.7 t/hm²，1931 年略有下降为 43.8 t/hm²，1941 年增加到 50.8 t/hm²，1951 年略下降为 47.5 t/hm²，1961 年就增加到了 62.2 t/hm²。随着新品种的育成、先进科学技术的推广应用及甘蔗逐渐地集中到最适宜的地区，甘蔗单产提高很快，1980 年全国平均单产就达到了 83.1 t/hm²，1997 年最高时达到了 99.6 t/hm²，21 世纪以来甘蔗单产平均约 85 t/hm²，2017/2018 年榨季为 88.44 t/hm²。澳大利亚的糖业管理结构较为完善，管理水平较先进，甘蔗生产水平高、甘蔗单产高，是世界甘蔗单产最高的国家之一。20 世纪 90 年代是澳大利亚甘蔗单产最高的时期，90 年代以来，澳大利亚甘蔗单产一直处于高水平（吴才文等，2018）。

## （二）甘蔗种植面积

1865 年在澳大利亚布里斯班种蔗面积已达 0.067 5 万 hm²，随着蔗区的北移，甘蔗种植面积不断增加，1901 年甘蔗种植面积为 3.5 万 hm²，1911 年种植面积发展到 4.1 万 hm²，1921 年达到 5.2 万 hm²，1931 年增加到 9.8 万 hm²，1941 年种植面积下调到 5.23 万 hm²；1941 年之后，甘蔗种植面积增长基本处于加速发展阶段，1951 年种植面积为 11.4 万 hm²，1981 年达到 31.6 万 hm²；21 世纪初甘蔗种植面积突破了 40 万 hm²，2004 年甘蔗种植面积最大时达到 44.8 万 hm²。之后甘蔗种植面积基本在高位运行，如 2001 年增加到 41.1 万 hm²，2007 年达到 42 万 hm²；2008 年由于国际金融危机爆发，国际糖价大幅下跌，澳大利亚甘蔗种植面积有所下调，如 2009 年为 36.2 万 hm²，2010 年继续下调到 30.6 万 hm²，之后甘蔗种植面积又逐渐恢复，2011 年上升到 36.6 万 hm²，2014 年继续上升到 37.5 万 hm²，近年来平均种植甘蔗面积维持在约 38 万 hm²（表 5－11）。

**表 5－11　1901 年以来澳大利亚重要年份的甘蔗生产情况**

| 年份 | 1901 | 1921 | 1941 | 1961 | 1981 | 1991 | 2001 | 2011 | 2014 | 2017 | 2018 | 2019 |
|---|---|---|---|---|---|---|---|---|---|---|---|---|
| 单产（t/hm²） | 39.5 | 47.7 | 50.8 | 62.2 | 79.5 | 62.7 | 69.8 | 81.7 | 81.3 | 88.44 | 84.95 | 78.03 |
| 面积（万 hm²） | 3.5 | 5.2 | 5.2 | 15.7 | 31.6 | 33.1 | 41.1 | 36.6 | 37.5 | 37.72 | 38.25 | 38.5 |
| 总产量（万 t） | 139.0 | 247.6 | 523.6 | 973.0 | 2 509.4 | 2 136.6 | 2 811.6 | 2 749.1 | 3 275.0 | 3 335.9 | 3 249.21 | 3 004.3 |

数据来源：联合国粮农组织统计数据库。

## （三）甘蔗总产量

20 世纪是澳大利亚甘蔗糖产业发展最快的时期，随着甘蔗种植面积和甘蔗单产的增加，澳大利亚甘蔗总产量也随之大幅增加。1901 年澳大利亚甘蔗总产量为 139 万 t，1921 年甘蔗总产量增加到 247.6 万 t，1931 年达到 428.1 万 t，1941 年上升到 523.6 万 t，1951 年为 541.2 万 t；20 世纪上半叶，甘蔗总产量从 139 万 t 增加到了 541.2 万 t，50 年时间增加了 402.2 万 t，每 10 年增加 80 余万 t，但此 50 年并不是澳大利亚甘蔗总产量增长最快的时期。由于甘蔗糖业效益好、竞争力强、对国家的外汇收入贡献大，20 世纪下半叶才是澳大利亚甘蔗总产量发展最快的时期，1961 年甘蔗总产量为 973 万 t，1971 年增加到 1 939.1 万 t，1981 年又增加到了 2 509.4 万 t，1997 年最高时达到 4 107.9 万 t，澳大利亚甘蔗总产量从 541.2 万 t 增加到了 4 107.9 万 t，46 年的时间总产量增加了 3 566.7 万 t，每 10 年约增加 770 万 t。20 世纪末之后，澳大利亚甘蔗总产量已达到一个相对峰值，之后长期在高位运行，并因各种原因偶有回调。如 2002 年由于自然灾害澳大利亚甘蔗总产量曾下调到 3 103.9 万 t，不过很快恢复，2006 年甘蔗总产量达 3 816.9 万 t。2008 年因国际金融危机导致国际糖价下跌 20%，澳大利亚年甘蔗总产量继续下降到 2009 年的 2 979.8 万 t，2010 季最低时仅 2 676.6 万 t。此后，由于国际食糖减产，食糖供不应求，国际糖价接连创下 29 年来的高点，国际食糖价格上涨了 130%，从原来的 350 美元/t 涨到 700 美元/t。受国际糖价的影响，澳大利亚甘蔗产量开始逐渐增加，2012 年甘蔗总产量重上 3 000 万 t，2017 年达 3 335.9 万 t。

澳大利亚是世界上最重要的甘蔗糖生产国之一，澳大利亚的甘蔗蔗糖分高达 15%左右，出糖率高达 14%，产糖率之高，居世界首位。目前澳大利亚甘蔗糖产量处于世界第七位，仅次于巴西、印度、中国、泰国、墨西哥和巴基斯坦。19 世纪初，澳大利亚在新南威尔士州种植甘蔗成功后，开始用开口锅煮糖，生产土糖，高峰期有小土糖厂 166 间，年产土糖约 7 万 t 左右。1864 年建立了机制糖厂，到 1923 年澳大利亚的机制糖厂就达 30 余间，制糖生产有了明显的发展。1914 年澳大利亚产糖量达 26.9 万 t，后来由于受第一次世界大战的影响，1920 年糖产量下降到 18.3 万 t。当时澳大利亚食糖不能自给。为了使食糖能够自给，澳大利亚政府决定提高糖价来刺激甘蔗糖生产。1921 年政府规定，在三年内每吨糖的收购价格为 30.6 英镑，而当时国际市场糖价为每长吨（1 长吨＝1.016t）18.25 英镑。高利润大大刺激了制糖工业的发展。到 1924 年，糖产量达到 43.5 万 t，1939 年糖产量达到 92.8 万 t。在第二次世界大战期间，由于缺乏肥料和机器，再加上劳动力不足等原因，糖产量大大下降，1943 年甘蔗糖产量只有 52.3 万 t（联合国粮农组织统计数据库；吴才文等，2018）。随着科学技术的发展和甘蔗新品种的育成，甘蔗种植面积不断增加和单产不断提高，尤其是在第二次世界大战之后甘蔗糖产量增长速度加快。澳大利亚的糖业管理较为完善，管理水平先进，制糖工业水平比较高，甘蔗制糖效益高，甘蔗糖总产量增长快，如 1969 年甘蔗糖总产量为 227.8 万 t，1977 年增长到 339 万 t，1993 年达到 413 万 t。20 世纪末突破 500 万 t，如 1995 年为 521.5 万 t，1998 年最高时达到 556.7 万 t；后因受各种因素影响甘蔗糖产量长期在 500 万 t 上下波动。

澳大利亚甘蔗糖产品主要分为粗糖和精炼糖，粗糖主要用于出口，精炼糖主要用于国内消费。精炼糖厂均建在消费城市，就地产销。澳大利亚精炼糖品种多、质量好、效益高；精炼产品有精糖、粉糖、颗粒糖、咖啡用糖、方糖、赤砂糖、高级液体糖、酿酒用液体糖、金色糖浆、棕色糖浆、精糖糖蜜等共 11 种之多（联合国粮农组织统计数据库；吴才文等，2018）。

## 四、澳大利亚甘蔗糖产业发展的特点

**1. 甘蔗种植高度集中** 当今澳大利亚蔗区集中在从新南威尔士州北部的格拉顿到昆士兰州北部的莫斯曼，东西宽度 40～70 km，南北长约 2 100 km 有沿海地带及河谷地区，虽然断断续续，但却是世界上最集中的甘蔗种植带，其中 95%以上的面积和产量集中在昆士兰州的沿海及河谷地带（毛钧等，2015）。

**2. 蔗园小型、集中、专门化** 与世界上主要甘蔗糖生产国普遍实行糖厂主经营大蔗园的模式不同，澳大利亚是向中心糖厂供应甘蔗的小型独立农场制，这是自 1901 年以来澳大利亚一直采用的格局，迄今仍为主要形式。澳大利亚约有甘蔗农场 6 800 个，其中独立经营的占 93%，平均每个农场面积为 45 $hm^2$，大多数高度专门化单一经营（游建华和陈引芝，2003）。

**3. 糖厂大型化，原料就近供应** 全澳大利亚有 33 个原糖厂，年产原糖约 500 万 t，平均每个糖厂年产 15 万 t。全国最老的一个糖厂年榨甘蔗 40 多万 t，年产原糖近 5 万 t。蔗园集中在糖厂周围，甘蔗供应区半径一般不超过 8 km。在昆士兰沿海地区，平均 1.4 万 $hm^2$ 蔗田供应一个糖厂（吴才文等，2018）。

**4. 甘蔗糖产区具有良好的基础设备** 例如昆士兰中部沿海区就糖业专业化铁路约 1 000 km，有全国最大的原糖集散港和世界上最大的散装仓，装船能力可达每小时1 400 t 原糖。各甘蔗糖产区都有原糖集散港和仓储设施，原糖外运十分方便。

**5. 生产机械化和综合利用程度高** 从 20 世纪 50 年代开始，澳大利亚就实现了以播种及收获为主的甘蔗生产全程机械化。糖厂除生产原糖外，综合利用也做得较好，可生产多种产品，增加了糖厂的生产时间，也大大提高了经济效益。

**6. 经济效益高** 上述各点都与经济效益密切相关。此外，澳大利亚甘蔗蔗糖分高达 15%，是世界最高的，单产也较高，这是提高蔗田单位面积产糖量的重要保证。这在很大程度上是澳大利亚重视甘蔗科学研究的结果。

## 五、食糖需求和贸易

### （一）食糖需求

澳大利亚是世界上食糖消费水平最高的国家之一。20 世纪 70 年代澳大利亚人均消费量约 55 kg，80 年代人均消费量在慢慢下降，1983 年人均消费量为 49.1 kg，1995 年为 46.8 kg；21 世纪以来，澳大利亚人均食糖消费量总体约 52 kg。澳大利亚人均食糖消费水平没有继续上升的原因很多，主要是宣传食用不加糖的食品，同时受糖价的影响较大。澳大利亚人均消费量几十年来变化不大，但随着人口的增长，食糖消费总量则处于缓慢增长之中。如 1969 年为 70.8 万 t，1972 年 75.8 万 t，1980 年 78.5 万 t，2000 年增加到 99.5 万 t，2010 年为 114 万 t，近年来约为 120 万 t，消费量约占甘蔗糖生产量的四分之一（联合国粮农组织统计数据库；吴才文等，2018）。

### （二）食糖贸易

澳大利亚是世界甘蔗糖主要出口国之一，澳大利亚甘蔗糖产量处于世界第七位，但人口不多，甘蔗糖消费量不大，出口量仅次于巴西和泰国，占世界第三位。澳大利亚出口的甘蔗糖都是散装原糖，出口量约占国际甘蔗糖贸易量的 10%。

随着甘蔗糖业的发展，1924 年澳大利亚甘蔗糖产量 43.5 万 t，第一次有糖剩余供出口，直到第二次世界大战，甘蔗糖出口量不断增加。第二次世界大战之间，由于缺乏肥料和机器，再加上劳动力不足等原因，糖产量大大下降，出口量随之下降。第二次世界大战后，制糖生产又快速发展，出口量不断上升，1969 年为 143.3 万 t，1979 年上升到 274.6 万 t，出口量占生产量的 80.3%；20 世纪 90 年代初甘蔗糖出口量突破 300 万 t，如 1992 年为 343 万 t，1994 年为 370 万 t，1996 年最高时达 465.4 万 t；2000 年因甘蔗糖产量受病害暴发的影响大幅下降，出口量减为 305.6 万 t，灾害解除后甘蔗糖产量又增加，2004 年出口量就恢复到了 430 万 t。2009 年甘蔗糖产量回调到近年来的最低点，2011 年回调到 262 万 t，之后又连续多年回升，2012 年为 330 万 t，2015 年增加到 384.6 万 t，近年来平均约 370 万 t。

甘蔗糖作为澳大利亚第二大出口货物和昆士兰最大的农产品，对澳大利亚的经济有着非常重要的贡献。1994 年昆士兰省出口 370 万 t 糖，收入 17 亿澳元。当年由于古巴天气恶劣，甘蔗减产，澳大利亚一度成为世界上最大食糖出口国，后来由于巴西甘蔗糖业快速发展，1997年巴西取代澳大利亚成为世界第一大甘蔗糖出口国。21世纪初泰国甘蔗糖产业迅速发展，甘蔗糖出口量逐步赶超澳大利亚成为世界第二大甘蔗糖出口国。澳大利亚甘蔗糖出口获得了巨大的行业回报，食糖对经济的多方面影响日趋增大。据估计，在昆士兰糖业每盈利1澳元会带动澳大利亚经济领域的其他部门产生约1.55澳元的产值（吴才文等，2018）。

澳大利亚为稳定甘蔗糖的生产，避免受到国际糖价大幅度涨落的影响，故很重视长期贸易协定。长期与好几个国家签有贸易协定，这些协定规定的糖价都是保密的，协定的糖价不会过高，也不会过低。有些协定还可根据国际糖价作些变动。这种长期协定对买卖双方都有好处（游建华和陈引芝，2003；吴才文等，2018）。

澳大利亚原糖平均出口单价远低于世界平均水平。例如1985年、1986年和1987年世界平均出口价为每吨318美元、345美元及376美元，而澳大利亚相应为176美元、157美元及171美元，巴西同期为139美元、151美元及171美元。

## 第五节　美国甘蔗糖业

美国有4个州生产甘蔗糖，有16个州生产甜菜糖，另有11个州利用玉米生产糖浆和高果糖浆。近年来，美国年产糖量为800余万t（甜菜糖约占60%左右，甘蔗糖约占40%）。

历史上，在美国种植甘蔗的4个州分别是夏威夷（Hawaii）、路易斯安那州（Louisiana）、佛罗里达州（Florida）和得克萨斯州（Texas）。夏威夷群岛蔗区属于热带，甘蔗单产最高；佛罗里达州蔗区属于亚热带，单产位居第二；路易斯安那州和得克萨斯州蔗区属温带，得克萨斯州甘蔗单产比路易斯安那州稍高，路易斯安那州单产最低。从出糖率来看，夏威夷群岛最高，路易斯安那州第二，佛罗里达州第三，得克萨斯州最低。

由于人工昂贵、甘蔗糖价格、自然气候、烧蔗和耗水等多种原因，2016年夏威夷最后一个榨季结束后已告别145年制糖历史，但其甘蔗育种、栽培及病虫害防治、产业发展的一些经验仍可供其他国家和蔗区借鉴，因此一并叙述（吴才文等，2018）。

### 一、美国甘蔗糖业发展简史

在美国种蔗历史最早的是夏威夷，远在公元300～700年，来自中南太平洋诸岛的移民把甘蔗带进夏威夷群岛少量种植；其次是路易斯安那州，路易斯安那州的甘蔗是在1751年从圣多明各引入；佛罗里达州的甘蔗是20世纪20年代才开始逐渐发展起来的；得克萨斯州是美国的新蔗区，于1971年才开始种植甘蔗。美国甘蔗种植面积1934年10.6万$hm^2$，1975年起发展到30万$hm^2$以上（Godshall，2004；吴才文等，2018）。

1858年以前，与其他国家一样，美国夏威夷主要采取原始的方法制糖，甘蔗用畜力、水力拖动粗石辊压榨提汁，采用开口锅煮糖，直接用火将蔗汁蒸发浓缩，生产土糖。1858年，开始采用蒸汽机拖动压榨机，推行了离心机机制；采用真空罐煮糖，标志着美国夏威夷的制糖业首先进入了现代工业化生产的行列。

## 二、美国甘蔗科研与生产

### （一）品种选育及应用

**1. 育种目标及成就** 由于美国各蔗区类型不同，育种目标差异较大。夏威夷地处热带，甘蔗可长年生长，育种目标主要是生长期长而不开花、大茎、高产、稳产、抗病、抗倒伏或倒而不断。路易斯安那州地处温带，冬季气温较低，年霜冻期为12月至翌年3月，甘蔗生长期只有7个月，故路易斯安那州甘蔗品种选育的目标是抗霜冻、宿根性强、抗病、抗虫、分蘖好、早熟高糖、高产稳产、糖分一般、植株直立能适于机械化栽培和收获的甘蔗品种。佛罗里达州蔗区属亚热带地区，蔗地为湖积土，土壤是肥沃的草炭土，一般甘蔗品种很难及时成熟，选种目标主要是高产高糖、大茎、耐肥、抗倒伏。得克萨斯州与路易斯安那州相邻，气候相当，对品种要求相近。

美国十分重视甘蔗新品种的选育，近40年来，美国甘蔗育种研究取得了显著成就，自1968年至2012年，美国注册登记的甘蔗新品种147个，平均每年大约有3～4个品种推向生产，从育成品种推广应用历史看，大约6～8个新品种中就有一个品种可以在生产上大面积推广应用。

**2. 育种机构** 美国种植甘蔗的4个州均有独立的单位从事甘蔗育种（吴才文等，2018）。

夏威夷：夏威夷从事甘蔗育种的单位主要是夏威夷农业研究中心（Hawaii Agriculture Research Center），其前身是夏威夷糖业协会研究所（Experiment Station，Hawaiian Sugar Planters' Association）。夏威夷从1906年开始搞选育种工作，育成的品种类型为H型，育成的优良品种有H109、H240、H450、H456、H62-4671、H59-3775和H65-7052等。其中H62-4671在生产上曾有较大面积推广应用，H70-144单位面积含糖量高，H65-7052适合在迎风的蔗区种植，H59-3775因感染黑穗病种植面积不大（周会和李杨瑞，2012）。由于夏威夷逐步退出制糖业，相应甘蔗科研机构和品种选育已不复存在。

路易斯安那州：路易斯安那州从事甘蔗育种的单位主要有美国农业部荷马甘蔗研究所（US-DA-ARS Sugarcane Research Unit，Houma，Louisiana），路州大学农业研究所（Louisiana Agricultural Experiment Station，Louisiana State University Agricultural Center）和美国甘蔗联盟（American Sugar Cane League of the USA，Inc.）三方联合进行甘蔗育种工作。路易斯安那州立大学育成的甘蔗品种根据杂交种子来源不同，育成的品种类型有，LCP型和LHO型，其中LCP表示在美国佛罗里达州运河点杂交种子，在路易斯安那州立大学育成；LHO表示在荷马杂交，路易斯安那州立大学育成。在美国农业部属下的荷马（Houma）甘蔗研究所育成的品种代码为HoCP，表示在美国运河点杂交，路易斯安那州农业部荷马甘蔗研究所育成。路易斯安那州甘蔗品种选育工作比较成功，育成的品种数量多，且抗病性好（周会和李杨瑞，2012）。HoCP93-746、HoCP95-988、LCP85-384等品种引进到中国表现较为优良，作为杂交亲本，杂交后代优良性状的遗传力也较强。

佛罗里达州：佛罗里达州从事甘蔗育种的单位主要有美国农业部运河点甘蔗研究所[U.S. Department of Agriculture（USDA），Argricultural Research Service（ARS），

U. S. Sugar Cane Field Station，Canal Point，Florida]、佛罗里达大学食品和农业科学学院（Institue of Food and Agricultural Science，University of Florida）和佛罗里达甘蔗联盟（Florida Sugar Cane League，Inc.）三方联合进行甘蔗育种工作。佛罗里达州育成的品种分别被冠名为 CP（Canal Point，Florida）、CL（美国糖业公司，Clewision，Florida）、CPCL（美国农业部运河点甘蔗研究所杂交，美国糖业公司选育）等系列。CP 系列品种以高糖著称，一般还较为抗甘蔗嵌纹病、根腐病及赤腐病，最著名的品种是 CP57-614、CP67-412、CP72-1210 和 CP84-1198 等，他们既是优良品种，也是非常好的亲本（周会和李杨瑞，2012），引进到中国以来，已成为骨干亲本，育出的品种多达 40 多个。

得克萨斯州：得克萨斯州从事甘蔗品种选育的单位是得克萨斯农工大学农业研究所（Texas Agricultural Experiment Station，Texas A&M University）和 Rio Grande Valley Growers 完成（吴才文等，2018）。育成的品种冠名为 TCP，由于从事育种时间不长，育成的品种也不多，较好的品种有 TCP83-3196。

**3. 育种技术创新**　为了减少工作量、提高育种效益，美国甘蔗育种工作者创造了许多有效的杂交和品种培育技术（吴才文等，2014b，2018），主要技术方法简述如下：

（1）*亚硫酸养茎杂交法*。夏威夷首先提出甘蔗亚硫酸养茎杂交法，即把父母本的花穗茎放在亚硫酸溶液中培养，花穗能正常发育，且能获得正常成熟种子，节省大量人力，便于集中管理，不浪费花穗，杂交效果好。此法的溶液标准为：亚硫酸 1.5/10 000、磷酸 0.85/10 000。

（2）*熔炉杂交法*。熔炉杂交法是美国孟格斯多夫创造的。目的是加速测定父母本交配的亲和力，减少个别测定，缩短交配亲和力测定的时间。根据父母本选配方法不同又分为多父多母混交法和一父多母杂交法。

A. 多父多母混交法：优点是利用极少人力，在短时间内获得大量具有广泛遗传种质的杂交种子，特别是对不易开花的优良亲本更为重要。选一些花粉不育的品种为母本，以花粉发育的优良品种为父本，将它们随机放在一起，让其自由混合杂交。由于花穗需要 5～10 d 才能开完，因此花穗的位置必须经常随机变换。每个品种需要两个以上花穗。父母本的种子同时收获，因而其后代只知其母本，不知其父本。

B. 一父多母杂交法：选一个花粉发育特别优良的品种为父本，与几个花粉完全不育的品种为母本进行自由杂交。开花结束后将父本花穗除去，只收母本花穗的种子，因此这些后代均知其父母本。

（3）*实生苗丛植法*。丛植法是一种自然选择法，以 5～10 株甘蔗实生苗为一丛定植，任其自由竞争，选择最高、最壮的一茎作繁殖用。由于夏威夷气候特殊，年气温与雨量比较均匀，生态环境对生长压力较少，因此自然选择在夏威夷是一种可行的办法。

### （二）蔗区分布及自然气候

美国位于北半球，本土介于北纬 29°—49°之间，属温带和亚热带（Pan，2006；吴才文等，2018）。美国夏威夷群岛和美国本土佛罗里达半岛南端属于热带蔗区。

路易斯安那州蔗区位于北纬 29°—31°之间，即从南部的墨西哥湾至北部的红河，从东部的密西西比河至西部的弗密尼昂河（Vermilion River）流域，属温带蔗区。冬季（12

月至翌年3月）气候较冷，平均气温3～13℃，1月最低气温－26℃，一般－3℃，常有霜冻结冰，能冻死秋植甘蔗幼苗和严重冻坏生长在田间的成长茎。年降水量1 270～1 524 mm，雨量分布均匀，一般不用灌溉。秋季雨量减少，夜间气温降低，有利于甘蔗糖分积累和成熟。同时，路易斯安那州蔗区常遭飓风袭击，暴风雨经常将甘蔗吹断，飓风经常给路易斯安那州蔗区带来很大损失。

佛罗里达州蔗区属亚热带，气候条件比路易斯安那州好，适合发展甘蔗生产。佛罗里达州蔗区位于佛罗里达半岛奥基乔比湖（Lake Okeechobee）南部沿岸，呈弯月形。蔗区大部分分布在北纬26°以上，但因有广大湖水面的调节，冬季气候比较暖和。距离湖岸10 km以外的地区，则冬季常有霜冻。年降水量约1 500 mm。蔗区地势都很低洼、平坦，属于沼泽地，地下水位很高。佛罗里达州蔗区都有完善的排水系统，能使地下水位和地面的距离不少于60 cm。由于各排水沟间的距离都是400 m，所以蔗园很多都是每丘16 $hm^2$。蔗区土壤主要由湖底沉积物形成，大部分为含有机质极为丰富的腐殖土和泥炭土，腐殖土含有机质达60%以上。土壤缺乏铜、锌等微量元素，但含氮量极高。

德克萨斯州蔗区分布在里奥·格兰德河流域。德克萨斯州有很多土地可供种蔗以发展甘蔗糖业，由于市场竞争激烈，发展规模受国际和国内糖价的影响较大。

夏威夷群岛分布在西经155°—160°和北纬19°—22°30′之间，其中只有4个岛种植甘蔗，即夏威夷岛、考爱岛、瓦胡岛和毛伊岛。这些岛中，又以夏威夷岛为最大，种蔗面积亦最多，占全州甘蔗总面积的38%左右。夏威夷蔗区属热带蔗区，全年气候温和而不炎热，一年四季气温变化不大，夏季气温24～30℃，冬季最低平均气温约20.5℃。大多数日子，风从东北吹向西南，因而各岛的东北沿海叫迎风面，而把西南沿海叫背风面。迎风面的年降水量可达3 750～5 000 mm，但背风面的年降水量只有1 500～2 000 mm，迎风面的蔗园不需要灌溉，背风面的蔗园则需作补充灌溉。

**（三）耕作栽培**

夏威夷甘蔗栽培的最大特点是采用两年生栽培制度，在部分海拔高、劳动力少的蔗区甚至有的长达36个月。生产发现两年生的甘蔗比一年生的不仅产量高，而且糖分也大幅度提高。由于气候适宜，没有台风，甘蔗2～3年也不停止生长，即使倒伏了，亦继续生长，产量和糖分均大幅度提高。另一特点是甘蔗种苗不直接作种，栽种的种苗都经过48～50℃的温汤处理，或用杀菌剂处理，确保种苗质量。夏威夷蔗区没有轮作习惯，主要依靠轮换甘蔗品种和深耕松土，促进连作甘蔗稳产和增产。夏威夷由于使用农业机械，压实土壤，蔗区土壤板结问题较普遍，使土壤容重大大超过1.2，而正常情况下，土壤容重在1.0～1.2时才有利于甘蔗生长，故须用深耕犁松土而不翻动土层。虽然夏威夷曾用蔗渣、蔗叶、糖蜜等来改良土壤的物理性，但由于人工昂贵，在2016年夏威夷告别145年制糖历史前均未能推广（Pan，2006；吴才文等，2018）。

与夏威夷蔗区不同，美国本土甘蔗一般新植1年，宿根2年；有些宿根年限长达4年，主要视其发株率而定。在美国本土许多蔗区有低温霜冻，如路易斯安那州每年11月初霜，到第二年3月底晚霜才结束，甘蔗生长期只有7个月或稍多一点，甘蔗不够成熟，产蔗量低，为了争取更多的生长时间，一般采用秋植栽培制度，即在9月中旬至10月中旬下种，甘蔗在冬季前长好基础，到了冬天甘蔗地上部分虽被冰霜冻死冻伤，但留在地里的蔗头相当于宿根蔗，次年一到春暖立即迅速长起来，这样可争取较多生长时间。因此，甘蔗到收获时平均株高也在 2.5 m 以上，单产达到 60～75 t/hm$^2$。为了减少土壤板结，在甘蔗下种前 3 个月一般用深耕犁进行深耕、翻耕，然后用蔗渣改良土壤物理性。对于留作蔗种的田块，提早增施肥料。为了防止宿根矮化病，蔗种经过热处理后才下种。机械栽种，2～3 条苗并列，头尾重叠，覆土 7～8 cm，栽后喷施芽前除草剂防杂草（吴才文等，2018）。

### （四）病害防治

美国甘蔗病害有黑穗病、嵌纹病、波条病、宿根矮化病、赤腐病、梢腐病、茎腐病和眼点病等。1971 年在夏威夷州首次发现黑穗病，1982 年夏威夷第一次发现锈病。在美国防治甘蔗病害的主要方法还是培育和推广抗病品种，如黑穗病、锈病、梢腐病和嵌纹病等。防治宿根矮化病的有效措施是甘蔗种苗热处理，主要方法有：热空气处理，54℃，8 h，要求蔗种必须干净；热蒸汽处理，54℃，4 h；热水处理，50℃，2.5～3 h，能收到较好效果。

### （五）虫害防治

美国甘蔗主要害虫有美洲条螟、金龟子、金针虫、甘蔗绵蚜、黄蚜、粉蚧、甘蔗象虫、玉米茎螟、长稻虱和老鼠等（Krishnamur，2008）。

**1. 主要防治方法**

A. 栽培技术防治：选用无虫害的健康蔗种，对于受虫害严重的蔗田，应尽快地将蔗头犁除，以减少越冬幼虫。

B. 种植抗螟品种：种植抗螟甘蔗品种，可减少螟害损失和大大减少需要喷药的次数。现在路易斯安那州积极选育和推广抗螟品种，生产上选用抗虫级别中等以上的甘蔗品种。

C. 保护当地有益昆虫和节肢动物：由于路易斯安那州蔗区气候较冷，虽曾引进过 23 种天敌，但效果均不好。路易斯安那州昆虫学家认为，如能保护利用本地天敌，如蚂蚁、蠼螋等几种食虫性昆虫，对防治蔗螟可以有 25%的效果。特别是在夏初，当本地有益天敌可以抑制蔗螟的虫口密度时，可使蔗田延迟施药期 2～4 周。

D. 杀虫剂防治：针对综合防治和生物防治效果不太好，有时也采用化学防治为主的综合防治。

**2. 各州虫害防治方法** 由于各州自然条件不同，虫害种类各异，因此各州采取防治方法有所不同。

A. 夏威夷蔗田全面生物防治非常出色。从 1890 年开始，不断从国外搜集和引进寄生蜂、蝇、瓢虫等 20 多种天敌，不少天敌已形成了群落，有效防治了蔗飞虱、象鼻虫、金龟子、黏虫、卷叶螟、甘蔗绵蚜、介壳虫、蝗蜢、蝼蛄等 10 多种害虫，实现全年不用农药。针对蔗田 3 种老鼠，即挪威鼠、欧洲鼠和本地鼠，夏威夷采用对人畜安全的磷化锌和 Epibloc，混入燕麦作毒饵毒杀老鼠。

B. 路易斯安那州为了防治甘蔗虫害，采用全面、大量、定期、多次施用杀虫剂的方法，每年喷药达 12～13 次以防治美洲条螟，并采用有机氯杀虫剂异狄氏剂（Endrin）。初时防治效果良好，后来害虫对杀虫剂产生了抗药性，杀虫剂防治效果大大下降，下降到 50%～60%，形成杀虫剂越施越多，环境污染，成本增加等严重局面。现在路易斯安那州防治甘蔗害虫，改用以化学防治为主的综合治理方法，即化学、农业和生物相结合的防治方法。

C. 佛罗里达州蔗区属亚热带蔗区，气候较温和，寄生蜂可以在蔗园大量繁殖。美国糖业公司利用寄生性、肉食性天敌和有选择地施用农药相结合的监测防治方法，利用寄生性天敌防治美洲条螟的效果很好，使需要喷施农药的面积大为减少。每年 3 月底到 11 月底，每 3～4 周定期调查 1 次美洲条螟的发生情况和两种寄生性天敌的寄生情况，这两种寄生天敌都是茧蜂科，一种为螟黄足绒茧蜂（*Apantles flavipes* Cameron），另一种为 *Agathis stigmatera* Cresson。当螟害率超过 2%，而寄生率低于 50%时则用固定翼飞机喷施久效磷。在大量发生美洲条螟危害，而前一年又曾经严重发生危害的地区，如果螟害率达 1%，又没有发现寄生天敌时，也要喷药防治。佛罗里达州危害甘蔗的蛴螬有 7 种，其防治办法主要有 2 种：一是淹水，在 8—11 月，或者在甘蔗收获后将蔗园淹水 5～7 d。生长中的甘蔗淹水 5～7 d，不致降低糖分，而防治蛴螬的效果很好。另一种是农药防治，防治蛴螬效果较好的农药有呋喃丹、灭克磷、地虫磷等。施药方法有几种：有的在种植时施；有的在甘蔗收获后用药液浇灌蔗桩；也有加入灌溉水中灌溉宿根蔗；还有在成虫快羽化时，在蔗株基部施用农药，再用中耕器盖上薄层土壤。

### （六）杂草防除

美国蔗田杂草种类很多，如约翰逊草、罗氏草、马唐、芒稷、狗牙根、繁缕、宝盖草、加罗林老鹳草、美国独行菜、番薯属的二种藤本科植物等；各蔗区因自然条件不同，杂草的种类和优势草种不完全相同，但均采用化学除草，除草剂有草甘膦、敌草隆、西玛津、莠必净（Evik、Ametryne）和茅草枯（达拉朋）（Dalapon，Dowpon）等。

### （七）收获

为了提高甘蔗蔗糖分，美国甘蔗收获前 4～5 周普遍施用催熟剂，效果较好的催熟剂主要有增甘膦（Polaris）、宝拿到（Polado）及 Embark 等几种，各州因气候条件、甘蔗生长期等不同，使用的催熟剂也不同，使用催熟剂对甘蔗产量影响不大，且对秋笋也能催熟至和成熟茎一样的蔗糖分，对宿根蔗生长影响较少，可提高甘蔗糖分 1%（绝对值）以上。美国甘蔗收获已全部采用收获机。

## 三、原料生产规模及水平

### （一）甘蔗单产

美国具有悠久的种蔗历史，不管蔗区如何变化和调整，各蔗区间甘蔗单产差别较大，但全国甘蔗单产均保持在较高的水平。在美国种植甘蔗的 4 个州中，夏威夷群岛蔗区属于热带，甘蔗单产最高；佛罗里达蔗区属于亚热带，单产位居第二；路易斯安那州和得克萨斯州蔗区属温带，得克萨斯州甘蔗单产比路易斯安那州稍高，路易斯安那州单产最低。20 世纪中期以来，全国平均甘蔗单产基本在 85 t/hm$^2$ 上下波动，总的趋势是稳中趋降，近年来又逐步企稳。主要原因是美国单产最高的夏威夷甘蔗糖产业逐渐滑坡，并逐步退出了制糖历史。如 1974/1975 年榨季单产为 82.05 t/hm$^2$，1983/1984 年榨季单产为 90.4 t/hm$^2$，1985/1986 年榨季为 94.1 t/hm$^2$，1994/1995 年榨季单产为 81.5 t/hm$^2$，2000/2001 年榨季为 83.3 t/hm$^2$，2012/2013 年榨季单产为 88.16 t/hm$^2$，近年来维持在约 80 t/hm$^2$ 水平，如 2014/2015 年榨季为 82.4 t/hm²，2015/2016 年榨季为 79.7 t/hm²。其中 1981/1982 年榨季最高单产为 99.1 t/hm²，2004/2005 年榨季最低单产为 71.4 t/hm²。

### （二）甘蔗种植面积

在美国各州中，种植甘蔗历史最早的是夏威夷，1940 年夏威夷甘蔗种植面积最高峰已发展到 5.5 万 hm²，之后面积逐渐下滑，但在较长时间稳定在 4 万 hm² 左右。20 世纪 80 代以来，由于人工昂贵、甘蔗糖价格、自然气候、烧蔗和耗水等多种原因，夏威夷甘蔗种植面积逐渐滑坡、萎缩，2016 年夏威夷最后一个榨季结束后告别 145 年制糖历史。美国本土种植甘蔗最早的是路易斯安那州，路易斯安那州的甘蔗是于 1751 年从圣多明各引入，1820 年以来甘蔗已成为该州的主要农作物；l934 至 1938 年间，路易斯安那州甘蔗种植面积约为 9.87 万 hm²，占当时美国大陆种植面积的 93%；1975 年路易斯安那州甘蔗种植面积发展到 12.32 万 hm²。佛罗里达州的现代糖业是 20 年代才开始发展起来的，刚开始种植甘蔗时由于蔗田排水设备不完善，以及有机质土壤缺乏微量元素等原因，发展很慢，1933 年甘蔗种植面积 0.56 万 hm²，到 1953 年为 1.56 万 hm²，1960 年为 2 万 hm²，这些问题解决以后，1963 年就发展到了 8.895 万 hm²，1975 年达到了 11.6 万 hm²，种植面积接近路易斯安那州的水平（联合国粮农组织统计数据库；吴才文等，2018）。得克萨斯州于 1971 年才开始种植甘蔗，到 1978 年种植面积仅 1.253 万 hm²。

虽然美国各州甘蔗糖生产起步时间不同，发展水平相异较大，但就全美而言，美国甘蔗种植面积却始终处于波浪式的发展之中。1934 年全美甘蔗种植面积约 10.6 万 hm²，经过 40 年发展，至 1975 年甘蔗种植面积已发展到 31.3 万 hm²，1976 年发展到 36 万 hm²。20 世纪 80 年代至 21 世纪初，美国甘蔗种植面积总体上不断发展，21 世纪初经过几年的回调，目前已较稳定。1980/1981 年榨季美国甘蔗总面积为 27.7 万 h hm²，1985/1986 年榨季为 31.2 万 hm²，1990/1991 年榨季为 32.1 万 hm²，1995/1996 年榨季发展到 36 万 hm²，2000/2001 年榨季突破 40 万 hm²，达到 41.8 万 hm²（历史最高）；从 2001/2002 年至 2008/2009 年榨季为美国甘蔗种植面积的萎缩期，甘蔗种植面积从 41.65 万 hm² 下滑到了 35.1 万 hm²；2013/2014 年榨季为 36.7 万 hm²，2016/2017 年榨季为 36.6 万 hm²。

### （三）原料总产量

由于甘蔗单产总体比较稳定，20 世纪 80 年代至 21 世纪初，美国制糖原料总体上与种植面积的变化趋势相同。1980/1981 年榨季美国甘蔗制糖原料总量为 2 373.2 万 t，1985/1986 年榨季增加到 2 893.6 万 t，1990/1991 年榨季为 2 896 万 t，1995/1996 年榨季略下降到 2 768.7 万 t，1996/1997 年榨季增加到 3 000.3 万 t，2000/2001 年榨季最高达到 3 380.4 万 t；从 2001/2002 年榨季开始美国甘蔗制糖原料的逐渐萎缩，2004/2005 年榨季最低时降到 2 472.8 万 t，之后又逐步企稳。总体态势是 20 世纪 80 年代随着甘蔗种植面积的增加单产逐步增加，90 年代末至 21 世纪初甘蔗制糖总量达历史峰值，经过 5 年左右时间的下滑后逐步企稳，2013/2014 年榨季制糖原料总产量恢复到 2 800.39 万 t，2016/2017 年榨季为 2 754.7 万 t。

## 四、美国甘蔗糖生产

美国是世界上为数不多的既生产甘蔗糖又生产甜菜糖的国家。美国甘蔗糖产业始终处于波浪式的稳定发展之中，1977/1978 年榨季全美甘蔗糖产量 244.89 万 t，1993/1994 年榨季甘蔗糖产量达到 346 万 t，15 年时间甘蔗糖产量增加了约 101.1 万 t，年均递增 6.7 万 t。1993/1994 年榨季以来美国甘蔗糖产量基本保持在 330 万 t 左右。如 1993/1994 年榨季甘蔗糖产量为 346 万 t，1997/1998 年榨季为 329.1 万 t，2003/2004 年榨季为 368.4 万 t，2007/2008 年榨季为 311.3 万 t，2013/2014 年榨季为 349.1 万 t，2018/2019 年榨季为 336.8 万 t。其中，2000/2001 年榨季最高为 376.3 万 t，2005/2006 年榨季最低为 268.1 万 t。

从生产方式而言，美国制糖企业一般先生产原糖，然后再集中精制加工成精糖。美国市面出售的甘蔗糖绝大部分是精糖，美国精糖厂的产品种类很多，但大致可分为白砂糖、非机制糖、白糖粉和方糖四大类。

美国还流行食红糖，即非机制糖。其生产方法有两种：一种是用高纯度糖浆煮成很细的晶粒，适当机制而成；另一种是用经过清净的糖蜜喷洒在白糖粉上制成。美国人认为红糖有甘蔗糖特有的风味，而且糖蜜中含有人体营养所需要的某些矿物质等，因此长期食非机制糖比食白糖有益。

## 五、美国食糖需求与贸易

### （一）食糖需求

美国是全球主要的食糖消费国之一，1986 年美国食糖消费量为 723.86 万 t，占全球食糖消费量的 7.2%；2001 年美国食糖消费量为 978.5 万 t，占全球食糖消费量的 7.45%；2014 年美国食糖消费量增加到 1 048.7 万 t，占全球食糖消费量的比重为 5.86%；在国际食糖消费市场中所占比重有逐渐减少的趋势，但仍然位居第五位，占有重要地位。1949—2001 年美国食糖消费呈现先增、再降、后增的态势，1949 年美国食糖消费量 684.94 万 t，增长到 1973 年 1 077 万 t，后下滑至 1987 年的 738.57 万 t，在 1987 年之后呈现上涨态势，2001 年增至 978.5 万 t。21 世纪以来，从 2002 年开始至 2007 年美国食糖消费基本上处于波浪式上升过程中，2017 年最高达到 1 248 万 t，近期维持在 1 100 万 t 左右。美国食糖人均消费量也经历了从高到低下降过程后，目前表现为稳中有增的态势，20 世纪 60—70 年代美国人均食糖消费量约 45 kg，80 年代初下降到 35 kg 左右，1986 年为 28 kg，1995 年 29.7 kg，目前人均食糖消费量约为 30 kg。美国食糖消费这几大转折点大都与美国经济状况、经济政策、美国人流行控制体重、怕长胖等生活习惯紧密相关。

### （二）贸易

由于美国食糖产量无法满足国内需求，食糖长期处于供不应求的状态，因此一直以来美国均是食糖市场的重要进口国，其食糖进口来源国家主要为巴西、泰国、澳大利亚、多米尼加、菲律宾、危地马拉、阿根廷等国。

1961—2013 年美国食糖进口量呈现出先增后降、再逐步稳升的态势，由 1961 食糖进口量为 385.12 万 t，1974 年增长到 526.42 万 t，1987 年下滑到 129.81 万 t；之后食糖进口处于稳中波动上升的状态，2008 年食糖进口量为 247.8 万 t，2013 年食糖进口量为 241 万 t。美国食糖进口量占美国食糖消费量的比例也经历了与进口规模类似的发展态势，由 1961 年大约占食糖消费量的 44.48%增长到 1974 年的 53.08%，1988 年下滑至 17.51%，在1988年后呈现稳定中有升的态势，之后10年间稳定在16%～25%之间。正是由于美国食糖进口量较大，美国对食糖产业实行较为积极的稳定和发展政策，并对食糖这一品种的政策干预与粮食放在同样的重要的高度。2017年以来，美国年均食糖进口量约为300万t（联合国粮农组织统计数据库；吴才文等，2018）。

# 第六节 墨西哥甘蔗糖业

墨西哥位于北美洲，面积达197.3万$km^2$，为美洲面积第五大和世界第十四大的国家，人口1.27亿（2015）。墨西哥气候复杂多样，高原地区终年温和，平均气温10～26℃；西北内陆为大陆性气候；沿海和东南部平原属热带气候。大部分地区分旱（10月至翌年4月）、雨（5—9月）两季，雨季集中了全年75%的降水量。墨西哥是世界第五大甘蔗糖生产国和第六大食糖消费国。它自20世纪80年代后期就成为一个食糖净进口国。后来，墨西哥政府进行多方努力，并不断颁布新的糖业政策和制订新的糖业发展规划，促进了甘蔗糖产业的发展，现已成为美洲除巴西外第二大甘蔗糖生产国（吴才文等，2018）。

## 一、墨西哥甘蔗糖业发展简史

1521年，墨西哥从圣多明各引种甘蔗，由于气候适宜甘蔗生长，种蔗面积逐渐增加。至1730年开始建立糖厂，1895年产糖超过20万t，主要是非机制糖。1925年至1941年间，年产砂糖约26.7万t，仍需进口食糖供国内消费，仅偶有食糖出口。二次世界大战后，墨西哥政府采取各项积极措施和优惠政策，大力发展农业生产，甘蔗糖业也随之迅速发展。1941/1942年榨季产食糖42万t左右，至1957/1958年榨季达112.2万t，增长167.5%。1956年，制糖工业已居国民经济的第四位，生产的食糖除满足国内消费外，还有相当数量可供出口。但1976年后，由于天灾、劳动力缺乏、糖厂设备陈旧等原因，糖业生产停滞不前，而消费量不断增长，逐渐变为供不应求。1980年至20世纪末，墨西哥每年还要进口几十万吨食糖以满足国内需求。后来，墨西哥政府进行多方努力，并不断颁布新的糖业政策和制订新的糖业发展规划，促进了甘蔗糖产业的发展，从21世纪起又开始有剩余蔗糖供出口（Godshall，2004；段昌坪和范源洪，1996；吴才文等，2018）。

## 二、墨西哥甘蔗科研与生产

### （一）品种选育及应用

墨西哥在1950年就开始进行甘蔗品种选育，从事甘蔗育种的科研机构主要有1950年成立食糖生产改进研究所（简称IMPA）和1957年成立的维拉克鲁斯制糖研究所（简称ITAV）（段昌坪和范源洪，1996；吴才文等，2018）。

**1. 甘蔗种质资源收集、保育、评价及利用** 墨西哥比较重视甘蔗种质资源的收集，特别是品种材料和热带种等种质资源。在塔帕丘拉（Tapachula）甘蔗育种改良站保存有甘蔗种质资源2000多份，集中栽种于占地1.5 $hm^2$的种质基因库内。对保育的种质资源，根据农艺性状、抗病性、抗倒伏性、开花特性等性状以及杂交后代的表现情况等进行鉴定评价，为种质资源的利用和亲本选配提供依据。

**2. 甘蔗杂交育种**

（1）杂交育种站。位于南部恰帕斯州的塔帕丘拉，该育种站位于北纬 14°57′，西经 92°101′，海拔 366 m，年均温 25.1℃，最高温度 30.9℃，最低温度 19.3℃，年降水量 4 495.7 mm，光照、热量等条件对甘蔗开花十分有利，除少数热带种外，大部分种质都能自然开花，并且花粉发育正常，这对甘蔗杂交育种非常有利（段昌坪和范源洪，1996）。

（2）育种目标。墨西哥蔗区全年热量充足，雨量充沛，甘蔗生长快，病虫害易于滋生，同时雨量分布不均，一年之中 11 月至翌年 4 月为旱季，5 月至 10 月为雨季，且蔗区多数无灌溉条件，加上人少地多，劳力不足，依靠延长宿根年限以降低成本，因此，甘蔗育种以早熟、高糖、丰产、抗病、宿根性强为其选种目标。

（3）杂交方法。根据甘蔗亲本的花粉量及花粉发育情况确定父母本（花粉发育率 0～20%为母本，>20%的作父本），将确知的父母本分别种植于杂交亲本圃内，开花后多采用母本自生根，父本亚硫酸养茎，套笼隔离进行双亲杂交，该方法占全年花穗的 40%；另一主要杂交方法为熔炉法，即多父多母混交法和一父多母杂交法，该法占 50%～60%。另外，每年还进行少量的自交，约占全年杂交花穗的 1%。

（4）杂交育种规模及选种程序。Tapachula 甘蔗育种站，可根据育种及生产需要选配杂交组合，分别在全国 10 个不同生态环境的蔗区进行品种选育。在每个选种基地，首先播种实生苗，待其生长到 20～25 cm 时，剪去顶叶进行花叶病接种，淘汰 50%以上的实生苗后大田定植选育，第一年、第二年入选率分别为 10%，经过 5 年选育，筛选出 10～20 个材料后进行中级评估试验筛选：抗病性筛选（黑穗病、锈病、鳞叶病）；宿根性筛选（标准为五个分蘖以上）；需肥性筛选等（N、P 肥及有机肥）；每个品种育种年限 8～10 年。在整个品种选育过程中，大多数直接由糖业集团或糖厂属下的试验研究机构承担，并在糖厂的不同蔗区进行适应性选择等研究。

**3. 抗病育种** 墨西哥甘蔗主要病害有花叶病、锈病、黑穗病、鳞叶病等，主要通过抗病育种进行防治，将其危害降至最低限度。首先是对种质进行抗病性鉴定，筛选利用抗性种源进行抗病性育种，扩大抗病遗传基础，增强品种抗病能力；其次是在实生苗定植大田前进行花叶病人工接种，筛选出抗病材料定植选育；另外在品种选育的中级评估的适应性选择期间，接种黑穗病、锈病、鳞叶病，进行抗病性筛选。经过多年的抗病品种选育，已取得明显效果（段昌坪和范源洪，1996）。

**4. 甘蔗品种引进** 墨西哥十分重视优良品种的引进工作，先后与中国、美国、澳大利亚、巴西、古巴、菲律宾、南非、巴巴多斯等 20 多个国家和地区建立了品种交换关系，每年进行品种的交换及适应性比较研究。引入品种经过两年的隔离检疫后，进行品种比较试验，将引进国外种与国内表现最好的品种（对照种）进行比较筛选，把优于对照种的品种筛选出来进行繁种，然后大面积推广应用。引进的优良品种、种质也作为亲本杂交利用。

1950 年，墨西哥半数以上的甘蔗品种是爪哇 POJ 系列，20 世纪 60 年代开始引进印度 Co 系列。20 世纪直至 1965 年，印度与爪哇系列品种仍占大多数。1952 年开始自育 Mex（墨西哥）甘蔗品种。Mex 品种较能适应当地自然条件，因而推广较快，到 80 年代自育甘蔗品种已占主导地位（段昌坪和范源洪，1996；吴才文等，2018）。

### (二) 蔗区分布及自然气候

墨西哥自然资源十分丰富，雨热条件优越，适宜发展甘蔗生产。全国31个州中，有15个州大面积种植甘蔗，分布于北纬14°57′—26°之间，其中主要蔗区集中在北纬17°—23°30′之间的东西部沿海及南部地区，年均温度24～25℃，年均降水量1 500～4 000 mm，且多集中于5～10月的雨季，常年无霜和低温，大部分蔗区土壤肥沃，土层深厚，适宜甘蔗生产的发展（Godshall，2004；Aguilar-Rivera et al.，2016；吴才文等，2018）。

**1. 东海岸蔗区在维拉克鲁斯、塔巴斯科、塔毛利帕斯和坎佩切4个州** 该区大部分土地平坦。土质有沙壤土和重黏土。在平原地区排水较好。

**2. 高原和内陆蔗区** 在圣坛易斯波托、莫雷洛斯和普埃布拉等州，大部分土壤较黏结，排水有些问题，但水土流失不严重；土壤肥力相当高，但含钾量不足。

**3. 太平洋沿岸蔗区** 在锡那罗亚、纳亚里特、哈利斯科、科利马、米却肯、瓦哈卡和恰帕斯等州。土壤平坦而较深厚，排水较困难。肥力各地不同。锡那罗亚州的土壤大部分是深褐色和黑色，含适量有机质，只需施少量或不施钾肥。

### (三) 耕作栽培

**1. 耕作制度** 墨西哥甘蔗宿根性比较长，一般一年新植，5～8年宿根。植期一般在4—6月和9—12月，春植蔗一般生长期约12个月，夏植蔗或秋植蔗生长期约18个月，宿根蔗13～14个月。

**2. 甘蔗间套种** 墨西哥蔗区人少地多，蔗田一般不间作其他作物，但在个别地方如Emailanozapata常间套豆类、西红柿、瓜类等。

### (四) 病虫害防治

墨西哥对甘蔗花叶病、锈病、黑穗病、鳞叶病等主要病害，主要通过选育抗病品种来增强抗病能力，减少其危害。经过多年的努力，已取得明显效果。另外，在甘蔗生长期也进行综合防治。

墨西哥甘蔗主要害虫，通过农药防治和生物防治，可收到良好效果。在生物防治方面墨西哥作了大量研究工作，如墨西哥农业大学从昆虫体内提取真菌（Metarizicmanisopliae）制作杀虫剂，对甘蔗害虫 *Aencolamia postica* 有明显效果；另外，利用从巴基斯坦引进印楝（Neem），从叶片中提取的汁液可有效地防治包括甘蔗害虫在内的25种食叶害虫（Godshall，2004；Aguilar-Rivera et al.，2016；吴才文等，2018）。

## 三、墨西哥原料生产规模及水平

### (一) 甘蔗单产

墨西哥甘蔗生产条件良好，总体上单产有逐步缓慢提高的趋势。如1975/1976年榨季单产为63.3 t/hm²，1985/1986年榨季为74.3 t/hm²，2005/2006年榨季为75.7 t/hm²，40年时间甘蔗单产提高了15.38 t/hm²，增幅为24.3%。近年来甘蔗平均单产约75 t/hm²，如2013/2014年榨季单产为80.87 t/hm²，2017/2018年榨季为69.26 t/hm²，2019/2020年榨季因干旱下降为63.8 t/hm²。

### (二) 甘蔗种植面积

20世纪70年代中期以来，墨西哥甘蔗种植面积一直处于发展过程，近年来甘蔗种植面积有加快发展的趋势。1975/1976 年榨季墨西哥甘蔗种植面积为 47.9 万 $hm^2$，1985/1986 年榨季增加到 54.3 万 $hm^2$，1995/1996 年榨季为 52 万 $hm^2$，2006/2007 年榨季增加到 66.83 万 $hm^2$，2012/2013 年榨季为 83.3 万 $hm^2$，2013/2014 年榨季为 79.05 万 $hm^2$，2015/2016 年榨季为 80.12 万 $hm^2$，2019/2020 年榨季已增加到 84.85 万 $hm^2$。

### （三）甘蔗总产量

随着甘蔗种植面积的增加和单产的提高，墨西哥的甘蔗总产量也呈波浪式上升，如 1974/1975 年榨季甘蔗总产量为 3 436.6 万 t，1984/1985 年榨季增加为 3 810 万 t，1994/1995 年榨季甘蔗总产量为 3 600 万 t，2001/2002 年榨季甘蔗总产量为 4 950 万 t，2005/2006 年榨季为 5 059.67 万 t，2012/2013 年榨季为 6 188.2 万 t，2015/2016 年榨季为 6 254.8 万 t。近年来墨西哥受干旱等不利天气影响，甘蔗总产并未明显增加。

## 四、墨西哥甘蔗糖生产

20 世纪 90 年代末至 21 世纪初，墨西哥甘蔗糖产量相继超过古巴和澳大利亚，现已成为仅次于巴西、印度、泰国和中国之后，世界上第五大甘蔗糖生产国，属美洲第二大甘蔗糖生产国。墨西哥 1730 年开始建立糖厂，1895 年产糖超过 20 万 t；1925—1941 年间，年产砂糖约 26.7 万 t；1941/1942 年榨季产甘蔗糖 42 万 t，1957/1958 年榨季达 112.2 万 t，1975/1976 年榨季为 269.8 万 t，2014/2015 年榨季甘蔗糖产量为 598.4 万 t；最高时 2012/2013 年榨季达 697.5 万 t，近年来蔗糖产量围绕 640 万 t 上下波动。

## 五、食糖需求与贸易

### （一）食糖需求

墨西哥人口数量在 1995 年排名世界第十，墨西哥国内食糖消费量随生产发展而急剧增加。1937/1938 年榨季，总消费量仅 34 万 t，1957/1958 年增至 93 万 t，增加近 2 倍；20 世纪 80 年代消费量已达 300 万 t 以上，如 1984/1985 年榨季达 363 万 t，90 代年突破 400 万 t，如 1994/1995 年榨季为 410 万 t；21 世纪以来最高年甘蔗糖消费量已达 500 万 t 以上，如 2010/2011 年榨季为 531 万 t。由于受健康、养身宣传等影响，近期全国食糖消费总量约 450 万 t。人均食糖消费量在 1937/1938 年榨季仅 15.1 kg，20 世纪 80 年代增加到40 kg以上，如 1982 年达 49.3 kg；随后下降，2008 年为 44.7 kg，2017 年和 2018 年均为 35 kg（联合国粮农组织统计数据库；吴才文等，2018）。

### （二）贸易

第二次世界大战后，墨西哥政府采取各项积极措施和优惠政策，大力发展甘蔗糖业。1956 年制糖工业已居国民经济的第四位，生产的食糖除满足国内消费外，还有相当数量可供出口。20 世纪 50 年代中期起，墨西哥已成为重要的食糖出口国之一。但自 1976 年以来，由于天灾、劳动力缺乏、糖厂设备陈旧等原因，糖业生产停滞不前，而消费量不断增长，故生产的食糖仅能满足国内需求；1980 年以后，部分年份每年还得进口数十万吨甚至上百万吨糖，如 1982/1983 年榨季进口 101.5 万 t，1984/1985 年榨季进口 50 万 t，1994/1995 年榨季进口 13 万 t。后来，墨西哥政府进行多方努力，并不断颁布新的糖业政策和制订新的糖业发展规划，促进甘蔗种植面积的增加和单产的提高，使甘蔗糖生产量大于消费量，又开始恢复出口。墨西哥出口甘蔗糖 2006 年为 37 万 t，2012 年为 97.1 万 t，2014 年高达 254.3 万 t，近年来保持在 150 万 t 左右；2019 年因干旱食糖减产，出口量降为 105.6 万 t（联合国粮农组织统计数据库；吴才文等，2018）。

## 第七节　哥伦比亚甘蔗糖业

哥伦比亚共和国位于南美洲西北部，北纬 12°24′至南纬 4°17′东经 66°50′至 79°1′的地区，国土面积约 114.2 万 $km^2$，人口 4 820 万（2015）。赤道通过其南部，属热带气候。全年气温变化不大，无龙卷风、飓风和霜冻危害，适于甘蔗生长，是世界上少有的全年均可种植和收获甘蔗、糖厂全年开榨的国家，甘蔗糖也是哥伦比亚重要的出口商品之一。

### 一、哥伦比亚甘蔗糖业发展简史

哥伦比亚的糖业发展甚早，公元 1540 年西班牙人入侵该地区并将甘蔗引入，随即开始生产红糖，但现代化制糖业则是 20 世纪以后才发展起来的。60 年代哥伦比亚甘蔗种植业发展较快，到了 70 年代却停滞不前，进入 80 年代哥伦比亚的糖业有了明显的发展。1981 年国家投资 11 亿美元改建和扩建糖厂，发展糖业，使之成为哥伦比亚的重要农工产业（农业部热带农业考察组，2000；Victoria，2004）。

### 二、哥伦比亚甘蔗科研与生产

#### （一）品种选育及应用

哥伦比亚虽然是南美洲仅次于巴西和阿根廷的第三大甘蔗糖生产国，但 20 世纪 70 年代前并未设立专业甘蔗研究机构。甘蔗品种选育由规模较大、资金较雄厚的糖厂自设研究部门，哥伦比亚农业研究所甘蔗研究中心于 1978 年才在巴列省卡利市（Cali）正式设立。目前哥伦比亚开展甘蔗品种选育的单位有哥伦比亚农业研究所（Institute Comombia Agropecuanio）甘蔗研究中心，育成品种代码为 ICA；哥伦比亚帕尔来拉甘蔗试验场（EstaCon Experimental，Palmira，Columbia），育成品种代码为 EPC；哥伦比亚马亚圭斯糖厂（Mayoguez Mill，Colombia），育成品种代码为 MZC。育种目标为抗病、早熟、丰产、高糖。为了选育未经过火烧就可收获的绿色甘蔗，把易自动脱叶作为选育种的重要目标（农业部热带农业考察组，2000；Victoria，2004）。育种方法采用传统育种和现代生物技术育种相结合，早期育成在生产上较大面积推广的品种有 MZC74-275。

哥伦比亚甘蔗育种站建于巴列省，气温常低于 18℃，尤其是夜间温度，花粉受孕率低，杂交工作十分困难，1982 年起除在纬度 10°以上气温较高处寻找适于开花地点外，另在试验所内设立简易温室及光周期室，以提高开花和杂交成功率（Larrahondo，2006；吴才文等，2018）。

哥伦比亚早期生产推广的品种以引进种为主，历史上曾大面积推广过的品种有 POJ2878、CP3864、CP57-603、巴巴多斯 B、Bc 系列和印度 Co 系列品种。

### （二）蔗区分布及自然气候

哥伦比亚的主要蔗区在考卡河谷的考卡省，考卡蔗区地处北纬3°—5°，海拔1 000m以上，全年气温变化甚小，无四季之分，年平均气温为25℃左右，每日光照6h以上，降水量900～1 150 mm。一年有两个旱季：1—3月降水量占全年雨量的13%，6—8月仅占10%；两个雨季：3—5月降水量占31%，9—12月占46%（Victoria，2004）。

考卡河流域甘蔗单产极高，平均为130 t/hm$^2$，高达250 t/hm$^2$的亦不少。产糖率在10.5%～12.5%。部分地区因地势低洼，排水不良，宿根蔗产量较低。

### （三）甘蔗栽培

由于哥伦比亚蔗区近赤道，全年气温变化小，故无特定的甘蔗种植期和收获期。过去甘蔗生长期为18个月，选择早熟品种后生长期减少到14个月。整地以激光平土器用电脑控制进行平土，既精确又迅速。栽种多采用3芽或4芽蔗苗，先喷本来特防凤梨病，蔗苗用拖拉机运至田间后，主要采用机械种植。蔗苗在田间稍有重叠，除排水不良的重黏土外，发芽率一般都在85%以上，不需再行补植。种植后2～3个月开始培土，培土高度15 cm以内（Victoria，2004）。

### （四）施肥

哥伦比亚蔗园土壤肥力较高，有机物含量丰富，因此新植蔗施肥量甚少。施氮约为50 kg/hm$^2$，施磷、钾量亦在50～80 kg/hm$^2$之间。宿根蔗施肥量较高，一般在100～200 kg/hm$^2$之间。氮肥主要为尿素，较碱性的土壤施用硫酸铵。磷肥为过磷酸钙，钾肥则主要是氯化钾。磷、钾肥均在种植时一次施完，氮肥则分两次施用（Victoria，2004；Larrahondo，2006）。

### （五）灌溉

哥伦比亚因有旱、雨两季之分，所以对灌溉、排水十分重视，水源除部分取自河川地表水外，余均抽自地下水。灌溉方式有畦灌、喷灌、滴灌、水平沟虹吸管或破畦法施灌。甘蔗种植3个月后改用沟灌，灌溉周期约30 d，蔗龄10个月时停止灌溉，以利成熟（Victoria，2004；Larrahondo，2006）。

### （六）病虫害防治

主要甘蔗病害有黑穗病、锈病、嵌纹病、宿根矮化病及眼点病，后3种发病率低，并不严重。黑穗病及锈病的威胁很大，生产上注重抗病品种的选育，目前已经选出一些抗病虫品种。主要害虫有蔗螟、蔗龟及凤蝶等，一般采用生物防治的方法来解决，以释放大量赤眼卵寄生蜂及小茧蜂进行生物防治，效果甚佳（Ángel，2016）。

### （七）杂草防除

采用机械中耕及药剂除草两种方式，芽前除草剂有敌草隆（Karmex）、阿特拉津（Atrazine）及2，4-D三种，但很少使用；芽后除草剂为敌草隆、2，4-D、莠灭净（Ametryne）、黄草灵（Asulox）、赛克津（Sencor）等混合配用。另草甘膦（Roundup）非选择性除草剂亦广泛施用，多在休闲地，农田道路及水沟边喷施（Victoria，2004；Larrahondo，2006；农业部热带农业考察组，2000）。

### （八）收获

甘蔗在不利于成熟地区于收获前6～8周喷施草甘膦可提高甘蔗糖分1%～1.5%，效果很好。全年均可收获，收获蔗龄为 12～18 个月。收获方式主要为机械收获，用拖拉机或转运大卡车运至糖厂，原料蔗新鲜度高（Larrahondo，2006；农业部热带农业考察组，2000）。

## 三、哥伦比亚原料生产规模及水平

### （一）甘蔗单产

赤道通过哥伦比亚南部，属热带气候，全年气温变化不大，适于甘蔗生长，全年均可种植和收获甘蔗。哥伦比亚甘蔗单产较高，1960/1961 年榨季生长季 18.2 个月的甘蔗单产 83.4 t/hm$^2$，到 2003/2004 年榨季甘蔗单产高峰达到 101.8 t/hm$^2$，且生长季减短到 13.36 个月；最近 10 年甘蔗单产比较稳定，平均单产约 90 t/hm$^2$（表 5－12）。

**表 5－12 1960/1961 年榨季以来哥伦比亚重要年份甘蔗生产情况**

| 榨季 | 1960/1961 | 1970/1971 | 1980/1981 | 1990/1991 | 2000/2001 | 2010/2011 | 2011/2012 | 2012/2013 | 2013/2014 |
|---|---|---|---|---|---|---|---|---|---|
| 单产（t/hm$^2$） | 45.6 | 54.7 | 83.1 | 88.9 | 82.8 | 91.3 | 84.1 | 86.1 | 91.0 |
| 面积（万 hm$^2$） | 29.4 | 24.7 | 27.9 | 31.3 | 40.5 | 38.2 | 39.7 | 40.6 | 40.1 |
| 总产量（万 t） | 1 339.9 | 1 350.0 | 2 320.0 | 2 779.0 | 3 352.7 | 3 489.0 | 3 336.4 | 3 459.6 | 3 650.8 |

数据来源：联合国粮农组织统计数据库；吴才文等，2018。

### （二）甘蔗种植面积

20 世纪中期以来，哥伦比亚甘蔗面积总体处于波浪式发展之中，其中 60 年代哥伦比亚甘蔗种植业波动较大，1960/1961 年榨季甘蔗面积为 29.4 万 hm$^2$，1968/1969 年榨季降为 23.7 万 hm$^2$；到了 70 年代逐步回升，但甘蔗种植面积发展不大，进入 80 年代哥伦比亚的甘蔗种植面积有了一定的发展。1980/1981 年榨季甘蔗种植面积达 41.8 万 hm$^2$，占总耕地面积的 14%，当年收获面积为 27.9 万 hm$^2$；1988/1989 年榨季收获面积增加到 32.2 万 hm$^2$，1990/1991 年榨季收获面积为 31.3 万 hm$^2$，1995/1996 年榨季为 38.8 万 hm$^2$，1999/2000 年榨季为 40.6 万 hm$^2$，目前甘蔗面积一直维持在 40 万 hm$^2$左右（表 5－12）。

### （三）甘蔗总产量

20 世纪 70 年代中期以来，哥伦比亚甘蔗总产量随面积和单产的变化而波动，但总体逐渐增加，尤其在 21 世纪以来甘蔗总产量较 20 世纪提高较大。如 20 世纪 70—80 年代甘蔗总产量在 2 000 万～3 000 万 t 之间，90 年代介于 3 000 万～4 000 万 t 之间，21 世纪以来 2003/2004 年榨季和 2007/2008 年榨季时已突破 4 000 万 t。近年来，甘蔗总产量有所下滑，目前在 3 500 万～3 800 万 t 间波动（表 5－12）。

## 四、哥伦比亚甘蔗糖生产

20 世纪 60 年代初期哥伦比亚有 20 个糖厂开榨，日榨量为 1.32 万 t；1981 年国家投资 11 亿美元改建和扩建糖厂发展糖业，使之成为哥伦比亚的重要农工产业。到 1992 年底，虽然糖厂数量减少为 14 家，由于单元糖厂压榨能力提高，日榨量却增加到 5.7 万 t。到目前为止糖厂数量没有增加，但出糖率却有所提高，如 1960 年哥伦比亚出糖率为

10%，到1992年出糖率增加到11.46%。

哥伦比亚甘蔗糖产量随着甘蔗收获面积和单产的提高而不断提高。1960/1961年榨季为36.3万t，1970/1971年榨季增加到74.4万t，1980/1981年榨季达到122.5万t，1990/1991年榨季继续增加到170.2万t，2003/2004年榨季达到274.0万t。此后，哥伦比亚甘蔗糖产量则基本在高位徘徊，如2008/2009年榨季267.4万t，为次高点；最低点是2012/2013年榨季的221万t；2018/2019年榨季为240万t（联合国粮农组织统计数据库）。

此外，哥伦比亚还是西半球生产土糖最多的国家，全国有上万间土糖厂。条状或块状的土糖，当地称为Panela，是传统的食糖产品，质量好，金黄色，含有大量的还原糖和甘蔗的其他可溶组分，故消费量极大，每年全国消费量在30万t左右。

## 五、哥伦比亚食糖需求与贸易

### （一）食糖需求

哥伦比亚是人均食糖消费量较高的国家，1982年为34 kg，1995年增加到38 kg，到2001年略有下降为33.1 kg，目前约40 kg。除机制糖外，哥伦比亚每年还消费大约30万t左右的土糖，如1982年每年人均消费土糖25 kg左右。

从消费总量看，哥伦比亚是南美洲食糖消费大国，甘蔗糖消费量随着甘蔗糖产量的增加而逐渐增加。1960年全国甘蔗糖消费量为28.8万t，1970年增加到54.5万t，1980年为99.2万t，20世纪80年代为90万～110万t，90年代达到120万～140万t，如1997年为135万t、1999年为123.8万t。而21世纪以来，哥伦比亚食糖消费量则呈现出较快的增长势头，如2001年消费量为130.5万t，2003年达到141万t，2007年以后快速增加到180万t左右，其中2011年食糖消费量曾达到190.2万t，2013年消费量为174.7万t（联合国粮农组织统计数据库；吴才文等，2018）。

### （二）贸易

哥伦比亚是南美洲甘蔗糖生产大国，也是食糖消费大国，但一直以来甘蔗糖生产量均大于消费量，因此，哥伦比亚也是重要的甘蔗糖出口国之一。

1960年开始出口甘蔗糖，出口量仅为127 t；随着甘蔗糖产量的增加，1970年出口量增加到12.9万t，1980年又增加到28万t；经过几年徘徊后，90年代末至21世纪初出口量增加到100万t左右，如1998年102万t，2004年达116.5万t的峰值；之后徘徊在60万t左右。但甘蔗糖产量增加时，出口量也相应增加，如2008/2009年榨季哥伦比亚甘蔗糖产量267.4万t，当年出口量达91万t（联合国粮农组织统计数据库；吴才文等，2018）。

# 第八节　法国甘蔗糖业

法兰西共和国，简称法国，为欧洲国土面积第三大、西欧面积最大的国家，海外领土包括美洲、非洲和南太平洋的一些地区。法国本土西部属海洋性温带阔叶林气候，南部属亚热带地中海气候，中部和东部属大陆性气候；平均降水量从西北往东南由600 mm递增至1 000 mm以上。1月平均气温北部1～7℃，南部6～8℃；7月北部16～18℃，南部

21～24℃。法国本土适合种甜菜，只能生产甜菜糖。甘蔗糖生产主要在法国的海外属地，主要有瓜德罗普、马提尼克、法属圭亚那和留尼汪等（吴才文等，2018）。

## 一、法国海外属地甘蔗糖生产概况

瓜德罗普岛属北美洲，位于小安的列斯群岛北部，属热带雨林气候，气候温和，平均气温26℃，冬夏温差只有3～4℃，雨量充沛、火山土壤肥沃，植物生长茂盛，适宜发展甘蔗糖生产。马提尼克属北美洲，位于小安的列斯群岛中部，巴巴多斯岛西北，属热带雨林气候，气温介于24～27℃，年平均气温26℃，年降水量1 500～2 000 mm，植物生长茂盛，甘蔗是主要的农作物。法属圭亚那为法国位于南美洲东北部的一个海外属地，濒临大西洋，与巴西和苏里南交界，地处热带。留尼汪属非洲，是印度洋上的一个岛屿，是世界著名的产糖地区，甘蔗种植业曾占用2/3的耕地和大多数劳动力，工业以制糖为主，其甘蔗制糖技术在世界上享有较好声誉，糖、糖蜜、糖酒占出口总值的80%以上。飓风是留尼汪的气候特点之一，时常给甘蔗生产造成损失（全国甘蔗糖业科技情报站，1986）。

## 二、法国甘蔗糖发展简历

法国殖民统治初期，瓜德罗普岛从印度引进甘蔗后，甘蔗成了该岛的主要农产品，拉巴（Jean-Baptiste Labat，1663—1738）曾在1703年利用运来非洲奴隶，成功开办了岛上第一座炼糖厂，从而为甘蔗糖产业的繁荣奠定了基础，此后制糖和酿酒成了瓜德罗普主要的工业部门。1635年法军占领马提尼克，1574年法宣布该岛为法领地，1946年成为法国海外属地，经济和技术都受法国控制和管理，1977年成为法国的一个大区。到17世纪末，随着甘蔗等农作物的发展，劳工的需求也愈来愈大，殖民者为了补充种植园的劳动力，从非洲先后输入了7.2万名奴隶，为甘蔗种植和制糖、酿酒等产业的发展补充了大量的劳动力，从而为蔗糖产业的繁荣奠定基础，此后制糖和酿酒成了马提尼克主要的产业。1977年法属圭亚那成为法国的一个大区。奴隶从非洲带来了甘蔗种苗，种植甘蔗并生产甘蔗糖，甘蔗糖生产曾为当地的经济支柱产业，在1848年的奴隶制度废除以后，甘蔗种植园的规模和产量开始下滑，制糖业开始萎缩。留尼汪是非洲少数几个种制糖历史悠久的地区，是法国的海外属地之一，大约于17世纪下半叶引进甘蔗，18世纪初开始了制糖生产，19世纪初，甘蔗糖业劳动力缺乏，留尼汪便从印度运进大批奴隶。19世纪上半叶，留尼汪采取糖厂合并政策，糖厂数目越来越少，如1830年有189间，19世纪末116间，1913年22间，20世纪60年代减至12间，70年代继续缩减至8间，80年代只剩下7间，但制糖规模越来越大，制糖水平逐步提高（吴才文等，2018）。

## 三、法国甘蔗科研与生产

### （一）甘蔗品种选育

瓜德罗普甘蔗生产品种主要为设于Abymes处瓜德罗普甘蔗与制糖技术中心选育或周边国家引进的品种。瓜德罗普育成的甘蔗品种为G型，瓜德罗普甘蔗与制糖技术中心对育成和引进的甘蔗品种进行试验筛选。为了选育出适应各蔗区土壤及气候条件的甘蔗品种，甘蔗新品种试验分散在各蔗区进行。研究经费部分按甘蔗产量征收，部分由法国政府补助。生产品种推广应用较多的品种除 G 型外，还有巴巴多斯的 B 型品种和波多黎各 PR 型品种等（Chopart，2016；吴才文等，2018）。

马提尼克和法属圭亚那甘蔗品种主要从周边国家和地区引进，如巴巴多斯西印度中央甘蔗育种场（West Indies Central Sugar Cane Breeding Station，Groves. St. George）选育的 B 型品种和波多黎各里约佩德拉斯隔离试验站（Rio Prdras Insular Experiment Station）育成的 PR 型品种。马提尼克甘蔗与制糖技术中心对引进的甘蔗品种进行试验筛选，并安排在各地进行适应性试验后推广应用（吴才文等，2018）。

留尼汪负责甘蔗品种选育的机构是留尼汪岛（Reunion）糖业协会试验研究所培训中心。其农艺部主要负责优良新品种的培育、引进、试验和选择，育成的品种为 R 型。为了适应岛上各地区的不同条件，留尼汪种植的甘蔗品种很多。20 世纪 70 年代中后期由该中心选育的甘蔗品种迅速取代了引进的品种。留尼汪自己培育的品种占甘蔗总面积的 1/2 以上。R570、R526 和 R569 在生产上先后大面积应用（吴才文等，2018）。

### （二）甘蔗生产与蔗区分布

瓜德罗普岛蔗田主要分布于东部的 Grande Terre 低地，西部的巴斯特尔（Basse Terre）和马里加朗特岛（Marie Galante）。一般 1 季新植，4 季宿根，每季甘蔗平均生长期 11 个月，总生长周期 55 个月以上，但大部分种植园的新植蔗生长期为 16～18 个月，宿根蔗各为 13～14 个月，这样 6 年收获 5 次，部分蔗种用蔗梢，部分由专用苗圃提供。甘蔗的施肥量为每公顷 750 kg，比例为 15-8-24（N-$P_2O_5$-$K_2O$）。采用机械或施用除草剂除草。主要病害有白条病、赤条病、宿根矮化病等。主要害虫有蔗螟、蛴螬。虫害采用古巴蝇和亚马逊蝇防治等生物防治及药剂防治为主。Grande Terre 地区收获时，把废蔗叶留下覆盖蔗田，防止杂草生长和保持土壤湿度（全国甘蔗糖业科技情报站，1986；吴才文等，2018）。

马提尼克的甘蔗一部分用于生产甘蔗糖、一部分用于生产兰姆酒。2/3 的甘蔗由糖厂种植园种植，1/3 由个体农民种植。马提尼克蔗区土壤适于种植甘蔗。宿根年限较长，种植园一般为 5 造宿根，个体农户有的长达 10 造宿根，生长期为 11～12 个月。每年 5—7 月为新植蔗种植期，第二年 4—5 月收获。小部分甘蔗在秋季种植，生长期为 15～17 个月。蔗螟以寄生昆虫防治为主，杂草采用芽前和芽后除草剂防治，收获采用澳大利亚切段式收获机收获（全国甘蔗糖业科技情报站，1986；吴才文等，2018）。

法属圭亚那地近赤道，属热带雨林气候，空气中湿度大。沿海地区年平均气温 25～26℃，年降水量达 3 500 mm，河流众多，水量丰沛，多急流瀑布，雨季是从 1 月至 6 月，5 月雨最多。甘蔗为当地主要农作物之一，但甘蔗种植面积并不大且不断萎缩（吴才文等，2018）。

留尼汪岛的土地是火山地质结构，大多数不适宜耕作，可耕地面积有限，甘蔗种植面积曾超过 2/3，由于受世界食糖价格、粮食进口等诸多因素影响，甘蔗种植面积有所下降，但仍大约占了其耕地面积的 50%。蔗区主要分布在东北部和西南部沿海平原上。留尼汪蔗园由糖厂和个体蔗农经营。通常，甘蔗生产周期是一季新植和 4～6 季宿根，周期长达 6～8 年。在留尼汪东北部（向风面），多在 1—3 月新植，生长期 16～18 个月，至翌年 7—8 月收获。而在西南部（背风面），尤其是有灌溉的地区，约于 5 月种植，生长期约

14个月，翌年7—8月份收获。留尼汪的降水量较多，但蔗田普遍需要灌溉，尤其是西南干旱地区，冬季严重缺水。这里灌溉水源来自几条常年流水的河流，河水被引入水渠后，引进蔗田。许多地方还挖了井，水井多数较深，故抽水灌溉费用较高。留尼汪甘蔗病害有胶滴病、白条病、黑穗病、赤条病、黄斑病和梢腐病等；黑穗病由于种植抗病品种，基本上得到控制。宿根矮化病也由于使用热处理方法而得到相当有效的控制。留尼汪新引进的品种都要进行隔离种植，直至证实无感染病害为止。从毛里求斯引进的蔗种，一般隔离12个月，其他国家引进的隔离8个月，整个隔离过程都是在温室内进行。主要的虫害为两种螟虫，一种是大螟，另一种是甘蔗条螟。留尼汪对这两种螟虫的防治进行了研究，并引进了古巴蝇进行生物防治。有些地区鼠害也相当严重（全国甘蔗糖业科技情报站，1986；吴才文等，2018）。

## 四、法国甘蔗原料生产规模及水平

法国4个海外属地甘蔗单产并不高，20世纪60年代以来，平均甘蔗单产约65 t/hm²，且几十年来变化不大。如1960/1961年榨季为65.4 t/hm²，1970/1971年榨季最低时为50.3 t/hm²。然后逐步上升，2010/2011年榨季最高为71.3 t/hm²，近年来基本维持在70 t/hm²的水平。在法国几个海外属地中留尼汪的单产水平最高，21世纪以来基本维持在70 t/hm²的水平，瓜德罗普和法属圭亚那单产水平相当，近年来基本维持在60～65 t/hm²之间。马提尼克单产水平处于持续下降之中，如1960/1961年榨季为78.6 t/hm²，2010/2011年榨季最低为43.3 t/hm²，近年来基本维持在45 t/hm²的水平。20世纪60年代以来，4个海外属地甘蔗种植面积逐步下滑，如1960/1961年榨季为8.38万hm²，1970/1971年榨季降为7.87万hm²，1980/1981年榨季为6.34万hm²，1990/1991年榨季再次下降为4.93万hm²，直到目前甘蔗种植面积还没有恢复，21世纪长期在4.0万hm²左右上下波动，甘蔗面积最大的地区为留尼汪，占法国甘蔗总面积的60.6%～65.9%，21世纪以来甘蔗面积基本保持在2.5万hm²左右；法属圭亚那甘蔗面积最小，目前仅剩100 hm²左右（表5-13）。

**表5-13　1960/1961年榨季以来法国海外属地重要年份甘蔗生产情况统计表**

| 项目 | 1960/1961年榨季 | 1970/1971年榨季 | 1980/1981年榨季 | 1990/1991年榨季 | 2000/2001年榨季 | 2010/2011年榨季 | 2011/2012年榨季 | 2012/2013年榨季 | 2013/2014年榨季 |
|---|---|---|---|---|---|---|---|---|---|
| 单产（t/hm²） | 65.4 | 50.3 | 54.4 | 58.0 | 66.9 | 71.3 | 66.2 | 69.0 | 69.7 |
| 面积（万hm²） | 8.37 | 7.87 | 6.34 | 4.93 | 3.94 | 3.96 | 4.04 | 3.49 | 3.76 |
| 总产量（万t） | 547.57 | 395.7 | 344.53 | 285.8 | 263.43 | 282.78 | 267.63 | 240.83 | 262.25 |

数据来源：联合国粮农组织统计数据库。

甘蔗总产量与面积变化趋势一致，从20世纪60年代以来，甘蔗总产量呈现不断下降之势，如1960/1961年榨季甘蔗总产量为547.57万t，1970/1971年榨季为395.7万t，1980/1981年榨季为344.5万t，1990/1991年榨季为285.5万t，首次跌破300万t；21世纪以来长期在260万t上下波动。

## 五、法国甘蔗糖生产

法国本土并不能种植甘蔗，甘蔗及蔗糖生产主要在海外美洲和非洲的海外属地。20世纪法国年均甜菜糖产量约 300 万 t，目前发展到年均约 450 万吨。同时，海外的甘蔗糖却不断萎缩，20 世纪 60 年代初约 50 万 t，目前还不到 30 万 t（联合国粮农组织统计数据库；吴才文等，2018）。

瓜德罗普甘蔗种植时间早，从 1703 年成功开办岛上第一座炼糖厂以来已有 300 多年历史，所生产的甘蔗糖除满足自身需要外，还可大量出口，曾是世界重要的甘蔗糖出口来源地。马提尼克的糖业发展情况与同属法国的瓜德罗普基本相同，1642 年到 1693 年，殖民者引进了大批奴隶后促进了甘蔗产业的发展，但制糖规模并不大。留尼汪是法国甘蔗糖规模最大的海外属地，曾是世界著名的产糖地区，18 世纪初开始制糖生产，19 世纪上半叶，留尼汪采取糖厂合并政策，糖厂数目越来越少，但制糖规模越来越大，制糖水平逐步提高，甘蔗糖业逐步发展，最高年份（1978/1979 年榨季）达 26.08 万 t。法属圭亚那甘蔗总量并不大，所生产的甘蔗仅用作果蔗或生产地方糖（联合国粮农组织统计数据库；吴才文等，2018）。

总体来说，从 20 世纪 60 年代至 90 年代初，法国海外属地甘蔗糖业处于逐渐萎缩的状态，如 1960/1961 年榨季甘蔗糖产量为 51.96 万 t，1970/1971 年榨季缩减为 36.82 万 t，1980/1981 年榨季减为 31.36 万 t，1990/1991 年榨季为 27.04 万 t。20 世纪 90 年代以来基本稳定在 27. 万 t 左右（联合国粮农组织统计数据库；吴才文等，2018）。

## 六、法国食糖需求与贸易

### （一）食糖需求

法国属于西方发达国家，人均食糖消费较高，20 世纪中叶人均约 35 kg，目前已增加到人均 45 kg 左右。从消费总量来看，1961 年为 125 万 t，1985 年增加到 238 万 t，目前约 300 万 t，几个海外甘蔗种植及甘蔗糖生产属地食糖需求量约 5 万 t（吴才文等，2018）。

### （二）食糖贸易

法国本土及几个海外属地食糖生产量总体高于消费量，因此法国多年来一直是食糖的净出口来源地，1960/1961 年榨季食糖产量 171.2 万 t 时，净出口量为 45.6 万 t；1999—2000 年食糖产量 459 万 t，出口量为 263 万 t；目前食糖产量基本稳定在 450 万 t，每年出口食糖约 150 万 t。几个海外甘蔗糖生产属地每年约有 22 万 t 食糖可供出口（吴才文等，2018）。

# 第九节　中国与国际甘蔗糖业的比较

中国是世界上最古老的种植甘蔗国之一，也是世界上主要的甘蔗糖生产国家之一，建立了从甘蔗生产、加工到食糖销售的完整糖业体系（Wei and Li，2006）。改革开放以来，我国甘蔗糖产业进入了快速发展的新时期，2013/2014 年榨季与 1977/1978 年榨季相比，甘蔗种植面积从发展到 171.07 万 $hm^2$，扩大了 3.7 倍；甘蔗总产量达到 12 613.6 万 t，增加了 6.5 倍；甘蔗糖产量达到 1 257.2 万 t，增长了 5.7 倍。与新中国成立初期相比我国食糖产量在全世界中的位置也起了显著变化，我国的产糖量在世界产糖国中 1949 年排居第二十六位，到 1985/1986 年榨季排居第六位，1997/1998 年榨季开始超过泰国和澳大利亚，成为世界第三大甘蔗糖生产国。与巴西、印度的表现相似，我国的甘蔗糖业在改革开放以来表现突出，但近年来由于受国际食糖产量供过于求、低价糖、走私糖、国内生产成本快速攀升等因素的冲击，总体产业处于徘徊状态，与先进蔗糖生产国相比具有一定的差距。

## 中国糖料蔗生产情况比较

### （一）糖料蔗生产能力

**1. 种植面积和户均规模**　2017/2018 年榨季，巴西原料蔗种植面积为 990 万 $hm^2$，独立种植户的户均种植规模约 62.93 $hm^2$；澳大利亚糖料蔗种植面积为 40 万 $hm^2$，户均种植规模约 65.53 $hm^2$；2019/2020 年榨季印度糖料蔗种植面积为 502.40 万 $hm^2$，户均种植规模 2.52 $hm^2$（按每户 3 人计，下同）；泰国糖料蔗种植面积为 158 万 $hm^2$，户均种植面积 1.492 $hm^2$。而 2020/2021 年榨季，我国甘蔗主产区广西甘蔗种植面积 74.33 万 $hm^2$，每户平均种植面积 1.068 $hm^2$，远低于巴西、澳大利亚、印度、泰国等主产糖国。

**2. 耕地条件**　我国糖料蔗耕地资源禀赋差，旱坡地居多，肥力低。根据广西农业科学院专家调查，广西蔗地的有机质含量低，地力仅相当于国外主产糖国的 1/3～1/2；在 76.67 万 $hm^2$ 已划定的糖料蔗生产保护区中，坡度为 6°～15°的面积为 20 万 $hm^2$ 左右，占保护区总面积 26%；有水灌溉面积 33.33 万 $hm^2$ 左右，占保护区总面积 43%。

**3. 生产周期**　巴西、澳大利亚、哥伦比亚、泰国等国家一次新植、4～7 次宿根，甘蔗生产周期在 5 年以上。我国由于品种、种植管理等方面原因，糖料蔗生产一般为一新两宿，平均生产周期为 3 年，比世界先进蔗糖生产国家少 2～4 年以上。宿根周期短，蔗种和种植等成本相应增加，也是我国糖料蔗种植成本的因素之一。

### （二）糖料蔗种植成本

据统计，2018/2019 年榨季，巴西、澳大利亚、印度、泰国的吨蔗种植成本分别为 236 元、114 元、168 元、230 元，而我国甘蔗主产区广西糖料蔗平均种植总成本达 36 592.35元/$hm^2$，按当年原料蔗产量 71.1 t/$hm^2$ 计，吨蔗种植成本高达 514.66 元。从种植成本构成看，2018/2019 年榨季，广西糖料蔗种植成本主要构成因素包括物质与服务费用、人工成本和土地租金，其中人工成本为 188 元/t，占比 45.76%；物质与服务费用为 167 元/t（主要包括化肥、农药以及机械作业等），占比 40.65%；土地成本为 56 元/t，占比 13.59%。同期巴西的种植成本构成为：人工成本为 13 元/t，占比 5.67%；物质与服务费用 174 元/t，占比 73.89%；土地成本为 48 元/t，占比 20.45%。可见我国糖料蔗种植成本与巴西的主要差距在于人工成本。

总体看来，世界先进蔗糖生产国家甘蔗生产种植规模大、机械化程度高，目前原料蔗价格约 200～250 元/t，吨糖原料成本约 1 500～1 600 元；而我国原料蔗价格达 450 元/t 以上，吨糖原料成本超过 3 600 元；仅吨糖原料成本 1 项就高出 2 000 元。同时，我国化肥、农药、地膜等物料成本价格不断上涨，特别是甘蔗砍收工费过高，已成为甘蔗生产发展的瓶颈因素，目前我国部分蔗区甘蔗砍工高达 180～200 元/t。因此，虽然原料价高，种蔗效益也差，蔗农种植积极性不高。同时，糖业秩序乱，使进口糖大量流入冲击国内市场。进口糖配额外食糖关税仅为55%，远低于其他国家约300%的准入门槛。这是导致中国在内需供不应求的情况下，自产食糖价格仍持续走低的原因（吴才文等，2018）。

### （三）展望

我国资源禀赋差、平均种植规模小、机械化水平低等原因，导致甘蔗生产成本高，制约了糖业整体竞争力提升。未来我国应以降本增效为目标，围绕糖料蔗生产、加工、商贸的各生产环节，对标对表国际先进水平，切实降低食糖生产成本。具体措施包括：积极稳妥推进糖料蔗订单农业改革，激发市场主体降本增效动力；巩固“双高”基地建设成果，组织开展非“双高”基地高标准农田建设，改善糖料蔗生产条件，提高糖料蔗生产能力；大力推广应用良种良法，加强甘蔗种植精细化管理，延长宿根年限，提高单产和蔗糖分，促进农民增收，增强种植主体种植意愿；加快推进甘蔗生产全程机械化进程，提高生产效率，降低人工投入成本；完善糖料蔗生产治理体系，提升治理能力现代化水平等，提高我国甘蔗糖业的国际竞争力。

## 参考文献


段昌坪，范源洪，1996. 墨西哥甘蔗科技考察报告 [J]. 甘蔗，3 (3)：60-64.

范源洪，符菊芬，2000. 澳大利亚甘蔗科技考察报告 [J]. 甘蔗，7 (2)：56-62.

蓝艳华，2015. 印度甘蔗植保技术的经验总结及对我国糖业发展的启示 [J]. 糖业信息 (12)：12-14.

李杨瑞，2010. 现代甘蔗学 [M]. 北京：中国农业出版社.

李杨瑞，2022. 印度甘蔗糖业发展概况 [J]. 广西糖业，42 (2)：39-48.

李杨瑞，杨丽涛，杨柳，等，2015. 巴西甘蔗糖业高效低耗的经验与启示 [J]. 中国糖料，37 (4)：73-76.

联合国粮农组织统计数据库. http：//faostat3. fao. org/download/T/TP/E.

刘晓雪，王新超，郑传芳，2013. 泰国食糖产业与政策的发展演变 [J]. 世界农业 (7)：67-74.

刘晓雪，徐欣，2010. 美国食糖消费规模及其结构的动态演变分析 [J]. 世界农业，372 (4)：32-37.

毛钧，陆鑫，杨昆，等，2015. 澳大利亚甘蔗产业与科研概况 [J]. 中国糖料，37 (4)：77-80.

农业部热带农业考察组，2000. 哥伦比亚、巴西热带农业科研情况考察报告 [J]. 热带农业科学 (2)：56-62.

全国甘蔗糖业科技情报站，1986. 世界甘蔗糖业 [G]. 广州：广州：轻工部甘蔗糖业研究所.

王贵华，2001. 印度哥印拜陀甘蔗育种研究所的过去与现在 [J]. 福建甘蔗 (2)：31-37.

魏远安，黎庆涛，卢家炯，2004. 泰国甘蔗糖业考察报告 [J]. 广西轻工业 (1)：5-8.

吴才文，姚丽，苏火生，等，2018. 世界甘蔗糖业生产与需求 [M]. 北京：中国农业出版社.

吴才文，赵俊，刘家勇，等，2014. 现代甘蔗种业 [M]. 北京：中国农业出版社.

吴才文，赵培方，夏红明，等，2014. 现代甘蔗杂交育种及选择技术 [M]. 北京：科学出版社.

吴才文，2007. 澳大利亚甘蔗家系选择技术简介 [J]. 甘蔗糖业 (1)：6-9.

游建华，陈引芝，2003. 赴澳大利亚甘蔗科技考察报告 [J]. 甘蔗，10 (2)：57-61.

云南省赴澳大利亚农业科技考察团，1998. 澳大利亚甘蔗糖业与科研情况考察报告 [J]. 云南科技管理 (4)：52-53.

周会，李杨瑞，2012. 美国育成甘蔗品种分析. 南方农业学报，43 (5)：570-577.

周日尤，陈克强，2001. 巴西甘蔗糖成本与竞争力 [J]. 木薯糖细化工 (1)：29-31.

Aguilar-Rivera N, Herrera-Solano A, Enriquez-Poy M, et al., 2016. Sustainable management of inputs and by-products to improve the competitiveness of sugarcane farms in Veracruz, Mexico [A]. Proceedings of the International Society of Sugar Cane Technologists [C]. Volume 29, pp. 379-384.

Ángel S J C, Victoria K J I, Marcela Cadavid O M, et al., 2016. The race is on: review, advances and challenges for integrated and sustainable management of sugarcane brown rust and orange rust in Colombia [A]. Proceedings of the International Society of Sugar Cane Technologists, Volume 29, pp. 1776-1785.

Castro S G Q, Franco H C J, Sanches G M, et al., 2016. The best time to apply N-fertilizer in sugarcane ratoons in the Centre South of Brazil [A]. Proceedings of the International Society of Sugar Cane Technologists [C]. Volume 29, pp. 601-609.

Chopart J L, 2016. Two high-fibre sugarcane varieties adapted for energy use in Guadeloupe [A]. Proceedings of the International Society of Sugar Cane Technologists [C]. Volume 29, pp. 34-37.

Gawander J, Kumar D V, Ram A N, 2006. Adjusting to unplanned introduction of mechanical harvesters by changing sugarcane farming systems in Fiji using results of SYDJV studies from Australia [A]. In: Li Y R, Solomon S (Editors-in-chief), Technologies to improve sugar productivity in developing countries: Proceedings of the International Symposium IS-2006 [C]. Guilin, P. R. China, December 05-08, 2006. China Agricultural Press, Beijing, pp. 181-185.

Gazaffi R, Cursi D E, Chapola R G, et al., 2016. RB varieties: a major contribution to the sugarcane industry in Brazil [A]. Proceedings of the International Society of Sugar Cane Technologists [C]. Volume 29, pp. 1677-1682.

Godshall M A, 2004. Status of the sugar industry in north America: constraints and potentialities [C]. In: Li Y R and Solomon S. (Editors-in-chief), Sustainable Sugarcane and Sugar Production Technology: Proceedings of the International Symposium on Sustainable Sugarcane and Sugar Production Technology [C]. Nanning, Guangxi, China, Nov. 29-Dec. 02, Nanning, P. R. China. China Agricultural Press, Beijing, pp. 68-76.

Jackson P, 2016. What is the optimal selection intensity of seedlings (stage 1) in sugarcane breeding programs [A]? Proceedings of the International Society of Sugar Cane Technologists [C]. Volume 29, pp. 886-892.

Kannula A, Chimnarong B, Srichan M, et al., 2008. Economic analysis of cane production efficiency in North-East of Thailand [A]. In: Li Y R, Nasr M I, Solomon S, Rao G P (Editors-in-chief), Meeting the Challenges of Sugar Crops & Integrated Industries in Developing Countries: Proceedings of the International Conference IS-2008 [C]. Al Arish, Egypt. Engineering House Press Co., Cairo, Egypt, pp. 755- 758.

Kapur R, Pathak A D, Srivastava S N, et al., 2008. Varietal response of sugarbeet to North Indian growing conditions [A]. In: Li Y R, Nasr M I, Solomon S, Rao G P (Editors-in-Chief), Meeting the Challenges of Sugar Crops & Integrated Industries in Developing Countries: Proceedings of the International Conference IS-2008 [C]. Al Arish, Egypt. Engineering House Press Co., Cairo, Egypt, pp. 237-240.

Khodphuwiang J, Chapanya P, Prammanee P, et al., 2008. Sugarcane growth in Northeast Thailand as influenced by soil properties and nutrient uptake ability [A]. In: Li Y R, Nasr M I, Solomon S, Rao G P (Editors-in-chief), Meeting the Challenges of Sugar Crops & Integrated Industries in Developing Countries: Proceedings of the International Conference IS-2008 [C]. Al Arish, Egypt. Engineering House Press Co., Cairo, Egypt, pp. 122-125.

Klomsa-Ard P, Patanothai A, Pliansinchai U, 2016. Selection criteria for sugarcane genotypes in two production systems in Thailand [A] . Proceedings of the International Society of Sugar Cane Technologists [C], Volume 29, pp. 1528-1535.

Krishnamur M, 2008. Management of research for cane and sugar in Asia Pacific [A] . In: Li Y R, Nasr M I, Solomon S, Rao G P (Editors-in-Chief), Meeting the Challenges of Sugar Crops & Integrated Industries in Developing Countries: Proceedings of the International Conference IS-2008 [C] . Al Arish, Egypt. Engineering House Press Co. , Cairo, Egypt, pp. 737-739.

Larrahondo J E, 2006. Research and development strategies to improve sugar productivity in Colombia [A]. In: Li YR, Solomon S (Editors-in-chief), Technologies to improve sugar productivity in developing countries: Proceedings of the International Symposium IS-2006 [C] . Guilin, P. R. China, December 05-08, 2006. China Agricultural Press, Beijing, pp. 15-16.

Lee T S G, Bressan E A, 2006. Research and development strategies to improve sugarcane production in Brazil [A] . In: Li YR, Solomon S (Editors-in-chief), Technologies to improve sugar productivity in developing countries: Proceedings of the International Symposium IS-2006 [C] . Guilin, P. R. China, December 05-08, 2006. China Agricultural Press, Beijing, pp. 1-2.

Lee T S G, Lee L L, 2008. Sugarcane Revolution the Transport Sector in Brazil: A Trendsetter for Developing Corntries [A] . In: Li Y R, Nasr M I, Solomon S, Rao G P (Editors-in-Chief), Meeting the Challenges of Sugar Crops & Integrated Industries in Developing Countries: Proceedings of the International Conference IS-2008 [C] . Al Arish, Egypt. Engineering House Press Co. , Cairo, Egypt, pp. 583-585.

Lee T S G, 2004. Sugarcane industry in Brzail [A] . In: Li Y R and Solomon S. (Editors-in-chief), Sustainable Sugarcane and Sugar Production Technology: Proceedings of the International Symposium on Sustainable Sugarcane and Sugar Production Technology [C] . Nanning, Guangxi, China, Nov. 29-Dec. 02, 2004, Nanning, P. R. China. China Agricultural Press, Beijing, pp. 29-30.

Li Y R, Yang L T, 2008. Status of the sugar industry development in China [A] . In: Li Y R, Nasr M I, Solomon S, Rao G P (Editors-in-Chief), Meeting the Challenges of Sugar Crops & Integrated Industries in Developing Countries: Proceedings of the International Conference IS-2008 [C] . Al Arish, Egypt. Engineering House Press Co. , Cairo, Egypt, pp. 759-763.

Li Y R, 2006a. Prospect of the sugar industry in China in the new era [A] . In: Li YR, Solomon S (Editors-in-chief), Technologies to improve sugar productivity in developing countries: Proceedings of the International Symposium IS-2006 [C] . Guilin, P. R. China, December 05-08, 2006. China Agricultural Press, Beijing, pp. 838-840.

Li Y R, 2006b. Research and development strategies to improve sugar productivity in China [A] . In: Li YR, Solomon S (Editors-in-chief), Technologies to improve sugar productivity in developing countries: Proceedings of the International Symposium IS-2006 [C] . Guilin, P. R. China, December 05-08, 2006. China Agricultural Press, Beijing, pp. 7-14.

Luanmanee S, Paisancharoen K, Kongtien D, 2016. Optimum soil and nutrient management for increasing sugarcane productivity on sandy soils in northeast Thailand [A] . Proceedings of the International Society of Sugar Cane Technologists [C], Volume 29, pp. 988-992.

Magarey R C, Croft B J, Braithwaite K S, et al. , 2006. A smut incursion in the major Eastern-Australian sugarcane production area [A] . In: Li YR, Solomon S (Editors-in-chief), Technologies to improve sugar productivity in developing countries: Proceedings of the International Symposium IS-2006 [C]. Guilin, P. R. China, December 05-08, 2006. China Agricultural Press, Beijing, pp. 333-336.

Magarey R C, Croft B J, Braithwaite K S, 2008. Sugarcane smut in Queensland: Spore trap and epidemiology outcomes [A] . In: Li Y R, Nasr M I, Solomon S, Rao G P (Editors-in-Chief),

Meeting the Challenges of Sugar Crops & Integrated Industries in Developing Countries: Proceedings of the International Conference IS-2008 [C]. Al Arish, Egypt. Engineering House Press Co., Cairo, Egypt, pp. 341-344.

Magarey R C, 2004a. Development of the Australian sugar industy: 1970-2000 [A]. In: Li Y R and Solomon S. (Editors-in-chief), Sustainable Sugarcane and Sugar Production Technology: Proceedings of the International Symposium on Sustainable Sugarcane and Sugar Production Technology [C]. Nanning, Guangxi, China, Nov. 29-Dec. 02, 2004, Nanning, P. R. China. China Agricultural Press, Beijing, pp. 84-88.

Magarey R C, 2004b. Changing farming systems in the Australian sugar industry: a response to economic pressure [A]. In: Li Y R and Solomon S. (Editors-in-chief), Sustainable Sugarcane and Sugar Production Technology: Proceedings of the International Symposium on Sustainable Sugarcane and Sugar Production Technology [C]. Nanning, Guangxi, China, Nov. 29-Dec. 02, 2004, Nanning, P. R. China. China Agricultural Press, Beijing, pp. 97-101.

Magarey R C, 2006. Sugarcane research and development in Australia [A]. In: Li YR, Solomon S (Editors-in-chief), Technologies to improve sugar productivity in developing countries: Proceedings of the International Symposium IS-2006 [C]. Guilin, P. R. China, December 05-08, 2006. China Agricultural Press, Beijing, pp. 30-33.

Molina L, Ovalle W, Peiró R, et al., 2016. Xanthomonas albilineans and Sugarcane yellow leaf virus (SCYLV) in Guatemala: assessment of ethodologies for sanitation of infected sugarcane material [A]. Proceedings of the International Society of Sugar Cane Technologists [C]. Volume 29, 1220-1223.

Paixão A E A, Alves M B N, 2019. Protection of cultivars in the Inter-University Network for the Development of the Sugar-Energy Sector. International Journal for Innovation Education and Research, 7 (7): 426-444.

Pan Y B, 2006. Current research and development strategies to improve sugarcane agriculture productivity in the U S [A]. In: Li YR, Solomon S (Editors-in-chief), Technologies to improve sugar productivity in developing countries: Proceedings of the International Symposium IS-2006 [C]. Guilin, P. R. China, December 05-08, 2006. China Agricultural Press, Beijing, pp. 22-24.

Peeraya K, Jongrak S, Warintorn J, et al., 2006. Evaluation of elite sugarcane clones in the north eastern part of Thailand: Mitr Phol areas [A]. In: Li YR, Solomon S (Editors-in-chief), Technologies to improve sugar productivity in developing countries: Proceedings of the International Symposium IS-2006 [C], Guilin, P. R. China, December 05-08, 2006. China Agricultural Press, Beijing, pp. 155-158.

Quirk R, Morar H, Perkins R, et al., 2006. The better sugarcane initiative - impacts and benefits on the global sugarcane industry [A]. In: Li Y R, Solomon S (Editors-in-chief), Technologies to improve sugar productivity in developing countries: Proceedings of the International Symposium IS-2006 [C]. Guilin, P. R. China, December 05-08, 2006. China Agricultural Press, Beijing, pp. 66-68.

Rajeswari S, Raghuraman R, Bharathi P, et al., 2016. Screening of parental clones for red rot resistance in India [A]. Proceedings of the International Society of Sugar Cane Technologists, Volume 29, pp. 1914-1918.

Ramos N P, Junior A L, Silva P A, et al., 2011a. Critical variables to predict technological in traditional sugarcane productive region of North-East Brazil [A]. In: Li Y R, Srivastava M K, Rao G P, Singh P, Solomon S (eds) Balancing Sugar and Energy Production in Developing Countries: Sustainable Technologies and Marketing Strategies. Proceedings of 4th IAPSIT International Sugar Conference (IS-2011) & Expo [C]. 21-25 November 2011, New Delhi, India. Army Printing Press, ibdc publishers, Lucknow, India, pp. 136-139.

Ramos N P, Packer A P, Vieira H B, et al., 2011b. Weed population under different amounts of sugarcane straw in Sao Paulo State, Brazil [A]. In: Li Y R, Srivastava M K, Rao G P, Singh P, Solomon S (eds) Balancing Sugar and Energy Production in Developing Countries: Sustainable Technologies and Marketing Strategies. Proceedings of 4th IAPSIT International Sugar Conference (IS-2011) & Expo [C]. 21-25 November 2011, New Delhi, India. Army Printing Press, ibdc publishers, Lucknow, India, pp. 127-129.

Rao G P, 2004. New sugarcane disease in Asian countries: Economic implications and management strategie [A]. In: Li Y R and Solomon S. (Editors-in-chief), Sustainable Sugarcane and Sugar Production Technology: Proceedings of the International Symposium on Sustainable Sugarcane and Sugar Production Technology [C]. Nanning, Guangxi, China, Nov. 29-Dec. 02, 2004, Nanning, P. R. China. China Agricultural Press, Beijing, pp. 389-401.

Rao M S, Sankar M, 2019. Successful use of the biocontrol agents Trichogramma chilonis and Tetrastichus howardi in sugarcane in india [A]. Proceedings of the International Society of Sugar Cane Technologists [C], Volume 29, pp. 1471-1473.

Rott P C, Kaye C, Naranjo M, et al., 2016. Controlling sugarcane diseases in Florida: a challenge in constant evolution [A]. Proceedings of the International Society of Sugar Cane Technologists [C]. Volume 29, pp. 595-600.

Saensupo S, Prammanee P, Weerathaworn P, 2008. The development of retractable and mobile surface drip irrigation for sugarcane in Thailand [A]. In: Li Y R, Nasr M I, Solomon S, Rao G P (Editors-in-Chief), Meeting the Challenges of Sugar Crops & Integrated Industries in Developing Countries: Proceedings of the International Conference IS-2008 [C]. Al Arish, Egypt. Engineering House Press Co., Cairo, Egypt, pp. 137-139.

Sandhu H S, Singh M P, Mccray J M, 2018. Use of apparent soil electrical conductivity sugarcane nutrient management in Florida [J]. International Sugar Journal, 120 (1439): 868-873.

Seechan M, Chimnarong V, Veerachit V, et al., 2016. Historical ENSO-related impacts on sugarcane yields in northeastern Thailand [A]. Proceedings of the International Society of Sugar Cane Technologists [C]. Volume 29, pp. 1557-1563.

Singh H B, 2008. Diseases hampering commercial production of sugarcane in India: Present scenario and futrue prospects [A]. In: Li Y R, Nasr M I, Solomon S, Rao G P (Editors-in-chief), Meeting the Challenges of Sugar Crops & Integrated Industries in Developing Countries: Proceedings of the International Conference IS-2008 [C]. Al Arish, Egypt. Engineering House Press Co., Cairo, Egypt, pp. 431-433.

Singh H B, 2004a. Biological control of insect-pests and diseases of sugarcane in India [A]. In: Li Y R and Solomon S. (Editors-in-chief), Sustainable Sugarcane and Sugar Production Technology: Proceedings of the International Symposium on Sustainable Sugarcane and Sugar Production Technology [C]. Nanning, Guangxi, China, Nov. 29-Dec. 02, 2004, Nanning, P. R. China. China Agricultural Press, Beijing, pp. 409-413.

Singh H B, 2004b. Growth of biopesticides industry in India [C]. In: Li Y R and Solomon S. (Editors-in-Chief), Sustainable Sugarcane and Sugar Production Technology: Proceedings of the International Symposium on Sustainable Sugarcane and Sugar Production Technology [C]. Nanning, Guangxi, China, Nov. 29-Dec. 02, 2004, Nanning, P. R. China. China Agricultural Press, Beijing, pp. 462-467.

Singh P, Sawnani A, Shrivastava A K, et al., 2006a. Assessment of post harvest sucrose losses in sugarcane during late-crushing period in North India [A]. In: Li Y R, Solomon S (Editors-in-chief), Technologies to improve sugar productivity in developing countries: Proceedings of the International

Symposium IS-2006 [C]. Guilin, P. R. China, December 05-08, 2006. China Agricultural Press, Beijing, pp. 448-451.

Singh P, Singh M, Sharma B L, 2016. Variation in sugar content between early and mid-late maturing sugarcane varieties across the crushing period in sub-tropical India [A]. Proceedings of the International Society of Sugar Cane Technologists [C], Volume 29, pp. 1919-1922.

Singh R M, 2011. Sugarcane marketing strategies in India [A]. In: Li Y R, Srivastava M K, Rao G P, Singh P, Solomon S (eds) Balancing Sugar and Energy Production in Developing Countries: Sustainable Technologies and Marketing Strategies. Proceedings of 4th IAPSIT International Sugar Conference (IS-2011) & Expo [C]. 21-25 November 2011, New Delhi, India. Army Printing Press, ibdc publishers, Lucknow, India, pp. 1023-1027.

Singh S B, Singh R K, Srivastava V K, et al., 2006b. Stability Analysis for Promising Sugarcane Cultivars in North India [A]. In: Li Y R, Solomon S (Editors-in-chief), Technologies to improve sugar productivity in developing countries: Proceedings of the International Symposium IS-2006 [C], Guilin, P. R. China, December 05-08, 2006. China Agricultural Press, Beijing, pp. 316-319.

Solomon S, 2006. Status of sugar industry in India [A]. In: Li Y R, Solomon S (Editors-in-chief), Technologies to improve sugar productivity in developing countries: Proceedings of the International Symposium IS-2006 [C]. Guilin, P. R. China, December 05-08, 2006. China Agricultural Press, Beijing, pp. 77-81.

Songsri P, Jonglangklang N, 2016. Participatory selection of elite sugarcane clones in the Northeast of Thailand [A]. Proceedings of the International Society of Sugar Cane Technologists [C]. Volume 29, pp. 720-723.

Tangkoonboribun R, 2006. Constraints and strategies to improve sugarcane productivity in Thailand [A]. In: Li Y R, Solomon S (Editors-in-chief), Technologies to improve sugar productivity in developing countries: Proceedings of the International Symposium IS-2006 [C]. Guilin, P. R. China, December 05-08, 2006. China Agricultural Press, Beijing, pp. 45-46.

Tangkoonboribun R, 2006. Sugar industry in Thailand [A]. In: Li Y R, Solomon S (Editors-in-chief), Technologies to improve sugar productivity in developing countries: Proceedings of the International Symposium IS-2006 [C]. Guilin, P. R. China, December 05-08, 2006. China Agricultural Press, Beijing, pp. 93-95.

Tangkoonboribun R, 2008. Sugarcane vs competitive crops in Thailand [A]. In: Li Y R, Nasr M I, Solomon S, Rao G P (Editors-in-Chief), Meeting the Challenges of Sugar Crops & Integrated Industries in Developing Countries: Proceedings of the International Conference IS-2008 [C]. Al Arish, Egypt. Engineering House Press Co., Cairo, Egypt, pp. 777-778.

Tonsomros Y, Pliansinchail U, He L J, 2016. Adaptability of Thai sugarcane varieties in China [A]. Proceedings of the International Society of Sugar Cane Technologists [C]. Volume 29, pp. 1525-1527.

Victoria J, 2004. Colombian sugar industry [A]. In: Li Y R and Solomon S. (Editors-in-chief), Sustainable Sugarcane and Sugar Production Technology: Proceedings of the International Symposium on Sustainable Sugarcane and Sugar Production Technology [C]. Nanning, Guangxi, China, Nov. 29-Dec. 02, 2004, Nanning, P. R. China. China Agricultural Press, Beijing, pp. 83.

Wei Y A, Li Y R, 2006. Status and trends of the sugar industry in China [A]. In: Li Y R, Solomon S (Editors-in-chief), Technologies to improve sugar productivity in developing countries: Proceedings of the International Symposium IS-2006 [C]. Guilin, P. R. China, December 05-08, 2006. China Agricultural Press, Beijing, pp. 849-854.

Yadav R L, Shukla S K, 2006. Integrated crop management practices for improving ratoon productivity in sub tropical India [A]. In: Li Y R, Solomon S (Editors-in-chief), Technologies to improve sugar productivity in developing countries: Proceedings of the International Symposium IS-2006 [C]. Guilin, P. R. China, December 05-08, 2006. China Agricultural Press, Beijing, pp. 69-73.

Yadav R L, 2006. Research and development of sugarcane in India [A]. In: Li Y R, Solomon S (Editors-in-chief), Technologies to improve sugar productivity in developing countries: Proceedings of the International Symposium IS-2006 [C]. Guilin, P. R. China, December 05-08, 2006. China Agricultural Press, Beijing, pp. 3-6.

Yadav R N S, 2011. Mechanization of sugarcane harvesting in India: status and strategy [A]. In: Li Y R, Srivastava M K, Rao G P, Singh P, Solomon S (eds) Balancing Sugar and Energy Production in Developing Countries: Sustainable Technologies and Marketing Strategies. Proceedings of 4th IAPSIT International Sugar Conference (IS-2011) & Expo [C]. 21-25 November 2011, New Delhi, India. Army Printing Press, ibdc publishers, Lucknow, India, pp. 257-264.

Zhang Y B, Liu S C, 2006. Sugarcane ecological adaptability division of low-latitude plateau area in China [A]. In: Li Y R, Solomon S (Editors-in-chief), Technologies to improve sugar productivity in developing countries: Proceedings of the International Symposium IS-2006 [C]. Guilin, P. R. China, December 05-08, 2006. China Agricultural Press, Beijing, pp. 824-826.

Zhang Y B, Zhao P F, 2008. Sugarcane and sugar industry in Southwest China: The research and developments [A]. In: Li Y R, Nasr M I, Solomon S, Rao G P (Editors-in-Chief), Meeting the Challenges of Sugar Crops & Integrated Industries in Developing Countries: Proceedings of the International Conference IS-2008 [C]. Al Arish, Egypt. Engineering House Press Co., Cairo, Egypt, pp. 727-729.

# 第二篇

# 糖料甘蔗生产基础

# 第六章

# 甘蔗形态和生长特性

## 第一节　甘蔗的形态与结构

甘蔗是热带、亚热带禾本科单子叶作物。茎秆上具有节和节间，节上长有环带状根点，根为须根。茎节上具有蔗芽，互生。节间从生长带长出，富含糖分，有叶鞘保护。叶互生，具叶枕，缺叶柄。花由 3 枚雄蕊、羽毛状柱头和 2 枚鳞被组成。果实属颖果，为风媒花作物。

甘蔗具有禾本科植物的多型性和内鞘再生芽等生物学特异性状，是栽培、形态、生理和分类等方面所利用的基础。甘蔗的无性繁殖与宿根栽培是自然界许多单子叶植物，甚至是节间含有丰富糖分的禾本科植物都不能与之媲美的（李扬汉，1979）。关于甘蔗的形态和结构，前人已作了大量深入细致的系统研究，获得了丰富的成果，并发表了多部专著（Van Dillewijn，1952；李扬汉，1979；彭绍光，1990）。

### 一、甘蔗根的形态与解剖

#### （一）根的形态

甘蔗的根系属纤维根须根系，着生于茎各节根点上，一般多密布在表土内。根的生长发育与甘蔗的种和品种有密切的关系。凡是根系发达，分布广深的种或品种，对风、旱、瘠和病虫等的忍耐性也相应较强，适应性广，宿根性强，为甘蔗栽培打下良好的生长基础。

甘蔗是以蔗茎为种苗进行繁殖的，按照蔗根发生的部位和出现先后分为种根（临时根）和苗根（永久根）。种根从种苗节上的根点首先萌发生长，一般较纤细，分枝较多，入土力较弱。种苗栽植后苗根形成前，幼苗生长所需的水分和养料主要依靠种根吸收供应，但种根的寿命不长，随着甘蔗的生长，种根的机能很快由苗根所代替。苗根指幼苗长出 1～2 片叶时自新植株基部节上的根点长出的根，一般较种根粗壮，色白富肉质，分枝少，生势旺盛（图 6-1）。苗根的寿命有限，随着蔗株的长粗和培土作用，从植株基部不断长出新根，甘蔗的整个根轴系统持续更新，使甘蔗植株能适应不断变化的环境条件而生长。甘蔗根系的生长和分布受环境条件影响很大。一般情况下，种植在水田或地下水位较高的田地上的甘蔗根系发育不良，伸延不深；相反在地势高的旱地或地下水位较低的田地上栽培的甘蔗根系发育健壮，延伸能力强。

在地面蔗节的根点上，常有气根发生，气根发生的多少与甘蔗品种、环境条件及栽培措施有关，特别与品种种性关系较大。在表土潮湿及不剥叶情况下，蔗行间因相对湿度大，亦多发生气根。气根会消耗甘蔗养分，生产上应及时采取措施防止气根的发生，使甘蔗植株能正常生长。

甘蔗初生幼根，原为白色肉质，随着根的长大及衰老，颜色逐渐变为褐色，根皮层也由饱满变为皱缩状，当最老的根皮层死亡而变为黑褐色并松弛后，易从中柱分离，逐渐失去吸收功能。为了促进根系的正常旺盛生长和发挥其重要作用，栽培上必须采取深耕深松整地、多施有机肥、适时排灌和中耕培土等措施，使土壤环境适于根系的充分生长和发育，以保证甘蔗植株的健壮生长。

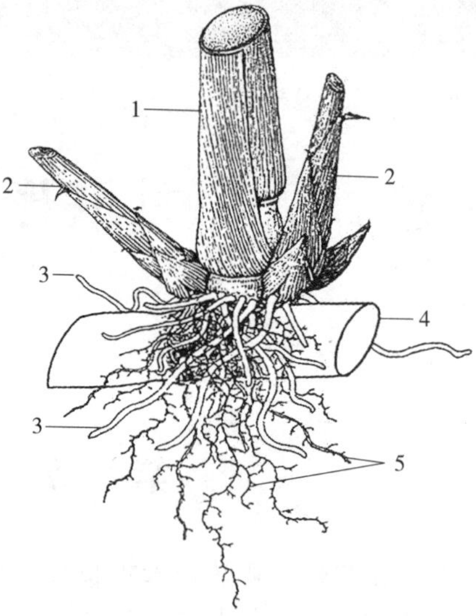

图 6-1　甘蔗的种根和苗根

1. 主茎　2. 分蘖茎　3. 苗根　4. 蔗种　5. 种根

### （二）根的解剖结构

**1. 根尖的分区**　每条蔗根距尖端 2～4 cm 的一段称为根尖，为根伸长生长、分枝和吸收活动的最主要部位。由根尖纵切面（图 6-2）和扫描电镜图（图 6-3）可见，根可划分为根冠（图 6-4）、分生区（图 6-5）、伸长区（图 6-6）及根毛区四部分（图 6-7）（杨丽涛等，2010）。

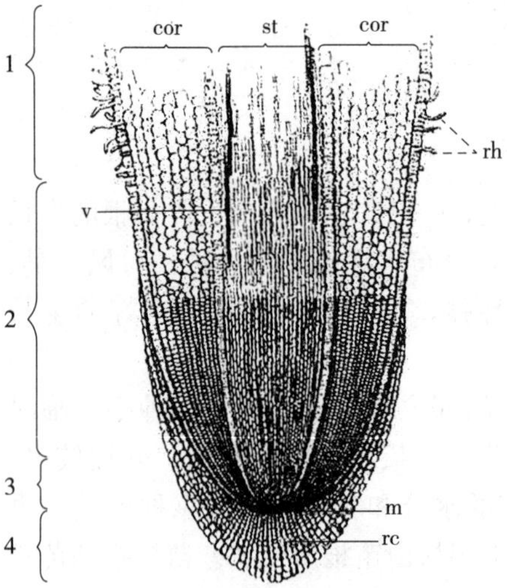

图 6-2　根尖的纵切面

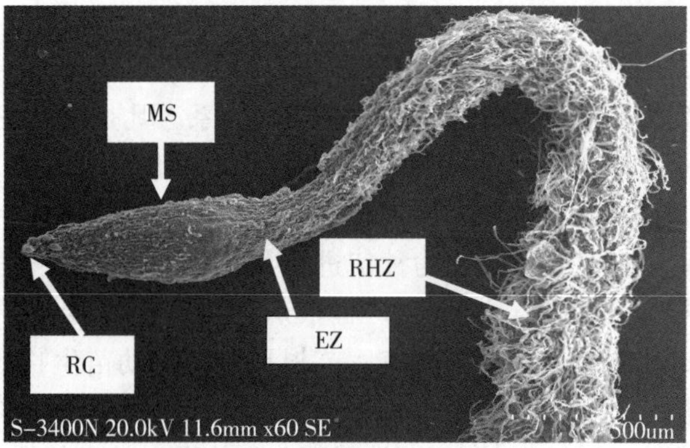

图 6-3　根尖的扫描电镜图

示各区细胞结构特点：根冠（RC）、分生区（MS）、伸长区（EZ）、根毛区（RHZ）×60

（1）根冠。位于根尖顶端，是一个由许多排列疏松的薄壁细胞所组成的帽状结构，起保护生长点幼嫩组织的作用，避免其穿过土壤颗粒时受到损伤。当根冠外侧细胞脱落后，分生组织不断增添新的细胞，使根冠得以保持生机和一定形状（图 6-4）。

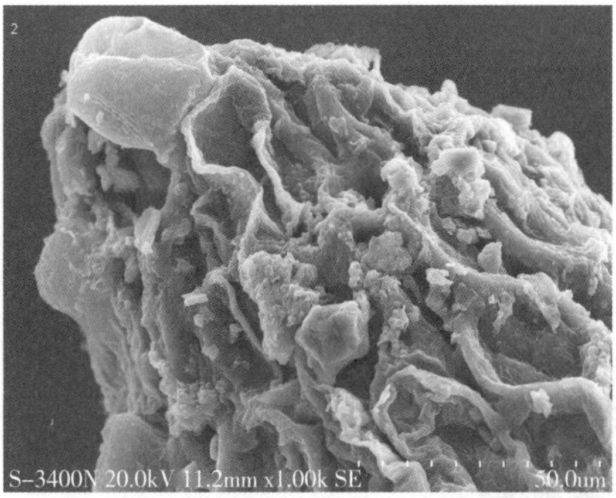


图 6-4　根冠区细胞×1 000

图 6-5　分生区细胞×1 000

（2）分生区。主要包含顶端分生组织，纵向全长 1～2 mm，大部分为根冠所包围，其细胞形状、大小相似，细胞壁薄，细胞核大，细胞质浓，液泡小，位于顶端的生长点能不断进行细胞分裂产生新的细胞（图 6-5）。这是根能延伸生长和不断增添新细胞的主要原因。

（3）伸长区。位于生长点的后部，长约数毫米，靠近根尖顶端的细胞保持分生组织的结构和性能，而距离根尖顶端较远的细胞分裂活动愈来愈弱，其细胞不断增长和加宽，并开始分化，逐渐转变为伸长区，形成了伸长区与生长点之间细胞的形态和活动的强弱逐渐递变的状态。伸长区细胞的特点是：形状延长，细胞质成一薄层，位于细胞的边缘，液泡明显，由其构成的伸长区外观透明，洁白而光滑，可与生长点相区别（图 6-6）。由于伸长区许多细胞同时迅速伸长变大，可使根尖在土壤中向前扩展，所以伸长区细胞的伸长作用就成为根尖深入土中的动力。

（4）根毛区。位于伸长区上方，其特点是表面密被根毛。由于内部细胞已停止分裂活动，分化为各种成熟细胞组织，根毛区亦称为成熟区。根毛是表皮细胞向外突出而形成的顶端密闭的管状结构，其原生质与表皮细胞相连（图 6-7）。由于根毛的发生，根系吸收面积大幅度扩大，吸收大量的水分和矿质营养供蔗株生长需要。根毛的寿命最长不超过 2～3 周或更短，之后根毛区上部的根毛逐渐死去，由下部不断产生新的根毛以保持根系

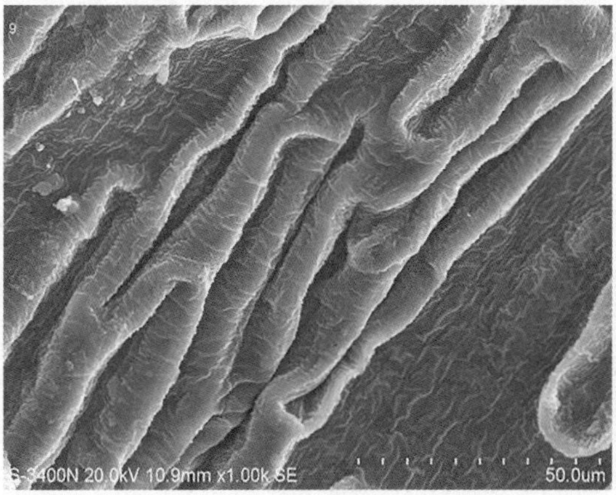


图 6-6　伸长区细胞×1 000

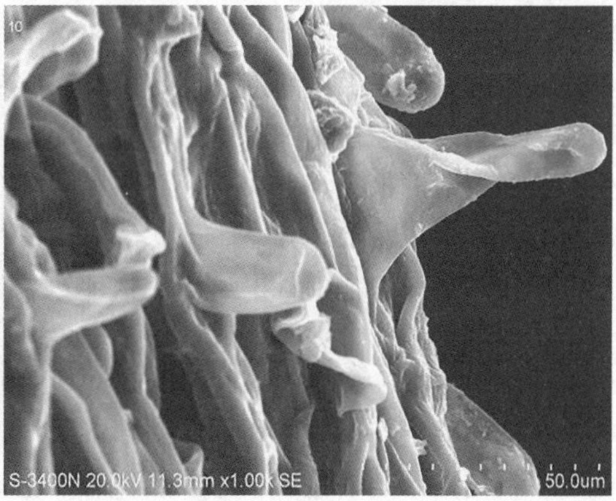


图 6-7　根毛区细胞×1 000

旺盛的吸收机能，保证植株各部分器官正常生长。

**2. 根的解剖结构** 从甘蔗幼根根毛区横切面比较观察，幼根内部结构可分为表皮、皮层及中柱三大部分（图 6-8）。

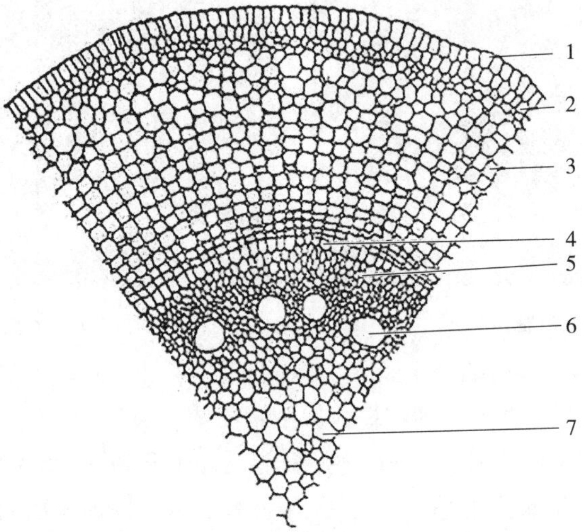


图 6-8 幼根的横切面

1. 表皮 2. 外皮层 3. 皮层 4. 内皮层 5. 中柱鞘 6. 导管 7. 髓部

（1）*表皮*。根最外层短圆筒形的薄壁细胞，寿命短，根毛枯死后即解体脱落。

（2）*皮层*。表皮和中柱之间的部分，由多层细胞组成，最外的一层较表皮细胞稍大的薄壁细胞称为外皮层，紧接外皮层的是由 2～3 层较小的厚壁细胞构成的厚壁组织圆筒，具有机械支持作用。厚壁细胞以内为皮层薄壁细胞，占皮层绝大部分，细胞形状较大，排列疏松，具有相互贯通的细胞间隙，常有各种后含物贮藏于细胞内。皮层最内的一层细胞为内皮层，内皮层细胞排列紧密，包围中柱。内皮层细胞其内切向壁及径向壁较厚，外切向壁较薄，正对原生木质部的一些内皮层细胞通常保持薄壁状态，称为通道细胞。

甘蔗较老的根，在介于厚壁组织与内皮层之间有一部分大的薄壁细胞。这些细胞衰老后相互分离解体坏死，形成具有薄层分隔的大气腔。

（3）*中柱*。皮层以内部分为中柱。由中柱鞘、维管束和基本组织（薄壁组织）三部分组成。中柱鞘位于中柱的最外层，含有一层薄壁细胞，紧接内皮层的内壁，侧根皆自中柱鞘发生。当某些中柱鞘细胞开始分裂活动时，在母根内形成分生组织细胞，逐渐形成具有生长点和根冠的根尖。生长点分泌的水解酶在通过各种组织时将细胞壁溶解，使根尖突破皮层、表皮形成新根。

中柱为多原型，维管束呈辐射状排列，其中初生木质部和初生韧皮部交互排列。每个初生木质部都由几个导管组成，包括一个属于孔纹导管的后生大导管和位于内方或二束原生木质部里面的一个后生导管。介于初生木质部与初生韧皮部之间的是薄壁组织，分布于根中央的薄壁组织形成了髓部，髓部将大导管包围形成环鞘，包在髓的四周。在甘蔗生长过程中，这些环鞘细胞会从邻接髓部的细胞开始，以离心力的方向逐渐木质化。

蔗根渐渐长大时，组织内部发生各种变化，中柱内除韧皮部外的所有细胞均木质化，壁层变厚，介于厚壁组织和内皮层之间的皮层薄壁细胞解体坏死，形成了大的气腔。气腔之间被薄的放射条状的组织所分离，一端连于外皮层，另一端连于皮层内侧的厚壁细胞层。根逐渐衰老后，皮层逐渐柔软皱缩变成褐色，最老的根皮层死亡后呈黑色。当皮层及其外部组织死亡后，中柱仍能存活。若中柱干枯，则根已死亡。至于皮层死亡后，仍能起保护作用，主要因其细胞富含硅质、栓质、木质及胶质等可保护物质的缘故（图 6－9）（杨丽涛等，2010）。

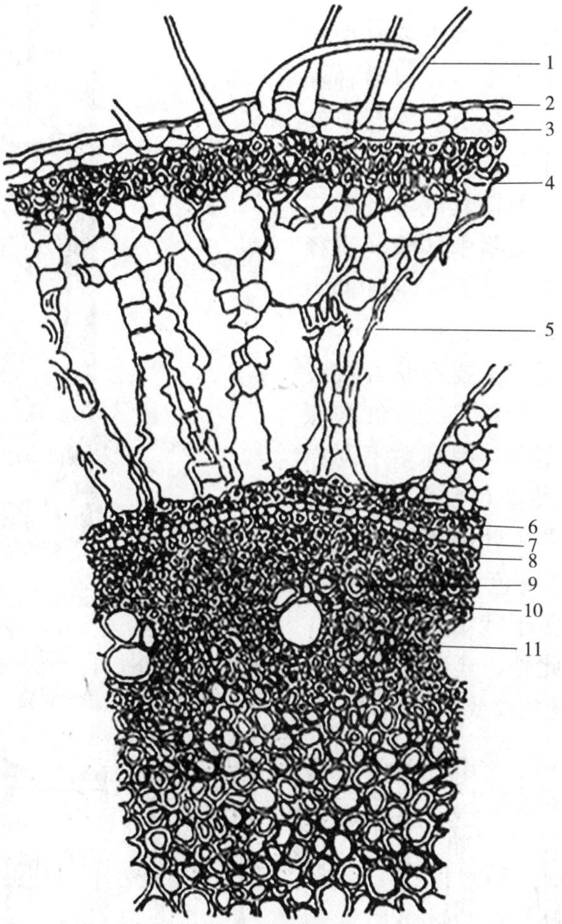


图 6－9　甘蔗老根的横切面

1. 根毛　2. 表皮　3. 下皮层　4. 厚壁组织　5. 皮层（破裂）　6. 内部皮层厚壁组织　7. 内皮层　8. 中柱鞘　9. 原生木质部　10. 韧皮部　11. 孔纹组织

## 二、甘蔗茎的形态与解剖

甘蔗茎作为支持、输导和无性繁殖种苗的器官，也是蔗糖贮藏的仓库。蔗糖贮藏于茎的薄壁组织中，茎的顶梢部含蔗糖少而含还原糖多，茎基部则相反。

### （一）茎的形态

蔗茎由若干节和节间组成。茎上着生有叶片、叶鞘、芽和其他附属器官（图 6－10）。

**1. 节间**　由生长带起至叶痕（叶鞘脱落后在茎上遗留的叶痕迹）之间的蔗茎部分称为节间。不同甘蔗品种的节间有圆筒形（POJ2878）、腰鼓形（粤蔗7号）、细腰形（竹蔗）、圆锥形（桂糖9号）、倒圆锥形（肉蔗）和弯曲形（CP28/11）等多个形态，是品种固有的特性表现（图6-11）。蔗茎近基部的节间较短细，往上逐渐变粗长。节间的长短、大小和多少，因品种和栽培环境条件不同，变化较大。一般节间数目10～30个不等，节间长度在5～22 cm之间。我国一般栽培品种按其蔗茎大小在生产上划分为三大类：蔗茎中部节间直径在3 cm以上的为大茎种，2.5～3 cm的为中茎种，2.5 cm以下的为小茎种。

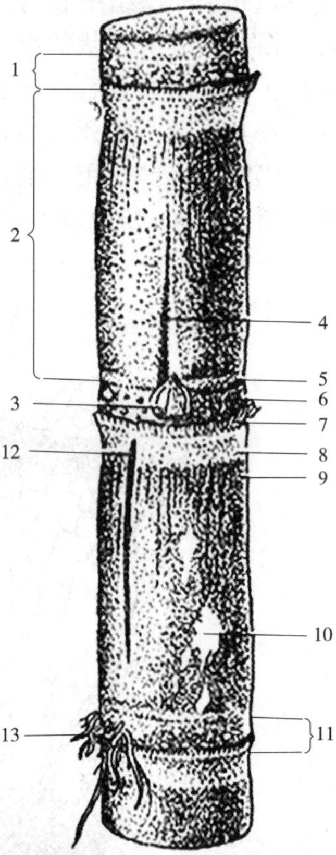

图6-10　蔗茎的构造

1. 节　2. 节间　3. 芽　4. 芽沟　5. 生长带　6. 根点　7. 叶痕　8. 腊粉带　9. 木栓裂缝　10. 木栓斑块　11. 根带　12. 生长裂缝　13. 气根

（1）茎色。蔗茎颜色主要有紫红或黄绿两种，因品种不同亦有粉红、紫红和深紫红等。同一品种的茎色，因环境不同亦有差异。阳光照射可使茎色加深或改变。茎的颜色主要由花色苷和叶绿素两种基本色素的含量决定，当两种色素多时呈紫色，反之呈黄色；花色苷多于叶绿素时呈现红色，反之呈现绿色。此外，还有因色素分布部位与浓度不同呈现条纹或杂色的情况。

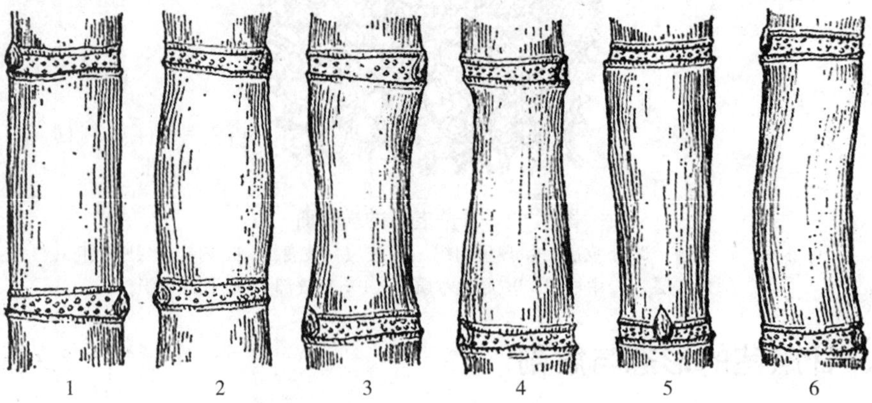

图6-11　甘蔗的节间形状（Artschwager and Brandes，1958）

1. 圆筒形　2. 腰鼓形　3. 细腰形　4. 圆锥形　5. 倒圆锥形　6. 弯曲形

（2）蜡粉。大多数甘蔗品种除生长带外的蔗茎表面都为蜡粉所覆盖，它是节间表皮细胞分泌的具有保护作用的物质。蜡粉初形成时为白色，当节间暴露于空气中，霉菌或藻类滋生后，渐渐污染变黑色。蜡粉不易脱落，多少和厚度因品种不同而异。一般节间上端接近叶痕的部位蜡粉较浓厚，呈带状圆圈环绕蔗茎，称为蜡粉带。蜡粉带的宽度和厚薄因品种而异。

(3) 裂缝。节间上有时出现生长裂缝或称水裂，深的可达蔗茎中心，长度常见贯穿整个蔗茎而达根带。生长裂缝的发生与甘蔗的生长环境和品种有关。在土壤肥沃、水分适宜条件下，蔗茎生长旺盛时期，突遇干燥而有风天气，蒸腾强度大时，有些品种就在节间上发生裂缝。生长裂缝的产生，提高了蔗茎的蒸腾速率，使茎中水分损失，对植株生长不利，同时裂缝暴露出来的组织易受病虫为害。

有些品种在蔗茎表皮细胞干枯老化后，还形成一种分布不规则的木栓条纹，为纵向的小裂缝，内有木栓质。木栓质有时并合而成为较大块灰褐色的木栓斑块，为品种生态特性的一种表现，对甘蔗生长影响不大。

**2. 节** 节指自叶痕起至生长带止的部分，包括生长带、根带和叶痕等，在蔗茎上表现凸出、平直、凹陷或倾斜等形态。

(1) 生长带。又称生长环，位于根带之上、节间之下的狭窄环带，通常不披蜡粉。一般呈淡黄色、绿色或淡绿色。幼嫩节的生长带一般与节平齐，老节则向外隆起。生长带有狭窄、较宽及扁平等形态，通常自芽的后面通过，亦有弯曲自芽的上方成为弧形。节间的伸长是由于生长带的居间分生组织细胞不断分裂和增大的结果。倒伏的茎其生长带的分生组织细胞分裂不均衡地向地面上的一侧迅速伸长加宽，使蔗茎弯曲向上生长。由于生长带为分生组织，较为脆弱，容易受风折或机械折损。生长带的颜色、宽度、凸起或凹陷是辨别甘蔗品种的特征，其中生长带的宽度与生产的关系最密切，生长带过宽的品种抗风力较弱，遇台风时易受风折。

(2) 根带。位于节的中间行列，介于生长带与叶痕之间，包含有一至数行根点（根原基）的点状环带，根点可能成行排列，也可能稍不规则。同一蔗茎上的根点行数愈近基部愈少，最下部只有一行，最大的根点着生在根带的基部，最小者位于根带的顶端，位于下方的根点较上方者容易发根。根点幼嫩时色浅淡，成熟时与节间色渐趋于一致，每一根点中心颜色较深，周围色较浅。着生芽的一侧根带较其相对的一侧宽，故根点的行数近芽的一方亦较少。根带的形状通常有圆筒形、圆锥形和倒锥形等，表面覆盖着一层蜡粉。根带的形状、颜色和根点行数为品种特征之一，因品种不同而异，特别是根点行数多少与生产关系较大，根点多的发根也多。

**3. 芽** 蔗芽是甘蔗的主要繁殖器官，一般着生在根带的中部、叶痕的上方或凹陷的叶痕内。通常每节蔗茎一芽，但也有多芽、双芽、所有节都没有芽或部分节缺芽的情况。双芽可能以孖生芽形式出现，即两个芽共同包被在一个芽鳞内或两个芽完全分开。一节多芽或双芽现象经常在特定的品种出现。此外，与一般的侧芽、双芽或复芽仅限于着生在节的特定部位不同，不定芽可能从蔗茎的节或节间的任何部位长出。不定芽的发生是昆虫啮食蔗茎后，刺激某些细胞成瘿，并从瘿上大量产生芽的畸形现象（周可涌，1959）。蔗芽的形状大致可分为圆形、卵圆形、倒卵形、三角形、菱形、五角形、长方形、椭圆形及鸟嘴形 9 种（图 6-12）。其中卵圆芽最为普遍，其次为五角形和三角形芽，长方形、鸟嘴形等甚为少见。一般圆形芽具有栽培性较强萌芽力稍弱的特点，三角形芽近似野生蔗芽，野生性较强，萌芽力强。

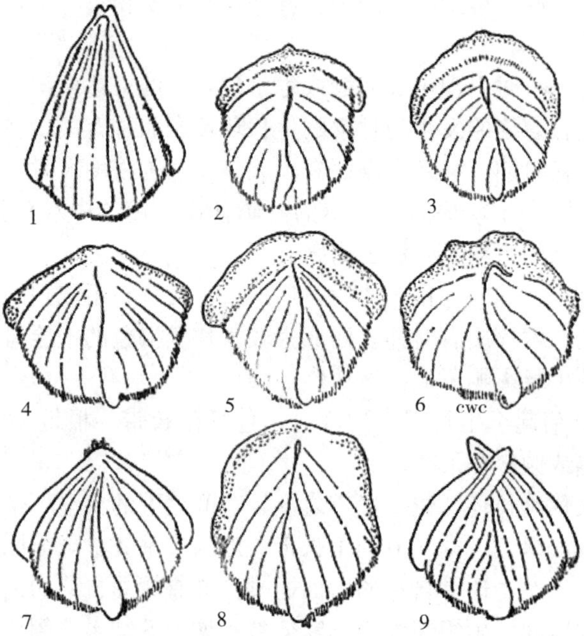


图 6－12　蔗芽的形状（Artschwager and Brandes，1958）

1. 三角形　2. 椭圆形　3. 倒卵形　4. 五角形　5. 菱形　6. 圆形　7. 卵圆形　8. 长方形　9. 鸟嘴形

（1）芽鳞。蔗芽外层的帽状包被物称为芽鳞（原始叶）。其最外层的包被物为第一芽鳞。它前后不对称，后面部分完整不裂，扁平、贴近蔗茎；前面部分较后面的约长 1 倍，部分凸起，在叠合处的上方常留有一小孔，称为芽孔（种孔），为幼芽萌发的通路。圆形芽的芽孔多在芽的中部，三角形芽的芽孔则多在芽的顶端。芽鳞表面具有线状脉称为芽脉。一般圆形芽的芽脉呈放射状，而三角芽上的则近于纵走平行脉。芽鳞上有毛群分布，毛群的长短疏密因品种而异。芽鳞边缘的薄膜称为芽翼。芽翼的宽狭长短和位置的高低与芽的形状有密切关系。有些芽翼生于芽的下方、中部或上方。随芽鳞变老，芽翼的颜色由浅变深，最后呈黑褐并渐趋坚硬干枯。蔗芽鳞片的形状、颜色、着生部位及芽面、芽翼等表皮毛群的长短及生长部位是鉴定品种的重要特征，在甘蔗分类学上具有重要意义。

（2）芽沟。位于芽的正上方，呈凹陷状的纵沟向上引申。芽沟深而长表示野生性强，芽沟发达，萌芽多而快；相反无芽沟或芽沟不明显则栽培性强。一般野生性强的蔗芽萌发力较强。

### （二）茎的解剖与结构

从蔗茎的纵切面，可以看到节间和节中维管束的分布与芽的着生情况（图 6－13），同时自茎节间作横切面，从外至内可划分为表皮、皮层、基本组织和维管束四部分（图 6－14）。

**1. 表皮**　表皮细胞位于蔗茎的最外一层，通常由长方形的长细胞和短细胞相间组成。长细胞数目较多，外壁厚而角质化，有气孔分布。短细胞分为木栓细胞和硅质细胞两种，

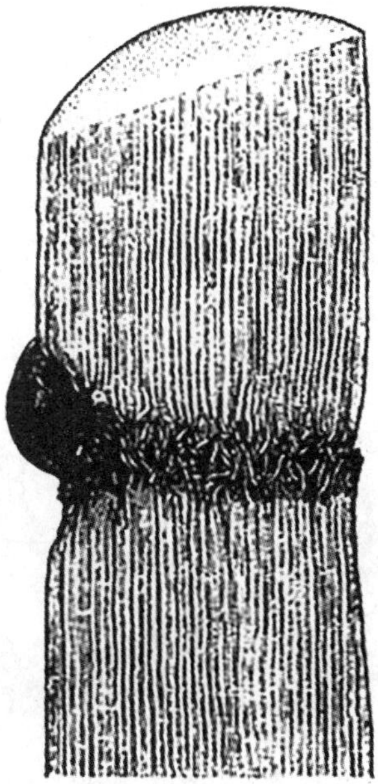

图 6-13　蔗茎的纵切面
在节间中的维管束互相平行，但在节中的则有很多分支，其中有些延续至下一节间，而另一些则通入叶鞘
（Martin et al.，1961）

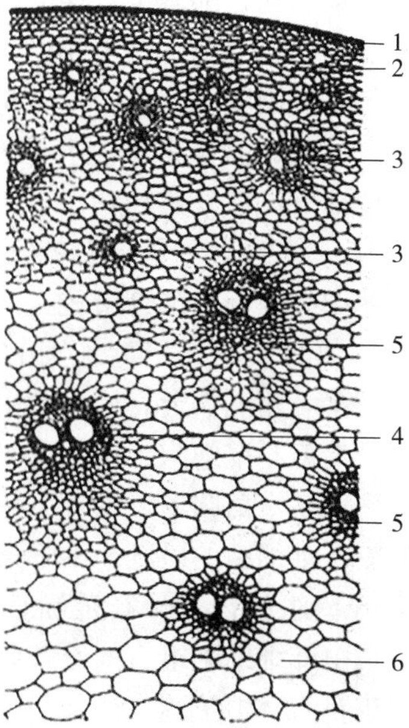


图 6-14　蔗茎的部分横切面
1. 表皮　2. 厚壁细胞形成的蔗皮
3、4. 各种大小的维管束
5. 使蔗茎强硬有力的厚壁细胞
6. 基本组织或贮藏细胞
（Martin et al.，1961）

木栓细胞形状较大，多一端尖细，壁较薄而栓质化不透水，二、三成群或单独出现，常与硅质细胞结合在一起组成短细胞群。硅细胞短小整齐，多呈矩形，很少单独出现。表皮细胞上气孔器的数目、木栓细胞和硅质细胞的分布、表皮毛的多少等特征不仅有分类学上鉴定品种的价值，还与甘蔗的抗逆性有密切关系。抗逆性强的品种蜡质层厚、表皮毛多、气孔器少且有蜡质层覆盖、硅细胞与栓细胞分布密集。改善栽培条件或采取化学调控措施可以改变表皮细胞形态向有利于甘蔗植株的生长和提高抗逆性。李志刚等（2001）发现适宜浓度乙烯利处理能明显促进蔗茎表皮细胞的生长，细胞切向壁（平垂壁）和径向壁（垂周壁）长度显著增大，有利于甘蔗产生新的保护组织增强抗逆性。

**2. 皮层**　皮层最外侧由一层胞腔较大的纤维细胞或 2～3 层含有色素的木质化细胞组成。皮层的层次与宽度因节位及品种不同而异。皮层以内有一至数列含有叶绿素的薄壁组织，具有一至数层厚壁组织，包围着外围的维管束，最外围的维管束小而简化。皮层的组成和宽窄因节间部位或品种不同而有所区别。

**3. 基本组织**　基本组织由薄壁细胞组成，分布于皮层内部维管束之间，数目多，近圆形，胞形较大，排列疏松，有明显的细胞间隙。随着栽培条件的改善和株龄的增加，薄壁细胞有一定程度的增长，成为蔗糖的主要贮藏组织。茎贮藏组织细胞一般为球状和圆柱状，细胞内的液泡积贮大量的糖分。由于柱状细胞较球状细胞体积大，所以高糖品种的茎主要由柱状细胞构成。不同品种茎贮藏细胞体积有显著差异，一般贮藏组织细胞体积小的为高糖品种，贮藏组织细胞体积较大的为低糖品种。茎贮藏细胞体积与蔗糖含量的关系在甘蔗生长后期最密切，随着生育期的延长，各品种的茎贮藏细胞体积（包括柱状细胞和球状细胞）都逐渐变小。细胞变小速度与甘蔗成熟期有关，细胞变小较快的，多属生产上的早熟高糖品种；细胞变小较慢的，多属生产上的中迟熟低糖品种。贮藏细胞对成熟期的影响除取决于细胞变小的速度外，还受细胞大小的影响，细胞小或变小快可能是早熟品种茎贮藏细胞的特征（庄伟健，1989）。

**4. 维管束** 维管束多零散分布于基本组织之间。位于茎中央部分的维管束较大，彼此之间距离较远，但数目较少。接近外围的维管束较小，但数目较多，相互靠近，构成坚实的维管束环。维管束之外为厚壁细胞组成的鞘所包围。在横切面，维管束多呈扁圆形，维管束鞘较厚，有的可达十多层纤维细胞的厚度。维管束较均匀地散布于基本薄壁组织内，分布范围直至茎的中心。维管束是由纤维细胞组成的维管束鞘和包围在其中的韧皮部和木质部组成（图 6－15）。厚壁组织的鞘在维管束的外侧和内侧，因纤维组织较为发达形成典型的帽状。靠近韧皮部的细胞比靠近木质部的细胞有较厚的壁。节间的各维管束的走向是近于平行的，但节中的维管束通常有分枝，一些分枝甚至延伸至另一节间，部分分枝还弯曲，由节进入叶鞘、叶片、芽或根原基内。节内的基本组织薄壁细胞常常全部木质化，因而节较节间更坚硬。

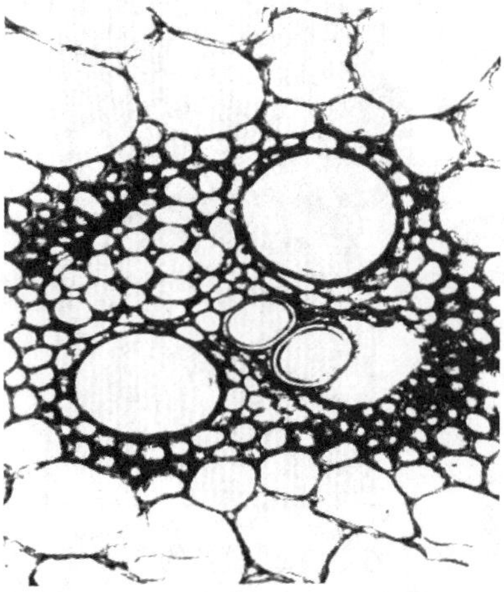

图 6－15 成熟维管束的各组成部分×400

（1）木质部。木质部在韧皮部的内侧，分为原生木质部和后生木质部，主要是原生木质部。原生木质部由环纹导管和螺纹导管组成，在其分化成熟的过程中，一些导管被压破后与四周的薄壁细胞分离形成气腔，邻近原生木质部气腔处，有两个后生木质部孔纹大导管，导管被挤扁的薄壁组织或薄壁细胞所包围。

（2）韧皮部。韧皮部位于木质部的外侧，由筛管和伴胞组成。筛管形状较大，呈多边形，筛管旁边三角形或长方形的小细胞就是伴胞。

甘蔗品种间茎的维管束数目有很大差异，茎维管束数量与茎径大小呈正相关，茎较粗的品种维管束较多，一般同品种不同植株茎较粗的个体维管束数量也较多，但不同品种维管束数量与茎粗不存在正相关关系。甘蔗品种的维管束密度与蔗糖含量有正相关关系，维管束密度较高的品种多是高糖品种，密度较低的品种多是低糖品种（庄伟健，1989）。通过改变栽培条件或采取化学调控措施可以改变维管束的大小和分布密度，李志刚等（2001）曾报道，适宜乙烯利浓度处理增大了维管束、木质部导管和韧皮部的面积，有利于增强输导能力，提高甘蔗产量。

一般表皮以内至边缘的小型维管束环合称为蔗皮，其硬度与维管束的分布、数目、维管束周围的维管束鞘的大小以及维管束间的基本组织的木质化程度有关。蔗皮与甘蔗对蔗螟、鼠等有害生物侵袭的抵抗力有着密切的关系。蔗皮较坚硬的，抗螟害、抗风力强，即使风倒后，鼠害也较少。因此蔗皮硬度受到甘蔗育种工作者的重视。

### （三）生长点及其与蔗茎生长发育的关系

蔗茎顶部生长锥的最顶端生有顶芽，顶芽内具有生长点，生长点外围有最幼嫩的叶片包围。生长点由原生分生组织组成，甘蔗的原生分生组织可分为原套原始细胞区、原体原始细胞区、周缘分生细胞区和髓分生区，符合原套—原体学说（图 6－16）。原套原始细胞区为最外一层细胞，胞间连丝丰富，而原套与原体细胞之间胞间连丝极少，细胞主要通过垂周分裂来扩大原生分生组织表面积；原体原始细胞区位于原套原始细胞区下的分生组织的中央区域，细胞可以进行各个方向的分裂，不断增加体积，原体原始细胞区呈一个球体；周缘分生区位于原套、原体原始细胞区下方两侧，细胞分裂活跃，产生叶原基和原形成层细胞；髓分生区细胞位于原体原始细胞区下方周缘分生区内侧，细胞横向分裂纵向排列，使甘蔗伸长。原生分生组织各区域细胞分裂频率与甘蔗茎径均呈正相关，其中髓分生区和原套原始细胞区细胞分裂频率与茎径的相关性较大；各区域细胞分裂频率与甘蔗株高均呈负相关，其中原体原始细胞区细胞分裂频率与株高相关系数较高（李素丽，2003）。

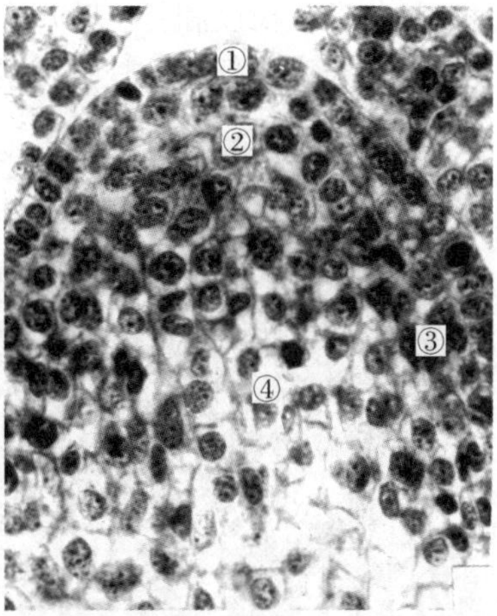

图 6－16 甘蔗茎尖原生分生组织 4 个区
①原套原始细胞区 ②原体原始细胞区
③周缘分生区 ④髓分生区 ×400

甘蔗是单子叶植物，只有初生生长，没有次生生长，不能进行次生增粗，但事实上甘蔗的蔗茎比许多具次生生长的双子叶植物还要粗壮，原因是其内部存在初生增粗分生组织。从甘蔗茎尖纵切面可见，在第三叶原基发生之后，原生分生组织的周缘分生组织中，一些染色较深、核稍长的细胞进行平周分裂，产生原形成层的母细胞，随着原形成层母细胞的增多，细胞纵向排列成原形成层，原形成层与其周围的基本分生组织以及外表的原表皮共同组成甘蔗茎尖的初生分生组织（图 6－17）。在第三叶原基的内侧产生一些垂周排列，进行平周分裂的细胞，称为初生增粗分生组织。从第三叶原基到第五幼叶，初生增粗分生组织细胞分裂旺盛，产生新细胞，使其细胞层数和面积逐渐增加（图 6－18）。从第六或第七幼叶开始，一部分初生增粗分生组织的衍生细胞，分化形成薄壁细胞，结合到茎的中部，有些则产生有衍生细胞相间原形成层。初生增粗分生组织向基向茎的远轴方不断产生，而已经分化的原形成层束之间的衍生细胞又产生新的原形成层，结果从第六至第七叶的节间至第十至第十一叶的节间，幼茎原形成层束的数目大大增加，从第二叶开始，初生增粗分生组织和由其产生的原形成层的发生逐渐减弱，至成熟区停止。在幼茎内，初生增粗分生组织不断增加，为茎的增粗奠定基础。化学调控可以促进甘蔗茎尖与初生增粗分生组织的分裂、生长和分化，使蔗茎长得更粗。用不同浓度组合的 IAA 和 6-BA 液培养甘蔗幼苗 10 天，均能不同程度地延迟幼苗原形成层的发生和促进木质部导管的分化（王俊丽，2003）。适宜浓度乙烯利处理对甘蔗茎尖生长锥的发育和初生增粗分生组织的总细胞数量、细胞分裂的频率、宽度、长度和面积有较好的促进作用，对小茎品种甘蔗的促进作用更强一些。400 mg/L 乙烯利处理对甘蔗茎尖生长锥和初生增粗分生组织的总细胞数量、细胞分裂的频率和宽度有一定抑制作用（李覃艺，2006）。赤霉酸（GA）和多效唑（PP333）对生长锥及初生增粗分生组织的生长分化有促进作用。GA 处理能加快各品种伸长速度、增加节间长度和新出叶片宽度；PP333 处理能明显增加各品种的节间直径，对伸长速度、节间长度、新出叶片宽度也有一定的促进作用（廖芬，2004）。

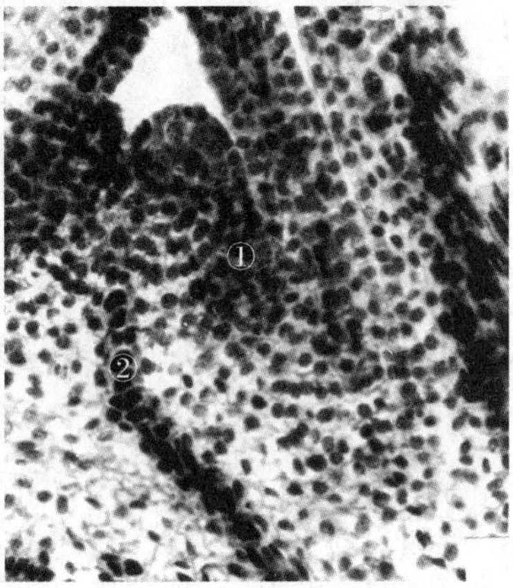


图 6-17　茎尖的初生分生组织
①周缘分生区　②原形成层×400

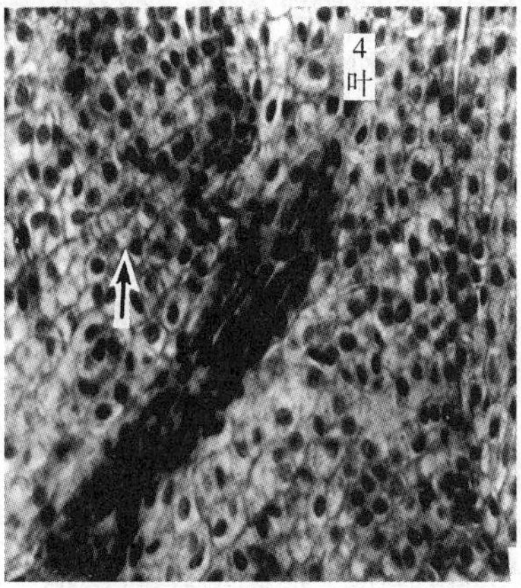


图 6-18　第四、第五幼叶以及幼叶内侧的初生增粗分生组织（箭头示）×400

甘蔗茎尖原生分生组织是甘蔗地上部分一切组织形态发生的中心，其细胞一直处于不断分裂的状态（彩图 6-1）。甘蔗细胞分裂方向是由细胞骨架微管来决定的，而细胞的分裂方向又决定了蔗茎的伸长与增粗。甘蔗茎尖细胞有丝分裂过程中存在 4 种循序变化的典型微管列阵，即周质微管、早前期微管带、纺锤体微管及成膜体微管（彩图 6-2A，B，C，D，E）。不同组织部位周质微管的列阵也不一样：在甘蔗茎尖正在伸长的幼叶部位，细胞的周质微管主要为与细胞伸长轴相垂直的横向周质微管；茎尖幼叶部位伸长缓慢细胞的微管主要为纵向及斜向排列的周质微管，在甘蔗茎尖幼叶基部初生增粗分生组织处，横向、斜向、纵向及随机排列的周质微管列阵均有周质微管分布。周质微管的排列方向和密度与甘蔗的茎径密切相关。甘蔗微管列阵受环境影响，温度是微管动力学中最敏感的因子之一，0～4℃低温可引起甘蔗微管的解聚，25℃以上温度则有利于微管的聚合组装（彩图 6-2F，G）。不同品种的甘蔗，不同的器官和组织，甚至同一细胞中不同微管对低温的反应也有差异。微管在低温下的动态——解聚或重新再组装，与甘蔗的抗寒性密切相关。不抗寒甘蔗品种的微管是冷敏感的，即这些品种的微管在 0～5℃低温下比冷不敏感型的品种容易发生解聚。

不同的蔗茎节段作种，萌发力不同，这与生长素的分布密切相关。生长素主要在茎的顶端形成，幼嫩部分产生较多，并通过韧皮部运输，促进鞘部顶芽生长。因此，在温暖湿润的条件下，生产上一般采用 2～3 芽苗作种以保证蔗芽萌发齐全壮旺。但在干旱低温的条件下，宜采用多芽苗做种，有利于保水保芽，使大部分芽萌发。

## 三、甘蔗叶的形态与解剖

蔗叶是着生于茎节上的侧生器官，是甘蔗植株的主要组成部分，一般互生于茎节上，每节着生一叶，在茎的两侧排列成两行，为典型的二列式结构排列生长，偶有螺旋和交互对生排列生长。

### (一) 叶的形态

甘蔗新生叶随蔗茎的伸长生长而向上舒展，是光合作用的重要器官。叶包括叶片及叶鞘两部分，二者之间接合处为叶节，具有叶环、叶舌和叶耳等器官（图 6-19）。

**1. 叶片**　甘蔗叶片位于叶鞘上方，狭长扁平而无柄。中部具白色中脉及多条平行脉。叶片的形态有疏散、弯散、斜散、斜集、挺直等。叶中脉发达的品种叶片多挺直，中脉不发达的品种叶片多披散下垂。因甘蔗种或品种不同，叶片大小、长短、厚薄、颜色、毛群分布及叶缘锯齿等亦有差异。一般甘蔗植株叶片的披散度小，叶片的着生角度小，较直立并且叶片发生内卷。叶背向阳，叶片较窄等是甘蔗抗虫的主要形态特征（周明强等，2001）。一般叶片较窄，叶片叶绿素含量较高，叶片上下表皮刚毛较多，叶宽而薄、叶面毛疏而短的为耐旱品种（谭中文等，1998）。叶幅一般以热带种为最宽最长，中国种、印度种次之，野生种最狭最短。甘蔗苗期叶片较窄，叶脉数较少可作为苗期进行高产高糖性状间接选择的指标（谭中文等，2001）。

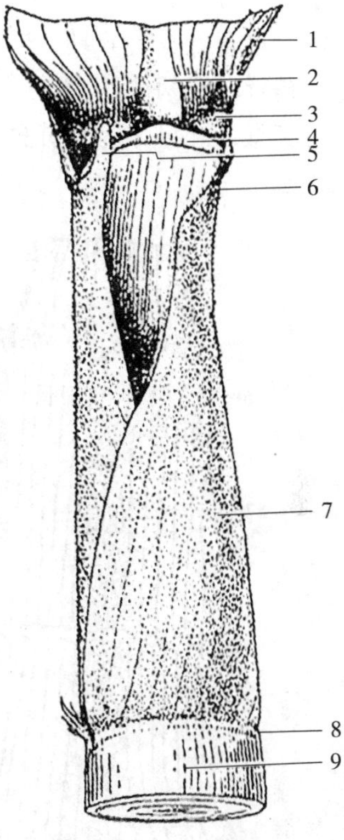


图 6-19　蔗叶的构造

1. 叶片　2. 叶中脉　3. 肥厚带　4. 叶舌　5. 叶耳　6. 外叶耳　7. 叶鞘　8. 鞘基　9. 节叶

甘蔗中部叶的叶龄较上、下部叶为长。完全成长的叶片可长达 1m 以上，基部叶则很小呈鳞片状。最基部的若干片为芽的鳞片，它只有极短小的叶鞘，没有叶片。愈往上叶片则愈长，达最大长度后又开始递减。甘蔗抽穗时，其顶上一叶的叶片特短，称为心叶，又称旗叶、剑叶或止叶。

叶片颜色一般为绿色，但有些品种在苗期先呈红紫色或带青蓝绿色。蜡粉多的品种，叶底面多呈浅蓝色；叶表面多茸毛的品种，叶多呈灰色。叶片颜色深浅与生产有一定关系，深绿色叶易吸引螟虫为害。

**2. 叶鞘**　甘蔗叶鞘自茎节的最下部的叶痕处长出，两边缘复叠抱茎呈管状。叶鞘基部最宽，顶部连接叶节的叶环又称肥厚带。叶鞘外表面呈绿色、绿中带红或红紫色。一般品种的叶鞘多披蜡粉和茸毛，蜡粉的厚薄、茸毛的多少和有无因品种不同而异。叶鞘内表面呈白色，光滑无毛而发亮。一般成熟节的叶鞘宽度比节间周缘长 1/3，长度为 15～20 cm。叶鞘长度与节间长度的比例是品种特征之一，如竹蔗叶鞘长度约为节间长度的 2.5 倍。叶鞘厚度也是重要的品种特征之一，一般中部厚而两边缘较薄。叶鞘干枯后脱落的难易程度因品种不同而不同，有自然脱落和需人工剥落等类型。叶鞘紧包茎的品种，不仅人工收获困难，也不利于机械收获。叶鞘脱落或剥落后留下的叶痕大小，因品种而异，一般以叶痕小的为好。

叶鞘与叶片接合处具有叶环、叶舌与叶耳等器官。这些器官表面的特定部位有毛群分布，如叶与叶鞘背里及两侧的第53、57、60、67、69等毛群，这些毛群对种性研究具有非常重要的现实意义，可作为甘蔗种质分类和品种鉴别的重要依据（图6-20）。

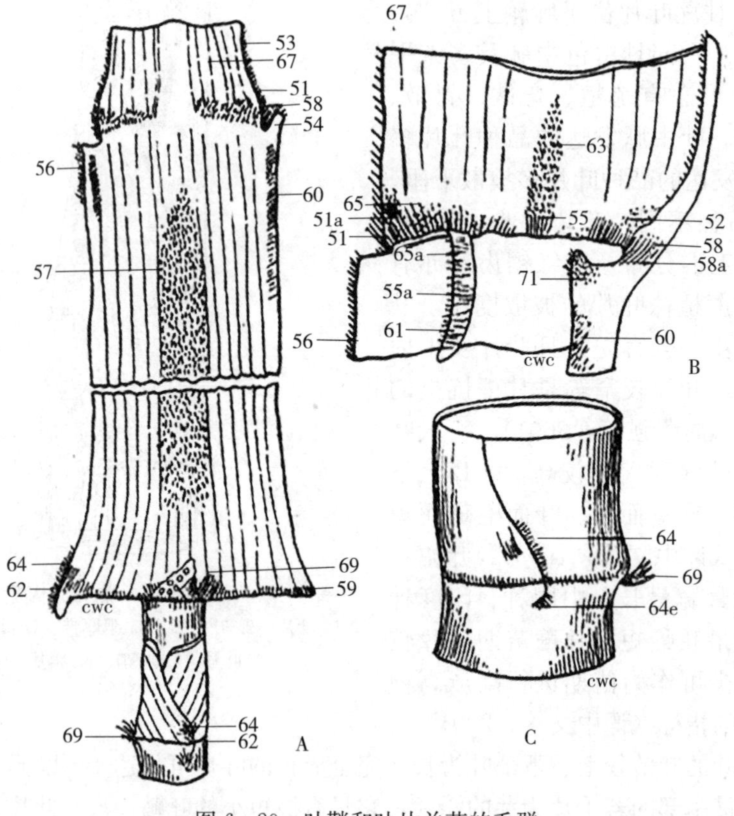


图6-20 叶鞘和叶片关节的毛群

A. 叶鞘的毛群 B. 叶片关节的毛群 C. 叶鞘关节的毛群

（Artschwager and Brandes，1958）

（1）叶环。叶片和叶鞘相连接的部位，又叫叶节或叶片关节。其内表面为叶喉，外表面为叶颈。叶环的叶颈部分有两个近乎三角形的肥厚带，由于厚角组织的存在，具有弹性和伸缩性，可以折转和调节叶的位置。肥厚带的形状、大小与颜色因品种而不同。一般可分为方形、三角形和舌状形，还可在此基础上细分为若干不同的中间类型，如正斜三角形或斜舌形等。肥厚带在叶片成长后，形状会略有改变，其颜色也因品种而不同，外侧比内侧多蜡质覆盖。肥厚带愈大，叶片与蔗茎所成的角度也愈大。大的肥厚带易破裂，使叶片失去向光性，反之角度小则叶愈直立，这类品种适宜窄行种植。

（2）叶舌。为叶鞘内表面上缘与叶片连接处的膜状附属物，呈整片或裂片，将叶鞘与叶片分离，起到阻止水分、昆虫、微生物孢子或其他夹杂物落入叶鞘与蔗茎之间的作用。叶舌幼嫩时呈半透明状，老后干枯变色而破裂。叶舌的形状主要有四种：三角形、新月形、带形和弯曲形。此外，还有不对称斜形平行和许多中间类型，皆为品种特征之一。由于叶舌的特征较稳定，受外界环境影响少，故在品种特征鉴定上有一定意义。

（3）*叶耳*。是一种像耳形的附属物，位于时鞘上部边缘的两侧。位于内面较大的一个叫内叶耳，外面的叫外叶耳。叶耳可能出现一个或两个，亦有两个叶耳都生长不好或不存在的情况。甘蔗叶耳多呈三角形，披针形也很普遍，其他如镰刀状、矩状或钩状叶耳则较少见。一般叶耳老化较早，在青叶早期进行调查观察较易识别。

### （二）叶的解剖与结构

**1. 叶片的结构** 甘蔗的叶片由叶表皮、叶肉和叶脉三部分组成。在蔗叶横切面中可见叶片三部分组成的相互关系（彩图 6-3A）。

（1）*叶表皮*。叶表皮细胞有很多类型，循着有规律的距离而交互排列成为上表皮（彩图 6-3B）和下表皮（彩图 6-3C）。上表皮又可分为三个不同的区，即中央区、气孔区和边缘区。

①中央区。中央区由长细胞与短细胞群交互排列而成。中央区中有一列或几列细胞只含有短细胞（栓细胞与硅细胞交互排列），其中有少数硅细胞突出成短的或长的刺毛。有些长细胞形成表皮毛，下表皮的表皮毛比上表皮多。

②气孔区。气孔区邻接中央区，通常为一列。甘蔗叶片的气孔器和其他禾本科植物一样，由气孔、2 个亚铃形保卫细胞和 2 个副卫细胞组成（彩图 6-3D）。甘蔗叶的上、下表皮都有气孔，下表皮分布较多，上表皮的气孔则在中央区两侧的气孔分布区排成 1～2 列，数量相对较少。气孔器是叶片与外界进行气体交换和水汽蒸腾的主要通道。气孔往往也是病菌侵入的孔道。如甘蔗黄斑病，其菌丝就是从运动细胞或叶片气孔侵入的（廖芬，2003）。

③边缘区。边缘区邻接气孔区，有交互排列的长细胞及两个短细胞组成的毛。这些毛有时成刺状，硅细胞为这些毛或刺所取代（彩图 6-3E）。

中央区由两个邻接的气孔区及两个边缘区共同形成一个宽的幅面。这个宽的幅面为运动细胞所分离，各区的宽度与叶脉的大小和间隔有关。在横切面上，运动细胞由几个大型的薄壁细胞组成，呈扇形排列，同一叶片上不同部位的运动细胞组合不同，运动细胞的不同组合决定了叶片卷曲的形态。运动细胞组合位于叶片中段，近中肋处最宽，近叶尖和叶缘则逐渐变窄（彩图 6-3F）。因此，运动细胞决定了叶片的卷曲和伸展，在生产上具有指示甘蔗长相的重要意义。运动细胞的细胞壁很薄，以上表皮部分的细胞壁最薄。天气干燥时，运动细胞失水收缩，使叶卷曲成筒状以减少蒸腾，天气湿润时，运动细胞吸水膨胀，叶片又展开。在甘蔗生长过程中，如果发现叶片内卷，傍晚又复舒展，说明叶片蒸腾量大于根的吸水量。如果晚上仍不展开，这是根系吸水受阻的标志。运动细胞较大而行数较多的叶，遇旱时叶片容易卷起，因而较耐旱。幼叶中各细胞的大小比较均一，当叶生长时，近上表皮的某些细胞的体积很快增大，促使叶片伸展。

甘蔗叶片下表皮在解剖结构上分为 2 个区：一个为覆盖于维管束上的肋区（或称脉区）；另一个为覆盖于两维管束之间的肋间区（或称脉间区）。肋区主要由长细胞、中等长度的细胞、硅细胞、栓细胞和刺细胞组成；肋间区主要由气孔、中等长度细胞（与气孔交错排列）、长细胞、短细胞（与长细胞交互排列）组成（彩图 6-3C）。另外，下表皮上还可见各类附属物，包括乳突、棒状或长刺状毛。与肋间区相比肋区的类型变化较多，种间差异较大。这对描述甘蔗不同品种具有重要意义。据研究，肋区有三个基本类型：①没有刺，其发生很少；②有一列中央刺；③邻接两侧都有一列刺。这些下表皮类型的差别，是区别甘蔗属（*Saccharum*）及其近缘属，以及区别甘蔗属中的各个种的依据之一。叶片下表皮的肋区宽、肋间区窄，单位面积叶脉分布多，叶背粗糙。气孔器主要分布于两叶脉间的肋间区，长轴与叶脉平行，2～3 列纵行分布，两纵列间的气孔器呈品字型排列，叶片下表皮肋间区分布的气孔数量多并且排列紧密，气孔小的叶片不利于甘蔗绵蚜的取食危害，是抗甘蔗绵蚜的主要因素之一（周明强，2002）。

（2）叶肉。叶肉是叶片进行光合作用的同化组织的主要部分，甘蔗叶片的叶肉没有栅栏组织和海绵组织的分化（彩图 6-3A），但叶肉细胞壁内褶，形成峰、谷、腰、环的形态，这些形态与水稻、小麦的相似，但比水稻、小麦的复杂得多。有些叶肉细胞环数多达 13 环，并含有大量叶绿体。细胞间隙越小，叶肉细胞环数越多，细胞壁内褶程度越大，叶片内表面与叶面积的比值大，可以容纳的叶绿体就越多，更有利于提高光合效率（廖芬，2003）。喷施乙烯利可以增加叶肉细胞环数，增加细胞内总的叶绿体类囊体中基粒的片层光合膜面积，从而提高光合效率，促进生长发育，同时积累的大量后含物还能增强甘蔗对干旱等不良环境的抵抗能力（廖芬，2003；罗瑞忭等，1996）。叶绿体中的叶绿素处于不断地合成和分解状态，当营养生长旺盛、氮肥充足时，叶绿素的合成多于分解，叶绿素含量增加，叶色浓绿；反之在不利于叶绿素形成的条件下，叶绿素的含量减少，类胡萝卜素的黄橙色叶黄素就显露出来，使叶片呈黄绿色。可见叶色在不同生长期的变化，是叶绿素含量的增减变化造成的，反映了甘蔗植株新陈代谢的特点，可作为看苗施肥的依据。

（3）叶脉。叶片中的叶脉按大小可分为大、中、小三类，大的近乎卵圆形，中等的为卵圆形，小的为圆形。小的维管束的位置接近下表皮，而大的和中等的接近叶片中央部分。一个大的维管束总是伴随着两个侧生的小维管束，小的及中等的维管束发生于大维管束之间并与之交互排列（彩图 6-3A）。在介于维管束和上表皮之间的中肋处有一厚层薄壁组织，这部分叶片中所有的维管束都限制在叶片的下表面，上表面没有维管束而是一层厚壁组织。这是甘蔗抗虫害的重要特征之一，这种对病虫的抗性还与细胞的木质化程度密切相关。在叶片中，每一个维管束都被一环含有大量叶绿体的薄壁细胞组成的维管束鞘包围，维管束本身有木质部和韧皮部，大的维管束的木质部发育很完备，除一些较小的组成分外，还含有两个大的导管；在较小的维管束中，木质部则大为衰退。甘蔗叶片的中脉向叶背面突出，维管束型较大，发育较完全。维管束和上表皮之间往往有不含叶绿体的薄壁细胞，使中脉上面呈现白色，中脉下面则因细胞含有叶绿体而呈绿色（彩图 6-3G）。中脉维管束的木质化程度与甘蔗对螟虫的抵抗力有密切关系，中脉坚强的品种比中脉脆弱的品种抗螟虫及抗风能力强。中脉发达的甘蔗叶片多是狭而挺直的，这类品种宜采用较窄行种植，而中脉不发达的品种叶宽且下垂，宜采用较宽行种植。维管束较小、数目较多、排列较紧密的叶片质地较硬，表面较粗糙，不利于甘蔗绵蚜生存及繁衍，对甘蔗绵蚜表现出抗性（周明强等，2004）。叶片维管束是运输水分和无机盐的通道，可以通过化学调控来促进叶片维管束的分化。乙烯利处理能使甘蔗叶片中维管束密度、维管束中的后生导管和韧皮部面积明显增大，为物质的畅通运输提供了良好的条件（周琼等，2005；罗瑞忭等，1996）。灌溉条件对甘蔗叶的维管束结构也有显著的影响。周琼等（2005）报道，设前期灌溉和不灌溉两种处理大田试验的结果表明，经灌溉处理的桂糖 11 号的后生导管、韧皮部面积、新台糖 20 号的韧皮部面积均比不灌溉条件下桂糖 11 号的后生导管、韧皮部面积、新台糖 20 号韧皮部面积明显增大，有利于镁元素的吸收；但在不灌溉条件下两个品种维管束密度明显增加，对硅元素的吸收增加，对镁元素的吸收减少，对维管束的面积没有影响。

**2. 叶鞘的结构**　从甘蔗的中段叶鞘横切面可见，甘蔗的叶鞘由外或下表皮、内或上表皮、维管束、薄壁组织等所构成。维管束作辐射式成行排列，最大的维管束位于中部，与内、外表皮的距离大致相同。靠近外表皮的维管束逐渐变小，并被薄壁组织围绕。在叶鞘中部有由这些薄壁组织解体后形成的大气腔。每一辐射行列的维管束数目为 2～4 个不等。维管束包埋于薄壁基本组织之中，靠近叶鞘外表面与位于外方的维管束相邻的薄壁细胞内含叶绿体，故叶鞘外表面呈绿色，内表面为无色。

## 四、甘蔗花、颖果的形态与解剖

### （一）花、颖果的形态

**1. 花序**　当甘蔗植株发育到一定阶段，生长锥由营养生长转入生殖生长，停止产生叶原基，转而产生花原基形成花序。

甘蔗的花序为顶生圆锥花序，又称散复总状花序，形状有圆锥形、箭嘴形和扫帚形三种（图 6-21）。每一花序由主轴、支轴、小支轴及小穗组成（图 6-22）。蔗穗的颜色决定于颖基毛的颜色，一般呈浅紫或银灰色。

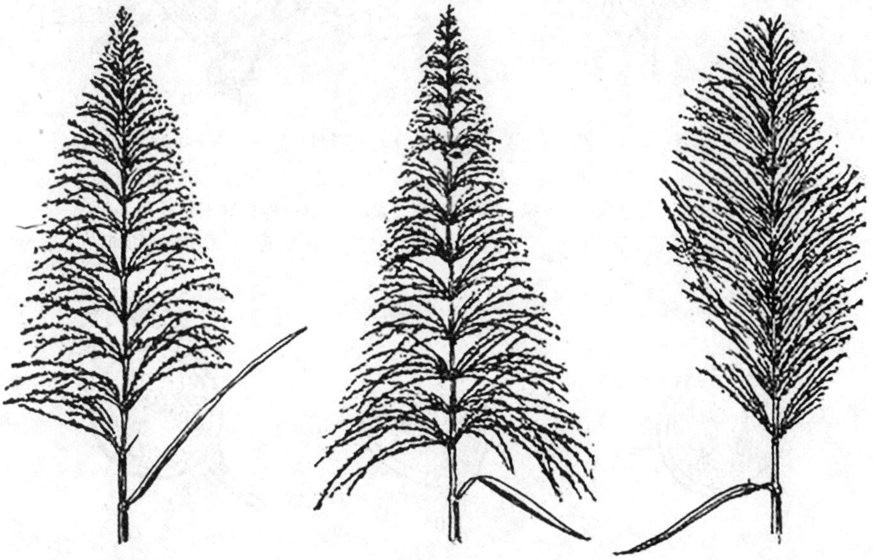


图 6-21　甘蔗花序的形状

**2. 小穗**　甘蔗小穗指每朵花的基部着生一环长毛，使整个花序呈现出灰银丝状的外貌，每一花轴节上着生着两个成对排列的小穗，上部一个有柄，下部较大的一个无柄（图 6－22）。有柄小穗上所结籽粒的萌芽率通常低于无柄小穗上所结的籽粒。每一个小穗都有第一颖、第二颖、外稃和内稃等结构。第一颖有 2 脉（维管束），第二颖有 3 脉，第二外稃因退化而成为透明无脉的膜状物，内稃狭小缺脉纹。完整的小穗通常在内稃内层还有一层薄稃膜，栽培学称之为小颖。栽培中甘蔗通常缺小颖，割手密则五颖俱全。

甘蔗小穗有雄蕊三枚，小穗张开时，短而白的花丝随花开迅速伸长，有长椭圆形的花药二室。正常发育的花粉为球形，成熟的花粉粒有 1 个营养核和 2 个精子核（图 6－23）；雌蕊一枚，具有分枝的花柱及羽状柱头，深紫色。子房 1 室，含有 1 个倒生胚珠，胚珠内有 1 胚；果皮与种皮愈合形成颖果。与外稃相对处有 2 个无色的楔形鳞被，吸水后会膨胀，其膨胀与稃片的开展有关。

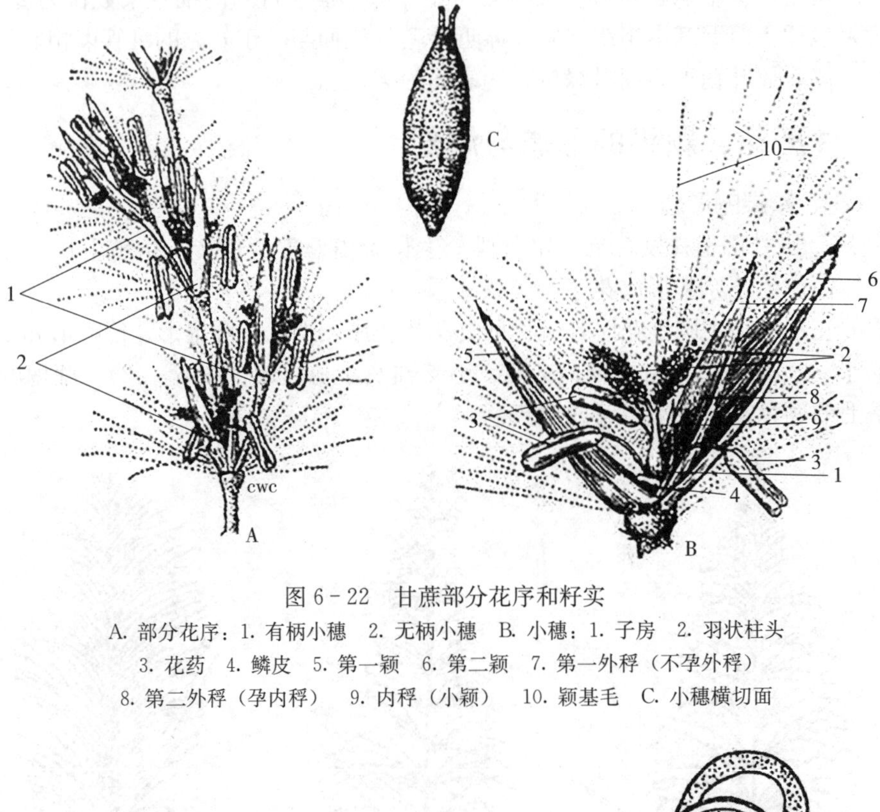


图 6－22　甘蔗部分花序和籽实

A. 部分花序：1. 有柄小穗　2. 无柄小穗　B. 小穗：1. 子房　2. 羽状柱头　3. 花药　4. 鳞皮　5. 第一颖　6. 第二颖　7. 第一外稃（不孕外稃）　8. 第二外稃（孕内稃）　9. 内稃（小颖）　10. 颖基毛　C. 小穗横切面

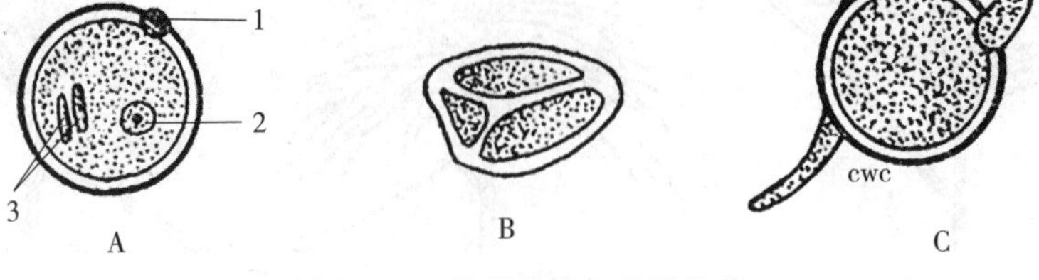


图 6－23　甘蔗花粉与花粉发芽

A. 成熟花粉：1. 发芽孔　2. 营养核　3. 精子核　B. 未成熟花粉　C. 花粉发芽

**3. 颖果**　甘蔗颖果（种子）很小，多呈长卵形，一般长约 1.5 mm，宽约 0.5 mm，由于种子内的胚乳含量不同，其大小常有差异。颖果未成熟时呈乳白色，成熟时为棕褐色（图 6-22）。

### （二）小穗、颖果的解剖结构

**1. 孕穗、幼穗分化与抽穗**　甘蔗小穗花抽出前要经历幼穗分化和发育等一系列过程。孕穗开始，心叶缩短，顶叶和叶鞘均匀、上下一致地伸长；上部叶三个肥厚带重叠在一起，解剖生长锥时如看到有白点珠形突起，这一突起就是花芽（花原基），说明生长锥已开始分化，即幼穗分化已开始，标志着甘蔗已从营养生长转入生殖生长。

孕穗开始后，花芽继续分化，先长出花主轴，为茎顶端生长点之延续，故在解剖学上的构造与茎类似。主轴自下而上逐次生出支轴，支轴上又产生小支轴、小穗梗，然后在小穗梗上着生有柄和无柄小穗各 1 个，同时小穗下长出颖基毛，这时幼穗分化已基本完成。花穗不断膨大，最后成毛笔状破叶鞘而抽出鞘外，即称为抽穗。

**2. 花粉粒和胚囊的发育**　甘蔗每一花药具 2 室，成熟时因组织破坏而 2 室相连。每一室中的花粉母细胞形成 2 纵行，花药外边为绒毡层所包围。从花药横切面可见，一组花粉母细胞有 4 个细胞，各细胞的外侧与绒毡层相接触，花粉母细胞在要抽穗时开始减数分裂。每一花中的细胞分裂几乎同时进行，表现为细胞分裂各时期，分裂的顺序都是自主轴顶端及侧枝尖端的花开始渐向中心进行，顶端与基部分裂的时间差约 6 d 或更短。成熟的花粉粒具有 1 个营养核和 2 个精子核。

在甘蔗小穗幼期，胚珠为半球形，由薄壁组织组成，随后增大而弯曲成倒生胚珠，并逐渐形成二层珠被。外珠被不完全包围珠心，以后逐渐解体；内珠被完全包围珠心，最后成为种皮。除胎座及珠孔处为 3～4 层细胞外，其余各处珠被都为 2 层细胞组成。

珠被形成时孢原细胞位于表皮之下，经两次连续细胞分裂体积增大，形成 4 个大孢子，外侧的 3 个大孢子解体后，最内一个大孢子体积增大形成胚囊。胚囊发育时，一些双核或多核反足细胞在受精作用之前解体。成熟时 2 极核靠近卵细胞，助细胞明显。卵细胞体积较大，有明显的核。

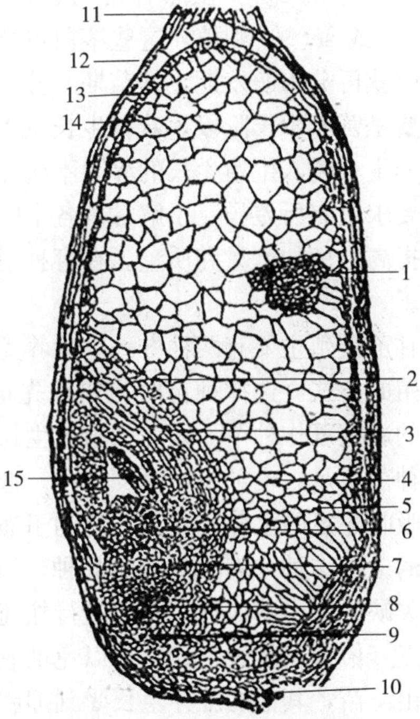


图 6-24　甘蔗颖果及胚的纵切面

1. 充实的胚乳细胞　2. 盾片　3. 胚芽鞘　4、5. 空胚乳细胞　6. 胚轴　7. 胚根　8. 根冠　9. 胚根鞘　10. 种迹　11. 花柱残基　12. 果皮　13. 内果皮　14. 糊粉层　15. 胚叶

(Artschwager and Brandes，1958)

颖果（籽实）形状很小，一般长约 1.5 mm，宽约 0.5 mm。颖果成熟时呈棕褐色。将成熟颖果纵切，可见结构划分明显的果皮、种皮、胚乳及胚四大部分（图 6-24）。果皮由组成外表皮与内表皮的数层细胞构成。种皮

位于果皮之内，果皮与种皮合生，不易分开，因而果实称为颖果（一般叫做种子）。最内层即内珠被。果皮、种皮以内大部分为胚乳。胚乳分为两部分，紧贴种皮的一部分为糊粉层，只有一层细胞，内含蛋白质粒故又名蛋白质层。另一部分为含淀粉的胚乳细胞。胚位于胚乳一侧的基部，由胚芽、胚根、胚轴、子叶四部分构成。胚芽位于胚轴的上方，由生长点之外的数片初生叶所构成，胚芽鞘包被在胚芽的外面。胚轴下端为胚根，由生长点和胚根冠构成。胚根鞘包被在外方胚轴侧面与一片子叶相连接。子叶形如盾状称为盾片。子叶与胚乳交界处有一层排列整齐的细胞称为上皮细胞。籽实萌芽时，上皮细胞分泌酶类到胚乳中，消化、吸收胚乳中贮藏的物质并转移到胚的生长部位去利用。

## 第二节　甘蔗的生长和营养繁殖特性

甘蔗是多年生热带禾本科甘蔗属草本植物，株高 3～4 m 或更高，蔗茎直径可达 5 cm 左右。栽培甘蔗的收获对象是蔗茎。在热带，甘蔗是多年生作物，种植一次可以多年多次收获。甘蔗新植后，第一次收获的甘蔗称为新植蔗（plant crop），以后收获的甘蔗称为宿根蔗（ratooncrop）。虽然甘蔗可以产生种子，但在商业种植时，常常使用茎段（stem cuttings 或 setts）种植，这些茎段可称为甘蔗种或种苗（seed）。栽培上，甘蔗种苗从下种到收获可分为萌发期、幼苗期、分蘖期、伸长期和工艺成熟期五个生长时期。前四个时期主要是营养生长阶段，营养生长量大，而最后一个时期是成熟阶段，营养生长量很小。由营养生长转入生殖生长的界限不明显。甘蔗的每个生长时期都有其生长特点，对环境条件的要求也有所差异。了解甘蔗各个时期的生长特点，可以有针对性地采取相应的栽培措施，提高甘蔗的产量和质量。在育种上，还要让甘蔗进入生理成熟期，使甘蔗开花结实产生种子。

甘蔗繁殖主要有两种方式，营养无性繁殖和种子繁殖，在生产中甘蔗种植主要采用营养繁殖的方式。选择种苗时，要优先选择大田生长较好，没有病虫危害（尤其是甘蔗绵蚜）的新植蔗作种苗。因为新植蔗生长后劲足，蔗梢中可溶性养分较多，蔗芽萌发力强。如果种苗不足，也可留宿根蔗作种。选好留种田后，应加强甘蔗生长后期的水肥管理，使蔗梢吸收充足的水分和养分，有利于播种后蔗芽萌发生长。在砍收时选择直立、茎粗、未开花的蔗株作种，剔除混杂的品种，以保证良种的纯度。种苗充足的留梢头 30～50 cm；种苗欠缺的留半茎作种，需要进行加速繁殖的良种则留全茎作种。留梢头苗作种时，应把生长点（俗称鸡蛋黄）砍去，以免堆放期间生长点继续生长，消耗养分或下种后只是顶芽芽长出 1 苗，其他的蔗芽生长受到抑制，不能萌发成苗。种苗由于含蔗芽数目的不同而有单芽苗、双芽苗和多芽苗之分，生产上普遍采用双芽苗。对蔗种进行浸种、消毒、催芽等处理就可以种植甘蔗了。

### 一、萌芽期

萌芽期是指自甘蔗下种后至萌发出土的芽数占总萌芽数的 80%，称为萌芽期。其中又可分为萌芽初期，萌发出土的芽数占总萌芽数的 10%以上；萌芽盛期，萌发出土的芽数占总萌芽数的50%以上；萌芽后期，萌发出土的芽数占总萌芽数的80%以上。

### （一）种苗的萌发过程

种苗上的蔗芽是一个未发育的幼茎，种苗根带上有数目不等的根原基，即根点。当种苗下种后，在适宜的条件下（如水分、温度和氧气），种苗节上的蔗芽和根点的休眠状态被打破，根点吸水膨胀，颜色逐渐加深，根尖生长点突出，伸出表皮之外而长成种根。同时蔗芽也吸水膨大，生长点细胞大量分生和增大，突破芽鳞，从芽孔长出形成幼苗。在萌发过程中，是根先长出还是芽先长出，受品种、温度和水分等条件的影响。种苗萌发存在强烈的顶端优势，最靠近种苗顶端的芽先萌发，并能够抑制其下部新芽的萌发。育种上多用种子育苗，在适宜的条件下，种子胚在24 h内吸水膨大，48 h左右胚根长出，第3～4 d后幼芽萌发。有柄小穗所结种子的发芽力弱于无柄小穗所结的种子。

### （二）影响种苗萌发的因素

**1. 影响种苗萌发的内在因素**

（1）*品种特性*。甘蔗的品种特性由遗传因素决定。一些品种的抗逆性强，萌发能力就强。如中小茎种的萌发能力一般比大茎种的萌发能力强。

（2）*蔗种的发育程度*。蔗芽萌发所需要的养分主要是葡萄糖和可溶性氮化物，这些养分贮藏在种茎内，因此种苗内葡萄糖、可溶性氮化物含量的多少对蔗芽的萌发能力有直接的影响。从蔗茎的成熟过程看，葡萄糖和可溶性氮化物含量由上而下明显递减，上部蔗茎幼嫩，水分、可溶性氮化物、单糖等物质含量较高，芽鳞也软化，促进发芽和种根形成的生长激素含量较大，芽处于活跃状态，蔗茎上部的芽萌发快且壮。蔗种的萌发能力随着蔗茎自上而下逐渐降低，用梢部做种，可以提高种苗的发芽率，增加基础苗数。但用多芽苗做种时，由于顶端优势的影响，一般顶端的芽先萌发，基部的芽后萌发，其发芽的时间差异很大。因此生产上一般采用生长点以下50～80 cm的茎段做种苗。梢部最幼嫩的几个芽因其本身所含的物质少，抗性差，萌发不良，一般不采用。

**2. 影响种苗萌发的环境因素**

（1）*温度*。当外界环境温度达到13 ℃时，蔗芽就开始萌发，随着温度的升高，萌发速度逐渐加快，温度达20℃以上时，萌发速度明显加快。蔗芽最适宜的萌发温度为30℃左右，温度低于10℃或高于40℃则严重抑制蔗芽萌发。未萌动蔗芽的致死温度为－3～2℃，萌动芽的致死温度为0℃。种苗上根点萌发所需的温度比芽的低些，一般为10℃，20～27℃最适宜。由于发根的温度比发芽的温度要求低，因此在早春植或冬植的低温条件下，常常是根先萌发，芽后萌发，这有利于种苗扎根，为壮苗打下基础。地膜覆盖、施用有机肥等可以提高土壤温度，有利于蔗芽提早萌发。若以9℃为基础，新植蔗下种后萌发需要积温约350℃・d，而宿根蔗萌发约需100℃・d。

（2）*水分*。虽然种苗本身含有70%以上的水分，足够蔗芽萌发需要，但种根的萌发仍需从土壤中吸收水分。干旱使种苗含水量降至50%时，蔗芽萌发明显下降。下种时，土壤要保持湿润状态（相当于最大田间持水量的65%左右），土壤含水量为20%～30%，最好为25%。水分过多，超过40%则使土壤通气不良，容易烂种烂芽。发根对水分的敏感度比发芽强，较高的土壤水分含量和大气湿度有利于发根。因此，催芽时应根据水多长根、水少长芽的特性，适当控制水分，使种苗芽长根短，避免种根长得过长在下种时损伤根系而影响出苗和生长。

（3）氧气。氧气充足，有氧呼吸就能正常进行，为细胞的增殖提供充足的能量和中间产物。而缺氧或氧气不足，则有氧呼吸受到抑制，产生的能量较少。当土壤地下水位高或排水不良时，土壤中的水分过多，则空气不足。春植或冬植，下种后如果土壤过湿或田间积水，土壤缺氧，而且温度低，常导致种苗萌芽时间过长，种苗容易受到凤梨病、赤腐病等病菌危害，造成烂种。因此，在低湿地蔗田应避免田间积水。在高旱地，土壤中空气流通快，容易缺乏水分，使种苗本身水分含量降低，影响种苗的萌发。生产中培育疏松肥沃的土壤，下种后浅盖土，防践踏、防板结等措施均可增加土壤的通气性。在同等条件下，单芽苗比双芽苗、三芽苗萌芽好的主要原因之一是该种苗两端的通气良好。

栽培中种苗处理和放种位置对蔗芽萌发和出苗也有一定的影响。用0.2%石灰水浸种能加快种苗的吸水过程，促进蔗芽萌发。放种时使芽居于蔗段两侧，防止“天地芽”的放种方法，也能促使腋芽正常萌发，并减少萌发至出土的时间。晒种和对土壤喷杀虫剂对萌发有利。有时对种苗进行包蜡或其他防水材料处理，防止水分散失，对萌发也有利。

## 二、幼苗期

种苗萌发出土并长出真叶后，甘蔗生长就进入了幼苗期。自种苗萌发出土后有10%的幼苗长出第一片真叶起，到有50%以上的蔗苗长出5片真叶止，这一生长阶段称为幼苗期。在此生长阶段，甘蔗的生长开始从以种苗提供养分为主的异养阶段向靠本身植株供给的自养阶段转变。幼苗期根系和叶片生长迅速，为分蘖打下了基础。

### （一）幼苗生长特点

**1. 根系生长** 甘蔗根系的主要功能是吸收水分和养分，发育良好的根系能促进甘蔗的生长。甘蔗的根可分为种根和苗根两种。种根又称初生根或临时根，是从种苗节上的根带根点萌发产生的。种根分枝较多，但纤细而短，生长力和吸收能力均较弱，寿命也短，一般只有42～56 d。苗根又称株根或永久根，一般当幼苗长出3片真叶后，在幼苗基部节上的根点长出的根就是苗根。初生的苗根色白而粗壮，分枝少，根毛多，根冠发达，入土力、生长力和吸收能力均较强，以后皮层皱缩变为褐色，最老的根皮层已经死亡而变为黑色，但其中央部分（中柱）仍可能活着。根的分布受到品种、土壤、栽培条件等多种因素的影响。在整个蔗株根系中，约有70%的根密集于25 cm的耕作层内。

一般在下种后第一个月，在蔗芽出土到幼苗长出3片真叶前，幼苗生长所需的养分完全靠种苗自身所贮藏的养分，水分主要靠种根吸收；下种后第二个月为过渡期，幼苗所需的养分和水分靠种根和苗根共同吸收，但种根的作用逐渐为苗根所取代；到第三个月后，种根的吸收功能消失，幼苗所需的养分和水分全靠苗根吸收来供给。苗根的寿命也是有限的，但每一分蘖茎的基部节上均能自行长出苗根。因此苗根、种根生长好坏，对幼苗早期生长影响很大。要防止不良环境条件如渍水、干旱等对种根生长造成不良的影响。

**2. 地上部生长** 幼苗地上部的生长主要表现为叶片数和叶面积增加。植株的假茎增高较慢，节间不伸长。甘蔗幼苗长出3片真叶后，种苗本身的养分已经消耗完，此时幼苗生长所需的养分完全靠叶片的光合作用制造的产物和根系吸收的养分和水分。因此，在长出 3 片真叶后，幼苗能否及时吸收到充足的矿质养分（特别是氮和磷）和水分对幼苗的生长及以后分蘖的影响很大。植株地上部和地下部的生长有相互促进的作用。根系发达，吸收能力强，为地上部生长提供足够的养分和水分，则叶片长出快，假茎基部较粗壮；而叶片光合面积大，合成的光合产物多，可为根系提供充足的养分，使根系长得更好，吸收能力更强。

### （二）影响幼苗生长的因素

#### 1. 气候条件

（1）温度。幼苗生长所需的温度比萌芽所需的温度稍高，约为 15℃，温度高则生长快。春植的苗期温度较低，气温上升比土壤温度上升快，可通过中耕松土等方法来提高根际温度，促进根系生长。

（2）光照。光照充足，叶片制造的光合产物多，叶片生长快，苗基部粗壮，幼苗生长健壮；光照不足，苗弱而高，苗基部不粗壮，叶片生长较慢。

#### 2. 土壤条件

（1）水分和氧气。幼苗生长量少，需水不多，保持土壤湿度为最大田间持水量的 60%即可。土壤水分过多或渍水，则土壤通气不良，土壤温度上升慢，对根系生长不利。

（2）养分。幼苗生长需要有充足的矿质养分元素，特别是氮、磷的供应。缺磷则根系生长不良，地上部生长也受到影响；缺氮则地上部生长缓慢。在幼苗期应及时施攻苗肥，特别要注意磷肥和速效氮肥的供给。

（3）土壤酸碱性和物理特性。土壤 pH 过高或过低，如 pH 大于 8.5 或小于 5.5 对根系生长不利。土壤质地黏重、板结或紧实等也对根系生长不利。

## 三、分蘖期

自有分蘖的幼苗占 10%起至全部幼苗已开始拔节，蔗茎平均伸长速度达每旬 3 cm 时止，为分蘖期。分蘖期又可划分为分蘖初期，有分蘖的幼苗达 10%以上；分蘖盛期，有分蘖的幼苗占 30%以上；分蘖后期，有分蘖的幼苗占 50%以上。甘蔗经过幼苗期生长阶段后，就开始进入分蘖期。在分蘖期，甘蔗植株粗大的株根（永久根）大量长出，同时群体数量不断增大。当蔗株互相遮挡阳光和蔗茎开始伸长时，分蘖就停止，较小的分蘖会大量死亡，导致全田总苗数减少到最高峰苗数的 50%以下。分蘖期蔗株长叶速度加快，单株叶面积增加，但叶片仍相对较小，寿命不长（从发生到衰老通常不到 1 个月），光合产物主要分配到根部和地上部的分蘖、叶片和叶鞘，只有很少量输送到茎。

### （一）分蘖的发生

甘蔗植株基部具有比较密集的节，每个节上都有蔗芽，在条件适宜时，植株基部节上的芽萌发成为新的植株，称为分蘖。由母茎上长出的分蘖称为第一次分蘖，从第一次分蘖上长出的分蘖称为第二次分蘖，以此类推。甘蔗分蘖需要充足的养分供应，特别是需要充足的氮肥。为促进分蘖，生产上一般施用攻蘖肥。

甘蔗幼苗出土后，约需 3 个月的时间主茎顶端分生组织才表现出顶端优势，此时期主茎生长很慢，但主茎基部节上的侧芽倾向于萌发形成分蘖，直至主茎顶端优势建立为止。一般品种主茎长出 3～3.5 片真叶时（有些秋植蔗在 4～5 片叶时）即可萌发第一个分蘖；

在长出 6 片真叶前后，第一个分蘖出土；在 7～8 片真叶时，第二个分蘖出土；在 9～12 片真叶时，第三个分蘖出土。通常在 10 片真叶时甘蔗的分蘖最多。一般分蘖初期在 3～3.5 片真叶，分蘖盛期在 9～11 片真叶，分蘖末期在 13～15 片真叶。但叶龄与分蘖的关系受到品种、蔗株生长环境的影响较大。分蘖期的长短受到品种、栽培条件和生长季节等因素的影响，一般华南春植蔗为 30～40 d，秋植蔗为 100～130 d。季节的影响大于品种。在分蘖末期，蔗株仍有少量分蘖发生，直至收获。春植蔗常在 8～9 月出现一定数量的粗壮分蘖，俗称秋笋，部分生长快的能成为有效茎，其余的虽不能成为有效茎，但对宿根增产有养蔸的作用。

**（二）影响分蘖发生的因素**

**1. 内在因素** 甘蔗品种不同，其分蘖能力不同。一般含野生种血缘多的品种分蘖力较强，而含热带种血缘多的品种分蘖力较弱。栽培上，一般细茎种分蘖力强，中茎种次之，大茎种最弱。分蘖力强的品种其宿根性也好。生产上在根据当地情况选择合适的品种种植的同时，还要根据品种的分蘖力大小确定下种量和排种方式。

植株本身生长状况与体内的激素状况也影响植株分蘖。植株生长健壮，则分蘖早而多。植株分蘖的发生，还与体内的由根系产生的向上运输的细胞分裂素和从由生长点产生并向下运输的生长素平衡有关。若细胞分裂素占优势，则促进分蘖发生：而生长素占优势，则抑制分蘖的发生。此外，脱落酸可以抑制茎的伸长，促进茎的增粗和分蘖的发生，起到对抗生长素的作用。

**2. 影响甘蔗分蘖的外界因素**

（1）温度。一般蔗株分蘖随土壤温度的升高而增加。分蘖发生的最低温为 20℃，30℃左右分蘖最旺盛，为最适温度。在亚热带和温带地区，春植时的低温是限制春植蔗分蘖的主要因素，而秋植时气温高，故分蘖率较高，分蘖期也提前。

（2）水分。土壤水分充足，则分蘖早而多。土壤干旱，甘蔗生长受到抑制，不利于分蘖发生。但水分过多会导致土壤通气不良，土壤温度较低，妨碍根和芽的呼吸作用，不利于植株分蘖。适宜蔗株分蘖的土壤水分含量为田间持水量的 70%左右（含水量约为 25%）。

（3）氧气。土壤的通气状况会影响植株根系的生长发育和对养分的吸收，从而影响分蘖的发生和生长。土壤板结会造成通气不良，要进行中耕，保持土壤疏松，以促进早期分蘖的发生。积水也可导致土壤中缺氧，要及时做好排水工作。

（4）光照。光为植株生长提供能源，强光有利于叶片光合作用，使幼苗生长健壮，植株分蘖早而多。光还能调节植株体内的激素平衡。强光可使生长素氧化而失活，而在根部合成并向上运输的细胞分裂素不受影响，而且强光往往伴随着高温低湿，植株产生的脱落酸较多，因此强光可以促进分蘖的发生。光照不足时，生长素的活性受影响小，对侧芽萌发的抑制作用低，与细胞分裂素竞争的结果是抑制分蘖的发生，因而光照不足时分蘖少，同时高浓度的生长素可促进茎伸长，使茎长得较高较细。甘蔗封行后，大批分蘖死亡的原因是光照不足。

（5）养分。氮、磷、钾三要素中任何一种缺乏都会影响甘蔗的正常分蘖。氮肥和磷肥对分蘖的影响最为明显，缺钾对分蘖的影响不如缺氮、磷显著。氮肥虽能增加分蘖数，但若磷、钾肥跟不上，死蘖会增多，成茎率低。

### （三）甘蔗分蘖、有效分蘖和无效分蘖

甘蔗幼苗基部密集的节上的侧芽在适宜的条件下萌发成新的蔗株称为分蘖。由分蘖长成的蔗茎称为分蘖茎，而由种苗直接长出的蔗茎称为主茎。可供榨糖原料（茎长大于 100 cm）使用的分蘖茎称为有效分蘖，反之，称为无效分蘖。

甘蔗的分蘖期持续较长，如条件适宜，自始蘖至收获前都有分蘖发生，但在一般栽培条件下，华南地区春植蔗的分蘖期在 40～50 d，秋植蔗为 100～130 d，可见种植季节对分蘖期长短的影响最大。

在分蘖期内，不同时间的分蘖发生的速度不同。甘蔗分蘖初期分蘖发生较慢，以后逐渐加快，达到高峰后不久迅速下降。在分蘖期内，不同时间产生的分蘖的生长有明显的差异。在分蘖初期发生的分蘖，由于发生时温度比主茎发生时的温度高，水分充足，田间透光条件尚好，同时又有主茎供给无机养分和光合产物，其伸长和增粗都比主茎快，容易成为有效分蘖。在分蘖盛期和分蘖后期，特别是后期长出的分蘖因田间环境条件较差，养分竞争能力比不上主茎和早生分蘖，生长时间又较短，其伸长和增粗比不上主茎和早生分蘖，成为有效分蘖的可能性较低。

### （四）增加甘蔗有效分蘖的措施

甘蔗的有效分蘖指可供榨糖原料使用的分蘖茎。要增加有效分蘖，首先要促进分蘖的产生，其次是提高分蘖的成茎率。一般情况下，在初期发生的低节分蘖或第一次分蘖容易成为有效分蘖，较迟发生的第一次分蘖不易成为有效分蘖，第二次及以后各次分蘖成为有效分蘖的可能性更小。因此，要增加有效分蘖，首先要促进分蘖尽早和尽快生长。促进分蘖早生快发可通过以下途径：

（1）提早种植、选用分蘖性强的品种、基肥采用速效氮肥并配合施磷钾肥、采取地膜覆盖、浅植、及时松土、晒行、排除积水、及早追施速效氮肥、及早进行中耕除草、减少作物间荫蔽、松土和小培土等措施来达到目的。

（2）分蘖初期及时施攻蘖肥（特别要重氮肥的施用）和适当灌溉，可提高分蘖成茎率。此外，培土也可控制分蘖。浅培土有疏松土壤、保水保肥的作用，可以增加分蘖；中培土可以保分蘖；而大培土可以抑制分蘖，因大培土限制了土壤通气，弱小的分蘖多被抑制而死，而健壮的分蘖受到的抑制较小。

（3）由于分蘖的数量较多，分蘖之间，甚至分蘖与母茎之间都会出现对养分、阳光和水分的竞争，为了保证早期分蘖成茎，应抑制迟生分蘖的产生或生长，这可通过间苗定苗和培土，特别是大培土来达到目。培土的迟早和厚薄是控制分蘖的一项重要措施。下种量、株行距、植期、除草、使用化学物质等对分蘖也有影响。

（4）合理地利用早秋时节发生的“秋笋”，也是增加有效分蘖的一项重要措施。因为在甘蔗生长的中后期，甘蔗叶冠层上移，田间较低层逐渐通透，在水分较适宜的情况下，容易长出分蘖，这部分分蘖由于当时气温较高和田间湿度较大，长出后生长较快，容易成为有效茎。

## 四、伸长期

甘蔗的伸长期是蔗株自开始拔节且蔗茎平均伸长速度达每旬 3 cm 以上起至伸长基本

停止这一生长阶段。伸长期又可按蔗茎平均伸长速度划分为伸长初期，伸长速度达每旬3 cm以上；伸长盛期，蔗茎平均伸长速度达每旬 10 cm 以上；伸长后期，蔗茎平均伸长速度降至每旬 10 cm 以下。

### (一) 伸长期的生长特点

一般种苗萌发后，积温达到 1 200～1 800℃・d 时，蔗茎就开始伸长。甘蔗从以长叶、分蘖为主的群体生长开始转向以发大根、开大叶、长大茎为生长中心的个体生长，甘蔗此时处于一年中环境条件最有利于其生长的时期，此时雨热同期，植株生长量最大，是决定甘蔗产量的关键时期。蔗茎的伸长主要是节数的增加和节间的伸长。甘蔗伸长生长一般由慢到快，之后又变慢，最终停止。

甘蔗伸长期的生长主要表现在其体积的增加、叶片的生长和根系的扩展，最终表现为干物质的迅速增加。蔗苗一般出现 12 片真叶后才能看到蔗茎有伸长。一般甘蔗的伸长期与种植期、气候、生长期长短、品种等有关，如秋植蔗比春植蔗的伸长期长可提高甘蔗的产量。

**1. 蔗茎的生长** 伸长期茎的生长主要表现为节数的增加和节间的伸长，同时还伴随茎的增粗。蔗茎节数的增加是由于蔗茎顶端的分生组织分化的结果。在营养生长时，茎顶端主要是分化节、节间、芽和叶，当进入生殖生长时，则转化为分化穗和花。一条蔗茎的节间数是不固定的，一般有 10～30 个。栽培条件和环境条件对节间的增加影响很大，温度高、水肥足则茎顶端分化的节间数多。

节间的伸长和增粗主要是节间的居间分生组织（节上的生长带）细胞分裂和细胞体积横向及纵向生长的结果。细胞的纵向生长表现为伸长，而横向生长则表现为增粗。节间伸长和增粗受到与该节和节间相连叶片的影响。当该节间有青叶叶鞘包被时可正常生长，当叶鞘已经张开、节间外露后，该节间的伸长和增粗就基本停止了。蔗株的节间伸长和增粗是从下而上按次序逐节进行的，一般位于最高肥厚带向下第七叶叶鞘包被的节间的生长已基本停止。在大田条件下，一个节间从形成到停止生长约需 15 d。

蔗茎的伸长速度初期慢，生长盛期最快，后期又逐渐下降，甚至停止，表现出 S 形的生长曲线。在一年之中，以高温高湿的 6—9 月伸长最快，7—9 月是主要的伸长期，伸长最快时每天可达到 5 cm 以上。蔗茎在晚上伸长快于白天。甘蔗节间的生长具有时间性。当蔗茎中的某个节间在某段时间遇到不良的环境条件如干旱、低温、缺肥、病虫为害或叶片受伤时，该节间的伸长和增粗就会受到抑制，以后再遇到适宜的环境条件，也不能恢复伸长和增粗，成为整个茎中的短小节间，使植株容易倒伏和折断。

**2. 蔗叶的生长** 伸长期叶的生长主要是开大叶，表现为叶片数增多和叶面积迅速增大。在伸长期，光温条件较好，水肥充足，叶原基大，细胞数多，细胞体积大，叶生长较快，叶面积也大。一般基部着生的叶片面积较小，向上叶片面积逐渐增大，达到最大后又逐渐缩小。叶的生长次序是叶片先生长，然后是叶鞘生长。一片叶自开始露出到完全展开所需的时间，在伸长期比其他时期要短，一般需要 7 d 左右，但受栽培条件和品种的影响，如强光、高温、水肥足，则蔗叶长出的时间就短，反之则延长。伸长期新叶出现的速度逐渐下降，但叶片逐渐增大，种植后 9 个月达到最大，以后又稍微下降。伸长期的甘蔗单株叶面积达到最大，群体中的个体间相互遮阴严重，冠层透光率最差。单株的青叶数和单位面积上的株数决定了单位面积上的总叶面积，一般以叶面积指数（leaf area index，LAI）来表示。在一定范围内，甘蔗茎产量和蔗糖产量随着叶面积的增加而增大，但超过一定范围后，由于群体内通风透光性变差，个体间竞争光照和养分激烈，叶片寿命缩短，叶绿素含量下降，群体的光合能力下降，呼吸消耗量增大。因此，应通过合理密植、剥除蔗茎基部的枯死叶等措施来提高甘蔗群体内的通风透光率，尽量提高叶面积指数，并使该叶面积指数保持稳定较长时间。最适叶面积指数应该根据品种特性、栽培技术、栽培条件等因素来确定。一般高产田要求伸长期的叶面积指数保持在 5～7 为好。

**3. 蔗茎生长与蔗叶生长的关系** 茎的生长与叶片的生长有密切关系。一般是叶片先生长，接着是叶鞘生长，最后是与叶相连的节和节间生长，具有连续性。当叶片生长基本停止时，正是叶鞘旺盛生长的时候，而当叶鞘生长基本停止时正是节间旺盛生长的时候。这是由于叶片的光合产物主要输送到与之相连接的节间所导致的。如把蔗茎最高可见肥厚带的叶称为＋1 叶，则其下位叶可称为＋2 叶、＋3 叶、依此类推。当＋1 叶尚未展开时，与该叶片相连的节间的伸长量很小，展开后该节间迅速伸长，而此时蔗茎下部与＋2 叶相连的节间伸长最快，与＋3 叶相连的节间伸长变慢，与＋5 叶相连的节间伸长基本停止，但仍稍有增粗，而与＋6 叶相连的节间伸长、增粗均已停止。因此，一般是有绿叶叶鞘包被的节间才能继续伸长和增粗，＋6 叶以下的节间已基本定型。当叶片展开后 20 d，与此叶同位的节间停止生长，25 d 左右增粗也基本结束。因此，要注意保护好绿叶，剥叶要合理，＋6 叶以上的叶片应保护好。

**4. 根的生长** 根是吸收水分和养分的器官。伸长期甘蔗植株生长量大，对肥水吸收强度大，要求植株有强大的吸收根系。伸长期甘蔗植株的根主要由表根（superficial roots）、支持根（buttress roots）和深根群（rope systems）组成。表根分布在土壤表层，在表土和表土以下 20～40 cm 处，主要向水平方向延伸，分枝强，数量多，吸收力特强，主要起吸收养分和水分的作用，所以又叫吸收根。支持根在表根以下，一般分布在表土以下 40～100 cm 处，与表根呈 45°～60°的角度向下延伸，分枝少但比表根粗大，吸收力弱，主要起固定蔗株防止倒伏的作用。深根群由几条或十几条根组成束状垂直向下生长，主要分布在最底下，根长可达 5 m，主要是稳定蔗株以及从深层土壤中吸收水分。在干旱或水位低时，深根群起着吸收养分和水分的作用。这三种根因品种和环境条件的不同而不同，不一定同时存在。

当甘蔗长出 2～3 片真叶以后，从幼苗基部地下节的根带上的根源（根点）萌发出株根，分蘖始期、分蘖盛期和拔节伸长期，蔗株的根一期比一期多、一期比一期发达，特别是拔节期吸收能力逐步增强。新长出的植株根色白而粗壮，分枝少，根毛多，根群发达，入土力强，生长力和吸收力也较强，是甘蔗整个生长过程的主要根。一般从下种后的第一个月幼苗所需的水分和养分除由种苗供应外全靠种根吸收供应。第二个月为过渡期，即从由种根供应养分转向由新株根吸收供应过渡。第三个月以后，整个植株所需的养分和水分全由新株根吸收供应，以后新株根迅速生长，老的株根很快死亡，由新的株根代替。幼苗期种根少而不发达，分蘖长出后，分蘖苗基部的节就长出许多株根，根系就变得发达，如果幼苗期苗弱小或徒长，则蔗株茎细小，根点少，而且土里的节数少，根系不发达。一般地下节都能长出株根，当剥去基部叶鞘，露出蔗节后，每培一次土，就能长出一批节与土壤接触，特别是进行施肥培土后，蔗节都会长出株根。培土的次数越多根群就越发达，为促进根系的生长，应进行施肥和多次培土。在甘蔗生长的前中期追施土杂肥，进行培土，前期中耕松土，后期排水降低地下水位和中耕时在株间松土，改善土壤物理状态，能促进新根生长。

### （二）影响甘蔗伸长的因素

甘蔗伸长期处于甘蔗生长最快的时期，也是决定产量的关键时期，对外界条件最敏感。

**1. 温度** 不同的甘蔗品种对温度的反应有差异。甘蔗伸长最快的温度为30℃左右，低于20℃时伸长缓慢，12～13℃时伸长极为缓慢，在10℃以下则基本上停止伸长。温度高于34℃时，蔗株的生长会受到抑制。根系生长的最低温为10℃，20℃以上时生长较快，27℃为最适温度。低温不仅影响根系的生长，还影响根系的吸收功能。

**2. 光照** 短波长的光对细胞的伸长有抑制作用，长波长的光有利于节间伸长。光照充足，光照时间长，光合产物就多，植株生长健壮，茎粗叶宽浓绿，干物质转化为蔗糖多；若光照不足，则母茎细长，叶狭色淡，叶片容易衰老，节间纤维少，组织幼嫩，干物质合成量相对较少，易滋生病虫，易倒伏。

**3. 水分** 甘蔗对水分的消耗主要是蒸腾和溢泌。每千克水可生产7～9 kg生物量的甘蔗。按照甘蔗0.39的收获系数计算，蒸腾100 mm水分（相当于1 000 $t/hm^2$的水）可生产生物量70～90 $t/hm^2$，生产蔗糖27～35 $t/hm^2$。因此，伸长期需水最多，占整个生育期需水量的50%～60%。此期对缺水非常敏感。若缺水，可使节间变短，植株变矮。节间形成期间受到干旱胁迫易造成短小节间。严重缺水会使蔗茎空心或蒲心，产量下降。但水分过多，可使土壤通气性变差，根系的正常生理功能受到破坏，生长变慢，叶片变黄。一般保持田间持水量在80%左右即可满足甘蔗伸长的要求。

**4. 养分** 甘蔗在伸长期吸收的氮、磷、钾的量均占整个生育期总吸收量的60%～80%。伸长期养分不足，则蔗株叶片变黄，蔗茎细弱矮小，对产量和蔗糖分都有较大的影响。但在伸长期不能过多施肥（特别是氮肥），以免甘蔗推迟成熟，降低茎中的蔗糖分。蔗茎灰分中，硅占近40%，而蔗叶中硅含量更高，因此要注意硅肥的供应。

**5. 土壤** 土壤机械物理结构良好，则土壤中的水、肥、气协调，土壤的生物活性高，甘蔗生长正常，伸长量大。土层深厚、肥沃，甘蔗根系吸收功能强，有利于蔗茎的伸长。一般沙壤土适宜甘蔗根系生长，土壤各土层的根系较多，根向下生长较深；而黏土各土层的根较少，且向下生长也少。

**6. 空气** 甘蔗伸长生长需要大量的光合作用原料二氧化碳，剥除甘蔗的枯叶可增加蔗田通风透光性，但大风和台风可导致蔗茎折断或倒伏，使产量和质量受到影响。根具有趋气性，当土壤缺氧时，如土壤积水，根系常从土表中露出，当积水时间过长，则严重影响根的吸收功能，甚至使根腐烂死亡；地下水位过高，影响根系下扎，同时也影响根的吸收功能。不同品种的蔗茎其伸长速度有差异。一些品种如新台糖25号、粤糖93-159、桂辐98-296、桂糖55号、桂糖60号等前中期生长快；而另一些品种如新台糖22号、桂糖42号等则是前期生长慢，中后期生长快。因此栽培上可根据不同的品种生长特性，采取相应的措施促进其生长。

### （三）甘蔗的伸长和增粗

甘蔗茎的伸长包括蔗茎节数的增加和节间的伸长两个方面，但伸长生长一般伴随着茎的增粗。这是甘蔗伸长期生长的一个最主要特征。

蔗茎节数的增加是茎尖生长锥细胞分化的结果，并与叶片数的增加相一致。蔗茎顶端生长锥为半球形，是一群具有强烈分生能力的原生分生组织，是节、节间、芽、叶以及最后发育的花、穗的原始体，这些器官是茎尖生长锥分化而来的。在不同环境条件和栽培水平下，茎尖端生长锥分化器官的速度是不同的。气温较高，水肥条件较好，栽培管理水平高时，分化的速度较快，每分化一节蔗茎所需的时间就短，这些优越条件持续时间越长，蔗茎的节数就越多，蔗株长得就越高。反之，如果低温干旱，缺水缺肥，管理水平低，则分化一节所需的时间就越长，蔗茎的节数就越少，蔗株就越矮。

节间的伸长一般与增粗是同步进行的。节间的伸长与增粗是节间居间分生组织（生长带）细胞分裂和节间细胞体积的横向和纵向扩大的共同作用结果，节间的伸长主要是细胞体积的纵向扩大的结果，而增粗主要是细胞体积横向扩大的结果。

生长带的居间分生组织可在相当长的时间内保持旺盛的分生能力，但并不是说蔗茎上任何一个节间在任何时候都可以伸长、增粗，而只限于该节间有青叶叶鞘包被时进行。当叶鞘已经张开，节间外露，该节间的伸长、增粗则已基本停止。节间的伸长是自下而上逐节按顺序进行的，+7 叶叶鞘包被的节间即已停止伸长或增粗，而其以上的节间正处于伸长、增粗的阶段。一般来说，一个节间自形成至伸长、增粗停止需要 15 d 左右。

由于节间的伸长和增粗是有时间性的，因此，某个节间在伸长、增粗期间遇上不良的气候条件，如缺水缺肥，或病虫为害以及叶片受伤等，其伸长或增粗就会受到抑制，以后虽能再遇适宜的条件，但也不能重新恢复伸长和增粗，成为蔗茎中不正常的短小节间。甘蔗生产上早秋植甘蔗出现“蜂腰”或茎基部较细的现象就是伸长和增粗的时间性所造成的。

## 五、成熟期

甘蔗成熟期可分为工艺成熟期和生理成熟期。在生产上的成熟期一般是指工艺成熟期，即蔗茎积累糖分和蔗汁纯度达到糖厂开榨初期要求标准至最高的时期；而生理成熟期则是指从甘蔗花芽分化至抽穗、开花和结实止的时期。

在甘蔗的工艺成熟期，蔗茎内蔗糖达到该品种固有的最高水平，全茎上下节段的蔗糖分接近一致，同时蔗汁的品质达到最好。甘蔗生长至伸长末期，若受到胁迫，使伸长生长减弱甚至停止，此时甘蔗从以营养生长为主的伸长生长开始就会转为以积累蔗糖分为主的生长。因此，此时期是决定甘蔗植株糖分高低的关键时期。

甘蔗成熟度可通过多种方法进行测定。比较简略的方法是根据其外部形态特点来判断。成熟时甘蔗在形态上有以下特点：叶片变黄，中下部叶片枯黄，新生叶少且较狭小，叶距小而呈簇生状，新生叶生长姿态直立而不开展；蔗茎蜡粉脱落，蔗茎表皮光滑，折断蔗茎时声音清脆，其断面参差不齐，因薄壁细胞充满蔗糖而表现为玻璃状（呈现银色光泽）。测定锤度是判断成熟度较常用和较可靠的方法。蔗汁锤度是指蔗汁中固溶物质的重量占蔗汁重量的百分比，它包括蔗糖在内的溶于蔗汁中的所有化合物，因此它不是蔗糖分的真实值。但蔗汁锤度与蔗汁的蔗糖分有密切的相关性，因此可以通过测定蔗汁的锤度来衡量甘蔗的成熟度。一般蔗汁中的蔗糖分是锤度值的85%～94%，这个数值也就是蔗汁纯度。糖度计测定的最小锤度值19或手持折射计测定的最小数值21被认为是糖厂开榨的最低标准。甘蔗成熟时先是锤度上升停止，而纯度继续升高，过熟时纯度先降低，然后锤度下降；成熟时还原糖分降低，而蔗糖分升高，过熟时还原糖分增加而蔗糖分降低；成熟时蔗茎含水量降至70%左右，而干物质的含量增加至30%左右，其中纤维分和蔗糖分趋于稳定。

甘蔗成熟期又分为初熟期、全熟期和过熟期。蔗茎上下锤度比为0.9～0.95时为初熟期，蔗茎上下锤度比为0.95～1.0时为全熟期，蔗茎上下锤度比大于1为过熟。过熟时，蔗茎节间的蔗糖分开始转化为还原糖，俗称回糖。回糖使蔗茎中的蔗糖分下降，蔗汁品质变劣，还原糖分上升，蔗汁纯度下降。回糖是从下向上逐节进行的。高温高湿条件下回糖速度加快。在成熟期，对大多数品种来说，地上部干重占整株干重的72%～82%，而地上部可压榨的蔗茎占地上部总干重的50%～60%，梢部占10%～16%，枯叶占19%～25%。但这些比例受施氮量的影响。施氮肥多则降低可压榨蔗茎的比重，而增加落叶和梢部的比重，但对地下部的影响较小。

### 六、促进甘蔗成熟的策略

栽培甘蔗的目的不仅要获得高的产量，更要获得高的含糖量，只有这样才能协调好制糖企业和甘蔗种植者的利益关系。在成熟期，气候对蔗汁品质起重要的甚至是主导作用。甘蔗在进入成熟期前在较热（约30℃）和较稳定的相对湿度（70%）条件下生长，进入成熟期后气候干燥、温暖以及白天有阳光而晚上冷凉，对提高甘蔗产量和品质比较理想。在工艺成熟期，可以采取适当的措施来促进甘蔗成熟。收获前，通过控制水分来控制甘蔗对养分的吸收，促进甘蔗成熟。一般收获前1个月要停止灌溉。在控制水分的同时降低温度可促进甘蔗成熟，但接近结冰的温度时，控制水分和降低温度对促进甘蔗成熟的效果反而降低。在没有灌溉的地区，甘蔗的成熟很大程度上依赖于气候条件。剥叶增加蔗田通风透光，可以补充光合作用的原料二氧化碳，还可以增加蔗田的昼夜温差，有利于蔗糖累积。成熟时有充足的阳光，能促进蔗糖的形成和累积，同时也能提高蔗汁锤度和纯度，有利于提早成熟。此外，用化学药品（如乙烯利、草甘膦）来促进甘蔗成熟也在一些地方的大田中应用。

## 第三节　甘蔗的光合作用特性

甘蔗是高光效的$C_4$作物，甘蔗的光合强度和光能转换效率高，干物质积累快，蔗株干物质的90%左右主要来自光合作用。因此，甘蔗的光合作用是甘蔗产量和糖分积累的基础。

光合作用是一个复杂的生理过程，根据它反应过程对光的需求可分为光反应和暗反应，光反应必须有光才能进行，而暗反应有光与否都能在酶的催化下进行。对甘蔗组织超微结构的研究证实，光反应是在叶绿体的基粒片层（光合膜）上进行，暗反应是在基质中进行的。光反应的实质是通过叶绿体色素吸收光能，激发电子和氢质子传递，把光能变成化学能，贮存于还原态辅酶Ⅱ（NADPH）和三磷酸腺苷（ATP）分子中，这两种物质推动暗反应的进行，最终形成碳水化合物。

## 一、甘蔗的光合作用

甘蔗具有高效固定$CO_2$的特点，这与它叶片结构的特殊性有较大的关系。$C_4$植物叶片的维管束鞘薄壁细胞中含有许多叶绿体，它比叶肉细胞的叶绿体大，没有基粒或没有发育健全的基粒，只在维管束鞘外面有排列紧密的叶肉细胞，这些叶肉细胞中的叶绿体较小，有基粒。维管束鞘薄壁细胞与相邻的叶肉细胞之间有大量胞间连丝相连。$C_3$植物的维管束鞘薄壁细胞较小，不含叶绿体，周围的叶肉细胞排列较松散。甘蔗叶片中叶肉细胞较少，每个叶肉细胞（M）与邻近的维管束细胞（BS）之间的距离大约 2 个细胞，整体的 M：BS 的细胞比接近 2，而在$C_3$植物中这个比例约接近 4。叶肉细胞和维管束细胞的距离变短就缩短了扩散距离，这种细胞间缩短的距离提高了甘蔗的光合效率（Dengler et al.，1999）。

甘蔗的光合作用特点，主要表现在暗反应方面。暗反应是二氧化碳如何被固定和还原转变成碳水化合物的过程。20 世纪 50 年代的研究确认了暗反应是一个很复杂的过程，它的转变路线纵横交错，形成一个头绪众多的大循环，即卡尔文循环（Calvin Cycle）。每一次循环同化一个$CO_2$分子，循环 12 次就同化了 12 个$CO_2$分子，12 个$CO_2$分子被同化就产生 1 个蔗糖分子。这个循环过程，需要 ATP 和 NADPH 参与，ATP 和 NADPH 在这个循环中起着推动的作用。这个循环的二氧化碳受体是 1,5-二磷酸核酮糖（RuBP），在 1,5-二磷酸核酮糖羧化酶/加氧酶（Rubisco）催化下，1,5-二磷酸核酮糖与$CO_2$结合，生成二分子磷酸甘油酸（PGA）。由于三碳化合物 PGA 是光合固碳过程中的最初产物，因此这个途径也被称为$C_3$途径。PGA 继续运转，经过丙、丁、戊、已、庚诸糖的转变，最终生成光合产物。20 世纪 60 年代中期，Kortschak 等（1965）在研究不同甘蔗品种、不同环境条件对最初光合产物的影响时发现，蔗叶同化的$CO_2$，在 7～15 s 内，主要形成苹果酸和天冬氨酸，而水稻、小麦、大豆等在光下供以$^{14}CO_2$后约 15 s，大部分的放射性碳出现在磷酸甘油酸中，因此甘蔗固定$^{14}CO_2$的最初产物与一般光合碳循环明显不同。Hatch 和 Slack（1966）进一步对甘蔗的光合作用进行研究发现，在光下供$^{14}CO_2$后十几秒钟，$^{14}C$主要存在于草酰乙酸、苹果酸和天冬氨酸分子中，极少存在于 PGA 分子中。后来的大量研究证明，甘蔗进行光合作用还存在另一条新途径，即在磷酸烯醇式丙酮酸羧化酶催化下，$^{14}CO_2$与磷酸烯醇式丙酮酸（PEP）结合，形成草酰乙酸，$^{14}C$固定在草酰乙酸分子中，并进而转变成苹果酸和天冬氨酸，这些反应是在叶肉细胞的叶绿体中进行的。由于这条新发现的固定$CO_2$途径的最初产物是草酰乙酸，它是四碳二元羧酸，因而把这条途径称为$C_4$-二羧酸途径（$C_4$-dicarboxylic acid pathway），简称$C_4$途径（$C_4$-pathway），也称为$C_4$光合碳同化循环（$C_4$-photosynthetic carbon assimilation cycle，C4-PCA 循环），或 Hatch-Slack 途径（Hatch-Slack pathway）。通过此途径固定$CO_2$的植物称$C_4$植物。而光合碳循环固定$CO_2$的最初产物是三碳化合物 PGA，这条途径称$C_3$途径，只有这条途径别无其他途径进行光合作用固定$CO_2$的植物，称$C_3$植物（王忠，2009）。

甘蔗通过 PEP 固定 $CO_2$的反应是在叶肉细胞的叶绿体中进行的，所以生成的草酰乙酸转变成苹果酸、天冬氨酸后转移到维管束鞘薄壁细胞，并在那里被酶催化脱羧，释放 $CO_2$生成丙酮酸。$CO_2$可被维管束鞘薄壁细胞的叶绿体固定，经光合碳循环形成淀粉和蔗糖。丙酮酸则从维管束鞘薄壁细胞运回叶肉细胞，并在 ATP 的作用下，在叶绿体中经丙酮酸磷酸双激酶催化，变成磷酸烯醇式丙酮酸和焦磷酸（PPi）。前者又可作为 $CO_2$受体，使固定 $CO_2$的反应持续进行（图 6－25）。甘蔗进行光合作用时，只有维管束鞘薄壁细胞形成淀粉，在叶肉细胞的叶绿体中是没有淀粉的。而水稻、小麦等 $C_3$ 植物，由于仅有叶肉细胞含叶绿体，所以整个光合过程都是在叶肉细胞里进行，淀粉也只是积累在叶肉细胞的叶绿体中。由此看来，蔗叶的光合过程如下：光照下，叶肉细胞的叶绿体通过 $C_4$ 途径固定 $CO_2$，维管束鞘薄壁细胞叶绿体则通过 $C_3$途径固定 $CO_2$，但蔗叶将被固定的 $CO_2$ 在 NADPH 和 ATP 推动下转变成最终光合产物的过程则与 $C_3$ 植物相同。Kortschak 和 Nickell（1970）指出，蔗茎的叶绿体和维管束鞘薄壁细胞中的叶绿体一样，是通过 $C_3$ 碳途径进行光合作用的。

甘蔗的光合强度比水稻、小麦等 $C_3$ 植物高，因其主要通过 $C_4$ 途径同化 $CO_2$，在这条途径中，推动 $CO_2$同化的酶是 PEP 羧化酶，它对 $CO_2$的亲和力比 $C_3$途径的磷酸核酮糖羧化酶强几十倍。同时，叶肉细胞叶绿体固定 $CO_2$后生成的四碳化合物运至维管束鞘细胞，经脱羧作用释出 $CO_2$，也使维管束鞘细胞内的 $CO_2$浓度增加，起到“$CO_2$泵”的作用——把外界的 $CO_2$ “泵”进维管束鞘薄壁细胞，有助于这些细胞的叶绿体更有效地同化碳素。进一步的研究表明，甘蔗等 $C_4$ 植物的“$CO_2$ 泵”是由 ATP 来推动的（Zamski and Schaffer，1996）。因此，在高温高光强条件下，特别是在干旱和低 $CO_2$ 条件下，甘蔗等 $C_4$ 植物的光合效率明显高于 $C_3$ 植物，这是植物光合碳同化对热带、亚热带地区环境的一种适应方式（王忠，2009）。

甘蔗光合强度较高的另一原因，与其极低水平的光呼吸极有关。光呼吸是绿色组织在光照下消耗氧气，生成 $CO_2$的过程，这个过程的底物是光合固定的碳素转变生成乙醇酸。因此，光呼吸越强的作物消耗光合固定的碳素越多（可达光合产生有机物的 1/4 至 1/3），不利于叶在良好光照下对碳素的同化和积累。一般来说，$C_3$ 植物的光呼吸比 $C_4$ 植物强，如甘蔗的光呼吸强度不及水稻的 1/10（广东农林学院农学系，1977）。

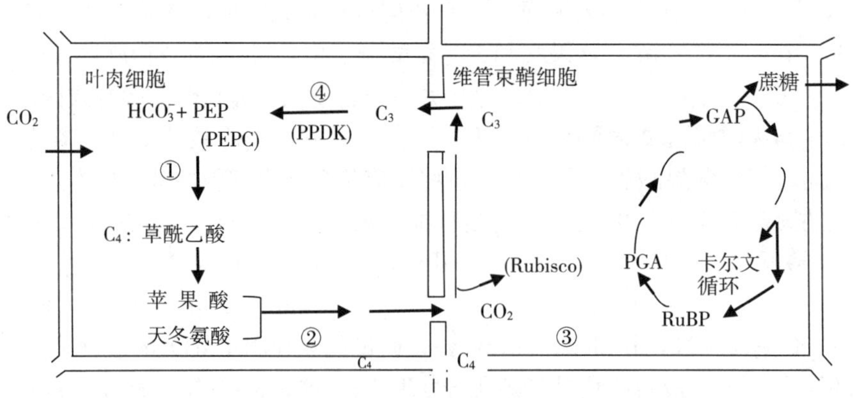


图 6－25 $C_4$ 途径反应示意图

甘蔗光呼吸弱的原因有两种解释：一是甘蔗光呼吸酶系主要集中在维管束鞘薄壁细胞中，光呼吸局限在这些细胞中进行，而在它外面的叶肉细胞排列紧密，并具有对 $CO_2$ 亲和力很强的 PEP 羧化酶，即使维管束鞘薄壁细胞进行光呼吸放出 $CO_2$，也很快被叶内细胞叶绿体再次固定，不能逃出叶外，因而叶组织的光呼吸表现极弱；另一种解释是，甘蔗、玉米都具"$CO_2$泵"的特点，维管束鞘薄壁细胞内的 $CO_2$ 浓度高，叶绿体表面的 $CO_2$ 浓度比 $C_3$ 植物高，提高了叶绿体中 $CO_2$ 与 $O_2$ 的比值，能够抑制光呼吸底物乙醇酸的生成，这样维管束鞘薄壁细胞难以进行光呼吸，致使叶组织的光呼吸表现极弱。

总之，甘蔗光合作用较强的生理生化基础，在于它的 PEP 羧化酶活性较强、光呼吸极弱。

## 二、影响甘蔗光合作用的因素

甘蔗光合作用的强弱受到许多内在因素和外界条件的影响。

### （一）影响甘蔗光合强度的内在因素

**1. 甘蔗品种**　甘蔗种主要分为割手密、大茎野生种、热带种、印度种、中国种和肉质花穗种。Sage 等（2013）报道，高贵种和杂交种的最大净 $CO_2$ 同化率在 16～61 μmol/（$m^2$・s）范围内变化。大多数品种最大净 $CO_2$ 同化率介于 30～45 μmol/$m^2$・s），若进行超高氮处理，甘蔗叶片的净光合速率的峰值范围变为 45～57 μmol/（$m^2$・s），野生甘蔗品种的最大净 $CO_2$ 同化率值被认为高于栽培甘蔗品种（Irvine et al.，1975）。Nose 等（1994）报道称，与栽培甘蔗品种相比，割手密一般具有较高的净 $CO_2$ 同化率，而中国种的净 $CO_2$ 同化率与普通栽培品种的相当。

在生产上栽培的甘蔗品种，光合强度差别甚大（Irvine，1967；杨丽涛和李杨瑞，2002；梁和等，1994；邢永秀等，2003；梁俊等，2005）。Irvine（1967）在田间栽培条件下，应用 $^{14}CO_2$ 测定了 10 个品种的光合强度，发现品种间的光合强度差异显著（表 6－1）。单位叶面积光合强度最高的品种比最低的品种高 1.5 倍，主要原因与叶的厚度有关。统计分析表明，光合强度与叶厚度的相关系数为 0.77，达 1%的显著水准。叶片厚光合强度高的根本原因是，进行光合作用的基本单位虽然是叶绿体，但叶绿体不能脱离叶肉细胞的其他部分，否则叶绿体的营养、光合产物的加工、外运就不能进行。所以，单位叶面积所接受的光能和 $CO_2$ 需要有一定体积的叶肉细胞做基础才能被充分利用。叶厚，单位叶面积的叶肉细胞就多，单位面积同化 $CO_2$ 的能力就强。据此，生产上选用叶较厚的甘蔗品种种植。

**表 6－1　甘蔗不同品种的光合强度和叶片厚度**（Irvine，1967）*

| 甘蔗品种 | 光合强度 [mg $CO_2$/（$dm^2$・h）] | 单株叶面积 （$cm^2$） | 单株光合强度 [mg $CO_2$/（株・h）] | 叶厚度 （$mm^2$） |
|---|---|---|---|---|
| F36-819 | 86.40 a | 5 220 a | 2 414 | 0.277 a |
| CP44-155 | 66.40 b | 3 475 cd | 1 154 | 0.236 cd |
| CP36-13 | 66.20 b | 3 980 bcd | 1 317 | 0.234 d |
| CP58-48 | 62.42 b | 3 913 bcd | 1 223 | 0.254 b |

（续）

| 甘蔗品种 | 光合强度 [mg $CO_2$/（$dm^2$·h）] | 单株叶面积 （$cm^2$） | 单株光合强度 [mg $CO_2$/（株·h）] | 叶厚度 （$mm^2$） |
|---|---|---|---|---|
| CP52-68 | 59.35 bc | 3 079 d | 914 | 0.244 c |
| CP59-43 | 51.22 cd | 3 717 bcd | 952 | 0.244 c |
| La Purple | 42.22 de | 3 858 bcd | 814 | 0.213 g |
| Oteheite | 39.17 e | 4 764 ab | 933 | 0.229 e |
| Badila | 34.87 e | 4 449 abc | 775 | 0.218 fg |
| Cryetalina | 34.44 e | 5 588 a | 962 | 0.223 ef |

* 表中各栏数字后的字母不同者，表示在5%水平上差异显著；标有相同字母者表示差异不显著。

不同甘蔗品种的光合能力差别还体现在受遗传控制的气体交换率上。杨丽涛等（2002）报道，在田间正常生长的条件下，甘蔗品种桂糖11号和新台糖20号气体交换的日变化都表现为明显的单峰曲线，与光合有效辐射（PAR）的变化趋势一致，强光有利于气体交换。在强光下，净光合速率受到胞间二氧化碳的限制。甘蔗叶片水势（$\Psi_w$）的日变化在清晨和傍晚达最高值。与新台糖20号相比，桂糖11号具有较高的同化效率和气体交换率，这与其叶片较高的$\Psi_w$有关，而与叶绿素含量无关。邢永秀等（2004）对不同组合甘蔗叶片的主要荧光参数进行测定的结果表明，不同的甘蔗组合，选用+2叶中上部来测定光合作用的效果较好。不同甘蔗组合对光能的利用存在一定差异，以CP84-1198作为母本的两个组合CP84-1198×川蔗57-416的Fm和Fv/Fo明显高于CP84-1198×崖城90-33；具有相同父本的两个组合的光合特性相比，CP84-1198×崖城90-33的Fm和Fv/Fo明显高于粤糖91-976×崖城90-33的。

**2. 株龄** 有报道指出，甘蔗光合强度的变化有随株龄增加而下降的趋势：生长前期的光合强度明显高于后期，当株龄达到12个月以后，随着植株的生长，其光合强度的变化不明显（Hartt and Burr，1967）。这可能与蔗株生长前期的光合强度较高，叶组织含氮较丰富、叶绿素含量较高有关。但是在广西不同地域和环境条件下的多个试验证明，从苗期至伸长盛期甘蔗叶片的光合强度是逐渐升高的，不同甘蔗品种在不施氮肥、低浓度乙烯利处理等不同试验条件下得到的试验结果相似（梁和等，1994；邢永秀等，2003；梁俊等，2005）。

**3. 叶序** 同一植株上的第一叶（指最高可见肥厚带的叶片，依次向下为第二叶、第三叶、第四叶，依次类推）的光合强度低于第二叶至第六叶，而第七叶、第八叶因较老化，其光合强度也较低（Hartt and Burr，1967）。如取样作光合强度的测定，以第三叶或第四叶两叶比较具有代表性。Yang et al.（2001）在田间正常生长条件下测定了4个甘蔗品种ROC16、ROC20、GT11和F172的气体交换日变化和不同叶位的气体交换、叶片叶绿素和氮素含量、GT11和F172光合速率及其对PAR的响应及ROC20和GT11叶片$\Psi_w$（水势）的日变化。结果表明，不同叶序的气体交换率存在明显的差异，上位叶高于下位叶，其强弱趋势为：1～3>0>4>5>6～8。在相同的环境条件下，造成叶序间的气体交换率不同的主要原因是叶片在量子转化效率（a）、最高净光合速率（Pn）和呼吸速率

(Rd) 等光合能力和生理活性上的差异。在田间条件下，甘蔗叶片的 Pn 随 PAR 增强而提高，没有明显的光饱和现象。叶片的 Pn、气孔导度（gs）和蒸腾速率（E）的日变化趋势相似，气体交换率随 PAR 的变化而变化。在高 PAR 条件下，Pn 主要受到胞间 $CO_2$浓度（Ci）的限制；而在低 PAR 下，Pn 受到气孔和非气孔因素的限制。叶片的 Pn、gs 和 E 对 PAR 反应的敏感性表现为 Pn＞E＞gs。甘蔗叶片 $\Psi_w$的日变化在清晨达最高值，午后最低。4 个甘蔗品种中 GT11 具有较高的同化效率和气体交换率，这与其叶片较高的 Ψw 有关。

**4. 叶绿素含量**　虽然叶绿素与光合作用关系密切，但不同甘蔗品种的叶绿素含量差异主要受遗传的影响（李杨瑞，1989b），叶绿素含量高低与不同甘蔗品种的光合强度和生物产量没有明显的相关性（Yang et al.，2001）。李杨瑞（1989c）研究表明，不同品种甘蔗＋1 叶叶绿素 a、叶绿素 b 和类胡萝卜素含量都具有显著的差异。分蘖力强、茎数较多的品种光合色素含量相对较高。甘蔗的叶绿素含量随生长进程而渐降，以叶绿素 b 含量下降较快。在遇到霜冻以后，叶绿素 b 和类胡萝卜素含量明显上升，以抗寒性较强的品种上升的幅度较大。叶绿素 a/b 比值主要受株龄和环境条件的影响，甘蔗有调节自身体内光合色素含量的比例来适应环境的能力。但是，在一定的范围内，同一甘蔗品种叶片叶绿素含量较高时，其光合强度通常也较高，两者之间表现出较好的相关性。在蔗株生长过程中，需要加强水、肥管理，保持一定的叶绿素含量，以维持较高的光合强度。但若施氮过多，叶绿素含量猛增，光合强度不会明显地提高，反而会出现碳水化合物积累较少，蔗糖分降低，而且组织不坚实和易遭病虫危害等弊病，这在高产栽培中值得注意。

### （二）影响甘蔗光合强度的外界条件

**1. 光照**　光合作用是一个必须吸收光能才能进行的生理过程，故光合作用与光照强弱有关。当叶处于光照逐渐减弱的条件下，光合作用同化的 $CO_2$量渐少并与呼吸作用释放的 $CO_2$逐渐接近，最后当光合作用同化 $CO_2$量等于呼吸作用释放的 $CO_2$量时，光合强度测定值等于零，这时的光照强度称光补偿点。植株处于光补偿点时，有机物的形成和消耗相等，此时不能积累干物质夜间还要消耗干物质。因此，从全天来看，植株所需的最低光照强度，必须高于光补偿点植物才能正常生长。甘蔗属喜光作物，其光补偿点在全光照的 3%～5%，比耐阴植物高（耐阴植物光补偿点在全光照的 1%以下）。当光照强度高于光补偿点并逐渐增强时，光合强度是明显上升的，但当光强增加到一定数值时，继续提高光强度也不能使光合强度增强，这种现象称为光饱和，出现光饱和时的光照强度称为光饱和点。水稻、大豆等 $C_3$植物的光饱和点比甘蔗、玉米低得多。大量田间测定表明，甘蔗处于旺盛生长时期（6—8 月间），群体处于 80 000～100 000 lx 光强度下，也未出现光饱和现象，这说明甘蔗是典型的喜光作物，具有光能利用率较高的生理本质。从图 6－26 看出，在光强度低于 20 000 lx 条件下，甘蔗的光合强度与水稻、小麦相比，并未显示优势，其原因与 $C_4$植物的气孔张开需较高光强有关，通常 $C_3$植物在较弱光强度下（1/5 全光照），即可促使气孔部分张开，能够基本保证外界 $CO_2$进入叶内，而 $C_4$植物（甘蔗、玉米等）要在较强光照下（约 1/2 全光照）才张开气孔。另一方面，$C_4$植物同化 $CO_2$生成碳水化合物耗能较多，甘蔗在光下每同化 1 个分子 $CO_2$，要比 $C_3$植物多消耗 2 个分子 ATP，即多消耗 6.11 万～10.04 万 J 能量，而 ATP 由叶绿体吸收光能转变形成，弱光不利于

ATP形成，只有在较强光照下，加快ATP形成，才利于$CO_2$的同化。据此，在生产上，应考虑到甘蔗在强光下才能发挥高光效率的特点，采用种植密度或进行间套作，都不要使植株过于荫蔽（轻工业部甘蔗糖业科学研究所、广东省农业科学院主编，1985）。

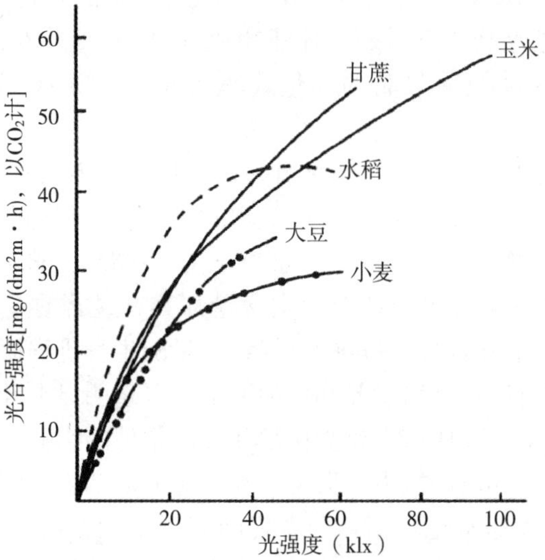


图6-26　不同作物在不同光强度下的光合作用强度

**2. 二氧化碳**　$CO_2$是光合作用的原料，对光合强度影响很大。空气中的$CO_2$占空气体积的0.03%～0.033%。这个浓度低于甘蔗光合作用的需求。甘蔗处于43 000 lx和25℃条件下，环境中的$CO_2$浓度增加，光合作用增强，当$CO_2$浓度达0.06%时，则出现饱和现象。但当环境中的$CO_2$逐渐降低，一旦出现光合同化的$CO_2$量与呼吸释放的$CO_2$量相等时，这时外界的$CO_2$浓度称为$CO_2$补偿点。甘蔗的$CO_2$补偿点为5 mg/L以下，$C_3$植物为30～70 mg/L。甘蔗的$CO_2$补偿点低于$C_3$植物，表明它对环境中二氧化碳的利用更有效率。在大田条件下，土壤中释放的$CO_2$也能作为甘蔗光合作用的碳源，每天每平方米的旱地可释放$CO_2$ 1.5 g以上，通常排灌良好并增施了有机肥料的土地由于微生物活动频繁，放出较多的$CO_2$。因此，在增施有机肥的高产蔗田，由于土壤放出的$CO_2$较多，常使叶层的二氧化碳浓度达0.04%～0.05%，有利于蔗株进行光合作用。蔗株利用土壤放出的$CO_2$进行光合作用，约占植株光合总同化量的9%～10%。所以，蔗田增施有机肥料，可增加$CO_2$供应，提高光合作用。

**3. 温度**　光合过程中的暗反应，是在多种酶类催化下进行的。由于这些酶的活性对温度敏感，故温度对光合强度的影响很大。一般而言，甘蔗处于光照、水分和二氧化碳供应良好的条件下，若温度低于10℃或超过34℃，光合强度明显下降。在10～34℃范围内，光合作用随温度升高增强，以30℃左右的光合强度最高最持久。但气温与根际温度对蔗株光合的影响效应不同，生长期中气温为23.9℃的处理，其光合强度比18.3℃处理高；根际温度以21℃至23℃为好（Alexander，1973）。这是由植株地上和地下部分各种生化反应对温度有不同的适应和要求所致。唐仕云等（2018）对不同抗寒性的甘蔗品种进行转录组学分析，发现抗寒性强的桂糖08-1180在DNA整合、RNA聚合酶、ADP结合及代谢酶中富集较多，而抗寒性弱的ROC22在有机化合物的合成、运输和转运蛋白活性相关的条目富集得较多。低温胁迫处理降低甘蔗叶绿素含量和光合速率，显著降低了各基因型甘蔗最大光化学效率（Fv/Fm）、PS Ⅱ实际光能转化效率（ΦPS Ⅱ）、光适应下PS Ⅱ反应中心的最大光能转化效率（Fv′/Fm′）、光化学猝灭系数（qP）、电子传递速率（ETR）。

**4. 水分** 土壤含水量对光合强度有明显影响。当甘蔗处于5个干旱周期中时，光合强度随土壤的含水百分率下降而减弱（Alexander，1973）。水分不足影响光合强度的主要原因是由于叶片含水量低，气孔关闭，阻碍$CO_2$扩散进入叶内。同时，叶片淀粉水解加强，光合产物输出缓慢，叶中积累较多可溶性碳水化合物也不利于光合作用进行。当蔗株处于永久萎蔫状态时，其光合强度比处于正常条件下的植株下降87%，虽然在灌水后数小时内叶片可恢复到膨胀状态，但内部不良的生理效应很难迅速消除，使得植株在5 d之内仍未能达到原来的光合强度（Alexander，1973）。因此，在生产上应尽量不使甘蔗受旱，才能保证光合作用正常进行。

根外溶液的水势对光合强度也有影响。Yang et al.（2001）研究指出，不同甘蔗品种光合同化效率和气体交换率的高低与其叶片$\Psi_w$密切相关，叶片$\Psi_w$较高的甘蔗品种光合同化效率和气体交换率也较高。溶液培养试验（Alexander，1973）指出，当营养液水势过低时，根系吸收水分被阻碍，叶片含水量减少，易导致气孔关闭和其他不良生理效应的发生，使得光合强度降低。据此，生产实践中应加强水分管理，保证水分供应，使土壤溶液的水势保持高于甘蔗根系的水势，这对蔗株光合作用十分重要。

**5. 矿质元素** 矿质元素对光合作用有直接或间接的影响。例如，氮、镁、铁、锰等元素是叶绿素生物合成所必需，铁、锰、氯、铜等是光合过程中氧化还原反应进行不能缺少的元素，钾、磷等参加碳水化合物代谢，缺乏时便影响糖类的转变和运输，从而间接影响光合作用。同时，磷还参与光合作用中间产物的转变和能量传递，对光合作用有很大影响。试验证明，在一定范围内，施氮肥多的处理，叶片含氮量较高，光合强度亦较高（Alexander，1973）。但值得注意的是，每公顷施纯氮336.26 kg的处理比施纯氮168.13 kg的处理用氮量多了一倍，而叶片含氮量和光合强度并没有倍增（Alexander，1973）。这表明，在一定范围内提高叶片含氮量，对增强光合有利，但两者不存在比例关系。Yang et al.（2001）也报道，不同甘蔗品种的光合速率与氮含量没有明显的相关关系。蔗株处于缺磷的条件下，叶片含磷量低，光合强度亦低（轻工业部甘蔗糖业科学研究所、广东省农业科学院，1985）。李进等（2019）报道，浓度为1 mmol/L的$PO_4^{3-}$处理对2个甘蔗品种的光合作用及生长较都有明显的促进作用，甘蔗品种ROC22在3个供磷水平下的光合作用和生长均优于YT00—236。Hartt（1970）报道，蔗叶的低含钾量与低的光合作用呈正相关，当甘蔗叶含钾量低于干重的0.4%左右时，光合作用明显受到抑制。由于钾在体内容易转移和被再利用，故在缺钾条件下，老叶的含钾量更少，其光合强度降低更为明显。Alexander（1973）指出，蔗叶的含钙量低也会降低光合强度。由于钙在体内不能被再利用，因而植株缺钙时，先在嫩叶出现缺素症，故嫩叶的光合强度下降最严重。此外，蔗株缺镁也使蔗叶叶绿素含量降低，并降低光合强度。季明德等（1992）报道，元素硅对甘蔗光合作用具有促进作用，当硅含量小于1.2%时，甘蔗的光合作用随着硅含量的增加而增加，而当硅含量大于1.2%，甘蔗的光合强度与硅的含量成反比，认为合理施用硅肥，使蔗叶中镁和锰元素的含量提高，叶绿素含量成倍增加，使甘蔗的光合作用强度同步增长，从而产生更多的有机物，为甘蔗的增产和增糖奠定了物质基础。某些微量元素供应不足时会阻碍根系对必要大量元素的吸收，使这些元素在叶片的含量降低，也不利于光合作用。例如缺铁和锰促使叶片含氮量减少，缺铜和氯会使叶片的磷、镁含量降低，导致光合强度减弱。

甘蔗的光合作用是甘蔗产量形成和糖分积累的基础，但外界环境因素和甘蔗自身的内部因子都会影响甘蔗的光合作用。因此，为了提高甘蔗的产量和蔗糖分，必须尽可能地满足甘蔗生长的合适条件。

## 第四节　甘蔗的营养需求特性

甘蔗作为一种高光效的$C_4$作物，光合强度大，生育期相对较长，大多需要生长10～12个月才能成熟。甘蔗的生长量大，生长期间需要大量的矿质营养元素。甘蔗对土壤的适应性比较广泛，以黏壤土、壤土、沙壤土较好。土壤pH在4.5～8.0都可生长，但以pH 6.5～7.5为适宜。土壤中最难满足甘蔗生长要求的元素是氮、磷、钾、钙。氮、磷、钾是甘蔗生长期间所必需的大量营养元素，甘蔗对三大元素吸收的量依次为钾＞氮＞磷。甘蔗生长需要的营养元素主要有碳、氢、氧、氮、磷、钾，此外，钙、镁、硅、锰、锌、钼、氯等。甘蔗一生对养分的需求量非常大，有研究表明，高产情况下每生产1 t甘蔗对各种养分的平均吸收量为：N 1.81 kg，$P_2O_5$ 0.36 kg，$K_2O$ 2.11 kg，CaO 0.91 kg，MgO 0.42 kg，S 0.50 kg，Fe 37.5 g，Mn 15.5 g，Zn 6.2 g，Cu 2.2 g，B 0.74 g（谢如林等，2010）。一般情况下甘蔗吸收大量元素氮、磷、钾的比例为N∶$P_2O_5$∶$K_2O$=1∶0.20∶1.16。因此，甘蔗栽培管理中只有保证其生长的营养需求肥料，才能保证甘蔗产量和品质。

甘蔗在不同的生长时期，对于营养的需求数量、种类存在着较大的差异。总的来说是“两头少中间多”，即苗期和成熟期少，伸长期多。甘蔗萌芽后，需要养分极少，仅依靠种苗本身所贮藏的各种养分就可进行生长，苗期所需肥量约占全生育期的1%左右；萌芽期到幼苗期是甘蔗的营养临界期，养分不能亏缺但需要的总量较少，对氮的需求量大而对钾、磷的需求量次之，需供给适量的肥料；进入到幼苗期之后，对于不同养分的需求量急剧增加，这一期间对于氮的需求量最大；进入到分蘖期之后，甘蔗的需肥量渐渐增加，对氮、钾、磷的吸收量约占全期的10%～20%。在甘蔗伸长期对于各营养的需求量达到最大，同时这一期间也是甘蔗肥效的最大效益期。进入伸长期后，植株迅速增长，根、叶大量增生和更新，对养分的需求量大到占整个生育期的50%以上，这个阶段正值高温多雨和强光照季节，甘蔗对光能和养分的利用率最高；转入成熟期后，养分的需要量渐减，但仍要吸收相当数量的养分，其中钾是甘蔗吸收量最大的元素，其作用也非常重要（Pettigrew，2008），转入成熟期后需肥量则明显下降，占20%～40%，吸收的氮量占30%～40%，磷量和钾量各占20%左右。

甘蔗对氮、磷和钾元素的吸收都有一个阶段性特点。氮素作为甘蔗生长必需且非常重要的元素之一，甘蔗苗期吸收氮的速率较慢，在甘蔗旺盛生长期结束前随着株龄的增加体内累积的氮不断增加，到旺盛生长期后植株体内的氮素累积达到了最高值。不同的生长期中，苗期、分蘖期和伸长期吸收的氮分别约占全期的5%、14%和81%（王秀林等，1994）。甘蔗对磷的吸收主要集中在前期和中期，在生长的前中期可以将全生育期所需的磷养分吸收在体内并贮藏起来，供植株以后生长所需。在甘蔗生长的各生育期中，植株在幼苗期、分蘖期和伸长期所吸收的磷分别占全期的6%、13%和81%。甘蔗对钾的吸收主要集中在前中期，但在生长前期的累积速度更快，其累积的高峰期更提前。甘蔗吸收到体内的钾不能长期稳定保存在植株中，随着株龄的增加，植株生长速度减慢，体内的含钾量会不断减少。甘蔗吸收钾最多的是伸长前中期，占了全期的77%，分蘖期和幼苗期分别占全生育期的16%和7%。进入成熟期后不再从外界吸收氮磷钾养分。在甘蔗栽培管理中，施肥时可根据这些特点，早施肥，在甘蔗伸长前期施完氮磷钾肥才能充分被甘蔗吸收利用。

甘蔗整个生育期氮素主要分布在根、茎、叶，且茎>叶>根。不同学者对氮素在植株中分配比例研究的结果不太相同，但总体差异不大。杨声澉（2008）的研究结果表明，氮素在甘蔗各部位的分布为根3.49%、茎61.31%、叶35.20%。Isa等（2006）的研究结果表明，氮素在甘蔗各部位的分布为根2%、茎53%、叶片45%。这可能与甘蔗品种、施肥时期和施肥量等因素有关。因此，在甘蔗的栽培管理中，要综合考虑甘蔗品种、施肥时期和需肥特性，进而发挥甘蔗的最大氮素利用效率。

需要指出的是甘蔗是喜钾作物，增施钾肥具有明显的增产效果，且可促进甘蔗成熟、提高蔗糖分，显著提高甘蔗对氮磷的吸收利用率，促进氮磷钾在甘蔗体内的合理分配，为甘蔗高产打下良好的基础（黄莹等，2013）。据研究，甘蔗生长前期株龄小，保持高水平叶鞘钾的含量，而接近收获时保持较低水平的叶鞘钾含量和蔗汁中钾的含量，是提高甘蔗产量和蔗糖回收率的必要条件之一。甘蔗生长前期需肥迫切，对缺乏矿质营养最为敏感，在甘蔗生长早期，满足甘蔗生长的三要素营养，使甘蔗生长壮旺，可为优质高产打下良好基础，因此钾肥宜早施。

甘蔗也是喜硅作物，硅对甘蔗的生长和糖分积累也有重要作用。有研究报道，施硅甘蔗比不施对照增产16 935 $kg/hm^2$，增长幅度19.7%，蔗糖分平均提高0.49个百分点（宋春生，1999）。施用硅肥可提高甘蔗质量和产量，同时增强甘蔗的抗病性（肖尚华等，2012）。施硅肥能增加甘蔗的产量，但对蔗汁糖分没有影响，硅肥可增强甘蔗的抗逆性，表现在提高叶片的含水量和水势，降低叶片组织的质膜透性，增加叶片的多酚含量，增加过氧化物酶活性，增强干旱条件下抗氧化酶的稳定性。施硅肥可改善甘蔗的光合性状和生化指标，提高叶片的叶绿素含量和光合产物输出，延长叶片的功能期，增加株高和茎径（曾宪录等，2005）。

甘蔗作为生长周期长、生长量高的$C_4$作物，在生长管理中，应根据甘蔗的营养需求特性，同时要考虑不同甘蔗品种的差异、同一甘蔗品种不同生育时期需肥特点及肥料形态特点等因素合理施肥，发挥其的最大肥效。高产栽培施肥应根据“营养与生长需求结合、有机肥与无机肥结合、长效肥与速效肥相结合”的原则进行。

# 第五节　甘蔗的生物固氮特性

## 一、生物固氮

在自然界中，某些微生物将空气中的氮气（$N_2$）还原成氨（$NH_3$），为植物或微生物生长发育提供氮源，这种现象称为生物固氮（Biological Nitrogen Fixation）。根据固氮微生物分为自生固氮微生物、共生固氮微生物和联合固氮微生物，生物固氮可划分为自生固氮、共生固氮和联合固氮，相应的生物固氮作用就有自生固氮作用、共生固氮作用（豆科作物等）及联合固氮作用。与施用化学氮肥相比，生物固氮不消耗非再生能源，固氮产物可直接提供给植物利用，且不易通过挥发、反硝化、淋溶损失而引起农业环境污染。可见，充分发掘和利用农业生态系统中的生物固氮潜能对农业发展的意义重大，自从可持续农业发展战略提出以后，生物固氮的研究受到极大的重视。

## 二、甘蔗的生物固氮

### （一）甘蔗固氮微生物

自 20 世纪 50—60 年代，Döbereiner 实验室于 1958 年首次从热带甘蔗的根际分离到固氮细菌，证实了甘蔗存在生物固氮潜能。1988 年 Döbereiner 和他的同事再次从甘蔗植物组织内部发现并分离出固氮菌，该菌株具有非常高的固氮活性，首次命名为醋酸固氮菌 *Acetobacter diazotrophicus*，之后又被重命名为葡糖酸醋酸杆菌 *Gluconacetobacter diazotrophicus*（Gillis et al.，1989；Yamada et al.，1997）。在 Döbereiner 引领下，巴西研究人员从甘蔗根际分离得到多种固氮细菌，开创了非豆科植物联合固氮的研究。随后，各国学者都从甘蔗体内分离获得多个不同种类的固氮菌。甘蔗的生物固氮作用是联合固氮，目前国外报道的固氮效率较高的甘蔗内生固氮菌主要有 *Gluconacetobacter diazotrophicus*、*Herbaspirillum seropedicae*、*Herbaspirullum rubrisubalbicans* 和 *Burkholderia* sp. 等（Boddey et al.，2003）。

我国的甘蔗联合固氮研究也取得了非常大的进步。从甘蔗的根、茎、叶及根际土壤分离筛选获得大量具有联合固氮潜力的微生物，并从菌株的培养性状、菌体形态、生理生化特性以及 16S rDNA 序列比对分析对所获得固氮菌进行了分类鉴定，迄今已证明目前从广西甘蔗不同部位分离获得的甘蔗联合固氮菌在分类上主要属于厚壁菌门（Firmicutes）、拟杆菌门（Bacteroidetes）、放线菌门（Actinobacteria）和变形菌门（Proteobacteria）4 大类群；所有菌株在种属分类上主要归属于芽孢杆菌属（*Bacillus* sp.）、类芽孢杆菌属（*Paenibacillus* sp.）、假单胞菌属（*Pseudomonas* sp.）、土壤杆菌属（*Agrobacterium* sp.）、微杆菌属（*Microbacterium* sp.）、诺卡氏菌属（*Nocardioides* sp.）、鞘氨醇单胞菌属（*Sphingomonas* sp.）、根瘤菌属（*Rhizobium* sp.）、泛菌属（*Pantoea* sp.）、分枝杆菌属（*Mycobacterium* sp.）、肠杆菌属（*Enterobacter* sp.）、伯克霍尔氏菌属（*Burkholderia* sp.）、短小杆菌属（*Curtobacterium* sp.）、克雷伯氏菌属（*Klebsiella* sp.）、草螺菌属（*Herbaspirillum* sp.）、莫拉克斯氏菌属（*Moraxella* sp.）、红球菌属

（*Rhodococcus* sp.）、小单胞菌属（*Promicromonospora* sp.）等40多个属，并且还有多个属为首次分离报道，如 *Nocardioides* 和 *Rhodococcus* 等多个菌属为首次从甘蔗组织中分离获得的内生固氮菌（林丽等，2015）。

许多联合固氮菌，除具有固氮作用外，同时还具有合成分泌嗜铁素和IAA、溶解无机磷和分解ACC等促植物生长特性。如DX120E是从甘蔗内分离的具有高固氮酶活性的内生菌，同时具有多种促生特性（林丽，2011；魏春燕，2016）。从甘蔗根部分离获得的成团泛菌属的固氮菌XD20，其固氮酶活性高达3187.8 nmol $C_2H_4$/（mL·h），分泌IAA的数值为36.71μg/mL（毛莲英等，2019）。从甘蔗体内分离的放线菌属的固氮菌WZ020，也同时具有多个促生长特性，具有较好的应用潜能（王震，2020）。

## （二）甘蔗固氮微生物的检测

**1. 16S rDNA 鉴定** 由于细菌的16S rRNA序列高度保守，可利用其保守区域设计特异引物，用于鉴定分离细菌的属地位。常用的分离步骤是采用合适的选择无氮培养基，分离不同部位固氮菌，对获得的固氮菌多次纯化培养获得纯化的菌株，提取其DNA，进行16S rDNA基因序列的扩增与系统发育分析。

**2. *nifH* 基因的 PCR 检测** 以细菌DNA为模板，用Poly等（2001）设计的通用引物PolyF/PolyR扩增固氮酶 *nifH* 基因片段，然后进行系统发育分析。甘蔗体内的固氮菌，也可直接采用RT-PCR技术对固氮酶 *nifH* 基因进行扩增，获得片段经测序和比对分析进行鉴定（彩图6-4）。

**3. Western blot 检测甘蔗组织中固氮酶表达** 用Western blot方法检测甘蔗品种不同部位固氮酶的表达情况。如图6-27显示就是检测大田叶片中是否有固氮菌表达nifH蛋白。在三个甘蔗品种中均可检测到nifH蛋白的表达，表明大田种植的甘蔗，无论是施氮还是不施氮，在甘蔗叶片中均有固氮菌存在并可表达nifH蛋白。

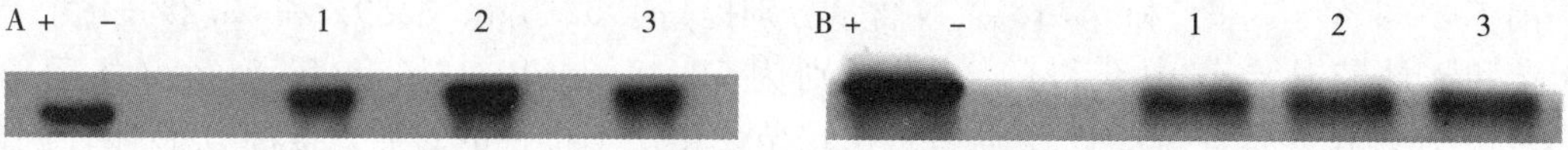


图6-27 不同甘蔗品种甘蔗叶片 *nifH* 蛋白检测

**4. 乙炔还原法测定固氮酶活性** 乙炔还原法始于20世纪60年代，其原理是根据固氮酶具有还原分子氮或利用其他底物的能力，使乙炔还原为乙烯，结果以生成乙烯的量的大小表示固氮能力的大小。该方法灵敏度高，操作较简单，速度快，费用较低，可快速确认固氮作用的存在与否，并通过还原乙炔活性的强弱，推算出植物与固氮菌联合体的固氮量。该方法适应范围广，可以离体，也可以整株活体连续测定或原位测定。用乙炔还原法测定钼对不同甘蔗品种不同部位的固氮酶影响的结果表明，较低浓度钼处理提高了两个甘蔗品种根的固氮酶活性，高浓度钼处理则利于提高茎及叶片的固氮酶活性，加施低浓度的钼能显著提高甘蔗叶光合速率，根和茎内固氮酶活性（韦莉萍等，2007a，2007b）。固氮菌A01处理甘蔗后，可以提高甘蔗GT24、F172、GT9和GT24等4个甘蔗品种的节间、叶片和根系固氮酶活性（韦莉萍等，2016）。甘蔗品种B1、B8、ROC22和ROC16接种固氮菌R16SH后，发现几个品种各器官的固氮酶活性均在伸长初期或伸长盛期达到高峰，且以根和茎较高，叶、叶鞘次之，B1、B8根的接菌效果最佳，其固氮酶活性分别比对照提高13.22%和12.42%，而B1和ROC16茎的固氮酶活性分别比对照提高12.19%和12.02%，叶片提高了8%～9%，叶鞘的固氮酶活性变化最小。甘蔗的固氮酶活性在品种、器官及生长期间均存在明显差异，接种固氮菌能不同程度提高各品种器官的固氮酶活性，且各品种根、茎以及B1和B8的叶片固氮酶活性显著或极显著地增加；巴西固氮甘蔗品种表现出比广西主栽甘蔗品种更强的固氮酶活性，且对接种固氮菌反应更敏感（林丽等，2008）。用无氮培养基诱导的固氮酶活性在甘蔗不同器官组织和不同生长时期会有变化，一般在根和茎内活性高，在伸长期活性高（桂意云等，2007；林丽等，2008）；在低氮条件下生长的甘蔗组织中检测到固氮酶活性强度显著高于在高氮条件，从巴西引进品种的组织中检测到的固氮酶活性显著高于广西主栽品种新台糖22号各组织的固氮酶活性（王伦旺等，2007；林丽等，2008）。

**5. $^{15}$N同位素稀释法检测固氮量** $^{15}$N稀释法是评价固氮微生物是否发挥生物固氮作用的另一重要方法。该方法的原理是将固氮系统暴露在$^{15}$N中一段时间，如果在该系统中发现了$^{15}NH_3$或其衍生物，则可判定发生了固氮作用。或者是将固氮植物和非固氮植物（作为参考植物）共同种植于施用相同量$^{15}$N标记肥料的土壤中，如果两种植物从土壤和肥料中吸收相同比例的N素，在没有其他N素来源的情况下，两种植物体内应有相同的$^{15}N/^{14}N$组成。当植物固氮时，由于利用了空气中没有标记的氮素，植物体内$^{15}$N浓度将被稀释，$^{15}N/^{14}N$比例下降，而参考植物的比例不会发生变化，从空气中固定的N素占植物全部N素的比例（%Ndfa）可通过公式计算%Ndfa＝（1－%NdfF/%NdfNF）×100（式中：%NdfF为固氮植物体内$^{15}$N原子百分超，%NdfNF为非固氮植物体内$^{15}$N原子百分超）（陈明等，1997；姚拓等，2004）。

通过$^{15}$N稀释法证明甘蔗植株可通过生物固氮从空气中获得部分氮素。用固氮菌株CZGRD1接种处理新台糖22号甘蔗组培苗，处理的根、地上苗和整株的干重分别比对照提高了51.3%、58.9%和55.1%，N含量分别提高了52.5%、33.9%和43.2%。根、地上苗和整株苗从空气中获得的N素分别为10.48%、10.13%和10.31%（林丽等，2014）。SA2菌株接种新台糖22号甘蔗组培苗，相比不接种的对照，接种SA2使甘蔗苗更高大，根系更发达，使根、地上苗和整株的干重分别提高了52.6%、42.6%和46.8%，N含量分别显著提高了43.8%、48.0%和45.9%，根、地上苗和整株苗从空气中获得的N素分别为10.77%，7.66%和9.41%（林丽等，2008）。利用$^{15}$N同位素稀释法，研究接种固氮菌*Klebsiella* L03对甘蔗品种B8和ROC22的生物固氮的影响结果表明，甘蔗品种B8的固氮百分率最高为31.28% Ndfa，从苗期开始就显著高于ROC22，分蘖期和伸长初期的固氮量和固氮百分率与ROC22相比差异达到极显著水平；B8和ROC22的根、茎、叶都可发生固氮，以伸长初期（60 d）叶片中的固氮能力最强；接种L03能显著提高B8和ROC22各器官的含氮量，其中对ROC22叶片和B8茎的含氮量提高作用最明显；不同甘蔗品种、相同品种的不同器官甚至相同器官的不同生长时期固氮作用有很大差异（罗霆，2010）。在接种两种不同的固氮菌后，两个甘蔗品种根、地上部和总植株的$^{15}$N原子百分超均显著性低于不接种对照甘蔗的$^{15}$N原子百分超，说明甘蔗组培苗在接种固氮菌后能够比不接种对照的甘蔗组培苗更好地利用空气中的氮。甘蔗接种固氮菌DX120E后，两个甘蔗品种B8和GT21的固氮百分率和固氮量均显著高于接种固氮菌PAL5。在接种固氮菌 DX120E 后，B8 品种的根、地上部和总植株的固氮百分率分别是接种固氮菌 PAL5 后的 1.8 倍、2.6 倍和 2.3 倍，固氮量则分别是接种固氮菌 PAL5 后的 1.7 倍、2.7 倍和 2.4 倍。接种固氮菌 DX120E 后，GT21 品种的固氮百分率分别是接种固氮菌 PAL5 后的 1.9 倍、2.1 倍和 2.1 倍，固氮量则分别是接种固氮菌 PAL5 后的 1.3 倍、2.3 倍和 2.2 倍。品种 B8 和 GT21 接种两种不同的固氮菌后，甘蔗的根、茎和叶均能够进行固氮作用。与接种固氮菌 PAL5 相比，两个甘蔗品种均表现出接种固氮菌 DX120E 后具有更强的固氮能力。B8 接种固氮菌 DX120E 后植株的固氮百分率和固氮量比接种固氮菌 PAL5 分别高 37.3%和 7.7%，GT21 接种固氮菌 DX120E 后植株的固氮百分率和固氮量分别是接种固氮菌 PAL5 后的 4.2 倍和 3.3 倍（魏春燕等，2015）。

### （三）固氮菌株在甘蔗定殖的内生特性鉴定

目前检测固氮菌在甘蔗体内定殖的方法较多，将菌株标记后进行荧光显微镜观察或者激光共聚焦观察是常用的方法。多项研究表明，内生固氮菌在由甘蔗的根部入侵后，可从甘蔗根部上升迁移到叶鞘和叶，并能在各组织中定殖。林丽等（2015）构建了载有 *gfp* 报告基因的 SA2 菌株，将标记菌株接种甘蔗组培苗，接种后 1～4 d，用荧光显微镜观察标记细菌在甘蔗苗根部的定殖状况，用激光扫描共聚焦显微镜对细菌定殖位点进行活体无损伤的光学扫描成像，发现标记菌株能从根表面有侧根伸出和没有侧根伸出的位点侵入根皮层组织内，在根皮层细胞间隙定殖，少量细菌还能进入根毛内。魏春燕等（2015）报道，将携带 GFP 标记的菌株 DX120E，在接种 $10^8$CFU/mL 菌液后 1 d，标记菌株在根毛附近大量聚集（彩图 6 - 5B），接菌后 2 d 在主根边缘及主根与次生根连接处大量聚集并从细胞裂隙侵入根内（彩图 6 - 5C、D、F），同时也可从侧根断裂处伤口聚集并侵入根内（彩图 6 - 5E）。接种后 15 d，标记菌株在根表皮细胞的细胞间隙中定殖（彩图 6 - 5I），同时也在根边缘细胞和根表皮细胞内定殖并充满整个细胞（彩图 6 - 5D、H）。接菌后 15 d，观察叶片横切面发现标记菌株能在叶片的维管束鞘细胞及叶肉细胞内定殖（彩图 6 - 5K、L）。在对照的根和叶片横切面中，均未观察到标记菌株（彩图 6 - 5A、J）。这说明固氮菌 DX120E 在两个甘蔗品种组培苗的根和叶内都可以定殖，且定殖模式相似。

标记菌株 ML03 在接种甘蔗组培苗 1 d 后，在根毛区观察到 ML03 从根冠及根毛侧面入侵植株（彩图 6 - 6A）；2 d 后在根内定殖（彩图 6 - 6B），同时定殖于根细胞间隙（彩图 6 - 6C）；4 d 后大量定殖于根中柱外围，部分进入根中柱（彩图 6 - 6D）。ML03 能定殖于 ROC22 组培苗的根、茎、叶以及叶鞘组织的胞内和胞间。在接菌后 8 d，ML03 侵染到 ROC22 组培苗全株（罗霆，2010）。

## 三、影响甘蔗联合固氮的因子

**1. 能源** 固氮作用是一个耗能的过程，由于联合固氮菌与植物的关系比较松散，因此一般认为能源是联合固氮的主要限制因子。植物的光合强度影响根际固氮细菌的固氮活性，在植物的生长旺期，约有 1/3 的光合产物以根系分泌物和脱落酸的形式进入土壤，这些含碳化合物可成为联合固氮细菌的能源，有些根际固氮细菌消耗的碳源约占光合产物的 25%～37%（尤崇杓等，1987）。可见，若能解决能源与固氮之间的矛盾，生物固氮必将发挥巨大的作用。

**2. 氧气浓度** 固氮酶对氧气极为敏感，在固氮生物细胞内有不同的氧保护结构，所以在较高氧分压下仍能固氮。但当细胞内氧浓度超过固氮微生物的承受能力时，氧就对固氮酶造成不可逆转的损伤。不同的微生物对氧气的敏感性不同，如醋酸杆菌的固氮酶乙炔还原活性的最适氧浓度为 0.2 kPa，但当氧浓度是 6 kPa 时仍可固氮（James et al.，1994）。菌株 *Azospirillum brasilense* 和 *Azospirillum lipoferum*，当环境中的氧分压为 2 kPa，固氮酶的活性完全被抑制（Hartmann et al.，1987）。*Azospirilluma amazonens* 和 *Herbaspirillum seropedicaer*，当氧浓度是 2 kPa 时仍有较高的固氮酶活性，当氧浓度增加到 4 kPa 时，其固氮酶活性完全被抑制（Fu et al.，1989）。菌株 *Bacillus polymyx* 较不耐氧，当氧浓度是 0.3 kPa 时，其固氮酶活性就完全被抑制（Hartmann et al.，1991）。

**3. 甘蔗品种和土壤肥力** 不同的甘蔗品种的联合固氮作用不同，B8 品种的联合固氮作用强于 ROC22（魏春燕，2015）。固氮菌接种处理甘蔗会随着甘蔗品种不同和土壤含氮量的不同而有一定差异（Oliveira et al.，2003；Oliveira et al.，2002）。Muthukumarasamy 等（2006）用 *G. diazotrophicus* 和 *Herbaspirillum* 属菌混合接种甘蔗组培苗的研究表明，混合接种比单独接种对甘蔗的促进效应更明显，不施氮和施半量氮（140 kg/hm$^2$）接种处理的甘蔗生物量和含氮量高于施全氮却没有接种的生物量。不同内生固氮菌对氮肥的响应和固氮作用的影响也不同，施高量氮肥会显著抑制 *G. diazotrophicus* 在甘蔗内定殖（Fuentes-Ramrez et al.，1999；Muthukumarasamy et al.，1999），却对 *Herbaspirillum* 属固氮菌在甘蔗上的定殖影响不大（Muthukumarasamy et al.，1999）。种植在低氮土壤的甘蔗，生物固氮效率要高于种植在中肥力和高肥力土壤中的甘蔗；在比较贫瘠的土壤中的植物，生物固氮的能力更强。不同甘蔗品种固氮特性差异更大（Oliveira et al.，2003）。不同土壤条件下的甘蔗内生固氮菌的种类和数量都存在显著差异，来源于水稻土的甘蔗内生固氮菌物种丰度最大，菌株个体数量最多。土壤氮素含量是影响联合固氮的主要因子，高水平外源氮不利于生物固氮能力的提高，过多的氮肥施用会降低生物固氮的效果，产生“氮阻遏”效应（胡春锦等，2017）。

**4. 生长季节** 禾谷类作物与微生物的联合固氮是联合固氮研究的重要分支，不同的作物在不同的生育期的固氮能力不同。如玉米的两个固氮活性高峰期分别是吐丝期和灌浆期；高粱的最高固氮活性在开花期，开始灌浆时固氮活性降低；水稻的最高固氮活性在抽穗阶段，然后迅速降低。各种植物根系的固氮活性在一天不同时间也不同。高粱、羊草和玉米的第一个固氮活性高峰出现在中午，第二个高峰在晚上。甘蔗茎和根际的固氮酶活性各个生长季节不同，前期较低，分蘖期开始后不断上升，夏季达到最高，秋季则急剧下降，这种变化可能与甘蔗的 N 营养元素的需求规律、土壤含水量有关（Balandreao et al.，1975）。甘蔗在伸长盛期的固氮酶表达量要高于成熟期（顾彩彩等，2016）。甘蔗体内固氮菌的固氮效率和甘蔗的种植地点有很大关系，种植地点不同甘蔗体内固氮菌的种类也不同（Yoneyama et al.，1997）。

**5. 温度和光强** 温度也影响植物的联合固氮作用，气温和土温是影响植物根际固氮的两个方面，气温对固氮的影响主要通过影响植物光合产物的运输和光合作用，而土温对固氮的影响主要是影响菌株的生长，进而影响其固氮能力。无论是实验室还是田间实验都表明，植物吸收光能与固氮活性呈线性关系，土壤温度影响固氮菌的发育，甘蔗固氮螺菌的最佳温度为 32～40℃，低于 18℃时，则对温度较敏感（Balandrean et al.，1973）。

## 四、甘蔗联合固氮菌对甘蔗的促生长效应

### （一）促进甘蔗生长和提高其生物量

固氮菌 XD20 处理能显著促进甘蔗的生长，各品种处理与对照差异都可达到显著水平。品种 B8 的株高在接菌后 60 d、90 d 和 120 d 时分别比对照显著增加了 47.2%、60.9%和 21.5%，品种 ROC22 的株高在接菌后 60 d、90 d 和 120 d 分别比对照显著增加了 64.2%、22.8%和 20.1%，品种 GT40 的株高在接菌后 60 d、90 d 和 120 d 分别比对照显著增加了 36.3%、30%和 9.7%。接种内生固氮菌对甘蔗地上部、地下部生物量积累的促进作用均达到显著水平。接种内生固氮菌 XD20 对甘蔗品种 B8 的促生效果要明显优于品种 ROCC 和 GT40（毛连英，2019）。接种固氮菌 DX120E 提高了甘蔗植株生物量。其中，品种 B8 组培苗的干重在接种后 60 d、90 d、140 d 和 300 d 分别比对照增加了 49.6%、98.6%、80.4%和 56.5%，而品种 GT21 的植株干重分别比对照增加了 55.3%、50.1%、51.6%和 29.8%。品种 B8 植株的根、茎、叶和植株总干质量分别比对照增加了 52.1%、181.0%、48.2%和 80.4%，而 GT21 植株的根、茎、叶和植株总干质量则分别比对照增加了 42.2%、78.6%、44.9%和 51.6%。但就两个甘蔗品种的对照而言，GT21 的根、茎、叶和植株总干质量均高于 B8，而 B8 接种处理干物质量则显著高于 GT21，可见其对 B8 的生长促进作用更明显（魏春燕，2015）。

### （二）联合固氮菌可提高甘蔗植株的相关生理生化活性

接菌处理能提高甘蔗组培苗的光合作用和叶绿素含量，但对不同的甘蔗品种的促进效果不同，固氮菌 DX120E 对桂糖 21 的促进效果更明显。接菌处理能显著提高两个甘蔗品种组培苗叶片的硝酸还原酶（NR）活性，其中 GT21 在接菌后 60 d、90 d 和 120 d，叶片的 NR 活性分别提高了 11.3%、16.0%和 13.4%，品种 B8 则分别提高了 14.7%、48.2%和 67.9%。固氮菌 DX120E 接种对品种 B8 的 NR 活性的提高明显优于品种 GT21。接菌处理在一定程度上有利于甘蔗组培苗积累硝态氮，品种 B8 在接菌后 90 d 和 120 d 的叶片硝态氮积累量比对照分别提高了 84.3%和 36.3%，而 GT21 则在接菌后 90 d 比对照提高了 55.2%。接菌处理能显著提高三个甘蔗品种叶片的 NR 活性，品种 B8 在接菌后 60 d、90 d 和 120 d，叶片 NR 活性分别提高 65%、9.8%和 77.2%；ROC22 在接菌后 60 d、90 d 和 120 d，NR 活性分别提高 6.9%、14.6%和 36.9%；GT40 在接菌后 60 d、90 d 和 120 d，NR 活性分别提高 44.2%、36.5%和 59.1%（毛连英，2019）。

固氮菌对甘蔗根系活力也有明显的促进作用。接菌处理的 B8 根系活力在不同时期分别提高了 20.0%、15.4%、5.2%、20.7%，接菌处理对提高 B8 根系活力的效果较明显；接种处理对两个甘蔗品种根系非可溶性糖含量都有所提高，以 ROC22 的效果较明显。接种固氮菌后，两个甘蔗品种根系蛋白质含量都有所提高，也以 ROC22 的提高幅度较明显。与对照相比，品种 B8 根系蛋白质含量在不同时期分别提高了 2.2%、1.5%、7.4%、1.4%，ROC22 根系蛋白质含量则分别提高了 0.7%、7.7%、37.5%和 23.0%（黄杏等，2009）。

### （三）固氮菌对甘蔗植株矿质元素含量的影响

有大量研究表明，固氮菌可以提高寄主的矿质元素含量。接种固氮菌 DX120E 能够在一定程度上促进两个甘蔗品种对矿质元素的吸收。植物根、茎、叶中的 N、P、K 含量在两个品种中的表现有所区别。接菌处理显著增加了两个甘蔗品种植株的 N、P、K 积累量。其中，品种 B8 接菌处理植株的 N、P、K 积累量在根中分别比对照增加了 56.1%、79.6%和 55.0%，茎中分别增加了 191.6%、193.6%和 213.4%，叶中分别增加了 51.6%、48.3%和59.7%，整个植株的总 N、P、K 积累量分别增加了 85.1%、86.7%和 97.8%；而 GT21 接菌处理植株的 N、P、K 积累量在根中则分别增加了 45.2%、54.5%和 54.6%，茎中分别增加了 69.1%、138.5%和 116.5%，叶中分别增加了 53.3%、52.1%和 55.8%，整个植株的总 N、P、K 积累量分别增加了 79.6%、68.8%和 67.4%。在固氮菌 DX120E 接种 140 d 后，两个品种均表现出茎中的矿质元素积累量的增加明显高于根和叶（魏春燕，2015）。固氮菌对 4 个甘蔗品种叶片铁、锰、铜、锌和镁含量也有一定影响，但各品种的影响效果不同（魏春燕，2015）。

### （四）联合固氮菌影响甘蔗植株内源激素含量

假单胞菌处理甘蔗，2 个品种甘蔗叶片 IAA 含量呈明显上升趋势，而 2 个品种之间 IAA 含量差别不大。品种 GT11 在菌株 CY4 处理 30～180 d 时 IAA 含量增幅为 1%～56%，在菌株 CN11 处理 30～180 d 时 IAA 含量增幅为 13%～56%；而品种 GXB9 在菌株 CY4 处理 30～180 d 时 IAA 含量增幅为 7%～27%，在菌株 CN11 处理 30～180 d 时 IAA 含量增幅为 11%～90%，差异显著。这说明接种假单胞菌提高了甘蔗内源 IAA 含量，菌株 CN11 处理的 IAA 含量要高于菌株 CY4 处理的（李海碧，2017）。菌株 CN11 处理的 GT11 甘蔗叶片 ABA 含量在 60～180 d 高于菌株 CY4 处理的，而在 GBX9 品种中的表现则相反，且达到显著水平。接种不同假单胞菌对 2 个品种甘蔗叶片中乙烯含量的影响各异，在接菌 30～60 d，处理组 2 个品种甘蔗叶片乙烯含量都低于对照组，而在 90～180 d 时，处理组 2 个品种甘蔗叶片乙烯含量都高于对照组（李海碧，2017）。成团泛菌 XD20 处理品种 B8，在接菌后 90 d 和 120 d，ABA 含量分别提高 37.3%和 21.5%；品种 ROC22 在接菌后 90 d 和 120 d，ABA 含量分别提高 31.8%和 10.4%；GT40 在接菌后 60 d、90 d 和 120 d，ABA 含量分别提高 17.4%和 21.8%（毛莲英，2019）。

## 五、甘蔗联合固氮展望

中国作为世界第三大甘蔗生产大国，甘蔗产业的可持续发展对我国糖业和国际影响力具有重要作用。甘蔗产业的可持续发展可以借鉴巴西经验，如减少化肥使用，筛选适用于低氮条件种植或氮高效利用且能联合固氮的甘蔗品种。充分考虑影响甘蔗生物固氮的因素，如不同甘蔗品种、土壤环境、土壤水分、氧气含量、根系分泌物等对固氮菌在根部的定殖影响，开展甘蔗与固氮菌互作的基础研究，从甘蔗品种、固氮菌种类及环境因子全方位了解三者之间的互作，以充分发挥甘蔗的联合生物固氮作用；创制新一代高效固氮微生物产品，研究高效固氮体系在甘蔗生产中的应用基础；利用甘蔗营养繁殖的特性，研究如何让接种菌株与甘蔗紧密联合成为核心功能菌群的方法和理论，以充分发挥甘蔗的生物联合固氮作用，最终建立高效甘蔗—微生物共生体，实现甘蔗高效固氮和氮素利用，促进甘蔗产业可持续发展。

## 第六节 甘蔗的蔗糖积累特性与工艺成熟

### 一、甘蔗的工艺成熟期

甘蔗生长进入成熟期，就开始了糖分积累。甘蔗工艺成熟期，是指蔗茎蔗糖分达到该品种固有的较高水平，全茎上、下节段蔗糖分比较一致，茎中还原糖含量最少的时期。当甘蔗进入工艺成熟期，一般蔗株叶面积较大，光合能力较强，光合产物较多，按照同侧就近运输原则，光合产物被输送到与该叶片相连茎节的节间薄壁细胞中。蔗糖的积累自下而上逐节提高，随时间的推移而上升，与叶片生长顺序一致。每个节段蔗糖积累越接近成熟期上升越快，但基部各节段上升较慢，上部各节段上升较快。到成熟期全茎各节段都上升较快，最终全茎各个节段的蔗糖分几乎相等，而蔗茎的还原糖、非糖有机质、水分等含量则刚好相反，随时间的增加和成熟进程而降低。工艺成熟期，蔗糖主要积累在蔗茎节间薄壁细胞的液泡中，就单个节间和单根甘蔗茎而言，蔗茎蔗糖积累是从基部先积累成熟，然后逐渐向中上部；在一丛甘蔗中，是主茎先成熟，顺序为一次分蘖、二次分蘖。

蔗茎是由下而上逐节成熟的，成熟时每个节间的蔗糖分随积累时间的增加而增加，越接近成熟期，蔗糖积累速度越快，至成熟时各节间的蔗糖分接近一致，蔗糖分达最高峰。蔗糖分和纯度从茎下部的 2/3 处向顶部逐渐下降，而非糖成分含量则逐渐增加。一般春植蔗在下种后 10 个月左右即开始进入成熟期，秋植蔗 14 个月左右进入成熟期。当蔗茎中蔗糖分达到最高峰后，保留时间长短受多种因素影响，能长时间维持高质量的品种可延长糖厂的压榨期。

### 二、影响甘蔗工艺成熟的因素

**1. 品种** 不同甘蔗品种的甘蔗因其血缘成分不同，蔗茎积累蔗糖的能力也不同。这可能与体内转化酶含量不同有关。割手密血缘多的品种，其茎薄壁细胞中含有较多的酸性转化酶，将蔗糖分解，因而积累蔗糖少；而热带种血缘多的品种，薄壁细胞中的酸性转化酶较少，中性转化酶较多，胞壁上的酸性转化酶处在被束缚状态，因此蔗茎中蔗糖积累较多。一般早、中、晚熟品种的成熟期依次延长。如新台糖 20 号、新台糖 25 号、新台糖 26 号等品种在早期的蔗糖分比新台糖 22 号、桂糖 11 号的高，而新台糖 26 号又比迟熟的新台糖 27 号高。

**2. 株龄** 蔗茎中的蔗糖分随株龄增加而提高，直到该品种的蔗糖分达到最高为止。达到该品种的最高蔗糖分后，随着株龄的增加，蔗茎中的蔗糖分又逐渐下降，出现过熟，但在我国常规生产条件下，一般没有过熟现象出现。一般秋植蔗比春植蔗成熟早，宿根蔗比新植蔗成熟早，冬植蔗比春植蔗成熟早；同一蔗蔸，主茎比分蘖成熟早，早生分蘖比迟生分蘖成熟早。在生产上，应尽量提早种植甘蔗，促进早生分蘖，延长甘蔗的生长期，以达到增产增糖的目的。

**3. 温度** 较低的温度和较大的昼夜温差能促进蔗糖在茎中积累，因为低温可以降低呼吸消耗。但低于 0℃可使植株出现冷害，不利于蔗糖积累。一般温度在 18℃以下（不低于 5℃），且昼夜温差在 10℃左右最有利于蔗糖分的积累。甘蔗剥叶可以增强蔗田通风透光性，增加田间的昼夜温差。在南方蔗区，一般进入秋季后，气温开始下降，昼夜温差开始增大，有利于甘蔗成熟。有研究表明，温度与甘蔗的成熟呈负相关关系。

**4. 水分** 许多试验表明，控制蔗田水分可以促进蔗糖分在蔗茎中的累积。一般在成熟期进行水分胁迫，可以促进甘蔗成熟，提高蔗茎中的蔗糖分，这可能是因为干旱使甘蔗生长缓慢，光合产物主要被运到蔗茎中转化为蔗糖并积累在蔗茎的薄壁细胞中造成的。生产上发现，遇到降水少的干旱年份，甘蔗成熟期蔗茎中的蔗糖分比正常年份高。不同地区的甘蔗蔗糖分不同的原因之一可能与气候的干燥程度有关，如云南的甘蔗蔗糖分高，与云南在甘蔗成熟期阳光充足、昼夜温差较大、空气干燥，甘蔗不易转入营养生长有直接关系。而珠江三角洲种植的甘蔗，2 月份蔗糖分达最高峰后就开始出现下降趋势。在严重干旱的条件下，植株生长受到严重影响，光合面积少，合成的光合产物少，而且蔗汁中的胶体较多，使制糖时澄清困难。若在成熟期水分充足，则蔗株体内与生长有关的酶如酸性转化酶等活性较高，使光合产物主要用于植株的生长，不利于蔗糖在蔗茎中积累。因此，在甘蔗成熟期可通过控制水分来促进甘蔗的成熟。一般在收获前 1 个月停止灌溉，使土壤水分下降。成熟期需水量占全生育期需水量的 5%～10%，一般保持土壤湿度为田间持水量的 60%～70%即可（杨丽涛等，2010）。

**5. 养分** 均衡的养分供应可使植株生长正常，蔗糖积累较多。不合理施肥，特别是施氮肥过多时可导致植株生长过旺，对蔗糖积累不利，同时会降低蔗汁品质，使蔗汁中氨基酸含量升高，影响制糖。在广西蔗区，一般在 7 月前停止施用氮肥，这对促进蔗糖积累有利。增施磷肥能促进成熟，提高早期糖分。甘蔗对钾的需求量大于氮、磷及其他矿物元素。钾能促进蔗糖向蔗茎运输，提高蔗茎蔗糖分。钾还能提高蔗汁重力纯度，改善蔗汁品质。因此，合理施肥，特别是注意施用钾肥，可以提高蔗茎蔗糖分。

**6. 病虫害** 螟虫是甘蔗生产中的一种最常见害虫，蔗茎受到螟虫为害后，不仅容易折断倒伏，而且茎中的贮藏组织遭到破坏，妨碍蔗糖的贮藏积累。蔗茎受伤后容易感染赤腐病，使蔗茎蔗糖分下降，蔗汁品质变坏。受甘蔗绵蚜为害后，蔗茎中的蔗糖分下降，严重时蔗汁不能煮成糖，而且使下一年的宿根发株能力变差。

**7. 倒伏** 倒伏后的蔗茎空心和蒲心节间增多，单茎重变轻。倒伏蔗茎上的芽和根点萌发生长大量消耗蔗糖，使茎中的蔗糖分下降。早期倒伏和严重倒伏对蔗茎产量和品质影响更大。施氮肥过多和土壤水分较多容易使甘蔗倒伏。控制后期的氮肥和水分供给，剥除枯叶以增加蔗田通风透光等方法可以加强蔗茎细胞壁木质化，增强蔗茎的抗倒伏能力。

**8. 土壤** 一般生长在灌溉良好的肥沃沙质壤土上的甘蔗比生长在低洼的土质黏重的土壤上的甘蔗蔗糖分高。土壤过酸、过碱以及盐分过高等对蔗糖在蔗茎中的积累不利。地势不同，甘蔗的成熟先后也不同，坡地、山地的甘蔗比坝地的甘蔗早熟。

## 三、甘蔗的糖分积累特性

甘蔗中的蔗糖最初是在叶片光合作用中合成，通过叶片维管束的韧皮部输送到蔗株的各个生长部位。但由叶片韧皮部运送来的蔗糖，不能直接进入节间薄壁细胞的液泡内，必须经过位于薄壁细胞外的细胞壁酸性转化酶（CIN，最适 pH 为 3.8）分解为葡萄糖和果糖，然后通过相应的机制通过细胞膜进入薄壁细胞细胞质。在细胞质内发生转化，形成二磷酸尿苷葡萄糖（UDPG）和磷酸果糖，之后在相关酶的催化下形成磷酸蔗糖，以磷酸蔗糖的形式进入液泡中。在液泡中，蔗糖在蔗茎中的积累受液泡中两种转化酶活性的调节，决定蔗糖是积累还是降解。一种是可溶性酸性转化酶（SAI），最适作用 pH 为 5.0～5.5，在此环境条件下，酸性转化酶催化活性强，中酸性转化酶催化活性受阻，蔗糖容易被酸性转化酶水解成葡萄糖和果糖，供甘蔗生长和各种代谢过程所用；另一种是中酸性转化酶（NI），最适作用 pH 为 7.0，此时酸性转化酶催化活性受阻，蔗糖不易被水解而被贮藏和积累起来。

对同一株不同节段的甘蔗而言，未成熟的茎段组织生长旺盛，是主要的生长库，液泡中的酸性转化酶活性强，从叶片运来的蔗糖，不断被分解，蔗茎薄壁组织中含糖量很低；而成熟茎段组织是主要的储藏库，液泡中的酸性转化酶活性弱，被活性强的中性转化酶取代，使液泡中的蔗糖不易被水解，蔗糖能够不断积累，组织中总含糖量增加。在甘蔗营养生长期，不同成熟度节间的酸性转化酶活性存在差异，与组织中内源激素的影响有关。生长素、赤霉素、细胞分裂素可以很好地稳定合成酸性转化酶所需的模板——mRNA，加快原来已经存在于细胞内的 mRNA 生成酸性转化酶的速率，从而促进甘蔗的生长（Gayler 和 Glasziou，1972），脱落酸和乙烯则有利于蔗糖分的合成和积累（Yao et al.，2002）。

蔗茎蔗糖的积累不仅与组织成熟度密切相关，还受品种特性、蔗糖代谢、株龄、温度、水分、矿质元素、倒伏、激素及其化学催熟剂等影响和调节（Cutler 和 Vlitos，1962）。研究表明，不同品种之间固有的较高蔗糖分存在差异，与甘蔗蔗糖代谢关键酶，如蔗糖合成酶（SS）、蔗糖磷酸合成酶（SPS）、酸性转化酶（SAI）和中性转化酶（NI）等活性有关（潘有强等，2007；Wang et al.，2013）。相关性和通径分析表明，甘蔗节间可溶性酸性转化酶和蔗糖磷酸合成酶是蔗糖含量贡献程度最大的两个酶，其中蔗糖含量与酸性转化酶（SAI）活性呈极显著负相关，与蔗糖磷酸合成酶活性呈显著正相关（潘有强等，2007）。降低 SAI 酶活性有利于蔗茎中蔗糖的积累，是调节蔗茎发育过程中不同节间蔗糖含量的关键酶（Sachdev et al.，2003；潘有强等，2007；Pan et al.，2009）。在工艺成熟期，适当地降低温度（在没有造成伤害的前提下），可不同程度降低组织细胞多种酶的活性，有利于蔗茎蔗糖的积累（牛俊奇等，2014；Alexander，1973）。在成熟前一个月适当控水，有利于蔗糖的积累，以第四至第五叶的叶鞘含水量从 82%逐渐减少至 74%时为最适收获期（Lakshmikantham，1983）。此时若降水量过大，水分较多，气温较高时，甘蔗合成较多的促进生长的激素（生长素、赤霉素、细胞分裂素），贮藏细胞液泡内酸性转化酶活性较高，使大量蔗糖被分解转化为还原糖，供蔗株生长和其他旺盛的代谢过程所用，蔗糖分下降，即出现所谓的“回糖”现象，不利于蔗糖的积累（Yao et al.，2002）。反之，降水量过少，水分过少，蔗株组织内合成较多抑制生长的激素（脱落酸和乙烯），加快绿叶的早熟和衰亡，阻碍光合作用的进行，对碳水化合物的合成与运输不利，从而降低甘蔗节间组织的蔗糖分。合理施用氮、磷、钾，有利于蔗糖积累，尤其是在生长中后期，重视增施钾肥，提高第八至第十节间的钾氮比，可降低工艺成熟期的还原糖分和水分，提高蔗糖分（轻工业部甘蔗糖业科学研究所等，1985）。在甘蔗生长后期，若受台风影响，蔗株出现大范围倒伏，将降低甘蔗叶片的光合能力，减少根系主动吸水和对磷钾肥吸收运输，导致体内各种激素含量异常，容易招病、虫、鼠害，从而不同程度地破坏“库—源”关系，使侧芽和气生根萌发，消耗体内营养，上中部节段增粗生长受阻，最终导致甘蔗蔗糖分下降。研究表明，在甘蔗生长后期，用乙烯利 400 mg/L 叶面喷施处理，可以显著提高甘蔗节间尤其是未成熟和正在成熟节间的乙烯释放量，提高甘蔗茎尖 ABA，降低生长素、赤霉素、细胞分裂素含量（Yao et al.，2002），与糖分积累效应基本一致（王爱勤等，2008）。因此，生产上可以通过选择高产、高糖、抗倒伏品种，深耕深松，合理施肥，生长后期适当控水、低温、利用化学催熟剂催熟等（Solomon et al.，2004），多措并举，促进蔗糖在成熟节间薄壁细胞的液泡中积累。

## 第七节　甘蔗的产量构成因素及产量形成

### 一、甘蔗的产量构成因素

甘蔗的收获对象是蔗茎，一般的甘蔗产量是以单位面积进行计算。因此，单位面积上蔗茎的多少以及每条蔗茎的重量决定着甘蔗产量的高低，而单茎重又取决于茎高与茎粗，所以甘蔗的产量构成因素主要是单位面积上的有效茎数、株高（茎长）和茎粗（茎径）。由于不同甘蔗品种的比重相差较小，约为 1.01～1.06，通常以 1.0 计。所以，甘蔗的理论产量可用下式计算：甘蔗茎产量（$kg/hm^2$）＝有效茎数（条/$hm^2$）×茎径（cm）×茎长（cm）×0.78×$10^{-3}$。式中 0.78 约等于 $\pi/4$；$10^{-3}$是密度为 1.0 时，以体积1 000 $cm^3$ 折算成 1 kg 重的换算系数。上式可用于甘蔗田间估测产量（陆中华，2002）。

有效茎数一般指收获时达到 1 m 以上的蔗茎，包括主茎和分蘖茎。一般主茎占总有效茎的 80%～90%，分蘖茎占总有效茎的 10%～20%。相关和通径分析表明，蔗茎产量对单位面积含糖量的贡献比锤度（糖分）大，每公顷有效茎数对蔗茎产量的贡献比单茎重大，茎径对单茎重的直接效应比株高大（李杨瑞，1986）。有效茎数对甘蔗产量的直接贡献最大，有效茎数的多少与种植密度、蔗芽萌发率、分蘖率和枯死茎率有关。甘蔗分蘖期是增加有效茎数最重要的时期。其次是茎径和锤度（糖分），再次是株高。最长节间长度、每株绿叶数和暴露节间数对产量的直接效应很小。由此认为在甘蔗育种中的选择策略应该是：把有效茎数的选择放在首位，重视茎径和锤度（糖分），注意合理协调这三者之间的关系，同时兼顾株高（李杨瑞，1986，1987）。

### 二、甘蔗的产糖量

对糖厂来说，单位面积产糖量比单位面积产量更加重要。甘蔗的蔗糖分会受到多种因素的影响，如气候、土壤、品种、栽培管理（如种植时间、施肥种类及用量、病虫害影响等）、原料蔗砍运榨管理等。以制糖为目的栽培甘蔗，单位面积的糖产量是由单位面积蔗产量和平均蔗糖分决定，蔗糖分的收回率也影响糖产量。不同甘蔗品种的蔗糖分差异较大，但比重相差较小，所以，理论上甘蔗的糖产量形成和计算可用下列公式表示：

糖产量（kg/hm）＝蔗产量（$kg/hm^2$）× 平均蔗糖分（%）× 收回率（%）

在选择高糖品种时，保证足够的有效茎数是甘蔗高产的关键。由于有效茎数与茎径呈负相关关系，在生产上常通过合理密植，使一定茎粗的品种获得尽可能多的有效茎数，以达到高产。茎粗与品种本身的特性关系较大，甘蔗每公顷有效茎数需根据品种、气候、栽培管理技术而定，通常细茎种大约10.5万条/$hm^2$，大茎种7.5万条/$hm^2$，中茎种介于其间（刁操铨，2000）；果蔗大茎品种通常每公顷有效茎数67 500条以上，中茎种在82 500条左右，而细茎种则应保持在105 000条左右（潘世明，1997）。

## 三、影响甘蔗产量的因素

**1. 甘蔗的种植密度**　甘蔗种植密度与其产量有着密切的关系。如种植过稀则有效茎数少，产量不高；过密则株弱茎细，分蘖率降低，死茎增多，蔗糖分低，单位面积产糖量也不高，因此需要合理密植。合理密植的原则是“依靠母茎，充分利用早期分蘖”。因为母茎和早期分蘖的成茎率高（分别占有效茎数的70%～80%和20%～30%），单茎重和蔗糖分高。下种量是合理密植的具体措施。下种量的多少要因气候、品种和栽培技术因地制宜确定。一般来说，气温高，水肥条件好的，下种量可少一些，反之则多一些；茎细、直立的品种可密一些，反之则稀些。

**2. 甘蔗群体与个体的协调**　一般的甘蔗产量是以单位面积计算的。协调好甘蔗个体和群体的关系，才能保证甘蔗的高产高效。当个体植株之间产生相互影响时，此时群体的生长就受个体生长的影响。随着个体幼苗的生长和分蘖的产生，群体的叶面积和苗数不断增加，与此同时，地上部由于叶面积不断增大，个体间互相遮阴，出现争光现象，并逐渐成为主要矛盾。甘蔗开始拔节伸长后，粗壮的个体生长快，细弱的个体生长慢，个体间的两极分化明显，出现了个体之间为生存空间、个体内部不同器官为养分的优先供应而产生竞争。处于下层的个体因被荫蔽而逐渐转黄枯死，没有独立生活能力的分蘖便会大量生理死亡，群体内的个体数便大大减少。因此，单位面积的个体数（条数）应合理。早种和下种密度大（下种量大和株行距窄）的甘蔗幼苗生长早，苗多，彼此间容易产生影响。因此，可通过早植、合理密植和补植等措施促进甘蔗生长，当苗数达到一定水平时，再通过增加田间叶面积指数，充分利用生长早期的温度、光照资源，维持较高的光合面积和通透性，增加苗数、叶面积指数和有效茎，以期获得最高的蔗茎产量。

# 第八节　甘蔗的化学成分

甘蔗的新鲜组织除含有大量水分之外，还含有种类繁多的有机化合物和矿物质（灰分）。甘蔗根、茎、叶和籽粒中的有机物，以纤维和糖分所占的比重较大。不同的甘蔗品种其化学成分也有差异。另外，土壤、气候、栽培措施和成熟程度等因素也会影响甘蔗的化学成分。各成分共同维持甘蔗的生命活动，主要成分的功能如下：水是细胞一切物质代谢的介质，水分不足，各种正常生理活动受到障碍，就会影响甘蔗的生长和产量。如果干旱严重缺水，甘蔗停止生长甚至枯死。不同基因型甘蔗叶含水量与早熟性密切相关，早熟基因型的在分蘖初期表现较高，而在以后的各个生长期中明显较低（李杨瑞，1989a）。蛋白质是细胞不可缺少的成分，没有蛋白质就不能形成细胞和各种酶，甘蔗就无法完成生长发育。在甘蔗幼苗中，不同基因型甘蔗叶的水溶性蛋白质含量有显著的差异，蔗茎伸长快、产量高的甘蔗品种的水溶性蛋白质在伸长盛期含量较高，但在其余时期含量较低；细茎栽培品种叶片中的水溶性蛋白质含量在各个时期都较高（李杨瑞，1989a）。蔗糖是由一个葡萄糖分子的第一个碳原子的醛基与一个果糖分子的第二个碳原子的酮基结合而成。它在化学性质上比较稳定，是高等植物中普遍存在的碳水化合物之一，是植物中碳水化合物运输的主要形式，以甘蔗和甜菜中含量最高。蔗糖作为甘蔗的主要成分，其主要作用包括提高细胞的渗透势，增强吸水能力；作为呼吸的底物并产生能量，促进体内物质的运输和合成；作为贮藏物质，调节生长。纤维分构成植株各器官骨架，起良好的支持作用。甘蔗的淀粉含量不高，淀粉在甘蔗体内的生理作用是使光合产物的糖类变成淀粉暂时贮存起来，减少叶片糖分浓度，以利于光合作用，到了夜间再转化为糖类物质运输到其他器官中，蔗茎中淀粉含量多则不利于制糖。蔗株中的脂肪，主要起贮藏能量的作用，在代谢过程中脂肪分解，可以提供能量。蔗蜡覆盖器官表面，减少水分蒸发损失，并对减少病菌侵入有一定效果（莫家让等，1984）。甘蔗含有的矿物质（灰分）包括了各种大量和微量的营养元素。对不同甘蔗品种在不同生长期的矿质营养元素分析结果（Li，1993）表明，甘蔗伸长期+3 叶的 N、K、Cu、Mn 含量明显高于工艺成熟前期，P、Mg、Zn 含量在不同时期相差较小，Ca、Fe 含量在工艺成熟前期较高，Mo 含量在各时期均很低，含 N 量与不同甘蔗品种的熟性有关，早熟品种的含量较低。

甘蔗植株各部位的化学组成极其复杂，不同部位其化学成分也不尽相同。以甘蔗幼苗期不同器官的氨基酸含量为例，此时各个器官的丙氨酸含量都比较高，但在完全展开的叶片和叶鞘中丝氨酸含量更高；游离氨基酸总量的分布规律为完全展开叶叶片>完全展开叶叶鞘、苗根>心叶、幼茎。在伸长盛期和工艺成熟前期的+1 叶内，丙氨酸的含量最高。不同基因型甘蔗的各种游离氨基酸含量差异明显。在工艺成熟前期，早熟基因型的游离氨基酸总量较低；伸长盛期与工艺成熟前期游离氨基酸总量的比值也与不同基因型的熟期密切相关，中晚熟品种的明显较低，早熟品种的较高，细茎早熟原种材料的更高（李杨瑞，1990）。

据分析，在果蔗中，按每 100 g 可食部分计算，甘蔗茎含水分 84 g、蛋白质 0.2 g、脂肪 0.5 g、碳水化合物 12 g、钙 8 mg、磷 4 mg、铁 1.3 mg。蔗汁中含多种氨基酸，有天门冬氨酸、谷氨酸、丝氨酸、丙氨酸、缬氨酸、亮氨酸、正亮氨酸、赖氨酸、羟丁氨酸、谷氨酰胺、脯氨酸、酪氨酸、胱氨酸和苯丙氨酸、$\gamma$-氨基丁酸等，还含甲基延胡索酸、延胡索酸、琥珀酸、乌头酸、甘醇酸、苹果酸、柠檬酸和草酸等有机酸。其中乌头酸的含量在甘蔗茎的上部较高（0.835%），中部次之（0.205%），下部最低（0.125%）。此外，在甘蔗茎的顶部（生长点）含维生素 $B_1$（2.36～5.63 $\mu$g/g 干重）、维生素 $B_2$（1.10～3.30 $\mu$g/g 干重）、维生素 $B_6$（0.10 $\mu$g/g 鲜重）。茎节中也含维生素 $B_6$，并以上部的嫩茎节中含量较高，同时还含有维生素 C。另有分析指出，每 100 g 果蔗可食部分含水分 83.1 g，蛋白质 0.4 g，膳食纤维 0.6 g，维生素 A 2 mg，碳水化合物 16 g，灰分 0.4 g，脂肪 0.1 g，胡萝卜素 10 mg，维生素 C 2 mg，烟酸 0.2 mg，磷 14 mg，钙 14 mg，钾 95 mg，镁 4 mg，钠 3 mg，铁 0.4 mg，铜 0.14 mg，锌 1 mg，硒 0.13 $\mu$g。另外还含有微量的硫胺素、核黄素（http：//www.fruit8.com，2009）。

糖料甘蔗茎的主要成分为：纤维分 11.5%～12.5%，蔗糖分 12.5%～19.0%，水分 70%～75%，其他非蔗糖成分 2%～4%；这些非蔗糖成分中包括：还原糖 1%～1.5%，果胶及有机酸 0.3%～0.4%，含氮化合物 0.4%，脂肪及腊质 0.2%，灰分 0.4%～0.6%（http：//baike. yimama. com/view/61082. html，2009）。

甘蔗作为制糖原料，既要有足够的蔗茎产量，同时又要求蔗茎的蔗糖分和纤维分较高，非蔗糖成分较低，以满足糖厂生产。甘蔗的蔗糖分随着甘蔗的生长而逐渐提高，工艺成熟期达到最高点，然后又逐渐下降。甘蔗收获后，蔗糖会逐渐转化为还原糖，为活细胞呼吸所消耗，并形成葡聚糖，使锤度下降，同时蔗茎也会散失水分。因此，甘蔗砍下后应尽快送糖厂加工，以收获后不超过 2 d 为宜。

甘蔗叶片中不同的化学成分具有一定的医学作用。甘蔗叶中含有多糖、黄酮、维生素、氨基酸等多种化学成分。鲜甘蔗叶中，总黄酮平均含量达 1.10 mg/g；甘蔗汁总黄酮含量达 0.6 mg/mL（Jerzy et al.，2009）。侯小涛等（2014）从甘蔗叶片中鉴定了 18 个化合物的结构，分别属于木脂素、有机酸、黄酮、酚酸及其酯类、倍半萜类、环烯醚萜类、苯基庚酮类、多元醇类、简单苯丙素类、苯乙酮类、多糖等，并发现甘蔗叶多糖具有一定的抗神经炎症活性，甘蔗叶总黄酮具有一定抗炎作用。甘蔗叶多糖是降血糖活性成分，其机理可能与保护胰岛损伤、抑制炎症、调节免疫有关。叶片的蜡质中，除含有 β-谷甾醇、豆甾醇、菜油甾醇外，还含 4α-甲基-24-亚甲基-γ-胆甾烯醇、1α-谷甾醇（http：//baike. yimama. com/ view/61082. html，2009）和丰富的多糖（刘昔辉等，2007）。

甘蔗皮的蜡质中含醛类、醇类、酸类、烃类以及 β-谷甾醇和豆甾醇（http：// baike. yimama. com/view/ 61082. html，2009）等成分。

甘蔗渣含水分 46%～53%，粗纤维含量 43%～50%，可溶性固形物含量 1.5%～5% 及由五碳糖和六碳糖组成的多糖类。在甘蔗制糖过程中产生的糖蜜内也含丰富的多糖。这些成分对小鼠艾氏癌和肉瘤有抑制作用（http：//baike. yimama. com/view/61082. html，2009）。蔗渣中含有丰富的纤维素，而含木质素较少，蔗渣的蛋白质和能量的含量都很低，因此常用作纤维原料。

总之，甘蔗的化学成分极其复杂，各种成分既有其生理意义和医学作用甚至是未知的作用，同时还直接影响甘蔗品质的好坏，与蔗糖、酒精等产品的工业化生产和综合利用有密切的关系。甘蔗的化学成分受遗传和环境的影响都很大，不同品种有显著差异，同一品种在不同环境条件和栽培技术下也有很大差别。例如，如果施用氮肥过多或偏施氮肥造成磷、钾肥不足，高糖甘蔗品种也会表现低糖；甘蔗受到严重低温危害如霜冻（如 2008 年广西蔗区遭受的长达一个多月的长期低温冻雨天气）或虫害，蔗糖分和蔗汁纯度都显著下降。

## 第九节 甘蔗的开花结实特性

甘蔗是热带作物，在热带自然条件下才能正常开花结实。因此，很多品种离开了热带自然条件就不容易开花，离热带越远，越难开花。甘蔗开花的要求给甘蔗有性杂交育种带来许多困难。但了解它的习性，掌握它的规律及所需条件，就可以人为地创造条件调控甘蔗开花、结实，达到杂交育种目的。

甘蔗开花对育种和栽培都是一个重大问题，从栽培角度来说，甘蔗开花是由营养生长转到生殖生长。生长点由分化生长叶片到花芽分化，就意味着甘蔗停止营养生长，转入生殖生长，蔗茎就不再伸长，产量就不再增加。

从杂交育种的需要来说，则希望所有品种都能开花，通过有性杂交，产生优良的新品种。但由于不是所有的品种都能在不同条件下开花，所以给杂交育种带来许多困难。

在热带和亚热带一些地区甘蔗可以开花结实，亚热带有些地方只开花不结实。不同纬度、不同海拔地区甘蔗开花差异是很大的。一般以南北纬10°—20°最容易开花，赤道次之，20°—30°再次之；自20°以上，随纬度的增加而开花率下降，30°以上开花就比较难了。

## 一、甘蔗开花的习性

在一定的光温等自然条件下，经过光周期诱导，甘蔗开始进行花芽分化，抽穗开花和结实完成整个有性世代，这一过程可以分为三个阶段。

### （一）花芽分化

甘蔗顶端生长点由营养生长的叶芽分化转变为生殖生长的花芽，叫花芽分化。Julien（1972）以割手密和大茎野生种为材料进行研究的结果认为，甘蔗由营养生长到花穗抽出可分为7个时期：

**1. 引变期**（INP） 在甘蔗花原基发生前，先有一个引变期，即在花穗轴原基形成前14 d，甘蔗生长点尚未分化，但在光温作用下，只有发生了引变光照，通过了光周期诱导，甘蔗才开始花芽分化，所以此期实质上不能纳入分化期。

**2. 花穗轴原始体出现期**（IAP） 包括花穗轴原始体的出现和增大，一直到第一个花穗分枝原体出现时期。据研究缅甸德里割手密分化，此期约6 d。

**3. 花穗分枝原始体出现期**（IBP） 指从第一个花穗分枝原始体出现，然后按螺旋形先后次序分化到最后一个花穗分枝原体出现，此期约11 d。

**4. 小鎓花开始体出现期**（ISP） 指第一个小鎓花原始体出现到最后一个小鎓花原始体出现这一时期，此期约15 d。

**5. 花穗伸长期**（EIP） 指最后一个小鎓花原始体出现到脱落后期开始这一时期，此期约24 d。

**6. 旗叶期**（LP） 指花穗节间长度开始缩短这一期，此期约9 d。

**7. 花穗节间伸长期**（EFIP） 指第一个花穗节间伸长开始到始穗期，此期约9 d。一个花穗从引变开始到抽穗，全期约88 d左右。

从引变期到小鎓花原始体出现期，即1～4期是“光周期感应期”，对光照长短特别敏感。要求有12～12.5 h光照，尤其第三期要求特别严格。第五期以后对光照无感应。所以在1～4期之前光照不足，会使已分化的花芽生长点恢复变为叶芽。第五期后则无此现象，但会影响花穗发育，甚至停止发育。

### （二）抽穗

在北半球从9月中旬至10月上旬为甘蔗孕穗期，在南半球于2月至3月为甘蔗孕穗期。甘蔗从花芽分化起至抽穗前，称为孕穗期。孕穗期的长短，因品种而异。短的像蜡蔗只有36 d，长的如台糖134为59 d，一般品种40～50 d。孕穗期甘蔗梢部叶片缩短，剑叶只有 20 cm 左右的长度，仅有普通叶片的 1/7～1/6。梢头由扁变圆，抽穗形成毛笔状。

从花穗露出被包的叶鞘起至整个穗抽出叶鞘为止，称为抽穗期。抽穗期的长短，也因品种而异，最短的如台糖 108，只有 7 d；最长的是崖城红皮 16 d，一般品种为 9～10 d。

抽穗时间，最早在 10 月下旬，最迟在 2 月，抽穗最盛期在 11 月份，广西一般在 11—12 月抽穗。同一品种，有些年份开花，有些年份又不开花。不同品种抽穗率不同，如粤糖 93-159、粤糖 94-128 抽穗率 99%以上，但粤糖 59-65 只有 1%左右；同一品种因不同地点其抽穗率也不同，在北半球多在秋冬抽穗；南半球多在晚春或初夏抽穗。

### （三）开花

甘蔗抽穗后，经 3～7 d 便开花，甘蔗花序上的螽花开放顺序是自上而下，自外而内开放，一个小穗上只有一对螽花，一个有柄在上位，先开花，一个无柄在下位，后开花，在抽穗期根据螽花开放先后次序可以分为五大类型：

Ⅰ完全抽穗后开始开花；

Ⅱ抽穗 1/3 即开花；

Ⅲ抽穗 1/2 时即开花；

Ⅳ抽穗 2/3 时即开花；

Ⅴ刚抽穗即开花。

根据我国海南甘蔗育种场的研究，甘蔗花穗上的螽花开放，始花期和末花期最少，中期开放最多，一个花穗从开花到结束所需时间不同品种是不同的，台糖 108 为 18 d，高峰期在第五天；台糖 134 为 22 d，盛期在第十天；CP49/50 为 17 d，高峰期在第八天；NCo310 在广西博白为 12 d，高峰期在第七天（彭绍光，1990）。

甘蔗在一天内开花时间：我国海南一般上午 8—13 时，以 9—10 时最多，其余时间开花很少，但不同品种有较大差异，台糖 134 上午 4—5 时开花最多，开放时间比较集中也较早；Co419 在上午 3—4 时较多，4—5 时达高峰期；Co351 在台湾万丹每天上午 4—7 时较多，尤以 5—6 时为最，花期早而集中。

甘蔗花期：甘蔗的花序从第一支花穗开花至最后停止抽穗开花的时间，称为该品种的花期。不同品种其开花差异较大。在海南育种场，多数品种在每年 11 月上旬至翌年 2 月上旬，约为 3 个月，以 11 月中旬至 12 月中旬开花最盛；绝大部分的 Co 系统品种和美国 CP 系统品种在 11 月上中旬开花，花期较早；花期最迟是热带种拔地拉（Badila），在 12 月上中旬才开花，至翌年 2 月上旬止花。还有少数品种到 3 月还有少量开花。

### （四）授粉

甘蔗开花不一定有花粉，有花粉不一定发育成熟。一般来说在甘蔗抽穗前 10～20 d，花粉已经形成。因此，在进行杂交前，先要对花粉量及其发育状况进行检查。花粉成熟是由穗顶部向下到穗基部依次顺序成熟，发育良好的花粉，通常为黄色，球状形、饱满、遇碘液即变成蓝色。如果在显微镜下观察发现染色为蓝色的球状形的花粉粒，即为发育良好的颗粒。如果发现的花粉粒是皱缩不染蓝褐色者为不育花粉。将花粉量分为零、少、中、多、很多五级。具体做法是：用碘化钾及碘片各 1 g，加无离子水 100 mL，配成碘液，然后每天早上采集花穗，于上午 9—10 时收集花粉，取少量置于显微镜下的载玻片上，并加一滴碘液，即可观察花粉发育情况，连续镜检三次计算其发育百分率。不同父母本其花粉发育是不同的，花粉多少也不一样。所以在育种上，一般都要测定父母本的花粉量和发育程度，以供杂交选配。育种上划分 3 大类亲本：

**1. 强父本** 花粉量多，发育率 60%以上，宜作父本。

**2. 强母本** 花粉量少，发育率在 5%以下或雄性不育，只能作母本，不能作父本。

**3. 父母本均可** 花粉量多，发育率 30%以上，作父母本均可，但倾向父本较好；若花粉量少，发育率在 30%以下，亦父亦母均可。

花粉发育率与自然条件有密切关系，尤其受温度和水分影响较大。一般低温会降低花粉的发育和花粉量。前广东甘蔗试验场于 1954 年试验结果：Co421、CP29-116 两个品种，在田间花粉发育率分别是 24.4%和 10.4%，而在温室由于温度高花粉发育率则可达 40.9%和 52.0%。1973 年海南通什育种站在平均温度为 20.1℃的加温加湿的杂交室中，花粉发育率为 58.9%，药裂率为 90.9%，而在平均气温只有 14.7℃的杂交棚内，花粉发育率只有 27.7%，药裂率 57.1%，说明温度对花粉发育率的重要性。

甘蔗花粉在自然条件下，寿命甚短，一般存活 1 h，对低湿度、强光照敏感，易死亡，在高温度和一般光照下生长良好。如果采集花粉的地方离授粉地点较远，必须保温保湿，密封保藏运输。据研究，在 4℃和相对湿度 90%～100%条件，花粉寿命可达 8 d，萌发率仍有 70%～90%。

### （五）受精、结实

甘蔗自交结实很低，异花授粉结实率较高，且表现出杂种优势。当花粉落到柱头上，2～3 h 便开始萌发，花粉管伸长，到达子房胚珠内即为受精。受精后，精子和胚囊在形态和结构上发生了重大变化，生长素含量迅速增加，胚珠逐渐发育成种子，子房壁发育成种皮。

柱头和花粉一样，在受精时也必须具有一定温湿条件，开花后柱头的生命力只能维持 5～11 d，在第五天受精较好。如在受精时温度和湿度过高过低都不利于花粉在柱头上萌发受精。温度在 8.3℃以下柱头受精能力严重降低。不同温度、湿度及时间影响受精百分率较大。建立杂交室进行加温加湿可以显著提高结实率。据海南通什点的研究，杂交室加温加湿比自然环境田间花粉发育率高得多。

甘蔗受精后经 21～30 d，种子成熟，种子较小，长约 1.5 mm，宽约 0.5 mm，棕黄色。种子成熟后，容易随小枝梗脱落。由于畚花有许多颖毛很容易随风飘游散落，所以授粉之后要适时套袋以防脱落散失，也便于收集种子。

## 二、影响甘蔗开花的因素

甘蔗能否开花结果，不是单一因素，而是受多因素综合影响。不同种、品种、生理株龄、光照、温度、水分及土壤环境都影响甘蔗开花结实，但诸多因素中，光照和温度是主导因素。

### （一）种和品种

甘蔗属有多个种，其中除肉质花穗种（*S. edule*）花序败育不能开花结实之外，其余六大原种均能开花结实。热带种（*S. officinarum*）甘蔗开花，要求条件较严格；中国种（*S. Sinense*）也不容易开花，结实率低；印度种（*S. barberi*）和大茎野生种（*S. robustum*）较容易开花；割手密（*S. spontaneum*）和斑茅（*S. arundinaceum*，但国际上公认为斑茅属 *Erianthus arundinaceus*）最容易开花。

不同品种开花难易差异也很大。凡含热带种血缘多的大茎种类型的甘蔗品种，不易开花。相反，含野生血缘多的中小茎品种，大多数能开花，也较容易开花。品种不同的开花难易程度，其实质是不同品种对环境条件的温、光、水、反应不同而发生差异，与不同品种所含的血缘来源有很大关系。

### （二）株龄

未拔节的幼苗不能开花结实，只有达3～4个可见节间以上的植株，有一定的叶面积，才能接收成花诱导信号，接受引变光照的条件，产生幼穗分化的各种激素，即达到引变光照的生理株龄的甘蔗才能开花（Gururaja et al.，2012；Moore，1971）；不同种和品种其生理株龄大小不同，以割手密为最早，大茎野生种次之，热带种及其后代品种最迟。同一品种不同地区或年份差异也很大，早种植早开花，迟种植迟开花或不开花，如秋植、宿根都比春植蔗早开花；同一丛甘蔗里，主茎早开花，分蘖迟开花。

### （三）光照

**1. 光周期对甘蔗开花的作用**　在特定条件下，植物长到一定的生理株龄就能够形成和逐渐积累一定数量的开花激素，致使生长点由分化营养生长的叶子，转变为分化花芽的生殖生长，最后开花结实。可见植物开花结实与植物体内的成花素有关系。如果开花激素不能形成和积累或积累量不足，就不能引起花芽分化，生长点仍保持着营养生长状态，但对这种激素的提取和作用机制尚有待进一步研究。

光周期（Photoperiod）是决定开花激素能否形成的主要条件，每天光照和黑暗的时间长短变化称为光周期，不同的种和品种对光周期的反应不同。能使甘蔗品种产生花芽分化的日照长度是12 h至12 h 28 min（即晚间暗期11 h 30 min至12 h），其中以12 h 28 min最适宜。根据夏威夷用16个栽培品种作试验，每日以11 h 30 min、11 h 40 min、11 h 50 min进行处理，绝大多数品种不能开花；另一组以12 h 0 min、12 h 10 min、12 h 20 min、12h 30 min处理，结果绝大多数品种都能进行花芽分化和开花；再一组每日以12 h 40 min光照处理，结果只有4个品种能进行花芽分化，且分化率只有25%～50%（Julien，1971）。从三个试验中可知甘蔗对光照反应是从12 h至12 h 30 min最敏感，所以这段时间称为甘蔗“引变光照”范围。

光照时数的长短与纬度有密度关系，低纬度日照时间长，高纬度日照时间短，如赤道一年四季日照长度变化最小，每天从12 h 6 min至12 h 8 min，变幅只有0.02 min，随着纬度升高，变幅增大，到南北极最大。从东半球来看，每年夏季日照长度最长，冬季最短，春秋二季（以春分和秋分为界线）其日间和夜间的时间比较平均。日长夜短或日短夜长同一季度东西半球是不相同的。不论日夜长短变化如何，只有当地日照长度进入12 h至12 h 30 min的“引变光照”范围，才能诱导甘蔗开花。

从日照长度变化变幅看，赤道全年光照时长都在甘蔗花芽的光引变期内（12 h至12 h 8 min），但偏离最适宜的12 h 28 min，故引变效果最低。在纬度10 °地区，从7月22日到9月9日共49 d，大部分时间都可满足甘蔗“引变光照”范围的光照时长，但从8月24日到10月1日为期38 d的引变光照效果会降低。纬度30 °以上的地区，种植的甘蔗一般少开花或不开花，究其原因是日照时长变长，超过12 h 40 min以上。我国海南甘蔗育种基地位于北纬18°27′，从8月22日至10月1日共有40 d，其间的光照时长大都可满足绝大部分甘蔗的开花需求。

甘蔗开花除了受光周期影响外，光照强度和环境温度也会影响其开花特性。从全年日照长度变化来看，春秋两季都有一个 12 h 至 12 h 30 min 的引变光照期，但只有秋天才能诱导甘蔗发生花芽分化。

从全年日照长度变化来看，春秋两季都有一个 12 h 至 12 h 30 min 的引变光照期，但只有秋天才能诱导甘蔗发生花芽分化。原因是除了光照外，还必须有温度、光强度等条件的配合。春季温度较低，光照强度较弱。所以自然光照即引变光照范围，可以使甘蔗花芽分化，但不能抽穗，原因是在自然光照下，日长由短到长；若控制日长由 12 h 逐渐减少到 11 h，由日长变成日短，甘蔗可以抽穗开花。相反秋季的日照长度是由长到短的变化，不用人为控制亦可开花，说明甘蔗花芽分化之后还需要一个由长到短的日照条件。

甘蔗开花与光敏色素有关（王鉴明，1976）。光敏色素是一种开链的有四个吡咯环，基本结构似藻蓝素的物质，分子量约为 60 000，性质与酶相似。它有两个类型，即 PR 型和 PF 型，两者可以互相转变，PR 型主要吸收红光，最大吸收光谱为 650 nm，当它吸收 650 nm 的红光后，即变成 PF 型光敏色素。另一类色素 PF 主要吸收远红光，最大吸收光谱为 730 nm；当 PF 型色素吸收 730 nm 远红光之后又变成了 PR 型的光敏色素。因为 PF 型光敏色素具有较强的化学活性，故比 PR 型更加不稳定，它在黑暗或蓝光中可以缓慢地转变为 PR 型，被称为 PF 的暗转化。

由于白天太阳光谱是由多种波长组成的混合光谱，有红光和远红光等，因此日间两种类型的光敏色素互相转换着，也同时存在，以 PF 较多；到晚间，由于 PF 在暗转化下变成 PR 型，所以植物体内主要存在的光敏色素是 PR 型。PR 光敏色素是甘蔗开花激素的前体，进一步形成开花激素，说明开花激素是在暗转化过程中产生的。

甘蔗对日照长度要求严格，实质上是由 PF 型暗转化所需时间决定。白天有 12 h 至 12 h 30 min 的光照，晚间便有 11 h 30 min 黑暗，如果白天日照时间过长或过短，反过来晚上黑暗时间会变过短或过长，都不是黑暗反应所需的时间。如果时间达不到 11 h 30 min到 12 h，PF 型光敏色素就不能转变成 PR 光敏色素，开花激素不能形成。根据试验，在花芽引变期的晚上用红光作短期照射，就能抑制甘蔗开花，但远红光就不行。因为红光逆转了暗转化，使 PR 光敏色素转变为 PF 型光敏色素，阻碍了开花激素的形成。

果蔗本身极难开花，但根据这一原理，通过蓝光或远红光处理，成功诱导不同类型的果蔗在亚热带地区开花（卢川北和洪月云，1993；卢川北等，1994）。

**2. 光照强度对开花的影响** 光照强度对甘蔗开花有较大影响，在引变期有两个强光阶段，其中任何一个阶段不能满足就不能开花，在进入引变光照期的暗期以前，要求有强光照射，因为强光照射可合成较多的碳水化合物，为暗转化过程进行强呼吸作用提供更多的呼吸基质。在引变暗期之后，同样要求强光照，以促进暗期形成开花激素前体进一步转变为开花激素，如果这时没有强光照条件，在暗期形成的开花激素前体不稳定，极易分解，尤其在高温情况下，更不稳定。此外，强光照也有助于开花激素自叶片运至生长点。

### （四）温度对甘蔗开花的影响

温度是影响开花的重要因素。同一品种在同一纬度地区所接受的光周期每年是相同的，但有些年份开花，有些年份不开花或少开花，原因就是由于每年的温度、湿度有较大差异。在光周期诱导期间，最适宜温度为晚间22～23℃，日间27.8～28.9℃。

温度对花芽分化影响很大，主要是温度能促使PF型光敏色素转化成PR光敏色素，如果晚上低温，就抑制了这一转化作用，阻碍开花激素的形成。

夏威夷9月1—21日这21 d内，夜间温度18.3℃以下的夜晚次数与甘蔗开花有很大关系，如果这段时间有11个晚上夜温低于18.3℃，不开花；10个晚上夜温低于18.3℃，开花少；7个晚上夜温低于18.3℃，开花中等；4个晚上夜温低于18.3℃，开花多；2个晚上夜温低于18.3℃，开花很多。

白天的最高温度出现迟早，对花芽分化也有影响，早出现强光，迟出现高温较有利于花芽分化形成，因为晚间形成开花激素前体要经第二强光阶段才能转变为稳定的开花激素，故在这一天内，如在强光之前过早出现高温，开花激素前体易遭破坏，妨碍开花激素的形成。高海拔地区之所以容易开花，主要原因之一是早上气温较低，强光出现得早，高温来得稍迟，开花激素形成不易遭受破坏，暗期似乎有一个高温临界温度，约27℃，晚间超过27℃，对开花不利。

高海拔地区甘蔗有性杂交育种困难，问题是低温的影响。在低温条件下（18℃以下）对雌雄蕊都有影响，雄蕊更敏感，更易受害。低温下花药不开裂，花粉量少或无；花轴伸长慢，抽穗迟，种子发育不良，结实率低，发芽率也低。海南通什点海拔较高，有利花芽分化，但抽穗则比崖城迟，原因是气温比崖城低，花轴伸长慢，授粉期间早晨温度低，影响了种子结实率，适当加温可以提高结实率（表6-2）（彭绍光，1990）。

**表6-2 不同气温下甘蔗种子的结实率和发芽率**

| | 授粉期（12月24日至翌年1月12日） | | 成熟期（1月13日至3月6日） | | 种子结实率（%） | 发芽率（%） |
|---|---|---|---|---|---|---|
| | 绝对低温 | 晨6：00平均温 | 绝对低温 | 晨6：00平均温 | | |
| 露地 | 8.9℃ | 12.19℃ | 3.3℃ | 14.19℃ | 0.8 | 5.87 |
| 加温室 | 15.5℃ | 17.4℃ | 11.7℃ | 19.87℃ | 4.4 | 8.54 |

## （五）降水量及湿度的影响

在花芽分化期间，空气湿度对花芽分化有很大影响。在热带地区，7月、8月、9月三个月内雨量少，太干燥，会影响甘蔗开花，如果降雨天数多，或人工喷灌控制水分，开花就多。所以在甘蔗杂交的地方，要有一定水利设施，以保证7月、8月、9月三个月水分，特别是8月，若干旱必须进行工人灌、喷水，促进开花。

水分对甘蔗开花的影响可能与保持较高的相对湿度有关，同时正常的新陈代谢也需要适当的水分，白天光合作用产生的碳水化合物需要水分运输到茎生长点去。

海南岛每年9月雨天多，相对湿度高，开花就多。降水量分布均匀，雨天多，相对湿度80%～94%，有利于开花。土壤水分含量也影响开花，在孕穗期土壤持水量不能低于60%。如果在引变期内停止灌水可抑制开花。

水分影响开花大致有几个方面原因：

（1）水分多少影响光合作用，降低碳水化合物的合成，影响甘蔗开花所需要的两个强光阶段的呼吸基质供应，导致开花激素形成减少，影响开花。

（2）水分不足影响开花激素从叶片输出运到生长点，影响开花。

(3) 水分少影响根部运输的某种对开花激素有利的代谢物质的形成和运输，因而影响花芽分化。有试验证明把培养在营养液中的甘蔗植株根系剪去就会抑制开花，说明根有一种代谢物能促进花芽分化。

### (六) 土壤对开花的影响

根据海南甘蔗育种场在1963年调查：黏质土壤，延迟抽穗或不抽穗；沙质土、沙质壤土，甘蔗容易开花，抽穗率高。国外研究发现：花园土，开花很多；潮黏土，抽穗很低或不抽穗；在含有腐殖质的山脊土壤上，抽穗很好；种在黏土上，排水不良，抽穗很少。

### (七) 养分对开花的影响

合理的全养分促进甘蔗开花。甘蔗正常施用NPK肥料比不施肥的花期提前，且抽穗率提高21.2%（Hale et al.，2017)。而对于单一营养而言，氮肥抑制开花，钾肥促进开花。

### (八) 剪叶处理对开花的影响

周峰等（2011）对12个早、中花期甘蔗亲本品种（系）进行剪叶处理，调查剪叶处理对甘蔗开花情况的影响。结果表明：剪叶处理对甘蔗开花的影响效应因品种不同而异，可能使花期推迟或提早；影响程度也因品种不同而异，绝大多数甘蔗品种（系）经过剪叶处理后，其抽穗率都不同程度降低。

## 三、甘蔗花期调节

控制甘蔗开花时期，对杂交育种很重要。促进或抑制甘蔗开花有利于进行不同品种之间花期调节，使花期相遇，以便杂交。

调节花期有许多方法，但只有了解不同品种的花芽分化时间才能调节。不同品种的花芽分化时长一般都有20～30 d，在这段时间里，不同品种会陆陆续续有花芽分化，这样，我们就可以用不同处理方法来调节花期。只有了解某一品种确切的花芽分化日期之后，方能确定用什么方法处理有效。

### (一) 抑制开花的方法

有些地区大田甘蔗生长期为两年，如夏威夷，不希望甘蔗开花，但在低纬度地区甘蔗较容易开花，常用的开花抑制方法主要有：

(1) 延迟种植，可以减少开花，如秋植蔗容易开花，春植蔗不易开花。

(2) 增施N肥，促进营养生长，减少开花。

(3) 干旱胁迫。干旱胁迫可以抑制开花，尤其在花芽分化前后的干旱胁迫抑制开花效果更明显。在生产上，干旱年份的甘蔗开花比较少。如桂糖42号比较容易开花，在降雨比较充足的2018年抽穗率达23%，而在比较干旱的2019年抽穗率只有4%（彩图6-7)。

(4) 利用化学药剂抑制开花。早期用于抑制甘蔗开花的植物生长调节剂有百草枯、抑芽丹（MH-30)、乙烯利、灭草隆（CMV）和敌草隆（DCMV）等除草剂类的药剂，这类药剂虽然能抑制开花，但会引起叶片干枯伤害甘蔗。自1988年乙烯利商标注册以来，普遍使用乙烯利取代除草剂类的药剂抑制甘蔗开花（张诒仙和江梅，1996)。

### (二) 促进甘蔗开花的方法

为了进行甘蔗杂交育种，就必须促进甘蔗开花才能杂交，主要方法有：

**1. 调整植期** 同一个品种不同植期开花期不同，在海南岛，秋植蔗比春植蔗提早开花

1～26 d，抽穗率也提高 1.7%～43.1%，开花能力一般表现为：秋植蔗>宿根蔗>春植蔗。

**2. 控制光照**　广西甘蔗研究所 1961—1964 年利用暗室对甘蔗控制光照，在中午遮光可以延迟 Co285、NCo310 开花。每天控制光照 12 h 30 min，可以使 Co290、Co331、桂糖 1 号、桂糖 2 号开花；割手密每天给予光照 6 h 不能开花，给予光照 10 h 时，抽穗率高（彭绍光，1990）。

**3. 提高夜间温度**　在甘蔗开花的时候，从夜间 12：00 到第二天早晨的温度以 21～23℃为最好，如果在自然条件下达不到这个温度时，人工加温可以促进开花，提高花粉率和结实率。

**4. 灌水**　海南育种场在花芽引变期间即（8、9 月间）天气干旱，每周灌水一次加上喷雾，可以促进开花。

**5. 涝渍胁迫**　胡后祥等（2012）研究表明，经过 5 个时段涝渍胁迫处理后，大部分迟、难开花甘蔗品种的始花期都得到了显著提前，花期提早 7～18 d。

## 参 考 文 献


陈明，姚允寅，张希忠，1997. 不同形态氮素对$^{15}$N同位素稀释法估测苜蓿固氮的影响［J］. 核农学报，18（1）：30-33.

邓宇驰，陆国盈，韦晖，等，2009. 不同水肥供应对宿根甘蔗叶片矿质营养的影响［J］. 广西农业科学，40（5）：58-63.

刁操铨，2000. 作物栽培学各论［M］. 北京：中国农业出版社，366-367.

顾彩彩，2018. 固氮细菌 DX120E 在不同甘蔗品种的定殖及 *nifH* 表达特性［D］. 广西大学.

桂意云，刘昔辉，杨荣仲，等，2007. 甘蔗不同部位固氮酶活性检测［J］. 植物生理学通讯，43：291-294.

广东农林学院农学系，1977. 光呼吸与高光效育种问题［J］. 江苏农业科学（5）：52-54.

广西甘蔗栽培编写组，1991. 广西甘蔗栽培［M］. 南宁：广西科学技术出版社.

黄莹，曾巧英，敖俊华，等，2013. 钾水平对甘蔗氮、磷、钾养分吸收利用的影响［J］. 广东农业科学（10）：51-53.

黄杏，杨丽涛，李杨瑞，2009. 固氮菌接种对甘蔗根系生理特性的影响［J］. 南方农业学报，40（3）：233-237.

侯小涛，2014. 甘蔗叶化学成分及药效学研究［D］. 南宁：广西医科大学.

胡后祥，周峰，常海龙，等，2012. 涝渍胁迫处理对甘蔗开花的影响［J］. 甘蔗糖业（6）：6-11.

季明德，黄湘源，季红，1992. 硅元素对甘蔗增产和增糖作用机理的研究Ⅴ. 硅元素对甘蔗光合作用强度的影响研究［J］. 甘蔗糖业（3）：13-15.

李海碧，2017. 甘蔗根际假单胞菌的分离鉴定及其对甘蔗的促生作用［D］. 南宁：广西大学.

李佳慧，2017. 氮肥对不同品种甘蔗叶片内生固氮菌 *nifH* 基因表达的影响［D］. 南宁：广西大学.

李进，段婷婷，郑超，等，2019. 不同供磷水平下 2 个甘蔗品种的光合作用及生长特征［J］. 热带作物学报，40（6）：1108-1114.

李覃艺，2006. 乙烯利对甘蔗茎尖分生组织细胞学与生理学研究［D］. 南宁：广西大学.

李素丽，2003. 甘蔗茎径增粗的细胞学基础研究——原生分生组织的区域化和活动规律［D］. 南宁：广西大学.

李扬汉，1979. 禾本科作物的形态与解剖［D］. 上海：上海科学技术出版社.

李杨瑞，1986. 引进甘蔗品种产量性状的遗传、相关及选择指数［J］. 福建农学院学报，15（4）：

319-328.
李杨瑞，1987. 甘蔗7个性状对产量的效应［J］. 福建农学院学报，16（4）：287-292.
李杨瑞，1989a. 不同基因型甘蔗叶片水溶性蛋白质含量和含水量的研究［J］. 甘蔗糖业（1）：20-24.
李杨瑞，1989b. 甘蔗叶片光合色素含量的遗传相关研究［J］. 广西甘蔗（3）：19-23，18.
李杨瑞，1989c. 不同品种甘蔗叶片光合色素含量的差异研究［J］. 广西农业科学（5）：16-21.
李杨瑞，1990a. 不同基因型甘蔗的经济性状与伸长盛期叶片生化性状的多元回归分析［J］. 西南农业学报，3（1）：26-32.
李杨瑞，1990b. 甘蔗组织中游离氨基酸组分和含量的研究［J］. 广西植物，10（3）：228-232.
李杨瑞，杨丽涛，1991. 台糖172的抗旱特性研究［J］. 广西甘蔗（4）：9-12.
李杨瑞，杨丽涛，1994. 生长后期喷施石灰水或$KH_2PO_4$对甘蔗糖分积累、产量和某些生理特性的影响［J］. 广西科学，1（3）：15-20.
李杨瑞，杨丽涛，1998. 宿根蔗后期叶面追肥对甘蔗品质和某些生理特性的影响［J］. 广西农业大学学报，17（1）：8-14.
李杨瑞，杨丽涛，1999. 论提高蔗糖生产效益的农业措施［J］. 甘蔗，6（2）：39-42.
李杨瑞，杨丽涛，2009. 20世纪90年代以来我国甘蔗产业和科技的新发展［J］. 西南农业学报，22（5）：1469-1476.
李杨瑞，杨丽涛，陆国盈，等，1993. 甘蔗品种台糖172的抗性研究综述［J］. 广西农学报（3）：25-29.
李杨瑞，杨丽涛，叶燕萍，等，2007. 甘蔗应用乙烯利增产增糖的机理研究［J］. 西南农业学报，20（1）：151-156.
李永健，叶燕萍，李杨瑞，2000. 气象因子对甘蔗不同下种方式出苗的影响［J］. 广西农业生物科学，19（4）：243-247
李志刚，李素丽，张荣华，等，2009. 割手密茎尖细胞有丝分裂过程中微管骨架的变化［J］. 广西植物，29（4）：497-501.
李志刚，林鉴钊，杨丽涛，等，2001. 乙烯利处理对甘蔗茎形态解剖结构的影响［J］. 西南农业学报，14（3）：48-51.
李志刚，张新成，林丽，等，2008. 甘蔗茎尖细胞有丝分裂过程中微管骨架的变化［J］. 植物学通报，25（3）：276-283.
梁和，李杨瑞，黄文尧，等，1994. 不同浓度乙烯利处理对甘蔗光合性能的影响［J］. 广西农业大学学报，13（3）：223-227.
梁俊，李杨瑞，梁朝旭，2005. 不同甘蔗品种在无氮肥条件下的光合生理特性［J］. 中国农学通报，21（8）：188-190，207.
廖芬，2004. 赤霉素、多效唑对甘蔗茎尖分生组织的解剖效应及与蔗茎增粗的关系［D］. 南宁：广西大学.
廖芬，林鉴钊，李杨瑞，等，2003. 乙烯利对甘蔗叶片结构的影响及其与抗旱性的关系［J］. 西南农业学报，16（2）：45-18.
刘昔辉，杨荣仲，区惠平，等，2007. 甘蔗叶多糖的提取与含量测定［J］. 安徽农业科学，35（34）：10960，11035.
林丽，张新成，李杨瑞，等，2008. 甘蔗器官固氮酶活性及其对接种固氮菌的响应［J］. 西北植物学报，28（12）：2472-2477.
林丽，2011. 广西ROC22甘蔗联合固氮菌的研究［D］. 南宁：广西大学.
卢川北，洪月云，1993. 蓝光与远红光诱导甘蔗开花研究初报［J］. 福建省农科院学报，8（2）：40-43.
卢川北，戴艺民，林一心，等，1994. 蓝光与远红光诱导甘蔗开花研究续报［J］. 甘蔗，1（3）：28-31.
陆国盈，唐仕云，韩世健，等，2007. 伸长期不同供水量处理对甘蔗生长、产量和品质的影响［J］. 广西农业生物科学，26（1）：50-54.
陆中华，2002. 甘蔗产量构成因素与产量的关系［J］. 种子，122（3）：38-39.
罗丽静，2014. 广西甘蔗野生种质内生细菌及蔗豆间作内生根瘤菌的分离与鉴定［D］. 南宁：广西大学.
罗霆，2010. 甘蔗内生固氮菌与甘蔗互作的研究［D］. 南宁：广西大学.
罗瑞忭，李杨瑞，林炎坤，1997. 甘蔗生长前期喷施乙烯对叶绿体超微结构的影响［J］. 广西农业大学学报，16（3）：192-197.
罗瑞忭，李杨瑞，林炎坤，1996. 甘蔗生长前期喷施乙烯对叶片光合器官形态结构的影响［J］. 广西农业大学学报，15（3）：214-218.
满世瑞，李杨瑞，黄靖生，1985. 甘蔗伸长盛期的叶面积指数和地上部分干重与产量的关系研究［J］. 甘蔗糖业（甘蔗分刊）（1）：32-34.
毛莲英，2019. 固氮菌 XD20 对不同甘蔗品种的促生长效应［D］. 南宁：广西大学.
彭绍光，1990. 甘蔗育种学［M］. 北京：农业出版社.
莫家让，周承圣，1984. 甘蔗栽培育种的生理基础［M］. 福州：福建科学技术出版社.
莫立鲜，2000. 甘蔗根际联合高效固氮菌试验［J］. 广西蔗糖，18（1）：27-30.
牛俊奇，檀小辉，黄静丽，等，2014. 低温胁迫对不同耐寒型甘蔗蔗糖代谢相关酶基因表达及其酶活性的影响［J］. 南方农业学报，45（9）：1566-1573.
潘世明，1997. 果蔗 4 个性状对蔗茎产量的效应［J］. 甘蔗，4（3）：13-15.
潘有强，罗海玲，李杨瑞，2007. 甘蔗节间蔗糖含量与和蔗糖代谢相关的 4 种酶活性之间的关系剖析［J］. 植物生理学通讯，43（5）：861-864.
轻工业部甘蔗糖业科学研究所，广东省农业科学院，1985. 中国甘蔗栽培学［M］. 北京：农业出版社，1985，36-107.
唐仕云，陆国盈，韩世健，等，2005. 不同水分处理对甘蔗光合作用的影响［J］. 广西蔗糖（3）：6-9.
唐仕云，杨丽涛，李杨瑞，2012. 不同甘蔗基因型对低温胁迫的响应及其耐寒性评价［J］. 热带作物学报，33（4）：635-641.
唐仕云，杨丽涛，李杨瑞，2018. 低温胁迫下不同甘蔗品种的转录组比较分析［J］. 生物技术通报，34（12）：116-124.
唐仕云，2018. 甘蔗新品种综合选择的遗传基础及抗寒性评价［D］. 南宁：广西大学.
谭贵良，顾明华，杨博，等，2003. 铝胁迫对甘蔗初生根生长及酶活性的效应［J］. 广西农业生物科学，22（4）：271-274.
谭中文，梁计南，陈建平，等，2001. 甘蔗基因型苗期叶片形态解剖性状与糖分、产量关系研究［J］. 华南农业大学学报，22（1）：5-8.
谭中文，梁计南，梁远标，1998. 不同水分条件下甘蔗品种幼苗性状研究［J］. 中国糖料（1）：1-5.
王爱勤，范业赓，赵晓艳，等，2008. 乙烯利诱导甘蔗 ACC 合成酶基因家族 3 成员在茎中表达与乙烯释放量和糖分积累的关系［J］. 作物学报，34（3）：1-6.
王鉴明，1976. 甘蔗栽培生理［M］. 北京：农业出版社.
王俊丽，2003. 甘蔗茎尖初生增粗分生组织的发生和分化活动［D］. 南宁：广西大学.
王伦旺，李杨瑞，何为中，等，2007. 不同甘蔗品种茎尖组培苗的固氮能力比较［J］. 西南农业学报，20（1）：99-102.
王威豪，叶燕萍，罗永明，等，2008a. 水分胁迫下乙烯利浸种对甘蔗苗期光合性状和分蘖的影响［J］. 作物杂志（1）：50-54.
王威豪，叶燕萍，李杨瑞，2008b. 乙烯利浸种对甘蔗根系多胺含量和叶片水势的影响［J］. 干旱地区农业研究，26（1）：200-204.
王威豪，罗永明，梁强，等，2008c. 水分胁迫下甘蔗根系蛋白质和核酸对外源乙烯的响应［J］. 西南农业学报，21（6）：1579-1582.
王秀林，阳代天，1994. 甘蔗不同生育期对氮磷钾的吸收与分配［J］. 土壤通报，25（5）：224-226.
王子芳，1982. 细菌-植物联合固氮研究进展［J］. 微生物学通报，9（4）：26-31.
王忠，2009. 植物生理学［M］. 2版. 北京：中国农业出版社，124-190.
魏春燕，2016. 内生固氮菌DX120E与甘蔗互作的生理和分子生物学基础研究［D］. 南宁：广西大学.
韦莉萍，李杨瑞，杨丽涛，2007. 钼对甘蔗体内固氮菌的固氮酶活性的影响［J］. 植物营养与肥料学报，13（1）：118-122.
韦莉萍，吴凯朝，邢永秀，等，2016. 接种内生固氮菌A01（*Pantoea agglomeras*）对甘蔗伸长期固氮生理特性的影响［J］. 南方农业学报，47（1）：18-23.
吴凯朝，叶燕萍，李杨瑞，等，2004. 喷施乙烯利对甘蔗群体冠层结构及一些抗旱性生理指标的影响. 西南农业学报，17（6）：724-729.
肖尚华，颜见恩，郭龙平，2012. 硅肥对甘蔗生产性状的影响［J］. 现代农业科技（6）：61-61，64.
谢如林，谭宏伟，黄美福，等，2010. 高产甘蔗的植物营养特征研究［J］. 西南农业学报，23（3）：828-831.
邢永秀，杨丽涛，李杨瑞，2002. 乙烯利对不同甘蔗品种气体交换的影响［J］. 热带作物学报，23（3）：66-72.
邢永秀，杨丽涛，李杨瑞，2003. 乙烯利对不同甘蔗品种光合特性的影响［J］. 广西农业生物科学，22（2）：109-113.
邢永秀，李杨瑞，杨丽涛，等，2004. 甘蔗不同组合叶片光能转换效率的比较［J］. 甘蔗，11（1）：1-4.
徐建云，陈超君，2009. 甘蔗栽培学［M］. 南宁：广西科学技术出版社.
杨丽涛，陈超君，李杨瑞，等，2002. 甘蔗叶片气体交换及对光的响应和水势的日变化［J］. 甘蔗，9（2）：1-7.
杨丽涛，李杨瑞，1992. 台糖172的光合速率和糖分积累分析［J］. 广西农业科学（2）：61-62.
杨丽涛，李杨瑞，1995. 干旱条件下后期灌溉对不同品种甘蔗产量、蔗糖分和某些生理生化特性的效应研究［J］. 作物学报，21（1）：76-82.
杨丽涛，李杨瑞，李素丽，等，2010. 第三章甘蔗生物学基础. 李杨瑞主编. 现代甘蔗学. 北京：中国农业出版社，40-84.
杨丽涛，李杨瑞，许涛，1998. 后期灌溉对宿根蔗蔗糖分积累的影响［J］. 中国糖料（3）：7-11.
杨声澂，2008. 不同施氮时期和施氮终止期对甘蔗氮素吸收分布影响的研究［D］. 南宁：广西大学.
姚拓，蒲小鹏，张德罡，等，2004. 高寒地区燕麦根际联合固氮菌研究Ⅲ固氮菌对燕麦生长的影响及固氮量的测定［J］. 草业学报，13（5）：10-105.
叶燕萍，李杨瑞，林炎坤，1993. 不同施氮终止期甘蔗品质性状和生理生化特性的研究［J］. 甘蔗糖业（1）：17-22.
尤崇杓，姜涌明，宋鸿遇，1987. 生物固氮［M］. 北京：科学出版社，228-242.
张新成，2007. 甘蔗蔗茎增粗的细胞学基础研究——茎尖微管骨架的初步研究［D］. 南宁：广西大学.
张新成，李志刚，李素丽，等，2008. 冰冻切片法在植物微管骨架研究中的应用［J］. 广西植物，28（2）：164-166.
张诒仙，江梅，1996. 用乙烯利控制甘蔗开花的评价［J］. 世界热带农业信息（9）：14-14.
湛方栋，李元祖，艳群，等，2008. 紫外辐射增强对4个甘蔗割手密无性系根际真菌数量和优势种群的影响［J］. 微生物学通报，35（11）：1721-1726.
赵洪波，2008. 甘蔗茎尖细胞微管微丝骨架研究［D］. 南宁：广西大学.
曾宪录，2005. 硅肥对甘蔗产量和糖分影响的研究［D］. 广州：华南农业大学.
周琼，李杨瑞，林鉴钊，等，2002. 喷施乙烯利对生长前期甘蔗叶片维管束结构及硅镁锌含量的影响

[J]．中国农学通报，21（2）：147-149.

周琼，李杨瑞，林鉴钊，等，2005. 灌溉对两个甘蔗品种叶片维管束结构及硅、镁、锌含量的影响［J］. 中国糖料（2）：1-4.

周可涌，1959. 甘蔗［M］. 北京：高等教育出版社.

周明强，刘凡值，谢惠珏，等，2001. 甘蔗选 50 形态特征与绵蚜发生关系的调查分析［J］. 广西甘蔗，34（1）：13-15.

周明强，刘凡值，谢惠珏，等，2002. 甘蔗选 50 叶片下表皮结构与抗绵蚜的关系［J］. 贵州农业科学，30（4）：16-17.

周明强，刘凡值，谢惠珏，等，2004. 甘蔗选 50 叶片横切面结构与抗绵蚜关系［J］. 广西蔗糖，36（3）：13-17.

周峰，张垂明，胡后祥，等，2011. 剪叶处理对甘蔗亲本开花影响初探［J］. 广东农业科学（2）：25-26.

朱鹏锦，庞新华，谭秦亮，等，2019. 低温胁迫对不同甘蔗品种叶片光合色素和光合生理特性的影响［J］. 热带作物学报，40（5）：875-881.

庄伟健，1989. 甘蔗茎解剖生理研究不同品种茎贮藏组织解剖特征及其对糖分的影响［J］. 作物学报，15（4）：369-310.

Alexander A G，1973. Sugarcane physiology：a comprehensive study of the saccharum source-to-sink system. Elsevier，Amsterdam，pp. 752.

Allison J C S，Williams H T，Pammenter N W，1997. Effect of specific leaf nitrogen content on photosynthesis of sugarcane［J］. Annals of Applied Biology，1312（2）：339-350.

Artschwager E，Brandes E W，1958. Sugarcane（*Saccharum officinarum* L.）：Origin，classification，characteristics，and descriptions of representative clones. USDA Agricultural Handbook 122.

Anna L，Hale Paul M，White Charles L，2017. Webber，Ⅲ，James R. Todd. Effect of growing media and fertilization on sugarcane flowering under artificial photoperiod［J］. PLOS ONE，12（8）：e0181639.

Balandreao J P，1975. Nitrogen fixation with free living microorganisms［J］. Microbiol，57-70.

Boddey R M，Urquiaga S，Alves B J R，et al.，2003. Endophytic nitrogen fixation in sugarcane：present knowledge and future applications［J］. Plant and Soil，252：139-149.

Cutler H G，Vlitos A J，1962. The natural auxins of the sugarcane Ⅱ. Acidic，basic，and neutral growth substances in roots and shoots from twelve days after germination of vegetative buds to maturity［J］. Physiol Plant，15：27-42.

Dengler N G，Nelson T，1999. Leaf structure and development in $C_4$ Plants［J］. $C_4$ Plant Biology，133-172.

Dutton J V，Carruthers A，Oldfield J F T，1961. The synthesis of sucrose by extracts of the root of the sugar beet［J］. Biochemical Journal，81：266-272.

DöbereinerJ，Deley J，1989. *Acetobacter diazotrophicus* sp. nov. a nitrogen fixing acetic acid bacterium associated with sugar cane［J］. Int J Syst Bacteriol，39：361-364.

Fu H，Burris R H，1989. Ammonium inhibition of nitrogenase activity in *Herbaspirillum seropedicae*.［J］. J Bacteriol，17：3168-3175.

Frydman R B，Hassid W Z，1963. Biosynthesis of sucrose with sugar cane leaf preparations［J］. Nature，199：382-383.

Gajdus J，Kaczynski Z，Smietana J，2009. Determination of flavonoids in cultivated sugarcane leaves，bagasse，juice and in transgenic sugarcane by liquid chromatography-UV detection［J］. Carbohydrate Research，344：1054-1057.

Gayler K R，Glasziou K T，1972. Sugar accumulation in sugarcane：Role of cell wall in sucroes transport

[J] . Plant Physiol, 46: 42-43.

Gillis M, Kersters K, Hoste B, et al. , 1997. The phylogeny of acetic acid bacteria based on the partial sequences of 16S ribosomal RNA and the elevation of the subgenus *Gluconobacter* to the generic level [J]. Bioscience Biotechnology and Biochemistry, 61: 1244-1251.

Glasziou K T, Gayler K R, 1972. Sugar accumulation in sugarcane: Role of cell wall in sucroes transport [J] . Plant Physiol, 46: 42-43.

Haq S, Hassid W Z, 1965. Biosynthesis of sucrose phostphate with sugar cane leaf chloroplast [J] . Plant Physiol, 40: 591-594.

Hartt C E, 1966. Translocation in colorful light [J] . Plant Physiol, 41 (3): 369-372.

Hartt C E, 1970. Effect of potassium deficiency upon translocation of $^{14}C$ in sugarcane [J] . Plant Physiol, 46: 419-422.

Hartt C E, Burr G O, 1967. Factors affecting photosynthesis in sugarcane [C] . Proceedings of the International Society of Sugar Cane Technologists, 12: 590-609.

Hartmann A, Burris R H, 1987. Regulation of nitrogenase activity by oxygen in *Azospirillum brasilense* and *Azospirillum lipoferum* [J] . J Bacteriol, 169: 944-948.

Hartmann A, Prabhu S R, Galinski, 1991. Oxgen tolerance of diazotrophic rhizosphere bacteria [J]. Plant and Soil, 137: 105-109.

Hatch M D, Glasziou K T, 1963. Sugar accumutation cycle in sugarcane. Ⅱ . Relationship of invertase activity to sugar tissue of plants grown in controlled ervironments [J] . Plant Physiol, 38 (3): 344-348.

Hartt C E, Kortschak H P, Forbes A J, et al. , 1963. Translocation of $^{14}C$ in sugarcane [J] . Plant Physiol, 38: 305-318.

Hatch M D, Slack C R, 1966. Photosynthesis in sugarcane leaves: a new carboxylation reaction and the pathway of sugar formation [J] . Biochem J, 101: 103-111.

Irvine J E, 1967. Photosynthesis in sugarcane varieties under field conditions [J] . Crop Science, 7: 297-300.

Irvine N B, James E, 1975. Relations of photosynthetic rates and leaf and canopy characters to sugarcane yield [J] . Crop Science , 15 (5): 671-676.

James E K, Reis V M, Olivares F L, et al. , 1994. Infection of sugarcane by the nitrogen-fixing bacterium *Acetobacter diazotrophicus* [J] . J Exp Bot, 45: 757-766.

Julien M H R, 1972. The photoperiodic control of flowering in Saccharum [C] . Proc Int Soc Sug Cane Technol, 14: 323-333.

Julien M H R, Delaveau P H, Soopramanien G C, et al. , 1978. Age time of harvest and environment as factors influencing differences in yield between flowering and vegetative canes [C] . Proc Int Soc Sug Cane Technol, 16: 1771-1790.

Kortschak H P, Hartt C E, Burr G O, 1965. Carbon dioxide fixation in sugarcane leaves [J] . Plant Physiol, 40 (2): 209-213.

Lakshmikantham, M, 1983. Ripening and maturity. In: Technology in sugarcane growing [D] . 2nd Edn, Oxford and IBH Publishing Co, New Delhi, pp. 178-201.

Li S L, Li Z G, Zhao H B, et al. , 2008. Changes of microtubule cytoskeleton in the stem tip cells of sugarcane during mitosis. In: Li YR, Nasr MI, Solomon S, Rao GP (Editors-in-Chief), Meeting the Challenges of Sugar Crops & Integrated Industries in Developing Countries. Engineering House Press Co, Cairo, Egypt, pp. 321-324.

Li Y R, 1993. The contents of ten nutritional elements in leaves of nine sugarcane genotypes [J] . Sugar

Cane (6): 10-12.

Li Y R, 2004. Beneficial effects of ethephon application on sugarcane under sub-tropical climate of China [J]. Sugar Tech. 6 (4): 235-240.

Li Y R, Wei Y A, 2006. Sugar industry in China: R & D and policy initiative to meet sugar and biofuel demand of future [J]. Sugar Tech, 8 (4): 203-216.

Li Y R, Zhou K Y, 1991. Prediction of sugar cane yield and quality from biochemical parameters in leaves of young shoots [J]. Sugar Cane (1): 10-14.

Li Z G, Zhao H B, Li S L, et al., 2008. The changes of microtubule cytoskeleton in the stem-tip cells of sugarcane during mitosis [J]. Agricultural Science and Technology, 9 (1): 94-98, 149.

Martin J P, Abbott E V, Hughes C G, 1961. Sugarcane diseases of the world [M]. Amsterdam: Elsevier Science Publisher.

Moore P H, 1971. Investigations of the flowering of Saccharum. I. Ontogeny of the inflorescence [J]. Canadian Journal of Botany, 49 (5): 677-682.

Moore P H, Osgood R V, 1989. Prevention of flowering and increasing sugar yield of sugarcane by application of ethephon (2-chloroethyphosphonic acid) [J]. Journal of Plant Growth Regulation, 8 (3): 205-210.

Nickell L G, 1970. Calvin-type carbon dioxide fixation in sugarcane stalk parenchyma tissue [J]. Plant Physiol, 45: 515-516.

Nose A, Uehara M, Kawamitsu Y, 1994. Variations in leaf gas exchange traits of saccharum including feral sugarcane, (*saccharum spontaneum* L) [J]. Japanese journal of crop science, 63 (3): 489-495.

Pan Y Q, Luo H L, Li Y R, 2009. Soluble acid invertase and sucrose phosphate synthase: Key enzymes in regulating sucrose accumulation in sugarcane stalk [J]. Sugar Tech, 11 (1): 28-33.

Pettigrew W T, 2008. Potassium influences on yield and quality production for and cotton [J]. Physiologia Plantarum, 133: 670-681.

Rao P N G, Shanmugavadivu R, Vasantha S, 2012. RNA Content in relation to flowering in sugarcane varieties [J]. Sugar Tech, 14 (1): 83-85.

Sachdeva M, Mann A P S, Batta S K, 2003. Sucrose metabolism and expression enzyme activities in low and high storing sugarcane genotypes of key sucrose [J]. Sugar Tech., 5 (4): 265-271.

Sage R F, Peixoto M M, Sage T L, 2013. Photosynthesis in sugarcane [M]. John Wiley & Sons Ltd.

Solomon S, Li Y R, 2004. Chemical ripening of sugarcane: globe progress and recent development in China [J]. Sugar Tech., 6 (4): 241-250.

Stevenson G C, 1965. Genetics and Breeding of Sugar Cane. London: Longmans, Green and Co Ltd. 284 pp. (Tropical Science Series).

Thom M, Komor E, 1984. Role of the ATPase of sugarcane vacuoles in energization of the tonoplast [J]. Eur J Biochem, 138 (1): 93-99.

Wang A Q, Huang W J, Niu J Q, et al., 2013. Effects of ethephon on key enzymes of sucrose metabolism in relation to sucrose accumulation in sugarcane [J]. Sugar Tech., 15 (2): 177-186.

Yang L T, Chen C J, Li Y R, 2001. Studies on photosynthetic characteristics in sugarcane varieties under field growing conditions [J]. Southwest China Journal of Agricultural Sciences, 14 (2): 69-74.

Yang L T, Li Y R, 2008. Future research priorities of Chinese sugar industry. In: Li Y R, Nasr M I, Solomon S, Rao G P (Editors-in-Chief), Meeting the Challenges of Sugar Crops & Integrated Industries in Developing Countries. Engineering House Press Co, Cairo, Egypt, pp. 764-770.

Van Dillewijn C, 1952. Botany of sugarcane [M]. Waltham: The Chronica Botanica, 371.

Yao R L, Li Y R, Zhang G R, et al., 2002. Endogenous hormone levels at technical maturity stage in sugarcane [J] . Sugar Tech., 4 (1&2): 14-18.

Zamski E, Schaffer A A, 1996. Photoassimilate distribution in plants and crops: source-sink relationships. v. Modification of the basic pattern of photosynthesis in $C_4$ plants [J] . Marcel Dekker, New York, USA, pp. 33-36.

Zhu Y J, Kumar E, Moore P H, 1997. Sugar accumulation in the sugarcane stem is regulated by the difference between the activities soluable acid invertase and sucrose phosphate synthase [J] . Plant Physiol, 115: 906-916.

# 第 七 章

# 甘蔗种质资源及其利用

种质资源是作物育种、生物科学研究和农业生产的物质基础，也是实现农业可持续发展的重要保障。甘蔗种质资源又称甘蔗品种资源、甘蔗遗传资源或甘蔗基因资源，为甘蔗育种（包括常规杂交育种、诱变育种、分子育种等）提供最基本的遗传材料。甘蔗种质资源包括甘蔗原种、地方品种、杂交品种、育种中间材料、甘蔗属野生种质及其近缘属植物。

纵观甘蔗杂交育种的历史，世界各国甘蔗育种取得的巨大成功，主要是源于“高贵化”育种理念的指导。但是，由于所用起始亲本有限，通过一代又一代“高贵化”杂交，造成现代甘蔗亲本主要含有热带种、割手密和印度种血缘，少部分还含有大茎野生种、中国种的血缘（彭绍光，1990），亲缘关系较近，遗传基础狭窄，限制了现代甘蔗育种的进一步突破。如何增加新的有益基因，扩大亲本遗传基础，特别是如何高效利用新基因，是现代甘蔗育种家应该重点思考的重要问题。因此，世界各国的甘蔗育种机构都十分重视对种质资源的收集、保存、研究和利用。

## 第一节　甘蔗种质资源的植物学分类及其特征特性

### 一、甘蔗种质资源的植物学分类

甘蔗属（*Saccharum*）在植物学上属于种子植物门（Spermatophyta）单子叶植物纲（Monocotyledoneae）颖花目（Glumiflorae）禾本科（Gramineae）黍亚科（Panicodeae）蜀黍族（Andropogoneae）甘蔗亚族（Saccharinae），为 $C_4$ 高光效植物。甘蔗属及其近缘属植物分类如图 7-1 所示（李杨瑞，2010；于慧和赵南先，2004；Daniels ang Roach，1987）。

甘蔗育种上，把甘蔗属与其亲缘关系较近且与甘蔗育种关系较大的近缘属植物如蔗茅属、硬穗茅属、河八王属、芒属一起合称为“甘蔗属复合体（*Saccharum* Complex）”。甘蔗属及其近缘属植物在分类系统的相互关系上存在着不同的意见，如关于斑茅的归属，有学者把它列入蔗茅属（Dutt and Rao，1950；冯斗等，1997），有的认为应属于独立的新属 *Ripidium* 属（Grassl，1972），有的则认为属于甘蔗属（邓绍同，1992；彭绍光，1990；王鉴明，1985；耿以礼，1956），国际上基本认可的是把其列入蔗茅属 *Ripidium* 组（*Erianthus* sect. *Ripidium*）（刘新龙等，2010；庄南生等，2005；Daniels ang Roach，1987）。甘蔗野生种质主要包括甘蔗属中的割手密、大茎野生种和近缘属的蔗茅属、硬穗茅属、河八王属、芒属等，是甘蔗抗逆性的主要来源。

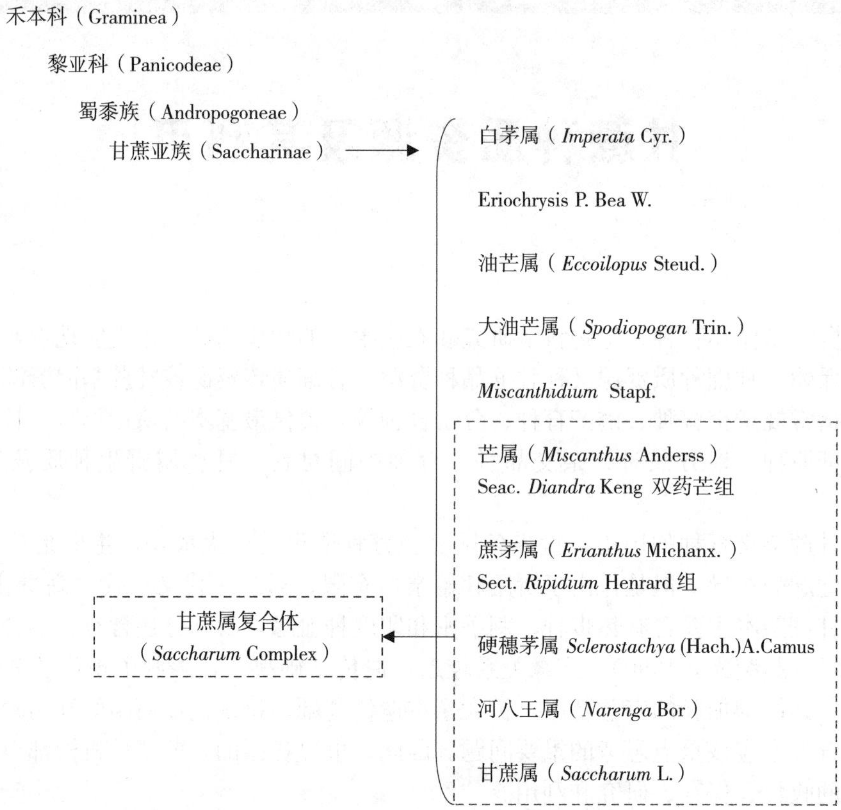


图 7－1　甘蔗属及其近缘属的分类关系

## 二、甘蔗种质资源主要属、种的主要形态特征及生长特性

### （一）甘蔗属（*Saccharum* L.）

甘蔗属是目前与人类生产和生活最为密切、利用最为广泛的一个属，该属的热带种、印度种、中国种、大茎野生种和割手密都是重要的甘蔗亲本资源。目前学术界上较普遍的分类方法认为甘蔗属内有 6 个种（Irvine，1999；Daniels and Roach，1987），分别是热带种、印度种、中国种、大茎野生种、割手密和肉质花穗种。其中热带种、印度种、中国种和肉质花穗种被认为是世界上最古老最原始的甘蔗栽培种，大茎野生种和割手密被认为是野生种（D' Hont et al.，1998）。

有学者利用 RAPD 分子标记对甘蔗属中的 5 个种（割手密、大茎野生种、热带种、印度种、中国种）进行种间亲缘关系分析，结果表明甘蔗属可以分为两个种群：热带种种群（包括热带种、大茎野生种、中国种和印度种）和割手密种群，这结果意味着热带种、大茎野生种、中国种和印度种这 4 个种亲缘关系较近，而割手密与甘蔗属其他种亲缘关系较远（徐景升等，2003；Irvine，1999）。

**1. 热带种**（*Saccharum officinarum* L.）　又名高贵种甘蔗（Nobile cane）、肉蔗。发源于南太平洋、大洋洲诸岛，适宜于热带、亚热带高温多雨地区栽培，是现代甘蔗品种商业性状的重要来源。主要代表品种类群有 5 个：奥它希地（Otaheite or Bourbon）、车里本（Cheribon）、拔地拉（Badila）、克里斯塔林娜（Crystalina）、黄加利顿尼亚（Yellow caledonia）。热带种具有植株高大、生长旺盛、产量高、糖分高、纤维含量少、蔗汁多等优点，但分蘖力弱，根群不太发达，易患病虫害，不耐瘠，抗旱抗寒能力差。热带种是生产上主要的杂交育种材料之一，又是早期的栽培品种。

**2. 印度种**（*Saccharum barberi* Jesweit.） 主要分布在印度恒河流域的旁遮普、拜夏和萨密等地，在中国南方也有分布，适宜于亚热带和温带地区栽培。植株矮小，茎细，分蘖多。芽细小、卵形，着生于根带之上。蜡粉厚，外皮坚硬，节间圆筒形，地下茎短。叶片窄，中肋不发达，叶下垂。难开花，花粉发育不良。在印度被分为 5 个类群，新尼（Surmabile）、芒高（Mungo）、那高利（Nargori）、盘沙鞋（Pansahi）和沙黎打（Saretha）。其中春尼（Chunnee，属新尼类群）为主要的育种材料，也曾用作栽培品种。它具有早熟，高糖，耐瘠、耐寒、耐粗放栽培，根群发育良好，抗萎缩病，淀粉含量高等优点，但其纤维多，宿根性较差，易感嵌纹病，难开花。

**3. 中国种**（*Saccharum sinense* Roxb.） 多年生草本，栽培种，主要分布在我国南方、印度北部、伊朗、马来西亚等。适宜于亚热带和温带地区栽培，植株高大，蔗茎细或中等，多呈细腰形，蜡粉带厚。芽长卵形，高附于根带之上，芽沟明显。叶片宽，两面五毛，具白色肥厚中肋，叶耳常缺。难开花，花粉发育不良。约有 40 个无性系，代表品种有竹蔗、芦蔗、育巴（Uba）。具有抗逆性强，耐粗放栽培，耐旱耐瘠，根系发达，分蘖力强，宿根性好，糖分较高，对萎缩病免疫，抗根腐病、花叶病，但易感黑穗病、赤腐病。

**4. 割手密**（*Saccharum spontaneum* L.） 也称小（细）茎野生种，民间称甜根子草。生长于南纬 8°至 40°的热带和亚热带地区，在我国主要分布在西南和华南地区。茎纤细，类型变异很大，节上有绢毛，节下被白粉，节间细腰形，大部空心，组织木质化，表皮硬，蜡粉带厚，幼时淡绿，成熟时白色或黄色。叶片细长坚硬，革质，两面无毛或腹面粗糙，边外卷具小锯齿。鞘无毛，鞘口有毛。芽三角形。圆锥花序，白色，披针形。花序主轴及总花梗被白色丝状毛。穗轴节间及节上被白色长柔毛。常生长在河旁、溪边、旷地、田埂边，有地下横走茎。具有早熟，根群发达，抗病，抗旱，耐贫瘠，宿根性强，对萎缩病、根腐病、赤腐病、嵌纹病等免疫，早花、易开花等优点，但跟许多热带种及一般甘蔗育种材料相比其糖分低、蔗汁少、纤维多、有空蒲心等。

**5. 大茎野生种**（*Saccharum robustum* Brandes and Jeswiet ex Grassl） 别名伊里安野生种（*Saccharum robustum* L.），主要分布在伊里安岛、婆罗洲、新大不列颠及西里伯斯岛等地。多年生草本植物，具有植株高大、长势旺盛、茎硬抗风、抗虫、耐旱性强、宿根性好、纤维分含量多、生物产量高等特点。茎高可达 10m 以上，直生或斜生，节间长 11～13 cm，茎径 2～3 cm。蔗皮甚厚，节膨大，生长带突出，节下有一条很明显的蜡质层。易感嵌纹病、根腐病、斐济病、露菌病（吴才文等，2014；苏广达等，1983）。

**6. 肉质花穗种**（*Saccharum edule* Hessk.） 又称食穗种，主要分布在伊里安及赫布里斯群岛以西的小岛上，分布范围小，从巴布亚新几内亚至斐济一带地区有种植，是美拉西亚人的一种传统蔬菜，其花穗退化为肥厚肉质，形如玉米果穗，包于叶鞘内（吴才文等，2014）。

**（二）蔗茅属（*Erianthus* Michanx）**

多为高大、粗壮的多年生草本，本属约有 20 个种，分布于温带、亚热带和热带，是甘蔗育种利用价值较大的近缘属野生种质。我国主要有 4 种，包括斑茅（*Erianthus arundinaceus*）、蔗茅（*Erianthus fulvus* Nees）、滇蔗茅（*Erianthus rockii* Keng）和台蔗茅（*Erianthus formosanus* Stapf）（彭绍光，1990）。蔗茅属植物主要形态表现为叶长而扁平，圆锥花序延长，小穗有 1 个两性小花，每个小穗的基部有束毛，实性外稃有劲直或旋钮状的芒，这是与甘蔗属最易识别之处，染色体小型，$x=10$（吴才文等，2014）。蔗茅属植物具有抗旱、耐瘠、耐寒、耐涝，叶片清秀，抗病虫性强，宿根性好，分蘖力强，适应性广等特性，成为各国甘蔗育种机构广泛杂交利用的重点研究对象。

**1. 斑茅**　别名大密（广东）、片莽（海南），我国主要分布在华南、西南等热带亚热带地区，常见于涧旁、岩石旱坡地间或在公路旁丛生。多年生高大草本，无根茎，植株粗壮直立，叶片扁平，线状披针形，两面光滑，边缘具小锯齿，中脉白色宽厚，基部有柔毛。芽卵形或矩圆形，根点常缺。圆锥花序，大而稠密，主轴及总花梗均无毛，小穗披针形且成对。具有生物量大、抗旱、耐涝、抗病虫性强、宿根性好、分蘖多、生长快、适应性广等优良性状。它比割手密更耐旱，在干燥的石崖缝中也能生长（沈万宽，2002；陈守良，1997；何顺长等，1994；彭绍光，1990）。

**2. 蔗茅**　多年生，高大丛生草本。原产于热带、亚热带和温带，我国主要分布在云南、贵州、四川、广西、陕西、甘肃、湖北、西藏等地，常见于海拔 480～2 800 m 的区域。基部坚硬木质，花序以下部分具白色丝状毛，多数具髭毛的节，节下被白粉。叶鞘大多长于节间，上部或边缘被柔毛，鞘口生縫毛；叶舌质厚，顶端截平，具纤毛；叶片宽条形，基部较窄，顶端长渐尖，无毛，下面被白粉，微粗糙，边缘粗糙，中脉粗壮。圆锥花序大型直立，主轴密生丝状柔毛（陈守良，1997）。具有锤度高、耐旱、耐寒、宿根性强等优良性状，茎秆锤度最高可达 22°Bx，同时蔗茅具有怕热的特性（萧凤迴等，1996）。

**3. 滇蔗茅**　原产中国，多年生草本，是我国特有的蔗茅属资源，分布于四川、云南、西藏海拔 500～2 700 m 的干燥山坡草地。秆高 2 m 左右，直径约 1 cm，单一，直立，有时下部节具分枝，紧接花序以下的部分平滑无毛，具多数节，节下被白粉。叶鞘较长于节间，无毛或在口部具柔毛，叶舌质厚，顶端钝，无毛，两侧下延与叶鞘边缘相连；叶片线状披针形，顶端长渐尖，基部狭窄，与叶鞘相接处有一横痕而易自该处脱落，中脉在上部与侧脉均不明显，下面粉绿色，疏生柔毛，近基部的毛较密，边缘锯齿状粗糙。圆锥花序较密集，顶端下垂，主轴无毛，伸长达花序上部，具多数分枝，小穗披针形，基盘具黄色丝状柔毛且长短不一（陈守良，1997）。具有抗旱、抗寒、耐瘠、耐粗生、宿根性强及较强的锈病抗性等优良性状，它比割手密表现出更强的抗旱、抗病虫和宿根特性，是抗逆及抗病育种的重要基因源，在甘蔗育种上具有较好的利用价值（王丽萍，2008；李文凤，2005）。

**4. 台蔗茅**　多年生草本，具根状茎，多生长在山坡草地。为中国特有的蔗茅属资源，分布于江西、福建、台湾、广东、海南等省份。秆直立，具多节，不分枝，紧接花序以下被丝状毛或无毛。叶鞘质厚，通常较长于其节间，上部者较短，鞘口具柔毛；叶舌短，顶端圆截形，具纤毛；叶片线形，扁平或内卷，顶端长渐尖，下部渐窄，具粗壮隆起之中脉，基部贴生柔毛，两面平滑无毛，边缘粗糙。圆锥花序伞房状，栗褐色或带紫色，主轴被丝状柔毛。具有耐旱、耐瘠、耐寒、宿根性强等优良性状（陈守良，1997）。

### （三）河八王属（Narenga Bor.）

多年生草本，直立，叶片披针形，顶生叶片常退化，主要分布于东南亚的热带地区和印度北部。河八王属是与硬穗茅属关系密切的一个小属（刘新龙等，2010）。河八王属有河八王［*Narenga porphyrocoma*（hance）Bor］和金猫尾［*Narenga fallax*（Balansa）Bor.］两个种，关于主要形态特征及生长特性只有河八王有报道。

**1. 河八王**　又名草鞋密，原产亚洲，在我国主要分布在长江以南的瘦瘠红壤地区。多年生，须根坚韧粗壮，秆直立，节具长髭毛，节之上下部分均被柔毛或白粉。茎较细，中空，基部中空明显，上部较粗，有蜡粉，无根点。芽长三角形，芽鳞厚，难萌发，通常以地下茎繁殖。下部叶鞘长于节间而上部叶鞘短于节间，遍生疣基柔毛，鞘口密生疣基长柔毛，叶舌厚膜质，钝圆，具纤毛；叶片长线形，顶生者退化成锥形，基部渐窄而仅具肥厚的中肋，下面无毛，上面密生疣基柔毛，边缘具锯齿状粗糙。叶上部较大，中脉不发达，叶缘锯齿锋利，叶鞘紧包蔗茎，极难脱落。圆锥花序，紧缩，淡紫色，长 22～25 cm，主轴被白色柔毛，节具柔毛，花粉发育好、量大。自交不亲和，但异型杂交可以产生大量种子。河八王具有耐瘦、耐旱、粗生、早熟、分蘖力强、直立抗倒、抗赤腐病、抗黑穗病、抗花叶病等优良性状（陈守良，1997；彭绍光，1990）。花期早，在广西 6 月初就有河八王开始开花。

**2. 金猫尾**［*Narenga fallax*（Balansa）Bor.］　分布于亚洲东南部热带地区，在我国主要分布于云南、广西、广东、海南等省、自治区。茎秆直立，粗壮，中空，节部被金黄色绒毛，节下被蜡粉或黄色柔毛，叶鞘通常较长于其节间，边缘密生纤毛，鞘节被黄色柔毛；叶舌厚膜质，紧贴其背部密生纤毛；叶片基部渐窄，中脉粗壮，两面疏生疣基柔毛或无毛，基部与叶鞘相连处及中脉上密生柔毛，边缘具锯齿状粗糙。圆锥花序大型，直立，主轴及其花序以下的部分秆均被黄锈色柔毛，每节具多数分枝，分枝直立上举。具有耐旱、耐寒、早熟等优良性状（陈守良，1997）。

### （四）芒属（*Miscanthus* Anderss）

俗称芒草，全世界约有 20 种，主要分布在东南亚，非洲也有少数种类，热带亚洲至热带非洲间断分布。芒属是多年生高大草本植物，粗壮、直立，有根状茎，茎秆充满白色软髓。具有生长快、产量高、易繁殖的特点，播种后能迅速覆盖地面。植株有很高大的（如芦苇），也有很小的（例如具丝状叶的 *M. trandmorrisonensjs* Hayata）。芒属植物叶片线状披针形，边缘粗糙，中脉白色，基部厚。圆锥花序顶生广展，由纤细总状花序组成。小穗成对，均为两性花，小穗柄短，颖片密被银丝长毛。目前，*Miscanthus* 已被重新分成 4 种类型：三药芒组（*Trierrhena* Honda）、真芒组（*Eumiscanthus* Honda）、*Kariyasua* Ohwi 和双药芒组（*Diandra* Keng）（张木清等，2006；彭绍光，1990）。

### （五）硬穗茅属［*Sclerostavahya*（Roxb）A. Camus］

硬穗茅属是甘蔗属复合体的中间类型，主要分布在印度北部、中南半岛和马来半岛地区。茎秆中空，达 3 m 长，主要有 3 个种：*Sclerostavahya fusca*（Roxb）A. Camus，

*Sclerostachya milroyi* Bor. 和 *Sclerostavahya ridleyi*（Hack.）A. Camus。其中 *S. fusca* 分布于印度和中南半岛，*S. ridleyi* 分布于马来半岛。硬穗茅属与“甘蔗属复合体”大多数植物的区别是茎秆中空，硬穗茅成对排列的小穗均有花梗，而甘蔗属的小穗，一个有花梗，另一个则没有（张木清等，2006；于慧和赵南先，2004）。

## 第二节　甘蔗种质资源在甘蔗品种遗传改良中的作用

在甘蔗杂交育种中，双亲间血缘异质性越大，则在杂交过程中后代基因重组产生变异的机会就越大，就越容易从丰富的变异群体中选择到优异个体，比如利用爪哇割手密与热带种远缘杂交再经3次“高贵化”回交，获得了POJ2878等优良品种。现代甘蔗育种家选育了很多新品种，虽然一些农艺性状和抗性等有所改良，但未能获得高水平的突破，主要原因可能是亲本遗传基础较狭窄，血缘异质性不大。要想甘蔗育种有新突破，需不断增加新的遗传种质，扩大亲本基因库。甘蔗种质资源是甘蔗育种的物质基础，品种改良和甘蔗育种获得突破主要依赖于种质资源中新基因的发掘利用。在甘蔗育种上，不同属、种的甘蔗种质资源具有不同的利用价值。

### 一、割手密

割手密为复杂多倍体或非整倍性植物，染色体数 $2n=32\sim128$（李杨瑞，2010；蔡青等，2002；Ha et al.，1999；Irvine，1999）。据刘昔辉等（2018）利用流式细胞术对广西割手密的研究，倍性见有6.3、7.7、8、8.6和9.2等。割手密抗逆性强、适应性广、多蘖，许多重要数量性状变异大，而且割手密数量庞大、变异类型多、遗传多样性丰富（张革民等，2006，2007）。现代甘蔗品种的抗逆性、适应性主要来源于割手密。不少育种家认为割手密是甘蔗属及其近缘属种中最有育种价值和研究价值的野生种之一，它比甘蔗的其他野生种质更易于杂交利用（李奇伟，2000；彭绍光，1990；骆君骕，1984）。割手密也最早被杂交利用，最成功和最早的例子就是“蔗王”POJ2878，利用爪哇割手密选育获得（彭绍光，1990）。目前主栽甘蔗品种都含有爪哇割手密和印度割手密的血缘，中国育成的部分品种还含有海南崖城、陵水及云南蛮耗割手密的血缘。20世纪中后期，我国台湾利用台湾割手密选育出ROC16、ROC23、ROC24等推广品种。近年来，我国广东、广西、云南、福建等省（自治区）对割手密杂交利用进行了大量研究（刘昔辉等，2012；吴才文等，2009，2011；桃联安等，2009；王丽萍等，2006；Chang，2002），获得了含崖城割手密、云南割手密或广西割手密血缘的一系列中间材料（杨翠凤，2015；吴嘉云等，2013），其中一些已育成了品种，如利用崖城割手密、陵水割手密及云南割手密75-2-11选育出粤糖89-113、甜城16、桂糖24号等30余个品种，利用云南蛮耗割手密选育出云蔗99-155（安汝东等，2007），利用含崖城割手密血缘的崖城71-374选育出桂糖51号等。

### 二、斑茅

斑茅植株高大，粗壮，是甘蔗育种利用价值较大的野生种之一。斑茅倍性见有7.1、

7.6、7.8、7.9 等，滇蔗茅倍性见有 3.3、3.8 等（刘昔辉等，2018）。斑茅具有较强的抗病、抗虫、抗旱、抗寒、耐贫瘠能力，分蘖性强，极粗生，宿根性好，适应性广，近 30 多年来斑茅的利用价值越来越受到甘蔗育种家的重视。广州甘蔗糖业科学研究所海南甘蔗育种场 1957 年开始进行斑茅的杂交利用，利用斑茅与热带种、中国种、大茎野生种等杂交，获得了一批优良的斑茅 $F_1$ 材料（邓海华等，2004；杨业后等，2002）；但直到 2001 年才突破 $F_1$ 材料杂交不孕的难题，获得第二代杂种（$BC_1$），现已将回交世代推进到 $BC_5$ 及保存大量的育种中间材料，并筛选出农艺性状较优的含斑茅血缘的甘蔗优良亲本供给全国各育种单位利用，如崖城 07-71、崖城 06-140。福建农林大学近年来在斑茅资源创新利用方面也做了系统性研究，探明了 $F_1$、$BC_1$、$BC_2$、$BC_3$、$BC_4$ 的染色体遗传，同时对后代材料进行了抗性鉴定与评价，获得了不同世代的优异遗传材料（邓祖湖，2010）。广西农业科学院甘蔗研究所利用广西斑茅 87-16 与广西割手密 79-9 杂交获得斑茅割手密复合体 07-6-1，再与甘蔗杂交回交获得一批优良 $BC_1$ 和 $BC_2$ 新材料（高铁静等，2012）。研究表明，利用斑茅与甘蔗杂交，可提高甘蔗生物量，增强生势，宿根性、抗旱性等（符成等，2004；王子琳等，1999）。但由于甘蔗斑茅杂种后代花粉育性低甚至不育、不利性状连锁累赘等原因，目前仍未获得具斑茅血缘的生产品种。

## 三、河八王

河八王是甘蔗近缘属植物，染色体较少，$2n=30$，二倍体，具有耐贫瘠、耐旱、抗病和分蘖能力强等优良性状（刘昔辉等，2018；李杨瑞，2010）。河八王在甘蔗近缘属植物中属于体细胞染色体数较少且数量较稳定的类型，当河八王与甘蔗进行杂交，所得杂种 $F_1$ 理论上就能导入一半或全部的河八王染色体，在其部分基因导入并发挥作用的同时，对甘蔗遗传背景的不良作用可能不会像其他多染色体野生种那么强烈。因此，相对其他多染色体野生种质而言，河八王的有益基因可能更容易被挖掘。最早利用河八王的报道，是 1952 年国外关于河八王与甘蔗杂交的研究，获得了一些后代，染色体 $2n=95$、55（Raghavan，1952）。目前国内对河八王的研究主要在广西，广西农业科学院甘蔗研究所进行了河八王种质资源收集和倍性鉴定（刘昔辉，2018），与甘蔗杂交获得了 $F_1$、$BC_1$、$BC_2$ 等后代（段维兴等，2017；刘昔辉等，2012；黄家雍等，1997），开展了染色体传递（刘昔辉，2018；段维兴等，2017）、分蘖相关基因克隆（刘昔辉等，2017）、遗传多样性及分子身份证构建（刘昔辉，2016）、DNA 甲基化水平变化（刘昔辉等，2019）、抗旱性研究（Liu et al.，2018）、抗病性研究（Wei et al.，2019；段维兴等，2018）。河八王被认为具有与甘蔗最近的二倍体亲缘关系（Al-janabi et al.，1994），并在 2.5 Ma 从甘蔗分化（Garsmeur et al.，2011）。也有研究表明，河八王 Guangdong64，$2n=4x=30$，是异源四倍体，每套染色体中，有 10 条与热带种一致，5 条是重组的（Yu et al.，2022）。

## 四、大茎野生种

长势旺，抗风，抗虫，宿根性好。染色体 $2n=60$ 或 80，倍性见有 14.4（刘昔辉等，2018）。各国利用大茎野生种育成了 MQ32、CP36 和 H37-1933 等品种。我国台湾省利用大茎野生种育成了 F146、F152、F160、F172、ROC1、ROC5 和 ROC10 等高产、高糖和抗风的品种（李杨瑞，2010；骆君骕，1984）。我国大陆利用大茎野生种后代作为亲本育成了湛蔗79-177、湛蔗86-368、桂糖18号、桂糖19号、闽糖92-649和赣蔗18号等品种（吴嘉云等，2013）。

## 五、芒

全世界约有20种，高大，直立，有根状茎。$2n=38\sim114$，倍性见有1.4、4.8等（刘昔辉等，2018）。芒属被推测是甘蔗属复合体中最古老的属种。芒属中见有利用五节芒与甘蔗杂交利用的研究报道（李杨瑞，2010）。

## 六、蔗茅

染色体$2n=20$，生长于冷凉、干旱、贫瘠的高海拔山坡上，具有极强的耐寒、耐旱和耐瘠薄能力；另一个显著特点是锤度高，可达17～22 °Bx，对甘蔗抗性育种和高糖育种具有良好的潜在利用价值。云南农业大学甘蔗研究所从1998年开始，利用甘蔗品种（系）与昆明蔗茅杂交，获得一批在产量、糖分和抗寒性等方面表现优良且适宜高海拔的$F_1$、$F_2$、$F_3$创新材料，这些材料还具有抗旱、抗病等优良性状（沈先岳等，2020；张荣跃等，2020），并于2012年育成了含有蔗茅血缘的甘蔗新品种滇蔗01-58。

## 七、滇蔗茅

染色体$2n=30$，具有耐旱、耐瘠、宿根性强、抗锈病性强等优良特性，成为甘蔗抗性育种的理想基因源。云南省农业科学院甘蔗研究所通过利用甘蔗属热带种、地方种、杂交品种，与滇蔗茅进行人工杂交，获得了甘蔗与滇蔗茅属间远缘杂交$F_1$材料（陆鑫等，2012）。广州甘蔗糖业科学研究所海南甘蔗育种场创制了滇蔗茅与河八王的杂交$F_1$材料（Chang et al.，2020）。

# 第三节　国内外甘蔗种质资源的研究现状

## 一、甘蔗种质资源的细胞遗传学研究

甘蔗属及其近缘属植物一般为多倍体或高度杂合的多倍体（甚至非整倍体）植物，少部分为二倍体，但关于甘蔗属及其近缘属植物倍性研究，整体上还不是很清楚，如有研究认为河八王是二倍体（Al-Janabi et al.，1994），但也有学者认为是四倍体（Yu et al.，2022）。对甘蔗属及其近缘属植物进行细胞遗传学研究主要集中于染色体数、核型及杂交后代染色体传递行为等方面。

### （一）甘蔗属内各种（species）的体细胞染色体数

**1. 热带种**　典型热带种染色体数$2n=80$，$x=10$（Irvine，1999）；有些非典型的无性系染色体数为$2n=98\sim148$（Jannoo et al.，2004），如路打（Loether），$2n=98\sim99$；POJ100，$2n=88\sim90$；卡拉卡拉华（Kala Kala Wa），$2n=124\sim126$；育巴马劳（Uba Marot），$2n=113$；如克利奥（Creole）$2n=81$（张木清等，2006）。Badila的核型公式为$2n=80=70m+10sm$（刘文荣等，2004）。

**2. 印度种**　染色体 $2n=82\sim124$，Grassl（1972）认为印度种是热带种与割手密的天然杂种。在甘蔗育种上，印度种以春尼最有价值，育成许多优良品种如 POJ36、POJ213 和 POJ234 等。

**3. 中国种**　染色体 $2n=116\sim118$，约有 40 个无性系，其中最有代表性的是竹蔗、芦蔗和育巴（Uba）。

**4. 割手密**　染色体多为 $2n=32\sim128$，多数为 $2n=64$（Irvine，1999），是现代栽培甘蔗的主要抗逆基因种源（Jannoo et al.，2004；彭绍光，1990）。文建成等（2001）、蔡青等（2002）对 106 份割手密无性系染色体进行观察计数，发现割手密染色体数目类型十分丰富，有 $2n=60$、64、70、72、78、80、90、92、96、104、108，11 种类型，其中以 $2n=64$、80、96 这 3 种类型出现频率最高，$2n=104$、$2n=108$ 两种类型为国内首次报道。

**5. 大茎野生种**　根据染色体数为整数的特点可分为 5 个类型（彭绍光，1990）：

大茎摩里斯比类型（Moresby），$2n=80$；

小茎哥劳卡类型（Goroka），$2n=80$；

大茎红肉类型，$2n=60$；

大茎铁包沙力类型（Teboe Salab），$2n=60$；

小茎黄不拉劳类型（Wau-Bulalo），$2n=60$。

**6. 肉质花穗种**　又称食穗种，花穗可供食用。该种体细胞染色体有 $2n=70\sim76$、$90\sim91$、84 等（苏广达等，1983）。

### （二）甘蔗近缘属植物体细胞染色体数

**1. 芒属**　染色体 $2n=38\sim114$，染色体数从低到高均有。陈少凤等（2008）分析芒属（*Miscanthus* Anderss）两个种的核型，结果为：两个种植物染色体数目均为 38，芒（*M. sinensis*）的核型公式为 $2n=38=28m+10sm$；五节芒（*M. floridulus*）的核型公式为 $2n=38=24m+14sm$。两个种均无随体染色体出现，核型都属于 2B 类型。郝明明等（2009）应用根尖压片法对芒草的染色体数目和核型进行了研究，结果表明：芒草的染色体数目为 $2n=48$，染色体基数为 $x=24$，核型中有 13 对 m 染色体、8 对 sm 染色体及 3 对 st 染色体。核型公式为 $2n=2x=48=26m+16sm+6st$。染色体的相对长度变化范围为 0.45%～2.45%，臂比变化范围为 1.10～3.97。最长与最短的染色体的长度比为 5.74。核型不对称性系数为 63.07%，核型属 2C 型。另外，有一些研究曾报道芒属染色体 $2n=40$、42、57、60（蔡青等，2002；文建成等，2001；Tateoka，1954；Hunter，1934）。

**2. 蔗茅属**　$2n=20$（王先宏等，2011；张木清等，2006；萧凤迴等，1996）。至于斑茅，云南省农业科学院糖业研究所发现，斑茅 $2n=20$、40、60，其中 $2n=20$ 类型为国内首次报道（蔡青等，2002；文建成等，2001），滇蔗茅 $2n=30$（林秀琴等，2013b）。

**3. 硬穗茅属与河八王属**　硬穗茅属 $2n=30$、34、48、98；河八王属河八王种 $2n=30$（刘昔辉等，2019；张木清等，2006；文建成等，2001；彭绍光，1990）。

### （三）甘蔗及其近缘属不同属、种间杂交的染色体行为

众多学者利用斑茅与甘蔗杂交，其 $F_1$ 染色体传递方式为 $n+n$（邓祖湖等，2007；刘

文荣等，2004），$BC_1$染色体传递方式为 $2n+n$（黄永吉等，2015）。甘蔗与蔗茅杂交，$F_1$染色体传递方式为 $2n+n$（王先宏等，2014；李富生等，2004，2005），$F_2$中以 $2n+n$ 和 $n+n$ 进行，$BC_1$中以 $n+n$ 进行（王先宏等，2014）；甘蔗（POJ2725）与五节芒杂交，染色体传递方式有 $2n+n$、$n+n$ 和 $n+2n$ 等方式；热带种与大茎野生种杂交，染色体传递方式为 $n+n$；热带种与硬穗茅杂交，染色体传递方式为 $n+n$ 和 $2n+n$。热带种与河八王杂交，染色体传递方式为 $n+n$。河八王与割手密杂交，$F_1$后代出现 $n+n$、$2n+n$ 的遗传方式（文颖，1998）。甘蔗与河八王杂交，$F_1$时其染色体传递方式为 $n+n$ 和 $n+2n$ 方式，$BC_1$时染色体传递方式为 $n+n$ 方式（刘昔辉等，2019）。甘蔗与滇蔗茅杂交，双亲均形成 $n$ 配子，染色体以 $n+n$ 方式遗传给 $F_1$，当利用 $F_1$代作母本进一步与甘蔗品种 ROC10 杂交时，染色体以 $2n+n$ 方式遗传给 $BC_1$后代（林秀琴等，2013a）。现将甘蔗及近缘属植物杂交的染色体行为归纳如下：

热带种×大茎野生种，$n+n$；
热带种×割手密，$n+n$、$2n+n$；
热带种×中国种，$2n+n$；
热带种×印度种，$2n+n$；
热带种×（热带种×割手密），$2n+n$；
热带种×河八王，$n+n$；
热带种×硬穗茅，$2n+n$、$n+n$；
大茎野生种×热带种，$n+n$；
大茎野生种×割手密，$n+n$；
印度种×割手密，$n+n$；
中国种×热带种，$n+n$、$n+2n$；
中国种×割手密，$n+n$；
割手密×热带种，$n+2n$；
割手密×中国种，$n+n$；
河八王×割手密，$n+n$、$2n+n$；
斑茅×割手密，$n+n$；
滇蔗茅×河八王，$n+n$；
甘蔗（栽培种或中间材料）×斑茅，$n+n$；
甘蔗（栽培种或中间材料）×蔗茅，$n+2n$；
甘蔗（栽培种或中间材料）×河八王，$n+n$、$n+2n$；
甘蔗（栽培种或中间材料）×滇蔗茅，$n+n$；
甘蔗（栽培种）×五节芒，$n+n$、$2n+n$、$n+2n$。

## 二、甘蔗种质资源主要植物学性状（或农艺性状）与抗逆性鉴定

### （一）主要植物学性状或农艺性状鉴定

**1. 割手密**（细茎野生种） 株高平均 121 cm，高的可达 200 cm 以上；茎径平均 0.44 cm，茎径较粗的大于 1.0 cm；一茎生物重平均 35.2 g，一茎重平均 17.3 g，其标准差和变异

系数分别为73%和82%。其中一茎重较大者达25 g以上。植株较高、茎径粗的主要有陇川割手密、海南1号、泰国1号、四川79-2-6、黄流3号、陵水5号、印度2号、广西割手密等。割手密茎汁量少，难于实现固定部位取汁，茎锤度表达一定的蔗糖含量但意义不大，不能像一般糖料蔗锤度可作为蔗糖分高低的参考。用磨碎法全茎分析，割手密蔗糖分平均5.48%（黄忠兴等，2012；周耀辉等，1996，1997，1999）。

**2. 斑茅** 株高平均162 cm，茎长131 cm，茎径0.86 cm，三者间变异幅度（17.5%～23%）不大，而一茎生物重135 g和一茎重56 g，二者间变异系数（45.3%～71%）则大得多，与割手密相比，斑茅主要农艺性状各项变异系数均不及前者大，表明斑茅比较稳定。斑茅茎糖分最高为4.93%，最低0.43%，大多在2%～3%之间，低糖且差异不大。茎锤度、蔗糖分均不及割手密，尤其蔗糖分相距更大，建议利用斑茅时应以其优良抗病、抗逆等为主，不以蔗糖分为依据（周耀辉等，1996，1997，1999）。

**3. 河八王属** 对2个无性系作分析，河八王属低糖，云南82-3蔗糖分为1.41%，英德河八王为1.99%。甘蔗×河八王的杂种后代表现为植株较高，分蘖少，茎质硬度大，蔗茎青绿色，茎径0.9～1.82 cm，锤度5.5%～11.5%，叶片散生，淡绿色，披长，光滑无毛，叶鞘57毛群多；节间圆筒形，芽圆形凸起，下平叶痕，上平生长带（周耀辉等，1996，1997，1999；黄家雍等，1997；诸葛莹和黄吉森，1996）。

**4. 热带种** 曾有研究表明热带种15个品系在旱地栽培下平均亩产3 717 kg，平均蔗糖分12.85%，最高糖分为57NG155（17.74%）（李杨瑞，2010）。

**5. 中国种** 曾有研究表明中国种7个品系平均亩产3 747 kg，平均蔗糖分9.77%，自8.46%至10.96%范围，与热带种相比有一定差距，所谓“糖源”来自热带种，由此可见（李杨瑞，2010）。

**6. 大茎野生种** 平均株高208 cm，茎径平均1.73 cm，最粗可达2.6 cm，一茎生物重平均485 g。据观察，甘蔗野生种质花期大多为2周左右，短的1周，长的达3～4周。花粉质量中等和量多的占76%，绝大多数花粉发育率在80%以上。割手密与斑茅在10月就开始开花（周耀辉等，1996，1997，1999）。

### （二）抗病性评价

斑茅或其与甘蔗杂交后代对多种病害表现高抗或免疫，如对花叶病表现为免疫，对赤腐病（Hale et al.，2010；Ram et al.，2001）、黑穗病表现高抗（沈万宽，2002）。吴嘉云等（2013）过人工接种花叶病毒和黑穗病菌方式对甘蔗和斑茅杂交后代的几个无性系进行抗病性评价，结果表明不同的甘蔗与斑茅杂交后代黑穗病抗性、花叶病抗性表现分离。评价出了$BC_1$的2个无性系YCE01-134和YCE01-116，其对花叶病和黑穗病表现“0”感染率并在抗性生理指标分析中表现突出。

河八王具有抗黑穗病等优良性状，通过与甘蔗品种的杂交，这一性状有可能得到遗传。广西农业科学院甘蔗研究所发现参试的13个河八王$F_1$品系中对黑穗病抗性达高抗（HR）或抗（R）的占试验总数的50%，30个$SNBC_1$材料中未发病的材料占21.05%，达高抗（HR）的材料占39.47%（段维兴等，2017，2018）。

对热带种、中国种、割手密、斑茅共51份种质于1995年春秋进行黑穗病人工接种试验，结果显示不论甘蔗野生型还是栽培型均表现不同程度的黑穗病抗性。参试材料中割手密大部分表现为一级抗病（发病率为 0）或二级中抗黑穗病（发病率为 0.1%～10%）；斑茅全部表现为一级抗病，而热带种、中国种抗病与感病都有（周耀辉等，1996）。

1996 年甘蔗种质嵌纹病试验用栽培种质 21 个（其中热带种 13 个无性系，中国种 6 个无性系及地方种 1 个），野生型种质 30 个（其中割手密 27 个无性系，斑茅 3 个无性系），结果斑茅与绝大多数割手密表现为免疫，只有陇川割手密表现为高感嵌纹病；热带种、中国种均有不同抗性表现，免疫和高抗的占 55%，感病和高感的占 30%。1997 年对 49 份无性系进行甘蔗嵌纹病人工接种，结果野生种质也有不同等级，但一级免疫的有 39 份无性系，占野生种质的 90%，说明我国野生种质中普遍存在抗嵌纹病基因（周耀辉等，1996，1997）。

总的来说，热带种、中国种均有不同程度的抗病性（黑穗病、嵌纹病）；斑茅虽属低糖，但都是一级高抗黑穗病及一级免疫嵌纹病，如利用斑茅种质创新，应着重其抗病性、抗逆性及高（162 cm）、粗（0.86 cm）等优良性状；割手密的萌芽、分蘖、株高、茎径、单茎重、糖分等存在的差异比较大（张革民等，2007），抗病性（黑穗病、嵌纹病）也具不同优劣表现，没有斑茅的表现稳定，所以利用割手密应先选择农艺性状较好、糖分较高、抗病性较好等综合性状优良的材料。

### （三）抗逆性评价

**1. 抗倒性评价** 甘蔗抗逆育种中，抗倒是育种目标之一，很多材料产量、糖分高，但后期倒伏，致使糖分下降，又加大了收获难度，造成经济损失。如依此抗倒伏为目标，在甘蔗近缘植物中，河八王、蔗茅、芒、硬穗属、白茅属与甘蔗进行杂交，可显著增加蔗茎纤维含量。纤维含量越高，其抗倒性就越强，据澳大利亚 Bull 等．（1963）和 Glasziou 等．（1963）研究分析，肉蔗纤维含量最低，不足 10%；竹蔗纤维含量 12%，代表一般制糖原料蔗。大茎野生种纤维含量约为普通制糖原料蔗的 1 倍。割手密纤维含量为 33.9%，比芒 51%低，比斑茅 30%高。从纤维含量结果看，利用割手密、芒、斑茅对增强蔗茎抗倒性可能会更有效。

**2. 抗寒性评价** 2008 年初我国南方部分省份遭受了 50 年不遇大范围低温冰冻雨雪天气的危害，广西蔗区最低气温达到－1.1℃。邓展云等（2009）对广西兴宾区、宜州区、柳江区等主要受灾蔗区县进行调查，结果显示各品种（系）抗寒能力顺序为：桂糖 28 号、桂糖 27 号、桂糖 26 号、桂糖 24 号、桂糖 20 号、桂糖 21 号、桂糖 25 号、柳城 03-182、桂糖 03-2287、粤糖 00-236、园林 4 号＞台优 1、桂引 9 号、桂糖 22 号、桂糖 99-181、桂糖 02-761、桂糖 03-351＞新台糖 16 号、桂柳 01-07、桂糖 99-107＞桂糖 02-237、桂糖 02-467、桂糖 02-963、桂糖 03-1403、桂糖 03-2603、新台糖 22 号、粤糖 96-86、赣蔗 95-108、园林 6 号。

姚全等（2000）研究不同霜害程度对桂糖 11 号、桂糖 12 号、新台糖 16 号、新台糖 20 号、新台糖 22 号、CP80-1827 的品质（蔗糖分、蔗茎密度）的影响，观测了各甘蔗品种的抗逆性，结果表明，受霜冻 1 个月后的甘蔗蔗糖分下降 1.86～4.96 个百分点，甘蔗密度损失 4.92%～12.42%，新台糖 16 号、CP 80-1827 和桂糖 12 号抗霜冻能力明显优于新台糖 22 号等品种。

据研究认为，割手密抗寒性最强，印度种变异较大，热带种、大茎野生种及中国种抗寒性均弱（彭绍光，1990）。蔗茅及其 $F_1$ 材料抗寒性较好，并克隆到了抗寒相关基因 *EfWRKY*62（曹丹等，2020）。

**3. 抗旱性评价** 广西农学院蔡泽霖（1992）研究了割手密、河八王、斑茅、蔗茅、芒、中国种、印度种的叶干比、叶中肋干比、切叶自然失水速度、自由水与束缚水含量比例和伤流量等指标来探讨其抗旱能力，结果显示，割手密叶干比和叶中肋干比值均比斑茅、河八王、芒等供试种属高；割手密自由水/束缚水含量比值为 0.61，斑茅为 1.75，河八王为 1.25；割手密切叶自然失水速度在 13.5 h 内，明显低于斑茅和河八王切叶自然失水速度；割手密伤流量全期平均为 1 674 mg/（$cm^2$ · h），斑茅、河八王分别为 1 081 mg/（$cm^2$ · h）、935 mg/（$cm^2$ · h）。综合评价出割手密的抗旱能力比斑茅、河八王等材料强。王天菊等（2017）对 26 份尼泊尔、缅甸、印度和中国的割手密进行抗旱评价，得出不同基因型割手密的染色体数与抗旱性呈极显著负相关，叶面积与抗旱性呈显著负相关。

陈义强等（2007）对供试材料 CP72-1210、选 15（Co1001）、新台糖 1 号、桂糖 11 号（桂糖 73-167）4 个常用亲本及其衍生品种和其他一些普遍认为抗旱性较好的甘蔗品种或材料如福农 81-745、CP84-1198、RB72-454、湛蔗 86-368、CP72-2086、崖城 90-33、海南 92-105、福建斑茅等进行甘蔗种质资源抗旱性筛选试验。研究表明，表现出高抗的种质资源均含有较高的割手密血缘，且距离割手密的世代较近，如 Co617 为割手密的第二代，含有 31.25%的割手密血缘；POJ2878 为割手密的第三代，含有 12.5%的割手密血缘；NCo310 为割手密的第三代，含有 21.88%的割手密血缘；F134 为割手密的第四代，含有 12.5%的割手密血缘。而抗旱性较弱的种质资源则含有较少的割手密血缘，且距离割手密的世代较远，如新台糖 1 号为割手密的第五代，仅含有 8.6%的割手密血缘，F172 为割手密的第五代，仅含有 8.6%的割手密血缘，新台糖 10 号为割手密的第六代，仅含有 8.21%的割手密血缘。

中国种也具有较强的抗旱性。江西竹蔗为中国种原种，表现出较强的抗旱性；F134 为中国种的第三世代，含有 12.5%的中国种血缘；桂糖 1 号为中国种的第四世代，含有 6.25%的中国种血缘，它们也都表现出较强的抗旱性。

斑茅在伸长期干旱胁迫下的渗透调节、抗氧化系统、物质代谢等方面都表现出了积极的生理响应。福建斑茅表现为高抗，在试验中的耐受断水时间也最长，可见斑茅确实具有很强的抗旱性。含有大茎野生种血缘的种质材料有 F146、新台糖 1 号、F172、新台糖 16 号和新台糖 10 号等，除 F146 表现出中等抗旱性外，其余均表现出较弱的抗旱性。据此推断大茎野生种并不具有优良的抗旱性状。闽糖 70-611 为热带种的第四代，含有 62.5%的热带种血缘；Co617 为热带种的第二代，含有 68.75%的热带种血缘；粤糖 57-423 为热带种的第四代，含有 68.75%的热带种血缘；新台糖 10 号为热带种的第五代，含有 72.27%的热带种血缘，它们都表现为较弱的抗旱性。属于热带种原种的同安果蔗和拔地拉表现出中等抗旱性。从研究结果看，热带种的抗旱性较弱，不是甘蔗品种中抗旱基因的来源（肖芙荣等，2018）。

河八王也具有较强的耐旱性。Liu 等（2019）对亲本河八王进行了抗旱研究，在温室条件下连续 22 d 不浇水，河八王仍保持有较多的绿叶数，通过高通量测序发现和报道了河八王叶片应答缺水胁迫、与光合作用相关编码 LHCB 的基因。

蔗茅及其杂交后代抗旱性研究表现出较佳的抗旱性，且蔗茅的抗旱性状可以通过基因渗透方式传递给后代，也克隆到了蔗茅抗旱相关基因 *EfGRAS*（沈先岳等，2020a，2020b）。

综合上述，割手密、斑茅、河八王、蔗茅和中国种可作为甘蔗育种中抗旱基因的重要来源。

**4. 抗病性评价** 广西农业科学院甘蔗研究所从 2013—2015 年在海南和南宁连续 3 年对 560 份甘蔗亲本进行了甘蔗黑穗病、梢腐病、花叶病、锈病、黄叶病等主要病害的田间发病情况调查，同时对其中 115 份优良甘蔗亲本进行了人工接种甘蔗黑穗病、花叶病和宿根矮化病的抗病性鉴定试验。结果表明，美国 CP 系列甘蔗亲本对黑穗病抗性较好，桂糖系列甘蔗亲本对梢腐病抗性较差。美国 CP 系列甘蔗品种的抗黑穗病率为 85.0%，泰国系列品种为 75.0%，桂糖系列和云蔗系列品种均为 63.6%，粤糖系列品种为 53.3%，川蔗系列品种为 33.3%，福农系列、崖城系列、新台糖系列、法国系列品种均约为 50.0%。其中，高抗黑穗病的甘蔗品种有美国品种 CP07-1527、CP07-2137、CP07-1533、CP07-1618、CP09-4707、CP09-4647、CP09-4369、CPCL06-3332、CP00-1100、CP72-2086，泰国品种 K88-92、K95-84、MP3、KK3、UT6，还有国内品种（系）崖城 96-48、崖城 96-40、云蔗 03-194、云蔗 99-91、云蔗 03-258、粤糖 90-4、粤糖 83-271、粤糖 96-86、粤糖 83-271 等共 24 个甘蔗品种（系）（韦金菊等，2021）。

## 第四节 国内外甘蔗种质资源的杂交利用研究进展

### 一、甘蔗近缘属野生种质的杂交利用

甘蔗近缘属野生种质主要有芒属（*Miscanthus* Anderss）、蔗茅属（*Erianthus* Michaux. Sect. Ripidium Henrard）、河八王属（*Narenga* Bor.）、硬穗茅属［*Sclerostachya* (Hach) A. Camus］。其中杂交利用最多的是蔗茅属，硬穗茅杂交利用的研究报道较少。从发表文献看，我国对甘蔗近缘属野生种质杂交利用的报道远多于国外，广州甘蔗糖业科学研究所海南甘蔗育种场和福建农林大学对斑茅的杂交利用，云南省农业科学院甘蔗糖业研究所（含瑞丽育种站）对滇蔗茅、斑茅、割手密的杂交利用，云南农业大学甘蔗研究所对蔗茅的杂交利用，广西农业科学院甘蔗研究所对斑茅、割手密、河八王的杂交利用等，获得一批农艺性状优良的不同世代材料。其中在蔗茅利用方面，已培育出具有蔗茅血缘的适宜高原地区种植的甘蔗品种云农 01-58。

#### （一）蔗茅属的杂交利用

蔗茅属约有 20 个种，分布于温带、亚热带和热带，我国有 4 个种：台蔗茅（*E. formosamus*）、滇蔗茅（*E. rockii*）、蔗茅（*E. fulvus*）和斑茅（*E. arundinaceus*）。

早在 1927 年，Rankle 就利用热带种 EK28 与蔗茅（*Eianthus sara*）杂交，获得杂交后代；1941 年贾纳奇·安默鲁用热带种与斑茅（*Eriatnus arundinaceus*）杂交，其后代染色体为 $n+n$；1953 年拉格范利用割手密与蔗茅（*Erianthus ciliar*）杂交，获得了一些后代（张木清等，2006）。

20 世纪 90 代初广西农业科学院甘蔗研究所曾探讨甘蔗品种与滇蔗茅的杂交并获得了

杂种实生苗，通过生长习性、形态学观察和同工酶分析显示后代具有亲本的某些特征特性（何红，1997）。但这些材料由于没有花粉，进一步的杂交研究未见报道。黄家雍等（1997）利用甘蔗栽培品种与滇蔗茅（*E. kochii*）杂交，获得了少量杂种实生苗。云南省农业科学院甘蔗研究所利用桂糖 11 号与滇蔗茅杂交获得实生苗 14 株，从中选出优良材料云滇 $F_1$91-2008，进一步利用该材料与云割斑 93-3148 杂交获得含“三种”复合血缘的云割斑滇 $F_1$ 99-48，对甘蔗黑穗病及叶斑病的抗性表现优异（杨李和，2004）。王丽萍等（2008）利用甘蔗热带种与滇蔗茅杂交，再与优良栽培品种进行回交，获得了一些抗旱性强、高抗锈病的 $BC_1$真杂种。云南农业大学于 2012 年育成了含有蔗茅血缘的甘蔗新品种滇蔗 01-58（云农 01-58）（何平等，2014）

**1. 斑茅的杂交利用**　在蔗茅属 4 个种中，斑茅的杂交利用研究是近 30 年来甘蔗野生种质基因资源发掘利用的热点。早在 1885 年 Scotwedel 就试图利用甘蔗与斑茅杂交，但未获得成功。1941 年贾纳奇用热带种与斑茅杂交获得一些后代。世界上开展甘蔗育种研究较早的国家如巴巴多斯、美国、南非等都开展过斑茅杂交利用研究，而以我国广州甘蔗糖业研究所海南甘蔗育种场、云南省农业科学院甘蔗研究所和福建农林大学甘蔗研究所等机构近 20 多年的研究报道较多。广西农业科学院甘蔗研究所独辟蹊径，以斑茅与割手密杂交获得斑割复合体（杂种），再进一步进行杂交利用。斑茅杂交利用的方式主要有以下几种：杂交种×斑茅、热带种×斑茅、中国种或中国地方种×斑茅、大茎野生种×斑茅、斑茅×割手密。

（1）杂交种×斑茅。广东省科学院南繁种业研究所海南甘蔗育种场从 1956 年起开展斑茅与甘蔗杂交的研究，至 20 世纪 80 年代，先后选育出崖城 57-25、崖城 73-07、崖城 80-83、崖城 80-85 等。2000 年以后，海南甘蔗育种场加强对斑茅 $F_1$ 杂种进行真实性鉴别，筛选综合性状优良的真杂种进行回交利用（表 7-1、表 7-2）。在进一步的回交中，改变以往以斑茅 $F_1$ 为父本与甘蔗进行回交的策略，以其为母本进行杂交，获得经同工酶分析或分子鉴别含斑茅血缘的 $BC_1$、$BC_2$后代材料。现已将回交世代推进到 $BC_5$ 及保存大

**表 7-1　杂交种×斑茅基础杂交利用统计**

| 亲本组合 | 杂交地点 | 后代材料 |
|---|---|---|
| CP34-120×斑茅 | 海南崖城 | 崖城 57-25 |
| S17×崖城斑茅 | 海南崖城 | 崖城 72-399、崖城 80-83 |
| 粤糖 57-423×崖城斑茅 | 海南崖城 | 崖城 73-512 |
| Co1001×崖城斑茅 | 海南崖城 | 崖城 90-31 |
| CP72-1210×崖城斑茅 | 海南崖城 | 崖城 90-4，崖城 90-11 |
| 粤糖 54-18×云南蛮耗斑茅 | 云南瑞丽 | 云瑞 80-114 |
| 云瑞 80-15×云富宁小斑茅 | 云南瑞丽 | 云瑞 93-3148 |
| 云瑞 00-7×斑茅 180 | 云南瑞丽 | 云瑞 06-75 |
| Co285×江西斑茅 79-02 | 云南开远 | 实生苗 115 株均为假杂种 |
| Co285×广西斑茅 84-16 | 云南开远 | 实生苗 45 株均为假杂种 |
| Co614×云南斑茅 83-158 | 云南开远 | 实生苗 26 株，57%为真杂种 |

表 7-2　斑茅 $F_1$ 品系主要经济性状

| 品 系 | 株高（cm） | 茎径（cm） | 锤度（%） | 丛有效茎（条） |
|---|---|---|---|---|
| 崖城 95-41 | 155 | 1.5 | 15.8 | 16 |
| 崖城 96-40 | 145 | 1.4 | 11.0 | 16 |
| 崖城 96-41 | 145 | 1.8 | 15.0 | 11 |
| 崖城 96-42 | 105 | 1.5 | 15.1 | 12 |
| 崖城 96-43 | 155 | 1.6 | 12.0 | 17 |
| 崖城 96-44 | 135 | 1.6 | 11.0 | 18 |
| 崖城 96-45 | 136 | 1.6 | 14.0 | 11 |
| 崖城 96-46 | 130 | 1.4 | 11.3 | 14 |
| 崖城 96-65 | 130 | 1.6 | 15.4 | 19 |
| 崖城 96-66 | 100 | 1.1 | 15.0 | 9 |
| 崖城 96-67 | 138 | 1.3 | 15.9 | 16 |
| 崖城 96-68 | 145 | 1.5 | 14.5 | 10 |
| 崖城 96-69 | 115 | 1.4 | 12.8 | 18 |

量的育种中间材料，并已筛选出农艺性状较优的含斑茅血缘的甘蔗优良亲本供给全国各育种单位利用，如崖城 07-71、崖城 06-140（王勤南等，2017；符成等，2004）。在杂交可育性和 $BC_1$ 后代主要经济性状方面，斑茅 $F_1$ 品系间和杂交组合间均存在显著差异。斑茅 $BC_1$ 后代的产量性状和糖分仍与甘蔗栽培品种有较大差距，但各性状的最大值已与栽培品种相当（邓海华等，2004）。云南省农业科学院甘蔗研究所瑞丽甘蔗育种站先后利用不同杂交种与云南蛮耗斑茅、云富宁小斑茅、斑茅 180 等不同类型的斑茅杂交，创制了一批杂交后代，如云瑞 80-114、云瑞 93-3148、云瑞 06-75 等，但目前还没有培育出甘蔗新品种（吴才文等，2014）。广东省科学院南繁种业研究所目前已筛选出含斑茅血缘的崖城 07-71、崖城 06-140 和崖城 04-55 等 13 个遗传亲本材料并推荐给全国各育种单位进行杂交选配利用，这些亲本具有高光效、高抗性、高经济育种值、农艺性状优、宿根好、适合机械化等优点。

（2）热带种×斑茅。广东省科学院南繁种业研究所（前广州甘蔗糖业科学研究所）海南甘蔗育种场，1973 年开始利用 5 个热带种与 10 个不同斑茅杂交，成功选配出杂交组合 11 个（表 7-3）。但直到 2001 年才突破甘蔗与斑茅杂交第一代杂种（$F_1$）杂交不孕的难题，获得第二代杂种（$BC_1$），2003 年成功育成一批第三代杂种（$BC_2$）。现已有 $BC_5$ 材料供给全国各育种单位利用。采用澳大利亚家系试验法，进行经济育种值评价，崖城 11-31、崖城 07-71 和崖城 06-140 可作为生产性母本；崖城 05-164 和崖城 07-20 可作为生产性父本，桂糖 02-761×崖城 05-164、德蔗 93-88×崖城 06-61、崖城 11-31×ROC22、崖城 07-71×HoCP02-623 和崖城 12-8×K86-110 等 5 个家系可作为生产性家系（王勤南等，2017）。云南省农业科学院甘蔗研究所，1998 年开始利用 11 个热带种与云南斑茅、海南斑茅、广东斑茅、广西斑茅和福建斑茅等不同类型的斑茅杂交，从后代中筛选出一批抗寒和高抗黑穗病的种质，利用斑茅 $F_1$、$BC_1$、$BC_2$、$BC_3$ 与栽培种回交，获得一批含斑茅血缘的优良创新种质（王丽萍等，2007）。

**表 7-3 热带种×斑茅基础杂交利用统计**

| 亲本组合 | 杂交地点 | 后代材料 |
|---|---|---|
| Badila×斑茅 | 海南崖城 | 崖城 75-283、崖城 73-09、崖城 75-284、崖城 95-40、崖城 95-41、崖城 96-46、崖城 96-60、崖城 96-63、崖城 96-66、崖城 96-67、崖城 96-69 |
| B. Cheribon×崖城斑茅 | 海南崖城 | 崖城 73-906 |
| Badila×崖城斑茅 | 海南崖城 | 崖城 73-07 |
| 50Uahiapele×斑茅 | 海南崖城 | 崖城 96-35、崖城 96-60 |
| Badila×海斑 92-77+海斑 92-79 | 海南崖城 | 崖城 96-40、崖城 96-41 |
| Badila×海斑 92-105 | 海南崖城 | 崖城 96-65、崖城 96-68 |
| Akoki22×斑茅 | 海南崖城 | 崖城 96-32 |
| 罗汉蔗×海斑 92-84 | 云南开远 | 实生苗 60 株，真杂种 80% |
| Crystalina×海斑 92-109 | 云南开远 | 实生苗 59 株，真杂种 80% |
| 越南牛蔗×云斑 82-123 | 云南开远 | 实生苗 1 株，真杂种 100% |
| 罗汉蔗×云斑 82-143 | 云南开远 | 实生苗 5 株，真杂种 100% |
| 96NG16×云斑 82-28 | 云南开远 | 实生苗 4 株，真杂种 100% |
| 96NG16×云斑 83-183 | 云南开远 | 实生苗 12 株，真杂种 80% |

（3）中国种、中国地方种×斑茅。海南崖城甘蔗育种场 20 世纪 90 年代开展中国种、中国地方种（松溪百年蔗、广西竹蔗、广东竹蔗、江西竹蔗）与斑茅杂交（表 7-4），先后选育出崖城 95-21、崖城 95-26、崖城 95-31 等材料（刘少谋等，2007）。

**表 7-4 中国种、中国地方种×斑茅基础杂交利用统计**

| 亲本组合 | 杂交方式 | 后代材料 |
|---|---|---|
| 江西竹蔗×斑茅 | 中国种×斑茅 | 崖城 95-21、崖城 96-61 |
| 广西竹蔗×斑茅 | 中国种×斑茅 | 崖城 95-30、崖城 95-31 |
| 松溪百年蔗×斑茅 | 中国地方种×斑茅 | 崖城 95-26、崖城 95-27 |
| 广东竹蔗×斑茅 | 中国种×斑茅 | 崖城 95-34、崖城 95-35 |

（4）大茎野生种×斑茅。海南崖城甘蔗育种场 2007 年利用大茎野生种 NG77-1 与海南斑茅 92-92 杂交并成功获得后代 3 株，入选 $F_1$ 材料崖城 96-63，但没有进一步杂交利用的报道。

（5）斑茅×割手密。国内外均有斑茅和割手密复合杂交利用的研究报道。印度甘蔗研究所 2005 年利用斑茅 IK76-62（$2n=60$）和割手密 Iritty-2（$2n=64$）杂交，成功获得属间杂种 CYM04-420（$2n=62$），随后利用该杂种为母本与甘蔗品种 Co775、CoC671 和 Co94008 等进行杂交和回交，获得 $F_1$、BC1 和 $BC_2$ 后代（Premachandran et al.，2006；Lekshmi et al.，2017）。广西农业科学院甘蔗研究所张革民团队从 2006 年开始斑茅和割手密的杂交利用研究，利用广西斑茅 GXA87-36 与广西割手密 GXS79-9 创制了斑茅割手密复合体（以下简称“斑割复合体”）GXAS07-6-1，发现 GXAS07-6-1 在生长势、茎径、蒲心程度、57 号毛群、抗黑穗病等方面存在超亲优势（刘昔辉等，2012；张革民等，2009）。之后，利用 GT01-53、YT93-159 和 GT02-761 等若干甘蔗品种（系）与 GXAS07-6-1 杂交和回交，获得了一批综合性状优良的 $F_1$、$BC_1$ 后代。农艺性状评价发现，部分斑割复合体 $BC_1$ 代植株在锤度、茎径、株高和小区有效茎上平均表现接近于对照品种（ROC22、F134），并且差异性不显著（刘许辉，2013）；部分斑割复合体 $F_1$、$BC_1$ 代材料在株高、茎径、单茎重和叶面积上都比亲本甘蔗有更大优势，同时根系重量和活力略有增加，地上部分生物量均表现出超亲效应（张保青等，2016）。染色体和 AFLP 分子标记等遗传分析发现，GXS07-6-1 双亲染色体遗传方式为 $n+n$，$F_1$、$BC_1$ 和 $BC_2$ 的染色体遗传方式均为 $n+n$，其中 $F_1$ 存在染色体丢失或部分加倍等“不平衡”遗传现象（黄玉新等，2016a，2016b）；斑茅和割手密标记在 GXS07-6-1 的占比分别为 43.96%和 56.04%，斑茅特有标记在 $F_1$、$BC_1$、$BC_2$ 3 个世代的平均传递率分别为 8.25%、1.9%和 0.63%，割手密特有标记在 $F_1$、$BC_1$、$BC_2$ 3 个世代的传递率分别为 16.98%、2.4%和 0.21%（周珊等，2019）。

斑茅的杂交利用结果表明：①甘蔗（热带种、地方种、野生种、栽培种或杂交种）与斑茅进行远缘杂交时 $F_1$ 花粉量少、可育性差、杂交亲和性很低，结实率很低，实生苗数量少；②斑茅 $BC_1$ 代会产生花粉量多且发育良好的父本材料，基本上消除与栽培种杂交不亲和的现象，说明利用斑茅培育新品种的可能性进一步增大；③热带种×斑茅较栽培种×斑茅易获得批量实生苗，易获得斑茅真杂种，而栽培种更适合作为回交亲本；④从斑茅 $BC_1$、$BC_2$ 的农艺性状看，斑茅的低糖、细茎等不良性状较易改良，但表现出侧芽多、气根明显、难脱叶等缺点，多数蒲心大、57 号毛群发达；⑤斑茅后代能稳定遗传其生势强的优良性状，锤度和蒲心会随着回交代数的增加升高和减轻（表 7－5）。

**表 7－5　部分斑茅及其 $F_1$、$BC_1$ 与甘蔗热带种、栽培种杂交情况**

| 杂交组合 | 杂交期 | 杂交类型 | 世代 | 实生苗数 |
|---|---|---|---|---|
| Crystalina×海南斑茅 92-109 | 2002 年 12 月 3 日 | 热带种×斑茅 | $F_1$ | 59 |
| 越南牛蔗×云南斑茅 82-123 | 2003 年 1 月 8 日 | 热带种×斑茅 | $F_1$ | 1 |
| Keongjeav×海南斑茅 92-84 | 2002 年 11 月 15 日 | 热带种×斑茅 | $F_1$ | 1 |
| 罗汉蔗×海南斑茅 92-84 | 1998 年 11 月 23 日 | 热带种×斑茅 | $F_1$ | 60 |
| 罗汉蔗×云南斑茅 82-143 | 1994 年 1 月 12 日 | 热带种×斑茅 | $F_1$ | 5 |
| 96NG16×云南斑茅 82-28 | 2003 年 11 月 10 日 | 热带种×斑茅 | $F_1$ | 4 |
| 96NG16×云南斑茅 83-183 | 2003 年 11 月 7 日 | 热带种×斑茅 | $F_1$ | 12 |
| 96NG16×海南斑茅 92-109 | 2003 年 11 月 7 日 | 热带种×斑茅 | $F_1$ | 1 |
| Co285×江西斑茅 79-02 | 2002 年 9 月 28 日 | 热带种×斑茅 | $F_1$ | 115 |
| Co285×广西斑茅 84-16 | 2002 年 10 月 8 日 | 热带种×斑茅 | $F_1$ | 45 |

（续）

| 杂交组合 | 杂交期 | 杂交类型 | 世代 | 实生苗数 |
|---|---|---|---|---|
| Co419×云南斑茅 83-158 | 2002 年 11 月 4 日 | 热带种×斑茅 | $F_1$ | 26 |
| 云 00-117×F172 | 2002 年 11 月 4 日 | 斑茅 $F_1$×栽培种 | $BC_1$ | 57 |
| 云 00-117×云 00-530 | 2002 年 11 月 11 日 | 斑茅 $F_1$×栽培种 | $BC_1$ | 150 |
| 云 00-116×ROC25 | 2002 年 11 月 22 日 | 斑茅 $F_1$×栽培种 | $BC_1$ | 20 |
| 云 00-116×Co419 | 2003 年 11 月 20 日 | 斑茅 $F_1$×栽培种 | $BC_1$ | 4 |
| 云 03-108×ROC10 | 2004 年 12 月 13 日 | 斑茅 $BC_1$×栽培种 | $BC_2$ | 63 |
| 云 03-108×CP74-2005 | 2005 年 1 月 10 日 | 斑茅 $BC_1$×栽培种 | $BC_2$ | 22 |
| 云 03-123×云瑞 99-155 | 2004 年 12 月 29 日 | 斑茅 $BC_1$×栽培种 | $BC_2$ | 161 |
| 云 03-108×ROC9 | 2005 年 12 月 13 日 | 斑茅 $BC_1$×栽培种 | $BC_2$ | 181 |
| 云 03-125×云瑞 99-155 | 2006 年 1 月 16 日 | 斑茅 $BC_1$×栽培种 | $BC_2$ | 180 |

**2. 滇蔗茅的杂交利用** 滇蔗茅 $2n=30$，为我国独有而珍贵的近缘属野生种质，仅产于四川、云南、西藏，生长在海拔 500～2 700 m 的干燥山坡草地，具有抗旱、耐寒、耐瘠、粗生、宿根性好、抗锈病性强等优良性状，比割手密表现出更强的抗病虫性和宿根性（王丽萍等，2008），是抗锈病育种的重要基因源。目前报道的滇蔗茅杂交利用方式有 3 种：杂交种×滇蔗茅、热带种×滇蔗茅、地方种×滇蔗茅。

（1）杂交种×滇蔗茅。广西农业科学院甘蔗研究所利用甘蔗杂交种与滇蔗茅远缘杂交（表 7-6），配制了 CP72-1210×滇蔗茅 86-10、ROC1×滇蔗茅 86-10 两个组合，获得 6 株实生苗。$F_1$茎径和锤度介于双亲之间，株高和节间长度表现出超亲现象；又选配了滇蔗茅 $F_2$ 回交组合，培育出 3 株实生苗，但后代茎径变细，蔗茎空心，锤度 7.5%～16.5%（黄家雍等，1997）。云南省农业科学院糖业研究所瑞丽育种站，利用桂糖 11 号与滇蔗茅 86-10 杂交获得实生苗 14 株，从中选出优良材料云瑞 91-2008（桃联安，1996），进一步利用该材料与云割斑 93-3148 杂交获得含 3 种复合血缘的云割斑滇 F199-48，经抗性鉴定，对黑穗病及叶斑病的抗性表现优异（杨李和，2004）。利用 F172 与滇蔗茅 99-4 杂交，获得滇蔗茅 $F_1$ 材料云瑞 00-7 和云瑞 00-19。

**表 7-6 杂交种×滇蔗茅基础杂交利用统计**

| 亲本组合 | 杂交地点 | 后代材料 |
|---|---|---|
| CP72-1210×滇蔗茅 86-10 | 广西南宁 | 桂糖 $F_1$91-1 |
| ROC1×滇蔗茅 86-10 | 广西南宁 | 桂糖 $F_1$91-12 |
| 桂糖 11 号×滇蔗茅 86-10 | 云南瑞丽 | 云瑞 91-2008 |
| F172×滇蔗茅 99-4 | 云南瑞丽 | 云瑞 00-7/00-19 |

（2）热带种×滇蔗茅。云南省农业科学院甘蔗研究所利用 9 个热带种与 4 个滇蔗茅选配了 10 个组合，其中实生苗最多的 178 株/穗，筛选获得一批 $F_1$ 材料（表 7-7）。由于 $F_1$ 花粉败育，做母本与优良甘蔗品种回交，获得一批抗旱性强、高抗锈病的优良 $BC_1$ 材料

（林秀琴等，2013b）。研究结果表明：甘蔗热带种与滇蔗茅杂交亲和性差，要获得足够的后代需要做大量杂交组合；滇蔗茅抗旱、抗锈病的优良特性在后代得到较好的表现，且其 $F_1$ 与甘蔗品种回交后植株较矮、茎细、锤度低的不良特性易得到改良，其 $BC_1$ 表现出高产潜力（王丽萍等，2008）。甘蔗原始亲本热带种越南牛蔗与滇蔗茅云南 95-20 杂交后代 $F_1$ 叶片像滇蔗茅，$F_1$ 作母本与甘蔗品种 ROC10 杂交获得 $BC_1$ 后代时，$BC_1$ 后代叶片则趋向于像甘蔗品种 ROC10，节间长度和株高表现出一定的杂种优势，茎径和锤度逐渐趋于甘蔗品种，此外，杂交后代 $F_1$ 遗传了野生种滇蔗茅易开花的习性，在 11 月底孕穗，12 月中、下旬抽穗开花，$BC_1$ 后代开花能力减弱（林秀琴等，2013b）

**表 7－7　热带种×滇蔗茅基础杂交利用统计**

| 亲本组合 | 杂交地点 | 杂交类型 |
|---|---|---|
| 罗汉蔗×滇蔗茅/云南 95-19 | 云南开远 | 热带种×滇蔗茅 |
| 越南牛蔗×滇蔗茅/云南 95-20 | 云南开远 | 热带种×滇蔗茅 |
| 斐济×滇蔗茅/云南 83-224 | 云南开远 | 热带种×滇蔗茅 |
| 51NG90×滇蔗茅/四川 92-40 | 云南开远 | 热带种×滇蔗茅 |
| 48Mouna×滇蔗茅/云南 95-19 | 云南开远 | 热带种×滇蔗茅 |
| 96NG16×滇蔗茅/云南 95-20 | 云南开远 | 热带种×滇蔗茅 |

（3）中国地方种×滇蔗茅。云南省农业科学院甘蔗研究所利用陶山果蔗等中国地方种与云南滇蔗茅 83-224 杂交获得实生苗（王丽萍等，2008）。

对滇蔗茅的研究结果表明，尽管其花粉发育率高，花粉量多，作为父本与甘蔗属内热带种、中国地方种或杂交种杂交，杂交结实率不高。滇蔗茅植株虽然较矮、茎细、锤度低，但抗旱、抗锈病的优良特性在后代都有较好的表现，且 $F_1$ 代与甘蔗品种回交获得的 $BC_1$ 真杂种的株高、茎径和锤度均优于滇蔗茅，其不良性状易改良，$BC_1$ 表现出抗旱性强、高抗锈病且有较高产量的潜力。

**3. 蔗茅的杂交利用**　蔗茅 $2n=20$，各无性系间没有变异，是甘蔗近缘属野生资源中染色体数目最少的，对杂交过程中探索染色体遗传规律和进行分子标记辅助选择等非常有利。蔗茅分布在我国云南、贵州、四川、陕西、甘肃、湖北等地，适应性广，茎锤度较高（最高可达 22 °Bx），还具有耐寒、抗旱、耐瘠等特性。目前报道蔗茅利用方式主要有两种：杂交种×蔗茅、割手密×蔗茅。

（1）杂交种×蔗茅。云南农业大学甘蔗研究所利用杂交种崖城 89-9、梁河 78-121、CP72-1210、华南 56-12、ROC16、ROC20 与昆明蔗茅杂交，获得一批在产量、糖分和抗寒性等方面表现优良且适宜高海拔的创新材料（表 7－8）（李富生等，2004）。其中“崖城 89-9×昆明蔗茅”组合有 47 个真杂种，能忍耐冬季低温存活，具有较强耐寒能力，同时有些材料还具有抗旱、高产、高糖等优良性状。其中云农 01-58 参加了云南省甘蔗区域试验，新宿平均产量 77.99 $t/hm^2$，比对照减产 22％，平均蔗糖分 14.72％，比对照低 0.39 个百分点，但在高海拔地区表现出较强的抗寒和一定的抗旱性，作为高原甘蔗通过了云南省甘蔗品种审定。后又选不同世代含蔗茅血缘的 8 个材料在德宏蔗区种植，综合产量糖分表现：滇蔗 09-38、01-104、01-106 可作为糖料甘蔗加以利用，亦可作为优良亲本做杂交利用。

表 7-8　杂交种×蔗茅基础杂交利用统计

| 亲本组合 | 杂交类型 | 利用效果 |
|---|---|---|
| 崖城 89-9×昆明蔗茅 | 杂交种×蔗茅 | 表现优良，育出品种云农 01-58 |
| 梁河 78-121×昆明蔗茅 | 杂交种×蔗茅 | 获得杂交后代 |
| CP72-1210×昆明蔗茅 | 杂交种×蔗茅 | 获得杂交后代 |
| 华南 56-12×昆明蔗茅 | 杂交种×蔗茅 | 获得杂交后代 |
| ROC16×昆明蔗茅 | 杂交种×蔗茅 | 获得杂交后代 |
| ROC20×昆明蔗茅 | 杂交种×蔗茅 | 获得杂交后代 |

(2) 割手密×蔗茅。1953 年拉格范利用割手密与蔗茅杂交，获得染色体传递方式为 $2n+n$ 的后代（张木清等，2006），但没有进一步杂交研究的报道。

对蔗茅的研究结果表明，蔗茅作为父本与甘蔗属内野生种和杂交种均易于杂交并获得后代，育种成效以杂交种×蔗茅的方式最好，不仅选配了很多组合，且育出品种，在高海拔地区表现优良，抗寒性、耐旱性突出。

### (二) 芒属的杂交利用

芒属被分成四个类型：*Trierrhena* Honda、*Eumiscanthus* Honda、*Kariyasuna* Ohwi 和 *Diandra* Keng。其中，*Eumiscanthus* Honda 有杂交利用的报道。*Eumiscanthus* Honda 主要有 *M. floridulus* Warb. Es schum. Et Laut（五节芒）和 *M. sinensis* Anderss（芒）两个种，*M. floridulus* 是代表种。Grassl（1967）已证实在新几内亚和太平洋群岛，*M. floridulus* 的基因已渗入割手密和大茎野生种。据记载，台湾李先闻曾利用五节芒与甘蔗 POJ2725 杂交，获得的后代材料在生物产量或纤维含量得到提高（李杨瑞，2010）。广西农业科学院甘蔗研究所利用甘蔗品种 CP72-1210 与五节芒杂交获得了 4 个后代材料。CP72-1210×五节芒杂种 $F_1$ 后代表现分蘖多，生长旺盛，抗逆性、宿根性强，茎多纤维，硬度大，空心或蒲心，汁少；主要性状如茎径、锤度介于双亲之间，株高和节间长度表现"超亲"现象，尤以株高为最；酶谱表型有双亲酶带互补偏母本型和杂种型 2 种模式；但其花粉不育，给进一步回交利用带来困难（黄家雍等，1997）。

### (三) 河八王属的杂交利用

河八王属有河八王 [*Narenga porphyrocoma*（Hance ex Trimen）Bor] 及金猫尾 [*Narenga fallax*（Bal.）Bor] 两个种，在甘蔗育种上的杂交利用仅前者有报道。广西农业科学院甘蔗研究所利用甘蔗品种川蔗 57-416、ROC1 作母本与河八王杂交获得少量杂交后代；两者杂交亲和性低（黄家雍等，1997）。随后又利用桂糖 05-3256、桂糖 05-190-9、桂糖 05-191-10、桂糖 02-761、ROC22、ROC25、桂糖 08-1180、Pansahi 与广西河八王杂交，获得了一大批 $F_1$ 材料（表 7-9）。其 $F_1$ 材料表现出分蘖力强、高抗黑穗病等优良性状，部分材料花粉活力高，可作为父本继续杂交利用；目前经过与甘蔗杂交回交，获得了 $BC_2$、$BC_3$ 的高代材料（段维兴等，2017；刘昔辉等，2012），表现出高抗黑穗病、强分蘖力、强宿根等优良性状，部分$BC_2$材料田间锤度高（有的达到 25 °Bx 以上），但大部分材料包叶，茎径不够粗大。

对河八王的杂交利用研究表明，从获得的实生苗数量看其与甘蔗杂交的亲和性比五节芒、滇蔗茅与甘蔗杂交的亲和性高；后代表现分蘖多、生长旺、宿根性强、茎多纤维、硬度大、有空心或蒲心、汁少；主要性状如茎径、锤度介于双亲之间，株高和节间长度表现“超亲”现象。但其杂交后代茎秆纤维多、汁少、低糖、综合农艺性状低劣，必须与综合性状优良的甘蔗热带种或品种进行回交，才能育成新的甘蔗品种。河八王与甘蔗的属间杂交同样存在$F_1$花粉不育的问题，可扩大$F_1$群体数量，筛选花粉发育率高的材料重点利用。广西农业科学院甘蔗研究所利用优良甘蔗品系桂糖 05-3256 与广西河八王 1 号杂交获得了$F_1$代材料，选配出了一批在黑穗病抗性方面表现突出且综合性状优良的$BC_1$、$BC_2$代抗黑穗病育种新材料（段维兴等，2017，2018）。

**表 7-9　杂交种×河八王基础杂交利用统计**

| 亲本组合 | 杂交地点 | 后代材料 |
|---|---|---|
| 川蔗 57-416×河八王 89-13 | 广西南宁 | 桂糖 94-15 |
| ROC1×河八王 89-13 | 广西南宁 | 桂糖 94-25 |
| 桂糖 05-3256×广西河八王 1 号 | 广西南宁 | 获得 17 个真杂种材料 |
| 桂糖 05-3256×广西河八王 2 号 | 广西南宁 | 10-1-5、10-1-10 |
| 桂糖 05-191-10×广西河八王 1 号 | 广西南宁 | 10-3-9 |
| 桂糖 05-190-9×广西河八王 1 号 | 广西南宁 | 10-4-1、10-4-4、10-4-7 |
| 桂糖 02-761×广西河八王 2 号 | 广西南宁 | 10-7-4、10-7-8、10-7-9 |
| ROC25×广西河八王 2 号 | 海南三亚 | 获得 10 个后代材料 |
| Pansahi×广西河八王 2 号 | 海南三亚 | 获得 17 个后代材料 |
| ROC22×广西河八王 2 号 | 海南三亚 | 获得 31 个后代材料 |
| 桂糖 08-1180×广西河八王 4 号 | 海南三亚 | 获得 12 个后代材料 |

## 二、甘蔗属内野生种质的杂交利用

传统的分类方法把甘蔗属（*Saccharum* L.）分成以下 6 个种：热带种（*S. officinarum* L.）、印度种（*S. bareri* Jesw.）、中国种（*S. sinense* Roxb.）、割手密（*S. spontaneum* L.）、大茎野生种（*S. robustum* Brandes and Jeswiet ex Grassll）和肉质花穗种（*S. edule* Hassk）。割手密、大茎野生种是甘蔗属内重要的野生种质资源，在甘蔗育种历史上乃至现在，都发挥了至关重要的作用。肉质花穗种只是在新几内亚等地作为食用植物，一般认为在育种上并无利用价值。

### （一）割手密的杂交利用

割手密（*Saccharum spontaneum* L.）为复杂多倍体植物，是甘蔗属及其近缘属种中最有育种价值和研究价值的野生种之一，对甘蔗育种具有十分重要的作用。割手密在甘蔗杂交育种中的利用方式主要有热带种×割手密、杂交种×割手密两种方式。

（1）热带种×割手密。现代甘蔗改良的最大进展乃是始自 20 世纪初印度尼西亚（爪哇）和印度最早利用割手密与甘蔗热带种进行杂交以及回交利用，后来分别育成世界甘蔗育种史上著名的 POJ2878（为爪哇割手密的 $BC_2$）、Co419（为印度割手密的 $BC_2$ 和爪哇割手密的 $BC_3$）等。POJ2878、Co419 不但一度成为世界范围广泛推广的甘蔗品种，而且是许多甘蔗育种机构常用的成效卓著的杂交亲本，如我国台湾利用 POJ2878 与 Co290 杂交育成 F134，广西农业科学院甘蔗研究所利用 Co419 与 CP49-50 杂交育成桂糖 11 号等（彭绍光，1990）。1930 年以前对割手密利用取得的成效使甘蔗育种家对利用野生种质改良甘蔗品种充满信心。20 世纪 60 年代前后，甘蔗属野生种质特别是割手密的利用已成为许多甘蔗育种机构整个甘蔗育种程序的一部分，如澳大利亚、巴巴多斯、印度、路易斯安那州、夏威夷、我国台湾省和海南甘蔗育种场等（黄启尧，1983）。

从 20 世纪 50 年代至 90 年代，轻工业部甘蔗糖业科学研究所海南甘蔗育种场开展了利用野生种质拓宽甘蔗遗传基础的研究（黄启尧，1983，1991）。其中，对割手密的杂交利用最有成效，育成一大批具有海南割手密血缘的“崖城”系列优良甘蔗育种新材料，国内各育种机构进一步利用这些材料育成不少优良甘蔗新品种或育种材料（表 7-10）（邓祖湖等，2004；邓海华等，1996；林日坚，1987）。1998—2003 年，云南省农业科学院甘蔗研究所利用割手密及其 $F_1$、$BC_1$，分别与热带种、地方种、栽培亲本杂交或回交，获得了一大批野生性强、分蘖多、宿根性强等综合性状优良的 $F_1$、$BC_1$、$BC_2$ 杂交后代材料（王丽萍等，2006）；通过 8 个农艺性状因子对 70 份云南割手密血缘 $F_1$ 创新种质进行综合评价，鉴定出 35 份为高产材料，50 份为高糖材料，27 份为高产、高糖材料（经艳芬等，2014）。对割手密的杂交利用有效拓宽了甘蔗育种的遗传基础。

**表 7-10 利用海南割手密育成的部分优良育种材料及甘蔗品种**

| 材料名称 | 母本 | 父本 | 育成的主要优良育种材料或品种（系） |
|---|---|---|---|
| 崖城 58-43 | Badila | 崖城割手密 | 崖城 62-40 |
| 崖城 58-47 | Badila | 崖城割手密 | 梁河 78-121、梁河 78-85 |
| 崖城 82-108 | Badila | 云割 75Ⅱ-11 | 崖城 94-46 |
| 崖城 62-40 | F134 | 崖城 58-43 | 福农 79-23、桂糖 17 号 |
| 崖城 71-370 | 越南牛蔗 | 崖城 58-46 | 赣南 83-1035 |
| 崖城 71-374 | 粤糖 54-143 | 崖城 58-47 | 崖城 84-125、川蔗 89-103、桂糖 19 号、桂糖 21 号、桂糖 23 号、桂糖 24 号、赣蔗 18 号 |
| 崖城 84-125 | NCo310 | 崖城 71-374 | 云蔗 89-7 |
| 崖城 94-46 | 粤糖 57-423 | 崖城 82-108 | 桂糖 29 号 |

（2）杂交种×割手密。杂交种×割手密是目前割手密主要利用方式之一，海南甘蔗育种场利用杂交种 K28、POJ2878 和崖城 60-75 与不同类型割手密杂交，成功获得 $F_1$ 代崖城 55-7、崖城 75-411、崖城 82-110 和崖城 85-45（表 7-11），但目前仍未培育出甘蔗品种。云南省农业科学院甘蔗研究所瑞丽育种站利用云南蛮耗、西双版纳、高黎贡山、宾川等地割手密与甘蔗品种（系）杂交育成一大批含有云南不同生态类型割手密血缘的抗黑穗病、抗旱性强的优良高代育种新材料，并育成含有云南割手密血缘的甘蔗新品种云蔗 95-155（安汝东等，2007；杨李和，2004；楚连璧，2000；桃联安，1996）；随后通过对全国

育种机构批量提供生产花穗，普遍反映后代宿根性强、丛有效茎数多、产量高，但目前还没有培育出优良甘蔗品种。

**表 7-11 杂交种×割手密的基础杂交育成的部分优良育种材料**

| 材料 | 亲本组合 | 杂交地点 |
| --- | --- | --- |
| 崖城 55-7 | POJ2878×崖城割手密 | 海南崖城 |
| 崖城 75-411 | EK28×崖城割手密 | 海南崖城 |
| 崖城 82-110 | EK28×元江割手密 | 海南崖城 |
| 崖城 85-45 | 崖城 60-75×崖城割手密 | 海南崖城 |
| 云瑞 80-15 | F134×蛮耗割手密 | 云南瑞丽 |
| 云瑞 86-161 | POJ3016×云南割手密 | 云南瑞丽 |
| 云瑞 92-81 | 川糖 61-480×云割 83-157 | 云南瑞丽 |
| 云瑞 93-36 | 赣蔗 14 号×云割 83-157 | 云南瑞丽 |
| 云瑞 00-298 | 赣蔗 14 号×云割 82-48 | 云南瑞丽 |
| 云野 99-3 | 赣蔗 14 号×越割 2 号 | 云南开远 |
| 云野 02-356 | Co419×云割 75-1-2 | 云南开远 |
| 云野 00-57/00-63/00-77 | Co617×云割 1 号 | 云南开远 |
| 云野 00-271/00-287 | 赣蔗 14 号×越割 3 号 | 云南开远 |
| 云野 00-339/00-347/00-350 | 赣蔗 14 号×海割 92-66 | 云南开远 |
| 云野 00-202 | Co419×广东割 81 号 | 云南开远 |

研究表明：①热带种×割手密杂交后代及衍生后代选育出的品种多，品种的突破性大，适应性广、推广面积大。通过进一步分析，发现所有后代突破性大的品种，其杂交方式均为对等杂交。②在热带种×割手密杂交方式中，选择杂交对象种性不同，后代差异较大，有的后代种性优良成为世界性的品种或亲本，有的未能育成品种，因此选择性状优良的热带种和割手密杂交，才有可能选育出品种或亲本。③热带种与割手密杂交的组合数量多，但应用的热带种类型少，仅有 Badila、Fiji、Crystalina、越南牛蔗等几种，扩大不同种类热带种的杂交利用才有可能选育出优良甘蔗品种。④杂交种×割手密利用时间早、杂交组合多、后代数量大，但其后代和衍生后代几乎无优良品种，个别品种虽通过审定，但种性表现不佳，推广面积有限，未能成为突破性品种，值得育种工作者深思。⑤割手密对我国主要甘蔗病害黑穗病有不同程度的抗性，作为基础杂交亲本，必须有选择地利用。

此外，对割手密的研究表明：①割手密的锤度在野生种中是比较高的，但其品系间的锤度差异比较大，利用时须对品系的锤度进行筛选，有利于获得高糖杂交后代；②甘蔗与割手密及其 $F_1$、$BC_1$之间的杂交容易成功，其亲和力强、结实率与杂交真实率都比较高，容易获得真实杂交种，有利于选育含割手密血缘的具有耐旱、耐寒、抗病虫、抗逆性强的优良创新种质；③割手密可为甘蔗育种提供抗逆来源，但其对我国主要病害黑穗病有不同程度的抗/感性，作为基础杂交亲本时，需有选择地利用。

### （二）大茎野生种的杂交利用

大茎野生种从形态特征看与割手密较相近，它与割手密的区别主要是茎更大更长，花序大，小穗少。其突出优良性状是抗风、抗虫能力强（王启柱，1979）。多数大茎野生种后代选育出的品种具有萌芽率高、分蘖性好、生长快、植株高、有效茎数多、生势强和不易倒伏等优点，利用大茎野生种来拓宽甘蔗遗传基础及品种改良具有十分重要的意义。部分育种机构利用它与热带种或甘蔗品种杂交、回交育成一些优良品种或育种材料，如夏威夷育成的大茎野生种 $F_3$ 材料 H37-1933，昆士兰育成 32MQ，佛罗里达运河点育成 CP36 等品种。

对大茎野生种的利用最成功的是台湾糖业公司甘蔗研究所。该甘蔗研究所于 1939 年开始利用大茎野生种，以 POJ2883×*S. robustum* 育成了 PT39-461；以 POJ2725 为母本育成 PT40-203、PT40-243 等；以 F108 为母本育成 PT40-388（骆君肃，1984）。1946 年发现大茎野生种 $F_2$ 材料 PT43-52 抗风能力特强，之后即以 PT43-52 及其后代为亲本育成一系列重要的台糖新品种，最重要的是 F146、F152、F160、F172、ROC1、ROC5、ROC10、ROC16、ROC22 等，这些品种都曾在我国台湾省甚至我国大陆大面积推广应用，而且也是我国各育种机构常用的重要亲本，其中 ROC22 曾在我国大陆约占 80%甘蔗种植面积。

广州甘蔗糖业科学研究所海南甘蔗育种场自 20 世纪 70 年代中期起，曾多次利用大茎野生种，先后入选崖城 75-270、75-273、75-280、80-142、80-143、95-4、96-37、96-39 和 96-48 等杂种后代。此外，该所利用大茎野生种的后代 PT40-388 育成崖城 73-226 和湛蔗 80-101 等优良亲本材料，并育成粤糖 79-177 等著名推广品种（邓海华等，2004）。

云南省农业科学院甘蔗研究所 1998—2002 年利用大茎野生种 57NG208 与甘蔗（热带种或甘蔗品种）杂交和回交育成一些优良种质材料，如云蔗 2000-505、云蔗 2000-506、云蔗 2000-530 是大茎野生种与热带种的 $BC_1$，其生势强，中大茎，有效茎数达125 070～150 075 条/$hm^2$，高产，高糖（14.09%～14.67%），如云蔗 2002-105、云蔗 2002-107、云蔗 2002-112、云蔗 2002-115 等材料，1 月锤度达 23.0～24.4 °Bx（王丽萍等，2003）。在 2008—2018 年的 10 年时间中，云南省农业科学院甘蔗研究所瑞丽育种站以大茎野生种 57NG208 为核心创新种质，先后与含割手密、斑茅、热带种等野生种质血缘的甘蔗亲本进行远缘杂交，创制了一批云瑞系列甘蔗亲本。通过对 45 份参试材料的亲本血缘、产量和糖分数据的整理，采用聚类分析对大茎野生种 57NG208 在瑞丽站甘蔗育种中的利用情况进行研究。结果表明，大茎野生种 57NG208 是瑞丽甘蔗育种站甘蔗杂交育种中的高频应用亲本，也是为数不多既可作为父本也可做母本使用的杂交亲本之一，其作为母本杂交应用较多，后代性状表现突出。采用大茎野生种 57NG208 与瑞丽割手密、斑茅、热带种杂交，选育了大批优良杂种后代，虽然迄今尚未育成生产品种，但近年来含大茎野生种 57NG208 血缘 $BC_1$、$BC_2$杂种的育成却标志着其杂交利用取得了突破（俞华先等，2019）。

对大茎野生种的研究表明：①热带种×大茎野生种、大茎野生种×热带种的杂交方式从 20 世纪 70 年代就做了很多组合，也筛选出了比较优良的后代，但至今对甘蔗育种没有作出大的贡献，因此还需继续对杂交的高代材料追踪研究。②杂交种×大茎野生种的杂交方式对甘蔗育种贡献大，尤其是POJ2878×大茎野生种组合选育出PT43-52，其衍生后代选育出很多抗风性好、适应性广的品种，很多F系列和新台糖系列品种都是它的后代。③云南野生种割手密×大茎野生种、斑茅×大茎野生种获得了众多优良后代，这为大茎野生种的杂交利用开启了一个新方式。

## 三、甘蔗属栽培种（热带种、印度种、中国种）的杂交利用

甘蔗属内的栽培种有热带种、印度种、中国种，在历史上都曾作为栽培品种应用于生产。热带种和中国种曾作为制糖原料，也有作为果蔗食用，印度种只作为制糖原料。现在热带种只是作为果蔗栽培。现代的甘蔗品种大多数都含有约90%热带种的血缘，部分品种还有印度种、中国种的血缘。D'Hont等（2002）采用染色体原位杂交技术对热带种、印度种、中国种的分析结果表明，印度种和中国种都是热带种与割手密的种间杂种。

### （一）热带种的杂交利用

热带种也称高贵种（noble cane），或高贵蔗，是甘蔗育种最重要的基因资源。最早的甘蔗育种即是从天然授粉的热带种后代中进行品种选育，如利用Otaheiti在爪哇育成EK系列品种，在夏威夷育成H109。由于热带种及其产生的后代易受病、虫危害，且只适应于特定的热带环境，育种家开始考虑拓宽热带种的遗传基础以改良其适应性，增强抗病性和抗虫性（Stenvenson，1965）。由此生产了甘蔗“高贵化（Nobilization）”育种，即利用热带种作母本与割手密杂交，之后再与热带种进行连续回交。POJ2878的育成即是“高贵化”育种标志性的事件，是世界甘蔗育种的一大突破。热带种有700多个品种或无性系，迄今为止，已在甘蔗杂交育种中利用的主要有奥它希地（Otaheiti）、黑车利本（Black Cheribon）、卡路打布廷（Kaludai Boothan）、Bandjermasim hitam、灰毛里求斯（Ashy Mauritius）、D74（Critalina天然授粉后代）、拔地拉（Badila）、拉海那（Lahaina）、黄加利（Yellow Caled）、Batjam、Fidji、Vellai、S. Mauritius、Black Hitam等（张木清等，2006；彭绍光，1990）。

我国利用收集的Badila、Fidji、Black Cheribon等热带种作为“高贵化”育种的起始材料，与海南崖城等地割手密杂交、回交等，筛选出了一批优良育种材料，其中以Badila利用最为成功。据不完全统计，以利用Badila创新的亲本材料育成并经鉴定、审定或认定的甘蔗品种达17个，包括粤糖64-395、粤糖85-881、粤糖89-113、湛蔗82-339、粤农75-191、粤农89-759、桂糖13号、桂糖14号、桂糖17号、川糖89-103、闽糖86-05、珠蔗75-53、云蔗71-388、云蔗89-7、甜城16号、凉蔗1号和福农91-4621等（邓海华等，2004）。此外，江西赣州地区农科所育成赣蔗18号、广西农业科学院甘蔗研究所育成的桂糖21号都是Badila的后代（邓祖湖等，2004）。

研究表明，热带种×热带种和热带种×割手密是杂交时间最早、杂交数量最多、育种成效最大的方式，目前世界上所有的商业品种均来自于这两种杂交方式。全世界热带种约有700多个，但成功用于甘蔗育种的只有十多个；割手密数量多，但成功利用的不多。继续发掘和杂交利用性状优良的热带种和割手密进行杂交，有望对甘蔗育种作出更大的贡献。

### （二）印度种的杂交利用

印度种有四种类型：Sunnabile、Mungo、Nargori 和 Saretha，其中 Saretha 类型中的春尼（Chunnee）杂交利用最多也最有成效。爪哇以黑车利本等热带种与其杂交，育成许多优良品种如 POJ36、POJ213、POJ234 等。其中以 POJ213 对世界甘蔗育种的贡献最大（彭绍光，1990），它是 POJ、Co、B、H、F 等系列及我国一些优良品种的祖先，如 POJ2878、Co290、Co419、F134、桂糖 11 号等都是由它衍生而来。Saretha 类型中的甘沙（Kansar）也曾被有效利用，印度以 POJ213 与 Kansar 杂交育成的 Co213，不但曾经在许多国家大面积推广应用，还是一个重要亲本。

## 四、中国种的杂交利用

中国种约有 38 个无性系，主要有育巴（Uba）、竹蔗和芦蔗。育巴花粉大多不育，产生的实生苗表现差，因此在甘蔗育种上的杂交利用不多。但部分育种机构用育巴与其他品种杂交，也育成一些好品种，如美国夏威夷的 H32-1603、H49-5，巴巴多斯的 B45151、B45258、B54142 等（彭绍光，1990）。竹蔗不易开花，花粉不育，用作亲本杂交利用的研究报道较少。

海南甘蔗育种场利用中国种与割手密的后代杂交，成功选配潭州竹蔗×F134＋Co331、越南牛蔗×崖城 58-46 和广西竹蔗×崖城 58-63 这 3 个组合，培育出 $F_1$代新种质崖城 57-36、崖城 71-370 和崖城 73-92，但目前还没有选育出甘蔗品种的报道（吴才文等，2014）。

# 第五节　国外甘蔗种质资源的引进和利用

引种能充分利用国外和其他地区最新育成的甘蔗品种，扩大当地品种资源，对拓宽甘蔗遗传基础，提高育种效率，提高甘蔗抗逆性、产量和糖分有着举足轻重的作用。广西作为我国主要的糖业生产基地，自 20 世纪 30 年代开始从国内外引进甘蔗品种，如 30 年代引进的甘蔗品种 POJ2878，40 年代引进的甘蔗品种 Co290 和台糖 134（F134）（骆君骕，1992；彭绍光，1992），60 年代引进的甘蔗品种选 3，90 年代的甘蔗品种 ROC22（韦昌联，2013；贺根生，2009）。这些引进甘蔗品种都曾是广西的主要栽培品种，特别是 F134 和 ROC22，F134 曾作为广西主栽品种约 30 年，而 ROC22 作为主栽品种 15 年，曾占广西甘蔗种植面积的 68%，部分市、县达 90%以上（韦昌联，2013），2020 年 ROC22 在广西仍有 9.5%种植面积。

广西引进甘蔗种质资源的途径主要是项目合作引进、国际协定交换、友好科学家赠送等方式。对甘蔗种质资源的引进，可分为两个时期：1982—1990 年期间，从印度、美国、澳大利亚、日本、泰国和我国台湾省等 7 个国家和地区引进；自广西农业科学院甘蔗研究所建成甘蔗引种隔离检疫室后，进行了更大规模的甘蔗种质资源引进，1993—2020 年，从巴西、印度、美国、澳大利亚、日本、法国、古巴、巴基斯坦、毛里求斯、越南、墨西哥、斯里兰卡、斐济、菲律宾和我国台湾省等 20 多个国家和地区引进（表 7 - 12）。自 1982 年以来的近 40 年，广西农业科学院甘蔗研究所从不同国家和地区甘蔗科研机构引进了甘蔗种质资源共 1 119 份，这些国家和地区遍及非洲、北美洲、南美洲、亚洲、大洋洲、欧洲等。

表 7-12 1982—2020 年广西引进甘蔗种质资源统计表

| 年份 | 引进国家或地区 | 引进数量（份） |
|---|---|---|
| 1982—1983 | 美国、印度 | 12 |
| 1983—1985 | 巴西 | 139（花穗） |
| 1984—1986 | 美国、澳大利亚、我国台湾省 | 29 |
| 1987—1988 | 美国、古巴、毛里求斯 | 25 |
| 1989—1990 | 美国 | 73（花穗） |
| 1989—1992 | 巴西、印度、日本、泰国、巴基斯坦 | 116 |
| 1993 | 巴基斯坦、日本、美国 | 62 |
| 1994 | 我国台湾省、美国 | 22 |
| 1995 | 古巴、澳大利亚、我国台湾省 | 17 |
| 1996 | 印度、越南、墨西哥、苏丹、我国台湾省 | 6 |
| 1998 | 我国台湾省 | 3 |
| 1999 | 我国台湾省 | 1 |
| 2000 | 印度、美国 | 41 |
| 2001 | 美国、古巴、我国台湾省 | 18 |
| 2002 | 巴西 | 6 |
| 2003 | 巴西 | 2 |
| 2004 | 美国、古巴 | 18 |
| 2007 | 菲律宾、美国 | 13 |
| 2008 | 美国、巴西、澳大利亚、斯里兰卡、越南、柬埔寨 | 75 |
| 2009 | （通过国内同行单位间接引进） | 151 |
| 2010 | 孟加拉国、泰国、日本、菲律宾、美国、缅甸、老挝、印度、柬埔寨 | 130 |
| 2012 | 毛里求斯 | 10 |
| 2013 | 斐济 | 4 |
| 2014 | 美国 | 19 |
| 2015 | 法国、美国、越南 | 41 |
| 2016 | 法国 | 15 |
| 2017 | 法国 | 22 |
| 2018 | 法国 | 12 |
| 2019 | 法国 | 12 |
| 2020 | 法国 | 25 |
| 合计 | | 1 119 |

从 1982 年至今，引进甘蔗种质资源经过一系列试验，筛选出了台糖 172、台糖 160、新台糖 1 号（ROC1）、新台糖 2 号（ROC2）、新台糖 10 号（ROC10）、CP65-357、CP74-2005、新台糖 16 号（ROC16）、新台糖 22 号（ROC22）和桂引 9 号等 10 个品种在我国

甘蔗生产上推广应用，其中 ROC16 和 ROC22 成为我国主栽品种，特别是 ROC22，综合农艺性状、产量和糖分等表现优异，在我国种植长达近 20 年，最多时占我国甘蔗面积的 80%以上（表 7-13、表 7-14）。此外，除了在生产上推广应用的 10 个品种外，还有 7 个引进材料进入了广西或国家区域试验。

**表 7-13　在生产上推广应用的引进甘蔗品种**

| 序号 | 外引品种 | 来源地区 | 引进年份 |
|---|---|---|---|
| 1 | 台糖 172 | 我国台湾省 | 1985 |
| 2 | 台糖 160 | 我国台湾省 | 1990 |
| 3 | ROC1 | 我国台湾省 | 1990 |
| 4 | ROC2 | 我国台湾省 | 1990 |
| 5 | ROC10 | 我国台湾省 | 1990 |
| 6 | ROC16 | 我国台湾省 | 1994 |
| 7 | ROC22 | 我国台湾省 | 1997 |
| 8 | CP65-357 | 美国 | 1994 |
| 9 | CP74-2005 | 美国 | 1994 |
| 10 | 桂引 9 号 | 墨西哥 | 1996 |

**表 7-14　进入区试的引进甘蔗品种**

| 序号 | 外引品种 | 来源地区 | 引进年份 |
|---|---|---|---|
| 1 | B9 | 巴西 | 1999 |
| 2 | 桂斐 1 号 | 斐济 | 2013 |
| 3 | SP80-3280 | 巴西 | 不详 |
| 4 | 桂引 C1-2003 | 巴西 | 2003 |
| 5 | 桂引 5 号 | 巴西 | 1998 |
| 6 | 西大引 11 号 | 我国台湾省 | 2009 |
| 7 | 园林 17 号 | 我国台湾省 | 2005 |
| 8 | 巴西 45 号 | 巴西 | 不详 |

广西农业科学院甘蔗研究所杂交育成的桂糖系列甘蔗品种，目前有桂糖 1 号到桂糖 76 号共 76 个甘蔗品种。据统计桂糖 1～58 号中有 40 个是引进种质资源作为亲本的后代，这些引进的亲本主要来自美国、印度和我国台湾省（表 7-15）。其中美国 CP 系列亲本有 22 个，占所有育成品种亲本的 37.9%；台湾 ROC 系列亲本有 20 个，占所有育成品种亲本的 34.5%；印度 Co 系列亲本 4 个，占所有育成品种亲本的 6.9%。

表 7-15 利用引进甘蔗种质资源育成的甘蔗品种

| 品种名 | 原品系名称 | 审定年份 | 母本 | 父本 | 说明 |
|---|---|---|---|---|---|
| 桂糖 1 号 | 桂糖 57-624 | 1993 | CP49-50 | F134 | 含美国、我国台湾省甘蔗血缘 |
| 桂糖 2 号 | 桂糖 60-289 | 不详 | F134 | CP49-50 | 含美国、我国台湾省甘蔗血缘 |
| 桂糖 3 号 | 桂糖 60-149 | 不详 | Co290 | CP49-50 | 含印度、美国甘蔗血缘 |
| 桂糖 4 号 | 桂糖 64-104 | 不详 | CP49-50 | F134 | 含美国甘蔗血缘 |
| 桂糖 5 号 | 桂糖 64-73 | 不详 | Co290 | CP49-50 | 含印度、美国甘蔗血缘 |
| 桂糖 6 号 | 桂糖 65-63 | 不详 | CP49-50 | F134 | 含美国甘蔗血缘 |
| 桂糖 7 号 | 桂糖 69-360 | 1993 | 华南 56-12 | CP49-50 | 含美国甘蔗血缘 |
| 桂糖 11 号 | 桂糖 73-167 | 1990 | CP49-50 | Co419 | 含印度、美国甘蔗血缘 |
| 桂糖 18 号 | 桂糖 90-95 | 2003 | CP65-357 | F172 | 含美国、我国台湾省甘蔗血缘 |
| 桂糖 19 号 | 桂糖 91-116 | 2003 | ROC1 | 崖城 85-55 | 含我国台湾省甘蔗血缘 |
| 桂糖 23 号 | 桂糖 93-103 | 2005 | ROC1 | 崖城 71-374 | 含我国台湾省甘蔗血缘 |
| 桂糖 25 号 | 桂糖 96-44 | 2005 | CP72-1210 | 崖城 71-374 | 含美国甘蔗血缘 |
| 桂糖 28 号 | 桂糖 00-122 | 2008 | Co80-1018 | CP89-1475 | 含印度、美国甘蔗血缘 |
| 桂糖 29 号 | 桂糖 02-761 | 2010 | 崖城 94-46 | ROC22 | 含我国台湾省甘蔗血缘 |
| 桂糖 30 号 | 桂糖 02-237 | 2010 | 粤糖 91-976 | ROC1 | 含我国台湾省甘蔗血缘 |
| 桂糖 31 号 | 桂糖 02-281 | 2011 | 粤糖 85-177 | CP81-1254 | 含美国甘蔗血缘 |
| 桂糖 32 号 | 桂糖 02-208 | 2011 | 粤糖 91-976 | ROC1 | 含我国台湾省甘蔗血缘 |
| 桂糖 33 号 | 桂糖 02-1156 | 2011 | 桂糖 69-156 | ROC22 | 含我国台湾省甘蔗血缘 |
| 桂糖 34 号 | 桂糖 02-833 | 2011 | 粤糖 91-976 | ROC1 | 含我国台湾省甘蔗血缘 |
| 桂糖 35 号 | 桂糖 02-901 | 2011 | ROC23 | CP84-1198 | 含美国、我国台湾省甘蔗血缘 |
| 桂糖 36 号 | 桂糖 03-1403 | 2011 | ROC23 | CP84-1198 | 含美国、我国台湾省甘蔗血缘 |
| 桂糖 37 号 | 桂糖 03-2357 | 2011 | 湛蔗 92-126 | CP72-2086 | 含美国甘蔗血缘 |
| 桂糖 38 号 | 桂糖 04-112 | 2012 | 桂糖 73-167 | CP84-1198 | 含美国甘蔗血缘 |
| 桂糖 39 号 | 桂糖 04-153 | 2012 | 粤糖 93-159 | ROC22 | 含我国台湾省甘蔗血缘 |
| 桂糖 40 号 | 桂糖 02-1156 | 2013 | 粤糖 85-177 | CP84-1198 | 含美国甘蔗血缘 |
| 桂糖 41 号 | 桂糖 03-2309 | 2013 | 粤糖 91-976 | 粤糖 84-3、ROC25 | 含我国台湾省甘蔗血缘 |
| 桂糖 42 号 | 桂糖 04-1001 | 2013 | ROC22 | 桂糖 92-66 | 含我国台湾省甘蔗血缘 |
| 桂糖 44 号 | 桂糖 04-1545 | 2014 | ROC1 | 桂糖 92-66 | 含我国台湾省甘蔗血缘 |
| 桂糖 45 号 | 桂糖 05-1141 | 2014 | 粤糖 93-159 | ROC25 | 含我国台省湾甘蔗血缘 |
| 桂糖 46 号 | 桂糖 06-244 | 2015 | 粤糖 85-177 | ROC25 | 含我国台省湾甘蔗血缘 |
| 桂糖 47 号 | 桂糖 06-1721 | 2015 | 粤糖 85-177 | CP81-1254 | 含美国甘蔗血缘 |
| 桂糖 48 号 | 桂糖 06-3283 | 2015 | 湛蔗 92-126 | CP72-1210 | 含美国甘蔗血缘 |
| 桂糖 49 号 | 桂糖 07-994 | 2015 | 赣蔗 76-65 | ROC22 | 含我国台湾省甘蔗血缘 |
| 桂糖 50 号 | 桂糖 03-3089 | 2016 | 桂糖 92-66 | ROC10 | 含我国台湾省甘蔗血缘 |
| 桂糖 51 号 | 桂糖 06-1023 | 2016 | ROC20 | 崖城 71-374 | 含我国台湾省甘蔗血缘 |
| 桂糖 53 号 | 桂糖 06-98 | 2020 | 湛蔗 92-126 | CP84-1198 | 含美国甘蔗血缘 |

（续）

| 品种名 | 原品系名称 | 审定年份 | 母本 | 父本 | 说明 |
|---|---|---|---|---|---|
| 桂糖 55 号 | 桂糖 08-120 | 2020 | ROC24 | 云蔗 89-351 | 含我国台湾省甘蔗血缘 |
| 桂糖 56 号 | 桂糖 08-460 | 2020 | 湛蔗 89-113 | ROC26 | 含我国台湾省甘蔗血缘 |
| 桂糖 57 号 | 桂糖 08-1180 | 2020 | ROC26 | ROC22 | 含我国台湾省甘蔗血缘 |
| 桂糖 58 号 | 桂糖 08-1589 | 2020 | 粤糖 85-177 | CP81-1254 | 含美国甘蔗血缘 |

需要重点指出的是，目前广西的主栽品种中面积最大的是桂糖 42 号，其次是桂柳 05136，两者占了广西 80%以上甘蔗种植面积。这两个主栽品种均是广西自育品种，都是 ROC22 的后代，其中桂糖 42 号是由 ROC22 号×桂糖 92-66 杂交选育而成，桂柳 05136 是由 CP81-1254×ROC22 杂交选育而成。可见，ROC22 无论是作为提高我国蔗糖产量和糖分的“功臣”，还是作为优异亲本，在我国蔗糖产业 20 多年的发展中起到了非常重要的作用。

从广西近 40 年引种的利用情况来看，美国 CP 系列甘蔗种质对黑穗病抗性最高，这与美国重视甘蔗新品种抗病性有关，从杂种圃就开始进行不同阶段的抗病筛选。同时，从广西利用国外亲本的效率来看，美国 CP 系列甘蔗亲本的利用效率也最高。因此，以后的甘蔗引种工作中，应将美国优异甘蔗亲本引进作为工作重点。

## 第六节　主要甘蔗种质资源的基因组结构

### 一、割手密（四倍体）基因组

甘蔗（*Saccharum* spp.）可能是基因组最复杂的作物。现代栽培种（$2n=100\sim120$）是高度杂合的多倍体和非整倍体，主要来源于热带种（$2n=80$）和割手密（$2n=40\sim128$）的种间杂交，其将热带种的糖分高和割手密的抗逆性、抗病性、再生能力等优势性状相结合。现代甘蔗大约 80%的染色体来自热带种，10%～15%的染色体来自割手密，同时含有 5%～10%的重组染色体（Zhang et al.，2018）。

目前世界上尚未有机构和学者完成精细的甘蔗基因组图谱。福建农林大学张积森团队联合美国伊利诺伊大学等机构首次完成了同源多倍体甘蔗属割手密基因组密码破译，获得了染色体水平的基因组图谱。张积森团队所用的材料是割手密八倍体 SES208 单倍化形成的四倍体割手密 AP85-441（$1n=4x=32$），基因组组装策略采用 BAC 文库构建、PacBio 测序数据纠错组装和 Hi-C 染色体分群（ALLHIC）等。流式细胞分析表明，四倍体割手密 AP85-441 基因组大小预估 3.36 Gb，经 BAC 文库测序、数据纠错等程序后，最终获得 3.13 Gb 甘蔗基因组，contig N50=45 kb，混合组装的 contigs 和 BAC 组装的 contigs 一致对应准确性达 99.72%（Zhang et al.，2018）。

基于 Hi-C 的物理图谱组装了 32 条染色体，瞄定了 2.9 Gb 基因组，涵盖了 97%的基因含量。进一步分析表明这 32 条染色体中包含了 8 个同源组群和 4 组单倍体型 A、B、C 和 D。

这 8 个同源组携带了 35 525 个等位基因。

组装显示割手密的基本染色体数目从 10 条减少到 8 条，这是由 2 条祖先染色体分裂后易位到 4 条染色体引起的。80%与抗病相关的核苷酸结合位点编码基因位于 4 条重排染色体上，51%位于重排区。

通过对 64 份割手密材料进行重测序，发现其核苷酸多态性远远低于其他克隆繁殖的作物，如马铃薯、木薯、葡萄和柑橘等。此外，分析还发现，割手密为现代甘蔗杂交品种贡献了抗病基因；在现代甘蔗中，渗入的割手密染色体随机分布在 AP85-441 基因组中，表明不同来源的割手密同源染色体之间存在随机重组。

## 二、热带种、割手密种和现代栽培种的甘蔗基因组结构

澳大利亚 Piperidis 和法国 D'Hont（2020）利用染色体特异性寡核苷酸探针解密甘蔗基因组结构，结果证实了热带种的基本染色体数为 $x=10$。在割手密基因组中，重排发生在 $x=10$ 的基本染色体上，可能发生在印度北部，分两步导致 $x=9$，然后是 $x=8$，每一步都涉及 3 条染色体被重新排列成两条，进一步的多倍体化导致了 $x=8$ 克隆的广泛地理扩展。割手密对现代栽培种的贡献来源于 $x=8$ 的细胞型，并且在品种间的比例不同（13%～20%）。

### （一）热带种基因组结构

大多数热带种无性系有 $2n=80$ 条染色体，在热带种 Black Innis 基因组中，发现了预期的 $2n=80$ 染色体，并且每个寡核苷酸探针都探测到了 8 条染色体的双臂，证实该基因组为 $2n=8x=80$ 的八倍体。另外，探针 P5 在另一条染色体上探测到了一个小的染色体片段，揭示了从 5 号染色体到 2 号染色体一个基因的小易位。

但在热带种拔地拉基因组中，Piperidis 和 D'Hont（2020）发现拔地拉是 81 条染色体，而不是先前报道的 $2n=80$ 条。每个寡核苷酸探针都绘制了 8 条染色体的双臂，除了探针 P9 绘制 9 条染色体的双臂。

### （二）割手密种基因组结构

（1）Coimbatore 是一种起源于印度（马德拉斯地区）的割手密种，有 $2n=64$ 条染色体。探针 P1、P2、P3 和 P4 分别绘制了 8 条染色体的双臂。探针 P5 和 P6 分别绘制了八条染色体的一条臂和第二条臂的一部分。探针 P9 描绘了这 16 条染色体的其余远端部分。探针 P7 和 P8 分别绘制了八条染色体的一条臂和第二条臂的一部分。探针 P10 描绘了这 16 条染色体的其余远端部分。该无性系的基本染色体数为 $x=8$，六倍体水平为 $2n=8x=64$。

（2）Glagah 是一个起源于印度尼西亚的割手密种，染色体数 $2n=112$。该无性系基本染色体数目为 $x=8$，具有与在 Coimbatore 观察到的相同的基本染色体结构，但倍性水平为 14，$2n=14x=112$。

（3）Mol5904 是一个起源于莫洛凯群岛/新几内亚的割手密种，据报道有 $2n=80$ 条染色体。在割手密种 Mol5904 的基本染色体数目为 $x=8$，与在 Coimbatore 和 Glagah 观察到的基本染色体结构相同，但总体倍性水平为 10。Mol5904 染色体数目为 $2n=10x=79$，因此是非整倍体。它还显示了两个易位和两个未确定的染色体。

割手密 Coimbatore、Glagah 和 Mol5904 上获得的结果与 Garsmeur 等（2018）的研究结果一致，与 $x=10$ 的热带种相比，$x=8$ 的割手密基本染色体数变化是由两对 3 条染

色体中的两条染色体重排引起的。

### （三）现代栽培种基因组结构

Piperidis 和 D'Hont（2020）以 R570、Q165 和 Q208 三个品种为材料，在同一张玻片上进行 FISH 实验后，用来自热带种和割手密种的基因组 DNA 进行第二次杂交，以确定染色体的特定起源。

（1）在栽培种 R570 中，统计了 114 条染色体，其中 GISH 试验结果显示，10 条（9%）来自割手密，10 条（9%）来自种间重组体染色体；发现 1 号和 4 号染色体有 12 个拷贝，其中 1/4 个拷贝来自割手密或种间重组染色体；发现了 9 个 5 号、6 号和 9 号染色体的拷贝，2 个 6 号染色体的拷贝，3 个 5 号染色体的拷贝，其中 2 个拷贝对应于种间重组体；发现 10 个拷贝的割手密染色体 7、8 和 10，和 2 个拷贝的割手密色体 7 和 8，其中一个对应于种间重组。此外，还检测到了一个从 5 号染色体片段到 8 号染色体片段的易位。

（2）在栽培种 Q165 中，统计了 112 条染色体，其中 GISH 显示 17 条（15%）对应于割手密染色体，10 条（9%）对应于种间重组染色体；发现 1 号和 4 号染色体有 12 个拷贝，2 号和 3 号染色体分别有 11 个和 10 个拷贝。这些染色体 1～4 中的 2/4 对应于割手密或种间重组染色体；发现了 8 个拷贝的热带种染色体 6、8、9 和 10，9 个拷贝的热带种染色体 5 和 7；还鉴定了割手密 5 号染色体的 3 个拷贝，割手密 6 号染色体的 4 个拷贝，其中一个对应于种间重组，割手密 7 号和 9 号染色体的 4 个拷贝，其中一个对应于种间重组。9 号染色体的一小段易位到 2 号染色体的一个拷贝。最后，2 号染色体的一段、3 号染色体的两段和 8 号染色体的一段出现了易位。

（3）在栽培种 Q208 中，统计了 110 条染色体，其中 GISH 显示 18 条（16%）与割手密染色体相对应，7 条（6%）与种间重组染色体相对应；发现染色体 1 有 11 个拷贝，2 号、3 号、4 号染色体有 12 个拷贝，其中 3 号、4 号染色体与割手密或种间重组染色体相对应。1 号染色体有一段易位到 6 号染色体的一个拷贝上；发现了 10 个、9 个和 8 个拷贝分别为热带种染色体 5、6 和 9 以及 2 个拷贝的割手密染色体 5 和 6。割手密染色体 5 的一个拷贝对应于一个种间重组体；发现了 10 个、7 个和 8 个拷贝的热带种染色体 7、8 和 10 以及 3 个和 4 个拷贝的割手密染色体 7 和 8。割手密染色体 8 的一个拷贝对应于一个种间重组体。出现一个割手密 8 号染色体的一个拷贝被截断，这可能是由于染色体易位或种间重组所致。

## 参　考　文　献


安汝东，楚连璧，孙有方，等，2007. 甘蔗新品种云蔗 99-155 的选育［J］. 甘蔗糖业（3）：7-15.

曾丹，曹哲群，孟玉，等，2020. 蔗茅耐寒相关基因 *EfWRKY*62 的克隆与分析［J］. 分子植物育种，18（19）：6314-6321.

蔡青，文建成，范源洪，等，2002. 甘蔗属及其近缘植物的染色体分析［J］. 西南农业学报，15（2）：16-19.

蔡泽霖，1992. 割手密抗旱生理研究［J］. 甘蔗糖业（5）：16-20.

陈辉，范源洪，史宪伟，等，2001. 甘蔗细茎野生种（*Saccharum spontaneum* L.）的遗传多样性和系统演化研究［J］. 作物学报，27（5）：645-652.

陈少风，何俊，周朴华，等，2008. 芒和五节芒的核型研究［J］. 江西农业大学学报，30（1）：

123-126.
陈义强，邓祖湖，郭春芳，等，2007. 甘蔗常用亲本及其衍生品种的抗旱性评价 [J]. 中国农业科学，40 (6): 1108-1116.
陈义强，2005. 甘蔗抗旱种质资源的筛选及斑茅杂种后代抗旱性分析 [D]. 福州：福建农林大学.
楚连璧，2000. "YN" 甘蔗育种体系研究—应用 "异质复合分离理论" 获云南割手密 $F_1$ 高糖性状超优新种质 [J]. 甘蔗，7 (4): 22-33.
邓海华，李奇伟，陈子云，2004. 甘蔗亲本的创新与利用 [J]. 甘蔗，11 (3): 7-12.
邓海华，周耀辉，许玉娘，等，1996. 我国主要甘蔗杂交品系血缘分析 [J]. 甘蔗糖业 (6): 1-8.
邓绍同，1992. 现代甘蔗栽培 [M]. 广州：广东科技出版社.
邓展云，刘海斌，张革民，等，2009. 2007—2008 年榨季广西甘蔗霜冻发生危害规律的调查 [J]. 中国糖料 (1): 47-50.
邓祖湖，陈如凯，陈凤森，等，2004. 国家甘蔗区试新品种（系）主要亲本分析评价 [J]. 甘蔗 (4): 17-22.
邓祖湖，李玉蝉，刘文荣，等，2007. 甘蔗和斑茅远缘杂交后代的染色体遗传分析 [J]. 热带作物学报，28 (3): 62-67.
邓祖湖，2010. 甘蔗与斑茅杂交的染色体遗传及育性相关基因的筛选 [D]. 福州：福建农林大学.
段维兴，黄玉新，周珊，等，2017. 甘蔗与河八王杂交 $F_1$ 对黑穗病的抗性鉴定与初步评价 [J]. 西南农业学报，30 (7): 1560-1564.
段维兴，张保青，周珊，等，2018. 甘蔗与河八王杂交 $BC_1$ 对黑穗病的抗性鉴定与初步评价 [J]. 中国农业大学学报，23 (3): 29-37.
冯斗，吴子恺，陈荣基，1997. RAPD 分子标记应用于斑茅分类的研究 [J]. 广西农业大学学报. 16 (4): 261-267.
符成，刘少谋，杨业后，等，2004. "九五" 期间海南甘蔗育种场甘蔗种质研究与利用回顾 [J]. 甘蔗糖业 (3): 1-8.
耿以礼，1956. 中国主要植物图说（禾本科）[M]. 北京：科技出版社，657-770.
高铁静，方锋学，刘昔辉，等，2012. 甘蔗与斑茅割手密复合体杂交后代的分子标记鉴定 [J]. 植物遗传资源学报，13 (5): 912-916.
经艳芬，边芯，桃联安，等，2014. 云南割手密血缘 $F_1$ 创新种质的因子和聚类分析 [J]. 植物遗传资源学报，15 (1): 177-181.
郝明明，杜小春，陈菽，等，2009. 芒草染色体核型分析 [J]. 农业科学与技术：英文版 (5): 65-66.
何顺长，杨清辉，萧凤迴，等，1994. 全国甘蔗野生种质资源的采集与考察 [J]. 甘蔗，1 (1): 11-17.
何红，1997. 广西甘蔗育种现状及发展策略 [J]. 甘蔗，4 (4): 45-49.
何平，程志远，李穆，等，2014. 几个甘蔗品种在伸长期对干旱胁迫的响应差异研究 [J]. 广东农业科学 (24): 10-14.
黄家雍，廖江雄，诸葛莹，1997. 甘蔗与河八王、五节芒、滇蔗茅属间交配性及杂种 $F_1$ 无性系的形态学和同工酶分析 [J]. 西南农业学报，10 (3): 92-96.
黄启尧，1983. 甘蔗开花研究及其利用 [J]. 甘蔗糖业 (10): 1-6.
黄启尧，1991. 从 80 年代育成甘蔗新品种看我国的育种途径和海南甘蔗育种场的贡献 [J]. 甘蔗糖业 (4): 7-14.
黄永吉，符成，林炜乐，等，2015. 3 个甘蔗与斑茅远缘杂交后代 $BC_1$ 的染色体遗传分析 [J]. 热带作物学报，36 (1): 53-58.
黄玉新，罗霆，刘昔辉，等，2016a. 甘蔗与斑茅割手密复合体（GXAS07-6-1）杂交后代的染色体遗传分析 [J]. 热带作物学报，37 (2): 220-225.
黄玉新，罗霆，高铁静，等，2016b. 甘蔗与斑茅割手密复合体的回交后代真实性鉴定及染色体遗传分析

［J］．南方农业学报，47（10）：1642-1647.
黄忠兴，周峰，王勤南，等，2012. 国内外割手密资源农艺性状表型遗传多样性分析［J］．植物遗传资源学报，13（5）：825-829.
李杨瑞，2010. 现代甘蔗学［M］．北京：中国农业出版社．
李富生，林位夫，何顺长，2004. 甘蔗与蔗茅属间杂交 $F_1$ 代真实性的鉴定［J］．热带作物学报，25（4）：102-105.
李富生，林位夫，何顺长，2005. 甘蔗杂种的染色体和 RAPD 鉴定研究［J］．植物遗传资源学报，6（1）：48-52.
李奇伟，2000. 现代甘蔗改良技术［M］．广州：华南理工大学出版社，15-17.
林日坚，1987. 我国自育甘蔗品种系谱的遗传分析［J］．甘蔗糖业（7）：10-18.
林秀琴，陆鑫，刘新龙，等，2013a. 应用 GISH 技术鉴定甘蔗野生种外源染色体［J］．分子植物育种，11：1025-1031.
林秀琴，陆鑫，毛钧，等，2013b. 甘蔗属热带种与滇蔗茅远缘杂交 $F_1$ 代 GISH 分析［J］．西南农业学报（4）：1327-1331.
刘少谋，符成，吴其卫，等，2007. 斑茅杂种甘蔗 $BC_1$ 选育研究［J］．热带农业科学，27（3）：9-12.
刘海斌，1997. 我国大陆甘蔗远缘杂交的研究和利用［J］．甘蔗，4（3）：7-9.
刘文荣，邓祖湖，张木清，等，2004. 甘蔗斑茅的杂交利用及其杂种后代鉴定系列研究Ⅲ．甘蔗斑茅远缘杂交后代细胞遗传分析［J］．作物学报，30（11）：1093-1096.
刘昔辉，方锋学，高铁静，等，2012. 斑茅割手密杂种后代真实性鉴定及遗传分析［J］．作物学报，38（5）：914-920.
刘昔辉，张荣华，李海碧，等，2019. 甘蔗与河八王杂交后代染色体传递及河八王血缘在后代中的遗传［J］．分子植物育种，17（2）：411-418.
刘昔辉，2018. 甘蔗与河八王杂交后代的遗传、DNA 甲基化及抗旱基因挖掘［D］．南宁：广西大学．
刘昔辉，张荣华，桂意云，等，2018. 甘蔗及其近缘属倍性鉴定与分析［J］．分子植物育种，16（15）：5100-5107.
刘昔辉，张荣华，桂意云，等，2017. 河八王分蘖基因 *NpD*53 克隆及其生物信息学分析［J］．南方农业学报，48（9）：1554-1559.
刘昔辉，张荣华，张革民，等，2016. 基于 AFLP 标记的河八王种质资源遗传多样性分析及分子身份证构建［J］．华中农业大学学报，35（4）：7-13.
刘新龙，蔡青，王丽萍，等，2007. 甘蔗种质资源遗传多样性及杂交利用研究进展［J］．中国糖料（1）：46-49.
刘新龙，苏火生，马丽，等，2010. 基于 rDNA-ITS 序列探讨甘蔗近缘属种的系统进化关系［J］．作物学报，36（11）：1853-1863.
刘许辉，2013. 甘蔗与斑茅割手密复合体杂交后代的遗传分析［D］．南宁：广西大学．
陆鑫，苏火生，林秀琴，等，2012. 甘蔗野生种滇蔗茅种质创新利用研究Ⅱ．滇蔗茅 $F_1$ 群体重要农艺性状的遗传分析［J］．湖南农业大学学报（自然科学版），38（2）：121-124.
彭绍光，1990. 甘蔗育种学［M］．北京：农业出版社．
沈万宽，2002. 斑茅的杂交利用价值探讨［J］．甘蔗，9（3）：1-5.
苏广达，叶振邦，吴伯烇，等，1983. 甘蔗栽培生物学［M］．北京．轻工业出版社，32-39.
桃联安，1996. 云南甘蔗野生资源杂种优势研究与利用初探［J］．云南农业科技（5）：13-16.
桃联安，楚连璧，经艳芬，等，2009. 云南割手密 82-114 种间杂交后代 SSR 分子标记鉴定［J］．植物遗传资源学报，10（1）：132-135.
韦金菊，周会，李海碧，等，2021. 广西近 40 年甘蔗种质资源引进及利用［J］．南方农业学报，52（2）：280-287.

韦昌联，2012. 广西蔗区新台糖 22 号种性退化现状分析及对策措施［J］. 南方农业学报，43（12）：2113-2117.

王鉴明，1985. 中国甘蔗栽培学［J］. 北京：农业出版社，57-58.

王丽萍，范源洪，蔡青，等，2003. 甘蔗种质资源杂交利用研究进展［J］. 甘蔗，10（3）：17-23.

王丽萍，马丽，夏红明，等，2006. 甘蔗细茎野生种（*S. spontaneum*）在杂交育种中的利用［J］. 中国糖料（1）：1-4.

王丽萍，蔡青，陆鑫，等，2008. 甘蔗近缘属野生种滇蔗茅（*Erianthas rockii*）的种质创新利用［J］. 中国糖料（2）：8-11.

王丽萍，蔡青，范源洪，等，2007. 甘蔗（*Saccharum* spp.）与斑茅（*Erianthus arundinaceus*）远缘杂交利用研究［J］. 西南农业学报，20（4）：721-726.

王启柱，1979. 蔗作学［M］. 台北：国立编辑馆，201-307.

王子琳，王水琦，潘世明，等，1999. 甘蔗优异种质资源及其在育种上的利用研究［J］. 中国糖料，4：12-15.

王勤南，谢静，张垂明，等，2017. 含斑茅血缘甘蔗亲本及组合经济育种值评价［J］. 热带作物学报，38（7）：1274-1279.

王天菊，王先宏，杨清辉，2017. 26 份割手密种质材料的抗旱性差异评价［J］. 热带作物学报，38（9）：1645-1652.

王先宏，杨清辉，李富生，等，2011. 基于 GISH 的甘蔗与蔗茅属间杂交 $F_1$ 后代染色体组成及核型分析［J］. 中国农业科学，44（6）：1085-1091.

王先宏，李富生，何丽莲，等，2014. 甘蔗与蔗茅杂交 $F_2BC_1$ 代的染色体遗传分析［J］. 中国农学通报，30（15）：81-85.

文颖，1998. 甘蔗近缘植物的属间杂交及其染色体行为［J］. 甘蔗糖业（3）：1-7，17.

文建成，蔡青，范源洪，等，2001. 甘蔗属割手密（*Saccharum spontaneum*）近缘属斑茅（*Sclerostachya*）及河八王（*Narenga*）的染色体数目研究［J］. 甘蔗糖业（3）：12-15.

吴才文，赵培方，2014. 现代甘蔗杂交育种及选择技术［M］. 北京：科学出版社：45-49.

吴才文，Phillip Jackson，范源洪，等，2009. 甘蔗割手密远缘杂交后代产量性状的遗传及分离［J］. 植物遗传资源学报，10（2）：262-266.

吴才文，Phillip Jackson，刘家勇，等，2011. 甘蔗野生种割手密远缘杂交后代品质性状的遗传研究［J］. 植物遗传资源学报，12（1）：59-63.

吴嘉云，刘少谋，邓祖湖，等，2013. 甘蔗与斑茅若干杂交后代抗性初步评价［J］. 福建农林大学学报（自然科学版），42（6）：565-569.

吴能奕，戚经文，1987. 甘蔗×斑茅远缘杂种的鉴别［J］. 华南农业大学学报，8（2）：28-34.

吴文嫱，2006. 甘蔗染色体上斑茅特异 DNA 序列的原位 PCR 定位［D］. 海口：华南热带农业大学.

萧凤迴，李富生，何丽莲，等，1996. 甘蔗近缘野生种蔗茅（*Erianthus rufipilus*）的研究［J］. 甘蔗，3（2）：1-5.

徐景升，许莉萍，张木清，等，2003. 应用 RAPD 技术研究甘蔗属及其近缘属种间亲缘关系［J］. 江西农业大学学报，25（6）：924-928.

肖芙荣，曹哲群，徐荣，等，2018. 斑茅野生种抗旱性鉴定［J］. 西南农业学报，31（8）：1611-1616.

沈先岳，徐荣，吴清莲，等，2020a. 甘蔗与蔗茅杂交亲本及后代材料的抗旱性鉴定［J］. 中国农学通报，36（20）：7-13.

沈先岳，谷书杰，谢林艳，等，2020b. 甘蔗近缘野生种蔗茅 *EfGRAS* 基因克隆与表达分析［J］. 热带作物学报，41（10）：2113-2119.

杨李和，2004. 云南割手密种、斑茅种、滇蔗茅种后代黑穗病抗性研究初报［J］. 甘蔗，11（1）：10-14.

杨业后，符成，张垂明，等，2002. 斑茅 $F_1$ 品系崖城 96-66 与 CP84-1198 杂交后代的鉴别 [J]. 甘蔗糖业（5）：11-14.

杨翠凤，2015. 割手密高密度遗传图谱的构建及黑穗病 QTL 定位 [D]. 南宁：广西大学.

于慧，赵南先，2004. 甘蔗亚族的地理分布 [J]. 热带亚热带植物学报，12（1）：29-35.

俞华先，桃联安，田春艳，等，2019. 大茎野生种 57NG208 在云瑞系列亲本创制中的利用 [J]. 中国糖料，41（2）：1-7.

姚全，谭裕模，王毅强，等，2000. 霜冻对甘蔗品质影响及不同品种的抗逆性 [J]. 甘蔗，7（3）：24-28.

张保青，周珊，杨翠芳，等，2016. 斑割复合体及其杂交后代的生物量及根系性状 [J]. 中国农业大学学报，21（4）：18-25.

张革民，刘昔辉，方锋学，等，2009. 斑茅割手密复合体创制及其与甘蔗杂交 $F_1$ 的染色体计数和形态表现 [A]. 中国作物学会 2009 年中国作物学会学术年会论文摘要集 [C]. 北京：中国作物学会，1.

张革民，廖江雄，黄宏套，等，2007. 广西高糖割手密遗传多样性的表型分析和 RAPD 分析 [J]. 西南大学学报（自然科学版），29（8）：83-87.

张革民，杨荣仲，刘海斌，等，2006. 割手密主要数量性状的主成分及聚类分析 [J]. 西南农业学报，19（6）：1127-1131.

张木清，邓祖湖，陈如凯，等，2006. 糖料作物遗传改良与高效育种 [M]. 北京：中国农业出版社，1-252.

张荣跃，李文凤，黄应昆，等，2020. 长齿蔗茅品系云滇 95-19 和云滇 95-20 抗褐锈病的遗传分析 [J]. 植物保护，46（6）：178-182.

周珊，高铁静，张保青，等，2019. 斑茅割手密复合体杂交利用过程野生特异基因遗传分析 [J]. 植物遗传资源学报，20（3）：718-727.

周耀辉，黄鸿能，陈建平，等，1999. 海南甘蔗育种场甘蔗种质种性研究（Ⅲ）[J]. 甘蔗糖业（2）：1-9.

周耀辉，黄鸿能，李家芳，等，1996. 海南甘蔗育种场甘蔗种质研究（Ⅰ）[J]. 甘蔗糖业（2）：5-10.

周耀辉，黄鸿能，殷培军，等，1997. 海南甘蔗育种场甘蔗种质种性研究（Ⅱ）[J]. 甘蔗糖业（3）：2-7.

诸葛蓥，黄吉森，1996. 甘蔗属及其野生近缘植物杂交研究初报. 广西农业科学（1）：5-6.

Al-Janabi S M, McClelland M, Petersen C, et al., 1994. Phylogenetic analysis of organellar DNA sequences in the andropogoneae: saccharinae [J]. Theoretical and Applied Genetics, 88: 933-944.

Bull T A, Glasziou K T, 1963. The evolutionary significanse of sugar accumulation in *Saccharum* [J]. Aust J Biol Sci, 16: 737-742.

Chang Y S, 2002. Agronomic traits of three sugarcane varieties with one eighth wild cane genetic base [J]. Taiwan Sugar, 49 (2): 4-6.

D'Hont A, Ison D, Alix K, et al., 1998. Determination of basic chromosome numbers in the genus *Saccharum* by physical mapping of ribosomal RNA genes [J]. Genome, 41 (2): 221-225.

D'Hont A, Paulet F, Glaszmann J C, 2002. Oligoclonal interspecific origin of 'North Indian' and 'Chinese' sugarcanes. Chromonome Res [J]. 10: 253-262.

Daniels J, Roach B T, 1987. Taxonomy and evolution. In: Heinz DJ ed. Sugarcane Improvement through Breeding [M]. Elsevier Press, Amsterdam, 7-84.

Dutt N L, Rao J T, 1950. The present taxonomic position of*Saccharum* and its congeners [C]. Proc ISSCT, 6: 286-293.

Garsmeur O, Charron C, Bocs S, et al., 2011. High homologous gene conservation despite extreme autopolyploid redundancy in sugarcane [J]. New Phytologist, 189: 629-642.

Garsmeur O, Droc G, Antonise R, et al., 2018. A mosaic monoploid reference sequence for the highly complex genome of sugarcane [J]. Nature Communications, 9 (1): https://doi.org/10.1038/s41467-018-05051-5.

Glaziou K T, Hatch M D, Sacher J A, 1963. Accumulation and transformation of sugars in sugarcane storage tissue [C]. Proc ISSCT, 11: 334-338.

Grassl C O, 1967. Introgression between*Saccharum* and *Miscathus* in New Guinea and the Pacific area [C]. Proc ISSCT, 12: 995-1003.

Grassl C O, 1972. Taxonomy of *Saccharum* relatives: *Sclerostachya*, *Narenga* and *Erianthus* [C]. Proc ISSCT, 14: 240-248.

Ha S, Moore P H, Heinz D, et al., 1999. Quantitative chromosome map of the polyploid *Saccharum spontaneum* by multicolor fluorescence in situ hybridization and imaging methods [J]. Plant Mol Biol, 39: 1165-1173.

Hunter A W S, 1934. A karyosystematic investigation in the Gramineae [J]. Canadian Journal of Research, 11: 213-241.

Irvine J E, 1999. Saccharum species as horticultural classes [J]. Theoretical and Applied Genetics, 98 (2): 186-194.

Jannoo N, Grivet L, David J, et al., 2004. Differential chromosome pairing affinities at meiosis in polyploid sugarcane revealed by molecular markers [J]. Heredity, 93 (5): 460-467.

Lafferty J, Lelley T, 1994. Cytogenetic studies of different*Miscanthus* species with potential for agricultural use [J]. Plant Breeding, 113: 246-249.

Lekshmi M, Pazhany A S, Sobhakumari V P, 2017. Nuclear and cytoplasmic contributions from*Erianthus arundinaceus* (Retz.) Jeswiet in a sugarcane hybrid clone confirmed through genomic in situ hybridization and cytoplasmic DNA polymorphism [J]. Genet Resour Crop Evol, 64: 1553-1560.

Liu X, Zhang R, Ou H, et al., 2018. Comprehensive transcriptome analysis reveals genes in response to water deficit in the leaves of *Saccharum narenga* (Nees ex Steud.) Hack [J]. BMC Plant Biology, 18 (1): 250.

Piperidis N, D'Hont A, 2020. Sugarcane genome architecture decrypted with chromosome-specific oligo probes [J]. The Plant journal, 103 (6): 2039-2051.

Premachandran M N, Arvinth S, Lalitha L, 2006. Chloroplast DNA polymorphism in psbC-trnS and trnL intron segments differentiate *Saccharum* and *Erianthus* [J]. Indian Journal of Genetics and Plant Breeding, 66 (4): 283-286.

Raghavan T S, 1952. Sugarcane×bamboo hybrids [J]. Nature, 170 (4321): 329-330.

Ram B, Sreenivasan T V, Sahi B K, 2001. Introgression of low temperature tolerance and red rot resistance from *Erianthus* in sugarcane [J]. Euphytica, 122 (1): 145-153.

Sun Y Q, Shang L G, Zhu Q H, et al., 2021. Twenty years of plant genome sequencing: achievements and challenges [J]. Trends in Plant Science, (4), doi: 10.1016/j.tplants.2021.10.006.

Tateoka T, 1954. Karyotaxonomy in Poaceae II. Somatic chromosomes of some species [J]. Cytologia, (19): 317-328.

Wei J, Xiu Z, Ou H, et al., 2019. Transcriptome profile analysis of twisted leaf disease response in susceptible sugarcane with *Narenga porphyrocoma* genetic background [J]. Tropical Plant Biology, 12 (4): 293-303.

Yu F, Zhao X, Chai J, et al., 2022. Chromosome-specific painting unveils chromosomal fusions and distinct allopolyploid species in the saccharum complex [J]. New Phytologist, 233: 1953-1965.

Zhang J, Zhang X, Tang H, et al., 2018. Allele-defined genome of the autopolyploid sugarcane *Saccharum spontaneum* L [J]. Nat Genet, 50 (11): 1565-1573.

# 第八章

# 中国甘蔗的栽培土壤

## 第一节 中国蔗区的土壤类型

中国甘蔗栽培分布范围广，南从海南岛，北至北纬 33°的陕西汉中地区，地跨纬度达 15°；东至我国台湾省东部，西直到西藏东南部的雅鲁藏布江，跨越经度达 30°。中国主产蔗区主要分布在北纬 24°以南的热带、亚热带地区，包括广西、云南、广东、海南、福建、台湾、四川、江西、贵州、湖南、湖北、浙江等 12 个省（自治区）。20 世纪 80 年代中期以来，我国蔗糖产区迅速向广西、云南等西部地区转移，形成了桂（广西）中南、滇（云南）西南、粤（广东）西、琼（海南）北的蔗糖产区优势区域布局。

根据我国甘蔗优势区域布局规划（2008—2015 年），桂中南优势区域布局中包括南宁、崇左、来宾、柳州、百色、河池、钦州、北海、防城港、贵港 10 个市的 33 个县（市、区）；滇西南优势区包括临沧、德宏、保山、普洱、西双版纳、玉溪、红河 7 个州（市）的 18 个县（区）；粤西琼北优势区域包括粤西的湛江麻章区、遂溪、雷州、徐闻、廉江、化州，琼北的临高、儋州、昌江。目前，甘蔗产区优势区域的甘蔗产量和产糖量分别占全国的 80%和 75%以上。

### 一、桂中南优势蔗区土壤类型

桂中南优势蔗区土壤类型主要包括：砖红壤、赤红壤、红壤、黄壤、黄棕壤、紫色土、石灰岩土和水稻土。

#### （一）砖红壤

砖红壤是热带地区的代表性土壤，其成土母质包括花岗岩、砂页岩、河流冲积物、第四纪红土母质以及浅海沉积物母质。砖红壤是高度风化的土壤，剖面有明显的铁铝富集层；土体深厚，呈赤红色，盐基被强烈淋溶，土壤酸性，pH 4.5～5.5；离子交换量低，约为 50 me/kg 土左右；土壤保肥能力差，盐基含量低，盐基饱和度 35%以下。砖红壤的黏土矿物类型以高岭石和三水铝石为主，并含有少量石英和微量水云母。砖红壤腐殖质含量中等，表土层含量一般介于 2%～3%之间；腐殖质组成简单、活性较大、酸度高、富啡酸分子比例较高。砖红壤具有有机质合成积累快、分解矿化亦快的特点。砖红壤主要位于广西北海市全域，以及合浦、钦州、防城港等三个县（市）的南部。总面积 24.98 万 $hm^2$，占全区土壤总面积的 1.55%。

### （二）赤红壤

赤红壤是广西南亚热带地区的代表性土壤，其成土母质包括花岗岩、砂页岩以及第四纪红土母质等。赤红壤是高度风化的土壤，具有明显的淋溶层和淀积层，剖面构型呈 A-B-C 型；土层深厚，呈红色，常有红白网纹；土壤酸性，pH 4.0～5.5；交换性阳离子以氢、铝为主；盐基高度不饱和，盐基饱和度 40%以下。赤红壤的黏土矿物类型以高岭石为主，并含有少量三水铝石、水云母和石英。赤红壤腐殖质更新快，积累量不大，有机质及全氮含量中等偏下，组成主要以不溶性胡敏素为主，约占有机碳的 2/3。广西赤红壤总面积 485.11 万 $hm^2$，占全区土壤总面积的 30.05%，主要分布于南宁、钦州、玉林、梧州、百色等地区，柳州、河池亦有少量分布。

### （三）红壤

红壤是中亚热带的地带性土壤。其成土母质包括第四纪红土母质、第三纪红砂岩、千枚岩、花岗岩、片麻岩、石灰岩、玄武岩等。红壤的脱硅富铝化程度弱于赤红壤，更弱于砖红壤。红壤一般都有明显的发育层次，剖面构型呈 A-B-C 型；土层较深厚，呈红色；土壤酸性至强酸性反应，pH 4.0～6.0；交换性阳离子以氢、铝为主；盐基饱和度低（30%以下）。红壤黏土矿物类型以高岭石为主，其次为蒙脱石、石英、赤铁矿和水云母，三水铝石很少。红壤有机质含量随植被状况差异较大，积累量略高于赤红壤和砖红壤。广西红壤总面积 564.24 万 $hm^2$，占全区土壤总面积的 34.95%，是广西面积最大的土类，除钦州地区外，各地区均有分布，其中以柳州、百色、桂林、河池面积较大。

### （四）黄壤

黄壤是在亚热带温暖湿润的生物气候条件下形成，其成土母质以花岗岩、砂岩为主。黄壤形成过程与红壤相似，其脱硅富铝化作用较明显，剖面发育层次明显，B 层为暗黄色；土壤酸性，pH 4.5～5.5。黄壤的黏土矿物类型以三水铝石为主，其次为高岭石，并含有少量石英。黄壤有机质含量高达 5%～10%，自然肥力较高，组成中胡敏酸和富里酸之比为 0.5～0.8。广西黄壤总面积 127.38 万 $hm^2$，占全区土壤总面积的 7.9%，广泛分布于南宁、柳州、桂林、梧州、百色河池、钦州等地区。

### （五）黄棕壤

黄棕壤属淋溶土纲，土壤形成具有淋溶、黏化和弱富铝化的特征。其成土母质主要有砂页岩和花岗岩。黄棕壤具有明显的黏粒淋溶淀积，表土层呈暗棕色或暗棕灰色或暗棕褐色，剖面各层亦棕色为主；土壤呈酸性反应，pH 4.0～5.5；交换性阳离子以氢、铝为主；盐基不饱和度一般为 50%。黄棕壤黏土矿物类型含有三水铝石、高岭石、石英和水云母。有机质含量较高，达 10%左右。广西黄棕壤总面积 8.08 万 $hm^2$，仅占全区土壤总面积的 0.5%，主要分布桂林地区的全州、兴安、灌阳、资源、龙胜、临桂等县。

### （六）紫色土

紫色土多呈紫红或紫红棕、紫暗红棕，也间有紫黑棕色，土壤剖面上呈色均一，无明显的差异。其成土母岩主要为白垩纪和第三纪的紫红色页岩、砂页岩和砂岩。根据 pH 划分，广西紫色土可划分为酸性紫色土（pH<6.5）、中性紫色土（pH 6.5～7.5）和石灰性紫色土（pH>7.5）。广西以酸性紫色土的面积最大。紫色土矿物类型为高岭石、蒙脱和伊利石。紫色土有机质含量随母质差异较大，含量介于 1.07%～3.83%之间。广西紫色土总面积 88.49 万 $hm^2$，占全区土壤总面积的 5.5%，主要分布在南宁、梧州、桂林及玉林等地区，钦州亦有少量分布。

### （七）石灰岩土

石灰岩土是一类发育与碳酸盐岩（主要是灰岩）风化物，或受碳酸盐岩风化物加成的一类土壤。其成土母质包括方解石、文石为主的石灰岩，以及白云石为主的白云岩和其他过渡类型的碳酸盐岩。石灰岩土谋面发生层次大部发育分化不明显，呈中性或微碱反应，盐基饱和，黏土矿物以 2∶1 型的蒙脱石、伊利石或蛭石为主，富铝化现象不明显。石灰岩土在广西的总面积为 81.86 万 $hm^2$，占全区土壤总面积的 5.07%，主要分布于南宁、柳州、桂林、百色、梧州、河池和玉林等地区。

### （八）水稻土

水稻土是指在长期种植水稻条件下，母土（质）受人为和自然因素的双重作用，经过水耕熟化和氧化还原过程，形成特有剖面特征的一类土壤。其在水耕熟化作用下，形成黏粒下移、盐基淋溶和复盐基、有机质积累和磷的有效性提高等性状特征。同时，基于淋溶淀积作用，出现耕作层淋溶、心土层淀积的性状特征。水稻土于广西全区各县、市均有分布。广西水稻土总面积 164.72 万 $hm^2$，占全区土壤总面积的 9.43%，主要分布于南宁、玉林地区，其次为桂林、柳州和钦州地区。

此外，桂中南优势蔗区土壤类型除了上述主要的 8 种土壤类型之外，还包括面积占比较少的潮土、复钙红黏土和滨海盐土等。

## 二、滇西南优势蔗区土壤类型

滇西南优势蔗区土壤类型主要包括：砖红壤、赤红壤、红壤、黄壤、燥红壤、褐土、紫色土、石灰岩土、新积土和水稻土。

### （一）砖红壤

砖红壤主要分布于云南 97°37′—105°00′E、21°09′—24°50′N 的 6 个南部市（州）海拔 800 m 以下的山间谷地和盆地，占云南土壤面积的 1.96%。砖红壤具有明显的生物富集过程，土壤物质矿化快。根据地区干燥度指数、土壤色度以及植被系列差异，云南砖红壤划分为红色砖红壤、黄色砖红壤和褐色砖红壤 3 个亚类。其中，红色砖红壤分布于滇西为主的半湿润区，包括景洪、勐捧地区；黄色砖红壤分布于滇东南为主的多雨中心；褐色砖红壤主要分布在临沧、红河两个市（州）。

### （二）赤红壤

云南赤红壤分布于云南南部的 9 个市（州），占云南土壤面积的 14.63%，居第二位。但云南赤红壤大多分布区域位于 24°以南，集中分布于普洱、西双版纳、临沧、德宏、保山 5 个市（州），面积占云南赤红壤总面积的 84.43%。云南赤红壤可划分为典型赤红壤、黄色赤红壤和赤红壤土 3 个亚类。其中典型赤红壤占云南赤红壤土类面积的 66.26%，主要分布于普洱、西双版纳和临沧 3 个市（州）；黄色赤红壤分布于除玉溪之外所有赤红壤分布市（州），并集中分布于普洱地区；赤红壤性土是受侵蚀、土层浅薄、多砾石的赤红壤，主要分布于普洱、西双版纳、曲靖、文山、保山和德宏等市（州）。

## （三）红壤

红壤分布范围遍及云南全省，广泛分布于北纬24°—26°的曲靖、昆明、大理、保山的大部分地区，文山、红河、玉溪、普洱、临沧北部以及邵通、丽江、怒江南部，其他市（州）山地或河谷亦有零星分布。红壤占云南土壤面积的32.27%，位居第一。云南红壤可分为山原红壤、山地红壤、黄红壤和红壤性土4个亚类。山原红壤分布于云贵高原中部，集中分布于以曲靖、昆明为中心，包括临近的邵通、玉溪、楚雄等市（州），占红壤土类面积的21.9%；山地红壤集中分布于临沧、红河、普洱、文山、大理、保山等市（州），占红壤土类面积的34.9%；黄红壤是红壤土类中比重最大的土类，分布于文山、红河、玉溪、普洱、滇西和滇西北的怒江、德宏、保山、大理、丽江等市（州），占红壤土壤土类面积的36.6%；红壤性土是自然或人为因素加速侵蚀剥蚀作用的产物，占红壤土类面积的6.6%。

## （四）黄壤

黄壤分布于云南11个市（州）的山地，占云南土壤面积的6.51%。云南黄壤可划分为山地黄壤和黄壤性土2个亚类。其中，山地黄壤主要分布于邵通、曲靖、红河、西双版纳、文山、大理、保山、德宏、临沧、迪庆等10个市（州）海拔2 000～2 300 m的山区，占黄壤总面积的93.6%；黄壤性土主要分布于邵通地区，曲靖、保山、怒江、迪庆等亦有分布，占云南黄壤总面积的6.45%。

## （五）燥红壤

燥红壤是热带、亚热带干旱、半干旱地区的红色土。云南燥红壤分布区域较广，主要分布于元江、金沙江、怒江等几条河流的干热河谷区以及一些封闭、半封闭的干热坝子里，占云南土壤面积的1.1%。云南燥红壤成土过程表现出相对较弱的生物积累、矿质风化和淋溶作用，以及复盐基作用。由于成土过程中较弱的生物积累、矿质风化和淋溶作用，燥红壤有机质含量低于其他类型红壤，pH近中性，盐基饱和度比红壤类型高，多介于60%～80%之间，最低45%，最高100%。此外，由于雨季的矿化淋溶和旱季的复盐基过程反复交替进行，燥红壤表土层的pH一般高于心土层，而且由于干热气候条件和倾斜地形的影响，燥红壤发育程度低，土体浅薄，常含有较多的石砾。燥红壤可划分为典型燥红壤和褐红土2个亚类。典型燥红壤分布于热带北缘地区，黏土矿物以高岭石为主；褐红土光热条件略低于燥红壤亚类。

## （六）褐土

褐土是暖温带半湿润地区的地带性土壤。云南褐土是川、藏、滇接壤地带——横断山脉中段峡谷区负垂直带谱下部的土类，仅出现于北纬28°以北，海拔1 950～2 900 m的金沙江、澜沧江及其河谷地带，占云南土壤面积的0.32%。褐土的成土过程表现出弱腐殖质积累，碳酸钙的淋溶与淀积。褐土有机质含量低、表土层薄，呈强石灰性反应，全剖面pH多在8以上。云南褐土包括燥褐土和棕褐土2个亚类。其中，燥褐土是云南褐土的代表类型，分布于金沙江、澜沧江海拔1 950～2 500 m的河谷底部；棕褐土是燥褐土与棕壤之间的过渡类型，分布于海拔2 500～2 900 m河谷边坡。由于地处海拔高度较高，土壤剖面层次发育较明显，有机质积累较多，显示出向棕壤过渡的特征。

### （七）紫色土

紫色土集中分布于滇中和兰坪—思茅地带坳陷盆地，滇中主要为金沙江以南，新平以北，祥云、楚雄、昆明、曲靖等地；兰坪—思茅地带包括兰坪、云龙、勐腊、江城等县和思茅地区，占云南土壤面积的14.07%。云南紫色土可分为酸性紫色土、中性紫色土和石灰性紫色土3个亚类。其中，酸性紫色土pH 5.5～6.5，主要分布于滇中楚雄、大理及德宏、西双版纳、普洱、曲靖、红河、邵通等市（州），占云南紫色土总面积的76.44%；中性紫色土呈中性中弱碱性，主要分布于楚雄、丽江、邵通、普洱、大理等市（州），其余市（州）呈零星分布，占云南紫色土总面积的19.08%；石灰性紫色土是云南紫色土中分布面积最小的一个亚类，pH一般在7.5以上，土体呈灰紫、紫红色，具有中等至强的石灰性反应，主要分布于昆明、楚雄、玉溪等市（州）。

### （八）石灰岩土

石灰岩土在云南分布较广，主要集中于文山、昭通、红河、曲靖和丽江，其他市（州）有零星分布，占云南土壤总面积的3.09%。云南石灰岩土可划分为黑色石灰土、红色石灰土、黄色石灰土3个亚类。黑色石灰土主要分布于文山、曲靖、丽江、普洱、昆明、红河、大理、德宏等市（州），占石灰岩土面积的15.01%；红色石灰土主要分布于文山、临沧、曲靖、丽江、普洱、昭通、怒江、红河、大理、保山等市（州），占石灰岩土面积的54.74%；黄色石灰土主要分布于文山、昭通、曲靖、丽江、普洱、怒江、红河、楚雄、大理等市（州），占石灰岩土面积的30.24%。

### （九）新积土

新积土是不同冲积母质上发育的非地带性土壤，成土时间短，主要分布于澜沧江、金沙江、南盘江、元江、怒江、伊洛瓦底江六大水系及其180多条支流沿岸，占云南土壤面积的0.98%。其中，以迪庆、曲靖、丽江三个市（州）新积土分布面积较大。新积土pH多为中性，盐基饱和度较高，均大于60%。新积土养分丰富，速效磷含量较高。

### （十）水稻土

水稻土占云南土壤面积的3.46%，主要分布于昆明、玉溪、曲靖、红河、文山、普洱、保山、德宏、临沧、楚雄、大理。云南水稻土分为淹育水稻土、潴育水稻土和潜育水稻土3个亚类。淹育水稻土占水稻土面积的37.8%，主要分布于普洱、红河、大理3个市（州）面积均超过6.67万$hm^2$，曲靖、楚雄、临沧3.33万$hm^2$左右，玉溪、保山、文山次之；潴育水稻土占水稻土面积的53.46%，其中昆明、保山和楚雄的面积均超过6.67万$hm^2$，德宏、红河、曲靖、文山、大理面积5.33万$hm^2$左右；潜育水稻土占水稻土面积的8.77%，分布于云南全省。

## 三、粤西、琼北优势蔗区土壤类型

### （一）广东优势蔗区土壤类型

广东优势蔗区土壤类型主要包括赤红壤、红壤、砖红壤、水稻土、石灰土、潮土、紫色土、滨海盐土等。

**1. 赤红壤** 分布面积为66 551.1 $km^2$，占全省土壤面积的37.97%。

**2. 红壤** 分布面积为43 551.1 $km^2$，占全省土壤面积的24.84%。

**3. 砖红壤** 分布面积为 9 023.4 $km^2$，占全省土壤面积的 5.15%。

**4. 水稻土** 在全省各地均有分布，分布面积为 44 442 $km^2$，占全省土壤面积的 25.35%。

**5. 石灰土** 分布面积 4 779.3 $km^2$，占全省土壤面积的 2.73%。

**6. 潮土** 分布面积 2 511.4 $km^2$，占全省土壤面积的 1.43%。

**7. 紫色土** 分布面积 2 026.3 $km^2$，占全省土壤面积的 1.16%。

**8. 滨海盐土** 分布面积 1 013.6 $km^2$，占全省土壤面积的 0.58%。

### （二）海南优势蔗区土壤类型

海南优势蔗区土壤类型主要包括砖红壤、赤红壤、黄壤、燥红土、新积土、滨海沙土、石灰岩土、火山灰土、紫色土、珊瑚沙土、石质土、沼泽土、滨海盐土、酸性硫酸盐土和水稻土等十五类。

砖红壤、水稻土分布最为广泛。其中，砖红壤面积 181.46 万 $hm^2$，占全省土地总面积的 53.42%；水稻土面积 28.33 万 $hm^2$，占全省土地总面积的 8.33%；赤红壤、黄壤、燥红土面积 34.54 万 $hm^2$，占全省土地总面积的 10.01%；新积土、滨海沙土和石灰岩土面积 10.33 万 $hm^2$，占全省土地总面积的 3.04%；火山灰土、紫色土、石质土面积 8.51 万 $hm^2$，占全省土地总面积的 2.51%。

## 四、部分非优势蔗区土壤类型

### （一）福建蔗区的土壤类型

福建省甘蔗种植区主要集中在福州、莆田、泉州和漳州四大平原。福建蔗区的土壤类型主要有：①赤红壤，广泛分布于丘陵台地，是砖红壤向红壤过渡的地带性土壤，风化淋溶较为强烈，矿物风化较为彻底，一般有机质含量小于 2%，肥力较低，矿物营养贫乏。②红壤，主要分布于山丘坡地。③滨海盐土，多为海泥土，土层深厚，富含有机质及 N、P、K 养分。④潴育水稻土，分布于江河下游冲积平原，地势平坦、水源充足，土层深厚，肥沃、养分丰富。⑤黄壤红，局部有紫色土和石灰土。其中，水稻土面积达 146 多万 $hm^2$，占耕地总面积的 88.19%。

### （二）台湾蔗区的土壤类型

台湾蔗区的土壤类型主要包括：①红壤，该土壤母质为第四纪洪积物，主要分布于台湾西部的洪积台地上，是台湾最古老的土壤。红壤呈强酸性，养分匮乏，目前主要种植茶叶、凤梨和甘蔗等农作物。②黄壤，分布于丘陵地形稳定、起伏和缓的地方，多呈酸性，肥力偏低。③黑色土（火山灰土、软土、变性土）：一是火山灰土，主要分布于台湾北部的阳明山火山地区，土壤松软，很轻，有机质含量高，呈团粒结构，具有很好的保肥、保水能力，但易受侵蚀，缺磷且易产生铝毒危害；二是软土，主要分布于东部成功附近；三是变性土，土层深厚，非常黏重，排水性差。④盐土，主要分布于西南部海滨冲积物上。⑤台湾黏土，主要分布于云林、嘉义、台南、高雄的山麓地带前沿之低平台地，土壤土层深厚，质地黏重、紧实，大块状或柱状结构，耕性差。⑥冲积土，为台湾地区的主要耕作土壤，主要分布于台湾西部，由丘陵地砂页岩冲积而成。

## 第二节 中国蔗区的土壤肥力特征

在适宜甘蔗生长的气候条件下，甘蔗可在不同类型、质地的土壤生长。虽然甘蔗对土壤的要求不高，但甘蔗高产、稳产必须有优良的土壤环境条件。研究发现甘蔗高产土壤特征如下：甘蔗对土壤的酸碱性适应性较广，pH 4.5～7.5 范围内均可获得高产；此外，高产甘蔗土壤中各种有效养分的最低含量参考指标分别为：碱解氮 64.2 mg/kg、有效磷 8.7 mg/kg、速效钾 52.6 mg/kg、交换性钙 1.62 cmol/kg、交换性镁 0.28 cmol/kg、有效硫 12.4 mg/kg、有效硼 0.08 mg/kg、有效锌 0.42 mg/kg、有效铜 0.61 mg/kg、有效铁 10.9 mg/kg、有效锰 3.5 mg/kg（表 8-1）。

**表 8-1 高产甘蔗区域土壤养分含量**

（谢如林等，2008）

| 项目 | 平均 | 变幅范围 | 标准差 | 变异系数（%） | 与产量的相关系数 | 最低 5 个平均值 | 临界值 |
|---|---|---|---|---|---|---|---|
| pH | 5.47 | 4.53～7.53 | 0.76 | 13.9 | −0.162 2 | — | — |
| 有机质（g/kg） | 21.7 | 8.2～36.7 | 0.782 | 40 | −0.364 2 | — | — |
| 全氮（g/kg） | 1.34 | 0.25～1.73 | 0.358 | 37.1 | −0.462 6 | — | — |
| 全磷（g/kg） | 0.69 | 0.11～1.99 | 0.408 | 59.3 | −0.380 2 | — | — |
| 全钾（g/kg） | 5.26 | 0.62～11.99 | 3.64 | 69.4 | −0.464 7 | — | — |
| 碱解氮（mg/kg） | 98.8 | 56～157 | 29.1 | 29.5 | −0.290 5 | 64.2 | 50 |
| 有效磷（mg/kg） | 27.7 | 6.6～64 | 15.2 | 54.9 | −0.239 4 | 8.7 | 5 |
| 速效钾（mg/kg） | 113.9 | 49～228 | 56.7 | 49.8 | −0.200 2 | 56.2 | 50 |
| 钙（cmol/kg） | 4.07 | 1.24～10.36 | 2.49 | 61.2 | −0.223 7 | 1.62 | 1.5 |
| 镁（cmol/kg） | 0.65 | 0.24～1.17 | 0.28 | 43.2 | −0.181 9 | 0.28 | 0.4 |
| 硫（mg/kg） | 27.3 | 10～64 | 13 | 47.7 | −0.098 | 12.4 | 12 |
| 硼（mg/kg） | 0.17 | 0.07～0.33 | 0.072 | 40.1 | −0.433 5 | 0.08 | 0.5 |
| 锌（mg/kg） | 1.01 | 0.32～2.72 | 0.62 | 61 | 0.206 2 | 0.42 | 0.5 |
| 铜（mg/kg） | 1.24 | 0.40～2.64 | 0.57 | 45.5 | 0.250 3 | 0.61 | 0.2 |
| 铁（mg/kg） | 54.1 | 8.0～146.7 | 43.4 | 80.3 | −0.089 4 | 10.9 | 4.5 |
| 锰（mg/kg） | 15.3 | 2.25～48.4 | 13.2 | 86.4 | 0.051 2 | 3.5 | 5 |
| 氯（mg/kg） | 26.3 | 7～52 | 11.8 | 44.8 | −0.150 6 | 13.6 | 无 |

### 一、桂中南蔗区土壤肥力特征

#### （一）土壤养分分级标准

广西现行的土壤养分分级标准，是参照我国第二次土壤普查制定的养分分级标准以及广西专家根据广西实际情况制定的广西耕地土壤有效养分分级指标（表 8-2）。此外，土壤 pH 分级标准为：pH<4.5 为强酸性土壤，pH 4.5～5.5 为中强酸性土壤，pH 5.5～

6.5 为弱酸性土壤，pH 6.5～7.5 为中性土壤，pH 7.5～8.5 为微碱性土壤，pH>8.5 为强碱性土壤。

**表 8-2 广西土壤养分分级指标**

（曾艳等，2014）

| 项目 | 极高 | 高 | 中等 | 低 | 极低 |
|---|---|---|---|---|---|
| 有机质（g/kg） | >40 | 30～40 | 20～30 | 10～20 | <10 |
| 碱解氮（mg/kg） | >160 | 120～160 | 80～1200 | 40～80 | <40 |
| 有效磷（mg/kg） | >30 | 20～30 | 10～20 | 5～10 | <5 |
| 速效钾（mg/kg） | >150 | 100～150 | 50～100 | 30～50 | <30 |
| 交换性钙（mg/kg） | >1 000 | 700～1 000 | 500～700 | 300～500 | <300 |
| 交换性镁（mg/kg） | >250 | 150～250 | 70～150 | 30～70 | <30 |
| 有效硼（mg/kg） | >2 | 1.0～2.0 | 0.5～1.0 | 0.2～0.5 | <0.2 |
| 有效锌（mg/kg） | >3 | 1.0～3.0 | 0.5～1.0 | 0.3～0.5 | <0.3 |
| 有效铜（mg/kg） | >1.8 | 1.0～1.8 | 0.2～1.0 | 0.1～0.2 | <0.1 |
| 有效铁（mg/kg） | >20 | 10～20 | 4.5～10 | 2.5～4.5 | <2.5 |
| 有效锰（mg/kg） | >30 | 15～30 | 5～15 | 1～5 | <1 |

### （二）桂中蔗区土壤肥力特征

桂中蔗区土壤类型主要包括红壤、水稻土、赤红壤、石灰（岩）土、冲积土、紫色土和洪积土，分别占耕地总面积的 52.83%、35.84%、0.37%、3.62%、0.90%、0.78%和 5.66%。

近年来，桂中蔗区来宾市甘蔗种植面积维持在 14 万 $hm^2$ 左右，年均产蔗量在 1 000 万 t 左右，面积和产量占广西全区的 20%左右，为全国第二大蔗糖产业市，其下辖的兴宾区连续 13 年为全国糖料蔗产量第一县（区），是我国著名的“糖都”。

调查分析发现，桂中蔗区土壤 pH 平均值为 5.82。其中，pH 小于 5.0 的土壤占 13.5%；pH 介于 5.0～5.5 的土壤占 21.2%；pH 介于 5.5～6.0 的土壤 23.1%；pH 介于 6.0～6.5 的土壤占 25%；pH 介于 6.5～7.5 的土壤占 17.3%；没有 pH 大于 7.5 的碱性土壤（表 8-3）。

**表 8-3 桂中蔗区土壤 pH 分级及各级比例**

（谢如林等，2004）

| pH | <5.0 | 5.0～5.5 | 5.5～6.0 | 6.0～6.5 | 6.5～7.5 | >7.5 |
|---|---|---|---|---|---|---|
| 比例（%） | 13.5 | 21.2 | 23.1 | 25 | 17.3 | 0 |
| 酸碱性 | 特强酸性 | 强酸性 | 酸性 | 微酸性 | 中性 | 碱性 |

土壤有机质含量是反映土壤肥力的一个重要指标。桂中蔗区土壤有机质平均含量为 1.86%；其中，土壤有机质含量小于 0.6 g/kg 的土壤占 1.9%；有机质含量介于 0.6～1.0 g/kg 的土壤占 5.8%；有机质含量介于 1.0～2.0 g/kg 的土壤占 55.8%；有机质含量介于 2.0～3.0 g/kg 的土壤占 17.3%；有机质含量介于 3.0～4.0 g/kg 的土壤占 13.5%；

有机质含量大于 4.0 g/kg 的土壤占 5.8%（表 8-4）。

**表 8-4　桂中蔗区土壤有机质含量分级及各级比例**

（谢如林等，2004）

| 级别 | 很低 | 低 | 中下 | 中上 | 高 | 很高 |
|---|---|---|---|---|---|---|
| 有机质（g/kg） | <0.6 | 0.6～1.0 | 1.0～2.0 | 2.0～3.0 | 3.0～4.0 | >4.0 |
| 比例（%） | 1.9 | 5.8 | 55.8 | 17.3 | 13.5 | 5.8 |

土壤全氮、全磷和全钾含量能反映土壤肥力的潜能高低，即土壤供给氮磷钾养分的潜力。桂中蔗区土壤中全氮、全磷和全钾的平均含量分别为 0.92 g/kg、0.47 g/kg 和 2.47 g/kg。其中，全氮含量中下水平（0.75～1.0 g/kg）的占比最高，占整个蔗区面积的 28.8%；全磷含量同样是中下水平（0.4～0.6 g/kg）的占比最高，占整个蔗区面积的 36.5%；全钾含量则以很低水平（<5 g/kg）的占比最高，占整个蔗区面积的 88.5%（表 8-5）。

**表 8-5　桂中蔗区土壤全氮、全磷、全钾含量分级及各级比例**

（谢如林等，2004）

| 级别 | 很低 | 低 | 中下 | 中上 | 高 | 很高 |
|---|---|---|---|---|---|---|
| 全氮含量（g/kg） | <0.5 | 0.5～0.75 | 0.75～1.0 | 1.0～1.5 | 1.5～2.0 | >2.0 |
| 比例（%） | 7.7 | 25.0 | 28.8 | 23.1 | 11.5 | 3.8 |
| 全磷含量（g/kg） | <0.2 | 0.2～0.4 | 0.4～0.6 | 0.6～0.8 | 0.8～1.0 | >1.0 |
| 比例（%） | 9.6 | 30.8 | 36.5 | 7.7 | 5.8 | 9.6 |
| 全钾含量（g/kg） | <5 | 5～10 | 10～15 | 15～20 | 20～25 | >25 |
| 比例（%） | 88.5 | 9.6 | 1.9 | 0 | 0 | 0 |

土壤碱解氮可称为土壤速效氮，其含量大小表示可直接供作物吸收的土壤氮水平。桂中蔗区土壤中碱解氮平均含量为 80.2 mg/kg，其中，碱解氮含量中下水平（50～100 mg/kg）的占比最大，占整个蔗区的 53.8%，随后占比大小依次分别为中上、低、高、很低水平，不存在氮供给水平很高的区域。有效磷是指土壤中可被作物直接吸收利用的磷形态。桂中蔗区土壤有效磷的平均含量为 9.79 mg/kg，其中，有效磷含量中上水平（10～20 mg/kg）的占比最大，占整个蔗区的 44.2%，随后占比大小顺序依次分别为中下、低、很高、高，不存在磷供给水平很低的区域。速效钾是指土壤中可被作物直接吸收的土壤中吸附态和离子态钾含量的总和。桂中蔗区土壤速效钾的平均含量为 76.2 mg/kg，其中，速效钾含量中下水平（50～100 mg/kg）的占比最大，占整个蔗区的 53.8%，随后占比大小顺序依次分别为低、中上、很低（高）和很高（表 8-6）。

**表 8-6　桂中蔗区土壤碱解氮、有效磷、速效钾含量分级及各级比例**

（谢如林等，2004）

| 级别 | 很低 | 低 | 中下 | 中上 | 高 | 很高 |
|---|---|---|---|---|---|---|
| 碱解氮含量（mg/kg） | <25 | 25～50 | 50～100 | 100～150 | 150～200 | >200 |
| 比例（%） | 1.9 | 9.6 | 53.8 | 26.9 | 7.7 | 0 |

（续）

| 级别 | 很低 | 低 | 中下 | 中上 | 高 | 很高 |
| --- | --- | --- | --- | --- | --- | --- |
| 速效磷含量（mg/kg） | <3 | 3～5 | 5～10 | 10～20 | 20～40 | >40 |
| 比例（%） | 0 | 13.5 | 36.5 | 44.2 | 1.9 | 3.8 |
| 速效钾含量（mg/kg） | <30 | 30～50 | 50～100 | 100～150 | 150～200 | >200 |
| 比例（%） | 7.7 | 13.5 | 53.8 | 11.5 | 7.7 | 5.8 |

土壤有效硫含量是表征土壤供给硫能力的相对指标。桂中蔗区土壤中有效硫的平均含量为20.0 mg/kg，其中，有效硫含量中下水平（12～24 mg/kg）的占比最大，占整个蔗区的38.5%；随后占比大小依次分别为中上、低、很低、高水平，不存在有效硫供给水平很高的区域。交换性钙是表征土壤供给钙能力的相对指标。桂中蔗区土壤交换性钙的平均含量为5.10 cmol/kg，其中，交换性钙含量很高水平（>4.5 cmol g/kg）的占比最大，占整个蔗区的67.3%；随后占比大小顺序依次分别为中上、中下（高），不存在钙供给水平很低的区域。交换性镁是表征土壤供给镁能力的相对指标。桂中蔗区土壤交换性镁的平均含量为0.74 cmol/kg，其中，交换性镁含量中下水平（0.4～0.8 cmol g/kg）的占比最大，占整个蔗区的55.8%；随后占比大小顺序依次分别为中上、很高、低、高和很低（表8-7）。

**表8-7 桂中蔗区土壤有效硫、交换性钙、交换性镁含量分级及各级比例**

（谢如林等，2004）

| 级别 | 很低 | 低 | 中下 | 中上 | 高 | 很高 |
| --- | --- | --- | --- | --- | --- | --- |
| 有效硫含量（mg/kg） | <6 | 6～12 | 12～24 | 24～36 | 36～48 | >48 |
| 比例（%） | 7.7 | 19.2 | 38.5 | 28.8 | 5.8 | 0 |
| 交换性钙含量（cmol/kg） | <0.75 | 0.75～1.5 | 1.5～2.5 | 2.5～3.5 | 3.5～4.5 | >4.5 |
| 比例（%） | 0 | 1.9 | 9.6 | 11.5 | 9.6 | 67.3 |
| 交换性镁含量（cmol/kg） | <0.2 | 0.2～0.4 | 0.4～0.8 | 0.8～1.2 | 1.2～1.6 | >1.6 |
| 比例（%） | 3.8 | 7.7 | 55.8 | 17.3 | 5.8 | 9.6 |

土壤中微量元素丰缺对甘蔗高产优质非常重要。土壤中有效硼含量是表征土壤供给硼能力的相对指标。调查分析发现，桂中蔗区土壤有效硼含量处于很低水平（<0.2 mg/kg），占比达96.2%，仅有3.8%的土壤中有效硼处于中等水平。有效锌是表征土壤供给锌能力的相对指标。桂中蔗区土壤有效锌的平均含量为1.19 mg/kg，其中，有效锌含量高水平（1.0～3.0 mg/kg）的占比最大，占整个蔗区的67.3%；随后占比大小顺序依次分别为中和低水平，不存在锌供给水平很高或很低的区域。有效铜是表征土壤供给铜能力的相对指标。桂中蔗区土壤有效铜的平均含量为0.71 mg/kg，其中，有效铜含量中等水平（0.2～1.0 mg/kg）的占比最大，占整个蔗区的69.2%，随后占比大小顺序依次分别为高、很高、低，不存在铜供给水平很低的区域。有效铁是表征土壤供给铁能力的相对指标。桂中蔗区土壤有效铁的平均含量为44.5 mg/kg，其中，有效铁含量很高水平（>20 mg/kg）的占比最大，占整个蔗区的92.3%；随后

是高水平（10～20 mg/kg），不存在铁供给水平中、低或很低的区域。有效锰是表征土壤供给锰能力的相对指标。桂中蔗区土壤有效锰的平均含量为 18.8 mg/kg，其中，有效锰含量很高水平（>30 mg/kg）的占比最大，占整个蔗区的 32.7%；随后占比大小顺序依次分别为中等、高、低，不存在锰供给水平很低的区域（表 8-8）。

**表 8-8 桂中蔗区土壤有效硼、锌、铜、铁、锰含量分级及各级比例**

（谢如林等，2004）

| 级别 | 很低 | 低 | 中 | 高 | 很高 |
|---|---|---|---|---|---|
| 有效硼含量（mg/kg） | <0.2 | 0.2～0.5 | 0.5～1.0 | 1.0～2.0 | >2.0 |
| 比例（%） | 96.2 | 0.0 | 3.8 | 0 | 0 |
| 有效锌含量（mg/kg） | <0.3 | 0.3～0.5 | 0.5～1.0 | 1.0～3.0 | >3.0 |
| 比例（%） | 0 | 3.8 | 26.9 | 67.3 | 0 |
| 有效铜含量（mg/kg） | <0.1 | 0.1～0.2 | 0.2～1.0 | 1.0～1.8 | >1.8 |
| 比例（%） | 0 | 5.8 | 69.2 | 13.5 | 11.5 |
| 有效铁含量（mg/kg） | <2.5 | 2.5～4.5 | 4.5～10 | 10～20 | >20 |
| 比例（%） | 0 | 0 | 0 | 7.7 | 92.3 |
| 有效锰含量（mg/kg） | <1.0 | 1.0～5.0 | 5.0～15.0 | 15.0～30.0 | >30 |
| 比例（%） | 0 | 9.6 | 30.8 | 26.9 | 32.7 |

上述结果表明，桂中蔗区土壤中碱解氮、有效磷、速效钾含量处于中等或中下水平，尤其有效磷和速效钾供给能力偏低，而且桂中蔗区土壤的氮、磷、钾含量及供给水平与高产土壤中的相应条件相比仍有较大差距。此外，硼、硫、镁等中微量元素含量偏低，蔗区土壤中已呈缺乏或十分缺乏状态。该蔗区进行培肥管理时，应配合施用硫、镁等中量元素以及硼、锌、铜、锰等微量元素。

### （三）桂南蔗区土壤肥力特征

桂南蔗区土壤类型同样包括赤红壤、石灰（岩）土、水稻土、冲积土、红壤、紫色土和沼泽土，分别占耕地总面积的 62.21%、14.97%、11.91%、10.39%、0.30%、0.19%和 0.03%。

近年来，桂南蔗区崇左市甘蔗种植面积维持在 28 万 $hm^2$ 左右，年均产蔗量在 2 500 万 t 左右，面积和产量占广西全区的 40%左右，是我国著名的“糖都”，为我国第一大蔗糖产业市。

调查分析发现，桂南蔗区土壤 pH 平均为 4.94。其中，pH 小于 4.5 的强酸性土壤占 26.5%，pH 介于 4.5～5.5 之间的酸性土壤占 57.8%，pH 介于 5.5～6.5 之间的弱酸性土壤占 11.2%，pH 介于 6.5～7.5 之间的中性土壤占 3.4%，pH>7.5 的碱性土壤仅占 1%（表 8-9）。

表 8-9　桂南蔗区土壤 pH 分级及各级比例

（曾艳等，2014）

| pH | <4.5 | 4.5～5.5 | 5.5～6.5 | 6.5～7.5 | >7.5 |
|---|---|---|---|---|---|
| 比例（%） | 26.5 | 57.8 | 11.2 | 3.4 | 1 |
| 酸碱性 | 强酸性 | 中强酸性 | 弱酸性 | 中性 | 碱性 |

桂南蔗区土壤有机质平均含量为 24.5 g/kg；其中，土壤有机质含量小于 10 g/kg 的土壤占 1.4%，有机质含量介于 10～20 g/kg 的土壤占 27.1%，有机质含量介于 20～30 g/kg的土壤占 48.4%，有机质含量介于 30～40 g/kg 的土壤占 21.5%，有机质含量大于 40 g/kg 的土壤占 1.2%（表 8-10）。

表 8-10　桂南蔗区土壤有机质含量分级及各级比例

（曾艳等，2014）

| 级别 | 极低 | 低 | 中 | 高 | 极高 |
|---|---|---|---|---|---|
| 有机质（g/kg） | <10 | 10～20 | 20～30 | 30～40 | >40 |
| 比例（%） | 1.4 | 27.1 | 48.4 | 21.5 | 1.2 |

土壤全氮、全磷和全钾含量能反映土壤肥力的潜能高低，即土壤供给氮磷钾养分的潜力。桂南蔗区土壤中全氮、全磷和全钾的平均含量分别为 2.02 g/kg、0.53 g/kg 和 10.23 g/kg。其中，全氮含量中上水平（1.0～1.5 g/kg）的占比最高，占整个蔗区面积的 37.04%；全磷含量低水平（0.2～0.4 g/kg）的占比最高，占整个蔗区面积的 46.73%；全钾含量同样是低水平（5.0～10.0 g/kg）的占比最高，占整个蔗区面积的 26.02%（表 8-11）。

表 8-11　桂南蔗区土壤全氮、全磷、全钾含量分级及各级比例

（曾艳等，2014）

| 级别 | 极低 | 低 | 中下 | 中上 | 高 | 极高 |
|---|---|---|---|---|---|---|
| 全氮含量（g/kg） | <0.5 | 0.5～0.75 | 0.75～1.0 | 1.0～1.5 | 1.5～2.0 | >2.0 |
| 比例（%） | 10.44 | 16.5 | 18.5 | 37.04 | 11.14 | 6.33 |
| 全磷含量（g/kg） | <0.2 | 0.2～0.4 | 0.4～0.6 | 0.6～0.8 | 0.8～1.0 | >1.0 |
| 比例（%） | 11.26 | 46.73 | 21.99 | 7.57 | 6.14 | 6.3 |
| 全钾含量（g/kg） | <5 | 5～10 | 10～15 | 15～20 | 20～25 | >25 |
| 比例（%） | 25.9 | 26.02 | 15.42 | 15.97 | 9.01 | 7.66 |

桂南蔗区土壤中碱解氮平均含量为 87.85 mg/kg，其中，碱解氮含量中等水平（80～120 mg/kg）的占比最大，占整个蔗区的 45.98%；随后占比大小依次分别为低、高、极低和极高水平。桂南蔗区土壤有效磷的平均含量为 21.72 mg/kg，其中，有效磷含量中等水平（10～20 mg/kg）的占比最大，占整个蔗区的 28.6%；随后占比大小顺序依次分别为极高、低、高、极低水平。桂南蔗区土壤速效钾的平均含量为 85.84 mg/kg，其中，速效钾含量中等水平（50～100 mg/kg）的占比最大，占整个蔗区的 54.2%；随后占比大小

顺序依次分别为高、低、极高、极低水平（表 8-12）。

**表 8-12　桂南蔗区土壤碱解氮、速效磷、速效钾含量分级及各级比例**

（曾艳等，2014）

| 级别 | 极低 | 低 | 中等 | 高 | 极高 |
|---|---|---|---|---|---|
| 碱解氮含量（mg/kg） | <40 | 40～80 | 80～120 | 120～160 | >160 |
| 比例（%） | 6.22 | 33.5 | 45.98 | 13.35 | 1.00 |
| 有效磷含量（mg/kg） | <5 | 5～10 | 10～20 | 20～30 | >30 |
| 比例（%） | 6.5 | 21.5 | 28.6 | 18.8 | 24.5 |
| 速效钾含量（mg/kg） | <30 | 30～50 | 50～100 | 100～150 | >150 |
| 比例（%） | 3.8 | 14.7 | 54.2 | 20.3 | 7.0 |

桂南蔗区土壤中有效硫的平均含量为 37.92 mg/kg，其中，有效硫含量极高水平（>40 mg/kg)的占比最大，占整个蔗区的 38.68%；随后占比大小依次分别为中等、低、高、极低水平。桂南蔗区土壤交换性钙的平均含量为 592.48 mg/kg，其中，交换性钙含量极低水平（<300 mg/kg）的占比最大，占整个蔗区的 32.9%；随后占比大小顺序依次分别为低、中等、极高和高水平。桂南蔗区土壤交换性镁的平均含量为 62.34 mg/kg，其中，交换性镁含量低水平（30～70 mg/kg）的占比最大，占整个蔗区的 57.0%；随后占比大小顺序依次分别为中等、极低和高水平，不存在极高水平区域（表 8-13）。

**表 8-13　桂南蔗区土壤有效硫、交换性钙、交换性镁含量分级及各级比例**

（曾艳等，2014）

| 级别 | 极低 | 低 | 中等 | 高 | 极高 |
|---|---|---|---|---|---|
| 有效硫含量（mg/kg） | <10 | 10～20 | 20～30 | 30～40 | >40 |
| 比例（%） | 0.14 | 13.7 | 38.67 | 8.83 | 38.68 |
| 交换性钙含量（mg/kg） | <300 | 300～500 | 500～700 | 700～1 000 | >1 000 |
| 比例（%） | 32.9 | 22.0 | 19.0 | 12.0 | 14.0 |
| 交换性镁含量（mg/kg） | <30 | 30～70 | 70～150 | 150～250 | >250 |
| 比例（%） | 12 | 57 | 27.9 | 3.0 | 0 |

调查分析发现，桂南蔗区土壤有效硼的平均含量为 0.24 mg/kg，其中有效硼含量低水平（0.2～0.5 mg/kg）的占比最高，达 60.0%；其次分别为极低、中（高）水平，不存在有效硼含量极高的区域。桂南蔗区土壤有效锌的平均含量为 0.93 mg/kg，其中，有效锌含量中等水平（0.5～1.0 mg/kg）的占比最大，占整个蔗区的 43.0%；随后占比大小顺序依次分别为高、低、极低和极高水平。桂南蔗区土壤有效铜的平均含量为 0.65 mg/kg，其中，有效铜含量中等水平（0.2～1.0 mg/kg）的占比最大，占整个蔗区的 75.1%；随后占比大小顺序依次分别为高、低、极低和极高水平。桂南蔗区土壤有效铁的平均含量为 43.35 mg/kg，其中，有效铁含量极高水平（>20 mg/kg）的占比最大，占整个蔗区的 71.1%；其次是高、中等水平，不存在铁供给水平低、极低区域。桂南中蔗区土壤有效锰的平均含量为 26.96 mg/kg，其中，有效锰含量极高水平（>30 mg/kg）的占比最大，占整个蔗区的

32.7%；随后占比大小顺序依次分别为中等、低、高和极低水平（表 8－14）。

**表 8－14 桂南蔗区土壤有效硼、锌、铜、铁、锰含量分级及各级比例**

（曾艳等，2014）

| 级别 | 极低 | 低 | 中等 | 高 | 极高 |
|---|---|---|---|---|---|
| 有效硼含量（mg/kg） | <0.2 | 0.2～0.5 | 0.5～1.0 | 1.0～2.0 | >2.0 |
| 比例（%） | 38.0 | 60.0 | 1.0 | 1.0 | 0 |
| 有效锌含量（mg/kg） | <0.3 | 0.3～0.5 | 0.5～1.0 | 1.0～3.0 | >3.0 |
| 比例（%） | 7.0 | 12.0 | 43.0 | 36.9 | 1.0 |
| 有效铜含量（mg/kg） | <0.1 | 0.1～0.2 | 0.2～1.0 | 1.0～1.8 | >1.8 |
| 比例（%） | 1.0 | 6 | 75.1 | 17.1 | 0.8 |
| 有效铁含量（mg/kg） | <2.5 | 2.5～4.5 | 4.5～10 | 10～20 | >20 |
| 比例（%） | 0 | 0 | 4.0 | 25.0 | 71.1 |
| 有效锰含量（mg/kg） | <1.0 | 1.0～5.0 | 5.0～15.0 | 15.0～30.0 | >30 |
| 比例（%） | 1.0 | 17.4 | 32.5 | 16.4 | 32.7 |

基于上述结果可知，广西桂南蔗区土壤肥力总体水平不高，有机质含量偏低，碱解氮、有效磷、速效钾含量均处于中下水平，有效铁、锰含量较丰富，有效铜和有效锌含量整体处于中等水平。

综合广西桂中和桂南蔗区土壤肥力分析可知，广西蔗区土壤质地黏重，绝大多数土壤偏酸性，平均 pH 为 4.94；土壤有效硼缺乏，平均含量为 0.24 mg/kg；土壤交换性镁含量偏低，平均值为 62.34 mg/kg；有机质含量处于中等偏下水平，碱解氮、有效磷、速效钾、有效铜、有效锌、有效锰、有效钙含量总体处于中等水平，但呈现养分区域不平衡现象。单项肥力指数有效铜、有效锌、交换性镁、有效硼、有效锰、碱解氮处于贫瘠水平，其他指标处于一般肥力水平或较高肥力水平。综合评定广西蔗区土壤肥力为Ⅲ级，属低肥力水平，与高产土壤肥力条件相比差距较大。

## 二、云南蔗区土壤肥力特征

云南现行的土壤养分分级标准如表 8－15 所示。

**表 8－15 云南土壤养分分级标准**

（刘少春等，2016）

| 项目 | 丰 | 高 | 中 | 低 | 缺 | 甚缺 |
|---|---|---|---|---|---|---|
| pH | >9.0 碱性 | 7.5～9.0 微碱性 | 6.5～7.5 中性 | 5.5～6.5 微酸性 | 4.5～5.5 酸性 | <4.5 强酸性 |
| 有机质（g/kg） | >40 | 30～40 | 20～30 | 10～20 | 6～10 | <6 |
| 全氮（g/kg） | >2.0 | 1.5～2.0 | 1.0～1.5 | 0.75～1.0 | 0.5～0.75 | <0.5 |
| 碱解氮（mg/kg） | >150 | 120～150 | 90～120 | 60～90 | 30～60 | <30 |
| 全磷（g/kg） | >1.0 | 0.8～1.0 | 0.6～0.8 | 0.4～0.6 | 0.2～0.4 | <0.2 |
| 有效磷（mg/kg） | >40 | 20～40 | 10～20 | 5～10 | 3～5 | <3 |
| 全钾（g/kg） | >25 | 20～25 | 15～20 | 10～15 | 5～10 | <5 |

（续）

| 项目 | 丰 | 高 | 中 | 低 | 缺 | 甚缺 |
|---|---|---|---|---|---|---|
| 速效钾（mg/kg） | >200 | 150～200 | 100～150 | 50～100 | 30～50 | <30 |
| 有效锰（mg/kg） | | >30 | 16～30 | 7～16 | | <7 |
| 有效锌（mg/kg） | | >2.0 | 1.0～2.0 | 0.5～1.0 | | <0.5 |
| 有效铜（mg/kg） | | >2.0 | 1.0～2.0 | 0.2～1.0 | | <0.2 |
| 有效铁（mg/kg） | | >50 | 20～50 | <20 | | |

2006年至2014年，云南全省甘蔗种植面积从25万 $hm^2$ 增加到35.8万 $hm^2$（含境外种植面积3.6万 $hm^2$）。其中，临沧市甘蔗种植面积达11.9万 $hm^2$，占全省甘蔗种植面积的33.24%，在云南省8个主产州市中排名第一；其后栽培面积大小依次分别为德宏6.03万 $hm^2$、文山5.09万 $hm^2$、普洱3.45万 $hm^2$、保山2.97万 $hm^2$、红河2.75万 $hm^2$、西双版纳2.20万 $hm^2$、玉溪1.25万 $hm^2$、其他地区0.10万 $hm^2$。

调查分析发现，云南蔗区土壤pH平均为4.81。其中，pH小于4.5的强酸性土壤占29.6%，pH介于4.5～5.5之间的酸性土壤占59.7%，pH介于5.5～6.5之间的弱酸性土壤占8.7%，pH介于6.5～7.5之间的中性土壤占1.5%，pH介于7.5～9.0之间的微碱性土壤占0.5%，不存在pH>9.0的碱性土壤区域（表8-16）。

**表8-16　云南蔗区土壤pH分级及各级比例**

（刘少春等，2016）

| pH | <4.5 | 4.5～5.5 | 5.5～6.5 | 6.5～7.5 | 7.5～9.0 | >9.0 |
|---|---|---|---|---|---|---|
| 比例（%） | 29.6 | 59.7 | 8.7 | 1.5 | 0.5 | 0 |
| 酸碱性 | 强酸性 | 酸性 | 微酸性 | 中性 | 微碱性 | 碱性 |

云南蔗区土壤有机质平均含量为21.0 g/kg；其中，土壤有机质含量小于6 g/kg的甚缺土壤占1.5%，有机质含量介于6～10 g/kg的缺乏土壤占3.9%，有机质含量介于10～20 g/kg的低含量土壤占46.1%，有机质含量介于20～30 g/kg的中等含量土壤占35.0%，有机质含量介于30～40 g/kg的高含量土壤占12.1%，富含有机质含量大于40 g/kg的土壤占1.4%（表8-17）。

**表8-17　云南蔗区土壤有机质含量分级及各级比例**

（刘少春等，2016）

| 级别 | 甚缺 | 缺 | 低 | 中 | 高 | 丰 |
|---|---|---|---|---|---|---|
| 有机质（g/kg） | <6 | 6～10 | 10～20 | 20～30 | 30～40 | >40 |
| 比例（%） | 1.5 | 3.9 | 46.1 | 35 | 12.1 | 1.4 |

云南蔗区土壤中全氮、全磷和全钾的平均含量分别为0.90 g/kg、0.50 g/kg和11.90 g/kg。其中，土壤全氮含量呈现缺乏水平（0.5～0.75 g/kg）的占比最高，占整个蔗区面积的30.1%。全磷含量缺乏水平（0.2～0.4 g/kg）的土壤占比最高，占整个蔗区面积的42.2%。全钾含量亦是缺乏水平（5.0～10.0 g/kg）的土壤占比最高，占整个蔗

区面积的36.9%（表8-18）。

**表8-18　云南蔗区土壤全氮、全磷、全钾含量分级及各级比例**

（刘少春等，2016）

| 级别 | 甚缺 | 缺 | 低 | 中 | 高 | 丰 |
|---|---|---|---|---|---|---|
| 全氮含量（g/kg） | <0.5 | 0.5～0.75 | 0.75～1.0 | 1.0～1.5 | 1.5～2.0 | >2.0 |
| 比例（%） | 12.6 | 30.1 | 26.7 | 25.2 | 3.9 | 1.5 |
| 全磷含量（g/kg） | <0.2 | 0.2～0.4 | 0.4～0.6 | 0.6～0.8 | 0.8～1.0 | >1.0 |
| 比例（%） | 7.3 | 42.2 | 32.5 | 10.2 | 3.9 | 3.9 |
| 全钾含量（g/kg） | <5 | 5～10 | 10～15 | 15～20 | 20～25 | >25 |
| 比例（%） | 10.7 | 36.9 | 25.7 | 14.1 | 6.3 | 6.3 |

云南蔗区土壤中碱解氮平均含量为86.42 mg/kg，其中，碱解氮含量低水平（60～90 mg/kg）的占比最大，占整个蔗区的45.6%；随后占比大小依次分别为中、缺、高和丰富水平，不存在甚缺水平的区域。云南蔗区土壤有效磷的平均含量为18.33 mg/kg，其中，有效磷含量低水平（5～10 mg/kg）的占比最大，占整个蔗区的32.0%；随后占比大小顺序依次分别为中、高、丰、缺乏和非常缺乏（甚缺）水平。云南蔗区土壤速效钾的平均含量为113.6 mg/kg，其中，速效钾含量低水平（50～100 mg/kg）的占比最大，占整个蔗区的52.9%；随后占比大小顺序依次分别为中、丰富、缺乏和高水平，不存在非常缺乏（甚缺）水平区域（表8-19）。

**表8-19　云南蔗区土壤碱解氮、有效磷、速效钾含量分级及各级比例**

（刘少春等，2016）

| 级别 | 甚缺 | 缺 | 低 | 中 | 高 | 丰 |
|---|---|---|---|---|---|---|
| 碱解氮含量（mg/kg） | <30 | 30～60 | 60～90 | 90～120 | 120～150 | >150 |
| 比例（%） | 0 | 19.4 | 45.6 | 21.8 | 11.7 | 1.50 |
| 有效磷含量（mg/kg） | <3 | 3～5 | 5～10 | 10～20 | 20～40 | >40 |
| 比例（%） | 1.5 | 4.4 | 32 | 29.1 | 24.3 | 8.7 |
| 速效钾含量（mg/kg） | <30 | 30～50 | 50～100 | 100～150 | 150～200 | >200 |
| 比例（%） | 0 | 8.3 | 52.9 | 21.4 | 5.8 | 11.7 |

云南蔗区土壤有效锌的平均含量为0.98 mg/kg，其中，有效锌含量中等水平（1.0～2.0 mg/kg）的占比最大，占整个蔗区的33.2%；随后占比大小顺序依次分别为高和非常缺乏（甚缺）水平。云南蔗区土壤有效铜的平均含量为1.08 mg/kg，其中，有效铜含量低水平（0.2～1.0 mg/kg）的占比最大，占整个蔗区的42.3%；随后占比大小顺序依次分别为中、高和非常缺乏（甚缺）水平。云南蔗区土壤有效铁的平均含量为59.01 mg/kg，其中，有效铁含量中等水平（20～50 mg/kg）的占比最大，占整个蔗区的44.2%；随后是高、低水平。云南中蔗区土壤有效锰的平均含量为25.77 mg/kg，其中，有效锰含量高水平（>30 mg/kg）的占比最大，占整个蔗区的35.6%；随后占比大小顺序依次分别为低和中等水平（表8-20）。

**表 8－20　云南蔗区土壤有效锌、铜、铁、锰含量分级及各级比例**

（刘少春等，2016）

| 级别 | 甚缺 | 缺 | 低 | 中 | 高 | 丰 |
| --- | --- | --- | --- | --- | --- | --- |
| 有效锌含量（mg/kg） | <0.5 | | 0.5～1.0 | 1.0～2.0 | >2.0 | |
| 比例（%） | 26.9 | | 32.7 | 33.7 | 6.7 | |
| 有效铜含量（mg/kg） | <0.2 | | 0.2～1.0 | 1.0～2.0 | >2.0 | |
| 比例（%） | 18.3 | | 42.3 | 23.1 | 16.3 | |
| 有效铁含量（mg/kg） | | | <20 | 20～50 | >50 | |
| 比例（%） | | | 19.3 | 44.2 | 36.5 | |
| 有效锰含量（mg/kg） | <7 | | 7～16 | 16～30 | >30 | |
| 比例（%） | 20.2 | | 26.9 | 17.3 | 35.6 | |

总体来看，云南甘蔗主产区土壤 pH 介于 3.64～7.59，但近 90%蔗区土壤属酸性和强酸性土壤；有机质含量介于 3.0～54.7 g/kg，但 50%土壤有机质含量居低下水平；全氮、全磷和全钾含量分别介于 0.30～2.30 g/kg、0.10～2.50 g/kg 和 1.40～31.30 g/kg，但三者分别以 70%、82%和 73.3%的比例占据全省蔗区土壤的低下水平；碱解氮、有效磷和速效钾含量分别介于 33.84～326.82 mg/kg、1.59～87.06 mg/kg 和35.74～553.32 mg/kg，同样地，低下水平分别占据了云南省蔗区土壤的 65%、36.9% 和 62.2%；有效锌、有效锰、有效铁和有效铜含量分别介于 0.01～4.77 mg/kg、0.46～133.586 mg/kg、7.82～246.31 mg/kg 和 0.01～5.45 mg/kg，但中、高以上水平占全省蔗区土壤的比例分别达 40.4%、52.9%、80.7%和 39.4%。综合评定云南蔗区土壤肥力属中低肥力水平，与高产土壤肥力条件相比仍有一定差距。

## 三、广东蔗区土壤肥力特征

广东现行的土壤养分分级标准如表 8－21 所示。

**表 8－21　广东土壤养分分级标准**

（牙翠莲，2014）

| 项目 | 1 | 2 | 3 | 4 | 5 | 6 |
| --- | --- | --- | --- | --- | --- | --- |
| pH | <4.5 酸性极强 | 4.5～5.5 强酸性 | 5.5～6.5 酸性 | 6.5～7.5 中性 | 7.5～8.5 碱性 | >8.5 强碱性 |
| 有机质（g/kg） | <6 | 6～10 | 10～20 | 20～30 | 30～40 | >40 |
| 全氮（g/kg） | <0.5 | 0.5～0.75 | 0.75～1.0 | 1.0～1.5 | 1.5～2.0 | >2.0 |
| 碱解氮（mg/kg） | <30 | 30～60 | 60～90 | 90～120 | 120～150 | >150 |
| 全磷（g/kg） | <0.2 | 0.2～0.4 | 0.4～0.6 | 0.6～0.8 | 0.8～1.0 | >1.0 |
| 有效磷（mg/kg） | <3 | 3～5 | 5～10 | 10～20 | 20～40 | >40 |
| 全钾（g/kg） | <5 | 5～10 | 10～15 | 15～20 | 20～25 | >25 |
| 速效钾（mg/kg） | <30 | 30～50 | 50～100 | 100～150 | 150～200 | >200 |

2014 年，广东省甘蔗种植面积为 13.3 万 $hm^2$，蔗糖产量 95 万 t。其中，湛江是广东

省甘蔗的主要产区，栽培面积达 11.3 万 $hm^2$，产糖量 82 万 t，分别占全省的 85.0%和 96.5%。

调查发现，广东蔗区土壤 pH 平均值为 4.96，其中，pH 小于 4.5 的强酸性土壤占 19.2%，pH 介于 4.5～5.5 的酸性土壤占 67.3%，pH 介于 5.5～6.5 的弱酸性土壤占 13.5%，不存在 pH>6.5 的中性土壤区域（表 8－22）。

**表 8－22 广东蔗区土壤 pH 分级及各级比例**

（黄振瑞，2015）

| pH | <4.5 | 4.5～5.5 | 5.5～6.5 | >6.5 |
|---|---|---|---|---|
| 比例（%） | 19.2 | 67.3 | 13.5 | 0 |
| 酸碱性 | 强酸性 | 酸性 | 微酸性 | 中性 |

广东蔗区土壤有机质平均含量为 24.2 g/kg；其中，土壤有机质含量小于 15 g/kg 的低含量土壤占 13.46%，有机质含量介于 15～30 g/kg 的中等含量土壤占 65.38%，有机质含量大于 30 g/kg 的土壤占 21.15%（表 8－23）。

**表 8－23 广东蔗区土壤有机质含量分级及各级比例**

（黄振瑞，2015）

| 级别 | 低 | 中 | 高 |
|---|---|---|---|
| 有机质（g/kg） | <15 | 15～30 | >30 |
| 比例（%） | 13.46 | 65.38 | 21.15 |

广东蔗区土壤中全氮、全磷和全钾的平均含量分别为 1.29 g/kg、0.97 g/kg 和 15.80 g/kg。其中，土壤全氮含量中等水平（1.0～2.0 g/kg）的占比最高，占整个蔗区面积的 60.0%；全磷含量同样是中等水平（0.9～1.8 g/kg）的占比最高，占整个蔗区面积的 60.0%；全钾含量则是低含量和高含量水平各占 50%（表 8－24）。

**表 8－24 广东蔗区土壤全氮、全磷、全钾含量分级及各级比例**

（江永和黄忠兴，2001）

| 级别 | 低 | 中 | 高 |
|---|---|---|---|
| 全氮含量（g/kg） | <1.0 | 1.0～2.0 | >2.0 |
| 比例（%） | 30 | 60 | 10 |
| 全磷含量（g/kg） | <0.9 | 0.9～1.8 | >1.8 |
| 比例（%） | 30 | 60 | 10 |
| 全钾含量（g/kg） | <10 | 10～20 | >20 |
| 比例（%） | 50 | 0 | 50 |

广东蔗区土壤中碱解氮平均含量为 144.6 mg/kg，其中，碱解氮含量丰富水平（>150 mg/kg）的占比最大，占整个蔗区的 34.6%；随后占比大小依次分别为高、中等和低含量水平，不存在缺或甚缺水平的区域。广东蔗区土壤速效磷的平均含量为 29.67 mg/kg，其中，有效磷含量高含量水平（20～40 mg/kg）的占比最大，占整个蔗

区的 55.8%；随后占比大小顺序依次分别为中、丰、低含量水平，不存在缺或甚缺水平。广东蔗区土壤速效钾的平均含量为 161.9 mg/kg，其中，速效钾含量中等水平（100～150 mg/kg）的占比最大，占整个蔗区的 30.8%；随后占比大小顺序依次分别为丰富、低、高和甚缺水平，不存在缺乏水平区域（表 8-25）。

**表 8-25 广东蔗区土壤碱解氮、有效磷、速效钾含量分级及各级比例**

（黄振瑞，2015）

| 级别 | 甚缺 | 缺 | 低 | 中 | 高 | 丰 |
|---|---|---|---|---|---|---|
| 碱解氮含量（mg/kg） | ＜30 | 30～60 | 60～90 | 90～120 | 120～150 | ＞150 |
| 比例（%） | 0 | 0.0 | 7.70 | 26.9 | 30.8 | 34.60 |
| 有效磷含量（mg/kg） | ＜3 | 3～5 | 5～10 | 10～20 | 20～40 | ＞40 |
| 比例（%） | 0 | 0 | 1.92 | 25 | 55.8 | 17.3 |
| 速效钾含量（mg/kg） | ＜30 | 30～50 | 50～100 | 100～150 | 150～200 | ＞200 |
| 比例（%） | 1.92 | 0 | 21.2 | 30.8 | 19.2 | 26.9 |

粤西是我国糖料甘蔗的优势生产区域之一。根据广东蔗区土样调查分析发现，广东蔗区土壤 pH 大多介于 4.0～5.5，占总样本数的 67.3%。其中 pH 低于 4.5 的占 19.2%，属于极强酸性土壤，整个广东西部蔗区土壤平均 pH 为 4.96，土壤酸化相当严重，对甘蔗的产量和糖分具有不良影响。另一方面，由于广东蔗区长期甘蔗连作和氮磷钾的大量施用，土壤氮、磷水平呈中等偏上状态，主要分布于二级、三级、四级，占样本总数的 90%以上，而有效钾主要分布于一级、二级、三级，占总样本数的 75%以上，其中一级占 26.9%左右，碱解氮、有效钾含量水平较高，这可能与近年来蔗农加大了对氮、钾肥的投入水平有关。由于广东蔗区土壤的成土因素及甘蔗长期连作，土壤中的一些中微量元素含量呈缺乏状态，其中硅、镁等元素较为缺乏，成为该蔗区限制产量的主要因子之一。

## 四、海南蔗区土壤肥力特征

海南现行的土壤养分分级标准如表 8-26 所示。

**表 8-26 海南土壤养分分级标准**

（张文等，2010；符琼等，2011）

| 项目 | 缺乏 | 适宜 | 丰富 | 临界值 |
|---|---|---|---|---|
| pH | ＜4.50 强酸 | 4.51～5.50 偏酸 | ＞5.5 适宜 | |
| 有机质（g/kg） | ＜10 | 10～20 | ＞20 | |
| 全氮（g/kg） | ＜0.75 | 0.76～1.50 | ＞1.50 | |
| 碱解氮（mg/kg） | ＜60 | 60～90 | ＞90 | |
| 全磷（g/kg） | ＜0.80 | 0.80～1.20 | ＞1.20 | |
| 有效磷（mg/kg） | ＜10 | 10～20 | ＞20 | |
| 全钾（g/kg） | ＜12 | 12.0～18.0 | ＞18 | |

（续）

| 项目 | 缺乏 | 适宜 | 丰富 | 临界值 |
|---|---|---|---|---|
| 速效钾（mg/kg） | ＜50 | 50～100 | ＞100 | |
| 交换性钙（mg/kg） | | | | 450 |
| 交换性镁（mg/kg） | | | | 120 |
| 有效硫（mg/kg） | | | | 12 |
| 有效硼（mg/kg） | | | | 0.5 |
| 有效锌（mg/kg） | | | | 1.5 |
| 有效铁（mg/kg） | | | | 10 |

海南主要蔗区分布于海南西部和北部，面积最大的市县为儋州 24 432 $hm^2$、依次分别为临高县 13 205 $hm^2$、昌江 8 554 $hm^2$、白沙7 349 $hm^2$、定安4 585 $hm^2$、澄迈3 375 $hm^2$。西部 3 市县儋州、昌江和白沙甘蔗种植面积占全省的 51.3%，北部 3 市县甘蔗种植面积占全省面积的 26.9%。

调查分析发现，海南蔗区土壤 pH 平均为 4.5。其中，pH 小于 4.5 的强酸性土壤占 42.35%，pH 介于 4.5～5.5 的酸性土壤占 45.88%，pH＞5.5 弱酸性土壤占 11.76（表 8－27）。

**表 8－27　海南蔗区土壤 pH 分级及各级比例**

（张文等，2010）

| pH | ＜4.5 | 4.5～5.5 | ＞5.5 |
|---|---|---|---|
| 比例（%） | 42.35 | 45.88 | 11.76 |
| 酸碱性 | 强酸性 | 酸性 | 弱酸性 |

海南蔗区土壤有机质平均含量为 15.3 g/kg，其中，土壤有机质含量小于 10 g/kg 的缺乏土壤占 38.82%，有机质含量介于 6～10 g/kg 的缺乏土壤占 3.9%，有机质含量介于 10～20 g/kg 的低含量土壤占 46.1%，有机质含量介于 20～30 g/kg 的中等含量土壤占 35.0%，有机质含量介于 30～40 g/kg 的高含量土壤占 12.1%，富含有机质，含量大于 40 g/kg 的土壤占 1.4%（表 8－28）。

**表 8－28　海南蔗区土壤有机质含量分级及各级比例**

（张文等，2010）

| 级别 | 缺乏 | 适宜 | 丰富 |
|---|---|---|---|
| 有机质（g/kg） | ＜10 | 10～20 | ＞20 |
| 比例（%） | 38.82 | 28.24 | 32.94 |

海南蔗区土壤中全氮、全磷和全钾的平均含量分别为 1.62 g/kg、1.449 g/kg 和 0.469 g/kg。其中，土壤全氮含量中等水平（1.0～1.5 g/kg）的占比最高，占整个蔗区面积的 57.1%；全磷含量则是丰富水平（＞2.0 g/kg）的占比最高，占整个蔗区面积的 71.4%；全钾含量则是极低水平（＜5 g/kg）的占比最高，整个蔗区全是极低水平（表 8－29）。

**表 8-29 海南蔗区土壤全氮、全磷、全钾含量分级及各级比例**

（符琼等，2011）

| 级别 | 很低 | 低 | 中等 | 中 | 高 | 丰 |
|---|---|---|---|---|---|---|
| 全氮含量（g/kg） | <0.5 | 0.5～0.75 | 0.75～1.0 | 1.0～1.5 | 1.5～2.0 | >2.0 |
| 比例（%） | 0 | 0 | 0 | 57.1 | 14.3 | 28.6 |
| 全磷含量（g/kg） | <0.2 | 0.2～0.4 | 0.4～0.6 | 0.6～0.8 | 0.8～1.0 | >1.0 |
| 比例（%） | 0 | 0 | 0 | 0 | 28.6 | 71.4 |
| 全钾含量（g/kg） | <5 | 5～10 | 10～15 | 15～20 | 20～25 | >25 |
| 比例（%） | 100 | 0 | 0 | 0 | 0 | 0 |

海南蔗区土壤中碱解氮平均含量为 58.81 mg/kg，其中，碱解氮含量呈缺乏水平（<60 mg/kg）的占比最大，占整个蔗区的 62.35%；随后占比大小依次分别为适宜和丰富水平。海南蔗区土壤有效磷的平均含量为 24.68 mg/kg，其中，有效磷含量丰富水平（>20 mg/kg）的占比最大，占整个蔗区的 42.35%；随后占比大小顺序依次分别为缺乏和适宜水平。海南蔗区土壤速效钾的平均含量 44.21 mg/kg，其中，速效钾含量缺乏水平（<50 mg/kg）的占比最大，占整个蔗区的 78.82%；随后占比大小顺序依次分别为适宜和丰富水平（表 8-30）。

**表 8-30 海南蔗区土壤碱解氮、有效磷、速效钾含量分级及各级比例**

（张文等，2010）

| 级别 | 缺乏 | 适宜 | 丰富 |
|---|---|---|---|
| 碱解氮含量（mg/kg） | <60 | 60～90 | >90 |
| 比例（%） | 62.35 | 25.88 | 11.76 |
| 有效磷含量（mg/kg） | <10 | 10～20 | >20 |
| 比例（%） | 38.82 | 18.82 | 42.35 |
| 速效钾含量（mg/kg） | <50 | 50～100 | >100 |
| 比例（%） | 78.82 | 17.65 | 3.53 |

海南蔗区土壤交换性钙含量的变化幅度介于 75.6～4 163.4 mg/kg，平均值为 641.81 mg/kg，其中，<450 mg/kg 的土样占 60.0%，表明海南蔗区一半以上的土壤交换性钙含量处于缺乏水平。海南蔗区土壤交换性镁含量范围为 6.6～1 399.6 mg/kg，平均为 132.36 mg/kg，全蔗区有 80.0%的土壤交换性镁含量低于 120 mg/kg，表明大部分海南蔗区土壤交换性镁含量处于缺乏水平。海南蔗区土壤有效硫含量范围为 5.51～63.16 mg/kg，平均值为 22.43 mg/kg，28.24%的土壤有效硫含量低于 12 mg/kg（表 8-31）。

**表 8-31 海南蔗区土壤有效硫、交换性钙、交换性镁含量分级及各级比例**

（张文等，2010）

| 级别 | 临界值 |
|---|---|
| 有效硫含量（mg/kg） | <12 |

（续）

| 级别 | 临界值 |
| --- | --- |
| 比例（%） | 28.24 |
| 交换性钙含量（mg/kg） | <450 |
| 比例（%） | 60 |
| 交换性镁含量（mg/kg） | <120 |
| 比例（%） | 80 |

海南蔗区土壤有效硼含量介于0.027～0.883 mg/kg，平均值为0.284 8 mg/kg，远低于0.5 mg/kg的临界值，整个蔗区有83.53%的土壤有效硼含量低于临界值，表明海南蔗区土壤中缺硼现象严重。海南蔗区土壤有效锌含量范围介于1.1～13.9 mg/kg，平均值为3.73 mg/kg，有效锌含量低于临界值的土壤占7.06%，表明海南蔗区土壤中有效锌含量丰富；海南蔗区土壤有效铁含量范围为6.5～42.5 mg/kg，平均值为14.56 mg/kg，有效铁含量低于临界值的土壤占比为11.76%（表8-32）。

**表8-32　海南蔗区土壤有效锌、硼、铁含量分级及各级比例**

（张文等，2010）

| 级别 | 临界值 |
| --- | --- |
| 有效锌含量（mg/kg） | <1.5 |
| 比例（%） | 7.06 |
| 有效硼含量（mg/kg） | <0.5 |
| 比例（%） | 83.53 |
| 有效铁含量（mg/kg） | <10 |
| 比例（%） | 11.76 |

基于上述结果可知，海南蔗区土样pH平均为4.5，土壤偏酸，而且北部蔗区土壤pH更低，平均只有3.91，其中pH<4.5的土壤占比达65.63%；有机质含量平均值为15.3 g/kg；碱解氮含量平均值为58.81 mg/kg，且62.35%土壤中碱解氮含量低于60 mg/kg；有效磷含量平均值为24.68 mg/kg，且38.82%的土壤中有效磷含量小于10 mg/kg；速效钾含量平均值为44.21 mg/kg，且78.82%的土壤中速效钾含量低于50 mg/kg；交换性钙含量平均值为641.81 mg/kg，60.0%的土壤中交换性钙含量低于450 mg/kg；交换性镁含量平均为132.36 mg/kg，且80.0%的土壤中交换性镁含量低于120 mg/kg；有效硫含量平均值为22.43 mg/kg，28.24%的土壤中有效硫含量有低于临界值；有效硼含量平均值为0.2848 mg/kg，且83.53%的土壤中有效硼含量低于临界值。综合评定海南蔗区土壤肥力属中低肥力水平，与高产土壤肥力条件相比仍有一定差距。

## 五、福建蔗区土壤肥力特征

福建现行的土壤养分分级标准如表8-33所示。

**表 8 - 33　福建土壤养分分级标准**

（陈志，2010）

| 项目 | 缺乏 | 中等 | 丰富 |
|---|---|---|---|
| 有机质（g/kg） | ＜20（水田） | 20～30（水田） | ＞30（水田） |
| | ＜10（旱地） | 10～20（旱地） | ＞20（旱地） |
| 碱解氮（mg/kg） | ＜100（水田） | 100～200（水田） | ＞200（水田） |
| | ＜100（旱地） | 100～150（旱地） | ＞150（旱地） |
| 有效磷（mg/kg） | ＜12（水田） | 12～25（水田） | ＞25（水田） |
| | ＜15（旱地） | 15～25（旱地） | ＞25（旱地） |
| 速效钾（mg/kg） | ＜80 | 80～120 | ＞120 |

福建省甘蔗种植面积较大的区域为福州福清、厦门市辖区、泉州南安等地，漳州地区的龙海和漳浦，宁德地区的宁德和福安等。

调查分析发现，福建蔗区土壤 pH 平均为 5.32，其中，pH 小于 4.5 的强酸性土壤占 3.21%，pH 介于 4.5～5.5 的酸性土壤占 69.75%，pH 介于 5.5～6.5 的弱酸性土壤占 24.44%，pH 介于 6.5～7.5 的中性土壤占 6.37%，pH 介于 7.5～8.5 的微碱性土壤占 1.29%，pH＞8.5 的碱性土壤占 0.16%（表 8 - 34）。

**表 8 - 34　福建蔗区土壤 pH 分级及各级比例**

（陈志，2010）

| pH | ＜4.5 | 4.5～5.5 | 5.5～6.5 | 6.5～7.5 | 7.5～8.5 | ＞8.5 |
|---|---|---|---|---|---|---|
| 比例（%） | 3.21 | 69.75 | 24.44 | 6.37 | 1.29 | 0.16 |
| 酸碱性 | 强酸性 | 酸性 | 微酸性 | 中性 | 微碱性 | 碱性 |

福建蔗区土壤有机质平均含量为 23.95 g/kg，其中，土壤有机质含量小于 10 g/kg 的缺乏土壤占 15.79%，有机质含量介于 10～20 g/kg 的中等土壤占 56.08%，有机质含量大于 20 g/kg 的丰富土壤占 28.13%（表 8 - 35）。

**表 8 - 35　福建蔗区土壤有机质含量分级及各级比例**

（陈志，2010）

| 级别 | 缺乏 | 中等 | 丰富 |
|---|---|---|---|
| 有机质（g/kg） | ＜10 | 10～20 | ＞20 |
| 比例（%） | 15.79 | 56.08 | 28.13 |

福建蔗区土壤中碱解氮平均含量为 121.86 mg/kg，其中，碱解氮含量处于缺乏水平（＜100 mg/kg）的占比为 31.99%，中等水平（100～250 mg/kg）的占比为 45.56%，丰富水平（＞250 mg/kg）的占比为 22.39%。福建蔗区土壤有效磷的平均含量为 33.16 mg/kg，其中，有效磷含量呈现丰富水平（＞15 mg/kg）的占比最大，占整个蔗区土壤的 59.88%；随后占比大小顺序依次分别为中等和缺乏水平，分别占整个蔗区土壤的 24.81%和 14.81%。福建蔗区土壤速效钾的平均含量为 62.57 mg/kg，其中，速效钾含

量呈现缺乏水平（<80 mg/kg）的占比最大，占整个蔗区的 81.40%；随后占比大小顺序依次分别为中等和丰富水平，分别占整个蔗区土壤的 9.78%和 7.60%（表 8-36）。

**表 8-36　福建蔗区土壤碱解氮、有效磷、速效钾含量分级及各级比例**

（陈志，2010）

| 级别 | 缺乏 | 中等 | 丰富 |
| --- | --- | --- | --- |
| 碱解氮含量（mg/kg） | <100 | 100～250 | >250 |
| 比例（%） | 31.99 | 45.56 | 22.35 |
| 有效磷含量（mg/kg） | <8 | 8～15 | >15 |
| 比例（%） | 14.81 | 24.81 | 59.88 |
| 速效钾含量（mg/kg） | <80 | 80～100 | >100 |
| 比例（%） | 81.40 | 9.78 | 7.60 |

基于上述结果可知，福建甘蔗主产区土壤 pH 介于 3.20～9.02，但 97.4%蔗区土壤属强酸性、酸性和微酸性土壤；有机质含量介于 0.32～167.55 g/kg，但土壤有机质含量中等和丰富水平的蔗区土壤占比达 84.21%，表明福建蔗区土壤有机质含量处于中等偏上水平；碱解氮含量介于 0.58～962.62 mg/kg，其中中等和丰富水平土壤占比达 67.91%，表明福建蔗区大部分土壤中氮的供应水平呈中等偏上水平；有效磷含量介于 0～530.6 mg/kg，中等和丰富水平占比为 84.69%，表明福建蔗区大部分土壤中磷的供应水平同样呈中等偏上水平；速效钾含量介于 0～807.0 mg/kg，但缺乏水平占比达 81.4%，表明福建蔗区大部分土壤中钾的供应水平属于缺乏水平。综合评定福建蔗区土壤酸化进程加剧、土壤磷积累，钾素供应不足，同样与高产土壤肥力条件相比有一定差距。

## 六、台湾蔗区土壤肥力特征

台湾蔗区土壤 pH 小于 4.5 的强酸性土壤占 5.0%，pH 介于 4.5～5.5 的酸性土壤占 33%，pH 介于 5.5～6.5 的微酸性土壤占 23.9%，pH 介于 6.5～7.5 的中性土壤占 15.3%，pH 介于 7.5～8.5 的微碱性土壤占 22%，pH>8.5 的碱性土壤占 0.8%（表 8-37）。

**表 8-37　台湾蔗区土壤 pH 分级及各级比例**

（黄少贤，1989）

| pH | <4.5 | 4.5～5.5 | 5.5～6.5 | 6.5～7.5 | 7.5～8.5 | >8.5 |
| --- | --- | --- | --- | --- | --- | --- |
| 比例（%） | 5 | 33 | 23.9 | 15.3 | 22 | 0.8 |
| 酸碱性 | 强酸性 | 酸性 | 微酸性 | 中性 | 微碱性 | 碱性 |

台湾由于受温、热和高湿的影响，土壤中有机质易分解，不易积累，导致蔗区土壤有机质含量偏低，平均含量为 23.0 g/kg，大部分介于 20～30 g/kg，占整个蔗区土壤的 65.0%；有机质含量大于 30 g/kg 的土壤仅占 8%；含量低于 20 g/kg 的土壤占 27%（表 8-38）。

表 8-38 台湾蔗区土壤有机质含量分级及各级比例

（黄少贤，1989）

| 级别 | 缺乏 | 中等 | 丰富 |
|---|---|---|---|
| 有机质（g/kg） | <20 | 20～30 | >30 |
| 比例（%） | 27 | 65 | 8 |

台湾蔗区土壤中有效磷含量低于 10 mg/kg 以下的面积占比达 37%，介于 11～20 mg/kg的面积占比为 32.0%，大于 20 mg/kg 的面积占比为 31%。土壤速效钾含量中等水平 35～80 mg/kg 的面积占比最大，占整个蔗区的 43%；随后占比大小顺序依次分别为缺乏水平（<35 mg/kg）与高水平（>80 mg/kg），分别占整个蔗区土壤面积的 41%和 16%（表 8-39）。

表 8-39 台湾蔗区土壤速效磷、速效钾含量分级及各级比例

（黄少贤，1989）

| 级别 | 缺乏 | 中等 | 丰富 |
|---|---|---|---|
| 碱解氮含量（mg/kg） | | | |
| 比例（%） | | | |
| 有效磷含量（mg/kg） | <10 | 11～20 | >20 |
| 比例（%） | 37 | 32 | 31 |
| 速效钾含量（mg/kg） | <35 | 35～80 | >80 |
| 比例（%） | 41 | 43 | 16 |

综上所述，台湾甘蔗主产区土壤 61.9%属酸性土壤，有机质含量中等水平占比最高，达 65%；丰富水平占比仅占 8%，缺乏水平土壤面积占比达 27%，表明台湾蔗区土壤有机质含量虽处于中等水平，但缺乏区域亦接近三分之一。台湾蔗区土壤中速效磷含量中等和丰富水平占比为 63%，表明台湾蔗区大部分土壤中磷的供应水平呈中等偏上水平。台湾蔗区土壤速效钾含量中等和丰富水平占比 59%，缺乏水平占比 41%，表明台湾蔗区大部分土壤中钾的供应水平属于中等水平。综合评定台湾蔗区土壤呈一定的酸化现象、土壤磷积累，近一半蔗区土壤钾素供应不足，同样与高产土壤肥力条件相比有一定差距。

## 参考文献

陈志，2010. 福建省耕地土壤肥力主要化学指标变化趋势与改良策略［D］. 福州：福建农林大学.

邓军，蔡晓琳，付思明，等，2011. 中国蔗糖产业布局及发展对策［J］. 甘蔗糖业（1）：57-60.

符琼，刘伟华，王义雄，等，2011. 海南省临高县蔗区土壤主要养分状况分析研究与对策［J］. 甘蔗糖业（2）：34-37.

傅杨荣，2014. 海南岛土壤地球化学与优质农业研究［D］. 武汉：中国地质大学.

广西土壤肥料工作站，1994. 广西土壤［M］. 南宁：广西科学技术出版社.

黄少贤，2013. 台湾耕地土壤肥力一般肥力状况［J］. 农学学报，3（4）：71-78.

黄振瑞，2015. 高产甘蔗养分需求规律及施肥调控研究［D］. 北京：中国农业大学.

江永，黄中兴，2001. 我国蔗区土壤主要养分的分析研究［J］. 甘蔗糖业（5）：5-10.
刘少春，张跃彬，郭家文，等，2016. 基于养分丰缺分级的蔗田土壤肥力主成分综合分析［J］. 西南农业学报，29（3）：611-617.
谢如林，黄美福，谭宏伟，等，2008. 高产甘蔗的土壤养分肥力特征［J］. 中国糖料（3）：50-52.
谢如林，谭宏伟，周柳强，等，2004. 广西来宾市兴宾蔗区土壤养分丰缺状况分析［J］. 甘蔗糖业（1）：6-10.
曾艳，黄金生，周柳强，等，2014. 广西桂南蔗区土壤养分状况调查分析［J］. 南方农业学报，45（12）：2198-2202.
张文，刘国彪，潘顺秋，等，2010. 海南甘蔗土壤养分状况研究［J］. 热带作物学报，31（8）：1324-1328.

# 第三篇

# 糖料甘蔗品种选育和生产

# 第九章

# 甘蔗选育种

## 第一节　甘蔗育种简史

甘蔗原产和广泛种植于热带、亚热带地区，目前主要分布在北纬 33°至南纬 30°之间，其中以南北纬 25°之间，面积比较集中。如以温度线为世界蔗区的分布是年平均气温 17～18℃的等温线以上（Brandes and Sartoris，1963）。

甘蔗育种历史悠久。1887 年 Soltwedel 在爪哇，Harrison 和 Bovell 在巴巴多斯看到甘蔗产生种子可以萌芽成幼苗，这一发现揭开了甘蔗有性杂交育种史的序幕（彭绍光，1990）。此后，甘蔗均以有性杂交育种为改良甘蔗品种的主要方法，通过甘蔗种间杂交创造出许多优良品种，并与甘蔗近缘种属杂交创制甘蔗新种质，为世界甘蔗育种事业奠定了基础。如爪哇以热带种与割手密杂交，通过 3 次高贵化育种法育成的 POJ2878 称为世界第一号蔗王。印度通过热带种、割手密和印度种 3 个种杂交，育成 Co213、Co281 等优良品种。美国夏威夷以热带种、割手密、印度种、大茎野生种和中国种 5 个种杂交，育成 H32-8560、H49-5 等优良品种。世界各国都高度重视甘蔗杂交和新品种的选育工作，并选育出一批产量高、品质优、抗性强的甘蔗新品种，促进了各国蔗糖业的发展。

我国先后分别在三亚崖城（1953）、云南瑞丽（1988）和三亚海棠湾、九所（2008）建立杂交育种场。各地甘蔗科学研究单位相继开展了甘蔗新品种的选育和研究，迄今已育成近 300 个甘蔗品种供生产使用，推动了我国的甘蔗新品种更新换代，实现了蔗糖业的持续发展。如广西的桂糖 11 号、桂糖 42 号、桂糖 44 号、桂柳 05136，广东的粤糖 63-237、粤糖 57-423、粤糖 93-159、粤糖 00-236，福建的闽糖 70-611，云南的云蔗 71-388、云蔗 05-51、云蔗 08-1609 等。20 世纪 80 年代选育的桂糖 11 号彻底取代了统治我国大陆 30 多年的台糖 134，在 20 世纪 80 年代中期至 90 年代成为我国大陆的主栽品种，累计推广面积达 340 多万 $hm^2$，是我国大陆推广面积最大，持续时间最长的优良甘蔗品种。21 世纪初选育的桂糖 42 号、桂柳 05136 等新品种成了国内甘蔗主栽品种，2019—2020 年全国面积最大的 10 个品种为桂糖 42 号、ROC22、桂柳 05136、粤糖 93-159、粤糖 94-128、RCO25、粤糖 55 号、粤糖 86-368、桂糖 46 号和川糖 79-15，分别占全国总面积 22.79%、20.92%、18.57%、8.51%、2.02%、1.91%、1.90%、1.20%、1.10%和 0.98%（全国甘蔗生产信息简报 2019 第 2 期）。

甘蔗育种通过有性杂交产生 $F_1$ 获得变异，而繁殖则是无性繁殖。品种内的每株甘蔗都有相同的基因型，除非偶然发生突变，否则非常一致。目前，世界各国育成的品种大多是 3～5 个甘蔗原种的杂交后代，继而进行品种间杂交或回交育成，基本上是同质遗传型组成品种的再组合，故导致甘蔗品种近亲繁殖，遗传基础狭窄，血缘相近，致使近年来甘蔗育种在产量、蔗糖分和抗性等方面一直难有较大突破（Dunckelman and Legendre，1982)。因此，世界甘蔗育种界十分注重甘蔗种质资源的搜集、研究和利用，以扩大血缘，丰富遗传基础，创造有突破性的亲本材料和优良品种。

## 第二节　甘蔗育种的遗传学基础

### 一、甘蔗遗传的基本特点

甘蔗是高度异质性的同源异源多倍非整倍体植物，其遗传背景非常复杂，具有染色体数量大，来源广泛，性细胞减数分裂不规则，染色体加倍，杂种优势可通过无性繁殖方式进行固定等遗传特点；甘蔗遗传的第二个基本特点是偏母性遗传，这在甘蔗 $F_1$ 群体中较为常见，主要受甘蔗杂交时去雄较为困难有一定比例的自交后代、配子体较孢子体更易存活以及性状受细胞质控制等因素影响。

甘蔗性细胞减数分裂很不规则，它的遗传行为不同于孟德尔遗传规律（Jagathesan and Devi，1969)；绝大多数的种间杂种为非整倍性多倍体（Aneuploidys)，带有广泛的异质性（Hetergenotes）和不配对（Nonhomologous）染色体的混倍体；在细胞减数分裂时又不像多倍体植物应有的行为，时常出现像二倍体植物那样的双价体（Bivalent)，但在另一些情况下又出现多价染色体；遗传因子间有连锁现象，阻碍遗传因子新重组类型的发生；体细胞经母本以 $2n$ 染色体传给子代（D'Hont et al.，1998；Ha et al.，1999)。甘蔗主要经济性状有蔗茎产量、蔗糖分、生长特性等数量性状，由于将亲本所具有的全部优良性状聚合起来非常困难，因此，只能将某些优良基因最大可能聚合起来。

### 二、甘蔗性状遗传力

在甘蔗育种中，性状的遗传评价通常选用广义遗传力和重演力。广义遗传力是指在研究的群体中遗传方差所占的比重；受遗传群体组成、试验设计不同，其计算方法有所不同，早期的试验数据多为固定模型分解的遗传方差，其值相对偏高（杨荣仲等，2016)。重演力则是指在甘蔗有性世代与无性繁殖世代间性状重演能力，用世代间的相关系数来表示。由于性状重演力的试验设计不能有效地嵌入甘蔗育种程序，研究报道相对较少（谭芳等，2012)。随着计算方法的不断改进，也可通过研究群体内个体间的亲缘关系或分子标记遗传关系，获得性状的加性和非加性遗传方差，计算亲本的育种值和性状的狭义遗传力。

性状的遗传力越高，受环境制约越小，反之，受环境影响越大；明确这两个因素的变异是由个体遗传差异引起的还是由环境差异引起的，对优良基因的结合起了很大作用。遗传力具有明显地区、年度和群体组成特征，因此对于不同的甘蔗育种机构，应明确其目标选育性状遗传力的变化特点，使甘蔗育种设计更具有针对性。

### (一) 甘蔗产量及相关农艺性状

甘蔗产量是甘蔗育种的主要目标之一，其遗传力相对较低，直接选择效率不高；常通过其构成因素株高、茎径和有效茎进行间接选择。

George (1962) 研究了甘蔗杂交的茎径、长度、有效茎数等性状，其广义遗传力值约 0.06～0.82。轻工业部甘蔗糖业科学研究所、海南甘蔗育种场和广西壮族自治区甘蔗研究所，研究了甘蔗有效茎数、茎径、株高与单株重 4 个性状的遗传力，分别为 0.136 6、0.120 2、0.080 7 与 0.043 2。戚经文等 (1980) 和谭中文等 (1987) 通过对 13 个甘蔗品种的 9 个性状的遗传进行相关及通径分析，认为公顷有效茎数的遗传力较高，公顷产蔗量的遗传力最低。

广西农业科学院甘蔗研究所通过 7 年 17 组家系试验研究表明 (杨荣仲，2016)，甘蔗产量及相关农艺性状的遗传力受到试验群体、年度等多种因素影响 (表 9-1、表 9-2)。甘蔗不同农艺性状的遗传方差比率、加性遗传方差比率和遗传力在不同试验间表现不同。茎径是遗传方差比率、加性遗传方差比率和遗传力较高的性状；蔗茎产量和蔗糖产量是遗传方差比率、加性遗传方差比率和遗传力较低的性状；有效茎数的遗传方差比率、加性遗传方差比率和遗传力属中等；株高是遗传力中等、加性遗传方差比率最低的性状。在亲本及后代按不同原则和标准对蔗茎产量和蔗糖产量、茎径和锤度、株高、有效茎数等性状进行选择，可提高选择效率。

**表 9-1 蔗产量及相关农艺性状遗传方差比率**

| 性状 | 遗传方差比率 | | | | | | 加性遗传方差比率 | |
|---|---|---|---|---|---|---|---|---|
| | 联合计算 | | | 分别计算 | | | | |
| | 固定模型 | 随机模型 | 随机+家系 | 固定模型 | 随机模型 | 随机+家系 | 联合计算 | 分别计算 |
| 株高 | 0.31 | 0.30 | 0.43 | 0.57 | 0.39 | 0.42 | 0.30 | 0.57 |
| 茎径 | 0.51 | 0.49 | 0.53 | 0.65 | 0.49 | 0.47 | 0.81 | 0.55 |
| 有效茎数 | 0.27 | 0.31 | 0.44 | 0.57 | 0.36 | 0.37 | 0.44 | 0.61 |
| 蔗茎产量 | 0.29 | 0.29 | 0.43 | 0.55 | 0.36 | 0.37 | 0.34 | 0.59 |

分区试验表明不同变异来源对性状的影响有所不同 (表 9-3)。株高为年度的影响最大，其次是组合×年度，组合位居第三位；茎径是组合×年度最大，其次是组合，年度的影响位居第三位；丛茎数是地点影响最大，其次是组合，而年度位居第三位；行茎数则是地点影响最大，其次是年度和组合。因此，从性状变异来源的方差占比看出，在调查的 7 个性状中，丛茎数、蔗产量和行茎数等四个性状受试验地点的影响最大，表明选择适宜育种地点有利于提高丛茎数、蔗产量和行茎数的选择效率。

所有性状中，属中等且值超过 0.5 的仅有行茎数和茎径，其他性状均属低遗传力性状。

表 9-2 蔗产量及相关农艺性状遗传力

| 性状 | | | 2008W | 2008X | 2009ZA | 2009ZB | 2010 | 2011 | 2012J* | 2012L1 | 2012L2 | 2012L3 | 2013W1 | 2013W2 | 2013W3 | 2013Z1 | 2013Z2 | 2014T1 | 2014T1 |
|---|---|---|---|---|---|---|---|---|---|---|---|---|---|---|---|---|---|---|---|
| 广义遗传力 | 固定模型 | 株高 | 0.77 | 0.80 | 0.77 | 0.92 | 0.77 | 0.68 | 0.78 | 0.86 | 0.85 | 0.85 | 0.81 | 0.87 | 0.80 | 0.83 | 0.92 | 0.87 | 0.87 |
| | | 茎径 | | 0.86 | 0.82 | 0.77 | 0.86 | 0.88 | 0.81 | 0.79 | 0.91 | 0.85 | 0.84 | 0.87 | 0.83 | 0.88 | 0.85 | 0.84 | 0.92 |
| | | 有效茎数 | 0.75 | 0.70 | 0.84 | 0.83 | 0.81 | 0.82 | 0.75 | 0.72 | 0.85 | 0.77 | 0.85 | 0.80 | 0.80 | 0.80 | 0.84 | 0.86 | 0.85 |
| | | 蔗茎产量 | 0.75 | 0.76 | | 0.77 | 0.74 | 0.71 | — | 0.74 | 0.86 | 0.77 | 0.80 | 0.86 | 0.81 | 0.84 | 0.80 | 0.90 | 0.90 |
| | 随机模型 | 株高 | 0.56 | 0.63 | 0.55 | 0.88 | 0.55 | 0.35 | 0.57 | 0.76 | 0.75 | 0.73 | 0.64 | 0.79 | 0.62 | 0.70 | 0.87 | 0.78 | 0.77 |
| | | 茎径 | | 0.76 | 0.67 | 0.56 | 0.76 | 0.80 | 0.65 | 0.60 | 0.86 | 0.74 | 0.72 | 0.77 | 0.70 | 0.79 | 0.73 | 0.72 | 0.87 |
| | | 有效茎数 | 0.51 | 0.37 | 0.72 | 0.69 | 0.66 | 0.68 | 0.51 | 0.43 | 0.74 | 0.56 | 0.73 | 0.63 | 0.62 | 0.63 | 0.71 | 0.76 | 0.74 |
| | | 蔗茎产量 | 0.51 | 0.53 | | 0.55 | 0.47 | 0.41 | — | 0.49 | 0.77 | 0.56 | 0.63 | 0.75 | 0.66 | 0.71 | 0.64 | 0.84 | 0.83 |
| | 随机＋家系 | 株高 | 0.58 | 0.62 | 0.51 | 0.90 | 0.59 | 0.39 | 0.56 | 0.73 | 0.64 | 0.75 | 0.63 | 0.74 | 0.58 | 0.68 | 0.83 | 0.78 | 0.77 |
| | | 茎径 | | 0.78 | 0.69 | 0.58 | 0.77 | 0.81 | 0.65 | 0.62 | 0.77 | 0.72 | 0.71 | 0.77 | 0.64 | 0.78 | 0.73 | 0.71 | 0.84 |
| | | 有效茎数 | 0.55 | 0.44 | 0.69 | 0.71 | 0.65 | 0.69 | 0.50 | 0.46 | 0.65 | 0.57 | 0.73 | 0.62 | 0.61 | 0.60 | 0.70 | 0.75 | 0.72 |
| | | 蔗茎产量 | 0.54 | 0.53 | | 0.57 | 0.50 | 0.45 | — | 0.53 | 0.64 | 0.56 | 0.62 | 0.75 | 0.64 | 0.70 | 0.62 | 0.85 | 0.84 |
| 加性遗传力 | | 株高 | 0.35 | 0.44 | 0.40 | 0.75 | 0.48 | 0.25 | 0.47 | 0.65 | 0.54 | 0.51 | 0.41 | 0.68 | 0.53 | 0.56 | 0.80 | 0.63 | 0.59 |
| | | 茎径 | | 0.76 | 0.52 | 0.46 | 0.57 | 0.51 | 0.49 | 0.58 | 0.70 | 0.51 | 0.58 | 0.66 | 0.51 | 0.58 | 0.55 | 0.50 | 0.77 |
| | | 有效茎数 | 0.36 | 0.34 | 0.56 | 0.40 | 0.54 | 0.46 | 0.42 | 0.38 | 0.57 | 0.49 | 0.55 | 0.55 | 0.54 | 0.51 | 0.60 | 0.59 | 0.65 |
| | | 蔗茎产量 | 0.46 | 0.42 | | 0.35 | 0.39 | 0.36 | — | 0.45 | 0.53 | 0.45 | 0.47 | 0.72 | 0.47 | 0.53 | 0.50 | 0.66 | 0.66 |

* 因未调查小区有效茎数而无蔗茎产量和蔗糖产量数据。

表 9-3　广西甘蔗分区家系方差占比及广义遗传力*

| 性状 | 组合 | 地点 | 重复 | 年度 | 组合×地点 | 组合×年度 | 地点×年度 | 组合×地点×年度 | 广义遗传力 |
|---|---|---|---|---|---|---|---|---|---|
| 株高 | 1.4 | 0.0 | 0.2 | 57.0 | 0.0 | 30.1 | 0.0 | 0.0 | 0.27 |
| 茎径 | 14.9 | 7.6 | 2.3 | 9.4 | 1.7 | 20.1 | 0.0 | 0.5 | 0.51 |
| 丛茎数 | 9.6 | 43.1 | 0.8 | 5.0 | 0.0 | 0.5 | 0.0 | 0.5 | 0.41 |
| 蔗产量 | 5.1 | 29.3 | 0.6 | 17.1 | 1.6 | 10.9 | 0.2 | 0.3 | 0.30 |
| 行茎数 | 12.1 | 30.4 | 1.0 | 18.9 | 1.7 | 3.1 | 1.3 | 0.2 | 0.54 |

*　未公开发表资料。

### （二）蔗糖分及其他品质性状

蔗糖分是甘蔗的主要品质性状，受测定样本所需甘蔗数量及试验规模的影响，开展甘蔗遗传研究多用田间锤度替代，多数研究认为锤度和蔗糖分具有高或中等偏高的遗传力，而遗传变异性和选择响应较小。在生产上的甘蔗杂交栽培品种控制蔗茎蔗糖积累的基因，几乎全部来自热带种原种，因为野生种各个种的蔗糖分极低，甚至没有。蔗糖分受品种与环境相互作用的强烈影响，使甘蔗蔗糖分遗传特性不能发挥，导致蔗糖分变化无规律。因此，通常不适宜种植甘蔗的地区，往往是由于缺乏适宜甘蔗品种成熟的条件。根据不同地区的气候条件，吨糖耗蔗量也不同，其选育的蔗糖分标准也不同。不同的土壤养分状况和成熟季节的长短对甘蔗蔗糖分也有一定影响。在收获后期，如果各种成熟条件都适宜，大多数品种的蔗糖分都较高。如桂糖 11 号在 10 月份蔗糖分为 12.16%，台糖 134 为 9.43%，相差 2.63%；在 3 月份前者为 17.15%，后者为 16.79%，相差仅 0.36%。氮肥用量显著影响甘蔗糖分积累，如果氮肥用量过多，甘蔗在成熟期间叶片仍浓绿，即使是高糖品种蔗糖分也无法达到遗传峰值。蔗糖分在某种程度上也取决于品种的生长特性。某些品种迟生分蘖多，收获时的秋笋多，其蔗糖分将低于分蘖早而生长及成熟一致的品种。

家系试验研究表明，甘蔗锤度的广义遗传力在 0.18～0.85 之间，狭义遗传力在 0.40～0.84 之间，与糖分密切相关的甘蔗锤重的广义遗传力在 0.42～0.83 之间，狭义遗传力在 0.45～0.83 之间。分区多年家系试验的甘蔗锤度广义遗传力较低仅为 0.30，甘蔗锤重的广义遗传力为 0.175（杨荣仲等，2016）。

除锤度和糖分外，还有还原糖、纤维分、淀粉含量和蔗汁灰分等品质性状。Brown 等（1968）的研究表明，以单株为计算单位的还原糖、纤维分、淀粉含量的广义遗传力分别为 0.31±0.13、0.34±0.15 和 0.53±0.14，说明这些性状的遗传力较高。Hogarth 等（1981）在澳大利亚的研究表明，纤维分的遗传力（以单株计算）居中等（$h^2=0.45$），且其遗传方差的约 80%为加性遗传方差。因此杂种的这三个性状的表现很可能取决于其亲本。蔗汁灰分百分率遗传方差的 95%是加性方差，因而亲本的灰分高，杂种的灰分也会较高。如果需要的话，通过育种来降低灰分是不难的，但若以灰分量为标准进行选择可能会淘汰掉许多具理想农艺性状的材料（Hogarth，1987）。蔗汁中灰分的遗传来源主要是割手密，而热带种、中国种和印度种灰分相当低（Berding and Roach，1987）。

### （三）甘蔗宿根性

甘蔗生产以宿根蔗为主，因此宿根性是评判甘蔗品种是否优良极其重要的指标。据李玉潜（1983）报道，宿根性（发株数/茎）具有较高的广义遗传力（0.65）和遗传变异系数（GCV=28.18），选择响应指数也相当高（46.67）。一般大茎种的宿根性差，中小茎种的宿根性较好；割手密、中国种、印度种的宿根性比热带种、大茎野生种的宿根性好。亲本之一宿根性好，则后代宿根性好的较多，双亲宿根性好则后代宿根性好的更多。然而，国外也有研究报道甘蔗宿根性的广义遗传力较低（Gravois et al.，2016），甘蔗糖产量和蔗产量的宿根广义遗传力分别为0.13和0.17（ Milligan et al.，1996），可能主要与供试材料有关。

广西农业科学院甘蔗研究所通过5组家系试验表明，甘蔗的宿根性受到家系、试验地点、重复甚至试验规模大小等多种因素的影响，试验地点、地点×家系互作对甘蔗性状宿根性影响最重要，其次是家系。家系方差和亲本加性方差占比与遗传力都相对较低，属低遗传力性状（表9-4、表9-5）；蔗产量宿根性与新植性状表现不存在正相关。宿根性优良组合与优良亲本评价表明，国内及美国亲本杂交生产宿根性优良组合的频率没有明显差异；然而，不同类型亲本间宿根性表现存在区别，桂糖、粤糖和云蔗亲本的宿根表现优于其他类型亲本。在甘蔗育种进行宿根性评价与选择时，宜在选择适宜地点的基础上，在宿根季进行选择（杨荣仲等，2021）。

**表9-4　性状宿根性家系方差占比与广义遗传力**

| 性状 | 家系方差占比（%） | | | | | 广义遗传力（%） | | | | |
|---|---|---|---|---|---|---|---|---|---|---|
| | 试验1 | 试验2 | 试验3 | 试验4 | 试验5 | 试验1 | 试验2 | 试验3 | 试验4 | 试验5 |
| 宿根发株率 | 11.24 | 21.55* | 8.91* | 16.27** | 5.49** | 11 | 22 | 10 | 18 | 8 |
| 株高 | 20.63** | 25.92** | 18.59** | 4.98 | 0.00 | 21 | 30 | 20 | 6 | 0 |
| 茎径 | 15.05* | 13.37 | 10.57 | 7.75 | 4.07* | 15 | 14 | 12 | 8 | 7 |
| 丛茎数 | 6.61 | 0.00 | 10.57 | 4.56 | 3.12 | 7 | 0 | 11 | 5 | 4 |
| 锤度 | 20.99** | 10.18 | 28.24** | 9.21** | 6.15* | 21 | 11 | 29 | 9 | 7 |
| 蔗产量 | 15.74* | 46.21** | 21.06** | 6.47 | 4.70 | 16 | 51 | 25 | 7 | 6 |
| 锤重 | 17.98** | 47.96** | 20.38** | 5.79 | 5.40* | 18 | 53 | 24 | 6 | 6 |
| 行茎数 | 8.54 | 30.09** | 4.91 | 4.88 | 5.23* | 9 | 30 | 7 | 5 | 6 |
| 行丛数 | 12.49* | 26.36** | 13.02** | 10.61** | 0.86 | 13 | 32 | 13 | 11 | 1 |

*　表示显著水平（5%），**　表示极显著水平（1%）。

**表9-5　亲本加性占比与狭义遗传力**

| 性状 | 亲本加性方差占比（%） | | | | | 狭义遗传力（%） | | | | |
|---|---|---|---|---|---|---|---|---|---|---|
| | 试验1 | 试验2 | 试验3 | 试验4 | 试验5 | 试验1 | 试验2 | 试验3 | 试验4 | 试验5 |
| 宿根发株率 | 11.82* | 22.25* | 10.50* | 16.52** | 5.07** | 12 | 23 | 12 | 18 | 8 |
| 株高 | 22.75** | 27.8** | 18.45** | 4.94 | 0.04 | 23 | 32 | 23 | 6 | 0 |
| 茎径 | 16.32* | 13.22 | 10.66 | 8.98** | 4.5* | 17 | 14 | 17 | 9 | 7 |
| 丛茎数 | 2.60 | 0.00 | 14.86** | 0.93 | 3.78 | 3 | 0 | 3 | 1 | 4 |
| 锤度 | 23.59** | 9.12 | 30.25** | 8.46* | 6.45* | 24 | 10 | 24 | 9 | 8 |
| 蔗产量 | 17.26** | 46.62** | 23.39** | 5.80 | 5.42 | 18 | 52 | 18 | 6 | 6 |

（续）

| 性状 | 亲本加性方差占比（%） | | | | | 狭义遗传力（%） | | | | |
|---|---|---|---|---|---|---|---|---|---|---|
| | 试验 1 | 试验 2 | 试验 3 | 试验 4 | 试验 5 | 试验 1 | 试验 2 | 试验 3 | 试验 4 | 试验 5 |
| 锤重 | 19.74** | 48.58** | 22.83** | 5.80 | 6.18* | 20 | 54 | 20 | 6 | 7 |
| 行茎数 | 8.95 | 30.41** | 6.58 | 3.13 | 5.85* | 10 | 30 | 10 | 3 | 7 |
| 行丛数 | 11.89 | 27.75** | 14.97* | 7.59 | 1.94 | 12 | 34 | 12 | 8 | 2 |

*　表示显著水平（5%），**　表示极显著水平（1%）。

### （四）抗病性

甘蔗的病害种类较多，目前国内甘蔗品种登记注册要求的病害为甘蔗黑穗病、花叶病、梢腐病。然而分析育成品种推广面积与病害发生发现，除上述三种病害外，其他叶片病害的抗性对品种的推广应用也有非常重要的影响，凡得到大面积种植的甘蔗品种都具有较强的叶片病害抗性。

甘蔗抗病性的广义遗传力因病种类不同而异，抗黑穗病的广义遗传力较高且后期高于前期，6 月为 0.57～0.70，11 月为 0.85～0.87，不同试验和作物季的数据合并分析其遗传力降低（杨荣仲等，2022a）。抗花叶病的广义遗传力属中等为 0.46～0.51（杨荣仲等，2020），而梢腐病则相对较低为 0.30～0.34。

### （五）耐旱耐寒

目前国内甘蔗育种重点关注的抗逆性主要为耐旱性和耐寒性。甘蔗耐旱性因试验群体、性状不同其广义遗传力有较大差异。用甘蔗品种为研究群体，性状的旱胁迫指数计算的广义遗传力为 0.25～0.50，最低的是旱胁迫中期的总叶数，最高的是胁迫后恢复锤度，蔗产量为 0.44。用甘蔗家系作为研究群体，性状的广义遗传力在 0.39～0.69 之间，最低的是旱胁迫丛总叶数，最高的是绿叶数恢复能力。甘蔗耐寒性的广义遗传力属中等偏高；用甘蔗亲本作为研究材料，阴雨霜冻时＋1～＋4 叶片的绿叶百分率广义遗传力为 0.49～0.72，蔗茎基部受害为 0.62～0.69，蔗茎梢部受害在 0.39～0.54；受冷害危害时蔗茎基部受害株率的广义遗传力为 0.69～0.81，蔗茎基部受害节率为 0.55～0.72（杨荣仲等，2022b）。用甘蔗家系作为研究材料其广义遗传则较低，阴雨霜冻时叶片的绿叶百分率广义遗传力为 0.10～0.16，基部受害为 0.19～0.22，梢部受害为 0.04～0.09。室内耐寒测试冻后芽成活率和苗高的遗传力分别为 0.47 和 0.49（Hale et al.，2017）。

### （六）甘蔗机械化育种相关性状

随着劳动力减少和成本的不断上升，机械化已为国内蔗糖业提高竞争力重要措施。甘蔗机械化包括了耕种管收多个环节，目前机械化水平较低的环节是甘蔗收获，然而收获又是甘蔗生产全程单位面积消耗工时数最大、作业成本支出最高的环节。人工收获和机械收获的劳动量分别占甘蔗生产全程总劳动量的 49.75% 和 51.41%；人工作业收获成本占甘蔗生产总成本的 19.89%，机械作业收获成本占甘蔗生产总成本的 15.46%，比人工作业降低了 33.33%。因此选育适应机械化的品种主要选育适应机收的甘蔗品种。

由于国内多数育种机构的育种试验无法进行机收获取甘蔗产量数据，因此适应机收的甘蔗品种选育多数是间接选择。

甘蔗品种高产高糖、宿根性强、抗倒伏性能较好，这些是甘蔗生产对选育甘蔗品种的通用要求。而叶鞘易于脱落、叶冠层适宜、上部蔗茎比重稍小、收获指数高则为适应机械化收获要求。按澳大利亚机收的选择标准，除蔗产量和蔗糖分外，还要求没有笋和侧芽未萌动。

家系试验研究表明，甘蔗脱叶难易为高遗传力性状，其广义遗传力达 0.82（杨荣仲等，2004）。宿根发株研究表明，收获机和收集车碾压对甘蔗宿根发株造成明显的不良影响，不仅宿根蔗发株减少，而且长势变差，当 80%以上的蔗行受到碾压时，不良表现尤为突出；机收碾压对宿根出苗的方差占比为 12.1%～29.2%，且随时间延长而下降，机收后的甘蔗宿根发苗数的广义遗传力为 0.32～0.44，属中等偏低遗传力性状（杨荣仲等，2014）。亲本的收获指数研究表明，其遗传力在 0.65 以上，属广义遗传力较高的性状（杨荣仲等，2019）。

#### （七）其他性状遗传

甘蔗的其他性状遗传特性也不一样。如台湾李先闻研究了甘蔗生长带颜色由两个互补基因所控制，蔗茎颜色由两个互补基因及一个抑制因子所控制；澳大利亚昆士兰 Skinner（1956）指出甘蔗毛群是由少数主基因决定的。Li 和 Shang（1951）在台湾以大茎野生种和两个品种与雄性不育的 POJ2725 为研究材料，提供支持下列假设的证据：①甘蔗硬度是数量遗传；②蔗糖含量由大约 4 个等效异位基因（Polymeric genes）所控制；③蔗茎颜色是由一个抑制因子 $Aa$ 和两个互补基因 $B$b 和 $PL$p 所控制；④生长带颜色（棕色对非棕色）可能由有 33.3%交换的互补基因 $C$ 和 $D$ 所主宰；⑤蔗节形态（突起对平坦）由两个基因 $P_1$ 和 $P_2$ 所控制。

### 三、甘蔗性状重演力

甘蔗杂交育种采用有性繁殖和无性繁殖相结合的方法，杂交种子长成的实生苗为有性世代，从中选择的单株经无性繁殖为单系世代。分析不同杂交组合在这 2 个世代的性状变异模式和重演能力，有助于鉴别组合优劣并采取相应的选择策略。对于重演能力强的性状，在有性世代就施加高选择强度，优选突出单株；对重演能力弱的性状，则相应扩大入选率，以防漏选，适当延迟到无性世代才严加选择。林彦铨等（1990）研究表明，世代间的重演能力的强弱因组合而异；株高的重演能力最强，其次是锤度，再次是茎径、丛有效茎数和丛重。谭芳等（2012）研究表明，甘蔗茎径的重演力最高，其次是有效茎、单茎重和锤度，而株高、锤重和蔗产量则相对较低。

### 四、甘蔗属间杂交遗传

为了扩大甘蔗异质性，各国甘蔗育种家不断进行甘蔗远缘属间或近缘属间杂交，取得一定的成就，现概述如下。

#### （一）甘蔗与高粱杂交

甘蔗与高粱杂交，世界各产糖国家多以甘蔗为母本，高粱为父本进行杂交，结果均未得到真正杂种，多为自交或混杂种。

#### （二）甘蔗与竹属杂交

POJ213 与利竹杂交，其杂种地下分枝性强，似竹，中茎型，硬度变异大，有的硬如竹，有的软如蔗，也有中间类型，长势很好，锤度也高，其体细胞染色体数在 96～100（POJ213 $2n=124$，利竹 $2n=72$）。此外，还以 Co349 与竹杂交并回交，所产生的后代还没有具备在生产上利用的价值。

### （三）甘蔗与芒属杂交

POJ2725 与五节芒杂交得到杂种，其染色体形式为 OOM、OM、OMM 三种（$2n+n$、$n+n$ 及 $n+2n$）。有报道芒对露菌病及黑穗病具有相当抗性，并具有较强的抗寒性等。

### （四）甘蔗与玉米属杂交

甘蔗与玉米属杂交，所获得的后代早期夭折或者性状似玉米，无经济价值。

### （五）甘蔗与蔗茅杂交

1885 年 Soltwedel 第一次用甘蔗与斑茅（*Erianthus arundinaceus*）杂交失败。1927 年 Ramke 用热带品种 EK28×蔗茅（*Erianthus sara*）获得成功。1941 年贾纳奇·安默鲁用热带种×斑茅（*Erianthus arundinaceus*），其后代染色体数为 $n+n$。1953 年拉格范报道，割手密×蔗茅（*Erianthus ciliare*），其后代染色体数为 $2n+n$。这些杂种尚无推广价值。

### （六）甘蔗与白茅属杂交

Co946（POJ 2725×Imperata）×Co745 表现晚熟、大茎、开花少。Co948（POJ2725×Imperata）×Co745，其杂种表现早熟、大茎、高产。Co960（Co331 × SW111）×（POJ 2725×Imperata）表现晚熟、高产。

### （七）甘蔗与硬穗茅杂交

印度用热带种（$2n=80$）与硬穗茅（*Sclerostachya jusca*）杂交，得到染色体数为 55、70 及 95 的后代，认为是 $n+n$，$n+2n$ 及 $2n+n$。迄今为止，甘蔗属间杂交尚未获得一个在生产上有利用价值的优良品种。虽然如此，科研人员仍然相信甘蔗属间杂交可以创造出甘蔗新品种。

## 五、甘蔗种间杂交遗传

种间杂交（Interspecific cross）是甘蔗选育种的主要途径，大多数甘蔗品种都是通过两个种或多个种杂交育成，其中以热带种（*S. officinarum*）与割手密（*S. spontaneum*）为最主要，其次为印度种（*S. barberi*）。目前，很多在生产上推广的甘蔗品种都含有这三个种的血缘，大茎野生种（*S. robustum*），最近也作为杂交亲本利用。

所谓高贵化（Nobilization），是爪哇杰斯维氏创造的甘蔗育种法，其特点是以热带种为母本，割手密为父本进行杂交，再连续与热带种回交。由此，野生种有利基因就能逐步渗透到热带种，而热带种高贵化基因仍能保持，从而育成高产、高糖、抗病的超亲杂交种。因此，通过种间杂交，获得的后代进一步高贵化，逐步筛选并保留优良基因，获得目标性状。Kobus 引进印度种春尼（Chunnee，$2n=88$）与黑车利本（Black cheribon，$2n=80$）杂交，后代有 POJ33、POJ36、POJ139、POJ213、POJ228、POJ826、POJ1228 及 POJ2379 等 8 个品种。世界上很多栽培品种都是春尼或 POJ213 的后代。又经 C. Wilbrink 以卡苏亚为父本（$2n=136$）、热带种 POJ100（$2n=80$）为母本进行第二次高贵化回交得到 POJ2364。由于 POJ2364 还不够理想，再与热带种 EK28 进行第三次高贵化回交，在2 500株实生苗中选出一系列世界有名的品种，如POJ2714、POJ2725、POJ2878、POJ2883等，在这系列品种中POJ2878最为著名。以上所述的高贵化杂交育种称为旧型高贵化杂交育种，已被世界各国采用，先后育成很多优良品种。1930年荷兰育种家D. Posthumus提出一个叫做新型高贵化育种法，是以旧型高贵化育成的第二代、第三代杂种与割手密原种杂交强化前者，再与热带种原种或含有较多热带种血缘的杂种回交二三次，其间再经过热带种性细胞染色体加倍，削弱割手密的血缘加强热带种血缘，最后育成新良种。

甘蔗三个种高贵化杂交以热带种—割手密—印度种高贵化育种法成功地育成很多Co品种。POJ213是爪哇早期以热带种黑车利本与印度种春尼杂交的后代，再与$2n=64$的印度割手密种后代杂交，分别育成Co281与Co290，又以Co290与POJ2878杂交，育成Co419且Co419的高贵化程度最高。其种性表现生产性能最好，茎径较大，抗逆性较差，适宜热带地区栽培，是世界有名的热带栽培品种。波多黎各1947年以Co281×POJ2878育成PR980，也是含有三个种的血缘。其成分为：热带种68.75%，割手密18.75%，印度种12.56%，是一个经过第三次高贵化的优良栽培品种。现在世界上大多数品种是3个种高贵化的杂种。

甘蔗4个种以上高贵化杂交，以POJ2678为母本与父本Co213杂交，育成含有热带种—印度种—割手密三个种血缘的H32-6560（POJ2678的子代），其血缘比例为61.94%、30.09%和7.96%。后以H32-6560和大茎野生种第二代的H34-1874杂交，育成含有热带种—印度种—割手密—大茎野生种4个种血缘的H37-1933（H32-8560的子代），其血缘比例为67.6%、17.6%、6.0%与10.0%。再以H37-1933和中国种第三代的H44-3340杂交，育成含有热带种—印度种—割手密—大茎野生种—中国种5个种血缘的H49-5（H37-2933的子代），其血缘比例为65.42%、14.95%、8.41%、4.67%与6.54%（Heinz，1987）。

通过分析杂交亲本方式与新品种推广应用情况，发现甘蔗种质创新过程中的亲本杂交方式对选育甘蔗优良新品种具有重要作用，使用对等杂交，避免亲本系统间有血缘交叉有助于选育甘蔗优良新品种（吴才文，2021）。

## 六、甘蔗自交、内交遗传育种

对甘蔗自交育种有两种不同的看法。夏威夷的Warner（1953）认为，在一个多倍体内影响一个数量性状（如丰产、高糖）是有很多对基因的，自交不易使其纯质结合。甘蔗是无性繁殖作物，只要后代有优良的个体，不是要均匀群体。而自交只能出现均匀的群体，因此认为用自交改良甘蔗是没有前途的。

另一种看法是巴巴多斯的Stevenson（1965），他认为自交可以增加基因型的纯合度，通过自交纯合，能把隐性性状表现出来成为可遗传的稳定性状。因此，认为自交改良甘蔗是有前途的。如割手密自交后其后代生长势没有表现退化现象，而且得到优良类型。同样，割手密种间杂种自交后代生长势也没有退化，可直接从自交育成良种，如B3337、B27172、C141-223，自交后虽然表现细茎，如果随即杂交，可以恢复正常茎径（Stevenson，1965）。虽然自交后代有缺陷，但是可以用作亲本，通过杂交去掉缺陷。

甘蔗种间杂交种，经过自交及内交（品种内杂交称为内交，下同），其后代生活力则逐代减退，如茎径变小和茎重减轻，光合作用减弱，叶片长宽缩短以及抽穗率降低的现象。但自交后代的染色体数比其亲本多、少或相同。国内外利用自交系为杂交亲本，已育成一些新品种。其中 CP807 是 POJ213 自交第一代，其他是 CP1165×POJ213 的后代。CP36-105 与 CP44-101 均是 Co281×CP1165（POJ213 自交第三代）的后代。因此，CP 系品种的最大特点是含有 POJ213 自交系 CP1165 的遗传种质，具有较多 POJ213 的优良性状，又加以 Co281 为母本，育成 CP36-105，CP44-101 等优良的亚热带品种。甘蔗应用近交较为广泛，如爪哇的 POJ3016、巴巴多斯的 B49119、夏威夷的 H32-8560 等都是由近交育成的。一般认为，近交在高糖育种方面有特殊意义。Warner（1953）在育种研究中得出结论，对高糖性能的传递最有效的是那些由原来高糖近交而获得的品种。

研究认为，自交、近交对甘蔗品种选育是有前途的，因为甘蔗异质性大，通过自交可以增加基因的纯合度，然后利用杂种优势获得优良品种。但自交一般不宜进行代数过多，否则会产生不抽穗现象。应用花粉培养，可以加快得到高纯合的自交系。

## 七、细胞质遗传及其利用

真核生物的遗传基因从分布位置上可分为核基因（染色体基因）与细胞质基因（也称核外基因）两大部分。细胞质基因分布在质体、线粒体等细胞器上，与核基因一样，具有完备的复制与表达功能，但其遗传方式却有别于核基因。某性状是否属细胞质遗传，可根据正反交后代的表现加以区别。若正交和反交所得后代表现相同，该性状属于细胞核遗传；若正、反交的结果不一样，子代总是与母本相似，则称其谓母性遗传，也就是细胞质遗传。在甘蔗杂交育种中常看到细胞质遗传的现象。如 P8331 锤度高，Co605 茎重重，在 P8331×Co605 正交中，后代出现锤度高得多，而在 Co605×P8331 反交中，后代出现单茎重重的类型多。又如 Co648 是丰产品种，在 P8331×Co648 正交中，后代出现高锤度的多，在 Co648×P8331 正交中，后代出现丰产型的多。这些现象说明，细胞质基因有重要作用。

甘蔗是常异花授粉植物，在自然条件下常看到雄性不育现象。甘蔗雄性不育是指花粉发育不正常雄蕊畸形或退化，导致花粉败育或不能形成花粉粒，因而不能完成授粉受精作用等现象。据研究甘蔗的雄性不育性与细胞质遗传有关。近年研究发现，植物某些抗病性与细胞质基因有着极为密切的关系。某些病害的抗性基因甚至仅存在于植物细胞质中而与核基因无关。到目前为止，世界各国甘蔗育种工作者大部分工作仍然只局限于核基因的利用上，即只注意到染色体基因的多样化与杂合性而忽视了野生种细胞质在抗病育种中的作用与地位，其结果是导致品种细胞质长期单一化。

不少甘蔗品种的抗病性经不起时间考验，其原因往往与病原体进化有关。鉴于这种情况，一些育种学家提出实行品种细胞质多样化的主张。由于杂种后代的细胞质只能由母本传递，配置亲本组合时应考虑用野生种作原始母本。这样，便可以同时实现核基因和细胞质基因的多样化，从而增强品种抗病性延长其抗病周期。显然，细胞质多样化育种要涉及一些复杂的理论和技术问题。例如，由野生种、中国种或印度种提供细胞质的杂种，其光合效率是否可以提高到热带种或现有杂交品种的水平，其高糖育种的潜力如何等，都有待进一步研究。不过，这方面已有一些获得成功的尝试。例如，夏威夷有 3 个品种 H62-4671、H53-263 和 H70-0144 就是利用中国种细胞质的成功例子（Heinz，1987）。

## 八、讨论

甘蔗是多倍体植物，遗传性非常复杂，目前对其遗传规律尚不明了。因此，在育种上盲目性很大，对杂种后代难以用生物统计方法进行预测。

目前，在生产上绝大部分甘蔗品种是 3 个种，即热带种、割手密、印度种的种间杂交的后代。其中热带种是蔗糖分的种源，利用最多，但作亲本用的原种不超过 15 个。割手密是抗病的种源，作亲本用的原种仅几个。印度种是抗逆性的种源，作亲本用的仅 2 个。

可见，世界各地区的甘蔗品种大多具有相同的祖先，有些甚至属近亲交配、血缘相近、基因型相似，造成遗传上的同质化、引起退化、容易感病。因此，必须扩大种质、增加新血缘，不断进行更新，育成新的抗病品种。

过去科研人员只研究核基因的利用，取得很大成绩，育成很多优良品种，但忽视了野生种细胞质基因在抗病育种上的作用。今后应该考虑以野生种为母本，利用核基因和细胞质基因的多样化，以增强品种的抗病性。

目前，甘蔗属间杂交虽然尚没有得出一个在生产上有利用价值的品种。但为了加强甘蔗的异质性，扩大甘蔗与其近缘属间杂交的范围并不是不可能的。

通过自交增加基因型的纯合度，可使一些优良的隐性性状成为稳定的显性性状，是甘蔗品种改良的一种途径。

# 第三节　甘蔗育种目标

甘蔗育种必须有明确育种目标，才能正确地选育出适合本地区生产所需要的品种。所以就要考虑到选用哪一种育种方法、选用什么样的杂交亲本，否则徒劳无功。多年的育种实践证明，由于我国各省（自治区）气候、地形、土壤、栽培条件的差异，因而各地的育种目标有所不同，但对一个甘蔗良种总的要求，必须具备高产、高糖、宿根性好、抗逆性强（抗病虫性、抗旱、耐寒、耐瘦瘠、粗生易管）、综合性状好等优良特性。还要选育早、中、晚不同熟期搭配的品种。因此要明确育种方向，各地区应因地制宜按各自特点和原则来制定育种目标。

## 一、高产、早熟高糖

甘蔗的主要产品是蔗糖，而蔗糖的产量是由蔗产量和蔗糖分构成的。所以甘蔗育种的总目标是高产、高糖，这样才能获得最高的糖产量。甘蔗最理想的优良品种是高产量、高糖分二者兼备。但二者是有矛盾的，高糖的品种一般产量相对较低，而高产的品种一般蔗糖分又相对偏低，一般二者很难兼得。这就要兼顾以大方向为主，既要高产，还要相对高糖，二者都要兼顾，不能偏废。从品种看高产高糖的来源一是高蔗糖分品种；二是高产量品种；三是早熟品种；四是不易退糖品种。早熟高糖品种可使糖厂提早开榨，不易退糖品种有利于大面积栽培且可延长榨季。有了这些因素，才能有效增加糖产量。

近10多年来，随着国际油价的不断提高，还发展了一个新方向，就是选育特高产、高纤维分的能源甘蔗品种，用于制作酒精及生物发电。

## 二、早、中、迟熟品种合理搭配

随着全国各蔗区的甘蔗种植面积不断扩大，给各地糖厂增加了一定的压力，既要求糖厂提前开榨，又要延长榨季。所以，现在有些糖厂在10月中下旬就要提前开榨，这就要求选出一定比例的特早熟、高糖、高产品种，才能适应当前的需求。还要适当地选出早、中、晚熟品种进行合理搭配。因为甘蔗成熟期是由品种的遗传所决定的，每个品种都有各自的成熟期。甘蔗到了成熟期，蔗糖分才能达到最高峰；未成熟时蔗糖分低，过了成熟期蔗糖分也降低。因此必须早、中、晚熟品种合理搭配，才能实现整个榨季的高糖分。早熟品种可使糖厂提前开榨，晚熟品种能延长糖厂榨季，提高经济效益。广西农业科学院甘蔗研究所最近育成的甘蔗新品种，如桂糖28号、桂糖29号、桂糖35号、桂糖42号、桂44号、桂糖46号、桂糖49号、桂糖52号、桂糖55号、桂糖58号、桂糖60号、桂糖76号等，表现为高糖，从特早熟到早中熟配套，且适应性强、宿根性好，为广西蔗区甘蔗品种的合理搭配提供了基础。

## 三、宿根性强

宿根蔗栽培在我国是一种普遍采用的糖料蔗耕作制度。宿根甘蔗具有可以节省种苗与劳动力，提早成熟等优点。在很大程度上，宿根性的好坏还取决于蔗产量的高低、单位面积含糖量的高低等。一般宿根性好的甘蔗，发株力强，早生快发，早封行，早成熟，使糖厂能提前开榨。

## 四、抗逆性强

我国主要甘蔗产区土壤类型多，环境条件复杂，自然灾害频繁，因而对甘蔗品种的种性要求，必须具有多抗性，才能适应生产的需要。如广西有相当部分的山坡地，土壤瘦薄、干旱、栽培粗放、无灌溉条件，像这类蔗区，需要选出能抗旱，耐瘠薄，抗病虫害，宿根性好，根系发达，早生快发，早封行，蔗糖分较高的中茎高产品种种植。这种类型的土壤在广东、云南、福建、贵州、四川等地也有相当部分，要求的育种目标是相同的。

特别是近年来遇到的冰冻灾害及干旱天气，更加提醒育种科研人员，育种目标除有以上的各种抗性外，还要选出能耐旱耐寒品种，才能适应偏北蔗区及高寒山区种植。如2008年春节期间，我国南方几个省（自治区）遇到50年不遇的低温冰冻雨雪天气危害，具有范围广、强度大、持续时间长、灾害影响较重的特点。经调查，广西各蔗区的甘蔗都不同程度都受影响，有的影响非常严重，有的影响轻微些。经调查的结果显示，桂糖28号、桂糖27号表现为抗寒能力最强，其余依次是桂糖26号、桂糖24号、桂糖20号、桂糖21号、桂糖25号等。

另外，沿海的防城港、北海、钦州等土壤肥沃，水肥条件较好，栽培水平较高的蔗区，要选择耐涝、耐盐碱、抗风抗倒伏、抗涝、抗病虫的高糖、高产品种。在我国的其他蔗区，如广东、海南、福建的海边蔗区也有相当部分这种类型的土壤，要求的品种和栽培条件相似。

总之，各地应当按照本地的环境、地形、气候、土壤类型等条件来制定本地区的育种目标，才能达到有的放矢。

### 五、综合性状好

不同历史时期在甘蔗糖业生产上广泛推广应用的商业品种最重要的特点是综合性状好。如POJ2878、POJ2725、Co290、Co419、NCo310、F134、桂糖11号、新台糖16号（ROC16）和新台糖22号（ROC22）、桂糖42号、桂柳05136等，这些品种有机地结合兼顾了产蔗量、蔗糖分、宿根性、抗逆性等工艺性状和农艺性状、植株形态学特征和生理生化特性、工业加工特性和农业栽培技术等方面需求，在某一育种目标上其不一定是最好的，但由诸多优良特性相互结合在一起，对于解决甘蔗生产发展不同历史时期存在问题具有独到的作用。

### 六、适应机械化生产

甘蔗育种目标除上述基本要求外，世界各国还根据本国甘蔗生产发展具体要求进行育种目标的相应调整。以人工收获为主的国家为减轻收获难度，脱叶性能好的品种更受欢迎。随着机械化的不断发展，田间下种、收获都要机械化，田间管理要求甘蔗前期生长快、封行早、生长整齐、叶片和蔗苗不易折断等。机械收获要求抗倒伏性能较好，叶片及叶鞘易于脱落、叶层不能太多、上部蔗茎稍小、收获指数高，中至中小茎、无秋冬笋、蔗芽不损坏、无萌发侧芽；机收的蔗茎损失小、宿根不减产或减产幅度小，宿根年限长；对甘蔗品种的品质要求为低絮凝物（低葡聚糖）。

## 第四节　甘蔗抗逆育种

我国蔗区辽阔，地理及气候条件复杂，甘蔗生产面临众多的生物逆境和非生物逆境的不良影响；生物逆境中主要是甘蔗病害和虫害，其中病害的影响最严重；非生物逆境主要有旱害、寒害和风害等，其中旱害的影响最严重。由于这些逆境并不能完全通过栽培技术措施解决，需要通过抗逆育种提高育成品种的抗逆性，降低逆境对甘蔗生产带来的不良影响。因此，各国甘蔗育种在注重高糖、高产、宿根性强、适应性广等优良特性的同时，还须加强抗逆育种才能应用于生产实际。

### 一、抗病育种

甘蔗抗病育种一直伴随着甘蔗育种，抗病品种对世界甘蔗糖业作出了巨大贡献。如1860—1870年巴西Otaheite品种因感染胶滴病而荒芜了很多蔗地。美国路易斯安那州由于长期栽培Creole、Otaheite、Louisiana Red、D74等，导致品种均一化，引起嵌纹病、赤腐病和根腐病等，病害非常严重，后引进POJ213和POJ1234才度过危机。在栽培品种中，抗病、丰产、高糖等性状很难俱全，比较可靠的育种方法是将热带种的丰产、高糖基因与野生种的抗病基因结合起来，从而育成丰产、高糖又抗病的品种。抗病育种应采取下列方法：①大量搜集和研究抗病亲本资源。抗病亲本是抗病育种的种质基础，抗病亲本越多，抗病力越强，育成抗病品种希望越大。②病理学与育种学相配合。抗病育种必须有病理与育种两方面的专家相配合，才可能达到预期效果。③加强抗病性测定和鉴定技术研究。在种子萌芽后至定植前，在温室进行实生苗人工接种测定、观察抗病性；在品系选拔后把最优良的材料选出来在田间进行人工接种测定，观察农艺性状。

国内甘蔗品种登记注册要求测试的病害为甘蔗黑穗病、甘蔗花叶病和梢腐病。通过近20年的抗病育种研究，抗花叶病育种研究进展相对较好，抗甘蔗黑穗病育种进展较慢，抗梢腐病育种是近年才引起重视的。此外，从田间的亲本和育种材料自然发病情况看，褐条病、赤腐病和叶枯病也是发病频率较高的病害，白条病发生逐年加重，这些病害也是育种应重点关注的。

## 二、抗虫育种

由于甘蔗品种的形态、生理及生化等差异，危害的昆虫种类及被害状态也不同，可分为以下几种类型：①叶姿：叶片狭、直立品种如Co331甘蔗绵蚜少，叶片宽、下垂如粤蔗7号甘蔗绵蚜危害大。②茎态：蔗茎直立的品种如POJ2878对蔗龟及其他地下害虫的抵抗力弱，但田鼠危害减少，蔗茎易于倒伏则易受鼠害。③纤维分：纤维分高的品种一般蔗茎较硬，不易受螟虫危害；反之，纤维分少、蔗茎软、易受螟虫危害，茎的腐败率亦高。④根系、根径、根长及深度：这些性状的不同对地下害虫的抵抗力亦不同。⑤干物质：干物质多，虫害少；干物质少，虫害多。⑥蔗汁品质：蔗汁含钾量高的品种比较能抗二点螟。⑦生长速度：甘蔗伸长期生长慢，心叶展开慢，如桂糖8号，易受蓟马危害。⑧叶鞘：叶鞘包茎紧，可以抗螟虫，因为幼虫不易侵入蔗茎。⑨蔗皮：蔗皮硬，抗螟虫，因为幼虫不易入侵。

抗虫育种方法主要有：①搜集抗虫性强的甘蔗近缘植物为杂交亲本，或者在虫害猖獗的地区选择受虫害后能够生存的植株为亲本。②可在实验室用笼培养或在田间自然环境下虫口密度较高的蔗地，通过计算在植株的害虫群体密度或估计数量的损失。

## 三、耐寒育种

甘蔗生长对温度反应最敏感，低温寒害对甘蔗生长影响很大。一般平均气温5℃时，甘蔗即受寒害，叶尖枯萎；当气温到2℃时，叶片大部枯黄；到－1.5℃时，生长点死亡；低于－1.5℃时，蔗茎发黄，变质、坏死。因此，在纬度较高的地区，必须选育生长期短、早熟、高糖而耐寒的品种，才能适应栽培条件。

## 四、耐旱育种

甘蔗抗旱性的研究，早在20世纪30年代已有不少关于形态生理与抗旱性关系的报道。研究者普遍认为抗旱品种有如下的形态特征：①中至中小茎型；②叶狭、叶厚，叶片长/宽比例大，遇旱卷叶；③单位面积气孔数较多，气孔下陷；④表皮细胞角质化程度高，刚毛多而长；⑤前期生长快，生长旺盛，封行早；⑥根系发达，入土深度大于横展度。

## 五、抗风育种

暴风雨危害甘蔗可使蔗叶碎裂，阻碍光合作用，折断蔗茎，降低甘蔗的产糖量。调查表明，风害程度与甘蔗品种的耐风性及蔗茎的硬度有关，特别是地下节位的硬度最为明显。日本山崎与尾崎把蔗茎硬度在4.0 kg以上定为耐风品种，4.0 kg以下为不耐风品种。大茎野生种后代蔗茎硬如竹，对耐风颇为理想，只是蔗糖分太低，必须经过3～4次高贵化，才能提高蔗糖分，但又影响硬度。1946年9月台湾发生台风加暴雨，大多品种被风刮倒折断，甚至最抗风的拔地拉也有90%被刮倒折断，唯有大茎野生种的 $F_2$ PT43-52受害最轻，梢部尚留6～8片青叶，心叶青绿，蔗皮硬度为7.5 kg，被认为是一个耐风丰产品种。由于它的花粉特别多，以它为父本，分别与PT46-150及NCo310杂交，育成两个抗风品种台糖141与台糖146，台糖146既有NCo310的适应性和抗病性，又有PT43-52的抗风及丰产性，每公顷产量150～180 t。自1961年大面积推广以来，不到4年便占台湾甘蔗总面积的60%（骆君骕，1992）。

# 第五节　甘蔗育种程序与方法

甘蔗品种的性状表现是遗传基础与环境因素共同作用的结果，因此根据育种目标，制定一个具体的多学科相配合的育种程序，并逐年有计划、有步骤地进行培育、选择与繁殖等，使其后代的经济性状得到充分表现，从而可以选出所需的品种，对甘蔗育种具有重要意义。

## 一、我国甘蔗育种程序

我国甘蔗育种在统一的育种目标和技术路线下，实行分区选种，联合区试与推广，各育种单位都采用“五圃制”，经过五圃选育出表现优异的材料进行省（区）区试或国家区试，然后进行品种登记，进而进行推广。这一过程一般要10年以上才能完成，这也是育成一个新品种所需时间。我国有性杂交育种的程序如表9-6所示。

**表9-6　我国甘蔗品种有性杂交选育程序**

| 年序 | 阶段 | 设计要求 | 主要工作 |
|---|---|---|---|
| 第0年 | 亲本圃 | 父、母本桶栽或大田种植，桶栽行距1.8～2.0m，大田种植行距1.0～1.5 m | 父、母本亲本材料秋冬种植，配制组合及实施杂交 |
| 第1年 | 杂种圃 | 实生苗，单株植，一般不留宿根 | 淘汰低产、低糖、早开花、绵心和空心严重、在自然条件下感染重要病害的单株或无性系 |
| 第2年 | 选种圃 | 单行，行距0.9～1.1 m，行长1.5～3 m，无重复，每隔10～20个单系设一个对照，新植1年，宿根1年或无宿根 | |
| 第3年 | 鉴定圃 | 2～4行区不等，行长6～10 m，每隔5个品系设对照，无重复，新植1年，宿根1年或无宿根 | |
| 第4年 | 预备品比圃 | 4行区，小区面积约33 $m^2$，3次重复，新植1年，宿根1年 | 进行抗黑穗病、花叶病和梢腐病等人工抗性鉴定。新品系成熟度测定：从10月起每半个月进行一次蔗糖分化验，研究品种（系）蔗糖分积累曲线 |
| 第5～6年 | 品比圃 | 8～10个品系为宜，4～6行区，小区面积33 $m^2$ 以上，3次重复以上，新植2年，宿根2年，优良品种边试验边繁殖 | |

（续）

| 年序 | 阶段 | 设计要求 | 主要工作 |
|---|---|---|---|
| 第7～8年 | 区域试验 | 4～6行区，小区面积33 $m^2$ 以上，3次重复以上，新植1年，宿根2年，6～10个生态点。优良品种加速繁殖 | 生态适应性和稳定性测定，法定资质单位进行品质化验，抗旱、抗病性检测；优良品系DUS测定、品种权保护申请等 |
| 第9～10年 | 生产试验 | 小区面积333 $m^2$ 以上，1～3次，新植1～2年，宿根2年，宿根1～2年，6～10个生态点。优良品种加速繁殖 | 调查工农艺性状表现，研究良种良法配套栽培技术 |
| 第10年 | 新品种登记与推广 | | 品种登记申请，良种配套栽培技术研究制定，良种基地建设，良种加繁与产业化 |

## 二、选择方法与标准

一个品种的育成是自然选择和人工选择共同作用的结果。这两种选择的结果有所不同，自然选择的结果是获得具有人们所期望性状的个体，如抗逆性强、适应性广。人工选择的目的是获得具有人们所期望性状的个体，如高蔗糖分和高产量等经济性状。自然选择和人工选择是矛盾的统一，对于作物而言，往往野生性、适应性和经济性状是矛盾的，但品种要能大面积推广应用，必须是二者的统一。在甘蔗育种中，主要强调人工选择，有时也利用自然选择，丛植法就是部分利用个体间的竞争，从中选择长势好的个体。在育种实践中，育种家自觉或不自觉地利用自然选择的结果，并加以人工选择，如利用病虫害的发生淘汰易感品种，利用干旱胁迫选择抗旱品种，在霜冻的地区选择耐寒品种等。

### （一）选择过程中调查观察性状与标准

选择过程中调查观察最主要的性状是甘蔗产量、蔗糖分和宿根性能，在观察主要性状基础上观察与之密切相关的抗逆性、空蒲心、整齐度和脱叶性等。从杂种圃到鉴定圃，以观测田间生势、株高、茎径、有效茎数和田间锤度进行选择。从预备品种比较试验圃到品种比较试验及区域试验和生产试验，对田间新植蔗、宿根蔗产量和蔗糖分进行选择。具体观测性状和标准如下。

（1）水裂程度。分多、较多、少三级。

（2）病虫情况。分严重、较重、一般、较轻、轻五级。

（3）气根情况。分多、较多、少三级。

（4）孕抽穗情况。调查孕穗、抽穗的始期，记录具体日期，收获时调查抽穗率。

（5）空心、绵心程度。收获时用利刀在蔗茎上、中、下三处迅速斜切成斜口，调查空心和绵心程度，没有空心、绵心的定为10级，空心绵心达茎径1/10的为9级，达2/10的为8级，余类推。

（6）萌芽率。蔗芽萌动出土时，开始调查萌芽数，每次调查相隔5 d左右，调查至萌芽数不再增加为止。萌芽率5%为始期，50%为盛期，70%为末期。

各期萌芽率＝各期萌芽累计数（死芽在内）/播种总芽数×100%

(7) 倒伏程度。台风过后 1～2 d 目测调查。倒伏与地面成 30°角以下的为全倒，30°～70°角为半倒，70°～90°角为直立。有 1/2 以上甘蔗属于某一级时，测定为该级的倒伏程度。要记录风前有雨或风后有雨或风雨交加。

(8) 有效茎数。凡原料茎长达 1 m 以上的蔗茎均称为有效茎，丛有效茎数为每丛实生苗中的有效茎数；小区有效茎为每小区内的有效茎数；公顷有效茎数＝有效茎数/$m^2$×10 000。

(9) 株高及茎长。由平地面的节间起至最高可见的肥厚带的高度为株高，减去 30 cm 为茎长。杂种圃调查 1～3 条有效茎代表丛，30～45 丛代表组合；选种圃每单系选有代表性的甘蔗茎 10～20 条；鉴定及以后各圃每小区调查有代表性的甘蔗茎 20～30 条。

(10) 茎径。调查甘蔗茎中部节间的中部，用卡尺对正芽的方向卡进蔗茎的直径则为茎径。杂种圃调查 1～3 条有效茎丛，30～45 丛代表组合；选种圃每单系选有代表性的甘蔗茎 10～20 条；鉴定及以后各圃每小区调查有代表性的甘蔗茎 20～30 条。

(11) 蔗茎产量。收获时，每单系及其对照种均称产量，然后将各品系和对照种的产量进行比较。

(12) 锤度。在每单系按主茎与分蘖茎的比例，选有代表性的蔗茎 5～10 条，于 10 月底、12 月中旬及 2 月分别用手提折光计测定每茎上、中、下三部分的锤度，下部选近土的节间，上部选最下一片青叶之下的节间，中部选蔗茎中部节间。已调查过的节间，有病害的节间及生长不正常的蔗茎，均不选用。

(13) 甘蔗蔗糖分。每年 10—11 月到翌年 2—3 月从田间选取 6 条有代表性的蔗茎进行甘蔗蔗糖分测定。

(14) 含糖量。

$$含糖量＝甘蔗产量×甘蔗蔗糖分$$

早熟品种的蔗糖分以 12 月前的蔗糖分平均值、中熟品种以 1—2 月蔗糖分的平均值、晚熟品种以 3 月以后蔗糖分的平均值计算。

(15) 蔗汁纯度。蔗汁中总固形物含有纯净蔗糖的百分比称为纯度。蔗汁纯度是衡量甘蔗品质的重要技术标准之一。通常有两种表示方法：快速测验中，常用简纯度。在分析蔗汁品质的标准中，多用重力纯度。

$$简纯度＝蔗汁旋光度/蔗汁锤度×100\%$$

$$重力锤度＝蔗汁蔗糖分/蔗汁锤度×100\%$$

(16) 甘蔗纤维分。一般以 12.5%左右为宜。

(17) 蔗汁还原糖。一般还原糖越低越接近成熟。

### (二) 选择方法

人工选择最主要的目标是通过选育甘蔗品种，进行大面积推广应用以取得最大的经济、社会和生态效益。所以选种应该重视如下特性：①生产力：丰产、高糖；②农艺性状：萌芽迅速并且萌芽率高，宿根性强，初期生长迅速、封行早，不易倒伏，无效分蘖及晚生分蘖少，开花率低或不开花，适于机械收获；③加工特性：含淀粉率低、纤维适中；④抗病性强。上述特性的侧重点视地区和育种目标的不同而异，例如倒伏性。对能源甘蔗品种而言，因目标是选择高可发酵糖含量的品种，淀粉等其他简单糖类一样可发酵成酒精，因此对淀粉和纯度等性状就没有严格要求。期望的优良商业栽培品种是将许多性状综合表现在一个个体中，随着需要水准越来越高，育成一个优良品种也越来越难，因此选种时所考虑的选种特性必须是确实重要的性状。

**1. 目视选种的准则**　育种家靠经验判断和决定一个实生苗或品系的取舍，选种时，尽量找出适合于理想条件的品系。目视选种是最常用的选种方法，其选择的准则如下：

（1）发芽（株）性和均匀性。早发芽（株）和株高整齐。

（2）分蘖。多分蘖表示根茎很深。

（3）茎径。太大或太小都不适合。

（4）生长。茎伸长早而快。

（5）蔗茎梢部。蔗茎梢部太重易倒伏或受损、糖分后期上升慢。

（6）叶片伸张程度。叶片遮盖行间早，可以防治杂草和减少土壤流失。

（7）根部深而坚固。增加宿根能力，植株不易倒伏。

（8）硬度。太软容易折断，太硬则不容易收获和压榨。

（9）开花。开花后不再生长，可能减少产量，但这只是相对而言。

（10）蒲心。蒲心为不良性状。

（11）抗病。当地主要的病害，如黑穗病、花叶病、梢腐病、褐条病等。

（12）耐旱。耐旱或旱后很快恢复生长。

（13）其他。节间没有裂痕，没有气根，没有鼠害和虫害。

若想要达到所有上述标准，恐怕没有一个品系合格。如果实生苗的群体很大，选种标准可提高、严格些，把较差的种苗尽早去除；如果实生苗的数量有限，仔细评价后决定取舍，选种则着重精密性。

**2. 科学选种的准则**　产量、含糖量、纤维量、抗病能力、抗旱能力和适应能力等很难用视觉来准确鉴定品系的好坏，所以要用科学的方法来评价性状的表现，分析性状质量，分析资料特征和解释资料的意义。完整的资料要有良好的试验设计、正确的取样方法和精确的实验室分析。这些都是科学方法的基本要求。

（1）各阶段选择的重点和选择强度的制定。如何判别性状优良的基因型，采取多大的选择强度是育种前期阶段选择的关键。单株或单系的表型变异中既含遗传变异，又含环境效应引起的非遗传变异，特别是前期阶段由于基因型的群体小，非遗传因素影响更大。对性状选择强度的制定要以性状的遗传力和重复力的研究结果为依据。

从历年实生苗试验群体估算的广义遗传力来看，锤度的遗传力64%～73%，与田间锤度高度相关的蔗汁旋光度（73.0%）、蔗汁蔗糖分（70.2%）、重力纯度（73.2%）等品质性状的遗传力普遍较高，受环境效应和竞争效应影响小，适合在实生苗世代严加选择。相对而言，产量和有效茎数的遗传力较低，故针对低世代产量性状的选择强度宜适当放宽，待每个单系的群体大、年份间重复力较高时再施加较高的选择压力。

（2）间接选择和相关选择。由于基因的多效性和连锁反应，甘蔗许多性状之间存在着不同程度的相关性。一般来说，蔗糖分品质与产量呈负相关。如过分侧重品质性状的选择，势必削弱其他农艺性状，因此必须协调好性状间的关系。在实际选种过程中，间接选择被广泛应用，如通过锤度间接选择高糖品系，通过选择基部茎粗、根系发达的品系来获得抗倒材料，选择茎皮较硬的品系以增强抗虫性，为获得宿根性好的品种而选分蘖力强的品系。由于茎径与有效茎数呈负相关，有效茎数与单位面积蔗茎产量呈强正相关，所以在选择过程中一般选 2.7 cm 左右的中茎单株为宜，大茎或小茎均不宜选择等。

（3）区域适应性与普遍适应性。甘蔗实行分区选种，在一个地区选出来的材料在其他各地的适应情况如何，可以通过区域试验加以评判。区域试验是育种程序的后期选择阶段，由于各个地点土壤肥力、耕作水平、气候条件的不同，对新品种的性状尤其是产量性状的效应各异，因而表现出不同的适应性。育种实践证明，区域试验中的基因型与环境互作一般都很显著。为确定新品种的产量潜力和适应范围，需要对品种跨越地点和年份的稳定性进行分析，以评价新品种在不同生态环境中的综合表现。

**3. 影响选择的因素** 影响选择的因素主要有基因型与环境互作、竞争效应以及选择的经济可行性等。

（1）基因型与环境互作。基因型与环境互作是普遍存在的，它的存在使选择的效率降低，同时也使得育种的规模和复杂性增大。基因型与环境互作的存在使得地区之间引种成功率降低，必须进行一系列的试验研究和适应性测定。我国蔗区分布广，自然环境和水肥条件等生态环境差异大，栽培耕作水平不一，由于基因型与环境互作的存在，品种的选育应在多个不同的地区和各个地区的不同土壤和气候条件下进行，不同生态类型的地区有必要设计不同的杂交组合，采用不同的选择方法和选择策略，以育成适应当地种植的品种。从生产角度来看，首先应选育适应特定地区的品种，其次才是广泛适应全国不同地区的品种。通过品系在多种气候和水肥条件的地区平均表现（如区试）和适应性分析结果进行选择，则可选出具有一般适应性的品种。通过分析基因型与环境互作，可选择出对某些特定生态环境特别适应的品种在相适应的地区推广。

（2）竞争效应。甘蔗不仅受气候、土壤等大环境的影响，而且还受到小生境的影响。由于甘蔗繁殖系数低，在早期选择阶段，单个基因型的群体小，试验小区面积小，而且因甘蔗植株高大，相邻基因型间的竞争会严重影响甘蔗的选择，前期生长快的品系将对相邻的品系产生荫蔽，影响邻近品系的生长，这样，品系间的产量差异可能是竞争的结果。因此，早期阶段对产量的选择强度不宜过高，以免错误地淘汰那些有高产潜力，但受到邻近早生快发品系抑制的品系。

（3）选择的经济可行性。在育种过程中，必须考虑所采用的选择方法能最大限度地节省费用，根据性状的特点在合适阶段进行选择，达到经济高效的目的。否则，选择程序不当，可能会大大增加育种成本和严重影响育种效率，如果在早期阶段只重视产量和锤度等经济性状的选择，而忽视抗性的选择，则可能导致花费多年甚至十多年精力和大量财力选育的品种因感重要病害而面临淘汰。

## 三、其他甘蔗育种方法

除常规系谱选择育种途径外，我国目前主要的育种途径还有引种、诱变育种和基因工程育种等。

### （一）引种的概念和步骤

**1. 引种的概念和步骤** 引种是种质资源地区交流和国际交流的一种形式。广义的引种，是指把其他地区或国外的新作物、新品种或品系，以及研究用的遗传材料引入当地。狭义的引种是指生产性引种，即引入能供生产上推广栽培的优良品种。引种具有简便易行、见效快的优点。引种能否成功，取决于引种地区与原产地区的生态条件差异程度，差异越小引种越容易成功。引种时需要考虑的生态条件包括气温、日照时间、纬度、海拔、土壤、植被、降水分布及栽培技术水平等，其中气温和日照时间是决定性的因素，而纬度和海拔则与气温和日照时间密切相关。

引种的主要步骤如下：

（1）引进品种。根据当地的生态条件和栽培特点，有的放矢地引进一定数量的材料，为防止当前地区没有的病、虫、杂草从外地或国外传入，须严格遵守植物检疫制度。

（2）品种观测。在有代表性的地块上，使用有代表性的栽培方法，小量种植引种材料，并每隔一定的间距种植对照品种（当地优良品种），用于比较对照。

（3）生产推广。经 1～2 年品种观测后，选出少数优于对照的材料进行产量等比较试验，选出最好的品种在生产上推广，如果未登记注册的，需原育种机构允可进行登记注册或变更登记注册适宜种植区域。

**2. 直接利用** 我国制糖历史长达 4 300 余年之久。20 世纪 30 年代之前，我国制糖原料均为竹蔗或芦蔗。30 年代初，广东、福建先后从菲律宾引进 POJ2878、POJ2883，并逐步繁殖推广，竹蔗种植比例便逐渐减少，到 40 年代末很多被淘汰，大部分由 POJ2878 代之。1937 年从澳大利亚引进 Badila 和 Yelow Caledomia 等品种。1947 年我国大陆从台湾引进 F180、F134、Co209、Co 331 和 Co 419 等品种，至 70 年代初，这些品种仍然是华南蔗区的当家品种（彭绍光，1987）。而且 F134 曾在华南三省处于主导地位，时至 2003 年该品种在云南等地尚有较大面积栽培。80 年代以来，从台湾引进的新台糖 10 号、新台糖 16 号、F172 也在华南蔗区大面积推广，这 3 个品种年种植面积均超过 13.3 万 $hm^2$。广西从 1997 年起先后多批引进台湾的新台糖 22 号，自 2003 年起开始替代了桂糖 11 号、新台糖 16 号，2007 年种植面积已占广西甘蔗面积的 60%以上、全国种蔗面积 35%以上（游建华，1999；张革民等，2006；赵俊等，2007；梁强等，2021）。这些良种的引进，对丰富我国大陆的甘蔗栽培品种结构、弥补本地品种资源的不足和促进甘蔗产业发展均起到了重大作用，取得了显著的社会效益和经济效益。

**3. 间接利用** 优良亲本是甘蔗优良品种选育的物质基础，亲本选育与利用水平在很大程度上决定着甘蔗选育种的水平。在我国大陆过去 50 多年的甘蔗育种历史中，利用从国外和我国台湾引进品种（系）作亲本与当地亲本配制杂交组合，引入新的异源基因，在甘蔗品种杂交育种中起着重大的作用。对我国大陆自育的 175 个甘蔗生产品种（通过鉴定、审定或认定品种）的亲本统计结果表明，这些品种全部含有外引品种血缘。其中直接利用引进品种作亲本（单亲或双亲）育成的品种就有 116 个（占 66.29%）。由此可见，引进品种在我国甘蔗杂交育种中起着十分重要的作用（邓海华等，2007）。

下面以广西壮族自治区农业科学院甘蔗研究所引进品种作为杂交亲本的利用效果，阐述引种在我国甘蔗育种中的重要作用。

统计表明，在 1960—2019 年间，广西通过有性杂交育成的品种共 58 个。其亲本是来自国内外 11 家育种机构的 57 个亲本，分别是 Co290、Co331、Co419、Co997、CP49-50、

CP65-357、CP72-1210、CP72-2086、CP80-1018、CP81-1254、CP84-1198、CP88-2032、F134、F172、HoCP92-648、Pindar、川蔗 57-416、赣蔗 76-65、桂糖 00-122、桂糖 57-624、桂糖 69-156、桂糖 71-5、桂糖 73-167、桂糖 92-66、华南 56-12、华南 56-65、内江 59-782、新台糖 1 号、新台糖 10 号、新台糖 20 号、新台糖 22 号、新台糖 23 号、新台糖 24 号、新台糖 25 号、新台糖 26 号、崖城 62-40、崖城 71-374、崖城 72-351、崖城 72-399、崖城 73-512、崖城 84-125、崖城 84-153、崖城 85-55、崖城 94-46、崖城 97-47、粤农 86-295、粤糖 00-236、粤糖 59-264、粤糖 59-65、粤糖 63-237、粤糖 85-1622、粤糖 85-177、粤糖 91-976、粤糖 93-159、云蔗 89-351、湛蔗 89-113 和湛蔗 92-126。育成品种前 10 位的亲本分别为 CP49-50、新台糖 22 号、新台糖 1 号、CP84-1198、F134、桂糖 92-66、粤糖 85-177、桂糖 73-167、崖城 71-374 和粤糖 91-976，分别占广西自育品种的 7%、6.1%、5.2%、4.3%、4.3%、4.3%、4.3%、3.5%、3.5%和 3.5%；广西仅有桂糖 92-66 和桂糖 73-167 两个亲本进入前 10，表明引入亲本对桂糖系列品种的选育极其重要。统计在 1960—1995 年育成的 15 个品种亲本发现，育种早期引进亲本甘蔗育种更为重要，用到了 CP49-50、Co419、Co290、Co331、Co997、F134、华南 56-12、崖城 72-351、粤糖 59-264、粤糖 63-237、内江 57-416、内江 59-782 和桂糖 57-624。其中 CP49-50、F134、华南 56-12 和 Co419 四个亲本育成的品种共 13 个，占广西自育品种的 86.7%，是广西甘蔗育种选用频率最高、育成品种最多、贡献最大的亲本。利用上述四个亲本直接育成的品种：CP49-50 为 8 个，F134 为 5 个，华南 56-12 为 4 个，Co419 为 3 个，分别占广西自育品种的 53.3%、33.3%、26.7%和 20.0%。

### （二）诱变育种

该方法主要利用物理和化学因素处理品种或材料引起遗传性变异，选出优良变异株作为育种材料或品种推广，主要有物理的辐射诱变和化学诱变两类。化学诱变的诱变剂主要有秋水仙素、甲基磺酸乙酯（EMS，Ethyl methane sulphonate）等，选育了桂化 80-30。

辐射诱变是用各种射线、中子及无线电波、激光等刺激，直接或间接地使生物有机体的细胞内产生电离作用，促进有机体内部化学反应和结构变化，从而引起有机体遗传改变，产生各种各样的变异；再经过人工选择，培育优良新品种。诱变育种自 20 世纪 30 年代开始至今，育种人员都在不断地进行研究应用（李松等，2006）。

甘蔗辐射育种主要利用射线（X 射线、γ 射线及中子等）处理甘蔗杂交种子、种芽或愈伤组织等，使其遗传性状发生变异，并通过对其突变后代的选择、鉴定和试验培育甘蔗新良种的一种方法。采用这种方法可增加变异的概率，提高选育效果，而且可加快新品种的选育过程。自 20 世纪 60 年代以来，甘蔗辐射育种作为甘蔗育种技术的创新和补充，已在世界各国开展起来。我国已先后育成桂辐 80-29、粤糖 83-5、粤糖辐 90-15、桂辐 97-18、桂辐 98-296 等新品种，其中，桂辐 98-296 在广西得到了较好的推广应用。

甘蔗遗传基因十分复杂，而遗传基因可能存在着多向性、多效性以及基因间的连锁关系，致使在单一性状的选择和改良上发生种种困难，这主要表现在随着某一性状的改变而相应地又会引起其他性状的变化，特别是随着有效性状的变异而经常伴随着不良性状的发生，例如当甘蔗蔗糖分明显提高时，其单株重或产量反而下降。陈远贻（1999）认为解决的方法，仍然是如何确定适当的辐射剂量。一般来说，适当的高剂量有利于提高蔗糖分，增加高糖分变异率，而低剂量则有利于生势和产量的提高。在辐射育种的研究与实践中，应以提高诱发突变频率和选择效率为中心，不断改进辐射育种的方法技术，如诱变因素、诱变对象、诱变条件和筛选方法。同时，诱变育种的局限性还在于如何以有效的手段鉴定和选择优良突变体。以往只是用常规的农艺性状判断，现在可用染色体压片观察其细胞水平上的变异及亚分子水平上的同工酶检测和分子标记技术对一些突变体进行分析，区别真伪突变体，进行染色体结构、行为变异的研究。

### （三）生物技术育种

目前，生物技术育种属于从转基因育种 3.0 版跨入智能设计育种 4.0 版、集各种前沿技术大成的新一代分子育种技术，其中最具代表性的包括培育革命性和颠覆性新品种的全基因组选择、基因编辑和合成生物技术等（林敏，2021）。

转基因育种属于第一代分子育种技术，诞生于 20 世纪 70 年代，以分子生物学理论为基础，以重组 DNA 技术为核心，将高产、抗逆、抗病虫、提高营养品质等功能基因转入受体生物中，获得稳定遗传的新性状并培育新品种（林敏，2021）。我国近年来在基因发掘、遗传转化技术体系等甘蔗基因工程关键技术研究中取得了可喜进展，创制了一批抗虫、抗病、抗旱、耐低钾等优良转基因材料。但是目前这些研究大多仍是在实验室阶段，转基因植株在生产上的表现有待进一步验证（冯小艳等，2020；樊丽娜等，2015；沈林波，2012；蒋洪涛，2016）。与棉花、大豆、玉米等农作物相比，甘蔗的商业化步伐还远远落后，需进一步加强。从世界范围看，巴西已经有甘蔗转基因商业品种释放，据巴西甘蔗行业协会网站 2017 年 6 月 8 日报道，巴西国家生物安全技术委员会（CTNBio）已经批准了由巴西甘蔗育种技术公司 CTC 研发的转基因甘蔗品种 CTC 20 BT 的商业化种植。这是世界上第一个获得商业化生产许可的转基因甘蔗品种。

全基因组选择技术颠覆了以往表型选择测定的育种理念和技术路线，能够在个体全基因组水平上对其育种值进行评估，大幅度提高育种效率（Zhao et al.，2015；Meuwissen et al.，2016）。全基因组选择育种技术通过计算生物学模型预测和高通量基因型分析，在全基因组水平上聚合优良基因型，改良重要农艺性状。与传统分子标记辅助选择相比，全基因组选择育种技术有两大优势，一是基因组定位的双亲群体可以直接应用于育种，二是更适合于改良由效应较小的多基因控制的数量性状（林敏，2021）。特别是随着高通量测序、组学大数据和基因芯片技术的突飞猛进，全基因组选择育种技术越来越多地被应用于农业生物品种育种实践中。全基因组选择育种技术在甘蔗育种研究中也已经开展相关的研究。已有的报道主要应用 DArT、Axiom 345K SNP 和 Affymetrix Axion 100K SNP 等阵列芯片，基于广义遗传力或加性和非加性遗传方差估算开展后代群体和优势株型预测，进行后代评价与单株选择（Deomano et al.，2020；Hayes et al.，2021；Voss-Fels et al.，2021；Yadav et al.，2021）。

基因编辑技术为快速精准改良动植物重要性状提供了强大的技术工具，培育出的一大批农业新品种正逐步实现产业化。基因编辑技术特别是 CRISPR/Cas9 介导的基因组编辑系统，以定向精确、简易高效和多样化等特点，成为农业领域最为有效的育种工具，近年来其发展日新月异并不断升级换代（Gao et al.，2021；Lee et al.，2020）。基于 CRISPR-Cas 系统开发的单碱基编辑技术（Base editing）是快速、高效且精准的新一代基因编辑技术，利用胞嘧啶脱氨酶或人工进化的腺嘌呤脱氨酶对靶位点上一定范围的胞嘧啶（C）或腺嘌呤（A）进行脱氨基反应，可实现 C-T 或 A-G 的精准替换（宗媛等，2019；Anzalone et al.，2020）。基因编辑技术已广泛应用于主要农作物、农业动物以及林木种质资源创制与性状改良。美国佛罗里达大学的研究团队首次将基因编辑技术成功应用于甘蔗，该团队专注于几个能对植物的外观产生明显变化的基因，因此很容易鉴定基因编辑的效果。在第一项研究中，研究团队同时对镁螯合酶基因的多个拷贝/等位基因进行共编辑。尽管被编辑的甘蔗叶片变成浅绿色或黄色，但经过编辑的甘蔗在土壤中生长良好，没有表现出明显的生长迟缓。第二项研究表明，通过对多达 3 个 *ALS* 拷贝/等位基因的协同编辑，将亚等位基因转换为优势等位基因，这些优势等位基因赋予甘蔗更好的除草剂耐受性。这两项研究可以为培育甘蔗新品种开辟一条更有效的途径，以解决甘蔗产业和相关环境问题（Eid et al.，2021；Oz et al.，2021）。

合成生物技术作为改变世界的十大颠覆性技术之一，将开创人工设计和从头合成农业生物品种的新纪元（Roell et al.，2020）。合成生物技术采用工程学的模块化概念和系统设计理论，改造和优化现有自然生物体系，或者从头合成具有预定功能的全新人工生物体系，不断突破生命的自然遗传法则，标志着现代生命科学已从认识生命进入设计和改造生命的新阶段（张先恩，2019）。合成生物技术在农业领域的应用，为光合作用（高光效固碳）、生物固氮（节肥增效）、生物抗逆（节水耐旱）、生物转化（生物质资源化）和未来合成食品（人造肉奶）等世界性农业生产难题提供了革命性解决方案（Roell et al.，2020；Voigt et al.，2021；吴杰 2020）。合成生物技术在甘蔗中的研究目前未见报道。

## 四、其他主要甘蔗育种地区和国家的育种程序

世界主要甘蔗生产地区和国家由于所处的地理位置、气候、土壤和经济发展水平等不同，育种目标和技术路线也各不相同，所以采用的育种方法和育种程序也不尽相同。

### （一）我国台湾甘蔗育种程序

我国台湾曾是世界上最重要的产糖区之一，其育种很有成就。但时过境迁，今日台湾甘蔗糖业已微不足道，其育种程序也于 2002 年正式终止，但其以往的育种经验仍有参考价值。台湾甘蔗育种的显著特征是分区选种制度，依气候、土壤分 9 个选种区（即台南、沙仑、万丹、后里、虎尾、下寮、新营、昌隆、花莲），进行 6 个阶段试验。前 3 个阶段试验，包括实生苗的播种与育苗，是在各选种区（站）分别进行；而后 3 个阶段则在各糖厂自营农场举办并由蔗作实验场协办，所有分区选种工作是在糖业研究所育种系的主持筹划下与蔗作实验场和糖厂农场共同执行。

**1. 选种程序** 甘蔗分区选种在各选种站的选种程序采用“复选方式”。从 12 月中旬或更迟开始，一般进行 2 次，第一次为初选，第二次为复选。初选与复选采用分组办法，轮流更换。凡甲组任初选者，由乙组复选；乙组任初选者，由甲组复选。可以相互核对，初选多属型选，着重表型的选择，即根据交配时理想的亲本，参照理想的农艺性状，选择最优良的后代。复选则着重质的选择，如锤度、空心、绵心、硬度、后期生长势、抗病虫害能力等。复选时注意调查下列性状：锤度、生长势、株型、蔗茎皮硬度、叶片健康程度、叶片宽度、叶鞘厚度、节间形状、绵心或空心以及蔗芽。

**2. 品种比较试验程序**　根据台湾甘蔗育种程序（图 9－1），台湾糖业研究所的品种比较试验程序分初、中、高三级进行，以当地栽培品种为对照。据统计，台湾自分区选种制度实施后，育成的甘蔗新品种蔗茎产量秋植增产 21%、春植增产 18%、宿根增产 6%，台湾选育的 F 系列和 ROC 系列品种绝大多数都是分区选种的成果。主要选育的品种有新台糖 10 号（ROC10）、新台糖 16 号（ROC16）、新台糖 15 号（ROC15）、新台糖 1 号（ROC1）、新台糖 18 号（ROC18）和新台糖 22 号（ROC22）。种植面积最大的品种为 ROC10（35.6%），其他为 ROC16（24.9%）、ROC15（14.1%）、ROC22（5.1%）、ROC18（5%）、ROC1（4%）。

（1）*初级品种比较试验*。第二年入选的优良无性系（称品系）升入初级品种比较试验，通常根据年份分组，每组 10～15 个品系（包括标准种 1～2 个）。田间设计采用随机区组排列法，行长 5～8 m，行距 1.25 m，株距 0.4 m，3～5 行区，重复 3 次，调查与考种记录同前，并称产量。同年参加露菌病抗性测定试验。

（2）*中级品种比较试验*。除由初级品比入选的品系升入中级品比外，从实生苗选得特别优良的无性系也可以参加。田间设计采用随机区组排列法，重复 3～4 次，5 行区，行长、行距、株距及田间调查项目均与初级品比相同。称取产量并进行蔗糖分分析。为了加快育种速度，初级品比可直接升入高级品比。

（3）*高级品种比较试验*。由中级品比入选的优良品系升入高级品比。田间设计采用随机区组排列法或拉丁方排列法，行长 8 m，行距 1.25 m，株距 0.4 m，7 行区，重复 4～6 次。各品系按成熟期分为早、中、晚熟三组进行试验。同时将参加高级品比的优良品系送至台中、新营、虎尾、麻佳、屏东、东台试验场，作初步区域繁殖观察。各项特性调查与考种比初级、中级品比试验更为严密、详细。并在台湾糖业研究所内对参试品种进行叶烧病、白叶病、赤腐病、花叶病等抗性测定。

（4）*区域试验*。从高级品比选出的生长势旺、高糖、农艺性状好、抗病虫害能力强及产量比对照品种优越的品系，送往各区蔗作改良场进行区域试验。区域试验分初级与高级两阶段。初、高级区域试验方法及注意事项与品种比较试验大致相同。

整个育种程序如下（图 9－1）：

第一年单株植实生苗（部分丛植、密植）

↓

第二年 1—2 月单行观察区（5 m×1.25 m）

↓

10—11 月 5 行繁殖观察区（5 m×1.25 m）

↓

第三年 8—9 月初级品比试验（53.4 $m^2$，重复 3 次）

↓

第四年 1—2 月参加露菌病抗性测定

↓

8—9 月初级品比试验高级品比试验（53.4 $m^2$，重复 3 次；66.7 $m^2$，重复 4 次）

↓

第五年 1 月外送到 5 个蔗改场台东试验场繁殖观察（66.7 $m^2$）

↓

8—9 月各厂场初级品种区域试验（66.7 $m^2$，重复 4～8 次）同时对参试品种进行叶烧病、白叶病、赤腐病、嵌纹病等抗性测定

↓

第六年 8—9 月各厂场高级品种区域试验（66.7 $m^2$，重复 4～8 次）

↓

第七年 1—2 月保留宿根，连续试验 2～3 年（266.7 $m^2$，重复 2～4 次）

↓

第八年 8—9 月选择优良品种繁殖并命名

↓

第九年 8—9 月优良品种示范（266.7 $m^2$，重复 2～4 次）

↓

第十年推广

图 9－1　我国台湾甘蔗育种程序

### （二）美国的甘蔗育种程序

美国甘蔗生产主要集中在佛罗里达州、路易斯安那州等地。由于土壤、气候等生产条件不同，所以形成了不同的育种程序。

**1. 路易斯安那州甘蔗育种程序**　美国路易斯安那州甘蔗品种的培育、选择和生产均由美国甘蔗协会、路州大学和美国农业部荷马甘蔗实验室共同协作进行。现以荷马的甘蔗育种程序为例，分述于表 9－7。

**表 9－7　路易斯安那州甘蔗育种程序**

| 阶段数目 | 说明 | 年序 | 新植或宿根 | 参试材料平均数 | 小区面积（$m^2$） | 重复次数 | 供试点数 |
|---|---|---|---|---|---|---|---|
| 第一阶段 S-1 | 实生苗 | 1 | 新植 | 75 000 | 0.43 | 1 | 1 |
| | | 2 | 第一年宿根 | 60 000 | 0.43 | 1 | 1 |
| 第二阶段 S-2 | 第一年无性系试验 | 3 | 新植 | 7 000 | 1.82 | 1 | 1 |
| 第三阶段 S-3 | 第二年无性系试验 | 4 | 新植 | 1 500 | 4.57 | 1 | 1 |
| | | 5 | 第一年宿根 | 1 000 | 4.57 | 1 | 1 |
| 第四阶段 S-4 | 苗圃重复试验 | 6 | 新植 | 80 | 6.00 | 2 | 1 |
| | | | 第一年宿根 | | | | |
| | | | 第二年宿根 | | | | |
| 第五阶段 S-5 | 站内重复试验 | 7 | 新植 | 40 | 6×3 | 2 | 1 |
| | | 8 | 第一年宿根 | 20 | 6×3 | 3 | 2 |
| | | 9 | 第二年宿根 | 15 | 6×3 | 3 | 2 |
| 第六阶段 S-6 | 站外重复试验 | 10 | 新植 | 10 | 10×3 | 4 | 12 |
| | | 11 | 第一年宿根 | 5 | 10×3 | 4 | 12 |
| | | 12 | 第二年宿根 | 3 | 10×3 | 4 | 12 |
| 推广 | | 13 | | | 0～2 | | |

（1）实生苗的选择。由于路易斯安那州年最低气温较低，所以第一年新植的实生苗于当年 12 月收获，不进行选择；第二年春调查实生苗的发株数，9 月在实生苗宿根蔗中进行单株选择。每个入选单株砍 2 条全茎苗作无性系繁殖的种苗，测锤度后（达入选标准）供下一年无性系试验使用。所有入选的单株不予编号，而是按组合顺序收获和种植。在这

个阶段的选择标准可以考虑遗传力，但大多数遗传力较低，而单株的各个特征，则以整个经济标准作为比较分别进行考虑。

（2）无性系试验。

①第一年无性系试验。这个试验的单系是按组合编号种植。选择分两次进行：初选在8月，主要根据有效茎数、生长势、植株高度、茎径评选；复选在10—11月，进一步调查初步入选单系的锤度、生长势和有效茎数。同时从初步入选单系取5条蔗茎进行锤度和蔗糖分分析。根据两次入选资料进行评比，选优去劣。最后入选的砍取4条全茎作种苗，进入第二年品系试验。

②第二年无性系试验。这一级的选择是根据新植和宿根资料进行决选，分春、秋两季进行评议。秋季对初步入选的材料调查其有效茎数，于11月取10条蔗茎称其重量估计小区产量；并根据实验室内蔗糖分分析结果，理论估算每吨蔗的产糖量及单位面积产糖量，结合田间长势、有效茎数及各种理论值进行综合选择，入选的编上年份及入选编号，加上“CP”或“LCP”。进入下一阶段的苗圃重复试验。

③苗圃重复试验。苗圃重复试验的选择方法、技术与第二年无性系试验相同。

（3）站内外品种比较试验。从苗圃重复试验入选的品系升入站内外品种比较试验，分别在巴吞鲁日和荷马进行三年品种（系）比较试验。第一年CP品种种在荷马，L品种种在巴吞鲁日；后两年CP与L品种均分别种在荷马和巴吞鲁日，与当地3个商业栽培品种进行比较。比较时目视选择很重要，是淘汰劣种的一个重要方法，目视等级分为10级。0表示劣，9表示优。站内品种比较试验入选的品种，分别送到站外12个不同土壤类型与生态环境的地点进行比较试验（表9-8）。

**表9-8 美国路易斯安那州品种试验的程序、规模、范围和方法**

| 项目 | 站内 | 站外 |
|---|---|---|
| 试验点 | 2 | 12（其中轻土9个、黏土3个） |
| 试验设计 | 随机区组排列法 | 随机区组排列法 |
| 小区大小 | 行长5～6 m，人行道1.2 m，3行区或5.5 m宽 | 行长5～6 m，人行道1.2 m，3行区或5.5 m宽 |
| 重复次数 | 2～3 | 3～4 |
| 播种量 | 2茎 | 2茎 |
| 收获方法 | 全茎收获机 | 全茎收获机 |
| 枯叶处理 | 火烧处理 | 枯叶因子处理 |
| 样本大小 | 15条茎 | 15条茎 |
| 分析方法 | 变量分析 | 变量分析 |
| | 联合分析 | 联合分析 |
| 数据报告 | 每英亩产蔗量及产糖量 | 每英亩产蔗量及产糖量 |
| | 每吨蔗产糖量 | 每吨蔗产糖量 |

站内与站外品种试验的选择方法及内容主要有15个方面，分别为单位面积产蔗量、单位面积产糖量、每吨蔗产糖量、单位面积有效茎数、平均单茎重、压榨能力、宿根性、直立性、坚韧性、品种目视等级、抗螟害性、耐寒性、抗花叶病性、抗黑穗病性和抗锈病性。

**2. 美国佛罗里达州甘蔗育种程序** 佛罗里达州美国农业部运河点甘蔗研究所是美国大陆的甘蔗育种中心，主要从事甘蔗育种工作，育成的品种编号为“CP”。该所在佛罗里达州南部海岸的迈阿密市郊设有甘蔗品种资源库。其甘蔗选种程序如图 9－2 所示。

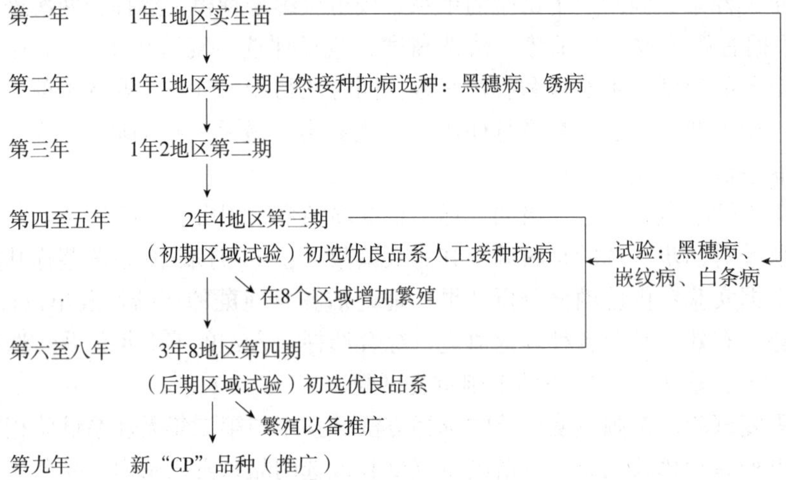

图 9－2 美国农业部运河点甘蔗试验场甘蔗育种程序

佛罗里达州选种程序分为两个阶段：第一阶段由实生苗至第一期，以目视选择为准则；第二阶段由第二期至第四期，以科学方法选择为准则。目视选择主要根据实生苗的发芽和宿根性、分蘖、茎径、生长势、顶芽、叶片伸张程度、根部深扎坚固、蔗茎硬度和纤维含量、开花、蔗汁量和蒲心、抗病性、抗逆性、节间有无裂痕、鼠害和虫害、气根等加以选择。为了避免个人目视的主观性和片面性，在第一期组织 4～5 人的小组进行集体选择，对每个品系的性状，进行评价投票。凡是总分达到要求的品系入选，否则淘汰。科学选择在第二期后开始，由于材料较少，用科学方法来测量各个品系的产量、蔗糖分、纤维分、抗病能力、抗旱能力和适应能力。这些性状一定要比对照高才能入选。第三期是初期区域试验，分别在 4 个不同生态环境中进行区域性品种比较试验，同时人工接种黑穗病、花叶病及白条病，进行抗病筛选试验。第四期是后期区域试验。分别在 8 个不同生态环境中进行品种区域性试验，并加速繁殖种苗，扩大推广。

目前，荷马和运河点已成功选育并推广的甘蔗新品种有 HoCP96-540、CP89-2143、L99-226、CP00-1101、CP88-1762、L01-299、CP96-1252、CL88-4730、CP01-1372、L01-283、HoCP00-950、L03-371、HoCP04-838，种植面积由大到小依次为 HoCP96-540（17.6%）、CP89-2143（8.6%）、L99-226（7.7%）、CP00-1101（7.3%）、CP88-1762（6.8%）、L01-299（6.8%）、CP96-1252（6.2%）、CL88-4730（4.9%）、CP01-1372（4.8%）、L01-283（4.5%）、HoCP00-950（1.8%）、L03-371（1.4%）和 HoCP04-838（1.4%）。

夏威夷州目前已退出甘蔗生产，也不再从事甘蔗育种，但历史上其甘蔗育种很有成就。其甘蔗育种程序具有两个特点：一是丛植法；二是每年培育实生苗多，超过 100 万株。夏威夷使用亚硫酸技术及熔炉法，增加大量实生苗。而且认为实生苗数量越多，选择优良品种的机会就越多，优良实生苗出现的频率与培育实生苗数量成正比。因此，夏威夷在土地与人力不够的条件下，每丛苗数逐渐加到15～30株。其理论依据是使相当数量的实生苗丛植于一穴，利用其相互间的自然生长和竞争，使生长势弱的实生苗自然淘汰，生长竞争获胜者入选（图9-3）。这样就可以在有限人力及经济条件下，仍能定植大量实生苗。实生苗丛植法在工资高、经费有限的条件下是有利的。但每穴丛过多，每一丛中绝大部分蔗茎由于生长竞争过度，结果生长稍差的也被淘汰，不利于高糖品种的选育。另外，竞争优胜者，常野生性强，品质和产量不一定如意。

选择阶段 FT＝田间试验

| | | | |
|---|---|---|---|
| 第1阶段（$FT_1$） | 丛植<br>10%<br>↓ | 生长势、茎径、无水裂、无空心，没有自然发生的病害 | 目视选择 |
| 第2阶段（$FT_2$）<br>$FT_3$ | （1.5 m×1 m）区，单区<br>12.5%<br>↓ | 分蘖力、茎径、汁多，硬，扎根好坚韧，不开花，不出侧芽，无空心，无撕裂，无水裂，没有自然发生的病害，接受黑穗病的等级筛选 | |
| 第3阶段（$FT_4$） | （1.5 m×5 m）区，单区<br>25%<br>↓ | 与$FT_2$相同 | |
| 第4阶段（$FT_5$） | （9 m×7.5 m）区，单区<br>30%<br>↓ | 分蘖力，接受除莠剂的敏感性，黑穗病的等级筛选，没有自然发生病害，宿根性好，用扩大区组设计新植蔗测定每公顷吨糖量（TSH） | 测定试验 |
| 第5阶段（$FT_6$）<br>$FT_7$ | $FT_6$:（3 m×7.5 m）区<br>$FT_7$:（12 m×12 m）区<br>↓ | $FT_6$：繁殖种苗<br>$FT_7$：测定TSH。新植蔗接受白叶病与眼点病的筛选等级，在农场扩种 | |
| 第6阶段（$FT_6$）<br>$FT_7$ | $FT_6$:（3 m×7.5 m）区<br>$FT_7$:（12 m×12 m）区<br>单区<br>↓ | $FT_6$：繁殖种苗<br>$FT_7$：测定TSH（限新植蔗）在不同地点与年份产量稳定性，黑穗病自然感染试验，抗旱试验，在农场扩种测定TSH | |
| 第7阶段（$FT_7$）<br>$FT_5$ | $FT_5$:（9 m×7.5 m）区<br>$FT_7$:（12 m×12 m）区 | 在不同地点及年份同商业品种（对照）进行对比试验，在农场扩种 | |
| 交替标准品种<br>大田繁殖 | 3~6次重复<br>1~4 $hm^2$<br>↓ | 在农场扩种 | |
| 商业种植 | 80 $hm^2$或以上 | | |

图9-3 美国夏威夷州甘蔗育种程序

夏威夷已选育推广的主要甘蔗品种有：H65-7052、H73-6110、H76-4713、H74-4527、H76-4643、H78-4153。种植面积最大的品种为 H78-4153（34%）、H78-7750（15%）、H77-4643（14%）、H78-3567（12%）。

### （三）澳大利亚甘蔗育种程序

澳大利亚甘蔗育种程序中最显著的特点是应用家系选择（Jackson et al.，1995a，1995b），也是典型的全程机械化育种试验。配制的杂交组合中包括试验性杂交组合和生产组合。澳大利亚甘蔗育种程序如图 9-4 所示。

| 阶段 | 试验性组合 | 生产性组合 |
| --- | --- | --- |
| 第一阶段 | 200 个组合，4 个重复×1 行×20 m（株距 0.5 m），新植收集数据宿根选择。调查新植家系甘蔗产量（TCH）和蔗糖分（CCS）；宿根入选 30%优良家系，按家系表现分配家系入选单株。实际选择时，发现家系可入选单株低于分配数量时则减少入选，可入选单株高于分配数量不能确选时，测定锤度或增加入选量 | 10 个组合，每个组合 1 000 株实生苗，对每株实生苗测定锤度并且观察其表现，选择 25%优良实生苗 |

↓

| 阶段 | 内容 |
| --- | --- |
| 第二阶段 | 约 4 800 个单系，每系 1 行×5 m，重复 2 次，一个重复用于测定 TCH 和 CCS，另一个重复根据试验数据用于选择保留蔗种，入选约 12.5%，或入选无性系繁殖一年 |

↓

| 阶段 | 内容 |
| --- | --- |
| 第三阶段 | 约 600 品系种植于 4 行×10 m 小区，调查新植蔗产量（TCH）和 CCS 以及优良品系的宿根 CCS，依据 CCS 和蔗茎产量选择约 40 个品系。对照设 6～8 次重复，根据蔗区要求测定相应病害的抗性 |

↓

| 阶段 | 内容 |
| --- | --- |
| 第四阶段 | 入选品系种植于 4 个地点，4 行×10 m 小区调查新植、第一茬和宿根蔗的 TCH 和 CCS，依据试验材料重要性设 1～8 次不等的重复，并进行抗病性测定 |

图 9-4　澳大利亚甘蔗育种程序

在澳大利亚，家系选择被广泛地应用于早期阶段的选择。所谓家系是指来源于相同组合的实生苗群体。家系选择是指根据家系的平均表型值选择优良家系的方法。其要点如育种程序的第一阶段中的试验组合所示。其优点是由于小区较大和可设重复，能有效地减小误差；可通过多个地点评价家系的表现和基因型与环境互作；蔗糖分选择以家系为单位，减少测定工作量，提高蔗糖分的选择效率；早期阶段的试验小区可用机械收获。

在实生苗阶段，环境效应大，一般认为高入选率的单株选择和家系选择都是适合的。大多数重要的性状如蔗茎产量、有效茎数、茎长等以单株为基础的广义遗传力仅为20%～30%，进行单株选择是低效的。相比之下，对这些性状的家系选择的效率相对较高，遗传力可达 75%～90%，采用家系选择的效果较好；对以单株为基础的广义遗传力较高的性状如锤度、抗病性、水裂、孕穗开花等则采用单株选择效果较好。澳大利亚、印度尼西亚、古巴等国的研究表明，家系选择总体上比单株选择更有效。

我国实生苗选择以单株选择为主。在我国不管试验性组合或表现如何，都是进行单株选择，利用试验性组合的家系平均表现及杂种后代表现结果来综合评价亲本和组合。表现好的组合以后可多配些花穗，多培育实生苗，成为生产性组合；而表现差的组合则不必再配或少配，这等于把试验性组合的评价结果在以后组合选配中采用“家系选择”。

目前选育的主要品种有 Q208、KQ228、Q200、Q183、Q232、Q138、Q226、MQ239、Q186、Q231、Q240、Q242、Q249、Q250、Q252、Q237、Q238 等，种植面积由大到小依次为 Q208（32.3%）、KQ228（17.6%）、Q200（11%）、Q183（10.3%）、Q232（4%）、Q138（2.4%）、Q226（1.8%）、MQ239（1.8%）、Q186（1.2%）、Q231（0.7%）和 Q240（0.7%）。

### （四）印度甘蔗育种程序

| | | |
|---|---|---|
| 第一年…… | 杂交 | 每年由国家杂交圃向研究所和各邦试验站提供 300 个杂交组合，20 kg 左右杂交种子 |

↓

| | | |
|---|---|---|
| 第二年…… | 实生苗 | 全国每年播种发芽 20 万～30 万苗，实生苗经过苗床和地面苗床假植后，按行距 0.9 m、株距 0.5 m 定植，顺序排列，生长 12 个月时，测定茎数、单茎重、锤度；一般入选 15%～20% |

↓

| | | |
|---|---|---|
| 第三年…… | 无性系预试 | 扩展的随机区组设计、单行区，行长 6 m，每个区组设 6 个对照种，选择时以最高产或最高糖的对照种来衡量无性系，测定茎径、茎重，估计产量和蔗汁蔗糖分；一般入选 15%～20% |

↓

| | | |
|---|---|---|
| 第四年…… | 区域预试（PZVT） | 随机完全区组设计，单行区 12 m 行长或两行区 6 m 长，两次重复；测定项目同上一年，也入选 15%～20%；入选的无性系给以“Co”号 |

↓

| | | |
|---|---|---|
| 第五年…… | 区域品种试验（ZVT） | 甘蔗育种研究所和各邦选育定名的品种，分别送到代表不同农业气候带的地区进行试验；随机完全区组设计，行长 6 m，5 行区，三次重复；每试点分早、中熟两组，测定项目除同上外，视育种要求而定；入选 10%～15% |

| 试验地点 | | | | | |
|---|---|---|---|---|---|
| 半岛中心地带 | 半岛北部地带 | 东海岸地带 | 北部中心地带 | 西北地带 | 合计 |
| 参试入选 | 参试入选 | 参试入选 | 参试入选 | 参试入选 | 参试入选 |
| 10 | 155 10 | 60 2 | 20 3 | 28 4 | 263 29 |
| 112 16 | 178 1 | 216 11 | 40 5 | 45 0 | 591 33 |

| | | |
|---|---|---|
| 第 6～12 年 | | 试种、示范、推广 |

图 9-5 印度甘蔗育种程序

在印度，甘蔗品种选育从杂交到新品种释放推广约需12年，前4年在研究所内进行不同阶段的培育和试验，即杂交、实生苗第一无性世代和区域预试，相当于我国的杂种圃、选种圃和鉴定圃；第5年各单位定名的品种参加由印度甘蔗育种研究所主持的全国甘蔗区域品种试验，主持单位每年根据试验结果向糖厂、种植者协会推荐优良品种进行试种（图9-5）。由于测试手段先进，从第一无性世代开始检糖，保证了选择的准确性，因此比我国提前两年进行区域。他们对区试十分重视，选择有代表性的农业气候带设置固定的区试点。根据全印协作研究计划（AICRP），通过“国家杂交圃”实施全国甘蔗杂交计划，杂交种子分散各单位培育，最后通过全国联合区试，每年向生产者推荐若干新品种。

目前，在生产上应用的品种有Co0238、Co86032、CoM0265、CoLk94184、Co92005、CoV09356、Co0118、CoSe01434、Co98014等，按栽培面积大小顺序排列分别为Co0238（43.73%）、Co86032（16.02%）、CoM0265（14.37%）和CoLK94184（2.72%）等。

### （五）巴西甘蔗育种程序

目前巴西有3个主要的甘蔗育种机构，分别为巴西糖能产业发展联合大学（the Inter-University Network for the Development of the Sugar-Energy Sector，Republic of Brazil），选育RB系列品种；巴西甘蔗技术中心（Sugarcane Technology Center），选育CTC系列品种；圣保罗州的坎皮纳斯农业研究所，其培育的品种为IAC系列品种。此外巴西培育的品种还有：里约热内卢的坎波斯大学甘蔗研究所，其培育的品种以CB（Campos Brazil）命名；由圣保罗甘蔗研究所培育的SP（Sao Paulo）系列；由巴西东北农业研究所培育的IANE（Institute of Agronomy，Northeast Brazil）系列，由巴西圣保罗坎皮纳斯农业研究所培育的IACSP（Institute of Agronomy，Campinos，Sao Paulo，Brazil）系列等。

这里仅介绍RB系列品种的选育程序（表9-9），这个程序包括6个阶段，从阶段1到阶段6，共12年。

**表9-9 巴西RB系列品种的选育程序**

| 阶段 | 观察项目及入选率 | 个数 | 年数 |
|---|---|---|---|
| 1 | 一新一宿，不施氮肥，宿根选择，观察形态和农艺性状、锤度，入选率1.5% | 100 000 | 2 |
| 2 | 一新一宿，不施氮肥，观察形态和农艺性状、锤度，检测抗病性，入选率20% | 1 500 | 2 |
| 3 | 一新一宿，观察形态和农艺性状、锤度，检测抗病性，入选率20% | 300 | 2 |
| 4 | 大区品种比较试验，一新二宿，入选率50% | 60 | 3 |
| 5 | 区域试验、生产试验、品种成熟曲线绘制，一新二宿，入选率不定 | 30 | 3 |
| 6 | 品种释放 | ? | 0 |

巴西主要的甘蔗品种包括RB72-454、RB83-5089、NA5679、RB86-7515、RB92-8064、SP80-1816、SP80-1842、SP81-3250、SP87-365，其中RB72-454最为优良，已作为主栽品种之一持续近40年，每年仍保持20%的栽培面积。巴西相关法律规定，单一甘蔗品种所占蔗区面积不得超过20%。

# 第六节 甘蔗有性杂交育种

甘蔗有性杂交育种是选用遗传性不同的品种或材料作亲本（父母本）进行授粉杂交，获得杂交种子，通过播种、培育这些种子，从杂交实生苗中选出具有优良性状的植株，经过杂种圃→选种圃→鉴定圃→预备品比圃→品比圃→区域化试验→生产示范试验等选育程序的科学培育和选择，最后选育出优良新品种，这一过程叫做甘蔗有性杂交育种，也称常规杂交育种。有性杂交获得的杂种，由于具有复杂遗传性的两个品种细胞的结合，使后代分离出多种多样变异类型表现其杂种优势，通过人为不断地加以培育筛选，使杂种后代的优良性状稳定下来，成为新的良种。在甘蔗有性杂交育种上就是利用甘蔗杂种优势培育实生苗，不断选育出新的品种。

甘蔗有性杂交育种是现代甘蔗品种改良最广泛采用，也是最有效的方法。目前，全世界蔗糖生产国家甘蔗生产中应用的商业品种，大部分是采用此方法选育而成。我国广西育成的桂糖1号至桂糖76号、桂柳2号、桂柳05136以及广东、福建、云南、四川、江西等省份育成的粤糖63-237、粤糖57-423、粤糖81-3245、粤糖85-177、粤糖93-159、粤糖94-128、粤糖00-236、粤糖55号、闽糖70-611、闽糖77-208、闽糖90-55、福农39号、福农41号、云蔗71-388、云蔗89-151、云蔗05-51、云蔗08-1609、川糖75-378、川糖89-103、甜城74-363、赣蔗1号、赣蔗14号、赣南95-108等优良新品种，都是通过有性杂交不断选育出来的，育成一个甘蔗新品种一般需要10～12年。

## 一、杂交亲本选配

杂交亲本及组合选配是甘蔗杂交育种最关键的环节。选育一个优良的甘蔗新品种必须经过杂交、培育、选择、繁殖等一系列复杂的选育过程，在这复杂过程中存在着许多矛盾。例如，杂交亲本选配的好坏，后代培育方法的合适与否，以及对后代选择方法的正确与否等等。究竟哪个是主要矛盾呢？育种实践证明，正确选配杂交亲本、组合是主要矛盾，因为杂交亲本所具有的遗传基础、杂交亲和力、遗传传递力是产生新品种的内在因素，因此，杂交亲本、组合的优劣是决定能否选育出优良品种的成败关键。如果亲本、组合选配得好，其后代就会出现较多的优良变异，就有可能选育出新的良种。相反，杂交亲本、组合选配不好，就培育不出好的品种，造成时间、人力和财力上的浪费。所以正确选择杂交亲本，合理选配亲本组合，是甘蔗有性杂交育种的关键环节。

杂交亲本选配的原则：甘蔗是异源多倍体植物，遗传性很复杂，细胞染色体数目多，连锁遗传群繁杂，遗传规律不易掌握，选配杂交亲本组合比较困难。但是，可以通过生产实践，了解亲本的亲缘关系、种性表现以及甘蔗各主要性状的遗传特性，作为选配亲本的依据。为了正确选配亲本组合，必须掌握以下几个原则。

### （一）增加亲本血缘，选配异质性大的杂交亲本

甘蔗杂交亲本血缘的异质性，主要来自不同种、不同属的不同血缘。双亲间的血缘异质性越大，其杂种后代的遗传内容越丰富，基因重组序数越多，亲缘异质性越大，杂种优势就越强，选择的概率就更多。如爪哇首先用抗病性强的割手密野生种（*S. spontaneum*

L.）与高糖高产的热带种（*S. officinarum* L.）杂交，经过三次高贵化回交，获得了母本染色体加倍，$2n+n$ 型，育成了一系列含有两个种血缘（热带种-割手密种）的优良品种，其中以 POJ2878 为最著名，成为划时代的甘蔗良种。又如印度由于自然条件恶劣，干旱和极端温度天气频发，他们利用当地种（*S. barberi* Jesweit）先后与高贵种-割手密种杂交，育成许多 Co 品种，其中以 Co290 为最好，它具有热带种-割手密种-印度种三个种的血缘。后来成为许多国家种植的品种，也是育种的重要亲本。Co 品种不仅是亚热带、温带良好的杂交亲本和栽培品种，在热带表现也好。江西以 NCo310×崖城 59-844 育成赣蔗 1 号，含有热带种-割手密种-印度种-斑茅（*Erianthus arundinaceus* Retz）四个种的血缘，不仅适合江西种植，在浙江、广西桂北表现也好。夏威夷世代前进法，更进一步以五个种热带种-割手密种-印度种-中国种（*S. sinense* Roxb.）-大茎野生种（*S. robustum* Brandes and Jesweit ex Grassl）血缘育成 H49-5，使杂种后代一代比一代好，一代比一代强。

近年来科研人员选育了不少的新品种，虽然综合性状有所提高，但还是难有超水平的突破。究其原因，主要是亲本没有增加新鲜的血缘，血缘异质性不大，选配的杂交亲本组合遗传基础贫乏。在此基础上不可能使品种的生产力进一步显著提高。若没有好的种质资源作为杂交亲本，就很难选育出好的甘蔗新品种。因此，必须不断增加新的遗传种质，利用那些尚未被利用过的新的优异的种质资源作为遗传亲本，加大亲本的创新力度，扩大亲本的遗传基础，从而选育出具有更优良性状的甘蔗新品种。

### （二）根据育种目标选配亲本

良种是有地区性的，不同地区由于环境条件、生产水平、耕作制度等的不同，对良种就有不同的要求，相应就有不同的育种目标。要选育出适合蔗区生产条件和符合制糖工业要求的新良种，必须按育种目标的要求来选配亲本。例如，广西蔗区旱坡地多，土壤瘦瘠，灌溉条件较差，耕作粗糙，管理水平较低，对这类蔗区就要选育生长势强、耐旱、耐瘠、宿根性好的良种，因此，选配的亲本之一就应具有这样的优良性状，且这些性状的遗传传递力又强，这样才有可能育成符合育种目标的优良新品种。远缘杂交后代崖城 62-40 有很强的生长势，耐旱、宿根性强，这些性状的遗传传递力也强，广西壮族自治区农业科学院甘蔗研究所用它作为亲本，育成了生长势好、耐旱、宿根性强的桂糖 17 号。

### （三）选择优良性状多、不良性状少，且优、缺点能互补的亲本组合

育种家所要选育的甘蔗新品种，一般都要求具有比较全面的综合优良性状，而且缺点是比较少的。由于杂种后代的性状来自双亲的遗传物质，选择优点多、缺点少，且优、缺点又能互补的品种或材料作亲本来组配亲本组合，有利于育出优良的品种。因此，在选配亲本时，选用的亲本应是优良性状多、不良性状少，而且优良性状与不良性状彼此能互相弥补。从遗传学角度看，这些优良性状应是显性的，这是选种工作的基本原则。但是，任何一种材料的性状都不可能十全十美，既有优良性状，也有不良性状。因此，当某一亲本缺乏某一优良性状时，就应与具有这一优良性状的另一亲本组配，使性状之间能够互补。要避免选择都有共同严重缺点的亲本组合，虽然杂交后代由于遗传基因的重组，可以出现一些性状的互补，但并不可能完全是优良性状间的互补，更不可能是朝着育种需要的性状间的互补。因此，必须通过人为有意识地进行选配。例如，广西壮族自治区农业科学院甘

蔗研究所在20世纪60—70年代选用台糖134、CP49-50、Co419作为亲本，获得了许多的优良后代，有的成为生产上的优良品种，如桂糖1号、桂糖2号、桂糖3号、桂糖11号等，这些品种大多数表现早熟、高糖。因为它们是CP49-50的后代，继承了CP49-50早熟、高糖的优良性状，但CP49-50细茎、低产的不良性状却为另一亲本台糖134、Co419大茎、丰产的优良性状所互补。

近年广西利用新CP系列、新台糖系列的早熟、高糖材料如CP72-1210、CP80-1018、新台糖1号、新台糖22号、新台糖25号等与崖城系列及桂糖系列的品种或材料配置杂交亲本组合，选育出桂糖19号至桂糖76号，这些后代大多继承了新CP系列、新台糖系列的早熟、高糖的优点，克服了其小茎、宿根性差的缺点，达到了优劣性状互补的目的。其中，桂糖42号于2019年成为全国甘蔗种植面积第一的甘蔗品种，桂糖46号成为广西种植面积第三的甘蔗品种。

### （四）选择当地优良生产品种为亲本组合

甘蔗育种实践证明，选择当地优良生产品种作为杂交亲本之一来选配亲本组合是成功的。当地生产品种除了具有较多而稳定的优良性状外，更重要的是具有较强的适应性，适应当地的气候、土壤、水肥和栽培技术条件，但选配另一亲本时，必须考虑其亲缘，以血缘差异较大为好。如广西利用当地的优良生产品种桂糖1号、桂糖9号、桂糖11号等作为亲本之一，与其他亲本杂交选育出了桂糖13号、桂糖17号、桂糖23号、桂糖24号、桂糖26号等优良新品种，利用ROC22选育了桂糖42号、桂柳05136等主栽品种。因此用当地优良生产品种作为主要亲本之一去选配杂交亲本组合，是选育优良新品种的有效方法。

甘蔗杂交亲本选配除按上述几点原则外，还应考虑杂交亲本的父性与母性。甘蔗亲本由于花粉量的多少与花粉发育率的高低不同，有所谓亲本的父性与母性之别。一般花粉量少，花粉发育率低或雄性器官发育不正常的品种作为母本，属母性亲本；花粉量多，花粉发育率高，自交率高的品种作为父本，属父性亲本；花粉量多，花粉发育率在30%以上者，作父母本均可，但趋于父性；花粉发育率在30%以下者亦可作父母本，但趋于母性；花粉发育率在5%以下者为强母性，花粉发育率在60%以上者为强父性。在选配杂交亲本组合时，不可将母性亲本作为父本来用。在选择亲本和拟定杂交组合时，必须了解亲本的父性与母性之后，杂交才可容易获得成功。

## 二、甘蔗有性杂交方法

甘蔗杂交方法很多，目前各国采用的主要有以下四种：父母本邻行种植法，亚硫酸法，母本自生根、父本亚硫酸养茎法，母本包茎发根高压、父本亚硫酸养茎法。现简要阐述如下：

### （一）父母本邻行种植法

此法也称父、母本自生根杂交法，其具体做法是将父母本隔行种植在田间（一行父本、一行母本），当父母本开花时，将父母本的花穗靠近授粉杂交。此法只能用于开花期较一致的双亲，若双亲花期不同，花期不相遇，往往不易获得成功。这个方法比较原始，目前较少使用。

### （二）亚硫酸法

其做法是在父本、母本抽穗开花时，各砍下一条数尺长的穗茎，同时插入盛有万分之三的亚硫酸和万分之一的磷酸溶液的盛器里。父本花穗位置应略高于母本，以利于授粉，并套上纱布笼，以防其他品种花粉传粉。每天早上进行人工辅助授粉，以提高杂交结实率。每隔 2～3 d 增添溶液，每周换液一次。为了提高授粉率，可多养一两条父穗茎。开花授粉结束后，待种子成熟脱落时，将母本花穗连袋子割下晒干即可播种，如暂不播种要用纸袋装好保存于干燥器内。此方法宜在树林或遮阳棚下进行，以防穗茎枯死。

在大量进行杂交育种时，这种方法便于集中管理，能提高杂交效率和节省劳动力，是世界各国目前多采用的杂交方法。

### （三）母本自生根、父本亚硫酸养茎法

这种方法是母本种植于田间，父本则用亚硫酸溶液养茎。具体做法是：在田间选择生长势好、无病虫害的母本穗茎，在开花前 2～3 d 套上纱布笼，以防传入其他品种的花粉，待母本开花时选取长势好已开花的父本穗茎 2～3 条砍下，将切口放入干净水中，用短柄利刀在水中重新切一斜口，随即移入装有 0.01％至 0.03％三亚硫酸溶液的盛器里，以养活父茎；然后将父本花穗移到母本旁边，小心套入母本笼内进行杂交，父本花穗应稍高于母本花穗，以利于授粉。每天早上 7—11 时，可用人工轻轻摇动父本穗茎两三次，促其散粉，增加授粉概率。父本花穗最好 3～4 d 更换一次，而养茎的溶液需天天添换。杂交后 1 个月左右种子成熟，将其采下晒干即可播种育苗。

这种杂交方法，由于母本是自生根，养分供应好，能在正常生长的条件下进行授粉，因而能提高结实率，种子质量好。但因杂交工作是在大田露天条件下进行，工作量大、交配地点分散、管理不便，杂交穗茎易遭受风折，影响杂交效果。此法由于有上述的一些缺点，因而目前也较少使用。

### （四）母本包茎发根高压、父本亚硫酸养茎法

在亲本田里，选择已有明显孕穗特征的植株作交配茎，用薄膜及腐熟的湿堆肥将穗茎中上部的 2～3 个节包扎起来，上下两端要扎紧，以利保湿保温，促其发根。当包茎生出较多的须根后，在包茎下方砍断，砍下的穗茎用水浸透，去掉薄膜，小心移至杂交棚内，种植在缸里或塑料桶中。待开花时，即可进行杂交，父本穗茎则可采用亚硫酸溶液养茎。杂交时父母本要靠近，最好仍套上纱布笼，以利于授粉杂交和防止其他花粉传播。授粉结束后 30 d 左右种子成熟，将种子收获晒干即可播种。

这种杂交方法工作方便，工作量少，便于管理，节省劳力和财力，又可避免风害，是比较好的一种杂交方法，国内甘蔗杂交育种场多采用此方法。

## 三、杂种后代的培育与选择

杂交、培育与选择是甘蔗有性杂交育种中不可分割的三个重要环节。通过有性杂交使杂种后代产生聚合双亲优良性状的可能。但杂种性状的表现，是受遗传基础和环境因素共同作用的结果，而不是遗传基础与环境因子的单独表现。由于杂种性状的表现与环境条件有密切关系，而杂种后代优良性状的表现，还要通过正确的且与选育种目标相适应的定向培育方法，使杂种具有的优良性状充分表现出来，才能选育出符合选种目标的优良品种。

因此，正确培育与选择杂种后代是育种工作的重要关键。下面结合广西壮族自治区农业科学院甘蔗研究所现行的选拔流程介绍杂种后代选择过程。

### （一）第一年培育与选择（杂种圃）

甘蔗有性杂交所获得的种子，播种后长成的蔗苗即称为甘蔗实生苗。甘蔗实生苗的培育选择是甘蔗有性杂交育种程序开始的第一年，实生苗以后各年的培育选择都进行无性繁殖。

#### 1. 实生苗的培育

（1）播种育苗。

①播种土壤与消毒。播种前要做好各项准备工作，首先是播种基质的选择与消毒。甘蔗种子很小，所含养分不多，发芽和幼苗生长需要较好的培养基质。培养基质可选用商品化营养基质或者常规土壤。常规土壤应选择肥力较好、土质疏松细碎不易板结、杂草杂物少的沙壤土或塘泥，土壤最好筛过并进行消毒。土壤消毒可采用蒸汽、明火或电热炒土等方法，以杀死病菌和杂草种子。商品化基质或者冷却后消毒土壤装入播种箱（木箱或塑料箱，其规格可参考 60 cm×40 cm×10 cm）内拨平。

②播种。把消毒过的土壤，冷却后装入播种箱里刮平，然后将种子均匀地播在箱里，不同杂交组合的种子切勿混乱。播种时要注意播种密度，播种过密，生长拥挤，则弱苗多，易发病死亡。因此，播种前最好先做发芽试验，依发芽率的高低来决定适当的播种密度。一般控制在每 1 000 $cm^2$ 内有 500 条幼苗以内为宜，不可过密。播种完毕，轻轻压平，再薄盖一层经消毒且筛过的细土，覆土厚度以略见种子为宜。覆土过厚，氧气不足，影响发芽。覆土后用干净的喷雾器或出水量细的喷头喷水至湿透，加盖薄膜以保温保湿，发芽后将薄膜揭开。

③管理。播种后，如果温度和湿度保持适当，经 3 d 后种子开始萌芽出土，10 d 左右发芽完毕。因此播种后，要特别注意保温保湿。温室的温度最好能保持在 25～30℃之间，这样能使种子在较短的时间内发芽出土，萌芽后能获得正常生长。幼苗出土后，在 3 片叶前，对不良环境条件抵抗力较弱，要细心管理，特别是土壤水分不能太多，播种箱内不能渍水，否则影响根群的生长，引起根部腐烂死苗，尤其是遇上较长时间的低温阴雨天气，湿度一般较难控制，很容易引起死苗。广西壮族自治区农业科学院甘蔗研究所近年利用抽湿机来控制湿度，温室内相对湿度一般保持在 70%左右，幼苗成活率高且生长健康，死苗极少，效果非常好。如发现有较多的幼苗生长缓慢，出现萎黄或根系变黑腐烂，不一定是真正的病害，可能是下面几种原因：A. 土壤水分过多，土壤透气性差；B. 土壤表面湿润，但下面很干或板结；C. 土壤表面板结，不透气；D. 土壤含有毒物质，如盐分过多等；E. 施肥喷药浓度过大，或缺乏肥料等等。要及时查明原因并排除这些因素，以减少损失。当幼苗长出 3 片叶后，即可搬出室外进行练苗，促其生长粗壮，但要避免雨水冲打幼苗，如被雨水冲打，要及时扶正倒苗或加些细碎土壤。根据幼苗生长情况，每隔 3～5 d 喷施稀薄液肥一次，浓度由淡至浓，从 0.5%至 1%左右，第一次施肥后需定时观察判断幼苗反应。此外，还要做好防烈日、防病虫害和除杂草等工作。

（2）实生苗的假植。当幼苗生长至 30～40 d，苗高 5～6 cm ，约有 4 片叶时即可进行假植，其目的是使实生苗生长均匀健壮。当实生苗生长到一定大小时再定植于大田。假植方法有苗床假植、营养杯（袋）假植和泡沫塑料盆假植。

①苗床假植。选择距水源近、土地平坦、土质稍黏的田地作苗床。苗床宽 1～1.2 m、长 8～10 m、高 5～6 cm，用腐熟堆厩肥铺放于床面后，按 7 cm 左右的株距假植。假植时幼苗要多带土，剪去幼苗叶尾，淋足定根水，以提高成活率。

②营养杯（袋）假植。塑料营养杯一般口径 6 cm、高 7 cm，每杯种 1 苗，用营养杯假植成活率高，定植时脱苗方便。

③塑料育苗穴盘假植。可选用 50 孔育苗穴盘，规格为 48 mm（上口径）×23 mm（底部）×40 mm（深度），每孔假植 1 苗。育苗穴盘体积小，重量轻，很方便使用。

不论用哪种方法假植，在假植期间要加强管理，施肥、淋水、除草、喷药防病防虫。剪叶 2～3 次，抑制其徒长，促进幼苗生长健壮。

实生苗假植时，应同时培育试验对照单芽苗，对照的单芽种茎长度应小于 5 cm，种植试验对照是为了实生苗选择锤度和空蒲心等性状提供参考标准。

（3）实生苗的定植。实生苗假植 45 d 左右，幼苗一般有 6～8 张叶片，有分蘖而未拔节时，即可移苗定植于大田。定植时要求整地精细平整，地力均匀，施足基肥，施药防虫。选择在阴天定植，定植前一天，把苗床淋足水，定植苗要剪叶，以减少水分蒸腾。种植的株距不可太密，每穴种植一株，株距 40 cm 左右，以利于蔗苗生长。种后淋透定根水，以保证成活率。定植时，应按杂交组合依次种植，要注意不同的组合不能混杂，并及时登记各组合的位置（起点至终点行排数、总苗数等）。定植完毕，该田即为育种程序第一年的实生苗圃（也称杂种圃）。定植后的实生苗田间管理与大田生产相同。

**2. 实生苗的选择**

（1）选择标准。杂种后代的选择，应根据育种目标而定。在我国蔗区条件下，一般来说，一个优良品种，应具有单位面积产量高，早熟、高糖、宿根性好、适应性广等优良性状。但要达到这样的要求，就必须有很多其他性状的良好结合，例如抗病虫害能力强，耐旱、耐寒、抗倒伏等。因此必须从各个方面去看问题，全面观察各株实生苗的性状表现，找出某株实生苗的性状是以优良性状为主或是不良性状为主，如果是优良性状为主的，即可入选作进一步的培育选择。

实生苗成长后的甘蔗即杂交第一代，会出现剧烈的分离现象，每一粒种子长成的甘蔗植株都表现出不同的特征特性，例如蔗株的高矮、蔗茎的粗细、节间的长短、蔗茎的颜色、分蘖的多少、蔗茎蔗糖分的高低、植株生长势的强弱等等都不相同。因此，要把具有优良性状的单株选出来，以后进行无性繁殖，继续培育、选择。由于第一年杂交子代的个体很多，一个单株实生苗种植占地面积很小，无重复，土壤差异影响较大，而且观察时间短，很难准确选择。因此，实生苗的选择要求不宜太严，选择标准应稍放宽，生长势应是杂种圃实生苗单株选择的主要标准，因为生长势是实生苗本身与外界环境相互作用的综合表现，生长势的好坏直接影响产量的高低。甘蔗的产量是由株高、茎径、有效茎数构成的，所以，通过对各个单株实生苗的生长势、茎径的大小、植株的高矮及有效茎数的多少、有无病虫害等外表的综合观察来进行选择，一般生长势好、均匀、直立、无或少病虫害的单株均可入选。入选数尽可能多些，要提高入选率，其原则不是选最好的实生苗，而是淘汰最劣的实生苗。

（2）选择方法。实生苗的选择是甘蔗选种的第一阶段，也是以后进一步选育的基础。实生苗定植后，在生长前、中期可进行观察，注意各个组合的前期生长表现，并做好观察记录。但主要还是生长后期的选择、鉴定。为了减少漏选和滥选，后期的选择一般分为两次。在接近成熟时的 11 月进行第一次选择（初选），对每个组合的各个单株进行外表生长势的观察，选择生长势好、锤度较高和其他性状综合表现较好且无严重缺点的单株，分别记录及做好标记。选择时，应综合观察整株甘蔗的生长势、形态、茎的粗细，节间的长短，节间形状、叶部病害、水裂气根以及是否孕穗抽穗等情况。如果整株甘蔗生长势较好至很好，整株形态一般至好，中茎以上，叶部无病或少病，节间较长、水裂气根少或无，不孕穗、抽穗，这样的实生苗，即使锤度略低，基本上都可入选。至成熟时的 1—2 月进行第二次选择（决选），第二次选择是在初选的基础上再进行观察，看有无漏选，同时对初选入选的单株应逐株鉴定，看其是否空心、蒲心以及孕穗、抽穗，并且再进行一次锤度调查。决选时，应根据当年的气候条件确定入选实生苗空蒲心程度，正常年份蔗茎空心、蒲心小于茎径 2/10 的，可考虑入选，秋冬季偏旱年份入选的空蒲心程度可适当放宽。株高、茎径、单茎重等性状受环境条件影响较大，选择时不宜作为主要依据。不要强调大茎，有效茎数也不应强调。若生长势好、锤度稍偏低，或生长势一般但锤度很高的单株，也可入选。茎大而较矮且生长势好的也可入选，不宜轻易淘汰。单株蔗茎产量不能作为入选的重要依据。根椐实践经验，品种间的蔗糖分差异在成熟初期表现最明显，因此，必须掌握在甘蔗成熟初期的 10—11 月进行锤度测定，这样才能真正选出早熟高糖的材料。总之，对实生苗单株的选择，在进行外表生长势综合观察时应做到五看：一看蔗叶及尾部是否壮旺，二看甘蔗的株型、有效茎数及整齐、均匀度，三看蔗茎的粗细、节间的长短及高矮，四看抗病虫及抗逆性的强弱，五看锤度的高低。这样，才会有较合理的入选单株。

对入选的单株则按组合编入选号。全茎种或大半茎种收获，供第二年培育选择。实生苗一般不保留宿根。如土地和人力充足，最好保留宿根，可避免漏选，广西壮族自治区农业科学院甘蔗研究所选育的桂糖 10 号（桂糖 71-77）就是从宿根补选上来的。

（3）影响选择的因素。在实生苗培育过程中，常因外界环境条件和人为因子造成一些误差。影响入选材料的准确性。例如，某株实生苗第一年表现很好，入选了，可是以后的试验证明它不能成为品种。又如某株实生苗第一年表现不是很好，处于入选与不入选之间，最后还是入选了，但以后证明它是一个良种。造成这些误差的原因很多。

①试验地肥力不匀的影响。例如：有两株各个性状都较好的杂种，其中一株刚好种在肥力较高的位置，致使它在后期表面看起来非常突出，因而入选。而另一株实生苗，它的遗传性要求较高的肥力，刚好种在肥力较低的位置，结果把它淘汰了。这是受土壤环境影响的缘故，因此，培育实生苗要求土地平整，肥力均匀，施肥及管理力求一致，尽量减少土壤差异。

②气候环境条件的影响。当年当地环境条件很适合某些杂种遗传性的要求，使它们的优点相当好地表现出来，而缺点如易感染某种病、易长气根等没有表现出来；或者相反，环境条件很不适合某些杂种的要求，使它们的缺点充分地暴露出来，而优点表现不多，或完全未显现出来。

③人为的影响。实生苗收获过早，例如 2 月以前收获，它们的一些性状，如蔗糖分、

耐寒性等，特别是抽穗习性未表现出来。如一个中晚熟的单株，本来在2月下旬即大量孕穗抽穗，但1月下旬即入选收获了，后来的试验证明，几乎每年2月下旬就大量孕穗抽穗。这样的株系，很难成为优良的中晚熟品种。又如一株实生苗1月底收获时各性状表现相当好，就是锤度低，原来是2月才会明显上升，而且蔗糖分很高，这样的实生苗很容易被淘汰掉。实生苗不留宿根，造成一些新植表现好而宿根性差的入选了，新植表现不大好但宿根性好的被淘汰掉。调查不深入，特别是不调查空心、蒲心，很容易把外强中空的杂种误作良种而入选。

④表观遗传的影响。甘蔗在无性繁殖过程中，受到环境影响在基因型未发生变化的情况下，基因功能发生了可遗传的变化，并最终导致表型的变化，从而造成株系的某些性状表现不稳定。

**（二）第二年培育与选择（选种圃）**

从第一年实生苗入选的单株，也称为单系，不一定都能成为品种，因此，需要继续进行培育、选择。由于每个单系的种茎少，宜采用全茎作种并实行稀植，种植时按入选的单系编号顺序排列，不设重复，每隔若干个单系设一个对照品种（当地主要栽培品种）做比较，对照品种的位置最好不要种在一条直线上。试验区周围设保护行若干行，以减少试验误差。

选种圃的田间管理基本与大田生产相同。对单系的鉴定、选择时间及性状调查的项目与杂种圃基本一样。由于选种圃每个单系种植的面积比较小且无重复，产量的可靠性不大，选择时主要还是以甘蔗的生长势和田间锤度为标准。凡是生长势好，锤度与对照种相当的单系都可入选；生长势一般，锤度高于对照种的也可以入选；锤度很高，生长势略差的也可考虑入选。如果生长势很好、锤度高于对照种，而且其他性状表现都特优的单系，可以考虑加速繁殖提前进入品比试验。

杂种圃的组合评价主要根据入选单株的表现情况。为了进一步验证杂种圃的评价是否可靠，在选种圃选择时，选择、鉴定完一个组合后，应再作组合评价，这样可加深对杂交组合的认识，为选配亲本提供依据。

新植选种圃收获后，最好能保留宿根，这样可早一年了解入选单系的宿根性，又可避免因新植表现一般而宿根好的单系漏选的可能。

采用全茎或大半茎种收获，供下一阶段培育选择。

**（三）第三年培育与选择（鉴定圃）**

从第二年选种圃入选的单系，一般称为品系。品系的数量比单系的少，每一个品系的种茎数量较多，因而种植的面积比选种圃稍大。

为了提高试验的准确性，试验地的肥力要力求均匀，管理施肥尽量要求一致。每一品系的试验面积可大些，行长7 m，行距1.2 m，每一品系种植3～5行（视材料的多少而定），无重复，每隔若干品系种植一个对照品种，田间排列采用顺序排列法。试验区周围设保护行若干行。

在甘蔗生长期间应对各品系及对照种进行农艺性状调查，调查项目有：萌芽率、分蘖率、生长势、病虫害、有效茎数、茎长、茎径、锤度、空心、蒲心、孕穗抽穗、倒伏程度等情况。

从 10 月起至收获时为止，每月应进行一次田间锤度调查，以确定熟期和锤度。对于各种性状表现较优的品系分析甘蔗蔗糖分，收获时验收小区实际产量（因无重复，产量的可靠性还不是很准确，只能作为参考）。最后综合调查结果，加以比较分析，凡比同熟期对照种优异的品系均可入选，参加下一年的试验。若在鉴定圃中有表现突出的优良品系，应加速繁殖。收获后保留宿根，继续观察。

### （四）第四年培育与选择（品比、继续观察试验圃）

从上一阶段鉴定圃入选的品系或第二年选种圃加速繁殖的特殊材料，以及从其他国内外引进的新品种（系），均可参加品比、观察试验，进一步研究它们的种性。根据种茎数量的多少可以分成 2 组试验，种茎数量充足且表现较好的品系进行规范的品比试验，其他材料进行继续观察试验，部分材料种茎在进行品比或者继续观察试验后有剩余的可以适当安排繁殖试验进行蔗种扩繁。

继续观察试验田间设计采用顺序排列法，行长 6～8 m，6～8 行，无重复，每隔若干材料种一对照区。繁殖材料种植不超过 20 行。试验的田间管理应与大田生产相同。

品比试验圃是高级试验圃，要求条件较高。参加试验的品种数目少，且每个品种的种茎数量充足，小区面积要求更大些，每小区 5～6 行，行长 6～10 m，重复 3 次以上，设置对照种。田间设计采用随机区组法。试验区周围设保护行若干行，以减少试验误差。试验的田间管理应与大田生产相同。

在甘蔗生长期间，田间调查各品种及对照种的萌芽率、分蘖率、月生长速及病虫害发生率。收获前调查株高、茎径、有效茎数、空心、蒲心、水裂、倒伏、孕穗等性状。从 6 月至 11 月止，每月对各品系及对照种调查月生长速一次。并从 11 月起至翌年 3 月，每月进行一次甘蔗蔗糖分、蔗汁锤度、蔗汁蔗糖分、还原糖分析。品比试验取样方法：每小区每重复各取有代表性、无病虫害、生长正常的蔗茎 2 条，共 6 条，样本规格同原料蔗一样，即以地面入土砍下，至离生长点下 10 cm 处砍断为度，作为样本分析蔗糖分。

收获时需准确验收每小区蔗茎的实际产量，然后计算每品种的蔗茎产量与含糖量（产量×蔗糖分）。根据当年对各品种的调查结果，并结合上年鉴定圃保留宿根的观察，做综合比较分析，对品比试验结果进行方差分析测定差异显著性。凡蔗茎产量高于同熟期对照种 10%以上，甘蔗蔗糖分与对照种相当；或甘蔗蔗糖分高于对照种 0.5%（绝对值），公顷蔗产量与对照种相当；或公顷含糖量比对照种增产 10%以上，公顷蔗产量与对照种相当的品种，均可入选。入选品种都应多留种并加速繁殖，种茎充足的可参加下一阶段的试验。品比试验收获后保留宿根，以观察各品系的宿根性。

进入品比试验的品系或继续观察的品系在这一阶段开始开展第一次人工接种抗病性评价，每个材料提供 80 个芽以上，主要测试黑穗病等主要病害抗感性。抗病性接种检测结果将作为品系表现评价的重要参考依据。

### （五）第五年培育与选择（区域适应性观察阶段）

在进行规范的甘蔗区域试验之前，可进行区域适应性观察试验，主要目的包括 2 个方面：一是在各区试点进行蔗种繁殖，以保证正式试验蔗种质量；二是通过适应性观察试验可以初步评价参试品系的适应性及其在不同生态条件的抗病表现。入选区域适应性观察的品系，新植一年。每个材料种植 5～7 行，行长 6～10 m，随机顺序排列种植。每 5 个品系安排 1～2 个对照种（当期主栽品种）。糖分分析采样材料可以种在试验区同一地块几行专供分析用，不要影响试验区。由区试管理组负责指导各区试点管理人员的工作，包括甘蔗种植后两周调查萌芽率；生长初期定期到田间观察甘蔗生长速度、分蘖性；生长中期每月去田间观察生长情形，包括生长势、分蘖力、叶片病害并做记录；生长中后期观察记录株高、茎径、有效茎数、叶片病害、生长势、叶梢毛群及抗倒性；同时测定田间锤度，表现优异的品系从 11 月至翌年 2 月分别采 6 株进行甘蔗糖分分析。11 月中旬进行决选（采用会选制），决选人员包括 3 名以上资深育种人员及区试管理组与区试点负责人，选拔标准采用品种审定标准，并参考参试材料过去试验的产量、蔗糖分、病害与逆境抗性及历年试验结果，综合表现优于对照种的品系 6～7 个进入区域试验。根据试验品系表现，各区试点最终入选的品系可以有所不同，为便于登记注册，最少的试验点数需要 2 个以上。

进入区域适应性观察的品系均再进行第二次人工接种抗病性评价，每个材料提供 80 个芽以上，主要测试黑穗病等主要病害抗感性。抗病性接种检测结果将作为品系表现评价的重要参考依据。

### （六）第六、七、八、九年培育与选择（区域试验）

将区域适应性观察试验中入选的品系分别在不同地区不同生态环境条件下进行规范的区域试验，进一步验证入选品种的丰产性、稳定性、抗逆性及适应性，为生产上确定不同地区的优良品种和推广范围。区域试验采用 1 年新植 2 年宿根评价方法对参试品系进行评价。1 年新植 2 年宿根有利于更好地评价参试品系的宿根性表现。田间试验设计采用随机区组排列法，小区面积 50 $m^2$以上，试验周围需设保护行若干行，种植方法与田间管理要求与当地栽培条件相同或相似，以利于将来推广。调查项目、蔗糖分分析等与品比试验相同。凡公顷产蔗量与公顷含糖量比对照种增产显著，且其他性状表现优良的品种，即可参加下一年的表征示范试验。收获后保留宿根观察。

对区试新植表现特别优良的部分品系，可继续进入下一轮区试新植试验，检验其表现是否稳定，为新品种推广应用提供更多的参考依据。

### （七）甘蔗品种登记

根据《中华人民共和国种子法》的规定和对各种农作物品种的划分，农作物分为主要农作物和非主要农作物，对于主要农作物和非主要农作物品种有不同的管理要求和程序。甘蔗在全国来说属于非主要农作物。中华人民共和国农业部令（2017 年第 1 号）公布了《非主要农作物品种登记办法》。农业部农种发〔2017〕2 号文件印发《非主要农作物品种登记指南》，指南根据《非主要农作物品种登记办法》《第一批非主要农作物登记目录》规定，包含了马铃薯、甘薯、谷子、高粱、大麦（青稞）、蚕豆、豌豆、油菜、花生、亚麻（胡麻）、向日葵、甘蔗、甜菜、大白菜、西瓜、辣椒、甜瓜、茎瘤芥、番茄、黄瓜、结球甘蓝、苹果、柑橘、香蕉、梨、葡萄、桃、茶树、橡胶树等 29 种非主要农作物。

根据《非主要农作物品种登记指南》关于甘蔗品种登记部分的规定，对于新育成或引进的甘蔗品种的登记，需填写登记申请表（附录 A），填写的相关内容应当以品种选育情况说明、品种特性说明（包含品种适应性、品质分析、抗病性鉴定、转基因成分检测等结果）以及特异性、一致性、稳定性测试报告的结果为依据。

甘蔗品种登记申请文件中涉及的相关试验，具备试验、鉴定、测试和检测条件与能力的单位（或个人）可自行组织进行，不具备条件和能力的可委托具备相应条件和能力的单位组织进行。报告由试验技术负责人签字确认，由出具报告的单位加盖公章。

品种适应性说明应根据不少于2个生产周期（试验点数量与布局应当能够代表拟种植的适宜区域）的试验，如实描述以下内容：品种的形态特征、生物学特性、产量、品质、抗病性、抗逆性、适宜种植区域（县级以上行政区）及季节，品种主要优点、缺陷、风险及防范措施等注意事项。

甘蔗品种适应性说明依据目前主要包括国家或省级设置的区域试验，并以区试结果作为对其丰产性、稳产性、适应性、应用价值及应用范围进行评价和进行登记的主要依据。国家甘蔗区试包括预备试验、区域试验和生产示范试验，由全国农业技术推广服务中心统一负责组织国家甘蔗区试，按生态类型和生产条件设置区试组，各组由全国农业技术推广服务中心委托有关单位主持。桂、滇、粤3省份主管部门有责任和义务协助全国农业技术推广服务中心搞好本省份内国家甘蔗区试的组织与管理工作，具体负责本行政区国家甘蔗区试点的检查督促及参试品种的推荐、审查。区试点的设置根据全国甘蔗种植区划、生态类型、耕作制度和生产水平设置试验组别和试验点。各参试单位严格按全国甘蔗区试的统一实施试验方案进行调查记录，按试验要求进行各项栽培管理，年度试验报告按规定上报全国农业技术推广服务中心和有关试验主持单位。各省份的甘蔗区试试验则由各育种单位独立或者联合实施，区试点的设置同样应根据蔗区生态类型、耕作制度和生产水平设置试验组别和试验点。各参试单位严格按统一试验实施方案进行调查记录，按试验要求进行各项栽培管理。

完成国家或者省级区域试验后，对于综合表现优良的甘蔗品种，申请者可向省级农业主管部门提出品种登记申请，填写《非主要农作物品种登记申请表》，提交相关申请文件；省级部门书面审查符合要求的，再通知申请者提交种茎样品。

根据“中国种业大数据平台”，在2017—2021年之间，国内甘蔗育种机构共登记注册105个品种，其中果蔗品种2个，糖料蔗品种102个，地方品种（中国种）1个。

### （八）甘蔗品种知识产权保护

世界各国对植物新品种保护工作非常重视，为了加强对植物品种的保护，于1968年8月10日在日内瓦成立了国际植物新品种保护联盟（UPOV）。

我国从1950年以来共选育了300多个甘蔗品种，同时也从境外引进了数百个甘蔗材料和品种，用作育种亲本材料，部分表现特别优良的材料还直接用于大田生产。由于我国过去历史上的原因，长期以来没有形成植物新品种保护方面系统的法律、法规，我国对新品种知识产权方面的认识不足，法律、法规不健全，育种者的权益没有得到相应的重视和保护，品种的使用权往往受到他人侵占或无偿占有，极大地打击了育种者的积极性，限制了我国甘蔗育种事业的发展。因此，对甘蔗品种知识产权保护必须与国际接轨，逐步建立和完善我国甘蔗新品种保护的法律、法规，以立法的形式给予相应的法律保护。我国于1997年3月首次正式颁布了《中华人民共和国植物新品种保护条例》，为植物新品种培育者的知识产权提供了法律保护。1999年4月我国成为国际植物新品种保护联盟（UPOV）的第39个成员国，开始接受和办理国内外植物新品种保护权的申请工作。之后，开始建立了我国植物新品种测试体系，并根据各种作物的特点和新品种应用情况，先后制定各种植物新品种特异性、一致性、稳定性（简称DUS）测试指南和测试技术与标准（国际植物新品种保护联盟，2007）。

我国甘蔗DUS测试指南和标准于2003—2007年由华南农业大学、广州甘蔗糖业科学研究所主要承担完成，并向国标公布。该标准主要参考由澳大利亚编写经UPOV公布的《植物新品种特异性、一致性和稳定性测试指南-甘蔗（TG/186/1）》（以下简称《指南》）的格式和主要内容，经过反复修改定稿而成。该标准包括测试性状37个，其中与节和节间有关的性状12个，与芽有关的性状8个，与叶有关的性状12个，与植株生长习性有关的性状4个，与根系有关的性状1个；有29个性状与《指南》（共54个性状）的相同。在测试的37个性状中，质量性状6个，数量性状17个，假质量性状14个。其分级为1～9级，或无、有，弱、中、强；直、立、微“之”字形，明显“之”字形；很窄、密、中等、宽、很宽等。在与《指南》相同的29个性状中，性状分级基本相同，有12个性状的分级程度有差别。

该标准发布实施，为确认新品种提供了依据，有利于对我国拥有自主知识产权的甘蔗新品种进行保护和对国外甘蔗品种的引进和利用进行规范管理，有利于促进我国植物新品种的选育创新和在生产上发挥更大的增产增益作用。

## 第七节 甘蔗育种展望

由于我国耕地资源有限，蔗糖生产势必要向高效节本方向转变。在甘蔗种植面积不增加的条件下，甘蔗产业发展要围绕提高甘蔗单产和降低生产成本为核心。2015年国家发改委、农业部正式发文，印发《糖料蔗主产区生产发展规划（2015—2020年），标志着我国糖料蔗主产区生产已上升为国家战略，决定在广西、云南建设（46.67万$hm^2$）优质高产高糖糖料蔗基地，其中广西33.33万$hm^2$。目前建设任务已完成，基本实现经营规模化、种植良种化、生产机械化、水利现代化。围绕“双高”糖料蔗基地建设，甘蔗育种也应加强适合基地建设的优良甘蔗品种选育，特别是选育适合机械化（如中茎直立抗倒、脱叶性好、高产高糖、抗逆性强、宿根性好）的优良甘蔗新品种，为“双高”基地提供优良品种。针对甘蔗生产实际需求，甘蔗育种应特别重视以下几点（李杨瑞，2019a，2019b）。

第一，加强引进国内外甘蔗品种和种质资源，通过试验评价，筛选一批甘蔗优良种质，扩大甘蔗杂交育种亲本的遗传基础。

第二，加强野生甘蔗种质资源的收集、研究与利用，重点是割手密、斑茅和河八王与甘蔗品种的杂交和回交选育；继续深入开展斑割复合体与甘蔗品种杂交和回交后代的分析研究，获得创新性种质用于杂交育种。

第三，加强甘蔗杂交技术研究，完善甘蔗亲本开花诱导设施，建立一套有效的甘蔗开花诱导程序，加强对难开花的甘蔗杂交亲本的开花诱导研究，提高甘蔗开花诱导效率，为甘蔗种质创新利用和提高育种效率奠定坚实的基础。

第四，继续开展甘蔗基因克隆和转基因育种，开展应用基因编辑技术育种。重点选育抗虫、抗除草剂、耐寒、耐旱或高糖等转基因优良甘蔗品系。

第五，进一步完善甘蔗品种选育的程序包括组合评价方法，开展杂交后代的抗病性、抗旱性、氮磷等养分高效利用特性评价等。

第六，特别注重甘蔗品种的宿根性和机械化生产适应性，选育强宿根性甘蔗优良品种，在机械化生产条件下把宿根年限延长到 4 年以上，有效降低甘蔗生产成本。

## 第八节　我国主要甘蔗品种简介

**1. 桂糖 11 号**（桂糖 73-167）

品种来源：CP49-50×Co419。

育成单位：广西壮族自治区农业科学院甘蔗研究所。

特征特性：中大茎。植株微散生。蔗茎遮光部分黄绿带紫，露光后紫红色，蜡粉厚。节间圆筒形或圆锥形、微有后枕。芽大扁圆形，芽翼宽，在芽中部生起，芽尖具有 10 号毛群，芽端超生长带，芽基平叶痕或稍离开，芽沟不明显，叶片浓绿。叶鞘淡紫色，容易脱落。蔗茎带有短节出现。

早中熟、高糖，稳产高产。前期萌芽生长快，萌芽率高，萌芽势强，发芽整齐粗壮，蔗苗斜生，分蘖多，成茎率高，有效茎数多，宿根性好，抗逆性强，适应性广，耐旱，耐瘠，耐寒，耐涝，风折率低。该品种累计推广面积 330 多 $hm^2$，是我国大陆自育甘蔗品种中推广应用面积最大的一个。

栽培要点：施足基肥，早追肥早管理。新植蔗要加强苗期田间管理，宿根蔗要及时开垄松蔸，促进甘蔗早生快发。勤剥出脚叶，减少气根。加强螟虫防治。

**2. 桂糖 21 号**（桂糖 94-119）

品种来源：赣蔗 76-65×崖城 71-374。

育成单位：广西壮族自治区农业科学院甘蔗研究所。

形态特征：植株直立，紧凑，中至中大茎。蔗茎均匀，节间圆筒形。曝光前蔗茎浅黄色，曝光之后呈深紫色。茎表面有白色蜡粉，无生长裂缝，无芽沟。根源 3～4 列，排列不规则。芽圆形凸出，芽体中等。老芽呈淡黄色，芽基稍离叶痕，芽的上端未达生长带，芽翼小且着生于芽的上半部。叶片青绿色，宽度中等。叶片厚硬短，新叶片企直，老叶片伸展角度较大。较易脱叶。叶鞘浅紫色，覆盖白色蜡粉；无 57 号毛群，内叶耳为长披针形，外叶耳为过渡形，肥厚带为长方形。

农艺性状：早熟、高糖、高产、稳产。宿根性强，耐旱。萌芽率高，出苗整齐，幼苗粗壮，分蘖力中等。甘蔗前期生长快，全期生长势优良。中大茎，有效茎多。中抗黑穗病，高抗花叶病。耐旱性优于新台糖 16 号，耐寒性优于新台糖 22 号。不孕穗开花。广西区试两年新植两年宿根平均 97.8 $t/hm^2$，比对照桂糖 11 号增产 7.3%，含糖量 13.9 $t/hm^2$，比对照增 10.4%。生产试验最高产达 122.6 $t/hm^2$，平均 110.0 $t/hm^2$，比桂糖 11 号增产 22.29%，比新台糖 16 号增产 22.84%；含糖量 16.7 $t/hm^2$，比桂糖 11 号增 30.67%，比新台糖 16 号增长 21.56%。区试和生产试验平均产 103.9 $t/hm^2$，比桂糖 11 号增产 14.77%，比新台糖 16 号增产 14.97%；平均含糖量 15.5 $t/hm^2$，比桂糖 11 号增 17.9%，比新台糖 16 号增产 13.69%。11 月至翌年 2 月平均蔗糖分 14.94%，高于桂糖 11 号 0.54 个百分点，略低于新台糖 16 号。

栽培技术要点：下种量以 105 000～112 500 芽/$hm^2$为宜；宜选择中等以上肥力的旱地和水田种植。土地经深耕深松种植能充分发挥该品种的增产潜力；种植时下足基肥，增施有机肥及磷钾肥。该品种前期生长快，要及早施肥，加强田间管理；宿根蔗要及早松蔸，早施肥管理；全生长期均应注意防治病虫草鼠害（黄家雍等，2006）。

**3. 桂糖 29 号**（桂糖 02-761）

品种来源：崖城 94-46×新台糖 22 号。

育成单位：广西壮族自治区农业科学院甘蔗研究所、农业农村部广西甘蔗生物技术与遗传改良重点实验室。

特征特性：植株直立紧凑，高度中等；中茎，节间圆筒形，蔗茎较均匀，遮光部分黄绿色，露光部分为紫红色；芽呈卵圆形，略凸出，芽基离叶痕，芽尖不超过生长带；芽沟浅或不明显；叶片青绿色，易剥叶；57 号毛群少；内叶耳三角形。新植蔗萌芽好，分蘖力强。前期生长稍慢，生长势较好。宿根性特强，宿根蔗发株早且多，成茎率高，有效茎数多，茎径比新植蔗粗，易脱叶。

产量表现：新植和宿根平均产蔗量为 95.7 t/$hm^2$，比新台糖 16 号（83.0 t/$hm^2$）增产 10.2%，与新台糖 22 号（95.7 t/$hm^2$）相若；11 月至翌年 2 月平均蔗糖分为 15.61%，分别比对照种新台糖 16 号（14.96%）和新台糖 22 号（14.99%）高 0.60 和 0.62 个百分点；新植与宿根蔗平均含糖量为 14.9 t/$hm^2$，分别比新台糖 22 号（14.2 t/$hm^2$）和新台糖 16 号（12.3 t/$hm^2$）增产 1.8%和 14.7%。

栽培技术要点：选择水肥条件中等以上的田块种植，在保水保肥能力较强的地块种植更能发挥其增产潜力。采用冬植地膜覆盖栽培，施足基肥，增施有机肥和磷、钾肥，适时早施分蘖肥和攻茎肥，宿根蔗要及时早开垄松蔸，生长中期应注意适当高培土，促使根系深扎和根系发达，以防止倒伏。生长期间要注意防治病、虫、鼠害和草害，确保丰收。

**4. 桂糖 42 号**（桂糖 04-1001）

品种来源：新台糖 22 号×桂糖 92-66。

育成单位：广西壮族自治区农业科学院甘蔗研究所、农业农村部广西甘蔗生物技术与遗传改良重点实验室。

特征特性：早熟高糖、高产；植株高大，中大茎，易脱叶；出苗较好，分蘖力中等，成茎率高；中抗黑穗病，高抗花叶病和梢腐病，抗倒、抗旱能力强，宿根性好，综合性状优良，适应性广。

产量表现：区域试验平均产蔗量为 101.70 t/$hm^2$，较对照 ROC22 增产 9.26%。平均蔗糖分为 14.77%，比对照高 0.66%（绝对值）。平均含糖量为 15.03 t/$hm^2$，较对照增 14.45%。生产试验平均产蔗量为 88.62 t/$hm^2$，较对照 ROC22 增产 7.90%。

栽培技术要点：适宜在土壤疏松，中等及以上肥力的旱地和水田蔗区种植。以收获原料蔗为目的，宜春植，2—3 月为佳，应尽量在 3 月中下旬前完成种植，有条件的蔗区可选秋植（8 月下旬至 9 月下旬）或冬植（11 月至翌年 1 月）。适宜播种量 135 000 芽/$hm^2$；可采用等行距 1.0～1.2 m，或者宽窄行（宽行距 1.3～1.4 m、窄行距 0.4～0.5 m）的方式。应选用健康、粗壮、蔗芽饱满、无病虫的新鲜梢头苗或上半茎苗作种，夏植的半年蔗可全茎作种。即采即种或在采后 15 d 以内下种，保持蔗种新鲜度，提高萌芽率和蔗苗质量。下种前用50%多菌灵或70%甲基硫菌灵1 000倍水溶液浸种10 min或嘧菌酯1 500倍水溶液浸种1.5～3.0 min进行种茎消毒。下种淋透水后最好盖地膜，能显著提高产量。采用深沟浅种方式，对宿根蔗要及时清理蔗园和破垄松蔸，苗期应注意预防渍水导致缺苗，早施肥早管理。在广西蔗区及其他同类蔗区应采用中等施肥水平，即氮：300～330 kg/hm²（平均306 kg/hm²），五氧化二磷：210～300 kg/hm²（平均252 kg/hm²），氧化钾：300～330 kg/hm²（平均312 kg/hm²），就可以满足甘蔗正常生长需要并获得比较高的产量。试验示范中发现，桂糖42号对甘蔗黑穗病表现为中抗级，在栽培过程中应注意防治。常用除草剂莠去津、乙草胺、莠灭净、二甲四氯钠等在规定的用药范围内对桂糖42号是安全的，可放心使用。目前生产上常用的复配除草剂对桂糖42号的是安全的。由于桂糖42号的宿根发株能力较强，可以留2～3年的宿根，但偏北蔗区宿根性相对较差；抗倒能力强，建议有条件的蔗区可采用机械化种植、中耕管理和收获，以提高效益。

**5. 桂糖44号**（桂糖04-1545）

品种来源：ROC1×桂糖92-66。

选育单位：广西壮族自治区农业科学院甘蔗研究所、农业农村部广西甘蔗生物技术与遗传改良重点实验室。

特征特性：该品种植株高度中等，株型直立、中茎，易剥叶，有效茎多、宿根性强，早熟、高糖、高产。桂糖44号平均出苗率54.2%，宿根发株率170%，分蘖率155%，平均株高293 cm，茎径2.62 cm，有效茎数79 380条/hm²。蔗糖分当年11—12月14.87%，翌年1—3月15.28%，纤维分12.39%。中抗黑穗病，高抗花叶病，田间自然发病率1.69%；耐冷性较强，耐旱性中上，抗倒性强。第1年新植产量104.04 t/hm²，比对照新台糖22号增产1.85%；第1年宿根产量115.50 t/hm²，比对照新台糖22号增产11.8%；第2年宿根产量106.20 t/hm²，比对照新台糖22号增产38.2%。

栽培技术要点：适宜在中等以上肥力的蔗区种植。一年四季均可播种，但以冬植（1月）和早春植（2月）为佳。应选用有蔗叶包住的中上部芽作种，公顷下种量105 000芽左右。可采用等行距1.0～1.2 m，或者宽窄行（宽行距1.3～1.4 m、窄行距0.4～0.5 m）的方式。施足基肥，早管理，氮、磷、钾肥配合施用。苗期早追肥，在易渍水的地块应注意预防积水，确保全苗。早追肥早培土，抑制无效分蘖。注意防治病、虫、草、鼠害。桂糖44号对以莠去津、莠灭净、二甲四氯钠、乙草胺等为主要成分的甘蔗常用除草剂在常规用量范围内不敏感，可放心使用。宿根蔗要及时开垄松蔸，在中等以上管理水平的蔗区可以适当延长宿根年限至4～5年。有条件的蔗区可采用全程机械化技术进行种植管理和收获，以降低成本提高效益。

**6. 桂糖46号**（桂糖04-1001）

品种来源：粤糖85-177×新台糖25号。

育成单位：广西壮族自治区农业科学院甘蔗研究所、农业农村部广西甘蔗生物技术与遗传改良重点实验室。

特征特性：株型高大、直立、整齐，均匀，中大茎，茎圆筒形，曝光前黄色，曝光后浅棕红到黄绿色。57号毛群少、短，易脱落。出苗好、宿根发株多、分蘖力强，有效茎数多。中大茎、早熟、高糖、高产稳产、宿根性好、抗病抗倒性强，适应性广。据2013—2014年广西区域试验两年新植一年宿根试验结果，桂糖 46 号平均产蔗量为 114.45 t/hm$^2$，排名第一位，比对照新台糖 22 号增产 21.10%；其中宿根平均产蔗量为 109.35 t/hm$^2$，较对照新台糖 22 号增产 24.00%。11 月至翌年 2 月平均蔗糖分为 14.40%，比对照新台糖 22 号高 0.2 个百分点。平均含糖量为 16.50 t/hm$^2$，比对照新台糖 22 号增 22.5%，排名第一位。其中宿根 11 月至翌年 2 月平均甘蔗蔗糖分为 14.48%，比对照高 0.20 个百分点；平均含糖量为 15.90 t/hm$^2$，较对照新台糖 22 号增 25.70%，排名第一位。

栽培技术要点：桂糖 46 号适宜在土壤疏松、中等以上肥力的旱地和水田蔗区种植。针对该品种脱叶性好、蔗芽易暴露的特点，播种时除应保持蔗种的新鲜度，要求砍收蔗种后 7 d 以内下种外，还应尽量选择有蔗叶包住的中上部芽作种，以提高萌芽率和蔗苗质量。施足基肥，早施肥，氮、磷、钾肥配合施用，有机无机配合施。行距 0.9～1.2 m。下种有效芽 105 000 个/hm$^2$。适当早培土。控制后期无效分蘖；下种后覆盖地膜能显著提高甘蔗产量。生长期间注意防治病、虫、草、鼠害。生产上的甘蔗常用除草剂（包括敌草隆在内）在说明书安全用药浓度范围内对该品种是安全的，可放心使用。

**7. 桂糖 49 号**（桂糖 07-994）

品种来源：赣蔗 14 号×新台糖 22 号。

育成单位：广西壮族自治区农业科学院甘蔗研究所、农业农村部广西甘蔗生物技术与遗传改良重点实验室。

特征特性：植株直立，中茎，平均茎径 2.58 cm，蔗茎均匀，节间圆筒形，茎遮光部分呈青黄色，曝光部分呈紫色，有黑色蜡粉，芽沟浅，无生长裂缝和木栓斑，无气生根。芽圆形，芽体较小，下平叶痕，上齐生长带，芽翼较小，根点黄色，2～3 排，不规则排列。叶片企直，叶色浓绿，叶尖弯垂。叶鞘淡紫色，易脱叶，幼叶鞘有少量 57 号毛群，但毛群柔软，叶片老熟时毛群易掉落。内叶耳短披针形，外叶耳过渡形。2013—2014 年广西甘蔗品种两年新植和一年宿根区域试验，平均甘蔗产量 103.74 t/hm$^2$，比对照新台糖 22 号增产 8.91%，其中新植增产 7.00%，宿根增产 11.16%；平均含糖量为 152.09 t/hm$^2$，比对照新台糖 22 号增 12.47%。11 月至翌年 2 月平均甘蔗蔗糖分为 14.45%，比对照高 0.53 个百分点。2014 年生产试验平均甘蔗产量为 105.83 t/hm$^2$，比对照新台糖 22 号增产 9.62%。

栽培技术要点：适宜在土壤疏松、中等以上肥力的地块种植。下种活芽 67 500～75 000 个/hm$^2$，通过稀植可形成合理群体结构，增加茎粗。行距 1.1～1.2 m。播幅为 10～20 m。有效茎数控制在 79 500 条/hm$^2$左右。分蘖力强，成茎率高，应适当稀植使蔗茎增粗，以提高抗倒能力。施足基肥，多施有机肥及钾肥，早追肥、早管理，适当早培土、高培土，以控制后期无效分蘖，防止甘蔗倒伏。宿根蔗要早施肥管理。甘蔗生长期间注意防治病、虫、草、鼠害。

**8. 桂糖 55 号**（桂糖 08-120）

品种来源：新台糖 24 号×云蔗 89-351。

选育单位：广西壮族自治区农业科学院甘蔗研究所、农业农村部广西甘蔗生物技术与遗传改良重点实验室。

特征特性：植株株型较高，中茎，节间为圆筒形，曝光前呈黄绿色，曝光充足之后变成紫灰色，实心，没有生长裂缝，没有芽沟。芽呈卵圆形，弧形帽状芽翼；芽尖长至生长带，芽翼下缘达到了芽的1/2处，芽基与叶痕相平或稍离；叶鞘易剥；57号毛群无或极少；内叶耳为披针形，外叶耳为三角形。中早熟，产量高且稳定，宿根性好，出苗率高，分蘖力强，成茎率高，有效茎数多，前期生长速度快、封行时间早，生长整齐而又均匀。抗逆、抗病能力：高抗黑穗病、花叶病、梢腐病；耐旱耐寒，适应性广。2015—2017年广西区域试验中，5个区试点一年新植两年宿根平均蔗茎产量为110.56 t/hm²，比对照新台糖22号增产26.8%；新植平均蔗茎产量111.75 t/hm²，比对照新台糖22号增产9.9%；第一年宿根蔗茎平均产量109.95 t/hm²，比对照新台糖22号增产37.70%；第二年宿根蔗茎平均产量109.95 t/hm²，比对照新台糖22号增产39.7%。11—12月平均蔗糖分为13.81%，1—3月平均蔗糖分为15.50%；全期平均蔗糖分为14.82%，比新台糖22号（14.47%）高0.35个百分点。

栽培技术要点：选择土地肥力中等或中等以下的沙壤土、壤土等旱地地块进行种植。下种不宜过多，每公顷37 500～75 000个有效芽即可，具体数量根据种植行距、灌溉条件、种苗质量做出调整。有效茎数控制在75 000条/hm²左右。施足基肥，少施氮肥，及时追肥。适当高培土，防止后期出现倒伏。宿根蔗及时开垄松蔸。做好病虫草鼠害的防治工作。

**9. 桂柳05136**

品种来源：CP81-1254×新台糖22号。

育成单位：柳城县甘蔗研究中心。

特征特性：早熟高糖，中到中大茎，蔗茎直立均匀，植株高大，株型紧凑适中，叶姿挺立，叶色青绿，叶鞘紫红色，57号毛群多。外叶耳过渡形，内叶耳为三角形，易脱叶。

产量表现：广西区域试验两新一宿平均产蔗量为97.22 t/hm²，比对照ROC22增产2.88%；11月至翌年2月平均蔗糖分为15.20%，比对照ROC22高0.96%；平均含糖量为14.78 t/hm²，比对照ROC22增9.78%。

栽培技术要点：下种量在120 000芽/hm²时产量最高，行距1.0～1.2 m，用秋植蔗种或上半段种茎对确保全苗和提高宿根蔗抗病能力有利。该品种对氮肥较敏感，适量增加氮肥增产作用明显。宿根蔗发株早，应早管理、早施肥，提高培土质量，防止倒伏。病虫草害防治方面要注意做好甘蔗粉蚧和甘蔗螟虫的防治，注意施用芽前除草剂，芽后除草剂应选用不含敌草隆成分的安全高效除草剂。

**10. 新台糖16号**（ROC16）

品种来源：F171×74-575。

育成单位：台湾糖业研究所。

形态特征：植株直立。中至中大茎；蔗茎遮光部分黄绿色，露光部分棕黄色，节间圆筒形，实心，有浅芽沟，蜡粉带厚，生长带略显凸起，根点3～4排，不规则；芽卵形，芽基陷入叶痕，芽尖平生长带，芽翼窄，芽孔近芽顶；内叶耳短披针形，外叶耳平过渡形，有57号毛群。

生长特性：早熟，高糖，高产。萌芽快，整齐，蔗苗粗壮。分蘖力强，前中期生长快而旺盛，中后期生长亦强壮，有效茎数多。成熟后期糖分不降低；宿根性强；抗嵌纹病、黑穗病，高温多湿的季节易感褐斑病，易染梢腐病，耐旱性差，不容易倒伏，易脱叶，不易抽穗。

生产性能：广西蔗区品比试验和示范平均蔗茎产量 88.4 $t/hm^2$，比桂糖 11 号增产 12.7%。12 月上旬蔗糖分平均为 14.65%，比桂糖 11 号高 1.72 个百分点。广东区试平均蔗茎产量达 85.0 $t/hm^2$，含糖量达 12.7 $t/hm^2$，平均甘蔗蔗糖分为 14.85%，高峰期甘蔗蔗糖分达 16%以上，比新台糖 10 号增产 4.8%，增糖 6.2%，甘蔗蔗糖分提高 1.29 个百分点。

栽培要点：可以在各类土壤上种植，但最好选择中等以上肥力的土壤种植。公顷下种量 45 000～48 750 段双芽苗。下种盖土后喷施芽前除草剂。施足基肥，早追肥，适当延迟大培土时间，增加分蘖成茎率。生长中后期注意防旱抗旱。宿根蔗及时开垄松蔸，早施肥培土，及时剥叶，防治梢腐病。可作春、秋、冬植蔗栽培（梁伟雄等，1997）。

**11. 新台糖 22 号**（ROC22）

品种来源：ROC5×69-463。

育成单位：台湾糖业研究所。

特征特性：该品种中茎至中大茎，蔗茎均匀，节间倒圆锥形，茎皮遮光部分浅黄绿色，露光部分紫红色，无生长裂缝和木栓裂痕。蜡粉带较厚。芽呈卵圆形，芽沟甚为明显。叶片深绿色，叶身中等较窄，57 号毛群较发达，内叶耳长披针形，外叶耳钝三角形，根点 2～3 列，排列不规则。萌芽良好，分蘖力强，初期生长稍慢，中后期生长快速，原料蔗茎长，茎数中等，易脱叶，甘蔗基部粗大，不易倒伏及抽穗开花，内容充实。宿根性强，耐旱力强。抗露菌病、叶枯病、叶烧病及黄褐锈病，中抗黑穗病、花叶病，对甘蔗绵蚜的反应为中等，对梢腐病、蓟马的抗性较差。

产量表现：1999 年、2000 年广西甘蔗新宿区试，平均产蔗量和含糖量达 103.4 $t/hm^2$ 和 14.5 $t/hm^2$，比桂糖 11 号分别增产 5.85%和增糖 8.4%。平均甘蔗蔗糖分 14.03%，比桂糖 11 号高 0.33 个百分点。1999—2001 年参加福建、广东、广西 14 点次生产表证试验，平均产蔗量和含糖量分别为 98.1 $t/hm^2$ 和 14.3 $t/hm^2$，比当地当家品种平均增产 20.92%和增糖 27.82%。平均蔗糖分 13.76%，与当地当家种蔗糖分相当。

栽培技术要点：公顷下种量以 42 000～45 000 段双芽苗为宜，公顷有效茎数控制在 82 500～90 000 条。可提前种植，采用种苗消毒、催芽、地膜覆盖栽培技术等。宿根性强，应提早开畦松兜和管理，可适当延长宿根栽培年限。注意防治蓟马和梢腐病（卢昌，2001）。

**12. 粤糖 93-159**

品种来源：粤农 73-204×CP72-1210。

育成单位：广州甘蔗糖业科学研究所。

特征特性：特早熟、高糖、高产，适宜华南蔗区中等肥力以上的有灌溉坡地和水旱田栽培。中至中大茎，蔗茎均匀，茎色青黄，节间较长，芽小，卵圆形，无芽沟，叶鞘青绿色至淡黄色，外叶耳三角形，内叶耳长披针形，易脱叶，无水裂，无气根。前期萌芽快而整齐，萌芽率高，分蘖旺盛，长势强，有效茎多，宿根发株早而多、宿根性强，抗风、抗倒伏，抗病力强，虫害少。

产量及蔗糖分表现：广东区试，平均蔗茎产量74.84 t/hm²，公顷产糖12.72 t，比新台糖10号增产16.2%，增糖30.5%，平均甘蔗蔗糖分16.81%。

栽培技术要点：每公顷种植42 000段左右双芽苗、每公顷有效茎数控制在75 000～90 000条较为适宜。以冬植或早春植为宜。种植时最好加盖地膜。宿根蔗发株早而多，宿根性强，应留二年以上的宿根，以提高种蔗效益。

**13. 粤糖99-66**（粤糖55号）

品种来源：粤农73-204×CP72-1210。

育成单位：广东省科学院南繁种业研究所（原广州甘蔗糖业科学研究所）。

特征特性：该品种植株高大，中大茎，植株生长直立，节间较长，圆筒形，无芽沟；蔗茎均匀，遮光部分呈黄绿色，露光部分呈紫色；无生长裂缝和木栓斑块，蜡粉带不明显，无气生根；芽体中等，似五角形，基部离叶痕，顶端到达生长带，芽翼较窄，芽孔着生于芽的顶端，芽翼下缘在芽1/2以上处；根点2～3排，不规则排列；叶鞘遮光部分浅青黄色，露光部分青紫色，叶鞘包茎程度一般，易脱叶，57号毛群不发达；叶色青绿，长度中等，宽度较窄小，中脉较发达，叶姿较好（较企直）；内叶耳短，呈三角形，外叶耳缺（如有过渡形）。萌芽快而整齐，萌芽率高，分蘖较早，分蘖力较强，前中期生长快，中后期生长稳健，有效茎数多，宿根性强。高抗黑穗病、花叶病，大田自然感染观察结果，未发现黄点病、叶焦病、褐条病、锈病、梢腐病等病害发生，甘蔗绵蚜为害少、螟害率较低；抗寒性和耐旱性较强，抗风折、较抗倒伏。2001—2006在广东试验6年新宿32点次试验结果，平均甘蔗产量125.12 t/hm²，含糖量19.29 t/hm²，比ROC10增产34.9%，增糖40.7%，比ROC16增产40.9%，增糖44.8%；甘蔗蔗糖分11月14.60%、12月15.85%、翌年1月15.90%，11月至翌年1月平均15.45%，比ROC10分别高1.17、0.87和0.60个百分点；平均甘蔗纤维分12.03%。

该品种可在地力中等或中等以上旱坡地、山坡地和水旱地种植。以土层较厚、肥力较好的土壤种质更能发挥品种特性。

**14. 粤糖00-236**

品种来源：粤农73-204×CP72-1210。

育成单位：广东省科学院南繁种业研究所（原广州甘蔗糖业科学研究所）。

特征特性：该品种植株高大，中大茎，植株生长直立，实心，基部较粗；节间略呈圆锥形，无芽沟；蔗茎均匀，遮光部分淡黄色，露光部分经阳光曝晒后青黄色，茎表面覆盖薄层白色蜡粉，无生长裂缝和木栓斑块，无气生根；芽体较小，卵圆形，基部离叶痕，顶端不达生长带。芽翼宽度中等，着生于芽的上半部，芽孔近顶端；根点2～3排，不规则排列；叶鞘青绿色，叶鞘包茎程度一般，易脱叶，57号毛群不发达；叶色淡绿，叶片稍窄、略短，心叶直立，老叶散生；内叶耳披针形，外叶耳三角形。属特早熟、高糖、丰产稳产品种。萌芽较快且较整齐，萌芽率高，分蘖较早，分蘖力强，全生长期生长稳健，后期尾力足，不早衰，有效茎数多，宿根性强。高抗黑穗病、花叶病，大田自然感染观察结果未见有严重病害发生；抗寒性和耐旱性较强，抗风折、较抗倒伏。2008—2009年参加全国第六轮甘蔗新品种区域试验和生产性试验，一新一宿区试结果，平均甘蔗产量105.03 t/hm²，比ROC16增产2.31%；含糖量16.80 t/hm²，比ROC16增糖8.95%；

11月至翌年1月平均蔗糖分15.52%，11月至翌年3月平均蔗糖分16.05%，比ROC16高0.93个百分点。一年新植生产性试验结果，平均甘蔗产量100.16 t/hm$^2$，比ROC16减产11.59%；含糖量16.10 t/hm$^2$，比ROC16减糖5.41%；11月至翌年1月平均蔗糖分15.68%，11月至翌年3月平均蔗糖分16.23%，比ROC16高1.26个百分点。在地力中等或中等以上的水旱田栽培更能发挥品种特性。

**15. 云蔗0551**

品种来源：崖城90-56×新台糖23号。

选育单位：云南省农业科学院甘蔗研究所、云南云蔗科技开发有限公司。

特征特性：中大茎，植株生长直立；节间长度中等、圆筒形，节间曝光前为黄绿色，曝光后为紫色，蜡粉较厚，无水裂，无气根，实心，根带适中；芽为菱形，芽体中等，芽沟浅，不明显，芽翼中，芽尖超过生长带，芽基与叶痕相平；易脱叶，叶片绿，长度、宽度均中等，叶尖下垂，57号毛群少或无，肥厚带颜色为黄绿色；内叶耳为三角形，外叶耳缺。早熟、高产、高糖，出苗好，分蘖强，宿根性好，生长势强，蔗茎均匀整齐，有效茎多，脱叶性特好，部分蔗区孕穗和开花，但蒲心少、不回糖。高抗黑穗病，中抗花叶病，抗旱性强，耐贫瘠。2011年参加国家甘蔗品种区域试验，第一年新植蔗茎产量100.41 t/hm$^2$，较对照新台糖16号增产5.72%，第一年宿根蔗茎产量103.04 t/hm$^2$，较对照新台糖16号增产9.29%；第二年宿根蔗茎产量98.85 t/hm$^2$，较对照新台糖16号增产6.27%。11—12月平均蔗糖分14.10%，1—3月平均蔗糖分15.67%，分别比对照新台糖16号增0.19个百分点和0.60个百分点（绝对值）。

栽培技术要点：种植行距水田或水浇地以1.1～1.2 m为宜、旱地以1 m为宜，植期以冬植和春植为宜，下芽量120 000芽/hm$^2$。旱地种植应采用深沟槽植板土栽培以有效利用土壤深层水分，冬植或早春植需要地膜覆盖栽培，确保出苗率。种植时适当增加覆土厚度。苗期早追肥，生长中期施足攻茎肥，适当增施磷钾肥；水田和水浇地种植应根据土壤肥力状况适当减施氮肥，适当高培土，防止后期倒伏。收获后早松蔸、早灌水，同时覆盖地膜促进早发株、多发株，保证宿根蔗丰收。加强对病虫草害的防治。

**16. 云蔗081609**

品种来源：云蔗94-343×粤糖00-236。

选育单位：云南省农业科学院甘蔗研究所、云南云蔗科技开发有限公司。

特征特性：中大茎，植株生长直立、株型紧凑；节间较长，圆锥形，遮光部分茎色黄绿色，露光部分黄绿色；无生长裂缝和木栓斑块，蜡粉带明显，节间蜡粉多，无气生根；芽五角形，芽尖到达生长带，芽翼为弧形冒状，芽基与叶痕相平；叶姿拱形，叶片宽大，青绿，易脱叶，叶鞘花青苷显色强度中，57号毛群稀少；内叶耳披针形，外叶耳三角形。早熟、高糖、高产，出苗整齐且壮，苗期生长势强，分蘖多，成茎率高，蔗茎均匀整齐，株型紧凑，叶片清秀，脱叶性好，宿根性强，株高较高，单茎重实，无空心，无蒲心；高抗花叶病，中抗黑穗病，抗旱性强，耐糖分转化特性优良。2015年参加云南省甘蔗品种区域试验，第一年新植甘蔗产量105.59 t/hm$^2$，比对照新台糖22号增产25.56%；第一年宿根甘蔗产量103.16 t/hm$^2$，比对照新台糖22号增产4.09%；第二年宿根甘蔗产量112.79 t/hm$^2$，比对照新台糖22号增产20.92%。当年11—12月平均甘蔗蔗糖分

14.38%，翌年 1—3 月平均甘蔗蔗糖分 16.58%，11 月至翌年 3 月平均甘蔗蔗糖分 15.70%，分别比对照新台糖 22 号高 0.99、0.77、0.86 个百分点。

栽培技术要点：种植行距以 1～1.2 m 为宜，下芽量 120 000 芽/$hm^2$ 为宜。施足基肥，早施追肥，加强中耕管理，水田适当高培土，防止后期倒伏。旱坡地种植应采用深沟槽植板土栽培以有效利用土壤深层水分，冬植或早春植需要地膜覆盖栽培。加强宿根管理，前季蔗砍收后，应及时清理蔗田，早灌水、早松蔸，覆盖地膜促进宿根萌发。

## 参 考 文 献


陈远贻，1999. 甘蔗辐射育种十年回顾［J］. 甘蔗，6（2）：15-21.

邓海华，李奇伟，2007. CP72-1210 在我国甘蔗育种中的利用［J］. 广东农业科学（11）：18-21.

邓海华，张琼，2006. 我国大陆近年育成甘蔗品种的亲本分析［J］. 广东农业科学（12）：7-10.

邓海华，张垂明，符成，等，2009. 海南甘蔗育种场 1999/2000—2008/2009 甘蔗杂交制种回顾［J］. 甘蔗糖业（5）：1-5.

樊丽娜，曾巧英，何慧怡，等，2015. 拟南芥钾吸收调控基因 *AtCIPK*23、*AtCBL*9 和 *AtAKT*1 农杆菌介导共转化甘蔗［J］. 分子植物育种，13（2）：361-366.

蒋洪涛，2016. 转 *Ea-DREB2B* 基因甘蔗苗期抗旱性及相关基因表达分析［D］. 南宁：广西大学.

李松，游建华，刘丽敏，等，2006. 中国甘蔗辐射诱变育种研究概述［J］. 广西蔗糖（4）：20-24.

李杨瑞，杨丽涛，2009. 20 世纪 90 年代以来我国甘蔗产业和科技的新发展［J］. 西南农业学报，22（5）：1469- 1476.

李杨瑞，2019a. 关于广西的甘蔗育种［J］. 广西糖业（3）：3-9.

李杨瑞，2019b. 广西甘蔗创新与展望［J］. 广西农学报，34（4）：1-7.

李玉潜，1983. 甘蔗遗传参数的研究光合器官、农艺性状的基因型变异、广义遗传力、相对遗传进度［J］. 甘蔗糖业（9）：9-10.

梁强，刘晓燕，李毅杰，等，2021. 2008—2017 年甘蔗品种‘新台糖 22 号’在广西蔗区的消长分析［J］. 热带作物学报，42（4）：982-990.

梁伟雄，黄焕新，戴更新，等，1997. 新台糖 16 号引种小结［J］. 广西蔗糖（2）：11-13.

林敏，2021. 农业生物育种技术的发展历程及产业化对策［J］. 生物技术进展，64（4）：405-417.

林彦铨，郑雨苹，陈志坚，1988. 甘蔗杂交后代性状的重复力和预测力［J］. 福建农学院学报，17（4）：296-300.

骆君肃，1992. 甘蔗学［M］. 北京：中国轻工业出版社.

彭绍光，1990. 甘蔗育种学［M］. 北京：农业出版社.

戚经文，苏广达，谭中文，1980. 甘蔗育种和良种繁育［M］. 北京：农业出版社.

沈林波，2012. 紫花苜蓿防御基因 *MsDefl* 转化甘蔗及抗病转基因植株的筛选［D］. 海口：海南大学.

谭芳，杨荣仲，黎焕光，等，2012. 24 个甘蔗组合早代重演力和预测力分析［J］. 西南农业学报，25（1）：32-37.

谭中文，Martin FA，1987. 甘蔗的遗传相关及与环境互作的研究［J］. 华南农业大学学报，8（3）：7-8.

王伦旺，谭裕模，李杨瑞，等，2005. 甘蔗品种桂引 5 号种性研究［J］. 中国糖料（4）：11-15.

王维赞，朱秋珍，2008. 桂引 9 号在广西的种性表现［J］. 中国糖料（1）：22-27.

冯小艳，冯翠莲，张树珍，等，2020. 转 *Cry2A* 基因抗虫甘蔗植株的培育［J］. 分子植物育种，18（9）：2893-2898.

吴才文，2021. 云南对等杂交培育甘蔗新型独立亲本系统进展［J］. 中国糖料，43（3）：28-33.

吴杰，赵乔，2020. 合成生物学在现代农业中的应用与前景［J］. 植物生理学报，56（11）：2308-2316.

杨荣仲，谭裕模，谭芳，等，2004. 甘蔗常用杂交组合的剥叶性能差异［J］. 西南农业学报，17（5）：651-655.

杨荣仲，周会，雷敬超，等，2019. 不同甘蔗品种收获指数研究［J］. 中国糖料，41（1）：8-12.

杨荣仲，周会，梁强，等，2021. 甘蔗家系宿根性分析［J］. 热带作物学报，42（7）：1932-1940.

杨荣仲，梁强，桂意云，等，2014. 机械化收获对甘蔗宿根发株的影响［J］. 西南农业学报，27（5）：2195-2202.

杨荣仲，周会，王伦旺，等，2016. 甘蔗家系农艺性状遗传力分析［J］. 南方农业学报，47（3）：337-342.

杨荣仲，周会，肖祎，等，2020. 甘蔗主要亲本自然条件下抗甘蔗花叶病测定［J］. 中国糖料，42（2）：47-52.

杨荣仲，周会，李文教，等，2022a. 甘蔗重要亲本田间自然抗黑穗病测定［J］. 中国糖料，44（2）：51-57.

杨荣仲，吕达，周会，等，2022b. 甘蔗常用亲本的田间自然耐寒性测定及评价［J］. 西南农业学报，35（5）：991-999.

游建华，1999. 广西甘蔗引种的回顾与展望［J］. 甘蔗，6（3）：41-46.

张革民，刘海斌，容凤玉，等，2006. 高糖高产甘蔗新品种重要性状分析及模糊综合评判［J］. 中国糖料（1）23-25.

张先恩，2019. 中国合成生物学发展回顾与展望［J］. 中国科学：生命科学，49：1543-1572.

赵俊，范源洪，吴才文，等，2007. 国外引进甘蔗品种综合分析［J］. 中国糖料（3）：20-25.

宗媛，高彩霞，2019. 碱基编辑系统研究进展［J］. 遗传，41（9）：777-800.

Anzalone A V，Koblan L W，Liu D R，2020. Genome editing with CRISPR-Cas nucleases，base editors，transposases and prime editors［J］. Nat Biotechnol，38（7）：824-844.

Berding N，Roach B T，1987. Germplasm collection，maintenance，and use［J］. Developments in Crop Science，11：143-210.

Brown A，Daniels J，Latter B，1968. Quantitative genetics of sugarcane：I. Analysis of variation in a commercial hybrid sugarcane population［J］. Theoretical and Applied Genetics，38（8）：361-369.

D'Hont A，Non D，Alix K，et al.，1998. Determination of basic chromosome numbers in the genus *Saccharum* by physical mapping of ribosomal RNA genes［J］. Genome，41：221-225.

Deomano E，Jackson P，Wei X，et al.，2020. Genomic prediction of sugar content and cane yield in sugar cane clones in different stages of selection in a breeding program，with and without pedigree information［J］. Mol Breed，40：4.

Dunckelman P H，Legendre B L. Guide to sugar cane breeding in the temperate zone［R］. Agricultural Reviews and Manuals：ARM-S，Southern Series No. 22，USDA-ARS，New Orleans，LA，USA，1982.

Eid A，Mohan C，Sanchez S，et al.，2021. Multiallelic，targeted mutagenesis of magnesium chelatase with CRISPR/Cas9 provides a rapidly scorable phenotype in highly polyploid sugarcane［J］. Front Genome Ed，3：654996.

Gao C，2021. Genome engineering for crop improvement and future agriculture［J］. Cell，184（6）：1621-1635.

Gravois K A，Zhou M M，Hoffmann H P，et al.，2016. Breeding new sugarcane varieties with enhanced ratooning ability［C］//. Proceedings of the International Society of Sugar Cane Technologists，29：1683-1690.

Ha S，Moore P H，Heinz D，et al.，1999. Quantitative chromosome map of the polyploid *Saccharum spontaneum* by multicolor in situ hybridization and imaging methods [J]. Plant Molecular Biology, 39: 1165-1173.

Hale, A L, Viator R P, Kimbeng C, et al., 2017. Use of artificially-induced freezing temperatures to identify freeze tolerance in above-ground buds of *Saccharum* and *Erianthus* accessions [J]. Euphytica, 213 (2): 46.

Hayes B J, Wei X, Joyce P, et al., 2021. Accuracy of genomic prediction of complex traits in sugarcane [J]. Theor Appl Genet, 134: 1455-1462.

Heinz D J, 1987. Sugarcane Improvement through Breeding [M]. Elsevier: Amsterdam.

Hogarth D M, 1987. Genetics of sugarcane. Sugarcane Improvement Through Breeding [M]. Elsevier Amsterdam: 255-271.

Hogarth D M, Wu K K, Heinz D J, 1981. Estimating genetic variance in sugarcane using a factorial cross design [J]. Crop Science, 21 (1): 21-25.

Jackson P, Tony McRae T, Hogarth M, 1995a. Selection of sugarcane families across variable environments Ⅱ. Patterns of response and association with environmental factors [J]. Field Crops Research, 43 (3): 119-130.

Jackson P, Tony McRae T, Hogarth M, 1995b. Selection of sugarcane families across variable environments I. Sources of variation and an optional selection index [J]. Field Crops Research, 43 (2): 109-118.

Jagathesan D, Devi K N R, 1969. Cytogenetical studies in Erianthus. I. Chromosome morphology in $2n=20$ forms [J]. Caryologia, 22 (4): 359-368.

Lee K, Uh K, Farrell K, 2020. Current progress of genome editing in livestock [J]. Theriogenology, 150: 229-235.

Meuwissen T, Hayes B, Goddard M, 2016. Genomic selection: a paradigm shift in animal breeding [J]. Animal Front, 6 (1): 6-14.

Milligan S B, Gravois K A, Martin F A, 1996. Inheritance of sugarcane ratooning ability and the relationship of younger crop traits to older crop traits [J]. Crop Science, 36: 45-50.

Oz M T, Altpeter A, Karan R, et al., 2021. CRISPR/Cas9-mediated multi-allelic gene targeting in sugarcane confers herbicide tolerance [J]. Front Genome Ed., 3: 673566.

Roell M S, Zurbriggen M D, 2020. The impact of synthetic biology for future agriculture and nutrition [J]. Curr Opin Biotechnol, 61: 102-109.

Stevenson A G, 1965. Genetics and breeding of sugar cane [M]. London: Longmans.

Voigt C A, 2021. Synthetic biology 2020-2030: six commerciallyavailable products that are changing our world [J]. Nature Commun, 11 (1): 6379.

Voss-Fels K P, Wei X, Ross E M, et al., 2021. Strategies and considerations for implementing genomic selection to improve traits with additive and non-additive genetic architectures in sugarcane breeding [J]. Theor Appl Genet, 134: 1493-1511.

Warner J N, 1953. The evolution of a philosophy on sugar cane breeding in. Hawaii [J]. Hawaiian Planters'Record, 54: 139-162.

Yadav S, Wei X, Joyce P, et al., 2021. Improved genomic prediction of clonal performance in sugarcane by exploiting non-additive genetic effects [J]. Theor Appl Genet, 134: 2235-2252.

Zhao Y S, Mette M F, Reif J C, 2015. Genomic selection in hybrid breeding [J]. Plant Breeding, 134 (1): 1-10.

# 第 十 章

# 甘蔗良种繁育与推广

## 第一节 甘蔗良种的概念及品种登记

### 一、甘蔗良种的概念

甘蔗良种界定没有标准，即没有国标、行标的具体数据指标，所定义的甘蔗良种是指在同一个生态区域内、相同栽培制度下、相同种植时期下获得理想且稳定的单位面积产蔗量和产糖量，适应当地生态环境和同时期农业生产力水平，在抗病虫、抗旱、抗寒能力，制糖或生产乙醇或鲜食等方面表现优异特性，满足制糖工艺要求，经济效益显著，能为制糖业工农双方所接受的品种。甘蔗良种的优良工农艺性状特征一般表现为：高产、稳产、高糖、分蘖性强、成茎率高、宿根性好、抗病虫、抗倒伏、抗逆性强（包括抗旱、抗寒、耐涝等）、甘蔗纤维适中、甘蔗砍后糖分转化慢等特性。其中高产、高糖是评价是否为甘蔗良种的两个必要条件，是对甘蔗良种的经济指标要求。单产、蔗糖分与甘蔗品种遗传特性、生长自然条件、耕作栽培技术、成熟期等都有密切的关系，因此，在生产实践中，良种和非良种的区分有时候是比较困难的。一般情况下，适宜本蔗区的综合性状优良的品种，可把它判定为良种（全国农业技术推广服务中心，2004）。

### 二、甘蔗品种的管理和登记

根据现行的《中华人民共和国种子法》《非主要农作物品种登记办法》（农业部令 2017 年第 1 号），农作物分为主要农作物和非主要农作物，非主要农作物是指稻、小麦、玉米、棉花、大豆五种主要农作物以外的其他农作物。甘蔗属于非主要农作物，且列入非主要农作物登记目录，按照规定在推广前应当登记。

申请登记的新培育的甘蔗品种应当具备下列条件：①人工选育或发现并经过改良；②具备特异性、一致性、稳定性；③具有符合《农业植物品种命名规定》的品种名称。根据农业部《非主要农作物品种登记指南》，申请甘蔗品种登记，申请者需向省级农业主管部门提出甘蔗品种登记申请，填写《非主要农作物品种登记申请表　甘蔗》，并提交相关申请文件；省级部门书面审查符合要求的，再通知申请者提交甘蔗种茎样品到云南省农业科学院甘蔗研究所国家甘蔗种质资源圃。申请文件包括品种登记申请表、品种选育情况说明（主要包括品种来源以及亲本血缘关系、选育方法、选育过程、特征特性描述、栽培技术要点等）、品种特性说明（包括品种适应性、品质分析、抗病性鉴定、转基因成分检测）、特异性、一致性、稳定性测试报告（依据 NY/T 2348《植物品种特异性、一致性和稳定性测试指南　甘蔗》）、DNA 检测、试验组织方式、已授权品种的品种权人书面同意材料等。申请者申请甘蔗品种登记应当对所提供的申请文件、种茎样品的合法性、真实性、准确性负责，保证可追溯，并接受监督检查。农业农村部对符合规定并按规定提交甘蔗种茎样品的，予以登记，并颁发品种登记证书。登记证书上载明的甘蔗品种名称为该品种的通用名称，禁止在生产、销售、推广过程中擅自更改。已登记的甘蔗品种，要求变更登记内容的，应当向原受理的省级人民政府农业主管部门提出变更申请，并提交相关证明材料，符合要求的，报农业农村部予以变更并公告。

在《非主要农作物品种登记办法》实施前已审（鉴）定的或者已销售种植甘蔗品种，申请者应当按照甘蔗品种登记指南的要求，提交申请表、品种生产销售应用情况或者品种特异性、一致性、稳定性说明材料，申请甘蔗品种登记。申请登记具有植物新品种权的甘蔗品种，应当经过品种权人的书面同意。

未经登记的甘蔗品种，不得发布广告、推广，不得以登记品种的名义销售。已获登记的甘蔗品种给种子使用者和其他种子生产经营者造成损失的，依法承担相应的赔偿责任。

## 三、甘蔗品种知识产权保护

《中华人民共和国植物新品种保护条例》为甘蔗新品种认定提供了法律依据。甘蔗新品种是指经过人工选育的或者对发现的野生品种加以改良，具备新颖性、特异性、一致性和稳定性并有适当命名的甘蔗品种。甘蔗品种权所有人（完成育种的单位和个人）对其授权的品种，享有排他的独占权，拥有植物新品种权。任何单位或者个人未经品种权人许可，不得利用该授权品种的繁殖材料从事生产或者繁殖，许诺销售、销售或者推广，为生产、繁殖或者销售进行的种子处理等，出口或者进口，以及为生产、繁殖、销售、推广等行为而进行的收购、存储或者运输等。

为激励甘蔗育种创新，加强甘蔗品种权保护，提高对拥有自主知识产权的甘蔗新品种的保护意识和保护能力，鼓励培育和规范管理使用甘蔗新品种及促进甘蔗糖业的可持续、高质量发展，开展甘蔗新品种保护工作显得尤为重要和迫切。

### （一）授予甘蔗品种权的条件

授予品种权的甘蔗新品种应当具备新颖性、特异性、一致性、稳定性和适当的品种名称。

**1. 甘蔗品种新颖性**　甘蔗品种新颖性是指在申请日前该甘蔗品种繁殖材料或者收获物未被销售、推广，或者经育种者许可，包括：在中国境内销售、推广该品种繁殖材料或者收获物未超过 1 年，在中国境外销售、推广未超过 4 年。若甘蔗品种已登记 2 年以上未申请植物新品种权，或甘蔗品种经省、自治区、直辖市人民政府农业、糖业主管部门依据种植面积确认已经形成事实扩散的，或申请的甘蔗品种作为亲本，其组配的杂交后代种已销售、推广满 4 年的，均可视为该甘蔗品种已丧失新颖性。

**2. 甘蔗品种特异性、一致性、稳定性**　植物品种特异性、一致性、稳定性，简称 DUS（国际植物新品种保护联盟，2006）。甘蔗品种特异性，是指甘蔗品种有一个以上特征或者特性明显区别于在递交植物新品种权申请以前的已知甘蔗品种。甘蔗品种一致性，是指甘蔗品种的特征或特性除可预期的自然变异之外，群体内个体间相关的特征或特性表现一致。甘蔗品种稳定性，是指甘蔗品种经过反复无性繁殖后，其相关的特征或特性均保持不变。甘蔗品种特异性、一致性、稳定性测试（简称品种测试）依据国家标准《植物新品种特异性、一致性和稳定性测试指南　甘蔗（TG/186/1）》的测试管理规定和技术规范进行。该标准涉及37个性状测试，其中有29个性状与国际植物新品种保护联盟（UPOV）发布的指南（54个性状）相同。37个性状包括质量性状、数量性状和假质量性状，分别与甘蔗的芽、叶、根、节、节间及甘蔗生长习性等性状相关。甘蔗品种测试依据审批机关国务院农业农村主管部门发布的相关技术规范、测试指南、检测方法等开展，可由以下方式进行：①国务院农业农村主管部门委托测试机构进行测试，如广东省科学院南繁种业研究所；②申请人自主测试，开展田间种植或者分子检测；③国务院农业农村主管部门组织考察甘蔗种植或者其他试验结果。审批机关主要依据申请文件、品种测试结果或者现场考察结果和其他有关书面材料对申请甘蔗品种的特异性、一致性和稳定性进行实质审查。

**3. 甘蔗新品种名称**　授予品种权的甘蔗新品种应当具备适当的名称，应根据审批机关规定和具体要求开展甘蔗品种命名，与已知品种的名称相区别。生产和销售授权甘蔗品种的繁殖材料时应当使用其授权品种名称。

### （二）甘蔗品种权的申请、受理和审查

甘蔗新品种权的审批机关为国务院农业农村主管部门，负责甘蔗品种权申请的受理和审查，并对符合本条例规定的甘蔗新品种授予品种权。中国境内的单位和个人申请甘蔗品种权的，可以直接或委托中介服务机构向审批机关提出申请。境外机构和个人在中国境内申请甘蔗品种权的，应当根据其所属国或地区与中华人民共和国签订的协议或共同参加的国际条约办理，或者根据互惠原则，依照《中华人民共和国植物新品种保护条例》办理。中国的单位或者个人将境内培育的甘蔗新品种向境外申请甘蔗品种权的，应当向审批机关备案；涉及甘蔗繁殖材料出境的，应当经审批机关同意，并按照国家有关法律、法规的规定执行。

通过电子申请网络平台提交甘蔗品种权申请，同时提交以下材料：①申请文件，包括请求书和说明书；说明书应当详细说明申请品种的主要特征特性，育种过程和亲本来源，选择的近似品种及理由，新颖性、特异性、一致性、稳定性情况，适宜种植区域等。②品种特异性、一致性和稳定性测试结果。③相关性状有明确关联基因的，可提交该基因的检测结果。申请人可以在甘蔗品种权授予前修改或者撤回申请，但未经审批机关批准，不得擅自对甘蔗繁殖材料或收获物的销售时间和地点、培育人、育种过程、亲本来源等方面的实质性内容进行修改。对经实质审查符合《中华人民共和国植物新品种保护条例》规定的甘蔗品种权申请，审批机关应当作出授予品种权的决定，颁发品种权证书，并予以登记和公告。

### （三）甘蔗品种权保护期限

甘蔗品种权的保护期限，自授权之日起，为20年。

### （四）甘蔗检疫

检疫是引种和病虫害综合防治的一个重要且关键的环节，目的就是防止危险性种传病

虫害及杂草随种子、种苗（茎）、包装物及夹杂物调运等引起的从有病疫区向本地无病区传播的一个重要手段。甘蔗检疫是指对国内外引进的甘蔗材料（种茎、种子和种苗），利用物理、化学、分子等检测方法，对规定的病虫草害进行检测、处理和试种疫情监测的过程。爪哇于1890年就建立了甘蔗检疫制度，是世界上最先实行甘蔗检疫的国家。澳大利亚、美国和法国是甘蔗检疫要求最为规范和严格的国家，其检疫设施设备规范，检疫流程完备。随着国际合作交流的日益频繁，我国甘蔗及其相关行业引种检疫工作愈加重要。

引种是获取甘蔗良种的重要途径之一，但是也有外来病虫草害入侵的潜在风险，许多重要病害如真菌性病害黑穗病、细菌性病害宿根矮化病、白条病等，几乎所有的病毒病都是通过甘蔗种苗传播的。近年来，由于对甘蔗引种病虫害重视不够，各蔗区间相互引种、频繁调种和低质繁种，种苗带病虫问题十分突出，使得一些危险性病虫如蔗螟、黑穗病、宿根矮化病、花叶病等随种苗在蔗区间传播蔓延，给我国甘蔗生产安全带来严重的隐患。因此，甘蔗引种必须严格遵守《中华人民共和国进出境动植物检疫法》和《植物检疫条例》，各级各部门应该引起高度重视，建立健全甘蔗检疫制度，严格按照相关程序开展种苗检疫工作，保护甘蔗生产安全。

**1. 国（境）外甘蔗引进检疫规则**

（1）国（境）外甘蔗种质引进检疫。第十二届国际甘蔗技师会议制定了甘蔗种质引进规则：①每份引进的甘蔗种质，种茎为3～5段3芽苗，种子不超过10 g，严格禁止大量引进同一商业品种；②引进的甘蔗材料属于双边互换甘蔗品种的，要求双方出具无危险有害生物证书；③所有引进的材料须经口岸检疫后，送到特定场所进行隔离试种检疫。从国（境）外引进甘蔗种子、种苗和其他繁殖材料，应当经过检疫审批，取得《国（境）外引进农作物种子检疫审批单》后，方可引进；可能潜伏有危险性病虫的种子、种苗和其他繁殖材料，必须隔离试种，植物检疫机构应进行调查、观察和检疫，证明其确实不带危险性病虫的，方可分散种植。

（2）检疫设备设施。引种单位和个人应按照国（境）外引进农业植物种子隔离场所管理规范，在远离蔗区20 km以外建立相应的植物检疫隔离试种场（圃），包括甘蔗检疫温室和露天检疫苗圃。根据国际病虫检疫标准要求，甘蔗检疫温室要严格按照甘蔗生产要求进行设计与建造，保温、密封、通风、换气、消毒、除湿等功能要齐全，确保室内甘蔗生产的安全性，严防病虫传播。甘蔗检疫温室应分设有处理间、缓冲间和温室三个功能区，四周设有隔离沟，室内设有高密度防虫网等。

（3）甘蔗引种检疫程序。

①检疫申请。引种单位或个人或代理单位应当在协议前向引进种苗种植地的省级植物检疫机构提出申请，办理国（境）外引种检疫审批手续。审批实行农业农村部和省（自治区、直辖市）人民政府农业农村主管部门两级审核。

②港口检疫。输出国按照进口国的要求进行出口检疫，并附上相关检疫证明材料。在规定口岸入境，经过检疫人员检疫后，转移至甘蔗检疫站。

③甘蔗检疫站隔离检疫。引进的甘蔗种苗应当按照《国（境）外引进农作物种子检疫审批单》要求，安排在甘蔗专用隔离温室中种植，土壤、种植盆在带入温室前必须进行消毒，检疫期间温室要求用杀虫剂、杀菌剂处理，注意防虫。并针对审批单所列不能携带植

物检疫性有害生物组织开展监测调查，建立监测档案，负责监管的检疫机构出具《引进农业种苗疫情监测报告》。发现检疫对象，全部销毁。检疫温室隔离检疫 2 个生育期。

④检疫苗圃检疫。经检疫温室检疫后，种植在露天检疫苗圃检疫 1 年，无检疫性病虫害的甘蔗即可进行繁育和开展试验研究。

**2. 甘蔗产地检疫** 在境内生产甘蔗种子种苗应当在生产期间经过产地检疫；生产单位和个人应当在生产前向种子种苗生产所在地申请产地检疫。

**3. 甘蔗调运检疫** 甘蔗调运检疫必须根据 2017 年我国修订颁布的《植物检疫条例》规定执行。调运甘蔗种子种苗或其他繁殖材料，不论运往何地，在调运之前，都必须经过调运检疫。由调出单位或个人根据检疫要求向县级以上植物检疫机构申请检疫，经检疫合格获得植物检疫证书后方可调运。对可能被植物检疫对象污染的包装材料、运载工具、场地、仓库等，也应实施检疫。可凭产地检疫合格证明换植物检疫证书。

蔗区间相互引种、调种，必须加强检疫，尽量避免从检疫性病虫害发生区引种。生产甘蔗种子、种苗和其他繁殖材料的繁育单位，应当要有计划地建立无植物检疫对象的甘蔗种苗繁育基地；试验、推广的甘蔗种子、种苗和其他繁殖材料，不得带有植物检疫对象。甘蔗种苗生产经营单位或个人应当把植物检疫信息纳入生产经营信息档案。

**4. 甘蔗检疫对象** 根据 2017 年我国修订颁布的《植物检疫条例》，凡局部地区发生的危险性大、能随植物及其产品传播的病、虫、杂草，应定为植物检疫对象。检疫对象包括规定的甘蔗危险性检疫和其他甘蔗危险性检疫。规定的甘蔗检疫性病害包括甘蔗白色条纹病菌、玉米霜霉病菌、甘蔗流胶病菌、甘蔗斐济病毒、甘蔗凋萎病菌、甘蔗壳多胞叶枯病菌、香蕉穿孔线虫、甘蔗宿根矮化病菌、甘蔗线条病毒、甘蔗白叶病支原体等。规定的甘蔗检疫性害虫包括蔗根象、小蔗螟、白缘象甲、蔗扁蛾、褐纹甘蔗象、几内亚甘蔗象、红棕象甲、乳白蚁（非中国种）、刺盾蚧、南美玉米秆草螟、西南玉米秆草螟等。规定的甘蔗检疫性杂草包括黑高粱、假高粱（及其杂交种）等。其他甘蔗危险性病虫害检疫对象包括甘蔗嵌纹花叶病毒、甘蔗条纹花叶病毒、甘蔗霜霉病菌、高粱花叶病毒、甘蔗黑穗病菌、甘蔗黄叶病毒、甘蔗杆状病毒、甘蔗孢囊线虫、爪哇根结线虫、甘蔗螟、粉稻螟、非洲茎螟等。

各级各部门应该提高对潜在检疫性有害生物的认识，切实加强引种检疫，有效阻止危险性病虫害随种苗在蔗区传播，确保甘蔗种苗质量和安全生产，为蔗糖业可持续高质量发展提供安全保障。

**5. 甘蔗检疫检测方法技术** 甘蔗检疫检测技术包括化学物理检验法、微生物技术、显微技术、免疫学方法、分子检测方法等。应用国际标准的规范化的检疫程序及完善的甘蔗病害分子检测体系对引进和出口的甘蔗品种/材料进行准确的病虫害疫情监测和主要病害检测，是甘蔗安全生产和品种交换的前提和重要保证。云南省农业科学院甘蔗研究所在昆明建立了国际检疫标准的甘蔗检疫温室，并从澳大利亚和法国引进了主要病害检测技术及相关 PCR 引物、标准抗原和抗体等，建立了甘蔗主要病害检测技术体系包括白条病 PCR 检测技术、宿根矮化病血清检测技术（ELISA）和 PCR 检测技术、黑穗病 PCR 检测技术、花叶病 RT-PCR 检测技术、斐济病 RT-PCR 检测技术等。同时也建立了符合国际标准的甘蔗进出口检疫和疫情检测程序。此外，广西壮族自治区农业科学院甘蔗研究所、福建农林大学也承担甘蔗病虫害检疫检测工作。

# 第二节　甘蔗良种繁殖

## 一、甘蔗繁殖方式

甘蔗是异源多倍体或非整倍体作物，基因组庞大，遗传背景复杂。大田生产上甘蔗较少开花，在适宜的光、温、水等自然条件下甘蔗也会开花结实，但结实率低于5%，且有性杂交后代容易发生变异，难以保持原有甘蔗品种的优良性状。因此，在甘蔗生产中不能直接利用种子进行后代繁殖。甘蔗是利用其茎节上的侧芽进行繁殖的，其无性繁殖后代在生物学特征、工农艺性状和抗性等方面都保持与原甘蔗品种高度一致性和稳定性，亲代与子代遗传性状基本完全一致，不易产生遗传变异。无性繁殖后代细胞产生突变的概率很小，如体细胞芽变，且变异率比甘蔗用种子繁殖后代要低得多，因此在大田生产中都是利用甘蔗茎作为繁殖体进行繁殖。

## 二、甘蔗良种选择

种植甘蔗良种是提高甘蔗产量和蔗糖分最有效、最经济的手段。目前全国各育种单位选育出的甘蔗品种繁多，但是甘蔗品种具有明显的生态区域适应性，其工农艺性状尤其是产量和蔗糖分常因气候（光照、温度、水分等）、土壤、地形及栽培水平等不同而表现出明显的差异。因此，在进行甘蔗良种推广之前，应综合考虑不同蔗区的气候条件、水源、土壤、地形地貌等生态环境以及糖企、蔗农的需求，因地制宜，统筹规划，分区布局，充分利用甘蔗品种的生态适应性，配套适宜的栽培技术，最大限度地发挥该品种高产、高糖、高抗等优良性状，从而达到依靠甘蔗良种提高单产和蔗糖分的目标（广西甘蔗栽培编写组，1991；覃蔚谦，1995）。

## 三、甘蔗种苗类型及繁殖特性

按照繁殖体的类型，甘蔗种苗分为甘蔗种茎和组培苗；按照脱毒情况，甘蔗种苗又分为甘蔗脱毒种苗和非脱毒种苗。甘蔗脱毒种苗是指不携带目标检测病原的甘蔗脱毒种茎、甘蔗茎尖或腋芽健康组培苗及其在严格隔离条件下无性繁殖的甘蔗健康种茎。甘蔗良种可以通过种茎或脱毒健康组培苗2种方式进行扩繁，在生产上以种茎繁殖为主，在一些水肥条件好、种植管理水平较高的甘蔗良种繁育基地则选择采用甘蔗脱毒健康组培苗进行良种扩繁。

### （一）甘蔗种茎繁殖

目前生产上常用的繁种方式是通过甘蔗连续多年留种扩繁。甘蔗种茎包括全茎种、半茎种和尾梢部茎种，12～16节的夏秋植蔗可以全茎作种，冬、春植蔗以全茎长度的1/3长度或梢部以下30～40 cm作种为宜。种茎繁殖用种量大，繁殖系数低（年繁殖系数为3～5倍），繁殖速度较慢，甘蔗种茎繁殖数量往往跟不上实际生产的需求。

**1. 甘蔗脱毒健康种茎**　符合中华人民共和国农业行业标准《甘蔗种苗》（NY/T 1796—2009）规定，不携带目标检测种传病害（包括甘蔗花叶病毒、高粱花叶病毒、甘蔗宿根矮化病菌），生长健康，无明显肉眼可见病虫害，具有正常萌芽能力的甘蔗茎段，即可认定为甘蔗脱毒健康种茎。甘蔗脱毒健康种茎可通过以下 2 种方式获得：一是经50℃±0.5℃温水处理种茎 2 h 获得；二是通过种植甘蔗脱毒健康组培苗获得。使用甘蔗脱毒健康种茎繁育生产出的甘蔗种茎病虫害少、萌芽率高，长势强，品种优良种性得到很好地保留。甘蔗脱毒健康种茎也可直接在原料蔗大田生产上应用，其出苗率、分蘖率、株高、茎径、有效茎数、月生长速度、节间长度、产量、蔗糖分、抗病性等农艺性状方面均高于甘蔗非脱毒种茎，此外还可节约甘蔗下种量，延长宿根年限，有效降低甘蔗生产成本。

**2. 甘蔗非脱毒种茎**　作为无性繁殖作物，甘蔗种茎既是营养体又是繁殖体，在连续繁殖的过程中，受到甘蔗黑穗病、宿根矮化病、花叶病等多种种传病原物的反复侵染，病菌在种茎中积累量日益增加。通过甘蔗连续多年留种扩繁这种繁殖方式获得的甘蔗种茎属于非脱毒种茎，蔗种出芽率低，生长势弱，种传病虫害较多，品种种性容易退化，易造成甘蔗产量和蔗糖分下降，宿根年限缩短，给糖企和蔗农造成一定的经济损失。

生产实践表明，生长期为 6～8 个月，甘蔗茎可见节间为 12～16 节的甘蔗种茎质量最佳，此时的甘蔗蔗芽饱满、病虫害少，萌芽率高，蔗茎营养物质丰富，可全茎作种。生长周期为 11 个月及以上、可见节间 20～25 节的甘蔗植株，因生长周期长，蔗茎基部的蔗芽或因老化或受病虫为害等原因，大部分已经丧失发芽能力或发芽后蔗苗长势弱，只有占全茎 1/3～1/2 长度的蔗茎可以用作蔗种，因此生产上不建议生长周期长的甘蔗留全茎做种。农民习惯于使用原料蔗蔗梢部茎作种，由于是在砍收完甘蔗以后才开始种植，砍下的蔗种往往已经过 1～2 个月较长时间保存，若保存不当，易再次遭受病虫鼠害及不良气候如霜冻等的影响，导致蔗芽萌芽力降低，影响出苗。

### （二）甘蔗脱毒健康组培苗繁殖

以茎尖或腋芽组织培养技术为核心的甘蔗脱毒健康组培苗繁殖技术，可以有效去除甘蔗花叶病毒、高粱花叶病毒、甘蔗杆状病毒、甘蔗黄叶病毒、甘蔗宿根矮化病等甘蔗种传病害，是恢复甘蔗品种优良种性，提高甘蔗产量和蔗糖分最有效的途径。甘蔗脱毒健康组培苗繁育具有繁殖系数高、快繁成本低、育苗时间短、育苗成活率高等优点。

## 四、甘蔗良种繁殖制度

为确保可获得高纯度、高质量的种苗和提高种苗扩繁能力增加繁殖系数，需要建立合理的甘蔗良种繁殖制度，即：无毒种苗圃、原原种、原种、大田生产用种的无病种苗圃——三级良种繁育的繁殖制度。这是目前应用最为广范的一种甘蔗良种繁殖制度。甘蔗种苗（茎）类别分为育种家种子、原原种、原种、大田生产用种。

**1. 育种家种子**　育种家育成的遗传性状稳定的甘蔗品种，用于进一步繁殖甘蔗原原种。

**2. 甘蔗无病种苗圃**　甘蔗优良品种或引进材料经过病害检测，将无病种茎栽植于网室中，有病害的种茎则需要进行脱毒处理。利用已脱毒种茎建立甘蔗无病种苗圃。

**3. 甘蔗原原种**　是指已通过国家非主要农作物品种登记的甘蔗品种，在品种育成人（育种完成单位）直接控制下，并在严格控制的隔离种植条件下，采用育种家种子或无毒健康种茎或甘蔗脱毒茎尖/腋芽组培苗，按照原原种生产技术规程生产的达到原原种质量标准的，纯正、无病原菌无虫害、健康的一代甘蔗无性种茎（一级种茎），可用于进一步繁殖甘蔗原种种茎。原原种要求在网室、大棚或周边 1 km 内无甘蔗种植且有围墙的地块内繁殖。

**4. 甘蔗原种**　以原原种为蔗种，在一定的种植管理条件下，通过种茎无性繁殖生产的高纯度、无病虫害的健康甘蔗种茎（即二级种茎）。

**5. 大田生产用种**　以甘蔗原种为蔗种，在一定的种植管理条件下，通过种茎无性繁殖生产的较高纯度、健康的，可直接用于大田生产的甘蔗种茎（即三级种茎）。

在原原种、原种、大田生产用种的繁殖生产过程中，种植不同甘蔗品种的地块应该相隔 5 m 及以上，以保证品种纯度。由于各蔗区气候条件不同，自然环境中如空气、水、土壤等病虫害种类及数量不同，种植管理水平不同，为保证获得高质量的甘蔗种茎，一般在田间繁育 2 年收获 2～3 个代次为宜，一级种茎和二级种茎也可直接提供大田生产种植。在进行甘蔗品种繁殖前，须对前茬蔗蔸进行彻底粉碎；如果条件允许，繁殖生产不同品种的地块应该实施轮作。

## 五、甘蔗种苗繁殖方法

甘蔗种苗繁殖方法主要有 2 种：种茎繁殖法、组织培养繁殖法。

### （一）甘蔗种茎繁殖法

甘蔗种茎繁殖方式主要包括一年一采、一年两采、两年三采、多次采茎繁殖法等 4 种方式。种植时种茎可砍成单芽、双芽、三芽或多芽茎段。

**1. 一年一采繁殖法**　2 月中上旬种植，9 月中上旬采茎；6 月下旬前种植，翌年的早春采茎；偏北蔗区如桂中，5 月中旬前种植，翌年的早春采茎。

**2. 一年两采繁殖法**　在广西北海、广东湛江等地年平均气温较高的蔗区，可以实现蔗茎一年两采，一般选择在气候转暖的 2 月中上旬种植，当年早秋第一次采茎并留宿根，翌年早春初夏二次采茎。如果合理密植并加强水肥、病虫草害等田间管理，每公顷种茎产量可达 60～75 t。种茎采收后晒种 1～2 d 即可下种早秋植，按每公顷 6 t 下种量计算，早秋植可以扩繁到 150～187.5 $hm^2$。早春种植的蔗地在早秋种茎砍收后应及时进行宿根蔗的管理，尤其是要加强水肥管理，在翌年 3 月底前早秋植蔗和宿根蔗均可进行第二次采茎，采茎量为 660～937.5 t。经过一年两次采茎，每公顷甘蔗就可以扩繁到 1 500～2 340 $hm^2$。

**3. 两年三采繁殖法**　根据当地蔗区气候条件，2 月中下旬种植，第一次在 8 月下旬或 9 月中上旬第一次采茎并留宿根，采茎量为 4～5 t；采茎后可进行秋植，第二次在翌年晚春或早夏或夏中采秋植种茎和宿根茎，采茎量为 40～62.5 t，可以扩繁到 1 800～2 520 $hm^2$；第三次在翌年秋末冬初采茎，新植和宿根蔗采茎量为 480～840 t，可以扩繁种植 18 000～31 500 $hm^2$。该繁殖方法适合广西南部、广东南部和海南蔗区。

**4. 多次采茎繁殖法**　在种源极少的情况下可以采用多次采茎。2 月中下旬种植，在夏、秋季期间，只要甘蔗植株有 6～8 个可见蔗茎节间即可采茎繁殖，一般斩成单芽或双芽茎段。这样经过连续几次采茎，繁殖系数可达几百倍。

采用一年两采或多采的种茎繁殖法，可以较快实现甘蔗良种的快速繁殖，大幅提高良种繁殖速度。在我国年平均温度超过 20℃以上的蔗区，在自然条件下完全可以采用一年两采或两年三采的良种种植繁育制度。

**（二）组织培养繁殖法**

用于甘蔗组织培养的外植体包括幼嫩心叶、叶鞘、腋芽及茎尖等。甘蔗组培苗获得途径有两个：嫩叶常用于愈伤组织途径，而茎尖则用于直接诱导分化成芽。一是利用甘蔗幼嫩的组织器官如心叶、叶鞘等为外植体，在条件适宜条件下进行离体培养，经诱导脱分化形成愈伤组织，在适宜的光照、温度和营养物质与植物激素等培养条件下，愈伤组织开始分化产生幼芽、幼叶和根，进而发育成一棵完整的甘蔗植株。通过愈伤组织脱分化得到的组培苗易产生变异，且随着继代代数的增加，变异率逐渐加大。二是利用茎尖离体培养直接分化成丛生芽苗，通过继代增殖培养和诱导生根，最后形成大量完整的小植株，这种繁殖方法，在继代 8 代以内变异率极低，能很好地保持原品种的优良种性。

甘蔗组培快繁已成为甘蔗品种快速繁殖的有效手段。与种茎繁殖相比，利用组织快繁技术扩繁甘蔗种苗，其繁殖速度快、繁殖系数高，种苗繁殖倍数达到数千倍甚至数万倍；并可根据种植品种需求，常年可规模化、工厂化生产出脱毒健康的甘蔗组培苗供大田生产应用，从而解决蔗区甘蔗优良品种种苗短缺、蔗种运输量大、运输成本高及优良品种推广缓慢等问题。这是常规蔗茎繁殖方法无法相比的，极大地加快了甘蔗良种繁育，促进甘蔗良种推广。

## 第三节　甘蔗良种推广

### 一、甘蔗良种推广原则

甘蔗品种具有明显的生态区域适应性，为充分发挥甘蔗优良品种高产、高糖的特性，采用引种、试验、繁殖、示范和推广相结合的办法，推广应用甘蔗优良品种。甘蔗良种推广种应遵循以下原则：

**1.** 拟推广应用的甘蔗品种必须通过国家非主要农作物品种登记。

**2. 甘蔗品种选择**　甘蔗品种推广前，应首先在不同蔗区、不同水肥条件下进行小量引种试验，积极组织糖业企业、种植公司及种植大户等“看蔗选种”，初步选定一个或多个甘蔗品种进行下一阶段的大田生产性试验示范，并根据品种种性特征及工农艺性状如分蘖、有效茎、单产、蔗糖分、抗逆性、宿根性等的综合表现，确定适宜本蔗区的甘蔗品种及其相应高产高糖栽培技术。

在国内现有的甘蔗收购价格定价体制下，绝大部分糖企是以甘蔗品种来定价，按质论价体系还不完善。糖企与蔗农之间对甘蔗良种的需求定位不同，糖企需要高糖甘蔗，蔗农需要高产甘蔗；对于不同栽培、管理、收获方式，蔗农对甘蔗品种的要求也不一样，“耕、种、管、收”过程能实施全程机械化生产管理的，宜选择具有分蘖性强、宿根性好、中小茎、抗倒伏等特性的宜机化甘蔗品种，而选择人工收获方式的，则需要种植中大茎、易剥叶的甘蔗品种。因此单一具有最高蔗糖分或最高蔗茎产量的甘蔗品种对于糖企和蔗农而言不一定是要推广种植的甘蔗品种。因此甘蔗品种的选择，除了要考虑品种的高产高糖之外，还要综合平衡糖企、蔗农双方的经济利益，做到工农双赢，才能有利于甘蔗良种的推广，促进蔗糖产业的可持续健康发展。

**3. 种苗繁殖**　在确定要推广的甘蔗品种后，在良种繁育基地种植甘蔗健康脱毒种苗，尤其是应用健康组培苗扩大繁殖种苗，为短期内获得大量的纯正的甘蔗健康种苗和推广应用提供充足的种源保证。

**4. 良种良法**　提供不同甘蔗品种高产高糖栽培技术规程和病虫草鼠害综合防控技术，做到绿色、节本、增效；通过良种配套良法，充分发挥良种增产增糖的作用。

**5. 因地制宜示范推广甘蔗良种**　开展甘蔗优良品种高产高糖种植示范，积极推广适合当地蔗区气候条件、农业生产条件（如土壤、耕作制度、水肥条件、机械化等）及综合性状优良的甘蔗品种。在无灌溉条件的旱坡地应推广前期生长较快、抗旱耐贫瘠的甘蔗品种；在土壤和水肥条件较好的蔗地应推广需水需肥较多的高产高糖甘蔗品种；在易出现低温、霜冻的蔗区应推广耐寒性强、前期生长快的甘蔗品种；在甘蔗生产机械化程度高的蔗区，应推广中小茎、抗倒伏、分蘖性及宿根性强的甘蔗品种；在机械化程度低的蔗区推广大茎、易剥叶、抗倒伏的甘蔗品种。因此，甘蔗良种的推广是基于对品种种性了解的基础上开展的，只有因地制宜地选择和推广适宜本区域条件的甘蔗品种，才能使品种得到糖企和蔗农的接受，才能在短期内获得快速推广。在甘蔗良种推广过程中，根据蔗区需求，及时提出蔗区良种推广的年度计划并制定良种繁殖实施方案和任务，确保下一年度良种种源供应。

**6. 大力推广种植甘蔗脱毒健康种苗**　提倡种植甘蔗脱毒健康种苗，如种植脱毒健康组培苗、脱毒健康种茎，从蔗种源头上减少病原菌，降低病害发生概率，从而提高甘蔗产量和蔗糖分，延长宿根年限，降低种植生产成本，提高蔗农经济效益。

**7. 合理搭配早、中、晚熟甘蔗品种**　甘蔗品种单一，蔗区安全性受到威胁。多年的种植经验得出，一个蔗区应该种植多个主要品种才具有较强的应对自然灾害的能力，否则，一旦出现干旱、霜冻、病虫害的自然灾害，甘蔗的产量就会受到严重影响。合理的品种种植结构有利于提高甘蔗单位面积产量和蔗糖分，早、中、晚熟品种合理搭配能降低品种单一化和成熟期单一化程度，对延长甘蔗高糖期和提高蔗糖分具有重要的作用，能显著提高蔗农和糖厂的经济效益。糖企通过糖厂农务信息管理系统可以合理安排原料蔗的砍运榨，根据糖企的入榨量，保证甘蔗能新鲜入榨。根据生产实际，淘汰一些低产、低糖、抗病性差的甘蔗品种；根据各地区的实际情况来定早、中、晚熟品种的搭配种植比例。

## 二、甘蔗良种供应渠道及供种方式

### （一）甘蔗良种供应渠道

目前，我国糖料蔗良种供应渠道主要有：持甘蔗种子种苗生产经营许可证的繁种企业（合作社）供种、育种单位提供甘蔗种苗给种植大户繁种、农民自留种等。

**1. 农民自留种**　农民自留种是目前我国糖料蔗生产的供种主渠道，占70%左右，也是农民习惯的传统留种方式，成本低，无现金支出，蔗农易于接受，尤其在蔗价低迷的情况下，农民大多选择自留种。农民自留种多选择甘蔗梢部或原料蔗全茎作种，其存在较多弊端：

（1）*蔗种纯度较低。*常年种植甘蔗的蔗地因上一茬蔗蔸未能彻底清除，往往混杂有

2～3 个甘蔗品种，蔗农不选种难以确保种苗的纯度，同一地块混合种植不同甘蔗品种不利于后期生产管理。

（2）甘蔗种茎质量差。甘蔗是无性繁殖作物，反复多年宿根后，种茎遭受多种病原菌反复侵染并在蔗茎中逐渐积累，导致蔗种萌芽率低，蔗株生长势弱，甘蔗病虫害多，致使甘蔗产量和蔗糖分逐年下降。

（3）留种时间较长，影响甘蔗种茎出芽。砍下的尾梢种或留在蔗地上的原料蔗全茎种往往要在甘蔗全部砍收结束后才能翻蔸新植，留种时间在 1～2 个月左右，这期间不可避免再次遭受病虫鼠的危害及低温、霜冻等的影响，导致种茎含水量减少，营养物质损耗，蔗芽受到损伤，全茎种下部蔗芽持续老化等等，种茎质量变差，发芽率降低。

（4）下种量大。由于农民自留种茎质量差，而为了节约劳动力蔗农不选种、不消毒，导致只能通过加大下种量才能确保种植后有足够的有效苗数。

**2. 持证繁种企业供种**　持证繁种企业拥有自己的甘蔗良种繁育基地，基地基础设施较好，种苗生产管理技术、措施规范，尤其是水肥管理及病虫害防治到位，健康种苗生产专业化程度高，依法依规强化种子生产经营管理，因此生产出的甘蔗种苗品种纯度高，质量好；但生产成本较高，生产的甘蔗种茎远远不能满足蔗区的用种需求。

**3. 种植大户供种**　除了持证繁种企业生产经营甘蔗种苗之外，还有一部分是通过甘蔗育种单位提供种苗给种植大户自行繁种后供种。种植大户因生产管理技术水平参差不齐，部分为了节约生产成本甚至按照种植管理原料蔗的粗放模式来管理、生产甘蔗种茎，导致种茎质量良莠不齐。有一部分种植大户、制糖企业从其他繁种基地调种再进行扩繁、供种，由于频繁调种和对甘蔗品种识别不清，往往造成甘蔗品种纯度不高。

### （二）供种方式

甘蔗供种方式有：全茎种、尾梢种、半茎种、切段式芽段种和脱毒健康组培苗等。其中商品化供种以全茎种、切段式芽段种和脱毒健康组培苗为主。

要提前做好种子供应准备工作。加强繁种企业、育种部门、制糖企业与蔗农之间的沟通协调工作，做好种苗近期和远期良种供应规划及运输计划，做到长远和短期相结合，保障蔗种需求供应。一是要做好本地良繁体系建设规划与实施工作；二是要因地制宜选择适合当地的良种，加大推广应用；三是糖料蔗一、二、三级良种繁育基地建设项目实施计划要与当地蔗区种植计划衔接，力争三级良繁基地出圃种茎满足“双高”基地建设新植所需蔗种供应；四是要加大项目经费投入，通过项目带动，不断促进良种推广应用。同时，育种部门要根据区域适应性及生产实际需要，做好近期及长期育种计划。对自留种的，要按照相关技术要求，择优留种，确保留种用种质量。

### （三）甘蔗良种推广

为做好甘蔗良种供应及推广工作，应以一、二、三级甘蔗良种繁育基地为依托构建甘蔗良种繁育推广体系，加快推进甘蔗良种“育繁推”一体化，依法依规强化甘蔗种苗生产经营管理，加强质量检测与市场监管，提高甘蔗种苗质量。要转变农民自留种习惯，推进甘蔗繁种企业工厂化加工生产切段式甘蔗健康种茎，加快甘蔗种苗商品化进程和推动甘蔗种业产业化。

（1）加快推进“育繁推”一体化体系。积极发动有资质的繁种企业、科研院所、制糖企业积极参与糖料蔗良种繁育，制定甘蔗良种“育繁推”一体化体系建设规划；加快良繁基地建设，尽快建成一批基础设施完善、技术设备齐全、种苗质量有保障、运营管理良好的良种繁育基地，争取蔗区提供品质优良、蔗农接受、企业欢迎的糖料蔗品种。要不断完善甘蔗良种选育、繁育推广及质量检测监管能力，大力推广甘蔗脱毒健康种苗，使“育繁推”一体化体系在糖料蔗生产中发挥应有的作用。争取国家加大对糖料蔗良种补贴的实施力度，不断提高补贴资金，扩大补贴范围。

（2）加快推进合同订单式供种。把育种单位、繁种企业、糖业企业、蔗农和质量监管等通过甘蔗良种有机联合起来，育种单位推荐扩繁的甘蔗品种，糖业企业、蔗农提出对品种及用种量的需求并通过订单合同的形式表现出来，繁种企业统筹制定年度供种计划并进行生产，改变在甘蔗品种选择、种茎生产和供种销售过程中的盲目及无序状态，以及提高种茎质量，着力构建集甘蔗品种选育、种茎（苗）繁殖、生产加工、销售、技术服务和示范推广等为一体的甘蔗种业全产业链生产经营模式，搭建甘蔗良种供求信息化平台，为主要产蔗区提供品质优良、蔗农接受、企业欢迎的甘蔗品种及稳定、优质、健康的甘蔗种源。

（3）加大对甘蔗新品种的宣传、示范和推广力度。举办“看蔗选种”活动和品种种植示范，积极组织制糖企业、种植大户、繁种企业进行品种观摩，提高蔗农种植优良新品种的积极性，因地制宜选择适合当地的品种，进一步优化糖料蔗种植品种结构。

（4）强化蔗种质量监督管理。建立商品化甘蔗种茎（苗）质量追溯系统，可实现正向可追溯、逆向可追责的甘蔗种茎质量追溯体系，通过建立企业甘蔗种茎（苗）质量检验检测标准，规范良种繁育基地建设和健康种茎生产管理、商品种茎（苗）生产工艺流程和质量指标等，提高甘蔗种茎（苗）质量检测能力，确保糖料蔗生产用种质量安全。重点是推进糖料蔗种子生产经营管理，完善种子生产技术标准，强化市场监管能力建设，进一步构建完善覆盖主产蔗区的糖料蔗种子质量检验检测体系，确保糖料蔗生产用种质量安全。

（5）加强技术培训，强化良种配套良法。繁种企业及时追踪销售对象甘蔗种植生产情况，联合育种单位为蔗农提供甘蔗品种高产栽培技术并不定期开展技术培训，不断强化技术指导，组织技术人员深入蔗区，对生产的各个环节进行现场指导，逐渐改变甘蔗种植质量不高、管理粗放、单产和糖分低的现状，充分发挥甘蔗良种高产高糖的特性，以技术促良种推广。

## 第四节　甘蔗健康种苗技术在良种繁育与推广中的应用

### 一、甘蔗健康种苗生产技术体系

甘蔗健康种苗是指通过种茎温汤处理或腋芽茎尖培养等方法脱去甘蔗体内病菌的腋芽试管苗或种茎及其无性繁殖种茎苗，以及在不同隔离条件下逐代繁育并符合标准的原原种、原种和生产用甘蔗种苗。甘蔗良种繁育的核心技术就是甘蔗脱毒种苗生产技术。甘蔗健康种茎生产体系包括在设施条件下生产甘蔗脱毒组培苗、原原种、原种、大田生产用种。种茎质量检测将针对不同环节产出的种茎进行各项质量相关指标检测。甘蔗健康种苗生产技术体系流程见图 10-1。

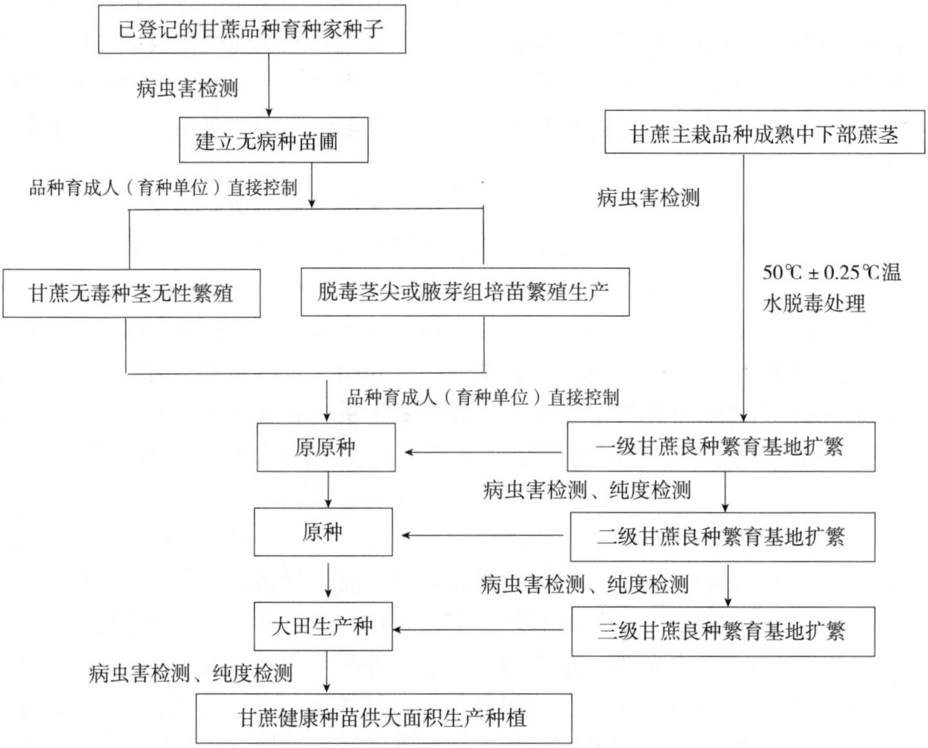


图 10-1　甘蔗健康种苗生产技术体系流程

### （一）基本单元组成构件

甘蔗脱毒种苗繁育基本单元组成构件主要包括无病种苗圃、甘蔗脱毒健康组培苗及假植圃、一级良种繁育基地（苗圃）、二级良种繁育基地（苗圃）、三级良种繁育基地（苗圃）。

### （二）甘蔗无病种苗圃

甘蔗优良品种或引进材料经过病害检测，将无病种茎栽植于网室中，有病害的种茎则需要进行病毒脱除。甘蔗无毒（脱毒）种茎获取途径有 2 种方式：一是从非病区的无病蔗田采集种茎，二是经 50℃±0.2℃温度处理甘蔗种茎 2 h 获得脱毒种茎，具体生产流程按照甘蔗温水脱毒种苗生产技术规程（DB53/T 370）规定执行。利用已脱毒种茎建立甘蔗无病种苗圃。病害检测对象包括甘蔗花叶病毒、高粱花叶病毒、甘蔗黄叶病毒、甘蔗杆状病毒、白条病、白叶病、梢腐病、赤条病、黄斑病、凤梨病、波条病、甘蔗流胶病、赤腐病、黑穗病、宿根矮化病等甘蔗种传病害检测。甘蔗无病种苗圃的无毒种茎可直接提供给一级良种繁育基地（苗圃）繁育原原种或作为组培外植体生产脱毒健康组培苗。

### （三）甘蔗脱毒健康组培苗技术

在无菌条件下，从脱毒种茎上选取相应的外植体（腋芽、幼嫩心叶、叶鞘及茎尖等），消毒灭菌后接种在含有外源激素的 MS 培养基上，25～30℃条件下进行培养，通过愈伤组织分化成苗途径或茎尖直接诱导分化成丛生芽苗，再通过继代增殖的方式获得大量的甘蔗组培植株。一般每 15～20 d 继代一次，继代次数不能超过 8 代，以免因继代代数过多造成植株变异。因此当继代的植株数量达到生产计划要求后，可诱导丛生苗分化生根，待植株长至 3～5 cm 即可移植到瓶外进行炼苗。生根组培苗通过一苗圃假植（丛栽苗假植）、二级苗圃假植（分单株假植），待蔗苗长至 20～30 cm 即可移栽至一级种苗田进行栽种（黄诚梅等，2005；梁永检等，2014）。

在甘蔗健康脱毒组培苗生产过程中，利用间歇浸没式生物反应器（Temporary immersion bioreactor system，TIBs）进行甘蔗健康组培苗快繁，相比传统的组培增殖模式，可以极大提高种苗的增殖系数和繁殖速度，降低组培苗生产成本（杨柳等，2011）。TIBs 是一种用于植物组织快繁及次生代谢产物生产的系统，属半开放式培养，利用液体培养基以经过过滤的空气压力为动力对组培苗进行间歇式培养。间歇浸没式生物反应器可以使容器中气体和培养基中气体很好地进行交换，可为组培苗提供更多的 $O_2$ 和 $CO_2$，达到快速繁殖的目的，且该系统自动化程度高。TIBs 培养用于甘蔗快繁研究最早在古巴开展，国内在 2006 年开始这项工作。TIBs 系统可使甘蔗组织培养一代增殖 40 倍以上，远远高于传统组培方法，且培养的甘蔗组培苗抗性更强，幼苗移栽成活率更高。在两个月的培养周期中，只需要更换两次培养基，材料无须转接，节省人力物力。

因为受到残留的植物生长激素影响，组培苗植株生长速度快、分蘖力强、成茎率高，可迅速扩大种量，极大地加快了甘蔗良种繁殖速度。由甘蔗脱毒健康组培苗生产获得的第一代甘蔗脱毒健康种茎，具有蔗芽萌芽率高，早生快发，蔗苗生长势强、分蘖性好，宿根性强，无种传病害，品种纯度 100%等优点，种茎质量高。与普通种茎相比，种植甘蔗脱毒健康组培苗一代脱毒健康种茎可节约用种量 30%～50%，并可延长甘蔗宿根年限，显著增加甘蔗单位面积产蔗量和产糖量，有效降低蔗种及种植生产成本，降本增效，提高蔗农和糖企经济效益（黄诚梅等，2005；梁永检等，2014）。因此，大力发展甘蔗脱毒健康组培苗工厂化繁育及生产繁殖甘蔗脱毒种茎，对于解决甘蔗优良品种繁殖、推广速度慢，品种纯度不高，种茎质量差等难题，推进甘蔗种茎商品化、种业产业化具有十分重要的意义。

### （四）甘蔗温水处理脱毒种苗生产技术

云南省农业科学院甘蔗研究所研究开发了甘蔗温水处理脱毒种苗工厂化生产技术，形成温水脱毒方法、工艺流程和甘蔗脱毒种苗快繁技术体系，具有显著的增产增糖效果：新植蔗产量增幅 16.51%～31.17%，一年宿根产量增幅 22.21%～28.55%，两年宿根产量增幅 19.77%～33.0%；蔗糖分提高 0.35%～0.86%。技术要求如下：选择生长健壮的成熟中下部蔗茎，去除蔗叶，将种茎砍成 2～3 芽切段，将砍好的甘蔗种茎装入网袋堆放在处理吊篮中，在流动冷水中浸泡 48 h 后，采用甘蔗温水处理设备进行温水（50℃±0.2℃）脱毒处理 2 h。种茎从处理池吊出后立即用冷水喷洒降温，再用 50%多菌灵 800 倍浸种5～10 min 以避免胚芽腐烂。脱毒处理后甘蔗种茎可立即种植，也可摆放 1～2 d 待胚芽硬化后种植。在工厂化生产甘蔗脱毒种茎的基础上，建立无毒苗圃和三级苗圃制，通过一、二、三级苗圃扩繁，为大面积生产提供脱毒健康种苗。

### （五）甘蔗健康包衣种茎生产技术

广西壮族自治区农业科学院甘蔗研究所研发了甘蔗健康包衣种茎生产技术，技术路线：品种选择→脱毒组培苗生产→甘蔗良繁基地健康种茎生产→甘蔗种茎工厂生产商品化健康种茎→蔗种贮存/配送→机械化精量减量种植→生产全程机械化。规模化、标准化、机械化、信息化的甘蔗良种繁育基地建设和甘蔗种茎工厂化生产加工工艺流程见图10-2、图10-3。

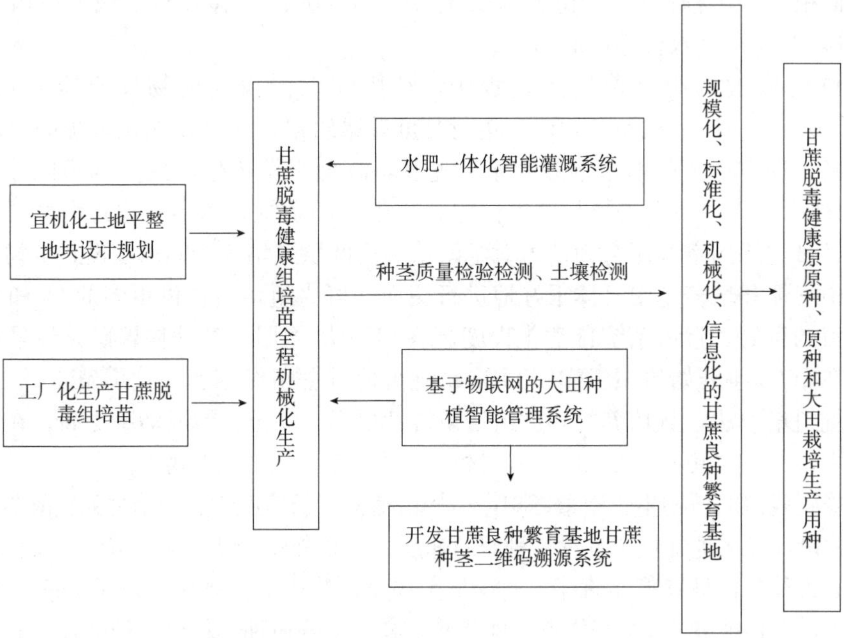


图10-2　规模化、标准化、机械化、信息化甘蔗良种繁育基地建设工艺流程

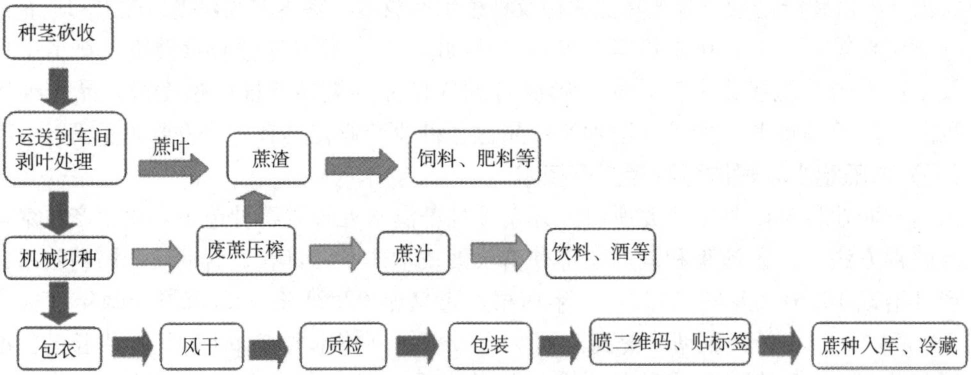


图10-3　甘蔗种茎工厂化生产加工工艺流程

依托甘蔗良种繁育基地生产健康种茎，以此作为甘蔗种茎加工厂蔗种加工生产的原料（种源），生产高质量商品化健康种茎供生产应用。以甘蔗健康种茎为原料，经剥叶、机械切种、浸种消毒、种茎包衣、干燥处理等一系列工厂化生产线加工而成的标准化单芽段或双芽段甘蔗种茎。

### （六）标准化甘蔗良种繁育基地建设及栽培技术要求

**1. 基地选址条件**

（1）符合土地利用总体规划、土地整治规划、当地农业发展和农村建设规划，且不属于

《高标准基本农田土地整治建设规范》(DB45/T 951—2013)及相关法律法规禁止的区域。

(2)自然条件较好，全年无重大霜冻灾害。水源充足，水质符合农田灌溉要求，土壤肥力中上，适合甘蔗生长。

(3)无土地权属争议，土地相对连片集中，基地土地使用权10年以上，基地周边1 km内没有种植甘蔗、玉米等作物，交通便利。

**2. 建设内容** 包括土地平整工程、灌溉与排水工程、田间道路工程等三项工程。

(1)土地平整工程。包括地块修筑及耕作层地力保持工程，地块修筑工程有条田修筑、梯地修筑和其他地块工程，耕作层地力保持工程包括客土回填和表土保护。土地平整工程主要由土石方开挖、土石方回填、表土剥离和回填、田块内挖高填低、田埂修筑等。

(2)灌溉与排水工程。根据甘蔗良种繁育基地项目区内土壤条件、水源情况、规模经营模式及程度等，因地制宜开展灌溉与排水工程建设。包括水源工程、输水工程、喷微灌工程、排水工程、渠系建筑物、泵站及输配电工程等二级工程、塘堰(坝)、农用井、小型集雨设施、明渠、管道、地面灌溉、喷灌、微灌、明沟、暗渠(管)、涵洞、农桥、水闸、陡坡、量水设施、泵站、输电线路、配电装置等三级工程。

(3)田间道路工程。包括田间道路和生产路工程。田间道路分为田间主道(连接村庄与村庄)和田间次道(连接村庄与次道)，生产路是连接田块与田块之间的道路，道路附属建筑物有回车台、错车台、下田坡道等。

**3. 工程建设原则与标准**

(1)土地平整工程。

①建设原则。主要依据《高标准基本农田土地整治建设规范》(DB45/T 951—2013)和《广西壮族自治区土地整治建设标准》，归并零碎地块，降低糖料蔗种植区地面坡度，提高耕地平整度和集中程度，并结合甘蔗良种繁育基地建设实际具体进一步细化制定工程建设方案。

②耕作田块布置。田块布置应有利于甘蔗的生长发育，田块形状外形规整，利于机械化生产和田间管理。

③耕作田块坡度。地面坡度要控制在13°以内；旱地平整为坡式梯田、隔坡梯田。

④土地平整单元。以机具作业无障碍、连续作业效率高为原则。平原区以耕作田块或格田为土地平整单元，丘陵山区以梯田每一台梯面为土地平整单元。地块要求满足单块长200 m以上、宽25 m以上(0.5 $km^2$及以上)，整合后相对连片面积13.3 $km^2$以上。如单幅地块长度超过1 000 m的，原则上以500 m长度划分地块。

⑤平整度。地块内部局部起伏高差应控制在10 cm以内；清除地面以下60 cm范围内的石质等障碍物，并对母质层的漏斗进行填实。

⑥耕作层地力保持工程。平整后旱地耕作层厚度不小于20 cm，土层厚度不小于60 cm，耕作下层40 cm内无障碍层次，地里没有障碍物(石头、树根等)。

(2)灌溉与排水工程。

①建设原则。

a. 优先建设蔗地灌溉水源工程和输水工程。在选择水源时应先地表水，后地下水，在满足灌溉用水量和水质要求等的情况下，优先选择距项目区较近的水源。水源紧缺的，可通过修建引蓄工程收集雨水作为灌溉水源。输水工程应科学选择渠道或管道等。

b. 基地的田间灌溉工程可选择地面滴灌、地埋滴灌和喷灌等高效节水灌溉措施，田间设施应不影响机械化作业。

c. 统一经营管理水平较高的甘蔗良种繁育推广基地，应配备智能化灌溉控制设备设施，实现水肥药一体化；同步建设监测设备和信息服务网络，实现用水监测管理，提高精细化管理自动化水平。统一经营管理水平较低的甘蔗良种繁育推广基地，渠道输水工程应合理配套田间渠系工程，管道输水工程应在干支管网配置出水阀，以满足灌溉用水要求。

d. 实施滴灌、喷灌等田间高效节水灌溉工程和水肥一体化应与基地实施主体管护能力相结合，并在项目区完成土地整合、蔗区土地整治和道路建设的基础上进行建设。工作程序为：完成土地整合→落实种植标准化、耕作机械化要求→完成土地整治、蔗区道路建设→建设田间灌溉与排水工程。

②建设标准。

a. 灌溉水源水质应符合《农田灌溉水质标准》（GB 5084）的规定，枯水期水源保证率不得低于85%。

b. 灌溉设计标准应符合《灌溉与排水工程设计规范》（GB 50288）、《小型农田水利工程规划设计导则》（DB45/T 952—2013）的规定。地面灌溉设计保证率应达到75%以上，滴灌、喷灌等田间灌溉设计保证率应达到85%以上。

c. 糖料蔗灌水定额、灌溉制度等主要参数设计应满足当地灌水要求，设计标准应符合标准要求，如广西地方标准《糖料蔗高效节水灌溉工程设计导则》（DB45/T 1196—2015）、《糖料蔗灌溉定额及灌溉技术规程》（DB45/T 1197—2015）等的规定。

d. 滴灌、微喷灌等毛管间距和孔口间距应符合《微灌工程技术规范》的要求，采用地表滴灌、地埋滴灌和微喷灌的糖料蔗区从方便机械砍收和甘蔗植株数量、种植行距等方面考虑，固定式喷灌工程工作支管间距和喷头间距应符合《喷灌工程技术规范》的要求。

e. 沿地块行长方向修建排水沟，排水标准要求十年一遇。

（3）田间道路工程。

①布置原则。应按地形、地势及耕作要求并结合原有路网、桥涵等进行布置，避免大改大调或大挖大填，避开工程地质和水文地质不良地段，尽可能裁弯取直，确保通达度最高，下田耕作最方便，占用耕地最少。机耕道路（生产路）必须满足农机作业地头回转及运输车辆行走要求。

②建设标准。

a. 路面宽度。田间主道路面行车宽度应在4.5～6.0 m，路基宽5.3～7.0 m；田间次道路面行车道宽4.0～5.0 m，路基宽4.3～6.0 m；田间道路面高于田面5 cm，道路密度不小于30 m/hm$^2$。机耕道路（生产路）路面宽度为4m以上，路基宽4.5～5.5 m，路面不高于田面5 cm，道路密度要求在40 m/hm$^2$以上。

b. 路面材料。田间主道、田间次道和生产路均可采用泥结石路面。有条件的甘蔗良种繁育推广基地，田间主道可采用混凝土路面。路面压实度应满足糖料蔗生产运输需要。

c. 路肩。道路两侧砌筑素土路肩，其顶面高程与路面高程一致，压实度不小于0.93。

### （七）甘蔗原原种栽培技术

**1. 基地田间生态条件**

（1）隔离条件。原原种在网室、网棚或有围墙的田块内繁殖，种植不同甘蔗品种的地块应相隔 5 m 以上。基地周边 1 km 内没有种植甘蔗、玉米等作物。

（2）生产条件。

①土壤条件。可耕土层厚度 60 cm 以上，质地沙壤土至轻黏土，pH 5.0～7.0，肥力中等水平以上。利用甘蔗种茎进行繁殖的地块要求前茬为其他作物。

②气候条件。全年大于 10℃的活动积温 6 000℃以上，年日照时数 1 600 h 以上，年降水量 1 200 mm 以上。全年无重大霜冻灾害。

**2. 蔗田规划设计** 应符合甘蔗良种繁育推广基地建设规范土地平整单元的技术要求。

**3. 品种选择** 选择适合当地蔗区生态条件，通过国家非主要农作物品种登记的甘蔗品种。

**4. 繁育方法**

（1）种茎繁殖法。在南部蔗区，2 月中上旬种植、9 月中上旬采茎，6 月下旬前种植、翌年早春采茎；在偏北蔗区，5 月中旬前种植，翌年的早春采茎。可一年两采，即 2 月中上旬种植，当年早秋采茎；或早秋种植，翌年早春采茎。或两年三采，即 2 月中下旬种植，第一次在 9 月中上旬采茎，第二次在翌年晚春或早夏采茎，第三次在翌年秋末冬初采茎。

（2）脱毒健康营养杯苗繁殖法。在南部蔗区，2 月下旬前种植，7 月中旬前采茎扩繁；或 6 月上旬前种植，翌年的早春采茎；在偏北蔗区，5 月上旬前种植，翌年的早春采茎。同一地块可以通过 1 年新植，采用两年三采方式收获原原种种茎。

**5. 生产管理技术要求**

（1）蔗田开垦前除草、灭茬。开垦种蔗前利用化学和农业方法相结合进行蔗田灭生性除草，可选用的除草剂有茅草枯（达拉朋）、草甘膦。在喷洒除草剂待杂草的地下茎和地上植株死亡后，用旋耕机作业 2～3 次或用 165 匹马力以上的拖拉机牵引耕幅 2.5～4.5 m 的重耙，对地表上的杂草、前茬作物废弃物等彻底粉碎。待土壤充分风化后，即可整地种蔗。

（2）平地。用 165 匹马力以上的拖拉机牵引耕幅 3.6～5.4 m 的平地机平整蔗田，按坡度、地势顺势平整，作业后地块平整度≤3 cm，平整度合格率≥80%。

（3）蔗地深松。用 165 匹马力以上拖拉机悬挂耕幅 2.3～3.3 m 的 3～7 齿深松器进行耕深 50 cm 以上的深松作业，深松器柱间距 45～50 cm，每柱深松齿耕幅 35～40 cm，采用单向深松的方式作业，深松作业以穿透犁底层、不破心土层为原则，不漏耕，使蔗地深、松、碎、平。

（4）预开行、施肥、粉沟。用配备有 GPS（或北斗）导航系统的 90 匹马力以上的拖拉机悬挂开行器，进行精准定位开行，为了便于全程机械化管理，按 1.2 m 行距预开行，行沟深度 25～35 cm。用 90 匹马力以上的拖拉机悬挂施肥粉沟器进行施基肥和粉沟，每公顷施用 300～450 kg 的硝酸磷复合肥（如 N：P：K＝18：22：5）或其他品牌高磷低钾复合肥，粉沟深度为 30～40 cm，行沟上宽 60 cm，沟底宽 30～40 cm，沟底土壤松平、细碎，粉沟完成后应立即种植，以减少水壤水分损失。

（5）种植。

①脱毒组培营养杯苗种植。

a. 联合种植。用120匹马力以上拖拉机悬挂种苗种植机，在已开好行沟一次性完成种苗、施杀虫药杜锐或康宽、覆土工序。

b. 种植密度。下种量15 000～22 500株/$hm^2$，分蘖力强、宿根性好的甘蔗品种下种量适当减少，株距适当加大。

c. 植后田间管理。利用滴灌淋足定根水，确保种苗成活。种苗正常生长后，在种植行间均匀喷施硝黄草酮和锈去津复配除草剂进行封闭，其余田间管理与种茎种植的田间管理基本相同。

②种茎种植。

a. 种茎准备。选择蔗芽饱满、无病虫害、品种纯正的甘蔗无毒健康种茎。

b. 联合种植。用120匹马力以上拖拉机悬挂种植机，在已开好行沟一次性完成施杀虫药、摆种、覆土、镇压、喷除草剂工序。

c. 种植深度。采用深种浅培土的种植方式，种植深度30～35 cm。

d. 种植密度。下种量依据品种的分蘖特性，每公顷37 500～60 000芽，蔗种等距离呈“品”字型摆种，每米植沟12～15个芽，两行蔗种间距30～35 cm，株距均匀深浅一致。

e. 基肥。每公顷施用300～450 kg的硝酸磷复合肥（如N∶P∶K＝18∶22∶5）或其他高浓度复合肥，加度锐750 mL/$hm^2$或防虫助剂1 500 g/$hm^2$（四氯虫酰胺60 g/$hm^2$＋噻虫嗪40 g/$hm^2$）或其他杀虫药。

f. 覆土及镇压。覆土厚度5～8 cm，露芽率≤3%；土质偏沙或土壤颗粒较大（>5 cm），配套与播幅宽度相同或略宽的圆柱形镇压辊进行压实，逢雨季浅覆土，可不镇压。

g. 喷除草剂。用40%莠去津（阿特拉津）悬浮剂2 250～3 000 g/$hm^2$或90%莠去津（阿特拉津）可溶性粉剂600～750 g/$hm^2$，加80%乙草胺乳油或异丙甲草胺600～750 mL/$hm^2$，兑水750～1 125 kg/$hm^2$配成除草剂混合液，均匀喷洒种植行沟。

③田间管理。

a. 中耕小培土。在甘蔗分蘖初期进行中耕作业，以改善耕层、增肥促蘖成茎。采用40～100匹马力拖拉机悬挂宽行施肥培土机进行中耕施肥培土，施肥距离蔗蔸10 cm，培土高度10～15 cm；施用300～375 kg/$hm^2$的硝基磷钾复合肥（N∶P∶K＝18∶22∶5）或其他高浓度复合肥。

b. 中耕大培土。在甘蔗拔节初期进行，采用40～100匹马力拖拉机悬挂宽行施肥培土机进行，作业深度20～30 cm，距离蔗蔸15 cm，使肥料深施且少伤根，施用600～750 kg/$hm^2$的硝基磷钾复合肥（N∶P∶K＝20∶8∶15）和防虫助剂1 500 g/$hm^2$（四氯虫酰胺900 g/$hm^2$＋噻虫嗪600 g/$hm^2$）或度锐750 mL/$hm^2$或其他防治螟虫、甘蔗绵蚜杀虫药，培土后垄高为8～10 cm，应填实蔗丛基部；肥料覆盖率≥90%，培土合格率>80%。

c. 行间除草。当蔗地杂草长10 cm左右时，用40～100匹马力拖拉机悬挂旋耕除草机进行粉碎机械除草、松土 2～3 次，或喷施硝黄草酮＋锈去津复配除草剂。

d. 施叶面肥。结合喷施农药选用磷酸二氢钾、硝酸钙、复硝酚钠、赤霉素（920）、云大 120、中微量元素类、氨基酸类叶肥等进行根外追肥。在甘蔗拔节期和采收前 15d 施用 2 次 1.0% $KH_2PO_4$或腐植酸作为叶面肥。

e. 施壮芽肥。在采收前 1 个月增施壮芽肥一次，每公顷施用 225～300 kg 的硝酸磷钾复合肥（N∶P∶K＝20∶8∶15）或其他高浓度复合肥（如 N-P-K＝15-15-15）。

f. 水分管理。根据水源和地形等不同条件，提倡使用喷灌（含移动式喷灌和微喷）、滴灌等先进的节水灌溉技术设施，确保甘蔗各生长期的水分供应。甘蔗采收前 10 d 灌溉 1 次。

g. 病虫害防治。在甘蔗生长期要注重防治甘蔗病虫害，防控原则以预防为主，综合防治，要经常性开展甘蔗田间病虫害巡查，及时进行病虫害防治。

虫害防治主要是防治甘蔗螟虫（二点螟、条螟、红尾白螟、大螟等）、甘蔗木蠹蛾、甘蔗绵蚜、甘蔗黄蚜、蔗茎粉红蚧、蔗褐蓟马、蔗龟、金龟、竹直锥大象、甘蔗根象、斑点象、细平象、褐纹金针虫、白蚁、蔗根锯天牛等。防治方法包括农药防治、生物防治、物理防治等综合防治措施。螟虫、蓟马、甘蔗绵蚜及地下害虫防治在甘蔗种植时施用基肥、培土或滴灌时施用防虫助剂、毒死稗或度锐（康宽）或其他长效杀虫药，从种植到砍收防治 3～4 次。可根据预测预报开展生物防治，化学防治结合种植、施肥、培土进行。

病害防治主要是做好甘蔗种传病害如甘蔗宿根矮化病、甘蔗黑穗病、甘蔗花叶病、甘蔗凤梨病、甘蔗白条病、甘蔗黄叶病、甘蔗斐济病、甘蔗波条病、甘蔗流胶病、甘蔗杆状病毒病等的综合防控。经常性地开展甘蔗田间长势及病情巡查，尤其是 4—6 月，要及时清除甘蔗黑穗病零星病株，集中销毁，减少重复侵染源，控制侵染范围；及时防除甘蔗绵蚜等虫媒介体和杂草，消除田间侵染源；对梢腐病、褐条病、锈病、花叶病等防治，可在分蘖后期每隔 20～25 m 喷一次杀菌药，连续 3～4 次，选用 50%多菌灵或 75%百菌清可湿性粉剂或 65%代森锌可湿性粉剂 500～1 000 倍液，或用 80%代森锰锌可湿性粉剂 400～600 倍液、25%咪鲜胺悬浮液 1 500 倍液混用即可。此外，还要加强田间管理，及时培土施肥，合理施用氮磷钾肥，促使蔗苗生长健壮，增强植株抗病能力。有条件的基地，可以与非感病作物如水稻、花生、马铃薯、大豆、苜蓿等进行轮作，避免病菌长期侵染危害甘蔗影响种茎质量。

（6）种茎采收。建议夏植蔗或秋植蔗全茎留种。甘蔗有效芽节达 10 个以上就可以采收种茎。生长至 10～20 节时甘蔗种茎质量最佳。砍收前，先去杂，连兜挖去混杂株，砍收时再注意去杂，并弃去病苗、虫蛀（害）苗（茎）。机械采收采用割铺机或其他采收机械。人工采收，应用小锄低砍，斩口平滑，避免开裂，蔗梢削至生长点，去叶片，留叶鞘。砍收后即开畦松蔸、施肥，做好宿根蔗管理。采收刀具每次使用之前都要用肥皂水等消毒。同一地块新植 1 次原原种采收时长最多为 2 年，桂南可采收 3～4 次，桂中 2～3 次。

（7）采收后宿根管理。采收后宿根管理同新植蔗田间管理。

（8）种茎检疫。按有关规定对检疫对象进行采样检疫。

（9）原原种种茎质量检测。按照原原种种茎质量要求开展除病害检测外的各项指标检测。质量要求应符合国家农业行业标准 NY/T 1796—2009《甘蔗种苗》、NY/T 1785—2009《甘蔗种茎生产技术规程》、NY/T 2724—2015《甘蔗脱毒种苗生产技术规程》。

（10）包装、转运与加工。种茎以 300～500 kg 为一吊袋，或以 15～20 条为一捆，用麻绳捆扎好，并挂上标签；也可把甘蔗种茎切成单芽或双芽段，消毒灭菌后装筐放入冷库贮存或直接销售。销售时附上甘蔗种苗质量检测证书、脱毒种茎检验合格证、带毒检测报告复印件、种子标签和使用说明；包装筐外应注明标准号、种子生产经营者名称、种子生产经营许可证编号、注册地地址及联系方式。

甘蔗种茎在装卸、运输过程中要注意保护蔗芽，防止蔗芽损坏。运送到蔗地的甘蔗种尤其是切断式种茎要及时种植。运输和搬运过程中注意防止标签脱落。切段式种茎应放在 15～20℃阴凉处或适宜温度的冷库中放置，捆扎式种茎可用覆盖物遮蔽，避免暴晒、雨淋或霜冻，注意防虫防鼠。

### （八）甘蔗健康种茎全程机械化生产管理技术

甘蔗良种繁育基地原种、大田生产用种的健康种茎全程机械化生产管理技术同甘蔗原原种栽培技术要求。

## 二、甘蔗健康种苗的推广及在生产上的应用

甘蔗品种改良与更新换代是蔗糖产业可持续发展的重要保障。甘蔗是用蔗茎进行无性繁殖的作物，生产上多年反复种植，蔗茎极易受到多种种传病害的反复侵染，造成产量和品质逐年下降。防止种苗带菌带毒传播病害，提高单产和蔗糖分最经济有效的措施就是生产、繁殖和推广甘蔗脱毒健康种苗。推广种植甘蔗脱毒健康种苗主要有三个优势：一是可以促进甘蔗增产增糖、降本增效，延长宿根年限 1～2 年，单产提高 20%以上。二是可以促进甘蔗品种结构优化，通过推广甘蔗脱毒健康种苗，把种苗推广和优良新品种推广有机结合起来，可加快甘蔗良种的推广应用，优化品种结构，降低生产风险。三是推广甘蔗脱毒健康种苗，可以提纯复壮优良品种，延长品种使用年限，进一步发挥良种高产高糖特性，在一定程度上克服了品种更新滞后带来的问题。

2007 年以来，甘蔗健康种苗在广西、云南、海南、广东等地进行示范和推广，取得了明显增产增糖效果。

如 2011—2014 年云南累计推广温水脱毒种苗 66 267 $hm^2$，与对照相比，平均增产甘蔗 12～19.8 $t/hm^2$；云南耿马县山坡地种植温水脱毒种苗，第 4 年甘蔗单产仍可达到 90 $t/hm^2$以上。目前云南全省已建立 24 座温水脱毒健康种苗处理车间，按照每座每天处理 8 t、每年处理 80t 计算，每座年处理健康种苗 640 t，按照三级种苗圃制，预计 5 年内，全省健康种苗推广面积可达种植面积的 95%以上。

广西从 1999 年开始从巴西引入甘蔗脱毒健康种苗技术，经广西壮族自治区农业科学院甘蔗研究所等单位技术吸收消化再创新后在生产上推广应用。2007 年以来，广西已累计繁殖推广脱毒健康组培苗5 000万株以上，种植面积在20 000$hm^2$ 以上，种植区域涉及广西 36 个甘蔗主产县蔗区（游建华等，2011）。甘蔗健康脱毒组培苗的生产主要用于加快甘蔗新品种的扩繁，以良种繁育基地种植为主。脱毒健康组培苗生产单位主要有广西壮族自治区农业科学院甘蔗研究所、广西南亚热带农业科学研究所、南宁东亚糖业集团、柳城

甘蔗研究中心等，其中广西农业科学院甘蔗研究所年生产能力 1 000 万株以上，主要繁育品种有桂糖 29 号、桂糖 42 号、桂糖 44 号、桂糖 46 号、桂糖 49 号、桂糖 55 号、桂糖 58 号及桂柳 05136、ROC22 和桂果蔗 1 号等 10 多个品种。2016 年以来，广西农业科学院甘蔗研究所研发的标准化甘蔗健康包衣种茎技术，相比传统原料蔗种茎和尾梢种茎（含自留种），生产的甘蔗健康包衣种茎以其品种纯度高、种茎质量好、发芽率高、出苗快、分蘖多，种苗成本及装卸和运输成本低、防病防虫效果好，可以实现全程机械化精量减量栽培等优点，经过 2018 年以来示范推广，蔗农、糖企认可度高，需求日益旺盛。截至 2020 年 12 月，依托广西甘蔗良种繁育推广基地，与广西农业科学院甘蔗研究所合作共建甘蔗健康种茎加工生产线 15 条，推广应用面积约 16 667 $hm^2$，2021 年计划再投入建设 3 条甘蔗种茎加工生产线，预计年产的甘蔗健康包衣种茎可种植 13 333 $hm^2$ 以上。广西甘蔗脱毒健康苗研究、繁育、示范、推广已经取得了显著的成效。为了在生产中大面积推广应用甘蔗健康种苗，近年来广西扎实推进健康种苗技术研究、示范与推广工作，2013 年广西印发《广西甘蔗良种繁育推广体系建设实施方案》、2018 年出台《广西甘蔗种业产业化发展规划（2018—2035 年）》、2020 年出台《关于加快广西甘蔗良种育繁推的实施意见》，以推广甘蔗良种和健康种苗赋能糖料蔗生产，重视加快糖料蔗良种育繁推一体化。截至 2020 年，广西全区建设甘蔗良种繁育推广一、二、三级基地 59 个，总建设面积 5 400 $hm^2$；良种覆盖率达 96.9%，其中广西自育甘蔗品种覆盖率 78.2%。2020 年印发广西壮族自治区人民政府办公厅《关于加快广西甘蔗良种育繁推的实施意见》和《广西糖料蔗良种良法推广实施方案》，明确大力推进甘蔗健康种苗繁育与推广，2020—2022 年期间，对全区使用糖料蔗脱毒健康种苗的种植户，按新植面积补贴 5 250 元/$hm^2$。2020 年全区糖料蔗脱毒、健康种苗推广种植面积 24.9 万 $hm^2$，2021 年脱毒健康种苗新植面积 25.5 万 $hm^2$。糖料蔗脱毒健康种苗推广补贴政策实施以来，脱毒健康种苗推广应用取得了明显成效：一是极大地提高了蔗农种植脱毒健康种苗积极性。二是提高了甘蔗良种覆盖率，2020 年广西全区糖料蔗良种覆盖率 96.89%（胡朝晖等，2020）。三是提高了糖料蔗产量和蔗糖分，2020/2021 年榨季入榨量 4 921 万 t，比上榨季增加 342 万 t；全区平均蔗糖分 14.46%，比“十三五”平均蔗糖分提高了 0.46 个百分点。

## 三、甘蔗健康种苗繁育与推广存在的问题

实践已表明，甘蔗脱毒健康种苗的繁育与推广应用，能够较大幅度地提高甘蔗的单产和蔗糖分，增加蔗农收入和提高企业的经济效益。但据统计，目前我国糖料蔗脱毒种苗覆盖率还不到 20%，甘蔗健康种苗繁育与推广还存在以下问题：

### （一）甘蔗种业育繁推一体化程度低

近年来，虽然通过政策引导和资金扶持，在甘蔗主产区建立了一批甘蔗良种繁育基地，探索建立以甘蔗科研单位为依托、繁种企业为主体、种植大户参与的甘蔗良种繁育推广体系，但目前甘蔗良种繁育推广体系还很不健全，大部分甘蔗主产县（市、区）、制糖企业没有建立专门的良种繁育基地；部分现有基地管理还不规范，甘蔗种茎质量良莠不齐。由于缺乏高标准、规模化的甘蔗良种繁育基地，甘蔗育繁推一体化程度低，至今无法形成甘蔗种业的产业化运作，导致现有的甘蔗优良品种及其配套技术推广应用进度较慢。

### （二）种业企业自主投入甘蔗种业发展的积极性不高

甘蔗新品种繁育推广主要依靠国家或各省、自治区有关政策引导和各级财政补助及制糖企业扶持为主要手段，市场化程度不高，经济效益不明显。由于甘蔗为无性繁殖作物，生产用种多以蔗农自留种为主、品种繁育获利的时效性短、市场面窄等特殊性，品种更换成本较高、蔗农接受的程度有限。此外，由于甘蔗新品种（系）选育周期长、投资多、风险大，甘蔗种业企业普遍缺乏育种科研人才和长期稳定的科研经费投入，种业企业科研实力较弱。因此，种业企业自主投入发展甘蔗种业的积极性不高，大部分种业企业对甘蔗品种以短时兼营为主，缺乏专业性、技术性、创新能力强的甘蔗种业企业，无法实施育繁推一体化经营管理。

### （三）甘蔗种业产业化程度低

在蔗种需求方面，甘蔗种茎仍以自留自用为主，其来源主要是农民自选自留的甘蔗尾梢或糖料蔗全种茎，从市场上购买的甘蔗良种比率仅占用种量的30%左右，蔗种商品化率低。在蔗种供给方面，绝大多数甘蔗种业企业生产经营规模小，盈利能力差，抗风险能力不足，供种能力有限。种茎（苗）生产基地的社会化、市场化服务机制不健全，投资、保险、交通运输和信息共享等生产全程社会化服务缺乏，导致种业生产企业投资风险大，种茎生产水平、生产质量不高。同时甘蔗种茎具有不可贮存性，制种用工多、用工难、成本高，市场风险大。制糖企业虽然经济实力比较雄厚，但目前参与甘蔗种业包括甘蔗育种、繁育示范推广、商品化供种等的程度和积极性不高，种业产业化程度低。

### （四）甘蔗良种繁育基地建设管理水平不高

现有的甘蔗良种繁育基地，大部分规模小、建设标准低，缺乏高效灵活的运行机制，种茎（苗）生产基地不稳定，集中连片的优势制种基地少，能够达到规模化、标准化、机械化标准的现代化制种基地数量更少。种茎生产技术标准和操作规程不够完善，甘蔗良种繁育基地健康种茎（苗）生产水平、生产质量不高。现有甘蔗种业企业“多小散弱”，种苗基地规模小，专业化程度低，持有效许可证的繁种企业数量少，基础设施不完善，农业机械化水平比较低，不能满足田间耕作和种茎初加工的机械化作业要求。集成配套的种茎生产技术不易推广，农业新技术应用程度比较低。按照规模化、集约化、标准化、机械化、信息化建设的高标准现代化制种基地少，现代化良种繁育基地建设严重滞后生，生产能力有限，产业发展所需优质种茎供应不足。

### （五）推广示范片辐射带动作用不强

糖企、蔗农对甘蔗健康种苗认识不到位，推广示范点较少，示范片辐射带动作用不强，示范推广进度缓慢，健康种苗繁殖和示范推广技术不规范，增产增糖效果未能充分发挥。加上蔗农长期有自留种的习惯，这些都影响了甘蔗脱毒健康种苗的推广。

## 四、关于甘蔗良种繁育与推广的建议

### （一）健全完善糖业科技创新体制机制

围绕建立以种业企业为主体、市场为导向、产学研深度融合的技术创新体系，鼓励科研人员跨部门、跨领域、跨地域组队协同创新，完善科研成果分享机制和产业化应用激励机制，充分调动科研人员的积极性（贺贵柏，2015）。

### （二）集中力量科技攻关

要针对糖业发展短板，集聚国内外甘蔗科研力量，开展甘蔗良种联合攻关；制定甘蔗种业产业化发展规划，大力推进甘蔗良种育繁推体系建设工作，不断完善我国糖料蔗良种选育、繁育推广及质量检测监管能力，使育繁推体系在糖料蔗生产中发挥应有的作用。

### （三）建立市场化良种繁育基地建设体系

以保证现有甘蔗生产用种数量和质量安全为目标，完善配套政策。支持种业企业按照规模化、标准化、集约化、机械化、信息化要求建设高标准国家区域性甘蔗良种繁育基地和在主要优势产区建立甘蔗脱毒种苗标准化繁殖基地及种植示范区。在依法自愿有偿和不改变土地用途的前提下，采取租用等土地流转方式，构建育种科研机构、种业企业与甘蔗良种繁育基地长期的契约合作关系，着力培育甘蔗种业龙头企业，建设现代化种子加工中心和配送体系，提高种子生产、加工、检测能力和服务水平。以一、二、三级甘蔗良种繁育基地建设为重点，全面建立甘蔗健康种苗供应保障体系；同时加强配套工程建设，建设完善甘蔗良种繁育推广体系，规范和强化甘蔗脱毒种苗生产标准化技术示范，促进甘蔗良种的引进、繁育与推广，实现甘蔗良种繁育的体系化、甘蔗用种供应的本地化、甘蔗良种生产的商品化、甘蔗健康种苗的普及化、甘蔗良种创新的自主化、甘蔗用种质量的可控化、甘蔗良种供求的信息化，逐步调整优化蔗区甘蔗品种结构（邓宇驰等，2018）。

### （四）建立甘蔗健康种苗示范推广体系和专业人才队伍培养体系

遵循市场经济发展的要求，创新新品种示范推广机制，结合甘蔗新品种引进示范、良种繁育基地、糖料蔗“双高”基地及糖料蔗生产保护区等，建立行政部门搭台、企业唱戏、农民受益的甘蔗新品种及健康种苗示范推广平台，加强县乡镇骨干技术人员培训，建立一支甘蔗新品种及健康种苗示范推广专业技术人员队伍。推动种业企业在新品种及健康种苗示范推广中的主体作用，引导企业加强产前、产中、产后的综合服务能力，注重良种良法的配套宣传。加快实用型人才培养，定期对种业企业、专业合作社、高素质农民、制种大户进行新品种试验示范、生产管理、质量检验、市场营销等业务培训。实施种业人才培育战略，充分发挥政府的主导作用，统筹抓好种业科研和经营管理人才队伍建设，重点打造一支懂技术、善管理、会经营、具有国际眼光的企业家队伍。

### （五）加大扶持力度

希望国家进一步加大甘蔗脱毒健康种苗支持范围和力度，将脱毒种苗补贴作为推进蔗糖产业发展的长期性、稳定性扶持措施，以实现脱毒种苗的大规模应用，切实提高甘蔗脱毒种苗推广普及率。

## 参考文献

邓宇驰，王伦旺，韦金凡，等，2018. 广西蔗区甘蔗品种结构优化的途径及思考：以金光农场为例［J］. 种子，37（5）：110-112.

广西甘蔗栽培编写组，1991. 广西甘蔗栽培［M］. 南宁：广西科学技术出版社：81-102.

国际植物新品种保护联盟，2006. TGP/7 植物新品种测试指南的研制［M］. 北京：中国农业科学技术出版社.

贺贵柏，覃振强，黄文武，等，2015. 广西蔗区优良甘蔗品种多系布局的途径探讨［J］. 甘蔗糖业（1）：

61-64.
胡朝晖，凌婉阳，伍苏然，等，2020. 基于2014—2019年监测数据对我国糖料蔗种植品种结构与趋势分析［J］. 甘蔗糖业（2）：1-14.
黄诚梅，李杨瑞，叶燕萍，2005. 甘蔗组织培养与快速繁殖［J］. 作物杂志（4）：25-26.
梁永检，张小秋，杨柳，等，2014. 甘蔗健康种苗繁育技术研究进展［J］. 生物技术通报（11）：91-96.
全国农业技术推广服务中心，2004. 高产高糖甘蔗种植技术手册［M］. 北京：中国农业科学技术出版社：71-74.
覃蔚谦，1995. 广西甘蔗史［M］. 南宁：广西人民出版社：168-180.
杨柳，秦钢，杨丽涛，等，2011. 利用间歇浸没式生物反应器进行甘蔗组培快繁的研究［J］. 华南农业大学学报，32（3）：37-41.
游建华，何为中，曾慧，等，2001. 谈脱毒健康种苗在广西甘蔗生产的应用及效益展望［J］. 甘蔗糖业（1）：13-17.

# 第十一章

# 甘蔗生产管理

## 第一节　甘蔗整地与下种

### 一、整地的目的

种植甘蔗首先必须整地，使土壤“深、松、软、平、肥”。通过深耕、耙地、平整等办法，或是深松土、早翻、晒土等措施为甘蔗生长创造适宜的土壤条件。适宜的整地措施能改善土壤的理化性状，有助于根系的生长发育，发育良好的甘蔗根系能使甘蔗植株抗倒并更好地吸收养分，满足甘蔗生长期长、植株高大、产量高、需水肥较多的生长特点。因此，良好的蔗地土应具有“深、松、软、平、肥”的特征，以满足甘蔗正常生长的需要。“深”是指具有深厚的耕作层，它是甘蔗根系生长良好的基础，是促进地上部生长，增强抗风抗倒能力的重要条件；“松”是指土壤有良好的团粒结构，松而不散，干而不硬，以利于通气透水；“软”是指在干土松而不散，干而不硬的基础上，压缩性高、承载能力低、天然孔隙比大，固结系数小，在土壤含水量高的情况下也不易板结变硬；“平”是指不存在明显的土地不同位置的高差，坡度比较平缓，没有太大的山包土丘等；“肥”是指土壤具有良好的水肥供应能力，含有较丰富的有机、无机养分，能不断供应甘蔗不同生长期所需要的养分。此外，“深、松、软、平、肥”的土壤还有利于土壤微生物的繁殖活动和提高土壤的保水保肥能力，减少土壤中有害物质和病虫杂草，为甘蔗萌芽和蔗苗生长提供良好的土壤环境。

甘蔗整地就是通过深耕、耙碎、耙平、开植沟等手段，适当加深土壤耕作层，翻土晒白，加速土壤风化，创造良好的保水、保肥、保温和透气的土壤条件，为甘蔗的生长发育提供一个“深、松、软、平、肥”的土壤环境，为甘蔗高产奠定基础。

### 二、整地的方法

适当的整地措施可以改善土壤的理化性状，有助于根系的发育，促进甘蔗早生快发，提高甘蔗的产量和含糖量。但整地要因地制宜，如耕作层较厚，土壤肥沃，有机质含量较高并且可大量施用有机肥的田地，耕翻可深些；如土壤瘦瘠，耕作层较薄，有机质含量少的蔗地，深度应小些，可采用逐年加深耕作层或耕而不翻的深松方法；如地下水位高、土壤肥沃的冲积土，可以在深翻晒白后经过耙碎耙平，然后开好排水沟，以降低地下水位。采取深耕应尽早进行，特别是前作为水稻的蔗田，由于土壤较实且黏重，更应及早翻，深耕后，经过晒白，使土壤风化，然后再耙平耙碎。总之，整地讲究因地制宜。

**（一）机械化整地**

目前，甘蔗生产大国如巴西、澳大利亚等国家在实现机械化生产后使得甘蔗原材料价格在250～280元/t，而我国为450～550元/t（苏俊波，2016）。我国手工作业的高成本、低效率，使种植户的经济效益大大降低。农业机械化和农机装备是转变我国农业发展方式、提高农村生产力的重要基础，是实施乡村振兴战略的重要支撑。在甘蔗生产提倡全程机械化的前提下，多年存在的农业机械化和农机装备产业发展还不平衡、不充分的问题和矛盾得到一定缓和，农机具的可靠性、适用性得到了进一步提升，农机和农艺融合得到更多的重视，科技工作者在品种选育、栽培制度与机械化生产的适应性上取得一定进展，带来了相应的耕作方式的变革。

土地是农业生产的基础，土地结构的好坏直接影响农作物产量和质量的高低。蔗地耕作层厚度受到不同耕作方式的影响。牛畜的耕作层厚度是10～15 cm，手扶拖拉机的耕作层厚度是15～18 cm，机械化深耕深松技术能够将土壤耕作层厚度加深到25～30 cm，一些机械甚至能深耕到40～50 cm。机械化深耕深松技术是指超过一般耕作层厚度的耕作和松土，其实质是用大功率机械耕作松碎土壤而不翻土、不乱土层，有效打破犁底层，改善土壤结构，能够使土壤变得更加松软，耕作层深厚且理化性状优良，更有利于甘蔗的生长发育（卢桂香，2017）。

机械化深耕深松技术可以有效调整土壤三相比例（固、液、气），恢复土壤团粒结构，促进土壤熟化，翻埋肥料，显著提升土壤的持水能力，土壤蓄水保墒能力明显增强，可比常规的机械化耕地的土壤含水率提高2.2%，比畜力耕地的土壤含水率提高3.1%（黄林，2019）。

另外，蔗地土壤经过机械化深耕深松处理后，土壤中的病毒和害虫等都能够充分地暴露出来，将这些害虫翻至地面，天敌就能够轻易地找到，从而消灭害虫，达到对土壤的保护作用；再者，由于地面阳光的照射，使得一些土传病害的病原菌和害虫翻至地面后可被阳光照射杀灭或抑制。同时，机械化深耕深松技术可以翻埋杂草。因此机械化深耕深松技术对于科学除草、抑病和灭虫有很好的效果，能极大地减少和避免后期除草和防治病虫害的药剂使用，减轻土地和作物的负担，同时降低甘蔗生产成本。

甘蔗根系发达，在一般情况下，大部分根系集中在土表10～40 cm范围内。在我国的甘蔗栽培史中，有相当长的时期以畜力耕作为主，耕作层一般只有10～15 cm，长期的浅耕造成10～15 cm以下的土壤长期未被翻耕到，特别是南方的红壤土、砖红壤土黏性大，长期板结坚硬，保水、保肥能力差，土壤表面雨水径流严重，很容易造成干旱，不利于根系深扎和旺盛生长（罗俊等，2018）。板实的犁底层同时抑制了甘蔗根系的生长发育，根短纤弱，根数少，根系在土壤中的分布范围小，与土壤接触面小，难以深扎，易受干旱和被风吹倒；同时，限制了甘蔗根系吸收营养，影响了甘蔗的生长发育和产量提高。机械化深耕深松能够增加底土土壤孔隙度，增强保水、保肥、透气能力，可以改善土壤理化性状，提高雨水的利用率，有利于根系的发育和水分、养分的吸收，提高抗旱、抗风能力，增加产量。研究证明，机械化深耕深松比牛耕甘蔗分蘖率提高34%～45%，原料蔗平均增产16.26 t/hm$^2$（梁兆新，2004；廖青等，2010）。深耕深松对甘蔗前期吸收氮、磷、钾有促进作用，旺盛生长期叶面积系数比耕深 20 cm 增加 10%左右，产量增加 2.84%～16.23%，早期蔗糖分提高 0.32～2.27 个百分点（叶燕萍等，1995；梁兆新，2004），有利于旱地甘蔗前期早生快发，促进后期蔗糖分积累，使甘蔗高产高糖。

### （二）机械化开植沟

蔗地经过翻耕、土壤晒白风化和耙碎耙平之后，即可开植沟。开植沟有利于抗旱保水和施肥、培土等田间作业，还有利于甘蔗萌芽生长和根系发达，提高防风抗倒、防旱抗旱能力。

开植沟需因地制宜，一般提倡“深沟浅种”，要求植沟深 30～45 cm，沟底宽 25 cm，浅松土 5 cm 左右，并将沟底整理平整，为下种、种茎萌发和生长做好准备（何波涛等，2018）。所提倡的“深沟浅种”也需要植沟的深度适宜，过深的植沟会使地势较低的蔗行容易积水，特别是下种后遇连续降雨的情况下易沤坏蔗芽，影响蔗芽萌发率和蔗株分蘖；植沟过浅，除了不利于根系的生长和田间作业外，还会影响第二年宿根蔗的田间管理。如果土壤湿润，开植沟可以和下种同时进行，如果土壤干旱，应先开植沟后，等雨播种。

植沟行距根据地力、地势和甘蔗品种等决定。一般旱坡地行距 100～120 cm，土层深厚、植沟深的宜相应加大行距；水田种蔗肥力较高，行距 120～140 cm 为宜；多蘖、有效茎多的甘蔗品种可适当加宽植沟，同时要注意开好排水沟；也可采用宽窄行，一般窄行行距 40～60 cm，宽行 140～160 cm。近年来由于选用新良种，采用蔗叶还田、节水灌溉、喷淋酒精发酵液、机械化管理和操作等技术，行距可调整为 120～140 cm（黄日宏，2002）。不同地势开植沟也有差异，如在坡地种蔗，要注意减少水土流失，宜修筑水平梯地或沿着等高线开植沟播种。

## 三、甘蔗下种

### （一）种茎的选择

在影响甘蔗产量的构成因素中，有效茎数是对产量贡献最大的因素，要保证甘蔗产量就必须要有足够的芽数，为此，蔗种的选择尤为重要。甘蔗选种有机械选择和人工选择之分。人工蔗种挑选需要经过大田块选、收获时株选、砍种时段选和下种时芽选四个步骤（黄世醒等，2018）。大田块选时选择生长较好，没有病虫害（尤其是绵蚜虫）的新植蔗作种。因为新植蔗生长后劲足，蔗梢中可溶性养分较多，蔗芽萌发力强。但如果新植蔗种苗不足，也可留宿根蔗作种。选好留种田后，要加强留种田的后期管理，保证植株的水分和养分吸收，以利于获得健壮的蔗种，保证下种后蔗芽萌发生长；留种地块的甘蔗砍收后，挑选无病虫害、直立、茎粗的蔗株，并剔除混杂蔗株，以保证蔗种的纯度；然后在选出的蔗株中，选出没有机械损伤、粗壮且蔗芽饱满的蔗茎。这种经过人工四步精选的蔗种，具有发芽势强、发芽率高、发芽整齐健壮、分蘖早、生长速度快和抗逆性强等优点。但是，多了人工选种这一步骤，增加了生产成本，同时影响工作效率。机械化选种只能做到收获时株选，把过小的甘蔗和甘蔗叶片（叶鞘要保留）清理掉，并砍掉生长点上的蔗梢部。经过选种的蔗种，机械种植时就大大降低了甘蔗叶片过多导致拖种而断垄的情况，也利于工人把蔗种投入机械。总之，应根据种植的要求，选择合理的选种方式（丘少锋等，2015）。

### （二）蔗种质量

甘蔗种植根据时令不同分冬春植和秋植，在我国大部以冬春植蔗（11 月至翌年 3 月）为主，冬春植蔗有全茎种、半茎种以及单芽、双芽和多芽等种茎选择。秋植蔗的蔗种一般是夏秋繁殖的新植蔗，蔗茎长到 8～10 节，高度为 1.2 m 左右时比较理想，节间距相对尾茎种要大，整根甘蔗都可做种。但要注意由于芽的老嫩程度差异较大，发芽势有差异，出苗快慢不同，全茎种容易导致出苗和生长不整齐。尾茎种为收获原料蔗后留下的尾部，约 60 cm，该部位节间距较小，芽数较多，活力也高，发芽势好，出苗整齐（梁阗等，2017）。此外，还有使用单芽、双芽和多芽蔗种等。

随着甘蔗全程机械化的倡导和全程机械化甘蔗栽培体系在我国甘蔗主产区糖料蔗“双高”基地的推广和示范，带动了相应的农机和农艺技术革新，对蔗种也有相应的新要求。如机械化种植的甘蔗种苗长度在 80～150 cm 为宜（120 cm 左右最为适合）（李荣喜等，2018）。在实际操作中，如果种苗过短，会增加人工投入蔗秆的次数，导致工作量增加；种茎过长，又会使得种茎包含甘蔗下部较老化、发芽率较低的芽，造成发芽不齐、发芽慢、甚至不发芽的情况。蔗种节间长短也是蔗种评判的一个重要指标。同样质量的蔗种，节间短的芽数较多，节间长的芽数较少。栽培中为了保证芽数，节间较长的蔗种需要更大的量，种植成本增加，节间短的蔗种，获得相同芽数的蔗种需要量较少，能节约蔗种开支。甘蔗节间长度通常取决于品种特性和水肥供应条件，一般来说，可以通过调节留种田的水肥供应和选种来调节和选择，节间长度在控制 10 cm 左右相对适合作种。

蔗种的茎粗也是一个重要的指标，种茎粗所携带的营养充足，发芽强壮，基础好，对以后的生长有利，容易获得高产，因此应选用粗壮种茎。太细的种茎所携带的营养物质较少，长出来的芽不够粗壮，长势、抗性较弱，不易获得高产，因此原则上种茎不宜小于 1.5 cm。

理想的种茎要选择饱满健康、无虫蛀病害的芽，且不能萌芽或过于突起，以免运输和机械种植时伤芽。蔗芽的萌发力以梢部发育完全的蔗芽最强，中部次之，基部最弱，人工种植时可以优先考虑使用尾茎种。夏秋繁殖的新植蔗做全茎种，虽然会存在梢部发芽比基部芽发芽快的情况，但一般只取 8～10 节长度 1.2 m 左右时，对发芽均匀度的影响不大。

### （三）砍种

砍种有机械砍种和人工砍种两种方式，市面上有种类各异的甘蔗砍种机器，能根据需要将甘蔗种茎砍成所需的长度。随着近年来高科技的应用，一些砍种机甚至能识别甘蔗节间，最大程度上保护蔗芽（赵永超，2018；何冯光等，2018）。人工砍种为了保证蔗种的质量，不破坏蔗芽，在砍种前需要将叶鞘剥去后再进行砍种。

除了前面介绍的全茎和半茎种外，生产中也常用单芽苗、双芽苗和多芽苗作种，单芽苗、双芽苗和多芽苗以含蔗芽数目的不同而区分。春植蔗和秋植蔗普遍采用双芽苗，冬植蔗多采用多芽苗，很少采用单芽苗。多芽苗由于顶端优势的关系，一般上位芽先萌发，上位芽萌发后会诱发生长素的产生，对下位芽的萌发起抑制作用，使萌芽不整齐。这种现象最后导致芽数越多越严重。单芽苗虽然不存在顶端优势的影响，但由于芽的两端都有切口，易干旱失水和受病虫危害，也很少采用。双芽苗由于顶端优势的影响不像多芽苗那样严重，且种苗中间有一个完整的节间，不像单芽苗那样容易失水和受病虫危害。萌芽率高，萌芽比较整齐。因此生产上普遍采用。但梢头苗的节间短，芽较密，可采用3～4个芽为一段。冬植蔗由于要经历漫长的寒冬，在土壤中切口两端的芽易受长期低温干旱的影响而丧失发芽力，因此宜用多芽苗。单芽苗、双芽苗和多芽苗多为根据栽培需要人工砍种，要求刀身薄，从芽下部节间2/3处砍断，因为蔗芽萌发所需水分和养分首先是由芽的下部节间供给的。在斩种的时候做到落刀快、准，切口平整。

**(四) 晒种、浸种和催芽**

新鲜种茎含水量高，砍种之后要进行晒种以降低蔗种的水分。晒种时先把较老的叶鞘剥去，留下嫩的叶鞘，阳光下晒2～3 d。晒种可以提高温度，促进酶的活动，加速种苗内蔗糖分的转化，增强呼吸作用，打破种苗的休眠状态，促使种苗尽快萌发。

晒种后进行浸种，目的是使种苗吸收充足的水分从相对休眠状态转化为活动状态，促进种苗的萌发。生产上主要采用清水浸种和石灰水浸种两种方法。清水浸种以流水为好，常温下浸1～2 d。方法是把蔗种放入清水中浸1～2 d后，捞起。也可以石灰水浸种，石灰水浸种用2%的浓度，浸12～24 h，茎基部的种苗浸种时间可延长至36～48 h（覃家理，2000）。总的原则是：种苗嫩，温度高时，浸种时间短些，种苗老，温度低时，浸种时间长些。石灰水浸种能够杀死部分粉蚧和病菌，兼有消毒作用。晒种浸种后，还可以采用多菌灵，或其他的药剂浸泡种茎10 min左右后捞出，起到预防凤梨病等的作用。或是利用52℃温汤浸种，预防或降低宿根矮化病的发生，但温汤浸种对设备和场地有要求，同时费时费工，需要根据实际种植情况选用。

蔗种催芽在冬春季节温度较低的情况下使用较多，由于蔗芽在低温下发芽速度缓慢，必须要依靠人工催芽的方法来提高发芽速度。最常用的方式就是堆肥催芽和覆盖塑料薄膜催芽。把种苗堆集在一起，靠自身发热来提高堆内的温度，从而促使种苗萌发的方法称为堆集催芽法，其中，效果较好的是堆肥催芽法，具体做法是：选择背风、向阳、靠近水源的地方，先铺上一层大约10 cm厚的半腐熟的厩肥，然后放一层20～25 cm厚的种苗，接着放一层厩肥，再放一层种苗，如此堆3～4层，堆高大约1 m，堆长和宽大约1.3 m，在堆的四周盖一层10 cm厚的厩肥，再用稻草、蔗叶、泥浆或塑料薄膜覆盖，以保持堆内的温度。堆肥湿度控制在手握不成团为度。封堆后需要经常检查堆内的温湿度，温度控制在30℃左右，即用手摸感到热乎但又不烫手为度。催芽程度以根点突起，芽呈鹦嘴状即可。注意避免“胡须根”，催芽所需时间是3～5 d。催过芽的种苗，下种时蔗田要保持湿润，如果土壤干旱，已萌发的根和芽会失水干萎，出苗率反而降低。

覆盖塑料薄膜催芽的方法是，先在育苗床上铲去6～7 cm的表土层。然后撒上适量的3%呋喃丹颗粒剂，再铺上一层半腐熟的土杂肥（陈贵善和袁凯芳，2008）。将经消毒的种茎按45°角斜放排列在土杂肥层上。排种后，淋适量水。最后在苗床上盖塑料薄膜，薄膜四周用泥土压实密封。育苗期间，膜内温度控制在40℃以下。下种5～7 d后，当种芽萌发至鹦嘴状，节上的根点萌动时，即可移至大田种植。

这两种常用的催芽方式都是利用了保温和保湿的原理进行的，这样催芽也不影响蔗种的质量，要注意的是，等到一定时长后，要及时将蔗种挖出进行下种。在生产实际中，也可不催芽直接下种，但应适当增加下种量。

### （五）下种

甘蔗依下种期的不同而分为春植蔗（立春—立夏）、秋植蔗（立秋—立冬）和冬植蔗（立冬—立春），广西大部分为春植蔗，我国其他种植区如滇西南蔗区有一部分秋植蔗。甘蔗的下种期主要以发芽期、伸长期和工艺成熟期所处的温度、雨量、光照以及耕作制度等条件来决定，同时又要考虑与其他作物错开农事季节等综合因素。甘蔗萌芽最低温度为13℃左右，发根温度最低为10℃左右。因此，当土表 10 cm 深度内土温稳定在 10℃以上时便可播种。

随着地膜覆盖技术的普遍应用，在我国南方甘蔗主产区广西、云南和广东湛江等地区，即使冬植也可满足发根的最低温度要求，因此全年均可种植甘蔗。近年来，广西大面积推广糖蜜酒精发酵液喷淋甘蔗加盖地膜覆盖栽培技术，对冬季或早春下种，起到了保温保水作用，有利于蔗种萌发生长，提高发芽率，延长生长期，提高产量和蔗糖分，推动了冬季或早春甘蔗生产发展。总之，配合农艺技术后，甘蔗的植期得到延长，几乎全年可种植甘蔗，但地膜覆盖栽培的甘蔗发芽后，也要考虑蔗芽破膜出土后遇到霜冻或持续低温等的危害而死株缺苗。过去传统观念认为采用地膜覆盖的冬植蔗下种期越早越好，早冬植（11—12 月）时气温尚高，日照也较多，有利于地膜充分发挥作用，提早出苗，提高甘蔗发芽率，但也要考虑幼苗越冬遇到极端天气而生长缓慢甚至死苗的情况。

甘蔗合理密植的总体原则是依靠主茎，并充分利用早期分蘖，提高成茎率，合理平衡下种量和有效茎数量。下种量的多少要根据当地品种特性、气候特征、水肥条件及栽培管理水平而定。华南地区高温多雨，生长期较长，甘蔗生长量大，种植密度可相对较小，下种量可少些；而偏北的蔗区，相对低温少雨，生长期短，种植密度要大些，下种量要多些。大茎品种与小茎品种相比，植株高大，叶片繁茂，通常分蘖较少，要求有效茎数较少，种植密度要求小些。而中细茎种下种量要多些，但一些中细茎品种分蘖率，特别是早期能成茎的有效分蘖非常多，也需要减少下种量。水肥条件较好、管理水平较高的蔗区或蔗种萌芽率较高，出苗较整齐，利用分蘖成茎的可能性大些，种植密度可小些，下种量可少些；相反，要适当增加下种量。分蘖率高，特别是早期分蘖多的品种，下种量可少些，分蘖少，分蘖成茎率低的品种下种量要大些。根据各地的实践经验和当前的生产水平，一般认为比较适宜的每公顷有效茎数和相应的下种量（以双芽计）大致是：大茎品种每公顷有效茎数 6 万条，下种量 3.75 万～5.25 万双芽苗；中茎品种每公顷有效茎数 7.5 万～10.5 万条，下种量 6 万～6.75 万双芽苗；细茎品种每公顷有效茎数 9 万～12 万条，下种量 6.75 万～7.5 万双芽苗。但每公顷播种量应结合不同品种的种茎发芽率来决定，一般种茎发芽率按 55%～60%计（罗艺，2014）。总之要根据实际情况，灵活运用，如冬植蔗下种量宜多些，春植蔗下种量宜少些。

### （六）种植及早期管理

下种前一次性施足基肥，并适当与土壤混匀，避免肥料直接接触蔗种。施好基肥的植蔗沟每米播蔗种 5～6 个，以中茎品种为例，每公顷播双芽苗蔗种 6 万～6.75 万个。但根据甘蔗品种的发芽率、分蘖率的差异，下种量可以进行适当的调整。下种时，蔗种要平放在植沟内，芽向两侧，避免一头入土，一头朝上的“天地芽”和只有部分种茎接触到泥土，被架空的“过桥芽”，回土盖种时要先轻压蔗种，使种苗入土，再回土以利发根。

甘蔗地下害虫严重危害甘蔗生产，主要有蔗龟、蔗头象虫、蛀茎象虫、甘蔗白蚁、甘蔗刺根蚜等。其中，危害甘蔗苗期生长的害虫主要有甘蔗螟虫、金龟子等。它们侵入甘蔗茎内取食，危害蔗茎、蔗叶或蔗根地下部分，甚至咬食生长点及幼苗，造成枯心苗，引起死株、缺株，减少有效茎，造成不同程度的减产，同时被危害株生长不良，蔗糖分下降。甘蔗苗期地下害虫防治的具体方法是：摆好种后按每公顷施毒·辛丙线磷颗粒剂 60～75 kg或 3%氯唑磷颗粒剂 60 kg，均匀撒施于植蔗沟，然后盖土，防治地下害虫。

蔗地杂草种类较多，主要可分为禾本科杂草、阔叶杂草和莎草科杂草几类。禾本科最常见的是马唐、狗牙根、狗尾草以及狗牙根等；阔叶杂草各地情况不一，最常见的是酢浆草、空心莲子草、胜红蓟、鬼针草等；莎草科主要是香附子等。根据杂草的种类选择不同的除草剂，用“封＋杀”结合的方法来防治，通常可用乙草胺或莠去津等复配剂或混剂封闭除草；苗后用甲·灭·敌草隆或根据主要杂草选择的其他成分药剂除草。但格外注意应交替使用不同类型、不同作用机制的除草剂，这样可以扩大杀草谱，提高除草效果，还能延缓抗药性的发生。

# 第二节　甘蔗施肥

## 一、甘蔗的需肥规律

甘蔗是典型的 $C_4$ 作物，光利用效率高，生物产量高，生长期长，一般每公顷产蔗茎 75～120 t，高产田可达 150 t/hm$^2$，整个生长期吸收养分多，是需肥量比较大的作物之一。按一般生长期 10～11 个月（春种冬收）计，产甘蔗 75 t/hm$^2$，需吸收氮（N）120～180 kg，磷（$P_2O_5$）60～105 kg，钾（$K_2O$）150～170 kg，氧化钙（CaO）75～112.5 kg（黄振瑞，2015）。

我们把甘蔗的一生分为苗期、分蘖期、伸长期、工艺成熟期。苗期对氮、磷、钾的吸收量分别占全生育期吸收总量的 8%、9%、4%；分蘖期分别占 16%、18%、14%；伸长期分别占 66%、68%、74%；成熟期分别占 10%、6%、8%。可见，甘蔗生长前期养分尤为重要（程小燕，2013；易芬远等，2014）。研究表明，在基肥充足和土壤条件较好的情况下，甘蔗整个后期生长只要保证水分供应就能获得相当的产量，而不需要严格遵循传统的“三攻一补（三攻为攻苗肥、攻蘖肥、攻茎肥，一补为补尾肥）”甘蔗施肥法，极大地节省了人财物力（谢金兰等，2017；尚怀国等，2020）。

## 二、甘蔗生产需要科学高效的施肥方法降低生产成本

广西是我国最重要的甘蔗产区，当地大石山地区多，山多地少、土地贫瘠，灌溉条件不好，不能发展对土壤和环境条件要求高的作物，但适宜发展相对耐旱，对精细管理要求不高，可以粗放管理的甘蔗。传统的甘蔗生产，多是农户散户种植，一般都是选择贫瘠无灌溉条件的山地或坡地，存在不少下种后直到收获都不做任何田间管理的“望天田”。甘蔗的单产较低，多年来一直维持在 60～75 t/hm$^2$。随着近年来糖料蔗收购价格连续下跌，蔗价低至蔗农不可接受的边缘，蔗区劳力严重缺乏，甘蔗生产劳动费用持续增高，大量青

壮年外出务工，蔗区中劳动力老龄化严重，难以承受甘蔗生产中某些环节的高强度劳动，加之甘蔗生产全程机械化程度低，加剧劳力不足的矛盾，间接提高了甘蔗的生产成本，再受到国际和国内糖价持续下跌的影响，糖厂对蔗农种蔗的扶持力度减弱，扶持方式也不尽合理等影响，造成甘蔗单产低，种植糖料蔗的效益较低，其他高收益或低投入的农作物大量抢占蔗地面积的现状。随着近年来甘蔗“双高基地”的打造和示范推广，人们逐渐意识到传统的粗放管理方式使得甘蔗种植的经济效益不断下降，严重打击农民的种蔗积极性的同时还影响糖厂的原料蔗供给和产业发展。为此，需要对以往粗放的甘蔗种植和管理方式进行改革，以科学高效的生产方式和方法来发展甘蔗生产，在降低生产成本的同时，保证产量和生产效益，以保证蔗糖产业的持续稳定发展。

甘蔗施肥中大量的人、财、物力投入是甘蔗生产成本居高不下的重要原因，为此，要打破传统栽培的藩篱，积极采取和推进更科学更节本增效的栽培和施肥方法。

## 三、甘蔗常用施肥及蔗地培肥方法

蔗糖产业的健康发展，需要持续稳定的糖料蔗供给，除了政策导向保障蔗农、糖厂利益和提高蔗农种蔗积极性外，更需要优质的土地条件以实现甘蔗“高产高糖”。蔗糖产业的可持续发展离不开蔗地地力的可持续发展。在一些土地充足的发达植蔗国，如澳大利亚，蔗地有免耕休种期，或是每3～4年与豆科等培肥土壤的作物轮作等地力修复和培肥措施。而在广西蔗区，由于糖料蔗种植面积大、耕地有限，蔗地不可能实行大面积的轮作。地力持续严重消耗带来的各类问题凸显。近年来，广西崇左、来宾、柳州、宜州、百色等大部分蔗区，特别在一些连年种植速生桉、木薯、甘蔗等对地力消耗大的植物的土地，出现不同程度的宿根甘蔗幼苗黄化现象（彩图11-1），发病率高达20%～30%，且有连年加重的趋势（陈桂芬等，2012；高欣欣等，2016）。甚至在北海银海区、合浦等碱性沙土上栽培的甘蔗也出现宿根黄化现象（彩图11-1）。宿根蔗一旦出现黄化，需要较长时间转绿，一些土壤和灌溉条件较差的地方，黄化苗在长达3～4个月甚至更长的时间内处于“僵苗”状态，即没有新叶长出、不拔节、不分蘖，生长比正常株严重滞后，黄化严重的地块产量损失达到40%以上（刘要鑫，2013）。传统的以施用速效化肥为主的施肥方式无法解决土壤地力损耗严重的问题。合理施肥的同时，要强调培肥土壤，注重土地的可持续生产力才是蔗糖产业健康稳定发展的保障。

### （一）甘蔗测土配方施肥

以土壤测试和肥料田间试验为基础，根据作物需肥规律、土壤供肥性能和肥料效应，在合理施用有机肥料的基础上，提出氮、磷、钾及中微量元素等肥料的施用量、施肥时期和施用方法。通俗地讲，就是在农业科技人员指导下科学施用配方肥。测土配方施肥技术的核心是调节和解决作物需肥与土壤供肥之间的矛盾，同时有针对性地补充作物所需的营养元素，作物缺什么元素就补充什么元素，需要多少补多少，实现各种养分平衡供应，满足作物的需要，达到提高肥料利用率和减少用量，提高作物产量，改善农产品品质，节省劳力，节支增收的目的。

甘蔗测土配方施肥的具体做法是：①土样采集。根据地形、地貌和土壤质地、蔗区类型，对蔗田进行分区划片，在此基础上，进行各个片区的取样。根据实际情况确定取样数量，一般可以按每 7～20 $hm^2$ 取一个样。土样类型差异大的地区需要在此基础上增加取样量。②土样分析测试。分析测试土壤全量氮、磷、钾，有效氮、磷、钾以及有机质，同时测试对甘蔗生长有敏感作用的微量元素，即铁、硼、锰、铜、锌等。③确定养分配方和施用量。根据蔗区土壤测试结果和蔗区土壤养分丰缺评判标准、肥料养分施用标准，提出蔗区不同点的氮、磷、钾配方和施用量。在对土壤营养水平了解的基础上，蔗地施肥可以做到"缺啥补啥，缺多补多，不缺不补"。减少肥料供应的盲目性，降低劳动力和肥料成本。

### （二）甘蔗常规施肥方法

甘蔗生长期长，产量高，消耗养分多。应根据甘蔗对养分的要求施肥：①施足基肥，适时追肥。有机肥和磷、钾肥可作为基肥一次施完，氮肥则可分次施放；可将甘蔗全生长期所需的磷肥钾肥全部作为基肥，氮肥则施 20%左右。一般要求施用农家肥 7.5～22.5 $t/hm^2$，钙镁磷肥 1.05～1.5 $t/hm^2$、氯化钾 225～300 $kg/hm^2$，尿素 150 $kg/hm^2$ 混合作基肥；或用氮：磷：钾＝25：10：5 的复合肥 750～1 500 $kg/hm^2$ 作基肥。其中有机肥和磷肥应先堆沤 15 d 后再施用。基肥的施用，一般选在天气晴朗、土壤温度较低的种植前一天施下较好。施用时，春植蔗开种植沟，将有机肥施于沟底，再于沟两侧施入无机肥；冬植蔗将有机肥作盖种肥，之后加盖一层土。化肥与土壤拌匀后再下种，尽量避免蔗种与肥料直接接触，以防止烧伤种苗。②施肥要培土。作基肥时可防止化肥对种茎的危害，同时可有效防止挥发和雨水冲刷造成的养分流失。

广西大部分土壤偏酸，因此在偏酸土壤中施入适量的石灰调整土壤的 pH（中等偏酸为宜）等，一般在犁耙地前撒施 750 $kg/hm^2$ 左右的石灰，可有效地改良土壤的理化性状，从而达到提高土壤肥力的目的。增施农家肥，还可采取蔗叶还田等措施增加蔗地的有机质。可在甘蔗施用基肥时增施各种农家肥如猪牛羊鸡鸭粪、土杂肥以及沼气池的废渣废液等，同时提倡在甘蔗收获后，用甘蔗碎叶机将蔗地全部的甘蔗叶打碎，通过土地翻耕犁耙将甘蔗叶回归土壤。不提倡在蔗田烧蔗叶，这不仅会造成大气的环境污染，而且养分损失大，肥效不高。

### （三）甘蔗水肥一体化管理

水肥一体化技术是将施肥与灌溉相结合的一项农业技术措施，即借助压力灌溉系统，将可溶性固体或液体肥料，按土壤养分含量与作物种类的需肥规律及特点，将配兑成的肥液与灌溉水加入到水肥灌溉设备内，然后将水肥一起输入到作物根部土壤的一种灌溉施肥方法。水肥一体化可根据不同作物的需肥特点、土壤环境和养分含量状况，不同生长期需水、需肥规律进行不同生育期的需求设计，把水分、养分定时定量且按比例直接提供给作物。与传统方式相比，水肥一体化技术可减少肥料挥发、固定以及淋洗的损失，肥料利用率可提高 30%～50%，水分利用率可提高 40%～60%（辛松梅，2010）。

甘蔗水肥一体化管理是在甘蔗种植后，在每行蔗放置一条滴带，滴带安装好后，根据实际情况调整好传输速度及滴头间距，并连接智能水肥一体化系统。该系统可以手动、全自动、半自动灌溉，还可设置人工启动、定时启动、智能条件启动等。可根据个性化要求记录灌溉历史、气象、土壤、灌溉水肥等信息，可智能分析数据，可远程通过手机端、PC 端等启动操控。其工作原理是根据液体 pH 仪、EC 检测仪监测得到的数值，调节水肥的 pH、EC 值（溶液中可溶性盐浓度或者液体肥料或种植介质中的可溶性离子浓度），利用注肥机实现水肥一体化灌溉。目前，水肥一体化管理在糖料蔗“双高”基地应用取得成效，常规做法是采用泵注施肥法，即利用移动式水肥一体化施肥车将水肥输入到田间滴管内进行甘蔗灌溉施肥。具体操作步骤如下：利用地块周围建设好的管道设备，预先将水源连接到施肥车水箱入水口，通过机械灌溉水约 20 min 后，再将肥料倒入水肥箱中，搅拌均匀后通过加压设备灌溉到田间，完成施肥后，再灌溉水 20 min，整个水肥灌溉作业完毕，前后约用 1 h，灌溉面积约 1.67 $hm^2$。在拆除连接机械的管道后，利用原有的灌溉设备继续对已施肥的甘蔗进行灌溉水 3 h，整个作业完成。作业完成标准：滴灌管出水口四周渗透宽度约 15 cm，深度约 25 cm，总用水量约 90 $cm^3/hm^2$，起到了显著的节本增效效果（周爱芳和宁发洲，2019）。

### （四）兼顾营养供给和土壤培肥的施肥方法

**1. 糖厂酒精发酵液还田** 甘蔗糖蜜是制糖的副产品，含有大量的可发酵糖，在我国通常用于生产酒精。经加水稀释，添加营养盐，调整 pH 以及添加酵母后进行发酵转化为 $CO_2$和酒精。发酵成熟后的醪液在粗馏塔内被一分为二，塔顶为酒精浓度 42%（w/w）的粗酒酒汽，塔底为不含酒精的发酵液。按照目前我国的酒精生产技术水平，每生产 1 t 酒精会产生 8.5～11.0 t 的发酵液。我国每年糖蜜酒精的产量在 50 万 t 以上，按此计算，会产生 425 万 t 以上的发酵液。发酵液属于高浓度有机酸性废水，颜色多为棕色或棕黑色，其化学需氧量（COD）为80 000～120 000 mg/ L，生化需氧量（BOD）为40 000～60 000 mg/L，pH 为 4.0～5.5（卢柳忠，2016）。一旦流入自然水体，能在极短的时间内使水生动物死亡，破坏水体的生态平衡，造成土壤和水环境恶化，甚至危及人类身体健康。但发酵液中又含有丰富大量的有机物，只要采取合理的措施有效利用就能变废为宝。

研究证实，酒精发酵液密度大于 1.0 g/mL，有机质含量为 5.5%～12%，总氮（N）含量为 0.06%～0.42%，全磷（$P_2O_5$）含量 0.01%～0.38%，全钾（$K_2O$）含量为 0.23%～ 1.54%，固形物含量为 7%～14%。此外，还含有钙（Ca）2.1%～3.0%，镁（Mg）2.0%～3.3%，硫（S）4.0%～5.0%，铁（Fe）65 mg/L，锌（Zn）10.5 mg/L，锰（Mn）5.5 mg/L 等矿物质和氨基酸、生长素、维生素等农作物生长需要的多种成分（李丹，2011）。1998 年起广西农业科学院经过长期大量分析研究，探明了多种土壤类型、不同栽培条件下蔗田合适的酒精发酵液施用量以及不同来源、不同用量酒精发酵液对土壤理化特性、作物和水域的影响，掌握了酒精发酵液的理化特征及农用价值、土壤吸附特征与施用酒精发酵液量的关系、不同用量酒精发酵液的主要组分在土壤中的行为特征，建立了一套对农田环境友好的酒精发酵液定量还田用作液肥的技术体系，有效地解决了酒精发酵液的污染问题，变废为宝，还降低了甘蔗生产成本，提高了甘蔗产量和品质，使蔗糖业成为真正意义的循环经济（李杨瑞，2010；李杨瑞等，2008；朱秋珍等，2009；杨丽涛等，2012；杨尚东等，2012；Jiang et al.，2012；Su et al.，2012；Yang et al.，2013）。新植蔗喷淋锤度为 6～8 °Bx 的酒精发酵液 75 $t/hm^2$；宿根蔗喷淋锤度为 8～9 °Bx 的酒精发酵液 105 $t/hm^2$，结合覆盖地膜，可以完全取代化肥，使甘蔗增产 10%～30%，蔗糖分提高0.2%～1.0%，取得了很好的社会、经济和生态效益。广西农垦昌菱农场全面应用酒精发酵液量定量还田技术，彻底改革了甘蔗的覆土方法，由高压喷头喷出的酒精发酵液直接冲刷盖土，效果特别好，酒精发酵液的应用为该场 1 800 多 $hm^2$ 甘蔗持续多年单产超 120 $t/hm^2$

作出了重要贡献（Li et al.，2007；李杨瑞，2010）。该项技术在广西、云南、广东都迅速得到大面积应用，截至2012年，糖蜜酒精发酵液定量还田技术应用推广累计已达51.46万$hm^2$，既解决了酒精发酵液的污染问题，提高了资源利用率，降低了甘蔗生产成本，提高了土壤肥力，保护了环境，同时提高了甘蔗产量和品质，增加了农民收入，深受政府、企业和农民的欢迎。

**2. 合理轮作和间种豆科或绿肥作物** 甘蔗是较耐连作的作物，但长期连作使土壤疲劳，积累有害物质，使土壤有效养分失衡，易造成黄化和减产等严重问题。因此，需要通过合理轮作来达到用地与养地相结合的目的。有条件的地方，可实行水旱轮作，不宜实行水旱轮作的地方，可与豆科作物实行轮作。利用甘蔗生长早期行间较宽和形成荫蔽较慢的特点，在蔗行间间种花生、大豆等豆科或绿肥作物，也是培肥土壤的好方法。间种豆科或绿肥作物既可以通过豆科作物根瘤的固氮作用增加土壤氮素，也可以用豆科或绿肥作物的藤蔓回田增加土壤有机质，达到培肥土壤的目的。

**3. 绿肥压青** 据报道，豆科作物的残留物可以为蔗田提供氮75～120 kg/$hm^2$，如果不收获籽粒直接压青可以为蔗田提供的氮高达300 kg/$hm^2$（张旭升，2010）。但在耕地有限的蔗区，大面积的轮作不切合生产实际，同时也会影响到原料蔗的供给。可以通过长期在甘蔗地间作大豆等适应性广、生育期短、生物产量高的绿肥，并采用直接整株压青的方法培肥蔗地土壤，从长远上建立良好的蔗作土壤。具体做法是，甘蔗收获后在冬季种植一造绿肥作物，然后将绿肥作物深耕回田以达到培肥土壤的目的。

**4. 蔗叶还田** 目前我国甘蔗种植每年遗弃在蔗田中的蔗叶、蔗梢约1 873.8万t（郑勇等，2011）。蔗叶（以干物计）的氮、磷、钾含量分别为0.7%、0.31%、2.2%，含有丰富的有机质和甘蔗生长所需的多种元素。以生产75 t/$hm^2$甘蔗的蔗地计，约有12～15 t蔗叶，如果蔗叶还田，相当于施尿素114 kg，钙、镁、磷154.5 kg，氯化钾274.5 kg（Leal et al.，2013）。蔗叶中含有的氮、磷、钾、镁、钙、硫等多种养分和有机质及时还田，一是可以有效改善土壤的团粒结构，提高土质疏松度，改善土壤的保水、吸水、透气、保温等性能；二是可以提高土壤养分，改善理化性状，培肥地力，为甘蔗的持续高产打下良好的基础（Foley et al.，2011）。蔗叶还田方法有两种：一是在甘蔗砍收后，蔗叶隔行整齐堆放于蔗地垄间；二是采用机械在蔗地进行蔗叶粉碎还田。广西农垦金光农场1998年开始引进3SY系列蔗田碎叶机，每年蔗叶粉碎还田约333.33 $hm^2$亩，占农场甘蔗种植总面积的36%，节本增收效果显著。1987—2010年广西农垦黔江农场经过20多年蔗叶还田，蔗田有机质从原来1.79%提高到2.60%，全氮从0.09%增加到0.14%，速效磷从13.37 mg/kg增加到43.25 mg/kg，有效钾由79.63 mg/kg增加到233.33 mg/kg。2003—2005年马山县百龙滩镇南新村外来屯试验蔗叶还田，单产77.6 t/$hm^2$，增产9.16%。2005—2007年扶绥县在渠黎镇渠凤村进行蔗叶粉碎还田试验1.33 $hm^2$，增产3.71 t/$hm^2$，增产增收效果显著。2000—2008年广西甘蔗研究所甘蔗试验农场、广西农垦西江农场、广西农垦红河农场试验结果表明：蔗叶还田使土壤有机质含量提高3.32 g/kg，全钾提高43.3%；有效氮提高31.9%；速效磷提高16.7%。2005年广西农垦新兴农场都乐分场试验结果表明，蔗叶还田甘蔗单产85.4 t/$hm^2$，增产7.7%。2009—2010年广西农业科学院在广西农垦红河农场进行的试验结果表明，蔗叶还田使土壤微生物总数明显增加，细菌、真菌、放线菌总数分别是常规栽培处理的 2.38 倍、1.80 倍和 2.74 倍（Liao et al.，2013）。广西农业科学院的试验表明，蔗叶还田除提供养分和有机质外，还有很好的保持土壤水分作用，特别是蔗叶覆盖还田，有利于抗旱保生长（李杨瑞，2010；李杨瑞，2014）。蔗叶还田是增加土壤有机质的良好措施，但蔗叶在旱地中比较难以腐烂，因此在埋入土壤前最好能将蔗叶粉碎并尽量深埋，以预防和减少蔗叶上病虫害对后作甘蔗的影响（樊保宁等，2020）。

**5. 甘蔗渣还田** 甘蔗渣是甘蔗制糖工业的主要副产品，属于农业固体废弃物中的一种。蔗渣的主要成分包括纤维素、半纤维素、木质素和灰分，其中纤维素占 32%～48%，木质素占 23%～32%。研究表明，甘蔗渣中的木质素和纤维素能够有效地降解为作物可利用的有机质，改善土壤的理化性状，增强土壤贮存水分和养分的能力，是一种可再生的肥料来源（魏阳等，2019）。但目前一些甘蔗渣用于锅炉燃料，少量达到造纸工艺要求的用于造纸，其余一些乱堆乱放，无利用价值。因此，推广蔗渣还田技术，实施用地养地相结合的耕作制度，能增加土壤有机质含量，改善土壤的理化性状，提高甘蔗农艺性状和产量品质（郭强等，2019）。蔗渣还田即是将蔗渣直接回田，覆盖表土，这样操作能一定程度上起到覆膜盖土的作用效果，能够保持土壤的水分和温度，促进甘蔗萌芽、分蘖以及宿根发株，同时减少雨水的冲刷，有利于保持土壤的团粒结构，使甘蔗根系生长健壮，增强甘蔗抗倒伏能力。蔗渣覆盖主要在甘蔗伸长期以前起作用，而在工艺成熟期，蔗渣已经完成腐烂分解，其中营养成分融于土壤中，起到显著的培肥土壤的作用。蔗渣还田对土壤培肥的作用原理与蔗叶还田一样，但极大地降低了蔗叶直接还田携带的大量虫卵，避免了可能导致虫害大面积暴发的风险。

## 第三节　甘蔗水分管理

### 一、水分的生理作用

水对甘蔗生长和蔗糖分的积累都极其重要。甘蔗植株高大，体内含水量较高，成熟期植株的根、茎、叶各部位含水量分别为 68%～70%、70%～75%、70%～75%（苏广达，1979）。水可直接用于蔗株生理活动、保持体内水分平衡，还可作为生态因子，维持适合蔗株生长发育所需的体外环境。蔗株体内的水分有两类，即自由水和结合水。自由水是借助一定外力能自由流动的水，这种水在生物化学上可作为溶剂并且能结冰。由于蔗株的生理过程以及酶促的生化反应都是在以水为介质的环境中进行，因而自由水的含量就对这些过程起着重要的作用，影响着这些过程的活动强度。除了自由水外，还有一类结合水或称束缚水，这种水被吸附在细胞内的亲水胶体表面或结合为水化的离子和分子，是极不容易流动的，且几乎不能成为溶液，同时要在低于 0℃ 的温度才能结冰。一般这种水的含量高，蔗株对干旱和低温霜冻的抵抗能力就相对较强（苏广达，1979；梁丽琼等，1997；田春艳等，2019）。水对甘蔗的主要生理作用如下：

①水能保持甘蔗植株的固有状态。水分可维持甘蔗细胞的紧张度（即膨胀），使蔗株叶片挺立，便于接受光照和交换气体。如水分供应不足，蔗株便萎蔫，不能正常生长。

②水是原生质的主要成分。甘蔗细胞内具有生命活动的原生质含水量一般在 80%～

90%，这些水使原生质呈溶胶状态，从而保证了新陈代谢旺盛地进行。如果含水量减少，原生质会由溶胶状态变成凝胶状态，生命活动就大大减弱。如果细胞失水过多，就可能引起原生质破坏而导致细胞死亡。

③水是植物对物质吸收和运输的溶剂。一般来说，甘蔗植株不能直接吸收固态的无机物和有机物，这些物质只有溶解在水中才能被植物吸收。同样，各种物质在植物体内的运输也必须溶解于水中才能进行。

④水是新陈代谢过程的反应物质。在甘蔗植株进行光合作用、呼吸作用、有机物的合成和分解的过程中，都必须有水分子参与。

⑤水参与甘蔗对生长环境的适应。水可作为生态因子，维持一个适合甘蔗植株生长的环境。如水具有很高的汽化热和比热，又有较高的导热性，因此水在植株体内的不断流动和叶面蒸腾，能够顺利地散发叶片所吸收的热量，保证植物体即使在炎夏强烈的光照下，也不致被阳光灼伤，在寒冷的环境中也可保持甘蔗温度不下降得太快。水有很大的表面张力和附着力，对于物质和水分的运输有重要作用。水是透明的，可见光和紫外光可透过，这对于蔗叶吸收太阳光进行光合作用很重要。

## 二、甘蔗对水分的吸收

甘蔗对水分的吸收一方面是通过根系从土壤中吸收，另一方面也可以通过地上部进行吸收。根系对水分的吸收包括被动吸收和主动吸收两种方式。

被动吸收的动力是甘蔗植株的蒸腾作用。植株地上部的蒸腾作用，体内水分从细胞散发到大气中去，叶细胞由于失水，细胞液的浓度提高，使吸水能力增强，拉动叶细胞向叶脉木质部导管吸水，而叶、茎、根的输导组织是相通的，于是这个吸水能力便通过蔗茎传递到根细胞，根就从土壤中吸水，土壤中的水分便源源不断地通过木质部导管向上输送，根也就继续从土壤中吸水。在被动吸水中，蒸腾作用的失水与根从土壤中的吸水，其速度几乎相等。白天晴天时，气温高、光照强，甘蔗植株蒸腾作用旺盛，失水多，因而吸收的水量也多。甘蔗的伸长盛期叶片数多、叶面积大、叶面积指数高，又是高温强光季节，蒸腾作用旺盛，失水多、吸水也多，必须有充足的水分供甘蔗植株吸收利用，才能保持水分平衡。蒸腾作用是被动吸水的动力，虽然所吸收的水分 99 %又通过蒸腾作用散发到空间，只有 1%左右留在体内，但对甘蔗的生长有着重要的意义。旺盛的蒸腾一方面加速了甘蔗对水分和养分的吸收和运转，另一方面又能降低体温，有利于生长。同时在旺盛蒸腾情况下，气孔开放使甘蔗植株能正常地吸收 $CO_2$，有利于光合作用的进行。

甘蔗根系对土壤水分的吸收除被动吸水外，还有主动吸水。所谓主动吸水，就是根系靠自己的能力从土壤中吸水，并将吸收的水沿着输导组织压送到地上部。主动吸水的力量是根压，根压的大小取决于根部导管溶液与土壤溶液间的浓度差以及根细胞对水分的透性。根压与抗旱力有关，根压大的品种抗旱力较强。

甘蔗除了主要通过根系从土壤中吸水外，也能通过地上部进行吸水。地上部吸水主要是叶片，而叶片吸水最活跃的部位是表皮组织的巨型细胞。此外，蔗茎也能吸水，吸水最显著部位是蔗茎节间。由于地上部能吸收水分，所以即使是小阵雨乃至露水，虽然水没有流到土壤为根系吸收，对甘蔗生长也是很有好处的。另外，地上部吸水的原理也被应用在喷灌和根外追肥上。

## 三、水分在蔗株内的运输和分配

甘蔗根系对水分的吸收主要在根毛区，水分通过根毛的表皮组织后，再通过皮层薄壁细胞、内皮层、中柱鞘、中柱薄壁细胞而进入中柱木质部导管。这些水的进入一部分是通过各层细胞的细胞质和液泡传进去，也有一部分是沿着这些细胞的细胞壁进去的。因为细胞的细胞壁是由亲水性很强的纤维素和果胶等物质组成，且各层细胞的细胞壁是互相紧贴的，因而水分便能沿着细胞壁进去。此外，水分也可以在细胞外的自由空间中自由扩散。通过上述这些途径，水分便进入根木质部的导管，同时由于根、茎、叶导管是相通的，借助蒸腾流和根压的作用，水便向上运输。在运输过程中，很少一部分用于细胞分裂、体积增大、光合作用和其他生理生化过程，一般不超过1%，其余99%是通过叶片的蒸腾作用散发到空间去了。当水分供应充足时，甘蔗植株各部分都能得到充足的水分，各部分的水势差异是很小的，都能正常生长。如果干旱缺水，蒸腾失水大于从土壤中吸水，水分的吸收和消耗不能保持平衡，就会促使体内水分重新分配，具有较低水势活跃的生长部分，向其他较老的生长部分夺水，以提高其对干旱的忍耐力，所以干旱时一般都是甘蔗植株中下部的老叶先干枯。

### 四、水分与甘蔗产量

甘蔗的生长期长，植株高，叶面积大，需水较多。甘蔗的需水量与其生长期长短、产量高低、气候、土壤以及耕作栽培技术等因素密切相关，这里所指的需水量是指田间的耗水量。通常是生长期长、产量高，其需水量大，但获得单位产量所消耗的水分少，水的利用率高。试验结果表明：春植蔗的需水量约为 1 416.8 mm，夏植蔗需水量约为 1 614.7 mm；春植蔗日平均需水量 5.2 mm/d，夏植蔗的日平均需水量 6.6 mm/d（杨祖德等，1996）。根据广东、广西 1958—1964 年对台糖 134 春、秋植蔗的耗水量试验结果，产量 75 t/hm$^2$以下的，每生产 1 t 原料蔗平均耗水 171.9 t；产量 75～150 t/hm$^2$的，每生产 1 t 原料蔗平均耗水 128.8 t（广东省农业科学院轻工部甘蔗糖业科学研究所，1985）。据广东多年的试验资料综合统计，不同产量水平的甘蔗需水量为：产量在 120 t/hm$^2$以下，其需水量为 845.6～1 293.0 mm，平均 1 056.6 mm，生产 1 t 蔗约消耗水量 100.3 t；产量 120～150 t/hm$^2$，其需水量为 898.3～1 611.9 mm，平均 1 226.9 mm，生产 1 t 蔗约消耗水量 92.9 t；产量超过 150 t/hm$^2$，其需水量为 1 163.3～1 608.3 mm，平均 1 414.9 mm，生产 1 t 蔗只消耗水量 75.6 t。可见，甘蔗的产量越低，生产每吨蔗所消耗的水量就越多，水分的利用率就越低，用水越不经济。因此，采取各种农业技术措施提高单产，有利于降低单位产量的耗水量，从而提高水分利用率。甘蔗单产越低，生产 1t 原料蔗的耗水量越多，水分的效益越低。蔗田水分不足会限制甘蔗的生长和产量的提高，但蔗田水分过多，如蔗田地势低、地下水位过高会造成田间积水，不利于甘蔗生长，并造成减产。根据多年来甘蔗灌溉试验资料统计分析，甘蔗的需水量与产量之间有显著的相关关系。尽管影响甘蔗产量的因素是复杂的，但在品种和其他环境条件基本一致的情况下，一定范围内，甘蔗的需水量随产量的提高呈上升趋势。试验研究表明，只要土壤水分控制在适宜的范围内，甘蔗的需水量与产量之间呈线性或近似线性关系。

## 五、甘蔗需水规律

甘蔗需水包括生理需水和生态需水两部分。生理需水是指蒸腾作用、光合作用等各项生理活动所需要的水分；生态需水则是为甘蔗创造良好的生长环境所需要的水分。甘蔗分为苗期、分蘖期、伸长期、成熟期四个生长期，甘蔗的需水规律是指甘蔗不同生长阶段对水分的需要及其变化状况，大体是“两头少，中间多”，即苗期、分蘖期和成熟期需水较少，伸长期需水最多。阶段需水量的多少是考虑灌水时期与灌水量分配的依据，它不仅表明甘蔗各生长期的需水特性和要求，也反映出不同生长期对水分的敏感程度和灌溉的重要性。根据广东多点多年的试验统计，春植蔗的需水规律呈单峰曲线变化，伸长期是需水高峰期。各生长期的需水量：苗期为 85.5～387.2 mm，平均 166.8 mm；分蘖期为 124.3～351.7 mm，平均 238.7 mm，伸长期为 391.4～694.1 mm，平均 579.4 mm；成熟期为 45.8～254.4 mm，平均 134.2 mm。根据我国华南蔗区的试验，甘蔗萌芽期的耗水量占全生长期总耗水量的 8.4%～18.1%；分蘖期占 15.4%～21.7%；伸长期占 51.3%～57.8%；成熟期占 2.4%～19.6%（广东省农业科学院轻和工部甘蔗糖业科学研究所，1985）。

甘蔗的萌芽至苗期阶段，由于种茎含水量都在 70%以上，已能满足萌芽对水分的需要，因此其生理需水较少，对水分的要求主要是补充生态需水，即避免土壤过于干旱而使种茎失水而影响萌芽。萌芽以后的幼苗，生长缓慢，叶面积尚小，主要以生态需水为主，只保持土壤“湿润”状态即可。一般土壤表层 30 cm 内，保持土壤田间持水量的 65%～75%为宜。

分蘖期是幼苗已长有 7～8 片叶后大量分蘖萌发并迅速生长，苗根大量发生的时期。此时期叶面积指数逐渐增大，叶片蒸腾耗水也增多，生理需水比萌芽期明显增加。但此时植株尚小，其叶片细且数量不多，叶面蒸腾和光合作用有限，故仍以生态需水为主，需水也不多，保持土壤“湿润”状态即可。一般土壤表层 30 cm 内，保持土壤田间持水量 60%～80%为宜。此时期土壤缺水或水分过多，都将会抑制母茎生长，分蘖迟而小，生长差，成茎率低。土壤水分含量在田间持水量的 70%～80%间，随土壤水分的递增，甘蔗叶绿素含量、光合强度、蒸腾强度、自由水和束缚水的比值等生理功能均增强，蔗茎产量也极明显增加（苏坎坛等，1985）。

伸长期是蔗株生长最旺盛的时期，又是决定产量的关键时期。转入伸长期，蔗茎伸长、增粗，根系发达，叶面积大，是甘蔗生长最旺盛的阶段，此期气温又较高，叶片光合作用和蒸腾作用极为旺盛，甘蔗需水转入以生理需水为主，需水强度最大，需水量最多，达到高峰。土壤要求“湿”的状态才能满足甘蔗旺盛生长的需要，土壤水分含量在田间持水量的 80%～90%为宜，既有利于单茎重的提高，又有利于提高单位面积有效茎数，对提高甘蔗产量是十分重要的。虽然甘蔗伸长期需水量和耗水量都大，但此期正值南方雨季，因此水田或地势低的蔗区要注意搞好排水，降低地下水位，以免影响甘蔗生长。

甘蔗转入成熟期后，蔗株生长转慢，同化作用的速率也逐渐降低，同化作用的产物也主要用于蔗糖分的积累，叶面枯萎，叶面积减少，气温也降低，蔗株蒸腾作用减弱，故需水急速减少。适度的干燥、低温、强光和昼夜温差大的环境有利于成熟。因此要注意逐步减少水分的供应，但过早止水，甘蔗虽提早成熟，会影响甘蔗的产量和质量。反之，如土壤水分过高，甘蔗继续生长，不利于蔗糖的积累。华南蔗区一般在9—10月出现秋旱，此时蔗田仍应保持一定的湿度，以在40～50 cm的土层内保持土壤田间持水量的60%～75%为宜。在广西，旱地甘蔗占甘蔗种植总面积90%以上，一般到了9月中旬以后常常干旱少雨。在秋旱条件下，后期适当灌溉明显提高了甘蔗叶片的过氧化物酶、NADP-苹果酸酶和ATP酶活性，使甘蔗叶片的蔗糖含量提高，还原糖含量降低，有利于甘蔗的生长和蔗糖分积累，最终实现增产增糖的目的（杨丽涛和李杨瑞，1995；杨丽涛等，1998）。研究也表明：秋旱条件下，对广西蔗区进行加肥灌溉，随着施钾量的提高，甘蔗的株高、茎粗、公顷有效茎数、单茎重及蔗糖分均有所提高（Tan et al.，2009）。

## 六、干旱对甘蔗的影响

干旱对植物的影响是广泛而深远的，不仅影响植物各阶段的生长发育也影响植物各种生理代谢过程（李广敏和关余锋，2001）。干旱对甘蔗最根本的抑制或伤害是干旱时有效水分亏缺，甘蔗吸水困难，体内消耗的水分得不到及时补偿，从而导致一系列生理生化代谢活动发生变化，影响甘蔗正常的光合作用，减少光合有机物的合成与积累，最终影响甘蔗的产量和品质。

**1. 影响光合作用** 作物通过光合作用，不断合成、积累有机物质，其强弱将决定作物的最终生物产量（Acreche et al.，2009）。光合作用虽然只用去蔗株吸收的水分很小一部分，一般不到1%，所以水作为光合作用的原料一般是不缺乏的，但是干旱缺水却会严重抑制光合作用，其抑制程度可达10%～90%。干旱胁迫被认为有气孔限制和非气孔限制两种方式影响作物光合作用（姚庆群等，2005；高冠龙等，2018）。气孔限制主要是水分胁迫使得叶片水势下降，细胞内脱落酸合成积累增加，减小气孔开度，胞间$CO_2$浓度下降，从而使得光合速率减小（卢从明等，1994）。而非气孔限制则是由于干旱胁迫加剧，细胞脂膜遭到破坏，过氧化产物不断累积，叶片叶绿素结构改变，光合色素含量降低，光合系统被破坏，光电子传递中断（Signarbieux et al.，2011）。

**2. 呼吸作用增强及吸收作用减弱** 干旱缺水由于水解作用增强和体温升高，蔗株呼吸作用增强，消耗大量的呼吸基质，干物质积累少；缺水时蔗株萎蔫的叶片从蔗株各部分夺水，根尖细胞就容易失水而死亡，且根的渗透作用降低，因而蔗株的吸收作用减弱。

**3. 影响细胞原生质的性质** 蔗株缺水萎蔫，会导致细胞原生质胶体的分散程度降低，胶粒的凝固趋势增大，原生质膜的选择透过性受破坏，因而影响蔗株正常的代谢作用。

**4. 影响酶的活动** 在缺水情况下，酶的作用方向趋向水解，蛋白质和多糖大量分解，而蛋白质合成是生长的基础，蛋白质的大量水解必使生长大受抑制，而且还会产生大量的游离氨，造成氨中毒现象。多糖类水解使可溶性糖含量增加，光合作用受抑制。

干旱缺水对甘蔗生长的影响是很大的，我国蔗区面积最大的又是旱地蔗区，所以发展水利灌溉，搞好防旱保水，对于提高甘蔗产量具有重要的意义。

## 七、积水对甘蔗的影响

蔗田地下水位过高或田间积水，土壤水分过多空气过少，氧气缺乏，对甘蔗的生长极为不利，主要影响有以下几点。

**1. 影响根系生长**　地下水位高或田间积水，甘蔗根的生长将受到严重的抑制：根数少、根毛少、干重低、分布浅、不能深扎。研究表明，地下水位 30 cm 的，其干重和分布都显著差于 50 cm 和 80 cm 的。在黏壤土中，地下水位 30 cm 的，根干重 61.6 g，伸展深度 105 cm；地下水位 50 cm 的，根干重 67.5 g，伸展深度 121 cm；地下水位 80 cm 的，根干重 76.8 g，伸展深度 190 cm（苏广达，1979）。

**2. 影响根系的吸收作用**　由于通气不良，氧气缺乏，根的呼吸作用大为减弱，呼吸作用释放出来的能量就少，因而为吸收作用提供的能量就少，结果严重影响根对矿质营养的离子交换吸收。在一些地下水位高、排水不良的低沙围田，甘蔗常出现“发水黄”现象，施肥的效果很差，其原因也在这里。因为在这样的情况下，根系生长差，吸收能力弱，有肥也难以吸收。由于吸收不到必需的氮素和其他矿质营养，叶绿素的形成受阻，也不能合成更多的蛋白质和其他对生长所必需的物质，因而叶片黄、生势差。

**3. 产生有害物质和易感染病害**　田间积水，氧气剧减，土壤中好气性微生物的活动受抑制，而嫌气性微生物的活动则旺盛起来，导致有机质分解慢，释放养分少，而且土壤中会积累较多的有机酸，对根系起毒害作用。另外，排水差的蔗田有时还会导致根腐病等病害的发生。美国路易斯安那曾经发生严重的根腐病，后来发展了抗病品种并认真搞好蔗田的排水，该病才被控制下来（苏广达，1979）。由于上述的原因，排水不良的蔗田甘蔗分蘖少、有效茎数少、叶片黄、生长慢、植株矮、产量低、宿根发株迟、发株少等。所以水田蔗区特别是低沙围田，提高地势，搞好排水，降低地下水位，对提高甘蔗产量是十分重要的。

**4. 影响甘蔗糖分积累及产量**　正常生长的甘蔗，蔗糖分的积累随着时间推进而上升，但水淹甘蔗的蔗糖分比正常甘蔗的低，尤其对宿根蔗的影响更大。当蔗田积水时间过长时，涝害不仅使根部生长受抑制，地上部分的生长发育也因此受到严重影响。受涝会造成生长点变成暗褐色，蔗株易倒伏，蔗茎弯曲，蔗叶枯黄，在接触水面的蔗茎上长出气生根，蔗茎空心蒲心，比重下降。受涝蔗株由于生长受抑制，顶端优势减弱，侧芽抽出，其抽出的速度快慢与受涝程度和时间长短有关。受浸没顶，时间较长，生长点死亡的蔗株抽侧芽比较快；受浸而不没顶，受浸时间较短，生长点没死的蔗株抽侧芽比较慢。受涝时间不长，茎节保持青绿，根点正常的，可作种苗用。受涝严重的生长点死亡，蔗茎枯烂，完全失去加工价值，造成甘蔗严重减产。

## 八、甘蔗灌溉指标的测定

适时灌溉，能提高甘蔗产量；灌溉不及时，不仅会影响甘蔗生长，还会降低水的生产效率，增加生产成本，因此合理确定灌溉时间非常重要，目前确定适时灌溉的方法和指标主要有以下几种：

测定不同生长期土壤田间持水量确定灌溉。萌芽期在 20～30 cm 土层内的土壤含水量少于土壤田间持水量 50%，应立即进行灌水；分蘖期在 20～40 cm 土层内的土壤含水量少于土壤田间持水量的 60%，应立即进行灌水；伸长期在 40～50 cm 土层内的土壤含水量少于土壤田间持水量的 70%，应立即进行灌水；成熟期在 50～60 cm 土层内的土壤含水量少于土壤田间持水量的 50%，应立即进行灌水（广东省农业科学院和轻工部甘蔗糖业科学研究所，1985；《广西甘蔗栽培》编写组，1991）。

测定叶鞘水分含量来确定灌溉。测定叶鞘水分含量来确定灌溉是发达国家一些蔗区常用的方法之一。正常生长的甘蔗，在伸长期叶鞘的水分含量应在 85%以上，成熟期叶鞘的水分含量以 73%～75%为宜，当小于此值，应立即进行灌溉。供测定的叶鞘一般从第 3～6 叶取样（《广西甘蔗栽培》编写组，1991）。

测定土壤水分张力来确定灌溉。根据土壤水分张力指导灌溉，其指标应因地制宜通过试验来确定。土壤水分张力可用张力计测定，将真空表负压计埋在根系密集分布土层30～45 cm 深度处监测土壤水势，只要 30～45 cm 深度处土壤水势超出预定的范围，就进行灌溉。广西农业科学院 2008 年在南宁市郊区赤红壤壤土上进行甘蔗地下滴灌试验，土壤水势应保持苗期为－90～－80 kPa、分蘖期为－80～－70 kPa、伸长期为－60～－50 kPa、成熟期－80～－70 kPa 的范围内，如土壤水势超出此范围，就进行灌溉。

测定生长速度来确定灌溉。一般认为 6—9 月间蔗株日平均伸长量小于 1.0 cm 时，应进行灌溉。

## 九、甘蔗的灌溉方法

甘蔗是旱地作物，需要有一个良好的土壤水分环境，水分不足或过多都会影响其正常生长和产量提高。研究和生产实践表明，在甘蔗的全生长过程中，土壤水分应保持“润、湿、润、干”，即幼苗期、分蘖期、伸长后期及成熟过程，土壤要“润”；伸长期生长旺盛，需水最多，土壤要“湿”；达到成熟土壤要“干”。根据甘蔗的需水特性，维持适宜的土壤湿度，就能促进其健壮地生长，并获得高产。

**1. 沟灌** 甘蔗要获得高产，必须有充足的水分供给，因此蔗地灌溉是甘蔗增产的重要措施。长期以来，我国蔗区普遍采用设施简单、投资成本较低的沟灌方法进行灌溉。沟灌更多适用于地势平坦、水源充足的蔗区。其受地形影响明显，存在着灌溉不均匀、灌水定额大、水分利用效率低、沿途渗漏明显、水源浪费较大等缺点。近年来，随着国家及各蔗区政府和企业对节水灌溉的重视，加快了相关技术设备引进和研发，喷灌、微喷、滴灌等节水灌溉措施具有水资源利用率高、对土壤和地形适应性强、灌水均匀、省时、省工、甘蔗增产效益明显等诸多优点，已逐步在甘蔗生产中推广应用。

**2. 喷灌** 利用管道将水送到灌溉地段，并通过喷头分散成细小水滴，均匀地喷洒到蔗地，使水分部分渗透进入土壤，部分被甘蔗茎叶吸收。喷灌是一种先进的机械化或半机械化灌水方式，在很多发达国家已广泛采用。与地面灌溉比较，喷灌具有不破坏土壤团粒结构、调节田间小气候、省水等优点，具有降雨的效果，对甘蔗生长发育较为有利。喷灌的主要缺点是，风力较大时，喷灌均匀度较低，甘蔗生长中后期封行后，由于蔗株遮挡，喷淋效果会受到影响；当空气较为干燥时，喷灌在空气中的水分易挥发损失。根据喷灌方式的不同，又可以分为固定式、半固定式和移动式三种类型。固定管道式喷灌是将管道、喷头安装在田间固定不动，其灌溉效率高，管理简便，运行成本低。但是前期工程投资较高，要求甘蔗规模化种植。目前，在我国蔗区应用面积不大，已逐渐被更为灵活的半固定式和移动式喷灌所取代。中心支轴式与平移式等半固定式大型喷灌机机械化和自动化程度高，适用于大型农场或规模经营程度较高的蔗地，其可以在预定范围内行走，但行走区域不能有高大障碍物，土地要求较平整。在农村蔗区可根据地块大小，使用绞盘式喷灌机等小型移动式喷灌设备，与固定和半固定喷灌设备相比具有技术成熟、机动灵活、适应性强、价格低等优点，是目前在蔗区应用较为广泛的节水灌溉措施。

**3. 微喷灌**　微喷灌是新发展起来的一种喷灌形式，它通过聚乙烯塑料管道输水，再通过微喷头喷洒进行局部灌溉。微喷灌又分为吊挂微喷、地插微喷、铺地微喷。吊挂微喷，又称倒挂微喷或悬吊式微喷，从上到下依次包括：管道链接双倒钩、毛管、吊喷重锤、防滴器和微喷头，其通常在温室大棚安装使用，主要是利用水流通过低压管道系统以一定速度从微喷头喷出，在空气中分散成细小的水滴，着落在作物及周围的地面上，从而达到增加大棚内湿度、及时补充水分的目的。地插微喷也称插杆式微喷，主要由微喷头、插杆、毛管组成，其喷头具有喷洒弧度流量均匀、360°喷洒等特点，适用于各种地形，能够随时移动，适应性强，维护简便。地插微喷主要用于苗圃育苗、园林草坪、花卉及各种间距较大的果树灌溉。铺地微喷是指将采用激光打孔的塑料喷带直接铺设在地面的一种灌溉模式，其原理是利用压力将水源通过出水孔直射空中，并在重力和空气阻力的作用下，形成类似细雨的微喷灌效果，其具有喷水均匀、稳定的特点，基本不产生深层渗漏和地面径流，不易破坏土壤的结构，适合用于多种密集种植作物的灌溉。微喷技术比一般喷灌更省水，由于形成的雾滴更细小，喷洒更为均匀，其适用于甘蔗出苗至工艺成熟的各生长发育时期。微喷既可以提高土壤水分，又可以增加空气湿度，调节蔗地小气候，促进甘蔗出苗率、分蘖率、株高、有效茎数等农艺性状的提升。微喷灌技术操作较为简易，适宜在水资源不足的蔗区推广应用。

**4. 滴灌**　利用塑料管道将水通过直径约 10 mm 毛管上的孔口或滴头，以点滴或细流的形式，均匀地将水分输送至甘蔗根区土壤。滴灌又分土壤表层滴灌、膜下滴灌、深埋滴灌。土壤表层滴灌是将滴灌（带）平铺在甘蔗行间的滴灌方式；膜下滴灌是在土壤表层滴灌（带）上面覆盖地膜的滴灌方式；深埋滴灌是将滴管深埋在土壤里，可以使用 4～5 年的滴灌方式。膜下滴灌比土壤表层滴灌更省水，水分在 20 cm 左右的土层里上下循环，对甘蔗生长更为有利。深埋滴灌，由于滴管在土壤里，不受地面耕作影响，水分挥发比土壤表层滴灌少，是一种较为有效的滴灌方式。由于深埋土壤，对灌溉材料要求较高，对输水设备要求也较高。滴灌技术是目前效率最高的节水灌溉方式，水分利用率可以达到 95%。与沟灌相比，滴灌技术可节水 30%～60%，产量提高 30%以上，蔗糖分提高 1%左右。滴灌技术在节水、保持土壤地力、保持土壤结构等方面也均优于喷灌。同时，滴灌可以与灌溉施肥、施药结合，肥料、农药通过滴管精准滴施，肥料和农药的利用率相对于常规施肥、施药可以提高 1 倍以上。滴施肥料可以做到根据甘蔗不同生长发育阶段的需要精准施肥，根据害虫发生规律精准滴施。当然，采用滴施的肥料必须是水溶性肥料，滴施的农药应该是水剂，并且对滴灌材料不腐蚀。滴灌技术也存在着对水源要求较高、需要进行严格的过滤处理、滴头容易结垢和堵塞、前期铺管成本较高等问题。随着国家、各级政府、企业和蔗农对水利设施投入的增加，滴灌技术将是今后甘蔗节水灌溉的主要发展方向。

## 十、旱地甘蔗的保水抗旱措施

干旱是提高甘蔗产量的重要限制因子，它通过影响过甘蔗体内的养分传输、物质代谢，能量转换而影响甘蔗正常的生长发育，最终导致甘蔗产量降低。我国甘蔗80%以上种植在旱坡地上，缺乏灌溉条件，如何保水抗旱是我国甘蔗生产中面临的最大课题，也是旱地甘蔗高产、稳产的一项关键技术措施。目前生产上常用的方法有以下几个方面：

加强农田基本建设。通过建设梯田和等高线种植，修筑田埂，以平整土地，拦蓄雨水，减少径流，建设保水、保肥、保土的“三保地”。

**1. 选用和推广耐旱甘蔗品种** 根据旱地蔗区的特点，选用耐旱、粗生、分蘖力强，丰产等特点的品种。此外，选用前期生长快的品种，以能迅速荫蔽行间，减少水分蒸发，相对来说也较耐旱。另外也可以改变植期，避免不利气候对甘蔗出苗的影响，同时延长甘蔗生长期。

**2. 合理密植，协调群体结构** 旱地蔗水肥条件差，个体发育弱，萌发率低，分蘖迟而少，分蘖成茎率不到10%。因此旱地甘蔗栽培主要依靠主茎苗成茎。通过合理密植，既保证群体数量，又使个体协调发展，以相对较多的有效茎使单位面积发挥最大的增产潜力。根据种植节令调整下种量，一般春植蔗每公顷下种105 000～120 000芽，冬植蔗每公顷下种127 500～135 000芽，秋植蔗每公顷下种97 500～105 000 芽，保证有效茎数每公顷75 000～90 000条。

**3. 深耕、深沟、浅种与“三湿下种”** 旱地蔗区土层浅、犁底层浅、雨水下渗少、径流大、土壤干旱，影响甘蔗的下种出苗。研究表明，深耕深松增产增糖效果显著，是保水保肥、提高甘蔗单产和含糖量、提高生产率、降低种蔗生产成本和增加蔗农收入的有效措施。广西从20世纪90年代初开始大力推广蔗地机械深耕深松技术，先在农垦和监狱系统全面推广，随后推广到广大农村蔗区。2011年，全区蔗地机械深耕面积34.04万公顷，占当年新种面积的91.5%。蔗地深耕深松技术使旱坡地的耕层达30～45 cm以上，特别是使用大马力拖拉机，耕作深度可达60 cm以上，显著提高了耕作质量，改善了土壤理化性状，提高了土壤的保水能力，同时有利于根系深扎，以提高降水利用率，充分利用深层土壤中的水分，显著提高甘蔗的抗旱能力，同时有利于防风抗倒。试验（叶燕萍等，1995；廖青等，2010）表明，使用深耕深松栽培技术种植甘蔗能增加土壤含水量，利于甘蔗前期早生快发，分蘖率提高，出苗率增加，根数增多，根重增加，促进后期糖分积累，从而提高甘蔗的产量和蔗糖分，是一项重要的节本增效栽培技术。目前机械深耕深松已成为我国旱地甘蔗持续高产稳产的核心技术（李杨瑞等，2014）。要推广深耕、深松、深沟、浅种，即在深耕或深松的基础上开沟30～35 cm以上，下种后薄覆土。由于地旱、种干是影响蔗芽萌发、造成旱地蔗发芽率低的一个重要原因，所以采用植沟、种苗和基肥“三湿”下种，提高发芽率。其做法是先用清水淋湿植蔗沟，然后将种苗进行浸种消毒，吸足水分立即下种。种茎采用双芽种，种植时一般采用“品”字形种植，芽摆向两侧。

**4. 深沟板土栽培技术** 在旱地上沿等高线开植蔗沟并封闭蔗沟两端，形成一个“槽”，保持水土，减少径流；蔗种置于沟底板土上，覆盖土后加以压实，使沟底板土、种苗和覆土层紧密结合，减少土壤水分蒸发，同时利用毛细管水以提高出苗率；充分发挥

“槽”的保水、保肥作用，加宽播幅，增加有效茎数，达到增产增糖的目的。深沟板土栽培技术要求：植蔗沟深 30 cm 以上，播幅宽 30 cm，行距 100～120 cm。严格要求现挖现栽，开挖深沟、板土下种、闭垄、栽后镇压、覆膜一次完成。土壤特别干旱，含水量低时，须先淋水后盖膜。

**5. 科学配方施肥**　旱地蔗区土壤肥力差，一般有机质含量都在 2.0%以下，缺氮、少磷、贫钾。要根据土壤养分特性施入适量甘蔗专用肥，平衡施肥，避免偏施、重施氮肥对甘蔗糖分产生不利影响。基肥以有机肥（农家肥）和化肥配合施用。一般用农家肥 7.5～15.0 t/$hm^2$、磷肥 1 200 kg/$hm^2$、钾肥 300 kg/$hm^2$、氮肥 150 kg/$hm^2$混合作基肥，所有肥料应均匀施放在种植沟内，与土壤拌匀后再下种，尽量避免蔗种与肥料直接接触，以防止烧伤种苗。

**6. 地膜覆盖栽培技术**　旱地蔗区自然条件差异大，有的地区早春低湿阴雨，有的地方冬春干旱，对甘蔗萌芽不利。地膜覆盖栽培能增温保墒，促进甘蔗的早生快发。同时也使甘蔗苗全苗壮，有效茎数增多，提高甘蔗产量和蔗糖分。麦遒英等（1984）分别对宿根蔗、春植蔗和冬植蔗进行地膜覆盖，发现宿根蔗增产 16.48%，蔗糖分提高 0.79%（绝对值）；冬植蔗增产 13.7%，蔗糖分提高 0.38%（绝对值）；春植蔗增产 14.74%，蔗糖分提高 0.616%（绝对值）。另外酒精发酵液定量还田与地膜覆盖相结合的技术值得大力推广，既可增产增糖，降低甘蔗生产成本，提高蔗糖整体经济效益，同时能够消除环境污染，变废为宝，对发展蔗糖业循环经济意义重大（李杨瑞，2010；李杨瑞等，2008，2014）。

**7. 蔗叶覆盖和还田技术**　蔗叶覆盖和还田能避免土壤冲蚀，减少地表径流和毛细管水分蒸发，起到保温、保水、保肥、保土、增产增收作用（陈寿宏等，2016）。甘蔗种植后，用蔗叶、稻草等秸秆覆盖蔗垄行间，可以避免土壤冲蚀，减少地表径流和毛细管水分蒸发，具有很强的保水能力。蔗叶还田可以增加土壤有机质，改善土壤理化特性（宋日云等，2008；廖青等，2011）和生物特性（Liao et al.，2013；李杨瑞等，2014）。蔗叶还田方法有：一是甘蔗收获后，把两行的蔗叶集中覆盖到一行中，以便以后宿根蔗的管理，开春后在蔗叶上盖土，让其腐烂。二是用旋耕机（耙）或蔗叶还田粉碎机粉碎蔗叶，然后翻犁耙平还田。

**8. 施用保水剂**　保水剂是一种高分子吸水树脂，有超强吸水能力，无毒无害，反复吸水、释水。同时还能吸收并缓释肥料、农药，提高肥效、药效，为植株生长提供必要的水分、生长物质。保水剂的种类很多，分类方式也很多，这是由于原料来源不同、亲水化方法不同、交联方法不同和制品形态不同而产生不同的分类。从原料来源可分为淀粉、纤维素、合成聚合物、蛋白质、其他天然物及其衍生物、共混物系及复合物系 6 大系列（邹新禧，2001）。目前国内外使用的保水剂大部分属于糖类与酰胺类聚合物（Ge et al.，2006）。很多学者都对实际农业、林业中施用保水剂进行了研究，保水剂既具有“集水、保水、节水”的功能，造林绿化中极大地提高移栽树苗的成活率，又有改善土壤理化性状的功能，特别对于沙质土壤效果明显，在水土保持、节水农业中发挥着重要作用。保水剂能改善土壤的理化性状，使其具有良好的生物性状，从而满足甘蔗不同生育时期对水分、氧气、热量、养分等条件的要求，能够很好地协调这些生长条件，从而提高甘蔗的产量和品质（许树宁等，2012；蔡文伟等，2014）。

## 第四节　甘蔗田间管理

### 一、田间管理的重要性

田间管理是指大田生产中，作物从播种到收获的整个栽培过程所进行的各种管理措施的总称，即为作物的生长发育创造良好条件的操作过程。甘蔗的田间管理在甘蔗栽培过程中是一项较为复杂的工作，它包括从种植到收获的全部过程。

甘蔗的生长期长，各项田间管理工作的季节性强，管理工作的好坏直接影响甘蔗的产量和质量。甘蔗生产主要目的是获得高产优质的原料蔗，要达到这一目的，在田间管理的整个过程中，一要根据甘蔗各生长时期对水分、养分、温度、光照、空气等条件的要求特点，创造有利的条件，克服不利条件的影响，保证甘蔗正常生长，使每一生长时期具有高产的长势；另外还要根据甘蔗的某些生理特性与栽培目的之间存在的矛盾，通过田间管理措施，人为地加以“促”和“控”，使这些不利的生理特性朝着有利于栽培目的方向发展，最终达到高产高效优质的生产目的。

近年来，甘蔗种植规模向着集约式的趋势发展，然而，由于其种植技术及田间管理方法并没有得到有效的改进及创新，使得甘蔗的产量及质量均受影响，进而导致甘蔗种植经济效益低下。在此情况下，必须对甘蔗种植技术进行不断优化，制定一个科学合理的田间管理方法，通过标准化和科学化的管理机制，对甘蔗种植过程中可能存在的各种问题进行有效的控制，使甘蔗获得一个良好的生长环境，进而提高经济效益。

根据甘蔗不同生长阶段的生长特点和田间管理目的要求，可把甘蔗的田间管理分为前期、中期和后期三个阶段。各阶段的田间管理目标及措施简述如下。

### 二、甘蔗前期田间管理

甘蔗的前期田间管理指从播种后至分蘖末期，包括萌芽期、幼苗期和分蘖期这段时间的田间管理。甘蔗前期的生长特点是蔗种吸水后，在适宜的条件下萌芽长根，生长缓慢；叶片和根系逐渐增加，植株由异养型过渡到自养型；进入分蘖期后蔗苗迅速增加。前期生长以增加苗数、发展群体为生长中心，是增加单位面积有效茎数的关键时期，同时也是为个体生长打基础的时期。甘蔗高产栽培前期田间管理目标是获得足够的壮苗数和生长一致的蔗苗，具体要求是萌芽期结束时基本苗数达到每公顷67 500～75 000 株，幼苗期蔗苗生长健壮一致，分蘖期分蘖早且整齐、分蘖末期的壮苗数达到每公顷 90 000～120 000 株，无严重病虫危害。田间管理的主要任务是在抓好种植质量的基础上，创造适宜于蔗种萌发、幼苗生长和分蘖发生的环境条件，在保证全苗、齐苗和壮苗，促进早分蘖、早生长，增加壮苗数的基础上，抑制后期无效分蘖发生，减少养分消耗以及有效防止病虫害发生，确保足够的壮苗数和合理的群体结构，为实现甘蔗高产、高糖打好基础。前期田间管理的主要措施有：

**1. 保护种茎，提高萌芽率**　甘蔗的生长从萌芽开始，高产栽培也是从提高萌芽率、培育壮苗起步。甘蔗从下种至第 3 片真叶发生期间，以蔗芽萌发和种根生长为中心，这段时间蔗芽和种根萌发、幼苗生长所需的养分主要来源于种茎，此时防止种茎干枯霉烂，避免种茎感染病害和遭受虫害，促进蔗芽和种根萌发，保证幼苗健壮生长，是该时期田间管理的首要任务。

甘蔗生产上以种茎上的侧芽进行繁殖后代，在种植前应有计划地留质量好的种茎，才能有利于全苗、齐苗、壮苗。甘蔗种茎从砍收到种植需要存放一定的时间，研究表明种茎萌芽率与种茎储存期基本呈负相关，储存期越短，种茎萌芽出苗越早，出苗整齐，齐苗快，萌芽率高；反之，储存期越长，种茎萌芽出苗越慢，出苗不整齐，萌芽率低（罗亚伟等，2018）。生产上种茎储存时间越短越好，应合理留种、科学用种。此外，种茎的部位不同对种苗的萌芽率有差异，20 世纪 80 年代福建农学院研究表明，上、中和下部种苗的甘蔗萌芽率分别为 82.56%、68.70%、32.78%，萌芽盛期分别为 29、26、35d，说明中部和梢部的甘蔗种茎萌芽及幼苗生长较好（广东省农业科学院和轻工部甘蔗糖业科学研究所，1985）。不同种茎处理对甘蔗萌芽和幼苗生长也有影响，生产上选健康的甘蔗中部或梢部茎留种，种植时以双芽段、三芽段、四芽段等多芽段种茎均可。在干旱或低温多雨季节，以三芽段、四芽段等多芽段种茎种植为宜，可以减少凤梨病菌危害，较长时间地保护种芽活性，减少种茎养分和水分损失，促进甘蔗萌芽和苗期生长（罗亚伟等，2019）。

甘蔗种茎萌发是指种茎发根、出苗过程，是种茎在外部环境作用下发生的生理变化和生长发育过程，一般萌芽温度要求不低于 13℃，最适 30℃左右，根的萌动对温度要求要低一些，在萌发时根比芽对水分更敏感（董伟和张立平，2008）。旱地甘蔗萌芽出苗期遇旱缺水，是造成种茎干枯、出苗率低、缺苗严重的重要原因之一。新鲜的甘蔗种茎含水量 70%左右，下种时土壤含水量如果达到最大田间持水量的 65%～70%，就基本满足蔗芽和种根萌发对水分的要求。陈海波等（2010）研究结果表明，在萌芽期不同程度的控制灌溉影响了甘蔗的出苗率。萌芽期的土壤水分控制在田间持水量 50%～60%的出苗率最高，出苗率达 83.3%；土壤水分控制在田间持水量 60%～70%的处理的出苗率次之；土壤水分控制在田间持水量 40%～50%的处理的出苗率最低。甘蔗下种后如果土壤环境干燥，使种茎含水量下降至 50%时，蔗芽萌发就明显降低；当种茎含水量继续下降至 40%时，蔗芽就基本无法萌发。研究表明，水分少可刺激根点萌动，但水分过多或过少对种茎生根、出苗的最终质量均不利。甘蔗种茎发根多、长得长对吸收水分和养分有利，在水分缺乏的情况下能保持成活，同时幼苗出得好、长得壮，这样的品种抗旱性会更好（段惠芬等，2011）。旱地甘蔗种植时强调“三湿”下种，萌芽出苗期要做好防旱保苗工作，在春旱严重的年份或水分不足的蔗地，要及时采取淋水抗旱措施，避免种茎水分干耗而降低种苗的萌发率。广西农垦系统的防旱保苗的经验是冬植蔗或早春植蔗下种后种植沟内每公顷淋清水或经适当稀释的糖蜜酒精发酵液 75～105 t，然后覆盖地膜保水增温，甘蔗的萌芽率一般都达到 60%以上，比广西大面积生产的萌芽率提高 10%以上。

甘蔗萌芽出苗期遇连续低温阴雨天气，蔗地排水不良，也是造成种茎腐烂、出苗率低的另一重要原因。纬度偏高的蔗区，冬季和早春的气温偏低，春雨也来得比较早，所以在这些地区的水田蔗，若遇春季雨水过多，蔗地的土壤含水量超过最大田间持水量的 80%时，也会引起土壤通气不良，土温偏低，种茎受凤梨病严重侵害，造成烂种烂芽。2011 年 1—3 月，受到频繁南下冷空气的影响，广西上思县遭遇了历史罕见的长时间低温、阴雨和寡日照天气，该县甘蔗出苗因此受到严重影响，出现出苗迟、出苗少、苗势弱，甚至烂芽烂种等现象，且多数蔗苗处于1～3叶期，少于正常年份同期留宿根蔗的3～5叶期，且蔗苗较弱，蔗苗严重白化（黄敏堂和吴晓伟，2012）。因此，春季遇到雨水较多的年份，要注意做好冬、春植蔗萌芽出苗期的防寒防渍工作，除了种植时开好排水沟和覆盖地膜外，田间水分过多者要及时清沟排水，降低土壤湿度，以免种茎因缺氧而产生酒精中毒及感染凤梨病和赤腐病而致使种茎腐烂，出苗率降低。

**2. 查苗补缺，保证全苗** 甘蔗高产的基本要素是有足够的有效茎数和较大的单茎重，而要获得足够的有效茎数和较大的单茎重，就要求有足够的基本苗数和合理的群体结构。甘蔗下种时尽管采取了种苗选择、砍种、浸种催芽以及提高下种质量等技术措施，但因甘蔗品种的差异和种苗质量的不一致，环境条件的变化以及其他因素的影响，通常蔗芽的大田萌芽出苗率在40%～80%，差异较大（甘崇琨等，2018；周丽等，2019）。甘蔗田中经常出现不同程度的缺苗断垄现象，如不及时补苗，势必减少单位面积的有效茎数，不但影响新植蔗的产量，而且还会殃及宿根蔗的产量。为了保证蔗田的全苗、齐苗，使单位面积有足够的基本苗数，必须做好查苗补苗工作。

甘蔗的查苗和补苗应同时进行，当大部分幼苗长出2～3叶时，检查大田的出苗数和蔗苗分布的均匀程度，凡是苗数低于每公顷67 500株，或蔗行内缺苗断行达30 cm以上的均应进行补苗。另外，如果蔗田的壮弱苗差异过大，也需要在弱苗旁边补苗，以达到全田蔗苗大小均匀一致。

甘蔗补苗一般不宜用蔗茎直接补种，原因是补种的蔗苗出苗太迟，导致植株大小差异大，竞争处于不利地位而最终成茎率低，达不到补苗的目的。生产上通常采用蔗苗补植的方法补苗，主要通过以下途径获得：一是预育苗。甘蔗下种时在行间预育一定的蔗苗供补苗用（预育量为下种量的5%～10%）。具体做法是甘蔗大田种植时利用行间作为苗床集中育苗，育苗时淋足水分，覆盖地膜，出苗后用0.5%尿素溶液淋足水肥，促进蔗苗健壮生长待用。预备苗一般比大田蔗苗多1张以上叶片，蔗苗也比较均匀健壮，移栽后容易返青成活，是蔗苗来源中质量最优的一种。二是移密补疏。在下种量较大缺苗不多的田块，可以从出苗较多密度相对较大的行间取部分蔗苗补种在缺苗之处，但取苗时应尽量减少损伤邻近蔗苗的根系。三是利用宿根蔗蔸补苗。选择品种一致、不留宿根的蔗蔸，将其移栽到地块缺苗处。四是移苗并垄。缺苗断行严重而又缺乏蔗苗补栽的蔗田，从部分蔗行中取苗补种在另一些缺苗的蔗行中，清空的蔗行重新补种甘蔗或种植其他作物。

补苗时间最好选择在傍晚、阴雨天或雨后土壤湿润时进行，以提高成活率。移栽前剪去1/3长的叶片，以减少水分蒸腾，补苗时蔗苗带土移栽，补苗后淋足定根水，待蔗苗成活后增施1次以有效氮肥为主的“偏心肥”，促进所补蔗苗的生长，使全田蔗苗生长均匀，提高成茎率及产量。

**3. 看苗追肥，促进壮苗，提早分蘖** 我国传统甘蔗种植认为采用少量多次即“三攻一补”（攻苗、攻蘖、攻茎、补壮尾）施肥方式可以减少养分流失，提高肥料利用率。因此，常规施肥方法强调施足基肥、早施壮苗攻蘖肥、重施攻茎肥，其目的是促进苗根发展、培育壮苗和促进分蘖齐、匀、壮，提高成茎率，缺点是人工成本较高（徐建云和陈超君，2009；吴昌芳，2011）。20世纪80年代初期开始，节本高产高效的甘蔗栽培方法逐渐被人们重视，甘蔗的施肥技术也发生了根本性变化，提倡减少施肥次数，不再补施壮尾肥。关于甘蔗的氮肥施用次数及时间，一些研究者认为应在种植时全部施下，另一些人则提出分次施用，特别是氮肥的分次施用（叶维青，1989；谭中文等，1994）。邓德滋（1981）的研究结果表明，甘蔗在植后 90d 内吸收的氮素几乎达到全生长期的总吸收量，氮肥全部施在甘蔗生长早期不仅不会引起尾劲不足，还可使蔗株长期保持高叶片氮水平，有利于甘蔗生长过程中对储存氮素的逐步利用。氮肥作基肥一次施下或部分作基肥、部分作追肥分两次施肥的方法，在旱地蔗区的很多地方已经用于生产。随着劳动力成本增加和农民出外务工人员增多，肥料使用次数在逐步减少。梁计南等（2000）的研究结果表明，在一定施肥用量条件下，对甘蔗生长和产量起关键作用的是施用时期。传统的施肥原则是少量多次施肥，但试验结果表明，氮肥分 2 次、3 次以至 7 次、8 次施用对产量都无明显影响，施用次数过多反而增加施肥用工。施肥次数少时必须作基肥或在前期施肥。因此，在施足基肥情况下，氮肥追施分 1～2 次即可。在沙性较重、保肥力较差的蔗区，劳力较充足时可适当增加施用次数。除考虑施肥时间和量外还应考虑施肥的部位（根层），氮肥施于深层土壤中可以避免氨态氮的挥发损失，同时还可促使肥料更接近吸收养分的根区。陆世宏等（1995）的试验表明，旱地甘蔗将全部磷肥、钾肥、30%氮素化肥作基肥并覆盖地膜，不施攻苗肥和攻蘖肥，70%氮素化肥作攻茎肥施用，甘蔗在幼苗期、分蘖期和伸长初期的苗高、假茎粗、光合面积和最终产量均优于其他施肥方法。许树宁等（2012）研究表明，二次施肥（施基肥＋攻茎肥）处理比一次施肥（肥料全部作基肥一次施完）的甘蔗产量增长 6.6%，含糖量增长 11.5%，差异达显著水平；较三次施肥（施基肥＋攻蘖肥＋攻茎肥）和四次施肥（施基肥＋齐苗肥＋攻蘖肥＋攻茎肥）等常规处理甘蔗产量和含糖量均略有增长，但差异不显著。甘蔗二次施肥法可得到常规三次和四次施肥的甘蔗产量和含糖量，但较常规施肥方法减少田间作业次数，节省劳力，提高经济效益，是一项简单易行、省工、降低成本的甘蔗栽培方法。

实践表明，在基肥施足，磷肥、钾肥和一定量的氮肥条件下，即使前期不追施氮素化肥，甘蔗苗期的生长和最终产量也不受到影响。因此，生产上如果基肥施足，磷肥、钾肥和占总施氮量 30%以上有效氮肥时，已满足甘蔗幼苗期和分蘖期的需要，前期不需追肥。但是，如果基肥只施用磷肥和钾肥的蔗田，必须要早追施氮肥，以便促进壮苗和提早分蘖，促进早生快发和早封行。具体施肥方法是在全田甘蔗幼苗发生 4～5 片时，将 30%左右的氮素化肥和基肥未施完的钾肥一起与长效杀虫剂农药拌匀后施于幼苗的两侧，并小培土 3～5 cm。

**4. 加强防旱排涝** 甘蔗苗期和分蘖期主要是长根、长叶和长分蘖，主要以生态需水为主，生理需水不多。甘蔗幼苗期相对比较耐旱，但对土壤氧气要求严格，这是一个既需要水又怕水的生长时期。研究表明甘蔗幼苗期和分蘖期的需水量分别占全期需水量的 8.5%～18.1%和 15.5%～21.7%，适宜于甘蔗幼苗生长和分蘖的土壤含水量在最大田间持水量的 60%～70%。甘蔗苗期株系不遮阴，土壤水分蒸发量大，在持续干旱的早期无雨天气下，土壤过于干燥，蔗苗的生长会受抑制，分蘖缓慢甚至停止，严重时还使蔗苗枯死。所以 3—5 月降水量不足的年份或旱地蔗区，应加强防旱抗旱，当土壤含水量下降至最大田间持水量的 50%左右时，有灌溉条件的蔗地就要及时灌溉，无灌溉条件的蔗地除了尽可能采用人工淋水抗旱外，蔗地浅中耕减少水分蒸发损失也是防旱抗旱的有效措施之一。水田蔗在春雨较多的年份，常造成田间渍水而使土壤通气不良，抑制幼苗根系的生长和吸收作用，地上部生长不良，严重的幼苗发黄，不仅影响当时幼苗的生长和分蘖，还波及到中期的蔗茎伸长。此外，部分低洼蔗地、排水不良蔗地以及内涝蔗地比较容易积水，如果大水淹没甘蔗植株 3～5 d 将会造成生长点死亡，长期积水的蔗田对甘蔗的生长也产生不良的影响。因此，要加强上述蔗田（地）的防涝排水工作，减少损失。

**5. 中耕除草** 甘蔗前期植株幼小，生长缓慢，叶面积不大，蔗地裸露的面积大、时间长，受雨水的冲刷容易板结。进入分蘖后期或伸长初期后，由于降雨频繁，雨水较多，蔗田中杂草生长旺盛。蔗地土壤板结将影响甘蔗幼苗根系的生长和吸收作用。杂草对甘蔗的危害表现为能大量抢夺甘蔗生长所需要的水分、肥料、阳光，阻碍甘蔗生长，降低产量。同时，在杂草大发生时，妨碍追肥、培土，影响蔗田通风透光，成为鼠类危害甘蔗藏身的场所，有利于病、虫的发生危害。旱地甘蔗杂草发生规律：在 3—4 月，由于冬春干旱，降水量少，旱地杂草种子萌发量少，而且不易生长。5—6 月进入雨季后，蔗地已进行了中耕培土，光、温、水、肥等条件都得到保证，杂草种子萌发迅速生长，再加上前期干旱，甘蔗生长缓慢，甘蔗还没有封行，使杂草得以泛滥生长，很容易形成草害。水田甘蔗杂草发生规律：在种植冬、早春甘蔗时，由于绝大部分水田都有灌水条件，种植完后灌出苗水，土壤潮湿，杂草种子容易萌发形成“夹窝草”危害蔗苗，因此，在灌出苗水后盖地膜前，必须进行封草处理。3—4 月，虽然降水量少，干旱，但水田蔗土壤潮湿，杂草种子易萌发，施苗肥小培后，也必须进行封草。5 月底至 6 月初进入雨季，甘蔗大培土后，杂草种子萌发快，生长迅速，容易造成杂草和甘蔗争水、争温、争光而影响甘蔗拔节生长，从而降低甘蔗产量。据调查，田间杂草发生危害严重的蔗田，甘蔗减产高达 7.5～30 t/hm$^2$（罗正清等，2009）。因此，甘蔗生长前期应注重杂草的防治和中耕松土，为蔗株的生长和分蘖创造良好的环境条件。

蔗地及时进行中耕，主要有以下几个重要作用：一是有利于提高土壤养分的有效性。土壤中的有机质和矿物质养料都必须经过土壤微生物分解后才能被农作物吸收利用，旱地蔗田中绝大部分微生物都是好气性的，当土壤中含氧量不足时，微生物活动弱，土壤养分不能充分分解和释放。中耕松土后，土壤微生物因氧气充足而活动旺盛，大量分解和释放土壤潜在养分，从而可提高土壤养分的利用率。二是有利于增强土壤的抗旱能力。中耕能够调节土壤水分含量，干旱时及时中耕，能切断土壤表层的毛细管，抑制土壤水分的蒸发量，可增强土壤的抗旱能力。三是能调节土壤温度。早春对黏重结实的土壤实行中耕松土，还可提高土壤温度，促进幼苗快长；盛夏中耕，则有缓和根系活动层土温升高的作用，利于根系生长。四是有利于根系的呼吸作用。甘蔗在生长过程中不断消耗土壤中的氧气，放出二氧化碳和其他气体，使土壤中的含氧量不断减少。通过中耕松土后，大气中的氧气不断进入土层，二氧化碳不断从土壤中排出，因而甘蔗根系的呼吸作用强盛，吸收能力加强。五是有利于消除田间杂草。中耕还能消除田间杂草，防止杂草与农作物争夺养分和阳光。同时，杂草又是病虫害的潜伏场所，消除杂草可以减少病虫危害。六是能促进根系对肥料的吸收。大雨过后中耕松土，可防止因土壤板结、根部窒息而引起的蔗株死亡。追肥前进行中耕松土，能减少肥料流失，同时由于中耕松土，改善了根系生长发育条件，所以有利于根系对肥料的吸收。

甘蔗中耕除草主要在苗期进行，由于不同蔗区苗期气候相差悬殊，或者同一地区年际间天气条件的变动，致使中耕除草的次数、时间和要求也不同。特别是我国春植蔗苗期处在春季和初夏季节，天气变化差异大，有的蔗区长期低温阴雨连绵，发芽出苗差，蔗苗生长慢，中耕除草难以进行，以致杂草丛生，严重影响蔗苗生长；而有的地区则因久晴干旱，发芽出苗和幼苗生长不良。为此，在低温阴雨天气多的蔗区，中耕除草应不失时机地抢晴天尽早进行，做到除早、除少、除了，既省工又可增加土壤的通透性，提高土壤温度，加速养分的分解，促进甘蔗生长。若延误时机，往往造成“一日不除草，三日除不尽”的状况，既多花工又影响甘蔗生长。至于中耕除草的次数，依杂草、土壤状况而异，杂草多，土壤黏重的蔗区宜多，反之宜少。总之，疏松土壤，以除尽杂草为目的，一般进行 2 次左右，以后可结合培土进行。在常发生春旱的蔗区，中耕松土能切断土壤毛细管，阻止水分上升，减少土壤水分蒸发，增强土壤保水能力。因此，在甘蔗发芽出苗期和分蘖期，甘蔗尚未封行时，必须在雨后或灌溉后及时中耕松土，减少土壤蒸发，同时还可在降雨时积蓄更多的水分，增强防旱保水、保苗的能力。传统的甘蔗田间管理方法一般进行蔗地中耕 2～3 次。前 1～2 次中耕，主要用锄头清除田间杂草，同时结合补苗或施肥松土 3～5 cm；分蘖末期的最后一次中耕，可用耕牛牵引无壁犁或用小型中耕机进行行间松土 7～10 cm。

**6. 防治病虫害** 甘蔗生长前期的主要病害有甘蔗凤梨病和甘蔗赤腐病，它们危害种茎、影响蔗芽萌发、造成严重缺苗并妨碍幼苗生长。上述两种种茎病害的防治方法：选用无螟害健康种苗作种，种植前做好种苗浸种消毒处理；冬植、早春植蔗采用地膜覆盖，可起到保温保湿的作用，促使蔗种早生快发，可以减轻病害的危害；种植后加强水分管理，防止田间渍水。

甘蔗生长前期的主要虫害有蔗螟、蔗龟、蓟马、蔗飞虱等，蔗螟危害造成主苗或分蘖苗枯心，蔗龟危害造成大量半干枯死苗，两者危害均造成田间的主苗和早期分蘖数量锐减，后期无效分蘖数量增加，最终导致成茎率下降，有效茎数减少而影响产量。蓟马和甘蔗叶蝉在分蘖期危害较严重，甘蔗受害时生长停滞，分蘖减少，如果不及时防治，将导致甘蔗生长不良而影响产量。

**7. 间苗定苗** 甘蔗齐苗后，主茎苗生长加快，同时，分蘖也陆续出现。分蘖是甘蔗的基本习性，生产上一般在依靠主茎的基础上，争取部分分蘖成茎，增加单位面积有效茎数以提高产量。在相同环境条件下，分蘖能否成为有效茎，与发生迟早关系密切。一般早生分蘖与主茎差异较小，生长期长、成茎率高；迟生分蘖与主茎和早生分蘖差异较大，往往会受到主茎和早生分蘖的荫蔽及养分竞争，成茎率低。另外，迟生分蘖在生长过程中还要消耗主茎的养分，蔗田中有过多的迟生分蘖会影响蔗田生态环境，削弱主茎和早生分蘖的生长，生产上必须采取措施控制迟生分蘖的产生。

甘蔗分蘖发生数量的多少因品种、种植密度、栽培技术、环境条件等而有所差异。品种分蘖力强、种植密度过稀、分蘖期施氮量过多过迟、分蘖后期光照充足水分适宜，均能使后期的分蘖数量剧增。甘蔗分蘖后会出现苗数过多，不但消耗养分，而且导致蔗苗细弱徒长，难以成茎，易发生病虫害。因此对苗数过多的蔗田要及时间苗定苗，按比目标有效茎数多15%～20%为标准定苗，即每米有蔗苗8～10株即可。为使全田蔗茎生长均匀一致，在分蘖盛期至蔗茎开始伸长时应进行间苗定苗。总的原则归纳为“五去五留”：去弱留强，去密留稀，去迟留早，去病留健，去浅留深。在操作上需要“稳”“狠”相结合。“稳”就是做到心中有数，同时又留有余地。“狠”就是在确定了应留的苗数后，应坚决间掉多余的分蘖，以免白白消耗养分，影响生长。

## 三、甘蔗中期田间管理

甘蔗中期田间管理指伸长期的田间管理，即从甘蔗主茎开始拔节伸长到拔节伸长基本停止的田间管理，旱地春植甘蔗一般每年的6月初至9月底为中期田间管理时期。伸长期是甘蔗从发展群体转向以“发大根、开大叶、长大茎”为生长中心的生长时期。此时降雨、光照等环境条件非常有利于甘蔗生长，植株生长量最大，是提高甘蔗单茎重、单位面积产量、巩固有效茎数和为蔗糖积累打基础的关键时期。此时田间管理的主要任务是，充分利用伸长期高温、多雨、阳光充足的有利条件，狠抓水肥管理，最大程度地满足甘蔗对环境条件的要求，促进蔗茎更好地伸长与增粗，提高成茎率和单茎重，争取高产。伸长期壮株的长势长相：蔗株生长旺盛，开大叶，拔大节、长大茎，叶片宽长略下垂，叶色深绿至浓绿色，蔗茎长高快，节间粗而长，病虫害少。伸长期管理措施如下。

**1. 早追肥** 伸长期是甘蔗一生中需肥最多的时期，占全生育期吸收量的60%～70%，旱地甘蔗高产栽培强调早追肥，保证矿质营养供应充足，以充分利用夏秋季气温高、光照长、辐射强、湿度大等有利气候条件，将个体的生长潜力发挥至最大。拔节伸长肥一般以氮肥为主，特别是在前期施足磷、钾肥的情况下。伸长期施肥应在分蘖末期或伸长初期，即在株高70～80 cm时施放，此时可施尿素225～450 kg/hm$^2$。如间种绿肥应在此时压下，结合施用石灰10～15 kg，以加速绿肥分解，然后培土20 cm左右，以抑制后期无效分蘖和防止肥料流失。甘蔗封行以后，在有充足水分的条件下，蔗株本身可以发挥内生的生物固氮作用，有效地利用空气中的氮，因此甘蔗封行以后一般不需再施化学氮肥。

**2. 及时大培土** 甘蔗大培土是指在甘蔗的分蘖末期至伸长初期间施肥后进行的培土，大培土高度为15～20 cm。甘蔗大培土主要作用：一是抑制后期无效分蘖。大培土将已经发生的后期分蘖埋入土壤深层中，致使这部分无效分蘖提早死亡，减少养分消耗，起到人为控制分蘖的作用。二是促进根群发展。大培土将蔗株基部的数个茎节埋入土中，促进这些茎节上的根点萌发新根，扩大根系吸收面积和支持固定植株，有利于植株生长和预防倒伏。三是覆盖肥料、减少养分流失。施肥与大培土相结合，能将肥料覆盖深埋入土壤深层中，避免肥料挥发或雨水冲刷流失，提高施肥效果。四是有利于排灌和行沟蓄水。大培土后疏通蔗沟，有利于排灌，旱地蔗也有利于雨后封沟蓄水，提高雨水的利用率。

甘蔗大培土时机的掌握，要根据甘蔗的苗情、天气状况、劳力安排和采用的培土技术而定。大培土过早，会将部分有希望成为有效茎的早期分蘖埋入土中而不利成茎，同时培土过早因顾忌早期分蘖被埋入土中而降低培土高度，达不到扩大根系吸收面积、固定植株、防止倒伏的功效。大培土过迟，既起不到抑制后期无效分蘖的作用，也因甘蔗的根系已覆盖整个行间，大培土时断伤根系过多而影响生长，再者是地上蔗株过高不利于培土作业，容易弄断蔗株。大培土时机的掌握，甘蔗前期生长旺盛分蘖过多的培土宜早，反之宜迟；前期雨水多温度高的宜早，反之宜迟；蔗区劳力不足者宜早，劳力充裕者可适当推迟；采用人工多次培土的宜早，采用机械或畜力培土的可适当推迟。大培土一般选择与追肥相结合进行，在甘蔗分蘖末期至伸长初期，主茎具 10～14 片叶时最适宜。宿根蔗一般在 4 月底至 5 月中旬，冬植蔗一般在 5 月中旬至 5 月底，春植蔗一般在 5 月下旬至 6 月中旬比较适宜。

传统的培土技术，培土前先剥除蔗株基部枯叶及间去无效分蘖，接着施攻茎肥和长效杀虫剂，然后把行间畦沟加深，使原来的行间成为蔗沟，最后人工将散落在蔗沟中的泥团填满蔗株基部的丛间，促进蔗株发株。大培土厚度要因地制宜，沿海地区台风多或水田蔗产量高一般培土较厚，要求培土高度达 20 cm 以上；旱地甘蔗实行深耕深松可浅培土甚至不培土，同时旱坡地甘蔗大培土时要结合筑埂封沟贮水，保水防旱。

地势平缓的蔗地采用机械培土能大幅度地提高工效，采用甘蔗中耕培土机进行中耕培土作业，一次性可完成松碎土、除草、培土（有些中耕机还可进行施肥）等作业工序，大大提高工作效率和作业质量，节约生产成本，节本增效效果显著。当前用于甘蔗培土的机械有两种型号：一种是用中型拖拉机牵引的培土机，该类型机械每次可以培土 2～3 行，培土效率高，生产成本低，使用该机型时甘蔗行距要达到 1.2～1.4 m，主要适用于大型甘蔗农场；第二种机型属于小型培土机，机型小、灵活性强，主要用于行距为 0.9～1.1 m 的蔗田进行中耕培土作业，每次培土 1 行，工作时不受蔗苗高度的限制，不伤蔗苗，时机选择较灵活，从分蘖末期至封行前均可使用，适合我国大部分蔗区。

**3. 防旱排涝** 甘蔗伸长期由于叶片数迅速增加，叶面积迅速扩大，蔗茎迅速伸长与增粗，加之 6—9 月气温是全年最高的时期，甘蔗的生理需水和生态需水急剧增加，是一生中需水量最多的时期，要求土壤含水量经常保持在最大田间持水量的 80%以上才能满足甘蔗对水分的需要。如遇干旱，则植株出叶慢、节数少、节间短小而导致减产。据广西壮族自治区气象局农业气候区划协作组（1988）研究表明，甘蔗伸长期内当蔗茎的旬伸长量正常值达到 15 cm 以上时，需旬降水量 50 mm 以上；当旬降水量＜20 mm 时，蔗茎旬伸长量减少至 10 cm 以下，出现轻旱；当旬降水量＜10 mm 时，蔗茎旬生长量仅 5 cm 左右，伸长受到影响，供水不足，持续时间长，干旱将严重影响产量。正常年景下，甘蔗伸长初期和盛期（5—8 月）正值高温多雨季节，一般不会出现旱害。但每年的 9—10 月中旬，各地经常出现不同程度的秋旱，对缺少灌溉条件的旱地甘蔗产量影响很大。有水利条件的，要进行适当灌溉。无水利条件的旱坡地，要注意防旱抗旱，以免影响甘蔗的伸长增粗。

每年 5—8 月是一年中降水最多的时期，沿江蔗区或有内涝的蔗区经常因一次的降水量过大而造成蔗田积水或洪水淹没两种危害。蔗田长期渍水，会造成土壤缺氧和甘蔗植株缺氧，根系呼吸受阻，吸收能力减弱，并且土壤中有效养分释放缓慢，有机酸的积累增多，使根系受毒害，地上部分根点和芽则萌发气生根和侧芽；植株缺氧，破坏地上部分植株代谢，造成甘蔗产量和糖分下降，严重的植株死亡。甘蔗受涝浸没顶 3～5 d，受害较轻；浸没顶 5～10 d，则死亡率逐渐增大；浸没顶达 10 d 以上死亡严重，蔗头也不能保存。甘蔗受浸后生长点逐渐受害，水退后蔗株会逐渐干枯死亡。甘蔗受洪涝危害的程度，除与受浸时间长短有关外，还和水流速度及水温高低有关。凡缓慢流动水及水温较低的受害轻；反之则较重。此外，还和株龄及施肥情况有关，株龄老施肥少的受害较轻；反之则较重。防涝抗涝的措施：第一要搞好防涝排涝设施。第二是选用耐涝品种（一般气生根多、根系发达的品种较抗涝）。第三是调整植期增强抗涝能力。如春夏易受涝的蔗区，应考虑改春植蔗为秋迫蔗，可避过苗期涝害。第四是在涝害之后要及时抢救，依灾情轻重分别处理。轻者及时扶蔗洗泥，排除积水，并进行中耕施肥管理，促其恢复生长；重者翻犁改种；如危害中等者应斩去地上部，促其蔗头早日发苗重新生长。

**4. 防治病虫害**　甘蔗伸长期各种蔗螟继续发生危害，造成螟害节、死尾，既影响生长，又易引起风折。此时绵蚜虫繁殖也很快，主要的虫害还有粉蚧、蔗飞虱、白蚁、蔗根锯天牛等。有的蔗区发生梢腐病、黄斑病、褐条病、眼点病、褐斑病等，致使叶片早衰，这都会影响甘蔗生长，故要加强检查，及时防治。病虫害的发生规律及防治技术，另有专章论述。

**5. 及时剥除枯叶**　甘蔗进入伸长期后，随着植株生长加快，叶片数不断增加，叶面积迅速扩大，田间郁闭度增大，造成田间通风透光不良，中下部老叶因得不到充足的光照而光合效率低下，仅空耗养分。适时适量地剥除老叶，是甘蔗高产栽培中期田间管理的重要措施。及时剥除枯叶，一是有利于改善田间通风透光性，增强光合作用；二是有利田间管理和方便砍收甘蔗；三是能减少病虫害发生和蔓延；四是降低田间湿度，减少气根的发生；五是增强蔗田的通风性，增强抗倒伏能力。生产上剥叶时要考虑不同叶位的光合作用能力和当时的环境条件，过多地剥除青叶会影响光合产物的形成从而影响单茎重的提高。凡水肥条件好，甘蔗生长茂盛，田间荫蔽和湿度大的田块，应剥除枯叶 2～3 次，每次可剥除 3～4 片叶。高旱地甘蔗易受秋旱威胁，为了防旱保水，一般不剥除枯叶，或剥叶后留在蔗地，覆盖蔗畦。为加速良种繁殖，准备全茎作种的蔗田，只去掉叶片保留叶鞘护芽。剥叶时，不要剥去青叶。每株甘蔗要保持 9～11 片绿叶，否则会影响产量。

**6. 预防倒伏**　甘蔗生长到中后期，蔗株高大，遇台风容易倒伏甚至蔗茎被风吹折断，倒伏的甘蔗产量下降、蔗糖分降低并增加甘蔗砍收难度和成本（农生平等，2014）。一般倒伏的蔗田同比砍收成本增加达 40％～60％。沿海蔗区或内陆高产蔗田，每年 8 月以后常因遭受台风袭击或蔗株过于高大，遇大雨时造成倒伏，所以必须做好预防倒伏的工作。预防倒伏工作除了在选用抗倒力强品种、深耕深种浅盖土及前期促进根系良好发育的基础上，中期还应做好以下防止倒伏的措施：及时剥除枯叶，减轻蔗株风压；大培土，增强蔗株抗风抗倒能力；9—10 月，甘蔗高达 3 m 左右时进行人工捆蔗，把相邻的 5～10 株甘蔗呈圆锥形捆扎成一束，增强甘蔗植株之间的相互支撑力，以防后期台风侵袭造成甘蔗倒伏现象；台风过后要立即检查，发现倒伏蔗株要在 1～2 d 内扶起，培土压实，避免蔗株弯曲生长而影响产量和蔗糖分。

## 四、甘蔗后期田间管理

从蔗茎伸长基本停止至收获这段时期为甘蔗生长后期。后期茎叶生长缓慢，是以蔗茎积累糖分为中心的营养生长期，是进一步提高蔗茎糖分和提高茎重的重要时期。后期管理的主攻方向是：保证蔗株仍有一定的生长量，又能正常地进入工艺成熟期，达到高产高糖。后期壮株的长势长相是：蔗株长势稳健，蔗茎伸长缓慢，保持 9～10 片绿叶，但绿色较淡。后期的管理措施如下。

**1. 加强水分管理，促进正常成熟**　甘蔗工艺成熟期要求 50～60 cm 土层土壤含水量为田间持水量的 60%～70%，应保持土壤湿润，有利于蔗茎的稳长和糖分的合成，通过控制水分促进甘蔗糖分积累。控水应掌握“干湿相间”原则，要求蔗田表土润而不湿，干而不白，如遇天气干旱需要进行灌溉，也要即灌即排，避免田间积水。在后期降水量较多的地区，要注意田间排涝，在蔗田外围开挖排水沟，降低地下水位。在容易受涝的蔗地，根据地形条件，开挖“十”字形、“丰”字形或“井”字形的排涝沟，将水排至蔗地外。

**2. 继续剥除枯叶**　生长后期新叶抽出逐渐减慢乃至停止，每茎上的青叶数下降到 7～8 叶，枯叶数逐渐增多。甘蔗生产后期，要及时剥除枯叶，改善田间通风透光条件，减少病虫害发生危害，促进蔗糖的积累。同时也方便收获，缓解收获时的劳力困难。后期剥枯叶一般在 10 月下旬开始，对田间湿度大，长势郁蔽和病虫害严重的田块要更多剥除枯叶，将植株上所有的枯叶、老叶全部剥除干净，只留蔗株上部 7～8 片青叶即可，剥下的枯叶尽可能带出蔗田。

**3. 防治病虫鼠害及防风减灾**　甘蔗生长后期仍有绵蚜虫和粉蚧危害，防治方法另有专章论述。靠近水边的蔗地，进入伸长后期，鼠害比较严重，可用敌鼠钠盐配成毒谷，在老鼠尚未危害甘蔗前投毒谷防治。具体防治方法另有专章论述。甘蔗后期如遭受台风，应对倒伏的甘蔗及时捆蔗扶正，在蔗株的 2/3 高处，用绳子或枯叶将两行甘蔗捆成“人”字形，或将相邻蔗株捆成一束，使甘蔗保持直立状态，继续生长。扶正的甘蔗恢复生长 15 d 后，再解开绳子。

**4. 预防低温霜冻**　甘蔗生产后期容易遭受低温霜冻，海拔较高或纬度偏北的蔗区冬季经常出现霜冻。甘蔗受霜冻危害后一方面使当年的产量降低和品质变劣，同时还影响到留种的数量和质量，对第二年的宿根也有不良的影响。因此，易受低温霜冻的蔗区入冬前应做好防霜防冻的田间管理工作。以下措施可避免或减轻霜冻的危害：选择抗寒性强的品种；种好管好甘蔗，减少虫害和防止倒伏，增强蔗株自身的抗霜冻能力；有条件的蔗区可以采用熏烟保温防冻、灌水或喷淋蔗地、增施肥料等防御低温的田间管理措施，减少霜冻的危害；优先砍运已经受冻的或容易受冻的甘蔗，以减少不必要的损失。按受害程度，分轻重缓急安排砍收压榨次序，霜冻蔗要先收先榨，冻害较轻者后收。

**5. 化学催熟**　甘蔗的化学催熟在许多先进的蔗糖生产国已成为常规的栽培措施，在我国也已得到大面积应用。对于水田种植的高产迟熟地块，或因迟熟品种种植时间过晚，或氮肥施用过多过迟造成甘蔗迟熟的地块，或是糖厂需提早榨期时，可施用乙烯利或其他催熟剂促进甘蔗成熟。一般要求在喷药后 30～90 d 内砍收完毕，以获得最大的经济效益。

## 第五节　甘蔗化学调控

作物化学调控技术是应用外源植物激素或植物激素类物质（植物生长调节剂）调控作物的内源激素水平，达到调控作物的基因表达、器官建构、功能执行等目的，实现对作物外部形态特征和内部生理代谢的双重调控的技术，是应用于作物生产上的一项栽培新技术。化学调控有技术简单、用量少、见效快、效益高、便于推广应用、对环境和产品安全等许多优点，一直以来是农业科学研究中一个十分活跃的领域，是许多常规栽培技术无法替代的。

甘蔗在生产上共分为萌发期、幼苗期、分蘖期、伸长期及工艺成熟期五个时期，栽培管理上各时期的要求都不同。萌发期要求出苗齐而全，幼苗期要求幼苗生长健壮，分蘖期要求促进分蘖并控制无效分蘖，伸长期要求促进蔗茎伸长增粗及增加蔗茎重，工艺成熟期要求甘蔗及时成熟并增产增糖。甘蔗化学调控就是根据甘蔗不同时期的生长特点而使用不同植物生长调节物质来调节甘蔗生长发育，促使甘蔗向着高产高糖方向发生变化的技术，已经应用于包括生产甘蔗组培苗、分蘖和伸长调控、开花落叶调控、提高抗逆性、化学催熟和促进增产增糖等方面，是将来甘蔗生产的主导技术之一。

## 一、化学调控在促进蔗茎萌发上的应用

甘蔗萌发和幼苗生长是一个复杂的过程，受到多种因素如内源激素、酶、基因等调控，凡是能影响这些因素的化学药剂均有可能成为甘蔗萌芽和幼苗生长的调节物质。目前，我国甘蔗生长主要以人工种植为主，用种量大、效率低、用工量大，并且在蔗种运输、储存过程中蔗芽容易破损，导致发芽率低，生产成本增高，播种前浸种消毒是生产上广泛采用的增产措施，国内较早采用的化学调控方法是通过石灰水浸种。研究证实，甘蔗种茎用2%～3%浓度石灰水浸种，发芽快、发芽率高，能够减少烂芽、烂种，节约用种量（杨林洪，2014）。随着进一步的研究和钙调素的发现，人们已经认识到石灰水对蔗种的生理生化调节过程，主要是石灰中的钙能激发酶的活动，加速呼吸作用及种茎内蔗糖、蛋白质等物质的转化，继而促进蔗芽的萌发，使种苗下种后萌发快且整齐。梁奕强（1995）用3种药剂浸蔗种的试验结果表明，使用0.1%氯化钙溶液浸种比用石灰水和复方硫菌灵溶液浸种效果更好，蔗种出苗率更高。研究还发现，适宜浓度的乙烯利、三十烷醇浸蔗种均有明显促进蔗种萌芽的作用（文颖等，1989；禤维言等，2000），其中三十烷醇的内吸作用可以改变细胞膜的透性，诱导某些关键的酶类，从而加快蔗芽生长反应。根据前期研究结果，文颖等（1992）筛选了7种药剂进行浸种处理，结果表明各药剂处理均比对照（清水浸种24 h）的萌芽率高，而Ca（OH）$_2$、$KH_2PO_4$、Ca（$NO_3$）$_2$和CEPA（乙烯利）处理显著或极显著地优于对照。

在促进甘蔗单芽萌发方面，利用1%乙烯利溶液或氯化钙溶液包衣处理可提高甘蔗单芽发芽率（Solomon et al.，1998），也可以用一定浓度的$GA_3$处理单芽，打破种子休眠，提高萌芽率并促进早期甘蔗生长（Jain et al.，2010）。甘蔗的萌发就是芽和根的原始体从休眠到生长状态的转变，不同甘蔗品种单芽的发芽率具有明显的基因型差异，但适当的种衣剂包衣处理可提高甘蔗“健康种子”的发芽率并促进其生长，而甘蔗“健康种子”的发芽率随保存时间的延长而降低（杨柳等，2015）。罗亚伟等（2015）研究发现，利用噻虫·咯·霜灵、精甲·咯菌腈、苯醚·咯菌腈和多菌灵4种药剂包衣甘蔗单芽茎处理，均能促进单芽萌发，并以噻虫·咯·霜灵100倍液处理的效果最好。研究发现，喷施植物生长调节剂有利于促进宿根的萌芽，从而获得较高的发株率。林韶湘等（1984）利用赤霉素和吲哚乙酸处理宿根蔗头，不仅能提高宿根发株率，也能促进幼苗生长。用不同浓度的黄腐酸（CFE）药剂喷施宿根蔗蔸和蔗株，可以提高宿根蔗发株数，解决宿根蔗发株不全、不齐、有效茎少，产量比新植蔗低的问题（李贵清和郑平，1996）。目前，我国主要采用

低温冰箱保存甘蔗花穗种子，种子活力会随储存时间的延长而降低（陈玉水，2004）。对于长时间保存的甘蔗种子，用一定浓度的 $GA_3$、IBA 和 6-BA 浸种，可以提高发芽率，为甘蔗育种提供保障（朱建荣等，2015）。

## 二、化学调控在甘蔗组培苗上的应用

甘蔗愈伤组织的培养过程包括愈伤组织的诱导、继代、分化等，其组织形态建成受到多种因素的影响。诱导甘蔗愈伤组织的植物生长调节剂主要有 2,4-二氯苯氧乙酸（2,4-D）、α-萘乙酸（NAA）、激动素（KT）、苯基噻二唑基脲（TDZ）、6-苄胺基嘌呤（6-BA）、吲哚丁酸（IBA）和赤霉素（$GA_3$）等。甘蔗组培苗生产中，2,4-D 是外植体脱分化产生胚性愈伤组织，并进一步诱导出胚状体的关键因素（卢萍，1991）。组织培养条件，尤其是植物生长调节物质的优化对组织培养的成功与否和器官的发生途径起着决定性的作用。甘蔗组织培养外源激素的优化筛选主要从细胞团的诱导（杨燕妮等，2011；韦鹏霄等，2013）、继代增殖（谢君锋等，2015）、分化（岑秀芬等，2010；刘丽敏等，2016）、不定芽和生根效果（杨庆等，2010）等方面进行研究，并取得了丰富的研究成果。甘蔗组培苗内源激素主要受到培养基中添加不同浓度配比的外源激素的影响，肖关丽等（2002）的研究结果表明，高比例的生长素（IAA）/细胞分裂素（CTK）会严重抑制分化苗中的 IAA，而对 $GA_{1+3}$ 的抑制作用弱，而外源激素的添加对 CTK 产生具有促进作用。王爱勤等（2006）研究了 2,4-D、IAA 和 6-BA 对甘蔗组培苗增殖和内源激素的影响。结果表明，单独添加 2,4-D 和 6-BA，均可通过调节内源激素的变化诱导甘蔗组培苗以分蘖方式增殖；外源 2,4-D 可提高培养前期甘蔗组培苗的 ZR/IAA 水平，维持一定水平的 ZR/GA、ABA/$GA_{1+3}$，从而有利于侧芽原基的分化和形成，促使提早分蘖；外源 6-BA 在培养前期上调甘蔗组培苗的 ABA/$GA_{1+3}$ 水平，维持较高的 ZR/GA 水平，较低的 ZR/IAA 水平，从而有利于根原基的形成，促使组培苗成熟化；外源 IAA 在甘蔗组培苗的整个培养过程中，显著上调甘蔗组培苗 ABA/$GA_{1+3}$ 水平，下调 ZR/IAA 和 ZR/GA 水平，促进不定根的分化和伸长，但不利于甘蔗组培苗分蘖和增殖。

甘蔗试管苗瓶外生根技术有利于简化传统甘蔗组培苗生产，降低生产成本，促进甘蔗健康种苗的推广应用。何为中等（2012）在生根培养阶段和移栽期选择影响甘蔗组培苗假植成活率的几个关键因素进行试验，结果表明：基本培养基加 NAA 4～5 mg/L、多效唑 2～3 mg/L 时，可获得根壮、苗绿的组培苗，其假植成活率可达 80%以上；高肥力基质处理的无根试管苗成活率低，但成活植株生长快，植株高；低肥力基质有利于无根试管苗生根成活，但植株生长慢；适合甘蔗无根试管苗移栽的基质包括新鲜河沙土、田园土和河沙与田园土的混合物。研究表明，赤霉素处理对试管苗的株高、节数量、移栽存活率和生根有促进作用，特别是对试管苗的株高、节的生长有显著促进作用，以赤霉素处理浓度 1～3 mg/L最佳（何为中等，2011；汪淼等，2012）。试管苗发根过程中内源激素变化的研究结果表明：6 d 时 80%幼苗长出可见根，内源激素 IAA、ABA 和 ZR 的含量在根原基诱导阶段逐步上升（0～2 d）；在根原基形成阶段逐渐下降，并处于较低水平（2～4 d）；在根突破表皮前后又逐渐升高（4～8 d）（范业赓等，2013）。研究表明，移栽的基质、植物生长调节剂、温度、光照和湿度等均是影响甘蔗试管苗瓶外生根的重要因素，利用遮阳网、盖膜和外源激素处理等措施可促进试管苗的生长环境逐渐过渡到自然环境条件。

## 三、化学调控在促进甘蔗生长上的应用

甘蔗生长发育受多种因素，如光照、水分、温度、营养状况等，以及各种激素的相互作用影响。目前，植物生长调节剂促进甘蔗生长的研究多集中在化学调控技术对甘蔗分蘖和伸长影响，主要围绕赤霉素和乙烯利的应用进行。

研究证实，在甘蔗叶面喷施 50 mg/L 的赤霉素（GA）可以促进甘蔗生长，这种促进作用在前期随着生长逐渐增加，后期则逐渐下降（邵廷富，1965）。朱建荣等（2016）采用不同浓度 $GA_3$ 处理 8 个甘蔗实生苗组合，观察并测定处理后甘蔗丛有效茎数、株高、茎径、锤度等指标，表明对甘蔗实生苗叶片喷施不同浓度 $GA_3$ 后，丛有效茎数、株高和茎径差异显著，但锤度没有明显变化。外源 GA 促进甘蔗节间伸长的作用，主要是通过抑制 ABA 和乙烯含量，提高 $GA_3$ 含量，提高 $GA_3$/IAA 比值而达到调节节间伸长的效果（吴建明等，2009）。在甘蔗愈伤再生苗生长前期，单喷施 GA 会明显促进甘蔗生长，但不能改变植株叶面积、叶长度和叶宽；而 GA 与多效唑（$PP_{333}$）配合使用会提高植株高度和中部茎的长度（班德宇等，2015）。赤霉素在甘蔗上的应用已经得到了广泛研究，结果均表明赤霉素能促进萌芽和萌芽后的生长；对分蘖有抑制作用；对开花影响不显著；而最突出的效应是刺激甘蔗茎的伸长，显著提高单茎重和产量（Shanmugavadivu et al.，2009；Lu et al.，2010；Shomeili et al.，2011；谭显平等，2007；梁阆等，2015）。近年来，广西农业科学院对赤霉素在甘蔗上的应用进行了系统的研究。结果表明，赤霉素处理的甘蔗株高比对照提高 8%～17%，产量比对照提高 7%～12%，糖分比对照提高 0.46%～1%（绝对值）（吴建明等，2010a）；引起甘蔗节间伸长的原因是通过调节甘蔗体内相关酶活性、内源激素含量、基因表达的变化，促进甘蔗茎伸长，提高单茎重来提高产量（吴建明等，2009c，2010b；范业赓等，2019）；通过赤霉素处理后对甘蔗差异基因表达进行分析，获得了一些影响甘蔗节间伸长的重要基因，并对主要基因进行了克隆、表达及功能验证（吴建明等，2009a，2009b，2010c，2010d，2012；Wu et al.，2013，2016；范业赓等，2019）。

喷施乙烯利对甘蔗生长的影响也有较多研究报道。研究发现，喷施一定浓度的乙烯利能够促进甘蔗生长（成萍和陈西凯，1993）。在正常情况或水分胁迫条件下，均可以采用喷施适宜浓度乙烯利的措施提高甘蔗分蘖率（李永健等，2002；王威豪等，2008）。分蘖期喷施低浓度乙烯利提高了甘蔗叶片光合性能（梁和等，1994），提高了蔗叶或蔗茎的过氧化物酶、$Mg^{2+}$-ATP 酶、酸性转化酶、多酚氧化酶等活性（林炎坤等，1990；梁和等，1995；潘有强等，1997；李志刚等，2002；周传凤等，2007b;），茎尖 IAA 含量减少，根部 CTK 浓度增加，根部伤流液中 CTK/IAA 比值变大（周传凤等，2007a），促进甘蔗的生长，改善经济性状，使分蘖和蔗茎伸长速度、茎长、茎径、单茎重和成茎率均有所提高（李永健等，2002）。成萍和陈西凯（1993）在甘蔗伸长期应用乙烯利处理结果表明，蔗茎伸长速度和酸性、中性转化酶活性上升速度都降低，20 d 后蔗茎伸长速度加快和酶活性上升，并逐步超过对照，增加甘蔗茎粗和茎重，糖分含量提高。姚瑞亮等（2002）研究表明，伸长盛期应用适当浓度乙烯利处理甘蔗，提高了节间 1 的 $Ca^{2+}$-ATP 酶和 $Mg^{2+}$-ATP

酶的活性，提高了节间 2 的中性和酸性转化酶活性。吴凯朝等（2004）研究表明，喷施适当浓度乙烯利可以改善甘蔗群体冠层结构，提高甘蔗叶片束缚水含量和束缚水/自由水比值及维持其稳定性，提高了脯氨酸含量及综合抗旱能力。这表明在甘蔗伸长盛期乙烯利处理促进甘蔗蔗糖代谢活动，提高能量代谢水平，在干旱条件下还能提高抗旱能力。研究表明，甘蔗生长前期叶面喷施低浓度乙烯利可释放外源乙烯，会引发瞬间的乙烯释放高峰，乙烯作为信号分子，与其他激素信号相互作用，促进了根内 CTKs 的合成，增加 CTKs 含量，同时诱导过氧化物酶和 ABA 的产生，有利于 CTKs/IAA 的比值提高，促进了甘蔗分蘖的发生。而在甘蔗分蘖前适当浓度的乙烯利处理一方面促进了分蘖的提早发生，另一方面促进了较低光强下的光合作用而为已发生的分蘖的生长提供更充足的物质基础；提高干旱条件下甘蔗叶片在较低光强下的净光合效率和光能转换效率、降低光补偿点，为干旱条件下主茎和分蘖的生长提供物质和能量基础。200 mg/L 乙烯利处理对不同基因型甘蔗品种都有明显的促蘖效应，促蘖效应比较稳定且分蘖数比较合适，能较好地协调个体与群体发展的关系，不仅促进甘蔗适度分蘖，还能明显促进蔗茎的伸长生长和茎径增粗，有较大的增产空间和潜力（叶燕萍，2006）。

其他化学药剂在促进甘蔗生长上也有大量报道。20 世纪 80—90 年代主要进行甘蔗喷施稀土增产增糖作用机理研究。结果表明，喷施稀土对甘蔗的增产作用，主要是提高成茎率，从而增加甘蔗的有效茎数；喷施稀土对甘蔗的增糖作用，主要是促进成熟并提高了成熟早期的蔗糖分（庄学调等，1986；何顶兴等，1987；刘汉德和苏广达，1990）。随后，大量的化学药剂如多效好（杨丽涛等，1990）、特利 304（南有生和吴道金，1993）、增产菌（张起春和吕小红，1993）、速富隆（张恒昌等，1994）、蔗丰灵（岑华等，1998）、施丰乐（张跃彬等，1999）、植物动力（李以训等，2000）等被研究试验，结果表明，这些试剂或多或少对甘蔗产量和糖分具有促进作用。

近十年来，除了乙烯利和赤霉素外，其他化学药剂如芸薹素内酯、黄腐酸、吲哚丁酸、甲基环丙烯等在甘蔗上的应用效果也有研究。陆静和韦燕燕（2017）将抗倒酯和芸薹素内酯制成超低容量制剂，使用单旋翼超低容量喷雾飞机对分蘖初期的甘蔗进行喷雾，可提高甘蔗的有效茎数量，对甘蔗产量有较明显的促进作用。可能的机理是芸薹素内酯复配剂改善了甘蔗叶片叶绿体中细胞色素叶绿素 a 和叶绿素 b 的含量及比例，间接影响到蔗株的营养状况，进而影响分蘖；同时，还改变了甘蔗如生长素、细胞分裂素等在内的一些内源激素的活性，削弱甘蔗顶端优势，阻止甘蔗节间伸长，延长甘蔗分蘖期，从而使甘蔗分蘖率增加，并最终导致甘蔗有效茎的增加。梁强等（2009）研究喷施黄腐酸对干旱胁迫下甘蔗苗期叶绿素荧光参数及丙二醛的影响，结果表明，经过黄腐酸处理后甘蔗叶片的原初光能转换效率（Fv/Fm）、光合量子产额（Yield）、光化学淬灭系数（qP）数值在中度和重度水分胁迫下都高于对照，黄腐酸处理后甘蔗叶片 MDA 含量随处理浓度增大而降低，明显低于对照，水分胁迫下喷施黄腐酸可提高甘蔗苗期的抗旱性，以 200、400 mg/L 处理效果最好。张树河等（2014）等在甘蔗伸长初期、伸长期和糖分积累期喷施不同浓度的吲哚丁酸水剂，通过对其品质性状指标的测定与分析，探讨增糖剂对甘蔗品质和产量的影响。结果表明，吲哚丁酸喷施 5 次的增糖效果优于 4 次；喷 5 次的 1 000 倍液处理、600 倍液处理和 500 倍液处理的甘蔗蔗糖分与空白对照比均达显著或极显著水平，而 600 倍液的效果最稳定，在各月份都比对照显著或极显著增糖增产；各处理之间差异达显著水平，以 600 倍液增产效果最好。滕峥（2013）在甘蔗苗期使用 1 mg/L 甲基环丙烯处理可以使甘蔗幼苗在受到干旱胁迫时，维持甘蔗叶片较高水势，保持植物细胞的吸水能力和正常生理代谢；可以有效地维持较低水平的细胞膜透性和 MDA 含量，有利于保持细胞膜的完整性；促使甘蔗叶片快速积累脯氨酸含量，防止可溶性糖含量大幅度上升和累积，延缓甘蔗叶片可溶性蛋白的降解速度，从而增加细胞内外的渗透调节能力来抵御干旱胁迫。

## 四、化学调控在甘蔗催熟上的应用

甘蔗糖分积累是体内发生复杂的生理过程，蔗糖分的高低是评价甘蔗品种品质优劣最重要的指标之一，也是直接响制糖企业经济效益的最重要因素之一。甘蔗蔗糖积累主要受遗传及环境因素的影响。生产上虽然已推出不少高糖早熟甘蔗品种，但往往在开榨初期也未能达到充分成熟和最高蔗糖分水平，因而未能达到其最大产糖水平。此外，成熟期缺乏适当的环境条件，甘蔗将不能正常成熟而致使蔗糖分下降，从而给蔗糖业造成经济损失，在榨季内如遇到高温多雨、低温阴雨或降温霜冻等不利于糖分积累的气候，蔗糖含量也会显著降低。如何通过化学调控使甘蔗原料在压榨期达到其最高蔗糖分，是甘蔗糖业中长期都在探讨的重要问题，也是甘蔗化学催熟成为甘蔗化学调控的研究重点的原因。

最早通过化学调控催熟甘蔗的国家是古巴，应用 2，4-D 催熟甘蔗增加蔗糖分（Beauchamp，1950）。此后，利用化学方法控制甘蔗成熟的研究受到各甘蔗产糖国的重视。20 世纪 60 年代初开始对主要的甘蔗催熟剂如矮壮素、Dinitrosocifrol、乙烯利、Embark、精吡氟禾草灵（Fusilade Super）、高效盖草能（Gallant Super）、草甘膦、草甘膦＋硼酸、富镧稀土、石灰水、Nowmow/Moddus、MON 8000、氟磺酰草胺（Mefluidide）、$KH_2PO_4$、Polaris、Polaris CP41945、稀土、Roundup/Polado、Touchdown 进行筛选应用。后来的结果表明草甘膦和乙烯利适合作为有效的催熟剂而得到广泛推广（Solomon and Li，2004）。

世界上大部分国家应用以草甘膦为基本成分研发的多种化学催熟剂，特别是一些偏北的蔗区如美国路易斯安那州，大多数蔗田均用 Polato 等化学催熟剂进行催熟增糖，效果很好，已经成为不可或缺的常规技术措施。20 世纪 80 年代以来，甘蔗化学催熟增糖技术的研究在我国逐渐受到重视，特别是在广西——我国最大产蔗区，更是进行了大量甘蔗化控技术机理及其应用的研究，以李杨瑞博士为带头人的甘蔗科研团队，从甘蔗化学催熟剂的筛选和配方优化、化学催熟剂对甘蔗的效应及其相关生理机理等方面进行了二十多年系统的研究，研制出了适合广西蔗区特点的多种优化配方的甘蔗增产增糖剂，获得了多项科研成果，并将所得的甘蔗化控技术成果及时在甘蔗产区进行大面积示范推广，创造出了巨大的经济效益并取得良好社会效益。

林炎坤等（1990）对几种不同的甘蔗化学催熟剂对多个不同的甘蔗品种的催熟增糖效果进行试验，结果证明，草甘膦、乙烯利对甘蔗催熟增糖相当有效，并且催熟剂的处理在植株株高、节间数、节间长度、蔗产量及宿根蔗出苗数等方面与对照无显著差别。在甘蔗生长后期用草甘膦加适当营养元素叶面喷施，可加速叶片中蔗糖的合成，提高多种与糖分积累有关的酶活性，大幅度提高甘蔗糖分，其效果明显优于单用草甘膦的处理，且减轻了单用草甘膦对甘蔗生长的不利效应，在喷后 60 d 内收获，可获得一定的增产效果，并且还促进翌年的宿根蔗发株（李杨瑞等，2004）。在此基础上研制出的甘蔗增糖增产剂累计推广面积达 14 700hm²，创造了良好的社会经济效益。他们进一步研究还发现，在严重干旱的条件下，单用草甘膦处理对甘蔗生长和蔗茎糖分积累都不利，而添加营养元素的处理，尤其是草甘膦＋$H_3BO_3$ 处理，可缓解草甘膦对生长代谢的抑制效应，使叶片中 $Mg^{2+}$-ATP 酶、NADP-苹果酸酶活性以及水分、叶绿素含量下降的幅度减小，而进一步抑制了酸性转化酶活性，提高过氧化物酶、多酚氧化酶和中性转化酶活性以及无机磷和蔗糖含量，显著提高甘蔗蔗糖分，改良甘蔗品质，并促进宿根蔗的萌芽发株（李杨瑞等，2000）。

乙烯利是一种用途很广的植物生长调节剂，长期以来研究者只重视其抑制生长、促进成熟衰老的作用。在前人工作的基础上，李杨瑞研究团队先后从群体、个体、器官、细胞到分子水平，通过生态、形态解剖、生理代谢、某些重要关键酶基因的克隆及表达分析、分子结构分析等方面，全面系统地研究了甘蔗应用乙烯利增产增糖的生理机理，获得了丰富的结果。

在生长后期用较高浓度乙烯利处理后，叶片中的酸性转化酶、淀粉酶、$Mg^{2+}$-ATP 酶活性和 PEP 羧化酶等与生长代谢密切联系的酶都受到相当一段时间的抑制，生长代谢和光合作用受到暂时抑制，而对与蔗糖积累有关的过氧化物酶、中性转化酶和酸性磷酸酶活性则在处理后表现出明显而稳定的促进作用，在大多数情况下乙烯利处理还提高了 $Ca^{2+}$-ATP 酶和多酚氧化酶的活性。乙烯利处理后，蔗茎中的过氧化物酶、IAA 氧化酶、中性转化酶等酶活性显著提高，说明乙烯利通过调节有关酶活性而起催熟效应。在甘蔗生长后期乙烯利处理后，叶片有乙烯释放高峰出现，说明乙烯释放在诱发甘蔗成熟过程中可能起着关键作用，而生长素、细胞分裂素和赤霉素并无显著降低，甘蔗在适当条件下仍能继续生长（Li，2004；廖维政等，2013）。

李杨瑞研究团队初步揭示乙烯利处理对甘蔗的效应及其内在生理机理，乙烯利处理甘蔗首先诱导了编码 ACC 合成酶和 ACC 氧化酶基因表达，致使甘蔗组织内出现一个乙烯释放高峰，从而改变了蔗株体内五大内源激素之间的平衡关系，进一步影响到许多功能基因的表达，最终反映到影响到各种生理代谢，细胞的分裂、伸长和分化，并进一步影响到器官、组织的发育和蔗株的生长。叶面喷施乙烯利后叶片组织内暂时出现的乙烯释放高峰，以及乙烯利处理诱发的过氧化物酶和 IAA 氧化酶活性提高加快了 IAA 的氧化分解，使组织中的 IAA 含量降低，使蔗株地上部分的生长受到暂时抑制。但是，组织内较高的乙烯浓度会反过来加速内源 IAA 的合成，这是短暂抑制过后蔗株能够快速生长的重要内在生理原因。如果所用的乙烯利浓度过高，产生的乙烯量过大，会造成内源激素的严重不平衡，因此导致蔗株生长长时间受阻，在糖分积累时期，这种情况有利于蔗茎中的蔗糖积累，因此起到催熟增糖作用。而在甘蔗生长前期进行乙烯利处理实现的后期甘蔗蔗糖分提高则可能是因为蔗株早生快发而导致提早进行糖分积累的结果（Li，2004；Li and Solomon，2005；李杨瑞等，2007）。

李杨瑞等（2004）研究还表明：在 10 月上旬用高浓度（400 mg/L）乙烯利进行叶面喷施，还可以明显增强甘蔗的耐旱能力。在此基础上，通过添加一些促进甘蔗糖分合成、运输和储藏的营养元素，研制出一种复合的抗旱型甘蔗增糖增产剂，不仅对甘蔗的催熟增糖效果好，而且可明显增强甘蔗生长后期的抗旱能力，使其在干旱条件下维持较多的绿叶数和较强的抗旱能力，从而实现甘蔗增产增糖，并且对第二年的宿根蔗发株有良好的促进作用。这种复合的抗旱型甘蔗增糖增产剂已在甘蔗生产上大面积应用超 20 000 $hm^2$，应用效果良好。

近年，我国研发出新型甘蔗催熟剂 881 甘蔗增糖灵，具有品种适用性好、药剂用量少等优点，在甘蔗成熟期喷施有很好的增糖效果（许绍涛和庞天，2007）。徐良年等（2009）研究表明，0.04%乙烯利能够不抑制甘蔗生长而实现催熟增糖的效应；0.03%草甘膦则会抑制甘蔗生长和实现催熟增糖效应。乙烯利对甘蔗有明显的催熟增糖作用，同时也会抑制甘蔗生长，但 0.05%乙烯利和宇花灵 2 号混配处理果蔗，会抑制侧芽和须根生长，增加糖分（李和平等，2015）。甘蔗催熟剂的催熟效应因使用地区、时间、品种的不同而有差异，增糖作用也有不同，因此甘蔗生产应该根据实际情况选择合适的催熟剂。

甘蔗增糖增产剂在过去一般采用人工喷施，尽管增糖效果显著，但甘蔗生长后期植株高大，群体密集，喷施操作困难，劳动强度大，加之人工喷施成本高。此外，喷施涉及千家万户，技术上难以保证，时间上难以统一，因此操作起来相对困难。曾有研究利用轻型飞机进行大面积喷洒，并取得一定效果（杨丽涛等，2011），由于飞行管控严格以及对于地势、面积、操控等要求较高而难以推广应用（朱秋珍等，2004；杨丽涛等，2011）。通过地埋式滴灌来进行增糖剂应用的研究也有报道（申章佑等，2009），但是滴灌成本高，在甘蔗生产上并未大面积普及应用。随着无人机在农业航空领域逐渐推广应用，其在甘蔗增糖剂喷施应用上成为最佳发展方向（陈迪文等，2019，2020）。

## 五、化学调控在甘蔗抑制开花和促进脱叶上的应用

甘蔗开花后即停止生长，在我国部分蔗区有少部分甘蔗品种开花，而在夏威夷、马拉维、苏丹等很多地区每年都有大量的甘蔗开花（黄锦福和邓海华，2004）。因此，人们进行了一些减少或防止甘蔗开花方法的摸索和试验。早期用于抑制甘蔗开花的植物生长调节剂主要有对草快、离子对草快（百草枯）、抑芽丹（MH-30）、乙烯利、灭草隆（CMV）、敌草隆（DCMV）和乙烯丰等。百草枯虽然能抑制开花，但会引起叶片干枯并伤害甘蔗，而用乙烯利抑制甘蔗开花效果较好。张诒仙和江梅（1996）指出在 7 月的第一和第三个周末施用乙烯丰，抑制甘蔗开花的效果良好。

国外甘蔗农场为了提高甘蔗收获效率，在甘蔗成熟期喷施生长调节剂促使叶片脱落。目前，所使用化学试剂种类繁多，有些试剂虽能促进叶片脱落，但对蔗糖产量有不利影响，还需要进一步对试剂筛选和研究。甘蔗进入成熟期后，不同甘蔗品种的脱叶率存在明显差异，易脱叶品种的脱叶率显著高于难脱叶品种。其实，在叶片脱落过程中，叶鞘基部离区细胞能够感受脱落信号，并通过内源激素调节细胞中降解酶类活性，促使离层细胞壁和中胶层降解，完成叶片脱落（Patterson，2001）。乙烯作为非常重要的植物激素，对于叶片脱落过程起着显著的作用（Abeles et al.，2012）。甘蔗进入成熟期后，叶鞘和叶痕乙烯释放量与叶片脱落率有显著的相关性，易脱叶品种的乙烯释放量显著高于难脱叶品种，由此也说明乙烯释放量对叶片脱落具有显著作用。目前，我国对甘蔗脱叶剂的研究较

少，但可以借鉴化学调控的技术，配合适当的农艺措施，筛选、研发出有效调控甘蔗脱叶的脱叶剂，应用于生产，解决甘蔗脱叶的难题。

## 参考文献


班德宇，陈小英，黄诚梅，2015. 赤霉素与多效唑对甘蔗愈伤再生苗生长的影响［J］. 中国糖料，37（5）：24-27.

蔡文伟，蓝松涛，杨本鹏，等，2014. 保水剂在海南春植蔗上的应用效果研究［J］. 现代农业科技，21（16）：60-62.

岑华，周洁成，卓家宏，1998. 甘蔗喷施蔗丰灵液肥试验［J］. 广西蔗糖（3）：18-20.

岑秀芬，杨燕妮，韦鹏霄，等，2010. 激素因子对甘蔗愈伤组织诱导增殖与分化的效应［J］. 广西农业科学，41（9）：889-892.

陈迪文，敖俊华，周文灵，等，2019. 无人机喷施不同增糖剂对甘蔗产量和糖分的影响［J］. 农业科学，9（11）：1041-1047.

陈迪文，周文灵，敖俊华，等，2020. 粤西蔗区无人机喷施甘蔗增糖剂应用研究［J］. 甘蔗糖业（1）：17-22.

陈贵善，袁凯芳，2008. 甘蔗催芽法［J］. 农村新技术（21）：5.

陈桂芬，唐其展，黄玉溢，等，2012. 宿根甘蔗幼苗黄化的原因初探［J］. 南方农业学报，43（1）：50-52.

陈海波，李就好，刘宗强，等，2010. 不同阶段控制灌溉对甘蔗生长影响的试验研究［J］. 节水灌溉（7）：63-66.

陈寿宏，杨清辉，郭兆建，等，2016. 蔗叶覆盖还田系列研究Ⅰ. 对甘蔗工、农艺性状的影响［J］. 中国糖料（4）：10-13.

陈文耀，1991. 广西甘蔗栽培［M］. 南宁：广西科学出版社.

陈玉水，2004. 不同贮藏方法对甘蔗种子生活力的影响［J］. 广西蔗糖（1）：54-55.

成萍，陈西凯，1993. 乙烯利对甘蔗生长发育的影响［J］. 西南农业大学学报，15（6）：489-492.

程小燕，2013. 两个甘蔗品种对氮、磷、钾的吸收与累积特征［D］. 南宁：广西大学.

邓德滋，1981. 论甘蔗经济高产的科学用肥问题［J］. 甘蔗糖业（9）：25-30.

董伟，张立平，2008. 甘蔗优质高效栽培技术［M］. 北京：中国三峡出版社，4-10.

段惠芬，经艳芬，杨李和，等，2011. 不同水分条件下06系列甘蔗新品系生根、出苗表现［J］. 中国糖料（2）：28-31，33.

樊保宁，游建华，周秋惠，2020. 我国糖料甘蔗叶有效处理与利用［J］. 中国糖料，42（1）：77-80.

范业赓，陈忠良，刘红坚，等，2013. 甘蔗无根试管苗移栽生根过程中内源激素和POD活性变化的研究［J］. 广东农业科学（3）：15-17，31.

范业赓，丘立杭，黄杏，等，2019. 甘蔗节间伸长过程赤霉素生物合成关键基因的表达及相关植物激素动态变化［J］. 植物学报，54（4）：486-496.

甘崇琨，陈荣发，范业赓，等，2018. 桂糖系列甘蔗新品种（系）比较试验［J］. 中国糖料，40（1）：30-32.

高冠龙，冯起，张小由，等，2018. 植物叶片光合作用的气孔与非气孔限制研究综述［J］. 干旱区研究，35（4）：929-937.

高欣欣，刘少春，张跃彬，等，2016. 宿根甘蔗衰退机理与防治措施研究进展［J］. 亚热带农业研究，12（4）：284-288.

广西壮族自治区气象局农业气候区划协作组，1988. 广西农业气候资源分析与利用［M］. 北京：气象出版社.
郭强，莫勇武，唐利球，等，2019. 蔗渣还田和减量施肥对甘蔗农艺性状和品质的影响［J］. 广西糖业（3）：31-35.
何波涛，梁泉，朱剑楠，等，2018. 甘蔗生产全程机械化技术模式研究——“耕地＋整地＋种植”方式配套技术模式［J］. 广西职业技术学院学报，11（2）：21-25.
何顶兴，许景芳，邓德滋，1987. 甘蔗喷施稀土有效条件的初步探讨［J］. 甘蔗糖业（6）：25-28.
何冯光，张伟，李明，等，2018. 甘蔗种植机排种装置的现状及发展趋势［J］. 黑龙江八一农垦大学学报，30（6）：82-88.
何为中，陈引芝，刘红坚，等，2012. 甘蔗试管苗瓶外生根技术的研究［J］. 西南农业学报，25（6）：2117-2120.
何为中，汪森，刘红坚，等，2011. 赤霉素（$GA_3$）处理对甘蔗试管苗瓶外生根的影响［J］. 安徽农业科学，39（4）：2059-2060.
黄锦福，邓海华，2004. 甘蔗常用亲本始花期及其遗传研究. 甘蔗糖业（4）：6-10.
黄林，2019. 甘蔗深松整地技术推广应用浅析［J］. 种子科技，37（8）：37-38.
黄敏堂，吴晓伟，2012. 持续低温阴雨寡照天气对甘蔗出苗的影响及控制对策［J］. 中国糖料（1）：52-53，59.
黄日宏，2002. 甘蔗宽行距栽培对比试验初报［J］. 广西蔗糖（4）：15-16.
黄世醒，曹耀林，郑丁科，等，2018. 2CZQ-2型切段式甘蔗栽植机试验研究［J］. 现代农业装备（2）：24-27.
黄振瑞，2015. 高产甘蔗养分需求规律及施肥调控研究［D］. 北京：中国农业大学.
李丹，2011. 酒精高糖发酵及酵母固定化研究［D］. 广州：华南理工大学.
李广敏，关余锋，2001. 作物抗旱生理与节水技术研究［M］. 北京：气象出版社.
李贵清，郑平，1996. 宿根甘蔗施用CFE效果初试总结［J］. 腐植酸（1）：8-12.
李和平，张树河，潘世明，等，2015. 秋植果蔗催熟技术研究［J］. 现代农业科技（23）：58-59.
李荣喜，刘立炫，黄敏，等，2018. 甘蔗机械化种植对蔗种的要求［J］. 南方农业，12（18）：21-22，24.
李杨瑞，2010. 现代甘蔗学［M］. 北京：中国农业出版社.
李杨瑞，马乌里，林炎坤，2000. 干旱条件下单用草甘膦及加$KH_2PO_4$和（或）加$H_3BO_3$作为甘蔗化学催熟剂的效应研究［J］. 作物学报，26（6）：692-698.
李杨瑞，杨丽涛，谭宏伟，等，2014. 广西甘蔗栽培技术的发展进步［J］. 南方农业学报，45（10）：1770-1775.
李杨瑞，杨丽涛，叶燕萍，等，2007. 甘蔗应用乙烯利增产增糖的机理研究［J］. 西南农业学报，20（1）：151-156.
李杨瑞，朱秋珍，王维赞，2008. 甘蔗地定量施用糖厂酒精废液技术体系多点试验［J］. 西南农业学报，21（3）：749-756.
李以训，2000. 甘蔗喷施“植物动力2003”肥效试验初报［J］. 甘蔗，7（4）：34-37.
李永健，杨丽涛，李杨瑞，等，2002. 不同时期喷施乙烯利对甘蔗生长、主要农艺性状及抗旱性的影响［J］. 亚热带农业研究，9（1）：12-18.
李志刚，李杨瑞，林炎坤，等，2002. 生长前期叶面喷施乙烯利对甘蔗茎细胞几种酶活性的影响［J］. 广西植物，22（2）：177-180.
梁和，李杨瑞，黄文尧，等，1994. 不同浓度乙烯利处理对甘蔗光合性能的影响［J］. 广西农业大学学报，13（3）：223-227.
梁和，李杨瑞，周生茂，等，1995. 不同浓度乙烯利处理对甘蔗若干生理生化特性的影响［J］. 广西农业大学学报，14（1）：1-8.

梁计南，谭中文，陈真元，2000. 甘蔗不同施氮方法与产量及糖分的关系［J］. 甘蔗，7（4）：1-8.
梁丽琼，谭裕模，张革民，1997. 甘蔗叶片束缚水/自由水比与抗旱性关系［J］. 广西糖业（3）：14-16.
梁强，叶燕萍，桂杰，等，2009. 喷施黄腐酸对干旱胁迫下甘蔗苗期叶绿素荧光参数及丙二醛的影响［J］. 广西植物，29（4）：527- 532.
梁闻，罗亚伟，黄杏，等，2015. 不同浓度赤霉素对甘蔗产量和品质的影响［J］. 中国糖料，37（2）：43-44.
梁闻，吴凯朝，游建华，等，2017. 下种时段与植蔗沟深度对种茎直接补种宿根甘蔗农艺性状的影响［J］. 热带农业科学，37（5）：1-4，23.
梁奕强，1995. 药剂浸种对甘蔗出苗和产量的影响［J］. 广西热作科技（3）：21-24.
梁兆新，2004. 甘蔗种植深耕深松技术及效益分析［J］. 广西蔗糖（1）：21-22，35.
廖青，韦广泼，陈桂芬，等，2011. 蔗叶还田对土壤微生物、理化性状及甘蔗生长的影响［J］. 西南农业学报，24（2）：290-294.
廖青，韦广泼，刘斌，等，2010. 机械化深耕深松栽培对甘蔗生长及产量的影响［J］. 广西农业科学，41（6）：542-544.
廖维政，李杨瑞，林炎坤，等，2013. 甘蔗生长后期不同时间乙烯利催熟增糖的效应［J］. 西南农业学报，16（4）：60-64.
林韶湘，苏广达，1984. 赤霉素（$GA_3$）及吲哚丁酸（IBA）处理宿根甘蔗促进发株及幼苗生长的研究［J］. 作物学报，10（1）：63-64.
林炎坤，李杨瑞，叶燕萍，1990. 三种生长调节剂对甘蔗生长和蔗糖分积累的影响［J］. 广西农学院学报，9（4）：35-43.
刘汉德，苏广达，1990. 甘蔗喷施稀土增产增糖机理的研究Ⅲ. 营养代谢的研究［J］. 甘蔗糖业（4）：16-22.
刘丽敏，黄永才，李松，等，2016. 甘蔗愈伤组织培养及其细胞学特性［J］. 农业科学与技术（英文），17（7）：1525-1529.
刘要鑫，2013. 宿根甘蔗黄化苗调控研究［D］. 南宁：广西大学.
卢从明，张其德，匡廷云，等，1994. 水分胁迫抑制水稻光合作用机理［J］. 作物学报，20（5）：601-606.
卢桂香，2017. 甘蔗机械化深耕深松技术的应用效益与推广建议［J］. 南方农业，11（2）：38-39.
卢柳忠，陆登俊，梁欣泉，2016. 甘蔗糖蜜酒精生产新技术的集成应用及节能效益分析［J］. 化工技术与开发，45（4）：53-56.
卢萍，1991. 甘蔗胚状体的诱导与植株再生［J］. 贵州农业科学（2）：9-13.
陆静，韦燕燕，2017. 喷施农用生长调节剂抗倒酯和芸苔素内酯对甘蔗生长的效应研究［J］. 大众科技，19（10）：79-81，101.
陆世宏，1992. 地膜蔗综合栽培技术理论的研究［J］. 南宁：广西大学.
罗俊，林兆里，阙友雄，等，2018. 不同耕整地方式对甘蔗耕层结构特性及产量的影响［J］. 中国生态农业学报，26（6）：824-836.
罗亚伟，覃振强，梁闻，等，2015. 不同药剂包衣单芽茎对甘蔗萌芽和分蘖的影响［J］. 农业研究与应用（1）：23-29.
罗亚伟，覃振强，梁闻，等，2019. 不同种茎处理对甘蔗萌芽和幼苗生长的影响［J］. 热带作物学报，40（3）：45-49.
罗亚伟，覃振强，梁闻，等，2018. 甘蔗种茎储存期对萌芽出苗的影响［J］. 中国糖料，40（2）：13-15.
罗艺，2014. 不同种植方式和不同行距对甘蔗生长效应的研究［D］. 南宁：广西大学.
罗正清，王文荣，刘少春，等，2009. 临沧蔗区田间杂草发生类型与化学除草技术［J］. 云南农业科技

(6)：54-56.
麦逍英，陈以诚，关中秀，1984. 地膜覆盖甘蔗栽培技术研究［J］. 甘蔗糖业（7）：23-27.
南有生，吴道金，1993. 甘蔗叶面喷施特利 304 试验初报［J］. 江西农业科技（1）：23-24.
农生平，黄文武，潘廷由，等，2014. 甘蔗倒伏原因及其防止措施［J］. 农家之友（6）：59-60.
潘有强，林炎坤，李杨瑞，1997. 甘蔗分蘖期喷施乙烯利对两个甘蔗品种的三种保护酶活性的影响［J］. 广西农业大学学报，16（2）：106-109.
轻工业部甘蔗糖业科学研究所，1985. 中国甘蔗栽培学［M］. 北京：农业出版社.
丘少锋，庞少欢，凌鸿，等，2015. 甘蔗机械种植不同下种模式的试验分析［J］. 广西农业机械化（1）：15-16.
尚怀国，李莉，王克健，等，2020. 甘蔗生产化肥农药减施增效技术研究进展［J］. 西南农业学报，33（1）：211-216.
邵廷富，1965. 赤霉素对甘蔗生长的影响［J］. 植物生理学通讯（4）：8-10.
申章佑，郑浩，何龙凉，等，2009. 应用地埋式滴灌施放增糖增产剂对甘蔗生理生化特性的影响［J］. 西南农业学报，22（1）：114-117.
宋日云，陈超君，孙少华，等，2008. 蔗叶还田方法对宿根蔗地一些土壤肥力因素的效应研究［J］. 广西糖业（1）：18-19.
苏广达，1979. 甘蔗与水分［J］. 甘蔗糖业（10）：26-29.
苏俊波，2016. 新形势下我国甘蔗产业竞争力研究［D］. 福州：福建农林大学.
苏坎坛，杨焜正，黄绍英，等，1985. 土壤水分对甘蔗生理功能、产量和蔗糖分的影响［J］. 福建省农科院学报，3（1）：23-32.
覃家瑁，2000. 种甘蔗用石灰水浸种好［J］. 农家之友（1）：17.
谭显平，吕达，李红梅，等，2007. 不同浓度赤霉素对果蔗产量和品质的影响研究初报［J］. 广西蔗糖（4）：8-13，27.
谭中文，李玉潜，梁计南，等，1994. 甘蔗高产高糖高效益综合栽培技术中几种主要措施组配的研究［J］. 甘蔗糖业（2）：11-17.
滕峥，2013. 甲基环丙烯对甘蔗苗期抗旱性影响的研究［J］. 南宁：广西大学.
田春艳，边芯，俞华先，等，2019. 云瑞甘蔗创新亲本抗旱性综合评价［J］. 植物遗传资源学报，20（3）：129-142.
汪淼，方锋学，何为中，等，2012. 外源激素处理对甘蔗试管苗瓶外生根的影响［J］. 安徽农业科学，40（16）：8833-8835.
王爱勤，董伟清，何龙飞，等，2006. 三种激素对甘蔗组培苗增殖培养效果及其与内源激素变化关系［C］//中国植物逆境生理生态与分子生物学学术研讨会论文摘要汇编：76.
王威豪，叶燕萍，罗永明，等，2008. 水分胁迫下乙烯利浸种对甘蔗苗期光合性状和分蘖的影响［J］. 作物杂志（1）：50-54.
韦鹏霄，覃柳兰，岑秀芬，等，2013. 甘蔗胚性细胞团诱导与增殖的相关因子研究［J］. 甘蔗糖业（4）：1-5.
魏阳，彭勃，汪元南，等，2019. 利用复合菌系处理甘蔗渣及城市污泥堆肥效果［J］. 科学技术与工程，19（7）：316-320.
文颖，陈远贻，程文兴，1986. 模拟温度下不同预处理对甘蔗种苗萌发及早期生长的影响初报［J］. 甘蔗糖业（5）：19-23，41.
文颖，刘世杰，吴文涌，1992. 甘蔗萌芽的化学调节［J］. 西南农业学报，5（3）：35-41.
文颖，吴文涌，刘世杰，1989. 不同浓度乙烯利浸种对砂培甘蔗萌芽及芽鞘和根系生长的影响［J］. 甘蔗糖业（1）：25-27.
吴昌芳，2011. 甘蔗二次施肥试验示范［J］. 广西蔗糖（3）：12-13.

吴建明，李杨瑞，王爱勤，等，2009a. 甘蔗GA20氧化酶基因片段克隆及序列分析［J］. 热带作物学报，30（6）：817-821.

吴建明，李杨瑞，王爱勤，等，2009b. 赤霉素诱导甘蔗GA20-Oxidase基因实时荧光定量PCR分析［J］. 分子植物育种，7（5）：922-927.

吴建明，李杨瑞，王爱勤，等，2010a. 赤霉素处理对甘蔗节间伸长、产量和品质的影响［J］. 中国糖料（4）：24-26.

吴建明，李杨瑞，王爱勤，等，2010b. 赤霉素诱导甘蔗节间伸长的效应与相关酶活性的关系［J］. 西北植物学报，30（5）：962-967.

吴建明，李杨瑞，王爱勤，等，2010c. 赤霉素诱导甘蔗节间伸长基因的cDNA-SCoT差异表达分析［J］. 作物学报，36（11）：1883-1890.

吴建明，李杨瑞，王爱勤，等，2010d. 利用赤霉素诱导甘蔗节间伸长相关基因的cDNA-SRAP差异表达分析［J］. 中国农业科学，43（19）：3937-3944.

吴建明，李杨瑞，杨丽涛，等，2012. 赤霉素诱导甘蔗节间伸长cDNA-AFLP差异显示［J］. 西北植物学报，32（10）：1997-1982.

吴建明，李杨瑞，杨柳，等，2009c. 赤霉素诱导甘蔗节间伸长与内源激素变化的关系［J］. 热带作物学报，30（10）：1452-1457.

吴凯朝，叶燕萍，李杨瑞，等，2004. 喷施乙烯利对甘蔗群体冠层结构及一些抗旱性生理指标的影响［J］. 西南农业学报，17（6）：724-729.

肖关丽，杨清辉，李富生，等，2002. 外源激素对甘蔗幼苗分化及其内源激素的影响［J］. 云南农业大学学报，17（2）：154-157.

谢金兰，李长宁，何为中，等，2017. 甘蔗化肥减量增效的栽培技术［J］. 中国糖料，39（1）：38-41.

谢君锋，廖韦卫，陆祖正，等，2015. 甘蔗组培苗继代增殖的浅层培养［J］. 热带农业科学，35（5）：65-68.

徐海丽，2019. 广西实施乡村振兴战略的统计监测指标与方法. 改革与战略，35（6）：86-103.

徐建云，陈超君，2009. 甘蔗栽培学［M］. 南宁：广西科学技术出版社，5-16.

徐良年，邓祖湖，张华，等，2009. 草甘膦和乙烯利对糖能兼用甘蔗FN95-1702的催熟增糖效应［J］. 中国糖料（4）：24-26.

许绍涛，庞天，2007. 881甘蔗增糖灵试验报告［J］. 广西蔗糖（2）：28-29.

许树宁，农定产，周琳庆，等，2012. 甘蔗施用保水剂后效研究初报［J］. 南方农业学报，43（5）：637-640.

许树宁，谭裕模，黎焕光，等，2012. 不同施肥次数对甘蔗产量及蔗糖分的影响［J］. 广西农学报，7（5）：20-23.

禤维言，冯斗，裴润梅，2000. 三十烷醇对甘蔗种苗萌发和幼苗生长的影响［J］. 广西热作科技（4）：1-3.

杨丽涛，李杨瑞，莫家让，1990. 喷施“多效好”对甘蔗叶片几个生理生化特性的效应研究初报［J］. 广西农学院学报，9（1）：79-33.

杨丽涛，李杨瑞，许涛，1998. 后期灌溉对宿根蔗蔗糖分积累的影响［J］. 中国糖料（3）：7-11.

杨丽涛，李杨瑞，1995. 干旱条件下后期灌溉对不同品种甘蔗产量、蔗糖分和某些生理生化特性的效应研究［J］. 作物学报，21（1）：76-82.

杨丽涛，莫凤连，朱秋珍，等，2012. 糖蜜酒精发酵液对甘蔗生长的效应［J］. 南方农业学报，43（1）：18-21.

杨丽涛，张保青，朱秋珍，等，2011. 应用飞机大面积喷施抗旱型甘蔗增糖增产剂的效果研究［J］. 热带作物学报，32（2）：189-197.

杨林洪，2014. 甘蔗高产高糖栽培关键技术探究与分析［C］//中国作物学会甘蔗专业委员会第15次学术研讨会论文集：313-316.
杨柳，廖芬，梁永检，等，2015. 甘蔗“健康种子”发芽率及生长影响因素分析［J］. 南方农业学报，46（1）：31-35.
杨庆，2010. 甘蔗幼叶组织培养中培养基的优化［J］. 北方园艺（14）：146-149.
杨尚东，吴俊，赵久成，等，2012. 施用糖蜜酒精发酵液对蔗田土壤生物学性状的影响［J］. 西南农业学报，25（6）：2147-2152.
杨燕妮，2011. 甘蔗离体培养的胚性细胞团诱导与分化研究［D］. 南宁：广西大学.
杨祖德，陈玉民，王昌冀，1996. 甘蔗需水量、需水规律试验报告［J］. 灌溉排水，15（2）：55-59.
姚庆群，谢贵水，2005. 干旱胁迫下光合作用的气孔与非气孔限制［J］. 热带农业科学，25（4）：80-86.
姚瑞亮，李杨瑞，杨丽涛，等，2002. 甘蔗伸长盛期乙烯利处理对节间ATP酶和转化酶活性的影响［J］. 热带作物学报，23（2）：66-71.
叶维青，1989. 甘蔗地膜覆盖少耕法新技术试验研究［J］. 甘蔗糖业（4）：4-8.
叶燕萍，2006. 乙烯利促进甘蔗有效分蘖的生理生化机理研究［D］. 南宁：广西大学.
叶燕萍，杨丽涛，李杨瑞，1995. 蔗地深耕深松对甘蔗吸收N、P、K及产量、品质的影响［J］. 甘蔗，2（1）：50-51.
易芬远，赖开平，叶一强，等，2014. 甘蔗的营养生理与肥料施用研究现况［J］. 化工技术与开发，43（2）：25-28，31.
宰松梅，2010. 水肥一体化灌溉模式下土壤水分养分运移规律研究［D］. 杨凌：西北农林科技大学.
张恒昌，1994. 甘蔗喷施“速富隆”效益好［J］. 云南农业科技（2）：18.
张起春，吕小红，1993. 甘蔗叶面喷施增产菌试验初报［J］. 江西农业科技（2）：26-28.
张树河，王俊，李海明，等，2014. 喷施增糖剂对甘蔗糖分和产量的影响研究［J］. 福建农业学报，29（8）：733-735.
张旭升，2013. 甘蔗间种菜用大豆对其产量品质及土壤理化性状的影响［D］. 南宁：广西大学.
张诒仙，江梅，1996. 用乙烯丰控制甘蔗开花的评价［J］. 世界热带农业信息（9）：14-14.
张跃彬，王斌，赵志强，1999. 甘蔗喷施“施丰乐”肥效试验初报［J］. 甘蔗，6（4）：26-28.
赵永超，2018. 甘蔗种节快速识别与获取设备的研制及其关键技术的研究［D］. 湛江：广东海洋大学.
郑勇，王金丽，李明，等，2011. 热带农业废弃物资源利用现状与分析［J］. 广东农业科学（1）：15-18.
周爱芳，宁发洲，2019. 水肥一体化技术在甘蔗上的应用试验［J］. 广西糖业（3）：29-30，45.
周传凤，李杨瑞，杨丽涛，2007a. 甘蔗分蘖期间叶面喷施乙烯利后两种内源激素的变化［J］. 西南农业学报，20（3）：388-391.
周传凤，李杨瑞，杨丽涛，2007. 乙烯利对甘蔗分蘖期茎三种酶活性的影响及其与分蘖的关系［J］. 广西植物，27（4）：649- 652.
周丽，何海波，刘嘉琪，等，2019. 五个甘蔗品种（系）的生长性能及相关性分析［J］. 广西糖业（6）：3-7.
朱建荣，刘家勇，赵培方，等，2015. 植物生长调节剂对冷藏4年的甘蔗种子发芽的影响［J］. 安徽农业科学，43（27）：390-392.
朱建荣，赵丽萍，姚丽，等，2016. 不同浓度赤霉素对甘蔗实生苗产量性状的影响［J］. 安徽农业科学，44（36）：19-20.
朱秋珍，李杨瑞，王维赞，等，2009. 连续定量施用糖厂酒精废液对甘蔗的效应［J］. 中国糖料（2）：10-13.
朱秋珍，李杨瑞，叶燕萍，等，2004. 应用飞机大面积喷施甘蔗增糖增产剂示范［J］. 甘蔗，11（4）：35-39.

庄学调，伍小萍，梁仲文，1986. 甘蔗喷施稀土增糖增产研究初报［J］. 甘蔗糖业（5）：27-31.

邹新禧，2001. 超强吸水剂［M］. 北京：化学工业出版社.

Abeles F B，Morgan P W，Saltveit M E，2012. Ethylene in plant biology［M］，2nd edn. San Diego：Academic Press.

Acreche M M，Briceño-Félix G，Sánchez J A M，et al.，2009. Radiation interception and use efficiency as affected by breeding in Mediterranean wheat［J］. Field Crops Research，110（2）：91-97.

Beauchamp C E，1950. Effect of 2，4-D on sugar content of sugarcane［J］. Sugar J，13（5）：57-69.

Foley J A，Ramankutty N，Brauman K A，et al.，2011. Solutions for a cultivated planet［J］. Nature，478（7369）：337-342.

Ge H C，Pang W，Luo D K，2006. Graft copolymerization of chitosan with acrylic acid under microwave irradiation and its water absorbency［J］. Carbohydrate polymers，66（3）：372-378.

Jain R，Singh S N，Solomon S，et al.，2010. Potential regulatory role of gibbrellic acid on sprouting and early stalk growth. Guangxi Agricultural Sciences，41（9）：1025-1028.

Jiang Z P，Li Y R，Wei G P，et al.，2012. Effect of long-term vinasse application on physicochemical properties of sugarcane field soils. Sugar Tech，14（4）：412 - 417.

Leal M R L V，Galdos M V，Scarpare F V，et al.，2013. Sugarcane straw availability，quality，recovery and energy use：a literature review［J］. Biomass and Bioenergy，53：11-19.

Li Y R，2004. Beneficial effects of ethephon application on sugarcane under sub-tropical climate of China. Sugar Tech，6（4）：235-240.

Li Y R，Solomon S，2005. Ethephon technology for sugar industry［M］//Solomon S，Grewal SS，Li YR，et al.，Sugar Cane：Production Management and Agro-Industrial Imperatives. Lucknow：International Book Distributing Co：261-281.

Li Y R，Zhu Q Z，Wang W Z，et al.，2007. Pre-emergence application of vinasse on sugarcane growth and sugar productivity in China［J］. Sugar Tech，9（2&3）：160-165.

Liao Q，Wei G P，Chen G F，et al.，2014. Effect of trash addition to the soil on microbial communities and physico-chemical properties of soils and growth of sugarcane plants［J］. Sugar Tech，16（4）：400-404.

Lu J J，Lei C Y，Zha L S，2010. Study on the application and residues of plant growth regulators in the fruit sugarcane grown in the subsuitable region［J］. Journal of Agricultural Science，2（4）：254-256.

Patterson S E，2001. Cutting loose abscission and dehiscence in *Arabidopsis*［J］. Plant Physiology，126（2）：494-500.

Shanmugavadivu R，Rao P N G，2009. Endogenous gibberellin level in the shoot apices of flowered and non-flowered stalks of sugarcane varieties［J］. Indian Journal of Plant Physiology，14（3）：303-305.

Shomeili M，Nabipour M，Meskarbashee M，et al.，2011. Effects of gibberellic acid on sugarcane plants exposed to salinity under a hydroponic system［J］. African Journal of Plant Science，5（10）：609-616.

Signarbieux C，Feller U，2011. Non-stomatal limitations of photosynthesis in grassland species under artificial drought in the field［J］. Environmental and Experimental Botany，71（2）：192-197.

Solomon S，Li Y R，2004. Chemical ripening of sugarcane：globe progress and recent development in China［J］. Sugar Tech，6（4）：241-250.

Solomon S，Singh I，Madan V K，1998. Effect of 2-chloroethyl phosphonic acid on early growth and advancement of maturity in sugarcane［C］. Proceedings of 60th Annual Convention of the Sugar Technologists Association of India，Shimla.

Su T M，Li Y R，Wei G P，et al.，2012. Macronutrients absorption and surface runoff losses under different fertilizer treatments in sugarcane field［J］. Sugar Tech，14（3）：255-260.

Tan H W, Zhou L Q, Xie R L, et al., 2009. Sugarcane requirement of water and effect of fertigation on sugarcane [J]. Agricultural Science & Technology, 10 (4): 175-177, 182.

Wu J M, Li Y R, Yang L T, et al., 2013. cDNA-SCoT: a novel rapid method for analysis of gene differential expression in sugarcane and other plants [J]. Australian Journal of Crop Science, 7 (5): 659-664.

Wu J M, Li Y R, Yang L T, 2016. Differential expression analysis of gibberellin-induced stalk elongation genes, in sugarcane (*Saccharum Hybrid*) by different technologies [J]. International Journal of Science and Nature, 7 (2): 235-243.

Yang S D, Liu J X, Wu J, et al., 2013. Effects of vinasse and press mud application on the biological properties of soils and productivity of sugarcane [J]. Sugar Tech, 15 (2): 152-158.

# 第十二章

# 甘蔗病害及其防治

国外记载的甘蔗侵染性病害包括真菌性病害 37 种，细菌性病害 9 种，病毒和植原体病害 12 种，其他寄生性病害 8 种，广泛存在且具有高致病的线虫病害有 5 个属 7 个种，广泛存在且具有中等或弱致病的线虫病害有 11 个属（Rott et al.，2000）。国内记载的甘蔗病害有 60 多种，其中，侵染性病害包括真菌性病害 29 种，细菌性病害 5 种，病毒和植原体病害 8 种，线虫病害 8 种，寄生性植物 2 种，其余为非侵染性病害（赖传雅和袁高庆，2003）目前，对我国甘蔗生产影响比较大的病害有甘蔗花叶病、甘蔗黄叶病、甘蔗宿根矮化病、甘蔗白条病、黑穗病、梢腐病、锈病、叶枯病、凤梨病、褐条病、赤腐病和线虫病等。

## 第一节　甘蔗花叶病毒病

甘蔗花叶病也称嵌纹病，广泛分布于世界各甘蔗产区，是一种发生最普遍，危害最严重的世界性甘蔗病毒病害，最早于 1892 年在爪哇由 Musschenbroek 首次发现，当时称其为“黄条病”，1920 年在美国路州发现蚜虫能传染该病原，1963 年确认其为甘蔗花叶病毒，曾在美国、古巴、阿根廷和巴西等国严重流行。由于甘蔗长期采用无性繁殖和宿根种植，品种结构单一，尤其是感病品种新台糖 22 号长期大面积种植，导致该病我国越来越严重，广西、云南、广东、海南、福建和台湾等地均普遍发生，局部地区危害严重；华南各地尤其是广西旱地甘蔗花叶病的发病株率往往高达 30%以上，感病品种或在发病严重的田块，发病株率可高达 100%。因发病率的不同或抗性水平的差异，该病害所造成的产量损失在 3%～50%（黄应昆等，2007）。甘蔗种苗感病后，萌芽率降低，生长差、矮化、节间变短，分蘖少，而且汁液中的还原糖增加，降低了蔗糖的结晶率，每年造成数以亿计的经济损失（何炎森和李瑞美，2006）。

### 一、症状

该病为系统性感染，病毒入侵后分布在甘蔗各部位，因甘蔗品种和病毒种类或株系不同，症状有一定差异；典型症状是染病甘蔗叶片出现许多与叶脉平行、长短不一、深绿和浅绿色相间的条纹，对光看可见半透明的黄绿相间的条纹或“绿岛”，呈花叶状、斑驳状、嵌纹状或短小针状（彩图 12－1），尤以新叶基部症状最为明显；有的叶片只有少许的浅黄色条纹，有时整片叶变成黄色，只留下少许深绿色“小岛”；染病植株矮化、分蘖减少，节间缩短；宿根病蔗则发芽缓慢，生长不良；有的品种在夏季高温时会出现隐症现象。虽然有3种不同的病毒会均会导致上述的症状，但是，根据叶片的表型症状难以判断究竟是哪种病毒引起的。

## 二、病原

20世纪90年代以前，根据鉴别寄主反应、病毒粒体形态大小及内含体形态以及血清学相关性等曾把引起甘蔗花叶病的病原都归属为马铃薯Y病毒属（*Potyvirus*）的甘蔗花叶病毒（Sugarcane mosaic virus，SCMV）或SCMV的多个株系，如当时在我国的A、D、E、H、I等株系。后来，随着病毒基因组序列分析及其病原分子生物学研究的不断深入，甘蔗花叶病的病原被归入马铃薯Y病毒科（Potyviridae）。该病毒科有7种可侵染禾本科植物并引起花叶病的病毒，包括甘蔗花叶病毒（SCMV）、高粱花叶病毒（Sorghum mosaic virus，SrMV）、约翰逊草花叶病毒（Johnsongrass mosaic virus，JGMV）、玉米矮花叶病毒（Maize dwarf mosaic virus，MDMV）、玉蜀黍花叶病毒（Zea mosaic virus，ZeMV）、狼尾草花叶病毒（Pennisetum mosaic virus，PenMV）和甘蔗条纹花叶病毒（Sugarcane streak mosaic virus，SCSMV）（Xu et al.，2010），但只有SCMV、SrMV和SCSMV这3种病毒能在自然条件下侵染甘蔗，其余4种未能从甘蔗上分离到。三者均为线状病毒，大小为（600～800）nm×12 nm，且SCMV和SrMV被归入马铃薯Y病毒属（*Potyvirus*），而根据国际病毒分类委员会2011年的决定，SCSMV则被归入禾本科病毒属（*Poacevirus*）（贺振，2014）。在我国，3种甘蔗花叶病的病原类型是确定的，但甘蔗花叶病毒病原类型的分布和优势病毒种类却变化较大。20世纪至21世纪初，我国甘蔗花叶病均主要由SCMV引起，SCMV无疑是优势病毒类型，SrMV次之，广东、广西、福建、浙江、海南均如此。两种病毒常混合侵染，虽然发现在广东存在SCSMV，但并未扩散危害（陈炯和陈剑平，2002；周国辉和许东林，2005；秦碧霞等，2007；李文凤等，2008）。从21世纪开始至2014年左右，优势病毒类型变为SrMV，如2009—2012年间，对云南国家甘蔗种质资源圃324份种质的病原检测调查显示，SrMV的检出率最高，达到34%（贺振，2014；凌辉，2016）。但是，近几年有较大变化，SCSMV已扩展到广西、云南、福建、广东、海南等各甘蔗种植区域。其中，在云南蔗区，SCSMV的感染率已经高于SrMV，如在云南元江，SCSMV的检出率高达50%。目前，总体而言，在云南、海南、广西蔗区这2种病毒的占比大体相当，均为蔗区的优势病毒种类，而且，2种甚至3种病毒混合感染的情况也是常见的，如最近对种植在云南陇川景罕镇甘蔗基地的粤糖93-159×新台糖22号杂交后代330多份材料的检测显示，在发病的株系中，混合感染率约占1/3；不过，巴西的研究显示，直到最近几年，巴西甘蔗花叶病病原类型单一，只有甘蔗花叶病毒（Da Silva et. al.，2015）。

## 三、发病规律和发病条件

SCMV和SrMV引致的甘蔗花叶病可通过种茎、汁液摩擦和砍蔗刀传播，此外，还可以通过多种蚜虫以非持久性方式传播，传病的蚜虫包括甘蔗棉蚜、禾缢管蚜、玉米蚜、麦二叉蚜、黍蚜、黑蚜、玉米叶蚜、桃蚜等16种。蔗田中的蚂蚁若与蚜虫一起活动，则具有间接传病作用。病毒侵入甘蔗后造成系统性感染，潜伏期一般为10d左右，长的可达20～30d。病害的初侵染源包括带毒种蔗、田间病株和染病的杂草、玉米等寄主植物。

病害发生的轻重与品种抗性、气候条件、中间寄主及蔗种带毒情况等因素密切相关。在甘蔗属的5个种中，热带种高度感病，印度种和大茎野生种感病，而中国种和割手密则高度抗病或免疫；粤糖79-177、川糖61-408、云蔗89-151、新台糖22号、桂糖11号、SP61-7180、闽糖70-611、F134和闽选703等品种抗性或耐病性较强，而NCo310、Co740、CP72-2086和拔地拉等品种抗性较差（赖传雅和袁高庆，2003)。近些年对甘蔗品种、种质资源和育种材料的抗病性鉴定研究较多。如李文凤等（2014）对49个甘蔗品种和19份育种材料进行抗病性鉴定显示，粤甘40号、粤甘42号、粤糖55号、云蔗03-194、云蔗99-596、云瑞06-189、桂糖30号、德蔗03-83等高抗SrMV，占18.37%；粤糖96-86等7份材料表现抗病。李文凤等（2018）采用人工切茎接种和RT-PCR检测相结合，在2015年、2016年，先后对我国近年选育的71个甘蔗新品种或新品系进行抗病性鉴定，显示其中有24个为“高抗-中抗”SCSMV，占比为33.8%，而感病或高感的则有47个之多，占比高达66.20%；对SrMV的抗性鉴定显示“高抗-中抗”的，占比38.03%，而感病或高感则有44个，占比高达61.97%。由此可见，我国最近几年育成的甘蔗品种或新品系的对花叶病的抗性不容乐观。

田间发病率主要取决于种苗带毒率和有翅蚜虫的带毒及活动情况，干旱天气有利于蚜虫的繁殖和有翅蚜虫的诱发，促进病害的传播。蚜虫将病毒从甘蔗上传播到玉米上的效率远高于在甘蔗植株间的传毒效率。

高温炎热天气会抑制病毒繁殖，使病株症状不明显或隐症，当温度下降时，症状再出现。

生产上不注意蔗田卫生，收砍、耕作刀具未经消毒处理，重复使用，蔗田杂草丛生或蔗区存在其他禾本科寄主作物如玉米等，长期连作，易造成田间毒源积累，地力下降。偏施氮肥，会使蔗叶组织柔嫩，叶色浓绿，也容易诱发病害发生。

## 四、防治方法

**1. 培育和种植抗病品种是控制花叶病的根本途径**　选择丰产、高糖、优质的抗病品种，才能从根本上控制蔗区花叶病毒病的发生、流行；鉴于甘蔗花叶病已发展成为甘蔗生产上的重要病害，在今后的品种选育工作中抗花叶病作为主要指标之一，应积极开展对甘蔗种质资源的抗性鉴定，大力发掘利用抗病资源（黄应昆等，2007)；近十余年来，甘蔗转基因抗病毒研究受到了人们的高度重视，Butterfield等将SrMV-H株系无翻译能力的外壳蛋白基因反向重复序列转入甘蔗栽培种中，获得了抗H株系及相近株系的转基因植株，所获得的转基因植株可作为抗源材料用于常规杂交育种，美国、巴西、澳大利亚、泰国及我国的科学家先后克隆了SCMV外壳蛋白基因，并导入到甘蔗细胞内进行表达，获得了抗病毒的转基因甘蔗植株。

**2. 建立甘蔗脱毒健康种苗繁育基地，大力推广种植健康良种**　据古巴研究报道，利用甘蔗茎尖培养技术结合热处理，可有效地防治甘蔗花叶病和宿根矮化病，使用健康种苗可增产 20%～40%，我国台湾、广西、海南、广东和福建等地利用组织培养的甘蔗健康种苗增产20%～60%，在出苗、分蘖、生长速度、株高、茎径、有效茎及产量等方面与对照相比有显著差异（曾慧等，2003）。近年来，广西通过茎尖脱毒大规模生产健康种苗。以广西农科院李杨瑞教授科研团队完成的“甘蔗茎尖脱毒健康种苗技术研究与示范”项目通过成果鉴定。项目组经过近 10 年的努力，已形成具有年生产茎尖脱毒组培原种苗 500 多万株的能力，并在国内首先应用生物反应器繁殖技术“间歇浸没式生物反应器系统”进行甘蔗健康种苗快繁培养，每代（约 70 d）可增殖 30～40 倍，实现了甘蔗脱毒健康种苗的快速生产和大面积示范推广，脱毒苗与常规苗相比，果蔗增产 33.6%～69.4%，糖料蔗蔗茎增产 15.1%～52.1%、蔗糖分提高 0.12%～1.71%（绝对值）。

**3. 田间管理**　砍蔗种前，先砍掉有病的植株再留种，避免使用带病蔗种。及时施肥培土、合理施肥，增施有机肥、适当多施磷肥、钾肥，避免重施氮肥，促使蔗苗生长健壮，早生快发、增强蔗株抗病和耐病能力。

蔗地附近不种植玉米、高粱等中间寄主植物，重病地不留宿根蔗；及时拔除病株，减少病害侵染源。定期喷洒吡虫啉和啶虫脒等杀虫剂控制媒介蚜虫，切断病害的传染途径。

## 第二节　甘蔗黄叶病毒病

甘蔗黄叶病毒病又称甘蔗黄叶综合征（Sugarcane yellow leaf syndrome，SYLS），几乎世界上所有甘蔗产区都有发生，目前，该病已扩散至我国广东、广西、海南和福建等蔗区，广东省粤北和粤西蔗区多个县市的田间甘蔗上观察到甘蔗黄叶病典型症状，发病品种有青皮果蔗、黑皮果蔗、新台糖系列品种、粤糖 79-177 和粤糖 93-159 等（许东林等，2005），广西以粤糖 93-159 发病尤为严重（王伯辉等，2003）。田间病株多为零星发生，但少数田块病株率超过 80%。发病甘蔗产量下降，品质变劣并发生种性退化，严重时甘蔗减产高达 40%～60%。甘蔗黄叶病引起美国路州主栽品种 LCP82-89 产量减产 15%～20%，糖产量减低 6%～14%，曾为夏威夷和佛罗里达的主产品种 H65-7052 和 CP72-1210，因严重感染该病使甘蔗减产 25%～50%（黄振瑞等，2007）。

### 一、症状

典型症状是发病初期中、上部成熟叶片中脉背面呈亮黄色，随后向中脉两边扩展，从叶尖向下发黄，最终枯死；该病症状还会因甘蔗品种的遗传背景不同而有所差别，严重感病品种整株叶片中脉下表皮黄化，叶片枯黄坏死并全株发黄。有的品种叶片中脉两侧变为红褐色，一些品种在秋冬季节中肋的黄化向两边蔓延（彩图 12－2），干旱会加重病情。

### 二、病原

本病的病原为甘蔗黄叶病毒（Sugarcane yellow leaf virus，SCYLV），SCYLV 粒子为二十面对称体球形，直径大小为 24～29nm，由单链 RNA 和蛋白质外壳组成（Scagliusi et al.，2000）。在国际病毒分类委员（ICTV）第 8 次会议上，被归入黄症病毒科（*Luteoviridae*）马铃薯卷叶病毒属（*Polerovirus*）（Chinnaraja et al.，2012），且认为该

病毒由黄症病毒属（*Luteovirus*）、马铃薯卷叶病毒属（*Polerovirus*）和豌豆耳突花叶病毒属（*Enamovirus*）病毒基因组重组而来的（Chinnaraja et al.，2012）。目前，该病毒被分为10个基因型，主要是巴西型（BRA）、古巴型（CUB）、秘鲁型（PER）、留尼旺岛型（REU）、印第安型（IND）、夏威夷型（HAW）、哥伦比亚型（COL）、中国1型（CHIN1）、中国2型（CHIN2）和中国3型（CHIN3）（郑清雷，2020），我国甘蔗产区的主要病毒基因型是BRA，但也存在CHN1、CHN2、PER和CUB基因型（Khalil et al.，2018）。但在海南采集的一批材料显示，CUP基因型占比最高，为58.06%，其次是BAR-PER基因型，占比为51.61%，REU基因型最少，占29.03%；没有发现CHN1、CHN2、CHN3基因型（沈林波等，2018）。病毒在寄主体内含量低，仅分布于韧皮部筛管伴胞细胞质中，常呈不规则聚集。Moonan等根据病毒基因组序列进行的亲缘关系研究揭示，SCYLV各分离物高度同源，但哥伦比亚各分离物呈现相对较高的多样性，在进化上位于SCYLV与黄症病毒科其他成员的分化起点，他们认为哥伦比亚可能是SCYLV的起源地，南、北美洲所有的SCYLV均来自哥伦比亚的同一祖先（李鹏等，2007）。虽然一种植原体也可引起甘蔗呈现黄叶症状，但是，SCYLV所致的属于病毒性黄叶病，病害主要症状是通过叶片中脉的黄化来判断，其与非洲和美洲部分地区发生的植原体性黄叶病还是有区别的，该病的症状不局限于中脉（Cronje，1998）。

## 三、发病规律和发病条件

带毒种茎或种苗是该病的主要初侵染源，在田间通过蚜虫以持久性方式传播，但是，不能通过机械摩擦传播，该病毒的长距离传播是通过带毒植株或无性繁殖材料调运进行的。主要传毒介体蚜虫有：甘蔗绵蚜（*Ceratovacuna lanigera*）、高粱蚜（*Melanaphis sacchari*）、玉米叶蚜（*Palosiphummaidis*）和红腹缢管蚜（*Rufiabdominalis*）。在自然条件下，ScYLV仅发生于甘蔗属的一些种（*Saccharum officinarum*，*S. spontaneum*，*S. robustum* 及 *S. sinensis*）上；但在人工接种条件下，高粱蚜能成功地将SCYLV传至小麦、燕麦、大麦、高粱、水稻、玉米和甘蔗近缘属蔗茅（*Erianthus*）的某些品系上。有报道在华南地区普遍发生的甘蔗绵蚜，不但能够在甘蔗植株间传播SCYLV，还能高效率地将该病毒传至高粱、水稻和玉米等禾本科植物，引起新的病害和交叉感染问题（周国辉等，2006）。

ScYLV的发生及所致的损失与品种、栽培条件、气候条件密切相关。多数甘蔗品种或亲本不抗病，所有CP系列的甘蔗品种均感该病，如粤糖93-159等。在一些甘蔗良种繁殖场，粤糖94-128、台优、新台糖25号也有明显的病症。感染病害后，抗病品种可不表现典型病害症状，对产量的影响也不大；但较感病品种如LCP82-89产量减少15%～20%，糖产量减低6%～14%；SP71-6163对甘蔗黄叶病非常敏感，减产可达40%～60%；H65-7052和CP72-1210减产达25%～50%。尚未发现完全免疫的甘蔗品种，早期认为具有美国运河点育种场CP遗传背景的品种较易感病，其他品种大多抗病，后来的研究并不支持这一结论，这可能与CP育种材料较早受病毒侵染有关。不同品种耐病性存在较大差异，在夏威夷，H65-7052出苗后4个月即现症，H73-6110出苗后10个月才现症；多数品种只在缺水胁迫条件下才现症。病害症状通常出现在成株期，干旱或低温胁迫加剧症状表现。在委内瑞拉，正常栽培条件下，新植蔗和一年宿根蔗即使带毒也很少现症，第二年宿根约 2/3 植株现症，在严重干旱条件下，所有带毒植株均现症。在我国，甘蔗（糖蔗）大多种植在缺乏灌溉条件的旱坡地，秋冬季少雨干旱，植株一旦受到病毒侵染，到生长中后期大多会显症，这必然会对产量和品质造成影响（李鹏等，2007）。

## 四、防治方法

**1. 种植抗病品种** 培育抗病或耐病品种是控制该病害最经济有效的措施。对粤糖 93-159 和 CP72-1210 等感病品种应慎重推广。

**2. 加强甘蔗种茎和种苗的调运与监管** 从源头控制是防控该病害的主要措施，但是，目前操作上存在困难，更何况现在全国各蔗区该病害均已普遍发生。

**3. 种植脱毒健康甘蔗种苗** 甘蔗茎尖分生组织培养或腋芽综合脱毒技术能获得无毒种苗，但是，就现有的脱毒种苗质量来看，该病毒的脱毒效果不好，要从建设采种圃开始，从严选择无毒母株用于离体组织培养。

**4. 加强田间管理，避免干旱** 施足基肥，氮磷钾肥配合使用，注意排灌，促进甘蔗生长健壮，提高抗病力；充足的水肥供应对减轻病情、减少该病造成的损失很有帮助。

**5. 杜绝带病种，规避禾本科混种** 带病甘蔗不留种，不留宿根；避免蔗田中套种或在蔗田附近种植玉米、高粱等禾本科作物，预防病害交叉感染。

**6. 药剂防治，阻断病害传播** 利用吡虫啉、啶虫脒、抗蚜威等药剂定期喷杀传播病害的各种传毒介体蚜虫。

# 第三节 甘蔗宿根矮化病

甘蔗宿根矮化病（RSD）是一种普遍发生的重要甘蔗病害。1944—1945 年最先在澳大利亚昆士兰的新品系 Q28 上发现。1952 年以来，世界上所有产蔗国家和地区都已报道有甘蔗宿根矮化病。RSD 没有任何典型的外部症状，病原菌难以分离、培养和检测，使得诊断极其困难，导致病害无控制地传播、蔓延，对甘蔗生产危害极大（James，1997）。RSD 在我国也普遍发生，台湾于 1954 年首次报道此病害，大陆 1986 年确诊存在 RSD，之后广东、福建曾对全省蔗区进行普查，结果表明，广东 86.5%的田块发生甘蔗宿根矮化病，蔗株平均感染率为 49%。福建 1995—1997 年全省普查田块发病率为 57.1%，植株平均发病率为 29.17%（黄孟群和肖镇杰，1987；郑加协和甘勇辉，1998）。广西于 2001—2003 年对全区各蔗区进行抽样调查，结果表明，RSD 在广西普遍发生，桂糖 11 号 PCR 阳性检出率 86%，当家品种新台糖 16 号和新台糖 22 号检出率在 60%以上（邓展云等，2004）。近年云南也报道有 RSD 发生。甘蔗感染 RSD 后，会使产量下降，宿根蔗产量损失比新植蔗重，在干旱的情况下感病品种的宿根产量损失可达 60%以上。正是由于该病的重要性，农业部立项支持了相关检测标准的制定，并于 2015 年颁布了农业行业标准《甘蔗病原菌检测规程 宿根矮化病菌 环介导等温扩增检测法》（NY/T 2679—2015）。

## 一、症状

RSD 不呈现大多数植物病害的那些特殊症状，表现为全面发育阻滞、生长不旺。感病后甘蔗一般表现为生长受到抑制，植株比较矮小，蔗茎细、节间短。有两种类型的茎内变色与 RSD 有关联，一种是在较成熟的甘蔗的节部上剖茎可见到维管束变色，通常为橙红色或红褐色，呈逗点或短线状（彩图 12-3）；另一种是在幼嫩蔗茎的节上呈现粉红色（Martin et al.，1961）。但是有的病株剖茎不见变色。

## 二、病原

### （一）病原菌

RSD 由一种木质部寄居细菌［*Leifsonia*（*Clavibacter*）*xyli* subsp. *xyli*（*Lxx*）］引起。*Lxx* 很难培养，1980 年，该菌纯培养获得成功并被确认为致病菌（Davis et al.，1980）。1984 年，Davis 等根据形状将其与狗牙根矮化病［*Clavibacter xyli* subsp. *cynodontis*（*Cxc*）］一起成立新属，即 *Clavibacter* 属，并将其命名为 *Clavibacter xyli* subsp. *xyli*（*Cxx*）。2000 年，Evtushenko 等发现该菌在形态学、细胞壁糖分组成、必须培养基成分以及氧化酶反应等一系列生理特性上与 *Clavibacter* 的其他菌种并不相同，因此将其从 *Clavibacter* 属划分出来，列入 *Leifsonia* 属，并更名为 *Leifsonia xyli* subsp. *xyli*（*Lxx*）。

### （二）形态及培养性状

*Lxx* 为革兰氏阳性棒杆状细菌。菌体呈直或微弯的细长棒状，有的中部或一端庞大，内有间体，病原菌为棒状，有时菌体有弯曲，其大小为（0.25～0.5）μm×（1～4）μm，10 μm或更长的菌体也时常可见。RSD 的病原菌分离、培养较困难。把新鲜蔗茎切成 6～8 cm 长，放进离心管中，低速（2 000 r/min）离心 5 min，抽出液用 0.45 μm 细菌过滤器过滤后，用培养皿稀释分离法，涂抹于 SC 培养基上，在 28℃恒温箱中培养 2 周后，出现无色、圆形、点状大小，边缘整齐，稍隆起的菌落。该菌落生长缓慢，特别小，直径 0.1～0.3 mm，一般据此可与其他杂菌相区别。

## 三、病原菌检测

### （一）症状观察法

RSD 病原菌分离培养成功以前，限于当时的技术和装备水平，主要采用剖茎法和接种法进行检测。剖茎法即用锋利的刀片将感病甘蔗茎纵向剖开，观察近基部节部维管束上是否有橘红色的小圆点或逗点（Steindl，1961），也有通过幼嫩植株的生长点呈现淡粉色进行感病诊断，但是这些症状因品种不同，感染严重度不同，有时不会表现出来，而有些品种即使没有感病，也会出现类似症状。另外一种诊断方法为接种法，即用受试基因型蔗茎样品的汁液接种感病甘蔗品种，观察是否出现类似病症。这种检测方法十分耗时，检测效率也非常低。

### （二）显微镜法

*Lxx* 能够引起寄主诱导反应，在碱诱导下寄主木质部产生红色荧光（Alkaline-induce metaxylem autofluorescence，AIMA）（Damann，1988），可使用暗视野显微镜（dark-fieldmicroscropy）观测，该法灵敏度和准确性都很差。RSD 病原菌确认后，使用相差显微镜（Phase contrast microscope，PCM）可以直接检查蔗汁中的病原菌（Hoy et al.，

1999；邓展云等，2004）。PCM 法比 AIMA 法好一点，且能定量检测带菌量，但该方法操作比较繁琐，检测灵敏度低。

**（三）血清学检测**

20 世纪 80 年代初，免疫学技术在生物医学、动植物病原菌的检测上得了广泛应用，且该菌纯培养获得成功（Davis et al.，1984），使得利用免疫技术获得抗体成为可能，促进了免疫学检测方法的发展。免疫学检测方法主要有滤膜荧光抗体直接计数法（Fluorescent antibody direct counton filters，FADCF）（Mills et al.，2001），斑点印迹酶免疫法（Dot blot enzyme immuno Assay，DB-EIA）（沈万宽等，2007），EB-EIA（Hoy，1999）和组织印迹酶免疫（Tissue blot enzyme immunoassays，TB-EIA）（Hoy，1999）等。Matthews（1993）报道澳大利亚 BSES 与昆士兰大学合作利用酶联免疫检测法检测甘蔗 RSD 病菌，该检测方法灵敏度高，每天可检测 700 多个样本。Hoy 等（1999）对 AIMA、镜检、DB-EIA、EB-EIA 和 TB-EIA 等 5 种检测方法进行了比较研究，结果表明，TBEIA 检测准确率最高（96%），假阳性率很低（5%）、假阴性率最低（3%）。据李文凤等（2008）报道，利用从澳大利亚引进的 RSD 标准抗原抗体，建立了 I-ELISA 检测甘蔗宿根矮化病（RSD）的方法，同时认为电子显微镜和 I-ELISA 两种方法结合可提高 RSD 的检出率和准确性。由于受免疫学方法自身缺陷限制，必须在 RSD 病菌滴度达到 $10^4$～$10^5$CFU/mL 才能够检测出来，因此，在早期选取蔗茎留种时，检测结果可能不够可靠。

**（四）以 DNA 为基础的 PCR 检测方法**

PCR 技术是 20 世纪 80 年代中期建立的一项体外迅速、大量扩增目的基因的技术，已广泛地应用于分子生物学、医学、农学等学科，进行基因的克隆遗传分析和疾病诊断等。由于 PCR 能够特异扩增某一 DNA 片段，因此，在病原微生物的检测上，它比传统方法有优势，如 PCR 技术检测生物体时不需要培养，具有灵敏度高、速度快等特点。Pan 等（1998）对甘蔗 RSD 病原细菌 *Lxx* 的 16S—23S 核糖体 DNA 的 ITS 进行测序并向 NCBI 数据库提交了序列（AF056003），利用 ITS 区域设计了 1 对 *Lxx* 特异引物（*Lxx*1：5′ CCGAAGTGAGCAGATTGACC；*Lxx*2：5′ ACCCTGTGTTGTTTTCAACG）进行 PCR 检测，检测了 21 个 *Lxx* 样本获得了大小为 438bp DNA 特异扩增产物。利用培养的 *Lxx* 细菌和感染 *Lxx* 的蔗株的蔗汁均可检测到 438bp 的特异扩增产物。同年，Fegan 等（1998）开发出 *Cxx* 和 *Cxc* 的特异引物，可以利用 MutiPCR 进行检测，PCR 产物长度分别为 278bp 和 446bp，能够有效地区分 *Cxx* 和 *Cxc*。

邓展云等（2004）采用巴西专家提供的方法，稍加改进，对广西蔗区甘蔗 RSD 进行 PCR 检测，设定 2 条引物，RSD33 碱基序列为 CTGGCACCCTGTGTTGTTTC，RSD297 碱基序列为 TTCGGTTCTCATCTCAGCGTC，其 DNA 特异扩增带分子量为 265 bp，并利用此法对广西蔗区甘蔗 RSD 发生情况进行抽样调查如表 12－1。周凌云等（2006）以甘蔗茎组织总 DNA 为模板，以 16S rRNA 基因赖氏细菌属（*Leifsonia*）通用引物为第 1 轮引物、甘蔗宿根矮化病菌（*Lxx*）亚种特异引物为第 2 轮引物建立了 *Lxx* 巢式 PCR 检测技术，并根据已报道的 *Lxx* 巴西分离物基因组全序列（GenBank 登录号 AE016822.1）设计了扩增致病相关基因片段的 3 个引物对（P2、P3、P4）。经多种组合进行了 RCR 检验，筛选出 2 个特异性好、灵敏度高的引物对，建立了 *Lxx* 的多重 PCR 检测技术。克隆测序表明，PCR 产物与巴西分离物基因组相应区段相同率为 99%以上。Grisham 等（2007）利用实时间荧光定量 PCR（Real-time quantitative PCR，qPCR）检测甘蔗 RSD 致病菌，由于该检测方法可以实现对检测对象的相对定量，因此，能够基于该方法，对品种易感性进行分级。PCR 方法检测灵敏度比血清学方法大大提高，从 1 pg 的基因组 DNA 中即可以检测出致病菌，使检测的灵敏度和准确度进一步提高。根据目前研究，RSD 检测常用的引物组合有 7 对（毛钧等，2008），引物序列见表 12 - 1。

**表 12 - 1　RSD 病原菌检测引物组合**

（毛钧等，2008）

| 引物名称 | 引物序列 5-3 | 引物长度（bp） | 引物来源 | 预期扩增产物大小（bp） | 备注 |
|---|---|---|---|---|---|
| L1/G1 | L1：CAAGGCATCCACCGT<br>G1：GAAGTCGTAACAAGG | 15<br>15 | 赖氏菌属 16S rRNA 基因 | 560 | 广谱性 |
| Lxx1/Lxx2 G | Lxx1：ACCCTGTGTTGTTTTCAACG<br>Lxx2：CCGAAGTGAGCAGATTGACC | 20<br>20 | *Lxx* 16S-23S 核糖体 ITS | 438 | 特异性 |
| RSD33/RSD297 | RSD33：CTGGCACCCTGTGTTGTTTTC<br>RSD297：TTCGGTTCTCATCTCAGCGTC | 21<br>21 | *Lxx* 16S-23S 核糖体 ITS | 265 | 特异性 |
| RST60/RST59 | RST60：TCAACGCAGAGATTGTCCAG<br>RST59：CGTCTTGAAGACACA GCGATGAG | 20<br>23 | *Lxx* 16S-23S 核糖体 ITS | 230 | 特异性 |
| P2 | P2-1：GTGGGCGCAGGCGGAGTAAAC<br>P2-2：CGACGGCGAGGCGATAGAA | 21<br>19 | 莽草酸盐 5-脱氢酶基因 | 1556 | 特异性 |
| P3 | P3-1：CGCCGGGGTGGTGGTGTGGATT<br>P3-2：ACGGTGCGCCCTGGGTTGTGTAG | 22<br>23 | DNA 促旋酶 A 亚基基因 | 452 | 特异性 |
| P4 | P4-1：GCGCTTCCGGATGGGCTTTACCTT<br>P4-2：CGTTGATGCGGCGATAGACAGATG | 24<br>24 | DNA 聚合酶Ⅲβ 亚基基因 | 497 | 特异性 |

刘婧（2011）在系统研究该病原菌分离培养、形态学鉴定和 PCR 检测技术的基础上，提取了病原菌的菌体蛋白，制备了特异的多克隆抗体，并在此基础上，率先把环介导等温扩增（Loop-mediated isothermal amplification，LAMP）技术原理引入到甘蔗病原菌的检测中，并开发出了基于 LAMP 原理的甘蔗宿根矮化病原菌检测技术（Liu et al.，2013），显示出特异性强、检测灵敏度与 qPCR 相当的特点。感染植株不同组织部位的总 DNA 均可作为检测模板，但蔗茎蔗汁中病原菌的浓度更高，因此，以其作为检测材料效果更好（Liu et al.，2013）。LAMP 检测技术的优势是：在检测技术体系建立后，实际应用中不需要 PCR 仪和电泳仪，因为反应混合物在 60℃热水中温育后，即可通过显色反应来判断病原菌的存在与否，也即可直接通过肉眼判定检测结果，其灵敏度是 qPCR 的 10 倍，是常规 PCR 的 100 倍，检测所需要的时间也缩短到了 30 min（Wu et al.，2018）。

## 四、发病规律

RSD 病菌主要是通过蔗茎伤口侵染寄主，该病菌侵染性很强，病蔗的汁液稀释数百倍后仍具有很强的侵染力。

RSD 病菌在蔗株收获后遗留在蔗茎、枯叶、残根以及土壤中越冬。翌年，带菌蔗株作为蔗种种植时成为新植蔗株的侵染源，在枯叶、残根残茎以及土壤中存活的病菌，在田间通过接触蔗茎伤口进行侵染，随着蔗株的生长不断在蔗体内累积扩散。收获季节，收割刀具或机械砍割病蔗株而造成 RSD 病菌在田间反复侵染。

有关研究表明，在收获季节，通过收获机械会提高传播 RSD 的传染率（Forbes et al.，1960；Damann et al.，1992；Taylor et al.，1998），已感染病菌的收割刀具或机械很容易将病菌从发病蔗株传染给健康蔗株，使病菌在田间广泛传播蔓延，造成大面积蔗株发病。此外，咀嚼甘蔗的动物在咬食病蔗株后又咬食健康蔗株也会造成病害的传播。

## 五、防治方法

**1. 种植抗病品种** 种植抗病品种是生产中比较有效的防治方法。

**2. 种植健康种苗** 采用 50℃热水处理蔗种 2 h 或组培茎尖脱毒均可获得健康种苗，有效防治甘蔗宿根矮化病。50℃热水处理蔗种 2 h，增产幅度在 15%以上（邓展云等，2005）。

**3. 建立无病苗圃** 通过热水处理蔗种或组培茎尖脱毒获得健康种苗后，建立无病苗圃，第二年再从苗圃采种供大田生产。

**4. 加强田间管理** 施足基肥，有条件的进行合理灌溉，使甘蔗早生快发，生长健壮，减轻危害。

**5. 控制田间啮齿类动物的危害** 注意带菌的蔗刀等工具的消毒，降低重复侵染的概率，减少病害的传播。

# 第四节　甘蔗白条病

甘蔗白条病又名甘蔗叶灼病，是一种系统性侵染的细菌性维管束病害，最早于 1926 年在澳大利亚被发现（North，1926）。鉴于该病害具有广泛的传播性，会给甘蔗产业带来毁灭性损失，2007 年入列《中华人民共和国进境植物检疫性有害生物名录》。至今，*A Guide to Sugarcane Diseases*《甘蔗病害指南》（Rott and Davis，2000）明确中国等 68 个国家发生该病害，目前，我国广西、云南、广东、海南、福建和台湾等省的多个蔗区均有白条病发生的报道，其中 2016 年在广西北海蔗区的合浦县、银海区和铁山港区对该病害的普查结果显示该病害的流行正在加剧。李杨瑞课题组（韦金菊等，2018）在对所采集的 372 份疑似甘蔗白条病样本的 PCR 检测中，发现有 78 份样本扩增出目的条带，阳性检出率为 20.97%，同时，在所采集的 19 个甘蔗品种中，有 13 个品种检测出阳性条带，更需要引起重视的是柳城 07-95、桂糖 46 号、桂糖 42 号和柳城 07-536 的阳性检出率分别为 75.00%、68.75%、48.15%和 33.33%，其中有 2 个是大面积种植的品种。除糖料蔗外，2011 年在广东博罗县种植的黄皮果蔗也严重感染该病害。

## 一、症状

甘蔗白条病是一种系统性侵染病害，分急性型和慢性型两种，其中慢性型主要危害甘蔗叶片，叶片上产生白色至乳黄色长条纹，后期病叶从叶尖至叶缘逐渐干枯至全叶枯萎，似被沸水烫过，故而也称叶灼病；病株节间变短，叶形短直，重病株在蔗茎节部会长出许多带有白色条纹叶片的侧芽和分蘖，横切和纵剖蔗茎均可见维管束变红，蔗茎内出现空腔，组织快速死亡。急性型症状主要表现为整株甘蔗凋萎枯死，通常一丛甘蔗中有1～2条患病而其他植株仍然表现正常，在甘蔗生长旺季突遇干旱条件时，易发生急性型症状。此外，受害蔗茎髓部组织病变明显，从白色变成褐色、黑褐色或黑色（彩图12-4）。

## 二、病原

白条病的病原为甘蔗白条黄单孢菌［*Xanthomonas albilineans*（Ashby）Dowson］，最初是由Ashby将该病的病原称为白条杆菌*Bacterium albilineans*，在Dowson将所有具有单根极生鞭毛和菌落呈黄色的病原菌归类到黄单胞菌属（*Xanthomonas*）后，白条病的病原就更名为甘蔗白条黄单胞杆菌（*X. albilineans*）并沿用至今。白条黄单胞杆菌的形态学特征为：细长杆状，单生或成链状，大小为（0.25～0.3)μm×(0.6～1.0）μm，单根极生鞭毛，革兰氏染色反应为阴性；在蔗糖和蛋白胨培养基上，菌落颜色为蜜黄色至浅黄色，菌落形态为圆形、光亮、平滑、黏稠状（Saddler and Bradbury，2015），该病原菌生长缓慢，需要4～6 d形成菌落，同时，病原菌生长还需要氨基酸。自然条件下，存在致病性不同的菌株，同时，病菌除侵染甘蔗外，还会侵染玉米、白茅和两耳草等。

## 三、发病规律

白条病主要通过感染病菌的甘蔗种茎进行长距离传播，如在缺乏严格的隔离检疫条件下，通过调种和引种的方式，在不同国家或地区或蔗区之间进行传播。短距离传播主要是通过砍刀等收获工具进行机械传播，同时，病原菌还能通过植株叶与叶、根与根的接触、水流以及土壤进行传播。在病害侵染循环中，带菌甘蔗种茎、残茬和中间寄主杂草是其主要的初侵染源，再侵染主要通过雨水尤其是台风天的雨水以及植株间叶与叶的摩擦等进行传播，台风导致大量叶片出现伤口加剧病害发生传播。

病害发生和流行程度与甘蔗品种抗性、病原菌致病性、蔗田环境条件和栽培管理措施等因素有关。甘蔗品种间的抗性有明显差异，大面积种植感病品种是该病发生流行最主要的条件，中国台湾蔗区经鉴定，明确了高抗品种有NCo310、F156、F160、F170和F173等，中抗品种有Q42、Q50、Q98、Q813、POJ36、POJ2725、CP807、CP29-116、Co290、Co301、Co331、Co421、B4908等。由于病原菌在维管束中繁殖导致维管束堵塞，使得输水和养分输送不畅，因此，当带菌植株遇到天气干旱或营养不良等环境胁迫时容易发病，低湿易积水的甘蔗地也易发病，台风或飓风造成的叶片伤口和降雨或者低温均能加重病害发生和流行。此外，在温暖海洋性气候区白条病发病较轻，而在大陆性气候区和温湿度变化明显的气候区则发病较重。Pieretti等（2012）通过细菌基因组学和抑制性缩减杂交相结合的生物学方法，发现ABC转运蛋白基因、氧化还原酶基因等20个基因可能是白条黄单胞杆菌的致病基因。病原菌的致病性存在差异（Rott and Davis，2000；Pieretti et al.，2012），但究竟哪些基因与病原菌菌株的致病性差异相关，仍缺乏可支撑的证据。

## 四、防治方法

**1. 加强检疫** 在蔗种调运或引种过程，加强对甘蔗白色条纹病菌的检疫检测，防止进一步扩散和蔓延。结合我国正在推进的甘蔗脱毒种苗良种繁育基地建设和良种繁育，参照农业部在2015年颁布并实施的农业行业标准《甘蔗白色条纹病菌检验检疫技术规程 实时荧光定量PCR法》(NY/T 2743—2015)，加强种苗繁育源头的病原菌检验检疫田间繁种田的病害监控，确保繁种母株不带菌，在种苗繁育过程中发现病株要及时剔除。

**2. 加强抗病育种，选用抗病品种** 鉴于不同品种之间存在抗病性差异，种植抗病品种是最有效和最经济的防治措施。在对不同菌株进行致病性比较的基础上，选择针对性菌株，用于进行杂交亲本、种质资源、品种（系）以及育种材料的抗病性鉴定，筛选出抗病材料，用于配置杂交组合，提高杂交分离群体的抗病个体出现概率。同时，加强抗白条病性状关联标记的筛选与鉴定，并用于育种的标记选择，提高抗白条病遗传育种的效率。

**3. 培育无病种苗** 鉴于该病原菌具有潜伏侵染的特点，在通过脱毒种苗繁育生产种苗过程中，要进行2次以上田间的巡查，巡查过程发现病株要及时拔除烧毁，杜绝种苗带病；蔗茎先采用流动水预浸泡48 h，再用50℃的温水处理2 h，然后再进行育苗，可达到95%的防治效果。

**4. 加强栽培管理** 田间巡查，发现病株及时拔除烧毁，科学施肥，合理排灌，防止干旱，雨后及时开沟排水，增强蔗株的抗病力，减轻病害发生。

# 第五节　甘蔗赤条病

赤条病又称红条斑病，或细菌性红条斑病。在夏威夷、爪哇、美国、古巴、菲律宾、波多黎各、巴西、日本、墨西哥以及南非等50个国家皆有发现（Agnihotri，1983）。我国的台湾、广东、福建亦有发现（陈庭俊，1999；沈万宽，2004）。该病目前并非生产上的重要病害，造成最严重的损失是顶腐型的症状，据遂溪甘蔗站（1972）调查报导，海康县的个别地区的一些蔗田，有时发病率高达41%。

## 一、症状

赤条病有叶条斑和顶腐两种症状类型，二者可以单独发生，亦可并发。

叶条斑型赤条病：叶条斑多数表现为狭长、均匀的深红色条斑。一般多发生于嫩叶叶片中部，靠近中肋部位。最初表现为水渍状绿条，绿条向两端迅速扩展成长条状红色至红褐色病斑。叶的病健部界限明显。条斑的宽度为0.5～4 mm，长几十毫米至叶片的全长。有时2条或多条互相连接成带状。在某些品种上，条斑可伸延至叶鞘。在叶的下表皮病斑上，常常可见到一层薄薄的粉末状的细菌溢出物。在寒冷干燥的条件下，条斑的边缘具有黄晕，以后条斑彼此组合成赤条与黄晕相间的宽带。

叶条斑多数发生于幼嫩和中度老熟的叶上，在老叶上很少见，但可侵染半展开的嫩叶，严重时引起顶腐。

顶腐型赤条病：顶腐表现为老叶黄化、枯萎，但也可以有典型的红条斑症状出现，顶腐可以由于茎或芽的感染而引起，并且不表现叶的症状，但也可以由叶的感染引起。与发病的节间相连的叶鞘常在外表面呈红色，而在内表面表现为红色污斑。发病的节间常形成陷斑，起初呈水渍状，后来变为褐色至红色。生长点附近的维管束变红色，这是顶腐的早期症状，腐烂进一步发展，导致节间大腔穴的形成。后期心叶腐烂，并且具有一种特殊的难闻的臭味。病株茎生长受抑制，枯死或顶部折断，严重感病的蔗种长出的芽和幼苗常常会发生腐烂（彩图 12-5）。

## 二、病原

甘蔗赤条病由燕麦噬酸菌燕麦亚种（*Acidovorax avenae* subsp. *avenae*）引起。该菌为一种棒状细菌，大小为（0.7×1.67）μm，具 1 根单极鞭毛，很少有 2 根，能游动，格兰氏阴性，液化明胶。在牛肉汁葡萄糖琼脂培养基上菌落小、光滑、发亮、浅黄色至黄色。使牛肉汁混浊，有沉淀。肉汤：混浊有薄膜、沉淀。牛乳：干酪素沉淀而被消化。各国报道的病原菌的特征常有所不同，这可能是由于寄主和株系的差异。在培养基上，此菌的生长温度范围为高于 10℃，低于 40℃，适温为 34℃。致死温度为 51～52℃。在 pH 5.4～7.3 范围内均能生长。除甘蔗外，人工接种可侵染高粱、苏丹草、玉米等禾本科的一些植物（Breed et al.，1975）。

## 三、发病规律和发病条件

病原菌可以在土壤中存活 32d，但在这期间其数量有所减少。患病的枯老蔗叶、病茎中的病原菌经 4 个月后仍然有致病力。病叶在干燥的厚皮纸箱中放置 7 个月，仍可分离到病原菌。

赤条病在田间主要靠风、雨传播，从叶片的气孔或伤口侵入，先进入薄壁组织的细胞间隙中，其后就侵入维管束并充塞在木质部导管内。通过蔗种或机械途径传播的可能性很小。昆虫在病害传播中起较大作用。在潮湿温暖的条件下容易发病，生长旺盛的发病较多，病叶的伤痕表面常有细菌溢泌物，借助雨水和气流，从一株传到另一株，从一块田传到另一块田。幼嫩的节间和蔗叶容易感病，而较老的茎、叶受侵染少。当天气持续干旱，则条斑往往只限在基部的叶片上发生（Martin et al.，1961）。品种间抗病性有显著差别。

## 四、防治方法

**1. 选用抗病品种** 防治本病最有效而经济的方法是用抗病品种代替感病品种，目前推广的品种抗病性都较好。

**2. 清洁蔗田** 在苗圃和田间，发现病株应及时拔除烧毁。在病区，收获后的蔗叶和残株应就地焚毁，减少菌源。

**3. 加强田间管理** 注意氮、磷、钾肥的合理施用。

**4. 药剂防治** 在发病初期，用 1∶2∶100 的波尔多液或 50%代森锌 1 000 倍稀释液进行喷雾防治，间隔 7～10 d，连喷 2 次。

## 第六节　甘蔗梢腐病

梢腐病于1890年在爪哇岛最先发现，1921年随着POJ2878品种的育成和推广，此病在世界各地广泛流行。我国广东、广西、福建、台湾、云南、四川、江西等省份蔗区都有甘蔗梢腐病发生的报道。广西曾在20世纪80年代严重发生过，据广西甘蔗研究所1983年调查，桂糖11号病株率52.4%，减产14%，锤度降低7%；1989年在广东省的珠江三角洲蔗区，梢腐病突然暴发，侵袭粤糖57/423和粤糖54/176等品种，受害面积400多$hm^2$，占种植面积12%，其中发病率30%～50%的326.67 $hm^2$，80%以上的1 20 $hm^2$，给当地甘蔗生产造成一定的影响（黄鸿能和许玉娘，1994）。1998年以来随着新台糖16号、22号、23号、25号等感病品种在我国蔗区的大面积推广，梢腐病的发生呈越来越严重趋势，已成为甘蔗生长期的重要病害。

### 一、症状

本病危害甘蔗叶部和茎部，主要出现在甘蔗梢头部位。根据发病的轻重程度可以分为轻、中、重三个等级。

**1. 轻度发病**　最初在幼嫩叶片基部出现褪绿斑，后变成黄白色的大病斑，病健部无明显界线，有时在大病斑上有黄色至淡红色的粉状物，这是病原菌的分生孢子。病斑上会出现红褐色或黑褐色的小点或条纹，叶背更明显。条纹沿叶脉扩展后，条纹开裂，裂口边缘呈锯齿状。条纹也会出现在叶中脉的背部与叶中脉平行，多呈纺锤状裂口，裂口处有阶梯状横隔。条纹互相融合成大的条纹。随着病斑的扩大病叶长度缩短，变形扭曲，形成皱褶，叶片基部边缘常呈撕裂状并呈褐色或焦黑色。叶尖常撕裂自相缠结而不能展开。病痕也可出现在叶鞘上，叶鞘的病痕呈阶梯状。有时老叶也有皱褶、扭曲缩短。在气候条件不大适合或品种较抗病时，仅是叶部受害，甘蔗可以恢复正常生长。病痕呈锯齿状裂开和裂口呈阶梯状是甘蔗梢腐病病状的主要特征。

**2. 中度发病**　当病叶上的病菌发展到梢头部时，梢头被害部位停止生长，常呈现纺锤形阶梯状的病痕，梢头呈畸形弯曲。此时蔗茎受到感染，病痕常出现在蔗茎的一侧，蔗茎呈黑褐色纵裂并有许多如刀割般的横向的楔形的裂口，形成阶梯状。病痕往往贯穿几个节间，破坏一侧的组织，使伸长受阻，节间变短，而无病痕一侧仍能伸长，致使蔗茎向病侧弯曲。若纵剖蔗茎，可见内部组织有褐色条纹连贯节间。受害蔗茎顶部变细变小，植株生长不良，蔗茎重量减轻，对产量有一定影响。尽管梢头被损坏，蔗茎畸形，但甘蔗仍能继续存活。

**3. 重度发病**　如果病菌侵染到心叶并向下扩展到甘蔗的生长点造成梢头部腐烂，植株的整个顶部枯萎，在生长点附近的组织变褐色变软。一些品种侧芽萌发生长；一些品种的侧芽很少萌发，植株最终干枯死亡（彩图12－6）。

### 二、病原

甘蔗有性阶段为*Gibberella fujikuroi* Wollenw，称藤仓赤霉，属子囊菌亚门真菌。无

性阶段为 *Fusarium moniliforme* Sheldon，称串珠镰孢，属半知菌亚门真菌，常见的是无性阶段。

有性阶段：藤仓赤霉子囊壳偶尔在寄主病斑表面出现，呈球形或卵形，具有孔口，壁细胞大小均匀、光滑，蓝紫色，没有侧丝。子囊呈棍棒状，无色，大小为（68～109）μm×（9～14）μm，内生子囊孢子8个，少数含4～6枚，呈不规则的双行排列。子囊孢子呈椭圆形，多为双细胞，分隔处缢缩。

无性阶段：串珠镰孢菌丝纤细无色，在含有桃汁玉米粉和孔思琼脂的培养基上生长的菌丝呈透明至白色，在PDA培养基中则呈蓝紫色或淡黄色，分枝多、不规则，纤细，直径约3～5μm，幼菌丝分隔少，老菌丝则在近隔膜处稍膨胀而成节段状，有时数条菌丝组合成孢梗束。分生孢子有两种：产生小分生孢子的分生孢子梗短，分散或丛生，小分生孢子在分生孢子梗的顶部产生，一般连成一串，有时着生在假头上，单细胞，大小（6.5～11）μm×（2.8～3.5）μm；大分生孢子生在气生菌丝上或分生孢子座中，镰刀形，具隔膜3～7个，大小（30～65）μm×（3.5～4.2）μm。

此病菌中间寄主很多，常见的有：高粱、玉米、香蕉、柑橘、棉花、南瓜、菠萝、甘薯、番茄、水稻、小麦、蚕豆、茄子、辣椒、红麻等。

## 三、发病规律和发病条件

初次侵染来源主要是患病的植株和蔗田残株里的病原菌。病菌孢子主要由气流和雨水传播，偶尔可由带病的蔗种传播。病菌的孢子随气流落到甘蔗梢头心叶上，随雨水流至心叶基部。当条件适宜便萌发长出芽管，侵染幼嫩叶部，再从心叶侵入梢头和蔗茎组织。随后病部产生分生孢子，再行重复侵染。

由侵染开始至发展成重病阶段大约需要1个月，不过甘蔗染病后发展成为重病者仍属少数，因为此病多发生于高温多雨季节，甘蔗生长旺盛，其生长速度常常快过菌丝的蔓延，常使病株自行痊愈，多表现为轻度和中度染病。

高温高湿天气最适合梢腐病发生流行，广西、广东一般在5—10月间为盛发期，蔗田里的温湿度和蔗株密度对发病程度有一定的影响。在珠江三角洲，围田区甘蔗梢腐病发病率高于基水地，基水地的发病率又高于岗地。在久旱遇雨或在干旱之后灌水过多的情况下，此病常易发生，此时叶片感染发展迅速，甚至一些抗病品种的叶片也会有典型症状出现。

生长旺盛的3～7个月龄的甘蔗植株比老的植株更容易感染梢腐病；较迟的分蘖（无效分蘖）也容易染病，并可能成为病害传播的一个重要因素。

不同品种对梢腐病的抗性有明显差异，据广西百色1984年和1985年连续两年对甘蔗品种抗梢腐病性能的调查，发现粤糖63/237病株率为0；桂糖1号病株率为1.6%，烂梢株率为0；桂糖7号病株率为5.5%，烂梢株率为0；桂糖11号病株率为41.0%，烂梢株率为7.7%；粤蔗7号病株率为73.6%，烂梢株率为49.3%；台糖134病株率为84.3%，烂梢株率为68.4%，各品种的抗病性、感病性表现基本稳定（覃周平等，1990）。近几年实践表明，易感病品种主要有桂糖11号、新台糖1号、新台糖10号、新台糖16号、新台糖20号、新台糖22号、新台糖23号、新台糖25号和新台糖26号等品种，抗病品种主要有台糖 172、桂糖 17 号、CP80/1827、农林 8 号、粤糖 89-113、粤糖 63-237、粤糖 93-159、粤糖 85-117 等品种。

2012 年在云南蔗区的开远、保山、临沧、德宏四个生态点，在田间自然感病条件下，也进行了新品种和品系的抗病性鉴定（单红丽等，2014），按照病叶率≥20%的标准，发现在所测试的 41 个甘蔗新品种（系）中，福农 38 号、福农 1110（福农 41 号）、粤甘 24 号、云蔗 99-91、桂糖 31 号、云蔗 99-596、云蔗 03-258、桂糖 02-901、云瑞 06-189 表现为梢腐病重度危害，而对照种新台糖 22 号在四个生态点的发病率均为 0；只有 3 个品种粤甘 39 号、粤甘 42 号和桂糖 32 号在 4 个点均发生该病害；桂糖 29 号、云蔗 01-1413、福农 0335、粤甘 26 号为轻度危害。甘蔗品种的不同长势也可以影响本病的发生。长势旺盛则发病少，反之则发病较多，因为病原菌的分生孢子降落在梢头后，要依靠心叶间的水分才能萌芽侵入，如果甘蔗生长快，心叶展开快，梢头部的水分就容易损失，分生孢子的萌芽和菌丝的生长就会受到抑制，从而使得本病不易发生。

据观察，各品种蔗梢上的最高可见肥厚带至生长点的距离与梢腐病的发生有密切关系，凡该段距离越大的品种，其抗病性越强，反之则抗病性越弱。如在 8—9 月调查时，POJ3016 和台糖 134 该段距离都超过 30 cm，而 POJ2878 却只有 28 cm，结果前两个品种的发病率就比后一个品种低，整年观察结果都相同。

另据报道，含有热带品种血缘多的品种发病少，含有割手密血缘多的品种发病多。如抗病品种有台糖 134、台糖 108、POJ2725；感病品种有 Co419、POJ2878 等。

氮肥施用不足，甘蔗生长缓慢会造成甘蔗容易染病，但偏施或过量施用氮肥，使甘蔗植株生长迅速但组织过于柔嫩，本病发生也会比正常生长的蔗株多。在梢腐病盛发之前重施氮肥的，普遍发病严重。

长期连作会加重病害发生。由于梢腐病菌的中间寄主很多，不适当的轮作也会加重病情，如甘蔗与香蕉轮作，因香蕉也是其寄主，从而给该病害的发生提供了充足的病原菌，最终使甘蔗发生严重病害。

## 四、防治方法

**1. 选育并种植抗病品种**

**2. 种植无病种苗是防治甘蔗梢腐病的有效方法** 不在发病蔗地留种，尤其不能留病株蔗茎做种茎。种茎消毒可采用 50%多菌灵、百菌清或甲基硫菌灵 1 000 倍液，或 50%苯菌灵 500 倍液浸种 5～10 min，效果较好。

**3. 加强栽培管理** 合理施肥，配施磷、钾肥。磷、钾肥与有机肥作基肥，促进甘蔗早生快发，增强蔗株抗病能力。视甘蔗生长情况及时追施氮肥，不要偏施或迟施氮肥。发病严重的蔗地要注意轮作，特别不要与此病菌中间寄主轮作。加强田间管理，合理灌水和防旱，注意排水和防涝，适当剥除枯黄老蔗叶，增强通风透光，降低蔗地的湿度，以增强抗病能力。发现病株及时砍除，集中烧毁或投入池塘喂鱼，减少病菌侵染来源。甘蔗收获后及时清除蔗地病叶、病株残余，集中烧毁处理。

**4. 药剂防治** 发病初期要及时喷药防治，可用 50%多菌灵或苯来特可湿性粉剂1 000 倍液，或用 1∶1∶100 的波尔多液，喷心叶，每周 1 次，连喷 2～3 次，选择晴天用药，如喷后 24 h 内遇大雨需补喷 1 次。

## 第七节　甘蔗黄点病

甘蔗黄点病又称黄斑病、赤斑病。是甘蔗叶片上常见的一种病害。此病遍及世界各蔗区，我国各省的蔗区均常有发生。20 世纪 60 年代曾在澳大利亚昆士兰北部蔗区严重暴发。1973 年在我国很多蔗区暴发，造成严重损失，在广东珠江三角洲蔗区因大量种植粤糖 57-423 而严重发生；1997 年广东湛江的旱坡蔗地暴发黄点病，危害严重蔗地甘蔗减产 30%以上；1998 年广西柳州的雒容农场、露塘农场、石榴河农场、龙口茶场和忻城县暴发黄点病，面积达上万公顷。

黄点病因病斑初期呈黄色而得名，此病只发生在叶片上，使叶片绿色组织面积减少，功能降低，早衰，进而影响甘蔗的生长和糖分的积累。对早熟品种的影响更大。

### 一、症状

病斑首先发生在幼嫩叶片上，最初是不规则的黄色小斑点，大小不一，由很小到直径 2 mm，略呈圆形或椭圆形，边缘分界不明晰。病斑初为黄色，不久在病斑中央的背面和正面，先后出现赤红色小点，并逐渐扩大，以致整个黄斑变为红斑。发病轻时斑点分散，以叶尖部位较多。严重时叶片病斑相互连合，致叶片大部分变黄红色至赤红色，叶片从叶尖开始逐渐向下干枯，随后整片叶片自上而下地逐渐枯死。在空气湿度较高时，病斑表面出现灰白色薄霉层病征，尤以叶背明显，此为病菌分生孢子梗与分生孢子，有时也有一些菌丝（彩图 12－7）。

### 二、病原

甘蔗黄点病的病原菌是半知菌亚门的散梗绒孢菌［*Mycovellosiella koepkei*（Krüger）Deighton，旧称散梗尾孢菌（*Cercospora koepkei* Krüger）］。病菌菌丝体有分隔，少分支，半透明至淡褐色，内含细小粒体。菌丝细胞平均长（15.82±0.05）μm、宽（3.27±0.21）μm。菌丝体在蔗叶组织中容易找到，偶或也长出叶片表面。分生孢子梗一般从气孔长出，有时也从表皮长出，叶片的下表皮长出的分生孢子梗常比上表皮多，单生或 3～10 枝丛生，淡灰色或淡褐色，顶端色较浅，下部膝状弯曲，梗长 38～185 μm、宽 3.5～7 μm，可有 1～12 个隔膜，通常具 3～6 个隔膜。分生孢子单生在分生孢子梗顶端，纺锤状，直或稍弯，多胞，横隔 1～5 个，壁薄，无色或半透明，大小为（20～50）μm×（5～8）μm。菌丝发育和孢子萌发适温为 28℃，最低为 13℃，最高为 34℃。分生孢子在各种培养基中很容易萌芽产生 1～2 个无色的芽孢，但菌丝生长很缓慢。在一般情况下，分生孢子可存活 3～4 周。

除甘蔗外，人工接种还可以侵染其他禾本科植物。

### 三、发病规律和发病条件

该病原菌主要在甘蔗病叶组织内以菌丝形态越冬，菌丝在叶片、中脉、叶鞘和花梗的表层组织可以找到。当环境条件适宜时，病菌长出分生孢子，成为此病的初次侵染源。病菌孢子离体在湿度大的环境中生活力不长，但埋在土中的病叶上的分生孢子能够存活 3 周以上。在地表残余病株里的病菌，也可以存活一段时间。目前还没有发现病原菌存在于蔗茎中，蔗种内部的组织不带病，但附着于蔗种的残叶可以将病菌传到远方。病菌以气流传播为主，雨水的飞溅也可传播。分生孢子附着在叶片上，靠叶片上的自由水分（露水、雨水等）萌发，萌发后从气孔或直接从表皮侵入叶片，空气湿度高有利于病斑产生分生孢子，并不断地进行再次侵染。黄点病在条件适宜时发展非常迅速，能在几天内使一片完全无病的蔗地严重感染。此病开始时多有发病中心，由此向四周蔓延。在一片蔗地中，往往上风位较下风位发病轻。在广西、广东、台湾、海南，此菌终年可以产生分生孢子，只是天气较冷时产生较少，不存在越冬现象，一般以 7—9 月为发病高峰期。

气温高、降雨多、田间湿度大、行间过于荫蔽的蔗地尤其容易发病。在一定温度范围内，降水量常常是发生流行的决定因素。1997 年以前，甘蔗黄点病在湛江市雷州半岛蔗区仅在甘蔗老叶上形成散点状小病斑，对甘蔗产量影响不大，没有引起注意，但 1997 年气候反常，全年雨日比往年多，甘蔗黄点病发病率、病情指数都较高，大多数甘蔗老叶提前干枯，特别是 9713 号台风过后，甘蔗上只剩下 2～3 片心叶，其他老叶受该病危害干枯下垂或脱落。每年夏秋季，雨日多，加上台风雨，该病极易暴发流行（冯荣扬，1999）。1998 年广西雒容农场 6 月阴雨天长达 25d，相对湿度达 89%，水田蔗地特别是低洼湿度大的水田蔗地发生严重（刘梦明，2000）。据测定，空气中孢子的密度以上午最大，孢子传播最适宜的温度是 18～28℃，适宜的相对湿度是 40%～90%。不同的甘蔗品种对黄点病的抗性有明显差异。据报道，感病的品种有台糖 172、新台糖 16 号、新台糖 1 号、新台糖 2 号和桂糖 11 号，新台糖 10 号在湛江表现为最感病，但在广西雒容农场表现发病较轻。粤糖 79-177、粤糖 93-293、粤糖 71-210 及果蔗等品种（系）抗病性较强（何红等，1999；刘梦明，2000）。

一般宿根蔗比新植蔗发病严重，宿根年限越长发病越严重。增施氮肥可加重黄点病的发生，而增施钾肥可减轻发生。

## 四、防治方法

**1. 种植抗病品种** 在疫区内应及时淘汰感病品种，选种抗病品种是最经济有效的防病措施。

**2. 合理施肥** 施肥时要注意氮、磷、钾肥的合理搭配，防止过量施用氮肥。病区在雨季应追施钾肥，增强甘蔗的抗病力。

**3. 加强栽培管理** 低洼蔗地尤其是水田蔗地，在雨季到来前应该开好排水沟，及时排除积水。甘蔗在进入高温多雨季节时要及时剥除老叶，以利蔗田通风透光、降低湿度。对发病甘蔗，应及时剥除老病叶，集中烧毁。甘蔗收获后要及时清理蔗田，将病株残叶高温沤肥或就地烧毁。

**4. 化学防治** 在发病初期，用 25%丙环唑 1 000～1 500 倍液，每隔 15 d 喷 1 次，连接喷 2～3 次；或用 50%苯菌灵 1 000 倍液每个月喷 1 次，重点喷施发病中心，连续喷施 2～3 次。

## 第八节　甘蔗凤梨病

甘蔗凤梨病在国内外均有发生，我国各蔗区普遍发生，以贮藏的种蔗和冬春植蔗受害为甚，被害的蔗种腐烂，使蔗芽不能萌发，造成蔗田萌芽率低，严重缺株。由于受害的蔗种早期常散发出一种如凤梨般的香味（醋酸乙酯），故称之为凤梨病。据报道，窖藏蔗种因凤梨病危害损失可达 75%～90%。

### 一、症状

蔗种染病初期切口两端开始变红，散有凤梨（菠萝）香味，后切口逐渐变黑并产生很多黑色的煤粉状物，是病菌的分生孢子。病菌从两端切口向茎的中心迅速扩展，使蔗种的薄壁细胞遭到破坏，致种苗形成空腔，仅残留散发状黑色的维管束和大量煤黑色的粉状物。受害蔗种中心髓部先变黑色，是该病的特有症状。蔗种可能在萌芽前便腐烂，使蔗芽不能萌发；也可能在幼苗长至数厘米高以后导致枯萎。

当甘蔗受到虫害、鼠害、风折或机械损伤后，凤梨病也可以侵染正在生长的甘蔗茎部，染病蔗株蔗叶凋萎，外皮皱缩变黑，茎内部病状与患病蔗种相同，染病严重的植株死亡（彩图 12－8）。

### 二、病原

甘蔗凤梨病的病原菌为奇异长喙壳［*Ceratocystis paradoxa*（Dode）Moreau］，属子囊菌亚门的多喙壳属，它的无性阶段为 *Thielaviopsis paradoxa*（de Seynes）V. Hohnel，称奇异根串珠霉，属半知菌亚门的根串珠霉属真菌。这种菌的有性繁殖阶段没有在田间的甘蔗上发现，它的无性阶段能产生大、小两种分生孢子，大分生孢子壁厚，呈椭圆形，（16～19）μm×（10～12）μm。大分生孢子着生在与主要菌丝呈竖直侧生的短的分生孢子梗上，大小为 20 μm×80 μm×4 μm。在一个分生孢子梗上除少数产生一个分生孢子外，一般是 3～8 个甚至 20 个呈链状排列，最末端的孢子最早形成。分生孢子连在一起时一般呈纺锤形或短棒形，也有呈梨形，末端的孢子有时呈球形、厚壁。大分生孢子透明至黄棕色，老熟时棕黑色。受害蔗种产生的黑色煤烟状物就是这种大分生孢子，数量极大。大分生孢子一般要 12～15 h 才能发芽。大分生孢子比小分生孢子更能抵抗不良的环境条件，且可在土壤中休眠 4 年以上。小分生孢子初无色，后变褐黑色，薄壁、圆筒型，（10～15）μm×（3.5～5.0）μm。小分生孢子是从小分生孢子梗末端依次溢出连贯成链状。小分生孢子发芽快，在培养基中 5～7 h 就发芽。小分生孢子菌落呈灰白色。菌丝体初呈白色，老熟后呈淡褐色。此菌的生长温度为 10～34℃，最适温度为 28℃，低于 7℃或高于 37℃则完全停止发育。适宜的酸碱度范围为 pH 3～9，最适为 pH 5.5～6.3。

此菌寄主范围很广，除甘蔗外，还可侵染可可、香蕉、木瓜、芒果、龙眼、凤梨、柿、桃、槐、咖啡和各种棕榈类植物，人工寄主还有玉米、高粱。

## 三、发病规律和发病条件

凤梨病菌主要危害蔗种、宿根和受伤的蔗茎。病菌从切口侵入，继而向内部组织扩展，在扩展到节部时，节部能暂时遏制菌丝的蔓延，但菌丝最终能穿过节部而侵入相邻的节间。病菌扩展到蔗芽，使蔗芽不能萌发生长直至死亡，如果在病菌扩展到蔗芽之前，蔗芽已经萌发长成幼苗并长出根，幼苗已经能够独立生长，蔗种的凤梨病就不能影响这株幼苗；如果幼苗根没有长出来，幼苗仍然依靠种根吸收养分和水分，幼苗会因蔗种败坏得不到养分而死亡。蔗种在堆藏期间和种植后均可感染。蔗种染病后在土壤中腐烂，能产生大量的分生孢子污染土壤，土壤带菌是最主要的发病原因。病菌以菌丝体或大孢子在病组织中或随病残体遗落土中越冬，大孢子在土壤中可以存活达 4 年之久，在适宜的条件下遇到适当的寄主，病菌便萌发从伤口侵入。病土和带菌蔗种为病害初侵染源，孢子可借雨水溅射或砍切种蔗的刀具而传播。同时病菌还可以腐生于土壤的有机质上，分生孢子还可以随气流传至远方，气流、灌溉水、雨水、砍蔗刀、老鼠和昆虫都可以传播病菌。

蔗芽受凤梨病菌的侵染而死亡，除了是由于菌丝破坏了蔗芽的组织结构外，病菌所产生的醋酸乙酯也会抑制蔗芽的萌发。凤梨病菌在较低温度（20℃）情况下能产生更多的醋酸乙酯。

病害的发生流行同天气、耕作制、地势、土质和品种抗性有密切关系。土壤干旱有利于病害的发生，而干旱只有在低温的情况下才对病害的发生有促进作用。因为侵入蔗种的病菌在组织内的湿度已经满足了病菌的生长需要，但在低温干旱的土壤里甘蔗的萌芽会很缓慢，这就为病菌侵入蔗种提供了更多的时间。秋植甘蔗时气温较高，所以决定病害发生的主导因素是湿度，海南岛的试验表明，凡是下种时遇到台风雨病害都很严重，若下种时湿度适宜则无病或少病。下种时遇秋旱病害也会加重。冬植蔗由于气温低，雨量少，低温干旱是冬植蔗病害严重的主要原因。春植蔗下种后如遇寒流侵袭，阴雨连绵，气温和土温低，或蔗田渍水，蔗苗出土慢都有利发病；蔗地低湿，土质黏重，或下种太深不利蔗苗出土，易发病；蔗地连作病菌积累多，发病也重。

品种间抗病性有差异，易感染凤梨病的品种，感染后菌丝在蔗种内生长很快，蔗种的组织很快变黑；而抗病品种感病后，菌丝扩展慢，蔗种组织只变红色，不易变黑。品种抗凤梨病的另一种机理是蔗芽的萌发速度。甘蔗下种后，种茎能否抵抗凤梨病菌的侵染而顺利萌发成苗，很重要的因素在于蔗种能否快速萌芽。所以，在同等环境条件下，早生快发的甘蔗品种一般较为抗病。

## 四、防治方法

**1. 选用抗病高产良种** 目前国内外都没有选育出理想的抗凤梨病品种，主要原因在于：该病害是较容易控制的病害，只要做好种茎的管理即可，而抗病育种的投入大，耗时长。同时，由于几个主要甘蔗生产国如巴西、澳大利亚等普遍采用甘蔗脱毒种苗，而脱毒种苗出苗快，出苗率高，分蘖力强且分蘖整齐，因此，一般年份该病不成为生产上的重要问题，除非下种后遇到长期的低温阴雨天气，但一些萌芽快的品种能够有效地减轻凤梨病的发生。

**2. 选择种苗** 应选无病虫、蔗茎中等大小的梢头苗作种。种苗的部位、种茎的大小与病害的侵染有一定关系，试验证明在正常的温湿度下，茎粗中等的梢头苗出苗率高，出苗快，染病率低。

**3. 浸种、消毒和催芽** 蔗种剥叶斩断后，用流动的清水浸种 24～48 h，或者生石灰 1 kg加水 50 kg 浸种12～24 h。能够使蔗种提早萌芽，提高萌芽率。如果采用 52℃的恒温水浸种 30 min 或者用 50℃的恒温水浸种 2 h，使蔗种萌芽快，甘蔗生长迅速。

药剂消毒可以消灭蔗种表面携带的凤梨病菌，播种之后还可以在比较长的时间内防止土壤中的凤梨病菌侵入蔗种，使蔗种有较宽裕的时间萌芽生长。因此药剂消毒是防治凤梨病的有效措施。药剂消毒的方法是将上述蔗种封装在塑料编织袋内，放入用 50%多菌灵或苯来特可湿粉剂 1 000 倍液内浸泡消毒 10 min 即可。

对窖藏的蔗种，可以先用 500 倍的上述药剂浸切口再储藏。窖藏期间最好再喷 1 次药。开春后气温升高，要注意检查窖内温度，高过 14℃就要将覆盖的泥土松开通气，使窖内温度下降。

冬植和早春植的甘蔗种苗经过催芽，可以提早出苗。秋植蔗的蔗种经过催芽，也可以达到出苗整齐，对防治凤梨病有很好的效果。蔗种催芽的办法是，选背风向阳的地方，先垫上一层 15 cm 厚的半腐熟的堆肥，然后重叠放两层消毒好的蔗种，再放一层 10 cm 厚的堆肥，又放两层蔗种，如此分层堆放，同时淋适量水。堆高 1. 5 m 左右，长宽 1～1. 5 m。表层用堆肥和稻草或者塑料薄膜盖好。每天检查堆内温、湿度 1～2 次，保持最高温度不超过 40℃、最低温度不低于 25℃，土壤湿度过低，则要淋水后再盖土。当蔗芽催成鹦嘴状，蔗茎上的根点刚露白即可移至田间种植。

由于劳动力成本大幅度提高，催芽在生产上并非好的选择，采用甘蔗脱毒种苗的二代苗或按照标准规范繁育的三代苗，是更可行的和成本效益更好的选择。

**4. 适期下种** 冬植蔗应该避开最冷的 1 月至 2 月上旬这段时间播种。

**5. 地膜覆盖** 冬、春植蔗常受低温干旱的影响，蔗种萌芽生长缓慢，采用地膜覆盖栽培能够有效地保持膜内温度和湿度，促使蔗种早出苗、快生长，能有效地减轻凤梨病的发生。

**6. 实行轮作** 凤梨病发生严重的蔗地，如果有条件，可以实行 1—2 年的水旱轮作。没有条件的旱坡地可以实行 4 年以上的长周期轮作。

**7. 土壤消毒** 凤梨病发生严重的蔗地，如果不能实行轮作，则应该将旧蔗头彻底清除并集中烧毁，犁翻蔗沟暴晒 5 d 以上，每亩再施用生石灰 100～150 kg，犁耙后种植经浸种消毒催芽好的蔗种。

## 第九节 甘蔗黑穗病

甘蔗黑穗病（Sugarcane smut）又名鞭黑穗病、黑粉病，是一种产孢量极大的真菌性病害。该病最早于 1877 年在南非纳塔尔首次被发现并报道，同时，在 1940 年前，东半球已广泛发生，后来西半球也发生该病害，现已遍布世界各个植蔗国家和地区。我国于 1932 年在广州有此病的记载。随着蔗种无性繁殖栽培技术的推广，蔗种频繁引进调运，蔗田长期连作同一品种，宿根蔗年限的逐渐延长，甘蔗黑穗病在我国广西、云南、广东、福建等省的蔗区发生日趋严重。特别是自2002年开始种植感病品种新台糖22号后，并随着感病品种新台糖22号和柳城03-182等面积的扩大，新植蔗发病率普遍达到20%～30%，宿根蔗的发病率则可高达80%～90%，造成甘蔗产量和含糖量大幅降低。病原菌侵染甘蔗生长点后，会刺激其膨大并使得发病甘蔗植株抽出“黑鞭”，刚抽出来的新鲜鞭子上覆盖着一层银白色的薄膜，待膜破裂后，鞭子上大量的黑粉菌冬孢子即可随风飞散传播，成为宿根蔗严重发病的主要原因。

## 一、症状

蔗株感染早期表现为叶细长，呈淡绿或浓绿色，分蘖增多，茎细小，萌芽增生等症状。最主要的症状是从感病蔗茎的梢头长出一条黑色的鞭状物，称“黑鞭”。黑鞭长数厘米至几十厘米，短的直或稍弯曲，长的向下卷曲。黑鞭中心为一条由薄壁组织或维管束组织构成的心柱，心柱外面附着一层黑色的冬孢子，其上包裹一层由寄主表皮组织构成的银白色薄膜。冬孢子成熟后，薄膜破裂，大量黑色粉状的冬孢子随气流飘散，除基部有叶鞘包裹外，只剩下褐色的心柱。染病种蔗萌芽早，茎细小，叶瘦长，淡绿色，分蘖增多，呈草丛状或芦苇状，其上亦可形成黑穗鞭。在适宜的环境条件下，感染蔗株在病菌侵染2～4个月开始形成黑鞭，在病菌侵染6～7个月黑鞭长度可达到顶峰（彩图12-9），但从病原菌侵入甘蔗到发病，潜伏期的长短因温湿度和甘蔗基因型抗病性的差异，会有明显的不同。

## 二、病原

病原菌长期被归入担子菌门黑粉菌属甘蔗鞭黑粉菌（*Ustilago scitaminea* Sydow），但本世纪开始以来，已被归入黑粉菌亚门（Ustilaginomycotina）中的孢堆黑粉菌属（*Sporisorium*），因此，目前2种属名 *Ustilago* 和 *Sporisorium* 均有人使用，但更多是采用后者（Que et. al.，2014）。根据基因组测序，该病原菌基因组长度为19.8 Mb，编码6 636个基因（Que et. al.，2014）。在人工培养基上，病菌营养菌丝为无色、黄色、褐色或黑色，具分隔分枝。营养菌丝分离成单个产孢小菌块，形成厚垣孢子堆，黑色；在寄主组织内的菌丝体白色。冬孢子棕色至黑色，近圆形，单胞，4～9 μm，多数为5～6 μm，表面有细刺状或疣状突起。萌发生长短不一的担子，16 μm×（3～4）μm，有3～4个细胞，每个细胞可产生一至多个担孢子。担孢子透明，椭圆形。担孢子萌发长出有分隔并有分枝的侵染丝。厚垣孢子萌发的温度范围5～40℃，在温度25～30℃，湿度相对饱和时萌发最好，当相对湿度低于80%时，在任何温度下都不萌发。夏季产生的冬孢子比冬季产生的萌发快，前者在18～34℃下培养2 h便产生担子。新鲜的冬孢子的萌发率和在0～25℃下贮藏过15 d的有明显差异，前者经4 h后萌发率达50%，而后者却要8 h以上才能达到相同的萌发率。在干燥条件下厚垣孢子可存活2～3年，萌发力不会衰退，但是在潮湿条件下，半个月便失去萌发能力，pH 6.5最适于病菌发育。甘蔗黑穗病病原菌有多个生理小种分化的现象，夏威夷有2个小种，巴西、巴基斯坦有多个小种，中国曾发现明确存在有3个生理小种，台湾省曾报道过有生理小种3的存在，但关于生理小种后续各个国家都没有更多的研究。甘蔗品种 NCo310 对小种 1 号高度感病，而对小种 2 号则近乎免疫。台糖 134 对小种 1 号免疫，但对小种 2 号感病。印度报告 NCo376 感黑穗病，但中国大陆和台湾省报道对小种 1 和小种 2 高抗；台糖 173 对小种 1 和小种 2 均高度感病。但是，上述工作都是 20 世纪 80—90 年代的工作结论与观点，随着主要栽培品种的更替，病原菌的致病性也存在因为寄主基因型变化而发生相应变化，因此，上述所述的抗性鉴定中所采用的对照种，有必要根据我国甘蔗主栽品种的变化情况，进行适当的增减。

## 三、发病规律和发病条件

黑穗病的初侵染源最主要来自种茎带菌和田间留宿根的蔗蔸及宿根蔗的带菌带病植株，其次是遗留在蔗田的枯叶、残根、残茎和土壤里越冬的病菌。而在某些地区田间受侵染的杂草也可能是初侵染源之一。甘蔗黑穗病菌主要借气流传播，其次通过雨水、灌溉水和人事活动等也可导致田间传播扩散，但非主要方式，因为病原菌在潮湿的条件下容易发芽。此外，带菌蔗种的调运是主要的远距离传播方式。厚垣孢子由气流传播至蔗芽上的冬孢子藏在鳞片间，有的当年萌发，侵入蔗芽的分生组织内在适宜温度和湿度下作短期的休眠，侵染菌丝产生吸孢穿破寄主细胞壁进入寄主细胞，吸取寄主体内的营养物质并在蔗株细胞内随着蔗株的生长而扩展，随着蔗株生长点的向上生长而逐渐向上蔓延。随后有一部分在当年刺激蔗芽长出侧茎并产生黑穗鞭，散出的冬孢子成为当年病害的再侵染接种体；有的不萌发而黏附在鳞片上。落在地面的冬孢子随着雨水和灌溉水传播，侵染甘蔗根头部的芽或迟出的分蘖，也产生黑穗鞭，亦可成为当年病害再侵染的菌源。昆虫也能传病。在土壤干旱的情况下，散落在土壤中的冬孢子可保存生活力至第二年，成为翌年的初侵染源，潜育期可长达 180 d 左右。黑穗鞭上冬孢子可持续飞散约 3 个月，于黑穗病鞭子上的薄膜开始破裂后的前 45 d 内散落量最大。在整个生长季节中，气流携带的冬孢子于 6—8 月出现第 1 次高峰，10 月在第 2 次黑穗鞭大量产生之后，出现第 2 次更大的发病高峰。厚垣孢子借气流、雨水等对田间植株形成再次侵染，使此病不断扩展、蔓延。

不同甘蔗品种的抗病性不同。甘蔗品种的特性和鳞芽形状、结构等都与对黑穗病的抗性有关，凡鳞芽形小，萌发缓慢的品种抗病；蔗芽的萌发孔在鳞芽的中部的品种多数抗病，而在顶端的则感病，因后者在甘蔗萌发时造成蔗茎伤裂较大；蔗芽为三角形（发芽孔在顶端）的品种多是感病的。广西主要栽培品种 ROC16、新台糖 22 号均较感染黑穗病。新台糖 22 号由于综合性状好，适应性广，使得该品种在长达十几年的时间内一直在我国甘蔗生产上占绝对的主导地位，而且，也正是因为该品种对黑穗病抗性差，尤其宿根蔗发病严重，使得该品种的占比从高达 80%以上，下降到目前不足 5%，其份额被桂糖 42 号和桂柳 05136 所取代，在最大蔗区广西的占比分别达到 28%和 25%以上，不过，这 2 个品种大面积应用后，又再次显示出对黑穗病抗性不够。20 世纪 80—90 年代初，我国主要的抗性品种有选 3、闽糖 70-611、云蔗 71-388、云蔗 81-173 等，但品种的抗性会随着新小种的出现而发生变化，如曾经是抗黑穗病品种的闽糖 70-611，后来发现高感黑穗病；曾经桂柳 05136 表现中抗到抗病水平，但现在随着该品种连年种植面积达 26.67 万～33.33 万 $hm^2$，该品种抗病性已经逐步丧失了。国外也有类似现象，如 2001 年在夏威夷当地种植的抗性品种 H78-7750，研究发现该品种已由原来的抗病变为感病，其原因主要是当地出现了一个新小种。因此，随着病菌小种的变异或新小种的出现，或者随着某一甘蔗基因型的长期大面积种植，基于“基因对基因假说”，病原菌的致病性也会相应发生变化，导致生产上对抗性品种的要求也在不断变化。可见，尽管我国“九五”国家科技攻关计划实施以来一直重视抗黑穗病育种，但至今还未选育出抗黑穗病且高产高糖的当家品种。

感病品种的宿根蔗比新植蔗发病重，而且宿根年限愈长病害发生越重。考虑到延迟甘蔗宿根年限可减少原料蔗生产成本30%以上，又符合轻简生产和农业生产的“双减”目标，因此，培育抗黑穗病优良品种仍然是产业的重要需求。

高湿有利于黑穗病菌的萌发和侵染，干旱有利于冬孢子生活力的保存和在田间的积累。所以在长期干旱灌溉地区和在冬春干旱、夏秋多雨的地区，此病常会暴发流行。在冬春潮湿的田土里，冬孢子经60～70 d后全部萌发，不久便全部死亡，故此病发生常较少较轻。蔗田的温湿度对孢子的传播有很大影响，蔗株中部的孢子密度比蔗株顶部的孢子密度高5～8倍，当相对湿度为50%～60%、温度为22～24℃时，冬孢子的飞散量最大，离蔗株20～40m的空间都可捕捉到大量冬孢子。此外，迟施偏施氮肥，或宿根蔗在冬春期间管理不好，有利于甘蔗黑穗病的发生。

## 四、防治方法

**1. 抗病性品种的利用** 种植抗病性品种是防治甘蔗黑穗病最经济有效的措施，目前，我国甘蔗生产上正在规模化应用的品种中，表现抗病的有粤糖94-128、粤糖00-236、粤糖93-159、桂糖29号、桂糖44号、桂糖47号、桂糖58号、福农41号、云蔗05-51号等。

**2. 无病蔗苗应用** 带菌蔗种是甘蔗黑穗病的主要传播方式之一，可建立甘蔗黑穗病快速检测技术体系，在引种调运过程中进行有效的病害检测，及时切断种苗传播病害的源头。通过脱毒技术对甘蔗茎尖组织培养可获得无毒种苗。在实生苗育种过程中，对品种材料、砍蔗刀、耕作机具等进行消毒处理培育无病种苗。此外，在病区中从无病田选健壮蔗株的第一段梢头苗留种，因为梢头苗外面有叶鞘包裹，蔗芽不易受到病菌侵染。为了避免梢头苗在剥叶时可能污染有冬孢子，最好在种植前用化学药剂进行表面消毒。可用：1%甲醛液浸种5 min，再用塑料薄膜覆盖闷种2 h；或70%代森锰锌可湿性粉剂400～500倍液浸种5～7 min；或3%石灰水浸种24 h。带病蔗种经52℃处理3～4 h和54℃处理2～4 h对甘蔗黑穗病能起到一定的防治作用。

**3. 清除田间侵染源** 发现田间蔗株表现早期症状时及时拔除病株，新植甘蔗在种植后2个月和宿根蔗在齐苗后即应开始进行定期检查，可根据黑穗鞭苗的丛生、茎细小、叶瘦长等症状及时拔除，争取将病苗清除在黑穗鞭抽生之前。已长出黑穗鞭的苗，剪下后即装进塑料薄膜袋里，以免孢子散播。拔除的病苗应集中焚毁，切勿将病株用作肥料和喂牛。蔗田带菌的枯叶、残根、残茎和土壤是翌年的主要初侵染源，因此，做好田间卫生非常重要。

**4. 加强栽培管理** 在蔗种下种前施足基肥，在甘蔗各个生长期合理施用氮、磷、钾肥，适时灌溉，干旱时应及时灌水，促进甘蔗齐苗、壮苗；要注意及时培土，减少无效分蘖，防止倒伏，减少侧芽的生长，促使蔗株生长健壮，以提高蔗株抵抗病菌侵害的能力。宿根甘蔗田早管理，早移苗补苗，防止缺株断垄。如果有条件进行水旱轮作，可大大减少病害发生。

## 第十节 甘蔗赤腐病

甘蔗赤腐病又称红粉病，广泛分布于世界各甘蔗产区，尤其是亚热带蔗区，我国各植蔗省区均有报道，一般宿根蔗的发病株率达 50%以上。受害蔗种常使蔗芽生长不良或腐烂，造成严重缺株。此外，由于病原菌能分泌一种蔗糖转化酶，把蔗糖转化为单糖而使蔗糖减少，病部的红色素还影响到蔗汁的澄清；叶中脉感染一般对产量的影响不大。

### 一、症状

赤腐病主要危害蔗茎和叶中脉，叶肉和叶鞘也有发生。蔗茎被危害时，病茎组织变红，且当中夹杂白色圆形或长圆形斑块，长圆形的白斑与蔗茎垂直，这是赤腐病的主要特征。蔗肉变红是由于细胞分泌一种红色胶状物，将病菌的菌丝溶解或将菌丝包围起来不让其扩展而形成白斑，宽度一般不超过 1 cm。白斑的大小、数目与甘蔗品种的抗病性有关，一般而言，感病品种在病菌侵入后很迟才出现红色，白色斑点大而多。抗病品种在病菌入侵后，蔗肉很快变红，白斑小而少，甚至无白斑。但在无白斑的情况下，不能确定为赤腐病所害。因为蔗茎受虫伤或机械伤时，茎肉也会变红，其他蔗茎病害如镰孢菌茎腐病也使茎肉变成深红色。赤腐病重时，髓部中空，并生灰白色棉絮状的菌丝和分生孢子。发病后期，蔗茎内组织腐败，萎缩干枯，叶片失水凋萎，茎皮变成暗红褐色，失去光泽，皱缩下陷，蔗皮上产生许多黑色小点，是病原菌的分生孢子盘，最后整株甘蔗枯死。

叶片中脉被害时，初生一小红点，后沿中脉迅速扩展成纺锤形或长条形病斑，严重时，病斑长可达整条叶脉。叶脉上也可发生几个不连续的病斑，各自扩展后互相融合。后期病斑中央组织变枯白色，边缘暗红色或棕黑色，表面常长有小黑点状的分生孢子盘（彩图 12-10）。

叶鞘染病，病部初呈赤红色小点，后扩大成不规则形，中央黄色，边缘红色，病部生小黑点状的分生孢子盘，病重时叶鞘枯死。

### 二、病原

病原菌无性阶段为半知菌类炭疽菌属镰形炭疽菌（*Colletotrichum falcatum* Went）；有性阶段子囊菌门囊孢壳属塔地囊孢壳菌［*Physalospora tucumanensis* Speg.（Glomerella tucumanensis）］。常见的孢子是无性阶段的分生孢子，半月形，无色，大小为（16～48）μm×（4～8）μm，无隔膜，内有油点；分生孢子密集时粉红色或橙红色。如遇到不良的环境条件，分生孢子盘黑色，直径 35～100 μm。分生孢子梗密生，无色，单胞，椭圆形至长椭圆形，内杂生黑色刚毛。分生孢子呈半月形，无色，单胞，（16～48）μm×（4～8）μm，内含粒状物和油点，并常有一大液泡。分生孢子密集时粉红色或橙红色。病菌常产生墨绿色，圆形或椭圆形，大小为（12～15）μm×（10～18）μm，含油点，多生长在菌丝顶端的厚垣孢子。病菌生长温度 10～37℃，最适 27～35℃；适宜

pH 6.6～6.9。此菌能产生一种蔗糖转化酶，使蔗糖还原为单糖，病菌利用单糖时又起发酵作用，因而产生酸腐臭味。病菌侵入组织后，菌丝蔓延于薄壁细胞间，分泌毒素使细胞中毒，分解细胞壁，反应先呈红色，后呈暗红色。根据病菌在燕麦培养基上的颜色、形状和形成孢子的多少，分为两种类型：白色型，菌丝体呈白色或浅灰色，疏松棉絮状，产生大量橙红色分生孢子，致病力强；深灰型，菌丝体呈暗灰色紧密绒状，产生分生孢子较少，但能产生墨绿色圆形厚垣孢子。此菌能侵染甘蔗属的中国种竹蔗、印度种、热带种细茎野生种和大茎野生种，以及细千金子。

## 三、发病规律和发病条件

初侵染源是遗留在蔗田的病茎、病叶组织。病菌以菌丝、分生孢子和厚垣孢子越冬，或以厚垣孢子在病田土壤中越冬。病菌在土壤中至少可存活 3～4 个月，在蔗渣或病田的枯叶上可存活 6～7 个月。孢子借气流、雨、雾、昆虫媒介等传播到甘蔗的地上部，借灌溉水传到新植的蔗种上，主要通过伤口，如螟害孔、生长裂缝、叶痕、根点和其他机械损伤或直接通过表皮侵入叶片和蔗茎组织。甘蔗被害 2～3 d 后在叶上开始表现症状，10～14 d 后病菌便可产生分生孢子进行重复侵染。叶脉上的孢子随雨水流入叶鞘和蔗茎间，萌发后侵入蔗芽，再进入蔗茎。蔗种带菌与幼苗发病有直接关系。

甘蔗喜高温，32℃生长良好，15～20℃时甘蔗生长受阻，抗病力下降；赤腐病菌生长适温虽也较高，但在 15～20℃时仍能正常生长。冬春植蔗，由于前期温度低，甘蔗生长受抑制，萌芽迟缓，发病往往比较严重。土壤湿度大或天气干旱，利于病菌的侵入。螟虫危害严重，蔗茎赤腐病加剧发生；蔗田飞虱发生量与叶中脉赤腐病危害程度呈正相关。暴风雨发生较多的地区，甘蔗风折、倒伏受伤严重的，常加重病害发生。蔗茎外皮坚硬、虫害少的品种抗病，茎上生长裂痕多的品种感病；发芽生根快、幼株生长旺盛的植株发病轻；茎维管束输导组织中隔膜多的品种能阻止菌丝在茎内的扩展蔓延，抗病性强。此外，蔗田积水，土壤过湿或过干，土壤酸度大，都会导致甘蔗生长缓慢，也有利于发病。

## 四、防治方法

选用高糖及抗病性能好的品种，采种时选择叶鞘无病斑、无虫害种苗和梢部蔗茎作种，砍种时切口现红色者最好不用。将蔗种置于 52℃热水中浸 20～30 min，再移入 50%多菌灵可湿性粉剂 1 000 倍液；或 50%苯菌灵可湿性粉剂 400～500 倍液；或 50%甲基硫菌灵可湿性粉剂 800 倍液中浸种 2～3 min，如连续浸种，需每浸 200～300 kg 种茎后，适当添加药液以保持一定的药液浓度。亦可用 1%硫酸铜液浸种 2 h 或 2%石灰水浸种 24～36 h，也可用石灰浆或波尔多浆涂封种蔗两端的切口。

# 第十一节　甘蔗锈病

甘蔗锈病最早于 1890 年在爪哇发现，1949 年后在印度频繁发生，1978 年加勒比海地区（古巴、牙买加等）、澳大利亚和美国等地相继发生，造成严重损失。我国首次发生是在 1977 年，当年台湾省 F176 受锈病严重侵染。2009 年在北海滨海农场的当家品种台糖 89-1626（面积占 60%左右）上发病严重，病重地块的病叶率达 80%，病株率 100%，目前该病已遍及我国各蔗区，一般减产 15%～30%，重的达 40%以上，蔗糖含量下降 10%～36%。

## 一、症状

甘蔗锈病分为黄锈病和褐锈病两种类型。黄锈病主要危害叶片，初在叶片上产生淡黄色小斑点，后病斑在叶片正、背两面产生长 2～10 mm 的橘黄色夏孢子堆，因此称为黄锈病，病斑聚集呈簇，疱斑破裂常使叶片迅速失水，枯死。后期病部产生大量黑色冬孢子堆。褐锈病主要危害叶片，老叶较幼叶易感病。病斑较分散，多发自叶顶端。初期病斑长形，淡绿色至黄色；后期病斑扩大，长 2～10 mm，有时可达 30 mm，宽 1～3 mm，夏孢子堆呈红褐色，主要着生在叶背（彩图 12-11），严重时，叶面也可见，染病甘蔗分蘖减少，蔗茎变细。

## 二、病原

甘蔗锈病由屈恩柄锈菌［*Puccinia kuehnii*（Kruger）Butler］和蔗茅柄锈菌［*Puccinia erianthi* Padw. et Khan］侵染引起。屈恩柄锈菌是黄锈病的病原，是一种突发性病菌，重要性不大，不致扩展为流行性的规模。蔗茅柄锈菌是褐锈病的病原，危害较大，常引起甘蔗锈病发生流行，曾导致栽培品种 B4362、CL41-23 和 Co745 等被淘汰（Purdy，1985）。屈恩柄锈菌夏孢堆叶背生，长 0.5～1 mm，表皮破裂时散出肉桂色粉状物。夏孢子呈卵圆形，表面具刺，浅黄色，大小（25～42）μm×（17～25）μm，壁厚 1.5～2.5 μm，有 4 个芽孔。冬孢子堆呈黑色，冬孢子长椭圆形，顶端圆或平，深褐色，大小（30～56）μm×（15～22）μm，壁厚 2～4.5 μm，具 1 隔膜，柄短，黄褐色。蔗茅柄锈菌夏孢子橙色或橙褐色，卵圆形至梨形，大小（24.1～34.9）μm×（18.1～25.3）μm，具3～4 个芽孔。夏孢子壁四周均匀加厚。冬孢子双胞，壁光滑，顶壁常加厚，棍棒状，苍白至砖色，大小（28.9～45.8）μm×（14.5～21.7）μm。

关于病原系统发育学，澳大利亚应用核糖体基因间区（Ribosomal intergenic spacer，IGS）DNA 序列分析来自印尼、巴布亚新几内亚、中国和澳大利亚的甘蔗黄锈病菌（*P. kuehnii*）菌株间遗传多样性。结果表明，所有菌株可以归为 2 个进化群：澳大利亚的全部 27 个菌株为一个群，另一群尚需测定其他核糖体基因才能进一步分类。

## 三、发病规律和发病条件

该病害初侵染源来主要来自病株上残留的病叶和其他寄主。翌年春夏孢子借风力附着在蔗叶表面，经气孔侵入。借气流、雨水在田间进行传播扩散。此外，还通过带病种苗进行远距离传播。

大面积种植单一品种是造成锈病暴发流行的主要原因。刁爱红等（2004）报道，广西蒙山县西河园艺场种植的粤糖 93-159 发病严重，叶片呈现出密密麻麻的锈斑，下部分叶子早衰枯黄。2009 年甘蔗锈病在北海滨海农场的当家品种台糖 89-1626 上发病严重，褐色病斑布满叶片，远看黄锈状。目前国内生产上易感病的品种有 Q88、闽糖 8-8、垄垦 80-27、垄垦 76-2、选 3、桂糖 5 号、桂糖 11 号、桂糖 12 号、桂糖 15 号、粤糖 93-159、福农 85-2108、福蔗 87-112、福蔗 71-110 和 F134 等；较抗病的品种有闽糖 70-611、云蔗 81-173、云蔗 89-151、Tc209、台糖 89-1626 及新台糖系列如新台糖 1 号、新台糖 9 号、新台糖 12 号、新台糖 23 号等（彭绍光，1998；邢海萍，1994）。Asnaghi 等（2001）分析推定 R570 为单一的主效基因抗病品种，且确定该基因（*Bru*1）的长度为 10 cm。

气温在 18～26℃黄锈病易发生流行，而高温不利夏孢子存活、萌发。病菌孢子必须与水膜接触才能萌发，孢子堆的形成也需要较高的相对湿度。因此，雨多、露水重、湿度大病害容易发生流行。分蘖至拔节期常是褐锈病发病的高峰期。宿根年限长，田间病原菌反复侵染，不断积累。偏施氮肥，缺磷少钾，蔗叶组织柔嫩，叶色浓绿，容易诱发病害，增施硅肥可以提高甘蔗对锈病的抗性。

## 四、防治方法

目前甘蔗锈病的防治仍以加强检疫和选用抗病品种为主，辅以栽培管理和药剂防治。

**1. 选育出稳定持久的抗锈病新品种** 澳大利亚、印度、古巴、美国等对甘蔗抗锈病育种非常重视，逐步完善了抗病育种的鉴定和筛选程序。在选种过程中严格抗锈筛选。同时，十分重视抗源筛选，合理选配抗病亲本组合。我国在这方面的工作也有一些报道。如新台糖 1 号×崖 84-153、CP72-1210×崖 71-374、CP72-1210×崖 73-51、CP72-1210×川 57-416、CP57-614×川 57-416 是抗锈病强的亲本组合，可以用于甘蔗的抗锈育种。一般斑茅种抗病性较强，细茎野生种抗病性较差。要注意避免单一品种大面积栽培，以期延缓其抗病性的衰退。

**2. 加强引种检疫** 严防病菌随种苗远距离传播，尽量避免从发病区引种，若要从发病区引种，应注意选择无病田。

**3. 加强栽培管理** 实行与大豆或玉米轮作。种蔗前，要对备种蔗田进行淹水 1 个月，然后再干晒 2 个月，可减轻病害和降低土壤病原菌数量。剥除老脚叶，砍掉病弱株，及时防除杂草，使蔗田通风透光，降低湿度。合理施肥，增施有机肥，多施磷、钾、硅肥，增强蔗株抗病能力。及时割除重病叶，减少再侵染源。尽早控制蔗螟，以防止传播褐锈病。甘蔗收获后及时清除烧毁病株、残叶，压低田间翌年初侵染源。

**4. 药剂防治** 发病初期及时喷 0.5%～1%波尔多液或 65%代森锌可湿性粉剂、12.5%烯唑醇可湿性粉剂、75%百菌清可湿性粉剂 500～600 倍液、80%代森锰锌可湿性粉剂 600 倍液。7～10 d 喷 1 次，连喷 2～3 次。喷药时需做到叶面、叶背喷洒均匀。种蔗消毒可用 2%～3%的石灰水浸种 24 h，或用 65%代森锌可湿性粉剂、75%百菌清可湿性粉剂 600 倍液浸种 10 min。

# 第十二节 甘蔗褐条病

甘蔗褐条病是一种由真菌引起的叶部病害，于 1924 年在古巴首次发现，至今已遍布世界各植蔗国。我国主产蔗区广西、云南、广东普遍发生，导致叶片早衰，影响光合作用，甘蔗产量和品质下降，该病已成为甘蔗生产上的主要病害之一。

## 一、症状

褐条病主要危害叶片。最初在甘蔗的嫩叶上出现细小的水渍状小点，长约 0.5 mm。随后病斑上下蔓延呈水渍状条斑，两端尖或平钝，扩大后呈黄色梭形病斑，与叶脉平行，有时在病斑中央出现红色小点，后期整个病斑变红色，周围有黄色晕圈（彩图 12－12）。成长病斑一般长 2～25 mm，有时甚至可长达 50～70 mm，宽一般不超过 2～4 mm。发病严重时病斑互相融合，叶片早枯。植株青叶少，蔗茎伸长慢，茎细节间短。病菌一般不侵害叶片中脉和叶鞘，但也有例外，大部分为叶片受害，形成褐条。

褐条病与眼点病早期症状很相似，但二者的成长斑不相同。前者病斑两端较钝，整个病斑上下宽度较一致，呈杆状，四周晕圈较窄；后者病斑两端细长且尖，纺锤形，四周黄晕比较宽，感病品种有些成长病斑顶端产生一条与叶脉平行的坏死线（王顺有，2008）。

## 二、病原

无性阶段为甘蔗狭斑离蠕孢菌［*Bipolaris stenospila*（Drechs.）Shoemaker］；有性阶段为狭斑旋孢腔菌 *Cochliobolus stenospilus*（Drechs.）。子囊壳不常见。分生孢子梗褐色，分生孢子橄榄绿色或淡褐色，圆筒形，近纺锤形，两端钝圆，微弯，（37～105）μm×（11～18）μm，具 3～11 个隔膜，一般 7～8 个。该菌在马铃薯、蔗糖、洋菜培养基生长良好，菌丝体生长适温 28～32℃。

## 三、发病规律和发病条件

该病初侵染源是留在田间的病株残叶。分生孢子借气流传播。落在蔗叶上的孢子遇到雨水或露水时萌发长出芽管，一般从气孔侵入，有时亦可从泡状细胞直接侵入。附着在蔗种上的病叶也可成为初次侵染源。褐条病菌人工接种可侵染一些禾本科杂草，但除甘蔗外，还没有发现其他植物自然感染。

一般于甘蔗分蘖期开始发病，秋植甘蔗比春植甘蔗发病严重，因秋植蔗早封行，通风透光差，株间郁闭湿度大，有利于孢子传染繁殖；春植甘蔗通风透光好，不利于病菌侵染，发病较轻。宿根蔗较新植蔗发病重。

连续阴雨天气容易发生流行，据报道，海南定安县龙门坡蔗区冬春季平均连续阴雨天达 20 d 以上，导致甘蔗褐条病严重发生，重病区发病率达 100%，严重影响了甘蔗的正常生长（广东省农业局等，1975）。在云南，5—9 月为流行期，暴发期在 6—7 月（单红丽等，2015）。

本病在瘦瘠或缺磷的红、黄土壤发生比较严重，在肥沃的冲积土、沙壤土极少发病。栽培管理粗放，地下水位高，偏施氮肥，缺磷少钾的蔗苗易发生褐条病；一般水田蔗较旱地蔗发病重。

甘蔗品种间对该病的抗性差异明显，具有割手密种血缘比例较高的品种抗病，印度种和割手密杂交的后代较具抗病性，如 Co290、海蔗 4 号和 Co997 较抗病。有研究显示，台糖 134 最感病；其次为粤糖 57/423、选蔗 3 号和海蔗 5 号（李秋阳和段家峥，2002）。云引3号、桂糖11号、桂糖31号、桂糖32号、桂糖02-761、柳城03-1137、云蔗71-388、云蔗03-19、福农0335、ROC20、ROC22、柳城05-136等品种易感甘蔗褐条病。据报道，云南弥勒蔗区因大面积种植感病品种桂糖11号，导致甘蔗褐条病爆发流行；云南沧源蔗区种植ROC22田间发病率可达到100％。

## 四、防治方法

**1. 培育和选用抗病品种** 具有割手密种血缘比例较高的品种抗病，印度种和割手密杂交的后代较具抗病性，如Co290、海蔗4号和Co997较抗病。据报道，ROC10、川糖13号、柳城05-129、柳城07-536、云蔗99-91、云蔗05-49、云蔗05-51、粤糖00-236、粤糖00-318、桂糖02-467、粤糖93-159、福农1110、柳城03-1137、粤甘42、云蔗01-1413、桂糖29号等较抗褐条病（单红丽等，2014，2015），

**2. 加强田间管理** 施足基肥，多施有机肥，配方施肥。及时排渍，增强长势。避免单一品种长期宿根，采用不同品种轮换种植，都可以大大减少发病。及时剥除老叶、脚叶、病枯叶，就地压埋或覆盖行间，并喷施50％多菌灵或苯菌灵可湿性粉剂1 000倍液杀灭病菌。冬季收获甘蔗后，及时清除病残体，集中烧毁或堆沤肥料。

**3. 药剂防治** 可以选用50％多菌灵或苯菌灵可湿性粉剂1 000倍液；或25％咪鲜胺乳油9份＋70％甲基硫菌灵1份1 000倍液等喷雾，每隔7 d喷1次，共喷2～3次（薛晶，1998）。或者用如下三个配方：50％多菌灵可湿性粉剂1 500g＋75％百菌清可湿性粉剂1 500 g＋磷酸二氢钾2 400 g＋农用增效助剂300 mL；50％苯菌灵可湿性粉剂1 500 g＋75％百菌清可湿性粉剂1 500 g＋磷酸二氢钾2 400 g＋农用增效助剂300 mL；25％吡唑醚菌酯悬浮剂600 mL＋磷酸二氢钾2 400 g＋农用增效助剂300 mL，均有显著的防控效果，防效均达到84.4％（张寒舒等，2021）。

# 第十三节　甘蔗线虫病

甘蔗线虫病是世界性病害，在国内外蔗区普遍发生，是甘蔗常发生的重要病害之一。由于甘蔗是宿根栽培的作物且长期连作，导致线虫的发生与危害加重，对甘蔗的产量和质量均造成严重损失，但是由于线虫危害后的甘蔗一般没有明显的表型症状，容易与肥水管理不当等的症状相混淆，即便根结线虫可在根系上形成“瘤”，但在土壤中，且非专业人员也不容易识别，故而甘蔗线虫的危害一直不受重视。在我国，目前甘蔗线虫研究不多，生产上基本也不进行防治，而国外尤其是印度和巴西有大量的研究。线虫对甘蔗所致的损失，因虫口密度和品种抗性的差异而不同，国内报道减产幅度在15％～30％之间（安玉兴和陈爱，2001），澳大利亚报道的减产幅度在5％～20％（Blair and Stirling，2007）。

## 一、症状

甘蔗线虫主要危害甘蔗根部，受害根部呈黑褐色，表面粗糙，受根结线虫危害容易形成大小不等的根结，须根少，严重时表皮腐烂坏死，切开病根镜检，受侵部位韧皮部组织

坏死，导管阻塞，影响吸收功能。地上部初期症状不明显，随病情加重叶色渐变黄，植株生长缓慢，似缺水缺肥状。后期严重者叶片黄化，早衰，植株矮化枯萎（彩图 12-13）。

## 二、病原

据报道，1991 年就已在甘蔗根和根际土壤中分离到 48 个属 275 种线虫（Spaull and Cadet，1991）。但广泛存在且具有高致病的线虫有 5 个属 7 个种，广泛存在且具有中等或弱致病的线虫有 11 个属（Stirling and Blair，2000）。就国际甘蔗种植区来看，其中分布最广泛且高致病的线虫是短体线虫属（*Pratyenchus*），有 2 个最常见的种是 *P. zeae* 和 *P. brachyurus*；分布广泛且高致病的线虫有：①根结线虫属（*Meloidogyne*），也有 2 个最常见的种，即南方根结线虫［*Meloidogyne incongnita*（Kofoid & White）Chitwood］和爪哇根结线虫［*M. javanica*（Treub）Chitwood］；②拟毛刺线虫属（*Paratrichodorus*）；③剑线虫属（*Xiphinema*）和④拟长针线虫属（*Paralongidorus*）。广泛存在且具有中等或弱致病的线虫虽然有 11 个属，但最常见的是矮化线虫属（*Tylenchorhynchus*），其次是螺旋线虫属（*Helicotyenchus*）、*Criconemella*（小环线虫属）（Stirling and Blair，2000）。巴西最广泛存在并引起显著产量损失的线虫有 3 种，即南方根结线虫、爪哇线虫和短体线虫［*Pratylenchus zeae*］（Maranhão et al.，2018）；澳大利亚最广泛存在的是根结线虫（*M. javanica*）和短体线虫（*P. zeae*）。我国以 *Tylenchorhynchus*（矮化线虫属）、*Pratyenchus*（短体线虫属）、*Melofdogyne*（根结线虫属）、*Helicotyenchus*（螺旋线虫属）、*Aphelenchoides*（滑刃线虫属）、*Aphelenthus*（真滑线虫属）为优势种群。但广西和广东甘蔗根际线虫的普查结果（黎少梅，1996）显示有 18 个属 7 个种，其中广西以矮化线虫和螺旋线虫为优势种，幸运的是，这 2 种优势线虫均不属于高致病的线虫；广东、福建以南方根结线虫为优势种，属于高致病的线虫。大多数线虫为线形，个别种类的个别虫态为梨形、肾形、螺旋形等（刘梦林等，1993；黎少梅和冯志新，1995；黎少梅，1996）。

## 三、发生规律和发病条件

甘蔗线虫主要以卵及雌虫在土壤和病根内越冬，其他虫态也可以越冬。甘蔗线虫以二龄幼虫直接侵入甘蔗根部，在根内或根表皮寄生危害，经蜕皮发育为成虫，成熟雌虫产卵在胶质卵囊内或散落到土中，成为再侵染源。甘蔗线虫一年繁殖多代，可进行多次重复侵染。田间借灌溉水和雨水，带病肥料、农具以及人畜活动等传播。带病土和病根的种苗是远程传播的主要途径。

线虫的虫口密度受连作时间的长短、轮作尤其是水旱轮作、土壤的性状（如土壤黏重程度）、有机质含量、含水量以及所种植甘蔗品种等因素影响对线虫的抗性水平。

甘蔗线虫种群数量随季节而波动，与月均温度、月均降水量及甘蔗生长状况等关系密切。气温 25～29℃，月降水量 128～150 mm 时是线虫发生数量的高峰期。气温偏低或偏高，降水量增多或减少，都不利于线虫的数量增长。另外，线虫在通气良好的土壤环境中生长好，一般沙质土发病比黏质土重。前作为线虫寄主作物的发病较重，前作是水稻、玉米等非寄主作物的则发病较轻（蒋先兰和杨彩，1993）。

## 四、防治方法

**1. 加强栽培管理** 与非寄主作物轮作，尤其是与水稻进行水旱轮作效果更好。种植前1～2个月犁耙土壤，把线虫翻至土表，日照风干，可杀死大量线虫，减轻危害。科学进行肥水管理，增施有机肥，还可培养天敌群体，有效抑制线虫种群数量及促进新根生长，提高甘蔗对线虫的抗耐能力。

**2. 培育无病苗** 结合我国正在推进的甘蔗脱毒种苗繁育技术，并尽量选择可水旱轮作的田块作为繁种基地，尤其是一代脱毒种苗的繁育。在大棚内培育甘蔗组培无病苗时，应选取无线虫污染的土壤制备营养杯，以杜绝幼苗感染线虫病。

**3. 培育并种植抗病品种** 培育抗病品种是有效和经济的措施，但首先要在摸清我国主要蔗区线虫类型的基础上，针对高致病性的线虫开展抗病育种工作。其次要通过在虫口密度高或发病重的田块，对骨干亲本或已经育成的品种、品系进行抗病性测试，也可通过盆栽试验人工接种线虫，进行抗病性鉴定，筛选抗线虫亲本和材料，并在杂交育种中利用。据报道，割手密（*S. spontaneum*）无性系是高致病性根结线虫（*M. javanica*）和短体线虫（*P. zeae*）的理想抗源材料（Bhuiyan et al.，2019），利用其作为杂交亲本可以提高育成品种的抗线虫病水平。此外，把斑茅（*Erianthus arundinaceus*）血缘引入甘蔗育种系统，也能获得抗或中抗根结线虫和短体线虫的后代（Bhuiyan et al.，2016）。

**4. 生物防治** 国外的研究显示，采用巴斯德氏芽孢杆菌属的杆菌（*Pasteuria penetrans*）芽孢，无论在盆栽试验还是田间试验，均有显著的防控根结线虫的效果，在田间接种该杆菌的芽孢后6个月、13个月和20个月的防效还分别高达96%、88%和81%（Bhuiyan et al.，2018）。也有报道在线虫孵化高峰期施用阿维菌素、淡紫拟青霉菌（*Paecilomyces lilacinus*）等（姜培增等，2006），也可收到较好的防治效果。

**5. 药剂防治** 早期的研究显示，采用10%丙线磷颗粒剂60 $kg/hm^2$、或10%噻唑膦颗粒剂22.5 $kg/hm^2$、或10%硫线磷颗粒剂60 $kg/hm^2$、或3%克百威颗粒剂60 $kg/hm^2$在移栽前施用对控制甘蔗线虫有一定的效果（高学彪和廖金铃，1997），但是，由于甘蔗生长周期长、单价低，考虑到投入产出比和农业生产要尽量减少农药污染这两方面的因素，实际应用农药来控制线虫几乎是不可能的。

# 第十四节　甘蔗病害的综合防治

我国甘蔗主产区（广西、云南、广东、海南）地处热带和亚热带，高温多湿的天气非常适合病原的侵染繁殖。甘蔗病害的发生和危害有4大特点：一是种类多，在一个蔗区内经常可以看到有几种病害同时或者先后危害。二是危害期长，甘蔗从播种开始到收获，整个生长期内都不断发生危害。三是一年四季危害。热带和南亚热带没有明显的冬季，甘蔗一年四季都可以种植和生长，一些病菌也没有明显的越冬现象。丰富的不间断的寄主为病菌提供了良好的栖息和繁殖场所。四是甘蔗宿根和连作。在甘蔗的主产区，甘蔗都有2～3年以上的宿根；并且受到环境条件和生产条件的限制，犁翻后也只能连作甘蔗，很多耕地都是多年连作的蔗地，造成病菌长期积累危害，病情逐年加重，增加防控难度。

## 一、甘蔗引种检疫

甘蔗检疫制度最早于1890年在爪哇岛实行。我国台湾在1895年沦陷后，日本人曾从各国大量收集甘蔗品种到我国台湾地区种植，1909年日本人认定由澳洲随蔗苗传入了甘蔗露菌病后，于1914年设置甘蔗检疫苗圃，开始实行甘蔗检疫制度。随着我国改革开放和甘蔗科研生产的发展，国际、国内甘蔗品种和育种材料的交换日益频繁，20世纪80年代福建、广东、广西、云南等分别先后建立了甘蔗检疫隔离温室，同时，这些检疫站（室）先后从境外引进的蔗种中检出了斐济病、梢腐病、波条病、花叶病、鞘腐病、赤腐病、白条病、白叶病、茎腐病、根腐病等，有效阻止了外来病害入侵。

## 二、培育并种植抗病品种

甘蔗是多年生长的作物，在没有严重霜冻的南方蔗区，一年四季都有甘蔗生长，既有春植蔗、夏植蔗，也有秋植蔗、冬植蔗；既有多年宿根（播种一次收获几年），也有多年连作。这种单一作物的复杂栽培制度，就为各种病原菌的繁殖和积累提供了良好的场所，一旦条件适合病害很容易暴发。即使施用农药对一些病害有效，但是甘蔗植株高大，在生长的中后期，喷施农药非常困难，虽然近2年借助无人机飞防技术可以较好地解决该问题，但由于甘蔗生长周期长，相当多的病害药剂防控效果差。利用脱毒种苗技术对防控部分病害是有效的，但是，脱毒技术对DNA病毒几乎无效，对甘蔗黄叶病毒和甘蔗条纹花叶病病毒的脱毒效果也很差。

抗病育种原理是利用作物不同种质对病害侵染反应的遗传差异，通过相应的育种方法，选育耐病、抗病或免疫新品种，与其他防治方法相比，效果稳定，简单易行，成本低，能减轻或避免农药对环境的污染，有利于保持生态平衡等。由于使用抗病品种是解决大多数甘蔗病害问题的最经济且有效的方法，因此，世界主要植蔗国都非常重视甘蔗的抗病育种。在甘蔗的育种计划中，无不把品种的抗病性包含在内。从世界各国甘蔗品种的系谱看，大部分品种都有相同的祖先，有不少甚至是近缘交配，血缘亲近，遗传基础狭窄，导致基因型单一化，增加甘蔗品种遗传的弱点，容易感染病虫害。

培育抗病品种的技术方法与策略：育种是创造变异与选择变异的过程。传统培育抗病品种的方法是杂交育种，目前生产上应用的甘蔗品种几乎都是采用杂交育种方法培育出来的，因此，杂交育种无论过去还是现在，都是甘蔗品种选育最主要的策略。涉及创制抗病材料与亲本，抗病资源材料鉴定和筛选，抗病亲本的选择与组合配制；准确、高效的杂交后代选择技术。随着现代装备技术的进步，尤其是高通量测序成本的大幅度下降，未来基于育种性状关联标记的全基因组选择技术，将有助于提高杂交育种的选择预期，该技术路径突破的关键是重要育种性状关联标记的筛选与鉴定，其效率取决于标记可解释的表型变异百分率的高低。

甘蔗上育种性状关联标记的筛选与鉴定主要借助2种标记分析群体，即自然群体和双亲杂交或单亲自交的群体，而基因分型的手段一是借助甘蔗SNP芯片，二是全基因组简化测序。影响关联标记筛选与鉴定效果的关键是标记分析群体的表型鉴定所获得的数据是否能客观地反映其相应的性状，在不同生态点进行多年的新植、宿根试验，进行表型数据的收集是必不可少的。甘蔗在该领域远远落后于其他大田作物，主要受制于甘蔗高度复杂的遗传背景，尤其是高多倍体性和尚未破译的甘蔗现代栽培种的基因组。迄今，在甘蔗育种实际上应用的标记未有与抗褐锈病基因 *Bru*1 关联的标记，该标记是法国科学家 D'Hont 经过十几年的研究才获得的。可见，筛选、鉴定具有实际育种应用价值的关联标记是一项长期的和具有挑战性的工作，但也是实现甘蔗育种重要目标性状聚合育种的必备手段。不同优势单位之间的联合与协作，有助于加快表型鉴定的进程，从而加快育种性状关联标记筛选与鉴定的进程。

在蔗糖产业的发展过程中，离不开甘蔗品种改良。就我国而言，国家投入最大的还是育种。目前，我国甘蔗育种在高产、高糖性状聚合育种上已经取得显著的效果，但是，我国在抗病育种上还是较为落后的。值得肯定的是，“十三五”以来，我国甘蔗研究机构已经开始重视对亲本、种质资源和育种材料的抗病性鉴定与评价，抗病性关联标记的筛选与鉴定也已在多个单位开展，这对培育抗病品种是很有益的。

在通过品种合理布局控制甘蔗病害上，要聚焦两点，一是摸清不同生态区的主要病害，二是要明确拟选用品种的抗病性情况，在此基础上，再根据不同品种蔗糖分积累情况或品种熟期情况等，进行合理的布局，尽量避免品种单一化导致的优势病原种类形成的潜在风险。

## 三、脱毒种苗

甘蔗长期采用无性繁殖，病原菌在蔗茎中长久积累，导致种性退化。在甘蔗生产上发生的病害中，有不少重要病害是通过蔗种携带传播的，如白条病、宿根矮化病、花叶病、黄叶病等，应用脱毒种苗能有效减轻上述病害的发生与危害。该技术在巴西、古巴、澳大利亚等国已普遍使用，并建立起完善的脱毒种苗繁殖推广体系。我国 2011 年开始规模化应用甘蔗脱毒种苗，由农业部种植业司经济作物处组织，在广西、云南、广东设置了多个示范点，之后，甘蔗“双高”基地也把优良品种的脱毒种苗技术作为主推技术，使得该技术得到进一步的应用。“十四五”的国家甘蔗种苗基地建设规划，也把该技术作为主推技术之一，将得到进一步的扩大应用。目前，在国内甘蔗脱毒种苗主要是针对去除和减轻甘蔗宿根矮化病和花叶病的危害。

我国已经制定了甘蔗脱毒种苗生产技术规范和甘蔗脱毒种苗检测技术规范 2 个行业标准，如能按照标准进行种苗繁育，将更好地发挥该技术的增产、增糖、控制病害和延长宿根的效果。

## 四、农业防治

**1. 轮作** 水旱轮作是最有效的。旱作作物之间的轮作，主要考虑轮作物种为非寄主作物。对于寄主作物比较多的病原体和土壤中存活期较长的病原体如凤梨病，在安排轮作的时候，应该充分考虑轮作作物和轮作周期。

**2. 品种的合理搭配** 生产上人们常常注重于甘蔗的产量、糖分和一些农艺性状而大量种植某一品种，形成蔗区品种的单一化，这就很容易使病原物中对这个甘蔗品种能致病的种（或生理小种）出现并迅速繁殖蔓延，一旦环境条件合适，就很可能造成这种病害的暴发，给生产造成严重损失。甘蔗品种的合理搭配，就是各蔗区（一般以糖厂或县为单位）根据当地的实际需要，尤其要针对所在蔗区主要病害的种类，优先选择适宜的抗病品种，并按照一定的熟期比例，种植2个以上遗传背景和抗病圃有差异的品种，使当地甘蔗品种多样化，既能满足农业生产需要、糖厂生产需要，又能够使田间品种抗病多样性，防止病害的大规模发生。

**3. 蔗田清洁**　及时剥除病叶、枯叶并集中烧毁，可以保持蔗田通风透光、改善甘蔗行间环境条件，也可以减少病原菌，这对于防治甘蔗黄点病、褐条病、轮斑病、虎斑病、眼点病、鞘枯病、叶鞘赤腐病等叶部病害是很重要的措施。甘蔗收获采用"低砍兜"技术，如采用小锄低砍或砍兜机低砍，对减少病虫害和提高宿根发株率都是有益的。同时，甘蔗收获后及时清除田间的残茎枯叶，可以防止残留在上面的病菌侵染下一轮甘蔗。控制甘蔗黑穗病，采用及时拔除病株集中烧毁是一项重要措施，强调在黑穗未抽出之前拔除效果才好。此外，清除蔗田及其周围的杂草，尤其是禾本科杂草，可以消灭病原菌的中间寄主和越冬场所，也是防治病害的重要措施。

**4. 合理施肥**　注意氮、磷、钾肥的合理搭配，提倡配方施肥，防止偏施、重施氮肥。土壤缺钾、磷容易引发褐条病；片面的增施氮肥会使甘蔗抗病性降低，如氮肥过多的蔗田，发生梢腐病或眼点病就比较严重。而钾肥可以提高抗病性，磷肥在有钾肥的情况下也可以提高抗病能力。

**5. 注意排灌**　防止蔗田积水和受旱。蔗田积水或干旱，都会使甘蔗生长不良、抗病力降低。蔗田积水导致土壤缺氧、湿度过高，容易发生根腐病、虎斑病、指疫霉病。土壤干旱则会加重黑穗病、宿根矮化病的病情。而干旱和积水都会使凤梨病加重。

**6. 合理密植**　甘蔗行距太小，种植密度过大，会造成甘蔗行间光照不足、通风不良、湿度过大，高湿度的田间小气候十分利于病原菌的繁殖，常会造成各种叶部病害的暴发。

**7. 改良土壤**　可以使土壤具有良好的透气性、土壤保肥性和供肥性，利于甘蔗生长，增强抗病能力。

## 五、化学防治

甘蔗播种前，用药剂浸种可以防治甘蔗凤梨病，也可以减轻黑穗病、赤腐病的发生。

在发病初期使用化学药剂防治褐条病、轮斑病、黄点病、锈病、梢腐病等真菌性病害是有效的。但是，施用农药会增加成本并造成环境污染，并不可取，只能是一种应急的措施。此外，药剂对防治甘蔗病毒性病害和细菌性病害效果很差。

## 六、物理防治

采用热处理的方法来防治由种苗带菌引起的甘蔗病害有较好的效果。甘蔗可以通过热处理的办法获得不带宿根矮化病、花叶病、白条病病原的部分脱毒种苗。近些年在国内采用热处理结合腋芽组织培养技术生产脱毒种苗，提高了生产效率和种苗质量，对防治这些病害是有助的。

## 参 考 文 献

安玉兴，陈爱，2001. 生物源农药在甘蔗线虫防治中的应用 [J]. 甘蔗糖业 (6): 13-16.
陈庭俊，1999. 福建省甘蔗病害的发生及主要病害的防治 [J]. 甘蔗，6 (4): 18-22.
陈庭俊，2000. 长泰县甘蔗褐条病发生为害的初步调查 [J]. 甘蔗糖业 (2): 9-11.
陈炯，陈剑平，2002. 由高粱花叶病毒和甘蔗花叶病毒引发的浙江甘蔗花叶病害 [J]. 病毒学报，18 (4): 362-366.
仓晓燕，李文凤，王晓燕，等，2017. 检疫性病害甘蔗白条病的发生危害与防控对策 [J]. 中国糖料，39: 69-71，75.
邓展云，刘海斌，朱秋珍，等，2005. 健康种苗防治甘蔗宿根矮化病产量对比试验 [J]. 甘蔗糖业 (3): 22-25.
邓展云，刘海斌，李鸣，等，2004. 广西甘蔗宿根矮化病菌的 PCR 检测 [J]. 西南农业学报，17 (3): 324-327.
邓展云，王伯辉，刘海斌，等，2004. 广西甘蔗宿根矮化病的发生及病原检测 [J]. 中国糖料 (3): 35-38.
单红丽，李文凤，黄应昆，等，2014. 国家甘蔗体系繁殖和示范新品种（系）病虫害调查 [J]. 中国糖料 (2): 50-53.
单红丽，李文凤，黄应昆，等，2015. 甘蔗褐条病发生流行特点及防控对策 [J]. 中国糖料，37 (6): 71-73.
刁爱红，姚进明，2004. 粤糖 93-159 甘蔗病害发生的初报 [J]. 广西蔗糖 (3): 50.
冯荣扬，1999. 甘蔗赤斑病的发生与防治 [J]. 植物保护 (3): 31-32.
高学彪，廖金铃，1997. 几种杀虫剂对甘蔗根结线虫病的防治作用 [J]. 甘蔗糖业 (5): 25-29.
广东省农业局，广东省甘蔗糖业食品研究所，广东农林学院，等，1975. 龙门坡甘蔗病害的调查 [J]. 甘蔗糖业 (11): 22-25.
何红，何春林，冯荣扬，等，1999. 甘蔗黄点病发病规律调查 [J]. 湛江海洋大学学报，19 (1): 69-71.
何炎森，李瑞美，2006. 甘蔗花叶病研究现状 [J]. 中国糖料 (1): 47-49.
贺振，2014. 甘蔗线条花叶病毒和高粱花叶病毒的分子进化研究 [D]. 北京：中国农业科学院.
黄鸿能，1984. 对我国甘蔗病虫害检疫的几点建议 [J]. 甘蔗糖业 (10): 26-28.
黄鸿能，许玉娘，1994. 在我国大陆开展甘蔗抗病育种初探 [J]. 甘蔗糖业 (4): 5-10.
黄鸿能，邓国安，袁照明，等，1990. 东莞糖厂蔗区甘蔗梢腐病发生为害的调查 [J]. 甘蔗糖业 (1): 20-23.
黄孟群，肖镇杰，1987. 广东甘蔗宿根矮化病调查报告 [J]. 甘蔗糖业 (2): 39-40.
黄应昆，李文凤，卢文洁，等，2007. 云南蔗区甘蔗花叶病流行原因及控制对策 [J]. 云南农业大学学报，22 (16): 936-938.
黄振瑞，陈月桂，高三基，等，2007. 甘蔗黄叶病研究进展 [J]. 华南热带农业大学学报，13 (4): 39-42.
姜培增，李宏园，陈铁保，2006. 淡紫拟青霉防治植物线虫研究进展 [J]. 中国农业科技导报，8 (6): 38-41.
蒋先兰，杨彩，1993. 粤西高旱地甘蔗线虫普查及田间消长规律研究初报 [J]. 甘蔗糖业 (5): 19-24.
赖传雅，袁高庆，2003. 农业植物病理学 [M]. 北京：科学出版社.
李秋阳，段家峥，2002. 勐甘蔗区甘蔗褐条病重发原因分析与防治措施 [J]. 植保技术与推广，22 (2): 17-19.
李娇，王震，杨本鹏，等，2009. 转基因甘蔗抗黑穗病鉴定研究 [J]. 广西农业科学，40 (9):

1150-1155.
李鹏，马叶，周国辉，2007. 甘蔗黄叶病毒及其所致病害评述［J］. 华南热带农业大学学报，3（1）：13-15.
李文凤，蔡青，黄应昆，等，2008. 甘蔗栽培原种对蔗茅柄锈菌的抗性鉴定［J］. 云南农业大学学报，23（1）：25-28.
李文凤，黄应昆，卢文洁，等，2008. 甘蔗花叶病抗病性鉴定接种新技术研究［J］. 植物保护，34（1）：127-130.
李文凤，黄应昆，卢文洁，等，2008. 甘蔗宿根矮化病的 I-ELISA 快速检测［J］. 中国糖料（1）：33-34.
李文凤，单红丽，张荣跃，等，2018. 我国新育成甘蔗品种（系）对甘蔗线条花叶病毒和高粱花叶病毒的抗性评价［J］. 植物病理学报，48（3）：389-394.
李文凤，王晓燕，黄应昆，等，2014. 甘蔗优良品种材料抗高粱花叶病毒鉴定与评价［J］. 植物遗传资源学报，15（4）：901-905.
凌辉，2016. 甘蔗响应 SrMV 侵染的转录组研究与病程相关基因挖掘［D］. 福州：福建农林大学.
黎少梅，1996. 广东和广西危害甘蔗及甘蔗根际线虫的种类调查和鉴定［J］. 甘蔗糖业（2）：20-22.
黎少梅，冯志新，1995. 广东甘蔗主要线虫病发生及防治研究［J］. 甘蔗糖业（4）：20-23.
刘梦林，黄冬发，李德健，1993. 广西甘蔗线虫病及其防治研究［J］. 甘蔗糖业（3）：17-21.
刘梦林，黄冬发，李德健，等，1991. 广西甘蔗梢腐病的发生和防治研究初报［J］. 广西农业科学（4）：174-178.
刘梦明，2000. 甘蔗黄斑病发生为害初探［J］. 广西蔗糖，20（3）：3-4.
刘晓妹，刘文波，施焕焕，等，2007. 甘蔗锈病研究进展［J］. 中国植保导刊，27（12）：11-13.
刘婧，2011. 甘蔗宿根矮化病菌（*Leifsonia xyli* subsp. *xyli*）检测技术研究［D］. 福州：福建农林大学.
卢文洁，李文凤，黄应昆，2008. 甘蔗黑穗病发生及防治研究进展［J］. 中国糖料，64（3）：64-66.
毛钧，蔡青，李文凤，等，2008. PCR 技术在甘蔗宿根矮化病检测中的应用［J］. 甘蔗糖业（2）：21-25.
秦碧霞，蔡健和，刘志明，等，2007. 侵染广西甘蔗的高粱花叶病毒分子鉴定初报［J］. 中国糖料（4）：29-31.
覃周平，伍福荣，1990. 百色市甘蔗品种抗梢腐病性调查及利用［J］. 广西植保（2）：25.
沈万宽，2004. 广东蔗区甘蔗病害现状与综合防治措施［J］. 甘蔗糖业（1）：1-5.
沈万宽，邓海华，周国辉，等，2007. 应用 DB-EIA 技术快速检测甘蔗宿根矮化病研究［J］. 植物保护，33（2）：110-113.
沈林波，何美丹，冯小艳，等，2018. 海南 50 个甘蔗品种黄叶病毒的分子鉴定［J］. 热带作物学报，39：343-348.
王福祥，1995. 甘蔗种质资源国际交流的一般原则和技术环节［J］. 甘蔗，2（1）：62-64.
王伯辉，1999. 广西甘蔗引种的检疫问题［J］. 广西蔗糖，（4）：18-20.
王伯辉，2007. 我国甘蔗病害的发生现状与研究进展［J］. 中国糖料（3）：48-51.
王伯辉，朱秋珍，莫磊兴，等，2003. 广西甘蔗新病害——甘蔗黄叶综合症［J］. 广西甘蔗（2）：12-13.
王伯辉，朱秋珍，莫磊兴，等，2003. 甘蔗黄叶综合症的 RT-PCR 检测初报［J］. 甘蔗，10（4）：1-3.
王顺有，2008. 甘蔗褐条病发生原因分析及防治技术［J］. 临沧科技，105（1）：41.
魏吉利，黄诚华，黄冬发，2011. 甘蔗线虫病发生与防治研究进展［J］. 中国糖料（3）：71-76.
吴伟怀，李锐，郑服丛，2006. 甘蔗梢腐病原菌的鉴定及其室内毒力测定［J］. 甘蔗糖业（2）：10-14.
谢联辉，2006. 普通植物病理学［M］. 北京：科学出版社.

许东林，周国辉，任小平，等，2005. 广东甘蔗引种基地甘蔗黄叶病毒分子鉴定［J］. 植物病理学报，35（5）：415-417.

薛晶，1998. 甘蔗褐条病发生为害的调查初报［J］. 甘蔗，5（1）：40-41.

曾慧，游建华，何为中，等，2003. 甘蔗健康脱毒种苗生产技术方法研究初报［J］. 中国糖料（4）：16-18.

张寒舒，王晓燕，仓晓燕，等，2021. 复合高效配方药剂对甘蔗褐条病防控效果［J］. 中国农学通报，37（12）：106-111.

郑加协，1989. 美国路州甘蔗抗病育种［J］. 甘蔗糖业（4）：18-20.

郑加协，甘勇辉，1998. 福建甘蔗宿根矮化病的发生及其诊断［J］. 甘蔗糖业（5）：20-24.

郑清雷，2020. 甘蔗黄叶病毒侵染性克隆构建与诱饵蛋白 P0 互作的甘蔗 ScPetC 蛋白的鉴定［D］. 福州：福建农林大学.

韦金菊，魏春燕，宋修鹏，等，2018. 广西北海蔗区甘蔗白条病发生情况调查［J］. 南方农业学报，49：264-270.

周国辉，李俊光，许东林，等，2006. 华南地区甘蔗黄叶病发生及甘蔗绵蚜传毒特性研究［J］. 中国农业科学，39（10）：2023-2027.

周国辉，许东林，2005. 甘蔗病毒病及其防治研究进展［J］. 植物保护学报，32（3）：324-328.

周凌云，周国辉，2006. 甘蔗宿根矮化病菌 PCR 检测技术研究［J］. 广西农业生物科学，25（2）：172-174.

朱建荣，赵丽萍，覃伟，等，2015. 甘蔗亲本及杂交组合对褐条病的抗性配合力分析［J］. 湖南农业大学学报，41（5）：462-466.

Agnihotri V P，1983. Diseases of sugarcane［M］. New Delhi：Oxford & IBH Publishing Co.

Asnaghi C，D'Hont A，Glaszmann J C，et al.，2001. Resistance of sugarcane cultivar R570 to Puccinia melano-cephala isolates from different geographic locations［J］. Plant Disease，85：282-286.

Birch R G，2001. *Xanthomonas albilineans* and the antipathogenesis approach to disease control［J］. Molecular Plant Pathology，2（2）：1-11.

Blair B L，Stirling G R，2007. The role of plant-parasitic nematodes in reducing yield of sugarcane in fine-textured soils in Queensland，Australia［J］. Austr J Exp Agric，47：620-634.

Bhuiyan S A，Croft B J，Stirling G R，et al.，2016. Assessment of resistance to root-lesion and root-knot nematodesin Australian hybrid clones of sugarcane and its wild relatives［J］. Australasian Plant Pathol，45：165-173.

Bhuiyan S A，Garlick K，Anderson J M，et al.，2018. Biological control of root-knot nematode on sugarcane in soil naturally or artificially infested with *Pasteuria penetrans*［J］. Australasian Plant Pathology，47：45-52.

Bhuiyan S A，Garlick K，Piperidis G，2019. *Saccharum spontaneum*，a novel source of resistance to root-lesion and root-knot nematodes in sugarcane［J］. Plant Disease，103（9）：2288-2294.

Cronje C P R，Tymon A M，Jones P，et al.，1998. Association of a phytoplasm a with a yellow leaf syndrome of sugarcane in Africa［J］. Ann Appl Biol，133（2）：177-186.

Damann K E，1998. Alkaline-induced metaxylem autofluorescence：A diagnostic symptom of ratoon stunting disease of sugarcane［J］. Phytopathology，78：233-236.

Damann K E，1992. Effect of sugarcane cultivar susceptibility on spread of ratoon stunting disease by the mechanical harvester［J］. Plant Disease，76：1148-1149.

Da Silva M F，Gonçalves M C，Pinto L R，et al.，2015. Evaluation of Brazilian sugarcane genotypes for resistance to *Sugarcane mosaic virus* under greenhouse and field conditions［J］. Crop Protection，70：15-20.

Fegan M, Croft B J, Teakle D S, et al., 1998. Sensitive and specific detection of *Clavibacter xyli* subsp. *xyli causative agent of ratoon stunting disease of sugarcane, with a polymerase chain reaction based assay* [J]. Plant Pathol, 47: 495-504.

Forbes I L, Steib R J, Chilton S J P, 1960. Ratoon stunting disease of sugarcane [J]. La Agric Exp Stn Bull, pp. 532.

Grisham M P, Pan Y B, Richard E P, 2007. Early detection of *Leifsonia xyli* subsp. *xyli* in sugarcane leaves by real-time polymerase chain reaction [J]. Plant Disease, 91 (4): 430-434.

Hoy J W, Grisham M P, Damann K E, 1999. Spread and increase of ratoon stunting disease of sugarcane and comparison of disease detection methods [J]. Plant Disease, 83 (12): 1170-1175.

James G, 1997. A review of ratoon stunting disease [J]. Sugar Cane (4): 9-14.

Kirk P M, Gannon P F, David J C, et al., 2001. Dictionary of the Fungi (9thEd) [M]. 9th Ed. Wallingford: CAB International.

Khalil F, Xu Y, Xiao N, et al., 2018. Genome characterization of *Sugarcane yellow leaf virus* with special reference to RNAi based molecular breeding [J]. Microbial Pathogenesis, 120: 187-197.

Martin J P, Abbott E V, Hughes C G, 1961. Sugarcane diseases of the world [M]. Amsterdam: Elsevier.

Mills L, Leaman T M, Taghavi S M, et al., 2001. *Leifsonia xyli*-like bacteria are endophytes of grasses in eastern Australia [J]. Austr Plant Pathol, 30: 145-151.

Grisham P, Pan Y B, Richard Jr E P, 2007. Early detection of *Leifsonia xyli* subsp. *xyli* in sugarcane leaves by real-time polymerase chain reaction [J]. Plant Disease, 91: 430-434.

Maranhão S R V L., Pedrosa E M R, Guimarães L M P, et al., 2018. Nematode abundance and diversity in sugarcane fields in Brazil [J]. Tropical Plant Pathology, 3: 485-498.

North D S, 1926. Leaf-Scald, A Bacterial Disease of Sugarcane [M]. Sydney: Colonial Sugar Refining Company.

Orian G, 1942. Artificial hosts of the sugarcane leaf scald organism [J]. Rev Agric Sucr Ile Maurice, 21: 285-304.

Pan Y B, Grisham M P, Burner D M, et al., 1998. A polymerase chain reaction protocol for the detection of*Clavibacter xyli* subsp. *xyli* the causal bacterium of ratoon stunting disease [J]. Plant Disease, 82: 285-290.

Pieretti I, Royer M, Barbe V, et al., 2012. Genomic insights into strategies used by *Xanthomonas albilineans* with its reduced artillery to spread within sugarcane xylem vessels [J]. BMC Genomics, 13: 658.

Que Y X, Xu L P, Wu Q B, et al., 2014. Genome sequencing of *Sporisorium scitamineum* provides insights into the pathogenic mechanisms of sugarcane smut [J]. BMC Genomics, 15: 996.

Ricaud C, Ryan C C, 1989. Leaf scald [M] //Ricaud C, Egan B T, Gillaspie A G, et al. Disease of sugarcane major disease. Amsterdam: Elsevier Science Publisher: 39-58.

Rott P, Bailey R A, Comstock J C, et al., 2000. A guide to sugarcane diseases [M]. Montpellier: Cirad Publication Service.

Rott P, Davis M J, 2000. Leaf scald [M] //Rott P, Bailey R A, Comstock, J C, et al. A guide to sugarcane diseases. Moutepellier: CIRAD Publicotion Service: 299-305.

Schenck S, Pearl H M, Liu Z, et al., 2005. Genetic variation of *Ustilago scitaminea* pathotypes in Hawaii evaluated by host rangeand AFLP marker [J]. Sugar Cane International, 23: 15-19.

Scagliusi S M, Lockhart B E, 2000. Transmission, characterization, and serology of a luteovirus associated with yellow leaf syndrome of sugarcane [J]. Phytopathology, 90: 120-124.

Saddler G S, Bradbury J F, 2015. Xanthomonas. Bergey's manual of systematic of archaea and bacteria [M]. New York: John Wiley & Sons, Inc.

Spaull V W, Cadet P, 1991. Nematode parasites of sugarcane [M] //Luc M, Sikora RA, Bridge J. Plant Parasitic Nematodes in Subtropical and Tropical Agriculture. Wallingford: CAB International: 461-491.

Stirling G, Blair B, 2000. Nematodes [M] //Rott P, Bailey R A, Comstock J C, et al. A guide to sugarcane diseases. Montpellier: Cirad Publication Service: 299-305.

Taylor P W J, Ryan C C, Brich R G, 1998. Harvester transmission of leaf scald and ratoon stunting disease [J]. Sugar Cane (4): 11-14.

Wu Q B, Pan Y B, Zhou D G, et al., 2018. A comparative study of three detection techniques for *Leifsonia xyli* subsp. *xyli*, the causal pathogen of sugarcane ratoon stunting disease [J]. BioMed Research International, 2786458.

# 第十三章

# 甘蔗害虫及其防治

世界上甘蔗害虫有 1 500 多种，但绝大多数都是受地域限制的（Box，1953；Goebel and Sallam，2011）。除了澳大利亚和斐济，在所有种植甘蔗的国家里，螟虫占甘蔗害虫的主导地位，是迄今为止破坏性最大的甘蔗害虫（Sallam，2006）；世界上危害甘蔗的螟虫有 50 多种（Long and Hensley 1972；Kfir et al.，2002）。危害中国甘蔗的害虫有 360 多种，甘蔗整个生育期均受到一种或多种害虫的危害（王助引等，1995；李杨瑞，2010）。根据甘蔗害虫的危害部位及危害特点可将其分为以下几类（安玉兴和管楚雄，2009；李杨瑞，2010）：①钻蛀害虫。钻蛀入甘蔗幼苗基部及甘蔗茎内取食危害，包括甘蔗螟虫、蛀茎象等，造成枯心苗或在蔗茎内形成蛀道，严重影响甘蔗产量及品质。②茎叶害虫。一种是直接取食甘蔗叶片，如黏虫（鳞翅目，夜蛾科）和蝗虫（直翅目，蝗科）等，这些害虫在自然界是难以预测的，某些种类会引起间歇性的暴发（Vreyssen，2007；黄应昆和李文凤，2011；管楚雄，2009）。大量使用机械收割和沿甘蔗行碾压可能会引起黏虫的暴发（Goebel and Sallam，2011）；另一种是在茎叶表面刺吸汁液，如半翅目（Hemiptera）的甘蔗绵蚜、粉虱、粉蚧、蓟马等害虫，这些害虫除直接危害甘蔗外还是一些甘蔗病毒病的传播媒介。③地下害虫。隐藏于地下危害蔗根、蔗蔸和种茎的内部组织，如蔗根土天牛、蔗龟、蔗头象虫、白蚁、甘蔗刺根蚜等。其中，甘蔗螟虫在所有蔗区均有发生，且同一蔗区往往有几种蔗螟同时发生、世代重叠，是我国甘蔗最普遍、最重要的害虫（李杨瑞，2010）。甘蔗螟虫的危害会降低甘蔗产量与糖含量（Goebel and Way，2009），而且螟虫幼虫在蔗茎内难以接触而防治困难，因此生物防治和选用抗性品种是该害虫防治管理的主要措施（Goebel and Sallam，2011）。取食蔗根的害虫主要有白蛴螬（金龟子甲虫），它们会导致甘蔗因根部受害影响营养吸收，而且易受干旱影响并增加倒伏风险（Goebel and Sallam，2011）。一般可采用农药颗粒剂和病原真菌进行土壤处理防治（Allsopp，2010）。在甘蔗农业系统中，还有捕食性节肢动物（如蜘蛛、蚂蚁和寄生蜂）和其他有益生物，这些生物在抑制害虫方面起着重要的有益作用（Goebel et al.，2010）。赤眼蜂（*Trichogramma* spp.）和螟黄足盘绒茧蜂［*Cotesia flavipes* (Cameron)］等寄生蜂能有效防治蛀茎害虫的卵和幼虫（Goebel and Way，2009；Goebel et al.，2010）。

随着糖料蔗“双高”基地和甘蔗保护区的建设，甘蔗经营规模化和生产机械化的提高，耕作制度的改变都将影响甘蔗与害虫的关系及害虫防治手段，生产上需根据甘蔗害虫发生规律因地制宜，采取合理的综合防治技术控制害虫，减少其带来的损失。

## 第一节　甘蔗二点螟

甘蔗二点螟（*Chilo infuscatellus* Snellen）又称粟灰螟，属鳞翅目，螟蛾科；我国各蔗区均有发生，在我国南方危害甘蔗，在北方危害粟（谷子）、黍、玉米、高粱、稗等。甘蔗苗期受害后造成枯心苗，伸长期受害造成虫蛀节（王平远，1980；李杨瑞，2010；周至宏等，1998）。

### 一、形态特征

甘蔗二点螟的卵、幼虫、蛹和成虫的形态见彩图 13-1。

成虫：体长 10～15 mm，翅展 26～35 mm；雌蛾呈灰黄色，雄蛾呈暗灰色；头部灰黄色，下后须向前伸，长约为头长的 3 倍；胸部背面暗黄褐色，体腹面及腹部背面白色；前翅呈长三角形，中室顶端及中脉下方各有 1 个小黑点，外缘有 7 个成列的小黑点，点的内侧伴有微小白点，翅脉间凹陷；后翅白色而有光泽。

卵：聚产成块状，3～4 列呈鱼鳞状排列；卵粒扁平、短椭圆形，卵壳半透明，表面有龟甲状刻纹；卵初产时乳白色，将孵化时转化为紫黑色，可通过卵壳清晰地看到卵内即将孵化的幼虫。

幼虫：有 5～6 龄。老熟时体长约 20 mm，淡黄色，体背有 5 条黄褐色或淡紫色的纵线，即背线 1 条，亚背线与气门上线各 2 条；全身有显著的毛片，每腹节背面的 4 个小毛片排列略呈方形，气门上毛片有 1 根刚毛，气门下毛片有 2 根刚毛；头部赤褐色至暗褐色，前胸背板初时黑色，后为淡黄褐色；前胸与第 8 腹节气门比第 1～7 腹节气门大约 2 倍。

蛹：长 12～15 mm；圆筒形，淡黄褐色；腹部背面残留幼虫期的紫色纵线 5 条，第 5～7 节前缘有显著的黑褐色波纹隆起线；第 7 节的波纹线延伸到腹面；腹部末端平截状。

### 二、生活习性

二点螟在广西 1 年发生 5 代，第 1～5 代发生时间分别为 3 月上旬至 6 月下旬、5 月中旬至 8 月上旬、6 月至 9 月上旬、8 月上旬至 10 月中旬、9 月中旬至翌年 4 月下旬。第 5 代为越冬代。各蔗区由于气温不同，各代出现的时间有所差异（李杨瑞，2010）。

老熟幼虫在蔗头、秋笋和残茎内越冬。翌年春暖化蛹，羽化为成虫；一般 2 月中旬开始化蛹，3 月上旬羽化为成虫。幼虫在甘蔗苗期危害生长点造成枯心苗，伸长期后危害造成螟害节。第 1、2 代危害甘蔗苗，是主要危害代。苗期枯心从 3 月中下旬到 6 月苗期结束都有发生，分别在 4 月中下旬、5 月下旬至 6 月上旬有 2 个高峰期。第 1 代危害秋植蔗、冬植蔗、宿根蔗和已萌发的春植蔗，第 2 代危害迟种植的春植蔗和迟砍的宿根蔗。一般旱地和沙土地比水田蔗地发生多，受害重；宿根蔗与新植蔗受害较重；冬植蔗轻些，秋植蔗受害少（李杨瑞，2010）。

成虫喜干燥环境，有弱趋光性，对黑、蓝光灯的趋光性较强。雌蛾可释放性外激素引诱雄蛾前来交配，性信息素组分为顺-11-十六碳烯醇（Z11-16OH）（伍德明等，1984；管楚雄，2001）。成虫于上半夜羽化，多数第二晚才交配，第三晚产卵。雄蛾一生可交配1～4次，多次交配对雌蛾的产卵量、受精率和孵化率影响不大。雌、雄蛾的比例为1∶（1～0.9）。每只雌蛾产卵量为70～270粒，最多达938粒；第3代产卵量最大；产卵期4～5 d。卵多产于叶背面，其次在叶面、叶鞘上；苗期卵多数产在1～4片叶上。卵期4～11 d，平均4～5 d。幼虫孵化多在清早和上午，孵化后在叶片上爬行，或吐丝下垂随风飘拂，分散到附近蔗株上，在蔗苗基部叶鞘内侧侵入危害，蛀食至生长点后造成枯心苗。一龄幼虫有群集在叶鞘内侧危害的习性，二龄后分散蛀入蔗苗内部。幼虫侵入危害至引起枯心需4～12 d；当危害的蔗苗幼小，不能满足幼虫完成生活期所需食料时，可转株危害。幼虫蛀入孔近圆形，孔口周缘不枯黄，茎内蛀道直、跨节，横道少。幼虫的成活率、侵入率和造成的枯心苗与气温、雨水和甘蔗长势有关。孵化时雨水多、苗壮，侵入率低，枯心苗少；反之侵入率高，枯心苗多。幼虫期受温度和食料的影响差异较大，一般约为30 d；老熟幼虫在枯心苗或被害蔗茎内化蛹，蛹期5～17 d，一般约为7 d（李杨瑞，2010；周至宏等，1998）。

## 三、防治方法

甘蔗二点螟防治应重视生态调控作用，协调好生物防治与化学防治，优化综合防治技术，减少防治成本。在甘蔗螟虫防治中，重点防治第1、2代甘蔗螟虫；根据产量需求及育种基地种茎的质量要求采取合理措施控制甘蔗中后期螟虫危害，提高甘蔗产量和种茎质量。因地制宜兼治其他重要害虫危害，注意药剂轮换，并提高大型机械和农用无人机在甘蔗害虫防治中的作用。

### （一）监测预警

加强二点螟预测测报工作，为科学合理采取防控措施提供参考。应用人工合成性诱剂，于每年3月越冬代成虫羽化期前，选择三块蔗田分别设置成虫性诱捕器，蔗田诱捕点的距离在100 m以上，诱芯用细铁线支架在诱捕器中央。诱捕器用直径20～30 cm的塑料盆，加入八成满的含少量洗衣粉的清水。每天清早调查记录各诱捕水盆内的螟蛾数。根据蔗田螟蛾诱集动态并结合田间虫态调查及历史资料发布甘蔗螟虫的虫情预报，指导蔗农及时防治螟虫（陈立君等，2014）。

### （二）农业防治

小锄低砍收蔗、及时清园以降低越冬虫源基数；选用无虫健康种茎作种；适时提早种植、提早管理；因地制宜与水稻、花生等作物合理轮作；选用抗虫品种（李杨瑞，2010；周至宏等，1998）。

### （三）化学防治

**1. 根区用药**　在甘蔗种植、宿根蔗破垄松蔸或甘蔗大培土时施药，选用20%氯虫苯甲酰胺悬浮剂225 mL/hm$^2$、30%氯虫苯甲酰胺·噻虫嗪悬浮剂600～750 mL/hm$^2$（覃振强等，2012；蒋春云等，2013）、3.6%杀虫双颗粒剂75～90 kg/hm$^2$、2%吡虫啉缓释颗粒剂30～45 kg/hm$^2$、10%杀单·噻虫胺颗粒剂45～60 kg/hm$^2$等拌肥撒施。

**2. 苗期用药**　在螟虫卵盛孵期，选用20%氯虫苯甲酰胺悬浮剂300～450 mL/hm$^2$、30%氯虫苯甲酰胺·噻虫嗪悬浮剂600～750 mL/hm$^2$、48%毒死蜱乳油1 000倍液、95%

杀虫单原粉 1 000 倍液、98%杀螟丹可湿性粉剂 1 000 倍液、25%杀虫双水剂 200 倍液喷雾（罗亚伟等，2015）。有条件采用农业植保无人机进行喷药防治甘蔗螟虫，也可取得良好的防治效果（Zhang et al.，2020）。

**（四）生物防治**

应用人工合成性信息素以诱杀法和迷向法防治二点螟，诱杀法是在甘蔗幼苗期，每公顷放置 30～45 个诱捕器（水盆），每 20～25 d 换 1 次诱芯，诱杀田间雄蛾；迷向法是在甘蔗幼苗期以后，每公顷用诱芯 15 袋（约 1 500 条塑料管或橡胶片），按每 2.5 m 左右插一条在蔗叶上，20～25 d 插 1 次。还可释放螟黄赤眼蜂，根据性诱剂诱集螟虫发生数量并结合蔗田的虫态调查，预测螟虫产卵和孵化高峰期；在螟虫产卵始期放蜂，每次释放 12 万～15 万只/$hm^2$，每公顷设 30～45 个放蜂点；螟虫每个世代放蜂 2～3 次，间隔 5～7 d。把蜂卡卷别在蔗叶内，或用双面胶贴在叶片背面，以遮光避雨；应从上风口方向往下风口走；有条件可把赤眼蜂卵粒装入释放球内采用无人机挂载天敌释放器进行天敌释放；在潮湿地区适于上午放蜂，在干燥、高温地区应选择傍晚放蜂有利于赤眼蜂的羽化和寄生。放蜂应选在晴天、无雨、无大风日；放蜂前后 1 周内，禁止喷农药；放蜂后尽量选择生物农药或毒性较小的化学农药（李杨瑞，2010；周至宏等，1998）。

**（五）物理防治**

选择合适波长的光源进行灯光诱杀，可每 1～2 $hm^2$ 放置一盏太阳能杀虫灯。

## 第二节　甘蔗条螟

甘蔗条螟［*Proceras venosatus*（Walker）］属鳞翅目，螟蛾科，又名高粱条螟、斑点螟；分布在华南、华东、华北、东北；除危害甘蔗，还危害高粱、玉米、粟、麻等作物（王平远，1980；李杨瑞，2010；周至宏等，1998）。

### 一、形态特征

甘蔗条螟的卵、幼虫、蛹和成虫的形态见彩图 13－2。

成虫：体长 9～18 mm，翅展 24～35 mm；雌蛾呈灰褐色，雄蛾呈灰黄色；头、胸背面浅黄色，下唇须向前方伸出，比头长 3 倍以上；前翅灰黄色，各翅脉间有暗褐色的纵列条纹，中室有 1 小黑点，外缘有 7 个并列的小黑点，缘毛淡黄色；后翅雄蛾淡灰黄色，雌蛾接近白色；雄蛾较小，前翅纵线及中室的黑点鲜明，易与雌蛾相区别；该虫前翅纵纹颜色较深，前翅外缘顶角、臀角较宽，体型稍大，别于二点螟。

卵：聚产成块状，双行呈“人”字形重叠排列；卵粒扁平、椭圆形，卵壳半透明、表面具龟甲状纹；初产乳白色，后变深黄色，将孵化时可通过卵壳清晰看到卵内即将孵化的幼虫。

幼虫：老熟时体长约 30 mm；黄白色，背面有紫色粗大的亚背线及气门上线各 2 条；幼虫分夏、冬两型，夏型幼虫胸腹部背面有明显的淡紫色纵纹 4 条，腹部各节背面具 4 个黑褐色毛片，上具刚毛，排列成正方形，前 2 个斑椭圆形，后 2 个近长方形；冬型幼虫于越冬前蜕皮后，体面各节黑褐色毛片消失变成白色，体背有 4 条紫褐色纵线。

蛹：体长 11～19 mm，红褐色，有光泽；腹背各节有 4 个幼虫期残存的黑斑，腹部第 5～7 节背面前缘有明显的弯月形小隆起纹，尾节末端有 2 个小突起；蛹尾部较钝，别于玉米螟。

## 二、生活习性

条螟在广西桂中南、广东湛江 1 年发生 4～5 代，海南 5～6 代。第 1～4 代分别发生于 4 月中旬至 6 月中旬、5 月下旬至 7 月下旬、7 月中旬至 9 月下旬、9 月上旬至翌年 5 月上旬。幼虫在叶鞘内侧结茧或蔗茎内越冬。越冬代成虫一般于翌年 3 月中旬始见，4 月上中旬盛发，4 月下旬至 5 月上旬结束。其危害属逐代递增型，第 1、2 代危害蔗苗，发生量不大；第 3、4 代为主害代，危害蔗茎，大多蛀食生长点，造成死尾（李杨瑞，2010）。

条螟喜高温干燥，如冬春天气温暖，发生期提早，发生量增加；第 1 代卵可比常年提前 15 d 出现，卵量比常年多 10 倍以上。成虫有弱趋光性。雌蛾有释放性外激素引诱雄蛾前来交尾的特性，性引诱力强，性信息素组分为顺-13-十八碳烯醇醋酸酯（Z13-18AC）、顺-13-十八碳烯醇（Z13-18OH）、顺-11-十六碳烯醇醋酸酯（Z11-16AC）3 种，比例为 5∶1∶4（于生棣等，1991）。成虫多在 24：00 前羽化，多数第二晚才交配，第三晚产卵。产卵期 4～5 d，前两天产卵量多，占产卵量约 60%。每只雌蛾产卵量为 172～1 071粒，平均 645 粒。越冬代产卵量少，第 1～3 代产卵量较多。雄蛾可交配 2 次，多在凌晨 3：00 左右交配，成虫寿命约为 7 d；越冬代所处环境气温略低，寿命较长（李杨瑞，2010）。

卵多产于蔗叶中脉叶面，少数在叶背。第 1 代卵历期 7～10 d，以后各代 5～7 d。幼虫多在 10：00 前后孵化，有聚集心叶危害习性，受害的心叶伸展后见有一些不规则透明状的食痕或圆形小孔，此症状称为"花叶"。幼虫在心叶危害 10～14 d，危害 2～3 d后即见到"花叶"。幼虫 3 龄后从心叶向下转移到叶鞘间隙侵入生长点或蔗茎危害，往往数头幼虫同时危害一条蔗茎。甘蔗苗生长点受害 3～5 d 后出现枯心。甘蔗伸长拔节后，幼虫蛀入蔗茎危害造成螟害节；蛀孔大，孔周围枯黄色，食道呈横形、跨节，孔内外有大量虫粪，遇风易折；严重时造成枯梢即死尾蔗。侵入的部位多在梢头部第 5、6 叶極处。幼虫侵入茎内取食 20～25 d 后进入老熟阶段，从蔗茎爬出寻找干枯叶鞘、枯心或其他残碎干物处作茧化蛹，预蛹期 3 d。第 4 代幼虫有越冬习性，越冬的位置各有不同，在蔗茎干枯叶鞘内、地面上残碎物、落叶后茎上、蔗茎内分别占 66.5%、26.2%、6.8%、0.5%。蛹雌雄性比约为 1：0.8；越冬代蛹期平均 17 d，以后各代 9～10 d（王平远，1980；李杨瑞，2010；周至宏等，1998）。

## 三、防治方法

防治方法同甘蔗二点螟。

# 第三节　甘蔗黄螟

甘蔗黄螟［*Argyroploce schistaceana*（Snellen）］属鳞翅目，小卷叶蛾科；主要分

布于华南蔗区，在广东、广西、福建、江西、云南和台湾等省份均有发生，危害严重，造成甘蔗枯心苗或螟害节（王平远，1980；李杨瑞，2010；周至宏等，1998）。

## 一、形态特征

甘蔗黄螟的卵、幼虫、蛹和成虫的形态见彩图 13－3。

成虫：体长 5～9 mm；暗灰黄色；前翅深褐色，斑纹复杂，翅中室一带色较深，翅中央有 Y 形黑纹，翅面尚有许多横列的短线；后翅暗灰色；体背密被紫褐色鳞片，腹背颜色稍淡，触角鞭状；下唇须灰色与头等长；雄虫比雌虫体小，色泽较深。

卵：散产，扁平、椭圆形，初产时乳白色，后转乳黄色，近孵化时有弧形的赤色斑纹。

幼虫：老熟时体长约 13 mm；淡土黄色；头部黄褐色，两颊有楔形的黑纹；无背线，毛片细小；前胸背板黄褐色，腹部末节臀板暗灰黄色。

蛹：体长 8～12 mm，近纺锤形，黄褐色；第 2～8 腹节背面前缘均有 1～2 列锯齿状凸起；尾端有刚毛数根。

## 二、生活习性

黄螟具单食性，只危害甘蔗；在广西南宁 1 年发生 6～7 个代，世代重叠，无明显的越冬现象，甘蔗从苗期至收获前均受该虫危害。春植蔗黄螟枯心发生于 4 月中下旬至 6 月下旬，以 5 月中旬至 6 月中旬最多；宿根蔗枯心比春植蔗枯心提早约一个月发生。危害甘蔗苗期的黄螟主要是 3—5 月发生的第 1、2 代；危害蔗茎的则是 6—7 月发生的第 3、4 代。该虫发生和危害期因各地气温与植期不同各异。

黄螟喜潮湿，多发生在水田或较潮湿的蔗地，高温干旱对其不利。成虫有一定的趋光性，扑灯的成虫多为雄蛾。雌蛾有释放性外激素引诱雄蛾前来交配的特性，性引诱能力强，一晚最多可引诱到 325 头雄蛾；性信息素组分为顺-9-十二碳烯醇醋酸酯（Z9012AC）（沈锦南和黎教良，1986；管楚雄，2001）。雄蛾平均交配 2 次，多可 4 次。与雄蛾第 2 次交配的雌蛾产卵量正常，三四次交配的则产卵量明显下降，约减少 50%。未经交配的雌蛾一般不产卵，或产下极少数不受精卵。雌雄性比为 2∶1。成虫白天静止在蔗株下部阴暗处。卵多数散产于叶鞘或叶片上，高度一般为 0～60 cm 处，少数 2～3 粒产在一起，但不成块，每头雌蛾产卵 200～500 粒。幼虫孵化后向下爬行潜入叶鞘间隙，从土面下的蔗苗基部蛀入，在茎基部或分蘖节间基部取食，造成枯心苗，减少有效茎数。甘蔗伸长期后，幼虫从蔗芽或根带比较嫩的地方蛀入，在甘蔗节间里外蛀食，或向下蛀成孔道，当不适合继续取食时会转株或节危害。被害甘蔗节间外有许多弯弯曲曲的食痕，遇风雨易被吹折。幼虫老熟后多在蛀孔口或爬到叶鞘内侧化蛹（李杨瑞，2010；周至宏等，1998）。

## 三、防治方法

在黄螟卵盛孵期及时剥除老鞘枯叶，集中烧毁，可直接消灭产在叶片和叶鞘上的螟卵。其他防治方法同甘蔗二点螟。

# 第四节 甘蔗红尾白螟

甘蔗红尾白螟（*Tryporyza intacta* Snellen）属鳞翅目，螟蛾科。此虫多分布于我国广西、广东、云南和海南，在我国南方蔗区发生，以幼虫侵害蔗株，造成蔗叶呈现带状横列的蛀食孔、枯心苗等（李杨瑞，2010；周至宏等，1998）。

## 一、形态特征

甘蔗红尾白螟的卵、幼虫、蛹和成虫的形态见彩图 13-4。

成虫：体长 12～18 mm，雄蛾略小于雌蛾，全体白色有缎光；前翅长 12～18 mm，翅形长而顶角尖，翅背面近前缘外侧呈暗灰色；头部和前胸覆盖着较长的白色绒毛；雌蛾腹部肥胖，尾毛橙红色；雄蛾腹部较细长，尾部为橙黄色。

卵：聚产成块状，上覆盖有雌蛾尾毛；卵粒扁平椭圆形，初浅黄色，后转橙黄色。

幼虫：低龄幼虫体细长，乳白色；老熟幼虫体长 20～30 mm，乳黄色，体肥大而柔软，多横皱纹；头小呈黄褐色，胸足短小，腹足退化；体背面现 1 条浅灰蓝色的心管。

蛹：体长 13～18 mm，乳黄白色；腹末宽而带圆形，橙黄色；雌蛹大于雄蛹，雌蛹后足伸达第 6 腹节基部，雄蛹后足伸达第 7 腹节的 1/2。

## 二、生活习性

红尾白螟在广东湛江蔗区 1 年发生 4～5 代，分别于 4 月上旬、6 月上旬、7 月下旬、9 月上旬、10 月下旬呈现 5 次危害高峰。第 1、2 代危害幼苗造成枯心苗；第 3、4 代危害生长中后期的蔗茎，危害严重，产量损失大；多以第 4 代老熟幼虫于 9 月中下旬开始越冬，少部分以第 5 代幼虫于 10 月下旬后越冬。老熟幼虫潜于蔗梢部蛀道内越冬，1 月下旬开始化蛹，2 月中旬为化蛹盛期；2 月下旬始见成虫，3 月中旬为成虫羽化盛期。

成虫有趋光性，雄比雌强。羽化时间是 19：00—23：00，多数在羽化后 1～2 d 内完成交配，交配后第二天开始产卵，每头雌蛾产卵 200～300 粒。雌蛾性引诱能力强，性信息素组分为反-11-十六碳烯醛（E11-16ALD）、顺-110 十六碳烯醇（Z11-16OH）（管楚雄，2001），比例为 70∶30。卵多产在蔗叶背面，块状，上有绒毛覆盖。卵一般在 7：00—8：00孵化，初孵幼虫会吐丝分散，选择未展开的心叶基部、叶中部背面侵入，侵入后一直向下蛀食，直至生长点以下。被蛀食的心叶伸展后出现排列成带状的小孔，孔的周围褐色，当幼虫蛀食至生长点以下时，造成枯心苗或枯梢。有的则横行蛀食，使蔗叶呈现许多横列蛀孔。如连中脉蛀食，则蔗叶遇风易折。甘蔗生长点受损后会抽出侧芽，梢端形成“扫帚蔗”。老熟幼虫在蔗梢部外侧营羽化孔，留一层薄膜覆盖，幼虫在孔口化蛹；羽化时成虫冲破薄茧爬出。发株早的甘蔗受害较重，旱地蔗比水田蔗严重，旱地蔗生长旺盛的比长势差的受害轻（李杨瑞，2010；周至宏等，1998）。

## 三、防治方法

白螟危害重的地区，掌握白螟在第 1、2 代枯鞘发生时间，着重在秋植蔗、冬植蔗和宿根蔗割除枯鞘，既可杀虫又能救活甘蔗。或直接将枯鞘蔗整株斩下，除去枯鞘，将完好的留作种用。其他防治方法同甘蔗二点螟。

## 第五节　甘蔗大螟

甘蔗大螟（*Sesamia inferens* Walker）属鳞翅目，夜蛾科，又名紫螟；主要分布于我国广西、广东、福建、云南、江西、湖南、贵州、四川、浙江、台湾等。大螟食性杂，可危害甘蔗、水稻、玉米、高粱、粟、稗、小麦、茭白等植物，目前在云南蔗区发生危害较严重（李杨瑞，2010；周至宏等，1998）。

### 一、形态特征

甘蔗大螟的幼虫、蛹和成虫的形态见彩图 13－5。

成虫：体长 12～15 mm；头、胸灰黄色，腹淡褐色；翅较短阔，外缘色较深，翅中室至外缘有明显的暗褐纵线，纵线上下各有 2 个小黑点；雌蛾体较大，触角丝状，体及前翅颜色较浅。

卵：聚产，排成 2～3 行，不重叠；白色至淡紫色；卵粒扁球形，表面有放射状细隆线。

幼虫：老熟时体长 30～40 mm；头部黄褐色至红褐色，腹部浅乳黄色，背面紫红色，无纵线。

蛹：肥短，长 13～18 mm；头、胸部被白色粉状物，臀棘明显，黑色。

### 二、生活习性

大螟在广西、云南开远 1 年发生 4～5 代，广东 5～6 代。第 1 代于 3 月中旬始蛾，幼虫危害期从 3 月下旬至 4 月上旬；第 2 代于 4 月中旬始蛾，幼虫危害高峰期从 4 月下旬至 5 月中旬；第 3 代后世代重叠，5—6 月是危害盛期。受害严重蔗田枯心率可达 40%～50%，第 1、2 代为防治重点。此虫以幼虫和蛹在蔗茎内越冬，早春幼虫化蛹，10 d 后蛹羽化。雌虫的性引诱能力较强，性信息素组分为顺-11-十六碳烯醇醋酸酯（Z11-16AC）、顺-11-十六碳烯醇（Z11-16OH）（管楚雄，2001），比例为 4∶1。成虫有趋光性，晚上活动、交尾，羽化第二天晚上产卵。卵产于甘蔗的叶鞘内侧，聚产成列，10～20 粒卵排成一或两列；每只雌蛾产卵约 300 粒。初孵幼虫群集在叶鞘内侧危害取食表皮组织，造成枯鞘；2～3 龄后多分散钻蛀蔗茎，危害造成枯心。幼虫蛀孔较高较大，3 龄后食量大增，可转株危害；老熟幼虫在枯鞘内或危害处化蛹。常以第 1 代幼虫危害甘蔗，第 2 代以后多转入水田危害（李杨瑞，2010；周至宏等，1998）。

### 三、防治方法

防治方法同甘蔗二点螟。

## 第六节　台湾稻螟

台湾稻螟［*Chilo auricilia*（Dudgeon）］属鳞翅目，螟蛾科。在我国分布于广西、广东、福建、台湾等，在广西主要分布在桂西南。台湾稻螟食性杂，除危害甘蔗，还危害水稻、玉米、高粱等（李杨瑞，2010；周至宏等，1998）。

### 一、形态特征

台湾稻螟的卵、幼虫、蛹和成虫的形态见彩图 13-6。

成虫：体长 7～9 mm；前翅黄褐色，雄蛾前翅中区有黑褐色斑块，上有 4 个隆起亮斑，周围有银色鳞粉，外缘有成列小黑点 7 个；后翅白色；雌蛾前翅底色较淡，斑点小不明显。

卵：长条块状；卵粒扁薄，30～40 粒排成 3 行，叠成鱼鳞状；表面有细致网状纹。

幼虫：老熟时体长 16～25 mm，浅黄色；头黑褐色，前胸背板褐色；体背有 5 条赤褐色纵线，最下 1 条在气孔上方，不通过气孔。

蛹：头端两侧突出成角状。

### 二、生活习性

台湾稻螟在广东 1 年发生 4～5 代；以老熟幼虫在寄主茎基部过冬。第 1～5 代成虫分别发生于4 月上旬至5 月中旬、5 月至 6 月下旬、7 月上旬至 8 月上旬、8 月下旬至 9 月下旬、10 月上旬至 11 月上旬。成虫具趋光性。雌蛾具有较强的性诱能力，一晚可诱到 171 只雄蛾，性信息素组分为顺-7-十二碳烯醇醋酸酯（Z7-12AC）、顺-8-十三碳烯醇醋酸酯（Z8-13AC）、顺-9-十四碳烯醇醋酸酯（Z9-14AC）、顺-10-十五碳烯醇醋酸酯（Z10-15AC）（管楚雄，2001）。成虫多在夜间羽化，当晚即可交配，翌日晚间产卵。卵多产于叶面，其次为背面；卵块产，每块卵 20～40 粒。幼虫多在上午孵化；初孵幼虫沿叶面爬行或吐丝下垂扩散，从叶鞘间隙侵入，可数只幼虫在同一株甘蔗危害；苗期危害生长点造成枯心；蛀入蔗茎危害则造成螟害节。蔗茎内蛀道可跨节 2～4 节，有不规则横道；幼虫可转株危害。卵期为 7 d，幼虫期 31～59 d，越冬幼虫可达 200 d，蛹期 7～15 d（李杨瑞，2010；周至宏等，1998）。

### 三、防治方法

此虫因在幼龄期危害叶鞘，没有一孵化就直接侵入植株，给人们留下了防治的时间。因此可视虫情，适时剥除叶鞘，及时用药剂防治。其他防治方法同甘蔗二点螟。

## 第七节　亚洲玉米螟

亚洲玉米螟［*Ostrinia furnacalis*（Guenee）］属鳞翅目，螟蛾科。玉米螟广泛分布于我国从东北至华南的东半部农作区，是玉米最重要的一种害虫，也危害甘蔗、高粱、棉花、麻类等（李杨瑞，2010；周至宏　等，1998）。

## 一、形态特征

亚洲玉米螟的幼虫、蛹和成虫的形态见彩图 13－7。

成虫：体长 12～15 mm，体黄褐色，触角丝状，灰褐色；前翅土黄色，中部有 2 块黄褐色斑块，斑块两侧各有 1 条锯齿状黄褐色横纹；后翅灰白色或灰黄色，也有 2 条灰黄褐色横纹，与前翅横纹相接；雄蛾较小，体色较深。

卵：聚产成块，扁椭圆形，鱼鳞状；初乳白色，将孵化变暗黑色。

幼虫：老熟时体长约 25 mm，体背面淡褐或淡红色，背中有一纵脉管，两侧有较模糊的暗褐色亚背线，中、后胸及各腹节的背面均有毛片，毛片上有 1～2 根刚毛。

蛹：长约 16 mm，黄褐色，腹背密布细小波状横皱纹，腹末端有钩刺 5～8 根。

## 二、生活习性

亚洲玉米螟在我国蔗区 1 年发生 4～7 代；以幼虫在玉米、高粱、甘蔗等茎秆内过冬。在广西西部早、中、晚玉米混栽地区，第 1 代危害早玉米和甘蔗苗期，第 3 代危害中玉米，第 4、5 代危害晚玉米。在桂南没有明显越冬现象。成虫夜间活动，趋光性不强，但对波长 365 μm 的黑光灯有趋性。卵喜产于叶背中脉处，每只雌蛾产 2～3 块卵，每块卵有 20～60 粒。幼虫孵化后吐丝下垂或随风飘到其他植株上危害；主要从叶鞘蛀入茎的上部，咬食嫩茎，使甘蔗出现虫伤株；或 3 龄前集中在心叶内取食，使抽出的叶片成花叶。亚洲玉米螟对甘蔗的危害相对其他几种螟虫要轻（李杨瑞，2010；周至宏等，1998）。

## 三、防治方法

### （一）农业防治

早春将上年晚玉米秆烧毁或粉碎沤肥，杀死秆内的越冬幼虫。与花生和红花苜蓿间作可有效地抑制玉米螟的发生（王振营等，2000）。

### （二）生物防治

亚洲玉米螟天敌很多，应注意保护利用天敌资源。在成虫产卵期可以释放赤眼蜂进行生物防治，释放技术参考二点螟防治方法。可利用玉米螟雄蛾对雌蛾释放的性信息素具有明显趋性的原理，采用人工合成的性信息素放于田间，诱杀雄虫或干扰雄虫寻觅雌虫交配的正常行为，使雌虫不育而达到控制玉米螟的目的（王振营等，2000）。

### （三）化学防治

种蔗时每公顷用 20％丙线磷、或 3％辛硫磷拌适量泥粉，撒在蔗种周围；或选用 Bt（32 000 IU/mg）1 500 g/hm$^2$（赵秀梅等，2021）、2.5％溴氰菊酯、2.5％高效氯氟氰菊酯 2 000～4 000 倍稀释液，40％三唑磷 1 500 倍稀释液，于幼虫初孵期即甘蔗苗期进行喷雾，也可在参考防治二点螟防治方法防治其他螟虫时兼治玉米螟（李杨瑞，2010）。

# 第八节　甘蔗木蠹蛾

甘蔗木蠹蛾（*Phragmataecia* sp.）属鳞翅目，木蠹蛾科。在广东湛江局部蔗区危害严重，在广西北部湾地区有大发生的趋势，柳城、宁明等地蔗区也时有发生。

## 一、形态特征

成虫：体长 18～30 mm，雌大雄小；体翅均为褐红色，无明显斑纹；头、胸鳞片脱落后呈古铜色。

卵：椭圆形，长 1.4～1.5 mm，初乳白色，将孵化时变紫黑色。

幼虫：老熟时体长 30～40 mm，体肥大；紫茄色，腹面较淡，体毛短少；头及前胸背板黄褐色（彩图 13－8）。

蛹：体肥大，初黄白色，后转棕褐色，将羽化时转黑褐色。

## 二、生活习性

在广东湛江 1 年发生 1 代；以老熟幼虫在地下蔗头的最底部越冬。翌年 2—3 月化蛹，3 月底至 5 月初为蛹期，4 月中旬至 5 月底为成虫期。成虫多在夜间羽化，交配后多产卵于叶鞘内侧，卵粒胶结成块或堆集成筒状，卵期 9～10 d。幼虫从甘蔗梢部三叉下约 1.5 cm的叶鞘内侧蛀入蔗茎，4～5 d 后甘蔗出现枯心。幼虫也可从心叶向下蛀食嫩叶，使心叶伸展出现许多穿孔或致叶中脉基部腐烂，造成曲折；甘蔗伸长期受害则造成枯梢。如危害蔗茎，初在上部钻蛀，后逐渐向下蛀食（彩图 13－8）；幼虫老熟时大多已蛀至蔗茎的地下部，导致蔗株枯死。幼虫每年自 4 月下旬出现，6—7 月为暴食期，可转株危害（李杨瑞，2010）。木蠹蛾在宿根蔗上发生较重；从地形看，山腰蔗地发生数量多，危害重；坡地次之；水田蔗地发生较轻（黄诚华等，2011）。

## 三、防治方法

### （一）农业防治

斩蔗后立即检查切口，发现有虫道的蔗头，即用 0.1%敌百虫溶液注入虫道以杀死幼虫；不留宿根的蔗头，应在 4 月前烧毁或浸种处理；调整种植期，采用育苗移栽办法，于 4 月中旬至 5 月移栽，能有效地减少受害（李杨瑞，2010）。

### （二）药剂防治

宿根蔗地斩蔗后先清洁蔗地，然后开垄松蔸，在 4 月前结合小培土施肥，每公顷用 0.3%氟虫腈 30 kg 或 20%丙线磷 45 kg，均匀撒施于蔗蔸旁，然后培土。新植蔗下种时也同样用丙线磷撒于植沟，然后覆土，用药量同前，均有防治效果。如发现枯心苗，可人工割除或用 0.1%敌百虫溶液加少许煤油，用针筒注入枯心苗内（李杨瑞，2010；周至宏等，1998）。幼虫孵化期，喷施 40%水胺硫磷乳油 1 500 倍液或 5%顺式氰戊菊酯乳油、10%氯氰菊酯乳油 3 000～5 000 倍液，50%辛硫磷1 000倍液，重点喷心叶处，每隔 7 d 喷 1 次（黄诚华等，2011）。

# 第九节　红棕象甲

红棕象甲［*Rhynchophorus ferrugineus*（Olivier）］属鞘翅目，象甲科，又名锈色棕

榈象，是一种外来高危性检疫害虫。在我国海南、广东、台湾、云南等省份均发现有此虫危害，其严重危害椰子、油棕等棕榈科植物，同时也可以危害甘蔗。以幼虫蛀食茎秆内部及生长点取食柔软组织，造成隧道，导致受害组织坏死腐烂，并产生特殊气味，严重时造成茎干中空，遇风很易折断（覃伟权等，2002）。

## 一、形态特征

红棕象甲的卵、幼虫、蛹和成虫的形态见彩图 13－9。

成虫：体长 19～34 mm，宽 8～15 mm，喙长 6～13 mm。身体红褐色，体壁坚硬。头部前端延伸成喙，雄虫的喙粗短且直，喙管近末端背面有一丛簇毛；雌虫喙较细长且弯曲，喙和头部的长度约为体长的 1/3。口器为咀嚼式，着生于喙的前端。前胸背板前缘小，向后逐渐扩大，略呈椭圆形，有 4～8 个不规则的黑色斑纹；鞘翅边缘、基缘及接缝处黑色，两鞘翅上各有纵纹 5～8 条，鞘翅较腹部短，腹末外露。身体腹面黑红相间，各足基节和转节黑色，腿节末端和胫节末端褐色，跗节黑褐色。触角膝状，触角柄节和索节黑褐色，棒节红褐色。

卵：乳白色至淡黄色，表面光滑，呈长椭圆形，长 2.0～2.6 mm，将近孵化时卵的一端出现红褐色眼状点。

幼虫：黄白色，头暗红褐色；体肥胖，纺锤形，体表柔软，皱褶；头部发达，突出，具刚毛；气门椭圆形，8 对；胸足退化。

蛹：离蛹，长 20～38 mm，初化蛹乳白色，后逐渐变褐色，喙长达前足胫节，触角长达前足腿节。茧长 50～95 mm，呈长椭圆形，由寄主植物纤维构成。

## 二、生活习性

该虫在海南、广西柳州 1 年发生 2～3 代，世代重叠。成虫在 1 年中有两个明显出现的时期，即 6 月和 11 月。雌成虫用喙在植株基部幼嫩松软的组织上钻蛀一个小洞，产卵其中，有时亦产卵于伤口及裂缝中。卵散产，一处一粒，一头雌虫一生可产卵 220～350 粒；卵期为 2～5 d。幼虫孵出后，即向四周钻洞取食柔软组织的汁液，剩下的纤维被咬断后遗留在虫道的周围；幼虫期为 30～90 d。成熟幼虫利用木质纤维结成椭圆形茧，成茧后进入预蛹阶段（3～7 d），而后脱最后一次皮化蛹，蛹期 8～20 d。成虫羽化后，在茧内停留 4～17 d，直至性成熟才破茧而出。雌成虫一生可交尾数次，交尾后当天即产卵，有的亦可延至一周以后才产卵。雌成虫寿命 39～72 d，雄成虫 63～109 d，雌雄性比为 1.08∶1（覃伟权等，2002；廖志娟，2019）。

## 三、防治方法

### （一）植物检疫

加强检疫，切断虫源传播。该虫主要靠带虫植株调运作远距离传播，因此对甘蔗种茎、棕榈科植物的调运时要加强对该害虫的检疫（覃伟权等，2002）。

### （二）农业防治

注意进行田间检查，在成虫盛发期，人工捕捉成虫；及时砍除清理受害甘蔗株，彻底消灭其中幼虫。在受害蔗田进行翻种新植蔗，可有效减少红棕象甲危害。

**（三）诱杀防治**

**1. 灯光诱杀**　利用该虫成虫趋光性，在甘蔗林内设置波长 76 μm 黑光灯诱捕成虫。

**2. 材料诱杀**　根据成虫习性，在甘蔗林边放置能散发出酸性味道的菠萝、甘蔗、假槟榔、椰子嫩茎等材料引诱成虫前来交配产卵，再予杀灭。

**3. 性信息素诱杀**　在甘蔗园内设置诱捕器，利用红棕象甲性信息素诱芯诱杀成虫（覃伟权等，2002）。

**（四）化学防治**

在甘蔗种植时或宿根蔗开垄松蔸时撒施 10％杀单・噻虫胺颗粒剂 45 kg/hm$^2$，或 3％辛硫磷 75～90 kg/hm$^2$。在成虫羽化期间用 50％敌敌畏或 90％敌百虫 1 000 倍液，每隔 7 d 对植株喷洒 1 次，连喷 2～3 次。

## 第十节　草地贪夜蛾

草地贪夜蛾［*Spodoptera frugiperda*（Smith）］属鳞翅目，夜蛾科，又名秋黏虫，是原产于美洲热带和亚热带地区的多食性害虫（Todde et al.，1980）。2019 年 1 月入侵我国危害玉米，也可危害甘蔗、高粱等作物，具有适生区域广、迁飞速度快、繁殖能力强、防控难度大的特点（郭井菲等，2018；姜玉英等，2019；杨普云等，2019；刘杰等，2019；太红坤等，2019；仓晓燕等，2019；孙东磊等，2019）。

### 一、形态特征

草地贪夜蛾的卵、幼虫、蛹和成虫的形态见彩图 13－10。

成虫：雄蛾体长 16～18 mm，雌蛾体长 18～20 mm；体色多变，暗灰色、深灰色或淡黄褐色；雄蛾前翅长 10.5～15 mm，灰棕色，翅面上有淡黄色、椭圆形的环形斑；雌虫前翅长 11～18 mm，灰褐色或灰色和棕色的杂色，无明显斑纹；雌蛾和雄蛾的后翅均为银白色，边缘有窄褐色带。

卵：0.4 mm × 0.3 mm；圆顶型，顶部中央有明显的圆形点，底部扁平；呈奶油色、绿色或棕色，常覆盖浅灰色的绒毛（雌蛾鳞片）；初为浅绿或白色，孵化前为棕色；通常 100～200 粒卵单层或多层堆积成块状。

幼虫：低龄时体表具有白色纵条纹，各腹节背面均有 4 个长有刚毛的黑色或黑褐色斑点；3 龄始第 8、9 腹节背面的斑点显著大于其他各节斑点，第 8 腹节表现出特有的 4 个斑点呈正方形排列，第 9 腹节的 4 个斑点呈梯形排列；4～6 龄幼虫的头部为淡黄色或深棕色，倒 Y 形纹明显；高龄幼虫体长为 30～36 mm，体色和体长多变，最明显的特征是腹部末节有呈正方形排列的 4 个黑斑，头部呈明显的倒 Y 形纹。

蛹：长 14～18 mm，宽 4.5 mm；长椭圆形；初为白色，后变棕色、红棕色；蛹腹部末端有一对短而粗壮的臀棘，两根棘的基部分开；蛹腹部背面第 5～7 节各节上端有一圈圆形刻点，刻点中央凹陷（郭井菲等，2019）。

## 二、生活习性

草地贪夜蛾在 28℃左右约 30 d 可完成一个世代，世代重叠；发育起点温度为 10.9℃，生活史有效积温需 559 日·度，一般而言，卵期历时 2～3 d，幼虫期 12～30 d，蛹期 8～9 d，成虫 7～21 d（张知晓等，2019）。草地贪夜蛾具有自相残杀行为，随着龄期和密度增大，其自相残杀行为加剧（王道通等，2020）。成虫白天潜藏在甘蔗叶背面及杂草间，夜晚进行求偶交尾活动，喜产卵于叶片背面。雌成虫完成交配后在夜间产卵，主要在晚上 20：00 至次日清晨 5：00 进行（金涛等，2020），在种群密度较低的情况下会优选寄主下部茎叶交界处或叶背产卵，而在种群密度较高的情况下则随机产卵，可在寄主植物上部叶片，邻近非寄主植物叶片或建筑物上产卵；雌成虫一生能产卵 1 500～2 000 个，卵常聚集成簇状卵块，每个卵块有 100～200 个卵，卵层叠排列，在叶片和卵块之间及卵与卵之间都密覆鳞毛（Sparks，1979）。初孵幼虫喜吐丝，可随风转移到周边和附近蔗苗上危害，幼虫主要取食蔗苗的叶片、生长点和茎基部，1～3 龄幼虫潜藏在蔗苗心叶中取食叶肉，可形成的半透明状“窗孔”；4～6 龄幼虫啃食蔗叶形成缺刻或孔洞，或切断蔗苗生长点形成断苗，钻蛀蔗苗茎基部，造成孔洞使蔗苗干枯，形成枯心苗（刘杰等，2019；太红坤等，2019）。六龄幼虫落地化蛹，若土壤松软先挖掘进入 2～8 cm 表层土中，后吐丝裹敷泥土或植物碎片结茧化蛹；若表土过硬则在地表吐丝裹敷泥土或植物碎片结茧化蛹（Sparks，1979）。该虫的危害可影响甘蔗的正常生长并造成一定的产量损失。

## 三、防治方法

### （一）监测预警

应用性信息素或灯诱进行监测诱捕，结合田间调查掌握草地贪夜蛾的发生情况。

### （二）农业防治

良好的土壤肥力可以促进植物健康生长并抵御害虫危害，害虫种群密度在高碳含量土壤生境较低碳含量土壤生境更低（Altieri and Nicholls，2003）。采用间作固氮植物、施用有机肥或轮作绿肥等措施改善土壤肥力水平，提高土壤碳含量可能对防治草地贪夜蛾有积极作用（张知晓等，2019）。

### （三）生物防治

草地贪夜蛾的天敌资源相当丰富，已展示出了良好的控制效果。保护和利用天敌有助于控制其危害。亦可在卵孵化初期选择喷施 20 亿 PIB/mL 甘蓝夜蛾核型多角体病毒悬浮剂（太一梅等，2021），白僵菌、绿僵菌、苏云金杆菌制剂以及多杀菌素、苦参碱、印楝素等生物农药（仓晓燕等，2019）。

### （四）物理防治

每 2～4 $hm^2$ 安装一盏杀虫灯，开灯时间以 20：00—22：00 为最佳（仓晓燕等，2019）。

### （五）化学防治

最佳防治时期为低龄幼虫期，施药时间最好选择在清晨或者傍晚，注意喷洒在心叶等危害部位；防治药剂有 20%氯虫苯甲酰胺悬浮剂 300～375 mL/$hm^2$、5.7%氟氯氰菊酯乳油 750～1 500 mL/hm²、2.5%高效氯氟氰菊酯乳油 1 500～1 800 mL/hm²、2.5%溴氰菊酯乳油 750～1 500 mL/hm²、20%甲氰菊酯乳油 300～675 mL/hm²、20%茚虫威乳油 225～375 mL/hm²、30%乙酰甲胺磷乳油 3 750～6 000 mL/hm²或 5%甲氨基阿维菌素苯甲酸盐微乳剂 600～750 mL/hm²，亦可采用农业植保无人机进行喷药进行防治（Song et al.，2020）。

## 第十一节 甘蔗黏虫

甘蔗黏虫（*Leucania separata* Walker）属鳞翅目，夜蛾科。又称行军虫、剃枝虫。食性杂，可取食百余种植物，尤其喜食水稻、甘蔗、小麦、玉米、高粱、牧草等禾本科作物及杂草，食性杂，各地有发生。是一种多食性、迁移性、暴发性的大害虫（黄应昆，2012）。

### 一、形态特征

成虫：体长 17～20 mm，灰褐色；前翅中室的环纹、肾纹黄褐色，肾纹下方有一小白点，自翅尖向后缘有一深褐色斜纹，沿斜纹有一列小黑点，外缘有 7 个小黑点。

卵：聚产成块，卵粒呈馒头形，宽约 0.5 mm，表面具规则正六角形纹。

幼虫：老熟时体长 36～40 mm，头部有黑褐色“八”字纹，胸腹颜色多变，黑、褐、紫、绿等颜色不定，有 5 条纵线，气门呈黑色（彩图 13-11）。

蛹：红褐色，第 5～7 节腹背前缘有一列黑褐色刻点；尾刺 3 对。

### 二、生活习性

在广西 1 年发生 6～8 代，冬季无明显越冬现象（周至宏等，1998）。以幼虫咬食蔗叶，大发生时可将大量蔗叶吃光，仅剩叶脉，严重影响蔗株生长，给甘蔗生产带来很大损失。成虫有远距离迁飞特性，幼虫喜群集，夜间活动危害，有潜土习性。1～3 龄幼虫有假死性，被惊动时立即吐丝下垂，悬于半空或落地，身体卷曲不动，安静后再爬上作物取食危害；4 龄以上幼虫有群体迁移习性，当把大部作物或杂草叶片吃光以后，便成群结队地四处迁移；在迁移中由于饥饿所迫，所遇绿色植物几乎无不被它们掠食一空。黏虫喜好潮湿而怕高温干旱，相对湿度 75%以上，温度 23～30℃有利于成虫产卵和幼虫存活。夏秋多雨，湿度大，气候凉爽，有利于黏虫发生，常暴发危害。成虫喜食糖醋液，卵多产于枯黄卷曲的叶片或叶鞘间，每雌可产卵 500 多粒（黄应昆，2012；周至宏等，1998）。

### 三、防治方法

#### （一）诱杀成虫

在成虫出现期间，用糖、醋加少许美曲膦酯为诱饵置于一水盆中，水中滴入煤油，将此装置分放田间或黑光灯或枯草把（每公顷 900～1 500 把），可大面积诱杀成虫或诱卵灭卵（黄应昆，2012；周至宏等，1998）。

### （二）化学防治

幼虫出现时，可选用90%敌百虫或50 %敌敌畏或50 %杀螟硫磷或92%杀虫单，均为1 000倍稀释液；10%醚菊酯悬浮剂1 500倍稀释液；2.5%高效氯氟氰菊酯乳油3 000倍稀释液喷杀（周至宏等，1998）。

# 第十二节　甘蔗绵蚜

甘蔗绵蚜（*Ceratovacuna lanigera* Zehntner）属半翅目，蚜科，又名蔗兹、蔗润。广泛布于东南亚和大洋洲，在我国南方蔗区均有发生，是甘蔗的重要害虫之一（周至宏等，1998；李杨瑞，2010）。

## 一、形态特征

成虫：分有翅、无翅两型；有翅型成虫体长2.5 mm，头深绿色，胸背黑色，腹部由暗绿色转黑褐色，体表无蜡粉；触角5节，第3～5节有环状感觉器30多个；翅透明，前翅中脉分2叉；腹管退化；无翅型成虫体长2.5 mm，黄绿色、灰黄色或黄褐色，体表覆被有白色蜡粉；触角5节，无环状感觉器，腹管退化成1对小圆孔。

若虫：分有翅、无翅两型，无翅若虫淡黄或灰绿色；触角4节，第3节中央稍缢缩；腹背有蜡粉；有翅若虫灰绿或黄绿色，体背被蜡粉，长有翅芽，到冬季，蜡粉延长呈丝条状。

## 二、生活习性

华南蔗区1年发生约20代，营孤雌胎生繁殖。每年8—10月盛发，以8—9月危害最重。1年两次迁飞，第1次于4—6月由越冬场所迁飞至宿根蔗和春植蔗，繁殖无翅幼蚜；第2次于10—12月成群迁飞至秋冬植蔗和蔗区附近的大芒草上越冬。若虫和成虫群集在蔗叶背主脉两侧，分泌白絮状蜡质，使叶色变黄（彩图13-12）。绵蚜吸食甘蔗汁液，造成甘蔗营养大量损失，导致甘蔗生长严重受阻，并降低蔗糖分。受害严重的甘蔗作种茎，少发芽或不发芽；留宿根萌芽率也很低，严重影响甘蔗的下一季生产。绵蚜除在甘蔗植株间高效传播甘蔗黄叶病毒外，还可传病毒至高粱、水稻及玉米幼苗，但未见传至小麦和香蕉。该虫分泌的蜜露，还能引起煤烟病，影响甘蔗叶片光合作用。绵蚜在甘蔗不同品种上的危害程度有所差异；降雨不利于其发生危害。

## 三、防治方法

### （一）农业防治

2—3月检查和防治秋植蔗、宿根蔗秋冬笋上的绵蚜；6—7月有翅蚜迁飞结束后检查各类蔗田，把绵蚜控制在大发生危害前。生产中及时剥除甘蔗枯老叶鞘，改善蔗株通风透光；在干旱季节及时灌水和追施速效肥，雨天要注意排除积水。

### （二）生物防治

保护和利用本地天敌，如绵蚜天敌大突肩瓢虫、双带盘瓢虫、草蛉等。

### (三) 化学防治

可用77.5%敌敌畏乳油1 500 mL/hm²，或45%毒死蜱乳油1 500 mL/hm²，或30%氯虫·噻虫嗪悬浮剂750 mL/hm²，或70%啶虫脒水分散粒剂750 g/hm²，或40%乐果乳油1 500 mL/hm²喷雾，亦可使用植保农用无人机进行飞喷（罗亚伟等，2015，2020b）。

## 第十三节 蔗褐蓟马

蔗褐蓟马［*Baliothrips serratus*（Kobus）］属缨翅目，蓟马科，在我国分布于广西、云南、广东、海南、台湾、四川等省份。该虫栖息于甘蔗包卷的心叶内吸取蔗叶汁液，使叶尖卷缩干枯呈黄褐色（彩图13-13），严重影响甘蔗的生长（李杨瑞，2010）。

### 一、形态特征

成虫：长约1.3 mm，体细小，黑褐色；头部长宽相等，复眼突出，后方有横条纹，两眼间有细刺2对，在单眼前方的1对较发达，长于单眼中间的1对；触角7节，第2节粗大，第6节最长，第7节细小，第3～5节灰色，其余黑褐色；前胸背板近方形，平滑，后缘稍宽，与其头部长短相等，后缘角圆，各有长毛2根；后胸狭窄，背面有纵纹；腹部第4节最大，第2～8节后缘有栉状小突起；翅2对，狭长，薄而透明，有不很明显的纵脉2条，周缘有长缨毛，有上脉端鬃3条，下脉端鬃10～11条。卵长约0.35 mm，长椭圆形，微弯；初为白色，后转灰白色。

若虫：黄白色，形似成虫；1～2龄无翅，3～4龄具翅芽，腹部可见青黄色内容物。

### 二、生活习性

在四川蔗区年可发生10～11代。以成虫在甘蔗心叶内越冬，3月开始繁殖，产卵于心叶内侧或叶尖端部的组织内；1～2龄若虫行动活泼，3龄出现翅芽，行动迟钝，称“前蛹”，4龄具长翅芽，基本上不活动，为“蛹期”。成虫可飞翔，常随气流传播扩散。一般5—8月在甘蔗上发生危害。成虫和若虫怕光，平时栖居于甘蔗未展开的心叶内，早晚或阴天偶有成虫爬到叶面活动。成虫迁移扩散能力较强，有趋嫩习性。雌虫可孤雌生殖，每雌产卵约80粒。该虫生长和繁殖的适宜温度为20～25℃，高于28℃不利于其生长发育。春夏干旱，甘蔗心叶展开慢，有利于该虫发生。

蔗褐蓟马的发生与甘蔗品种和栽培有密切关系。一般前期生长迟缓、心叶展开慢、蔗叶嫩绿的品种受害较重。坡地因旱甘蔗生长迟缓，心叶展开慢，危害相对较重；甘蔗苗长势好，心叶展开快，该虫发生危害较轻，反之则重。

### 三、防治方法

#### (一) 农业防治

选种时选择前期生长快的、较抗旱的甘蔗品种；提早种植、施足基肥，加强田间管理，使甘蔗萌芽分蘖快，生长迅速；防旱、防积水，在干旱季节及时灌水和追施速效肥，雨天要注意排除积水，促进甘蔗早生快发，心叶展开快，以减轻蓟马危害。

### （二）生物防治

保护和利用本地天敌，如捕食螨、草蛉等。

### （三）化学防治

在蓟马发生始盛期用10%吡虫啉可湿性粉剂2 500倍液、40%乐果乳油1 000倍液、2.5%溴氰菊酯乳油2 500～3 000倍液、25%噻嗪酮可湿性粉剂300～450 g/hm²兑水750 kg喷雾，30%氯虫苯甲酰胺·噻虫嗪悬浮剂600 mL/hm²与肥料拌施（蒋春云等，2013）。

## 第十四节　甘蔗红粉蚧

甘蔗红粉蚧［*Saccharicoccus sacchari*（Cockerell）］属半翅目，粉蚧科，又名蔗茎红粉蚧、蔗粉蚧，广泛分布国内各蔗区。成虫、若虫群集在蔗苗基部或青叶鞘包着的蔗茎节下部蜡粉带上吸食汁液，并分泌蜜露引起煤烟病，使甘蔗生长不良（李杨瑞，2010）。

### 一、形态特征

甘蔗红粉蚧的若虫和雌成虫形态见彩图13-14。

成虫：雌成虫体长4～5 mm，椭圆形，稍扁平，外观臃肿肥大，背部硕厚，高约2 mm，暗桃红色至棕红色，外披白色粉状蜡质物；触角7节，足退化；主要营孤雌生殖。雄虫具翅，但很少产生。

卵：长约0.5 mm，长椭圆形，浅黄褐色。

若虫：与成虫近似，浅桃红色，初孵若虫触角、足发达（汤祊德，1992）。

### 二、生活习性

甘蔗红粉蚧在种植甘蔗的国家和地区均有分布，可危害甘蔗、水稻、高粱、芒草等植物；在甘蔗上以成、若虫群集在蔗苗基部或青叶鞘包着的蔗茎节下部蜡粉带上吸食汁液，并分泌蜜露引起煤烟病，使甘蔗生长不良，致蔗株生长衰弱，对甘蔗产量和糖分影响很大。以孤雌生殖为主，一年发生8～10代，世代重叠。全年均可发生，7—8月为发生盛期。主要以若虫在秋植蔗、宿根蔗的叶鞘内、蔗根裂隙及田间杂草越冬。成虫、若虫匿居叶鞘内的茎节，在蜡粉带、根带和生长带吸食蔗液。每头雌成虫产卵300～400粒，卵期2～3 d，若虫期20～30 d，雌成虫寿命1～2个月，雄虫1～2 d。夏季每代需20～30 d，秋冬季需50 d以上。蔗种带虫是远距离传播的主要途径，可随风、雨和蚂蚁传播。

### 三、防治方法

#### （一）农业防治

选择不带虫的蔗种；在粉蚧盛发期适时进行剥叶或在严重发生蔗田开展合理轮作有助于减轻粉蚧危害。

#### （二）生物防治

保护和利用本地天敌，如绵蚜天敌大突肩瓢虫、双带盘瓢虫、草蛉等。引进和释放天敌，如孟氏隐唇瓢虫对甘蔗粉蚧有较好捕食作用。

**（三）化学防治**

防治甘蔗粉蚧，种植前用 2%～3%的石灰水浸泡 30 min 或 80%敌敌畏乳油 800～1 000倍液浸种 2～3 min；在新植蔗下种时一次性施用 40%溴酰·噻虫嗪悬浮种衣剂 750 mL/hm$^2$、30%氯虫苯甲酰胺·噻虫嗪悬浮剂 1 050 mL/hm$^2$、10%吡虫啉可湿性粉剂 2.25 kg/hm$^2$＋90%杀虫单可溶性粉剂 6 kg/hm$^2$；宿根蔗大培土时以 30%氯虫苯甲酰胺·噻虫嗪悬浮剂 1 050 mL/hm$^2$与肥料拌施（罗亚伟等，2021）。

## 第十五节　蔗根锯天牛

蔗根锯天牛［*Dorysthenes granulosus*（Thomson）］属鞘翅目，天牛科，又名蔗根土天牛，国内主要分布于广东及其沿海地区、广西、云南。此虫食性广泛，除危害甘蔗外，还危害龙眼、柑橘、桉树、板栗、松树、木薯、油棕、椰子、槟榔、橡胶等（李杨瑞，2010）。

### 一、形态特征

蔗根锯天牛的卵、幼虫、蛹和成虫的形态见彩图 13－15。

成虫：体长 24～63 mm，棕红色；头部和触角基部棕黑色，头部前额中央凹陷，上颚发达向内弯钩；下颚须末节最长，端部宽；触角 12 节；雌虫触角长达鞘翅中部，光滑无毛，第 5～10 节外端角突出；雄虫触角稍长于虫体，第 3～7 节腹面散生粒状突起；前胸背板中部稍隆起，具细密刻点，两侧缘有 3 枚刺突，中刺突最长，后刺突最短；雄虫前足比中后足粗大，腿、胫节下侧有成列的齿刺；雌虫前足比中后足略小，无齿刺；鞘翅宽于前胸，表面有两条纵隆线。

卵：长约 3 mm；长椭圆形；初乳白色，后为淡黄色；孵化前灰白色，表面光滑，具纵纹。

幼虫：老龄时体长 70～90 mm；乳黄色；头部红褐色，近似梯形，两侧有浅沟；腹背 1～7 节正中隆起，上有扁“田”字纹；腹面第 1～7 节隆起成泡突，为行动器官；肛门 3 裂片。

蛹：体长 33～70 mm；裸蛹；黄褐色，复眼紫红色，头部向下弯，下颚须与下唇须向后呈放射状伸出；触角经前中足外侧绕到腹面中足末端；后足长达第 6 腹节的末端；第 1～7 腹节背面残存有幼虫期扁“田”字纹的痕迹（蒲富基，1980）。

### 二、生活习性

蔗根锯天牛属于土栖性昆虫，主要以幼虫蛀害蔗根、蔗蔸、种茎和蔗茎的内部组织，造成空心蔗（彩图 13－15），致使甘蔗易倒伏或整株枯死，造成死苗缺株，严重影响甘蔗产量。其大部分发育时期在地下，只有成虫期才在土面进行交配产卵活动。此虫在我国蔗区 2 年发生 1 代，以老熟幼虫在蔗蔸内或附近的土中缀纤维、植物碎屑与泥土结茧过冬。3 月开始化蛹，4 月为化蛹盛期；4 月中下旬出现成虫，5 月中下旬为成虫羽化出土盛期；6 月上中旬为卵盛孵期；8—9 月危害根部，以后在根部取食越冬。该虫世代重叠，不同世代的幼虫可以同时在蔗蔸内取食危害。该虫耐饥性强，幼虫可以长达数月不取食，仍可以成活（于永浩等，2007）。

成虫具有趋光性，交尾产卵一般在夜间进行。卵产于蔗根或附近土表 1～3 cm 深处；卵期为 4～14 d。老熟幼虫在化蛹前用粪便、泥土、碎木屑等做鸭蛋形蛹室，蛰居其中等待化蛹；蛹期为 15～31 d。多发生在沙质壤土，以丘陵沙质土蔗田为重，位于坡顶排水良好的比坡底的受害重；宿根蔗比新植蔗受害重，宿根年限越长受害越重。甘蔗被害后易倒伏或整株枯死，造成死苗缺株，严重影响甘蔗产量，还可降低蔗糖分 1%～2%。受害严重的甘蔗及蔗糖产量锐减，经济损失大（李杨瑞，2010）。

## 三、防治方法

### （一）农业防治

①水淹法。灌溉方便的蔗田，春夏季引水入田，浸 10 余分钟，捕杀爬出水面的成虫；不留宿根蔗田，引水入田蓄水淹浸 6 d 以上，浸死幼虫。②合理轮作。甘蔗和水稻、甘薯等作物轮作。③深耕翻晒。蔗龟幼虫多分布在蔗头附近 10～15 cm 深的土中，在 3 月前深耕杀死幼虫和蛹。④捕捉幼虫和成虫。犁翻不留宿根的蔗地时捡拾幼虫；翌晨在蔗苗的周围见有松碎泥土的地方，掘 3.33～6.66 cm，捕捉成虫。

### （二）物理防治

①杀虫灯诱杀成虫。利用地下害虫成虫趋光性较强的习性，每年 4—6 月为成虫出土活动盛期，每 2～3 $hm^2$ 设一盏 20 瓦黑光灯，诱杀成虫。②陷阱捕杀法诱杀蔗根锯天牛。4 月初在蔗地之间挖个桶状大小的坑，坑深 20～30 cm，然后放木桶或铁桶于坑中，坑深度与桶高一致。每公顷 150～225 个坑。当有雌成虫（腹中有卵的，飞不起来）在爬行中掉进此陷阱，雌成虫可发出雌性激素吸引大量雄成虫来与其交尾，使雄成虫相互厮杀，或在此时及时捕杀。

### （三）化学防治

90%晶体敌百虫、50%辛硫磷乳油 1 500～2 000 倍液淋蔗头；在种蔗时或宿根蔗培土时，用辛硫磷、毒死蜱、噻虫胺、噻虫嗪、拟除虫菊酯类杀虫剂等及其复配制剂进行淋灌或（拌肥）撒施；严重地区用 48%毒死蜱乳油稀释 300～500 倍液浸种 20～30 min。

### （四）生物防治

宿根蔗开垄松蔸和新植蔗播种时，每公顷用 7.5 kg 含孢子 $1.08\times10^{13}$ 的绿僵菌粉 75 kg，或每公顷用 2%白僵菌、绿僵菌粉粒剂 45～60 kg，与 600 kg 干细土或化肥混合均匀撒施于蔗蔸或蔗种上，然后盖土（李杨瑞，2010）。

# 第十六节　突背蔗龟

突背蔗龟（*Alissonotum impressicolle* Arrow）属鞘翅目，金龟子科。在我国分布于广西、云南、广东、福建、台湾等省份，发生危害比较普遍。突背蔗龟除危害甘蔗外，还可以危害玉米、高粱、受旱的水稻等。以成虫食害甘蔗基部，形成半球形缺口，造成枯叶或枯心；以幼虫取食蔗根，并在地下部蛀成孔洞，遇风易折倒（李杨瑞，2010）。

## 一、形态特征

突背蔗龟的幼虫、蛹和成虫的形态见彩图 13 - 16。

成虫：体长 13.5～17.5 mm，雌大雄小；初羽化时淡黄白色，渐变成黄褐色，最后为漆黑色而带有光泽；头部正三角形，头顶和唇基上各有 1 对小瘤状突起，唇基的 1 对比头顶的 1 对距离稍窄；前胸背板前缘有一角状突起；鞘翅上有 8 条明显的纵线。

卵：长约 2.3 mm；椭圆形；灰白色，表面有细网纹。

幼虫：近老熟时体长约 26 mm；黄白色，头黄褐色；体多皱褶，腹部第 7、8 气门环比较大，半环形；尾节有 27～41 根钩片。

蛹：长约 15 mm；土黄色；气门开口和腹背眼状隆起较小，居蛹室中。

## 二、生活习性

在广西 1 年发生 1 代。成虫危害期是 4 月中旬至 9 月下旬，幼虫危害期是 11 月至翌年 3 月。每年 4 月中下旬成虫开始羽化，5—6 月活动最盛，7 月温度过高则进入夏蛰，不食不动；8 月复苏继续取食并交尾产卵，卵历期 13～16 d。幼虫共 3 龄，1 龄、2 龄和 3 龄幼虫分别于 9 月中旬、10 月中旬、11 月中下旬至翌年 3 月出现。3 月下旬开始化蛹，蛹期约 2 d。

成虫趋光性弱，日间静伏于甘蔗植株附近表土中，夜间活动，但极少爬出土面，如遇食料不足或土中通气不良的情况，有时也会出土在地面爬行。成虫有伪死性。成虫在土中栖息的深度与土壤温湿度有一定的关系，当土温在 30℃以下，土壤含水量约为 66.6%，其活动土层为 3～6 cm，即在甘蔗种苗以上的土层活动；如土温较高而土壤较干燥时，则潜入较深土层中。每年成虫出现，危害时间与降水量有密切关系。

## 三、防治方法

突背蔗龟个体大，食量大，主要是幼虫取食蔗根及地下茎，而幼虫历期又特别长，在土中活动不易被及早发现，当甘蔗表现出明显症状时，多数为时已晚，仅仅使用某一种防治措施是难以控制其在整个甘蔗生长期中进行危害的。因此，必须采取综合防治的措施。

### （一）农业防治

引水灌溉，蔗龟都不耐水淹，灌水后迫使幼虫爬出，并对其进行收集捕杀，同时淹浸土中的卵使其不能孵化。有条件的蔗田可与玉米、水稻等作物进行轮种。

### （二）物理防治

人工捕杀，不留宿根的蔗地，翻犁时成虫、幼虫都被翻起土面，即可捡拾捕杀；利用其趋光性，在蔗田设置频振式诱虫灯或黑光灯诱杀，可减少成虫危害，减少下一代突背蔗龟幼虫发生数量。

### （三）化学防治

在新植蔗下种或宿根蔗培土期间，每公顷用 0.5 kg 含孢子 $3.3\times10^{12}$ 个的绿僵菌粉 75 kg，施于种苗上或蔗蔸间，施后盖土，可有效地减少当年蔗龟的危害；或用 40%乐果乳油稀释 800 倍液，浸种 2～3 min，然后播种。下种时或培土时期，用 5%毒死蜱或辛硫磷等，拌土施于蔗沟和蔗苗附近，然后盖土。在成虫大量发生啃食蔗叶时期，除人工捕杀外，可用 90%敌百虫或 2.5%溴氰菊酯乳油稀释喷布蔗叶。

## 第十七节　大头霉鳃金龟

大头霉鳃金龟（*Sophrops cepalotes Burmeister*）属鞘翅目，鳃金龟科。

### 一、形态特征

成虫：体长 17～20 mm，宽 8～10 mm；头胸宽阔；体黑褐或紫褐色；头胸刻点粗，鞘翅背线凹陷，翅面被有灰白蜡粉；足发达，跗节长过胫节（彩图 13-17）。

卵：初产长 1.8 mm，宽 1.5 mm；圆形，乳白色，后逐变为污白色，卵体发育至孵化前膨大至 2.6 mm×2.2 mm，可清楚地看到卵壳内的一端有一对略呈三角形的棕色上颚。

幼虫：老熟时体长 29～33 mm；虫体圆筒形，常呈 C 形弯曲（彩图 13-17）。

蛹：体长 18～21 mm，宽 9～10 mm；蛹期头部及前胸背板为淡褐色，腹部白色，后逐变褐色。

### 二、生活习性

此虫分布于广西、云南等蔗区，在广西南宁 1 年发生 1 代，以成虫分散在甘蔗根区周围离表土 10～25 cm 的土中越冬，翌年 3 月底或 4 月上旬开始出土活动，4 月中下旬为出土活动盛期。成虫期 230～270 d，其中越冬潜伏期 60～180 d，出土活动期 70～90 d。成虫于 5 月上中旬开始产卵，5 月中旬至 6 月中旬为产卵盛期，卵期 8～10 d。6 月中下旬至 7 月上旬为幼虫孵化盛期，幼虫期 120～150 d；9 月下旬幼虫开始化蛹，10 月上中旬为化蛹盛期，蛹期 11～14 d；10 月上旬成虫开始羽化，10 月中下旬为羽化盛期，在化蛹处越冬。

成虫白天潜伏在 3～10 cm 较疏松的土中，傍晚 19：00 开始出土活动。在白天产卵于湿度适中的疏松土壤中；每头雌成虫产卵 110～140 粒，产卵期 35～45 d。成虫食性杂，喜吃蔗叶，还可危害林木、果树及多种草本作物的叶片。甘蔗叶片被咬成缺刻，严重时仅残留中脉，以苗期受害严重；危害盛期为 4 月中下旬至 5 月下旬。幼虫孵化后取食甘蔗幼根，可导致植株枯死；危害期长达 130 d，危害盛期为 6—9 月。幼虫活动范围一般在 3～25 cm 的土层中（谭仕东，1992）。

### 三、防治方法

防治方法参考突背蔗龟。

## 第十八节　蔗 根 象

蔗根象（*Cosmopolites* sp.）属鞘翅目，象虫科。专危害甘蔗根部，甘蔗被害后叶片干皱卷曲，植株矮小，如缺水状。根部腐烂。危害严重可造成甘蔗产量损失达 50%以上（李杨瑞，2010）。

## 一、形态特征

蔗根象的幼虫、蛹和成虫的形态见彩图 13-18。

成虫：雌成虫体长约 10 mm、宽 2.8 mm，雄虫体略小；体深褐色，无鳞片和毛；头长，表面光滑，喙粗大，长 2.5 mm，向下弯曲；触角膝状，着生于喙基部 1/3 处，棒节近圆形，末端平截；眼弯月形；前胸背板密布粗刻点，背面圆隆，两侧近于平行；鞘翅两侧平行，向后收缩；翅肩不显，行纹深，行间较行纹宽；腹板具粗刻点，腹末超出翅鞘。

幼虫：体长 7～8 mm；淡黄白色；头橘黄色，上颚黑色；体肥大，无足，头、胸和腹末具细长毛。

蛹：裸蛹；初呈淡黄白色，后变土黄色；头部有 6 根粗长毛，前胸背板有 16 根；中后胸背板和腹背均具 1 列短毛突，腹末具 1 对刺突；各足腿节末端有 1 根粗毛。

## 二、生活习性

蔗根象只危害甘蔗根部，甘蔗被害后叶片干皱卷曲，植株矮小萎缩，如缺水状；根部腐烂，风吹易倒。1 年发生 1 代，主要发生于较低洼的沙质壤土蔗地中。幼虫从蔗茎的下部钻入地下茎内向上取食，形成纵向弯曲虫道。严重时，地下茎只剩外皮，内部全为土红色的虫粪和糟腐状碎屑，可造成甘蔗产量损失达 50%以上，甚至失收。每蔸蔗头内常有虫 20～30 头；幼虫老熟在其中化蛹。收获后，象虫留在宿根蔗内以成虫越冬。每年 3 月上旬后，成虫开始活动，不会飞行；在蔗根蔸旁土中进行交尾产卵。

## 三、防治方法

### （一）农业防治

实行水旱轮作，结合灌水可消灭土壤中残存象虫降低受害率；翻蔸烧蔸，不留宿根的严重发生蔗地，1 月中旬前及时收砍翻犁蔗蔸集中晒干烧毁，可杀死大量的越冬成虫或老熟幼虫，降低虫口数量，控制其大面积传播；认真清除田边地埂上的割手密、斑茅、类芦、白茅等象虫的野生寄主植物，最好不要与玉米轮作。

### （二）生物防治

每公顷选用 2%白僵菌、绿僵菌粉粒剂 30～45 kg，与 60 kg 干细土或化肥混合均匀，春植蔗在下种时、宿根蔗在 3—4 月松蔸或 5—6 月大培土时，均匀撒施于蔗株基部并及时覆土。

### （三）药剂防治

每公顷选用 15%毒死蜱颗粒剂 15～18 kg，与 600 kg 干细土或化肥混合均匀，春植蔗在下种时、宿根蔗在 3—4 月松蔸或 5—6 月大培土时，均匀撒施于蔗株基部覆土，或每公顷选用 48%毒死蜱乳油 4 500～6 000 mL、90%杀虫单原粉 4.5 kg 等，按用药量兑水稀释后再均匀淋灌蔗株基部复土（李文凤，2008），防治效果可达 80%左右。

# 第十九节　小头钩白蚁

小头钩白蚁（*Ancistrotermes dimorphus*）又称小头蛮白蚁，属等翅目，白蚁科（彩图 13-19），主要分布于我国广西和云南（黄复生等，2000）。

## 一、形态特征

小头钩白蚁的兵蚁分大小两型。

大兵蚁头部黄色，基部的颜色与头部相同，其余部分为赤褐色；腹部浅黄。上唇前缘有少许长毛。头近圆形和方形之间，前部最宽，两侧及后缘微弓，后侧角圆，头背面丘状隆起，上唇狭三角形，长宽近相等，前端钝圆，上颚前端内弯，两上颚基部各具一枚基齿，前胸背板前部略隆起，前后缘中央内凹（黄复生等，2000）。

小兵蚁体色及头色同大兵蚁，腹部灰白不透明，全身覆以分散短毛，各部形态似大兵蚁。

## 二、生活习性

小头钩白蚁筑巢于地下约 40 cm 处，巢体为层叠式，每层都有数量不多的菌圃，体积大多为 3～5 cm。王宫为薄泥式，有时蚁王蚁后不在王宫而栖息于菌圃旁。常见一王多后或一王一后。蚁路细小、弯曲，每隔不远处有一个菌圃腔，再转入另一层。接近地表的蚁路多为直径 0.3～0.5 cm，地面上的蚁路直径多为 0.4～0.6 cm，有的可达 1.0～1.6 cm。有翅成虫的分飞发生在每年 5—7 月傍晚的雨前，气温 24℃左右，相对湿度为 94%。分飞孔筑在地面上，分飞时由工蚁把分飞孔打开，待有翅成虫飞出后，工蚁又将孔口封堵。小头钩白蚁畏光，工蚁兵蚁到地面活动时，一般都要修筑泥路作掩体，到巢外活动及受温度影响，最适宜的温度为 24℃，气温降到 12℃时转入地下。巢外温度高于 35℃时，靠植被的遮蔽仍能在地表活动，危害直径范围可达 30～40 m。危害特别严重的蔗地每平方米范围内至少挖到一巢小头钩白蚁巢，每公顷地下隐筑的蚁巢可达 4 500 巢以上。

小头钩白蚁是崇左蔗区的重要害虫，甘蔗从下种至收获的整个生长期都可遭受它们的危害。萌芽期是危害最猖獗的时期，苗期受危害较轻，伸长拔节期又渐趋严重，成熟期出现第二个危害高峰期。在种苗期，甘蔗下种后，白蚁即从蔗种两端切口侵入，蛀食茎内组织，且随蛀洞内填入大量的泥土，当蔗节被蛀通后，蔗芽就难以萌发了，即使已经萌发出土，也往往因水分和养料供应的中断而干枯死亡，蚁害严重发生时，也可从蔗种的生长带、根带及蔗芽食入，造成蔗地大面积缺苗断垄。在甘蔗伸长拔节期，白蚁修筑泥被泥线从甘蔗幼嫩部分食入，6—9 月，则从表土下的茎部侵入向上蛀食茎内组织，导致甘蔗养分供应中断而枯死。在工艺成熟期，甘蔗糖分增高，在 9 月后白蚁活动最为猖獗，被危害的蔗株外表完整无损但下部枯叶较多，敲击时发出空洞的声音，被蛀空的甘蔗遇风容易倒伏甚至折断以致枯死。被危害的蔗株，茎内组织发黑或变红，糖分减少，味道变酸，品质变劣。同时因蛀洞内填入大量的泥土，导致甘蔗含杂率增高，糖分降低，蔗糖品质变劣（江凤兰等，2019）。

## 三、防治方法

### （一）农业防治

主要通过冬季深翻改土、挖毁蚁巢，把白蚁消灭在植蔗前。在留宿根蔗、白蚁危害严重的地块，不留宿根蔗或缩短宿根年限，可以减少白蚁种群在田间的积累。在有条件的地块实行水旱轮作，如甘蔗与水稻轮作，用水淹死地下残存的白蚁（罗亚伟等，2020a）。

### （二）物理防治

甘蔗白蚁常在4—6月的傍晚分群，飞出大量有翅繁殖蚁进行交尾活动，这些有翅繁殖蚁有较强的趋光性，可在有翅繁殖蚁分飞的季节以高压电网黑光灯或频振式杀虫灯诱杀有翅繁殖蚁。

### （三）化学防治

①药剂浸种。下种时用50%辛硫磷乳油、48%毒死蜱乳油300～400倍液浸种1 min。②拌肥（土）撒施。下种时结合肥料或拌细土用5%氯虫苯甲酰胺粉剂7.5 kg/hm$^2$、15%毒死蜱颗粒剂15～18 kg/hm$^2$（李德伟等，2021）。③诱集喷杀。利用白蚁喜食松树、桉树、蔗渣等设诱杀坑，待诱集大量白蚁后，用50%辛硫磷乳油、48%毒死蜱乳油等喷杀。④分飞孔施药。在白蚁筑分飞孔时，其工、兵蚁活动最为频繁，将药剂直接施于蚁体上。

# 第二十节　土垄大白蚁

土垄大白蚁［*Macrotermes annandalei*（Silvestri）］属等翅目，白蚁科，主要分布于我国广西和云南（黄复生等，2000）。

## 一、形态特征

土垄大白蚁包括大兵蚁和小兵蚁（彩图13-20）。

大兵蚁：体长13～14 mm，头宽约4 mm；头背面及腹面暗红棕色，胸部及腹部棕褐色，上颚基部红棕色，其余部分黑色；头部毛少，腹部毛较多。头扁平，巨大，从背面看呈长梯形，后宽前狭，头后缘略弯曲或凹几近平直，侧缘曲度极小，仅前端弯向中线。后颏狭长，弯向腹方，囟细小约位于头背部中点，上颚粗壮，镰刀形，左上颚中点以后有数个浅缺刻及一个较深的缺刻，前方部分无齿，右上颚无齿，基部也无锯齿状缺刻，上唇舌形，触角17节。前胸背板前部斜向上翘，前缘和后缘的中央皆有明显的缺刻（黄复生等，2000）。

小兵蚁：体长8～9 mm，头宽约2.2 mm；头形与大兵蚁相似或显得狭长，囟在头顶的中央，后颏显著地曲突于腹面外，上唇狭长，尖端有半透明的三角块；上颚狭长弯曲，除左上颚后部有少数缺刻外，其余部分皆光滑无齿（黄复生等，2000）。

## 二、生活习性

土垄大白蚁危害甘蔗、木薯、林木等植物，主要生活于土内。蚁巢一部分在土面以下，另一部分隆起于土面上，高度可达 1 m，底径可达 2 m。白蚁巢筑于地下，深达 1～2 m。工蚁在土中咬食甘蔗的根、茎，受害茎被蛀成许多不规则的孔道，遂致枯萎。每年 3—4 月白蚁开始活动，11—12 月气温下降，仍集中主巢内越冬。4—6 月间，有翅成虫在巢的土表做成圆锥形的羽化孔，在气温闷热、雷雨前后的傍晚，便成群飞出寻找配偶，稍做飞翔便落地配对，然后脱翅钻入地下 0.3～1.5 m 深处建造新巢，繁殖兵蚁、工蚁。有翅蚁有较强的趋光性。

## 三、防治方法

防治方法参考小头钩白蚁。

## 参考文献


安玉兴，管楚雄，2009. 甘蔗病虫及防治图谱 [M]. 广州：暨南大学出版社.

仓晓燕，张荣跃，尹炯，等，2019. 我国蔗区草地贪夜蛾发生动态监测与防控措施 [J]. 中国糖料，41 (3)：77-80.

陈立君，许汉亮，林明江，等，2014. 我国甘蔗螟虫发生概况及预测预报技术研究进展 [J]. 安徽农业科学，42 (17)：5459-5461，5532.

管楚雄，2001. 我国蔗螟性诱剂研究及其应用前景 [J]. 甘蔗糖业 (6)：8-12.

管楚雄，2009. 海南甘蔗蝗虫的暴发及其防治对策 [J]. 甘蔗糖业 (5)：21-23，29.

郭井菲，静大鹏，太红坤，等，2019. 草地贪夜蛾形态特征及与 3 种玉米田危害特征和形态相近鳞翅目昆虫的比较 [J]. 植物保护，45 (2)：7-12.

郭井菲，赵建周，何康来，等，2018. 警惕危险性害虫草地贪夜蛾入侵中国 [J]. 植物保护，44 (6)：1-10.

黄诚华，王伯辉，何远兰，等，2011. 广西灵山县甘蔗木蠹蛾的发生及防治建议 [J]. 南方农业学报，42 (3)：277-279.

黄复生，朱世模，平正明，2000. 中国动物志：昆虫纲第十七卷等翅目 [M]. 北京：科学出版社.

黄应昆，李文凤，2011. 现代甘蔗病虫草害原色图谱 [M]. 北京：中国农业出版社.

黄应昆，2012. 甘蔗粘虫的危害及防治 [N]. 云南科技报，2012-08-31 (6).

江凤兰，李德伟，农振益，等，2019. 广西崇左蔗区小头钩白蚁危害及其防治技术探讨 [J]. 广西糖业 (6)：20-23.

姜玉英，刘杰，朱晓明，2019. 草地贪夜蛾侵入我国的发生动态和未来趋势分析 [J]. 中国植保导刊，39 (2)：33-35.

蒋春云，梁宏卫，韦荣昌，等，2013. 度锐悬浮剂防治甘蔗螟虫和蓟马的药效试验 [J]. 农业研究与应用 (6)：77-80.

金涛，林玉英，马光昌，等，2020. 草地贪夜蛾的产卵节律及其对不同介质的产卵选择性 [J]. 植物保护，46 (3)：99-103.

李德伟，江凤兰，农振益，等，2021. 氯虫苯甲酰胺对甘蔗白蚁田间药效评估 [J]. 广东农业科学，48 (4)：93-99.

李文凤，黄应昆，卢文洁，等，2008. 云南甘蔗地下害虫猖獗原因及防治对策 [J]. 植物保护，34 (2)：110-113.

李杨瑞，2010. 现代甘蔗学 [M]. 北京：中国农业出版社.

廖志娟，覃志谦，韦嗣武，2019. 红棕象甲在柳州市的年生活史 [J]. 乡村科技（32）：69-71.

刘杰，姜玉英，李虎，等，2019. 草地贪夜蛾危害甘蔗初报 [J]. 中国植保导刊，39（6）：35-36，66.

龙秀珍，于永浩，彭明戈，等，2015. 广西蔗区金龟子发生为害情况及综合防治策略 [J]. 南方农业学报，46（6）：1038-1041.

罗亚伟，李德伟，谭宏伟，等，2020a. 我国甘蔗白蚁研究进展 [J]. 中国热带农业（5）：74-79.

罗亚伟，覃振强，李德伟，等，2021. 甘蔗粉蚧防治药剂筛选及应用效果分析 [J]. 中国糖料，43（2）：61-64.

罗亚伟，覃振强，梁阗，等，2015. 30%度锐悬浮剂防治宿根蔗螟虫和绵蚜的田间药效试验 [J]. 中国糖料，37（1）：28-30.

罗亚伟，覃振强，梁阗，等，2020b. 植保无人机喷施 5 种杀虫剂防治甘蔗绵蚜效果评价 [J]. 广西糖业（6）：7-10.

蒲富基，1980. 中国经济昆虫志：第 19 册. 鞘翅目天牛科（二）[M]. 北京：科学出版社.

覃伟权，赵辉，韩超文，2002. 红棕象甲在海南发生危害规律及其防治 [J]. 云南热作科技（4）：29-30，33.

覃振强，邓展云，黄冬发，等，2012. 几种杀虫剂防治甘蔗螟虫田间药效试验 [J]. 广东农业科学（16）：72-74.

沈锦南，黎教良，1986. 甘蔗黄螟性外激素分泌腺显微及超微结构的研究 [J]. 暨南理医学报（理科专版）(1)：102-106.

孙东磊，文明富，李继虎，等，2019. 广东蔗区草地贪夜蛾危害调查初报 [J]. 环境昆虫学报，41（6）：1155-1162.

太红坤，郭井菲，杨世常，等，2019. 草地贪夜蛾在云南德宏州甘蔗上的生物学习性及危害状观察 [J]. 植物保护，45（6）：75-79.

太一梅，李志敏，朱晓明，等，2021. 生物农药对草地贪夜蛾的田间防治效果 [J]. 中国植保导刊，41（3）：66-68，77.

谭仕东，1992. 大头霉鳃金龟生物学特性观察 [J]. 广西农业科学（4）：180-182.

汤祊德，1992. 中国粉蚧科 [M]. 北京：中国农业科学技术出版社.

王道通，张蕾，程云霞，等，2020. 草地贪夜蛾幼虫龄期对自相残杀行为的影响 [J]. 植物保护，46（3）：94-98，103.

王平远，1980. 中国经济昆虫志（第 21 册，鳞翅目，螟蛾科）[M]. 北京：科学出版社.

王振营，鲁新，何康来，等，2000. 我国研究亚洲玉米螟历史、现状与展望 [J]. 沈阳农业大学学报，31（5）：402-412.

王助引，周至宏，贤小勇，等，1995. 广西甘蔗病虫草鼠害及其天敌调查 [J]. 广西农业科学（2）：75-78.

伍德明，阎云花，王伯辉，等，1984. 二点螟性外激素的化学结构及田间诱蛾效果 [J]. 昆虫学报，27（4）：368-374.

杨普云，朱晓明，郭井菲，等，2019. 我国草地贪夜蛾的防控对策与建议 [J]. 植物保护，45（4）：1-6.

于生棣，于永庆，金淑萍，等，1991. 用气相色谱-质谱法测定甘蔗条螟性信息素的化学结构 [J]. 色谱（3）：185-187.

于永浩，曾涛，韦德卫，等，2007. 近年蔗根土天牛严重危害广西甘蔗 [J]. 植物保护，33（2）：136-137.

张知晓，户连荣，刘凌，等，2019. 草地贪夜蛾的生物学特性及综合防治 [J]. 热带农业科学，39（9）：

1-18.

赵秀梅，郑旭，王连霞，等，2021. 苏云金芽孢杆菌 G033A 大面积防治二代区亚洲玉米螟效果评价［J］. 中国生物防治学报，38（1）：166-171.

周至宏，王助引，陈可才，1998. 甘蔗病虫鼠草防治彩色图志［M］. 南宁：广西科学技术出版社.

Allsopp P，2010. Integrated management of sugarcane white grubs in Australia：an evolving success［J］. Annunal Review Entomology，55：329-349.

Altieri M A，Nicholls C I，2003. Soil fertility management and insect pests：harmonizing soil and plant health in agroecosystems［J］. Soil Tillage Research，72：203-211.

Box H E，1953. List of sugar-cane insects：a synonymic catalogue of sugar-cane insects and mites of the world，and their insect parasites and predators，arranged systematically London［R］. Commonwealth Institute of Entomology.

Goebel F R，Sallam N，2001. New pest threats for sugarcane in the new bioeconomy and how to manage them［J］. Current Opinion in Environmental Sustainability，3（1-2）：81-89.

Goebel F R，Tabone E，Do Thi Khanh H，et al.，2010. Biochontrol of *Chilo sacchariphagus*（Lepidopteran：crambidae）a key pest of sugarcane：lessons from the past and future prospects［J］. Sugar Cane International，28：128-132.

Goebel F R，Way M，2009. Crop losses due to two sugarcane stem borers in Reunion and South Africa［J］. Sugar Cane International，27（3）：107-111.

Kfir R，Overholt W A，Khan Z R，et al.，2002. Biology and management of economically important lepidopteran cereal stem borers in Africa［J］. Annual Review Entomology，47：701-731.

Long W H，Hensley S D，1972. Insect pests of sugarcane［J］. Annual Review Entomology，17：149-176.

Sallam M N，2006. A review of sugarcane stemborers and their natural enemies in Asia and Indian Ocean Islands：an Australian perspective［J］. Annales de la Société entomologique de France，42：263-283.

Sparks A N，1979. A review of the biology of the fall armyworm［J］. Florida Entomological Society，62（2）：82-87.

Song X P，LiangY J，Zhang X Q，et al.，2020. Intrusion of fall armyworm（*Spodoptera frugiperda*）in sugarcane and its control by drone in China［J］. Sugar Tech，22（4）：734-737.

Todde L，Poole R W，1980. Keys and illustrations for the armyworm moths of the noctuid genus *Spodoptera* Guenée from the Western Hemisphere［J］. Annals of the Entomological Society of America，73（6）：722-738.

Vreyssen M J B，Robinson A S，Hendrichs J，2007. Area-wide control of insect pests：from research to field implementation［M］. Dordrecht：Springer.

Zhang X Q，Song X P，Liang Y J，et al.，2020. Effects of spray parameters of drone on the droplet deposition in sugarcane canopy［J］. Sugar Tech，22（4）：583-588.

# 第十四章

# 甘蔗草害及其防治

除草是甘蔗生产中的重要环节。传统的甘蔗除草主要由人工进行，而现代的甘蔗除草主要靠化学除草。人工除草，效率低，费工费时，除草难以彻底。机械除草是除草技术上的重大进步，具有工效高、用工少、成本低、环保等优点。但也有易伤害作物根系，操作技术要求高，细小田块难以作业等缺点（强胜，2001）。机械除草对一年生杂草比较有效，对以营养体繁殖的多年生杂草则效果较差。化学除草，劳动效率很高，可进行大范围的飞机喷雾作业，省工省时，并能够杀杂草于萌芽之前，除草彻底，具有十分独特的优越性。化学除草虽也有不足，如污染环境、杂草易产生抗药性等，但在杂草的综合防治体系中仍占据着核心地位（苏少泉，1989），并在现代甘蔗生产中扮演了重要角色，是甘蔗除草的最主要的手段。然而化学除草的使用是一项技术性较强的活动，需要科学合理才能充分发挥其功效。

## 第一节　甘蔗杂草的危害

杂草常与甘蔗伴生，哪里有甘蔗田哪里就有杂草。通过长期的生存适应，杂草具有强大的生命力。不仅种类多，繁殖力强，而且适应性广，抗逆性强。杂草在甘蔗田里滋生蔓延，如果不进行防治，必将严重影响甘蔗的生长，从而造成甘蔗减产和品质的下降，轻的减产20%～30%，重的减产可达50%以上，甚至使蔗田变得荒芜（张殿京和陈仁霖，1992）。归纳起来，杂草对甘蔗的危害，主要有以下两个方面。

直接危害：杂草同甘蔗争夺水分、养料、土地、阳光、热能、空间等，从而影响到其正常生长，导致产量和质量降低。许多杂草由于根系发达，能从土壤中吸收大量的营养和水分，加上数量繁多，生长茂盛，往往形成强大的竞争优势，致使甘蔗缺少正常生长所需的基本条件而生长不良、植株矮小、分蘖数少。攀附性杂草如牵牛、鱼黄草等，常常直接缠绕在甘蔗茎叶上，使甘蔗难以伸展增粗（彩图14-1、彩图14-2）。

一些杂草甚至还可以通过其根、茎、叶挥发、淋溶、分泌或分解出某种化合物干扰植物生长发育，这种现象称为植化作用（强胜，2001）。

间接危害：除了杂草本身同甘蔗竞争外，由于许多杂草是病、虫的中间寄主，能助长病、虫害的发生与蔓延，使甘蔗受更严重的病虫侵害。茂密的杂草还常常是鼠类的藏身之所，造成鼠害猖獗。此外由于除草需要用工，因而也可能造成劳力调配不足，耽误农时，影响其他管理措施，如施肥、培土、打虫等及时进行，从而间接影响甘蔗的生长。人工或机械进行的中耕除草，操作不当可能损伤甘蔗的根部或甘蔗茎叶。杂草反复生长，需要多次除草，反复中耕也可能使土壤的结构受到破坏，这样也会或多或少影响到甘蔗的正常生长。如果甘蔗田杂草滋生茂盛，会阻碍机械和人工进行田间作业，影响工作的进度，浪费大量的动力燃料和人工，甚至损坏机械。现代杂草防除，普遍使用化学除草剂，而化学除草剂本身也可能对甘蔗造成一定的伤害。除草剂的不合理使用会造成严重的甘蔗除草剂药害（黄志巧，2008）。化学除草剂的滥用还会造成环境污染，使杂草的间接危害进一步扩大。

另外，据国外报道，杂草会妨碍压榨，减少蔗糖在糖厂中的收回，减少宿根甘蔗的有效茎数（Richard，1998；Glaz，2003；Griffin et al.，2006）。

杂草防除会产生巨额成本。每年全世界要投入大量的人力、物力和财力用于防除杂草。使用人工除草自然是一笔相当可观的“支出”；即使是化学除草其成本也是十分惊人。据1995年的统计数据资料，世界化学除草剂原药总产量每年为70万～80万t。除草剂的市场销售价值大约有132.54亿美元。除草剂已成为农药工业的主体，占所有农药总量的47%。这仅仅是除草剂本身的价值，还不包括运输和施用费用以及投入的研究和开发费用等等。1996年我国化学除草剂产量已达6.03万t，占农药总量的13%以上。1998年农田杂草的化学防除面积已达4 000万 $hm^2$，除草剂的品种已达90余个（强胜，2001）。到2011年中国农田草害面积约7 880万 $hm^2$，在每年投入上亿元人民币杂草防除费用情况下，仍然造成粮、棉、油损失1 460万t，直接经济损失近千亿元人民币（强胜，2011）。在美国，除草支出是蔗农的主要投入之一；每年在18.8万 $hm^2$ 甘蔗地上除草剂投入2 000万美元，人工费投入1 300万美元；假如杂草得不到控制，将造成损失900万美元（Richard，1998；Glaz，2003；Griffin et al.，2006）。在云南甘蔗田杂草危害面积占总面积的60%，严重危害面积占总面积的35%。因杂草造成的危害导致甘蔗每公顷减产7.5～45 t，每年因杂草危害甘蔗损失产量80万～90万t，折合经济损失1亿～1.3亿元（许跃辉和杨琼英，1990）。

## 第二节　甘蔗杂草种类及发生消长规律

### 一、种类

甘蔗杂草种类繁多，数量不少于百种（张殿京和陈仁霖，1992）。

①根据杂草不同的生活史和生活习性，可将杂草分为一年生杂草、二年生杂草和多年生杂草三类（肖文一和陈铁保，1982）。一年生杂草通常在1个生长季节完成从出苗、生长及开花结实的生活史，并以种子繁殖；二年生杂草则在2个生长季节完成从出苗、生长及开花结实的生活史，仍多以种子繁殖。多年生杂草一次出苗可在多个生长季节内生长并开花结实，可以种子繁殖，也可以营养繁殖器官繁殖。多年生杂草由于有地上走茎或地下走茎，较难防除，多成为“问题”杂草或恶性杂草。

②根据杂草的外部形态特征分类，又可将杂草分为禾草、莎草、阔叶草三类。禾草类主要包括禾本科杂草，茎圆或略扁，叶片狭窄而长。莎草类主要包括莎草科杂草，茎三棱形或扁三棱形，叶片细长。阔叶草类包括所有的双子叶植物杂草及部分单子叶植物杂草，

茎圆形或四棱形，叶片宽阔（强胜，2001）。使用化学防治时，与作物同一个科属的多年生杂草通常较难防除。比如狗牙根是多年生禾草，与甘蔗同属禾本科，在甘蔗田的狗牙根就相对难以防除。目前除草甘膦等灭生性除草剂可供使用外，还没有对狗牙根特别理想的选择性除草剂。

③按杂草的分布与危害分类又可把杂草分为重要杂草、主要杂草、一般杂草及恶性杂草。重要杂草是指在全国或大多数省、自治区范围内普遍发生、对农作物危害最严重的杂草种类。主要杂草是指危害范围较广泛、对农作物危害较严重的杂草种类。一般杂草又称次要杂草，是指一般不对作物造成严重危害的常见杂草，这类杂草种类最多。恶性杂草是指对农作物危害特别严重、又很难防除的杂草。以上的划分并非一成不变的，由于环境条件的变化，主要是人们生产活动的影响与干预，不同种类杂草的地位将会发个相应变化（刘新琼等，2002）。

蔗田杂草种类和数量随着甘蔗田的生境、地势、季节、纬度、地区的不同而有所变化。傅杨（2005）通过对云南蔗区进行系统调查，认为云南省甘蔗田发生的主要杂草有95种，其中20种杂草优势种，形成5种杂草群落，这些杂草构成对甘蔗造成危害的杂草谱。湖南徐志德等（2000）对湖南蔗区进行抽样调查，发现湖南蔗区常见杂草有28种，其中一年生杂草有21种，二年生有1种，多年生有6种。陈庄和李康平（1998）对广东雷州半岛旱地蔗田杂草进行调查，发现该地区蔗地一年四季都有杂草发生，包括禾本科（约占25%）、菊科（约占18%）、莎草科（约占8%）和苋科（约占8%）等至少有18科47种。

广西农田杂草有91科604种（夏民生和周秉珍，1986），而分布于广西国营农场的杂草有102科595种，其中旱地的有94科511种（刘朝兴等，1988）。广西南宁市郊区8个甘蔗主产区有杂草29个科118种（蒙显标等，1996），其中以菊科的种类最多达21种，占总数的17.80%；禾本科次之，为16种，占13.56%；第三是莎草科，有8种，占6.78%。而广西南部蔗区则有杂草27科116种（王伯辉，2001）。2000—2003年覃建林等对广西从南到北的钦州、防城、扶绥、崇左、宾阳、来宾、柳州、柳城、鹿寨、贵港、平南、天等等县市共30多个蔗区进行了抽样调查，根据调查结果并结合上述资料整理，发现广西蔗区有杂草32科197种（李杨瑞，2010），其中一年生及越年生杂草124种，二年生及多年生杂草73种（表14-1）。

甘蔗不同的生长时期杂草种类有所不同。许跃辉和杨琼英（1988）对云南各蔗区进行杂草调查后认为甘蔗生长的前期90%的春植蔗以多年生杂草狗牙根、李氏禾、双穗雀稗和一年生的马唐、狗尾草等禾草为主的群落发生。宿根蔗及部分新植蔗以胜红蓟、藜为主组成的群落发生。张玫和关赤波（1994）等报道，在不同的类型蔗田也有不同的杂草，在广东省沙围田及积水地，主要杂草为大马唐、长马唐、千金子、稗、光头稗、牛筋草、胜红蓟、莲子草、石胡荽、茉栾藤、塘葛菜、繁缕、皱果苋、碎米莎草等一年生杂草。在滨海低洼蔗区主要杂草以多年生禾本科杂草为主，如双穗雀稗、圆果雀稗、铺地黍、狗芽根、芦苇、饭包草、水蓼、空心莲子草等。在高旱地蔗区则以香附子、狗牙根、龙爪茅、牛筋草、光头稗、白茅、粟米草、薄叶耳草、胜红蓟、刺苋、三叶鬼针草、少花龙葵、含羞草为主。

**表 14-1 广西蔗田常见杂草种类**

| 科名 | 序号 | 种名 | 按生活史分类 | 按形态分类 |
|---|---|---|---|---|
| 禾本科 | 1 | 马唐 *Digitaria sanguinalis*（L.）Scop. | 一年生 | 禾草 |
| | 2 | 毛马唐 *Digitaria ciliaris*（Retz.）Koeler | 一年生 | 禾草 |
| | 3 | 升马唐 *Digitaria adscendens*（H. B. K.）Henrard | 一年生 | 禾草 |
| | 4 | 牛筋草（蟋蟀草）*Eleusine indica*（L.）Gaertn. | 一年生 | 禾草 |
| | 5 | 光头稗 *Echinochloa colonum*（L.）Link | 一年生 | 禾草 |
| | 6 | 旱稗 *Echinochloa crusgalli* var. *hispidula* | 一年生 | 禾草 |
| | 7 | 无芒稗（落地稗）*Echinochloa crusgalli*（L.）Beauv. var. *mitis*（Pursh）Peterm. | 一年生 | 禾草 |
| | 8 | 稗 *Echinochloa crusgalli*（L.）Beauv. | 一年生 | 禾草 |
| | 9 | 狗尾草（莠草）*Setaria viridis*（L.）Beauv. | 一年生 | 禾草 |
| | 10 | 金色狗尾草 *Setaria glauca*（L.）Beauv. | 一年生 | 禾草 |
| | 11 | 千金子 *Leptochloa chinensis*（L.）Nees | 一年生 | 禾草 |
| | 12 | 虮子草 *Leptochloa panicea*（Retrz.）Ohwi | 一年生 | 禾草 |
| | 13 | 画眉草 *Eragrostis pilosa*（L.）Beauv. | 一年生 | 禾草 |
| | 14 | 秋画眉草 *Eragrostis autumnalis* | 一年生 | 禾草 |
| | 15 | 鲫鱼草（南部知风草）*Eragrostis amabilis*（L.）Wight et Arn. | 一年生 | 禾草 |
| | 16 | 囊颖草 *Sacciolepis indica* L. | 一年生 | 禾草 |
| | 17 | 龙爪茅 *Dactyloctenium aegyptiacum*（L.）Willd. | 一年生 | 禾草 |
| | 18 | 荩草 *Arthraxon hispidus* | 一年生 | 禾草 |
| | 19 | 筒轴茅（罗氏草）*Rottboellia cochinchinensis* | 一年生 | 禾草 |
| | 20 | 看麦娘 *Alopecurus aequalis* Sobol. | 一年生 | 禾草 |
| | 21 | 狗牙根 *Cynodon dactylon*（L.）Pers. | 多年生 | 禾草 |
| | 22 | 两耳草 *Paspalum conjugatum* Bergius | 多年生 | 禾草 |
| | 23 | 竹节草 *Chrysopogon aciculatus* | 多年生 | 禾草 |
| | 24 | 铺地黍（硬骨草）*Panicum repens* L. | 多年生 | 禾草 |
| | 25 | 白茅（茅根，茅针）*Imperata cylindrica* | 多年生 | 禾草 |
| | 26 | 双穗雀稗 *Paspalum distichum* L. | 多年生 | 禾草 |
| | 27 | 圆果雀稗 *Paspalum scrobiculatum* var. *orbiculare*（G. Forst.）Hack | 多年生 | 禾草 |
| | 28 | 雀稗 *Paspalum thunbergii* Kunth ex Steud. | 多年生 | 禾草 |
| | 29 | 臭根子草 *Bothriochloa bladhii* | 多年生 | 禾草 |
| | 30 | 水蔗 *Apluda mutica* | 多年生 | 禾草 |
| | 31 | 李氏禾（游草）*Leersia hexandra* Swartz | 多年生 | 禾草 |
| | 32 | 鼠尾粟 *Sporoblus fertilis*（Steud.）Clayton | 多年生 | 禾草 |
| | 33 | 细毛鸭嘴草 *Ischaemum ciliare* Retz. | 多年生 | 禾草 |
| | 34 | 鸭嘴草 *Ischaemum aristatum* var. *glaucum*（Honda）T. Koyama | 多年生 | 禾草 |

（续）

| 科名 | 序号 | 种名 | 按生活史分类 | 按形态分类 |
|---|---|---|---|---|
| 莎草科 | 35 | 碎米莎草 *Cyperus iria* L. | 一年生 | 莎草 |
| | 36 | 异型莎草 *Cyperus difformis* L. | 一年生 | 莎草 |
| | 37 | 扁穗莎草 *Cyperus compressus* L. | 一年生 | 莎草 |
| | 38 | 旋鳞莎草（白莎草）*Cyperus michelianus*（L.）Link | 一年生 | 莎草 |
| | 39 | 球穗扁莎 *Pycreus flavidus* | 一年生 | 莎草 |
| | 40 | 夏飘拂草 *Fimbristylis aestivalis*（Retz.）Vahl | 一年生 | 莎草 |
| | 41 | 水虱草 *Fimbristylis littoralis* | 一年生 | 莎草 |
| | 42 | 两歧飘拂草 *Fimbristylis dichotoma*（L.）Vahl | 一年生 | 莎草 |
| | 43 | 香附子 *Cyperus rotundus* L. | 多年生 | 莎草 |
| | 44 | 短叶水蜈蚣 *Kyllinga brevifolia* Rottb. | 多年生 | 莎草 |
| | 45 | 砖子苗 *Cyperus cyperoides* | 多年生 | 莎草 |
| 鸭跖草科 | 46 | 鸭跖草 *Commelina communis* L. | 一年生 | 阔叶草 |
| | 47 | 竹节菜 *Commelina diffusa* Burm. f. | 一年生 | 阔叶草 |
| | 48 | 大苞水竹叶 *Murdannia bracteata bracteata* | 多年生 | 阔叶草 |
| | 49 | 裸花水竹叶 *Aneilema nudiflorum*（L.）wall. | 多年生 | 阔叶草 |
| | 50 | 饭包菜 *Commelina benghalensis* L. | 多年生 | 阔叶草 |
| 藜科 | 51 | 小藜 *Chenopodium serotinum* L. | 一年生 | 阔叶草 |
| | 52 | 藜（灰菜）*Chenopodium allum* L. | 一年生 | 阔叶草 |
| | 53 | 土荆芥 *Chenopodium ambrosioides* L. | 多年生 | 阔叶草 |
| 蓼科 | 54 | 丛枝蓼 *Polygonum caespitosum* Bl. | 一年生 | 阔叶草 |
| | 55 | 腋花蓼 *Polygonum plebeium* R. Br. | 一年生 | 阔叶草 |
| | 56 | 萹蓄 *Polygonum aviculare* L. | 一年生 | 阔叶草 |
| | 57 | 海滨酸模 *Rumex maritimus* L. | 一年生 | 阔叶草 |
| | 58 | 粘毛蓼（香蓼）*Polygonum viscosum* Buch. -Ham | 一年生 | 阔叶草 |
| | 59 | 酸模叶蓼（大马蓼）*Polygonum lapathifolium* L. | 一年生 | 阔叶草 |
| | 60 | 水蓼（辣蓼）*Polygonum hydropiper* L. | 一年生 | 阔叶草 |
| | 61 | 杠板归 *Polygonum perfoliatum* L. | 一年生 | 阔叶草 |
| | 62 | 毛蓼 *Polygonum barbatum* L. | 多年生 | 阔叶草 |
| | 63 | 火炭母 *Polygonum chinense* L. | 多年生 | 阔叶草 |
| 苋科 | 64 | 皱果苋（绿苋，野苋）*Amaranthus viridis* L. | 一年生 | 阔叶草 |
| | 65 | 刺苋 *Amaranthus spinosus* L. | 一年生 | 阔叶草 |
| | 66 | 凹头苋 *Amaranthus lividus* L. | 一年生 | 阔叶草 |
| | 67 | 繁穗苋 *Amaranthux paniculatus* L. | 一年生 | 阔叶草 |
| | 68 | 青葙（野鸡冠花）*Celosia argentea* L. | 一年生 | 阔叶草 |

（续）

| 科名 | 序号 | 种名 | 按生活史分类 | 按形态分类 |
|---|---|---|---|---|
| 苋科 | 69 | 莲子草（虾钳菜）*Alternanthera sessilis*（L.）DC. | 一年生 | 阔叶草 |
| | 70 | 空心莲子草（水花生）*Alternanthera philoxeroides*（Mart.）Griseb. | 多年生 | 阔叶草 |
| | 71 | 土牛膝 *Achyranthes aspera* L. | 一年生或越年生 | 阔叶草 |
| 番杏科 | 72 | 簇花粟米草 *Mollugo opositifolia* | 一年生 | 阔叶草 |
| | 73 | 粟米草 *Mollugo pentaphylla* L. | 一年生 | 阔叶草 |
| 十字花科 | 74 | 荠菜 *Capsella bursa-pastoris* Medic. | 一年生或越年生 | 阔叶草 |
| | 75 | 野油菜（蔊菜）*Rorippa Montana*（Wall.）Small | 一年生 | 阔叶草 |
| | 76 | 细子蔊菜 *Rorippa Montana*（Wall.）Ohwi | 一年生 | 阔叶草 |
| | 77 | 弯曲碎米荠 *Cardamineflexuosa* With. | 一年生 | 阔叶草 |
| | 78 | 碎米荠 *Cardamine hirsuta* L. | 一年生 | 阔叶草 |
| | 79 | 风花菜 *Rorippa palustris*（Leyss.）Bess. | 多年生 | 阔叶草 |
| 马齿苋科 | 80 | 马齿苋 *Portulaca oleracea* L. | 一年生 | 阔叶草 |
| 豆科 | 81 | 田皂角（合萌）*Aeschynomene indica* L. | 一年生 | 阔叶草 |
| | 82 | 鸡眼草 *Kummerowia striata*（Thunb.）Schindl. | 一年生 | 阔叶草 |
| | 83 | 天蓝苜蓿（黑荚苜蓿）*Medicao lupulina* L. | 一年生 | 阔叶草 |
| | 84 | 三点金 *Desmodium triflorum* | 多年生 | 阔叶草 |
| | 85 | 草木樨 *Melilotus suaveolens* Ledeb. | 一年生或越年生 | 阔叶草 |
| | 86 | 猪屎豆（三圆叶猪屎豆）*Crotalaria mucronata* Desv. | 一年生 | 阔叶草 |
| | 87 | 决明 *Cassia tora* L. | 一年生 | 阔叶草 |
| | 88 | 链荚豆 *Alysicarpus vaginalis*（L.）DC. | 多年生 | 阔叶草 |
| | 89 | 大叶山蚂蝗 *Desmodium gangeticum* DC. | 多年生 | 阔叶草 |
| | 90 | 蔓生虫豆 *Atylosia scarabaeoides*（L.）Benth. | 二年生 | 阔叶草 |
| | 91 | 含羞草 *Mimosa pudia* L. | 多年生 | 阔叶草 |
| 葡萄科 | 92 | 乌蔹莓（五爪龙）*Cayratia japonica*（Thunb.）Gagnep. | 多年生 | 阔叶草 |
| 酢浆草科 | 93 | 酢浆草（酸味草）*Oxalis corniculata* L. | 多年生 | 阔叶草 |
| | 94 | 红花酢浆草（铜锤草）*Oxalis corymbosa DC.* | 多年生 | 阔叶草 |
| 大戟科 | 95 | 铁苋菜（人苋，海蚌含珠）*Acalypha australis* L. | 一年生 | 阔叶草 |
| | 96 | 飞扬草（大飞扬）*Euphorbia hirta* L. | 一年生 | 阔叶草 |
| | 97 | 千根草（小飞扬）*Euphorbia thymifolia* L. | 一年生 | 阔叶草 |
| | 98 | 叶下珠 *Phyllanthus urinaria* L. | 一年生 | 阔叶草 |
| | 99 | 蜜柑草 *Phyllanthus matsumurae* Hayata. | 一年生 | 阔叶草 |
| | 100 | 通奶草 *Euphorbia hirta* L. | 一年生 | 阔叶草 |

（续）

| 科名 | 序号 | 种名 | 按生活史分类 | 按形态分类 |
|---|---|---|---|---|
| 锦葵科 | 101 | 赛葵 *Malvastrum coromandelianum*（L.）Garcke | 多年生 | 阔叶草 |
| | 102 | 肖梵天花（地桃花，刺头婆，野棉花）*Urena lobata* L. | 多年生 | 阔叶草 |
| | 103 | 黄花稔 *Sida acuta* Burm. f. | 多年生 | 阔叶草 |
| | 104 | 白背黄花稔 *Sida rhombifolia* L. | 多年生 | 阔叶草 |
| | 105 | 磨盘草 *Abutilon indicm*（L）Sweet | 多年生 | 阔叶草 |
| | 106 | 野西瓜苗（香铃草）*Hibiscus trionum* L. | 一年生 | 阔叶草 |
| | 107 | 苘麻（青麻）*Abutilon theophrasti* Medic. | 一年生 | 阔叶草 |
| 滕黄科 | 108 | 地耳草（田基黄）*Hypericum japonicum* Thunb. | 一年生 | 阔叶草 |
| 柳叶菜科 | 109 | 草龙 *Ludwigia hyssopifolia*（G. Don）Exell | 一年生 | 阔叶草 |
| | 110 | 毛草龙 *Jussiaea reepens* L. | 一年生 | 阔叶草 |
| 伞形科 | 111 | 蛇床 *Cnidium monnieri*（L.）Cusson | 一年生 | 阔叶草 |
| | 112 | 积雪草（崩大碗）*Centella asiatica*（L.）Urban | 多年生 | 阔叶草 |
| | 113 | 天胡荽（满天星）*Herba hydroctylis* | 多年生 | 阔叶草 |
| | 114 | 水芹 *Oenanthe javanica*（Bl.）Dc. | 多年生 | 阔叶草 |
| 旋花科 | 115 | 裂叶牵牛 *Pharbitis nil*（L.）Choisy | 一年生 | 阔叶草 |
| | 116 | 圆叶牵牛（紫牵牛，毛牵牛）*Pharbitis purpurea*（L.）Voigt. | 一年生 | 阔叶草 |
| | 117 | 菟丝子 *Cuscuta chinensis* Lam. | 一年生 | 阔叶草 |
| | 118 | 鱼黄草（三裂叶鸡矢藤）*Merremia hederacea*（Burm. f.）Hall. f. | 多年生 | 阔叶草 |
| | 119 | 打碗花 *Calystegia hederacea* Wall. | 多年生 | 阔叶草 |
| 紫草科 | 120 | 斑种草 *Bothriospermum chinense* Bge. | 越年生或一年生 | 阔叶草 |
| | 121 | 大尾摇（象鼻草，金虫草）*Heliotropium indecum* L. | 一年生 | 阔叶草 |
| | 122 | 附地菜（鸡肠草）*Trigonotis peduncularis*（Trev.）Benth. | 越年生或一年生 | 阔叶草 |
| | 123 | 多苞斑种草 *Botriospermum secundum* Maxim. | 一年生 | 阔叶草 |
| 马鞭草科 | 124 | 马鞭草 *Verbena officinalis* L. | 多年生 | 阔叶草 |
| | 125 | 马缨丹 *Lantana camara L.* | 多年生 | 阔叶草 |
| | 126 | 大青（路边青）*Clerodendrum cyrtophyllum* Turcz | 多年生 | 阔叶草 |
| 茄科 | 127 | 曼陀罗 *Datura stramonium* L. | 一年生 | 阔叶草 |
| | 128 | 少花龙葵 *Solanum photeinocarpum* Nakam. et Odash. | 一年生 | 阔叶草 |
| | 129 | 水茄（刺茄）*Solanum torvum* Swartz | 多年生 | 阔叶草 |
| | 130 | 黄果茄 *Solanum xanthocar pum* Schrad. et Wendl. | 多年生 | 阔叶草 |
| 玄参科 | 131 | 母草 *Lindernia crustacea*（L.）F-Muell. | 一年生 | 阔叶草 |
| | 132 | 长角母草 *Lindernia anagaliis*（Burm. f.）Pennell | 一年生 | 阔叶草 |
| | 133 | 通泉草 *Mazus japonicus*（Thunb.）O. kuntze | 一年生 | 阔叶草 |

（续）

| 科名 | 序号 | 种名 | 按生活史分类 | 按形态分类 |
|---|---|---|---|---|
| 玄参科 | 134 | 匍茎通泉草 *Mazus miquelii* Makino | 一年生 | 阔叶草 |
| | 135 | 水苦荬 *Veronica undullata* Wall. | 一年生 | 阔叶草 |
| | 136 | 陌上菜 *Lindernia procumbens* (Krock.) Philcox | 一年生 | 阔叶草 |
| | 137 | 野甘草 *Scoparia dulcis* L. | 多年生 | 阔叶草 |
| | 138 | 北水苦荬 *Veronica anagallis - aquatica* L. | 多年生 | 阔叶草 |
| 车前草 | 139 | 大车前 *Plantago major* L. | 多年生 | 阔叶草 |
| | 140 | 车前 *Plantago asiatica* L. | 多年生 | 阔叶草 |
| 茜草科 | 141 | 白花蛇舌草 *Hedyotis diffusa* Willd. | 一年生 | 阔叶草 |
| | 142 | 伞房花耳草 *Hedyotis corymbosa* Lam. | 一年生 | 阔叶草 |
| | 143 | 粗叶耳草 *Hedyotis hispida* Retz. | 多年生 | 阔叶草 |
| | 144 | 阔叶丰花草 *Spermacoce latifolia* Aubl | 多年生 | 阔叶草 |
| | 145 | 鸡矢藤 *Paederia scandens* (Lour.) Merr. | 多年生 | 阔叶草 |
| | 146 | 短叶小蛇根草（小蛇根草）*Ophiorhiza pumila champ* | 多年生 | 阔叶草 |
| 菊科 | 147 | 腺梗豨莶 *Siegesbeckia pubescens* Makino | 一年生 | 阔叶草 |
| | 148 | 金腰箭 *Synedrella nodiflora* (L.) Gaertn. | 一年生 | 阔叶草 |
| | 149 | 胜红蓟（藿香蓟，臭草）*Ageratum conyzoides* L. | 一年生 | 阔叶草 |
| | 150 | 鳢肠（旱莲草，黑墨草）*Eclipta prostrata* L. | 一年生 | 阔叶草 |
| | 151 | 狭叶鼠曲草 *Gnaphalium indicum* | 一年生 | 阔叶草 |
| | 152 | 野茼蒿（革命菜）*Gynura crepidioides* Benth. | 一年生 | 阔叶草 |
| | 153 | 野塘蒿 *Conyza bonariensis* (L.) Cronq. | 一年生 | 阔叶草 |
| | 154 | 豨莶 *Siegesbeckia orientalis* L. | 一年生 | 阔叶草 |
| | 155 | 苍耳 *Xanthium sibiricum* Patrin. | 一年生 | 阔叶草 |
| | 156 | 多茎鼠曲草 *Gnaphalium polycaulon* Pers. | 一年生 | 阔叶草 |
| | 157 | 多头苦荬 *Ixeris polycephala* Cass | 一年生 | 阔叶草 |
| | 158 | 狗仔菜（咸虾花）*Vernonia patula* (Ait) Merr. | 一年生 | 阔叶草 |
| | 159 | 熊耳草 *Ageratum houstonianum* Mill. | 一年生 | 阔叶草 |
| | 160 | 石胡荽（球子草）*Centipeda minima* (L.) A. Br. et Ascher. | 一年生 | 阔叶草 |
| | 161 | 三叶鬼针草 *Bidens pilosa* L. | 一年生 | 阔叶草 |
| | 162 | 一点红（红背叶）*Emilia sonchifolia* (L.) DC. | 一年生 | 阔叶草 |
| | 163 | 梁子菜 *Erechtites hieraciifolia* (L.) Raffin. | 一年生 | 阔叶草 |
| | 164 | 裸柱菊 *Soliva anthemifolia* R Br. | 一年生 | 阔叶草 |
| | 165 | 银胶菊 *Parthenium hysterophorus* L. | 一年生 | 阔叶草 |
| | 166 | 黄鹌菜 *Youngia japonica* (L.) DC. | 一年生或越年生 | 阔叶草 |
| | 167 | 苦苣菜（滇苦菜）*Sonchus oleraceus* L. | 越年生 | 阔叶草 |

（续）

| 科名 | 序号 | 种名 | 按生活史分类 | 按形态分类 |
|---|---|---|---|---|
| 菊科 | 168 | 青蒿（黄花蒿）*Artemisia annua* L. | 越年生 | 阔叶草 |
| | 169 | 黄花球（荔枝草）*Grangea maderaspatana*（L.）Poir. | 二年生 | 阔叶草 |
| | 170 | 小白酒草（小飞蓬）*Conyza Canadensis*（L.）Cronq. | 越年生或一年生 | 阔叶草 |
| | 171 | 泥胡菜 *Hemistepta lyrata* Bge. | 越年生 | 阔叶草 |
| | 172 | 鼠麴草（佛耳草）*Gnaphalium affine* D. Don. | 越年生 | 阔叶草 |
| | 173 | 秋鼠麴草（下白鼠麴草）*Gnaphalium hypoleucum* DC. | 一年生 | 阔叶草 |
| | 174 | 狭叶鼠曲草 *Gnaphalium indicum* | 一年生 | 阔叶草 |
| | 175 | 女宛 *Turczaninowia fastigiata*（Fisch）DC. | 多年生 | 阔叶草 |
| | 176 | 飞机草 *Eupatorium odoratum* L. | 多年生 | 阔叶草 |
| | 177 | 苣荬菜 *Sonchus brachyotus* DC. | 多年生 | 阔叶草 |
| | 178 | 夜香牛（假咸虾）*Vernonia cinerea*（L.）less | 多年生 | 阔叶草 |
| | 179 | 路边菊（马兰）*Asteromaea indica* BI | 多年生 | 阔叶草 |
| | 180 | 野菊 *Dendranthema. indicum*（L.）Des Monl | 多年生 | 阔叶草 |
| | 181 | 野艾蒿 *Aretemisia lavandulaefolia* DC. | 多年生 | 阔叶草 |
| | 182 | 蒲公英 *Taraxacum mongolicum* Hand - Mazz. | 多年生 | 阔叶草 |
| 梧桐科 | 183 | 马松子（野路葵）*Melochia corchorifolia* L. | 一年生 | 阔叶草 |
| 石竹科 | 184 | 繁缕 *Stellaria media*（L.）Cyr. | 一年生 | 阔叶草 |
| | 185 | 牛繁缕 *Malachium aquaticum*（L.）Fries | 多年生 | 阔叶草 |
| 白花菜科 | 186 | 黄花菜（臭矢草）*Cleome viscosa* L. | 一年生 | 阔叶草 |
| 椴树科 | 187 | 长蒴黄麻 *Corchorus olitorius* L. | 一年生 | 阔叶草 |
| | 188 | 刺蒴麻 *Truumfetta rhomboidea* Jacq. | 一年生 | 阔叶草 |
| | 189 | 假黄麻（甜麻）*Corchorus acutangulus* Lam. | 一年生 | 阔叶草 |
| 天南星科 | 190 | 半夏 *Pinellia ternata*（Thunb.）Breit. | 多年生 | 阔叶草 |
| | 191 | 狗爪半夏 *Pinellia pedatisecta* Schott | 多年生 | 阔叶草 |
| 蔷薇科 | 192 | 茅莓 *Rubus parvifolius* L. | 多年生 | 阔叶草 |
| | 193 | 蛇莓 *Duchesnea indica*（Andrews）Focke | 多年生 | 阔叶草 |
| 唇形科 | 194 | 荔枝草（野苏麻，虾蟆草）*Salvia plebeia* R. Br. | 一年或二年生 | 阔叶草 |
| | 195 | 益母草 *Leonurus heterophyllus* Sweet | 一年或二年生 | 阔叶草 |
| | 196 | 夏至草 *Lagopsis supina* | 多年生 | 阔叶草 |

## 二、甘蔗田重要杂草简介

据联合国粮农组织报道，全世界有农田杂草 8 000 余种，其中危害最严重的有 18 种：

稗、光头稗、蟋蟀草、假高粱、野燕麦、狗牙根、白茅、马唐、双穗雀稗、罗氏草、香附子、水葫芦、马齿苋、黎、田旋花、苋、莿苋、铁荸荠等。在广西共有农田杂草 604 种，其中危害最严重的有 17 种，即白茅、狗牙根、马唐、罗氏草、双穗雀稗、蟋蟀草、稗、铺地黍、水蓼、胜红蓟、繁缕、香附子、碎米莎草、鸭舌草、红花酢浆草、牛毛毡、四叶萍等（夏民生和周秉珍，1986）。在这些杂草当中，许多在甘蔗田同样危害严重。现将甘蔗田较难防除而危害严重的 10 种杂草简介如下。

### （一）马唐

一年生禾草，以种子繁殖，繁殖力很强，是世界上危害最严重的 18 种杂草之一。分布在我国南北各省，各地蔗区危害均严重。成株杆基部开展或倾斜，高 40～100 cm，无毛。叶鞘疏生有疣基的软毛。叶舌膜质，黄棕色，先端钝，长 1～3 mm。叶片条状披针形。长 3～17 cm，宽 3～10 mm。两面疏生软毛或无毛。花果期 6—10 月。总状花序 3～10 枚呈指状排列。长 5～18 cm。小穗长 3～3.5 mm，披针形，含 2 朵小花。小穗成对，一具柄，一无柄。第一颖微小，钝三角形，长约 0.2 mm，第二颖长为小穗的 1/2～3/4，具 3 脉，边缘具纤毛，第二外稃与小穗等长，5～7 脉。侧脉上部锯齿状粗糙。颖果和小穗等长，色淡（张泽溥，2000）。甘蔗田马唐的发生与危害见彩图 14 - 3、彩图 14 - 4。

### （二）牛筋草

牛筋草又称蟋蟀草，一年生禾草，以种子繁殖，是世界上危害最严重的 18 种杂草之一，全国蔗区常见，危害严重。成株杆高 15～80 cm，平滑、压扁。叶舌长约 1 mm。叶片条形，叶鞘压扁具脊。花果期 6—10 月。穗状花序 2～7 枚，在杆顶成指状排列。小穗成 2 行排列于穗轴的一侧，含 3～6 个小花，无芒。囊果卵形或长椭圆形，长约 1.5 mm，有明显的波状皱纹。种子深褐色，有横皱纹（张泽溥，2000）。甘蔗田牛筋草的发生与危害见彩图 14 - 5、彩图 14 - 6。

### （三）芒稷

芒稷又称光头稗子。一年生禾草，以种子繁殖，是世界上危害最严重的 18 种杂草之一。分布在我国华东、华南、西南各省。各蔗区常见杂草，危害严重。成株秆较细弱，高 15～40 cm，无毛。叶鞘具脊，无毛，无叶舌。叶片扁平，条形或条状披针形，长 3～20 cm，宽 3～7 mm，无毛。花果期 6—9 月。圆锥花序狭，直立，长 4～8 cm，分枝单纯，上举或紧贴主轴或较短的距离生于主轴上，长 1～2 cm。小穗卵圆形，长 2～2.5 mm，具小硬毛，无芒，紧密排列于穗轴的一侧，含 2 朵小花，但仅第二小花结实。第一颖长为小穗的 1/2，具 3 脉，第二颖与第一外稃相似，具 7 脉，有小尖头，无芒，第二外稃革质，有小尖头。颖果椭圆形，长约 2 mm，具小尖头，平滑光亮（张泽溥，2000）。甘蔗田芒稷的发生与危害见彩图 14 - 7、彩图 14 - 8。

### （四）狗牙根

狗牙根俗称拌根草、铁线草。属多年生禾草，是世界上危害最严重的 18 种杂草之一。分布在我国黄河以南各省，各蔗区发生危害均严重。成株具根状茎或匍匐茎，节上生根及分枝，分枝高 10～40 cm。叶短小，具小纤毛，叶片条形，横展，长 1.5～5 cm，宽 1.4～3 mm，淡绿色，无毛。花果期 5—10 月。穗状花序 3～6 枚，呈批状排列。小穗排列于穗轴的一侧。含 1 个小花，长 2～2.5 mm。颖近等长，长 1.52 mm。1 脉成脊，短于外稃，外稃具3脉，无芒，颖果（张泽溥，2000）。甘蔗田狗牙根的发生与危害见彩图14-9、彩图14-10。

### （五）筒轴茅

筒轴茅又称罗氏草，一年生禾草，以根茎和种子繁殖。分布我国台湾、福建、华南、西南，蔗区常见杂草，局部发生危害严重。是广西危害最严重的17种杂草之一，由于其高大而分枝多，竞生力强，对甘蔗生长影响大。成株秆高达2 m，多分枝。叶片条状披针形至条形，长20～50 cm。总状花序圆柱形。单生茎顶，粗糙。穗轴逐节脱落，节间肥厚，与小穗柄紧密贴生，无柄小穗嵌生于穗轴节间与小穗柄形成的凹穴中，长4～5 mm，有细疣点，有柄小穗绿色，通常较小，雄性（农业部全国植物保护总站，1997）。甘蔗田筒轴茅的发生与危害见彩图14-11、彩图14-12。

### （六）白茅

白茅别名茅草、茅柴。多年生禾草，是世界上危害最严重的18种杂草之一，分布全国各地，部分蔗区受害严重。成株秆高20～80 cm。叶片条状披针形。叶舌干膜质。顿头，长约1 mm，主脉明显。叶鞘无毛或鞘口被纤毛。花果期4—7月。圆锥花序圆柱状。小穗披针形，含2朵小花，基部生有多数细长丝状长柔毛。外稃无芒，颖果。具根状茎，根茎繁殖（张泽溥，2000）。甘蔗田白茅的发生与危害见彩图14-13、彩图14-14。

### （七）香附子

香附子俗称回头青。越年生或多年生莎草，以种子、根茎及块茎繁殖，是世界上危害各种作物的“头号杂草”。分布在我国陕西、甘肃及华北、华东、华南、西南等地区。我国蔗区发生危害相当严重。成株具匍匐状根茎和块茎。秆直立，散生。高15～95 cm，有三锐棱。叶基生，短于秆，宽2～3 mm。第1片叶呈条状披针形，长1.6 cm，宽0.3 mm。有明显平行脉5条。第2片叶与第1片叶相似。花果期5—11月。苞片2～3片，叶状，长于花序。长侧枝聚伞形花序简单或复出，有3～6个辐射枝。小穗条形，3～10枚，伞形花序，长1～3 cm。小穗轴有白色透明的翅。鳞片紧密排成2列。小穗呈圆卵形，长约3 mm，中间绿色，两侧紫红色，柱头3个。小坚果矩圆状倒卵形，表面有细点（张泽溥，2000）。甘蔗田香附子的发生与危害见彩图14-15、彩图14-16。

### （八）铜锤草

铜锤草又称红花酢浆草，属多年生阔叶草，适生湿润地，以鳞茎繁殖。原产美洲热带地区，是我国引进的栽培种。现在全国均有分布，危害蔗区已相当严重。成株株高15～35 cm。根肉质，根上部具多数小鳞茎，鳞片黄褐色，有3条纵棱。掌状三出复叶，基生，小叶阔倒卵形，长2～3 cm，宽2～4 cm，先端凹缺，基部宽楔形，有毛，两面有棕红色疣状小腺点。叶柄长15～25 cm，有毛。花果期6—9月。花葶自基部伸出，伞形花序，有花5～10朵，淡紫红色，长约1 cm。萼片5裂，顶端有2红色小腺体。花瓣5枚，倒卵形。蒴果，条状圆柱形，长1.7～2 cm，有毛（张泽溥，2000）。甘蔗田铜锤草的发生与危害见彩图14-17、彩图14-18。

### （九）阔叶丰花草

阔叶丰花草别名日本草，多年生阔叶草，以种子或营养体繁殖。原产于南美洲热带地区，1937年引进广东等地作为军马饲料而传入我国，20世纪70年代常作为地被植物栽培，现已成为我国华南地区常见杂草。局部蔗区危害十分严重。阔叶丰花草为茜草科蔓生草本植物，茎和枝均为明显的四棱柱形，棱上具狭翅；叶椭圆形或卵状长圆形，顶端锐尖或钝，基部阔楔形而下延。侧脉每边 5～6 条；叶柄长 4～10 mm；托叶膜质被粗毛，顶部有数条刺毛。花丛生于托叶鞘内，无梗；花冠漏斗形，浅紫色，长 3～6 mm，单面基部具 1 毛环，顶部 4 裂；花柱长 5～7 mm，柱头 2 个；蒴果椭圆形，长约 3 mm，成熟时从顶部纵裂至基部；种子近椭圆形，长约 2 mm，浅褐色或黑褐色；花果期 5—7 月（郑思思等，2009）。甘蔗田阔叶丰花草的发生与危害见彩图 14－19、彩图 14－20。

### （十）空心莲子草

别名水花生，属多年生阔叶草，原产巴西，是我国引进栽培种，后逸为野生。南方各省多见，各蔗区均有发生危害。尤其田边及潮湿的蔗地多见，局部蔗区为害相当严重。以种子或匍匐茎繁殖。成株高 55～100 cm，茎基部匍匐，节处生根，上部斜升，中空，具不明显四棱。叶对生，矩圆形或倒披针形，长 2.5～5 cm，宽 7～20 mm，顶端圆钝，全缘，革质，边缘有睫毛。花果期 5—10 月。头状花序单生于叶腋，总花序梗长 1～4 cm。苞片和小苞片干膜质，寄存，具 1 脉。花被片 5 片，白色。雄蕊 5 枚，花丝基部合生。有时不结子，由根茎出芽繁殖（张泽溥，2000）。甘蔗田空心莲子草的发生与危害见彩图 14－21、彩图 14－22。

## 三、发生规律

从一年四季看，在广西蔗区大部分蔗田杂草发生在春夏两季。部分发生在春夏秋三季，少部分发生在秋冬或冬春两季（王伯辉，2001）。春夏两季是杂草危害最猖獗时期。洞庭湖区 2 月底至 3 月初杂草出土，随着气温的升高逐渐大量发生。立夏后杂草繁殖速度加快，在田间蔓延，危害极大。在湘北蔗区覆盖地膜的蔗田杂草萌芽早，高峰持续期长，一般植后 5～7 d，单子叶杂草相继出土，植种后 15～20 d 杂草开始出现高峰期，直至甘蔗封行前杂草危害都很猖獗。露地栽培杂草出现的高峰较迟，通常在 6 月中旬左右。蔗田杂草大量出土时间主要集中在 5 月中旬至 6 旬中旬，出土率达到 94.3%，为出土盛期（张殿京和陈仁霖，1992）。

从甘蔗生长期看，在广西蔗区每年春季的甘蔗幼苗期，马唐、光头稗、千金子、虮子草、狗尾草、碎米莎草、异型莎草、胜红蓟、日本草、粗叶耳草、小藜等是蔗地发生量较大的优势杂草。低湿蔗地则常受空心莲子草、红花酢浆草、香附子、双穗雀稗等多年生杂草危害。甘蔗封行后甘蔗行间荫蔽，仅有少量耐阴的杂草，但在甘蔗拔节长高后，鱼黄草、牵牛等缠绕性杂草成为危害甘蔗的重要杂草（王伯辉，2001）。从杂草种类组成看，甘蔗生长前期以禾草为主，中期以阔叶草为主，后期以莎草杂草为主。

从单一杂草看，不同杂草均有其自身发生消长规律。据调查，红花酢浆草在广西蔗区大量萌发初见于气温降低之后的 12 月，发生盛期在春季 3—5 月，6—7 月随着气温的升高逐渐减少，地上部开始干枯，地下部分处于休眠状态。其发生过程正好与甘蔗苗期相吻合。红花酢浆草在广西甘蔗田发生普遍，从桂南、桂中到桂北各蔗区均有危害，部分蔗区受害严重，有的蔗田发生密度高达每平方米 175 株，覆盖度高达 75%以上，甚至全田被覆盖。由于红花酢浆草的发生时期与甘蔗苗期十分吻合，因此成为影响甘蔗生长的重要杂草（覃建林等，2004）。

## 第三节　甘蔗杂草主要防除方法

### 一、轮作治草

轮作就是轮换种植不同作物。连续种植甘蔗2～3年后改种其他作物2～3造而后再种植甘蔗，如甘蔗与水稻、玉米、花生、菠萝、西瓜、大豆等作物进行轮换等。这种种植方式可以避免连作产生的不良影响（郑云和王海霞，2008），是一项重要的农艺措施，对于防治杂草也有十分有效。由于每种杂草都有特定的生存环境，如湿生型杂草、水生型杂草以及藻类杂草在旱田难以生长，而旱田杂草则在有水层的情况下无法生存，因此改变生存环境就能有效地抑制某些杂草的发生。通过轮作能有效地防止或减少伴生性杂草，特别是寄生性杂草的危害。轮作的方式有旱旱轮作和水旱轮作两种。水旱轮作使杂草的生境变化最大，所以效果也最好，能较好地防除水湿生或旱生杂草。因此，有条件的尽可能进行水旱轮作，如甘蔗与水稻轮作。可以肯定的是，若要防治马唐、香附子等旱生型杂草，甘蔗与水稻轮作的效果就远比甘蔗与花生轮作的效果要好。轮作并非单一的为了除草，更重的是为了增产增收，因它具有许多好处（何树林，2006），越来越受到重视并推广。轮作方式有五年二蔗，四年二蔗，三年二蔗或二年一蔗等多种，各地应灵活运用，因地制宜。广东徐闻县城北乡推广五年二蔗轮作制（第一年新植蔗→第二年宿根蔗→第三年冬春外运菜，夏秋甘薯→第四年木薯或春花生，夏秋甘薯→第五年春西瓜，夏秋花生、黄豆、绿豆、黑豆等豆科作物）取得成功，已成为助农增收致富的一条好途径（冯奕玺，2001）。

### 二、间套种治草

间套种治草是指在甘蔗早期田间套种大豆、花生、西瓜等适宜作物，充分利用了间套种作物不同生育特性，使之有效占据蔗田空间，形成作物群体优势抑制杂草的生长，或是利用间套种作物之间互补的优势，提高对杂草的竞争能力、或利用植物间的他感作用，抑制杂草的生长发育，达到防草治草的目的。间套种不仅可以防治杂草，更重要的是可以增加经济收益，可谓一举两得。在我国，间套种技术从根本上改变了糖料蔗生产的传统耕作模式，有效拓展产业发展空间，走出了一条不影响糖料蔗生产、不增加资源环境压力，又大幅增加农业收益的新路子。实践证明，通过甘蔗间套种技术模式，可使甘蔗地的利用率提高40%，从而突破了土地面积对农业发展的约束。而且在甘蔗地里间套种的其他农作物，其收益甚至有可能超过甘蔗（袁琳，2009）。但是间套种也须选择适宜的作物以及适宜的时间。否则虽然防治了杂草也可能对甘蔗造成减产。比如甘蔗栽植后即间种大豆（彩图14-23），会造成甘蔗显著减产；而出苗初期间种大豆，则甘蔗、大豆双丰收（吴才文等，2004）。覃兆信和陆道祥（1998）通过对甘蔗间套种试验得失分析后认为，甘蔗行间套种玉米不可取，容易造成甘蔗减产。但隔行间种却是合理的，值得推广。

### 三、地膜覆盖除草

据报道，覆盖地膜（彩图14-24），比不覆盖地膜杂草发生量减少36%～45.2%，杂草发生的高峰期提前一周。禾本科杂草提早充分萌发，可以使第二年数量明显减少。覆盖黑色地膜比白色地膜除草效果更为明显，而覆盖黑白色地膜杂草的发生量更少（鲍子金，1981）。甘蔗生产上覆盖白色地膜比较普遍，这种膜除草效果较差，覆膜后杂草仍然大量滋生。杂草同作物争夺养分和水分，影响了地膜覆盖效益的充分发挥。因此地膜覆盖前应当喷施封闭型除草剂。也就是将地膜覆盖与化学除草结合起来。这样做除草效果会更加理想。如果地膜覆盖前没有喷施芽前除草剂，膜内杂草丛生，可以在杂草丛生处的薄膜上加盖细土，将草压平，以高温将杂草闷死。也有将除草剂与聚乙烯树脂复合生产出具有抑草功能的农用除草地膜（周艺峰和聂王焰，1998）。使用农用除草地膜更加简便。据罗志明等（2009）在甘蔗实生苗中进行的对比试验，使用莠去津除草地膜处理后 40 d，对单、双子叶杂草防效均达 90%以上。处理后 60 d 除草地膜防效最好，对单、双子叶杂草防效在 91. 7%，与普通地膜+38%莠去津胶悬剂的防效无显著性差异。

地膜覆盖不仅是一项除草措施，更是一项实现农作物早熟、高产、优质的先进栽培技术，在我国甘蔗种植省区已得到广泛应用。但甘蔗地膜覆盖不是任何时候、任何地方的效果都很显著。根据蔗区的实践结果，甘蔗地膜覆盖以冬植和早春植最好，迟春植覆膜的效果与不覆膜的差不多。从增产幅度看，旱地比水田好，瘦地比肥地好，翻茬地比新植地好，早种比迟种好，冷天比暖天好，旱天比雨天好。所以地膜蔗覆盖要因时因地制宜。而且盖覆时膜要紧贴地面，膜四周和中央用沟细土或湿泥密封，做到无漏洞，同时要使透光面积尽可能大些，以提高保温效果，这样覆盖地膜的效果才能得到保证（李亿坤，1993）。

## 四、中耕培土

中耕培土一般结合施肥进行。既可以疏松土壤，防止肥料挥发损失，促进甘蔗生长，抑制无效分蘖，又可以消灭大量田间杂草（彩图 14 - 25）。中耕培土常在甘蔗生长至 4～7 片叶或者根据情况在分蘖末期进行。从除草的角度讲，中耕培土应掌握在杂草较小时进行以提高除草的工效和保证除草的效果。传统的甘蔗栽培使用人力或牛犁培土，劳动效率较低，现代甘蔗栽培，推广机械中耕培土。一部小型中耕培土机，每天工作 8 h 可中耕培土 1～1. 3 $hm^2$ 机械，是人工或牛犁的 20 倍（农初强，2006）。机械中耕培土，不仅速度快，而且质量好。机械里装有旋耕刀，耕地、培土一次完成，杂草和土块一起被切碎，斩草除根，土壤疏松，培土均匀。不过机械中耕要求甘蔗行距相对较宽，种植前要事先规划。

此外，在甘蔗种植前的机耕整地作业中，通过深耕翻埋表土层，也可以有效控制部分杂草种子的萌芽，机械深翻耕目前已成为生产上普遍使用的一种防除杂草的耕作措施。

## 五、蔗叶还田

蔗叶还田，即甘蔗采收后遗留的蔗叶直接用来覆盖行间。蔗叶还田有诸多好处：一能抑制或减少杂草的发生；二能增加土壤有机质等多种养分，提高了土壤肥力，改善了土壤结构，促进作物生长；三能为越冬甘蔗保温防冻，促进来年早发苗、早生长，促进以苗抑草；四能保肥、保湿，减少水土流失。但传统上蔗农没有充分认识到蔗叶还田的好处。视蔗叶为耕作管理的障碍，往往就地焚烧了事，蔗叶的利用率很低。韦衍标和刘海峰（2006）经过试验研究，对传统的蔗叶利用方式进行改进，总结出一套适合广西崇左市生产条件的蔗叶利用技术，取得了较好的应用效果。这一技术的核心是采取蔗叶覆盖与蔗叶切碎还田相结合的方法来利用蔗叶，在管理宿根蔗时将上年产生的蔗叶先用来覆盖蔗地，充分利用它来保护土壤，保持土壤水分，改善农田生态条件，提高抵御干旱、冷冻等自然灾害的能力，抑制杂草的滋生（彩图 14－26）。在覆盖蔗地一年甚至两年后，韧性下降，就可以利用旋耕机将其切碎还田。

## 六、植物检疫

植物检疫是指依据国家制定的植物检疫法，运用一定的仪器设备和技术、科学地对输入或输出本地区、本国的动植物或动植物产品中夹带的有潜在危害的、有毒、有害杂草或杂草的繁殖体（主要是种子）进行检疫监督处理的过程（强胜，2001）。杂草检疫是杂草综合治理首要环节，是一种带有强制性的预防性的杂草防治措施。检疫法中规定的杂草即为检疫性杂草。为了防止检疫性杂草传播扩散，国家颁布实施专门的法令（检疫法），并成立专门的机构（检疫机构），封锁检疫杂草的传布，一旦发现，立即采取有效的措施及时彻底杀灭。如 1987 年，为了扑灭入侵的恶性杂草假高粱，广西全区各地植物检疫人员沿公路、铁路沿线步行 3 000 km 以上，挖除萌发的假高粱植株，并连续监测两年（吴志红，2003）。植物检疫是政策层面的预防策略，对普通的甘蔗生产者可能浑然不知，但它却是一项非常重要的杂草防治方法。检疫杂草一旦入侵被保护地区其对当地农业和生态的危险是极大的。我国由于外来有害生物的入侵经济损失平均每年就高达 574 亿元人民币之巨（刘万学和杨宝东，2004）。我国目前主要的外来有害入侵杂草有紫茎泽兰、飞扬草、薇甘菊、水葫芦、水花生、豚草、互花米草、毒麦、假高粱等，这些杂草都不同程度对我国生物多样性和生态环境造成了危害（廖世纯，2004）。甘蔗田难治杂草香附子、红花酢浆草、空心莲子草等也都是外来入侵性杂草，前者原产地为印度，后两者均产于南美洲（陈明林等，2003）。这些杂草已成为我国农业上的恶性杂草：数量大，分布广，危害重，难以清除（李扬汉，1998）。2020 年我国公布了新的《全国农业植物检疫性有害生物名单》（农业农村部公告 2020 年第 351 号）。目前国家检疫法规定的检疫杂草有三类：毒麦、列当属、假高粱。

## 七、生物防治

杂草生物防治就是利用不利于杂草生长的生物天敌，像某些昆虫、病原真菌、细菌、病毒、线虫、食草动物或其他高等植物来控制杂草的发生、生长蔓延和危害的杂草防治方法。其目的不是根除杂草，而是控制杂草使其危害处在经济允许水平之下。生物治草具有不污染环境、不产生药害、经济效益高等优点。随着大量除草剂的使用，环境遭到严重污染和破坏，生物治草越来越受到人们的重视。杂草生物防治已有 200 多年的历史，从 1795 年印度引进胭脂虫成功控制北部地区仙人掌的危害拉开人类利用天敌防治杂草的序幕，到 1981 年美国利用真菌研制出第一个被登记注册的生物除草剂 DeVine，开创了人类应用现代工程技术控制性地利用生物防治杂草的新时代，经历了以虫治草、以菌治草到生物除草剂不同的发展阶段。目前生物除草剂的品种还很少，但它却有着诱人的发展前景。20 世纪 60 年代，我国研制出鲁保一号防治菟丝子的生物除草剂，成为世界上最早被应用于生产实践的生物除草剂之一。新疆哈密植物检疫工作站于20世纪80年代研制的生防剂F798控制西瓜田杂草瓜列当也取得实用性成果（强胜，1996）。最近几年，南京农业大学杂草研究室相继从野燕麦、波斯婆婆纳、菟丝子上分离出专化菌株，为生物除草剂的研制奠定了基础（强胜，2001）。所有这些都预示着我国生物防治一个新时代的到来。蔗田杂草的生物防治研究和应用目前还非常有限，不过作为甘蔗上危害严重的恶性杂草香附子、空心莲子草这2种杂草的生物防治研究正方兴未艾（娄远来等，2002）。

## 八、化学除草

化学除草是一种应用化学除草剂有效防治杂草的方法，即将定量的适用化学除草剂兑水，借助施药器械如喷雾器、弥雾机、农用飞机等把除草剂均匀施于土表或杂草茎叶，从而有效遏制和杀灭杂草（彩图14-27）。除草剂的应用是近代农业科学的重大成就之一，作为一项农业技术措施，它具有高效、省工的特点（卢植新，1999）。化学除草已成为现代农业的标志之一，尽管化学除草也有自身的缺点和局限性，但在杂草综合治理措施中仍占据着核心地位。化学除草之所以受到如此广泛的重视和应用，不是因为它没有缺点而是因为它优点很多并十分突出。概括起来有以下几个方面：①选择性除草。使用除草剂可以快速并选择性地杀灭杂草而不伤作物，即使杂草处于作物植株的狭缝间也不例外，这是机械除草难以做到的。②除草彻底。除草剂可以在杂草体内传导从而杀灭杂草地下再生根茎、地上走茎，因而能彻底毁灭宿根杂草，而且不分大小杂草，一概通杀，而人工或机械除草往往斩草而不除根。③具有较长的持效期。除草剂可以存留土壤里相当一段时间并继续发挥作用从而使杂草在一段时间（比如一个生长季节）内都不能萌发危害，可谓“一劳永逸”。④可以杀杂草于萌发之前，使杂草根本没有机会造成危害。如甘蔗种植后杂草萌发前土表喷施莠去津就可以阻止杂草萌发，使蔗田在相当长一段时间内将处于无草状态，有利于作物生长。⑤除草速度快、效率高。用普通的手动喷雾器，每天可防除杂草0.26～0.33 $hm^2$。用先进的弥雾机，每天可以完成20～27 $hm^2$，用飞机喷雾，每天可完成300 $hm^2$以上，人工除草或其他方式无法相比。⑥克服雨水对人工除草或机械除草限制。雨天往往阻止人工除草或机械除草进行，使用芽前除草剂却不怎么怕雨，适当的降雨反而有利于芽前除草剂药效的发挥。⑦化学除草有利于病虫害的综合防治。许多杂草是病虫的中间寄主，茂盛的杂草还常常是鼠类的藏身之所。化学除草能及时消灭草害，清除和切断一些病虫的中间寄主、越冬场所、传毒寄主、嗜好寄主，从而减轻病虫鼠的危害。⑧有利于耕作制度的改革。使用化学除草后甘蔗栽培可以免除小培土直接进行大培土，而产量并无差异。化学除草改变了传统的做法。⑨有利于机械化操作。使用化学除草效果好，田间杂草少，有利于机械化中耕培土或甘蔗成熟期的收获。⑩成本低。化学除草由于工效很高，相对成本较低。甘蔗田每公顷每次人工除草需90～150个工（许跃辉和杨琼英，1988），每工按50元计产，需4 500～7 500元，而化学除草只需3个工再加药剂成本225～375元，合计成本约375～525元，节约4 125～6 975元，尚不算间接产生的效益。⑪促进作物增收。化学除草药效高，彻底清除杂草的竞争，有利于作物生长，除草比不除草增产20%以上。

## 九、其他

陈斌（2012）报道了除草新思路——火焰除草。刘照启等（2020）在浅谈除草技术一文中也简单概述了微波除草、泡沫除草、电力除草等方法。这些新的方法都有各自的优缺点，具有一定的参考启迪意义，但目前在甘蔗生产上还没有正式应用。

# 第四节　甘蔗田化学除草剂施用技术

甘蔗田除草剂的施用方式通常有两种，一是在甘蔗种植后或中耕培土后杂草萌发前将除草剂均匀施于土表。二是在杂草萌发后将除草剂均匀施于杂草茎叶。目前，无论哪种施药方式，通常的做法都是将除草剂兑水后（每公顷药量对水 450～750 kg）借助喷雾机具进行喷施。前者叫土壤处理或芽前处理，后者叫茎叶处理或芽后处理。根据使用方式不同，相应地将除草剂分为两类：土壤处理除草剂和茎叶处理除草剂，或芽前除草剂和芽后除草剂。茎叶处理除草剂又分为苗后选择性茎叶处理除草剂和灭生性除草剂。选择性茎叶处理除草剂能够选择性地杀灭杂草而不伤作物。而灭生性除草剂不能喷施到作物的茎叶上，否则会把作物也杀死。除了上述两种施药方式外，随着生产方式的变化，除草剂的施用方式也有了一些新的变化。如将除草剂与地膜结合起来生产出除草地膜直接使用，方便简捷（杨之文，2006）。在其他作物田还有将除草剂与肥料混合制成除草肥直接施用（董丽平等，2006）。或者为了提高灭生性除草剂如草甘膦的使用安全，有人采用涂抹法施药（解有仁和王志湖，2003），即利用特制的塑海绵泡沫绒布涂抹器携带药液进行涂抹。不过这些方法在甘蔗田使用情况还未见报道。这些施药方式都有一定的实用价值，但芽前土壤喷雾处理和芽后茎叶喷雾处理仍是除草剂施用的最普遍的方法。

## 一、杂草萌发前土壤处理

土壤处理的优点是杀草于萌发之前，使杂草无法出土危害，具有一定的持效期，施药后甘蔗地在较长时间内都处于无草状态，有利于甘蔗生长（彩图 14－28）。施药时间受天气的限制也较小，即便雨天也能施药，但其缺点是容易受土壤类型、有机质含量及杂草组成的影响。土壤处理除草剂喷施土表后可在田间地表形成一层药膜，称之为药膜层，当杂草开始萌发遇到药膜层时，杂草的胚芽或胚根就会吸收除草剂中毒而死，把杂草封杀在土中。而除草剂药膜层对于甘蔗却是安全的，因为甘蔗体内特殊的生物酶可以把除草剂的毒性解除而正常发芽。为了有利于药膜的形成保证除草剂药效的发挥，使用土壤处理除草剂的蔗地，表土应当精细，墒情要好。因此要注意适时施药：在甘蔗整地下种后，有灌溉条件的可在浇水后，土表湿润时施药，盖膜的甘蔗在盖膜前施药，不盖膜、无灌溉条件的可在第一次降雨后施药，宿根蔗在甘蔗出苗前中耕、整平、破垄回土后施药。各地情况还略有不同，在广东，张玫和关赤波（1994）总结了要达到芽前土壤处理的良好效果，必须做好以下几点：①必须清除田间生长中或土壤中多年生杂草的地下根茎或块茎。清除多年生禾本科杂草时不要用犁耙翻土或耙田，否则将切断的小段根茎满布田间，不但达不到清除的目的，而且加速了杂草的无性繁殖。②细碎土块和平整土面，减少土块间的孔隙。稻田起旱时必须挖掘蔗床间的排水沟，将挖掘出的泥枕置于田间，如不加以细碎，经过雨水及风化后，泥枕崩解成小土块，导致杂草的萌发生长危害甘蔗。③连作蔗田收获后遗留下来的甘蔗叶鞘和枯叶应加以清除，喷雾前土表如有枯叶覆盖应加以清除，以免其阻碍药滴与土表接触。

适用于甘蔗田芽前处理的除草剂品种不是很多，云南省通过试验推广使用的芽前除草剂5种（傅杨，2005）。广东通过试验认为适用于甘蔗田使用的芽前除草剂有8种（张玫和张关赤波，1994）。张殿京和陈仁霖（1992）在农田杂草化学防除大全一书中也列举了适于甘蔗芽前除草剂8种。覃建林等（1999）在甘蔗田进行了异噁草松、异丙甲草胺等除草剂单用及混用除草试验。何光权等（1999）也在甘蔗田进行了喷施几种芽前除草剂防除杂草试验。马跃峰等（2005）对磺酰唑草酮干悬浮剂在甘蔗田的药效和安全性进行了研究。Hacker（1995）报道了太阳星可以适用于甘蔗田芽前除草，但目前国内尚未在甘蔗田推广。马永林等（2019）报道了甲磺草胺除草活性和对甘蔗的安全性，目前该药在甘蔗上取得了登记。综合各地试验和推广情况，适用于我国甘蔗田进行芽前除草的除草剂主要有莠去津、乙草胺、敌草隆、异甲·莠去津（都阿混剂）、乙·莠、西玛津、异丙甲草胺（都尔）、甲草胺（拉索）、嗪草酮（甲草嗪）、噁草酮（恶草灵）、异噁草松（广灭灵）、乙氧氟草醚（果尔）、甲磺草胺、扑草净等。以莠去津、乙草胺或两者混用最为普遍。甘蔗田芽前除草常见除草剂名称用量用法详见表14-2。

## 二、杂草萌发后茎叶处理

与土壤处理比较，杂草萌发后茎叶处理具有如下优点：不受土壤类型、有机质含量及杂草组成的影响，可看草施药，机动灵活，但缺点是容易受天气的影响，除少数除草剂外，在药后通常要有2～3 d无雨才有较好的防效。药后不到6 h就下雨通常要重喷。不像土壤处理那样，在土壤中有一定持效期，只能杀死已出苗的杂草。因此，施药时期是一个关键问题，施药过早，大部分杂草尚未出土，难以收到较好的防治效果，施药过晚不仅杂草抗药性增强，而且甘蔗与杂草长至一定高度，相互遮蔽，阻碍药液雾滴均匀粘着于杂草上，使防治效果下降。通常在杂草生长3～5叶施药比较适宜（彩图14-29）。苗后茎叶喷雾除草剂的喷液量直接影响茎叶喷雾的效果，喷液量一般每公顷药量对水为450～750 kg。但由于喷雾机具及喷嘴构造与特性不同，采用的喷液量差异较大，大容量喷雾每公顷喷液量300～400 L，低容量30～50 L，超低容量1～2 L，即喷洒原药，不需加水稀释，工效较高。我国农业生产中应用的喷雾器械，如背负式喷雾器每公顷喷液量为250～300 L，机引喷雾器为150～250 L，航空喷雾为50～100 L（李孙荣和苏少泉，1991）。有人总结了茎叶处理除草剂的使用经验：①要因地制宜选择除草剂，施用前阅读说明书做到准确量取、科学用药。②施用时间应在杂草大部分出齐后，杂草2叶1心至4叶1心，此时杂草有了一定的叶面积吸收除草剂，而且杂草抗性不是太强，除草效果显著。③由于田间杂草密度不一，有草的地方喷药要喷仔细，无草的地方可不喷（姜京宇，2007）。

喷施灭生性茎叶处理剂草甘膦、百草枯等，可以有效防除甘蔗田一些难治多年生杂草如狗牙根、白茅、香附子等，但需要进行定向喷雾。也可利用时间差在甘蔗播种前喷施或在播种后立即喷施；通常在甘蔗拔节以后进行定向喷施防除多年生杂草。使用这一类除草剂时应注意：①用清水兑药，防止降低药效。②力求喷施均匀，尤其是触杀灭生性除草剂。③要在无风或微风的情况下施药，以免药液飘移到其他作物上出现药害。喷雾时，为了防止药雾滴漂移造成药害，可以在喷头上安装防护罩。

适用于甘蔗田茎叶处理的除草剂品种也不多，根据相关文献，主要有灭生型除草剂如草甘膦、草铵膦、敌草快等及选择性除草剂如莠灭净、2 甲 4 氯（百阔净）、环嗪酮、氯氟吡氧乙酸（使它隆）、三氟啶磺隆钠盐、磺酰唑草酮、甲·灭·莠去津、2 甲·莠灭净（蔗草灭）、甲·灭·敌草隆、环嗪·敌草隆等（傅杨，2005；许跃辉和杨琼英，1990；张玫和关赤波，1994；管楚雄和张玫，1994；覃建林等，1999 & 2005；李华英等，2009；庞天等，2007）。在国外报道了一些新的蔗田除草剂，如 Mascarenhas 等（1995）报道了氯吡嘧磺隆（NC319）茎叶处理防治香附子具有较好的效果，Richard（1998）也报道了甲嘧磺隆可用于防治蔗田恶性杂草狗牙根。为了防除香附子，覃建林等（2005）用 13 种除草剂对棚栽香附子进行芽后茎叶喷雾药效对比试验，并对药效较好的除草剂进行了田间安全性评价。结果表明，在试验条件下，氯嘧磺隆、乙氧磺隆、灭草松、2 甲 4 氯在剂量较高时药效较好，达 75%以上。砜嘧磺隆、啶嘧磺隆、甲咪唑烟酸等对香附子的防治效果最好，达 90%以上，且能杀灭再生根茎。但这些药效较好的除草剂对甘蔗均有药害。啶嘧磺隆的药害较轻，砜嘧磺隆的药害较重，甲咪唑烟酸的药害最重，使甘蔗难以恢复。它们要用于甘蔗田除草还有待进一步的研究改进。目前 75%氯吡嘧磺隆水分散粒剂已在我国甘蔗上登记使用，用于防除阔叶杂草及莎草（香附子）。甘蔗田芽后除草常见除草剂名称用量用法详见表 14－2。

**表 14－2 甘蔗田常见除草剂**

| 有效成分名称 | 有效成分用药量（$g/hm^2$） | 施用方法 | 主要防除对象 |
|---|---|---|---|
| 38%莠去津悬浮剂 | 175～250 | 土壤喷雾 | 一年生杂草 |
| 50%乙草胺乳油 | 200～250 | 土壤喷雾 | 一年生杂草 |
| 80%敌草隆可湿性粉剂 | 100～200 | 土壤喷雾 | 一年生杂草 |
| 50%西玛津可湿性粉剂 | 150～250 | 土壤喷雾 | 一年生杂草 |
| 72%异丙甲草胺乳油 | 150～200 | 土壤喷雾 | 一年生禾草 |
| 50%嗪草酮可湿性粉剂 | 75～100 | 土壤喷雾 | 一年生杂草 |
| 480g/L 升异噁草松乳油 | 125～140 | 土壤喷雾 | 一年生杂草 |
| 240g/L 乙氧氟草醚乳油 | 40～50 | 种植后出苗前土壤喷雾 | 一年生杂草 |
| 40%甲磺草胺乳油 | 60～90 | 种植后出苗前土壤喷雾 | 一年生杂草 |
| 75%磺酰唑草酮干悬浮剂 | 30～60 | 种植后出苗前土壤喷雾 | 一年生杂草 |
| 80%莠灭净可湿性粉剂 | 130～200 | 土壤喷雾或茎叶喷雾 | 一年生杂草 |
| 50%扑草净可湿性粉剂 | 100～200 | 土壤喷雾 | 一年生杂草 |
| 240g/L 甲咪唑烟酸水剂 | 30～40 | 种植后出苗前土壤喷雾 | 一年生杂草 |
| 67%异丙·莠去津悬乳剂（35∶32） | 161～215 | 土壤喷雾 | 一年生杂草 |
| 40%莠·乙可湿性粉剂（26∶14） | 200～250 | 土壤喷雾 | 一年生杂草 |

（续）

| 有效成分名称 | 有效成分用药量（g/hm²） | 施用方法 | 主要防除对象 |
|---|---|---|---|
| 40%莠灭·乙可湿性粉剂（20：20） | 165～220 | 土壤喷雾 | 一年生杂草 |
| 30%氧氟·丁草胺水乳剂（5：25） | 80～120 | 种植后出苗前土壤喷雾 | 一年生杂草 |
| 10%硝磺草酮悬浮剂 | 70～90 | 茎叶喷雾 | 一年生杂草 |
| 30%草甘膦水剂 | 250～500 | 定向茎叶喷雾 | 各种杂草 |
| 200g/L 草铵膦水剂 | 300～400 | 定向茎叶喷雾 | 各种杂草 |
| 200g/L 敌草快 | 300～350 | 定向茎叶喷雾 | 一年生杂草 |
| 56% 2 甲 4 氯钠可湿性粉剂 | 90～100 | 茎叶喷雾 | 大部分阔叶杂草，但对铜锤草差。 |
| 75%氯吡嘧磺隆水分散粒剂 | 5～6 | 茎叶喷雾 | 阔叶杂草及莎草 |
| 75%三氟啶磺隆钠盐水分散粒剂 | 1～2 | 定向茎叶喷雾 | 香附子及阔叶杂草 |
| 25%灭草松水剂 | 300～400 | 定向茎叶喷雾 | 一年生阔叶草或莎草 |
| 200g/L 氯氟吡氧乙酸乳油 | 50～70 | 定向茎叶喷雾 | 水花生、铜锤草等阔叶草 |
| 40%磺草灵水剂 | 300～400 | 定向茎叶喷雾 | 禾草及阔叶杂草 |
| 75%硝磺草酮·莠灭净可湿性粉剂（12：63） | 50～60 | 定向茎叶喷雾 | 一年生杂草 |
| 48%2 甲·莠灭净可湿性粉剂（8：40） | 250～300 | 定向茎叶喷雾 | 一年生杂草 |
| 78%溴腈·莠灭净（13：65） | 150～250 | 杂草茎叶喷雾 | 一年生杂草 |
| 35%甲·灭·莠去津可湿性粉剂（2：30：3） | 250～350 | 茎叶喷雾 | 一年生杂草 |
| 55%甲·灭·敌草隆可湿性粉剂（10：30：15） | 150～210 | 茎叶喷雾 | 一年生或多年生杂草 |
| 60%环嗪·敌草隆水分散粒剂（13.2：46.8） | 140～180 | 定向茎叶喷雾 | 一年生或多年生杂草 |
| 38%硝·灭·氰草津可湿性粉剂（4：20：14） | 160～200 | 茎叶喷雾 | 一年生杂草 |
| 48%甲·灭·氰草津可湿性粉剂（10：24：14） | 200～250 | 茎叶喷雾 | 一年生杂草 |
| 73%莠·唑·2 甲钠可湿性粉剂（60：0.6：12.4） | 160～200 | 定向茎叶喷雾 | 一年生杂草 |
| 59%硝·2 甲·莠灭可湿性粉剂（10：9：40） | 100～160 | 定向茎叶喷雾 | 一年生杂草 |

注：表中部分内容参考《农药信息一点通》2022 年电子手册。

## 参 考 文 献


鲍子金，1981. 地膜覆盖和不复盖条件下田间杂草发生的特点 [J]. 黑龙江园艺（2）：43-44.

陈庄，李康平，1998. 雷州半岛旱地蔗田杂草调查及化学除草技术研究 [J]. 湛江海洋大学学报，8（2）：66-68.

陈明林，张小平，苏登山，2003. 安徽省外来杂草的初步研究 [J]. 生物学杂志（6）：24-27.

陈斌，2012. 除草新思路——火焰除草 [J]. 中国花卉园艺（20）：47.

董丽平，郭平毅，史洪中，2006. 2 甲 4 氯除草肥对胡麻的安全性试验研究 [J]. 安徽农业科学，34（17）：4349-4350.

冯奕玺，2001. 调整作物结构，推广“五年二蔗”轮作制——徐闻县城北乡推广甘蔗轮作制的调查 [J]. 甘蔗，8 (3)：45-48.
傅杨，2005. 云南省甘蔗田杂草发生危害状况及化学防除技术 [D]. 北京：中国农业大学 .
管楚雄，张玫，1994. 几个土壤处理除草剂防除蔗田杂草效果初报 [J]. 甘蔗糖业 (2)：18-20.
何光权，刘梦明，覃世富，1999. 甘蔗地喷施几种除草剂防除杂草试验 . 广西蔗糖 (3)：16-17.
何树林，2006. 甘蔗合理轮作有三大效果 [N]. 湖南科技报，2006-1-17.
黄志巧，2008. 桂中地区几种作物氯嘧磺隆药害事故调查及原因分析 [J]. 广西植保，21 (2)：34-36.
姜京宇，2007. 除草剂的两种类型及应用 [N]. 河南科技报，2007-6-1 (5) .
李华英，贾雄兵，劳恒，等，2009. 75%三氟啶磺隆钠盐水分散粒剂防除甘蔗田杂草的效果 [J]. 杂草科学 (3)：42-44.
李孙荣，苏少泉，1991. 杂草及其防治 [M]. 北京：中国农业出版社 .
李扬汉，1998. 中国杂草志 [M]. 北京：中国农业出版社 .
李杨瑞，2010. 现代甘蔗学 [M]. 北京：中国农业出版社 .
李亿坤，1993. 甘蔗地膜覆盖高产栽培技术 [J]. 农业科技通讯 (12)：42-43.
廖世纯，2004. 外来入侵杂草治理之我见 [C] //杂草科学与环境及粮食安全第七届全国杂草科学会议论文集，长春：吉林人民出版社：199-203.
刘新琼，石鑫，薛光，等，2002. 菜田杂草新技术 [M]. 北京：金盾出版社 .
刘朝兴，史子兴，吕文介，等，1988. 广西国营农场田园杂草发生调查 [J]. 广西农业科学 (3)：37-42.
刘万学，杨宝东，2004. 入侵我国的有害杂草 [J]. 大自然 (2)：35-38.
刘照启，张蔚然，韩鑫，等，2020. 浅谈除草技术 [J]. 农业技术与装备，364 (4)：80-81.
娄远来，邓渊钰，沈纪冬，等，2002. 我国空心莲子草的研究现状 [J]. 江苏农业科学，31 (4)：46-48.
卢植新，1999. 农田化学除草剂应用历程与展望 [J]. 广西农业科学，增刊：1-8.
罗志明，李文凤，李俊，等，2009. 甘蔗除草地膜在甘蔗实生苗移栽中的应用效果 [J]. 农药，48 (12)：924-926.
马跃峰，杜晓莉，覃建林，2005. 75%磺酰唑草酮干悬浮剂芽前防除蔗田杂草研究 [J]. 植物保护，31 (1)：84-87.
马永林，马跃峰，郭成林，等，2019. 甲磺草胺除草活性和对甘蔗的安全性研究 [J]. 热带作物学报，40 (4)：741-745.
蒙显标，黄桂茹，黄香玲，等，1996. 南宁市郊区蔗田杂草名录 [J]. 广西植保 (2)：24-27.
农业部全国植物保护总站，1997. 中国农田杂草图册 [M]. 第 2 版 . 北京：化学工业出版社 .
农初强，2006. 推广机械中耕培土，实现甘蔗高产高效 [J]. 广西蔗糖 (1)：48-49.
庞天，覃建林，刘建军，等，2007. 60%环·敌可湿性粉剂在甘蔗田使用的安全性评价 [J]. 西南农业学报，20 (5)：1032-1035.
强胜，1996. 生物除草剂的研究概况 [J]. 杂草科学 (2)：11-14.
强胜，2001. 杂草学 [M]. 北京：中国农业出版社 .
强胜，陈世国，2011. 生物除草剂研发现状及其面临的机遇与挑战 [J]. 杂草科学，29 (1)：1-6.
覃建林，林明珍，李志玲，等，1999. 不同除草剂混用防除甘蔗田杂草试验 [J]. 广西农业科学，增刊：27-28.
覃建林，龙丽萍，马跃峰，等，2004. 甘蔗田红花酢浆草化学防治技术研究 [C] //杂草科学与环境及粮食安全——第七届全国杂草科学会议论文集 . 长春：吉林人民出版社，278-283.
覃建林，龙丽萍，梁卫忠，等，2005. 13 种除草剂对甘蔗田恶性杂草香附子的防除效果试验及评价 [J]. 广西农业科学，36 (4)：359-362.

覃兆信，陆道祥，1998. 甘蔗间套种试验得失分析 [J]. 广西蔗糖（2）：13-14.
苏少泉，1989. 除草剂概论 [M]. 北京：科学出版社.
王伯辉，2001. 广西南部蔗区杂草名录 [J]. 杂草科学（2）：12-14.
韦衍标，刘海峰，2006. 创新蔗叶利用方式促进旱区甘蔗生产发展 [J]. 中国糖料（4）：62-64.
吴才文，刘家勇，王建光，等，2004. 甘蔗苗期间种大豆增产增收效应分析 [J]. 中国糖料（1）：14-17.
吴志红，2003. 广西外来危险性有害生物的侵入及对策 [J]. 植物检疫，17（2）：105-108.
解有仁，王志湖，2003. 苗圃草甘膦涂抹施药灭草技术的应用研究 [J]. 青海农林科技（1）：53-54.
夏民生，周秉珍，1986. 广西农田杂草探讨 [J]. 广西农学院学报（2）：21-28.
肖文一，陈铁保，1982. 农田杂草及其防除 [M]. 北京：中国农业出版社.
徐志德，刘岗山，黄河清，等，2000. 湖南省甘蔗病虫草害调查报告 [J]. 湖南农业科学（1）：26-27.
许跃辉，杨琼英，1990. 云南省甘蔗产区杂草调查及其化学防除 [J]. 杂草学报（内部），4（2）：37-38.
许跃辉，杨琼英，1988. 云南蔗区杂草调查及化学防除 [J]. 甘蔗糖业（3）：21-24.
杨之文，2006. 甘蔗光降解除草地膜的推广应用总结 [J]. 甘蔗糖业（4）：8-10.
袁琳，2009. 广西间套种面积将达 600 万亩以上 [N]. 农资导报，2009-07-24（4）.
张殿京，陈仁霖，1992. 农田杂草化学防除大全 [M]. 上海：上海科学技术文献出版社：820-821.
张玫，关赤波，1994. 广东甘蔗化学除草配套技术 [J]. 甘蔗糖业（5）：18-23.
郑思思，戴玲，林培，等，2009. 阔叶丰花草入侵群落物种组成及其土壤种子库季节动态 [J]. 浙江大学学报（农业与生命科学版），35（6）：677-685.
郑云，王海霞，2008. 连作障碍的原因及防治途径 [N]. 河北农民报，2008-07-26（3）.
周艺峰，聂王焰，1998. 除草地膜对棉田杂草的防除试验 [J]. 安徽农业大学学报，25（3）：248-250.
Glaz B，2003. Integrated crop management for sustainable sugarcane production：Recent advances [J]. International Sugar Journal，105：175-186.
Griffin J L，Miller D K，Salassi M E，2006. Johnsongrass（*Sorghum halpense*）control and economics of using glyphosate resistant soybean in fallow sugarcane fields [J]. Weed Technol，20：980-985.
Hacker E，Bauer K，Bieringer H，et al.，1995. Willms L. A new sulfonylurea herbicide for use in cereals，rice and sugarcane [C] //Proceedings of the First International Weed Control Congress，Brighten，UK，pp. 73-78.
Mascarenhas M H T，Galli A J B，Viana M C M，et al.，1995. Efficacy of halosulfuron for the control of purple nutsedge in sugarcane [J]. Planta Daninha，13（2）：69-80.
Richard E P J R，1998. Control of perennated bermudagrass（*Cynodon dactylon*）and johnsongrass（*Sorghum halepense*）in sugarcane（*Saccharum* spp. hybrids）[J]. Weed Technology，12（1）：128-133.

# 第十五章

# 甘蔗自然灾害及其防控

## 第一节　甘蔗旱害及其防控

### 一、甘蔗旱害

甘蔗是我国乃至全世界第一大糖料作物，也是重要的能源作物。当前，我国甘蔗生产主要分布在广西、云南、广东、海南等地，其中广西和云南种植面积最大，占据了全国总面积的90%以上。广西的甘蔗多种植在干旱、瘠薄、养分少的旱坡地，蔗区有效灌溉面积不足20%（Li and Yang，2015，2016），云南70%以上的甘蔗也是种植在无灌溉条件的旱坡地上（邓军等，2011）。旱坡地的土壤保水能力差，自然降水分布不均匀，甘蔗生长期间干旱危害时有发生，旱害已成为影响我国甘蔗生产最频繁、范围最广、损失最严重的自然灾害之一。

国内蔗区经常发生春旱和秋旱。春季干旱主要影响春植蔗的整地、下种、出苗以及宿根蔗的破垄松蔸、发株，同时也影响到甘蔗的生长、分蘖，常常造成缺苗断垄、单位面积甘蔗有效茎减少、茎长减短等，最终影响到甘蔗产量；9—10月甘蔗正处于伸长与糖分积累时期，秋季干旱的出现除直接影响到甘蔗后期茎伸长外，还影响到甘蔗糖分的积累，严重秋旱的出现，甚至造成甘蔗空心、蒲心、干枯死亡，造成甘蔗大幅度减产，同时蔗茎因严重干旱而失水，糖分降低，胶质比重大，出糖率和回收率下降，商品糖质量差。

有关资料统计，1961—2010年，广西甘蔗秋季轻度干旱发生频率较高的地区主要是桂西和桂南蔗区，中度和重度干旱的高发区主要位于桂中和桂东北蔗区（卢小凤等，2016）。

### 二、旱害对甘蔗的影响

#### （一）旱害对甘蔗植株或细胞组织结构的影响

（1）作物体内的水分主要由根部从土壤中吸收而来。当作物受到干旱胁迫时，根系首先做出反应，发出信号，同时自身还通过某些形态变化以及生理变化来适应干旱胁迫。轻度干旱胁迫可促进根系的生长，使根系向深层土壤中生长，从而提高根系的吸水能力；重度干旱胁迫则抑制根系的生长。罗海斌（2012）研究表明，苗期甘蔗根皮细胞和皮层薄壁细胞在水分缺失情况下，逐渐失水，细胞层数减少，内皮层细胞壁和凯氏带增厚，中柱导管孔径变大，中间薄壁细胞减少，甚至消失，中柱导管孔径增加。

（2）在干旱胁迫下，甘蔗茎的形态结构变化主要是植株变矮，蔗茎变细，从而使单茎重下降，降幅因品种和生育时期不同而存在差异。引起植株变矮的原因有两方面：一是受旱害后顶端分生组织细胞分裂减缓，节数减少；二是居间分生组织细胞伸长受阻，节间变短。ROC22 品种在中度及重度干旱下，在茎生长阶段甘蔗茎直径增长总量降低 41.7%～100%，以伸长期降幅最大，分蘖期次之，苗期最小，成熟期对水分亏缺最不敏感（陈海波等，2014）。

（3）植物遭遇干旱后，常引起叶片的形态及解剖结构的响应与适应。叶片形态结构发生变化主要包括叶面积、叶片相对含水量、叶片干物质量、气孔导度以及一些叶片内组织变化等。甘蔗在轻度干旱情况下，叶片发生卷曲，叶面积下降，从而减少叶片蒸腾作用，随着干旱时间的延长，气孔密度增加，气孔导度显著降低，蔗株枯黄，绿叶数减少，光合作用强度减弱，机体内合成有机物质减少，导致甘蔗生长速率降低（彩图 15 - 1）。

### （二）旱害对甘蔗蔗茎产量和品质的影响

旱害还会导致甘蔗产量下降（表 15 - 1），严重时甘蔗品质降低（彩图 15 - 2）。陆国盈等（2002）研究表明，甘蔗伸长中后期干旱胁迫明显降低蔗茎的生长速度，使植株变矮，单茎重明显降低，但对有效茎数的影响不大。蔗茎产量比对照低 6.73%～17.26%，平均减产 11.18%，12 月的甘蔗蔗糖分比对照降低 1.54%～2.40%（绝对值，下同），平均下降 1.82%；蔗汁重力纯度下降 3.07%～9.95%，平均下降 7.56%；蔗汁还原糖分升高 0.05%～0.57%，平均升高 0.36%。

**表 15 - 1　9—10 月无雨日数与甘蔗单位面积气象产量减产率的关系**

| 9—10 月无雨日数 R（d） | 来宾减产率（%） | 扶绥减产率（%） | 田东减产率（%） |
|---|---|---|---|
| 36<R≤42 | 0.43～3.52 | 0.01～4.01 | 4.44～6.17 |
| 42<R≤47 | 3.52～7.39 | 4.01～7.70 | 6.17～7.90 |
| 47<R≤52 | 7.39～11.26 | 7.70～13.48 | 7.90～9.64 |
| 52<R≤60 | 11.26～17.45 | 13.48～20.58 | 9.64～12.41 |

数据来源：卢小凤等，2016。

### （三）旱害对甘蔗生理生化的影响

**1. 对光合作用的影响**　干旱胁迫下甘蔗的光合作用受到抑制，导致光合速率下降，降低的幅度取决于水分亏损程度和植株的抗旱能力。光合作用降低的原因分为气孔限制和非气孔限制，属于何种限制依胞间 $CO_2$ 浓度变化情况而定。若胞间 $CO_2$ 浓度降低，气孔导度也降低，则说明 $CO_2$ 进入叶内受限制是由气孔导度降低引起的，从而导致光合速率降低，属气孔限制（唐仕云等，2005）。若胞间 $CO_2$ 浓度升高，气孔导度降低，则说明光合速率的降低是由光合色素量减少、叶绿体结构被破坏、光合酶活性下降等非气孔原因引起的，属于非气孔限制（薛惠红等，2013）。抗旱性较强的甘蔗品种遭受严重的水分胁迫时响应更快，净光合速率大幅度迅速降低，具有较高的光合水分利用效率。

**2. 对质膜透性的影响**　细胞质膜是一种选择透过性膜，逆境下其透性反映了膜系统的稳定性。干旱等逆境环境可促使植物细胞内产生大量自由基，导致膜脂过氧化，通透性增强，细胞内包括电解质在内的各种可溶性物质大量外渗，伤害愈大，外渗越多，电导率值增加的也越多，从而对植物细胞造成伤害。判断干旱后细胞受害程度可测定丙二醛（MDA）的含量，因为质膜透性变化与 MDA（膜脂中不饱和脂肪酸过氧化产生）的含量呈正相关，耐旱性强的品种 MDA 含量增加更多。

**3. 对渗透调节物质的影响** 干旱胁迫时植物体内会积累大量的渗透调节物质，维持细胞内渗透压与外界平衡，减轻或消除胁迫所造成的伤害（王娟等，2001）。渗透调节物质分为两大类，一类是外界进入植物体内的无机离子（$K^+$、$Cl^-$、$Ca^{2+}$、$Mg^{2+}$、$Na^+$等），可以调控细胞内外的无机物浓度，调节细胞渗透势，维持细胞结构。另一类是游离小分子有机物质（如脯氨酸，甜菜碱，可溶性糖和氨基酸等）。干旱条件下，作物积累的脯氨酸、可溶性糖和甘蔗抗旱性密切相关，可以作为筛选抗旱品种、评判抗旱能力的重要指标。抗旱性差的甘蔗品种对胁迫反应比抗旱性强的品种敏感，其较容易积累脯氨酸（黄诚梅等，2008）

**4. 抗氧化保护酶系统的影响** 植物体内的抗氧化酶系统包括超氧化物歧化酶（SOD）、过氧化物酶（POD）、过氧化氢酶（CAT）、抗坏血酸过氧化物酶（APX）、谷胱甘肽过氧化物酶（GPX）、单脱氢抗坏血酸还原酶（MDHAR）脱氢抗坏血酸还原酶（DHAR）、谷胱甘肽还原酶（GR）等。植物在遭受干旱胁迫后，体内会积累大量活性氧（ROS），SOD 作为防御系统的首条防线，可以将超氧化物歧化为 $H_2O_2$，然后通过 APX、GPX、POD 和 CAT 等酶清除产生的 $H_2O_2$，从而保护和稳定蛋白复合体及膜结构，提高植物抗旱性。研究研究已表明，SOD、POD、CAT 活性变化可以作为植物的耐旱指标，干旱伤害程度与这 3 种酶活力的提高呈负相关。甘蔗的生长时期、干旱胁迫强度以及品种的抗旱性不同，保护酶的活性也会存在不同的变化（郭元元等，2012；姚艳丽等，2013；李鸿博等，2019）。

## 三、甘蔗抗旱防控措施

### （一）甘蔗抗旱栽培

**1. 选用抗旱性强的优良品种** 选择适合旱地地区的早熟、高产、高糖、耐旱性强的优良品种。抗旱性较强的品种主要特征有叶片数量较少且窄厚直立、表皮细胞角质化程度较高、刚毛多而长、气孔下陷等（Evans，1935）；叶片角质层增厚、叶脉数目较多、泡状细胞带加宽、单位面积气孔数较少（Malik，1986）。此外，抗旱性强的品种维管束周围的机械组织发育较差，厚壁细胞木质化程度也更高（谭裕模，1988）。目前，广西选育的桂辐 98-296、桂糖 32 号、桂糖 42 号、桂糖 45 号、桂糖 46 号、桂糖 47 号、桂糖 48 号、桂糖 50 号、桂糖 55 号、桂糖 58 号、桂糖 60 号、桂糖 76 号等品种抗旱性均较强，适合旱坡地种植。

**2. 平整土地，深耕深松** 旱地甘蔗由于种苗萌发时水分不足，一般出苗率只有 40%左右，所以整地的目标就是要有利于保持土壤水分和提高种苗对水分的利用程度，从而提高出苗率。利用大功率的拖拉机进行深松深耕，深度 40～50 cm 以上。蔗地深松深耕能够增加土壤的空隙和通透性，增厚土层，减少水分蒸发，提高土壤保水能力，也有利于根系的生长发育，增强其吸水能力和促进甘蔗生长前中期对 N、P、K 的吸收和利用，从而促进蔗株早生快发。

在深耕的基础上深挖植蔗沟能够确保前期种苗萌发和后期土壤积蓄一定的水分，有利于甘蔗的充分生长，也能增强甘蔗的抗旱能力，获得较好产量。目前应用较多的有：①深沟浅种法。即种植沟深 50～60 cm，下种时再挖沟底 7～10 cm，施入底肥后下种，然后盖土 10～15 cm。②深沟板土法。即在开挖第二蔗沟时，用其沟底湿土盖第一沟的种苗，而后进行镇压。③穴植聚土法。即在坡地上免耕（或者耕犁一次后）挖穴，后一穴挖起的耕层熟土聚于前一穴内，而将深层生土置于穴外风化，穴深 40 cm 以上，穴与穴的中心距离 100～120 cm，穴的直径为 70～80 cm。④槽植法。即沿等高线深开种植沟，然后闭垄成槽。槽深和宽各 30 cm 以上，每 10～20 cm 留一个 20 cm 宽的隔埂，形成槽状。

**3. 合理密种，适时播种** 旱地甘蔗出苗率较低、分蘖少，一般都以加大下种量来保证有足够有效茎数。生产上的常用种植方法，双行“品”字形排列，小行距为 15 cm 左右，两段种苗顶端的距离根据种苗节间的长短和播种多少而定，一般在 20～30 cm。

在雨前或雨后及时播种，充分利用有限的雨水。下种前用稀土、多效唑、吲哚乙酸、乙烯利、萘乙酸、赤霉素、矮壮素、2，4-D、三十烷醇、多菌灵加尿素、ABT5 号生根粉、二苯胺等进行种苗处理能促进种苗内贮存的糖分转化，还原糖比例增加，提高代谢水平，促进蔗茎发根和蔗苗生长，增强苗的素质，提高抗旱能力。

下种后撒施农药，然后盖土，覆盖地膜。盖膜处理可以明显提高甘蔗的萌芽率和分蘖率。不同覆膜方式（全覆盖、半覆盖）均可提高甘蔗出苗率、有效茎数、产量、土壤温度和水分含量，但全覆盖方式的效果更佳（刀静梅等，2015）。而且不同类型的地膜覆盖，也有不同的生态效应。乳白色光降解地膜、黑色地膜、普通无色地膜对于甘蔗萌芽率、分蘖率、有效茎数、株高和茎径等农艺性状有积极效应，均可提高土壤温度、水分含量，但作用效果有差异，乳白色光降解地膜蔗茎产量最高、经济效应最好（许树宁等，2015）。

**4. 间作绿肥或豆科作物** 苗期间作套种大豆、绿豆或花生等，不但可改良土壤，培肥地力，而且能抑制杂草生长，防旱保水，有利于甘蔗增产。苗期遇干旱，有条件的应及时灌跑马水或淋水抗旱，雨前雨后中耕松土也是保水抗旱的有效方法。

**5. 蔗叶覆盖** 甘蔗破垄后，将收获遗留在蔗地的蔗叶覆盖于行间，在甘蔗伸长期也可以剥除蔗茎下部干枯蔗叶覆盖于行间，可以减少土壤水分蒸发，杂草生长，提高蔗地土壤保水抗旱能力。

### （二）化学调控

**1. 保水剂** 保水剂是一种人工合成的新型化工材料，具有超高吸水和保水性能，能够反复吸水、释水。遇下雨或人工灌溉时，能快速吸收几百倍的水分，形成凝胶状，再缓慢释放供植物根部吸收生长，起到保水、抗旱作用，是缓解并解决甘蔗受旱的有效途径之一。施用保水剂能提高甘蔗出苗率和分蘖率，促进甘蔗生长，增加有效茎数（许莉敏等，2013；蔡文伟等，2014），施用量因土壤的质地和环境条件不同而不同（蔡文伟等，2014；罗亚伟等，2014），且不同品牌的保水剂及施用方法和施用量对甘蔗的增产效果存在一定的差异（王维赞等，2011；蓝松涛等，2014；许树宁等，2009，2012）。保水剂最佳保水效果为 90 d 左右，伸长初期施用效果最佳，分蘖期次之（陆国盈等，2005）。颗粒型保水剂对甘蔗的作用效果较胶体型保水剂好。除尿素外，其他肥料对保水剂的吸水倍率影响很大，严重降低其吸水保水特性，因此应尽可能避免在施用保水剂时与肥料直接接触（许树宁等，2012）。撒施保水剂前应兑水让其吸足水分形成水凝胶后再施用，在干旱条件下保水剂才能发挥独特的作用，在降雨较多的年份，效果不明显。

**2. 乙烯利**　乙烯利对甘蔗存在多方面的效应，高浓度的乙烯利可以作为催熟剂，并能抑制甘蔗开花，低浓度下，能促进甘蔗萌芽、分蘖、蔗茎伸长、提高产量。乙烯利增强甘蔗的抗旱性主要通过两种途径，一是通过提高细胞亲水物质脯氨酸和保持合成代谢的基础物质叶绿素来增强其抗旱性；二是通过提高细胞亲水物质脯氨酸和束缚水/自由水比值来增强其抗旱性。甘蔗分蘖前期叶面喷施低浓度（50～100 mg/ L）乙烯利促进叶片叶绿素 a、叶绿素 b 和类胡萝卜素的形成和积累，并使甘蔗光合作用 $C_4$ 途径的关键酶之一苹果酸酶活性显著提高，对促进甘蔗伸长生长、增产增糖、改善品质、提高抗旱性，具有较好的综合效果（梁和等，1994；李永健等，2002）。

**3. 脱落酸**　脱落酸（ABA）不仅调节植物生长发育，同时也能在不同环境信号中起桥梁作用。ABA 是植物细胞适应干旱的关键因子，在植物抗逆反应中起着重要作用，能够启动植物抗旱的响应机制。渗透胁迫下，植物根系大量合成的 ABA 沿着木质部导管运送到叶片保卫细胞，诱导气孔关闭，减少蒸腾量及水分的散失，提高叶片的相对含水量（Davies et al.，1991）。

**4. 黄腐酸**　黄腐酸是一种抗蒸腾物质。叶面喷施黄腐酸能减少气孔开度，增大气孔阻力，提高叶水势并降低蒸腾强度，减缓土壤水分消耗。适当浓度（200、400 mg/L）的黄腐酸能降低甘蔗叶片细胞膜脂过氧化，促进甘蔗的生长（梁强等，2009）。

**5. 壳寡糖**　壳寡糖作为一种功能性低聚糖外源激发子，可激活植物的防御反应，通过抑制病菌入侵、诱导产生植保素、激活相关防御基因表达等途径提高植物的整体抗性。已有研究表明，壳寡糖（50～75 mg/L）叶面喷施甘蔗可以延缓干旱胁迫下叶片水势下降，提高叶片脯氨酸含量和可溶性蛋白质含量；可以诱导甘蔗叶总多酚的积累及提高相关防御酶活性，有利于提高甘蔗的整体抗性（周桂等，2011）。

**6. 甲基环丙烯**　甲基环丙稀（l-Methylcyclopfopene，1-MCP）是一种乙烯作用抑制剂，可以延缓采后果实的衰老，延长果实的贮藏保鲜期，也可用于减轻逆境环境对植物造成的伤害。在干旱胁迫下，1 mg/L 1-MCP 处理能够提高 SOD 和 POD 的活性，延缓细胞衰老速度，有效地减轻干旱危害，从而提高甘蔗苗期的抗旱能力，二次处理比一次处理对甘蔗抗旱时间更长、效果更好（滕峥，2013；王冠玉等，2017）。

**7. 旱地龙**　旱地龙是新疆汇通集团公司与多家科研机构联合开发的植物抗旱生长营养剂。用于作物叶面喷施，能有效控制叶面气孔张度，减少植株水分蒸发，对抵御季节性干旱效果十分显著。该产品还能增加植株体内多种酶的活性和叶绿素含量，促进新陈代谢，提高产量，调节糖、酸、维生素比例，改善作物品质，具有“有旱抗旱保产，无旱节水增产”的双重功效。杨艳春（2008）建议，干旱条件下，在甘蔗分蘖初期每公顷用旱地龙 3 kg 兑清水 750 kg（4 g/L），伸长初期每公顷用 4.5 kg 兑清水 750 kg（6 g/L）进行叶面喷施，作为抗旱保护剂或营养调节剂推广使用。

### (三) 转基因抗旱育种

选育、栽培抗旱品种是预防旱害最经济有效的措施，但传统的改良作物抗旱性的育种方法周期较长，且优异的抗旱种质资源缺乏。随着生物技术的快速发展，通过基因工程手段改良植物的抗旱性有着广阔的应用前景。目前甘蔗抗旱转基因育种取得了一些成效。Zhang 等（2006）将海藻糖合成酶基因转入甘蔗，一系列生理指标测定结果表明转海藻糖合成酶基因甘蔗的抗旱性显著增强。Molinari 等（2007）将脯氨酸合成途径酶基因导入甘蔗植株中，研究结果显示转基因甘蔗在水分亏缺情况下诱导脯氨酸大量积累，起到渗透调节剂的作用从而提高了抗旱性。Wu 等（2008）成功构建了基于 rd29A 诱导启动子控制的 *DREB2B* 基因表达载体并将其成功结合到甘蔗中。Sruthy（2015）等将从斑茅中克隆得到的 *EaHSP70* 基因导入甘蔗，转基因植株表现出更高的细胞膜热稳定性、叶绿素含量和光合效率。云南农业大学甘蔗研究所分别从割手密中克隆到转录因子 *ScNAC1* 基因（KP742345）、干旱应答元件的结合蛋白 *ScDREB* 基因（KP742346）和醛脱氢酶 *ScALDH* 基因（KU517650），通过遗传转化，在拟南芥中得到表达，转基因植株抗旱性比对照有一定的提高。

# 第二节　甘蔗低温灾害及其防控

甘蔗对环境条件有一定的要求，特别是对温度和水分。在我国，近年来气候变化异常，极端低温频发，在甘蔗的生长后期常遭受自然低温伤害，寒害和冷害使甘蔗生产和制糖工业生产受到严重阻碍，每年都会造成不同程度的经济损失。

## 一、甘蔗低温灾害的类型和分级

### (一) 甘蔗低温灾害的类型

甘蔗低温灾害是国内蔗区重要气象灾害之一。根据低温程度和受害情况不同，可以分为冷害和冻害。生产上一般冷害损失较轻，而冻害损失较为严重。

**1. 甘蔗冷害**　在 0℃至 10℃的低温条件下，甘蔗植株的一系列生理活动都会受到阻碍和破坏，逐渐表现出冷害症状。研究表明冷害主要影响甘蔗的萌芽和蔗糖分（张春良等，2000；黄有总等，2002）。其影响机理是：低温使甘蔗叶片光合强度降低，根系吸水能力减弱，呼吸作用不正常，细胞膜透性增大，使细胞内大量物质渗出，组织内蛋白质分解速率比合成速率快，导致许多生化反应的协调受到破坏（严学东等，2006）。

**2. 甘蔗冻害**　在 0℃以下的低温条件下，甘蔗细胞组织因结冰而受害。当温度在 4℃左右时，细胞外部结冰的程度较低，细胞内部还有可结冰的水残留。由于细胞内部结冰，因此，蔗株发生冻害。冰晶的机械作用，还能使细胞原生质的精细结构受到破坏，代谢不能进行，导致蔗株死亡（李茂枝，1998）。

根据受害成因、受害症状和对甘蔗的影响可将冻害分为干旱型霜冻、冰冻和阴雨冰冻。

（1）干旱型霜冻。是指冬季气候较为干旱的条件下发生的冻害，据已有的资料表明，中国广西几乎每年均有不同程度的干旱型霜冻发生，且每 5～8 年发生一次较为严重的干旱型霜冻（罗文质，2000；覃蔚谦，2000）。根据干旱型霜冻发生的气象条件不同，又可分为辐射型霜冻、平流型霜冻和平流辐射混合型霜冻。辐射型霜冻是由于地面或地面植物在夜间辐射散热，使地面物体冷却而形成的。其特点是小气候差异很大，凡是与辐射有关的因素对霜冻的强度都有影响，这是蔗区容易出现的霜冻，如 2007 年 12 月广西某些蔗区发生的霜冻即为辐射型霜冻。平流型霜冻是由于北方冷空气入侵引起的。平流霜冻的主要特征是霜冻危害的地区广，地区间小气候差异微弱，持续时间较长，一般 3～4 d。在平流型霜冻发生过程中，一般也存在夜间辐射散热导致霜冻更严重。平流辐射霜冻是因为北方冷空气入侵引起气温急剧下降，随后又因夜间辐射冷却而形成的，这类霜冻一旦出现往往损失严重，例如 1999 年广西蔗区发生的霜冻，受灾面积为 33.4 万 $hm^2$，其中 25.47 万 $hm^2$ 受灾严重，经过本次大面积霜冻后，第二个榨季减产 38%。

（2）冰冻。冰冻是指在连续的降雨条件下，温度突然下降出现的霜冻。冰冻出现时，主要的特征表现为蔗地的土壤温度和地表温度都相对比较低（涂方旭等，2002；谭宗琨，2006）。

（3）阴雨冰冻。阴雨冷害是在气温和地温都未到达 0℃低温，但是仍出现类似霜冻危害的现象，一般来说发生阴雨霜冻或冰冻时容易出现阴雨冷害。阴雨冷害在连续低温阴雨的条件影响下，导致甘蔗正常生理代谢形成生理障碍而产生的灾害（许文花等，2003）。

**（二）甘蔗受害程度分级：**

一级：甘蔗叶片仍呈青绿，无明显受害，但生长点已经坏死，变黑。

二级：大多数甘蔗叶片 1/3～1/2 的面积及叶尖已枯死，生长点及以下几个蔗芽坏死变黑，叶鞘部蔗芽受伤，留种受到影响。甘蔗仍可继续进行光合作用，蔗茎蔗糖分仍可继续上升。

三级：属重冻害，蔗叶大部分枯白，只有叶鞘和近叶鞘的三叉口叶片有条斑状绿色，梢部蔗茎及蔗芽大部分死亡，无法留种茎。

四级：属严重冻害，蔗叶全枯白，蔗茎、芽全部死亡，有的蔗叶流糖汁，纵剖蔗茎呈黄色透明，似黄色的腊肉状，蔗糖分和纯度下降较快；如果冻害后天气回暖，蔗糖分损失更大。

## 二、甘蔗受寒害的表现

### （一）甘蔗受寒害后的表现

在遭遇 5℃以下的长时间持续低温时，蔗芽的生活力受到不良影响。如蔗芽在下种前用 3～5℃处理 5 d，下种后的萌芽率普遍降低，供试 36 个品种平均萌芽率降低 26.4%。若下种后遇到较长的低温，萌芽和出苗也会受影响（莫家让和周承胜，1984）。陈能武等研究表明，在 0～2℃下处理 10 h，耐寒性较差的甘蔗品种的蔗芽萌发率明显降低，而耐寒性较强的甘蔗品种的蔗芽萌发率则下降较少（陈能武等，1996）。低温诱导的芽和根带中的生化变化抑制了蔗芽萌发，从而导致甘蔗减产，在低温条件下，施用钾、锌、乙烯利萌芽率分别提高 80%、50%和 40% ，其关键是提高了种茎中还原糖，减少了蔗糖含量，酸性转化酶、腺苷三磷酸酶、吲哚乙酸氧化酶、硝酸还原酶活性提高，而吲哚乙酸、总酚量减少，超氧（化）物歧化酶活性下降。

甘蔗苗期在低于10℃的低温下时，根系难以生长，原有根系生活力减弱，吸水能力差，吸水量低于蒸腾量，吸肥能力更差，叶色变黄。同时在低温条件下甘蔗的光合作用难以正常进行，蛋白质分解大于合成，因而幼苗死亡率增加，成活率降低。在0℃条件下处理甘蔗幼苗1～2 d，甘蔗生长明显受到影响，耐寒性较差的品种生长受阻更为明显。因此寒害不仅影响甘蔗发芽，而且使地下部和地上部的生长由慢趋于停顿。

试验表明，在温度为25℃、15℃和6℃时，甘蔗的出苗率分别为80%、56%和23%。在出苗的蔗茎中，低温下处理的还原糖少、酸性转化酶活性低，而IAA、总酚和脯氨酸含量高，氧化酶类的活性也较高，说明低温出苗率较低是因其还原糖少、酸性转化酶活性较低（Jainet al.，2007）。8个甘蔗新品种用0℃冰水混合液浸种8、16、24 h后种植，水浸种8 h以上的甘蔗出苗率和幼苗素质随着冰水浸种时间的延长而降低；耐寒性较差的品种影响更为明显（韦晖等，2009）。

在自然降温过程中，初期温度为10～25℃时，甘蔗均未表现出明显的受害症状；当温度降低至2～4℃并持续20 d时，抗寒性较弱的甘蔗品种叶片开始出现叶梢枯黄，少数品种已经出现蔗茎水煮状，但不严重。而抗寒性较强的甘蔗品种则没有这种表现，如GT28、FN15等；当温度降至1℃并持续一段时间后，多数品种的甘蔗叶片全部呈明显枯死，此时，生长点变黑坏死，侧芽干瘪坏死，蔗茎的节剖开呈不同程度水煮状，节间部分或全部变为红褐色，蔗蔸剖开也呈水煮状。

甘蔗工艺成熟期受到寒害危害时，表现为光合作用明显减弱或难以正常进行，导致糖分停止运转累积，未达到工艺成熟的甘蔗也难以继续成熟。如果发生寒害时间较短，对甘蔗影响相对较少；如果时间较长，则可导致甘蔗受害变质，受害蔗茎、蔗蔸和蔗芽生活力降低直至死亡。工艺成熟期的甘蔗受寒害危害后，其典型症状为以甘蔗地表蔗茎为基点，逐渐向上和向下发展；受害初期的蔗茎一般呈现水煮状，外观形态上难以发现甘蔗植株已受到寒害危害，蔗茎和蔗蔸蔗芽生活力影响较小；随受害时间延长蔗茎逐渐变质，蔗糖发酵出现异味，蔗芽受到明显影响，发芽活力降低直至死亡；外观形态上仍难发现甘蔗植株已受寒害（杨荣仲等，2008；邓展云等，2009）。在中国的四川蔗区未降雪的冬季，耐寒性较差的品种易受寒害，而国内主产蔗区出现寒害的概率较低，即使出现也是在阴雨冰冻危害之后。

此外，在低温下，甘蔗孕穗、开花、花粉的发育、受精结实均受明显的影响，一般在20℃以下就有明显受害（较根、茎、叶受害的温度高得多），温度愈低，受害愈严重。

### （二）甘蔗受冻害后的表现

**1. 干旱型霜冻表现** 甘蔗冻害一般发生在甘蔗工艺成熟期，其表现、类型与受害时及受害后的气象条件有关。如果为干旱型霜冻，首先受害的是蔗茎生长点，其次为心叶，随着受害程度加重甘蔗的叶片和蔗茎均呈现从上向下逐渐出现受害症状，表现为：①心叶与生长点。甘蔗受害时一般心叶先冻死容易拔起。如生长点未冻死，则会长出呈块状白痕的心叶；如果生长点已冻死，霜后就不会抽心叶，但侧芽易萌动。②叶片。受冻害轻者，一般叶尖先受害，进而向叶缘及全叶扩张，叶绿素被破坏，维管束呈暗淡绿色，叶表面出现条纹斑点；受害重者，全叶干枯呈灰白色，丧失光合作用能力。③芽。蔗芽受害程度因着生部位、老嫩程度和有无叶鞘包被的不同而异。上部嫩芽抗冻能力最差，冻后变为黑褐色，死亡率高。中、下部有叶鞘保护的蔗芽和老芽，抗冻能力较强，受害较轻。但重霜冻常使地上部蔗芽全部冻死，地下芽因有土壤保护而不易受害。如果蔗芽溢出汁液或外表变黑变软，将其剖开呈现深褐色的，定是死芽。若外表呈淡褐色手触尚硬，剖开后呈浅棕色的，是伤芽而未死，仍有发芽希望，可留作种用。④茎。蔗茎受冻严重时，节间全部或部分变色，横断面或纵剖面部分呈水煮状。由于细胞壁冻裂，细胞液外溢，细菌侵入发酵变质，蔗茎逐渐腐烂解体，散发出酸酒气味。

**2. 阴雨冻害表现**　阴雨冰冻的受害表现与干旱霜冻有一定的差异。受阴雨高湿度的影响，发生冻害时，地表温度和土壤温度都较低，因此甘蔗受害后的症状表现，特别是受害较重时症状表现明显不同于干旱霜冻。按冻害 4 级分类，在受害较轻时，其受害表现与干旱型霜冻一致；在中等受害至较重受害时蔗叶、蔗茎上部受害与旱型霜冻一致，同时近地表的蔗茎和蔗蔸受害出现受害症状，并随受害程度加重而向地上部和地下部发展。因此出现阴雨冻害时，受害调查应了解甘蔗生长点、蔗梢、蔗叶、蔗茎和蔗蔸是否受到伤害及其伤害程度。

## 三、寒害对甘蔗的影响

### （一）寒害对甘蔗组织结构细胞的影响

甘蔗不同的组织结构细胞的受伤害的程度不一样，维管组织的韧皮部最先受到伤害，也最严重的，其次是基本组织的薄壁细胞，表皮和机械组织未受伤害。

组织切片显色反应表明：①表皮细胞不染色，说明其受害较轻。②薄壁细胞（基本组织）受损明显，受损程度与形态观察的结果基本一致，不同节位显色差异较大。水渍状最严重的节和节间的薄壁细胞被染上蓝色的细胞较多，且染色较深。节位从基部向上颜色有递减的趋势。中部水渍状不明显的节间，细胞基本不染色或蓝色浅。靠近茎尖的节和节间细胞染色又明显。③维管组织的韧皮部细胞被染色，而木质部细胞和机械组织不染色，节与节间差异不明显。不同节位韧皮细胞染色的量和深浅差异与薄壁细胞的反应相似（杨丽涛等，2009）。

### （二）寒害对甘蔗茎品质的影响

甘蔗受霜冻后除细胞、组织、器官受损和坏死，其体内的蔗糖分会逐渐降低，同时还会出现还原糖、胶体和蔗汁酸度增加的现象，降低品质和产糖率（全怡吉等，2018）。其中，宿根蔗的蔗糖分、锤度比新植蔗下降多，而新植蔗的还原糖上升、纯度下降则比宿根蔗多（李杨瑞，2010）。因此，霜冻后的甘蔗蔗糖分和锤度变化可用于甘蔗品种耐寒性评价。谭宏伟等（2010）调查了桂中自然冻害后的田间甘蔗蔗糖分，发现低温下蔗糖分均出现了不同程度的降低，降低了 0.21%～0.48%，宿根蔗蔗糖分降幅比新植蔗大；简纯度降低了 0.37%～1.48%，新植蔗的降幅比宿根蔗大。杨荣仲等（2012）通过对霜冻前后 20 个甘蔗品种（系）的品质性状分析，发现不论甘蔗受霜冻危害程度的轻或重，其品质性状都会受到影响，蔗糖分和理论产糖量分别降低了 1.28%和 10.31%。

### （三）寒害对甘蔗生理生化特性的影响

**1. 对甘蔗叶片质膜透性的影响**　植物器官衰老或在逆境条件下往往发生膜脂过氧化作用，MDA 是膜脂发生过氧化的产物之一，其含量可以反映细胞膜脂过氧化程度及细胞遭受伤害的程度（Robert and Bewlery，1980）。在低温胁迫下，甘蔗体内活性氧自由基的积累超出一定限度时，就会引起膜脂过氧化，其产物 MDA 会大量积累（Stewart and Larher，1980）。研究发现（陈少裕，1991；黄有总等，2002；张保青，2013），温度一开始下降时，各甘蔗品种还没有出现大量的 MDA，而后由于温度下降，MDA 的含量急剧上升，这可能是由于甘蔗在一定温度范围内还有一定的抵御能力，当温度持续下降时，甘蔗叶片细胞内膜脂过氧化加剧，损害了膜脂功能，MDA 含量增加。

**2. 寒害对甘蔗叶片光合作用的影响** 温度是作物生长发育过程中十分重要的生态因子，不同甘蔗品种对寒冷的抵抗能力是不同的。在自然降温过程中，甘蔗受到低温胁迫会发生形态及生理生化等方面的变化。

低温胁迫对光合作用的影响，主要表现在光合器官的结构、参与光合作用相关的酶活性、气孔导度和光合电子传递以及碳同化过程等。叶绿体是绿色植物光合作用进行的主要场所，而低温胁迫很容易对叶绿体的结构造成损伤，进而影响叶绿素的合成，而叶绿素是光能主要的吸收物质，其含量决定着植物的光合效率（任旭琴等，2006）。张保青等（2011）和刘晓静等（2011）的研究结果也与之类似，甘蔗叶片叶绿素含量随着低温胁迫处理时间的延长而显著下降，但不同品种其含量的变化并不一致，说明低温胁迫处理后叶绿素含量的变化受品种（系）抗寒能力的影响。张木清等（1999）报道，甘蔗叶片经过低温胁迫处理后叶绿素含量明显减少，且叶绿素荧光参数等降低，说明潜在光合作用活力均受到抑制，且直接影响光合作用的碳同化。唐仕云等（2012）研究表明，低温胁迫处理显著降低甘蔗幼苗叶片的净光合速率（Pn）、气孔导度（GS）和最大光化学效率（Fv/Fm），而初始荧光（$F_0$）显著上升。此外，低温胁迫还抑制了参与光合作用中光合反应关键酶核酮糖-1，5-二磷酸羧化酶（rubisco）或磷酸烯醇式丙酮酸羧化酶（PEP）的活性。

**3. 寒害对甘蔗叶片渗透调节物的影响** 在植物低温胁迫过程中，植物体内的可溶性糖、可溶性蛋白质和游离脯氨酸等重要的渗透调节物质与植物抗寒适应能力具有密切的关系。这是由于植物在抵御低温等逆境胁迫时，通过对渗透调节物质含量及存在状态的改变，调节细胞渗透平衡，降低冰点，以缓解或消除逆境胁迫对植物的伤害。多数研究者认为，在受到逆境胁迫时，植物的可溶性糖、游离脯氨酸及可溶性蛋白含量均增加。这些物质是渗透调节物质和防脱水剂，可降低细胞水势，增强持水力（艾希珍和于贤昌，1999；邓雪柯等，2005）。因此，现在普遍认为较高含量的可溶性糖、可溶性蛋白质和脯氨酸是植物抗寒性增强的内在原因。

可溶性糖含量的变化是各种植物的抗寒性研究中普遍采用的抗寒性指标。这些物质在低温胁迫下发生积累，并且可溶性糖及蛋白质的含量均与多数植物的抗寒性成正相关（罗焕亮等，2002）。张保青（2013）报道，甘蔗受到寒害之后，抗寒性较强的甘蔗品种叶片的可溶性糖含量表现为升高趋势。可溶性蛋白质与可溶性糖一样，是一种保护物质，可溶性蛋白质含量的增加与植物抗寒性增强在许多植物中表现出明显的正相关（简令成，1992），这种变化可能是由于植物体内蛋白质合成的增加，或降解速率的下降。

当植株处于低温胁迫状态时，其体内的游离脯氨酸具有一定的保护作用，能维持细胞结构、细胞运输和调节渗透压等，以保持细胞内环境的相对稳定，使植株表现出一定的抗性。游离脯氨酸会在植物中大量积累来抵御各种环境胁迫（蒋明义等，1997；白宝璋等，2003）。张保青（2013）研究表明，甘蔗在受到寒害并持续较长时间后，各品种甘蔗叶片的游离氨基酸含量和脯氨酸含量有明显的上升，而不同品种之间的升高幅度不同，这说明游离氨基酸和脯氨酸含量的增加是甘蔗对寒冷适应的重要生理反应，它关系到甘蔗对低温的抵御能力，甘蔗抗寒性强的品种的升高幅度最大，而抗寒性弱的升高幅度最小。

**4. 寒害对甘蔗生产的影响**　寒害对甘蔗生产影响与灾害类型、灾害发生的强度、灾害发生的时间及灾后的天气变化等多种因素有关。寒害一般造成甘蔗减产，蔗糖分下降，蔗汁品质下降，如还原糖上升、酸度和胶体增加，产糖率下降，冻死留种蔗芽，降低种苗质量，影响宿根蔗正常生长发育等不良影响，危害较轻时对甘蔗影响较小。但是不论是何种类型的寒冻害，如果发生强度越大、发生时间越早，对甘蔗造成的影响越大（Morel et al.，1997）。

从甘蔗生产角度看，寒冻害对甘蔗生产的影响通常为三年，即冻害当年对甘蔗蔗茎造成伤害，导致蔗糖分和产糖率下降；蔗梢冻死，甘蔗停止生长导致甘蔗产量下降。冻害影响第二年宿根蔗出苗造成宿根蔗产量下降，同时因蔗种质量不好影响新植蔗出苗造成产量下降。第三年因上一季新植蔗或宿根蔗的有效茎数不足影响宿根蔗产量（莫家让和周承胜，1984；覃蔚谦，2000）。

从广西甘蔗生产历史看，几次较为严重的霜冻都对甘蔗生产造成了明显不利的影响。1955年1月上旬末至中旬初的霜冻，平均蔗糖分（11.32％）比上个榨季（13.82％）下降了2.5个百分点，等折白砂糖产率（7.82％）比上榨季（10.93％）减少3.11个百分点，甘蔗全部不能留种。1982—1983年冬季的霜冻，广西甘蔗重冻害面积达3.28万$hm^2$，约占甘蔗种植面积的22％。由于冻害和其他因素的综合影响，甘蔗蔗糖分下降1.44％，产糖率下降1.57％。1999—2000年度冬季的霜冻，广西糖业损失巨大。1999年12月21—28日，受强冷空气影响，广西出现严重的霜冻天气过程。广西89个气象站中有86个站出现霜冻或结冰，历时8 d。广西甘蔗受灾面积33.4万$hm^2$，占有收面积的69.29％，1999年秋冬植蔗几乎全军覆没。蔗糖产量比上榨季减少73.05万t，考虑种植面积调减因素，与本榨季灾前预计产量比较，减少约43万t（覃蔚谦，2000；罗文质，2000，何燕等，2000）。2008年的阴雨霜冻，因发生时间较迟，加上雨量充足，虽然2007/2008年榨季甘蔗产糖率较上一榨季下降0.5％，但对总产糖量则没有明显影响，然而对2008—2009蔗糖生产造成了明显的不利影响，多种不利因素的共同影响，甘蔗蔗糖产量下降近19％。

2013年12月至2014年2月中下旬，广西各地遭受了不同程度的低温霜冻危害，桂中、桂北蔗区反复受到3～4次低温伤害。广西壮族自治区农业科学院甘蔗研究所组织科技人员调查了桂中、桂西北等7个甘蔗主产县（区），发现所有地区的甘蔗田间锤度普遍降低。在调查的7个县中，受害甘蔗的农艺表现相似，程度因地而异。严重霜冻的蔗茎全部呈水煮状，剖开可闻到刺鼻的酒精味；中度冻害的品尝起来有酒酸味，呈轻微水煮状；轻度霜冻的则基本完好。严重冻害的甘蔗多处于地势低洼地带或者背阴处且空气流动性不好的山坡，而有护林带挡住的、公路两旁和城区附近的蔗田受害较轻。

在受灾甘蔗中，甘蔗生长点基本死亡，中度灾害的甘蔗生长点死亡且蔗尾受损害长度5～15 cm；重度灾害的长点死亡且蔗尾 3 节以上水渍状，甚至烂坏，轻轻一碰就折断，同时蔗茎总受损长度达 50 cm 以上。受冻甘蔗均呈现出蔗叶干枯、卷曲、生长点坏死等状况，低洼地带的甘蔗更为严重。

通过调查，自入冬以来反复几次冻害天气对所调查蔗区的甘蔗生产造成了较大影响，损失较大。调查的 7 个县甘蔗种植面积 23.58 万 $hm^2$（表 15 - 2，彩图 15 - 3），其中新台糖 22 号面积 5.66 万 $hm^2$，占总面积 41.7%，是本次调查蔗区的主栽品种；其次是台优，面积为 2.89 万 $hm^2$，占总面积 20.8%。调查蔗区的总受灾面积为 7.61 万 $hm^2$，占总植蔗面积的 56.02%，其中重灾区面积 2.32 万 $hm^2$，占总种植面积的 17.1%，霜冻灾害对所调查蔗区的甘蔗生产造成了严重的负面影响。

从调查区域看，除了融水蔗区，柳城、融安、宜州、罗城、兴宾区和武宣蔗区受灾均较为严重；从调查品种看，以新台糖 22 号主栽品种的蔗区，其平均受害面积接近甚至超过 50%；调查同时发现在融水蔗区其主栽品种新台糖 25 号表现出较强的耐寒性，其受灾面积也是所调查蔗区中最小的。通过当地糖业局和种植户反映，经考察不同地形地势和不同灌溉排水条件的蔗田，我们发现甘蔗品种台优也表现出不同程度的抗寒性，综合耐寒性中等。

对以桂糖 29 号和桂糖 21 号为主栽的宜州和罗城蔗区而言，虽然受灾面积非常大，尤其是全部受灾的罗城蔗区，但这两个品种在当地的生态适应性非常好，表现出较强的耐寒性，其中又以桂糖 29 号最佳。

总的来说，新台糖 22 号、台优仍是蔗区的主栽品种，以新台糖 22 号种植面积最大，但由于这一品种耐寒性较差，造成的经济损失较大；相反，甘蔗品种结构和种植模式多元化、管理科技化的蔗区受灾面积较小。

**表 15 - 2　各县（区）甘蔗受冻害面积及程度**（张保青等，2014）

| 蔗区 | 受冻害情况 | | | | | 品种结构 | 备注 |
|---|---|---|---|---|---|---|---|
| | 种植面积（万 $hm^2$） | 受灾面积（万 $hm^2$） | 比例（%） | 重灾区面积（万 $hm^2$） | 比例（%） | | |
| 柳城 | 4.01 | 1.73 | 2.88 | 0.43 | 0.72 | 新台糖 22 号、桂糖 21 号、桂辐 98-296、柳城 2 号、桂糖 03-2287、柳城 1 号、桂柳 05-136 等 | 主栽品种为新台糖 22 号，占 55% |
| 融安 | 0.62 | 0.60 | 6.45 | 0.35 | 3.80 | 台优、桂糖 21 号、桂辐 98-296、桂糖 29 号等 | 主栽品种为台优，占 51% |
| 融水 | 0.67 | 0.13 | 1.29 | 0.01 | 0.09 | 桂糖 21 号、新台糖 25 号、柳城 1 号、柳城 2 号、桂辐 98-296 等 | 主栽品种为新台糖 25 号，占 90% |
| 罗城 | 1.33 | 1.33 | 6.67 | 0.32 | 1.60 | 台优、新台糖 22 号、桂糖 21 号、桂糖 42 号、桂糖 29 号、桂糖 32 号 | 主栽品种为台优、桂糖 21 号、新台糖 22 号，分别占 50%、20%、5% |

（续）

| 蔗区 | 受冻害情况 | | | | | 品种结构 | 备注 |
|---|---|---|---|---|---|---|---|
| | 种植面积（万 $hm^2$） | 受灾面积（万 $hm^2$） | 比例（%） | 重灾区面积（万 $hm^2$） | 比例（%） | | |
| 宜州 | 2.53 | 1.80 | 4.73 | 0.43 | 1.12 | 台优、桂糖 21 号、新台糖 22 号、桂糖 02-208、桂糖 29 号、桂糖 32 号等 | 主栽品种为桂糖 29 号、桂糖 21 号，分别占 50.2%、24.3% |
| 兴宾区 | 1.53 | 0.57 | 2.47 | 0.30 | 1.31 | 新台糖 22 号、新台糖 16 号、粤糖 93-159、桂糖 02-901、台 96-2817、桂糖 21 号、粤糖 96/86、福农 15 号、桂糖 02-467 | 主栽品种为新台糖 22 号，占 80% |
| 武宣 | 2.88 | 1.45 | 3.35 | 0.47 | 1.09 | 新台糖 22 号、粤糖 93-159、粤糖 00-236、桂糖 21 号、桂糖 02-208、柳城 03-1137、桂柳 05136 等 | 主栽品种为新台糖 22 号，占 75% |
| 合计 | 13.58 | 7.61 | 3.73 | 2.31 | 1.14 | | 新台糖 22 号占 41.7%，台优占 20.8% |

**5. 寒害对果蔗生产的影响**　果蔗是热带和亚热带地区最重要的经济作物之一，在中国的农业、商品经济和社会发展中发挥着相当重要的作用。我国种植果蔗历史悠久，种植范围广，主要产区为广西、广东、海南和福建等。近几年来，随着南凉北热的逆差，品种引进驯化和栽培技术的改进等，蔗区逐年北移，现已扩大到河北、河南、山东等省区。由于果蔗各品种间的耐寒性差异较大，有些耐寒性较差的品种无法适应北方的气候条件，而温度特别是早春低温是当地果蔗引种和生产的重要限制因素之一，因此，研究果蔗的抗寒性，选育抗寒品种已成为果蔗南种北引亟待解决的关键问题。

陈明辉等（2018）选取在广西、福建、四川生长良好，且种植面积较广的 6 个果蔗品种作为试验材料，采用人工模拟低温环境的方法，测定幼苗进行低温胁迫后与植物抗寒性相关的生理生化指标，研究不同果蔗品种对低温胁迫的生理响应，再依据低温胁迫下各果蔗品种抗性生理指标的变化，采用相关性分析、主成分分析法和隶属函数法对其抗寒性进行综合评价，筛选出抗寒性强的品种，为果蔗抗寒育种、引种及栽培区划分提供理论依据。

不同果蔗品种对长时间持续低温的适应能力各异，通过测定低温处理后果蔗各项生理指标变化，采用主成分分析法和隶属函数法对各抗寒性各相关生理指标进行综合分析发现，6 个果蔗品种抗寒能力大小依次为：桂果蔗 1 号＞拔地拉＞闽引黄皮果蔗＞白玉果蔗＞川蔗 26 号＞龙黑果蔗。果蔗的抗寒性不仅包含自身的遗传因素和生理特征，更与外界环境因素密切有关。选育抗寒性强的品种、建立良种良法配套的高产栽培技术，提高果蔗的抗寒综合能力，是目前果蔗在北方高效栽培生产中亟待解决的问题。

## 四、甘蔗寒害冻害的防控

### （一）选育抗寒品种，避免品种单一

国内外均有报道，不同品种抗寒性差异很大。在通过对自然低温条件下的大田甘蔗抗寒性研究，可以在我国北缘蔗区以及经常出现不同程度冻害和冷害危害的蔗区推广抗寒性好的甘蔗品种，例如在广西河池等地引进种植的桂糖21号、桂糖29号、新台糖16号等都是抗寒性较好的品种。培育抗寒的甘蔗品种对甘蔗生产实践具有重要的意义。在一个甘蔗产区里，每个品种的甘蔗保持在20%左右的比例比较合适，但我区很多产区都主要种植一个品种，即新台糖22号而这个品种虽然易种、产量好，但却不耐寒，又是中熟品种，一旦遇到冰冻灾害，便会遭遇大面积受损。甘蔗品种应该多样化，一个蔗区应该有计划地按一定比例种植早、中、晚熟品种，提高应对气候变化的能力（李杨瑞等，2011）。

### （二）通过施肥降低霜冻危害

施肥防霜冻，在甘蔗生长旺盛期要重视有机肥和氮、磷、钾肥的施用，低温前就要控制对氮肥的施用，使蔗株生长健壮，能增强耐寒力。也可施用热性的有机肥和磷肥，以提高甘蔗田间温度和甘蔗抗霜冻的能力。种植秋植蔗的霜冻来临前用暖性肥料（如滤泥、草木灰等）撒施于蔗地行沟，延缓蔗田降温，降低霜冻危害。秋植蔗间种冬季绿肥、短期蔬菜，增加土壤覆盖物，加上增施有机肥，也有一定防寒效果。当霜冻出现时，采取灌水、覆盖、熏烟等方式防寒。

### （三）通过栽培措施进行防冻管理

对于种植的冬植甘蔗，要深沟深种，厚覆土，并且采用地膜覆盖等栽培措施，保持土壤水分，提高土壤温度，有效避免低温霜冻的危害。对于留宿根的蔗地，在霜冻季节结束前可在甘蔗砍收后及时做好宿根盖膜或撩蔗叶覆盖蔗蔸等工作，降低霜冻危害程度，开春前不要开垄松蔸，以免冻坏宿根蔗芽。对于有条件的蔗区适度引水灌溉蔗田既有助于甘蔗光合作用，又可以增加土壤湿度，使热容量和导热率增加、夜间降温缓慢，起到防冻的作用。地膜覆盖宿根蔗及冬、春植蔗。盖膜之前要施足有机肥，覆土保温，土层适当盖厚，一般8～10 cm。同时保持土壤水分适中，使土壤松、土粒细，盖膜要扎实，保证膜内不通风透气，一般是膜拱幅高的、膜较厚的保温力强一些。当霜冻出现时，也可采取灌水、覆盖、熏烟等方式防寒，但可操作性不强。

### （四）受害甘蔗统筹调度早砍早榨

发生了霜冻的地区，要根据甘蔗受冻害的轻重，重新安排收蔗计划，对往年容易遭受霜冻的蔗区，特别是地势较低凹，冷空气下沉，空气不易流动的低凹地，可早安排收砍进厂入榨，做到受冻严重的甘蔗先砍先榨，冻害轻的后砍后榨。在霜冻特别严重的年份或地区，应适当安排增加榨压量，减少甘蔗受冻损失，还可在霜冻来临前提早收获贮藏，以防冻害，减少糖厂损失。甘蔗收砍后，要采用宿根蔗地膜覆盖或蔗叶还田覆盖。

### （五）及时做好保留种工作

一是霜冻来得早的年份，要及时砍蔗种；二是蔗种的窖藏，应选择土层深厚、砂壤、排水良好、能回润的土地窖种。留尾茎作种的，将尾茎捆绑立起，用蔗叶或薄膜盖好，防

止霜冻。如有条件，可搅拌泥浆，平摊铺于地面，3～5 cm 厚，将捆好的尾茎砍口向下立放于泥浆上，再用蔗叶或薄膜盖好，可达到很好的霜害预防效果。

## 第三节　甘蔗倒伏及其防控

### 一、甘蔗倒伏类型

倒伏是由外界因素引发的，植株茎秆从自然直立状态到永久错位的现象（杨长明等，2004）。倒伏原因是植物生长于风雨等自然条件下，形成一种与植株垂直的扭力，导致植株弯曲（王文颇等，1998）。甘蔗倒伏分为两种类型：一种是根倒，即甘蔗从根部倒伏；另外一种是茎倒，即甘蔗从茎部弯曲折断。甘蔗倒伏后，茎秆折断直接死亡，或叶片茎秆互相堆压重叠，严重影响甘蔗植株光合作用正常进行，下部叶片及茎秆腐烂死亡。一般情况下对产量的影响是根倒重于茎倒，早期倒伏重于后期倒伏。

据统计，我国台风、季风较严重的年份，倒伏和弯曲的甘蔗占 30%～40%，倒伏倾角 30°以下的约占 15%；台风、季风影响轻微的年份，倒伏和弯曲的甘蔗也占 10%～20%。甘蔗倒伏后，产量减少 5%～20%，含糖量降低约 10%。同时，甘蔗倒伏造成了机械收获质量下降，收获损失率增大（留茬高度平均增加 6.4 cm），甘蔗宿根破头率平均增加 24.8%，严重阻碍了甘蔗收获机械的推广应用和甘蔗种植业的发展，成为了限制甘蔗种植业发展的严重“瓶颈”（王维赞等，2010；李儒仲等，2013）。

### 二、甘蔗倒伏的原因及抗倒伏的生物学基础

#### （一）甘蔗倒伏的原因

**1. 天气**　台风是造成甘蔗大面积倒伏的主要原因。一般在甘蔗生长到中、后期，较早的 5 月开始，一般在 7—11 月，会遭到台风和冬季北风的侵袭而导致倒伏，甘蔗产量越高，倒伏损失越严重。如 2013 年的“百合”“海燕”强台风导致广西大部分蔗区大面积甘蔗倒伏。其次，降水多而又集中的天气，也容易造成土壤耕作层软化，导致甘蔗连根倒伏（农生平等，2014）。

**2. 品种**　容易倒伏品种特性是根系不深、茎秆脆弱，叶片宽大、不易脱叶，生长速快、节间太长。有些甘蔗植株较矮，但前期生长慢，后期生长快，头轻尾重。根群不发达，风雨袭击后也容易倒伏。

**3. 虫害**　我国蔗区风折蔗茎往往是螟虫钻入蔗茎产生螟害节后引起的。据田间实际调查，80%以上的风折茎是从螟虫吸口处折断的。此外，蔗龟、白蚁危害使植株支持力减弱，也易造成倒伏。

**4. 栽培管理**

①开挖植蔗沟不深。一些斜坡地、石窝地，耕作层浅薄、又缺乏机械翻耕犁耙、植蔗沟挖深只有 10 cm 左右，导致甘蔗中后期根系分布层浅，无法支撑地上高大的甘蔗而出现倒伏现象。

②种植密度过大。如田阳区南部山区，平果市果化镇一带，不少农户甘蔗种植时行距只有 60～70 cm，且盲目加大下种量，个别蔗农下种量甚至超过 1 t，造成田间甘蔗密度

过大，茎秆细小，田间能透性差，病虫害严重而导致倒伏现象。

③施肥不当。基肥不足，中后期氮肥过量，造成甘蔗中后期茎叶徒长，叶面积增大，节间伸长，地上部分重量增加，遇到风雨的天气，甘蔗极易出现大面积倒伏现象。

④田间管理不到位。种植甘蔗不培土，不剥叶，导致甘蔗根系浅薄、头重脚轻，一旦风吹雨淋就容易出现倒伏现象。

⑤不及时排水和防治病虫鼠害。甘蔗植株高大，既需要水但又不耐涝，前期甘蔗受旱，甘蔗基部节间细小，中后期雨水增多，中上部节间增粗，叶片增多，从而产生头重脚轻易倒性状。特别是，当甘蔗地雨后渍水时间长而得不到及时排水时，由于田间水分过多，土壤空隙处于水饱和状态，土壤团粒结构受到破坏，耕作层松软，易导致甘蔗连根拔倒现象。

⑥宿根蔗留桩太高且不进行开垄松蔸。宿根蔗多数田块没有做到小锄低砍，留桩太高，又不及时开垄松蔸，有的甚至不松蔸，土壤板结，通气性差，造成田间抗倒能力强的低位芽少，容易折断倒伏的高位芽多。

### （二）抗倒伏生物学基础

**1. 风折断茎率与蔗茎纤维分的关系** 不同的甘蔗品种，其纤维含量不同。蔗茎硬度大相应的纤维分高。风折茎率与蔗茎纤维分密切相关。例如，F108 的纤维含量为 12.4%，蔗茎硬度为 5.77 kg，风折率为 12.1%；而 POJ3016，纤维含量只有 9.6%，蔗茎硬度只有 3.90 kg，风折率就较 F108 高，达 28.7%，而 F134 的纤维含量和硬度介乎这两个品种之间，其风折率高于 F108 而低于 POJ3016。海南省国营南海农场选育的南海 71/33，是一个抗风力较强的品系，其特点是茎实皮硬，横切面有一明显厚皮层。这些都说明纤维含量越高蔗茎硬度越大，甘蔗越抗倒伏（冯奕垒，1998；莫家让和周承胜，1984）。

**2. 风折断茎率与蔗茎节间长度关系** 甘蔗节间形态与长度是品种特性之一，而不同品种节间长短与其抗风折断茎力有关，蔗茎节间长的风折断茎率大。研究表明，生长迅速，蔗茎特高的选蔗 3 号风折断茎率 26.11%，而粤糖 71/210 只有 12.21%。同一品种由于甘蔗生势不同而使风前节间长短也不同，长节间风折断茎率大，如试验表明台糖 134 蔗茎节间长的风折断茎率高于节间短的（李培雄，1980）。

**3. 风折断茎率与生长性状关系** 甘蔗茎生长盛期绿叶数多，是增加蔗茎重量提高单产的有利性状，但亦由此而引起茎梢部负荷大，当遭风害时，蔗茎本身“应变能力”降低，而因风害损失重。研究表明，台风侵袭时，抗风性试验各品种蔗茎绿叶数只在 8～10 片之间，品种差别不大，看不到其影响。但叶长有随品种叶片长度增长而风折断茎略多趋向，如台糖 160 叶长 150 cm 以上，风折断茎率比其他品种大（李培雄，1980）。

## 三、倒伏对甘蔗的影响

### （一）抑制蔗茎节间的伸长

据调查，台风袭击后蔗株处于倾斜尚未倒伏，折断了一些蔗茎和撕破了一些叶片，风后当即进行扶蔗培土和重施肥料，较快恢复了生势，但仍然有 3～5 个蔗茎节间的伸长受到抑制（吴桂初，1981）。

### （二）单位面积有效茎相应减少

单位面积有效茎是构成甘蔗群体产量的重要因子。强台风袭击后引起甘蔗倒伏的同时也带来不同程度的蔗茎折断，折断率一般为2.1%～14%，平均为8.3%，个别严重的田块可达25%～75%或以上（表15-3，彩图15-4）（吴桂初，1981）。

**表15-3 台风袭击后甘蔗受害调查**

| 地点项目 | 品种 | 倒伏期茎高（cm） | 倒伏情况 | | | 折断情况 | | |
|---|---|---|---|---|---|---|---|---|
| | | | 取样总茎数（个） | 倒伏茎数（个） | 倒伏率（%） | 取样总茎数（个） | 折断茎数（个） | 折断率（%） |
| 黄浦文冲大队 | 粤糖57-423 | 196.3 | 257 | 129 | 50.1 | 257 | 12 | 4.67 |
| | 粤糖54-143 | 204.2 | 192 | 8 | 4.2 | 192 | 4 | 2.1 |
| | 台糖134 | 229.6 | 217 | 183 | 81.5 | 217 | 16 | 7.37 |

注：台风时间为1964年9月6日。

### （三）造成后期生理死亡

甘蔗的倒伏，不仅折断或扭伤了蔗茎，同时摇松或损伤拉断部分蔗根，使蔗根的吸收、支撑功能减退，蔗茎输导、储存养分的能力受阻。甘蔗倒伏的结果也必然使蔗叶互相重叠、挤压、荫蔽，影响光合作用的正常进行，以致蔗株制造和积累养分也相对减少。蔗株为维持正常的生命活力，必须进行呼吸，消耗养分，特别是低温干燥的冬季提前或延续的情况下，呼吸作用加强，消耗能量增大，使甘蔗生理功能不协调，养分分配不平衡，招致蔗茎的蒲心或通心，造成部分蔗茎的生理死亡。

### （四）茎重和蔗糖分普遍下降

倒伏甘蔗也破坏了生长点的顶端优势，促进了侧芽、气根和无效秋笋的生长。肥力基础较好的蔗田，遇上湿度大的秋天，则上述器官的生长更甚。据1979年10月在琶洲l队严重倒伏的蔗田（粤糖71/210）调查：倒伏蔗茎背光处，尤其是接近地面的根带，平均每节长出气根18～38条，这样将蔗茎中的大量养分消耗和分散于这些器官上，助长了蒲心和通心的形成。蒲心蔗茎比正常直立的蔗茎单茎重一般减少11.04%，蔗汁锤度降低6.49°Bx（表15-4）（吴桂初，1981）。此外，据顺德糖厂分析，风害倒伏愈早，蔗糖分损失愈多。田间风害倒伏与不倒伏蔗株相比较的结果表明，倒伏的时期不同，甘蔗蔗糖分降低的次序为：10月1.56%、11月1.34%、12月1.07%、1月仅为0.75%。

**表15-4 直立蔗茎与倒伏蔗茎单茎重和蔗汁锤度对比**（吴桂初，1981）

| 生产队别 | 品种 | 茎长（cm） | 茎径（cm） | 单茎重（kg） | | | | 11月25日蔗汁锤度（°Bx） | | |
|---|---|---|---|---|---|---|---|---|---|---|
| | | | | 直立 | 倒伏 | 重量差（倒伏-直立） | 重量差/直立蔗茎重（%） | 直立 | 倒伏 | 锤度差值（倒伏-直立） |
| 琶洲一队 | 粤糖57/423 | 160.0 | 3.53 | 1.57 | 1.45 | −0.12 | −7.64 | 20.33 | 13.50 | −6.83 |
| 琶洲一队 | 粤糖71/210 | 160.0 | 3.01 | 1.27 | 1.07 | −0.20 | −15.75 | 19.45 | 11.61 | −7.84 |
| 琶洲一队 | 粤糖71/359 | 160.0 | 3.30 | 1.52 | 1.35 | −0.17 | −11.18 | 17.17 | 11.44 | −5.73 |
| 良田八队 | 粤糖57/423 | 313.9 | 3.64 | | | | | 19.35 | 14.05 | −5.30 |

（续）

| 生产队别 | 品种 | 茎长（cm） | 茎径（cm） | 单茎重（kg） | | | | 11月25日蔗汁锤度（°Bx） | | |
|---|---|---|---|---|---|---|---|---|---|---|
| | | | | 直立 | 倒伏 | 重量差（倒伏-直立） | 重量差/直立蔗茎重（%） | 直立 | 倒伏 | 锤度差值（倒伏-直立） |
| 石岐市郊 | 粤糖57/423 | 285.6 | 3.28 | | | | | 18.20 | 11.00 | −7.20 |
| 平均 | | | | 1.45 | 1.29 | −0.16 | −11.52 | 18.90 | 12.41 | −6.49 |

### （五）倒伏后的甘蔗下年不能留宿根

甘蔗倒伏后由于根断、头翻，蔗头伤害大，养分过量消耗，蔗头腐烂、病菌滋生，下年留宿根多数蔗头无芽笋发，造成缺株减产。

## 四、倒伏对甘蔗生理的影响

### （一）不利于光合作用的进行

甘蔗是$C_4$植物，光合强度及光饱和点较高，倒伏的蔗株，由于田间光照状况恶化，蔗叶获得的光能不充分，既不能满足光合作用对光能的直接需要，还会阻碍气孔张开，增加$CO_2$进入叶内的扩散阻力，使光合强度显著下降。倒伏对叶的伸展也不利，有关资料显示，在种植密度和施肥条件相同情况下，倒伏后的蔗株每叶平均面积和单茎绿叶面积分别比正常植株下降25.3%和22.7%。光合面积缩小，必然导致整株蔗光合产物的合成量下降（表15-5）（莫家让和周承胜，1984）。

**表15-5　倒伏对绿叶伸展的影响**（吴桂初，1981）

| 处理 | 单茎绿叶数（片） | 每叶叶面积（$cm^2$） | 与正常对比（%） | 单茎叶面积（$cm^2$） | 与正常对比（%） |
|---|---|---|---|---|---|
| 正常 | 11.6 | 596.5 | 100 | 6 919.4 | 100 |
| 倒后扶起 | 12.1 | 455.3 | 76.6 | 5 509.1 | 79.6 |
| 倒伏 | 12.0 | 445.7 | 74.7 | 5 348.8 | 77.3 |

### （二）破坏了蔗株的水分代谢

蔗株的水分代谢，由水分的吸收、运输和散失3个紧密联系的环节所组成。蔗株的水分吸收，存在着主动吸收和被动吸收两种方式。倒伏的蔗株，由于根系受机械力的作用部分被拉断，加上根系不能从地上部获得充足的碳水化合物，因而生命活动较弱，主动吸水量下降。同时倒伏蔗株互相挤压在一起，光照弱、相对湿度高，其蒸腾作用很弱，大大影响被动吸水能力。由于倒伏蔗株的水分吸收和散失（主要是蒸腾作用）受不良影响，水分输导只能缓慢地进行，这就破坏了蔗株的正常水分代谢，对生长和组织充实都极为不利。

### （三）阻碍蔗株对矿质营养的吸收和转运

倒伏的蔗株，根系生命活动遭受不良影响，对矿质营养元素的吸收和转运能力被削弱。据测定，倒伏蔗株的根系吸收和经木质部向地上部分转运的氯化钾量约为正常植株的1/2，磷的数量仅及正常植株的1/4。倒伏后明显地改变蔗株整个生长过程从外界吸收和转运磷钾的正常生理状况，这是导致生长不良、产量低、品质差的重要原因（见表 15－6）（莫家让和周承胜，1984）。

**表 15－6　倒伏对水分、矿质元素吸收的影响**

| 处理 | 每根茎主动吸水 (g/h) | 每根茎吸收氧化钾 (mg/h) | 每根茎吸收磷 (mg/h) |
|---|---|---|---|
| 正常 | 1.353 | 1082.4 | 20.30 |
| 倒后扶起 | 1.267 | 760.2 | 19.00 |
| 倒伏 | 1.253 | 563.9 | 5.01 |

## （四）影响糖的运输和积累

蔗株内碳水化合物运输的主要形式是蔗糖。倒伏的蔗株，光合能力弱，合成的碳水化合物少，加上光照不足，影响运输，致使节段贮藏组织中糖的积累缓慢，以至收获时蔗汁锤度很低。据测定，9 月下旬倒伏的蔗株，在翌年 1 月收获全茎锤度比正常植株低 6.13°Bx，而糖的积累受到严重影响的部位是下部节段（表 15－7）（莫家让和周承胜，1984）。

**表 15－7　倒伏对锤度的影响**

| 处理 | | 正常 | 倒后扶起 | 倒伏 |
|---|---|---|---|---|
| 倒伏时锤度 (°Bx) | 上部茎段 | 8.48 | 7.14 | 6.48 |
| | 中部茎段 | 10.86 | 8.98 | 10.18 |
| | 下部茎段 | 12.56 | 10.96 | 11.50 |
| | 全茎 | 10.63 | 9.36 | 9.55 |
| 砍收时锤度 (°Bx) | 上部茎段 | 20.25 | 19.87 | 15.00 |
| | 中部茎段 | 20.20 | 18.32 | 18.60 |
| | 下部茎段 | 20.00 | 18.00 | 12.40 |
| | 全茎 | 20.18 | 18.73 | 9.55 |
| 倒伏至砍收时锤度增加（%） | 上部茎段 | 140.0 | 178.3 | 141.5 |
| | 中部茎段 | 86.0 | 83.6 | 27.3 |
| | 下部茎段 | 59.2 | 64.2 | 7.8 |
| | 全茎 | 89.8 | 100.1 | 45.2 |

## （五）对甘蔗生长的影响

蔗株的生长情况是植株的各种生理过程与环境条件相互作用的综合反映。倒伏的蔗株，许多生理机能受阻，田间环境差，使体内同化物的运转不能更集中于贮藏组织，不同程度地破坏了库与源的正常关系，这是蔗株生长差，蔗汁锤度低的又一重要原因，加上易招病虫、鼠害等，损失更大（表 15－8）。

表 15-8　倒伏对甘蔗生长的影响

| 处理 | 株高（cm） | 茎径（cm） | | | | 空蒲心节率（%） | 单茎重（kg） |
|---|---|---|---|---|---|---|---|
| | | 上部节段 | 中部节段 | 下部节段 | 平均 | | |
| 正常 | 374 | 3.41 | 3.57 | 3.89 | 3.62 | 20.7 | 3.16 |
| 倒后扶起 | 386 | 2.88 | 3.33 | 3.85 | 3.35 | 34.0 | 3.10 |
| 倒伏 | 371 | 2.86 | 3.33 | 3.86 | 3.32 | 55.0 | 2.89 |

## 五、甘蔗倒伏的防控措施

### （一）品种选择

选用根系发达、蔗茎坚硬（如云蔗03-194、桂糖47号），基部粗壮、容易脱叶（如桂糖42号）、株高适当、节间较短（如粤糖00-236、桂糖44号等）的高产高糖甘蔗新品种种植，为甘蔗抗倒伏栽培打下良好的基础。

### （二）栽培管理

选择背风向阳的缓坡地或排水方便的稻蔗轮作田种植。深耕深松，开好植蔗沟，促进根系深扎，增强植株的抗倒能力。在稻蔗轮作田种植甘蔗，种植时还要深开田间和四周的排水沟，以防雨季田间渍水，田间耕作层软化导致甘蔗出现倒伏现象。重施基肥，减少中后期施肥而出现甘蔗“脚细、尾粗、头重”的倒伏性状。合理密植，采用单行种植、行宽为1.0～1.2 m，大茎种（茎径2.8 cm以上）每公顷种植双芽茎种45 000～52 500段，中茎种（茎径2.4～2.8 cm）每公顷种植52 500～67 500段，小茎种（茎径2.4 cm以下）每公顷种植67 500～82 500段，每一植蔗沟种茎以双行“品”字形排列，两行种茎之间距离不小于10 cm左右。及时中耕培土。人工畜力开沟种植的蔗地，由于甘蔗种植不深，5—6月甘蔗开始伸长时及时进行中耕培土，增加甘蔗基部土层厚度，促进根系深扎，防御甘蔗倒伏。及时排水，雨后及时进行田间检查，发现渍水应及时排除，防止蔗田土质软化导致甘蔗倒伏（农生平等，2014）。

### （三）防御台风

9—10月，甘蔗长高达3 m左右时进行人工捆蔗，把相邻的5～10株左右的甘蔗呈圆锥形捆扎成一束，增强甘蔗植株之间的相互支撑力，以防后期台风侵袭造成甘蔗倒伏现象。做好应急性管理工作。台风过后在1～2 d内及时将倒伏的植株扶正，加上踩实，并及时补施少量速效氮肥。

### （四）防治虫害

造成甘蔗倒伏的螟虫主要是黄螟，而黄螟一般在稻改蔗田和潮湿的甘蔗地发生较为严重，主要防治方法如下：在新植蔗下种时或宿根蔗松蔸时用20%氯虫苯甲酰胺750 mL/$hm^2$或20%噻虫嗪+10%氯虫苯甲酰胺600 mL加水3 000 mL拌沙75 kg，或用2%吡虫啉颗粒剂2～2.5 kg撒施于植蔗沟蔗种周围。在第1代黄螟、蚁螟孵化高峰期（4月中下旬）和在第2代黄螟、蚁螟孵化高峰期（6月中旬）间，选择下列药剂之一进行兑水喷雾防治：25%杀虫双、20%氯虫苯甲酰胺、20%噻虫嗪+10%氯虫苯甲酰胺、50%杀螟丹、25%杀螟腈、90%敌百虫及各种菊酯类的杀虫剂。施药分2次，一是在蚁螟孵化始盛期进行，二次施药选择在第 1 次喷药后 5～7 d 进行。施药时，着重针对蔗苗基部及心叶处喷药（农生平等，2014）。

### （五）防治鼠害

危害甘蔗的主要鼠种有：黄胸鼠、褐家鼠、板齿鼠和黄毛鼠等。可采用采用鼠夹、鼠洞灌水、烟熏等方法捕捉，或用 0.1% 敌鼠钠盐毒饵于甘蔗种植后出苗前进行诱杀。

# 第四节　其他逆境对甘蔗的影响及其防控

## 一、甘蔗涝害以及防控

### （一）甘蔗涝害

作物各项生理活动都离不开水，但土壤水分过多或大气湿度过高都会破坏植物体的水分平衡，不仅影响作物的生长发育，而且还会影响作物的分布和群体结构（王萍等，2007）。水分过多是影响作物分布和产量的最主要生态因子之一，其造成的不利影响即为涝害（蒋薇等，2010）。

涝害是世界上大多数国家面临的重大自然灾害之一。据估算，全球湿涝耕地约占总耕地面积的 12%（Li，1997）。甘蔗为热带亚热带作物，多种植于旱地，生长期受涝害一般是属意外。但近期，随着全球气候异常，局部地区暴雨、洪涝灾害频繁发生，水淹成为甘蔗遭受的主要逆境之一（潘澜等，2012）。

涝害的实质就是土壤水分过多，土壤孔隙被水分占据（彩图 15－5），导致作物根系正常代谢失调，进而引发作物一系列的表观和生理层面的非正常反应，最终造成作物产量和品质降低（刘凯文等，2011）。

涝害主要使甘蔗根系生长发育受阻、蔗地的肥料流失及容易产生病虫害，造成甘蔗减产或绝收，其中以重度水淹对甘蔗影响最为严重。水淹时间越长，甘蔗减产也就越严重。2017 年 6 月 25 日至 2017 年 7 月 2 日，广西出现了大范围的严重致洪暴雨过程，统计表明，甘蔗受灾总面积有 3.63 万 $hm^2$，其中被水淹程度严重（淹过蔗顶）为 0.43 万 $hm^2$，中度（淹过蔗垄）1.27 万 $hm^2$，轻度（只淹过蔗沟）1.93 万 $hm^2$（黄秋燕等，2018）。其中受灾最严重的为柳州市，受灾面积约 8 666.67 $hm^2$，约占总糖料蔗种植面积的 10.7%；成灾面积 3 333.33 $hm^2$ 左右，大概占该市糖料蔗总面积的总面积的 4.1%；绝收面积约 233.33 $hm^2$，其次为贵港蔗区，重度受灾面积 1 000 $hm^2$ 左右，约占该市糖料蔗总面积的 4.3%；轻度受灾面积 1 333.33 $hm^2$ 左右，约占该市糖料蔗总面积的 5.7%。河池蔗区此次受到洪涝灾害影响的甘蔗面积为 1 408.4 $hm^2$，成灾面积约 419.07 $hm^2$，绝收面积约 98.73 $hm^2$，受灾面积约占该市糖料蔗总面积的 3%。其他产区如崇左、南宁、防城港、北海、钦州蔗区的影响都不大，受灾面积总体较小。

### （二）涝害对甘蔗的影响

**1. 甘蔗性状的变化**　甘蔗受到涝害后，大量长出气根和空心蒲心是甘蔗的主要性状变化，这是甘蔗在浸水环境下的适应性变化。在浸水条件下，土壤中氧气缺乏，甘蔗根系呼吸作用所需的氧气一是靠气根从水中获得，二是通过一定的方式从地上部输送到水下部分。

据研究表明（姚全等，1996），甘蔗受到洪害之后，受淹蔗地的大部分蔗株倒伏，蔗茎弯曲，蔗叶枯黄，这是甘蔗在外形上的一个明显的变化；同时采样中发现，倒伏的甘蔗在接触水面的蔗茎都长出网状气根，气根最长达 30 cm。王鉴明等（1987）的研究也与其一致，受浸甘蔗的一个明显的变化是在浸水节上长出大量的气根，气根可不断发生分枝，以致大量的根交结成网丝状，分布范围也随之逐渐扩大。据王鉴明等（1987）研究表明，甘蔗在浸水条件下能否存活决定于是否能长出足够的气根。在浸水条件下，气根可在水中获得氧气进行有氧呼吸，发挥其吸收作用，在一定程度上满足甘蔗生长和生理活动对养分和水分的要求。

另一个最为显著的变化是蔗茎空心蒲心严重，其节间比重比正常的甘蔗低，这是致使甘蔗减产的因素之一，从解剖结构上，也得出相同结论。部分被淹没生长点的蔗叶死亡，蔗茎枯烂、已失去加工的意义。从表 15－9 看出，水淹蔗地宿根蔗和新根蔗均比不受水淹蔗地的产量低（王鉴明等，1987；姚全等，1996）。

在土壤缺氧情况下，甘蔗根系呼吸作用所需的氧气可通过茎部空隙，从地上部输送到根系。植物的耐涝性与地上部向根系供氧的能力有关，因此，在淹水情况下，甘蔗或可通过空蒲心的蔗茎把地上部的氧气大量地输送到地下部。此外，在长期浸水条件下，尽管根周围土壤呈灰黑色（因缺氧导致硫化铁积累所致），但在活的地下根的近根尖部位及与之接触的土壤呈褐色，这意味着有三价铁的积累，即说明地下活根有把二价铁氧化成三价铁的能力，可能与水稻的情况类似，能利用地上部输送来的氧气进行有氧呼吸和通过一定的方式向根外分泌氧使根周围的还原性物质氧化。这也许是在水温较高的季节（水温高则水中含氧量低），受不流动水长期淹浸后，甘蔗仍有较多的地下根存活下来，不致全部中毒或闷死的主要原因（王鉴明等，1987）。

**表 15－9　桂糖 11 号在水淹蔗地及不受水淹蔗地的甘蔗比重及产量比较**（姚全等，1996）

| 植期 | 不受水淹蔗地 | | | | 水淹蔗地 | | | |
|---|---|---|---|---|---|---|---|---|
| | 株高（cm） | 茎径（cm） | 茎比重 | 甘蔗产量（$t/hm^2$） | 株高 cm | 茎径 cm | 茎比重 | 甘蔗产量（$t/hm^2$） |
| 宿根 | 246 | 2.45 | 1.016 | 62.49 | 291 | 2.45 | 0.820 | 32.79 |
| 新植 | 223 | 2.40 | 1.023 | 72.37 | 216 | 2.10 | 0.832 | 40.50 |

**2. 产量以及含糖量**　旱生作物耐淹涝胁迫的能力一般都比水稻等湿生作物要弱得多，因此，在其生育期间遭受一定程度涝害后，最终必定表现为产量和品质下降，而且相对产量与受涝胁迫的程度呈显著负相关。研究发现（Culati et al.，2000；朱建强等，2005），涝害对产量的影响很大，受涝越严重，减产幅度越大。涝胁迫对作物品质同样有影响，如甘蔗茎径、茎比重、蔗糖分等（张文英等，2001）。

在浸水条件下，土壤中便会缺乏氧气，甘蔗根系的呼吸作用不能正常进行，不能正常从土壤中吸收 N、P、K 和其他养分，致使甘蔗生长不良，不能培土，根系分布浅而根伸长生长极慢，大部分植株容易倒伏，进而影响地上部的生长，导致叶片变黄、青叶数减少、叶片窄小、植株生长缓慢、节数少、茎径小、分蘖死亡、有效茎数减少，产量大大降低。这些结果与以往的研究大致相同。

同时，由于根部缺氧，植株出现生理干旱，这就形成蔗茎空心蒲心，甘蔗产量明显降低。所以，水淹的时间越长，甘蔗减产越严重。甘蔗长期受到水淹，各种生理功能受到破坏，促进蔗茎长出气根和抽出侧芽，消耗茎内营养物质，使茎节间蔗糖减少。倒伏和折断的蔗茎干枯，蔗糖分降低，还原糖增多。涝害甘蔗产量和蔗糖分下降的主要原因是蔗茎空心蒲心，气根和侧芽形成。因此，建议不宜用发根发芽和空心蒲心的蔗茎作种。在砍运方面，应在受淹甘蔗蔗糖分积累最高时期砍运。特别是对受淹时间过长，长出气根和侧芽多的蔗茎，必须及时砍运进厂。受淹严重的甘蔗不能及时安排砍运，也会因气根和侧芽长出消耗茎内很多蔗糖而造成蔗糖分下降（王鉴明等，1987；姚全等，1996）。

总之，作物遭受涝胁迫后在缺氧的条件下生长，造成作物根系活力下降、根冠比下降、气孔关闭、活性氧清除系统的酶活性降低、叶片细胞的膜脂过氧化增强、养分吸收和同化产物输出能力下降，最终导致作物减产和品质下降。因此，涝害发生后必须采取有效措施，确保把涝害降到最低程度，最大限度地保证甘蔗高产、稳产和优质（刘凯文等，2011）。

综上所述，涝害对甘蔗的危害主要原因不在水自身，而是由于水分过多诱导产生次生胁迫。涝渍环境下作物所受到的伤害首先发生在根部，通过对其生长发育的影响，进而最终影响作物的产量和质量。从作物生理角度看，根系缺氧、$O^{2-}$过量累积、酶保护系统受到极大破坏，从而引起植物体生物代谢功能发生紊乱，这是涝害发生的主要原因。目前亟待确定可靠、直观的涝害鉴定生理指标；关于水分胁迫下作物耐涝性工程及措施还需要科技工作者进一步研究其生理生化特性，通过基因技术从分子水平去探究作物耐水分胁迫的内在机理。只有解决了这些实质性的问题，才能从根本上解决植物体水分胁迫问题（王军等，2004；王威豪等，2008）。

### （三）甘蔗涝害的防控措施

**1. 搞好排灌工作**　偶有洪涝而地下水位不是很高的蔗区，往往旱涝不定，一般应着重搞好排灌设施，提高抗灾能力，并采用耐涝性较好的品种。在低洼积水蔗区，遇上洪涝或地下水涌入，应着重搞好排灌工作，将蔗田渍水引流。在劳力缺乏，渍水量大的蔗田，可采取抽水机排水，在一定程度上减少涝害的损失（姚全等，1996）。

**2. 采用耐涝甘蔗品种**　对低洼积水地植蔗挖塘整基虽是一劳永逸的办法，但要花大量的劳动力，在劳力缺乏的蔗区不易在短期内大面积实施。这些地区，如采用电动或机动排水，往往成本过高难以接受。试验证明，采用耐涝品种，可在一定程度上减少涝害的损失，筛选和培育耐涝性强的植物材料，成为涝害土地利用急需解决的问题，同时也是扩大具有高经济效益的农作物种植范围的有效手段。但任何品种都不能在长期淹水的条件下获得高产，应因地制宜，多种办法相结合。

**3. 宽窄行高畦栽培方法**　结合具体情况（地下水位或积水的水位高低等），采用双行畦适当缩小畦面、扩大沟面的办法，提高畦面，是解决积水问题的一个办法。此法种蔗面积并不减少，而且群体受光条件没有大的改变，一般不降低单位面积产蔗量，如在地下水位高或积水的条件下，则可大幅度提高产量。在保持一定水位的情况下，还可考虑利用排水沟养鱼虾，进一步提高土地利用率和经济收益。宽窄行在整地时增加劳动量不多，而且可多年利用。这种方法宜在机械化程度低，以人力耕作为主的低地蔗区应用。鉴于宽窄行畦面小不利于田间作业，可采用“低基浅塘养鱼虾”的耕作制。可按计划的畦高度和浅塘的水深调节基塘比，以基面比经常保持的水位高 50 cm 左右为宜，浅塘深度视实际需要而定，一般可考虑保持水深 50～70 cm。从充分利用光能的角度来看，基面 3.0～3.2 m，以窄行距种 4 行蔗比较理想。这种带状栽培方法可充分利用边行优势，以较小的面积获得较多的收成。此法与基水地相似，只是相对增加种蔗面积和减少了水体（由于塘面较小不能挖得很深），但挖浅塘所花的劳力要比整基水地少得多，而且可利用小型泥浆船上泥浆，只要能保干净水位，即可鱼蔗双利，是低畦地区一种以短养长高收益的好办法。

**4. 改变植期，加强管理，提高甘蔗抗涝能力** 在易受涝害的低洼地，应考虑改春植蔗为秋冬植蔗，这样能加快甘蔗早生快发，植株高大，增强抗涝能力（姚全等，1996）。并且可进行育苗移栽，该措施不但能解决前期涝害，而且是高产高糖的良法，值得在有涝洪影响的地区推广。促进早生快发的措施，可提高甘蔗的抗涝能力。因为甘蔗长高后即不易被淹没，拔节后则可有较多的节发生气根。有涝害的蔗区，甘蔗拔节后应尽早培土，以提高发根节位，提高抗涝能力。经长期浸水后，退水过程中当开始露出畦面时，宜对退水速度适当加以控制，以有利于地下根长出和气根不致过快干死为度，以免蔗叶或蔗株干枯（王鉴明等，1987）。

**5. 涝害排除后，加强甘蔗管理，增加甘蔗光照** 在洪水退落时迅速将蔗叶上的泥浆洗掉，有条件的可人工或机械喷水淋叶，洗掉叶面泥浆，同时将斜倒的蔗株扶正，使它能充分利用光能，恢复快速生长。甘蔗是典型的 $C_4$ 喜光作物，光照的强弱影响光合作用，进而对甘蔗的生长和发育直接产生影响。甘蔗受洪涝危害后，一方面由于洪水浸泡，植株及蔗叶表面蒙上一层泥浆，加上部分垃圾类黏挂，水退后风干硬化，遮挡叶面，降低光强，影响光合作用。另一方面由于叶片表面的泥浆阻挡，光照被叶面泥浆吸收后转变为热能，增高叶面温度；同时泥浆也阻塞一定叶面的气孔，阻碍叶面蒸腾作用，亦导致叶面升温，两者使叶面升温在烈日下势必灼伤叶面，损害叶功能，从而对甘蔗的生长发育产生影响。因此，洪涝后的甘蔗要及时在洪水退落时将蔗叶上的泥浆洗掉，使它能充分利用光能，增强光合作用，才能促进甘蔗快速地生长。

**6. 及时中耕培土，提高土壤通气性** 组织开好田中沟和田边沟，有条件的可用机械抽水，快速将蔗田（地）的积水排除，以利甘蔗快速恢复生机。洪涝后的甘蔗地，一是因洪水泥浆的沉积，土壤黏性变大，氧气缺乏，甘蔗根系的呼吸作用大大减弱，已妨碍根系正常生长，影响蔗根活力和深扎。二是洪涝后的甘蔗地，地下水位高，土壤的物理条件（如土壤结构、孔隙度、容重和紧实度等）遭破坏，渗水性差，养分已流失，严重影响根系正常的吸收功能，影响甘蔗正常生长发育。三是洪涝浸泡时间一长，土壤中厌氧微生物繁殖，腐蚀蔗根，甘蔗会烂根和死苗。因此，迅速排出多余水分，恢复土壤生机，是甘蔗恢复生长的重要前提。

**7. 抓紧补施速效肥料，促进甘蔗恢复生长** 蔗田（地）排开水后，要清理蔗园将植株基部枯、黄、老叶除去，松土并追施有效氮肥、喷施叶面肥和培土，促进蔗株快速伸长增粗。剥叶的作用，一是可以通风透光，降低荫蔽度，减少田间空气湿度，改善田间小气候，有利于光合作用的进行，防止气根和侧芽萌发。二是可使蔗茎因受日光暴晒而使表皮硬化，提高抗病虫害能力。三是随蔗叶剥下的虫卵被带走，能直接杀死洪水带来的一部分病虫害，而掉在地上的即使不死，要从行间再爬行到蔗茎上侵入，因其暴露外界的时间拖长，增加了天敌的捕食机会，最后幸存者也无几，这样可保证大部分蔗茎的中、下部节间免受病虫侵害，有利于甘蔗正常生长。松土则使土壤表层疏松，形成松散的覆盖层，加大土壤孔隙度，增加土壤与空气的接触面，使土壤蒸发加强，有利于田间多余的水分快速蒸发，起到散墒作用。施肥培土则是使甘蔗能很快得到养分的供给。对受洪涝危害时间较长，生长点已腐烂死亡，但蔗蔸根系还健在的，或生长点虽未死，但生长已受抑制，地上蔗茎已抽出侧芽的蔗株，应将地上部分蔗株迅速斩除，让蔗蔸尽早重新发株长苗而成为秋植蔗，砍下来的蔗茎则选好芽段作为秋植蔗蔗种进行重新种植（岑荣，2012）。

## 二、甘蔗盐害及其防控

### （一）甘蔗盐害

植物生长在盐碱土中受到盐胁迫的伤害，即为盐害。盐胁迫是影响植物正常生长的重要环境因子之一，主要通过离子胁迫、渗透胁迫、氧化胁迫及营养胁迫对植物产生毒害作用（徐超华等，2017）。在盐胁迫下，细胞外盐浓度过高，细胞内外渗透势平衡遭到破坏，导致细胞失水及有害离子积累（马文月，2004）。研究表明，细胞内许多酶在很窄的离子浓度区间内才有活性，因此高浓度的盐胁迫导致酶的变性和失活，损害光合系统，致使代谢紊乱、蛋白质降解，盐胁迫还会引发质膜的组分、透性、运输以及离子流等一系列改变，损坏细胞膜的正常状态，从而使细胞的正常代谢及生理作用受到不同水平的损坏（任丽丽等，2010；方志存等，2014）。

甘蔗要求土壤含盐量小于0.3%才能正常生长（何启钧等，1993）。盐胁迫条件下甘蔗株高、根长减少，生物量、叶面积下降，水分利用率降低；盐碱严重影响到甘蔗的萌发、苗期的生长及生理变化，最终导致甘蔗产量和糖分下降（何春林等，1998）。我国甘蔗种植区特别是广东、广西沿海的耕地盐渍化趋势日益加剧（陈华文等，2014）。

### （二）盐害对甘蔗的影响

甘蔗是中度盐胁迫敏感植物，前人的研究表明，盐害延迟了甘蔗的萌芽，影响甘蔗的发芽率和生长，降低了甘蔗鲜重和干重（Gandonou et al.，2008）。盐胁迫是导致甘蔗产量和糖分下降的主要因素（Ashraf et al.，2009）。

研究表明，盐胁迫条件下，甘蔗株高、根长减少，生物量、叶面积下降，水分利用率降低（Cha-Um et al.，2012）；MDA 含量升高，质膜完整性遭到破坏，电解质大量外渗（Avinash et al.，2012）；光合色素降解，光反应中心复合体遭到破坏，导致光能吸收、传递和转化利用效率下降，实际光化学量子效率降低（Cha-Um et al.，2013）；扰乱必需元素和微量元素吸收和分配（Aftab et al.，2011）；影响碳水化合物积累及分配利用（Gomathi et al.，2004），最终抑制甘蔗产量及品质的形成（Wiedenfeld et al.，2008）。

张木清等（1994）选用 4 种盐浓度（0.25%、0.50%、0.75%和 1.00%）处理不同甘蔗品种，实验结果表明，盐胁迫下甘蔗的株高、茎径、地上部分干重和蔗糖含量显著降低；陈如凯和张木清（1995）应用盆栽试验详细研究了 NaCl 胁迫下甘蔗叶片多胺代谢的变化。结果表明，随盐胁迫强度的增加，ADC、ODC 和 PAO 活性以及多胺含量提高，且它们之间均呈极显著正相关；林希昊等（2011）为探讨不同甘蔗品种的耐盐特性，筛选适合盐碱地区种植的甘蔗品种，利用盆栽粤糖 93-159、粤糖 86-368 和新台糖 22 号 3 个品种，并施加 0.034、0.068 和 0.102 mol/L 三个浓度的 NaCl 溶液对甘蔗进行胁迫处理，结果表明，随着 NaCl 胁迫浓度的增加，各品种都有不同程度的 $Na^+$ 含量增加，质膜透性增加，叶绿素含量降低，SOD 活性降低的现象，而新台糖 22 号表现出比另两个品种 $Na^+$ 含量更高，质膜透性增加缓慢，叶绿素含量和 SOD 酶活性降低更缓慢的现象，表明新台糖 22 号比另两个品种具有更强的耐盐特性。潘廷国等（1995）研究不同质量分数的盐胁迫处理使甘蔗叶片的质膜透性增加，这说明质膜透性大小与甘蔗的耐盐性有关，两个甘蔗品种叶片的 POD 活性在不同质量分数的盐胁迫下均有不同程度的下降，在盐胁迫下，CAT、POD 和 SOD 酶活性下降，而 MDA 含量与 CAT 活性及叶绿素含量呈极显著的负相关，与 POD 及 SOD 酶活性呈显著的负相关，并且耐盐性强的品种酶活性下降幅度低于耐盐性弱的品种。丰铎等（2010）研究结果表明，甘蔗愈伤组织的半致死和致死盐浓度分别为 0.15%、1.15% NaCl。

盐胁迫同时会使细胞体内产生大量的氧自由基（活性氧），甘蔗通过自身活性氧清除系统来提高其耐盐性（Patade et al.，2011）。郭莺等（2005）研究发现，不同 NaCl 浓度处理下，随着盐胁迫时间延长，甘蔗栽培原种拔地拉的 POD 活性、SOD 活性呈先上升后下降趋势，分析表明拔地拉在一定 NaCl 浓度处理下产生了抗盐能力。渗透调节也是植物抵御盐胁迫的一种重要方式。Gandonou 等（2012）发现，在盐胁迫条件下，茎和叶中脯氨酸和可溶性糖含量浓度升高，细胞液浓度增加，渗透势降低，从而提高自身抗盐能力。Ashraf 等（2010）研究表明，添加 Si 元素能够有效缓解盐胁迫，同时盐应激蛋白增加也有助于甘蔗抵御盐胁迫环境（Gomathi and Thandapani，2013）。此外，外源抗坏血酸预处理能提高甘蔗愈伤组织在盐胁迫下的正常生长发育，对幼苗的抵御盐胁迫环境有着明显的保护作用（Munir et al.，2013）。

### （三）盐害的防治措施

**1. 合理水分调控，以水洗盐** 可以采用合理的灌溉技术，以水洗盐，将土表盐分稀释下淋，以降低根系周围的盐害浓度，夏秋揭膜，充分利用雨水淋洗表层土壤中的盐分。另外，也可采用滴灌的方式来淋洗盐分。采用科学、合理的浇灌方式，以减少水分蒸发，使盐分向下淋洗。可埋设双层波纹有孔塑料暗管排水洗盐；对发生盐渍化的土壤，可通过增加表面覆盖地膜、稻草等方法，减少表层土壤水分蒸发，减少盐分表积；也可通过中耕松土，切断土壤持水孔隙，阻断水分上移。

**2. 生物措施** 除选择栽培耐盐性较强的甘蔗品种之外，种植一些耐盐作物进行生物洗盐，也是一种较为理想的生物除盐措施。例如苏丹草和苜蓿都是耐盐性较强的植物，吸肥能力强，生长迅速，有一定的除盐效果。据报道，玉米是除盐效果最好的洗涤农作物（王素平，2007）。

**3. 合理施肥，科学管理** 次生盐渍化的根本原因是肥害，是施肥不平衡，单种肥料用量超过作物需求而造成的。应根据作物需肥特性及土壤养分状况进行配方施肥，避免盲目施用化学肥料。同时应注意氮肥与磷、钾肥及微肥、速效肥和缓效肥、无机肥和有机肥的配合施用，做到平衡施肥。在发生盐渍化的土壤中，增施有机肥料及含氮量较高的秸秆，以保持土壤中合理的 C/N 比值，保持土壤的团粒结构，使其具有较强的保肥能力。

也可增施土壤改良剂来降低土壤盐分（杨忠等，2006）。

**4. 使用外源物质**　在研究盐胁迫对植物伤害机理的基础上，有根据地选用一些外源物质对栽培作物进行处理，可减轻盐胁迫伤害，提高植株耐盐能力。研究表明，在盐胁迫条件下，对植物施用 $Ca(NO_3)_2$、6-苄基腺嘌呤、甜菜碱、NO 等，可缓解盐胁迫对植物的伤害，筛选可供生产上有效使用的外源物质，成为克服或缓解植物盐害的简易、有效的技术途径（王素平，2007；胡涛，2018）。

## 三、重金属对甘蔗的危害及其防控

### （一）重金属

随着工业的快速发展，环境污染问题日益加剧，特别是重金属在环境中的释放严重污染了水体、土壤和大气，因此，重金属污染已成为一个亟待解决的重要环境问题。土壤重金属污染主要是指土壤内部所含有的一种或者多种重金属元素超过所能承受的最大值的现象。过量的重金属对土壤的自循环能力有重大破坏，甚至会造成土壤质量下降和生态环境恶化。

一些重金属如 Cu、Fe、Zn 等是植物生长发育所必需的微量元素，对植物的生长发育起着十分重要的作用，但当重金属含量超过某一临界值时，会破坏植物生物膜系统，对植物产生一定的毒害作用，轻则使植物体内的代谢过程发生紊乱，生长发育受到抑制，重则导致植物死亡。

土壤内重金属元素含量变化的主要原因是：①土壤在长期的自然作用下产生某些重金属，在风和水的影响下，土壤中重金属元素的含量会因为物理和化学变化而变化。②人类的生产、生活造成土壤中重金属的含量逐渐增加，对自然环境造成严重危害，特别是化工制造、冶金开采、工业生产、农业农药化肥应用等，都导致土壤内重金属含量的飙升（杨艳红，2019），一些重金属的来源详见表 15-10。

**表 15-10　土壤中重金属来源**（宋雪平等，2019）

| 重金属元素 | 来源 |
|---|---|
| Cu | 有色金属开采冶炼、含铜农药化肥使用 |
| Pb | 电池生产 |
| As | 农药使用 |
| Cd | 电镀行业 |
| Cr | 制革、钢铁行业 |
| Ni | 钢铁合金、汽车电池 |
| Hg | 煤炭燃烧 |

### （二）重金属对甘蔗的影响

在过去几年里有许多关于重金属污染对植物影响的研究报道，然而有关重金属污染对甘蔗响应研究还很缺乏，对甘蔗如何抵抗重金属胁迫机理还不清楚。

有研究表明，在重金属镍和铅胁迫下，甘蔗根的生长发育受到抑制，叶绿素含量下降，叶绿素结构遭到破坏，糖含量减低，抗氧化酶系统代谢紊乱，且伤害程度随着重金属浓度的增加和胁迫时间的延长而加剧（Misra et al.，2010）；甘蔗生物量、茎径和节间长随着土壤中镉浓度的增加而降低，镉浓度越高，抑制效应越明显（夏会龙等，2009）。2014 年环境保护部和国土资源部发布的《全国土壤污染状况调查公报》显示，我国农田土壤点位超标率为 19.4%，其中镉、镍和铜等重金属污染最为突出（黄秋燕等，2018）。

Misra 等（2010）发现，在重金属 Ni 和 Pb 胁迫下，甘蔗根的生长发育受到抑制，叶绿素含量下降，叶绿素结构遭到破坏，糖含量减低，抗氧化酶系统代谢紊乱，且伤害程度随着重金属浓度的增加和胁迫时间的延长而加剧。Jain 等（2010）研究发现，高浓度的锌（65 mg /L、130 mg /L）促使甘蔗叶片膜脂过氧化加剧，MDA 含量增加，膜的结构完整性遭到破坏，同时干扰细胞有丝分裂，扰乱营养元素的动态平衡。杨曙等（2015）研究发现，高锰胁迫阻碍铁元素向叶片运输，造成叶片中铁的含量和活性下降，导致甘蔗叶片缺铁失绿。

Fornazier 等（2002）研究发现，在金属镉胁迫下，甘蔗植株叶片 GR 活性增加，CAT 活性下降，SOD 活性保持不变；与之不同的是用 0.5 mmol /L 和 1 mmol /L 金属镉处理甘蔗愈伤组织时，愈伤组织的生长发育受到抑制，但 CAT 活性却提高，由此可见甘蔗植株和愈伤组织在抵抗重金属胁迫机制上有所不同，活体植株和愈伤组织可分别通过提高谷胱甘肽还原酶和过氧化氢酶活性来增加抵抗重金属胁迫的能力。另外，前人研究也表明甘蔗具有较强的镉污染修复能力，在 0.1 mmol /L 和 1 mmol /L 金属镉胁迫下甘蔗依然可以正常生长，且植物体内的金属镉积累量随着生长时间的延长有所下降（Sereno et al.，2007）。但是，也应该看到前人研究中重金属胁迫的浓度都普遍高于土壤中所含有的重金属浓度，如何确定甘蔗品种对重金属适应的阈值还有待进一步研究。

### （三）重金属的防治措施

**1. 对土壤重金属污染的预防** 对土壤重金属污染的预防，我们要加强对污染源的管控，防控结合，减少重金属污染。可以通过一些高科技和管理措施来降低工业污染。从源头抓起，必须查明土壤重金属污染的主要源头，制定相应措施方法，让工业所排放出来的废料符合我国污染物的排放标准。可推广无毒无害工艺、闭路循环等技术，严格管控工矿污染。在农业方面，严令禁止使用高残留的农药以及剧毒农药，对化肥的使用也要科学合理，对于受到污染的农田，应实施动态化监测管理，通过相关资料的收集以及分析，做好土壤重金属的防治策略，降低重金属污染对农业生产的影响。在污水灌溉方面，要对灌溉水源进行水质检测，提高对灌溉水的质量管控（吴金涛等，2020；梁耀杰，2020）。

**2. 土壤污染中重金属的处理技术**

（1）*工程修复技术处理土壤重金属污染*。工程修复技术主要有电动修复技术、热处理修复技术、表土、土壤翻耕和土壤置换等。在处理砷、水银等容易挥发的重金属污染的土壤，主要采用热处理修复技术，通过加热，砷、汞等重金属元素会自动挥发，然后针对重金属元素特点采用科学方法回收利用，该方法具有成本高、操作简单的特点，对一些挥发性重金属有明显的效果。电动修复技术是目前比较成熟的一种土壤污染中重金属的处理技术方法，它的特点是成本低、修复彻底、工艺程序特别简单，其修复方法主要是在电化学条件下对重金属污染物进行氧化还原反应，使其在电极附近聚集，并利用特定设备收集和处理，这种方法能够交换重金属，但是对那些成分复杂的污染物，处理效果较差。翻土、换土等方法是非常传统的工程修复处理土壤重金属污染方法，是把一些重金属污染的土壤和一些没有污染的土壤转移或混合，以降低土壤重金属的污染程度，这种方法能够在重金属污染较重的地块获得显著效果，但不能从根本上解决土壤重金属污染问题（杨艳红，2019；梁耀杰，2020）。

（2）生物修复技术处理土壤重金属污染。生物修复技术主要包括植物修复技术以及微生物修复技术。其中，植物修复技术是直接利用绿色植物系统通过转移、降解或固定的方式修复污染的土壤，适合大面积闲置的农田和矿山污染土壤的修复，已逐渐成为土壤修复领域的研究热点，应用前景广阔。常见的植物修复措施包括植物稳定、植物挥发和植物吸收3种。植物稳定是指植物利用根系降低重金属的迁移性和生物有效性，植物挥发是植物将重金属转化为可挥发物排放至大气中，植物吸收则是利用植株地上部分积累重金属从而降低土壤重金属的含量，其优缺点如表15-11所示（宋雪平等，2019）。

**表15-11　土壤重金属污染修复技术及应用特点**（宋雪平等，2019）

| 修复技术 | 适用范围 | 优点 | 缺点 |
| --- | --- | --- | --- |
| 热脱附技术 | Hg、As等挥发性金属污染场地 | 去除率高、可回收重金属 | 能耗高、投资大、运行成本高、破坏土壤结构 |
| 电动修复技术 | 重度污染的工业重金属污染场地及黏土等粒径较小的土壤 | 可富集重金属便于集中处理或回收利用，效率高，操作方便，二次污染少 | 仅适用于小面积的污染区土壤修复，修复周期长，成本高 |
| 土壤淋洗技术 | 高浓度、易渗透、污染面积小的土壤 | 修复效果稳定、周期短，操作简单 | 对土壤质地要求严格，修复成本较高，易造成土壤营养元素的淋失和沉淀，存在二次污染 |
| 固化/稳定化处理技术 | 老化的累积性黏性土壤 | 适用范围广，成本低，操作简单 | 对固化/稳定化修复材料要求高，处理深度有限 |
| 化学氧化技术 | 大范围的重金属污染 | 效率高，速度快，对污染物的类型和浓度不敏感 | 化学品消耗大，可能对土壤产生毒害作用，影响其他植物生长和发育 |
| 植物修复技术 | 闲置的农田土壤和矿山土壤 | 成本低，易操作，可保持原土壤理化性状，二次污染风险低 | 修复周期长，修复效率受气候影响，重金属浓度过高也会影响修复效果 |
| 微生物修复技术 | 污染物易分解的场地 | 成本低，对土壤理化性质破坏小，修复程度好 | 受环境因素影响大，修复后残留的重金属难以被再次利用 |

现阶段，植物修复技术常用的植物包括2种类型（潘雨齐等，2015）：一种是能够大量吸收重金属的超富集植物，另一种是苎麻、棉花、玉米等既具有经济效益又能够吸收重金属的作物。据报道，目前已发现的重金属超富集植物超过700种，其对Cr、Co、Ni、Cu、Pb等重金属的积累量均可达1 000 mg/kg以上（张敏等，2017）。陆晓怡等（2005）研究发现镉在蓖麻根部的积累量最高可达4 460.3 mg/kg，在地上部分的茎中积累量也可达到137.1 mg/kg，表明经济作物在修复重金属污染土壤中应用前景广阔。植物修复具有

成本低廉、操作可行、无二次污染等特点，但是也存在修复时间长、受气候影响大等不足。

微生物修复技术是指利用微生物的生命代谢活动对土壤中的重金属进行吸附或氧化还原、矿化固结等达到土壤修复的效果（张敏等，2017）。微生物主要通过代谢活动改变重金属形态或者价态，从而降低重金属毒性，使之易从土壤中去除。土壤自身就具有可去除污染物质的微生物，但随着含有 Fe、Mn 等重金属元素农药的大量施用，对土壤自身含有的微生物的生存造成了极大的威胁，人们逐渐开始把目光转向人工培育微生物（程科，2018）。目前，微生物修复技术的研究集中于筛选和驯化能有效降解污染物的菌株（丁自立等，2016）。陈敏会（2015）已筛选出耐 Pb 菌株 23 株和耐 Hg 菌株 5 株，发现其对铅转化效果最高可达 90%以上，对汞转化率也可达 82.40%～92.00%。微生物修复技术成本低，对土壤性质破坏小，修复效果好，但受环境因素影响大，修复后残留的重金属难以被再次利用，且目前大部分微生物修复技术尚处于实验研究阶段，暂时无法应用于实践（钱春香等，2014）。

**3. 完善土壤污染防治政策法规标准** 目前，我国土壤环境的形势严峻，土壤环境保护相关部门已制定相关的防治政策。针对各地的土壤污染现状，要继续探索出可行性土壤污染防治法规，相关部门也要制定有利于防治土壤污染的经济政策，鼓励农民使用有机化肥、建立废旧农膜回收加工厂等方法，明确治理和修复土壤污染问题。

## 参 考 文 献


艾希珍，于贤昌，1999. 低温胁迫下黄瓜嫁接苗与自根苗某些物质含量的变化［J］. 植物生理学通讯，35（1）：26-28.

白宝璋，任永信，白嵩，2003. 植物生理生化［M］. 第 2 版. 北京：中国农业科学技术出版社.

蔡文伟，蓝松涛，杨本鹏，等，2014. 保水剂在海南春植蔗上的应用效果研究［J］. 现代农业科技（16）：60-62.

岑荣，2012. 受涝甘蔗恢复生产措施［N］. 云南科技报，2012-08-24（6）.

陈海波，李就好，余长洪，等，2014. 基于茎直径变化的甘蔗水分亏缺诊断指标确定［J］. 农业工程学报，30（19）：115-122.

陈华文，陈迪文，黄莹，等，2014. 钾对盐胁迫下甘蔗苗期生长的影响［J］. 甘蔗糖业（3）：20-23.

陈敏会，2015. 微生物修复汞、铅等重金属污染的研究［D］. 贵阳：贵州大学.

陈明辉，程世平，张志录，等，2018. 不同品种果蔗幼苗对低温的生理响应及耐寒性评价［J］. 华南农业大学学报，39（2）：40-46.

陈如凯，张木清，1995. 甘蔗耐盐生理研究［J］. 作物学报，21（4）：479-484.

程科，2018. 生物修复技术在土壤污染治理中的应用研究［J］. 中国资源综合利用，36（10）：121-123.

刀静梅，刘少春，张跃彬，等，2015. 地膜全覆盖对旱地甘蔗性状及土壤温湿度的影响［J］. 中国糖料，37（1）：22-23，25.

邓军，李孝翠，张跃彬，2011. 云南甘蔗生产现状与发展对策［J］. 甘蔗糖业，（4）：83-86.

邓雪柯，乔代蓉，李良，等，2005. 低温胁迫对紫花苜蓿生理特性影响的研究［J］. 四川大学学报（自然科学版），42（1）：190-194.

邓展云，刘海斌，张革民，等，2009. 2007—2008 年榨季广西甘蔗霜冻发生危害规律的调查［J］. 中国糖料（1）：47-50.
丁自立，吴金平，游艾青，等，2016. 耐镉耐铬丝状真菌菌株的筛选与鉴定［J］. 中国农学通报，32（27）：105-108.
方志存，刘少春，高欣欣，等，2014. 甘蔗逆境生理研究进展［J］. 中国糖料（4）：79-82.
丰锋，林萍，李洪波，2010. 甘蔗耐盐愈伤组织的离体筛选及鉴定［J］. 作物杂志（5）：56-60.
冯奕玺，1998. 风害对甘蔗产量和质量影响及防御措施［J］. 广西热作科技（1）：17-20.
郭家文，崔雄维，张跃彬，等，2010. 重金属铜在甘蔗体内的吸收及对甘蔗产量和品质的影响［J］. 土壤，42（4）：606-610.
郭莺，余爱丽，张木清，2005. 甘蔗斑茅的杂交利用及其杂种后代鉴定系列研究（三）—拔地拉与斑茅耐盐性差异分析［J］. 热带作物学报，26（2）：88-93.
郭元元，罗海斌，曹辉庆，等，2012. 土壤自然干旱胁迫对甘蔗幼苗根系保护酶系统的影响［J］. 南方农业学报，43（9）：1281-1286.
何春林，陈彪，吴元奇，1998. 甘蔗苗期耐盐性评价指标的研究［J］. 湛江海洋大学学报，18（3）：66-70.
何启钧，林彦铨，陈春花，等，1993. 甘蔗的抗盐育种技术 Ⅰ. 盐分胁迫下甘蔗无性系的产量和品质性状表现［J］. 福建农学院学报，22（4）：398-403.
何燕，2000. 近 10 年来广西严重洪涝灾害灾情分析［J］. 广西气象（2）：37-39.
胡涛，张鸽香，郑福超，等，2018. 植物盐胁迫响应的研究进展［J］. 分子植物育种，16（9）：3006-3015.
黄诚梅，杨丽涛，江文，等，2008. 聚乙二醇胁迫对甘蔗生长前期叶片水势及脯氨酸代谢的影响［J］. 干旱地区农业研究，26（1）：205-208，220.
黄秋燕，覃志豪，覃梓洪，等，2018. 甘蔗灾害监测研究进展及展望［J］. 中国农业信息，30（3）：23-40.
黄有总，徐建云，陈超君，等，2002. 几个甘蔗新品种的抗旱性和抗寒性比较研究［J］. 广西农业生物科学，21（2）：101-104.
简令成，1992. 植物抗寒性机理研究的新进展. 植物学通报，9（3）：15-22.
蒋明义，郭绍川，张学明，1997. 氧化胁迫下稻苗体内积累的脯氨酸的抗氧化作用. 植物生理学报，23（4）：347-352.
蒋薇，刘登望，李林，2010. 作物涝害研究进展［J］. 广西农业科学，41（5）：432-435.
蓝松涛，蔡文伟，杨本鹏，等，2014. 保水剂特性及其对甘蔗抗旱性的影响［J］. 广东农业科学，41（15）：9-15.
李鸿博，蔡伟俊，谢雨彤，等，2019. 甘蔗新品系对干旱胁迫的生理响应及抗旱性评价［J］. 华南农业大学学报，40（6）：51-58.
李茂枝，1998. 浅谈甘蔗抗寒性及防寒措施［J］. 中国糖料（2）：3-5.
李培雄，1988. 不同甘蔗品种抗风性能的初步研究［J］. 甘蔗糖业（3）：10-15.
李儒仲，黄严，黄有总，等，2013. 影响甘蔗机械收割蔗蔸质量的农艺因素研究［J］. 广西农业机械化（4）：9-12.
李杨瑞，方锋学，吴建明，等，2011. 2010/2011 榨季广西甘蔗生产冻害调查及防御对策［J］. 南方农业学报，42（1）：37-42.
李杨瑞，2010. 现代甘蔗学［M］. 北京：中国农业出版社.
李永健，杨丽涛，李杨瑞，等，2002. 不同时期喷施乙烯利对甘蔗生长、主要农艺性状及抗旱性的影响［J］. 甘蔗，10（1）：12-18.

梁和，李杨瑞，黄文尧，等，1994. 不同浓度乙烯利处理对甘蔗光合性能的影响［J］. 广西农业大学学报，13（3）：223-227.
梁强，叶燕萍，桂杰，等，2009. 喷施黄腐酸对干旱胁迫下甘蔗苗期叶绿素荧光参数及丙二醛的影响［J］. 广西植物，29（4）：527-532.
梁耀杰，2020. 我国土壤重金属污染现状及其防治措施探讨［J］. 资源节约与环保（1）：98.
廖洁，王天顺，范业赓，等，2017. 镉污染对甘蔗生长、土壤微生物及土壤酶活性的影响［J］. 西南农业学报，30（9）：2048-2052.
廖平伟，张华，罗俊，等，2011. 我国甘蔗机械化收获现状的研究［J］. 农机化研究，33（3）：26-29.
林红辉，赖荣光，曾志强，等，2012. 甘蔗机械化收获技术规范研究［J］. 农业机械（26）：180-182.
林希昊，苏俊波，刘洋，等，2011. 盐胁迫对甘蔗苗期生理的影响［J］. 西南农业学报，24（3）：911-914.
刘凯文，付佳，朱建强，2011. 涝渍胁迫对旱作物生长发育及农田养分流失的影响［J］. 湖北农业科学，50（1）：49-52.
刘晓静，邓展云，刘海斌，等，2012. 不同施肥处理对甘蔗新品种农艺性状的影响［J］. 中国糖料（1）：25-26，29.
卢小凤，匡昭敏，李莉，等，2016. 气候变化背景下广西甘蔗秋旱演变特征分析［J］. 南方农业学报，47（2）：217-222.
陆国盈，韩世健，裴铁雄，等，2005. 不同时期施保水剂对甘蔗抗旱性和产量及品质的影响［J］. 广西蔗糖（4）：3-7，16.
陆国盈，韩世健，杨培忠，等，2002. 甘蔗伸长中后期干旱胁迫对产量和工艺品质的影响效应［J］. 广西蔗糖（4）：3-7.
陆晓怡，何池全，2005. 蓖麻对重金属 Cd 的耐性与吸收积累研究［J］. 农业环境科学学报，24（4）：674-677.
罗海斌，2012. 甘蔗苗期根系抗旱生理及相关基因研究［D］. 桂林：广西师范大学.
罗焕亮，徐位力，李建忠，等，2002. 马占相思对低温胁迫适应性的研究［J］. 华南农业大学学报（自然科学版），23（2）：51-53.
罗文质，2000. 广西甘蔗霜冻的气候规律和对策［J］. 广西蔗糖（1）：5-9.
马文月，2004. 植物抗盐性研究进展［J］. 农业与技术，24（4）：95-99.
莫家让，周承圣，1984. 甘蔗栽培育种的生理基础［M］. 福州：福建科学技术出版社.
莫家让，1979. 甘蔗倒伏后不良生理效应的初步分析［J］. 甘蔗糖业（12）：21-23.
农生平，黄文武，潘廷由，等，2014. 甘蔗倒伏原因及其防止措施［J］. 农家之友（6）：59-60.
潘澜，薛立，2012. 植物淹水胁迫的生理学机制研究进展［J］. 生态学杂志，31（10）：2662-2672.
潘廷国，柯玉琴，王元贞，等，1995. 盐逆境下甘蔗叶片膜脂过氧化与保护酶的活性［J］. 福建农业大学学报，24（2）：129-132.
潘雨齐，黄仁志，雷鸣，等，2015. 经济作物修复重金属污染土壤的研究现状与应用前景［J］. 中国麻业科学，37（1）：35-39.
钱春香，王明明，许燕波，2014. 土壤重金属污染现状及微生物修复技术研究进展［J］. 东南大学学报（自然科学版），43（3）：669-674.
全怡吉，张跃彬，邓军，等，2018. 甘蔗霜冻研究进展［J］. 中国糖料，40（4）：74-77.
任丽丽，任春明，赵自国，2010. 植物耐盐性研究进展［J］. 山西农业科学，38（5）：87-90.
任旭琴，陈伯清，2006. 低温下辣椒幼苗光合特性的初步研究［J］. 江苏农业科学，34（6）：243-244.
宋雪平，周燕芳，殷操，等，2019. 土壤重金属污染防治技术研究进展［J］. 浙江冶金（3）：1-6.

覃蔚谦，2000. 从建国后数次冻害看今冬冻害甘蔗糖的损失 [J]. 广西蔗糖 (1)：14-18.
谭宏伟，李杨瑞，周柳强，等，2010. 霜冻天气对桂中地区主栽甘蔗品种生长及蔗糖分的影响 [J]. 广西农业科学，41 (4)：326-328.
谭裕模，1988. 甘蔗叶片脂肪酸及透性与抗旱性的关系 [J]. 福建农学院学报，17 (3)：29-33.
谭宗琨，欧钊荣，何燕，2006. 广西蔗糖发展主要气象灾害分析及蔗糖产业优化布局的研究 [J]. 甘蔗糖业 (1)：17-21.
唐仕云，杨丽涛，李杨瑞，2012. 低温胁迫下不同甘蔗品种（系）光合特性的变化及其与耐寒性的关系 [J]. 广西植物，32 (5)：679-685.
唐仕云，陆国盈，韩世健，等，2005. 不同水分处理对甘蔗光合作用的影响 [J]. 广西蔗糖 (3)：6-9.
滕峥，2013. 甲基环丙烯对甘蔗苗期抗旱性影响的研究 [D]. 南宁：广西大学.
涂方旭，况雪源，李艳兰，2002. 对广西甘蔗冻害区划的探讨 [J]. 广西蔗糖 (4)：11-13.
王冠玉，何姗姗，经艳，等，2017. 甲基环丙烯对甘蔗苗期叶片抗氧化酶活性影响的初步研究 [J]. 福建农林大学学报（自然科学版），46 (1)：9-14.
王鉴明，温礼，陈以诚，等，1987. 长期浸水对甘蔗生长的影响和对低洼地植蔗的意见 [J]. 甘蔗糖业 (6)：14-21.
王娟，李德全，2001. 逆境条件下植物体内渗透调节物质的积累与活性氧代谢 [J]. 植物学通报，18 (4)：459-465.
王军，王益奎，李鸿莉，等，2004. 水分胁迫对烟草生长发育的影响研究进展 [J]. 广西农业科学，35 (6)：440-442.
王萍，胡永红，王丽勉，等，2007. 观赏植物耐涝性鉴定指标的种类及其评价方法 [J]. 北方园艺 (11)：78-81.
王素平，2007. 多胺对黄瓜幼苗耐盐性调控机理的研究 [D]. 南京：南京农业大学.
王威豪，罗永明，梁强，等，2008. 水分胁迫下甘蔗根系蛋白质和核酸对外源乙烯的响应 [J]. 西南农业学报，21 (6)：1579-1582.
王维赞，方锋学，朱秋珍，等，2010. 甘蔗机械收获农艺配套关键技术探讨 [J]. 中国农机化 (15)：63-67.
王维赞，朱秋珍，罗亚伟，等，2011. 两种保水剂在甘蔗上的应用效果 [J]. 广东农业科学，38 (16)：54-57.
王文颇，李彦生，周印富，1998. 玉米倒伏及影响因素 [J]. 河北农业技术师范学院学报，12 (3)：59-63.
韦晖，陆国盈，韩世健，等，2009. 冰水浸种对不同甘蔗品种出苗率和幼苗素质的影响 [J]. 广西农业科学，40 (6)：629-632.
吴桂初，1981. 风害对甘蔗生产危害的调查 [J]. 甘蔗糖业 (9)：22-24.
吴金涛，陈霞，2020. 重金属镉对农产品的污染及其防治措施 [J]. 农家参谋 (15)：226-228.
夏会龙，程文伟，池小雅，2009. 镉胁迫对甘蔗生长及生理性状的影响 [J]. 中国土壤与肥料 (1)：42-45.
徐超华，李纯佳，苏火生，等，2017. 甘蔗非生物胁迫抗性研究进展 [J]. 植物遗传资源学报，18 (3)：483-493.
许莉敏，赵定国，农天石，2013. 施用保水剂对甘蔗的影响 [J]. 广西蔗糖 (2)：13-15.
许树宁，农定产，陈引芝，等，2012. 保水剂不同施用方法对甘蔗生长及产量的影响 [J]. 中国糖料 (1)：27-29.
许树宁，农定产，游建华，等，2009. 保水剂在甘蔗上施用的效果试验 [J]. 中国热带农业 (1)：42-43.

许树宁，吴建明，黄杏，等，2014. 不同地膜覆盖对土壤温度、水分及甘蔗生长和产量的影响 [J]. 南方农业学报，45（12）：2137-2142.
许文花，杨清辉，2003. 甘蔗抗寒性研究进展 [J]. 甘蔗，11（3）：8-12.
薛惠云，张永江，刘连涛，等，2015. 干旱胁迫与复水对棉花叶片光谱、光合和荧光参数的影响 [J]. 中国农业科学，46（11）：2386-2393.
严学东，庄南生，2006. 植物抗寒育种研究进展简述 [J]. 热带农业科技（2）：18-22.
杨荣仲，李松，何为中，等，2008. 甘蔗低温灾害减灾技术措施 [J]. 广西农业科学，39（2）：160-163.
杨荣仲，梁强，周会，等，2012. 轻霜后的甘蔗品质变化与耐寒性评价 [J]. 南方农业学报，43（10）：1495-1500.
杨曙，吴星，黄渝岚，等，2015. 高锰诱导甘蔗幼苗缺铁的成因分析 [J]. 广东农业科学，42（10）：16-20.
杨艳春，2008. 甘蔗施用“旱地龙”效应研究 [D]. 南宁：广西大学.
杨艳红，2019. 土壤重金属污染的危害以及防治措施 [J]. 环境与发展，31（9）：62-64.
杨长明，杨林章，颜廷梅，等，2004. 不同养分和水分管理模式对水稻抗倒伏能力的影响 [J]. 应用生态学报，15（4）：646-650.
杨忠，邱源，陈忠，等，2006. 大棚蔬菜土壤次生盐渍化无害化综防技术研究 [J]. 土壤，38（3）：346-348.
姚全，王毅强，莫祖祥，1996. 涝害对甘蔗产量及蔗糖分积累的影响 [J]. 广西蔗糖（1）：16-17.
姚艳丽，邢淑莲，徐磊，等，2013. 水分胁迫对甘蔗、割手密和斑茅抗氧化酶活性的影响 [J]. 甘蔗糖业（6）：1-4.
张保青，杨丽涛，李杨瑞，2011. 自然条件下甘蔗品种抗寒生理生化特性的比较 [J]. 作物学报，37（3）：496-505.
张保青，2013. 低温胁迫下甘蔗后期生理特性及差异蛋白质组学研究 [D]. 南宁：广西大学.
张春良，邹俊云，伍彩云，等，2000. 勐海县甘蔗霜冻及蔗糖分变化 [J]. 甘蔗，7（4）：52-53.
张敏，郜春花，李建华，等，2017. 重金属污染土壤生物修复技术研究现状及发展方向 [J]. 山西农业科学，45（4）：674-676.
张木清，陈如凯，1994. NaCl 胁迫对甘蔗生长影响的机理研究 [J]. 甘蔗，2（3）：8-12.
张木清，陈如凯，吕建林，等，1999. 甘蔗苗期低温胁迫对叶绿素 a 荧光诱导动力学的影响 [J]. 福建农业大学学报，28（1）：1-7.
张文英，朱建强，欧光华，等，2001. 花铃期涝渍胁迫对棉花农艺性状、经济性状的影响 [J]. 中国棉花，28（9）：14-16.
郑煜基，陈能场，张雪霞，等，2014. 硅肥施用对重金属污染土壤甘蔗镉吸收的影响研究初探 [J]. 生态环境学报，23（12）：2010-2012.
周桂，靳晓芸，邓光辉，等，2011. 壳寡糖诱导甘蔗叶多酚与防御酶活性的变化 [J]. 南方农业学报，42（8）：874-877.
朱建强，程伦国，吴立仁，等，2005. 油菜持续受渍试验研究 [J]. 农业工程学报，21（S1）：63-67.
Aftab F，Munir N，2011. Enhancement of salt tolerance in sugarcane by ascorbic acid pretreatment [J]. Afr J Biotechnol，10（10）：18362-18370.
Ashraf M，Rahmatullah A M，Ahmad R，et al.，2009. Potassium and silicon improve yield and juice quality insugarcane（*Saccharum officinarum* L.）under salt stress [J]. J Agron Crop Sci，195（4）：284-291.
Ashraf M，Rahmatullah A M，Ahmed R，et al.，2010. Alleviation of detrimental effects of NaCl by

silicon nutrition in salt-sensitive and salt-tolerant genotypes of sugarcane (*Saccharum officinarum* L.) [J]. Plant and Soil, 326 (1): 381-391.

Avinash K, Ashok A N, Krunal P C, 2012. Differential responses to salinity stress of two varieties (Co671 and Co86032) of sugarcane (*Saccharum officinarum* L.) [J]. Afr J Biotech, 11 (37): 9028-9035.

Cha-Um S, Chantawong S, Mongkolsiriwatana C, et al., 2013. Field screening of sugarcane (*Saccharum* sp.) mutant and commercial genotypes for salt tolerance [J]. Not Bot Horti Agrobo, 41 (1): 286-293.

Cha-Um S, Chuencharoen S, Mongkolsiriwatana C, 2012. Screening sugarcane (*Saccharum* sp.) genotypes for salt tolerance using multivariate cluster analysis [J]. Plant Cell Tiss Org, 110: 23-33.

Culati M L, Lenka D, Jena S N, 2000. Root growth of groundnut (*Arachis hypogaea* L) as influenced by irrigation schedules under different water table conditions [J]. Indian J Agric Sci, 70 (2): 122-124.

Davies W J, Zhang J H, 1991. Root signals and the regulation of growth and development of plants in drying soil [J]. Ann Rev Plant Physiol Plant Mol Biol, 42 (1), 55-76.

Evans H, 1935. Some aspects of the problem of drought resistance insugarcane [J]. Proceed ISSCT, 6: 802-808.

Fornazier R F, Ferreira R R, Pereira G J G, et al., 2002. Cadmium stress in sugar cane callus cultures: effect on antioxidant enzymes [J]. Plant Cell Tiss Org, 71 (2): 125-131.

Gandonou C B, Agbangla C, Ahanhanzo C, et al., 2008. In vitro culture techniques as a tool of sugarcane bud germination study under salt stress [J]. African Journal of Biotechnology, 7 (20): 3677-3679.

Gandonou C B, Bada F, Abrini J, et al., 2012. Free proline, soluble sugars and soluble proteins concentration as affected by salt stress in two sugarcane (*Saccharum* sp.) cultivars differing in their salt tolerance [J]. Int J Biol Chem Sci, 5 (6): 2441-2453.

Gomathi R, Thandapani P V, 2004. Sugar metabolism and carbon partitioning of sugarcane genotypes under salinity stress condition [J]. Sugar Tech, 6 (6): 151-158.

Gomathi R, Vasantha S, Shiyamala S, et al., 2013. Differential accumulation of salt induced proteins in contrasting sugarcanegenotypes [J]. J Biol Sci, 6 (1): 7-11.

Jain R, Srivastava S, Solomon S, et al., 2010. Impact of excess zinc on growth parameters, cell division, nutrient accumulation, photosynthetic pigments and oxidative stress of sugarcane (*Saccharum* sp.) [J]. Acta Physiol Plant, 32 (5): 979-986.

Jain R, Shrivastava A K, Solomon S, et al., 2007. Low temperature stress-induced biochemical changes affect stubble bud sprouting in sugarcane (*Saccharum* spp. hybrid). Plant Growth Regul, 53: 17-23.

Li J C, 1997. Waterlogging physiology of wheat and its relation with wheat productivity [J]. Plant Physiol Commun, 33 (4): 304-312.

Li Y R, Yang L T, 2015. Sugarcane Agriculture and Sugar Industry in China [J]. Sugar Tech, 17 (1): 1-8.

Li Y R, Song X P, Wu J M, et al., 2016. Sugar industry and improved sugarcane farming technologies in China [J]. Sugar Tech, 18 (6): 603-611.

Malik K B, 1986. Some anatomical characteristics of sugarcane varieties in relation to drought resistance [J]. Agricultural Research, 11: 43-49.

Misra P, Nath K, Tandon P K, 2010. Effect of heavy metals (Ni and Pb) stress on sugarcane (*Saccharum officinarum* L.) [J]. Res Environ Life Sci, 3 (4): 183-188.

Molinari H B C, Marur C J, Daros E, et al., 2010. Evaluation of the stress-inducible production of proline in transgenic sugarcane (*Saccharum* spp.): osmotic adjustment, chlorophyll fluorescence and oxidative stress [J]. Physiol Plant, 130 (2): 218-229.

Morel du Boil P G, 1997. Effects of frost on cane quality and processing. A survey of the literature [J]. Intl Sugar J, 99 (1181): 238-241.

Munir N, Naz S, Aslam F, et al., 2013. Effect of various levels of ascorbic acid pretreatment on alleviation of salt stress in salt sensitive sugarcane genotype spf-213 [J]. J Agr Res (3): 267-276.

Patade V Y, Bhargava S, Suprasanna P, 2011. Salt and drought tolerance of sugarcane under iso-osmotic salt and water stress: growth, osmolytesaccumulation, and antioxidant defense [J]. J Plant Interact, 6 (4): 275-282.

Sereno M L, Almeida R S, Nishimura D S, et al., 2007. Response of sugarcane to increasing concentrations of copper and cadmium and expression of metallothionein genes [J]. J Plant Physiol, 164 (1): 1499-1515.

Wiedenfeld B, 2008. Effects of irrigation water salinity and electrostatic water treatment for sugarcane production [J]. Agr Water Manage, 95 (1): 85-88.

Wu Y, Zhou H, Que Y X, et al., 2008. Cloning and identification of promoter Prd29A and its application in sugarcane drought resistance [J]. Sugar Tech, 10 (1): 36-41.

Zhang S Z, Yang B P, Feng C L, et al., 2006. Expression of the *Grifola frondosa* trehalose synthase gene and improvement of drought-tolerance in sugarcane (*Saccharum officinarum* L.) [J]. J Integrat Plant Biol, 48 (4): 453-459.

# 第十六章

# 甘蔗轮作和间套作

## 第一节　甘蔗轮作

### 一、甘蔗轮作意义

中国是世界三大农业起源中心之一，在不同历史时期与地域存在着不同的农业耕作制度，形成和积累了丰富的种地养地措施和经验，但是由于城镇化发展，耕地面积有限，轮作实施起来比较困难。这些年，我们虽然用有限的耕地养活了十几亿人口，但也付出了极大代价，长期以来，我国采用“高复种、高投入、高产出”的集约型农业发展模式，过量施用化肥、农药、土壤改良剂、植物生长调节剂、饲料添加剂等化学制品，不仅大幅增加了农业生产成本，而且还极大地污染了农田生态环境，造成农田“越种越污、越种越毒”，已成为制约农业可持续发展的因素。因此，2015 年党的十八届五中全会通过的《中共中央关于制定国民经济和社会发展第十三个五年规划的建议》提出“探索实行耕地轮作休耕制度试点”，将耕作制度的调整上升到国家战略高度；党的十九大报告将“扩大轮作休耕试点，健全耕地草原森林河流湖泊休养生息制度”作为加大生态系统保护力度、建设美丽中国的主要构成部分，耕地轮作休耕受到前所未有的重视（黄国勤和赵其国，2017；杨庆媛等，2018）。

甘蔗连作多为宿根栽培形式延续多年，也有一年新植两年宿根之后翻蔸连作的。若甘蔗连续多年种植，则该地块土壤肥力下降、养分失去平衡，病虫害越来越严重，进而导致甘蔗产量连年下降。这些年，甘蔗种植通常采用连作方式，长年单一的种植制度使得耕作管理措施相对一致，单纯依靠施肥补充养分，每年都要增加施肥量才能达到不减产的目的，但化肥过量施用造成土壤状况逐年恶化、甘蔗产量下降、病虫害加重等。在我国实行区域化和专业化生产，为糖厂供应原料蔗，但原料蔗的供应量不能满足甘蔗主产区大部分糖厂的需求，且蔗区甘蔗种植面积比例过大，土地轮换不过来，甘蔗连作难以避免。国内外的研究表明，长达几十年的甘蔗连作已经导致土壤养分和土壤有机质含量减少，影响了蔗区土地资源的可持续利用并使甘蔗产量明显下降。我国传统甘蔗主产区连作长达 20 年以上，单一种植制度和粗放耕作管理对蔗区土壤性质的影响逐年加重。因此，消减甘蔗连作障碍是解决新时期农业发展的新课题，也是研究的难点和热点。

## 二、甘蔗轮作发展历程

### （一）早期轮作发展

20 世纪 50 年代，作为我国甘蔗主产区，广东省进行了稻作改单造为双造，之后，到 1957 年，全省粮食总产比 1953 年增加了 14 亿 kg，蔗作也跟着把迟春（4 月）改为早春（2—3 月），实行一年春植、一年宿根后再轮作水稻 2～4 年或 4～6 年的稻蔗轮作制度，1958 年全省甘蔗单产由 1949 年的 23.1 $t/hm^2$ 增产到了 45.3 $t/hm^2$，增幅达 1 倍，蔗糖总产的增幅达 6 倍。在这期间稻蔗轮作区曾经推广过秋植蔗 2 000 多 $hm^2$，单产比春植蔗成倍增加，但由于这个制度挤掉了一造晚稻，粮蔗争地矛盾突出，故难以建立起来。60 年代，广东省甘蔗糖业食品研究所（原第一轻工业部甘蔗糖业科学研究所）在新会县天禄大队试种稻底秋植蔗成功后，1970 年开始大面积推广。这一制度解决了稻蔗在土地、劳动力、季节上的矛盾，增产幅度大，一般都比春植蔗增产 30%左右，种植面积逐年扩大，到 1976 年，仅珠江三角洲稻蔗轮作区就超过 13 300 $hm^2$，占该蔗区种植蔗面积的 1/3，为改革甘蔗耕作制度、挖掘生产潜力打开了新的局面。用了 7～8 年时间，推广该制度，天禄大队由甘蔗低产队变为一个高产稳产大队；中山县民众公社 513.3 $hm^2$ 蔗田，1972 年试种，到 1976 年基本实现了秋植蔗（秋植稻底蔗），甘蔗单产也由 45 $t/hm^2$ 左右跃进到 88.5 $t/hm^2$，增产近 1 倍。70 年代中期到 80 年代初，广东省继续探索甘蔗轮作制度，主要形成以下三种：一是夏植稻底蔗、夏植豆底蔗、夏植花生底蔗等轮作制度，这种制度是利用夏季充足的光照和高温，缩短甘蔗苗期，提高甘蔗产量，同时，增加一造早稻的粮食产量。但这种制度也存在田间管理与双夏大忙争季节、争劳力的矛盾，苗期螟害较严重，且用肥过多等，因此，这种制度只能适合人多地少、水肥管理水平高的蔗区。二是早稻、中稻、秋花生套种秋植蔗轮作制度，这种制度运用早熟中稻高产经验在保证粮食年产量达双季稻产量水平的基础上增加一造花生，可以解决当时稻蔗轮作蔗区食油缺乏的问题。三是早稻、迟熟中稻、秋小麦间种秋植蔗轮作制度，这个制度当时是广东省推广的典型三熟制，这种制度采用迟熟早稻品种，水稻可以在螟虫发生盛期后种植，在 10 月上旬收获，这样甘蔗秋育秋移的稻后提供有利条件，还可以在霜前间种早中熟小麦，于翌年收获后间种大豆或花生。当时，广东省甘蔗轮作制度主要集中在珠江、韩江三角洲和沿江两岸一带，约占全省植蔗面积的 1/4，而蔗糖总产则超过半数，特别是珠江三角洲蔗区，作物单纯，植蔗面积比例较大，占社队耕地面积的 12%～30%。但是，当时甘蔗轮作制度存在花生种植时间和中稻收获时间矛盾，倒春寒的时间长短、寒露风的时间和强弱等均影响作物产量。20 世纪 70 年代中期，广西武鸣华侨农场也开始实行花生/甘蔗轮作，由 1974 年的 7.2 $hm^2$ 发展到 1981 年的 12.9 $hm^2$，单产逐年提高，由 1974 年的 25.2 $t/hm^2$ 提高到 1981 年的 72.0 $t/hm^2$，平均每年提高 6.72 $t/hm^2$；花生单产由 1974 年的 780 $kg/hm^2$ 提高到 1982 年的 3 677.3 $kg/hm^2$，平均每年提高 362.16 $kg/hm^2$。当时总结出花生与甘蔗轮作还可提高甘蔗复种指数、延长生长期、提高产量（冯奕玺，1982）。

20 世纪 90 年代初期广东省徐闻县推广“五年二蔗”轮作制度（即第 1 年新植蔗；第 2 年宿根蔗；第 3 年冬春外运菜，夏秋甘薯；第 4 年木薯或春花生，夏秋甘薯；第 5 年春西爪，夏秋花生、黄豆、绿豆、黑豆等豆科作物），当时这种制度从 1994 年的 266.7 $hm^2$

扩大到2000年的533.3 $hm^2$（冯奕玺，2001）。2000—2002年广东湛江开始进行菠萝—甘蔗轮作田间试验，探索出菠萝—甘蔗两旱轮作复种制度，结果表明，菠萝—甘蔗轮作甘蔗产量和糖度均高于甘蔗—甘蔗连作；与连作田相比，轮作田可改善土壤通气性和蓄水能力，加速土壤速效养分的释放，增强土壤酶活性和增加土壤微生物总量；有益的氨化细菌和硝化细菌成倍增加，而无益的厌氧性细菌、反硝化细菌则受抑制；同时，该模式不仅可以提高菠萝和甘蔗的产量和产值，还可以提高地力，减少肥料的使用量，降低生产成本（郑超等，2003，2004，2006）。

### （二）甘蔗轮作现状

从20世纪90年代以来，甘蔗生产大规模向广西、云南、广东等旱坡地转移，使得甘蔗种植制度也发生根本性改变，原来水田蔗轮作制度已经不能适应旱坡地甘蔗轮作制度。因此，近来甘蔗主产区也在进行不同的轮作试验研究，广东东莞市香蕉蔬菜研究所开展了在连作香蕉地轮作不同年限甘蔗对香蕉枯萎病的控制作用研究，设置了连作香蕉11年（CK）、香蕉连作地—甘蔗1年—香蕉1年（GZ1）、香蕉连作地—甘蔗2年—香蕉1年（GZ2）和香蕉连作地—甘蔗3年—香蕉1年（GZ3）共4个处理，结果表明，连作蕉地香蕉枯萎病发病率为49.15%，而轮作甘蔗1年后茬香蕉枯萎病发病率降至17.86%，轮作2年和3年甘蔗后茬香蕉枯萎病发病率仅为1.79%。2015年广西农业科学院甘蔗研究所和生物技术研究所合作开展了甘蔗连作、香蕉—甘蔗轮作、香蕉连作和甘蔗—香蕉轮作4种种植模式，同时，调查各试点甘蔗梢腐病和香蕉枯萎病的病情指数，结果表明，香蕉—甘蔗轮作模式下，百色试点2016年甘蔗梢腐病病情指数明显高于2015年和2017年，隆安试点2016年的甘蔗梢腐病病情指数略高于2015年同期，2017年的病情指数低于2015年和2016年；甘蔗连作模式下，百色试点的甘蔗梢腐病病情指数变化不明显，隆安试点2016年的病情指数明显高于2015年和2017年。香蕉连作模式下，百色试点香蕉枯萎病病情指数随种植年限延长呈不断增长趋势，而隆安试点明显高于同期百色试点；甘蔗—香蕉轮作模式下，百色试点香蕉枯萎病病情指数虽然随种植年限延长呈不断增长趋势，但同期病情指数低于连作模式。试验结果表明，香蕉和甘蔗均存在丰富的镰刀菌类群，可能存在交叉感染现象。轮作模式有利于丰富真菌种类，同时有效降低甘蔗梢腐病和香蕉枯萎病的发病率（龙盛风等，2019；刘文清等，2019；曾莉莎等，2019）。

## 三、甘蔗轮作的主要作用

### （一）提高甘蔗产量

长年连作导致蔗株根部的分泌物和残留物在分解过程中产生有毒的有机化合物和甘蔗病毒，对甘蔗生长不利；随着连作时间的增加，再加上年复一年农药化肥的大量施用，土地肥力及相应的营养成分将会越来越低，不利于甘蔗的增产。因此，科学的轮作对于合理利用土地空间和提升甘蔗产量，都具有积极的现实意义。早期研究结果表明，“稻、稻后秋植蔗”的轮作制度，粮食和甘蔗的年（造）单产量都分别比稻、稻底秋植蔗增产6.8%和9.6%；“稻、稻花生套秋植蔗”的轮作制度，甘蔗单产比稻底秋植蔗增产5.5%～13.7%。广西武鸣华侨农场开始实行花生—甘蔗轮作，由1974年的7.2 $hm^2$发展到1981年的112.9 $hm^2$，单产逐年提高，即由1974年的25.2 $t/hm^2$提高到1981年的72 $t/hm^2$，平均每年提高 6.72 t/hm²；花生单产由 1974 年的 780 kg/hm² 提高到 1982 年的 3 677.3 kg/hm²，平均每年提高 362.16 kg/hm²。1994 年美国佛罗里达州的一些甘蔗种植户率先提出 2～5 年的甘蔗与春甜玉米（*Zea mays* L.）轮作制度，试验表明，在因地制宜、种植合适的品种、施用肥料比例合适的条件下，甘蔗与甜玉米轮作并不会降低甘蔗产糖量（Glaz et al.，1998）。2002 年，广东海洋大学开展甘蔗—菠萝轮作研究，结果表明，甘蔗—菠萝轮作制度下比甘蔗连作的产量增加 8.9%（郑超等，2004）。近来，广西农业科学院甘蔗研究所开展了青饲玉米和甘蔗轮作研究，结果表明，青饲玉米—青饲玉米—甘蔗轮作模式在出苗率、分蘖率、株高、有效茎数和产量等指标与甘蔗连作模式相比呈显著差异，尤其是分蘖率高于连作模式 9.5%，产量增加 7.7%。

### （二）改善土壤环境和提高土壤肥力

因为甘蔗栽培培土次数多，所以水田蔗轮作水稻有利于水稻土的风化，改良土壤的通气性，促进土壤中好气的有益微生物活动。种蔗后改种水稻，实行水旱轮作，有利于水稻生长而获得增产。在旱地种蔗两年后，由于每年对甘蔗进行多次培土并对宿根蔗进行开垄松蔸，所以土壤较疏松，加上挖蔗头后土中留存大量根系，土壤不易板结，有利于花生及其他旱地作物生长。同时，不同作物对土壤中无机养分的要求亦有所不同，如水稻对氮、钾吸收量较多，甘蔗则对氮、磷吸收量较多，而一般豆科作物对氮吸收量较少，但需磷、钾较多。不同作物的根系分布于不同土层，因此，对土壤不同层次中营养元素的吸收能力也有差异。甘蔗、豆类等作物轮作，特别是豆科作物，其本身需肥不多，且又能固定空气中游离的氮素，增加土壤含氮量。因此实行合理轮作可以不断提高土壤肥力，有利于甘蔗和轮作作物的生长。2000—2002 年，广东开展了菠萝—甘蔗轮作的土壤生态效应的研究，结果表明，与甘蔗连作田相比，菠萝—甘蔗轮作田能明显地改善土壤的通气和蓄水性，加快速效性养分的释放；增强土壤酶活性；增加土壤微生物总量（一般好气性细菌、真菌、放线菌）；使有益的氨化细菌和硝化细菌成倍增加，而无益的厌氧性细菌、反硝化细菌则受到抑制；固氮菌数量小且变化不大（郑超等，2004）。广东东莞市香蕉蔬菜研究所开展连作香蕉地轮作不同年限甘蔗的研究，结果表明，土壤可培养细菌总数随着轮作甘蔗年限的增加而显著增加，可培养放线菌总数和尖孢镰刀菌则呈逐渐减少的趋势，真菌总数无显著变化。土壤细菌多样性指数随轮作甘蔗年限的增加而降低。假单胞菌目（Pseudomonadales）、浮霉菌目（Planctomycetales）、酸微菌目（Acidimicrobiales）和土壤红杆菌目（Solirubrobacterales）的细菌丰度随甘蔗种植年限增加而呈增加的趋势；土壤 pH 随着轮作甘蔗年限的增加呈现下降趋势，而随着回种香蕉年限的增加呈增加的趋势；而土壤转化酶（Inv）、脲酶（Ure）、多酚氧化酶（PPO）、纤维素酶（Cel）等土壤酶活性和有效磷、速效钾、有效硫、有效硼等养分含量则相反，随着轮作甘蔗年限的增加呈增加的趋势，回种香蕉后则呈下降的趋势。广西农业科学院甘蔗研究所开展了甘蔗连作、青饲玉米—青饲玉米—甘蔗轮作、花生—花生—甘蔗轮作比较试验，结果表明，两种轮作方式都能明显改善土壤环境；与玉米轮作能显著提高土壤全氮、有效磷、过氧化氢酶、脲酶和细菌数，与连作相比分别提高了 0.016 mg/kg、29.1 mg/kg、10.86 μmol/（d·g）、519.11 μg/（d·g）和 $45.30\times10^4$ 个/g；与花生轮作能显著提高土壤的 pH、水解性氮、有机质、速效钾、蔗糖酶、酸性蛋白酶、酸性磷酸酶和纤维素，与连作相比分别提高了

1.06、23.3 mg/kg、3.5 g/kg、124.0 mg/kg、8.15 mg/（d·g）、0.94 mg/（d·g）、6.93 μmol/（d·g）和 19.56 mg/（d·g）；与花生轮作显著降低了土壤中真菌数量，比连作下降了 $2.47\times10^4$ 个/g。

### （三）减少病虫草害

合理轮作是综合防治病虫害和草害的重要措施之一。不同的杂草生理特性不同且对外界环境有不同的要求，合理的轮作栽培使土壤耕作状况不断变化，影响了杂草的生态，使杂种群发生了新的变化，杂草对作物的危害性也因而改变。因此，合理轮作有利于自然天敌的转移和扩散，害虫及其天敌密度的变动，常常受生态系统稳定性的影响，由于农田中每一次收获和耕种，引起生态系统的很大混乱，所以此时很多害虫一般向其他寄主植物迁移，等待第二次栽培时再度侵入。这过程可以改变杂草赖以生存的生态环境，从而中断某些杂草种子的传播或抑制某些杂草危害。

不同病菌和害虫对环境条件的要求不同，侵染的途径和生活习性也有差异，因此合理轮作可以减少病虫害发生。1993—1995 年江西大学开展了甘蔗轮作方式对甘蔗粉蚧发生的影响研究，结果表明，蔗—稻—蔗水旱轮作比蔗—菜—蔗旱地轮作的甘蔗粉蚧发生率减少 4.61%～76.67%，比蔗—蔗—蔗宿根连作减少 38.44%～86.00%（刘隆旺等，1999）。广东东莞市香蕉蔬菜研究所开展连作香蕉地轮作，结果表明，连作蕉地轮作甘蔗 2 年后，香蕉枯萎病发病率仅为 1.79%，后续 3 年发病率逐年递增，分别为 21.93%、25.80%和 28.81%，但均低于多年连作蕉地的平均发病率（49.15%）。广西农业科学院甘蔗研究所和生物技术研究所合作开展了甘蔗连作、香蕉—甘蔗轮作、香蕉连作和甘蔗—香蕉轮作等不同种植模式的研究，结果表明甘蔗梢腐病和香蕉枯萎病的病情指数及致病菌种类轮作模式有利于丰富真菌种类，同时有效降低甘蔗梢腐病和香蕉枯萎病的发病率。

### （四）减少有毒物质的积累

甘蔗根部分泌物和根中残骸分解的有机物质，有些是有益的，如根系分泌的氨基酸或单糖，对甘蔗生长期有促进作用，但有些是有毒的，对作物生长不利。此外，当蔗头的木质素分解后生成有毒物质积累达到一定浓度时，对甘蔗萌芽、生长也是有害的，通过合理轮作可以消除或减少这些有毒物质对甘蔗正常生长的影响。研究表明，长年连作宿根蔗黄化苗吸收过量的铝和锰元素，铁锰比例失衡，还提出了甘蔗宿根连作造成土壤中积累酪酸类等有毒物质，毒害根系，不利于植株生长（兰靖，2014）。因此，合理轮作可以消除或减少甘蔗有毒物质对生长的影响。

## 四、甘蔗轮作模式及分析

### （一）水田蔗轮作模式

20 世纪 70 年代在广东省推广了春植蔗—宿根蔗—水稻；春植蔗—春植蔗—水稻；春植蔗—棉花（蔬菜）—水稻；蔗—稻—蕉（水稻种植两年后改种香蕉三年半；后半年香蕉套种甘蔗，甘蔗共种植两年；再由蔗地改种水稻两年，在 7 年内三种作物轮作一次，来回循环）。主要技术要点：一是科学地安排农事季节：因为轮、间、套种是连锁反应的，一造被动，全局被动。季节抓得早，就赢得各造的主动，就能按各作物对客观环境的要求，安排在最理想的生长季节里，充分发挥它的增产潜力。如影响水稻生长的龙舟水、三化螟及寒露风三关；早春阴雨多湿影响小麦的开花、灌浆、结实；低温对秋花生的开花结荚和充实及冬秋植蔗的成苗率等方面有影响。理想的季节安排：早稻3月中旬移植，6月中旬收获。晚稻“立秋”前移植完毕。秋花生要在8月20日左右下种。秋植蔗最适宜于9月中旬或10月中下旬（包括育苗期）移植。二是合理选择、搭配品种：早稻要求中熟高产稳产的品种，早中稻要求生长快、耐高温的早熟高产稳产品种，迟中稻要求中熟高产、抗病性较高的品种，甘蔗秋植品种以高产高糖抗倒伏性强的品种，夏植蔗宜选择速生快长、分蘖强、高产高糖的品种。三是增施肥料：这是高产的保证。复种指数高，耗肥量大，要适当增施肥料，特别是农家有机质肥料，要以种为主，种、积、制相结合，立足于以田养田。四是高产栽培措施：主要是培育嫩壮秧，插足基本苗数，基肥要足，追肥要快，及时露晒，严控分蘖，防治病、虫、鼠、雀四害等。这是在20世纪70～80年代劳动力充足且大部分蔗区都是水田蔗的情况下推广的模式，90年代我国大面积东蔗西移后，这种模式就不合适大面积推广了。

**（二）旱地甘蔗轮作模式**

**1. 甘蔗—花生轮作** 花生与甘蔗等轮作的目的除了发展油料生产外，主要是培养地力。花生根部根瘤固氮能力强，随着花生植株的生长加快，根瘤菌的固氮能力逐渐增强，始花后已能够为花生提供更多的营养元素；结荚初期，根瘤菌的固氮能力最强。据测定，花生有50%～80%的氮是根瘤菌供给的。花生收获期根瘤破裂，根瘤菌重新回到土壤中，这时根瘤菌遗留在土壤中的氮16.5～52.5 $kg/hm^2$，相当于硫酸铵等标准氮肥5～17.5 kg。20世纪70～80年代，广东和广西甘蔗轮作花生曾大面积推广，但是随着蔗区原料蔗吃不饱，目前只有零星农户轮作。2017年广西农业科学院甘蔗研究所在良种繁育基地实行轮作花生试验，结果表明轮作能提高土壤酶活性和土壤微生物总量，较好地改善土壤质量，减轻连作障碍，提高甘蔗产量。这种模式可以在甘蔗良种繁育基地大面积推广应用。

**2. 甘蔗—菠萝轮作** 2000年开始，广东试验推广“菠萝—甘蔗轮作模式”，即种植一造菠萝后改种3造甘蔗，经过多年生产实践证明，甘蔗—菠萝轮作能提高甘蔗的产量、糖度和甘蔗的农艺性状如分蘖率、萌发率、有效茎数等使其均明显高于连作。其原因主要有三个：一是轮作能改善土壤的结构，主要是改善了土壤的通气性和土壤的持水能力，更有利于甘蔗根系的生长。二是轮作能提高土壤中有益微生物的数量，并抑制了一般厌氧性细菌和反硝化细菌的生长。如一般好气性细菌、真菌、放线菌等的数量都比对照明显增加，其他如好气性自生固氮菌、硝化细菌、氨化细菌等的数量也有很大的幅度的增加。其中氨化细菌增长高达83%，硝化细菌增长达44%以上。三是微生物种类的增加，加速了土壤速效养分的释放，促进甘蔗更好地吸收养分。总之，该模式不仅可以提高菠萝和甘蔗的产量和产值，还可以提高地力，减少肥料的使用量，降低生产成本（郑超等，2003，2004，2006）。

**3. 甘蔗—香蕉轮作** 近年来，种植香蕉3～4年后轮作甘蔗2年再复种香蕉，周而复始。研究结果表明，该轮作模式对香蕉枯萎病有良好的控制效果。轮作甘蔗2年回种香蕉2年（XJ2）后土壤转化酶、脲酶、纤维素酶活性和交换性酸含量、Ca/Mg值仍高于连作蕉地，但多酚氧化酶、pH和硝态氮、有效磷、有效钾、有效硫、有效硼等养分含量低于或接近连作蕉地水平，土壤质量开始恶化；回种香蕉3年（XJ3）后除了纤维素酶活性和交换性酸含量及 Ca/Mg 比值高于连作蕉地水平外，其他指标均低于或接近连作蕉地水平，香蕉枯萎病发病率也升高，土壤质量已严重恶化，再继续种植严重影响香蕉生长和发育。连作香蕉地轮作不同年限甘蔗，土壤原核微生物群落丰度指数（Chao 1、ACE）随甘蔗种植年份的增加而显著降低，群落多样性 Shannon 指数也随甘蔗种植年份的增加而显著降低，由此可说明，甘蔗种植的时间越长，土壤原核微生物群落的丰度和多样性越低。因此，轮作甘蔗 2 年后回种香蕉以 3 年为宜。

**4. 甘蔗良种繁育/轮作其他作物**　2017—2018 年广西农业科学院甘蔗研究所研究了不同轮作模式对蔗田土壤养分、微生物和酶活性和甘蔗生长农艺性状的影响，设甘蔗连作、青饲玉米—青饲玉米—甘蔗轮作、花生—花生—甘蔗轮作 3 个处理，结果表明，两种轮作方式都能明显改善土壤环境；与玉米轮作显著提高土壤全氮、有效磷、过氧化氢酶、脲酶和细菌数，与连作相比分别提高了 0.016 mg/kg、29.1 mg/kg、10.86 μmol/(d·g)、519.11 μg/(d·g) 和 $45.30\times10^4$ 个/g；与花生轮作显著提高土壤的 pH、水解性氮、有机质、速效钾、蔗糖酶、酸性蛋白酶、酸性磷酸酶和纤维素，与连作相比分别提高了 1.06、23.3 mg/kg、3.5 g/kg、124.0 mg/kg、8.15 mg/(d·g)、0.94 mg/(d·g)、6.93 μmol/(d·g) 和 19.56 mg/(d·g)；与花生轮作显著降低了土壤真菌数量，比连作下降了 $2.47\times10^4$ 个/g。两种轮作模式的甘蔗的农艺性状和品质均优于连作甘蔗；与玉米轮作的甘蔗出苗率、分蘖率、产量和蔗糖分比连作分别显著提高了 3.40%、9.50% 和 6.2 0 t/hm$^2$ 和 0.63%；与花生轮作的甘蔗出苗率、分蘖率、产量和蔗糖分比连作分别显著提高了 3.10%、5.52%、4.72% 和 3.12%。甘蔗轮作玉米和花生均能提高土壤酶活性和土壤微生物总量，较好地改善土壤质量，减轻连作障碍，在不同蔗区可以根据蔗农的种植习惯选择适合的轮作模式。2019 年，广西农业学院甘蔗研究所结合试验发明了一种甘蔗、青贮玉米、小米 3 种作物轮作和间套作的方法，该方法是在同一片土地上间作甘蔗和小米或青贮玉米，每隔 3～5 年就对宿根甘蔗地进行翻新，在原来种甘蔗的区域轮作小米或青贮玉米，在原来种小米或青贮玉米的区域轮作甘蔗，种小米或青贮玉米的位置是每种一茬小米后轮作一茬青贮玉米。因小米和青贮玉米的生长周期短，基本上可以实现每种植一期甘蔗就可以实现种植两茬小米或者两茬青贮玉米或者一茬青贮玉米一茬小米，即实现每年收获一期甘蔗、两期小米或两期青贮玉米或一期青贮玉米和一期小米。因此，本方法结合了轮作和间套作两种种植模式，使土地得到了轮作，避免了连作障碍，同时使土地得到了充分利用，提高了土地产出量，降低了土地成本，实现了甘蔗、青贮玉米和小米3 种作物的丰收。

受到我们轮作示范的带动，崇左市大力推广间套种轮种青饲料玉米，市委市政府下发了《崇左市 2020 年甘蔗间套种青饲玉米工作方案》。2020 年广西农业科学院甘蔗研究所与崇左市农业农村局合作建立了新植蔗和宿根蔗间套种饲用玉米示范区面积共 78.7 hm$^2$，其中新植蔗套种面积 54.9 hm$^2$，宿根蔗的为 23.7 hm$^2$，采用传统的人工种植间套种青贮玉米；在扶绥县建立了甘蔗//玉米间种和轮作全程机械化播种示范区共 85.3 hm$^2$。玉米套种于甘蔗行间，其中机械化种植甘蔗行距为 2.5 m，套种玉米 3 行，60 cm 行距，穴距 10 cm，每穴 1 株；人工种植甘蔗行距 1.1 m，套种 1 行玉米，穴距为 76 cm，每穴 2～3 株。甘蔗品种选用桂糖 42 号，青饲玉米品种为桂单 162。新植蔗和玉米同时播种，而宿根蔗破垄松土后种植，机械化种植集开行、施肥、播种、盖膜、盖土等过程一体化完成，大幅度提高了生产效率。2020 年 6 月 11 日组织专家验收，认为甘蔗出苗整齐，且苗期长势好，但存在不同程度的影响；间套种的青饲玉米平均株高 223 cm，生物产量 27～33 t/hm$^2$，而轮作的高达 49.5 t/hm$^2$，实现高产并可为农户带来收益。

# 第二节　甘蔗间套作

## 一、甘蔗间套作概述

间套作是我国精耕细作传统农业的主要组成部分，其历史悠久，是人们模拟自然界的一个产物。甘蔗间套作是指在一块地上按照一定的行、株距和占地的宽窄比例种植甘蔗和其他作物。甘蔗间套作是我国农民的传统经验，是农业上的一项增产措施。间作套种的作用可以概括为以下几点：

### （一）利用甘蔗与不同作物的生长特性，提高单位面积产量

甘蔗间套作最大限度地提高空间利用率，在种植甘蔗的同时利用空隙种植另外一种作物。比如，在一块田里同时种植甘蔗和西瓜、大豆、花生、玉米、马铃薯等。这种种植制度使两种作物能充分利用生长季节，效果显著，在时间上集约利用自然资源和社会资源。套作中两种作物生长期的差异使其吸收水肥最多的生长盛期前后错开，同时也存在时间上的竞争，其生产空间不同，可以充分利用光能进行光合作用。这种种植方法能有效地增加单位面积农作物种类和提高单位面积的产量。

### （二）用地养地相结合

增加作物种植密度是提高光能利用率的主要措施。以甘蔗间种大豆、花生为例，甘蔗在生长前期生长缓慢，种植后需要 3～4 个月才封行，充分利用甘蔗地早期空间，间套作生育期短的作物，能充分利用光热资源优势条件，因地制宜地发展特色种植，在合理利用和分配土地的基础上开展作物间套种，有效地提高了土地利用率，充分利用光热水肥资源，而且大豆和花生均具有很强的固氮作用，可以提高土壤肥力，实现用地与养地相结合，对甘蔗产业的可持续发展有重要意义。

### （三）改善田间小气候，减少病虫害

甘蔗间套作，可以改善蔗田小气候，减少病虫害的发生。不同农作物交叉生长对病虫害的发生有一定的抑制作用，同时，对土壤湿度、空气湿度也有改善作用，利于作物生长，能起到防止水分流失及防旱保湿的作用。

### （四）有利于错开农时和多种经营发展

甘蔗间套种后，甘蔗封行前就可在空带种其他短期作物，即可多收获一造作物。这些作物可提前收获，减少了这个期间争劳动力的矛盾，有利于集中力量，适时种好短期作物。通过间套种能够早种早收，使两迟变两早，克服了赶季节的恶性循环，实行间作套种，有利于解决糖、油等争地的矛盾，促进多种经营的发展。

## 二、甘蔗间套种原则

甘蔗间套种其他农作物，可争取空间和时间，充分利用土地、光照等自然条件，既可

提高甘蔗产量，又可提高复种指数，还能提高土壤肥力，改善土壤理化性状，改善蔗田生态环境，减少杂草危害，提高甘蔗的抗旱能力。蔗地间套种所构成的复合作物群体，在其共生期间，既有互相促进的作用，也存在相互制约的矛盾。因此，必须因地制宜，实行合理的间套种方式和技术，才能扬长避短，充分发挥间套种的效果。合理的间套种必须掌握的基本原则：

**（一）主次分明、互相兼顾，合理安排间套种作物**

甘蔗间套种是一种立体农业，要了解不同农作物的生长习性，合理搭配种植农作物，甘蔗间套种首先要在保证主作物——甘蔗生长所需的光热水肥充足，保证其正常生长的前提下，兼顾间套作物的生长需求。主作物和间套作物的选择不是随意的，而是要综合考虑作物的植株形态、叶片、前期生长状况及抗倒伏能力等。甘蔗品种选择株型紧凑、前期生长较慢、分蘖力强、抗倒伏的品种。间套种作物选择具有矮秆、早熟、高产稳产特性的品种。间套种作物与主作物甘蔗形成对立的搭配，即一高（甘蔗）一矮，一瘦（甘蔗）一胖，一尖（甘蔗）一圆，一深（甘蔗）一浅，一长（甘蔗）一短等，使组成的复合作物群体能发挥最大的互补作用。甘蔗间套种组合主要有：

**1. 蔬菜类-冬春植蔗**（以水田为主或水源条件好的双高基地） 蔗行距 120 cm，套种的蔬菜 12 月中下旬至翌年 1 月上旬定植（地膜覆盖），茄科作物株行距 30 cm×40 cm，其他蔬菜 25 cm×25 cm 或 25 cm×30 cm，甘蔗 2 月下旬至 3 月下种。

**2. 瓜豆类-春植蔗**（旱地为主） 行距 120 cm 或 180 cm 宽窄行，春植蔗 2—3 月下种，可采用等行距间一隔一或间二隔一；黄豆株距 20～30 cm，西瓜 60～80 cm，甘蔗下种后即可播种。

**3. 薯类**（马铃薯）**-冬春植蔗**（以有水源基地为主） 蔗行距 120 cm，马铃薯 12 月播种，株距 20～25 cm，行行套种。1—2 月马铃薯小培土后甘蔗下种，收薯时进行甘蔗追肥小培土。

**4. 粮食类-春植蔗** 春植蔗 2—3 月下种，下种后即可播种玉米，山区旱地待雨季来临再播种，可采用隔一间一或隔一间二的方式，株距 40 cm 左右。

**5. 宿根蔗-蔬菜类、瓜豆类** 甘蔗收砍后及时清理田间茎叶杂草，然后松蔸，到翌年开春后 2—3 月上旬即可定植蔬菜、瓜豆类等蔬菜作物（地膜覆盖）。间种作物必须在 6 月上旬收获完毕，以便尽早对宿根蔗进行培肥管理。另外宿根蔗出苗早，易发生病虫危害，应加强病虫的防治。

**（二）适宜的播种期**

作物间套作要求主作物和间套作物种植期适宜。根据间套作物生育期的长短，确定主作物和间套作物种植日期。比如，5 月下旬至 6 月上旬是甘蔗的生长繁盛期，此时最适合收获间套作物，不及时收获或者压青可能会造成甘蔗生长不好、产量下降。当然如果有条件可以采取育苗移栽（西瓜等）方式，尽量缩短主间套种作物之间的共生期，使主间套种作物不至互相抑制。

**（三）合理的间套种方式**

根据间套种作物高矮、熟期的迟早、劳动力情况及田间操作实际确定间套种的方式。蔗畦走向最好是东西向，蔗行内间作物种植时适当靠近向南的甘蔗，在间套方式上，可适当放宽行距和采用宽窄行种植，增加透光度。如果间套早熟、矮生品种可采用单行密植方式，其余的则要求隔行间套，如隔一行间二行，隔二行间四行，隔一行间一行（如玉米）等。

## 三、甘蔗间套种发展建议

### （一）因地制宜，推广适用间套种模式

不同区域优势甘蔗间套种模式各不相同，应根据各地自然气候及生产条件，结合市场需求进行优化。可结合各蔗区优势、气候特点和主栽作物的生物学特性，合理搭配间套种作物，通过试验示范，逐渐形成具有特色的多元化间套种模式，比如广西上思县、扶绥县、江州区等地已经长年形成了甘蔗间套种西瓜的模式，大大提高了土地利用率，有效增加了农民收入。

### （二）总结经验，提高间套种技术水平

在推行甘蔗间套作种植技术的同时，需要在实践中不断总结经验，才能不断提高间套种技术水平，实现更好的经济效益。我国甘蔗间套作种植技术虽然有悠久的历史，但是发展空间还是很受限制，很多地方由于受自然条件的限制，受技术水平的影响，其产量并没有达到理想的效果，仍然有很多问题需要去解决。因此，研究甘蔗间套作种植技术是必要的，在总结现有经验的基础上，不断改进技术，这将对未来甘蔗的发展产生重要的影响。

### （三）针对性开展间套种技术研发，提高种植管理技术水平

我国甘蔗间套种模式多种多样，总体归为五大类别：一是甘蔗间套种油料作物如大豆和花生；二是甘蔗间套种粮食作物如马铃薯和玉米；三是甘蔗间套种瓜类作物如西瓜和南瓜；四是甘蔗间种蔬菜作物如辣椒、茄子、菜豆、莴苣等；五是甘蔗间套种绿肥如紫云英、大豆压青等。因此应该针对五类模式，研究各类模式最佳品种组合和集成栽培技术，形成间套种优势生产模式技术集成，为间套种应用推广提供技术支持。

### （四）摸索实现全程机械化甘蔗间套模式是未来发展方向

随着城镇化不断发展，农村劳动力流失已经成为一种必然趋势，导致农村耕地利用率降低，农村劳动力结构也发生了根本性改变，农民趋于老龄化，机械化是未来发展方向，甘蔗间套种也只有实现机械化，才能有出路。因此，我国各级农机研发部门应根据蔗区农业结构调整，研发出适合我国甘蔗间套种需要的农机化新技术、新机具，为加快甘蔗种植结构调整，采用甘蔗间作套种机械化技术，为农民增收提供技术保证。

## 四、甘蔗间套种栽培技术

### （一）甘蔗间种西瓜（梁莉，2011；黄艳红等，2014；郑景文等，2018）

**1. 选地**　渍水是甘蔗和西瓜种植的一大禁忌，但在甘蔗和西瓜生长的过程中同时又需要较多的水分，因此要选择土壤肥沃、地势较高且具有较好浇灌条件的蔗地。与此同时西瓜连作植株一般生长势弱，极易受病菌（如枯萎病菌）感染，会大大增加病害的发生概率，导致严重减产，甚至绝收。应选择前一年没有种过西瓜的甘蔗进行间套种。

**2. 整地**　新植蔗用深耕深松技术，达到深、松、平、细、碎，甘蔗沟深 30 cm 左右，底部细碎疏松。

宿根蔗则利用小型拖拉机在甘蔗行间进行粉碎，隔 4～5 行粉碎一行，粉碎要达到松、平、细、碎。

**3. 品种选择**　甘蔗品种一般要选株型紧凑、叶片窄直、前期生长较慢、分蘖力强、丰产性能好、抗倒伏的品种，如桂糖 42 号、桂糖 44 号、桂糖 58 号等品种。西瓜应选择抗病性强、产量高的品种，如黑美人、农优新 1 号等。

**4. 西瓜育苗**　西瓜的育苗应该在甘蔗下种之前的 25 d，保持甘蔗和西瓜种植同步。西瓜采用营养钵来进行育苗，准备优质的育苗基质，保持营养成分充足才能培育出粗壮健康的苗。一般 1 月中下旬开始浸种，将种子放入 55℃的温水中，迅速搅拌 10～15 min，当水温降至 40℃左右时停止搅拌，继续浸泡 4～6 h，洗净种子表面黏液；或用 70 %甲基硫菌灵可湿性粉剂 1 000 mg/L 浸种 30 min，洗净种子表面黏液，再用 40℃清水浸种 4～5 h，然后在温室内进行催芽，等到籽稍露白即可移植到营养钵进行育苗。

**5. 种植**　新植蔗间套种西瓜（彩图 16－1），甘蔗先种，行距 120 cm，隔 3 行甘蔗种一行西瓜。西瓜株距在 1.5～2 m，预留足够的空间给西瓜蔓枝，在甘蔗种植行上直接挖定植小坑，把瓜苗定植于坑内，淋足定根水，定植后采用小拱棚覆盖地膜，对瓜苗进行避寒保护。宿根蔗间套种西瓜（彩图 16－2），甘蔗行间粉碎（间隔 4～5 行），在行间挖定植小坑，把瓜苗定植于坑内，淋足定根水，定植后采用小拱棚地膜覆盖。

**6. 管理**

（1）西瓜管理。

施肥：在移植到大田时，要施足基肥。基肥最好使用有机肥，同时可以施加复合肥。移植后 10 d 左右要对西瓜进行施肥，再往后每隔 10 d 对西瓜进行一次追肥，持续施肥 8～10次。一般来讲，对于西瓜的施肥比较适合采用勤施薄施的原则，可以按每公顷 45 kg 尿素兑水对西瓜进行淋施，当西瓜开始结果之后，可以每隔 6 d 进行一次追肥，按每公顷 75 kg 尿素兑水进行施肥，持续施肥 5～6 次。同时，针对西瓜的苗情长势可增施复合肥 600～750 kg/hm$^2$，另外还可施加鸡粪等有机肥料。有条件的地方可装滴带水肥一体化。

除草：甘蔗种植之后，可以用 96%异丙甲草胺 120 mL＋90%莠去津 120 g 进行封闭。移植西瓜之后，杂草逐渐长出来时，可以使用精稳杀得来进行除草，这种除草剂对于西瓜和甘蔗来说都是安全的。

整枝：西瓜生长中期，瓜苗蔓较多，会影响最后结果的质量，所以通常采用多蔓整枝措施，对西瓜进行整枝。整枝的过程要注意选择除了主蔓之外的其他侧蔓，侧蔓选择的方法是，选择 3～4 条长势良好，枝干粗壮的侧蔓，以保证最后的结果质量。

保花保果：芽分化期、幼蕾期和幼果期，用 98 %磷酸二氢钾 2 000 mg/L＋喷施宝 0.5 mL/L 进行叶面喷雾 1～2 次，每隔 7 d 喷 1 次，以增加花蕾数量，健壮花蕾，增加开花数量，提高花器质量、授粉率和坐果率，促进果实膨大。

人工授粉：西瓜花期若遇阴雨低温天气，昆虫活动少，自然授粉不良，影响西瓜坐果。人工授粉是提高西瓜坐果率的重要措施，为提高西瓜坐果率，宜行人工辅助授粉。人工辅助授粉的最佳时间为早上 7～10 时。

病虫害防治：常见病虫害有西瓜疫病、西瓜炭疽病、西瓜白粉病和蚜虫、瓜蓟马。可采用物理和化学相结合的方法来进行防治。如果有条件可以装智能杀虫灯，进行物理防治。化学方法就是针对不同的病虫使用不同的药剂来杀死害虫，例如：枯萎病，可以用70%的敌磺钠兑水1 000倍淋施来进行防治；白粉病，可以用50%硫黄悬浮剂兑水200倍进行防治；疫病，可用58 %甲霜灵1 000 mg/L或50 %烯酰吗啉2 000 mg/L喷施防治。连续喷药2次，每隔7～10 d喷1次。炭疽病，可选用70 %甲基硫菌灵可湿性粉剂1 000 mg/L，或77%氢氧化铜可湿性微粒粉剂2 000 mg/L喷施防治。连续喷药2次，每隔7～10 d喷1次。瓜蓟马，可用10%吡虫啉可湿性粉剂或拟除虫菊酯类250 mg/L喷雾防治。

适时采收：安全期采收。西瓜早春早熟栽培，从开花到商品成熟期一般需要35 d左右，远销产品可提前7 d左右在产品六七成熟时采收。达到成熟期的西瓜及时采收上市。

(2) 甘蔗的管理。

培土施肥：5月中旬前后采收西瓜，收瓜结束后及时清理、结合施肥填埋田间瓜蔓，施1 500 kg/hm$^2$的药肥，然后进行大培土。

病虫害防治：苗期要注意防治蓟马和螟虫危害，蓟马可用噻虫胺防治，螟虫可用30%氯虫苯甲酰胺·噻虫嗪悬浮剂600～750 mL/hm$^2$或20%氯虫苯甲酰胺悬浮剂300～500 mL/hm$^2$喷施。防治绵蚜：在5—9月注意防治。常用40%乐果1 000倍液每公顷300～450 g兑水600 kg左右喷雾。

### （二）甘蔗间套种玉米

甘蔗间种玉米的技术包括两个方面内容（卢亚妮等，2014；黄启怀等，2015；陈寿宏等，2016；岩龙等，2017）。

**1. 品种选择和种植**　玉米品种选择：鲜食玉米品种如玉美头601、玉美头602等，青贮玉米如桂单162、桂单166等。甘蔗品种主要选择高产高糖抗倒伏品种如桂糖42号、桂糖44号、桂糖46号、桂糖47号、桂糖58号等。

(1) 整地。新植蔗的整地：甘蔗与玉米套种的地块要求土壤肥沃疏松、田间通透性好、交通方便、能排能灌。播前进行深耕细耙，使田面平整、土壤细碎，同时开挖排灌沟，可以做成“田”“目”形，使田间沟系配套。一般土地经过机耕、两犁两耙后，即可开沟种植；宿根地在甘蔗行间进行粉碎，达到松、平、细、碎即可种植玉米。

(2) 间套种模式。甘蔗间套种玉米种植模式主要有新植蔗间套种（彩图16-3、彩图16-4）、宿根蔗间套种（彩图16-5）；宿根蔗间套种主要有隔行种植、行行种植，主要以穴播方式，穴距为30～50 cm；新植蔗间套种主要有宽行种植和窄行种植，宽行一般为250～320 cm，行间种植3～4行玉米，可以机械种植；窄行距为120 cm，每行均间种，主要以穴播方式，穴距为50～60 cm。

(3) 种植时间。甘蔗种植时间以1月上旬至3月初为宜，玉米在甘蔗种植后包衣种植。

**2. 田间管理**

(1) 玉米管理。玉米苗期在20 d左右，注意排水防涝，中耕除草培土，追苗肥，4～5张叶片，5 kg/hm$^2$尿素追肥，结合小培土。大喇叭口期重攻穗肥15 kg/hm$^2$尿素，结合中耕培土。此时如干旱，必须进行灌溉。病虫害防治：苗期地下害虫可用药剂拌种，出苗后玉米大、小斑病，玉米纹枯病，可选用 50%多菌灵悬浮剂 1.5 kg/ $hm^2$，80%甲基硫菌灵 1.5 kg/ $hm^2$进行防治，每间隔 7～10 d 喷 1 次，共喷 2～3 次；玉米螟，可选用 2.5%高效氯氟氰菊酯 100 mL/$hm^2$或 2.5%敌杀死 300 mL/$hm^2$或 10%氯氰菊酯 300 mL/$hm^2$叶面均匀喷雾，结合叶面肥和蚜虫防治，可加入吡虫啉或乐果，每隔 5 d 防治 1 次，共防 2 次；草地贪夜蛾，可用虫螨腈＋氯虫苯甲酰胺＋虱螨脲防治。适时收获：鲜食玉米和青贮玉米，应在乳熟末期适时采收；饲料玉米在成熟初期采收。

(2) 甘蔗管理。甘蔗下种后约 15 d，蔗苗开始破土而出，约 20 d 后，甘蔗苗基本出齐，此时应对甘蔗地进行补苗，补苗选择在雨天用同一品种健康种苗原苗补种，可解决生长不同步问题，分蘖期追施尿素 150 kg/$hm^2$作提苗肥。干旱年份容易发生黑穗病，要加强灌水，清理病株，集中烧毁。玉米收获后，甘蔗进入单独生长的时期，此后按甘蔗田间管理方式对甘蔗进行肥水管理，促使甘蔗拔节壮茎快速生长，重施攻茎肥，追施尿素 225 kg/$hm^2$，并进行大培土，及时做好甘蔗绵蚜的防治，利用无人机植保结合害虫防治喷甘蔗生长调节剂，如赤霉素等。

### (三) 甘蔗间套种马铃薯

甘蔗间套种马铃薯的技术包括如下五个方面内容（全修冰等，2009；陈际才等，2010；杨时传等，2013）。

**1. 品种选择**　甘蔗品种为高产高糖良种桂糖 42 号、桂糖 44 号、桂糖 58 号等，马铃薯品种为费乌瑞它、大西洋、中甸红等脱毒良种。

**2. 蔗田选择**　选择疏松、肥沃、通透性好、排灌条件好，交通便利的沙壤土，深耕细耙，尽早晒田，整地要达到深、松、细、平的要求并四周开挖排灌沟。

**3. 种子处理**　甘蔗种选用健康种苗一代种茎双芽段，用浸种液（具有杀菌、杀虫、促生根、促分蘖等）处理后再下种，马铃薯籽种在干燥通风地面上自然催芽，发现烂薯、病薯及时拣出，在播种前一天或当天，用刀将种薯顺顶芽到脐切开，保证每块种薯有顶芽和 1～2 个侧芽，平放在干燥的地面上，用雷多米尔（68%水分散粒剂）50 g 和农用链霉素（72%可溶性粉剂）10 g 兑水 25 kg 喷洒切口进行消毒杀菌，待伤口愈合再下种，下种时种皮接近土壤，切口向上，如果种薯水分过大，则通过阳光杀菌消毒，使切口收缩再盖土，切记不能一次盖土完成。种植时先把复合肥、生物肥、硼肥、地虫灵放在塘的一侧，再把种薯放在塘的另一侧，每塘放一个种薯，用腐熟的农家肥盖种，最后覆盖 5 cm 的一层细土即可。

**4. 蔗田耕作**　开种植沟：播种前进行蔗田机械深耕深松，深耕深松 35 cm 以上，施足基肥后开种植沟，种植行距 120 cm，沟深 30 cm、沟底宽 25～30 cm，播种后用薄土覆盖种植沟，全畦覆盖地膜。

适时播种：新植蔗间作马铃薯最佳时间为 11 月上旬至 12 月上旬，马铃薯行距为 120 cm 的采用单行种植，株距 18～20 cm，每亩下种量以 3 100 株为宜，马铃薯行距为 120 cm 的采用双条播成“品”字形摆放，株距 30 cm，亩有效株不低于 4 000 株。马铃薯种植完后在行间种植甘蔗，甘蔗沟底宽 30～35 cm，沟深 35～40 cm，新植甘蔗安排在 1 月中下旬播种，选健康种苗一代或二代种茎，采用单行下种，蔗芽朝向两侧，然后细土盖种，盖土后打封闭，再用宽一些的地膜覆盖种植沟，两边用土压实。

宽窄行双垄双行种植：甘蔗宽行距 180 cm，窄行距 50 cm。窄行内开双行种蔗沟，每行沟底宽 25～30 cm，沟深 30 cm，实行机械开沟、人工清沟。蔗沟开好后，做好种蔗准备，采用双行双垄接顶方式种植，每公顷用种量为 12 000 kg。在甘蔗沟大行距行间种植马铃薯，采用小型拖拉机开沟，高垄双行种植每公顷播种 45 000 株，一次性覆土起高垄，并封闭除草。为提早马铃薯的播种日期，一般先种马铃薯后种甘蔗，相隔时间 8～15 d。

宿根蔗地马铃薯种植时间为 11 月下旬至翌年 1 月，最迟不宜超过 1 月底。

**5. 合理施肥** 施氮、磷、钾含量分别为 25%的复合肥 1 500～2 250 $kg/hm^2$ 和有机肥每亩 15 000～22 500 $kg/hm^2$ 作为基肥，分蘖期施尿素 450～750 $kg/hm^2$ 作为苗肥，伸长期追施甘蔗复合肥 1 500 $kg/hm^2$，5 月下旬前结合中耕除草培土。马铃薯种植时，拌施农家肥 30 000～45 000 $kg/hm^2$ 和复合肥 1 500 $kg/hm^2$ 作底肥。

**6. 田间管理** 进行两次中耕培土，适时追肥，加强肥水管理和病虫害防治。两次中耕培土中第一次中耕培土在马铃薯苗高 10 cm 时进行除草、施肥和松土；第二次培土是向苗根培土，要求培土在 6 cm 以上。

适时收获：马铃薯地上茎叶由绿变黄、叶片脱落、茎枯萎，即可收获，在收获马铃薯时，揭除甘蔗地膜，进行中耕培土，把马铃薯茎、叶还田，追肥，进行小培土，喷洒除草剂，后期甘蔗的生产管理方法按常规进行。

马铃薯播种期和收获期是影响马铃薯间套种成败的关键因素之一。间套作马铃薯，甘蔗分蘖数显著降低，进而影响后期有效茎数，要使 2 种作物均获得高产，必须根据当地气候环境条件，确定合理的播种期。马铃薯地上茎叶由绿变黄，叶片脱离、茎干枯，地下块茎停止生长时，是产量最高的时期，也是最佳收获时期。

**（四）甘蔗间套种大豆**

甘蔗间套种大豆的技术包括五个方面内容（韦开军等，2018；陈娟等，2020）。

**1. 品种选择** 甘蔗品种选用高产高糖品种如桂糖 42 号、桂糖 44 号、桂糖 47 号、桂糖 58 号等。

大豆品种选用桂早 2 号、桂春 8 号、桂春 11 号、华春 5 号、华春 6 号等生育期较短、产量较高春大豆品种。

**2. 蔗田的选择** 间套种春大豆的田地最好选用水田或其他作物改种甘蔗的旱地，要求土层深厚、土壤疏松、排灌条件好的沙壤土田地，若前季作物是水稻应早晒田，适时翻耕，整地达到深耕、田平和土细的标准。

**3. 甘蔗种植时间** 在冬春温暖蔗区如桂南蔗区在 2 月初至 3 月初，偏北蔗区如桂中蔗区在 3 月初至 3 月中旬，一般选择 2 月初至 3 月中旬新种植春植甘蔗的田块或 2 月初至 3 月初收获的宿根甘蔗田块进行种植。

**4. 合理密植** 春植甘蔗基本苗数要有 75 000～85 000 株/$hm^2$，按 110～120 cm 开种植沟，下种量 3 500～4 000 段/$hm^2$，健康种苗双芽种茎，下种方式为种茎单行排放，种茎与土壤贴紧，芽向两侧，覆土后再盖地膜。甘蔗种植后在蔗行间套种大豆一行，先开沟放基肥，再播种。播种方式：采用直行条播，株距 15～18 cm，每穴 2～3 粒，盖种土层厚 3～4 cm，播种量 30～37 kg/ $hm^2$。

**5. 田间管理**

(1) 甘蔗田间管理。一般施甘蔗专用肥 1 875 kg/ $hm^2$ 作基肥。种植后地膜覆盖保温保湿，同时搞好排灌措施，防止渍水缺苗。适时追肥培土，攻苗肥力争于4～6叶时施下，施尿素150～225 kg/ $hm^2$、浅培土，中期追肥大培土，施尿素600～750 kg/ $hm^2$或碳铵1 500～2 250 kg/ $hm^2$，高培土20 cm，力争于5月底至6月初完成。注意防治甘蔗螟虫，对于出苗的蔗地，用30%度锐750 mL/$hm^2$或40%福戈750 g/$hm^2$兑水喷雾。

(2) 春大豆田间管理。

①施基肥。大豆作为一种油料作物，需要较多的磷素营养，属于一种喜磷作物，充足的磷肥供应对于保证大豆正常生长、提高大豆产量有重要作用，因而大豆种植要施用足够多的磷肥，必须施过磷酸钙300～600 kg/$hm^2$作基肥。肥料于播种前散施入播种沟内，与土壤拌匀，特别注意化肥不能与种子接触。

② 水分管理。春大豆水分管理应根据田间持水量进行合理灌水，若大豆生长发育期间出现天气干旱或土壤干旱，则要灌水，尤其是在大豆结荚鼓粒期间如遇干旱，应及时灌水，这样可以保证提高大豆的结实率，是保证大豆高产稳产一项重要的措施。灌水时应速灌速排，一般苗期进行2次；5—6月如有强降雨天气，注意开沟防涝排水。

③ 中耕除草培土。在春大豆生长发育过程中，要因地制宜地进行1～2次中耕除草培土。一般在春大豆苗高12～20 cm时进行第一次中耕除草培土。这样能消灭杂草、减少土壤水分养分的消耗，疏松土壤，促进大豆根系生长发育和植株生长的作用。

④ 喷施叶面肥。大豆叶片对养分有很强的吸收能力，叶面喷肥可延长叶片的功能期，且肥料利用率很高，对结荚鼓粒结实有明显作用。一般在春大豆初花期时在大豆叶面喷0.1%～0.5%浓度硼砂；在春大豆鼓粒前期在大豆叶片喷0.3%浓度磷酸二氢钾，效果更明显。

⑤ 病虫害防治。春大豆虫害主要有豆荚螟、蚜虫等。防治豆荚螟，可选用可选药剂5%锐劲特1 000倍液或48%氯吡硫磷1 500倍液等喷雾；防治蚜虫可利用黄板诱杀或选用40%克蚜星乳油800倍液喷杀。春大豆病害主要有霜霉病和锈病等。防治霜霉病可用75%百菌清可湿性粉剂800倍液或用50%多菌灵可湿性粉剂500倍液喷雾；防治锈病在春大豆发病初期喷洒75%百菌清可湿性粉剂600倍液或36%甲基硫菌灵悬浮剂500倍液，隔7 d左右喷1次，连续防治2～3次。

⑥ 适时收获、及时培土。

A. 春大豆作为毛豆的采收。是指在春大豆鼓粒后期、籽粒饱满而荚壳和籽粒均呈翠绿时采摘食用的大豆青荚。作为青荚毛豆销售产值最高。

B. 成熟春大豆的采收。当春大豆叶片和豆荚变黄色时，就可以采收，并及时晾晒脱粒。

C. 大豆收获后及时培土。在收获春大豆后，应及时揭除甘蔗地膜，对蔗地进行中耕，把春大豆根、老叶进行还田，同时追施甘蔗专用肥1 200 kg/$hm^2$＋300 kg尿素/$hm^2$，并进行大培土，这样能增加土壤有机质，提高土壤肥力，促进甘蔗生长。

### （五）甘蔗间套种花生

甘蔗间套种花生的技术包括五个方面内容（冯奕玺，1982；顾业连和黄勇，2013；韦贵剑等，2015）。

**1. 选地** 花生和甘蔗的生长都需要一个“深耕、平整、疏松、细碎、湿润、无杂草”

的土壤环境，因此应选择排灌条件良好、耕作层深厚、土壤肥力中等、富有钙质的壤土或沙壤土田块。土壤肥力偏差，花生生长弱小、产量低；土壤肥力过高，因甘蔗发苗快，封行偏早，也会阻碍花生生长。

**2. 品种选择** 选用良种甘蔗要选用窄叶、高产高糖、抗倒伏的优良品种，如桂糖42号、桂糖44号、桂糖58号、粤糖93-159等。花生选用早熟、株型紧凑、高产稳产、抗性强、全生育期在115 d以内的良种，如桂花22、桂花26、桂花17等品种。

**3. 种植时间**

(1) 甘蔗播种。春植蔗于2月上中旬下种。机械开深沟种植，甘蔗种植行距1.2 m为宜，既达到互不干扰，又有利于提高二者的产量，每公顷植45 000个双芽段。于蔗沟内基施农家肥或土杂肥15 000 kg/hm$^2$、过磷酸钙2 100 kg/hm$^2$，尿素、硫酸钾镁各225 kg/hm$^2$，拌施防虫药剂。施后覆土。

(2) 花生播种。花生在雨水（2月18日左右）后惊蛰（3月5日左右）前播种，大概气温回升至15℃以上可种植，最好与甘蔗下种时间相隔20～25 d。为确保间种质量，促进协调生长，采用隔一行间种两行的间种形式。在蔗行间种2行花生，2行花生间距35 cm左右，花生株行距为25 cm×35 cm，45 000穴/hm$^2$以上，每穴放2粒花生种子。播种深度一般以5 cm为宜，盖种覆土3～4 cm厚。花生距离蔗根16 cm以上，施农家肥6 000 kg/hm$^2$、过磷酸钙375 kg/hm$^2$、石灰粉300 kg/hm$^2$作基肥。

**4. 花生田间管理**

(1) 早追苗肥。在主茎3～4叶期时追肥，以起到壮苗作用。一般用尿素5 kg/hm$^2$，氯化钾5 kg/hm$^2$，结合中耕除草培土进行。

(2) 中耕培土、除草。中耕结合除草。一般在封行前进行3次，中耕除草要求"头遍深（齐苗时），二遍浅（始花期），三遍细（即将封行前）"。培土在第2～3次中耕除草时进行，厚度一般为5 cm。培土时可适当施促荚肥，施氯化钾105 kg/hm$^2$，石灰粉225 kg/hm$^2$。松土时注意不能伤及果针。

(3) 防旱排渍。花生苗期和饱果期需水较少，花针期和结荚期需水量较多。注意各时期的需水量。旱时灌水保湿，雨天注意排除渍水，确保全生育期需水量适宜，促进花生生长。

(4) 及时防治病虫害。花生的病害主要有花生青枯病、锈病、黑斑病、褐斑病等，可用70%敌磺钠原粉500倍液于发病初期进行防治；百菌清宜与波尔多液、甲基硫菌灵等药交替使用，避免病菌产生抗性。虫害主要有斜纹夜蛾、金龟甲、蛴螬、蝼蛄、地老虎、蚜虫、蓟马等，可用高效氯氰菊酯3 000倍液喷杀。

**5. 甘蔗田间管理**

(1) 下种至分蘖末期。主攻目标是在保证基本苗基础上增加分蘖数量，在下种后天气干旱时，要适当淋水。干旱易发生黑穗病，注意防治。

(2) 中耕除草、追肥。4—5月注意中耕除草。前期早施壮苗肥、壮蘖肥，中期要施拔节伸长肥。在幼苗达到6～8片叶时，施尿素180 kg/hm$^2$、氯化钾225 kg/hm$^2$，浅培土4～5 cm。中后期施肥培土，重施攻茎肥。在5月底至6月中旬的分蘖末期伸长初期，施尿素30 kg/hm$^2$、复合肥750 kg/hm$^2$，培土高度15～20 cm。

(3) 病虫害防治。苗期要注意防治蓟马和螟虫危害，用康宽均匀撒施在蔗沟内再覆土，整个苗期不需再防治。在5—9月注意防治绵蚜虫，可选用29%杀虫双水剂300 g及有机硅增效剂30 mL兑水60 kg，用无人机均匀喷雾。

**6. 适期收获**

(1) 花生收获。6月下旬至7月上旬收获春花生，当达到该品种全生育期天数，大部分植株顶端停止生长，中下部叶片变黄脱落，地下部分多数荚果果壳坚硬、脉纹清晰，果仁饱满时即可收获。收获时，花生茎秆直接还田，隐埋在甘蔗行旁给甘蔗提供肥力。花生收获后，结合甘蔗中耕除草培土，施尿素30～45 kg/hm$^2$，促进甘蔗生长。

(2) 甘蔗收获。甘蔗根据砍榨安排择期收砍，提倡小锄入土低砍，基部入土3～10 cm低砍，蔗桩不外露，梢部砍至离生长点15～20 cm处。

**(六) 甘蔗间种绿豆**

甘蔗间套种绿豆的技术包括11个方面（罗高玲等，2019，2020）。

**1. 蔗地选择及整地**　选择土层深厚、肥沃、土壤质地为沙壤至壤土、结构疏松、透气性好、排灌方便的土壤，深耕30～45 cm，按行距120 cm开植蔗沟，沟底平整，耙平耙细。

**2. 品种选择**　甘蔗选择植株直立、抗旱性强、基部粗壮不易倒伏的品种，如桂糖42号、桂糖44号、桂糖58号等。绿豆选择植株直立，适应性广，抗逆性强，优质丰产，中、早熟（生育期不超过90 d），结荚集中，成熟相对一致，成熟时不易裂荚，商品性好的品种。

**3. 播种时期**　当平均气温稳定在15℃以上时即可播种。如广西春植蔗适宜播种期为：桂南2月上旬，桂中2月下旬，桂北3月上旬，绿豆应在甘蔗种植后14 d以内播种。

**4. 种植密度**

(1) 新植春植蔗。每公顷播种量60 000～67 500段双芽种茎。种植沟为双行“品”字形排列，两行种蔗之间距离10 cm左右，与土壤黏紧，芽朝向两侧。

(2) 绿豆。每公顷基本苗数105 000～150 000株，每公顷用种量15.0～19.5 kg，每穴播种2～3粒，株距15～20 cm。

**5. 种植方式**　根据甘蔗行距宽窄确定绿豆种植行数，1.2 m以下的种植1行双株，株距15～20 cm；1.2 m以上宽行距的种植2行单株，“品”字形，行距35～45 cm，株距15～20 cm，瘦地应适当密植。

**6. 芽前除草**　甘蔗播种后，盖土3～4 cm。绿豆种植后1～2 d内，喷施甘蔗芽前除草剂如乙草胺乳油、莠去津等进行封闭处理。

**7. 基肥与追肥**

(1) 甘蔗。一般将30%的氮肥和钾肥及全部的磷作基肥，即每公顷甘蔗地施复合肥(15-15-15) 450 kg、钙镁磷肥1 125～1 500 kg作基肥，余下的70%氮肥和钾肥，在甘蔗生长中期结合大培土重追肥。

(2) 绿豆。每公顷施复合肥（15-15-15）75～150 kg作基肥或种肥，在分枝期至开花期前，结合中耕培土追施复合肥（15-15-15）75～150 kg作结荚肥。

**8. 水分管理**　在有条件的地区，干旱时应及时补水。在绿豆开花前灌水1次，结荚期再灌水 1 次，以促进绿豆开花结荚和甘蔗生长。暴雨季节应注意及时排涝。

**9. 中耕除草** 在绿豆第一片复叶展开后结合间苗进行第一次中耕除草；第二片复叶展开后，结合定苗进行第二次中耕浅锄，同时追肥；分枝期结合培土进行第三次中耕。

**10. 绿豆收获** 甘蔗生长速度较慢的，可在 70%左右的豆荚成熟后开始采收，以后隔 15 d 左右再采收 1 次。甘蔗生长速度较快的，有 80%以上的豆荚成熟后一次性收获。

**11. 甘蔗中后期田间管理** 收获绿豆后，将绿豆茎叶压青还田，其他按常规管理。

## 参 考 文 献


陈娟，杨玲聪，张洁，等，2020. 甘蔗套种大豆栽培技术 [J]. 云南农业，5：83-84.

陈际才，寸定安，冯绍卫，2010. 德宏州甘蔗套种马铃薯规范高产栽培技术 [J]. 中国马铃薯，24 (6)：348-350.

陈寿宏，杨清辉，郭兆建，等，2016. 甘蔗间种玉米模式种植密度初探 [J]. 中国糖料，38 (1)：5-7.

冯奕玺，2001. 调整作物结构，推广"五年二蔗"轮作制 [J]. 甘蔗，8 (3)：45-48.

顾业连，黄勇，2013. 甘蔗间种花生高产培技术 [J]. 长江蔬菜 (4)：48-49.

黄国勤，赵其国，2017. 江西省耕地轮作休耕现状、问题及对策 [J]. 中国生态农业学报，25 (7)：1002-1007.

黄启怀，2015. 甘蔗间套种玉米栽培技术 [J]. 安徽农学通报，24 (14)：70，79.

黄艳红，梁善恒，陈锦朝，等，2014. 甘蔗—西瓜间套种技术 [J]. 农技服务，31 (10)：50.

梁莉，2011. 扶绥县甘蔗间种西瓜高效栽培技术 [J]. 南方园艺，2011，22 (2)：39-40.

刘隆旺，肖向阳，刘晓芬，等，1999. 甘蔗轮作方式对甘蔗粉蚧发生的影响 [J]. 江西植保，22 (2)：17-18.

刘文清，崔广娟，王芳，等，2019. 香蕉-甘蔗轮作对土壤养分含量及酶活性的影 [J]. 广东农业科学，46 (8)：86-96.

龙盛风，李文教，韦绍龙，等，2019. 不同种植模式下甘蔗梢腐病和香蕉枯萎病病害调查及其病原真菌分离鉴定 [J]. 南方农业学报，50 (2)：292-298.

卢亚妮，侯青光，韦贵剑，等，2014. 适合甘蔗间种玉米品种筛选试验 [J]. 广西农学报，29 (5)：7-10.

罗高玲，李经成，蔡庆生，等，2020. 甘蔗间种绿豆高效栽培技术 [J]. 作物研究，34 (2)：173-175.

罗高玲，李经成，陈燕华，2019. 甘蔗间套种绿豆适宜播期试验研究 [J]. 农业科技通讯，11：113-118.

全修冰，朱柳青，莫秀娇，等，2009. 甘蔗套作马铃薯高产栽培技术 [J]. 河北农业科学，13 (7)：9-10.

韦贵剑，陆文娟，彭天缘，等，2015. 甘蔗间套种花生最佳模式探讨 [J]. 南方农业学报，46 (6)：1007-1011.

韦开军，周忠凤，阳康春，等，2013. 甘蔗不同种植行距间套种大豆试验 [J]. 中国糖料 (1)：12-17.

岩龙，2017. 甘蔗—玉米间套种技术 [J]. 云南农业，6：27-28.

杨庆媛，陈展图，信桂新，等，2018. 中国耕作制度的历史演变及当前轮作休耕制度的思考 [J]. 西部论坛，28 (2)：1-8.

杨时传，孙全昌，陈灿，2013. 甘蔗间作马铃薯主要技术 [J]. 云南农业，4：35-36.

曾莉莎，林威鹏，吕顺，等，2019. 香蕉-甘蔗轮作模式防控香蕉枯萎病的持续效果与土壤微生态机理

（Ⅰ）[J]．中国生态农业学报，27（2）：257-266.

郑超，廖宗文，谭中文，等，2003. 菠萝-甘蔗轮作的土壤生态效应 [J]．生态科学，22（2）：248-249.

郑超，刘月廉，谢治国，等，2006. 菠萝-甘蔗轮作制度对甘蔗生长及土壤生态的影响 [J]．中国生态农业学报，16（1）：79-80.

郑超，谭中文，刘月廉，2004. 菠萝-甘蔗轮作制度对甘蔗生长和土壤微生物区系的影响 [J]．热带作物学报，25（3）：29-32.

郑景文，2018. 甘蔗间种西瓜栽培技术 [J]．农民致富之友，5：134.

Glaz B，Ulloa M F，1998. 甘蔗单作或与甜玉米轮作的评价 [J]．云南热作科技，21（2）：46- 47.

# 第十七章

# 宿根甘蔗生产

宿根甘蔗是指上一造甘蔗收获后，留在土中的蔗蔸（蔗头或蔗桩）上的侧芽在适宜的环境条件下，萌发出土成为新的植株，经人工栽培而成为新的一造甘蔗，称为宿根甘蔗，简称宿根蔗，也称为老根蔗、老蔸蔗。宿根蔗在生产上不需要播种，而是一种通过重茬栽培的种植制度。从新植甘蔗收获后留下来的蔗蔸侧芽萌发生长成的甘蔗称为第一年宿根蔗，从第一年宿根蔗收获后留下来的蔗蔸侧芽萌发长成的甘蔗称为第二年宿根蔗，依次类推。

留宿根的年限，依品种、自然条件、栽培条件、管理水平、生产水平及种植习惯的不同而存在差异，古巴普遍是5～7年，毛里求斯5～8年，巴西4～5年，南非4～5年，其他国家2～4年不等（钮公藩，2007）。我国蔗区一般采用一年新植、留宿根1～2年的种植制度，也有留宿根3～4年或更长的。

宿根蔗栽培是世界各蔗糖生产国家和地区甘蔗生产的主要种植制度。美国夏威夷宿根蔗的面积占总植蔗面积的80%～85%，菲律宾占60%～70%，巴西80%～90%，我国蔗区常年50%～70%。因此，发展宿根蔗生产在蔗糖产业中具有重要意义。

## 第一节　宿根蔗的生长

### 一、宿根蔗根系的生长

#### （一）宿根蔗根系的组成与分布

宿根蔗的根系由老根系和新根系两部分组成如彩图17-1所示。

老根系是上茬甘蔗收获后，蔗蔸上遗留下来的一个庞大根系，其中约有2/3的老根在相当长的时间内仍能继续长出许多新支根，其上密布根毛，具有很强的吸收能力，是老根系的重要组成部分。老根系的下层新产生的支根很少，且多呈黑褐色，不具根毛，生活力较弱。另外，老蔗蔸上未萌发的根点也有部分能继续萌发，成为老根系的一部分。

宿根蔗的新根系发生很早，蔗芽萌动出土前即已长成，并在数量上多于新植蔗（彩图17-1）。以后随着蔗株的继续生长和新的蔗芽萌发出土，还会产生大量的新株根，形成庞大的新根系，逐步取代旧根系而起主导吸收的作用。

徐建云和陈超君（2009）对新台糖22号第一年宿根蔗发株期根系生长状况进行调查，结果表明，宿根蔗的根系庞大，活根量高达77.8%。这是宿根蔗前期生长比新植蔗快的基础。同时宿根蔗的根系在土壤中分布广泛，深度可达60 cm以上，但大部分集中分布在耕作层 10～20 cm 内。根系分布会随着宿根年限的增加、蔗蔸位置的升高而改变。一般随着宿根年限的增加、蔗蔸位置的升高，根系分布位置上移变浅。

### （二）宿根蔗根系的吸收能力

研究和实践证明，老根系的寿命较长，一般可达 3～4 个月，长的可达 7～8 个月以上。老根系在良好的土壤环境条件下，在相当长的时间内能维持较旺盛的吸收机能。上茬蔗留下的活根越多，支根和根毛也越多，老根系的吸收和合成能力也就越强。老根系的存在对蔗蔸的保护、蔗芽的萌发、新株根的发生及宿根蔗的前期生长都具有重要作用。庞大的老根系和吸收旺盛的新根系共同作用，使宿根蔗生长前期根系的吸收能力比新植蔗强，前期生长比新植蔗快。

7 月后，宿根蔗株高生长比春植蔗明显减慢，7 月、10 月的宿根蔗平均株高分别是 146.3 cm、271.9 cm，比同期春植蔗的平均株高 169.6 cm、321.6 cm，分别降低 23.3 cm、49.7 cm，出现了明显的宿尾现象（表 17－1）（徐建云和陈超君，2009）。这是因为进入 7 月后，宿根蔗的老根系开始逐渐死亡，根系的吸收功能基本上由新根系承担，但宿根蔗蔗蔸分布较浅，而使新根系分布较新植蔗浅，加上新根系早发早衰，因此，吸收机能没有新植蔗强，而导致中后期伸长速度不及新植蔗。

**表 17－1 春植蔗、宿根蔗 7 月、10 月株高比较**

单位：cm

| 品种 | 春植蔗 | | 宿根蔗 | | 品种 | 春植蔗 | | 宿根蔗 | |
|---|---|---|---|---|---|---|---|---|---|
| | 7 月 | 10 月 | 7 月 | 10 月 | | 7 月 | 10 月 | 7 月 | 10 月 |
| CP84-1198 | 156 | 307 | 159.9 | 290.7 | 园林 8 号 | 164 | 322 | 128.9 | 264.3 |
| C1-2003 | 194 | 347 | 183.2 | 300.0 | 园林 9 号 | 173 | 336 | 138.1 | 274.7 |
| 粤糖 96-86 | 160 | 297 | 137.9 | 260.3 | 云蔗 99-601 | 156 | 297 | 140.9 | 249.3 |
| 赣蔗 18 号 | 184 | 342 | 137.7 | 260.3 | 台糖 88-99 | 165 | 340 | 138.3 | 256.3 |
| 湖光 1 号 | 150 | 308 | 138.5 | 289.7 | 台糖 98-0432 | 188 | 344 | 164.2 | 292.0 |
| 福农 15 号 | 163 | 308 | 139.1 | 253.3 | 台糖 98-1626 | 138 | 273 | 126.0 | 242.3 |
| 园林 6 号 | 187 | 335 | 152.8 | 278.0 | 新台糖 22 号 | 197 | 346 | 162.9 | 295.3 |

注：调查时间为 2009 年 7 月 15 日、10 月 15 日。

### （三）不同宿根年限的宿根蔗根系分布和生长

广西大学农学院对 ROC22、园林 17 号、园林 18 号、台引 5 号 4 个甘蔗品种不同宿根年限的宿根蔗根系生长状况调查发现，随着宿根年限的增加，宿根蔗根系表现出根系分布变浅、活根减少、死根增多、根条数和根干重减少的变化趋势，土层越深，死根率越高（表 17－2、表 17－3）（陈超君等，2010）。由于宿根年限增加，蔗蔸上移，第二年宿根蔗的根系集中分布在土表下 0～20 cm 土层内，较第一年宿根蔗的根系分布土层升高了 5 cm，这是导致宿根蔗抗倒伏能力差的主要原因。4 月下旬至 5 月上旬，宿根蔗的老根系开始逐渐死亡，死亡速度随着宿根年限的延长而加快。4 个品种第二年宿根蔗的平均死根率比第一年宿根蔗提高了 26.29 个百分点。此外，随着宿根年限的延长，土壤环境恶化，根系生长受到影响，根变细变短，根系干重减少。因此，宿根年限越长，宿根蔗的早衰、宿尾现象出现越早。

**表 17-2 不同宿根年限的宿根蔗根系生长情况**

| 土层深度（cm） | 第一年宿根蔗 | | | | 第二年宿根蔗 | | | |
|---|---|---|---|---|---|---|---|---|
| | 根数（条/蔸） | 根率（%） | 活根率（%） | 死根率（%） | 根数（条/蔸） | 根率（%） | 活根率（%） | 死根率（%） |
| 0～5 | 51 | 23.83 | 14.49 | 9.35 | 31 | 16.40 | 3.18 | 13.75 |
| 5～10 | 33 | 15.24 | 8.41 | 7.01 | 41 | 21.69 | 5.83 | 15.87 |
| 10～15 | 42 | 19.63 | 7.48 | 12.15 | 50 | 26.46 | 4.76 | 21.16 |
| 15～20 | 45 | 21.03 | 7.94 | 13.08 | 67 | 35.45 | 4.23 | 31.22 |
| 20～25 | 43 | 20.27 | 6.07 | 14.02 | — | — | — | — |
| 合计 | 214 | 100.0 | 44.39 | 55.71 | 189 | 100 | 18.00 | 82.00 |
| 每10条根干重 | 2.68 g | | | | 1.73 g | | | |

注：表中数据为ROC22、园林17号、园林18号、台引5号4个品种的平均值；调查时间为2010年5月1日。

**表 17-3 甘蔗品种台引5号不同宿根年限的根系生长情况**

| 类型 | 总根数（条/蔸） | 活根率（%） | 死根率（%） | 每10条根干重（g） |
|---|---|---|---|---|
| 第一年宿根蔗 | 328 | 65.24 | 34.76 | 2.65 |
| 第二年宿根蔗 | 312 | 17.12 | 82.88 | 2.42 |
| 第三年宿根蔗 | 306 | 3.27 | 96.73 | 1.43 |

## 二、宿根蔗地下蔗芽的生长

### （一）地下蔗芽的数量及其生长状况

地下蔗芽是宿根蔗生长的基础。广西大学农学院徐建云和陈超君（2009）调查了18个甘蔗品种第一年宿根蔗的地下蔗芽数量及其生长状况，结果发现，宿根蔗的地下芽多，但活芽少，萌动芽更少。平均死芽数占总芽数的45.4%，活芽数只有54.6%，同时，活芽数中萌动芽平均只有54.6%，其余45.4%的活芽处于休眠状态。上造甘蔗收获后留在地下的蔗茎长达20 cm以上，这些地下茎节间短，节数和侧芽较多，平均每条地下茎有5～7个芽。如果按上造蔗每公顷有效茎数6万条计算，有地下芽30万～42万个，相当于新植甘蔗下种芽数量的3～4倍。宿根蔗虽然地下芽多，但每公顷的萌动芽数量仅有9万～12万个，与新植蔗的播种芽数量相当。陆章流（2005）对新台糖16号、桂糖17号的宿根地下蔗芽进行调查发现，地下蔗芽的活芽率只有39%～41%。加上宿根蔗萌芽、发株的环境条件（主要是土壤的通气性和病虫害）不如新植蔗，因此宿根蔗单位面积的有效发株数和有效茎数往往比新植蔗少。据广西大学农学院2007—2010年对甘蔗品种台引5号跟踪调查的结果，春植蔗、第一年、第二年、第三年宿根蔗的每公顷有效株数分别为6.29万株、5.30万株、4.94万株、4.34万株，与春植蔗相比，宿根蔗有效株数分别减少了15.74%、21.46%、31.00%，且随着宿根年限的延长，有效发株数呈递减趋势。

### （二）宿根蔗地下蔗芽的分布

广西大学农学院徐建云等（2009）的研究还表明，宿根蔗地下蔗芽在土层内的分布疏密不均、深浅不一，低位芽是主体。每条地下蔗茎上的5～7个芽，分布在不同的土层深度上。其中，土表下0～5 cm的蔗芽数占总芽数的9.48%，土表下5～10 cm的占11.99%，土表下10～15 cm的占19.92%，土表下15～20 cm的占38.10%，土表下20～25 cm的占20.50%。通常将分布在土表下0～10 cm的蔗芽称上位芽（又称高位芽），土表下10 cm以下的蔗芽称中、下位芽（又称为低位芽）。研究结果显示，上位芽数量仅占总芽数的21.47%，低位芽数量占了总芽数的78.52%，是宿根蔗发株的主要芽源。上位芽萌发较快但蔗苗纤弱，根系分布不深，生长活力及抗旱能力均很弱，成茎率极低，且上位芽发株后形成的顶端优势又抑制了同一蔗茎上其他低位芽的萌发。低位芽处在较深的土层，受保护较好，因土壤通气性不及上位芽，加上休眠芽多，所以萌发慢，但蔗苗萌发出土后生长粗壮，成茎率高，是构成宿根蔗有效茎数的主体。因此，生产上要通过开垄松蔸措施，提高中、下位芽生长环境的温度和通气性，促进中、下位芽的萌发出苗。

#### （三）宿根蔗地下蔗芽的萌动发株

上造甘蔗收获之前，部分地下蔗芽已萌发出土生长，成为新的植株。其中，秋季萌发出土的称为秋笋，冬季萌发出土的称为冬笋。部分蔗芽虽然萌发但尚未出土，称为地下笋（彩图17-2）。秋笋株龄短，活芽多，生活力强，是宿根蔗可发株壮芽的重要来源。冬笋未拔节，生长粗壮，是宿根蔗的早发苗。地下笋未萌发出土，但是宿根蔗的萌发芽早生快长。因此，凡是“三笋”多的宿根蔗地，一般苗多、苗粗，早生快长。未萌动的地下活芽，一部分在上造甘蔗收获后萌发生长，而另一部分则由于同一蔗桩的已萌发蔗苗的顶端优势或其他原因的影响而不能萌发生长，保持休眠状态。即使已萌动生长的芽苗，也会因为干旱、虫害、田间积水、机械损伤或其他生理因素的影响而出现部分死芽和死苗。因此，虽然宿根蔗的地下芽很多，但能萌芽发株的活芽只占总活芽数的46.6%～51.0%（陆章流，2005）。

### 三、宿根蔗的地上部生长

#### （一）宿根蔗株的纵向生长

蔗株的纵向生长结果表现为株高的增加，而蔗株的伸长速度决定了株高的增长量。广西大学农学院对新台糖26号和桂引5号春植蔗（2003）及其第一年宿根蔗（2004）的株高和伸长速度调查发现，尽管品种间的株高生长快慢存在差异，但生长期间的生长动态趋于一致：宿根蔗7月中旬以前的株高和伸长速度较新植蔗大，7月中旬以后则较新植蔗小，表现为出前期生长快、中后期生长慢、缩尾早衰的现象。宿根蔗新根系形成快，生长前期有庞大的老根系和吸收旺盛的新根系共同起作用，因此吸收能力和抗逆性均比新植蔗强；但进入7月后，老根系陆续死亡，吸收作用逐渐衰退，而新根系分布又较浅，从而整个根系的吸收机能不及新植蔗强。因此，中后期植株生长速度比新植蔗慢、早衰快，收获时有效茎的株高明显低于春植蔗。综上所述，栽培上要重视宿根蔗的早管理，充分发挥其地上部前期生长快的生长特性，同时，又要采取措施维持中后期的生长势，争取后期保持一定的生长速度，提高蔗株的纵向生长量（徐建云和陈超君，2009）。

#### （二）宿根蔗株的横向生长

蔗株横向生长的结果是茎粗的增加。广西大学2009年1月、2010年1月分别对14个甘蔗品种的2008年春植蔗及其第一年宿根蔗（2009）的产量性状进行调查，结果表明，宿根蔗的茎径明显大于其上一年的春植蔗。14个参试品种的平均茎径，春植蔗是2.45 cm，宿根蔗是2.74 cm，增大了0.29 cm，增大率为11.84%。宿根蔗蔸养分丰富且具有老根系的吸收作用，因而发株基础好，出苗早，幼苗粗壮；同时，前期根系吸收能力强，有利于蔗茎的伸长和增粗，因此宿根蔗株的横向生长优于新植蔗，易获得粗壮的蔗茎。

### （三）宿根蔗的单茎重

广西大学在对14个甘蔗品种的产量性状调查中还发现，宿根蔗的单茎重比春植蔗大，14个品种宿根蔗的平均单茎重是1.62 kg，比春植蔗的1.54 kg增加0.08 kg，增长率为5.2%。根据李杨瑞（1987）进行相关和通径分析结果，形成甘蔗产量的最重要因素是有效茎数，其次是茎径，然后是株高。换言之，茎径对单茎重的贡献大于株高。宿根蔗株横向生长良好，蔗茎粗壮，易获得较大的单茎重。

### （四）宿根蔗的有效茎数

广西大学2003—2004年和2008—2009年对宿根蔗和春植蔗的有效茎数调查结果（徐建云和陈超君，2009），宿根蔗的有效茎数显著少于春植蔗。宿根蔗每公顷有效茎数平均值为69 240条，比春植蔗的79 635条减少10 395条，减少率达13.05%。宿根蔗因地下蔗芽死芽多，萌动芽少，加上开垄、松蔸质量差（不及时、只开垄不松蔸），甚至不开垄，而使发株数较新植蔗少。宿根蔗蔸的上位芽因温度、氧气等环境条件优于低位芽而易萌发，同时上位芽萌发后产生的顶端优势又抑制了低位芽萌发，因而在宿根蔗苗、蘖期的群体构成中，上位芽苗占了较大的比例。然而，上位芽苗因根系分布浅、吸收机能差，生长细弱，不易成茎。宿根蔗群体的个体不均匀性较大，封行后因个体间生长竞争激烈而造成生理死亡多。而且宿根蔗为连作制度，土壤肥力下降，有毒物质增多，病虫害发生早且严重。以上这些均是导致宿根蔗发株少、枯心苗多、成茎率低、有效茎数少于新植甘蔗的主要原因。

### （五）宿根蔗的蔗茎产量

宿根蔗虽然单茎重大，但有效茎数少，因此蔗茎产量比新植蔗低。在广西大学的品种比较试验中，14个参试品种的宿根蔗平均产量为80.6 t/hm$^2$，比春植蔗的96.4 t/hm$^2$减产16.4%。陆章流（2005）也报道，随着宿根年限的增加，宿根蔗产量呈逐渐减少的趋势。新台糖16号第一、二、三年宿根蔗产量较新植蔗产量的减幅分别为2.67%、30.67%、38.67%，但如果宿根蔗的田间管理得当，产量也能增加，桂糖17号第一年宿根蔗产量就比新植蔗提高3.08%。

有效茎数对蔗茎产量的贡献最大（李杨瑞，1987）。宿根蔗的有效茎数少而产量低。通过促进低位芽萌发，增加发株数，提高成茎率，从而增加单位面积有效茎数，是提高宿根蔗产量的根本措施。

### （六）宿根蔗的蔗糖含量

广西大学1999—2000年和2009年甘蔗品比试验结果表明，进入工艺成熟期后，宿根蔗各时期的蔗糖含量均比同期的春植蔗高。蔗茎中的蔗糖含量随着株龄的增加而提高，直到该品种的蔗糖含量达到最高值为止（徐建云和陈超君，2009）。宿根蔗早生早长，因而糖分积累早，成熟也提早。榨季早期（11—12月）宿根蔗的蔗糖含量都高于新植蔗，有利于糖厂提早开榨，提高榨季前期的生产效益。

综上分析，宿根蔗具有发株数、有效茎数和单产递减，以及发株早、分蘖早、拔节伸长早、前期生长快、中后期生长减慢、易早衰、蔗茎粗大、单茎重大、早熟、蔗糖含量高等生长特点。有效茎数少是制约宿根蔗产量提高的最主要原因。生产上只要扬其利、避其弊，抓好宿根蔗早管理，促进早发株早生长，提高发株率和成茎率，就能增加有效茎数，提高单产。

## 四、宿根蔗的营养特点

### （一）吸收养分早，生长前期需肥量多，后期少

宿根蔗早发株、早生长，对养分的吸收比春植蔗早，吸收量大；后期生长慢，早衰快，吸收养分相对较少。同时，上造甘蔗留下的残枝败叶和死根在开春后的腐烂和分解过程中，微生物活动旺盛，消耗氮素营养也较多。因此，宿根甘蔗的施肥要比新植甘蔗早，以满足其早生快发对养分的需要。

### （二）对肥料的利用率低，施肥量大

宿根蔗代谢能力较新植蔗弱，加上根系分布较浅，因此根系对养分的吸收量减少；同时，长期风吹、日晒、雨淋和人畜践踏使宿根蔗田的土壤板结、透气性不良，既妨碍了根系的生长发育及其对养分的吸收，也容易使肥料流失或挥发；此外，宿根蔗的本质属于连作甘蔗，容易出现营养失调，且苗蘖多、对养分的消耗也多。基于上述原因，宿根蔗对肥料的吸收利用率相对低于新植蔗，耗肥多是宿根蔗的营养特点之一。因此，单位产量的施肥量要比新植蔗多。据测定，一般宿根蔗对肥料的利用率仅为新植蔗的50%左右；印度学者研究认为，Co419 第二年宿根对 N 的利用率仅有 20%，不及新植蔗利用率（44%）的一半，且宿根蔗的需肥量约为新植蔗的 2 倍，每生产 1 t 原料蔗，新植蔗只需吸收 N 0.97 kg，而宿根蔗则需吸收 N 1.98 kg。

### （三）增施氮肥对宿根蔗生长具有显著促进作用

宿根蔗田中的残枝败叶和死根在腐烂和分解过程中，微生物活动需要消耗较多的氮素营养，老根死亡分解时易引起暂时的缺氮现象；同时，宿根甘蔗对 N、P、K 三要素的吸收率也以 N 最低。因此，宿根蔗生长过程中对缺乏 N 的反应较敏感，栽培上增施氮肥对促进宿根蔗生长有明显作用，增产效应显著，而且宿根年限越长，其增产效应越大。宿根蔗的施肥管理重点是增施氮肥，施肥量可比新植蔗增加 30%～50%。宿根蔗增施磷肥也有增产效应，但不如增施氮肥明显。此外，增施钙肥和硅肥对提高宿根蔗产量也有一定的促进效应。

### （四）易出现失绿黄化现象

宿根蔗本质上是一种连作制度。由于长期连作，容易出现土壤养分不平衡现象，因而出现褪绿黄化现象（彩图 17－3）。龙光霞等（2011）认为强酸性土壤中活性铝和锰过多，是诱发甘蔗幼苗失绿的主要原因；李桂芬等（2014）认为甘蔗体内活性铁含量低，活性锰含量过高，铁、锰营养不平衡，是宿根甘蔗幼苗黄化的主要原因；杨曙等（2015）认为锰含量高影响甘蔗幼苗中铁的含量、分布和活性。实践证明，施用铵态氮、有机肥、糖蜜发酵液等均可避免或减少宿根蔗黄化现象发生，叶面喷施柠檬酸铁、硫酸亚铁、硫酸镁、硼砂都可使甘蔗黄化苗蔗株转绿，喷施硫酸亚铁效果尤为明显。

# 第二节　新植蔗对宿根蔗的影响

新植蔗砍收后留下的蔗蔸是宿根蔗生长的物质基础，这些蔗蔸的质量，包括单位面积的地下蔗茎（桩）数、每条茎上的活芽数、蔗蔸的含水量、蔗蔸的营养状况、病虫害危害程度等，均直接影响到下一造宿根蔗的发株和生长，继而影响宿根蔗的产量和蔗糖含量。长期以来，新植蔗栽培管理一直是提高宿根蔗产量的研究重点。

## 一、新植蔗耕作技术对宿根蔗的影响

李洪波等（2004）于2002—2003年，开展了新植蔗采用不同作物覆盖方式和不同土壤耕作方式对宿根蔗产量和品质的影响试验。其中，覆盖方式设覆盖地膜、覆盖蔗叶、不覆盖3个处理；土壤耕作方式设横直深松、单向深松浅耕、常规犁耕3个处理，共9种栽培耕作技术处理。宿根蔗不再进行土壤耕作和作物覆盖处理。研究结果表明，采用不同耕作技术，不仅对新植蔗的产量和品质有显著影响，而且对宿根蔗的产量和品质也有较强的后效。新植蔗横直深松再覆盖地膜处理和单向深松浅耕再覆盖地膜处理，都有利于增加宿根蔗的有效茎数、株高和茎径，从而提高宿根蔗产量。其他处理间对宿根蔗产量的影响也有较大的差异。同时，新植蔗不同耕作覆盖处理下宿根蔗的品质也存在着较大差异。其中，横直深松再覆盖蔗叶处理的宿根蔗田间锤度、蔗汁蔗糖含量和蔗汁转光度都表现最高，与对照的差异达显著水平；其次是横直深松再覆盖地膜处理，其蔗汁蔗糖含量和蔗汁转光度都显著高于对照。生理生化分析表明，新植蔗横直深松再覆盖地膜、横直深松再覆盖蔗叶、单向深松浅耕再覆盖地膜处理，能明显提高宿根蔗叶片的硝酸还原酶、酸性转化酶和中性转化酶活性，促进宿根蔗生理代谢过程，提高宿根蔗的净光合速率，从而提高宿根蔗的产量和品质。新植蔗采用横直深松再覆盖地膜或横直深松再覆盖蔗叶、单向深松浅耕再覆盖地膜的栽培耕作技术，具有提高宿根蔗产量、改善宿根蔗品质的作用。宿根蔗的产量、有效茎数和株高与新植蔗的产量和蔗蔸数之间存在着显著正相关关系。这也是强调种好管好新植蔗、提高新植蔗产量、增加新植蔗的蔗蔸数和提高蔗蔸质量、为宿根蔗产量和品质的形成提供良好物质条件的原因。

## 二、新植蔗施肥技术对宿根蔗的影响

梁海福等（2007）以甘蔗品种园林6号为供试材料，在新植蔗每公顷施海港牌有机-无机复混肥（广西北海市福林鱼粉有限公司生产，有机质15%，NPK10-4-6）22 500 kg/hm$^2$、翌年宿根蔗施尿素2 250 kg/hm$^2$、复合肥4 500 kg/hm$^2$的水平下，研究了新植蔗5种施肥技术对新植蔗、宿根蔗的影响。新植蔗按5个处理进行施肥，宿根蔗统一按常规的根际施肥法进行，在开垄、松蔸覆土回垄时共施30%，在大培土时施70%。其他栽培管理措施新植蔗与宿根蔗相同，均按大田常规方法。结果表明，不同施肥技术对宿根蔗生长、产量形成和品质均有影响，且处理间也存在差异。新植蔗采用“全部肥料作为基肥，于播种前在植沟内深施30 cm，覆土约5 cm后播种，不施追肥”的施肥技术有利于宿根蔗增加有效茎数，增大收获时的茎径，从而提高产量，同时也有利于蔗糖的合成和积累，提高收获期的蔗糖含量。其次是新植蔗采用“基肥 50%（于播种前表施于种植沟底，拌土后直接摆种），攻苗肥 30%、攻茎肥 20%，以及全部肥料作为基肥，于播种前在两植沟之间先开沟施肥，再开种植沟下种；不施追肥”施肥技术，也能以较多的有效茎数和较大的茎粗来提高宿根蔗产量，且能达到较高的蔗糖含量水平。研究结果还表明，各种施肥技术的宿根蔗茎径、蔗糖含量均优于新植蔗，在有效茎数与新植蔗相似的情况下，能获得高于新植蔗的产量水平。因此，提高宿根蔗产量的关键途径是增加宿根蔗的有效茎数。

梁计南和谭中文（1999）研究了新植蔗不同施肥模式对宿根蔗的后续效应，探讨新植蔗在不同施肥模式下，宿根蔗产量和蔗糖含量差异及其原因。试验结果表明，在新植蔗不同施肥模式下，宿根蔗蔗茎产量和收获株数存在显著差异，其规律与新植蔗的结果一致；宿根蔗的株高在施肥情况下存在显著差异，宿根蔗茎径差异不显著；株高的变异系数存在明显差异，且施肥与否规律相同；生长中后期的叶片 N 含量存在明显差异，在施肥情况下差异更加明显；蔗汁锤度处理间无显著差异；叶片 P 和 K 含量无明显差异。试验结果也表明，在新植蔗不同施肥模式下，宿根蔗施肥比不施肥，蔗茎产量和株数显著增加；叶片中 N、P、K 含量明显增加，株高的变异系数明显降低；而其他性状均无明显的差异。分析试验结果可以看出，在新植蔗不同施肥模式下宿根蔗产量的差异主要是由于株数、株高、叶片含氮量、株高整齐度的差异所致。宿根蔗的株数，乃至产量又与新植蔗的有效茎数有密切关系。

## 三、新植蔗蔗叶还田技术对宿根蔗的影响

宋日云等（2008）研究了新植蔗 4 种蔗叶还田方法对宿根蔗田土壤肥力指标、宿根蔗产量和品质的影响。试验设新植蔗：A 处理，将上造甘蔗收获时遗留在蔗田的蔗叶（包括枯叶、绿叶和梢部；B、C 处理相同），不作任何处理直接覆盖还田，作基肥；B 处理，将上造甘蔗收获时遗留在蔗田的蔗叶，经拖拉机碎叶后通过深耕深松直接还田，作基肥；C 处理，将上造甘蔗收获时遗留在蔗田的蔗叶，搬出蔗地堆沤腐熟后再还田，作为攻茎肥；D 处理，将上造甘蔗 9—10 月剥除的枯叶堆沤腐熟后还田，作基肥；以不施蔗叶还田的空白处理为对照（CK）。试验采用随机区组设计，6 行区，行长 15 m，行距 1 m，小区面积 90 $m^2$，重复三次。新植蔗 2006 年 3 月下种，2007 年 1 月收获，留下蔗蔸于 2007 年 2 月开垄松蔸，开垄松蔸前将新植蔗收获时遗留在蔗地的蔗叶（梢）全部清除，其后宿根蔗栽培管理按常规进行，2008 年 1 月收获宿根蔗。蔗叶还田处理于新植蔗地实施，宿根蔗地不施蔗叶肥。除了蔗叶还田处理外，试验地还进行施肥管理，新植蔗每公顷施钙镁磷肥 1 125 kg、氯化钾 225 kg、尿素 600 kg；宿根蔗每公顷施尿素 600 kg、复合肥（总养分≥29.8%，N-$P_2O_5$-$K_2O$ 为 8-11.8-10）450 kg。其他田间管理措施同大田常规生产，全生长期内无人工灌溉。

蔗叶堆沤方法：采用广西南宁必恩生物技术有限责任公司生产的堆肥速效菌曲（BM 菌曲）作为蔗叶堆沤的菌种。每 1 000 kg 甘蔗叶配施 BM 菌曲 2 kg，另加尿素 3 kg，以增强 BM 菌曲的堆沤效果。蔗叶采用分层堆积，层与层之间撒施一层已混合好的尿素 BM 菌曲。上造蔗收获时遗留在蔗田的蔗叶堆沤期为 2006 年 1 月 12 日至 2006 年 6 月 23 日，上造甘蔗 9—10 月剥除的枯叶堆沤期为 2005 年 10 月 20 日至 2006 年 3 月 4 日。蔗叶堆沤

过程中注意堆内保温保湿。

蔗叶还田方法：A、B处理于新植蔗播种时蔗叶还田，蔗叶还田量为上造蔗产量水平（90 t/hm$^2$）所产生的蔗叶量；A处理将蔗叶全部铺盖在小区的种植沟（垄）面；B处理则模仿拖拉机深耕翻方法，将经粉碎后的蔗叶部分放在种植沟底，部分铺盖在植沟（垄）面；C处理于新植蔗施攻茎肥时，将30 000 kg/hm$^2$蔗叶堆肥处理后施于根际后大培土。新植蔗播种时，将15 000 kg/hm$^2$的蔗叶堆肥处理后作基肥施于种植沟底，然后再播种盖土。

试验结果表明，新植蔗进行蔗叶还田对宿根蔗产量和蔗糖含量均有促进效应，但只有B、C处理的蔗茎产量显著地高于CK（不施蔗叶肥）。新植蔗进行蔗叶还田处理的宿根蔗产量提高是通过增加收获时的有效茎数和茎径实现的，蔗叶还田对宿根蔗茎长无明显影响。蔗叶还田各处理对宿根蔗收获时蔗糖含量的影响差异较大，A、B处理与CK相似，C、D处理则显著高于CK。结果还表明，4种蔗叶还田处理都不同程度地较CK（不施蔗叶肥）提高了土壤有机质、碱解氮、有效磷、速效钾含量和田间土壤含水量，提高了土壤pH，其中C处理的土壤有机质、碱解氮、有效磷含量最高，土壤pH增加值最大，速效钾含量和田间土壤含水量均排列第二，因此C处理对培肥宿根蔗地力的效应最显著；B处理的田间土壤含水量最高、速效钾降低值最小、有机质和碱解氮含量仅次于A处理、有效磷含量和土壤pH排列第三位，将各项指标综合起来，其培肥宿根蔗地力的效应排名第二位；D处理的处理效应优于A处理。试验结果肯定了新植蔗蔗叶还田对宿根蔗的促进效应，蔗叶堆沤腐熟后还田，无论是作基肥或是作追肥，促进效应都是最理想的。

## 四、新植蔗水分管理对宿根蔗萌发的影响

我国蔗区水资源丰富，如广西的年均水资源总量可达1 880亿m$^3$，可以满足甘蔗一生对水分的需求，但是降水的地域分布不均、季节分配不均、年际间变化大等特点又常常使甘蔗生长受到春旱、秋旱和冬旱的危害，严重影响甘蔗生长。春旱会使新植蔗萌芽率低，分蘖率低，而使有效茎数减少；秋旱会抑制新植蔗蔸“地下三笋”的形成而减少宿根蔗总芽数；冬旱可造成宿根蔗蔸地下芽成活率和萌动率降低而减少发株，最终影响宿根蔗的有效茎数。因此，新植蔗加强水分管理，满足生长期间对水分的要求，对培育健壮的蔗蔸是十分有必要的。广西大学、广西武鸣县农机推广站于2009年发生秋旱时，在广西武鸣县雷花镇进行了新植蔗灌水与不灌水对宿根蔗发株影响试验。供试品种为粤糖00-236，采用对比法设计，在秋冬旱时分别于9月15日和10月12日，采用微喷技术喷水至土壤湿润，对照区（CK）不灌水。2009年12月29日采用机械收割同时粉碎蔗叶均匀覆盖还田，不开垄松蔸。2010年1月30日调查各处理的发株数和根芽生长状况，结果（陈超君等，2010）表明，新植蔗喷灌水处理蔗蔸芽生长的各项指标均显著地优于不喷灌处理（表17-4、彩图17-4、彩图17-5）。喷灌处理的地上部生长好、发株早，新根系很快形成，根系的吸收能力能够满足地上部的旺盛生长。2010年2月23日继续调查两个处理的发株数和发株率，结果喷水处理的分别是45 240株/hm$^2$、53.61%，比不喷水处理的26 100株/hm$^2$和32.97%分别提高了73.33%和62.60%。喷水处理的发株数多、生长快，有利于宿根蔗有效茎数的增加和单茎重增大。因此，为了提高宿根蔗产量应抓好新植

蔗的水分管理。

表 17-4 新植蔗生长中后期水分管理的宿根蔗质量

| 项目 | 芽生长 | | | 项目 | 根生长 | | |
|---|---|---|---|---|---|---|---|
| | 喷水 | 不喷水（CK） | 喷水比CK增长 | | 喷水 | 不喷水（CK） | 喷水比CK增长 |
| 发株数（株/$hm^2$） | 34 800 | 3 480 | 31 320 | 每茎根条数（条） | 124 | 126 | −2 |
| 株高（cm） | 13.57 | 5.9 | 7.67 | 每茎根鲜重（g） | 30.57 | 25.55 | 5.02 |
| 假茎粗（mm） | 19.19 | 11.29 | 7.9 | 每茎根干重（g） | 6.34 | 7.12 | −0.78 |
| 单株鲜重（g） | 30.41 | 6.34 | 24.07 | 每条根干重（g） | 0.051 1 | 0.056 2 | −0.051 |
| 单株干重（g） | 4.80 | 0.84 | 3.99 | 根含水率（%） | 79.26 | 72.13 | 7.13 |
| 植株含水率（%） | 84.22 | 86.75 | −2.53 | 20 条根宽（mm） | 36 | 30 | 6 |
| | | | | 根长度 | 19.48 | 25.09 | −5.52 |

## 五、甘蔗不同收获期及收获方法对宿根蔗的影响

新植蔗（或上造宿根蔗）收获期的早晚，对翌年宿根蔗发株和生长也有很大影响，从而导致宿根蔗产量不稳定。周行飞等（2002）于 1999—2000 年在广西凤糖集团公司东华甘蔗良种基地（柳城县）进行不同收获期的试验。试验的供试材料是新台糖 20 号第二年宿根蔗，采用对比法试验设计，设 10 月 1 日、11 月 15 日、12 月 15 日、翌年 1 月 15 日、翌年 2 月 15 日共 5 个收获期处理，每个试验处理面积 0.47 $hm^2$。除了 10 月 1 日收获期处理收获后立即清理蔗地，并进行开垄松蔸，10 月 25 日施肥培土覆垄外，其余处理都到翌年 2 月下旬才清理蔗地，翌年 3 月 10 日开垄松蔸，翌年 3 月 28 日才覆垄结合施肥。试验结果表明，不同收获期的宿根蔗发株，以 10 月收获的处理为最多。该处理收获后能及时开垄松蔸、施肥管理，使蔗蔸及时利用了柳城县 10 月较高的气温（月平均 20～22℃）进行萌芽生长，蔗芽受不良环境的影响较小，蔗蔸活芽数、萌动芽数多，发株率高，因此宿根蔗收获时有效茎数多，产量较其他处理增加 9.1%～18.1%，蔗糖分提高 0.12～1.2 个百分点。不同收获期处理的宿根蔗产量，处理间呈两头高、中间低的趋势，2 月收获的宿根蔗产量最高，其次是 10 月收获的处理。12 月和 1 月收获期处理的产量最不理想，原因是此期砍收上造蔗，留下的蔗蔸由于低温干旱得不到及时开垄松蔸和施肥管理，蔗蔸受一年中温度最低、最干旱的气候条件的影响，加上土壤的坚实不通气，而使蔗蔸的质量下降，影响发株率和生长，收获时有效茎数最少，导致产量最低。11 月收获期的处理，有效茎数稍多于 12 月和 1 月收获的处理，因此，产量低于 10 月和 2 月收获的处理，而高于 12 月和 1 月收获的处理。试验结果表明了有效茎数是影响宿根蔗产量的主要因素。事实上，留宿根的蔗田要推迟收获，有条件的宜安排在 2 月收获，是在宿根蔗高产栽培中一直都提倡的。迟收上造蔗，利用上造蔗地上部分的光合物质和水分养蔸，提高宿根蔗蔸的活力，增加活芽量和萌动芽率，有利于宿根蔗有效茎数的增加，提高产量。

刘文秀等（2010）以新台糖 22 号为供试品种，在种植行距为 1.0～1.2 m、蔗田坡度小于 5°、宿根蔗 1～2 年的条件下，分别在 3 个试验点开展了甘蔗机械收割（4GZ-9 型甘

蔗割铺机）与人工收割对宿根蔗生长影响的对比试验。3个试验点的结果表明，机械收割平均蔗茬高度为1.2 cm，比人工砍收的平均蔗茬高度4.5 cm降低了3.3 cm；机械收割破头率为10.75%，比人工砍收的16.22%降低5.47个百分点；机械收割分蘖率为43.28%，比人工砍收的42.62%高出0.66个百分点；7月前机械收割处理的每月生长速度比人工砍收处理的慢，但7月后比人工砍收处理的生长快；机械收割的每公顷平均产量为74.86 t，比人工收获的每公顷平均产量68.79 t增加6.07 t，增产率为8.11%；机械收割的平均甘蔗蔗糖含量为14.75%，比人工砍收的14.03%提高了0.72个百分点。由于机械收割降低了宿根蔗的留茬高度，同时减少了蔗茬的破损率，从而有利于宿根蔗产量和蔗糖含量的提高，但机械收割的宿根蔗前期生长稍慢，栽培上应加强宿根蔗的前期管理，以充分发挥宿根蔗早生快发的生长特性，提高宿根蔗产量。

## 第三节　宿根蔗生产管理

### 一、甘蔗品种的宿根性

甘蔗宿根性是指新植或上造甘蔗斩收后，宿根发株的快慢强弱和数量、最终成茎率、有效茎数和产蔗量高低的统称（邓重焘，1990）。甘蔗宿根性是品种的特性之一，不同甘蔗品种的宿根性差异很大，宿根蔗的产量和宿根年限与品种的宿根性直接相关。因此，选种宿根性好的品种，是获得宿根蔗较多的有效茎数和较大的单茎重，实现高产稳产的基础。一般来说，中、小茎种的宿根性比大茎种强，分蘖力强的品种通常宿根性较好（刁操铨，1994）；含野生种血缘多的品种，其宿根蔗发株能力比含栽培种血缘多的品种强。决定新植蔗的种植品种时，应根据当地的栽培条件，选择宿根性强的品种。

### 二、种好新植甘蔗，培育健壮蔗蔸

宿根蔗产量的高低与新植蔗（上造宿根蔗）的产量水平呈正相关，新植蔗产量高，一般易获得较高的宿根蔗产量。同时，新植蔗收获后留下质量好的蔗蔸，是宿根蔗发株多、有效茎数多的物质基础。因此，宿根蔗的高产栽培管理，首先是从新植蔗开始，要求新植蔗有一个疏密合理的群体、养分贮藏丰富的健壮蔗蔸和多芽壮芽的发株基础。

#### （一）蔗地深耕深松，增施有机肥

新植蔗地土壤具备“深、松、细、平、肥”的特点，不但有利于获得新植蔗高产高糖，同时也是提高宿根蔗产量和延长宿根年限的基础措施。蔗地深耕深松、增施有机肥、定量施用糖蜜酒精发酵液、蔗叶还田等已被大量的试验和实践证明是培肥地力的有效措施。深耕深松依耕作层深度和土壤类型而异，土层深厚的蔗地可深耕到50～70 cm，耕层浅薄的高旱坡地不宜一次翻耕过深，而应逐年加深。我国旱地蔗区耕作层浅薄，保水保肥能力差，不利于蔗蔸生长发育和多芽壮芽。新植蔗种植前进行深耕深松，并结合增施有机肥改土，可加厚耕作层，增加土壤孔隙度，促进土壤团粒结构形成，提高土壤通透性，改良土壤的水、肥、气、热状况，提高土壤保水保肥能力，改善地下根芽的生长条件，有利于“三笋”（秋笋、冬笋、地下笋）的孕育成长，为宿根培育壮蔸。广东湛江试验，机械深耕25～40 cm与牛套犁浅耕15 cm比较，新植蔗增产8.1%～60.3%，宿根蔗增产

5.02%～26.8%。广西柳江试验，机械深耕 35～40 cm，蔗茎产量为 89.25 t/hm²，比牛耕深 13～17 cm 的蔗茎产量 71.10 t/hm²，增产 25.53%。广西金光农场用 75 马力拖拉机深耕深松土层 30～40 cm，土壤含水量提高 0.5%～1.5%（绝对值，下同），有机质增加 0.3%。广西良圻农场深松土壤在连续干旱 3 个月后的含水量比不深松的提高 1.7%。广西、云南大量的蔗地深耕深松实践也证明，蔗地深耕深松 30 cm 以上，甘蔗增产 20%～60%。广西罗文农场新植甘蔗时每公顷施 30 t 有机肥，使宿根蔗连续 5～6 年的单产达 75 t/hm² 以上（李杨瑞，2010）。

**（二）蔗叶还田，为培育壮蔸创造良好的土壤环境**

甘蔗收获期，全部蔗叶干重约为生物产量干重的 15%，为原料蔗鲜重的 10%～12%。每公顷产蔗 75 t，可有干蔗叶（包括收获时的青叶折算）7 500～9 000 kg。按其养分含量折算，含 N 45～60 kg、$P_2O_5$ 30～45 kg、$K_2O$ 105～120 kg，还有大量的有机质及其他微量元素。如果将全部的蔗叶还田，可以解决甘蔗生长需要的 50% 钾肥，20%～25% 的氮肥和磷肥（覃蔚谦，1991）。Chen 等（2008）将上造甘蔗收获（每公顷收获蔗茎产量 97.5 t）时产生的蔗叶（含梢部），于下造种植新植蔗时，通过 4 种直接还田的方法全部还田，翌年宿根蔗生长期间分别于伸长初期、伸长盛期和工艺成熟期，取土壤测定相关的肥力指标，结果发现，蔗叶还田各处理的测定值均不同程度地高于对照。表明蔗叶还田具有改良土壤理化性状、提高土壤肥力的效果。蔗叶还田的方法有堆沤还田、过腹还田、直接翻压还田、碎叶还田、覆盖还田等。后 3 种方法省时省工，但不利于防虫防病，因此蔗叶还田时要注意结合病虫害防治。直接翻压或碎叶翻压时还要注意施入石灰和速效氮肥，以免在细菌分解蔗叶的过程中土壤氮肥不足而造成蔗苗发黄，一般要求调节碳氮比为 20∶1。

**（三）旱地甘蔗深沟深种浅盖，降低宿根蔗蔸位置**

采用深沟深种浅盖，既能增加甘蔗防旱抗倒伏能力，又能降低翌年的宿根蔗蔸地下位置，有利于蔗株生长和延长宿根年限。可根据不同蔗作土的具体情况，在深耕深松 30～50 cm 的基础上，选择植沟深 25～35 cm、沟底宽 20～25 cm，为提高宿根蔗产量和延长宿根年限打下基础。饶云（2003）报道，云南坡地采用穴植栽培，每公顷 3 000～4 500 穴，穴长 120 cm、宽 40 cm，下种前回填土 15～20 cm，并施入底肥拌匀，每穴播种量 20～30 芽，下种后盖土 3～5 cm，可创造一个耕层深松、利于积蓄水分的小环境，可比常规条植增产 10%～20%，延长宿根年限 2～3 年。新植蔗深沟深种浅盖和穴植栽培要做好苗期和分蘖期的田间排水工作。

**（四）合理密植，增大茎径和保证合理的群体**

新植蔗种植过密，尤其是行距过窄，对宿根蔗的生长和管理不利。梁海福等（2007）以新台糖 22 号为供试品种，在每公顷播种 15 万芽的种植密度下，研究 1.0 m、1.25 m、1.5 m、2.0 m 种植行距对甘蔗生长群体结构的影响，收获时调查各处理茎径结果，4 种行距的平均茎径分别为 2.35 cm、2.43 cm、2.48 cm 和 2.48 cm；在相同播种量条件下，增大行距有增大甘蔗茎粗的趋势，但当行距宽到一定值（1.5 m）后，继续增大行距对茎径的增大已无意义。宿根蔗随着年限的增加，蔗蔸向行间扩展，3～4 年宿根的蔗蔸直径范围一般可达 30～40 cm，宿根年限越长，行间就越窄，既不方便田间管理，也不利于蔗株生长，蔗桩小，蔗蔸质量差，发株少，田间通风透光不良，植株细弱，易倒伏，产量低。但若行距过大，对新植蔗的产量也有影响。因此，新植蔗必须合理密植，既要使单位面积有足够的有效茎数，以保证宿根蔗有较多的蔸桩数，同时也要使单位面积有效茎数控制在合理范围，促使蔗桩粗大健壮，以提高蔗蔸和蔗芽活力。宽行窄株的田间配置的种植模式有利于宿根蔗蔗桩粗大，提高蔗蔸质量，促进宿根蔗生长。

合理密植要根据当地的自然条件、耕作水平、品种特性而定。就目前的主栽品种而言，一般以每公顷播种 7.5 万～10.5 万芽为宜，高旱坡地下种量应适当增加，保证收获时每公顷有 7.5 万条有效茎左右，且全田均匀分布。

**（五）防旱排涝，防寒护蔸**

长期干旱、田间积水、低温霜冻等灾害均会引起地下蔗芽死亡，使宿根蔗发株少、生长不良、产量下降。因此，新植（或上一造）甘蔗栽培管理中应注意做好防旱、排涝、防寒护蔸等工作。冬季低温干旱，保持地下蔗芽（笋）旺盛的生机和保护蔗蔸安全过冬，是宿根蔗高产栽培的重要环节。旱地蔗田要注意防旱保水，有灌溉条件的蔗田，生长后期可灌一次壮尾水，但前作最后一次灌水应在收获前 1 个月内进行；收获后马上灌溉有利于地下根芽萌发生长，维持和增强蔗蔸活力。常有霜冻的地区，要注意防寒护蔸，除了增施有机肥外，甘蔗收获后可耙松蔗蔸上的表土，并覆土 7～10 cm 或覆盖蔗叶，使土壤疏松透气，保水防寒。

**（六）加强病虫害防治**

地下害虫危害可引起蔗芽死亡，前作受绵蚜虫危害造成蔗蔸质量劣化，导致宿根蔗发株减少，影响宿根蔗产量。故新植蔗（或上一造宿根蔗）栽培管理中应注意加强防治。我国蔗区近年来宿根蔗遭受蔗龟等地下害虫的危害较严重，严重威胁宿根蔗的稳产高产，应引起高度重视。

**（七）适时收获，注重砍收质量**

上造甘蔗收获迟早及砍收质量如何，对宿根蔗的发株都有较大的影响。我国甘蔗主产区需留宿根的蔗地一般安排在 1 月下旬以后（即大寒后）砍收，并以 2—3 月为最适宜。砍收过早，蔗蔸较长时间地缺少地上部保护和养分供应，生理机能被削弱，死芽增多。需留宿根的蔗地不宜在雨天砍收，雨天收获一方面因人畜践踏而引起土壤板结，另一方面也因雨水而易使蔗头感染凤梨病，引起死蔸死芽。此外，需留宿根的蔗地要尽量做到低砍，不砍裂蔗头，以减少蔗头感染病虫害的概率，保护蔗芽，同时也有利于低位芽的萌发。

## 三、宿根蔗田间管理

良好的上茬甘蔗，为宿根蔗培育了健壮的蔗蔸，具备了足够的地下活芽和庞大根系，这是种好宿根蔗的基础。但是要使宿根蔗发株多、有效茎多、产量高，还必须做好当年宿根蔗的一系列田间管理工作，充分培育宿根蔗蔸的多芽壮芽。宿根蔗具有早长根、早发株、早分蘖、早封行、早拔节伸长、早缩尾和早积累糖分、早成熟的生长特点，因此，宿根蔗田间管理应重点抓好一个“早”字，各项栽培措施均以“早”字为中心，以促进早生快发，高产稳产。

### （一）护好宿根蔗蔸安全越冬

上造蔗砍收后，裸露的蔗头容易受干旱、低温、病虫害等威胁，蔗头保护不好．就会造成宿根蔗蔸死芽死根增多、发株少而影响产量。我国蔗区相对集中在广西、云南等地区，且以旱坡地甘蔗为主，宿根蔗蔸因受干旱、低温影响而降低发株率和成苗率，是制约宿根蔗产量提高的主要原因之一。因此，如何提高旱坡地宿根蔗在干旱条件下的发芽率和成苗率，争取全苗，是夺取宿根蔗高产的关键技术之一。王绥汉和韩俊（1992）采取留叶整理（即在砍蔗时留下全部蔗叶，并进行人工整理，使其均匀地覆盖蔗田表面）、去笋保芽（把砍收后蔗田中的蔗笋全部砍至与地面齐平）、穴施肥药（每公顷施呋喃丹 45～60 kg、复合肥 375～450 kg 混合后施于蔗株附近，边挖穴、边施肥药、边填土、边盖叶）的“免烧保湿”法，探讨其对宿根蔗的增产效果。试验结果表明，与传统的砍收甘蔗后把全部蔗叶用火烧掉（对照）相比，“免烧保湿”法提高了发株数和成苗率，因而增加有效茎数，同时增加了株高和茎径。Co997、台糖 134、桂糖 11 号三个供试品种比对照的增产率达到 18.9%～31.9%。因此，对于秋季采种或冬季早砍的留宿根蔗地，在不易受冬季低温干旱影响的蔗区，且蔗地土壤水分适宜的条件下，要及时进行开垄、松蔸，促进宿根蔗早生长；但对于易受冬季低温、干旱影响的蔗区或蔗地，则宜采取覆盖蔗叶、覆盖地膜等保护措施，保护蔗蔸安全越冬，到翌年春季气温回升或适宜进行宿根蔗地膜覆盖栽培时，再进行蔗园清理等宿根蔗管理措施。

### （二）适时清园

清园是指清理上造甘蔗收获后遗留在蔗田中的蔗屑、蔗梢、残叶以及秋、冬笋和杂草等。冬季霜期很短或甚至无霜的蔗区，清园时间宜早。一般大寒过后气温逐渐升高，雨水也逐渐增多，因此 1 月下旬之后就可以清园。2 月之后砍收留下的宿根蔗地可以立即清园。有霜冻的蔗区宜在雨水前后清园。清园的方法是将秋、冬笋全部砍完，清出蔗田外，做到“回头不见青”，同时把残茎清理出田外，然后把蔗梢和蔗叶隔行集中到蔗沟内，让其自然腐烂以提高土壤有机质含量或搬到蔗地边集中堆沤后还田；也可以用机械收集蔗叶打捆，拉出蔗地作为生物质或有机肥等的原料；也可以用碎叶机械就地把蔗叶打碎，利于蔗叶腐烂和宿根甘蔗的田间管理。由于国家已禁止秸秆焚烧，采用就地火烧蔗叶的方法清园已不再可能，但是利用秸秆打捆机打捆，拉出蔗地和碎叶机打碎蔗叶，也能减少残留在蔗地的病虫害，减少越冬虫源。

一些蔗农清园时不愿将秋、冬笋砍除，认为秋、冬笋的存在不会影响到宿根蔗的产量，甚至可以提高产量，这是一种不正确的看法。因为：第一，虽然秋、冬笋在过冬期间能制造光合产物、吸收水肥，对保护蔗蔸具有积极作用，但是，秋、冬笋生长具有很强的顶端优势，一个蔗蔸有一株秋笋或冬笋，其他地下活芽就很难萌发出土。因此，留有秋、冬笋的蔗地发株数一般都比较少。第二，秋、冬笋的存在会影响与其相邻的蔗苗的生长。由于秋、冬笋发生早，有的已在过冬前拔节，开春后生长很快，而和它们相邻的蔗苗则刚刚萌发出土，导致蔗田内大小苗参差不齐。秋、冬笋还利用它们前期早生长的优势，抢夺阳光和水分、养分，最终使相邻蔗苗生长不良而死亡，使全田的有效茎数减少。第三，秋、冬笋成茎率低。秋、冬笋虽然前期生长很快，但早衰也快，当 7、8 月其他蔗茎还继续伸长时，秋、冬笋的伸长已很缓慢，到收获时它的单茎重比当年早发株的蔗茎还小，容易出现空心或蒲心。另外，过冬前已拔节的秋、冬笋，过冬时因条件不适宜蔗茎生长，而形成“茶杯脚”或“黄峰腰”，到6—8月遇暴雨大风时更容易倒伏，甚至拦腰折断不能成为有效茎。为此，清园时将秋、冬笋全部人工砍除或利用平茬机、产蔸机等机械砍除，对促进低位芽萌发，使宿根蔗地下芽萌发整齐，全田蔗苗大小均匀，生长一致，促进群体均衡生长而获得高产，具有重要意义。

### （三）早开垄松蔸

开垄松蔸是指将蔗垄（畦）两侧的泥土犁翻入垄（畦）沟内（谓之开垄或破蔸，彩图17-6），然后再把蔗蔸周围和蔗桩（头）之间的泥土松开（谓之松蔸），让蔗桩（头）充分裸露出表土（彩图17-7）。通过开垄、松蔸、露蔸晒垄，能使蔗头更好地接触阳光，有效地提高低位芽周围的土温和蔗桩的温度，增强蔗桩、蔗芽的呼吸作用和酶的活性，从而促进蔗芽和根系早生快发，尤其是有效地促进低位芽发株（彩图17-7），增加发株数（彩图17-8）。雷石富（2009）研究表明，深松蔸的最高温度为16.4℃，浅松蔸的最高温度为12.5℃，不松蔸的最高温度为11.5℃。据广东顺德糖厂试验，开垄松蔸比不开垄松蔸的发株数增加48%，增产24.2%。广西农学院早期的试验结果发现，深开垄松蔸比不开垄松蔸增产27.9%（徐建云和陈超君，2009）。

开垄松蔸的时间主要考虑因素为温度和水分等条件。总的原则是尽早进行。开垄松蔸过迟（4月以后）不利于充分发挥开垄松蔸的作用。无霜冻或霜冻较轻的蔗区，若土壤水分适宜，上造甘蔗砍收后即可进行开垄松蔸，特别是冬季气温较高、有一定湿度的蔗区，更应尽早清园，如清园过迟，蔗蔸易霉坏而影响发株。对干旱而又无灌溉条件的蔗地开垄松蔸的时间则不宜过早。有霜冻的蔗区，开垄松蔸过早会使蔗蔸易遭受低温、干旱等不良环境条件的影响，一般宜安排在大寒过后立春左右、气温回升时及时进行。根据广西甘蔗研究所试验，尽早开垄、松蔸比迟开垄、松蔸增产11%～15%；广西农学院试验，1月11日开垄松蔸的产量比4月11日开垄松蔸的产量增产44.9%（徐建云和陈超君，2009）。

开垄松蔸的深度，不能一概而论，要视土壤质地和水分而定。一般干旱疏松的土壤可浅一些，而黏重、湿润的土壤则应深一些，尽量开深至蔗桩基部（上造甘蔗长出的部位）。雷石富（2009）研究表明，深松蔸比浅松蔸的每公顷发株数增加5%～23%，有效茎数增加7%～14%，产量提高6%～11%。

当前由于农村劳动力严重不足，部分甘蔗产区在宿根蔗的管理上，只开垄不松蔸，甚至不开垄松蔸。这类蔗田往往由于土壤条件不利于宿根蔗萌发株和蔗苗生长，而表现为萌发株数少，成茎率低，缺株断垄严重，有效茎数少。机械开垄具有成本低、工效快等优点，通过不断完善开垄机械，做到农机农艺相结合，机械开垄将逐步取代人工、畜力开垄。

### （四）适时覆土回垄

开垄松蔸后要适时结合施肥覆土回垄。露地栽培一般在开垄松蔸后10～15 d、低位芽萌动后及时施肥覆土回垄，以促进蔗芽的萌发生长；如果土壤水分不足，露蔸的时间宜短一些；相反，土壤水分适宜条件下，露蔸的时间宜长一些，甚至可延迟至田间基本够苗后才施肥覆土回垄。施肥种类和施肥量基本与新植蔗的基肥相同，但氮肥施用量应比春植蔗多10%～20%。肥料可与防治地下害虫的杀虫剂拌匀一起施用。施肥后再将畦沟的碎土坯盖过蔗头，然后喷施除草剂防除杂草。

### （五）早查苗补缺

早查苗补缺能弥补宿根蔗因缺株断垄而导致的苗数不足问题，并使全田蔗苗均匀生长。查苗补缺分两次进行。第一次可在开垄、松蔸时进行，发现蔗行 60 cm 以上无蔗蔸或蔗蔸已腐烂的，应及时补蔸，一般从蔗蔸较密的蔗行中挖取蔗蔸补植或从不留宿根的蔗地中挖蔸补植。第二次在大部分蔗芽萌发、苗基本齐整后进行，如发现有缺苗断垄达 30 cm 以上的，应进行补苗，此次补苗的苗源，一是移密补稀，从萌发株数较多的蔗行中选择壮苗分蔸补植；二是用预育苗。补苗（蔸）后要充分浇淋定根水，以促进成活。宿根蔗不能直接补种蔗种，因为补种的蔗种萌芽期较长，蔗芽出苗后因株龄较小、生长竞争力弱而难以成为有效茎。所补的蔗苗成活后要多施一次以速效氮肥为主的“偏心肥”，促进生长。

### （六）早施肥灌水

具备灌溉条件的蔗区如果遭遇干旱，在开垄松蔸后 3～4 d 灌一次水，有显著促进发株的作用。宿根蔗生长中后期抗旱性较差，当遇到干旱时应及时灌水，无灌溉条件的则应做好防旱抗旱措施，以延缓衰老，提高产量和品质。在秋旱条件下，宿根蔗生长后期适当灌水有提高蔗糖含量的作用。杨丽涛等（1998）在广西秋旱条件下，于 10 月 1 日至 11 月 30 日，每周对宿根蔗灌溉 1 次，并以不灌溉为对照。研究结果认为，在秋旱条件下，后期适当灌溉明显提高了甘蔗叶片的过氧化物酶、NADP-苹果酸酶、ATP 酶活性和中性转化酶活性，使甘蔗叶片的蔗糖含量提高，还原糖含量降低。

上造甘蔗已消耗了较多的养分，且宿根蔗发株早、生长早、前期生长快，需要早施肥以配合其生长。因此，宿根蔗的施肥强调“全”“早”“多”。“全”是指宿根蔗在增施有机肥的基础上，要合理配施氮、磷、钾肥。Mathew 等（2004）和 Shukla 等（2009）研究施用钾肥对宿根蔗产量和品质的影响，结果认为增施钾肥能促进宿根蔗增产增糖，钾肥早施处理，无论是土壤施肥或叶面施肥，均能增加甘蔗产量。Paul 等（2005）和 Singh 等（2007）探讨有机肥、无机肥的综合应用对宿根蔗产量和土壤养分影响，指出增施有机肥、无机肥能显著地提高宿根蔗的产量。因此，宿根蔗要增施有机肥，无机肥要氮、磷、钾配合施用。“早”是指宿根蔗的施肥要早。应结合覆土回垄施一次基肥（蔗蔸肥），肥料以有机肥为主，配施速效氮、磷、钾肥或复合肥。对一些需要延迟覆土回垄的蔗田，可采取在垄的一侧先施肥回垄、另一侧继续露蔸的方法，使蔗头能继续露晒，提高温度，促进土壤风化和疏松透气，以利于蔗芽的萌发生长。宿根蔗齐苗后应及时早追肥，旱坡地宿根蔗应在 5 月下旬至 6 月初、水田蔗在 6 月底前结束追肥及大培土。如果宿根蔗生长后期出现缺肥早衰现象，可适当喷施叶面肥。李杨瑞和杨丽涛（1998）研究发现，宿根蔗生长后期叶面喷施 $KH_2PO_4$，降低了甘蔗叶片水溶性蛋白质含量，而提高了中性转化酶活性，因此能有效地提高甘蔗蔗糖含量，降低蔗汁还原糖含量。“多”是指宿根蔗的施肥量大。宿根蔗肥料种类与新植蔗相同，但施肥量应比新植蔗适当增多，一般多 20%左右。

### （七）早防治病虫草鼠害

宿根蔗属连作耕作制，虫害发生早，虫口密度大，危害比较严重，应注意尽早防治。一般比新植蔗提早 15～30 d 防治，防治措施与新植蔗相同。有些甘蔗品种，宿根时感染黑穗病，应在发现病株但黑色粉末尚未飞散时，把病株挖掉带出蔗田集中烧毁。此外，宿根蔗的草害比新植蔗发生早且严重，宿根蔗中后期抗倒能力较差，易倒伏，鼠害也较严重，均应注意尽早检查防治。

宿根甘蔗的其他田间管理措施，与春植蔗基本相同，但必须突出一个“早”字，各生长时期的田间管理均应比新植蔗提早 15～30 d 进行。

## 参考文献


陈超君，何章飞，梁和，等，2010. 新植蔗中后期微喷灌对翌年宿根蔗发株及生长的影响［J］. 广西蔗糖（3）：12-14.

陈梅，孙汉标，陈如，2003. 甘蔗地膜覆盖试验分析［J］. 农机科技推广（6）：33.

邓重焘，1990. 中国甘蔗品种志［M］. 广州：广东科技出版社.

刁操铨，1996. 作物栽培学各论（南方本）［M］. 北京：中国农业出版社.

胡百深，1992. 甘蔗地膜覆盖抗旱效益显著［J］. 江西农业科技（1）：28-29.

雷石富，2009. 宿根蔗的开垄松蔸及栽培技术［J］. 种业导刊（7）：24-25.

李洪波，梁计南，谭中文，等，2004. 新植蔗栽培耕作技术对宿根蔗产量和品质影响的研究［J］. 甘蔗糖业（6）：1-5.

李杨瑞，1987. 甘蔗 7 个性状对产量的效应［J］. 福建农学院学报，16（4）：287-292.

李杨瑞，2010. 现代甘蔗学［M］. 北京：中国农业出版社.

李杨瑞，杨丽涛，1998. 宿根蔗后期叶面追肥对甘蔗品质和某些生理特性的影响［J］. 广西农业大学学报，17（1）：8-12.

梁海福，陈超君，陈传华，等，2007. 不同结构甘蔗群体生理动态变化及产量差异［J］. 中国农学通报，23（6）：321-326.

梁计南，谭中文，1999. 新植蔗施肥模式与宿根蔗产量及糖分关系的研究［J］. 甘蔗，6（1）：13-21.

刘文秀，陈世凡，庞少欢，等，2010. 甘蔗机械收获切割质量对宿根蔗产量的影响试验分析［J］. 广西农业机械化（1）：12-13.

龙光霞，黄渝岚，何红，等，2011. 甘蔗幼苗失绿的土壤营养特性初探［J］. 南方农业学报，42（8）：931-934.

卢昌，2002. 浅谈宿根蔗高产栽培［J］. 甘蔗，9（1）：33-35.

陆章流，2005. 提高宿根蔗低产低糖的技术措施［J］. 广西蔗糖（1）：3-5.

钮公藩，2007. 广西糖业［M］. 南宁：广西科学技术出版社.

饶云，2003. 甘蔗高产高糖栽培技术［J］. 甘蔗，10（3）：38-40.

宋日云，陈超君，孙少华，等，2008. 蔗叶还田方法对宿根蔗地一些土壤肥力因素的效应研究［J］. 广西蔗糖（1）：18-19.

覃蔚谦，1991. 甘蔗高产栽培 300 问［M］. 南宁：广西科学技术出版社.

王绥汉，韩俊，1992. “免烧保湿”法对旱坡地宿根蔗的增产效果及其原因分析［J］. 海南大学学报（自然科学版），10（2）：40-43.

韦丽娇，严晓丽，李明，等，2017. 宿根甘蔗机械化管理技术研究进展［J］. 现代农业装备（5）：33-38.

徐建云，陈超君，2009. 甘蔗栽培学［M］. 南宁：广西科学技术出版社.

杨丽涛，李杨瑞，许涛，1998. 后期灌溉对宿根蔗蔗糖分积累的影响［J］. 中国糖料（3）：7-11.

叶维青，1989. 甘蔗地膜覆盖少耕法新技术试验研究［J］. 甘蔗糖业（4）：4-8.

张受芷，1989. 谈甘蔗地膜覆盖栽培［J］. 广西热作科技（1）：22-24.

张永佳，1992. 宿根蔗地膜覆盖效果试验总结［J］. 闽东农业科技（1）：19-20.

周行飞，张日火，黄其军，等，2002. 不同收获期对甘蔗产量及糖分的影响［J］. 甘蔗，9（3）：33-35.

Chen C J，Liang H，Lu G Y，et al.，2008. Effect of trash incorporation methods on some soil fertility indices in ratoon crops of sugarcane［C］. In：Li Y R，Nasr M I，Solomon S，Rao G P. Meeting the Challenges of Sugar Crops & Integrated Industries in Developing Countries. Engineering House Press Co.，Cairo，Egypt，pp：129-131.

Mathew T，Kurian T M，George B，et al.，2004. Effect of time and mode of application of potassium on the growth，yield and quality of sugarcane ratoon［J］. Sugar Tech，6（1&2）：81-83.

Paul G C，Rahman M H，Rahman A B M M，2005. Integrated nutrient management with organic and inorganic fertilizers on productivity of sugarcane ratoon in Bangladesh［J］. Sugar Tech，7（2&3）：20-23.

Shukla S K，Yadav R L，Singh P N，et al.，2009. Potassium nutrition for improving stubble bud sprouting，dry matter partitioning，nutrient uptake and winter initiated sugarcane（*Saccharum* spp. hybrid complex）ratoon yield［J］. Europ J Agron，30：27-33.

Singh K P，Suman A，Singh P N，et al.，2007. Yield and soil nutrient balance of a sugarcane plant - ratoon system with conventional and organic nutrient management in sub-tropical India［J］. Nutr Cycl Agroecosyst，79：209-219.

Mathew T，Kurian T M，George B，et al.，2004. Effect of time and mode of application of potassium on the growth，yied and quality of sugarcane ratoon［J］. Sugar Tech，6（1&2）：81-83.

# 第十八章

# 甘蔗生产机械化

## 第一节　甘蔗生产机械化在蔗糖产业发展中的作用和重要意义

食糖是关系国计民生的重要战略物资，是食品工业发展的重要基础原料，也是人们日常生活的必需品。蔗糖是我国食糖消费的主体，占食糖消费的90%以上，甘蔗生产关系我国食糖安全。随着经济发展和生活水平的提高，食糖消费仍将保持增长态势。但是，受自然条件、生产成本等因素影响，我国蔗糖产业发展形势不容乐观。加快推进甘蔗生产机械化，对于提升糖业竞争力、确保产业安全和食糖供给安全、促进农民增收都具有十分重要的意义。

### 一、甘蔗生产机械化是降低蔗糖生产成本、提高蔗糖产业竞争力的必然选择

我国吨糖成本4 500～5 500元/t，比世界蔗糖主产国家巴西、澳大利亚、泰国等高2 000元/t以上，缺乏国际竞争力。其主要原因是我国甘蔗生产机械化水平低，甘蔗生产以人力生产为主，生产效率低，随着劳动力成本的逐年增长，甘蔗生产用工成本也逐年加大。而巴西、澳大利亚、美国等世界蔗糖生产先进国家基本实现了甘蔗全程机械化生产，食糖生产成本低。要破解这一困局，必须依靠甘蔗生产全程机械化降本增效，通过推进生产全程机械化来实现规模经营、提高生产率，通过推进生产全程机械化来实现劳动力替代，降低日益增长的生产成本，从而提升蔗糖产业的国际竞争力，促进我国蔗糖产业的可持续发展。

### 二、甘蔗生产机械化是稳定我国甘蔗种植面积、保障我国食糖安全的迫切需要

我国农业生产进入机械化为主导的新阶段，机械化程度的高低直接影响农民的生产意愿和农业生产的稳定发展，机械化正在深刻引领品种选育、种植制度和农业经营方式的变革。甘蔗生产机械化不仅减轻农民的劳动强度、有效争抢农时、抵御自然灾害的影响，而且可以确保农艺措施到位，提高甘蔗产量，实现甘蔗生产节本增效。因此必须依靠机械化生产技术来稳住甘蔗产业的“基本盘”：稳定种植面积和综合生产能力。我国甘蔗种植面

积曾经达到 173 万 $hm^2$ 以上，但近年来由于甘蔗种植生产成本高，种植效益差，甚至亏本，蔗农种蔗的意愿逐年下降；同时随着城镇化进程的推进，以及劳动力人口老龄化，特别在砍收季节，砍蔗工短缺已成为蔗区普遍现象，砍蔗雇工难、费用高的问题日益显现，不但增加了甘蔗生产成本，也挫伤了蔗农种蔗的积极性，导致我国甘蔗种植面积不断下滑，目前仅 113.3 万 $hm^2$ 左右，下降了 60 多万 $hm^2$。为了提高蔗农种蔗意愿，糖厂只能不断提高原料收购价，原料价格的提高又进一步推高食糖成本，导致糖企连年亏损，难以为继。如果无法实现甘蔗生产全程机械化，降低甘蔗生产成本和劳动强度，提高劳动效率，甘蔗种植面积仍会进一步萎缩，这将对我国食糖安全构成严重的威胁。

### 三、甘蔗生产机械化是促进蔗农增收、地方经济发展和乡村振兴的有效手段

我国甘蔗主产区主要分布于广西、云南等省份的经济欠发达地区和边境地区，县域经济和当地农民收入对蔗糖产业高度依赖。据统计，两省区糖料蔗生产大县中，边境县 11 个、国家级贫困县 29 个，财政收入来自糖业比重超过 10%的县分别为 9 个和11 个（张桃林，2016），甘蔗产业是这些县带动地方经济、稳边固疆和产业脱贫的重要支柱产业，在促进乡村振兴中具有不可替代的地位和作用。实践表明，通过推广机种、机收，可节约作业成本 50%以上，且大大提高收获效率，减轻劳动强度；采用机械化收获可以直接降低生产成本 4 500 元/$hm^2$ 以上，生产效率提高 60 倍以上；通过蔗地机械化深耕深松技术可增强抗旱抗倒伏能力，提高甘蔗单产 20%以上。因此，通过加快推进机械化生产可以有效促进甘蔗增产和蔗民增收，确保蔗糖产业的稳定发展，为地方经济保驾护航。

## 第二节 我国甘蔗生产机械化现状及存在问题

### 一、我国甘蔗生产机械化技术的发展历程

我国甘蔗机械研制始于 20 世纪 60 年代初，早期主要是畜力开行犁、畜力收割机及人力（手工）剥叶器具等简单机具。70 年代中期到 80 年代中期，是甘蔗机械研制工作最旺盛时期，全国有广东、广西、福建、海南、云南、四川和湖南等省区的科研院所、农场或农机厂等单位从事甘蔗机械研制工作，其中广西农业机械研究院取得很多成果，研制的机型种类有耕整地、种植、田间管理、收获和运输等各种甘蔗机械，但是没有在生产中推广应用（杨丹彤等，2004）。之后，随着经济体制改革的展开，我国对甘蔗机械的研究转入了一个较长的低潮时期。直至进入 21 世纪，随着我国经济的发展及经济结构和农村劳动力结构的变化及市场需求的推动，劳动力成本不断提高且短缺更显突出，各方面将目光聚焦到甘蔗生产全程机械化上，研究开发的热潮被再度掀起，各种类甘蔗生产机械再度涌现并在生产上得到逐步应用。21 世纪初至 2010 年，甘蔗机械化发展主要在耕整地和运输环节进行，机械化种植尚处于起步阶段，收获机械还未达到应用水平；2010 年至今，是我国甘蔗生产全程机械化正式起步和快速发展的阶段，实现了甘蔗生产机耕、机种、机管、机收的全程机械化的突破（胡朝晖，2020），2019—2020 年榨季，全国甘蔗种植机耕率达到 95%，机种率达到 41%，综合机械化率为 51%，但机收率仅为 3.26%左右。

**1. 整地机械化** 20 世纪 50—70 年代推进的主要是耕整地机械化。我国蔗田耕整地作业一般采用与小型手扶拖拉机配套的小型犁，或与 37.3 kW 左右的中型轮式、履带式拖拉机配套的系列旱地犁及圆盘耙，用于播种前耕整地，基本上能满足蔗田耕整地机械化的需要（区颖刚等，2018）。20 世纪80 年代初，我国先后引进了美国、澳大利亚等国的凿式深松犁，其耕作方式为不翻垄，能震裂划破坚实的犁底层（李明等，1999）。20 世纪80 年代我国开始推广甘蔗深松深耕装备和技术，该技术对增强土壤蓄水保肥能力、提高甘蔗产量有显著的效果，因此在生产上得到广泛应用，促进了整地机械化的大幅度提升。耕整地作业普遍采用大中型拖拉机配套旱地犁、深松犁、耙、旋耕机等，进行深耕、深松、碎土，配套机具较为齐全。到 2010 年前后，我国机耕率已经达到 90%以上（胡朝晖，2020），目前我国蔗田已基本实现耕整地机械化。

**2. 种植机械化** 我国从 20 世纪 70 年代开始研制甘蔗种植机，所研制机型都是实时切种式，按其切种形式可分为砍切式和夹切式 2 种，具有代表性的机型主要有“甘 75-1 型甘蔗种植机”“广东-2 型甘蔗联合种植机”和“庆丰 2 CZ-1 甘蔗联合种植机”等（刘庆庭等，2011），能一次完成开沟、砍种、排种、喷药、施肥、覆土等作业；此类机型对于弯曲度小而平直的整条甘蔗较适用，但我国主要蔗区因风害严重，蔗茎多弯曲，且生产上普遍采用蔗梢留种，因此，这类机型未能推广应用。到 21 世纪初甘蔗种植机主要的研发机型为自走式和牵引式两种，但在生产上也仅有少数的农场应用，蔗区机械化种植主要还是采用机械开行、人工放种和覆土的作业方式。进入 2010 年，甘蔗种植机的研发与推广应用呈现迅速发展的势头，更多的企业与科研单位参与 3 种植机的研究，涌现出一批切种式甘蔗种植机，如广西农业机械研究院的 2CZ 型甘蔗联合种植机、江苏富来威的 2CZX 型甘蔗种植机、南宁五菱桂花的 2CZ-2 型甘蔗种植机、钦州力顺的 2CZX-2 型甘蔗种植机、华南农业大学的 2CZQ-2 型甘蔗种植机等，这些机械由牵引式发展为悬挂式，均采用实时切种方式，蔗种茎秆靠人工喂入切种器；与此同时，也有不少合作社、大户、农场开始购买引进国外先进的实时切种式和预切种式种植机，机械化种植率也逐年迅速提高，也为我国甘蔗机械化发展奠定了基础。

**3. 田间管理机械化** 20 世纪 70 年代至 80 年代中期，我国研发的甘蔗田间管理主要机械为中耕培土机和喷灌机，以微型拖拉机、手扶拖拉机为动力的小型甘蔗中耕施肥培土机械，如农-12-型、XP-1-2 型、东风-12、东风一型和丰收-7 甘蔗中耕培土机。喷灌机有离心式喷淋喷雾机、与丰收-37 型拖拉机配套的甘蔗喷灌机、以 165F 柴油机为动力的移动式甘蔗喷灌机、417 型圆形喷灌机组等。

20 世纪 90 年代后，随着农村能源结构的逐渐改变，甘蔗叶焚烧造成资源浪费以及土地地力下降的问题得到重视，甘蔗碎叶还田技术应运而生，广西农业机械研究院研制了 3SY-40 型甘蔗碎叶还田机，广东勇士农场研制了 FZ-100 型甘蔗叶粉碎还田机，均配套中型轮式拖拉机作业，能把蔗叶粉碎上抛后撒还田里，但由于仅有粉碎功能，同时还要靠犁将碎蔗叶翻耕入土，且作业成本高，因而限制了其推广应用。广西农业机械研究院还研制了 3PZ-1 型甘蔗破垄平茬机，与中型轮式拖拉机配套使用，跨蔗垄作业，行距要求 1.2 m 左右。在中耕培土机方面，广西农业机械研究院研制了 3ZFS-1 型和 3ZFS-2 型甘蔗中耕施肥培土机，并在南宁金光、柳州新兴和云南黎明农场，以及我国援外农场应用。节水灌溉方面，主要推广使用的是 8PJ-75 型、JP8/300 型软管卷盘式喷灌机，用于大面积喷灌作业。这一阶段的机械动力从微小拖拉机向小中型拖拉机转变。

进入 21 世纪，机械化田间管理开始注重农机农艺的结合，适应小于 1.2 m 种植模式的小型田间管理机械普遍应用，同时，随着宽行距种植模式的推广，中型田间管理机械得到快速发展（区颖刚等，2018）。甘蔗中耕机械已由单一的耕作机具，逐步发展为一种具有施肥、打草、覆膜、培土等多功能的一体机，如广西日风机械公司研发的 2FZ180-2 型甘蔗施肥培土机具有打草、施肥、培土功能，湛江中凯农机研制的 GZGZK-50 履带式甘蔗中耕机，自带动力，采用龙门架式结构，实现破垄、中耕、追肥、除草、培土一体化，完成跨行作业。据统计，2017 年广西甘蔗中耕施肥培土机械化技术应用面积达到 30 万 $hm^2$，占种植面积的 33%。2003 年广西农垦金光实业总公司引进以色列全套滴灌系统，建立了我国第一个 6.7 $hm^2$ 的甘蔗滴灌示范基地，2004 年湛江农垦引进以色列的地埋式滴灌技术，在较短的时间内就利用此技术种植甘蔗达到了 1 100 $hm^2$（黄振瑞等，2007）。2015 年以来，广西、云南建设 46.7 万 $hm^2$ 的糖料蔗生产核心基地（广西称为“双高”基地），节水灌溉技术开始得到大面积的应用推广，由原来喷灌设备为主向喷灌与滴灌设备相结合的方向发展。近年来，广西壮族自治区政府对蔗叶禁烧和蔗叶综合利用高度重视，要求各地把蔗叶粉碎还田机械化技术作为当前蔗叶综合利用的重要先行措施（广西农机化技术推广总站，2021e），因此蔗叶粉碎还田机械化技术应用面积也不断扩大，并已在大部分国有农场和部分“双高”基地得到推广应用。

**4. 收获机械化** 我国早在 20 世纪 60 年代就开始了甘蔗收获机械的研制，由于当时我国拖拉机功率小，所以主要研究的是 22～37 kW 范围轮式拖拉机带的中型和 8.8 kW 手扶拖拉机带的小型整秆式甘蔗收割机。1961 年广东研制成功我国第一台甘蔗剥叶机；广西农业机械研究院作为我国最早开展甘蔗收获机械技术研究开发的单位之一，在 20 世纪 70 年代中期研制出悬挂式甘蔗整秆收获机，80 年代初又研制出自走切段式甘蔗收获机，并有小批量出口。20 世纪 80 年代中期，农村家庭承包责任制全面推行，我国农业机械化面临低谷期，甘蔗收获机械的研究也转入了一个较长的低潮时期。

进入 21 世纪，我国农业机械化快速发展，经济作物机械化得到各方重视，国家开始加大对甘蔗机械研究开发的支持力度。国内农机科研高校院所及农机制造企业纷纷加入到甘蔗收获机械的研发中，呈百花齐放之态势，在消化吸收国外先进机型技术的基础上，研发出一系列具有自主品牌的甘蔗收获机械。在“十五”期间（2001—2005 年）主要开展中小型割铺机和剥叶机的研制，从“十一五”（2006—2010 年）开始，开展了甘蔗联合收割机的研制（区颖刚等，2018）。2010 年以前以整秆式甘蔗联合收割机研制为主，但其对严重倒伏甘蔗适应性差、辅助工较多及国产整秆式收获机可靠性差，2010 年以来陷入举步维艰、前景不明朗的困境；而切段式甘蔗收获机由于其对倒伏甘蔗的良好适应性，以及我国引进的甘蔗收获机（均为国际主流切段式）的高可靠性，得到了广泛认可，因此 2010 年以来转向切段式甘蔗联合收割机为主。我国研发的整秆式甘蔗联合收割机主要机型有 4GZ-120 型整秆式甘蔗联合收割机、HSM1000 型整秆式甘蔗联合收割机、SJ-1400 型整秆式收割机、4GZD-75 型整秆式收割机、4GZ-1 型整秆式甘蔗联合收割机、4GL-1-Z92A 型整秆式甘蔗收获机等；切段式甘蔗联合收割机主要机型有 4GZQ-（180、260）型甘蔗联合收获机、4GZ-（56、91）型甘蔗联合收获机、4GQ-（180、350）型甘蔗联合收割机、4GQ-GZ260S型甘蔗联合收获机、4GQ-130型甘蔗联合收割机、AS60型甘蔗联合收割机等。此外，国外凯斯、约翰迪尔和日本松元先后在中国设厂组装甘蔗收割机，凯斯公司机型已成为我国甘蔗收割机市场上的主流机型之一。

## 二、我国甘蔗生产机械化现状及存在问题

### （一）我国甘蔗生产机械化现状

**1. 我国甘蔗机械化发展水平** 近年来，我国的甘蔗生产机械化得到进一步发展，耕种收综合机械化率已达到50%以上，虽然在我国9种主要大田农作物中，甘蔗生产机械化发展还相对缓慢，比其他主要农作物的机械化率落后十多个百分点以上，但已有了很大的进展（区颖刚，2019）。2019/2020年榨季，我国耕作机械化率为95%，种植机械化率为41%，而机收蔗仅3.28%（表18-1）。在我国广大蔗区，除了耕整地环节基本上实现机械化，其他环节尤其是种植和收获环节仍以人工作业为主。我国甘蔗生产机械化关键在种植和收获环节，难点则在收获环节，我国甘蔗机收水平极低、增长极为缓慢，成为制约甘蔗生产全程机械化的突出瓶颈（吴传云，2022）。“十三五”期间（2015/2016—2019/2020年榨季），我国甘蔗种植机械化率从5.56%提高到41%，5个榨季提高了35.44个百分点，有较大的提升；但是机收率仅从0.75%提高到3.28%，5个榨季只提高了2.53个百分点，甘蔗收获方式仍然是以人工砍蔗为主。

**表18-1 近年来我国甘蔗耕作、种植、收获环节及综合机械化率（%）**

| 项目 | 2011/2012 | 2012/2013 | 2013/2014 | 2014/2015 | 2015/2016 | 2016/2017 | 2017/2018 | 2018/2019 | 2019/2020 |
|---|---|---|---|---|---|---|---|---|---|
| 耕作 | — | 90 | 95 | 95 | 95 | 95 | 95 | 95 | 95 |
| 种植 | 0.16 | 0.78 | 0.79 | 1.7 | 5.56 | — | 30 | — | 41 |
| 收获 | 0.07 | 0.1 | 0.3 | 0.3 | 0.8 | 1.3 | 2 | 1.68 | 3.28 |
| 综合 | — | 35 | 38 | 38.6 | 42 | 46 | 50 | — | 51 |

数据来源于农业农村部主要农作物全程机械化推进专家指导组甘蔗组。

**2. 主要环节机械装备发展情况**

（1）*甘蔗收获机拥有量及应用情况*。近几年，得益于国家农机购置补贴政策支持和中央及地方政府扶持，我国甘蔗主产区收割机的数量增加很快，为机收发展提供了机具保障（表18-2）。2020/2021年榨季，主产区可投入的甘蔗收获机2 665台，主要为国外主流和国内仿制的切段式联合收获机。

在我国由于受地形、地块面积、行距、甘蔗倒伏和收获系统配套等方面的限制，甘蔗机械收获作业效率比较低。在国外，大型收割机1 d（8 h）可以收割甘蔗500～600 t，而在国内，一台大型凯斯7 000收割机1 d只能收200～250 t，中型机40 t/d（区颖刚，2019）。我国甘蔗机收水平低并不是因为机具数量不够，而是因为机具利用率太低，机具作业效能远远没有发挥出来。2020/2021年榨季，按主产区投入的甘蔗收获机2 665台计，单机作业量不足20 $hm^2$/榨季，按甘蔗产量60～75 $t/hm^2$计算，单机作业量不到1 500 t/榨季，不足国外单机作业量15 000～18 000 t/榨季的9%（吴传云等，2021）。

**表 18-2　2015/2016—2021/2022 年榨季甘蔗主产区甘蔗收割机拥有量**

| 甘蔗主产区 | 2015/2016 | 2016/2017 | 2017/2018 | 2018/2019 | 2019/2020 | 2020/2021 | 2021/2022 |
|---|---|---|---|---|---|---|---|
| 广西 | 50 | 162 | 319 | 627 | 950 | 1 158 | 2 431 |
| 云南 | 10 | 13 | 17 | 17 | 25 | 25 | — |
| 广东 | 10 | 30 | 87 | 138 | 150 | 150 | — |
| 合计 | 70 | 205 | 423 | 782 | 1 125 | 1 333 | 2 665 |

数据来源于农业农村部主要农作物全程机械化推进专家指导组甘蔗组。

（2）甘蔗种植机械拥有量及应用情况。由于甘蔗种植机技术含量较低，发展比较容易，一般小型工厂都能参与生产，所以近年我国种植机械发展较快（表 18-3），且基本上是国内生产。目前国内研制和使用的种植机基本上都是实时切种式整秆联合种植机，耗用人力较多，劳动强度大，效率低，且容易出现漏播。为了解决整秆式甘蔗种植机存在的问题，业界正在研发预切式甘蔗种植机，以解决均匀下种、伤芽率偏高、下种量偏大等问题（区颖刚，2019），种植机械正由“有机可用”向“有好机可用”的方向发展。

**表 18-3　近年来甘蔗主产区甘蔗种植机拥有量**

| 甘蔗主产区 | 2013/2014 | 2014/2015 | 2015/2016 | 2016/2017 | 2017/2018 |
|---|---|---|---|---|---|
| 广西 | 200 | 300 | 500 | 1 900 | 2 900 |
| 云南 | 27 | 39 | 55 | 71 | 89 |
| 广东 | 42 | 55 | 63 | 71 | 84 |
| 合计 | 269 | 394 | 618 | 2 042 | 3 073 |

数据来源于农业农村部主要农作物全程机械化推进专家指导组甘蔗组。

（3）甘蔗耕整地机械及应用。我国甘蔗耕整地机械化率已达 95%，各种耕整地机具较为齐全、成熟，基本能满足生产要求。据统计，2017 年，广西大中型拖拉机拥有量达 5.19 万台。

（4）甘蔗植保机械及应用。近年来，无人机在甘蔗除草、病虫害防治、叶面肥施用、增糖剂喷施等方面应用快速增长，广东湛江和广西“双高”基地，很多都已使用小型旋翼无人机喷施农药，取得很好效果，广西无人机已达 800 多台（区颖刚，2019）。

**3. 主产区甘蔗机械化水平**

（1）主产区甘蔗机械化收获情况。我国甘蔗主产区机械化收获水平最高为广东蔗区，其次为广西蔗区、云南蔗区，最低为海南蔗区。然而广东蔗区作为我国甘蔗机械化生产先行区，且发展机械化生产地势、气候条件较好的蔗区（优于广西、云南蔗区），机械化收获水平也仅达到 5%（表 18-4）。

**表 18-4　2015/2016—2019/2020 年度榨季我国各主产区甘蔗收获机械化情况**

| 甘蔗主产区 | 2015/2016 | 2016/2017 | 2017/2018 | 2018/2019 | 2019/2020 |
|---|---|---|---|---|---|
| 广西 | 1.00 | 1.10 | 1.30 | 1.80 | 4.60 |

（续）

| 甘蔗主产区 | 2015/2016 | 2016/2017 | 2017/2018 | 2018/2019 | 2019/2020 |
|---|---|---|---|---|---|
| 云南 | 0.04 | 0.05 | 0.25 | 0.46 | 1.38 |
| 广东 | 0.77 | 2.13 | 3.24 | 3.99 | 5.00 |
| 海南 | — | — | — | 0.07 | 0.08 |
| 全国 | 0.75 | 1.85 | 1.07 | 1.68 | 3.28 |

资料来源：刘庆庭，2020。

（2）广西蔗区机械化发展水平。“十三五”期间广西蔗区综合机械化率不断提高（表 18－5），平均比全国高 8 个百分点以上，其中种植机械化率高 27.1 个百分点，耕作机械化高 2.6 个百分点。

**表 18－5　2015/16—2019/2020 年度榨季广西蔗区甘蔗耕作、种植、收获环节及综合机械化率**

| 项目 | 2015/2016 | 2016/2017 | 2017/2018 | 2018/2019 | 2019/2020 |
|---|---|---|---|---|---|
| 耕作 | 97.0 | 98.0 | 97.8 | 96.9 | 98.5 |
| 种植 | 39.0 | 45.0 | 55.3 | 58.6 | 65.2 |
| 收获 | 1.0 | 1.10 | 1.30 | 1.80 | 4.60 |
| 综合 | 50.8 | 53.03 | 56.1 | 56.88 | 60.34 |

数据来源于广西农业机械化管理局、糖业发展办公室、糖办，机械化收获仅按联合收获量统计。

（3）云南蔗区机械化发展水平。2016 年，云南甘蔗机械化耕整地 3.69 万 $hm^2$，机械化种植 0.27 万 $hm^2$，田间机械化管理 1.96 万 $hm^2$，机械化收获 0.03 万～0.07 万 $hm^2$（赵勇等，2017）。2017 年全省实现机械化耕作面积 14.0 万 $hm^2$、机械化种植面积 0.90 万 $hm^2$、机械化中耕管理面积 5.59 万 $hm^2$、机械化收获面积 0.03 万 $hm^2$，宿根蔗低铲蔸面积 19.8 万 $hm^2$（云南日报网，2018），按当年种植面积 29.0 万 $hm^2$ 计，其综合机械化水平约为 39%，其中耕作机械化率为 95%以上，种植机械化率为 3.1%，机械化收获水平为 0.1%；2019 年云南甘蔗生产综合机械化率 39.65%（农业农村部全程机械化推进行动专家指导组甘蔗专业组，2020）。

（4）广东蔗区机械化发展水平。2017/2018 年榨季广东蔗区甘蔗综合机械化率为 44%，其中机收率 3.6%（区颖刚，2019），2019/2020 年榨季，甘蔗生产耕种收综合机械化水平约 50%，其中机耕率 93%，机种率 40%，机收率 5.5%（蒋姣丽，2022）。

**4. 甘蔗生产机械化存在的主要问题**　甘蔗生产机械化技术是降低甘蔗生产成本、促进蔗糖产业发展、提高糖业国际竞争力的有效途径。但是由于自然条件、经营模式、农艺技术和经济水平等因素的制约，我国要实现甘蔗生产全程机械化还有相当长的一段路要走。制约我国甘蔗生产机械化水平提高的主要因素有：

（1）自然资源禀赋差。我国甘蔗大多种植在丘陵和坡地，地块小、不规则、不连片、坡度大、石头多、地形高低不平，多数田块生产条件不适于机械化作业。主产蔗区广西和云南尤为如此，据调查，广西蔗区耕地坡度小于 5°的占 34.4%，坡度 5°～15°的占 20.9%，坡度 15°～25°的占 26.3%，坡度大于 25°的占 18.4%，适合大机器作业的田地大约占10%，适合中型机器作业的地约占30%。云南蔗区条件比广西更差，地块更小、坡度更大，坡度小于6°的占27.4%，坡度6°~15°的占30.7%，坡度15°~25°的占25%，坡度大于25°的占16.8%，适合大机器的小于10%，适合中型机器的约为25%（郭家文等，2015）。

（2）生产经营模式不适应机械化。目前我国甘蔗种植仍以单家独户经营为主，人多地少，种植规模小而分散，蔗田未留机耕道，致使机械无法作业，或是作业效率低，效益不明显。我国户均植蔗规模0.27 $hm^2$，产蔗18 t，分别仅为澳大利亚的1/2 000和1/530。根据广西农业机械化管理局调查，广西蔗区小于0.2 $hm^2$的占60.2%，0.2~0.67 $hm^2$的占25.7%，0.67~3.33 $hm^2$的占4.4%，单户种植面积在3.33 $hm^2$以上的约1.6万户，种植总面积约占全区甘蔗种植面积的9.7%。虽然，近些年通过土地流转，出现了甘蔗生产合作社、专业作业服务公司等一些规模化新型经营主体，但数量有限，机械大规模作业与小规模家庭分散、不集中连片经营的矛盾仍很突出。广西实施33.3万 $hm^2$ “双高”糖料蔗基地建设，尽管一定程度上实现“小并大”，但是蔗地依然存在小并大后重新分户、规模经营比率不高的问题。

（3）适应我国生产实际的高效农机装备有效供给不足。由于我国蔗区主要分布在山区或丘陵为主且主要以农户小规模精细化方式耕作，从国外引进的以大型设备为主的甘蔗农业机械并不能适应我国的生产条件，无论是甘蔗联合收获机、联合种植机，还是中耕培土机、自走式喷水施药肥等设备，均存在“水土不服”的问题。因此，我国甘蔗生产机械化发展的道路以核心设备和技术引进再消化为主、以部分自主研发方式推进（胡朝晖，2020）。目前我国甘蔗生产从耕整地到收获作业各工序都已有配套机具，且装备拥有量也有一定幅度增长，但国产机械仍存在核心技术缺乏，制造技术能力低，可靠性、稳定性、适应性差，产品结构不合理等诸多问题，导致作业效率不高、性能发挥不稳定，机械性能尚不能满足实际甘蔗生产需要，适于丘陵地、山坡地的作业机械缺乏。甘蔗种植、田间管理、收获环节机械处于研制和改进提升阶段，“无好机可用”的问题依然明显，丘陵山地的收获机械仍是技术瓶颈尚未突破，存在着“无机可用”的局面。如国内种植机普遍存在种植深度不够、排种均匀性差、漏播、伤芽率高、辅助人工多、劳动强度大等问题，中耕培土机存在着培土质量差，“火山口”的问题突出，部分国产收割机作业存在着损失率高、破头率高、含杂率高及宿根发株率低的“三高一低”的问题，且经常出现故障，可靠性、稳定性差，导致蔗农不愿使用。

（4）甘蔗种植农机农艺不融合。农机农艺融合是实现甘蔗生产机械化的前提和基础，传统的种植模式与机械化生产矛盾突出，往往只关注高产而忽略了配套农机的作业适应性，种植制度与收获机具要求不匹配，适宜机械化的品种少、种植行距过窄、种植模式多而复杂。甘蔗生产农机农艺不融合主要体现在：一是主栽品种不适应机械化生产。适宜机械化的品种不仅要求丰产、高糖、抗逆、强宿根性和广适性，还特别强调抗倒伏、易脱叶、耐碾压、宿根再生能力强、分蘖力强、成茎率高及均匀度好、抗除草剂等，目前主栽品种桂糖42号虽然抗倒伏、易脱叶，但分蘖力弱、宿根性差，不耐碾压，宿根再生能力弱，宽行种植产量低；桂柳05136也同样分蘖力不强、不耐碾压，宿根再生能力弱，且易倒伏，机械收获损失大。二是种植行距过窄。传统种植行距一般在0.7~0.9 m，与机械联合收获等作业机械需要具稳定性、通过性要求的行距 1.2 m 以上的要求不匹配。三是种植深度不够。由于种植行距过窄，甘蔗无法深种，而易倒伏，机械收获易拔蔸损失大，据调查，目前蔗区甘蔗种植深度（原地表面至蔗种之间的垂直距离）普遍在 5～12 cm。四是种植模式多，标准化程度低。种植方式有等行距种植、宽窄行种植，下种方式有单行、双行、三行种植等多种形式，摆种方式“品”字形、三角形、横、竖、斜摆等。

（5）*机收蔗与制糖工艺不匹配。*由于我国甘蔗糖厂绝大多数建于 20 世纪 90 年代之前，均以人工整秆砍收和低夹杂（0.2%～3.0%）为原料标准来设计生产工艺，采用“一步法”生产白砂糖或精制糖。采用传统一步法工艺对原料要求高，而目前的甘蔗收获机主要为切段式联合收获机，切段式收获原料蔗梢、蔗根、蔗叶、泥沙等杂质夹杂率偏高，含杂率一般为 7%～15%，如遇雨天或潮湿天气，机收甘蔗质量更差，黏土蔗区甘蔗含杂率可高达 25%，这使一步法制糖的各个工序都受到不同程度的影响，加大了压榨设备负荷，并从蔗汁中带走部分蔗糖从而降低压榨收回率，更为严重的是给蔗汁和糖浆的过滤洁净工序带来巨大压力，需要投入更多的助剂等中间物料，提高了生产成本，甚至严重影响产能和产品质量（胡朝晖，2020）。另一方面则是切段式收获原料切口多，在微生物作用下导致甘蔗品质快速劣变从而降低甘蔗糖分，导致产糖率损失，机收蔗原则上不能存放超过 24 h，这给整个砍运调度和入厂压榨增加了管理难度。因此制糖企业对机收蔗接受程度低。

（6）*不利的天气影响机械作业。*由于榨季天气多雨，2018/2019 年榨季全国糖料蔗机收率（按入榨量算）仅为 1.2%（胡朝晖，2020）。主产区广西的气候特点是榨季期间多雨，2017/2018、2018/2019 两年榨季机械收获有效天数仅 35～45 d，为整个榨季的 1/3 左右。雨天甘蔗收割机难以下田作业，雨后的潮湿天气又会增加甘蔗机收的含杂率。目前的收获技术对这种气候情况的适应性较差，是影响榨季机收作业量的因素之一。匡昭敏等（2021）研究 1979—2019 年共 40 个榨季的降雨日数资料，得出广西蔗区糖料蔗压榨期机收作业适宜天数结果：11 月和 12 月为 18～20 d；1 月约 15 d；2—3 月约 11 d；压榨期间 11 月至翌年 3 月和 11 月至翌年 1 月总天数分别约为 77 d 和 52.5 d，适宜作业天数占压榨期总天数的比率分别为 51%、57%。11 月至翌年 1 月接近 2/3 的时间适宜进行机收作业，但 2—3 月只有 1/3 的时间适宜机收作业。由此可见，榨季不利天气的影响也是造成机械化收获率低的重要原因之一。

## 第三节　耕整地机械化

### 一、定义

蔗地耕整地机械化技术是指使用大中型拖拉机配套耕整地机械进行深耕、深松、耙平、碎土整地等作业的技术，包括耕地（深耕、深松）机械化和整地机械化两大部分。

### 二、应用现状

耕整地机械化技术的发展时间比较长，无论是在耕整地机械本身还是在相关技术上已经发展得较成熟了。20 世纪 80 年代我国开始推广甘蔗深松深耕装备和技术，广西在具备条件的平缓蔗区、国有农场推广大型拖拉机开垦荒山坡地种蔗，深沟浅种，对单产的提高起到了积极的作用，平均单产大多在 72 $t/hm^2$ 以上，试验结果表明，蔗地深耕深松产量比人、畜耕作增 15.0～34.5 $t/hm^2$，增产幅度达 20%～50%；广东湛江遂溪县推广甘蔗深松深耕，取得了显著的增产效果，连续 2 年甘蔗产量达到 60 $t/hm^2$，总产比 1983 年的 42.8 $t/hm^2$ 提高了 40%。此后，该技术作为甘蔗高产的主要技术措施得到快速推广。21 世纪初，广西农机部门在南宁、崇左、柳州、来宾、贵港、钦州、北海、防城港、河池、百色等 10 个城市主产区建设示范基地，通过作业、购机补贴等政策措施加大了推广力度，蔗地深耕、深松机械化技术应用面积逐年扩大。2010 年前后，我国机耕率已经达到 90% 以上，2015 年达到 95%。据统计，2017 年，广西大中型拖拉机拥有量达 5.19 万台，推广应用甘蔗深耕作业面积 25.8 万 $hm^2$，甘蔗深松作业面积 2.53 万 $hm^2$（广西农机化技术推广总站，2021a）。目前，全国甘蔗主产区已经完全实现耕整地机械化作业。

## 三、主要技术

### （一）蔗地深耕机械化技术

蔗地深耕机械化技术是指使用大型拖拉机配套深耕机具进行深耕作业，耕作时将表土翻下，底土翻上，打乱耕作层的土壤结构。并且耕深达 30～40 cm 的耕作技术。

**1. 技术路线**

（1）熟地：深犁→碎土整地。

（2）宿根翻蔸蔗地：蔗蔸破碎灭茬→深犁→碎土整地。

（3）荒地：浅犁→旋耕→深犁→碎土整地。

**2. 技术要点**

（1）适耕条件为土壤含水量在 15%～22%；土壤土层厚度≥35 cm；耕层无过大的石头、树桩等坚硬的异物；深耕时间一般应在雨季开始之前进行，以便充分接纳雨水。

（2）犁地深≥35 cm，且耕深一致；耕堑直，百米直线度≤15 cm，耕幅一致；立垡与回垡率<5%；残株杂草覆盖率>90%；垂直耕幅 10 cm 长度范围内地表平整度≤10 cm；不漏耕，不重耕，漏耕率≤1%；深耕碎土率≥ 50%（碎土为≤ 5 cm 的土块）。

**3. 技术作用**

（1）通过深耕机具对土壤挤压、破碎、翻转土垡的耕作，在一定范围内改变了耕作层的土层结构，使表土翻下、底土翻上，使甘蔗能有效地吸收不同土层的养分。

（2）打破犁底层，加深耕作层，疏松土壤，降低土壤容重，增加雨水渗入速度和数量，避免或减少地表径流，从而使土壤有效地接纳自然降水，提高土壤的蓄水保墒能力。

（3）改善甘蔗根系的吸收环境，促进根系生长，提高肥料和水分的利用率，具有显著的增产增收效果。

（4）深耕可翻埋蔗叶、残茬、杂草，增加有机质，培肥地力。

### （二）蔗地深松机械化技术

蔗地深松机械化技术是指使用大型拖拉机配套深松机具进行深松不翻土，并且深松深度达 40～50 cm 的耕作技术。

**1. 技术路线**

(1) 荒地、宿根翻蔸蔗地：蔗蔸破碎灭茬→全方位深松土→碎土整地。

(2) 宿根蔗地：破垄→间隔深松土。

**2. 技术要点**

(1) 适耕条件为土壤含水量在13%~22%；土壤土层厚度≥45 cm，耕层无过大的石头、树桩等坚硬的异物；深松作业时间，要求在播种前进行，最好是在雨季开始之前进行，以便充分接纳雨水；深松作业中应加施底肥，培肥地力。

(2) 深度应达到45 cm以上，并保持稳定。深松深度、间距保持均匀一致，采用全方位深松，每行程作业幅宽应有10 cm左右的重叠量，避免漏松。邻接行距合格率≥80%。深松深度合格率≥85%。深松机深松齿距应<35 cm。

**3. 技术作用**

(1) 通过深松机具对犁底层深层土壤的剪切、挤压、托伸及震动等多种力的综合作用，达到疏松土壤的目的。

(2) 打破犁底层，提高雨水渗入能力，使土壤疏松，改善土壤结构和蓄水保墒性能。

(3) 深松土壤，不破坏原有耕作层，使地表继续保持覆盖，减少土壤水分蒸发，促进养分合理转化。为甘蔗提供良好的生长条件，实现甘蔗高产稳产。

### (三) 整地机械化技术

整地机械化技术是指采用大中型拖拉机配套重型耙和旋耕机对已犁耕和疏松的土壤进行破碎作业和土地平整的技术。

**1. 技术路线**

深犁→深松→重耙碎土→旋耕平整。

**2. 技术要点**

(1) 适耕条件为土壤含水量在13%~22%。

(2) 一般轻耙为10~12 m，重耙为15~18 cm。旋耕深度要求≥15~20 cm。土壤细碎，地面平整。碎土直径≤3 cm；沿播种垂直方向，在4 m宽地面上，高低差≤3 cm。根茬破碎。破碎长度应<8 cm，其合格率应>80%。不漏耙，不拖堆。相邻作业幅重耙量≤15 cm。

**3. 技术作用**

(1) 疏松表土，切断毛细管，以达到蓄水保墒的目的。

(2) 消灭大土块，消除土块架空现象，使土壤细碎，以利于蔗种发芽和作物根系生长。

(3) 切断作物残茬和秸秆，平整地面。

(4) 通过翻土和搅土，用以覆盖秸秆、残茬、肥料和消灭杂草。

## 四、主要机械装备

### (一) 深耕机具

我国研制的深耕犁主要铧式犁、翻转犁，深松机具以凿铲式为主。深耕机具在实际生产中使用较多的有1LH型系列深耕铧式犁、1LHT型系列智能深耕铧式犁和ILD系列深耕犁，近年来翻转犁也开始得到应用如 1LYF-535 型液压翻转犁、1LFT-4 高速调幅液压翻转犁。

**1. 1LH 型系列深耕铧式犁**　该系列犁采用高强度优质炮管主梁，结构紧凑，设计独特，整机刚性好，有安全保护装置，可靠性高，适用于比阻在 1.2 kg/cm$^2$ 以下中重质土壤深耕作业（彩图 18－1）。曲拐转轴式耕幅调整装置能有效地调整犁的耕幅、重耕、漏耕、机组偏牵引等工作状态；犁的入土、翻土性能好，残茬覆盖率高；犁腿高，通过性好；犁耕后地表平整，没有犁沟或起垄等现象，能满足深耕翻地、精耕细作的农艺要求。

**2. 1LHT 型系列智能深耕铧式犁**　犁头自带过载保护装置，犁壁安装有复合材料板，具有犁耕阻力小、易脱泥的特点（彩图 18－2）。犁耕时碰到过大的石头或树桩等坚硬异物时犁头可自动向后翻转，避免损坏铧犁、犁柱，适合土层结构复杂，特别是石灰岩地区地下石头多、土层浅薄的土壤耕翻使用。

**3. ILD 系列深耕犁**　该系列深耕犁是广西农业机械研究院研制的安全深耕犁，主要用于旱、坡地的甘蔗地作业（彩图 18－3）。安全保护装置是该系列深耕犁的重要组成部分，其作用是使犁在作业过程中遇到障碍物（如石块），导致阻力急剧增大到一定值时，能够迅速地翘起而避免零部件损坏。

以上几种不同型号深耕犁主要技术性能指标见表 18－6。

**表 18－6　深耕犁主要技术性能指标**

| 型号 | 配套动力（kW） | 耕深（mm） | 工作幅宽（mm） | 生产率（hm$^2$/h） | 生产单位 |
|---|---|---|---|---|---|
| 1LH-330 | 74～88 | 350～450 | 1 200 | 0.5～0.7 | 广西农业机械研究院 |
| 1LHT-340 | 74～88 | 350～450 | 1 200 | 0.5～0.7 | 广西农业机械研究院 |
| 1LH-338 | 59～74 | 350～450 | 1 140 | 0.3～0.7 | 广西南宁邕江机械厂 |
| 1LHT-340 | 59～74 | 400～460 | 1 200 | 0.5～0.7 | 广西南宁邕江机械厂 |
| ILD-440 | 110 | 450 | 1 600 | 0.7～1.0 | 广西农业机械研究院 |
| ILD-340 | 88 | 450 | 1 200 | 0.5～0.7 | 广西农业机械研究院 |
| ILD-430 | 60 | 350 | 1 400 | 0.4～0.5 | 广西农业机械研究院 |

资料来源：广西农机推广总站，2008；梁兆新，2004。

**4. 翻转犁**　翻转犁的组成包括悬挂架、翻转油缸、止回机构、地轮机构、犁架和犁体，通过油缸中活塞杆的伸缩带动犁架上的正反向犁体作垂直翻转运动，交替更换到工作位置。具有双向翻转功能，省时省油，高效经济，能打破犁底层、恢复土壤耕层结构、提高土壤蓄水保墒能力、消灭部分杂草、减少病虫害、平整地表以及提高农业机械化作业标准等作用。

（1）1LYF-535 型液压翻转犁。主要技术参数为配套动力：73.5～88.2 kW；犁体个数：10 个；耕深：最大 280 mm；工作幅宽：350 mm（彩图 18－4）。

（2）1LFT-4 高速调幅液压翻转犁。主要技术参数为配套动力：≥ 132 kW；犁体数量：4×2 个；犁体工作幅宽：300 mm/350 mm/400 mm/450 mm；犁体调幅犁调整幅宽范围：1 200 mm/1 400 mm/1 600 mm/1 800 mm（广西农业机械化技术推广总站，

2021a)，见彩图 18－5。

### （二）深松机具

目前，我国使用的深松机具有凿形铲式深松机和带翼铲柱式深松机两大类。

**1. 凿形铲式深松机** 凿形铲式深松机包括三铲和六铲两种机型：其结构特点是松土铲为凿形铲，实际上是一矩形断面铲柄的延长，其下部按一定的半径弯曲，铲尖呈凿形。利用铲尖对土壤作用过程中产生的扇形松土区来保证松土的宽度，对土壤耕层的搅动较少，深度可达到 40 cm 以上，不翻动土层，具有松土后地表起伏不明显、土壤疏松适度、耕后沟底形成暗沟等特点。根据作业需要，深松深度可调（彩图 18－6）。

**2. 带翼铲柱式深松机** 带翼铲柱式深松机具有一个高强度的铲柄，在铲柄两侧各安装有略向上翘且固定的翼铲，能够实现底土壤层间隔疏松、表层全面疏松。作业时，土壤表层 20 cm 之内全面疏松，松土质量较好，作业后地表平整。

不同型号深松机的主要技术性能指标见表 18－7。

**表 18－7 深松机主要技术性能指标**

| 型号 | 配套动力（kW） | 耕深（mm） | 工作幅宽（mm） | 生产率（$hm^2/h$） | 生产单位 |
|---|---|---|---|---|---|
| IZL-3 | 59～74 | 400～600 | 3 000 | 0.5～0.7 | 广西农业机械研究院 |
| 3ZSL-2B | 44～59 | 400 | 3 000 | 0.3～0.5 | 广西农业机械研究院 |
| ISL-120 | 48～52 | 500 | 1 400 | 0.3～0.6 | 广西南宁邕江机械厂 |
| ISL-140 | 59～67 | 500 | 1 600 | 0.4～0.8 | 广西南宁邕江机械厂 |
| ISL-160 | 74～89 | 500 | 1 800 | 0.5～1.0 | 广西南宁邕江机械厂 |
| 1XL-B | 49～74 | 400 | 3 000 | 0.5～0.7 | 广西农业机械研究院 |
| 1XL-D | 49～74 | 500 | 3 000 | 0.5～0.7 | 广西农业机械研究院 |
| 1XL-E | 49～74 | 600 | 2 500 | 0.5～0.7 | 广西农业机械研究院 |

资料来源：广西农业机械推广总站，2008；梁兆新，2004。

### （三）整地机具

旱地蔗田在经过深耕深松后，特别是黏重类的土壤土垡间还存在许多大的孔隙，其破碎程度、紧密程度及地表平整状态，远不能满足甘蔗种植的要求，还需要进行整地作业。整地作业包括耙地和平地。主要整地机械包括：

**1. 圆盘耙** 圆盘耙是以固定在一根水平轴上的多个凹面圆盘组成的耙组作为工作部件的耕作机具，由耙架、耙组、牵引或悬挂装置、偏角调节机构等组成。主要用于犁耕后松碎土壤，达到播前整地的农艺要求。也用来除草或在收获后的茬地上进行浅耕和灭茬。重型圆盘耙还可用于耕地作业。圆盘耙可根据整机重量和耙片直径分为轻型耙、中型耙和重型耙三种，按耙组配置分为偏置和对置两种。如 1BZ-3.0 型液压偏置重耙（彩图 18－7），主要技术参数：整机重量：1 500 kg；外形尺寸：5 130 mm×3 250 mm×1 200 mm；配套动力：73.5～88 kW；耙幅：3.0 m；耙深：20 cm；耙片直径：660 mm；耙片数量：28 片；耙片间距：230 mm；挂接形式：牵引；运输间隙：≥150 mm。

**2. 旋耕机** 旋耕机是与拖拉机配套完成耕、耙作业的耕耘机械。因其具有碎土能力强、耕后地表平坦等特点而得到了广泛的应用；同时能够切碎埋在地表以下的根茬，便于播种机作业，为后期播种提供良好种床。按其旋耕刀轴的配置方式分为横轴式、立轴式和斜置式三类。以刀轴水平横置的横轴式旋耕机应用较多。如 1GKNS-200 型旋耕机（彩图 18-8），主要技术参数为配套动力：51.5～66.2 kW；工作幅宽：200 cm；耕深：≥80 mm。

## 五、存在问题及发展趋势

虽然我国蔗地的耕整作业已实现了机械化，中、大规模的缓坡地、条件较好的丘陵地多采用拖拉机牵引犁、耙、旋耕机等农具进行，地块较小的丘陵、坡耕地也采用手扶拖拉机头装配相应农具进行，但从高产的农艺技术要求角度，深松质量已成为关键性瓶颈，蔗区耕深多在 20～30 cm，与深松 40～50 cm 的要求尚有差距，亟须通过标准化来引导和规范机具的配置，保证作业质量（张华，2012）。

纵观国内外各种作物耕整地机械化发展趋势，未来甘蔗耕整地机械化主要朝着以下几方面发展：一是推广保护性耕作技术，该技术也是近年来国家重点推广的农机化技术，保留蔗叶覆盖地表，免耕、少耕，以局部深松取代铧式犁的全田深松翻耕，节约能耗，蓄水保墒，避免土壤水蚀风蚀，培肥地力；二是开发联合作业机具，机组一次可完成多项作业工序，大幅度提高生产效率，节约成本、油耗及用工量，减少机械压实；三是开发与大功率配套的宽幅、高速、高效的耕整地机械，以适应未来土地集中流转、宜机化整治后种植公司扩大规模经营及农机服务组织高效作业需要；四是研发适应农艺要求的秸秆蔗叶深埋还田、土壤改良、化肥（有机肥）深施、虚实并存耕作等新型耕整机械（金诚谦，2011）。

# 第四节　甘蔗种植机械化

## 一、定义

甘蔗种植机械化是指甘蔗种植过程中使用甘蔗种植机械进行碎土、开行（沟）、施肥（药）、切种（放种）、排种、覆土、压土、布管（淋水）、喷除草剂、盖膜等工序的机械化作业。主要有机械化联合种植和机械化分段种植两种技术模式（广西农业机械化技术推广总站，2021b）。

## 二、应用现状

长期以来，我国主产区甘蔗种植所有工序均由人畜力完成。20 世纪 90 年代后随着蔗地耕整地机械化技术的广泛应用，甘蔗种植以机械开沟，由人工完成摆放种、下肥、覆土和盖膜等工序的分段种植为主，这种半机械化分段种植至今仍是主产区甘蔗种植的主要方式之一。据统计，2007 年广西拥有开行犁为 2 297 台，开行面积约 40 万 $hm^2$，而机械播种作业率几乎为零；2009 年广西甘蔗机械化种植仅为 6%左右，云南机械化种植水平亦近乎零（王晓鸣等，2012）。2010 年以来，劳动力短缺的问题逐渐突出，国内企业通过自主研发或引进、吸收、消化国外先进技术研制出多种型号的甘蔗联合种植机（实时切段式和预切式联合种植机）、甘蔗开沟施肥机、甘蔗覆土铺膜机，甘蔗机械化种植才逐渐被广大蔗农接受，联合种植面积逐年增加，分段种植各道工序机械化程度不断提升。2015 年随着《糖料蔗主产区生产发展规划（2015—2020 年）》的实施，广西、云南建设糖料蔗生产核心基地，蔗区生产条件得到较大的改善，甘蔗种植机械化技术得以快速推广。2017 年，广西拥有联合种植机 2 900 台，甘蔗机械化联合种植面积达到 8.35 万 $hm^2$、甘蔗开行面积 17.45 万 $hm^2$，机种水平达到了 55.33%，为国内机械化种植水平最高的省区（广西农业机械化技术推广总站，2021b）；云南蔗区拥有联合种植机 89 台，机械化种植水平实现零的突破，机械化种植水平约 5%；广东蔗区拥有联合种植机 84 台，机械化种植水平约 30%。2019 年广西蔗区机械化种植水平已达到 65.2%，广东蔗区为 40%。

## 三、主要技术

### （一）技术路线

**1. 联合种植**

（1）实时切段式：开行→施肥→人工送种→切种→摆种→覆土→压土→铺膜。

（2）预切种式：开行→施肥→下种（预切种）→覆土→压土→铺膜。

**2. 分段种植**

（1）开行→施肥。

（2）人工下种。

（3）机械覆土→压土→喷除草剂→铺膜。

### （二）技术要点

（1）耕层≥35 cm，碎土层≥25 cm，碎土层应符合甘蔗种植深度的要求。土壤表层 20 cm 内（最长边<25 mm 的土块比例）碎土率>70%。土壤绝对含水率≤25%。

（2）联合种植深度（蔗种底部与种植前原地面的垂直高度差）为 20～25 cm，应均匀一致。种植密度≥75 000 芽/$hm^2$。覆土厚度为 3～8 cm。伤芽率<5%，种植深度合格率≥80%，覆土厚度合格率≥80%，漏植率≤5%，露芽率≤6%，种蔗段长度合格率≥95%，平均行距±5 cm，行距稳定性变异系数≤2%。

（3）等行距种植，行距≥120 cm；宽窄行种植，宽行行距≥120 cm，窄行行距 30～50 cm。开行要直且行距均匀。开行深度（植沟底部与开行前原地面的垂直高度差）应>25 cm。

（4）宽窄行种植覆土后，窄行间留土高度≥8 cm。

（5）宜使用卫星导航自动驾驶技术，提高后续机械化植保作业、中耕培土作业、收获作业、宿根蔗管理等环节的作业效率和质量，进一步提高土地利用率（广西农业机械化技术推广总站，2021b）。

### （三）技术作用

（1）工作效率高，作业成本低。

（2）保水保肥，甘蔗出苗率高。

（3）利于抢抓农时，为高产打基础。

## 四、主要机械装备

### (一) 机型分类

按作业方式不同，甘蔗种植机械分为联合作业机械和分段作业机械（机械开行、人工或其他机械配合作业）两种。

按下种方式不同，分为切段式和整秆式。

按作业行数不同，分为单行、双行、三行或四行。

### (二) 主要甘蔗种植机具

**1. 分段作业机械**　分段作业机械包括开行犁、开沟施肥机、覆土机、覆土盖膜机等。

(1) *开行犁*。该机具与 36.8～73.5 kW 轮式拖拉机配套使用（彩图 18 - 9），适用于已耕翻、旋耕平整好的蔗地开行（沟）作业，行距 80～50 cm 可调。主要由机架、犁柱、犁头、开行犁壁组成。行距通过犁柱连接机架螺栓调节，犁头磨损后可更换（罗全等，2015）。主要技术性能指标见表 18 - 8。

**表 18 - 8　开行犁主要技术性能指标**

| 型号 | 作业行数 | 开行深度 (cm) | 适应行距 (cm) | 重量 (kg) | 配套动力 (kW) | 生产率 ($hm^2$/h) | 生产单位 |
|---|---|---|---|---|---|---|---|
| IKL-2 | 2 | 30 | 80～150 | 235 | 36.8～58.5 | 0.5～0.8 | 广西农业机械研究院 |
| 1KL-3D | 3 | 30 | 80～150 | 330 | 51.5～73.5 | 0.7～0.9 | |
| 1KL-2B | 2 | 30 | 60～140 | 234 | 29.4～36.8 | 0.4～0.7 | 广西南宁邕江机械厂 |
| 1KL-3D | 3 | 30 | 70～120 | 358 | 51.5～73.5 | 0.6～0.9 | |
| 1KL-4D | 4 | 22 | 40～60 | 178 | 36.8～44.1 | 0.3～0.5 | |

资料来源：广西农机推广总站，2008。

(2) *开沟施肥机*。该机具有粉沟、施肥功能，开沟深度 30 cm，作业行数为 1 行，作业效率 0.5～0.6 $hm^2$/h，配套动力为 66.2～88.2 kW，肥料装载量 150 kg（彩图 18 - 10）。

(3) *小型覆土机*。该机具覆土功能，覆土厚度 6～8 cm，作业行数为 1 行，作业效率 0.15 $hm^2$/h，配套动力为 5～13 kW（彩图 18 - 11）。

**2. 甘蔗联合种植机**　目前，我国研制甘蔗联合种植机主要有整秆式、实时切种式、预切种式甘蔗种植机，适用于已耕翻、旋耕平整好的蔗地作业，可同时完成开沟、施肥、斩种、消毒、摆种、覆土、压土、盖膜作业。主要机型有 2CZY-2 型整秆式甘蔗种植机，2CZ-4C 型、2CZ-4 型、2CZX-2 型实时切种式甘蔗种植机，2CZD-2A 型预切种式甘蔗种植机，与大、中型轮式拖拉机配套使用。

(1) *2CZY-2 型甘蔗种植机*。整秆蔗种装在种植机后面的蔗种种植箱内，蔗种箱前设计一个喂入辊筒，这样就可以将整秆的甘蔗种进行有序的梳理、输送，然后进入落种仓内再掉落在开好的沟内。整秆式甘蔗种植机机械化程度高，在种植过程中的开沟、整秆蔗种喂入、施肥、摆种铺放、覆土、盖膜等工序，不需要人工辅助操作，就可以自动化完成。作业行数 2 行，行距调节范围 90～150 cm，开沟深度 25～30 cm，种蔗切断长度 38 cm，生产效率 0.87 $hm^2$/h，施肥斗容量 350×2 kg，配置动力 110 kW（彩图 18 - 12）。

（2）2CZ-4C 型甘蔗种植机。2CZ-4C 型甘蔗种植机主要特点及技术参数：集碎土、开行、施肥、插种、覆土、铺设滴灌带、盖膜等作业于一体；行距精准、可以在标准范围选择：窄行 250 mm（出厂前选定），行距 1 100～1 500 mm（可调节）；结构紧凑，田间转移灵活；适用于坡度小于 10°的地块；适应性强，工作稳定、可靠；开沟深度≥150 mm；工作效率 0.21 $hm^2/h$（彩图 18－13）。

（3）2CZ-4 型甘蔗种植机。

①2CZ-4 型甘蔗种植机主要特点：该机具主要由施肥部件、主机架、种肥分沟器、排种槽、平衡地轮、液压驱动系统、切种器、蔗种喂入斗、覆膜培土器组成。该种植机可以一次性完成开沟、施肥、切段播种、喷药、覆膜、培土、镇压、铺设滴灌管（可选装）等 8 道工序，8 种工序连作有利于保苗、保墒。该机性能可靠、结构紧凑、操作安全。

②技术参数。配套动力 89.5 kW 匹以上，四行种植，行距 130～180 cm 可调，开沟深度 250～300 mm，种蔗切段长度（380±30）mm，种植密度 5 500～7 500 芽/亩，排肥装置为刮板式 230 kg，喷淋装置喷雾式，2 个 60 L 容器，膜宽 500～800 mm，外形尺寸 2 500 mm×3 800 mm×2 040 mm，总质量 1 200 kg，工作效率 0.27 $hm^2/h$（彩图 18－14）。

（4）2CZX-2 型甘蔗种植机。

①2CZX-2 型甘蔗种植机主要特点。该机具主要由施肥部件、主机架、种肥分沟器、排种槽、平衡地轮、液压驱动系统、切种器、喷药消毒系统、蔗种喂入斗、覆膜培土器组成。该种植机可以一次性完成开沟、施肥、切段播种、喷药、覆膜、培土、镇压、铺设滴灌管（可选装）等 8 道工序，8 种工序连作有利于保苗、保墒。该机性能可靠、结构紧凑、操作安全。

②技术参数。配套动力 52.2 kW 以上，双行种植，行距为 80～130 cm 可调，开沟深度 250～300 mm，种蔗切断长度（380±30）mm，种植密度 5 500～7 500 芽/亩，排肥装置为刮板式 150 kg，喷淋装置喷雾式，2 个 60 L 容器，外形尺寸 2 400 mm×2 600 mm×2 000 mm，总质量 960 kg，工作效率 0.2 $hm^2/h$（彩图 18－15）。

（5）预切种式 2CZD-2A 型甘蔗种植机。2CZD-2A 型甘蔗种植机主要特点及技术参数：种植两行预切种苗、标准芽段，蔗种横摆种、横种植。可实现旋耕、开沟、精准布种、施肥、覆土、盖膜等一体化作业的新型精准甘蔗种植机械。采用输送带布种装置，地轮动力实时输出，提高了布种和株距均匀性，减少了漏植率。可以选配旋耕、铺管等装置。种苗种植的株距 300～600 mm（可选定）；行距精准，种植行距 1 200～1 600 mm（可调节）。结构紧凑，田间转移灵活，适用于坡度小于 10°的甘蔗地；工作效率高，约 0.27 $hm^2/h$（彩图 18－16）。

（6）国外主要甘蔗种植机械机型介绍。

① PCI4000 型牵引式甘蔗联合种植机。该机型是巴西 DMB 公司研制推出 100 kW 以上的配套动力，工作效率高达 1.33 $hm^2/h$。采用液压马达，速度调节方便，采用可拆卸部件方式装配，调整简单容易。

② IISR 型牵引甘蔗自动种植机。该机型由印度甘蔗研究所研制，将由人工切段的蔗茎整齐装入种苗箱后进行自动排种，生产效率 0.3～0.4 $hm^2/h$，与人工种植相比，约降低作业成本 30%，但无地膜覆盖装置，且蔗种需人工排列整齐装入种苗箱。

③ B110 型甘蔗自动种植机。由美国 AGPRO 公司研制，配套动力是轮式拖拉机，其工作原理是通过条带式提升输送器，将杂乱无章、已切段的蔗种进行排列播种，能一次完成开沟、排种、喷药、施肥及回土等作业。理论纯工作效率可达 1 $hm^2/h$，但由于供种供肥系统未配套，牵引的车箱高，人工供种供肥效率低，约需要 37%的工作时间供种肥，实际工作效率仅 0.4 $hm^2/h$。排肥机构易堵塞，牵引式结构转弯半径较大，需要人工配合种植的较多。

国外甘蔗种植机主要技术性能参数见表 18-9。

**表 18-9　国外甘蔗种植机主要技术性能参数**

| 项目 | PCI4000 型牵引式甘蔗联合种植机 | IISR 型牵引甘蔗自动种植机 | B110 型甘蔗自动种植机 |
|---|---|---|---|
| 配置动力（kW） | ≥102.9 | 51.0～73.5 | ≥73.5 |
| 工作效率（$hm^2/h$） | 1.33 | 0.3～0.4 | 0.4～1.0 |
| 伤芽率（%） | ≤3 | ≤3 | ≤5 |
| 漏播率（%） | ≤3 | ≤5 | ≤9 |
| 载种量（kg） | 3 500 | 2 500 | 3 500 |
| 适应行距（m） | 1.2～1.5 | 1.0～1.8 | 1.2～1.5 |
| 砍种排种方式 | 边砍边排种 | 预先砍种排种 | 预先砍种排种 |
| 生产单位 | 巴西 DMB 公司 | 印度甘蔗研究所 | 美国 AGPRO 公司 |

资料来源：李明等，2008。

## 五、存在问题及发展趋势

甘蔗种植与土地状况、种植农艺、种苗处理、覆膜等各环节相关，操作难度大。我国主产区目前最主要的种植方式仍是采用机械化开沟和播种分段式种植，虽然种植质量稳定，出苗有保证，但配套机具多，人工辅助多，作业效率低，生产成本高。实时切种种植机种植虽然比分段式种植效率高，但存在着一是喂入工人多、喂入操作紧张、劳动强度大，导致喂入不均匀、容易造成漏播、播种不均匀；其次是切种伤芽率高，采用等距切割，就不可避免地产生切到芽以及蔗种切口撕裂损伤的现象，影响甘蔗出芽；三是下种量大，一般达 1 t 以上，需要花费更多的物力人力；四是适用性差，对地块的坡度要求高。要求地块的坡度要小于 12°，因坡度过大容易造成开的沟深浅不能统一，培土、回土效果差，且容易翻车。预切式甘蔗种植机用预先切好的蔗段作蔗种，定量排种，自动化程度高，可节省人力，提高生产效率，但机具结构复杂，较易出故障，对蔗段规格要求较严，需要采用标准化健康种茎种植才能确保质量和效率。

甘蔗种植机械化目前仍是我国甘蔗机械化发展急需突破的关键环节，随着我国不断加大对蔗田基础条件的改造，以及加大对甘蔗种植机具研发力度，甘蔗机械化种植技术得到了越来越广泛的应用。未来几年，甘蔗种植机应向着高效、智能精准作业、低成本、一体化种植方向发展，因此，研制适合我国种植农艺要求的机械化程度高的，集成定位深松、粉沟、开行、精量下种、施肥施药、覆土、淋水、喷除草剂、盖膜及数据收集等多功能于一体的种植机是发展方向。通过加强农机农艺融合技术的研发，为甘蔗种植提供的标准化商品化的优质甘蔗种苗，可实现甘蔗精（少）量播种，有效降低种苗成本，提高机械化种植作业效率及播种质量，从而降低甘蔗种植成本。

## 第五节　甘蔗田间管理机械化

### 一、定义

甘蔗田间管理机械化是指在甘蔗田间管理过程中采用机械化作业技术。田间管理机械化技术包括中耕施肥培土、植保、灌溉等技术。

### 二、应用现状

中耕管理是形成高产群体结构、促进蔗茎快速伸长、持续生长的关键。我国的中耕施肥培土管理机具配置与耕整地类似，在中、大规模的缓坡地，多采用大中型拖拉机配套的牵引式中耕施肥培土机进行，而在地块较小的丘陵、坡耕地以及散户蔗农多采用 3.7～5.9 kW 自走式微型中耕培土机或 8.8～14.7 kW 手扶拖拉机配套的小型中耕培土机，生产效率不高，这仍是目前我国应用较广、短期内仍难以替代的作业方式。2014 年，广西启动“双高”基地建设后，蔗地条件得到了较大改善，与大中型拖拉机配套的牵引式中耕培土机数量不断增多，作业面积也逐年增加。2017 年，广西甘蔗中耕施肥培土机械化技术应用面积达到 29.83 万 $hm^2$，占全区甘蔗总种植面积的 32.89%（广西农业机械化技术推广总站，2021c）；云南省近年来不断引进成熟的中耕管理机械，主要有广西汽牛 3ZP-0.4 型甘蔗中耕培土机、广西农业机械研究院研制的 3ZFS-1 型甘蔗中耕施肥培土机、广西贵港动力久菱牌 3ZP-0.8 型甘蔗中耕培土机等，基本上能满足田间管理需求，全省机械化中耕培土水平在 30%左右（马承椅，2019）；广东目前主要使用的有手扶式中耕培土机和中拖中耕培土施肥一体机，中耕培土基本实现机械化（聂虎子，2018）。

目前，甘蔗植保机械化技术主要用于种植后封闭防草以及苗期、生长期的病虫草害防治，甘蔗生长期喷施叶面肥促进甘蔗生长，甘蔗中后期喷施增产增糖剂促进甘蔗成熟等。主要配套机具是：无人植保机、背负式手动喷雾器、背负式电动喷雾机、背负式机动喷雾（粉）机、背负式弥雾烟雾机、担架式喷雾机、远程喷雾机、喷杆喷雾机、农用飞机等。农户自营小地块蔗地主要使用人力（手动）植保机械、小动力植保机械作业，条件较好的蔗地主要使用大中型拖拉机或高地隙拖拉机配套喷杆式喷雾机进行作业。近年来，随着植保无人飞机技术的不断成熟，植保无人飞机已逐渐被广大种植户接受，推广应用面积增长较快。2018 年广西无人机已达 800 多台。采用飞机喷施药剂，在先进的甘蔗生产国家也已经是一项成熟的技术。2003 年广西壮族自治区农业科学院、广西大学李杨瑞教授等率先在上思县蔗区利用 A2C 超轻型水上飞机进行甘蔗增糖剂喷施试验示范获得成功，开创了我国蔗区利用轻型飞机实施大面积喷施甘蔗化学药剂的先河，平均蔗糖分提高 1 个百分点以上，有效地解决糖厂开榨前期蔗糖分低的难题，大大提高了糖厂经济效益。近两年广西壮族自治区农业科学院在东亚糖业集团、南宁糖业集团蔗区也开展了无人机喷施增糖增产剂大面积作业示范，取得了较好的成效，得到了企业的认可。云南蔗区甘蔗植保机械多以电动喷雾器、小型喷药机为主，少数示范基地也使用大型喷雾机，完成喷药除草工作，近几年引进无人机进行病虫害防治效果好，已经大面积应用，目前机械化植保水平在80%以上（马承椅，2019）。广东蔗区甘蔗植保机械主要有高地隙自走式喷雾机和植保无人机，2016年无人机甘蔗植保面积达到3.33万$hm^2$（聂虎子，2018）。

我国甘蔗80%以上种植在干旱、瘠薄、雨养的旱坡地，大部分蔗地不具备有效灌溉条件，所需水分主要依靠降水供给，有效灌溉面积不足20%。近年来，在可持续发展理念不断推广和规模化经营不断发展的情况下，各地着力发展节水灌溉技术，以解决甘蔗生产因地形及季节性干旱造成的缺水问题。喷灌、微喷、滴灌等节水灌溉措施具有水资源利用率高、对土壤和地形适应性强、灌水均匀、省时、省工、甘蔗增产效益明显等优点，已逐步在甘蔗生产中应用和推广。据统计，2020年，广西蔗区滴灌技术应用面积为3.67万$hm^2$；喷灌技术应用面积为3.86万$hm^2$。广东农垦蔗区2014年全垦区13个甘蔗生产单位实施了不同规模的综合节水技术，可灌面积超过1.7万$hm^2$，占甘蔗总面积的75%，其中：地埋式滴灌面积0.39万$hm^2$，其余的均采用打井铺管地下供水到蔗园地头进行膜上膜下滴灌、淋灌、微喷等综合节水技术，可灌溉面积1.3万$hm^2$（邱庆宁，2016）。

## 三、主要技术

### （一）中耕施肥培土机械化技术

中耕施肥培土机械化技术是指采用甘蔗中耕培土机械在甘蔗行间进行松（碎）土、除草、培土、施肥作业的机械化作业技术。与人畜力中耕相比，机械化中耕作业的效率和质量更高，而且可大大降低生产成本。

**1. 技术路线**　旋耕碎土→除草→施肥→培土。

**2. 技术要点**

（1）整地开行时要保证甘蔗行距均匀整齐。地头要预留有足够的位置，以便机具转弯调头。

（2）掌握时机，适时进行中耕培土。小培土在幼苗6～7片真叶、出现分蘖时进行。中培土在母茎高45 cm以上、甘蔗分蘖盛期进行。大培土则在甘蔗伸长初期进行。选择晴天进行中耕培土作业。

（3）中耕培土时，要求结合追肥除草进行。肥料撒施要均匀，压埋杂草要干净彻底，施肥覆盖率≥85%，杂草覆盖率≥85%。

（4）小培土、中培土要注意不伤苗、不埋苗，少伤甘蔗根系，蔗损伤率≤8%。

（5）大培土要求做到细、满、实、高。应填实蔗丛基部，避免出现U形蔗垄和蔗丛中部空陷。松土深度7～8 cm；培土高度20～25 cm，合格率大于80%。

**3. 技术作用**

（1）抑制无效分蘖，清除杂草，有利于提高光能利用率。

（2）防止土壤水分蒸发，盖住肥料，减少流失，提高肥料利用率。

（3）破除土壤板结、疏松表土、增强透气性，促进土壤好氧性细菌微生物活动，调节土壤生理机能。

（4）增加根系入土深度，防止倒伏，并促进基部茎节长出新根，扩展根群，增强植株吸水吸肥能力。

### （二）植保机械化技术

植保机械化技术是指在甘蔗生产管理过程中，采用专用动力植保机械进行喷施农药、生长调节剂，防治甘蔗病虫草害以及促进和调节甘蔗生长的作业技术。

**1. 技术路线**

（1）喷雾机。选择机具→配药→装药→调试→喷洒。

（2）植保无人飞机。作业地块勘察→作业路径规划→机具检查→药液（粉剂）调配→喷施→机具清洗及保养。

**2. 技术要点**

（1）根据不同的作业目标，配置相应浓度药液，喷施作业时要求喷施覆盖均匀，无漏喷、重喷现象。

（2）喷雾机应在顺风速每小时<8 km、气温<32℃的条件下进行喷洒作业，不允许逆风作业。喷雾作业时，要求将药水雾化成100～300 μm的雾滴喷洒到甘蔗上，确保雾化均匀、黏着性好；弥雾作业时，要求利用高速气流将药水雾化成75～100 μm的雾滴，确保雾滴细小、飘散性好、分布均匀、覆盖面积大；喷烟或进行超低（容）量喷雾作业时，要求利用高温气流使预热后的烟剂发生热裂变，形成1～50 μm的烟雾，通过高速气流吹送（江恒德，2019）。

（3）背负式喷雾机喷洒过程中应左右摆动喷管，以增加喷幅，前进速度与摆动速度应适当配合，以防漏喷影响作业质量。

**3. 技术作用**

（1）作业质量好，作业效率高，及时有效，缩短用工用时，安全可靠。

（2）可有效提高农药利用率、减少农药使用量，施药精准高效。

（3）减少环境污染，减少农药对操作者的伤害，减轻劳动强度。

### （三）灌溉机械化技术

灌溉机械化技术是采用喷灌、滴灌等机具进行灌溉作业的技术。机械灌溉具有作业效率高和节水的优点，可有效缓解干旱对甘蔗生长的影响。按灌水方式不同可分为喷灌技术和微灌技术。喷灌技术是指利用专门的设备，将灌溉水提取加压并输送到田间，通过喷头将灌溉水喷射到空中，并使灌溉水分散成细水滴后，均匀地洒落到田间进行灌溉的技术；微灌技术是指利用专门的设备，将有压灌溉水变成细小的水滴，以微小的流量湿润作物叶面或根部附近土壤的一种局部灌水技术。实施节水灌溉机械化技术，可节水、保土，有利于保持土壤肥力，增加甘蔗产量，提高甘蔗产品质量（何雄奎等，2006）。

**1. 技术路线**

（1）喷灌技术。水源→过滤系统→底阀→进水管→电动机或柴油机带动水泵加压→施肥装置→过滤系统→主管道→支管道→旁管→立管→喷头。

（2）滴灌技术。水源→过滤系统→底阀→进水管→电动机或柴油机带动水泵加压→施肥装置→过滤系统→主管道→支管道→滴管（江恒德，2019）。

**2. 技术要点**

（1）灌溉水量根据作物需水量确定。需水量包括土壤与地表的蒸发量和作物本身消耗的蒸腾量。

（2）喷灌系统运行应遵照操作规程、用水计划和轮灌制度执行。系统运行应按照设计工作压力运行，同时应在设计风速范围内作业，以免产生漏喷和均匀度差等现象。大型喷灌机运行时应经常监视其工作状况，运行时要使各塔架基本保持在同一条直线上。当转移到下一个灌溉区时，应检查新的工作状况是否正常，正常运行后，定期检查喷灌设备的工作状况。

（3）滴灌第一次使用前必须将干管、支管冲洗干净，直到最后一个出地桩及排水阀出清水方可使用。系统运行时，必须严格控制压力符合设计压力，以保证系统安全有效运行。每当一个轮灌组结束后，应先开启下一个轮灌组，再关闭上一个轮灌组，严禁先关后开，以免造成管件脱落或毛管爆裂现象。滴施肥料应在每个轮灌小区滴水 1/3 时间后进行，并且在滴水结束 30 min 前必须停止施肥。轮灌组更换前应有 30 min 的滴纯水冲洗管网，以免肥料在管内沉积。滴灌结束后，应对整个系统进行全面维护保养（广西农业机械化技术推广总站，2021d）。

**3. 技术作用**

（1）节水、省肥效果好。

（2）自动化程度较高。

（3）有利于扩大经营规模，提高单位面积产量。

## 四、主要机械装备

### （一）中耕培土施肥主要机械

甘蔗中耕施肥培土机械化技术使用机具主要有大中型中耕施肥培土机、小型中耕施肥培土机和微型中耕施肥培土机 3 种机型。大中型中耕施肥培土机主要以跨行式为主，小型和微型中耕施肥培土机主要以入行式为主（广西农业机械化技术推广总站，2021c）。

**1. 大中型中耕施肥培土机**

（1）3ZFS-2 型甘蔗中耕施肥培土机（彩图 18－17）。主要技术参数：

①适应行距：1.2～1.5 m。

②作业行数：2 行。

③生产率：0.27～0.4 $hm^2/h$。

（2）3ZFM-3 型中耕培土盖膜施肥机（彩图 18－18）。主要技术参数：

①配套动力：58.8～88.2 kW。

②幅宽：300 cm。

③中耕耕宽：60 cm，3 行。

④中耕耕深：8～16 cm。

⑤培土沟深/垄高：(25 ±5) cm。

⑥施肥行数：6 行。

⑦地膜宽度：600 mm。

⑧外形尺寸（长×宽×高）：2 000 mm×3 250 mm×1 350 mm。

(3) 3ZPF-2X0.75 型甘蔗中耕机（彩图 18-19）。主要技术参数：

①配套动力：≥66.2 kW。

②适应行距：1.10～1.85 m。

③作业行数：2 行。

④肥箱容量：2×175 L。

⑤生产率：≥0.4 $hm^2/h$。

(4) 3ZFP-2X0.4 型甘蔗中耕追肥培土机（彩图 18-20）。主要技术参数：

①适应行距：0.9～1.2 m。

②作业行数：2 行。

③生产率：≥ 0.18 $hm^2/h$。

④配套动力：≥ 18.4 kW。

**2. 小型中耕施肥培土机**　3ZFS-1 型甘蔗中耕施肥培土机（彩图 18-21）。主要技术参数：

①适应行距：1.1～1.2 m。

②作业行数：1 行。

③生产率：0.133～0.2 $hm^2/h$。

④配套动力：11～15 kW。

**3. 微型中耕施肥培土机**　3ZP-0.8 型甘蔗中耕培土机（彩图 18-22）。主要技术参数：

①耕作方式：步耕或坐耕。

②配套动力：>6 kW。

③耕作幅宽：500～800 mm。

④整机重量：170 kg。

⑤外形尺寸（长×宽×高）：2 000 mm×800 mm×1 210 mm。

### （二）植保主要机械

**1. 3WPK-1000 型喷杆喷雾机**（彩图 18-23）　主要技术参数：

①外向尺寸：2 200 mm ×1 300 mm ×2 750 mm。

②总重量：150 kg。

③功率：≥58.8 kW。

④肥箱容量：800 L/1 000 L/1 500 L（可选）。

⑤液泵流量：40 L/min。

⑥工作压力：0.2～0.4 MPa。

⑦喷杆形式：液压折叠、人工折叠。

⑧喷幅：10 m/12 m。

⑨防治效率：≥400 m/min。

**2. 3WZ-250-3000LT 型自走式喷杆喷雾机**（彩图 18-24）　主要技术参数：

①外向尺寸：7 600 mm×2 500 mm×4 000 mm。

②功率：≥128.7 kW。

③肥箱容量：3 000 L。

④液泵流量：250 L/min。

⑤工作压力：0.6～1.0 MPa。

⑥喷杆形式：液压折叠。

⑦喷幅：23.66 m。

⑧防治效率：≥2 400 $m^2$/min。

**3. 迪尔 4710 型自走式喷药机**（彩图 18－25）　主要技术参数：

① 发动机：JOHNDEERE POWER TECH 6068T 涡轮增压柴油发动机，147 kW，6.8 L 排气量，直列，额定速度 2 400 r/min，无级变速，带安全装置的干式空气滤清器。

②传动系统：4 区域动力换档，静液压地面驱动，纵列 75 mL 泵，4 轮驱动，电液压行进中变速，轮距液压调整（3 048 mm、3 861 mm）。

③制动系统：湿盘式制动。

④减震系统：4 轮独立支撑，独立可调空气弹簧，弹性幅度 20 cm。

⑤液压系统：包括电控液压阀，负荷感应系统，具有喷臂提升、折叠、展平功能。

⑥喷雾系统：包括 3 028 L 聚乙烯罐，454 L 清洗罐，液压驱动液体泵，5 节式 27 m 喷臂。

⑦其他：地隙 1.52 m，前轮动力转向，转弯半径 7.6 m，冷暖空调，压力密封器，气垫座倚，高级通风系统。杀虫剂空气及循环过滤器，雨刷器、后视镜（1 内 2 外）。76 d 噪声水平，35 L 容量油箱，61 L 容量液压油缸，12 V 电子系统，140 A 电机，10 个田间工作灯。

**4. 3WFY-800 型风送式远程高效喷雾机**（彩图 18－26）　主要技术参数：

①生产率：6.67 $hm^2$/h。

②外形尺寸（长×宽×高）：2 000 mm ×2 150 mm×2 000 mm。

③整机重量：500 kg。

④水平射程：≥ 40 m。

⑤药箱容量：800 L。

⑥液泵流量：70 L /min。

**5. 小型背负式电动喷雾机**（彩图 18－27）　主要技术参数：

①电池：8 Ah 蓄电池。

②药箱容量：16～20 L。

③喷雾量：3 L/min。

④静风射程：3～8 m。

⑤雾滴大小：10～150 μm。

**6. 大疆 T30 植保无人机**（彩图 18－28）　主要技术参数：

①产品类型：六轴飞行器。

②飞行载重：30 kg。

③悬停精度：启用 D-RTK，水平±10 cm，垂直±10 cm；未启用 D-RTK，水平±0.6 m，垂直±0.3 m。

④飞行速度：4 500 m。

⑤轴距：2 145 mm。

⑥录像分辨率：1 920×1 080。

⑦产品尺寸：2 858 mm×2 685 mm×790 mm（机臂展开，桨叶展开）。

⑧产品重量：26.4 kg（不含电池）。

⑨适应环境：0～45℃。

**7. A2C 超轻型农用水上飞机**（彩图 18－29）　主要技术参数：

①机长：6.641 m。

②机高：3.198 m。

③翼展：10.91 m。

④发动机最大连续功率：58 kW。

⑤最大起飞重量：520 kg。

⑥最大平飞速度：118 km/h。

⑦最大载重航程：220 km。

⑧最大起飞重量：520 kg。

⑨最大载油量：30 kg。

**（三）灌溉主要机具**

我国蔗田目前推广应用的灌溉机具主要分为喷灌机具和滴灌设备两种，两种机械设备又可分固定式和移动式。

**1. 喷灌机具**

（1）固定喷灌系统。喷灌系统包括水源、水泵、动力机、管道系统及喷头等（彩图 18－30）。固定喷灌系统的各组成部分（除喷头外）在整个灌溉季节甚至长期都是固定的。动力机和水泵构成固定的泵站，干管和支管多是埋在地下，喷头装在固定的竖管上。为了提高喷头的利用率，喷头常在各竖管上轮流使用。其优点是：使用方便，生产效率高，运行成本低，使用寿命可达 15～20 年，便于实现自动控制；喷灌质量好，结合施肥和喷施农药方便，工程占地少，对地形的适应性好。其缺点是：该系统需用大量的管材，一次性投资大，一般为 15 000 元/$hm^2$左右；硬管对机耕及其他农业操作有一定的妨碍。

（2）移动式喷灌机。移动式喷灌机的品种规格较多，可以归纳为三大类，即软管转盘式自动喷灌机、钢索牵引卷盘式喷灌机和大型移动式喷灌机。大型移动式喷灌机有指针式喷灌机和平行移动式喷灌机。

① 软管卷盘式喷灌机。软管卷盘式自动喷灌机和轻便型卷盘软管喷灌机主要适用于甘蔗、玉米、果树等需大面积喷灌的作物，适宜于不同土壤性质的平原、丘陵及坡地使用。作业时可随意调整喷洒角度，自动行走，结束时自动停车，省工省时，喷洒流量大，射程远，喷洒均匀（彩图 18－31）。

软管卷盘喷灌机主要技术性能指标如表 18－10。

表 18-10　卷盘喷灌机主要技术性能指标

| 项目 | SJP65 | SJP50 | SJP40 | 8JP-75 |
|---|---|---|---|---|
| 喷头工作压力（MPa） | 0.4～0.6 | 0.2～0.35 | 0.2～0.4 | 0.4～0.6 |
| 喷灌流量（$m^3/h$） | 21～34 | 10～15 | 7～10 | 30～45 |
| 射程（m） | 34～44 | 20～25 | 18～23 | 40～50 |
| 喷洒范围（m） | 55～75 | 32～42 | 30～39 | 80～100 |
| 行走速度（m/h） | 20～60 | 20～60 | 20～60 | — |
| 爬坡能力（°） | 25 | 25 | 25 | 25 |
| 喷洒均匀度（%） | ≥85 | ≥80 | ≥80 | ≥70 |
| 整机重量（kg） | 260 | — | — | 1 200 |
| 配套动力（kW） | 11～15 | 4～7.5 | 2.2～3.0 | 18.5～30 |
| 生产单位 | 广西水力机械研究所 | | | 广西农业机械研究院 |

资料来源：广西农业机械推广总站，2008。

② 指针式喷灌设备。是由支管、喷头、支承轮及其桁架组成并绕中心支轴旋转的喷灌系统，又称为中心支轴式喷灌系统或圆形喷灌系统。供水系统布置在喷灌田块中心，装有喷头的支管支承在间距为 25～70 m、可以自动行走的桁架上，高出地面 2～3 m（彩图 18-32）。工作时支管像时针一样不断围绕中心点旋转，同时进行喷洒。常用的支管长 400～500 m，转一圈需 2～20 d，可灌源 50～70 $hm^2$。这种系统的优点是机械化和自动化程度高，可以不需人工操作而长期连续运行，灌溉效率高，且支管上可以装很多喷头，互相重叠喷洒，从而提高了灌水均匀度。此外受风力影响小，适用于微起伏的地形。其缺点是灌溉面积为圆形，有些地角覆盖不上。为了克服这一缺点，可在支管末端连接一根可自动伸缩的角臂，用于喷灌主机头喷不到的地角。

③ 平行移式喷灌机。平行移式喷灌机是由支管、喷头、行进轮和桁架组成，并沿垂直支管方向移动的喷灌系统（彩图 18-33）。其支管与时针式喷灌系统一样，也是支承在自动行走的桁架上。但桁架是直线行走的，一边行走一边喷灌。这种喷灌系统由垂直于支管的明渠供水，也可以由干管上的给水栓通过软管供水。喷灌面积是矩形的。

**2. 滴灌设备**　滴灌是一种新型的低压节水灌溉技术，它利用专门设计的小口径管道配合预先镶入其中的精密滴头，将水和养分准确地供给作物。自以色列耐特菲姆在 1965 年发明该技术以来，其应用日益广泛。它不仅节水、节肥、省劳力，缓解用水矛盾，还能大幅度地提高各类作物的质量和产量。同时由于地埋式滴灌用的输水管道大多埋于地下，所以不必像漫灌中占用大量耕地块修建田间水渠，更不必对地形有特殊的要求，在落差 20～30 m 的地块也能正常应用，从而提高了土地的利用率及范围，单位面积的产量也随之提高。

（1）地埋式滴灌系统。地埋式滴灌系统即把滴灌毛管铺设在耕作层内，将农作物所需要的水、肥、药直接灌到作物根系区，有利于作物生长，减少土壤水分蒸发，延长滴灌管的使用寿命，同时减少大田作物耕种时滴灌毛管的铺设和回收工作，降低劳动和运行管理成本。地埋式滴灌系统由三大部分组成：①控制首部：泵及泵站、过滤系统、施肥系统、压力和流量监测、保护系统、自动化控制系统（彩图 18－34）。②田间控制系统：各级主支管道，各种口径的管道压力控制阀门、排污设备和管道排水装置。③田间滴灌管线管网（彩图 18－35）。

（2）*地面移动式滴灌系统*。地面滴灌可用地头水柜无动力进行重力地表滴灌和膜下滴灌，投资成本低，可实施 0.2～0.3 $hm^2$ 小规模应用。利用拖拉机动力、水箱，或小型抽水机进行微喷，投资成本低，可小规模应用。地面滴灌、微喷灌不但节水、节肥、省劳力，还能增加田间及作物小环境湿度，降低地表温度和作物小环境温度，可以明显地提高作物的品质和外观，大幅度提高产量。移动式滴灌系统可以直接将水和养分精确地输送到作物根区，即营养灌溉（彩图 18－36、彩图 18－37）。

## 五、存在问题及发展趋势

### （一）中耕施肥培土机械化技术

目前，国内中耕施肥培土机械存在的主要问题：①工作性能及可靠性差，功能单一，自动化程度低。种类繁多且各个机型适应性不同，难以一机多用；犁刀、刀盘等培土部件易被杂草缠绕或碰到坚硬异物易发生崩坏现象；机架离地间隙低而伤苗率高，缺乏高地隙大马力拖拉机及其配套的大培土机具；缺乏自动识别或避让苗带、精准、自动化程度高的中耕施肥培土机（农宏亮等，2017）。②排肥装置精度低、排肥不均匀。目前我国主流施肥机仍旧是面向平均施肥的小宽幅施肥机，主要还是传统农业的一致性施肥方法；而圆盘式施肥机并没有依据我国的施肥环境和常用肥料并针对影响施肥效果的机械结构参数、肥料因素以及周围环境因素而设计，施肥精度低、不均匀（黄敞等，2014）。③人工劳动强度大。多数机具由于没有搅拌机构，仍需人工预搅拌肥料，受动力限制，肥料箱容积小，造成田间装肥次数多。④宽窄行的窄行培土不到位，无法消除“火山口”。

随着我国甘蔗产业的快速发展以及机械作业需求的提高，中耕机械的研制向着低成本、多功能、智能化、自动化、实用、高效的方向发展。①研制高地隙多功能甘蔗中耕管理机。通过模块化通用设计，配置不同工作部件，可同时进行甘蔗中耕施肥、培土、喷药及喷除草剂等的联合作业或者单项作业，解决甘蔗生长中后期进地困难和通过性差等问题。②研制多功能肥膜药一体化耕作培土机。研制与多功能自走式底盘配套的中耕培土、除草、精量配混施肥一体机，重点进行排肥装置、搅拌装置的研制，实现智能化自动混合肥料，以精准的比例调节施肥量，根据各地块对不同肥料的实际需求量和不同肥料的不同流动特性控制施肥量，提高施肥量控制精度，实现按需施肥。③研制驱动型中耕联合作业机械。驱动型中耕机碎土性能好，不易缠草，应加强对这类机型的研究，并结合甘蔗种植特点，加强中耕与施药、喷洒除草剂，中耕与收膜等联合作业机械的研究。④研究智能化监控检测技术，对主要部件进行实时监测。机器作业发生故障及时报警，避免机器进一步损坏，对施肥深度、下肥情况和培土效果等实时监控，对作业面积、作业时间等及时有效的统计，为服务方及监管部门等提供可靠数据（董学虎等，2016）。

### （二）植保机械化技术

**1. 机械喷雾技术** 我国甘蔗机械喷雾技术存在喷雾机械设备和喷雾技术两大方面的

问题。其中喷雾机械设备存在的主要问题有以下几个方面：一是技术水平低，结构陈旧落后，喷射部件品种单一，而且施药液量大，作业功效低，雾化性能不良，农药浪费严重，给生态环境造成严重污染；产品品种规格少，不能完全满足不同病虫害、不同生长期的防治作业需要；三是制造设备及制造工艺相对落后，加工精度低，不能保证产品质量稳定，产品的使用可靠性较低；四是自动化监测、调控水平低。喷雾技术存在的问题是不重视农药使用技术的科学研究，靶标针对性差，普遍采用大容量的喷雾技术。

机械喷雾先进技术发展趋势：①机器视觉田间植物检测和识别技术。运用电子视觉系统，识别病虫草发生的部位和危害程度，然后控制装置根据识别系统的信号控制喷雾量或药液的浓度。②精密施药技术。精准施药技术包括流量控制和空间喷雾模型、图像分析雾滴测试系统，用于喷雾分析的高速晕的测试系统、激光成像雾滴测试系统等知识体系。精准施药技术的核心是地理信息系统（GIS），利用它可根据信息数据对作业按最大效益进行优化，能根据要求动态改变作业参数，是气象知识、计算机信息技术及智能施药技术的融合，也是未来病虫草害防治技术的发展趋势。③根据车速变量喷雾技术。变量控制系统通过喷雾机田间作业速度，确定喷头目标控制压力，自动控制调节阀，改变施药量（曾志强，2010）。

**2. 植保无人机**　我国植保无人机存在主要的技术缺陷：一是受天气影响较大。使用受到环境气象等因素限制，风力达到 3 级以上、雨雪天气或强烈光照等都不宜应用。二是续航时间短。以电池为动力的农用无人机，一般充电一次满载仅可飞行 10～30 min，限制了作业半径和覆盖面积。关键部件寿命也不能满足要求，使用成本较高。三是载荷有限。常见无人机药箱容量在 5～30 L，当大面积作业时，需要中途加注药液，续飞时断点如不能实现精准对接，容易出现重喷、漏喷现象（王妍令仪和王元杰，2021）。四是性能不稳定。摔机等无人机意外事故频发，施药装置雾化效果不能有效满足无人机飞行高度及风速变化，增加药液漂移现象。五是智能化仍待提高。无人机飞行过程中对环境信息获取准确率低、处理器运算能力难以满足对动态复杂环境的作业需求。但植保无人飞机具有作业效率高、不受地形限制、防治效果好、植保成本低等优势，因此应用越来越广泛。

未来植保无人机发展方向为：一是无人机技术与精准农业结合发展。无人机搭载传感器可对农田土壤含水量、植被指数、作物养分胁迫等进行监测，反演得到不同作物的信息库模型，把农田分成许多个小的操作单元来进行精准化管理，根据农田中不同位置作物的不同生长情况变量施肥、施药及分区灌溉等以达到生产要素的有效配置，无人机可以根据农田不同位置遭受不同虫害危害程度的作物进行喷头精准变量的控制智能化施药，无人机技术与精准农业结合发展可以极大地推动精准农业的现代化进程。二是加强无人机控制芯片、专用施药喷嘴等核心零部件的攻关，加快突破实时精准定位、动态场景感知与避让、面向复杂环境的自主飞行、群体作业等核心飞行控制技术，开发精准喷施、多机协同作业智能控制、农情低空遥感信息获取等核心航空作业技术，研发高效轻量化航空精准喷施关键部件，研制空机质量多等级的农用无人机系列产品，加快研发生产高效、低毒、低残留、低污染的无人机专用药剂（欧阳安，2022）。

### （三）灌溉机械化技术

**1. 喷灌技术**　喷灌技术在应用上一次性投资费用大、运行成本较高；受风速和气候的影响大，当风速大于5.5 m/s时，就能吹散水滴，降低喷灌的均匀性；在气候十分干燥时，蒸发损失大，会降低效果。喷灌设备存在的问题是可靠性、耐久性和成套性不高，如加压和自动调压设备不可靠，铝合金管道系统壁薄且不均匀，管件加工粗糙，快速接头漏水严重；喷头类旋转性不好，雾化程度低，喷洒均匀度差，近处水量分布较少，换向机构不可靠。绞盘式喷灌机的卷绕管等抗老化性能与国外产品也是差距较大，用两三年就开始明显老化，而国外产品一般可使用10～15年。

喷灌技术发展趋势：一是低压低能耗喷灌技术。该技术利用大型喷灌机、小射程大流量低压喷头、低压压力流量调节器等关键设备，通过从喷灌装置臂上向下延伸到作物的管道将水供给作物，可使农业灌溉用水利用效率达到88%～98%。二是喷灌自动控制及精准灌溉技术。从过去的水力控制、机械控制，到应用计算机控制、模糊控制和神经网络控制等。变量精准灌溉技术是当前国际上非常先进的灌水技术，也是当前灌水技术的研究开发热点，变量精准灌溉可以针对不同种类、不同区域的农田作物控制不同的灌溉水量及农药化肥的施入量（范永申等，2015）。

**2. 滴灌技术** 滴灌比喷灌技术节水30%～50%，且该技术具有提高水肥利用率、节能省工、增产效果好等优势，但滴灌技术也存在滴头流道较小、易堵塞、受鼠虫破坏易漏水、对水质要求较高、滴灌均匀性难调控、设备投入成本较高、管理和运行成本高等缺点。

滴灌技术发展趋势：一是利用信息化技术实现精准灌溉。以信息技术对灌溉水量、水流速度等实行科学管控，达到精准要求。精准灌溉作业伴随着精准施肥施药，构建完善的智能集成水肥药一体化管理系统，通过该系统对水肥药的用量、运送速度等做到科学管控，为甘蔗生长营造良好土壤环境。二是研究如何降低滴灌技术成本，通过材料及技术创新，减少滴管堵塞及损坏，降低维护运行成本。

## 第六节　甘蔗收获、转载运输机械化技术

甘蔗收获广义上包括甘蔗成熟季节在田间将甘蔗收获并装上运输车和运输车将甘蔗送到糖厂并卸入榨蔗槽两个过程。

### 一、甘蔗收获机械化技术

#### （一）定义

甘蔗收获机械化技术是指使用甘蔗收获机械进行甘蔗收获作业的技术（江垣德，2019）。

机械收获包括两种方式，一种是联合收获方式，即采用甘蔗联合收割机完成收割、剥叶、切断（或保留整秆）、输送作业，作业效率高，切断的甘蔗须直接送至糖厂压榨，要求糖厂具备与之相配套的压榨机制。甘蔗联合收获机械包括切段式联合收割机和整秆式联合收割机。另一种是分段收获方式，即将甘蔗收割和剥叶分段进行，采用割铺机割倒、铺放甘蔗，再用剥叶机剥叶。

#### （二）技术应用意义

机械收获可促进甘蔗规模化经营和农业产业化的发展，大幅减轻劳动强度，节省劳动

力，提高工效，降低生产成本，提高我国糖业在国际市场的竞争力。

甘蔗是我国制糖的主要原料，我国甘蔗主产区为广西、云南、广东、海南四省区，种植面积每年约133.33万 $hm^2$，占糖料作物种植面积的85%以上，蔗糖产量占总产糖量的90%以上。近年来，我国甘蔗耕种收综合机械化率已达到约50%，比其他主要农作物的机械化率落后十多个百分点。我国甘蔗收获机械化率从2011/2012年榨季的0.07%提高至2017/2018年榨季的2%（区颖刚，2019）。截至2019年年底，广西甘蔗种植面积790 885 $hm^2$，甘蔗耕种收综合机械化水平63.72%，机械化收获面积125 108 $hm^2$，机械化收获水平15.82%，全区共有甘蔗联合收获机831台。

收获环节作业量占甘蔗生产全过程总作业量的55%左右，依靠人工作业劳动强度大，效率低，作业成本高。尤其近年来，随着农村劳动力大量向城市转移，农村蔗区砍收甘蔗的劳动力严重不足，砍蔗请工难、费用高的问题日益凸显，不但增加了甘蔗生产成本，挫伤了农民种蔗的积极性，同时由于甘蔗收获期时间跨度长，气候变化复杂，雨雪天气、传统节日以及其他作物春播都对甘蔗收获有所影响。人工收获进度慢，原料蔗砍收质量良莠不齐，造成糖厂吊榨、断槽、停机现象时有发生，不能满负荷运转，榨季无效延长，后期产糖率明显下降，增加制糖企业生产成本，降低经济效益。实现甘蔗收获机械化是建设现代农业和乡村振兴的迫切需要，对提高蔗农收入和企业效益、做大做强蔗糖产业具有重要的意义。

### （三）国内甘蔗收获机械化技术应用现状

我国从20世纪70年代开始研制甘蔗收获机械，主要是仿制美国、澳大利亚和日本的产品，并沿用传统的设计方法进行研发，机型主要是切段式和整秆式甘蔗收割机（秦龙杰等，2006）。以凯斯（CASE）和约翰迪尔（JOHN DEERE）为代表的国外收割机主要用于地势平坦、面积较大、农艺管理较完善的作业地块对直立性较好的甘蔗进行收获，不能完全适用于我国的甘蔗生产环境，因此需要在结合国外先进技术的同时，研制适合我国甘蔗生产的收获机械（樊秋菊等，2020）。目前，国内有多家研究单位和生产企业致力于研究适合我国的甘蔗收获机械及配套装备，研发甘蔗收获创新技术，并取得了一些成果。

**1. 切段式甘蔗联合收割机**　2008年之前，我国仅有广西农业机械研究院从事切段式甘蔗收割机的研发，以广西农机院为代表的科研院所一直是我国甘蔗收获机械自主研发的重要技术支持单位，其他还包括华南农业大学、中国农业机械化科学研究院、广西大学等单位。2008年之后，国内多家机械制造和生产企业投入参与切段式甘蔗收割机研发，包括广西云马泰缘机械制造股份有限公司、广州科利亚现代农业装备有限公司、柳州市汉森机械制造有限公司、洛阳辰汉农业装备科技有限公司等（王艳红等，2019）。2011年，广西农机局出台《加快推进甘蔗种植及切段式联合收获机械化工作方案》，明确将切段式联合收获技术列为甘蔗生产机械化的主推技术，因广西甘蔗种植面积和产量均在我国的60%以上，所以这也成为我国切段式与整秆式两种收获技术发展前景转变的标志。2015年中联重科和2016年柳工这两家大型企业高调进入甘蔗收获机领域，主推的都是切段式甘蔗联合收割机（晓琳等，2019）。近年来，从收获形式看，广西都是切段式甘蔗联合收割机占据绝对主导地位，2018年、2019年和2020年1—4月，切段式机型销量分别占总量的98.7%、96.4%和98.7%；而从品牌来看，洛阳辰汉、中联重机和柳工农机的占比约为 41%、23%和 21%，品牌集中度达到 84.7%，这三个品牌成为广西甘蔗机械市场的主导力量（张真，2020）。

**2. 整秆式联合收割机** 甘蔗整秆式联合收割机收割下来的甘蔗为整秆，便于进厂入榨前保留存放，适于我国甘蔗生产和制糖工艺的现状。与甘蔗切段式联合收割机相比，甘蔗整秆式联合收割机机型较小、价格较低。整秆式甘蔗联合收割机可一次性完成切梢、扶倒、切割、输送、清选、剥叶、收集（带自卸斗）等工序（田新庆等，2006）。2000—2013 年，是整秆式甘蔗联合收割机研发的高潮期。研发单位主要有广西农业机械研究院、华南农业大学、广西云马汉升、浙江三佳、河南坤达、浙江温岭宏顺、广西柳州翔越等（刘庆庭等，2013）。这个时期的整秆式甘蔗收割机由于产品在实际应用中表现出对倒伏甘蔗适应性较差、可靠性较差的原因，没有被市场接受，导致上述大部分收割机生产厂家放弃了整秆式收割机的研发和生产。近年来，仍然坚持整秆式甘蔗收割机研发与生产的单位不多，目前市场上湖北的国拓重工 4GL-1-Z92A 和神誉重工 4GL-1 生产量较大，此外新产品还有柳州雷耀贸易有限公司生产的雷道 4ZL-1A、泉州市劲力工程机械有限公司生产的 4GL-1 和 4GS-1、临海市恒丰机械有限公司生产的 LHFJ-4ZL1A 等机型。

**3. 分段式收获机** 甘蔗割铺机与剥叶机配套使用，分别完成甘蔗割倒、剥叶作业，与联合作业方式相比，需要辅助工较多；与人工作业相比，可节省用工，提高劳动生产率。与联合收割机相比，结构简单、价格低，适合于地块小、经济不发达的地区使用，但综合效率低，还需要进一步改进、完善。甘蔗割铺机可以一次性完成扶起、夹持、切割、侧向输送、铺放等工序，国内研制的机型有自走底盘式、侧挂式、前置悬挂式和利用手扶拖拉机底盘直接挂接式等产品（秦龙杰等，2006）。主要机型有广西农业机械研究院研制、南宁五菱桂花车辆有限公司生产的 4GZ-9 型甘蔗割铺机，中国农业机械化科学研究院研制生产的 4GZ-1000 型甘蔗割铺机，华南农业大学研制的 4ZZX-48 型悬挂式整秆甘蔗收割机。甘蔗剥叶机主要代表机型有来宾市农机推广站研制的 6BZ-1 型、南宁五菱桂花车辆有限公司生产的 6BZ-5 型、柳州星鸣农机科技有限公司生产的 6BZ-4 型等甘蔗剥叶机。分段式甘蔗收获作业其机械较成熟，机械收获作业指标符合农艺要求，但由于其工作程序和所需辅助工较多，剥叶作业工作效率低，推广应用困难（陈世凡，2010）。进入 2010 年，从事甘蔗剥叶机研制的单位越来越少。目前，山东禹城市亚泰机械制造有限公司仍在进行甘蔗剥叶机的研发，并研制出多种机型。

### （四）主要技术

**1. 技术路线**

（1）切段式联合收获。切梢→扶倒→切割→喂入→输送→切段→分离→输送→装车。

（2）整秆式联合收获。切梢→扶倒→切割→喂入→剥叶→输送→蔗茎蔗叶分离→集堆。

（3）分段式收获。

①割铺：扶倒→切割→输送→铺放。

②剥叶：人工切梢→人工喂入→剥叶→蔗茎蔗叶分离。

**2. 技术要点**

（1）适用行距：1.1～1.5 m。

（2）切割高度合格率≥90%。

（3）宿根破头率≤8%。

（4）含杂率≤10%。

（5）总损失率≤7%。

（6）蔗地不能有石头和过大的树桩，以免损坏刀片。

（7）收获机作业时应当使切割刀盘尽量贴近地面，割茬高度以≤30 mm 为佳。

（8）确保运输物流顺畅，尽量避免机等车情况。

**3. 技术措施**

（1）选择合适的行距。

（2）切段式、整秆式收割作业前，要根据收割地块及甘蔗高矮等状况调整切梢器的高度、割台高度、扶倒器高度等。

（3）为防止蔗段糖分损失、变质，切段收获后，应 24 h 内进厂压榨。

（4）在收割过程中，扶倒效果及宿根破头率跟扶倒器、刀盘与地面的高度有直接关系，应根据实际情况不断调整扶倒器、刀盘与垄面的高度，以达到最佳效果。

（5）甘蔗收获坚持低砍原则：低砍不但有利于当年多收蔗茎，提高产量，还有利于翌年甘蔗宿根萌芽。

### （五）主要机械装备

甘蔗机械化收获主要使用的机具包括切段式甘蔗联合收割机、整杆式甘蔗联合收割机、甘蔗割铺机、甘蔗剥叶机、转运车、移动式转运装备、甩挂拖车。

**1. 切段式甘蔗联合收割机**

（1）*广西柳工农业机械股份有限公司*。广西柳工农业机械股份有限公司是广西柳工集团有限公司下属股份制子公司。公司依托柳工集团强大的研发、制造、采购和营销体系，2016 年开始专注于甘蔗生产全程机械化的研究，大、中型收获机年产能达到 800 台。2020 年 3 月 3 日在广西扶绥县雷达合作社，柳工 S935T 甘蔗收获机单机单日采收甘蔗 475 t（扣杂后 450 t），创造了国内单机单日采收量的最高纪录。

① 4GQ-350 型切段式甘蔗联合收割机。柳工 4GQ-350 型切段式甘蔗联合收割机（彩图 18－38a）工况适应性强，收获效率高，整体技术处于国内领先水平，适宜于大规模连片种植、地块平坦的地区使用。该产品已覆盖中南美洲、东南亚等市场，产品性能、可靠性已得到客户广泛认可，单个榨季可采收 3 万～5 万吨。该机型的主要技术参数：液压后驱轮式，卡特 C9 发动机，配套动力 261 kW，2 200 r/min；适应行距≥1.2 m；转弯半径 6.5 m；整机质量 15 t；切梢器升降范围 1 000～3 900 mm；刀盘升降范围≤370 mm；扶倒器升降范围≤400 mm；输送器接料高度≤3 850 mm；切段长度 150～350 mm；最大收割速度≤8 km/h；最大转场速度≤20 km/h；纯工作效率≥50 t/h；含杂率≤10%；总损失率≤6%。

②4GQ-180 型切段式甘蔗联合收割机。柳工 4GQ-180 型切段式甘蔗联合收割机（彩图 18－38b）行走方式采用履带式，具备手动与自动两种操作模式，可以一键切换，实现仿地形收获，比较适应中小规模种植模式，最小收获行距为 1.1 m。该机型的主要技术参数：液压后驱履带式，配套动力 134 kW；适应行距≥1.1 m；转弯半径 3.2 m；整机质量

11 t；切梢器升降范围 900～3 900 mm；刀盘升降范围≤360 mm；扶倒器升降范围≤400 mm；输送器接料高度≤3 950 mm；切段长度 150～350 mm；最大收割速度≤6 km/h；最大转场速度≤10 km/h；最大爬坡度≤20°；纯工作效率≥30 t/h；含杂率≤8%；总损失率≤7%。

（2）洛阳辰汉农业装备科技有限公司。辰汉公司从 2008 年开始投身甘蔗收割机机械化的研制，经过多年的摸索、试验和改进，并结合我国甘蔗种植农艺实际情况，针对性地研发了 4GQ-130 型和 4GQ-1B（180）型甘蔗联合收割机。2017/2018 年榨季，辰汉公司的甘蔗收获机保有量是 150 台，占国内实际运营甘蔗收获机总量的 50%以上；而 2018/2019 年榨季，辰汉公司甘蔗收获机则达到了 300 台，市场保有量超过 60%。这标志着拥有自主知识产权的国产甘蔗收获机取得了核心技术突破，并真正实现了产业化应用，促进了甘蔗收获机行业的科技进步。2019/2020 年榨季，辰汉公司生产的甘蔗收获机保有量突破 400 余台，继续成为国内甘蔗机械化收获的核心力量。

辰汉公司一直以 4GQ-130 型作为主力机型（彩图 18－39a），经过 8 年 6 轮的试验改进，于 2015 年成功定型。该机型采用 103 kW 发动机，适应 1 m 及以上的种植行距，采用全液压驱动，可实现 0～30 km/h 无级变速行走，转场快速便捷，具有“性能指标优、适应性强和性价比高”的优势。该机主要有以下特点：采用整体框架梁底盘技术，整机重心低，行驶稳定性高，具有较强的坡地适应能力，能在坡度≤13°的地块进行作业；应用高位卸料专利技术，提高了集存式甘蔗收割机的卸料效率，单机独立操作，整机质量 6670 kg，对地块碾压强度小，更适应目前中小规模地块的收割需求；在整体结构、功率匹配、液压系统等方面做了精细的设计，收割效率 6～9 t/h，含杂率≤5%，宿根破头率≤5%。

4GQ-1B（180）型作为 4GQ-130 型的更新迭代产品，配套玉柴 YCA07 发动机，适应能力强，性能稳定，性价比高（彩图 18－39b）。该机型的主要技术参数：轮式，配套动力 133 kW，2 200 r/min；适应行距≥1.2 m；整机质量 8 100 kg；集蔗装置最大收集量 1 350 kg；最高行驶速度 25 km/h；额定喂入量 5 kg/s；纯工作小时生产率 0.24 $hm^2/h$；含杂率≤5%。

（3）中联农业机械股份有限公司。2014 年中联农机公司开始涉足甘蔗收获机产业，致力于提供甘蔗机械化整体解决方案，凭借雄厚的技术研发实力，立足国内甘蔗种植环境和农艺条件，推出了 AS60 履带式、AC60 轮式、AC90 大吨位三大系列甘蔗收获机。中联甘蔗收获机产品演变，基本经历三个阶段。第一阶段（2014—2016 年）：日本技术路线；第二阶段（2017—2018 年）：欧美技术路线；第三阶段（2019 年至今）：自主创新路线。在 2020 年第 5 届中国-东盟糖业博览会、中国-东盟农业机械暨甘蔗机械化博览会期间，中联农机公司与广西甘蔗生产服务有限公司达成了战略合作协议并交付了 120 台甘蔗收获机。

中联农机公司 2014 年研发出 AS60（4GQV-1）甘蔗收获机（彩图 18－40a），收割机底盘采用履带式刚性船型结构，强度高，接地比压低，通过性好，对山地、湿地具有很好的适应性。该机型的主要技术参数：履带式，履带轨距 1.4 m，履带宽度 400 mm；发动机功率 140 kW，2 050 r/min；整机质量 9 800 kg；接地比压 59 kPa；喂入量 6 kg/s；适应行距≥ 1.1m；最大爬坡度≤20°；作业前进速度≤6.65 km/h；纯工作小时生产率>15 t/h；切割高度合格率≥90%；蔗段合格率≥93%；宿根破头率≤10%；含杂率≤8%；总损失率≤5%。

2020 年中联农机完成了最新一次产品技术升级，其中，中联 AC60B（彩图 18 - 40b）甘蔗收获机对发动机、扶蔗滚筒、根刀、喂入通道及电液控制、智能化系统进行全面优化升级，喂入更顺畅，作业更高效，操纵更舒适，含杂率控制和宿根保护效果表现更好。该机型的主要技术参数：轮式；发动机功率 140 kW，2 200 r/min；整机质量 8 400 kg（料斗）/8 800 kg（输送臂）；喂入量 6 kg/s；适应行距≥1.2 m；最大爬坡度≤15°；行驶速度≤18 km/h；纯工作小时生产率>15 t/h；蔗段合格率≥90%；含杂率≤8%；总损失率≤7%。

（4）广西农业机械研究院有限公司。广西农业机械研究院有限公司近十年来以研发切段式甘蔗收获装备为主，成功研发了 193.9 kW 级、134.2 kW 级及 96.9 kW 级的切段式甘蔗联合收获机，4GZQ-260、4GZQ-180 和 4GQ-1C 三种机型通过了农业机械推广鉴定。最新研发的 4GQ-1C 型（彩图 18 - 41），采用履带式行走底盘，行走及工作系统均为液压驱动，采用机、电、液压一体化控制技术，作业效率高，工作可靠。用于甘蔗的收获作业，可依次完成切梢、扶倒、切割、喂入、输送、切段、杂物分离、集蔗等作业。该机型的主要技术参数：配套动力 97 kW；整机质量 7 t；生产率>5 t/h；含杂率<10%；损失率<5%；宿根破头率<15%；蔗段长度 200～300 mm；适用行距≥0.9 m。

（5）广州科利亚农业机械股份有限公司。2008 年广州科利亚农业机械股份有限公司与华南农业大学开展甘蔗收割机的合作研究，并于 2009 年共同研制出 4GZ-56 型履带式甘蔗联合收割机。2010 年，广州科利亚公司将其改型为 4GZ-91 型切段式甘蔗联合收割机（彩图 18 - 42），该机型配套动力 91 kW，适应行距为 0.9～1.2 m，由于采用履带式行走系统，机械田间行走灵便，能适应一定坡度的山地作业，并且对蔗地压力小，不会出现轮式联合收割机压坏蔗头的现象。此外，该机型对倒伏严重或交错缠绕的甘蔗的分离收获能力较好，蔗段合格率≥90%，宿根破头率≤15%，含杂率≤7%，总损失率≤7%，收割效率可高达 10 t/h。

（6）江苏沃得农业机械股份有限公司。沃得农机公司于 2016 年确定甘蔗机械立项，经过 3 年的研发和实验，2019 年沃得鸿龙 4GQ-1/1A 型切段式甘蔗联合收割机（彩图 18 - 43）上市。该机主要有以下特点：配套玉柴股份 YCAO5190-T300 高压共轨发动机，功率达 190 马力，动力强劲；整机行走和工作时可自主切换功率从而实现低油耗，高效率作业；独特的根切装置设计，刀盘最小间隙 10 mm，使根切喂入更流畅，跑蔗极少，且宿根切口平整，翌年发芽率高；割台分蔗器采用 4 锥锟，带螺旋导程，同时配备 4 组液压马达驱动，可轻松分离交叉在一起的甘蔗，利于收割；配备加高切稍器装置，切梢高度可达 3.8 m，同时采用双拢叶轮设计，可及时将切断的蔗稍抛出，有效降低含杂率。该机型的主要技术参数：收货方式为料斗式或输送臂式；配套动力 140 kW，2 200 r/min；整机质量7.6 t/8.2 t；喂入量 5.5 kg/s；纯小时工作生产率 0.26 $hm^2$/h。

**2. 整秆式甘蔗联合收割机**

（1）湖北国拓重工科技有限责任公司。国拓重工于 2009 年开始研发整秆式甘蔗联合收获机，针对不同的甘蔗种植行距，陆续研发出不同动力和工作效率的 4GL-1-Z92A、4GL-1-Z199A、4GL-1-Z239A 等机型。2019 年 3 月，国拓重工与广西崇左市江州区就甘蔗智能整秆式收获机项目达成合作协议，项目规划总投资 17 亿元，占地约 16 $hm^2$，预计实现年产甘蔗收获机 500 台的规模。并于同年研发出新一代 4GL-1A 型整秆式甘蔗联合收获机（彩图 18－44），在收割效率和收割质量上取得了更高的提升。该机型的主要技术参数：履带式，履带宽度 350 mm，履带轨距 1 380 mm，履带平均接地压力 78 kPa；配套发动机功率 199 kW，2 300 r/min；收割行数 1 行；适应行距≥1.2 m；最高行驶速度 7.2 km/h；整机质量 13.5 t；翻转自卸集蔗斗最大收集量 1 t；额定喂入量 7.5 kg/s；纯工作生产率 0.35 $hm^2/h$。

（2）湖北神誉重工股份有限公司。湖北神誉重工股份有限公司研制的 4GL-1 整秆式甘蔗联合收割机（彩图 18－45）是全液压驱动的机型。配套动力 95 kW，集根切、传送、断尾、剥叶、收集车作业为一体，适应种植行距为 0.8～1.2 m，适应坡度不大于 18°。

**3. 分段式甘蔗收获机械**

（1）甘蔗割铺机。

①中热农机 SH15 型甘蔗割铺机。南宁中热农业机械有限公司生产的 SH15 新型整秆式甘蔗割铺机（彩图 18－46），在国内适合分段式收割，即收割铺放，再通过甘蔗剥叶机剥叶。该机使用范围广，机动性能好，爬坡能力强，采用液压四驱驱动，可以在平原，山区等地方作业，能适应包括沙土等所有土质的地面作业。甘蔗特性为适应性较强，能收割半倒伏，弯曲的甘蔗，甘蔗被切割后由机子的铺放装置从其右方送出，并将其整齐地铺放到地面。该机型的主要技术参数：配套动力 47 kW，适应行距≥1.2 m；整机质量 4 140 kg；耗油量≤12 L/h；工作效率≥0.25 $hm^2/h$；圆盘切刀，割台高低可调，能适应高茬或入土切割的要求，破头率≤15%。

② 广西农业机械研究院 4GZ-9 型甘蔗割铺机。广西农业机械研究院联合南宁手扶拖拉机厂研制生产的 4GZ-9 型甘蔗割铺机（彩图 18－47）是一种以手扶拖拉机为动力的整秆式甘蔗收获机械，可连续完成扶蔗、切割、输送和铺放作业，收获的甘蔗被整齐地铺放在收割方向右侧，用于收获倒伏不严重的甘蔗，是人工割铺的 7～10 倍，大大提高了工作效率，降低了劳动强度。该机型的主要技术参数：配套动力 11～14.7 kW；生产率 0.1～0.15 $hm^2/h$；适应行距≥1.0 m；宿根破头率（入土切割）＜20%。

（2）甘蔗剥叶机。

① 4BC-350 型甘蔗剥叶机。山东禹城市亚泰机械制造有限公司生产的 4BC-350A 型牵引式甘蔗剥叶机（彩图 18－48a）具有剥叶干净、断尾点准确的优势，配套动力 7.4 kW；整机质量 400 kg；未剥净率≤6%；含杂率≤3%；蔗茎合格率≥97%；剥叶原件使用寿命≥100 t；工作效率 4～5 t/h。禹城亚泰在 4BC-350A 型的基础上进行改进后又研发出 4BC-350Z 型甘蔗剥叶机（彩图 18－48b），该机型新增加自走式动力以及对剥叶完成的甘蔗进行收集装置，其使用性能好，剥叶速度快、效率高。配套动力 8.8 kW，整机质量增加到 1 t，轮距 1 070 mm。

② 6BCT-5 型甘蔗剥叶机。与 SH5 配套使用的 6BCT-5 系列甘蔗剥叶机（彩图 18－49）为牵引式甘蔗剥叶机，连接拖拉机即可牵引转运，简单，方便，成本低。该机集剥叶、叶

蔗分离、自动打顶于一体，喂入量大，剥叶效果干净，剥叶元件经久耐用，能大量减少剥叶需要的劳动力、时间和成本。该机可根据客户需要配套履带车成为自走式甘蔗剥叶收集机，实现自走式，自动收集甘蔗的功能。该机型的主要技术参数：配套动力14.7 kW；整机质量 750 kg；油耗≤1.2 L/h；作业行距≥1.2 m；含杂率≤3%；破损率≤3%。

**4. 我国甘蔗机械化收获存在问题** 从总体上看，我国甘蔗收获机械化发展较慢且众说不一，这是由于收获是甘蔗生产全程机械化中对系统配套性要求最高的环节，涉及土地条件及规划、农艺配套技术、收获机械与运输车辆配套、机械与辅助人工的配套、运输与加工的衔接等诸多因素，实际上是创建了一种全新的生产模式和利益平衡机制（张华等，2012）。

（1）*甘蔗收获机械性能和可靠性有待提高*。国内自主研发的甘蔗收获机在技术水平、适应性、可靠性等方面与国际先进收获机械水平还有一定差距（赵莹，2016）。制造能力、材料、液压系统设计及配件质量差距的存在，造成了国内机具在应对恶劣作业环境时的整体稳定性不足，作业质量不理想，主要表现在田间运行操作不灵活，剥叶元件易损耗、含杂率高、损失率大、宿根破头率高等（张长献等，2019）。割铺机割台没有仿形机构，适应性差、留茬高度不一致、破头率高，作业效率低，需人工辅助且劳动强度大，后续剥叶耗时多。整杆式联合收割机对生长弯曲、倒伏严重的甘蔗收获适应性较差，剥叶元件易损耗，夹杂蔗叶较凌乱（程绍明等，2013），尾梢断梢效果不理想，需人工辅助切断尾梢（郑小兵，2020）。切段式联合收割机机型较大、转弯半径较大、割茬不齐、破头率和含杂率较高（樊秋菊等，2020）。

（2）*农机农艺融合有待深入*。一是耕地和机耕道路不适应大中型机械高效作业需要。我国甘蔗主要种植区域在广西、云南、广东及海南，所处地形超过一半以上是丘陵山区，蔗地地块小、单片面积小、坡度大、石头多、障碍物多，机耕道路不完善，导致大中型机具无法高效作业。二是甘蔗品种和种植行距、行长不适合联合收获作业。目前，我国仍然缺乏适宜机械化收获的突破性甘蔗品种，90%以上的甘蔗种植行距为 0.7～1.0 m，无法满足大中型联合收获机至少 1.2 m 的行距需要（范军灿，2018）。蔗地的行长不够长，增加收割机的转弯掉头时间，行长如果没有规划好，会导致甘蔗收割机中途停下来等待下一班甘蔗转运车，影响工作效率（廖平伟，2010）。三是中耕培土质量较差导致机械收获产量损失较大。蔗茎基部土壤填充不实，留茬过高造成收获产量损失，易造成切割破头，易感染病害、影响宿根发株，且机械收获后低位芽萌发受抑制，发株数减少，宿根蔗增产潜力锐减。

（3）*制糖工艺和设备与机收不相适应*。由于我国甘蔗糖厂绝大多数建于 20 世纪 90 年代以前，均以人工整杆砍收和低夹杂率为原料标准来设计生产工艺，除新建成和经过改造的少数几家糖厂外，全部采用“一步法”生产白砂糖或精制糖，这与国外普遍采用的“二步法”工艺差别较大，而当前收获所采用的主要是切段式联合收割机，机械收获入厂的原料蔗具有夹杂率高和切口多的特点，原有的制糖设备和工艺不能适应机收甘蔗的加工（胡朝晖，2020）。糖厂收购甘蔗要求含杂率低于 5%，部分地区糖厂甚至要求低于 3%，而当前切段式机收甘蔗的含杂率一般在 8%～10%，且切段式机收甘蔗必须及时进厂，这对于切段式机械收获有着极大的限制，所以国内很多糖厂不愿意接受切段式机收的蔗段。

(4) 蔗区收获季节受天气影响较大。由于甘蔗联合收获机械自重较大，如果收获期遭遇降雨天气，会导致含杂率大幅增加、拔出蔗蔸、机械压实蔗地、收获设备轮胎打滑、陷坑等情况，一般降雨后需等待2～5 d机械才能下地作业。以广西为例，当年11月至翌年1月，广西蔗区平均机收作业适应天数53 d，接近2/3时间适宜机收作业，2—3月则仅有1/3时间适宜机收作业；广西蔗区全压榨期，机收作业适宜天数呈上升趋势，增长速率为每10年2.8 d，其中1月、2月为上升趋势，11月则呈减少趋势（匡昭敏等，2021）。此外，甘蔗种植区域雨水较多、易受台风影响，甘蔗倒伏情况严重，也会增加机械收获的难度。因此，蔗区收获季节的天气是影响甘蔗机械收获的重大因素，直接影响到种植者、糖厂对机收的接受程度。

(5) 机手技术水平参差不齐。由于甘蔗机械化收获是一个新兴行业，尽管政府部门、各机收运营方和服务组织都通过不同方式培养机手，但是机手仍然缺乏，且技术水平参差不齐。甘蔗机械收获作业季节性强，作业时间相对短而集中，工作强度较大，作业条件恶劣，与其他农机作业环节相比，运营机收的组织及其机手收入受市场和天气影响更大，不稳定，导致机手流动性强且流失率高，这也造成目前从业的机手很多都是新手，素质和技术水平较低，直接影响到作业效率、运营消耗、机具故障率和使用寿命等，从而影响到机收作业的产值和效益（朱卫江，2019）。机手从新手开始往往需要经过2～3个榨季的磨练才能具备熟练操作的技术水平。甘蔗机收作业技术要求比较复杂，机手的熟练程度对机收作业质量、作业成本以及机具的日常保养都有较大的影响。国内市场目前多种甘蔗收割机并存，由于机器结构比较复杂，如何培养成熟的机手成为机收服务组织面临的难题之一。

**5. 我国甘蔗机械化收获发展趋势**

(1) 明确及完善适应本地区的甘蔗收获机械化技术。明确适应本地区的机械化生产技术，是推进甘蔗收获机械化发展的必要条件。我国甘蔗主产区广西榨季多雨、云南甘蔗种植多分布在丘陵山区、广东雷州半岛强台风造成倒伏严重等各具特点的立地条件，使得适应该地区的甘蔗生产机械化技术有所不同（刘庆庭等，2019）。同时，机械类型和配套适用技术的选择还受当地农艺条件、蔗田经营规模等因素的影响。切段式联合收获、整杆式联合收获、分段式收获这3种机械收获方式各具特点将会在我国长期共存（鲁华等，2021），针对不同地形应该选择不同的机械收获方式，在山地蔗区宜采用分段式收获，使用割铺机与剥叶机分段作业；在丘陵坡地宜采用中、小型联合收获机，选择中、小型切段或整杆式甘蔗联合收获机作业；在连片面积较大的缓坡地宜采用大型切段式甘蔗联合收割机作业。需要继续加强对3种方式的甘蔗收获机械的研发和技术攻关，努力突破甘蔗收获机械的技术瓶颈，继续进行甘蔗机械化模式的研究，特别是丘陵山区甘蔗机械化模式的研究（区颖刚等，2019）。收获机械化是甘蔗生产机械化的“最后一公里”，甘蔗生产中应以适用的收获技术来确定甘蔗适度规模经营的适应值（刘庆庭等，2019）。

(2) 农机农艺深度融合。机械化收获需要经营管理者从生产目标出发，结合农艺技术和农机具实际情况，选择分蘖性强、宿根年限达4年以上、高产、稳产、高糖、抗逆性强、适合机收的甘蔗品种，确定种植单元的规模大小、土地整治质量、种植行距、垄高、开行方向、种植深度、培土要求以及甘蔗生长高度的控制等适宜机械化收获作业的农艺技术，特别是改变传统种植行距使得甘蔗种植行距满足机械化作业需求，才能保证收获机具的作业条件、作业质量，充分发挥机具的作业效率，使得机械化收获盈利成为可能。采用合适的土地流转方式，对土地进行合理的规划和适当的调整，建立具有一定规模的糖料蔗产区，规避高地租带来的高成本和高风险。

(3) 改造制糖工艺。改造并提升糖厂的制糖工艺与技术，尽快建立与完善糖厂机收蔗预处理系统。我国糖厂的工艺几乎都是针对人工砍收的甘蔗，按直接生产出精制糖来设计的。机收蔗含杂率远高于人工砍收的甘蔗，过高的含杂率特别是泥土含量直接影响了糖厂工序的运行，对糖厂的制糖系列工艺环节提出了不同的要求。推广机械化收获技术，需要糖厂进行相应的制糖工艺及设备改造，以应对甘蔗机械化收获的发展。如：需要建造有利于甘蔗装卸的设备，缩短甘蔗存储的时间，提升甘蔗入榨新鲜度；改造原料输送机构，以便于切段式蔗段的输送；提高撕解机构耐磨程度；增加甘蔗入榨前的除杂处理工序以应对含杂的增加；将制糖工艺由“一步法”改为“二步法”等。

(4) 应对天气影响。我国不同地区的糖厂需要合理布局早熟品种，提前开榨。以优良品种为核心，根据糖分累积规律和机收需求，重点通过加快选育和推广应用早熟、高糖、强宿根性、多抗性、宜机收的甘蔗新品种，形成早、中、晚熟品种合理布局，几年内可以将榨季提前10～15 d集中开榨，较长时间内有望于10月中下旬开榨，避雨机收、提高机收作业量及收益，培育和发展机收市场及服务。

(5) 培育市场环境和专业的社会化服务组织。当前甘蔗机械化收获市场处于起步阶段，而该环节涉及蔗农、机收运营方、运输方和糖厂的切身利益，需政府有关部门做好引导、监督和管理工作，构建好4方的利益分配关系，建立“按质论价”的订单农业体系和信用体系，维护公平公正的合作关系，才能有利于甘蔗机械化收获市场的稳步发展。甘蔗机械化收获运营主体都是合作社、农机作业服务公司等私营经济实体，目前大多面临着结构松散、管理粗放、专业化程度低、内部人员利益不一致以及机手流失率高的问题，通过合理的市场手段、监督管理机制和利益分配关系，也能促使机械化作业服务组织想办法改变其内部经营管理，深入调研市场情况，分析风险，纠正市场预期，提升其运营能力、盈利能力和抵御风险能力，进而促使作业服务组织向管理规范、结构及人员稳定、专业化程度高的方向转变（张长献等，2019）。

## 二、甘蔗装载运输机械化技术

### （一）定义

装载运输机械化技术包括装载机械化技术和运输机械化技术。装载机械化技术是采用甘蔗装载机械将收获后放置在地上的甘蔗输送到运输机械中的技术；运输机械化技术是采用拖拉机、农用运输车、汽车、轮船、火车等机械进行甘蔗运输作业的技术。

### （二）技术应用意义及应用现状

机械装载可大幅度减轻劳动强度，提高劳动效率，降低作业成本，使用甘蔗装载机可减少人工一半以上，比人工装载提高效率1倍以上。机械运输可缩短运输时间，运载量大。

过去，甘蔗装载都是采用人工来装载，即甘蔗收割后用牛车等小型设备运输到蔗场堆放→抛上运蔗车→人工堆叠的方法。人工装载甘蔗劳动强度大、装载效率低（5～6人要3个多小时才能装一车甘蔗）、安全性差，特别是在夜晚和下雨天气，装蔗很困难（孙悦平等，2010）。传统人工装车，其弊端十分明显：一是劳动强度大。人工装车体力消耗大用手工将沉重的甘蔗从地面抛到车上进行装载，是甘蔗生产中劳动强度最大的环节之一。二是劳动效率低。一车甘蔗一般需10～15人进行装载，耗时1.5 h以上，耽误了运输车辆的周转。三是影响甘蔗重量。甘蔗砍下后若逢下雨，运输不及时，会造成甘蔗堆放地头霉烂或风干，导致产糖率降低，损耗加大，损害蔗农收益（韩周，2014）。近年来，随着甘蔗装载机的研制和广泛应用，我国大部分蔗区已经实现了机械化装载甘蔗，大大提高了甘蔗装载效率，减少劳务费用支出，经济效益和社会效益都得到了显著提升。

甘蔗机械化收获运输系统包括田间转运、公路运输及糖厂卸蔗等，是一个涉及到农机农艺、农业工业结合的系统工程。我国甘蔗机械化收获水平低，运输配备多和调度不合理，效率低、成本高，都是甘蔗生产发展的瓶颈，已成为蔗糖产业迫切期望解决的问题（曾志强等，2017）。原料蔗的运输工具，从当年的人力、牛马车、拖拉机和小吨位（2.5～4.0 t）汽车，发展到今天普遍采用的15～20 t的大型卡车。但是我们的运输模式几十年来一直没有改进，运输效率极其低下，运输成本也很高，这也是我们原料蔗进厂成本居高不下的原因之一（钮公藩，2014）。

### （三）主要机械装备

#### 1. 装载机械

（1）*主要类型*。国内甘蔗装载机主要有3种型式：一是料斗式装载机，安装在拖拉机上可升降的专用料斗，紧随着甘蔗剥叶机一起前行，承接削叶机切断后的甘蔗段，装满后卸入地边的包装袋中。二是抓吊式装载机，安装有升降机构，可把成堆的甘蔗抓吊入运输卡车。三是提升式装载机，采用双链式提升结构，多数是移动式，配置小型柴油机，可安装在手扶拖拉机上，方便转移，也有由电动机驱动的固定式（李明，2008）。

（2）*主要机具及参数*。目前生产上应用的主要为后两种装载机，抓吊式装载机如山东昊特的ZL12G型（彩图18-50），都安建设ZLG05、06、08型，河南建收ZY-04型装载机等；提升式装载机如南宁农机推广总站的GZ-100、7TS-15型（彩图18-51），南宁五菱的7JQ80型，崇左红超人7GZ-15型，柳州飞燕的7TS-20型装载机等。以下是两种代表机型的主要参数：

① ZL12G型甘蔗装载机。生产厂家：山东昊特机械有限公司（表18-11）。

**表18-11　ZL12G型甘蔗装载机主要参数**

| 自重（kg） | 外形尺寸（m） | 配套动力（kW） | 额定装载质量（kg） | 最大卸载高度（m） | 最大掘起力（kN） | 最小卸载距离（m） | 最大卸载角（°） | 静态倾翻载荷（kW） | 最小转弯半径（m） |
|---|---|---|---|---|---|---|---|---|---|
| 3 600 | 5.8×1.7×2.7 | 44 | 1 200 | 3.95 | 16 | 1.35 | ≥20 | 2 400 | 5.5 |

② 7TS-15型甘蔗装载机。生产厂家：广西南宁市农机化技术推广站（表18-12）。

表 18-12　7TS-15 型甘蔗装载机主要参数

| 自重（kg） | 外形尺寸（m） | 配套动力（kW） | 额定装载质量（kg） | 提升臂间距（m） | 提升方式 | 提升链条数量 | 提升链条型号 | 单条链提升臂数量 |
|---|---|---|---|---|---|---|---|---|
| 100 | 0.9×0.7×3.3 | 1.47 | ≥50 | 0.88 | 链条循环 | 2 个 | 10A | 5 个 |

**2. 运输机械**　公路运输是目前我国大部分蔗区使用比较广泛的一种运输方法，由于行驶方便，工作灵活，往返周转期短，故被广泛采用。在我国，公路运输以汽车、农用运输车或大中型轮式拖拉机带运蔗斗为主要运输工具。切段式甘蔗收获方式需要甘蔗收割机、田间转运车和公路运输车组成的系统协调工作才能发挥高作业效率。例如，大型切段式甘蔗收割机每小时能收获 50 t 甘蔗，必须根据运输距离配置运输车才能保证收割机正常工作。蔗段公路运输车在糖厂卸料，有自卸汽车将车厢举升卸料和汽车固定在卸料平台举升卸料两种。整杆甘蔗公路运输车多在车厢底部铺放钢丝绳，这样卸料时糖厂的行吊将钢丝绳兜着甘蔗一起吊出车厢（区颖刚等，2018）。

甘蔗收获时运输车辆不能直接进到田间作业，否则会对蔗地土壤造成严重的碾压。此时，往往需要通过转运机械把在田间收获的甘蔗转运至运输车上，这种转运机械通常称为甘蔗转运车。目前，我国丘陵地区的甘蔗转运车多采用半挂侧翻式结构或厢式转运结构，依靠操作员手动操作进行甘蔗转运。车型轮距大、提升重心高，在田间进行甘蔗转运时，由于地形复杂或操作员经验不足，容易发生侧翻危险，造成较大的经济和安全损失（李尚平等，2021）。因此，许多切段式联合收割机的研制企业都生产有配套收获机使用的轻型田间转运车，以下是柳工农机、中联重科、洛阳辰汉公司生产的田间转运车代表机型：

（1）柳工农业机械股份有限公司生产的田间转运车。柳工针对甘蔗田间转运环节而研发的一系列转运机产品（彩图 18-52），是收获与种植工序有限衔接的关键设备，是收获机与公路运输车工作效率最大化的保障工具，与传统的转运机相比适应性与效率更显优势。主要机型及技术参数表 18-13。

表 18-13　柳工农机田间转运机系列主要技术参数

| 项目 | 机型 | | |
|---|---|---|---|
| | 7YGX-1 | Y814（双斗） | Y916（单斗） |
| 作业行距（mm） | ≥1 200 | ≥1 600 | ≥1 600 |
| 料斗容积（$m^3$） | 14 | 14 | 16 |
| 卸料高度（mm） | 4 500 | 4 500 | 3 600 |
| 配套动力（kW） | ≥89.48 | ≥89.48 | ≥89.48 |
| 整机质量（kg） | 4 500 | 6 000 | 5 500 |
| 外形尺寸（长×宽×高）（mm） | 6 300×3 000×3 550 | 6 300×3 000×3 550 | 6 400×2 750×3 300 |

（2）中联 7YGS-10 甘蔗田间收集搬运机。中联 7YGS-10 机型（彩图 18-53）采用自卸式卸料装置，料箱装载量可达 10 $m^3$，料箱提升可高度达 3.8 m，适应通用运输设备装运要求；可拆卸式料箱：平台预留动力输出接口，可方便搭载其他机具，提高履带式动力

底盘平台的利用率；配置高压共轨发动机，动力强劲，油耗低，性能可靠；履带式底盘，接地比压低；配备橡胶履带，通过性强，对宿根破坏小；窄轨距行走，适应小地块、窄行距作业。静液压驱动，无级调速，可与甘蔗收获机作业速度形成最佳匹配。主要技术参数见表 18-14。

**表 18-14　中联 7YGS-10 机型主要技术参数**

| 项目 | | 参数 |
|---|---|---|
| 结构型式 | | 自走履带式 |
| 发动机 | 型式 | 高压共轨 |
| | 额定功率/转速 | 88 kW/2 600 r/m |
| 外形尺寸（长×宽×高）(mm) | | 5 580×2 400×3 050 |
| 整机质量（kg） | | 5 800 |
| 履带宽度（mm） | | 400 |
| 履带中心距（mm） | | 1 400 |
| 卸料高度（mm） | | 3 800 |
| 卸料角（°） | | 45 |
| 车厢容积（$m^3$） | | 10 |
| 最大爬坡度（%） | | ≤20 |
| 作业前进速度（km/h） | | 0～6.65 |

（3）辰汉 GZZ-20 甘蔗田间转运装载机。GZZ-20 是辰汉公司为甘蔗收割专门研发的一款转运装载机（彩图 18-54）。它承载能力大、机动性强、接地压力小，不会压坏宿根，适合甘蔗的田间转运、装车，是甘蔗收获的重要装备。主要技术参数见表 18-15。

**表 18-15　辰汉 GZZ-20 机型主要技术参数**

| 项目 | 参数 |
|---|---|
| 发动机功率（kW） | 39 |
| 传动形式 | 四轮驱动 |
| 最高车速（km） | 27 |
| 额定斗容（$m^3$） | 3 |
| 额定装载量（kg） | 1 200 |
| 最大卸料高度（mm） | ≤3 400 |

# 第七节　甘蔗收获后田间处理机械化

## 一、收获后宿根蔗地田间处理机械化

### （一）定义

甘蔗收获后，用配套农机具对保留宿根蔗的蔗地进行平茬、破垄、施肥、覆膜、碎叶还田等机械化作业。

## （二）应用现状

甘蔗宿根栽培具有省工、省种、早生快发、早熟高糖等优点，因此作为甘蔗生产的重要栽培制度被广泛应用（韦丽娇等，2017）。我国的宿根蔗栽培面积占总面积的 50%～70%，种植周期一般为 3 年，即 1 年新植蔗，2～3 年宿根蔗。宿根蔗的田间管理对甘蔗产量和品质的影响很大，但受传统种植管理理念影响，蔗农对宿根甘蔗的重视程度不够，管理落后、粗放，宿根蔗的产量比新植蔗的产量普遍偏低（王华准等，2019）。甘蔗收获后宿根蔗地的管理主要包括碎叶还田、平茬、破垄、覆膜、施肥、培土等。目前宿根蔗的管理作业仍以人力畜力为主，劳动强度大，作业效率低。近几年，在中央和地方政府的高度重视和大力支持下，科研院所和企业加大了甘蔗种植、管理和收获机械的研发力度，宿根蔗的平茬、破垄、施肥、覆膜和碎叶还田机具的研制已取得了一定进展，越来越多的蔗区运用机械进行甘蔗收获后田间管理工作。

## （三）主要技术

**1. 宿根蔗破垄平茬机械化技术**　破垄平茬机械化技术是使用破垄平茬机械把收获后留得过长的蔗根平土切短、并在蔗根部两旁破垄松兜的技术。破垄平茬有助于提高宿根蔗低位芽的发芽指数和活力指数，促进根系的生长发育，增加甘蔗的干物质积累（肖关丽等，2013；樊仙等，2019）。宿根蔗平茬后发株率、分蘖率和有效茎数分别提高 35.69%、103.92%和 23.37%，增产 17.75%（李添文等，2020）。因此，在甘蔗收获后最好对土表层以上的蔗头进行平茬处理，然后再进行破垄松蔸，通过破垄松蔸可起到露蔸晒垄、疏松土壤、改善土壤的通透性、减少土壤内的害虫数量、促进根系生长发育及下位芽萌发的目的。破垄松蔸的深度和时期与宿根蔗发株、有效茎数和产量密切相关。根据前人研究结果显示，深松蔸比浅松蔸的宿根蔗单位面积发株数增加 5%～23%，有效茎数增加 7%～14%，产量增加 6%～11%（雷石富，2009）。甘蔗收获后即时清园破垄松蔸的发株率比收获后 1～3 月破垄松蔸的发株率提高 58.58%，田间锤度提高 0.68 个百分点（黄卫等，2014）。

（1）技术路线。平茬→破垄→施肥→覆土。

（2）技术要点。

①作业田地条件。甘蔗种植行距应不小于 90 cm，土壤含水量在 15%～25%。

②破垄平茬应在甘蔗砍收后 15 d 内进行，最迟不宜超过 20 d。破垄时平茬机在离蔗头 8～10 cm 两侧开沟，破垄深度 15～20 cm，平茬深度 3～5 cm。

③破垄松蔸后的埋垄覆土时间应视天气情况和土壤水分而定，在干旱蔗区，破垄松蔸后 7～14 d 即可埋垄覆土，在雨水充足的蔗区埋垄覆土时间应相应推迟。埋垄覆土前应施足基肥，并适量施用杀虫剂。埋垄高度以刚盖过蔗头为宜。

（3）技术作用。

①露蔸晒垄、疏松土壤、改善土壤的水、肥、气、热状况。

② 切除宿根蔗部分老根，促进新根系生长发育及地下位芽萌发，提高发株率。

③ 减少寄生在土壤和残茬上的害虫数量。

**2. 宿根蔗地膜覆盖机械化技术**　地膜覆盖机械化技术是指使用覆膜机械在甘蔗收获

后对宿根蔗兜进行覆膜作业的技术。宿根甘蔗萌发出苗时期在每年 1—4 月，正值一年低温少雨季节，低温及干旱往往影响宿根甘蔗的蔗芽萌发，造成发株率偏低，生长速度缓慢。地膜覆盖可改善土壤理化性状，利于土壤保温、保湿，促进甘蔗生长，延长生育期，是提高甘蔗产量的重要技术手段。地膜覆盖技术在新植蔗生产中已得到全面推广应用，而且效果显著，但在宿根蔗生产中的应用比较少。有研究表明，宿根蔗破垄松蔸施肥培土后进行地膜覆盖，既能较早地为甘蔗生长提供养分和水分，促进伸长拔节、加快生长进程，又可避免肥料流失，延长肥料作用时间、提高养分利用率（梁阗等，2018）。地膜覆盖能够促进宿根蔗早发苗、多分蘖，发株率增加 12.2%，分蘖率提高 8.0%，产量提高 32.5%（刘连军等，2013；李成宽等，2017）。

（1）技术路线。破垄→施肥→覆土→覆膜、压边。

（2）技术要点。

①作业田间条件。地块土层深厚、肥力较好，植沟土块细、平、整。土壤含水量保持在 20%以上（钟静海等，2014）。

②覆膜应在甘蔗砍收后尽早进行，一般在平茬、破垄松兜和施肥后进行覆盖。

③覆膜前需进行平茬处理，避免蔗头穿透地膜；覆膜时拉紧地膜，确保地膜紧贴地表。

（3）技术作用。

①保温保湿，改善土壤理化性状。

②促进宿根蔗发株和分蘖，加快生长进程。

**3. 宿根蔗叶粉碎还田机械化技术** 蔗叶粉碎还田机械化技术是指使用蔗叶粉碎还田机械对弃置在蔗田表面上的蔗叶、蔗梢进行就地粉碎，并在地表进行均匀抛撒，或翻埋于地下的作业。甘蔗收获期的蔗叶一般占蔗茎产量的 12%～20%，叶片中氮、磷、钾含量分别为 0.7%、0.31%和 2.2%，还含有丰富的有机质及甘蔗生长所需的多种中微量营养元素。按每公顷蔗田约 12 t 鲜蔗叶计，如全部粉碎还田，相当施用尿素 122.5 kg、钙镁磷肥 155 kg、氯化钾 275 kg（梁兆新，2015）。国外发达国家机械化收获普及率高，采用切段式甘蔗联合收割作业时，已将甘蔗叶直接粉碎还田。我国的甘蔗收获主要还是以人工砍收为主，田间残留有大量的蔗叶和蔗梢，需要寻求适合我国国情的蔗叶处理措施。我国对蔗叶传统的处理方式是就地焚烧和沤制还田，前者污染较大，且容易丧失肥力，后者劳动强度大，效率十分低下（邓克杰等，2017）。近几年，随着国家对环境保护的重视，甘蔗主产区各市、县政府相继出台了禁止焚烧蔗叶等相关规定，一些蔗农由于缺乏蔗叶综合利用的技术措施，将甘蔗叶弃于田间地头，不仅浪费蔗叶资源，而且影响宿根蔗的栽培管理（樊保宁等，2020）。蔗叶粉碎还田作为解决废弃蔗叶资源利用最直接最简单有效的措施，是国家倡导和推广应用的一种农业生产技术（赵丽萍等，2014）。蔗叶粉碎还田技术从 20 世纪 90 年代开始在中国甘蔗产区发展至今已经十几年历史，随着机具设计和制造工艺的进步，相关技术已经日趋成熟。据相关研究表明，蔗叶机械粉碎还田能有效地改良土壤，培肥地力，保持土壤中水分、养分，提高土壤有机质含量及速效 N、P、K 含量（林姣艳等，2005；黄炳林，2013）。蔗叶粉碎还田可以增加土壤有机碳的含量，改善土壤微环境，进一步提高土壤的固碳能力（Boopathy et al.，2001；Galdos et al.，2009）。甘蔗叶粉碎还田后宿根甘蔗的出苗率、分蘖率、株高和产量等均有不同程度的提高（葛畅等，2019）。

（1）技术路线。

人工甘蔗收获→粉碎（切段）、铺撒蔗叶→{翻埋入土（新植蔗）；破垄或深松土壤时翻埋入土（宿根蔗）}

（2）技术要点。

①田间行距统一且垄形较规则，地块坡度≤15°。土壤含水量应适宜机械作业，土壤坚实度为 0.4～2.0 kPa。

② 碎叶还田应在宿根蔗发株前完成，待蔗叶、蔗梢晒干后再进行蔗叶粉碎还田作业，甘蔗叶含水率≤30%。作业时刀片离地面 10 cm 左右，避免损伤蔗蔸，伤茬率≤8%。粉碎后的蔗叶、蔗梢长度不大于 10 cm（黄景剑等，2017），粉碎合格率≥80%，漏碎率≤8%（广西农业机械化技术推广总站，2021e）。

③ 蔗叶粉碎后，在宿根蔗平茬破垄或中耕培土时，将碎叶翻埋到地下，深度 15～20 cm。

（3）技术作用。

①增加土壤有机质含量，提高土壤养分供给能力，减少化肥施用量。

② 改善土壤结构，降低土壤容重，提高土壤通透性，改善土壤微环境。

③ 减少土壤水分蒸发，提高土壤蓄水保墒能力。

### （四）主要机械装备

**1. 宿根蔗平茬破垄覆膜机械** 国内宿根蔗平茬、破垄、施肥、覆膜的机具按动力和功能不同可分为中小型单功能作业机和中大型多功能联合作业机。中小型作业机一次可完成平茬、破垄、施肥、覆土、覆膜等 1～2 个工序，如广西双高农机有限公司生产的 3ZC-50 甘蔗平茬机、广西壮族自治区农业科学院甘蔗研究所与广西农业机械研究院研制的小型甘蔗破垄施肥机、云南省农业机械研究所研制的 3CP-460 宿根甘蔗铲蔸破垄机等；多功能联合作业机可一次性地完成平茬、破垄、施肥、覆土、覆膜等所有工序，如中国热带农业科学院农业机械研究所研制的 2CLF-1 型宿根甘蔗平茬破垄覆膜联合作业机、广西农业机械研究院研发的 3PZG-1 甘蔗破垄施肥盖膜机。

（1）3ZC-50 甘蔗平茬机（彩图 18－55）。技术参数和性能指标：三点悬挂式、配套功率≥75.5 kW、外形尺寸 800 mm×1 300 mm×950 mm、质量 400 kg、适应行距 1.0～1.4 m。优势：割茬平整，割完后甘蔗再萌能力增强，生长整齐；切割效率高，入土切割，甘蔗的破头率低，有利于甘蔗后期管理；适于等行距和宽窄行距的甘蔗平茬作业；可根据不同要求将平茬机和破垄施肥机联合进行作业。

（2）小型甘蔗破垄施肥机（图 18－1）。技术参数和性能指标：套装式、配套手扶动力 11.2～14.9 kW、质量 185 kg、外形尺寸 1 300 mm×900 mm×1 300 mm、犁耕深度 150～200 mm、耕作幅度 300 mm、覆盖率≥85%、生产率≥0.12 $hm^2/h$。优势：该甘蔗破垄施肥机可一次性完成宿根蔗地破垄、施肥作业，也可以根据农艺要求有选择地单独破垄、施肥作业；机型小，具有良好的地头掉转特性，适合丘陵蔗地、地块小的耕作环境（许树宁等，2014）。

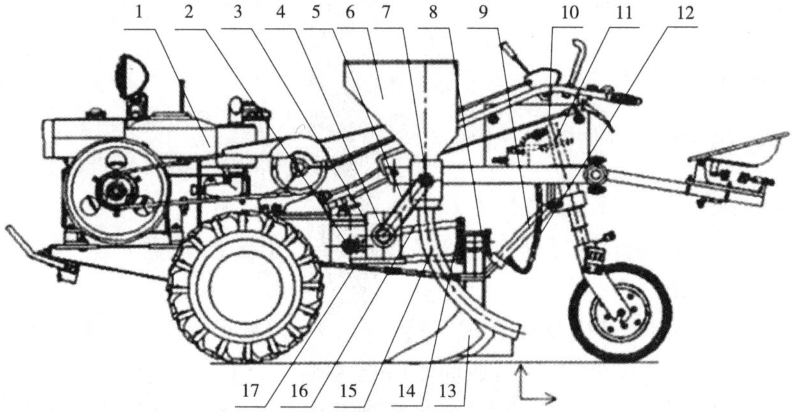


图 18-1　小型甘蔗破垄施肥机结构

1. 手扶拖拉机　2. 锥齿传动轮　3. 蜗轮减速器　4. 链轮　5. 传动链　6. 肥料箱
7. 排肥器　8. 犁架　9. 犁液压油缸　10. 液压油箱　11. 尾轮液压油缸　12. 液压油管　13. 破垄犁
14. 固定夹板　15. 施肥导向管　16. 平行双连杆　17. 拉杆

（3）3CP-460 型宿根蔗铲蔸破垄机（彩图 18-56、彩图 18-57）。技术参数和性能指标：三点悬挂式、配套动力>22.1 kW、破头率≤20%、铲蔸深度入土≥30 mm、破垄宽度≥250 mm、生产率≥0.1 $hm^2/h$、适应行距 1.3～1.5 m。优势：动力要求低，可直接与小、中型四轮拖拉机配套使用；体积小，适应地形复杂、不规则的宿根甘蔗种植区。不足：动力传递部分的箱体体积大，制造成本高（汤瑞学等，2019）。

（4）2CLF-1 型宿根蔗平茬破垄覆膜联合作业机（图 18-2）。技术参数和性能指标：三点悬挂式、配套手扶动力 14.7～29.4 kW、质量 380 kg、外形尺寸 175 mm×125 mm×145 mm、旋耕深度 106 mm、覆盖深度 86 mm、覆膜稳定性系数 84.6%、生产率 0.22 $hm^2/h$。优势：能一次性地完成平茬切头、除草、破垄、施肥、覆膜等宿根蔗管理作业工序，甘蔗头损伤率仅 1.8%，旋耕平均深度达 10.6 cm，其稳定性系数达到 92.6%，大大高于一般施肥机行业标准要求（覃双眉等，2015）。

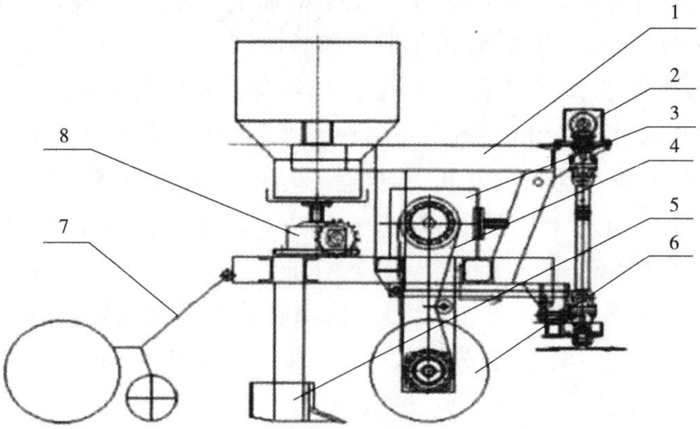


图 18-2　2CLF-1 型宿根蔗平茬破垄覆膜联合作业机结构

1. 机架焊合　2. 切割器总成　3. 主减速箱总成　4. 单排链条
5. 开沟器　6. 旋耕器　7. 覆膜器 16A/B　8. 施肥器

(5) 3PZG-1 甘蔗破垄施肥盖膜机（彩图 18－58）。技术参数和性能指标：配套动力＞29.4 kW、质量 420 kg、适应行距＞0.9 m、破垄深度 100～200 mm、覆膜宽度 500～1 000 mm、生产效率 0.24～0.34 $hm^2/h$。优势：可一次性完成对甘蔗宿根的破垄、施肥、盖膜等作业工序（广西农业机械化技术推广总站，2021 e）。

**2. 蔗叶粉碎还田机械**　目前已研制成功并试验的甘蔗叶粉碎还田机械中，按蔗叶捡拾方法可分为自捡式、带专用捡拾机构和带仿形集叶器三种型式。自捡式甘蔗叶粉碎还田机的典型机型有广西农业机械研究院研制的 3SY-140 型甘蔗碎叶机；带捡拾机构甘蔗叶粉碎还田机的典型机型有广东省湛江农垦科学研究所研制的 4F-1.8 型甘蔗叶粉碎还田机；带仿形集叶器甘蔗叶粉碎还田机的典型机型有中国热带农业科学院农业机械研究所研制的 GYF 系列甘蔗叶粉碎还田机，包括 1GYF-120 型、1GYF-150 型、1GYF-200 、1GYF-250 型等（徐振华，2016）。此外，中国热带农业科学院农业机械研究所还研制出了 1GFS-150 型立式甘蔗叶粉碎深埋还田机和 1JFD-2 型双辊甘蔗叶粉碎还田机等新机型。

(1) 3SY-140 型甘蔗碎叶机（图 18－3、彩图 18－59）。技术参数和性能指标：配套动力 36～58 kW、作业宽幅 140 cm、粉碎率≥80%、粉碎长度＜20 cm、生产率≥0.13 $hm^2/h$。优势：切割部分采用甩刀与定刀的组合方式，长甩刀和短甩刀，分别对应沟底和垄面，捡拾率高，不易损伤宿根蔗蔸，拆装方便。不足：作业时易出现叶轮轴轴承损坏、剧烈振动等问题（杨坚等，2005）。

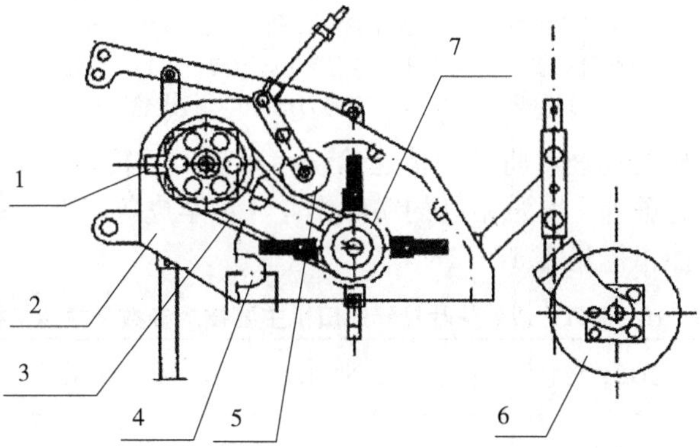


图 18－3　3SY-140 型甘蔗碎叶机结构

1. 变速箱　2. 机壳　3. 传动装置　4. 定刀　5. 张紧装置　6. 限位轮　7. 碎叶轮

(2) 4F-1.8 型甘蔗叶粉碎还田机（图 18－4）。　技术参数和性能指标：配套动力 58～66 kW、作业宽幅 180 cm、粉碎率≥80%、粉碎长度＜10 cm、生产率≥0.80 $hm^2/h$。优势：适应性强，各种地表情况都能作业，不受潮湿天气影响；作业质量好，无漏捡现象，粉碎效果好，覆盖率高。不足：该机器弹齿的结构易变形，导致传动部件易损坏，选用的皮带传动三角皮带较易磨损（梁明，2005）。

(3) 1GYF 系列甘蔗叶粉碎还田机（图 18－5、彩图 18－60）。该系列机具由传动系统、机架、前挡板、甩刀、定刀、刀辊、后挡板、限位轮和仿形集叶器等组成。工作原理：粉碎机配套动力来源于轮式拖拉机，通过三点悬挂结构挂接，利用万向节连接动力输入轴，经过变速箱加速将动力传递给粉碎机机身两侧的带传动机构，对称分部的大带轮和

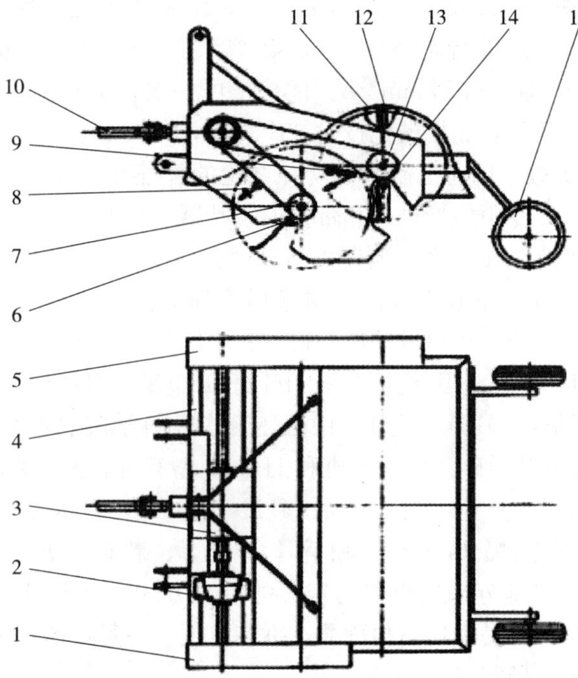


图 18-4　4F-1.8 型甘蔗叶粉碎还田机结构示意图

1. 链护罩　2. 摆线针轮减速器　3. 齿轮箱　4. 机架　5. 皮带护罩　6. 捡拾器总成
7. 链传动　8. 链张紧装置　9. 皮带张紧装置　10. 万向节　11. 罩盖　12. 固定刀片
13. 皮带传动　14. 粉碎刀球　15. 行走轮

小带轮。经过带传动机构加速，将动力传递给粉碎刀辊，刀辊以 1 800 r/min 的高速带动多组直刀弯刀，进行甘蔗叶、甘蔗秸秆的粉碎作业（董学虎等，2013；牛钊君等，2015）。其主要技术参数及性能指标见表 18-16。

**表 18-16　1GYF 系列蔗叶粉碎还田机主要技术参数及性能指标表**

| 指标 | 1GYF-120 | 1GYF-150 | 1GYF-200 | 1GYF-250 |
|---|---|---|---|---|
| 作业宽幅（m） | 1.2 | 1.5 | 2.0 | 2.5 |
| 捡拾率（%） | ≥98% | ≥95% | ≥95% | ≥92% |
| 碎叶率（%） | ≥80% | ≥80% | ≥90% | ≥90% |
| 粉碎长度（cm） | ≤20 cm | ≤20 cm | ≤20 cm | ≤20 cm |
| 生产率（$hm^2/h$） | ≥0.22 | ≥0.27 | ≥0.33 | ≥0.47 |
| 配套动力（kW） | 36～58 | 44～58 | 58～73 | 66～73 |
| 重量（kg） | 580 | 650 | 740 | — |
| 外形尺寸（cm） | 175 ×155 ×125 | 185 ×155×128 | 230×155 ×128 | — |

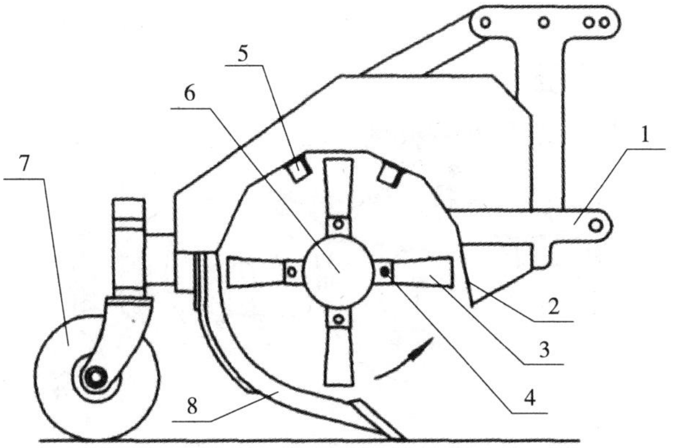


图 18－5　1GYF-250 型甘蔗叶粉碎还田机结构图

1. 三点悬挂　2. 机架　3. 动刀　4. 销轴　5. 定刀　6. 刀轴　7. 限位轮　8. 集叶器

（4）1GFS-150 型立式甘蔗叶粉碎深埋还田机（图 18－6）。技术参数和性能指标：配套动力 58～73.5 kW、作业宽幅 150 cm、粉碎率≥90%、粉碎长度<20 cm、深埋率 71.7%。优势：可一次完成甘蔗叶的粉碎深埋并对土壤进行深松，降低了功率消耗，减轻土壤板结效应，提高了工作效率。不足：结构单一，粉碎效果不如 1GYF 系列。安装单翼开沟犁后所占空间大且不利于机具平衡（李官保，2017）。

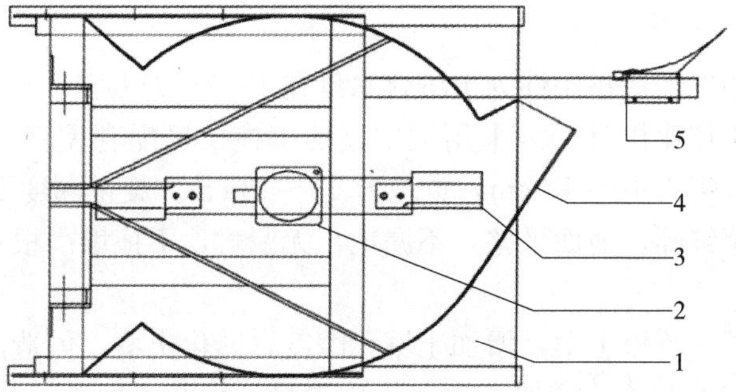


图 18－6　1GFS-150 型立式甘蔗叶粉碎深埋还田机结构简图

1. 机架　2. 变速箱　3. 粉碎刀　4. 引导装置　5. 单翼开沟犁

（5）1JFD-2 型双辊甘蔗叶粉碎还田机（图 18－7、彩图 18－61）。技术参数和性能指标：配套动力 73.5～102.9 kW、作业宽幅 150 cm、粉碎率≥93%、粉碎合格率≥94%，工作效率≥0.33 $hm^2/h$（黄伟华等，2019）。

## 二、收获后不留宿根蔗地田间处理机械化

### （一）定义

甘蔗收获后对不保留宿根蔗的蔗地采用配套农机具进行蔗叶粉碎还田、破残翻兜等机械化作业。

### （二）应用现状

我国宿根甘蔗的种植年限一般为 2～3 年，宿根蔗产量会随着宿根年限的延长而下降，

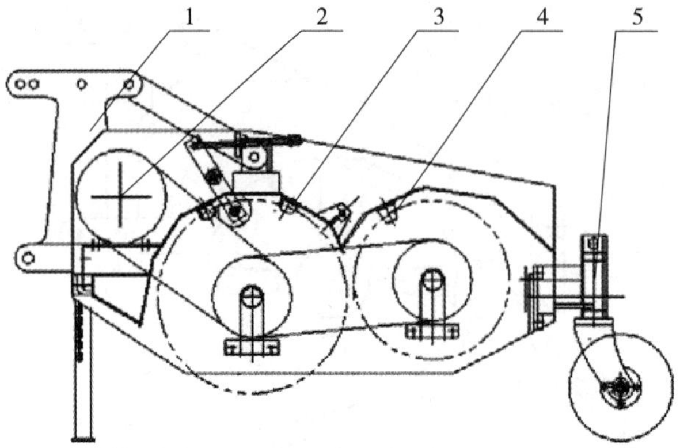


图 18-7　1JFD-2 型双辊甘蔗叶粉碎还田机结构简图

1. 机架总成　2. 传动系统总成　3. 一次粉碎系统总成　4. 二次粉碎系统总成　5. 行走机构

当宿根蔗产量显著低于蔗区平均产量时则不再留宿根。对不留宿根的蔗地，可采用蔗叶粉碎机将甘蔗叶和蔗蔸进行粉碎还田，并采用大型拖拉机配套宽幅重力耙对蔗地进行灭茬、破蔸，同时破碎表面 10～15 cm 的板结土层，耙碎土表蔗根和杂草，结合旋耕、深耕深松作业把部分碎蔗叶翻埋或搅拌到土层中（覃建才，2019）。

**（三）技术路线**

蔗叶粉碎→灭茬、破蔸→耕整地。

**（四）技术要点**

（1）作业田间条件：适耕条件为土壤含水量在 15%～25%。

（2）耙地、旋耕作业机具一般采用大中型功率拖拉机配套重耙、高速旋耕机进行作业。犁耙深度一般轻耙为 10～12 cm，重耙为 15～18 cm。旋耕深度要求≥20 cm。

（3）作业后土壤细碎，地面平整，不漏耙，无漏耕，不拖堆。根茬破碎长度<8 cm。

**（五）技术作用**

（1）打破犁底层，疏松土壤，增加土壤孔隙度，熟化土壤，创造深厚的耕作层。

（2）清理田间残茬杂草，增加土壤有机质含量，提高土壤养分供给能力和土壤保水能力。

**（六）作业机具**

目前，我国蔗区对宿根甘蔗破残翻蔸处理一般使用大中型马力拖拉机配套高速旋耕机来完成。蔗叶粉碎还田的机具研制与使用技术已相对成熟，近几年由中国热带农业科学院农业机械研究所研制的 1GYFH 型甘蔗叶粉碎混埋还田机，实现了蔗叶粉碎、旋耕两作业工序一次性完成。

**1. 构成**　主要由粉碎变速箱（加速）总成、旋耕变速箱（减速）总成、机架总成、粉碎系统、旋耕系统和限深地轮总成等机构组成（图 18-8）。

**2. 工作原理**　该机具与拖拉机的连接方式为标准后三点悬挂方式，粉碎变速箱的动力由拖拉机动力输出轴经万向节联轴器传递，再经两 V 带轮传递到粉碎刀轴高速旋转，完成甘蔗叶的粉碎作业；同时，动力通过与进入粉碎变速箱的一根通轴，经花键联轴器进入旋耕变速箱，经旋耕刀轴一侧的一组齿轮变速箱带动旋耕刀轴上的旋耕刀片旋转，完成旋耕作业（彩图 18－62）。

**3. 技术参数和性能指标**　甩刀采用 2 把 L 型改进型刀组合在刀辊上按不等距双螺旋线对称排列，甩刀刀辊转速为 1 600 r/min，甩刀切割线速度为 48 m/s。粉碎率 94%，混埋率 93%，工作效率 0.25 $hm^2/h$。优势：一次下地完成粉碎、旋耕作业（黄伟华等，2018）。

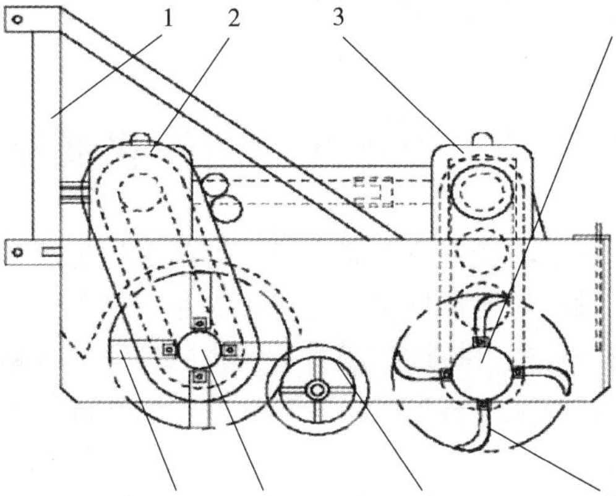


图 18－8　1GYFH 型甘蔗叶粉碎混埋还田机结构示意图

1. 机架总成　2. 粉碎变速箱总成　3. 旋耕变速箱总成　4. 旋耕刀轴总成　5. 旋耕刀
6. 限深地轮　7. 粉碎刀轴总成　8. 粉碎刀

## 三、存在问题及发展趋势

### （一）存在问题

**1. 破垄平茬技术**　小型作业机具，功能单一，作业效率较低；中大型作业机具，体积过大，适用性较差；且研发力度不够，产品更新换代慢。

**2. 地膜覆盖技术**　地膜覆盖技术的广泛应用造成了一系列的环境问题，在我国局部地区，残留在土地中的地膜已经给农业生产和环境带来了严重的影响。人工拾捡回收残膜效率低，劳动强度大，而残膜回收机的技术还不够成熟，在实际使用过程中存在各方面的问题，还达不到全面推广的条件。新型降解膜是残膜治理一个很好的发展方向，但因为其技术和成本的局限性，还不能有效在农业生产上推广使用（周乐等，2019）。

**3. 蔗叶还田技术**　甘蔗叶粉碎还田机的稳定性和耐用性较差，甩刀和粉碎轴轴承等部件易损坏，动力消耗大，作业成本高，容易损伤宿根甘蔗头（葛畅等，2016）。蔗区的环境变化大，蔗农种植和收获方式不同，增加了甘蔗叶粉碎作业的难度。甘蔗叶粉碎还田对甘蔗产量的影响不明朗，部分实施甘蔗叶还田的地块出现病虫害增加、甘蔗减产的现象（韦丽娇等，2011）。

### （二）发展趋势

甘蔗生产全程机械化技术是推动蔗糖产业发展的决定性力量，而甘蔗收获后宿根蔗地田间机械化管理是甘蔗全程机械化生产的一个重要环节。实践证明，破垄平茬、地膜覆盖、蔗叶还田等技术均是我国蔗区现有土壤肥力和气候条件下促进宿根蔗增产的重要措施。近几年，随着甘蔗平茬、破垄、覆膜、碎叶等机具研发力度的加强，以及农机农艺配套技术的日趋融合，甘蔗收获后宿根蔗地田间机械化管理技术得到了越来越广泛的应用。针对目前生产上存在的问题，除了加强新型复式多功能机械的研发，改造升级现有机具，还应加强社会宣传力度，提高公众对环保和地膜回收利用的意识，扶持从事新型降解地膜产品研发和地膜回收加工的社会化服务组织或企业，完善回收利用体系。同时，建立健全监测数据库，完善蔗叶还田技术效应评估方法，为蔗叶还田技术规范化应用提供技术保障。

## 第八节　甘蔗生产机械化展望

农业机械化和农机装备是转变农业发展方式、提高农村生产力的重要基础，是实施乡村振兴战略的重要支撑。没有农业机械化，就没有农业农村现代化。糖料蔗是我国南方重要的经济作物之一，蔗糖产业的可持续发展关系到我国食糖的战略安全。自 2017 年以来，推进甘蔗生产全程机械化就提上议事日程，同年 6 月，农业部等四部委联合印发《推进广西甘蔗生产全程机械化行动方案（2017—2020 年）》提出推进甘蔗生产全程机械化“五大行动”；2018 年 12 月，《国务院关于加快推进农业机械化和农机装备产业转型升级的指导意见》（国发〔2018〕42 号）颁布，文件明确提出到 2025 年全国甘蔗收获机械化率达到 30％的目标，实现甘蔗生产全程机械化的紧迫性进一步提升。

加强薄弱环节农业机械化技术创新研究和农机装备的研发、推广与应用，对推进我国农业机械化全程全面高质量高效升级发展具有重要的现实意义。甘蔗生产机械化要明确发展方向，着眼于“全程、全面”的要求，准确把握甘蔗收获机械化这个突出的薄弱环节，通过创新驱动和政策支持方面入手，抓好贯彻落实（罗锡文，2019a）。经过多年的努力，甘蔗机械化基本解决了“无机可用”的问题，工作重心由解决收获机械短缺转变为协调产业链的各方利益，当前的主要矛盾是，在制糖企业与农户、机收服务组织之间建立新的利益分配关系，即化解“工、农、服”之间的矛盾，“工”为糖企，“农”为蔗农，“服”为机收服务组织（区颖刚，2020）。

甘蔗生产机械化是一个系统工程，需要系统的解决方案。现阶段推进我国甘蔗生产机械化的发展关键在于做好以下几个方面：①继续进行机械化模式的研究，特别是丘陵山区甘蔗机械化模式的研究；②加强蔗区的宜机化技术研发，研究高效蔗田规划、宜机化整治、土壤改良、培肥地力等技术，并加大推广力度，为机械化生产提供基础条件；③加大力度支持农机农艺融合技术研发和试验示范，筛选适宜机械化生产的品种，建立甘蔗健康种茎标准化生产技术体系，研究丘陵蔗区保护性耕作技术、宽行距种植技术以及高效、低损农机作业技术；④构建甘蔗生产全程机械化适度规模经营体系；⑤探索适合本地区的土地集中流转模式；⑥完善技术装备体系，如高效种植机、中型跨行高地隙中耕机、大载药量无人植保机、高性能中型切段式收割机、适宜丘陵坡地使用的中小型整秆式收割机、合适的田间和公路运输车、高质高效的糖厂清选除杂系统和入蔗槽等；⑦完善社会化服务体系，努力提高各类组织的经营水平，规范建立机手培训模式；⑧建立和完善糖厂机收蔗预处理系统，构建“糖企＋蔗企＋机企”糖料蔗生产系统，建立“工、农、服”利益协调机制。

甘蔗生产全程机械化技术是推动蔗糖产业发展的决定性力量，并需要通过生产实践不断创新和发展（江垣德，2019）。同时，在甘蔗生产领域需加快信息技术、人工智能技术与机械化技术的融合，进一步提高机械装备的智能感知水平、自动导航水平、精准作业水平和智能管理水平。研制多功能耕整地、高速精准种植、精准施肥播种、精准施药、高效节水灌溉以及高效智能收获等高效智能作业装备，开展5G及新一代信息通信技术在农机装备的应用研究，促进甘蔗产业的可持续发展和现代化发展（罗锡文，2019b；罗锡文等，2021）。

## 参　考　文　献


陈世凡，2009. 甘蔗分段收获集中剥叶处理模式初探［J］. 广西农业机械化（6）：20-23.

程绍明，王俊，王永维，2013. 我国整秆式甘蔗联合收割机的现状和问题［J］. 现代农业科技（20）：193-194.

邓克杰，2017. 蔗叶机械化粉碎还田对土壤效应的思考［J］. 低碳世界（4）：264-265.

董学虎，卢敬铭，李明，等，2013. 3ZSP-2型中型多功能甘蔗施肥培土机的结构设计［J］. 广东农业科学，40（15）：180-182.

董学虎，李荣，李官保，等，2016. 国内外甘蔗中耕施肥机现状与发展趋势［J］. 农业机械（10）：143-145，148.

樊保宁，游建华，周秋惠，2020. 我国糖料甘蔗叶有效处理与利用［J］. 中国糖料，42（1）：77-80.

樊秋菊，黄清玲，吴合槟，等，2020. 国内外甘蔗收获机械化发展概况与前景［J］. 甘蔗糖业，49（6）：1-11.

樊仙，杨绍林，李如丹，等，2019. 不同铲蔸深度对甘蔗根系形态和生理特性的影响［J］. 热带作物学报，40（9）：1671-1676.

范军灿，2018. 突破广西甘蔗机收"瓶颈"的思考［J］. 广西农业机械化（1）：12-15.

范永申，王全九，周庆峰，等，2015. 中国喷灌技术发展面临的主要问题及对策［J］. 排灌机械工程学报，33（5）：450-455.

葛畅，李明，韦丽娇，等，2016. 热区甘蔗叶机械化还田技术探讨与研究［J］. 中国热带农业（1）：32-34.

葛畅，韦丽娇，李明，等，2019. 甘蔗叶还田对甘蔗生长及叶片SPAD值的影响［J］. 中国热带农业（5）：60-63.

广西农机化技术推广总站，2021a. 广西甘蔗生产全程机械化技术及推广应用［J］. 广西农业机械化（1）：29-34.

广西农机化技术推广总站，2021b. 广西甘蔗生产全程机械化技术及推广应用［J］. 广西农业机械化（2）：23-25，36.

广西农机化技术推广总站，2021c. 广西甘蔗生产全程机械化技术及推广应用［J］. 广西农业机械化（3）：33-34，39.

广西农机化技术推广总站，2021d. 广西甘蔗生产全程机械化技术及推广应用［J］. 广西农业机械化（4）：29-26.

广西农机化技术推广总站，2021e. 广西甘蔗生产全程机械化技术及推广应用［J］. 广西农业机械化（6）：21-24.

广西农机中心标准信息部，2020. 2020年广西甘蔗收获机质量调查报告［J］. 广西农业机械化（5）：14-

18，20.

广西壮族自治区农业机械化技术推广总站，2008. 广西农机化适用技术推广应用指南 [M]. 南宁：广西科学技术出版社，29-44.

郭家文，杨丹彤，2015. 甘蔗全程机械化生产技术 [M]. 北京：中国农业出版社.

韩周，2014. 甘蔗提升装载机的推广前景浅析 [J]. 云南农业 (9)：21.

何雄奎，刘亚佳，2006. 农业机械化 [M]. 北京：化学工业出版社，134-141.

胡朝晖，2020. 浅析我国甘蔗生产全程机械化的困境与前景 [J]. 甘蔗糖业 (3)：7-13.

黄炳林，2013. 广西农垦国有黔江农场蔗叶还田改土见成效 [J]. 吉林农业 (1)：84-85.

黄敞，刘海滨，王迎，等，2014. 甘蔗中耕施肥机发展探讨 [J]. 农业装备与车辆工程，52 (11)：14-17.

黄景剑，梁兆新，2017. 甘蔗全程机械化“桂中模式”作业技术规程阐述 [J]. 广西糖业 (4)：10-16.

黄伟华，李明，董学虎，等，2019. 1JFD-2 型双辊甘蔗叶粉碎还田机的设计与试验 [J]. 农业开发与装备 (10)：106-107.

黄伟华，严晓丽，等，2018. 1-GYFH 型甘蔗叶粉碎混埋还田机的设计与试验 [J]. 农机化研究，40 (1)：140-144，165.

黄卫，陈超君，陈永，等，2014. 上造甘蔗砍收期和破垄松蔸期对宿根蔗生长的影响 [J]. 广西糖业 (1)：9-13.

黄振瑞，彭冬永，杨俊贤，等，2007. 滴灌技术在甘蔗生产上的应用前景 [J]. 中国糖料 (3)：43-44，55.

蒋姣丽，2022. 广东深入开展甘蔗生产机械化“补短板”工作调研. 中国农业机械化信息网，http：//www.amic.agri.cn/secondLevelPage/info/37/132346，04-01.

江垣德，2019. 关于甘蔗生产机械化技术的思考 [J]. 广西农业机械化 (3)：6-8.

金诚谦，2011. 玉米生产机械化技术 [M]. 北京：中国农业出版社.

匡昭敏，欧钊荣，黄艳红，等，2021. 广西糖料蔗压榨期机收作业气候适宜性评估及应对气候策略 [J]. 甘蔗糖业，50 (1)：32-35.

雷石富，2009. 宿根蔗的开垄松蔸及栽培技术 [J]. 种业导刊 (7)：24-25.

李成宽，屈再乐，张贵苍，等，2017. 地膜全覆盖对旱地甘蔗产质量及效益的影响 [J]. 中国糖料，39 (1)：26-27.

李官保，2017. 1GFS-150 型立式甘蔗叶粉碎深埋还田机的研制 [D]. 海口：海南大学.

李明，邓干然，梁栋，1999. 我国甘蔗生产机械的现状与问题探讨 [J]. 农村机械化 (5)：15.

李明，黄晖，邓干然，等，2008. 我国甘蔗收获机械化的现状与发展 [J]. 农机市场 (8)：23-26.

李明，黄晖，邓干然，2008. 甘蔗种植机械的研究现状与分析 [J]. 农业机械 (22)：40-42.

李尚平，闫昱晓，徐冰，等，2021. 丘陵地区剪叉式甘蔗转运车调平控制系统设计与试验 [J]. 农业机械学报，52 (9)：19-32.

李添文，谭建能，李廷化，等，2020. 宿根蔗平茬技术应用效果分析 [J]. 农业研究与应用，33 (2)：30-32.

李杨瑞，朱秋珍，王维赞，2008. 甘蔗地定量施用糖厂酒精废液技术体系多点试验 [J]. 西南农业学报，21 (3)：749-756.

梁明，2005. 4F-1.8 型甘蔗叶粉碎还田机研制 [J]. 现代农业装备 (Z2)：99-100.

梁阗，何为中，谢金兰，等，2018. 宿根蔗一次性施肥黑白膜全覆盖栽培试验初报 [J]. 中国糖料，40 (1)：10-12，15.

梁兆新，2015. 甘蔗破垄施肥盖膜机械化技术及效益分析 [J]. 广西农业机械化 (3)：18-20，23.

梁兆新，2004. 甘蔗种植深耕深松技术及效益分析［J］. 广西蔗糖（1）：21-22.
廖平伟，2010. 我国甘蔗机械化生产的技术及经济分析研究［D］. 福州：福建农林大学.
林姣艳，黄朱业，覃莉莎，2005. 蔗叶还田与焚烧对改良土壤效果试验［J］. 广西蔗糖（3）：18-20.
刘连军，黎萍，李恒锐，等，2013. 宿根甘蔗地膜覆盖试验研究［J］. 中国热带农业（1）：48-49.
刘庆庭，刘晓雪，武涛，等，2020. 我国甘蔗机械化“十四五”规划与甘蔗产业可持续发展［J］. 现代农业装备，41（6）：2-9.
刘庆庭，莫建霖，李廷化，等，2011. 我国甘蔗种植机技术现状及存在的关键技术问题［J］. 甘蔗糖业（5）：52-58.
刘庆庭，莫建霖，区颖刚，等，2013. 我国整秆与切段 2 种甘蔗收获方式发展历程与前景分析［J］. 甘蔗糖业（6）：45-55.
刘庆庭，莫建霖，张华，2019. 推进我国甘蔗收获机械化发展的思考［J］. 农村工作通讯（4）：54-55.
鲁华，2021. 广西甘蔗收获机械化技术路线比较分析［J］. 农机质量与监督（3）：29-31.
罗全，赵明，黄素勤，2015. 甘蔗机械化栽培技术的研究［J］. 广西农业机械化（4）：11-14.
罗锡文，廖娟，汪沛，等，2021. 提高农业机械化水平促进农业现代化发展［J］. 中国农村科技（1）：6-11.
罗锡文，2019. “学习贯彻国务院 42 号文件大家谈”之二：补短板强弱项加快推进薄弱环节农业生产机械化［J］. 中国农机监理（3）：7.
罗锡文，2019. 农业人工智能的应用和思考［J］. 中国农村科技（5）：16-19.
马承琦，2019. 云南省甘蔗生产机械化发展研究［D］. 长沙：中南林业科技大学.
农宏亮，曾伯胜，范雨杭，2017. 甘蔗中耕施肥培土技术及发展趋势分析［J］. 广西农业机械化（3）：10-13.
牛钊君，李明，吴立宏，等，2015. 1GYF-200 甘蔗叶粉碎还田机传动系统的改进与试验分析［J］. 中国热带农业（6）：28-30.
钮公藩，2014. 原料甘蔗运输一种新模式的探讨［J］. 广西糖业（6）：3-8.
聂虎子，2018. 广东省甘蔗生产全程机械化现状及对策［J］. 现代农业装备（1）：27-29，47.
区颖刚，刘庆庭，杨丹彤，等，2018. 甘蔗生产机械化研究［M］. 无锡：江苏大学出版社.
区颖刚，2020. 对甘蔗全程机械化的思考和建议［J］. 农机质量与监督（2）：18-20，36.
区颖刚，2019. 我国甘蔗生产全程机械化现状与对策［J］. 现代农业装备，40（2）：3-8，42.
欧阳安，2022. 我国农用无人机产业发展现状及建议［J］. 农业工程（5）：5-9.
秦龙杰，白玉成，2006. 我国甘蔗收获机械发展前景［J］. 农业机械（6）：115-117.
覃建才，2019. 一种高效节本绿色甘蔗全程机械化生产模式介绍［J］. 农机质量与监督（2）：21-22，38.
覃双眉，韦丽娇，黄敞，等，2015. 2CLF-1 型宿根甘蔗平茬破垄覆膜机的设计与试验［J］. 广东农业科学，42（4）：157-161.
邱庆宁，2016. 节水灌溉技术在甘蔗生产上的应用［J］. 农田水利（20）：115.
孙悦平，吴有明，2010. 甘蔗装载机应用的探讨［J］. 广西蔗糖（1）：22-24，38.
汤瑞学，王华准，杨云福，等，2019. 3CP-460 型宿根甘蔗铲蔸破垄机性能试验［J］. 农业工程，9（11）：17-20.
田新庆，陈国晶，孙鹏，2006. 甘蔗收割机发展现状与前景展望［J］. 农业装备技术（5）：12-14.
王华准，陈昆，杨云福，等，2019. 云南省宿根甘蔗机械化管理的探讨［J］. 农业技术与装备（8）：91-92，94.
王晓鸣，莫建霖，2012. 甘蔗生产机械化现状及相关问题的思考［J］. 农机化研究（10）：6-11.

王艳红，2019. 国内甘蔗收获机发展现状［J］. 农业机械（1）：124-127.

韦丽娇，董学虎，李明，等，2019. 我国甘蔗机械化深施肥技术与装备研究进展［J］. 农业开发与装备（3）：156，161.

韦丽娇，严晓丽，李明，等，2017. 宿根甘蔗机械化管理技术研究进展［J］. 现代农业装备（5）：33-38.

韦丽娇，李明，卢敬铭，等，2011. 蔗叶机械化粉碎还田负面效应分析与控制［J］. 安徽农业科学，39（9）：5331-5333.

农业农村部全程机械化推进行动专家指导组甘蔗专业组，2020. 我国甘蔗机械化水平稳步提升糖业利益机制障碍凸显亟待攻坚突破-2019 年甘蔗生产全程机械化发展报告. https：//page. om. qq. com/，01-11.

王妍令仪，王元杰，2021. 农用无人机发展应用现状与政策建议［J］. 农业工程（1）：1-7.

吴传云，区颖刚，黄晓斌，2022. 我国甘蔗机械化面临的问题分析与措施建议［J］. 农机科技推广（4）：21-22.

吴传云，冯健，黄严车，等，2021. 我国甘蔗机械化现状分析与建议［J］. 甘蔗糖业，50（3）：11-15.

肖关丽，余兴华，周平，等，2013. 宿根蔗不同蔗桩高度蔗芽分布及萌发情况调查［J］. 中国糖料（1）：47-48，52.

徐振华，2016. 蔗叶还田机柔性刀工作过程仿真研究［D］. 广州：华南农业大学.

许树宁，王维赞，梁兆新，等，2014. 配套手扶拖拉机小型甘蔗破垄施肥机的研制与应用［J］. 热带农业工程，38（6）：1-5.

杨丹彤，黄世醒，区颖刚，等，2004. 我国甘蔗生产机械化技术与设备探讨［J］. 现代农业装备（5）：9-11.

杨坚，梁兆新，莫建霖，等，2005. 3SY-140 型甘蔗碎叶机振动仿真［J］. 农业机械学报，36（11）：68-71.

云南日报网，2018. 云南省甘蔗种植收获机械化程度提升［N］. https：//yndaily. yunnan. cn/，2018-03-17.

张长献，鲁华，2019. 广西甘蔗机械化收获现状及建议［J］. 农业工程，9（4）：5-9.

张华，林兆里，罗俊，等，2012. 我国甘蔗生产全程机械化的农艺技术分析［J］. 中国糖料（4）：73-75.

张桃林，2016. 大力推进甘蔗生产全程机械化［J］. 农机质量与监督（1）：4-7，38.

张真，2020. 虎狼环伺，甘蔗机市场谁能称雄？——供给篇［J］. 农机市场（6）：15-17.

赵丽萍，2014. 蔗叶还田对土壤理化性状、生态环境及甘蔗产量的影响［J］. 土壤通报，45（2）：500-507.

赵莹，2016. 我国甘蔗收获机械化推广应用现状与发展建议［J］. 中国农机化学报，37（9）：236-244，269.

赵勇，张跃彬，刘家勇，2017. 云南甘蔗全程机械化现状及思考［J］. 中国糖料，39（6）：75-77.

曾志强，区颖刚，余平祥，等，2017. 甘蔗机械化收获运输系统优化仿真研究［J］. 农机化研究，39（3）：12-16.

曾志强，周佐光，赖荣光，等，2010. 甘蔗机械喷雾标准化技术研究［C］. 国际农业工程大会现代农机新技术应用研讨会分会场论文集，上海，09-17.

郑小兵，2020. 整秆式甘蔗收获机新的生命力［J］. 农机市场（11）：26-27.

钟静海，龚卫新，陆长言，2014. 宿根蔗机械化盖膜技术推广相关问题分析［J］. 农业开发与装备（10）：95-96.

周乐，唐炜，谢建华，2019. 残膜回收机具研究现状及存在问题［J］. 新疆农机化（5）：13-15，32.
朱卫江，2019. 我国甘蔗机械化收获现状与发展路径选择［J］. 农机质量与监督（10）：30-32.
Boopathy R，Timothy B，Paulj T，2001. Microbial decomposition of post-harvest sugarcane residue［J］. Bioresource Technology，79：29-33.
Galdos M V，Cerri C C，Cerri C E P，2009. Soilcarbon stocks under burned and unburned sugarcane in Brazil［J］. Geoderma，153（4）：347-352.

# 第十九章

# 甘蔗收获与原料蔗管理

在北半球，每年进入10月后，甘蔗生长陆续进入成熟期，从生理生长转入糖分积累。甘蔗成熟的过程就是蔗茎内蔗糖贮藏、积累的过程，甘蔗植株在叶片中通过光合作用，首先形成葡萄糖，然后转化为蔗糖，这一转化、合成和积累的过程是一系列复杂的生物化学变化过程。早熟品种积累糖分要早一些，一般在11月甘蔗蔗糖含量就可达到13%以上，中晚熟的品种糖分积累要晚一些。甘蔗成熟后，糖厂就可以安排制糖生产，进入每年的榨季。为了搞好榨季生产，要对甘蔗收获和原料蔗进行科学管理，使糖厂在最适处理量内取得高质量、高收回、低消耗、低成本，获得最佳经济效益。

## 第一节　影响甘蔗成熟的主要因素

### 一、甘蔗植期与成熟期的关系

在同一蔗区、同一品种、同一栽培管理的条件下，植期越早，甘蔗生长时间越长，蔗茎组织干物质积累越多，成熟期也越早；反之，植期越迟，甘蔗生长时间缩短，成熟期推迟。

一般情况是：秋植蔗比宿根蔗早熟，宿根蔗比冬植蔗早熟，冬植蔗比春植蔗早熟，而春植蔗比夏植蔗早熟。

生长期较长，对提早积累蔗糖是有利的，但更重要的因素是由它的生势来决定。有时虽然生长期较长，但甘蔗生势未停顿，生活力仍很旺盛，还是不会提早积累蔗糖而成熟的。

宿根蔗比新植蔗早熟，宿根蔗中又以宿根年限长的较早熟。宿根蔗比新植蔗较早熟的原因，主要是它的生命活力不如新植蔗旺盛，株龄越老，越容易衰退，抗逆性减弱，因而到生长后期，如遇着不良生长的环境条件，就容易表现出生命停滞，从而转入成熟期。新植蔗由于生命力较强，即使遇到不利于生长的自然条件（如台风、低温、干旱等）影响，但如果环境条件稍有好转，仍能在秋冬季中继续生长，光合产物用于蔗茎生长多于积累，所以新植蔗的蔗糖分积累比宿根甘蔗慢。

### 二、土地种类与甘蔗成熟期的关系

同一品种在不同土地中，甘蔗成熟期的迟早和蔗糖含量高低有明显差异，这是由于土地含水分和肥力不同而造成的差异。

（1）一般高旱瘦瘠的土地比水丰肥足的土地早熟，成熟期由早到晚的排列依次是丘陵地、水浇地、水田。

（2）在地力肥沃、水源充足的蔗区，甘蔗一般比较迟熟，蔗糖含量的高低主要决定于氮、磷、钾施肥量多少和施肥期迟早。

（3）在旱坡地，向阳地块，由于光照强、温度高、昼夜温差大，甘蔗成熟期较早。背阴地块，光照弱，温度低，昼夜温差小，糖分积累慢，甘蔗成熟期较迟。

（4）不同海拔段蔗地与甘蔗成熟期的关系：在对流层中大气的热量是地面辐射供给的，海拔越高，离地面越远，获得地面供给的热量越少，温度就越低，海拔平均每升高100 m温度下降0.6℃。较高海拔的蔗地，气温较低，推迟了甘蔗不同生育期的正常生长，从而使甘蔗成熟期推迟和糖分积累减少。

## 三、施肥与甘蔗成熟期的关系

### （一）氮肥对甘蔗成熟期影响

氮素是甘蔗生长的必需养分，是每个甘蔗活细胞的组成部分。氮素也是甘蔗体内蛋白质、核酸和叶绿素的组成成分，叶绿素进行光合作用，使光能转变为化学能，把无机物（二氧化碳和水）转变为有机物（葡萄糖）和氧气。葡萄糖是甘蔗体内合成甘蔗糖分的重要原料。

氮素在甘蔗生长的前中期，有重要的促长作用。但是氮肥用量不宜过多，过量施用氮素时，甘蔗叶绿素含量增多，能使叶片更长久地保持绿色，以致有延长生育期、使甘蔗产生贪青晚熟的趋势。因此当甘蔗进入成熟期，过多、过迟施用氮肥，一方面营养物质会较多输送到梢头生长点及心叶部位，使植株保持旺盛生势，另一方面会使甘蔗继续萌发新根吸收水分、养分供蔗株继续向上伸长，这样就减少了甘蔗糖分积累作用，不利于甘蔗糖分的贮存积累而延缓成熟。

### （二）磷肥对甘蔗成熟期的影响

磷是甘蔗体内核酸、蛋白质和酶等多种重要化合物的组成元素。磷在甘蔗体内参与光合作用、呼吸作用、能量储存和传递、细胞分裂、细胞增大和其他一些过程。它能加强甘蔗根系发育，促进分蘖，增加叶的宽度，使茎径增粗和节间伸长，对甘蔗生长和产量有着重要影响。

在蔗糖形成和积累的过程中，磷素成为这个过程中间产物如二磷酸果糖和磷酸蔗糖等所必需的组成元素，因而对甘蔗有促进成熟、提高早熟甘蔗品种蔗糖分的作用。但是对迟熟甘蔗品种，用磷过量会使甘蔗蔗糖分有所下降。

### （三）钾肥与甘蔗成熟期的关系

钾是甘蔗的主要营养元素，同时也是土壤中常因供应不足而影响甘蔗产量的三要素之一。钾与氮、磷不同，它不是甘蔗体内有机化合物的成分。钾在甘蔗代谢活跃的器官和组织中分布量较高，具有保证各种代谢过程的顺利进行、促进甘蔗生长、增强抗病虫害和抗倒伏能力等功能。

甘蔗配施适量钾肥不但可增加产量而且会提高甘蔗品质。施氮的甘蔗，蔗糖分是随施氮量的增加而不断下降，而配施钾肥会使蔗糖分大幅度地恢复至原来的水平。这是植株组织中氮的浓度降低的结果。在高水平的施氮条件下，钾对蔗糖分有最佳的维持效应。

## 四、自然气候与甘蔗成熟期的关系

甘蔗成熟过程中，受外界自然条件的影响，表现有不同的成熟期，变化十分复杂。尽管影响变化的因素很多，其中降水量是主要因素，对甘蔗成熟期的迟早起着决定性作用。

根据甘蔗生物学特性，要获得高产高糖，在生长期要有高温多湿的环境，在甘蔗成熟初期需要有干旱低温的环境来调节甘蔗的生长和成熟。春、秋雨季降水量多少和雨季迟早会直接影响到生长迟早快慢，因而又影响到甘蔗成熟的迟早。

甘蔗生长进入 9、10 月以后，生理需水量已逐渐减少，有适度的干旱，比较低温，日夜温差大和光照充足的环境，才有利于甘蔗转入成熟和积累蔗糖。如果生长后期，高温多湿，则有利于甘蔗继续伸长，也就是延迟了甘蔗成熟，早期糖分低。

降水量、降水日数和日照时数三个因素是互相密切联系的。降水日数多，降水量就多，日照时数也相对少。它们对甘蔗蔗糖分的影响都有共同作用。降水量多，甘蔗植株大量吸水，使蔗汁锤度下降，从而延迟成熟。日照时数少，光合作用所合成的蔗糖也就少。因此成熟初期降水量与蔗糖分成负相关的关系，与日照时数成正相关的关系。

甘蔗在成熟期，对水分要求是“润”而不干，在榨季生产期间如遇久旱情况，则蔗汁品质不良，蔗茎含水量少，虽然蔗汁锤度高，蔗糖分高，但非蔗糖分也高，蔗汁纯度相应降低，杂质多，增加制糖过程澄清和煮炼工序的难度。

如果降水量适中，蔗茎适当吸收了水分，虽然冲淡了蔗汁锤度，但蔗汁纯度却相对地提高了，降水期间蔗糖分稍有微量下降的现象，这是由于蔗茎内外，尤其是外表皮增加了“皮重”，因而可能降低了蔗糖分（其实甘蔗所含蔗糖量并不降低）。雨后，蔗糖分和蔗汁纯度上升很快，尤其纯度显著提高。

# 第二节　甘蔗成熟的特征

## 一、甘蔗成熟的外表特征

甘蔗进入成熟后，蔗茎生势萎停，甘蔗株高生长十分缓慢，逐步减弱而致停止。从田间观察，甘蔗梢部的节间长度逐渐缩短，茎径亦随之逐步收缩，表示甘蔗已进入成熟的阶段。

### （一）叶片的变化

甘蔗进入成熟期后，叶片枯黄，叶色由青绿转变为枯黄，青叶片数逐渐减少，枯叶片数由下而上逐渐增加，多数叶片渐次枯黄脱落，青叶剩六七片，梢部青叶直立而硬。从田间观察，呈现一片自然萎黄的现象。由于光合作用所吸收的碳素绝大部分作累积蔗糖之用，植株的含水量及需水量均减少，所以叶片生长慢，某些品种还会孕穗开花。

### （二）节与节间的变化

节间颜色较深，有些茎节曝晒在阳光下，多呈深红或紫红色，茎纤维增多，蔗蜡脱落。蔗髓有黏液。剖开蔗茎，甘蔗髓部有较高浓度的糖液存在于细胞中，在阳光照射下呈现玻璃状反光，用手接触汁液，有黏质感。

## 二、甘蔗成熟的内在特征

甘蔗成熟的过程就是蔗茎内蔗糖贮藏、积累的过程。甘蔗植株从叶片中通过光合作用，首先形成葡萄糖，然后转化为蔗糖。这一转化、合成和积累的过程是一系列复杂的生物化学变化过程，同时又受体内转化酶的活性所控制。

蔗糖的贮藏是由叶片输导至蔗茎，再由蔗茎从上而下向基部节段输送，因此，甘蔗的成熟是由一个节段到另一个节段，由下而上地逐步成熟，而不是全茎一致的成熟。

从甘蔗生长期开始，叶片的同化产物，绝大部分供给植株生长拔节生叶之用，仅以少量的还原糖和微量的蔗糖，往下输送到茎基部。在甘蔗继续拔节和伸长生长旺盛时期，蔗糖大部分用于生长，多余的才贮存于细胞的液泡中，不足的时候，液泡中的酸性转化酶还要继续把贮藏的蔗糖进行转化，以供生长需要。

甘蔗成熟中后期，中部节段的糖分已和基部一致，甚至可能稍微高于基部节段，梢部节段的蔗糖分也迅速上升。但当甘蔗过了最成熟阶段，梢部叶片枯黄，梢部节段的锤度会超过基部节段，基部节段的蔗糖可能转化成为还原糖，逐渐向根部或地下茎、芽输送，即逐渐出现“回糖”现象，这是甘蔗“过熟期”的表现。

从甘蔗田间锤度检查情况来看，可以明显地看到蔗茎锤度的升高存在由下而上的逐步顺序性。当甘蔗过熟回糖时，其蔗茎锤度的下降也是存在这样由下而上的逐步顺序性。

## 三、甘蔗成熟的标志

一般说的甘蔗成熟，是指工艺成熟，是指蔗茎中蔗糖分积累达到最高峰，蔗汁纯度达到最适于工厂压榨制糖的收获时期。成熟是对蔗茎糖分积累程度而言，自蔗茎上下锤度的比值在 0.9～1.0 时称为工艺成熟期，其中在 0.9～0.95 为成熟初期，达 0.95～1.0 时为全熟期，大于 1.0 时为过熟期，俗称“回糖”。依据甘蔗的成熟情况，可把甘蔗成熟度分为 5 个等级（表 19－1）。

**表 19－1　甘蔗成熟度的分级标准**

| 成熟度等级 | 田间锤度标准（°Bx） | 锤度比标准（%） | 甘蔗蔗糖分标准（%） | 蔗汁重力纯度标准（%） |
|---|---|---|---|---|
| 甘蔗未成熟，蔗汁质量低劣 | <15.0 | <65 | <9.0 | <68 |
| 开始成熟，但蔗汁质量不好 | 15.0～17.5 | 65～79 | 9.00～11.0 | 68～78 |
| 逐渐成熟，蔗汁质量尚好 | 17.5～19.0 | 80～89 | 11.0～13.0 | 78～83 |
| 甘蔗成熟，蔗汁质量良好 | 19.0～20.0 | 90～95 | 13.0～14.0 | 83～86 |
| 甘蔗最成熟，蔗汁质量最好 | >20.0 | 95～100 | >14.0 | >86 |

## 四、原料蔗的主要成分

成熟原料蔗茎的化学成分，主要是水分、蔗糖分、纤维分、还原糖分、其他非糖分五大类。

| | |
|---|---|
| 水分 | 70%～75% |
| 蔗糖分 | 12%～18% |
| 纤维分 | 9%～14% |
| 还原糖分 | 微量至 3% |
| 其他非糖分 | 1%～3% |

蔗汁中的还原糖和其他非糖分包括：葡萄糖、果糖、多糖、灰分、含氮化合物和有机酸类等（图 19－1）。

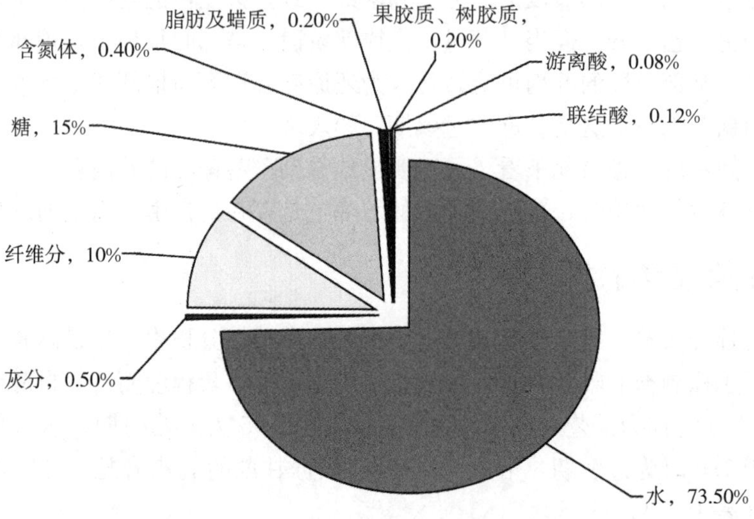


图 19－1　成熟原料蔗茎主要化学成分比例

在糖厂压榨的过程中，原料蔗榨出蔗汁和蔗渣两大类，蔗汁占 75%～78%，蔗渣占 22%～25%。蔗汁中水分占 60%～63%，蔗糖占 12%～18%，非蔗糖占 2%～3%。蔗渣中水分占 45%～52 %，蔗糖占 0.2%～0.4 %，纤维占 42.5%～48%，其他为灰分和其他杂质。

甘蔗采收后放置时间过长，蔗糖分会因为微生物和呼吸作用而转化为还原糖或多糖（葡聚糖）、醋酸等。此时蔗汁的 pH 较低，一些非糖分会转化为有害胶体。因此制糖厂要采用成熟新鲜甘蔗，采收后的甘蔗要及时入榨提汁，把甘蔗中应有的蔗糖尽快收回。

# 第三节　原料蔗收获技术

原料蔗即原料甘蔗，是指符合国家标准《糖料甘蔗》（GB/T 10498—2010），提供给糖厂进行加工生产食糖的甘蔗蔗茎，因此，成熟后甘蔗应根据国家的标准进行收获提供糖厂生产使用。

## 一、甘蔗收获时间

甘蔗收获要按早熟早收的原则进行，一般来说，早熟甘蔗品种选择在榨季前期收获，中熟品种选择在榨季中期收获，而晚熟品种选择在榨季后期收获，这样可利用甘蔗品种的最高糖分，使制糖企业获得最大的经济效益。

从植期来说，应先砍秋植蔗、宿根蔗，再砍冬植蔗，最后砍春植蔗。但是，早中晚熟品种中都有秋植、冬植和春植、宿根等不同的栽培制度，则应根据糖厂小样本的检糖资料，来确定甘蔗收获的时间，原则上是先成熟的先砍。

在有低温或霜冻地区，为保证宿根蔗的萌发，新植甘蔗应选择“立春”后收砍较好，这样可避免低温对宿根蔗芽的影响。

## 二、甘蔗收砍技术

甘蔗收获一般采用砍刀进行收砍，收砍后的蔗桩不外露，甘蔗低砍，不仅可以增加当年4%～6%的甘蔗产量和提高一定的蔗糖分，而且可以有效地促进翌年宿根蔗的萌发，还可以有效防治甘蔗虫害。

一是适时砍收，保护蔗蔸。

二是收砍工具要求锋利，砍面要平，减少病菌感染。

三是砍收的甘蔗原料要求蔗梢削去生长点以下10 cm左右，蔗茎不带泥、须根和叶鞘及其他夹杂物，枯死蔗茎和1 m以下的蔗笋不能作为原料蔗。砍完甘蔗必须及时运输进厂加工，防止蔗糖转化造成损失。甘蔗收砍后，清理田间蔗叶，将蔗叶堆放蔗地行间，减少土壤水分蒸发，保持土壤水分，接受阳光增加地温。

## 三、机械化收砍

甘蔗收获工作强度大，近年来，随着我国现代甘蔗农业的发展，各地在积极推广甘蔗机械化收获技术。

甘蔗机械收获按收获方式分分段式收获和联合收获两种，其中分段式收获机械包括甘蔗割铺机、甘蔗剥叶机等类型，多数属于整秆式收获机械。而甘蔗联合收获机包括整秆式联合收获机和切段式联合收获机两大类型。

**1. 甘蔗割铺机** 多数为自走式的小型割铺机或配套中小型轮式拖拉机，较为方便在甘蔗田间转移作业，配套动力多数为4～25 kW，一般由圆盘切割刀、带拨指的链式扶蔗器和铺放装置等组成。作业时扶蔗器把倒伏的甘蔗植株扶起来，同时蔗根被圆盘切割刀切断后经铺放装置横向铺放在地面上。

**2. 甘蔗剥叶机** 多数为小型自走式剥叶机或手扶拖拉机作为配套动力式，以方便在蔗田间移动作业，适应横向铺放成堆的甘蔗剥叶作业。剥叶元件的使用寿命，剥叶效果是剥叶部件设计的关键，也是甘蔗收获机械设计的难点。过去国内外研制的剥叶机均采用橡胶剥叶部件，由于橡胶部件易磨损，寿命短，且对于弯曲、大小不均的甘蔗植株适应性差而未能大面积应用。而近年研制的剥叶机通过采用尼龙丝状和剥刷总成等剥叶部件，综合性能有所提高。

**3. 甘蔗联合收获切段式收获机**　其工艺过程主要有分蔗、扶蔗、切梢、切蔗根、输送蔗株、除杂、切段、输送蔗段并筛除泥沙、风选除杂、蔗段装车等。作业时，切梢圆盘刀切断甘蔗梢并将其抛向已切割地面，割台两侧的螺旋扶蔗器把甘蔗植株导入割台。甘蔗植株被机架推向前倾斜，根部被底部的圆盘刀切断，蔗株经提升辊和上下输送辊送到切段装置，被切成 25～40 mm 的甘蔗段先后经 2 个轴流风机吸除轻杂物，较重杂物在升运器的底板孔中排出机外，甘蔗段则由升运器抛送入平行行驶的装运车中。甘蔗切段式收获机收获的甘蔗，必须在 24 h 内送到糖厂进行压榨，否则会引起原料变质和糖分损失。

甘蔗切段式收获机，代表机型为凯斯-7000 型切段式甘蔗联合收获机、广西农机研究院的切段式甘蔗联合收获机。

**4. 整秆式收获机**　整秆式甘蔗联合收获机工艺过程一般为分蔗、扶蔗、切梢、切蔗根、剥叶、集堆等。作业时集梢杆将蔗梢引入切梢圆盘刀，切下的甘蔗梢由拨梢轮抛向已切割地面，甘蔗植株被推梢杆推向前倾斜，由双圆盘切割刀切断甘蔗根部，并倒伏于切割刀盘上。在切割刀盘面、喂入拨轮和提升辊的共同作用下，喂入剥叶装置进行剥叶作业，将叶清出机外，甘蔗送入机后的装运车内。代表机型有 4GL-1 型、KALTOR-80 型等。

整秆式收获机，甘蔗断口少，可储存较长时间，原料蔗损失少，收获和装运可分开进行。但收获的甘蔗由于车厢利用率低而不便于装运，另外对严重倒伏的甘蔗收获适应性较差。

## 第四节　原料蔗管理技术

原料蔗管理指甘蔗成熟后，根据制糖生产的需要和甘蔗的生长成熟情况，组织原料蔗收获、运输、甘蔗蔗场管理到入榨等一系列环节，主要工作包括榨前甘蔗估产、优化砍运计划编排，甘蔗砍运组织管理（含运输车辆管理）、蔗款计算等内容。

原料蔗管理的目标就是为制糖生产提供充足、优良、成熟、新鲜、干净的原料甘蔗，最大限度地为糖厂提高产糖率做好原料管理工作。

### 一、榨前甘蔗估产与测糖

榨前估产与测糖是糖厂砍、运、榨工作前期的重要环节，准确估产是决定开榨时间、合理安排榨季生产计划、制定原辅材料采购计划，资金准备和市场营销策略的重要依据。估产准确，可以提高辅材料采购计划准确性，减少辅料浪费；同时更好地把握市场机遇，适时销售，提高效益；准确的榨前估测，对合理安排砍运计划、榨季生产计划以及提高回收、降低成本具有十分重要的意义。

#### （一）榨前甘蔗估产

榨前估产一般在 10 月进行，此时甘蔗生长从伸长阶段转入成熟阶段，产量基本稳定。估产的方法有两种，一是典型估产，调查公顷有效茎数，单茎重（茎长、茎径）求取每公顷产量；二是逐块、逐户经验估产，根据具体田块，农户与典型估产进行对比分析，得出每个地块或农户产量，统计汇总后即为农业总产，再减去用种部分，就是当年甘蔗工业入榨产量。在榨季中期，甘蔗进厂量达到榨前估产数的50%左右时，还需要对所剩甘蔗进行一次较详细的产量调查，以便根据调查结果，调整生产计划，做到平衡收榨。

榨前估产一般要进行3个方面的估产，即农业产量、计划用种量、工业产量。

**1. 农业产量** 根据片区内海拔分布情况、甘蔗季数结构情况、品种结构情况、本年降水情况、施肥情况、中耕管理情况、各地块面积情况以及今年甘蔗长势与上年长势和产量对比情况，进行到户、到地块估产。首先对农户一个地块一个地块地进行估产，汇总得出农户的估产量，再以户汇总得出村社小组的产量，最后以各小组汇总得出片区或村农业估产量。

**2. 计划用种量** 这里所指的计划用种量，主要是冬、春植的计划用种量。对于计划用种，同样要估算到户及具体地块。根据冬、春植规划的地块面积及种植品种，进行种苗供应，一是农户自己有适合品种的就自砍自种；二是农户无适合品种的，就在其他农户最近地块留种：三是要尽量采用新植蔗的蔗梢做种。

**3. 工业产量** 估产结果出来后，农业总产减去计划用种量，得出工业入榨量。

甘蔗估产的基本公式：

$$公顷有效茎数=每平方米有效茎（条）\times 10\,000\ m^2$$

$$公顷产量=平均单茎重\times公顷有效茎数$$

$$农业总产=公顷产量\times种植面积$$

### （二）甘蔗榨前糖分分析

为及时掌握甘蔗糖分积累情况，了解不同品种在不同海拔范围、不同时期的糖分积累规律，在每年开榨前应组织大范围的榨前糖分分析工作。

开榨前以榨区为单位，兼顾品种结构、海拔分布、甘蔗季数、地块情况、蔗园类型等情况，选择具有代表性的点取样进行糖分分析，计算出各海拔段、各品种及综合的甘蔗蔗糖分情况。

**1. 取样地点的确定**

（1）海拔段划分。为了分析各海拔段蔗区对甘蔗糖分的影响程度，各糖厂蔗区根据自身蔗区情况进行海拔段的划分，如某糖厂将蔗区海拔划分为4个段：400 m以下、400～800 m、800～1 200 m、1 200 m以上。各片区对号入座，涉及哪几个海拔段就分为哪几个海拔段。

（2）分区。根据每个海拔段的甘蔗面积分布情况，采取分区选点，一个海拔段划分为三个区，原则上每个区要覆盖确定的待测品种。

为了减轻糖分分析工作量，同时确保结果的代表性，一个榨区的待测品种对象确定为4～6个，其中，主栽品种定为必测品种，另加测1～2个品种，但必须把握住所测品种的种植面积，达该榨区的总种植面积的90%以上。

（3）选点。在每一个区当中，各个品种结合地块土壤水分、蔗园情况、植期等情况各选3个点。

**2. 取样进行糖分分析** 对每个取样点进行取样时，要注意好、中、差搭配取样。要尽量送化验室进行化验分析，确实无法送中心化验室进行化验的，可采用手持锤度计进行观测。

在选点及取样时要注意有代表性：

新植宿根各品种取样点的数量，要根据该海拔段范围内，新植面积与宿根面积的比例确定；水田蔗、旱地蔗取样点的数量应根据水田蔗与旱地蔗比例进行确定；对于典型的当阳地或背阴地，以及严重积水或旱灾等面积，不能选为取样点。

对于送化验室进行化验的，要做到及时取样、及时送检、及时化验，当天的样最迟必须在次日上午化验结束。

## 二、甘蔗优化砍运计划编排

甘蔗估产和榨前检糖分析后，根据甘蔗原料的成熟度，制糖企业就可以根据各地甘蔗产量、糖分成熟规律，制定编排甘蔗原料砍运方案，并组织实施。

砍运计划的编排是以一个糖厂的蔗区基本情况为基础，根据各片区品种结构、植期、海拔、蔗园类型、熟次、道路、劳力等因素，按照一定的操作程序编排出整个榨季到村（片区）、到组、到户的甘蔗砍运顺序。

砍运计划的编排核心是根据甘蔗糖分分析的结果，以各时段糖分最相近的品种进行归类，排出各时段主要砍收品种及各品种砍运的先后顺序，再结合道路、劳力、植期、甘蔗长势等情况，由农务员协助辅导员编制计划。

砍运计划要本着“先熟先砍，适时砍收”的原则，先砍要轮作的甘蔗，再砍宿根、秋植甘蔗，最后砍新植甘蔗，总体按“先易后难”确保统一收榨。

从榨季中期开始要考虑收砍边、远、散、难的甘蔗，最后以主道边及拉运方便的面积进行收尾，过程中要考虑到大户的用工问题，尽量做到连续砍蔗，根据糖分变化，前期以各时段最适宜砍收的品种来确定砍收品种对象，中后期以各品种最适宜砍收时间确定各时段的砍收品种对象。

对于往年常发生火灾、霜冻灾害、倒伏的蔗地，要尽量考虑靠前安排收砍。

## 三、原料蔗的榨季砍运组织管理

糖厂榨季原料蔗收购砍运组织管理是一项综合性强、涉及面广的系统性工作。砍运组织得好坏，直接影响到制糖企业的出糖率、蔗糖产品质量以及企业、蔗农的直接利益，对提高制糖企业经济效益、提高蔗农种蔗积极性、提高原料发展水平有着十分重要意义。

在整个榨季的砍运过程中，要遵循“统一、平衡、灵活”六字方针，严格执行砍运组织管理规定，强化检查监控程序，做到合理分工、统筹协调、紧密配合，高度衔接，最终实现砍、运、榨高度平衡，同时确保砍运与种植不发生矛盾。

### （一）农务人员职责分工与管理

砍运组织管理工作主要有农务调度、质检员、辅导员、挂片农务员和联络员共同协作完成，互相之间必须做到分工明确、紧密联系、高度配合，在砍运中各自的主要职责及分工如下：

**1. 农务调度职责**

① 统筹负责整体砍运榨平衡工作，对榨前道路复修、总计划编排等工作进行督导，

并对结果进行检查验收。

② 对各片区所上报的计划进行检查把关后，分片、分村、分户录入微机管理系统，砍运过程中监督各片区计划，灵活、有序地安排阶段计划及组织砍运。

③ 根据各片区的甘蔗进厂计划对车辆进行分片定片，结合各片区的拉运情况及各运输车辆情况，对车辆定片进行微调和调派。

④ 随时掌握生产及蔗场存蔗情况，与原料总监、农务总调联系汇报，根据生产情况及存蔗情况，对砍运阶段计划进行合理调整。

⑤ 随时掌握各片区甘蔗砍削质量、砍运等情况，对所存在的问题及时与片区辅导员联系，指导整改及协助调整处理。

⑥ 协助组织每 10 d 一期的榨季农务工作会议，根据生产及各片区的砍运、余蔗等情况，对整体及各片区阶段计划进行调整，并签发书面通知（调度令）。

⑦ 对不按规定进行的砍、运等行为，根据规定进行查处；随时向原料总监、农务科长汇报砍、运、榨情况，遇特殊情况及时汇报并第一时间组织处理。

⑧ 完成公司领导及农务科交办的其他事项。

**2. 质检员职责**

① 对进厂的每一车甘蔗品种及质量，包括砍削质量和砍运时间等进行评定、扣杂，并做好相关的质检记录。

② 做好甘蔗进厂记录台账，包括片区、户主、编号、起运地点、承运人、进厂车次、进厂时间、质量情况、票据是否相符等。

③ 对严重存在质量问题的（扣杂达 5%及以上）或品种、票据不相符等，及时与调度和责任片区辅导员联系，并做好记录台账，每天下班前与调度共同总结分析本日的砍运及质量情况，并提出相关整改意见及下一步应注意事项。

④ 编排并填写进厂甘蔗的进厂编号，每天下班前与地磅房核对进厂车数是否相符。做好各种特殊情况的记录台账。

⑤ 完成公司领导及科交办的其他事项。

**3. 挂片农务员职责**

① 主要侧重于新良种、新技术推广及宣传发动等种植发展工作，同时协助开展好砍运组织工作；对所负责片区的业务、工作全面进行督导。

② 对砍运、种植工作进行双向协调，与村委会、政府工作组积极配合，搞好种苗、劳力、车辆、用水等合理调配，保证砍运与种植不发生矛盾。

③ 参与所负责片区道路复修，水利复修、互助组组织、总计划编排等榨前准备工作的组织和验收，并在运行和使用过程中参与管理、组织和实施。

④ 收集群众意见，了解和掌握蔗农的心态和意愿，随时向科和公司领导汇报，处理好各种热点问题。

⑤ 完成公司领导和科交办的各项工作。

**4. 辅导员职责**

① 榨季侧重于砍运组织工作，协助开展好种植发展工作。

② 在挂片农务员的监督和指导下，对所辖片区所有业务及管理工作全面负责。

③ 合理编排砍运总计划，严格按总计划及农务调度室的调度通知要求，安排好砍运工作。

④ 进行本片车辆的合理调派、保证片区砍、运平衡，严把砍削质量，确保甘蔗新鲜入榨。

⑤ 按规定负责砍运票据的领取，保管、填写、报送等工作，保证不遗失或违章使用一张票据。

⑥ 随时与调度密切联系，最多不超过 3 d 回调度室一次，重点了解本片砍运完成情况、存在问题等，并按调度、质检员的要求进行整改和完善。

⑦ 随时掌握所辖片区内各农户的甘蔗种植情况、农贷情况、思想状态等动态消息，合理地引导和实施管理。

⑧ 完成公司领导和科交给的各项工作。

**(二) 榨季车辆管理**

一个榨区榨季对所需运蔗车辆数量的确定，要根据本榨区的总体计划日进蔗量、甘蔗运距、道路拉运难易程度以及在本榨区长期相对固定使用车辆的车况等因素来综合确定。各片区所需的车辆数量及车型，同样要根据各片区的进厂日额、运距、道路条件等因素合理确定。一般运距比较远的片区要考虑安排车况较好的车辆，道路比较平整且比较近的片区可多考虑使用拖拉机，道路比较难走的片区要尽量使用车况较好、驾驶员操作比较熟练的车辆，有的片区道路比较狭窄，要尽量考虑使用一些小型车辆，对于一些车况较差或驾驶员操作相对生疏，但不得不使用的车辆，要尽量安排在距离比较近、道路条件比较好片区拉运。

所有的运蔗车辆调派（跨片区），必须通过农务调度安排。

## 第五节　原料蔗高效管理信息化技术

建立信息化社会是21世纪重要的主题，工厂信息化是信息社会的重要组成部分。目前国内大多数工业企业的信息化管理已从人事、财务、办公等“软管理”，逐步深入到物流管理、生产管理、经营管理、市场管理，以及糖厂的经营管理、资源消耗、安全生产、环境污染产生直接影响等供应链管理的各个方面，信息化对工业企业的赋能作用正在展现。利用微机网络技术，可以将农务管理工作的蔗区基本情况、甘蔗种植数据、农资分配、贷款管理、砍蔗计划、车辆调度、过磅结算等管理环节有机地结合起来，形成一套完整的管理系统，实现甘蔗管理的高效、规范、有序运行，使计划和调度更加科学、合理，可以大大提高制糖企业的经济效益和竞争力。

### 一、原料蔗农务信息系统结构

原料蔗管理系统根据甘蔗生产管理和优化砍收计划的需要，主要从“蔗农档案信息管理、甘蔗种植规划和品种布局、甘蔗农资与贷款管理、原料优化砍运、收购过磅结算”等5个方面的功能进行设计（图 19－2、图 19－3）。

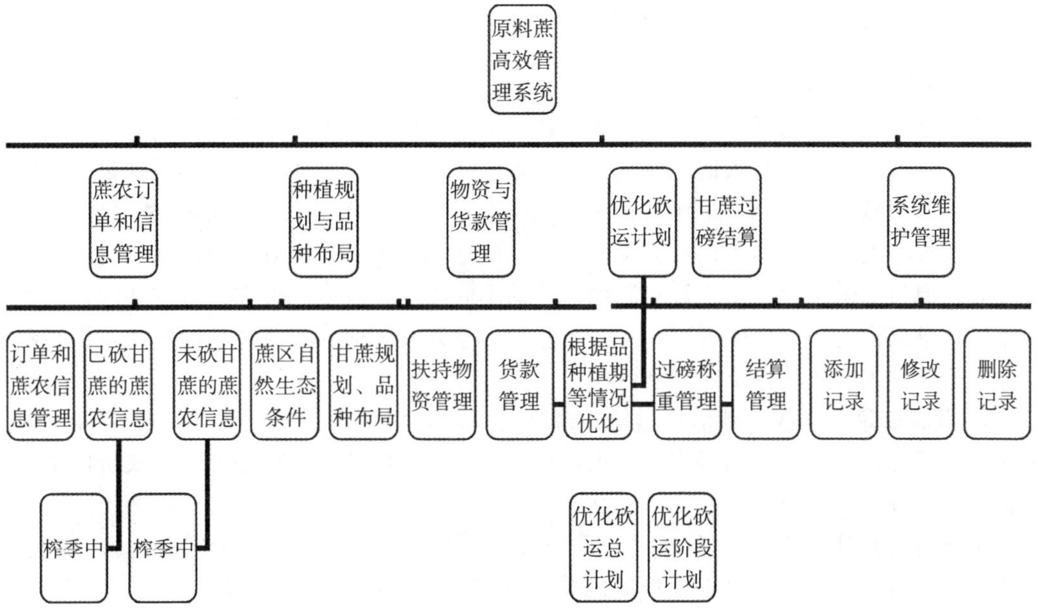


图 19－2　原料蔗高效管理系统结构

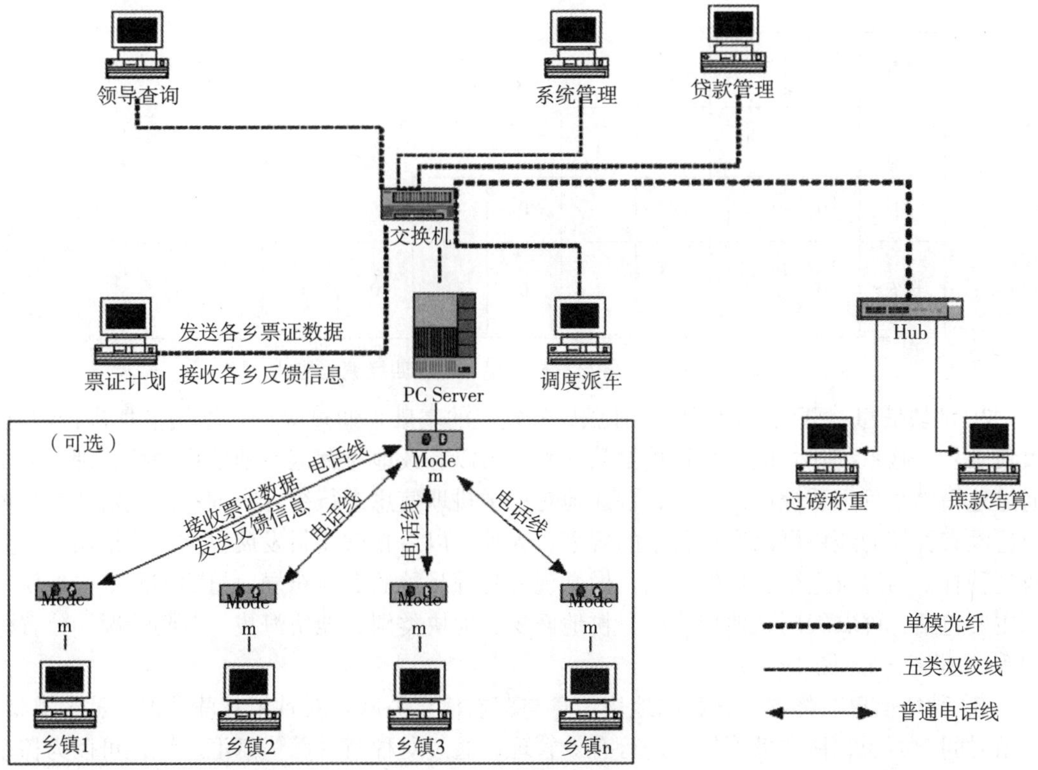


图 19－3　系统部分网络结构

## 二、原料蔗农务信息系统主要功能

### （一）蔗区基础信息管理

蔗区基础信息是制糖企业所有农务管理工作最直接的依据和信息源，同时又是制糖企业原料蔗种植发展的重要依据。然而，多年来，制糖企业对收集后的基础数据都只是填入调查表单进行核对、计算，工作量较大，同时经常发生表单丢失、数据核对困难的情况，采用手工填写表单的数据还很难为编砍计划、砍运调度等工作做好相应的服务决策和汇总统计等，原料蔗微机管理系统针对制糖企业的不同需求开发专门的软件管理功能，对蔗区的基础信息进行统一、规范管理，并基于基础信息开发相应农务管理功能模块，提高制糖企业农务管理工作效率和企业经济效益。

**1. 蔗农信息** 蔗区基础信息微机管理功能模块，对蔗农进行行政编码作为唯一识别依据进行管理，并以蔗农编码作为标志对相关蔗区的地块信息、种蔗信息、农贷信息等进行管理。

系统对所属蔗区按照镇（乡）、办事处（村）、组（社）、蔗农四个层次进编码，下级编码包含上级层次编码，对于蔗户编码共有 9 位数字，包括了乡（镇）编码（2 位）、村编码（2 位）、组编码（2 位）、蔗户编码（3 位），这样可以根据下级编码查询出上级编码，对于检索、统计十分方便（图 19－4）。

| | | | | | | | | | |
|---|---|---|---|---|---|---|---|---|---|
| 乡（镇） | 0 | 1 | | | | | | | |
| 村 | 0 | 1 | 0 | 1 | | | | | |
| 组 | 0 | 1 | 0 | 1 | 0 | 1 | | | |
| 蔗农 | 0 | 1 | 0 | 1 | 0 | 1 | 0 | 0 | 1 |

图 19－4　乡（镇）、村、组、蔗农四级编码格式

**2. 地块信息** 蔗区土地资源是甘蔗原料发展的基础，通过对蔗区地块信息进行调查，收集录入电脑系统建立蔗区地籍档案数据库，可以有效地对蔗区耕地信息进行管理，一是通过地籍档案管理系统可以方便、快速地对蔗区耕地信息进行统计查询；二是对适宜种蔗但还没有种植的地块可以进行科学的规划，为糖厂以后甘蔗原料发展提供决策依据；三是对现种甘蔗的地块进行合理的规划，做好现种甘蔗品种的更新布局、植期搭配等。地块信息主要包括：蔗农编码、地块代码、耕地面积、地块类别、地块海拔、背阴情况、位置标记等（图 19－5、图 19－6）。

**3. 种植信息** 将种植甘蔗的地块信息与蔗农信息关联，对种植甘蔗品种、蔗地类型、种植时间、面积、估产量等信息进行有效管理。通过对种植甘蔗信息汇总统计可以为榨季的生产计划提供决策依据，对糖厂现有甘蔗原料情况做到心中有数，为编制砍运计划提供科学依据，同时通过与过磅收购系统连接，可以统计农务人员对甘蔗估产的准确率，甘蔗砍收质量的合格率，为农务人员的考核管理提供依据，有效地提高甘蔗种植的管理水平。

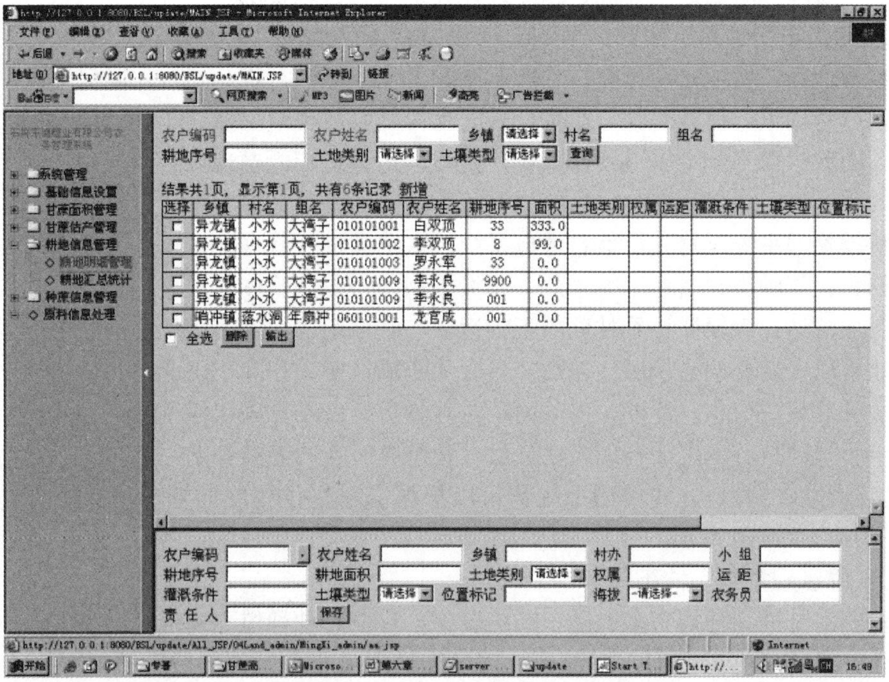


图 19-5　蔗区耕地信息明细表

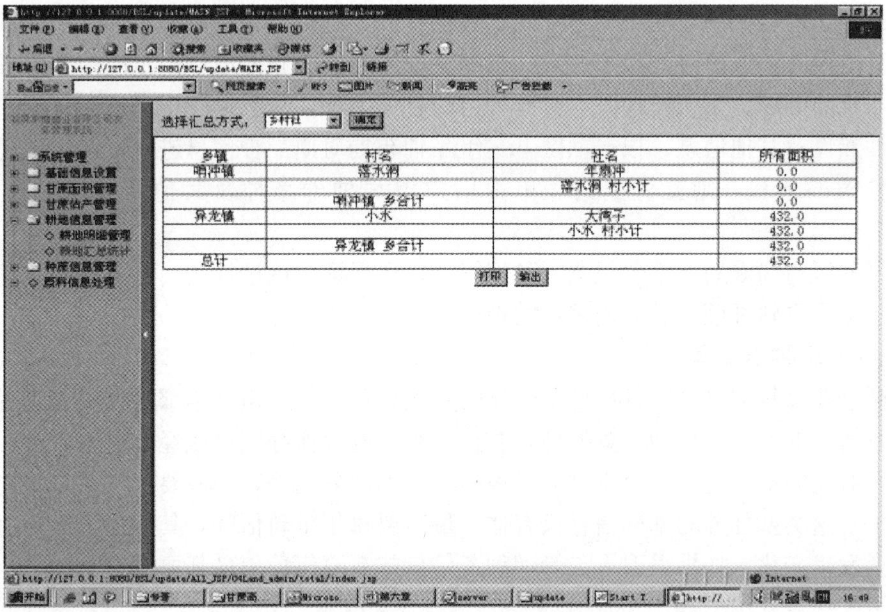


图 19-6　蔗区耕地信息乡村组汇总表

**4. 农贷信息**　糖厂普遍将甘蔗种植作为生产的第一车间进行建设，在甘蔗种苗、化肥等各方面对蔗农进行扶持，不同的企业对蔗农贷款的发放和回收方式也有所不同。贷款的发放和回收，对于糖厂的资金运作效率至关重要。原料高效管理系统可以完整、全面地对贷款进行管理，满足糖厂登账、扣除、计算汇总的管理要求。

**5. 驾驶员车辆信息** 驾驶员车辆管理在原料蔗砍运调度管理中是一项极为重要的工作。车辆管理好，调度才有保障，甘蔗的砍运工作才能顺利进行，也才能保证甘蔗运输顺畅进厂，过磅称重，计算驾驶员运费，甘蔗入榨新鲜度也有保障。车辆管理不好，调度困难，甘蔗的砍运榨工作难以得到保障，严重时甚至会造成断槽现象，影响糖厂的工作效率和经济效益。

原料蔗管理系统对驾驶员信息通过系统录入电脑进行管理，录入系统的驾驶员信息除驾驶员编码、驾驶员姓名和车牌号外，还根据制糖企业的具体需求进行补充，例如一些糖厂自建有加油站，为保证榨季甘蔗的正常运输，甘蔗运输车辆由糖厂加油站供油，并按运输甘蔗数量以一定比例给予燃油补贴，最后从车辆运费中扣除，因此驾驶员车辆信息中还增设燃油补贴相关信息。此外，部分糖厂对驾驶员运费结算采取榨季结束时统一结算，榨季期间给予驾驶员一定生活补助，在最后运费结算时连同燃油补贴一起扣除。对于不同制糖企业实际存在的管理方式类型系统都可以根据需求提供相应的管理功能模块进行设计管理。

### （二）蔗区规划与品种布局

很多蔗区甘蔗品种均有多、乱、杂的现象，甘蔗品种种植不规范、小范围地块甘蔗成熟不一致，给甘蔗生产管理，特别是按“早熟早砍早收”的原料收购造成了很大的困难（张跃彬等，2007）。

蔗区规划与品种布局微机管理以蔗农信息和地块信息为依据，对蔗区地块类型、海拔区段、道路运输相似的地块进行连片规划种植甘蔗，进行合理的品种布局和植期搭配，使小蔗区范围内甘蔗成熟时间趋于一致，以解决蔗区地块分布零散，小范围内甘蔗成熟不一致砍运困难的问题。系统设计时，对已种植的甘蔗品种，从数据库中选出已有记录包括品种、品种熟性及其他信息，根据蔗区下一年品种布局对原品种信息进行更新；对规划种蔗但还未种植的地块，则提供空白表单由用户填写种蔗品种及其他相关信息存入数据库(图 19－7)。

通过蔗区布局规划，不仅规范了种植管理，还保证了砍运计划，先成熟的甘蔗能够先砍运，避免了先熟甘蔗砍后运输困难的现象。

### （三）甘蔗种植管理

制糖企业每年都要进行甘蔗种植信息的收集整理工作，但基本都是收集完成后，以调查表进行简单的手工归总和计算处理，并且用后调查表保存困难或经常遗失，对历年数据难以进行对比分析。另外，由于甘蔗宿根种植占大部分比例，一般要 3 年左右才进行翻根重新种植，这类型甘蔗的基础信息只有估产量需要每年重新估产，其他相关信息由于没有翻根不会发生变化，如果采取人工管理种蔗信息就需要每种信息都要调查重新统计，无形中增大了工作量（杨华等，2006b）。

通过电脑微机系统进行管理，则可将甘蔗的种植时期在下一年预存时自动增加一个根次，如新植变为二根、二根变三根，以此类推，这样每年的宿根甘蔗基础信息就只需要统计估产量一项内容其他信息在翻根之前不变，极大程度地减少了农务人员的工作量。

系统还可以对历年数据进行备份，这样就方便糖厂对历年种植的甘蔗信息进行对比分

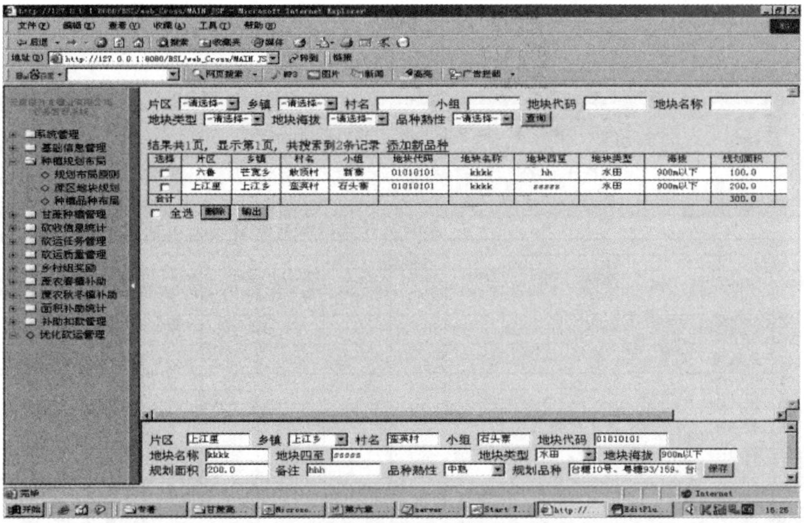


图 19－7　蔗区规划与品种布局模块

析。甘蔗种植微机管理功能模块除了对种蔗信息进行下年预存和历年种蔗信息备份外，主要功能就是对当年甘蔗种植信息进行规范的管理，提供方便、快捷的统计查询以及为相关的甘蔗原料管理工作提供科学的信息源和决策依据，例如为入榨甘蔗砍运计划的编制提供科学的数据依据，为新植蔗面积乡、村、组级别奖励和蔗农补助标准提供可靠准确的数据，同时可以关联过磅称重数据，动态统计榨季期间各个片区（或乡、村、组）进厂甘蔗的实际净重和地块中剩余甘蔗的估产量，还可对比计算各片区农务人员甘蔗估产量的准确率等（图 19－8、图 19－9、图 19－10、图 19－11）。

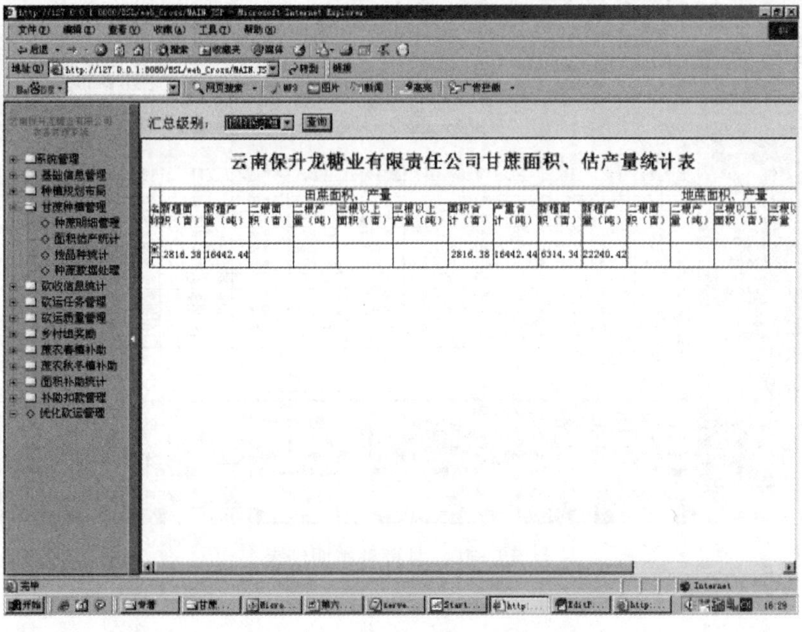


图 19－8　甘蔗种植面积、估产统计表

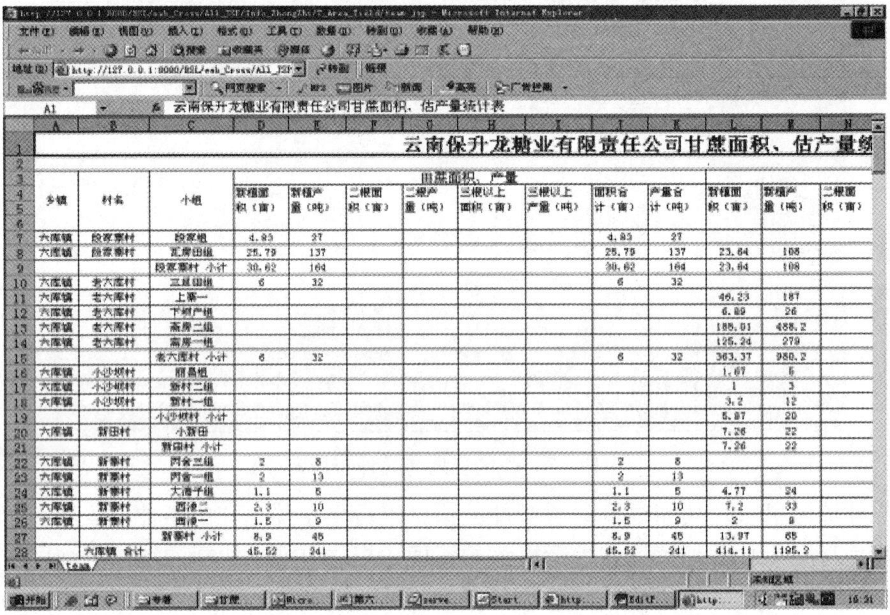


| 乡镇 | 村名 | 小组 | 新植面积（亩） | 新植产量（吨） | 二根面积（亩） | 二根产量（吨） | 三根以上面积（亩） | 三根以上产量（吨） | 面积合计（亩） | 产量合计（吨） | 新植面积（亩） | 新植产量（吨） | 二根面积（亩） |
|---|---|---|---|---|---|---|---|---|---|---|---|---|---|
| 六库镇 | 段家寨村 | 段家组 | 4.83 | 27 | | | | | 4.83 | 27 | | | |
| 六库镇 | 段家寨村 | 瓦房田组 | 25.79 | 137 | | | | | 25.79 | 137 | 23.64 | 108 | |
| | | 段家寨村 小计 | 30.62 | 164 | | | | | 30.62 | 164 | 23.64 | 108 | |
| 六库镇 | 老六库村 | 三星田组 | 6 | 32 | | | | | 6 | 32 | | | |
| 六库镇 | 老六库村 | 上寨一 | | | | | | | | | 46.23 | 187 | |
| 六库镇 | 老六库村 | 下烟产组 | | | | | | | | | 6.89 | 26 | |
| 六库镇 | 老六库村 | 高房二组 | | | | | | | | | 185.01 | 488.2 | |
| 六库镇 | 老六库村 | 高房一组 | | | | | | | | | 125.24 | 279 | |
| | | 老六库村 小计 | 6 | 32 | | | | | 6 | 32 | 363.37 | 980.2 | |
| 六库镇 | 小沙坝村 | 丽昌组 | | | | | | | | | 1.67 | 5 | |
| 六库镇 | 小沙坝村 | 新村二组 | | | | | | | | | 1 | 3 | |
| 六库镇 | 小沙坝村 | 新村一组 | | | | | | | | | 3.2 | 12 | |
| | | 小沙坝村 小计 | | | | | | | | | 5.87 | 20 | |
| 六库镇 | 新田村 | 小新田 | | | | | | | | | 7.26 | 22 | |
| | | 新田村 小计 | | | | | | | | | 7.26 | 22 | |
| 六库镇 | 新寨村 | 丙舍三组 | 2 | 8 | | | | | 2 | 8 | | | |
| 六库镇 | 新寨村 | 丙舍一组 | 2 | 13 | | | | | 2 | 13 | | | |
| 六库镇 | 新寨村 | 大湾子组 | 1.1 | 5 | | | | | 1.1 | 5 | 4.77 | 24 | |
| 六库镇 | 新寨村 | 西浦二 | 2.3 | 10 | | | | | 2.3 | 10 | 7.2 | 33 | |
| 六库镇 | 新寨村 | 西浦一 | 1.5 | 9 | | | | | 1.5 | 9 | 2 | 8 | |
| | | 新寨村 小计 | 8.9 | 45 | | | | | 8.9 | 45 | 13.97 | 65 | |
| | 六库镇 合计 | | 45.52 | 241 | | | | | 45.52 | 241 | 414.11 | 1195.2 | |

图 19－9　甘蔗种植面积、估产统计

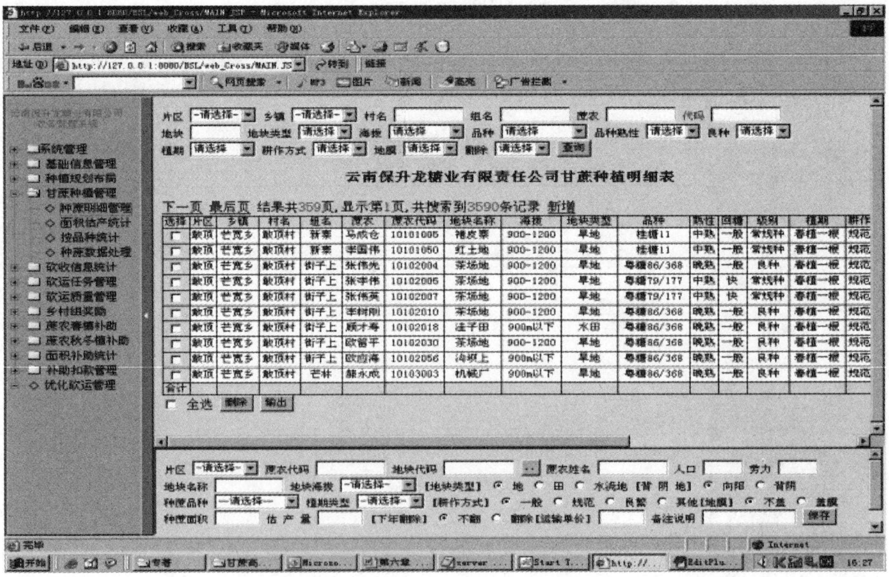


| 选择 | 片区 | 乡镇 | 村名 | 组名 | 蔗农 | 蔗农代码 | 地块名称 | 海拔 | 地块类型 | 品种 | 熟性 | 回糖 | 级别 | 植期 | 耕作 |
|---|---|---|---|---|---|---|---|---|---|---|---|---|---|---|---|
| | 敏顶 | 芒宽乡 | 敏顶村 | 新寨 | 马成仓 | 10101005 | 猪皮寨 | 900-1200 | 旱地 | 桂糖11 | 中熟 | 一般 | 常规种 | 春植一根 | 规范 |
| | 敏顶 | 芒宽乡 | 敏顶村 | 新寨 | 李国伟 | 10101050 | 红土地 | 900-1200 | 旱地 | 桂糖11 | 中熟 | 一般 | 常规种 | 春植一根 | 规范 |
| | 敏顶 | 芒宽乡 | 敏顶村 | 街子上 | 张伟先 | 10102004 | 茶场地 | 900-1200 | 旱地 | 粤糖86/368 | 晚熟 | 一般 | 良种 | 春植一根 | 规范 |
| | 敏顶 | 芒宽乡 | 敏顶村 | 街子上 | 张宇伟 | 10102005 | 茶场地 | 900-1200 | 旱地 | 粤糖79/177 | 中熟 | 快 | 常规种 | 春植一根 | 规范 |
| | 敏顶 | 芒宽乡 | 敏顶村 | 街子上 | 张伟英 | 10102007 | 茶场地 | 900-1200 | 旱地 | 粤糖79/177 | 中熟 | 快 | 常规种 | 春植一根 | 规范 |
| | 敏顶 | 芒宽乡 | 敏顶村 | 街子上 | 李树刚 | 10102010 | 茶场地 | 900-1200 | 旱地 | 粤糖86/368 | 晚熟 | 一般 | 良种 | 春植一根 | 规范 |
| | 敏顶 | 芒宽乡 | 敏顶村 | 街子上 | 顾才寿 | 10102018 | 洼子田 | 900m以下 | 水田 | 粤糖86/368 | 晚熟 | 一般 | 良种 | 春植一根 | 规范 |
| | 敏顶 | 芒宽乡 | 敏顶村 | 街子上 | 欧留平 | 10102030 | 茶场地 | 900-1200 | 旱地 | 粤糖86/368 | 晚熟 | 一般 | 良种 | 春植一根 | 规范 |
| | 敏顶 | 芒宽乡 | 敏顶村 | 街子上 | 欧而海 | 10102056 | 海坝上 | 900m以下 | 旱地 | 粤糖86/368 | 晚熟 | 一般 | 良种 | 春植一根 | 规范 |
| | 敏顶 | 芒宽乡 | 敏顶村 | 芒林 | 赫永成 | 10103003 | 机械厂 | 900m以下 | 旱地 | 粤糖86/368 | 晚熟 | 一般 | 良种 | 春植一根 | 规范 |
| 合计 | | | | | | | | | | | | | | | |

图 19－10　甘蔗种植明细表

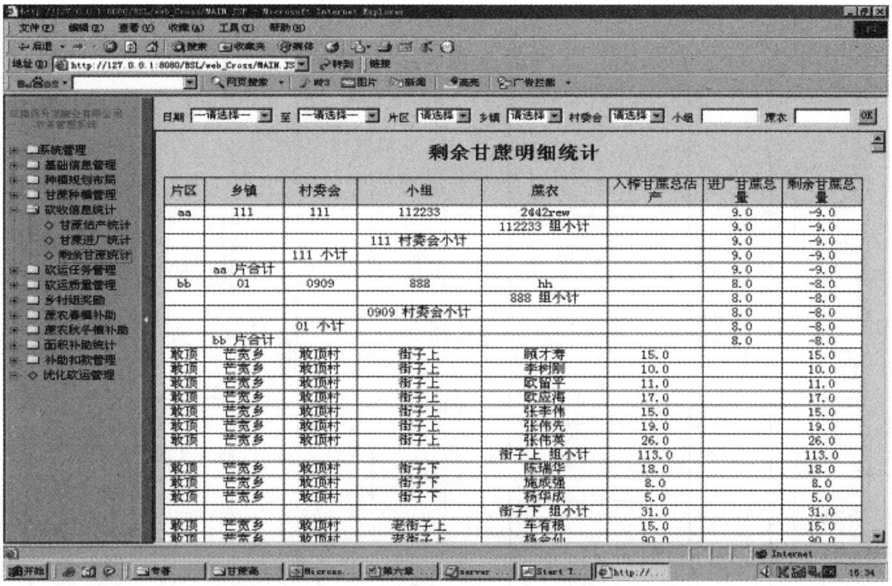


图 19－11　甘蔗进厂、剩余统计表

### （四）原料蔗优化砍运管理

甘蔗砍收计划编制是糖厂农务管理的重要一环，直接影响到糖厂的经济效益。保证原料甘蔗先熟先砍、适期砍收，有利于提高原料甘蔗的质量，是实现高糖高榨，提高制糖企业产糖率和综合效益的一项重要途径。

然而，甘蔗砍收计划的编制是一项既复杂又灵活多变的工作。早期大部分制糖企业采用抓阄的方式，现在基本按早、中、晚熟品种和宿根、新植的先后顺序进行砍运，同时兼顾平衡原则，这种考虑甘蔗成熟情况的编砍计划方式较早期有了较大提高。但是影响甘蔗成熟的因素是复杂多样的，并且实际生产中都是多种因素综合影响着甘蔗的成熟度，例如，甘蔗的早、中、晚熟品种，品种回糖时间的快慢，种植时期的长短，不同海拔高度地块水肥条件、温湿度等自然条件对甘蔗成熟度都有较大的影响，同时还有人为施用氮肥及霜冻、火烧等灾害的影响，并且这些因素都是同时综合为一体影响甘蔗的成熟度，另外在考虑甘蔗成熟度先后前提下，还得考虑运输的问题，如砍收甘蔗的劳动力供应，砍收后能否顺利运输以及调节蔗农争先砍蔗的矛盾等，这多种复杂多变的因素都会对甘蔗砍运计划的编制有着严重的影响。这些因素无论是人为还是电脑都很难顾及全面，灵活多变的因素采用人为调节控制更为妥当，而相对不变的因素通过电脑系统处理则更为高效。优化砍运功能模块就是采取人机互作的方式对甘蔗的砍运计划进行编制。道路、先熟甘蔗位于地块中央、蔗农争先砍蔗矛盾等电脑难以控制的灵活多变因素可由糖厂农务人员根据糖厂自制原则自行调节，系统主要对相对稳定的甘蔗成熟先后顺序进行排序处理，打印出蔗区甘蔗成熟先后顺序表提供给农务员作为甘蔗成熟砍收依据，同时结合实际情况灵活调整，按甘蔗成熟先后总原则进行优化甘蔗的砍运（图 19－12、图 19－13）。

### （五）砍运票证管理

砍运票证管理以优化砍运甘蔗成熟度先后顺序为依据，由农务人员结合片区道路条

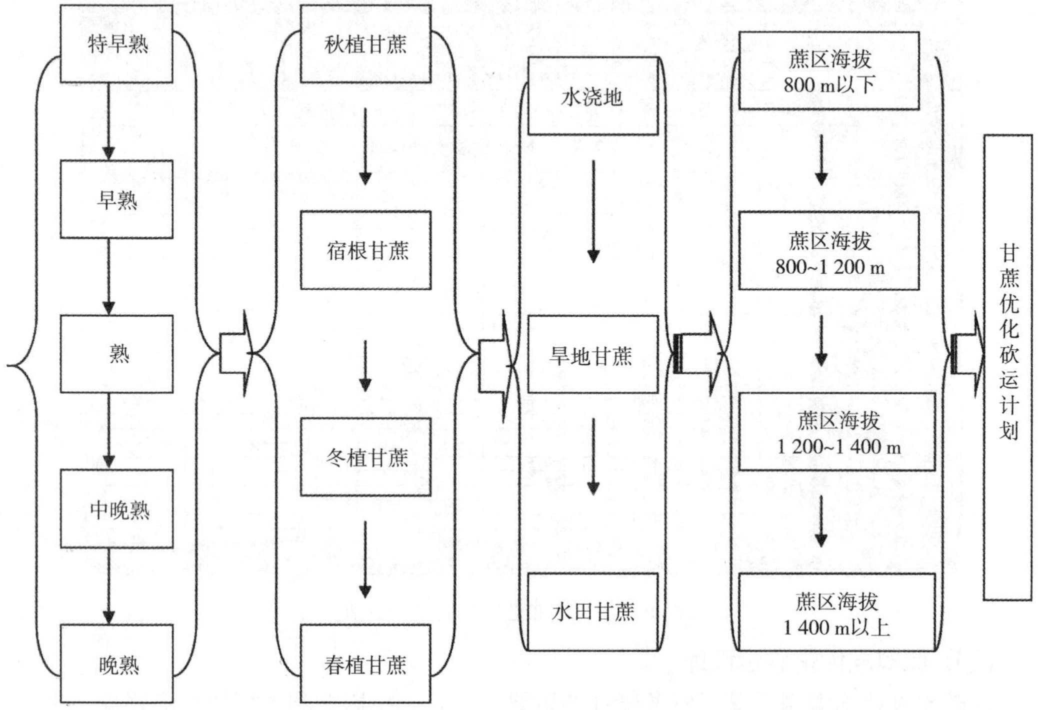


图 19－12　甘蔗优化砍运模拟图

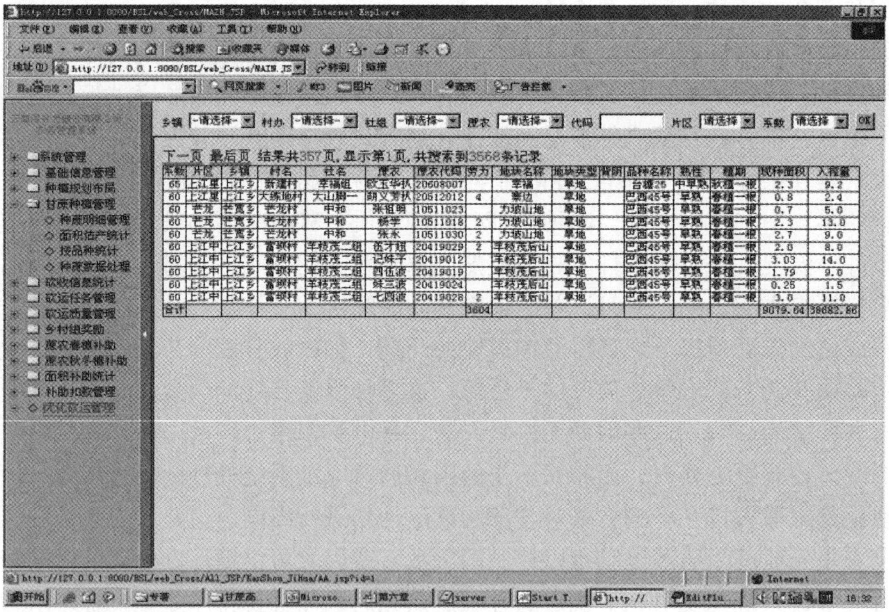


图 19－13　甘蔗编砍计划成熟先后顺序表

件、劳动力情况，在一定范围内适当调整平衡后，上报砍运计划，一般在具体砍蔗时间前 3 d 左右上报。这样安排砍运计划既可以保证进厂甘蔗极大部分按优化砍运列出的成熟先后顺序砍运，又提供了一些灵活多变的影响因素的调控幅度。

根据多年来在多家糖厂应用的情况看基本能行得通，能保证 2 月中旬以前有 70%～80%的甘蔗能按优化砍运排出的成熟先后顺序砍运入榨，就可以切实提高糖厂的出糖率。

砍运票证功能管理具体应用是对各生产片区农务员上报的砍运计划从系统提取相应的甘蔗种植信息，主要包括：甘蔗成熟系数、蔗农代码、所属片区、乡、村、组、品种、植期、地块类型、运点、运输车辆、砍蔗时间、进厂时间等，并提前打印成砍运票证分发给各片区农务员，通知蔗农在计划时间砍蔗和凭票过磅称重，结算蔗款和运费，票证打印可以对同一个片区连续套打，也可分农户单独打印。

通过微机对砍运票证进行管理可以共享优化砍运成熟度顺序数据表，规范砍运管理，凭票砍运、凭票过磅，严格制糖企业砍运制度，同时因为以优化砍运计划表为依据，可以极大提高进厂甘蔗的成熟度。另外，砍运票证确定了甘蔗的砍蔗时间和进厂时间，一般不得超过 48 h，这样可以加强进厂甘蔗新鲜度的管理，提高甘蔗新鲜度，提高出糖率，增加企业经济效益（图 19 - 14）。

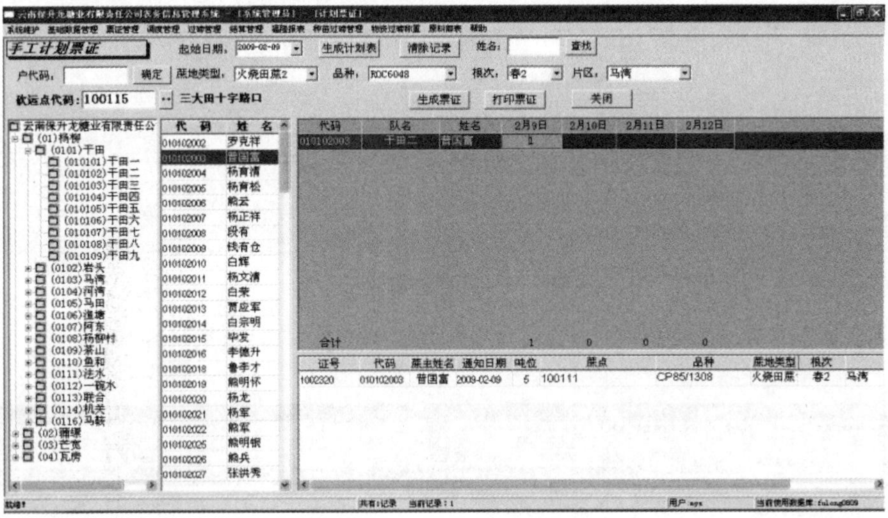

图 19 - 14 甘蔗砍运票证生成

## （六）过磅结算管理

甘蔗过磅计量称重管理系统是当前各制糖企业采用微机管理工作的主要组成部分，有效地提高了糖厂农务管理的工作效率。

原料蔗管理系统过磅结算管理是整个系统的一个功能模块，它除了完成甘蔗过磅计量称重、蔗款、运费结算及相关的汇总统计、报表打印外，还通过农务网络与其它功能模块实现信息共享和数据对接，使得整个系统的数据能够相互调用，为企业相关部门提供可靠的数据和依据。

例如，通过对各片区或乡、村、组、蔗农种蔗数据和进厂甘蔗数据的对比，能随时动态统计榨季期间已砍甘蔗和剩余未砍甘蔗的数量，可实现各片区农务员甘蔗估产准确率的考核管理；与票证管理模块数据对接可确定进厂甘蔗砍蔗时间与进厂时间差，统计进厂甘蔗的新鲜度；与任务考核管理数据对接可统计完成任务情况；与财务复核付款数据对接可统计进厂甘蔗中已复核付款和未复核的甘蔗数量、单据数及相应的报表打印等（图 19-15、图 19-16、图 19-17）。

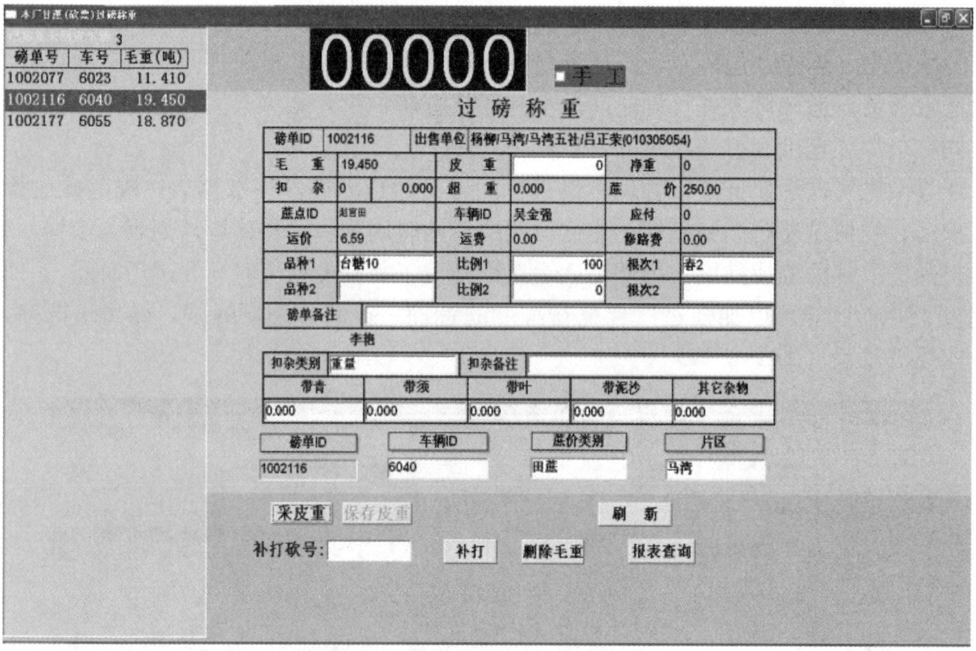


图 19-15　甘蔗过磅计量称重

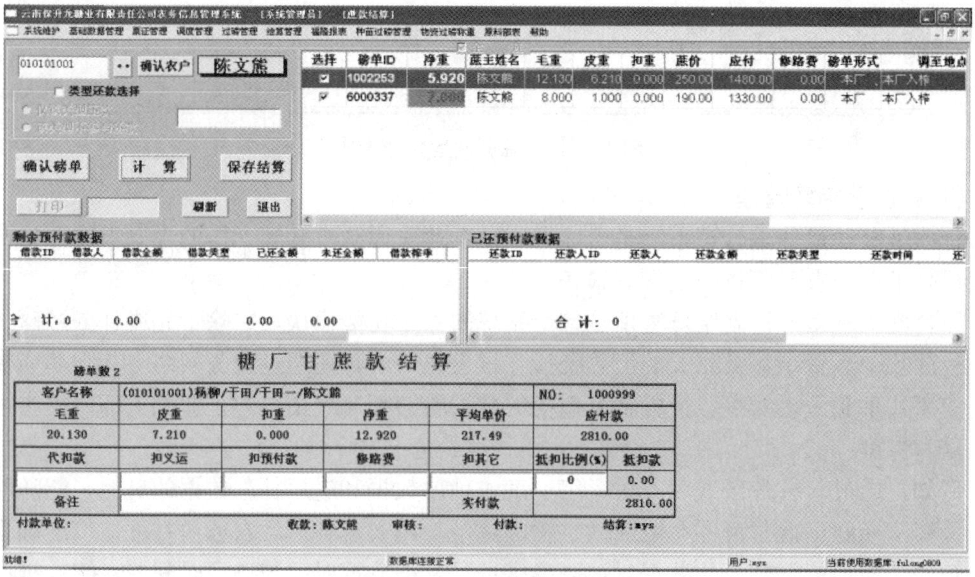


图 19-16　甘蔗款结算

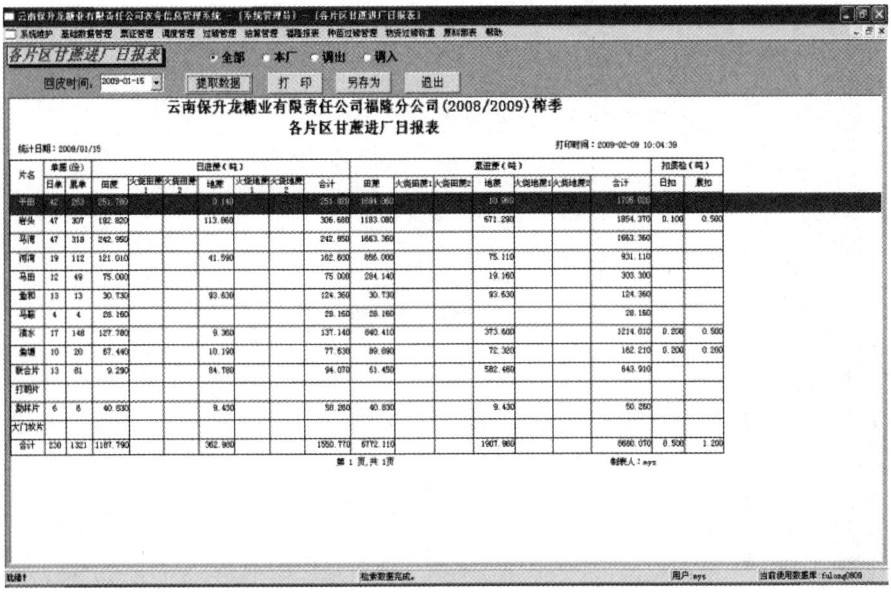


云南保升龙糖业有限责任公司福隆分公司(2008/2009)榨季

各片区甘蔗进厂日报表

统计日期：2009/01/15　　打印时间：2009-02-09 10:04:39

| 片名 | 单据(张) | | 日进蔗(吨) | | | | | | | 累进蔗(吨) | | | | | | | 扣蔗检(吨) | |
|---|---|---|---|---|---|---|---|---|---|---|---|---|---|---|---|---|---|---|
| | 日单 | 累单 | 田蔗 | 火烧田蔗1 | 火烧田蔗2 | 地蔗 | 火烧地蔗1 | 火烧地蔗2 | 合计 | 田蔗 | 火烧田蔗1 | 火烧田蔗2 | 地蔗 | 火烧地蔗1 | 火烧地蔗2 | 合计 | 日扣 | 累扣 |
| 千田 | 42 | 253 | 251.780 | | | 0.140 | | | 251.920 | 1694.360 | | | 10.960 | | | 1705.020 | | |
| 岩头 | 47 | 307 | 192.820 | | | 113.860 | | | 306.680 | 1183.080 | | | 671.290 | | | 1854.370 | 0.100 | 0.500 |
| 马湾 | 47 | 318 | 242.950 | | | | | | 242.950 | 1663.360 | | | | | | 1663.360 | | |
| 河湾 | 19 | 112 | 121.010 | | | 41.590 | | | 162.600 | 856.000 | | | 75.110 | | | 931.110 | | |
| 马田 | 12 | 49 | 75.000 | | | | | | 75.000 | 284.140 | | | 19.160 | | | 303.300 | | |
| 鱼和 | 13 | 13 | 30.730 | | | 93.630 | | | 124.360 | 30.730 | | | 93.630 | | | 124.360 | | |
| 马鞍 | 4 | 4 | 28.160 | | | | | | 28.160 | 28.160 | | | | | | 28.160 | | |
| 清水 | 17 | 148 | 127.780 | | | 9.360 | | | 137.140 | 840.410 | | | 373.600 | | | 1214.010 | 0.200 | 0.500 |
| 鱼塘 | 10 | 20 | 67.440 | | | 10.190 | | | 77.630 | 89.890 | | | 72.320 | | | 162.210 | 0.200 | 0.200 |
| 联合片 | 13 | 81 | 9.290 | | | 84.780 | | | 94.070 | 61.450 | | | 582.460 | | | 643.910 | | |
| 打鹅片 | | | | | | | | | | | | | | | | | | |
| 勐林片 | 6 | 6 | 40.830 | | | 9.430 | | | 50.260 | 40.830 | | | 9.430 | | | 50.260 | | |
| 大门坡片 | | | | | | | | | | | | | | | | | | |
| 合计 | 230 | 1321 | 1187.790 | | | 362.980 | | | 1550.770 | 6772.110 | | | 1907.960 | | | 8680.070 | 0.500 | 1.200 |

第 1 页,共 1页　　制表人：myz



图 19-17　甘蔗进厂过磅日报表

### （七）考核、奖励管理

**1. 任务完成情况统计**　甘蔗糖厂榨季砍运榨工作都要按计划任务进行，一般根据蔗区最后一次估产和糖厂日榨量确定整个榨期的长短和开榨日期，有时也根据食糖市场价格变化确定开榨的早晚。糖厂一经开榨，甘蔗的砍运工作就不能停止，因此按计划有条不紊地下达甘蔗砍运任务是保证糖厂榨季工作顺利进行的一个重要组成部分。通常糖厂榨季期间砍运计划任务下达分为长期计划和短期计划，长期计划主要是整个榨季早、中、后期宏观安排，但由于榨季甘蔗砍、运、榨工作中经常会作一些调整，尤其是甘蔗砍运工作变动更是灵活，所以甘蔗糖厂砍运工作基本都是实行短期下达计划任务，有 2～3 d 为一个周期的，也有 1 周或半个月为一个周期的，周期长短根据各制糖企业自身情况确定。有些糖厂蔗区由于甘蔗种植分布区域复杂，通常是多种形式综合使用，例如蔗区距离糖厂较远，农务人员来回不方便的蔗区时间可以长些；道路条件好，蔗农之间矛盾不大，砍运工作相对稳定的蔗区计划任务期限可以延长；砍运工作不稳定、影响因素多变经常调整的蔗区可相对缩短时间。

多年来，甘蔗糖厂砍运计划任务下达和进厂甘蔗数量之间的对比统计一直都比较麻烦，通常做法是将每天进厂甘蔗日报表打印出来，再对照当天下达的砍运任务手工计算比较任务完成情况，这种方法比较耗时，工作量大，也容易出错。

原料蔗高效管理系统砍运任务管理功能模块将每天下达的砍运任务录入系统并与甘蔗进厂过磅数据对接，自动完成各天下达任务、进厂数量、剩余数量、超额数量的统计，方便、快捷、准确地为甘蔗砍运工作提供可靠数据，并为下一期砍运任务的安排提供参考依据，以便随时灵活调整各片区砍运任务数量（图 19-18）。

**2. 新鲜度考核**　新鲜度考核管理是农务管理工作中严格砍运计划的一项辅助措施，同时也是反映进厂甘蔗质量的一个重要指标，新鲜度好，甘蔗出糖率高。甘蔗糖厂一般都

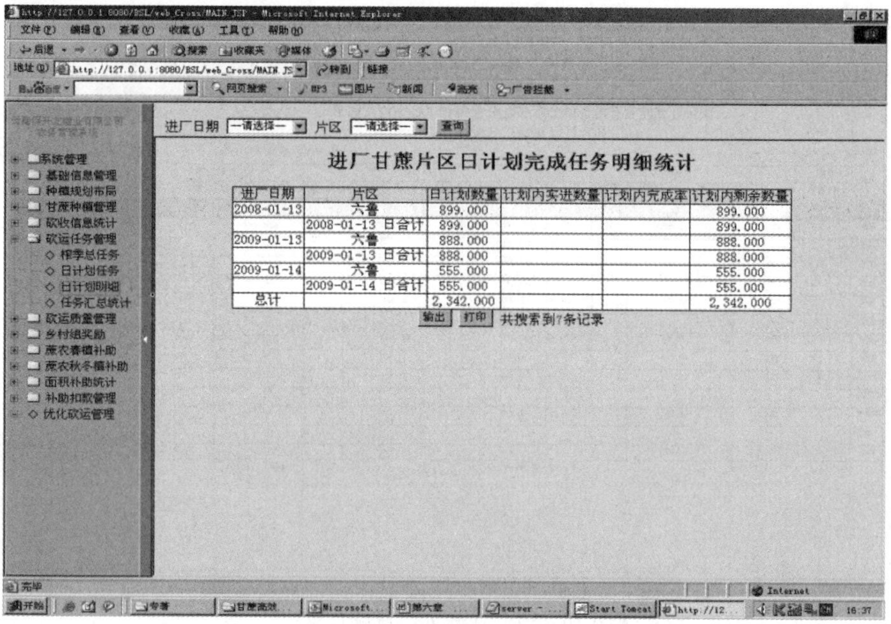


图 19－18　日计划甘蔗进厂任务完成情况统计

要求原料甘蔗砍倒后 48 h 内进厂，要求严格的糖厂要在 24 h 内入厂，问题是甘蔗进厂时间能准确记录，但甘蔗砍蔗时间却难以做到，尽管有的糖厂也手工记录蔗区农务员上报的砍蔗时间，然后再与进厂时间一起录入 Excel 表格计算，可是工作量巨大，并且手工记录很难将每车甘蔗都输入电子表格，也仅仅是对各片区总数进行输入计算，误差较大。

采用微机软件进行新鲜度考核则较为方便，工作量也很小。新鲜度微机考核管理将发放甘蔗砍运票证时各片区每户蔗农的砍蔗时间提取出来，因为该砍蔗时间是农务员根据优化砍运计划表上报经糖厂农务管理部门审核确定，受到一定的监督，所以准确性相对较高，根据糖厂采用微机管理的经验，砍运票证确定的砍蔗时间基本都能按时执行，进厂前有变动的则需要重新补打砍运票证，重新确立砍蔗时间。根据农户代码从砍运票证信息提取出来的砍蔗时间对应进厂过磅信息中的进厂时间就可以很简单、快捷地计算出每车甘蔗进厂的新鲜度，并且按片区、乡、村、组汇总得到的各时间段进厂的甘蔗数量和比例都是实际每车进厂甘蔗的数量和比例，误差相对较小，比手工计算统计的更为准确，具有较高的参考性（图 19－19）。

**3. 估产准确率考核**　估产准确率考核主要用于考查农务人员对种植甘蔗估产的准确性，同时辅助监督农务人员到生产实际测量情况。估产准确性高，糖厂榨期设置和开榨时间确定的针对性强，砍运计划任务的安排更贴近实际，整个榨季甘蔗的砍运榨工作都会比较顺利，相反，估产准确性差则会严重影响甘蔗的砍、运、榨工作，造成诸多不便甚至混乱。因此、大部分甘蔗糖厂都要求蔗区农务员对甘蔗的估产准确率误差都不能超过±5%。估产准确率考核微机管理模块将甘蔗种植信息中调查的入榨甘蔗估产量与进厂甘蔗过磅的实际净重进行对比，即可快速地获取入榨甘蔗估产的准确率，并提供按片区、乡村组等不同方式汇总统计，操作简便（图 19－20）。

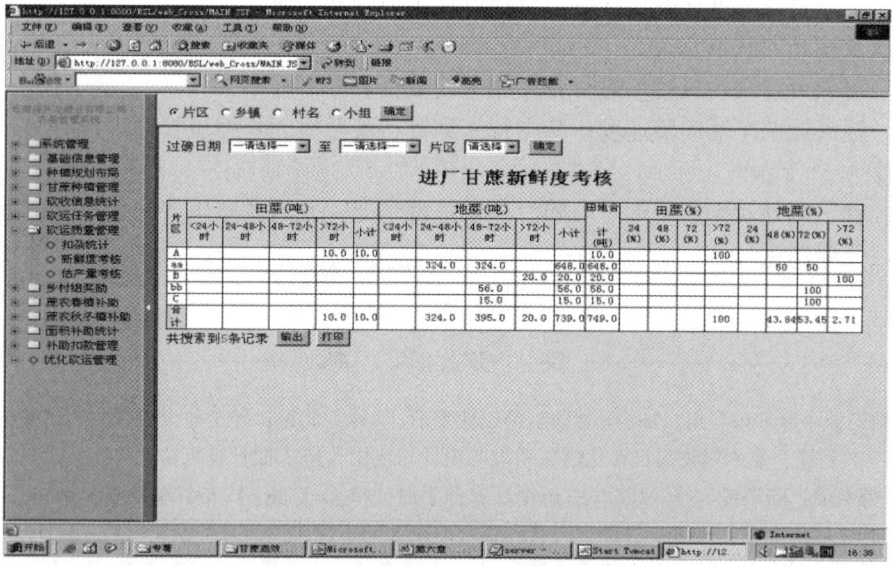


图 19-19 进厂甘蔗新鲜度统计

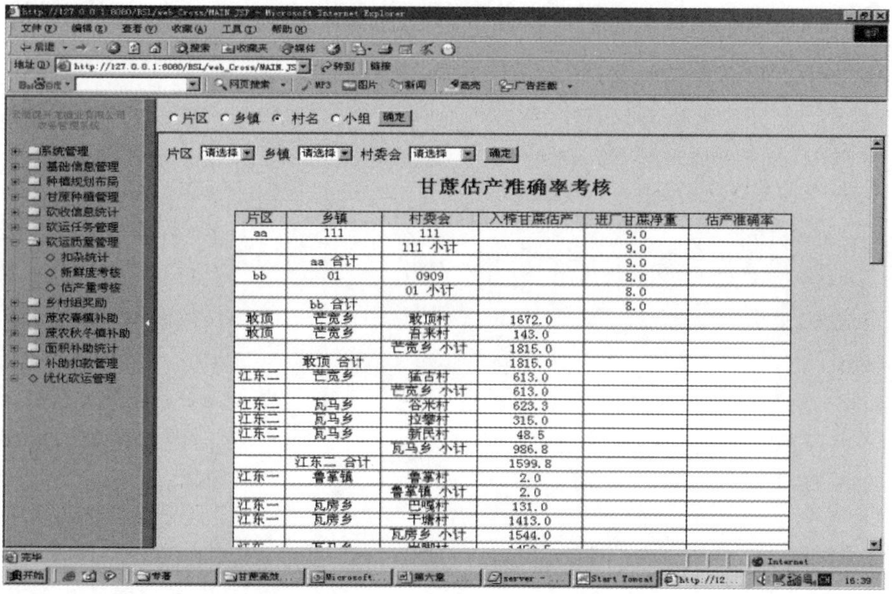


图 19-20 入榨甘蔗估产准确率统计

## （八）原料蔗管理短信服务

制糖企业在农务管理工作中对上级领导和蔗区农务人员都有很多信息需要汇报和下达，尤其榨季期间几乎每天都有定时信息发送，如果完全通过打电话方式，耗费工作人员时间和电话费，若采取打印报表方式则经常很难找得到人。而一些相同信息要通知不同工作人员或定时通知相关工作人员采取手机短信发送的方式就比较方便。将农务系统与移动通信数据捆绑以后，实现即时动态数据点对点定时发送，手工输入短信内容群发，把信息及时传递给糖厂领导、职工、农务人员、驾驶员、蔗农。

（1）计划发放甘蔗砍运票证时，自动发送短信告知蔗农、农务员、驾驶员交蔗日期和计划吨数及相互的联系方式。

（2）蔗农可以发手机短信进行查询相关的数据。

（3）提高运蔗车辆周转速度，减少找人和等待装车时间，缩短甘蔗进厂时间，提高甘蔗新鲜度。

（4）糖厂领导及生产管理者可随时了解进蔗情况，及时调整生产计划，保证运量，发现问题，及时纠正。

## 参 考 文 献

《甘蔗制糖工业手册》编写组，1984. 甘蔗制糖工业手册［M］. 北京：轻工业出版社.

巨辉，2004. 制糖企业原料收购自动化信息系统的设计与应用［J］. 微计算机信息（10）：105-106.

吴伯焓，魏奉盘，陆浩良，等，1982. 甘蔗糖厂农务手册［M］. 广州：广东省糖纸业公司.

杨华，张跃彬，刘少春，2006a. 甘蔗生产管理系统的设计与实现［J］. 甘蔗糖业（4）：11-13.

杨华，张跃彬，刘少春，2006b. 制糖企业原料甘蔗砍收自动化决策系统的开发与应用［J］. 农业网络信息（10）：19-21.

张跃彬，杨华，刘少春，2007. 甘蔗糖料高效管理系统功能与构架研究［J］. 农业系统科学与综合研究（1）：95-97.

# 第四篇

# 甘蔗加工及综合利用

# 第二十章

# 甘蔗制糖生产

## 第一节　甘蔗制糖生产工艺流程

### 一、制糖生产过程概述

甘蔗制糖生产过程可分为压榨提汁、蔗汁清净、糖汁蒸发、蔗糖结晶、糖膏分蜜、白砂糖干燥和装包等工序（广西壮族自治区经济委员会，2007；霍汉镇，2008；许斯欣等，2001；黄悦刚，1994）。甘蔗制糖生产过程如图 20－1 所示。

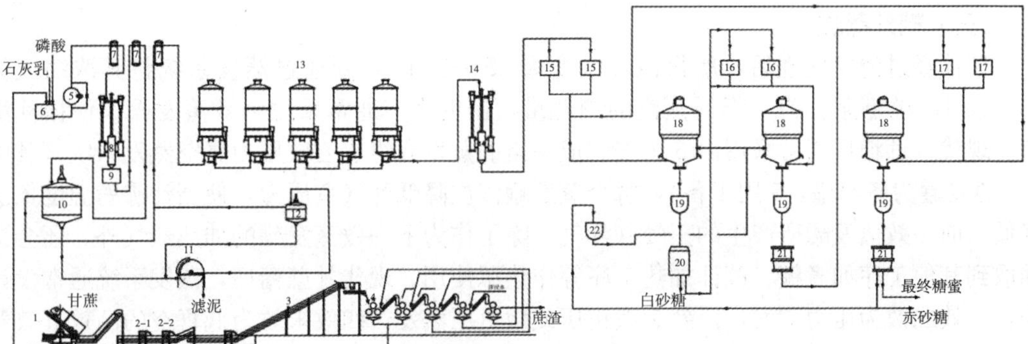


图 20－1　甘蔗糖厂亚硫酸法工艺流程简图

1. 液压翻板机　2. 蔗刀机或撕解机　3. 核子秤　4. 压榨机组　5. 电磁流量计　6. 混合汁箱　7. 加热器　8. 硫熏中和器　9. 中和汁箱　10. 中和汁沉降池　11. 真空吸滤机　12. 滤汁沉降器　13. 蒸发站　14. 糖浆硫熏器　15、16、17. 煮糖物料储箱　18. 煮糖罐　19. 助晶箱　20、21. 间歇与连续分蜜机　22. 赤砂糖回溶箱

#### （一）压榨提汁

甘蔗进厂经地磅称重计量后进入甘蔗预处理工序，用逆转预斩机、逆转撕解机等破碎装备将蔗茎斩切、撕裂、破碎成蔗丝，便于压榨。压榨机列是由 5～6 座三辊压榨机组合而成，经破碎处理后的蔗丝依次连续通过各座压榨机进行多重压榨提汁。为提高糖分抽出率，将一定温度的热水喷淋于倒数第二座压榨机蔗料出口处，后一座压榨机榨出的渗浸稀汁喷淋于前一座入料蔗料层以促使糖分浸出，此过程称为渗浸，又称为渗透。较佳的压榨效果是甘蔗中 97％以上的蔗糖分进入蔗汁中，该百分率称为蔗糖分抽出率（或转光度抽出率），简称为压榨抽出率。

从末座压榨机排出蔗料称为蔗渣，其含水量一般为44%～48%、糖度1.6%～2.2%，其余成分主要是木质纤维。蔗渣作为锅炉的主要燃料。蔗渣出厂前一般要经过除髓处理，所分出来的蔗髓全部作为锅炉燃料，而蔗渣纤维则外卖用于造纸或作为其他工业原料。

**（二）蔗汁清净**

从压榨机榨出的蔗汁混浊且呈酸性，成分非常复杂，除含有蔗糖外，还含有各种无机和有机非蔗糖杂质（称为非蔗糖分）。这些非蔗糖分的存在，将影响蔗糖的提取和产品的质量。蔗汁清净即对来自压榨工序的混合汁进行清净处理，其目的是最大限度地除去蔗汁中非蔗糖分以提高蔗汁的纯度，并降低其色值和黏度，为蒸发工序提供优质的清汁，为煮糖工序提供优质的清净糖浆。

糖厂采用的传统澄清方法，最简单的是在糖汁中添加石灰乳作为澄清剂，使某些非蔗糖分沉淀析出，经沉降和过滤操作实现固液分离，获得清汁，然后送往蒸发站浓缩成糖浆。比较复杂的方法则是除加石灰乳外，还要加入$SO_2$或$CO_2$及磷酸等澄清剂，通过化学反应产生更多的沉淀物，以获得更好的澄清效果。这三种方法分别称为石灰法、亚硫酸法（又简称为亚法）和碳酸法（碳法）。

蔗汁清净处理主要有三个过程，即蔗汁加热、澄清剂添加及清净物理化学反应、沉降及过滤分离。而影响澄清的主要因素是蔗汁的pH、加热温度、澄清剂添加量、澄清剂化学反应时间。

**（三）糖汁蒸发**

蔗汁经过清净处理后，所得清汁锤度为15～17°Bx，须通过蒸发系统将其浓缩成为65～70°Bx的糖浆。为了降低蒸汽的消耗量，制糖生产通常采用多效蒸发操作使糖汁浓缩。现代甘蔗糖厂通常采用由6个安装成一组的蒸发罐组成五效压力真空蒸发系统（其中1个蒸发罐为备用罐，5用1备），每个蒸发罐依次降低汁气室压力，使糖汁沸腾温度依次降低。前一效蒸发罐所产生的蒸气（汁气）除了作为下一效蒸发罐的加热蒸气外，还会被抽取到其他工序如煮糖、蔗汁加热工序等作热源使用。现代甘蔗糖厂，蒸发系统通常设计为：一效二效为压力蒸发，三效为微正压或微负压蒸发，四效末效为低真空的高效五效蒸发系统。末效蒸发罐所产生的汁汽通常进入高效雾化喷射冷凝器冷凝处理，以维持蒸发系统所需真空度。为了节能降耗、提高蔗渣打包率，目前越来越多的甘蔗糖厂先将末效汁气用于加热混合汁，然后才进入高效雾化喷射冷凝器冷凝。

**（四）蔗糖结晶**（俗称煮糖、助晶）

蔗糖结晶是在单效真空煮糖罐（一般分为间歇式煮糖罐和连续式煮糖罐）、助晶机中完成的。首先让清糖浆或糖蜜在煮糖罐内浓缩至特定过饱和状态，然后加入晶种作为蔗糖结晶的晶核，在煮糖过程中，母液中蔗糖会扩散到晶核表面、沉积到晶体上，从而使晶体不断长大。同时随着水分的蒸发，须持续不断加入糖浆或糖蜜，使糖膏中母液的过饱和度维持不变，直至蔗糖晶粒长大达到要求的粒度大小时，才停止入料，再进行煮水浓缩，让糖膏母液中的蔗糖尽量被晶体吸收。将糖膏浓缩达指标要求的放糖锤度后，卸入助晶机内进一步冷却结晶（助晶）。结晶过程中含有大量晶粒且非常浓稠的物料，称为糖膏。

**（五）糖膏分离**（俗称分蜜）

经结晶、助晶后的糖膏，仍然是蔗糖晶体和母液（糖蜜）的混合物。为了将蔗糖晶体从糖膏中分离出来，需进行离心分离（分蜜）处理，在离心机（也称分蜜机）的离心力作用下将蔗糖晶体和母液分离。蔗糖晶体经干燥冷却后即得到产品，而母液还含有大量蔗糖，可作为下一段糖膏煮制的原料或作为微生物生长的碳源。

## 二、压榨提汁

甘蔗蔗汁的提取方法主要有压榨法、蔗丝渗出法及压榨—蔗渣渗出结合法等三种。国外如巴西，新建现代甘蔗糖厂设计通常采用压榨—蔗渣渗出结合法，虽然甘蔗纤维分高达14%～16%，但压榨抽出率仍高达98%～98.5%。我国甘蔗纤维分普遍较低，为10%～12%，甘蔗也比较脆嫩，我国甘蔗糖厂普遍采用压榨法提汁，也可以达到97%～97.5%的压榨抽出率。压榨提汁法生产工艺流程如下。

### （一）基本生产工艺流程

典型的蔗汁压榨提汁流程如下：

甘蔗→起重机→卸蔗台→喂蔗台→1号链板输蔗机水平段→1号预砍机→1号撕解机→2号撕解机→1号链板输蔗机倾斜段→1号吸铁器→2号链板输蔗机水平段→3号撕解机→2号链板输蔗机倾斜段→3号快速胶带输蔗机→2号吸铁器→5或6座压榨机列→蔗渣→锅炉车间

↓

混合汁→制炼车间

压榨过程中物料（蔗料和蔗汁）走向，以五座压榨机的机列为例，如图20－2所示。

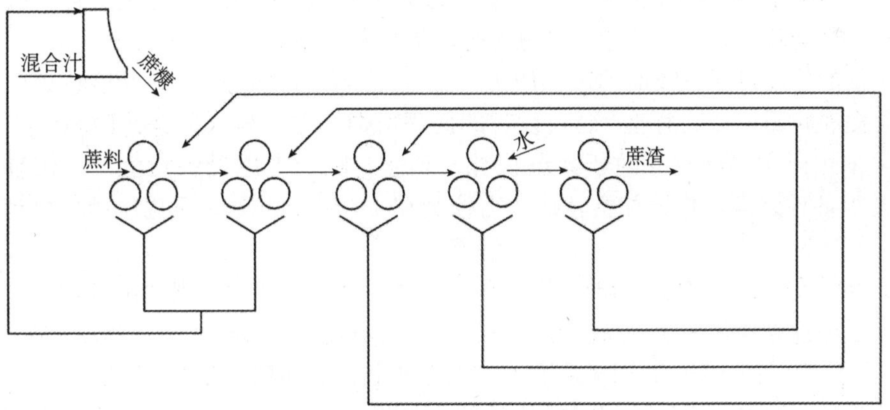


图20－2　五座压榨机的物料流程

我国的甘蔗糖厂压榨机列通常采用五座压榨机，也有少数工厂用四座或六座。在压榨过程中，蔗料依次通过各座压榨机进行多重压榨、多重渗浸提汁。为了提高第一座之后每座压榨机的糖分抽出率及机列的总抽出率，在倒数第二座压榨机出口蔗料层中加入适量、一定温度的渗浸水，并将每一座压榨机榨出来的渗浸稀汁分别依序泵送至其前一座压榨机的进料蔗料中，作为这些蔗料的渗浸汁。

将第一与第二座压榨机压出的蔗汁混合起来，称为混合汁。混合汁中含有一定的蔗糠，用无阻塞泵将其泵至滚筒筛、曲筛或其他形式的混合汁筛，初步除去粗蔗糠后，泵送去清净车间进行清净处理。筛出的蔗糠含有大量蔗汁，经轻型螺旋压干机或两辊式脱水机，或者高频振动筛等设备脱去其中大部分蔗汁后，再送回第二座压榨机进行复榨。在除了末座压榨机外的每座压榨机蔗料出口处，安装有喷淋装置，把渗浸汁（或热水）喷入刚离开榨机出口的蔗料中，以提高渗浸效果。

从末座压榨机排出的蔗料称为蔗渣或最终蔗渣，既可作为锅炉燃料，也可作为副产品进行综合利用。

**（二）压榨工艺条件**

从传统高油压高转速高渗浸水高能耗压榨技术，向通过提升蔗丝破碎度改善蔗丝形态，优化装嵌参数，强化入辘、强化排汁、低能耗高效现代压榨技术转变。

**1. 压榨机的油压** 通常以油压系数表示，亦称为压力系数，是指顶辊每单位投影面积上所承受的油压。

压榨机的压力对抽出率、动力消耗和设备的安全与磨损有较大的影响。对相同破碎度的蔗料，受压愈大，则压缩程度愈大，故压出的蔗汁愈多，因此抽出率亦高；但油压增大到一定程度（2.5 MPa 以上）时，再增加油压，压缩度变化不大，抽出率增加不多；一般来说压榨机的动力消耗与油压大小成正比关系；过高的油压，易导致零部件产生疲劳；其次零部件间磨损大，使压榨机运行不安全。

因此，合理选择压榨机的油压，既能够保证压榨机正常运行，也有利于节能、节电绿色制糖生产。因此压榨机油压一般控制为 1.5～2.0 MPa，不宜超过 2.2 MPa。

**2. 压榨机的速度** 压榨机的速度以辊子的旋转速度或辊子的线速度表示。辊子的旋转速度是指压榨辊每分钟旋转的次数，单位为 r/min；辊子的线速度是指辊子圆周的速度，即辊子平均直径表面上任意一点的线速，单位为 m/min。

压榨机的速度对压榨效能的影响较大，选择适合的压榨机速度，既能达到一定处理量，又能提高收回、降低消耗，延长设备的使用寿命，取得较大的经济效益。现代甘蔗糖厂通常采用厚蔗慢榨（相对于薄蔗快榨）理念，综合考虑设备安全、日榨量、抽出率及能耗等各种因素，将压榨机转速按需控制在 4～5 r/min，并采用压榨机自动调速控制系统。

**3. 压榨次数** 压榨次数与出汁率有关，一般压榨次数增加，则抽出率增大。但压榨次数多，压榨辊数就多，则压榨动力消耗及投资均增大，机列超过 6 座之后，最后的一座往往抽出糖分很少。目前，我国多采用 4～6 座压榨机。有些糖厂在提高榨量时，在 4～5 座压榨机的基础上增加一座压榨机，主要目的不是提高抽出率，而是在保证抽出率的基础上，平衡各座机的负荷，达到好的效能，这是提高生产能力的一种办法。但目前现代甘蔗糖厂如东亚糖业集团普遍通过增加下送辊、齿式下送辊、三辊压力喂料器等强制入辘器来增加压榨次数以提高压榨效能。

**4. 压榨机的开口** 压榨机的开口，亦称为压榨机的辊距，是指两辊轴心连线上两辊面间的距离，即指一辊的齿尖到另一辊齿底的距离。开口又可分为入口（前辊与顶辊之间的开口）、出口（后辊与顶辊之间的开口）、工作开口［指压榨机在榨蔗时顶辊升高后，顶辊与前（后）辊的距离］、安装开口［指压榨机在空负荷或未榨蔗时，顶辊与前（后）辊的距离］等；开口比是指入口与出口之比。

在压榨作业中，应选择适当的工作开口及工作开口之比，合理分配前、后辊的压力。

若工作开口比过大，则入口的压力不足，蔗料入辊虽较为顺利，但前辊挤压出来的蔗汁不多，则后辊负担过重，以致排汁不良，重吸现象严重，蔗料水分高；若工作开口比过小，则入口的压力过大，虽然前辊压出蔗汁较多，但会造成排汁不良，重吸加剧，而且前辊压力过大，往往导致蔗料入辘困难；工作开口比一般在 1.8～2.2，具体应视生产实际情况而定，并持续优化。压榨机列及底梳装嵌参数最优化是现代甘蔗糖厂持续提升压榨效能的主要压榨技术攻关方向。

**5. 渗透技术条件** 蔗料从压榨机排出时，因压力消失会迅速膨胀复原，因此应在蔗料未膨胀前加入渗透水或渗浸稀汁，利用蔗渣膨胀吸附作用及其毛细管的作用，使水分逐渐渗透扩散至蔗料细胞内部与残汁接触，将它们稀释，然后再榨出稀汁，如此反复对蔗料进行多次渗浸，反复挤压，使蔗料中的残留糖分越来越少，至最后一座压榨机排出蔗渣所含糖分已经很少了，压榨糖分抽出率达 96%～97.5%。

(1) 渗透水量。渗透水量越多，则渗渍作用越好，抽出率越高。但渗透水过多会降低混合汁锤度，增加蒸发系统的负荷，增加燃料消耗；其次容易引起蔗料打滑，不利于压榨入辘，进而影响榨量；此外，蔗料中非蔗糖分杂质溶出量也会增加，使混合汁纯度下降。现代甘蔗糖厂通过强化撕解机装嵌技术、压榨机装嵌技术提高压榨抽出率，减低压榨渗浸水量，大部分甘蔗糖厂将压榨渗浸水量控制在 15%～20%，少数糖厂控制在 13%～16%。

(2) 渗透水温度。提高渗透水的温度，利于提高抽出率。因高温可使甘蔗细胞膜破裂，渗透水更容易进入细胞内部将其残汁稀释，且蔗糖在高温度条件下溶解度更高，扩散作用更强，有利于蔗料糖分溶出。因此在保证入辘的前提下，有些糖厂甚至采用 85～95℃的热水进行渗浸。但高温渗浸也有一些不利影响，主要是蔗料层易膨胀增厚，导致入辊困难；此外，温度过高还会将蔗渣中的胶体等杂质更多地溶入蔗汁中，降低混合汁纯度，增加其清净处理和煮糖的困难。现代甘蔗糖厂通过提高破碎度，改善破碎蔗丝形态，强化入辘技术，倾向于采用高温渗浸。大部分糖厂渗浸水温度控制在 70～80℃。部分领先糖厂如东亚集团渗浸水温控制在 85～95℃，将二效汽凝水或煮糖凝结水直接作为压榨渗浸水源。

### (三) 压榨效能指标

衡量压榨效能的三大技术指标是指压榨量、抽出率和安全率。

制糖生产过程，对生产安全率影响最大的是压榨车间。因为它是全厂生产流程的第一车间，机械设备较多，设备负荷较重。若发生机械故障，不仅会降低生产安全率，榨量及抽出率也会受到很大影响。如停机时间过长，则还可能会使全厂生产中断，影响锅炉正常燃烧，增加糖分转化损失等，相对增加燃料、水、电和气的消耗，进而增加生产成本，降低经济效益。

## 三、蔗汁清净

### (一) 蔗汁成分和性质

**1. 蔗汁的成分** 蔗汁中各主要成分的含量与甘蔗的品种、种植的土壤、施肥情况、气候条件、收割后的存放时间与条件，以及压榨期间的提汁方法等因素有关（表 20-1）。

表 20-1 蔗汁的主要成分及含量

| 成分 | 含量（%） |
|---|---|
| 水分 | 80～85 |
| 蔗糖分 | 9～16 |
| 还原糖分 | 0.3～3.0 |
| 有机非糖分 | 0.5～1.2 |
| 其中：胶质物 | 0.4～1.0 |
| 含氮有机物 | 0.02～0.1 |
| 无氮有机酸 | 少量 |
| 类脂物 | 少量 |
| 无机非糖分 | 0.3～0.5 |

**2. 蔗汁主要成分的物理与化学性质**

（1）蔗糖。蔗糖是甘蔗制糖目标物质，是由葡萄糖和果糖组成的二糖，其性质主要有：

①溶解度。蔗糖极易溶于水，溶解度随温度的升高而增大，且受盐类影响较大，大多数无机盐能增大蔗糖的溶解度。而还原糖能降低蔗糖溶解度。

②旋光性。因蔗糖分子中有不对称的碳原子，故蔗糖溶液能使偏振光发生旋转。制糖分析就是利用该性质来测定糖液的蔗糖分。

③折光性。因蔗糖溶液与空气的密度不同，且与溶液中蔗糖浓度有关，故光线通过糖溶液时，会产生折射现象。制糖分析就是利用该性质来测定糖溶液的浓度。

④黏度。黏度是表示流体流动性能的一个物理量。糖溶液的黏度随浓度升高而增大，而随温度和纯度增大而降低的。糖液的黏度大小会影响到沉降、过滤、蒸发、煮糖和分蜜等操作，因此与生产糖分总收回率、产品质量及节能密切相关。

⑤热分解作用。蔗糖的熔点为 180～188℃。高于该温度时蔗糖就开始分解，其分解过程是一个复杂脱水、缩合过程；当温度大于 190℃，会生成颜色较深的焦糖，使糖品的颜色显著加深。因此，糖厂的蒸发和煮糖所用蒸气的温度不宜过高。

⑥酸的作用。蔗糖在酸性溶液中会发生水解，造成制糖过程中蔗糖的损失。影响蔗糖转化的因素有 pH、温度和时间。蔗汁越酸（即 pH 越低），温度越高，蔗汁停留时间越长，则蔗糖转化量越多。转化反应式为：

$$\text{蔗糖}+\text{水}\xrightarrow{\text{酸}}\text{葡萄糖}+\text{果糖}$$

⑦碱的作用。碱性高时，蔗糖与碱作用生成蔗糖盐。如石灰乳与蔗糖作用生成蔗糖钙，使糖汁的黏度增加、泡沫增多。

⑧微生物的作用。蔗糖是微生物生长繁殖的营养物质。制糖生产过程中甘蔗等带入大量微生物，若生产过程，尤其是压榨过程卫生工作或灭菌工作做不好，则微生物易消耗蔗糖生长、繁殖，增加糖分损失。另外，微生物也可以在筛空的助晶箱内大量繁殖，导致白砂糖微生物指标超标，严重时，会产生红点糖。因此制糖生产过程中应注意做好消毒和清

洁工作。

因此，从田间甘蔗砍运到成品装包等全产业链关键环节全程保护好蔗糖，是现代甘蔗糖厂化学管理及工艺管控的首要任务之一。

（2）还原糖。还原糖是单糖，蔗汁中还原糖主要是指葡萄糖和果糖。还原糖的主要性质有：

①溶解度。还原糖易溶于水，其中果糖的溶解度大于蔗糖，而葡萄糖的溶解度小于蔗糖。

②旋光性。还原糖也具有旋光性，其中葡萄糖为右旋糖，而果糖为左旋糖，蔗汁中两者综合呈左旋性，因此在测定蔗糖的浓度时，还原糖的存在会影响测定结果准确性。

③吸湿性。还原糖的吸湿性比蔗糖要大。在蔗糖产品中，若还原糖含量过高，则产品保存性差。

④分解反应。还原糖在高温碱性溶液中，会发生碱性分解反应，首先生成有机小分子的物质，然后有机小分子间再发生相互缩合等作用生成黑色的有机酸性物质和胶质，这些物质会增加糖液酸性或粘度，增大后续工序处理困难，同时也对成品糖的颜色有较大的影响。因此与保护好蔗糖一样，在制糖生产过程中，尽量保护还原糖，也是现代甘蔗糖厂化学管理及工艺管控的重要任务。

（3）非氮有机酸。蔗汁中的非氮有机酸主要有乌头酸、苹果酸、草酸和柠檬酸等，使混合汁呈微酸性，pH 为 5.2 左右。成熟和新鲜的甘蔗所含非氮有机酸含量较少，受病虫害或不新鲜甘蔗则含量较高。

在蔗汁清净过程中，有机酸会与石灰乳反应生成各种有机酸的钙盐，其中只有极少数如草酸钙能沉淀，而其余大部分钙盐均溶于蔗汁，无法去除，在后续蒸发和煮糖过程形成积垢，影响生产效率。

（4）含氮有机物。混合汁中的含氮有机物主要有蛋白质、氨基酸及酰胺等，含量因甘蔗品种、种植地区和施肥情况及气候等不同而有所不同，一般为糖汁锤度的 0.3%～0.5%，成熟且新鲜甘蔗，其含氮物中有 65%～70%是蛋白质；但未成熟的、新鲜度差的或受风折、霜冻及虫害等自然灾害的甘蔗，其蛋白质含量降到 40%以下。

蛋白质是一种高分子量的含氮有机物，其性质主要有：

①电中性。在一定的 pH 条件下，蛋白质的正负电量相等呈现电中性状态，该 pH 称为蛋白质的等电点，蔗汁中蛋白质的等电点为 3.3～3.8。

②热变性。蛋白质是典型的亲水性胶体，在溶液中高度水化，其水溶液是较为稳定的。但在高温作用下，蛋白质会发生脱水凝结，因此在蔗汁清净过程，部分蛋白质会被去除，但不能完全去除。

（5）氨基酸。氨基酸是一种有机酸，易溶于水，也是两性化合物。

①在澄清过程中，加灰后氨基酸与石灰乳生成的盐易溶于水，不能去除，从而增加清汁钙盐含量，使蒸发系统的积垢增加。

②碱性条件下，氨基酸会与还原糖发生美拉德反应，生成类黑精色素，使糖汁的色值显著增加，进而影响产品色值。

（6）酰胺。酰胺在石灰乳作用下分解成氨基酸并放出氨气。

(7) 色素。

①甘蔗自带的色素。甘蔗自带的色素分为脂溶性色素和水溶性色素两大类，如叶绿素、叶黄素和多酚类。在蔗汁清净过程中，叶绿素和叶黄素会与蛋白质一起在加热、加灰中凝结沉淀而除去。而多酚类色素因为是水溶性的，在石灰乳作用下会发生分解，但多数并不能形成沉淀，故去除率比较低，只有在大量加灰条件下（如碳酸法的加灰量）才能更好地去除。

②生产过程中形成的色素。制糖生产过程中形成的典型色素有：

a. 焦糖色素。蔗糖在高温（大于190℃）时发生焦化生成。

b. 还原糖碱性分解色素。在碱性高温条件下，还原糖发生分解、缩合反应生成。

c. 美拉德色素。在碱性条件下，氨基酸与还原糖发生美拉德反应生成。

d. 酚氧化或与铁络合色素。多酚类物质易氧化或与铁离子发生络合反应生成。

上述生产过程中生成的色素均溶于水，不能为石灰乳所沉淀，亚硫酸法清净去除率也很低，故对成品糖的质量影响较大。

因此，在制糖生产过程中，应保证甘蔗的新鲜度，生产过程中避免高温和长时间过热，减少铁制设备的使用或及时做到铁锈的清除，以尽可能减少色素的生成，从而保障产品的质量。

(8) 类脂物。类脂物主要成分是蔗蜡和蔗脂。

(9) 无机非糖分。蔗汁中的无机非糖分通常称为灰分，一般指含钾、钠、钙、镁、磷、硫及硅等元素的氧化物。其中除磷酸对制糖生产有用外，其余无机非糖分对制糖过程均不利，是加热器、蒸发罐和煮糖罐等换热设备的成垢离子，或其存在增加了蔗糖溶解度，增加糖蜜纯度和产量。

### (二) 蔗汁清净的目的

蔗汁成分非常复杂，除了目标物质蔗糖外，还含有多种无机和有机非糖杂质。这些杂质不仅降低蔗汁纯度，且在制糖过程中会发生很多复杂的化学反应，影响制糖生产与产品质量。因此，为了获得优质的白砂糖产品和提高糖分收回率，须对蔗汁进行清净处理，在力保蔗糖与还原糖不变的前提条件下，力求最大限度地除去这些非糖杂质。

### (三) 磷酸亚硫酸法清净工艺

磷酸亚硫酸法的工艺流程较短，设备简单，投资较少，澄清剂用量较少，澄清效果较好，能生产出符合国家标准的一级白砂糖，因此在我国，绝大多数甘蔗糖厂均采用亚硫酸法制糖工艺，少数甘蔗糖厂采用原糖-精糖两步法制糖工艺，已经没有甘蔗糖厂采用碳酸法制糖工艺。其中磷酸亚硫酸法是目前各糖厂普遍采用的方法，其以石灰和二氧化硫作为主要澄清剂、磷酸作为辅助澄清剂，通过加磷、加灰、加硫等共同物理化学作用来完成对糖汁的提净过程。

**1. 磷酸亚硫酸法的工艺流程** 磷酸亚硫酸法中，除了石灰乳、亚硫酸钙发挥清净作用外，磷酸钙也起到重要作用，故其优点是澄清效率较高，清汁清澈透明，能处理各种不同性质的蔗汁，只要适当改变工艺条件即可满足要求，适应性较强，能够生产色值低至90～120 IU的高品质亚法一级白砂糖（图20-3）。

**2. 磷酸亚硫酸法清净工艺的主要工序流程**

(1) 预灰。因压榨混合汁呈微酸性，如不及时进行加灰处理，则蔗糖转化损失会增

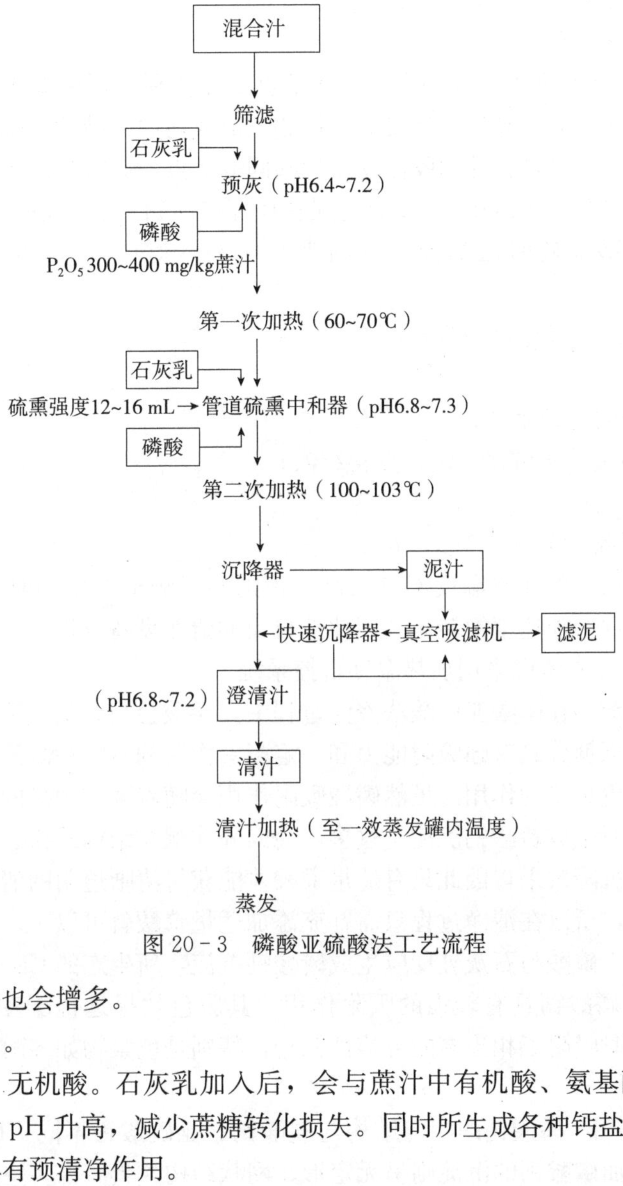


图 20－3　磷酸亚硫酸法工艺流程

大，且微生物损失也会增多。

①预灰的作用。

a. 中和有机、无机酸。石灰乳加入后，会与蔗汁中有机酸、氨基酸等酸类物质发生中和反应，使蔗汁 pH 升高，减少蔗糖转化损失。同时所生成各种钙盐中，磷酸钙、草酸钙可沉淀析出，具有预清净作用。

b. 预清净作用。石灰乳加入后，其氢氧根与钙离子均能与蔗汁中的某些无机非糖分发生化学反应生成难溶于水的钙盐沉淀，如磷酸钙、氢氧化镁、氢氧化铝等，起到预清净作用。

c. 等电点凝聚作用。这是应用胶体物质在等电点会发生凝聚作用的原理，通过加灰使蔗汁的 pH 等于其某些胶体的等电点或接近等电点而发生凝聚固体析出。已发生凝聚的胶体在加热作用下会发生脱水，结构更加稳定，这样即使后面蔗汁的 pH 发生变化，这些胶体也不会发生复溶，而是从蔗汁中凝固析出，再通过后续的固液分离手段达到提净的目的。

d. 防腐作用。加灰后，钙离子能与微生物的原生质体结合，生成蛋白质的钙化合物，从而抑制微生物的生长及繁殖，达到防腐目的。

（2）预灰的工艺条件。

①预灰的 pH。蔗汁预灰 pH 稳定控制非常重要，特别是还原糖或酚类物含量较高的蔗汁，局部过高 pH 可能会导致蔗汁发生美拉德反应或还原糖碱性降解反应，使蔗汁颜色加深。因为 pH 为 7.0 时是蔗汁的胶体物质的共同等电点，此时蛋白质等胶体物质凝聚较完全，而且蔗糖的转化也会减少，故现在甘蔗糖厂预灰 pH 控制一般为 7.0～7.2。

②预灰量。磷酸亚硫酸法的预灰量约为 0.05%（对蔗），具体主要根据 pH 控制而定。

（3）第一次加热（混合汁加热）。

①作用。

a. 抑制微生物的生长繁殖；

b. 使凝聚胶体进一步脱水，结构变得结实；

c. 促进化学反应；

d. 促进蔗汁吸收 $SO_2$。

②工艺条件。第一次加热温度不宜太高，否则会影响硫熏中和时 $SO_2$ 的吸收率；其次，高温、酸性条件会加速蔗糖转化。因此按目前的清净设备条件，一次加热温度宜控制在 60～70℃，并且优先考虑采用加热温度自控系统。

（4）磷酸的添加。在磷酸亚硫酸法澄清过程中，磷酸会与石灰乳钙离子反应生成对蔗汁色素、胶体等非蔗糖分具有强吸附能力和一定凝聚作用的磷酸钙沉淀，因此在磷酸亚硫酸法清净工艺中起着重要的作用。虽然磷酸吸附作用会随着磷酸用量的增加而增大，但若磷酸用量过多，则所生成磷酸钙沉淀量过多，会因固体颗粒结构疏松、不结实，导致泥汁量过多，影响后续沉降效果，因此只有适量磷酸才能获得清晰透明的清汁。因为蔗汁本身含有一定量磷酸盐，所以在清净过程只需补充添加适量磷酸就可以了。

①磷酸的作用。磷酸与石灰乳反应生成磷酸钙沉淀，新生态的 $Ca_3(PO_4)_2$ 沉淀具有：

a. 吸附作用。磷酸钙具有较强的吸附作用，其脱色效果远优于亚硫酸钙和碳酸钙。在磷酸钙形成的同时吸附了相当多的可溶性钙盐，特别是色素物如多酚类铁盐等，这是其他钙盐难以除去的。

b. 凝聚网络作用。磷酸钙的沉淀结构与碳酸钙、亚硫酸钙不同，后两者都是较紧密结实的沉淀粒子，而磷酸钙的沉淀则呈无定形、网状结构，具有许多空腔，不仅能通过其表面上吸附的钙离子架桥作用将不同磷酸钙及其他钙盐沉淀颗粒絮凝起来形成更大絮团，同时还能将蔗汁中许多微粒网络在一起形成共沉淀。

②磷酸的添加量。

a. 磷酸值。指 1 L 蔗汁中含有磷酸盐等折成 $P_2O_5$ 的量，常用单位为 mg/L。例如每升蔗汁含有 $P_2O_5$ 300 mg，则此蔗汁的磷酸值为 300 mg/L。

b. 自然磷酸值。指蔗汁本身含有的磷酸值，该数值一般为 100～200 mg/L，但不同种植地区、不同施肥等情况，都会影响蔗汁自然磷酸值含量。蔗汁中自然磷酸值含量不能满足清净工艺要求，因此在清净过程中需要另外添加部分磷酸。目前大多数糖厂生产过程磷酸值工艺指标一般控制为 350～500 mg/L，所得泥汁沉淀物较结实，清汁混浊物含量低，色泽变浅。但磷酸值过高，则相应所需要石灰量也会增加，因此会生成大量磷酸钙絮状物，结构较疏松，使沉淀池泥底膨胀，清汁排放困难，同时还会增加过滤负担。但对于含非蔗糖杂质多或蔗汁成分异常的顽性蔗汁，则添加磷酸量应适当加大。近年来，随着机收机装甘蔗比率升高，入槽甘蔗含泥沙及蔗叶等夹杂物含量相应增加，因此磷酸添加量有增加的趋势。

对于磷酸添加的位置，因为磷酸生成磷酸钙需要发生三级电离，故反应速度比较缓慢，为了确保磷酸与石灰乳有足够的化学反应时间，现代甘蔗糖厂适当将磷酸提前加入，通常是在压榨混合汁预灰时同时加入。由于传统设计的历史原因，甘蔗糖厂的压榨混合汁箱常设计为方形箱体，没有配套搅拌装置，并且容积偏低，所以压榨混合汁预灰预磷混合不均匀，化学反应时间偏短。现代甘蔗糖厂，通常将压榨混合汁箱设计为带机械搅拌的圆锥形储罐，按反应停留时间 10～15 min，选定圆锥形储罐的工作容积，兼具一定的缓冲作用。同时，压榨混合汁按恒流变频控制，确保从压榨输送到制炼车间澄清工段的混合汁保持相对稳定的流量，有利于混合汁加热稳定和硫熏中和操控。

（5）*硫熏中和*。硫熏中和是磷酸亚硫酸法糖厂清净过程的重要环节，关系到蔗汁清净效果的好坏。其主要任务是将浑浊不清的预灰预磷混合汁，经硫熏中和、二次加热后生成颗粒较大的沉淀物，此沉淀物能将蔗汁中的大部分胶体悬浮物及色素等杂质吸附形成沉淀，再经过沉降和过滤进行固液分离获得清澈透明、色浅的清汁。

①硫熏中和的基本原理。蔗汁吸收 $SO_2$后，形成 $H_2SO_3$，然后与石灰乳反应生成大量的 $CaSO_3$沉淀。新生成亚酸钙沉淀粒子因带正电荷和具有高的比表面积，吸附能力强，能将蔗汁中的部分胶体和色素等非蔗糖杂质吸附形成共沉淀。

其化学反应方程式为：

$$SO_2 + H_2O \rightarrow H_2SO_3$$

$$H_2SO_3 + Ca(OH)_2 \rightarrow CaSO_3 \downarrow + H_2O$$

②硫熏中和的作用。

a. 改变蔗汁中的 pH，达到一些非蔗糖分的凝聚点，使之聚沉；

b. 亚硫酸根离子与钙离子结合成亚硫酸钙沉淀，新生的 $CaSO_3$有较强吸附性，能吸附胶体、色素等非糖杂质；

c. $SO_2$具有漂白和抑制色素生成作用。

③硫熏中和的工艺条件。

A. 硫熏强度。硫熏强度是表示蔗汁吸收二氧化硫量的指标，一般用 10 mL 硫熏中和汁所消耗的 1/64 mol/L 的碘液 mL 数来表示。

反应方程式：

$$SO_2 + I_2 + 2H_2O \rightarrow H_2SO_4 + 2HI$$

由此可知，1.00 mL 1/64 moL/L 的碘液相当于 1.00 mg 的 $SO_2$。

一般来说，清净效果随硫熏强度的增大而提高。但过高的硫熏强度会增加石灰、硫磺用量，从而增加生产成本；其次，沉淀物多，加重沉降和过滤负担。不同地区、不同甘蔗品种及甘蔗成熟程度不同，清净时硫熏强度工艺指标会有所不同，一般来说，榨季的前期、后期硫熏强度高一些，而中期硫熏强度宜取低值。

新鲜、成熟的甘蔗，硫熏强度宜为20～25 mL；而难处理的蔗汁，硫熏强度可提高到25～30 mL及以上。部分云南甘蔗糖厂，采用高硫高灰高磷工艺，硫熏强度高达35～40 mL。

B. 中和汁的pH。中和pH的高低对制糖生产的影响：a. 对钙盐沉淀及非糖分除去的影响。pH高时，$CaSO_3$沉淀比较完全；当pH偏低时，蔗汁中可溶性的$Ca(HSO_3)_2$增大，则清汁的含钙量增加，蒸发系统积垢增多，糖浆浊度增大。b. 对糖分损失的影响。pH偏高时，可减少蔗糖分的转化损失。根据文献报道，当蔗汁中和汁pH为6.8时，蔗糖的损失量是pH为7.2时的3倍多。但当中和汁pH过高时，还原糖的碱性降解和美拉德反应加剧，会产生大量色素，使产品色值升高，影响产品质量。c. 对氨基酸反应的影响。中和汁pH高低对氨基酸反应影响明显。一般而言，氨基酸美拉德反应速度随着中和pH升高而加快，故当中和pH过高时，蔗汁美拉德反应明显，则生成类黑精色素数量多，影响产品色值。

在制糖生产过程中，由于中和pH不易控制，因此一般以清汁pH作为控制指标，而中和pH仅作为操作参考指标。对磷酸亚硫酸法而言，清汁的pH一般控制为7.0～7.4，在生产中宜通过试验来进行确定。在甘蔗新鲜、还原糖含量较低的时期，在确保清汁及白砂糖色值可控的条件下，可适当控制较高的清汁pH，为7.2～7.4，以利于磷酸钙及亚硫酸钙反应完全，从而可以去除较多的无机盐，降低清汁钙盐含量，降低蒸发及煮糖过程积垢生成，降低糖蜜产率；反之，应当控制较低的清汁pH，为7.0～7.2。并且优先考虑采用双电极pH自控系统。

(6) 二次加热的温度（中和汁加热）。二次加热，又称中和汁加热，其作用一是加快磷酸和亚硫酸与石灰乳的反应，使磷酸钙、亚硫酸钙沉淀更加完全，从而降低清汁含钙量；其次高温能使沉淀物质脱水更完全，成为结实的颗粒，增大固液密度差，从而增大沉降驱动力；同时降低蔗汁的黏度，减少固体颗粒沉降阻力，加快沉降速度，缩短蔗汁在高温停留过长时间。但当二次加热温度过高（大于105℃）时，蔗汁蔗糠中的部分多缩糖类逐渐会溶出，增大蔗汁胶体含量，反而不利于沉降；更严重的是，蔗汁自蒸发现象加重，所产生蒸汽析出会影响固体颗粒沉降，结果导致蔗汁浑浊不清，沉淀池放汁困难。因此二次加热的温度一般控制为101～103℃，并且优先考虑采用加热温度自控系统。

(7) 沉降。

①沉降的目的。混合汁经过预灰加热、硫熏中和等工序后，产生了大量的沉淀物，沉淀粒子与其他分散粒子悬浮于蔗汁中，要想获得清净的清汁，必须要进行固液分离。亚硫酸法糖厂一般先利用沉降设备实现固液分离，将中和汁分离成为清汁和泥汁，而碳酸法糖厂则采用全汁过滤方法。

②沉降的原理。静止颗粒在液体中受到两种力的作用：一种力是向下的重力（颗粒本身重量），一种力是向上的浮力。当重力大于浮力时，颗粒下沉；当重力小于浮力时，颗粒上浮。即蔗汁中颗粒下沉或上浮主要取决于颗粒与液体的密度大小，因此说颗粒沉降的推动力是颗粒和液体的密度差。蔗汁的密度为1 050～1 100 $kg/m^3$，而清汁过程生成的磷酸钙和亚硫酸钙及泥土的密度为2 200～3 000 $kg/m^3$，碳酸钙的密度则约为

2 930 $kg/m^3$。

③影响沉降的因素。

a. 颗粒的密度。沉淀颗粒粗大结实即密度大，沉降速度快。如果沉降不理想时，应加大磷酸值和加强硫熏，生成更多的磷酸钙、亚硫酸钙沉淀，吸附较多的胶体、色素等非糖杂质以增大沉淀颗粒，从而增大密度差，加快沉降。

b. 颗粒的大小（即颗粒的直径）及形状。粗大且接近球形的颗粒，易于沉降。在蔗汁沉降前加入絮凝剂，目的就是利用其吸附与网络作用使颗粒团聚在一起形成粗大颗粒，使其沉降速度显著增大。

c. 中和汁的温度。中和汁进入沉降器前，需要将其温度加热至 101～103℃，目的是降低糖汁的黏度和增大颗粒的密度，其次使沉淀颗粒进一步脱水团聚成为结实的颗粒，体积减小并增大颗粒密度。同时，中和汁加热温度必须要保持稳定，否则会造成蔗汁在沉降器内发生对流，影响沉降。

d. 物料（中和汁、清汁和泥汁）进出的均匀程度。在沉淀池操作中，应保证蔗汁流动的均匀性，否则会引起蔗汁对流而扰动泥层，造成清汁不清或排放困难。

e. 中和汁散气。在中和汁进入沉淀器之前，必须进行充分散气，避免由于中和汁中的小气泡排出不及时而影响沉淀物的沉降速度。

（8）过滤。

①过滤的目的。中和汁经沉降处理以后，得到清晰透明的清汁和泥汁两部分。清汁占 70%～80%，泥汁占 20%～30%。因泥汁仍含有大量蔗糖，需要收回。但因泥汁含有大量泥沙、蔗糠及清净处理过程生成的沉淀物，需要进行适当处理才能收回其糖分。过滤是目前甘蔗制糖生产回收泥汁中蔗糖分最常用的方法。目前泥汁过滤普遍使用的是板框式压滤机或真空吸滤机，其中真空吸滤机分为环带式真空吸滤机和无滤布真空吸滤机，后者是 20 世纪 90 年代后才开始逐步推广应用的。

②过滤原理。过滤就是利用某种有很多细孔的过滤介质（如棉质的帆布或尼龙滤布、细沙、活性炭等）在压力下作用下，溶液溶剂及溶解于其中的物质能够通过微孔穿越过滤介质到达另一侧得到滤液，而悬浮颗粒则被截留在过滤介质表面上形成滤饼层，从而实现固液分离的手段。过滤介质除了滤布外，过滤过程形成悬浮物滤饼层也起到过滤介质作用。在过滤过程中，滤渣层一般是逐渐增厚的。

压力差（即指滤布和滤渣层两侧的压力差）是过滤的推动力。产生压力差的方法，可在滤渣层的一侧施加较大的压力（如压滤机的情况），或在滤渣层的另一侧造成一定的真空（如真空吸滤机）。只有压力差大于介质总阻力时，滤液才能顺利地流向压力较低的一侧。

③影响过滤的因素。

A. 过滤的压力差。压力差是过滤的推动力，压力差的大小会影响过滤速度。如果滤渣是不可压缩的，则过滤速度与压力差成正比。但糖厂的滤泥是可压缩的，当压力差增大时，虽然过滤驱动力增大，但滤饼层因受压缩而变得更加密致，过滤阻力也会增大，因此过滤速度与过滤的压力差并不是成简单的正比关系。

过滤压力的选择，一般板框压滤机的压力为 0.20～0.39 MPa；真空吸滤机的真空度通常为−0.066～−0.053 MPa。

B. 滤泥层的厚度。滤泥层增厚，则过滤的阻力也会增加，从而影响过滤顺利进行。因此，压滤机的滤泥层的厚度应根据过滤物料的性质来决定的，而真空吸滤机的滤泥层厚度不能超过 12 mm，以保证良好的过滤性能。

C. 沉淀颗粒的大小及性质。泥汁中的沉淀颗粒大小、结实程度及均匀度都会影响过滤性能。一般来说，沉淀颗粒粗大、均匀且结实，则过滤性能好，但更重要的是沉淀颗粒的均匀度，颗粒均匀度高则在过滤过程中，蔗汁流动通道不会被细小颗粒填堵，因此过滤更容易。

D. 泥汁的黏度和温度：泥汁的浓度高、黏度大，则过滤的阻力大，过滤速度慢；而温度高，泥汁的黏度小，易于过滤。但温度不宜太高，否则影响蔗糖转化或还原糖分解，因此，过滤温度控制如下：a. 亚硫酸法（真空吸滤机）：90～95℃；b. 碳酸法：一碳饱充汁 50～55℃；二碳饱充汁 75～80℃。

④亚硫酸法清净效果的衡量指标。

a. 清汁与混合汁的纯度差。反映清净过程中除去非蔗糖分的程度。影响纯度差的关键，主要是无机非糖分的除去多少。混合汁经过澄清处理后，清汁的纯度一般比混合汁的纯度提高 0.5%～2.0%（即 0.5～2.0 AP）。

b. 清度。亦称清澈度或浑浊度，其反映清汁中不溶于水杂质和胶体的相对数量，会直接关系到产品的质量。清度的单位以 mm 来表示，数值越大，说明清汁越清亮透明。一般亚硫酸法糖厂的沉降清汁的清度在 200～300 mm；而滤清汁的清度在 150～200 mm，管理好的糖厂清汁的清度可达 400 mm。

c. 色值变化。亚硫酸法糖厂所得清汁的色值一般要比混合汁色值降低 20%～50%，即清汁的色值为 1 000～1 500 IU。

d. 还原糖含量的变化。生产上用还原糖量/蔗糖量来表示，其可反映澄清过程中蔗糖转化、还原糖分解的综合情况。如果该比值增加，说明蔗糖转化明显，还原糖增加；该比值减小，说明还原糖分解严重。一般来说，在亚硫酸法糖厂的生产过程中，清汁的还原糖量比混合汁略有减少，而糖浆中的还原糖量比清汁略有增加。

e. 钙盐含量的变化。清汁的含钙量高低会关系到蒸发罐、煮糖罐的积垢生成情况，影响传热效率进而影响生产能耗。该项指标可衡量清净的好坏。引起钙盐含量升高，主要是中和 pH 控制不稳定，亚硫酸钙沉淀不完全；其次为原料甘蔗品质差，还原糖含量高或还原糖过多被破坏或石灰质量不好等。因此，在生产过程中，应严格控制中和 pH 为中性且稳定。

磷酸亚硫酸法糖厂的清汁含钙量在 0.3～0.5°Bx，国际上的原糖糖厂清汁含钙量的 0.3～0.35°Bx；碳酸法糖厂的清汁含钙量在 0.35～0.4°Bx，国际上最佳水平 0.11°Bx 左右。

**3. 磷酸亚硫酸法存在问题及改进措施** 磷酸亚硫酸法在处理正常甘蔗汁且操作管理好时，清净效果是较为理想的，能生产出一级白砂糖（色值一般为 110～150 IU），但也存在以下主要缺点：

①白砂糖的质量不够理想，其色值、浊度和不溶物含量偏高，存放时色泽会变黄和吸

潮；白砂糖中 $SO_2$ 含量较高。

②清汁含钙量和灰分含量较高，致使加热器、蒸发罐积垢严重。在清净效率较低的甘蔗糖厂，甚至煮糖罐会生成较多的积垢，严重时会导致白砂糖水不溶物超标。

③清净效能不够好，除去非蔗糖分不多，蔗汁纯度提高小，特别是当技术条件不适当或操作不好时，纯度差可能出现负数。

④对较复杂的蔗汁的适应性较差。例如受霜冻或生长在近海地区的甘蔗，用磷酸亚硫酸法处理时常不易得到较好效果。

磷酸亚硫酸法之所以存在这些缺点，主要是因为：

①磷酸亚硫酸法清净过程其 pH 的控制基本上是在中性偏碱或中性偏酸范围内，能够除去的色素及非蔗糖分较少，且残留在清汁色素在蔗糖结晶时易被蔗糖晶体吸附或包裹，进而影响白砂糖色泽和质量。只有当蔗汁加灰至强碱性时，蔗汁中的色素与多种有机和无机的非糖分才更容易被除去。但若 pH 过高时，蔗汁还原糖碱性降解反应与美拉德反应会加剧，生成大量亚硫酸钙与磷酸钙难以吸附的色素，也会影响产品色值。因此蔗汁 pH 只能保持中性偏碱或中性偏酸范围内。

②磷酸亚硫酸法所加入的澄清剂 $SO_2$ 和 $Ca(OH)_2$ 在中性偏碱或中性偏酸范围内有相当部分未生成 $CaSO_3$ 沉淀，残留在清汁中，使清汁含钙量增加，也使清汁 $SO_2$ 残留量增大，不仅影响清汁纯度提高，而且易造成白砂糖二氧化硫含量偏高。

因此，数十年来，国内外制糖工作者为改进磷酸亚硫酸法进行了大量的研究工作，包括对原有流程和设备加以改进或采用新装备及探索新清净工艺技术等，有部分已在生产中试验和运用，取得一定效果。如采硫熏中和用中性偏碱工艺，清汁 pH 控制中上限，确保蒸发糖浆 pH 控制在 6.6～7.0；对滤汁采用快速沉降技术处理，获得高品质滤清汁，取消将滤汁泵送回混合汁的循环处理工艺。

**（四）碳酸法清净工艺**

用石灰和二氧化碳作为澄清剂来对蔗汁进行清净处理的方法称为碳酸法。用碳酸法处理蔗汁所生产白砂糖纯度较高，色值较低，且能久贮不易变色。但碳酸法也有缺点，如工艺流程比较复杂，需用机械设备较多；还需要耗用大量石灰和二氧化碳，因而生产成本也比较高。更为致命的是，碳酸法工艺会产生大量碱性滤泥，至今仍未有妥善的处置方法，环境压力很大，这使碳酸法生产工艺的应用愈来愈受到严重制约，因此目前我国最大蔗糖产区——广西原有为数不多的几家碳酸法糖厂均已改用亚硫酸法。

碳酸法清净工艺有单碳酸法、双碳酸法和三碳酸法等。实践证明，双碳酸法和三碳酸法的清净效果明显优于单碳酸法。但是三碳酸法的工艺过程比双碳酸法复杂，蔗汁在清净过程中停留时间更长。加上操作管理等方面的影响，其清净效率不一定比双碳法高。所以我国以前应用最广泛的是双碳酸法，其生产工艺如图 20-4 所示。

**1. 基本流程**

（1）预灰。蔗汁在二氧化碳与石灰乳饱充前，需要加入少量石灰乳的操作称为预灰。

①预灰的作用。

a. 中和和防腐。中和蔗汁酸类物质，减少蔗糖转化。其次，石灰乳中钙离子与氢氧根离子会与有机、无机酸根作用，生成沉淀，除去部分非糖杂质。

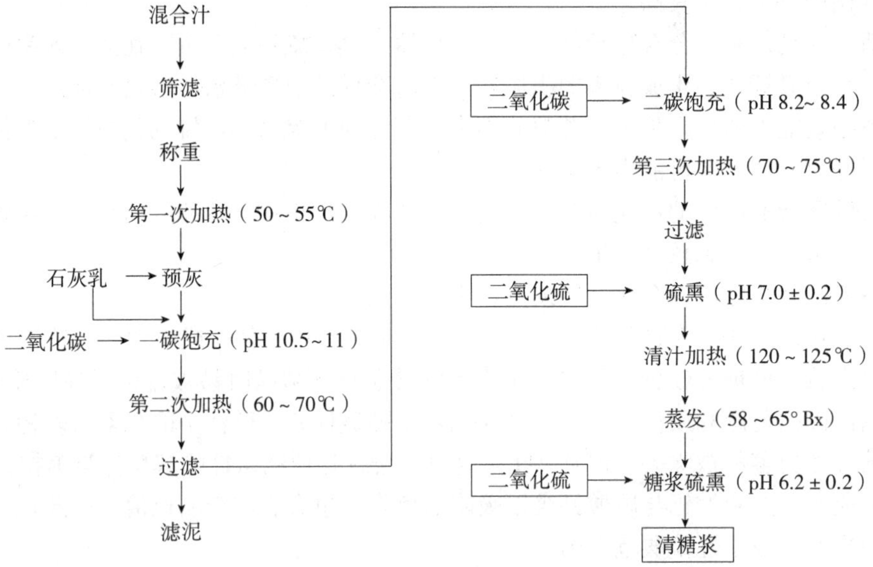


图 20-4　双碳酸法工艺流程

b. 胶体的凝聚。利用电中性原理，加入电解质石灰乳，使混合汁中的胶体的电荷被中和而使之聚集凝聚形成固体颗粒析出。

预灰过程中，可控制两个凝聚点，pH＝11：蔗汁中胶体的最适宜凝聚点；pH＝8～9：胶体易脱水。

②预灰的方法。预灰的方法主要有下面几种：

a. 石灰乳累计加灰（亦称渐进预灰）。指在连续流动蔗汁的不同位置分别加入石灰乳。

特点：蔗汁与石灰乳混合均匀，蔗汁的碱度逐渐升高，防止局部过碱；分点加灰可形成不同凝聚点，使非糖分充分凝聚，还原糖分解少，沉淀粒子粗大。

b. 一碳汁回流预灰。指将已饱充至一定碱度未过滤的一碳汁回流至混合汁中，混合后再入一碳饱充罐。

特点：提高糖汁碱度，借助一碳未过滤汁中的沉淀颗粒作为蔗汁中非糖分的晶核加快它们凝聚，使沉淀颗粒生成速度更快且更粗大、结实，进而改善过滤。但已饱充的蔗汁反复回流，导致部分蔗汁停留时间长，影响糖汁的质量。

③预灰的工艺条件。

a. 预灰量。最适宜的预灰量是能凝聚最大量的非糖分对应 pH，即 pH＝10.5～11.0，pH 过低，即加灰不足，非糖分沉淀不完全且凝聚少；pH 过高，即加灰过多，还原糖分解多，且易发生胶溶现象。

b. 预灰温度与预灰时间。热汁预灰能更好地发挥预灰的清净作用。但温度不宜太高，否则还原糖碱性降解与美拉德反应加剧，影响糖汁的质量。温度一般控制为 45～50℃，预灰时间约 5 min。

（2）*一碳加灰饱充*。预灰汁送至一碳饱充罐时，将清净过程所需的石灰乳按一定方式加入罐内，同时通入 $CO_2$，则会产生大量的碳酸钙沉淀，凝聚和吸附糖汁中的非糖分。

此过程称为同时加灰饱充。甘蔗碳法糖厂的第一次饱充都采用这种方法。

①一碳加灰饱充的目的。利用石灰乳与二氧化碳反应，生成数量足够、颗粒大小均匀，且结实的碳酸钙粒子。

②一碳加灰饱充的作用。

a. 吸附作用。石灰乳与二氧化碳反应，生成 $CaCO_3$ 沉淀，对蔗汁色素、胶体等非糖杂质具有很强吸附作用。

b. 助滤作用。因碳酸钙沉淀粒子具有晶状结构，结构结实不易压缩，是良好的助滤剂。

③一碳加灰饱充的化学反应。

a. 加灰：$Ca(OH)_2 \rightleftharpoons Ca^{2+} + 2OH^-$

b. 饱充：$H_2O + CO_2 \rightleftharpoons H_2CO_3$

c. $CaCO_3$ 的生成 $Ca^{2+} + 2OH^- + H_2CO_3 \longrightarrow 2H_2O + CaCO_3 \downarrow$

④一碳加灰饱充的工艺条件。

a. 加灰量。一定范围内，清净效率随加灰量增加而增大，但当加灰量超过一定数值时，清净效率反而不再增加。此外，当加灰过多，所生成沉淀物数量多，沉降过滤负担重，且生产成本增加。因此制糖生产加灰量一般控制为 1.5%～2.0%（对蔗汁）。

b. 一碳饱充碱度。在一碳加灰饱充过程中，能最大限度地除去非糖分的 pH 所对应的碱度称为最佳碱度，即 pH 10.5～11.0，每 100 mL 碱度为 0.03～0.05 g CaO。此时清净效率高，清汁含钙盐量低，糖汁色值低，过滤性能良好。

蔗汁最佳碱度与甘蔗品种、种植土壤、施肥等密切相关，在生产过程应根据实验结果来确定最佳碱度。

c. 一碳饱充温度。一碳饱充是在强碱性条件下进行的。饱充温度升高，有利于饱充反应进行。但还原糖的碱性降解及美拉德反应会加剧，导致糖汁的色值升高。如果蔗汁温度超过还原糖分解反应临界温度 55℃时，则蔗汁由黄色变为暗红色，因此在实际生产中，一碳饱充温度一般控制在 45～50℃。

d. 一碳饱充时间。一碳饱充时间长短会影响碳酸钙沉淀粒子大小和均匀度。快速饱充获得碳酸钙沉淀粒子较小而均匀，粒子比表面积大，吸附能力强，所得清汁的色值低，清汁含钙量低；慢速饱充则所获碳酸钙沉淀粒子较粗但均匀度差，不利于过滤。同时，糖汁饱充停留时间过长，导致被破坏的还原糖量增多，影响糖汁的质量。目前，糖厂一碳加灰饱充的时间一般控制 10～12 min。

（3）*二碳饱充*。一碳饱充汁经沉降或过滤后所得的一碳清汁碱度仍非常高，pH 达 10.5～11.0，因此继续通入二氧化碳进行二碳饱充，与一碳清汁中残留 $Ca(OH)_2$ 及 KOH、NaOH 反应生成 $CaCO_3$，降低清汁碱度和钙盐含量。

①二碳饱充的目的。通过二碳饱充作用，最大限度降低一碳清汁中的钙盐含量，同时进一步降低清汁色值，提高清汁的纯度，为提高煮炼收回率和产品质量创造条件。

②二碳饱充的作用过程。

a. 石灰乳与碳酸反应。

$$Ca(OH)_2 + H_2CO_3 = CaCO_3 \downarrow + 2H_2O$$

b. 将一碳清汁中 $K^+$、$Na^+$ 转化成碳酸盐。

$$2KOH + H_2CO_3 = K_2CO_3 + 2H_2O$$
$$2NaOH + H_2CO_3 = Na_2CO_3 + 2H_2O$$

c. $K_2CO_3$、$Na_2CO_3$ 与一碳清汁中可溶性的钙盐发生置换，生成碳酸钙沉淀。

$$K_2CO_3 + CaA_2 = CaCO_3 \downarrow + 2KA$$
$$Na_2CO_3 + CaA_2 = CaCO_3 \downarrow + 2NaA$$

二碳饱充的结果，使蔗汁 pH 逐步下降，并与一碳清汁中钙反应生成碳酸钙沉淀，进一步吸附残留在一碳清汁中的色素、胶体、蜡质等非糖分，达到进一步除杂脱色的作用。

③二碳饱充的工艺条件。

a. 最适的 pH。最适 pH 是指二碳清汁的钙盐含量最低时所对应的 pH，与自然碱度有关。自然碱度是指蔗汁本身所含碱金属（主要 K 与 Na）盐在一碳饱充加灰过程中所生成 KOH、NaOH 等碱类物质所表现出来的碱度。一般而言，自然碱度越高，则二碳饱充时钙盐沉淀能力愈强，则清汁钙盐含量愈小。

生产中二碳饱充的最适 pH 一般为 8.2～8.6。如果生产中，蔗汁的 pH 大于最适 pH（欠饱充）或小于最适 pH（过饱充），均会造成清汁含钙量增加，清净效果不好，对生产不利。

b. 二碳饱充的温度。因二碳饱充反应仍是在碱性下进行的，因此饱充温度也不宜过高，否则还原糖分解量多，影响清汁的品质。故糖厂生产二碳饱充温度一般控制为60～70℃。

c. 二碳饱充时间。二碳饱充时间为 5～10 min。

④二碳清汁硫漂。因二碳饱充过滤所得清汁的 pH 仍为碱性，如直接进入蒸发工段，则还原糖增色反应会非常明显，导致糖浆品质下降，进而影响产品质量和糖分收回，因此在二碳清汁进行蒸发前必须降低其 pH。目前制糖生产普遍采用硫漂技术。

a. 二碳清汁硫漂的作用。降低二碳清汁的 pH，减缓其后续蒸发过程还原糖的分解，抑制色素的生成。

b. 二碳清汁硫漂的 pH。二清汁硫漂的 pH 一般控制在 7.0～7.2。

**2. 碳酸法清净效果的衡量指标** 碳酸法的清净效果主要用以下几个指标来进行衡量：

（1）清净效率。碳酸法糖厂的清净效果一般用清净效率表示，计算公式为：

$$清净效率 = \frac{清净后除去的非糖分}{混合汁中含有的非糖分} \times 100\%$$

也可根据混合汁与清汁的纯度按下式计算：

$$清净效率 = \frac{(P_2 - P_1)}{(100 - P_1)} \times 100\%$$

式中：

$P_1$——混合汁重力纯度，%；

$P_2$——清汁重力纯度，%。

碳酸法糖厂的清净效率一般为 20%～35%，波动幅度大，主要是因混合汁纯度、非糖分含量和性质及原料甘蔗的成熟度、新鲜度与清净操作控制条件等变化大。

(2) 清汁含钙量。清汁含钙量的高低与蒸发罐积垢、产品白砂糖的灰分及糖蜜的糖分损失直接相关。我国甘蔗碳酸法糖厂的清汁含钙量一般比混合汁高 30%～150%，即为 0.35～0.4°Bx。

(3) 清净过程的除色率。碳酸法糖厂的清汁色值比混合汁要降低约 80%。

一般碳酸法清净的除色作用主要是一碳加灰饱充，其次是清汁硫漂，二碳饱充甚微。

## 四、糖汁蒸发

经澄清处理所得清汁浓度较低，为 15～17°Bx，若直接进行煮糖，则煮糖耗气大，煮糖时间长。同时清汁在存放期间，因为浓度低，微生物生长繁殖速度快，导致蔗汁品质迅速下降，所以须对其进行蒸发处理，使其浓度提高至 65～70°Bx，才送至煮糖工序。蒸发工序对清汁浓缩会消耗大量蒸气（乏气或生蒸气），但与此同时也会产生大量的二次蒸气（汁气），可供给其他加热部门如蔗汁加热、煮糖等使用，可见蒸发工序既是蒸气消耗者，又是低压蒸气的供应站，故有糖厂“第二锅炉”之称。

### （一）蒸发的方法

根据操作压力的大小进行分类，可分为：

**1. 真空蒸发**　在负压条件下进行的蒸发操作称为真空蒸发。其压力低，糖汁的沸点低，可减少蔗糖转化或焦化及还原糖的分解和色素生成等。其次可以利用低压乏气或汁气作为加热蒸气。

**2. 压力蒸发**　在高于 1 个大气压条件下进行的蒸发操作称为压力蒸发。其压力高，糖汁沸点高，黏度低，传热好，且二次蒸气的温度高，利于全面抽取汁气。但温度过高，蔗糖焦化多，糖浆色值增加。

目前，在甘蔗糖厂普遍使用的五效压力真空蒸发方案中，前两效（Ⅰ效、Ⅱ效）为压力蒸发，Ⅲ效微正压或微负压，后二效（Ⅳ效、Ⅴ效）为低真空蒸发。

根据蒸发的效数多少进行分类，可分为：

(1) 单效蒸发。糖液蒸发在单个蒸发罐内完成，所产生的二次蒸气不再加以利用，这种蒸发操作称为单效蒸发。蒸发 1 kg 的水，需要 1 kg 的加热蒸气，效率低，耗气量大，热能利用上不经济。

(2) 多效蒸发。将 2 个及 2 个以上蒸发罐串联组合使用，糖液依次经过所有蒸发罐，加热蒸气除了第一效，其他均是利用其前一效的二次蒸气（汁气）作为热源，这种蒸发操作称为多效蒸发。其操作的条件是各效蒸发罐的操作压力必须是递减，即各效罐间应有一定的温度差。多效蒸发的热经济性高，耗汽较少，理论上说，不外抽汁气的多效蒸发系统，1 kg 的加热蒸气，对于 $n$ 效蒸发可蒸发 $n$ kg 的水。但若蒸发效数过多，则热损失大，且设备投资和操作费用也增加，因此蒸发效数增加不能是无限的。

### （二）蒸发工序基本流程

蒸发工序的流程形式有许多种，目前糖厂使用最普遍的是五效压力真空蒸发系统（图 20－5）。

清汁经过清汁加热器加热至沸点后，第一效蒸发罐的底部环形进料，而汽轮机的乏气

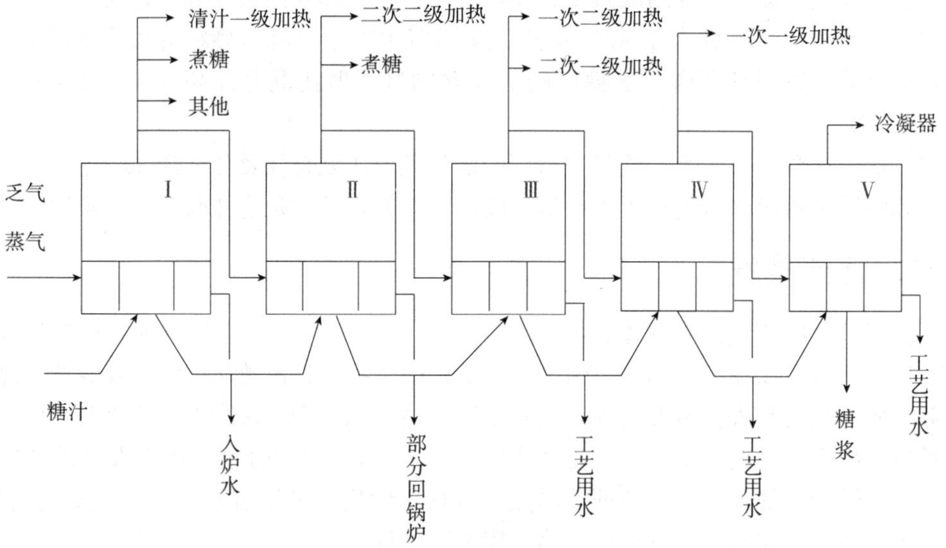


图 20－5　蒸发汁气抽用流程示意图

（废气）经降温为饱和蒸气后作为加热蒸气进入第一效的加热室（气鼓）。当乏气不足时，可用少量锅炉生蒸气减压后进行补充。

在第一效蒸发罐中，加热蒸气通过加热管壁把其潜热传给糖汁后，凝结成气凝水；加热管内部糖汁受热后沸腾，使部分水分蒸发成蒸气（汁气），密度减小，沿着加热管向上移动至上管板，发生气液分离，汁气经过捕汁器后由罐顶部导出，送至第二效蒸发罐气鼓作为加热蒸气：糖汁则进入中央降液管或外循环管往下流至底部再次进入加热管反复受热蒸发或达到指定浓度后流入第二效蒸发罐的底部。为了减少高浓度糖液受高温影响，糖汁和汁气采用并流的方式。同理，第二效蒸发罐汁气和糖汁分别进入第三效蒸发罐的加热室和汁气室内，依此类推。第五效出来的糖浆经糖浆泵泵送至下一工序。末效蒸发罐所产生的汁气通常进入高效喷射雾化冷凝器冷凝处理，以维持蒸发系统所需真空度。为了节能降耗，提高剩余蔗渣产率，目前越来越多的甘蔗糖厂先将末效汁气安排用于加热混合汁，然后才进入高效喷射雾化冷凝器冷凝。

蒸发罐的气凝水排除普遍采用等压排水方式，不含糖分的第一效罐气凝水和检测合格的第二效蒸发罐气凝水均可作为锅炉入炉水，其他效次的气凝水作为制糖工艺用水。

### （三）糖汁在蒸发过程的变化

糖汁在蒸发过程中会发生一系列的物理变化和化学变化，对糖分的收回、产品的质量有较大影响。

**1. 蔗糖转化**　由蔗糖转化性质可知：蔗糖转化的速度与糖汁 pH、温度和停留时间成正比。pH 越低，温度越高，则蔗糖转化越多。因此，在蒸发实际操作中，要控制好入罐清汁的 pH、保持罐内糖汁的良好循环，并尽可能缩短糖汁在罐内的停留时间，以减少蒸发过程中的蔗糖转化。

**2. 色值的增加**　蒸发过程糖汁色值一般会增加，主要原因是：①蔗糖焦化。加热蒸气的温度过高，或罐内糖汁循环不良，出现局部过热，或者操作不当、液位过低等导致

"烘罐"现象，会造成蔗糖发生焦化生成焦糖，使糖汁色值增加。②还原糖发生增色反应。包括还原糖分解和还原糖与氨基酸的美拉德反应，这两种反应速度均随着温度升高、pH升高而加快，且均有色素生成，故会使糖汁色值增大。③蔗糖的碱分解。在强碱性条件下，蔗糖发生分解，生成糠醛、丙酮醛等物质，使糖液呈棕色。

**3. 酸值的变化** 入罐清汁在蒸发过程，pH 会发生变化，主要原因为：

（1）pH 下降。①酰胺分解。糖汁在清净处理过程中，未被除去的酰胺在蒸发过程中受热分解生成有机酸，使糖汁酸度增加。②还原糖的分解。还原糖的分解一般会生成有机酸，使糖汁的酸性增加。③蔗糖分解。蔗糖在碱性条件下的分解反应也会生成有机酸，增加糖汁酸性。④美拉德反应。在加热条件下还原糖与氨基酸间的美拉德反应加快，也会生成酸类物质，增加蔗汁酸性。

（2）pH 升高。在亚硫酸法与碳酸法制糖生产过程，如果硫熏中和或碳酸饱充工艺指标控制不当或操作不良（如 $SO_2$ 和 $CO_2$ 过多或加灰不足），会产生可溶的亚硫酸氢钙或碳酸氢钙及 $KHSO_3$ 和 $KHCO_3$ 等盐类，这些盐蒸发过程中会发生分解生成 $SO_2$、$K_2SO_3$ 或 $CO_2$、$K_2CO_3$，其中 $SO_2$ 和 $CO_2$ 逸出，而 $K_2SO_3$ 和 $K_2CO_3$ 水解时呈碱性，故糖汁的 pH 升高。

一般情况下，蒸发过程糖汁 pH 逐效下降，下降程度与清汁纯度、清净操作工艺条件等密切相关。

**4. 纯度的变化** 蒸发所得糖浆纯度通常比清汁纯度略有上升，原因有：①糖汁中非糖分的分解，一些挥发性的非糖物质的逸出；②部分非糖分沉淀物的析出，如钙、磷酸根等，成为积垢。

如果糖浆纯度比清汁的纯度有所下降，则主要原因是糖汁在蒸发过程中其蔗糖转化严重。

**（四）蒸发积垢**

清汁在蒸发过程中，随着水分蒸发，其蔗糖与非糖物质均被浓缩，其中的成垢离子，如钙、镁及磷酸根、硫酸根等离子，会结晶析出，沉积在加热管表面上，成为积垢。因积垢的传热性能差，故传热效率降低，导致蒸发效能下降，影响生产能耗。为此，为了保证蒸发效能，糖厂不得不耗用大量的人力和物力清除积垢，目前亚硫酸法糖厂普遍采用高压水枪除垢法，而碳酸法则采用酸煮结合高压水枪除垢法。

**1. 积垢的生成**

（1）非糖分浓度升高而结晶沉淀析出。蒸发过程中，糖液因水分不断蒸发，则溶解在其中的成垢离子浓度也不断增大，当浓度升高至超过对应的饱和度时，这些离子会相互结合形成晶体析出，并沉积在加热管表面成为积垢。

（2）酸式钙盐受热分解，生成钙盐沉淀。在清净过程中，如生产控制或操作不当，发生过饱充或过硫熏等现象，则清汁中会含有相当数量的可溶性的酸式钙盐，这些酸式盐在蒸发过程中受热发生分解，生成不可溶或溶解度非常小的钙盐，沉淀析出，成为积垢。

反应式：

$$Ca(HCO_3)_2 = CaCO_3 \downarrow + CO_2$$

$$Ca(HSO_3)_2 = CaSO_3 \downarrow + SO_2$$

（3）置换反应生成积垢。糖汁中的可溶性钙盐，与碳酸钾、钠盐等发生置换反应，生成 $CaCO_3$沉淀而成为积垢。

（4）其他方面。

①一些有机物质的絮凝，产生积垢如树胶、果胶。

②蒸发过程中，出现局部过热导致“烘罐”蒸干现象，则是糖液中固溶物附在加热管表面形成积垢。

③清净不良，清汁中有悬浮物，增加积垢生成量。

亚硫酸法糖厂蒸发罐的积垢要比碳酸法糖厂的严重，主要是因为亚硫酸法糖厂清净是在中性条件下进行的，亚硫酸与钙离子反应无法彻底完成。此外，所生成亚硫酸钙或碳酸钙沉淀的溶度积明显高于碳酸法清净的碳酸钙，故清汁钙离子含量较高。

**2. 积垢的成分** 糖厂换热设备积垢的主要成分是亚硫酸钙、碳酸钙、硅酸钙、磷酸钙、草酸钙、蛋白质、蔗蜡及其他有机物等，具体与甘蔗品种、种植土壤与气候、施肥情况和清净方法、蒸发操作及蒸发罐的效次密切相关。积垢主要成分不同，则其坚实程度也存在明显差异，故清除方法也不完全一样，因此亚硫酸法糖厂积垢清除方法与碳酸法糖厂的不完全一样。

### （五）蒸发操作与管理

蒸发管理的任务，就是在保证安全、正常、均衡生产和糖浆达到规定浓度的前提下，减少糖分损失和保证糖浆质量，提高热能利用，减少热损失。

**1. 蒸发操作要点** 蒸发操作就是合理地控制和调节影响传热和生产稳定的有关因素的控制过程，以保证蒸发系统在最佳的工作条件下运行。目前甘蔗糖厂普遍使用的蒸发操作方法是低液面“五定”操作法：

（1）低液面操作。蒸发罐内的液位应控制在最佳的高度。如果液位过高，不仅使传热的温差损失增大，而且蒸发罐传热系数也低。我国糖厂目前广泛采用的低液面操作，就是维持罐内糖汁沸腾时的假液面刚好盖过汽鼓上管板，即对应真液位大约在管长的1/3处。

（2）“五定”操作。蒸发的操作过程应维持以下5个稳定：

①维持第一效罐的加热蒸气压力的稳定。要保持蒸发系统的蒸发效能，必须维持系统必要的总温差和各效罐的有效温差，才能获得设定的蒸发强度。

②维持各效罐的汁气压力的稳定。汁气压力波动太大，会引起传热系数和蒸发强度的变化，也易引起糖汁的飞溅和“跑糖”。如果汁气压力发生突变，可能是气凝水或不凝缩气体排除不良所致。应尽快处理，恢复汁气压力的稳定。

③维持罐内液面高度的稳定。操作过程以沸腾液面盖过气鼓的上管板为准，液面过高会降低传热系数和增大温差损失，而液位过低则不利于糖汁的循环流动，容易出现焦糖现象。

④维持各阀门开度的稳定。在按照生产能力和蒸发要求调节好各个气阀、汁阀之后，不宜经常调节。

⑤维持抽取汁气量的稳定。抽取汁气量稳定才能维持各效罐的压力和温度的稳定，进而保证蒸发强度和糖浆浓度的稳定。

各个稳定因素之间都有一定的关系，任何一个因素的波动往往会造成其他因素的波动，因此在“五定”操作中不能忽视任何一个因素的稳定。

**2. 蒸发效能**

(1) 蒸发效能的定义。蒸发效能，又称蒸发强度，是指单位加热面积每小时的蒸发量，也指单位面积的生产能力。

计算公式：

$$U=\frac{W}{F}$$

式中：$U$——蒸发强度 [kg/ ($m^2$ · h)]；

$W$——蒸发量 (kg/h)；

$F$——蒸发罐的加热面积 ($m^2$)。

(2) 提高蒸发效能的方法。蒸发过程是一个传热过程，要想提高蒸发效能，则需要提高单位面积的传热量。从操作管理方面看：①增大有效温度差；②提高加热蒸气压力；③提高末效蒸发罐真空度；④减少蒸发过程和温差损失。

## 五、糖浆硫漂（硫熏）

**1. 硫漂的作用**

①降低糖浆的 pH 和黏度。当糖浆 pH 在 6.8～7.2 时，黏度大，不利于煮糖时蔗糖的结晶。通过糖浆硫漂将其 pH 降低至微酸性，才进行煮糖，以改善煮糖对流循环。

②漂白脱色和抑制色素生成。因蒸发过程中，受高温作用，使糖汁的颜色加深，影响白糖的色值。利用二氧化硫的漂白和抑制色素生成作用，降低糖汁色值。

**2. 糖浆硫漂的 pH**　一般控制在 pH 6.5～6.8。

目前，我国部分甘蔗糖厂不再使用糖浆硫漂工艺，而是使用糖浆上浮技术。另外，也有部分糖厂通过强化混合汁的硫熏中和效果（如提高硫熏强度等）来保障糖浆的品质，从而保障白砂糖产品质量。

## 六、成糖工序

成糖工序包括煮糖、助晶、分蜜、干燥和包装等。

### （一）煮糖

把糖浆浓缩至一定的过饱和状态，使蔗糖自然结晶析出微小晶体或投入适量微小蔗糖晶体作为晶核，然后将母液过饱和系数维持在最适的条件下使晶体长大，这种操作称为煮糖。

煮糖的目的是最大限度地将糖液中的蔗糖结晶析成为产品，减少最终糖蜜带走糖分，提高煮炼收回率。煮糖工序的操作及管理直接关系到产品质量和糖分收回，要求煮糖工艺、设备、管理要很好配合，达到高产、优质、低耗的目的。

**1. 糖厂常用的三系煮糖工艺流程**　煮糖过程中的原料主要是糖浆、原蜜、洗蜜等（很多糖厂在乙糖膏分蜜时并没有将乙原蜜和乙洗蜜分开，而是混合在一起，统称为乙蜜）。煮糖工艺流程包括蔗糖结晶的煮制、助晶、分蜜等。根据采用的煮糖制度不同，流程也不同。糖厂常用的三系煮糖工艺流程如图 20－6 所示。

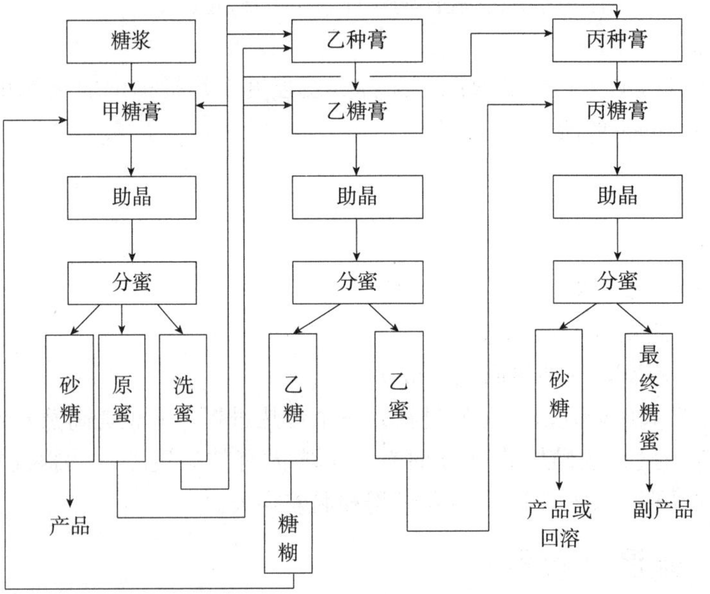


图 20－6　三系煮糖工艺流程

**2. 煮糖的基本知识**

（1）煮糖的基本原理。

①蔗糖的结晶。在一定条件下，通过加热使糖液水分蒸发，来使糖液由未饱变成过饱和，此时，蔗糖分子之间的相对距离缩短，分子与分子间的碰撞机会相对增多，且分子运动速度也相对减慢。有一部分蔗糖分子相互聚集在一起结晶析出。

②晶核的增大。在煮糖过程中，随着煮糖罐内蒸发持续进行，糖液水分不断蒸发、为了维持糖膏过饱和度不变，必须要持续不断加入糖浆或糖蜜，才能使蔗糖分子按特定形式有规律地沉积在晶核表面，使晶体长大且具有特定形状。

（2）真空度与煮糖的关系。我国制糖生产的煮糖均是在真空状态下进行的，主要是因为：

①真空状态下糖液沸腾温度低，蔗糖溶解度低，糖液易达到过饱和状态。

②减少蔗糖分损失。因煮糖原料呈微酸性，如糖浆的 pH6.0～6.4，若煮糖温度高，则蔗糖转化多。因此，在真空下进行煮糖，降低糖液的沸点，可减少糖分损失。

③保证产品质量。温度低，有利于减少煮糖原料的杂质分解、还原糖美拉德反应及蔗糖焦化等，减少色素生成，保证了产品质量。

④节约蒸气。真空下进行煮糖，可利用蒸发工序的汁气来作为热源进行煮糖，如蒸发系统一、二效甚至三效的汁气，从而节约生蒸气或废气。

煮糖过程中真空度必须要保持稳定，若真空度波动太大，则糖膏对流不良，可能会出现伪晶或溶晶现象，从而影响煮糖效果。

（3）煮糖的工艺要求。

①符合产品质量的要求。

②对原料质量的要求。

原料纯度：各种糖膏对原料纯度的要求各不相同，但共同点是保证产品质量和符合配料纯度的要求。一般说，原料纯度愈高愈好。

原料浓度：糖膏煮制过程入料浓度必须要与罐内糖膏母液过饱和度相适应，目的是使入料所带入蔗糖量与沉积在晶体上的蔗糖量相平衡。否则，若入料浓度太高，则会使糖膏过饱和度骤增，易生成伪晶；若浓度过低，则会使结晶速度变慢，甚至出现溶晶现象，导致煮糖时间延长，增加煮糖气耗。

我国糖浆浓度一般控制为 65°Bx 左右；甲原蜜、甲稀蜜、乙蜜等一般要先稀释至 70～75°Bx，以溶解其中的幼小砂粒，满足入料要求。

色泽与纯度：要求糖浆色泽清澈明亮，不含有悬浮物。如亚硫酸法糖厂，糖浆色值一般控制 1 500 IU 以下时，便可煮出一级白砂糖。碳酸法清净脱色效果明显优于亚硫酸法，故所得白砂糖产品色值也较低。因为蔗糖晶体对糖浆中不同的色素包裹和吸附能力不同，因此白砂糖产品色值不仅与糖浆色值大小有关，还与其色素种类密切相关。如生产中糖浆色泽偏红，则对产品色值影响较大。因此，在生产中，为了保证白砂糖色值达到国家标准要求，糖浆色值大小要求还应根据所在地区、甘蔗品种、甘蔗成熟时期、蔗汁清净工艺、生产设备情况、操作水平等具体条件，在实践中探索确定。

一般而言，糖浆纯度愈高，则白砂糖质量也愈高。在同一间糖厂，用相同澄清工艺处理的糖浆，其纯度主要决定于甘蔗的成熟程度，一般规律是，榨季初期纯度较低，中期最高，后期稍有下降。

入料温度：入煮糖罐的糖浆或糖蜜温度要求控制在高于罐内糖膏沸腾温度 3～5℃，以确保物料入罐后便自发沸腾，确保糖膏良好对流。入料温度过高或过低均不适宜。若温度过高，则物料入罐后自蒸发过于急剧，对流过于剧烈，容易走糖。若温度过低，则入罐后需要受热一定时间才能达到糖膏沸点，糖膏对流循环不好，且还可能导致糖膏过饱和度急剧上升，出现伪晶。

③对晶体的要求。晶体的质量与数量对煮糖操作非常很重要。晶体的数量主要取决于产品质量和所要煮制的糖膏性质。例如甲糖膏的晶体较大，则单位体积糖膏所含晶体的数量较少；而末段糖膏晶体较小，则单位体积糖膏所含晶体数量较多。一般是晶体密度大时，晶体数量多；晶体密度小时，晶体数量就少。甲糖膏煮制时，结晶速度较快，因此要求晶种颗粒数量较少，最终得到的白砂糖晶体较大；后段糖膏结晶速度较慢，可以增加晶种数量，即增加结晶表面积，以提高结晶速度，故最终所得糖晶体颗粒较小。此外，要求晶体大小均匀、整齐、棱角完整，晶形好、有光泽性。

④对入料顺序的要求。当糖膏的煮制需要使用几种不同纯度的原料时，必须按先入高纯度、后入低纯度原料的原则进行。这是因为在糖膏煮制过程中，晶体不断吸收糖分，母液纯度不断降低，入料纯度必须要与母液的纯度相适应。如煮制后期糖膏母液纯度较低，如果这时加入高纯度的物料，则会引起母液过饱和度过高，即加入糖分多于所结晶的糖分，则容易生成“伪晶”；而在糖膏前期糖膏母液纯度较高，这时若入低纯度物料，则所加入糖分少于结晶糖分，使结晶速度减慢，不仅延长煮制时间，而且还会影响产品质量。

另外，糖膏纯度与母液纯度的差值愈大，结晶率愈高。若在后期加入高纯度的物料，则糖膏母液糖分含量相对较高，即纯度较高，因此降低糖膏与母液的纯度差，使结晶效率降低，影响糖分收回。

⑤对各系糖膏、糖蜜纯度的要求。对各系糖膏纯度的要求，要以提高产品质量和糖分收回率为依据，并根据糖膏与糖蜜的纯度差来进行衡量的。该差值一般愈大愈好，但必须结合操作水平和设备条件。同时各系糖蜜纯度应按照煮糖制度来安排。

⑥对真空度的要求。制糖生产糖膏的煮糖是在真空状态下进行的。正常真空度应为$-8.7\times10^4$ Pa（约650 mmHg）。当真空度低于$-8.0\times10^4$ Pa（即600 mmHg）时，则应作为不正常情况处理。同时，要求真空度保持稳定，否则会使煮糖速度变慢、糖膏质量下降、跑糖等一系列不良后果。

糖厂每个结晶罐一般都配有单独的真空系统，以稳定煮糖的真空度。

⑦对加热蒸气的要求。糖膏煮制对蒸气的要求会随所煮糖膏种类的不同而不同。一般高纯度（低浓度）的糖膏要求蒸气压力较低，而低纯度（高浓度）糖膏对蒸气品质则要求更高些。具体要求还应结合煮糖设备特点来确定。甲、乙糖膏煮制所需蒸气表压力一般为$2\times10^4\sim5\times10^4$ Pa；在丙糖膏煮制后期，蒸气压力要求达到$1.0\times10^5\sim1.5\times10^5$ Pa。如煮糖罐配有机械搅拌等强制循环等装置，则对加热蒸气压力的要求会较低，更利于生产节能。

糖膏煮制要求所用的蒸气为饱和蒸气。若用过热蒸气作为气源，易使传热管壁附近的糖发生焦化；同时因为蒸气显热比较小，因此还会降低传热效率，延长煮糖时间。目前我国糖膏煮制所用的加热蒸气主要来源蒸发工序的汁气。

（4）煮糖制度。

①定义。煮糖制度是指根据不同原料糖浆纯度，对煮糖过程中各煮糖系统的糖膏糖蜜的纯度、物料调配、种子制备方法等的技术规定，如某糖厂的三系煮糖制度（图20-7）。

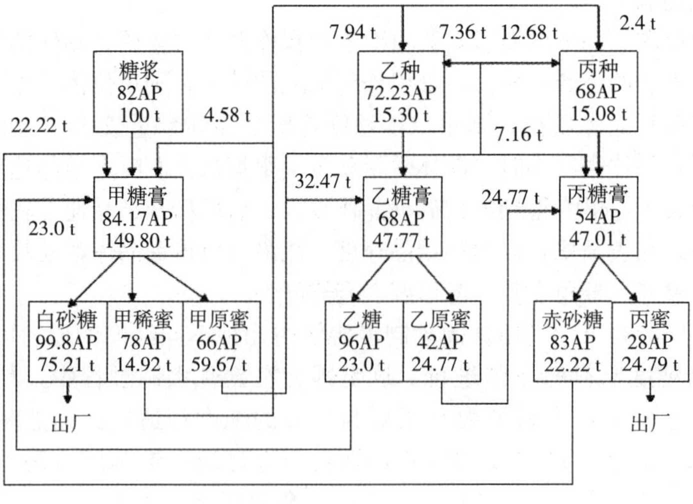


图20-7　三系煮糖制度

②编制煮糖制度的目的。保证产品质量，平衡物料，减少糖分损失，提高设备利用率。

(5) 各种糖膏的特点。

①甲糖膏的特点。

a. 甲糖膏亦称甲膏，主要原料是糖浆和少量的甲稀蜜、回溶糖浆，种子一般为乙糖糊（常用乙糖与糖浆配制而成）。

b. 甲糖膏是直接生产白砂糖的糖膏，要求糖膏经分蜜、干燥后能获砂粒均匀、光泽、洁白，符合国家白砂糖产品标准要求的白砂糖。

c. 甲糖膏是三系煮糖制度第一段糖膏，纯度最高，蔗糖结晶速度最快，因此要争取在此段多提取糖分，减少物料的回煮量。

d. 甲糖膏卸糖浓度主要取决于原料纯度，具体可参考表 20-2。

**表 20-2 糖浆纯度与卸糖浓度关系表**

| 糖浆简纯度（AP） | 卸糖糖膏锤度（°Bx） |
|---|---|
| 72～80 | 95～96 |
| 80～86 | 94～95 |
| 86 以上 | 92～94 |

②乙糖膏的特点。

a. 乙糖膏亦称乙膏，是中间制品。分蜜后得到的乙糖常用糖浆调成糖糊，作为甲糖膏的种子，而乙原蜜则是丙糖膏煮制的主要原料。因此在三段煮糖系统中，乙糖膏是平衡甲膏与丙糖膏的桥梁，一端关系着白砂糖质量，另一端则牵涉最终糖蜜的糖分损失。乙糖晶粒的大小、数量的多少和纯度的高低都直接影响甲糖膏的煮糖速度、提糖包数和白砂糖产品质量；乙原蜜纯度的高低，则直接影响丙糖膏的煮制和糖分的回收。煮好乙糖膏，既能提高产品质量，又有助于糖分的收回。

b. 乙糖膏卸糖的浓度一般为 96～98°Bx。

③丙糖膏的特点。丙糖膏亦称丙膏，是三系煮糖的最后一系，丙糖膏经分蜜所得的糖蜜称为最终糖蜜，不再回煮而作为副产品；分蜜所得的糖称为赤砂糖，可作为产品出厂，或重新溶解回煮甲糖膏，或配成糖糊作为乙糖膏种子。丙糖膏既要保证赤砂糖的质量，又要最大限度地提取糖分，以降低最终糖蜜的纯度。

丙糖膏的主要原料一般是乙原蜜和甲原蜜。因纯度较低、黏度大、结晶难，特别在煮糖后期，糖膏液面高、对流困难、结晶慢、煮糖时间较长。要求在煮制时必须采取相应的措施，如加强原料的稀释管理、加温入料及适当分段煮水等煮制方法。

卸糖浓度：99～102°Bx。

(6) 种子的煮制。种子煮制采用投粉起晶法，其中“五一”煮糖法是最经典的代表，主要特点是以糖液温度并通过仪表控制糖液过饱和度来作为煮糖过程的操作依据。主要操作步骤如下：

①配制底料。根据煮糖制度规定的纯度配制底料。底料量以盖过煮糖罐气鼓和糖液温度计为宜。

②测罐。按实际糖液纯度实测起晶点和溶晶点，作为实际操作的依据。

③投粉。当糖液过饱和度上升至1.1～1.15时，将已制备好的糖粉（糊）投入罐内作为晶核。

④固晶。投粉后将糖液进一步浓缩到规定过饱和度，然后入水稀释到规定的过饱和度，再浓缩，再稀释。如此反复数次，以使晶体坚实，吸收良好，这一过程称为固晶。

⑤养晶。固晶完成后，便可入料养晶，使晶体不断增大。养晶过程应采用逐步浓缩煮上的方法，防止伪晶产生。

目前，随着技术进步，亦可利用微波法测锤度或用电导仪测电导率，结合计算机技术的DCS自动煮糖系统等控制种子的煮制。

**3. 糖膏煮炼效果的衡量指标** 在糖厂管理中，衡量糖膏煮炼效果的指标包括糖膏的结晶率、提糖率和提糖包数等三个指标。

（1）结晶率。是指卸糖时糖膏中的结晶蔗糖量对糖膏中总干固物的百分率。甲糖膏的结晶率一般为52%～60%。

（2）提糖率。是指以煮成糖膏经分蜜后得到的成品糖中的固溶物与该罐糖膏总固溶物的重量百分比表示，即：

$$提糖率=\frac{成品糖重量\times（1-成品糖含水率）}{煮成糖膏的体积\times比重\times糖锤度}\times100\%$$

（3）提糖包数。是指煮成糖膏经分蜜后，每立方米糖膏所得成品糖的包数（目前通常每包50 kg）。即：

$$提糖包数=\frac{成品糖包数}{煮成糖膏体积}（包/m^3）$$

## （二）糖膏的助晶

在煮糖末期，各种糖膏因浓度高、黏度大、对流缓慢，糖膏不宜在结晶罐中继续煮制。但母液中仍含有大量糖分，若不使其尽量结晶出来，则不利于后续糖膏煮制的配料，且会增加糖分损失，因此糖膏需要进行助晶处理。

所谓助晶，就是将已煮好的糖膏卸入助晶箱中，控制其温度使其维持一定的过饱和度，以便让其中晶体继续吸收母液中的蔗糖分而继续长大，使母液纯度进一步降低，以适合后续糖膏配料和减少糖分损失。

助晶的理论与加热煮糖相似。但煮糖是通过不断将物料水分蒸发和补充糖分来实现晶体不断长大、母液纯度逐渐下降；而助晶则是利用降低温度的方法使糖膏保持一定的过饱和度，从而使晶体继续长大并使母液纯度降低。

糖膏分蜜时应控制适宜的温度和浓度，以确保分蜜工作顺利进行。为此，在助晶过程中要做好：

**1. 确定助晶时间** 助晶时间应根据糖膏纯度、助晶设备能力及结构性能来确定。一般而言，若糖膏纯度高、黏度小、糖分容易析出，分蜜后母液（如甲蜜、乙蜜）要进行回煮，则助晶时间可相对短一些；对于纯度较低的糖膏，因非糖分多、黏度大、糖分不容易析出，且往往这种母液（如丙蜜）不需要再回煮，因此助晶时间要长一些。目前我国各种糖膏的助晶时间为：甲糖膏，2～4 h；乙糖膏，4～6 h；丙糖膏：24 h左右。对立式连续助晶机，助晶设计时间为36～40 h。

**2. 控制好过饱和度**　助晶管理过程，主要是控制好糖膏的过饱和度。过饱和度的控制要符合以下三个要求：

（1）保证晶体对母液的糖分吸收良好，以最大限度地降低母液纯度，减少糖分损失。

（2）不产生伪晶。若产生伪晶，则会使分蜜困难，且增加糖分损失。

（3）分蜜前糖膏的温度和浓度要控制好，确保分蜜操作顺利进行，以保证均衡生产。

虽然因为各个糖厂分蜜设备和糖膏原料成分不同，助晶过程糖膏过饱和度控制也不同。但在技术管理上，控制适宜的过饱和度的方法基本上是一致的。

① 温度的控制和降温的方法。温度是影响糖膏过饱和度的重要因素之一。在助晶过程中，晶体长大是在糖膏温度不断下降情况下进行的。采用自然降温时，糖膏温度一般每小时下降1℃左右。当温度下降到40～45℃时便可进行分蜜处理。若分蜜采用的是低转速分蜜机，为了避免发生分蜜困难问题，要求连续立式水冷式助晶机配套糖膏升温装置，采用温度为70～75℃气凝水为热源，使糖膏温度在分蜜前很快提高至55～60℃，再进行分蜜。但同时必须注意，分蜜前糖膏的温度升高不宜过高，且分蜜操作要在升温后立即进行，以尽量避免升温导致溶糖现象。

② 控制母液浓度。控制适宜糖膏浓度也是做好助晶管理工作的重要内容之一。温度相同时，若糖膏浓度愈高，则其过饱和度愈大，黏度愈高，可能会给助晶带来不良影响。

因此助晶过程可适当加水来控制糖膏浓度，调节母液的过饱和度，使之有利于结晶；同时还可以降低糖膏黏度，有利于分蜜。此外，当糖膏发胀时，加水稀释有利于糖膏中气体逸出。但加水时间与加水量的控制应以糖膏锤度为依据。

### （三）糖膏的分蜜

**1. 分蜜的基本知识**

（1）分蜜的任务。助晶后的糖膏仍是晶体和母液的混合物，必须进行分蜜处理，才能将其中的晶体分离出来。因各种糖膏的性质有很大差异，因此对其分蜜设备与操作的要求也各不相同。例如，甲糖膏、乙糖膏及丙糖膏的晶液比、纯度、流动性等依次减小，而含蜜量、黏度等则依次增加，故其分蜜难度也依次增加。与此同时，不同产品的质量要求也不相同，故分蜜操作也不完全一样。

可见，分蜜的任务是根据生产任务和技术要求以及各种糖膏的质量，采取适当的操作步骤，以得到符合国家质量标准的产品及各系糖膏配料纯度的物料。

（2）分蜜的机理。糖膏进入运转的离心机后，在离心力作用下，被甩至离心机筛篮壁，糖蜜穿过筛网孔流出，而体积大于筛网孔的晶体则留在筛网内，从而实现晶体与母液的分离。

**2. 各种糖膏的分蜜要求**

（1）甲糖膏。助晶后的甲糖膏经甲膏分配槽，送至各离心机进行分蜜。最初分离出来的糖液为甲原蜜，然后再分别用水、气对晶体进行洗涤（目前也有不用气洗涤晶体的分蜜机），所得糖液为甲洗蜜（也称为甲稀蜜）。甲原蜜一般用来煮丙膏和乙、丙种，甲洗蜜用来煮乙、丙种及甲糖。分离出来的晶体，即白砂糖，经干燥、包装后送入成品仓。

（2）乙糖膏。助晶后的乙糖膏放入乙糖膏分配槽，送至各离心机进行分蜜。最初分离出来的糖液为乙原蜜，用水洗涤晶体时所得的糖液为乙洗蜜（目前我国绝大多数厂乙原蜜和乙洗蜜并不分开，而是直接混合在一起称为乙蜜），它们均被泵送去煮丙糖膏。分蜜后的晶体（乙糖）一般用糖浆或热水调成浓度为 88～90°Bx 乙糖糊，然后作为甲糖膏的种子。

（3）丙糖膏。冷却助晶及升温处理后的丙糖膏放入分配槽，送至连续离心机进行分蜜。所分离出来的糖蜜称为最终糖蜜，一般作为酒精、酵母与酵母抽提物或其他产品的原料；晶体则由螺旋输送机送出，装包后可作成品入仓，也可以直接和热水调配成浓度为 88～90°Bx 的丙糖糊，作为乙糖膏的种子，或经回溶机制成回溶糖浆回煮甲糖膏。

离心机的基本操作如下。

①间歇式离心机的基本操作步骤。

启动→入料→全速分蜜→洗糖→制动卸糖。

上悬式间歇离心机分离各种糖膏周期为：甲糖膏 3～3.5 min/次，乙糖膏 3～4 min/次。

②全自动离心机的基本操作。使用全自动离心机分蜜时，从糖膏分配槽到离心机入料口有两道闸门。在正常生产中，两道闸门均由过程控制机构自动调节，但在试筛时应采用人工控制方式。先通过试筛了解该罐糖膏的分蜜情况，然后调节好糖层厚度指针和水、气洗时间控制器。在正常分蜜时，只要将电钮移向“自动”位置，整个分蜜过程便可在程控器的控制下自动进行。

**（四）砂糖干燥、筛选、包装与贮存**

由离心机分离出来的砂糖，因其用途不同而采取不同的处理方法。乙糖一般直接调成糖糊作为甲种；丙糖可回溶或作为产品；而甲糖经干燥、筛选、包装后作为产品出厂。

在实际生产中，由离心机分离出的赤砂糖的水分含量约为 3%，已经达到质量标准规定的指标（≤3.5%），若作为产品，可直接包装出厂。而刚由离心机分离出的白砂糖的水分约为 0.5%，还需要进一步干燥处理，才能达到国家标准规定的要求。

白砂糖水分的多少，对其贮存性能影响显著。若含水量太多，则砂糖易潮解，使蔗糖分转化和发酵变质，不能久存。

目前，国际上通常用水分对非蔗糖分的比值，即“安全系数”，也称“变质系数”来表达白砂糖含水量，计算公式如下：

$$\text{安全系数}=\frac{\text{白砂糖水分}}{100-\text{白砂糖转光度（糖分）}}$$

安全系数与白砂糖贮存的关系如下：

当安全系数大于 0.333 时，表明砂糖已经变质，不能贮存；

当安全系数在 0.25～0.333 时，砂糖容易变质，难贮存；

当安全系数小于 0.25 时，砂糖能安全贮存。

在我国，一级白砂糖的蔗糖分一般在 99.7%以上，水分则在 0.05%以下，即安全系数一般在 0.17 以下，故一级白砂糖均可安全贮存。

同时，影响白砂糖贮存性能的因素还包括包装温度，晶粒大小和是否整齐等。若包装温度高，则其与外界环境温差大，则砂糖易吸收空气中的水分而黏结成块。因此若使用内衬薄膜的塑料编织袋或麻袋包装白砂糖时，则更应注意降低包装温度。因为温度高的砂糖入袋后，其表面的水分会继续蒸发，蒸气附在薄膜袋的里面，却不能逸出。当砂糖温度逐渐下降时，这些蒸气将凝结成水并渗入晶粒之间，易使砂糖黏结成块。若晶粒不整齐或含有大块糖粒，则黏结程度会更明显。所以分蜜后的白砂糖必须经过干燥和筛选，以降低水分、去除糖块和糖粉后才能进行装包。据文献报道，白砂糖的最适包装温度应低于38℃。

**1. 砂糖的干燥** 砂糖干燥过程的实质是将水分从砂糖中转移至空气中，是传热传质同步进行的过程。一方面，空气以传热（或吸热）的方式将热量传至砂糖表面，然后再由砂糖表面向砂糖内部传递（或吸热）。另一方面，水分在砂糖表面汽化，水蒸气以传质的方式传递至大气中。同时，砂糖内部的水分又不断由内部向表面迁移。

**2. 砂糖的筛选** 从干燥机出来的砂糖带有不少团块和糖粉等，晶粒大小不一，为了保证产品质量，必须要对砂糖进行分级筛分处理。太小的砂粒和结团的糖块（糖厂俗称糖头糖尾），一般要进行回溶处理。同时，在砂糖筛选过程中，还能使砂糖充分冷却，从而减少砂糖结块的现象，以利包装、贮存。

**3. 砂糖的称量、包装及贮存** 经过筛分后的白砂糖即为成品糖。将成品糖称量、包装或散装送往仓库贮存，是制糖生产过程中的最后一道工序，也是主要工序之一，与产品质量、成本有着直接的关系。

（1）*砂糖的称量*。砂糖的准确称量与产品的成本有着直接的关系，通常要求称量的误差小于0.1%。

（2）*砂糖的包装*。包装方法有人工及机械包装两种方法。多数糖厂已实现包装机械化、自动化，即在贮糖斗下装有杠杆式的自动秤，当糖袋装满50 kg或设定的数量后就自动停止装糖，然后由输送带将糖包送至自动秤校正质量，接着经机械自动缝包机封口，再由输送带运入仓库，堆放贮存。在国内外一些大型糖厂的包装机械、包括散装卡车（10～20 t）、铝罐（2 t）、软罐（1 t）、20～30 kg（装）纸袋、1 kg装塑料袋等，均为自动化。

（3）*砂糖的贮存*。

①贮存的方式。砂糖的贮存有两种，一种是袋装贮存，是我国目前普遍采用的贮存方式；另一种是散装贮存，在国外较广泛采用，国内也有少数糖厂采用。

a. 袋装贮存：需先将成品糖输入料仓，然后称量，包装成袋并送至糖仓堆垛贮存。

b. 散装贮存：只需用输送机将糖直接送入仓库堆放，糖的称量通常在输送过程中完成。

②对砂糖贮存对环境的要求。砂糖贮存对环境有一定的工艺要求，否则可能因保管不妥导致发生潮解、结块、酸败或变色等事故，影响产品质量。

在贮藏过程中，砂糖发生结块的原因主要是砂糖含水率过高（超过1%）以及包装温度过高导致的；酸败主要是因为白砂糖水分偏高或环境太潮湿而滋生微生物，促使蔗糖转化而变酸，使转光度下降。相对于碳酸法和二步法，亚硫酸清净工艺所生产的白砂糖，更不耐贮存，因为其杂质含量较高，因此在贮存过程中会受空气氧化的影响逐渐发黄变色。

# 第二节 甘蔗制糖主要技术装备

## 一、提汁主要设备

甘蔗预处理的目的是使坚硬密致的蔗皮和蔗节破碎、蔗茎的纤维组织撕解，糖分细胞充分破裂，以便于将其中的糖分提取出来。

甘蔗预处理设备主要有撕解机、撕裂机和磨碎机等。刀片式撕裂机的结构如图 20－8 所示。

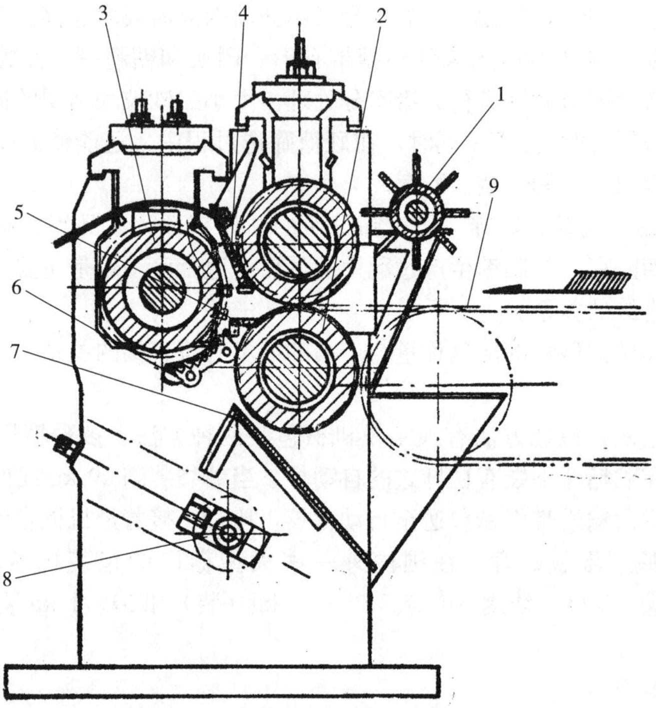


图 20－8 刀片式撕裂机

1. 喂料器 2. 上、下压辊 3. 撕裂辊 4. 面梳 5. 刀桥 6. 底栏 7. 蔗汁板 8. 滑动轴承 9. 输蔗带

目前，糖厂通用的三辊式压榨机由机架、压榨辊、油压装置、侧盖、底梳等部件组成。每个压榨辊右侧均配有传动齿轮，同时配备轴承一对，组成压榨甘蔗的主体。

压榨辊是压榨机最主要的组成部件，所用的辊子都采用径向的 V 形沟纹，并在辊子轴向开有大“人”字沟。大“人”字沟通常开在顶辊和前辊上。通用三辊式压榨机的三个压榨辊，呈品字形安装。顶、底辊分别配有面梳、后梳、底梳及梳汁刀等。面梳用于清除顶辊 V 形齿中的蔗屑。后梳用于清除后辊 V 形齿中的蔗屑，防止蔗渣落入汁槽，也作为出口蔗渣进入中间蔗带的桥梁。底梳位于压榨机内的顶辊下、前后辊之间，其主要作用是清除前辊沟纹上的蔗屑，使前辊保持干净和作为蔗料从前辊到后辊的导板，使蔗渣从前辊出口经底梳至后辊入口。梳汁刀则用来清除排汁沟中的蔗渣。

常用压榨机的种类有：普通三辊式、偏“品”字形式、倾斜加压式、A 形和恒比式。

其中普通三辊式是目前使用较多的压榨机，斜调式是较典型的代表，恒比式是目前较新型的压榨机。

（1）斜调圆销式压榨机。斜调圆销式压榨机具有结构新颖、牢固紧凑、受力合理、工艺先进、检修和调校容易、操作方便、安全可靠，以及压榨效能高等特点。压榨机顶角衡定为 74°，在调节辊距时，不因辊子磨损等影响夹角的大小。同时也减少了底梳的宽度，降低了功率的消耗，压榨机顶辊采用藕筒辊，显著改善压榨机的排汁性能。

斜调圆销式压榨机的结构如图 20－9 所示。

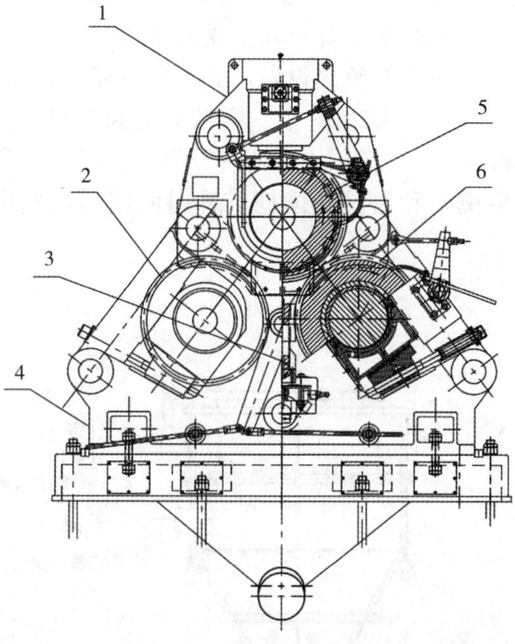


图 20－9　斜调圆销式压榨机

1. 顶盖　2. 前辊　3. 底梳装置　4. 机架　5. 顶辊　6. 后辊

（2）压榨机动力装置。压榨机是重负荷、低速运转的设备，常用的原动机有：蒸汽机、汽轮机、电动机和液压马达。每种原动机均有各自优缺点，原动机的选择应从原动机的结构、性能、效率、设备投资、管理维修费用及全厂热力方案的经济性来考虑。我国多采用直流电动机作原动机。

## 二、清净主要设备

### （一）饱充装备

饱充罐是甘蔗碳酸法清净工艺的主要装备，糖厂要求饱充罐须能使石灰乳和 $CO_2$ 能均匀分布于蔗汁中，$CO_2$ 的吸收率高，饱充过程快，而且结构简单、容易清洗和检修。目前糖厂常用连续饱充罐，一碳饱充常用的饱充设备有鼓泡式饱充罐、隔板式饱充罐、内循环式饱充罐等。二碳饱充主要用抽吸式管道反应器。

### （二）硫熏装备

**1. 燃硫炉**　糖厂蔗汁硫熏中和和糖浆硫漂所用的 $SO_2$ 气体，均是以硫磺为原料通过燃烧来制备的。燃硫炉有固定式、回转式和自熔式等。制糖工艺中要求燃硫炉必须有足够的燃烧面积，生成的 $SO_2$ 气体浓度高而稳定，燃烧室能进行温度及气量调节，能防止升华硫及 $SO_3$ 的生成，能冷却 $SO_2$ 气体以利于糖汁吸收。以前我国甘蔗糖厂普遍使用自熔式燃硫炉，近年来，一些新型燃硫炉，如汽化旋风燃硫炉、喷射式燃硫炉及多次元精准控制低温燃硫炉在糖厂使用越来越普遍。

**2. 硫熏中和设备** 硫熏中和是亚硫酸法糖厂生产的一个重要工序，该工序的主要任务是把浑浊不清的加灰汁，经硫熏中和、加热后生成大颗粒的沉淀物，吸附除去蔗汁中的大部分胶体悬浮物及色素，使后续工段顺利地分离出清澈透明的清汁。硫熏过程是蔗汁吸收 $SO_2$ 的过程，同时加入石灰乳生成大量的 $CaSO_3$ 沉淀，以吸附蔗汁中的非糖杂质形成共沉淀。因此，对于好硫熏设备，必须能满足生产工艺要求，使蔗汁、$SO_2$ 及石灰乳能充分混合均匀，而且结构简单、容易清洗和检修。目前广西糖厂最常用的硫熏设备是管道硫熏中和器。管道硫熏中和器可分为立式管道硫熏中和器及卧式管道硫熏中和器，其中立式管道硫熏中和器是我国糖厂普遍使用的硫熏中和设备，如图 20－10 所示。

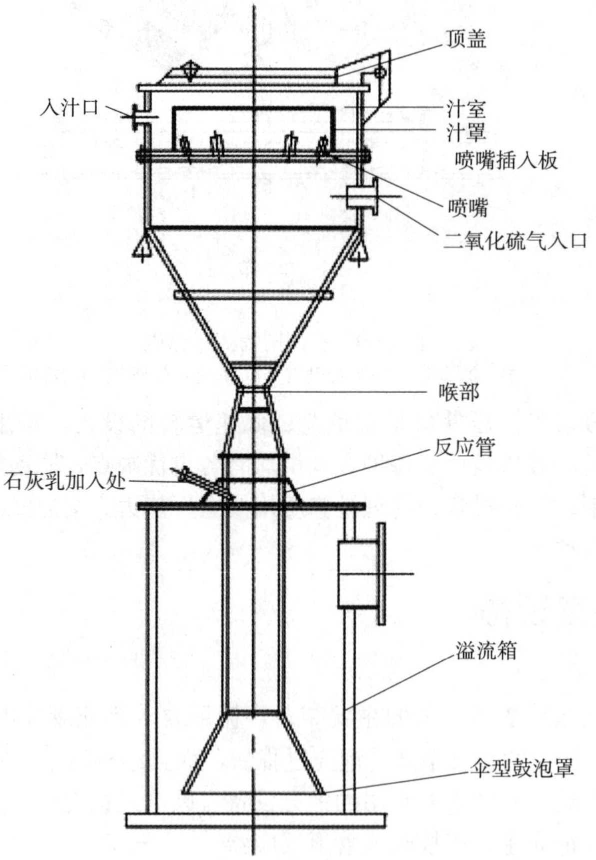


图 20－10 硫熏中和器

过去我国糖厂所用硫熏中和器的喷嘴基本上都是固定的，但在实际生产中，因为生产中所供应的原料甘蔗量不可避免会产生波动，故会影响蔗汁硫熏中和的稳定，进而影响产品质量和糖分收回等。

因此，近年来，自动调节式硫熏中和器在我国甘蔗糖厂使用越来越普遍。自动调节式硫熏中和器能根据蔗汁流量的变化，自动调节喷嘴流通面积来适应榨量的变化，使蔗汁喷射压力保持稳定，从而保障硫熏强度的稳定。通过在线无级调节喷嘴流通面积，3 000 t/d 糖厂单个硫熏器可适应 25 00～3 500 t/d 榨量波动、6 000 t/d 厂单个硫熏中和器可适应 5 000～7 000 t/d 榨量波动，还可根据厂方的要求来设计。

### （三）蔗汁絮凝物的分离装备

混合汁经加灰、硫熏或饱充、加热后生成很多的沉淀物，这些沉淀物悬浮分散于蔗汁中，须进行固液分离才能获得清净的清汁。目前常用固液分离的方法有沉降、过滤、上浮等。目前我国糖厂中，亚硫酸法多采用沉降法来将中和汁分离获得清汁和泥汁，泥汁再用压滤机或真空吸滤机过滤；碳酸法则多采用全汁过滤方法。

**1. 沉降装备** 制糖工艺对沉降设备的工艺要求主要是：沉淀快速，清汁清澈透明，泥汁浓度高，生产能力大，沉降过程糖分损失少。目前我国糖厂常用的沉降装备主要有多层连续沉降器和单层快速沉降器。图 20－11 为具有环形套管的快速单层沉降器（澳大利亚 SRI 沉降器）。

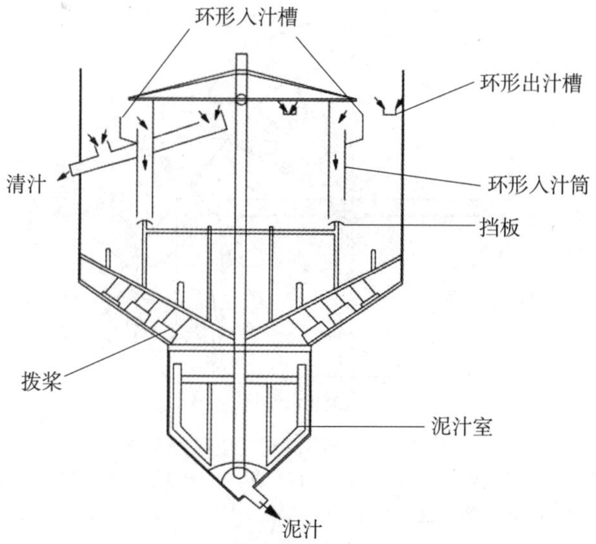


图 20－11 具有环形套管的快速单层沉降器

沉降器从器体上方入汁，通过一个环形槽分布入另一个较长的环形入汁筒（它由两个同心圆环构成，环形的直径稍大于器体的半径）。筒的宽度上下相等，环形筒的下方有挡板。入汁通过环形筒向下流，在它的出口处受到挡板的阻挡，分别向环形筒的四周散布到沉降器的整个圆形截面上。泥汁向下沉降，清汁则向上流。在入汁环的外侧与内侧设有环形清汁槽，清汁流入槽内再集中流出器外。沉降器底部有拨桨，将沉淀物拨向中央，在泥汁室内进一步浓缩，然后排出。

这种沉降器的优点是：蔗汁在器内横向流动的距离较短，蔗汁在沉降器圆形截面上的分布较均匀，沉降面积得到较有效的利用。这个优点对大型设备更为重要。

**2. 过滤装备**　糖厂通常使用过滤设备来分离固体杂质、而碳酸法澄清工艺采用的是全汁过滤。对过滤设备的工艺要求是：能将糖汁中的固体微粒分离，滤液尽可能清澈透明、不含或尽可能含少量沉淀颗粒及悬浮物，滤泥带走糖分少，过滤速度快，设备紧凑，结构简单，节省劳动力、动力及滤布，生产连续化、自动化。目前我国甘蔗糖厂常用的过滤设备有真空吸滤机（分为有滤布和无滤布两种）和板框压滤机（分为普通板框压滤机、半自动板框压滤机和全自动板框压滤机）。

（1）*有滤布真空吸滤机*。真空吸滤机是利用在滤液一侧抽真空形成过滤压力差来进行过滤的。有滤布真空吸滤机又称为环带式真空吸滤机，是我国糖厂经过多年的研究开发的，技术已较成熟，效果较好，滤汁清澈透明。

这种吸滤机在转鼓外面装滤布，它随转鼓循环运动，先经过吸滤区吸入糖汁形成滤饼层，再经过洗涤区洗糖后，滤布向外引出脱离转鼓，在卸泥辊处转折，则滤布上面的滤饼层会脱落和被刮板铲除，然后进入洗布区域，用热水洗涤，并用“打布辊”将水震荡，使滤布上粘着的滤泥脱落，将滤布洗涤得较干净，使滤布保持较好的过滤性能。

环带式真空吸滤机结构如图 20－12 所示。

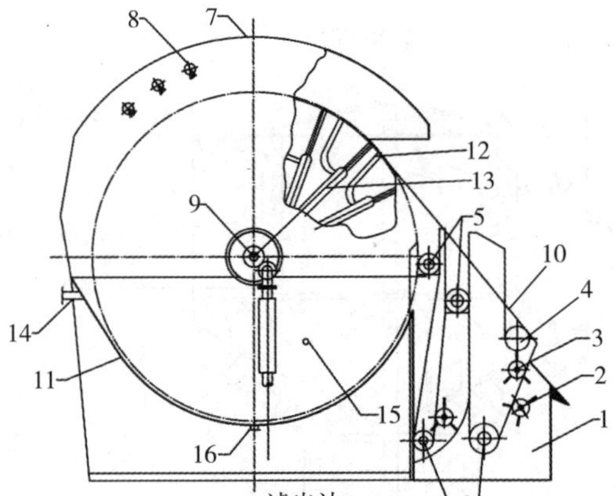


图 20－12　环带式真空吸滤机

1. 洗布槽　2. 旋转毛刷洗布器　3. 转鼓打布器　4. 卸泥辊　5. 调节辊轮　6. 导辊　7. 上盖　8. 洗水管及洗水喷嘴　9. 真空分配头　10. 滤布带　11. 泥汁槽　12. 真空分管　13. 真空吸汁管　14. 溢流管　15. 进料管　16. 余液出口

（2）*无滤布真空吸滤机*。无滤布真空吸滤机结构与有滤布机类似，但其转鼓上不装滤布，过滤时吸附在金属筛网小的滤饼层就是过滤介质，其特点是结构简单，过滤速度快，处理量大。但滤汁中含有较多的不溶性微粒，需要再经清净处理，如回流、气浮或沉降处理等，才能清澄清汁混合送至蒸发站。因为糖厂固体颗粒是可压缩性强，因此，为了改善泥汁过滤性能，糖厂也常在泥汁中加入适量蔗糠（最好从除髓机取用蔗髓）作为助滤剂提高其抗压缩性。

## 三、主要加热设备

糖厂的物料在加工过程中要进行多次加热，如提汁车间的混合汁送到制炼车间之后，需要进行加热处理（一次加热）才进行硫熏中和；硫熏中和后得到的中和汁在进行沉降处理前也要进行加热（二次加热）；清汁在进入蒸发罐之前还要进行加热（三次加热）等。

### （一）多程列管式加热器

多程列管式加热器可分为直立式和横卧式，它是一种把加热管按一定排列方式固定在管板上、而管板则安装在壳体内的加热器。因此，这种加热器也称为管壳式加热器。多程列管式加热器则是把加热管子分成若干部分，让蔗汁在加热器内多次折流而先后通过各程管子。通过减少蔗汁流通面积来加大其流速，改善传热。这是我国糖厂目前使用最多的加热器。

### （二）板式加热器

板式加热器是一种较新型的换热设备，主要由板片、密封垫片、压紧板及螺杆等部件组成。板片用挂钩挂在支撑杆上，每两块板之间形成一条狭窄的介质通道，板与板之间有密封垫片。整个装置由两端的压紧盖板压紧，以达到密封。端盖上有冷热流体的进出管接口（图 20-13）。

图 20-13　板式加热器

板式加热器的优点：有很强的热交换能力（其传热系数是列管式加热器的数倍，单位体积换热面积很大），因此在同一条件下所需传热面积较小。重量轻、传热面薄，耗用金属量少，每平方米加热面的构件重量约 8 kg，仅为管式加热器的 1/4～1/3。结构紧凑，体积小，特别适用于空间有限的场合。物料通过时间短，内部死角少，卫生条件好，可使用较低温度的热源，回收低温热源中的热能，达到节约能源的目的。板式加热器内部流体运动激烈，且表面光滑，形成积垢较少，工作周期长，便于用化学方法清洗，清洗效率高。

但是，板式加热器的耐压性能较差，密封和使用条件要求严格，从而制约了板式加热器的应用。以前，板式加热器主要用于较清洁的工作介质，工作压力不太高，且对泄漏要求不太苛刻，泄漏后不会对环境及工作介质之间产生较大影响的场合。目前国外制糖工业用得较多，主要用于精炼糖生产，国内也有数个精炼糖厂使用，节能效果明显。国内有少数亚硫酸法糖厂用于混合汁加热、滤汁加热、清汁加热、蒸发工序。

## 四、蒸发设备

经清净处理后所得的清汁浓度约为 15～17°Bx，为了适应后段工序生产工艺要求，需对清汁进行蒸发浓缩，得到浓度为 65～70°Bx 的糖浆。故清汁蒸发需要消耗大量的加热蒸气，与此同时会产生大量的二次蒸气（汁气），可供其他加热工序使用。

### （一）标准式蒸发罐

通用式蒸发罐或称标准式蒸发罐（也有称 Robert 式蒸发罐）是指内部具有一根中央降液管或多根降液管的自然循环蒸发罐，主要由加热室（气鼓）、汁气室、上封头、下封头、捕汁器（雾沫分离器）及进出汁装置等构成（图 20－14）。

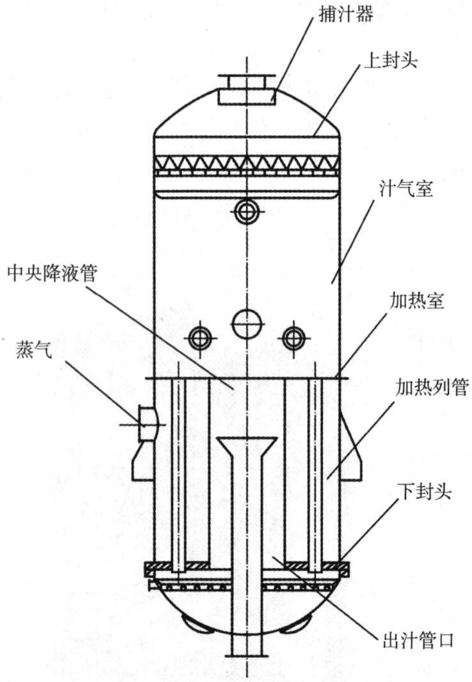

图 20－14　标准式蒸发罐

加热室俗称气鼓，是蒸发罐的主要部件。它由上下两块管板、加热管、（中央）降液管及外壳构成。气鼓构成蒸发罐的加热单元，起传递热量及蒸发糖汁的作用。外壳上安装有进气管，加热室下方近管板处设有气凝水排出管。而在加热室的上管板以下不同位置装有不凝气排除管。标准式蒸发罐的加热管长度一般为 3 m，气鼓中间有一根或多根大管，称为降液管或循环管。在蒸发过程中，蔗汁因为沸腾产生大量气泡，密度变小，在加热管内部上升，至上管板后气液分离，蔗汁密度增大，再经降液管下降。下降的糖汁部分从出汁管排至下一效蒸发罐，部分与入汁混合，再由加热管上升而循环流动，以增加传热效能。

进汁管安装在蒸发罐的下封头（底盖）上，是一个环形多孔装置，能使入罐糖汁均匀地分配入各加热管中。

加热室上方的空间部分称为汁气室，是一个直立圆筒，内部是空的。汁气室的主要作用是把从加热管中喷出的糖汁或夹带在汁气中的糖雾沫与汁气分离。汁气向上进入捕汁器，而分离出来糖汁则重新落至加热室。在汁气室正面的不同高度上，安装有多个视镜，以便在蒸发时观察罐内糖汁液面及沸腾情况。

汁气室上方安装有捕汁器，其作用是将被汁气夹带的微小液滴或雾沫分离出来，然后沿回流管回流，回收汁气带走糖分；除去雾沫的汁气则经顶盖的出气口排出。

### （二）外循环式蒸发罐

外循环式蒸发罐与标准式蒸发罐的主要区别是其降液管安装在加热室外面。我国制造的 TWX 型外循环蒸发罐加热室的直径比汁气室稍小。加热蒸气从加热室周边进入，在加热室外壳的上方开有长方形汽隙，外面包以环形蒸气通道，使进入气鼓的蒸气在汽鼓内的分布较为均匀（图 20－15）。

外循环管一般有 2 根（与罐大小有关，大罐甚至有 4 根），其上端与位于加热室顶部外周的集汁环连接。但两循环管的进汁口位置不相同，一根较高，另一根较低。较低的那根下端接一分配器，该分配器有一漏斗与出汁管相连接，在分配器底部有管路与罐底相通。而较高的一根循环管，则直接与罐底的进汁口相接。这样，既可保证出汁的要求，又能满足循环的需要。由于外循环管位于加热室外，没有受热，循环速度更快，故循环管的总截面积可比中央降液管的截面小。

不凝气排除管安装在气鼓中央，由于是周边进汽，不凝气体大部分集中于加热室中心部分，因此不凝气的排除比较完全。气凝水从接近于下管板的四个排水口排出。

### （三）膜式蒸发罐

在制糖工业中，为了节能以及全面抽用汁汽，除了在一定的总温差范围之内适当增加蒸发罐的效数或者在一定的效数之下，保证有较高的汁气温度外，需要蒸发罐具有较高的传热系数，而且能在较小的温差之下运行。膜式蒸发罐具有满足这些要求的优点。因为在蒸发过程中，糖汁在加热管的内壁面上呈膜状形式移动，所以称为膜式蒸发罐。根据液膜在管中的移动方向，膜式蒸发罐又可分为升膜式蒸发罐和降膜式蒸发罐，其加热室由许多竖直长管组成。

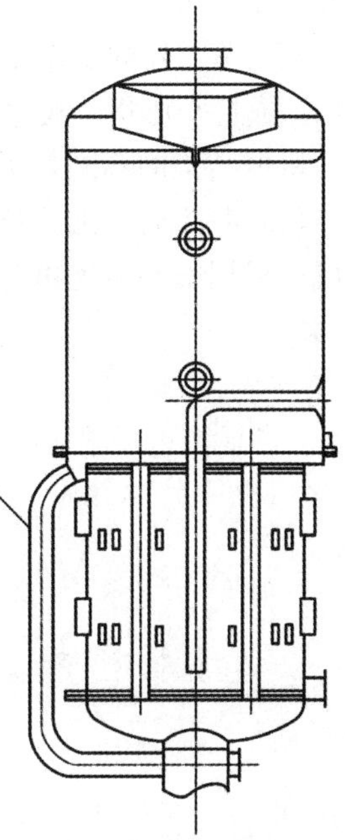

图 20－15　外循环式蒸发罐

在降膜式蒸发罐中，糖汁和蒸气均向下流动，呈并流形式。在蒸发时，要求待浓缩的糖汁的温度预热至沸腾温度以上，以确保糖汁入罐经罐顶糖汁分布装置进入加热管内部即开始沸腾、以均匀液膜向下流动并部分蒸发；往下运动和重力因素使蒸气流量不断增加，气液混合物以切线方向进入汁汽室，糖汁被抛自周边经出汁管排出，汁气经雾沫分离后从汁汽管排出。

常见降膜式蒸发罐结构如图 20－16 所示。

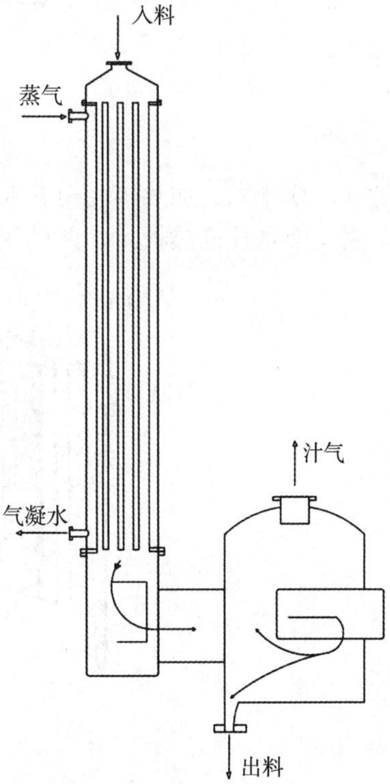

图 20－16　降膜式蒸发罐

在升膜式蒸发罐中。预热后的糖液经由蒸发罐底部引入，在加热管内受热沸腾并迅速气化，生成的蒸气在加热管内高速上升，溶液则被上升的蒸气所带动，沿管壁成膜状上升并继续蒸发，气液混合物在分离器内分离，浓缩液由分离器底部排出，二次蒸气则由顶部导出。

### （四）板式蒸发器

板式蒸发器是新一代的蒸发设备，因为具有传热性能好、物料经过时间短、无需汁液循环、卫生条件好、容易控制管理和占地面积与高度小等多种优点，所以虽然 20 世纪 70 年代才开始用于食品工业。但很快就被广泛使用。20 世纪 80 年代，国外甜菜糖厂和精炼糖厂开始使用板式蒸发器，而甘蔗糖厂直至90 年代才开始，国内糖厂近年亦有应用，如中粮崇左、广糖红河糖厂等。

板式蒸发器的工作原理与板式换热器相似，其换热板片为长方形，其表面可根据工作要求加工成特殊形状。板片厚约 1 mm（0.5～1.5 mm），材质一般使用不锈钢或特种金属板。

根据结构的不同，板式蒸发器可分为整体式和分体式两类：

（1）整体式。加热体置于一个大容器内形成一个整体，换热与汽液分离均在容器内部完成；根据安装位置可分为卧式和立式两种。立式板式蒸发器结构图 20－17 所示。

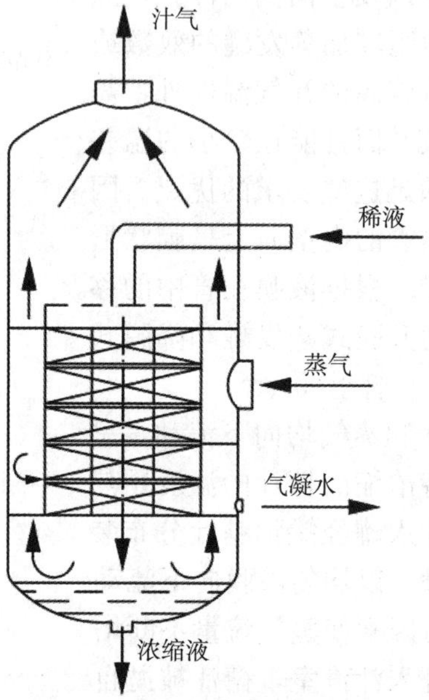


图 20－17　立式板式蒸发器

（2）分体式。加热体与分离器分开，中间以大管连接。加热体外形与板式换热器类似，用支架悬挂换热板片，两端用端板压紧；分离室也可制成立式的，如图 20－18 所示。

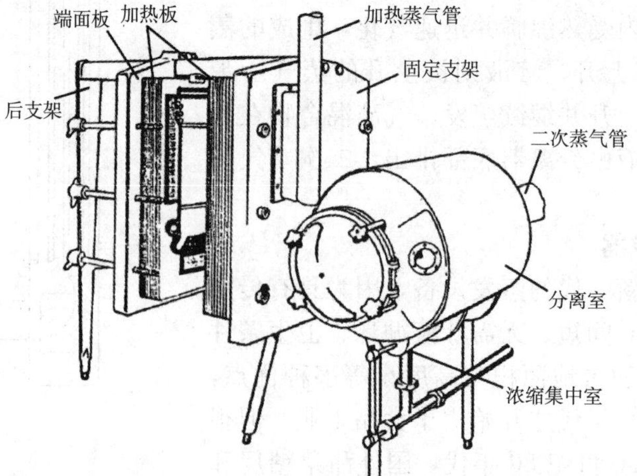


图 20－18　分体式板式蒸发器

## 五、结晶设备

结晶罐型式有很多种，早期所用的是蛇管式结晶罐，这种结晶罐因传热效率低、糖膏在罐内的循环不够理想及加热面的清洗与维修比较麻烦等原因，已被结构紧凑的列管式结晶罐所代替。为了降低结晶罐的静压效应和强化煮制过程糖膏的循环，用低压蒸气或汁气加热的结晶罐及卧式结晶罐已广泛使用。此外，为了加强糖膏循环，配有强制循环装置的结晶罐近些年在糖厂使用日益普遍；随着现代糖厂生产规模日益扩大，有效容积达 80 $m^3$ 和 120 $m^3$ 的大型结晶罐已在糖厂应用。

另外，根据结晶罐操作的持续性，可将结晶罐分为间歇式结晶罐和连续式结晶罐两大类。

### （一）间歇式结晶罐

目前我国广泛使用的间歇式结晶罐是气鼓式结晶罐，根据气鼓结构不同，气鼓式结晶罐又可以分为中心降液循环列管式结晶罐、吊鼓式结晶罐、板式结晶罐、卧式平板结晶罐及强制循环结晶罐。

**1. 中心降液循环列管式结晶罐**　又称为通用式结晶罐，国内外糖厂均普遍使用，其结构与通用式蒸发罐非常相似，加热面是由列管组成，糖膏在加热管中受热上升，自中心降液管下降，如此不断地进行循环。

**2. 吊鼓式结晶罐**　吊鼓式结晶罐与中心降液循环列管式结晶罐最大区别在于，气鼓与罐壁之间有一定的距离，构成一个环形空间作为糖膏向外循环的通道。这种罐有两种不同的型式，一种是仍然保持原来有中央降液管，增加了外降液环；另一种是不设中央降液管，只有外降液环，因此，有内外循环和外循环之分。目前我国应用最广泛是内外降液循环的结晶罐。而新建糖厂基本上使用中心降液管结合强制循环的结晶罐。

吊鼓式结晶罐的整个汽鼓用支耳吊装在罐体之内，在煮制过程中，糖膏可沿着中央降液管及气鼓与罐体之间的外降液环降至罐底，再经加热管子受热上升，形成闭合循环。气鼓的上、下管板呈截锥形或锅形，其斜度一般是为 25°，具有较小的循环比，即加热管横截面积与降液面积之比小于 2，同时汁气室的直径大于加热室的直径，因此静压效应减少，对流循环良好。

吊鼓式结晶罐的优点是糖膏对流循环良好，加热室管板是倾斜的，气凝水排出完全，糖膏排出快，并且清洗速度快，但制造方面较平管板式困难，起晶容积比较大，约占结晶罐有效容积的 40%。

**3. 强制循环结晶罐**　自然循环结晶罐存在循环对流不够良好的缺点，特别是在煮糖后期，这个缺点更加突出，循环不好会带来很多不良后果，如煮糖时间长，晶粒不均匀，不能采用低压蒸气等。早在 1896 年，Grosse 已提出过结晶罐的中央降液管安装搅拌器，以加强糖膏在罐中的循环的建议，但直到 1948 年，人们才开始开展研究，目前国外已经全面推广使用。我国也曾在 20 世纪 50 年代研究过，但后因使用效果欠佳而中断试验，直至接近 20 世纪 90 年代，我国有一些工厂再次进行研究并成功应用，目前已在糖厂广泛使用，尤其随着糖厂生产规模增大，大容积结晶罐的自然循环效果更差，必须要用强制循环技术。其主要结构如图 20 - 19 所示。

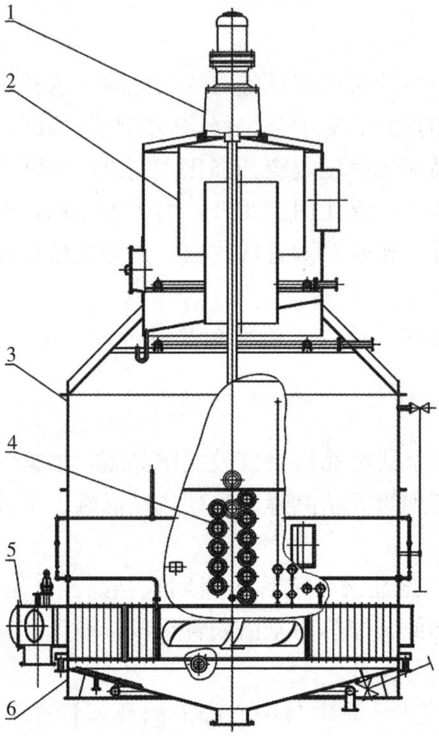


图 20－19　强制循环结晶罐

1. 搅拌装置　2. 捕汁器　3. 罐体　4. 视镜　5. 加热体　6. 底盖

**（二）连续结晶罐**

因为间歇式结晶罐的工作是间歇性的，工作条件下参数一直变化，故目前虽有用电脑控制，但其操作仍很难一直保持最佳状态下进行，且保持均衡，操作难度也非常大，生产不连续，蒸汽量大，且操作人员技术水平要求也较高，已成为当代糖厂全过程自动生产的瓶颈。为了改变这种状况，20 世纪 50 年代，国外制糖界学者与企业纷纷进行连续结晶罐的研制和试验，我国于 20 世纪 60 年代中期也开始开展这方面的试验，目前已取得重大突破，连续结晶罐已在国外糖厂普遍使用，而国内也有部分糖厂使用。

目前，连续结晶罐主要分为立式与卧式两种。加热组件有列管式、板式和夹套式；糖膏降液的方式有中央降液式、双侧降液式、单侧降液式；物料的导向方法有分室或螺旋推进方法。图 20－20 为一种列管式连续结晶罐示意图。

## 六、助晶装备

助晶机是一种冷却养晶设备，其工作原理是使从结晶罐卸下的热糖膏在助晶设备中逐渐冷却，使母液中蔗糖的溶解度减小，则过饱和系数增加，使蔗糖在缓慢搅拌状态下维持动态结晶状态，进一步在晶体表面沉积析出蔗糖，母液纯度下降，以增加糖分的收回。

助晶是结晶过程的继续，设备的结构是否合理，助晶过程控制的好坏，不仅影响助晶过程糖分的收回，还直接影响后续分蜜操作的进行，如助晶过程糖膏的温度、浓度控制不适当，导致出现伪晶，这将给分蜜操作带来困难并造成糖分损失。

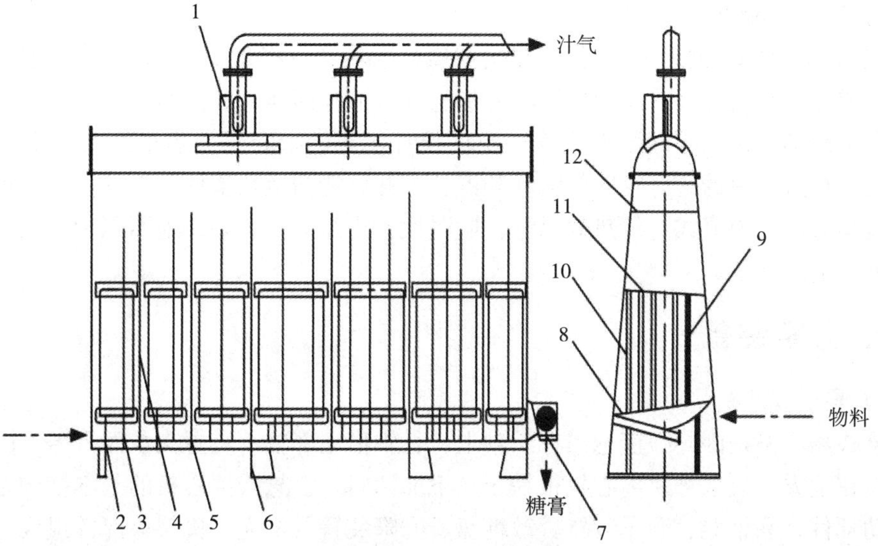


图 20－20　列管式连续结晶罐

1. 捕汁器　2. 下挡板　3. 室内挡板　5. 过料孔　6. 支承耳　7. 星形卸料阀　8. 下管板
9. 绝热隔层　10. 加热管　11. 上管板　12. 罐体

助晶机的分类有许多种：按冷却介质来进行分类，有气冷式和水冷式两类；按冷却装置形式分类，有固定式冷却装置（即冷却装置不动）和旋转式冷却装置（即冷却装置可转动）；按助晶机外形分类，有卧式和立式助晶机；按操作持续性方式分类，有间歇式助晶机和连续式助晶机。

### （一）水冷式助晶机

相对于气冷式助晶机，水冷式助晶机具有冷却速率高、助晶时间短的优点，其内部装有冷却装置，通入冷水或热水以控制助晶所需的温度。根据冷却面所处的状态，又可分为固定水冷式与旋转水冷式两种，前者因传存在热效率低，糖膏冷却不均匀，管子表面容易生成积垢等缺点，目前已少使用。图 20－21 为旋转冷却面助晶机。

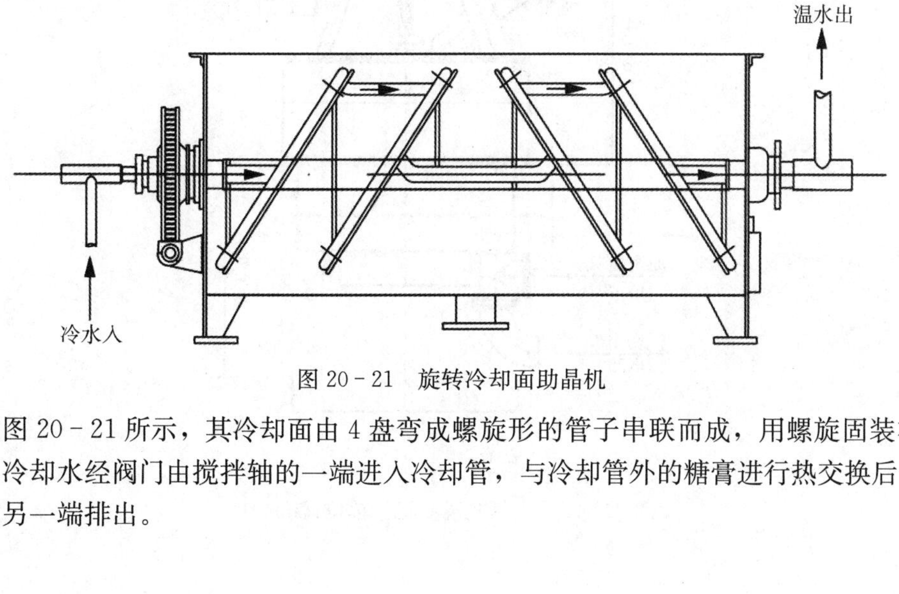


图 20－21　旋转冷却面助晶机

如图 20－21 所示，其冷却面由 4 盘弯成螺旋形的管子串联而成，用螺旋固装在搅拌臂上，冷却水经阀门由搅拌轴的一端进入冷却管，与冷却管外的糖膏进行热交换后，由搅拌轴的另一端排出。

### （二）立式助晶机

立式助晶机是20世纪70年代开才始发展起来，经过将近35年的持续改进，目前技术已十分成熟，在国外已普遍使用。其外形呈立式的圆筒体，在圆筒内自上而下每隔一定距离安装有冷却组件，中间装有垂直中空的搅拌轴，轴上介于换热组件之间安装有搅拌桨，以搅拌糖膏，使糖膏有径向的流动和混合，并有清洁换热组件表面的作用，糖膏与冷却水的流动方向为逆流式，传热效果好。同时设备为竖立安装，占地面积少，又可安装在厂房之外，适应性强。

## 七、分蜜装备

### （一）悬式离心机

上悬式离心机是因其筛篮悬吊在长轴上，长轴借上部轴承装置支承而得名。因为传动装置安装在上方，故上悬式离心机很易于从下面卸料。上悬式离心机的基本结构是由电动机、转动部件、联轴器、刹车装置、散糖盘、升降装置及机壳、机架等部件组成。按其卸料方式的不同，又可分为人工卸料、机械卸料与自动卸料等三种形式。图20-22为上悬式离心机的结构示意图。

上悬式离心机按筛篮直径大小可分为1 000 mm、1 200 mm、1 250 mm、1 300 mm、1 320 mm、1 360 mm等不同规格，按每一筛的装料（糖膏）量不同可分为500 kg、800 kg、1 000 kg、1 300 kg、1 500 kg、1 700 kg、3 000 kg等容量。

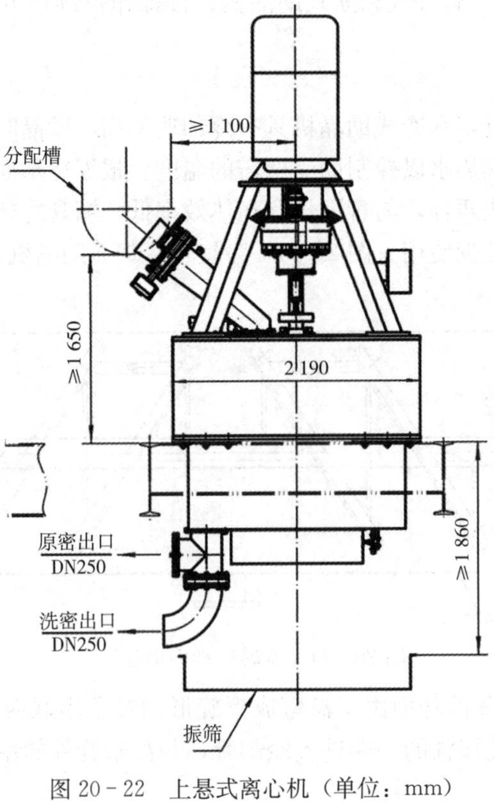


图20-22　上悬式离心机（单位：mm）

### （二）连续离心机

连续离心机的加料、分蜜、卸料操作是连续，自动完成的。具有节省动力、生产连续等优点，但是因为糖膏在分蜜过程中要沿着筛面由下向上运动，存在砂糖表面磨损或打碎的问题，因此这类离心机目前只适宜用来处理低级糖膏。国内现有的锥篮式连续离心机的锥篮尺寸，按大端计有 650 mm、700 mm、800 mm、1 000 mm、1 180 mm 等数种规格，筛篮锥角一般为 60°～70°。国产常用的连续离心机有：LIT1000、LIT1200、LIT1400 等几种。

目前，我国多数的糖厂用连续式离心机来进行乙糖膏和丙糖膏的分蜜，而甲糖膏的分蜜使用间歇式离心机。

## 八、砂糖干燥、筛分装备

目前，我国甘蔗糖厂常用的砂糖干燥设备有滚筒式干燥机、振动式干燥机，以及近年来才发展起来的流化床干燥冷却机及振动流化干燥冷却机等。在国外，因为采用大型散装糖仓，砂糖干燥后还必须冷却至一定温度才能进仓贮存，因此，干燥机都带有冷却部分。常用的干燥冷却机有：旋转通风干燥机、旋转百叶窗式干燥冷却机、立式干燥冷却机和流动床干燥冷却机。

### （一）振动式干燥机

振动式干燥机是目前应用较广泛的砂糖干燥设备，由传动装置、槽体、连杆、隔板、筛网及弹性臂等部分组成，槽体由许多倾斜的弹性摇臂支撑。当传动装置带动偏心轮（或曲轴）转动时，连杆使槽体作往复运动。槽体上的物料，在惯性力的作用下，以一定角度向前抛送做跳跃前进运动。槽底有百叶窗式叠板，将槽体分隔成上下两层。根据外界空气条件情况，必要时可能需要吹冷风和热风，因此槽分两段，前段可通入热风，当需要加入热空气为干燥介质时，槽上应装有面盖，并通过管路与糖粉收集器相连。砂糖在前进的过程中与从槽底吹上的热空气直接接触而被干燥。如果仅自然冷却就可达到干燥要求，则在操作时可拆除面盖。

振动式干燥机具有结构简单、紧凑、投资省等优点，在干燥的同时兼有输送的效果，由于晶粒是跳跃式前进，故晶粒的磨损不大。一般分蜜后进行汽洗的砂糖，可直接送入，进行自然冷却干燥，故目前我国甘蔗糖厂普遍使用。但振动式干燥机也存在风道积糖，空气分配不均，影响干燥效果，且设备易变形，运行时噪音大等缺点。

### （二）流化床干燥装置

流化床干燥器是利用由加热器来的热气体从下部进入流化床，经过气体分布装置后与床内的砂糖接触，气体使砂糖升起成流化状态，悬起砂糖，在这个过程中，气固之间迅速地进行质、热交换，达到干燥砂糖的目的。

流化床的上部要有足够分离空间，使砂糖较大的颗粒在该空间内沉降下来。而干燥后夹带有糖粉尘的尾气，则通过粉尘收集器将其中糖粉收集起来，作为超幼糖或糖霜出售。但是，当粒子太小不能被旋尘收集器收集时，就须用湿式捕尘装置进行处理，这样无粉尘的尾气，才能由后部引风机排至大气。

目前糖厂常用的流化床干燥装置有：多层流化床干燥装置，卧式多室流化床干燥-冷却装置，振动流化床干燥-冷却装置及立式锥形流化床干燥冷却装置几种。

## 九、砂糖的输送、包装和贮藏

### （一）输送设备

我国糖厂砂糖输送设备主要有螺旋输送机、振动输送机、带式输送机等几种。

### （二）包装设备

成品糖的包装过程主要包括称量、装袋和缝袋等环节。近年来，我国砂糖的包装工序逐渐采用了半自动化备，近50%的糖厂已在使用全自动化包装机，减小工人的劳动强度和提高生产效率。自动化的包装机械可实现由传统套装袋改为自动上袋、开袋、夹袋、填充、移动输出、内袋封口，自动缝合外袋等整个包装过程的全自动化，具有生产效率高、包装质量好、兼容性好、性能稳定等优点。

## 十、自备热电厂

制糖生产是一个高耗能的行业，需要消耗大量的电能和蒸气，因此糖厂自己一般都自备热电厂，是因为糖厂绝大多数位于蔗区的中心，远离城市和工业区，靠外部供气和供电很困难，且是不经济的。再则制糖过程所需的蒸气绝大部分为低压蒸气，因此，可用锅炉先产生高压蒸气，然后发电，产生背压蒸气再供糖厂蒸发、加热等使用，因此事实上糖厂的气轮机可相当一个减压站，热电联产，热利用效率很高。

糖厂热电厂主要分为锅炉和气轮发电机组两大部分，见图 20－23。

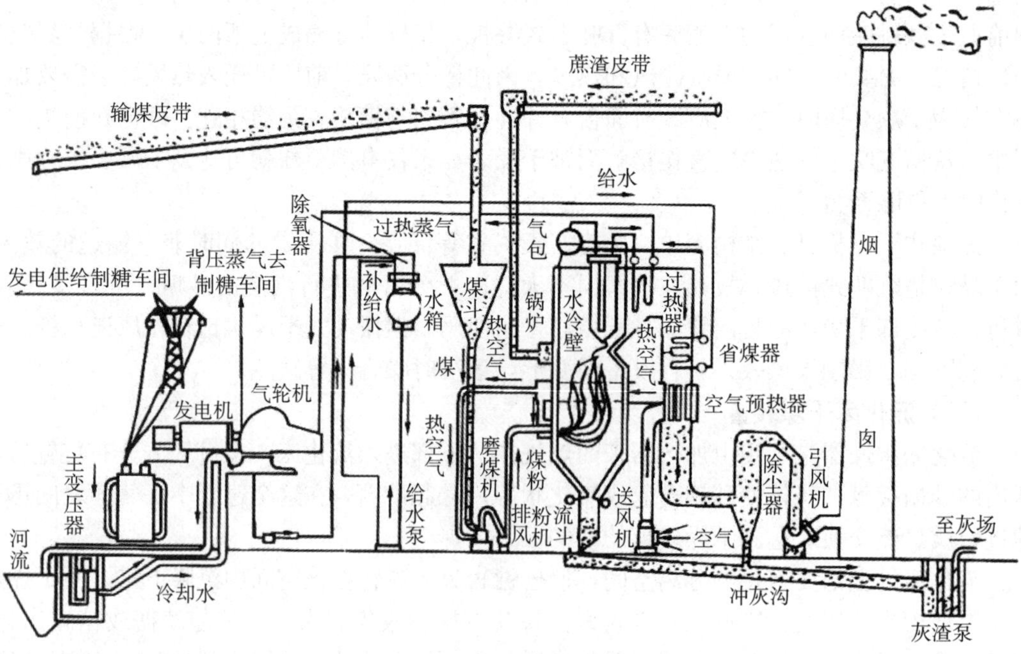


图 20－23　自备热电厂生产过程示意

### (一) 锅炉

**1. 锅炉的构成** 锅炉由“锅”和“炉”两部分组成。所谓“锅”是锅炉设备的气水系统。送入锅炉的水，在气水系统吸收热量蒸发成蒸气，再继续热变成过热蒸气，这一过程是“吸热”。所谓“炉”是指锅炉设备中的风煤烟系统，燃料（煤或蔗渣在有氧环境下燃烧放热，产生高温的火焰和烟气，在炉膛和烟道中流动不断地把热量传递给气水系统，这一过程称为“放热”。

锅炉设备由锅炉本体和辅助设备两大部分组成，锅炉本体包括气锅（气包）、炉膛、水冷壁管、对流管束、过热器、省煤器、空气预热器和炉膛构架等。辅助设备是为了维持锅炉正常运行而设置的，包括通风、给水、除氧、除尘、燃料供给、清灰除尘和监测控制仪表等设备部件，它们分别由相应的管路、机械或电子装置与锅炉本体相联结，构成各自的系统。

**2. 锅炉的主要工作参数**

（1）蒸发量。锅炉的容量（大小）即每小时产出的蒸气量。它是根据糖厂全厂生产用气负荷大小来确定的。锅炉的台数不宜过多。

（2）蒸气压力。糖厂所用的锅炉一般分为低压锅炉（蒸气压力为 2.45 MPa，相当 25 $kg/cm^2$）、中压锅炉（3.82 MPa，相当 39 $kg/cm^2$）。锅炉气压参数高，可提高锅炉热效率和降低气轮发电机组的发电气耗率。因此，国外的一些大糖厂采用了 4.8～5.88 MPa（50～60 $kg/cm^2$）或更高一些压力参数的锅炉。

我国目前则普遍使用中压锅炉、次中压锅炉，过热蒸气温度为 380～400℃；中压锅炉为 450℃。2010 年，我国有以甘蔗渣为燃料的生物质电厂采用 9.8 MPa 高压锅炉。2018 年，国内开始有糖厂使用压力 7.0 MPa 次高压锅炉。

**3. 锅炉的炉型** 锅炉的设计和使用是按特定的燃料来确定的。蔗渣和燃煤是两种燃料特性差异很大的燃料。糖厂使用的炉型，有蔗渣锅炉，蔗渣煤粉炉，全煤粉炉和循环流化床炉。我国绝大部分糖厂使用的炉型是蔗渣炉和蔗渣煤粉炉，一些要腾出蔗渣作其他用途的糖厂，则用蔗渣煤粉炉或全煤粉炉。停榨期间仍需运行的锅炉，若糖厂自身节能水平能达到全年燃料平衡，则全部采用蔗渣炉，如自产蔗渣满足不了全年燃料需求但缺口不大，又容易外购蔗渣或其他生物质燃料的，可以采用蔗渣炉，如自产蔗渣远远不能满足生产，则用全煤粉炉。蔗渣炉是全部烧蔗渣；而蔗渣煤粉炉一般是在蔗渣炉炉膛前面加装竖井式磨煤机，在糖厂生产期间无蔗渣供应时，辅以用煤，但这种结构形式如长时间烧煤，燃烧效果不好，也不经济；要全烧煤则用球磨机制粉系统，采用四角切圆顶喷，热效率较高，一般它的蒸发量是在 65 t/h 以上；循环流化床锅炉是“流态化床、沸腾燃烧”，它是利用气流将颗粒状的煤粒在炉排上方悬浮成沸腾状燃烧，其中小颗粒的燃料粒子被烟气夹带出炉膛后，经气-固分离器又返回炉膛燃烧，形成循环流化床的燃烧方式。这种锅炉更适用低质高含硫的劣质煤。它可以通过添加石灰石来进行炉内脱硫。这种炉型目前在糖厂应用还很少，但 2000 年后，国内生物质发电厂开始应用，该种炉型对燃料的适应性比较大，如蔗渣、蔗叶、树皮、稻杆、玉米秆和木屑等，可以单种燃料和多种燃料混合使用，而且除了有多种类燃料适应性外，对燃料水分的适应范围也大，锅炉燃烧产生的氮氧化物是常规蔗渣炉的一半，是拥有多种综合利用而耗能多的糖厂锅炉选型新方向。

### （二）气轮发电机组

糖厂用的气轮机多为背压式汽轮机，进气压力通常有 2.35 MPa、3.82 MPa，排出的背压气压力为 0.294 MPa（3 kg/cm²），0.49 MPa（5 kg/cm²）。其中，0.49 MPa 这种压力的乏气适合带煮水罐作为第一蒸发罐加热运用，其气凝水不含油污，可用作锅炉的给水。在榨季制糖生产既供电又供热，无冷凝废气的热损失。但是，在停榨期间若继续运行供电，则生产电能的煤耗将大大高于凝气式气轮机，在这种方式下发电运行是极不经济的，不可取。糖厂还使用一种机组是可调节的中间抽气式气轮机，中间抽气量可在较大范围变动，在停止抽汽时，可作为冷凝式气轮机运行，大大减少发电的煤耗。

气轮发电机组的压力参数不同时，发电所耗的蒸汽量也是不同的。例如，进气压力为 2.45 MPa，背压为 0.3 MPa 的气轮发电机组，每发一度电需 13.33 kg 蒸气，一台 1 500 kW 的背压气轮需耗用 20 t/h 的蒸气量。而进气压力为 3.82 MPa，背压为 0.49 MPa 的气轮发电机组，每发一度电耗气为 10.83 kg，3 000 kW 的气轮发电机组的耗汽 32 t/h，在背压提高 0.2 MPa 的情况下，发同等电量情况下，可节约蒸气量 23%。2007 年，国内某糖厂用更高效的中压气轮发电机组，进气压力为 3.82 MPa，背压为 0.3 MPa 的气轮发电机组，每发一度电耗汽平均为 7.2 kg。2018 年，国内某糖厂使用次高压 B20-6.7/0.294//520 型背压式 20MW 气轮机组，进气压力为 6.7 MPa，背压为 0.294 MPa，额定工况保证气耗为 5.66 kg/(kW·h)。

糖厂的自备发电厂的单台机组的发电能力 1 500 kW、3 000 kW、6 000 kW、12 000 kW。一般日榨甘蔗 1 000～2 000 t 糖厂的配 2 台 1 500 kW 或 1 台 3 000 kW 气轮发电机组，日榨甘蔗 4 000～6 000 t 糖厂配 2 台 6 000 kW 气轮发电机组。日榨甘蔗 10 000 t 以上的糖厂，都考虑用 10 000 kW 以上气轮发电机组。

## 第三节　甘蔗制糖新技术装备

我国糖业经过多年努力，取得长足进步，2002/2003 年榨季一跃成为仅次于巴西、印度，居世界第三位的产糖大国。糖料种植主要分布在广西、云南、广东湛江、海南、新疆、内蒙古等经济欠发达地区，是农民致富走向富裕的主要途径。同时，糖业的发展还带动了食品、造纸、包装材料、精细化工、生物工程等产业发展，对促进区域经济发展、解决“三农”问题，构建全面小康与和谐社会具有重要的推动作用，是不可替代的产业。

### 一、我国甘蔗制糖生产技术装备的主要发展趋向

中华人民共和国成立后，特别是改革开放以来，我国糖业取得长足进步，生产技术装备水平均有了很大的提升，但相对于糖业发达的国家，我国甘蔗制糖工业的总体技术水平还较落后，尤其是在自动化程度、产品质量（生产工艺不同是导致我国产品质量档次不高的根本原因）、蔗糖深加工及副产物综合利用等方面，在一定程度上制约了我国制糖工业快速发展，降低了我国制糖工业在国际上的竞争力。因此，提高我国甘蔗制糖生产技术装备水平，做强做大我国甘蔗糖业，是我国政府和制糖界研究者、企业共同目标，未来生产技术装备主要发展趋势为：

### （一）提高白砂糖质量技术

色值和二氧化硫含量超标是我国白砂糖不合格的主要原因。另外，白砂糖在酸性溶液中溶解时形成酸性絮凝物制约着我国白砂糖进入高端食品、饮料等市场。因此，研发并推广应用降低白砂糖色值、二氧化硫和致酸性絮凝物生成物质等含量的技术和装备，是我国甘蔗糖业提质增效的主要方向之一。

### （二）清洁化生产技术

甘蔗制糖生产过程要消耗大量的能源、水以及化学助剂，会产生大量的废水废渣，不仅增加末端处理成本，且存在污染环境风险，因此开展清洁生产和糖业闭合循环节水技术的研发及应用，对提高制糖生产效益、减少对人类与环境的危害具有重大意义。我国清洁生产是指不断采取改进设计、使用清洁能源和原料、采用先进工艺技术与设备、改善管理、综合利用等措施，从源头削减污染，提高资源利用效率，减少或者避免生产、服务和产品使用过程中污染物的产生和排放，减轻或消除对人类健康和环境的危害。可见，实施清洁生产技术方案，可从原料、生产过程及产品运输与消费等全过程尽可能提高资源利用率，减少有害物产生并加以资源化利用，不仅能提高生产效率、提高经济效益，还能减少对环境的不利影响。

### （三）制糖生产自动控制技术

制糖过程是一个复杂的物理及物理化学过程，涉及机械、热力、化学化工、仪表自控等领域，其过程条件参数如何控制在最佳状态，关系到产品质量和产品得率，因此涉及生产效率、成本及安全等问题。采用高可靠性和高稳定性的新一代分散控制系统（DCS）现场总线控制系统（FCS）等，实现各个单元操作实时工艺最优化控制和自动计量，可显著提高企业生产效率、产品质量与产率，从而提高产业经济效益。目前主要包括压榨提汁过程的智能自控、清净工段中和 pH 控制、糖浆浓度的自动检测、煮糖过程自动控制及全厂分散控制系统等在内的先进控制、装置优化、实时监控、生产管理、优化调度等专业技术系统。

### （四）糖厂节能降耗技术

节约能源是我国的基本国策之一，制糖工业能耗大，做好节能工作是降低制糖成本的重要环节。因此我国糖厂对节能工作非常重视，从 20 世纪 80 年代以来已采取了很多措施，取得明显进步，多数糖厂的标煤耗已从当时的约 9％降低到目前的 3.5％～5％。然而相对丹麦、德国等欧美国家的先进水平，尚有较大的差距，因此，继续开发节能降耗生产技术并加大推广应用力度，仍是我国甘蔗制糖生产重要发展方向。

### （五）生产过程在线实时快速检测系统技术

对在制品与产品等物料理化指标与工艺指标监测和控制是制糖生产过程管理和控制主要两方面，是随时了解生产情况与及时对生产过程工艺指标等进行调整的需要，也是保障产品质量、提高产品利率、降低生产成本、提高经济效益的根本。

然而，目前我国甘蔗糖厂的制品理化指标、生产过程工艺指标及成品糖质量指标仍以人工检测为主，且采用的基本是化学测定方法，测定时间较长且误差大，不能及时反映生产出现的问题，因此对生产指导作用不够。因此，开发能快速分析测定各种在制品及成品质量指标、生产工艺技术等检测方法及在线实时监测技术，对现代制糖生产过程管理至关重要。如近红外光谱分析技术，既可实现入榨甘蔗的按质论价，同时也对原料质量管理、生产工艺及时调整等提供理论依据，这对白砂糖产品质量提高与生产成本降低具有重要意义。

### （六）糖业可持续发展生产技术

随着世界能源短缺与环境污染问题日益严重，能源问题已成为制约全球经济发展的一个因素。开发可再生能源已成为全世界研究热点和焦点。巴西、印度等以甘蔗为原料生产燃料乙醇，用来替代石油，已在20世纪末期投入市场。我国近年来对能源甘蔗的培育、生产也日益重视。因此，研究开发能源甘蔗及甘蔗生产燃料乙醇等具有重要战略意义，不但可以提高糖厂市场竞争力，还在很大程度缓解能源危机压力，对国民经济的发展具有特别重要的意义。

### （七）蔗糖精深加工技术

我国制糖生产一直存在产业链短、结构单一、产品同质化严重、副产物综合利用产值低共性问题，已制约我国甘蔗糖业发展。因此利用现代生物技术、酶及化学、物理等技术，开发应用蔗糖精深加工技术，利用甘蔗、蔗糖及其衍生物为原料生产社会急需的高附加值产品，延伸延展产业链，使蔗糖从传统食品工业用途拓展到新兴领域，是我国近年甘蔗糖业发展重点，目前蔗糖常用的化工加工方法有酯化、氧化、氯化、氢化、水解、磺酸化、碱降解、醚化、氮化等，其中利用生物酶化技术来生产低聚果糖和稀有糖等产品，是当今国际公认的一种蔗糖深加工发展方向，被称为“生物制糖新工程”。

### （八）制糖副产物综合利用深加工技术

通过开发及应用蔗渣、滤泥及糖蜜等副产品的高值化综合利用技术，可实现制糖生产副产物资源的循环使用，不仅显著提高产业清洁生产技术水平、延伸甘蔗糖业产业链，显著推动产业集群化发展，增强产业市场竞争力，经济效益、环境效益及社会效益显著。目前主要开展蔗渣高层次利用，如高档包装材料、非木材料和甘蔗生物能源产品开发，糖蜜制酵母与酵母抽提物，滤泥提取或制备活性物等，做到“物尽其用，清洁生产，改善环境”。

## 二、我国甘蔗糖业近年推广应用的新技术设备

近年来，随着我国制糖企产业展环形势日益严峻，下游市场对产品需求日益提高，如产品绿色化、专用化、功能化等，甘蔗制糖企业对产业技术升级、降本增效工作日益重视，新设备、新技术引入及应用积极性明显提升，因此有相当多新技术、新装备已在企业推广用。

### （一）预处理

**1. 汤加式撕解机** 汤加式撕解机是一种甘蔗预处理设备，早在20世纪70年代国外便开始使用，目前有多种形式，但基本工作原理和结构大同小异，与锤击式破碎机类似（图20-24）。锤转子通过轴承安装在机架上。转子周边有8条心轴，击锤通过心轴与转子连接，并交替分布在转子周边上。锤击覆盖面可达撕解机宽度100%。底栅板弧度为90°。其位置在0～90°或180°～270°。底栅板可调节，以适应榨量和破碎度要求。有些撕解机底栅板用弹簧支承，遇硬物或过大蔗量时可自动后退。锤头回转直径约1 500 mm，

转速 900～1 200 r/min。

图 20-24 汤加式撕裂机

**2. 密刀式撕解机及与耐磨高强度合金蔗刀** 密刀式撕解机是一种高效甘蔗破碎设备，破碎度高，蔗丝形态好，可提高压榨量和糖分抽出率（图 20-25）。如采用 3 座密刀式撕解机组合来对甘蔗进行破碎，其碎度达 80%以上，其中丝状蔗料占 70%以上。

蔗刀是撕解机的关键部件，近年由广西大学研发的高强度合金蔗刀具有强度高和耐磨性好等特点，其耐磨性远优于传统的堆焊碳化钨蔗刀，在同等工作时间和负荷下，蔗刀磨损量仅为堆焊碳化钨蔗刀的 10%～15%。很好地解决了传统生产中存在的刀易折断、损耗快、寿命短等问题。

由南宁隆潮科工贸有限公司研制的耐磨高强度合金蔗刀如图 20-26 所示。

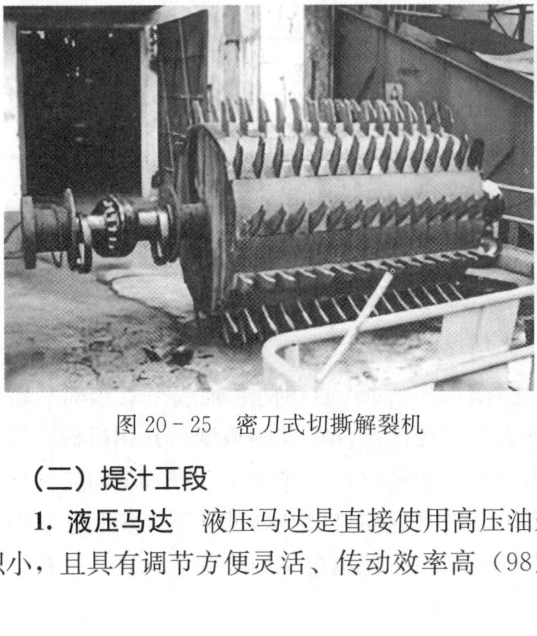

图 20-25 密刀式切撕解裂机

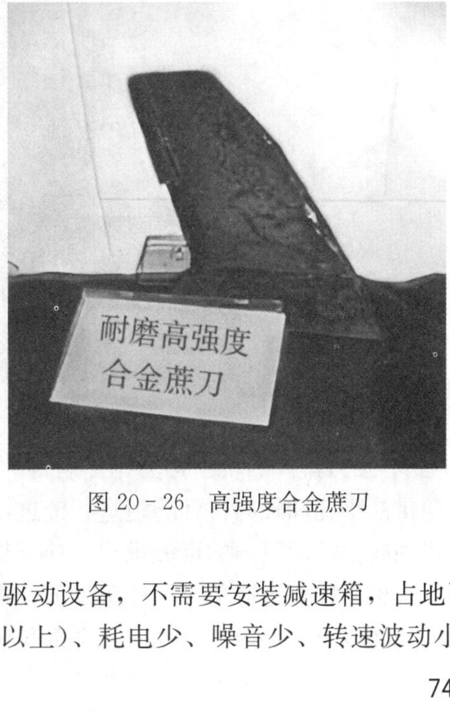


图 20-26 高强度合金蔗刀

## （二）提汁工段

**1. 液压马达** 液压马达是直接使用高压油来驱动设备，不需要安装减速箱，占地面积小，且具有调节方便灵活、传动效率高（98%以上）、耗电少、噪音少、转速波动小、安全率高及操作方便等优点，特别适用于低速、要求灵活调整和高载荷的场合。目前已在广西龙州糖厂、云南耿马糖厂、湛江华丰糖厂及湛江调丰糖厂等使用（图 20－27）。

图 20－27　液压马达

**2. 双辊压力喂料器**　双辊压力喂料器是一种压榨机配套装置，可起到预压和强化蔗料入辘作用，能有效提高压榨量和抽出率。主要有轻型（TSWQ）和重型（TSWZ）两种系列（图 20－28）。

轻型系列开口尺寸较大，无需单独动力传动，投资费用少，可提高压榨机压榨能力15%左右；重型系列开口尺寸较小，需单独动力传动，预压效果较好，提高压榨能力30%左右，提高抽出率 1%～2%，降低水分 1%～2%。

图 20－28　双辊压力喂料器

**3. 强力排汁后辊**　强力排汁后辊的工作原理是，对普通藕筒后辊或高效藕筒后辊的径向排汁小孔和轴向排汁通道进行改进，增大后辊径向排汁小孔的角度。并用机械装置强行将轴向排汁通道内的蔗渣推出，使压榨出的蔗汁先通过径向排汁小孔进入轴向排汁通道然后排出。很好地避免了因榨出的蔗汁量很少，进入轴向排汁孔内蔗汁不能顺利地和内部蔗渣一起排出，导致整个轴向孔全部积满，同时径向小孔也慢慢地被蔗渣堵塞，最终导致整条藕筒辊全排汁失效的问题。与普通后辊比较，末座榨机使用强力排汁后辊后，蔗渣转光度可降低 0.2%～0.3%，蔗渣水分降低 1.5%～2.0%，压榨抽出率平均提高 0.8%。

广西宁明东亚糖业有限公司自行研制的强力排汁后辊如图 20－29 所示。

图 20－29　强力排汁后辊

**4. 混合汁高频振动分离筛**　混合汁高频振动分离筛是一种用于混合汁汁屑分离的设备，主要是过一对振动电机同步反向运转，形成沿抛掷方向单一的激振力，使流经其表面混合汁中的蔗屑按照振动频率作连续上抛运动，蔗汁则通过筛网达到分离的目的（图 20－30）。该过程属于动态筛分，能提高设备效能和增加筛分细度，大幅度降低混合汁中蔗糠的残存量，使混合汁中蔗糠含量可降至 2.5～3.0 g/L，进而有效减少蔗糠在沉淀池中非糖分的溶出，从而提高清净效率；同时显著减少了细菌繁殖机会，进而减少制糖杀菌剂消耗；加快沉降速度，减少泥汁量和滤泥量，最终减少滤泥糖分损失。

图 20－30　混合汁高频振动分离筛

图 20-31　高效石灰及消和系统

**5. 高效石灰及其消和新技术**　高效石灰是一种粉末状、杂质少、活性高的石灰复合物，通过使用与之配套的专用消和系统，实现了石灰消和过程完全自动化、无废渣排出，实现高效、清洁的生产，澄清效果好。该产品和技术克服了目前传统块状石灰消和过程存在的问题，有效改善工作环境，并显著降低员工的劳动强度，符合“资源节约、环境友好”型工业要求（图 20-31）。

**6. 压榨自动控制系统**　利用计算机、自动控制、网络通信、多媒体、高位槽检测及扭矩控制等技术，通过创新开发和系统整合，实现甘蔗压榨过程的全自动化控制，保证均衡入榨、均衡压榨；混合汁及渗透水流量、温度稳定，实现机械连锁控制及轴承温度检测报警、关键点视频监视等信息化管理（图 20-32）。同时还实现过程控制数据的信息共享，使制糖压榨过程的生产和监控得到全面优化。甘蔗压榨自动控制系统可以把压榨与其他过程的控制系统连成一体，实现信息化管理，在维持榨机负荷稳定的前提下，提高榨量。目前已在多家糖厂投入使用。

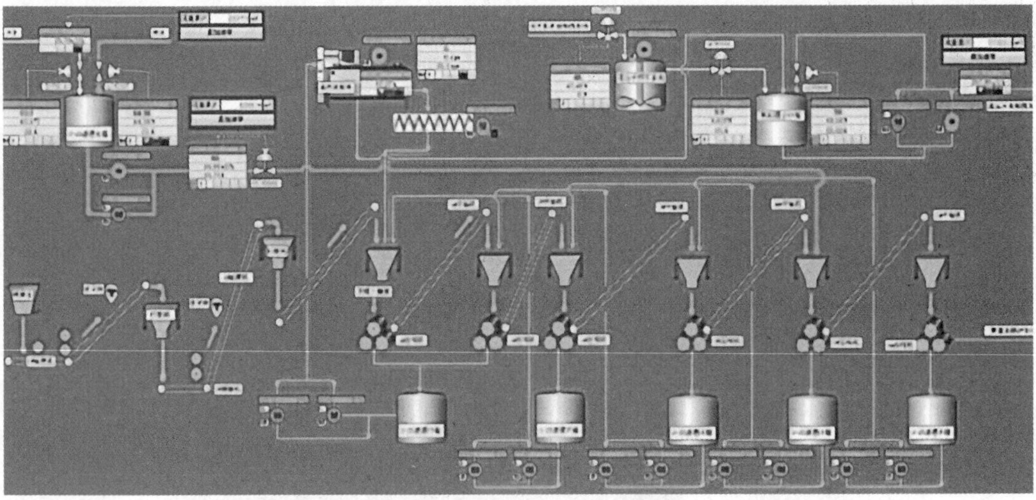

图 20-32　甘蔗压榨自动控制系统

## （三）清净工段

高效低温燃硫炉，是针对自熔式燃硫炉存在液硫、空气供应不精准、燃烧过程无法自控等问题研发的。燃硫炉炉体为圆筒式，由较厚的碳钢板卷制而成。硫黄由电加热或蒸气加热成液态后，以雾化或汽化的方式喷入炉体内，与切线进入的空气混合后进行燃烧；炉体外壳采用冷水进行冷却，使硫磺的燃烧温度控制在500℃以下。操作过程全自动控制，具有硫黄燃烧效率高、$SO_2$浓度高、硫黄用量省等特点，燃烧过程完全密闭，无环境污染，环保压力低。目前糖厂主要应用的有环保高效汽化旋风燃硫炉和多次元精准配比低温燃硫炉。

**1. 环保高效汽化旋风燃硫炉** 环保高效汽化旋风燃硫炉是一种集成分级燃烧、汽化燃烧、旋风燃烧、低温燃烧、一键启动、智能控制等现代燃烧理论的多项新技术的燃硫炉，是通过计算机模拟对设备结构进行合理的设计和优化的。炉体分为一次燃烧炉和二次燃烧炉，液化后的硫磺先由齿轮泵送至一次燃烧炉，和罗茨风机产生的高压空气混合、少量发生燃烧产生大量热量将未燃烧液态硫汽化成硫蒸气，然后再进入二次燃烧炉进行充分燃烧，高压空气以切线方式进入二次燃烧炉，二次燃烧的炉体外壁用冷水进行冷却，确保燃烧温度控制500℃以下。

由广西柳州市易普科化工技术开发有限责任公司研制的环保高效汽化旋风燃硫炉，燃烧强度在一定范围内灵活调节，硫气$SO_2$浓度可根据生产工艺需要进行调节，设备结构如图20-33所示。

图20-33 环保高效汽化旋风燃硫炉

**2. 多次元精准配比低温燃硫炉** 多次元精准配比低温燃硫炉是一种新型的低温燃炉，由熔硫系统、燃烧炉、点火装置、配风系统、炉体冷却系统及自动控制系统组成。由齿轮计量泵将与榨量匹配的液态硫黄经雾化喷嘴喷入燃烧炉前端，采用可精准控制出风量的罗茨风机将与入炉硫黄量匹配的高压空气切线进入炉内，硫黄与空气在炉内充分混合后进行燃烧，根据硫熏强度可反向微调入炉的硫黄量及空气过量系数；炉体外壁用冷水进行冷却，将燃烧温度控制500℃以下。

燃硫炉的炉体为混流型结构，炉内流体分布、混合均匀，不存在液硫走短路现象；可实现硫黄与榨蔗量的精准配比、硫磺与燃烧空气的精准配比；可精准控制燃烧空气的过量系数；燃烧效率高，$SO_2$的浓度波动小，升华硫或$SO_3$产生量小。

由广西开帆科技有限公司研制的多次元精准配比低温燃硫炉如图20-34所示。

**3. 新型硫气净化洗涤系统** 新型硫气净化洗涤系统由洗涤塔、雾化系统、冷却水循环系统和自动控制系统组成。从硫黄炉出来的高温硫气自洗涤塔底部进入，在上升过程中与雾化状态的冷却水直接接触，达到净化、冷却的效果。经过洗涤净化后，硫气中的升华硫、$SO_3$及灰分等杂质被有效去除，提高硫气中$SO_2$浓度和溶解度，有利于提高并稳定硫熏中和硫熏强度，有利于产品质量与糖分收回率的提高。另外，硫气温度可从500℃左右降至50～90℃，具体温度可根据工艺要求调节。

图 20－34　多次元精准配比低温燃硫炉

新型硫气净化洗涤系统的主体设备及管道均采用非金属耐腐蚀材料，无腐蚀穿孔风险，使用寿命长。同时冷却后硫气温度稳定，硫熏中和效果好，可减少硫黄用量，降低白砂糖产品灰分含量，提高高品质糖产率；可避免硫气管道堵塞及腐蚀，提高生产安全率；减少蒸发系统积垢，节能降耗，降低洗罐成本。

由广西开帆科技有限公司研制的硫气净化洗涤系统结构如图 20－35 所示。

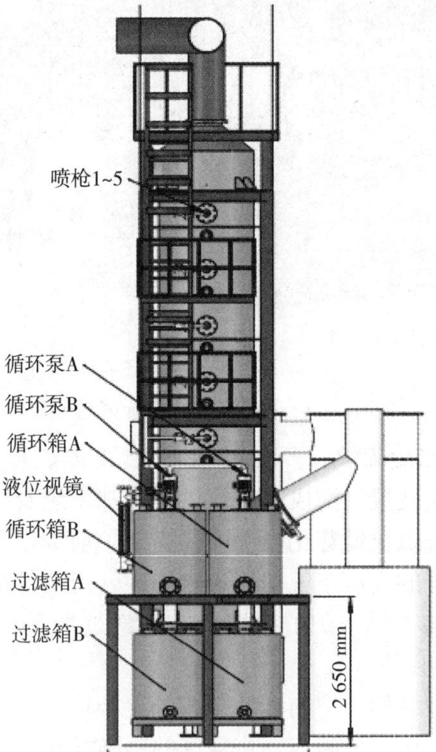


图 20－35　硫气净化洗涤系统

**4. 自动可调式硫熏中和器**　自动可调式硫熏中和器，是采用压力自动调节器和喷嘴控制器对传统硫熏中和器的喷射器进行升级改造，使硫熏中和过程中蔗汁压力和喷嘴流通面积能根据流入的蔗汁量进行调节，确保硫熏中和蔗汁压力的稳定，使硫熏强度稳定，从而提高清净效果，提高产品质量和糖分收回率（图 20－36）。

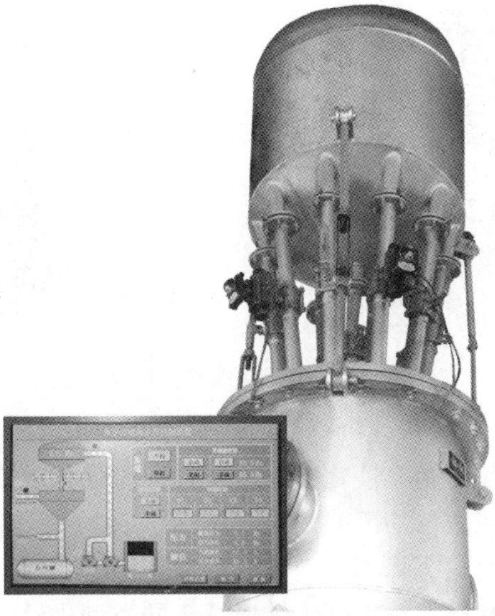

图 20－36　自动可调式硫熏中和器

**5. 硫熏中和强化反应器**　由南宁明倬贸易有限责任公司研制的硫熏中和强化反应器，采用罐内射流混合技术，增强蔗汁湍流程度，提高亚硫酸钙沉淀生成速度，并促进反应完全，提高液相中 $SO_3^{2-}$ 的有效利用率，降低清汁中二氧化硫的残余量，同时适当延长新生态亚硫酸钙与蔗汁非糖物质的反应时间，降低清汁色值，提高产品质量。设备主要安装在硫熏中和器之后、中和汁加热之前（图 20－37）。

图 20－37　硫熏中和强化反应器

**6. pH 在线测量控制系统**　pH 在线测量控制系统可以保持预灰 pH、硫熏中和 pH 的稳定，避免人工滴定测量和手动调节不准确或滞后问题，克服传统制糖生产预灰 pH 和中和 pH 控制难以稳定的缺陷，节约石灰用量，节省原材料消耗，提高产品质量，目前已在我国甘蔗糖厂普遍使用（图 20－38）。

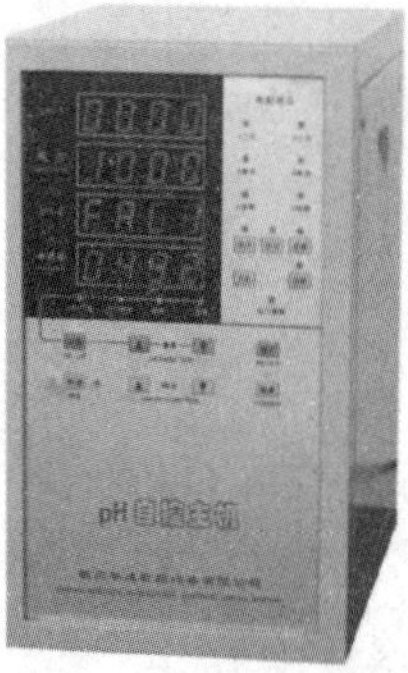

图 20－38　pH 在线测量控制系统

**7. 单层快速沉降器**　单层快速沉降器，是近年来开发的新型沉降设备，在设备设计上注重入汁和出汁的平稳与均衡，使之互不干扰，同时强化外围散气、絮凝反应等，提高沉降速度，达到沉降快、泥底浓的工艺效果（图 20－39）。目前主要有 SRI 单层快速沉降器、静态快速沉降器、平流式沉降器及斜波纹板快速沉降器等，已在我国甘蔗糖业普遍使用。主体结构外形基本为圆柱形，底部为锥形。不同类型进汁、出汁等存在一定差异。

图 20－39　单层快速沉降器

静态快速沉淀器是典型单层快速沉降器，是我国目前使用最广泛单层快速沉降器之一，上部为圆筒形，是沉降区，内部装有多件挡板，使进入的蔗汁沿着四周方向平静地、均匀地以层流方式流动，出汁也是以层流方式排出。沉降器下部为圆锥形，是泥汁浓缩区，内有低速旋转的机械拨浆，促进泥汁增浓，并将沉淀物拨向锥体底部处集中排出。

蔗汁加热除氧散气后进入静态快速沉降器系统的缓冲箱，在缓冲箱中进一步散气，然后加入絮凝剂，进入混合器内，在混合器内絮凝剂把悬浮颗粒网络起来，形成大块絮体。然后进入静态快速沉降器中心导流槽。中心导流槽由一组折流板组成，物料下降到折流板时展开，在折流通道上产生旋流，由于固相的惯性大于液相而团聚于边界层，产生造粒和强制沉降双重作用。蔗汁流经过此导流槽后沉淀颗粒变得越来越大，然后流到中底部进入沉降分离区，分离区是静态自由沉降区。在分离区沉淀物自行向下沉淀，清汁向上排走。静态快速沉淀器入汁区、清汁区及泥汁区三个区域明显分开，互不干扰，泥汁在沉淀池内全面积沉降趋于均匀，出汁和入汁基本上以整层面进行，容易接近“静态”沉淀效果。静态快速沉淀器沉淀效果良好，蔗汁停留时间短。

**8. 糖浆上浮处理系统** 糖浆上浮处理技术是一种糖浆净化提纯技术，是在蒸发糖浆或回溶糖浆中加入糖化钙、磷酸反应生成具有强吸附性能和絮凝作用的磷酸钙沉淀，将糖液蒸发过程结晶析出固体颗粒、色素、胶体等非糖杂质吸附，再在絮凝剂的吸附、网络作用下进一步长大并与微气泡结合，使固体颗粒密度减小，然后上升至表层形成浮渣最终去除，能有效将糖浆悬浮物及部分钙盐除去，可明显降低成品糖的浑浊度与含硫量，同时减少煮糖罐积垢，对降低成品色值也有一定作用（图 20－40）。

图 20－40　糖浆上浮处理系统

**9. 超声波防垢系统** 超声波防垢系统由超声功率源、信号传输电缆、超声换能器组件三部分构成。超声波的“空化”“活化”“剪切”及“抑制”等作用缩短了成垢离子的成核诱导期，因此在短时间内会形成大量微小晶核，使溶液成垢离子的过饱和度迅速下降，积垢颗粒难以长大，故主要悬浮在主体溶液中，而不是沉积在加热管表面形成积垢，从而达到防垢的目的。与此同时，超声波的空化作用与“活化”作用会形成压力峰和速度差，使沉积在加热管壁上的积垢破碎或疲劳而松脱，也具有良好的除垢作用（图 20－41）。可见超声波防垢技术对积垢防除效果明显，节能效果明显，且设备结构合理，操作简单、自动化程度高，使用寿命长。

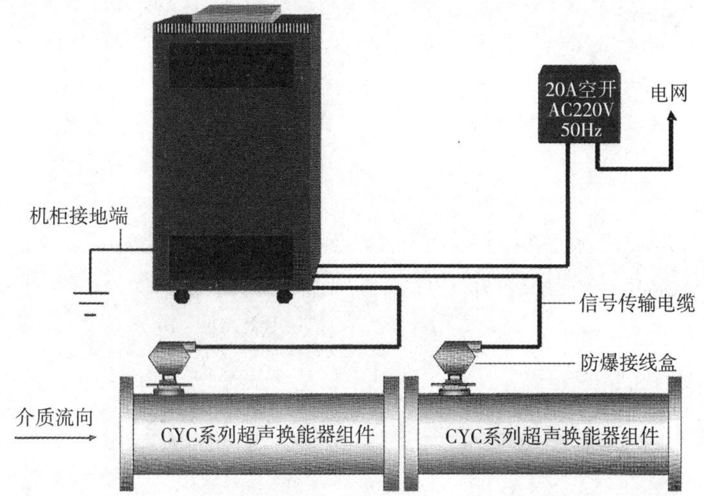


图 20－41　创源超声波防垢系统安装连接示意图

**10. 澄清及蒸发工段自动控制系统**（DCS） 采用现场总线、网络通信、计算机控制等技术手段，针对不同的设备配置和工况，建立相应的数学模型和一系列控制策略，实现了澄清及蒸发的自动控制和跨地域的实时生产管理（图 20－42、图 20－43）。性能特点：

①pH 控制稳定；

②糖浆锤度测量精度±1°Bx；

③实现蒸发过程稳定操作，减少糖分损失。

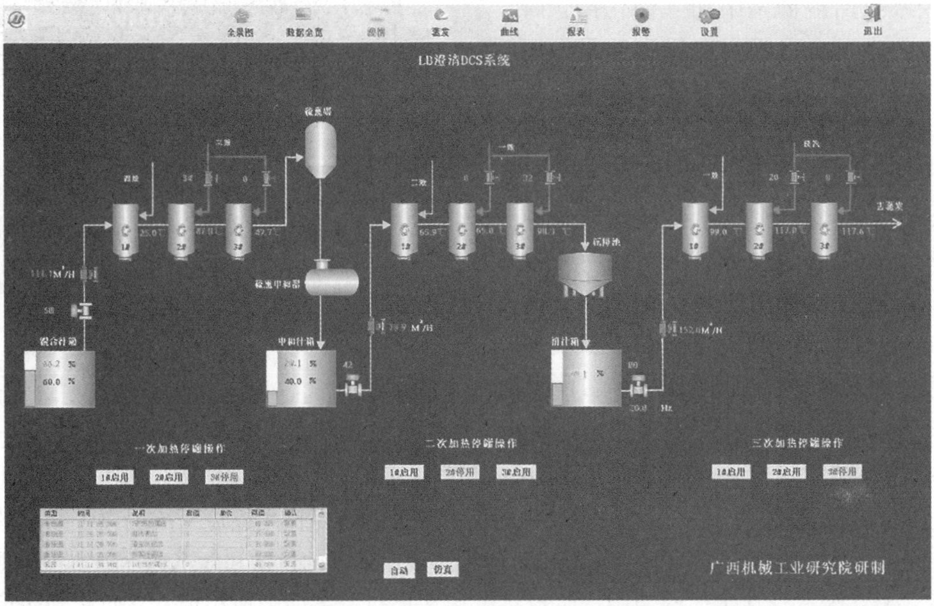


图 20－42 澄清自动控制系统（DCS）

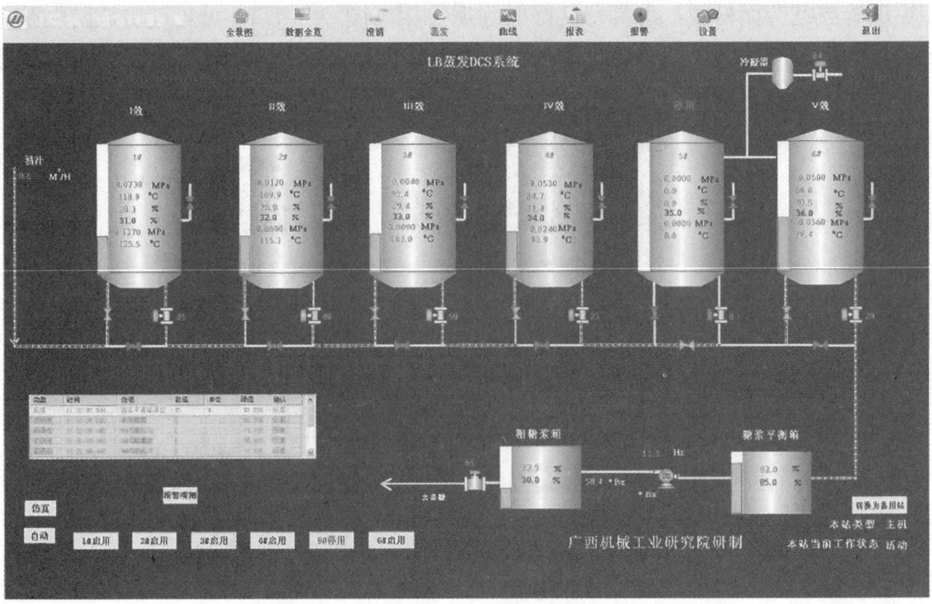


图 20－43 蒸发自动控制系统（DCS）

**11. 智能等压排水控制系统**　系统采用先进的计算机控制技术、PLC 控制技术和水位测量变送器，能动态地观察各罐水位变化情况，并可根据需要设定各罐水位，整个系统实现全自动运行。由于采用气动截止阀，所以系统可靠，便于维护。

智能等压排水控制系统采用 PLC 为核心控制部件，系统具有较高的可靠性和稳定性，可实时监控和观察水位的变化，便于生产管理，可通过计算机系统修改控制参数，采用气动截止阀，性能可靠，维护方便（图 20－44）。

目前，已在广西凤糖生化股份有限公司柳城糖厂、广西凤糖生化股份有限公司六塘糖厂、广西凤糖生化股份有限公司白砂糖厂、广西凤糖生化股份有限公司雒容糖厂等推广应用。

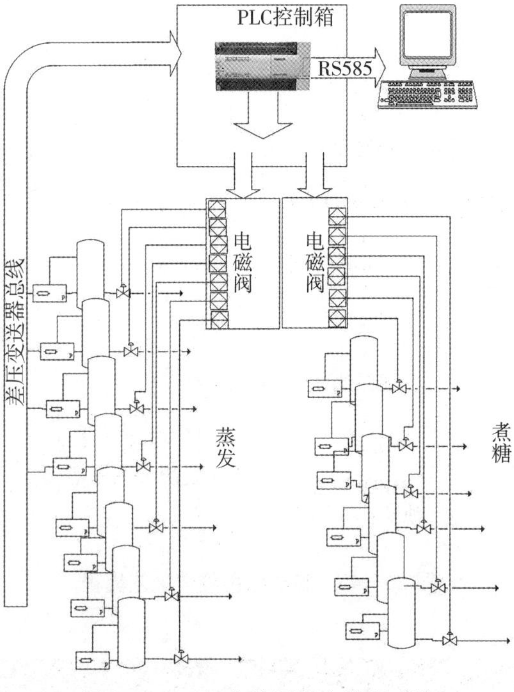


图 20－44　智能等压排水控制系统

**12. 甘蔗汁膜法绿色清净工艺**　由广西大学研发的甘蔗汁膜法绿色澄清工艺是纯物理分离过程，采用陶瓷膜过滤方法处理混合汁，不仅能去除蔗汁中蔗糠、泥沙等颗粒物杂质，同时还能有效去除蛋白质、果胶等胶体及微生物、大分子有机物等，清净效果良好，混清汁纯度差达 1.5～2 AP，清汁浊度低于 20 NTU，色值 800～1 800 IU。因为整个清净过程除了蔗汁 pH 调整需用少量石灰乳外，不需要磷酸、二氧化硫及絮凝剂等其他助剂，因此可显著降低清汁钙盐含量，减少蒸发等换热设备积垢，降低生产能耗，减少换热设备的清洗费用。

甘蔗汁膜法绿色清净工艺实现了甘蔗制糖生产二氧化硫、聚丙烯酰胺、磷酸等化学助剂“零添加”，变传统化学清净方法为物理清净方法，使甘蔗制糖产业的绿色生产技术实现飞跃式进步，可生产绿色、安全、高品质的原生态砂糖、食用原糖、红糖、黄冰糖、糖浆、甘蔗汁饮料等产品，为甘蔗产业向多元化、高值化发展奠定基础。

膜法绿色清净工艺系统主要由蔗汁预处理系统、陶瓷膜过滤系统、自动控制系统三部分构成。预处理系统主要是预灰、粗过滤和加热，粗过滤的目的是除去甘蔗汁中如蔗糠等较大颗粒的固体杂质，将甘蔗汁加热至95℃左右以杀灭细菌并降低黏度；陶瓷膜过滤系统配套有膜清洗再生的清洗系统；膜法澄清系统为全自动控制，并兼顾手动控制功能。

膜法绿色清净工艺流程如图20-45所示，浓缩汁可以采用板框过滤等方法进行处理，得到的清汁再返回膜过滤工序。

日处理1 000 t甘蔗混合汁的陶瓷膜设备如图20-46所示。

日处理3 000 t甘蔗混合汁的陶瓷膜设备如图20-47所示。

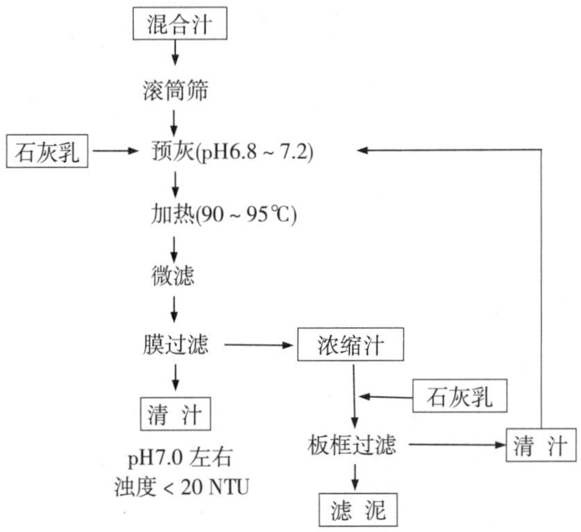


图20-45　膜法绿色澄清工艺流程

图20-46　日处理1 000 t甘蔗混合汁陶瓷膜设备

图 20-47 日处理 3 000 t 甘蔗混合汁陶瓷膜设备

### (四) 成糖工段

**1. 全自动煮糖系统** 根据蔗糖的结晶过程原理，建立数学模型，预先设置好煮糖相关参数的工艺曲线，根据各相关参数采集点反馈回来的信息按设定曲线自动调节相关物料，自动控制强制循环装置、液位、真空度、蒸气压力和糖浆锤度等，结晶颗粒均匀可控，以较低的能耗获得较高的煮糖效率及白砂糖质量的效果（图 20-48）。

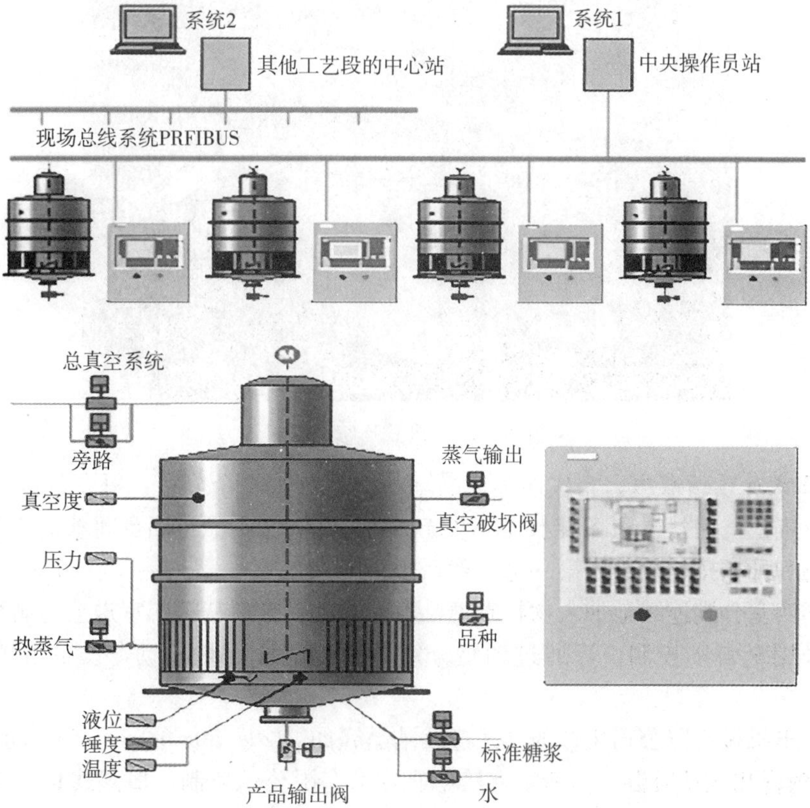


图 20-48 全自动煮糖系统

使用全自动煮糖系统可缩短煮糖时间达20%～30%，节省加热蒸气耗量，降低糖蜜蔗糖含量达1%～2%，提高成品糖颗粒粒径及均匀度，以及减少煮糖对经验的依赖，减轻劳动强度。

**2. 连续结晶罐** 连续结晶罐是一种实现煮糖结晶过程连续生产的设备，配套全自动控制系统，可用于各段糖膏的煮制，提高生产效率、降低能耗。可分为卧式连续结晶罐和立式连续结晶罐两种。

（1）卧式连续结晶罐。卧式连续结晶罐的内部分为7～24个分室，气鼓设计成单元式，以利于在不同的蒸气压力下操作。把传统单罐结晶过程中的抽种、入料养晶、煮水和浓缩等各个操作阶段放在同一设备的不同部位同时进行，免去诸如卸糖和洗罐等许多辅助操作。采用连续进料，逐步浓缩的方式，糖膏凭自身的重力通过室与室之间的通道进入下一室，每一室都有各自的入料管和自控装置，所煮制的糖膏向同个方向流动，煮糖过程全自动控制。相对于间歇式结晶罐而言，可使用更低品质的汁气作为热源，煮制时间短，能耗低，劳动强度低，占地面积比较大。

广西建工集团第一安装有限公司生产的卧式连续结晶罐如图20-49所示。

图20-49 卧式连续结晶罐

（2）立式连续结晶罐。立式连续结晶罐的内部分为4个分室，每个分室均有单独的加热体、汁气室、捕汁器和冷凝水排出系统，其结构功能类似将四台间歇式煮糖罐连接在一起。物料和种糊按比例进入第一室，然后溢流到第二室、第三室、第四室。在流动中，第二室至第四室分别连续地加入物料煮糖，直至达到要求后从第四室送至助晶箱。立式连续结晶罐采用全自动控制，可通过调整分室数量以适应榨量波动，设备占地面积相对较小。

广东云丰机械有限公司生产的立式连续结晶罐如图20-50、图20-51所示。

**3. 喷射雾化式冷凝器** 由南宁吉然糖业技术有限公司研制，属湿式真空系统，由喷雾冷凝段和喷射抽吸段组成。冷凝段主要作用是将水蒸气冷凝成水，其工作原理是利用布置在冷凝段的喷嘴喷出雾化水滴，使汁气瞬间冷凝成水，迅速形成真空；抽吸段主要作用

图 20 - 50 立式连续结晶罐

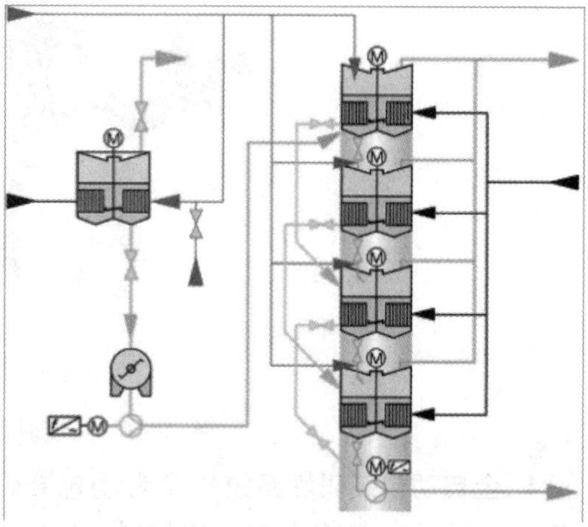

图 20 - 51 立式连续结晶罐物料走向示意图

是把汁汽中所含有的不凝气体及少部分未冷凝水蒸气抽吸排除。喷射雾化式冷凝器克服了传统水喷射冷凝器用水量大、真空度不稳定等缺点，喷嘴不易堵塞，还具有在线水过滤排渣功能，减少用水量和排污量，尤其在供水不足时依然能维持较高且稳定的真空度(图 20 - 52、图 20 - 53)。

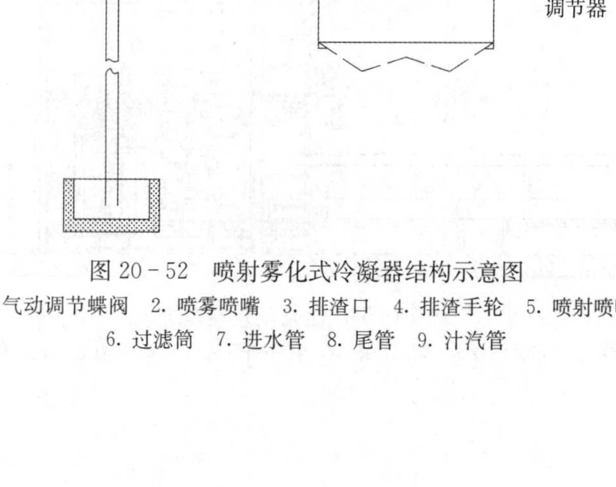


图 20 - 52 喷射雾化式冷凝器结构示意图

1. 气动调节蝶阀 2. 喷雾喷嘴 3. 排渣口 4. 排渣手轮 5. 喷射喷嘴 6. 过滤筒 7. 进水管 8. 尾管 9. 汁汽管

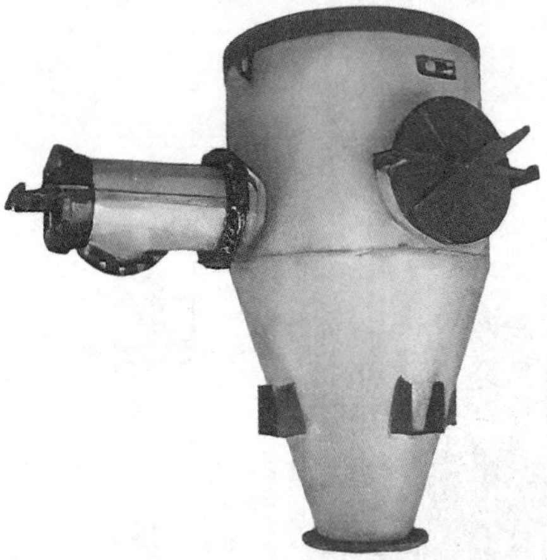

图 20 - 53　喷射雾化式冷凝器外型

**4. 全自动包装码垛系统**　全自动包装码垛系统可实现传统自动上袋、开袋、夹袋、填充、移动输出、内袋封口，内袋置入外袋，自动缝合外袋等整个包装过程的全自动化，与码垛机器人及皮带输送装置集成，实现了自动喷码、倒包、振平、码垛，形成完整的全自动生产线。具有生产速度高、包装质量好、兼容性好、性能稳定等优点，是一种机、电、仪、气一体化的高科技智能化产品（图 20 - 54、图 20 - 55）。目前已在甘蔗糖厂普遍使用。

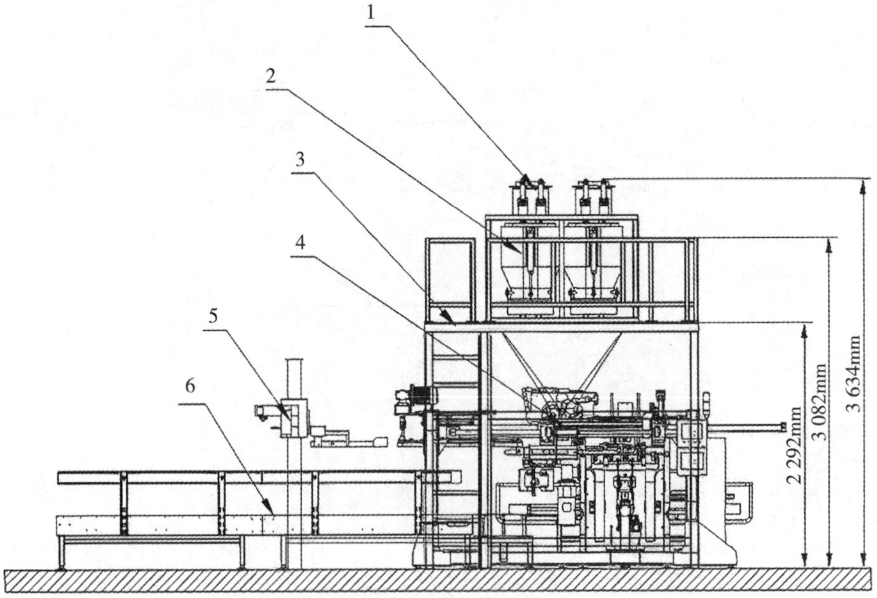


图 20 - 54　全自动包装系统

1. 螺旋喂料器　2. 称量筒　3. 平台支架　4. 全自动包装机　5. 折边缝包机　6. 缝包输送机

图 20－55　码垛机器人

**5. 全厂 DCS 控制系统**　全厂的自动控制系统是利用计算机及 DCS 网络控制技术，主要包括压榨、制炼、动力、生产调度指挥、计量统计等子系统。可实现生产过程自动调节控制，使生产过程得到全面优化控制，均衡生产，提高产品质量和产糖率；减小管理强度，降低劳动力成本（图 20－56）。

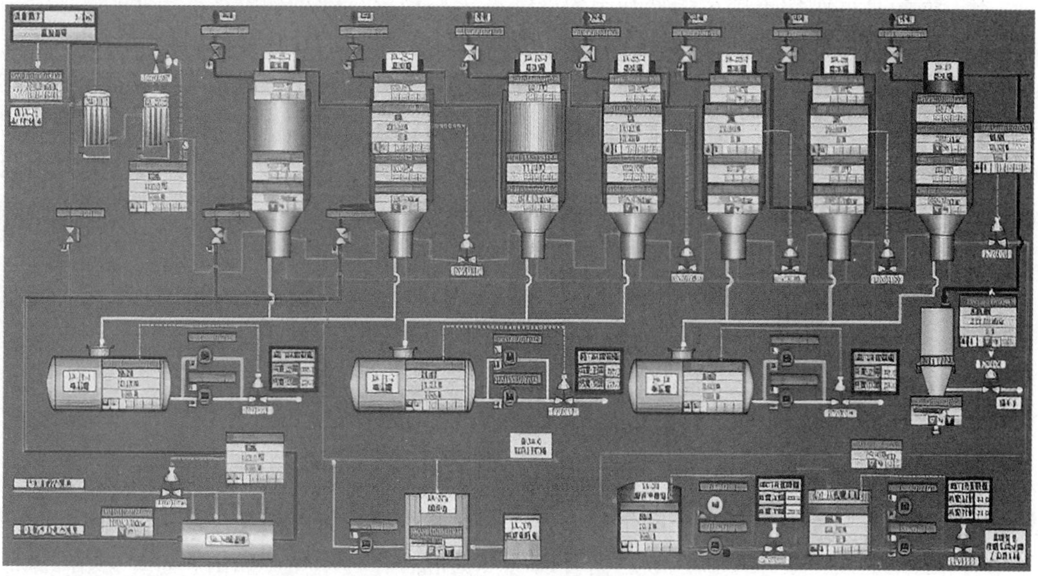

图 20－56　全厂 DCS 控制系统

### （五）动力系统

滚筒式蔗渣喂料器的入口上部设有一段密封段，密封段储满蔗渣，蔗渣依靠重力自行下落，进入喂料器。喂料器入口处有两个向内旋转的小滚筒，强制蔗渣进入，下部是大滚筒。大滚筒、小滚筒上均有齿状条，依靠锯齿的转动力矩带动蔗渣，滚筒转速可通过调节变频电机调节转速，从而控制蔗渣的投放量。而变频调速电机的转速可根据锅炉燃烧需要蔗渣量来进行调节。滚筒式蔗渣喂料器克服了传统蔗渣煤粉炉蔗渣入料不均匀、蔗渣易堵塞且伴有大量冷风进入炉膛等缺陷，蔗渣入炉均匀，锅炉燃烧工况稳定，锅炉热效率提高

2%～5%，锅炉产气量提高，蒸气参数（气温、气压）稳定，节省燃料，提高蔗渣打包量；提高锅炉运行安全性、可靠性，降低锅炉维修频率（图 20－57）。

图 20－57　滚筒式蔗渣喂料器

#### （六）糖厂节水降耗闭合循环用水系统

为了提高甘蔗制糖生产水循环利用率，降低生产新鲜水耗量和废水产生量，广西大学等单位联合研发糖厂节水降耗闭合循环用水系统技术，采用“冷热分流、清浊分流、分开处理”原理，研发包含压榨车间冷却水净化循环利用系统、气轮机冷却水净化循环利用系统、锅炉冲灰水分离循环利用系统等制糖生产用水循环利用系统，对生产过程中不同类别的水进行分类处理，实现循环利用，提高水的循环利用率，并开发中水深度处理回用技术，实现甘蔗含水资源化利用，使吨蔗新鲜水耗量与废水产生量指标达到国际先进水平。已在甘蔗糖厂普遍使用。

## 第四节　甘蔗原糖和精制糖生产

### 一、甘蔗原糖的生产

在甘蔗原糖生产，蔗汁清净工艺采用的是石灰法澄清工艺，而后续的蒸发、煮糖、分蜜等生产工艺，则与耕地白砂糖的生产工艺，即亚硫酸法或碳酸法糖厂的大致相同。但因为对原糖的产品质量要求不高，故乙糖可以与甲糖混合作为原糖产品出厂，作为精制糖生产原料，也有少量高品质原糖直接供销售食用。

石灰法根据其澄清工序及工艺条件的不同，可分为冷汁加灰法、热汁加灰法和分次加灰法等。

#### （一）冷汁加灰法

冷汁加灰法的优点是工艺过程简单，蔗糖转化损失少，沉淀物比较结实，操作管理也比较简单。缺点是澄清效率低，且由于石灰在冷汁中的溶解度大，故后工序换热设备容易产生积垢。此外，由于蔗汁温度低，易使肠膜明串珠菌得到生长繁殖，产生葡聚糖，不仅使蔗糖损失增加，还会阻塞设备和管路，危害很大（图 20－58）。

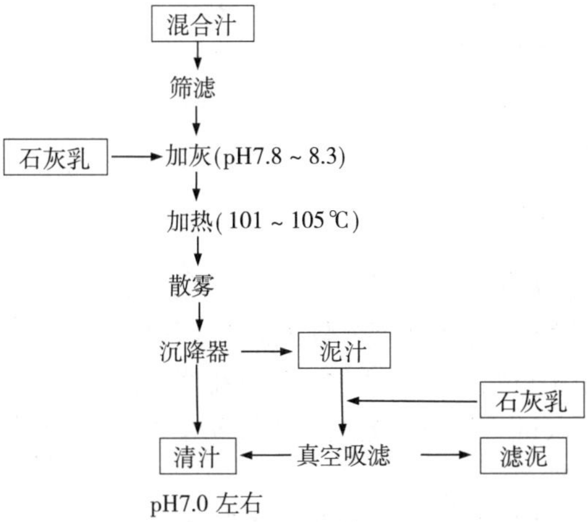


图 20－58　冷汁加灰法工艺流程

### （二）热汁加灰法

热汁加灰工艺，就是在主加灰前先将混合汁温度加热到 60～70℃，然后才加入石灰乳。在加热与石灰乳作用下，蔗汁中胶体物质，尤其是蛋白质等凝聚更加完全，因此清净效率要高于冷汁加灰法的，而石灰消耗可减少 15%～20%（图 20－59）。

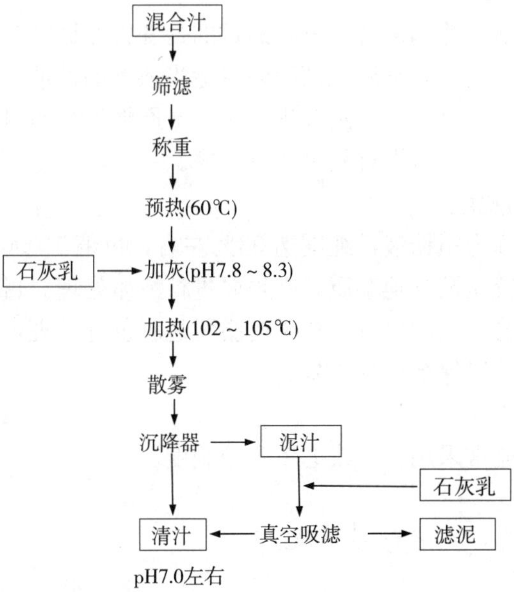


图 20－59　热汁加灰法工艺流程

### （三）分次加灰法

这种方法是将石灰分成二次加入，第一次加灰，即冷汁加灰至 pH7.0～7.2（石灰用量约为总加入量的 1/3），进行第一次加热到 75～80℃，然后再次加灰至为 pH7.6～8.0，一般不能超过 pH8.2，控制清汁 pH 在 7.2～7.6。第二次的加灰量约为总加灰量的 2/3，然后加热至沸腾，后续工序与其他加灰法相同。

分次加灰法的优点是经过两次加灰，可以利用蔗汁的两个不同的最适凝聚点来沉淀非糖分，故清净效率较高，含氮胶体去除率可达 80%。蔗蜡去除率达 90%（其他石灰法仅为 70%左右），所得清汁较为清澈，泥汁容易过滤。辅助添加少量磷酸的分次加灰法是目前高品质原糖生产的主流工艺。

## 二、精制糖的生产

精糖亦称精制糖，是指蔗糖分在 99.8%以上，色值在 25 IU 以下的高档食糖。精制糖质量明显优于耕地白砂糖，主要用于高端食品、饮料等。

目前精制糖生产均采用重结晶法，即甘蔗汁或甜菜汁先采用石灰法生产原糖，然后将原糖回溶获得回溶糖浆，再次进行清净、蒸发及结晶等处理，获得精制糖，俗称“二步法”。

### （一）原料与基本流程

原糖回溶生产精制糖的工艺流程如图 20 - 60 所示。

原糖→复筛→复筛糖→溶解→粗糖浆→清净→过滤→脱色→精糖浆→煮糖→分蜜→干燥→筛选→装包

复筛糖↓复筛蜜；澄清剂↑过滤；脱色剂↑脱色

图 20 - 60　原糖精制生产精制糖工艺流程

### （二）原糖的初步处理

原糖的初步处理包括复筛和溶解，复筛的目的是洗去原糖结晶表面附着的糖蜜而提高原糖的纯度和质量。溶解是将复筛后原糖溶解成适当浓度的糖液，以便后续清净与脱色处理。目前随着原糖生产工艺设备的不断改进，所生产原糖产品质量不断提升，尤其色值较低，故现代精制许多糖厂已不再设有复筛这一工序。

### （三）糖液的清净与脱色

原糖溶解所得糖液称为粗糖液，纯度达 98%左右，色值 1 000～3 000 IU，尚含有不少悬浮物、树胶质、果胶质及其他杂质，必须要进行清净处理。目前国际上通用的清净处理工艺是先饱充、后过滤，然后再进行离子树脂脱盐脱色等处理，获得到符合质量标准的精糖浆后，再进行煮糖，以保证产品质量。

### （四）煮糖

我国精制糖的煮制通常采用六系或七系煮糖制度。

精糖膏的特点是：

①精糖膏的简纯度高，一般为 98 AP 以上；

②起晶点低；

③结晶速度快；

④易产生黏晶。

# 第五节　红糖生产

红糖是以甘蔗为原料，经提取、清净处理后，直接煮制不经分蜜处理的带蜜糖。按形状可分为块糖和粉糖两种。与白砂糖的煮制相比，红糖煮制不同之处在于其结晶过程晶种是自然起晶的，包括将糖汁浓缩至一定浓度后采用降温、搅拌等方式刺激起晶，然后进行模型浇注得到块状红糖，或继续搅拌至完全冷却得到粉状红糖。按照不同的清净工艺，可分为土法红糖、石灰法红糖和膜法红糖三种。

## 一、土法红糖

土法红糖也称古法红糖，其生产过程大多为人工操作，难以实现规模化生产，故多是小作坊生产模式，主要以生产块糖为主。

### （一）生产流程

甘蔗经压榨法或浸出法提汁后，经过简单过滤除去精蔗糠后，注入开口糖锅中，用直火加热，再加入少量石灰乳中和，一般 pH 不超过 6.8。继续加热至沸腾，则蔗汁中蔗糠、胶体等团聚杂质会被沸腾所产生泡沫上浮至表层，将其撇去，达到一定除杂作用。撇泡以后的沸腾蔗汁，可移入沉降槽中，静置约 40 min，排出上部清汁，将下部泥汁和撇出的糖泡进行过滤，滤液再到第四锅进行浓缩。在糖液加热浓缩过程中，要不断加以搅拌，以免焦化。当糖液温度上升至 126℃左右时，迅速起锅，移至打砂缸中，用木棒急速搅拌，使蔗糖因刺激迅速大量产生晶体，这一步叫做打砂。打砂至特定程度后立即将带蜜砂糖移至糖床造型，用糖耙刮平至适当厚度，冷却至 70℃，用铁针划成适当大小的方形，继续冷却至常温，便可将糖块按划线剥开，获得块糖。或在打砂适度时倒入模具中，冷却至 30℃后脱模，即可得到固定形状的块糖。生产流程如图 20－61 所示。

石灰乳
↓
甘蔗→压榨→蔗汁→加热→加灰→撇泡→沉降→清汁→蒸发→起锅→打砂→成型
↓　↓　↑
糖泡 →泥汁→过滤 →滤泥

图 20－61　土法红糖生产流程

土法红糖所用炉灶传统的有“一”字灶、三星灶等。“一”字灶一般是由 4～10 个开口锅排成一列，以供蔗汁逐步浓缩使用。三星灶则只有三个开口锅排成“品”字形。采用三星灶时，撇泡后蔗汁一般直接倒入锅内进行蒸发煮糖，不需要进行沉降处理。近年来，一批节约燃料、燃烧性能好的炉灶，如梯巴炉、竖井炉、火管式炉灶也开始推广作用。

### （二）生产关键及控制

**1. 加灰量**　蔗汁加灰量一般很少，加灰后蔗汁应控制在微酸性，不能呈碱性。根据经验，以 pH5.6～5.8 的产品颜色较好，pH6.3～6.6 的产品糖坚实、清甜、耐贮藏，但略带黑色；pH5.6 以下，红糖产品易潮解，不耐储存。

清净所用的石灰，蚬灰效果较好，可能是因为蚬灰不含去镁质且含有磷酸钙的缘故。加灰时亦有直接加入石灰粉而不是石灰乳的，但加石灰乳操作更容易控制。

蔗汁沉降时可加入红泥或酸性白土，改善沉降，用量一般为 1%～2%的蔗汁，但因为它们的加入会影响蔗汁 pH，因此使用时要特别注意。

**2. 蒸发和浓缩** 多采用直接火煮沸蒸发方式。随着蒸发进行，糖液浓度增大，沸点逐渐升高，待温度升高至110℃时，可加少许食油，以防发泡过多而溢出，并不断加以搅拌，避免产生局部过热焦化现象。

**3. 起锅** 当糖浆温度上升至124～126℃时，此时对应的糖浆浓度约为96°Bx，便可将锅移离热源，俗称“起锅”，然后将糖浆放入打砂缸中立即进行打砂。

起锅温度与红糖产品质量有直接关系。如起锅温度过低，则所得红糖产品含水率高，不易贮存；当起锅温度低至122℃时，所得红糖多呈青黄色，质软，不坚实；但若温度过高，如130℃及以上时，红糖产品含水率低，质硬，呈红褐色甚至呈黑色，带苦味，且断面结晶层不均一。因此，起锅温度一般为122～130℃，以126℃最佳。此外，起锅温度的确定还需考虑蔗汁还原糖含量，若还原糖含量高时，则起锅温度须适当降低。

**4. 打砂** 糖浆起锅后倾入打砂缸中，进行打砂操作，即使用搅拌棒激烈搅拌，刺激晶体生成，搅拌时间约2 min。如添加适量糖粉作晶种，则可缩短打砂时间。打砂过程须不断以搅拌棒取糖膏在缸边摩擦，如糖膏流下速度缓慢，且失去光泽，表明晶体生成，则迅速将糖膏倾上糖床或模具中。

打砂是红糖生产关键操作，直接影响产品质量。如打砂过度，则糖膏在缸中时就完全固结，不能倾倒于糖床或模具；相反，如打砂不足，则糖膏中晶体数量不足，则所得产品呈胶粘膏，不能成型。

糖块之所以形成三层，是因为上层接触空气，冷却迅速，故晶体细小，十分致密，底层冷却缓慢，故隐约可看到小晶体的闪光，中层则冷却最慢，故晶体大，且因搅拌带入空气，故呈黄白色。

**5. 成型** 打砂完毕，迅速将糖膏倾入糖床或模具，刮平，待其冷却至约70℃时，开始划糖，继续让其温度降至约30℃，可以进行脱模（剥糖）。

### （三）粉糖的生产

粉糖的生产过程，从取汁至起锅过程的操作基本和块糖一样，只是其起锅的温度更高，以127～128℃为适宜，即起锅糖膏浓度比块糖更高些。起锅后，仍如块糖生产一样需进行打砂，至成糊状糖膏时，加入约为糖膏重量0.2%的碳酸氢钠（即小苏打）粉末，并继续彻底搅拌均匀，直至产生泡沫，体积骤增，然后立即将糖膏倒至搅拌台上，稍冷至凝固的程度，即开始翻转、压碎、耙松，松散后应立即包装，避免接触潮湿空气而受潮。

加碳酸氢钠的量不宜过多，否则会使红糖含有碱涩味；过少时则发泡不足，糖膏凝固时不松散，粉糖颗粒粗大，压碎时费劲。而且，要求所加入碳酸氢钠在加入前，呈粉末状，不能有大的团块。

当在搅拌台上的糖膏稍冷至凝固状态时，此时糖膏对应温度应为80～90℃，即开始进行翻转、压碎、耙松等操作；千万要注意糖膏温度，当糖膏温度降低至70℃及以下时，糖膏难以压碎。

粉糖生产对原料质量要求比较高，即甘蔗汁纯度要求较高且转化糖含量较少，否则，所生产粉糖吸湿性强，易结块。

## 二、石灰法红糖

近年来，随着红糖市场需求量的增大和人们对红糖品质要求日益提高，古法红糖生产工艺已不能满足市场的需求，因此红糖生产已由纯人工操作逐渐向工业化生产发展。一些糖厂采用以石灰法来对蔗汁进行清净处理，并对相关设备进行改造，实现红糖的机械化、连续性生产，这种方法所生产红糖称为机制红糖。

红糖石灰法生产工艺，其与石灰法生产原糖的最大不同之处在于，糖浆煮糖与成型工序。

在机制红糖生产中，煮糖方式有微真空煮糖和正压连续煮糖两种方式，微真空煮糖为间歇式煮糖，与白砂糖的煮制相似。之所以采用低真空度是为了提高糖膏的温度。因为当前红糖粉成型机的产能普遍较低，故煮糖所用的煮糖罐有效容积普遍较小。正压连续煮糖可实现连续煮糖，即连续进料连续出料。在实际生产中，为方便蒸气取用，各加热分室加热蒸气均可使用同一参数的高压蒸气，然后通过调整各加热分室进气阀开度来控制室内糖浆沸腾程度。目前不同时期、不同品质糖浆的放糖浓度一般要依靠经验来判断。实际生产实践表明，微真空间歇煮糖优于正压连续煮糖，如广西马山南华糖业有限责任公司煮糖时采用的就是 10 台工作容积为 2 $m^3$的微真空间歇煮糖罐。

我国红糖糖粉成型机普遍为圆盘式，上下分为四层，糖膏从顶部第一层进入糖粉机，经过搅拌、翻转、碾压、打散，从上层落至下一层，最后从底部第四层排出，再经过振动筛筛分除去大团粒，就得到红糖粉。

在红糖糖粉的机械成型过程中，由于糖粉机的翻糖，碾压等不均匀，会影响红糖成粉率，尤其是当糖膏纯度低，母液过多，制粉过程容易成团，且不易打散，因此应选用蔗糖分较高、病虫害较少、新鲜度好、转化糖较少的甘蔗原料，以免影响红糖成糖操作和产糖率；假如是兼产红糖的白砂糖糖厂，建议以初压汁为原料。

## 三、膜法红糖

膜分离技术是一种依靠物理截留的分离过程，在分离过程不发生相变化。目前，膜分离技术已在甘蔗糖厂成功应用，甘蔗汁膜法清净工艺是采用纳米级陶瓷膜来对蔗汁进行分离，除去泥沙、蔗糠及蛋白质、果胶等固体颗粒或胶体粒子及一些大分子物质，如多糖与多酚等，达到良好清净作用。在甘蔗汁膜法清净工艺中，除了使用少量石灰来调节蔗汁 pH 外，不需要添加任何清净助剂，因此可实现二氧化硫、聚丙烯酰胺、磷酸等化学助剂“零加入”，目前该技术可用来生产绿色、安全、高品质的黄金砂糖、食用原糖、红糖、黑糖、甘蔗浓缩汁、甘蔗汁饮料等系列产品，为我国糖业产品多元化生产创造可能。

膜法红糖的生产工序与石灰法红糖的相似，唯一不同之处在于蔗汁清净工艺，而蒸发、煮糖和成型工序基本是一样的，也可生产块糖和粉糖。由于蔗汁清净采用是纳米级物理过滤方式，因此，与古法红糖、石灰法红糖相比，膜法红糖不溶于水杂质含量显著降低，且能更好地保留甘蔗中营养成分和风味物质，甘蔗风味浓郁。

## 第六节　其他糖产品的生产

甘蔗除了可生产前述产品外，还可生产其他糖产品，如方糖、绵白糖、冰糖、冰片糖、液体糖等。

### 一、方糖

方糖亦称块糖，在我国广东也俗称车糖。常见的形状有立方形和长方形，但亦有其他形状（如塔状）的。

方糖是将糖浆煮制获得糖膏或将少量糖液和砂糖混合成糖糊（因糖液黏度大，故可黏附在晶体表面上，使砂糖晶体被糖液包围，在生产过程中，糖液中部分蔗糖会在已有晶体表面沉积使之长大，另一部分会结晶析出形成新晶体），然后再经成型、干燥、冷却等工序获得的，具体生产工序与方糖生产方法有关。我国方糖生产方法有煮制法和压制法两种。

#### （一）煮制法

是将糖浆煮制成糖膏，然后倾倒入金属模中，待其慢慢冷却凝固成型，放入特别的离心机中进行分蜜，再用纯白糖浆进行洗涤，然后取出、干燥，切成方块或其他形状。

这种制造方法的优点是糖膏产糖率高达64%左右（压制法产糖率只有50%左右），但存在工序多、劳动条件差、不易机械化、成本高、切块时生成较多糖粉且切面不很平整等缺点。

#### （二）压制法

将糖浆煮制成糖膏、分蜜，然后用纯白糖浆混合，调整至一定浓度后，用特制机器压成方块，再经干燥和冷却，便可包装。

这种方法，在成型时，也有直接压制形成较大的扁平块或糖条而不是小方块，然后进行干燥，再切成小方块的。

### 二、绵白糖

绵白糖简称绵糖，也属于白砂糖，是由甘蔗、甜菜或进口原糖为原料制成的一种精糖。绵白糖纯度低于白砂糖，水分也略高。绵白糖质地绵软、细腻，结晶颗粒细小，入嘴即化，且含有约2%的转化糖浆，故甜度较白砂糖高。

绵白糖和白砂糖的生产工艺相差不大，区别仅在于煮糖时绵白糖起晶粒数量更多，养晶时间更短，分蜜后再喷洒上2%左右的转化糖浆。故所得绵白糖颗粒细小、质地绵软、细腻、潮润，入口溶化快，直接食用时口感舒适度较高。因绵白糖含水量高于白砂糖，可直接洒、蘸食物和点心。

### 三、冰糖

冰糖形状像冰，是我国特有的食糖品种，味道清甜，别有风味，且形状美观，一直深受消费者喜爱，后来传至日本，故日本也有冰糖。

冰糖晶形大、整齐、透明、光润、坚实、纯度高，是由砂糖清净后再结晶而制成，也属于精制糖，但受习惯影响，认为颜色为淡黄更好，因此不加漂白。

冰糖可分为单晶体冰糖和多晶体冰糖，单晶体冰糖是指单一晶体的大颗粒结晶糖，每粒重1.5～2 g；多晶体冰糖是指由多粒晶体并聚形成大块冰糖，每一块冰糖的晶体数量并不统一。

### （一）生产方法和工艺流程

冰糖的生产方法，各地虽有差异，但大同小异，其工艺流程如图20－62所示。

白砂糖→加热溶解→清净→浓缩→静置结晶→分蜜→冰糖
↑（加水）　　↓（冰糖蜜（冰水））

图20－62　冰糖的生产工艺流程

先用洁净水在加热、搅拌状态下将白砂糖溶解，获得指定浓度糖溶液，再进行清净处理获得清糖液，然后加热进行蒸发浓缩，待糖浆沸腾温度上升至112～113℃，起锅（糖浆沸腾温度为112.8℃时，对应浓度约为76°Bx，待糖液冷却至38℃时对应浓度约为80.5°Bx）。生产中也可以通过用长竹枝钩取糖浆1滴滴于盛水的碗中，再用手拖引，若易且完全拖出碗者，则此时浓度适宜出锅。然后趁热将糖浆分装于结晶盘（锌铁制），然后送至结晶室，静置结晶，然后分蜜，获得冰糖与冰糖蜜。结晶时间一般约10 d，结晶率为63%～65%，冰糖蜜可回煮冰糖或用来生产片糖。

### （二）工艺原理及其控制

冰糖生产的工艺原理是先将白砂糖溶解、清净并浓缩至一定的浓度后，静置洁净室中，让其在慢慢冷却过程中使部分水分缓慢蒸发，从而使蔗糖逐渐结晶析出，形成大晶体。目前市场上更倾向于大颗粒单晶冰糖，冰糖结晶的时间一般为几天至十几天。

在冰糖结晶过程中，糖液的过饱和系数以1.2左右为最佳，因为在此浓度下，糖液既不产生新的晶核，又能以较高的速度长大；如糖液浓度过高，则在结晶过程中，蔗糖分迅速结晶析出，则最终晶体粒子多而小。此外，在冰糖结晶过程中，需要静置处理，不宜搅动，否则将会刺激起晶，增加晶体数量，晶粒小。与此同时，在结晶过程中，还要避免糖液表面的自然蒸发过快，否则液层表面糖液中蔗糖会迅速结晶析出，在表面形成一层细小结晶膜，阻碍了糖液水分的蒸发，最终导致冰糖结晶率降低。因此，冰糖结晶过程结晶室的温度和湿度要控制好。

根据生产经验，起锅温度高时，则蔗糖先结晶析出，即起砂，然后才起冰；但若温度过低，则结晶率低，母液多。此外，清净糖浆pH对冰糖质量有影响，若pH过低，则结晶过程转化糖含量增加，冰糖易碎且光泽性差；但pH也不能过高，否则冰糖色泽深、晶粒小。

## 四、冰片糖

冰片糖既有红糖的甘蔗风味，又有冰糖特有的清甜，与白砂糖、赤砂糖及红糖均有一定差异，颇受人们喜欢。

冰片糖的外观与片状红糖大体相似，但色泽呈金黄色且表面富有光泽。它的截面均匀地分成上、中、下三层，其中上、下两层组织结构致密，而中间一层因蔗糖晶粒粒度较小，故呈明显“砂线”。

冰片糖是以冰糖生产的结晶母液（冰糖蜜）和冰糖次品为原料，加水加热使冰糖溶解（若没有固体冰糖，则此工序可以省略），然后加入酸使其蔗糖部分转化为单糖，再进行蒸发浓缩。蒸发浓缩过程一般分为两段浓缩，即初级浓缩和连续浓缩。初级浓缩终点为糖浆温度上升至110～120℃，连续浓缩的终点则是糖浆锤度达到90°Bx。然后进行搅拌打砂、成型、划线、冷却、离网、分片，即获得成品。

冰片糖成型工序是连续进行的，即糖膏进行搅拌起砂后，送至网带，冷却一定时间（温度大约降至70℃），即用钢针按要求的尺寸划成片状物，然后离网，继续冷却至温度约30℃时，进行分片、分类处理，即成为成品。

生产工艺流程如图20-63所示。

冰糖次品　水　酸液

↓　↓　↓

结晶母液→混合→加热溶糖→初级浓缩→连续浓缩→出料→搅拌→成型（落网）→

划线→冷却→离网→分片→成品

图20-63　冰片糖的生产工艺流程

## 五、液体糖

液体糖顾名思义是液态的糖，是以甘蔗、甜菜为原料的半成品或成品，经加工或转化制炼而成的糖浆，为无色或浅黄色、透明清亮的液体。

液体糖按成分可分为全蔗糖糖浆和转化糖浆两种。全蔗糖糖浆的干物质（固形物）含量≥65%，干物质中总糖分（蔗糖+还原糖）≥99.5%，灰分≤0.16%，色值≤100 IU，pH 5.0～6.5；转化糖浆的干物质（固形物）含量≥70%，干物质中总糖分（蔗糖+还原糖）≥99.5%，干物质中还原糖≥60%，灰分≤0.20%，色值≤100 IU，pH4.5～5.5。

# 第七节　甘蔗糖厂生产管理

## 一、甘蔗糖厂制糖生产管理过程强调高效均衡生产控制

### （一）均衡生产对制糖企业的重要意义

（1）均衡生产有利于保证设备和人力的均衡负荷，提高设备利用率和产能利用率。

（2）有利于建立正常的生产秩序和管理秩序，有利于实现高糖高榨，提高总榨蔗量，保证产品质量、糖分收回及节能降耗。

（3）有利于节约物资消耗，降低生产成本。

（4）均衡生产是提供最佳工艺条件，实现最优化操作的前提，是提高设备安全运转率的根本保证。

**（二）实现均衡生产的具体措施**

均衡生产必须克服前松后紧，力求避免突击性抢榨量、抢产量的三班三条龙竞赛现象。

要实现水、电、汽、物料四大平衡的均衡生产，在操作上必须抓住定、快、联、勤四个要素：

①定。从均衡出发，定时、定量、定液位、定配比、定程序、定时检查、定点化验。七定操作是均衡生产的最低要求和保证。

②快。以快求均衡，以快求好，要求工艺处理要快，各箱罐容器，如沉降器、蒸发罐等保持最佳低液位，减少糖分转化率。

③联。加强联系，互创条件，是均衡生产的主要手段。工艺过程变化因素多，各工序互为影响，互相制约，关系密切，只有加强联系，协同动作，才能更快调整条件，适应变化。

④勤。操作上勤检查、勤调整、勤请示、勤汇报、加强纵向、横向的互相沟通，才能为均衡生产创造条件。

## 二、工艺指标制定

制糖过程的总目标是按最佳经济产能运行，提高糖分总收回率，提高产品质量，降低气耗，降低原材料消耗，降低生产成本，以获得最佳经济效益。要达到此目的，除要求原料甘蔗新鲜、高质量、设备条件优良、管理科学、精心操作、生产稳定均衡外，制定合理可行的工艺指标也是重要的一环。

甘蔗压榨过程目的是在保证榨量的基础上，尽量提高糖分抽出率并降低蔗渣水分，所以渗浸水温和水量指标应以甘蔗纤维分的高低为依据。现代甘蔗糖厂渗浸水温一般为80～95℃，渗浸水量为15%～20%对蔗比。清净过程的目的是在尽可能避免蔗糖转化和还原糖被破坏的前提下，最大可能去除蔗汁非蔗糖分，因此各种澄清剂如石灰乳[$Ca(OH_2)$]、磷酸（$H_3PO_4$）、二氧化硫（$SO_2$）等，它们所起的主要作用是调节混合汁的pH，凝聚胶体，形成具有良好沉淀且具有良好吸附性能的非蔗糖沉淀物，它们的加入量，应以混合汁中非蔗糖分的多少为依据。通常澄清工艺指标参数为：硫熏强度为20～30 cc，磷酸添加量200～400 mg/kg（mg/L），絮凝剂添加量为3～5 mg/kg（mg/L）。至于中和汁的pH控制和一次、二次加热温度的选取应视混合汁中还原糖含量的高低、澄清化学反应效果作调整，常规澄清工艺指标参数为：预灰pH为7.0～7.2，清汁pH为7.1～7.4，中和汁pH根据最终清汁pH来设定，一次加热（混合汁加热）温度为60～70℃，二次加热（中和汁加热）温度为101～103℃。煮糖过程的目的是在保证罐时平衡，合理用汽用水的基础上，尽量提高结晶率，减少母液量，从而减少糖膏总煮制量，并降低最终糖蜜的糖分损失。因此各段糖膏的放糖锤度应根据糖膏纯度高低来制定，一般为：甲糖膏纯度为86～92 AP，锤度94～96°Bx；乙糖膏纯度为68～75 AP，锤度96～98°Bx；丙糖膏为纯度53～56 AP，锤度98～102°Bx。

生产实际中各糖膏放糖锤度的确定可通过正交实验和生产查定来确定。

## 三、产品质量及产品收回

### （一）产品质量

目前甘蔗糖厂的白砂糖质量标准采用《白砂糖》（GB/T 317—2018）。生产中导致白砂糖质量不合格主要原因是白砂糖色值偏高、白砂糖不溶于水杂质含量高或白砂糖含 $SO_2$ 量偏高。

**1. 白砂糖色值偏高**　白砂糖色值偏高的原因主要有：

（1）原料质量。原料纯度低，非蔗糖分多，澄清效果差，清汁色值高。榨季初期和末期常见。

（2）清净方面。

①清净技术条件（石灰乳浓度不稳、中和岗位操作不当或仪表故障导致等）的 pH 波动大，蔗糖转化或还原糖分解，使清汁品质下降。

②压榨过程榨辊磨损大；糖汁 pH 过低时，会增加箱罐及管路的腐蚀。使糖浆含铁量增加，最终导致白砂糖的含铁量偏高，使白砂糖产品贮藏过程增色明显。

③澄清剂如硫黄燃烧不好、石灰质量差、磷酸和絮凝剂使用不当等，导致清汁品质不好。

④沉淀器内的泥汁排除不及时、积存时间长，造成其中的杂质和色素复溶；滤清汁品质差，出现漏入泥汁造成其中的杂质和色素复溶。

⑤加热器转换时操作不当，加热温度出现波动较大，导致沉淀池出现“反底”现象。

（3）煮炼管理方面。

①因物料调配不当，不能均衡生产，造成物料顶笼或煮糖膏待料，延长煮糖时间，使白砂糖着色。

②煮甲糖膏时，混入了低纯度糖蜜，致使晶体色值增大。

③煮糖时，加热蒸气温度过高，蔗糖发生焦化，使晶体着色。

④煮糖过程中真空度突然下降，且处理不及时，糖膏局部过热产生蔗糖焦化。

⑤在低容积时，糖膏过浓，循环对流不良，糖膏局部受热而焦化。

⑥抽入糖糊后，整理次数过多，或在较高容积整理，会在结晶表面上造成一条条溶蚀的凹坑，分蜜时，藏在坑内的糖蜜不容易排干净，而影响白砂糖色值。

⑦丙糖回溶处理不当，晶体色泽加深。

⑧分蜜操作时，打水、打气操作不当，且排蜜不彻底。

⑨白砂糖装包温度过高，装包后砂糖散热太慢而变黄。

**2. 白砂糖不溶于水杂质含量高**　白砂糖不溶于水杂质含量高的原因主要有：

①开榨前，工艺管路、物料箱清理不干净，蒸发罐、结晶罐、助晶机等除锈不彻底。

②结晶罐积垢多，或通罐后清洗不干净。

③清净效果不佳，糖浆固体微粒含量多。

④生产不均衡，糖浆随到随入罐，没有适当的沉降和适时过滤，把微粒都带进罐内。

⑤原料箱底太脏，没有严格的轮洗制度。

**3. 白砂糖含 $SO_2$ 量偏高**　白砂糖含硫量偏高的原因主要有：

①清净处理不好，清汁二氧化硫残留量偏高。

②滤汁、滤清汁质量差，增加了入罐清汁的二氧化硫量。

③蔗糖结晶质量不好，晶体的缺陷多，孖晶、团晶、细晶粒多。

④硫熏中和设备结构不合理。

### （二）产品收回

**1. 压榨抽出率**　在压榨提汁过程中从甘蔗提取蔗糖的质量分数。现代甘蔗糖厂，压榨抽出率可达97.5%以上。

$$压榨抽出率=\frac{混合汁中蔗糖质量}{甘蔗中蔗糖质量}\times 100\%$$

**2. 煮炼收回率**　煮炼收回率是表示成品糖中蔗糖量对混合汁中蔗糖量的百分率，即表示煮炼过程中从混合汁的蔗糖中实际收回的蔗糖百分数。生产上计算公式：

$$煮炼收回率=\frac{成品糖中蔗糖质量}{混合汁中蔗糖质量}\times 100\%$$

现代甘蔗糖厂，煮炼收回率可达92% 以上。通常混合汁纯度愈高，废蜜纯度越低，煮炼收回率就愈高。

**3. 总收回率**　成品糖中蔗糖量对甘蔗中蔗糖量的百分率称为总收回率。现代甘蔗糖厂，总收回率可达88%以上。

计算公式：

$$总收回率=压榨抽出率\times 煮炼收回率$$

**4. 产糖率**　指成品糖（或商品糖）对甘蔗的百分率，包括混合糖产率（赤砂糖和白砂糖作为成品糖质量）和等折白砂糖产率（赤砂糖折算为白砂糖）。

现代甘蔗糖厂的等折白砂糖产率通常为11%～14%。

**5. 最终糖蜜产率**　是指最终糖蜜重量对甘蔗的重量百分率，传统也常称为废蜜。甘蔗糖厂的最终糖蜜产率（等折为90°Bx）一般为甘蔗重量的3%～5%。

最终糖蜜产率偏高的原因主要有下面几点：

①蔗汁中含有较多有机非蔗糖分。

②蔗汁中含有较多钙盐。

③蔗汁碱金属的氧化物含量较高。

④清净效率偏低。

⑤煮糖操控欠佳。

**6. 更正煮炼收回率**　以混合汁的纯度85 Gp作为计算基准，将煮炼收回率进行换算所得的值。更正煮炼收回率可用于比较各糖厂的煮炼效果。

**7. 更正总收回率**

$$更正总收回率=更正压榨抽出率\times 更正煮炼收回率$$

### （三）提高压榨收回率的措施

为提高压榨车间抽出率，在糖厂主要采取以下策略。

（1）*提高甘蔗破碎度*。在一定范围内，提高破碎度能获得较高抽出率。通过改进撕解机排刀，优化撕解机装嵌参数，保证甘蔗破碎度的持续均衡。蔗料成丝状较多，能促进渗浸水与蔗渣混合，增强渗浸效能；并且蔗料疏透性提高，蔗汁排汁阻力减小，促进抽出率的提高。

(2) 改进榨机性能。甘蔗入辊是提高抽出率的前提，通过增加榨机的持蔗能力，如榨机榨辊均采用新型材料焊条进行麻点烧焊、榨机入辊器齿顶烧焊菠萝钉等提高榨辊粗超耐磨性，提高甘蔗入辊能力，能有效提高糖分抽出率；采用强制入辊器有利于甘蔗顺利入辊，便于持蔗。

(3) 合理装嵌榨机。科学、合理确定出入口安装数据，使榨机运行状况良好，满足压榨车间实际工作需要。重视设备平衡安装，合理确定油压、轴瓦、轴瓦座、机架键槽的间隙，确定合理的油压，以保障设备运行安全，提高抽出率。

(4) 确保榨机良好排汁。整个压榨过程中，排汁是十分关键的工作。可采用高效顶辊藕筒辊方式，取得较为明显的效果。

(5) 正确添加渗透水。确定适宜的添加位置，如渗透水添加位置应控制在距离压榨机出口 100 mm 内，以确保蔗渣一旦离开榨机开始膨胀时，便充分吸收渗透水。同时要严格把握渗透水温度，如水温控制在 75～85℃，甚至可提高至 90℃以上，这样既有利于糖厂节能，也能够提高压榨车间的抽出率。此外，还要严格控制渗透水的添加量，在确定该项指标时，应该要综合考虑车间能耗、日榨量、抽出率等指标，从而确定最佳渗透水添加量。根据实际工作经验，浸渍水添加量控制在对蔗比 15%～20%为宜。

(6) 加强压榨机运行管理。压榨机安装时，应该对前后辊位置标记，为以后调整榨机位置提供参考。定期进行湿榨试验，并根据试验结果调整榨机出入口，记录各项数据，为以后榨机调整和设备安装提供参考。每次停机时应检测各榨机出入口，比较设备运行后与初始安装时的差异，根据实测结果，结合安装规范标准进行调整。统计万吨蔗榨辊磨损程度，调整蔗层厚度与榨机速度，促进榨机有效运行，提高抽出率。

(7) 使用压榨自动控制系统。实现对榨机转速自动控制，以适应甘蔗料层实时变化，实现榨机均衡生产，从而降低设备故障率，提高压榨抽出率。同时减轻岗位劳动强度。

(8) 加强清洁杀菌的工作。在甘蔗压榨过程中，若不做好卫生杀菌工作，微生物生长繁殖速度快，则蔗糖转化较多，因此要注意加强清洁杀菌，以减少微生物带来的糖分损失。

### (四) 提高煮炼收回率的措施

制糖过程要求把甘蔗中的糖分最大限度地加工为成品糖，达到高榨量、高质量、高收回和低消耗的目的。对于制炼车间，要求在平衡处理物料和保证产品质量的前提下，尽可能减少糖分损失，从而提高煮炼收回率。因此应从技术上加强管理，做好以下工作。

(1) 保证甘蔗新鲜度，避免蔗汁纯度下降，为提高糖分收回率创造有利条件。

(2) 加强清净管理，提高清净效率，尽可能除去甘蔗中的非糖分。

(3) 制定科学煮糖制度，并做好煮糖操作。

在糖厂各项糖分损失（包括蔗渣、滤泥带走的糖分和生产过程未测定损失）中，最终糖蜜带走糖分约占 70%，因此降低最终糖蜜产率和纯度是提高煮炼收回的重中之重，必须要制定科学的煮糖制度和做好煮糖操作。

①抓好种子。种子质量的好坏，对煮好各系糖膏，特别是丙糖膏关系最大，是保证产

品质量和收回的基础。

②合理制定煮糖制度，使物料往前，减少回煮量。

A. 不同时期采用不同的煮糖制度；

B. 在保证分蜜良好的前提下，适当降低丙糖膏的纯度；

C. 合理地选择乙糖膏的纯度；

D. 合理控制各种糖膏的比例，减少回煮量。

③注意煮糖操作，加强管理，相互配合，提高糖膏与糖蜜的纯度差。

A. 高浓度、快速煮甲糖膏；

B. 严格控制乙糖膏纯度；

C. 丙糖膏根据种子质量的不同，采用不同的煮糖方法。

## 四、现场管理

### （一）制糖企业的生产现场管理常见问题

甘蔗制糖企业生产现场常见的问题有：

①长明灯、长流水：直接损失，浪费资源；

②跑、冒、滴、漏、散：直接损失，浪费资源、损失糖分；

③原辅材料放置不当：变质、泄漏，影响公共安全及食品卫生与安全；

④防护及标识不到位：影响人身及设备安全，导致生产、工艺事故；

⑤现场人员素质不高，无效劳动普遍存在：人员窝工、得过且过、不求上进，影响生产安全及产品质量，生产效益低。

### （二）加强制糖企业生产现场管理的措施与对策

现场管理其实就是管人（工人和管理人员）、机（设备、工具、工位器具）、料（原材料）、法（加工、检测方法）、环（环境）、信（信息）等，基本的要求是合理有效地计划、组织、协调、控制和检测，使其处于良好的结合状态，最终达到优质、高效、低耗、均衡、卫生、安全、文明生产。

针对存在的管理问题，结合现场管理的原则和要求，企业要加强生产现场管理，则必须从大局出发，全员参与，认真做好以下几个方面的工作：

（1）提高思想认识，形成凝聚力。现场管理要素排在第一位的是人。每一件事情的开展，总是从人的思想认识开始的。提高思想认识、增强质量观念，使全员的心往一处看、力往一处使，形成人人参与的凝聚力。

（2）以制度和规范管理现场。通过在生产现场上墙管理制度、规范要求，并根据生产需要适时进行学习、宣传、交流等，全员参与、常练常新，让制度、规范“活”在大家的心里。

（3）充分发挥班组直管作用。车间的班组长是公司与生产员工的主要沟通桥梁，企业的所有生产活动都在班组中进行，所以班组工作的好坏直接关系着企业经营的成败。所以，在权责允许范围内，适当对班组放权，并通过绩效、薪资、晋升等激励机制，充分发挥班组长的主观能动性，由其直管现场各项工作。

（4）推行现场“5S”管理。所谓“5S”就是整理（Seiri）、整顿（Seiton）、清扫

(Seisou)、清洁（Seiketsu)、素养（Sitsuke)。因为5个单词日文的第一个发音都是S，所以简称为“5S”。“5S”管理是对工作现场进行整理、整顿、清扫、清洁和素养等活动的一种科学管理方法，也是现场环境管理的一项重要内容。

“5S”的具体含义如下：“整理”就是明确区分需要的和不需要的物品。在工作现场保留需要的，清除不必要的物品。“整顿”就是对所需物品有条理地定出位置摆放，且将其保持在立即可取用的状态。“清扫”就是使工作现场处于无垃圾、无灰尘的整洁状态。“清洁”就是维持和巩固整理、整顿和清扫的结果，始终使工作现场保持整齐、干净的状态。“素养”就是自觉执行工厂的规定和规则，养成良好的工作习惯。

“5S”的最终目标不仅仅是为了将工作现场打扫干净，而是要通过创造整洁、有序的工作环境而保证工作的优质、低耗和高效。“5S”虽然看似简单，但真正做好，却不是一朝一夕就能实现的，而是需要长期、大量、细致地开展很多方面的工作，方能使现场5S管理的水平有一个质的飞跃。

企业始于“5S”，终于“5S”。“5S”的本质是一种执行力的企业文化，强调纪律性的文化。“5S”管理，贵在坚持，杜绝浪费是“5S”的精髓，其最终要求我们养成遵守规定的习惯。

“5S”现场管理必须建立明确的责任链，创建人人有事做，事事有人管的氛围，落实一人一物一事的管理法则，明确人、事、物的责任。

（5）*认真落实“八日”管理*。“八日”管理，即日计划、日安排（执行）、日检巡（自检）、日整改、日评价（自评）、日总结、日考核、日记录。“八日”管理，关键在于落实，精细化管理、细节管理是其精髓所在。上级对下级、同级与同级、进而是个人自己，都要对工作的执行情况进行管理和落实，执行精细化管理。通过落实“八日”管理，不但能促进工作的有效、高效开展，还能对工作效果进行检查整改，及时遏制不合理状态，在此基础上组织对工作效果的分析和总结，以此作为当天工作绩效的考核，并做好记录归档。每个人每天都实实在在地看到自己的工作状态和效果，通过对比参照，在心理上形成激励机制，确保工作的有效开展和顺利完成。总之，通过提高思想认识、灌输细节管理理念，就事论事、责权分明，以制度、规范管人管事，并狠抓严抓落实，加大执行力度，当能做好现场管理工作，进而为企业带来增收、创收。

## 五、节能管理

节约能源是我国的基本国策之一，制糖生产能耗大，搞好节能工作是降低制糖生产成本的重要环节，我国甘蔗糖厂重视节能管理工作，从20世纪80年代以来已采取了很多措施，多数糖厂的标煤耗已从当时的约9%C降低到目前的4.3%C左右，有些厂已经低于4%C，达到国际甘蔗制糖厂的先进水平。

节能是一个综合性的问题，关系到生产工艺、设备和管理等各方面。节能水平的高低，反映了技术与管理是否先进。目前我国甘蔗糖厂的主要节能措施如下：

### （一）压榨工段

（1）*减少压榨渗透水量，提高渗透水温度*。我国甘蔗糖厂早期为了提高压榨抽出率使用渗透水量较多，在20世纪60年代一般达到25%C，有些糖厂甚至达到30%C。后来通过改善甘蔗破碎等措施来提高抽出率，用水量逐渐减少。目前多数糖厂浸渍水用量为15%～20%C。因此，混合汁对甘蔗的比例也从过去的约105%C降低到现在的90%～95%C，显著减少所需蒸发的水量，从而降低耗蒸气量。过去为了保证蔗料顺利入辘，渗透水温度一般控制在60℃左右。现在随着压榨设备性能提升，渗透水温度控制比较高，一般在80～95℃，提高了混合汁温度，故减少了后续混合汁加热的耗气量，有利于糖厂节能。

(2) 适当降低压榨机的压力。在20世纪60年代，压榨机顶辊压力对辊子截面积的比例(压力系数Pav) 通常为2.3～2.5 MPa (230～250 t/m$^2$)。现在普遍降低至1.8～2.2 MPa，有些厂甚至降低至1.6 MPa，既减少了压榨机能耗，又能增强设备安全运转和延长设备寿命。

(3) 采用高效率的动力设备。在传动装备方面，采用传动效率高的全封闭的减速箱代替老式的开放式齿轮组；压榨机和双辊喂蔗器均采用直流电动机分散驱动，也有利于减少传动过程的能量损耗。采用液压马达驱动压榨机更兼有效率高和损耗少的优点。近年来，我国广西南宁东亚糖业集团已开始推广使用高效行星齿传动技术装备。

**(二) 澄清系统**

(1) 蔗汁的加热使用后效蒸发罐汁气或气凝水作热源，减少高温蒸气的消耗。国内节能工作做得较好的甘蔗糖厂，混合汁加热可用剩余气凝水、第五效汁气（末效汁气）及第四效汁气，其中第四效汁气主要用来调节目标温度，不再抽用第三效汁气加热混合汁；中和汁加热可用第四效汁气、第三效汁气、第二效汁气及第一效汁气，其中第一效汁气主要用来调节目标温度；清汁加热可用第二效汁气、第一效汁气，气轮机降温废汽调节目标温度；滤汁加热可用到第三效汁气及第二效汁气，其中第二效汁气调节目标温度。

(2) 采用传热性能良好的设备以便使用低温热源。如传热性能良好的板式换热器，其加热出口温度可达到仅低于汁气温度4～5℃。新的宽缝隙的板式换热器可用来加热含有纤维颗粒等悬浮物的蔗汁，因此目前我国越来越多甘蔗糖厂使用宽缝板式换热器来加热混合汁、清汁和滤汁。

(3) 使用较高浓度的石灰乳，以减少其带入蔗汁的水量。目前我国亚硫酸法糖厂石灰乳浓度通常控制在8～10波美度。

(4) 亚硫酸法甘蔗糖厂的磷酸稀释浓度可根据糖厂生产能力适当提高，有部分糖厂的磷酸甚至不经稀释即使用，从而显著减少其带的水量，进而减少生产过程蒸气消耗量。

(5) 减少吸滤机的洗水量。最佳总洗水量与蔗比为6%～8%。每套无滤布真空吸滤机都要安装洗水流量计，监控洗水量。

(6) 减少处理过程的热损失。甘蔗糖厂澄清工段的散热大，沉淀器放汁、清汁曲筛和糖浆曲筛都损失大量热能，应采取改进措施，安装曲筛密封罩盖等，降低生产过程热辐射损失。对所有可能产生热损失的箱罐、管道、阀门做好保温措施。

**(三) 蒸发系统**

蒸发系统是糖厂节能的关键环节，良好的蒸发系统类似一个蒸气分配器，将较高温度的蒸气转换成适合各工艺部门使用的蒸发汁汽，本身消耗热能不多。蒸发总面积应该足够，并且各效蒸发面积按需合理分配。现代甘蔗糖厂，蒸发总面积与日设计榨量比值要达到 1.5～2.0，一效、二效、三效蒸发面积足够大（通常按一、二、三效蒸发面积相等，或一、三效面积相等，或二效面积最大的原则来设计布置前三效蒸发面积）是确保顺利抽用三效汁气、二效汁气煮糖的硬件基础。目前部分甘蔗糖厂的总蒸发面积与日设计榨量比值为 1.1～1.3，三效蒸发面积偏低；各级糖汁加热器传统设计为两级加热，加热器数量偏少，这些都是制约糖厂用气方案汁气后移的主要硬件因素，也是我国甘蔗糖厂节能降耗技改主要方向：

①提高糖浆浓度。糖浆浓度是影响糖厂能耗的重要指标，也是反映糖厂管理与操作水平的重要尺度。糖浆浓度高者，煮糖用气少，煮糖时间短，节能效果好。目前甘蔗糖厂多采用自动控制，使糖浆浓度能稳定达到 65～70°Bx，有些原糖厂（如崇左中粮、东亚集团）甚至达到 70～73°Bx。此外，要实现高糖浆浓度，全厂生产必须均衡稳定，蔗汁量和各岗位用汽量都要尽量稳定，煮糖的物料和设备适当调配，减少汁汽用量的波动。

②充分利用蒸发罐汁气，特别是后效罐的汁气，将进入冷凝器的汁气量减到最低值，从而提高蒸发工效。为此，要适当通过增加总蒸发面积及合理分配各效蒸发面积，提高各效蒸发罐汁气的压力和温度：汽轮机降温微过热废气温度 126～132℃；一效汁气饱和温度 118～120℃，二效汁气饱和温度 110～112℃，三效汁气饱和温度 98～102℃，四效汁气饱和温度 88～92℃，末效汁气饱和温度 70～75℃。要尽可能多使用第二、三效的汁气煮糖，少用甚至不用一效汁气煮糖；确保糖汁加热尽量采用分级加热方式，尽量优先抽用低级汁气。

③采用传热效能高的蒸发设备，并尽量保持换热面的清洁。如采用高效的直通式蒸发罐、宽缝升膜板式蒸发罐、降膜式蒸发器，并采取相关措施减少蒸发罐的积垢。

④充分回收和利用各种气凝水（包括加热和煮糖的气凝水）中的热能。气凝水采用等压排水系统，高温气凝水要经过多级自蒸发降温，所产生自蒸发气再用于糖汁的加热。设计良好的气凝水回收及利用系统，可节省 2%～3%的锅炉蒸气。

蒸发一效气凝水采用等压排水系统，利用减压闪蒸原理最大可能收集利用气凝水自蒸发蒸气：布置 2～4 等压箱串联接通，等压箱间配套有气水分离器（或者液位自控系统），其中一效蒸发罐的气鼓气凝水以及采用同一气源的加热器（即以气轮机降温废气作为热源的加热器）气凝水排进 1 号等压箱，1 号等压箱平衡管连接一效蒸发罐气鼓上部或降温器出口总管。2 号～3 号/4 号本质为自蒸发闪蒸箱，即 2 号闪蒸罐顶部平衡回气管接通二效蒸发罐气鼓上部或第一效汁气总管，3 号闪蒸罐顶部平衡回气管接通三效蒸发罐气鼓上部或第二效汁气总管，4 号闪蒸罐顶部平衡回气管接通四效蒸发罐气鼓上部或第三效汁气总管。当一效气凝水依靠压力差从 1 号等压罐依次流过 2 号、3 号及 4 号闪蒸箱时，因压力依次下降，故气凝水的沸点依次降低，因此气凝水进入下一个闪蒸箱后会沸腾产生大量的自蒸发气，同时使温度从废气温度依次降低至第一效汁气温度，第二效汁气温度、第三效汁气温度，经过二/三次闪蒸降温后的一效气凝水，全部泵送至锅炉车间热水箱，经过除氧箱除氧处理后，作为入炉水。

蒸发二效气凝水也采用等压排水系统，一般采用 2～3 个等压排水箱串联工作，工作原理与一效蒸发气凝水的类似：等压水箱之间配套气水分离器（或者液位自控系统），其中第一个等压箱一般命名为 4 号/5 号箱（序号是续一效蒸发气凝水的等压水箱序号），二效蒸发罐气鼓的气凝水（以及以第一效汁气作为热源的加热器的气凝水）依靠位差排进 4 号/5 号等压箱，平衡管接通二效蒸发罐气鼓上部或第一效汁气总管，5 号/6 号～7 号为自蒸发闪蒸箱。5 号/6 号闪蒸箱顶部平衡回气管接通三效蒸发罐气鼓上部或第二效汁气总管，6 号/7 号闪蒸箱顶部平衡回汽管接通四效蒸发罐气鼓上部或第三效汁气总管。当二效气凝水依靠压力差从 4 号/5 号等压罐依次流过 5 号/6 号及 6 号/号 7 号箱发生闪凝后，自蒸发气沿平衡管回用，而所得气凝若检测达标，可部分与一效蒸发气凝水混合、除氧，然后作锅炉入炉水，其余全部可按需分配，用作分蜜机洗涤水、压榨渗浸水、无滤布真空吸滤机洗涤水、石灰乳消和水等。

蒸发三效、四效、末效气凝水也是采用等压排水系统：每一效蒸发罐均配有 1 个等压箱，并将它们依次串联起来，箱与箱之间配套气水分离器（或者液位自控系统）。三效蒸发罐气鼓的气凝水（以及以第二效汁气作为热源的加热器的汽凝水）排进 7 号/8 号等压罐，其顶部平衡管接通三效蒸发罐气鼓上部或第二效汁气总管；四效蒸发罐气鼓的气凝水（以及第三效汁气作为热源的加热器的气凝水）排进 8 号/9 号等压（闪蒸罐），顶部平衡回气管接通四效蒸发罐气鼓上部或第三效汁气总管；将末效蒸发罐气鼓的气凝水（以及第四效汁气作为热源的加热器的气凝水）排进 9 号/10 号等压（闪蒸罐），顶部平衡回气管接通末效蒸发罐气鼓上部或第四效汁气总管。当三效气凝水依靠压力差从 7 号/8 号等压罐依次流过 8 号/9 号及 10 号闪蒸罐时，因压力依次降低，故气凝水沸腾，产生大量自蒸发气，并使三效气凝水温度从第二效汁气温度依次降低至第三效汁气温度、第四效汁气温度；同理，当四效气凝水依靠压力差从 8 号/9 号等压罐流过 9 号/10 号闪蒸罐时，也会产生自蒸发气并使四效气凝水温度从第三效汁气温度降低至第四效汁气温度。三效、四效及末效混合气凝水从 10 号等压箱排出，可按需分配用于煮糖工艺用水、或澄清工艺用水等。

煮糖气凝水也是采用等压排水系统，但与蒸发系统不同的是，每个煮糖罐均配套独立的等压箱及气水分离器（或者液位自控系统），例如有 10 个煮糖罐，则就有 10 套等压箱及气水分离器。每个煮糖罐气凝水平衡箱顶部平衡管接通煮糖罐气鼓上部，气凝水经过气水分离器后先排入对应平衡箱，然后再经独立的排水管排至煮糖罐气凝水总箱（卧式压力容器）。煮糖气凝水总箱顶部可接通室外排大气或接通第四效汁气总管回收部分自蒸发汁气。煮糖气凝水可按需分配用于煮糖工艺用水或澄清工艺用水。

全厂剩余的气凝水全部收集到剩余气凝水箱，用于加热压榨混合汁，可以将压榨混合汁温度从 20～25℃升温至 35～45℃。加热器可选用宽缝式板式换热器（需配套自动反洗系统）或采用传统列管式加热器。

**（四）煮糖系统**

煮糖是制糖生产过程实际耗汽量最大的工序，理论气耗为 11%～13%，但实际气耗远高于理论气耗，有些糖厂甚至高达 20%～25%以上，其主要原因是：在实际生产中，罐时调配或物料调配存在失衡现象；糖浆浓度偏低，波动大；煮糖楼未能严格贯彻执行既定的用汽方案。因此煮糖是制糖生产节能的重点。减少煮糖用汽是实现糖厂节能生产的关键，主要的措施有：

①减少煮糖的物料回煮。不少糖厂在糖浆纯度较高时，将甲稀蜜全部回煮甲糖膏，从而减少糖膏煮制总量。回煮量应按产品质量来进行控制。

②煮糖罐采用高效率的搅拌装置，加速物料循环和改善对流状况，提高晶体质量，缩短煮糖时间，减少煮糖用水（甚至不用），降低所需的加热蒸汽压力和耗汽量。高效间歇式煮糖罐，可采用第二效、第三效汁气煮糖。

③采用连续煮糖罐，降低煮糖用气压力，使用后效蒸发罐汁气，并均匀平衡用气。连续煮糖罐的工作液面低，对流好，所用气压较低。德国 BMA 公司的立式连煮器使用的蒸气温度只为 90～95℃，可以抽用第三效或第四效汁气煮糖，节能效果好。法国 FCB 公司的卧式连煮器的用气压力也较低，可采用第三效汁气煮糖。

④采用先进高效低能耗的分蜜机。各种先进的分蜜机用电制动减速，将降速时的能量回收入电网，损耗小，启动快，电耗较低，每处理 1 t 糖膏用电仅为 0.9～1.2 kWh，比过去老式的节约 50％以上。

⑤减少分蜜机洗水量。采取措施使分蜜洗水喷洒均匀并严格控制用水量。

⑥减少甲糖分蜜机打汽量。通过优化甲糖间歇分蜜机高速分离时间、配套白砂糖流化床干燥机，确保白砂糖水分达标，从而可以大幅减少打汽量或甚至取消甲糖分蜜机打气操作。

### （五）动力与设备

（1）采用高参数和高效率的锅炉和气轮发电机组。21 世纪以来糖厂通过技术改造，普遍使用采用压力 3.9 MPa、5.2 MPa、10 MPa 机组，提高了机组的热效率，并减少了废气产量，利于全厂的用汽平衡和降低用气量。有些甘蔗糖厂还使用烟道气先将蔗渣干燥，进一步提高锅炉的出力和效率。

（2）采用高效率的泵和鼓风机。使用变频技术，将传统的用阀门或风门节流的调节方法，改变为调节泵或风机的电动机的转速的方法，可以消除节流产生的能量损失。

（3）搞好设备与管路的保温。采用绝热性能高的保温材料，保温层较厚，而且连各种管件都包住，再用薄铝片复裹，表面温度较低（用红外线测温仪测定约 40℃）。

（4）应用热压缩技术，将蒸发罐的低压汁气压缩提高压力，返回前效罐使用。热压缩设备有两类：用高压蒸气驱动的涡轮式压缩机或机械式蒸气压缩机，及用高压蒸气的喷射式压缩器。当糖厂不发电而无废气时，用热压缩的效果最好。

（5）降低锅炉各项热损失，提升锅炉热效率。新型高效设计的蔗渣锅炉，对应蔗渣水分为 44％～46％，热效率可达 88％～90％以上。提升锅炉热效率的措施：降低排烟温度至 120～130℃以下；控制炉膛含氧量至 3％～5％；控制蔗渣水分至 44％～46％以下；锅炉零软水补充；利用烟气余热加热低温热水，升温后再用于加热锅炉空气预热器的进口冷风，提升进口风温或者将高温热水接通四效蒸发罐汁汽总管，使所产生自蒸发汁气实现余热废热再循环利用。

### （六）能源管理控制

①生产管理对节能极为重要。各部门、各岗位都要重视节能工作，制订节能措施，并贯彻落实。糖厂一定要保持均衡生产，稳定各项技术指标和参数，保持压榨量、糖汁量和各工段用气量均匀稳定，煮糖工段要安排好物料与设备的调配，减少用汽量的波动。同时，还要杜绝蒸气和热水管路及其附件的“跑、冒、滴、漏”。

②采用蒸发自控系统，保持各效罐的压力、液面和糖汁浓度稳定，当外界条件变化时自动调整运行参数，使糖浆浓度稳定，在此基础上逐步提高糖浆浓度到 70°Bx 或 70° Bx 以上。

③使用煮糖自控系统、连续煮糖系统，加快煮糖速度，缩短煮糖时间，煮糖过程少用或不用水。也有的通过调节罐内真空度（相应改变了温度）来控制糖液的过饱和度，在需要降低或提高糖液过饱和度时，则降低或提高真空度，相应改变糖液温度来实现。

④全厂能源的使用集中管理和控制。用自控系统实行全面管理和最佳控制，使全厂生产与用气平衡，锅炉负荷稳定，各项设备发挥最高效率，生产过程达到最佳状态。

⑤糖厂的安全生产对能耗影响尤为重要。因为一旦因事故造成甘蔗压榨停止，因后面的工序仍需要蒸气和电力，故锅炉和汽轮机仍继续在运行，这时候的燃料消耗，直接影响煤耗指标。因此要做好设备的检修，提高设备完好率，并做好设备的安全操作运行。

## 六、调度生产指挥要领

制糖企业对外联系广泛，气候的变化或某部门联系失控都会给生产带来一定的困难。生产过程操作单元多，设备规格型号各式各样，一天 24 h 流水作业连续生产，某些环节出现问题，都会影响生产的正常进行。

生产的组织者必须掌握：“预见、及时、全面、准确、统一”十字要领。

### （一）预见

生产组织者必须有预见性，学会走上步看下步，能以情况变化时来预测未来变化。如天气的变迁，就应该预见到甘蔗砍运的不正常，可能会造成断槽，再如前、后工序某些指标的波动或产生突发事故，可能会影响本班组的正常生产，应事前采取必要的防范措施。

### （二）及时

制糖生产是流水作业、连续化生产，某些环节哪怕是几分钟的反常，也会使整个过程中产生不良效果。所以，当发现问题时，一定要及时、迅速、果断地进行处理。如果超出班组的管理权限范围，应及时向领导或有关部门请示以便迅速解决。

### （三）全面

制糖生产前后工序关系密切，互相限制、影响。所以在查找问题、分析情况时，不能仅局限于某一点，一定要客观，全面地看问题，使制定措施和对策时少出差错。

### （四）准确

作为生产组织管理者，应使用数据说话，所掌握情况必须要正确无误，不要使用大概，或者、也许等不确定的词语，只有严密、准确的判断，才能对症下药制定正确对策、办法，各项工作才能顺利有序开展。

### （五）统一

制糖企业现场生产指挥者，有厂级的调度、车间级的值班长，还有各工段属下的生产班组，所以指挥一定要统一，不要各自为政，不要各发各的指令，这样会造成混乱，操作工人很难执行。

## 七、设备的检查、维护保养

### （一）设备的检查

设备的检查就是对设备运转的可靠性、精度保持性和零部件耐磨情况及机械、液压、电器、润滑系统等技术状况进行检查，以及时发现并消除隐患，防止发生急剧磨损和突然事故。同时还可针对检查发现的问题提出修理或改进措施. 做好修理前准备工作，以提高修理质量和缩短修理时间。

设备检查从时间上可以分为日常检查和定期检查；从技术上可以分为性能检查和精度检查。

**1. 日常检查** 设备管理较严格的糖厂实行两级检查制度。

(1) 班组检查。操作工人每班交接班前对本班组的设备或本机台，交接双方共同检查。目的是分清责任，并及时发现不正常或隐患情况而加以消除。

(2) 巡回检查。由厂部或车间专职设备检查员，定时、定点、定路线、定每班检查次数进行巡回检查。目的是及时发现隐患，采取措施消除. 并做好检查记录，交设备管理部门便于他们掌握情况，制订好预修计划。

日常检查的检查点主要包括下列内容：

①影响人身或设备安全的保险及保护装置。

②直接影响产品质量的部位。

③在运行过程中需要经常调整的部位。

④易于堵塞、污染的部位。

⑤易磨损的零部件。

⑥易老化变质的零部件。

⑦需经常清洗、更换的零部件。

⑧应力特大的零部件。

⑨运行参数、状况的指示装置。

⑩经常出现不正常现象的部位。

**2. 定期检查** 由专业维修人员在操作工人的配合下进行，甘蔗糖厂一般在每半个月对重点设备进行检查。其目的是查明零部件的实际磨损程度，以便正确地确定修理时间和修理种类。在检查中同时对设备进行清洗和换油。

**3. 性能检查** 是对设备的各项机能进行检查和测定，如查设备的水、电、汽、油、物料的滴、冒、跑、漏和防尘密封等情况，以及设备耐高温、高压、高速的性能等状况。

**4. 精度检查** 是对设备的精度指数进行检查和测定，为验收、修理和更新提供较为科学的依据。

精度指数越小，表示设备的精度越高。设备精度指数除表明设备的劣化程度外，还可为编制各类修理计划，计算修理工时、修理费用以及停机时间等提供可靠的数据，大量节约人力物力。

**(二) 设备的维护保养**

加强设备的维护保养，合理使用、精心管理是减少设备磨损、消除隐患、延长检修间隔期，减少故障，降低修理费用，提高使用效率的重要途径。因此，必须对设备进行周期性、强制性维护保养。即不论设备的技术状况如何，也不考虑生产任务的轻重，严格按照设备的保养间隔期，依据规定的作业范围和要求，强制执行。

甘蔗糖厂的生产是流水线作业，日夜三班轮流生产，实行日常保养、榨季检修和事故性修理三种制度。

**1. 日常保养** 要求操作工人在工作时做到班前检查润滑、异音、漏油、漏水、漏气、漏电、漏物料情况，安全、损伤以及仪表灵敏度等情况。班中严格按照操作规程使用设备，发现问题及时处理。下班前对设备进行认真清扫、擦拭、加油、调整、更换个别零件等。

**2. 榨季检修** 甘蔗糖厂停榨后有 5～6 个月的检修期，除了重点机台和改造性的设备由专业维修人员负责外，其余设备均可由本岗位工人负责维修。在此期间主要对设备进行全面的解体、检查、修理和调整，以全面恢复设备原有精度、性能和生产效率。而且，尽可能与革新改造结合起来。

**3. 事故性修理** 生产过程临时发生某些事故，可进行局部停车或不停车抢修，主要由专业维修人员执行，目的是尽快恢复设备性能，以维持正常生产。

## 参考文献

广西壮族自治区经济委员会，2007. 广西糖业［M］. 南宁：广西科学技术出版社.

黄悦刚，1994. 糖厂经营策略与管理［M］. 重庆：重庆大学出版社.

霍汉镇，2008. 现代制糖化学与工艺学［M］. 北京：化学工业出版社.

许斯欣，陈维钧，林福兰，2001. 甘蔗制糖原理与技术（第一至四分册）［M］. 北京：中国轻工业出版社.

# 第二十一章

# 甘蔗制品检测

甘蔗制品涉及的不仅是人们日常直接食用的食糖，还涉及制糖生产过程中各种在制品。2017年中央1号文件正式将白砂糖列为与粮棉油同等重要的国家四类战略物资之一。保证食糖产品质量安全，是推进我国食品安全事业的重要环节之一，对于促进我国食品工业健康发展有着十分重要的意义。

## 第一节　主要食糖产品与在制品的分类

### 一、食糖产品分类

食糖是指以蔗糖为主要成分的可食用的糖。在国家标准《食糖分类》（GB/T 35886—2018）中，将食糖按加工工艺、品质及风味细分为白砂糖（白砂糖、精幼砂糖）、赤砂糖、绵白糖、原糖、方糖、红糖、冰片糖、冰糖类（单晶体冰糖、多晶体冰糖）、其他糖类[液体糖、糖霜、姜汁（粉）红糖等其他糖]。

**1. 白砂糖**

（1）*白砂糖*。甘蔗汁、甜菜汁或原糖液经清净处理、浓缩、结晶、分蜜及干燥所制得的洁白蔗糖晶体。白砂糖是最主要的食糖品种，占食糖总量的90%以上。

（2）*精幼砂糖*。原糖或其他蔗糖溶液经精炼处理后制成的颗粒较小的糖。精幼砂糖属于高质量等级的白砂糖，深受高端客户喜爱。

**2. 赤砂糖**　甘蔗汁或原糖液经清净处理、浓缩、结晶、分蜜及干燥所制得的棕红色或黄褐色的带蜜砂糖。赤砂糖是工业化生产白砂糖的副产品。

**3. 绵白糖**　将晶粒较细的白砂糖与适量的转化糖浆均匀混合而得的糖。

**4. 原糖**　甘蔗汁经清净、煮炼、分蜜制成的带有糖蜜的蔗糖结晶。原糖不能直接食用，多作为生产白砂糖或精幼砂糖的原料。

**5. 方糖**　在粒度适中的白砂糖类中加入少量水或糖浆，经压（或铸）制成方块状的糖。

**6. 红糖**　以甘蔗为原料，经提取糖汁、清净处理后，直接煮炼不经分蜜制炼而成的金黄色至红褐色的糖。

**7. 冰糖**

（1）*单晶体冰糖*。砂糖经再溶、清净处理、重结晶而制得大颗粒结晶糖，单一晶体的大颗粒（每粒重1.5～2.0 g）冰糖。

（2）*多晶体冰糖*。砂糖经再溶、清净处理、重结晶而制得大颗粒结晶糖，由多颗晶体并聚而成的大块冰糖，包括白冰糖和黄冰糖两种。

**8. 其他糖类**

（1）液体糖。以甘蔗、甜菜为原料的半成品或成品，经加工或转化工艺制炼而成的液态糖。

（2）其他糖。包括但不限于糖霜、姜汁（粉）红糖等。

## 二、在制品分类

在糖厂的生产过程中，除糖料、成品糖、糖蜜、蔗渣和滤泥外，各加工工序所处理或待处理的物料（或制品）统称为在制品。例如各种糖汁、糖浆、糖膏和糖蜜等。

**1. 糖汁**　糖厂未经蒸发的各种稀糖液统称为糖汁。如混合汁、中和汁、澄清汁等。

**2. 初压汁**　压榨机组的最初两个辊子榨出的蔗汁。

**3. 末压汁**（末辗汁）　压榨机组的最后两个辊子榨出的蔗汁。

**4. 混合汁**　用压榨法或渗出法提取，送往清净工序的蔗汁。

**5. 预灰汁**　经预灰处理后的糖汁。

**6. 主灰汁**（加灰汁）　经主灰（加灰）处理后的糖汁。

**7. 中和汁**　经硫熏中和处理所得的糖汁。

**8. 一碳汁**　经第 1 次二氧化碳饱充处理后的糖汁。

**9. 一清汁**　是一碳汁经固－液分离后所得的清糖汁。

**10. 二碳汁**　经第 2 次二氧化碳饱充处理所得的糖汁。

**11. 二清汁**　二碳汁经固液分离后所得的清糖汁。

**12. 硫熏汁**（硫漂汁）　经硫漂处理所得的糖汁。

**13. 澄清汁**　经清净处理所得的清糖汁。

**14. 滤清汁**（滤汁）　从过滤机过滤所得的清糖汁。

**15. 泥汁**　从澄清器（或增浓过滤设备）排出的浓稠的含大量悬浮物的糖汁。

**16. 糖浆**　糖汁经蒸发浓缩后所得的浓度较高的糖液。

**17. 糖糊**　用机械方法将砂糖与糖液充分混合后所得的糊状混合物。有晶种糖糊和蜜洗糖糊两种。

**18. 糖膏**　经煮糖而得到的晶体与母液的混合物。按煮糖顺序可分为甲、乙、丙糖膏等。

**19. 糖蜜**　从糖膏或蜜洗糖糊中分离出来的母液的通称。有原蜜、洗蜜、最终糖蜜等。

**20. 原蜜**　分蜜过程中从糖膏直接分离出来的母液。

**21. 洗蜜**（稀蜜）　分蜜过程中汽洗或水洗阶段所得的稀糖蜜。

# 第二节　主要食糖产品与在制品的检测

## 一、食糖产品的检测

**1. 白砂糖**　按理化要求的标准，白砂糖可分为精制、优级、一级、二级 4 个级别，具体质量标准要求及理化指标分析方法参见《白砂糖》(GB/T 317—2018)。

精幼砂糖具体质量标准要求及理化指标分析方法参见《精幼砂糖》(QB/T 4564—2013)。

**2. 赤砂糖** 按理化要求的标准，赤砂糖可分为一级、二级2个级别，具体质量标准要求及理化指标分析方法参见《赤砂糖》(GB/T 35884—2018)。

**3. 绵白糖** 按理化要求的标准，绵白糖分为精制、优级、一级3个级别，具体质量标准要求及理化指标分析方法参见《绵白糖》(GB/T 1445—2018)。

**4. 原糖** 原糖的具体质量标准要求及理化指标分析方法参见《原糖》(GB/T 15108—2017)。

**5. 方糖** 按理化要求的标准，方糖分为精制、优级、一级3个级别，具体质量标准要求及理化指标分析方法参见《方糖》(GB/T 35888—2018)。

**6. 红糖** 按理化要求的标准，红糖可分为优级、一级、二级3个级别，具体质量标准要求及理化指标分析方法参见《红糖》(GB/T 35885—2018)。

**7. 冰片糖** 按理化要求的标准，冰片糖分为一级、二级2个级别，具体质量标准要求及理化指标分析方法参见《冰片糖》(QB/T 2685—2023)。

**8. 单晶体冰糖** 按理化要求的标准，单晶体冰糖可分为优级、一级、二级3个级别，具体质量标准要求及理化指标分析方法参见《冰糖》(GB/T 35883—2018)。

**9. 多晶体冰糖** 多晶体冰糖按理化要求的标准分为优级、一级2个级别，具体质量标准要求及理化指标分析方法参见《冰糖》(GB/T 35883—2018)。

**10. 液体糖** 液体糖的具体质量标准要求及理化指标分析方法参见《液体糖》(QB/T 4093—2023)。

**11. 其他糖** 糖霜的具体质量标准要求及理化指标分析方法参见《糖霜》(QB/T 4092—2010)；姜汁（粉）红糖的具体质量标准要求及理化指标分析方法参见《姜汁（粉）红糖》(QB/T 5006—2016) 等。

## 二、在制品的检测

通常，在制品检测的指标主要是锤度、糖度及简纯度、蔗糖分及重力纯度、还原糖、色值及混浊度等。通过检测这些指标，了解其变化情况，不仅能在一定程度上反映生产过程中工艺条件的控制情况，还可以为调整生产工艺指标或解决存在问题提供依据。

**1. 锤度的测定** 锤度是在20℃时用锤度计或阿贝折光仪测得的读数，对纯蔗糖溶液而言为蔗糖质量百分数，对不纯蔗糖溶液则表示溶液中视固溶物的质量百分数。

在糖厂中，对制品锤度的测定方法一般有两种：一是比重法，二是折光法。比重法一般用于在制品的测定。比重法测定锤度是利用液体的密度与其干固物的含量成正比以及浮力的原理进行，即样液内的干固物含量越高，锤度计所受的浮力也越大，从而得出样液的干固物含量。

而折光法则用于色值的测定。折光法是根据糖液的折光率与糖液的浓度成正比的原理，通过测定糖液的折光率而得出样液的浓度。同比重法一样，折光锤度计（阿贝折光仪）也是以纯蔗糖的质量百分数作为其刻度基准，所以只有在测量纯蔗糖溶液时，其结果才表示样液中含蔗糖量的质量百分数。对于一般的非纯蔗糖溶液，其测定结果只表示样液中干固物含量的质量百分数。

采用比重法和折光法测定在制品锤度的具体实验操作步骤参考《甘蔗制糖化学管理统一分析方法》。

**2. 糖度及简纯度** 为了了解制糖生产过程中不同加工阶段的糖汁质量的变化，需要对在制品的糖度及简纯度进行监测。

蔗糖分是指样品中含蔗糖的重量百分率。

纯度是指糖品的固溶物中蔗糖所占的百分数。

蔗糖溶液具有使偏振光平面向右旋转的性质，其偏转角度与蔗糖的浓度成正比，因此可以应用旋光仪来测定溶液中蔗糖的浓度。通过测定一次样品的旋光读数，从而求出样品中蔗糖含量的方法，称为一次旋光法。由于糖厂在制品中除主要成分蔗糖外还含有少量的其他旋光物质（如葡萄糖、果糖等），影响了旋光测定的准确性。因此，一次旋光法测定的结果对于不纯糖液来说只是蔗糖重量百分率的近似值，糖厂称之为“糖度”（亦称“转光度”）。

糖度是指用一次旋光法测得的糖品中蔗糖分的近似值；简纯度是锤度中所含糖度的百分率。

在制品糖度及简纯度测定的具体实验操作步骤参考《甘蔗制糖化学管理统一分析方法》。

**3. 蔗糖分及重力纯度** 重力纯度是糖品的视固溶物（用锤度计测得）中蔗糖所占的百分数。

蔗糖在转化剂（盐酸或蔗糖酶）的作用下，可水解成等量的葡萄糖及果糖。这两种糖的混合物称为转化糖。

$$C_{12}H_{22}O_{11} + H_2O \rightarrow C_6H_{12}O_6 + C_6H_{12}O_6$$

由于主要非蔗糖物的旋光度不因加入酸和加热而变化，即其转化前后旋光度不变，所以只要计算出样品转化前后的转光度之差，就可以消除旋光性非蔗糖分的影响，从而求出蔗糖分，这种方法叫作二次旋光法。为了准确地得到在制品的蔗糖分的值，一般用二次旋光法，以消除旋光性非糖分的影响。

在制品蔗糖分及重力纯度测定的具体实验操作步骤参考《甘蔗制糖化学管理统一分析方法》。

**4. 还原糖的测定** 制糖生产中，从原料、在制品到成品，都含有不同程度的还原糖，主要为葡萄糖和果糖。这些物料的还原糖含量及其变化情况，在一定程度上可反映制糖原料和产品的质量，以及生产过程工艺条件控制情况。

兰-艾农法和兰-艾农恒容法都适用于有蔗糖存在的样品中还原糖分的测定。兰-艾农法和兰-艾农恒容法特别适用于含还原糖略高的样品，还原糖浓度在 1～8 g/L 范围时均可直接应用，如各种糖汁、糖浆、糖蜜等。

兰-艾农法是基于费林试剂的 $Cu^{2+}$ 与还原糖的氧化还原反应的一种容量分析方法。费林试剂是一种铜盐的碱性溶液，由硫酸铜、酒石酸钾钠和氢氧化钠组成。硫酸铜提供反应所需的 $Cu^{2+}$，氢氧化钠提供反应所需的碱性条件。硫酸铜在碱性条件下会生成氢氧化铜沉淀，由于有酒石酸钾钠的存在，氢氧化铜能与酒石酸钾钠生成可溶性的络合物，从而使 $Cu^{2+}$ 在碱性条件下也能稳定地存在于溶液中。

在沸腾的状态下，用含有还原糖的样液滴定一定量的费林试剂。在定量的费林试剂中 $Cu^{2+}$ 数量是固定的，只能与相当量的还原糖反应。样液的还原糖含量高，滴定时消耗的体积就小，反之则大，因此，可根据样液的耗用量计算出样品还原糖的量。需要加入氧化能力较 $Cu^{2+}$ 弱的四甲基蓝作为指示剂。

滴定时还原糖先将氧化能力较强的 $Cu^{2+}$ 全部还原后，过剩的还原糖才能与四甲基蓝作用，使样液颜色由蓝色变为无色，指示到达反应终点。测定过程主要的化学反应如下：

还原糖＋$CuSO_4$（蓝色）→有机酸＋$Cu_2O$（砖红色）

还原糖＋四甲基蓝（蓝色）→无色

上述反应是可逆的，当无色的四甲基蓝与空气中的氧气结合又会重新变为蓝色。为了防止这种情况发生，在滴定时一定要使溶液保持沸腾状态，利用上升的蒸汽阻止空气进入锥瓶糖液中。

兰-艾农恒容法通常也称恒容法，它是兰-艾农法的一种改进方法。兰-艾农法曾为ICUMSA（国际糖品分析统一方法委员会）建议的正式方法。1978 年，ICUMSA 第 17 届会议已撤销兰-艾农法的正式方法资格，而采用兰-艾农恒容法为正式方法，用该方法可以克服因样品的还原糖含量不同，滴定结束时锥形瓶内溶液的总体积也有所变化，导致 $Cu^{2+}$ 的氧化能力产生差异，计算较为复杂的缺点。

兰-艾农恒容法的测定原理及主要化学反应与兰-艾农法完全相同，但使用费林试剂量为 20 mL（甲、乙液各 10 mL）。$CuSO_4$ 的氧化能力受很多因素的影响，如 $Cu^{2+}$ 的浓度、温度、时间、样品中蔗糖的量等。为了减少这些因素的影响，兰-艾农恒容法除了规定费林试剂量、沸腾时间外，还要求滴定结束时锥形瓶内溶液的体积恰好为 75 mL（通过预先加入适量的水来控制），以减少体积变化对测定的影响，简化计算工作。所以这种方法称为恒容法。

在制品还原糖的测定，具体实验操作步骤参考《甘蔗制糖化学管理统一分析方法》。

**5. 色值及混浊度的测定** 制糖生产过程中，在制品色值及混浊度是用来反映清净效果的指标，特别是有色物质的除去率，以及胶体、悬浮粒子除去率的重要指标。目前，在制品的色值及混浊度的测定均采用分光光度法。

对制品色值及混浊度的测定，具体实验操作步骤参考《甘蔗制糖化学管理统一分析方法》。

## 第三节　我国食糖产品质量要求的演变

目前我国消费的食糖主要是白砂糖。我国白砂糖生产体系有别于欧美发达国家。国外生产白糖分一步法、二步法制糖。一步法是指在原料种植地域附近建工艺流程较简单的糖厂，用原料直接生产出耕地白糖，一般只作为工业用糖；二步法是指在原料种植地域附近建简易糖厂，用原料先生产原糖，再集中到靠近消费区域、采用先进技术工艺的精炼糖厂，根据国际标准生产出白砂糖（类似我国的精制白砂糖），供直接食用。而我国绝大多数制糖生产企业均是采用一步法生产可供直接食用的耕地白砂糖（一级白砂糖）。

国际上通常认定白砂糖的质量指标主要有蔗糖分、还原糖分、色值、电导灰分、干燥失重、二氧化硫及卫生指标等。蔗糖分越高说明白砂糖越纯，其他物质含量越少；还原糖分过高会导致白砂糖易吸潮滋生微生物而变质，不利于保存；色值直接反映白砂糖的外观，色值越高表明白砂糖的质量越不稳定；电导灰分反映白砂糖的离子型非糖物含量，该指标含量越大表明白砂糖的质量越差；干燥失重是衡量白砂糖含水量的指标，干燥失重过高，则潮湿的白砂糖易滋生微生物和螨虫；二氧化硫主要来源于制糖生产过程中蔗汁提净及糖浆硫熏采用的二氧化硫的残留物质，含量越高对人体的危害越大。

## 一、新中国成立初期白砂糖质量要求（1957 年以前）

1957 年以前，由于我国白砂糖无统一的质量标准，各制糖厂普遍按照夏威夷糖厂技术管理文件中的质量要求来控制白砂糖的质量，即对白砂糖的蔗糖分、还原糖分、色值、灰分、干燥失重等质量指标进行质量内控。

## 二、计划经济时期白砂糖质量要求（1957—1991 年）

1957 年 12 月 1 日，国家食品工业部颁布了我国甘蔗白砂糖质量标准，编号为食糖 0101—57。该标准将白砂糖分为一级白砂糖和二级白砂糖两个等级，并从发布之日起在全国实施。1964 年，国家轻工业部制订了白砂糖新的质量标准，编号为 GB 317—64，代替食糖 0101—57 在全国实施。这个质量标准将亚硫酸法白砂糖分为两级，即一级和二级白砂糖。1984 年，国家轻工业部对甘蔗白砂糖质量国家标准进行修订，编号为 GB 317—84，并经国家标准局批准于 1985 年 10 月 1 日起实施。上述标准对不同级别的白砂糖蔗糖分、还原糖分、电导灰分、干燥失重、色值、混浊度、不溶于水杂质等指标进行规定。

## 三、市场开放时期白砂糖质量要求

**1.《白砂糖》**（GB 317.1—91）**质量要求**（1992 年 8 月 1 日至 1999 年 7 月 31 日）

《白砂糖》（GB 317.1—91）于 1991 年 9 月 1 日由国家技术监督局批准发布，1992 年 8 月 1 日实施。主要指标参见表 21－1、表 21－2。

**表 21－1　《白砂糖》**（GB 317.1—91）**理化指标**

| 项目名称 | | 指标 | | |
|---|---|---|---|---|
| | | 优级 | 一级 | 二级 |
| 蔗糖分，% | ≥ | 99.7 | 99.6 | 99.5 |
| 还原糖分，% | ≤ | 0.07 | 0.10 | 0.17 |
| 电导灰分，% | ≤ | 0.07 | 0.10 | 0.15 |
| 干燥失重，% | ≤ | 0.06 | 0.07 | 0.12 |
| 色值，IU | ≤ | 80 | 180 | 300 |
| 混浊度，度 | ≤ | 7 | 9 | 11 |
| 不溶于水杂质，mg/kg | ≤ | 40 | 60 | 90 |

**表 21-2 《白砂糖》(GB 317.1—91) 卫生指标**

| 项目名称 | | 指标 |
|---|---|---|
| 砷(以As计),mg/kg | ≤ | 0.5 |
| 铅(以Pb计),mg/kg | ≤ | 1.0 |
| 铜(以Cu计),mg/kg | ≤ | 2.0 |
| 二氧化硫(以$SO_2$计),mg/kg | ≤ | 20(碳酸法糖厂产品)<br>50(亚硫酸法糖厂产品) |

**2. 《精制白砂糖》**(QB/T 1213—91)**质量要求**(1992年4月1日至1999年7月31日)

《精制白砂糖》(QB/T 1213—91)于1991年9月10日由轻工业部批准发布,1992年4月1日实施。主要指标参见表21-3、表21-4。

**表 21-3 《精制白砂糖》(QB/T 1213—91) 理化指标**

| 项目名称 | | 指标 |
|---|---|---|
| 蔗糖分,% | ≥ | 99.8 |
| 还原糖分,% | ≤ | 0.03 |
| 电导灰分,% | ≤ | 0.03 |
| 干燥失重,% | ≤ | 0.06 |
| 色值,IU | ≤ | 30 |
| 混浊度,度 | ≤ | 4 |
| 不溶于水杂质,mg/kg | ≤ | 20 |

**表 21-4 《精制白砂糖》(QB/T 1213—91) 卫生指标**

| 项目名称 | | 指标 |
|---|---|---|
| 砷(以As计),mg/kg | ≤ | 0.5 |
| 铅(以Pb计),mg/kg | ≤ | 1.0 |
| 铜(以Cu计),mg/kg | ≤ | 2.0 |
| 二氧化硫(以$SO_2$计),mg/kg | ≤ | 20 |
| 细菌总数,个/g | ≤ | 200 |
| 大肠菌群,个,以每100 g计 | < | 30 |
| 致病菌(系指肠道致病菌及致病性球菌) | | 不得检出 |

**3. 《白砂糖》**(GB 317—1998)**质量要求**(1999年8月1日至2006年9月30日)

《白砂糖》(GB 317—1998)于1998年5月7日由国家质量技术监督局批准发布,1999年8月1日实施。该标准首次将白砂糖中菌落总数、大肠菌群、致病菌、螨等生物指标进行明确规定。主要指标参见表21-5、表21-6。

**表 21-5 《白砂糖》(GB 317—1998) 理化指标**

| 项目 | | 指标 | | | |
|---|---|---|---|---|---|
| | | 精制 | 优级 | 一级 | 二级 |
| 蔗糖分,% | ≥ | 99.8 | 99.7 | 99.6 | 99.5 |
| 还原糖分,% | ≤ | 0.03 | 0.05 | 0.10 | 0.17 |
| 电导灰分,% | ≤ | 0.03 | 0.05 | 0.10 | 0.15 |
| 干燥失重,% | ≤ | 0.06 | 0.06 | 0.07 | 0.12 |
| 色值,IU | ≤ | 30 | 80 | 170 | 260 |
| 混浊度,度 | ≤ | 3 | 7 | 9 | 11 |
| 不溶于水杂质,mg/kg | ≤ | 20 | 30 | 50 | 80 |

**表 21-6 《白砂糖》(GB 317—1998) 卫生指标**

| 项目 | | 指标 | | | |
|---|---|---|---|---|---|
| | | 精制 | 优级 | 一级 | 二级 |
| 二氧化硫 (以 $SO_2$ 计),mg/kg | ≤ | 10 | 20 | 40 | 50 |
| 砷 (以 As 计),mg/kg | ≤ | 0.5 | 0.5 | 0.5 | 0.5 |
| 铅 (以 Pb 计),mg/kg | ≤ | 1.0 | 1.0 | 1.0 | 1.0 |
| 铜 (以 Cu 计),mg/kg | ≤ | 2.0 | 2.0 | 2.0 | 2.0 |
| 菌落总数,个/g | ≤ | 200 | 350 | 350 | 350 |
| 大肠菌群,个,以每 100 g 计 | ≤ | 30 | 30 | 30 | 30 |
| 致病菌 (系指肠道致病菌和致病性球菌) | | 不得检出 | 不得检出 | 不得检出 | 不得检出 |
| 螨 (在 250 g 白砂糖中) | | 不得检出 | 不得检出 | 不得检出 | 不得检出 |

**4.《白砂糖》**(GB/T 317—2006) **质量要求** (2006 年 10 月 1 日至 2018 年 8 月 31 日)

《白砂糖》(GB 317—2006) 于 2006 年 3 月 31 日由国家标准化管理委员会发布,2006 年 10 月 1 日实施。《食品安全国家标准　食糖》(GB 13104—2014) 于 2014 年 12 月 24 日由国家卫生和计划生育委员会发布,2015 年 5 月 24 日实施。该标准在 2005 版的基础上进行了修订,删除了微生物指标。由于 GB 317—2006 引用 GB 13104 对于安全指标的规定,所以,白砂糖安全指标不再包括微生物指标。2017 年,食品强制性国家标准统一转化为推荐性国家标准,《白砂糖》(GB 317—2006) 正式更改为《白砂糖》(GB/T 317—2006)。主要指标参见表 21-7、表 21-8。

**表 21-7 《白砂糖》(GB/T 317—2006) 理化指标**

| 项目 | | 指标 | | | |
|---|---|---|---|---|---|
| | | 精制 | 优级 | 一级 | 二级 |
| 蔗糖分,% | ≥ | 99.8 | 99.7 | 99.6 | 99.5 |
| 还原糖分,% | ≤ | 0.03 | 0.05 | 0.10 | 0.17 |

（续）

| 项目 | | 指标 | | | |
|---|---|---|---|---|---|
| | | 精制 | 优级 | 一级 | 二级 |
| 电导灰分，% | ≤ | 0.02 | 0.04 | 0.10 | 0.13 |
| 干燥失重，% | ≤ | 0.05 | 0.06 | 0.07 | 0.10 |
| 色值，IU | ≤ | 25 | 60 | 150 | 240 |
| 混浊度，MAU | ≤ | 30 | 80 | 160 | 220 |
| 不溶于水杂质，mg/kg | ≤ | 10 | 20 | 40 | 60 |

**表 21-8　《白砂糖》**（GB/T 317—2006）**卫生指标**

| 项目 | | 指标 | | | |
|---|---|---|---|---|---|
| | | 精制 | 优级 | 一级 | 二级 |
| 二氧化硫（以 $SO_2$ 计算），mg/kg | ≤ | 6 | 15 | 30 | 30 |
| 砷、铅、菌落总数、大肠菌群、致病菌、霉菌、螨 | | 符合 GB 13104 的要求 | | | |

**5.《白砂糖》**（GB/T 317—2018）**质量要求**（2018 年 9 月 1 日至今）《白砂糖》（GB/T 317—2018）于 2018 年 2 月 6 日由国家标准化管理委员会发布，2018 年 9 月 1 日实施。主要指标参见表 21-9。

**表 21-9　《白砂糖》**（GB/T 317—2018）**主要指标**

| 项目 | | 指标 | | | |
|---|---|---|---|---|---|
| | | 精制 | 优级 | 一级 | 二级 |
| 蔗糖分，g/100 g | ≥ | 99.8 | 99.7 | 99.6 | 99.5 |
| 还原糖分，g/100 g | ≤ | 0.03 | 0.04 | 0.10 | 0.15 |
| 电导灰分，g/100 g | ≤ | 0.02 | 0.04 | 0.10 | 0.13 |
| 干燥失重，g/100 g | ≤ | 0.05 | 0.06 | 0.07 | 0.10 |
| 色值，IU | ≤ | 25 | 60 | 150 | 240 |
| 混浊度，MAU | ≤ | 30 | 80 | 160 | 220 |
| 不溶于水杂质，mg/kg | ≤ | 10 | 20 | 40 | 60 |
| 食品安全要求 | | 符合 GB 13104 的要求 | | | |

## 第四节　食糖质量分析检测的发展

本节的食糖主要是指白砂糖。白砂糖试验方法大多采用国际糖品分析统一方法委员会发布的最新测定方法，国际糖品统一分析方法委员会（ICUMSA）组建于 1897 年，是唯一一个专门针对糖业分析的国际组织。ICUMSA 汇集了二十多个成员国的糖分析委员会的活动，主要任务是制（修）订糖品的统一分析方法（简称 ICUMSA 方法）。同时，ICUMSA 方法也得到食品法典委员会、国际法制计量组织、欧盟和美国食品化学品法典等机构的认可。

## 一、新中国成立初期白砂糖试验方法（1965 年以前）

1965 年以前，由于白砂糖无统一的试验方法标准，各制糖厂普遍采用夏威夷糖厂技术管理文件中对耕地白糖的试验方法，对白砂糖的蔗糖分、还原糖分、色值、灰分、干燥失重等质量指标进行检测。经调研发现，当时的试验方法，除色值和灰分外，其他指标与现行的试验方法原理一致，步骤略有差异。

## 二、计划经济时期白砂糖试验方法（1965—1990 年）

1965 年，由轻工业部组织，第一轻工业部甘蔗糖业科学研究所主编的《甘蔗制糖化学管理统一分析方法》，据查是现存最早的包含白砂糖试验方法的专业书籍，见图 21 - 1。

图 21 - 1　《甘蔗制糖化学管理统一分析方法》(1965)

1974 年，广东省甘蔗糖业食品科学研究所主编的《甘蔗制糖化学管理统一分析方法》由轻工业出版社出版；1975 年黑龙江省甜菜糖业科学研究所主编的《甜菜制糖化学管理统一分析方法》出版。这两本书主要叙述了甘蔗与甜菜糖厂原材料、在制品、成品的化验分析方法、试剂配制等，见图 21 - 2。

1984 年，全国甘蔗糖业标准化与质量检测中心编写了《甘蔗制糖日常分析方法》，内容包括化学管理常用名词术语解释，甘蔗、蔗渣、滤泥、在制品、成品糖及最终糖蜜的日常分析方法等，见图 21 - 3。

1984 年，国家标准《白砂糖》（GB 317—84）发布实施。该标准参照 ICUMSA 推荐

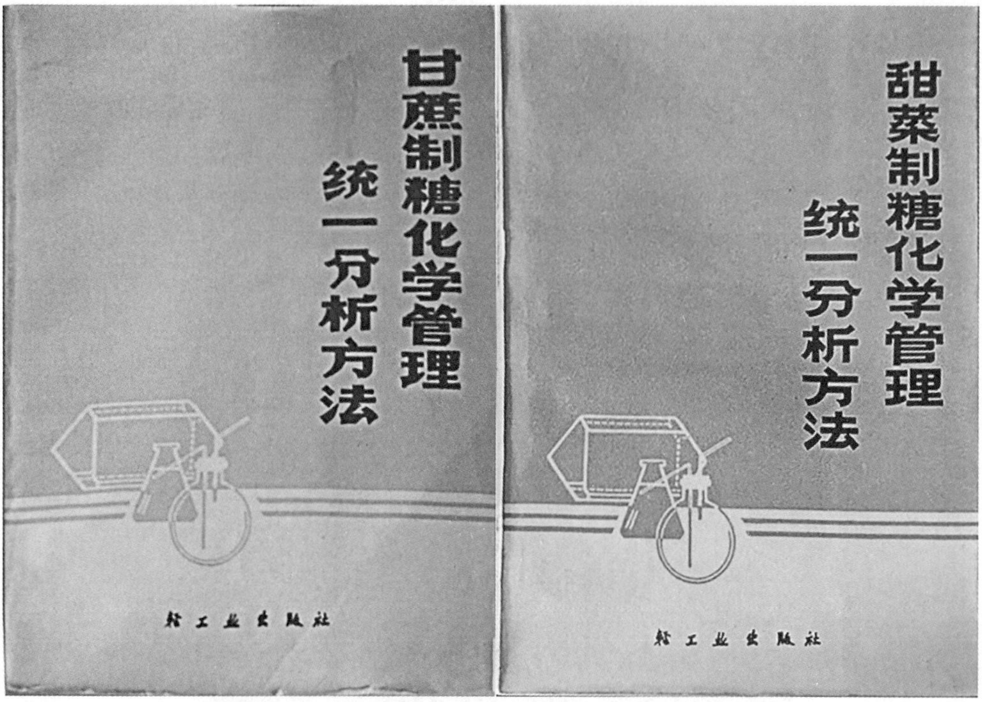


图 21－2　《甘蔗制糖化学管理统一分析方法》（1974）与《甜菜制糖化学管理统一分析方法》（1975）

图 21－3　《甘蔗制糖日常分析方法》（1984）

的标准以及国外一些主要产糖国家的现行标准，结合我国的实际情况，反复进行试验研究而制定的，其最大的特点是白砂糖的理化指标的测定方法参照 ICUMSA 建议的方法做了较大的修改。

（1）*蔗糖分*。原温度改正公式对于使用没有石英楔补偿的旋光计时带来了误差，为了提高准确度，经验证后采用了近年来国际上的新温度改正公式。

（2）*还原糖分*。原标准中的计时法存在褪色终点不明显，分析结果偏高的缺点；计量法需加入转化糖后滴定，计算麻烦，易引起分析误差等。现采用奥夫纳法取代旧的计时法和计量法，提高了准确度和重现性。

（3）*灰分*。原标准采用重量法测定灰分，费时耗电，重现性差，现以电导法代替。经 200 多个样品的检测证明，用电导法测定白砂糖灰分是较为合理的，适合我国使用。

（4）*色值*。国内原用的司丹默“度”（°st）表示色值的测定方法，在国际上已很少采用，现改为国际通用的 ICUMSA 色值测定方法，以“国际糖色值”（IU）为单位，新的测定方法更合理、更准确。

（5）*混浊度*。原标准中只有感官指标，用肉眼判别误差很大，现改为仪器检测的方法，以糖液中的悬浮粒子对光的衰减程度来表示混浊度，新的测定方法更合理、更科学。

## 三、市场开放时期白砂糖试验方法（1991 年至今）

1991 年，国家标准《白砂糖试验方法》（GB 317.2—91）发布实施，该标准在 1984 年版的基础上第 1 次进行了产品标准和试验方法标准的分离。该标准规定了白砂糖粒度、蔗糖分、还原糖分、电导灰分、干燥失重、色值、混浊度及不溶于水杂质的测定方法。适用于白砂糖，也适用于精制白砂糖。

中国轻工业总会甘蔗糖业质量监督检测中心在《甘蔗制糖化学管理统一分析方法》（1974 年）及《甘蔗制糖日常分析方法》（1984 年）的基础上编写了《甘蔗制糖化学管理分析方法》，于 1995 年出版（图 21-4）。该书以当时的分析操作方法为基础，根据国家标准、行业标准，并参考其他有关国内外标准进行编写。

1998 年，为了适应我国市场经济下糖业发展和国内外贸易发展的需要，国家标准《白砂糖》（GB 317—1998）发布实施。从该标准生效之日起，同时代替 GB 317.1—91 以及 GB 317.2—91。该标准在技术要求上非等效采用了《白糖》（CODEX STAN 4—1981）和《国际糖品统一分析方法》（SUGAR ANALYSIS-ICUMSA Methods，1986 年英国出版）。在试验方法中，色值的测定以缓冲溶液法代替以往的调 pH 法，增加了螨的检验。至此，白砂糖产品标准和试验方法再次合并。

2006 年，国家标准《白砂糖》（GB 317—2006）发布实施。该标准在 1998 年出版的基础上改变了混浊度的计算和表示方法，其单位由“度”改为“毫衰减单位”（MAU）。

2018 年，国家标准《白砂糖试验方法》（GB/T 35887—2018）发布实施。该标准在 2006 年版的基础上第 2 次进行了产品标准和试验方法标准的分离。该标准规定了白砂糖粒度、蔗糖分、还原糖分、电导灰分、干燥失重、色值、混浊度、不溶于水杂质和黑点的试验方法，适用于制糖工业中以甘蔗、甜菜或原糖为原料生产的白砂糖。

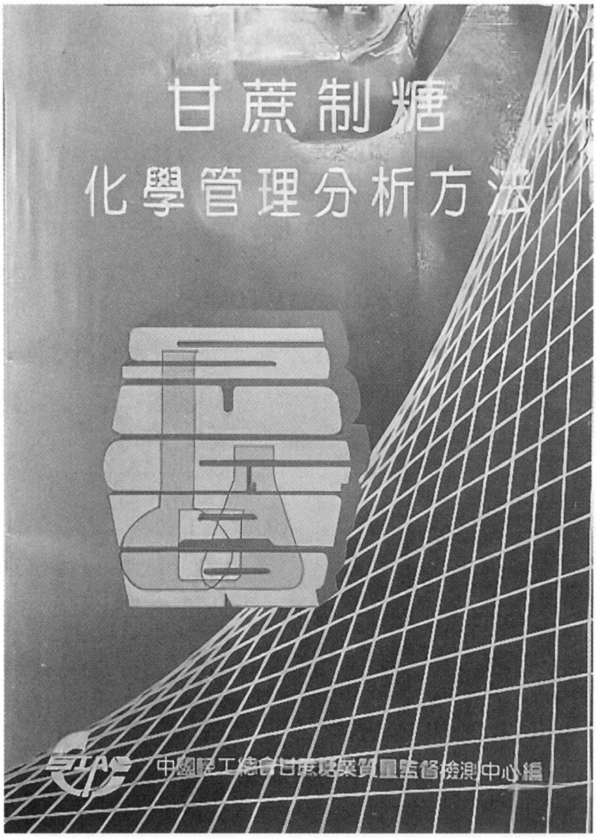


图 21-4 《甘蔗制糖化学管理分析方法》(1995)

## 参 考 文 献


广东省甘蔗糖业食品科学研究所，1974. 甘蔗制糖化学管理统一分析方法［M］. 北京：轻工业出版社.

全国食品工业标准化技术委员会制糖分技术委员会，2005. 冰片糖：QB/T 2685—2005. 北京：中国轻工业出版社.

全国制糖标准化技术委员会，2010. 糖霜：QB/T 4092—2010［S］. 北京：中国轻工业出版社.

全国制糖标准化技术委员会，2010. 液体糖：QB/T 4093—2010［S］. 北京：中国轻工业出版社.

全国制糖标准化技术委员会，2013. 精幼砂糖：QB/T 4564—2013［S］. 北京：中国轻工业出版社.

全国制糖标准化技术委员会，2016. 姜汁（粉）红糖：QB/T 5006—2016［S］. 北京：中国轻工业出版社.

全国制糖标准化技术委员会，2017. 原糖：GB/T 15108—2017［S］. 北京：中国标准出版社.

全国制糖标准化技术委员会，2018. 白砂糖：GB/T 317—2018［S］. 北京：中国标准出版社.

全国制糖标准化技术委员会，2018. 冰糖：GB/T 35883—2018［S］. 北京：中国标准出版社.

全国制糖标准化技术委员会，2018. 赤砂糖：GB/T 35884—2018［S］. 北京：中国标准出版社.

全国制糖标准化技术委员会，2018. 方糖：GB/T 35888—2018［S］. 北京：中国标准出版社.

全国制糖标准化技术委员会，2018. 红糖：GB/T 35885—2018［S］. 北京：中国标准出版社.

全国制糖标准化技术委员会，2018. 绵白糖：GB/T 1445—2018［S］. 北京：中国标准出版社.

全国制糖标准化技术委员会，2018. 食糖分类：GB/T 35886—2018［S］. 北京：中国标准出版社.

# 第二十二章

# 甘蔗糖厂“三废”治理与副产物综合利用

甘蔗制糖在生产过程中会消耗大量能源、水资源及化学助剂，产生大量固体废渣、废水及废气，需要进行治理。同时也会产生大量副产物，包括蔗渣、糖蜜和滤泥，均是优质可再生资源，可进行资源化利用，以提高制糖产业综合效益（黄悦刚，1994；广西壮族自治区经济委员会，2007；许斯新等，2001）。

## 第一节　甘蔗糖厂“三废”治理

### 一、糖厂“三废”的产生

甘蔗制糖生产过程是一个复杂过程，既有物理变化，也有化学反应。进入生产链中的物质有原料甘蔗、辅助材料（石灰、硫黄等）、燃料（蔗渣、煤）及新鲜水等；离开生产链的，除了食糖产品外，还有蔗渣、滤泥、糖蜜、炉渣、烟气和废水等，呈固、液、气三种物理状态向外排放（霍汉镇，2008）。

**1. 固体排放物**　甘蔗制糖过程排出的固体排放物主要有蔗渣、滤泥和炉灰渣(含除尘灰)。

（1）蔗渣。甘蔗经过提取（压榨或渗出）糖分后的剩余物，主要成分是纤维和水，具有良好的燃料特性和纤维特性。目前蔗渣主要作为糖厂锅炉燃料或对外销售作造纸、人造板及可降解餐具等的原料，是一种可再生的清洁型能源和纤维资源，故蔗渣不应归为废弃物，而是制糖的副产品，其产出率为甘蔗重量的23%～25%。

（2）滤泥。在制糖澄清工序中，蔗汁经过压滤机或真空吸滤机过滤获得汁液后，被截留的固形物称为滤泥。根据澄清方式不同，甘蔗糖厂滤泥又分为亚硫酸法滤泥、石灰法滤泥及酸法滤泥。

从过滤机排出的滤泥是湿滤泥，含较高的水分，一般压滤机排出的滤泥含水量为60%～70%，真空吸滤机则为75%左右。通常，亚硫酸法滤泥的量为甘蔗重量（即湿滤泥对蔗比）的3%～3.5%；近年来，由于甘蔗机械收获、甘蔗机械装车等操作方式造成甘蔗中泥沙等杂物增多，亚硫酸法滤泥的量增加到甘蔗重量（即湿滤泥对蔗比）的4%～4.5%，其成分见表22-1。

**表22-1　亚硫酸法湿滤泥的成分**

单位:%

| 成分 | 蔗糖 | 含水量 | 蔗蜡 | 软蔗脂 | 氮（N） | 磷（$P_2O_5$） | 钾（$K_2O$） | 钙（CaO） | 纤维物 |
|---|---|---|---|---|---|---|---|---|---|
| 真空吸滤机滤泥 | 2.1 | 78.2 | 2.0 | 1.6 | 0.4 | 0.4 | 0.02 | 0.8 | 4.3 |

（续）

| 成分 | 蔗糖 | 含水量 | 蔗蜡 | 软蔗脂 | 氮（N） | 磷（$P_2O_5$） | 钾（$K_2O$） | 钙（CaO） | 纤维物 |
|---|---|---|---|---|---|---|---|---|---|
| 压滤机滤泥 | 7.3 | 60.4 | 2.1 | 1.8 | 0.7 | 0.7 | 0.02 | 1.1 | 6.5 |

亚硫酸法与石灰法滤泥均是很好的肥料原料，可直接作肥料还田，也可以经过简单发酵后生产复混肥或有机肥。现在不少糖厂将滤泥与无机肥按一定的比例配制成有机无机复混肥或生物有机肥。

碳酸法滤泥因在蔗汁澄清过程中加入大量石灰，因而滤泥具有产出量大（对蔗比为9%～10%）、含钙量高（CaO 为 40%～50%）、强碱性（pH 10.5～11）等特点。碳酸法滤泥成分见表 22－2。

**表 22－2　碳酸法滤泥成分**

| 成分 | 元素含量 |
|---|---|
| 有机物 12%～17% | 其中，氮（N）1%～1.5% |
| 灰分 83%～88% | 钙（CaO）40%～51%，铝（$Al_2O_3$）0.5%～1.6%，磷（$P_2O_5$）0.5%～1.6%，硅（SiO）1.5%～3.4%，镁（MgO）0.9%～2.2%，钾（$K_2O$）0.1%～2.0%，铁（$Fe_2O_5$）0.2%～0.5% |

碳酸法滤泥因肥效低，强碱性，同时会使土壤板结，不能像亚硫酸滤泥一样用来生产肥料，目前尚没有较好的处理办法，仍以填埋或堆埋处理为主。但这些处理方法存在着占地面积大、处理成本高且会污染环境等问题，因此，我国甘蔗制糖生产现已基本不采用碳酸法，全部改成硫酸法清净工艺。

（3）*炉灰渣*。一般糖厂锅炉燃料燃烧后的炉灰渣分为两种：一种是以蔗渣为燃料的炉灰渣，另一种是以煤炭为燃料的炉灰渣。

目前，甘蔗糖厂的锅炉都是以蔗渣或其他生物质为燃料，蔗渣炉灰渣含有钾等矿物质元素，是一种很好的肥料，可改良土壤。因此，糖厂一般将其出售给农民作土壤改良剂或肥料。

**2. 气体排放物**　甘蔗糖厂排出的废气主要是锅炉烟道气，经除尘器除尘后向外排放。烟气的污染物主要是二粒物（TSP）和氮氧化物（$NO_x$）等。

目前，甘蔗糖厂锅炉都是以蔗渣或其他生物质为燃料的，其烟气中 TSP 及 $NO_x$ 的含量比较低。对于 TSP，甘蔗糖厂目前普遍使用水膜除尘器对烟气排放进行处理。有的糖厂也使用除尘效果更好的静电除尘或布袋除尘器。而对于 $NO_x$ 的控制，糖厂普遍采用前端控制与末端处理相结合的方法，即蔗渣燃烧前采用低氮燃烧技术（包括分级燃烧与分级供氧技术）来控制烟气的 $NO_x$ 产生量，而末端处理则主要采用选择性非催化还原法（SNCR）和选择性催化还原法（SCR）来减少 $NO_x$ 的排放量，使其达到国家相关排放标准的要求。

**3. 液态排放物**　糖厂产生的液态排放物包括最终糖蜜和废水。其中最终糖蜜是从末端（最终）糖膏分离出来的母液，是生产食用酒精、酵母及其抽提物、焦糖色素及医药制品等重要原料，也是很好的动物饲料添加剂，实际是制糖生产的一种副产品，其产率（即糖蜜对蔗比）约为 3%（折合 90°Bx）。目前糖厂都是作为原料向外销售，或自己实现资源化利用，不存在向外排放导致污染的可能。

制糖生产过程的另一种液态排放物是废水，按污染程度可分为低、中、高三类浓度废水。

（1）低浓度废水。糖厂蒸发、煮糖的气凝水（COD≤200 mg/L，SS≤20 mg/L），轮机等设备的冷却水（COD 150～300 mg/L），除水温上升外，水质无大的改变。这类水占总废水量的65%～75%。这些废水经适宜循环利用处理后部分可以回收循环使用，少量经生化处理达标后排放。

（2）中浓度废水。糖厂压榨机冷却水、洗罐水及工作场地冲洗水，这类水中或含有糖分，或含有悬浮物，或含有少量机油，COD和SS在几百到几千毫克/升之间，占废水总量的20%～30%。这部分废水大多经过渣水分离或油水分离后回收循环使用。

（3）高浓度废水。锅炉冲灰水及除烟气尘水、洗滤布水，这部分水经过渣水分离及反

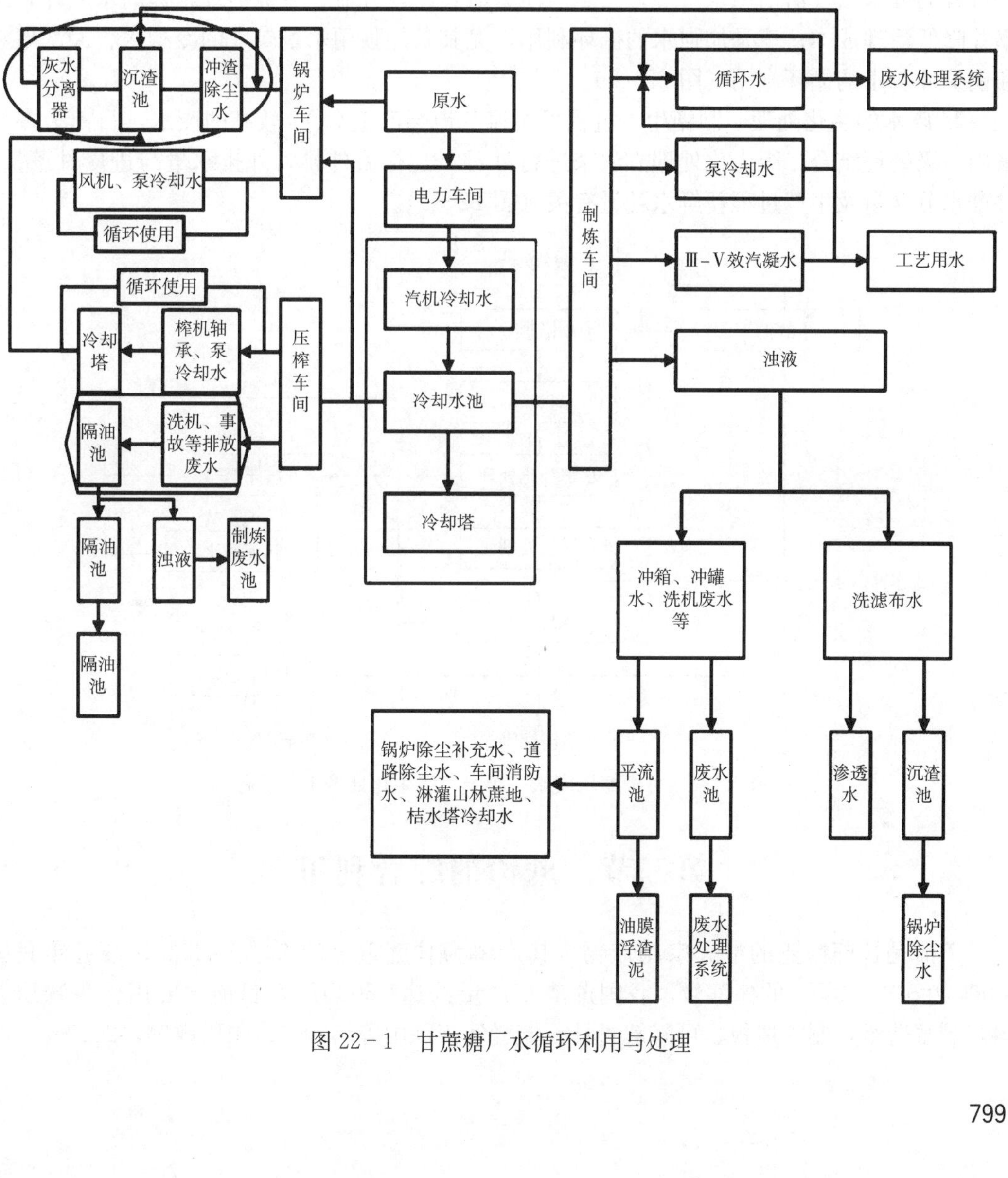


图22-1　甘蔗糖厂水循环利用与处理

洗后可循环使用，最后结合炉渣从炉渣中带走一部分。

## 二、“三废”的排放及治理

亚硫酸法滤泥与石灰法滤泥，以及蔗渣、炉灰等是制糖生产主要固体副产物，目前基本全部实现资源化利用。而碳酸法滤泥目前仍主要以堆埋或填埋方式进行处理，占地面积大，且还会污染空气、水体等，已经成为甘蔗糖厂重要的污染物。为此，目前我国甘蔗糖厂已经不再使用碳酸法工艺来生产耕地白砂糖。

作为“三废”排放的是指经过生化处理达到排放标准的废水，以及经过净化处理达到排放标准的锅炉烟道气。

**1. 废水的控制及预防措施** 应对制糖过程产生的中、高浓度废水的数量予以控制，减少末端生化处理的水量。一是节约用水，减少使用清净助剂带入水量、过滤洗水量及制糖过程的煮水量及清洁用水量等；二是清浊分流、冷热分流、分级治理，提高水循环利用率并降低治理成本；三是加强水的循环利用，尤其是加强用水量较大的冷凝水、冲洗罐水和锅炉冲灰水的循环利用（图 22-1）。

**2. 废水的生化处理** 制糖生产过程不可避免地会产生 COD 较高的废水，目前大多是采用一级处理结合二级生化处理方法来进行处理，达标后外排，外排水量与进厂甘蔗量、甘蔗水分含量及生产过程新鲜水耗量有关（图 22-2）。

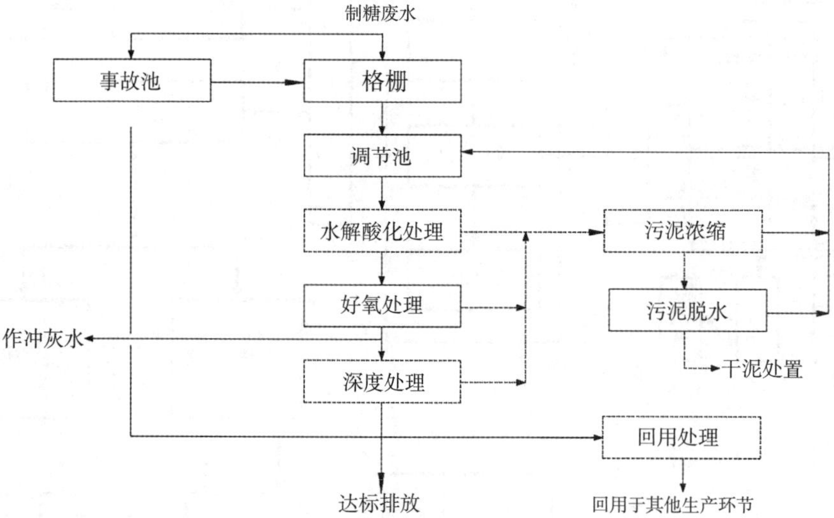


图 22-2 甘蔗糖厂废水一级+二级生化处理工艺流程

# 第二节 蔗渣的综合利用

蔗渣是甘蔗糖业的最大宗副产物，其产率为甘蔗重量的 23%～25%。按近年我国 6 000 万～8 000万 t 的榨蔗量，我国蔗渣年产量约达1 600万 t，目前主要用作生物质燃料，制浆造纸，制人造板、可降解餐具、糠醛等（陈山等，2005；丰丙政等，2017）。

## 一、生物质燃料

用作锅炉燃料，是蔗渣最传统、最简单的利用方法。蔗渣的燃烧值为800～1 900 kJ/kg，热值虽然比较低，但因蔗渣燃烧完全，且灰分非常低，是一种清洁、环保、可再生的生物质燃料。

## 二、制浆造纸

制浆造纸工业是我国国民经济中具有明显循环经济特征的重要的基础性原材料产业，具有战略性地位（国家发展和改革委员会等，2012）。我国是非木材浆生产大国，非木材制浆在我国有着悠久的历史（中国造纸协会，2015；2018）。甘蔗渣是常见的、良好的木材资源，尤其在我国亚热带地区的广西、云南和广东等地甘蔗主产区，蔗渣资源丰富。蔗渣的主要成分为纤维素、半纤维素和木质素，其中纤维素占32%～48%、木质素占23%～32%、半纤维素占19%～24%、蛋白质2%、灰分1%，相对于麦草和稻草，其灰分含量较少，有利于黑液中碱的回收。因此，蔗渣是一种优质的制浆造纸原料，常用于生产文化用纸和生活用纸等（宋荣珍，2020）。

**1. 蔗渣制浆方法** 蔗渣制浆可采用化学方法中的亚硫酸盐法和碱法，也可采用溶剂制浆、生物制浆及化学机械浆等，但目前仍以碱法为主。碱法制浆适应条件广，工艺成熟，可生产高强度和较高白度的纸浆，在造纸工业中占据着统治地位。但传统碱法蒸煮，制浆得率低，大部分硅溶于黑液，造成黑液黏度高，蒸发结垢严重，碱回收效率低。制浆造纸行业一直在不断探索和寻求可以节约原料与投资、降低生产成本、减少环境污染的高得率制浆的生产方法。

（1）碱法制浆。碱法制浆是极其成熟的化学制浆方法，是一种应用碱性溶液蒸煮植物纤维原料的化学制浆方法。碱法制浆常见的有氧碱法、氨法、石灰法及烧碱法等。传统碱法制浆存在得率低、碱回收率低和环境污染严重等问题，单独的碱法制浆已经很少用于蔗渣制浆，目前较多采用改进的碱法制浆，比如添加了助剂的碱法制浆（刘梦茹等，2012；于素梅等，2013）。

（2）亚硫酸盐法制浆。亚硫酸盐法制浆最早见于1867年，主要是以硫和石灰石为原料制浆，其主要机理是通过亚硫酸盐使木质素磺化，从而提高木质素的亲水性，以达到脱木质素的目的。由于木质素降解程度低，所以亚硫酸盐法制浆得率高。但是由于亚硫酸盐法的高污染及纸浆强度低，所以适用性并不高。直到1940年以后，亚硫酸盐法经过不断改进，才取得了较好的制浆效果，得到了广泛的应用。亚硫酸盐法主要分为酸性亚硫酸盐法、亚硫酸氢盐法、中性亚硫酸盐法和碱性亚硫酸盐法（王兴祥，2011）。

（3）有机溶剂法制浆。生物质原料在非水介质中脱木质素即为有机溶剂法制浆。相较于硫酸盐法、亚硫酸盐法制浆，有机溶剂制浆具有污染小、得率高、脱木质素效率高、易漂白及溶剂可回收的优势，引起人们的广泛关注。溶剂法制浆也存在一些缺点，由于有机溶剂易挥发的特性，对设备的密闭性要求很高，蒸煮之后的纸浆不能用于传统的洗涤设备，所以目前溶剂法制浆尚处于试验阶段。目前，溶剂法制浆有有机醇类制浆、有机酸类制浆、酚类制浆和酯类制浆等，其中醇类和有机酸类是最常用的有机溶剂。

（4）生物制浆。目前，世界上的制浆方法大多为化学法，但化学法制浆排出的污水、废气等对环境有很大的污染。生物制浆可实现零污染，原理是通过可以降解木质素的微生物进行选择性地脱木质素，相较于传统制浆方法，生物制浆具有得率高、成本低、易处理和可实现零排放等优点，但是目前生物制浆仍然难以实现工业化，其中的阻碍主要有：木质素相较于纤维素、半纤维素更难生物降解；培养能生成木质素降解酶的微生物比较难；在微生物降解木质素的同时也会降解碳水化合物。目前生物制浆一般是采用微生物或者酶对原料进行处理，然后与对应的化学、机械等制浆方法相结合的过程。生物制浆的研究主要分为生物酶法和生物菌法。

（5）高得率制浆。高得率制浆发展于传统的制浆，其制浆得率一般高于 75%。常见的高得率制浆方法一般有机械法、化学机械法、半化学法和爆破法制浆等。

传统机械法制浆虽然得率高，但是不适用于非木材，并且纸浆强度低、适用范围小。

半化学法制浆相对来说原料适应性广、纸浆适用性广。

蒸汽爆破法制浆是指在高温高压的蒸汽作用下，木素软化，半纤维素降解，在骤然降压时纤维空隙中的气体快速膨胀，形成了爆炸的效果，从而达到分散纤维脱离木质素的效果。

**2. 蔗渣氧碱法制浆**

（1）氧碱制浆概述。氧碱法是一种新型的制浆方法，主要是利用氧气和氢氧化钠的协同作用处理纤维原料。在蒸煮过程中存在固、液、气的三相反应体系，在此过程中，药液和氧气的渗透程度直接影响纤维内部的反应进程，进而影响制浆效果。

20 世纪，国内外学者对氧碱法制浆进行了研究。研究结果表明，相比于木材纤维结构致密，非木材纤维原料结构疏松，有利于氧的渗透，适合采用氧碱制浆，并且可以很好地解决传统碱法制浆存在的问题。氧碱制浆用于蔗渣制浆造纸，可以生产出高强度和较高白度的纸浆。

针对传统碱法的缺点，我国造纸从业者进一步提出了氧碱制浆的造纸工艺。新型的氧碱制浆工艺更加适用于非木材纤维原料，不仅节约能耗，大幅度降低了蒸煮温度；同时在获得较好的强度和得率的条件下，白度较高，适合后续 ECF 漂白（无元素氟漂白）和 TCF 漂白（全无氯漂白），明显地减少后续漂白废水的排放，有利于环境保护，而且能够有效降低黑液的硅含量，便于后续回收处理，同时黑液中木质素含量较高，有利于后续产物的利用，氧碱制浆的发展对于蔗渣造纸工业发展具有重大的意义。

（2）氧碱法过程中的化学反应。

①氧碱制浆中自由基的产生与脱木素原理。氧碱制浆是在氧脱木质素基础上发展起来的，在氧碱制浆过程中，同样涉及 $HOO^{\cdot}$、$O_2^-$ 和 $HO^{\cdot}$ 等自由基的生成，其中 $O_2^-$ 和 $HO^{\cdot}$ 协同作用使木质素脱除。当氧分子吸收了一定的能量时，可被激发形成单线态氧，在与其他物质接触之前已衰变为基态氧。基态氧被激发并接受一个电子形成 $O_2^-$，基态氧继续接受电子或质子会形成 $HO^{\cdot}$ 和一系列活性含氧物质。$HO^{\cdot}$ 可与芳香环上的元电子结合生成环已二烯基加合物，$O_2^-$ 转移一个电子给不饱和环已二烯基加合物从而形成 $O_2^{:}$，在金属离子的催化作用下，$O_2^-$ 发生歧化反应生成 $H_2O_2$ 和 $HO^{\cdot}$。又在 $O_2$ 作用下，强氧化性 $HO^{\cdot}$ 与木质素亲电加成生成羟基环已二烯自由基和 $O_2^-$，由此可见 $HO^{\cdot}$ 与 $O_2^-$ 的产生是相互联系的。具体关系如化学方程式所示：

$$O_2 + e\text{（来自底物）} \longrightarrow O_2^{\cdot}$$

$$O_2 + 2e + 2H^+ \longrightarrow H_2O_2$$

$$M^{(n-1)} + H_2O_2 \longrightarrow M^{(n+1)} + OH^- + HO^{\cdot}$$

$$HOO_2^{\cdot} + H_2O_2 \longrightarrow H_2O + HO_2^-$$

$$HO^{\cdot} + HO_2^{\cdot} \longrightarrow H_2O + O_2^{\cdot}$$

$HO^{\cdot}$ 的强氧化性使其可以与蔗渣中的大部分物质发生反应。$HO^{\cdot}$ 攻击富含电子的芳香环和烯烃结构，也可以与木质素的侧链发生反应，形成不稳定的自由基结构。在氧碱制浆环境中，这种不稳定结构可以失去电子发生氧化降解或生成易降解的产物。如当羟基进攻酚型木质素形成酚氧自由基结构，共振结构可以转移自由基到含羟基的 C 的邻位和对位上。这些自由基成为新的氧气和含氧自由基亲电攻击的位置，从而导致键和环的开裂，然后形成羧酸和酯。而当木质素侧链上存在高电子云密度的位置时，羟基自由基亲电进攻烯烃结构，邻位碳原子的 C—C 键断裂，形成 2 个 $\alpha$ 基化合物和侧链的消除部分。

$O_2^-$ 由于氧化电势低，对木质素的作用力较差，但在与 $HO^{\cdot}$ 协同作用下也能有效地降解木质素。芳香环在 $HO^{\cdot}$ 进攻下，形成环己二烯自由基，环己二烯自由基可以与 $O_2^-$ 加成，进而形成木质素过氧阴离子，随后发生开环或断裂共轭双键。$O_2^-$ 的寿命相对于 $HO^{\cdot}$ 较长，可以扩散进入纤维内部。此外，在金属离子的催化作用下，$O_2^-$ 又能歧化产生 $HO^{\cdot}$，从而可以更有效地降解纤维内部的木质素。

②氧碱制浆脱木质素选择性。脱木质素的选择性一般用脱木质素前后浆料木质素的脱除率与黏度降低率的比值来表示。在氧碱制浆过程中，脱木质素选择性差的自由基往往导致所得浆料的质量较差，如 $HOO^{\cdot}$、$HO^{\cdot}$ 等基团。基于以上现状，有必要对不同工艺实施方式、制浆过程中碳水化合物降解机理进行探究，从而研发出减少制浆过程中碳水化合物降解的有效方式，进行相应的技术创新以改善成浆性能。

目前阶段，为提高氧碱制浆过程中脱木质素选择性主要从以下 3 点进行突破：优化调整蒸煮工艺参数；添加纤维保护剂，如碳酸镁、蒽醌、自由基控制剂等；对纤维进行预处理。

**3. 蔗渣制浆前预处理方法** 在进行制浆前，合适的预处理方法具有提高纸浆得率、提升浆料性质和节约药品等优点。因此，预处理成为制浆过程前的重要环节，不同的预处理方法对制浆过程的影响也不尽相同。近年来，制浆预处理方法主要有碱预处理、硫化钠预处理和氧化预处理等化学预处理方法，还有如挤压预处理、微波预处理和真空预处理等物理预处理方法，以及酶预处理和湿法堆存等生物预处理方法。

化学法预处理主要通过一系列的化学反应，在制浆前脱除部分木质素，为后续处理提供有利条件。以 NaOH 预处理为例，在经过碱液的预处理后，绝大多数活化能较低的木质素被提前脱除，同时增加木质素的游离酚羟基，降低残余木质素的活化能，使蒸煮时木质素的脱除更为容易。由于碱液预处理温度大多数较低，不足以达到剥皮反应和碱性水解的条件，因此在预处理阶段，纤维素和半纤维素的降解较少，部分小分子碳水化合物的降解反而为后续的蒸煮创造有利条件。溶出的木质素碎片和碳水化合物，使得原料结构更为疏松，增大后续蒸煮药液的渗透程度，也为木质素的降解溶出提供更大的传质通道，提高蒸煮效率（李春鸣等，2005）。

物理法预处理主要通过物理方法使原料变得疏松多孔，蒸煮更为容易。以微波预处理为例，微波处理是压力蒸汽通过胞间层而没有损坏细胞壁，通过蒸汽压力破坏纤维之间的连接，使得半纤维素的部分溶出，结构原料更为疏松，可提高药液的可渗透性，因此有利于制浆药液的扩散。

近年来，随着生物科技的大力发展，生物法预处理已经成为现代制浆技术中一个比较活跃的方向，主要依靠生物酶、真菌等作用脱除木质素，使得纤维的分离更为容易。与其他制浆预处理方法相比，生物法预处理降解木质素所需条件较为温和，同时能够有效减少后续漂白过程中药品的用量，从而减轻废水污染。

## 三、制人造板

人造板（Wood based panel）是以木材或其他非木材植物为原料，经一定机械加工分离成各种单元材料后，施加或不施加胶黏剂和其他添加剂，胶合而成的板材或模压制品。主要包括胶合板、刨花（碎料）板和纤维板等三大类产品，其延伸产品和深加工产品达上百种。

人造板的诞生，标志着木材加工现代化时期的开始。此外，人造板还可提高木材的综合利用率，1 $m^3$ 人造板可代替 3～5 $m^3$ 原木使用。人造板生产工艺技术的提高使得木材加工产业飞速发展，因人造板的优点突出，如不易变形、尺寸固定、锯裁均匀、鲜少开裂、可以直接用数控加工成型、功能性较强，而且阻燃、防腐、防潮、抗变形和耐磨等功能特别好，易于造型，厚度、密度适宜等，人造板得到了广泛应用。

人造板材的制造是一个全球性的行业。用于生产的木材或农业纤维的种类取决于现有的资源，人造板材如刨花板、硬板和中密度纤维板，大多采用针叶木（被子植物），即松树、云杉和花旗松。同时，其他各种软木材或硬木品种，例如山毛榉和桦木，以及农作物残留物也经常被采用。一般来说，人造板不会仅由一种材料制造，而是应用一种精心调配的定量的材料混合。传统上，人造板行业是在林产品行业的残留物上运作的。各种形式的材料，如圆木、锯木厂的残留物，甚至回收的木纤维都可以用来制造面板。随着技术进步，由于砍伐森林、焚烧农作物秸秆等做法影响环境，因而人们多使用农业残留物作为非贴面复合板材的替代原料。目前，小麦秸秆、甘蔗渣和黑麦草秸秆等农作物残留物都被用于生产非木材人造板。

蔗渣具有良好的延展性，且符合高密度板材要求的特性，采用甘蔗渣生产人造板是利用甘蔗渣的一种有效方式。我国是少林缺树的国家，是木材进口国，因此使用蔗渣来代替木材生产人造板是一个非常好的选择。蔗渣来源集中，产量大，蔗渣含有丰富的纤维素，而含木质素较少，故蔗渣作为一种纤维原料具有很大的优越性。

我国利用蔗渣生产人造板始于 20 世纪 80 年代。人造板有纤维板和碎粒板。蔗渣人造板按其密度可分为三类：低密度板（密度为小于 450 $kg/m^3$）、中密度板（密度为 450～600 $kg/m^3$）和高密度板（密度为 600～900 $kg/m^3$）。中密度纤维板（简称 MDF）是当今世界人造板发展的趋势，这是因为它的性能与木材相似。可用蔗渣制造家具、包装箱和建筑车厢等，也为木质纤维素的高值化利用开辟了新方向。

**1. 人造板的性质特点** 人造板材与木材比较，有幅面大、变形小、表面平整光洁和无各向异性等优点。人造板材是利用天然木材和其加工中的边角废料，经过机械加工而成的板材。在生产过程中，绝大部分采用脲醛树脂或改性的脲醛胶，这类胶黏剂具有胶接强度高、不易开胶的特点，但在一定条件下会释放甲醛。人造板具有以下特点：

（1）幅面大，结构性好，施工方便。

（2）膨胀收缩率低，尺寸稳定，材质较锯材均匀，不易变形开裂。

（3）作为人造板原料的单板及各种碎料易于浸渍，因而可作各种功能性处理（如阻燃、防腐、抗缩、耐磨等）。

（4）具有范围较宽的厚度级及密度级，适用性强。

（5）弯曲成形性能好。

由于人造板的应用范围广，用于黏合这些产品的黏合剂也各不相同。一般使用4种黏合剂，即脲醛（UF）、三聚氰胺甲醛（MF）、苯酚甲醛（PF）和聚合二异氰酸酯（MDI）。在这些黏合剂中，UF是最便宜和应用最广泛的，用这种胶黏剂制成的复合材料的耐久性通常很差。因此，使用UF黏合复合材料的产品不能接触水。MF树脂虽然比UF树脂贵，但更耐潮湿，这使得与MF结合的产品可以在偶尔可能出现的潮湿环境下使用。在UF树脂中加入MF树脂，即MUF树脂，使用已越来越普遍，这种混合黏合剂虽然比UF贵，但表现出了更好的性能，最终产品能够以更高的价格出售。PF树脂比UF、MF或MUF系统具有更强的耐久性，添加PF的产品适合在外部应用。

**2. 人造板的制作工艺** 包括切削加工、干燥、施胶、成型、加压和最终加工，而对于非木材植物人造板如蔗渣人造板需要通过除去蔗髓处理后才能进行下一步操作。

（1）*切削加工*。原材料处理和产品最终加工，都要应用切削工艺，如单板的旋切、刨切，木片和刨花的切削，纤维的研磨分离，以及最终加工中的锯截、砂磨等。将木材切削成不同形状的单元，按一定方式重新组合为各种板材，可以改善木材的某些性质，如各向异性、不均质性、湿胀及干缩性等。大单元组成的板材力学强度较高，小单元组成的板材均质性较好。精确控制旋切单板的厚度误差，可提高出材率2%～3%。切削出的刨花形态影响刨花板的全部物理力学性能，纤维形态与纤维板的强度同样有密切的关系。板材最终的锯切、磨削等也影响产品的规格与质量。

（2）*干燥*。干燥包括单板干燥、刨花干燥、干法纤维板工艺中的纤维干燥，以及湿法纤维板的热处理。干燥的工艺和过程控制与成材干燥有所不同。成材干燥的过程控制是以干燥介质的相对湿度为准，必须注意防止干燥应力的产生；而人造板所用片状、粒状材料的干燥则是在相对高温、高速和连续化条件下进行的，加热阶段结束立即转入减速干燥阶段。单板及刨花等材料薄，表面积大，干燥应力的影响甚小或者不存在。加之在切削过程中木材组织发生不同程度的松弛，水分扩散阻力小，木材内部水分扩散规律与单板、刨花等不同。

（3）*施胶*。施胶包括单板涂胶、刨花及纤维施胶。单板涂胶在欧洲仍沿用传统的滚筒涂胶，美国自20世纪70年代起许多胶合板厂已改用淋胶，中国胶合板厂也用滚筒涂胶。淋胶方法适于整张化中板和自动化组坯的工艺过程。刨花及纤维施胶主要用喷胶方法。70年代末期，欧美的一些国家研究无胶胶合技术，较有进展的是使木质素分子活化，在一定条件下利用木质素胶合，或者利用木材或其他材料中的半纤维素，经处理使之转化为胶结物质进行胶合。80年代初，加拿大成功地利用蔗渣制成了无胶刨花板。中国的一些研究院和大学也都在进行无胶胶合技术的研究，已取得突破性进展。

(4) 成型和加压。胶合板的组坯，刨花板与纤维板的板坯成型和加压都属于人造板制造的成型工艺。木材学对木材构造的研究揭示了木纤维在天然木材中的排列方式有层次性和方向性，因而能承受自然界对木材所施加的一定限度的外力。人造板制造工艺的演变，无疑受到这一认识的影响：刨花板、纤维板板坯层次由单层改变为 3 层及多层结构；板坯中刨花及纤维的排列也由随机型趋向于定向型；而胶合板的相邻层纤维方向互相垂直排列则改善了木材在自然生长条件下形成的各向异性缺点，提高了尺寸稳定性。

加压分预压及热压。使用无垫板系统时必须使板坯经过预压。它使板坯在推进热压机时不致损坏。热压工序是决定企业生产能力的关键工序，人造板工业中常用的热压设备主要是多层热压机，此外，单层大幅面热压机和连续热压机也逐渐被采用。刨花板工厂多用单层热压机，中密度纤维板制造中使用单层压机就可以实现高频和蒸汽联合使用的复式加热，有利于缩短加压周期和改善产品断面密度的均匀性。

(5) 最终加工。板材从热压机卸出后，经过冷却和含水率平衡阶段，即进行锯边、砂光，硬质纤维板需经热处理及调湿处理。过去板材锯边都是冷态锯切，也用热态锯切法，但绝不能采用热态砂光方法，因为热砂会损坏成品表面质量。根据使用要求，有些板材还需进行浸渍、油漆、复面和封边等特殊处理。

人造板的功能性处理是在制造过程中引入各种添加剂。最常见的是防潮剂、防火剂、防锈剂和施胶剂，通常蜡乳液、施胶剂可以延缓水的渗透速度，保护复合材料不被意外润湿，同时还可以辅助二次黏合操作。在标准的 24 h 水浸试验中，施胶剂的加入也大大提高了复合材料的性能。阻燃剂虽然不如防潮剂常见，但偶尔也会被添加到复合材料面板中。然而，它们的使用也会带来其他不利影响，如增加复合吸湿性。像硼酸锌这样的化合物，除了抑制火灾外，还能够抑制真菌。在人造板制造的各个阶段都可以添加阻燃剂、防腐剂和防潮剂。

**3. 蔗渣人造板的主要种类** 由于甘蔗渣原料相对集中，运输成本低，所以用甘蔗渣生产纤维素板材能给企业带来明显的经济效益。这也是中国目前利用甘蔗渣最直接有效的途径。近年来，还成功制作出带有壳聚糖的甘蔗渣芯板，其表征特性优于其他板材。

(1) 无胶（自生胶）蔗渣人造板。蔗渣由维管束、表皮及蔗髓构成，前两者影响蔗渣板材物理力学性能和板材强度，后者对板材质量带来不利影响，因此在生产中除髓是一道重要工序。蔗渣板材的类型主要有覆塑蔗渣瓦楞板和自生胶蔗渣碎料板。覆塑蔗渣瓦楞板主要用于室外场所，如一些简单的凉棚、车棚或者临时搭建的房屋，用作屋面材料。自生胶蔗渣碎料板利用蔗渣本身所含糖类物质在适当条件下转化成胶结物质，能够生产无需胶黏剂的板材，该研究尚处于开发阶段，有很大的发展空间。

(2) 蔗渣纤维板。甘蔗渣含有较高纤维素和木质素含量，是制作高密度板材的理想原料。蔗渣纤维板生产一般采用湿法工艺，工艺流程：蔗渣蒸煮与热磨→调浆→成型→热压→锯边。制造纤维板会产生大量的废水，处理费用比较大，故现在越来越推行蔗渣制碎料板。

(3) 蔗渣刨花（碎料）板。与蔗渣纤维板相比，蔗渣碎料板有以下优越性：一是板材规格较多；二是用途广泛；三是生产过程中没有废水污染环境；四是生产工艺简单，需要设备和动力较少。

蔗渣碎料板生产流程：打包蔗渣→开包→一次气流分选与除髓→中渣气流干燥→二次

气流分选。

**4. 人造板的应用** 我国人造板主要用于建筑装饰装修、家具、地板、门窗及包装材料等领域。其中，我国人造板在家具生产和室内装饰装修中用量占比最大，其余主要用于建筑、包装和集装箱底板等。在室内装修、家具制作领域使用的人造板多为二次加工饰面后的人造板，其中胶合板和细木工板饰面方式主要是油漆和表面贴覆装饰纸，纤维板饰面方式主要是油漆、表面贴覆装饰纸和 PVC，刨花板饰面方式主要是表面贴覆装饰纸，而定向刨花板（OSB）主要是直接油漆饰面或表面贴单板后再油漆饰面。

纤维板凭借其优良的表面二次加工性能及幅面尺寸多元化等优点，主要用于室内装修及家具、橱柜、定制衣柜等方面，在音响及体育用品方面也有应用。近年来，随着定制家居产业的快速发展，我国刨花板以其质轻、强度适中及幅面规格多元化等特点，其产业一度呈现快速增长态势。OSB 主要用于室内装饰、包装、集装箱底板和木结构房屋，而在北美、欧洲一些国家，OSB 则主要用于木结构房屋建造。

中密度纤维板（MDF）是当今世界人造板发展的趋势，这是由于它的性能很似木材，但又胜于木材。其不但可以以木材作为原料，而且能以一年生的植物纤维如甘蔗渣、秸秆等作为原料。中密度纤维板容重小（450～600 $kg/m^3$）、强度高，握钉力强，板面涂饰性能好，表面光滑，板边密实无需封边，还适合锯切、拉槽、钻孔、雕刻及车制成品机械加工。因此，它是目前人造板中用途最广的板材，是高中档家具、建筑、家用电器、包装、乐器、缝纫机台板、车船及房屋内装修的最佳用材。

## 四、制环保型纸浆模塑制品

纸浆模塑制品是一种新型的环保型绿色产品。

根据美国市场研究公司（Grand view research，简称 GVR）发布的报告显示，2022 年全球纸浆模塑市场为 51.1 亿美元。从应用领域看，食品包装仍是主要纸浆模塑市场，占 45.0%；其次是餐饮服务，占 23.8%。电子产品和医疗健康分别占 13.1%和 10.9%，工业包装占 5.0%，其他包装占 2.2%。

根据中国造纸学会纸基绿色包装材料及制品专业委员会统计，2022 年我国纸浆模塑产能达到 179 万 t，其中一次性餐饮类包装 51 万 t，精品工业包装 15 万 t，普通工业包装 113 万 t，分别占全球这 3 类市场的 68%、75%和 33%。2022 年我国纸浆模塑企业营业收入合计 176.3 亿元，其中，餐饮类包装 60.5 亿元，精品工业包装 30.8 亿元，普通缓冲包装 85 亿元。

环保型纸浆模塑制品从原材料、生产工艺到最后的废弃物的处理方式均可循环再生利用，所采用的原料一般为甘蔗渣浆、竹浆、麦秆浆、稻草浆、芦苇浆等纸浆。甘蔗渣浆是以甘蔗渣为原料，经过化学或生物制浆而制成。甘蔗纤维属于中长纤维，具有强度适中、韧性适中的优点，是目前最适合用来生产模塑制品的原料，因此目前环保型餐盒、餐具类产品多使用甘蔗纤维作原料。还有一些高端的手机套、化妆品包装也是以甘蔗纤维为原料。

蔗渣生产环保型纸浆模塑制品的工艺流程见图 22 - 3，关键工序如下。

水力疏解：取定量蔗渣浆和木浆，经泡洗软化处理后，按重量比例加入自来水或循环白水至浆浓度约 6%，经水力碎浆机疏解成浆料，必要时经磨浆处理，使其成为 SR 值达

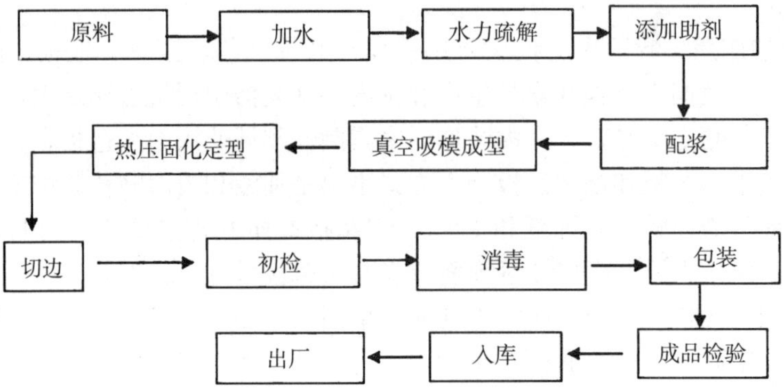


图 22－3　漂白蔗渣湿浆生产环保型纸浆模塑制品工艺流程

到 28°～32°的浆料。

配浆：疏解后的浆料进入配浆系统，加入自来水或循环白水使其成为浆浓度约 0.35％的浆料，同时按定量的原材料加入合适比例的防油剂和防水剂，经搅拌系统搅拌均匀，使防水、防油剂完全掺和在原材料的纤维里。

真空吸模成型：将配好的浆料通过增压系统打入管道，按照每个产品所需重量和形状要求完成双真空自动脱水吸模成型工艺。

热压固化定型：将成型的产品坯料转移到模具上热压固化定型。

切边：将已固化定型的半成品放到切边机上，将多余的外边切除，形成符合标准尺寸的产品。

消毒：初检完成后，将已符合标准尺寸的产品进行紫外线消毒。

包装：按照客户需求和便于运输的要求进行包装。

成品检验出厂：严格按责任制检验后成品出厂。

## 五、制糠醛

糠醛又称为 α-呋喃甲醛（Furfural，FA）是一种由戊糖脱水环化形成的化合物，因为最初是由米糠和稀酸共热制得的，因此得名糠醛。糠醛是一种重要的呋喃衍生物，也是一种重要的精细化工原料。一般来说，含有一定量戊糖的原料都可以用来生产糠醛。生产糠醛的原料主要有甘蔗渣、玉米芯、玉米秆、棉籽壳、稻谷壳、稻草和麦草等富含多聚戊糖的农副产品，其中甘蔗渣和玉米芯中木聚糖含量较高，是目前使用最广泛的原料。这些生物质彻底水解后可以得到戊糖，即木糖、阿魏糖和阿拉伯糖等，其中以木糖为主，将它们清洁、高效地转化为糠醛具有重要意义。

**1. 糠醛的性质及应用**　纯糠醛为一种无色或浅黄色的油状液体，具有类似杏仁油的味道，其相对分子量为 96.082，沸点为 161.7℃（760 mm Hg*），熔点为－36.5℃，密度为 1.159 6 mg/L（20℃），闪点 68.3℃（开杯）、59℃（闭杯），燃点 393℃，黏度 1.494 mPa・s（1.494 cP，25℃），临界压力 5.5 MPa，具有低挥发性和一定的毒性，分子式为 $C_5H_4O_2$，

* 毫米汞柱为非法定计量单位，1mm Hg=133.322 4 Pa，后同。——编者注

糠醛的结构式如图 22－4 所示。

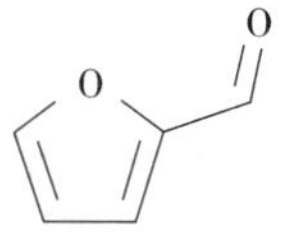


图 22－4　糠醛结构式

糠醛能溶于许多有机溶剂，如丙酮、苯、乙醚、异丁醇、三氯甲烷、醋酸乙酯、乙二醇、风吕醇、四氯化碳、氮苯、氮萘、松节油和甲苯等。糠醛能和有机酸，如醋酸、酪酸、蚁酸、乳酸、油酸、丙酸和环烷酸等混溶。糠醛极易溶解于芳烃和烯烃，而脂肪族饱和烃类在糠醛中溶解度很小，因此被广泛地用作精制润滑油、松香、牛油和丁二烯等的选择性溶剂。常压下糠醛和水部分互溶，两相组成随温度不同而变化，在临界温度 120℃以上时，糠醛与水能以任意比混溶，20℃时在水中溶解度为 8.3%。糠醛与水的恒沸点为 97.85℃（101.3 kPa，即 1 个标准大气压）的恒沸物组成：糠醛 35%，水 65%。

糠醛易燃，易与蒸气一同挥发。糠醛蒸气与空气形成爆炸性混合物，爆炸下限为 2.1%。糠醛气体对黏膜有刺激作用，可渗入皮肤，有一定毒性，应避免直接接触。

糠醛的分子结构中存在羰基、双烯键和环醚等活性官能团，所以糠醛的化学性质非常活泼，因此可以通过氢化、缩合及氧化等化学反应生成大量衍生物，如糠醇、乙酰丙酸、γ-戊内酯和甲基四氢呋喃等化学品，如图 22－5 所示。

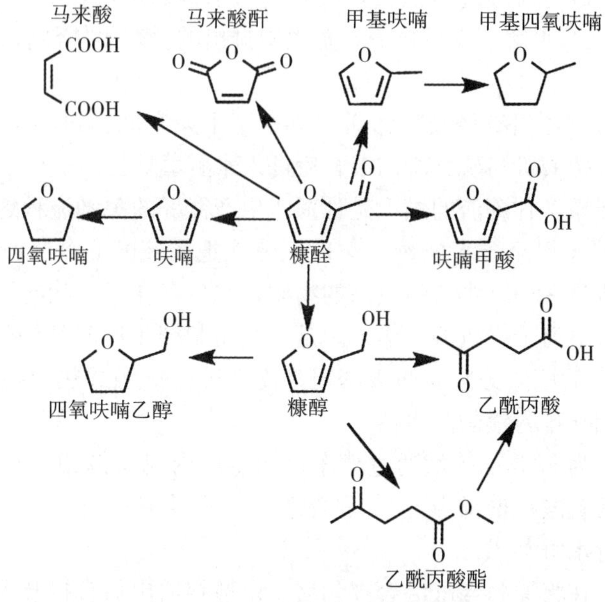


图 22－5　糠醛及其衍生物

糠醛可以通过醇醛缩合反应进行碳链增长，进而加氢制备烃类燃料，这种衍生于可再生资源的烃类燃料在取代石油化工燃料方面具有很大潜力。糠醛在很多领域都有广泛的应用，以糠醛为原料合成的化工产品广泛用于合成香料、食品、医药、农药、合成塑料、合成树脂和化妆品等行业。详见表 22－3。

表 22-3 糖醛的应用

| 应用领域 | 具体应用 |
|---|---|
| 工业溶剂 | 可制取润滑油、柴油、糠醇、糠酸、四氢呋喃、γ-戊内酯（GVL）等 |
| 分析试剂 | 用于鞣制面革 |
| 药品 | 是一些药品的原料且其衍生物具有很强的杀菌能力 |
| 合成树脂 | 用于呋喃树脂的合成等 |
| 萃取剂 | 用于萃取润滑油和柴油中的芳香成分 |

**2. 糠醛的生产原理** 在稀硫酸催化作用下，原料（如甘蔗渣）发生水解生成戊聚糖，然后戊聚糖脱水环化形成糠醛，其反应方程式如下：

$$(C_5H_8O_4)\ n+nH_2O \xrightarrow[\triangle]{\text{稀 }H_2SO_4} nC_5H_{10}O_5$$

$$C_5H_{10}O_5 \xrightarrow[\triangle]{\text{稀 }H_2SO_4} C_5H_4O_2+3H_2O$$

**3. 糠醛的生产工艺流程** 糠醛生产装置及工艺流程：甘蔗渣原料→皮带运输机→烘干机烘干→皮带运输机→拌酸→进入水解反应器→醛蒸气→粗馏塔蒸馏→冷凝器→冷却器→分醛罐→水洗塔→精制塔→精制冷凝器→精醛入精醛罐→成品糠醛。

生产工艺流程主要包括甘蔗渣干燥、拌酸、水解和精制等。在甘蔗渣干燥后，通过输送机将其输送至拌酸机与硫酸进行混合，然后进入水解蒸球，在 1.0 MPa 压力条件下进行水解，经 1.5～2.5 h 水解蒸煮后排渣，蒸煮中排出的糠醛气体经管路进入蒸馏塔蒸馏、精制获得产品糠醛。

（1）*原材料输送*。甘蔗渣经胶带输送机输送至干燥车间，再经蔗渣滚筒干燥机烘干后，由输送机输送入拌酸机与硫酸均匀混合后进入水解蒸球。

（2）*甘蔗渣的干燥*。甘蔗渣的烘干是甘蔗渣生产糠醛的关键流程之一，因为甘蔗渣要从原来含水分约 48%干燥至含水分约 35%时，才能把稀硫酸充分吸收，从而得到纯度较高的粗醛液。甘蔗渣是一种纤维含量较高的物质，水分存在于孔状的纤维颗粒中，受热后非常容易排出。蔗渣滚筒干燥机的工作原理是：利用制糖生产时从锅炉排出的、约 160℃的烟道气，与约 35℃的蔗渣分别在两级密闭滚筒内进行接触式热交换，蔗渣受热后温度升高，水分蒸发随烟气排入锅炉除尘器。

（3）*拌酸*。浓度为 98%的硫酸通过槽车运输至厂内硫酸储罐，经硫酸泵送至硫酸计量槽，计量后送至稀硫酸贮槽稀释至 5%的浓度，流入拌酸机与甘蔗渣均匀混合，然后一起进入水解蒸球进行水解蒸煮。

（4）*水解蒸煮*。在将原料与酸混合拌匀后，由搅拌器出口直接装入水解蒸球。为增加装料量和排除水解锅中的空气，通常采用带压蒸锅即边装料边通入空气，待装料结束后，上盖升压，边升压边将锅内空气除尽，使锅内蒸汽压力与蒸汽温度相对应，压力控制在 1.0 MPa，水解时间为 1.5～2.5 h。糠醛蒸汽含 4%～6%糠醛，含水 90%以上，低沸点物主要为甲醇、乙醛和残留有机酸（醋酸和甲酸等），占糠醛量的 5%～15%。将水解蒸球水解得到的粗醛液移至粗馏塔进行蒸馏，去除杂质，进而提高糠醛的纯度。从水解蒸汽排出的副产品糠醛渣则可作为生物质燃料送回锅炉燃烧。

(5) 蒸馏。常用的粗馏塔为常压蒸馏塔，塔底用二次蒸汽间接对粗醛液进行加热蒸馏，塔底温度控制在106℃，塔顶为糠醛与水的共沸物（即糠醛含量为35%，水含量为65%），发生沸腾分离，再经冷却器冷凝，冷却至40℃，进入分醛罐，上部水层全部回流至粗馏塔，下部醛层经粗醛计量槽进入水洗塔。塔底蒸馏废水排入废水沉淀池。

从水洗塔提取出的粗糠醛进入精制塔，水洗塔上部的轻组分被引入脱轻塔，通过脱轻塔可回收得到副产品甲醇等。

精制塔为真空操作。塔底用蒸汽加热，塔底温度约100℃，塔顶温度约为86℃，粗醛从水洗塔引入精制塔，进行脱水精制，塔底残留物送至废水沉淀池，醛泥渣作为副产品。塔顶蒸汽经冷凝、冷却后送至粗馏塔。塔底含醛99%的精醛进入精醛贮罐，计量后进行装桶。糠醛的生产工艺流程如图22-6所示。

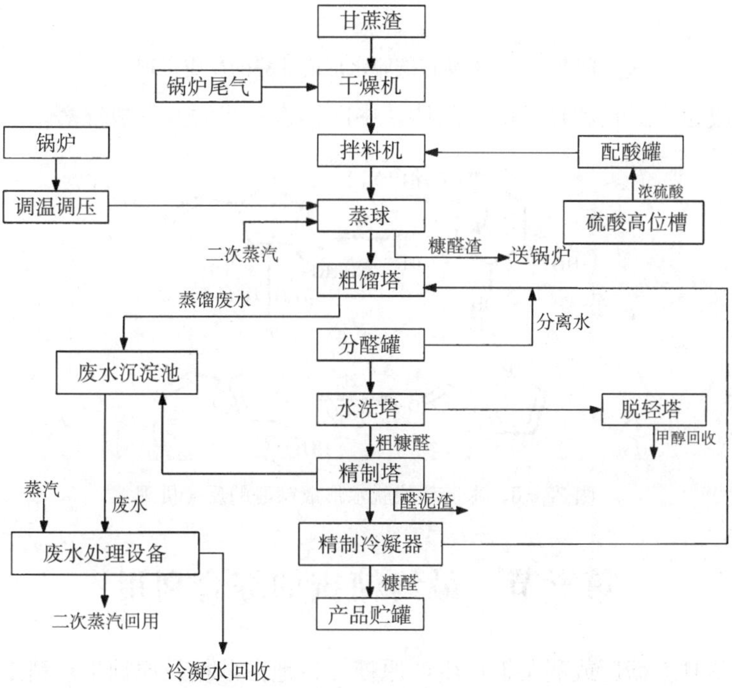


图22-6　糠醛的生产工艺流程

**4. 糠醛的反应机理**　糠醛和五碳糖的分子式分别为$C_5H_4O_2$和$C_5H_{10}O_5$，可以明显看出，糠醛相当于五碳糖脱去3分子水之后的产物。虽然五碳糖生成糠醛的化学反应式简单，但反应机理却非常复杂，目前主要有两种理论，即直链脱水理论和环状脱水理论。

直链脱水理论由Feather等人提出的，其路径如图22-7所示。直链的木糖经过烯醇化反应转变为1,2-烯醇中间体，随后经过两步脱水反应分别形成3-脱氧木烯糖和3,4-脱氧木烯糖，进一步脱水形成糠醛。也有研究认为，直链木糖不经过烯醇化反应，直接脱水形成3-脱氧木烯糖，然后进一步脱水形成糠醛。

环状脱水理论是由Antaljr等人提出的，如图22-8所示。糠醛来源于吡喃木糖，在酸性条件下，质子氢攻击吡喃环二号碳上的羟基，使其脱水形成氧正离子，继而发生质子

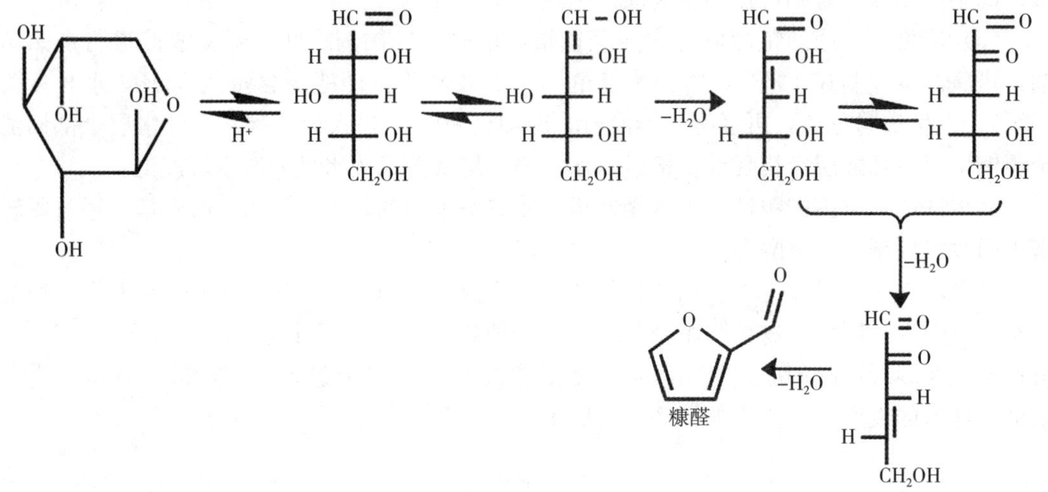

图 22-7　木糖直链脱水形成糠醛的反应机理

转移，同时形成含有醛基和羟基的中间体，中间体进一步脱水形成糠醛。

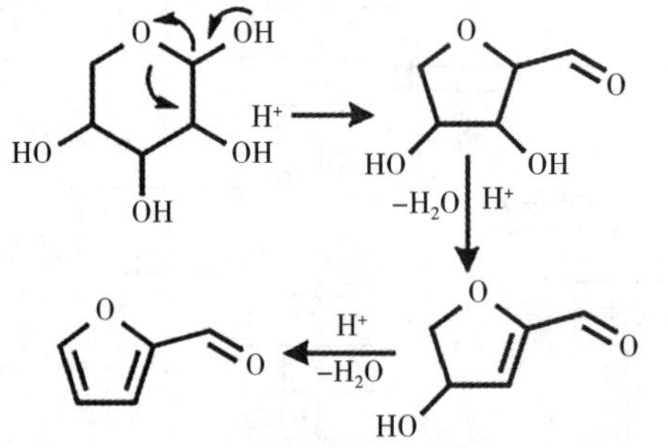

图 22-8　木糖环状脱水形成糠醛的反应机理

# 第三节　最终糖蜜的综合利用

最终糖蜜是甘蔗糖厂或甜菜糖厂生产原糖、耕地白砂糖及原糖生产精制糖过程中产生的一种副产品，俗称糖蜜。糖蜜是一种黏稠、黑褐色的半流体物质，是甘蔗制糖工业中的一种副产物，一般占榨量的 2%～4%，糖蜜水分 22%～28%，总糖分 44%～50%（其中蔗糖 30%～40%，还原糖 15%～20%，非发酵糖 2%～3%），具有干物质浓度极大、糖分含量高等特点，可直接再加工成食品，颜色较深，容易发生焦糖化反应。糖蜜主要应用于生产酒精、焦糖色素、酵母抽提物及饲料等。

## 一、糖蜜酒精

糖蜜可以作为原料直接发酵生产酒精。

**1. 发酵菌种**　我国目前糖蜜酒精所使用的菌种均为酵母菌，这些酵母菌的原始菌种均为引进的菌种。主要的酵母菌株有以下几种。

（1）中国科学院 2.119（台湾 396）。2.119-Saccharomyces formosensis Nakazawa，原称台湾 396。最适生长温度 33℃，pH 4.0～5.0；最适发酵温度 33 ～35℃，pH 3.0～5.0。

（2）中国科学院 2.610。2.610 酵母是中国科学院微生物研究所于 1995 年为解决广东省气温高影响发酵的问题，采用台湾 396 为原始菌株，用甘蔗糖蜜作为培养基，于 40℃下驯养出来的一个菌株。

（3）中国科学院 2.1189（俗称古巴 1 号）。

（4）中国科学院 2.1190（俗称古巴 2 号）。

（5）4608 号酵母菌株。4608 号酵母菌株是利用中国科学院 2.610 菌株继续驯养而得的一个新菌株，目前广西、广东、云南、海南和福建等地的糖蜜酒精生产中普遍使用的就是 4608 号菌株。该菌株广泛用作各类甘蔗糖蜜的原料，耐酸性好，耐高温，发酵速度快，发酵效率较高，耐高酒分能力强，成熟醪最高含酒分 14%（$V/V$）。最适繁殖温度为 28～36℃，最适发酵温度 30～40℃，最适 pH 为 2.8～5.5。

**2. 发酵原理** 以酵母为例，酵母细胞含有丰富的水解酶和酒化酶，酵母中的蔗糖酶能将蔗汁中的蔗糖水解为 1 分子葡萄糖和 1 分子果糖。在酵母体内，葡萄糖经糖酵解途径生成丙酮酸，在无氧条件下，由丙酮酸脱羧酶催化使丙酮酸脱羧生成乙醛，随后以焦磷酸硫胺素为辅酶，并需要 $Mg^{2+}$，所生成的乙醛在乙醇脱氢酶的作用下成为受氢体，被还原成乙醇。

由葡萄糖生成乙醇的总反应式：

$$C_6H_{12}O_6+2H_3PO_4+2ADP \rightarrow 2CH_3CH_2OH+2CO_2+2ATP$$

**3. 糖蜜酒精发酵**

（1）糖蜜发酵前处理。

① 酒精生产原料的预处理。由于糖蜜本身糖分高，且含有大量的细菌、灰分与胶体物质，因此在发酵前必须对其进行适当的预处理。糖蜜的预处理包括稀释、酸化、灭菌、澄清和添加营养盐等过程。在此重点叙述灭菌（抑菌）方法。

A. 加热法。是利用换热设备，用蒸汽加热糖蜜至沸腾，并保持一定时间，从而杀灭糖蜜中的微生物。但是此法的一大缺点就是能耗太大，因为加热糖蜜时需耗用大量蒸汽，冷却时又要耗用大量的水。所以在能源日益紧缺的当今世界，这种方法不宜推广使用。

B. 酸化法。酸化法是先将糖蜜稀释到 55～60°Bx，然后加入一定量的酸（主要是浓 $H_2SO_4$），保持一定的时间（60～120 min），来抑制或部分杀灭稀糖液中的微生物。操作简单，是我国糖蜜酒精生产一直沿用的方法。但是由于在糖蜜稀释中加入了大量的浓 $H_2SO_4$，使发酵液的酸度显著增大，发酵设备易发生腐蚀，尤其是酒精发酵液中 $SO_4^{2-}$ 浓度明显增加，导致处理成本明显增加，与我国政府倡导的制造业绿色发展趋势不相符。

C. 化学药物处理法。是指使用某种化学药物（或几种复合物），对糖蜜进行抑菌或杀菌处理的方法。此法简单实用，但值得注意的是，如何选择一种既能抑制或杀灭杂菌又对酵母没有毒副作用，或副作用很少的药物是此法的关键。几种常用药物用量与对酵母的影响如下。

漂白粉：用量为 50～100 g/$m^3$ 醪液，超量对酵母有影响。

氟化钠：用量为 50～80 g/m³ 醪液，超量对酵母有影响。

抗乳菌素：用量为 5 g/m³ 醪液，超量对酵母影响很小。

青霉素：用量为 2.5 g/m³ 醪液，超量对酵母无影响。

克菌灵：用量为 10 g/m³ 醪液．超量对酵母无影响。

由此可见，青霉素和克菌灵效果比较好，且对酵母无任何副作用，但青霉素在使用一定时间后显现明显耐药性，而克菌灵却无耐药性，所以认为克菌灵是最佳的选择。

②发酵用水的要求。在糖蜜酒精生产中，必须重视发酵用水。从发酵的角度来说应该选用无菌水或饮用的自来水，但在工业化生产中很难做到。因此需要对发酵用水进行消毒灭菌处理。常用的处理方法参照自来水处理方法，澄清消毒每立方米用 30～50 g 漂白粉。

③酒母的制备。酒母是指具有一定酵母细胞数量的酵母菌菌种。

成熟酒母的要求：健壮饱满、纯粹无杂菌、繁殖速度快、酶的活力高和发酵能力强。

糖蜜酒精发酵过程中需要添加大量的酵母，因此，必须选择适应工业化生产的优良酵母菌种来进行纯种培养。从单一细胞出发，增殖大量酵母作为种子，然后利用纯粹的酵母种逐级扩大培养，直至酵母细胞数足够满足工业生产中酒精发酵的需要。其培养工艺如下：原菌种试管→斜面试管→培养（28～30℃，2～3 d）→液体试管→培养（28～30℃，12～16 h）→卡氏罐→酒母罐（内装已消毒并冷却至28～30℃的稀糖液）→发酵罐。

酒母扩大培养的方法可分为间歇式培养法、半连续式培养法及连续式培养法。

酒母成熟后质量指标：酵母细胞数 1 亿～1.2 亿个/mL，细胞出芽率 20%～25%，死细胞<1%，耗糖率 45%～50%，酸度 5.5～6.5（pH 4.0～4.2），含酒精 3%～3.5%。

（2）酒精发酵。糖蜜酒精发酵生产流程如图 22－9 所示。

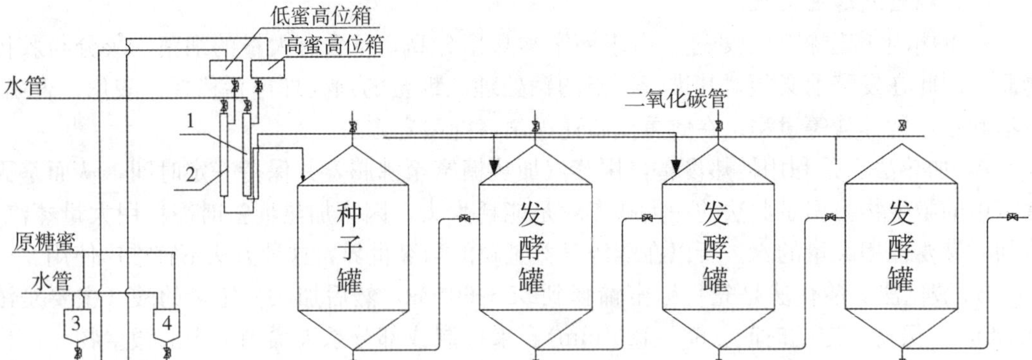


图 22－9　糖蜜酒精生产流程

1. 高蜜二次稀释器　2. 低蜜二次稀释器　3. 低蜜一次稀释器　4. 高蜜一次稀释器

（3）酒精发酵工艺。

①间歇发酵。在每个发酵罐中流加 26～30°Bx 的稀糖液，同时流加 10%～20%的酵母种子，然后让其发酵成熟［含酒分 9%（*V/V*）以上］，一个罐装满后，再装第二个罐，一直将所有的发酵罐装满（图 22－10）。这种方法劳动强度大，发酵设备效率低，发酵周期偏长，发酵率也低，且容易感染杂菌，故我国目前一般已不再采用。

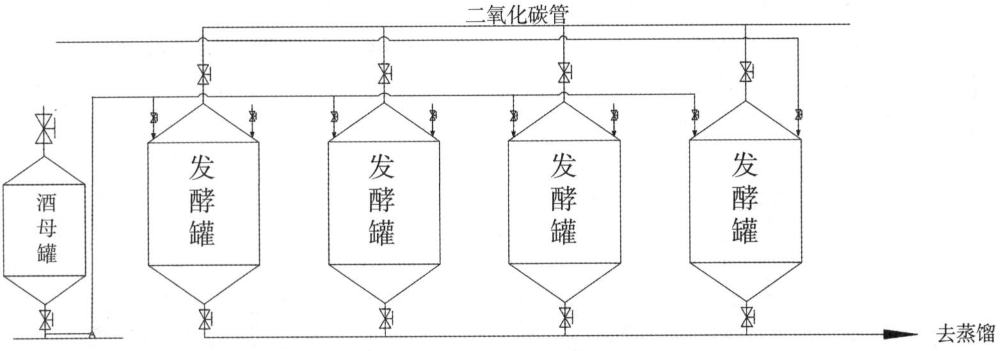


图 22-10　糖蜜酒精间歇发酵工艺

②半连续发酵。半连续发酵是指在主发酵阶段采用连续发酵，而后发酵则采用间歇发酵的方法（图 22-11）。

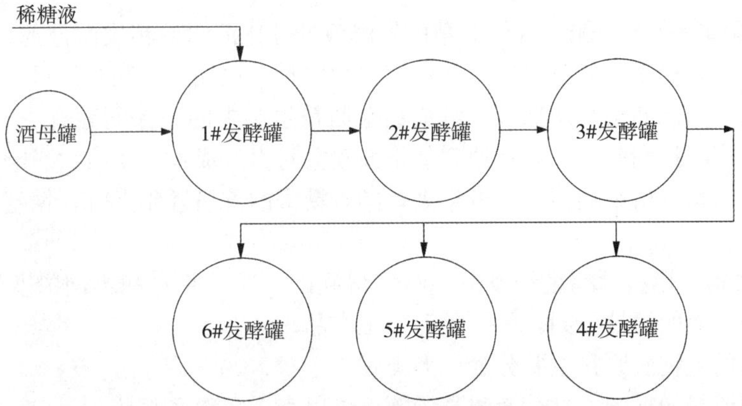


图 22-11　糖蜜酒精半连续发酵工艺

③连续发酵。采用多个（一般为 6～12 个）发酵罐首尾相连、串联发酵的方法称为连续发酵法。从第一个串联到最后一个罐，它们的位置可在同一高度水平或不同高度、呈逐级降低的梯级形式。酒母流入第一个罐，稀糖液中的低蜜流进第一个罐，高蜜则流进第二个罐，料液从 1＃发酵罐底部经过罐管道从 2＃罐的上部流下，再从 2＃罐的底部流出，然后进入 3＃罐的上部，依次流到最后一个罐，成熟醪从最后一个罐中连续排出（图 22-12）。

连续发酵方法主要有以下几种：

单浓度连续发酵：发酵糖液浓度与酒母培养液浓度相同，即为 22～25°Bx。

双浓度连续发酵：酒母培养液采用低浓度稀糖液（17～20°Bx），发酵用的基本稀糖液采用高浓度稀糖液（36～39°Bx）。

固定化酵母连续发酵：把酵母固定在特殊的载体内，用不锈钢网围放在 1＃发酵罐内，载体不会流失，而且载体内的酵母数可高达 20 亿个/g，酵母在载体中不断生长繁殖并渗透到发酵液中，其发酵速度比双浓度流加法快 10%～30%，发酵周期可缩短为 28～35 h，设备利用率和产酒率相应提高。

连续发酵蒸馏法特点：采用发酵和蒸馏结合的新工艺。酵母循环回用，罐内形成酵母优势，发酵时间短，产酒率高，且节省了用于酵母生产繁殖的耗糖；蒸馏发酵液部分回流至发酵罐做内部稀释，再结合低 pH 的发酵工艺，既实现了内部灭菌，又减少了生产用水量和发酵液排放量，且发酵液的浓度高，有利于再利用。

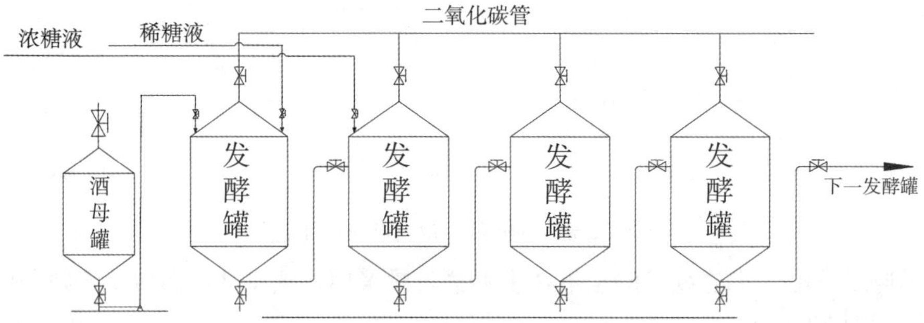

图 22－12　糖蜜酒精连续发酵工艺

**4. 糖蜜酒精存在的问题**　糖蜜酒精的发酵液处理比淀粉酒精发酵液的处理难度更大。从环保的角度看，由于不像玉米原料那样能提取饲料，也极少有回收酵母的例子，发酵液处理费用很高。因此如何利用低成本解决糖蜜酒精生产中的环保问题有一定难度。另外，由于用糖蜜生产酒精利润不大，且原料价格波动会对生产成本产生较大影响，所以糖蜜的进货价高低对酒精价格影响很大。近年来，随着糖蜜的价格逐年上升，糖蜜酒精的生产成本也逐年提高。

**5. 燃料酒精**　燃料酒精是经发酵、蒸馏得到的，通过脱水和不同的变性处理，变成燃料酒精，与一般的酒精不同，是一种深加工产品。

生产酒精的生物质原料主要分为三大类：

（1）含糖原料如糖蜜、甘蔗及甜高粱等，可以直接发酵产酒精。

（2）淀粉质原料，如小麦、木薯及玉米等，必须先液化将淀粉转化成可发酵性糖。

（3）纤维素质原料如甘蔗渣、秸秆、木屑及污泥（造纸污泥）等，需要先在酸或纤维素酶类的作用下水解并转化为可发酵性糖类。

第二大类原料成本较高，且利用粮食生产，原料受限，经济效益低。第三大类原料前景广阔，但实现工业化生产尚有一些困难。目前，酒精发酵主要以玉米和小麦等粮食作物为原料，但从粮食安全和燃料酒精产业发展需求考虑，甘蔗、糖蜜等可以作为替代原料。

## 二、焦糖色素

焦糖色素（Caramel pigment），也称焦糖色或酱色，是一类具有焦香味的黑褐色液体、粉末或颗粒。它是由碳水化合物在一定条件下焦化而成，或是与氨基化合物发生美拉德反应制成。因其具有水溶性好、着色率强、稳定性高和安全无毒等优点，广泛应用于调味品、饮料和焙烤等行业。

在实际使用中，应根据焦糖的理化性质及食品自身的特点选择相应理化性质的焦糖，以获得性质稳定、感官品质良好的食品。由于 4-甲基咪唑的毒性问题使焦糖色素的发展受到了阻碍，后来经过一系列的深入研究和实验，联合国粮食与农业组织（FAO）、世界卫生组织（WHO）和国际食品添加剂联合委员会（JECFA）均认为，焦糖色素作为食用色素是安全的，但对4-甲基咪唑做了限量的规定。国外焦糖色素的生产历史悠久，美国1863年首次实现商业化生产。我国20世纪70年代在河南等地就出现以甘薯为原料生产焦糖的小作坊工厂，但生产设备极其落后，产品色率极低；80年代后期，重庆引进美国威廉生公司的生产技术，极大地推动了我国焦糖色素工业的发展；90年代中期，以恒泰、红双喜为龙头的焦糖色素生产企业相继创建，主要产品为氨法焦糖。近年来，我国糖蜜焦糖色素产业发展迅速。

**1. 焦糖色素的分类及性质**

(1) 按产品型号分类。根据产品型号的不同大致可将焦糖分为普通单倍型、普通双倍型、酿造型、老抽红型和特红型，见表22－4。

**表22－4　焦糖色素按产品类型分类**

| 型号 | 色率（EBC） | 红色指数 | 波美度 | 黏度（mPa·s） |
|---|---|---|---|---|
| 普通单倍型 | ≥3.20 | ≥5.3 | ≥36.0 | ≥1 300 |
| 普通双倍型 | ≥5.95 | ≥4.3 | ≥31.0 | ≥1 600 |
| 酿造型 | ≥3.30 | ≥5.3 | ≥31.0 | ≥500 |
| 老抽红型 | ≥1.60 | ≥6.0 | ≥38.0 | ≥1 100 |
| 特红型 | ≥2.35 | ≥5.7 | ≥37.5 | ≥1 100 |

(2) 按生产中使用催化剂种类分类。国际技术焦糖协会（International technology caramel association）根据焦糖在生产过程中所添加催化剂的不同，将焦糖分为普通焦糖（不加催化剂）、亚硫酸盐焦糖（以亚硫酸盐为催化剂）、氨法焦糖（以氨为催化剂）和亚硫酸铵法焦糖（以亚硫酸铵为催化剂），它们的主要性质概括见表22－5。

**表22－5　焦糖色素生产中使用催化剂种类分类**

| 型号 | 国际编号 | 色率 | 典型用途 | 所带电荷 | 是否含氨类物质 | 是否含硫类物质 |
|---|---|---|---|---|---|---|
| 普通焦糖（Ⅰ） | INS 150a<br>EEC NO. E150a | $1.7\times10^4$ | 焙烤食品、即食谷物、复合调味料 | 负（弱） | 否 | 否 |
| 亚硫酸盐焦糖（Ⅱ） | INS 150b<br>EEC NO. E150b | $2.7\times10^4$ | 酒类 | 负 | 否 | 是 |
| 氨法焦糖（Ⅲ） | INS 150c<br>EEC NO. E150c | $(3.2\sim5)\times10^4$ | 酱油、啤酒、醋 | 正 | 是 | 否 |
| 亚硫酸铵法焦糖（Ⅳ） | INS 150d<br>EEC NO. E150d | $(2\sim8)\times10^4$ | 碳酸饮料、料酒及制品、茶（类）饮料 | 负 | 是 | 是 |

**2. 焦糖色素的制备原理**　焦糖色素是一类由上百种化合物组成的复杂化合物，其反应生成机理极其复杂，普遍认为焦糖色在形成过程中主要经历两类反应，即美拉德反应与焦糖化反应。

(1) 美拉德反应。美拉德反应（Maillard reaction）本质上是一种羰胺反应，含有氨基的蛋白质、氨基酸、多肽与含羰基的还原糖、醛、酮，以及胺类之间等都可以发生此类反应。这类反应的最终产物都是黑褐色或棕黑色的类黑精，但由于过程和产物的复杂性，使得人们对反应的机理尚未完全明确。目前，普遍将美拉德反应分为三个阶段：初期阶段，游离的羰基和氨基缩合生成希夫碱（Schiffs base），该物质不稳定，易发生阿玛多利重排，生成稳定的阿玛多利重排产物（Amadori products，ARP-1-氨基-1-脱氧-2-酮糖）。中期阶段，反应底物是初期阶段产生的阿玛多利重排产物，在不同的 pH 条件下发生路径会不相同，故对应的产物也不相同。pH≤7 时，阿玛多利重排产物主要经 1,2-烯醇化反应进一步脱水环化成糠醛或 5-羟甲基糠醛（HMF）；而 pH>7 时，阿玛多利重排产物主要经 2,3-烯醇化反应并进一步降解为还原酮、丙酮醇、丙酮醛和双乙酰等裂解产物及脱氢还原酮类化合物等中间产物，这些产物性质非常活泼，可继续发生下一阶段的反应。末期阶段，反应机理尚不明确，已知的有环化、脱水、重排、异构化和醇醛缩合等，并最终生成具有抗氧化性的、褐色的、含氮高分子化合物的类黑精。可见，类黑精是一种成分复杂的复合物，除了含有咪唑、吡咯、吡啶和吡嗪等各类不饱和的杂环化合物，还含有一些完整的氨基酸残基成分。

（2）*焦糖化反应*。焦糖化反应也属于非酶褐变，是指反应体系中没有胺类化合物时，醛糖或酮糖经高温（140～170℃）发生降解、脱水和缩合等一系列反应，赋予食品色泽与风味的过程。在反应开始阶段，糖分经加热发生降解，如葡萄糖反应生成部分葡聚糖、左旋葡萄糖和少量龙胆二糖和槐二糖，这些产物再经过一系列过程，如脱水、分子重排和环化等作用生成糠醛类物质。聚合反应是焦糖化反应后期反应的主要类型，反应机理与丁间醇醛的缩聚机理类似。

（3）*以最终糖蜜为原料生产焦糖色素的工艺*。主要以最终糖蜜为原料，采用氨水、碱和铵盐等为催化剂，在一定的条件下发生焦糖化反应，即可制备焦糖。

最终糖蜜成分复杂，除含蔗糖外，还含有大量胶体和杂质，需对其进行清净处理，才可作为生产焦糖色素的原料。

生产工艺流程为：糖蜜→加水稀释→加酸水解→静置沉淀→过滤→加碱中和→静置沉淀→蒸发浓缩→加氨反应→高温→焦糖色素成品。

（4）*焦糖色素在食品中的应用*。焦糖色素生产有着悠久的历史，国外较成熟，而国内起步较晚。经过长期研究，我国焦糖的生产工艺、设备、品种和标准等已有较大改进。目前，焦糖色素已广泛应用于食品等方面。

①焦糖色素在软饮料中的应用。软饮料是世界上焦糖用量最大的领域，一般是用亚硫酸铵焦糖，这种焦糖色素带负电荷，而饮料中所用的香料含有少量带负离子的胶体物质，这样在化学上就能相溶，不会形成混浊或絮凝现象。使用前需要对焦糖进行部分氢化处理，以减少产品贮藏中芳香成分的损失，这对使用阿力甜的低糖可乐型饮料尤其显著。

②焦糖色素在调味品中的应用。用于酱油、醋、酱料等调味品中的焦糖多为Ⅲ类焦糖，带有正电荷。这些调味品盐分含量高，例如，酱油含有 17%～20%的盐分，所使用的焦糖必须具有耐盐性，否则会出现浑浊、沉淀等现象。当前消费者对酱油产品的要求，不仅要色深，还要颜色红亮，挂碗性好，因此选用红色指数高、固形物含量高的焦糖更为合适。

③焦糖色素在酒精制品中的应用。焦糖的耐酒精性使其能够在酒产品中使用，焦糖通常能分散于50%浓度以下的乙醇溶液中。啤酒含有带正电荷的蛋白质，故需选用带正电荷的Ⅲ类焦糖。黄酒中含有大量负电荷的蛋白质和多糖胶体，且产品 pH 一般在 3.8～4.6，故要求使用 pI 低于 1.5、酒精环境下稳定的Ⅳ类焦糖。而有一些发酵葡萄酒、樱桃酒，因蛋白质含量极低，加上本身呈酸性，可以考虑使用耐酸性焦糖。

焦糖色素也可改善焙烤食品外观，可选用原浓度或倍数浓度的液体和粉末状焦糖色素，来弥补特制“表面装饰”蛋糕和精制曲奇饼等配料不充足或不均匀的着色力。此外，焦糖色素在罐装肉和炖肉、食用糖浆、医药制剂，以及以植物蛋白质为原料的人造肉等产品上被广泛应用。肉制品中可选用带正负电荷的焦糖色素，选择时应考虑红色指数。固化焦糖色素一般用于混合粉末调味料中，如把固化焦糖与淀粉或糊精混合于方便面调味包中，保证汤料用热水冲调后速溶的同时还可以加强汤料的色泽和风味。

## 三、酵母抽提物

酵母（Saccharomyces）属于单细胞真菌，并非系统演化分类的单元，能将糖发酵生成酒精和二氧化碳，广泛分布于整个自然界。酵母是一种典型的异养兼性厌氧微生物，在有氧、无氧条件下均能够存活，是一种天然发酵剂。从其生长特性看，有如下特征：

（1）营养。酵母菌同其他活的有机体一样需要相似的营养物质，像细菌一样有一套胞内和胞外酶系统，用以将大分子物质分解成细胞新陈代谢易利用的小分子物质，属于异养生物。

（2）酸度。酵母菌能在 pH 为 3.0～7.5 的范围内生长，最适 pH 为 4.5～5.0。

（3）水分。像细菌一样，酵母菌必须有水才能存活，但酵母需要的水分比细菌少，某些酵母能在水分极少的环境中生长，如蜂蜜和果酱，这表明它们对渗透压有相当高的耐受性。

（4）温度。在低于水的冰点或者高于 47℃的温度下，酵母细胞一般不能生长，最适生长温度 20～30℃。

（5）氧气。酵母菌在有氧和无氧的环境中均能存活、生长，是兼性厌氧菌。在有氧的情况下，能把糖分解成二氧化碳和水，酵母菌生长较快；在缺氧条件下，酵母菌会把糖分解成酒精和二氧化碳。

酵母抽提物（Yeast extract 或 YE），又称酵母精、酵母味素，是通过自溶、加酶水解等方法将酵母细胞内的蛋白质降解为氨基酸、核酸降解为核苷酸，并将它们和其他有效成分，如 B 族维生素、谷胱甘肽和微量元素等一起从酵母细胞中抽提出来，制成一种兼具调味、营养和保健三大功能于一体的天然复合调味品。酵母抽提物含有 18 种以上的氨基酸和多肽，还含有核苷酸、维生素、有机酸和矿物质等多种有效成分。味道鲜美浓郁，具有肉香味。酵母抽提物采用现代生化技术精制而成，所以不含动物蛋白水解液（HAP）、植物蛋白水解液（HVP）、有害的氯丙醇，是目前认为最安全的鲜味剂，因此在食品工业中具有广泛的应用前景。

在欧洲用于生产酵母抽提物的主要原料是含有高蛋白的啤酒酵母，这种酵母菌株是以最终糖蜜培养的。在英国和美国，也采用一些除去苦味的啤酒酵母和葡萄酒酵母等作为原料。国内生产的酵母抽提物也有以新鲜面包酵母作为原料的，如广东东莞“一品鲜”的酵母抽提物。但是现在越来越多的研究人员把目光放在了啤酒废酵母的综合利用上。

**1. 酵母抽提物的营养价值** 目前用于生产酵母抽提物的原料主要是啤酒酵母和面包酵母。在国外，用于生产酵母抽提物的主要原料大多是啤酒废酵母，如美国 A－B 啤酒公司用废酵母生产酵母抽提物，在日本则是用干燥过的废啤酒酵母来生产酵母抽提物。这样，充分利用啤酒废酵母可以有效地减轻污染，实现资源的二次转化，也可产生巨大的经济效益。我国主要以面包酵母来生产酵母抽提物，广东东糖集团开发的“一品鲜”，宜昌酵母基地生产的“安琪”酵母和珠海天香苑食品有限公司生产的“味原”酵母抽提物都是以面包酵母为原料。

酵母抽提物是一种天然营养品。酵母菌干体含有 5%～10%蛋白质和氨基酸，2%～3%脂肪，细胞壁和细胞质中是以多糖形式出现的碳水化合物，糖原和海藻糖的含量能高达细胞干重的 20%，其中谷胱甘肽能对机体起到解毒和抗氧化作用，酵母提取物还富含膳食纤维、B 族维生素和微量元素。酵母抽提物就是通过一系列的工艺将它们和其他有效成分一起从酵母细胞中抽离出来的浓缩产品，其中多种氨基酸和核苷酸都有呈味作用。膳食纤维能促进肠胃蠕动，带走肠内有害物质，促进肠内有益菌群的活化生长。B 族维生素推动体内代谢，是将糖、脂肪和蛋白质等转化成热量的过程中必不可少的元素。核酸能改善记忆、调节免疫、抗疲劳和延缓衰老，酵母抽提物还含有丰富的 RNA 降解的副产物鸟苷、肌苷等抗衰老因子，促进胆固醇代谢正常，抑制血清胆固醇的上升，增强细胞免疫能力，提高巨噬细胞活性，抗肿瘤。富含的麦甾醇和硒都是人体所必需的物质。麦甾醇受紫外线照射后会转化为维生素 D，而维生素 D 影响着骨骼的形成；硒是人体内不可缺少的微量元素之一，当食物中缺硒时，会引起心血管病、克山病等疾病。这两种物质在其他食物中含量都比较少。酵母提取物在食品加工中有特殊的调味效果及营养滋补作用，已经在欧美发达国家及日本大量使用，受到消费者的欢迎，在鲜味增强剂市场需求中占比高达 35%。

**2. 酵母抽提物的生产方法** 目前生产酵母抽提物的方法主要有自溶法、酶分解法和酸分解法等。

（1）*自溶法*。自溶法是以具有一定酶活性的新鲜活酵母为原料，利用酵母细胞本身的酶系，添加一定量的自溶促进剂，在一定条件下，将酵母体内的糖类物质、蛋白质和核酸分解为还原糖、氨基酸、肽类和核苷酸等小分子物质，并从酵母细胞内抽提出来的一种方法。利用自溶法生产的酵母抽提物，蛋白质分解率高，游离氨基酸含量高，风味好，成本较低，但呈味核苷酸含量低。目前，欧美国家及我国所生产的酵母抽提物绝大部分都是采用这种方法。

（2）*酶分解法*。酶分解法是以菌体内酶失活的酵母菌为原料，通过控制一定的酵母浓度、温度和 pH，干燥的酵母原料在细胞壁分解酶、蛋白酶、肽酶、5′-磷酸二酰酶和 5′-腺苷酸脱氨酶共同作用下，分解成小分子的糖类、氨基酸、肽类及 5′-核苷酸等呈味物质，离心分离后将上清液通过减压浓缩或喷雾干燥得到酵母抽提物的一种方法。利用酶分解法生产的酵母抽提物质量较好，但成本较高，日本大部分酵母抽提物都是采用酶分解法生产的。

（3）酸分解法。酸分解法是以干燥酵母为原料，主要用盐酸或硫酸进行分解。酸分解法生产的酵母抽提物相当于 HAP 和 HVP，其基本的生产工艺是将酵母液在一定的酸浓度、压力、温度和 pH 条件下水解一定时间，然后进行过滤、脱色、脱臭和碱中和后进行减压浓缩或喷雾干燥，得到酵母抽提物。利用酸分解法生产的酵母抽提物游离氨基酸含量大，但适口性较差，一般不采用此法生产酵母抽提物。

（4）机械破壁。酵母细胞壁的结构是影响酵母提取物得率的主要因素之一，由约 31%甘露聚糖、21%葡聚糖、13%蛋白质和 8.5%类脂共同构成坚固的酵母细胞壁。酵母自溶过程中，通过自身酶系不能使酶解的呈味物质得到充分释放，影响最终产品的得率和风味，所以有必要对酵母进行破壁处理，破壁后的酵母细胞壁孔隙增大，氨基酸、5′-核苷酸等内溶物渗出胞外，可以大幅度提高产品的品质。机械破壁分为高压匀浆、超声波细胞破碎、微波辅助和温差冻融等方法。高压均质因其方便、高效、处理量大和作用明显等优点，使用较为广泛。添加外源酶尽管可以缩短反应时间，提高得率，但酶进行破壁处理会增加生产成本，而且还存在产品抑制问题。超声波细胞破碎等方法处理量小，不适用于工业大规模生产。

**3. 酵母提取物的应用**

（1）酵母抽提物在食品工业中的应用。酵母抽提物作为一种重要的调味原料，由于其营养丰富、滋味鲜美和肉香味浓郁且持久，因此在食品工业中具有广泛的应用。在食品工业中，酵母抽提物主要用作液体调料、特鲜酱油、粉末调料、肉类加工、鱼类加工、动植物抽提物、罐头、蔬菜加工和饮食业等鲜味增强剂。酵母抽提物是一种集营养、调味、保健于一体的天然调味品，起着改善产品风味，提高产品品质及营养价值，增进食欲等作用，广泛用于肉类、水产品、膨化和快餐等食品加工中，在酱类、饼干糕点和营养保健食品等产品中的应用也在进一步拓展。酵母抽提物具有营养性、安全性和方便性等特点，可以作为增鲜剂和风味增强剂被广泛应用于食品工业中。在食品工业中，酵母抽提物能够满足消费者对汤、肉羹、酱料、方便食品、调味等领域不断提高的要求，除了这些方面用到酵母提取物外，调料和香精工厂也会需要酵母抽提物，因为酵母抽提物可以提高调味料的附加值，使其更易于在食品行业占有一席之地。

（2）在肉类食品中的应用。肉制品中添加适量的酵母抽提物，可以使产品香气纯正、丰满、浓郁和圆润，与其他呈味物质有协同相乘作用，效果成数十倍百倍增长，即少量的酵母抽提物就可以取代大量其他调味料，从而降低成本。酵母抽提物在肉制品中，如酱卤制品、熏烤肉制品和香肠制品中都有很好的应用。火腿、香肠生产和加工过程中因为长时间热处理，风味和营养损失都较多。若添加 0.2%～0.5%酵母抽提物到肉类食品中，如火腿、香肠和肉馅等中，不仅能抑制肉类的某种令人不愉快的气味，还能增强总体肉香效果，肉制品的色感更好，味道醇厚，脂肪氧化延缓，脱水干缩也得到防止。烹饪中添加酵母抽提物还能提高肉的嫩度，添加 0.2%酵母抽提物到火腿肠中，能使火腿肠的色、香、味都有所提高，并且在贮存中不易褪色，肉香味增强。添加在酱卤制品、卤水、老汤中与肉制品一起煮制，对卤制品的后味风味有很大提升作用。

（3）在调味品中的应用。酵母抽提物已广泛应用于我国的各种复合调味料的配制中，如各类调味汁（高级海鲜酱油、生抽、辣酱油、蚝油、鸡汁、食用醋等）、粉状调味料

(方便咖喱粉、牛肉精、鸡精等)、糊状调味料(黄豆酱、豆瓣酱、番茄酱等)。酵母抽提物不仅可以掩盖调味品在加工过程中产生的不良气味和突出产品香味，还可以协调、平衡滋味，从而使口感更自然柔和、醇厚。依照产品不同形式和大小，酵母精的添加量也有所不同，0.05%~0.4%或3%~5%不等。与不添加酵母抽提物的普通调味品相比，添加了适量酵母抽提物的新型调味品比其本味更突出，异味大大降低。如蚝油中添加0.6%~0.8%的酵母抽提物时，增加了蚝香味，明显降低了蚝腥味，蚝油的整体口感更浓厚自然。如在高品质鸡精中添加酵母抽提物的量达到3%时，不仅使其本身的风味更加自然醇厚，而且几乎没有腥味，整体口感更接近天然鸡汤。酵母抽提物还可以加入酱油中，改善酱油的风味特点，降低钠的含量和掩盖令人不愉快的气味。所有的酵母抽提物含有多肽和氨基酸及风味强化物质5′-核苷酸(GMP+IMP)，这些物质能够给食品带来一种肉汤的风味。

(4) *在焙烤食品中的应用*。酵母抽提物和面团中的面筋基质相互作用，改善面团的延展性和烘焙性，使产品的口感和结构都得以改善。酵母抽提物中含有海藻多糖，能有效防止淀粉老化。在面包生产中，添加酵母抽提物到面团中能缩短混捏时间，即使混捏结束后保存一段时间也不会影响解冻后的发酵，还是能够生产出品质良好的面包。如中式传统的面点，人们喜欢的包子、饺子、烧麦和馅饼等，添加适量的酵母抽提物在馅料的调味过程中，同样可以使肉类馅料鲜香浓郁、异味减小，咸味的素馅面点具有鲜美丰润的肉味感，同时增加了营养素的种类。

(5) *在方便食品生产中的应用*。将酵母抽提物添加到甘薯粉丝、方便面、米线等方便食品中，调料包中添加0.5%~4.0%的酵母抽提物增强鲜味，不仅增强了产品的鲜味、醇厚感，还提高了产品的适口性和营养。干脆面的面身中使用酵母抽提物，油炸后的方便面面饼会更鲜美，色泽也更好，与面汤形成和谐统一的味觉享受。其中以谷物类为原料加工制成的膨化食品，质量的评价包括感官质量(色泽、味道、膨化率等)、卫生质量和营养价值，其中感官质量很大程度上取决于调味料的功能。在配制膨化食品调味料时，添加5%~10%的酵母抽提物可使食品的滋味丰富、醇厚圆浑、呈味香浓、天然风味突出，同时还弥补了谷物蛋白质不足的缺陷。

## 四、最终糖蜜的其他应用

糖蜜含有多酚和黄酮类等抗氧化性成分，还含有水、蛋白质、维生素、氨基酸、有机酸和钾钠盐等各种成分。同时甘蔗糖蜜中含有大量具有蔗香风味的色素类物质，如能将它们从最终糖蜜中分离制备，可作为酱油、饮料等食品添加剂使用，从而显著提高甘蔗糖蜜的附加值。因为最终糖蜜组分呈多样性，所以用途比较广泛，既可充当饲料添加剂、提取液体糖，还能作为发酵辅料和微生物培养基的复合碳源。

**1. 糖蜜在饲料中的应用** 最终糖蜜含有丰富的糖类及蛋白质等营养物质，适口性好，容易被动物消化吸收，另外还含有多种生物素、氨基酸、维生素以及微量元素等物质，是一种优良的饲料原料。将最终糖蜜用作反刍动物饲料添加剂不仅利用效率较高，而且绿色环保。一方面是由于最终糖蜜的甜味可掩盖饲料的不良气味，改善饲料的适口性；另一方面是由于最终糖蜜本身的黏稠性和半流动状态，具有良好的黏结作用，可降低饲料的粉尘率，提高饲料质量。在荷兰、英国、美国和加拿大等奶牛产业比较发达的国家，最终糖蜜是被作为能量饲料添加至奶牛日粮中。糖蜜用于微生物发酵生产饲料，不仅可提高饲料的粗蛋白质含量，还能改善其适口性。胡咏梅等采用黑曲霉、绿色木霉和产朊假丝酵母3种菌种，蔗渣、糖蜜按8：2配料，料水比1：3，添加6%的$(NH_4)_2SO_4$，自然pH，发酵温度30℃，混菌发酵36 h，发酵后的饲料粗蛋白质含量能提高至11.48%，香味、适口性较蔗渣大为改观，可用作牛、羊等的饲料；利用最终糖蜜发酵生产酵母单细胞蛋白质，可弥补常规蛋白质饲料资源的不足。李大鹏（2003）利用糖蜜发酵生产酵母单细胞蛋白质，配合饲料中使用3%的甘蔗糖蜜，猪日增重提高2.8%，饲料增重比下降4.3%；鸡产蛋率提高2.05%，料蛋比下降3.7%。胡敏等（2006）开展了甘蔗糖蜜生产饲料蛋白质的菌种和发酵条件优选试验，结果表明热带假丝酵母是能充分利用糖蜜生产饲料蛋白质的较好菌株，饲料蛋白质产量达12.5 g/L，化学耗氧量去除率为40%。

另外，在青贮饲料调制过程中，最终糖蜜能为乳酸菌增殖提供发酵底物，常被用作青贮饲料发酵促进剂。马吉锋等（2018）的研究表明，糖蜜尿素复合处理能够提高玉米芯的营养价值，饲喂经糖蜜尿素复合处理的玉米芯能够提高肉牛的生产性能和育肥效益，对肉牛健康无不良影响。李志春等（2013）利用添加糖蜜（糖蜜组、混合组）可明显改善青贮饲料的感官品质，提高蛋白质含量，降低pH、氨态氮和单宁含量；联合添加糖蜜与米糠（混合组）不仅显著提高了青贮饲料的干物质和粗蛋白质含量，还有效降低了氨态氮、粗纤维和单宁含量，呈协同作用。原现军等（2013）研究发现，添加糖蜜显著改善了青稞秸秆和多年生黑麦草混合青贮的发酵品质，降低了pH、丁酸和氨态氮含量，显著提高了乳酸和水溶性碳水化合物含量，保留了较高的粗蛋白质含量，促进了部分半纤维素和纤维素的降解。张万金等（2013）在奶牛饲粮中添加糖蜜，结果表明其可以缓解夏季奶牛热应激采食量的下降，提高泌乳量和乳蛋白率。

**2. 糖蜜生产酵母**　酵母菌是一种单细胞真核微生物，适宜生长在含糖量较高的偏酸性（pH 4.0～7.0）环境中，其本身含有大量的蛋白质和丰富的维生素，营养要求不高，能够迅速生长。糖蜜是制糖业的一种主要副产物，价格低廉，含有丰富的糖分和无机盐等营养物质，以及少量的生长因子，总糖和蔗糖含量均很高，是发酵生产酵母菌的良好原料，现已作为一种生产原料被广泛用于发酵领域。利用甘蔗糖蜜作为碳源规模化培养酵母菌具有重要意义。酵母菌具有菌体大、蛋白质含量高、易培养、生长期短和代谢产物多等优点，广泛应用于微生物发酵领域，例如营养酵母（饲用酵母）、生防酵母和酿酒酵母。

谢式云等（2017）通过甘蔗糖蜜培养饲用酵母菌YS-01条件优化的研究，结果表明：利用单因素实验和正交试验的初步优化，饲用酵母菌YS-01在处理糖蜜中生长良好，优化的培养条件下OD值达到14.6，活菌数达到$2.5\times10^8$CFU/mL。王鹏和郑晓东（2010）以糖蜜作为原料对生防酵母（*Rhodosporidium paludigenum*）进行发酵培养，并通过碳氮源的筛选，确定了一种以糖蜜为碳源的廉价培养基质，以取代昂贵的NYDB培养基，并研究其培养条件，为生防酵母（*R. paludigenum*）的规模化生产奠定基础。酵母菌（*R. paludigenum*）在其发酵培养条件下细胞干重能够达到13.50 g/L，比NYDB培养基中的生物量（7.46 g/L）有较大幅度的增长。蔡子康等（2015）以葡萄有孢汉逊酵母CM2为研究对象，细胞生物量为测定指标，利用甘蔗糖蜜作为发酵原料，对糖蜜培养基的优化进行较为全面的探讨。采用煮沸法、磷酸法、硫酸法、活性炭法和亚铁氰化钾法对糖蜜进行预处理，结果表明硫酸处理法优于其他处理方法。糖蜜作为碳源已成功应用于生防酵母异常毕赤酵母（*Pichiaanomala*）、成团泛菌（*P. agglomerans*）及清酒假丝酵母（*Candida sake*）的发酵生产过程。

酿酒酵母（*Saccharomyces cerevisiae*）是单细胞微生物，属于真菌类，耐酸性强，是兼性厌氧菌。酿酒酵母营养成分十分丰富，含有菌体蛋白质、多种氨基酸、维生素、脂肪、食物纤维、矿物质元素及生理活性物质等。陈雪等（2015）将以糖蜜为碳源的培养基作为发酵培养基，在单因素条件的基础上，进行正交试验，对酿酒酵母的发酵条件进行优化，为后期高密度发酵和工业化生产酵母类的饲料添加剂提供参考依据。陈伟康等（2017）通过发酵工艺条件优化，确定了酿酒酵母 ZM1-5 在糖蜜发酵培养基的优化配方，通过优化，得到了含水量 65%左右的鲜酵母，活菌率为 65.95%的干酵母。甘蔗糖蜜的使用提高了酵母菌的生产量，同时也降低了生产成本，便于工业规模化生产。

**3. 其他利用** 糖类具有一定的缓凝功能，糖蜜作为缓凝剂价格低廉，因此使用也较为广泛。何燕等（2018）研究了糖蜜与聚羧酸减水剂复配，以及对水泥浆体流动性、凝结时间及砂浆力学强度的影响，并揭示了糖蜜与聚羧酸减水剂作用机理及相容性，为聚羧酸减水剂复配效应在高性能混凝土的实践应用提供理论指导和方法。赵明等（2013）的研究也说明了糖蜜与聚羧酸减水剂复合，具有显著的缓凝效果，但不具有辅助塑化效果，随着糖蜜掺量增加，聚羧酸减水剂初始分散性能及 60 min 分散性能显著下降，而水泥浆体凝结时间显著延长。

糖蜜由于含有大量的蔗糖，可以用来生产液体糖。液体糖主要应用于水果罐头、各种非酒精饮料及面包加工业，减少甜蜜素、糖精钠等合成甜味剂的使用，特别适用于不需考虑糖的颜色的产品中。秦祖赠和刘自力（2006）采用絮凝分离的方法，从甘蔗糖蜜制得液体食用糖，所得食用糖符合国家对食品的卫生标准，可用于食品工业。

糖蜜含糖分高，可作为微生物发酵所需碳源来生产细菌纤维素及酶（葡糖淀粉酶、谷氨酰胺转移酶）、功能性糖醇（丁醇、甘露醇）、有机酸（丙酸、琥珀酸）等。姚丽萍等（2018）研究了糖蜜预处理方法及糖蜜添加量对谷氨酸棒状杆菌发酵产 L-丝氨酸过程的影响，结果表明以质量分数为 9%的蔗糖和 1%的糖蜜总糖为混合碳源有利于菌体生长及生产 L-丝氨酸。

细菌纤维素（Bacterial cellulose，BC）是一类由微生物产生的纤维素。BC 以其独特的物理和化学性质被广泛应用于医药、食品、造纸和纺织等领域。然而 BC 应用的最大挑战是其生产成本，尤其是发酵生产碳源的成本相对较高。以相对廉价的糖蜜为原料，陈军等（2013）研究比较了不同预处理方法（硫酸热处理、热处理和未处理）以及生产菌种（木葡糖醋杆菌和红茶菌）对细菌纤维素产量的影响，结果表明硫酸热处理之后的糖蜜获得的细菌纤维素产量最高，可达 6.0 g/L，比用葡萄糖制备细菌纤维素的产量提高了 78%。当以红茶菌为菌种，细菌纤维素的产量可达 12.0 g/L，是木葡糖醋杆菌作为菌种的 2 倍。

彭超等（2013）通过培养高山被孢霉利用糖蜜来发酵生产花生四烯酸（ARA），研究了不同甘蔗糖蜜预处理方法对 ARA 发酵生产的影响。研究表明，硫酸法是最利于 ARA 发酵生产的糖蜜预处理方法，其预处理的甘蔗糖蜜发酵生产 ARA，通过单因素实验设计，确定了最优培养条件。

白洁等（2013）通过比较用酸、酶制剂等方法处理的糖蜜对产L-赖氨酸的影响，确定了酶制剂处理方法是最终糖蜜的最佳处理方法，以及酶制剂处理糖蜜的最佳条件。经试验验证，利用酶制剂处理糖蜜后，葡萄糖含量达到145 g/L，在最佳处理条件下处理糖蜜，L-赖氨酸产量比不处理提高了58.3%，比酸处理提高了21.8%。

张秀凤等（2013）对红酵母利用糖蜜发酵产类胡萝卜素进行了研究，结果表明：对糖蜜的预处理的最佳酸为硫酸，利用经过酸处理后的糖蜜进行发酵，菌株的生物量为30.75 g/L，单细胞色素含量为104 μg/g，色素产量为26 mg/L，最佳发酵时间为168 h。使用糖蜜代替葡萄糖作廉价碳源对红酵母进行发酵，确定添加量为170 g/L，色素产量最大值为葡萄糖发酵的0.97倍，生物量为1.04倍。但是用糖蜜作为碳源替代物的综合利用途径仍多处于实验室阶段，产品商品化生产并不多，这可能是因为新技术还有待产业化扩大实验的验证。大部分制糖企业不需要或不愿意承担新技术带来的风险，只有小部分企业用糖蜜来生产味精（谷氨酸钠）、柠檬酸、赖氨酸和酵母等。

**4. 最终糖蜜加工副产品的利用** 最终糖蜜生产酒精过程产生大量发酵液，每生产1 t的酒精产生COD为8万～12万mg/L，BOD为4万～6万mg/L的12～14 t酒精发酵液。由于糖蜜酒精发酵液的特性，其治理难度很大。酒精发酵液较传统的处理方法是用氧化塘自然氧化，这种处理方法时间长，占用大量土地，且容易对地下水造成污染，通常排放时间长、量多及大雨时氧化塘常常溢出，污染江河、农田，同时在氧化过程中产生的废气（实际是好氧和厌氧过程）也对周围空气造成污染，因此糖蜜酒精发酵液的处理和再利用被认为是一项重大工程。目前酒精发酵液的治理方法主要有浓缩法、发酵生产饲料蛋白法、燃烧法、生物膜法、超滤膜处理法、生产光合菌法、厌氧消化生产沼气法、适当稀释作液肥等处理及综合利用方法。

目前最终糖蜜发酵生产酒精的发酵液处理主要采用方法如下：

（1）*适当稀释后作液肥*。酒精发酵液经过一定处理后可直接用作液肥。但相关研究表明，试验中施用糖蜜酒精发酵液可有效增加土壤速效养分，促进甘蔗作物生长。韦绍龙等（2016）采用水肥一体化浇灌糖蜜酒精发酵液可以提高蕉园土壤肥力，促进香蕉产量提升。

（2）*浓缩燃烧法*。此工艺是将糖蜜酒精发酵液蒸发浓缩至锤度60～70°Bx，送至焚烧炉进行焚烧，以回收热量，残渣可用作肥料，能较彻底地治理酒精发酵液的污染问题，且还能回收富钾炉灰。但也存在发酵液蒸发浓缩耗能高、蒸发系统和锅炉发电设备投资较大、运行费用高等问题。

（3）*浓缩生产有机无机复混肥*。酒精发酵液含有大量的有机质和K、N、P、Ca、Mg、Mn和Zn等无机盐，也富含其他植物活性小分子，适于制作复混肥。由于酒精发酵液中的有机物胶质过多，对后工序的造粒、烘干和产品存放造成影响，必须对发酵液中的大分子有机物先进行降解，使其变成小分子，才能明显减少吸湿情况。故需要在浓发酵液中加入多孔性吸附剂、分散剂等，有效地降低黏稠度，经干燥再按一定比例加入适当的氮、磷、钾单元化肥及肥力增效剂后混合，经圆盘造粒机造粒，送转筒式干燥机干燥、筛选和包装，得到复混肥产品。近年来，一些企业通过用浓缩甘蔗糖蜜酒精发酵液喷浆造粒生产有机无机复混肥，取得了很好的效果，如广西绿友农生物科技股份有限公司利用此技术，建立了年产30万t糖蜜酒精发酵液有机无机复混肥生产线，产品广受欢迎。

（4）生物处理法。生物处理法是通过微生物对酒精发酵液进行厌氧、好氧或厌氧-好氧结合处理，使发酵液中的各种复杂有机物转化为甲烷和$CO_2$等物质。但生物处理法占地面积较大，投资高，发酵液达标排放难度大，沼气的利用很难有效解决，同时厌氧产生沼气未能彻底消除污染，由于其投资大，运行费用高，很多糖蜜酒精厂的厌氧产生沼气的治理工程都难以维持而停产。

（5）酒精发酵液作糖厂锅炉的冲灰水。以前，我国糖蜜酒精厂一般附属在糖厂内，糖厂锅炉较大，酒精发酵液可用来作烟气除尘水，对烟气冲灰除尘。发酵液先用石灰中和后，利用锅炉烟气作热源，在冲灰除尘过程中，蒸发出酒精发酵液中的水分，发酵液经沉降除去炉灰，循环复用冲灰除尘，发酵液得到浓缩，浓度可达40°Bx。此外，糖蜜酒精发酵液处理方法还有絮凝法和催化氧化法等。

## 第四节　滤泥的综合利用

在甘蔗制糖生产过程中，混合汁除了含有蔗糖外，还有蛋白质、果胶、蔗蜡、有机酸等非糖分物质，需要进行清净处理去除，才可能生产出食糖产品。我国目前的清净工艺主要通过添加二氧化硫或二氧化碳与石灰乳（氢氧化钙）生成亚硫酸钙或碳酸钙等，吸附蔗汁非糖分物质形成共沉淀，然后再通过后续固液分离，所获得的滤饼层即为滤泥，故滤泥是甘蔗制糖生产的主要副产物之一。

滤泥的成分，除了与甘蔗种类、收获与压榨方法有关外，还与清净工艺密切相关。因此根据所使用清净工艺的不同，滤泥可分为亚硫酸法滤泥、碳法滤泥及石灰法滤泥。表22-6为甘蔗糖厂亚硫酸滤泥与碳酸法滤泥的主要成分。

**表22-6　甘蔗糖厂亚硫酸滤泥与碳酸法滤泥的主要成分比较**

单位：%

| 生产工艺 | pH | 有机质 | 氮 (N) | 磷 ($P_2O_5$) | 钾 ($K_2O$) | 钙 (CaO) | 镁 (MgO) | 水分 |
|---|---|---|---|---|---|---|---|---|
| 亚硫酸法 | 5.95 | 58.66 | 1.19 | 1.24 | 0.52 | 5.59 | 1.07 | 69.55 |
| 碳酸法 | 8.97 | 23.51 | 0.69 | 0.65 | 0.27 | 5.97 | 4.72 | 55.91 |

目前，我国甘蔗糖厂年产湿滤泥大约300万t，是甘蔗制糖生产的典型固渣，须对其进行资源化利用，以提高甘蔗副产物综合产值，对发展甘蔗糖业循环经济，促进糖业的可持续发展，实现经济效益与环境效应的最大化及提高甘蔗糖业的市场竞争力具有重要的现实意义。

### 一、亚硫酸法滤泥

我国甘蔗制糖业目前以亚硫酸法工艺为主，滤泥产量占全国总滤泥产量的95%以上。因为亚硫酸法滤泥钙盐含量比较少，干滤泥中有机物总量在80%左右，主要为类脂物（蔗蜡与蔗脂）5%～14%，纤维15%～30%，糖分5%～15%，粗蛋白5%～15%，总灰分9%～20%，还富含各种矿物质，如氮、磷、钾及其他微量元素，是优质可再生资源，用途广泛。

（1）直接作肥料使用。亚硫酸法滤泥含有丰富的有机质及植物生长所需的多种矿物质，可作为有机肥料直接还田。但因为新鲜滤泥分解快，可放出大量的热量及氨气，立即施用容易烧死蔗芽或蔗根，因此新鲜滤泥使用前一般需要堆沤 6 周以上，堆沤过程需加盖薄膜或泥土，防止氮损失。滤泥含钾量比较少，可在使用前添加氯化钾。

福建仙游县土肥站对滤泥施用于甘蔗的对照研究表明，土壤含氮量可提高 15%左右，全磷含量可提高 14%左右，每公顷施 12.5 t 滤泥，甘蔗可增产 14.4%。云南农业大学的研究显示，每公顷蔗地施用 25 t 滤泥，与对照组比较，甘蔗蔗糖分从 13.88%提高至 14.12%。印度曾有研究表明，使用滤泥施肥的甘蔗，甘蔗植株内的氮、磷、钾含量也相应增加。

（2）生产有机复混肥。滤泥因含有比较丰富的有机质和粗纤维，经生物发酵、干燥处理，便是十分优质的有机肥料原料，其最适合的资源化利用方向也是用于加工生产有机肥料。

为了提高肥料发酵速度，在发酵过程中，可适当调配其他原料或微生物菌群，如加入有机肥发酵菌种进行发酵。发酵时间与选择的菌种有关，发酵结束后，再混配一定量的氮、磷、钾及其他营养元素，制成系列作物专用复混肥。图 22－13 为滤泥生产有机无机复混肥的工艺流程。

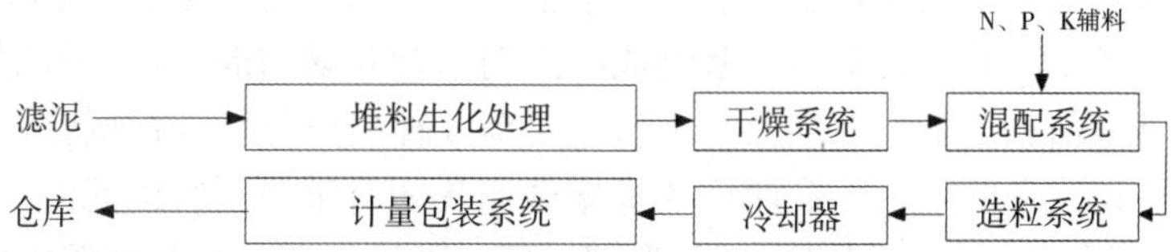


图 22－13　滤泥生产有机无机复混肥工艺流程

滤泥从澄清车间运送至料场后，进行堆料生化处理，待发酵结束后进行干燥，然后添加适量的氮、磷、钾等无机肥，混合均匀后造粒，便可制得有机无机复混肥，再经检验、计量、包装后入库。

## 二、碳酸法滤泥

碳酸法滤泥因在蔗汁清净过程中加入大量石灰和二氧化碳，因而滤泥具有产出量大（对蔗比达 9%～10%）、含钙量高（CaO 为 40%～50%）、强碱性（pH 10.5～11）等特点。虽然关于碳酸法滤泥的处理和资源化利用研究已进行了几十年，但目前仍没有理想的处理方法，仍以填埋或堆埋处理为主，占地面积大，且会污染周边水体和空气，还有治理成本高等问题依然存在。因此近年来我国原有碳酸法甘蔗糖厂已经停产或转为亚硫酸法。

**1. 用于填土**　这是最直接也是最简便的方法，实际上也是过去国内大部分碳酸法工厂所采用的方法。此法可以直接消除滤泥排江造成的污染，而且不需太大的设备投资。但是需有较大的地方来存放，且运输费用也是很大一笔开支。

另外，滤泥不同于泥沙，其物理和化学性质都不太适合用作填土。

(1) 具有强碱性，不能用于普通耕地。

(2) 含有一定的有机物，用于铺路时会因有机物变质而发臭，不能用于一般施工，只能在远离人群的地方堆放。

(3) 具有较强的吸水性，多层堆积后内部易藏水，难以用机车将之压实，因而要求存放面积较大。

总的来看，将碳酸法滤泥用作填土是一个暂时的、不得已的办法，不但不能为企业带来新的经济效益，还要付出不少的土地使用费和运输费。况且随着经济的发展，特别是在城镇和比较发达的地区，适合用滤泥来填土的地方也是越来越少。

**2. 用于改良土壤** 利用碳酸法滤泥具有强碱性的特点，对于某些偏酸性的耕地，加入适量的滤泥可调节土地的酸碱度，尤其是那些长期使用化肥导致土壤变酸、有机质下降的土地。碳酸法滤泥含碳酸钙及少量有机质，可以促进微生物繁殖、疏松土壤，用钙离子转换钠离子，达到改造土壤的作用。

这种方法虽然能使碳酸法滤泥得到利用，国外有些国家就是将碳酸法滤泥作为酸性土壤的改土剂，但在我国，只有免费或象征性收费才能将滤泥送到农民的酸性土地里，农民才会使用滤泥做改土剂。而远距离无偿运输投入费用较大，糖厂根本无法承受。

**3. 用于制作有机无机复混肥** 碳酸法滤泥除含有36%～40%钙（以CaO计））外，还含有有机质和许多植物生长需要的元素，因而具有一定的肥效。但其碱性强、含钙量高，若单独作为肥料大量施用，容易造成土壤板结。广东江门甘化厂与华南农业大学合作研究，以碳酸法滤泥与其他有机质一起制成改土剂和营养黏结剂，在广州郊县及博罗、英德、四会等地对水稻、玉米、花生及水果与蔬菜等8种主要作物进行试验，结果表明，对酸性土壤有增产和改良的效果。广西广业贵糖糖业集团有限公司曾以滤泥、酒精发酵浓缩醪液、煤灰、蔗糠等为原料，制成中性复混肥，用于种植甘蔗，每公顷蔗田施复混肥30 t，甘蔗平均增产23%，效果良好。

由于目前的碳酸法滤泥碳酸钙含量过高，氮、磷、钾相对含量偏少，本身肥效较低，用碳酸法滤泥制备复混肥如果要达到一般农用复混肥同等的肥效，需要添加大量的磷、氮、钾等肥料成分，滤泥所占比例小，且滤泥含水量较高，干燥也需要较高的运行成本。因此，利用碳酸法滤泥作为复混肥原料，截至目前尚未实现规模化应用。

**4. 用作水泥的原料** 表22-7为广西广业贵糖糖业集团有限公司碳酸法滤泥的主要成分。由表22-7中的数据可知，碳酸法滤泥的氧化钙含量达50%左右，基本满足水泥生产工艺的需要。表22-8是以碳酸法滤泥为原料生产的水泥品质指标，所有指标均能达到优等水泥质量的要求，与用石灰石为原料生产的水泥质量相当。

**表22-7 广西广业贵糖糖业集团糖厂碳酸法滤泥主要成分**

单位：%

| $CaO$ | $SiO_2$ | $Fe_2O_3$ | $Al_2O_3$ |
| --- | --- | --- | --- |
| 40～50 | 1.5～3.4 | 0.2～0.5 | 0.5～1.6 |
| $MgO$ | $P_2O_5$ | $K_2O$ | 有机物 |
| 0.9～2.0 | 0.5～1.6 | 0.1～2.0 | 12～15 |

表 22-8 利用滤泥生产水泥的品质指标

| 项目 | 指标 | 项目 | 指标 |
|---|---|---|---|
| 标准稠度需水量 | 25.6% | 细度 | 27 μm |
| 初凝时间 | 2 h 25 min | 终凝时间 | 3 h |
| 安定性沸煮 | 合格 | $SO_3$ | 2.29% |
| MgO | 1.73 % | 烧失量 | 1.45% |
| 3 d 抗折强度 | 5.6 MPa | 3 d 抗压强度 | 32.2 MPa |
| 28 d 抗折强度 | 8.1 MPa | 28 d 抗压强度 | 62.1 MPa |

在试验过程中发现，由于滤泥中含有一定量的有机物，特别是蛋白质等含氮化物，在烧制过程中会产生强烈的恶臭味，对生产环境与空气产生污染，因此该技术并没有得到工业化的推广应用。

## 参考文献


白洁，赵迎春，谢合群，等，2013. 糖蜜对 L-赖氨酸发酵产酸的影响. 发酵科技通讯，42 (1)：22-25.

蔡子康，王晓霞，秦晓杰，等，2015. 果蔬生防菌葡萄有孢汉逊酵母 CM2 糖蜜培养基的优化. 食品科学，36 (7)：117-123.

陈军，杨雪霞，陈琳，等，2013. 利用糖蜜制备细菌纤维素的研究 [J]. 纤维素科学与技术，21 (2)：15-21.

陈伟康，罗雪梅，王进，等，2017. 利用酿酒酵母 ZM1-5 制备活性干酵母的工艺条件优化试验 [J]. 广西农学报，32 (5)：4-10，25.

陈雪，甄玉国，赵小丽，2015. 以糖蜜为碳源对酿酒酵母发酵条件的优化 [J]. 中国饲料 (6)：14-16.

国家发展和改革委员会，工业和信息化部，国家林业局，2012. 造纸工业发展“十二五”规划 [J]. 造纸信息 (2)：7.

何燕，彭磊，水亮亮，2018. 聚羧酸减水剂与糖蜜复配效应研究 [J]. 粉煤灰综合利用 (3)：12-14.

胡敏，朱明军，刘功良，等，2006. 甘蔗糖蜜废水生产饲料蛋白质的研究 [J]. 中国饲料 (17)：36-39.

李春鸣，陈嘉川，赵建，等，2005. 造纸植物纤维原料制浆前的预处理技术 [J]. 黑龙江造纸，33 (3)：34-37.

李大鹏，2003. 利用废糖蜜生产单细胞蛋白饲料的研究 [J]. 粮食与饲料工业 (11)：23-24.

李凭力，肖文平，常贺英，等，2006. 糠醛生产工艺的发展 [J]. 林产工业，33 (2)：13-16.

李志春，游向荣，张雅媛，2013. 糖蜜和米糠对香蕉茎叶青贮饲料品质的影响 [J]. 南方农业学报，44 (12)：2058-2061.

刘梦茹，李海龙，詹怀宇，2012. 碱预处理对南方松碱法制浆的影响 [J]. 造纸科学与技术 (4)：1-5.

马吉锋，于洋，王建东，等，2018. 糖蜜尿素复合处理玉米芯对肉牛生产性能及血液生化指标影响的研究 [J]. 畜牧与饲料科学，39 (8)：27-30.

彭超，黄和，纪晓俊，等，2013. 利用甘蔗糖蜜发酵生产花生四烯酸的研究 [J]. 生物加工过程，11 (3)：1-6.

秦祖赠，刘自力，2006. 甘蔗糖蜜制取液体糖工艺的研究 [J]. 食品研究与开发 (2)：69-71.

王鹏，郑晓冬，2010. 以糖蜜为原料生产生防酵母 Rhodosporidium paludigenum 的培养及发酵条件研究 [J]. 食品与发酵工业，36 (9)：15-19.

王兴祥，2011. 玉米秆碱性亚硫酸盐法制浆的研究 [J]. 国际造纸 (5)：12-16.

韦绍龙，黄素梅，韦莉萍，等，2016. 糖蜜酒精发酵液对香蕉产量、品质及土壤理化性质的影响［J］. 南方农业学报，47（6）：895-900.
谢式云，马燕，金桩，2017. 甘蔗糖蜜培养饲用酵母菌 YS-01 条件优化的研究［J］. 畜牧与饲料科学，38（2）：26-28.
姚丽萍，陈紫薇，张晓梅，等，2018. 糖蜜对重组谷氨酸棒杆菌产 L-丝氨酸的影响［J］. 食品与生物技术学报，37（11）：1153-1159.
于素梅，孔凡敏，赵志刚，等，2013. 碱性过氧化氢法生产杨木半化学浆的研究［J］. 纸和造纸，32（12）：1-4.
原现军，王奇，李志华，等，2013. 添加糖蜜对青稞秸秆和多年生黑麦草混合青贮发酵品质及营养价值的影响［J］. 草业学报，22（3）：116-123.
张万金，李胜利，史海涛，等，2013. 饲粮添加不同种类的糖蜜对夏季热应激奶牛采食量和产奶性能的影响［J］. 动物营养学报，25（1）：163-170.
张秀凤，辛嘉，畅乐，2013. 红酵母发酵废糖蜜产类胡萝卜素的研究［J］. 食品工业科技，34（1）：184-187.
赵明，张雄，张洁龙，2013. TIPA-糖蜜作增强型水泥助磨剂的试验研究［C］. 2013 年混凝土与水泥制品学术讨论会论文集，82-88.
中国造纸协会，2015. 中国造纸工业 2014 年度报告［J］. 中华纸业，36（11）：28-38.
中国造纸协会，2018. 中国造纸工业 2017 年度报告［J］. 纸和造纸，37（3）：77-84.

# 第二十三章

# 甘蔗糖业全产业链资源多元化利用

## 第一节　甘蔗糖业循环经济的理念

循环经济是以资源的高效利用和循环利用为核心，最基本的原则可概括为“3R”原则，即减量化（Reduce）、再利用（Reuse）和再循环（Recycle）。以低消耗、低排放、高效率为基本特征的社会生产和再生模式，其实质是以尽可能少的资源消耗和尽可能小的环境代价实现最大发展效益。与传统经济相比，循环经济倡导的是一种与环境和谐的经济发展模式。它要求把经济活动组织成一个“资源—产品—再生资源”的反馈式流程，其特征是低开采、高利用、低排放。所有的物质和能源要能在这个不断进行的经济循环中得到合理和持久的利用，以把经济活动对自然环境的影响降低到尽可能小的程度。也就是说，循环经济是按照生态规律选用自然资源和环境容量，实现经济活动的生态化转向。

循环经济的特征可以概括为以下几点：

（1）提高资源利用效率，减少生产过程中的资源和能源消耗。这是提高经济效益的重要基础，也是污染排放减量化的前提。

（2）延长和拓宽生产技术链，将污染尽可能地在生产企业内进行处理，减少生产过程中的污染排放。

（3）对生产和生活中用过的废旧产品进行全面回收，可以重复利用的废弃物通过技术处理进行无限次的循环利用。这将最大限度地减少初次资源的开采，最大限度地利用不可再生资源，最大限度地减少造成污染的废弃物排放。

（4）对生产企业无法处理的废弃物集中回收、处理，扩大环保产业和资源再生产业的规模，扩大就业。

农业循环经济是循环经济系统的一个子系统，是农业可持续发展的重要内容。我国在“十二五”规划中提出要大力发展循环经济，《国家中长期科学和技术发展规划纲要（2006—2020年）》明确指出：“引导和支撑循环经济发展。大力开发重污染行业清洁生产集成技术，深化废弃物减量化、资源化使用与安全处置，加强发展循环经济的共性技术研究，实施区域环境综合治理。”因此，特色农业循环经济的发展已经成为中国现代农业发展的一项重要内容。

循环经济具体体现在经济活动的三个重要层面上：

**1. 企业层面**（小循环）　循环经济在企业层面上的实施，世界工商企业可持续发展理事会（WBCSD）提出，企业在生产过程中实施物料和能源的循环，从而达到污染排放的最小化。实施生态经济效应的企业应该做到：尽量减少产品和服务中的物料使用量和能源使用量，减少有害、有毒物质的排放，促进和加强物质的循环使用，最大限度地利用可再生资源，设计和制造耐用性高的产品，提高产品与服务的质量等。

厂内物料循环是循环经济在微观层次的形式，厂内废物再生循环有下列几种情况：

①将工艺中流失的物料回收后仍作为原料返回原来的工序之中。

②将生产过程中产生的废弃物经适当处理后作为原料或原料替代物返回原生产流程中。

③将某一工序中生成的废料经适当处理后用于另一工序中。

**2. 区域层面**（中循环） 一个企业内部循环毕竟有局限性，因而鼓励企业间物质循环，组成“共生企业”，提出了“生态工业园区”的概念。要求在企业与企业之间形成废物的输出、输入关系，其实质是运用循环经济思想组织企业共生层次上的物质和能源的循环。应运而生的一种循环经济的“新工厂”——科技工业园区，即按照工业生态学的原理，通过企业间的物质集成、能量集成和信息集成，形成企业间的工业代谢和共生关系，建立工业生态园区。

**3. 社会层面**（大循环） 在此层面上，主要是在全社会建立物资循环——针对消费后排放的循环经济，从社会整体循环的角度，发展旧物质调剂和资源回收产业（中国称为废旧物资业），这样能在整个社会的范围内形成“自然资源—产品—再生资源”的循环经济环路。

我国甘蔗糖业优势区域发展规划提出：促进行业的可持续发展，进一步促进科技的进步，将按现代产业体系建设要求，优化产业结构，拓宽发展领域，大力发展蔗糖副产物综合利用技术、甘蔗糖业深加工技术，全面提升产业发展水平，不断延伸产业链，建设具有国际竞争力的甘蔗产业带。

糖业循环经济最基本的要求是物资能够实现循环、再次使用，通过资源、产品及其再生过程，实现循环式的发展，在生产、经营过程中不产生或只产生很少的废弃物，进而实现糖业的可持续发展。在甘蔗糖业循环经济中，发展的主要理念是减少用量、循环利用。通过技术进步将上游产业的废弃物及附加值低的副产物，通过资源化循环利用，为下游产业提供原料，从而减少对自然资源的消耗，使循环经济成为新的增长点。

近年来，中国糖业通过推动糖业结构优化升级和糖业经济模式的转型，在糖业循环经济发展中取得了显著成绩。特别是在蔗渣、滤泥和糖蜜等大宗副产物（废弃物）的资源化循环利用上，通过推进企业技术进步与技术创新，开发了多项实用技术，提高了资源利用效率，并实现了节能减排、高附加值的双重提升（陈山等，2005；丰丙政等，2017；广西壮族自治区经济委员会，2007；黄悦刚，1994；林荣珍，2020）。

## 第二节　甘蔗梢叶的利用

甘蔗梢叶是甘蔗收获后的副产品，俗称蔗尾，主要由嫩茎、叶鞘和叶片组成，含糖量比较低，一般在甘蔗收割时被砍断丢弃，占甘蔗产量的15%～20%。2020/2021年榨季，全国甘蔗产量为8 000万 t，甘蔗梢叶的产量约达1 600万 t，资源丰富。甘蔗梢叶富含糖分、粗纤维和维生素等营养物质。每千克甘蔗叶（干物质）含消化能 5.68 MJ，粗蛋白质3%～6%，无氮浸出物 35%～43%。但受传统观念、处理方法和科技支撑能力不足等因素影响，目前甘蔗梢叶资源化利用程度受到很大制约。在我国不允许焚烧农作物秸秆前，我国蔗农普遍采用焚烧方法来处理甘蔗梢叶，截至目前大部分甘蔗梢叶仍被废弃在田间，只有少量作粉碎还田，或少量鲜绿甘蔗尾叶作饲料直接饲喂牛、羊或经青贮/微贮处理再作肉牛、肉羊粗饲料，造成资源大量浪费。另外，现已有实践证明，甘蔗梢叶直接粉碎还田，会显著增加宿根甘蔗的病虫害率，对翌年甘蔗产量产生不利影响，因此该方法目前尚未解决甘蔗梢叶资源化利用问题。如何实现甘蔗梢叶的资源化利用仍是甘蔗糖业需要解决的问题。

甘蔗梢叶富含多种氨基酸及多糖，适口性较好，在粗饲料评级中被认定为中等价值粗饲料资源。甘蔗收获期（11 月至翌年 4 月）正是南方枯草期，以甘蔗梢叶及其他甘蔗副产品为原料制备饲料，不仅能很好地解决养牛越冬饲料不足的矛盾，还能高效、科学地实现甘蔗梢叶资源化利用，进而提高其利用价值和利用效率，是近年来我国甘蔗梢叶循环利用的主要研究方向。但是新鲜甘蔗梢叶也存在体积大、水分高不耐存贮，不便运输，养分含量和消化率低等制约因素，若不处理直接用作粗饲料养牛羊，营养价值低，且采食量和消化率低，在一定程度上制约甘蔗梢叶饲料化发展。因此采用适宜的物理、化学及生物发酵等方法来对甘蔗梢叶进行处理，将其中难消化物质转化或分解成为可被吸收利用物质，甚至是可发酵糖，从而提高其营养物质含量，改善其适口性，并降低水分、缩小体积，是甘蔗梢叶饲料化利用的关键所在。

甘蔗梢叶生物饲料是利用化学物质化学作用或微生物发酵作用，即通过添加氨源物质或微生物、复合酶等添加剂，将甘蔗梢叶软化、改善其适口性并提高其消化率来制备氨化饲料，或将其中难消化物质经发酵作用转化或分解为微生物菌体蛋白、生物活性小肽类氨基酸、微生物活性益生菌、复合酶制剂为一体的甘蔗梢叶生物发酵饲料，以提高其营养价值和适口性。目前国内主要推广应用的甘蔗梢叶处理方法有青贮、氨化和微贮等。虽然青贮、氨化及微贮处理甘蔗梢叶无污染、成本低、易操作、投资少、效益好，但由于氨化或微贮需要体积较大的贮池，且发酵时间长，处理后甘蔗梢叶仍存在含水量高不耐存贮、运输不方便等不足，在一定程度上制约甘蔗梢叶饲料化发展，导致甘蔗梢叶资源化利用率很低，其资源优势尚未能充分发挥。相对于氨化处理方法，青贮与微贮均是利用微生物将甘蔗梢叶中的纤维素、半纤维素降解并转化为高营养价值的菌体蛋白，营养价值比较高，且适口性更好，因此近年有一定推广应用。如中国科学院筛选出的食用菌菌种，可快速降解甘蔗尾叶中的粗纤维，降解率达 30%以上，饲喂牛其日增重比未处理组高 304 g，比氨化组高 206 g，能取得较好的经济效益和社会效益（霍汉镇，2008；许斯欣等，2001）。然而，目前采用氨化、青贮、微贮等方法处理甘蔗梢叶，虽可提高其营养价值和适口性，但需占用较大面积，且含水量高且体积大，不耐贮存，且装卸、运输不方便，很难实现大规模化生产。因此，截至目前，我国每年甘蔗叶饲料化利用率仅占 15%，其中氨化、微贮甘蔗叶还不到总产量的 5%，大部分甘蔗叶仍被毁弃置于田间或粉碎还田，提高了宿根甘蔗的病虫害发生率。

本节介绍以甘蔗梢叶为主要原料，添加少量糖蜜，采用厌氧发酵方式生产饲料，建立

"甘蔗—甘蔗梢叶—肉牛、肉羊—有机肥—农作物"农业立体生态循环发展模式，将甘蔗梢叶饲料化加工、养殖业、有机肥、种植业四者有机结合，形成了以肉牛、肉羊饲养为龙头、以甘蔗梢叶饲料、有机肥开发为纽带的生态循环农业系统。将一种产业的废弃物变成另一种产业的有效资源，实现产业链关键环节相互有效转化，实现增产增效的目标。

## 一、生产工艺

以甘蔗梢叶和糖蜜为原料，采用微贮-打包处理方法制备发酵饲料，即添加能提高甘蔗尾叶营养价值、适口性和贮存时间的微生物制剂和营养添加剂，将其溶于定量水后均匀喷洒在甘蔗梢尾叶上，再经机器压块或打捆，然后密封包装，进行厌氧发酵，即获得肉牛、肉羊生物饲料。所生产的肉牛生物饲料不但适口性好、营养价值高，而且运输、贮存方便，可专业化、大规模实现甘蔗尾叶生产营养成分值高的肉牛生物饲料，使肉牛养殖由"吃饱"逐步变为"吃好"，提高了牛养殖技术水平和经济效益。具体营养添加剂种类与用量可根据肉牛不同生长期来确定，技术路线见图 23-1。

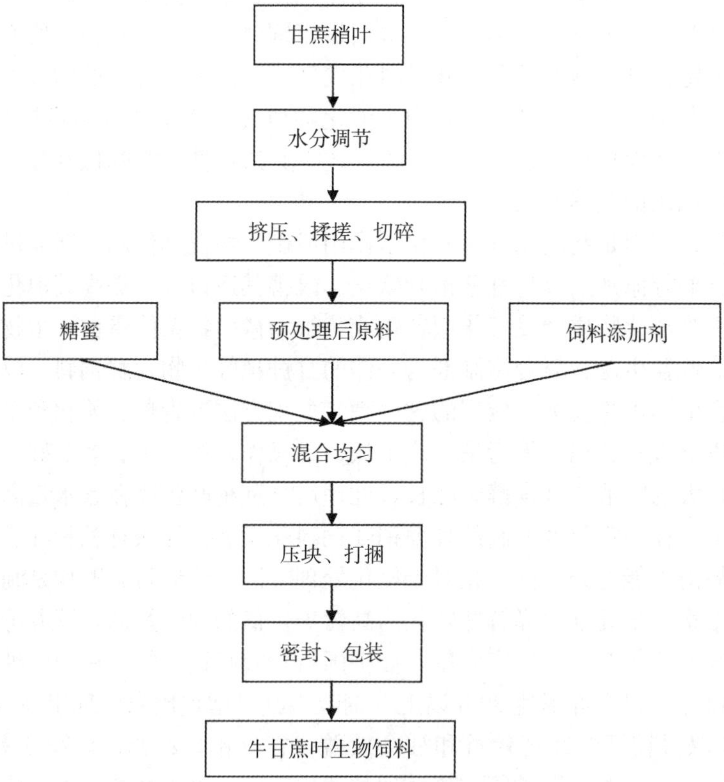


图 23-1　利用甘蔗梢叶生产肉牛生物饲料技术路线

**1. 生长期肉牛生物饲料配方**　以甘蔗梢叶为主要原料，并添加食盐、糖蜜、碳酸氢钠和复合微生物制剂等原料，将经预处理后的甘蔗梢叶用液压饲草打捆机压制、密封发酵制成生物饲料，该产品主要适用于生长期肉牛饲用。

经选择体重、日龄相近的 16 头荷斯坦公肉牛随机分为对照和试验 2 组，每组 8 头，进行 60 d 饲养试验，其中对照组饲喂传统日粮，试验组饲喂压块肉牛生物饲料。

对照组饲料配方（原料总成本：0.70 元/kg）：甘蔗梢叶 80%、玉米粉 15%、豆粕 4%、预混料 1%。

试验组饲料配方（原料总成本：0.80 元/kg）：压块甘蔗梢叶 80%、玉米粉 15%、豆粕 4%、预混料 1%。

对照组与试验组营养水平相近：综合净能 1.6 MJ/kg、粗蛋白质 7.0%、粗纤维 13.5%、钙 0.8%、总磷 0.5%。

每组牛固定栏圈养，自由采食、饮水，试验期 60 d，并记录试验开始和结束空腹称牛体重和各组牛每天饲料的采食量。试验结果表明，试验组比对照组日增重提高 0.23 kg，试验组与对照组日增重比较差异显著，其每千克增重饲料费比对照组节约饲料费 1.25 元，详细试验结果见表 23-1。

**表 23-1 不同处理组肉牛增重及经济效益**

| 组别 | 平均日采食量（kg） | 日增重（kg） | 每千克增重饲料费（元） |
|---|---|---|---|
| 试验组 | 16.45±1.25 | 0.98±0.12[a] | 13.43 |
| 对照组 | 15.73±1.03 | 0.75±0.10[b] | 14.68 |

注：同列数据中上标字母不同表示差异显著（a，b）；$P<0.05$；$n=8$。

**2. 肥期肉牛全混合日粮型饲料配方** 在肉牛甘蔗梢叶生物饲料基础上，补充添加蛋白桑树、微量元素预混料和石粉等，混合均匀，最后挤压成形，生产肉牛全混合日粮型饲料。该饲料用蛋白桑树全部或部分代替豆粕，可降低饲料成本，减少牛舍氨气排放，改善环境。适用于育肥期肉牛，饲料干物质粗蛋白质含量可达 6%以上，且适口性好，采食量增加，也便于贮存和运输。

试验选择大小、体重相近的黑白花小公牛（带耳标）12 头，经统计分析各组体重无显著性差异后，随机分成对照组和试验组 2 个处理组，每个处理组为 6 头试验牛。对照组日粮配方组成为（原料总成本 0.92 元/kg）：玉米 25%、甘蔗梢叶 70 %、豆粕 4%、预混料 1%等，用搅拌机充分混匀后，最后压块形成对照组日粮。

试验组全混合日粮配方组成为（原料总成本 0.95 元/kg）：全株蛋白桑树 30%、甘蔗梢叶 59%、10%玉米粉、预混料 1%等，经压块成形获得肉牛压块试验组全混合饲料。试验组与对照组营养水平相近：综合净能 1.70 MJ/kg、粗蛋白质 6.5%、粗纤维 13.5%、钙 0.8%、总磷 0.5%。对照组和试验组进行 60 d 试验，不同配方日粮饲养生长肉牛的增重情况及经济效益见表 23-2。

**表 23-2 试验组与对照组试验牛的增重及经济效益**

| 组别 | 增重（kg） | | | | | 每千克增重饲料费（元） |
|---|---|---|---|---|---|---|
| | 日采食量 | 平均初重 | 平均末重 | 总增重 | 日增重 | |
| 对照组 | 18.90±4.44 | 217.67±34.87 | 278.27±28.50 | 60.6 | 1.01±0.10 | 17.22 |
| 试验组 | 17.41±3.66 | 214.33±24.08 | 282.13±36.80 | 67.8 | 1.13±0.06 | 16.39 |

由表 23－2 可知，从采食量分析，对照组、试验组肉牛平均每头牛日采食量分别为 18.90 kg、17.41 kg，采食量各组间差异不显著（$P>0.05$）；从总增重看，对照组、试验组肉牛总增重分别为 60.6 kg、67.8 kg，总增重最高组为试验组；从平均日增重分析，对照组、试验组平均日增重分别为 1.01 kg/d、1.13 kg/d，组间差异不显著（$P>0.05$），但试验组平均每千克增重饲料费比对照组减少 0.83 元，经济效益提高。

不同混合压块日粮饲养生长肉牛各养分干物质（DM）、粗蛋白质（CP）、粗纤维（CF）表观消化率实验结果见表 23－3。

**表 23－3　试验组与对照组日粮养分消化率**

| 组别 | 干物质（DM） | | | 粗蛋白质（CP） | | | 粗纤维（CF） | | |
|---|---|---|---|---|---|---|---|---|---|
| | 食入（kg） | 排出（kg） | 消化率（%） | 食入（kg） | 排出（kg） | 消化率（%） | 食入（kg） | 排出（kg） | 消化率（%） |
| 对照组 | 5.64±0.67 | 2.58±0.12 | 54.21±3.69 | 0.89±0.07 | 0.39±0.06 | 57.49±3.55 | 2.13±0.31 | 1.08±0.13 | 49.37±4.07 |
| 试验组 | 5.34±0.84 | 2.37±0.33 | 55.71±3.41 | 0.96±0.04 | 0.38±0.03 | 60.42±3.40 | 2.03±0.17 | 0.97±0.19 | 52.06±4.62 |

由表 23－3 分析，对照组、试验组干物质表观消化率分别为 54.21%、55.71%，各组干物质消化率相当，组间差异不显著（$P>0.05$），其中干物质消化率最高为试验组，比对照组高 2.76%；从粗蛋白质消化率分析，试验组粗蛋白质消化率比对照组略有提高，差异不显著（$P>0.05$），其中最高为试验组 60.42%，比对照组高 4.85%；从粗纤维分析，对照组、试验组粗纤维消化率分别为 49.37%、52.06%。其中试验组粗蛋白质消化率高于对照组，但组间差异不显著（$P>0.05$）。总体来看，各养分表观消化率相差不大，有高有低，说明用试验组全混合压块日粮与对照组日粮间无显著性差异。

## 二、经济效益与社会效益

**1. 肉牛养殖场经济效益**　甘蔗梢叶采用微贮-打包处理将其转化为适口性好、营养价值高的青贮饲料，然后再与精料科学搭配成全混合日粮喂牛，可以充分发挥肉牛生产性能，缩短饲养时间，节约养牛的饲料成本。据近两年统计，按目前新鲜的甘蔗叶收购价格约是 150 元/t，生产加工和包装等费用是 100 元/t，而肉牛生物饲料销售价格为 500 元/t，平均生产每吨肉牛生物饲料可获利润 200 元以上，若年产 1.2 万 t，则可年增产值 600 万元。若推广该技术，按 2 万 t 甘蔗叶收购计算，则可直接增加农民种植经济收入 300 万元。若按广西大华农业有限公司的新和肉牛场应用证明，采用微贮-打包技术处理甘蔗尾叶可降低每千克肉牛体增重饲料成本 1.25 元，每年可节约饲料费 20 多万元。此外，建设一条肉牛甘蔗梢叶生物饲料生产线，按日产 30 t 秸秆饲料计算，每年则可生产约 1.0 万 t 秸秆饲料，按秸秆饲料生产成本 250 元/t，销售 500 元/t 计算，则每年可实现销售收入 500 万元，利润总额 200 多万元。

**2. 社会和生态效益**　甘蔗梢叶通过干贮处理，可专业化、商品化生产肉牛生物饲料，既可减少农作物秸秆毁弃田间或直接焚烧污染环境，又可充分利用当地饲料资源发展养畜，解决集约化养殖牛、羊饲料资源不足问题，改变农村传统的牛、羊分散放牧方式为舍饲或半舍饲方式，利于植被保护和生态环境平衡，而且还可以安排农村剩余劳动力就业，维护社会稳定，使农民增收，实现农业生产良性循环，产生了较好的环境、生态、经济效益。

## 第三节　甘蔗糖蜜酒精发酵醪液的资源化利用

甘蔗糖蜜是甘蔗制糖生产中产生的大宗副产品，产量约为3%对蔗比，含糖量高，主要为蔗糖（25%～35%）、葡萄糖和果糖，糖蜜还含有大量的具有蔗香风味的色素类物质，以及多酚和黄酮类等抗氧化成分，还有蛋白质、维生素、氨基酸、有机酸和钾钠盐等。由于糖蜜组分复杂多样，价格较便宜，用途比较广泛，可用作饲料添加剂、提取液体糖、制备焦糖色素，还可作为发酵辅料和微生物培养基的复合碳源。

发酵生产乙醇是当前国内甘蔗糖蜜的主要利用方式，主要用于生产食用酒精类等饮品，部分用作化工用途。每生产1 t酒精产生12～14 t发酵醪液，其中干物质含量10%～13%，COD含量130～170 g/L，$BOD_5$含量40～60 g/L，pH 4～6.5。

工业化的酒精醪液的传统处理工艺主要有氧化塘处理、厌氧+好氧处理、蒸发浓缩工艺等。氧化塘处理工艺主要是将酒精废醪液置于氧化塘内降解，降解后的酒精废液可用于灌溉农田。该方法工艺系统设备简单，生产成本低，但是氧化塘内臭气熏天，对周边的空气造成污染。蒸发浓缩处理工艺是将醪液蒸发浓缩至60～70°Bx，作为专门特制锅炉的燃料燃烧，这种方法可以较彻底地治理酒精醪液的污染，但蒸发系统和锅炉发电设备投资较大，运行费用较高。因发酵液含有较多的灰质，还易导致炉膛内壁结焦，需定期人工清理炉膛，工作量繁重。此外，废液属于酸性物质，具有较强的腐蚀性，容易腐蚀炉排，通常运行两年后就需要更换炉排。因此，目前在我国已基本不再采用该处理技术。

糖蜜酒精醪液中钾离子浓度达10～20 kg/$m^3$，以云南省每年产酒精近11万t计，排放的醪液约150万$m^3$，以平均含钾15 kg/$m^3$计，每年排放钾离子22 500 t，折合硫酸钾约50 000 t，价值1亿多元。我国钾盐矿紧缺，开发利用醪液中的钾资源，实现钾资源的循环利用，符合循环经济理念，是解决我国钾肥短缺问题的有效途径之一。

本节介绍两种利用糖蜜酒精醪液生产钾肥的方法：一种是从醪液中提制硫酸钾等及氮钾二元复混肥；另一种是将醪液蒸发浓缩，再通过部分焚烧浓缩液产生热源，以喷雾干燥工艺生产黄腐酸钾干粉。

### 一、糖蜜酒精醪液提钾技术

**1. 糖蜜酒精醪液制取硫酸钾或硝酸钾**　以糖蜜酒精醪液、氨气、工业或农用硫酸铵或硝酸铵为原料，用钾离子选择吸附剂对醪液中钾离子进行吸附，以硫酸铵或硝酸铵溶液为洗脱剂，得到含有硫酸铵与硫酸钾或硝酸铵与硝酸钾的富钾溶液，再将富钾液冷却、氨析、固液分离、洗涤、干燥，进而得到成品硫酸钾或硝酸钾。该方法的优点是洗脱与再生在同一过程中完成，不需单独进行再生过程，从而简化了工艺流程。工艺流程见

图 23-2。

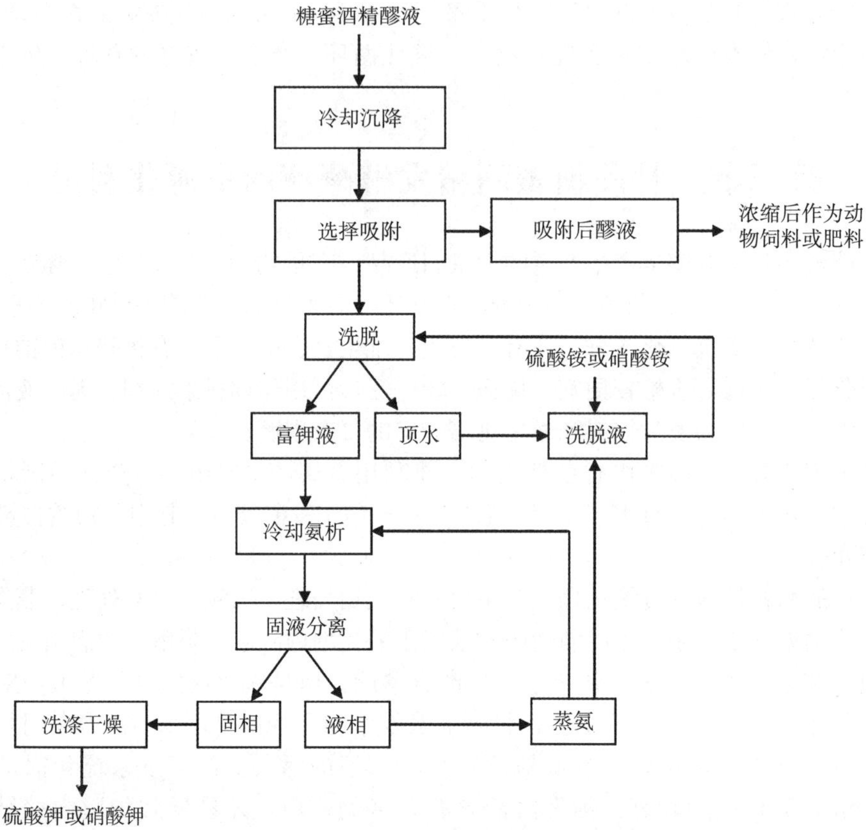


图 23-2　糖蜜酒精醪液制备钾肥工艺流程

(1) 吸附剂的制备。取天然沸石过筛，取筛上部分，经过水洗后用饱和的氯化钠溶液煮沸后，用水洗涤，再用饱和的硫酸铵或硝酸铵溶液煮沸后，用水洗涤，制得铵型沸石，将该铵型沸石装入不锈钢离子交换柱中，备用。

(2) 富钾液的制备。糖蜜酒精醪液冷却至常温，经过沉淀或过滤以后，以一定速度通过装有钾离子选择吸附剂的交换柱进行吸附，吸附完成后将交换柱中的醪液全部由下端排出。然后取硫酸铵或硝酸铵溶液为洗脱剂，将该洗脱剂加热到一定温度后，将洗脱剂热溶液对交换柱中吸附的钾离子进行洗脱，获得富钾液，同时吸附柱中的吸附剂得以再生。

(3) 制备成品硫酸钾或硝酸钾。将富钾液冷却后，通入氨气进行氨析，氨析结束后在常温下进行固液分离，分离得到的固体硫酸钾用其重量 5%～10%（重量百分比）的水喷淋清洗，然后将其加热至 105℃干燥后得到硫酸钾成品；得到的钾母液在 100℃下蒸氨达到氨含量小于 0.1%（重量百分比）时停止蒸氨工艺，将蒸氨后的母液配制下一轮循环第二步中的洗脱剂，而蒸出的氨气则用于下一轮循环中第三步中的氨析工序，实现循环利用。

**2. 利用糖蜜酒精醪液制取氮钾二元复合肥**　氮钾二元复合肥，如硫酸钾和硫酸铵、硝酸钾和硝酸铵或氯化钾和氯化铵等，广泛用于多种农作物，对不缺少磷的作物可以直接施用，也可与磷肥配合成混合氮磷钾三元复合肥。利用糖蜜酒精醪液制取氮钾二元复合肥的工艺流程见图 23-3。

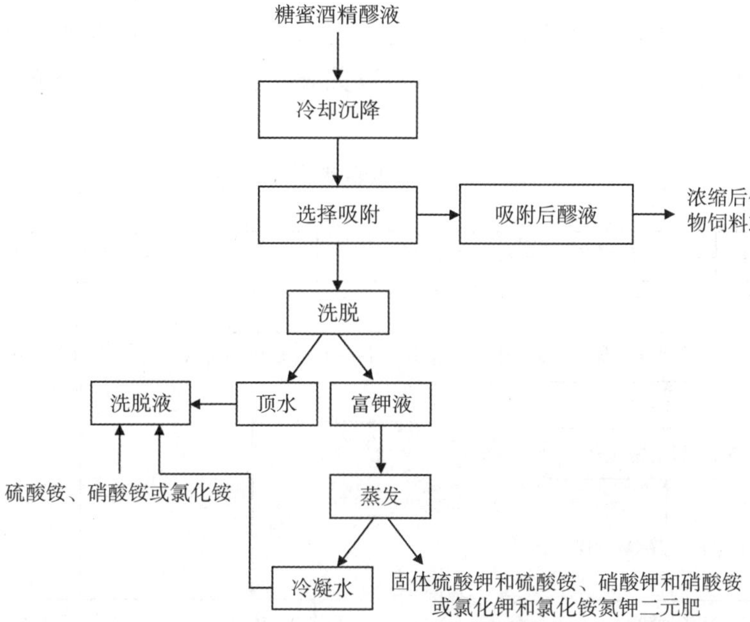


图 23-3　糖蜜酒精醪液制备氮钾二元复混肥工艺流程

该技术以糖蜜酒精醪液为原料，将醪液通入吸附柱中，以钾离子选择吸附剂对醪液中钾离子进行选择性吸附，然后用硫酸铵、硝酸铵或氯化铵热溶液作为洗脱剂进行洗脱，得到含有硫酸钾和硫酸铵、硝酸钾和硝酸铵或氯化钾和氯化铵的含氮富钾液，再将含氮富钾液经多效真空蒸发浓缩、结晶、干燥、包装而得到硫酸钾和硫酸铵、硝酸钾和硝酸铵或氯化钾和氯化铵氮钾二元复混肥。

（1）制备成品氮钾二元复混肥。将所得的含氮富钾液经多效真空蒸发浓缩、结晶、干燥而得到硫酸钾和硫酸铵二元复混肥，或硝酸钾和硝酸铵二元复混肥。同时将第二步中洗脱完成后的顶水与多效真空蒸发浓缩时产生的冷凝水均作为溶剂用于下一轮循环洗脱剂的配制，离心分离的母液回到蒸发浓缩工段，实现循环利用。生产二元复合肥与生产无氯钾肥技术相比，工艺流程较简单，且节省投资。

（2）效益分析。糖蜜酒精醪液生产钾肥主要原料消耗为洗脱剂，如采用硫酸铵为洗脱剂，每吨产品消耗洗脱剂约为 1.0 t。项目的经济效益通过硫酸钾与硫酸铵的价格差来实现，近年来硫酸钾与硫酸铵的价格差在每吨2 000～2 500元之间波动。项目钾肥生产与糖厂酒精车间同步，水、电、汽等公用设施可与糖厂共用；糖蜜酒精醪液提取钾肥工艺流程简单，生产线使用的主要设备为钾离子选择吸附柱和三效强制循环蒸发结晶系统，设备投资不大。所以含辅料、水、电、燃料、人工、包装、折旧等费用在内，每吨产品加工费约为 700 元，每吨产品利润空间较大，项目投资回收期较短。

## 二、酒精醪液喷雾干燥生产黄腐酸钾干粉

**1. 生产工艺**　糖蜜酒精醪液蒸发浓缩至 60～65°Bx，送入离心喷雾干燥机雾化前。以

蒸汽为热源，利用板式换热器将浓缩液的温度由60℃提高到90℃以上。浓缩液闪蒸干燥成粉体，粉体经旋风分离器收集后用除湿空气冷却至45℃以下，然后包装制成黄腐酸钾产品，而尾气则经两级喷淋洗涤后达标排放（<120℃）。喷雾干燥机的热风（温度300℃±10℃、烟气含尘量<400 mg/m³）来自以蔗渣或上述浓缩液为燃料的热风炉。工艺流程见图23-4。

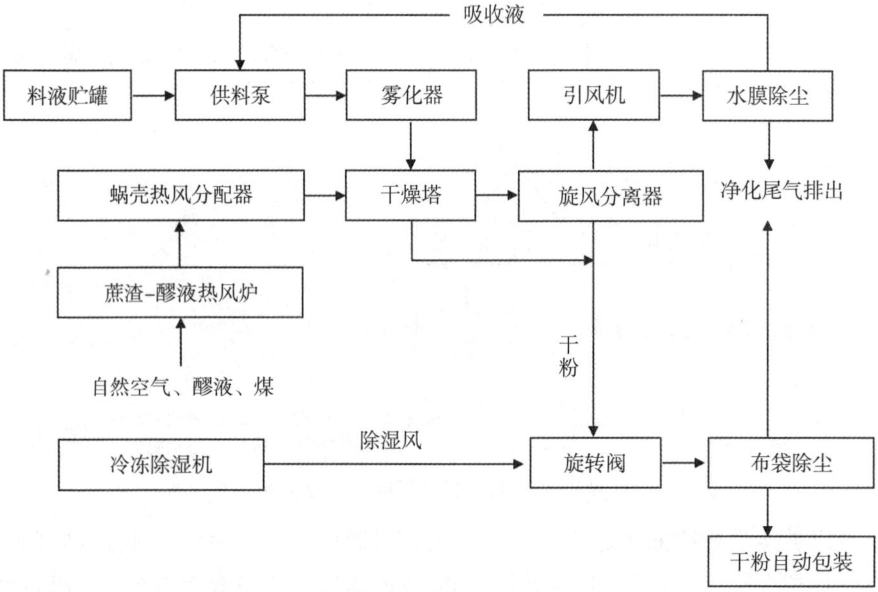


图23-4 糖蜜酒精醪液生产黄腐酸钾干粉工艺流程

**2. 黄腐酸钾干粉质量指标** 黄腐酸钾干粉的质量指标见表23-4。

**表23-4 黄腐酸钾干粉质量指标**

| 项目 | | 指标 |
|---|---|---|
| 有机质含量（%） | ≥ | 70.0 |
| 黄腐植酸（%） | ≥ | 40.0 |
| 氧化钾含量（%） | ≥ | 10.0 |
| 水分 | ≤ | 3.5 |
| pH（1∶250） | | 4.0～9.0 |

# 第四节 甘蔗制糖生产与副产物综合利用新产品

## 一、甘蔗制糖生产综合利用新产品

糖料蔗除了含有12%～18%蔗糖外，还含有约70%的水，以及多酚、多廿烷醇等对人体有益的多种活性成分。近年来，甘蔗制糖产业针对甘蔗全产业链资源要素，积极进行多元高值化生产体系构建及应用，积极开发甘蔗资源高值化利用技术，开发基于膜法澄清的膜法砂糖、红（黑）糖、甘蔗活性水、甘蔗发酵饮品、食用糖浆、富含多廿烷醇与多酚、黄酮等甘蔗活性物质的新型功能糖品与护肤品等，丰富产品结构，延长产业链，丰富产品群，打造以甘蔗为核心资源的“甘蔗产业群”，使产业实现“东方不亮西方亮”，增加企业经济增长点，形成良好产业集群优势，破解产业“高昂的土地成本”与“低值的综合效益”间的根本矛盾，构建产业新体系，发展我国“多元-制糖-大健康”甘蔗产业新纪元。

**1. 甘蔗植物水** 甘蔗植物水是指甘蔗植物细胞水，含量超过甘蔗重量的70%，是经甘蔗细胞膜过滤的水分，能快速穿透直径约为2 nm的孔洞进入人体细胞内，能快速穿过人体细胞离子通道，进入细胞核和DNA，活化细胞酶组织，激发生命活力。甘蔗植物水中含大量源于甘蔗的溶解性有机物，分子式种类超过5 000种，包含C4～C56的脂肪族化合物、多酚类化合物及稠环芳烃类化合物等；且其还含有少量甘蔗特有的营养元素、微量元素及风味物质，符合当前全球包装饮用水的高端化与功能化发展趋势，是不可多得的可再生、易实现规模化收集与生产的植物基细胞水，被认为是当前最有产业化生产前景的植物细胞水之一，颠覆了以往向地球索取淡水资源的发展现状，被认为是“水的革命”。甘蔗植物水生产技术的产业化应用，将改变我国甘蔗加工一直以来只生产蔗糖甜味剂、甘蔗植株水作废水的现状，拓宽甘蔗产品新的应用领域，开创我国“甘蔗大健康”新纪元，助力我国甘蔗糖业升级转型，保障我国甘蔗食糖安全。

（1）*技术研发历程*。甘蔗植物水生产技术由广西大学绿色制糖团队率先研发，该团队为我国甘蔗汁膜物理澄清技术的创始团队，自21世纪初，该团队便开始致力于膜物理分离技术在甘蔗糖业中的应用与甘蔗植物水的开发。2009年，该团队成功开发了以有机膜分离为核心的蒸发Ⅱ效汽凝水制备瓶装饮用水技术。虽然该技术在高温环境下面临一定的技术瓶颈，但为后续技术的发展奠定了基础。为克服有机膜的高温限制，该团队于2011年与广西永鑫华糖集团（现广西湘桂华糖制糖集团有限公司）、华南理工大学等单位联合开发了集砂滤、多级有机膜、活性炭等过滤技术耦合离子交换技术的制糖生产中水回用技术，广泛应用于锅炉水和生活饮用水的生产，已在广西永鑫华糖集团小平阳糖厂实现产业化应用，出水水质达到瓶装饮用水标准，并通过科技部项目鉴定，达到了国际领先水平。随着国家制造业绿色升级发展，针对有机膜在高温环境下的不足，研究团队自2012年起联合南京工业大学、江苏久吾高科技股份有限公司等开展耐高温、耐酸碱、耐腐蚀且通量高的糖用无机陶瓷膜的开发，于2013年成功开发了蔗汁体系过滤专用陶瓷膜，至2022年已在广西多个糖企投入应用；该技术能够更好地保留甘蔗中的营养物质和活性成分，显著提升甘蔗植物水的功能性。

（2）*提取工艺*。基于膜法绿色澄清技术，广西大学绿色制糖团队研发出甘蔗植物水生产工艺，构建了创新的水糖联产模式（图23－5），已授权多项专利：一种多级膜并行生产甘蔗浓缩汁及甘蔗饮用水的装置（ZL20150206613.5）、一种多级膜并行生产甘蔗浓缩汁及甘蔗饮用水的方法（ZL201510205328.1）。该技术可同步生产甘蔗植物水及无磷酸、二氧化硫、絮凝剂等化学助剂添加的甘蔗原汁饮品、甘蔗浓缩糖汁等系列产品。目前，该技术已在广西贵港甘化股份有限公司控股公司广西百桂堂食品科技有限公司成功试产（处理能力为日处理甘蔗125 t）。经第三方检测，甘蔗植物水完全符合国家包装饮用水标准，并在生物相容性与微量元素等方面显示出明显优势，成为第五届中国－东盟糖业博览会开幕式的指定饮用水。该提取工艺的成功实施，推动了甘蔗植物水的商品化应用，并为甘蔗产业创造了新的附加值。通过将水和糖的提取结合，显著提高了产业经济效益，为甘蔗的综合利用提供了可行的技术路径。

甘蔗汁→预处理→加热→膜过滤芯→糖水分离→糖浆
糖水分离↓甘蔗原水；糖浆↓糖产品
甘蔗植物水产品←灭菌←反渗透←超滤←降温←甘蔗原水　糖产品

图 23-5　甘蔗植物水生产工艺流程

（3）商品化利用。甘蔗植物水是由100%甘蔗细胞水构成的天然水源，其商品化不仅能显著提高甘蔗的附加值，还能为制糖企业带来可观的经济效益。根据我国年处理约8 000万 t糖料蔗的估算，每年可生产甘蔗植物水约 4 000 万 t，折合约 1 200 亿瓶，年产值可突破千亿元。甘蔗植物水可广泛应用于饮料、化妆品、生物科技等多个行业，具有广阔的市场潜力。作为一种可再生资源，甘蔗植物水转化为包装饮用水不仅有助于增加甘蔗产业的附加值，还能够在一定程度上缓解全球水资源紧张的困境，符合全球可持续发展的需求。其绿色环保特性，使其成为当前饮品市场中越来越受欢迎的选择。

**2. 甘蔗啤酒**　甘蔗啤酒是广西大学绿色制糖团队在膜法绿色澄清工艺的基础上开发的甘蔗多元高值化产品。采用先进膜物理分离技术生产的"零"添加的甘蔗汁或浓缩汁为原料，代替部分麦芽汁，经过单次发酵技术生产甘蔗啤酒，即将甘蔗膜清汁或浓缩汁按特定比例添加至煮沸的糖化麦汁、酒花混合料中，然后进行过滤、急速降温、发酵、沉降等工序生产，不仅具有甘蔗特有营养、活性物质，如微量元素、氨基酸、维生素、多酚、二十八烷醇、天然酸类，还拥有浓郁的甘蔗芳香、泡沫停留时间长、口感细腻、易消化、喝多不上头等特点，口感纯正、清洌，属新型中高端啤酒。已于2020年在广西壮美花山啤酒有限公司成功投产，市场反馈极好。该技术具有自主知识产权，已申请国家发明专利。

**3. 朗姆酒**　朗姆酒是一种以甘蔗汁或最终糖蜜为原料发酵生产的一种蒸馏酒，即甘蔗汁或糖蜜进行适当预处理后，进行发酵、过滤、蒸馏、陈酿等获得的高浓度酒精饮料，口感甜润，芳香馥郁，属于世界六大蒸馏酒之一，在欧美已有200多年历史（Cardoso et al.，2013；Lopez-Vazquez et al.，2010）。目前由广西大学利用自主培育的Dunder和Saccharomyces等菌种发酵生产直饮朗姆酒、调制朗姆酒及利口酒等系列朗姆酒技术，已在我国广西建成年产能分别为2 500 t、2 000 t的生产线，生产技术与产品品质均达到国际领先水平。甘蔗汁/朗姆酒生产技术的成功投产，填补了我国朗姆酒生产技术的国内空白，改变了我国朗姆酒依靠进口的现状，产品产值比生产白砂糖和酒精增加了10～20倍，不仅为甘蔗糖业培育了新的经济增长点，为蔗糖产业多元化提供新的途径，同时还减少了我国酒类生产时所使用的粮食，对保障我国粮食安全也具有积极意义。

（1）*原料的处理及发酵工艺*。不同生产原料会影响朗姆酒风味，以甘蔗汁为原料适合生产清香型朗姆酒，口感清爽，甘蔗风味突出；以甘蔗糖蜜为原料的，因糖蜜本身富含多种有机物，使得所生产的朗姆酒风味更加浓郁，口感更丰富。

但无论是以甘蔗汁还是以糖蜜为原料，均需要进行预处理（刘继栋等，2006）。其中，作为世界朗姆酒生产最主要的原料之一——糖蜜，糖分高（糖分锤度一般达80°Bx以上）、黏度大，同时还含有大量灰分物质，会影响微生物发酵效果与产品质量，因此不适合直接用于发酵生产。发酵前需要进行适当预处理，目前我国主要采用的方法是：首先进行稀释处理，降低浓度与黏度，再加入0.4%～1%的浓硫酸进行酸化处理，抑菌除灰，再通过离心机分离将其中沉淀的物质去除（防止蒸馏时沉淀物堵塔而影响生产连续性），然后取上清液进行发酵处理，在发酵过程中加入0.02%～0.05%的磷酸和0.1%～0.2%的硫酸铵，作为酵母繁殖生产的营养物质，加快发酵速度并保证产品得率与品质。

发酵工艺可以采取间歇式发酵、半连续式发酵和连续式发酵。现在我国基本上采用双浓度连续发酵工艺，以提高发酵的效率。同时连续发酵工艺不仅能更好地避免发酵过程产生的酸败现象，进而确保生产的连续性，同时还能使发酵处于最优化工艺，从而控制好发酵醪液的质量，减少有害物质的产生，降低生产成本。发酵中要严格控制发酵工艺参数，如温度（28～32℃）、酵母量、酒分和糖锤度等，确保发酵过程相关技术工艺指标始终处于良好动态平衡中，进而提高发酵效率与质量。整个发酵过程仅需2～10 d，不同产品的发酵时间存在明显差异。因为发酵过程中的温度不仅影响发酵速度，还会影响杂醇油的产生量。一般而言，高温发酵会促进杂醇油生成，而温度低时发酵过程产生的杂醇油量会较少。因此在朗姆酒发酵过程中，发酵温度的控制要同时兼顾较快发酵速度与较少杂醇油产生量，因此发酵温度一般控制在28～32℃。

（2）*蒸馏工艺*。“生香靠发酵，成香靠蒸馏”，可见，蒸馏工序对于朗姆酒质量控制至关重要，因为既要尽可能保全朗姆酒的有效物质，又要将其中的有害物质尽可能去除。因此，在朗姆酒的蒸馏工序中，首先要确保蒸馏设备结构的完善，同时工艺也要优化，才能在蒸馏过程中有效控制杂质产生或尽可能地去除，同时尽可能保全酒的有效成分和风味物质，并能促进酒香的物质的产生，从而获得色、香、味、格和酒体稳定的朗姆酒。

另外，可对蒸馏设备和工艺进行适当改造或调整，以生产不同浓度和风格物质的基酒和调味酒。如采取传统的铜葫芦蒸馏器进行两次蒸馏，可生产出70%～80%（*V*/*V*）原酒；采用单塔（分两层，上层塔用铜质材料，下层塔用不锈钢材料）可生产出约80%（*V*/*V*）原酒；如采用连续多塔的液相过塔蒸馏，再经过多次蒸馏浓缩尽可能地排除杂质后，可生产出95%（*V*/*V*）以上的原酒。

不同原酒的产品所含有的风味物质种类与含量各不相同，其中铜葫芦生产原酒和单塔原酒经橡木桶进行3年以上的陈酿，多塔酒经两年以上陈酿，再经调酒师进行勾兑就可生产白朗姆酒和金朗姆酒（Mendes and Mori，2019）。

（3）*陈酿工艺*。刚发酵、蒸馏分离所获得的朗姆酒，辛辣味强，口感粗糙，需要进行陈酿才能去除新酒的辛辣味，使酒气味芳香、口味醇厚和柔润。

目前我国朗姆酒的陈酿，均是使用橡木桶来进行。在陈酿过程中，朗姆酒会吸收橡木桶的香味和色泽，使其口感更加丰富。因此，橡木桶的木料原产地、板材老熟程度以及烘烤控制等对成品朗姆酒品质和风格有很大影响。

（4）*勾兑工艺*。勾兑，作为朗姆酒生产制作的最后工序，是在前面各生产工序严格把关的基础上进行的，也是形成朗姆酒风格的最后一步：首先要确定基酒，通过理化指标分析及调酒师品尝，并与成品酒进行对比，判断基酒存在的不足之处（因原料质量波动及生产时间、生产工艺指标波动等导致原酒质量与风味存在一定差异性，因此需要对其进行适当调配以确定产品质量，包括风味的稳定），然后进行选择勾兑，分类完善，使酒色、香、味统一协调，达到产品要求的感观指标和理化指标。

（5）勾兑用水处理工艺。勾兑用水是直接将原酒调制成成品酒的过程，因此所用水的质量直接影响到成品酒的品质，这就是所谓的“好水酿好酒”。为了确保成品酒的品质，必须要用高品质的水。目前在我国朗姆酒生产中，勾兑工序所用的水都需要进行清净处理，达到纯净水标准后才能使用。

**4. 甘蔗醋** 甘蔗醋生产是以洁净甘蔗汁为原料，经果酒酵母发酵后得到甘蔗酒发酵液，再采用醋酸菌进行液态深层发酵，然后再经陈酿、过滤、调配、灭菌等制得，风味独特、营养丰富，主要工艺流程如图 23－6 所示。目前已在我国“糖都”崇左市规模化生产，现有生产线 3 条，年产能达 5 万吨，产品深受消费者喜爱，已远销欧盟。

活性干酵母（活化）↓ 醋酸菌 ↓

甘蔗汁 → 过滤 → 酒精发酵 → 醋酸发酵 → 陈酿 → 过滤 →

调配 → 灭菌 → 灌装 → 检验 → 成品

图 23－6 甘蔗醋生产工艺流程

（1）酒精发酵。

①干酵母的活化。用 36～38℃温水，按 1∶10 的比例与活性干酵母混合均匀后，置于恒温水浴锅中复水活化 20～40 min。

②将活化好的酵母液接种于初糖浓度为 14%的甘蔗汁中，搅拌均匀，放入培养箱中 25℃恒温发酵 5 d 左右。发酵过程中每 24 h 取一次样测量酒精含量，监测酒精度的变化，待酒精度上升到 6%～7%时终止发酵。

（2）醋酸发酵。按 10%的接种量将醋酸菌接种于酒精发酵醪液中，移至温度为 32℃的恒温培养箱中进行发酵。在整个发酵过程要定时取样监测酸度变化，待酸度趋于稳定、不再上升时，意味着醋酸发酵完成，发酵时间一般为 2～3 d。

（3）陈酿。将发酵所得甘蔗原醋进一步纯化。

（4）过滤。对发酵期满后的发酵液通过压滤机进行压滤，实现固液分离。

（5）灭菌、调配。发酵液经蒸汽间接加热进行巴氏灭菌后，按相应配方在调配罐中混合制成食用醋。

**5. 医用、保健及糖链产品**

（1）药物的冻干保护剂。蔗糖因其玻璃化温度高、黏度合适、吸湿性低和不含还原基等特性，在注射剂中可作为冻干保护剂，目前应用已较为普遍，如蛋白类抗体药物、激素类药物、脂质体类产品和病毒疫苗产品等。此外，蔗糖还可同时起到调节渗透压的作用。对于冻干保护机制，蔗糖在注射剂中最主要用于生物制品冻干粉针剂及脂质体注射剂，作为冻干保护剂。例如注射用重组人凝血因子Ⅷ冻干粉剂百因止（Rodrigues et al.，2008）。

（2）药物辅料。药用辅料是药物制剂的基础材料和重要组成部分，是指为使药物制成适宜的剂型而加入的其他所有物料的总称，是在药品制剂成型时，以保持其稳定性、安全性或均质性，或为适应制剂的特性以促进溶解、缓释等为目的而添加的物质。它不仅赋予药物一定剂型，而且与提高药物的疗效、降低不良反应有很大关系，其质量可靠性和多样性是保证剂型和制剂先进性的基础。药用辅料应无生理活性，其性质应稳定而不与药物发生反应，应不影响药物的含量测定。蔗糖广泛用于口服制剂中，在药物辅料中主要有两种用途。

①黏合剂。药用辅料黏合剂是具有黏性的物质，借助其黏性能将两种分离的材料连接在一起。药用辅料黏合剂的种类很多，例如羟丙基纤维素、聚维酮、淀粉浆和糖浆。糖浆黏合剂的黏合力强，硬度大，吸湿。浓度为50%～67%（*W/W*）蔗糖糖浆，可用于片剂中颗粒的黏合剂，也可用于片剂包衣。浓度过高，部分糖转化而使包衣困难。

②矫味剂。矫味剂是指药剂中用以改善或屏蔽药物苦味，使病人难以觉察药物的强烈苦味（或其他异味，如辛辣、刺激等）的药用辅料。迄今为止，药剂加工中已使用或正在使用的矫味剂包括各种屏味剂、脂性物质（包括卵磷脂、表面活性剂）、亲水性药物包埋剂材料（如聚丙烯酸树脂类药用涂膜剂、改性淀粉类碳水化合物、环糊精类葡萄糖低聚物等），以及离子交换树脂、蛋白质、沸石和其他各种新型药用辅料。

蔗糖属于天然矫味剂，是矫味的主要用品，常以单糖浆或果汁糖浆（如橙皮糖浆、樱桃糖浆和桂皮糖浆）等形式应用，兼矫臭。应用糖浆时常添加山梨醇、甘油等多元醇，防止蔗糖结晶析出。蔗糖粉末可用作干黏合剂（2%～20%，*W/W*）、咀嚼片或锭剂增溶剂和法制甜味剂。蔗糖在小肠由蔗糖酶水解产生葡萄糖和果糖，然后被吸收。

（3）*药物输送*。有学者以甘油二缩水甘油醚（GDE）为交联剂，在无表面活性剂介质中一步反应合成了多孔可生物降解的透明质酸纳米凝胶及其与蔗糖、透明质酸和蔗糖的共聚物。透明质酸/蔗糖纳米凝胶是用作药物载体的有前途的材料，包括具有可调和延长释放能力的疏水性癌症药物，因为它们具有适合药物结合和/或吸附的化学功能、多孔性和可降解性、粗糙的表面特征和不规则的形状。透明质酸/蔗糖纳米凝胶成分的简单合成和固有特性使它们成为许多体内生物医学应用的先进和靶向药物递送材料的优秀候选物(Chen and Park，2000；Sagbas et al.，2019)。

另有学者研究蔗糖与丙烯酸缩水甘油酯反应引入双键，其聚合导致形成蔗糖-蔗糖水凝胶的交联网络。超多孔蔗糖也是通过在聚合过程中加入气体形成剂来制备的。超多孔蔗糖在酸性和碱性条件下，比蔗糖溶胀得更快，降解得更快。快速膨胀的超多孔蔗糖应用广泛，包括控制药物输送。

**6. 高除臭抑菌蔗渣基环保猫砂**　广西大学绿色制糖团队以甘蔗渣为基础原料，添加以超声辅助复合配改性方法对少量蔗渣进行改性作为吸附剂，以造纸黑液固渣木质素改性抑菌剂，成功制备具有高吸水性、结团性、强异味去除、抑菌性及低粉尘性的猫砂产品。与市售膨润土猫砂和豆腐猫砂相比，所制备猫砂除臭率超过99%，明显高于豆腐猫砂(51.12%）和膨润土猫砂（58.12%）；对沙门氏菌和大肠杆菌等致病菌抑制率均高于95%，而豆腐猫砂和膨润土猫砂无抑菌性；吸水性达每克猫砂6.2 g水，明显高于豆腐猫砂（每克猫砂2.9 g水）和膨润土猫砂（每克猫砂2.1 g水）。是一种具有前景的植物基猫砂。

## 二、滤泥新的综合利用技术及产品

**1. 生物炭**　将滤泥热解制备成生物炭，即将湿滤泥晾干/烘干后，采用隔氧法制备滤泥生物炭，在500℃下热解6 h，冷却后将生物炭碾碎过80目筛（孔径0.2mm），即得生物炭。热解温度对所得滤泥生物炭的孔径、孔容以及比表面积有显著影响，提高热解制备温度有利于生物炭孔隙结构的发育。当热解温度在500℃时，生物炭的比表面积达到83.71 $m^2/g$。在农业生产中，生物炭是一种优良的土壤改良剂，能提高土壤有机质含量，保水保肥，故能促进农作物生长，从而提高产量，改善品质。目前我国已有使用滤泥与蔗渣等生物质混合一起作为锅炉燃料，燃烧产生热量供糖厂生产所用。所得灰渣再作为肥料还田。

滤泥热解制备生物炭，一方面能够实现滤泥资源化利用，另一方面热解产生的热气能够为糖厂供能。

**2. 生物质炭基缓释肥** 滤泥生物炭矿物质营养成分含量有限，很难满足作物生长需要，因此宜与其他无机肥混合制作生物质炭基缓释肥，即利用物理、化学、生物等调控手段，在特定时间内，减缓养分在土壤中的释放速率，使肥料养分按照预先设定的模式进行缓慢释放或控制释放，使其养分的释放速率与农作物在生长期的需肥规律基本吻合，从而提高肥料利用率。此外，滤泥生物炭还具有调节土壤pH、降低土壤容重、改善土壤通水透气性、吸附残留农药等作用。目前滤泥生物质炭基缓释肥原料比例为：尿素∶生物炭为1∶5，可溶性淀粉添加量为10%，水添加量为24%。原料混合均匀后采用造粒机进行挤压造粒，造粒完毕在40℃下烘干，即得生物质炭基缓释肥。目前已进入大规模田间试验，作物增产明显。图23－7为利用滤泥生产炭基缓释肥的工艺流程。

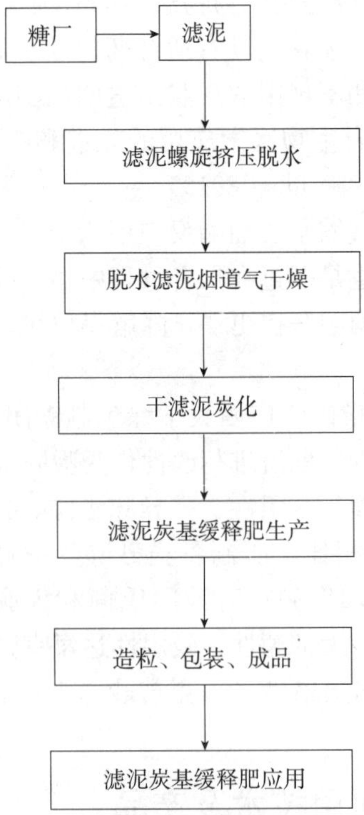


图23－7 滤泥制备炭基缓释肥的工艺流程

**3. 提取蔗蜡**　蔗蜡呈白色或深黄色，属于天然蜡，是酯、游离酸、醇和碳氢化合物等的混合物，具有多种生物功能，在护肤、化妆品行业及制药行业等领域均有广泛用途，也可用来生产涂料、塑化剂和保鲜剂等，经济价值较高。甘蔗中的蔗蜡主要分布在甘蔗表皮，有固体蜡、半固体脂肪状和液体油状三种形式。在制糖生产过程中，大部分甘蔗蜡会进入蔗汁中，在清净过程中最终富集于滤泥中，因此目前无论是学术研究还是工业应用，蔗蜡的提取均以滤泥为主要原料。以蔗蜡为原料可以分离得到植物甾醇、二十八烷醇和三十烷醇等功能性产品。

由于石灰法清净过程中所用澄清助剂量最少，故滤泥含蜡量最高，其次是亚硫酸法滤泥。而碳酸法滤泥由于使用大量石灰与 $CO_2$，滤泥含蜡量最低。因此目前我国滤泥蔗蜡的提取一般以石灰法及亚硫酸法的滤泥为原料。蔗蜡提取主要有以下方法。

（1）溶剂提取法。溶剂提取法的主要工作原理是利用蔗蜡与蔗脂在不同溶剂中溶解度的不同而将其提取出来。首先将滤泥溶于特定溶剂，如汽油、苯、热酒精等有机溶剂中，然后将溶有蔗蜡的溶剂与滤泥分开，再对溶剂进行蒸发萃取，蒸发残留物即为粗蔗蜡。也可以利用蔗脂易溶于丙酮、冷酒精的特性，先将蔗脂溶解去除，然后再利用蔗蜡易溶于热酒精、石油醚、苯、四氯化碳、汽油等特性来提取蔗蜡。

目前，根据提取过程是否先将蔗脂去除，蔗蜡提取方法可分为两步法和一步法。其中两步法是指首先将滤泥中蔗脂溶解去除，然后才提取硬蔗蜡；而一步法则是直接提取蔗蜡（粗蔗蜡），然后再对其进行脱脂精制。具体提取工艺流程如图 23－8 所示。

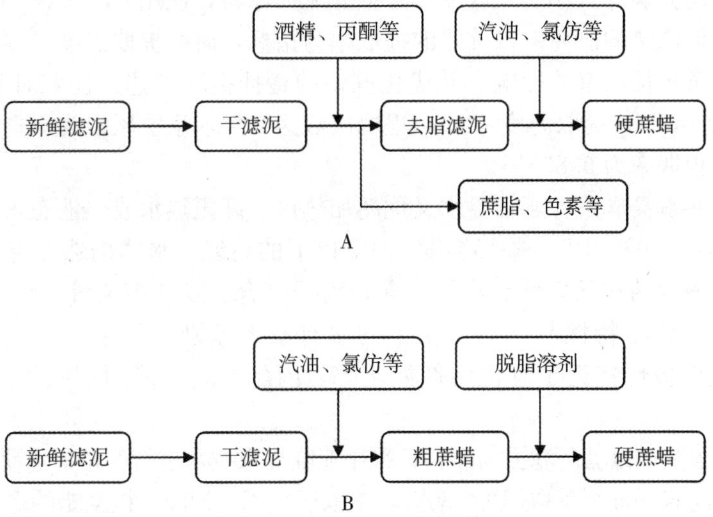


图 23－8　提取蔗蜡工艺流程
A. 两步法流程　B. 一步法流程

目前，粗蔗蜡提取常用的溶剂是汽油，蔗蜡产率为 9.0%～12.5%，而汽油回收率为 70%左右。蔗脂去除常用的溶剂为酒精，蔗脂产率为 6%～8%，酒精回收率为 64.3%～73.3%。对比分析发现，一步法提取蔗蜡的产率比两步法高 2～3 个百分点，但一步法提取的蔗蜡含较多蔗脂，纯度较低，需对其进行脱脂处理。

经脱脂后所得的粗蔗蜡，一般呈褐色或黑色，熔点为 65～75℃，约含 50%蔗蜡、

20%树脂和30%脂肪，需要进一步精制。其精制处理包括除灰、脱脂和脱色。首先，粗蔗蜡经除灰处理后，纯度可提高至80%以上，再采用丙酮-异丙醇工艺进行脱脂，可获得暗黄色或棕黄色的精制蜡，产率为48.9%～52.9%；最后采用过氧化氢进行脱色处理，脱色率达到72.7%～80.9%，故所得精蔗蜡为淡黄色，光泽性好，纯度达到90%以上。

（2）*超临界二氧化碳提取法*。超临界流体，也叫超临界气体，是指其温度和压力略超过或靠近物质的临界温度和临界压力，介于气体和液体之间的流体。它不同于气体和液体，既具有气体的某些特征，同时又保留了液体的某些特征。相对接近于液体的密度使它对溶质具有较高的溶解度，而相对接近于气体的黏度系数使它有较好的流动性，扩散系数大于液体使它对所萃取的物质有较好的渗透性，因而溶质进入超临界流体具有较高的传质速率。超临界流体萃取技术适用于从难以分离的物质中提取所需的物质。

广西大学宋宁宁以糖厂滤泥为原料，采用超临界二氧化碳萃取技术进行蔗蜡（高级脂肪醇）的提取，最佳工艺条件为：萃取压力30 MPa，萃取温度50℃，萃取时间6 h，物料粒度为20目，高级脂肪醇提取率为2.30%。

（3）*亚临界丁烷提取法*。亚临界丁烷萃取技术是利用丁烷在温度和压力均介于临界范围内时具备液体性质的特性，根据相似相溶原理，从天然产物中提取目标组分的一种新技术。亚临界萃取是一种物理变化过程，样品中目标产物不会被破坏。最重要的是整个过程低温、低压，萃取时间短，运行周期短，萃取完成后，溶剂能够完全回收再利用（冯秀静等，2020）。

广西大学冯秀静等（2020）以糖厂甘蔗滤泥为原料，使用CBE-30+5L亚临界丁烷萃取设备进行提取蔗蜡的研究。以蔗蜡的提取率为指标，研究提取温度、提取时间、提取次数、料液比对蔗蜡提取率的影响，并优化蔗蜡的最佳提取工艺：提取时间20 min，料液比为1∶20（g/mL），提取温度70℃，提取次数为3次，系统压强为0.7 MPa。此工艺条件下粗蔗蜡的提取率为9.835%。

（4）*亚临界水提取法*。亚临界水又称超加热水、高压热水或热液态水。在一定的压力下，将水加热到100℃以上、临界温度374℃以下的高温，水体仍然保持液体状态。亚临界状态下流体微观结构的氢键、离子水合、离子缔合、簇状结构等发生了变化，因此亚临界水的物理、化学特性与常温常压下的水有较大差别。常温常压下水的极性较强，而亚临界水的弱极性接近于有机溶剂如乙醇、丙酮，故可采用亚临界水作溶剂提取脂溶性物质。

广西大学侯楚璇以糖厂滤泥为原料，采用亚临界水技术进行蔗蜡提取研究，最佳提取工艺为：萃取时间65 min，萃取温度180℃，萃取压力4.5 MPa，粗蔗蜡的得率为18.82%。

**4. 滤泥生产无公害饲料**

（1）*滤泥预处理*。甘蔗滤泥主要由纤维素、半纤维素、葡萄糖聚合体及多种单糖残基聚合而成，还存在由苯丙烷聚合而成的一种非多糖物质——木质素。它们紧密结合、相互缠绕构成粗纤维。这些天然有机高分子化合物结构很牢固，容易吸水膨胀和发臭，很难被畜禽等单胃动物的消化液和消化酶分解，消化和吸收率很低。针对这一情况，可引入生物环保新工艺对甘蔗滤泥进行预处理。

滤泥预处理工艺如下：

新鲜糖厂滤泥经螺旋压滤机脱水处理后，含水率由75%降至55%左右，然后添加微生物菌群进行发酵，再经干燥（80～120℃，水分15%以下）、包装后，送至临时转运仓（图23-9）。滤泥厌氧发酵时间与发酵温度密切相关，一般为5 d。当气温低于20℃时延长1 d，低于10℃时再延长1 d。菌落总数≥200亿CFU/g，pH=6～7。发酵后的滤泥呈黄褐色，有光泽感，有轻微酸甜香味或醇香味。

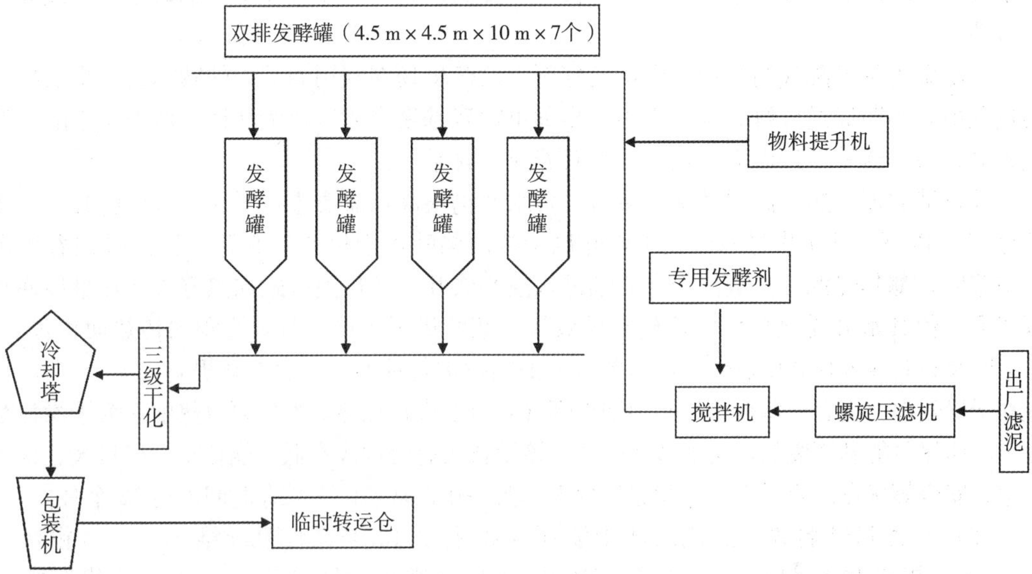


图23-9　滤泥预处理工艺流程

①滤泥脱水。甘蔗糖厂出厂滤泥含水率75%左右，需要进行干燥/脱水处理（如采用高干度螺旋压滤机进行脱水处理），使其含水率降至约55%，以满足微生物发酵工艺要求。螺旋压滤机是自动连续作业设备，可与糖厂排滤泥设备无缝对接，且处理过程无废气、废水、噪声产生，运行过程中不易堵塞，压力稳定，脱水效果好（滤泥脱水后含水率为50%～55%），能满足滤泥饲料发酵工艺要求（图23-10）。

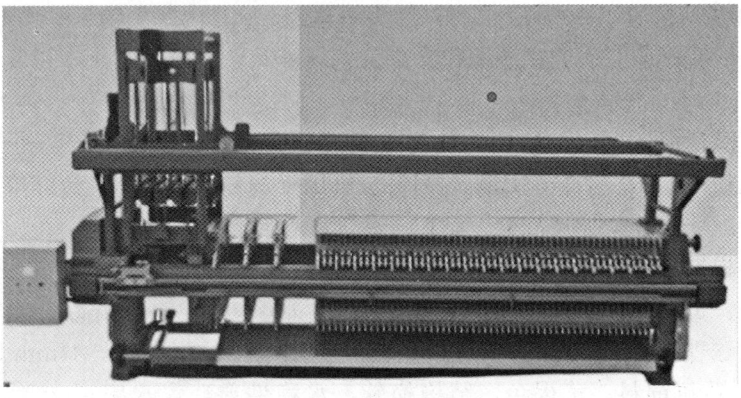

图23-10　螺旋压滤机

②滤泥发酵。用甘蔗滤泥制备饲料时需要使用专用发酵剂。专用发酵剂主要由多种有

益微生物与多种植物萃取营养物质混合配制而成，其对滤泥的发酵主要包含三种过程：

一是有害物质降解。滤泥专用发酵剂与滤泥均匀拌和，在无氧状态下进行发酵，能迅速杀灭滤泥中的病原菌并降解硫化物。

二是强效分解。滤泥专用发酵剂中的菌群在生长繁殖过程会产生大量多黏菌素和有机酸等，与植物萃取营养物质发生相互作用，会产生分解能力很强的物质，从而将滤泥中的纤维素、半纤维素、木质素等溶解，不仅可以提高饲料的消化吸收率，同时也可以改善其适口性。

三是微生物新陈代谢作用。专用发酵剂中的微生物在利用滤泥中的营养物质生长繁殖的过程中，不断通过分解和酶解作用将多种单糖残基聚合体转化为活性小肽类氨基酸、维生素群、核苷酸等，进而大幅提高滤泥营养成分含量。

③发酵滤泥干燥。滤泥发酵结束后，含水率仍很高，需要进行干燥处理以将其含水率降至15%以下。该干燥过程可使用桨叶烘干机。桨叶烘干机的空心轴上密集排列着楔形中空桨叶，加热热源——蒸汽经空心轴进入空心桨叶，通过间接式加热方式将热量传递给湿滤泥，使其水分受热蒸发，达到干燥效果。桨叶烘干机单位有效容积内传热面积很大，在桨叶及夹套通入热介质加热时，出料口上部同时进行抽湿，从而明显提高设备干燥强度，提高干燥效率。也有一些糖厂先利用锅炉烟气来对油进行加热，然后再以热油作为干燥机热源，从而尽可能利用废热，实现节能生产。该设备具有处理成本低、能耗小、产量大、操作简单、安全等优点。经干燥的发酵滤泥含水率低，在正常条件下贮存时间可达12个月。

(2) 滤泥饲料制作。亚硫酸法干滤泥含粗蛋白13.43%，粗纤维8.21%，粗灰分25.04%，粗脂肪8.51%，无氮浸出物43.89%，钙5.63%，磷0.93%。其代谢能为10.84 MJ/kg。此外，滤泥还含有果胶、蜡等物质及多种营养元素，如100 g干滤泥含铜0.013 g，铁0.38 g，锰0.08 g，锌0.016 g，钴0.01 g，硫2.12 g，镁0.19 g，钾0.32 g，钠0.01 g，是生产饲料的良好原料（汪志静，1995；佚名，2015）。

研究表明，干滤泥的成分与紫云英相当，可直接作饲料，其中氨基酸氮占粗蛋白氮的比重为：赖氨酸2.1%，精氨酸2.9%，谷氨酸3.0%，因此可作为乳牛的饲料。广东东风糖厂曾开展用滤泥养猪的试验，饲料配方为：干滤泥70%，粗谷糠10%，青贮饲料10%，精料10%。饲养了100头小猪与20头中猪，6个月内每头猪日平均增重0.7 kg以上，效果良好。我国曾有研究用滤泥代替部分饲料养鸡，在鸡的整个生长发育期，可节约粮食25%左右。

另外，发酵滤泥还可以按特定比例与木薯渣、谷糠等混合，粉碎，烘干，再加入豆粕、菜麸、鱼粉等，然后造粒制成颗粒饲料，可用于饲养各种畜禽、鱼虾等。生产工艺流程为：原料选配—粉碎—搅拌混合—制粒—冷却—称量包装（李媛媛，2012）。

滤泥饲料根据加工方法、产品物理性状可分为粉状饲料、软颗粒饲料、硬颗粒饲料三种。粉状饲料：黄褐色，有光泽感，细度均匀，含水率≤30%。无结块、发霉、变质，无异物；有轻微酸香酒味和醇香味。颗粒须全部通过孔径2 mm钢筛，1 mm以下细粒不能超过10%。软颗粒饲料：黄褐色，结构松软，水稳性差，含水率≤30%，密度1.3 g/$cm^3$。硬颗粒饲料：黄褐色，结构细密，含水率≤13%，水稳性好，营养成分不易溶失。软、硬颗粒饲料粒度指标见表23-5。

**表 23-5　软、硬颗粒饲料粒度指标**

| 饲料品种 | 直径（mm） | 长度（mm） | 含粉率（%） | 粉化率（%） |
|---|---|---|---|---|
| 鱼饲料 | 1.5～2.5 | | | |
| 猪饲料 | 2～4 | 直径的 1.5 倍 | 硬颗粒 1，软颗粒 2 | ≤5 |
| 牛羊饲料 | 3～6 | | | |

滤泥生物饲料的主要特点有：

①健康安全。采用纯物料配制，不添加任何抗生素、促长素、重金属。

②环保。生产过程常温、零排放，无异臭气味。

③质量好。50%以上物料经不同的发酵工艺处理，能量物质丰富，营养成分高且易于消化吸收，不含任何有害残留物质。

④品质高。采用滤泥生物饲料饲养的鸡、鸭、猪、羊、牛、海鱼海虾、淡水鱼类等，肉质鲜美。

⑤成本低。大部分原料来自废渣料，因此饲料的生产成本较低。同时，由于该种饲料富含天然核苷酸、活性肽、多种氨基酸和多种维生素等，能补充畜禽快速生长时期内源核苷酸合成的不足，加快动物机体肠上皮细胞、肝细胞、淋巴细胞等的复制及分裂繁殖，从而提高畜禽日增重，降低料肉比，减少饲料支出。此外，该种饲料还具有很显著的免疫、修复、解毒功效，从而可降低动物发病率，大大减少用药成本。

**5. 滤泥中叶绿素的提取**　滤泥中含有丰富的叶绿素。叶绿素是一种天然食用色素，叶绿素的衍生物——叶绿素铜钠盐，广泛应用于食品行业。不仅如此，叶绿素还有一定的医疗用途（医药产品的着色剂），有很好的消炎和促进愈合能力。因此，将滤泥中的叶绿素提取出来，会大大提高糖厂的经济效益（李宁等，2014）。

**6. 滤泥制备食用菌基料**　亚硫酸法滤泥含有丰富的甘蔗纤维，其总有机碳含量超过20%（表 23-6）。此外，还富含氮、磷、钙、钾等营养物质，可与甘蔗梢叶、蔗渣混合发酵制作食用菌基料。

**表 23-6　食用菌基料原料成分含量对比**

单位：%

| 原料 | 水分含量 | 总有机碳 | 总氮 | 总磷 | 总钾 |
|---|---|---|---|---|---|
| 亚硫酸法滤泥 | 61.6 | 23.14 | 1.199 | 0.035 | 0.12 |
| 蔗渣 | 11.10 | 77.65 | 0.36 | 0.043 | 0.084 |
| 稻草 | 10.85 | 48.7 | 1.15 | 0.13 | 1.89 |
| 花生饼肥 | — | 32.98 | 8.71 | 1.82 | 1.35 |
| 牛粪 | — | 8.37 | 0.35 | 0.19 | 0.17 |

广西大学绿色制糖团队在滤泥中添加适量蔗渣或甘蔗叶，然后进行发酵，生产食用菌基料。用该基料代替传统稻草、牛粪基料，不仅能很好地解决我国当前食用菌主产区因稻草、牛粪紧缺限制食用菌产业发展的问题，还能避免使用牛粪可能导致食用菌重金属超标的问题。该技术既可用于工厂化生产，也可用于传统田间生产，均已经过

规模化生产验证。在栽培双孢蘑菇时，相对于传统基料，用蔗渣-滤泥基料田间栽培蘑菇（甘蔗收获后在甘蔗地进行栽培，11 月至来年 3 月），其出菇量达 8.87 $kg/m^2$，较传统牛粪基料提高 10%～20%；蘑菇多糖总量提高 10%以上，氨基酸含量提高 34%以上，种植成本仅为传统稻草牛粪基料种植成本的 3/4。此外，种菇后的基料还能提高土壤肥力，可改良土壤团粒结构，因此能促进甘蔗生长，使甘蔗产量平均提高 17.74%（李媛媛，2012）。

## 三、甘蔗植物水的商品化利用

为了充分利用甘蔗中的水资源，全面发挥甘蔗资源的优势，实现“物尽其用”，广西大学绿色制糖团队在膜法绿色澄清技术的基础上，率先研发出甘蔗植物水生产技术，构建水-糖联产模式（图 23 - 11），可同步生产甘蔗植物水及无磷酸、二氧化硫、聚凝剂等化学助剂添加的甘蔗原汁饮品、甘蔗浓缩糖汁等系列产品，使甘蔗植物水实现商品化应用，显著提高产业经济效益。其中甘蔗植物水 100%来源于植物细胞，通过植物细胞膜的萃取，得到天然的小分子团水，这种小分子的植物活性水是容易被人体细胞吸收的高品质活性水。

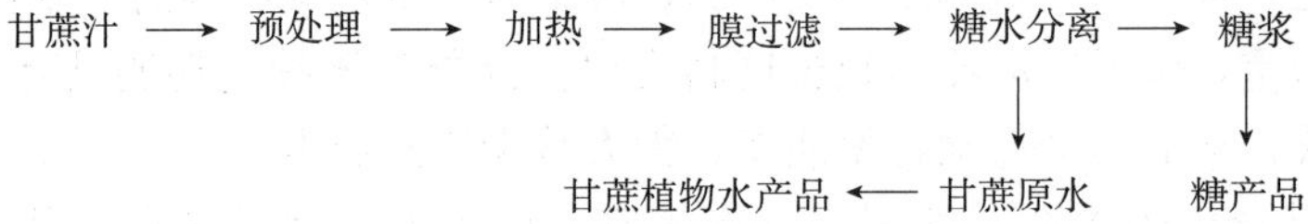


图 23 - 11　水-糖联产模式工艺流程

## 参 考 文 献

陈山，王弘，卢家炯，2005. 甘蔗制糖业副产物的综合利用［J］. 食品与发酵工业（1）：104-108.

丰丙政，滕德荣，农秋阳，等，2017. 蔗糖深加工及甘蔗副产物综合利用研究进展［J］. 轻工科技（12）：8-9.

冯秀静，陆海勤，陈淋转，等，2020. 亚临界丁烷提取甘蔗滤泥中蔗蜡的工艺优化［J］. 中国调味品，45（9）：76-79.

广西壮族自治区经济委员会，2007. 广西糖业［M］. 南宁：广西科学技术出版社.

黄悦刚，1994. 糖厂经营策略与管理［M］. 重庆：重庆大学出版社.

霍汉镇，2008. 现代制糖化学与工艺学［M］. 北京：化学工业出版社.

李宁，陈宝娣，刘洪波，等，2014. 生物酶解法提取甘蔗糖厂滤泥中叶绿素的研究［J］. 食品工业科技，35（5）：172-177.

李媛媛，2012. 利用甘蔗糖蜜共生发酵生产功能性饲料添加剂的研究［D］. 南宁：广西大学.

林荣珍，2020. 甘蔗渣综合利用发展现状探讨［J］. 企业科技与发展（6）：62-64.

刘继栋，刘慧颀，周文红，等，2006. 甘蔗糖蜜高浓发酵中有机酸对产酒的影响极值研究［J］. 甘蔗糖业（2）：42-44.

汪志静，1995. 制糖滤泥：畜禽的好饲料［J］. 农牧产品开发（9）：25-26.

许斯欣，陈维钧，林福兰，2001. 甘蔗制糖原理与技术［M］. 北京：中国轻工业出版社.

佚名，2015. 滤泥是优良的饲料资源［J］. 畜禽业（4）：17.

Cardoso D R，Bettin S M，Reche R V，et al.，2013. HPLC-DAD analysis of ketones as their 2，4-

dinitrophenyhy-drazones in Brazilian sugar-cane spirits and rum [J] . Journal of Food Composition and Analysis, 16 (5): 563-573.

Chen J, Park K, 2000. Synthesis of fast-swelling, superporous sucrose hydrogels [J] . Carbohydrate Polymers, 41 (3): 259-268.

Lopez-Vazquez C, Bollain M H, Berstsch K, 2010. Fast determination of principal volatile compounds in distilled spirits [J] . Food Control, 21 (11): 1436-1441.

Mendes I M, Mori F A, Trugitho P F, 2019. Potential of wood to add value to still rum [J] . Informe Agropecuario (30): 41-48.

Rodrigues J P, Paraguassú-Braga F H, Carvalho L, et al., 2008. Evaluation of trehalose and sucrose as cryoprotectants for hematopoietic stem cells of umbilical cord blood [J] . Cryobiology, 56 (2): 144-151.

Sagbas S, Ari B, Onder F C, et al., 2019. Hyaluronic acid and hyaluronic acid: Sucrose nanogels for hydrophobic cancer drug delivery [J] . International Journal of Biological Macromolecules, 126: 1150-1157.

# 第五篇

# 甘蔗糖业经济及产业政策

# 第二十四章

# 中国甘蔗产业经济

## 第一节　概　　述

食糖是我国的重要农产品。甘蔗是制糖的主要原料，占比90%左右。抓好甘蔗生产是确保国家食糖供应安全的基石，也是整个产业健康平稳发展的基础，受到国家高度重视。国家糖业政策的重点包括鼓励优势地区发展糖料、维持传统市场需求与供给总量平衡、保障食糖的基本供给、促进糖业高质量发展、进一步优化糖业区域布局、开展糖料蔗“双高”建设等，以保持我国强有力的食糖供给保障能力。

近年来，我国的食糖消费量逐年增加，每年需要大量进口食糖填补国内供给缺口。农业农村部、中国糖业协会数据显示，2020/2021 年榨季，全国食糖消费量约1 550万 t，进口糖 450 万 t，国内产糖约1 067万 t，其中甘蔗糖产量约 912.77 万 t，占同期全国总产糖量的 85.55%。2015/2016—2020/2021 年榨季，甘蔗糖与甜菜糖产量总体保持增长态势，甘蔗糖产量增幅绝对值超过甜菜糖，但增长率则略低于甜菜糖，详见表 24-1。

**表 24-1　2015/2016—2020/2021 年榨季全国食糖市场供需表**

| 榨季 | 产糖量（万 t） | 进口量（万 t） | 消费量（万 t） | 出口量（万 t） | 结余（万 t） | 甘蔗糖产量（万 t） | 甘蔗糖占总产糖量比例（%） | 甜菜糖产量（万 t） | 甜菜糖占总产糖量比例（%） |
|---|---|---|---|---|---|---|---|---|---|
| 2015/2016 | 870 | 373 | 1 520 | 15 | −292 | 779.60 | 89.61 | 72.73 | 8.36 |
| 2016/2017 | 929 | 229 | 1 490 | 12 | −344 | 810.93 | 87.29 | 97.61 | 10.51 |
| 2017/2018 | 1 031 | 243 | 1 510 | 18 | −254 | 913.77 | 88.63 | 109.16 | 10.59 |
| 2018/2019 | 1 076 | 324 | 1 520 | 19 | −140 | 941.85 | 87.53 | 126.14 | 11.72 |
| 2019/2020 | 1 041 | 376 | 1 500 | 18 | −100 | 900.10 | 86.46 | 134.18 | 12.89 |
| 2020/2021 | 1 067 | 450 | 1 550 | 18 | −51 | 912.77 | 85.55 | 148.16 | 13.89 |

数据来源：农业农村部、中国糖业协会，泛糖科技整理。

根据中国糖业协会数据，2020/2021 年榨季全国甘蔗入榨量约 7 100 万 t，平均收购价为 489 元/t，按此估算，2020/2021 年榨季全国甘蔗总产值约 347.19 亿元。为清晰地了解我国甘蔗农业经济的发展现状与发展趋势，本章就甘蔗种植面积与产量、种植品种、种植成本、收购价格和蔗农收入等方面进行详细分析。

# 第二节　甘蔗种植面积、产量与品种情况

## 一、甘蔗种植区域及面积变化

近 20 多年来，我国甘蔗种植面积波动幅度较大，总体呈增长趋势，甘蔗生产布局由多省份分散式种植进一步向西南地区集中。据中国糖业协会数据，2000/2001 年榨季全国甘蔗种植面积合计 1 417 万亩，在 2012/2013 年榨季达到峰值 2 448 万亩，到 2020/2021 年榨季又缩减至 1 735 万亩，较 2000/2001 年榨季仍有 22.4%的涨幅。2000 年以后，广西、云南、广东和海南 4 省（自治区）成为中国甘蔗生产集中区域，2020 年种蔗面积合计 1 730 万亩，占全国甘蔗种植总面积的 99.71%（陈光燕等，2021）。

广西于 1992 年开始超越广东，成为我国最大的甘蔗糖主产区，其次是云南，这两个省份的种蔗面积在经历一轮涨跌波动后，近年来基本保持稳定。而广东、海南两省的甘蔗种植面积不断缩减。2000/2001—2020/2021 年榨季，广西种蔗面积从 700 万亩增至 1 115 万亩，增幅 59.3%；云南种蔗面积从 375 万亩增至 440 万亩，增幅 17.3%；而广东种蔗面积则从 210 万亩缩减至 124.15 万亩，减幅 40.9%；海南种蔗面积从 100 万亩缩减至 26 万亩，减幅 74%。

甘蔗种植面积下降会削弱国内食糖供给能力。为防止未来种蔗面积萎缩，亟须政府出台政策保障甘蔗种植保护区面积，通过提高甘蔗种植收益提升农民种蔗积极性、增加甘蔗种植面积，夯实甘蔗糖业发展的基础。

## 二、甘蔗产量情况

### （一）甘蔗产量概况

甘蔗总产量同时受到种植面积和单产的影响，其中面积是造成产量变化的最主要因素。根据中国糖业协会数据，2015/2016 年榨季至 2022/2023 年榨季，我国甘蔗产量区间为 6 213 万～8 395 万 t（图 24 - 1），产量变化与面积变化总体趋势一致。2017/2018 年榨季至 2018/2019 年榨季，全国甘蔗种植面积基本平稳，但甘蔗糖产量却呈上升趋势，这得益于品种改良、种植技术提升与蔗区管理优化等使得甘蔗单产提升。但近年来，随着种蔗成本逐年攀升，全国甘蔗种植面积连年萎缩，加上极端天气影响，甘蔗单产下降，甘蔗产量出现明显下滑。

### （二）甘蔗单产情况

影响甘蔗单产的因素有很多，分为客观因素、主观因素两种。客观因素包括种植品种、种植技术、田间管理、气候条件、病虫草害、生产资料投入等；主观因素通常包括蔗农对于甘蔗种植的认知、种植积极性等。

2014/2015—2019/2020 年榨季，我国原料蔗亩产在 4～5 t 之间波动，峰值为 2018/2019 年榨季的 4.64 t。由于生产基础条件差、天气因素多变，主产区广西的原料蔗单产波动幅度更大，最低值为 2011/2012 年榨季的 3.7 t，最高值为 2018/2019 年榨季的 4.91 t，主要原因是蔗区获得了远超于常年的充沛降水。云南的甘蔗亩产区间为 3.77～4.62 t，表现相对平稳（图 24 - 2）。

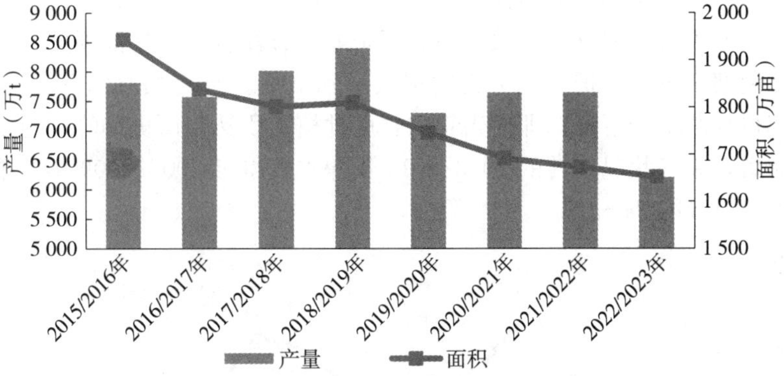


图 24－1　2015/2016—2022/2023 年榨季我国甘蔗种植面积与产量

（数据来源：中国糖业协会）

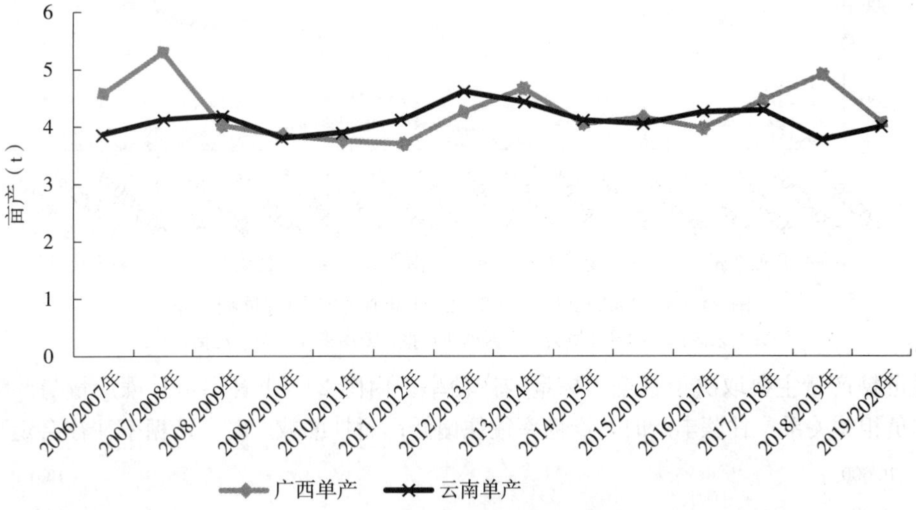


图 24－2　2006/2007—2019/2020 年榨季广西、云南甘蔗单产

（数据来源：中国糖业协会、云南省糖业协会、广西糖业年报）

甘蔗收购价与蔗款兑付速度直接关系到蔗农收入，进而影响田间投入与甘蔗单产。比如，从 2013/2014 年榨季开始的 3 个榨季，广西甘蔗单产连续下降，主要原因就是甘蔗收购价连年下调与蔗款支付大幅延后，影响了蔗农的种植积极性。广西 2013/2014 年榨季普通糖料蔗收购首付价格为 440 元/t，较上一年下调 35 元/t，种植净利润同步大幅下降。叠加蔗款延长至 3 月后兑付，打乱了原本糖厂开榨一周内兑付 60％蔗款、开榨一个月内兑付剩余蔗款的支付周期，导致蔗农在春节后甘蔗播种期间缺乏资金，无法支付机耕及化肥等费用，错过了种植最佳时期，对后续的生产管理造成不良影响。

### （三）甘蔗糖产量

2002—2020 年，我国甘蔗糖产量区间为 770 万～1 360 万 t，其变化趋势与最大产区广西的甘蔗糖产量近乎一致，而云南、广东、海南三省因甘蔗糖产量较少，且变化较小，对全国的影响不明显。值得注意的是，2007/2008 年榨季，我国甘蔗糖总产量首次达到 1 354.31 万 t 的高峰，这得益于连续多年来的种植面积扩张及 2007 年的风调雨顺。尤其是对广西而言，2007 年是天气状况最好的一年，甘蔗亩产达到 5.3 t。虽然在 2008 年春节前后发生了冰冻灾害，但蔗农、政府与制糖企业三方联合，保持高强度、满负荷连续收获甘蔗与加工制糖，成功地把冰冻灾害的损失降到最低。与之相对的情况是，2012 年极端天气频发使得甘蔗单产下降，即使当年的甘蔗种植面积达到历史巅峰，也没有收获最高的产糖量。而后，天气状况好转的 2013/2014 年榨季获得了 2008/2009 年榨季以来的产量高峰 1 248.34 万 t（图 24－3）。

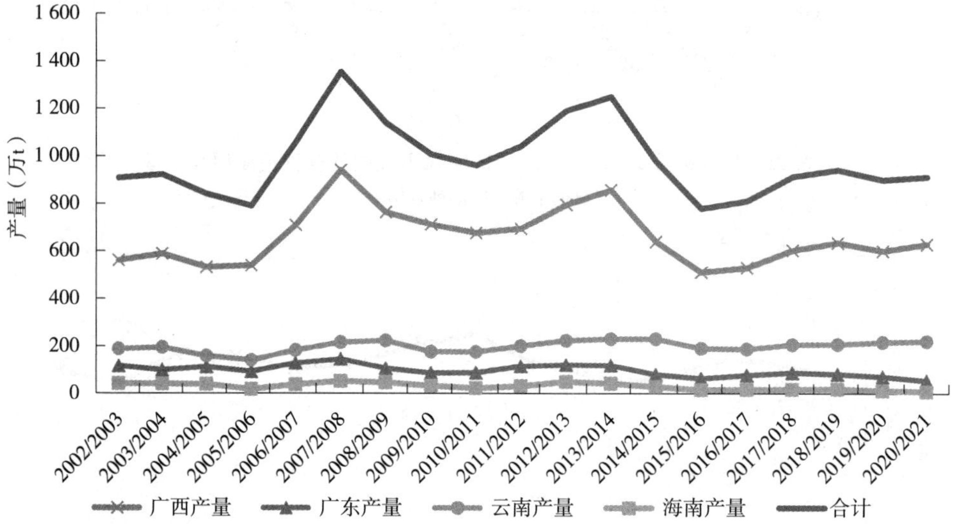


图 24－3　2002/2003—2020/2021 年榨季中国甘蔗糖产量
（数据来源：中国糖业协会、广西糖业年报、云南糖业协会、泛糖科技）

甘蔗糖产量主要取决于甘蔗入榨量与产糖率。由图 24－4 看出，甘蔗产量与产糖率具有一定负相关关系：甘蔗丰产时，产糖率往往偏低；而甘蔗减产时，产糖率往往会走高。全

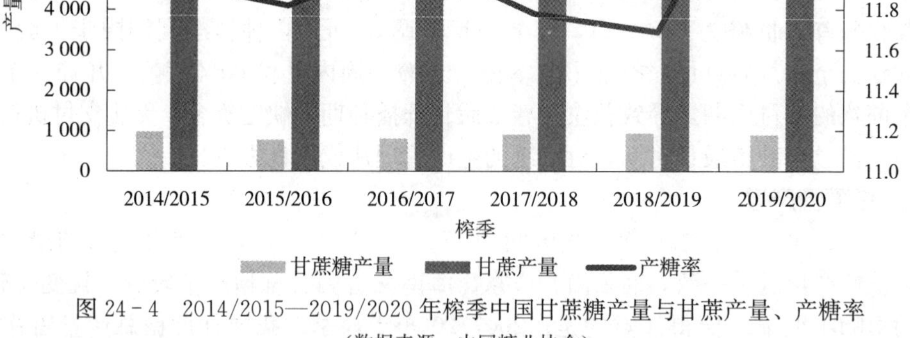


图 24－4　2014/2015—2019/2020 年榨季中国甘蔗糖产量与甘蔗产量、产糖率
（数据来源：中国糖业协会）

国甘蔗入榨量从 2014/2015 年榨季的 9 004.67 万 t 波动式下降至 2019/2020 年榨季的 7 298.28 万 t，产糖率区间为 11.69%～12.84%，甘蔗糖产量则以 900 万 t 为中轴上下波动。

## 三、糖料蔗品种与境外蔗情况

### （一）糖料蔗主栽品种

我国糖料蔗主栽品种多为自主繁育的良种，从国外引进的糖料蔗品种主要有湛引、桂引、云引等，种植面积很少。我国糖料蔗品种依据育成单位的不同分为桂糖系列、桂柳系列、新台糖系列、粤糖系列、柳糖系列、云蔗系列、德蔗系列、盈育系列、闽糖系列、福农系列、川蔗系列、中糖系列、中蔗系列等，另有部分单位曾有甘蔗育种业务，但现已不再或较少开展相关工作，相关系列如华南（粤农）系列、赣蔗系列、湘蔗系列等。表 24－2 是我国近年来的主要糖料蔗品系及代表性品种、新品种。

**表 24－2　我国糖料蔗品系及代表性品种、新品种**

| 序号 | 品系名称 | 育种单位 | 代表性品种、新品种 |
|---|---|---|---|
| 1 | 台糖系列 | 台湾糖业研究所 | 新台糖 1 号，10 号，15 号，16 号，20 号，22 号，24 号，25 号（90-7909），96-38，79-29，89-1626 |
| 2 | 粤糖系列 | 广东省科学院南繁种业研究所（广州甘蔗糖业研究所） | 粤糖 93-159，00-236，99-66（55 号），03-393（60 号），94-128，89-113，83-271，86-368，83-88，03-373，07-913，09-13 |
| 3 | 桂糖系列 | 广西农业科学研究院甘蔗研究所 | 桂糖 21 号，28 号（00-122），29 号，30 号，31 号，32 号，35 号（02-901），42 号，44 号，46 号，49 号，55 号，58 号，63 号，64 号，67 号，76 号 |
| 4 | 云蔗系列 | 云南省农业科学院甘蔗研究所 | 云蔗 03-103，05-49，05-51，05-105，06-407，08-1609，15-505 |
| 5 | 闽糖系列 | 福建省农业科学院甘蔗研究所 | 闽糖 69-421，70-611，93-246，95-261 |
| 6 | 福农系列 | 福建农林大学甘蔗综合研究所 | 福农 15 号，28 号，38 号，39 号，41 号，91-21 |
| 7 | 川蔗系列 | 四川省制糖糖料工业研究所 | 川蔗 79-15，99-8602 |
| 8 | 中糖系列 | 中国热带农业科学院甘蔗研究中心 | 中糖 1 号，2 号（2018 年登记的新品种，尚未大面积推广） |
| 9 | 中蔗系列 | 广西大学 | 中蔗 9 号，10 号 |
| 10 | 桂柳系列 | 柳城县甘蔗研究中心 | 桂柳 05136，1 号（柳城 03-182），2 号（柳城 03-1137），07150 |
| 11 | 柳糖系列 | 柳州市农业科学研究所 | 柳糖 1 号，2 号 |
| 12 | 德蔗系列 | 德宏傣族景颇族自治州甘蔗科学研究所 | 德蔗 93-94，03-83 |
| 13 | 盈育系列 | 盈江县农业农村局甘蔗技术推广站 | 盈育 91-59 |

注：由于判定依据的差异，所列代表性品种和新品种可能不完全；品种名称在研究阶段的试验名和正式命名后的标准名称会有所不同，由于生产实践中部分非正式名称反而更为人们熟知和使用，本书为方便读者识别，以习惯名称为主，不一定都是标准名称，特此说明。

根据全国甘蔗生产信息监测网调查的 2014/2015—2019/2020 年榨季糖料蔗种植品种数据，新台糖 22 号、桂柳 05136、粤糖 93-159、桂糖 42 号这 4 个品种种植面积合计 4 662 938 $hm^2$，占同期全部糖料蔗种植面积的 84.78%，新台糖 22 号曾一度“一家独大”，占同期全部糖料蔗种植面积的 57.38%，累计种植面积达3 155 981 $hm^2$（表 24 - 3）（胡朝晖等，2020）。

**表 24 - 3　2014—2019 年我国糖料蔗累计种植面积前 30 位品种一览**

单位：$hm^2$

| 序号 | 品种名 | 面积 | 序号 | 品种名 | 面积 | 序号 | 品种名 | 面积 |
|---|---|---|---|---|---|---|---|---|
| 1 | 新台糖 22 号 | 3 155 981 | 11 | 川糖 79-15 | 64 385 | 21 | 粤糖 60 号 | 29 115 |
| 2 | 桂柳 05136 | 567 781 | 12 | 粤糖 55 号 | 57 607 | 22 | 台优 | 28 623 |
| 3 | 粤糖 93-159 | 479 507 | 13 | 新台糖 89-1626 | 50 114 | 23 | 闽糖 69-421 | 25 805 |
| 4 | 桂糖 42 号 | 459 669 | 14 | 柳城 03-1137 | 46 001 | 24 | 新台糖 79-29 | 19 965 |
| 5 | 粤糖 94-128 | 168 111 | 15 | 柳城 03-182 | 45 020 | 25 | 新台糖 24 号 | 18 140 |
| 6 | 新台糖 25 号 | 157 879 | 16 | 桂糖 21 号 | 41 655 | 26 | 桂糖 46 号 | 18 032 |
| 7 | 粤糖 00-236 | 134 807 | 17 | 桂糖 32 号 | 38 676 | 27 | 新台糖 15 号 | 15 088 |
| 8 | 粤糖 83-271 | 76 152 | 18 | 盈育 91-95 | 34 615 | 28 | 桂糖 31 号 | 13 284 |
| 9 | 粤糖 86-368 | 68 982 | 19 | 新台糖 20 号 | 31 803 | 29 | 福农 39 号 | 13 102 |
| 10 | 桂糖 29 号 | 65 555 | 20 | 新台糖 16 号 | 30 438 | 30 | 粤糖 89-113 | 11 251 |

## （二）广西糖料蔗种植情况

广西甘蔗种植面积近年来基本稳定在 1 120 万亩左右，且稳中有升，广西甘蔗种植面积主要分布在崇左、来宾、南宁、柳州和百色等地区，其中 2023/2024 年榨季，崇左市甘蔗种植面积 406.5 万亩、来宾市甘蔗种植面积 180.3 万亩、南宁市甘蔗种植面积 161.5 万亩。崇左是广西最大的甘蔗和蔗糖生产市，号称“中国糖都”。

从品种细分来看，广西桂糖系列品种的种植面积最大，占比高达 44.10%；桂柳系列占比第二，为 33.44%；新台糖系列占比第三，达 11.46%。由表 24 - 4 可以看出，广西种植面积排名前 4 位的甘蔗品种分别为桂糖 42 号、桂柳 05136 、新台糖 22 号、粤糖 93-159，合计种植面积 912.33 $hm^2$，占全区种蔗面积的 77.63%。

**表 24 - 4　2020 年广西糖料蔗品系及其目前主要种植品种、种植面积**

| 序号 | 品种名 | 面积（万亩） | 占比（%） | 序号 | 品种名 | 面积（万亩） | 占比（%） | 序号 | 品种名 | 面积（万亩） | 占比（%） |
|---|---|---|---|---|---|---|---|---|---|---|---|
| 1 | 桂糖 42 号 | 400.54 | 34.08 | 5 | 粤糖 00-236 | 31.25 | 2.66 | 9 | 桂糖 49 号 | 23.04 | 1.96 |
| 2 | 桂柳 05136 | 369.72 | 31.46 | 6 | 桂糖 46 号 | 29.33 | 2.50 | 10 | 桂糖 44 号 | 14.17 | 1.21 |
| 3 | 新台糖 22 号 | 99.88 | 8.50 | 7 | 新台糖其他品种 | 26.69 | 2.27 | 11 | 福农 41 号 | 13.26 | 1.13 |
| 4 | 粤糖 93-159 | 42.19 | 3.59 | 8 | 桂糖其他品种 | 23.49 | 2.00 | 12 | 粤糖 94-128 | 12.46 | 1.06 |

（续）

| 序号 | 品种名 | 面积（万亩） | 占比（%） | 序号 | 品种名 | 面积（万亩） | 占比（%） | 序号 | 品种名 | 面积（万亩） | 占比（%） |
|---|---|---|---|---|---|---|---|---|---|---|---|
| 13 | 桂糖 32 号 | 10.39 | 0.88 | 19 | 桂糖 29 号 | 5.07 | 0.43 | 25 | 柳糖 2 号 | 1.92 | 0.16 |
| 14 | 其他品种 | 9.96 | 0.85 | 20 | 新台糖 28 号 | 4.58 | 0.39 | 26 | 桂辐 98-296 | 1.83 | 0.16 |
| 15 | 桂柳 1 号（柳城 03-182） | 8.93 | 0.76 | 21 | 桂糖 55 号 | 4.58 | 0.39 | 27 | 新台糖 27 号 | 1.72 | 0.15 |
| 16 | 桂柳 07150 | 8.38 | 0.71 | 22 | 福农其他品种 | 4.48 | 0.38 | 28 | 新台糖 25 号 | 1.64 | 0.14 |
| 17 | 桂柳 2 号（柳城 03-1137） | 5.98 | 0.51 | 23 | 桂糖 31 号 | 3.99 | 0.34 | 29 | 桂糖 36 号 | 1.36 | 0.12 |
| 18 | 粤糖其他品种 | 5.97 | 0.51 | 24 | 桂糖 21 号 | 2.25 | 0.19 | 30 | 粤糖 60 号（粤糖 03-393） | 1.28 | 0.11 |

数据来源：全国甘蔗生产信息监测网。

### （三）云南种植面积及种植品种

2019/2020 年榨季，云南种蔗面积达 434.88 万亩，其中大部分为宿根甘蔗种植，面积占比 75.52%。种植面积排名前 3 位的市（自治州）分别为临沧市 136.16 万亩、德宏傣族景颇族自治州 87.77 万亩、普洱市 69.27 万亩，种植面积合计 293.20 万亩，占云南甘蔗总种植面积的 67.42%，详见表 24－5。此外，云南糖厂在缅甸北部、老挝北部等地的境外蔗种植面积达 64.43 万亩（全怡吉等，2019）。

**表 24－5　2019/2020 年榨季云南糖料蔗种植面积情况**

单位：万亩

| 市（自治州） | 种蔗总面积 | 新种植面积 | 宿根面积 |
|---|---|---|---|
| 临沧市 | 136.16 | 30.21 | 105.95 |
| 德宏傣族景颇族自治州 | 87.77 | 27.12 | 60.65 |
| 普洱市 | 69.27 | 16.79 | 52.49 |
| 保山市 | 38.69 | 7.01 | 31.68 |
| 西双版纳傣族自治州 | 38.42 | 11.87 | 26.55 |
| 红河哈尼族彝族自治州 | 26.84 | 3.41 | 23.43 |
| 文山壮族苗族自治州 | 23.15 | 6.42 | 16.73 |
| 玉溪市 | 14.12 | 3.56 | 10.56 |
| 昭通市 | 0.50 | 0.11 | 0.39 |
| 合计 | 434.88 | 106.47 | 328.41 |

2019/2020 年榨季，云南高产高糖甘蔗良种种植面积达 373.25 万亩，占云南种蔗总面积的 85.83%。主要品种分别为新台糖系列（183.015 万亩）、云蔗＋云引系列（12.39 万亩）、粤糖系列（111.72 万亩）、桂柳系列（23.97 万亩）、桂糖系列（5.61 万亩）、闽糖系列（2.97 万亩）、德蔗系列（2.535 万亩）、福农系列（3.75 万亩）、其他高优良种系

列（46.335 万亩），详见表 24-6。

**表 24-6　2019/2020 年榨季云南甘蔗主要种植品种及种植面积**

单位：万亩

| 品种 | 种植面积 | 品种 | 种植面积 | 品种 | 种植面积 | 品种 | 种植面积 | 品种 | 种植面积 |
|---|---|---|---|---|---|---|---|---|---|
| 新台糖 22 号 | 99.18 | 云蔗 05-51 | 8.505 | 粤糖 93-159 | 71.85 | 桂柳 05-136 | 10.44 | 福农 91-21 | 3.225 |
| 新台糖 25 号 | 39.345 | 云蔗 03-103 | 0.915 | 粤糖 86-368 | 24.795 | 桂柳 03-1137 | 7.755 | 福农 38 号 | 0.525 |
| 新台糖 20 号 | 20.055 | 云蔗 05-49 | 0.825 | 粤糖 00-236 | 12.27 | 桂柳 03-182 | 5.775 | 闽糖 69-421 | 2.835 |
| 新台糖 1 号 | 18.915 | 云蔗 03-194 | 0.54 | 粤糖 60 号 | 1.695 | 桂糖 21 号 | 5.61 | 闽糖 70-611 | 0.135 |
| 新台糖 16 号 | 2.79 | 云蔗 99-91 | 0.285 | 粤糖 79-177 | 1.11 | | | 德蔗 03-83 | 2.535 |
| 新台糖 10 号 | 2.73 | 云蔗 03-258 | 0.285 | | | | | 川蔗 79-15 | 10.455 |
| | | 云引 10 号 | 1.035 | | | | | 川蔗 61-408 | 1.545 |
| | | | | | | | | 其他 | 46.335 |
| 新台糖系列合计 | 183.015 | 云蔗+云引系列合计 | 12.39 | 粤糖系列合计 | 111.72 | 桂柳+桂糖系列合计 | 29.58 | 合计 | 67.59 |

## （四）广东种植面积与品种

伴随着区域经济不断发展、城镇化进程加快和土地成本快速上涨，广东省甘蔗种植面积萎缩至 200 万亩以下，退居全国甘蔗主产区的第 3 位，至 2020/2021 年榨季，甘蔗种植面积仅 124.15 万亩。从区域分布来看，广东省糖料蔗种植主要分布在湛江、茂名、清远、韶关、江门等市。种植品种相对单一，曾经的第一大品种新台糖 22 号由于宿根性差、病虫害多、易倒伏、风折率高等缺点，已经接近全部淘汰；新良种桂柳 05136 和粤糖 55 号逐渐成为种植品种主力军，2019/2020 年榨季，桂柳 05136 和粤糖 55 号合计种植面积占比高达 41.3%。

## （五）海南种植面积与品种

海南省的气候条件对于糖料蔗生长十分有利，然而，海南糖料蔗生产技术相对落后，管理较为粗放，加上该省在农业产业结构调整中对于糖料蔗的生产扶持政策薄弱，使得海南近十几年来的甘蔗产业发展非常缓慢，糖企对产业信心不足，种植面积出现明显萎缩。根据海南省糖业协会数据，2013/2014 年榨季海南糖料蔗种植面积总计 100.64 万亩，除了三亚、琼海、万宁、乐东、保亭、陵水以外，糖料蔗在海南省其他市（县）均有种植。至 2020/2021 年榨季，海南省糖料蔗种植面积已萎缩至 26 万亩，下滑幅度超 70%，种植面积排名全国第 4 位（钟银等，2016）。

近几年来，海南糖料蔗种植品种相对偏单一，主栽品种为粤糖 93-159 和新台糖 22 号，二者占海南全部种植面积的 98%以上。

## （六）境外蔗区发展情况及影响

由于土地成本和人力成本持续攀升，云南省的甘蔗种植成本不断提高，种蔗效益下降，产业可持续发展的道路受阻。在国家“一带一路”倡议和云南省关于跨境农业发展的相关政策指引下，政府鼓励和支持制糖企业到境外发展甘蔗原料生产基地，加大境外甘蔗种植力度，辐射带动周边国家发展甘蔗产业，进一步拓展境外糖料蔗发展空间。1996 年，云南南华糖业公司首次深入缅甸掸邦果敢进行甘蔗种植，经过 20 多年的不懈努力，南华糖业公司境外替代种植规模不断扩大，从初期输出技术员、租赁土地种植到扶持当地烟农种植甘蔗，种植面积、辐射农户、甘蔗总产量得到较快增长，境外甘蔗种植面积从最初仅有 4 500 多亩，增加到 10 万亩水平。《云南省关于推进蔗糖产业高质量发展的实施意见》提出，要统筹利用国际国内两个市场、两种资源，有效利用云南省周边国家丰富的土地和劳动力资源，与老挝、缅甸合作建设甘蔗糖料种植基地，在境外蔗区开展多种形式的合作，完善支持农业对外合作开发的投资、财税、金融、保险、贸易、通关、检验检疫等政策。

境外甘蔗种植是云南省边境地区拓展糖料种植和有效保障云南甘蔗原料供应，实现国内尤其是云南省蔗糖产业持续、稳定、健康发展的有效途径之一。虽然近几年境外蔗区发展取得不少成绩，但也面临诸多潜在的问题。由于周边局势不稳定、种植面积增加和替代种植比例减少，甘蔗种植、进口成本逐年增加，进口配额不足、享受税收优惠指标减少及通关难等问题严重制约着境外甘蔗发展，如果没有稳定的中缅农业合作机制和便利的通关条件，境外甘蔗发展或将面临诸多新的挑战。

## 第三节　甘蔗收购价格

### 一、甘蔗收购价格的演变

#### （一）第一次变化周期：1991/1992—1998/1999 年榨季

1991 年起，我国对制糖业的指令性生产计划改为指导性生产计划，由市场决定价格。由于国内食糖生产与消费之间存在较大的需求缺口，国内糖价快速上涨，甘蔗收购价也达到阶段性最高峰 258.2 元/t，随后国家增加食糖进口量，价格在 1998/1999 年榨季回落至 171 元/t 左右。受此影响，蔗农收益经历了“先暴涨后回落”的过程。

#### （二）第二次变化周期：1998/1999—2002/2003 年榨季

1999 年，南方遭受了罕见霜冻灾害，甘蔗普遍大幅减产，同时国家于 2000 年对制糖产业进行大规模产业结构调整，关停了 150 余家亏损的糖厂。受自然灾害和产能骤降两种因素影响，国内糖价快速上涨，甘蔗收购价也在 2000/2001 年榨季再度上涨到 190 元/t。随后，国家通过增加进口和抛售储备糖来平抑糖价，甘蔗收购价于 2001/2002 年榨季回落至 155 元/t。

#### （三）第三次变化周期：2002/2003—2007/2008 年榨季

受甘蔗种植面积下降和持续性干旱的影响，蔗糖产量连续 3 年降低，供需不均衡引发了糖价攀升，至 2004/2005 年榨季，甘蔗收购价已达 260 元/t，相比 2002/2003 年榨季上涨 67.74%，该价格一直维持到 2008 年，才又开始进入新一轮上升周期。

#### （四）第四次变化周期：2007/2008 年榨季至今

这一时期内，我国的食糖进口依存度上升到 20%左右，国内价格与国际糖价联动关系明显，糖价波动受到国际市场的影响较大。2008 年以来，国际食糖价格连续上涨，洲际交易所（ICE）原糖价格由 13.58 美分/lb* 一路上涨至历史最高峰值 35.28 美分/lb，国内白砂糖售价也突破 7 000 元/t，甘蔗收购价再上新台阶，从之前较为稳定的 260 元/t 上涨至 2010/2011 年榨季的 490 元/t，涨幅近一倍，种蔗净利润也相应达到历史最高水平。2011 年下半年开始，国内糖价快速回落，带动甘蔗收购价从峰值水平下跌到 2014/2015 年榨季的 418 元/t，降幅达 18.09%。同一时期，甘蔗种植成本不断上升，导致在新一轮增产周期到来时，蔗农净利润由 2009/2010 年榨季的顶峰降至 2014/2015 年榨季每吨亏损 58.6 元，创造了“历史最低”。2017/2018 年榨季，国内甘蔗收购价格为 490 元/t，2019/2020 年榨季全国甘蔗收购价（地头价，不含运输及企业对农民各种补贴费用等）为 489 元/t，比上年微涨（詹鹏举，2013；胡朝晖，2018）。

## 二、主产区的甘蔗收购价变化

2004/2005—2020/2021 年榨季主产区甘蔗收购价格及变动情况见表 24－7。

**表 24－7　2004/2005—2020/2021 年榨季主产区甘蔗收购价格及变动情况**

单位：元/t

| 榨季 | 甘蔗收购价格 | | | | 较上一年变动情况 | | | |
|---|---|---|---|---|---|---|---|---|
| | 广西 | 云南 | 广东 | 海南 | 广西 | 云南 | 广东 | 海南 |
| 2004/2005 | 200 | 147.64 | | | | | | |
| 2005/2006 | 210 | 194.74 | | | 10 | 47.1 | | |
| 2006/2007 | 260 | 201.9 | | | 50 | 7.16 | | |
| 2007/2008 | 260 | 213.49 | | | 0 | 11.59 | | |
| 2008/2009 | 260 | 231.15 | | | 0 | 17.66 | | |
| 2009/2010 | 260 | 275.23 | | | 0 | 44.08 | | |
| 2010/2011 | 350 | 373.5 | | | 90 | 98.27 | | |
| 2011/2012 | 500 | 429.12 | 500 | | 150 | 55.62 | | |
| 2012/2013 | 475 | 433.08 | 454 | | －25 | 3.96 | －46 | |
| 2013/2014 | 440 | 428.95 | 398 | | －35 | －4.13 | －56 | |
| 2014/2015 | 400 | 421.29 | 400 | 393.41 | －40 | －7.66 | 2 | |
| 2015/2016 | 440 | 424.86 | 434 | 447.32 | 40 | 3.57 | 34 | 53.91 |
| 2016/2017 | 500 | 453.89 | 450 | 527.78 | 60 | 29.03 | 16 | 80.46 |
| 2017/2018 | 500 | 420 | 450 | 531.38 | 0 | －33.89 | 0 | 3.6 |
| 2018/2019 | 490 | 420 | 402 | 504 | －10 | 0 | －48 | －27.38 |
| 2019/2020 | 490 | 420 | 434 | 500 | 0 | 0 | 32 | －4 |
| 2020/2021 | 490 | 420 | 472 | 500 | 0 | 0 | 38 | 0 |

数据来源：中国糖业协会、广西糖业协会等，泛糖科技整理。

### （一）广西主产区

**1. 改革开放以前甘蔗收购价格的变化**　1950—1963 年广西甘蔗平均收购价格区间为 23～26 元/t，1964—1971 年上升至 30 元/t。1971 年，广西甘蔗收购价格在 30 元/t 的基础上调高约 15%，达到 34.6 元/t。1978 年对甘蔗价格又作了调整，每吨原料蔗在收购价

* lb（磅）为非法定计量单位，1 lb≈0.45 kg。——编者注

34.6 元的基础上给予价外补贴 10%，达到 38.06 元。

**2. 改革开放之后甘蔗收购价格的变化**　1979 年以后，广西糖料蔗收购价逐步放开，价格不断提高。甘蔗收购价格的变化可分为几个阶段：

1979—1987 年为第一阶段，收购价格平稳增长。这一时期，广西糖料蔗收购价格尚未完全放开，价格波动幅度较小，1978/1979 年榨季收购价为 38 元/t，1979/1980 年榨季提高到 44.5 元/t，至 1987/1988 年榨季达到 76 元/t。

1988—1992 年为第二阶段，收购价格快速增长。1988 年，广西壮族自治区人民政府再次提高甘蔗收购价格，普通糖料蔗收购价格达 95 元/t，并允许各地根据当地糖厂承受能力及糖料蔗与其他农产品比价等情况上下浮动 5 元/t，同时取消利润返还和各项价外补贴。1990 年又一次提高糖料蔗收购价格，1990/1991 年榨季及 1991/1992 年榨季广西甘蔗平均收购价分别达到 118 元/t 和 120 元/t，分别比 1987/1988 年榨季提高 55%和 58%。

1993—2018 年为第三阶段，收购价格大幅波动。1992 年食糖放开经营后，国家不再实行糖蔗挂钩和价外补贴。1993/1994 年榨季广西的甘蔗平均收购价格为 133 元/t，每吨比上一榨季提高了 13 元，增长 10.8%。1995/1996 年榨季广西不再对糖料蔗收购作统一定价，而由各地自行定价，甘蔗收购价激升，达到 260 元/t，比 1993/1994 年榨季增长 95%。因甘蔗种植面积增长速度过快，从 1997/1998 年榨季开始，甘蔗收购价格逐步下跌。1998/1999 年榨季，自治区统一规定甘蔗基准价。1999/2000 年榨季跌至 154 元/t，此后连续几年甘蔗收购价格均在 200 元/t 上下波动。2004/2005 年榨季甘蔗收购价超过 200 元/t，2005/2006 年榨季至 2009/2010 年榨季，甘蔗收购价稳定在 290 元/t（含良种加价，但不包括联动价）。2010/2011 年榨季，伴随着食糖价格上涨，广西甘蔗收购价跃升。而后因糖价下跌，蔗价也逐年走低至 440 元/t，直至 2016/2017 年榨季再度恢复至 500 元/t，随后的几年一直保持 490 元/t 左右的水平。

2019 年至今为第四个阶段，收购价格实行市场定价。2019 年 4 月，广西壮族自治区发展和改革委员会贯彻落实《广西壮族自治区人民政府关于深化体制机制改革加快糖业高质量发展的意见》文件精神，决定从 2019/2020 年榨季起，广西糖料蔗收购价格退出政府指导价格管理，实行市场调节价，由种植主体和制糖企业签订糖料蔗订单合同，明确糖料蔗收购价格、收购范围等，鼓励糖料蔗按质论价。文件的实施有 3 年过渡期，在此期间，多数糖企的订单合同收购基准价保持 490 元/t，良种加价 30 元/t，即 520 元/t。2022/2023 年榨季，崇左市的糖企经一致协商后，将良种甘蔗收购价提升至 530 元/t。

### （二）云南主产区

1979/1980 年榨季，云南省的 8 家糖厂开始试行按质论价收购甘蔗，1980/1981 年榨季增加到 17 家糖厂，1981/1982 年榨季又增到 23 个糖厂，至 1982/1983 年榨季发展到 28 个糖厂，占全省 43 个糖厂的 65%（谭永明，1983）。

云南省为了进一步调动蔗农的生产积极性，促进甘蔗种植发展，经省政府批准，从 1985/1986 年榨季开始，糖厂收购甘蔗实行综合收购价格制度，同时取消粮食奖售、超基数加价、利润返还和免税返销给蔗农糖或酒的规定。甘蔗、白糖都保持适当的地区差价，改变过去全省一价的规定，按距离昆明或甸尾转运站的远近制定价格（邓军等，2011）。

2004/2005 年榨季，云南的甘蔗平均收购价格约 148 元/t。2006 年后，云南省甘蔗种植快速发展，从 2006/2007 年榨季开始，甘蔗收购价格开始超过 200 元/t，此后连年上涨，2011/2012 年榨季，云南甘蔗收购价格超过 400 元/t（邓军等，2011；张永港等，2016）。

2015 年，云南决定放弃糖料蔗收购政府定价，由企业自主决定收购价格。随后，云南省 2016/2017 年榨季的甘蔗收购价格达到高峰，为 453.89 元/t。2017/2018 年榨季后的几个榨季，云南省的甘蔗收购基准价稳定在 420 元/t，同时实行糖蔗价格联动和二次结算（全怡吉等，2019）。

云南省根据《云南省关于推进蔗糖产业高质量发展的实施意见》，按照“利益共享、市场定价、统筹兼顾、长远发展”的原则，落实甘蔗收购市场定价机制，兼顾制糖企业和蔗农双方利益，强化行业自律和监督，规范甘蔗收购秩序。省糖业协会加强行业指导，引导有关制糖企业综合考虑蔗农种蔗成本收益、制糖成本效益、食糖市场价格走势以及国内外食糖市场供求关系，合理商定甘蔗收购行业自律价；协调好相邻州、市和相邻蔗区糖料蔗价格，引导市场合理竞争、有序发展。糖蔗联动基准价为 5 800 元/t，联动系数为 6%。

### （三）广东主产区

1984 年，广东省人民政府办公厅发布《广东省甘蔗质量标准和按质论价实施办法》，推动了该省甘蔗收购按质论价试验、推广工作。

到 20 世纪 80 年代后期，由于我国糖厂原料供给普遍不足，各地方争抢原料蔗的现象十分严重，糖厂经济效益低下，严重影响了甘蔗按质论价工作的实施。90 年代后，糖业经济大起大落，制糖企业亏损严重，我国甘蔗收购按质论价工作全部停顿。

直到 2011 年 10 月，《国家发展改革委员会关于完善糖料收购价格政策的通知》发布，要求广东等主产区要将糖料收购价格纳入地方政府定价目录，统一实行省级政府定价。其后广东省甘蔗收购价格一直实行政府定价、糖蔗挂钩联动机制。

2010/2011 年榨季至今，广东省的甘蔗收购价格总体经历了逐渐下降再波动上升的趋势。2011/2012 年榨季，甘蔗的收购价高达 500 元/t；2014/2015 年榨季实行糖蔗挂钩联动及二次结算机制，甘蔗的收购价降到 400 元/t；2016/2017 年榨季糖料蔗收购价回升至 450 元/t。2018/2019 年榨季，广东省甘蔗收购价格下调至 402 元/t，农民种蔗收益大幅降低，蔗区面积萎缩明显。2019/2020 年榨季，因广西持续干旱，甘蔗单产大幅下降，甘蔗入榨量不足，糖企之间原料争夺加剧，少量甘蔗收购到厂价高达 580～600 元/t，也出现了一些跨区域收蔗行为，广西的邻省广东甘蔗平均收购价小幅上调至 434 元/t。

## 三、甘蔗收购价的影响因素

糖蔗价格联动政策综合考虑了甘蔗生产成本、糖厂白砂糖生产成本及食糖市场价格，是较为科学的甘蔗收购定价方式。其中，甘蔗收购首付价的确定是关键环节，也是调节蔗农与糖厂利益分配的杠杆。如果甘蔗收购首付价格过高，虽然提高了蔗农收益，但也增加了糖厂生产成本；反之，如果甘蔗价收购首付价格过低，那么蔗农的利益将难以保障。

据广西壮族自治区价格成本调查监审分局统计数据，广西甘蔗种植总成本单边上涨，每亩成本从 2005 年的 830.14 元增长至 2020 年的 2 430.60 元，15 年来累计增幅达

192.79%。种蔗利润在随着甘蔗收购价的涨跌经历一番波动之后，近年来已呈逐年下降态势。

种蔗利润率降幅更大，直接体现了种蔗成本上涨速度快于收入上涨速度。以主产区广西为例，2005 年甘蔗种植利润率达 48.14%，到 2008 年则降至 14.18%，2014 年甚至出现种蔗亏损的情况，利润率低至－1.39%。2019 年之后，种蔗总成本不断提高，但甘蔗收购价稳定在 490 元/t，种蔗利润率降至 20%以下。由此可知，现行甘蔗种植利润低，已无力激发农民种蔗积极性，各地甘蔗种植面积有萎缩趋势，亟须政府政策支持与糖企“反哺”。

随着食糖进口规模的增加，国产糖受到的外部冲击和挑战加剧。广西的糖料收购价几乎居于全球各食糖主产区的前列，高企的制糖成本使得广西食糖在国内及全球市场的竞争中处于劣势，糖价连年低价运行，制约了糖企提高糖料收购价的能力。

## 四、未来趋势

目前，广西、云南、广东、海南四大甘蔗主产区均已取消甘蔗政府统一定价，订单农业背景下的市场化定价是未来的发展方向。需要充分尊重市场的规律，实行公平、透明的市场化定价，维护生产者和蔗农的合法权益，以合理的价格信号促进市场公平竞争，促进行业稳定发展。

糖料蔗作为生产原料有其特殊性。糖料（特别是甘蔗）的种植周期长，产量变化大，市场调节周期长，糖厂的收购价对于新季的种植面积起决定性引导作用。甘蔗砍收后需在 72 h 之内送到工厂入榨，否则利用价值大幅降低，因此糖料很难作为商品流通，只能加工成食糖后储存、销售；而糖厂对于原料的依赖程度高，通常只能依蔗区而建，以获得更多的原料资源。

取消政府统一定价并不意味着完全放开蔗区管理。如果完全放开蔗区管理，会使糖料蔗生产秩序变得混乱，糖厂会因此面临糖料蔗供给不稳定的风险，对蔗区的大量人力、物力投入无法得到相应的回报。此外，若甘蔗种植生产全面市场化，蔗农的生产活动会因此变得更具盲目性，甘蔗收购价格暴涨暴跌，不利于种植面积稳定；各个糖厂的甘蔗收购价不同，也会使蔗农为了利润最大化而进行跨蔗区转卖，糖厂同样有可能为争抢糖料蔗而给出足以扰乱市场的甘蔗收购价，行业秩序陷入紊乱状态，整体运行效率降低。考虑到蔗区生产的实际情况，仍然需要政府加强对蔗区的管理，全面推行规范化订单农业，明确糖料蔗收购价实行市场调节价，鼓励糖料蔗按质论价，由种植主体和制糖企业签订糖料蔗订单合同，同时建立糖料蔗订单合同履约诚信体系及相关制度。

## 五、种蔗收入及利润

### （一）种蔗收入构成因素

种蔗收入主要来源是主产品和副产品。主产品收入是指甘蔗销售的蔗款收入；副产品收入是指蔗叶、尾梢、蔗地间套种、养殖等方面的收入。主产品收入占蔗农种蔗收入的比重超过 95%。

### （二）种蔗收入及利润变化趋势

广西是全国最大的糖料蔗和食糖生产基地，产糖量占比达60%左右。根据《全国农产品成本收益资料汇编》数据，2010—2020年广西年种蔗利润波动较大，种蔗净利润变化主要经历了三个阶段。第一阶段为快速下滑阶段。2010—2014年，广西甘蔗收购价从最高500元/t下跌至最低400元/t，甘蔗主产品产值从2 265.79元降至1 963.54元，种蔗每亩净利润从879.72元降至−28.06元（表24-8）。第二阶段为触底回升阶段。2015—2018年，甘蔗收购价逐步恢复至490～500元/t，甘蔗主产品产值涨至3 000.37元/亩，种蔗净收益涨至每亩500元以上。第三阶段为基本稳定阶段。该阶段的甘蔗收购价稳定，但种植成本不断攀升，种蔗利润空间逐渐收窄，到2020年甘蔗主产品产值降至2 775.47元/亩，种蔗利润降至350元/亩左右水平。为维护蔗区发展，广西从2020年起开始实行糖料蔗脱毒健康种苗补贴（350元/亩）政策，这对增加农民的种蔗收益、稳定种蔗面积起到积极作用。

**表24-8　2010—2020年广西种蔗收益变化情况**

单位：元

| 年份 | 每亩主产品产值 | 每亩副产品产值 | 每亩净利润 |
|---|---|---|---|
| 2010 | 2 265.79 | 21.70 | 879.72 |
| 2011 | 2 255.80 | 25.42 | 730.69 |
| 2012 | 2 363.85 | 25.22 | 574.22 |
| 2013 | 2 314.38 | 29.63 | 351.40 |
| 2014 | 1 963.54 | 25.02 | −28.06 |
| 2015 | 2 357.53 | 25.45 | 260.69 |
| 2016 | 2 788.49 | 25.64 | 615.36 |
| 2017 | 2 904.40 | 25.54 | 612.47 |
| 2018 | 3 000.37 | 24.73 | 585.61 |
| 2019 | 2 694.63 | 23.13 | 323.39 |
| 2020 | 2 775.47 | 24.75 | 369.62 |

数据来源：《全国农产品成本收益资料汇编》。

甘蔗总成本分为人工成本、物质与服务费用和土地成本，根据《全国农产品成本收益资料汇编》的全国甘蔗种植成本数据，总成本内部各成分均以不同速度增长，地租和人工成本的增速高于物质与服务费用。物质与服务费用由2010年的每亩584.73元增长至2023年的1 016.84元，年均增长率为4.35%；人工成本由2010年的每亩636.36元增长至2023年的每亩1 248.85元，年均增长率为5.32%；土地成本由2010年的每亩160.92元增长至2023年的每亩344.30元，年均增长率为6.03%，增长速度最快。2010—2023年，人工成本每亩增长了612.49元，土地成本每亩增长了183.38元，物质与服务费用每亩增长了432.11元，总成本增长贡献率分别为49.88%、14.93%、35.19%，人工成本增长为总成本增长的主要原因，物质与服务费用对总成本增长的贡献其次，土地成本的增长对总成本增长的贡献最小（表24-9）。

表 24-9　2010—2023 年全国种蔗成本变化情况

单位：元/亩

| 年份 | 人工成本 | 物质与服务费用 | 土地成本 | 总成本 |
|---|---|---|---|---|
| 2010 | 636.36 | 584.73 | 160.92 | 1 382.01 |
| 2011 | 784.17 | 664.46 | 177.91 | 1 626.54 |
| 2012 | 1 021.48 | 765.04 | 192.44 | 1 978.96 |
| 2013 | 1 153.45 | 800.15 | 224.17 | 2 177.77 |
| 2014 | 1 133.70 | 747.69 | 234.36 | 2 115.75 |
| 2015 | 1 169.21 | 778.07 | 256.29 | 2 203.57 |
| 2016 | 1 172.57 | 795.36 | 280.09 | 2 248.02 |
| 2017 | 1 208.65 | 841.66 | 299.60 | 2 349.91 |
| 2018 | 1 254.19 | 873.36 | 315.99 | 2 443.54 |
| 2019 | 1 208.97 | 846.34 | 323.81 | 2 379.12 |
| 2020 | 1 172.04 | 894.69 | 359.25 | 2 425.98 |
| 2021 | 1 253.39 | 917.85 | 340.82 | 2 512.06 |
| 2022 | 1 229.59 | 987.13 | 339.42 | 2 556.14 |
| 2023 | 1 248.85 | 1 016.84 | 344.30 | 2 609.99 |

对广西的种蔗成本调查同样也得出类似的结果。广西壮族自治区价格成本调查监审分局发布的关于 2021 年广西 17 个糖料蔗主产市、县（区）的定点调查户糖料蔗种植成本收益情况的调查报告分析结果显示，与 2019/2020 年榨季相比，2020/2021 年榨季广西蔗区单产小幅回升，糖料蔗售价基本持平，总产值略有上涨。总成本方面，物质与服务费用、土地成本有不同幅度上涨，而人工成本有所下降，三者在总成本中的占比分别为 41.05%、15.66%、43.29%。由于物质与服务费用、土地成本增长量之和大于人工成本减少量，因此总成本略有增加。综合看来，由于产值增幅大于成本增幅，与 2019/2020 年榨季相比，2020/2021 年榨季糖料蔗种植成本虽然增加，但净利润与现金收益仍有所上升。亩均糖料蔗净利润 370.76 元，吨蔗净利润 67.8 元；亩均现金收益 1 201.13 元，吨蔗现金收益 220 元。

## 六、替代性竞争作物

### （一）竞争作物基本情况

我国糖料蔗种植面积于 2012/2013 年榨季达到顶峰后开始逐年走低，其原因除甘蔗自身的价格变化之外，还在于竞争性经济作物（柑橘、桑、香蕉及烟草等）面积的不断扩大，部分甘蔗种植被替代。2017/2018 年榨季以后，由于甘蔗种植保护区的保护力度加强，叠加国家实施糖料蔗良种良法补贴政策，使得我国甘蔗种植面积下滑趋势得以扭转，维持稳定。

柑橘产业是近年来在蔗区发展比较迅速的产业之一，尤其是在广东、广西一带，柑橘类水果作为区域特色水果得到当地政府大力推广。相关数据显示，2014—2018 年广西柑橘种植面积快速增长，种植面积从 2014 年的 440 万亩扩大到 2018 年的 700 万亩，扩增了

260 万亩，涨幅为 59%。仅仅 5 年的时间，广西柑橘总产量就增加了 364.89 万 t，涨幅 77.37%。

进入 21 世纪以来，广西壮族自治区紧紧抓住“东桑西移”的战略契机，大力发展蚕桑产业，使之成为富民兴桂的特色优势产业。截至 2015 年，广西的桑园面积达 302 万亩，连续 10 年位居全国第 1 位，蚕茧产量 36.07 万 t，连续 11 年位居全国榜首，全区种桑养蚕的农户 84.5 万户，分布在全区 73 个县（市），年售茧收入达 120.73 亿元。随着产业的高速发展，广西的蚕桑产业与传统甘蔗产业争地的现象引起关注。

我国香蕉主要产区为广东、广西、云南、海南和福建，贵州、四川、重庆和台湾地区也有少量种植。根据国家香蕉产业技术体系经济岗位和综合试验站抽样调查，2017 年我国香蕉种植由于受到 2015、2016 年行情偏弱、枯萎病等影响，较 2016 年整体表现为下降趋势，种植面积、收获面积和年总产量分别为 590 万亩、495 万亩和 1 250 万 t，较 2016 年下降幅度分别为 3.5%、3.6%和 3.8%（王芳等，2018）。

除了柑橘、桑、香蕉之外，还有火龙果、速生桉、澳洲坚果等都是广西境内与甘蔗争地的主要作物，它们的成本收益变化均从侧面影响甘蔗种植面积变化。在云南，香料、烟、蔬菜、水果等竞争作物面积不断扩大，导致蔗区甘蔗种植面积增加难度大。

### （二）竞争作物的经济指标对比分析

我国糖料蔗种植效益低，同时有其他经济作物与糖料蔗争地，部分作物已经达到一定种植规模，经济效益远超糖料蔗，有的已经形成涵盖生产、深加工、销售、物流等环节的完整的产业链。

**1. 柑橘** 得益于销售价格上涨，柑橘种植的主产品产值增幅明显。2010 年柑橘的主产品产值仅为 3 449.34 元/亩，2015 年上涨至 7 729.23 元/亩，6 年间翻了一番，净利润也从 1 496.53 元/亩增加到 4 723.95 元/亩，大大激发了农民种植柑橘的热情（表 24 - 10）。

**表 24 - 10 2008—2017 年广西柑橘生产成本与收益情况**（广西统一工价）

| 项目 | 单位 | 2008 年 | 2009 年 | 2010 年 | 2011 年 | 2012 年 | 2013 年 | 2014 年 | 2015 年 | 2016 年 | 2017 年 |
|---|---|---|---|---|---|---|---|---|---|---|---|
| 每亩主产品产量 | kg | 1 775.43 | 1 798.25 | 1 264.4 | 2 121.78 | 1 846.82 | 2 823.56 | 2 232.14 | 2 492.34 | 1 457.11 | 2 083.76 |
| 主产品产值 | 元/亩 | 3 087.07 | 3 318.67 | 3 449.34 | 4 568.65 | 4 131.73 | 5 718.65 | 7 323.15 | 7 729.23 | 4 811.88 | 6 078.57 |
| 总成本 | 元/亩 | 2 056.92 | 1 847.86 | 1 953.61 | 2 270.83 | 2 276.73 | 2 130.57 | 2 494.35 | 3 005.28 | 2 658.22 | 2 687.63 |
| 生产成本 | 元/亩 | 1 923.38 | 1 715.9 | 1 805.2 | 2 125.66 | 2 131.77 | 1 989.19 | 2 351.55 | 2 862.05 | 2 496.53 | 2 517.88 |
| 物质与服务费用 | 元/亩 | 1 391.62 | 1 168.78 | 1 094.20 | 1 298.19 | 1 286.85 | 1 211.20 | 1 543.53 | 1 704.60 | 1 570.38 | 1 458.24 |
| 人工成本 | 元/亩 | 531.76 | 547.12 | 711.00 | 827.47 | 844.92 | 777.99 | 808.02 | 1 157.45 | 926.15 | 1 059.64 |
| 土地成本 | 元/亩 | 133.54 | 131.96 | 148.41 | 145.17 | 144.96 | 141.38 | 142.80 | 143.23 | 161.68 | 169.75 |
| 净利润 | 元/亩 | 1 030.60 | 1 471.65 | 1 496.53 | 2 297.82 | 1 855.00 | 3 588.08 | 4 828.80 | 4 723.95 | 2 153.66 | 3 390.93 |
| 现金成本 | 元/亩 | 1 569.11 | 1 350.28 | 1 255.89 | 1 492.87 | 1 451.36 | 1 522.05 | 1 854.85 | 2 163.02 | 1 880.58 | 1 721.48 |
| 现金收益 | 元/亩 | 1 518.41 | 1 969.23 | 2 194.25 | 3 075.78 | 2 680.37 | 4 196.60 | 5 468.30 | 5 566.21 | 2 931.30 | 4 357.09 |
| 成本利润率 | % | 50.10 | 79.64 | 76.60 | 101.19 | 81.48 | 168.41 | 193.59 | 157.19 | 81.02 | 126.17 |
| 平均出售价格 | 元/t | 1 720.80 | 1 916.80 | 2 882.40 | 2 073.80 | 3 025.20 | 2 319.60 | 2 680.80 | 3 101.20 | 3 302.40 | 2 917.20 |
| 每亩用工数量 | 日 | 27.86 | 26.08 | 23.49 | 23.95 | 24.23 | 17.58 | 15.83 | 18.10 | 14.32 | 16.47 |

数据来源：《广西主要农产品生产成本收益资料汇编》。

从表 24-10 可以看出，2008—2017 年广西柑橘的产量波动较大，呈“大小年”交替变化的趋势，每亩主产品产量有增有减，10 年来增产了 17.37%。其中，2010、2016 年因受霜冷天气的影响，产量明显减少，说明其产量易受自然灾害的影响，具有风险性。2017 年亩均总成本 2 687.63 元，比 2008 年增长 30.66%，成本增幅明显高于产量增幅，表明成本投入的增加对提高产量的作用有限。2017 年平均出售价格维持高位运行，为 2 917.20 元/t，比 2008 年上涨 69.53%；产值和净利润也极为可观，每亩主产品产值 6 078.57 元，净利润 3 390.93 元，与 2008 年相比，10 年时间增幅分别高达 96.90%、229.02%。2017 年成本利润率 126.17%，比 2008 年上升 76.07 个百分点，投入产出比提高反映了农户生产投入的回报增加。柑橘出售价格普遍较高，种植收益显著，市场供不应求，农民种植热情高涨，导致其他农作物改种柑橘的现象极为普遍。根据《中国统计年鉴 2017》的数据，广西的柑橘的总产量稳居全国第一。广西柑橘具有极高的比较收益，相对有很强的行业优势，对甘蔗产业发展有着一定的威胁（于永霞等，2016；王奕等，2018）。

**2. 桑蚕** 成本投入方面，桑蚕的成本投入主要为种子种苗、肥料和人工，其中人工占比最大，4 年平均种桑养蚕的人工成本占总成本的 73.98%。甘蔗主要投入为肥料和人工，4 年平均种蔗的人工成本占总成本的 47.30%。种桑养蚕的物质与服务费用、人工成本均比甘蔗多，4 年平均每亩桑蚕、甘蔗的物质与服务费用分别为 1 378.90 元、967.48 元，桑蚕比甘蔗高 411.42 元，高出 42.52%；4 年平均每亩桑蚕、甘蔗的人工成本分别为 4 637.57 元、1 087.36元，桑蚕比甘蔗人工成本多 3 550.21 元，前者是后者的 4.26 倍，详见表 24-11。

2017、2018 年，每亩土地种桑养蚕比种植甘蔗产值分别多 4 385.89 元、4 701.50 元，桑蚕比甘蔗总成本分别高 3 654.81 元、3 903.49 元（表 24-11）。两年平均，桑蚕比甘蔗每亩产品产值多 4 543.70 元，前者比后者总成本高 3 779.15 元，净利润高 764.55 元。由此可知种桑养蚕相对效益较高，甘蔗效益则相对较低。成本利润率反映生产中所消耗全部资源的净回报率，桑蚕与甘蔗成本利润率分别为 24.21%、28.60%，桑蚕比甘蔗成本利润率低 4.39 个百分点，说明桑蚕净回报率低于甘蔗（蓝必忠，2019）。

**表 24-11 种桑养蚕与种植甘蔗成本比较**

单位：元/亩

| 年份 | 项目 | 物质与服务费用 | 人工成本 | 土地成本 | 总成本 |
|---|---|---|---|---|---|
| 2017 | 桑蚕 | 1 442.93 | 4 285.42 | 243.93 | 5 972.28 |
| | 甘蔗 | 938.25 | 1 066.35 | 312.87 | 2 317.47 |
| 2018 | 桑蚕 | 1 536.25 | 4 564.48 | 242.25 | 6 342.98 |
| | 甘蔗 | 991.64 | 1 116.28 | 331.57 | 2 439.49 |
| 2019 | 桑蚕 | 1 386.90 | 4 677.95 | 254.60 | 6 319.45 |
| | 甘蔗 | 942.70 | 1 114.11 | 208.15 | 2 264.96 |
| 2020 | 桑蚕 | 1 149.53 | 5 022.44 | 266.69 | 6 438.66 |
| | 甘蔗 | 997.33 | 1 052.69 | 380.58 | 2 430.60 |
| 四年平均 | 桑蚕 | 1 378.90 | 4 637.57 | 251.87 | 6 268.34 |
| | 甘蔗 | 967.48 | 1 087.36 | 308.29 | 2 363.13 |

数据来源：《广西主要农产品生产成本收益资料汇编》。

相同面积的土地种桑养蚕的产值是种植甘蔗的 2.68 倍。在耕地面积相对有限且具备基本的劳动力保障的前提下，种桑养蚕单位面积土地的产值和效益高于种植甘蔗，桑蚕产业发展的潜力和空间比较大。此外，在产业扶贫中，桑蚕产业因其具备短、平、快优势，备受各级政府重视和群众青睐（蓝必忠，2019）。

桑蚕业的下游产业茧丝绸产业属于外向型产业，茧丝绸商品主要销往欧美市场。因全球经济景气度下降，同时 2020 年开始受到新冠疫情持续影响，茧丝绸商品出口量急剧下降，导致缫丝企业积压严重，蚕茧收购价大幅下滑，造成 2019—2020 年桑蚕亩净利润分别下降 1 602.19 元、2 661.24 元。相比之下，种植甘蔗净利润稳定，二者之间的收益比较关系再次发生变化。

**3. 香蕉** 广东省地缘优势明显，水、肥、气、热条件优越，是发展香蕉产业的优势区域，一直以来都是我国最重要的香蕉产区。多年来，广东香蕉产量和种植面积都稳居全国第一，而广西近年来的香蕉种植有赶超趋势。

通过整理分析调研数据可知（表 24-12）：2015 年广东省香蕉每亩主产品产量平均为 3 101.3 kg，每亩产值 4 910.19 元，每亩总成本 4 328.58 元，其中物质与服务费用 2 216.57 元，人工成本 956.33 元，土地成本 1 155.68 元，净利润 581.61 元，每亩现金收益 1 133.58 元，商品率为 98.46%。香蕉种植的土地成本很高，为 1 155.68 元/亩，这是由于香蕉种植用地所需的条件较高，需要平地且具备水肥条件，故土地租金高。此外，香蕉种植的每亩净利润为 581.61 元，而同期的甘蔗种植每亩净利润仅有 261 元，香蕉种植较甘蔗种植仍有较大的利润优势（王芳等，2018）。

**表 24-12 2015 年广东省香蕉亩均成本收益表**

| 产量（kg） | 产值（元） | 总成本（元） | 物质与服务费用（元） | 人工成本（元） | 土地成本（元） | 净利润（元） | 成本利润率（%） |
|---|---|---|---|---|---|---|---|
| 3 101.3 | 4 910.19 | 4 328.58 | 2 216.57 | 956.33 | 1 155.68 | 581.61 | 13.44 |

综上，中国甘蔗种植面临其他竞争作物的冲击，随着种植成本持续上涨，投入回报率和利润率不尽如人意，农民对种植甘蔗信心不稳，这对于保障国家食糖供应安全是极为不利的。而甘蔗种植相对于其他的竞争作物，唯一的优势就是收购价格较为稳定，并且收获的甘蔗有糖厂收购，不需担心销路。

# 第四节 食糖进出口及收抛储政策

## 一、食糖进出口政策

我国为世界第二大食糖消费国。根据农业农村部数据，2014 年以后我国食糖消费量结束整体上升趋势，年消费量在 1 500 万～1 600 万 t 水平上下波动，整体趋稳。国内食糖消费约 1/3（约 500 万 t）需要依靠进口，近年我国常年居全球第一大食糖进口国。

我国进口食糖的数量不稳定，与进口关税及配额管理等政策因素密切相关。2001 年，我国加入 WTO，关于糖业做出的承诺是：食糖进口配额 5 年内递增至 194.5 万 t，配额内关税 15%，配额外关税 50%。2001—2010 年的年度进口配额都是没有用完的。2011 年开始，由于国内需求扩大，国内进口原糖精炼产能快速增长，彻底改变了国内市场的供应结构，精炼企业逐渐控制了沿海主要销区。食糖进口量迅速攀升到300万t以上，2013年突破400万t。进口糖增加，国内糖价受到巨大冲击。2014年，商务部 海关总署公告2014年第71号公布《纳入自动进口许可管理货物目录（食糖）》，将进口关税配额外食糖纳入自动进口许可管理，进口商在进口申报时须向海关提交自动进口许可证。进口管控措施实施后，进口量得到了明显的控制，自2015年起呈逐年下降的态势。

2016年9月22日，商务部决定对进口食糖产品进行保障措施立案调查。调查结束后，商务部根据《中华人民共和国保障措施条例》裁定进口食糖数量增加，中国食糖产业受到严重损害，且进口产品数量增加与严重损害之间存在因果关系。因此，根据《中华人民共和国保障措施条例》第二十条的规定，商务部向国务院关税税则委员会提出实施保障措施的建议，国务院关税税则委员会作出决定，自2017年5月22日起，对进口食糖产品实施保障措施。

保障措施采取对关税配额外进口食糖征收保障措施关税的方式，实施期限为3年：2017年5月22日至2018年5月21日，保障措施关税税率为45%；2018年5月22日至2019年5月21日，保障措施关税税率为40%；2019年5月22日至2020年5月21日，保障措施关税税率为35%。2020年5月22日起，食糖进口配额外关税恢复至50%。

2020年6月29日，商务部发布2020年第23号公告，将关税配额外食糖纳入《实行进口报告管理的大宗农产品目录》，自2020年7月1日起实行进口报告管理，放松了对进口食糖总量的管控。

2020年11月15日，15国（包括东盟10国和中国、日本、韩国、澳大利亚、新西兰）贸易部长共同签署了《区域全面经济伙伴关系协定》（RCEP）。RCEP生效后，90%以上的税目产品将会实行零关税，未来可能增加到95%的税目产品，而白糖不在RCEP减税计划范围内。

## 二、食糖收抛储政策

食糖价格的决定因素可分为供需基本面因素和政策面因素两部分，二者相互影响，密不可分。供需基本面是政策制定的基础，而政策又对生产和需求产生影响。收抛储机制是指国家或集体在物价下跌时收购大宗商品并予以储存；在物价上涨的时候抛出，用于增加市场供应。这是政府平衡和稳定市场价格的一种手段和市场机制。商务部在《关于贯彻落实2010年中央1号文件的意见》中提到，要“加强重要农产品市场调控”，“适时开展食糖收储和投放工作，保障市场供应，维护食糖市场稳定”。

食糖储备政策是业界关注的重点。储备糖分为地方储备糖与中央储备糖（也称国家储备糖），其中，中央储备糖的数量大、影响力强。历年来，国家通过调整收抛储政策来解决我国食糖阶段性供需失衡的问题，起到了一定的预期效果。一般而言，收储减少了市场的总供应量，有利于价格上涨和稳定，而抛储则增加了市场供应量，对价格上涨有抑制作用。白糖抛储作为一种稳定食糖价格的调控手段，一般会选择在市场严重供不应求导致白糖现货价格节节攀升，并已经严重影响下游消费企业和民生利益的时候进行。中央储备糖抛储通常采用采取竞价拍卖、不设最高价封顶的方式来进行。

我国最近一次的食糖大规模收储发生在2013年，可以此案例来分析收储对糖市造成的影响。2011/2012年榨季广西甘蔗收购价达到500元/t，刺激农户大规模扩种，食糖丰产使得糖价从2012年二季度的6 800元/t开始下滑，至当年的9月份，糖价已经跌至5 200元/t，跌破糖企生产成本线。10月份新榨季开始之后，广西糖价勉强维持在5 300元/t左右，同年11月初国家宣布收储。12月27日，首批收储80万t糖，收购价6 100元/t。2013年1月22日，第二次收储启动，数量70万t，收购价6 100元/t不变。5月24日，第三次30万t收储启动，收购价依旧维持6 100元/t不变。三次收储延缓了食糖价格的下跌趋势。

而最近的一次抛储是在2016—2017年。2016年9月30日，为平抑已经上涨突破7 000元/t的糖价，国家发展和改革委员会、商务部、财政部决定于10月下旬投放第一批中央储备糖，数量35万t，竞卖底价为6 000元/t（仓库提货价）。中央储备糖投放通过华商储备商品管理中心电子网络系统公开竞卖，竞卖标的单位为300 t。消息发布后，白糖价格经过短暂调整后继续走高。而后，三部委继续先后三次分批投放储备糖，分别是：2016年10月下旬，投放数量35万t；2016年12月下旬，投放数量30万t；2017年1月23日，以竞卖形式投放24.93万t。2017年9月13日，为保障食糖市场供应和价格平稳运行，国家发展和改革委员会、商务部、财政部联合发布公告，决定分批投放中央储备糖，数量37万t左右，竞卖底价为6 500元/t（仓库提货价）。

2017年9月以后至2022年末，中央再也没有进行过中央储备糖的收储和抛储操作。

2021年，国家发展和改革委员会会同财政部公布新版《中央储备糖管理办法》，全文包括总则、职责分工、计划管理、仓储管理等共8章36条，自2021年4月10日起施行。该办法在此前2008年版本基础上进行了优化完善。

除了中央储备糖外，不少省份（如北京、浙江、四川等）为实现重要农产品“保价稳供”，都出台了区域性的食糖储备管理方法。广西壮族自治区人民政府办公厅于2019年印发了《广西壮族自治区食糖临时储存管理办法》，文件中明确提到，出现下列情形之一的，启动食糖临时储存工作：①广西食糖市场价格比全区制糖企业平均成本低15%并持续30 d以上；②自治区人民政府认为有必要进行临时储存的。2020年，《广西食糖商业储备工作实施方案》出台，明确广西糖业风险资金与国家风险调控政策同步。

## 第五节　财政与金融支持政策

### 一、财政支出总规模与结构

广西作为全国最大的甘蔗糖产区，其获得的财政与金融支持是最多的，也比较具有代表性。

2015年，广西壮族自治区政府出台了《广西糖业二次创业总体方案（2015—2020年）》，计划自2015年起的5年时间内，在甘蔗种植、加工制造与综合利用、市场与服务体系三大板块，谋划布局103个项目。项目主要涉及“双高”基地建设及良种繁育推广，甘蔗种管收机械研发生产及应用，甘蔗多样性产业发展，循环经济与综合利用，生产智能化自动化信息化，原糖生产、精炼糖、食糖深加工，市场与服务体系建设等领域，总投资额约 470 亿元（表 24－13）。

表 24－13 《广西糖业二次创业总体方案（2015—2020 年）》各项目财政支出情况

| 项目 | “双高”基地建设及良种繁育推广 | 甘蔗种管收机械研发生产及应用 | 甘蔗多样性产业发展 | 循环经济与综合利用 | 生产智能化自动化信息化 | 原糖生产、精炼糖、食糖深加工 | 市场与服务体系建设 |
| --- | --- | --- | --- | --- | --- | --- | --- |
| 总投资金额（亿元） | 81.50 | 36.75 | 139.10 | 89.64 | 18.00 | 98.18 | 6.30 |
| 项目数量（个） | 6.00 | 16.00 | 20.00 | 21.00 | 11.00 | 21.00 | 8.00 |

据统计，广西壮族自治区财政厅在 2013—2020 年间共计筹措安排 227.19 亿元支持糖业高质量发展，加强对糖业的宏观调控，鼓励和引导企业升级改造，防范糖业系统性风险的发生，增强糖业可持续发展的能力和竞争力，其中最主要的是“双高”基地建设。

## 二、“双高”基地建设

2013 年 7 月，广西壮族自治区人民政府出台《关于促进我区糖业可持续发展的意见》（桂政发〔2013〕36 号），提出要加强糖料蔗基地建设，优化糖料蔗区域布局，建成 500 万亩以上平均单产超 8 t 的优质高产高糖糖料蔗生产基地。

2017 年，广西壮族自治区财政厅发布了《关于下达 2017 年自治区“双高”糖料蔗基地建设资金的通知》（桂财建〔2017〕121 号），明确按 2 478 元/亩的补助标准，对广西全区各县“双高”基地进行土地整治，2013—2020 年，共筹措下达中央和自治区财政“双高”基地建设资金 149.76 亿元。

### （一）良种繁育及良种良法技术推广

**1. 良种繁育推广** 为推广甘蔗良种繁育，提升糖料蔗生产和生物防治能力，2018 年 3 月 30 日，广西壮族自治区财政厅发布了《关于下达 2018 年自治区糖业发展专项资金（第一批）的通知》（桂财农〔2018〕25 号），专项用于甘蔗良种繁育基地建设及利用赤眼蜂防治甘蔗螟虫示范项目。其中，2018 年广西甘蔗良种繁育推广项目资金全区合计 1 406.78 万元，2018 年度利用赤眼蜂防治甘蔗螟虫示范项目财政补贴资金全区合计 300 万元。2020 年，广西壮族自治区财政厅年度预算项目绩效目标公开表显示，当年良繁基地建设投入 1 500 万元。

**2. 良种良法推广** 2014—2020 年，广西壮族自治区财政厅累计筹措下达“双高”基地良种补贴资金 14.54 亿元，支持广西甘蔗良种化率提高，按照 500 元/亩的标准补贴，其中自治区级财政承担 300 元/亩，县级财政承担 200 元/亩。

2020 年，《广西糖料蔗良种良法技术推广工作实施方案》出台，明确在 2020—2022 年支持开展糖料蔗良种良法技术推广工作。同年，广西壮族自治区财政厅等三部门印发《广西糖料蔗良种良法技术推广和食糖商业储备项目资金管理办法》，强化项目资金管理，提高资金使用效益，进一步加大资金统筹和保障力度，确保资金筹措到位。对糖料蔗脱毒、健康种苗推广按 350 元/亩的标准给予补贴，并对糖料蔗全程机械化技术作业各个环节分别给予补贴。

### （二）糖料蔗保护区非“双高”基地建设

根据《国务院关于建立粮食生产功能区和重要农产品保护区的指导意见》（国发

〔2017〕24号），广西糖料蔗生产保护区内650万亩非“双高”基地建设纳入国家高标准农田建设总体规划，自治区随后配套出台《广西糖料蔗生产保护区非“双高”基地蔗区高标准农田建设实施方案（2019—2023年）》，广西财政厅积极配合，每亩安排建设资金1 500元，其中中央资金1 000元。2019—2020年共筹措资金约15.15亿元推进101万亩糖料蔗生产保护区高标准农田建设。

**（三）糖业技术升级改造**

为支持糖业可持续发展，广西壮族自治区财政加大投入支持糖企技术升级改造。一是“十三五”期间累计筹措广西糖业发展专项资金2.68亿元，重点用于支持制糖企业技术升级改造、甘蔗良种基地基础设施建设和良种出圃补贴、涉糖企业战略重组等，进一步延伸产业链，大力推动广西糖业可持续发展。二是筹措资金1 500万元，专项用于支持广西糖业大数据平台建设，推进全区糖业数字化、信息化、智能化发展。三是将“十三五”期间获得的中央财政农业生产发展基金中的3 200万元用于糖料蔗绿色高质高效创建专项资金，支持来宾市兴宾区、武宣县，崇左市大新县、宁明县等8个项目县区开展糖料蔗绿色高质高效创建，推广绿色高质高效生产技术。

**（四）市场与服务体系建设**

**1. 项目投资方面** 2016年2月，广西壮族自治区党委、自治区人民政府决定撤销自治区糖业发展局，设立自治区糖业发展办公室（下文简称广西糖办），将糖料蔗种植规划、良种繁育推广、糖料蔗基地建设、糖料蔗相关补贴政策实施、食糖工业临时储备、涉糖涉蔗建设项目资金安排、涉及糖业的技术改造、循环经济与综合利用、食糖储备和调控等多部门职责划入广西糖办。

广西糖办2017年度部门决算显示：2017年广西糖办的科技转换与推广服务支出为208万元，专项用于支持广西甘蔗生产服务平台开发工作，平台已于当年建设完成并投入使用；其他农业支出9万元，专项用于农业农村部糖业产业预警监测工作。广西的三个监测点分别是崇左市江州区、扶绥县和来宾市兴宾区，每个监测点分别拨付3万元用于开展糖业产业预警监测工作。

2018年度部门决算显示：2018年度广西糖办的科技转换与推广服务支出共4 979.56万元，其中糖料蔗生产保护区划定资金4 887.56万元，自治区工业和信息化专项资金92万元。

2019年度部门决算显示：2019年度广西糖办支出糖料蔗生产保护区划定费用4 740万元、2019年中国糖业博览会补助费用400万元。

2020年度部门决算显示：2020年度广西糖办的科技转化与推广服务支出为248.4万元，主要用于保护区划定、上图入库、信息系统建设等；广西糖业大数据云平台项目支出1 500万元；中国糖业博览会补助经费支出460万元。

2021年度部门决算显示：2021年度广西糖办的科技转化与推广服务支出为93万元，主要为糖料蔗生产保护区动态监测及数据应用管护经费；广西糖业大数据云平台项目支出1 546万元。

2022年度部门决算显示：2022年度广西糖办的科技转化与推广服务支出为449.75万元，主要用于糖料蔗生产保护区目标作物种植情况动态监测，糖料蔗种植地块数据精细化、精准化处理，奖励甘蔗优良品种育种者等专项支出。

**2. 食糖储备方面**

（1）2014—2020 年，自治区本级财政共计安排储备糖管理费用 17.03 亿元用于地方储备糖贷款利息支出、弥补储备糖贷款本金及管理开支，确保食糖市场供应和价格平稳运行。

（2）2020 年，《广西食糖商业储备工作实施方案》发布，同年，经自治区人民政府同意，自治区财政厅等三部门印发《广西糖料蔗良种良法技术推广和食糖商业储备项目资金管理办法》，规定食糖商业储备资金根据符合条件的制糖企业当年承储的商业储备食糖数量，按 4 500 元/t 的标准、实际储备时间和中国人民银行公布的 1 年期贷款基准利率给予贴息补助。

### （五）制糖企业税收优惠

《广西糖业二次创业总体方案（2015—2020 年）》提出要坚持市场原则，充分发挥企业主体作用，加强产业政策引导，完善财税政策激励，加快推进制糖企业战略重组。2016 年 10 月，广西壮族自治区人民政府办公厅出台《关于加快推进我区制糖企业战略重组的指导意见》，提出要落实国家和自治区有关企业重组的税收优惠政策，对企业重组涉及的资产评估增值、债务重组收益、土地房屋权属转移等符合税法规定条件的给予相应税收优惠。

根据《广西税务局关于在制糖行业试行农产品增值税进项税额核定扣除办法的公告》，从 2014 年 12 月 1 日起，广西糖企按照投入产出法核定农产品增值税进项税额，即糖企生产销售蔗糖固定按（每吨）单耗甘蔗 8.22 t 计算增值税进项税额。2019/2020 年榨季，广西不断加大对制糖企业的财税支持力度，将糖料进项税扣除标准由 8.22 t 提高到 8.63 t，2018/2019 年榨季，为制糖企业减负 1.91 亿元，增长 4.99%。2019/2020 年榨季，调整扣除标准为 7.63 t，减少进项税额抵扣 1.89 亿元，降低 7.18%，相应增加增值税应纳税额。

## 三、金融政策支持

### （一）蔗糖业信贷政策

2019 年以来，以《广西壮族自治区人民政府关于深化体制机制改革加快糖业高质量发展的意见》（桂政发〔2019〕8 号）为基础，广西陆续出台了《关于金融服务广西糖业全产业链发展的若干措施》等配套措施，引导金融服务广西糖业发展。22019/2020 年榨季末，广西糖业全产业链贷款 506 亿元，其中：短期贷款占比 81%；中长期贷款占比 19%，比榨季前提高 2.68 个百分点。

中国人民银行南宁中心支行调查显示：2021 年 3 月末，广西糖业贷款余额达到 558 亿元，较 2012 年末接近翻一番，支持力度明显增强。

### （二）蔗糖业保险模式

广西现有糖料蔗保险形式多样，既有传统种植保险、价格指数保险、海外涉糖项目保险等险种，又创新了全国第一个实现全县覆盖的“保险＋期货”罗城模式，2022 年开始推行糖料蔗完全成本保险及收入险，这些保险从不同角度对广西糖业发展起到积极推动作用。

**1. 传统甘蔗种植保险** 传统甘蔗种植保险，也就是承保因自然灾害导致的甘蔗损失，是政策性补贴险种，中央财政补贴40%，自治区级财政补贴30%，县级财政补贴10%，农户自缴20%，保障额800元/亩，2019年全区投保1030万亩，约占全区甘蔗种植面积的90%。据中国人保财险广西分公司统计，自2013年以来，该公司承保的甘蔗种植保险共赔付近亿元，其中2013年“海燕”台风时赔付28万亩蔗田损失共计1 498万元，2014年“威马逊”及“海鸥”台风时赔付约25万亩共计3 400万元，2018年“山竹”台风时赔付39万亩共计3 200万元，对受灾农户恢复生产起到补偿作用。据广西银保监局数据，2012—2018年，广西甘蔗种植保险投保面积从229万亩增长到940万亩，投保金额从9.9亿元增长到59.8亿元，7年来年均承保农户325万户，累计65万户共获赔4亿元。

**2. 全国首推糖料蔗价格指数保险** 推行“糖价涨补农户、糖价跌赔糖厂”的糖料蔗价格指数保险，充分发挥经济“减震器”和社会“稳定器”的功能。2015年广西开始试行的糖料蔗价格指数保险，由太平洋保险广西分公司、中国人保财险广西分公司及北部湾财产保险公司共同承保，是现行期货价格指数保险产品中体量最大也是最典型的项目。2015/2016年榨季，全区试点面积2.70万$hm^2$，主要集中在崇左市扶绥县、南宁市武鸣区、来宾市武宣县和广西农垦局的“双高”基地，全区共投入7 200万元，其中自治区统筹补贴80%，糖厂补贴10%，农户自筹10%，参保农户1.13万户，保险公司赔款1 213万元。2017/2018年榨季和2018/2019年榨季合并投保，保费9 000万元，自治区财政补贴6 300万元，市县财政补贴1 800万元，农户自筹900万元，投保面积达50万亩，2017/2018年榨季现货白糖平均售价5 610.03元/t，依照保险合同60元/亩的标准，共赔付2 895万元，超过2016年的2倍，这对减小糖价激烈波动给广西糖业造成的影响起到了重要作用。按保险合同估算，2018/2019年榨季白糖现货平均售价5 200～5 300元/t，亦按60元/亩的标准向糖厂赔付。

《2020—2022年广西糖料蔗价格指数保险试点方案》于2020年7月发布，方案规定每年试点面积为200万亩，每个榨季的保险期限为投保当年的11月1日至次年的10月31日。10月份开始，价格指数保险的投保工作在试点区域全面展开，糖企及蔗农对于该保险的接受度较高，投保积极。

项目推广方面，保险公司业务团队开展了“保险+期货”项目模式培训，对当地蔗农就“保险+期货”模式、期货期权基础知识等进行讲解，帮助蔗农了解期货、保险市场及金融服务“三农”的创新模式，提升农户的风险管理意识。

### （三）农业保险保费补贴

2007年4月，财政部印发了《中央财政农业保险保费补贴试点管理办法》，中央财政农业保险保费补贴试点工作正式开展。2012年糖料作物首次被纳入中央财政农业保险保费补贴范围，按照现行的中央财政种植业保险保费补贴政策执行。在省级财政至少补贴25%的基础上，中央财政对东部和中西部地区的补贴比例分别为35%和40%，对新疆生产建设兵团和中央直属垦区的补贴比例为65%。

2017年，海南省政府办公厅印发了《2017年海南省农业保险工作实施方案》，对2017年海南省实施农业保险提出了具体要求并明确了财政补贴政策，并再次把甘蔗保险列入方案。此后，糖料作物每年都被列为《中央财政农业保险保费补贴管理办法》规定的中央财政补贴险种的标的物，享受与玉米、水稻、小麦、棉花、马铃薯、油料作物等同等的补贴待遇，即在地方自愿开展并符合条件的基础上，财政部按照以下规定提供保险费补贴：在省级财政至少补贴25%的基础上，中央财政对中西部地区补贴40%、对东部地区补贴35%；对纳入补贴范围的新疆生产建设兵团、中央直属垦区、中国储备粮管理总公司、中国农业发展集团有限公司等，中央财政补贴65%。

## 参考文献


陈光燕，司伟，蓝红星，2021. 中国糖料生产布局变动及其影响因素分析［J］. 中国农业资源与区划，42（3）：158-166.

邓军，李孝翠，张跃彬，2011. 云南甘蔗生产现状与发展对策［J］. 甘蔗糖业（4）：77-80.

胡朝晖，2018. 我国糖料蔗生产形势及发展趋势分析［J］. 甘蔗糖业（4）：58-66.

胡朝晖，凌婉阳，伍苏然，等，2020. 基于2014—2019年监测数据对我国糖料蔗种植品种结构与趋势分析［J］. 甘蔗糖业（2）：1-14.

蓝必忠，2019. 桑蚕与甘蔗的比较收益分析：基于2017—2018年广西环江县调查数据［J］. 广西蚕业，56（2）：32-36.

全怡吉，武晋宇，李如丹，等. 云南省蔗糖产业发展现状分析［J］. 中国糖料，41（4）：76-80.

谭永明，1983. 云南省试行甘蔗按质论价概况［J］. 甘蔗糖业（6）：31-36.

王芳，谢江辉，过建春，等，2018. 2017年我国香蕉产业发展情况及2018年发展趋势与对策［J］. 中国热带农业（4）：27-32.

王奕，胡晶晶，于平平，2018. 2018年我国柑橘产业拐点年开启，理性回归［J］. 农资与市场（23）：43-46.

于永霞，黄红燕，乐波灵，等，2016. 广西蚕茧与甘蔗、柑橘的收益与成本比较分析［J］. 中国蚕业，37（4）：69-76.

詹鹏举，2013. 全球背景下的广西糖业发展现状及对策［D］. 南宁：广西大学.

张永港，杨光琴，蔺乔仙，等，2016. 德宏州蔗糖产业可持续发展研究［J］. 中国糖料，38（3）：68-71.

钟银，宽欧滨，邓军，2016. 海南省甘蔗产业发展形势与对策［J］. 中国糖料，38（6）：74-76.

# 第二十五章

# 中国甘蔗糖加工和销售

中国是世界主要的食糖生产国和消费国之一，世界经济全球化和贸易自由化对我国糖业影响巨大。甘蔗是我国工业制糖的主要原料，甘蔗糖加工和销售关系着主产区的区域经济发展和乡村振兴。一方面，随着城镇化进程的推进和人们生活水平的提高，我国食糖消费需求日益增长；另一方面，生产原料不足、原料成本高等问题也制约了制糖企业的进一步发展和竞争力提升。为清晰地反映我国甘蔗糖加工和销售的发展现状与发展趋势，本章就中国甘蔗糖的生产、销售、消费及食糖产业互联网、国际食糖贸易等展开深度分析。

## 第一节　食糖生产

### 一、甘蔗糖厂分布区域及演变

我国甘蔗糖业历史虽然悠久，但在旧中国，食糖生产技术和工艺一直停滞不前，主要采用土法制糖。1933 年，广东军阀陈济棠从国外购进设备，在广东陆续兴建了 6 家日处理甘蔗 1 000 t 的糖厂，这是我国最早的甘蔗机械化制糖厂，但生产很不正常。抗日战争时期，多数糖厂遭到破坏，到新中国成立前夕，仅剩下东莞、顺德的两家糖厂勉强维持生产，在福建、广西、云南、四川等甘蔗糖产区竟没有一家机械化制糖厂。1936 年，我国产糖 41.4 万 t，这是新中国成立前产糖量最高的一年；1949 年产糖量下降到 19.9 万 t，当时只有 3 家机械化制糖厂，年产糖 3 万 t，其余均是土糖（蓝艳华和保国裕，2020）。

1949—1958 年，恢复了新中国成立前已停产的 5 家机械化制糖厂，新建了 24 家日处理糖料 1 000 t 以上规模的大型机械化制糖厂，新增年产糖能力 170 万 t。与此同时，还完成了对 12 万 t 土法制糖产糖能力（当时土法制糖产糖总能力为 36 万 t）的机械化、半机械化改造。

20 世纪 80 年代中期以前，我国甘蔗种植区域主要分布在广东、广西、云南、海南、福建、台湾、江西、四川、湖南、浙江、贵州和湖北等省份。甘蔗糖产业作为资源密集型产业，糖厂需要建设在甘蔗集中种植区域周边，以便捷地获取生产原料、降低运输成本，因此糖厂与蔗区分布高度一致，具有地域性特征。

而随着沿海地区经济的发展，珠江三角洲传统甘蔗种植区逐渐演变成了农副产品生产基地，甘蔗生产优势产区愈发向广西、云南等地集中。2020/2021 年榨季，广西、云南两地的糖料蔗种植面积合计占全国糖料蔗种植总面积的 74.93%，广西共有 79 家糖厂开榨，主要分布在南宁、柳州、崇左、来宾、贵港等市；云南共有 51 家糖厂开榨，主要分布在德宏、保山、临沧、思茅、西双版纳、玉溪、红河等地州；广东湛江共有18家糖厂开榨；海南共有5家糖厂开榨（刘晓等，2021）。

## 二、甘蔗糖企业产能及糖产量

近10多年来，部分产区糖料蔗种植面积萎缩、制糖原料不足，加之全国各食糖主产区不断淘汰过剩产能，推动制糖企业战略重组，产能集中度及利用率得以提升。2020/2021年榨季，全国开工制糖生产企业（集团）共49家，开工糖厂186家，其中：甘蔗糖生产企业（集团）42家，甘蔗制糖厂155家，总产能为81.81万t/d。

从制糖集团排名来看，全国2021年重点甘蔗制糖企业主要分布在广西、云南、广东等主产区。其中，广西南宁东亚糖业集团、广西糖业集团有限公司的年产量均能达到100万t以上（表25-1）。

**表25-1　全国重点制糖企业**

| 序号 | 主产区 | 企业名称 | 年产量 |
|---|---|---|---|
| 1 | 广西 | 广西南宁东亚糖业集团 | 100万t以上 |
| 2 | 广西 | 广西糖业集团有限公司 | 100万t以上 |
| 3 | 广西 | 广西洋浦南华糖业集团股份有限公司 | 85万t以上 |
| 4 | 广西 | 广西湘桂糖业集团有限公司 | 70万t以上 |
| 5 | 广西 | 南宁糖业股份有限公司 | 65万t以上 |
| 6 | 广西 | 广西凤糖生化股份有限公司 | 65万t以上 |
| 7 | 广西 | 广西东糖投资有限公司 | 60万t以上 |
| 8 | 广西 | 中粮糖业控股股份有限公司 | 30万t以上 |
| 9 | 云南 | 云南英茂糖业（集团）有限公司 | 70万t以上 |
| 10 | 广东 | 广东广垦糖业集团有限公司 | 36万t |

数据来源：《中国糖业年报》及网上公开资料。

中国糖业协会发布的《2019/2020年制糖期全国重点制糖企业（集团）产量排行榜》显示，2019/2020年榨季产糖量前10位的企业（集团）有：广西洋浦南华糖业集团股份有限公司、光明食品（集团）有限公司、广西南宁东亚糖业集团、广西糖业集团有限公司、广西农村投资集团有限公司、广西湘桂糖业集团有限公司、中粮糖业控股股份有限公司、广西东糖投资有限公司、广东恒福糖业集团有限公司、广东广垦糖业集团有限公司。

从单个糖厂排名来看，2019/2020年榨季全国甘蔗糖产量靠前的糖厂依次为：广西东门南华糖业有限责任公司、广西扶南东亚糖业有限公司、广西宁明东亚糖业有限公司、广西崇左东亚糖业有限公司、云南德宏英茂糖业有限公司景罕糖厂、广西龙州南华糖业有限责任公司龙州一厂、南宁糖业股份有限公司明阳糖厂、广西驮卢东亚糖业有限公司、中粮屯河崇左糖业有限公司、广西来宾东糖迁江有限公司、广西博宣食品有限公司、广西上上糖业有限公司等。由于广西种蔗面积相对集中，加上近年来的制糖产能重组增效，糖厂设计产能较高（表25-2），故产糖量排名靠前的糖厂多为广西的糖厂。

表 25-2 广西设计产能排名靠前的糖厂

| 糖厂名称 | 设计产能（t/d） |
| --- | --- |
| 广西东门南华糖业有限责任公司 | 24 000 |
| 广西崇左东亚糖业有限公司 | 20 000 |
| 广西宁明东亚糖业有限公司 | 19 000 |
| 广西扶南东亚糖业有限公司 | 16 000 |
| 广西驮卢东亚糖业有限公司 | 16 000 |
| 广西来宾东糖迁江有限公司 | 15 000 |
| 广西上上糖业有限公司 | 15 000 |
| 广西海棠东亚糖业有限公司 | 15 000 |
| 南宁糖业股份有限公司明阳糖厂 | 13 000 |
| 广西崇左市湘桂糖业有限公司 | 12 500 |
| 广西糖业集团昌菱制糖有限公司 | 12 000 |
| 广西来宾湘桂糖业有限责任公司 | 12 000 |
| 广西大新湘桂制糖有限公司 | 12 000 |

数据来源：广西 2020/2021 年榨季糖业年报。

## 三、甘蔗糖生产成本分析

甘蔗糖生产成本和销售价格是决定糖业经济效益的两大主要因素。制糖企业要想改善生产经营，就必须挖掘内部潜力，节约人力、物力和财力的消耗，降低产品成本，加强产品成本的管理工作。

### （一）甘蔗糖生产成本构成

我国甘蔗糖生产成本主要包括直接材料费用、燃料动力费用、直接人工费用和制造费用等项。

直接材料费用为甘蔗进厂成本加上辅助材料（硫黄、石灰等）的费用，减去回收糖蜜、蔗渣的价款。直接材料费用在生产成本中占比最大，其中甘蔗成本占直接材料费用的绝大部分，甘蔗成本占食糖生产成本的 70%左右（广西壮族自治区经济委员会，2010）。我国 2015/2016—2020/2021 年榨季甘蔗平均收购价见表 25-3。

表 25-3 2015/2016—2020/2021 年榨季我国甘蔗平均收购价

| 榨季 | 全国甘蔗平均收购价（元/t） |
| --- | --- |
| 2015/2016 | 448 |
| 2016/2017 | 497 |
| 2017/2018 | 490 |
| 2018/2019 | 480 |
| 2019/2020 | 489 |
| 2020/2021 | 498 |

数据来源：中国糖业协会。

燃料动力费用主要是指甘蔗糖生产过程中的耗煤及用电费用等。

直接人工费用是指在甘蔗制糖的生产过程中，所有可计入生产成本的技术工人的工资支出费用。甘蔗制糖企业榨期的直接人工费用主要是由直接生产工人的工资、社会保险和福利费等构成。这些人工费用主要花费在生产环节，应当直接计入产品生产成本。非榨期直接人工费用主要是甘蔗制糖企业的压榨、制炼、钢炉、机电等车间的员工放假、培训期间的工资（含生活费）、福利费和社会保险费等。

制造费用主要是指发生在甘蔗制糖企业生产加工过程中，但不被归为企业生产材料的费用，如设施设备的折旧费、维修费以及其他间接费用。榨期的制造费用主要由生产车间间接参加生产人员的工资、福利和社会保险费构成。非榨期的制造费用主要包括车间管理人员的工资、福利、社会保险费以及车间的办公费、差旅费等（施灏，2014）。

### （二）甘蔗糖含税生产成本

由于自然资源条件限制，我国各甘蔗主产区的食糖含税生产成本一直处于较高水平。以广西为例，2010/2011—2019/2020 年榨季，广西食糖含税生产成本区间约为 5 000～6 300 元/t，均值为 5 785 元/t。2019/2020 年榨季广西食糖含税生产成本约 5 500 元/t，而当榨季的食糖含税平均售价仅为 5 550 元/t，堪堪持平。云南地区的地租成本较广西低廉，因而甘蔗种植成本相对较低，甘蔗收购价较广西便宜约 50～80 元/t，仅原料成本一项就比广西糖厂节约 400～600 元/t，故其食糖含税生产成本较广西要低很多。2010/2011—2019/2020 年榨季，云南食糖含税生产成本区间为 5 200～5 870 元/t，均值为 5 440 元/t。2019/2020 年榨季云南食糖含税生产成本约为 5 240 元/t。

总体而言，相较于巴西、印度、泰国及澳大利亚等甘蔗糖主产国，我国的食糖生产成本偏高是不争的事实（李爽和冯晓帆，2021），因此，降本增效是糖业发展的必经之路。

### （三）甘蔗糖生产降本主要路径

影响甘蔗糖生产成本的要素有甘蔗收购价、吨糖耗蔗量、制造费用、直接人工费用以及燃料动力费用等。原料蔗、制糖燃辅料的价格均由市场经济调节，故减少吨糖耗蔗量、加强原料采购管理和制糖生产管理是降本的主要路径（施灏，2014）。具体措施如下：

**1. 提升糖料蔗进厂新鲜度**　推广北斗卫星定位、地理信息系统、大数据分析等现代技术应用，促进糖厂完善农务信息系统管理。优化糖料蔗砍运车辆配置，力争人工蔗 48 h 内、机收蔗 10 h 内进厂入榨，确保糖料蔗均衡入厂，减少重量损失和糖分转化。因地制宜推行糖料蔗收购中转站、集蔗点和农民自运等模式，推广机械化装车，缩短滞留地头时间。

**2. 推进制糖加工节能降耗**　推广蔗渣清洁燃烧技术，逐步淘汰度电耗汽 10 kg 以上的小型汽轮发电机组、吨汽耗标煤 200 kg 以上的锅炉等高耗能设备，推广应用高效节能的次高压锅炉和发电机组。推广板式换热器、煮糖结晶罐、丙糖连煮等节能技术设备，降低生产汽耗和电耗。推行榨机交流变频调速、双辊喂料器，提高压榨抽出率，降低蔗渣水分。

**3. 推进糖厂“三化”改造**　支持和引导制糖企业开展液压翻板卸蔗、成品糖自动装缝包、机器人抓包码垛等自动化改造。推行大型全自动离心分蜜、连续煮糖等技术设备，提高生产效率。推广蔗车自动过磅、蔗车在线排队、车辆物流管理等系统应用，推行单工序自动控制和全流程集中控制技术，逐步实现制糖生产全过程自动化、智能化、数字化。

**4. 推进制糖产能重组增效** 继续引导原料严重不足、管理不善的企业退出制糖生产。鼓励制糖企业实施内部糖厂整合，淘汰落后产能。支持企业间开展股份合作，关停原料少、技术装备落后的糖厂，优化资源配置。引导一批小糖厂转产原糖、特色糖等产品，或转型其他业务。引导企业“走出去”，参与“一带一路”国际产能合作。

**5. 推进糖业产业链延伸** 加大招商引资力度，引进一批食糖精深加工和综合利用项目。加快糖果、木糖、液体糖、酵母及酵母抽提物、绿色餐具等项目建设，探索滤泥资源化利用新途径，培育产业发展新动能。在糖料蔗优势产区大力推进蔗叶养牛和饲料加工等，提高蔗叶利用水平。加强企业与高等院校、科研机构等对接合作，促进科技成果产业化。

## 四、制糖副产品分析

### （一）制糖副产品的产量

在甘蔗糖生产过程中，除了主产品白砂糖之外，还会产出大量的制糖副产品，如糖蜜、蔗渣、滤泥等。制糖副产品的用途丰富，副产品销售也是制糖企业增加自身经济效益的一大路径。

糖蜜是制糖过程中分离出来的一种黏稠、黑褐色、半流动的物体，含有大量的可发酵糖，因而是很好的发酵原料，可用作生产酒精、酵母等的原料，也可用于生产饲料等。糖蜜按原料不同可分为甘蔗糖蜜、甜菜糖蜜。一般来说，甘蔗产甘蔗糖蜜的比例为3.3%。

蔗渣是甘蔗经过压榨或渗出提汁后剩余的纤维物质，含有丰富的纤维素，其重量约为甘蔗重量的23%（含水分约50%）。

滤泥是糖汁过滤后留下的滤渣，含有甘蔗纤维、蔗糖、带有蔗蜡的凝结胶体、蛋白质、磷酸钙，以及原料蔗茎带来的沙泥，除此以外，滤泥还含有少量的铁、锌等微量元素。根据生产工艺的不同，滤泥可分为亚硫酸法滤泥、碳酸法滤泥等。一般亚硫酸法干滤泥量为甘蔗重量的1%～2%，其中有机物含量可达80%左右；碳酸法滤泥量为甘蔗重量的4%～6%，其中碳酸钙含量达70%～80%，呈碱性（pH为10.5～11）。糖厂一般免费送给蔗农还田。

以12.5%的产糖率计算，吨糖耗蔗量为8 t，约能生产0.24 t糖蜜和1.84 t蔗渣，滤泥按照亚硫酸法和碳酸法两种生产方式的不同，产量为0.08～0.16 t、0.32～0.48 t。

### （二）制糖副产品销售情况

在制糖副产品中，糖蜜和蔗渣是可以对外销售的大宗产品。如果糖厂或所属集团有生产加工酵母或酒精的业务，糖蜜大多自用；没有相关生产链的糖厂大多将副产品销售给附近的酵母或酒精生产企业。

与白砂糖“季产年销”的特性不同，制糖副产品的产销周期与甘蔗制糖的生产周期密切相关。由于生产企业库容有限，制糖副产品往往需要在生产出来之后尽快销售至终端或贸易商手中。广西甘蔗糖产区开榨时间为当年的11月至次年的3—4月，因此甘蔗糖副产品的产销旺季为10月到次年5月。

**1. 副产品的一般销售方式** 国内制糖副产品的主要销售方式为线下直供战略合作伙伴与线下邀标。此前，大部分制糖企业与固定的酵母厂、酒精厂或少数的中间商建立了长期合作关系，产品的贸易流通大多在固定的圈子里进行。再者，有些企业本身拥有完善的制糖产业链，糖蜜、蔗渣等副产品大多自用，在市场上流通、公开竞价的副产品数量较少。

以前，制糖副产品销售方式存在一定问题。一是行情信息不透明，缺少公开权威的信息发布平台。二是信息断层，不利于销售进度安排。三是产业链融资问题难以破解。副产品采购需要提前交纳部分保证金或全额货款给制糖企业，这对于贸易商的短期资金能力提出很高的要求，大批量采购会占用大量资金。如无法及时回款，会存在资金链断裂风险。四是仓储物流资源匮乏，行业主体难以壮大。部分糖蜜使用终端和小规模贸易商没有独立租用大批储存罐的实力，无法大批量采购糖蜜囤货。

**2. 互联网销售模式**　在产业互联网时代，制糖副产品贸易由线下分散式交易转为线上平台化交易是必然的趋势。根据现实贸易需求，制糖副产品销售平台应当是一个服务型工具，联合制糖企业、贸易商、终端等群体共同建立交易规则，通过挂牌、竞价等交易方式，辅之以仓储物流、供应链金融、价格行情信息等附加服务，助力我国制糖业真正实现循环经济发展模式，提高制糖企业经济效益。

以泛糖科技副产品销售平台为例：平台主要采用挂牌-竞价模式，汇聚国内制糖副产品的采购与销售需求，通过电子化手段提高交易效率，降低交易成本。制糖企业作为卖方，在平台上挂牌要销售的副产品信息，包括数量、规格/型号、最低报价等。买方客户可以在平台上自主浏览，快速了解货源详细信息，根据自身的渠道需求决定是否摘牌或参与竞价，也可以根据往期中标结果评估整体价格走势进行报价。

制糖副产品销售平台优势明显。一是成交效率高。制糖企业将各厂的销售需求公布在平台上后，平台自动发短信通知所有入驻采购商，采购商可根据采购意愿进行报价。相较于线下销售的方式，采购商可及时获取挂牌信息，制糖企业也减少了线下招标的时间成本。二是精准监控销售整体情况。制糖企业可在平台后台端查看本集团所有的销售情况，包括销售需求明细、溢价明细等，可根据报表信息制订后续的销售计划。三是企业能够拓展新的业务关系。原有线下销售方式中，买卖双方相对固定，销售范围也相对较窄；而销售平台提供了一个公开的挂牌及报价渠道，加快了供需信息的传播速度，进一步加强了双方的业务联系。四是供应链金融服务破解融资难题。借助销售平台信息聚合的业务基础，以核心企业为主体，通过“平台＋金融”的模式为制糖副产品采购环节的上下游提供灵活、便捷、低息的供应链金融服务（丁莉，2016；郭卫东等，2021；马冬梅和袁柏乔，2021；石晓梅和冯耕中，2010；于文玲，2017；张超和王洋，2019）。

### （三）制糖副产品价格情况

制糖副产品价格波动以年为周期，价格高点往往出现在两个时期——榨季初期和停榨后，主要原因是：新榨季初期，糖蜜的含糖量普遍比较高；停榨后制糖企业货源较少，市场货源基本掌握在贸易商处。除了季节性因素外，影响制糖副产品价格的还有替代产品的价格变化。

据泛糖科技副产品销售平台数据，2019 年 11 月至 2021 年 5 月，糖蜜价格总体保持稳步上涨状态。2019/2020 年榨季初广西甘蔗糖蜜价格在 700～900 元/t 的区间内，与往年价格基本保持一致。由于 2020 年初突发新冠疫情，酒精价格飞涨，作为生产酒精的重要原料，糖蜜价格同步上涨，到榨季结束，广西甘蔗糖蜜最高竞拍价达 1 203 元/t。2020/2021 年榨季伊始，制糖企业为了保证副产品库容在安全区间内，不影响整个榨季的生产，对糖蜜进行了批量预售，价格略有下调让利，成交价约为 1 000 元/t。后期，作为酒精重要原料之一的玉米价格大幅上涨至历史新高，叠加部分糖厂的副产品因入榨量减少也相对减产，糖蜜价格一直走高，平台最高成交价再创新高，达到了 1 527 元/t。

蔗渣在泛糖科技副产品销售平台上线销售至今，成交量持续扩大。2019/2020 年榨季，全行业的蔗渣处于相对滞销状态，市场价格并不理想，制糖企业只能选择低价销售，平台的成交单价为 100 元/t 左右，溢价幅度非常小。2020 年下半年至今，纸浆价格从 4 000元/t 涨至超过 7 000 元/t，蔗渣作为纸浆的原材料之一，且比木片的采购成本低，因此价格也水涨船高。2020/2021 年榨季初期，平台销售的蔗渣价格最高达 350 元/t，到 2021 年 4 月，制糖企业线下销售价格已超过 600 元/t。

## 五、甘蔗糖替代品分析

甜味提供的主要方式有三种：一是以甘蔗、甜菜为原料，以蔗糖为主要成分的食糖；二是以含淀粉的粮食、薯类等为原料的淀粉糖及其衍生品；三是天然提取或人工合成的甜味剂。食糖、淀粉糖等糖类物质由于长期被人食用，且是重要的营养素，通常被视为食品原料而非食品添加剂，不在甜味剂范围内。综上所述，甘蔗糖的替代品一般有三种，即甜菜糖、淀粉糖和甜味剂。

### （一）甜菜糖

我国是全球仅有的几个同时种植甜菜和甘蔗的国家之一，甘蔗糖一直在食糖产量中占据主要位置，但随着近年来甘蔗糖产量下滑，甜菜糖种植面积逐年增加，其产量占比也在逐步增长（表 25 - 4）（刘晓雪等，2018，2019，2020，2021；刘晓雪和黄晴晴，2019；朱亚伟和徐雪，2016）。

**表 25 - 4　2010/2011—2019/2020 年榨季甜菜糖产量及其占比**

| 榨季 | 全国糖产量（万 t） | 甜菜糖产量（万 t） | 甜菜糖占比（%） |
|---|---|---|---|
| 2010/2011 | 1 045.42 | 79.38 | 7.59 |
| 2011/2012 | 1 151.76 | 100.74 | 8.75 |
| 2012/2013 | 1 306.84 | 108.50 | 8.30 |
| 2013/2014 | 1 331.8 | 74.63 | 5.60 |
| 2014/2015 | 1 055.6 | 73.78 | 6.99 |
| 2015/2016 | 870.19 | 84.98 | 9.77 |
| 2016/2017 | 928.28 | 104.17 | 11.22 |
| 2017/2018 | 1 031.04 | 114.97 | 11.15 |
| 2018/2019 | 1 076.04 | 131.54 | 12.22 |
| 2019/2020 | 1 041.51 | 139.28 | 13.37 |

数据来源：中国糖业协会。

从表 25 - 4 的数据来看，我国甜菜糖的产量变化可分为三个阶段：

（1）2010/2011—2012/2013年榨季，甜菜糖产量呈上升趋势，三个榨季产量增幅达36.68%。

（2）2012/2013—2014/2015年榨季，甜菜糖产量由108.50万t下降到73.78万t，下降幅度达32.00%。

（3）2014/2015—2019/2020年榨季，随着甜菜种植面积扩张，甜菜糖产量呈上升趋势，由73.78万t增加至139.28万t，平均年增幅达13.35%。从2016/2017年榨季开始，占全国糖产量的比例超过10%。

虽然甜菜糖的产量不断增长、比重不断增加，但由于北方地区玉米、大豆等作物经济效益较高，且政府的扶持力度大，使得几乎没有任何补贴政策扶植的甜菜种植效益相对较低，甜菜糖的产量增加并不可持续。

### （二）淀粉糖

淀粉糖是指以含淀粉的粮食、薯类等为原料，通过酸法、酸酶法或酶法制取的糖。淀粉糖按产品形态可分为液体糖与固体糖。液体糖包括麦芽糖浆、葡萄糖浆和果葡糖浆等，固体糖包括结晶葡萄糖、麦芽糊精等（表25-5）（司伟和朱海燕，2013）。

**表25-5　2020年不同种类的淀粉糖产量情况**

| 品种 | 产品 | 年产量（万t） |
|---|---|---|
| 液体糖 | 麦芽糖浆 | 297 |
| | 葡萄糖浆 | 177 |
| | 果葡糖浆 | 466 |
| 固体糖 | 结晶葡萄糖 | 420 |
| | 麦芽糊精 | 168 |
| | 其他 | 8 |
| 总计 | | 1 536 |

数据来源：中国生物发酵产业协会。

21世纪以来，淀粉糖的产量、品种等得到了高速发展，产量从1999年的60万t发展到2020年的1 536万t（表25-6），增长超过24倍。淀粉糖产品使用领域以食品工业为主，饲料、医药、纺织、造纸、能源等为辅。

**表25-6　2010—2020年我国淀粉糖产量**

| 年份 | 淀粉糖产量（万t） |
|---|---|
| 2010 | 923 |
| 2011 | 1 286 |
| 2012 | 1 300 |
| 2013 | 1 225 |
| 2014 | 1 198 |
| 2015 | 1 200 |

（续）

| 年份 | 淀粉糖产量（万 t） |
| --- | --- |
| 2016 | 1 297 |
| 2017 | 1 375 |
| 2018 | 1 397 |
| 2019 | 1 468 |
| 2020 | 1 536 |

数据来源：中国生物发酵产业协会。

1999—2007 年，我国淀粉糖产量呈现快速上升趋势，由 60 万 t 增加至 703 万 t，9 年间增幅达 1 071.67%。尤其是 2006/2007 年榨季白糖价格连续上涨，白糖与淀粉糖的价差拉大，下游用糖终端如饮料厂等开始大规模使用果葡糖浆替代白砂糖，需求增加推升了淀粉糖产能增加。2008 年开始，白砂糖和淀粉糖之间的价差再度拉大，淀粉糖对白砂糖的第二次大规模替代出现，淀粉糖需求大幅提升，2012 年我国淀粉糖产量跃升至 1 300 万 t（司伟和朱海燕，2013）。2012 年至今，淀粉糖产能基本饱和，年产量在 1 200 万～1 500 万 t 区间波动。

果葡糖浆是淀粉糖行业的重要产品，甜度接近于同浓度的蔗糖，风味有点类似于天然果汁，最大的优点在于含有相当比例的果糖，使得产品具有清香、爽口的感觉。此外，果葡糖浆在 40℃以下时具有冷甜特性，甜度随温度的降低而升高。果葡糖浆与其他甜味剂共同使用，具有很好的协同增效作用，在饮料等产品中以果葡糖浆替代蔗糖，不仅技术上可行，而且可以凸显果葡糖浆清香、爽口的特性（刘宗利和杨海军，2004）。

在饮料行业，果葡糖浆对食糖的替代应用数量最大。饮料加工厂在选择甜味剂时主要依据成本高低而定。当前的含糖软饮料中约有 50%的品种配方中含有淀粉糖，运动功能饮料中约有将近 70%含有淀粉糖，果汁饮料和调味乳中约有 50%的配方中含有淀粉糖，碳酸饮料中基本实现了果葡糖浆对于白糖的完全替代。

从价格比看淀粉糖对食糖的替代关系：2001—2005 年淀粉糖价格约为 2 100～2 300 元/t，跟食糖价格相比具有较强的竞争力。2020/2021 年榨季以来，随着玉米价格持续上涨，淀粉糖成本增加，F55 果葡糖浆价格上涨至 3 400～3 600 元/t，替代效应减弱，替代优势转为劣势，客观上有利于提振对白糖的需求。

当然，国内淀粉糖也面临着竞争激烈、国际贸易反倾销，环保政策升级、环保压力日益增大，减糖趋势、负面宣传等严峻挑战。

### （三）甜味剂

目前，全球甜味剂市场规模约 100 亿元。中国是全球最大的高倍甜味剂生产国及出口国，产量约占全球的 75%，其中 80%用于出口。近年来，高倍甜味剂需求不断提升，我国高倍甜味剂产量实现稳定增长，2010 年以来年均增长率达 4%。2020 年我国高倍甜味剂产量合计约 13.9 万 t，其中糖精 2 万 t，甜蜜素 5.8 万 t，阿斯巴甜 1.9 万 t，安赛蜜 1.85 万 t，三氯蔗糖 1.05 万 t，纽甜 0.4 万 t，甜菊糖苷 0.68 万 t，其他 0.25 万 t（表 25-7、25-8）。目前我国阿斯巴甜、甜蜜素等多种高倍甜味剂产销量均稳居世界第一位。

**表 25-7　2014—2020 年我国不同种类甜味剂产量**

单位：万 t

| 年份 | 糖精 | 甜蜜素 | 安赛蜜 | 阿斯巴甜 | 三氯蔗糖 |
|---|---|---|---|---|---|
| 2014 | 1.90 | 5.5 | 1.5 | 2.0 | 0.4 |
| 2015 | 1.57 | 5.0 | 1.2 | 1.7 | 0.4 |
| 2016 | 1.69 | 4.5 | 1.3 | 1.8 | 0.6 |
| 2017 | 1.80 | 4.5 | 1.5 | 1.6 | 0.8 |
| 2018 | 1.85 | 4.4 | 0.8 | 1.2 | 0.5 |
| 2019 | 1.86 | 3.6 | 0.7 | 1.0 | 0.73 |
| 2020 | 2.00 | 5.8 | 1.85 | 1.9 | 1.05 |

数据来源：中国糖业年报。

**表 25-8　2020 年我国高倍甜味剂产销情况**

| 品种 | 产量（t） | 内销量（t） | 出口量（t） | 甜度倍数 | 等蔗糖甜度消费量（万 t） |
|---|---|---|---|---|---|
| 糖精 | 20 000 | 4 657 | 15 343 | 400 | 186 |
| 甜蜜素 | 58 000 | 5 000 | 53 000 | 50 | 25 |
| 阿斯巴甜 | 19 000 | 2 850 | 16 150 | 200 | 57 |
| 安赛蜜 | 18 500 | 4 800 | 13 700 | 200 | 96 |
| 三氯蔗糖 | 10 500 | 2 600 | 7 900 | 600 | 156 |
| 甜菊糖苷 | 6 760 | 1 360 | 5 400 | 300 | 41 |
| 纽甜 | 4 000 | 800 | 3 200 | 6 000 | 480 |
| 其他 | 2 500 | 500 | 2 000 | | |
| 总计 | 139 260 | 22 567 | 116 693 | | 561 |

高倍甜味剂是指在人体内不进行代谢吸收、不提供热量或因为其用量极低而热量供应少且甜度是蔗糖的几十倍至几百倍的人工合成化学物质。随着现代营养学和食品加工技术的发展，人们对甜味的追求超越了能量供给的范畴，在保持食品加工特性和口感的基础上，用各种甜味剂替代食糖，成为影响我国人均食糖消费量的重要变量。食糖替代品，即代糖，包括人工甜味剂如糖精、阿斯巴甜、甜蜜素等，天然提取物如甜菊糖苷、罗汉果苷等，以及一些糖醇类的功能糖。目前，代糖与白砂糖之间存在口感上的差距，无法实现完全替代，因此食品工业通常将高倍甜味的代糖与蔗糖产品复配，制备减糖产品，使其甜度类似蔗糖，并达到减少总糖摄入量的目的。各种甜味剂在各类食品中的最大使用量见表 25-9。

**表 25-9　甜味剂在各类食品中的最大使用量**

单位：g/kg

| 甜味剂 | 乳制品 | 冷冻饮品 | 果蔬制品 | 巧克力糖果 | 烘焙食品 | 调味品 | 饮料 | 酒类 |
|---|---|---|---|---|---|---|---|---|
| 糖精 | — | 0.15 | 0.15～5.00 | — | — | 0.15 | — | 0.15 |
| 甜蜜素 | — | 0.65 | 0.65～8.00 | — | 0.65～1.60 | 0.65 | 0.65 | 0.65 |

（续）

| 甜味剂 | 乳制品 | 冷冻饮品 | 果蔬制品 | 巧克力糖果 | 烘焙食品 | 调味品 | 饮料 | 酒类 |
|---|---|---|---|---|---|---|---|---|
| 阿斯巴甜 | 0.6～1.0 | 1 | 0.30～2.50 | 1.00～10.00 | 1.00～4.00 | 1.20～3.00 | 0.6 | — |
| 安赛蜜 | 0.30～0.35 | 0.3 | 0.3 | 2.00～4.00 | 0.3 | 0.5 | 0.3 | — |
| 三氯蔗糖 | 0.30～1.00 | 0.25 | 0.15～1.50 | 1.5 | 0.25 | 0.25～1.25 | 0.25 | 0.25～0.65 |
| 纽甜 | 0.02～0.10 | 0.1 | 0.03～0.10 | 0.1 | 0.08 | 0.01～0.07 | 0.02～0.05 | 0.03 |
| 甜菊糖苷 | 0.2 | 0.5 | 0.20～3.3 | 0.83～3.5 | 0.33～0.43 | 0.35 | 0.2 | 0.21 |

数据来源：《食品安全国家标准食品添加剂使用标准》（GB 2760—2014）。

近年来，部分人工甜味剂被天然甜味剂取代，其2020年的市场占比为52.38%，相比2011年下降20.35%。三氯蔗糖逐渐变成市场上更受欢迎的食糖替代品，国内企业采用三氯蔗糖作为重要原料进行产品研发或替代现有糖源保持良好发展态势。安赛蜜、阿斯巴甜在新品研发中有所下滑，其中阿斯巴甜下降最为明显，由于其稳定性和安全性等问题，导致众多企业开始弃用阿斯巴甜，改用三氯蔗糖等安全级别更高的甜味剂。木糖醇和麦芽糖醇用量相对较少，且都有下降趋势。甜菊糖苷和赤糖醇市场需求高速增长。2011—2020年使用甜菊糖苷和赤糖醇的新产品数增长4倍以上，主要原因还是人们对代糖产品更高的安全性要求以及消费者喜好向天然产品的转变（陆婉瑶等，2020；刘晓雪等，2018）。

# 第二节　食糖销售

## 一、食糖销售体系

### （一）食糖销售模式演变

我国白糖现货流通格局决定了甘蔗糖的销售模式。我国白糖现货流通领域涉及的主体包括制糖企业、贸易商及终端用户（图25-1），伴随着现货市场、批发市场及期货市场等交易场所及交易方式的发展变化，流通格局及行业关系也随之改变。流通格局变化主要划分为2000年以前、2000—2020年和2020年以后三个时期。

**1. 2000年以前**　新中国成立之初，由国营商业收购部门和工厂协商制定机制糖出厂价。1991年，根据国发〔1991〕61号文件精神，从1991/1992年榨季起，食糖放开经营，食糖收购调拨计划由指令性计划改为指导性计划，取消工商企业食糖收购比例，食糖出厂价格按照国家下达的指导价，根据市场情况上下浮动10%，优质优价；食糖的调拨、批发价也相应放活。1992年后，糖厂出厂价随市场行情变化，糖厂完全融入市场经济浪潮中，实现自主经营。这表明食糖流通已经完成从计划经济向市场经济转轨，以市场资源配置为主、政府调控为辅。

我国的食糖价格基本由市场供求关系决定，市场在糖业资源配置中发挥着基础性作用，食糖流通领域基本呈现出多种流通主体并存的格局，主要的购销模式分为如下几种：

（1）传统商业批发。食糖流通企业（即贸易商或中间商）作为中介，促成食糖生产与消费的有效连接。制糖企业销售部门每日或不定期对外报价，贸易商通过电话询价，经过

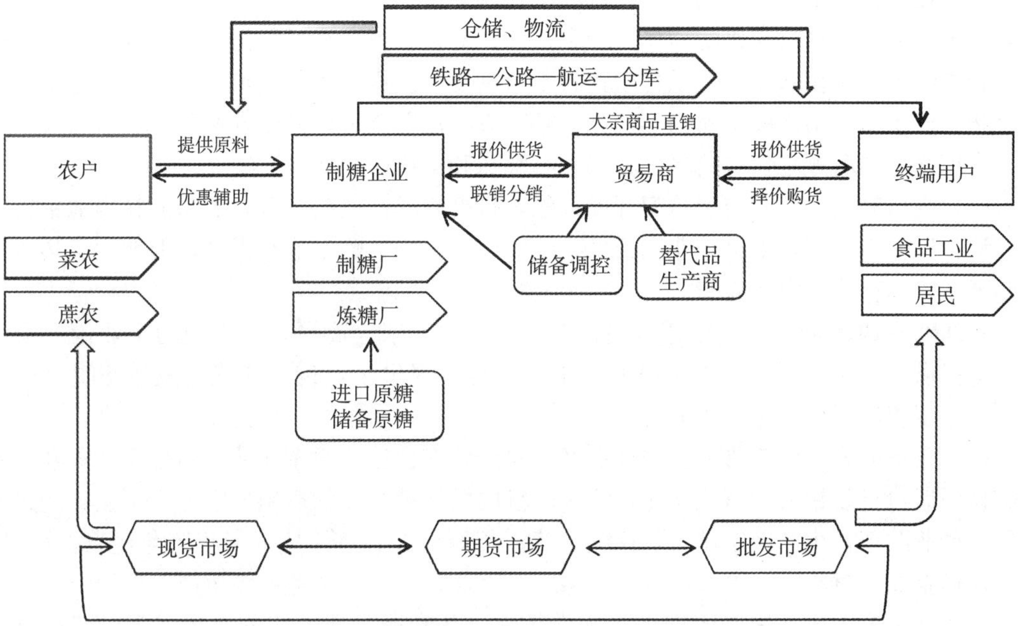


图 25-1 我国制糖产业链生态圈

比价、签合同、打款等流程，最后依靠工厂从仓库代理发货。

其优点在于食糖生产企业和流通企业都能专注于自己的业务，充分发挥经营上的优势。制糖企业不需要建设自己的销售渠道，不需要直接面对分散的终端消费者，节省了大量的人力、物力及渠道维护成本；贸易商可以充分发挥地域及渠道优势，构建与终端用户的紧密联系。由于中国地域辽阔，白糖贸易形成了多级分销体系，规模不一的贸易商分别满足不同层次的客户需求，共同服务好下游企业。

然而，传统的商业批发模式也存在一定弊端。一是贸易商与制糖企业一对一联系实现交易，价格信息透明度低，缺乏价格发现功能；二是面对着规模大、集中度高的制糖集团，贸易商显得相对弱小，造成产销关系不平衡；三是我国食糖流通企业处于分散经营、无序竞争状态，其中有许多实力较弱的贸易商，因此无法保证高质量的服务。

（2）大宗直供终端。制糖企业直接与食糖终端消费企业建立业务联系，比如参与大型食品企业的食糖采购竞标，签订全年购销合同，分时段直接供糖给用糖终端。该模式的参与双方一般规模都比较大、实力较强，有利于培养良好的合作关系，形成规模效应，节约成本；缺点是不能完全涵盖所有类型、所有规模的食糖生产和消费企业，而且由于我国的食糖主产区与销区分离，地域距离较远，在食糖调动及快速配送方面存在一定的执行障碍。

（3）食糖电子批发市场。食糖批发市场运用电子商务技术搭建信息平台、交易平台、结算平台，通过电子交易系统把全国食糖厂商聚集起来，在网上协商、达成交易并结算。一是使数量众多的厂商能够快速地找到食糖供给、经销和需求的来源和信息，便捷地达成交易，降低交易成本，提高了合同履约率。二是在多对多的交易过程中，每个批发市场同时有着几百家生产商、经销商和用糖企业等参与交易，相互竞价，其交易量和交易价格代表工商企业对食糖市场走势的预期，有利于发现一个合理的市场价格，避免价格大幅度波动。三是网上销售通过完善的信息管理和认证，对货款及资金进行清算和监管，买方必须按照合同约定提供担保或支付预付款存放于市场指定的资金代收代付账户，而卖方也必须将货物存放于市场指定的仓库内，通过“第三方物流”服务，可以规避各种交易风险，解决了食糖交易的后顾之忧（蒲琴，2018；石晓梅和冯耕中，2010）。

（4）集团联销。集团与贸易商开展合作，将食糖提前发到销区，贸易商在当地销售食糖。该种销售模式下，下游企业当天付款就能当天提糖，购销效率提高，但增加了物流与仓储成本，并存在一定风险。

**2. 2000—2020 年** 购销渠道呈现扁平化趋势，大宗电商平台的出现为企业销售渠道的改进提供了解决方案，科技手段的进步也为行业提供了定价模式优化及效率提升的便利，白糖现货流通格局进一步演变。

（1）传统的产销界限消失。与计划经济时期国有食糖流通企业从制糖企业处买断某些品牌糖源后再批发销售的情况相比，这一阶段国内制糖行业的产销界限已不明显。经过若干年的糖业改革，主产区制糖企业优胜劣汰、资源整合，逐步实现了集团化经营。此外，少数流通企业通过收购、参股产区的一些制糖企业，形成了涵盖制糖生产与食糖流通、产销一体的大规模企业。因其生产经营规模较大，并掌握了绝大部分产区资源，其经营策略、经营方式对国内食糖生产、流通均有较大的影响力。

最典型的是中粮糖业股份有限公司，其在国内外有完善的产业布局，拥有国内外制糖、进口及港口炼糖、国内贸易、仓储物流的全产业链运营模式。公司运营 13 家制糖企业，年产糖约 70 万 t；在炼糖环节，其旗下两家炼糖厂合计拥有 150 万 t/年炼糖能力；在国内食糖贸易与仓储物流环节，公司拥有分布在国内重要交通枢纽与消费市场的 21 个食糖仓储库，总计 234 万 t 库容；贸易业务方面，食糖年经营量逾 300 万 t，占全国消费量的 20%，是服务用糖企业、促进国内食糖流通的主力军。

（2）食糖购销运输方式、流向变化加剧局部区域竞争。除整车之外，铁路运输新增了集装箱、行包快运等便捷的方式，此外，食糖水运、汽运的比重也逐年增加。交通运输的便捷提升了市场的流动性，也加剧了市场竞争程度，销区对产区糖源的选择依据逐步由单纯的消费习惯转向价格优势、运输条件等方面的综合比较。销区之间跨地区、跨省份互通有无的食糖购销增多，产区与产区之间也有一定数量的食糖购销流转。

随着经济的发展与精炼糖厂的开设，沿海地区新增了一些重点食糖集散地和消费地，如宁波、青岛、日照等地，内陆部分重点城市食糖中转、集散功能减弱。

（3）白糖期货对于现货价格的影响日益加深。2006 年 1 月 6 日，白糖期货品种在郑州商品交易所上市。由于白糖期货交易的流动性好，参与者众多，郑糖价格指数成为现货市场价格变动的重要参考，制糖集团卖糖、需求方采购通常都会以期货价格走势作为主要依据选择入场时机和进行价格判断（郭振宇，2018；侯雅婷，2014；缴建巍，2018；杨林和曾繁华，2011；曾呈晨，2013）。

（4）传统贸易商数量萎缩。食糖流通行业的进入与退出壁垒都不高，产品差异小、同质化竞争强，食糖贸易企业在竞争中较少实施差别化战略，“价格战”是企业获取订单的重要手段。白糖传统贸易商扎根下游渠道，在过去的几十年里一直做着“搬运工”的工作，将白糖从上游周转到下游渠道中，进而获取产销地间的价差利润。随着信息传递方式的升级，白糖价格从以前的“每周一变”变成“每日一变”，甚至“每日几变”。而上下游企业不断整合，直销模式越来越普遍，传统贸易商赖以为生的价差越来越小。此外，在糖价暴涨暴跌的时候，贸易商还面临流动性匮乏的问题，暴涨的时候买不到货，暴跌的时候卖不出去。因此，在过去十几年里，白糖传统贸易商数量大大减少。以广西糖网食糖批发市场为例，其业务高峰时期拥有会员单位近 2 000 家，而后活跃客户数量逐渐减少至近年的不足 800 家。

**3. 2020 年以后**

（1）*食糖产业互联网崛起*。以广西泛糖科技模式为例。广西泛糖科技有限公司是经广西壮族自治区人民政府批准，由广西九大糖业集团和中国-东盟信息港股份有限公司共同出资组建的，是专注于食糖产业数字化转型的平台型科技企业。其以泛糖产品（白砂糖及制糖副产品）交易为基础，配套提供订单农业平台、仓储物流平台、SaaS（软件运营服务）共享平台、供应链金融平台、大数据平台、信息资讯平台等六大类延伸服务，将有效助力国内糖业农工贸一体化和全行业信息化、数字化的实现。

（2）*行业洗牌加速，集中度不断提高*。目前国内糖市已在构筑新的营销网络，白糖现货流通领域的“二八格局”逐渐形成。以中粮糖业、东方先导糖酒为代表的国有糖业公司（零售商业公司）始终掌控大型用糖终端的市场，年食糖业务销售规模均达数百万 t。大型贸易商不断调整渠道下沉策略，抢占中小订单市场，其市场份额不断提升，相应地，中小型贸易商在资金、货源、下游等不同环节的短板日渐显著，洗牌期的阵痛已经到来。除了大型贸易商的挤压，美团、兴盛优选等新兴团购平台利用高额补贴形式快速进入部分区域的白砂糖零售及批发市场，行业洗牌加剧，赢利能力不佳的中小贸易商面临退出市场的命运。

白糖流通环节的优胜劣汰将提升行业集中度，未来，资金实力强、服务能力好、配送网络遍布全国的超大型贸易商将成为市场主导力量，拥有更多的话语权；各具经营和服务特色的中小型贸易商将成为现货流通领域的重要补充。

（3）*市场专业度提升，期现交易成为主流*。传统贸易商的生存空间逐渐被侵蚀，如何提升自身交易的专业度、拥有“过人的本领”以“立足于不败之地”成为贸易商的重要课题。期货市场的价格发现功能以及套期保值功能可以帮助中小型贸易商在日益严峻的市场环境中获得相对公平的发展机会和生存空间（马冬梅和袁柏齐，2021；张书源，2019）。

基差交易可以实现买卖双方在不同时间、不同价格上的“双赢”。根据市场数据估算，2019/2020 年榨季利用基差点价买卖白糖的购销量达到 200 万～300 万 t，约占全国食糖消费总量的 20%，未来还有很大的上升空间。传统线下基差交易存在信息沟通时滞，套期保值平仓滑点风险大，手续烦琐，未来将建成白糖期货与现货市场打通的综合业务平台，一站式快速完成白糖从购销定价、套期保值平仓到现货交收、物流配送的全流程（欧靓和腾永平，2020）。

在未来的白糖流通格局中，制糖企业不再占据主导地位，市场的整体销售形势也不能仅通过国产糖的月度产销数据来判断，需要综合产业互联网平台、期现联动业务平台等多方面信息进行考量判断。

### （二）各产区销糖方向

我国食糖各产区因自然资源禀赋不同，制糖周期与生产成本略有差异，加之地理位置不同，其辐射的销售市场范围也不尽相同。

过往的年份，甘蔗糖方面，广西糖主要销往广东、福建、上海、江苏、浙江、山东等沿海省份及河南、河北、湖南、湖北等内陆省份；云南糖的主要销售市场为四川、甘肃、陕西、重庆、贵州、湖南等省份；广东糖主要在本省内及周边区域销售。甜菜糖方面，新疆糖主要销往陕西、甘肃、青海、四川、河南等省份；内蒙古糖主要销往东北三省、山西、陕西、河北、河南一带。

由此可见，各类国产糖源的销售市场仅在小部分区域交叉，在不重叠的绝大多数区域内，各主产区拥有各自相对垄断的地位。主销区的分别，有利于保持整体销售的稳定，久而久之，各区域的用糖终端也形成了不同的用糖习惯与喜好。近年来，加工糖厂在沿海地区发展迅速，挤占了部分广西糖的市场。截至2020年底，我国共有原糖加工厂19家，分布于辽宁、河北、山东、江苏、福建、广东、广西、内蒙古几个省份，其中，加工原糖产出白砂糖的加工厂有15家，同时加工甘蔗、甜菜与原糖的加工厂有4家。

## 二、食糖定价模式及演变

### （一）国内食糖糖源结构演变

国内白糖现货价格风向标难以准确界定。由于市场占有量有绝对优势，广西糖的价格在过往常被视为国内白糖现货代表价，而郑糖期货价格则是现货价格涨跌的重要参考（侯雅婷，2014）。

2006—2020年郑糖主力合约的加权均价为5 561元/t，这也是国内糖价长周期波动的中轴线，该价格与广西各榨季平均制糖成本高度一致。换句话说，国内糖价过往以广西制糖成本定价。2015/2016—2019/2020年榨季，广西产糖量占全国产糖量的比重均值为58%，较上一个5年周期占比下降约6个百分点，这是生产端的改变（图25-2）。不同的糖源更多代表的是局部现货区域的供需情况。在其他主产区货源扰动下，广西糖在终端市场的份额占比下滑更为明显。随着终端市场占比的变化，我们或许很难再在多糖源博弈的市场环境下看到某种糖源主导定价权的情况出现。

2006年1月6日，白糖期货在郑州商品交易所上市，其价格逐渐成为国内白糖价格的权威风向标。在标准化合约背后，是现货市场上多种糖源竞争博弈的基本面。国内白糖竞争格局的转变源于加工糖的崛起。2011年开始，国内进口原糖精炼产能的快速增长彻底改变了国内市场的供应结构，精炼糖逐渐占据沿海主要销区的用糖终端与贸易商。2020年，由于食糖进口政策转变、糖浆进口意外增加等原因，国内糖市供给侧发生较大变化，多糖源竞争的现货市场格局正在寻求新的平衡（李爽和冯晓帆，2021）。

加工糖的销售价格与进口成本关系密切，而进口成本与国际糖价、进口关税直接相关。同时，配额管理制度直接限定了加工糖原料的供应量。中国2001年加入WTO时就对糖业的开放做了承诺，内容是食糖进口配额在5年内递增至194.5万t，进口糖配额内关税为15%，配额外关税为50%。2017年5月22日起，为了保护国内糖业的正常发展，对进口食糖实施保障性关税，配额外关税为85%，食糖进口量下降明显。2020年5月22

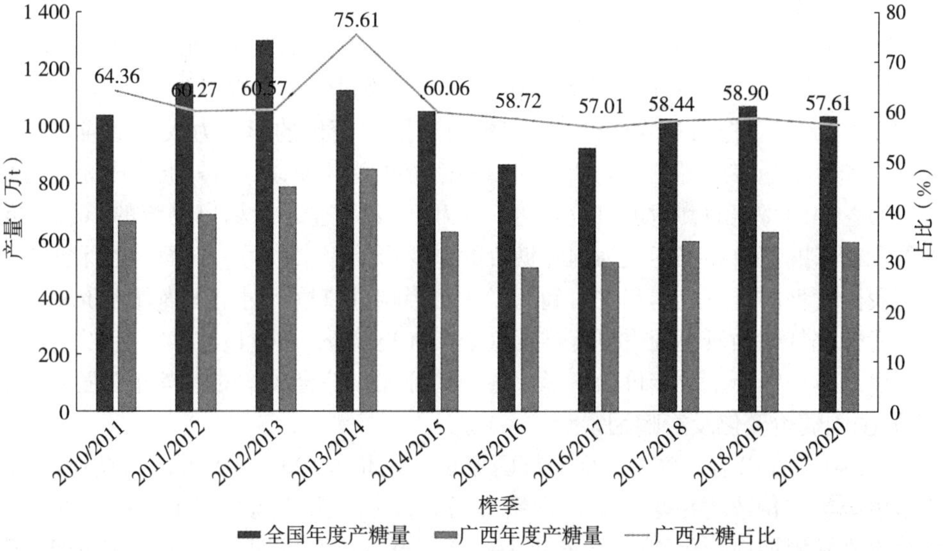


图 25-2　2010/2011—2019/2020 年榨季全国及广西食糖产量情况

日以后，我国食糖配额外进口关税恢复至 50%，直接大幅度降低了进口成本。同年 7 月份开始，食糖配额外进口改为备案制，进口量的管控变得更为宽松。进口成本下降后，加工糖售价较国产糖更有优势，“价廉、质优、量大”的加工糖南下跨过“长江分割线”，全面占领沿海销区，甚至在广西钦州港都能看到加工糖销售（李爽和冯晓帆，2021）。2020 年，我国食糖进口达 527 万 t，逼近广西产糖量，在此背景下，国产糖市场份额萎缩明显（图 25-3）。

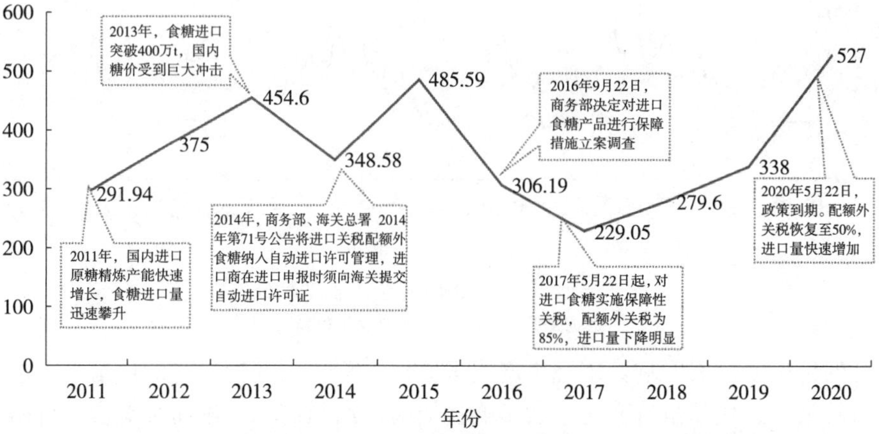


图 25-3　2011—2020 年我国食糖年度进口量变化及相关大事件

白糖现货市场的竞争格局演变并没有就此结束，国内甜味剂市场迎来新的竞争者——液体糖浆。2020 年我国糖浆进口量为 107.96 万 t，远高于 2019 年的 16.7 万 t，增幅 547%，糖浆进口成为改变国内糖市供需平衡的关键变量。糖浆较国产糖、加工糖的性价比更加突出，越来越多用糖终端开始了解并使用糖浆，糖浆对白砂糖的替代主要在冰糖厂的原料、含糖饮料及部分食品领域。过往国内冰糖厂原料以国产白砂糖及绵白糖为主，

2020 年已全部替换成糖浆。糖浆挤压了国内市场，延缓了国产陈糖的清库时间，于是出现了 2019/2020 年榨季的国产糖到 2020 年 12 月份才全部清库的情况（刘晓雪和王慧娟，2021）。缺少了冰糖厂等重要销售终端，国产陈糖清库过程十分艰辛。

在 2020 年进口管控相对放松后，进口糖对于国内糖价的影响力大大增强，国内糖价的定价标准和价格趋势变得更为复杂。国内外糖价相关性加强，内外糖价成为互为影响因子。一方面，中国每年的食糖进口量高达 500 万 t，约占全球食糖贸易流的 10%，足以使得中国的食糖采购需求和节奏成为国际糖价的重要影响因素；另一方面，国际糖价的高低直接决定我国食糖的进口成本和进口利润，从而影响进口量。对于国内外糖价相互影响的平衡点或者变化规律的研究变得更有难度（李爽和冯晓帆，2021）。2021 年以后，国内糖价很难再出现单一糖源主导定价的情形，各种糖源加权综合成本的参考性更强。

### （二）国内糖价变化及影响因素

20 世纪 90 年代以前，食糖价格实行国家统一定价。1991 年国家改革糖业产销体制，食糖价格由国家定价改为市场调节。食糖市场放开后，市场运行很不平稳，价格大幅波动。食糖价格呈周期性变化，以 5～6 年为一个“升—降”周期。1993—2019 年，我国白糖已经历 5 个糖周期，分别是：1993—1999 年，2000—2003 年，2004—2008 年，2009—2014 年，2015—2019 年（图 25 - 4）。

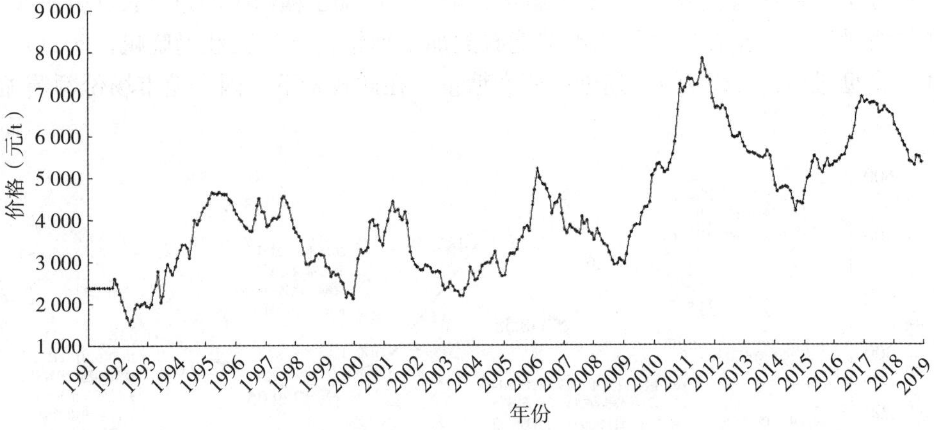


图 25 - 4　1991—2019 年全国食糖综合价格

（数据来源：根据《中国糖业年报》整理）

食糖的价格受供需影响，围绕生产成本波动。除了国产糖自身的供给与需求之外，食糖进出口政策、替代品量价变化也会影响食糖的供给与需求，进而影响食糖价格。从供给端而言，直接影响供给的因素是国内食糖产量、食糖进口量与结转库存量。食糖产量受众多因素影响，例如天气、甘蔗种植周期、甘蔗产量、产糖率等。食糖进口量受进口成本与进口管理政策影响，当国际糖价低迷、进口关税降低及食糖进口配额增加时，更低的进口成本促使进口量增加，使国内的总食糖供给上升，与之相随的是国内食糖价格下降。反之，则食糖进口数量减少，国内糖价上涨（刘晓雪等，2018，2019，2020，2021；刘晓雪和黄晴晴，2019；朱亚伟和徐雪，2016）。

商品价格围绕价值上下波动，商品的生产成本是价格长期波动的中枢。对于多种糖源竞争的国内白糖现货市场而言，对各种糖源的成本研究非常有必要，它们在不同的市场参与主体心中形成不同的价格安全边际线。而国内食糖由甘蔗糖（主要由云南糖、广西糖、广东糖组成）、甜菜糖、进口糖多个部分构成，形成国内食糖的定价竞争格局。食糖进口量显著提升，叠加新增糖浆进口，使得国内各种糖源占比发生了很大的变化，市场竞争进一步加剧，低成本糖源数量增加使得国内糖价的中枢下移。

以 2020/2021 年榨季为例，榨季产糖率为 12.78%，2020/2021 年榨季广西制糖成本约为 5 700 元/t；外盘糖价区间为 13～17 美分/磅，对应的配额外进口成本分别为 4 500～6 530 元/t；进口成本 3 100 元/t 的 67%浓度糖浆折糖价约为 4 900 元/t；此外，按照过往数据估算，云南糖、广东糖、甜菜糖的生产成本分别为 5 500 元/t、5 600 元/t、5 400 元/t。简单按照各种糖源在终端市场的占比加权计算，2020/2021 年榨季我国综合糖源加权成本约为 5 150 元/t。外盘糖源进口成本接近国内现货价格时，对国内食糖价格波动影响增加。

从需求端看，国内近年来的年度食糖消费量趋于稳定，但年度内的需求周期性明显，例如每年的春节、中秋等节日会产生更多的食糖需求，夏季天气炎热，含糖饮料销量增加也会带动食糖消费需求增长。此外，阿斯巴甜以及果葡糖浆等替代品也对食糖需求产生影响，随着替代品与食糖动态价差变化而形成替代或反替代效应。例如，当果葡糖浆比同甜度和浓度的白糖价格便宜 1 500 元/t 以上的时候，食品企业使用果葡糖浆的意愿增加；而当二者的价差缩小至 600 元/t 以下时，更容易形成白糖的反替代行情（刘宗利和杨海军，2004；司伟和朱海燕，2013；陆婉瑶等，2020）。

## 三、白糖期货及衍生品介绍

在期货市场产生以前，生产经营者主要是依据现货市场上的商品价格来进行决策的，由于现货交易多是分散的，生产经营者不易及时收集到所需要的价格信息，即使收集到现货市场反馈的信息，也是零散和片面的，对于未来供求关系变动的预测能力也比较差。当用现货市场的价格指导经营决策时，现货价格的滞后性往往会造成决策的失误。期货市场通过各方参与者连续的交易形成价格，这一价格代表了标的商品的公允价格，涵盖了产量、消费等影响供求的已知信息，具有真实性、预期性、连续性和权威性的特点，能够比较真实地反映出未来商品价格变动的趋势，对生产经营者有较强的指导作用（郭卫东等，2021；缴建巍，2018；欧靓和腾永平，2020；曾呈晨，2013）。

### （一）白糖期货与期权的发展历程

在我国，白糖期货的发展大体可以分为两个阶段。标志性事件为 1993 年郑州商品交易所成立和 2006 年白糖期货上市。

第一阶段为 1993 年至 1994 年 10 月 31 日，在此期间上市白糖期货合约的交易所主要有上海粮油商品交易所、海南中商期货交易所、北京商品交易所、天津商品交易所等。由于当时我国食糖供应不足，难以满足市场需求，供求矛盾突出，并且当时期货市场监管制度并不完善，一些交易所中以投机为目的的投资者在其会员结构中占较大比例，发生了过度投机、个别大户控制市场和人为炒高期货价格等恶性事件，使得食糖期货失去了价格发现功能，同样也不具备套期保值的功能。因此，1994 年 4 月 6 日，国务院证券委员会发布了关于停止食糖期货交易的通知，要求停止推出当年 10 月份以后的期货合约。

第二阶段为 2006 年 1 月 6 日至今。1999 年 10 月，中国证监会指示郑州商品交易所研究白糖期货，并上报有关资料。从此，郑州商品交易所开始了对白糖期货长达 6 年多的调研开发。2003 年 2 月，郑州商品交易所成立市场开发二部，专门研究开发白糖期货品种。到 2004 年底，白糖期货交易制度基本准备完毕。2005 年以来，随着郑州商品交易所对期货市场运行规律的探索，特别是随着对白糖期货的认识进一步加深，白糖期货交易制度进行了补充、修订和完善。2006 年 1 月 6 日，郑州商品交易所挂牌开展白糖期货交易，中国成为世界上第七个拥有糖期货品种的国家（侯雅婷，2014）。表 25 - 10 为当时挂牌的郑州商品交易所白糖期货合约。

**表 25 - 10　郑州商品交易所白糖期货合约要素**

| 项目 | 内容 |
|---|---|
| 交易品种 | 白砂糖（简称白糖） |
| 交易单位 | 10 t/手 |
| 报价单位 | 元（人民币）/t |
| 最小变动价位 | 1 元/t |
| 每日价格波动限制 | 上一交易日结算价±4%及《郑州商品交易所期货交易风险控制管理办法》相关规定 |
| 合约交割月份 | 1、3、5、7、9、11 月 |
| 交易时间 | 每周一至周五（北京时间，法定节假日除外）<br>上午 9：00—11：30、下午 1：30—3：00 及交易所规定的其他交易时间 |
| 最后交易日 | 合约交割月份的第 10 个交易日 |
| 最后交割日 | 合约交割月份的第 13 个交易日 |
| 交割品级 | 见《郑州商品交易所期货交割细则》 |
| 交割地点 | 交易所指定交割仓库 |
| 最低交割保证金 | 合约价值的 5% |
| 交割方式 | 实物交割 |
| 交易代码 | SR |
| 上市交易所 | 郑州商品交易所 |

数据来源：郑州商品交易所。

白糖期货交易推出以来，白糖期货成交量逐渐增加，市场活跃度高，对于产业发展的影响力扩大，实体企业运用期货工具进行套期保值和风险管理的程度提高，白糖期货市场趋于成熟化。2017 年 4 月 19 日，郑州商品交易所上线白糖期权交易（表 25 - 11）。

**表 25 - 11　郑州商品交易所白糖期权合约要素**

| 项目 | 内容 |
|---|---|
| 合约标的物 | 白糖期货合约 |
| 合约类型 | 看涨期权、看跌期权 |

（续）

| 项目 | 内容 |
| --- | --- |
| 交易单位 | 1 手（10 t）白糖期货合约 |
| 报价单位 | 元（人民币）/t |
| 最小变动价位 | 0.5 元/t |
| 涨跌停板幅度 | 与白糖期货合约涨跌停板幅度相同 |
| 合约月份 | 标的期货合约中的连续两个近月，其后月份在标的期货合约结算后持仓量达到5 000手（单边）之后的第二个交易日挂牌 |
| 交易时间 | 每周一至周五上午 9：00—11：30、下午 1：30—3：00 以及交易所规定的其他交易时间 |
| 最后交易日 | 标的期货合约交割月份前一个月的第 3 个交易日，以及交易所规定的其他日期 |
| 到期日 | 同最后交易日 |
| 行权价格 | 以白糖期货前一交易日结算价为基准，按行权价格间距挂出 5 个实值期权、1 个平值期权和 5 个虚值期权。行权价格≤3 000元/t，行权价格间距为 50 元/t；3 000元/t<行权价格≤10 000元/t，行权价格间距为 100 元/t；行权价格>10 000元/t，行权价格间距为 200 元/t |
| 行权方式 | 美式。买方可在到期日前任一交易日的交易时间提交行权申请；买方可在到期日 15：30 之前提交行权申请、放弃申请 |
| 交易代码 | 看涨期权：SR-合约月份-C-行权价格<br>看跌期权：SR-合约月份-P-行权价格 |
| 上市交易所 | 郑州商品交易所 |

数据来源：郑州商品交易所。

## （二）成交情况

**1. 白糖期货成交情况**　白糖期货上市后的第 1 年，交易量达到近6 000万手，日平均成交量为 24.3 万手，平均日持仓超过 11 万手。郑州商品交易所统计数据显示，至 2016 年，白糖期货的年度成交量达到 23 458.78 万手，平均日交易量高达 94 万手。但 2016—2020 年，白糖期货的成交量与成交金额均有下降趋势，且降幅明显。从表 25-12 可以看出，2020 年白糖期货成交金额为 6.52 亿元，较 2016 年下降 53.19%；2020 年白糖期货成交量 12 455.12 万手，较 2016 年下降 46.90%；2020 年白糖期货实物交割量 334 913 手，较 2016 年上升了 331.72%。

**表 25-12　2016—2020 年郑州商品交易所白糖期货交易情况**

| 年份 | 成交金额（亿元） | 成交量（万手） | 实物交割量（手） |
| --- | --- | --- | --- |
| 2016 | 13.93 | 23 458.78 | 77 577 |
| 2017 | 7.91 | 12 214.64 | 115 863 |
| 2018 | 6.64 | 12 800.96 | 267 289 |
| 2019 | 5.95 | 11 251.57 | 307 084 |
| 2020 | 6.52 | 12 455.12 | 334 913 |

数据来源：郑州商品交易所。

**2. 白糖期权成交情况** 白糖期权在郑州商品交易所上市后，受到了众多投资者的青睐，2017—2019 年，白糖期权成交量与成交金额呈现增长趋势，两者在 2019 年达到峰值 1 354.54 万手和 106.74 亿元后开始回落。2020 年，白糖期权成交量与成交金额分别为 625.43 万手和 47.47 亿元，相比 2017 年分别增长了 109.54%、65.34%（表 25 - 13）。

**表 25 - 13 2017—2020 年白糖期权交易情况**

| 年份 | 成交金额（亿元） | 成交量（万手） |
| --- | --- | --- |
| 2017 | 28.71 | 298.48 |
| 2018 | 69.22 | 918.68 |
| 2019 | 106.74 | 1 354.54 |
| 2020 | 47.47 | 625.43 |

数据来源：郑州商品交易所。

## （三）白糖期货与期权的功能

白糖期货与期权的功能包括作为白糖定价基准、提供套期保值工具、构筑“保险+期货”模式助力农业农村现代化发展、提高农产品期货交易流动性与促进市场平稳运行。其中，白糖期货的价格发现功能、风险转移功能是上述各功能得以发挥的基础（缴建巍，2018；欧靓和腾永平，2020；杨林和曾繁华，2011；曾呈晨，2013；张书源，2019）。

**1. 价格发现功能** 白糖期货价格与现货价格的相关性很高，两者之间存在长期均衡关系。当临近期货交割日期时，白糖期货价格向现货价格回归，偏离均衡状态会进行自动调整，而且由于期货市场交易模式的先进性和合理性，期货价格向现货价格调整的力度更大。期货市场上买卖双方通过公开竞价形成的成交价格具有较强的权威性和超前性，是不同交易者对市场供求关系的认识和对未来市场预期的综合反映。期货价格也具有较强的连续性。与反映若干间断时点的现货价格相比，期货价格能够动态地反映不断变化的市场供求关系。因为在期货市场上，标准化的合约买卖总是持续地进行，交易者可以不断地根据所获得的最新信息修正原先对市场的看法，形成新的成交价格。理论上，期货市场的价格发现机制使期货价格在社会资源配置过程中能发挥比现货价格更为积极的作用，有助于资源的合理配置；但实际上，因期货投机者纯粹以牟取利润为目的而发生的交易行为可能会干扰期货交易秩序，让期货价格发生大幅偏离实际交割价格的波动，所以期货价格发现仅可作为在交割价格预估过程中的一个参考指标。

白糖期货价格发现功能的存在，使涉糖经营主体可以利用白糖期货价格的走势预测现货价格的走势，指导企业制订经营计划，在合适的价位建立虚拟库存或者套期保值，以及根据产销计划，按时间细分各期计划销售量等。

**2. 风险转移功能** 使用期货、期权工具进行策略组合交易，对冲实体经济的风险，达到保值或锁定风险的行为称为套期保值。即在期货交易市场上买进或卖出与现货市场数量相当、但交易方向相反的商品期货合约，以期在未来某一时间通过卖出或买进期货合约而补偿因现货市场价格不利变动所带来的损失。套期保值又可分为买入套期保值和卖出套期保值。

买入套期保值：商品采购方为防止商品价格上涨而提前在期货市场买入期货合约，并在未来随现货采购而卖出平仓的操作。通常进行白糖买入套期保值操作的是需要买货的贸易商或者下游用糖企业。

卖出套期保值：商品销售方为防止商品价格下跌而提前在期货市场卖出期货合约，并在未来随现货销售而买入平仓的操作。制糖企业是最大的卖出套期保值方，尤其是在榨季初期，食糖集中上市，为避免价格下跌风险，制糖企业往往会在白糖期货市场上卖出期货合约，锁定销售利润。

套期保值操作应尽可能使保值的现货与期货持仓的规模相对应。期货头寸不足将无法完全实现规避价格波动风险的目的；头寸多了则将成为部分投机，人为制造出风险。此外，白糖期权在我国仍处于发展阶段，参与市场交易时间较短，参与度尚低，对标的期货市场的影响是比较有限的。

#### （四）国际原糖与国内白糖价格关联性分析

2017 年以来，国际原糖期货价格与国内白糖期货价格的相关性系数维持在 0.73 左右。2020 年 5 月份，配额外食糖进口关税降低之后，二者的相关性系数一度降至 0.44，内外糖价走势分化，在外盘糖价不断创新高的同时，国内糖价一路走低。究其主要原因，作为全球排名前五的食糖进口国家，中国食糖进口关税降低、进口量扩大促进了国际糖市供需缺口出现，低成本食糖与糖浆不断涌入国内市场，加剧了国内糖市供应过剩程度，掣肘国内价格上涨。随着国际原糖价格的走高，国内外食糖价差得到修复，关联性恢复，国内糖价随着国际原糖价格上涨。

国际糖价与国内糖价的中间影响桥梁是食糖成本差异，动态的利润空间也会反过来影响食糖的进口量。

## 第三节　食糖消费

### 一、食糖消费的基本情况

我国是全球第三大食糖消费国（地区），年度食糖消费量仅次于印度、欧盟（表 25－14）。近十几年间我国食糖消费总量整体平稳，年度间的增减幅度不大，年消费总量保持在 1 500万 t 左右。在波动幅度方面，年最高增长量不超过 100 万 t，增幅不超过 10%，降幅则不超过 3%。根据中国糖业协会数据，2020 年我国食糖消费总量 1 550 万 t，比 2010 年增长了 192 万 t，增幅 14.14%（表 25－15）。

**表 25－14　2020/2021 年榨季食糖主要消费国（地区）食糖消费量**

| 国家（地区） | 食糖消费量（万 t） |
|---|---|
| 印度 | 2 800 |
| 欧盟 | 1 660 |
| 中国 | 1 550 |
| 美国 | 1 100 |
| 巴西 | 1 015 |
| 印度尼西亚 | 745 |

（续）

| 国家（地区） | 食糖消费量（万 t） |
| --- | --- |
| 俄罗斯 | 602 |
| 巴基斯坦 | 575 |
| 墨西哥 | 420 |
| 埃及 | 334 |
| 土耳其 | 291 |
| 伊朗 | 257 |
| 孟加拉国 | 251 |
| 泰国 | 248 |
| 菲律宾 | 200 |
| 合计 | 12 048 |

数据来源：中国糖业协会。

**表 25-15　2010—2020 年我国食糖消费量**

| 年度 | 全国食糖消费总量（万 t） | 国内食糖人均消费量（kg） |
| --- | --- | --- |
| 2010 | 1 358 | 10.05 |
| 2011 | 1 330 | 10.13 |
| 2012 | 1 390 | 10.58 |
| 2013 | 1 480 | 10.88 |
| 2014 | 1 510 | 11.04 |
| 2015 | 1 520 | 11.10 |
| 2016 | 1 490 | 10.90 |
| 2017 | 1 510 | 10.86 |
| 2018 | 1 520 | 10.89 |
| 2019 | 1 530 | 10.93 |
| 2020 | 1 550 | 11.19 |

数据来源：中国糖业协会。

人均消费量方面，中国作为世界上人均食糖消费量最少的国家之一，国内人均食糖消费水平不及世界人均食糖消费量的 1/2。2010—2020 年，我国人均食糖消费水平呈波动式缓慢提升状态。至 2020 年，我国人均食糖消费量 11.19 kg，与 2010 年相比增长了 1.14 kg，增幅 11.34%，但仍远远低于世界人均 23.08 kg 的食糖消费水平，与发达国家也存在较大差距，仍属于食糖消费“低水平”的行列。

国内食糖消费主要分为工业消费和民用消费，其中，2020/2021 年榨季我国食糖工业消费占比为 53.70%，民用消费占比为 46.30%（表 25-16）。工业消费主要分布在食品加工、餐饮等用糖行业。工业消费中，乳制品、饮料、饼干和糖果的食糖消费量约占 67%，生产出的大多数商品最终还是以各种形式进入到民用消费领域中。民用消费具有相对刚性，需求弹性小，主要是随着人口数量以及经济水平而变化。工业消费占比大，且易受经济环境和价格的影响。食糖总消费量的增长主要是由于含糖食品业的快速发展（刘晓雪等，2018，2019，2020，2021；刘晓雪和黄晴晴，2019；朱亚伟和徐雪，2016）。

**表 25-16 我国食糖消费结构**

单位：%

| 榨季 | 民用消费占比 | 工业消费占比 |
| --- | --- | --- |
| 2015/2016 | 39.00 | 61.00 |
| 2016/2017 | 41.00 | 59.00 |
| 2017/2018 | 42.00 | 58.00 |
| 2018/2019 | 42.50 | 57.50 |
| 2019/2020 | 45.50 | 54.50 |
| 2020/2021 | 46.30 | 53.70 |

数据来源：中国糖业协会。

我国食糖消费具有以下几个特点：

**1. 季节性** 我国食糖消费旺季一般在春节、中秋节前后。每年6—9月为一年中用糖量最大的月份，其间夏季含糖冷饮的消费以及中秋节月饼的制作等都会相应地提高食糖消费量。到了10—11月，食糖销售一般会回落；12月至次年1月春节备货期，会再形成一个小高峰。不同的节令推动着我国出现相应的食糖销售淡旺季。

**2. 增速减缓** 随着肥胖和糖尿病等与饮食相关的非传染性疾病的患病率不断上升，减少糖摄入量成为不少人关心的重点，大众的减糖需求增加，并迅速形成了一股食品饮料行业低糖/无糖消费热潮，不少饮料企业相继推出七分糖、半糖、少糖甚至无糖饮品，人工甜味剂的使用范围也有所增加，以上因素使得食糖消费增速趋缓。

**3. 需求刚性** 食糖消费需求具备刚性特点，价格弹性很小，主要变化在供给端，带来的直接结果是比较小的产量变化就会给价格带来比较大的波动。

## 二、含糖食品的分类及近年生产情况

食糖消费包括国内消费（工业消费+民用消费）和出口两部分。因居民生活习惯的变化有限，民用消费弹性较小，工业消费的稳定增长是我国食糖消费增长的主要动力。食品工业用糖量的90%用于碳酸饮料、果汁及果汁饮料、糖果、速冻主食品、乳制品、罐头和冷冻饮品等七类含糖食品生产，表25-17反映了其近年产量。

**表 25-17 2008—2020 年国内主要含糖食品产量**

单位：万t

| 年份 | 乳制品 | 冷冻饮品 | 果汁及果汁饮料 | 碳酸饮料 | 糖果 | 罐头 | 速冻主食品 |
| --- | --- | --- | --- | --- | --- | --- | --- |
| 2008 | 1 670.72 | 193.98 | 1 120.53 | 1 099.36 | 102.85 | 537.29 | 236.15 |
| 2009 | 1 937.83 | 239.58 | 1 387.61 | 1 225.21 | 140.65 | 729.27 | 244.19 |
| 2010 | 2 159.40 | 245.81 | 1 752.10 | 1 265.24 | 176.40 | 918.35 | 297.86 |
| 2011 | 2 383.30 | 251.53 | 1 743.50 | 1 440.20 | 233.41 | 975.18 | 345.60 |

（续）

| 年份 | 乳制品 | 冷冻饮品 | 果汁及果汁饮料 | 碳酸饮料 | 糖果 | 罐头 | 速冻主食品 |
|---|---|---|---|---|---|---|---|
| 2012 | 2 540.39 | 260.96 | 1 464.70 | 830.49 | 243.23 | 1 008.10 | 406.98 |
| 2013 | 2 683.74 | 283.22 | 2 410.89 | 1 690.62 | 262.79 | 1 056.79 | 585.50 |
| 2014 | 2 647.74 | 332.84 | 2 462.92 | 1 782.84 | 356.01 | 1 073.25 | 535.74 |
| 2015 | 2 772.08 | 305.09 | 2 387.85 | 1 784.07 | 356.51 | 1 202.15 | 549.76 |
| 2016 | 3 032.32 | 331.97 | 2 406.45 | 1 731.61 | 343.53 | 1 281.85 | 572.73 |
| 2017 | 3 199.88 | 380.06 | 2 456.08 | 1 843.67 | 348.78 | 1 315.83 | 595.95 |
| 2018 | 2 691.04 | 284.62 | 1 773.88 | 1 722.80 | 306.38 | 1 073.65 | 404.68 |
| 2019 | 2 720.42 | 253.01 | 1 635.62 | 1 824.46 | 329.66 | 968.68 | 319.67 |
| 2020 | 2 780.37 | 213.77 | 1 519.97 | 1 971.25 | 311.68 | 863.54 | 334.33 |

数据来源：国家统计局。

由表 25－17 可知，我国主要含糖食品产量变化如下：

**1. 乳制品** 2008—2017 年我国乳制品产量处于快速增长阶段，由 2008 年的 1 670.72 万 t 快速增加至 2017 年的 3 199.88 万 t，十年增长率达 91.53%，主要是由于我国经济发展、人民生活水平提高、人口增长导致对乳制品的需求量大增。2018 年，我国乳制品产量由 2017 年的 3 199.88 万 t 下大幅滑到 2 691.04 万 t，降幅达 15.90%，主要是由于国内奶牛养殖成本居高不下，国内原奶价格明显高于国外，生产成本高加上人口增速减缓、需求减少导致生产商削减产量。2018—2020 年，我国乳制品年产量维持在 2 600 万～2 800 万 t 之间，略有增长。

**2. 冷冻饮品** 冷冻饮品的产量也经历了先快速上升后下降的过程。得益于城镇化建设和居民生活水平提高，我国冷冻饮品的产量由 2008 年的 193.98 万 t 快速上升至 2017 年的 380.06 万 t，增幅达 95.93%。2017—2020 年，冷冻饮品的产量快速下降，至 2020 年产量为 213.77 万 t，降幅达 43.75%。

**3. 果汁及果汁饮料** 与冷冻饮品一样，果汁及果汁饮料在 2008—2017 年产量快速上升，由 1 120.53 万 t 上涨至 2 456.08 万 t，产量翻倍。而后，由于消费结构调整，人们更倾向于鲜食水果，2017—2020 年果汁及果汁饮料产量出现下降，至 2020 年的产量为 1 519.97万 t，降幅达 38.11%。

**4. 碳酸饮料** 得益于人口数量增加与消费量上升，碳酸饮料的产量保持持续性增长，2008 年的产量为 1 099.36 万 t，2015 年产量攀升至 1 784.07 万 t，增幅达 62.28%。2015—2020 年碳酸饮料产量在 1 700 万～2 000 万 t 之间波动。

**5. 糖果** 糖果生产数量的变化很好地体现了“人们对甜蜜生活的追求”，其产量从 2008 年的 102.85 万 t 上涨至 2015 年 356.51 万 t，增幅高达 246.63%。虽然糖果产品的结构在一直变化，但消费量基本持稳，2016—2020 年在 300 万～350 万 t 区间波动。

**6. 罐头** 2008 年开始，罐头产品的产量快速上升，2008—2017 年十年增幅达 144.90%。我国罐头产品很大一部分是出口至欧美国家，由于受到新冠疫情影响，外销数量减少，加之国内的消费结构调整，对罐头需求小幅下降。在 2017 年达到产量顶峰

1 315.83万 t 后，我国罐头的产量快速下降，至 2020 年产量为 863.54 万 t，降幅达 34.37%。

**7. 速冻主食品**　2008—2013 年，消费需求促进速冻主食品产量增长，由 236.15 万 t 增加至 585.50 万 t，增幅接近 150%。2013—2017 年，速冻主食品的产量保持在 530 万～600 万 t 区间波动。2017—2020 年，由于消费理念改变，叠加外卖行业兴起，人们更倾向于热食，速冻主食品的产量由 595.95 万 t 大幅下降至 334.33 万 t，降幅达 43.90%。

## 三、食糖消费趋势展望

作为一个拥有 14 亿多人口的巨大市场，中国食糖消费已经达到了 1 500 万～1 600 万 t 的水平。虽然人均消费少，但人口基数大，随着国内经济发展水平提升，人均食糖消费量尤其是农村人均食糖消费量不断提高，因此中国的食糖总消费量基本保持正增长态势。

甜菜糖尽管近年来产量增长较快，但是产量仅占全国食糖总产量的 1/8 左右。与其他经济作物比较，种植甜菜的比较效益并不高，限制了甜菜种植规模扩大。此外，从化学成分分析，甘蔗糖和甜菜糖在 3%的杂质成分上略有区别，“甜菜碱味”令甜菜糖被很多食糖消费终端排除在外，下游消费空间比较受限。因此，甘蔗糖的消费具有一定程度的不可替代性。

根据《中国农业展望报告（2022—2031）》预测，展望期内食糖消费将保持低速增长，消费总量有望小幅增加，但“减糖控糖”的饮食观念转变促使人工甜味剂等替代品快速发展、人口出生率下降及老龄化等因素都将使得食糖消费增速有限，预计 2026 年食糖消费量为 1 591 万 t，与基期相比增长 4.4%；2031 年为 1 628 万 t，与基期相比增长 6.8%（图 25 - 5）。

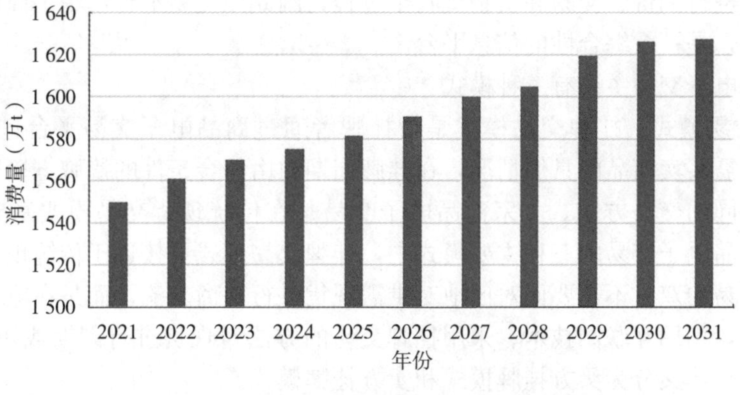


图 25 - 5　2021—2031 年中国食糖消费量变化趋势
（数据来源：中国农业科学院农业信息研究所 CAMES 模型系统预测）

# 第四节　食糖产业互联网的崛起

## 一、大宗商品电子交易市场崛起的背景

大宗商品电子交易的萌芽要从 20 世纪 80 年代中期的物资流通体制改革说起。这次改革以重庆 1985 年建设工业和农产品的贸易中心为开端，物资流通模式由产品大规模批发

模式逐渐转变为零售贸易流通模式，贸易市场于是大规模出现。1997年，国家经贸委等八部委经过充分讨论和论证，推出了一种新型现货交易模式——大宗商品电子交易，即通过网络与电子商务搭建的平台，对相应物品进行即期现货或中远期订货交易。此后，大宗商品电子交易稳定发展，广西食糖、吉林玉米等大宗商品电子交易市场相继成立，贸易市场由此从区域性的市场向全国甚至国际性的大市场转化（石晓梅和冯耕中，2010；杨林和曾繁华，2011）。

2002年，国家标准《大宗商品电子交易规范》发布，使整个行业有了指导性文件。随后，大宗商品电子交易市场迅猛发展。到2017年，我国大宗商品电子交易市场数量迅猛增长，据中国物流与采购联合会大宗商品交易市场流通分会不完全统计，截至2017年底，我国大宗商品电子类交易市场共计1 969家，同比增长60.0%，实物交易规模超过30万亿元。

我国大宗商品电子交易在定位上属于现货远期交易，即双方签订现货买卖协议，但是协议具有远期性质，约定在将来某一时间进行实物交收。杨林和曾繁华（2011）曾以生猪电子盘为例，参照现货交易、期货交易，从市场结构、市场功能、市场合约、市场监管、市场目标五个方面对这种商业模式进行了定位分析，得出结论：大宗农产品电子交易不是变相期货，而是以现货交易为基础、以远期交易为主体、以期货交易为机制的B2B的电子商务平台。

大宗商品电子交易市场并不是一个实实在在的交易场所，而是利用互联网技术搭建的电子商务平台，用户参与买卖不需要现实地到达一个交易场所进行交易，只需通过电脑、智能手机等设备，利用互联网进入某个交易中心的交易系统进行相关操作即可。用户通过交易平台可以进行询价、交易和实物交收全过程，因此该交易平台汇集了商品、资金、物流的相关信息，是一个综合性的信息平台。

大宗商品电子交易主要有三种模式：

**1. 挂牌交易模式** 挂牌交易模式是指挂牌者通过商品电子交易平台进行商品挂牌，并提前公布所需买卖商品的具体情况，在挂牌周期内由符合条件的摘牌方摘牌，由此而订立商品买卖合同的交易方式。大宗商品电子交易是在传统现货交易模式基础上发展起来的，在大宗商品电子交易的三种主要模式中，挂牌交易模式更接近于传统现货交易，但不同的是参与交易的双方不需要面对面地对供需现货进行磋商交流，而是在电子交易平台的安排和组织下，利用互联网技术、采用挂牌交易的方法对现货进行即期或短期实物交割。挂牌交易模式具体又分为买方挂牌模式和卖方挂牌模式。

**2. 竞拍交易模式** 竞拍交易包括买方竞拍交易和卖方竞拍交易，是指交易商向电子交易平台提出入市申请，经交易平台审批认可后，通过交易市场竞价交易系统，提前出示拟买卖商品的名称、所属品牌、质量、数量、交收方式、交收日期、起竞价、竞价幅度、最小竞拍量等相关信息，由满足条件的竞价交易商在交易市场竞价交易系统中根据自身情况自主申报价格，进行加价或者减价，交易系统依据“价格优先、时间优先”的原则成交的交易模式。

**3. 延期交收模式** 延期交收模式也称连续现货交易模式，是指交易商向电子交易平台提出申请，经审批认可后通过交易系统进行买入或卖出申报，经电子交易系统按照“价格优先、时间优先”的原则自动撮合成交后生成电子交易合同，交易商可以根据电子交易合同自由选择即期交割或延期交割的交易方式。现货延期交易是在竞拍交易模式基础上的发展和创新，在商品交收时间上比其他两种交易模式更灵活。由于竞拍交易采用期货交易的集中竞价、统一撮合、保证金等交易制度，大宗商品电子交易一直背负着“变相期货”的质疑，加上延期交收交易未具体限定实物交割期限，市场上有些交易商就迟迟不进行实物交割，这使在市场上申请交收的交易商面对极大的挑战。正是在这样的背景下，延期交收模式和中间仓申报制度便应运而生。

## 二、食糖电子批发市场

20世纪90年代，党中央和国务院强调“以批发市场为重点，积极发展现代流通组织形式”，1996年以后，各种类型的食糖电子批发市场逐步建立健全，在我国食糖流通中发挥了重要作用，其中广西糖网食糖批发市场成为全国大宗商品现货交易平台的先进典型。该市场引入电子商务与物流服务相结合的现货交易模式，首创了买卖双方以“按周交货、鼓励提前履约、权益可以转移”为理念、订立短期电子现货合约的交易模式。

食糖批发市场为白砂糖流通提供了更安全、便捷、高效的交易平台，利用网络技术手段实现远程交易，大大提升了信息在食糖流通中的及时性，产销区价格进一步公开、透明。订货、交货、发货一系列业务一站式完成，解决了食糖流通中的时间与空间矛盾。交易完成后，客户可以选择市场代为发运货物，也可以选择自行提货或者发运，不断完善的物流配送体系满足了客户不同的销售和采购需求，食糖流通的便利性得到极大提升。

### （一）云南食糖电子批发市场

中国昆商糖网由云南鲲鹏农产品电子商务批发市场有限公司运营其交易及结算平台从局域网平台向以互联网为主、局域网为备份的平台转变，以“电子商务+现代物流”应用为手段，促进商品互联，整合信息流、技术流、资金流及物流等贸易资源，致力于通过电子商务技术应用和现代物流体系建设，对食糖传统贸易进行升级创新。

### （二）广西食糖电子批发市场

广西曾有3家食糖批发市场，分别是广西糖网食糖批发市场、广西食糖中心批发市场和广西大宗食糖交易中心，现有食糖电子批发市场2家。这3家食糖批发市场虽然在成立的时间、发展的特点、经营的方式等方面有所不同，但都共同发挥了引导食糖价格、促进食糖流通、沟通产销信息、推动广西食糖流通现代化进程的重要作用，成为广西糖业经济的重要组成部分。

广西糖网食糖批发市场（GSMN）的前身——广西食糖批发市场是1993年经广西壮族自治区人民政府批准、由柳州市人民政府开办的食糖专业批发市场，2002年柳州市政府授权柳州市商贸控股有限公司管理。2003年5月，在柳州市委和市政府的支持下，批发市场成功实现改制，引进了国内农产品流通领域最具实力的深圳市农产品股份有限公司共同经营，重新组建了广西糖网食糖批发市场有限责任公司。公司通过信息、质检、仓储、运输、保险、结算等，广泛开展食糖现货交易。目前，广西糖网食糖批发市场有限责任公司拥有1 500家会员单位，会员网络覆盖全国10多个省份，涵盖了食糖产业的上、中、下游，形成了以经营食糖现货为基础的会员结构。在全国主要食糖产销地设立了37

个指定交收仓、6个食糖配送仓、22个食糖辅助交收点，基本实现“网上即时交易，异地就近配送”的流通模式。该公司开办的行业门户网站——广西糖网为业内主要网站之一，日更新信息量近10万字，最高单日访问峰值达14万次以上。2017年，深圳市中农网有限公司将旗下两大食糖B2B电商平台——广西糖网和中国昆商糖网合二为一，成立了沐甜科技股份有限公司，持续提供食糖产业供应链电子商务平台服务。

广西食糖中心批发市场（GSEC）是由原国内贸易部和广西壮族自治区人民政府共同批准成立的国家级食糖批发市场，主要组织食糖的现货交易，提供食糖行业的信息咨询、交易中介以及食糖的代购、代销和储运等业务。该市场成立于1999年5月25日，依据《大宗商品电子交易规范》（GB/T 18769—2003）制定了《广西食糖中心批发市场交易管理办法》，拥有撮合交易、拍卖交易、投标交易等多种交易模式。经过资质认证的交易商向GSEC交存保证金，即可通过互联网直接上网报价、配对，订立电子合同，合同订立后一天至数月内完成商品交割。采用全电子化的交易模式，大幅降低了工商企业的交易成本，吸引全国食糖企业广泛参与，大大提高了产销衔接速度。GSEC提供的第三方结算，有效避免了购销企业之间三角债的产生。GSEC还与有关银行合作为交易商提供融资服务。交易商交存交割仓库的仓单，办理相关手续后，即可获得银行提供的质押贷款，加快了资金周转。2022年广西壮族自治区地方金融监督管理局批准股权变更，广西食糖中心批发市场有限公司更名为广西八桂食品交易中心有限公司。

广西大宗食糖交易中心（CSEC）是中糖集团为适应经济大环境发展的需要，经广西壮族自治区人民政府批准，于2004年11月在广西发起成立的大型高科技企业。广西大宗食糖交易中心有限公司主要利用现代高新技术和高科技手段以及成熟的互联网技术，建立先进而强大的电子商务平台，以规范的管理和完善的制度，秉持公开、公正、公平的原则，帮助全国各地食糖生产厂家、贸易商、用糖企业以及其他相关企业低成本、高效率地完成食糖产、供、销的合同签署、货款结算，还向客户提供信息共享、货物储存和运输等服务。2010年，由于食糖价格节节走高，却未能扭转广西大宗食糖交易中心有限公司的经营亏损局面，广西大宗食糖交易中心有限公司将60%的股权挂牌转让，此后逐渐衰落，当前经营情况处于吊销状态。

## 三、食糖产业互联网的发展趋势

随着国家“互联网＋”战略的持续推进，“互联网＋农业”模式蓬勃兴起，食糖消费需求向着品质化、个性化、多样化、定制化方向转变（丁莉，2016；贾强法，2017；于文玲，2017；张超和王洋，2019）。

大宗电商平台的出现为企业销售渠道的改进提供了解决方案，科技手段的进步也为行业提供了定价模式优化及效率提升的便利，食糖供应链也随之转型升级，呈现出上行渠道多元化、信息时效性和对称性增强、物流体系日趋完善、以消费导向为核心的发展趋势。未来随着信息化变革的不断深入，食糖供应链的信息化程度、资金流转效率、管理水平也会不断提高，大数据、云计算、物联网等新一代技术将更加深入地应用于食糖生产、加工、运输、销售、信息等各环节（丁莉，2016；贾强法，2017；于文玲，2017；蒲琴，2018；张超和王洋，2019）。

构建“智慧糖业 2.0”食糖产业互联网，可以在食糖前端需求、标准规范制定、质量追溯、仓储物流建设等方面建立一个全信息化的食糖产业体系。同时，通过信息流、商流、资金流、物流的汇集，进而推进食糖供应链向着标准化、规范化和现代化方向发展，围绕食糖品类交易提供完善的配套服务，最终实现穿透全产业链的降本增效。以泛糖科技模式为例，公司贯彻落实习近平总书记关于“将糖业特色优势产业做强做大”等指示精神，秉承“促糖业繁荣，创甜蜜未来”的使命，持续推进“一体两翼”战略，以食糖产业互联网平台运营为业务主体，聚焦糖料蔗种植生产和食糖贸易流通等关键平台的建设和运营；以科技和金融创新为推动力，推动食糖产业链数字化转型和模式创新，为维护国家食糖供给安全、助力乡村振兴贡献力量。

当然，构建“智慧糖业 2.0”并不是简单的“互联网＋糖业”或是食糖电商平台建设，而是从消费需求来看问题，解决不断变化的市场需求与日益激烈的市场竞争之间的矛盾，以此提升糖产业链上下游总体效益。

一是推动糖业供应链信息化平台建设。通过统计平台数据和分析食糖价格、市场规模、发展走向等各项参数，指引产地依据消费需求作出市场判断和生产决策。同时，集合食糖生产经营各环节的大数据，共享政策、市场、科技、金融等各类信息服务，加强产销衔接，完善利益联结机制，打造以电商企业为纽带、以消费需求为导向、以互联网及物联网等现代信息技术为支撑的一体化产业链，促进食糖生产向消费导向型转变，通过产地和市场的协同发展，畅通食糖上行渠道。

二是加强电子信息技术应用，创新食糖发展模式。将互联网、大数据、云计算、物联网等先进信息技术融入到甘蔗种植中，通过智能系统实现甘蔗种植环境数据实时监测、大数据分析和指导生产管理，推动智慧农业、高效农业、绿色农业的发展，提高农产品质量效益和竞争力。

三是加速食糖销售数字化改造进程。一方面，依托糖厂资源构建线上食糖交易平台，通过网上订单采购、交易结算、组织配送等多种方式，实现规模化订单采购，进而降低运营成本。另一方面，通过信息化平台建设，为食糖产业链上下游各方提供产地、销地、价格、销量、市场存量等多维度数据，以此分析食糖价格行情走势。此外，在食糖安全层面，通过信息化平台打通基地、批发商、零售商、产品检测、物流网络等信息数据，形成农产品质量全程可追溯体系。

四是打造标准化食糖供应链，培育品牌产品。不同糖厂生产的食糖应拥有独立标识，方便与其他同类产品区别，让消费者准确辨识。同时可以通过网站、电商平台、微博、微信、短视频平台等多种网络平台，推进品牌全网营销进程，加强生产者与消费者多维度、深层次的对接，扩大宣传，通过社群形成品牌裂变传播，最后促使消费者购买，达到树立品牌形象的目的。

五是充分利用信息技术打造“互联网＋高效物流”流通体制，实现线上线下多渠道、多平台一体化的物流体系。打造智慧物流，应用大数据和人工智能在仓储布局、智能排产、路网规划、拣货路径优化、智能建站布点等方面的巨大作用，提高物流效率，降低运输损耗，全力构建仓储、配送、售后一体化的物流服务体系。

# 第五节　食糖国际贸易及对中国甘蔗糖业的影响

## 一、国际食糖贸易情况

### （一）国际食糖生产情况

根据美国农业部数据，全球 2010/2011—2020/2021 年榨季食糖产量区间为 16 888.2 万～20 458 万 t（表 25－18），其中甘蔗糖产量区间 13 243 万～15 731 万 t，约占食糖总量的 80%；甜菜糖产量区间为 3 197.6 万～4 727 万 t，约占食糖总量的 20%。全球食糖生产国家共有 110 个，甘蔗糖主要分布在南美洲、加勒比地区、大洋洲、亚洲和非洲等地，甜菜糖主要分布在欧洲、北美洲以及亚洲部分地区。

表 25－18　全球食糖总产量及甘蔗糖产量情况

| 榨季 | 全球总产量（万 t） | 年产量增速（%） | 甘蔗糖（万 t） | 甘蔗糖产量占比（%） |
|---|---|---|---|---|
| 2010/2011 年 | 16 888.2 | — | 13 690.6 | 81.07 |
| 2011/2012 年 | 17 961.7 | ＋6.36 | 14 013.6 | 78.02 |
| 2012/2013 年 | 18 550.3 | ＋3.28 | 14 834.8 | 79.97 |
| 2013/2014 年 | 18 454.2 | －0.52 | 14 902.5 | 80.75 |
| 2014/2015 年 | 18 746.5 | ＋1.58 | 14 818.2 | 79.05 |
| 2015/2016 年 | 17 424 | －7.05 | 13 812 | 79.27 |
| 2016/2017 年 | 18 035 | ＋3.51 | 14 080 | 78.07 |
| 2017/2018 年 | 20 458 | ＋13.43 | 15 731 | 76.89 |
| 2018/2019 年 | 19 254 | －5.89 | 14 875 | 77.26 |
| 2019/2020 年 | 17 530 | －8.95 | 13 243 | 75.54 |
| 2020/2021 年 | 17 986 | ＋2.60 | 14 289 | 79.45 |

数据整理：泛糖科技。

近 10 年来，全球食糖产量总体呈小幅波动上升趋势。其中，亚洲食糖总量从 6 232.9 万 t 增加至 6 431 万 t，增幅 3.18%，产量增幅主要来源于印度；美洲食糖总量从 6 787 万 t 下降至 6 111 万 t，降幅 9.96%；欧洲食糖总量从 2 413.4 万 t 增加至 3 297 万 t，总体呈现上升趋势，增幅 36.61%；非洲食糖总量从 1 037.2 万 t 增加至 1 194 万 t，增幅 15.12%。

全球主要产糖国（地区）有巴西、印度、欧盟国家、中国、美国、泰国、墨西哥、巴基斯坦、俄罗斯、土耳其、埃及、危地马拉、哥伦比亚、印度尼西亚、南非、乌克兰、古巴等。2020/2021 年榨季（表 25－19），巴西以创纪录的 4 205 万 t 产量位居全球产糖国家首位，印度产糖3 376万 t 位居第二，位列第三至第六名的依次是欧盟国家（1 472万 t）、中国（1 050万 t）、美国（844 万 t）、泰国（757 万 t）。排名前五的食糖主产国产量合计约 10 947 万 t，约占比当年全球总糖产量的 61%，显示出食糖生产区域的高度集中（刘晓雪等，2021）。

表 25-19 2020/2021 榨季全球主要食糖生产国

单位：万 t

| 排名 | 国家（地区） | 产量（万 t） |
|---|---|---|
| 1 | 巴西 | 4 205 |
| 2 | 印度 | 3 376 |
| 3 | 欧盟国家 | 1 472 |
| 4 | 中国 | 1 050 |
| 5 | 美国 | 844 |
| 6 | 泰国 | 757 |

数据整理：泛糖科技。

### （二）国际食糖消费情况

近十年来，全球食糖消费量总体呈缓慢上升趋势。根据美国农业部数据（表 25-20），2012—2019 年全球食糖总消费量区间为 17 151.9 万～18 726 万 t，2019 年食糖消费量达到近十年峰值，为 18 726 万 t，较 2012 年增加 1 574.1 万 t，增幅 9.18%。虽然总量在逐步增加，但是食糖消费增速明显放缓。全球食糖消费总量的增长趋势有所减缓，一方面是世界人口增速放缓所致，另一方面因过多摄入食糖可能对人体健康造成危害的饮食观念受到越来越多的关注，但是，世界食糖消费总量增长的主旋律短期内难以改变。

据经合组织和世界粮农组织预测，未来十年世界食糖消费量将以 1.6%的平均增速增长，将于 2028 年达到 20 300 万 t，增长动力主要来源于亚洲和非洲的发展中国家，例如中国食糖人均年消费量仅 11 kg 左右，低于世界平均消费水平，仍有很大的增长空间。2019 年之后，因新冠疫情在全球快速蔓延且持续时间较长，世界经济遭受重创导致消费下降，同时疫情防控措施导致居民外出活动减少，餐饮业、旅游业等食糖消费场景受限，全球食糖消费自 1980 年以来稳定增长的局面被打破，2021 年全球食糖总消费量下降至 17 180 万 t，较 2019 年下降了 1 546 万 t，降幅 8.26%。2021 年前六食糖消费大国（印度、欧盟国家、中国、美国、巴西以及印度尼西亚）占据全球 50%的食糖消费（表 25-21）。

表 25-20 全球食糖总消费量

| 年份 | 全球总消费量（万 t） | 增速（%） |
|---|---|---|
| 2012 | 17 151.9 | — |
| 2013 | 17 563.4 | +2.40 |
| 2014 | 17 927.2 | +2.07 |
| 2015 | 18 274.1 | +1.94 |
| 2016 | 18 138 | -0.74 |
| 2017 | 18 431 | +1.62 |
| 2018 | 18 551 | +0.65 |

（续）

| 年份 | 全球总消费量（万 t） | 增速（%） |
|---|---|---|
| 2019 | 18 726.0 | +0.94 |
| 2020 | 18 207.0 | −2.77 |
| 2021 | 17 180 | −5.64 |

**表 25－21　2021 年全球前六大食糖消费国**

| 国家 | 数量（万 t） | 占比（%） |
|---|---|---|
| 印度 | 2 800 | 16.30 |
| 欧盟国家 | 1 660 | 9.66 |
| 中国 | 1 550 | 9.02 |
| 美国 | 1 100 | 6.40 |
| 巴西 | 1 015 | 5.91 |
| 印度尼西亚 | 745 | 4.34 |

数据整理：泛糖科技。

## （三）国际食糖贸易情况

食糖生产国与消费国分布的地理位置差异催生了食糖在全球范围内的贸易流动。根据美国农业部（USDA）数据，全球食糖出口量从 2011 年的 5 499.4 万 t 上升到 2021 年的 6 268.8 万 t，增长了 769.4 万 t，增幅 13.99%；进口量由 4 856.3 万 t 上升到 5 516.6 万 t，增幅 660.3 万 t，增幅 13.60%（表 25－22）。

**表 25－22　2011/2012—2020/2021 年榨季全球食糖进口与出口数量**

| 榨季 | 2011/2012 | 2012/2013 | 2013/2014 | 2014/2015 | 2015/2016 | 2016/2017 | 2017/2018 | 2018/2019 | 2019/2020 | 2020/2021 |
|---|---|---|---|---|---|---|---|---|---|---|
| 进口 | 4 856.3 | 5 144.4 | 5 145 | 5 024.8 | 5 467.1 | 5 527.8 | 5 601 | 5 375.8 | 5 295.4 | 5 516.6 |
| 出口 | 5 499.4 | 5 574.2 | 5 793.1 | 5 788.1 | 5 478 | 5 367.2 | 6 579.5 | 5 777.1 | 5 314.8 | 6 268.8 |

数据来源：USDA。

世界食糖贸易以原糖为主，2019/2020 年榨季全球贸易总量为 5 327.3 万 t 左右，2020/2021 年榨季为 6 233.8 万 t。如图 25－6 所示，食糖出口国较为集中，2020/2021 年榨季前四大食糖出口国为：巴西 3 215 万 t，泰国 730 万 t，印度 600 万 t，澳大利亚 340 万 t。这 4 个国家的食糖出口量约占全球出口总量的 76%。而进口而言，各个国家进口数量并没有太大差异，相对进口比较均衡，以印度尼西亚、中国、孟加拉国、阿尔及利亚以及美国进口量较为突出，印度尼西亚的主要进口来源国为印度，中国的主要进口来源为巴西，美国主要进口来源国为墨西哥。

巴西甘蔗可以用来生产食糖和乙醇（陈俊任，2020），巴西 2020 年的食糖产量与出口量双双创历史新高。干燥天气助推南巴西地区的甘蔗糖分积累，美元兑雷亚尔贬值近 40%，以及原油价格前期暴跌，使得巴西的食糖出口收入十分可观，刺激了糖厂将转向最大化比例生产食糖并积极出口。2020 年，巴西出口食糖达到 3 165.36 万 t，约占全球食糖总贸易量的 50%，可见巴西在国际食糖贸易中的影响之大。

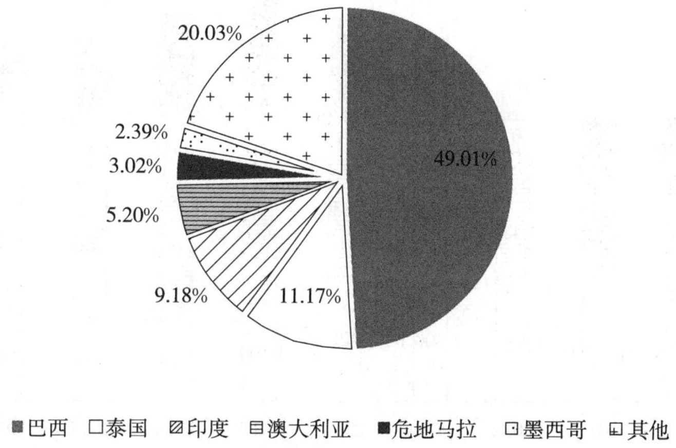


图 25－6　2020/2021 年榨季各国食糖出口占比

印度 2019/2020 年榨季的食糖出口量为 580 万 t，2020/2021 年榨季政府通过补贴出口了 600 万 t 食糖，2021/2022 年榨季出口量攀升至 1 120 万 t，连续 3 年大幅度去库存。泰国年度食糖消费量基本稳定在 250 万 t，其余食糖均用于出口，因此泰国糖的出口量根据产量不同，差异较大。2018/2019 年榨季，泰国产糖量高达 1 400 万 t，出口量为 1 150 万 t，而 2020/2021 年榨季产糖量近 750 万 t，当年的出口量骤降至 500 万 t 左右。

中国是近年来全球最大的食糖进口国，每年食糖产量约1 050万 t，年消费量1 550万 t 左右，存在 500 万 t 产销缺口需要通过进口补足，最近 10 年的食糖进口量均值为 463.8 万 t，占全球食糖进口量的 6.9%（刘晓雪等，2018，2019，2020，2021；刘晓雪和黄晴晴，2019；朱亚伟和徐雪，2016）。印度尼西亚的人均食糖消费量高，常年处于食糖产不足需状态，只能通过进口来补足较大的消费缺口，是第二大食糖进口国，年生产量区间 213 万～281.6 万 t，均值约 253 万 t，国内消费 598 万～763 万 t，均值约 707.6 万 t；年进口均值约 412.67 万 t。美国是重要的食糖进口国，年生产量区间 693.9 万～905 万 t，均值约 807 万 t；国内消费量1 045万～1 233万 t，均值约1 142万 t；年进口均值约 312.44 万 t，主要从墨西哥、菲律宾等签署了双边贸易协定的国家进口食糖。

## 二、中国食糖贸易情况

我国参与国际食糖贸易以净进口为主，要了解食糖进口贸易的情况需要从贸易成因、贸易结构和贸易政策上进行分析。

### （一）贸易需求

我国食糖常年产不足需（图 25－7）。自 2015 年以来，国内食糖产量稳定在1 000万 t 附近，而需求却保持稳定在1 500万 t 左右甚至还有提升，存在约 500 万 t 的缺口，使得进口糖成为补充国内消费缺口必不可少的一部分。随着食糖进口数量的逐年增加，中国食糖的自给率一路下滑，已跌破 70%的安全边界线，稳供风险较大（刘晓雪等，2018，2019，2020，2021；刘晓雪和黄晴晴，2019；朱亚伟和徐雪，2016）。

根据海关总署数据，2000—2010 年我国的食糖进口量区间为 64 万～176 万 t，关税配

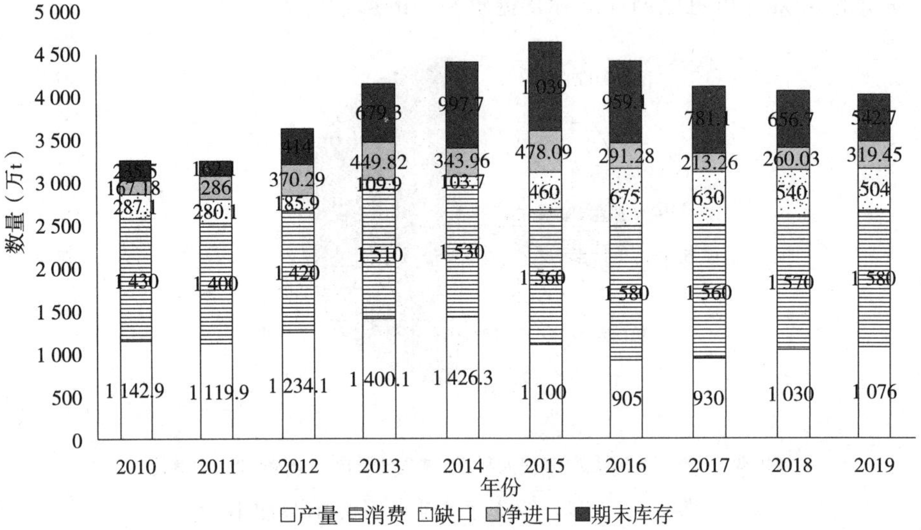


图 25-7　2010—2019 年中国食糖产销及库存情况（万 t）
（数据来源：中国糖业协会）

额内的额度均没有使用完（图 25-8）。随着居民生活水平提高、食糖消费需求增加，以及国内原糖精炼产能逐步投产，我国食糖进口量快速增加，彻底改变了国内糖市的供应结构。中国食糖进口从以调剂供求余缺为目的转为利润驱动，从以配额内进口为主转为配额外进口为常态。2011 年，我国食糖年度进口量首次突破 200 万 t，为 291.94 万 t。2012—2013 年，食糖年度进口规模分别为 375 万 t、454.6 万 t，呈逐年快速增长趋势。2015 年，我国食糖进口量达到 485.59 万 t。在保障措施关税实施之后，我国食糖进口恢复平稳，2017—2019 年进口规模分别为 229.02 万 t、279.54 万 t 与 339.01 万 t。

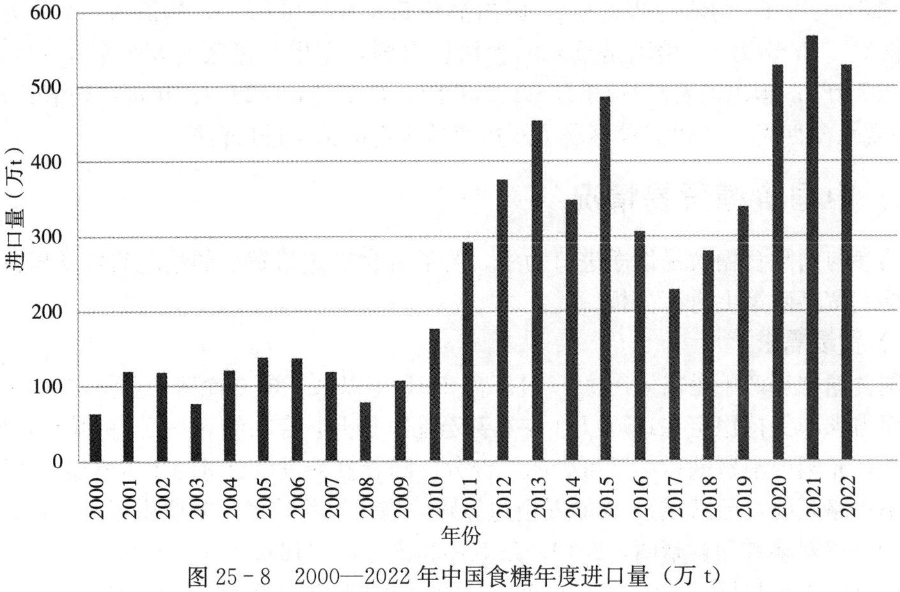


图 25-8　2000—2022 年中国食糖年度进口量（万 t）

2020 年的食糖年度进口量达 527.34 万 t，超越印度尼西亚成为全球第一大食糖进口国；2021 年，国内食糖进口量为 566.62 万 t，再创历史新高。与此同时，中国食糖进口量占世界食糖进口总量的比重份额也不断上升，由 2001 年的 2.98% 上升到 2021 年的 9.45%。

### （二）进口贸易结构

巴西是我国食糖进口量第一大国，连年进口量明显超过其他进口国家，占比高达 70%～80%。2020 年，我国从巴西进口食糖 393 万 t，占比全年进口量的 74.61%；排名第二的是古巴，进口占比 8.72%；排名第 3—5 名的分别是韩国、萨尔瓦多、印度。如图 25 - 9 所示，2023 年，我国从巴西进口食糖 335.19 万吨，占全年进口量的 84.36%；排名第二的是印度，进口占比 4.58%；排名第 3—5 名的分别是韩国、泰国和危地马拉。

2022 年 2 月，国务院发布的《“十四五”推进农业农村现代化规划》提出“实施农产品进口多元化战略，健全农产品进口管理机制，稳定大豆、食糖、棉花、天然橡胶、油料油脂、肉类、乳制品等农产品国际供应链”。

食糖进口来源集中程度高，存在进口安全隐患考虑到国际食糖远期供给有短缺的可能性。我国应实施食糖进口多元化战略，在与当前食糖贸易国保持贸易流通的同时，积极参与食糖贸易多边合作，如增加南非、巴基斯坦、萨尔瓦多等国家的进口数量，将小型食糖生产国作为国内食糖供给的有效补充，减少对于产糖大国的进口依赖，以平衡国内食糖供求和调节国内糖价，推动中国由食糖进口贸易大国向贸易强国转变。

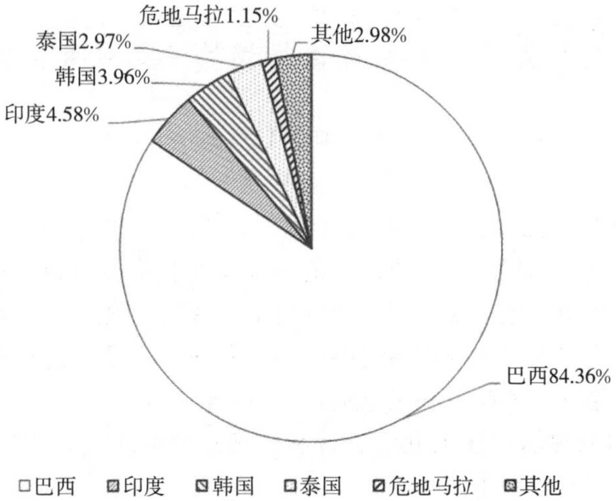


图 25 - 9　2023 年食糖进口来源国进口量占比
（数据来源：海关总署）

此外，建议在优化当前进口格局的基础上，强化一南一北布局，即向南强化在缅甸、老挝等境外种植和稳定与泰国的食糖贸易关系，向北拓展挖掘与俄罗斯合作发展潜力，大力推进与共建“一带一路”国家从糖料种质资源开发、原料生产基地共建到加工工艺关键技术研发等多领域合作，切实发挥陆路运输成本低、周期短、风险小优势，加快构建来源多元化、风险可控型的食糖国际贸易新格局，有效拓展进口宏观调控的腾挪空间；同时，要强化进口动态调控，探索建立区分生产淡旺季的进口配额动态发放机制，建立健全进口环节超额收益用于国内食糖产业发展的转移支付机制。

**（三）糖浆进口情况**

作为食糖的替代品之一，我国糖浆、预混粉进口快速增长引起行业的普遍关注。2019年以前，我国进口糖浆（税则号 1702.9000）量低价高，年度进口总量不超过 2.5 万 t，到岸价格在 10 000 元/t 以上。自 2019 年第二季度起（图 25－10），糖浆进口呈现量增价跌态势，4 月单月进口量首度突破 1 万 t，价格骤降至 3 350 元/t。2019 年糖浆进口总量攀升至 16.71 万 t，同比增加 660%；2020 年进口总量高达 107.96 万 t，同比增加 546%；2021 年和 2022 年的进口总量分别为 66.38 万 t、108.04 万 t。

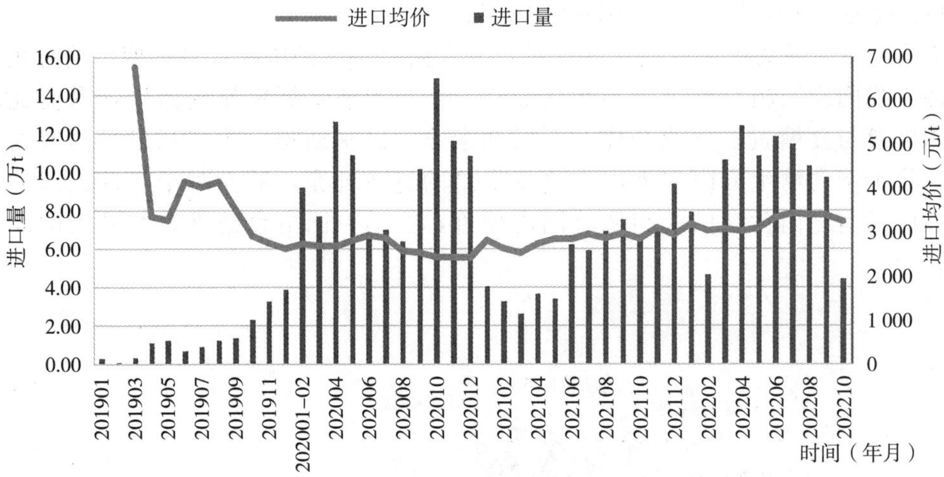


图 25－10　我国糖浆月进口量及均价

（数据来源：海关总署）

糖浆进口激增的直接原因是从东盟进口的糖浆、预混粉适用《中华人民共和国与东南亚国家联盟全面经济合作框架协议》约定，适用零关税且不受进口关税配额、进口许可、进口报告管理等制度约束。近年来，国际糖价高企，糖浆、预混粉与食糖的进口成本差距进一步拉大，刺激了进口商采购及用糖终端使用的积极性，叠加进口数量管控措施缺位，其进口数量得以快速增加（刘晓雪和王慧娟，2021）。

2017 年糖浆进口来源国以澳大利亚、智利、马来西亚为主，2019 年后转为以泰国、越南、马来西亚等东盟国家为主。

2022 年，我国糖浆与白砂糖预混粉进口量合计 108.04 万 t（表 25－23），同比 2021 年增加 41.72 万 t，创历史新高。细分品类中进口最多的是蔗糖水溶液（税则号列 1702.9011），数量为 79.31 万 t，占比 73.41%，其次是白砂糖预混粉（税则号列 1702.9012），数量为 25.06 万 t，占比 23.91%。

表 25-23　2021—2022 年糖浆、预混粉进口情况

| 税则号列 | 2021 年 | | 2022 年 | |
|---|---|---|---|---|
| | 进口量（万 t） | 占比（%） | 进口量（万 t） | 占比（%） |
| 税则号列 1702.9011 | 56.54 | 85.25 | 79.31 | 73.41 |
| 税则号列 1702.9012 | 6.76 | 10.19 | 25.06 | 23.19 |
| 税则号列 1702.9090 | 3.02 | 4.56 | 3.68 | 3.40 |
| 合计 | 66.32 | 100.00 | 108.04 | 100.00 |

数据来源：海关总署。

如表 25-24 所示，2022 年，我国从东盟国家进口糖浆与白砂糖预混粉合计 106.67 万 t，占比 98.73%。泰国是最大的进口来源国，数量为 91.56 万 t，占总量的 84.75%；位列第二名与第三名的是越南和马来西亚。

表 25-24　2022 年税则号列 1702.90 商品主要进口来源国

| 排名 | 国家 | 进口量（万 t） | 占比（%） |
|---|---|---|---|
| 1 | 泰国 | 91.56 | 84.75 |
| 2 | 越南 | 9.05 | 8.37 |
| 3 | 马来西亚 | 4.69 | 4.34 |
| 4 | 老挝 | 1.30 | 1.20 |
| 5 | 澳大利亚 | 0.75 | 0.69 |

数据来源：海关总署。

从长远分析，进口糖浆激增损害我国糖业持续健康发展。“变相”糖浆和食糖物质成分、功能作用、商品属性一致，仅因物理形态不同而执行不同的进口管理政策，容易诱发国际贸易中的恶意“套利”现象。当前国际糖价高企，糖浆进口利润收窄，进口总量尚且快速增长并维持高位；一旦国际糖价下行，受利益驱使，“变相”糖浆无序进口、增量进口势必加剧。同时，市场和企业尝到“变相”糖浆甜头，习惯并追逐看似行之有效的“拿来主义”，对发展糖业、提炼“内功”的积极性和投入力度必然受到冲击，国家关于“双高”基地建设、良种良法补贴等支持政策的实施效果也将严重削弱，端稳“糖罐子”面临的形势更加峻迫。

## 参考文献

陈俊任，2020. 新形势下乙醇汽油推广使用的思考［J］. 国际石油经济，28（12）：59-62.

丁莉，2016. “互联网+”背景下农产品供应链的发展趋势及完善途径［J］. 商业经济研究（20）：158-160.

广西壮族自治区经济委员会，2010. 广西糖业［M］. 南宁：广西科学技术出版社.

郭卫东，程安，李国景，2021. 我国农产品期货市场的发展回顾及未来展望［J］. 金融理论与实践（7）：1-9.

郭振宇，2018. 我国白糖期货与现货现状分析［J］. 山西农经（12）：34-35.

侯雅婷，2014. 郑州商品交易所白糖期货基差的影响因素研究［D］. 成都：西南交通大学.

贾强法，2017.“互联网＋”时代我国农产品供应链发展模式探析［J］．现代商业（1）：42-43.
缴建巍，2018. 豆粕和白糖期货期权对标的市场波动性的影响研究［D］．保定：河北大学．
蓝艳华，保国裕，2020. 广东省机制糖厂建设历程回顾［J］．广西糖业（1）：43-48.
李爽，冯晓帆，2021. 中国食糖进口贸易的市场势力研究［J］．价格月刊（7）：40-47.
刘晓雪，陈拥军，田冰，2018. 我国食糖消费现状与甘蔗糖消费替代趋势分析［J］．广西糖业（2）：42-46.
刘晓雪，黄晴晴，2019. 2018/2019 榨季国内外食糖市场回顾与 2019/2020 榨季展望［J］．农业展望，15（9）：4-12.
刘晓雪，王慧娟，2021. 我国糖浆进口激增的成因、影响及对策［J］．甘蔗糖业（1）：97-100.
刘晓雪，王新超，杨画画，2019. 未来十年全球供需格局下 2017/2018 榨季我国食糖消费形势分析与展望［J］．中国糖料，41（1）：60-65.
刘晓雪，王新超，岳俊秀，2021.“十四五”全球供需视角下 2019/2020 年榨季我国食糖消费形势分析与 2020/2021 年榨季展望［J］．甘蔗糖业，50（2）：121-129.
刘晓雪，王新超，周靖昀，2020. 2018/2019 年榨季我国食糖消费形势分析与 2019/20 年榨季展望［J］．甘蔗糖业（1）：28-35.
刘宗利，杨海军，2004. 果葡糖浆的市场现状及发展趋势［J］．精细与专用化学品，12（6）：23-24.
陆婉瑶，王健，孟庆佳，等，2020. 减糖产品现状与发展趋势分析［J］．甘蔗糖业，49（4）：83-91.
马冬梅，袁柏乔，2021. 利用衍生产品进行套期保值问题研究［J］．商讯（23）：78-79.
欧靓，滕永平，2020. 白糖期权对标的期货市场波动性影响的实证研究［J］．中国商论（4）：56-57.
蒲琴，2018. 大宗商品电子交易法律问题研究［D］．成都：西南财经大学．
施灏，2014. 甘蔗制糖企业成本费用分析与控制［J］．中国农业信息（5S）：285-286.
石晓梅，冯耕中，2010. 大宗商品电子交易市场关键风险识别研究：基于实证的探讨［J］．管理评论，22（12）：53-61.
司伟，朱海燕，2013. 替代还是互补？淀粉糖与食糖在食品饮料业中的应用趋势［J］．中国农业科学（22）：4829-4836.
杨林，曾繁华，2011. 大宗农产品远期交易市场模式的定位分析——兼论生猪电子盘［J］．财经理论与实践（5）：44-48.
于文玲，2017. 互联网＋背景下农产品供应链发展研究［J］．物流工程与管理，39（3）：68-69.
曾呈晨，2013. 中国白糖期货市场价格发现功能实证研究［D］．南昌：江西财经大学．
张超，王洋，2019.“互联网＋”时代农产品供应链的发展趋势与完善措施［J］．农业经济（2）：121-123.
张书源，2019. ZY 集团白糖套期保值管理研究［D］．昆明：云南大学．
朱亚伟，徐雪，2016.“十二五”中国食糖消费回顾与“十三五”展望［J］．农业展望，12（9）：78-81，89.

# 第六篇

# 甘蔗糖业学术交流

# 第二十六章

# 中国甘蔗糖业的国内学术交流

20世纪80年底开始，中国甘蔗糖业学术组织及学术交流不断呈现，国家和甘蔗糖业主产省份先后成立了甘蔗学会、制糖学会等学术组织，甘蔗糖业学术交流通过不断举办和参加一系列的学术会议和学术交流，持续提高我国的甘蔗糖业学术和技术水平，为我国甘蔗糖业快速发展作出了贡献。

## 第一节　学术组织

### 一、中国作物学会甘蔗专业委员会

中国作物学会甘蔗专业委员会前身为中国甘蔗协会，于1984年11月12日在中国福州成立，会员包括福建、广东（包括海南）、广西、云南、四川、江西、浙江、湖南、贵州等9省份，从事甘蔗科研、教学、推广和糖厂农务等具有中级职称人员近千名，推选著名甘蔗专家周可涌教授任会长，挂靠单位为福建农林大学。建会30年来，中国作物学会甘蔗专业委员会已轮流在南方九9省份蔗区召开过7次全国代表大会和17次全国学术讨论会，围绕全国甘蔗联合区域试验结果交流、甘蔗种质创制与育种新技术、绿色轻简化生产、绿色生态防控、糖业宏观政策、品种登记制度与糖料品种登记实施进展等内容开展专题研讨，促进了我国甘蔗科研、教学、推广、生产的发展。各会员在各自的工作岗位上为我国甘蔗糖业事业的发展发挥着巨大的作用。

### 二、广西甘蔗学会

1980年12月10日成立的广西甘蔗学会，是甘蔗科学技术工作者的群众性学术团体，受广西壮族自治区糖业发展办公室指导，是党和政府联系甘蔗科学技术工作者的桥梁和助手。2013年12月被广西壮族自治区民政厅授予5A级社会组织单位称号。广西甘蔗学会的宗旨是团结和组织广大甘蔗科技工作者，为促进甘蔗科学技术的繁荣和发展，促进甘蔗科学技术人才的成长和进步，加速广西蔗糖生产的发展作贡献。其任务主要有：①开展国内外学术交流与合作，提高甘蔗科学技术水平；②普及甘蔗科学知识，推广先进技术和科研成果；③接受领导机关委托交办的任务，对我区甘蔗发展战略进行决策咨询、技术咨询和技术服务；④开展继续教育，帮助甘蔗科技工作者补充新的知识，进行专业技术培训；⑤编辑出版甘蔗学术刊物，兴办为学术活动、科学普及服务的事业；⑥向党和政府反映甘蔗科技工作者的意见和要求，维护他们的合法权益，举荐人才，表彰奖励在学会工作中取得优秀成绩的先进团体和优秀会员，促进学会工作的发展。

广西甘蔗学会拥有600多名会员，主要有政府机关、科研院所、高校、企业等相关领域的人员；学会充分利用自身的人才荟萃的优势，跨单位、跨部门多方联合协作的特点，立足学科发展，搭建学术交流平台、科普宣传平台、战略研究平台、服务平台。每年主（承）办国内外科技与学术交流活动，增强学会的学术引领和社会影响力，会议形成的学术成果为推动糖料产业的技术进步和整体实力的提升，促进糖料产业的可持续发展作出了贡献。学会组建专家服务团队，结合乡村振兴、精准扶贫和科技特派员帮扶等活动，每年举行各种技术培训班。服务团队为广西糖料蔗“双高”基地建设、蔗糖产业发展、贫困村脱贫作出了积极的贡献。学会主动抢抓政府职能调整和社会组织转型升级的机遇，更新观念，科学谋划，健全机制，进一步增强责任和担当意识，扎扎实实为会员办实事，不断开创新时代学会工作新局面，承担起历史赋予的重任。广西壮族自治区农业科学院甘蔗研究所、广西甘蔗学会、广西制糖学会共同主办《广西糖业》刊物，现为双月刊，该刊由1981年广西甘蔗学会和广西甘蔗研究所创刊的《广西甘蔗》（季刊）发展而来，并曾用《广西蔗糖》刊名。

## 三、广西制糖学会

广西制糖学会成立于1980年8月20日，是广西制糖科学与技术领域群众性学术团体，围绕制糖产业从事生产、科研、管理、教学、设计、设备制造等的单位和个人自愿组成的地方学术性非营利社会组织。2012年被广西科学技术协会评为5A级学会，现挂靠于广西大学。

学会以“研究、交流、沟通、建言”为宗旨，团结和组织制糖工业科技界、应用界、产业界和教育界的专业人士，共同促进学术成果、新技术的交流、普及和应用，促进科技成果向现实生产力的转化，促进制糖工业科学技术和制糖产业的发展。广西制糖学会的业务范围主要包括组织举办制糖领域学术会议讲座等，推动广西制糖科学技术的交流发展；组织参加国内外学术交流活动，发展同国内外有关科学技术团体和科学技术工作者的友好联系；编辑出版制糖专业学术刊物，配合有关出版部门编写制糖专业著作、制糖工业丛书和论文集等；对广西制糖产业发展的重大科学技术问题发挥决策咨询作用；组织开展制糖科普活动，大力普及制糖工业科学技术，积极开展制糖技术培训，传播先进生产技术经验，协助有关部门做好制糖行业职工技术培训工作；向政府反馈制糖产业科技工作者关于学术活动方面的意见，维护制糖科技工作者的合法权益，培养青年科技人才。近年来，学会围绕广西制糖产业发展向全区各级政府和相关部门提出意见建议，围绕广西制糖产业共性和关键技术研发，率先在国内开发“兰姆酒”生产技术及工艺，促进了糖业综合利用发展。促进整个制糖产业结构优化升级，为广西打造千亿元制糖产业和确保广西制糖产业在全国长期占据主导地位提供强大的科技支撑，为加强广西自主创新体系建设作贡献。

## 四、广西糖业发展学会

广西糖业发展学会由广西壮族自治区糖业发展办公室作为业务主管单位，于2017年11月10日召开第一次会员代表大会，选举产生了理事长、常务副理事长、副理事长和秘书长等20名学会首届理事会成员。经审查批复，成立时间为2018年1月2日。广西糖业发展学会的宗旨是在广西壮族自治区糖业发展办公室和广西壮族自治区科协的直接领导下，贯彻执行党中央和广西壮族自治区政府的指示，遵守宪法、法律、法规和国家政策，遵守社会道德风尚。团结广大甘蔗科学技术工作者，坚持“百花齐放、百家争鸣”的方针，以服务产业需求为己任，积极配合省有关主管、专业部门大力开展群众性的科学试验，组织学术活动，总结经验交流，搞好科普工作，提高甘蔗科学技术水平，出成果、出人才、出效益，为推动甘蔗产业健康发展、促进科技创新作出贡献。李杨瑞教授任首届理事长。

## 五、中国热带作物学会

中国热带作物学会（China Society of Tropical Crops，CSTC）创办于1978年，是由中国热带作物科技工作者和相关单位自愿组成的全国性、学术性、非营利性社会团体。截至2018年10月，中国热带作物学会有15个专业委员会、6个工作委员会。

中国热带作物学会是全国唯一面向热带农业的全国性一级学会，业务主管单位是中国科学技术协会，业务上接受农业农村部指导，挂靠单位中国热带农业科学院、海南大学和中国农垦经济发展中心（农业农村部南亚热带作物开发中心）。主要业务范围是开展民间、国内外学术交流；普及热带作物科学知识；编辑出版《热带作物学报》，编辑、出版、发行科技书籍报刊及相关音像制品；向主管单位反映会员和科技工作者的建议、意见和诉求；组织会员和科技工作者对国家科技政策的制定提出建议；按照规定开展表彰奖励、继续教育和培训等工作；组织开展产业调研、科学考察、科技咨询，举办新技术、新成果、新产品展览；承担科技项目评估、成果鉴定、技术评价、行业标准制定、专业技术资格评审和认证等工作。

## 六、广东甘蔗学会

广东甘蔗学会是1980年1月1日从广东工业原料作物学会分出甘蔗专业，单独成立的学会。广东甘蔗学会由广东省内甘蔗科学技术工作者及从事甘蔗科研、生产、推广的高校、科研院所、企事业单位组成的群众性学术学会，坚持自愿入会原则，属非营利性社会团体。现有单位会员40多个，个人会员600多名。近年来，学会以促进甘蔗行业的转型升级为导向，通过组织各类活动，为甘蔗产业提供源源不断的智力支撑。发挥政府和产业之间的桥梁作用，组织产业专家开展甘蔗主产区病虫害、蔗糖转型升级等专题调研，向政府反映产业发展状况和科技工作者诉求，提供入库专家数十人，为政府决策提供科学依据。

## 七、福建省工业原料作物学会

福建省工业原料作物学会成立于1963年，它是由全省从事工业原料作物的科技工作者、管理人员、新型经营主体从业人员和有关领导干部自愿结合组成的全省性、学术性、非营利性社会团体，现有甘蔗、麻类、中药材和菌草四个专业学科，到2020年先后召开了9届会员代表大会和学术研讨会。

## 八、福建省轻工协会甘蔗糖学会

1981 年 8 月 12 日于福建莆田成立福建省轻工协会甘蔗糖学会，通过了学会章程，选举出第一届理事会，探讨发展福建制糖生产技术政策，进行学术交流。学会的业务包括配合全国甘蔗糖学会开展有关活动、汇编全省制糖科技成果、举办质量管理学习班等。

## 九、海南省甘蔗学会

2013 年 6 月 28 日，由中国热带农业科学院热带生物技术研究所甘蔗研究中心和海南省糖业协会共同发起的海南省甘蔗学会在海口成立，由海南省甘蔗产、学、研和行业主管单位等领域的专业人士自愿组成，集学术性、联合性、专业性、公益性于一体，是政府与业界之间的桥梁与纽带。作为发起单位之一的中国热带农业科学院热带农业生物技术研究所甘蔗研究中心，多年来致力于甘蔗脱毒种苗、甘蔗分子生物学等多个领域的研究，成绩斐然，得到国内外甘蔗科技业界的肯定。该学会的成立，对推广甘蔗新品种、新技术、新农资的应用，促进甘蔗产业的健康发展将起到积极的推动作用。

## 十、四川甘蔗制糖学会

四川甘蔗制糖学会于 1983 年 7 月召开第一次会员代表大会，选举产生了第一届理事会，建立了甘蔗、制糖两个专业委员会和技术咨询、普及教育和组织 3 个工作委员会，并进行了学术交流。

## 十一、部分市（地区）甘蔗（糖业）学会

（1）南宁市甘蔗学会。1985 年 12 月 18 日南宁市甘蔗学会在南宁糖纸厂召开成立大会，出席大会的有第一批加入学会的会员 68 人。大会讨论通过《南宁市甘蔗学会章程》，选举产生了第一届理事会成员。经营范围包括从事甘蔗科研、生产及管理的学术交流，开展技术培训和技术咨询，推广甘蔗良种和先进的甘蔗栽培技术。

（2）南宁地区（现崇左市）甘蔗学会。为广泛开展甘蔗学术交流，普及和提高水平，促进蔗糖生产发展，南宁地区于 1983 年 12 月 21 日成立甘蔗学会。全地区 14 个县（市）22 间糖厂从事甘蔗生产的技术干部共 78 名参加了成立大会，会议经过学习、讨论，修改、通过了学会章程，民主选举产生第一届理事会。

（3）柳州地区（现来宾市）甘蔗学会。为调动广大科技人员积极性，以适应蔗糖生产发展需要，柳州地区甘蔗学会于 1981 年 12 月 3—5 日在柳州市成立。来自地区各县甘蔗生产和科研单位的 35 名代表出席会议；大会选举产生理事会，并通过学会章程。

（4）河池地区（现河池市）甘蔗学会、制糖学会。经河池地区科协批准，河池地区甘蔗学会、制糖学会于 1990 年 7 月 20—21 日在河池市召开“两会”成立大会，100 多人参加会议。会议通过了河池地区甘蔗学会、制糖学会章程，会员分别有 51 人和 64 人，并民主选举出地区甘蔗学会和制糖学会第一届理事会成员。

（5）百色地区（现百色市）甘蔗学会。百色地区甘蔗学会于 1985 年 5 月 31 日至 6 月 1 日在百色市隆重举行成立大会。参加会议的各县甘蔗科技工作者 55 人。会议通过了百

色地区甘蔗学会会章，吸收35名会员，由全体会员选举产生了理事会。

（6）湛江甘蔗学会。湛江甘蔗学会于1988年11月15日成立，挂靠广东省科学院南繁种业研究所（原广州甘蔗糖业研究所）湛江甘蔗研究中心，业务范围包括学术交流，专业技术咨询、考察，甘蔗生产服务，技术开发、推广等，2021年有理事45人、常务理事15人。

（7）四川省攀西糖业协会。四川省攀西糖业协会成立于1994年11月22日，由四川米易糖业股份有限公司、金沙江糖业有限公司、会东多元集团、德昌达炬龙公司、四川省松新糖厂、宁南糖业有限责任公司、云南省巧家糖厂7家糖厂组成。

## 第二节　甘蔗学术交流

### 一、2008年以来中国作物学会甘蔗专业委员会历次学术讨论会

#### （一）中国作物学会甘蔗专业委员会第13次学术讨论会

由中国作物学会甘蔗专业委员会主办，云南省农业科学院甘蔗研究所承办的“中国作物学会甘蔗专业委员会第13次学术讨论会”于2008年8月21—22日在昆明召开，农业部、全国农业技术推广服务中心等单位领导出席会议，来自各省份的科研机构、政府部门、企业等339名甘蔗科技代表参加了会议（彩图26-1）。

学会开展甘蔗宏观经济与发展规划、遗传育种、高效生产专题分会场研讨，30余名专家进行学术的专题报告。

#### （二）中国作物学会甘蔗专业委员会第14次学术讨论会

2011年8月27—30日，2011年“甘蔗产业发展论坛暨中国作物学会甘蔗专业委员会第14次学术讨论会”在广州召开，由中国作物学会甘蔗专业委员会主办，广东省甘蔗学会、广州甘蔗糖业研究所等单位承办。来自广东、广西、云南、海南、贵州、四川、福建等省（自治区）的甘蔗糖业科技工作者400多名代表参加本次会议。

会议以主题报告、分组研讨和实地调研等内容为主，对甘蔗遗传育种、栽培与机械化、植保、产业经济与加工等进行专题学术报告与交流讨论，并针对生产中存在的问题和关键种植技术进行深入讨论研究。

#### （三）中国作物学会甘蔗专业委员会第15次学术讨论会

2014年8月26—28日，由中国作物学会甘蔗专业委员会主办，海南甘蔗学会和福建农林大学承办的“中国作物学会甘蔗专业委员会第8次全国会员代表大会暨第15次学术讨论会”在海南省海口市召开，国内各省份、农技中心及相关部门、甘蔗糖业工作者约300人出席会员代表大会和学术讨论会（彩图26-2）。

本次大会围绕“携手攻坚克难，共促转型升级”的主题，国内知名学者分别就甘蔗产业形势与政策、遗传育种、轻简高效栽培、机械化、病虫害防控等方面做了主题报告；组委会并设遗传育种与生物技术、产业经济与栽培、病虫害防控3个分会场，有35位专家分别做分会场报告。与会成员探讨交流产业技术、政策、市场与改革等关键问题，为提升我国甘蔗产业的国际竞争力，促进产业健康持续发展献计献策。

### （四）中国作物学会甘蔗专业委员会第 16 次全国学术讨论会

2016 年 9 月 5—8 日，由中国作物学会甘蔗专业委员会和福建农林大学国家甘蔗工程技术研究中心主办，贵州亚热带作物研究所承办的“中国作物学会甘蔗专业委员会第 16 次全国学术讨论会”在贵州省兴义市召开。国家、行业部门领导、业内知名专家、国内外甘蔗研究专业领域人物、专家和学者共 260 多人参加本次学术讨论会（彩图 26－3）。

本次会议以“科技创新与提质增效”为主题，围绕现阶段我国农业供给侧结构性改革、农业产业转型升级、贫困地区精准扶贫等热点问题展开研讨，与会代表集思广益、凝聚共识、共谋发展，为提升我国甘蔗产业的国际市场竞争力，推动甘蔗产业健康持续稳定发展献计献策。大会特别邀请了中国科学院农业虫害鼠害综合治理国家重点实验室主任戈峰研究员、美国植物分子遗传学家潘永保博士等 12 位国内外著名的专家分别就分子生物学与生物技术、种质创新与遗传改良、病虫害生态防控、轻简高效栽培、加工与产业经济等 5 个方面做了大会报告。大会还设种质创新与遗传改良和病虫防控与轻简高效栽培 2 个分会场，共有 27 位专家分别做了分会场报告。

### （五）中国作物学会甘蔗专业委员会第 17 次全国学术讨论会

2018 年 10 月 17—20 日，由中国作物学会甘蔗专业委员会主办，广西甘蔗学会承办的“中国作物学会甘蔗专业委员会第 17 次全国学术讨论会”在广西桂林市召开。本次学术讨论会的主题是“绿色发展与提质增效”。国际、国家、地方部门、科研院校、蔗糖企业、新型农业经营主体等单位及行业协会领导、业内知名专家、国内外甘蔗研究专业领域人物、专家和学者 176 人出席本次学术讨论会（彩图 26－4）。

大会邀请 ISSCT、澳大利亚糖业研究所育种、美国佛罗里达大学、福建农林大学基因组与生物技术研究中心等 29 位专家、学者就甘蔗种质创新与遗传改良、轻简高效栽培、病虫害绿色防控、副产物资源化与高值化利用、产业经济等方面做了大会特邀报告和主题报告。另外，大会还收录了中英文学术论文摘要 43 篇。

## 二、广西甘蔗学会年会暨学术交流会

广西甘蔗学会成立以来，每年召开年度学术交流会，一年一度的学术交流会已成为该会的学术品牌，从过去围绕以主题交流为主的年会，现在拓展为集学术研讨、专题报告、经验交流、成果推广、技术展示等具有博览性质的综合性学术盛会。如：2016 年 8 月“广西甘蔗学会 2016 年年会暨学术交流会”在广西南宁市召开，自治区人民政府领导出席开幕式并作重要讲话（彩图 26－5）。

2017 年 7 月 27—30 日“广西甘蔗学会 2017 年年会暨学术交流会”在广西防城港市召开，防城港市人民政府领导出席大会并讲话。广西壮族自治区、各市县甘蔗糖业相关主管部门、企业、科研院所及高校等单位代表、会员 260 余人参加了会议，会议还邀请了广西糖业协会、广西制糖学会、广西气象学会、广西化学化工学会等学会领导参会（彩图 26－6）。

2018 年 7 月 10—13 日，由学会主办的“发展中国家甘蔗科技创新国际研讨会暨广西甘蔗学会 2018 年年会”在海南三亚召开。来自广西、云南、广东、福建、海南、内蒙古、黑龙江、新疆等省（自治区）的糖业科研院所、高校，农业、糖业主管部门，制糖企业、种植公司等管理干部、技术人员共230人参加了会议。此次研讨会加强我国糖料科技工作者、产业界人士与国外同行的交流与合作，展示我国当前糖料科研领域取得的新成果以及我国糖料科研队伍的国际合作能力和技术创新能力（彩图26-7）。

2019年7月11—12日，“广西甘蔗学会第十一届代表大会暨2019年学术交流会”在百色市召开。参会代表涵盖了区、市、县糖业主管部门、糖企、甘蔗种植专业大户、科研院所及高校等会员200余人（彩图26-8）。

2020年9月7—9日，“甘蔗育种与生物技术”国际研讨会暨广西甘蔗学会2020年年会在广西河池市宜州区召开。此次研讨会加强了我国糖料科技工作者、产业界人士与国外同行的交流与合作，展示了我国糖料科研领域取得的新成果，有利于提高我国糖料科研队伍的国际合作能力和技术创新能力，对产业的发展具有较强的指导和借鉴意义。其间，会议为优秀论文作者颁发证书，与会人员参观了广西壮族自治区农业科学院河池分院甘蔗新品种新技术试验、示范基地。广西各市县糖业局（糖办）、科技局、农业农村局、“双高”办，甘蔗重点示范县、糖企、科研院所及高校等相关会员、有关单位代表230余人参加会议。

### 三、2019广西甘蔗产业高质量发展峰会

2019年6月21日，由广西壮族自治区科学技术协会、广西壮族自治区农业农村厅、广西壮族自治区农业科学院、崇左市人民政府联合举办的2019广西甘蔗产业高质量发展峰会在广西崇左市召开，中国工程院、地方政府、科协、科研院校等院士、领导、专家出席会议，甘蔗研究领域的专家学者聚集现场，给广西蔗糖产业把脉开方，为蔗农实现增产增收和减轻劳动强度献计献策。此次会议吸引国内甘蔗领域专家以及广西甘蔗产业企业、种植户近400人参加（彩图26-9）。

会议通过主题演讲、参观交流及新技术、新品种、新模式展示等形式，组织甘蔗种植户甘蔗示范园参观交流，让专家、农户、企业进行了深入交流，共同探讨广西甘蔗产业高质量发展之路和措施，并为甘蔗行业新投资者解读国家扶持政策，指导种植户和投资人规避甘蔗行业遇到的各种风险，将更多的甘蔗产业优质产品推向市场。

## 第三节　甘蔗制糖学术交流

### 一、基本情况

中国甘蔗制糖的学术交流组织形式主要以学术年会、学术交流活动、技术培训、联合科技攻关、技术咨询、调研撰写研究行业相关发展报告等为主，目的是促进学术成果、新技术的交流、普及和应用，促进科技成果向现实生产力的转化，促进制糖工业科学技术的发展，促进制糖产业的发展。

### 二、学术交流的主要内容

近年来，主要的学术交流活动包括：

**（一）中国崇左蔗糖业发展大会**

2011 年 8 月 5 日，由中国糖业协会、广西壮族自治区工业和信息化厅、崇左市政府联合主办，中国崇左蔗糖业发展大会在“中国糖都”崇左市举行，大会包括糖业创新发展主题报告会，制糖新技术、新工艺、新设备技术报告会，甘蔗新品种暨栽培新技术报告会，糖业新品种新机械新设备展等活动。来自中国、巴西、德国、泰国、印度等有关部门领导、专家学者、企业家代表出席会议，约 330 人参加，共同分析探讨蔗糖产业发展问题，为蔗糖业做强做优“把脉开方”，加快蔗糖业科学发展。

**（二）广西糖业技术进步交流展示会**

2011 年 5 月 18—19 日，广西制糖学会和广西糖业协会在广西南宁市共同举办“2011 年广西糖业技术进步交流展示会”，集中展示“十一五”以来制糖产业新技术、节能减排、污水终端处理、副产品综合利用等领域取得的技术创新成果，国内外糖业及相关产业链近百家单位、2 000多位各界代表参加了展示会，技术创新成果在展览会现场达成交易，相关产学研部门签订技术合作协议，有力地推进制糖产业产学研的合作。

**（三）首届广西糖业发展高端论坛**

2015 年 12 月 18 日，由广西科学技术协会、崇左市人民政府、广西大学、广西对外经济交流中心、广西糖业协会共同主办，由广西制糖学会、广西甘蔗学会、广西水利学会、广西农学会、广西气象学会承办，“首届广西糖业发展高端论坛—中国蔗糖产业转型升级战略与对策”在“中国糖都”广西崇左市举办，区直科研院校、地方市级、县级行业管理部门、企业及行业协会的领导、专家、负责人 200 余人参加论坛（彩图 26 - 10）。自治区、地方政府及行业协会、科研院所、高校的领导、专家学者出席论坛并作主题演讲，为广西蔗糖产业转型升级破解难题出谋划策。

**（四）广西糖业发展高端论坛暨科技进步助推糖业“二次创业”研讨会**

2017 年 11 月 4 日，由广西壮族自治区科技术协会主办，广西甘蔗学会和广西壮族自治区农业科学院甘蔗研究所承办的“广西糖业发展高端论坛科技进步助推糖业‘二次创业’研讨会”在广西南宁市召开，以“创新、智造、绿色、发展”为主题。中国科学院周成虎院士作了题为《现代遥感技术服务糖业产业发展》的主题报告，为大数据应用于甘蔗生产发展指明了方向。来自美国、澳大利亚和印度的外国专家，根据各自研究领域分别就甘蔗育种、病虫害防控、高效生产管理等方面最新成果及世界糖业发展趋势作了报告。来自全自治区各地的糖业主管部门、科研院所和高校、制糖企业等单位的领导和业务骨干共 160 余人参加此次研讨会（彩图 26 - 11）。

**（五）2018 年广西学术活动月启动仪式暨广西糖业发展高峰论坛**

2018 年 4 月 25 日，“2018 年广西学术活动月启动仪式暨广西糖业发展高峰论坛”在广西南宁市召开，本届论坛由广西科学技术协会主办，广西甘蔗学会、广西糖业协会、广西壮族自治区农业科学院甘蔗研究所、国家糖料产业技术体系（广西片区）、国家现代农业产业技术体系广西甘蔗创新团队承办。论坛邀请印度农业科学院、广西壮族自治区农业科学院、云南省农业科学院、广州甘蔗糖业研究所的知名专家做主题报告。广西壮族自治区科协、管理部门、区科协系统各学（协）会、科研院所、高校、制糖企业等单位的领导和业务骨干共 250 余人参加（彩图 26 - 12）。至此，广西糖业发展高峰论坛已成功举办了三届，影响力不断扩大，在不断推动蔗糖科技创新，促进产、学、研的交流和合作中发挥了积极的作用，已成为蔗糖产业创新发展的高端盛会。

**（六）广西国际糖业技术设备交流展示会**

2017 年 4 月 13—15 日，由广西制糖学会、广西糖业协会主办的“广西国际糖业技术设备交流展示会”在广西南宁举行。来自国内外糖业及相关产业新技术、新工艺、新设备的研发单位及设备制造、供应商近 60 家参展企业集中展示了国内外先进的糖业机械设备及技术。

同时，还举行主题为“绿色环保高效”的 2017 糖业技术沙龙学术活动，科傂可（上海）电子测量仪器贸易有限公司、南宁钛银科技有限公司、广西南宁博斯特机械有限公司、巴玛奥（昆明）贸易有限公司、广西永鑫华糖集团有限公司在推介会上做行业技术演讲。

**（七）中国糖业博览会分论坛**

2017 年 11 月 4 日，由广西制糖学会、广西大学牵头主办的 2017 年中国糖业博览会分论坛“标准化战略引领行业提档升级推进供给侧结构性改革研讨会”在广西南宁市举行。论坛通过主题演讲、嘉宾对话，探讨了经济发展新常态下，广西糖业以“标准化+”为抓手，助推创新发展、促进科技进步、引导制糖产业布局和结构调整、引领产业转型升级、提高制糖企业及其产品的信用及权威性，创建著名品牌，寻求以标准化引领制糖行业提档升级、推进供给侧结构性改革的新途径。

**（八）首届中国糖业博览会食糖科普活动**

2017 年 11 月 2—4 日，2017 中国糖业博览会食糖科普现场活动在广西南宁市举行。活动由广西糖业发展办公室、广西食品工业协会主办，广西制糖学会、各糖业集团协办。内容包括食糖科普、互动问答、糖画艺术表演、文艺表演等。

**（九）糖业现场交流会**

2017—2019 年，广西壮族自治区糖业发展办公室、广西糖业协会多次举行广西糖业“对标定标追标”现场交流活动，交流活动在相关制糖企业进行座谈交流和现场参观，学习先进的生产技术和管理经验。交流活动促进企业加快技术创新和技术改造，提高企业生产技术和管理水平。

**（十）广西国际糖业技术设备交流展示会**

2018 年 4 月，由广西糖业协会、广西机械工业研究院主办的 2018 年广西国际糖业技术设备交流展示会在广西南宁市开展。展示会邀请了国内外糖业及相关产业新技术、新工艺、新设备的研发单位及设备制造、供应商参展 80 多家企业参展。会议还邀请了法国、德国等国外技术资深专家介绍糖业设备新技术的应用、技改案例等技术交流活动。

**（十一）糖业发展论坛暨 2018 广西制糖学会学术年会**

2018 年 9 月 12 日，第 15 届中国-东盟博览会轻工展文化旅游与轻工产业创新论坛的分论坛“糖业发展论坛暨 2018 广西制糖学会学术年会”在广西南宁举行。承办单位有广西绿色制糖工程技术研究中心、糖业及综合利用教育部工程研究中心、广西蔗糖产业协同创新中心、广西糖业生产力促进中心、广西大学轻工与食品工程学院。广西壮族自治区管理部门及行业协会、科研院所、制糖集团（企业）的领导、专家、企业负责人、生产技术管理人员以及广西制糖学会第七届理事会成员或代表等近150人参加了本次论坛。

会议技术交流采用直接探讨、交流、沟通的圆桌会议形式。主题是糖厂生产过程的自动化智能化、糖业多元高值化利用。制糖企业介绍当下绿色制糖、制糖自动化智能化、产品多元高值化的经验；专家、技术提供商们发表相关主题内容的思考与见解，在具体推广、实践中遇到的热点与难点问题；参会代表从不同行业共同为糖业发展把脉。会议期间，进行了隆重的颁奖仪式，授予陆益栋、农光、朱芳远、钮公藩、卢家炯“广西糖业终身成就奖”荣誉称号。

### （十二）2019年中国糖业产业链延伸发展论坛

2019年5月26日，2019年中国糖业博览会暨世界糖业研讨会分论坛“糖业产业链延伸发展论坛”在广西南宁市举行。论坛由中国科学院近代物理研究所、广西制糖学会联合主办，广西大学蔗糖产业省部共建协同创新中心、糖业及综合利用教育部工程研究中心、国家糖料产业技术体系加工研究室、广西绿色制糖工程技术研究中心承办。

论坛的议题是糖业产业链延伸发展及绿色多元高值化利用。邀请澳大利亚、泰国、中国的四位知名专家进行主题演讲。针对制糖行业，原料生产成本高与低产出的传统价值链之间的矛盾严重制约行业的综合竞争力的现状，围绕糖业产业链延伸进行研讨。认为要依靠科技进步，创新生产模式，提高甘蔗资源的有效利用效率，在综合利用和糖品深加工方面朝着高附加值、绿色环保型产品方向发展，实现甘蔗资源产品多元化、高值化，延长产业价值链，增加新的价值增长点，从而提高糖业综合竞争力，是解决行业发展根本问题的有效途径。

### （十三）广西制糖协会的学术交流成果概述

**1. 为广西制糖产业发展提供科技支撑** 广西制糖学会会员单位涵盖广西壮族自治区高等院校、科研院所、相关企业、政府管理部门和行业协会机构等技术创新主体，学会灵活发挥自身优势，通过产学研政等合作模式，整合相关单位的科技资源，共同开展制糖产业技术研发、转化及产业化，实现优势互补共同发展，为推动广西制糖产业快速持续发展提供强大的科技支撑和动力源泉。广西制糖产业能成为广西在全国最具影响力的产业之一，除了得天独厚的地理条件、资源优势和产业基础等因素，还拥有强大的制糖产业技术创新支撑。广西制糖学会通过组织开展技术交流研讨会、新技术新产品交流交易会、投资项目推介会、糖业技术设备展览会、制糖学会学术年会等各种学术交流活动，为制糖企业、高等院校、科研院所、制糖设备厂商等搭建技术交流、交易、合作平台。广西制糖学会的会员单位广西大学糖业工程技术研究中心，与全区制糖企业技术研发机构共同组织制糖产业技术创新战略联盟，围绕广西制糖产业共性关键技术进行研发，突破技术难题，转化技术成果，率先在国内形成“兰姆酒”生产技术及工艺，促进糖业综合利用发展，促进整个制糖产业结构优化升级。

**2. 为广西制糖产业发展培养技术人才** 广西制糖学会通过依托作为会员单位的高等院校、科研院所和制糖企业等，与企业合作共建实习基地，培养大量的优秀学生，打造科技创新团队，为制糖企业培训技术工人，提高企业工人的技术素质。目前，在广西制糖企业中80%以上的技术人员和管理骨干都是会员单位培养出来的优秀人才。每年组织会员专家学者到全区各制糖企业，开展企业管理人员、技术人员的培训工作，为企业培养专业技术人员提高专业技术素质提供技术支持。

2018 年 6 月 4—15 日，与广西大学共同组织了 2018 年广东广垦糖业集团中高层管理人员高级研修班，提高相关管理人员、生产骨干的综合素质、专业技术和生产业务管理水平。

2016 年、2017 年、2018 年，受广西糖业发展办公室委托，学会组织（2016 年、2017 年）、协助组织（2018 年）广西糖业系统教育培训班，学员为广西各地糖业主管部门的领导、制糖企业管理人员及生产骨干，累计约 400 人次。培训班对广西糖业系统相关管理人员、生产骨干的综合素质、专业技术和生产业务管理水平提高，对推动产业降本增效、促进广西糖业二次创业和可持续发展有重要的推进作用。

同时，学会还组织专家为制糖企业招聘人才出题考试和担任评委，为制糖企业选拔优秀人才提供帮助，还组建制糖领域的技术创新团队、制糖领域学术领军人才，为广西制糖产业科学快速发展提供有力的人才保障。

**3. 推动广西制糖产业发展搭建技术交流平台**　广西制糖学会通过组织开展各种形式的学术交流会、报告会、汇报会、专题座谈会、学术论坛以及出版学术杂志、技术培训教育等，组织会员围绕制糖领域开展交流探讨，共同讨论全区和全国制糖产业发展大计，为推动广西制糖产业发展搭建各种学习交流平台。比如，广西制糖学会每年都召开会员代表大会，邀请制糖产业领域相关专家学者、企业代表、政府官员和其他行业代表参加，总结学会全年工作，举行学术交流研讨，共商制糖产业发展问题。

**4. 为制糖企业和政府部门决策提供技术咨询和指导**　广西制糖学会作为广西制糖企业和有关高校、科研机构、行业协会、政府部门等制糖技术创新体系建设主体的桥梁纽带，为制糖企业和政府部门决策提供技术咨询和指导。广西制糖学会每年安排学会学术委员会和技术咨询委员会的专家对会员制糖企业进行生产查定、问题诊断、技术交流座谈、生产问题技术指导和咨询服务。

2012 年，广西制糖学会多次派出专家对广西农垦糖业集团、广西博庆食品有限公司、广西永鑫华糖集团等会员单位出现的生产问题提供技术咨询、问题诊断和指导解决等技术服务。

2019 年 1 月，受南宁糖业接管方广西农村投资集团委托，广西制糖学会进行“南宁糖业运营管理调研”活动，组织了农业、工业、供销、财务、人力资源管理五个方面的专家到南宁糖业及下属糖厂进行调研活动。为制糖企业体制机制改革，激发市场活力，提升经营管理能力，不断增强可持续发展能力和竞争力，实现高质量发展，推动“二次创业”，实现“保壳脱帽”打下基础。

2019 年 1 月，受洋浦南华集团邀请，广西制糖学会组织专家到其下属糖厂针对生产问题开展调研工作，对存在的问题，提出相应解决措施。

广西制糖学会每年组织专家学者到区内外深入调查研究，参与中国糖业协会《糖业行动规划（2018—2022 年）》《广西糖料蔗产业发展“十二五”规划》《广西糖业二次创业总体方案（2015—2020 年）》《广西糖业转型升级三年行动方案（2017—2019 年）》等规划方案，承担、撰写《广西糖业技术发展报告》《壮大和提升崇左市糖产业策略研究》《广西蔗糖业科技发展及技术预见研究》《我国食糖市场调控机制研究》等课题研究报告，为广西制糖产业科学民主决策提供意见建议。

2018 年，受自治区糖业发展办公室委托，广西制糖学会组织编写了《广西主要制糖企业管理制度汇编》《广西糖业管理制度》等。

2019 年，受自治区糖业发展办公室委托，广西制糖学会组织编写了《广西糖业发展 40 年纪实》等书。

**5. 围绕制糖产业技术创新链，开展联合技术攻关** 广西制糖学会通过各种合作模式，围绕制糖产业技术创新，整合各种创新资源，重点开展节能降耗、精深加工技术等产业技术攻关。打造"甘蔗—制糖—糖蜜—制酒精—酒精废液—复合肥""甘蔗—制糖—蔗渣—制浆造纸—废液碱回收—再利用"等循环生产模式，推广"蔗—牛—菇"等种养循环模式，形成完整的产业链；加强对制糖产业技术创新研发项目的管理和支持，搭建产业技术创新交流平台，创建特色学术交流品牌，服务制糖产业技术创新，为促进广西制糖产业结构优化升级，推动广西制糖产业科学发展提供科技支撑。

2017 年 11 月 16 日，广西制糖学会、中国-泰国崇左产业园、广西大学轻工与食品工程学院共同在广西崇左市举行了签约揭牌仪式，从科技创新、成果转化、人才培养、产业孵化等方面，共建现代蔗糖及延伸产业技术协同创新基地暨教学实习基地。

2018 年，广西制糖学会、广西大学糖业及综合利用教育部工程研究中心与广西农利来牧业集团有限公司在广西大学签订战略合作协议，基于三方各自的优势与基础，围绕广西蔗糖业的转型升级，按照"合作、多赢、绿色、多元"的原则，通过科技创新与地方产业经济发展密切结合，探索"蔗糖＋"产业融合，建设"糖料蔗双高基地＋"现代绿色生态农业新模式示范区，以期推动广西全区经济社会发展。

2018 年广西制糖学会组织，牵头联合广西百桂堂食品有限公司、南京工业大学膜科所陶瓷纳滤膜研发中心、广西南宁健力泉糖业科技有限公司、广西凤糖生化股份有限公司开展"基于膜过滤的低色低浊甘蔗制糖关键技术研发及应用示范"项目。

2019 年 7 月，广西制糖学会李凯理事长率队至云南省临沧市耿马傣族佤族自治县调研蔗糖全产业链发展情况，与耿马傣族佤族自治县人民政府签署战略合作协议，建立"综合性专家工作站"，形成产学研长效合作机制，为地方产业融合规划、蔗糖产业发展规划、循环经济建设情况等提出战略性指导意见和建议，推动耿马自治县蔗糖产业高质量发展。

## 第四节　其他省级甘蔗糖业学术交流

### 一、广东省甘蔗糖业学术交流

1992 年以前，广东是全国最大的甘蔗糖业大省，为配合产业发展，一些省级和市级以及地区的甘蔗学会相继成立，如 1978 年广东省顺德县成立了甘蔗学会，广东甘蔗学会成立于 1980 年，1982 年广东省遂溪县和惠阳地区分别成立甘蔗学会，1984 年江门市甘蔗学会成立等。各地甘蔗学会的成立为加快蔗糖生产发展步伐提供了科技动力，充分发挥学术组织的技术参谋作用，各地甘蔗学会也经常不定期地组织一些学术讨论会，积极发挥甘蔗专家技术服务优势，通过组织省、市、县各有关科研、生产、教育部门和珠江三角洲部分糖厂的专家、教授、工程师和科技工作者，积极开展学术讨论会，共同为加快蔗糖生产的发展而出谋献策。近年来在各学会在服务产业、参与乡村振兴和精准扶贫、开展科普和党支部建设等方面的工作也取得一定的成绩，为广东的甘蔗产业作出了贡献。广东甘蔗学会与其他省份甘蔗学会也有密切合作，如广东、广西甘蔗学会联合，于 1995 年 11 月 7—9 日在广州举办了“广东广西两省区甘蔗学会青年学术讨论会”。20 世纪 90 年代以来，广东的甘蔗糖业日益萎缩，主产区集中在以湛江为主的粤西地区，广东甘蔗学会的学术交流活动常与湛江甘蔗学会联合开展。由广东甘蔗学会牵头，湛江市甘蔗学会、广东省科学院南繁种业研究所及所属湛江研究中心、广东海洋大学、湛江市农业科学院、中国热带农业科学院南亚热带作物研究所等长期从事甘蔗产业技术研究和技术推广服务的单位组成的“粤西甘蔗种业专业科技服务团”入选 2022 年第一批“科创中国”科技服务团。该科技服务团将面向粤西优势甘蔗产区，组织省内甘蔗领域的专家，在精准挖掘服务需求、征集技术成果、开展转化对接服务、推动建设协同组织、打造产学融合品牌活动、服务科技人才创新创业方面开展业务，促进粤西甘蔗产业的转型升级和高质量发展。

## 二、云南省甘蔗糖业学术交流

云南省的甘蔗糖业学术交流主要由云南省农业科学院甘蔗研究所组织，配合中国作物学会甘蔗专业委员会在云南召开学术研讨会，组织省内从事甘蔗糖业科研单位、生产企业等专业技术人员开展技术研讨、培训、现场观摩等，并与其他省份相关单位合作开展技术和学术交流等。

## 三、福建省甘蔗学术交流

福建省内的甘蔗学术交流主要依托福建省工业原料作物学会，与麻类、中药材和菌草这四个专业学科一起。如 2020 年于 11 月 29 日，福建省工业原料作物学会第九届第一次会员代表大会在福州召开，代表 60 余人（彩图 26 - 13）。

## 四、海南省甘蔗学术交流

海南省的甘蔗学术交流主要有海南省甘蔗学会组织，其第一次会员代表大会于 2013 年 6 月 28 日在海口市召开，海南省甘蔗科研单位、地方农技部门、制糖企业等单位代表 90 多人参加了会议，选举产生了理事会、常务理事会成员，并进行学术交流。

海南省甘蔗学会第二次会员代表大会于 2018 年 12 月 14 日在海南海口市召开，来自全省甘蔗产业界的会员代表包括中国热带农业科学院和海南大学等科教单位、省和产糖市县农技部门、制糖企业及有关企业的代表共 60 多人参加会议，选举出由 30 人组成的第二届理事会、由 11 人组成的常务理事会以及由 5 人组成的监事会，并开展了学术交流。

# 第二十七章

# 甘蔗糖业的国际学术交流

## 第一节　概　　述

1949年10月中华人民共和国成立之前，我国就已经有甘蔗前辈出国深造，学成回国后成为我国甘蔗糖业的奠基人。其中非提不可的是骆君骕博士，广西容县人，1931年毕业于南京私立金陵大学农学院，获农学学士学位后回广西工作，1934年担任广西省政府建设的第一个450吨新式机械制糖厂贵县糖厂农业部首任负责人，于1937年考取广西公费留学生，到美国路易斯安那州立大学留学，专攻甘蔗改良研究，1938年获农学硕士学位，1940年获植物病理学博士学位。回国后先后在福建农学院、广西大学任教，曾任广西大学农学院农学系主任；1945年台湾光复后任台湾接收委员会糖业组接收委员，台湾糖业公司屏东甘蔗研究所首任所长，负责甘蔗品种改良；1946年亲自安排将台糖134（F134）、台糖108（F108）等甘蔗品种运至广州，后来成为华南地区的主栽甘蔗品种和重要的杂交亲本（骆君骕，1992），特别是F134，20世纪80年代以前一度占华南地区甘蔗栽培面积60%以上，直到80年代选育出桂糖11号等一批优良甘蔗品种才逐步将其完全替代（李杨瑞，2010）。

改革开放以前，中国大陆的甘蔗糖业几乎不参与国际学术交流，唯有台湾的甘蔗糖业从20世纪50年代至70年代蓬勃发展，不但研究成就突出，而且活跃参与国际甘蔗技师协会（International Society of Sugar Cane Technologists，ISSCT）的各种学术交流，并于1968年在台北市承办了ISSCT第13次大会（骆君骕，1992）。但是，80年代以后，台湾的甘蔗糖业不断衰落，2002年停止甘蔗育种，其专家也不再参加ISSCT国际学术大会。

改革开放后，中国大陆开始持续不断地培养可以走向世界的甘蔗科技人才，但20世纪90年代以前由于种种原因，国家对甘蔗科研和科技攻关支持的力度小，甘蔗糖业的对外交流主要是通过政府间合作，进行少量种质资源和资料的交换，并偶有人员互访、考察等活动安排，极少走出国门参加国际学术会议，更谈不上在国际学术组织中占有一席之地。进入90年代，我国食糖实现了自给，全国糖业结构也处于调整优化重要阶段，为尽快缩短与先进国家差距，在政府引导下，各地为配合企业技改，积极对外招商引资，随着越来越多外商来华投资与合作，我国甘蔗科研生产领域在组织培养、种苗脱毒技术、工厂化育苗技术、有机生物肥料生产以及生物防治技术等领域取得了比较大的进展。在政府和企业的带动下，我国甘蔗糖业科技对外交流频率、范围和人员数量不断扩大，不仅召开各种学术研讨会，还开展了多项科研协作。国家有关部委、甘蔗主产区各级政府部门及高校、科研院所、糖业协会组织等先后组织实施了一批甘蔗糖业科技合作项目，通过这些交流与合作，加强了政府、企业界和科技界人士相互间的了解，在一定程度上促进了国内甘蔗糖业科技的自主创新。90 年代末以来，通过平台搭建，强化了中国糖业科技对外交流活动的组织，吸引了世界各主要产糖国的积极参与，理顺了对外合作交流的渠道，提高了国际科技合作的层次和水平，扩大了人才引进和培养的规模，对外合作内容扩展为种质资源交换、品种和技术成果引进与输出、联合研发、人才培养、人员培训、信息交流等诸多方面，合作方式包括人员互访、考察、讲学、培训和参加国际会议及技术展览会等。从 2006 年起，广西壮族自治区农业科学院向全世界招收甘蔗博士后研究人员，到 2020 年已先后招收了来自印度、古巴、孟加拉国、巴基斯坦等国的博士后研究人员 13 人；2018 年广西壮族自治区农业科学院通过向全世界公开招聘，聘用了澳大利亚著名甘蔗专家 Prakash Labshmanan 博士担任甘蔗研究所全职科研所长。同时，我国各甘蔗糖业研究单位通过合作开展项目研究，一大批先进蔗糖生产国的知名专家参与，进一步增强了我国与世界各国甘蔗糖业科研与生产技术人员间的科技交流，大大地提升了我国甘蔗糖业的国际地位和国际影响力，促进了国内科技创新活动的开展和自主创新能力的提高，使我国甘蔗糖业研究发展水平进入国际先进行列。其中，有几位代表性华裔甘蔗专家对我国甘蔗糖业的发展有重要的影响：

①骆君骕（1909—1996?）博士，前述已介绍，他是原台湾糖业公司屏东甘蔗研究所首任所长。骆君骕对我国台湾的甘蔗育种贡献良多，并将重要甘蔗品种引进大陆，其中 F134 成为华南主栽甘蔗品种达 30 多年，1972 年提前退休后移居美国，改革开放后多次进行学术交流和技术指导，并著有总结其一生甘蔗研究心得的专著《甘蔗学》，1984 年由广东甘蔗学会出版，1992 年由中国轻工业出版社出版。

②戴耀波（Peter Y. P. Tai，1942—2006）博士，出生于我国台湾，曾在美国农业部农业研究总署运河点甘蔗研究所（Sugarcane Field Station，USDA－ARS，12990 U. S. HWY 441，Canal Point，FL 333438）从事甘蔗遗传育种工作。戴耀波先后引进多批 CP 系列甘蔗品种资源，成为我国重要的甘蔗育种亲本，为我国培养多位甘蔗育种科技人才。

③李增生（Lee Tseng Sheng Gerald，1942—2020），出生于我国台湾，1974 年在美国明尼苏达大学获得植物生理学博士学位，长期担任巴西圣卡洛斯联邦大学农业研究中心教授。多次在国内讲学，传授他最先发明的甘蔗健康种苗生产技术，还介绍了几项巴西普遍应用的技术，包括甘蔗生物固氮利用技术、酒精废液定量还田技术、螟虫生物防治技术等；先后提供了多批重要甘蔗种质资源以及一些其他作物的品种资源；安排多批专家赴巴西参观学习和进修，为培养我国科技人员作出了重要的贡献。2004 年以后我国牵头组建国际糖业科技协会（International Association of Professionals in Sugarcane and Integrated Technologies，IAPSIT），得到李增生教授的鼎力支持，作为执行委员会成员，为发展中国家的甘蔗学术交流作出了杰出的贡献；还推荐了多位巴西甘蔗专家，参加 IAPSIT 的活动，到中国进行学术交流和技术指导，密切了两国之间的学术联系；2000 年获广西壮族

自治区人民政府授予的“金绣球奖”和中国政府授予的“友谊奖”。

④潘永保（Yong-Bao Pan）博士，江苏人，1990 年获爱荷华州立大学遗传学和生物化学博士学位，美国农业部农业研究总署甘蔗研究所（Sugarcane Research Unit，USDA-ARS，5883 USDA Road，Houma，Louisiana 70360）植物分子遗传研究科学家。潘永保在甘蔗分子生物学领域研究成果突出，为我国培养了多名研究人员，多次交流指导，开展技术培训，用 PCR 技术检测甘蔗病害，用 SSR 分子标记技术辨别真假杂种，并长期作为 IAPSIT 执行委员会成员，为发展中国家的甘蔗学术交流作出了杰出的贡献，获广西壮族自治区人民政府授予“金绣球奖”。

⑤赵都立（Duli Zhao）博士，陕西人，1997 年获阿肯色大学农学博士学位，曾任美国农业部农业研究总署运河点甘蔗研究所所长，甘蔗农学家，为我国培养了多名研究人员，多次来华交流指导，开展技术培训。

⑥明瑞光（Ray Ming）教授，湖北人，1995 年获美国夏威夷大学植物遗传育种博士，现为美国伊利诺伊大学香槟分校（University of Illinois at Urbana-Champaign，UIUC）教授，在甘蔗方面的主要工作集中在甘蔗的糖分和产量相关数量性状分析、基因组学、分子标记等研究，同时受聘福建农林大学基因组中心主任、讲座教授。2018 年在 *Nature Genetics* 以其为通讯作者报道了对单倍体割手密 AP85-441 品种的全基因组测序所获得的发现（Zhang et al.，2018），这是世界上首例甘蔗属材料的全基因组测序分析结果。

⑦韦先明（Xianming Wei）博士，1998 年获 University of Tasmania（塔斯马尼亚大学）博士学位，澳大利亚糖业研究所育种家，与我国合作开展多项研究，培训多名中国甘蔗育种专家，毫无保留传授家系选择等甘蔗育种技术，并多次来华进行学术交流和技术指导。

### （一）引进了大量的甘蔗优良种质资源和品种

我国有关单位先后从美国、日本、澳大利亚、古巴、巴西、巴基斯坦以及我国台湾引进甘蔗种质资源和品种 1 200 多份。有关单位利用这些资源，先后筛选出新台糖 22 号、新台糖 16 号、美国 CP80-1827、日本农林 8 号、巴西 45 号、桂引 6 号、桂引 9 号等一批早熟、高糖、丰产、固氮或糖能兼用的良种，巴西 45 号、桂引 5 号、Mex105、FR93-435、CP85-1308 等品种已通过审（鉴）定，并在甘蔗生产上推广应用，还由美国引进杂交种子育成了桂糖 28 号（GTCP00/122）。其中的一些亲本已成为广西主要的高糖亲本，为提高我国甘蔗新品种的蔗糖分起了重要作用。通过国际技术合作，我国甘蔗育种水平迅速提高，持续不断选育出适合不同生态条件的优良甘蔗新品种，目前我国甘蔗主产区的自育甘蔗良种种植面积已占甘蔗总面积的 98%以上。

### （二）引进“间歇浸没式生物反应器（TIBs）系统”技术

间歇浸没式生物反应器（TIBs）是一种利用液体培养基、以气体压力为动力、间歇性自动控制培养基对植物进行培养的生物反应器，是目前世界上最先进的高效植物组织培养系统。该技术是古巴科学家 Ariel D. Arencibia 和 Elva R. Carmona 在广西农业科学院从事博士后研究期间与我院有关专家合作进行的课题。现已在广西作物遗产改良生物技术重点开放实验室和广西甘蔗研究所建立了一套间歇浸没式生物反应器系统，并开展了一系列研究工作，这是国内首次引进该技术。研究结果显示：与常规植物组织培养技术相比，采用间歇浸没式生物反应器系统进行甘蔗组织培养研究，每代增殖达 30～40 倍，极大地提高了一代的增殖率，缩短了培养周期，降低了生产成本。研究还发现，采用间歇浸没式生物反应器系统进行甘蔗组织培养时产生的次生代谢物质含有多种生物活性物质，有综合利用的前景。

### （三）引进巴西甘蔗品种及内生固氮菌，开展甘蔗生物固氮技术合作研究

与巴西圣卡洛斯联邦大学、圣保罗大学原子能农业研究所开展了甘蔗生物固氮技术合作研究，从巴西引进固氮菌和固氮菌分离培养技术，分离了 60 多个来自不同属的甘蔗内生固氮菌菌株，选育了 3 个固氮品种应用于甘蔗生产；发现甘蔗生物固氮能力强弱与甘蔗基因型、环境中氮多少、固氮菌种类有明显的关系。室内固氮菌分离、固氮酶活性试验及盆栽氮素营养平衡试验结果证明了桂引 5 号和 B8 等甘蔗品种具有生物固氮能力。$^{14}N$ 同位素示踪结果证明 B8 等甘蔗品种具有较强生物固氮能力。固氮甘蔗品种资源筛选取得重要进展，已从现有的国内外品种资源中筛选出一批具有较强生物固氮能力的品种材料。2 年新植、2 年宿根共 15 个试验点次的不同氮肥施用量控制试验结果证明桂引 5 号在广西的栽培环境条件下仍具有较强的生物固氮能力，比传统种植方法节省氮肥 50%以上，而且高糖、高产、稳产。固氮甘蔗品种桂引 5 号已通过品种审定，并在生产上推广种植。

### （四）古巴蝇生物防治甘蔗螟虫技术引进

2003 年，广西壮族自治区农业科学院开始与古巴国家甘蔗研究所合作进行甘蔗生物防治技术的研究，多次邀请古巴专家来华进行合作研究，解决古巴蝇、螟黄足绒茧蜂等甘蔗螟虫天敌的引进问题，传授古巴生物防治特别是应用古巴蝇防治甘蔗螟虫的技术和研究方法。同时，开展研究古巴蝇繁殖技术、工厂化生产技术和田间放养技术，提高古巴蝇田间寄生率，实现生物防治的本地化。其在甘蔗生产上的应用效果良好，天敌寄生率达到 40%～50%，甘蔗螟害节率小于 10%，产量提高 5%～10%，蔗糖分提高 0.3%～0.5%（绝对值）。

### （五）糖厂酒精发酵液定量还田技术

酒精发酵液既是一种环境污染物质，其 COD（化学耗氧量）达 10 万～15 万 mg/L，同时它又是一种作物营养物质，含有大量作物所需的多种养分元素。据分析，酒精发酵液一般含有机质 5.5%～12%，N 0.06%～0.42%，$P_2O_5$ 0.01%～0.38%，$K_2O$ 0.23%～1.54%，固形物 7%～14%，还含有一定量的中微量元素和氨基酸等多种生长活性物质。根据巴西专家李增生教授的建议，广西壮族自治区农业科学院联合广西大学及相关糖业企业开展了将糖厂酒精发酵液作肥料直接应用于甘蔗的研究，发明了有效的处理技术，解决了糖厂酒精发酵液对环境的污染，同时又使废弃物资源化利用，变废为宝，对源于土壤的多种营养物质又重新回到土壤，这对于培肥土壤、提高土壤肥力，建立良性循环的农业生态系统，促进农业可持续发展有十分重要的作用。

### （六）甘蔗宿根矮化病（RSD）的 PCR 检测技术

通过与美国著名甘蔗专家潘永保博士等开展甘蔗病害检测技术合作研究和技术培训，采用物理技术或生物技术获得的健康种苗能有效防治 RSD，甘蔗产量增加 15%以上。该技术对我国蔗区利用健康种苗防治 RSD 提供了依据，对健康种苗的生产应用起到了促进作用，同时为开展抗 RSD 资源材料的筛选和生物技术辅助抗病育种打下了基础。

#### （七）单倍体割手密全基因组测序获得突破性进展

福建农林大学与美国伊利诺伊大学香槟分校等单位合作，对单倍体割手密 AP85-441 品种进行了全基因组测序，组装了 32 个染色体，由 8 组同源染色体构成，每组同源染色体含 4 条染色体，共编码了 35 525 个基因。进一步的研究发现割手密中 8 个基础染色体是由原始的 10 条染色体其中的 2 条发生裂变，随后易位到其他 4 条染色体上所导致的。发现 80%的与抗病性相关的核酸结合位点-编码基因分布在这 4 个发生重排的染色体上，而且 51%分布在重排区域。对 64 株割手密个体的重测序研究发现重排区域存在平衡选择，从而保证了遗传多样性。现代甘蔗中渗入的割手密基因组序列在 AP85-441 品种的基因组上是随机分布的，说明在不同的割手密品种之间同源区段的随机重组。这是世界上首例对甘蔗属材料全基因组测序结果的报道。

同时，通过国际合作，我国与国际上重要的甘蔗糖业研究机构及大学建立了良好的合作关系，为我国培养了一批甘蔗糖业国际化人才和优秀青年科学家，为我国甘蔗糖业的发展提供了有力的人才支撑，显著提高了我国甘蔗糖业的国际地位。我国甘蔗专家也开始走向世界，合作研究在国际刊物发表论文（Li and Solomon，2003；Solomon and Li，2004），共同撰写甘蔗专著，在国外发表（Solomon et al.，2005）。

由于在提升我国甘蔗糖业科技创新能力，推动产业发展方面作出了突出贡献，巴西圣卡罗联邦大学农学院李增生（Lee Tseng Sheng Gerald）教授（彩图 27－1）、印度甘蔗国家研究所首席科学家 Sushil Solomon 博士（彩图 27－2）和澳大利亚籍的广西壮族自治区农业科学院甘蔗研究所科研所长 Prakash Lakshmanan 博士先后获得了我国国务院颁发的“友谊奖”，古巴国家甘蔗研究所 Merida Rodriguez Regal 博士、印度甘蔗研究站 G. P. Rao 博士、美国农业部农业研究总署 Homa 甘蔗研究所 Yong-Bao Pan 博士（彩图 27－3）等 7 位科学家获得了广西壮族自治区人民政府颁发的“金绣球奖”。

## 第二节　学术组织

### 一、国际甘蔗技师协会

国际甘蔗技师协会（International Society of Sugar Cane Technologists，ISSCT），也翻译成“国际甘蔗糖业技师学会”，成立于 1924 年，它是一个由甘蔗和制糖科研人员、生产管理者、研究所和相关企业为了甘蔗领域的技术创新和可持续发展而组成国际化的协会。1924 年以前没有正式的甘蔗糖业的国际学术交流会。1924 年美国邀请巴巴多斯、菲律宾等地的甘蔗专家在夏威夷召开第一次国际甘蔗技师协会大会，包括甘蔗与制糖两部分，会上参会人员宣读论文，会后由大会秘书整理论文，由荷兰书商出版 *Proceedings of 1st Congress of International Society of Sugar Cane Technologists*，分别寄给出席人员；大会决议每隔 3 年召开一次大会，轮流由会员国提出申请，经大会通过，决定下次开会地点。大会承办国负责筹备，确定开会日程，承担招待事务，收集会议论文，分组聘请专门委员审查论文及编印等。由于 ISSCT 是由美国发起，一直以来主要由美国主导，其执行委员会主席多由美国甘蔗糖业专家担任，偶尔也有选其他国家的，如第 28 届的 ISSCT 执行委员会主席为 Timothy John Murray（南非），副主席为 William Lee Burnquist（巴西）；2019 年第 30 届 ISSCT 执行委员会主席为 Philippe Rott（美国），副主席为 Raúl O. Castillo（厄瓜多尔）。按照 2019 年第 30 届 ISSCT 大会新修订的 ISSCT 章程规定，主席只能任一届（3 年）。日常事务主要由秘书长负责，原来 ISSCT 秘书处自 1996 年起一直设在毛里求斯的 Quatre Bornes，距毛里求斯甘蔗产业研究所总部约 6 km，现任秘书长（General Secretary）为毛里求斯甘蔗产业研究所前所长 L. Jean Claude Autry 博士，按照章程可以竞聘，秘书处也可竞选。目前 ISSCT 实行注册会员制，即须先注册为会员，才能作为代表参会，提交的会议论文中至少有一人是已经注册有望参会的会员，论文才可被接收。大会的会员包括个人会员（Individual Member）、荣誉终身会员（Honorary Life Member）、隶属会员（Affiliated Member，有投票权，每个国家一个）、公司会员（Corporate Member）和机构会员（Institutional Member）。荣誉终身会员为对甘蔗糖业贡献突出或长期积极参加 ISSCT 各项活动，为 ISSCT 做出突出贡献者，需由专家推荐，执行委员会提名，理事会投票决定；其他会员须每届重新注册，缴纳会费，方为有效。ISSCT 下设大会组织委员会（Congress Organising Committee），由大会承办国相关人员组成，包括荣誉主席（Honorary President，一般为当地政府主要领导）、主席（Chairman）、副主席（Vice Chairman）、大会秘书（Congress Secretary）、财务主管（Secretary Treasurer）等；ISSCT 执行委员会（ISSCT Executive Committee，12 人），包括主席（Chairman）、副主席（Vice Chairman）、技术程序委员会主席（Chair，Technical Program Committee）、成员（Members，8 人）、秘书长（General Secretary）、编辑（Editor）；ISSCT 理事（ISSCT Councillors），组成人员为代表不同国家的隶属会员代表各 1 名；ISSCT 技术程序委员会（ISSCT Technical Program Committee），包括主席（Chair）、农业主任委员（Agricultural Commissioner）、生物主任委员（Biology Commissioner）、工厂主任委员（Factory Commissioner）、副产品主任委员（Co-Products Commissioner）、管理主任委员（Management Commissioner）、编辑（Editor）；ISSCT 常务委员会（ISSCT Standing Committees），包括合规管理委员会（Compliance Committee）、财务委员会（Financial Committee）、章程及决议委员会（Constitution and Resolution Committee），每个委员会由主席和 2 名理事组成。ISSCT 设立专业委员会及学科部（ISSCT Commissions and Sections）：农业委员会（Agricultural Commission），设主任委员（Commissioner）1 人，下设农业工程部（Agricultural Engineering Section）和农学部（Agronomy Section）；生物学委员会（Biology Commission），设主任委员（Commissioner）1 人，下设种质和育种部（Germplasm & Breeding Section）、昆虫学部（Entomology Section）、分子生物学部（Molecular Biology Section）和病理学部（Pathology Section）；工厂委员会（Factory Commission），设主任委员（Commissioner）1 人，下设工程部（Engineering Section）和制糖部（Processing Section）；副产品委员会（Co-Products Commission），设主任委员（Commissioner）1 人，成员若干人；管理委员会（Management Commission），设主任委员（Commissioner）1 人，成员若干人。每个部设部长 1 人，成员（含组长）5～8 人，以农学部的成员最多。

ISSCT 大会论文分主题发言（Keynote Address，1 篇或没有，特邀）、全体会议报告论文（Plenary Paper，10 篇左右）、全文论文（Full Paper，限 3 500 个单词，需在会上作

20～30 分钟口头报告）、墙报论文（Poster Paper，限 1 000 个单词，部分需在会上作 5～10 分钟简要介绍）。ISSCT 对论文要求极为严格，每次大会约在开会时间前一年秘书长就会将 ISSCT 技术程序委员会制定的“投稿须知（Instructions to Authors）”在 ISSCT 网（http：//www.issct.org/）上发布并用邮件发给已注册的代表，所有论文及墙报均需按其规定的标准准备。拟提交的论文先向编辑发送摘要，由编辑分送各学科组长，确定论文类型（全文或墙报论文），再撰写。所有论文均需经过科学部同行专家评审，提出意见并经专家进一步修改定稿，正式接收后在 ISSCT 论文集发表。会后 ISSCT 也将部分论文推荐到 *International Sugar Journal* 或 *Sugar Tech* 发表，但仍需经刊物邀请同行专家评审。

ISSCT 是全球交流甘蔗糖业新技术、新进展的大会，极为重视实践环节，即实地观摩，因此其会期较长，共为 9 d：前两天为会前观摩（Pre-Congress），分两组，即工业组和农业组，参观设在附近的新技术展示现场、研究所及大学；接着是 4 d 室内正式会议（Congress），包括口头报告、墙报、讨论等，同时还有来自不同国家的参展商展销相关机械、仪器设备及其他产品；后 3 d 为会后观摩（Post-Congress），到代表本国或近邻地区（有时是不同国家）高技术水平的工厂、研究所、农场或大学参观学习。

除了 3 年一次的 ISSCT 大会外，一般在大会间隙期的两年中在不同国家举办不同学科（可合开）的学术研讨会（Workshop），这种研讨会只要求提交论文摘要，不发表论文集，会期一般为 6 d，4 d 会议交流，2 d 实地观摩，投入的人力、物力相对较少，因此费用相对较低。

## 二、国际糖业科技协会

为扩大我国甘蔗糖业科技对外交往，拓宽对外交流渠道，强化活动的组织和管理，促进我国与世界，特别是发展中国家和地区甘蔗糖业生产的全面可持续性发展，2004 年 12 月，在南宁举办了“甘蔗糖业可持续发展国际学术讨论会（IS-2004）”，其间，广西农业科学院李杨瑞教授与印度国家甘蔗研究所首席科学家 S. Solomon 博士协商后提议，得到大会国际筹委会成员大力支持和与会各国专家的积极响应，大会国际筹委会讨论决定筹建国际糖业科技协会（International Association of Professionals in Sugar and Integrated Technologies，简称 IAPSIT）。经过一年的筹备，2005 年 11 月 21 日，IAPSIT 在广西农业科学院宣告成立，会议一致推选李杨瑞教授为协会首任理事长，斐济的 Jai S. Gawander 所长为副理事长，印度的 Sushil Solomon 博士为秘书长（彩图 27－4）。参加首届理事会的会议代表有来自美国、巴西、澳大利亚、印度、哥伦比亚、埃及、毛里求斯、泰国、印度尼西亚、巴布亚几起内亚、斐济及我国的专家共 23 人，其中国外专家 13 人。

IAPSIT 是由中国、印度发起成立的由世界发展中国家糖业机构与专家为主组成的协会，是一个把糖料作物研究、生产、加工及相关产业的专家及机构联系在一起的组织，其目的是为第三世界蔗糖生产国提供一个科技交流与合作平台，宗旨是“通过科学知识和技术应用交流，促进发展中国家糖业和相关产业的全面发展”。

IAPSIT 的成立以及协会秘书处永久设在中国广西，标志着我国糖业科技发展进入了一个新的时期，协会为我国与发展中国家糖业科技人员的科技交流提供了一个良好的平台，为提高发展中国家糖业的整体科技水平，实现世界糖业的可持续发展，发挥着越来越积极的作用，同时也为提升广西及我国糖业竞争力起到了重要推动作用。利用这一国际甘蔗糖业科技交流与合作平台，我国相关单位根据国内产业技术需求热点和难点问题，有效性地引进了国际人才、技术成果和管理经验等，通过学术研讨、合作研究、短期培训、互访和信息交流等方式，开展了全方位国际合作、技术引进、人才培养等，有效地利用了外部资源，组织和发挥了国际上一批重要的著名甘蔗科学家的作用，吸引了一批专家为中国甘蔗糖业服务，实现了重点技术与国际先进技术的接轨，解决了一批制约产业发展的技术难题，显著提升我国甘蔗糖业科技创新能力，锻炼和培养了一批能走向国际的甘蔗糖业专家队伍，为我国甘蔗糖业的发展提供了有力的人才支撑。同时也引进了一批甘蔗优良新品种、种质资源和新技术，提高了我国甘蔗科研水平，促进了甘蔗主产区的科技进步，甘蔗单产、蔗糖分、甘蔗总产和产糖量、蔗糖生产总体效益都获得全面提高，推动了产业大发展。

IAPSIT 也是每 3 年召开一次大会，出版论文集；期间根据实际需要举办不同的短期专项培训和中小型国际学术研讨会。我国在推进平台建设过程中始终占据着主导地位，在推动国际甘蔗学术交流的同时使中国受益最大。IAPSIT 通过举办大型国际会议、短期专项培训和中小型国际学术研讨会，极大地提高了我国甘蔗糖业在国际上的影响力，促进了我国和许多国家的合作。IAPSIT 在国际上日益受到重视，其会员单位包括了全球各主要产糖国，成为名符其实的国际协会，并发挥着越来越大的作用。“国际甘蔗技师协会”（ISSCT）主动来信希望两个组织间进行友好合作。

## 第三节　近年国际甘蔗糖业学术交流情况

### 一、参与 ISSCT 的交流情况

到 2019 年，ISSCT 大会已召开 30 次，我国台湾曾于 1968 年承办第 13 届 ISSCT 大会。我国大陆甘蔗糖业组织自 2010 年第 27 届 ISSCT 大会起注册作为 ISSCT 隶属会员，代表组织为甘蔗产业技术创新战略联盟（Chinese Sugarcane Industry Association for Technological Innovation）（2010 年由中国糖业协会注册）。

自 2010 年起，我国积极参与 ISSCT 的组织、大会和专题学术研讨会。第 27 届、第 28 届、第 29 届由广西大学杨丽涛教授代表中国作为理事，第 30 届换由广西农业科学院甘蔗研究所科研所长 Prakash Lakshmanan 博士代表中国作为理事。第 28 届 ISSCT 大会广东省科学院生物工程研究所（广州甘蔗糖业研究所）邓海华研究员当选为 ISSCT 种质和育种组成员，第 30 届 ISSCT 大会李杨瑞教授当选为农学组成员。

第 27 届 ISSCT 大会于 2010 年 3 月 5—11 日在墨西哥 Veracuz 市召开，中国李杨瑞、杨丽涛、廖江雄、胡朝晖（中国糖业协会）等参加。在这次会议上以中国糖业协会在 ISSCT 注册为隶属会员，杨丽涛作为理事，同时广西农业科学院提出于 2012 年 5 月在南宁市举办 ISSCT 第十届甘蔗病害研讨会的申请并获得批准。

国际甘蔗技师协会（ISSCT）第十届甘蔗病害研讨会是国际甘蔗技师协会（ISSCT）第一次在中国大陆举办的学术研讨会，由广西壮族自治区农业科学院、亚热带农业生物资源保护与利用国家重点实验室、广西大学共同承办，广西甘蔗学会协办，于 2012 年 5 月

7—11 日在南宁市召开，共有 14 个国家 80 位多位专家学者代表，其中国外代表 66 人，美国农业部运河点甘蔗研究所所长 Jack C. Comstock 博士，印度国家农业科学院植物病理系首席科学家 G. P. Rao 博士、澳大利亚国家甘蔗试验管理局首席科学家 Robert Magarey 博士和毛里求斯国家甘蔗研究所所长 K. F. Ng Kee Kwong 博士等世界著名的甘蔗病害专家参加了此次会议。会议开幕式由亚热带农业生物资源保护与利用国家重点实验室主任、广西大学副校长陈保善教授主持，国际甘蔗技师协会病理学组组长 Dr. Salem Saumtally 代表 ISSCT 介绍了出席会议的嘉宾和领导，国际甘蔗技师协会秘书长 Dr. L. Jean Claude Autrey 博士阐述了 ISSCT 的发展历程及会议主题，广西农业科学院院长李杨瑞教授代表承办方致词。本次会议涉及到甘蔗真菌、细菌、病毒、植原体、线虫等重要病害的发生和最新研究进展动态，共有 56 位专家在大会上做了主题和专题学术报告，国内外专家学者紧紧围绕各类甘蔗病害病原分离鉴定、危害损失评估、检疫检测、抗病育种和病害综合防控等议题展开广泛交流和讨论，并就一些共性问题、关键技术加强协作和合作研究达成共识。会议代表参观了亚热带农业生物资源保护与利用国家重点实验室、广西大学甘蔗研究所实验室、广西壮族自治区农业科学院甘蔗研究所甘蔗遗传改良重点实验室、生物防治实验室；现场观摩了广西壮族自治区农业科学院甘蔗研究所甘蔗健康种苗育苗圃和隆安甘蔗试验、良种繁殖基地。通过承办此次研讨会，使世界从事甘蔗病害研究和防控专家聚集一起交流和分享各自的科研成果和实践经验，同时借此机会宣传和展示我国甘蔗产业的新成果，扩大我国在国际甘蔗科研领域的影响，促进我国甘蔗研究水平的进一步发展，提高中国甘蔗在世界的地位。

第 28 届 ISSCT 大会于 2013 年 6 月 23—27 日在巴西圣保罗市召开，李杨瑞、杨丽涛、陈赶林、周行、刘忠、周会、罗霆、覃振强、何为中、莫磊兴、王伦旺、高轶静、潘雪红共 13 人参加。李杨瑞、杨丽涛、陈赶林、周会、罗霆、高轶静、潘雪红等先后作了 10 个口头学术报告，其中李杨瑞、杨丽涛分别作了 3 个和 2 个口头报告，其他参会代表则展示墙报论文。会议期间，6 月 25 日由李增生教授、陈丽春夫妇以及 José Ieda Neto 总工程师带领参观了 Usina-São João 公司的蔗糖及酒精生产流程。6 月 24 日晚由杨丽涛代表中国作了申请主办第 29 届 ISSCT 大会的报告，代表团其他成员旁听；同时申请的还有泰国和印度。其中，中国是第一次申请，泰国和印度是第二次申请，最后 ISSCT 理事会投票决定给泰国主办。

第 29 届 ISSCT 大会于 2016 年 12 月 4—11 日在泰国清迈市召开，中国出席会议人员全部来自广西，有李杨瑞、杨丽涛、张木清、陈赶林、杨荣仲、周会、罗霆、覃振强、王伦旺、李松、谭芳、暴怡雪等。李杨瑞、杨丽涛、张木清分别作了口头报告，其他代表展示墙报论文。

2018 年 9 月 22—29 日李杨瑞、黄东亮、刘昔辉、宋修鹏到法属留尼汪参加 ISSCT 农学与农业工程学术研讨会（Agronomy and Agricultural Engineering Workshop）。

2018 年 10 月 22—26 日，Prakash Lakshmanan、杨荣仲、周会到日本冲绳县参加 ISSCT 种质资源与育种/分子生物学研讨会。

第 30 届 ISSCT 大会于 2019 年 8 月 31 日至 9 月 7 日在阿根廷图库曼市召开，中国有广西的李杨瑞、Prakash Lakshmanan、张祤袖、黄东亮、张木清、刘昔辉、宋修鹏、何为中、王伦旺、梁阗、李德伟、庞天以及广东的柳颖、刘桂云等 14 人参加。李杨瑞、张木清、宋修鹏、张栩袖等分别作了口头报告（共 5 篇），其他代表展示墙报论文。在此次会议上广西农业科学院甘蔗研究所申请于 2021 年在南宁主办 ISSCT 种质和育种/分子生物学学术研讨会获得批准。

## 二、主办 IAPSIT 国际糖业大会

依托永久设在广西农业科学院的 IAPSIT 秘书处，建立了主要服务发展中国家糖业的国际甘蔗糖业科技交流与合作平台，分别于 2004 年、2006 年、2008 年、2011 年、2014 年、2018 年成功主办了 6 次大型国际糖业学术大会。

### （一）甘蔗糖业可持续发展国际学术讨论会（International Symposium on Sustainable Sugarcane and Sugar Production Technology，IS-2004）

为了加强与世界糖业生产国家的交流与合作，使我国甘蔗糖业研究上一个新台阶，促进我国的甘蔗糖业可持续发展，同时让世界各国的科研人员有一个交流与展示各自科研成果和先进技术的平台，也让国外同行专家了解我国的甘蔗科研进展和生产工艺流程等，提高我国糖业在世界上的知名度，广西壮族自治区农业科学院与国际甘蔗研究促进会（印度）等单位于 2004 年 11 月 29 日至 12 月 2 日在广西南宁市共同主办了 2004 年“甘蔗糖业可持续发展国际学术讨论会”（IS-2004）（彩图 27－5）。这是中国大陆首次召开如此高规格的大型甘蔗糖业国际会议，国家农业部、科技部、全国人大农业与农村委员会及广西壮族自治区人民政府对此次学术讨论会高度重视，全国人大农业与农村委员会路明副主任和广西壮族自治区人民政府领导出席了开幕式并致辞，农业部和科技部也派出领导和专家参会。参加此次会议的代表共有 236 人，其中国外代表有 59 人，分别来自巴西、印度、古巴、美国、哥伦比亚、澳大利亚、毛里求斯、泰国、孟加拉国、印度尼西亚、巴布亚新几内亚、危地马拉、斯里兰卡、埃及、伊朗、日本、斐济、越南等 18 个国家；国内注册代表有 118 人，列席代表 59 人，分别来自广西、广东、云南、海南、福建、四川、贵州等省份。会议采用英语作为大会语言，李杨瑞教授担任大会主席。

此次讨论会的主题是：甘蔗糖业研发技术与管理水平的提高将可创造更好的经济效益，并将给人类带来更甜蜜的生活。会议宗旨是：为国内外权威专家、学者提供一个广泛交流的平台，共同探讨目前甘蔗糖业科研与生产方面普遍存在或具有特殊性的技术和管理问题，并建立长期的合作关系，促进我国和世界其他国家和地区甘蔗与糖业生产的可持续性发展。会议还为中国同仁提供把握行业发展潮流的绝好机会，为中外企业提供交流信息、共探商机的理想平台。

会议期间巴西、印度、美国、澳大利亚、泰国、危地马拉、斐济、哥伦比亚、毛里求斯、巴基斯坦、埃及及中国等国家的代表分别就本国的糖业现状与前景作了报告。大会上口头宣读论文 92 篇，以墙报形式展示论文 80 篇。分 11 个专题进行研讨：全球糖业（Sugar Industry across the Globe），农艺（Agronomy），甘蔗育种（Sugarcane Breeding），甘蔗生理（Sugarcane Physiology），植物保护（Plant Protection），分子生物学、生物技术与甘蔗组织培养技术（Molecular Biology，Biotechnology and Sugarcane Tissue Culture Techniques），甘蔗品质、化学催熟和采后管理技术（Cane Quality，

Chemical Ripening and Post-harvest Technilogies)，蔗糖加工（Sugar Processing）、甘蔗副产品和综合利用（Sugarcane By-products and Diversification）、环境管理（Stewardship of Environment）、糖业营销及其市场管理信息系统（Cane Marketing and Management Information System in Sugar Industry）（Solomon，2005）。会议代表参观了广西甘蔗研究所、先正达公司的热带甜菜生产基地和农业部广西坛洛甘蔗良种繁育基地及南宁糖厂。全英文会议论文集 *Sustainable Sugarcane and Sugar Production Technology* 由李杨瑞博士和印度国家甘蔗研究所首席科学家 S. Solomon 博士担任主编，中国农业出版社出版，770页，约 138.7 万字，在会议前发行（Li and Solomon，2004）。这本论文集向大家展示了目前国内外甘蔗糖业研究、生产领域的最新动态和研究成果，它在世界甘蔗糖业发展史上写下浓浓的一笔。同时国际甘蔗糖业的权威刊物 *Sugar Tech* 出版特别专刊（英文），全面介绍中国甘蔗糖业各领域的发展情况。

这次会议是中国首次召开如此大规模的甘蔗糖业国际科技盛会，会议的成功举办，扩大了中国甘蔗糖业的国际影响，为增强我国与世界各国甘蔗糖业科研与生产技术人员间的科技交流提供了良好平台，特别是为我国甘蔗糖业科技工作者了解甘蔗糖业国际科技发展动态、掌握相关国际科技资源及开展国际科技合作提供了有利条件，并为我国甘蔗糖业科研、生产水平的进一步提高以及我国甘蔗糖业的可持续发展起到积极的促进作用。

**（二）发展中国家糖业科技进步国际学术研讨会（International Symposium on Technologies to Improve Sugar Productivity in Developing Countries，IS-2006）**

2006 年 12 月 5—8 日，由国际糖业科技协会（IAPSIT）主办的"发展中国家糖业科技进步国际学术研讨会"（IS-2006）在广西桂林市召开（彩图 27－6）。本次研讨会的宗旨，是让全球糖业科技人员和政策制定者们一起来交流经验，促进发展中国家糖业的进步。会议主要讨论发展中国家甘蔗种植业者和制糖业者所关心的热点问题，并且通过提供糖料作物育种、栽培、制糖加工、资源管理等方面的先进经验和技术来帮助他们。会议交流和讨论的议题主要有：发展中国家小规模糖料作物种植者和制糖业者面临的问题；发达国家先进的糖业科技；糖料作物栽培技术、品种改良及其生物学基础；糖料作物的生物保护（生理生化、植保等）；逆境胁迫下糖产量的维持；非传统方法（生物技术、化学调控等）提高蔗糖产量技术；糖料作物的收获、运输和砍收后的管理技术；小型农场的机械化；压榨、制糖机械与技术；从糖料作物生产能源——发电、生物酒精等；糖厂酒精发酵液的循环利用与管理；风险管理、人力资源发展培训咨询服务，乡村信息技术和糖厂技术改进；世贸规则和国家政策对发展中国家糖业运营的影响等 13 个内容。

此次会议的规模和人数超过了 IS-2004，与会代表来自中国、印度、埃及、泰国、菲律宾、缅甸、古巴、南非、斐济、印度尼西亚、肯尼亚、尼日利亚、美国、澳大利亚、阿根廷、以色列、巴西、日本、孟加拉国、哥伦比亚、毛里求斯、巴布亚新几内亚、斯里兰卡等 23 个国家共 243 名代表（国外代表有 80 名），李杨瑞教授担任大会主席。会议分 8 个专场（Session 1：Research and Development Imperative to Improve Sugar Productivity；Section 2：Sugar Crops Production Technologies；Session 3：Sugar Crops Improvement Technologies；Session 4：Sugar Crops Protection Technologies；Session 5：Sugar Recovery，Quality and Pot-havest Management of Sugar Crops；Section 6：Sugar

Crops Physiology and Management of Abiotic Stress；Session 7：Molecular Biology，Biotechnology and Tissue Culture in Sugar Crops；Session 8：Sugar Processing Technologies）进行研讨。全英文会议论文集 *International Symposium on Technologies to Improve Sugar Productivity in Developing Countries*（*Proceedings of the International Symposium IS*-2006）由李杨瑞博士与 S. Solomon 博士担任主编，并于会议召开之前由中国农业出版社出版发行，共 879 页，170 万字（Li and Solomon，2006）。

这次会议进一步提高了中国在世界糖业界的声望和地位。两次会议的成功召开，使世界糖业专家聚集一起探讨世界甘蔗糖业可持续发展的对策，加深了世界各产糖国家的专家之间的相互了解，增进了友谊，为今后的国际合作打下了良好的基础。这两次盛会将我国的甘蔗糖业生产和科研介绍给世界，提高了中国甘蔗糖业在国际上的影响力，同时也锻炼、培养了一批能胜任举办大型国际学术会议的人才。

**（三）发展中国家糖业发展面临的挑战国际学术研讨会（International Conference，IS-2008）**

2008 年 9 月 11—14 日，由国际糖业科技协会（IAPSIT）主办，埃及西奈大学院承办的第三届国际糖业科技协会学术研讨会埃及召开（彩图 27-7）。这次国际研讨会以“发展中国家糖业发展面临的挑战”为主题，讨论影响糖业发展的因素，探索阻碍糖高产的解决方法。共有 23 个国家的 240 多名代表参加。IAPSIT 秘书处组织了由国内 7 个省市糖业界的专家、管理人员和官员组成的 45 人国内代表团参会。

埃及国家农业及土地复垦部部长 Amin Abaza 先生在开幕式上致辞，并代表埃及政府和穆巴拉克总统对大会的成功召开表示祝贺。出席开幕式的嘉宾还有西奈省省长 Mohamed Abdel Fadil 先生、西奈大学校长 Farouk Abdel Kader 博士等。大会除特邀 4 位国际糖业嘉宾作专题报告外，还分别在 6 个会场（Session Ⅰ：Sugar Crops Production Technologies；Session Ⅱ：Sugar Crops Improvement Technologies；Session Ⅲ：Sugar Crops Protection Technologies；Session Ⅳ：Sugar Crops Physiology，Quality，and Management of Abiotic Stress；Session Ⅴ：Sugar Processing Technologies，Bio-fuels，Diversification and Value additions；Session Ⅵ：Sugar Crops Marketing，MIS and Human and Economic Resource Management）举办了 100 多场专题学术讲座，并组织参观了埃及甘蔗、甜菜生产基地及糖厂。李杨瑞教授作为大会主席，除了在开幕式和闭幕式上致辞外，还担任专题 3 学术报告会主席，作了 3 次专题报告。广西农业科学院何红副院长和广西大学杨丽涛教授也分别主持了专题 2 和专题 6 的专题讨论会。我国有 58 人次作了专题口头报告，对我国甘蔗甜菜的育种、栽培、植保、土化、生物技术、加工及糖业经济方面研究所取得的进展进行了阐述，使国际糖业界对中国糖业产业的发展有了进一步的了解，也显示了中国作为世界第三大产糖大国的科研和生产实力。通过报告和交流活动，各国增进了了解和友谊，拓宽了合作领域，提高了合作层次，大会取得了圆满成功。组委会颁奖奖励了我国李杨瑞教授、何红研究员、杨丽涛教授、唐其展研究员等对会议召开所作的突出贡献。由李杨瑞教授和 M. I. Nasr、S. Solomon、G. P. Rao 主编，埃及工程院出版公司（Engineering House Press Co.，Egypt）出版的会议论文集 *Meeting the Challenges of Sugar Crops & Integrated Industries in Developing Countries*

(*Proceedings of the International Conference IS*-008)，共收集 184 篇论文，860 页，约 180 万字（Li et al.，2008）。

这次大会扩大了 IAPSIT 在国际上特别是发展中国家的影响，也让世界看到了由我国主办的国际糖业科技协会所发挥的重要作用，展示了我国的科研成果，进一步提升了我国在世界糖业界的地位。由于国际糖业科技协会永久秘书处常设在中国，中国的知名度也得到了提高。大会还促进了我国和许多国家的合作，为我国锻炼和培养了一批能走向国际的专家队伍，开阔了他们的视野，使他们学习掌握了更多世界糖业先进科研和管理技术。

**（四）国际糖业科技协会第 4 届国际糖业大会和博览会（4th IAPSIT International Sugar Conference & Expo，IS-2011）**

由国际糖业科技协会（IAPSIT）、糖业研究促进会（SSRP）联合印度糖业技师协会（STAI）共同举办的国际糖业科技协会第四届国际糖业大会和博览会（IS-2011），于 2011 年 11 月 21—25 日在印度首都新德里南部 Parkland Exotica 酒店隆重举行（彩图 27－8）。

30 多个国家的 500 多名代表齐聚一堂，共商世界甘蔗科技发展大计。大会主席台就坐的五位领导嘉宾分别是：印度农业与食品加工部部长 Shri Sharad Pawar 先生，印度新能源与可再生能源部部长 Farooq Abdullah Ji 先生，大会主席、国际糖业科技协会理事长、广西壮族自治区农业科学院院长兼中国农业科学院甘蔗研究中心主任李杨瑞教授，大会组委会主任、印度糖业技师协会（STAI）理事长 G. S. C. Rao 博士和印度国家甘蔗研究所首席科学家、国际糖业科技协会秘书长 S. Solomon 博士。开幕式由 S. Solomon 博士主持。参加大会开幕式的参会代表分别来自印度、中国、澳大利亚、孟加拉国、巴西、阿联酋、埃及、斐济、法国、印度尼西亚、伊朗、伊拉克、日本、肯尼亚、毛里求斯、缅甸、尼日利亚、巴基斯坦、留尼旺、沙特阿拉伯、南非、斯里兰卡、泰国、英国、美国、越南、津巴布韦等 27 个国家，共 500 余人。参加 IS-2011 糖业研讨会的中国代表团共有 55 人，广西壮族自治区农业科学院院长李杨瑞任代表团团长，何红副院长为副团长，团员由中国农业科学院甘蔗研究中心、广西壮族自治区农业科学院甘蔗研究所、广西大学、河池市农业科学研究所、柳州市农业科学研究所、云南省农业科学院甘蔗研究所、中国热带农业科学院、中国农业科学院甜菜研究所、新疆石河子甜菜研究所等单位的专家组成。

此次会议主题是发展中国家糖业和能源生产协调发展：可持续技术和营销策略（Balancing Sugar and Energy Production in Developing Countries: Sustainable Technologies and Marketing Strategies），旨在为各国研究人员、科技人员、管理者、厂商、商家和决策者交流蔗糖产业可盈利和可持续发展的见解和经验提供机会，具体议题涉及世界糖业的各个方面，包括：提高糖料作物食糖和能源生产的新兴技术以及发展中国家最优管理实践和小型农户机械化管理经验；糖料作物改良及其产品和有机糖生产的传统、生物技术方法；糖料作物生产、加工和增值中的碳、能和水流，糖业资源和能源管理，智能化管理；糖料作物的综合利用产业及其价值链的优化利用；糖业、管理信息系统和培训所需的甘蔗发展计划、物流、市场和基础设施调整重建的社会经济措施；发展中国家蔗糖—能源布局：挑战、障碍、贸易机会、可持续问题、制糖业前景、世界糖业经济发展的关键动力、WTO 和国家政策对糖业的影响等。大会主要内容包括大会演讲、专题报告、墙报展示、企业展览、颁奖、田间考察及参观糖厂等。大会共收到论文 217 篇，全部收录在 IS-2011 论文集，除特邀 5 位国际糖业嘉宾在全会作专题报告外，还有 100 多位专家在三个分会场进行了 4 个专题的学术报告和交流。即专题 1：糖料作物：农业与机械化（Session Ⅰ：Sugar Crops：Agriculture & Mechanization），专题 2：糖料作物：育种及生物技术（Session Ⅱ：Sugar Crops：Breeding and Biotechnology），专题 3：糖料作物：加工与增值（Session Ⅲ：Sugar Crops：Processing and Value Addition），专题 4：蔗糖业管理、营销和可持续发展问题（Session 4：Sugar Crops：Management，Marketing and Sustainable Ability Issues）。我国科技人员共向大会提交论文 64 篇，受邀参加专题发言有 39 人次，全部用英文进行大会发言，获得了与会国外代表的好评。其中，我国李杨瑞教授担任大会主席和专题 1 会议主席，杨丽涛教授担任专题 4 会议主席。

在闭幕式上，大会主席李杨瑞教授获得终身成就奖，另外我国何红研究员、杨丽涛教授、唐其展研究员分别获得大会颁发的突出贡献奖的奖章和证书。在 60 多篇科技论文墙报展示中，广西壮族自治区农业科学院甘蔗研究所林丽博士等提交的 *Biological Nitrogen Fixation Associated with Sugarcane Plants Cultivated in Guangxi*，*China* 获得大会一等奖。墙报展示会场主席、世界著名组培专家、巴西“甘蔗健康种苗之父”李增生教授对这篇论文给予了很高的评价，他认为中国在甘蔗联合固氮方面的研究水平已经进入了世界先进行列。

会议论文集 *Balancing Sugar and Energy Production in Developing Countries*：*Sustainable Technologies and Marketing Strategies*（*Proceedings of the* 4$^{th}$ *IAPSIT International Conference IS*-2011）由 Yang-Rui Li（李杨瑞）、Manoj Kumar Srivastava、Govind P Rao、Priyanka Singh、Sushil Solomon 主编，印度军队出版社（Army Printing Press，Lucknow）出版，共 1 050 页，约 195 万字（Li et al.，2011）。

**（五）国际糖业科技协会第 5 届国际糖业大会（5th IAPSIT International Sugar Conference，IS-2014）**

由国际糖业科技协会（IAPSIT）主办，广西壮族自治区农业科学院、中国农业科学院甘蔗研究中心、甘蔗产业技术创新战略联盟、印度糖业研究与促进协会、印度糖业技师协会、广西糖业协会及广西甘蔗学会等单位联合承办的国际糖业科技协会第 5 届国际糖业大会“促进发展中国家甘蔗糖业可持续发展的绿色技术国际学术讨论会”（International Conference on Green Technologies for Sustainable Growth of Sugar & Integrated Industries in Developing Countries，IS-2014），于 2014 年 11 月 25—28 日在我国南宁市相思湖国际大饭店召开（彩图 27－9）。来自 23 个国家的 234 名专家学者参加了研讨会。会议内容主要包括：①用糖料作物生产糖及能源并能保护环境的绿色技术；发达国家糖业生产经验；小农场机械化。②利用传统及生物技术手段改良糖料作物；增强抗病虫害能力；各类糖产品；有机糖。③糖料作物生产、加工增值过程的碳、能、水消耗；糖业生产中的资源与能源管理；气候变化与作物产量关系；清洁生产机制。④糖料作物综合技术；糖料作物价值链最佳利用；生物燃料及生物塑料。⑤发展中国家的糖能模式：挑战、障碍、贸易机遇、可持续性问题；世界糖业经济的主要推动力；WTO 及国家政策对糖业的影响。

大会议程包括主题报告（Plenary Lectures）、技术专场。技术专场 1：糖料作物生产技术与机械化（Technical Session 1：Sugar Crops Production Technologies and

Mechanization)、技术专场 2：糖料作物改良和保护技术（Technical Session 2：Sugar Crops Improvement and Protection Technologies）、技术专场 3：糖料作物加工及多样化策略（Technical Session 3：Sugar Crops Processing & Diversification Strategies：Sugar-energy Matrix in Developing Countries）。广西壮族自治区农业科学院李杨瑞教授担任大会主席并作主题报告“Chinese Sugarcane and Sugar Industry Development in Recent Ten Years”，同时担任技术专场 1 的会议主席。在这次大会上，国际糖业科技协会授予李杨瑞教授和印度国家甘蔗研究所 Sushil Solomon 博士终身成就奖，这是该协会首次授予这个奖项，同时授予一批专家突出贡献奖。

会议论文集 *Green Technologies for Sustainable Growth of Sugar & Integrated Industries in Developing Countries*（*Proceedings of International Conference IS*-2014）电子图书由李杨瑞、G. P. Rao、S. Solomon、杨丽涛、刘忠、何维中、曾媛、唐其展、刘淑仪、周行、吕荣华编辑，广西音像出版社于 2015 年出版，共 564 页，约 100 万字（Li et al.，2015）。同时，由李杨瑞教授作为特邀编辑，由国际权威糖业刊物 *Sugar Tech* 于 2015 年 17 卷第 1 期出版特刊“中国糖料作物及糖业现状（Current Scenario of Sugar Crops and Integrated Industries in China）”。

**（六）国际糖业科技协会第 6 届国际糖业大会（6th IAPSIT International Sugar Conference，IAPSIT 2018）**

由总部设在广西农业科学院的国际糖业科技协会（IAPSIT）主办，泰国甘蔗技师协会、泰国农业大学、泰国制糖公司、泰国甘蔗糖业管理公司、泰国农业部、印度糖业研究与促进协会等单位联合承办的国际糖业科技协会第 6 届国际糖业大会（主题：糖料作物改良、生物技术、生物制炼和多样性：对生物经济的影响）（6th IAPSIT International Sugar Conference on Sugar Crop Improvement，Biotechnology，Bio Refinery and Diversification：Impacts on Bio-based Economy，IAPSIT-2018）于 2018 年 3 月 5—9 日在泰国乌隆他尼切伦酒店（Charoen Hotel，Udon Thani，Thailand）召开。会议内容主要包括：①提高糖、能源、糖料作物生产增值产品和化学品的绿色技术；发达国家的经验。②糖料作物生产、加工增值过程的碳、能、水消耗；糖业生产中的资源与能源管理；小型农场的机械化。③糖料作物的综合产业；糖料作物价值链最佳利用；生物燃料及生物塑料；生化制剂等可持续生物经济。④可持续甘蔗和其他糖料作物生产、保护、品种改良、应对气候保护和提高作物产量的生态友好的低成本技术。⑤发展中国家的糖能模式：生物经济的挑战、障碍、贸易机遇、可持续性问题；世界糖业经济的主要推动因素。

来自 20 个国家和地区的 300 多名专家学者参加了 IAPSIT 2018。中国广西、黑龙江等地代表 20 多人参加了会议，提交论文 29 篇，其中选作大会报告论文 12 篇。国际糖业科技协会理事长李杨瑞教授先后在开幕式（彩图 27 - 10）和闭幕式上致辞。杨丽涛作为主席主持主题报告会；李杨瑞作为主席、唐其展作为协调人，主持“糖料作物生产和保护技术、生产机械化”专题的首场报告会。在这次大会上李杨瑞教授被泰国甘蔗技师协会（TSSCT）授予杰出学术领袖奖。

会议论文集 *Sugar Crop Improvement*，*Biotechnology*，*Bio Refinery and Diversification*：*Impacts on Bio-based Economy*（*Proceedings of 6th IAPSIT*

*International Sugar Conference*，*IAPSIT* 2018）由 Rao GR、Solomon S、Yang-Rui Li、Swapna M、Priyanka Signh、Ajay Tiwari、Wirat Vanichsriratana、Sopon Uraichuen 主编，泰国甘蔗技师协会出版，共 619 页，约 115 万字（Rao et al.，2018）。

## 三、主办 IAPSIT 专题国际学术研讨会

除了每 3 年一次的 IAPSIT 大会外，IAPSIT 还针对特定时期甘蔗糖业存在的突出问题，在不同国家主办了多次专题学术研讨会。以下列出的是一些代表性的专题学术交流会举办的情况。

### （一）IAPSIT 2005 年国际糖业技术学术交流会

在 2005 年 11 月 19—22 日，IAPSIT 在庆祝广西壮族自治区农业科学院成立 70 周年之际举办了 2005 年国际甘蔗糖业技术学术交流会（彩图 27 - 11），来自美国、巴西、澳大利亚、印度、哥伦比亚、越南、埃及、毛里求斯、泰国、印度尼西亚、巴布亚新几内亚、斐济等国家及国际半干旱研究所和国际磷钾研究所两个国际研究机构 31 位专家学者和国内 50 多位专家学者参加了本次会议，会议分甘蔗育种、生理生化、病虫害综合防治、可持续发展等前沿技术进行了探讨，有 14 位专家作了专题报告。

本次会议为进一步增强我国与世界各国甘蔗糖业科研与生产技术人员间的科技交流提供了良好平台，加强了学术交流，特别是为广西甘蔗糖业科技发展提供和掌握国际科技动态、相关信息资源，为中国开展国际科技合作提供了有利条件。并将为广西甘蔗糖业科研、生产发展及我国甘蔗糖业的可持续发展起到重要的促进作用。

### （二）糖料作物育种改良国际学术研讨会

2007 年 12 月 6—8 日，糖料作物育种改良国际学术研讨会暨国际糖业科技协会（IAPSIT）IS-2008 特别会议在广西北海市召开。会议由国际糖业科技协会理事长李杨瑞教授主持，参加会议的有国内外代表 15 人，包括印度国家甘蔗研究所首席科学家 S. Solomon 博士、美国农业部荷马甘蔗试验站潘永保博士、埃及 Nahda 大学 M. I. Nasr 博士、印度 Gorakhpur 邦甘蔗研究所 G. P. Rao 博士、孟加拉国国家甘蔗研究所 S. M. Bokhtiar 博士等。会议就目前在甘蔗育种领域遇到的一些问题进行了学术方面的探讨，并就 IAPSIT 近期工作进行了讨论，并确定 2008 年第三届国际糖业科技协会学术研讨会在埃及召开。

### （三）2009 年亚洲糖业大会

IAPSIT 主办、印度 Nexgen Exhibition Prv. Ltd. 承办的 2009 年亚洲糖业大会（Sugarasia 2009），于 2009 年 7 月 2 日至 4 日在印度首都新德里召开，李杨瑞教授作为特邀代表出席了此次大会，在开幕式上首先点燃象征大会开始的烛光灯（彩图 27 - 12），并始发国际糖业科技协会主持的 3 次国际糖业学术研讨会（IS-2004、IS-2006 和 IS-2008）论文集汇编光碟，同时在大会上作“Sugar Crop Based Bio-Fuel Program in China”的学术报告。广西大学甘蔗研究所所长杨丽涛教授也应邀出席此次大会并作“New Initiatives in Sugarcane Production in China”的学术报告。这次大会还邀请了多个来自巴西、美国、澳大利亚等不同国家在甘蔗、甜菜等糖料作物研究方面的著名专家在大会上作专题报告。

同时召开的亚洲糖业博览会主要是甘蔗糖业生产机械设备展销，有 130 多家公司参会

展出其产品。博览会闭幕时由李杨瑞教授代表国际糖业科技协会向参展商发纪念证书留念。会议期间李杨瑞教授等继续与印度国家甘蔗研究所首席科学家 S. Solomon 博士，Sugar Tech 主编、北方邦 Kunraghat 甘蔗试验站站长 G. P. Rao 博士等共同讨论国际糖业科技协会将于 2011 年在印度召开的国际糖业学术研讨会（IS-2011）的议题并等进行了讨论，同时就进一步扩大发展中国家糖业科技合作与交流等与国际同行进行了探讨。

这次会议，进一步扩大了 IAPSIT 和我国糖业在国际糖业界的影响，提升了我国的国际学术地位，通过与多位国际甘蔗糖业杰出同行专家会谈接触，进一步加深了相互之间的了解和友谊。

**（四）2008—2009 年亚洲国家甘蔗糖产量降低的原因及应对措施国际学术研讨会**

2009 年 12 月 7—10 日，由国际糖业科技协会（IAPSIT）主办，中国农业科学院甘蔗研究中心和广西壮族自治区农业科学院承办的 2008—2009 年亚洲国家甘蔗糖产量降低的原因及应对措施国际学术研讨会（International Workshop on Declining Cane Production in Asian Countries 2008-2009：Reasons and Remedies）在广西南宁市隆重召开（彩图 27 - 13）。会议吸引了来自美国、印度、泰国、巴西、越南、意大利、古巴、菲律宾、斐济、毛里求斯及中国等世界 10 多个主要产糖国的 120 多位甘蔗、甜菜糖业专家、学者及管理人员参加。本次研讨会的宗旨是让全世界各主要产糖国的甘蔗糖业专家一起来探讨全球 2008/2009 榨季，特别是亚洲国家甘蔗糖产量降低的原因和应对措施，促进发展中国家甘蔗糖业发展。研讨会共分为 4 个专题，共有 20 位专家做学术报告，报告内容主要集中在各国糖业生产现状、糖料作物生理生化研究及提高甘蔗、甜菜糖产量和糖分的对策等。

本次会议的召开，将各产糖国的专家、学者聚在一起，共同探讨 2008/2009 年榨季糖产量降低的原因，并提出有效的应对措施，对改变糖业生产现状，提高糖业生产率，推动亚洲国家糖业进步有重要意义。中国糖业的迅速发展，甘蔗糖业的研究越来越受到全世界的重视，本次会议不但发展了一批国内外的新会员，而且吸引了几乎包括全球各主要产糖国的科研人员参加，其中不少是世界著名甘蔗、甜菜糖业专家和糖业生产及研究领域的带头人或官员，提高了本次会议的影响力，从而提高了中国糖业在国际上的影响力（李杨瑞等，2010）。

**（五）发展中国家蔗糖产量的主要田间限制因素国际学术研讨会**

2010 年 12 月 8—9 日，由国际糖业科技协会（IAPSIT）主办，中国农业科学院甘蔗研究中心和广西壮族自治区农业科学院承办的发展中国家蔗糖产量的主要田间限制因素国际研讨会（International workshop on Primary Field Constraints Limiting Cane Sugar Productivity in Developing Countries）在南宁举行，来自美国、印度、巴西、澳大利亚、菲律宾、斐济及中国等 7 个甘蔗产糖国的 130 多位甘蔗糖业专家和会议代表就蔗糖生产田间限制因素问题进行了探讨。会议期间，国际糖业科技协会召开了特别会议（Special Meeting of IAPSIT），讨论 2011 年在印度新德里召开的 IS-2011 的有关事宜。

**（六）提高发展中国家甘蔗生产能力的农民友好型农业技术国际学术研讨会**

2013 年 3 月 11—13 日 IAPSIT 理事长李杨瑞教授在广西壮族自治区农业科学院学术报告交流中心主持召开“提高发展中国家甘蔗生产能力的农民友好型农业技术国际研讨会

(International Workshop on Farmers Friendly Agri-technologies for Enhancing Sugarcane Productivity in Developing Counties)”，并作“Productivity Gains Through Recycling of Distillery Effluents in Sugarcane Field”学术报告。来自9个国家的112名专家学者参加了研讨会。

**（七）糖料作物国际研讨会**

糖业研究与促进协会（Society for Sugar Research Promotion）主办，IAPSIT、印度甘蔗技师协会、印度糖业协会、印度国家甘蔗研究所、印度国家甘蔗育种研究所、印度国家制糖研究所协办的“糖料作物国际研讨会（甜味剂和绿色能源生产新技术）(International Conclave on Sugar Crops (Sweetners and Green Energy from Sugar Crops: Emerging Technologies)”，于2014年2月15—17日在位于印度北方邦Lucknow市的印度甘蔗研究所举行（彩图27-14），会议特邀李杨瑞教授参与主持并作了题为“R & D priorities for sugarcane industry of China: Recent Research Highlights”的学术报告，特邀杨丽涛教授作了题为“Physiological and Molecular Basis for Applying Ethephon to Enhance Sucrose Content in Sugarcane”的学术报告。

**（八）可持续食物和营养安全农产品采后技术国际会议**

IAPSIT理事长李杨瑞教授受邀出席于2016年11月10—12日在印度北方邦Lucknow市召开的“可持续食物和营养安全农产品采后技术国际会议（International Congress on“Post-Harvest Technologies of Agricultural Produce for Sustainable Food and Nutritional Security”)，在开幕式上致辞，同时担任专场2“谷类、豆类、油菜和糖料作物采后技术（Session Ⅱ“Post-Harvest Technologies for Cereals, Pulses, Oilseed and Sugar Crops)”的会议主席，并作“Post-harvest management of sugarcane”的报告。随后应邀赴马哈拉施特拉邦浦那（Pune）市，出席11月13—16日由Vasantdada Sugar Institute组织召开的“甘蔗价值链-2025糖业展望国际大会（International Congress and Exhibition on “Sugarcane Value Chain-Vision 2025 Sugar)”，并作“Farming Technologies for Upland Sugarcane in China”的报告（彩图27-15）。

**（九）发展中国家甘蔗科技创新国际研讨会暨广西甘蔗学会2018年年会**

由国际糖业科技协会、中国农业科学院甘蔗研究中心、广西甘蔗学会主办的“发展中国家甘蔗科技创新国际研讨会暨广西甘蔗学会2018年年会（International Symposium on Sugarcane Innovation in Developing Countries and Annual Meeting of Guangxi Sugarcane Society 2018)”于2018年7月10—13日在海南三亚召开（彩图27-16）。来自澳大利亚、泰国、印度、巴基斯坦以及我国广西、云南、内蒙古、新疆、福建、广东的相关科研机构、大学、糖业管理部门、甘蔗和制糖企业等有关人员200多人参加此次会议。大会特邀澳大利亚甘蔗农场主高级副主席Robert Graham Quirk作《甘蔗在碳捕获及应对气候变化过程中的重大贡献》的报告，泰国Mitr Phol糖业股份有限公司创新发展研究部主任Klanarong Sriroth作《泰国糖业发展现状分析》的报告，国家糖业科技协会理事长李杨瑞教授、广西农业科学院副院长谭宏伟研究员、广西糖业生产办公室副巡视员刘全跃、广西糖业生产办公室糖料处处长冯晓善等也分别作了主题报告，来自国内外的一批年轻甘蔗科技专家也分别在会上作了学术报告。会议期间全体代表参观了中国农业科学院甘蔗研究中心海南甘蔗杂交基地和海南神泉集团有限公司南田国家现代农业示范区。

**(十)绿色环保技术助推蔗糖产业可持续发展国际会议(Sugarcon-2019)**

2019 年 2 月 15—20 日,由 Society for Sugar Research and Promotion 和 ICAR-Institute of Indian Sugarcane Research 联合举办、国际糖业科技协会协办的"绿色环保技术助推蔗糖产业可持续发展国际会议(International Sugar Conference: Green Technologies for Sustainable Development of Sugar & Integrated Industries Sugarcon-2019)"在勒克瑙市印度甘蔗研究所召开(彩图 27 - 17)。李杨瑞、Prakash Lakshmanan、黄东亮、王维赞、杨丽涛、陈赶林、刘昔辉、宋修鹏等一行 8 人应邀参加本次会议。李杨瑞和 Prakash Lakshmanan 分别作为 Plenary Session 和 Sugar Crops Improvement, Breeding and Biotechnology Section 的主席,并分别在 Plenary Session 作"Green Technology Initiatives in Chinese Sugar Industry"和"Integration of Phenomics and Genomics for Sugarcane Variety Improvement"大会主题报告。李杨瑞、杨丽涛分别在"Green Technologies to Enhance Sugar Productivity Section"作"Effect of Different Nitrogen Levels on Plant Growth and Glutamine Synthase Genes *ScGS*1 Expression in Sugarcane""An Overview of Physio-biochemical and Molecular Work on N-fixation in Sugarcane in China"报告,陈赶林在"Sugar Production, Processing, Value Addition and Energy Management in Sugar Industry Section"作"Effect of Sugarcane Vinegar on Lipid Metabolism and Redox State in High-lipid-diet rats"报告。李杨瑞在会上获 SSRP 授予"全球糖业贡献奖"。

**(十一)世界主要蔗糖生产国甘蔗科技合作交流研讨会**

云南省农业科学院甘蔗研究所在云南省科技厅、省外专局和云南省农业科学院的支持下,于 2019 年 11 月 13—15 日在云南昆明主持召开"世界主要蔗糖生产国甘蔗科技合作交流研讨会(Symposium on Science and Technology of Sugarcane Cooperation and Exchange of Major Sugar Producing Countries in the World)"(彩图 27 - 18)。此次会议有来自美国、澳大利亚、印度、泰国、越南、缅甸、斯里兰卡、巴基斯坦、埃及等 9 个蔗糖生产国的 12 名外国蔗糖产业专家,以及来自云南、广西、福建、广东、海南等省份蔗糖专业机构的 11 名国内专家作报告。会议期间,围绕"分享和增强世界主要蔗糖生产国间的科技交流合作"这一主题,各参会代表分别从本国蔗糖产业发展形势和机遇、资源创新利用、育种技术方法、分子育种及组学、病虫害防控、农机农艺技术、蔗糖深加工等方面进行汇报交流,并针对如何破解产业困局,如何提供科技支撑确保产业可持续健康发展,如何搭建共享、共赢的技术合作平台等问题展开了热烈而深入的交流研讨。

**(十二)甘蔗育种与生物技术国际研讨会暨广西甘蔗学会 2020 年年会**

由广西甘蔗学会主办,河池市农业科学研究所(广西农业科学院河池分院)、广西壮族自治区农业科学院甘蔗研究所、国家现代产业技术体系广西(甘蔗)创新团队、国家甘蔗良种重大科研联合攻关体、广西糖业发展学会联合承办的"甘蔗育种与生物技术国际研讨会(International Symposium on Sugarcane Breeding and Biotechnology)暨广西甘蔗学会 2020 年年会"于 9 月 7—10 日在河池市宜州区召开(彩图 27 - 19)。来自国内外的 19 名专家就国内外甘蔗生产形势、甘蔗新品种选育、制糖降本增效、甘蔗机械化生产等做了精彩报告。此次研讨会加强了我国糖料科技工作者、产业界人士与国外同行的交流与合作，展示了我国糖料科研领域取得的新成果，有利于提高我国糖料科研队伍的国际合作能力和技术创新能力，对产业的发展具有较强的指导和借鉴意义。会议为优秀论文作者颁发证书，与会人员参观了广西壮族自治区农业科学院河池分院甘蔗新品种新技术试验、示范基地（彩图 27－19）。

IAPSIT 还先后主办了多个国际技术培训班，如甘蔗滴灌技术国际培训班（2007）、甘蔗病害检测技术国际培训班（2007）、外国专家广西行——高产高糖甘蔗种植技术培训班（2008）、甘蔗育种与栽培管理技术国际培训班（2011）等，先后有 1 700 多名学员接受了培训。此外，国家外经贸部曾委托广州甘蔗糖业研究所举办了国际甘蔗栽培技术培训班（2003），商务部曾委托广西国家商贸职业技术学院举办了发展中国家制糖技术培训班（2018）。

## 四、参与主办国际糖业杂志 *Sugar Tech*

2006 年起，受 IAPSIT 和印度甘蔗研究促进会的邀请，广西农业科学院与共同主办国际糖业杂志 *Sugar Tech*，李杨瑞、杨丽涛、于淑娟、Prakash Lakshmanan 等先后作为咨询编委或编委，该杂志也正式成为国际糖业科技协会的刊物，从 2024 年起，由广西壮族自治区甘蔗研究所科研所长 Prakash Lakshmanan 博士担任主编。从 2008 年起该杂志已正式由世界著名出版社 Springer 出版，面向全球所有国家发行，2013 年正式成为 SCI 期刊，2014 年的影响因子为 0.496，此后逐年提高，2021 年影响因子达 1.693，2023 年影响因子达 1.80。参与主办国际糖业杂志 *Sugar Tech*，为我国甘蔗糖业科技走向世界提供了一个便捷的载体和国际化窗口，在促进科技成果交流与转化中发挥着积极作用。每逢 IAPSIT 大会在我国召开之际，*Sugar Tech* 还出版特别专刊，全面介绍中国甘蔗糖业各领域的发展情况。国际糖业科技协会成立以后，从 2006 年连续多年出版 1 卷 2 期英文《国际糖业科技协会通讯（IAPSIT Newsletter）》，及时反映协会的重要活动、重要糖业信息等情况，在国际糖业界产生了积极的影响。

## 五、建立了国际糖业科技协会门户网站

为了提高 IAPSIT 的影响力和方便会员代表的信息沟通，IAPSIT 建立了国际糖业科技协会门户网站（http：//www.iapsit.org/）（彩图 27－20），并和甘蔗糖业界国际知名网站（如 International Society of Sugar Cane Technologists 等）进行了链接，搭建了信息资源交流与共享的网上服务平台，实现了国内外信息的共享，成为甘蔗糖业重要的技术转移专业网站和与海外进行信息沟通的有效平台。网站共设有 10 个栏目，年更新信息约 3 000多条。该网站于 2016 年 3 月 9 日，在广西农业科学院召开的第六届国际糖业科技协会学术研讨会筹备工作会（彩图 27－21）上由理事长李杨瑞教授启动正式上线。

## 参 考 文 献

李杨瑞，2009. 现代甘蔗学［M］. 北京：中国农业出版社.

李杨瑞，毛昌祥，唐其展，等，2010. “2008—2009 亚洲甘蔗糖产量降低的原因及应对措施”国际会议综述 [J]. 广西农业科学，41 (1)：80-84.

骆君骕，1992. 甘蔗学 [M]. 北京：中国轻工业出版社.

彭绍光，1990. 甘蔗育种学 [M]. 北京：农业出版社.

Arencibia A D, Bernal A, Yang L, et al. New role of phenylpropanoid compounds during sugarcane micropropagation in Temporary Immersion Bioreactors (TIBs) [J]. Plant Science, 175: 487-496.

Li Y R, 2004. China: an emerging sugar super power [J]. Sugar Tech, 6 (4): 213-228.

Li Y R, Solomon S, 2003. Ethephon: A versatile growth regulator for sugar cane industry [J]. Sugar Tech, 5 (4): 213-223.

Li Y R, Nasr M I, Solomon S, Rao GP, 2008. Meeting the Challenges of Sugar Crops & Integrated Industries in Developing Countries: Proceedings of the International Conference IS-2008 [C]. Cairo: Engineering House Press Co.

Li Y R, Rao G P, Solomon S, et al., 2014. Green Technologies for Sustainable Growth of Sugar & Integrated Industries in Developing Countries: Proceedings of International Conference IS-2014 [C]. Nanning: Guangxi Golden Bay Electronic Audio and Video Press Company Ltd.

Li Y R, Solomon S, 2004. Sustainable Sugarcane and Sugar Production Technology: Proceedings of the International Symposium on Sustainable Sugarcane and Sugar Production Technology [C]. Beijing: China Agriculture Press.

Li Y R, Srivastava M K, Rao G P, et al., 2011. Balancing Sugar and Energy Production in Developing Countries: Sustainable Technologies and Marketing Strategies: Proceedings of 4th IAPSIT International Sugar Conference (IS-2011) & Expo [C]. Lucknow: IBDC Publishers.

Li Y R, Solomon S, 2006. Technologies to improve sugar productivity in developing countries: Proceedings of the International Symposium IS-2006 [C]. Beijing: China Agriculture Press.

Li Y R, Wei Y A, 2006. Sugar industry in China: R & D and policy initiative to meet sugar and biofuel demand of future [J]. Sugar Tech, 8 (4): 203-216.

Solomon S, 2005. A brief report on international symposium on sustainable sugarcane and sugar production technology, 29th November-2nd December, 2004, Nanning, China [J]. Sugar Tech, 7 (1): 93-106.

Solomon S, Grewal S S, Li Y R, et al., 2005. Sugar Cane: Production Management and Agro-Industrial Imperatives [M]. Lucknow: IBDC Publishers.

Solomon S, Li Y R, 2004. Chemical ripening of sugarcane: globe progress and recent development in China [J]. Sugar Tech, 6 (4): 241-250.

# 第七篇

# 甘蔗糖业管理、科研机构

# 第二十八章

# 甘蔗糖业的管理机构和社团组织

## 第一节　概　　述

食糖是人们生活的必需品，又是多种食品工业的原料，蔗糖约占中国食糖总产量的九成。中国蔗糖产地主要集中在广西、云南等地区，蔗糖产业是这些地区财政的支柱，曾经有些县市财政收入的70%～80%来源于糖业，而且甘蔗种植是当地农民致富的主要途径，发展甘蔗糖业对边疆经济的振兴和稳定意义重大。因此，国务院及国家有关部门对糖业问题十分关注、关心，食糖一直是国家宏观管理的重要商品之一。

糖业是食糖产业链如生产、加工、销售等各相关环节企业组织、个人的总称，如糖料作物种植园、糖料加工厂和糖贸易公司等。中国是世界产糖大国和消费大国之一，我国糖价与有关经济作物的比价及用糖食品的价格有关，由政府制定指导价格，蔗糖进口也由政府控制。由于甘蔗糖业生产未能建立一套有效的调控机制，农、工、商、外贸、计划等管理部门经常未能达成有效协调，造成我国蔗糖产量和价格的大幅度变动，阻碍了甘蔗糖业经济的良性发展。

为了适应国际竞争需要，必须改变目前甘蔗糖料生产与加工流通相分割的行政管理体制，全盘统筹制定甘蔗糖业生产、贸易与国内支持政策，建立一个能够协调整个蔗糖产业链各环节的新体制。此外，还应建立健全的国内外甘蔗糖业产业信息体系，为甘蔗糖业提供及时准确的信息服务。

## 第二节　中国甘蔗糖业管理机构

目前与甘蔗糖业管理有关的主要政府部门及组织有：

国家发展和改革委员会：负责糖业长远发展规划和战略目标及政策的制定、大型糖业加工项目的审批、食糖市场供求总量平衡和宏观调控、国家储糖计划的总体协调和储备动用的建议、制糖行业整体运行分析和生产管理、行业结构及区域布局的调整、化学合成甜味剂的产销管理等。

商务部：负责食糖流通领域的协调与管理、食糖市场供应状况的监控与分析、食糖进口配额计划管理与发放、国家储备糖的管理、食糖加工贸易的审批等。

农业农村部：负责糖料种植业的管理、良种基地建设、种植业机械化发展措施制定、种植业产业化和社会服务化体系建设等。

## 一、蔗糖业管理机构的变迁历史

### （一）食糖短缺时期的计划模式

1990 年以前，由于中国食糖供不应求，国家通过控制价格，限制消费和控制生产的措施来达到供求平衡和市场稳定。食糖实行定量配给和独家经营。1963 年以前糖料价格由地方实行管理和调整；1963 年以后价格由国家管理，全国糖料和食糖统一定价。

### （二）快速发展时期的双轨机制

1991 年开始，食糖的经营有所放开，实行计划内和计划外的经营双轨制。对糖料生产给予补贴。糖业政策的首要目标是实现自给。

### （三）调整时期的市场导向

20 世纪 90 年代以前国家对食糖实行统购包销政策，食糖全部由商业部收购。为了解除糖料和食糖统一定价对糖业发展的束缚，面对不断增加的食糖供给和财政补贴的压力，国家 1991 年对糖业营销体制进行了改革。

销售方面，将国家计委下达的食糖收购调拨计划由指令性计划改为指导性计划，改商业包销为工业自主经营；取消工商企业食糖收购比例，实行多渠道、少环节地经营食糖批发业务。食糖生产企业、糖酒公司和其他国营、集体商业企业均可经营食糖批发业务。价格方面，糖料价格、食糖出厂价格实行中央指导下的省级政府定价。食糖出厂价格由国家定价改为国家指导价；同时取消凭证定量供应办法，放开食糖的零售市场。

管理方面，不再实行综合性计划管理，食糖的管理由指令性改为指导性，建立中央和地方两级食糖储备制度，食糖储备的原则是国家进口糖由中央储备，国内生产糖由产区和销区分别储备。并由此形成了各制糖企业归（口）属轻工部门、各糖业公司归（口）属商业部门的糖业管理体制。

## 二、甘蔗糖业管理机构的职能

20 世纪 90 年代后期，国家一直对制糖行业进行结构调整，各地政府多个部门对甘蔗种业、种植、加工、储备、进出口和消费实行多头管理。以广西的情况为例说明如下（表 28－1）：

**表 28－1　甘蔗糖业管理机构的职能**

| 业务范围 | | 责任单位 |
|---|---|---|
| 种业 | 加强甘蔗品种创新研发中心、甘蔗育种创新基地、原原种健康种茎（苗）扩繁中心、甘蔗杂交基地基础设施建设 | 农业科研院所、大学等甘蔗研究机构，各有关市人民政府 |
| | 建立区域性试验平台，对各研发单位新选育的品种进行评价 | 糖业发展办，农业农村厅，农业科研院所、大学等甘蔗研究机构，各有关市人民政府 |
| | 在区域性试验、广泛征求意见的基础上，对测试表现优异的品种，地方推荐种植 | 各有关市人民政府、糖业发展办、农业农村厅 |
| | 研究制定良繁基地建设标准及甘蔗良种种植、管护、加工等环节的标准技术规程，提升良繁基地标准化水平 | 各有关市人民政府、糖业发展办 |

（续）

| 业务范围 | | 责任单位 |
|---|---|---|
| 种业 | 搭建甘蔗良种现场集中展示、网上展示、网上交易平台 | 糖业发展办、农业农村厅 |
| | 支持自筹资金建设双芽段脱毒、健康种苗加工供种中心，扶持培育一批育繁推一体化种业龙头企业，开展甘蔗种茎（苗）标准化生产、商品化供种 | 各有关市人民政府、糖业发展办 |
| | 做好救灾备荒储备种子响应准备，制定应急供种预案 | 糖业发展办、各有关市人民政府 |
| | 推广糖料蔗脱毒健康种苗 | 各有关市人民政府、糖业发展办 |
| | 加快甘蔗优良品种及其配套生产管理技术的推广 | 糖业发展办、农业科研院所、各有关市人民政府 |
| | 鼓励制糖企业通过订单合同推广良种 | 糖业发展办、各有关市人民政府 |
| | 对品种纯度、有效芽率、种茎加工和包装标准等进行监管 | 糖业发展办、市场监管局、农业农村厅 |
| | 负责甘蔗种茎（苗）品种、质量、市场以及生产经营许可管理 | 种子管理局 |
| | 建立健全甘蔗种茎（苗）质量追溯系统 | 农业农村厅、糖业发展办 |
| | 建立甘蔗种茎（苗）质量检测实验室等方式，开展甘蔗种茎（苗）检测工作 | 糖业发展办、农业科研院所、各有关市人民政府 |
| 种植 | 起草种植业发展政策、规划；指导种植业结构和布局调整及标准化生产工作，发布农情信息；承担发展节水农业和抗灾救灾相关工作；负责肥料有关监督管理以及农药生产、经营和质量监督管理，指导农药科学合理使用；承担农业植物检疫、农作物重大病虫害防治有关工作 | 农业农村厅种植业管理处、农药管理处 |
| 加工 | 负责组织开展和指导甘蔗加工安全监督管理工作，拟订蔗糖生产监督管理及生产加工者落实主体责任的制度措施，组织实施并指导开展监督检查工作，指导甘蔗加工者建立健全安全可追溯体系 | 各有关市人民政府、市场监管局 |
| 储备 | 对收储的国产糖实施公证检验及质量检验 | 华商储备商品管理中心、国家副食品质量监督检测中心 |
| | 将“国家储备糖”与商业经营单位分开 | 发改委、商务部 |
| 保障措施 | 加大税收支持力度 | 税务局 |
| | 建立糖业研发激励机制；对于企业糖业研发投入，财政给予后补助奖励 | 财政厅、科技厅、糖业发展办、发展改革委 |
| | 加大科技支持力度 | 科技厅、财政厅 |
| | 强化组织领导 | 甘蔗良种繁育推广体系建设厅际联席会议成员单位、各有关市人民政府 |
| | 加大糖业产业化重大工程推进力度 | 各项目责任主体、糖业发展办、发展改革委、农业农村厅 |
| | 对良繁基地业主、制糖企业农务负责人、种植企业（大户）、职业育种家开展经常性技术管理培训 | 糖业发展办，农业农村厅，农业科研院所、大学等甘蔗研究机构 |
| | 开展甘蔗绿色高质高效创建，建立完善蔗叶回收、粉碎还田、蔗叶养牛等扶持政策 | 糖业发展办、农业农村厅、生态环境厅 |
| | 加强调研总结评估 | 糖业发展办、绩效办，各责任单位 |

## 三、甘蔗糖业管理措施及建议

### （一）措施

国家在近几年采取了以下措施进行宏观调控：建立中央和地方两级食糖储备；产区实行甘蔗收购价与食糖销售价挂钩联动；出台食糖指导价和自律价；食糖进口由国家发改委统筹安排，恢复出口退税；对制糖业进行总量控制、结构调整；限产、限销、限用糖精等化学合成甜味剂。

### （二）建议

（1）严格控制进口，限产、限用糖精等化学合成甜味剂促进食糖销售。

（2）加强季节性平衡的调控。加大对工业季产年销临时储存食糖和主产糖地区食糖短期储备的资金支持。

（3）加强行业内部价格自律，将食糖生产、销售、经营纳入法制化、规范化的轨道。

# 第三节　中国甘蔗糖业社团组织

## 一、甘蔗糖业协会

甘蔗糖业涉及到农、工、商、贸（外贸）等多个部门，相互之间有着密切的关系，为适应市场经济条件下加强行业管理的要求，成立了中国及各地方糖业协会，使制糖行业管理由部门管理转变为行业管理，加强了行业内部企业间、地区间、部门间的协调与合作，发挥了协会横向联系及企业与政府间的桥梁作用。

### （一）中国糖业协会

中国糖业协会（英文名：China Sugar Association，简称 CSA)，会址设在北京，是中国糖业横向联系面最广泛的组织。

**1. 成立背景**　1991 年中国国务院决定改革食糖生产流通体制，改变食糖由国有商业统购包销为工业自销，实行多渠道、少环节的经营食糖批发业务，食糖季节性生产、常年销售，保障市场供给的任务由商业转给了工业；商业在不承担食糖季产年销任务以后，为加速资金周转，在不到两年时间内压缩多年进口结余糖和正常周转库存糖 200 多万 t，加上当年生产期所产的 791 万 t 糖，使投放市场的食糖总量达到了 1 000 万 t，大大超过了当时社会年需求量 720 万 t 左右的水平，历史上第一次出现了市场食糖严重供大于求，卖糖难，糖价暴跌，由此造成 1992/1993 年制糖期全国制糖工业企业亏损 26.4 亿元，并由此导致往后 3 个制糖期糖料与食糖生产连续大滑坡。而当时国家对食糖市场供求平衡有效调节机制尚未形成，加上制糖行业本身体制性、结构性的矛盾比较突出，制糖行业内部自律机制尚未形成，进入市场经济以后，在行业内部，企业间尚存在着以我为主，各自为战、散乱经营、无序竞争等问题，因此亟须一个组织来规范协调制糖行业。1992 年 10 月，中国糖业协会便顺势成立了。

**2. 发展历程**　中国糖业协会是 1992 年 3 月经原轻工业部批准，1992 年 6 月在民政部注册登记的独立社团法人组织。1992 年 10 月 8 日正式成立。现有社团编制 18 人。

中国糖业协会以农民增收、企业增效、行业稳定发展为己任，以做好协调、服务工作为宗旨。团结全体会员，为企业服务，反映会员愿望，维护会员的合法权利；根据行业发展的实际情况，向国务院有关部委提出行业发展意见和建议，协助政府进行宏观调控与决策；积极贯彻国家发展糖业的方针、政策、法令。成立 24 年来，中国糖业协会在建立产销衔接机制，加强食糖市场宏观调控，推动糖业结构调整，实施糖业扭亏解困，加强国际交流与合作，促进全行业技术进步，发展循环经济，限产限销高倍化学合成甜味剂，扩大食糖消费，打击食糖走私，促进食糖产销体制改革等方面做了大量卓有成效的工作，得到了全体会员单位和国务院有关部委的一致好评。

中国糖业协会的最高权力机构是会员代表大会。理事长领导下的理事会对代表大会负责。秘书处是协会的常设机构，负责协会的日常工作。

中国糖业协会设甘蔗糖专业委员会、甜菜糖专业委员会、综合利用多种经营专业委员会、糖机设备应用专业委员会、食糖消费促进工作委员会、原糖进口加工专业委员会等。受政府有关管理部门委托，设立全国糖精产销协作组办公室，负责糖精限产限销管理协调工作。

中国糖业协会的会员包括农、工、商、贸、科研、教育、设计安装、设备制造、投资公司等与糖业有关的企事业单位，现有会员单位 463 家，其中有 336 家甘蔗、甜菜制糖和原糖进口加工企业，58 家商业流通企业，15 家制糖科研机构、设计院及设有制糖专业的大专院校，12 家糖机制造厂，其他 42 家。

**3. 业务范围**

（1）根据党和国家经济建设的总方针和任务，研究糖业发展的重大问题，向政府部门提出行业发展规划、经济技术方针政策和经济立法、标准等方面的建议，并参与有关活动。

（2）组织全行业经济技术协作及交流活动，开展行业厂际竞赛，推动行业的技术进步和经济技术管理水平的提高。

（3）组织行业产品质量评议；指导行业开发、推广新技术、新产品。

（4）推动企业之间和行业内外多种形式的联合；搞好产、销和价格协调；促进食糖和综合利用产品的销售。

（5）协调企业的经济活动，组织企业协商订立行规行约，维护会员单位的合法权益和行业声誉，加强行业自律。

（6）发展与国外同行业间的联系，开展国际糖业经济技术合作与交流活动，组织企业参与国际食糖市场调剂。

（7）开展行业基础资料的调查、搜集、整理工作，建立行业资料库，编辑出版行业有关资料。

（8）开展咨询服务，组织专家为会员企业提供国内、外技术经济信息和市场信息；出版协会会刊。

（9）采取多种形式，为企业培训专业人员；组织省、区间，企业间的各种技术支援活动，提高企业素质和经济效益。

（10）筹措建立企业发展基金，以扶持糖业生产和科技的发展；组织发展本行业的公益事业，开展有益于本行业的其他活动；承担政府部门及其他社会、经济团体委托办理的事项。

**4. 协助政府工作** 详见表 28－2。

**表 28－2 中国糖业协会协助政府工作内容**

| 年份 | 协助政府工作内容 |
|---|---|
| 1997 年至今 | 协助控制食糖进口 |
| 1996 年至今 | 加强国家储备糖管理 |
| 1996 年至今 | 配合外经贸部、国家轻工业局加强了对食糖加工贸易的管理，杜绝利用加工贸易渠道走私食糖 |
| 2000—2001 年 | 协助国家经贸委下发了全国食糖总量控制在 750 万 t 的分省份食糖产量控制指标 |
| 2002 年 | 协助国家计委起草了糖料管理暂行办法 |
| 1996 年至今 | 协助制糖工业企业季产年销临时储存糖资金供应 |
| 1999 年至今 | 增加主产区地方食糖储备 |
| 1997 年至今 | 每年向国家计委，中国人民银行及各专业银行报送各地糖料收购资金需求计划 |
| 1998 年至今 | 召开了“制糖行业价格自律工作会议”，制定了行规、行约，协助政府开展了价格执法检查，抑制了价格战的蔓延 |
| 2000 年 | 协助原国家经贸委和国家轻工业局，制定了《全国糖业结构调整方案》 |

### （二）广西糖业协会

2002 年 9 月 28 日，广西糖业协会经政府有关部门批准成立。协会共有会员单位 68 个，其中食糖批发市场 2 家、制糖企业 26 户。广西壮族自治区前 15 大制糖企业集团均为协会会员，产糖量均在 5 万 t 以上，分别为广西南宁糖业股份有限公司、广西贵糖（集团）股份有限公司、洋浦南华糖业有限公司、广西凤糖生化股份有限公司、广西南宁东亚糖业集团、广西农垦糖业集团有限公司、广西来宾东糖集团有限公司、广西冠桂糖业有限公司、广西贵港甘化股份有限公司、广西百色甘化股份有限公司、广西上上糖业有限公司、南宁永凯实业开发有限公司、广西永鑫华糖有限公司、英博（三博）糖业集团、监狱系统糖业等 15 家大型制糖企业（集团）所属糖厂有 67 间。这 15 户企业集团生产能力、产糖量分别占全区的 87.8%和 88.91%，是广西和全国糖业界最具实力和影响力的大型企业集团，拥有广泛的市场网络和销售渠道。

### （三）广东糖业协会

广东糖业协会成立于 1995 年 11 月，是广东省糖业及省内与糖业有密切关系的企业、事业单位自愿组成的社会团体，是在民政部门注册登记的独立社团法人组织。广东糖业协会自成立以来，一直致力于维护行业的合法权益；向政府有关部门和社会反映行业的要求和愿望；接受政府委托为行业服务，努力成为联系政府和企业之间、企业和企业之间的桥梁和纽带。

广东糖业协会的宗旨是团结全体会员，为企业服务，贯彻国家发展糖业的方针、政策。反映企业的愿望，维护企业的合法权益，促进行业发展，为广东省制糖事业作出贡献。

近几年，广东省糖业协会在广东省糖业结构调整、优化资源配置以及体制改革和技术进步方面做了许多工作，取得了很好的成效。广东省糖业协会接受政府委托，对广东省糖业综合竞争力进行研究，制定出提高广东糖业综合竞争力的具体措施，提出以发展珠江三角洲炼糖基地和湛江制糖基地为重点的发展战略。

**(四) 云南糖业协会**

云南糖业协会成立于1996年10月，现有工商会员单位87个。协会的宗旨是团结全体会员为企业贯彻国家发展糖业的方针、政策，反映企业愿望和要求，维护企业的合法权益，促进行业发展，协会和企业之间发挥桥梁作用，承担政府部门委托的行业管理工作。

2003年云南糖业开始进行整合，引进有实力的战略合作伙伴，以市场化原则运作，出现了一批糖业集团公司，这些集团公司的产糖量达130万t，其中民营企业（集团公司）的产糖量占80%。

**(五) 海南糖业协会**

海南糖业协会是随着海南建省实行市场经济而成立起来的一个行业协会，自1994年成立之日起便从政府职能部门手中接过了全省制糖行业的管理与服务职能。其宗旨是向会员单位传递各种信息、提供产销服务、规范行业行为等，向政府提供统计资料、宣传贯彻党和政府方针政策、反映会员呼声。会员主要是该省各糖厂及省内相关的企业。

### 二、甘蔗产业技术创新战略联盟

2009年11月，全国28家甘蔗骨干企业、大学、科研院所及其他组织机构联合构建了“甘蔗产业技术创新战略联盟”，总部设在广西壮族自治区农业科学院，首任理事长为李杨瑞教授。该联盟包括企业8家，科研院所18家，大学2家。该联盟旨在集聚成员单位的科技资源优势，加强甘蔗产业产学研的紧密结合，共同致力于解决国家重大甘蔗专项和甘蔗产业发展中所面临的关键性科学技术问题，优化国家在甘蔗产业的科技资源配置，形成我国甘蔗产业新的技术合作创新和科技成果的转化机制，提升甘蔗产业自主创新能力，增强甘蔗产业的核心竞争力。目前，甘蔗产业技术创新战略联盟作为中国的代表社团参加国际甘蔗技师协会（International Society of Sugar Cane Technologists，ISSCT）。

此外，还有中国作物学会甘蔗专业委员会及有关省、市、县多个甘蔗学会等社团组织，已在第二十六章介绍，这里不再赘述。

## 第四节　政策与建议

### 一、高度重视甘蔗糖业社团组织的建设与发展

甘蔗糖业社团组织是联系高等院校、科研院所、生产企业和管理部门、中介机构的桥梁和纽带，是地方自主创新体系建设的重要组成部分，对提高地方自主创新能力，推动地方主导产业快速发展具有重要的促进作用。各级政府和管理部门要切实重视甘蔗糖业社团组织的建设与发展，积极引导甘蔗糖业社团组织为地方自主创新体系建设服务，为地方主导产业技术创新服务，加强“社团组织-企业”合作，主动服务地方创新驱动发展战略的实施。

## 二、切实加强"社团组织-企业"技术创新合作

甘蔗糖业社团组织要围绕当地产业技术创新，立足学会的学科、人才、设备等优势，加强学会和企业的联系与合作，创新"社团组织-企业"合作模式，提升"社团组织-企业"合作层次，打造"社团组织-企业"合作战略联盟，优势互补，合作发展，共同承担产业共性和关键技术创新项目研究。社团组织应积极参与地方产业技术创新，为提高地方产业技术创新能力，推动产业结构优化升级作出应有贡献。

## 三、提高甘蔗糖业社团组织产业技术创新能力

甘蔗糖业社团组织要充分发挥自身优势，围绕产业技术创新，绘制产业技术创新链，积极开展产学研合作，联合共建技术研发中心，促进社团组织与产业技术创新链的直接对接，联合开展产业技术创新联合攻关。甘蔗糖业社团组织要加强对产业技术创新研发项目的管理和支持，积极为产业发展解决技术创新难题。积极搭建产业技术创新交流平台，广泛集成技术创新资源，通过举办各种模式、类型、层次的学术交流活动，创建特色学术交流品牌。主动服务地方产业技术创新。

## 四、甘蔗糖业社团组织要不断加强自身建设

甘蔗糖业社团组织是广大科技工作者自愿组成的民间学术团体。社团组织的生存和发展关键在于自身建设。要围绕建设现代科技团体目标，深化社团组织体制改革，创新社团组织运行机制，建立适应社会主义市场经济体制、符合科学技术和学术团体发展规律的组织体制和运行机制。推进社团组织转型发展，在坚持非营利性基础上，创新社团组织经营理念，努力加强社团组织能力建设，增强服务意识和服务能力。努力拓展社团组织经费来源渠道，为社团组织可持续发展奠定雄厚的技术基础和经济条件。切实提高广大会员的积极性，动员会员积极参加社团组织的一系列活动，提高会员参与活动的广度和深度，不断扩大社团组织的影响力。

# 第二十九章

# 中国甘蔗糖业科研机构

## 第一节　概　　述

中国的甘蔗生产主要集中在国内南方的几个省份，因此甘蔗糖业科研机构主要在南方，只有个别的甘蔗生产机械研究相关的企业在北方。目前，国内从事甘蔗糖业研究的科研机构主要有甘蔗、机械生产和甘蔗加工等几种类型。从研究内容看，甘蔗科研机构的主要研究方向为甘蔗育种、栽培、植保等，其中部分甘蔗科研机构也同时开展甘蔗生产机械与加工方面的研究；甘蔗机械生产研究主要与甘蔗全程机械化相关的甘蔗耕整地、种植、田间管理、甘蔗收获等方面机械的研究；甘蔗加工方面的研究主要有甘蔗制糖工业过程及相关副产品加工等方面。从科研力量看，甘蔗科研机构数量较多，科研力量相对较强；其次是甘蔗生产机械方面的科研机构，而甘蔗加工方面的科研机构相对较少。

## 第二节　甘蔗研究机构

中国甘蔗科研机构从20世纪50—60年代在南方各省份成立，到21世纪初由于甘蔗生产区域调整，甘蔗科研机构同步逐渐调整。按科研力量与研究性质可将甘蔗科研机构分为主要甘蔗研究机构和非主要甘蔗科研机构。主要甘蔗科研机构是指以甘蔗为主要研究对象且设有相对齐全学科研究方向的甘蔗科研机构；非主要甘蔗科研机构指研究力量相对较弱，或甘蔗为其重要的研究对象但还有其他作物为其研究对象的科研机构。

### 一、主要甘蔗科研机构

我国甘蔗主要甘蔗科研机构有两类，一是农业科学院或科学院所属研究所，科研力量相对较强。目前有广西壮族自治区农业科学院甘蔗研究所/中国农业科学院甘蔗研究中心、云南省农业科学院甘蔗研究所、广东省科学院南繁种业研究所和中国热带农业科学院甘蔗研究中心等。二是大学的内设甘蔗科研机构，主要有福建农林大学国家甘蔗工程技术研究中心、广西大学农学院（广西甘蔗生物学重点实验室）和云南农业大学甘蔗研究所等。

#### （一）广西壮族自治区农业科学院甘蔗研究所/中国农业科学院甘蔗研究中心

该机构是我国甘蔗主产区广西的重要甘蔗科研机构。成立于1956年，是以甘蔗新品种选育、生产技术创新和成果转化为主的甘蔗专业研究所。设有育种研究室、种质资源创新研究室、生物技术研究室、农艺研究室、植保研究室等研究部门，是国家甘蔗良种重大科研联合攻关体秘书长单位和“一带一路”国际甘蔗产业科技创新院依托单位。2024 年全所在编职工 92 人，其中研究员（教授）16 人，副研究员 41 人，高级农艺师 2 人；具有博士学位的 28 人、硕士学位的 41 人。

该所占地面积 73.33 $hm^2$，行政和科研办公设施齐全。建有海南甘蔗杂交育种基地和隆安甘蔗育种基地。

科研平台有中国农业科学院甘蔗研究中心、农业农村部广西甘蔗生物技术与遗传改良重点实验室、甘蔗育种与栽培技术国家地方联合工程研究中心、国家非粮生物质能源工程技术研究中心（甘蔗良种选育技术研究室、甘蔗规模栽培技术研究室、甘蔗良种繁育和规模化栽培示范基地）、国家糖料改良中心广西甘蔗品种改良分中心、广西甘蔗遗传改良重点实验室、广西甘蔗育种与栽培工程研究中心等多个国家和省部级平台。

该所先后承担了国家、省部级科研项目 500 多项，培育出桂糖甘蔗优良品种 78 个(其中果蔗品种 1 个)，有 50 多个科研项目分别获得国家、省部级科技进步奖等奖励；获授权发明专利 114 件。这些成果在甘蔗生产中创造了巨大的社会效益和经济效益，为广西乃至中国蔗糖业发展作出了重要贡献。该所育成的桂糖 11 号，从 1981 年育成至今，全国累计推广面积 400 多万 $hm^2$，产生的经济效益达 400 多亿元，成为新中国成立以来我国种植面积比例和累计推广面积最大的自育甘蔗品种；桂糖 42 号自 2019 年已连续 6 年成为全国面积最大的单一品种；桂糖 44 号适宜机械化栽培，正在快速发展；桂糖 55 号、桂糖 58 号、桂糖 76 号等成为目前重点推介的优良甘蔗新品种。

### （二）云南省农业科院甘蔗研究所

云南省农业科学院甘蔗研究所是国内甘蔗第二主产区云南省的重要甘蔗科研机构，设有甘蔗种质资源研究中心、甘蔗遗传育种研究中心、甘蔗农艺研究中心、甘蔗有害生物防控研究中心、蔗糖深加工与副产物综合利用研发中心等 5 个研究机构和瑞丽甘蔗杂交育种站。科研平台有国家甘蔗种质资源圃、国家糖料改良中心云南分中心、国家内陆甘蔗杂交育种基地、国家甘蔗良原种繁育基地及农业部甘蔗种质野外科学观测实验站等 5 个国家级科研平台；“中国-斯里兰卡”甘蔗联合研究中心和面向南亚东南亚甘蔗品种改良联合研发中心 2 个对外国际合作平台；云南省甘蔗遗传改良重点实验室、云南省甘蔗工程技术研究中心、云南省农业科学院滇南农产品质量检测中心、云科云蔗科技众创空间、云南省精品科普基地等 5 个省部级研发平台。“十三五”以来，在甘蔗种质创新和优异基因发掘利用、高产高糖新品种选育、甘蔗脱毒健康种苗技术、甘蔗生理和轻简技术、有害生物防控及蔗糖新技术新产品等研发上取得重大成果，主持获得省部级一等奖 2 项、二等奖 5 项、三等奖 6 项，农业部（现称农业农村部）先进集体奖 1 项。

### （三）广东省科学院南繁种业研究所

广东省科学院南繁种业研究所（简称：种业所）前身为始建于 1951 年的轻工业部甘蔗糖业科学研究所，2021 年由原广东省科学院生物工程研究所涉农创新团队、海南甘蔗育种场及湛江甘蔗研究中心整合组建而成。

现有在职职工 200 多人，其中高级职称、博士等人才 100 余人。共有在学研究生 31 人、在站博士后 26 人。

该所总部位于广州市海珠区，在海南三亚、广东湛江分别设有南繁科技中心（三亚）、现代种业创新中心（湛江），在海南陵水、五指山、乐东及湛江遂溪、雷州等地有试验基地。拥有国际植物遗传资源局认可的种质资源圃、全国杂交制种基地、国家健康种苗及原原种基地、国家糖料改良中心广东分中心、国家玉米改良中心三亚研究基地、南繁种业育种技术转化试验平台等20多个国家及省级平台。

广东省科学院南繁种业研究所坚持种业原始创新的引领性和南繁科技服务支撑的全面性协调发展，坚持"一个定位 三个目标"战略定位，在广东省科学院"一院两制三体系四融合"的战略统领下，逐步建成广东现代种业的高层次人才集聚高地、产学研合作与科研成果转化应用的组织载体、打造产业技术创新中心，成为粤港澳大湾区创新驱动发展一支不可替代的战略科技力量。争取建成国家$C_4$植物种质资源库（圃）、中国$C_4$作物种业创新中心、国际$C_4$植物育种合作研究基地、国际$C_4$植物种业技术交流中心（崖州论坛）。形成特色突出、优势明显、影响有力、成效显著、机制灵活的一流种业研究机构。

广东省科学院南繁种业研究所是全国甘蔗糖业信息中心、广东省南繁服务中心、广东甘蔗学会的挂靠单位，负责编辑出版《甘蔗糖业》和《南繁与种业》。

### （四）中国热带农业科学院甘蔗研究中心

中国热带农业科学院甘蔗研究中心是中国热带农业科学院从事甘蔗科研的重要平台，于2011年成立，挂靠中国热带农业科学院热带生物技术研究所。甘蔗研究中心整合了中国热带农业科学院内带生物技术研究所、环境植物保护研究所、农业机械研究所和南亚热作物研究所中甘蔗方向的科研力量，研究方向包括甘蔗生物技术、资源创新利用与新品种选育、甘蔗脱毒种苗与良种繁育、甘蔗水肥药一体化与耕作栽培、甘蔗病虫草绿色防控、甘蔗农机农艺与生产机械化、甘蔗副产物综合利用。目前中心在编职工65人，其中研究员8人，副研究员17人；具有博士学位的20人、硕士学位的40人。

该中心在海南临高建有23.3 $hm^2$科研基地，在广西扶绥建有0.3 $hm^2$的甘蔗科技创新实验室、国家甘蔗脱毒种苗实验室、66.7 $hm^2$国家甘蔗脱毒健康种苗繁育基地与试验示范基地，在云南耿马、广西扶绥、广东湛江和海南临高设立了科研工作站，并建立了甘蔗科研试验、示范基地。

中国热带农业科学院甘蔗研究中心先后承担国家重点研发专项、国家现代农业产业技术体系、国家自然科学基金和省部级重点项目60余项，获省部级科技奖励10余项，获授权国家专利25项；建立了甘蔗高效转基因和基因编辑技术体系，培育出高产、高糖、高抗转基因材料一批；培育出中糖系列甘蔗优良新品种6个；创建了以脱毒种苗为核心的良种繁育技术、水肥药精准施用技术、甘蔗农机农艺融合技术、甘蔗主要病虫监测检测和防控技术，集成创新构建了甘蔗高效、低耗、轻简栽培技术体系，实现了甘蔗高效生产；研发了蔗渣高质化利用技术，实现蔗渣规模化生产纳米纤维。

### （五）福建农林大学国家甘蔗工程技术研究中心

福建农林大学国家甘蔗工程技术研究中心于2014年9月立项建设，是在福建农林大学甘蔗研究所和福建省甘蔗工程技术研究中心的基础上，整合该校相关学科、人才和科研优势力量组建而成。中心设综合管理部、工程技术研发部、成果中试验示范推广部，建设有良种工程创新、机械化高效轻简栽培、病虫害绿色防控、质量标准与检测技术研发、副产品高效化利用和分子生物学等 6 个研发团队。建有国家糖料改良中心甘蔗品种改良分中心、农业农村部福建甘蔗生物学与遗传育种重点实验室、农业农村部甘蔗及制品质量监督检验测试中心、福建甘蔗工程中心和福建农林大学农产品及食品质量安全检测中心等平台，挂靠于中国作物学会甘蔗专业委员会。

中心拥有实验室 9 600 $m^2$，20 $hm^2$ 研究基地；在旗山校区新建 0.13 $hm^2$ 普通温室和智能温室，在金山校区建有隔离网室 0.06 $hm^2$，在白沙基地建立隔离网室 0.253 $hm^2$。中心现有甘蔗科学研究、应用推广和相关工程技术人员 92 人，其中高级职称 54 人，中级职称 25 人。

先后育成福农 38 号、福农 39 号、福农 41 号等鉴定、审定、登记甘蔗品种 13 个，并在甘蔗生产全程机械化研究方面获得重要进展，培养了一批从事甘蔗研究的专业技术人才。

### （六）广西大学甘蔗生物学重点实验室

广西大学甘蔗生物学重点实验室于 2018 年 8 月经广西科技厅批准认定为广西壮族自治区重点实验室。

该实验室设置了 4 个研究方向，包括甘蔗重要性状的组学基础、甘蔗种质创新与高效育种、甘蔗生理生态与高效栽培和甘蔗抗逆机制与安全生产。目前，实验室拥有研究人员 39 人，其中正高职称 15 人、副高职称 17 人，全部具有博士学位，留学或海外工作归国人员 9 人。近 3 年，实验室共承担省（部）级以上科研项目 67 项，项目总经费 5 809 万元，发表相关研究论文 143 篇，并培养了一批从事甘蔗研究的专业技术人才。

### （七）云南农业大学甘蔗研究所

云南农业大学甘蔗研究所成立于 1997 年，其前身是成立于 1987 年的甘蔗资源研究室，现有相关研究人员 11 人。甘蔗研究所拥有“属种”较为齐全的甘蔗资源圃，保育甘蔗野生种质资源及其杂种后代材料 2 000 余份。先后承担国家级、省（部）级等各类科研项目 50 余项，获国家科技进步奖二等奖 1 项、云南省自然科学二等奖和三等奖各 1 项、云南省科技进步二等奖和三等奖各 1 项、云南省百佳职工经济技术创新成果奖 1 项、云南省重大农业科技推广项目二等奖 1 项等。通过省级审定甘蔗品种 5 个（自育 1 个、引进 4 个）。出版专著 6 部，发表论文 120 余篇，其中 SCI 收录 10 余篇。获授权发明专利 3 件、实用新型专利 5 件，软件著作权 1 个。培养甘蔗专业高级人才两百余人。

### （八）云南省德宏傣族景颇族自治州甘蔗科学研究所

云南省德宏傣族景颇族自治州甘蔗科学研究所是云南省德宏傣族景颇族自治州唯一从事甘蔗综合实用技术研究与示范推广的专业研究机构，成立于 1972 年 5 月，2003 年 8 月增挂德宏傣族景颇族自治州甘蔗科学技术推广站。现有职工 41 人，其中，专业技术人员 27 人，包括高级农艺师 11 人、农艺师 10 人、助理农艺师 6 人。在职人员中有研究生 5 人，大学本科 19 人。下设行政办公室、品种研究推广室、农艺研究推广室、植保研究推广室、化验室。所内设施设备齐全，技术力量雄厚，拥有试验示范田 16.2 $hm^2$，先后选育出德蔗 78-31、85-68、86-33、89-10、93-88、93-94、95-7、03-83、07-36、09-78 等不同时期甘蔗新品种在生产上推广应用。建所以来，先后承担国家、省、地级科研项目 150 余项，自选项目 83 项，共获得各级科研成果奖 80 余项。

## 二、其他甘蔗科研机构

相关甘蔗科研机构在主产蔗区和非主产蔗区都有。包括华南农业大学、福建省农业科学院亚热带农业研究所（福建省农业科学院闽南分院）、广西亚热带作物研究所、广西南亚热带农业科学研究所、四川省植物工程研究院、贵州省亚热带作物研究所、柳州市农业科学研究所、河池市农业科学研究所、百色市农业科学研究所、崇左市农业科学研究所、内江市农业科学院和柳城县甘蔗研究中心等 12 个科研机构。

### （一）华南农业大学

华南农业大学设甘蔗研究室，为校级研究机构，成立于 1986 年，主要从事甘蔗品种抗性（抗病、抗旱）改良及分子机制、甘蔗病害快速诊断及防控技术、优良抗逆甘蔗新品种选育及种质创新、甘蔗抗逆栽培生理及分子机制等研究。研究室现有正式在编教学科研人员 3 人（研究员、副研究员、高级技工各 1 人），拥有 100 $m^2$ 的甘蔗实验室，内有从事甘蔗生理及分子研究的主要仪器设备，并与挂靠该校农学院作物科学技术系的农业农村部华南作物栽培科学实验站共享大型仪器设备及设施。另在校本部启林北农学院教学科研基地独立拥有占地 0.2 $hm^2$ 的甘蔗亲本工作圃，保育我国主要自育或引进甘蔗品种或亲本 120 余份。近 5 年来发表研究论文 20 多篇，专利 10 项，甘蔗品种权 8 项，培养了一批博士和硕士研究生。

### （二）福建省农业科学院亚热带农业研究所（福建省农业科学院闽南分院）

福建省农业科学院亚热带农业研究所前身为成立于 1958 年的“福建省甘蔗试验站”，1985 年更名为福建省农业科学院甘蔗研究所，2016 年更为现名。设有国家产业技术体系甘蔗试验站，主要开展甘蔗育种和综合利用工作，目前侧重于果蔗研究。先后育成闽糖 70-611、闽选 703、闽糖 86-05 等糖料蔗甘蔗品种。

### （三）广西亚热带作物研究所

设有广西农垦甘蔗研究所，主要从事甘蔗新品种选育及推广、甘蔗高产高效栽培、甘蔗生理生化分析、健康种苗繁育和糖业深加工研发等，专职甘蔗研究人员 13 人，其中正高职称 1 人，副高职称 4 人，具有硕士学位的 8 人。初步建成了甘蔗种质资源圃，品种选育及良繁基地 450 多亩，拥有 800 $m^2$ 的可控温室大棚，200 $m^2$ 实验室，可进行甘蔗健康种苗工厂化生产。

先后获广西农业综合开发办公室、科技厅，南宁市科技局，广西农垦局等科技项目 10 多项，获国家专利 10 多项，取得各类科技成果 8 项，发表科技论文 20 多篇。

### （四）广西南亚热带农业科学研究所

广西南亚热带农业科学研究所内设生物技术研究中心（原经济植物组织培养研究室），成立于 20 世纪 90 年代，现有专业技术人员 16 名（含 2 名兼职人员），其中高级职称 3 人，中级职称 12 名。主要开展甘蔗优良新品种选育、甘蔗“双高”新品种脱毒组培技术研究，以及为甘蔗“双高”新品种脱毒种苗在崇左蔗区及广西农垦蔗区推广应用提供种苗及其配套高效繁育与栽培技术，中心的甘蔗脱毒种苗组培生产线已经拥有年产 500 万株甘蔗脱毒种苗的能力。

该中心成立以来，共获得省部级以上奖项 3 项，地厅级以上奖项 12 项；选育有 37 个甘蔗新品系，主持国家和省部级科研项目 10 项，发表论文 74 篇，获得国家授权专利 46 项，登记科技成果 26 项。

**（五）四川省植物工程研究院**

四川省植物工程研究院内设糖料作物研究所，主要从事甘蔗新品种、果蔗选育与推广应用。开展甘蔗种质与基因资源的搜集、保存、研究与利用工作，先后搜集保存了 10 余个特高糖基因材料；主要选育适合华中蔗区和西南蔗区的甘蔗品种，先后育成甘蔗优良亲本川蔗 2 号及甘蔗品种 26 个。

**（六）贵州省亚热带作物研究所**

贵州省亚热带作物科学研究所始建于 1956 年，原名贵州省糖料研究所，1991 年更现名。从事亚热带作物甘蔗选育种和栽培技术、植物保护、土壤农化、资源利用、成果转化等领域的科技创新和成果应用工作，引进筛选甘蔗新品种 20 多个，自育甘蔗品种 4 个。

**（七）柳州市农业科学研究中心**

柳州市农业科学研究中心原柳州市农业科学研究所，创建于 1926 年 11 月 26 日，其前身是“柳江农林试验场”。期间名称、隶属关系多次变更。核定事业编制 65 名。内设经作研究室从国家级农作物品种区域试验站，承担国家级、省部级甘蔗区试及生产试验、选育种、示范、推广应用。研经作研究室甘蔗课题组现有成员 4 人，高级职称 1 人，中级职称 2 人。近年来，先后主持或主要参与科研攻关项目 7 项，育成甘蔗新品种 2 个，获柳州市科技技术进步二等奖 1 项，广西农业科学院科学技术进步一等奖 1 项、二等奖 1 项；在省级以上刊物公开发表科技论文 10 余篇。

**（八）河池市农业科学研究所**

河池市农业科学研究所创建于 1965 年。内设有甘蔗研究室，主要从事新品种选育和栽培等应用技术研究，课题成员 9 人，高级职称 1 人，中级职称 3 人。有广西河池国家农作物品种区域试验站、广西甘蔗良种培育中心”、广西甘蔗良种攻关联合体、国家甘蔗产业体系广西创新团队甘蔗综合试验站等平台。主持实施广西科技计划项目 5 项，广西壮族自治区农业农村厅项目 1 项，先后选育出甘蔗优良新品系 7 个参加广西甘蔗新品种区域试验，主持科研项目中有 3 项获得广西农业科学院科技进步奖等奖励。

**（九）百色市农业科学研究所**

百色市农业科学研究所成立于 1954 年，先后更名为广西壮族自治区百色专区农业试验站、广西壮族自治区百色农业试验站、百色地区农业科学研究所。为国家农作物品种区域试验站、国家糖料（甘蔗）产业技术体系百色综合试验站等的技术依托单位，是广西科技厅第一批认定的广西农业良种（甘蔗）培育中心。建所以来长期从事甘蔗区试等相关科研工作，荣获国家级、省部级、地（市）级科技进步奖、科技创新奖和广西农牧渔业丰收奖等各种奖励 80 多项，2019 年 3 月荣获广西农牧渔业丰收奖农业技术推广合作奖（一等奖）。

**（十）崇左市农业科学研究所**

2013 年 7 月增挂“崇左市甘蔗研究所”牌子。目前核定事业编制 44 名，内设 4 个职能部门：办公室、财务科、科研科和生产科。目前在职员工 32 人。

全所占地面积约 91.24 $hm^2$，目前承担有国家甘蔗产业技术体系崇左综合试验站、国家甘蔗新品种区域试验站、崇左市甘蔗杂交育种等任务。筛选的壮糖 6 号、壮糖 7 号在广西来宾、柳州、北海、上思、崇左等 7 个地区点进行试验示范。

### （十一）内江市农业科学院

四川省内江市农业科学院，其前身为内江甘蔗试验场，始建于 1936 年，已有 80 多年历史，1958 年扩建为综合性的内江地区农业科学研究所，2007 年更名为四川省内江市农业科学院。内设甘蔗研究所，科技人员 8 人，其中研究员 1 人，高级农艺师 1 人。从事甘蔗新品种选育、新技术集成创新等工作，建有连栋大棚、温室、压榨室、分析室、加工室等设施。

育成甘蔗甜城 1～22 号、甜城 99、川蔗 1-6 号（合作）等新品种 29 个，在 10 多个省（自治区、直辖市）种植，新品种累计推广面积 33.3 万 $hm^2$ 以上，获得部、省科技进步奖 5 项，市科技进奖 8 项。

### （十二）柳城县甘蔗研究中心

柳城县甘蔗研究中心成立于 1976 年，1988 年更现名，从事甘蔗杂交育种、甘蔗组织培养、甘蔗良种试验与推广、栽培技术、病虫害高效防治技术、配方施肥技术等示范和科技培训等工作，为国家甘蔗产业技术体系柳城综合试验站的建设依托单位，近年来承担自治区科技攻关项目 3 个，柳州市科技攻关项目 3 个。2012 年 10 月，单位被广西壮族自治区科技厅定为“广西农作物良种培育中心”。中心现有技术人员 6 人，甘蔗试验用地 4 $hm^2$，甘蔗组培设施 1 套，年生产甘蔗组培苗（甘蔗健康种苗）能力 300 万株。

先后育成桂柳 1 号、桂柳 2 号、桂柳 05136、桂柳 07500、桂柳 07150 共 5 个甘蔗新品种，其中桂柳 05136 成为广西主栽甘蔗品种之一，2019 年在全国种植面积约 23.3 万 $hm^2$，累计应用面积约 70.67 万 $hm^2$。科技成果“甘蔗腋芽液培系的建立与应用”获 1998 年柳州市科学技术进步奖一等奖，“甘蔗新品种桂柳 05136 选育和推广应用”获 2016 年柳州市科学技术进步奖一等奖和 2018 年广西农牧渔业丰收奖一等奖和 2022 年度广西科技进步一等奖。

除上述甘蔗科研机构外，承担国家糖料体系及各省份甘蔗创新团队任务的甘蔗研究机构还有广东省湛江农垦科学研究所、广西北海市农业科学研究所、临沧市甘蔗技术推广站（临沧市甘蔗科学技术研究所）、桂林市农业科学院和云南保山农业技术推广中心甘蔗研究室（原保山市甘蔗科学研究所）等。

## 第三节 甘蔗生产机械研究机构

甘蔗全程机械化生产，包括了蔗地耕整、甘蔗种植、甘蔗田间管理、甘蔗收获和甘蔗收后处理等环节，国内的甘蔗生产除甘蔗收获外，其他几个环节已基本实现机械化。与甘蔗研究机构不同，甘蔗生产机械研究除公益型或科研型企业的研究机构外，还有许多企业参与。公益型或科研型企业的研究机构有广西农业机械研究院有限公司、华南农业大学工程学院、广西大学机械学院、中国农业机械化科学研究院、中国农业大学工学院和中国热带农业科学院农业机械研究所（中国热带农业科学院甘蔗研究中心）等。相关的企业有广西柳工农业机械股份有限公司、中联重科股份有限公司、洛阳辰汉农业装备科技有限公司、江苏沃得农业机械股份有限公司、广西福域智能农业机械有限公司、广西双高农机有限公司、广西合浦县惠来宝机械制造有限公司、现代农装科技股份有限公司和广西国拓重机科技有限公司等。

## 一、广西农业机械研究院

广西农业机械研究院（所）始建于1956年，是以研究开发农、林、牧、副、渔生产及其产品加工所需的机械设备、设施为主，集科研、开发、生产、成果转化应用于一体的综合性科技型企业。2001年由事业单位转为科技型企业，并更名为“广西农业机械研究院有限公司”。

广西农业机械研究院拥有办公设施约0.4 $hm^2$，生产厂房约1.1 $hm^2$，现有在职职工540多人，专业技术人员93人，其中高级职称38人，中级职称39人；拥有1个省级技术中心、3个研究开发部门和5个生产经营性实业机构；拥有国家唯一的甘蔗机械国家重点工业性试验基地和广西农机中试基地；设计、加工、试验手段完备，拥有包括先进的数控车床和加工中心在内的各类加工设备310多台（套）。

建院以来，已取得科研成果100多项，获国家级、省部级奖励的科研成果近30项，专利70多件，发表学术论文100多篇。

## 二、华南农业大学工学院

华南农业大学工学院甘蔗农机研究主要为南方农业机械与装备关键技术教育部重点实验室甘蔗机械化分室，20世纪80年代开始参加甘蔗全程机械化试验，先后承担了农业部、科技部“十五”至“十三五”科技攻关、科技支撑计划、重点研发计划项目、公益性行业（农业）研究专项和广东相关科技计划等项目20多项、授权发明专利、新型实用专利10多件，科研成果6项。

近年来的主要研究方向为甘蔗生产机械化、甘蔗收获机设计与研究、甘蔗种植机设计与研究，以及甘蔗茎秆力学等。

华南农业大学为国家糖料产业技术体系机械化研究室的依托单位，建有农业农村部甘蔗生产全程机械科研基地。

## 三、广西大学机械工程学院

广西大学机械工程学院的前身是始建于1933年的广西大学机械系。1981年全国第一批获得机械制造及其自动化硕士点，1997年由原广西大学机械系（始建于1933年）与原广西农业大学农业工程系合并成立。教职工130人，其中专任教师82人，博士生导师18人，正高级职称30人，副高级职称41人，具有博士学位的教师57人。

学院拥有1个广西优势特色重点学科（机械工程），1个国家级机械工程实验教学建设示范中心，1个国家级机械工程虚拟仿真实验教学中心，1个广西壮族自治区重点实验室。学院的亚热带特色农业智能装备创新平台涵盖亚热带特色农业智能检测技术与装备创新平台、亚热带特色农业机械装备创新设计平台和高端装备精密制造工艺与产品质量控制平台等3个平台。

## 四、中国农业机械化科学研究院

中国农业机械化科学研究院成立于 1956 年，隶属于世界 500 强中国机械工业集团有限公司，在岗员工5 400余人，拥有 6 家全资子公司、13 家控股子公司和 4 家直属单位，是国家首批创新型企业和高新技术企业。

建有 1 个国家重点实验室，2 个国家工程实验室，2 个国家级工程技术中心和 3 个国家级质量监督检验中心，是农业装备产业技术创新战略联盟、国家饲草料生产科技创新联盟、食品装备产业技术创新战略联盟和首都生物质能产业创新战略联盟理事长单位。

面向现代农业发展需求，开展土壤植物机器系统应用基础技术研发，种子加工、农田提质、耕整栽种、田间管理、收获等装备及农机信息化技术等研发，开展畜牧养殖技术及装备、农业设施技术及装备等研发。田间作业机械领域包括大型铧式犁、多功能耕整地作业机、免耕播种施肥联合作业机、水稻高速插秧机、育苗与高速移栽机、系列精量植保机械、田园管理机械、甘蔗收获装备等。

## 五、中国农业大学工学院

中国农业大学工学院 2002 年 8 月学校整合工学门类的部分骨干学科专业群，由原机械工程学院、车辆工程学院和农业工程研究院 3 个单位共同组建而成，其发展历史源于 20 世纪 50 年代初期北京农业机械化学院创办农业机械设计制造专业和农业机械化专业。工学院现有教职工 150 人，其中教授 41 人、副教授 63 人、讲师 16 人。

该学院下设农业工程、车辆工程、机械设计制造和机电工程 4 个系，教学科研办公用房总面积达 2.3 万 $hm^2$，设施、设备以及科研、教学条件先进。学院设有机械与农业工程国家级实验教学示范中心、机械与农业工程国家级虚拟仿真实验教学中心、北京市高等学校涉农工程类大学生示范性校内创新实践基地、机械工程训练中心和“互联网+”大学生创新创业中心，设有现代农业装备与设施教育部工程研究中心、农业农村部土壤-机器-植物系统技术重点实验室、农业农村部可再生能源清洁化利用技术重点实验室、现代农业装备优化设计北京市重点实验室、农业农村部河北北部耕地保育科学观测实验站、农业农村部保护性耕作技术研究中心、国家农产品加工技术装备研发分中心、中国农业大学农业工程研究院、中国农业大学中国农业机械化发展研究中心、中国农业大学 3D 打印技术研究中心等。

## 六、中国热带农业科学院农业机械研究所

中国热带农业科学院农业机械研究所，从事甘蔗生产机械化研究，主要研发耕整地、蔗叶粉碎还田、种植和智能化深施肥等技术与设备等，有甘蔗机械全程机械化科研基地。

# 第四节 甘蔗加工研究机构

甘蔗加工包括工业过程与副产品高值化利用。工业过程是指以甘蔗为原料加工为食糖（主要是指白糖）的生产过程。副产品高值化利用则是指甘蔗副产品与工业过程相关副产

品的研究与利用。甘蔗副产品加工以提高产品附加值，促进甘蔗产业提质增效为研究目标，主要有蔗渣、糖蜜和滤泥等 3 个方面的高值化、品质化、资源化加工应用。

甘蔗加工研究机构主要有糖业及综合利用教育部工程研究中心（广西大学）、广西绿色制糖工程技术研究中心、广西轻工业科学技术研究院、广西糖业生产力促进中心、广西机械工业研究院有限责任公司、广东省科学院南繁种业研究所、华南理工大学及糖化学与生物技术教育部重点实验室（江南大学）等。

## 一、糖业及综合利用教育部工程研究中心（广西大学）

依托广西大学建设的全国唯一部级糖业工程研究中心，通过整合广西大学涉糖学科优势力量，于 2006 年 6 月教育部批准立项建设，2010 年 9 月通过教育部验收。中心的主要研究方向有：绿色制糖加工技术的开发与应用；糖料种养结合生态农业模式开发与应用；糖业多元化生产技术及产品开发；智慧糖厂新技术开发；轻工污染物超低排放及资源利用新技术开发。

## 二、广西绿色制糖工程技术研究中心

广西绿色制糖工程技术研究中心于 2017 年 11 月获得广西壮族自治区科学技术厅批准组建，依托单位为广西大学，共建单位为广西凤糖生化股份有限公司，广西壮族自治区教育厅为受委托管理单位，建设期间，根据建设工作实际需要，广西工业职业技术学院、广西科技师范学院等院所也参与合作建设。2020 年 7 月通过验收。中心建设的核心任务是在甘蔗膜法绿色澄清工艺技术、膜法绿色澄清全流程自动化与信息化控制技术、以膜法绿色澄清为核心的梯度生产与多元高值化技术等三方面开展系统的研发，同时就目前行业共性关键技术进行技术开发。

## 三、广西轻工业科学技术研究院有限公司

广西轻工业科学技术研究院有限公司成立于 1961 年 4 月，原为自治区轻工行业应用开发类科研机构，2004 年 9 月转制为国有科技型企业，2016 年 8 月由广西壮族自治区国资委划归广西宏桂资本运营集团有限公司管理。2018 年 7 月，广西塑料研究所、广西壮族自治区电子研究所建制划转至广西轻工业科学技术研究院管理，组建广西轻工业科学技术研究院有限公司，是一家集科研和技术服务、产业化经营为一体的科技型企业。

## 四、广西糖业生产力促进中心

广西糖业生产力促进中心由长期从事制糖行业科学技术管理、糖业技术研究与开发、市场营销、信息管理等方面的专家组成，具有独立法人资格，实行企业管理。该中心曾主持“广西糖业 2165 工程”和广西“1105 工程”项目，主持承担“广西糖业加工降低成本综合技术推广”“糖厂节水降耗闭合循环用水系统”等项目，协助广西科技厅开展糖业科技项目监督管理、成果推广，组织社会上的科技力量为企业服务，宣传国家和广西糖业的方针政策，引进、消化、吸收、推广国内外糖业新产品、新工新技术装备，提高广西糖业的综合技术水平。开展技术咨询、技术服务、技术培训等活动，组织产学研合作工作，承

担科研项目，开展新技术研究与开发工作，提高科技创新水平，进一步实现广西糖业信息网络化，促进广西糖业稳定、健康发展。

## 五、广西机械工业研究院有限责任公司

广西机械工业研究院有限责任公司成立于1964年，于2001年转制为国有全资科技型企业，2008年被认定为国家高新技术企业，2016年加入广西铁路投资集团有限公司，2018年并入广西交通投资集团有限公司。“十三五”以来，公司以机器人技术和3D打印技术研发应用为抓手，为中小企业的转型升级提供整体智能技术解决方案，目前已形成特种工业机器人、工业机器人集成应用、3D打印技术应用推广、智能制造教学系统、制糖及有机肥关键装备六大类约20多个品种的智能技术转化成果、产品与服务。

## 六、华南理工大学食品科学与工程学院

华南理工大学食品科学与工程学院成立于2015年11月，其前身是该校原轻工与食品学院，办学历史可以追溯到1952年华南工学院成立伊始设置的本科和专修科专业。2017年9月，学院作为主体建设的农学入围“双一流”学科建设名单；在第四轮全国一级学科评估中，食品科学与工程学科排名A－，参与建设的轻工技术与工程学科排名A＋，均进入A行列。学院支撑的农业科学进入ESI全球前0.1％。在2017软科世界一流学科排名中，食品科学与工程学科位列世界第四位。

学院重视师资队伍建设，现有教职工127人，其中专任教师104人，正高职称人员49人，98％以上的教师拥有博士学位。15位教授进入ESI世界前1％科学家行列。

所设制糖工程专业，在蔗汁电解澄清法的研究、高离子澄清剂在糖厂应用推广、磁处理强化工业糖液传递过程的机理研究等方面有较多的研究成果。

## 七、糖化学与生物技术教育部重点实验室（江南大学）

糖化学与生物技术教育部重点实验室依托江南大学，2010年获教育部批准立项建设，主要围绕自然界中糖类的存在形式、糖类的结构与功能、糖类的生物转化、糖分离纯化、糖结构修饰与功能强化等基础科学问题开展研究，研究开发基于工业色谱、结晶等高效分离技术的糖分离纯化工艺和装备；为在食品、医药、化工、纺织等行业有重要应用的功能糖的研究开发提供理论和技术基础，建成系统的糖化学、糖生物学、糖生物制造、糖功能强化创新研究开发平台，为糖质科学和糖生物产业的发展提供支撑。

**图书在版编目（CIP）数据**

中国甘蔗糖业 / 李杨瑞，李凯主编．-- 北京：中国农业出版社，2025. 5. -- ISBN 978-7-109-32904-1

Ⅰ. F426.81

中国国家版本馆 CIP 数据核字第 202577P70W 号

**中国甘蔗糖业**
**ZHONGGUO GANZHE TANGYE**

---

中国农业出版社出版
地址：北京市朝阳区麦子店街 18 号楼
邮编：100125
策划编辑：王琦瑢
责任编辑：李 瑜 王琦瑢
文字编辑：李 瑜 王琦瑢 陈沛宏 史佳丽
版式设计：王 晨 责任校对：吴丽婷
印刷：北京通州皇家印刷厂
版次：2025 年 5 月第 1 版
印次：2025 年 5 月北京第 1 次印刷
发行：新华书店北京发行所
开本：787mm×1092mm 1/16
印张：62.25 插页：30
字数：1565 千字
定价：578.00 元

---

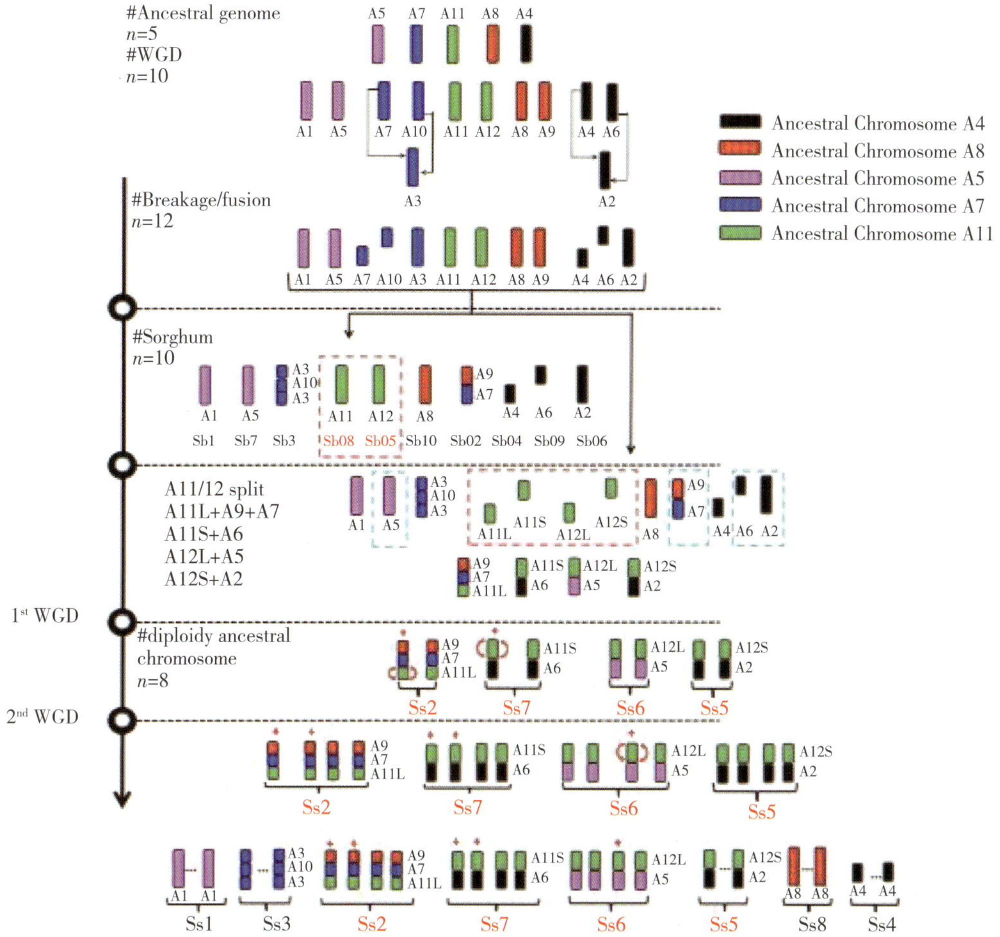


彩图 4－1　甘蔗染色体的演化（Zhang et al.，2018）

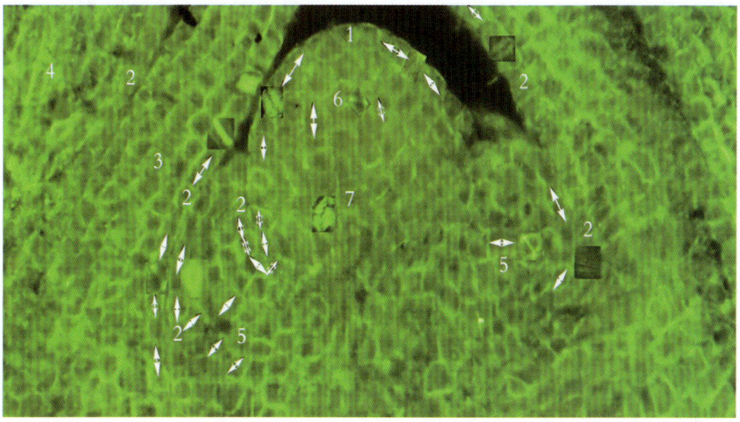

彩图 6－1　甘蔗茎尖有丝分裂旺盛及微管列阵

1. 原套原始细胞区　2. 幼叶表皮细胞　3. 第二幼叶　4. 第三幼叶　5. 初生增粗分生组织　6. 原体原始细胞区　7. 髓分生区（箭头为处于细胞分裂时期细胞）×200

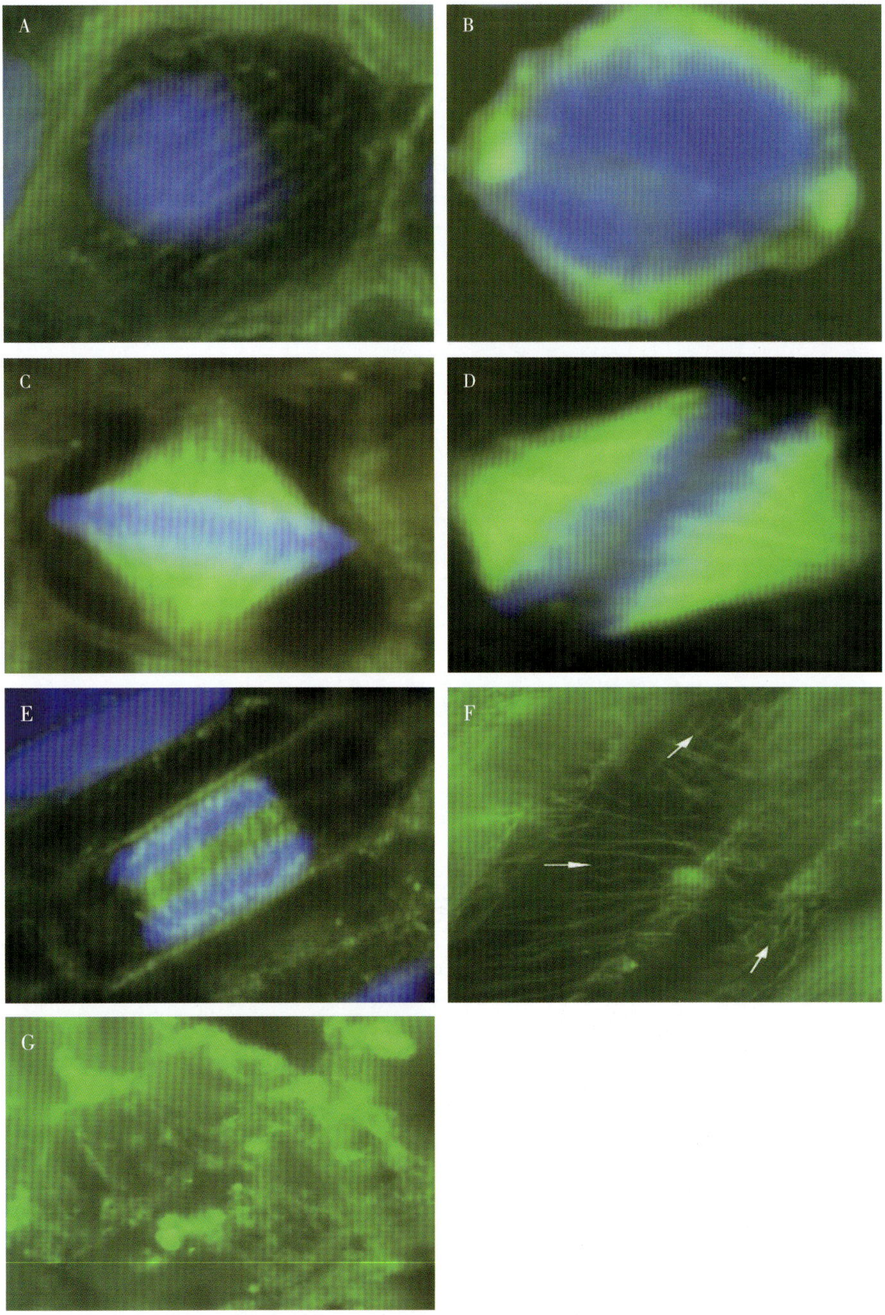


彩图 6-2　甘蔗茎尖细胞有丝分裂过程的微管形态［蓝色为细胞核（N），绿色为微管（MT）］

A. 有丝分裂间期，示细胞周质微管×1 000；B. 有丝分裂前期，示早前期微管带×1 000；C. 有丝分裂中期，示纺锤体微管×1 000；D. 有丝分裂后期，示纺锤体微管向成膜体微管转变×1 000；E. 有丝分裂末期，示成膜体微管细胞板×1 000；F. 甘蔗茎尖低温胁迫前周质微管排列整齐有序（箭头示）×1 000；G. 甘蔗茎尖低温胁迫后周质微管解聚×1 000

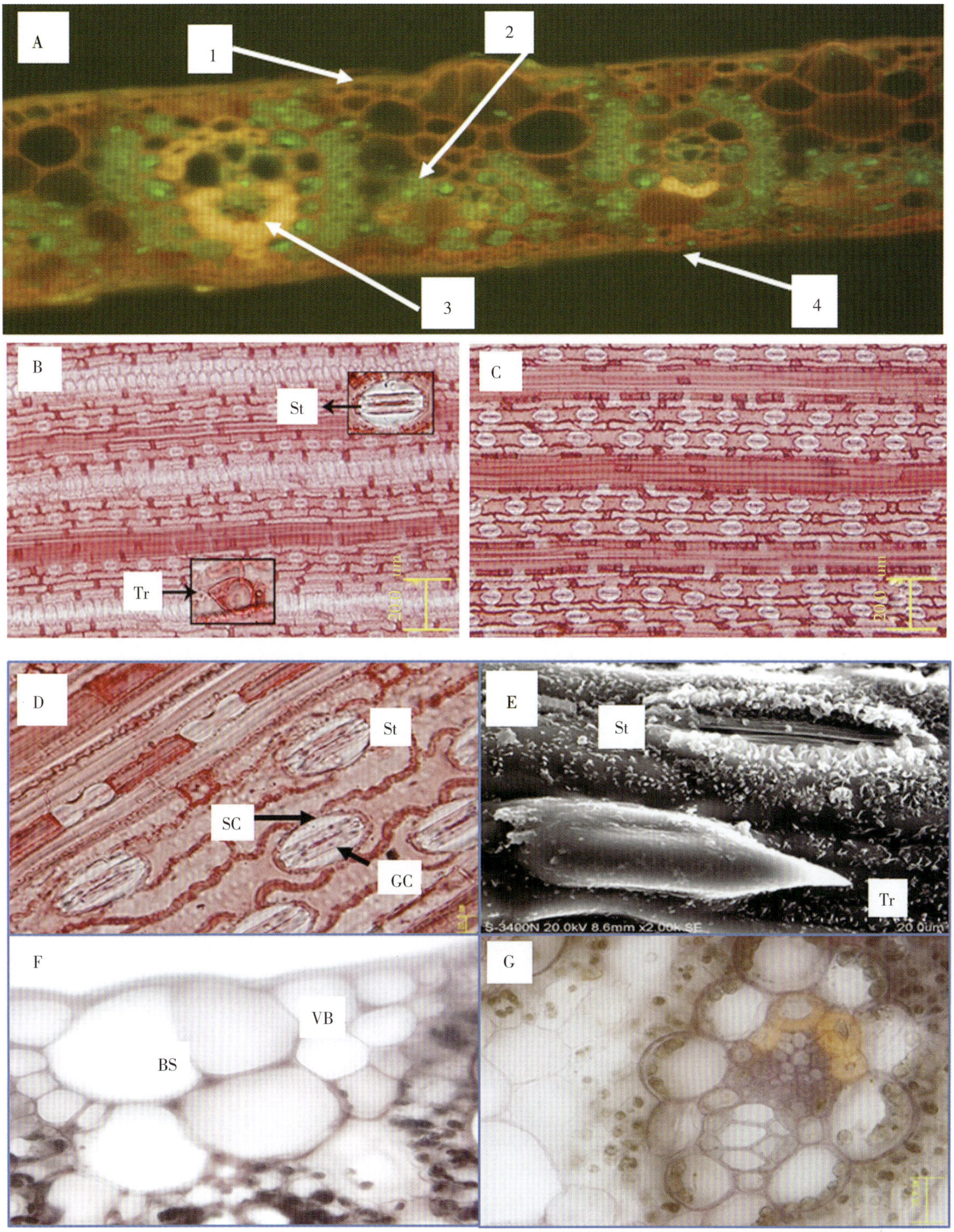


彩图 6-3　甘蔗叶片横切面结构

A：甘蔗叶片横切面，1. 上表皮　2. 叶肉　3. 叶脉　4. 下表皮×400；B：甘蔗叶片上表皮，示气孔（St）、毛状体（Tr）×100；C：甘蔗叶片下表皮×100 ；D：甘蔗叶片表皮，示气孔（St）、副卫细胞（SC）、哑铃型的保卫细胞（GC）；E：甘蔗叶片表皮扫描电镜图，示气孔器和刺毛，气孔（St）、毛状体（Tr）×2 000；F：甘蔗叶片横切面，示维管束（VB）、维管束鞘（BS）×1 000；G：甘蔗叶片横切面，示维管束和叶绿体 ×1 000

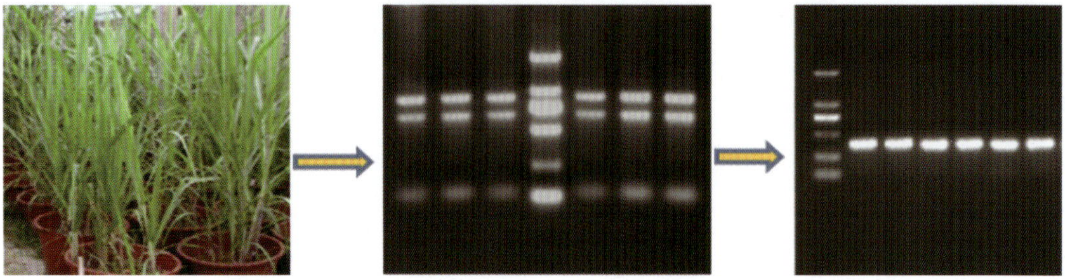

彩图 6－4　甘蔗组织中固氮菌 *nifH* 基因检测

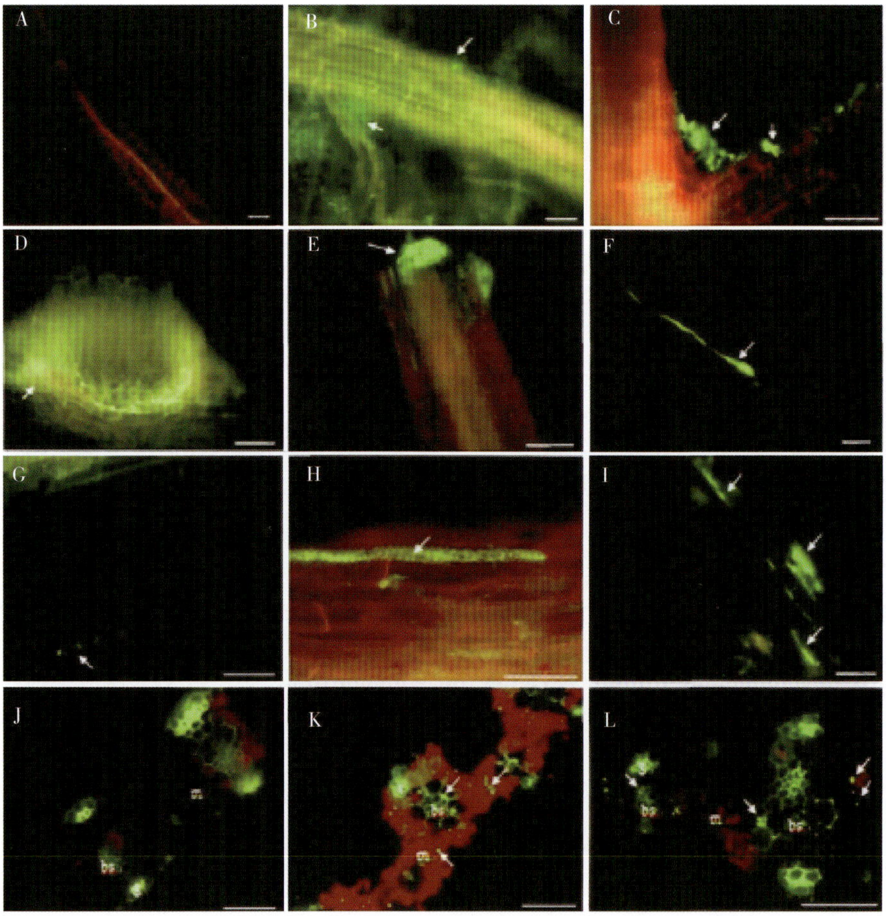


彩图 6－5　DX120E 在甘蔗根和叶的定殖

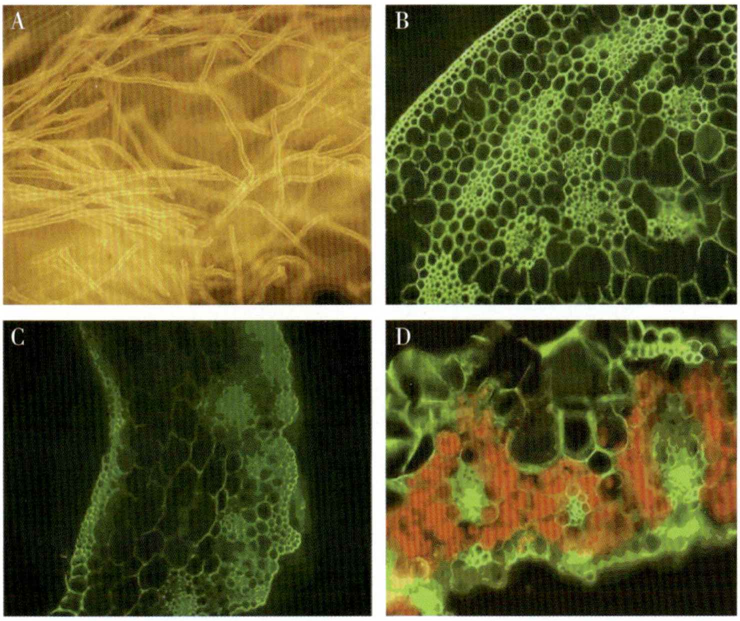


彩图 6－6　固氮菌株 ML03 在甘蔗上的定殖

彩图 6－7　甘蔗品种桂糖 42 号的抽穗率在正常年份（左）高于干旱年份（右）

彩图 11－1　宿根甘蔗黄化现象

彩图 12 - 1　甘蔗花叶病症状（蔡健和　摄）

彩图 12 - 2　甘蔗黄叶病症状（许莉萍　摄）

彩图 12 - 3　甘蔗宿根矮化病症状（左）与正常对照（右）（许莉萍　摄）

彩图 12 - 4　甘蔗白条病症状

彩图 12－5　甘蔗赤条病症状（邓展云　摄）

彩图 12－6　甘蔗梢腐病症状（韦金菊　摄）

彩图 12－7　甘蔗黄点病症状（王伯辉　摄）

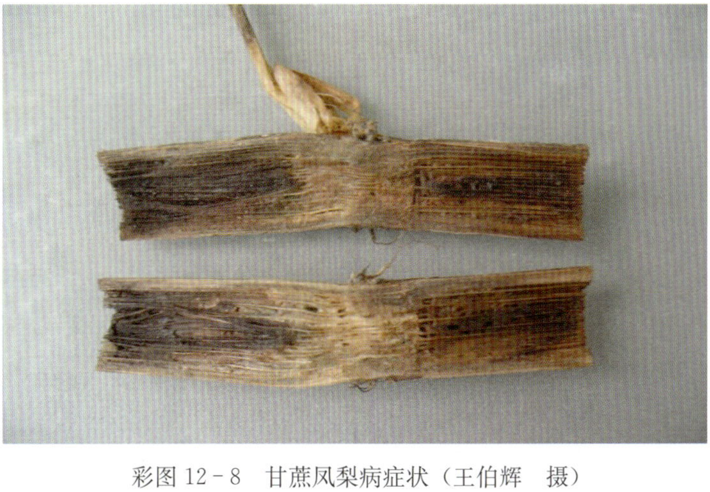

彩图 12－8　甘蔗凤梨病症状（王伯辉　摄）

彩图 12 - 9　甘蔗黑穗病症状（陈赶林　摄）

彩图 12 - 10　甘蔗叶中脉赤腐病症状（韦金菊　摄）

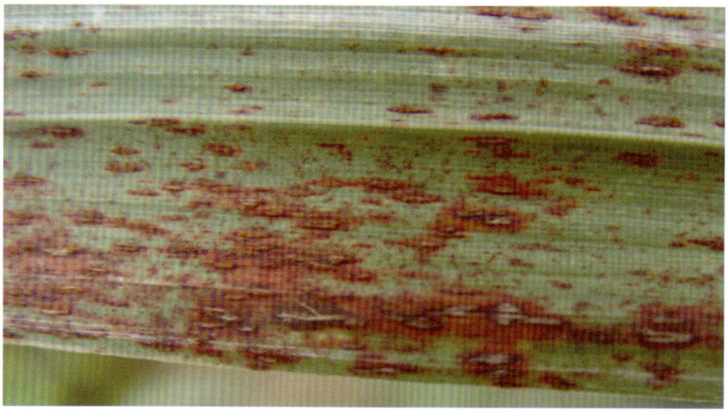

彩图 12 - 11　甘蔗锈病症状（韦金菊　摄）

彩图 12 - 12　甘蔗褐条病症状（左：许莉萍　摄；右：王伯辉　摄）

彩图 12－13　甘蔗根结线虫病症状

卵

幼虫

蛹

成虫

彩图 13－1　甘蔗二点螟（卵和幼虫，覃振强　摄；蛹和成虫，李德伟　摄）

卵

幼虫

蛹

成虫

彩图 13－2　甘蔗条螟（卵和幼虫，覃振强　摄；蛹和成虫，李德伟　摄）

卵

幼虫

蛹

成虫

彩图 13－3　甘蔗黄螟（卵和幼虫，覃振强　摄；蛹和成虫，李德伟　摄）

卵

幼虫

甘蔗苗受害状

蛹

成虫

蔗梢部受害状

彩图 13－4　甘蔗红尾白螟（覃振强　摄）

幼虫

蛹

成虫

彩图 13－5　甘蔗大螟（杨世常　摄）

卵

幼虫

蛹

成虫

危害状

彩图 13－6　台湾稻螟（杨世常　摄）

彩图 13-7　亚洲玉米螟（引自李杨瑞《现代甘蔗学》，2010）

彩图 13-8　甘蔗木蠹蛾幼虫及危害状（覃振强　摄）

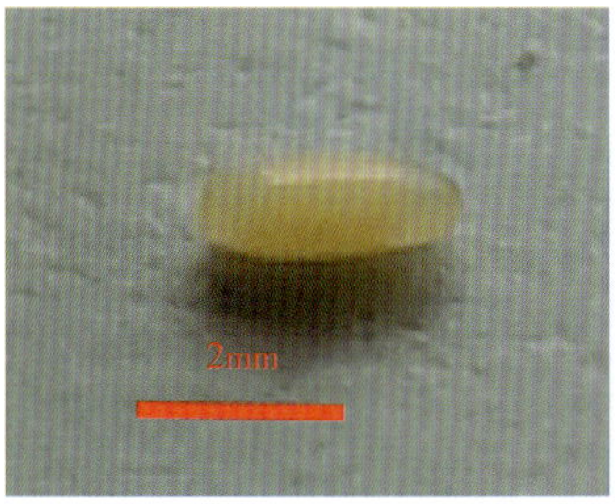


卵

幼虫

蛹

雌成虫

雄成虫

危害状

彩图 13－9　红棕象甲形态结构及危害状（覃振强　摄）

卵

幼虫

蛹

成虫

彩图 13－10　草地贪夜蛾（卵和幼虫，覃振强　摄；蛹和成虫，李德伟　摄）

彩图 13－11　甘蔗黏虫幼虫及危害状（覃振强　摄）

彩图 13-12　甘蔗绵蚜危害状（覃振强　摄）

彩图 13-13　蔗褐蓟马危害状（覃振强　摄）

若虫

雌成虫

彩图 13-14　甘蔗红粉蚧（覃振强　摄）

卵

幼虫

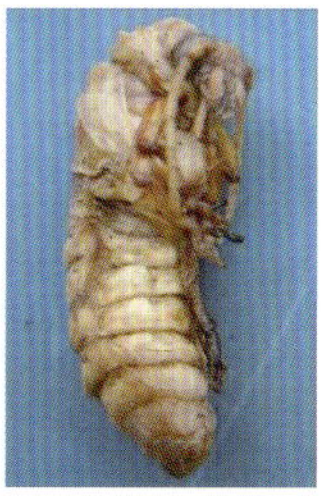

蛹

成虫

幼虫危害状

彩图 13－15　蔗根锯天牛（卵、幼虫、蛹和成虫，引自李杨瑞《现代甘蔗学》，2010；幼虫危害状，覃振强　摄）

幼虫

蛹

成虫

成虫危害状

彩图 13－16　突背蔗龟（商显坤　摄）

幼虫　　　　成虫

彩图 13－17　大头霉鳃金龟（引自李杨瑞，2010）

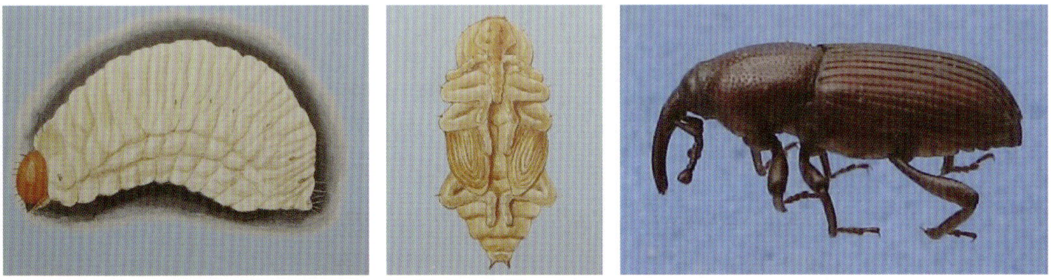

幼虫　　　　蛹　　　　成虫

彩图 13－18　蔗根象（引自李杨瑞，2010）

彩图 13－19　小头钩白蚁（覃振强　摄）

土垄大白蚁　　　　菌圃　　　　蚁巢

彩图 13－20　土垄大白蚁（土垄大白蚁和菌圃，江凤兰　摄；蚁巢，覃振强　摄）

彩图 14－1　杂草危害甘蔗（覃建林　摄）

彩图 14－2　杂草与甘蔗竞争（覃建林　摄）

彩图 14－3　马唐（覃建林　摄）

彩图 14－4　马唐危害状（覃建林　摄）

彩图 14－5　牛筋草（梁武业　摄）

彩图 14－6　牛筋草危害状（梁武业　摄）

彩图 14－7　芒稷（覃建林　摄）

彩图 14－8　芒稷危害状（覃建林　摄）

彩图 14－9　狗牙根（覃建林　摄）

彩图 14－10　狗牙根危害状（覃建林　摄）

彩图 14－11　筒轴茅（覃建林　摄）

彩图 14－12　筒轴茅危害状（覃建林　摄）

彩图 14－13　白茅（覃建林　摄）

彩图 14－14　白茅危害状（覃建林　摄）

彩图 14－15　香附子（覃建林　摄）

彩图 14－16　香附子危害状（覃建林　摄）

彩图 14－17　铜锤草（ 覃建林　摄）

彩图 14－18　铜锤草危害状（覃建林　摄）

彩图 14－19　阔叶丰花草（覃建林　摄）

彩图 14－20　阔叶丰花草危害状（覃建林　摄）

彩图 14－21　空心莲子草（覃建林　摄）

彩图 14－22　空心莲子草危害状（覃建林　摄）

彩图 14－23　甘蔗出苗初期套种大豆（覃建林　摄）

彩图 14-24　甘蔗地膜覆盖后株间杂草少（覃建林　摄）

彩图 14-25　甘蔗田中耕培土、除草（梁武业　摄）

彩图 14-26　蔗叶还田有效防止杂草滋生（覃建林　摄）

彩图 14－27　使用芽前除草剂甘蔗田（左）与未使用除草剂甘蔗田（右）（马永林　摄）

人工喷雾施药（马永林　摄）

无人机施药（吴静妮　摄，黄树青　供图）

彩图 14－28　甘蔗出苗后喷施土壤处理除草剂封杀杂草

人工喷雾施药（马永林　摄）

无人机喷雾施药（吴静妮　摄，莫宇星　供图）

彩图 14－29　甘蔗出苗后杂草 3～5 叶期喷施茎叶处理除草剂杀灭杂草

彩图 15－1　北海市银海区甘蔗受旱后的症状

彩图 15－2　来宾市武宣县甘蔗受旱后的症状

彩图 15－3　金城江区侧岭甘蔗受寒害后的症状

彩图 15－4　隆安县甘蔗在台风以及降雨后的倒伏状

彩图 15－5　隆安县甘蔗遇持续强降雨后的涝灾

彩图 16－1　新植蔗间套种西瓜

彩图 16－2　宿根蔗间套种西瓜

彩图 16-3　新植 1.2 m 行距每行均间种

彩图 16-4　新植 2.5 m 行距机械种植模式

彩图 16-5　宿根蔗套种模式

彩图 17-1　第一年宿根蔗的新老根系

彩图 17-2　甘蔗“三笋一芽”

1. 秋笋　2. 冬笋　3. 地下笋　4. 休眠芽

彩图 17-3　宿根蔗黄化苗

彩图 17-4　不同水分处理的宿根蔗蔸质量

彩图 17-5　不同水分处理的宿根蔗发株情况

彩图 17-6　宿根蔗开垄（破垄）

彩图 17-7　宿根蔗开垄松蔸及低位芽萌发

彩图 17－8　宿根蔗开垄松蔸促进发株

彩图 18－1　1LH-338 型深耕铧式犁

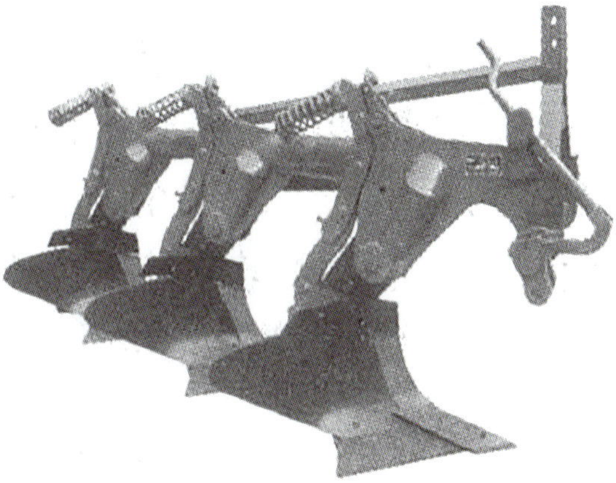

彩图 18－2　1LHT-340 型智能深耕铧式犁

彩图 18－3　深耕四铧犁

彩图 18－4　1LYF-535 型液压翻转犁

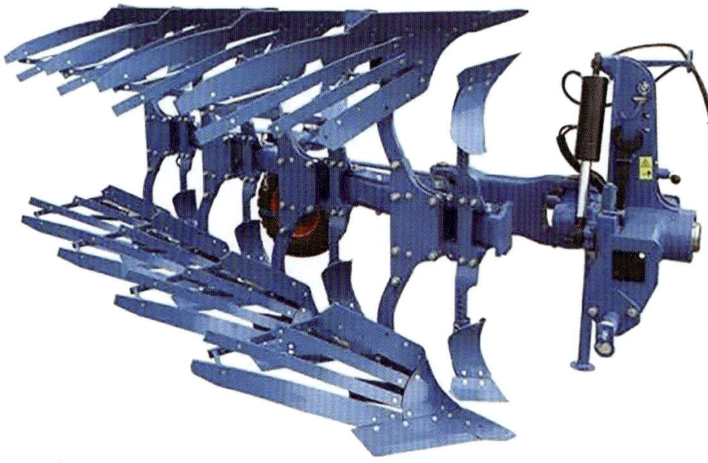

彩图 18－5　1LFT-4 高速调幅液压翻转犁

彩图 18－6　3ZSL-2B 型深松机

彩图 18－7　1BZ-3.0 型液压偏置重耙

彩图 18－8　1GKNS-200 型旋耕机

彩图 18－9　开行犁作业

彩图 18－10　开沟施肥机

彩图 18－11　小型覆土机

彩图 18－12　2CZY-2 型甘蔗种植机

彩图 18－13　2CZ-4C 型甘蔗种植机

彩图 18－14　2CZ-4 型甘蔗种植机

彩图 18－15　2CZX-2 型甘蔗种植机

彩图 18－16　2CZD-2A 型甘蔗种植机

彩图 18－17　3ZFS-2 型甘蔗中耕施肥培土机

彩图 18－18　3ZFM-3 型中耕培土盖膜施肥机

彩图 18 - 19　3ZPF-2X0.75 型甘蔗中耕机

彩图 18 - 20　3ZFP-2X0.4 型甘蔗中耕追肥培土机

彩图 18 - 21　3ZFS-1 型甘蔗中耕施肥培土机

彩图 18－22　3ZP-0.8 型甘蔗中耕培土机

彩图 18－23　3WPK-1000 型喷杆喷雾机

彩图 18－24　3WZ-250-3000LT 型自走式喷杆喷雾机

彩图 18-25　迪尔 4710 型自走式喷药机

彩图 18-26　3WFY-800 型风送式远程高效喷雾机

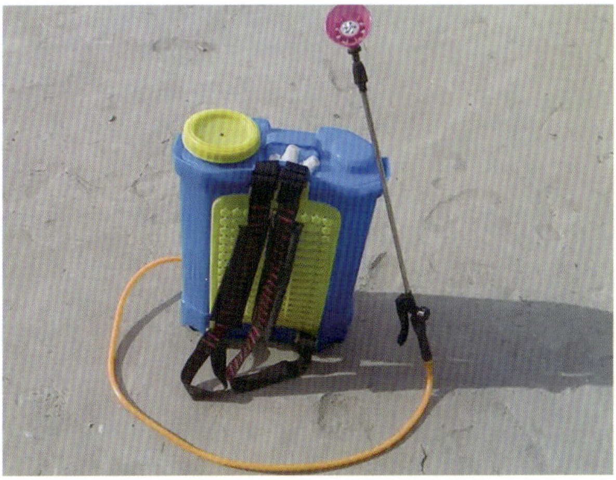

彩图 18-27　小型背负式电动喷雾机

彩图 18－28　大疆 T30 型植保无人机

彩图 18－29　A2C 超轻型农用水上飞机作业现场

彩图 18－30　固定式喷灌

彩图 18－31　轻便型软管卷盘式喷灌机

彩图 18－32　指针式喷灌设备

彩图 18－33　平行移式喷灌机

彩图 18－34　滴灌首部枢纽

彩图 18－35　田间滴灌管线管网

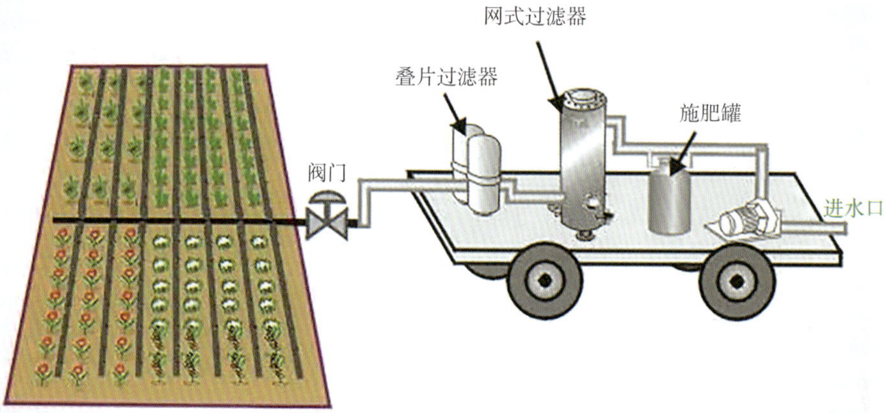


彩图 18－36　动力可移动的滴灌系统示意图

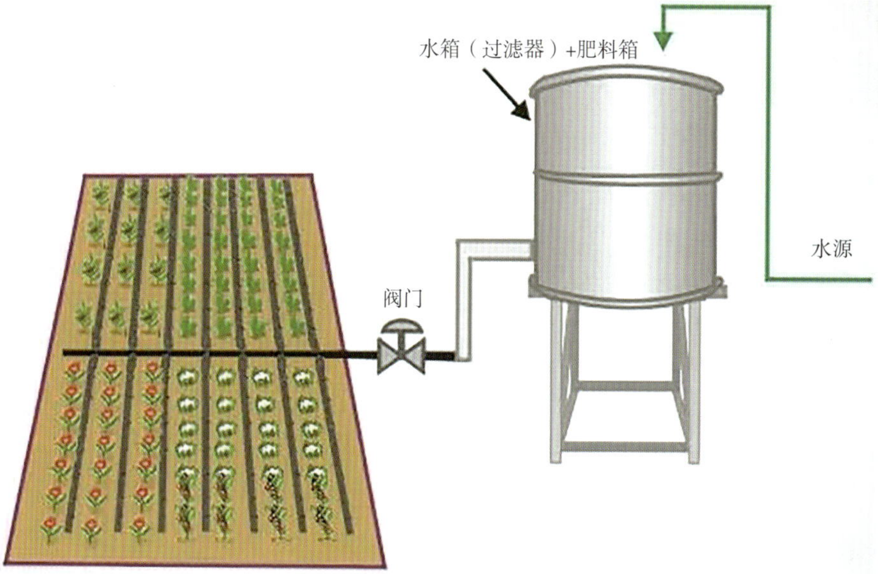


彩图 18－37　可移动式水箱的滴灌系统示意图

A

B

彩图 18－38　广西柳工公司生产的切段式甘蔗联合收割机

A. 柳工 4GQ-350 型　B. 柳工 4GQ-180 型

A

B

彩图 18－39　洛阳辰汉公司生产的切段式甘蔗联合收割机

A. 辰汉 4GQ-130 型　B. 辰汉 4GQ-1B（180）型

A

B

彩图 18 - 40　中联农机公司生产的甘蔗切段式联合收割机

A. 中联 AS60 型　B. 中联 AC60 型

彩图 18 - 41　广西农业机械研究院研发的 4GQ-1C 型切段式甘蔗联合收割机

彩图 18 - 42　广州科利亚公司研发的 4GZ-91 型切段式甘蔗联合收割机

彩图 18－43　江苏沃得农机公司研发的 4GQ-1 型切段式甘蔗联合收割机

彩图 18－44　湖北国拓重工公司研发的 4GL-1A 型整秆式甘蔗联合收获机

彩图 18－45　湖北神誉重工公司研发的 4GL-1 型甘蔗整秆式联合收割机

彩图 18－46　中热农机公司研发的 SH15 型甘蔗割铺机

彩图 18－47　广西农业机械研究院研发的 4GZ-9 型甘蔗割铺机

A　　B

彩图 18－48　禹城亚泰公司生产的甘蔗剥叶机

A. 4BC-350A 型牵引式甘蔗剥叶机　B. 4BC-350Z 型甘蔗剥叶机

彩图 18－49　中热农机公司研发的 6BCT-5 型甘蔗剥叶机

彩图 18－50　ZL12G 型甘蔗装载机

彩图 18－51　7TS-15 型甘蔗装载机

彩图 18－52　柳工农机生产的田间转运车

彩图 18－53　中联 7YGS-10 型甘蔗田间收集搬运机

彩图 18－54　辰汉 GZZ-20 甘蔗田间转运装载机

彩图 18－55　3ZC-50 甘蔗平茬机

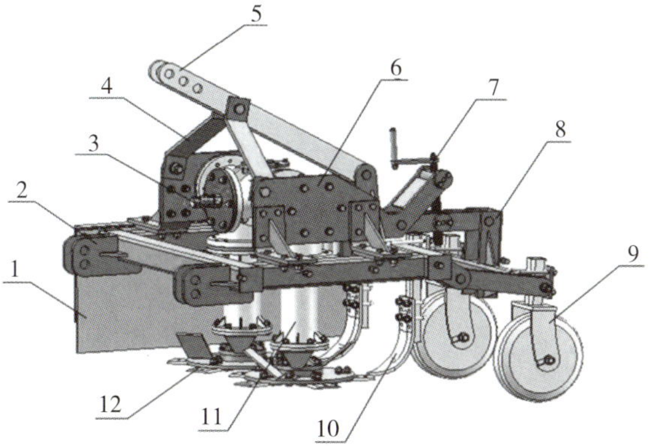


彩图 18－56　3CP-460 型宿根蔗铲蔸破垄机结构

1. 挡土板　2. 机架　3. 动力输入轴　4. 上悬挂斜支撑杆
5. 上悬挂拉杆　6. 两面墙板　7. 丝杆调节装置　8. 尾轮架
9. 尾轮　10. 破垄犁　11. 刀筒　12. 刀盘

彩图 18－57　3CP-460 型宿根蔗铲蔸破垄机

图 18－58　3PZG-1 甘蔗破垄施肥盖膜机

图 18－59　3SY-140 型蔗田碎叶机

彩图 18－60　1GYF-200 型甘蔗叶粉碎还田机

彩图 18－61　1JFD-2 型双辊甘蔗叶粉碎还田机

彩图 18－62　甘蔗叶粉碎混埋还田机

彩图 26 - 1　中国作物学会甘蔗专业委员会第 13 次学术讨论会

彩图 26 - 2　中国作物学会甘蔗专业委员会第 15 次学术讨论会

彩图 26 - 3　中国作物学会甘蔗专业委员会第 16 次全国学术讨论会

彩图 26－4　中国作物学会甘蔗专业委员会第 17 次全国学术讨论会代表合影

彩图 26－5　广西甘蔗学会 2016 年年会暨学术交流会

彩图 26－6　广西甘蔗学会 2017 年年会暨学术交流会代表合影

彩图 26－7　发展中国家甘蔗科技创新国际研讨会暨广西甘蔗学会 2018 年年会代表合影

彩图 26－8　广西甘蔗学会第十一届代表大会暨 2019 年学术交流会代表合影

彩图 26－9　2019 广西甘蔗产业高质量发展峰会会场

彩图 26-10　首届广西糖业发展高端论坛会场

彩图 26-11　广西糖业发展高端论坛暨科技进步助推糖业“二次创业”研讨会会场

彩图 26-12　2018 年广西学术活动月启动仪式暨广西糖业发展高峰论坛会场

彩图 26 - 13　福建省工业原料作物学会第九届第一次会员代表大会代表合影

彩图 27 - 1　国家友谊奖获得者李增生（Lee Tseng Sheng Gerald）教授在作学术报告

彩图 27 - 2　Sushil Solomon 博士（第三排右二）获得国家友谊奖

彩图 27 - 3　广西金绣球奖获得者潘永保（Yong-Bao Pan）博士在广西壮族自治区农业科学院甘蔗研究所培训科技人员

彩图 27 - 4　出席国际糖业科技专家协会（IAPSIT）首次理事会的成员合照

彩图 27 - 5　出席 IS-2004 国际学术研讨会的代表合影

彩图 27－6　出席 IS-2006 国际学术研讨会的代表合照

彩图 27－7　出席 IS-2008 国际学术研讨会的代表合照

彩图 27－8　出席 IS-2011 国际学术研讨会的部分代表合照

彩图 27－9　IS-2014 国际学术研讨会开幕式

彩图 27－10　IAPSIT 理事长李杨瑞教授在开幕式上致辞

彩图 27－11　李杨瑞教授在 2005 年国际甘蔗糖业技术学术交流会上作学术报告

彩图 27－12　在 2009 年亚洲糖业大会开幕式上李杨瑞教授首先点燃烛光灯

彩图 27－13　出席 2008—2009 亚洲国家蔗糖产量降低的原因及应对措施国际学术研讨会的全体代表合影

彩图 27－14　李杨瑞教授在糖料作物国际研讨会开幕式上致辞

彩图 27－15　IAPSIT 理事长李杨瑞教授应邀出席在印度召开的可持续食物和营养安全农产品采后技术国际会议（左、中）和甘蔗价值链- 2025 糖业展望国际大会（右）并作学术报告

彩图 27－16　发展中国家甘蔗科技创新国际研讨会暨广西甘蔗学会 2018 年年会会场（左）及代表参观中国农业科学院甘蔗研究中心海南甘蔗杂交基地（右）

彩图 27－17　绿色环保技术助推蔗糖产业可持续发展国际会议

彩图 27－18　出席世界主要蔗糖生产国甘蔗科技合作交流研讨会的代表合影

彩图 27－19　甘蔗育种与生物技术国际研讨会暨广西甘蔗学会 2020 年年会会场（左）和参观甘蔗新品种展示现场（右）

彩图 27－20　国际糖业科技协会（IAPSIT）门户网站

彩图 27－21　第六届国际糖业科技协会学术研讨会筹备工作会会场